U0115029

中

上海辞书出版社

K

kā

咔 (kā) 拟声词。如:咔的一声;咔嚓。
另见 kǎ。

咖 (kā) 见"咖啡"。
另见 gā。

咖啡 茜草科。常绿灌木或小乔木。叶对生,稀有三片轮生,革质,长卵形而尖。花单生或为腋生的花束,一年开花 2～3 次,白色;萼 4～5 齿裂,花冠 4～8 裂。浆果椭圆形,深红色,内藏种子两粒。原产于热带<u>非洲</u>、<u>中国广东</u>等地有栽培。有小果咖啡(*Coffea arabica*)、中果咖啡(*C. canephora*)、大果咖啡(*C. liberica*)等。种子经焙炒、研细,即为咖啡粉,与茶叶、可可并为世界三大饮料;也供药用。

kǎ

卡 (kǎ) ❶英文 card 的音译。卡片。如:资料卡。❷"卡路里"(calorie)的简称。热量的一种单位。历史上曾定义为:1 克纯水在 101.325 千帕下当温度升高 1℃时所吸收的热量。水的比热并非常数,在不同温度下升高 1℃所需热量不严格相等,所以后来出现了两种定义:(1)"15℃卡"。等于 1 克纯水在 101.325 千帕下当温度从 14.5℃升高到 15.5℃时所吸收的热量。(2)"热化学卡"或"平均卡"。等于 1 克纯水在 101.325 千帕下当温度从 0℃升高到 100℃时所吸收热量的百分之一。1948 年以后国际上规定,与其他形式的能量一样,也采用"焦耳"作为热量的单位,并建议不再使用卡。此单位不属我国法定计量单位。
另见 qiǎ。

佧 (kǎ) 见"佧佤"。

佧佤 佤族的旧称。原为傣、汉、拉祜等族对佤族的一种通称,建国后曾袭用,因"佧"源于傣语"奴隶",有轻侮之意,1962 年后改称"佤"。

咔 (kǎ) 译音字。如:咔唑(一种含氮杂环化合物)。
另见 kā。

咯 (kǎ) 呕;吐。如:咯血。
另见 gē,lo。

胩 (kǎ) 即"异腈"。

kāi

开 〔開〕(kāi) ❶开门;张开。《老子》:"善闭,无关楗而不可开。"<u>韩偓</u>《老将》诗:"至今双擘硬弓开。"泛指使闭合物不再闭合。如:开卷。引申为舒展、开朗。如:开颜;开心。❷开始;开创。如:开学;开业。《易·师》:"开国承家。"❸打通;启发。如:开路;开蒙。《礼记·檀弓下》:"<u>平公</u>呼而进之曰:'蒉!曩者尔心或开予。'"❹开发;开拓。如:开矿。《晋书·羊祜传》:"辟土开疆。"❺举行;设置。如:开会;开店。<u>李白</u>《春夜宴从弟桃花园序》:"开琼筵以坐花。"❻开动;发放。如:开车;开炮。❼开列。如:开清单;开药方。❽革除;释放。如:开缺;开差。《书·多方》:"开释无辜。"❾分配;分开。如:三七开。<u>杜甫</u>《雨》诗:"蛟龙斗不开。"❿沸腾。如:开水。⓫冰雪融化。如:开冻。<u>鲍照</u>《拟古》诗:"河渭冰未开。"⓬英文 carat 或德文 Karat 的省音译。表示黄金纯度的单位。纯金是二十四开。⓭热力学温度单位开尔文的简称。⓮姓。<u>宋</u>代有<u>开赵</u>。

开边 扩充疆土。<u>杜甫</u>《兵车行》:"边庭流血成海水,<u>武皇</u>开边意未已。"

开诚布公 《三国志·蜀志·诸葛亮传》:"诸葛亮之为相国也……开诚心,布公道。"因以"开诚布公"谓诚相见,坦白无私。《宋史·崔与之传》:"<u>丙</u>(<u>安丙</u>)卒,诏尽护四蜀之师,开诚布公,兼用<u>吴</u>、<u>蜀</u>之士,拊循将士,人心悦服。"

开发 ❶用垦殖、开采等方法来充分利用荒地或天然资源。如:开发资源。《汉书·孙宝传》:"时帝舅<u>红阳</u>侯立使客因<u>南郡</u>太守<u>李尚</u>占垦草田数百顷,颇有民所假少府陂泽,略皆开发,上书愿以入县官。"❷启发;诱导。《北史·崔瞻传》:"故劳卿(指崔瞻)朝夕游处,开发幼蒙。"❸舒展。《艺文类聚》卷十二引桓谭《新论》:"<u>汉武帝</u>材质高妙,有崇先广统之规,故即位而开发大志,考合古今,模范前圣。"❹支付。如:开发车钱。❺犹发落;处置。《红楼梦》第十四回:"本来要饶你,只是我头一次宽了,下次就难管别人了,不如开发了好。"❻开拆。《汉书·王莽传中》:"吏民上封事书,宦官左右开发,尚书不得知。"

开府 ❶原指成立府署、自选僚属。<u>汉</u>代仅三公、大将军可以开府,魏置以后开府的逐渐增多,因此有"开府、仪同三司"(开府置官,援照三公成例)的名号。晋代诸州刺史多以将军开府,都督军事。<u>唐宋</u>定开府仪同三司为文散官第一阶(<u>元代</u>通用于武职),至<u>明代</u>始废。清代称出任外省督抚为"开府"。<u>江藩</u>《汉学师承记·汪中》:"坐尚书<u>沅</u>开府<u>湖北</u>,君往投之。"❷府兵军职。<u>西魏</u>和北周时全国府兵分属于二十四军,每军设一开府,兵额约二千人。

开复 ❶恢复。《晋书·庾亮传》:"时<u>石勒</u>新死,亮有开复中原之谋。"❷清制,官吏降革后恢复原官或原衔称"开复"。

开光 佛教仪式之一。佛像塑成后,择吉日致礼供奉,名"开光",亦称"开眼"。《佛说一切如来安像三昧仪轨经》:"复为佛像开眼之光明,如点眼相似,即诵开眼光真言二道。"

开国 创建国家。如:开国元勋。<u>李白</u>《蜀道难》诗:"<u>蚕丛</u>及<u>鱼凫</u>,开国何茫然。"

开阖 ❶犹捭阖,一种游说方法。《旧唐书·元载传》:"以关辅、<u>河东</u>

等十州户税入奉京师,创置精兵五万,管在中都,以威四方,辞多开阖。"❷中国古代经济术语。《管子·乘马数》:"故开阖皆在上,无求于民。"意谓国家通过抛售或收购谷物等重要商品,调节物价和增加财政收入。

开化 原指启蒙、教化。顾愿《定命论》:"夫建极开化,树典贻则,典防之兴,由来尚矣。"今指人类文化发展,由原始状态进入文明。

开荤 谓开戒吃肉食。王楙《野客丛书》卷二十二:"今人久茹素,而其亲若邻,设酒殽之具以相煖热,名曰开荤,于理合曰开素。"

开济 开创大业,匡济危时。杜甫《蜀相》诗:"三顾频烦天下计,两朝开济老臣心。"

开卷有益 谓读书有好处。王闢之《渑水燕谈录》卷六:〔宋〕太宗日阅《御览》三卷,因事有阙,暇日追补之,尝曰:'开卷有益,朕不以为劳也。'"

开口呼 音韵学上四呼之一。凡没有韵头而韵腹又不是 i[i]、u[u]、ü[y] 的韵母叫开口呼。如兰(lán)[lan˧]、歌(gē)[kɤ]中的an[an]、e[ɤ]。

开朗 开阔,明朗。陶潜《桃花源记》:"复行数十步,豁然开朗。"也用以指人的坦率、爽直的性格。《晋书·胡奋传》:"奋性开朗,有筹略,少好武事。"

开脸 旧俗女子出嫁时用线绞净脸上汗毛,修齐鬓角,叫"开脸"。《红楼梦》第十六回:"〔香菱〕竟给薛大傻子作了屋里人,开了脸,越发出挑的标致了。"

开门见山 比喻说话或作文一开头就直入本题。严羽《沧浪诗话·诗评》:"太白天才豪逸,语多卒然而成者。……太白发句,谓之开门见山。"

开门揖盗 比喻引进坏人,自招祸患。《三国志·吴志·孙权传》:"况今奸宄竞逐,豺狼满道,乃欲哀亲戚,顾礼制,是犹开门而揖盗,未可以为仁也。"《南史·梁本纪下》:"开门揖盗,弃好即仇。"

开明 ❶聪明;通达事理。《史记·五帝本纪》:"尧曰:'谁可顺此事?'放齐曰:'嗣子丹朱开明。'"《书·尧典》作"启明"。❷《淮南子·墬形训》:"东方曰东极之山,曰开明之门。"明,指太阳。日出东方,则天下大明,故以"开明"指东方。❸传说中的兽

名。《山海经·海内西经》:"开明,兽身,大类虎,而九首皆人面,东向立昆仑上。"

开幕 ❶本指剧场演出开始时拉开幕布,今亦称盛大集会、活动的开始。如:开幕词;开幕典礼。❷谓开建幕府。庾信《侍从徐国公殿下军行》:"置府仍开幕,麾军即秉旄。"

开年 ❶一年的开始。庾信《梁东宫行雨山铭》:"开年寒尽,正月游春。"❷明年。如:望开年更好。

开窍 开始懂得道理。如:这孩子开窍得早。

开缺 旧时官吏因故不能留任,免除其所任职务,待另选人接充,称为"开缺"。

开岁 一年的开始。《后汉书·冯衍传》:"开岁发春兮,百卉含英。"

开泰 承平安泰。刘琨《劝进表》:"不胜犬马忧国之情,迟睹人神开泰之路。"柳宗元《为裴中丞上裴相贺破东平状》:"豺狼感化,枭镜怀仁,自致诛夷,以成开泰。"

开天辟地 古代神话说,起初天地混沌一气,像鸡蛋,盘古生其中,一日九变,天日高一丈,地日厚一丈,盘古日长一丈。如此一万八千岁,天地开辟。这是盘古氏开天辟地传说的由来,见《艺文类聚》卷一引徐整《三五历记》。后用"开天辟地"表示以前从未有过,是有史以来第一次。黄周星《补张灵崔莹合传》:"此开天辟地第一吃紧事也。"

开通 开拓使通畅。《礼记·月令》:"开通道路。"引申为通达,不固执守旧。如:思想开通。

开拓 扩充;开展。韩愈《晚秋郾城夜会联句》:"江淮永清晏,宇宙重开拓。"《宋史·陈亮传》:"推倒一世之智勇,开拓万古之心胸。"

开物成务 通晓万物之理,按理办事,得到成功。《易·系辞上》:"夫《易》,开物成务,冒天下之道,如斯而已者也。"孔颖达疏:"言《易》能开通万物之志,成就天下之务。"黄宗羲《艮斋学案》:"永嘉之学,教人就事上理会,步步著实,言之必可行,足以开物成务。"

开悟 ❶领悟;领会。《三国志·吴志·诸葛恪传》:"足下虽有自然之理,然未见大数,熟省此论,可以开悟矣!"❷佛教用语。(1)开,开发;悟,觉悟。意即以佛法教化众生,令其依佛的教义得到觉悟。《法华经·序品》:"照明佛法,开悟众生。"

(2)开,指"破无明";悟,指"见实相"。意即因闻佛法而觉悟。《六祖坛经·忏悔品》:"一众闻法,靡不开悟。"

开心 ❶心情舒畅,愉快。李白《梦游天姥吟留别》:"安能摧眉折腰事权贵,使我不得开心颜。"❷真心相待。《后汉书·马援传》:"且开心见诚,无所隐伏。"❸开通心窍。孙光宪《北梦琐言》卷十:"与汝开心,将来必保聪明。"❹取笑;开玩笑。如:别拿我开心。

开源节流 ❶战国时荀子论述财政收入和生产的关系的理论。《荀子·富国篇》:"故田野县鄙者(指生产)财之本也,垣窌仓廪者(指贮备)财之末也,百姓时和(适时耕种)、事业得叙(序)者货之源也,等赋(按等征赋税)府库者货之流也。"主张"节其流,开其源",以实现"上下俱富"的目标。即国家的财政收入要建立在发展生产的基础上,必须实行发展生产、搏节赋税的政策。❷泛指开辟财源,节省开支。

开张 ❶开放,不闭塞。诸葛亮《出师表》:"诚宜开张圣听,以光先帝遗德,恢宏志士之气。"亦用以形容雄伟开阔之貌。如:气势开张。杜甫《天育骠图歌》:"卓立天骨森开张。"❷开始显露。《白虎通·礼乐》:"阴气开张,阳气始降也。"❸新商店开始营业。❹早上开市。《都城纪胜·市井》:"而五鼓朝马将动,其有趁卖早市者,复起开张。"

开宗明义 《孝经》第一章名。邢昺疏:"开,张也;宗,本也;明,显也;义,理也。言此章开张一经之宗本,显明五孝之义理,故以开宗明义章也。"后指说话写文章一开始就把主要的意思点明。

开罪 因冒犯而得罪。《国策·秦策三》:"范雎曰:'臣东鄙之贱人也,开罪于楚、魏,遁逃来奔。'"

揩(kāi) 擦抹。如:揩桌子;揩眼泪。梅尧臣《送方进士游庐山》诗:"我方尘垢难磨揩。"

锎〔鐦〕(kāi) 化学元素[周期系第Ⅲ族(类)副族元素、锕系元素]。符号 Cf。原子序数98。具强放射性。人工获得的放射性元素(1950 年)。寿命最长的同位素^{251}Cf,半衰期约800年。另一同位素^{252}Cf,半衰期为 2.64 年,能自发裂变产生中子,可用作高通量中子源。

kǎi

岂 〔豈〕(kǎi) 通"恺"。见"岂乐"、"岂弟"。
另见 qǐ。

岂乐 欢乐。《诗·小雅·鱼藻》:"王在在镐,岂乐饮酒。"亦作"恺乐"、"凯乐"。

岂弟 同"恺悌"。和易近人。《诗·小雅·青蝇》:"岂弟君子,无信谗言。"

剀 〔剴〕(kǎi) ❶讽喻。《周礼·春官·大司乐》"以乐语教国子兴道讽诵言语"郑玄注:"道,读曰导。导者,言古以剀今也。"❷见"剀切"。

剀切 切实;切中事理。《新唐书·魏徵传》:"乃展尽底蕴无所隐,凡二百余奏,无不剀切当帝心者。"

凯 〔凱〕(kǎi) ❶军队得胜所奏的乐曲。刘克庄《破阵曲》:"六军张凯声如雷。"参见"凯歌"。❷和乐;欢乐。《汉书·主父偃传》:"天子大凯。"左思《吴都赋》:"汔可休而凯归。"❸和;柔和。见"凯风"。

凯风 和风;南风。《尔雅·释天》:"南风谓之凯风。"《诗·邶风·凯风》:"凯风自南,吹彼棘心。"

凯歌 歌唱胜利。《晋书·乐志上》:"其有短箫之乐者,则所谓王师大捷,令军中凯歌者也。"亦指胜利之歌。于谦《纪梦中作》诗:"来年二三月,伫听凯歌还。"

凯弟 亦作"恺弟"、"岂弟"。和乐貌。《礼记·表记》引《诗》云:"凯弟君子,求福不回。"郑玄注:"凯,乐也;弟,易也。"陆德明释文:"凯,本亦作恺,又作岂。"《诗·大雅·泂酌》:"岂弟君子,民之父母。"

凯旋 军队打了胜仗,奏着胜利的乐曲回来。宋之问《军中人日登高赠房明府》诗:"闻道凯旋乘骑入,看君走马见芳菲。"

垲 〔塏〕(kǎi) 地势高而土质干燥。《左传·昭公三年》:"湫隘嚣尘,不可以居,请更诸爽垲者。"

阁 〔闓〕(kǎi,又读 kāi) ❶开。《汉书·匈奴传上》:"今欲与汉阁大关,取汉女为妻。"颜师古注:"阁,读与开同。"❷即"决"。古射者用以钩弦之具,后俗称"扳指"。《仪礼·大射》"祖决遂"郑玄注:"祖,左免衣也;决,犹阁也,以象骨为之,著右巨指,所以钩弦而阁之也。"❸通"恺"。欢乐。《汉书·司马相如传下》:"昆虫阁怿。"颜师古注引文颖曰:"阁、怿,皆乐也。"

恺 〔愷〕(kǎi) ❶和乐。《庄子·天道》:"中心物恺。"宣颖注:"与物同乐。"❷通"凯"。古代军乐,凯旋献俘时奏之。《周礼·夏官·大司马》:"若师有功,则左执律,右秉钺以先,恺乐献于社。"《左传·僖公二十八年》:"秋七月丙申,振旅,恺以入于晋。"❸通"剀"。见"恺切"。

恺切 同"剀切"。

恺悌 亦作"岂弟"、"恺弟"、"凯弟"。和乐平易。《诗·小雅·蓼萧》:"既见君子,孔燕岂弟。"毛传:"岂,乐;弟,易也。"《礼记·表记》:"《诗》云:'凯弟君子,民之父母。'凯以强教之,弟以说(悦)安之。"《汉书·张禹传》:"而崇(戴崇)恺弟多智。"《三国志·魏志·贾逵传》:"皆言严能鹰扬,有督察之才,不言安静宽仁,有恺悌之德也。"

铠 〔鎧〕(kǎi) 古代战士护身的铁甲;铠甲。如:铁铠;首铠。

萋 (kǎi) 有机化合物。化学式 $C_{10}H_{18}$。其天然物尚未发现。重要的衍生物萋酮,气味像樟脑。

慨 〔嘅〕(kǎi) ❶感慨;叹息。《诗·王风·中谷有蓷》:"有女仳离,慨其叹矣。"高宪《长城》诗:"千古兴亡成一慨。"❷慷慨,无所吝惜。如:慨允。

慨尔 感慨貌。《晋书·习凿齿传》:"徘徊移日,惆怅极多,抚乘踌躇,慨尔而泣。"

慨慨 感叹貌。《楚辞·九叹·远逝》:"情慨慨而长怀兮,信上皇而质正。"

慨然 ❶愤激貌;慷慨貌。《后汉书·范滂传》:"滂登车揽辔,慨然有澄清天下之志。"《北史·李苗传论》:"临难慨然,奋斯大节。"❷感慨貌。《晋书·桓温传》:"〔温〕见少为琅邪时所种柳,皆已十围,慨然曰:'木犹如此,人何以堪!'"

楷 (kǎi) ❶法式;典范。《礼记·儒行》:"今世行之,后世以为楷。"❷取法;效法。《晋书·齐王攸传》:"清和平允,亲贤好施……为世所楷。"❸正体书法,即真书。《晋书·卫恒传》:"上谷王次仲始作楷法。"刘克庄《少日》诗:"腕弱才能小楷书。"
另见 jiē。

楷模 模范;典范。《后汉书·卢植传》:"故北中郎将卢植,名著海内,学为儒宗,士之楷模,国之桢干。"《梁书·庾肩吾传》:"其实文章之冠冕,述作之楷模。"

锴 〔鍇〕(kǎi,又读 jiē) ❶铁的别名;好铁。张衡《南都赋》:"铜锡铅锴。"❷坚。见《方言》第二。

飑 (kǎi) "凯风❶"的专字。《文选·班固〈幽通赋〉》:"飑飑风而蝉蜕兮。"李善注:"南风曰飑风。"

kài

忾 〔愾〕(kài) 愤恨;愤怒。《左传·文公四年》:"诸侯敌王所忾而献其功。"孔颖达疏:"当王所怒,谓往征伐之,胜而献其功也。"
另见 xì。

炌 (kài) 明亮的火。《玉篇·火部》:"炌,明火也。"

愒 (kài) ❶荒废。《左传·昭公元年》:"玩岁而愒日。"❷急。亦作"渴"。《广韵·十四泰》:"《公羊传》云:'不及时而葬曰愒',愒,急也。"按今《公羊传·隐公三年》作"不及时而日,渴葬也"。
另见 hè、qì。

潵 (kài) 通"愒"。旷废。《国语·晋语八》:"今忨日而潵岁,怠偷甚矣。"
另见 kě。

輡 (kài) 同"轞(轞)"。

轞 〔轞〕(kài,又读 kē) 亦作"輡"。象车声,亦借指其他宏大的声音。《论衡·感类》:"雷雨扬轩轞之声。"又《雷虚》:"况闻天变异常之声,轩轞迅疾之音乎!"轩,一说当作"轷"。

kān

刊 〔栞〕(kān) ❶砍;削。《周礼·秋官·柞氏》:"夏日至,令刊阳木而火之。"❷删改;修订。如:刊误;刊正。《晋书·齐王攸传》:"就人借书,必手刊其谬,然后反之。"❸刻;雕刻。《晋书·孙绰传》:"必须绰为碑文,然后刊石焉。"今指排版印刷。如:刊行;停刊。❹出版物。如:期刊;报刊;副刊。

刊落 删除;删削。《后汉书·班彪传》:"其书刊落不尽,尚有盈辞,多不齐一。"李贤注:"刊,削也。谓削落繁芜,仍有不尽。"《新唐书·韩愈传赞》:"刊落陈言。"

戡(kān) ❶同"戡"。《书·西伯戡黎》:"西伯既戡黎。"《说文·戈部》引作"戡黎"。❷通"堪"。《汉书·五行志下之上》:"王心弗戡。"颜师古注引孟康曰:"戡,古堪字。"

看(kān) ❶守护。如:看门;看管;看押。❷监视。如:看管;看押。❸"看(kàn)❶❸❹"的读音。李白《清平调》诗:"名花倾国两相欢,长得君王带笑看。"高适《咏史》诗:"不知天下士,犹作布衣看。"白居易《松下赠琴客》诗:"偶因群动息,试拨一声看。"

另见kàn。

勘(kān,又读kàn) ❶校订;核对。如:校勘;勘验。白居易《题诗屏风绝句》:"自书自勘不辞劳。"❷审问;推究。如:勘问;查勘。《旧唐书·来俊臣传》:"请付来俊臣推勘,必获实情。"❸调查;探测。如:勘察地形;勘探队。

勘误 亦作"刊误"。报刊图书出版后,因文字、图画和内容发生差错而进行的校订更正工作。一般用"更正"或"勘误表"等方式通知读者。

龛〔龕〕(kān) ❶供奉佛像或神像的石室或柜子。如:佛龛;神龛。江总《摄山栖霞寺碑》:"庄严龛像。"又:"龛顶发光。"❷塔下室,用以贮存僧人遗体。贯休《送人归夏口》诗:"倘经三祖寺,一为礼龛坟。"❸通"戡"。平定。《法言·重黎》:"刘龛南阳。"

堪(kān) ❶地面突起处,今通作"墈"。参见"堪舆❷"。❷胜任;禁当。《左传·隐公元年》:"今京不度,非制也,君将不堪。"《论语·雍也》:"人不堪其忧,回也不改其乐。"❸可;能。如:堪以告慰;堪设想。

堪舆 ❶《文选·扬雄〈甘泉赋〉》:"属堪舆以壁垒兮。"李善注引《淮南子》许慎注:"堪,天道也;舆,地道也。"《汉书·扬雄传》颜师古注引张晏曰:"堪舆,天地总名也。"后因以为天地的代称。陆龟蒙、皮日休《开元寺楼看雨联句》:"倏忽堪舆变。"❷即"风水",迷信术数的一种。指住宅基地或坟地的形势,也指相宅、相墓之法。"堪"为高处,"舆"为下处。认为风水与祸福有关。《史记·日者列传》:"孝武帝时聚会占家

问之,某日可取妇乎?五行家曰可,堪舆家曰不可。"

嵁(kān) 见"嵁岩"。

嵁岩 深谷;峭壁。《庄子·在宥》:"故贤者伏处大山嵁岩之下,而万乘之君忧栗乎庙堂之上。"柳宗元《永州新堂记》:"将为穿谷嵁岩渊池于郊邑之中,则必辇山石,沟涧壑,凌绝崄阻,疲极人力,乃可以有为也。"

戡(kān) ❶攻克;平定。《书·西伯戡黎》:"西伯既戡黎,祖伊恐。"❷通"堪"。胜任。《书·君奭》:"惟时二人弗戡。"孙星衍疏:"戡与堪通,《释诂》云:'胜也。'"

戡乱 平定叛乱。《隋书·音乐志下》:"成功戡乱,顺时经国。"亦作"龛乱"。刘峻《辩命论》:"而或者睹汤武之龙跃,谓龛乱在神功。"

kǎn

坎❶〔埳〕(kǎn) 坑;地洞。《后汉书·袁绍传上》:"缯缴充蹊,坑阱塞路。举手挂网罗,动足蹈机坎。"

㊀(kǎn) ❶圹穴。《礼记·檀弓下》:"其坎深不至于泉。"❷敲击乐器声。《诗·陈风·宛丘》:"坎其击鼓。"❸恨。《楚辞·九叹·离世》:"哀仆夫之坎毒兮。"❹酒樽名,形如壶。《尔雅·释器》:"小罍谓之坎。"❺八卦之一,卦形☵,象征水。又为六十四卦之一,坎下坎上。《易·坎》:"象曰:水洊至,习坎。"王弼注:"不以坎为隔绝,相仍而至,习乎坎也。"

坎肩 无袖的上衣。古时也称半臂。南方称背心。《红楼梦》第四十回:"有雨过天青,我做个帐子挂上。剩的配上里子,做些个夹坎肩儿给丫头们穿。"

坎井之蛙 浅井里的青蛙。比喻见识浅陋的人。《荀子·正论》:"浅不足与测深,愚不足与谋知,坎井之蛙不可与语东海之乐。"

坎坎 ❶象声。状砍伐或捶击的声音。《诗·魏风·伐檀》:"坎坎伐檀兮。"《诗·小雅·伐木》:"坎坎鼓我,蹲蹲舞我。"❷空貌。《太玄·穷》:"其腹坎坎。"❸不平。柳宗元《吊屈原文》:"哀余衷之坎坎兮,独蕴愤而增伤。"❹喜悦。《尔雅·释训》:"坎坎,蹲蹲(亦作墫墫),喜也。"梁简文帝《马宝颂》:"怀情坎坎,譬草木之值春风。"

坎轲 同"坎坷"。

坎坷 亦作"坎轲"、"轗轲"、"輡轲"。道路不平坦。《汉书·扬雄传》:"濊南巢之坎坷兮,易幽岐之夷平。"多用以比喻不得志。《楚辞·七谏·怨世》:"年既已过太半兮,然坎轲而留滞。"

坎壈 同"坎廪"。

坎廪 困顿;不得志。《楚辞·九辩》:"坎廪兮贫士失职而志不平。"亦作"坎壈"。杜甫《丹青引》:"但看古来盛名下,终日坎壈缠其身。"

侃〔偘〕(kǎn) ❶刚直。《三国志·魏志·扬阜传》:"每朝廷会议,皇常侃然以天下为己任。"❷和乐貌。《汉书·韦贤传》:"我徒侃尔,乐亦在而。"

侃侃 ❶和乐貌。《论语·乡党》:"朝,与下大夫言,侃侃如也。"❷刚直貌。袁桷《芳思亭》诗:"侃侃尚书公,投绂理泉石。"❸从容不迫。如:侃侃而谈。

砍(kǎn) 猛劈。如:砍柴。《西游记》第六回:"〔真君〕恶狠狠,望大圣着头就砍。"

莰(kǎn) 亦称"莰烷"。樟脑族的脂环烃母体。通式为 $C_{10}H_{18}$。这一族中最重要的含氧衍生物是樟脑。

輡〔輡〕(kǎn) 见"輡轲"。

輡轲 同"坎坷"。

鵨〔鵨〕(kǎn) 见"鵨鴠"。

鵨鴠 鸟名。即"鶡旦"。《方言》第八:"〔鵨鴠〕自关而西秦陇之内谓之鶡鴠。"

欿(kǎn) ❶本义为欲得。见《说文·欠部》。引申为不自满。《孟子·尽心上》:"如其自视欿然,则过人远矣。"❷愁苦貌。《楚辞·哀时命》:"欿愁悴而委惰兮,老冉冉而逮之。"❸通"坎"。坑。《左传·襄公二十六年》:"至则欿用牲,加书征之。"

欿傺 收敛,深藏。《楚辞·九辩》:"收恢台之孟夏兮,然欿傺而沈臧(藏)。"王逸注:"楚人谓住曰傺也。"按《文选》作"坎傺",吕延济注:"陷止也。"恢台,繁盛貌。谓秋冬之际,草木雕落,孟夏繁盛的景象已完全停止。

欿憾 意有不足,引以为恨。《楚辞·哀时命》:"志欿憾而不憺兮。"王逸注:"言己心中欿恨,意识不安。"

歃切　忧伤痛切。《楚辞·哀时命》:"块独守此曲隅兮,然歃切而永叹。"

槛〔檻〕(kǎn)　门下的横木,即门槛。
另见 jiàn。

顑〔顑〕(kǎn)　见"顑颔"。

顑颔　面貌憔悴。《离骚》:"长顑颔亦何伤!"洪兴祖补注:"顑颔,食不饱,面黄貌。"韩愈《送无本师归范阳》诗:"欲以金帛酬,举室常顑颔。"

辒〔轗〕(kǎn)　见"辒轲"。

辒轲　同"坎坷"。道路不平貌,比喻境遇差,不得志。《古诗十九首》:"辒轲长苦辛。"

kàn

砍(kàn)　方言。岩洞。见范成大《桂海虞衡志·杂志》。

看(kàn)　❶眼睛注视一定的对象或方向。如:看报;看齐。❷观察;估量。如:看情况;看风使舵。《晋书·刑法志》:"古人有言曰:'看人设教。'看人设教,制法之谓也。"❸探望;访问。如:看朋友。《韩非子·外储说左下》:"梁车为邺令,其姊往看之。"❹看待。如:看重;看轻;另眼相看。❺照看;当心。如:看着孩子;别跑,看摔着。❻照料;招待。范成大《田家留客行》:"急炊香饭来看客。"❼料理;备办。如:看茶。无名氏《冯玉兰》第二折:"家童,你且看些饭来,与俺食用咱。"❽表示尝试。如:试试看;尝尝看。❾诊治。如:看病。
另见 kān。

看看　犹眼看着,估量时间之辞。有转眼义。柳永《婆人娇》词:"别来光景,看看经岁。"

看朱成碧　谓眼花撩乱,视觉模糊。王僧孺《夜愁示诸宾》诗:"谁知心眼乱,看朱忽成碧。"刘禹锡《赠眼医婆罗门僧》诗:"看朱渐成碧,羞日不禁风。"

衎(kàn)　❶乐;和乐。《诗·小雅·南有嘉鱼》:"嘉宾式燕以衎。"❷通"侃"。耿直貌。《隶释·国三老袁良碑》:"其节衎然忠臣之义。"

衎而　自得之貌。《文选·左思〈吴都赋〉》:"于是乐只衎而,欢饫无匮。"李善注:"《毛诗》曰:'其乐只且。'又曰:'嘉宾式宴以衎。'"

衎衎　❶和乐貌。《易·渐》:"鸿渐于磐,饮食衎衎。"❷耿直貌。《汉书·赵广汉等传赞》:"张敞衎衎,履忠进言。"参见"侃侃❷"。

嵌(kàn)　见"赤嵌"。
另见 qiàn。

壙(kàn)　险陡的堤岸。也指地面突起如墙垣的土堆。如:一道高壙。

䐈(kàn)　凝结的羊血。《说文·血部》:"䐈,羊凝血也。"徐锴系传:"陶氏《本草图》云:'宋时大官作䐈,削藕皮落其中,血不凝,知藕之散血。'然则䐈,血羹也。"

闞〔闞〕(kàn)　❶望。嵇康《琴赋》:"邪睨昆仑,俯闞海湄。"❷古地名。春秋鲁地。在今山东汶上县西南南旺湖中。《春秋·桓公十一年(公元前 701 年):"公会宋公于闞。"❸姓。三国时吴有闞泽。
另见 hǎn。

䠶(kàn)　同"看"。

暵(kàn)　日出貌。戴埴《鼠璞·扶桑》:"东坡云:'一醉扶桑暵,半夜扶桑开。'"

磤(kàn)　岩崖之下。见《广韵·五十三勘》。

矙〔矙〕(kàn)　❶俯视。如:鸟矙。《后汉书·光武帝纪上》:"云车十余丈,矙临城中。"❷远望。《汉书·扬雄传上》:"东矙目尽。"❸窥视。《孟子·滕文公下》:"阳货矙孔子之亡也,而馈孔子蒸豚。"

kāng

忼(kāng)　同"慷"。

杭(kāng)　通"康"。见"杭庄"。
另见 háng。

杭庄　平坦的大路。《管子·轻重丁》:"决瓅洛之水,通之杭庄之间。"戴望《管子校正》引王念孙曰:"杭,当为抗。抗古读若康,抗庄即康庄。"

硑(kāng)　见"硑磤"。

硑磤　雷声。张衡《思玄赋》:"凌惊雷之硑磤兮,弄狂电之淫裔。"

康(kāng)　❶安;乐。《文选·屈原〈离骚〉》:"日康娱而自忘兮。"李善注:"康,安也。"《诗·唐风·蟋蟀》:"蟋蟀在堂,岁聿其莫。今我不乐,日月其除;无已大康,职思其居。"毛传:"康,乐。"❷康健。古乐府《孔雀东南飞》:"四体康且直。"❸广大之意。见"康庄"。❹褒扬;称颂。《易·晋》:"是以康侯用锡马蕃庶。"王弼注:"康,美之名也。"《礼记·祭统》:"康周公,故以赐鲁也。"❺空;荒。《穀梁传·襄公二十四年》:"四穀不升谓之康。"❻旧地区名。也名喀木。西藏四部中最东一部。约当今四川康定、理塘、巴塘和西藏昌都地区。1924 年建西康省,亦简称康。❼姓。古代康居人或康国人来中国,有的就以康为姓,如汉有康孟详(康居人),唐有康谦(康国人)。
另见 kāng。

康瓠　破裂的空瓦壶。比喻庸才。《史记·屈原贾生列传》:"斡弃周鼎兮宝康瓠。"

康回　神话人物。屈原《天问》:"康回冯怒,地何故以东南倾?"王逸注引《淮南子》,以康回为共工之名。

康居　❶古西域国名。东界乌孙,西达奄蔡,南接大月氏,东南临大宛,地甚广大,约在今巴尔喀什湖和咸海之间,南及今阿姆河北。王都卑阗城,故址可能在今乌兹别克斯坦东境塔什干一带。名见《汉书·西域传》。也当中西交通道路中段要冲,张骞通西域后,与西汉建立交通关系,至晋不断。南北朝时,役属于嚈哒。❷唐羁縻都督府名。永徽时在康国置,故地在今乌兹别克斯坦撒马尔罕城。约公元 8 世纪中叶后,因大食势力东进而废弃。

康乐　❶安乐。《汉书·礼乐志》:"闰诸嫚易之音作,而民康乐。"颜师古注:"闰,广也;谐,和也;嫚易,言不急刻也。"❷舞曲名。《史记·孔子世家》:"于是选齐国中女子好者八十人,皆衣文衣而舞《康乐》。"

康宁　平安;没有疾病患难。《汉书·元帝纪》:"黎庶康宁,考终厥命。"

康衢　四通八达的大路。《尔雅·释宫》:"四达谓之衢,五达谓之康。"《列子·仲尼》:"尧乃微服游于康衢。"

康庄　宽阔平坦、四通八达的道路。如:康庄大道。《尔雅·释宫》:"五达谓之康,六达谓之庄。"《史记·孟子荀卿列传》:"自如淳于髡以下,皆命曰列大夫,为开第康庄之衢。"

漮(kāng)　空,特指萝卜脱水中空。《说文·水部》:"漮,水虚也。"**段玉裁**注:"《释诂》曰:'㡣,虚也。'虚,**师古**引作空。从康之字皆训为虚。"《方言》第十三:"㡣,空也。"**章太炎**《新方言·释词》:"《尔雅》:'㡣,虚也。'《方言》:'康,空也。'古通以康为之。**江淮**间谓芦菔受冻中虚曰康。"

慷 (kāng,旧读 kǎng) 亦作"忼"。感慨。**曹操**《短歌行》:"慨当以慷,忧思难忘。"参见"慷慨"

慷慨 亦作"忼慨"。❶意气激昂。如:慷慨陈词;慷慨就义。《后汉书·齐武王缜传》:"性刚毅,慷慨有大节。"❷胸襟开阔。《后汉书·冯衍传下》:"独慷慨而远览兮,非庸庸之所识。"❸感慨;悲叹。《古诗十九首》:"一弹再三叹,慷慨有馀哀。"❹不吝啬;大方。如:慷慨解囊。《水浒传》第五回:"**鲁智深**见**李忠**、**周通**不是个慷慨之人,作事悭吝,只要下山。"

康 (kāng) 见"康㡣"。

康㡣 亦作"槺梁"。屋宇空阔貌。**司马相如**《长门赋》:"委参差以槺梁。"**徐锴**《说文解字系传》引作"康㡣",云:"屋虚大也。"按"康㡣"本字,"槺梁"借字。

槺 (kāng) 见"槺梁"。

槺梁 同"康㡣"。虚空貌。《文选·司马相如〈长门赋〉》:"施瑰木之槺梁兮,委参差以槺梁。"**李善**注:"《方言》曰:'㡣,虚也。'㡣与'槺'同。"

糠 〔穅、粇〕(kāng) 从稻、麦等谷物上脱下的皮、壳。《汉书·贡禹传》:"妻子糠豆不赡,裋褐不完。"**高明**《琵琶记·糟糠自厌》:"糠和米本是相依倚,被簸扬作两处飞。"

糠粃 米糠和瘪谷。比喻微末无用的人或物。《晋书·孙绰传》:"尝与习凿齿共行,绰在前,顾谓凿齿曰:'沙之汰之,瓦石在后。'凿齿曰:'簸之扬之,糠粃在前。'"亦作"粃糠"。

糠覈 糠里的粗屑,指粗食。《汉书·陈平传》:"人或谓平:'贫何食而肥若是?'其嫂疾平之不亲家生产,曰:'亦食糠覈耳。'"亦作"糠覈"、"糠籺"。**杜甫**《驱稚子摘苍耳》诗:"黎民糠籺窄。"**韩愈**《马猒谷》诗:"马猒谷兮士不猒糠籺。"猒,通"饜",吃饱。

鱇 〔鱇〕(kāng) 见"鮟鱇"。

káng

扛 (káng) 以肩承物。如:扛枪。
另见 gāng。

邟 (káng) 见"邟乡"。

邟乡 古地名。在今**河南汝州市**东。**东汉**时,**黄琼**、**袁绍**曾封为邟乡侯。

抗 (káng) 通"扛"。担当。《官场现形记》第十一回:"各式事情,兄弟都替他抗下来了。"
另见 kàng。

kǎng

骯 〔骯〕(kǎng) 见"骯脏"。
另见 āng,háng。

骯脏 同"抗脏"。高亢刚直貌。**元好问**《古意》诗:"梗楠千岁姿,骯脏空谷中。"**文天祥**《得儿女消息》诗:"骯脏到头方是汉,娉婷更欲向何人!"

kàng

亢 (kàng) ❶高。《庄子·人间世》:"与豚之亢鼻者。"❷高傲。如:不亢不卑。❸过甚;极度。见"亢旱"、"亢阳"。❹通"抗"、"伉"。匹敌;相当。**扬雄**《赵充国颂》:"料敌制胜,威谋靡亢"引申为刚强。见"亢直"。❺蔽护。见"亢宗"。❻星名,二十八宿之一。见"亢宿"。❼姓。**明代**有**亢良玉**。
另见 gāng,gēng。

亢旱 大旱。《后汉书·杨赐传》:"故**殷汤**以之自戒,终济亢旱之灾。"**归有光**《与嘉定诸友书》:"比因亢旱,家人乏食。"

亢礼 同"抗礼"。谓以彼此平等之礼相待。《汉书·高帝纪下》:"异日秦民爵公大夫以上,令丞与亢礼。"

亢宿 ❶星官名。亦称"亢"。二十八宿之一。有室女座 κ、ι、φ、λ 四星。❷天区名。按《步天歌》,内有亢、大角、折威、摄提、顿顽、阳门等星官。

亢阳 阳极盛。"阳"与"阴"相对。《易·乾》"上九,亢龙有悔"**孔颖达**疏:"上九,亢阳之至,大而极盛。"也指久晴不雨,阳光炽盛。**成公绥**《啸赋》:"济洪灾于炎旱,反亢阳

于重阴。"

亢直 亦作"伉直"。刚直;正直不屈。《三国志·魏志·杜畿传》:"论议亢直。"

亢宗 本指庇护宗族。《左传·昭公元年》:"**大叔**曰:'吉不能亢身,焉能亢宗?'"**杜预**注:"亢,蔽也。"旧谓光宗耀祖。如:亢宗之子。**龚自珍**《农宗》:"本不百亩者进而仕,谓之亢宗之农。"

伉 (kàng) ❶骄纵。《韩非子·亡徵》:"太子轻而庶子伉。"❷通"抗"。抵挡。《国策·秦策一》:"天下莫之能伉。"❸对等;匹敌。见"伉礼"、"伉俪"。❹通"闶"。高大貌。《诗·大雅·绵》:"皋门有伉。"❺通"亢"。刚直。《法言·吾子》:"事胜辞则伉,辞胜事则赋。"参见"伉直"。❻姓。**汉代**有**伉喜**。

伉礼 以彼此平等的礼节相待。《庄子·渔父》:"见夫子未尝不分庭伉礼。"亦作"亢礼"。今多作"抗礼"。

伉俪 夫妻;配偶。《左传·成公十一年》:"己不能庇其伉俪而亡之。"**孔颖达**疏:"伉俪者,言是相敌之匹耦。"

伉直 "伉"亦作"亢"。刚直。《史记·仲尼弟子列传》:"**子路**性鄙,好勇力,志伉直。"

坑 〔阬〕(kàng) 通"炕"。用土、坯等砌成的睡觉的台。《旧唐书·高丽传》:"其俗贫窭者,多冬月皆作长坑,下燃煴火以取暖。"
另见 kēng。

抗 (kàng) ❶抵抗;抵御。如:抗旱;抗日战争。❷匹敌。《南史·谢瞻传》:"瞻文章之美,与从叔**琨**、族弟**灵运**相抗。"❸收藏。《周礼·夏官·服不氏》:"宾客之事则抗皮。"**郑玄**注引郑司农曰:"谓宾客来朝聘布皮帛者,服不氏主举藏之。"❹举起。《礼记·乐记》:"歌者上如抗,下如队(坠)。"**孔颖达**疏:"上如抗者,言歌声上响,感动人意,使之如似抗举也。"❺通"亢"。高;高尚。《淮南子·说山训》:"申徒狄负石自沉于渊,而溺者不可以为抗。"**高诱**注:"抗,高也。"❻姓。**后汉**有**抗徐**。
另见 káng。

抗礼 亦作"亢礼"。谓彼此以平等的礼节相待。《史记·刘敬叔孙通列传》:"岂尝闻外孙敢与大父抗礼者哉!"参见"分庭抗礼"。

抗论 ❶直言不阿。《后汉书·陈

蕃传论》:"桓灵之世,若陈蕃之徒,咸能树立风声,抗论偕俗。"❷言论上相对抗。《晋书·孙盛传》:"于时殷浩擅名一时,与抗论者,惟盛而已。"

抗疏　谓臣子对君命或廷议有所抵制,上疏极谏。扬雄《解嘲》:"独可抗疏,时道是非。"杜甫《秋兴》诗:"匡衡抗疏功名薄,刘向传经心事违。"

抗行　抗,通"亢"。高尚的品行。曹丕《连珠》:"盖闻琴瑟高张,则哀弹发;节士抗行,则荣名至。"

抗颜　犹言正色,谓态度严正。柳宗元《答韦中立论师道书》:"独韩愈奋不顾流俗,犯笑侮,收召后学,作《师说》,因抗颜而为师。"

抗议　谓持论正直。《后汉书·何敞传论》:"袁、任二公,正色立朝;乐、何之徒,抗议柱下。"后指对别人的言论或行动提出强烈的反对意见。《宋史·乔维岳传》:"监军何承矩、王文宝欲尽屠其民,燔府库而遁,维岳挺然抗议。"

抗直　亦作"亢直"。刚直不屈。《北史·柳庆传》:"天性抗直,无所回避。"

抗志　高尚的志气。《晋书·夏统传》:"有大禹之遗风,太伯之义让,严遵之抗志,黄公之高节。"亦谓坚持高尚的志气。《孔丛子·抗志》:"屈己则制于人,抗志则不愧于道。"

园（kàng）　方言。藏。见《集韵·四十二宕》。

犰（kàng）　❶健犬。见《说文·犬部》。引申为健壮。《广雅·释诂》:"犰,健也。"❷兽名;性状如猿猱,可供驱使。见《正字通·犬部》。

阆〔阆〕（kàng,又读 kāng）　门高大貌。左思《魏都赋》:"古公草创而高门有阆,宣王中兴而筑室百堵。"

炕㊀〔匟〕（kàng）　北方人用土坯或砖头砌成的一种床,底下有洞,可以生火取暖。

㊁（kàng）　❶掘坑生火。《诗·小雅·楚茨》"或燔或炙"孔颖达疏:"或炕火贯炙之。"❷通"抗"。举起。扬雄《甘泉赋》:"炕浮柱之飞榱兮,神莫莫而扶倾。"❸断绝。扬雄《解嘲》:"〔蔡泽〕西揖强秦之相而搤其咽,炕其气而拊其背,夺其位,时也。"

另见 hāng。

钪〔钪〕（kàng）　化学元素[周期系第Ⅲ族(类)副族元素]。稀土元素之一。符号 Sc。原子序数21。银白色金属。质软。是稀土元素中碱性最弱的一个。易溶于酸。一般在空气中迅速氧化而失去光泽。主要存在于极稀少的钪钇石中。可用以制特种玻璃、半导体器件及轻质耐高温合金等。

康（kàng）　通"亢"。高举。《礼记·明堂位》:"崇坫康圭,疏屏。"郑玄注:"又为高坫,亢所受圭奠于上焉。"孔颖达疏:"亢,举也。"

另见 kāng。

kāo

尻（kāo）　❶脊骨的末端;臀部。如:尻骨。韩愈《祭河南张员外文》:"走官阶下,首下尻高。"❷家畜外形部位名称。以髋骨、荐骨和部分尾椎骨为基础,前连腰,下接股。尻是推动后肢运步的重要部位。

脲（kāo）　同"尻"。

kǎo

考㊀（kǎo）　❶老。《新唐书·郭子仪传》:"富贵寿考。"❷称已死的父亲。如:显考;先考。欧阳修《泷冈阡表》:"惟我皇考崇公,卜吉于泷冈之六十年,其子修始克表于其阡。"古时也称在世之父为考。参见"考妣"。❸成;落成。《左传·隐公五年》:"考仲子之宫。"❹终。《楚辞·九叹·怨思》:"身憔悴而考旦兮,日黄昏而长悲。"王逸注:"考,犹终也。"❺玉上的斑点、裂纹。《淮南子·说林训》:"白璧有考,不得为宝,言至纯之难也。"高诱注:"考,衅污也。"

㊁〔攷〕（kǎo）　❶查核;考试。如:查考;稽考;大考。《书·舜典》:"三载考绩,三考黜陟幽明。"❷思虑;研求。如:思考;研考。❸敲。《诗·唐风·山有枢》:"子有钟鼓,弗鼓弗考。"❹通"拷"。《后汉书·郎𫗧传》:"又恭陵火灾,主名未立,多所收捕,备经考毒。"

考妣　父母死后的称谓。《礼记·曲礼下》:"生曰父,曰母,曰妻;死曰考,曰妣,曰嫔。"《书·舜典》:"百姓如丧考妣。"古时亦用以称在世的父母。《尔雅·释亲》:"父曰考,母曰妣。"郭璞注引《苍颉篇》:"考妣延年。"

考察　❶调查审察;考查观察。《汉书·平帝纪》:"二千石选有德义者以为宗师,考察不从教令、有冤失职者。"❷对官员政绩的考核。《晋书·杜预传》:"设官分职,以颁爵禄;弘宣六典,以详考察。"

考成　考核官吏的政绩。《清朝文献通考·田赋考一》:"顺治六年,始定州县以上官以劝垦为考成。"参见"考绩"。

考订　考核订正。一般用于研究古书古事的真伪异同。马端临《文献通考自序》:"有如杜书纲领宏大,考订该洽,固无以议为也。"杜书,指杜佑《通典》。

考绩　犹考成。考核官吏的政绩。《书·舜典》:"三载考绩,三考黜陟幽明。"《春秋繁露·考功名》:"考绩之法,考其所积也。"后亦指考核一般工作人员的成绩。

考据　也叫"考证"。研究历史、语言等的一种方法。根据事实的考核和例证的归纳,提供可信的材料,作出一定的结论。考据方法主要是训诂、校勘和资料搜辑整理。清代乾隆、嘉庆两朝,考据之学最盛,后世称为考据学派,或乾嘉学派。

考课　古时按一定的标准考察官吏的功过善恶,分别等差,升降赏罚,谓之"考课"。三国魏明帝令刘劭作都官考课之法七十二条。见《通典·选举三》。唐代考课之法,有"四善"、"二十七最"。见《新唐书·百官志一》。宋代置审官院,考课中外职事,后掌京朝官考课事;置考课院掌幕职州县官考课事。见《宋史·选举志六》。

考语　考查工作成绩、品德行为的评语。《清朝通典·选举五》:"康熙元年五月,敕京察考满,俱著堂官详加察议,注定考语。"

考证　即考据。刘因《夏日饮山亭》诗:"人来每问农桑事,考证床头种树篇。"姚鼐《复秦小岘书》:"天下学问之事,有义理、文章、考证三者之分,异趋而同为不可废。"参见"考据"。

考终　亦作"考终命"。老寿而死;善终。《书·洪范》:"五福……五曰考终命。"潘岳《杨荆州诔》:"考终定谥。"

拷（kǎo）　❶拷打。如:三拷六问。《魏书·刑罚志》:"不听非法拷人。"❷拷绸的略称。如:香云拷;生丝拷。

拷鞫 亦称"拷讯"。中国古代刑讯逼供的制度。始自奴隶社会,到封建社会逐渐规范化。在法律上有一些限制,如唐律规定,"必先以情,审察辞理,反复参验,犹未能决,事须讯问者,立案同判,然后拷讯","诸拷囚不得过三度,数总不得过二百,杖罪以下不得过所犯之数"。但在实际上,往往漫无限制,且以法外的方式和刑具残酷地折磨人犯,"囚不胜苦,皆诬伏",造成冤假错案。

拷讯 即"拷鞫"。

栲(kǎo) ❶壳斗科,栲属(*Castanopsis*)植物的泛称。常绿乔木。叶互生,常两列,有锯齿或全缘,羽状脉。花序为直立柔荑花序,有时分枝。壳斗通常近球形,少数为杯形,苞片为针刺、鳞片或瘤状突起,密生或疏生,壳斗成熟时规则或不规则开裂,稀不裂,具1~3个坚果。主产于亚洲热带及亚热带地区;中国约有70种,分布于长江以南各地。木材坚实,纹理致密,供建筑、枕木、车船等用材;壳斗和树皮含鞣质。有红栲、南岭栲、甜槠、苦槠等。❷见"栲栳"。

栲栳 亦作"箸箸"。❶用竹篾或柳条编成的盛物器具。唐寅《题崔娘像》诗:"琵琶写语番成怨,栲栳量金买断春。"❷指弯曲像栲栳的形状。《元史·舆服志》:"玉辂,青质金装,青绿藻井,栲栳轮盖。"《西湖佳话·岳坟忠迹》:"前面突出大队人马,将栲栳圈围将转来厮杀,金兵三面受敌。"

烤(kǎo) ❶用火烘熟或烘干:如:烤白薯;烤衣服。❷向火取暖。如:烤火。

箸(kǎo) 见"箸箸"。

箸箸 同"栲栳"。用竹篾或柳条编成的盛物器具。

熇(kǎo) 用火烘熇。同"烤"。另见 hè,xiāo。

薨(kǎo) 干的食品。《周礼·天官·庖人》:"凡其死、生、鲜、薨之物,以共王之膳,与其荐羞之物。"薨,谓干肉。又《天官·䱷人》:"辨鱼物,为鲜、薨。"薨,谓干鱼。《礼记·内则》:"堇、荁、枌、榆、兔、薨。"薨,谓干的调味品。

另见 hāo。

kào

铐〔銬〕(kào) 拘手的刑具。如:手铐;镣铐。也指加手铐。如:把他铐起来。

焅(kào) 用文火烹煮食物,使汤汁变浓。吴自牧《梦粱录·分茶酒店》:"软羊焅腰子,盐酒腰子。"

另见 kù。

犒(kào) 本谓以牛酒宴饷军士,引申为酬赏劳绩的通称。如:犒劳;犒赏。《左传·僖公三十三年》:"〔郑商人弦高〕以乘韦先,牛十二,犒师。"

犒劳 慰劳。《吕氏春秋·悔过》:"使人臣犒劳以璧,膳以十二牛。"

鲓〔鮳〕(kào) 小型鱼类干制食品的总称。经腌制或煮熟后晒干而成。如龙头鲓等。

靠(kào) ❶倚着;挨着。林逋《和陈湜赠希社师》诗:"瘦靠阑干搭梵襟。"引申为依靠、倚仗。如:扳船全靠老梢公。❷接近。《宣和遗事·前集》:"那是靠午时分,押〔贾奕〕往市曹。"❸信赖。如:这些人一定靠得住。❹传统戏曲服装。剧中古代将士的铠甲。靠身有前后两片,满绣鱼鳞纹,腹部绣一大虎头,称"靠肚"。护腿两块,称"靠牌子"。背后插三角形小旗四面,称"靠旗"。不用靠旗的靠称"软靠"。女将所穿"女靠",式样大致相同,靠身下缀彩色飘带,靠内衬战裙。

鐃(kào) 同"铐(銬)"。

kē

坷(kē) 见"坷垃"。另见 kě。

坷垃 亦作"坷拉"。土块。

苛(kē,旧读 hé) ❶苛刻;繁细。如:苛求。《汉书·高帝纪上》:"父老苦秦苛法久矣。"参见"苛礼"。❷骚扰。《国语·晋语一》:"朝夕苛我边鄙。"❸通"疴"。疥疮。《礼记·内则》:"疾痛苛痒。"郑玄注:"苛,疥也。"

另见 hē。

苛察 以烦琐苛刻为明察。《庄子·天下》:"君子不为苛察。"《后汉书·鲁恭传》:"而州郡好以苛察为政。"

苛礼 苛繁的礼节。《史记·韩长孺列传》:"今太后以小节苛礼责望梁王。"

苛碎 犹苛细。《三国志·魏志·梁习传》:"苛碎无大体。"《晋书·文帝纪》:"帝蠲除苛碎,不夺农时,百姓大悦。"

苛细 苛刻烦琐。《后汉书·宣秉传》:"务举大纲,简略苛细。"

苛政猛于虎 《礼记·檀弓下》载:孔子过泰山,见一妇人在坟前悲哭,使子路问之,妇人曰,公公、丈夫和儿子先后为虎所害,孔子问何不离此,妇人答:无苛政。孔子对门人曰:"小子识之,苛政猛于虎也。"政,通"征"。意谓繁重的赋税和徭役比老虎还要凶暴可怕。见王引之《经义述闻》卷十四。后也用以指政令的烦酷。

匼(kē) ❶洞穴。《文选·郭璞〈江赋〉》:"鼓匼窟以漰渤。"李善注:"匼,亦窟之类也。"❷擪,用手指按捺。

匼(kē) 见"匼匝"。另见 ǎn,ē。

匼匝 周匝;环绕。江淹《江上之山赋》:"鼋鼍兮匼匝。"罗虬《比红儿》诗:"匼匝千山与万山。"

呵(kē) 译音字。如:呵叻(泰国城市名)。

另见 a,hā,hē。

珂(kē) ❶似玉的美石。见《玉篇·玉部》。❷马勒上的装饰品。《西京杂记》卷二:"或一马之饰值百金,皆以南海白蜃为珂。"因以为马勒的代称。梁简文帝《采桑》诗:"连珂往淇上。"

珂里 对别人乡里的敬称。参见"鸣珂里"。

珂罗版 译自英文 collotype。照相平印版之一。用厚磨砂玻璃作版材,故又名"玻璃版"。制版时,以无网阴图底片覆在涂有感光胶的玻璃片上曝光,因各部分胶膜感光后硬化程度不同,湿润后形成不规则的纤细皱纹,具有不同的吸墨能力,故能表达原作的浓淡层次,使复制品的色调酷似原稿,适宜复制单色或彩色绘画、手迹和重要文献等。

珂乡 犹珂里。对别人乡里的敬称。参见"鸣珂里"。

珂珬 宝石名。《文选·左思〈吴都赋〉》:"致远流离与珂珬。"李周翰注:"流离、珂珬皆宝名。"

苛〔藹〕(kē) ❶草名。王筠《说文解字句读·艸部》:"或即莴苣。"❷空貌。《诗·卫风·考槃》:"硕人之薖。"毛传:"薖,宽大貌。"郑玄笺:"薖,饥意。"朱骏声《说文通训定声·随部》以为借作"窠",释为空。

柯（kē）❶亦称"石柯"。壳斗科,柯属(*Lithocarpus*)植物的泛称。常绿乔木。叶螺旋状排列,叶片基部对称或不对称。花单性,雌雄同株;柔荑花序,雌雄花异序或同序。果实为坚果。壳斗杯形或半圆形而包围坚果下部,或圆形而全包坚果,无刺,成熟时不开裂或顶部破裂。分布于亚洲东部和南部;中国产于东南部至西南部。木材坚实,为建筑、舟车、枕木等的优良用材;种子含淀粉;壳斗含鞣质。❷草木的枝茎。《文选·张衡〈西京赋〉》:"濯灵芝以朱柯。"薛综注:"朱柯,芝草茎赤色也。"❸斧柄。《诗·豳风·伐柯》:"伐柯如何? 匪斧不克。"毛传:"柯,斧柄也。"❹碗、盂一类器皿。《荀子·正论》:"卫人用柯,齐人用一革。"《方言》第五:"碗谓之盂……盂谓之柯。"❺春秋地名。在今山东东阿县西南。❻姓。

轲〔軻〕（kē）❶接轴车。见《说文·车部》。❷通"坷"。见"轗轲"。

科（kē）❶程度;等级。《论语·八佾》:"射不主皮,为力不同科。"朱熹注:"科,等也。"❷科举制取士的规格和年份。如:登科;父子同科。参见"科第"、"科目❶"。❸原意为判处刑罚。汉代为扩大某些法律条文的适用范围,或改变原来规定的刑罚,常在一些法律条文下面增加有关处刑的规定,这种规定亦称科,成为一种独立的法律形式。为数颇多,如《后汉书·张敏传》载,汉律中"轻侮"罪的"科"曾增至四五百条。❹征税或判刑。如:科税;科刑。《宋史·徽宗纪》:"诏诸路疑狱,当奏而不奏者,科罪。"❺课程或业务的类别。如:工科;文科;内科;外科。❻机关按工作性质分设的管理单位。如:人事科;总务科。❼科(英family,拉Familia)。生物分类系统上所用的等级之一。❽"科泛"的简称。❾通"窠"。坑穴。《太玄经·从》:"从水满科,不自越也。"❿通"空"。特指树木中空。《易·说卦》:"〔离〕其于木也,为科,上槁。"孔颖达疏:"木既中空者,上必枯槁也。"⓫通"棵"。陈与义《秋雨》诗:"菜圃已添三万科。"⓬砍。白居易《偶吟二

首》:"晴教晒药泥茶灶,闲看科松洗竹林。"

科班 旧时训练戏曲艺徒的机构。大都是民办。训练期限一般为七到十年。着重从小锻炼基本功,重技术训练;学习一两年后即逐步参加演出,通过舞台实践提高艺技。曾培养出一批著名演员。科班艺徒大都按科别统一排名,如富连成社七科的艺徒分别以喜、连、富、盛、世、元、韵作为艺名中的第二个字。后亦泛指正规的教育或训练。如:科班出身。

科比 指法律条文和事例。《后汉书·桓谭传》:"今可令通义理,明习法律者,校定科比。"李贤注:"科谓事条,比谓类例。"

科场 科举考试的场所。《宋史·选举志一》:"太宗即位,思振淹滞,谓侍臣曰:'朕欲博求俊彦于科场中。'"李觏《送王都曹》诗:"高文健笔科场手,白发青衫宦路人。"

科第 ❶评定科别和等第,是汉代选拔、考核官吏的一种制度。《汉书·元帝纪》:"永光元年,……诏丞相、御史举质朴、敦厚、逊让、有行者,光禄岁以此科第郎、从官。"颜师古注:"始令丞相、御史举此四科人以擢用之,而见(现)在郎及从官,又令光禄每岁依此科考校,定其第高下,用知其人贤否也。"❷科举考试。苏轼《和邵同年戏赠贾收秀才》:"生涯到处似檃乌,科第无心摘颔须。"《宋史·选举志一》:"陶穀子邴擢上第。帝曰:'穀不能训子,安得登科第!'"

科泛 亦作"科范",简称"科"。戏曲术语。指元杂剧剧本中关于动作、表情的舞台指示,如笑科、打科、见科等。与南戏、传奇剧本中的"介"相同。

科目 ❶指隋唐以来分科选拔官吏的名目。顾炎武《日知录·科目》:"唐制取士之科,有秀才,有明经,有进士,有俊士,有明法,有明字,有明算,有一史,有三史,有开元礼,有道举,有童子;而明经之别有五经,有三经,有学究一经,有三礼,有三传,有史科,此岁举之常选也。其天子自诏曰制举,……见于史者凡五十余科,故谓之科目。"宋代分科较少,明清虽只设进士一科,仍沿用旧称。❷学校的教育课程。

科条 法令条规。《国策·秦策一》:"科条既备,民多伪态。"《晋书·王濬传》:"濬乃严其科条,宽其徭课。"

科头 谓不戴帽子。《史记·张

仪列传》:"虎贲之士,跿跔科头。"裴骃集解:"科头,谓不著兜鍪入敌。"跿跔,跳跃。王维《与卢员外象过崔处士兴宗林亭》诗:"科头箕踞长松下,白眼看他世上人。"参见"魁头"。

峒（kē） 通作"柯"。系船的木桩。

唘（kē） 同"启"。

荷（kē） 通"苛"。繁琐。《汉书·郦食其传》:"食其闻其将皆握齱好荷礼。"颜师古注:"荷与苛同。苛,细也。"

另见 hé,hè。

砢（kē） 见"砢碜"。

另见 luǒ。

砢碜 肮脏丑恶,使人感到难受。亦作"可碜"。马致远《岳阳楼》第二折:"郭(郭马儿)云:'可碜杀我也!'"参见"寒碜"。

钶〔鈳〕（kē） 化学元素。铌的旧称。

疴〔痾〕（kē,旧读ē） 病。如:沉疴;养疴。韦应物《闲居赠友》诗:"闲居养疴疗。"

铪〔鉿〕（kē） 见"铪匝"。

另见 hā,jiā。

铪匝 同"匼匝"。周匝;环绕。江淹《丽色赋》:"紫帷铪匝,翠屏环合。"王翰《春女行》:"红轩铪匝垂纤罗。"

棵（kē） 植物一株或一本之称。如:一棵树;一棵菜。

捔（kē） 见"捔𪖏"。

捔𪖏 亦作"科椭"。秃貌。《淮南子·说山训》:"髡屯犁牛,既捔以𪖏。"高诱注:"捔,无角;𪖏,无尾。"王念孙《读书杂志》:"捔、𪖏,当为科、椭,皆秃貌也。"《太玄·穷》:"土不和,木科椭。"范望解:"科椭,枝叶不布。"牛无角,树无枝叶,俱秃貌。

敤（kē） 研治。《说文·攴部》:"敤,研治也。舜女弟名敤首。"段玉裁注:"《〈汉书〉古今人表》:'上下等敤手,舜妹。'颜云:'流俗本作擊',合敤、手二字讹为一字也。按《列女传》云:'舜之女弟繫。'则又擊之讹矣。首、手古同音通用。"

颏〔頦〕（kē） 下巴。韩愈《记梦》诗:"我手承颏肘拄座。"

另见 ké。

碑（kē） 同"颗(顆)"。

䊫（kē） 牛无角。《淮南子·说山训》:"髡屯犁牛,既䊫以

牺。"高诱注："牺，无角。牺，无尾。"

稞（kē）青稞，麦的一种。我国云南西北部、四川西北部、西藏、青海等地栽培。

另见 huà。

窠（kē）❶巢穴；泛指鸟兽昆虫栖息的处所。如：鸟窠；狗窠；蜂窠。左思《蜀都赋》："穴宅奇兽，窠宿异禽。"❷借指人安居或聚会的处所。辛弃疾《鹧鸪天·三山道中》词："抛却山中诗酒窠。"❸通"颗"。黄庭坚《袁州刘司法亦和予摩字诗因次韵寄之》："袁州司法多兼局，日暮归来印几窠。"❹通"稞"。庞元英《文昌杂录》卷一："李冠卿说扬州所居堂前杏一窠极大。"❺篆刻的界格。见"擘窠"。

窠臼 陈旧的格调；老一套。《红楼梦》第七十六回："这'凸'、'凹'二字，历来用的人最少，如今直用作轩馆之名，更觉新鲜，不落窠臼。"亦作"白窠"。黄庭坚《次韵奉答吉老并寄何君庸》："倾杯相见开城府，取意闲谈说白窠。"又作"白科"，参见"白科❷"。

榼（kē）❶古代盛酒或贮水的器具。《左传·成公十六年》："使行人执榼承饮。"《淮南子·氾论训》："雷水足以溢壶榼。"❷鞘，刀剑的套子。《礼记·少仪》："加夫襫与剑焉"孔颖达疏："谓以木为剑衣者，若今刀榼。"

颗〔顆〕（kē）泛指粒状物。白居易《荔枝》诗："燕支掌中颗，甘露舌头浆。"元好问《未开海棠》诗："翠叶轻拢豆颗匀，胭脂浓抹蜡痕新。"也用作粒状物的计数词。李绅《古风两首》："春种一粒粟，秋收万颗子。"

另见 kě，kuǎn。

骱（kē）膝骨。见《集韵·七歌》。

另见 qià。

磕（kē）❶磕碰；敲击。如：磕烟斗。杜牧《大雨行》："云缠风束乱敲磕，黄帝未胜蚩尤强。"❷鼓声。《汉书·扬雄传上》："登长平兮雷鼓磕。"❸叩拜。如：磕头。❹咬开。《红楼梦》第八回："黛玉磕着瓜子儿，只管抿着嘴儿笑。"

磕牙 耍嘴皮；聊天。无名氏《举案齐眉》第三折："咱与你甚班辈，自来不相会，走将来磕牙料嘴。"《聊斋志异·凤阳士人》："何处与人闲磕牙？"

瞌（kē）见"瞌睡"。

瞌睡 困倦欲睡。打盹儿，也叫打瞌睡。欧阳炯《贯休应梦罗汉画歌》："瞌睡山童疑有梦，不知夏腊几多年。"

蝌（kē）见"蝌蚪"。

蝌蚪 亦作"科斗"。蛙、蟾蜍、蝾螈、大鲵、小鲵等两栖动物的幼体。体呈椭圆形，有鳃，尾大而扁，游泳于水中。主食植物性食物。成长时有的先出后肢，继出前肢，如蛙；有的先出前肢，后出后肢，如蝾螈；蝌蚪经变态而成成体。

髁（kē，又读 kuà）❶大腿骨。《说文·骨部》："髁，髀骨也。"段玉裁注："髀骨，犹言股骨也。"❷膝盖骨。见《广韵·八戈》。❸骨的关节端呈圆丘状的部分。

礊（kē）同"磕"。见"礊礊"。

礊礊 水石相击声。《汉书·司马相如传上》："礷石相击，琅琅礊礊。"王先谦补注引王文彬曰："言石之大而且多，水与相击，琅磕作声也。"

ké

壳〔殼〕（ké，读音 qiào）亦作"㱿"。坚硬的外皮。《后汉书·张衡传》："玄武缩于壳中兮。"李贤注："壳，龟甲也。"

壳（ké）同"壳"。

咳〔欬〕（ké，旧读 kài）咳嗽。如：百日咳。见"咳唾"。

另见 hāi，hái。

咳唾 比喻谈吐，言论。《庄子·渔父》："窃待于下风，幸闻咳唾之音。"参见"咳唾成珠"。

咳唾成珠 比喻言谈的珍贵。亦用来比喻文字优美，谓出口即成佳句。梅尧臣《依韵和宋次道》："池塘梦句君能得，咳唾成珠我未闲。"

殼（ké）同"壳（殼）"。

匼（ké）山旁洞穴。《文选·张衡〈南都赋〉》："潜匼洞出。"李善注："匼，山旁洞穴也，言水洞出此穴。"

颏〔頦〕（ké）如：红点颏（鸟名）。

另见 kē。

觳（ké）同"壳（殼）"。

kě

可（kě）❶许可。《孟子·滕文公下》："谓王良，良不可。"❷合宜；好。《汉书·郦通传》："事有适可。"亦指病愈。董解元《西厢记》卷五："百般医疗终难可。"❸能；可以。《论语·学而》："虽百世可知也。"❹堪；值得。如：可爱；可惜；可怜。❺当；正。刘禹锡《生公讲堂》诗："一方明月可中庭。"参见"可可❶"。❻大约。《史记·高祖本纪》："遇刚武侯，夺其军，可四千余人，并之。"❼表反诘。犹言"岂"。张先《梦仙乡》词："花月好，可能常见！"❽表转折。犹言"却"。如：他个子不高，力气可不小。❾表疑问。如：你可知道？❿作语助，表强调。如：你可来了，让我好等啊！

另见 kè。

可儿 犹可人。谓称人心意的人。《世说新语·赏誉》："桓温行经王敦墓边过，望之云：'可儿，可儿！'"

可歌可泣 谓英勇悲壮的事迹值得歌颂赞美，令人感动流泪。鲁迅《且介亭杂文末编·"这也是生活"……》："其实，战士的日常生活，是并不全部可歌可泣的，然而又无不和可歌可泣之部相关联，这才是实际的战士。"

可堪 那堪；怎堪。李商隐《春日寄怀》诗："纵使有花兼有月，可堪无酒又无人。"

可可 ❶恰恰；刚巧。李行道《灰阑记》第一折："可可的我妹子正在门前，待我去相见咱。"❷不关紧要；不在意。柳永《定风波》词："自春来惨绿愁红，芳心是事可可。"薛昭蕴《浣溪沙》词："瞥地见时犹可可，却来闲处暗思量。"❸隐约；模糊。周密《南楼令·次陈君衡韵》词："暗想芙蓉城下路，花可可，雾冥冥。"

可口 味道很合口味。杨万里《夜饮以白糖嚼梅花》诗："剪雪作梅只堪嗅，点蜜如霜新可口。"

可离 芍药的别名。崔豹《古今注·问答释义》："芍药一名可离，故别以赠之。"

可怜 ❶使人怜悯。白居易《卖炭翁》诗："可怜身上衣正单。"❷可爱。古乐府《孔雀东南飞》："自名秦罗敷，可怜体无比。"❸可惜。陈与义《邓州西轩书事》诗："瓦屋三间宽有余,可怜小陆不同居。"❹可怪。陆游《平水》诗:"可怜陌上离离草,一种逢春各较长。"一种,一样。

可能　表推论之辞。❶何至于。李商隐《华清宫》诗:"当日不来高处舞,可能天下有胡尘。"❷难道。王安石《谢安》诗:"谢公才业自超群,误长清谈助世纷。秦晋区区等亡国,可能王衍胜商君!"❸或者;也许。李清照《渔家傲》词:"造化可能偏有意,故教明月玲珑地。"❹能否。齐己《闻沈彬赴吴郡请辟》诗:"可能更忆相寻夜?雪满诸峰火一炉。"❺却能。王安石《绝句呈陈和叔》:"永日终无一樽酒,可能留得故人车。"❻能。《礼记·祭义》:"养可能也,敬为难。"

可念　❶可怜;使人怜悯。《世说新语·德行》:"老翁可念,何可作此!"❷可爱。韩愈《殿中少监马君墓志》:"姆抱幼子立侧,眉目如画,发漆黑,肌肉玉雪可念。"

可人　❶品德可取的人。《礼记·杂记下》:"其所与游辟也,可人也。"孔颖达疏:"可人也者,谓其人性行是堪可之人也,可任用之。"❷犹言可人意,使人满意。黄庭坚《次韵师厚食蟹》诗:"趋跄虽入笑,风味极可人。"

可手　合手;称手。《资治通鉴·晋成帝咸康六年》:"翰(慕容翰)弯弓三石余,矢尤长大,跳(慕容跳)为之造可手弓矢。"

可意　合意;中意。《三国志·魏志·司马芝传》:"与宾客谈论,有不可意,便面折其短,退无异言。"

可憎　❶可憎恶。欧阳修《憎苍蝇赋》:"宜乎以尔刺谗人之乱国,诚可嫉而可憎。"❷可爱之反语。王实甫《西厢记》第四本第一折:"猛见他可憎模样,早医可九分不快。"

可中　假使;如果。陆龟蒙《和袭美寄同年韦校书》诗:"可中寄与芸香客,便是江南地里书。"

坷　(kě)　见"坎坷"、"困坷"。
　另见 kē。

岢　(kě)　见"岢岚"。

岢岚　县名。在山西省西北部、芦芽山西侧。黄河支流岚漪河流贯,同蒲铁路有支线通此。县人民政府驻城关镇。隋置岢岚镇,唐置岚谷县。金为岢岚州治,元废。明改置岢岚县,后又改为州,1912 年复改岢岚县。以岢岚山得名。农产有莜麦、马铃薯、小麦、谷子、玉米等。畜

牧业亦盛。工业有机械、皮革、水泥、纺织、制毯等。名胜古迹有岢岚古城、荷叶坪(芦芽山主峰)。

炣　(kě)　火。见《玉篇·火部》。

嵑　(kě)　见"嵼嵑"。
　另见 jié。

渴　(kě)　❶口干想喝水。《诗·小雅·采薇》:"载饥载渴。"❷比喻急切。如:渴望;渴念。《公羊传·隐公三年》:"不及时而日,渴葬也。"何休注:"渴,喻急也。"
　另见 hé、jié。

渴睡　倦极欲睡。苏轼《王巩清虚堂》诗:"吴兴太守老且病,堆案满前长渴睡。"今通作"瞌睡"。

渴乌　古代吸水器。《后汉书·张让传》:"又作翻车渴乌,施于桥西,用洒南北郊路。"李贤注:"翻车,设机车以引水;渴乌,为曲筒以气引水上也。"按或即今虹吸管之类。

渴仰　殷切期望。《元史·李昶传》:"渴仰之心太切,兴除之政未孚。"亦指仰慕。颜真卿《与李太保帖》:"真卿粗自奉别,渴仰何胜。"

颗　〔颗〕(kě)　土块。见"蓬颗"。
　另见 kē、kuǎn。

㵣　(kě)　同"渴"。
　另见 kài。

kè

可　(kè)　见"可汗"。
　另见 kě。

可汗　亦作"可寒"、"合罕"。古代柔然、突厥、回纥、蒙古等政权最高统治者的称号。公元 3 世纪时鲜卑族中已有此称,但作为最高统治者的称号,始于公元 394 年或稍后。柔然首领社仑称丘豆伐可汗。宋元以后汉文史籍中省称为汗。

克　㊀(kè)　❶能够;胜任。《书·尧典》:"克明俊德,以亲九族。"《诗·大雅·烝民》:"德辀如毛,民鲜克举之。"❷完成。《春秋·宣公八年》:"日中而克葬。"❸战胜攻下。《左传·庄公十年》:"彼竭我盈,故克之。"《三国志·吴志·吴主传》:"权(孙权)西伐黄祖,破其舟车,惟城未克。"❹克制。如:以柔克刚。❺好胜;忌刻。《论语·宪问》:"克、伐、怨、欲不行焉,可以为仁矣。"《左传·僖公九年》:"无好无恶,不忌不克之谓也。"❻旧称"公分"。国际单位制中的质量单位,符

号 g。习惯上亦用作重量单位。1 克= 1/1 000 千克。❼藏族地区的一种量谷物的量器。与斗相似。各地大小不一,一般为 12.5～14 公斤。❽藏族地区的一种重量单位。如称酥油的克,1 克重量约为 3～4 公斤。❾藏族地区计算耕地面积的单位。一克地即可播种一克(斗)种子的土地,约相当于一市亩。

㊁〔剋、尅〕(kè)　❶制胜。参见"生克"。❷严格限定。常指时日言。参见"克日"、"克期"。❸通"刻"。《三国志·吴志·贺齐传》"齐引兵拒击,得盛所失"裴松之注引《江表传》:"谨以克心,非但书诸绅也。"❹消化。如:克食;克化。

克薄　挖苦;讽刺。《红楼梦》第三十五回:"宝钗分明听见黛玉克薄他。"亦作"刻薄"。

克复　用兵力收复失地。《三国志·蜀志·后主传》"营沔北阳平石马"裴松之注引《诸葛亮集》载后主建兴五年诏曰:"除患宁乱,克复旧都。"

克核　苛刻责求。《庄子·人间世》:"克核大至,则必有不肖之心应之。"成玄英疏:"夫克切责核,逼迫太甚,则不善之心欻然自应。"

克己复礼　儒家的修养方法。《论语·颜渊》记载孔子答学生颜渊问"仁"的话:"克己复礼为仁。"方法是"非礼勿视,非礼勿听,非礼勿言,非礼勿动。"意思是约束自己的视听言动,以回复和符合于"礼"的要求。皇侃《义疏》:"克犹约也,复犹反也,言若能自约俭己身,返反于礼中,则为仁也。"

克家　原谓能担当家事。《易·蒙》:"子克家。"后亦称能继承祖先家业的子弟为"克家子"。《金史·世宗下》:"但能不坠父业,即为克家子。"

克期　犹克日。约定或限定日期。如:克期送达;克期完成。《后汉书·钟离意传》:"意遂于道解徒桎梏,恣所欲过,与克期俱至,无或违者。"

克勤克俭　《书·大禹谟》:"克勤于邦,克俭于家。"克,能。谓既勤劳,又节俭。《乐府诗集·梁太庙乐舞辞·撤豆》:"克勤克俭,无怠无荒。"

克日　约定或限定日期。《晋书·羊祜传》:"每与吴人交兵,克日方战,不为掩袭之计。"《南史·宋孝武帝纪》:"〔大明〕七年春正月癸未,诏克日于玄武湖大阅水师。"亦作"刻日"。

果 (kè) 见"解果"。
另见 guǒ,luǒ,wǒ。

刻 (kè) ❶雕刻。如:刻字;刻印。《左传·庄公二十四年》:"刻其桷。"比喻深切印入。如:铭心刻骨。引申为限定。同"克⊖❷"。见"刻日"。❷削除;减损。《荀子·礼论》:"刻生而附死谓之惑。"意谓减损对生者的赡养而增设其死后的丧礼,是惑乱的行为。❸苛严。如:苛刻;刻薄。《史记·孙子吴起列传赞》:"〔吴起〕以刻暴少恩忘其躯。"❹时间单位。古代用漏壶计时,一昼夜共一百刻;今用钟表计时,一小时分四刻。❺时候。如:此刻;即刻。亦指短暂的时间。如:刻不容缓。白居易《早夏游宴》诗:"炎凉随刻变。"

刻板 ❶亦作"刻版"。犹雕板。用木板刻成印刷的底板。《宋史·艺文志一》:"周显德中,始有经籍刻板,学者无笔札之劳,获睹古人全书。"❷比喻呆板、机械,不知变通;陈陈相因。如:刻板文章。

刻本 雕版印刷而成的书本。唐代已有书商、私人和官府刻书。在发展过程中,产生了各种不同的型式:从时代上区别,有宋、金、元、明、清刻本;从地域上区别,有浙江、江苏、安徽、江西、福建、湖北、四川、广东、湖南等各地刻本;从刻书者来区别,有官刻、私刻、坊刻等;从版刻形体上区别,有大字、小字、影刻、巾箱等;从印刷技术上区别,有写刻、朱墨印、多色套印等。刻本图书的流通,对传播和保存祖国文化有重大的作用。

刻薄 ❶冷酷;不厚道。如:尖酸刻薄。《史记·商君列传赞》:"商君其天资刻薄人也。"司马贞索隐:"谓天资其人为刻薄之行;刻谓用刑深刻,薄谓弃仁义,不悃诚也。"❷同"克薄"。挖苦;讽刺。

刻骨铭心 形容记忆极深,永远忘不了。常用为感激之词。刘时中《端正好·上高监司》曲:"万万人感恩知德,刻骨铭心,恨不得展草垂韁。"亦作"刻骨镂心"。《西游记》第八十七回:"虽刻骨镂心,难报万一。"

刻鹄类鹜 《后汉书·马援传》载援诫兄子严敦书:"龙伯高敦厚周慎,口无择言,谦约节俭,廉公有威,吾爱之重之,愿汝曹效之。杜季良豪侠好义,忧人之忧,乐人之乐,清浊无所失,父丧致客,数郡毕至,吾爱之重之,不愿汝曹效也。效伯高不得,犹为谨敕之士,所谓刻鹄不成尚类鹜者也。效季良不得,陷为天下轻薄子,所谓画虎不成反类狗者也。"鹄,天鹅。鹜,鸭子。后以"刻鹄类鹜"比喻模拟相类的人或事物,虽不能逼真,还可得其近似。

刻画 ❶雕制采画器物。《韩非子·诡使》:"綦组、锦绣、刻画,为末作者富。"古人以农事为本,故以手工业为末作。❷深刻细致地描写。黄宗羲《陈葵献偶刻诗文序》:"牢笼景物,刻画悲欢。"参见"刻画无盐"。

刻画无盐 无盐,古代传说中的丑女。刻画,深刻细致地描写。比喻将丑比美,不伦不类。《晋书·周颛传》:"庾亮尝谓颛曰:'诸人咸以君方乐广。'颛曰:'何乃刻画无盐,唐突西施也!'"

刻肌刻骨 形容感受极为深切。曹植《上责躬诗表》:"刻肌刻骨,追思罪戾,昼分而食,夜分而寝。"

刻苦 ❶下苦功;勤勉从事。《宋史·杨徽之传》:"徽之幼刻苦为学。"❷谓自奉俭薄;俭朴。如:生活刻苦。

刻漏 即"漏壶"。古代计时器。杜甫《湖城东遇孟云卿因归刘颢宅宿宴饮散因醉歌》:"岂知驱车复同轨,可惜刻漏随更箭。"

刻木记事 原始的记事方法之一。是对一些民族在尚未发明文字,或文字使用不普遍时,采取在木片、竹片或骨片上刻痕来记录数字、事件和传递信息方法的通称。曾流行于世界许多地区。

刻峭 ❶形容地势陡险。张衡《西京赋》:"下刻峭其若削。"❷苛刻严厉。王褒《四子讲德论》:"宰相刻峭,大理峻法。"❸文笔深刻挺拔。张邦基《墨庄漫录》卷十:"唐人能造奇语者,无若刘梦得作《连州厅壁记》……其他刻峭清丽者,不可概举。"

刻日 同"克日"。限定日期。《宋史·张浚传》:"时金人屯重兵于河南,为虚声胁和,有刻日决战之语。"

刻深 深文刻削。谓刑法严酷。《国策·秦策一》:"法及太子,黥劓其傅。期年之后,道不拾遗,民不妄取,然刻深寡恩,特以强服之耳。"参见"刻薄❶"。

刻丝 亦称"缂丝"。中国传统丝织工艺品之一。盛于宋代。织造时,以细蚕丝为经,色彩丰富的蚕丝作纬,各色纬丝仅于图案花纹需要处与经丝交织,故纬丝不贯穿全幅,而经丝则纵贯织品。旧时刻丝著录所说的"通经断纬",即此。其成品的花纹,正反两面如一。中国刻丝历史悠久,清故宫中藏有五代后梁遗物。明清以来的刻丝题材,多系仿制古代的人物、山水、花鸟等绘画作品,技艺极高。主要产地苏州。

刻丝交织图

刻削 ❶雕刻与刮削。《国策·齐策三》:"今子,东国之桃梗也,刻削子以为人。"❷剥夺;侵害。《史记·孝景本纪赞》:"至孝景不复忧异姓,而晁错刻削诸侯。"《南史·沈客卿传》:"客卿每立异端,唯以刻削百姓为事。"❸刻薄。《史记·秦始皇本纪》:"事皆决于法,刻削毋仁恩和义。"

刻意 ❶极意;用尽心思。如:刻意经营;刻意求工。《文心雕龙·通变》:"今才颖之士,刻意学文。"❷克制意欲。《后汉书·党锢传序》:"夫刻意则行不肆,牵物则其志流。"

刻舟求剑 《吕氏春秋·察今》:"楚人有涉江者,其剑自舟中坠于水,遽契其舟曰:'是吾剑之所从坠。'舟止,从其所契者入水求之。舟已行矣,而剑不行,求剑若此,不亦惑乎?"契,义同"刻"。后因以"刻舟求剑"比喻拘泥固执,不知变通。《红楼梦》第一百二十回:"似你这样寻根究底,便是刻舟求剑、胶柱鼓瑟了。"

刻烛 《南史·王僧孺传》:"竟陵王子良(萧子良)尝夜集学士,刻烛为诗,四韵者则刻一寸,以此为率。"后用为诗才敏捷的典故。吴伟业《西泠闺咏》:"卖珠补屋花应满,刻烛成篇锦不如。"

恪 (kè,旧读 què) ❶谨慎;恭敬。《诗·商颂·那》:"执事有恪。"《新唐书·崔元综传》:"性恪慎,坐政事堂,束带终日不休偃。"❷姓。晋代有恪启。

客 (kè) ❶来宾;客人。《礼记·曲礼下》:"主人敬客,则先拜客。"《后汉书·孔融传》:"坐上客常满。"《古诗十九首》:"客从远方来。"❷旅居他乡作客。《古诗十九首》:"客行虽云乐,不如早旋归。"杜甫《去蜀》诗:"五载客蜀郡,一年居梓州。"❸门客。旧指寄食于贵族豪门的人。《史记·魏公子列传》:"诸侯以公子贤,多客,不敢加兵谋魏十余年。"❹称专门从事某种活动的人。如:侠客;捐客。《后汉书·马廖传》:"吴王好剑客,百姓多创瘢。"❺

以客礼相待。《国策·齐策四》："于是乘其车，揭其剑，过其友曰：'孟尝君客我。'"❻非职业的。见"客串"。❼纯然在外的。如：客观。亦谓自外攻入。《国语·越语下》："天时不作，弗为人客。"韦昭注："攻者为客。"《素问·玉机真藏论》："今风寒客于人，使人毫毛毕直。"❽过去的。如：客岁（指去年）。❾姓。汉代有客孙。

客串 戏曲术语。非职业演员或非本班社演员临时参加演出，称为"客串"。

客馆 ❶招待宾客的处所。《左传·僖公三十三年》："郑穆公使视客馆，则束载，厉兵，秣马矣。"《西京杂记》卷四："平津侯自以布衣为相，乃开东阁，营客馆，以招天下之士。"❷古代官名。管理国家来宾事务。《南齐书·百官志》："客馆令，掌四方宾客。"

客籍 ❶古代贵族门客的名册。《国策·楚策四》："召门吏为汪先生（汪明）著客籍。"❷寄居本地的外地人，与"土著"相对。

客里空 苏联卫国战争时期考涅楚克的剧作《前线》中有一个捕风捉影、捏造事实的记者，名客里空（Крикун）。后被用来泛指虚构、浮夸的不良作风。

客女 唐代身份较婢女略高的妇女。南北朝时，已有此称。《唐律疏议》卷十三："客女谓部曲之女，或有于他处转得，或放婢为之。"其社会地位与部曲相同，一经主人放免，即成平民。

客气 ❶虚骄不诚之气。《左传·定公八年》："猛逐之，顾而无继，伪颠。虎曰：'尽客气也。'"杜预注："言皆客气，非勇。"《宋书·颜延之传》："虽心智薄劣，而高自比拟。客气虚张，曾无愧畏。"❷谦让；有礼貌。《通俗编·仪节·客气》："今以燕居里处，多其文貌为客气。"

客卿 ❶古指在一国做官的其他诸侯国人。谓以客礼相待。《史记·范雎蔡泽列传》："乃拜范雎为客卿，谋兵事。"按范雎魏人，仕于秦，故称客卿。❷古代鸿胪卿主管宾客之礼，亦称"客卿"。洪迈《容斋四笔·官称别名》："鸿胪为客卿。"

客商 往来各地运货贩卖的商人。《三国演义》第七十五回："江边烽火台上守台军盘问时，吴人答曰：'我等皆是客商，因江中阻风，到此一避。'"

客舍 供旅客投宿的处所。《史记·商君列传》："商君亡至关下，欲舍客舍。"王维《送元二使安西》诗："渭城朝雨浥轻尘，客舍青青柳色新。"

客死 死于外地。《史记·屈原贾生列传》："兵挫地削，亡其六郡，身客死于秦，为天下笑，此不知人之祸也。"

客套 对人客气。亦指对人所说的客气话。有谦虚或见外的意思。《红楼梦》第一百十五回："甄夫人道：'太太这话又客套了。如今我们家还有什么？只怕人家嫌我们穷罢咧。'"

客栈 旅馆的别称。章炳麟《新方言·释宫》："行旅所止之屋，谓之客栈。栈，借为传。《广雅》：'传，舍也。'"

客帐司 旧指官署中掌接待、传话的人。《水浒传》第五十九回："客帐司匆匆进去，禀复了两遭，却引推官入去，远远地阶下参拜了。"

客子 犹游子，旅居他乡之人。《史记·范雎蔡泽列传》："谒君得无与诸侯客子俱来乎？"梁元帝《荡妇秋思赋》："春日迟迟犹可至，客子行行终不归。"

客作儿 旧时对佣工的称呼。陶宗仪《南村辍耕录》卷七："今人之指佣工者曰客作，三国时已有此语，焦先饥则出为人客作。"吴曾《能改斋漫录》卷二："江西俚俗骂人，有曰客作儿……凡言客作儿者，佣夫也。"

课〔課〕(kè) ❶试验；考核。《管子·七法》："成器不课不用，不试不藏。"《汉书·京房传》："房奏考功课吏法。"❷国家规定数额征收赋税。如：课税。又指赋税。如：国课。《旧唐书·职官志二》："凡赋人之制有四……四曰课。"❸按照规定的内容和分量教授或学习。如：课读；课徒。白居易《与元九书》："苦节读书，二十已来，昼课赋，夜课书，间又课诗。"❹在规定单位时间内，教师以限定分量的教材，以班级为单位展开的教学活动。如上课中的"课"。❺指一门或一类课程。如语文课和数学课、基础课和专业课。也指教材组成的数量单位。如一学期的语文教材分为若干课。❻占卜的一种。如：起课；金钱课。❼旧时机关中分设的办事部门。如：出纳课；秘书课。

课程 ❶功课的进程。《朱子全书·学六》："宽著期限，紧著课程。"❷

广义指为实现各级各类学校的培养目标而确定的教育内容的范围、结构和进程安排。狭义指教学计划中设置的一门学科。❸元代若干商税的总称。《元史·世祖纪》："尚书省臣言：诸路课程，岁银五万锭，恐疲民力，宜减十分之一。"清代农村市集中若干杂税称课程。《清律·户律·课税》注："课者，税物之钱；程者，课物有贵贱，课有多寡，如地利之有程限也。"

堁(kè) ❶尘埃。《淮南子·主术训》："譬犹扬堁而弭尘。"❷见"埵堁"。

氪(kè) 化学元素[周期系零族（类）元素]。稀有气体之一。符号 Kr。原子序数 36。无色、无臭。化学性质极不活泼，但已制得 −80℃ 以下稳定的化合物 KrF_2、KrF_4，亦可与水、氢醌等形成笼状化合物。能吸收 X 射线，可作 X 射线工作时的遮光材料，也可用于填充电离室以测量宇宙射线。

骒〔騍〕(kè) 母马。《尔雅·释畜》："牡曰骘，牝曰骒"郝懿行义疏："今东齐人以牡为儿马，牝为骒马。"亦指雌性牲畜。如：骒驴；骒骡；骒驼。

喀(kè，又读 kā) 呕吐声。《列子·说符》："两手据地而欧（呕）之不出，喀喀然遂伏而死。"

峈(kè) 峈血；呕血。《国语·晋语九》："铁之战，赵简子曰：'郑人击我，吾伏弢峈血，鼓音不衰。'"

恪(kè) 同"愙"。

缂〔緙〕(kè) ❶织纬。见《玉篇·糸部》。❷见"缂丝"。

缂丝 即"刻丝"。

嗑(kè) ❶咬开。如：嗑瓜子。❷通"磕"。见"嗑牙"。
另见 hé，xiā。

嗑嗑 多言貌。《孔丛子·儒服》："平原君与子高饮，强子高酒，曰：'昔有遗谚，尧舜千钟，孔子百觚，子路嗑嗑，尚饮十榼。'"

嗑牙 闲谈；多话。《京本通俗小说·碾玉观音》："郭排军禁不住闲嗑牙。"

锞〔錁〕(kè) 锞子，金银铸成的小锭。《红楼梦》第十八回："宝玉和贾兰是金银项圈二个，金银锞二对；尤氏、李纨、凤姐等皆金银锞四锭，表礼四端。"

锞子 见银锭。

溘（kè）　忽然。江淹《恨赋》："朝露溘至，握手何言！"

溘溘　❶流水声。李贺《塘上行》："飞下双鸳鸯，塘水声溘溘。"❷形容寒冷。刘崧《江南弄》："沙堤十里寒溘溘，湘娥踏桨摇春愁。"

溘逝　溘，奄忽。逝，长逝。谓人死亡。江藩《汉学师承记·纪昀》："遽闻溘逝，深为轸惜。"

窫（kè）　同"恪"。谨慎；恭敬。亦作"愙"。《隶释·司隶校尉鲁峻碑》："敬窫恭俭。"

褃（kè）　见"褃裆"。

褃裆　妇人袍。见《集韵·二十八盖》。蒋防《霍小玉传》："著石榴裙，紫褃裆，红绿帔子。"

磬（kè）　坚。见《说文·石部》。

kěn

肯〔肎〕（kěn）　❶附着在骨上的肉。见"肯綮"、"中肯"。❷许可。如：首肯。❸愿意；不拒绝。如：惠然肯来。《史记·魏公子列传》："公子欲见两人，两人自匿，不肯见公子。"

肯綮　筋骨结合处。《庄子·养生主》："技经肯綮之未尝。"王先谦集解："俞云：'技，盖枝之误。枝，枝脉；经，经脉。枝经，犹言经路。'《释文》：'肯，著骨肉。司马云：'綮犹结处也。'"后比喻要害、最关紧要处。《元史·王都中传》："都中遇事剖析，动中肯綮。"

肯堂肯构　堂，立堂基；构，盖屋。《书·大诰》："若考作室，既底法，厥子乃弗肯堂，矧肯构！"孔传："以作室喻治政也，父已致法，子乃不肯为堂基，况肯构立屋乎！"底法，犹言设计。后以"肯堂肯构"比喻能继承父业。

垦〔墾〕（kěn）　❶翻土；开垦。如：垦荒；垦地。《列子·汤问》："叩石垦壤。"❷损伤。《考工记·瓬人》："凡陶瓬之事，髻垦薜暴不入市"。髻，器物形体不正；薜，破裂；暴，鼓起而不结实。

垦殖　开垦种植。《三国志·吴志·华覈传》："勉垦殖之业，为饥乏之救。"亦作"垦植"。《晋书·公孙永传》："非身所垦植，则不衣食之。"

咽（kěn）　同"啃"。

颀〔頎〕（kěn）　通"恳"。恳切。《礼记·檀弓上》："稽颡而后拜，颀乎其至也。"郑玄注："颀，至也，先触地无容，哀之至也。"

另见 qí。

颀典　坚固有力貌。《考工记·辀人》："是故辀欲颀典。"郑玄注："颀典，坚刃貌。郑司农云：'颀读为恳，典读为殄。驷马之辀，率尺所一缚恳典，似谓此也。'"孙诒让正义引郑司农云："颀典者，穹隆而坚强之貌，虽挠而不伤其力也。"

恳〔懇〕（kěn）　❶诚恳；忠诚。薛逢《题筹笔驿》诗："《出师表》上留遗恳，犹自千年激壮夫。"❷请求。如：敬恳；转恳。

恳到　犹诚至。《后汉书·谅辅传》："精诚恳到，未有感彻。"《新唐书·陆贽传》："所言皆剀拂帝短，恳到深切。"

恳恳　殷切貌。《汉书·司马迁传》："意气勤勤恳恳。"颜师古注："恳恳，至诚也。"《三国志·魏志·武帝纪》："割东海之襄贲、郯、戚以益琅邪，省昌虑郡"裴松之注引《魏书》："斯实君臣恳恳之求也。"

恳切　诚恳殷切。《后汉书·陈蕃传》："言及反复，诚辞恳切。"

恳至　恳切诚挚。《后汉书·杨政传》："政每共言论，常切磋恳至。"

硍（kěn）　同"啃"。

另见 yín。

啃（kěn）　❶用牙齿剥食坚硬的东西。如：啃骨头。❷比喻钻研。如：啃书本。

狠（kěn）　❶"啃"的本字。本指猪咬物。❷同"恳"。见"狠狠"。

狠狠　同"恳恳"。《汉书·刘向传》："故狠狠数奸死亡之诛。"颜师古注："狠狠，款诚之意也。奸，犯也。"

龈〔齦〕（kěn）　同"啃"。

另见 yín。

kèn

揯（kèn）　❶按；压。《儒林外史》第十六回："又把耳朵边揯着看看。"❷留难；压住不放。如：揯住；揯压。❸强迫。如：勒揯。

裉（kèn）　北方方言，指上衣靠腋下前后两幅接缝的部分。从肩到腋下的部分叫"抬裉"，即南方话的"挂肩"；腰部的叫"腰裉"，即南方话的"腰身"。参见"褃"。

褃（kèn）　同"裉"。衣服的挂肩或腰身。《红楼梦》第三回："〔王熙凤〕身上穿着缕金百蝶穿花大红云缎窄褃袄。"

kēng

坑〔阬〕（kēng）　❶地洞；深谷。《庄子·天运》："在谷满谷，在坑满坑。"❷粪坑，也即指厕所。如：茅坑。❸活埋。《史记·项羽本纪》："于是楚军夜击坑秦卒二十余万人新安城南。"❹陷害。如：坑人。

另见 kàng。

阬（kēng）　同"坑"。《楚辞·七谏·初放》："死日将至兮，与麋鹿同阬。"王逸注："陂池曰阬。"洪兴祖补注："阬，字书作坑，丘庚切，俗作坑。"

吭（kēng）　出声。如：一声不吭；不吭气。

另见 háng。

诓〔謳〕（kēng）　见"诓诓"。

诓诓　奔竞貌。《庄子·至乐》："吾观夫俗之所乐举群趣者，诓诓然如将不得已。"

牼〔牼〕（kēng）　牛膝下的骨头，即牛胫骨。见《说文·牛部》。

胫〔脛〕（kēng）　通"硁"。见"胫胫"。

另见 jìng。

胫胫　同"硁硁"。固执貌。《汉书·杨恽传》："事何容易！胫胫者未必全也。"

硁〔硜〕（kēng）　❶击石声。《史记·乐书》："石声硁。"裴骃集解引王肃曰："声果劲。"❷亦作"硜"。见"硁硁"。

硁硁　浅见固执貌。《论语·宪问》："硁哉硁硁乎！莫己知也，斯已而已矣。"邢昺疏："硁硁，鄙贱貌。"亦作"胫胫"、"硜硜"。《晋书·范弘之传》："虽有胫胫之称，而非大雅之致。"韩愈《城南联句》："毕景任诗趣，焉能守硜硜？"

搳〔摼〕（kēng）　撞。《说文·手部》："摼，搳头也。"桂馥义证："搳头者也，《玉篇》：'搳，撞也。'"

另见 qiān。

硎（kēng）　见"临硎"。

另见 xíng。

瞘〔瞘〕（kēng）　见"瞘曨"。

睅矒　视不明。《文选·王延寿〈鲁灵光殿赋〉》："屹睅矒以勿罔。"吕延济注："视不明也。"

铿〔鏗〕(kēng)　❶象声。《礼记·乐记》："钟声铿。"《论语·先进》："鼓瑟希，铿尔。"❷撞击。《楚辞·招魂》："铿钟摇簴。"

铿锽　形容声音响亮或出语有力。班固《东都赋》："钟鼓铿锽，管弦烨煜。"杨炯《王勃集序》："磊落词韵，铿锽风骨。"

铿铿　象声词。《礼记·乐记》："钟声铿，铿以立号。"孔颖达疏："钟声铿者，言金钟之声铿铿然矣。"亦形容语言响亮有力。《后汉书·杨政传》："说经铿铿杨子行。"子行，杨政字。

铿锵　亦作"铿鏘"。形容声音响亮，音节和谐。《汉书·张禹传》："优人管弦铿锵。"

鏧〔鏧〕(kēng)　《说文·车部》："鏧，车坚也。"段玉裁注："坚者，刚也。"

硻(kēng)　同"硁"。

kōng

空(kōng)　❶虚；中无所有。如：空手；空心。《后汉书·陈蕃传》："田野空，朝廷空，仓库空。"引申为罄尽或使罄尽。《论衡·薄葬》："世俗轻愚信祸福者，畏死不惧义，重死不顾生，竭财以事神，空家以送终。"❷空虚，广大。如：空间。《文选·左思〈咏史诗〉》："寥寥空宇中，所讲在玄虚。"李善注："空，廓也。"又特指天空。如：高空；领空；防空。范仲淹《岳阳楼记》："阴风怒号，浊浪排空。"❸浮泛不切实际。如：空想；空论。引申为虚构。《文心雕龙·神思》："意翻空而易奇，言征实而难巧。"❹徒然；无效果。如：空忙；落空。《汉书·匈奴传上》："兵不空出。"❺仅；只。杜甫《塞芦子》诗："边兵尽东征，城内空荆杞。"❻佛教指事物的虚幻不实。谓一切事物与现象都由因缘和合而成，刹那生灭，没有质的规定性和独立实体，假而不实，故谓之"空"。《大智度论》五："观五蕴无我无我所，是名为空。"《维摩经·弟子品》："诸法究竟无所有，是空义。"

另见 kǒng，kòng。

空洞　犹空虚。《世说新语·排调》："王丞相(王导)枕周伯仁膝，指其腹曰：'卿此中何所有？'答曰：'此中空洞无物，然容卿辈数百人。'"后亦指文辞没有内容或不切实际。

空谷传声　❶人在山谷里发出声音，立可听到回声。梁武帝《净业赋》："若空谷之应声，似游形之有影。"《千字文》："空谷传声，虚堂习听。"❷一种音韵学的游戏。《镜花缘》第三十一回："老夫闻得近日有'空谷传声'之说。"注："用击鼓、弹指、击几、拍掌各种方法，按照字母排列的次序，作出不同次数的响声，使对方一听就知道是指的什么字。这种方法叫做'射字'，也叫做'空谷传声'。"

空谷足音　《诗·小雅·白驹》："皎皎白驹，在彼空谷。"《庄子·徐无鬼》："夫逃虚空者……闻人足音跫然而喜矣。"陆德明释文引崔譔曰："跫然，行人之声。"后常用以比喻极难得的音信或事物。纪昀《阅微草堂笔记·姑妄听之三》："幸空谷足音，得见君子，机缘难再，千载一时。"

空间　在哲学上，与"时间"一起构成运动着的物质存在的两种基本形式。空间指物质存在的广延性；时间指物质运动过程的持续性和顺序性。空间和时间具有客观性，同运动着的物质不可分割。没有脱离物质运动的空间和时间，也没有不在空间和时间中运动的物质。空间和时间也是互相联系的。现代物理学的发展，特别是相对论，证明空间和时间同运动着的物质的不可分割的联系。

空空　❶一无所有。如：两手空空。❷通"悾悾"。谨慎诚悫貌。《吕氏春秋·下贤》："空空乎其不为巧故也。"高诱注："空空，悫也。"❸佛教认为一切事物都虚幻不实，谓之空，而空为假名，假名亦空，因称"空空"。《文选·孔稚珪〈北山移文〉》："谈空空于释部，核玄玄于道流。"李周翰注："空空，以空明空也。"

空灵　中国传统艺术的一种境界和风格。清代沈德潜《古诗源》："士衡诗亦大家……遂开出排偶一家，西京以来，空灵矫健之气，不复存矣。"不满于客观的模写，要求以超脱淡泊的精神，去达到超逸灵动、无迹可求的艺术表现，使人在深沉幽渺、可神会而不可指实的意境中，领悟到一种无限的事外之远致。

空门　❶佛教认为"诸法皆空"，并以悟"空"作为进入涅槃之门，故称佛教为"空门"。❷佛教天台宗所

说"入理四门"(有门、空门、亦有亦空门、非有非空门)之一。

空蒙　亦作"涳蒙"。细雨迷茫貌。苏轼《饮湖上初晴后雨》诗："水光潋滟晴方好，山色空蒙雨亦奇。"

空明　❶月光映照下的水。以其明澈如空，故称。韩愈《祭郴州李使君文》："航北湖之空明，觑鳞介之惊透。"❷指天空。苏轼《登州海市》诗："东方云海空复空，群仙出没空明中。"

空拳　❶空手，谓没有武器。如：赤手空拳。《盐铁论·论勇》："使专诸空拳，不免于为禽(擒)。"专诸，古勇士。❷"拳"通"絭"，弓弩的弦。《汉书·李陵传》："矢尽道穷，士张空拳。"颜师古注："文颖曰：'拳，弓弩拳也。'师古曰：'拳字与絭同，音去权反，又音眷。'"亦作"空絭"。

空群　韩愈《送温处士赴河阳军序》："伯乐一过冀北之野，而马群遂空。"陆游《得陈阜卿先生手帖》诗："冀北当年浩莫分，斯人一顾每空群。"按用相马喻识人，意谓善识人的人能把有才能的人选拔一空。

空中楼阁　本谓"海市蜃楼"。常比喻脱离实际的理论或虚构的事物。李渔《闲情偶寄·结构》："传奇所用之事，或古或今，有虚有实……虚者，空中楼阁，随意构成，无影无形之谓也。"

穹(kōng)　《考工记·韗人》："穹者三之一。"郑玄注引郑司农曰："穹读为志无空邪之空。"参见"穹谷"。

另见 qióng。

穹谷　犹空谷。陆云《逸民赋》："乘白驹兮皎皎，游穹谷兮蔼蔼。"

悾(kōng)　见"悾侗"。

另见 kǒng。

悾侗　蒙昧无知。《法言·序》："天降生民，悾侗颛蒙。"

啌(kōng)　拟声词。如：啌咚。

另见 qiāng。

崆(kōng)　见"崆峒"。

崆峒山　在甘肃省平凉市西。属六盘山。南北走向。长100公里，平均宽15公里。海拔1800～2100米。最高峰翠屏山，海拔2123米。泾河源地。1900米左右处经切割为东、南、西、北、中"五台"，中台突起，诸台环列，各有奇势胜景。山上有寺观多处。

崆巆　山石高峻貌。《文选·张衡〈南都赋〉》："其山则崆巆嶱嶭。"李

善注："崆峣巁嵑，山石高峻之貌也。"

涳（kōng） 见"涳蒙"。

涳蒙 微雨迷茫貌。参见"空蒙"。

悾（kōng） 见"悾悾"、"悾款"。

悾悾 诚悫貌。《论语·泰伯》："悾悾而不信。"《后汉书·刘瑜传》："臣悾悾推情，言不足采。"

悾款 诚恳。任昉《劝进笺》："实有愚诚，不任悾款。"

硿（kōng） 石落声。见《集韵·一东》。

箜（kōng） 见"箜篌"。

箜篌 一作"空侯"、"坎侯"。中国古拨弦乐器。分卧式、竖式两种。卧箜篌传为汉武帝时乐人侯调所造（见应劭《风俗通》）。据《通典》："其形似瑟而小，七弦，用拨弹之。"竖箜篌为竖琴前身，东汉时经西域传至中原地区。《旧唐书·音乐志》："竖箜篌，……体曲而长，二十有二（一作三）弦，竖抱于怀，用两手齐奏，俗谓之擘箜篌。"又有凤首箜篌，属竖箜篌之一种。

竖箜篌

鼜（kōng） 象声词。《集韵·一东》："鼜，鼓声。"

kǒng

孔（kǒng） ❶小洞；窟窿。如：笛孔；弹孔。《新五代史·前蜀世家》："〔元膺〕能射钱中孔。"❷通：大。见"孔道❶"、"孔德❶"。❸深。《淮南子·精神训》："孔乎莫知其所终极。"❹很；甚。《诗·郑风·羔裘》："孔武有力。"❺孔雀的省称。《楚辞·七谏》："鸾皇孔凤，日以远兮。"王逸注："孔，孔雀也。"❻窑洞的量名。如：一孔土窑。❼姓。

孔道 ❶大道；通道。《太玄经·羡》："次五，孔道夷如。"《汉书·西域传上》："〔婼羌国〕去长安六千三百里，辟在西南，不当孔道。"颜师古注："孔道者，穿山险而为道。"❷孔子的学说。韩愈《进学解》："昔者孟轲好辩，孔道以明。"

孔德 大德。《老子》："孔德之容，唯道是从。"河上公注："孔，大也。有大德之人，无所不容。"

孔方兄 钱的别称。旧时铜钱中有方孔，因称钱为"孔方兄"，含有戏谑的意味。鲁褒《钱神论》："亲爱如兄，字曰孔方。失之则贫弱，得之则富强。"黄庭坚《戏呈孔毅父》："管城子无食肉相，孔方兄有绝交书。"

孔父 指孔子。父，古代男子的美称。《后汉书·申屠刚传》："损益之际，孔父攸叹。"

孔府 在山东省曲阜市孔庙旁。旧称衍圣公府。为孔子后裔直系子孙衍圣公住宅。北宋宝元间（1038—1040）建立府第，明嘉靖年间（1522—1566）重修。内有大堂、二堂、三堂、六厅、前后堂楼，东西两旁为家庙、花厅等建筑，后有花园（称铁山园）。府内存有大量珍贵文物和明、清以来文书档案近万卷。为全国重点文物保护单位，并与孔庙、孔林一起被列入《世界文化遗产名录》。

孔府档案 孔府（孔子后裔住宅）所存的家族档案。约近万卷，时间跨度自明嘉靖十三年（1534年）至1948年，记录了孔府这一期间约四百年的兴衰史，而且对这一期间的政治、经济、文化等方面情况也有具体反映，颇为珍贵。

孔怀 《诗·小雅·常棣》："兄弟孔怀。"后世因以"孔怀"为兄弟的代称。《颜氏家训·文章》："《诗》云：'兄弟孔怀。'孔，甚也；怀，思也。言甚可思也。陆机与长沙顾母书，述从祖弟士璜死，乃言'痛心拔脑，有如孔怀'。心既痛矣，即为甚思。何故言'有如'也？观其此意，当谓亲兄弟为孔怀。按，以'孔怀'为兄弟，陆机前已有之。"《三国志·魏志·管辂传》裴松之注引管辰叙曰："辰不以暗浅，得因孔怀之亲，数与辂有所谘论。"管辰，管辂的弟弟。参见"友于"。

孔教 亦称"儒教"。将孔子学说视作宗教的称谓。历来封建统治者都试图把孔子神圣化，将儒、佛、道三教并列。儒家中的今文经学派，从董仲舒到康有为，都曾看待孔子如同宗教之教主。但"孔子创教"之说则始于康有为的《孔子改制考》。

孔门 孔子的门下。《论衡·问孔》："论者皆云：'孔门之徒，七十子之才，胜今之儒'，此言妄也。"

孔孟 即孔子和孟子。东汉赵岐已称孟子为"命世亚圣之大才"。晋咸康间袁瓌、冯怀上疏云："孔子恂恂，道化洙泗；孟轲皇皇，诲诱无倦。"（见《宋书·礼志》）以孔孟并举。唐韩愈大倡"道统"说，认为尧、舜、禹、汤、文、武、周公一脉相传的"道统"，由孔子直接传给孟子（《原道》）。以后宋儒用《孟子》配《论语》，更把"孔孟"这一说法固定下来。

孔庙 祭祀孔子的祠庙。汉以后历代帝王多崇奉儒学，敕令在京城和各州县建孔庙。现存者以山东曲阜孔庙为最早、最大。鲁哀公十六年（公元前479年），孔子卒，次年即以曲阜孔子故宅立庙。东汉永兴元年（公元153年）正式成为国家所立祠庙。历代迭加增修，至明中叶扩至现存规模，占地约10万平方米，殿堂466间。主要建筑物有金、元两代的碑亭、明代建造的奎文阁和清代重修的大成殿。殿的前廊石柱上刻有生动的蟠龙，是优秀的石雕刻品。大成殿前的杏坛，传为孔子讲学处。为全国重点文物保护单位，并与孔府、孔林一起被列入《世界文化遗产名录》。

曲阜孔庙大成殿一角

孔墨 孔子和墨子。春秋战国时期，孔墨同为"显学"（著名学说），两派对立，故称。

孔目 原指档案目录，见《史通·题目》。后因用作掌文书之吏员名称。《资治通鉴·唐玄宗天宝十载》胡三省注："孔目官，衙前吏职也，唐世始有此名，言凡使司之事，一孔一目皆须经由其手也。"宋时内外衙署，多设此职，任检点文字之责。明只翰林院设置，清因之，为低级吏员。

孔壬 大奸佞。《书·皋陶谟》："何畏乎巧言令色孔壬。"亦作"孔任"。《后汉书·郅恽传》："谗言弗庸，孔任不行。"

孔席墨突 班固《答宾戏》："是以圣哲之治，栖栖遑遑，孔席不暖，墨突不黔。"韩愈《争臣论》："孔席不暇暖，而墨突不得黔。"席，坐席；突，灶突，即烟囱；黔，黑。谓孔子和墨子热心世事，忙碌地各处奔走，所居席未暖、灶突未黑即已他去。《文子·自然》、《淮南子·修务训》作"孔子无黔突，墨子无暖席"。

空（kǒng）　同"孔"。《韩非子·饬令》："利出一空者，其国无敌。"
另见 kōng，kòng。

倥（kǒng）　见"倥偬"。
另见 kōng。

倥偬　❶多而急迫。孔稚珪《北山移文》："牒诉倥偬装其怀。"❷困苦。陆贾《新语·本行》："倥偬屈厄，自处甚矣。"

恐（kǒng）　❶害怕；畏惧。《左传·僖公二十六年》："何恃而不恐？"❷恐怕。《论语·季氏》："吾恐季孙之忧，不在颛臾，而在萧墙之内也。"《史记·廉颇蔺相如列传》："秦城恐不可得。"❸威吓。《汉书·淮阳宪王刘钦传》："令弟光恐云：王遇大人益解（懈），博欲上书为大人乞骸骨去。"

恐猲　恐吓；用威力胁迫人。《国策·赵策二》："是故横人日夜务以秦权恐猲诸侯，以求割地。"《史记·苏秦列传》作"恐愒"。司马贞索隐："谓相恐胁也。"

kòng

空（kòng）　❶间隙；没有被利用的空间。如：空地；填空。《三国志·吴志·周鲂传》："江边空旷，屯坞虚损。"引申为可乘的机会。如：钻空子。❷闲空。如：有空；抽空。❸欠；缺。如：亏空；空额。❹贫穷；空乏。《诗·小雅·节南山》："不宜空我师。"毛传："空，穷也。"师，众民。《史记·伯夷列传》："然回也屡空，糟糠不厌。"
另见 kōng，kǒng。

控（kòng）　❶开弓。白居易《射中正鹄赋》："矢不虚发，弓不再控。"❷控制。《诗·郑风·大叔于田》："抑磬控忌。"毛传："骋马曰磬，止马曰控。"❸投。《庄子·逍遥游》："时则不至，而控于地而已矣。"❹告；控诉。如：上控。《诗·鄘风·载驰》："控于大邦。"
另见 qiāng。

控抟　引持；把握。《文选·贾谊〈鵩鸟赋〉》："忽然为人兮，何足控抟？"李善注引孟康："控，引也。抟，持也。言人生忽然，何足引持自

贵惜也。"《汉书·贾谊传》作"控揣"，王先谦补注："'专'字或作'嵩'，故'抟'亦变文为'揣'，作'抟'是也。"陆游《梦中作》诗："世事何由可控抟，故山归卧有余欢。"

控弦　开弓。《金史·宗雄传》："尝走马射三麏，已中其二，复弯弓，马蹶，跃而下，控弦如故，遂毂满步射，获之。"古代以弓矢为战具，因又以"控弦"作兵士的代称。李商隐《行次西郊作》诗："控弦二十万，长臂皆如猿。"

控驭　驾驭。御马使就范。秦韬玉《紫骝马》诗："若遇丈夫能控驭，任从骑取觅封侯。"亦比喻统治。庾信《拓跋俭神道碑》："控驭五十州。"亦作"控御"。《晋书·刘琨传》："琨善于怀抚，而短于控御。"

鞚（kòng）　有嚼口的马笼头。《隋书·陈茂传》："高祖将挑战，茂固止不得，因捉马鞚，高祖忿之。"

kōu

刟〔圖〕（kōu）　挖。汪廷讷《狮吼记·冥游》："这般恶妇，我也不问你要钱，只把你左眼刟了。"

苀（kōu）　葱的别名。《本草纲目·菜部一》："苀者，草中有孔也，故字从孔，苀脉象之。"

抠〔摳〕（kōu）　❶挖。《红楼梦》第三十回："只见一个女孩子蹲在花下，手里拿着根别头的簪子在地下抠土。"引申为向某一方面深究。如：抠字眼儿。❷提起。《聊斋志异·大力将军》："〔查伊璜〕见殿前有古钟……使数人抠耳（钟耳），力掀举之，无少动。"参见"抠衣"。❸吝啬。如：这家伙抠得很。

抠衣　古礼，见尊长时提起衣服的前襟，以示恭敬。《礼记·曲礼上》："抠衣趋隅。"参见"摄齐"。

弢〔彄〕（kōu）　❶环类。见"弢环"。❷弓弩两端系弦的地方。蔡邕《黄钺铭》："弓不受弢。"❸笔管。《礼记·内则》："右佩玦、捍、管、遰、大觿、木燧。"郑玄注："管，笔弢也。"

弢环　指环之类。《西京杂记》卷一："戚姬以百炼金为弢环，照见指骨。"

眍〔瞘〕（kōu）　目深貌。见《集韵·十九侯》。

袧（kōu）　古代丧服裳幅两侧作褶袧，中央无褶袧为袧。

《仪礼·丧服》："凡衰外削幅，裳内削幅，幅三袧。"郑玄注："袧者，谓辟（襞）两侧空中央也。祭服、朝服辟积无数。"按谓祭服、朝服之裳全幅都打袧，丧服之裳仅两侧打袧而空中央。

kǒu

口（kǒu）　❶嘴。人及一般动物进饮食的器官。❷人口。参见"丁口"。也用于计算人数。《管子·海王》："十口之家，十人食盐。"❸指言语；说话。如：口才；口若悬河。❹容器通外面的地方。如：瓶口。❺出入通过的地方。如：关口；港口。❻特指长城的几个重要关口。如：喜峰口；古北口。❼破裂的地方。如：裂口；创口；河堤决口。❽指锋刃。如：刀口。❾寸脉，中医寸口的简称。《史记·扁鹊仓公列传》："切其脉时，右口气急。"❿指驴马等的年龄。因由牙齿的多少看出。如：六岁口。⓫计量单位。常用于有口的器物。如：一口锅；一口井。也用于某种牲畜。如：一口猪。⓬姓。明代有口禄。

口碑　比喻众人口头上的称颂。碑，石碑，这里指记功颂德的碑。如：口碑载道。《五灯会元》卷十七："劝君不用镌顽石，路上行人口似碑。"

口辩　犹口才，谓能言善辩。《史记·淮南衡山列传》："淮南王有女陵，慧，有口辩。"

口才　亦作"口材"。说话的才能。《孔子家语·七十二弟子解》："宰予，字子我，鲁人，有口才著名。"王明清《挥麈后录》卷十："〔周望〕有口材，好谈兵。"

口耳之学　犹言耳食之学。从道听途说中知道的一些皮毛之学。《荀子·劝学》："小人之学也，入乎耳，出乎口；口耳之间，则四寸耳，曷足以美七尺之躯哉？"今也指语音的学习。

口赋　❶先秦时的人头税。《汉书·食货志上》：秦用商鞅之法，"田租口赋，盐铁之利，二十倍于古"。❷亦称"口钱"、"口算"。汉时对未成年人征收的人头税。初规定自三岁至十四岁的儿童，每人年纳二十钱充宫廷用费。武帝时加三钱供补充车骑马匹用。元帝时从贡禹建议，改七岁起征。

口腹　指饮食。如：不贪口腹。《礼记·乐记》："先王之制礼乐也，非以极口腹耳目之欲也。"

口过 ❶失言。《孝经·卿大夫》:"言满天下无口过。"❷指口臭。孟棨《本事诗·怨愤》:"〔武则天〕谓崔融曰:'吾非不知之问(宋之问)有才调,但以其有口过。'盖以之问患齿疾,口常臭故也。"

口号 ❶为达到一定的、实现某项任务而提出的,有鼓动作用的、简练明确的语句,以供口头呼喊。❷犹口占。用于诗的题目上,表示是信口吟成的。最初见于梁简文帝《仰和卫尉新渝侯巡城口号》,后为诗人袭用。如:唐张说有《十五日夜御前口号踏歌词》。❸古代帝王宴饮时乐工所唱的颂诗。《宋史·乐志十七》:"每春秋圣节三大宴……乐工致辞,继以诗一章,谓之口号,皆述德美及中外蹈咏之情。"

口惠 空许人好处而无实惠。《礼记·表记》:"口惠而实不至,怨灾及其身。"郑玄注:"善言而无信,人所恶也。"《韩诗外传》卷五:"口惠之人鲜信。"

口籍 人名册;户口册。《后汉书·百官志二》:"凡居宫中者,皆有口籍于门之所属。"

口给 犹口辩。口才敏捷,善于答辩。《论语·公冶长》:"御人以口给,屡憎于人。"

口角(一jiǎo) ❶嘴边。李商隐《韩碑》诗:"愿书万本诵万过,口角流沫右手胝。"❷指言辞或说话的语气。《红楼梦》第七十七回:"就只是他的性情爽利,口角锋芒。"

口角春风 替别人吹嘘。意谓言语之间如春风吹物,助其生长。后常用为请人帮助引进之辞。《歧路灯》第九十六回:"你近日与道台好相与,万望口角春风,我就一步升天。"

口诀 为传授某种方法或诀窍而编成的容易记诵的语句。如:珠算口诀。《抱朴子·自叙》:"又曾受刀楯及单刀双戟,皆有口诀要术,以待取人。"

口角(一jué) 争吵。《红楼梦》第二十九回:"如此'两假相逢,终有一真',其间琐琐碎碎,难保不有口角之事。"

口蜜腹剑 唐宰相李林甫,为人阴险,妒贤忌能,与人相处,表面上装得十分亲密,心里却在阴谋陷害,故当时人说他"口有蜜,腹有剑"。见《资治通鉴·唐玄宗天宝元年》。后因以"口蜜腹剑"比喻嘴甜心毒。王世贞《鸣凤记·南北分别》:"这厮口蜜腹剑,正所谓匿怨而友者也。"

口若悬河 说话滔滔不绝,像河水倾泻下来一样。形容能言善辩。《晋书·郭象传》:"王衍每云:'听象语,如悬河泻水,注而不竭。'"《儒林外史》第四回:"知县见他说的口若悬河,又是本朝确切典故,不由得不信。"

口舌 ❶言辞;辩才。《史记·留侯世家》:"此难以口舌争也。"《盐铁论·褒贤》:"主父偃以口舌取大官。"❷指因言语而引起的争吵、纠纷。《儒林外史》第一回:"〔王冕〕也怕从此有口舌,正思量搬移一个地方。"

口实 ❶食物。《易·颐》:"自求口实。"引申指俸禄。《左传·襄公二十五年》:"臣君者,岂为其口实,社稷是养。"❷话柄。《国语·楚语下》:"使无以寡君为口实。"❸谈话的资料。《三国志·蜀志·诸葛亮传》:"黎庶追思,以为口实。"

口是心非 嘴里说的是一套,心里想的又是一套。心口不一的意思。《抱朴子·微旨》:"口是心非,背向异辞。"

口授 ❶口头传授。《汉书·艺文志》:"口授弟子,弟子退而异言。"❷义同"口占❶"。口头说,叫别人写。《三国志·蜀志·王平传》:"口授作书,皆有意理。"

口头禅 原谓不明禅理,但袭取禅宗僧人常语以为谈助。后泛指常挂在嘴上而没有实际意义的语句。鲁迅《呐喊·端午节》:"方玄绰近来爱说'差不多'这一句话,几乎成了'口头禅'似的。"

口吻 ❶犹口。成公绥《啸赋》:"随口吻而发扬。"❷说话的口气。《盐铁论·禁耕》:"决市闾巷,高下在口吻,贵贱无常。"

口血未干 古人歃血为盟,因谓定盟未久为"口血未干"。多指立盟不久,随即毁约。《左传·襄公九年》:"子孔、子蟜曰:'与大国盟,口血未干而背之,可乎?'"参见"歃血"。

口义 口述经义,犹口试,唐代考试方法之一。《新唐书·选举志上》:"凡明经,先帖文,然后口试经问大义十条……元和二年……明经停口义,复试墨义十条。"

口语 ❶指言论或议论。《汉书·司马迁传》:"仆以口语,遭遇此祸。"特指毁谤的话。《汉书·杨恽传》:"遭遇变故,横被口语。"❷也叫"口头语"。口头上交际使用的语言。与书面语相对。是书面语产生和发展的基础和源泉。一般地说,它比书面语灵活简短,但不及书面语完密谨严,而且可能带有方言特征。当某种语言的文字产生以后,口语和书面语相互影响、相互转化而共同存在、共同发展。

口泽 口液所沾润。《礼记·玉藻》:"母没而杯圈不能饮焉,口泽之气存焉尔。"孔颖达疏:"谓母平生口饮润泽之气存在焉,故不忍用之。"

口占 ❶谓口授其词。《汉书·陈遵传》:"召善书吏十人于前,治私书,谢京师故人,遵冯(凭)几,口占书吏。"❷作诗文不起草稿,随口吟诵而成,称为"口占"。如:口占一绝。《汉书·朱博传》:"博口占檄文。"

口脂 唇膏。唐代用来赐臣下,以防寒冬口唇冻裂。段成式《酉阳杂俎·忠志》:"腊日赐北门学士口脂蜡脂,盛以碧镂牙筒。"也指妇女涂在唇上的胭脂或唇膏。韦庄《江城子》词:"朱唇未动,先觉口脂香。"

口中雌黄 对言论有不妥之处随口加以更改,像用雌黄涂改错字一样。意谓言语轻率,反覆多变。《晋书·王衍传》:"妙善玄言,唯谈老庄为事……义理有所不安,随即改更,世号口中雌黄。"参见"信口雌黄"。

口诛笔伐 谓用言语文字谴责、指斥对方。汪廷讷《三祝记·同谪》:"他捐廉弃耻,向权门富贵贪求,全不知口诛笔伐是诗人句,陇上墙间识者羞。"

kòu

区〔區〕(kòu)　通"怐"。见"区霿"。
另见gōu,ōu,qiū,qū。

区霿 同"怐愗"。愚昧无知。《汉书·五行志下之上》:"貌言视听,以心为主,四者皆失,则区霿无识。"又:"心区霿则冥晦。"

叩㊀〔敂〕(kòu)　敲;打。如:叩门;叩钟。《论语·子路》:"以杖叩其胫。"

㊁(kòu) ❶俯首到地行礼称叩头,省称为叩。如:叩谢。《后汉书·刘昆传》:"昆轼向火叩头。"引申为拜。《儒林外史》第十一回:"前日十二,我在娄府叩节。"❷探问;询问。《论语·子罕》:"我叩其两端而竭焉。"《聊斋志异·香玉》:"生略叩生平。"❸通"扣"。(1)拉住。见"叩马"。(2)器物口朝下放置或覆盖他物。如:叩在筐子底下。

叩关 ❶关,关门。谓入关求见。《周礼·地官·司关》:"凡四方之宾客叩关,则为之告。"后来亦称敲门为叩关。❷攻打关门。贾谊《过秦论上》:"尝以十倍之地,百万之众,叩关而攻秦。"

叩阍 叩,敲;阍,宫门。谓吏民向皇帝申诉冤屈。《明史·翟凤翀传》:"大臣造膝无从,小臣叩阍无路。"

叩叩 殷勤;恳切。繁钦《定情》诗:"何以致叩叩,香囊系肘后。"

叩马 扣住缰绳,不让马走。《史记·伯夷列传》:"伯夷、叔齐叩马而谏。"

叩首 磕头。一说举手加额为"叩首",以首叩地为"叩头"。见《名义考》卷六。

扣 ㊀(kòu) ❶套住;牵住。如:一环扣一环。《淮南子·氾论训》:"梁由靡扣缪公之骖,获之。"❷从中减除;打折头。如:七折八扣;不折不扣。❸结子。如:绳扣儿;系一个活扣儿。❹同"叩"。敲击。《晋书·张华传》:"扣之则鸣矣。"❺覆盖。如:盆子上扣着一个碗。引申为戴上。如:扣帽子。
㊁〔釦〕(kòu) 钮扣。如:衣扣。

扣关 同"叩关❶"。《后汉书·西域传》:"西域内附日久,区区东望扣关者数矣。"也用于攻战之事,谓逼近城门。

扣槃扪烛 苏轼《日喻》:"生而眇者不识日,问之有目者。或告之曰:'日之状如铜槃。'扣槃而得其声。他日闻钟,以为日也。或告之曰:'日之光如烛。'扪烛而得其形。他日揣籥,以为日也。"后因以"扣槃扪烛"比喻自以为是,认识片面。

佝 (kòu) 见"佝瞀"。
另见 gōu。

佝瞀 同"怐愗"。

怐 (kòu) 见"怐愗"。

怐愗 亦作"沟瞀"、"佝瞀"、"佝愗"。愚蒙。《楚辞·九辩》:"直怐愗以自苦。"

釦 (kòu) 用金玉等镶嵌器物。《后汉书·和熹邓皇后纪》:"其蜀汉釦器、九带佩刀,并不复调。"李贤注:"釦,以金银缘者也。"
另见 kòu 扣㊁。

寇 〔寇、寇〕(kòu) ❶盗匪或外人侵犯国境者。如:海寇;倭寇。❷掠夺或侵犯。《书·费誓》:"无敢寇攘。"《汉书·食货志下》:"〔王莽〕作货布后六年,匈奴侵寇甚。"❸砍伐。《庄子·人间世》:"山木自寇也,膏火自煎也。"❹姓。宋代有寇準。

寇仇 犹仇敌。《孟子·离娄下》:"君之视臣如土芥,则臣视君如寇仇。"

寇战 对敌作战。《商君书·战法》:"使民怯于邑斗,而勇于寇战。"

筘 (kòu) 织机附件之一。一般用钢片排成梳齿状,经纱从筘片间穿过。用以控制织物经密和把纬纱推向织口。喷气织机上的风道筘兼起风道的作用。

蔻 (kòu) 见"豆蔻❶"。

滱 (kòu) 水名。见"滱水"。

滱水 古水名。上游即今河北定州市以上唐河,自定州以下,《汉书·地理志》、《水经注》载故道东南流经今安国市南,折东北经高阳西,又北流经安州镇西,东北流与易水合,此下易水亦通称滱水。唐即有唐河之称。宋以后滱水之名渐废,下游时有变迁。

㲉 〔㲉〕(kòu,又读 gòu) 待哺的雏鸟。《国语·鲁语上》:"鸟翼㲉卵。"韦昭注:"翼,成也。生哺曰㲉,未孚(孵)曰卵。"《汉书·东方朔传》:"声謷謷者,乌哺㲉也。"

㲉音 小鸟出卵时的鸣声,比喻彼此各执一见、是非难分的争论。《庄子·齐物论》:"其以为异于㲉音,亦有辩乎,其无辩乎?"成玄英疏:"鸟子欲出卵中而鸣,谓之㲉音也。言亦带壳曰㲉。夫彼此偏执,不定是非,亦何异㲉鸟之音,有声无辩。"

簆 (kòu) 同"筘"。

䳌 (kòu) 同"㲉(㲉)"。
另见 kū。

kū

圣 (kū) "掘土"的"掘"的古代方言字。《说文·土部》:"汝颍之间谓致力于地曰圣。"施补华《别弟文》:"吾负母而逃,圣野菜充饥。"
另见 shèng。

矻 (kū) 见"矻矻"。

矻矻 辛劳不懈貌。《汉书·王褒传》:"劳筋苦骨,终日矻矻。"参见"兀兀❶"。

刳 (kū) ❶剖挖。《易·系辞下》:"刳木为舟。"❷清除。《庄子·天地》:"君子不可以不刳心焉!"成玄英疏:"去也,洗也。洗去有心之累。"

刳剔 剖挖。《书·泰誓上》:"焚炙忠良,刳剔孕妇。"

枯 (kū) ❶枯槁;草木失去水分或失去生机。《礼记·月令》:"〔孟夏之月〕草木蚤成。"白居易《枯桑》诗:"道傍老枯树,枯来非一朝。"引申为干枯,枯竭,偏枯。如:枯鱼之肆;海枯石烂。嵇康《答向子期难养生论》:"故蝎盛则木朽,欲胜则身枯。"❷憔悴。《荀子·修身》:"安燕而血气不惰,劳倦而容貌不枯。"

枯肠 ❶犹言肠中无物。苏轼《汲江煎茶》诗:"枯肠未易禁三碗,坐听荒城长短更。"❷比喻文思苦窘。卢仝《走笔谢孟谏议寄新茶》诗:"三碗搜枯肠,唯有文字五千卷。"

枯淡 犹淡泊。《宋史·郑樵传》:"平生甘枯淡,乐施与,独切切于仕进,识者是以少之。"胡仔《苕溪渔隐丛话前集·五柳先生下》引韩子苍云:"予观古今诗人,惟韦苏州得其清闲,尚不得其枯淡。柳州独得之,但恨其少遒耳。"

枯槁 ❶草木枯萎。《淮南子·原道训》:"今夫徙树者,失其阴阳之性,则莫不枯槁。"❷瘦瘠。《楚辞·渔父》:"颜色憔悴,形容枯槁。"❸干竭。李白《自汉阳病酒归寄王明府》诗:"去岁左迁夜郎道,琉璃砚水长枯槁。"砚水枯竭,谓不作诗文。❹贫困,困苦。陶潜《饮酒》诗:"虽留身后名,一生亦枯槁。"

枯骨 白骨;死尸。引申指死者。《汉书·尹赏传》:"生时谅不谨,枯骨后何葬?"

枯竭 干涸。《论衡·效力》:"江河之水,驰涌滑漏,席地长远,无枯竭之流,本源盛矣。"

枯木逢春 比喻绝望中重获生机,或因某种机缘而使劣境转好。刘时中《端正好·上高监司》套曲:"众饥民共仰,似枯木逢春,萌芽再长。"

枯鱼 干鱼。《庄子·外物》:"吾得斗升之水然活耳,君乃言此,曾不如早索我于枯鱼之肆。"常比喻身在穷途的人。《南史·卞彬传》:"摈废数年,不得仕进。乃拟赵壹《穷鸟》,为《枯鱼赋》以见意。"

枯磔 同"辜磔"。古代分裂肢体

的酷刑。《荀子·正论》:"斩断枯磔。"杨倞注:"枯,弃市暴尸也;磔,车裂也。"

挎(kū) ❶《仪礼·乡饮酒礼》:"挎越内(纳)弦。"郑玄注:"挎,持也;越,瑟下孔也。"贾公彦疏:"挎持也者,瑟底有孔越,以指深入谓之挎也。"❷通"刳"。刻;挖。《易·系辞下》:"刳木为舟。"陆德明释文本作"挎"。

另见 kuà。

哭(kū) ❶流泪而发悲声。《论语·先进》:"颜渊死,子哭之恸。"❷吊。《淮南子·说林训》:"桀辜谏者,汤使人哭之。"

哭临 帝王死后,集臣民举行的哀悼仪式。《史记·孝文本纪》:"毋发民男女哭临宫殿。"

哭丧棒 旧时丧礼,死者期服(一年之服)以上的亲属所用的孝杖,俗称"哭丧棒"。参见"期服"、"不杖期"。

哭竹 相传孟宗孝母而哭竹生笋的故事。孟宗,字恭武,三国吴江夏(今属武汉)人,官至司空。其母嗜笋,冬日笋未生,宗入竹林哀叹,笋忽进出。见《三国志·吴志·孙皓传》裴松之注引《楚国先贤传》。

窋(kū) 同"窟"。《吴越春秋·王僚使公子光传》:"公子光伏甲士于窋室中。"《史记·刺客列传》作"窟室"。

另见 zhú。

堀(kū) 同"窟"。❶穴。邹阳《狱中上书自明》:"则士有伏死堀穴岩薮之中耳。"❷穿穴。《荀子·法行》:"夫鱼鳖鼋鼍,犹以渊为浅而堀其中。"

堀室 地下室。《左传·昭公二十七年》:"光伏甲于堀室而享王。"

圐(kū) 见"圐圙"。

圐圙 北方方言。四围有墙而无房屋的空场。多用于地名。山西山阴县有薛家圐圙。

窟(kū) ❶土室。《礼记·礼运》:"昔者先王未有宫室,冬则居营窟。"孔颖达疏:"地高则穴于地,地下则窟于地上,谓于地上累土而为窟。"❷泛指水陆动物所潜藏的洞穴。《国策·齐策四》:"狡兔有三窟。"❸人众聚集的地方。郭璞《游仙诗》:"京华游侠窟。"现仅指歹人聚集之所。如:盗窟。❹见"窟笼"。

窟笼 亦作"窟窿"。洞;孔。宋祁《宋景文公笔记·释俗》:"孙炎作

反切语,本出于俚俗常言,尚数百种。故谓就为窟溜……谓孔曰窟笼,不可胜举。"章炳麟《新方言·释地》:"凡空窍曰堀,字亦作窟,今人谓地有空窍为窟笼。笼者,收声也;或曰:窟笼合音为空。"

窟窿 即"窟笼"。

骷(kū) 见"骷髅"。

骷髅 干枯无肉的死人头骨或全副骨骼。《西游记》第二十七回:"唐僧大惊道:'悟空,这个人才死了,怎么就化作一堆骷髅?'"

鯌〔鯌〕(kū) 见"鱬鯌"。

崫(kū) 亦作"崛"。同"窟"。《汉书·扬雄传下》:"西厌月崫,东震日域。"颜师古注引服虔曰:"崫,音窟,穴。月崫,月所生也。"

另见 duō。

颗〔顠〕(kū) ❶大头。引申为大。《说文·页部》:"颗,大头也。"朱骏声通训定声:"按今俗凡言大者曰魁首,当作此颗字。"❷独。张衡《思玄赋》:"颗羁旅而无友兮,余安能乎留兹。"自注:"颗,独也。"

溜(kū) ❶水深貌。见《玉篇·水部》。❷通"漏"。水出貌。

殻(kū,又读 què) 鸟卵。韩愈《纳凉联句》:"筐实摘林珍,盘肴馈禽殻。"

鷡(kū) 鸟卵。韩愈等《城南联句》:"鸿头排刺芡,鹄鷡攒瑰橙。"

另见 kòu。

kǔ

苦(kǔ) ❶五味之一。《尔雅·释言》:"咸,苦也。"邢昺疏:"苦,即大咸。"❷苦菜,即荼。《诗·唐风·采苓》:"采苦采苦。"参见"荼(tú)❶"。❸刻苦;勤劳。如:勤学苦练。《孟子·告子下》:"必先苦其心志,劳其筋骨。"❹困苦;忧苦。《书·盘庚中》:"尔惟自鞠自苦。"古乐府《孤儿行》:"孤儿遇生,命当独苦。"也指病痛。《隋书·许智藏传》:"帝每有所苦……智藏为方奏之,用无不效。"❺苦于。《后汉书·岑彭传》:"人苦不知足,既平陇,复望蜀。"❻竭力;极。如:苦留;苦思。苏轼《径山道中》诗:"玲珑苦奇秀,名实巧相称。"❼急。《庄子·天道》:"斫轮徐则甘而不固,疾则苦而

不入。"

另见 gǔ。

苦茶 茶。《尔雅·释木》:"槚,苦茶。"郭璞注:"今呼早采者为茶;晚取者为茗,一名荈,蜀人名之苦茶。"郝懿行义疏:"今'茶'字古作'荼'……至唐陆羽著《茶经》,始减一画作'茶'。"

苦功 ❶刻苦踏实的功夫。如:下苦功。《儒林外史》第十六回:"这样乡村地面,夜深时分,还有人苦功读书,实为可敬!"❷麻制品。《周礼·天官·典枲》:"及献功,受苦功。"郑玄注引郑司农曰:"苦功,谓麻功,布纻。"

苦海 佛教用语。比喻苦无际限。后用以比喻困苦的处境。白居易《寓言题僧》诗:"劫风火起烧荒宅,苦海波生荡破船。"

苦酒 即"醋"。《晋书·张华传》:"陆机尝饷华鲊……华曰:'试以苦酒濯之。'"《齐民要术》有"作苦酒法"。今用喻痛苦之事。如:苦酒自饮。

苦口 ❶难吃的意思。如:良药苦口利于病。参见"逆耳"。❷指不辞烦劳地规劝。如:苦口婆心。《宋史·赵普传》:"卿社稷元臣,忠言苦口,三复来奏。"

苦口婆心 谓善意而又有耐心地劝导人。《儿女英雄传》第十六回:"这等人若不得个贤父兄、良师友,苦口婆心的成全他,唤醒他,可惜那至性奇才,终归名隳身败。"

苦肉计 故意损伤自己肉体以骗取信任的计谋。《三国演义》第四十六回:"不用苦肉计,何能瞒过曹操!"

苦心孤诣 孤诣,独到的境地。谓费尽苦心钻研,达到别人达不到的境地。翁方纲《格调论下》:"今且勿以意匠之独运者言之,且勿以苦心孤诣夐夐独造者言之,今且以效古之作若规仿格调者言之。"亦用为辛苦经营之意。

苦雨 久下成灾的雨。《左传·昭公四年》:"秋无苦雨。"孔颖达疏:"雨水一也,味无甘苦之异,养物为甘,害物为苦耳。"参见"甘雨"。

苦中作乐 谓在困苦中强自欢娱。陈造《同陈宰黄簿游灵山八首》自注:"宰云'吾辈可谓忙里偷闲,苦中作乐',以八字为韵。"

苦主 命案中被害人的家属。《元史·刑法志四》:"诸杀人者死,仍于家属征烧埋银五十两,给苦主。"

楛（kǔ）　器物粗劣不坚固。《荀子·议兵》："械用兵革窳楛不便利者弱。"引申为不正当，恶劣。又《劝学》："问楛者，勿告也。"杨倞注："楛与苦同，恶也。"

另见 hù。

楛耘伤岁　楛，粗恶；耘，除草；岁，年谷成熟。谓不细致的耕作会影响到一年的收成。《韩诗外传》卷二："枯耕伤稼，枯耘伤岁。"《荀子·天论》："楛耕伤稼，楛耘耨失薉。"枯，同楛。薉，当作岁。见王先谦集解引卢文弨、郝懿行、王念孙说。

kù

库〔庫〕（kù）❶储存物品的建筑物。如：书库；材料库。《左传·哀公十六年》："焚库无聚，将何以守矣！"❷电量单位"库仑"的简称。❸姓。

库藏　库中所藏。犹言府库。《后汉书·张堪传》："成都既拔，堪先入据其城，检阅库藏，收其珍宝。"

俈（kù）　同"喾"。古帝王名。《史记·三代世表》："帝俈，黄帝曾孙。起黄帝至帝俈四世。号高辛。"

绔〔絝〕（kù）　同"袴❶"。

焅（kù）❶热气。《说文·火部》："焅，旱气也。"❷同"酷"。

另见 kào。

袴（kù）❶本作"绔"。古时指套裤，以别于有裤裆的"裈"。《礼记·内则》："衣不帛襦袴。"孙希旦集解："襦，里衣；袴，下衣。二者皆不以帛为之，防奢侈也。"❷通"胯"。《史记·淮阴侯列传》："出我袴下。"裴骃集解引徐广曰："袴，一作胯，股也，音同。"

另见 kù 裤。

喾〔嚳〕（kù）　传说中的古代部族首领，号高辛氏。

裤〔褲、袴〕（kù）　裤子。成人满裆裤及小儿开裆裤的通称，古时的袴是今之套裤。参见"袴❶"。

酷（kù）❶残忍；暴虐。如：严酷；惨酷；酷刑。《史记·曹相国世家赞》："然百姓离秦之酷后，参与休息无为，故天下俱称其美矣。"❷惨痛。《三国志·魏志·邓艾传》："吴人伤子胥之冤酷。"《颜氏家训·文章》："衔酷茹恨，彻于心髓。"❸

极，甚。如：酷暑；酷肖。《晋书·何无忌传》："何无忌，刘牢之之甥，酷似其舅。"

酷吏　指滥用刑罚、残害人民的官吏。《史记》有《酷吏列传》。后世史书因之。《汉书·景帝纪》："又惟酷吏，奉宪失中。"

酷烈❶刑罚严峻、残暴。《荀子·议兵》："秦人，其生民也狭阸，其使民也酷烈。"杨倞注："酷烈，严刑罚也。"《汉书·谷永传》："不患苛暴之政，不疾酷烈之吏。"❷浓烈。指香味。司马相如《上林赋》："芬芳沤郁，酷烈淑郁。"亦作"酷裂"。《后汉书·张衡传》："美襞积以酷裂兮。"

kuā

夸㊀〔誇〕（kuā）❶大言；自吹；炫耀。《吕氏春秋·下贤》："富有天下而不骋夸。"高诱注："夸，诧而自大也。"《汉书·扬雄传下》："明年，上将大夸胡人以多禽兽。"《南史·袁淑传》："淑喜夸，每为时人所嘲。"❷称赞。如：夸奖，夸赞。❸大；粗。《汉书·外戚传下》："皇后乃上疏曰：'妾夸布服，粝食。'"颜师古注引孟康曰："夸，大也，大布之衣也。"一说，夸，许后名。㊁（kuā）❶奢侈。《荀子·仲尼》："贵而不为夸。"❷通"姱"。柔软；美好。《淮南子·修务训》："曼颊皓齿，形夸骨佳，不待脂粉芳泽而性可悦者，西施、阳文也。"傅毅《舞赋》："垿材角妙，夸容乃理。"

另见 kuà。

夸诞　说话夸大荒诞。《魏书·释老志》："夸诞大言，不本人情。"

夸父　神话人物。他立志追赶太阳，赶上太阳时，感到焦渴，便喝干了黄、渭两河的水，仍感不足，终于渴死。他遗下的杖化为"邓林"。见《山海经·海外北经》及《山海经·大荒北经》。

夸毗　犹言足恭，过分柔顺以取媚于人。《诗·大雅·板》："天之方恔，无为夸毗。"毛传："夸毗，以体柔人也。"《后汉书·崔骃传》："夫君子非不欲仕也，耻夸毗以求举。"

夸耀　矜夸炫耀。柳宗元《与杨京兆凭书》："若宗元者，才力缺败，不能远骋高厉，与诸生摩九霄，抚四海，夸耀于后之人矣。"

夸张　夸大铺张，言过其实。《列子·天瑞》："又有人钟贤世，矜巧能，修名誉，夸张于世，而不知己者。"

佹（kuā）❶割裂；离析。王安石《和董伯懿咏裴晋公淮西将佐题名》："诸侯纵横代割据，疆土岂得无离佹。"❷不方正。见"佹邪"。

佹邪　形容歪斜、不整齐。《周礼·夏官·形方氏》"正其封疆无有华离之地"郑玄注："正之使不佹邪离绝。"贾公彦疏："王者地有佹邪、离绝递相侵入不正，故今正之。"

侉（kuā）　通"夸"。夸大；夸张。《书·毕命》："骄淫矜侉。"

另见 kuǎ。

咵（kuā）　同"夸㊀"。

姱（kuā）❶美好。《离骚》："苟余情其信姱以练要兮，长顑颔亦何伤。"❷奢侈；张大。《南齐书·张欣泰传》："房所以筑城者，外示姱大，实惧我慑其后耳。"

姱容　美好的容貌。《楚辞·招魂》："姱容修态。"亦作"夸容"。《文选·傅毅〈舞赋〉》："垿材角妙，夸容乃理。"李善注："理，谓妆饰也。"

kuǎ

侉（kuǎ）　粗笨；土气。如：侉大个儿；侉老婆子。见"侉子"。

另见 kuā。

侉子　指口音与本地语音极不相同的人，一种不礼貌的称呼。

垮（kuǎ）❶倒塌；崩溃瓦解。如：垮台。❷败。如：打垮敌军。❸坏。如：事情搞垮了。

枴〔楇〕（kuǎ）　击。常衮《赠司徒马公神道碑铭序》："枴载而坠，应弦而倒者数千万人。"

另见 guō。

銙〔鎊〕（kuǎ）❶古代腰带上的饰物，其质料和数目随服者的身份而异。《新唐书·车服志》："其后以紫为三品之服，金玉带，銙十三；绯为四品之服，金带，銙十一。"又《柳浑传》："玉工为帝作带，误毁一銙。"❷銙茶。形似带銙，故名。亦用作銙茶的量词。梅尧臣《得福州蔡君谟密学书并茶》："茶开片銙碾叶白，亭午一啜驱昏懵。"

鞾（kuǎ）❶同"銙"。❷茶名。产福建建瓯。苏轼《和钱安道寄惠建茶》诗："葵花玉鞾不易致，道路幽险隔云岭。"葵花，茶饼之形。

kuà

夸（kuà）通"跨"。兼有。《汉书·诸侯王表》："而藩国大者，夸州兼郡，连城数十。"颜师古注："夸，音跨。"
另见 kuā。

挎（kuà）挂在胳膊上。如：挎着个篮子。
另见 kū。

胯（kuà）❶腰的两侧和大腿之间的部分。如：胯骨。亦指两股之间。《史记·淮阴侯列传》"出我袴下"裴骃集解引徐广曰："袴一作胯。胯，股也，音同。"❷古代革带上的饰物。《新唐书·李靖传》："胯各附环，以金固之，所以佩物者。"❸茶叶的量词。《金史·食货志五》："所须杂物，泗州场岁供进新茶千胯，荔支五百斤。"

跨（kuà）❶跨越；迈过。如：跨进大门；跨了一大步。《左传·昭公十三年》："康王跨之。"杜预注："过其上也。"❷骑。司马相如《上林赋》："跨野马。"引申为架于其上。《上林赋》："离宫别馆，弥山跨谷。"❸占据。《国语·晋语一》："不跨其国，可谓挟乎？"❹通"胯"。《汉书·韩信传》："能死，刺我；不能，出跨下。"

跨灶 比喻儿子胜过父亲。苏轼《答陈季常书》："长子迈作吏，颇有父风。二子作诗骚殊胜。咄咄皆有跨灶之兴。"高士奇《天禄识馀》卷上引《海客日谈》："马前蹄之上有两空处名灶门。马之良者后蹄印地之痕反在前蹄印地之痕前，故名跨灶。言后步趀过前步也。人解跨灶之子，谓灶上有釜，釜字上父字，跨灶者越父也。殆为强说。"

跨跱 叉开腿立着；屹立貌。《庄子·秋水》："且夫擅一壑之水，而跨跱埳井之乐，此亦至矣。"

骻（kuà）❶两股之间。《新唐书·车服志》："开骻者名曰缺骻衫，庶人服之。"❷同"髁❶"。即髀骨。见《集韵·三十五马》。

kuǎi

扤〔攈〕（kuǎi）北方方言。❶搔。如：背上痒痒的，扤了几下。❷挎。如：左手抱个孩子，右手扤个篮子。

薊（kuǎi）亦作"蒯"。草名。《说文·艸部》："薊，艸也。"徐锴系传："按《诗》曰：'虽有丝麻，无弃菅薊'是也。"《左传·成公九年》引此逸诗作蒯。

蒯（kuǎi，又读 kuài）❶草名。多年生草本。多丛生在水边。茎可编席，也可造纸。《左传·成公九年》："虽有丝麻，无弃菅蒯。"❷古地名。春秋周畿内地。在今河南洛阳市西南。《左传》昭公二十三年（公元前 519 年）："〔尹辛〕攻蒯，蒯溃。"即此。❸姓。汉时有蒯通。

蒯缑 用草绳缠剑柄。《史记·孟尝君列传》："孟尝君问传舍长曰：'客何所为？'答曰：'冯先生甚贫，犹有一剑耳，又蒯缑。'"司马贞索隐："蒯，草名……缑，谓把剑之物。谓其剑无物可装，但以蒯绳缠之，故云蒯缑也。"元好问《麦叹》诗："单衣适至骭，一剑又蒯缑。"

kuài

巜（kuài）"浍（澮）"的古字。《说文·巜部》："巜，水流浍浍也。"段玉裁注："水流涓涓然曰巜，浩浩然则曰巜，巜大于巜矣。此字之本义也。"王筠《说文句读》引《释名》："注沟曰浍，浍，会也，小沟之所聚会也。"

凷（kuài）"块（塊）"的本字。《墨子·节葬下》："寝苦枕凷。"孙诒让间诂："按凷本字，块或体。"

会〔會〕（kuài）总计。见"要会"。
另见 huì、kuò。

块〔塊〕（kuài）❶土块。《左传·僖公二十三年》："〔晋公子重耳〕乞食于野人，野人与之块。"引申为块状物的通称。如：煤块；石块。又引申为计量词。如：一块肥皂；两块台布。❷安然无动于衷貌。《穀梁传·僖公五年》："块然受诸侯之尊己。"❸孤独貌。《楚辞·九辩》："块独守此无泽兮，仰浮云而永叹！"

块垒 亦作"垒块"、"魁磊"。比喻郁积在胸中的不平之气。

快（kuài）❶乐意；称心。如：大快人心。《孟子·梁惠王上》："抑王兴甲兵，危士臣，构怨于诸侯，然后快于心与？"❷爽适；舒畅。宋玉《风赋》："快哉此风！"苏轼《慈湖峡阻风》诗："暴雨过云聊一快。"❸爽利；豪爽。如：心直口快；快人快语。❹放肆。《荀子·大略》："国将衰，必贱师而轻傅，贱师而轻傅则人有快，人有快则法度坏。"杨倞注："人有肆意。"❺锋利。如：快刀斩乱麻。杜甫《戏题王宰画山水图歌》："焉得并州快剪刀，剪取吴松半江水。"❻迅速。如：眼明手快；快马加鞭。苏轼《王维吴道子画》诗："当其下手风雨快，笔所未到气已吞。"引申为将近，就要。如：工作快完了，天也快亮了。❼旧指州县衙门专管缉捕的差役。如：马快；捕快。❽通"会"。能。白居易《有感》诗："马肥快行走，妓长能歌舞。"❾姓。汉代有快钦。

快快 谓任意行事，只图痛快一时。《荀子·荣辱》："快快而亡者怒也，察察而残者忮也。"杨倞注："肆其快意而亡，由于忿怒也。"

快人 豪爽的人。如：快人快语。《景德传灯录》卷六"道明禅师"："快马一鞭，快人一言。"

快手 ❶能快射的兵卒。《宋书·建平王景素传》："景素左右勇士数十人，并荆楚快手，自相要结。"❷旧时衙署专管缉捕的役卒。《明神宗实录》卷二："各处额编民壮快手，本缉捕盗贼而设。"❸今指作事效率高的人。

快心 犹言称心。谓感到满足或畅快。多指意气用事，一时痛快。《国策·中山策》："必欲快心于赵。"

快行 也称快行家。宋代宫廷中吏役，供奔走使令、传达命令之役，皇帝出行时随从执衣服器物。元亦有之，蒙古语作"贵由赤"。

快婿 称心如意的女婿。《北史·刘延明传》："吾有一女，欲觅一快女婿。"

快意 ❶犹快心，谓恣心所欲。《汉书·鲍宣传》："治天下者，当用天下之心为心，不得自专快意而已也！"❷谓心意畅快。陈师道《绝句》："书当快意读易尽，客有可人期不来。"

駃〔駃〕（kuài）同"快"。元好问《乙酉六月十一日雨》诗："今日复何日，駃雨东南来。"
另见 jué。

侩〔儈〕（kuài）买卖的居间介绍者。如：市侩；牙侩。《汉书·货殖传》："子贷金钱千贯，节驵侩。"颜师古注："侩者，合会二家交易者也。"

郐〔鄶〕(kuài) ❶古国名。亦作桧、会、会。西周分封的诸侯国。妘姓。相传为祝融之后。在今河南新密东南。公元前769年为郑所灭。❷姓。宋代有郐土隆。

哙〔噲〕(kuài) ❶下咽。《说文·口部》："哙，咽也。"❷喙，鸟兽嘴。《淮南子·俶真训》："蚑行哙息。"❸通"快"。畅快。《淮南子·精神训》："哙然得卧。"

哙哙　宽敞明亮貌。《诗·小雅·斯干》："哙哙其正。"郑玄笺："哙哙，犹快快也；正，昼也。"孔颖达疏："快快，为宫室宽明之貌。"

哙伍　《汉书·韩信传》："尝过樊将军哙，哙趋拜送迎，言称臣，曰：'大王乃肯临臣。'信出门，笑曰：'生乃与哙等为伍！'"按韩信不屑与樊哙为伍，后因以"哙伍"为庸流的代称。《宋史·余玠传》："今世胄之彦，场屋之士，田里之豪，一或即戎，即指之为粗人，斥之为哙伍。"

峆〔嶠〕(kuài) 见"峆嵦"。

峆嵦　平夷相连貌。《文选·马融〈长笛赋〉》："嶰壑峆嵦。"李善注："峆嵦，嶰壑深平之貌。"刘良注："嶰壑峆嵦，宽大而相连貌。"

狯〔獪〕(kuài) 见"狡狯"。

狡狯　狡猾。《新五代史·唐六臣传》："其余在者，皆庸懦不肖，倾险狡狯，趋利卖国之徒也。"

庅〔廥〕(kuài) 堆放柴草的房舍。亦指储存的柴草。《新唐书·颜真卿传》："储庅廪。"

浍〔澮〕(kuài) ❶水名。见"浍河"。❷田间水沟。《荀子·解蔽》："醉者越百步之沟，以为跬步之浍也。"

浍河　在安徽省北部。上游东沙河，源出河南省商丘市北，东南流经安徽省五河县，汇沱河后称漴潼河。流入江苏省，经峰山切岭，入窑河、下草湾引河直注洪泽湖。长约300公里，流域面积4 400平方公里。

脍〔膾、鱠〕(kuài) 细切的鱼肉。《论语·乡党》："食不厌精，脍不厌细。"引申为细切鱼肉。曹植《名都篇》："脍鲤臇胎鰕，炮鳖炙熊蹯。"

脍炙　脍，细切的肉。炙，烤肉。皆佳肴。《孟子·尽心下》："公孙丑问曰：'脍炙与羊枣孰美？'孟子曰：'脍炙哉！'"脍炙，人所同嗜，后因谓诗文为人所称美传诵为"脍炙人

口"。《宣和书谱》卷十："〔韩偓〕所著歌诗颇多，其间绮丽得意者数百篇，往往脍炙人口。"

薈〔薈〕(kuài) ❶植物名。《尔雅·释草》："薈，赤苋。"郭璞注："今之苋赤茎者。"❷姓。春秋时曾有薈尚。

另见 kuì。

旝〔旝〕(kuài) ❶古代旗的一种。《后汉书·马融传》："旝旞掺其如林。"李贤注："旝亦旐也。"❷发射石块的作战器械。《说文·㫃部》："旝，……一曰：建大木置石其上，发以机，以追敌也。"也指发射的石块。《晋书·卞壸传》："身当矢旝，再对贼锋。"按"旝"通"礮"。《说文·厂部》："礮，发石也。""旝"、"礮"古韵同部，故可通。

筷(kuài) 筷子。也叫箸，夹取食物的用具。陆容《菽园杂记》卷一："民间俗讳，各处有之，而吴中为甚。如舟行讳住，讳翻，以箸为快儿，幡布为抹布。"快，谐声为"筷"。

骱〔骱〕(kuài) 古人束发骨器。《说文·骨部》"骱"下引《诗》："骱弁如星。"今本《诗·卫风·淇奥》"骱"作"会"。

旝(kuài) 同"浍(烩)"。

kuān

宽〔寬〕(kuān) ❶宽阔。张祜《送韦整尉长沙》诗："云水洞庭宽。"❷松缓。柳永《凤栖梧》词："衣带渐宽终不悔，为伊消得人憔悴。"引申为松解；放宽。如：宽衣；宽限。又引申为有余裕。如：手头宽裕；地方宽展。❸宽大；宽容。如：宽严结合；从宽处理。《史记·廉颇蔺相如列传》："不知将军宽之至此也。"❹姓。明代有宽彻。

宽绰　❶犹宽宏。《晋书·宣帝纪》："性宽绰而能容。"❷宽大。章炳麟《新方言·释言》："今谓屋及器宽大为宽绰。"❸宽裕。如：手头宽绰。

宽宏　亦作"宽弘"。器量大。如：宽宏大量。《晋书·何遵传》："〔何嵩〕宽弘爱士，博观坟籍。"

宽洪大量　待人宽厚，度量很大。无名氏《渔樵记》第三折："我则道相公不知打我多少，元来那相公宽洪大量，他着我抬起头来。"亦作"宽洪大度"。戴善夫《风光好》第三折："学

士宽洪大度，何所不容。"

宽猛相济　谓施政时要宽和严相辅而行。《左传·昭公二十年》："仲尼曰'善哉，政宽则民慢，慢则纠之以猛；猛则民残，残则施之以宽。宽以济猛，猛以济宽，政是以和。'"李白《任城县令厅壁记》："宽猛相济，弦韦适中。"

宽譬　宽慰劝解。《后汉书·冯异传》："自伯升之败，光武不敢显其悲戚，每独居，辄不御酒肉，枕席有涕泣处，异独叩头宽譬哀情。"

宽容　宽恕，能容人。《荀子·非十二子》："遇贱而少者，则修告导宽容之义。"

宽慰　宽解安慰。白居易《答苏六》诗："更无别计相宽慰，故遣阳关劝一杯。"

臗(kuān) 同"髋(髋)"。

髋〔髖〕(kuān) 髀的上部，上股与尻之间的大骨。《汉书·贾谊传》："屠牛坦一朝解十二牛，而芒刃不顿者，所排击剥割，皆众理解也。至于髋髀之所，非斤则斧。"

kuǎn

梡(kuǎn) 古代盛放全牲的礼器。《礼记·明堂位》："俎，有虞氏以梡。"郑玄注："梡，断木为四足而已。"

另见 huán。

款〔欵〕(kuǎn) ❶诚；恳切。《荀子·修身》："愚款端悫，则合之以礼乐。"❷顺从；服罪。《陈书·沈洙传》："凡有狱十一人，其所测者十人，款者唯一。"❸留；殷勤招待。如：款客。戴复古《汪见可约游青原》诗："一茶可款从僧话。"❹缓。如：款步。元稹《冬白纻》诗："吴宫夜长宫漏截，帘幕四垂灯焰暖。"参见"款段"。❺通"叩"。敲。《吕氏春秋·爱士》："夜款门而谒。"参见"款关"。❻至。张衡《西京赋》："绕黄山而款牛首。"❼钟鼎彝器上铸刻的文字。引申为书画上的题名。如：落款；上款；下款。参见"款识"。❽样儿。如：款式。引申为架子；款儿。《红楼梦》第四十四回："今儿当着这些人，倒做起主子的款儿来了。"❾法令、规章等分条列举的项目。如：条款；第一项第一款。❿钱，多为较大数量的。如：筹款；拨款。⓫通"窾"。空。《尔雅·释器》："〔鼎〕款足者谓之鬲。"《汉书·郊祀志上》："其空足

曰鬲。"

款备 同"款至"。《后汉书·明德马皇后纪》:"帝尝幸苑囿离宫,后辄以风邪露雾为戒,辞意款备,多见详择。"

款诚 犹"款曲"。真诚的心意。秦嘉《留郡赠妇诗》:"何用叙我心?遣思致款诚。"

款段 马行迟缓貌。《后汉书·马援传》:"乘下泽车,御款段马。"李贤注:"款,犹缓也,言形段迟缓也。"借指驽马。李白《江夏赠韦南陵冰》诗:"昔骑天子大宛马,今乘款段诸侯门。"

款服 ❶诚心归服。《北史·魏本纪一论》:"终能周、郑款服,声教南被。"❷服罪。《北史·辛公义传》:"罪人闻之,咸自款服。"

款附 诚心归附。孙楚《为石仲容与孙皓书》:"收离聚散,咸安其居。民庶悦服,殊俗款附。"

款关 ❶叩关。《史记·商君列传》:"由余闻之,款关请见。"参见"叩关"。❷叩门。元稹《春月》诗:"南有居士俨,默坐调心王。款关一问讯,为我披衣裳。"❸犹款塞。《南齐书·高帝纪上》:"遐方款关而慕义,荒服重译而来庭。"

款交 至交;挚友。《南史·杜京产传》:"会稽孔颙清刚有峻节,一见而为款交。"骆宾王《咏云酒》:"款交欣散玉,洽友悦沈钱。"

款襟 畅叙情怀。陶潜《赠长沙公》诗:"款襟或辽,音问其先。"

款款 ❶诚恳;忠实。《楚辞·卜居》:"吾宁悃悃款款朴以忠乎?"王逸注:"志纯一也。"司马迁《报任少卿书》:"见主上惨怆怛悼,诚欲效其款款之愚。"❷徐缓貌。杜甫《曲江》诗:"穿花蛱蝶深深见,点水蜻蜓款款飞。"❸和乐貌。《太玄·乐》:"独乐款款。"❹每项;每条。孙仲章《勘头巾》第四折:"王法条条诛滥官,明刑款款去贪残。"

款留 殷勤留客。唐彦谦《索虾》诗:"数日承款留。"

款密 恳挚;亲切。《三国志·蜀志·许靖传》:"昔在会稽,得所赐书,辞旨款密,久要不忘。"

款启 谓见识小。《庄子·达生》:"今休(孙休),款启寡闻之民也。"陆德明释文引李颐云:"款,空也;启,开也。如空之开,所见小也。"苏轼《子由自南都来陈三日而别》诗:"嗟我晚闻道,款启如孙休。"

款洽 亲切;融洽。《北史·长孙平传》:"隋文(杨坚)龙潜时,与平情好款洽。"《元史·侯均传》:"均貌魁梧而气刚正,人多严惮之;及其应接之际,则和易款洽。"

款曲 ❶犹衷情。内心的情意。秦嘉《留郡赠妇诗》:"念当远离别,思念叙款曲。"引申为殷勤应酬。《后汉书·光武帝纪下》:"文叔(刘秀)少时谨信,与人不款曲,唯直柔耳。"《南史·齐废帝郁林王纪》:"接对宾客,皆款曲周至。"❷详尽的情况。《三国志·魏志·郭淮传》:"及见,一一知其款曲,讯问周至。"

款塞 叩塞门,谓外族前来中国通好。《史记·太史公自序》:"海外殊俗,重译款塞。"裴骃集解引应劭曰:"款,叩也。"重译,谓语言不通须辗转翻译。

款式 格式;式样。《聊斋志异·王成》:"家中故物,多此款式。"

款言 ❶空话。《汉书·司马迁传》:"其实中其声者谓之端,实不中其声者谓之款;款言不听,奸乃不生。"按《史记·太史公自序》"款"作"窾"。❷恳谈。孟浩然《西山寻辛谔》诗:"款言忘景夕,清兴属凉初。"

款要 谓真切的情意。韩愈《病中赠张十八》诗:"雌声吐款要,酒壶缀羊腔。"辛文房《唐才子传》卷二:"〔崔署〕言词款要,情兴悲凉。"

款引 罪犯吐出实情,认罪。《魏书·奚斤传》:"斤闻而召伯儿(慕容伯儿),入天文殿东庑下,穷问款引,悉收其党诛之。"《北史·苏琼传》:"悉获实验,贼始款引。"

款语 恳谈;亲切谈话。段成式《酉阳杂俎·怪术》:"一日,宽诣寂,寂云:'方有小事,未暇款语,且请迟回休憩也。'"王建《题金家竹溪》诗:"乡使到来常款语。"亦作"款话"。刘长卿《颍川留别司仓李万》诗:"客里相逢款话深,如何岐路剩霑襟。"

款遇 谓交往恳谈。梁肃《祭李祭酒文》:"方期款遇,爱笑爱语。岂意长往,终焉莫睹!"

款至 诚恳周到。《晋书·周颙传》:"导(王导)后料检中书故事,见颙表救己,殷勤款至。"

款识 古代钟鼎彝器上铸刻的文字。《汉书·郊祀志下》:"今此鼎细小,又有款识,不宜荐见于宗庙。"颜师古注:"款,刻也;识,记也。"此外还有三说:(1)款是阴字凹入者,识是阳字挺出者。(2)款在外,识在内。(3)花纹为款,篆刻为识。以上均见《通雅》卷三十三所引。后世书、画上题名,也叫"款识"。参见"落款"。

款状 罪犯的供状。《水浒传》第十二回:"牛二家又没苦主,把款状都改得轻了。"也指罪证。《水浒传》第二十一回:"我便饶你这一场天字第一号官司,还你这招文袋里的款状。"

颗 〔颗〕(kuǎn) 《尔雅·释草》:"菟奚,颗涷。"郭璞注:"款涷也。"按今名"款冬"。

另见 kē,kě。

镢 〔镢〕(kuǎn) ❶火烙。《广韵·二十九换》:"镢,烧铁炙也。"按即火烙。❷署记。《字林》:"镢,刻也,今于纸缝上署记,谓之镢刻。"

窾 (kuǎn) 空处;中空。《庄子·养生主》:"批大郤(隙),导大窾。"《淮南子·说山训》:"见窾木浮而知为舟。"

kuāng

匡 (kuāng) ❶正;纠正。如:匡谬。《左传·襄公十四年》:"过则匡之。"❷帮助;救助。如:以匡不逮。《左传·成公十八年》:"匡乏困,救灾患。"❸方正;端正。《庄子·让王》:"匡坐而弦歌。"❹古代盛饭用具,通作"筐"。见《说文·匚部》。❺通"枉"。弯曲。《考工记·轮人》:"则轮虽敝不匡。"❻通"恇"。恐惧。《礼记·礼器》:"众不匡惧。"❼通"眶"。眼眶。《史记·淮南王安列传》:"涕满匡而横流。"❽古邑名。(1)春秋郑地。在今河南扶沟南。《左传》定公六年(前504年):"公侵郑取匡。"(2)春秋卫地。在今河南长垣西南。《春秋》僖公十五年(前645年):"公会齐侯、宋公、陈侯、卫侯、郑伯、许男、曹伯盟于牡丘,遂次于匡。"❾姓。

另见 wāng。

匡弼 匡正辅助。《三国志·魏志·夏侯惇等传评》:"然与曹爽中外缱绻,荣位如斯,曾未闻匡弼其非,援致良才。"

匡床 亦作"筐床"。安稳的床。《淮南子·主术训》:"匡床蒻席,非不宁也。"高诱注:"匡,安也;蒻,细也。"

匡复 谓挽救将亡之国,使转危为安。孔融《论盛孝章书》:"匡复汉室。"

匡济 "匡时济世"的略称。谓挽救艰困的局势,使转危为安。《三国志·魏志·赵俨传》："曹镇东应期命世,必能匡济华夏。"

匡救 匡正挽救。《书·太甲中》："既往背师保之训,弗克于厥初;尚赖匡救之德,图惟厥终。"

匡庐 庐山的别名。《后汉书·郡国志四》"庐江郡"刘昭注引释慧远《庐山记略》："山在寻阳南……有匡俗先生者,出殷周之际,隐遁潜居其下,受道于仙人而共岭,时谓所止为仙人之庐而命焉。"白居易《草堂记》："匡庐奇秀,甲天下山。"

匡时 挽救艰危的时势。《后汉书·荀淑传论》："陵夷则濡迹以匡时。"唐太宗《幸武功庆善宫》诗："弱龄逢运改,提剑郁匡时。"

匡益 匡正补益。《后汉书·刘瑜传》："今三公在位,皆博达道艺,而各正诸己,莫或匡益者,非不智也。"

匡翼 匡正辅助。《三国志·魏志·常林传》："苟无恩德,任失其人,覆亡将至,何暇匡翼朝廷,崇立功名乎?"

劻（kuāng） 见"劻勷"。

劻勷 亦作"俇儴"、"俇攘"。惶遽不安貌。韩愈《刘统军碑》："新师不牢,劻勷将遁。"遁,逃。

轩〔軒〕（kuāng） 纺丝车。《说文·车部》："轩,纺车也。一曰一轮车。"段玉裁注："纺者,纺丝也。凡丝必纺之而后可织。"

偅（kuāng） 见"俇儴"。

恇另见 wāng。

俇儴 同"劻勷"。匆遽不安貌。《聊斋志异·珠儿》："忽一小儿,俇儴入室。"

诓〔誆〕（kuāng） 骗。如:你不要诓我。《史记·郑世家》："乃求壮士得霍人解扬,字子虎,诓楚,令宋毋降。"

哐（kuāng） 拟声词。如:哐的一声把碗打碎了。

俇（kuāng） 见"俇攘"。

俇另见 guàng。

俇攘 纷扰不宁貌。《楚辞·九辩》："悼余生之不时兮,逢此世之俇攘。"亦作"劻勷"、"俇儴"、"枉攘"。

洭（kuāng） 水名。见"洭水"。

洭水 古水名。《水经·洭水注》："洭水出桂阳县……《山海经》谓之湟水。徐广曰,湟水一名洭水,亦曰潢水……桂水其别名也。"即今广东西北的湟江、连江。后又将英德

市至清远市一段北江称洭水。

恇（kuāng） ❶害怕;惊慌。《后汉书·张步传》："内外恇惧。"❷怯弱貌。《素问·通评虚实论》："尺虚者行步恇然。"❸料到。张国宾《合汗衫》第一折："则打的一拳,不恇就打杀了。"

恇恇 恐惧貌。《后汉书·梁鸿传》："口嚣嚣兮余讪,嗟恇恇兮谁留!"李贤注:"郑玄注《礼记》曰:'恇,恐也。'"

恇怯 恐惧畏缩。王禹偁《怀贤》诗："强臣方跋扈,朝士多恇怯。"

筐（kuāng） 方形的盛物竹器。后亦用柳条等编成。《诗·召南·采蘋》："于以盛之,维筐及筥。"毛传:"方曰筐,圆曰筥。"

歫（kuāng） 见"歫蹡"。

歫蹡 走得急。《集韵·十阳》:"歫蹡,行遽。"

駤（kuāng） 同"诓(誆)"。

kuáng

狂（kuáng） ❶本谓狗发疯。如:狂犬。亦指人精神失常;疯狂。《史记·宋微子世家》："〔箕子〕乃被发详(佯)狂而为奴。"❷纵情任性或放荡骄恣的态度。如:轻狂;狂妄。《左传·文公十二年》:"〔赵穿〕好勇而狂。"《论语·阳货》:"好刚不好学,其蔽也狂。"❸气势猛烈,越出常度。如:狂热。杜甫《君不见简苏徯》诗:"深山穷谷不可处,霹雳魍魉兼狂风。"❹传说中的鸟名。《山海经·大荒西经》:"〔栗广之野〕有五采之鸟,有冠,名曰狂鸟。"亦作"鵟"。

狂悖 狂妄背理。《汉书·五行志中之上》:"汉大臣征贺(昌邑王刘贺)为嗣,即位,狂悖无道。"

狂飙 大风暴。陆云《南征赋》:"狂飙起而故骇,行云蔼而芊眠。"亦用以比喻社会上的巨大改革或猛烈的革命运动。

狂草 草书的一种。

狂瞽 愚妄无知。多用作自谦之辞。《南史·虞寄传》:"使得尽狂瞽之说,披肝胆之诚。"

狂简 《论语·公冶长》:"吾党之小子狂简,斐然成章,不知所以裁之。"朱熹注:"狂简,志大而略于事也。"谓急于进取而流于疏阔,致行事不切实际。

狂且 举止轻狂的人。《诗·郑风·山有扶苏》:"不见子都,乃见狂且。"毛传:"狂,狂人也。且,辞也。"

狂狷 过于进取善道与过于洁身自好的人。《论语·子路》:"子曰:不得中行而与之,必也狂狷乎,狂者进取,狷者有所不为也。"何晏集解引包氏曰:"狂者进取于善道,狷者守节无为。"

狂澜 大波大浪。比喻动荡的局势或猛烈的潮流。韩愈《进学解》:"障百川而东之,回狂澜于既倒。"

狂奴故态 狂士的老脾气。奴,亲狎之称。东汉隐士严光跟光武帝(刘秀)本来是同学。司徒侯霸也与严光有旧,有一次侯霸差人去请光相见,光投一札给来人,口授道:"君房(侯霸字)足下:位至鼎足,甚善。怀仁辅义天下悦,阿谀顺旨要(腰)领绝。"侯霸把这信封奏光武帝,帝笑曰:"狂奴故态也!"见《后汉书·严光传》。

狂言 狂妄放肆的言论。《汉书·晁错传》:"臣错愚陋,昧死上狂言。"

狂药 指酒。《晋书·裴楷传》:"长水校尉孙季舒尝与崇(石崇)酣燕,慢傲过度,崇欲表免之。楷闻之,谓崇曰:'足下饮人狂药,责人正礼,不亦乖乎?'"

狂易 精神失常。《汉书·外戚传下》:"由(张由)素有狂易病。"颜师古注:"狂易者,狂而变易常性也。"

诳〔誑〕（kuáng,旧读 kuàng） 欺骗;迷惑。《史记·高祖本纪》:"将军纪信乃乘王驾,诈为汉王,诳楚。"

鵟〔鵟〕（kuáng） 鸟纲,鹰科,鵟属(Buteo)各种的通称。在中国分布较广的普通鵟(B. buteo burmanicus),体长约51厘米。通体羽毛褐色,尾部稍淡,两翼下各具一白色横斑,飞时显露似鸢,但尾圆而不分叉。常翱翔高空,或栖止田野高树和电杆上。主食鼠类,为农田益鸟。在中国东北一带及俄罗斯西伯利亚南部等地区繁殖,迁长江以南地区越冬。为国家二级保护动物。

kuǎng

夼（kuǎng） 洼地。多用于地名,山东有大夼、刘家夼。

kuàng

广〔廣〕（kuàng） 通"旷"。❶开阔。《荀子·王霸》:"人主

胡不广焉,无恤亲疏,无偏贵贱,唯诚能之求?"❷《汉书·五行志中之上》:"师出过时兹谓广。"颜师古注:"李奇曰:'广音旷。'韦昭曰:'谓怨旷也。'"

另见 ān,guǎng,guàng,yǎn。

卝(kuàng)　"矿"的古体字。《周礼·地官·卝人》:"卝人掌金玉锡石之地。"

卝人　官名。在《周礼》为地官的属官。掌矿产。

兄(kuàng)　同"况"。❶十分;更加。《墨子·非攻下》:"王兄自纵也。"孙诒让间诂:"言纣益自放纵也。"❷何况;况且。《管子·大匡》:"虽得天下,吾不生也,兄与我齐国之政也?"

另见 xiōng。

邝〔鄺〕(kuàng)　姓。

圹〔壙〕(kuàng)　❶墓穴,亦即指坟墓。《列子·天瑞》:"望其圹,睪如也。"睪,高。❷原野。《孟子·离娄上》:"犹水之就下,兽之走圹也。"❸通"旷"。圹废;松懈。《管子·七法》:"不失天时,无圹地利。"《荀子·议兵》:"敬谋无圹,敬事无圹,敬吏无圹,敬众无圹,敬敌无圹。"杨倞注:"无圹,言不敢须臾不敬。"

圹圹　广阔貌。贾谊《新书·修政语下》:"天下圹圹。"

圹埌　原野空旷貌。《庄子·应帝王》:"游无何有之乡,以处圹埌之野。"

忶〔懭〕(kuàng)　❶见"忶悢"。❷恨。见《集韵·四十二宥》。

忶悢　怅惘失意。《楚辞·九辩》:"怆恍忶悢兮,去故而就新。"洪兴祖补注:"忶悢,不得志。"

纩〔纊〕(kuàng)　亦作"絖"。新丝绵。《礼记·丧大记》:"属纩以俟绝气。"郑玄注:"纩,今之新绵。"《庄子·逍遥游》:"宋人有善为不龟手之药者,世世以洴澼絖为事。"

旷〔曠〕(kuàng)　❶开朗。如:心旷神怡。《后汉书·窦融传》:"旷若发矇。"❷空阔。如:地旷人稀。《诗·小雅·何草不黄》:"率彼旷野。"❸遥远;久远。陆机《为顾彦先赠妇》诗:"形影参商乖,音息旷不达。"❹空缺;荒废。如:旷工。《孟子·离娄上》:"旷安宅而弗居。"《吕氏春秋·无义》:"以义动,则无旷事矣。"❺姓。清代有旷敏本。

旷达　开朗豁达;放任达观。如:旷达不羁。《晋书·张翰传》:"翰任心自适,不求当世。或谓之曰:'卿乃可纵适一时,独不为身后名邪?'答曰:'使我有身后名,不如即时一杯酒。'时人贵其旷达。"

旷代　❶绝代;世所未有。谢灵运《伤己赋》:"丁旷代之渥惠,遭谬眷于君子。"❷历时长久。挚虞《左丘明赞》:"旷代弥休。"

旷荡　❶空阔;宏大。张衡《南都赋》:"上平衍而旷荡。"陈琳《为曹洪与魏文帝书》:"来命陈彼妖惑之罪,序王师旷荡之德。"❷宽大;宽宥。《宋书·薛安都传》:"四方阻逆,无战不禽,主上皆加以旷荡,即其才用。"❸开朗;豁达。黄庭坚《送吴彦归番阳》诗:"人生要得意,壮士多旷荡。"

旷典　旷,空绝。❶谓稀有难逢的盛大典礼。《宋史·乐志五》:"至道始,册皇太子。有司言:'太子受册,宜奏正安之乐。'百年旷典,至是举行。"❷前所未有的典制。《清史稿·刑法志三》:"迨嘉庆二十五年,始将到配未及三年人犯一体查办,尤为旷典。"

旷夫　无妻的成年男子。《孟子·梁惠王下》:"内无怨女,外无旷夫。"

旷古　❶犹空前,古来所无。《北史·赵彦深传》:"彦深小心恭慎,旷古绝伦。"❷犹远古、往昔。鲍照《和王丞》:"衔协旷古愿,斟酌高代贤。"

旷日持久　空废时日,拖延很久。《国策·赵策四》:"今得强赵之兵,以杜燕将,旷日持久数岁,令士大夫徐子之力尽于沟垒。"亦作"旷日弥久"。《国策·燕策三》:"太子丹曰:'太傅之计,旷日弥久,心惛然,恐不能须臾。'"

旷世　犹旷代。❶绝代;举世未见。曹植《洛神赋》:"奇服旷世。"❷历时长久。《汉书·王莽传上》:"〔霍光〕割断历久,统政旷世。"割断,操宰制决断之权。

况〔況〕(kuàng)　❶情形;情况。如:近况;景况。高启《送丁孝廉之钱塘》诗:"若见故人询旅况,知君解说不烦书。"❷比拟;比方。《汉书·高惠高后孝文功臣表序》:"以往况今。"❸更加。《国语·晋语一》:"以众故,不敢爱亲,众况厚之。"韦昭注:"言以众故杀君除民害,众益以为厚。"❹表示推进一层的意思。况且;何况。《左传·僖公十

五年》:"一夫不可狃,况国乎?"❺通"贶"。赐予。《礼记·聘义》:"北面拜况。"引申为惠顾、光临。《史记·司马相如列传》:"足下不远千里,来况齐国。"《文选·司马相如〈子虚赋〉》作"贶"。❻姓。明代有况钟。

况施　赐与。《汉书·武帝纪》:"遭天地况施,著见景象。"

况味　境况和情味。耶律楚材《和抟霄韵代水陆疏文》:"中隐冷官闲况味。"

炚〔爌〕(kuàng,又读 huàng)　❶照明。《汉书·扬雄传上》:"北炚幽都,南炀丹厓。"颜师古注:"炚,古晃字。"❷见"炚熀"。

炚熀　明敞貌。王延寿《鲁灵光殿赋》:"鸿炚熀以燿煟。"

矿〔礦、鑛〕(kuàng)　❶矿产、矿床、矿体、矿石的通称。❷亦称"矿山"。有一定开采境界的采掘矿石的独立生产单位。在地下开采的称"矿井",在露天开采的称"露天矿"。❸特指矿石。李贺《送沈亚之歌》:"雄光宝矿献春卿。"王琦注:"宝矿,金银璞石也。"

矿〔穬〕(kuàng)　有芒的谷物。指稻麦。一说是大麦的一种。《文选·潘岳〈马汧督诔序〉》:"内焚矿火熏之。"李善注:"崔寔《四人(民)月令》曰:'四月可杀矿。'注曰:'大麦之无皮毛者曰矿。'"

贶〔貺〕(kuàng)　赐与。如:厚贶;嘉贶。《左传·成公十二年》:"贶之以大礼。"《礼记·聘义》:"北面拜贶。"

麳〔麳〕(kuàng)　亦作"麳"。大麦。见《玉篇·麦部》。按,《齐民要术·旱稻》:"五六月暵之以拟麳麦。"《正字通·麦部》:"麳麦,西川人种食之。山东、河北人正月种,名春麳。形似大麦,味甘微寒,无毒,久服令人力健。"

鄺(kuàng)　同"框"。

框(kuàng)　❶门窗的架子。如:门框;窗框。❷器物的边缘或轮廓。如:框档;框廓。❸束缚;限制。如:框住;框死。

跶〔躟〕(kuàng)　❶路远。见《集韵·四十二宥》。❷脚步慢。《古今小说·杨思温燕山逢故人》:"那番官脚跶行迟,赶不上。"

眶(kuàng)　眼圈。《列子·仲尼》:"矢来注眸子,而眶不睫。"

絖 （kuàng） 同"纩（纊）"。

鉶 （kuàng） "矿（鑛）"的古字。

磺 （kuàng） 同"矿（礦）"。另见 huáng。

糡 （kuàng） 见"糡朗"。

糡朗 光明貌。左思《魏都赋》："或糡朗而拓落。"

䵛 〔䵛〕（kuàng） ❶同"纩"。《玉篇·麦部》："纩,大麦也;䵛,同上。"❷麦麸。《晋书·皇甫谧传》："况臣糠䵛,糅之雕胡?"《正字通·麦部》："䵛,麦麸也。"

廮 （kuàng） ❶阔;宽。《说文·心部》："廮,阔也,广大也,一曰宽也。"段玉裁注："《诗·鲁颂·泮水》曰:'憬彼淮夷。'释文云:'憬,《说文》作廮。'按此廮之本义。"❷通"旷"。《汉书·元帝纪》："众僚久廮,未得其人。"颜师古注："廮,古旷字。旷,空也。"

kuī

亏 〔虧〕（kuī） ❶缺;欠。如:盈亏。《史记·范雎蔡泽列传》："月满则亏。"❷损失。如:亏本;吃亏。❸毁坏。《诗·鲁颂·閟宫》："不亏不崩。"❹虚弱。如:体亏。❺情虚。如:亏心。❻幸亏;亏得。关汉卿《玉镜台》第四折："学士,这多亏了你也。"❼斥责或讥讽之词,犹言枉为。《红楼梦》第二十回："凤姐道:'亏了你还是个爷!'"

亏蚀 ❶日月亏食的现象。《宋书·历志上》："十以上亏蚀微少,光暑相及而已。"❷指工商业经营折本。

亏替 缺失败坏。吴质《答东阿王书》："既威仪亏替,言辞漏潒。"《新唐书·桓彦范传》："陛下尝轻骑微服,数幸其居,上下污漫,君臣亏替。"

規 〔規、槼〕（kuī） 通"窥"。《韩非子·制分》："其务令之相規其情者也。"另见 guī。

刲 （kuī） ❶割杀。《国语·楚语下》："诸侯宗庙之事,必自射牛刲羊击豕。"❷割取。《国策·齐策三》："刲魏之东野。"

刲宰 宰杀;屠杀。《新唐书·李令问传》："率游畋自娱,厚奉养,侈饮食,躬视刲宰。"

茢 〔藘〕（kuī） 大的红草。《尔雅·释草》："红,茏古,其大者茢。"郭璞注："俗呼红草为茏鼓,语转耳。"按红草即苙草。参见"苙"。

峞 〔巋〕（kuī） ❶小山丛列。《尔雅·释山》："小而众,峞。"❷高峻独立貌。王延寿《鲁灵光殿赋序》："自西京未央建章之殿,皆见隳坏,而灵光岿然独存。"

悝 （kuī） 嘲笑;诙谐。张衡《东京赋》："悝穆公于宫室。"另见 lǐ。

盔 （kuī） 战士用以保护头部的帽子。古代亦称胄、首铠、兜鍪、头鍪。多用铜铁等金属制成,也有用藤或皮革做的。现代多用钢制。《水浒传》第五十五回："呼延灼选得……铜铁头盔三千顶。"

（明）铁盔　（清）铁盔

盔甲 古代战士的护身器具。盔,护头;甲,护身。甲也叫铠;披于肩臂上的叫掩膊,护胸的叫胸甲或胸铠,贴在两腋的叫护腋,垂于两腿之外的叫腿裙。多用金属制成,也有用藤或皮革做的。

窺 〔窥、闚〕（kuī） 从小孔、缝隙或隐僻处察看。如:管窥;窥探。《论语·子张》："窥见室家之好。"陆云《与陆典书》："所谓窥管以瞻天,缘木而求鱼也。"另见 kuǐ。

窥涉 ❶浏览;涉猎。《论衡·薄葬》："博览古今,窥涉百家。"❷犹言关涉。沈约《神不灭论》："人品以上,贤愚殊性,不相窥涉,不相晓解。"

窥宋 宋玉《登徒子好色赋序》："臣里之美者,莫若臣东家之子。东家之子,……嫣然一笑,惑阳城,迷下蔡。然此女登墙窥臣三年,至今未许也。"后以指年轻女子倾心于男子。吴融《即席十韵》："住处方窥宋,平生未嫁卢。"

窥窬 犹言觊觎,谓窥伺可乘之隙。《三国志·吴志·华覈传》："昔海房窥窬东县。"亦作"窥觎"、"窥闚"。《晋书·桓温传》："然以雄武专朝,窥觎非望。"《三国志·魏志·齐王芳传》："费祎驱率群众,阴图窥

阚。"

蘬 （kuī） 见"蘬菇"。

蘬菇 瓜名。《尔雅·释草》："鉤,蘬姑。"郭璞注："鉤瓞也,一名王瓜。实如酖瓜,正赤,味苦。"郝懿行义疏："今案王瓜五月开黄华,华下结子,形似小瓜,今京师名为赤雹子是也。"

齇 （kuī） 鼻息声。《古文苑·王延寿〈王孙赋〉》："鼻齇齁以毁毁。"章樵注："齇、齁、毁、毁,皆鼻息声。"

kuí

奎 （kuí） ❶两髀之间,胯部。《庄子·徐无鬼》："奎蹄曲隈。"引申为张开两足。张衡《西京赋》："奎踽盘桓。"❷星名,二十八宿之一。即奎宿。

奎章 帝王的手笔。岳珂《桯史·王义丰诗》："山南有万杉寺,本仁皇所建,奎章在焉。"

達 （kuí） 四通八达的大路。《左传·隐公十一年》："及大逵。"陆德明释文引《尔雅》："九达谓之逵。"《淮南子·说林训》："杨子见逵路而哭之。"参见"中逵"。

馗 （kuí） 同"逵"。

葵 （kuí） ❶植物名,即冬葵。为我国古代重要蔬菜之一。《诗·豳风·七月》："七月烹葵及菽。"北魏贾思勰《齐民要术》以《种葵》列为蔬类第一篇,所谈栽培方法也较详细。元王祯《农书》称葵为"百菜之主",而明《本草纲目》中已列入草类。现江西、湖南、四川等省仍有栽培,但已远不如古代重要。❷俗亦指向日葵、蜀葵等。参见"葵倾"。❸通"揆"。度量。《诗·小雅·采菽》："天子葵之。"

葵藿 葵和豆的花叶倾向太阳,故古人每用为下对上仰慕之辞。曹植《求通亲亲表》："若葵藿之倾叶,太阳虽不为之回光,然终向之者,诚也。臣窃自比葵藿。"杜甫《自京赴奉先县咏怀》："葵藿倾太阳,物性固莫夺。"

葵倾 葵花向日而倾,比喻极其向往渴慕。《宋史·乐志十五》："千官云拥,群后葵倾。"

揆 （kuí,又读 kuǐ） ❶度量;揣度。如:揆情度理。《诗·鄘风·定之方中》："揆之以日,作于楚

室。"❷尺度；准则。《孟子·离娄下》："先圣后圣，其揆一也。"❸筹划；管理。《左传·文公十八年》："以揆百事。"后因称宰相之职。《晋书·礼志上》："桓温居揆，政由己出。"

揆度　度量；估量。《汉书·昌邑哀王传》："夫国之存亡，岂在臣言哉！愿王内自揆度！"

揆席　指宰辅之职。取《书·舜典》"纳于百揆"之意。李乂《哭仆射鄂公杨再思》诗："揆席凝邦绩，台阶阐国猷。"

喹（kuí）　见"喹啉"。

喹啉　亦称"氮杂萘"。一种含苯环和吡啶环的杂环化合物。无色有特臭的油状液体。露于空气中颜色变深。沸点237.7℃。不溶于水。有弱碱性，与强酸成水溶性盐。用强氧化剂(高锰酸钾)氧化时，苯环破裂而成吡啶-2,3-二甲酸。可由苯胺合成或由煤焦油分离制得。生物碱类中的奎宁、合成药物中的伯氨喹啉、喹碘方等都是喹啉的重要衍生物。

骙〔骙〕（kuí）　见"骙骙"、"骙骙"、"骙瞿"。

骙旷　亦作"阕广"。马背有旋毛。见《尔雅·释畜》、《广韵·十六屑》。

骙骙　马强壮貌。《诗·小雅·采薇》："四牡骙骙。"

骙瞿　急遽奔走貌。张衡《西京赋》："百禽㥦遽，骙瞿奔触。"

楑（kuí）　木名。见《说文·木部》。

暌（kuí）　同"暌"。

魁（kuí）　❶大；壮伟。《史记·孟尝君列传》："始以薛公为魁然也，今视之，乃眇小丈夫耳。"❷首领。《汉书·游侠传》："闾里之侠，原涉为魁。"❸首选；第一。陆游《老学庵笔记》卷八："初欲以为魁，终以此不果。"明代科举制度以五经取士，第一名为经魁，五经之魁为五经魁，亦称五魁。❹魁蛤，即蚶。《仪礼·士冠礼》："素积白屦，以魁柎之。"贾公彦疏："以魁蛤灰柎之者，取其白耳。"❺小丘。《国语·周语下》："而幽王荡以为魁陵粪土沟渎。"韦昭注："小阜曰魁。"❻食匙；舀汤的食具。《齐民要术·种榆》："十年之后，魁、碗、瓶、榼、器皿，无所不任。"❼古星名。《史记·天官书》

"北斗七星"司马贞索隐引《春秋斗运枢》："第一至第四为魁，第五至第七为杓。"又："魁枕参首。"张守节正义："魁，斗第一星也。"

魁柄　比喻朝廷大权。《汉书·梅福传》："今乃尊宠其位，授以魁柄，使之骄逆。"

魁甲　科举考试，称进士第一名为魁甲，即状元。《宋史·章衡传》："嘉祐二年，进士第一……神宗曰：'卿为仁宗朝魁甲。'"

魁垒　犹"块垒"。比喻心中郁结不平。《楚辞·九思·悯上》："魁垒挤摧兮常困辱。"洪兴祖补注："魁垒，盘结也。"亦谓正直磊落。《汉书·鲍宣传》："朝臣亡(无)有大儒骨鲠，白首耆艾，魁垒之士。"

魁首　❶为首之人，首领。《魏书·刑罚志》："〔诸强盗〕其不杀人，及赃不满五匹，魁首斩，从者死。"❷犹言头等人物。荀悦《汉纪·成帝纪》："赏〔尹赏〕所留者，皆其魁首。"《西厢记》第四本第二折："秀才是文章魁首，姐姐是仕女班头。"

魁头　即科头，不戴帽子。《后汉书·东夷传》："大率皆魁头露紒，布袍草履。"李贤注："魁头，犹科头也，谓以发萦绕成科结也。"

魁梧　壮大雄伟貌。《史记·留侯世家赞》："余以为其人计魁梧奇伟，至见其图，状貌如妇人好女。"黄庭坚《武昌松风阁》诗："老松魁梧数百年，斧斤所赦今参天。"

魁星　❶又名"璇玑"。北斗中前4颗星，即北斗一(天枢)、北斗二(天璇或天璿)、北斗三(天玑)、北斗四(天权)的总称。古称"羹斗"为"魁"(见《说文》)，因四星排列成方形如"斗"，故名，或称"斗魁"。❷专指北斗一(天枢)。《史记·天官书》张守节正义："魁，斗第一星也。"❸中国古代神话中的神。"奎星"的俗称。"奎星"原是中国古代天文学中二十八宿之一，称为"奎宿"。后被称为主宰文章兴衰的神。道教也尊之为神。因在汉朝纬书《孝经援神契》中有"奎主文章"之说，后世遂建奎星阁以崇祀之。顾炎武《日知录·魁》：神像"不能像奎，而改奎为魁，又不能像魁，而取之字形，为鬼举足而起其斗"。故魁星神像头部像鬼，一脚向后翘起，如"魁"字的大弯钩；一手捧斗，如"魁"字中间的"斗"字，一手执笔，意谓用笔点定中式人的姓名。

暌（kuí）　见"喈暌"。

戣（kuí）　古兵器名。《书·顾命》："一人冕，执戣，立于东垂；一人冕，执瞿，立于西垂。"孔传："戣、瞿，皆戟属。"郑玄注："戣、瞿，盖今三锋矛也。"

暌（kuí）　本作"暌"。❶违背；不合。陆倕《新刻漏铭》："又可以校运算之暌合，辨分天之邪正。"引申为分离。白居易《伤友》诗："曩者胶漆契，迩来云雨暌。"❷六十四卦之一，兑下离上。《易·暌》："象曰：上火下泽，暌。"又《序卦》："暌者，乖也。"❸见"暌暌"。

暌暌　张目注视貌。韩愈《郓州溪堂诗序》："万目暌暌。"

暌离　分离；阔别。韩愈《纳凉联句》："与子昔暌离，嗟余苦屯剥。"

暌违　暌，亦作"暌"。❶违失。颜师古《〈汉书〉叙例》："匡正暌违，激扬郁滞。"❷分离。何逊《仰赠从兄兴宁置南》诗："一朝异言宴，万里就暌违。"

跬（kuí）　❶胫肉，一说曲胫，见《说文·足部》。❷柎，见《广雅·释器》。王念孙疏证："凡器足谓之柎。"❸跳。《文选·郭璞〈江赋〉》："鲮鲤䁆跬于垠隒。"李善注引《埤苍》曰："跬，躐跳也。"谓鲮、鲤跳跃于江岸。按六臣本"跬䁆"作"踦蹰"，行貌。

鵟〔鵟〕（kuí）　见"鵟鸠"。

鵟鸠　鸟名。小鸠。《方言》第八："鸠，自关而西秦汉之间，其小者或谓鵟鸠。"

蝰（kuí）　见"蝰蛇"。

蝰蛇（*Vipera russelii*）　亦称"圆斑蝰"。爬行纲，蝰科。一种毒蛇。全长0.9～1.3米。背面暗褐色，有淡褐色链状椭圆斑三列，椭圆斑的最外缘为黄白色，其次为黑色；在三列斑纹间，散布不规则小斑纹；腹面灰白色，每一腹鳞有3～5个紫褐色斑点，前后缀连略成纵行。生活于山地、平原。捕食鼠、鸟、蛇、蜥蜴及蛙类等。卵胎生。分布于中国台湾、福建、广东、广西；也产于印度、斯里兰卡及东南亚。

檒（kuí）　同"魁❻"。见《集韵·十五灰》。

夔（kuí）　❶古代传说中一种奇异的动物，形如龙，一足。见《说文·夊部》。《庄子·秋水》："夔谓蚿曰：'吾以一足趻踔而行。'"商周时代彝器上多雕铸其状作为文饰。❷牛名。见"夔牛"。❸人名，尧舜时乐官。参见"夔一足"。❹古国名。一作隗、归。芈姓。开国之君为熊挚。在今湖北秭归。公元前634年为楚所灭。

夔夔 悚惧貌。《书·大禹谟》："祇载见瞽瞍，夔夔斋栗。"

夔龙纹 也叫"夔纹"。商周青铜器上的纹饰之一。作有角张口的龙形。

夔牛 古代传说中一种高大的野牛。《山海经·中山经》："岷山……其兽多犀

夔龙纹

象，多夔牛。"郭璞注："今蜀山中有大牛，重数千斤，名为夔牛。"

夔一足 《吕氏春秋·察传》载：鲁哀公问孔子，舜时的乐官夔是否只有一足，孔子说："昔者舜欲以乐传教于天下，乃令重黎举夔于草莽之中而进之，舜以为乐正。夔于是正六律，和五声，以通八风，而天下大服。重黎又欲益求人，舜曰：'……若夔者，一而足矣。'故曰夔一足，非一足也。"意谓一夔已足，不必多求，而误传为夔只有一足的神话。参见"一夔已足"。

夒(kuí) 夔牛的专字。见"夔牛"。

躨(kuí) 见"躨跜"。

躨跜 动貌。《文选·王延寿〈鲁灵光殿赋〉》："虬龙腾骧以蜿蟮，颔若动而躨跜。"李善注："躨跜，动貌。"吕延济注："言虬龙飞举盘屈颔然若动也。"

kuǐ

顷〔頃〕(kuǐ) 通"跬"。见"顷步"。

另见 qīng，qǐng。

顷步 同"跬步"。半步。《礼记·祭义》："故君子顷步而弗敢忘孝也。"陆德明释文："顷，读为跬……一举足为跬，再举足为步。"范成大《与时叙现老纳凉池上》诗："会心不在远，顷步便得之。"

頍〔頍〕(kuǐ) 古代发饰，用以固冠。《诗·小雅·頍弁》："有頍者弁，实维在首。"《后汉书·舆服志下》："古者有冠无帻，其戴也，加首有頍，所以安物。故《诗》曰

'有頍者弁'，此之谓也。"

傀(kuǐ) 见"傀儡"。
另见 guī。

傀儡 木偶戏里的木头人。也作为木偶戏即傀儡戏的简称。比喻受人利用、毫无自主权的人或集团。《朱子全书·学一》："今于古人所以下学之序，则以为近于傀儡而鄙厌之。"

趌〔趌〕(kuǐ) 一举足。《说文·走部》："趌，半步也。"段玉裁注："今字作跬。《司马法》曰：'一举足曰跬，跬三尺。两举足曰步，步六尺。'《荀卿子》作蹞。"《荀卿子》即《荀子》。

跬(kuǐ) 古时称人行走，举足一次为跬，举足两次为步，故半步叫"跬"。参见"跬步"。引申为靠近。参见"跬誉"。

跬步 亦作"顷步"、"頍步"。半步；跨一脚。《大戴礼记·劝学》："不积跬步，无以致千里；不积小流，无以成江海。"

跬誉 一时的好名声。《庄子·骈拇》："窜句游心于坚白同异之间，而敝跬誉无用之言，非乎？"郭庆藩集释引郭嵩焘云："跬誉犹云咫言。《方言》：'半步为跬。'《司马法》：'一举足曰跬。跬，三尺也。'跬誉者，邀一时之近誉也。"

煃(kuǐ) 火貌。见《玉篇·火部》。

窺〔窺〕(kuǐ) 通"跬"。《汉书·息夫躬传》："京师虽有武蜂精兵，未有能窺左足而先应者也。"颜师古注："苏林曰：'窺音跬。'师古曰：跬，半步也，言一举足也。"
另见 kuī。

磈(kuǐ) 见"磈磊"。

磈磊 ❶众石高低不平。比喻郁积在胸中的不平之气。许有壬《神山避暑晚行田间》诗："不用浇磈磊，我怀无不平。"现在一般写作"块垒"。❷亦作"魁瘣"。树木根枝盘结。《尔雅·释木》："枹，遒木，魁瘣。"郭璞注："谓树木丛生，根枝节目盘结磈磊。"邢昺疏："魁瘣，读若磈磊。"

頯(kuǐ) 同"跬"。

kuì

归〔歸〕(kuì) ❶通"馈"。赠送。《论语·微子》："齐人归

女乐。"《史记·周本纪》："晋唐叔得嘉谷，献之成王，成王以归周公于兵所。"❷通"愧"。惭愧。《国策·秦策一》："状有归色。"高诱注："归当作愧。"
另见 guī。

匮〔匱〕(kuì) ❶通"篑"。盛土器。《后汉书·班彪传下》："并开迹于一匮。"❷缺乏；穷尽。《诗·大雅·既醉》："孝子不匮，永锡尔类。"朱熹注："匮，竭。"
另见 guī。

匮乏 缺乏；贫穷。《吕氏春秋·悔过》："惟恐士卒罢（疲）弊与糗粮匮乏。"《韩非子·外储说右下》："臣闻之，上有积财，则民臣必匮乏于下。"

匮盟 指不可靠的盟约。《左传·成公二年》："十有一月，公及楚公子婴齐、蔡侯、许男、秦右大夫说、宋华元、陈公孙宁、卫孙良夫、郑公子去疾及齐国之大夫盟于蜀，卿不书，匮盟也；于是乎畏晋而窃与楚盟，故曰匮盟。"孔颖达疏："私窃为盟，盟终不固，此盟是匮乏之道也。"

蒉〔蕢〕(kuì) 草编的筐子。《论语·宪问》："有荷蒉而过孔氏之门者。"
另见 kuài。

㱕(kuì) "归（歸）"的古体字。
另见 guī。

喟(kuì) ❶叹声。《论语·先进》："夫子喟然叹曰：'吾与点也！'"❷叹息。柳宗元《吊屈原文》："托遗编而叹喟兮，涣余涕之盈眶。"

馈〔饋、餽〕(kuì) ❶进食于人。《汉书·贾谊传》："春秋入学，坐国老，执酱而亲馈之。"❷泛指赠送。《论语·乡党》："朋友之馈，虽车马，非祭肉，不拜。"❸吃饭。《淮南子·氾论训》："一馈而十起。"❹运输。《孙子·作战》："带甲十万，千里馈粮。"

溃〔潰〕(kuì) ❶水冲破堤防。《文选·班固〈西都赋〉》："溃渭洞河。"李善注引《仓颉篇》："溃，旁决也。"引申为冲破包围。《史记·项羽本纪》："为诸君溃围，斩将刈旗。"亦指毁坏。《墨子·非攻下》："燔溃其祖庙。"❷散乱；败逃。《左传·僖公四年》："齐侯以诸侯之师侵蔡，蔡溃。"❸烂。如：溃疡。《素问·五常政大论》："其动疡涌分溃痈肿。"❹怒貌。《诗·邶风·谷风》："有洸有溃。"❺达到。《诗·小雅

小旻》："是用不溃于成。"

溃败 溃乱败北。王恽《东征》诗："溃败如山崩。"

溃沺 水流广大无涯貌。《文选·左思〈吴都赋〉》："溃沺泮汗。"刘逵注："谓直望无崖也。"

溃溃 ❶昏乱貌。《诗·大雅·召旻》："溃溃回遹。"毛传："溃溃，乱也。"马瑞辰通释谓即"愦愦"之假借。❷水流貌。《说苑·杂言》："泉源溃溃，不释昼夜。"

愦〔憒〕(kuì) 昏乱；胡涂。《楚辞·九思·逢尤》："心烦愦兮意无聊。"

愦愦 ❶混乱。《后汉书·何进传》："天下愦愦，亦非独我曹罪也。"李贤注："愦愦，乱也。"❷胡涂。《三国志·蜀志·蒋琬传》："作事愦愦，诚非及前人。"

愦眊 昏乱，不明事理。《汉书·息夫躬传》："小夫愞臣之徒，愦眊不知所为。"颜师古注："愦，心乱也；眊，目暗也。"

愧〔媿〕(kuì) ❶惭愧。《诗·小雅·何人斯》："不愧于人，不畏于天。"亦谓使别人觉得惭愧。《礼记·表记》："不以人之所不能者愧人。"❷引以为耻。《汉书·陈平传》："及平长，可取妇，富人莫与者；贫者，平亦愧之。"

愧汗 因惭愧而出汗。形容惭愧之至。如：不胜愧汗。袁桷《络马图》诗："属车效驾岂在力，愧汗绝足追奔尘。"

愧赧 因惭愧而面红耳赤。《三国志·魏志·陈思王植传》："形影相吊，五情愧赧。"韩愈《答陈商书》："辱惠书，语高而旨深，三四读，尚不能通晓，茫然增愧赧。"

襀〔襀〕(kuì) 纽。见《广韵·六至》。今方言称绳带拴成的结为襀。

聩〔聵〕(kuì) 先天耳聋。《国语·晋语四》："聋聩不可使听。"韦昭注："耳不别五声之和曰聋，生而聋曰聩。"引申为昏聩，不明事理。参见"聩聩"。

聩聩 形容耳聋。王涯《说玄·明宗》："聩聩而听者，不闻雷霆。"引申为昏昧糊涂。《太玄·玄摛》："晓天下之聩聩。"

喟(kuì) 同"喟"。叹息。《文选·傅毅〈舞赋〉》："喟息激昂。"李善注："喟与喟同。"

蒉〔簣〕(kuì) 盛土的竹器。《书·旅獒》："为山九仞，功亏一篑。"

醴〔醴〕(kuì) 无味。刘邵《人物志·体别》："淡而不醴。"刘昞注："谓之淡耶，味复不醴。"

鬒〔鬒〕(kuì) 盘屈的发。《说文·髟部》："鬒，屈发也。"朱骏声通训定声："按敛其发曰髻，盘其发曰鬒。"

kūn

巛(kūn) "坤"的古体字。《后汉书·舆服志下》："乾巛有文。"

另见 chuān。

卵(kūn) 见"卵酱"。另见 luǎn。

卵酱 鱼子酱。《礼记·内则》："濡鱼，卵酱实蓼。"郑玄注："卵读为鲲。鲲，鱼子。"孔颖达疏："卵谓鱼子，以鱼子为酱。"

坤〔堃〕(kūn) 八卦之一，卦形☷，象征地。又为六十四卦之一，坤下坤上。《易·坤》："象曰：地势，坤。"王弼注："地形不顺，其势顺。"又《系辞上》："乾道成男，坤道成女。"后因用为女性或女方的代称。如：坤宅；坤伶。

坤灵 古代对于山岳河渎之神的总称。扬雄《司空箴》："普彼坤灵，侔天作则。"

坤舆 《易·说卦》："坤为地……为大舆。"孔颖达疏："为大舆，取其能载万物也。"后因以坤舆为地的代称。《宋史·乐志八》："昭灵积厚，混混坤舆。"

坤宅 旧时婚礼，称女家为坤宅。参见"乾宅"。

昆 ㊀(kūn) ❶亦作"翼"。兄。如：昆仲；昆弟。《诗·王风·葛藟》："终远兄弟，谓他人昆。"❷后裔；子孙。左思《吴都赋》："虞、魏之昆，顾、陆之裔。"❸群；众。《汉书·成帝纪》："君道得，则草木昆虫咸得其所。"颜师古注："昆虫，言众虫也。"引申为齐同。扬雄《羽猎赋》："群嬉乎其中，噍噍昆鸣。"

㊁〔崑、崐〕(kūn) 见"昆冈"。

另见 hún，hùn。

昆弟 亦作"翼弟"。即兄和弟，也包括近房的和远房的弟兄。《尔雅·释亲》："父之翼弟，先生为世父，后生为叔父。"《论语·先进》："孝哉闵子骞！人不间于其父母昆弟之言。"

昆冈 ❶古代传说中的产玉之山。《书·胤征》："火炎昆冈，玉石俱焚。"孔传："山脊曰冈，昆山出玉。"或谓此昆冈即指后来以产玉著名的蓝田山，其地为古代"昆夷"所居，故名。❷山名。在古代的广陵郡，今江苏江都境。鲍照《芜城赋》："柂以漕渠，轴以昆冈。"

昆鸡 同"鹍鸡"。《文选·司马相如〈上林赋〉》："躏玄鹤，乱昆鸡。"郭璞注引张揖曰："昆鸡，似鹤，黄白色。"

昆季 兄弟。《新唐书·李密传》："昔萧何举宗从汉，今不昆季尽行以为愧，岂公一失利，轻去就哉！"

昆山片玉 《晋书·郤诜传》："累迁雍州刺史，武帝于东堂会送，问诜曰：'卿自以为何如？'诜对曰：'臣举贤良对策，为天下第一，犹桂林之一枝，昆山之片玉。'"本为自谦词，谓仅为众美之一；后用来比喻众美中之杰出者。

昆孙 ❶亦作"翼孙"。远代的子孙。《尔雅·释亲》："玄孙之子为来孙，来孙之子为翼孙。"❷兄之孙。《左传·昭公十六年》："孔张，君之昆孙，子孔之后也。"杜预注："昆，兄也。子孔，郑襄公兄，孔张之祖父。"

昆吾 ❶夏的同盟部落。己姓。相传为颛顼之后。在今河南濮阳。善于制造陶器和铸造铜器，夏启曾命人在昆吾铸鼎。夏末与彭姓之韦(今河南滑县东南)、己姓之顾(今山东鄄城东北)助桀为虐，为商汤所灭。西周时为许的封地。❷山石名。《史记·司马相如列传》："琳瑉琨珸。"司马贞索隐引司马彪曰："琨珸，石之次玉也。《河图》云：'流洲多积石，名琨珸石。炼之成铁，以作剑，光明如水精。'案字或作'昆吾'也。"一说山名。《山海经·中山经》："昆吾之山，其上多赤铜。"郭璞注："此山出名铜，色如火，以之作刃，切玉如割泥也。"❸古代传说中太阳正午所经之处。《淮南子·天文训》："日出于旸谷，……至于昆吾，是谓正中。"高诱注："昆吾邱，在南方。"张衡《思玄赋》："跻日中于昆吾兮。"

昆裔 后嗣；子孙。《国语·晋语二》："天降祸于晋国，谗言繁兴，延及寡人之绍续昆裔，隐悼播越，托在草莽，未有所依。"韦昭注："昆，后也；裔，末也。"

昆嵛 旧县名。在山东省东部。1941 年由文登、牟平两县析置。1956 年撤销，仍划归牟平县和文登县。牟平县于 1994 年并入烟台市，文登县于 1988 年改设市。

昆玉 ❶美玉。比喻品德高洁。刘峻《辩命论》："琎(刘琎)则志烈秋霜,心贞昆玉。"亦比喻华美。《文选·陆倕〈新刻漏铭〉》:"陆机之赋,虚握灵珠,孙绰之铭,空擅昆玉。"李周翰注："灵珠、昆玉,喻文章美也。"❷称他人弟兄的敬词。如:贤昆玉。《通俗编·昆玉》:"《南史·王份传》:'子琳娶梁武帝妹,有子九人,并知名,时人以为玉昆金友。'崔鸿《前凉录》:'辛攀兄弟五人,并以才识名,秦雍为之语曰:五龙一门,金友玉昆。'按今称人弟兄曰昆玉,义应本此。但不曰金玉,曰昆友,而曰昆玉,似复别有出处。《晋书》:'陆机兄弟生华亭,并有才名,人比之昆冈出玉。'"参见"金友玉昆"。

昆仲 称他人弟兄的敬词。《旧唐书·王维传》:"维以诗名盛于开元天宝间,昆仲宦游两都,凡诸王驸马豪右贵势之门,无不拂席迎之。"

莐(kūn) 通"琨"。美玉。《楚辞·招魂》:"莐蔽象棋,有六簙些。"王逸注:"莐,玉;蔽,簙箸。以玉饰之也。或言莐蔽,今之箭囊也。"

另见 jùn。

晜(kūn) 同"昆⊖"。兄。《尔雅·释亲》:"父之晜弟,先生为世父,后生为叔父。"

猑(kūn) 同"騉"。见"騉蹄"。

悃(kūn,又读 gǔn) 迷昏不清。《方言》第十:"悃,惛也。楚扬谓之悃。"郭璞注:"惛,谓迷昏也。"

鹍〔鶤〕(kūn) 见"鹍鸡"。

鹍鸡 亦作"昆鸡"、"鶤鸡"。❶大鸡。《尔雅·释畜》:"鸡三尺为鶤。"❷凤凰的别称。《淮南子·览冥训》:"轶鹍鸡于姑馀。"高诱注:"鹍鸡,凤凰之别名。"❸大鸟名。《文选·张衡〈西京赋〉》"翔鹍仰而弗逮"李善注:"《穆天子传》曰:'鹍鸡飞八百里。'"按今本《穆天子传》作"鸒鸡",郭璞注"即鹍鸡,鹄属也"。参见"鸒鸡"。

裈〔褌〕(kūn) 有裆的裤,以别于无裆的裤(套裤)而言。《史记·司马相如列传》:"相如身自著犊鼻裈,与保庸杂作。"

騉〔騉〕(kūn) 见"騉蹄"、"騉駼"。

騉蹄 亦作"猑蹄"。马名。蹄平正,善登高。《尔雅·释畜》:"騉蹄趼,善升甗。"郭璞注:"騉蹄,蹄如趼而健上山。"一说为野马。见《后汉书·马融传》"猑蹄"李贤注。

騉駼 马名。马身而牛蹄,善登高。《尔雅·释畜》:"騉駼,枝蹄趼,善升甗。"郭璞注:"騉駼亦似马而牛蹄。"邢昺疏:"騉駼,马名。"

琨(kūn) 美玉。《书·禹贡》:"瑶琨篠荡。"孔传:"瑶、琨,皆美玉。"

琨珸 亦作"昆吾"。本山名,因亦以名其山之石。《山海经·海内经》:"昆吾之丘。"《史记·司马相如列传》:"其石则赤玉、玫瑰、琳、瑉、琨珸。"

髡(kūn) 同"髡"。

蜫(kūn) 通作"昆"。《说文·蜫部》:"蜫,虫之总名也。"段玉裁注:"凡经传言昆虫,即蜫虫也。昆者,众也。"

幒(kūn) 同"裈"。有裆的裤子。《世说新语·夙惠》:"韩康伯数岁,家酷贫。至大寒,止得襦,母殷夫人自成之……谓康伯曰:'且箸襦,寻复来幒。'"

髡(kūn) ❶古代一种剃去头发的刑罚。见"髡钳"。❷指和尚。《挥麈三录》卷三:"然德范者与婢一舸东去已逾月,被挞之髡,入院盖未久也。"院,指天章寺。❸剪削枝条。《齐民要术》卷五:"种柳千树则足柴。十年以后,髡一树,得一载。岁髡二百树,五年一周。"《北史·张佳佳》:"髡其(指鸡)冠。"

髡钳 中国古代将犯人剃去头发并用刑具束颈的刑罚。周代已有,秦汉沿用,并与城旦舂结合。《汉书·刑法志》:"当黥者,髡钳为城旦舂。"北周后无此刑。后世凶犯剃光头,或谓即此制遗迹。

鸒〔鸒〕(kūn) 见"鸒鸡"。

鸒鸡 鸟名。亦作"鹍鸡"。《楚辞·九辩》:"鸒鸡啁哳而悲鸣。"洪兴祖补注:"鸒鸡,似鹤,黄白色。"参见"鹍鸡"。

鸒弦 用鸒鸡筋做的琵琶弦。泛指弦乐器。阴铿《侯司空宅咏妓》:"佳人遍绮席,妙曲动鸒弦。"

锟〔錕〕(kūn) 见"锟铻"。

锟铻 同"昆吾"。古剑名。《列子·汤问》:"周穆王大征西戎,西戎献锟铻之剑,其剑长尺有咫,练钢赤刃,用之切玉如切泥焉。"

裩(kūn) 同"裈(褌)"。

醌(kūn) 一类含有两个双键的六元环状二酮(含两个羰基)结构的有机化合物。最常见的是对苯醌及蒽醌。醌类具有开链 α,β 不饱和酮的性质(羰基、烯键加成或被还原等反应),而不具芳香性。醌型结构和颜色有密切的关系,大都为有色物质。许多染料(茜素)或指示剂(酚酞)含有这种基本结构。不少生理活性物质具有醌型结构。例如,维生素 K、辅酶 A 等。

雒(kūn) 同"鹍"。

鲲〔鯤〕(kūn) ❶古代传说中的大鱼。见"鲲鹏"。❷鱼子。《尔雅·释鱼》:"鲲,鱼子。"郝懿行义疏:"凡鱼之子,总名鲲。"

鲲鹏 古代传说中的大鱼和大鸟。《庄子·逍遥游》:"北冥有鱼,其名为鲲;鲲之大,不知其几千里也!化而为鸟,其名为鹏;鹏之背,不知其几千里也!怒而飞,其翼若垂天之云。"杜甫《泊岳阳城下》诗:"图南未可料,变化有鲲鹏。"

kǔn

捆〔綑〕(kǔn) ❶束缚;捆绑。如:捆柴;捆行李。《红楼梦》第七回:"把他捆起来。"又一束叫一捆。如:一捆柴。❷敲击。《孟子·滕文公上》:"捆屦织席以为食。"赵岐注:"捆,犹叩椓也。织屦欲使坚,故叩之也。"

阃〔閫〕(kǔn) ❶门槛。《南史·沈演之传》:"颜(演之兄孙)送迎不越阃。"❷特指郭门的门槛。见"阃外"。亦以指阃外负军事专责的将帅。文天祥《指南录后序》:"至京口,得间奔真州,即具以北虚实告东西二阃,约以连兵大举。"❸内室;闺门。见"阃奥"、"阃闱"。因借指妇女。如:阃范;阃德。❹对别人妻子的敬称。《京本通俗小说·冯玉梅团圆》:"初不晓得是尊阃,如之奈何?"

阃奥 亦作"阃隩"、"壸奥"。本指内室深处,后用以比喻精微深奥的境界。《三国志·魏志·管宁传》:"娱心黄老,游志六艺,升堂入室,究其阃奥。"

阃寄 谓托以阃外之事,即任以重要的军职。白居易《与仕明诏》:"卿久镇边防,初膺阃寄。"参见"阃外"。

阃外 郭门以外。《史记·张释之冯唐列传》:"臣闻上古王者之遣将也,跪而推毂,曰阃以内者,寡人制之;阃以外者,将军制之。"裴骃集解引韦昭曰:"此郭门之阃也。"后因称军职为阃外。《晋书·桓冲传》:"臣司存阃外,辄随宜处分。"

阃闱 亦作"壸闱"。指妇女居住的内室。《文选·班固〈述成纪〉》:"阃闱恣赵,朝政在王。"李善注:"阃闱,闼门之内也。"

阃阈 闺房的门限。《三国志·魏志·中山恭王衮传》:"阃阈之内,奉令于太妃;阃阈之外,受教于沛王。"引申为界限;间隔。贾至《虎牢关铭序》:"宜其咽喉九州,阃阈中夏。"

悃（kǔn） 诚挚之意。如:聊表谢悃。

悃愊 至诚。《汉书·刘向传》:"发愤悃愊,信有忧国之心。"《后汉书·章帝纪》:"安静之吏,悃愊无华。"

悃诚 诚恳之心。白居易《与陈给事书》:"伏愿俯察悃诚,不遗贱小。"

悃款 忠实,诚恳。谓以真心待人。《楚辞·卜居》:"吾宁悃悃款款朴以忠乎?"柳宗元《吊乐毅文》:"仁夫对赵之悃款兮,诚不忍其故邦。"

壸〔壼〕（kǔn） 古时宫中巷舍间道。《尔雅·释宫》:"宫中弄谓之壸。"引申为内宫的代称。如:壸闱。又引申为广。《诗·大雅·既醉》:"其类维何?室家之壸。"毛传:"壸,广也。"陈奂传疏:"壸本为宫中弄名,引申之则为广,广之言扩充也。"按"壸"、"广"古为双声。

壸奥 同"阃奥"。本指室内深处,后比喻深隐。班固《答宾戏》:"皆及时君之门闱,究先圣之壸奥。"

壸闱 同"阃闱"。《汉书·叙传下》:"壸闱恣赵,朝政在王。"赵指赵飞燕姊妹;王,指外戚王凤、王音等。

梱（kǔn） ❶箭;箭杆。《仪礼·大射》:"扬触梱复。"郑玄注:"梱复,谓矢至侯不著而还复。"❷古代投纬工具。《列女传·鲁季敬姜》:"文伯相鲁,敬姜谓之曰:'吾语汝,治国之要尽在经矣……持交而不失,出入不绝者,梱也。'"引申为织。《墨子·辞过》:"梱布绢。"亦作"捆",《孟子·滕文公上》:"捆屦织席以为食。"❸因梱使经线聚紧,引申为使齐平。《仪礼·大射》:"既拾

取矢梱之。"❹门限。《礼记·曲礼上》:"外言不入于梱,内言不出于梱。"《史记·循吏列传》:"王必欲高车,臣请教闾里使高其梱。"特指国门。《周礼·秋官·大司寇》"军刑"贾公彦疏:"梱外之事,将军裁之。"此义后出专字为"阃"。

另见 wén。

稇（kǔn） 同"稛"。

綑（kǔn） 用绳索捆束。见"綑载"。

綑载 犹言满载、重载。《国语·齐语》:"诸侯之使,垂橐而入,稛载而归。"韦昭注:"垂,言空而来;橐,囊也。言重而归也。"韩愈《答窦秀才书》:"稛载而往,垂橐而归,足下亮之而已。"

綑（kǔn） 织。《墨子·非乐上》:"妇人……綑布縿,此其分事也。"縿通缕,帛。

另见 kǔn 捆。

稛（kǔn） 同"稇"。

薶〔齳〕（kǔn,又读 yǔn） 无齿貌。《韩诗外传》卷四:"以为姣好耶?则太公年七十二,薶然而齿堕矣。"周廷寀注:"薶读曰壸,无齿也。《荀》作齳,同。"

踘（kǔn） 脚生冻疮。《说文·足部》:"踘,瘃足也。"徐幹《中论·贵言》:"是孺子之所以踘膝跣足而不以为弊也。"俗作"皲"。

麇（kǔn） 捆。《左传·哀公二年》:"罗（赵罗）无勇,麇之。"

另见 jūn,qún。

齫（kǔn,又读 yǔn） 同"薶"。无齿貌。《荀子·君道》:"以为好丽邪?则夫人行年七十有二,齫然而齿堕矣。"夫人,此人,指太公。

kùn

困㊀（kùn） ❶窘迫;受窘。《礼记·中庸》:"事前定则不困。"❷急难。《史记·魏公子列传》:"以公子高义,为能急人之困。"❸劳倦。《后汉书·耿纯传》:"昨夜困乎?"❹贫乏。《史记·宋微子世家》:"岁饥民困。"❺被围。见"困兽犹斗"。❻六十四卦之一,坎下兑上。《易·困》:"象曰:泽无水,困。"㊁〔睏〕（kùn） 睡。《老残游记》第五回:"我困在大门旁边南屋里,你老有事,来招呼我罢。"

困敦 十二支中子的别称,用以纪

年。《尔雅·释天》:"〔太岁〕在子曰困敦。"参见"岁阳"。

困顿 ❶疲惫;劳累。《后汉书·刘平传》:"被十创,困顿不知所为。"韩偓《马上见》诗:"去带惜腾醉,归应困顿眠。"❷艰难窘迫。陈亮《与韩无咎尚书》:"会亮涉历家难,穷愁困顿,零丁孤苦。"

困乏 ❶疲惫无力。《资治通鉴·晋明帝太宁二年》:"因作势而起,困乏复卧。"胡三省注:"气不能充体为困,力不能举身为乏。"❷生活困难。《盐铁论·非鞅》:"盖文帝之时,无盐铁之利而民富,今有之而百姓困乏,未见利之所利也,而见其所害也。"

困坷 困苦艰难。苏轼《病中大雪》诗:"嗟予独愁寂,空室自困坷。"

困穷 生计或境遇艰难窘迫。《书·大禹谟》:"不废困穷。"孔颖达疏:"困穷,谓贫无资财也。"

困兽犹斗 被围困的野兽还要搏斗。比喻陷于绝境的失败者,因不甘心于死亡而竭力挣扎。《左传·宣公十二年》:"困兽犹斗,况国相乎!"《东周列国志》第七十九回:"况困兽犹斗,背城一战,尚有不可测之事乎?"

困学 遇到困难然后学习。《论语·季氏》:"生而知之者,上也;学而知之者,次也;困而学之,又其次也;困而不学,民斯为下矣。"何晏集解引孔安国曰:"困谓有所不通。"后谓刻苦学习。朱熹《困学》诗:"困学工夫岂易成,斯名独恐是虚称。"

困知勉行 《中庸》:"或困而知之……或勉强而行之。"朱熹注:"困知勉行者,勇也。"意谓人的知识必须克服困难才能获得,人的德业必须勉励与强制自己去实践才能有成。

困踬 困厄;受挫。钟会《檄蜀文》:"益州先主,以命世英材,兴兵朔野,困踬冀徐之郊,制命绍布之手。"《新唐书·杜牧传》:"从兄悰历将相,而牧困踬不自振。"

困慁 壅塞不通。《庄子·天地》:"五臭熏鼻,困慁中颡。"成玄英疏:"五臭,谓膻、熏、香、鲲（腥）、腐。慁,塞也。"

kuò

扩〔擴〕（kuò） 推广;伸张;放大。如:扩展;扩张;扩音机;扩大器。参见"扩充"。

扩充 扩大充实。《孟子·公孙丑

上》:"凡有四端于我者,知皆扩而充之矣。"四端,指仁、义、礼、智。今谓扩大范围。如:扩充名额;扩充门面。

扩大 比原来放大。如:扩大眼界。

会 〔會〕(kuò) 见"会撮"。
另见 huì、kuài。

会撮 颈椎。一说髻。《庄子·人间世》:"支离疏者,颐隐于脐,肩高于顶,会撮指天。"陆德明释文引崔云:"会撮,项椎也。"又引司马云:"会撮,髻也。古者髻在项中,脊曲头低,故髻指天也。"

纩 〔彍〕(kuò) 亦作"彍"。张满弓。《孙子·兵势》:"势如彍弩。"《汉书·吾丘寿王传》:"十贼纩弩,百吏不敢前。"

括 〔揢〕(kuò) ❶结扎;捆束。《庄子·寓言》:"向也括而今也被发(髮)。"❷包容。贾谊《过秦论上》:"有席卷天下,包举宇内,囊括四海之意。"❸箭的末端。《孔子家语·子路初见》:"括而羽之,镞而砺之,其入之不亦深乎!"❹搜求。《隋书·高帝纪》:"其江南诸州,人间有船长三丈已上,悉括入官。"❺通"佸"。来;聚合。《诗·王风·君子于役》:"日之夕矣,羊牛下括。"

括囊 ❶封闭袋口,比喻缄密,不轻易说话。《易·坤》:"六四,括囊,无咎无誉。"《后汉书·杨赐传》:"忝任师傅,不敢自同凡臣,括囊避咎。"❷犹囊括。包罗。《后汉书·郑玄传论》:"郑玄括囊大典,网罗众家。"

适 (kuò) 同"遁"。春秋时有南宫适。见《论语·宪问》。《史记》作"括"。
另见 shì。

姡 (kuò) ❶无面目相见。《说文·女部》:"姡,面靦也。"段玉裁注:"各本作面丑,今正。……面靦者,《诗》云'有靦面目'是也。……如今人言无面目相见。"❷狡猾。《方言》第十:"姡,猾也。江湘之间或谓之无赖。"

遁 (kuò) "适"的本字。疾速。见《说文·辵部》。

婚 (kuò) 同"姡"。

藞 (kuò) 见"拨藞"。

萿 (kuò,又读 huó) 草名。《尔雅·释草》:"萿,麋舌。"郭璞注:"今麋舌草,春生,叶有似于舌。"郝懿行义疏:"《本草别录》:'蔍舌生水中,五月采。'蔍

与麋同。"

蛞 (kuò) 见"蛞蝼"。

蛞蝼 虫名,蝼蛄的别称。《方言》第十一:"蝼蛄谓之蝼蛄;或谓之蟓蛉,南楚谓之杜狗,或谓之蛞蝼。"

蛞蝓(Limax) 通称"蜒蚰"、"鼻涕虫"。腹足纲,蛞蝓科。形状似去壳的蜗牛。壳退化,常被外套膜遮被而成内壳。触角两对,第二对顶端生眼。肺孔开于外套膜后缘右侧。能分泌粘液,爬行后留下银白色条痕。为蔬菜、果树等的敌害,也为厨房的害虫。

筈 (kuò,又读 guā) 箭的末端,即射时搭在弓弦上的部分。陆机《为顾彦先赠妇》诗:"离合非有常,譬彼弦与筈。"

阔 〔闊、濶〕(kuò) ❶宽广。与"狭"相对。如:辽阔。柳永《雨霖铃》词:"暮霭沈沈楚天阔。"❷久别;疏远。如:阔别;久阔。《诗·邶风·击鼓》:"于嗟阔兮,不我活兮。"❸宽缓。《汉书·王莽传下》:"阔其租赋。"❹疏略;不切实。如:阔略。李华《吊古战场文》:"奇兵有异于仁义,王道迂阔而莫为。"❺富有;豪奢。如:摆阔;阔气。《官场现形记》第二回:"他平时见了稍些阔点的人,已经坐立不安,语无伦次,何况学台大人。"

阔别 远别;久别。王羲之《杂帖》:"阔别稍久,眷与时长。"稍,渐。

阔绰 排场大,生活奢侈。章炳麟《新方言·释言》:"《说文》:'绰,缓也。'《尔雅》:'宽,绰也。'今谓屋及器宽大为宽绰,人性奢泰为阔绰。"

阔达 犹豁达。谓大度而无所拘泥。《后汉书·马武传》:"武为人嗜酒,阔达敢言。"

阔略 ❶粗疏忽略。《后汉书·冯衍传下》:"阔略杪小之礼,荡佚人间之事。"❷宽恕。《汉书·王嘉传》:"人情不能不有过差,宜可阔略。"颜师古注:"当宽恕其小罪也。"

阔落 宽舒豁达。苏轼《和子由论书》诗:"书成辄弃去,缪被旁人裹,皆云本阔落,结束入细么。"

廓 (kuò) ❶广大;空阔。孙绰《游天台山赋》:"太虚辽廓而无阂。"❷空寂;孤独。《楚辞·九

辩》:"悲忧穷戚兮独处廓。"《汉书·东方朔传》:"廓然独居。"❸开展;扩张。《淮南子·原道训》:"廓四方,柝八极。"❹清除。见"廓清"。❺同"郭"。《晏子春秋·外篇下八》:"婢妾,东廓之野人也。"

廓开 ❶开拓。张衡《西京赋》:"尔乃廓开九市。"❷阐明。《三国志·吴志·鲁肃传》:"今卿廓开大计,正与孤同。"孤,孙权自称。

廓落 ❶大。《尔雅·释诂》"弘、廓、宏、溥……大也"郭璞注:"廓落、宇宙、穹隆、至极,亦为大也。"邢昺疏:"廓落,大貌。"❷同"瓠落"、"濩落"。空虚貌。《庄子·逍遥游》:"剖之以为瓢,则瓠落无所容。"陆德明释文:"简文云,瓠落,犹廓落也。"杜甫《自京赴奉先县咏怀》诗:"居然成濩落,白首甘契阔。"仇兆鳌注引张綖曰:"濩落,廓落也。"❸豁达。《晋书·姚苌载记》:"廓落任率,不修行业。"❹孤寂。《楚辞·九辩》:"廓落兮羁旅而无友生。"❺松散;不整饬。《神仙传·王远》:"远有书与陈尉,其书廓落,大而不工。"

廓清 肃清。陆贽《李晟凤翔陇西节度兼泾原副元帅制》:"一鼓而凶徒慑北,再驾而都邑廓清。"

廓羽 正羽的一种。着生在鸟类两翼的后缘和尾部。形状较大,有飞翔作用。依其着生部位,分飞羽和尾羽两种。

漷 (kuò) 水名。见"漷水"。

漷水 古水名。即今山东滕州市郭河,一名南沙河。源出市东北,西流经市南。下游本西注泗水,元明以来时有变迁,今合南梁河入运河。《春秋》襄公十九年(公元前554年):"取邾田自漷水。"

彍 (kuò) 同"纩"。

嚄 (kuò) 敲击声。《广韵·十九铎》:"嚄,敲嚄嚄声也。"
另见 tūn。

髺 (kuò) ❶挽束头发,做成发鬏。《仪礼·士丧礼》:"主人髺发袒。"郑玄注:"髺发者,去笄纚而紒(髻)。"❷谓器物如折足,形体歪斜。《考工记·旊人》:"凡陶瓬之事,髺垦薜暴不入市。"

鞟 (kuò) 亦作"鞹"。去毛的兽皮。《论语·颜渊》:"虎豹之鞟,犹犬羊之鞟。"

鞹（kuò） 同"鞹"。

霩（kuò） ❶雨停云散貌。见《说文·雨部》。❷通"廓"。空阔。《淮南子·天文训》："道始于虚霩，虚霩生宇宙。"

鞹（kuò） ❶同"鞹"。《诗·齐风·载驱》："簟茀朱鞹。"❷以皮革包裹。《吕氏春秋·赞能》："乃使吏鞹其拳。"高诱注："鞹，革也，以革囊其手也。"

鬠（kuò） 同"髻"。指丧髻。《仪礼·士丧礼》："鬠笄用桑。"孔颖达疏："以髻为鬠，义取以发会聚之意。为丧所用，故用桑，以声名之。"

L

lā

垃(lā)　见“垃圾”。

另见 la。

垃圾　被倾弃的污秽废物。吴自牧《梦粱录》卷十二“河舟”：“更有载垃圾粪土之船，成群搬运而去。”

拉(lā)　❶摧折。如：摧枯拉朽。《汉书·邹阳传》：“范雎拉胁折齿于魏。”颜师古注：“拉，摧也。”❷牵；引。如：拉纤。❸拉拢。如：拉关系；拉交情。❹排泄，指大便。如：拉屎；拉稀。

另见 lá，lǎ，là。

脑(lā)　见“脑臜”。

另见 qì。

脑臜　肉杂。见《集韵·二十七合》。

菈(lā)　见“菈擸”。

菈擸　亦作“拉擸”。崩摧断折的声音。《文选·左思〈吴都赋〉》：“菈擸雷硠。”李善注：“菈擸雷硠，崩弛之声。”吕延济注：“拉擸，木摧伤之声。”

啦(lā)　拟声词。如：水哗啦啦地响。

另见 la。

喇(lā)　拟声词。如：哇喇；呼喇喇。

另见 lǎ。

骊〔驪〕(lā)　良马名。《西游记》第四回：“骢珑虎骊，绝尘紫鳞。”

摺(lā)　通“搚”。《史记·范雎蔡泽列传》：“折胁摺齿。”司马贞索隐：“摺音力答反。谓打折其胁而又拉折其齿也。”

另见 zhé 折。

邋(lā)　见“邋遢”。

邋遢　❶肮脏；不整洁。❷行走貌。王子一《误入桃源》第一折：“眼见得路迢遥，芒鞋邋遢，抵多少古道西风瘦马。”

lá

旯(lá)　见“旮旯”。

拉(lá)　通“剌”。划开。如：手上拉了个口子。

另见 lā，lǎ，là。

剌(lá)　割开；划开。如：手剌破了。

另见 là。

砬(lá)　砬子，大石块。多用于地名。吉林柳河县有砬门子。

磖(lá)　同“砬”。

lǎ

拉(lǎ)　刺开的部分。如：半拉儿。

另见 lā，lá，là。

喇(lǎ)　见“喇嘛”。

另见 lā。

喇叭　❶中国对唢呐等口部呈弧形向外逐渐扩大的铜管乐器的通称。❷一般是截面积按一定规律逐渐增大的筒状声学器具。与声源连接的一端截面积小，另一端截面积大(例如高音扬声器上的喇叭)，用以提高发声效率。❸即“扬声器”。

喇嘛　藏语音译，意为“上师”。藏传佛教对高僧的尊称。原指有地位、有学问、有较深修养而能为人师表、领人修行的僧人，与称为“扎巴”的一般僧人有别。但汉族常把蒙、藏僧人统称为“喇嘛”。

là

拉(là)　同“落”。遗漏；丢失。

另见 lā，lá，lǎ。

剌(là)　违戾。《汉书·杜钦传》：“外戚亲属，无乖剌之心。”颜师古注：“剌，戾也。”

另见 lá。

剌谬　违异；完全相反。司马迁《报任少卿书》：“今少卿乃教以推贤进士，无乃与仆私心剌谬乎！”

剌子　❶红色的宝石。见《本草纲目·石部二》。❷亦作“辣子”。利害、泼刺的人。章炳麟《新方言·释言》：“江宁谓人性很戾者为剌子。”《红楼梦》中称王熙凤为“凤辣子”。

獭(là)　见“獭猪”。

獭猪　飞貌。枚乘《梁王菟园赋》：“徐飞獭猪。”亦作“獭猡”。左思《吴都赋》：“参谭獭猡。”

落(là)　遗漏；丢失。如：这一行落了两个字；我把皮包落在家里了。

另见 lào，luò。

腊〔臘、臈〕(là)　❶古时夏历十二月祭名，始于周代。《左传·僖公五年》：“虞不腊矣。”后因称夏历十二月为“腊月”。梅尧臣《除夜雪》诗：“腊从今日尽，花作旧年看。”❷腊月或冬天腌制的肉类。如：腊肉；腊味。❸佛教名词。沿用印度古代婆罗门雨期禁足的旧习，在戒律中规定比丘受戒后每年于夏季(雨期)的三个月安居一处，修习教义，完毕后，称为“一腊”，受戒后一年亦称“一腊”。僧尼依此“腊”计算出家后的年龄，故称其年龄为法腊、夏腊或戒腊等。又僧尼的长幼坐次，亦依其腊数多少而定。

另见 liè，xī。

腊八　佛教节日。相传夏历十二月初八日是释迦牟尼的成道日，中国汉族地区佛寺常于此日举行诵经等纪念活动，并效法佛成道前牧女献乳糜的传说，取香谷及果实等熬粥供佛，名腊八粥。后演变为一种民间习俗，是日吃腊八粥，有庆贺丰收之意。

腊八粥　夏历十二月初八，中国汉族地区佛教寺院煮以供佛的粥，叫“腊八粥”。吴自牧《梦粱录》卷六“十二月”：“此月八日，寺院谓之腊八。大刹等寺俱设五味粥，名曰‘腊八粥’。”按腊八粥又名“七宝粥”，十二月初八日为释迦牟尼佛成道日，故寺院取香谷及果实等造粥以供佛。后亦通行于民间。周密《武林旧事》卷三：“八日，则寺院及人家用胡桃、松子、乳蕈、柿、栗之类作粥，谓之‘腊八粥’。”富察敦崇《燕京岁时记·腊八粥》：“腊八粥者，用黄米、白米、江米、小米、菱角米、栗子、红江豆、去皮枣泥等，合水煮熟，外用染红桃仁、杏仁、瓜子、花生、榛穰、松子及白糖、红糖、琐琐葡萄，以作点染。”

腊鼓 古俗于腊日或腊前一日击鼓，以为可以驱疫，因称“腊鼓”。《吕氏春秋·季冬》“命有司大傩旁磔”高诱注：“今人腊岁前一日击鼓驱疫，谓之逐除是也。”《荆楚岁时记》：“十二月八日为腊日，谚语：‘腊鼓鸣，春草生。’村人并击细腰鼓，戴胡头，及作金刚力士，以逐疫。”

腊日 古时腊祭的日子。《史记·秦本纪》：“十二年，初腊。”张守节正义：“十二月腊日也……猎禽兽以岁终祭先祖，因立此日也。”汉代以冬至后第三个戌日为“腊日”。《说文·肉部》：“腊，冬至后三戌，腊祭百神。”后来改为十二月初八日。《荆楚岁时记》：“十二月八日为腊日。”杜甫《腊日》诗：“腊日常年暖尚遥，今年腊日冻全消。”

腊雪 腊前之雪。《本草纲目·水部一》：“冬至后第三戌为腊。腊前三雪，大宜菜麦，又杀虫蝗。腊雪密封阴处数十年亦不坏。”

腊月 夏历十二月。《史记·陈涉世家》：“腊月，陈王之汝阴。”按腊本祭名，古在十二月间行之。秦时以十二月为腊月，后世因之。参见“腊日”。

蜡〔蠟〕(là) ❶以高碳脂肪酸和高碳一元脂肪醇（也有少数二元醇）构成的酯为主要成分的物质。并可能含有少量游离脂肪酸、脂肪醇和烃等。在常温下多为固体。与树脂相比，有较明显的熔点；与油脂相比，较难于皂化，在空气中较稳定，不易变质。按其来源可分为：(1)动物蜡，例如蜂蜡、虫白蜡、鲸蜡等；(2)植物蜡，例如巴西棕榈蜡、甘蔗蜡、米糠蜡等；(3)矿物蜡，例如褐煤蜡等。此外，如石蜡、地蜡、聚乙烯蜡等物质的主要化学组成虽不是酯，但因性质与蜡相似，习惯上也称为蜡。用以制鞋油、地板蜡、汽车蜡、复写纸、化妆品、药膏、蜡纸、蜡烛、模型、绝缘材料及防潮材料等。❷“蜡烛”的简称。见“蜡泪”。❸淡黄如蜡的颜色。如：蜡梅。❹以蜡涂物。

见“蜡屐”。

另见 qù, zhà。

蜡屐 ❶在木屐上涂蜡。《世说新语·雅量》：“或有诣阮（阮孚），见自吹火蜡屐，因叹曰：‘未知一生当箸（著）几量屐。’”❷涂蜡的木屐。皮日休《屐步访鲁望不遇》诗：“雪晴墟里竹敲斜，蜡屐徐吟到陆家。”

蜡炬 蜡烛。杜甫《陪章留后侍御宴南楼》诗：“出号江城黑，题诗蜡炬红。”李商隐《无题》诗：“春蚕到死丝方尽，蜡炬成灰泪始干。”

蜡泪 即烛泪。指蜡烛燃烧时滴下的油。皮日休《醉中先起李毅戏赠走笔奉酬》诗：“麝烟苒苒生银兔，蜡泪涟涟滴绣闱。”

蜡书 封在蜡丸里的书信，以防泄漏。《宋史·李显忠传》：“乃密遣其客雷灿以蜡书赴行在。”

瘌(là) 同“鬎”。见“瘌痢”。

瘌痢 同“鬎鬁”。

辣〔辢〕(là) ❶像姜、蒜等带刺激性的味道；辛味。❷狠毒。如：心黑手辣。无名氏《黄花峪》第三折：“打的我好辣也，我近不的他。”

辣手 毒辣的手段。章炳麟《新方言·释言》：“今人谓从事刚严猛烈者为辣手，辣之言厉也。”今也指棘手，难办。

辣子 ❶“辣椒”的俗称。❷同“剌子”。厉害、泼辣的人。《红楼梦》第三回：“他是我们这里有名的一个‘泼辣货’，南京所谓‘辣子’，你只叫他‘凤辣子’就是了。”

蝲(là) 见“蝲蛄”。

蝲蛄(*Cambaroides*) 甲壳纲，河虾科。体形略似龙虾而较小。头胸部较长，呈长卵圆形。前三对步足都有螯，第一对特别发达。分布于中国东北等地。栖息山溪和附近河川中。是肺吸虫的中间宿主，捕食时要注意，不能生食。

缡〔縭〕(là) 见“缡缡”。

缡缡 衣服破旧。《篇韵》：“缡缡，衣敝破也。”

鯻〔鯻〕(là) 硬骨鱼纲，鯻科。一群中小型海洋鱼类。体侧扁。银灰色，具黑色纵带多条。口小，牙绒毛状。背鳍鳍棘部与鳍条部之间有一缺刻。体被小栉鳞。分布于热带和亚热带近海，有的亦进入淡水；中国产于南海和东海南部。为次

要经济鱼类。常见的有细鳞鯻(*Therapon jarbua*)、鯻鱼(*T. theraps*)及列牙鯻(*Pelates quadrilineatus*)等。

擸(là) 见“擸搥”。

擸搥 顾禄《吴趋风土录·十一月》：“俗以冬至前后逢雨雪，主年夜晴；若冬至晴，则主年夜雨雪，道涂泥泞。谚云：‘干净冬至擸搥年。’”按《集韵》“擸搥，和搅也”，省笔作“拉扱”，用畚箕敛取秽杂之物。也指秽杂之物。秽杂物多尘土，故亦从“土”作“垃圾”。

蝎(là) 同“蜡（蠟）”。

癞〔癩〕(là) 通“瘌”。如：癞痢。

另见 lài。

骊〔驪〕(là) 见“骊骊”。

骊骊 同“邋遢”。

鬎(là) 见“鬎鬁”。

鬎鬁 同“瘌痢”。即“鬎鬁头”。使头发脱落的癣。

檆(là) 木名。即水蜡树。《正字通·木部》引《函史》：“树可放蜡，煎汁为油，可作烛。今江南北放蜡者谓之水檆树。其树似女贞而异。”

鑞〔鑞〕(là) 锡与铅的合金，用以焊接金属，也可制器。《西厢记》第四本第二折：“呸！你是个银样鑞枪头。”

鬎(là) 同“鬎”。

la

垃(la) 见“坷垃”。

另见 lā。

啦(la) 语助词。“了”和“啊”的合音。表示事情已完成，兼有感叹或劝止语气。如：水库修好啦！你甭担心啦！

另见 lā。

鞡(la) 见“靰鞡”。

lái

来〔來〕(lái) ❶由彼至此；由远及近。与“去”、“往”相对。如：寒来暑往；古往今来。❷招致。《吕氏春秋·不侵》：“不足以来士矣。”❸以来。如：自古来；几年来。

韩愈《与孟尚书书》："入秋来眠食何似?"❹将来;未来。如:来日;来年。《论语·微子》:"往者不可谏,来者犹可追。"❺做。如:再来一个;来不得了。❻取来。如:来饭。❼表示动作的趋向。如:我们来唱;我去拿来。❽表动作的持续或完成。如:一路走来;谁说什么来?❾约计或比况之词。十来个;天来大。苏轼《与杨元素书》:"先只要二百来千,余可迤逦还。"❿犹"是"。《诗·邶风·谷风》:"不念昔者,伊余来墍。"王引之《经传释词》卷七:"言君子不念昔日之情,而惟我是怒也。"⓫表语气,与现代语的"咧"约略相当。《孟子·离娄上》:"盍归乎来!"⓬作语助,无义。无名氏《隔江斗智》第三折:"这几日离多来会少。"⓭麦名。见"来牟"。⓮姓。唐代有来俊臣。

另见lài。

来归(—guī)　❶回来。《诗·小雅·六月》:"来归自镐,我行永久。"❷指古代已嫁之女为夫家所弃而返母家。《左传·庄公二十七年》:"凡诸侯之女,归宁曰来,出曰来归。"孔颖达疏:"见绝而出,则以来归为辞,来而不反也。"❸夫家称女子嫁往其家。归有光《先妣事略》:"年十六来归。"

来归(—kuì)　馈送。《左传·隐公元年》:"天王使宰咺来归惠公仲子之賵。"杜预注:"賵,助丧之物。"

来历　出处;原委。严羽《沧浪诗话·诗法》:"押韵不必有出处,用事不必有来历。"《水浒传》第十五回:"阮小五道:'原来教授(吴用)不知来历,且和教授说知。'"亦指所由来。如:来历不明。

来龙去脉　旧时堪舆家以山势为龙,称其起伏绵亘的姿态为龙脉。后因指山水地形脉络起伏之势为来龙去脉。今用以比喻事情的由来和变化。

来牟　古时大小麦的统称。《诗·周颂·思文》:"贻我来牟。"亦作"来麰"。《说文·来部》:"来,周所受瑞麦来麰,一麦二锋,像芒刺之形。"

来日　❶将来的日子。如:来日方长。《礼记·曲礼上》:"生与来日,死与往日。"❷以前;往日。王维《杂诗三首》:"君自故乡来,应知故乡事;来日绮窗前,寒梅著花未。"

来世　❶后世;后代。《书·仲虺之诰》:"予恐来世以台为口实。"台(yí),我。❷佛教宣扬人死后要重行

投生,因称转生之世为"来世"。《金刚经》:"汝于来世当得作佛,号释迦牟尼。"

来苏　苏,苏息。来苏,谓因其来而获得休养生息。《书·仲虺之诰》:"徯予后,后来其苏!"孔传:"汤所往之民皆喜曰:'待我君来,其可苏息。'"王俭《与豫章王嶷笺》:"江汉来苏,八州慕义。"

来孙　玄孙之子,从本身算起的第六代孙。《尔雅·释亲》:"玄孙之子为来孙。"后亦泛指远孙。

来由　来历;因由。白居易《春生》诗:"先遣和风报消息,续教啼鸟说来由。"

来兹　来年。《吕氏春秋·任地》:"今兹美禾,来兹美麦。"

郏〔郏〕(lái)　古地名。春秋郑地。今河南荥阳市东厘城故址即其地。《左传·隐公十一年》:"会郑伯于郏。"《春秋》作"时来"。《公羊传》作"祁黎"。

俫〔俫〕(lái)　❶古族名。指居住在广西西部的俚人。❷元代戏曲里儿童的俗称。亦称"俫儿"。王实甫《西厢记》第四本第二折:"俫云:'妳妳知道你和姐姐去花园里去,如今要打你哩。'"

另见lài。

莱〔莱〕(lái)　❶草名。即藜。《诗·小雅·南山有台》:"北山有莱。"❷原指郊外轮休的田。《周礼·地官·县师》:"辨其夫家人民田莱之数。"郑玄注:"莱,休不耕者,郊内谓之易,郊外谓之莱。"也指田荒废生满杂草。《诗·小雅·楚茨序》:"政烦赋重,田莱多荒。"毛传:"田莱多荒,茨棘不除也。"孔颖达疏:"田废生草谓之莱。"❸除草。《周礼·地官·山虞》:"若大田猎,则莱山田之野。"郑玄注:"莱,除其草莱也。"❹古国名。亦作"郲"、"藜"、"釐"。今山东龙口东南有莱子城,即古莱国。公元前567年为齐所灭。❺姓。商代有莱朱。

莱彩　《艺文类聚》卷二十引《列女传》:"老莱子孝养二亲,行年七十,婴儿自娱,着五色采衣。尝取浆上堂,跌仆,因卧地为小儿啼。"后因用"莱彩"表示孝养父母。参见"老莱衣"。

崃〔崃〕(lái)　邛崃山,在四川省西部。

徕〔徕〕㊀(lái)　同"来"。《汉书·礼乐志》:"天马徕,从西极。"

㊁(lái,旧读lài)　见"招徕"。
另见lài。

涞〔涞〕(lái)　见"涞水"。

涞水　县名。在河北省保定市西北部、拒马河流域,邻接北京市。京原铁路经过境内。县人民政府驻涞水镇。汉置逎县,隋改涞水县。以涞水(今拒马河)得名。农产以玉米、谷子、小麦、棉花、甘薯为主,并产梨、枣、红果、柿、杏仁、核桃等。矿产有煤、铁、铜。工业有化肥、电子、纺织、建材、机械等。名胜古迹有野三坡、镇江塔、清怡贤亲王墓、大龙门城堡及摩崖石刻等。

骒〔騋〕(lái)　高七尺以上的马。《诗·鄘风·定之方中》:"骒牝三千。"毛传:"马七尺以上曰骒。"

楝〔楝〕(lái)　毛楝,落叶乔木,木材坚硬。

猍(lái)　亦作"狓"。狸的别名。《玉篇·犬部》:"猍,狸。"又《豸部》:"狓,狸别名。"

庲(lái)　舍。《广雅·释宫》:"庲,舍也。"王念孙疏证:"《晏子春秋·谏篇》云:'景公为长庲。'是庲为舍也。"

鹨〔鶆〕(lái)　❶即"鹨鸠"。名见《尔雅·释鸟》。鹰的一种。按指灰脸鵟鹰。❷见"鹨鹅"。

鹨鹅　即"美洲鸵"。形似鸵鸟而较小,产于美洲草原地带。

铼〔錸〕(lái)　化学元素[周期系第Ⅶ族(类)副族元素]。高熔点金属之一。符号Re。原子序数75。银白色金属。熔点3180℃。质硬、耐磨、耐腐蚀,电阻高。氧化时生成很稳定且易挥发的七氧化二铼(Re_2O_7),为铼的特殊性质。自然界含量很少,常分散于辉钼矿中。可用于制高温热电偶、耐腐蚀和耐高温的合金,也可用作催化剂。

狓〔狓〕(lái)　狸别名。《方言》第八:"貔,陈楚江淮之间谓之狓。"郭璞注:"貔,狸别名也。"

鯠〔鯠〕(lái)　鱼名。《尔雅·释鱼》:"鳌,鯠。"见"鳌"。

lài

厉〔厲〕(lài)　通"癞"。《史记·范雎蔡泽列传》:"漆身为厉,被(披)发为狂。"

另见lì。

来〔來〕(lài) 亦作"徕"。安抚来者。《孟子·滕文公上》:"劳之来之。"

另见 lái。

厘〔釐〕(lài) 通"赉"。赐予。《诗·大雅·既醉》:"厘尔女士。"

另见 lí。

倈〔倈〕(lài) 见"劳来"。

另见 lái。

诔〔誄〕(lài) 误。见《广雅·释诂》。

另见 chì。

勑(lài) "劳来"的"来"的本字。参见"劳来"。

另见 chì 敕。

徕〔徕〕(lài) 同"勑"。慰劳。见"劳来"。

另见 lái。

赉〔賚〕(lài) 赏赐;赠送。《书·汤誓》:"予其大赉汝,尔无不信,朕不食言。"《北史·李修传》:"车马金帛,酬赉无算。"

睐〔睐〕(lài) ❶瞳人不正。见《说文·目部》。❷旁视;眺望;顾盼。如:青睐。曹植《洛神赋》:"明眸善睐,靥辅承权。"潘岳《射雉赋》:"瞵睅目以旁睐。"

赖〔賴、頼〕(lài) ❶依赖;倚靠。《左传·襄公十四年》:"王室之不坏,繄伯舅是赖。"《梁书·夏侯夔传》:"岁收谷百余万石以充储备,兼赡贫人,境内赖之。"❷通"懒"。懒惰。《孟子·告子上》:"富岁子弟多赖。"❸利。《吕氏春秋·离俗》:"其视富贵也,苟可得矣,则必不之赖。"高诱注:"赖,利也。"❹通"诳"。抵赖。《三国演义》第二十三回:"你回避了众人,六人在一处画字,如何赖得?"❺姓。汉代有赖丹。

赖草(Leymus secalinus) 亦称"羊草"、"宽穗碱草"。禾本科。多年生草本。根状茎长;秆单生或成疏丛。叶片较厚硬,扁平或干时内卷。夏秋抽穗状花序,每节有小穗2~4枚并生,小穗含4~7小花,外稃背面密生柔毛。广布于中国黑龙江、辽宁、吉林、河北、山西、陕西、甘肃、内蒙古、俄罗斯、日本、朝鲜半岛等地产。是固沙的先锋植物,又为牲畜的良好饲料。

藾〔藾〕(lài) ❶见"藾萧"。❷荫庇。《庄子·人间世》:"隐,将芘其所藾。"

藾萧 植物名。即苹。《尔雅·释草》:"苹,藾萧。"参见"苹㊀❶"。

瀬〔瀬〕(lài) 从沙石上流过的急水。《论衡·书虚》:"溪谷之深,流者安洋,浅多沙石,激扬为瀬。"

櫴〔櫴〕(lài) 倾危。《太玄·度》:"小度差差,大櫴之阶。"范望解:"母子之道,差次以度,故曰差差。……被克失度,故大倾也。"

癞〔癩〕(lài) 恶疾。《论语·雍也》:"伯牛有疾。"朱熹注:"有疾,先儒以为癞也。"巢元方《诸病源候论》有"癞病候",相当于麻风病。

另见 là。

襰〔襰〕(lài) 毁坏。元结《招太灵》:"祠之襰兮眇何年,木修修兮草鲜鲜。"

籟〔籟〕(lài) ❶古代一种管乐器,三孔。《汉书·司马相如传上》:"吹鸣籟。"颜师古注引张揖曰:"籟,箫也。"❷从孔穴中发出的声音;也指一般的声响。如:万籟俱寂。《庄子·齐物论》:"女(汝)闻地籟而未闻天籟夫!"又:"地籟则众窍是已。"

鱳〔鱳〕(lài) 鱼名。见《说文·鱼部》。

lán

兰〔蘭〕(lán) ❶植物名。学名 Cymbidium goeringii。亦称"春兰"、"兰花"、"山兰"、"草兰"、"朵朵香"。兰科。多年生常绿草本。根簇生,肉质,圆柱形。叶线形,革质。早春由叶丛间抽生数花葶,每葶顶开一花,花淡黄绿色,清香。分株繁殖。生于中国南部和东部山坡林荫下。为盆栽观赏植物之一。有许多栽培类型。常见种尚有建兰、墨兰(C. sinense)、蕙兰、寒兰(C. kanran)等。❷兰草。即"泽兰"。多年生草本,全株供药用。《离骚》:"纫秋兰以为佩。"王逸注:"兰,香草也。"洪兴祖补注:"兰芷之类,古人皆以为佩也。"相如赋云:'蕙圃衡兰。'颜师古云:'兰,即今泽兰也。'《本草》注云:'兰草、泽兰,二物

兰

同名。'❸指木兰。苏轼《赤壁赋》:"桂棹兮兰桨。"❹通"栏"。《后汉书·东夷传》:"复徙于牛马兰。"李贤注:"兰即栏也。"❺通"斓"。《三国志·吴志·孙权传》:"吴中童谣曰:'黄金车,斑兰耳。'"❻姓。南北朝梁有兰子云。

兰艾 兰,香草;艾,萧艾,即野蒿,臭草。常比喻君子小人或贵贱美恶。《晋书·孔恒传》:"兰艾同焚。"《宋书·沈攸之传》:"交战之日,兰艾难分,土崩倒戈,宜为蚤(早)计。"

兰摧玉折 《世说新语·言语》:"毛伯成既负其才气,常称:'宁为兰摧玉折,不作萧敷艾荣。'"萧、艾,恶草,屈原《离骚》用以比喻小人。意谓宁作守身的君子而死,不作小人而生。后多用为哀悼人早死之辞。

兰单 单,通"殚"。谓疲乏力尽。束晳《近游赋》:"乘筆辂之偃蹇,驾兰单之疲牛。"亦作"阑单"。刘知几《史通·二体》:"阑单失力。"

兰房 ❶熏染兰香的房间。谓高雅优美的居室。曹植《离友》诗:"迄魏都兮息兰房,展宴好兮惟乐康。"❷妇女居室的美称。宋玉《讽赋》:"女欲置臣,堂上太高,堂下太卑,乃更于兰房之室,止臣其中。"

兰陔 束晳《补亡诗》:"循彼南陔,言采其兰。"《南陔》,本《诗经·小雅》中的一篇,有名无辞。束氏本《诗序》所说"孝子相戒以养"之旨,补成此篇。后因以"兰陔"为对父母孝养之辞。李中《依韵酬智谦上人见寄》诗:"兰陔养不违。"

兰膏 ❶古时用泽兰炼成的油脂,可燃灯,有香气。又泛指有香气的油脂。《楚辞·招魂》:"兰膏明烛,华容备些。"❷凝结于兰蕊的露珠。《毛诗陆疏广要·方秉蕑兮》:"兰草,妇人和油泽头,故曰泽兰。"毛晋注:"凡兰皆有一滴露珠在花蕊间,谓之兰膏,不啻沆瀣。"

兰闺 ❶犹兰室,女子居室的美称。刘珊《侯元空宅咏妓》诗:"妆罢出兰闺。"❷汉代后妃所居之室。《后汉书·后纪赞》:"班政兰闺,宣礼椒屋。"李贤注:"班固《西都赋》曰:后妃之室,兰林、蕙草、披香、发越。兰林,殿名,故言兰闺。"

兰交 《易·系辞上》:"二人同心,其利断金;同心之言,其臭如兰。"后因以"兰交"比喻意气相投的友人。李峤《被》诗:"兰交聚北堂。"

兰梦 相传春秋时郑文公妾燕姞梦天使赐兰,生子,取名兰。见《左传

·宣公三年》。旧时因以"兰梦"喻妇人怀孕的征兆。周之翰《为律婆妻判》:"言其孕子,如逢兰梦之征。"参见"征兰"。

兰盆　❶佛教徒每逢夏历七月十五日为追荐祖先所举行的一种仪式,即"盂兰盆会"。韩鄂《岁华纪丽》卷三:"道门宝盖,献在中元,释氏兰盆,盛于此日。"❷浴盆。顾瑛《天宝宫词》:"后宫学做金钱会,香入兰盆浴化生。"

兰谱　❶旧时朋友相契,结为兄弟时交换的谱帖,称"金兰谱",亦简称"兰谱"。取义于《易·系辞上》"二人同心,其利断金,同心之言,其臭如兰"。❷各种兰花专书的统称。最早的兰谱是南宋绍定六年(1233年)赵时庚的《金漳兰谱》,论述各种兰花品种的特征、品质高下及栽培、管理、灌溉方法。此外有南宋王贵学的《王氏兰谱》、明高濂的《兰谱》、清朱克柔的《第一香笔记》、屠芸庄的《兰蕙镜》等十多种。

兰秋　夏历七月的别称,见梁元帝《纂要》。谢惠连《与孔曲阿别》诗:"凄凄乘兰秋,言饯千里舟。"

兰若　❶兰草和杜若,皆为香草。李白《题嵩山逸人元丹丘山居》诗:"尔能折芳桂,吾亦采兰若。"❷佛教寺院。梵语阿兰若(Āranyakah)的略语,意为寂静无烦恼之处。杜甫《谒真谛寺禅师》诗:"兰若山高处,烟霞障几重。"

兰石　兰芳石坚,喻天生美质。《论衡·本性》:"禀兰石之性,故有坚香之验。"

兰室　犹香闺,女子居室的美称。张华《情诗》:"佳人处遐远,兰室无容光。"

兰荪　菖蒲的别称。见《本草纲目·草部八》。常以喻贤俊或美德。《旧唐书·崔慎由传》:"挺松筠之贞姿,服兰荪之懿行。"

兰薰桂馥　比喻德泽长留,历久不衰。骆宾王《上齐州张司马启》:"博望侯之兰薰桂馥。"博望侯,谓汉代张骞。亦用来称人后裔昌盛。

兰言　《易·系辞上》:"同心之言,其臭如兰。"后因以"兰言"比喻心意相投的言论。骆宾王《上梁明府启》:"把兰言于断金,效莲心于匪石。"

兰锜　兵器架子。兰,通"阑"。《文选·张衡〈西京赋〉》:"武库禁兵,设在兰锜。"李善注引刘逵《魏都赋》注曰:'受他日兰,受弩曰锜。'"张铣注:"兰锜,兵架也,陈列于甲第之门,若今戟门。"

兰因絮果　兰因,喻美好的因缘,本春秋时郑文公妾燕姞梦兰的故事。见《左传·宣公三年》。絮果,喻离散的结局。飞絮比喻飘泊。后因以"兰因絮果"比喻始合终离,婚姻不美满。《虞初新志·小青传》:"兰因絮果,现业谁深?"

兰玉　"芝兰玉树"的略语,旧时用为对别人子弟的美称。陈造《贺二石登科》诗:"谢家兰玉真门户,苏氏文章弟兄兄。"

兰藻　比喻文章的美。谢灵运《拟魏太子邺中集》诗:"众宾悉精妙,清辞洒兰藻。"

兰泽　❶用兰草浸制的涂头发的香油。《文选·宋玉〈神女赋〉》"沐兰泽"李善注:"以兰浸油泽以涂头。"❷生长兰草的沼泽。《古诗十九首》:"涉江采芙蓉,兰泽多芳草。"

兰章　美好的文辞。多用以称誉他人的书信或所赠诗文。韦应物《答贡士黎逢》诗:"兰章忽有赠,持用慰所思。"王革《寄答刘京叔》诗:"十年相望惜睽违,惊见兰章堕客扉。"

兰质　美好的资质。王勃《七夕赋》:"金声玉韵,蕙心兰质。"

岚　〔嵐〕(lán)　❶山风。《文选·谢灵运〈晚出西射堂〉诗》:"晓霜枫叶丹,夕曛岚气阴。"李善注:"岚,山风也。"❷山林中的雾气。王维《送方尊师归嵩山》诗:"瀑布杉松常带雨,夕阳彩翠忽成岚。"

拦　〔攔〕(lán)　❶阻挡;遮住。如:遮拦。杜甫《兵车行》:"牵衣顿足拦道哭。"❷当;对准。《红楼梦》第八十一回:"倒像背地里有人把我拦头一棍,疼的眼睛前头漆黑。"

栏　〔欄〕(lán)　❶栏杆。如:回栏;石栏。❷养家畜的圈。如:牛栏;猪栏。❸纸、书、织物上的格子。如:朱丝栏。❹报刊按内容、性质划分的版面。如:文艺栏;体育栏。也称出版物版面的部位。如:左上栏;分三栏;通栏标题。
另见liàn。

栏杆　用竹、木、铁、石等制成的拦隔物。参见"阑干❶"。

栏楯　即栏杆。《南史·梁宗室正义传》:"正义乃广其路,傍施栏楯。"

庵　〔厱〕(lán)　砺石的一种。朱骏声《说文通训定声·谦部》:"厉石青者曰庵,赤者曰礛。"字亦作"磖"。参见"礛诸"。
另见qiān。

婪　〔惏〕(lán)　贪。见"贪婪"。

婪酣　贪食貌。韩愈《月蚀诗效玉川子作》:"婪酣大肚遭一饱。"

婪尾酒　唐代称宴饮时巡酒至末座为"婪尾"。苏鹗《苏氏演义》卷下:"今人以酒巡匝为婪尾。"也叫"蓝尾酒"。白居易《岁日家宴》诗:"岁盏后推蓝尾酒,春盘先劝胶牙饧。"胡震亨《唐音癸签·诂笺五》说,"蓝"是"阑"的借用字。"阑"是"末"的意思。

啉　(lán)　古称行酒一巡。见《广韵·二十二覃》。
另见lín,lìn。

阑　〔闌〕(lán)　❶门口的横格栅门。《史记·楚世家》:"虽仪(张仪)之所甚愿为门阑之厮者亦无先大王。"杜甫《李监宅》诗:"门阑多喜色,女婿近乘龙。"❷遮拦物及栊槛的通称。如:栅阑;井阑;牛阑。《左传·宣公十二年》"楚人惎之脱局"杜预注:"车上兵阑。"孔颖达疏:"杜云兵阑,盖横木车前,以约车上之兵器,虑其落也。"❸通"拦"。阻隔。《广雅·释诂》:"阑,遮也。"《国策·魏策》:"晋国之去梁也,千里有余,有河山以阑之。"❹残;尽;晚。如:夜阑人静。《史记·高祖本纪》:"酒阑。"裴骃集解:"阑言希也。谓饮酒者半罢半在,谓之阑。"《文选·谢庄〈宋孝武宣贵妃诔〉》:"白露凝兮岁将阑。"李善注:"阑,犹晚也。"杜甫《废畦》诗:"绿沾泥滓尽,香与岁时阑。"❺擅自闯入。《汉书·成帝纪》:"阑入尚方掖门。"颜师古注引应劭曰:"无符籍妄入宫曰阑。"

阑干　❶亦作"栏杆"。用竹、木、金属或石头等制成的遮拦物。李白《清平调》:"解释春风无限恨,沈香亭北倚阑干。"❷横斜貌。刘方平《夜月》诗:"更深月色半人家,北斗阑干南斗斜。"❸纵横散乱貌。白居易《琵琶行》:"夜深忽梦少年事,梦啼妆泪红阑干。"

阑珊　衰落。将残、将尽之意。李煜《浪淘沙》词:"帘外雨潺潺,春意阑珊。"

阑遗　遗失。《新唐书·百官志一》:"阑遗之物,揭于门外,榜以物色,期年没官。"

蓝　〔藍〕(lán)　❶颜色的一种。像晴天无云时的天空颜色。

❷植物名。如蓼科的蓼蓝、十字花科的菘蓝、豆科的木蓝、爵床科的马蓝等，以堪作蓝淀（蓝靛）、染青碧得名。此外，如十字花科的甘蓝、擘蓝、芥蓝等，虽为蔬菜，由于叶作蓝绿色，故亦以"蓝"称。❸佛寺伽蓝的简称。戴表元《题东玉师府所藏潇湘图》诗："今日精蓝方丈地，倚窗眠看洞庭山。"❹通"褴"。见"蓝缕"。❺姓。

另见 lan。

蓝本 著作或图画所根据的底本。《十驾斋养新录》卷十六："唐傅奕上疏诋浮图云……此韩退之《佛骨表》之蓝本也。"焦循《忆书》："吴县周瓒，……其白描人物，皆出以心思，自先起草改定，然后挥笔于幅上描之，不似他人必假旧稿为蓝本也。"

蓝缕 《左传·宣公十二年》："筚路蓝缕。"杜预注："蓝缕，敝衣。"孔颖达疏引服虔曰："言其缕破蓝蓝然。"引申为知识浅陋。《新唐书·选举志下》："凡试判登科，谓之入等，甚拙者谓之蓝缕。"参见"褴褛"。

蓝青官话 旧称夹杂本地口音的北京话为"蓝青官话"。蓝青，比喻不纯粹。

蓝衫 亦作"褴衫"、"襴衫"。旧时儒生所穿的服装。殷文圭《贺同年第三人刘先辈》诗："甲门才子鼎科人，拂地蓝衫榜下新。"后亦用来称秀才所穿的袍。《正字通·衣部》："明制生员襴衫用蓝绢裾袖缘以青，谓有襴缘也；俗作'褴衫'；因色蓝改为'蓝衫'。"

蓝田生玉 古时蓝田县（今属陕西）出产美玉，因即用以比喻名门出贤子弟。《三国志·吴志·诸葛恪传》"瑾长子也。少知名"裴松之注引《江表传》："恪少有才名……权（孙权）见而奇之，谓瑾曰：'蓝田生玉，真不虚也。'"

暕〔暕〕(lán) 阴干。见《集韵·二十五寒》。

另见 jiǎn。

黬〔黬〕(lán) 见"黬氃"。

黬氃 披散下垂貌。朱熹《武夷棹歌》："四曲东西两石岩，岩花垂露碧黬氃。"

谰〔讕〕(lán) ❶诬妄。董仲舒《春秋繁露·深察名号》："诘其名实，观其离合，则是非之情不可以相谰已！"王道焜注："谰，诬言相加。"❷抵赖。《新唐书·张亮传》："亮谰辞曰：'囚等畏死，见诬

耳。'"参见"谰言"。

谰言 ❶诬妄之言。如：无耻谰言。❷指无关重要的旧闻逸事。《文心雕龙·诸子》："迄至魏晋，作者间出。谰言兼存，璅（琐）语必录。"

磫〔磫〕(lán) 见"磫诸"。

磫诸 亦作"磫碢"、"䃾诸"。治玉用的石。《淮南子·说林训》："璧瑗成器，磫诸之功。"又《说山训》："玉待磫诸而成器。"高诱注："磫诸，攻玉之石。"

幱〔幱〕(lán) 见"幱衫"。

幱衫 幱裙。见《广韵·二十五寒》。按《集韵·二十五寒》作"襴，衣与裳连曰襴"。

澜〔瀾〕(lán) ❶大波。《孟子·尽心上》："观水有术，必观其澜。"❷淘米水。《礼记·内则》"燂潘请靧"郑玄注："潘，米澜也。"

澜翻 水势翻腾貌。《宣和画谱》卷九：〔董羽〕画水于玉堂北壁，其汹涌澜翻，望之若烟江绝岛间也。"也用来形容言辞不绝。陆游《秋兴》诗："功名蹭蹬身常弃，筹策澜翻幸舌存。"

澜澜 流不绝貌。元稹《听庾及之弹乌夜啼引》："乌啼啄啄泪澜澜。"

澜漫 ❶分散、杂乱貌。《淮南子·览冥训》："道澜漫而不修。"韩愈孟郊《远游联句》："离思春冰泮，澜漫不可收。"❷形容色彩浓厚。左思《娇女》诗："浓朱衍丹唇，黄吻澜漫赤。"❸欢情洋溢。嵇康《琴赋》："留连澜漫。"

褴〔襤〕(lán) 无缘饰的破旧短衣。《方言》第四："襦谓之襤；无缘之衣谓之襤。"郭璞注："袛裯，弊衣，亦谓褴褛。"钱绎笺疏："按衣无缘则短。"参见"褴褛"。

褴褛 亦作"蓝缕"。形容衣服破烂。《方言》第三："南楚凡人贫衣被丑弊谓之须捷，或谓之褛裂，或谓之褴褛，故《左传》曰'筚路褴褛以启山林'，殆谓此也。"又《方言》第四："以布而无缘，敝而纭之，谓之褴褛。"纭，缝。

褴衫 同"襴衫"。

镦〔鐷〕(lán) 见"镦骖"。

镦骖 马口中铁。见《字汇》。

篮〔籃〕(lán) ❶有提梁的盛物器，多用藤、竹、柳条等编成。如：网篮；藤篮；花篮；菜篮。❷

篮球架上供投球用的带网铁圈。如：投篮；球进了篮。❸见"篮舆"。

篮舆 竹轿。《晋书·孙晷传》："富春车道既少，动经山川，父难于风波，每行乘篮舆。"亦省称篮。司空曙《送永阳崔明府》诗："乘篮若有暇，精舍在林间。"

斓〔斕〕(lán) 见"斑斓"。

镧〔鑭〕(lán) 化学元素〔周期系第Ⅲ族（类）副族元素、镧系元素〕。稀土元素之一。符号 La。原子序数 57。银白色软金属。稀土元素中最活泼和碱性最强的金属。在空气中很易氧化。与其他稀土元素一起存在于独居石、氟碳铈镧矿和其他矿物中，在独居石中约占稀土总量的 25%。用于氧化物金属热还原法制备纯金属钐、铕和镱，以及制造引火合金和催化剂等。氧化镧用于制造光学玻璃。六硼化镧可用于制造电子管的阴极材料。

襴〔襴〕(lán) 古时上下衣相连的服装。《集韵·二十五寒》："衣与裳连曰襴。"《西厢记》第二本第三折："乌纱小帽耀人明，白襴净，角带闹黄鞓。"

襴衫 亦作"褴衫"、"蓝衫"。古时士人的服装。《新唐书·车服志》："太宗时，士人以棠苎襴衫为上服。"《宋史·舆服志五》："襴衫，以白细布为之，圆领大袖，下施横襴为裳，腰间有襞积，进士及国子生、州县生服之。"亦不限于生员。《旧唐书·舆服志》："开元来，臧获贱伍者，皆服襴衫。"

醓〔醓〕(lán) 同"黬（黬）"。

簡〔簡〕(lán) 古代盛弩箭器。《汉书·韩延寿传》："抱弩负簡。"颜师古注："簡者，盛弩矢者也，其形如木桶。"

躝〔躝〕(lán) ❶越过。查继佐《罪惟录·世宗肃皇帝》："卤十余万骑，躝左卫，入至朔州、马邑、广武。"❷践踏。柳宗元《行路难》诗："遗余毫末不见保，躝跞碨礊竞何当存。"

調(lán) 同"谰"。《说文·言部》："谰，抵谰也。調，谰或从閒。"

髷〔鬞〕(lán) 发长。见《说文·髟部》。

繿(lán) 同"褴（襤）"。

瀾（lán）　同"澜（瀾）"。

韊〔韊〕（lán）　一种革制的箭筒。《史记·魏公子列传》："平原君负韊矢，为公子先引。"

lǎn

览〔覽〕（lǎn）　❶看。如：阅览；游览。《史记·秦始皇本纪》："兹登泰山，周览东极。"❷通"揽"。采取；摘取。《国策·齐策一》："大王览其说，而不察其至实。"高诱注："览，受。"李白《宣州谢朓楼饯别校书叔云》诗："俱怀逸兴壮思飞，欲上青天览明月。"

览揆　鉴度。《离骚》："皇览揆余初度兮，肇锡余以嘉名。"王逸注："览，观也；揆，度也……言父伯庸观我始生年时，度其日月，皆合天地之正中，故赐我以美善之名也。"朱熹注："初度之度，犹言时节也。"后因用"览揆"为生辰的代称。

览胜　观赏胜景。王安石《和平甫舟中望九华山》："寻奇出后径，览胜倚前檐。"

圙（lǎn，又读 nǎn）　"罱"的本字。吴语夹泥之称。亦指夹鱼具。陆龟蒙《渔具诗序》："挟而升降曰圙。"

揽〔攬〕（lǎn）　❶把持。《后汉书·光武帝纪下》："总揽权纲。"❷围抱。《红楼梦》第十八回："命他近前，携手揽于怀内。"❸招引。《三国演义》第三十八回："总揽英雄，思贤如渴。"❹采摘。《离骚》："夕揽洲之宿莽。"

揽辔澄清　《后汉书·范滂传》："滂登车揽辔，慨然有澄清天下之志。"后来用"揽辔澄清"或"揽辔"表示刷新政治、澄清天下的抱负。龚自珍《己亥杂诗》："少年揽辔澄清意，倦矣应怜缩手时。"

缆〔纜〕（lǎn）　❶系船的索。谢灵运《邻里相送方山》诗："解缆及流潮。"亦称像船索之物。如：电缆。❷以索系船。如：缆舟；缆舸。

榄〔欖〕（lǎn）　见"橄榄"。

滥〔灠〕（lǎn）　用水渍果子。《礼记·内则》："浆、水、醷、滥。"郑玄注："以诸和水也。"陆德明释文："干桃、干梅皆曰诸。"

另见 jiàn，làn。

罱（lǎn，又读 nǎn）　❶同"圙"。❷用网夹取河底烂泥作肥料。钱载《罱泥》诗："两竹手分握，力与河底争。……罱如蚬壳闭，张吐船随盈。"

燫〔爁〕（lǎn）　❶焚烧；延烧。《淮南子·览冥训》："火燫炎而不灭，水浩洋而不息。"❷烤炙。王实甫《西厢记》第二本第二折："这些时吃菜馒头委实口淡，五千人也不索炙煿煎燫。"

漤（lǎn）　❶用盐或其他调味品拌渍生的蔬、果、鱼、肉。见《广韵·四十八感》。❷方言。在热水或石灰水里泡柿子，以除去涩味。

壈（lǎn）　见"坎壈"。

廪（lǎn）　见"坎廪"。

另见 lǐn。

懒〔懶、嬾〕（lǎn）　懒惰。《南史·范晔传》："吾少懒学问，年三十许，始有尚耳。"

擥（lǎn）　同"揽（攬）"。

攣（lǎn）　同"揽"。《史记·袁盎晁错列传》："并车擥辔。"

憝（lǎn）　同"懒（懶）"。

懶（lǎn）　同"懒"。

嬾（lǎn）　同"懒（懶）"。

làn

烂〔爛〕（làn）　❶食物或瓜果熟透后的酥软状态。《吕氏春秋·本味》："熟而不烂。"❷腐烂；败坏。如：防止瓜果烂坏；破铜烂铁。《淮南子·说山训》："烂灰生蝇。"高诱注："烂，腐。"❸灼伤。如：焦头烂额。《左传·定公三年》："自投于床，废于炉炭，烂，遂卒。"❹明；有光彩。《诗·郑风·女曰鸡鸣》："子兴视夜，明星有烂。"又《大雅·韩奕》："韩侯顾之，烂其盈门。"

烂柯　❶《述异记》："信安郡石室山，晋时王质伐木至，见童子数人，棋而歌，质因听之。童子以一物与质，如枣核，质含之，不觉饥。俄顷，童子谓曰：'何不去？'质起，视斧柯烂尽，既归，无复时人。"后遂以"烂柯"作为围棋的别称。❷喻世事变幻。陆游《东轩花时将过感怀》诗："还家常恐难全璧，阅世深疑已烂柯。"

烂烂　光明貌。《魏书·袁翻传》："异色兮纵横，奇光兮烂烂。"《世说新语·容止》："裴令公目王安丰：'眼烂烂如岩下电。'"

烂漫　亦作"烂熳"。❶散乱；分散。《庄子·在宥》："大德不同，而性命烂漫矣。"《文选·张衡〈思玄赋〉》："烂漫丽靡，藐以迭逿。"李善注："烂漫，分散貌。"❷放浪；恣情。韦庄《庭前桃》诗："曾向桃源烂漫游，也同渔父泛仙舟。"❸淫靡。《魏书·乐志》："三代之衰，邪音间起，则有烂漫靡靡之乐兴焉。"❹光彩分布。庾信《杏花》诗："依稀映村坞，烂熳开山城。"韩愈《山石》诗："山红涧碧纷烂漫，时见松枥皆十围。"❺坦率自然貌。如：天真烂漫。杜甫《彭衙行》："众雏烂熳睡，唤起沾盘餐。"

烂熟　❶极熟。苏轼《寄题刁景纯藏春坞》诗："杨柳长齐低户暗，樱桃烂熟滴阶红。"❷比喻对事物因反复多次，已经很熟悉、周详或透彻。《北史·王晞传》："帝欲以晞为侍中，苦辞不受。或劝晞勿自疏。晞曰：'非不爱作热官，但思之烂熟耳。'"

烂银　灿烂如银光。王定保《唐摭言》卷七："袍似烂银文似锦，相将白日上青天。"

灠〔灣〕（làn）　❶涌泉。见《玉篇·水部》。❷同"滥"。见《集韵·五十四阚》。

嚂〔嚂〕（làn，又读 lán）　❶通"滥"。谓言语过多。《国策·楚策四》："今夫横人，嚂口利机，上干主人，下牟百姓。"❷谓饮食不节。《淮南子·齐俗训》："刍豢黍粱，荆吴芬馨，以嚂其口。"高诱注："嚂，贪求也，音蓝。"则谓通"婪"。

滥〔濫〕（làn）　❶江河水满溢。泛滥。孔武仲《赠廖开甫》诗："长川横滥声浩浩。"❷过度；无节制。如：滥用职权。《诗·商颂·殷武》："不僭不滥。"❸贪得。《吕氏春秋·权勋》："虞公滥于宝与马而欲许之。"高诱注："滥，贪。"❹失实。《左传·昭公八年》："民听滥也。"❺沉浸。《国语·鲁语上》："宣公夏滥于泗渊。"韦昭注："滥，渍也；渍罟于泗水之渊以取鱼也。"❻古邑名。春秋邾国地。在今山东滕州市东南。《春秋》昭公三十一年（公元前511年）："黑肱以滥来奔。"

另见 jiàn，lǎn。

滥觞　本谓江河发源之处水极浅小，仅能浮起酒杯。《孔子家语·三恕》："夫江始出于岷山，其源可以滥觞。"王肃注："觞，可以盛酒，言其微。"后以比喻事物的起源、开始。唐玄宗《孝经序》:"况泯绝于秦,得之者皆煨烬之末;滥觞于汉,传之者皆糟粕之馀。"

滥竽 《韩非子·内储说上》:"齐宣王使人吹竽,必三百人。南郭处士请为王吹竽,宣王说(悦)之,廪食以数百人。宣王死,湣王立,好一一听之,处士逃。"后因以"滥竽"比喻没有真才实学,聊以充数。梁简文帝《与湘东王书》:"使夫怀鼠知惭,滥竽自耻。"

瓓 〔瓓〕(làn) 玉的色彩。见《集韵·二十九换》。

醯 〔醯〕(làn) 浊酒,一说薄酒。《说文·酉部》:"醯,泛齐行酒也。"段玉裁注:"行酒上疑当有'一曰'二字。"朱骏声通训定声:"按《周礼·酒正》'泛齐'注:'泛者,成而滓泛泛然。'盖视醴尤浊。"徐灏笺:"《九章算术》曰:'醇酒一斗,直钱五十;行酒一斗,直钱十。'行酒谓酒不醇者也。"按王筠《说文释例》:"或者行酒即谓行觞。《水经注》:'江源可以滥觞。'将无亦可作醯觞与?盖即曲水流觞之谓,极形其小也。"可备一说。

糷 〔糷〕(làn) 烂饭。《尔雅·释器》:"抟者谓之糷。"郭璞注:"饭相著(着)。"郝懿行义疏:"抟者,饭烂则粘著而不解,故谓之糷。"

lan

蓝 〔藍〕(lan) 如:苤蓝。另见 lán。

lāng

啷 (lāng,又读láng) ❶拟声词。如:当啷一声。❷同"哴"。见"哴啷"。

láng

郎 (láng) ❶帝王侍从官的通称。郎即古廊字,指宫殿的廊。郎官的职责原为护卫陪从,随时建议,备顾问及差遣。始于战国,秦汉沿置,有议郎、中郎、侍郎、郎中等名。秦汉时,初属郎中令(后改光禄勋),无定员,出身或由任子、赀选,或由文学、技艺。至东汉,以尚书台为政务中枢,其分曹任事者为尚书郎,职责范围与过去的郎官不同。后世遂以侍郎、郎中、员外郎为各重要职务。❷旧时奴仆对主人的称呼。白行简《李娃传》:"有老竖,即生乳母婿也,见生之举措辞气,将认之而未敢,乃泫然流涕。生父惊而诘之,因告曰:'歌者之貌,酷似郎之亡子。'"❸旧时妇女对丈夫或所爱的男子之称。王建《镜听词》:"出门愿不闻悲哀,郎在任郎回未回。"古乐府《子夜歌》:"天不夺人愿,故使侬见郎。"❹犹言官人,对一般男子的尊称。李白《横江词》:"郎今欲渡缘何事?如此风波不可行。"❺指青少年男子。杜甫《少年行》:"马上谁家白面郎?"❻称人家的儿子。如:令郎。苏轼《和王斿》诗:"气吞馀子无全目,诗到诸郎尚绝伦。"❼指从事某些职业的人。如货郎、牛郎。《牡丹亭·肃苑》:"预唤花郎,扫清花径。"❽宋明间对出身卑贱者的称呼。与当时对官僚贵族子弟和有财势者称呼为秀正相反。参见"秀❺"。❾古邑名。春秋鲁地。在今山东鱼台东北。《左传·隐公元年》"费伯帅师城郎",即此。一说鲁近郊别有郎,在今山东曲阜市附近。《春秋·隐公九年》"城郎",即此。❿姓。

郎罢 闽人呼父为郎罢。吴处厚《青箱杂记》卷六:"闽人谓子为囝,谓父为郎罢。故顾况有《哀囝》一篇曰:'……囝别郎罢,心摧血下,隔地绝天,及至黄泉,不得在郎罢前。'"

郎伯 古时妇人对丈夫的一种称谓。郎、伯,都是男子的美称。杜甫《元日寄韦氏妹》诗:"郎伯殊方镇,京华旧国移。"

郎当 ❶衣服宽大,不称身材的样子。金苑中《赠韶山退堂聪明和尚》诗:"郎当舞袖少年场。"❷潦倒;颓唐。张邦伸《云栈纪程》卷六:"二十里至上亭铺,古名郎当驿。明皇入蜀,雨中于此闻铃声,问黄旛绰:'铃语云何?'对曰:'似谓三郎郎当!'按当时宫中称明皇为三郎。"《朱子全书·论语七》:"如人饮酒,饮得一杯好,只管饮去,不觉醉郎当了。"❸放浪。《水浒全传》第一百二回:"郎当怪物!却终日在外面,不顾家里。"

郎君 ❶称府主之子。《三国志·蜀志·张嶷传》载:诸葛亮的故吏张嶷致书于亮之子瞻曰:"自非郎君进忠言于太傅(指诸葛恪),谁复有尽言者也。"《世说新语·排调》:"别驾唤恪咄咄郎君。"这是豫州别驾称呼豫州牧诸葛瑾的儿子诸葛恪。亦通称贵家子弟。古乐府《孔雀东南飞》:"先嫁得府吏,后嫁得郎君。"这是兰芝的哥哥称太守的儿子。❷对年轻人的尊称。段成式《酉阳杂俎·盗侠》:"建初中,土人韦生移家汝州,中路逢一僧……僧指路谓曰:'此数里是贫道兰若,郎君岂不能左顾乎?'"❸妇女称夫或所爱恋的人。古乐府《子夜四时歌·夏歌》:"郎君未可前,待我整容仪。"❹唐时称新进士为新郎君。

郎潜 郎,郎署,官署名。谓久处于郎署。喻为官久不升迁。《文选·张衡〈思玄赋〉》:"尉尨眉而郎潜兮,逮三叶而遘武。"李善注引《汉武故事》:"颜驷,不知何许人,汉文帝时为郎,至武帝辇过郎署,见驷尨眉皓发,上问曰:'叟何时为郎?何其老也!'答曰:'臣文帝时为郎,文帝好文,而臣好武;至景帝好美,而臣貌丑;陛下即位好少,而臣已老;是以三世不遇,故老于郎署。'上遂感其言,擢拜会稽都尉。"苏轼《留题董储郎中旧居》诗:"白发郎潜旧使君,至今人道最能文。"

郎署 ❶郎官的办事机构。《后汉书·马融传》:"安帝亲政,召还郎署,复在讲部。"❷《文选·李密〈陈情表〉》:"且臣少仕伪朝,历职郎署。"张铣注:"郎署,谓尚书郎。"

郎中 ❶官名。始于战国。汉代沿置,属郎中令(后改光禄勋),管理车、骑、门户,并内充侍卫,外从作战。初分车郎、户郎、骑郎三类,长官有车户骑三将,其后类别逐渐泯除。晋至南北朝,为尚书曹司的长官。自隋唐至清,各部皆沿置郎中,分掌各司事务,为尚书、侍郎、丞以下高级部员。❷南方方言,称医生为郎中。始于宋代,如周密《武林旧事·诸色伎艺人·说药》有杨郎中、徐郎中。

狼 (láng) ❶动物名。学名 *Canis lupus*。哺乳纲,食肉目,犬科。体长1~1.6米,尾长33~50厘米。足长,体瘦,尾垂于后肢之间。吻尖;口阔。眼斜;耳竖立不曲。毛色随产地而异,通常上部黄灰色,略混黑色;下部带白色。栖息山地、平原和森林间。性凶暴;平时单独或雌雄同栖,冬季常集合成群,袭击野生和家养的禽、畜,是畜牧业主要害兽之一。分布于亚洲、欧洲和北美洲;中国除台湾、海南外,其余各省均有。毛皮可做皮衣、褥、帽等。❷星名。《史记·天官书》:"其(参)东有大星曰狼。"❸姓。春秋晋有狼瞫。

另见 làng。

狼狈 ❶困顿窘迫貌。如:狼狈不

堪。李密《陈情表》："臣之进退，实为狼狈。"亦作"狼贝"、"狼跋"。《后汉书·任光传》："狼贝不知所向。"《三国志·蜀志·法正传》："当斯之时，进退狼跋。"❷比喻彼此勾结。如：狼狈为奸。按：旧说，狼狈两兽名。狈前脚绝短，每行必驾两狼，失狼则不能动。见段成式《酉阳杂俎·广动植》。

狼奔豕突　形容到处乱闯，任意破坏。林则徐《致姚椿王柏心书》："逆夷以舟为窟宅，本不能离水，所以狼奔豕突，频陷郡邑城垣者，以水中有剿御之人、战胜之具，故无所用其却顾耳！"

狼顾　❶狼行走时常回头后顾以防袭击，比喻人有后顾之忧。《史记·苏秦列传》："秦虽欲深入，则狼顾，恐韩魏之议其后也。"❷人的一种异相，能反顾似狼。《晋书·宣帝纪》："魏武（曹操）察帝（司马懿）有雄豪志，闻有狼顾相，欲验之，乃召使前行，令反顾，面正向后而身不动。"

狼毫　毛笔的一种，用黄鼠狼（鼬鼠）毛制成。梁同书《笔史·狼毫》："笔有丰狐、蚴蛇、龙筋、虎仆及猩猩毛、狼豪（毫）。"

狼疾　犹"狼藉"。昏乱；糊涂。《孟子·告子上》："养其一指而失其肩背而不知也，则为狼疾人也。"焦循正义："赵氏读'狼疾'为'狼藉'，而以乱释之……狼藉犹纷错，害而不知，此医之昏愦瞀乱者矣。"

狼藉　亦作"狼籍"。纵横散乱。传说狼群常藉草而卧，起则践草使乱以灭迹，后因以"狼藉"形容散乱。见《通俗编》引《苏氏演义》。《史记·滑稽列传》："履舄交错，杯盘狼藉。"引申为破败不可收拾之意。如：声名狼藉。

狼籍　同"狼藉"。《旧唐书·刘崇鲁传》："前日杜太尉狼籍，为朝廷深耻。"

狼抗　骄傲；乖戾。《世说新语·方正》："处仲（王敦字）狼抗刚愎。"《宋书·始安王休仁传》："休祐平生狼抗无赖。"

狼戾　❶犹狼藉。谓散乱、错杂。《孟子·滕文公上》："乐岁粒米狼戾。"赵岐注："狼戾，犹狼藉也；粒米，粟米之粒也。饶多狼藉，弃捐于地。"《淮南子·览冥训》："流涕狼戾不可止。"高诱注："狼戾，犹交横也。"❷凶狠。《汉书·严助传》："闽越王狼戾不仁，杀其骨肉。"

狼吞虎咽　形容进食急猛。《歧

路灯》第四十六回："看那差人狼吞虎咽的吃。"

狼牙棒　古代兵器的一种，用坚重的木头制成棒，长四五尺，上端长圆作枣子形，遍植铁钉，形如狼牙。见曾公亮《武经总要》前集卷十三。

狼烟　烽火。古代边疆烧狼粪以报警，故名。段成式《酉阳杂俎·广动植》："狼粪烟直上，烽火用之。"薛逢《狼烟》诗："三道狼烟过碛来，受降城上探旗开。"参见"烽燧"。

狼子野心　《左传·宣公四年》："初，楚司马子良生子越椒，子文曰：'必杀之。是子也，熊虎之状，而豺狼之声，弗杀，必灭若敖氏矣。'谚曰：狼子野心。是乃狼也，其可畜乎！'"比喻凶暴的人野心难制。

浪　(láng)　见"浪浪"、"沧浪"。另见 làng。

浪浪　流不止貌。《离骚》："揽茹蕙以掩涕兮，沾余襟之浪浪。"王逸注："浪浪，流貌也。"韩愈《别知赋》："雨浪浪其不止，云浩浩其常浮。"

莨　(láng)　见"康莨"。今江浙方言亦谓屋空阔为"空莨莨"。

駺　〔駺〕(láng)　马尾白。《尔雅·释畜》："尾白，駺。"郭璞注："但尾毛白。"郝懿行义疏："駺者，尾毛白之名也。《说文》：'騯，一曰白髦尾也。'是騯即駺。"

琅　〔瑯〕(láng)　❶见"琅玕"。❷光彩如琅玕。皮日休《奉和鲁望白菊》诗："琅华千点照寒烟。"❸山名。见"琅邪山"。❹姓。北齐有琅过。

琅珰　亦作"琅当"。❶锁。《汉书·王莽传中》："以铁锁琅当其颈。"又《西域传上》："阴末赴锁琅当德（赵德）。"颜师古注："琅当，长锁也。若今之禁系人锁矣。"《后汉书·循吏传序》"解王莽之繁密"李贤注引《王莽传》作"琅珰"。❷铃铎。杜甫《大云寺赞公房》诗："夜深殿突兀，风动金琅珰。"❸玉声。苏轼《舟中听大人弹琴》诗："风松瀑布已清绝，更爱玉佩声琅珰。"

琅玕　❶美石。《书·禹贡》："厥贡惟球、琳、琅玕。"孔传："琅玕，石而似玉。"孔颖达疏引《尔雅·释地》，谓"石而似珠"。❷珠树。《本草纲目·金石部》："在山为琅玕，在水为珊瑚。"《山海经》云，开明山北有珠树。《淮南子》云，曾城九重，有珠树在其西。珠树，即琅玕也。"❸指竹。杜甫《郑驸马宅宴洞中》诗："留

客夏簟青琅玕。"

琅嬛福地　传说中神仙的洞府。伊世珍《琅嬛记》卷上："因共至一处，大石中忽然有门，引华（张华）入数步，则别是天地，宫室嵯峨。引入一室，陈书满架……华心乐之，欲赁住数十。其人笑曰：'君痴矣。此岂可赁地耶！'即命小童送出。华问地名。曰：'琅嬛福地也。'"

琅琅　❶清朗响亮的声音。如：书声琅琅。袁枚《祭妹文》："闻两童子音琅琅然。"❷形容玉的光采。《晋书·庾阐传》："琅琅其璞，岩岩其峰。"❸形容俊美高洁。袁宏《三国名臣序赞》："琅琅先生，雅杖名节。"

琅邪山　一称琅玡山、琅琊山。(1)在山东省东部胶南市南境。面临黄海，下有港湾。公元前 219 年，秦始皇东游登此，建琅琊台和石碑，秦二世亦曾至此。(2)在安徽省滁州市西南。因东晋琅邪王（元帝）避难于此得名。最高峰海拔 317 米。层峦叠嶂，曲径通幽，林壑优美，有醉翁亭、琅邪寺、归云洞、无梁殿等古迹和摩崖碑刻数百处。为全国重点风景名胜区。

桹　(láng)　"榔"的本字。

廊　(láng)　屋檐下的过道或独立有顶的通道。如：走廊；廊庑；游廊。李商隐《正月崇让宅》诗："密锁重关掩绿苔，廊深阁迥此徘徊。"

廊庙　犹言庙堂，指古代君主与大臣议政之所。《国语·越语下》："夫谋之廊庙，失之中原，其可乎？"

廊庙器　称才器可任朝廷要职的人。柳宗元《游南亭夜还叙志》诗："进乏廊庙器，退非筋力豪。"

娜　(láng)　见"娜嬛"。

娜嬛　即"琅嬛"。神话中天帝藏书的地方。详"琅嬛福地"。

榔　(láng)　本作"桹"。❶用于"桃榔"、"槟榔"。见"桃（guāng）"、"槟"。❷捕鱼时用以敲船的长木条。《文选·潘岳〈西征赋〉》："鸣榔厉响。"李善注："以长木叩舷为声……所以惊鱼令入网也。"

硠　(láng)　见"硠硠"。

硠硠　水石撞击声。《文选·司马相如〈子虚赋〉》："礧石相击，硠硠礚礚。"《汉书·司马相如传》作"琅琅"。参见"礚礚"。

锒

锒铛 锁系囚人的铁索。《后汉书·崔寔传》:"董卓以是收烈(崔烈)付郿狱锢之,锒铛铁锁。"李贤注引《说文》曰:"锒铛,锁也。"亦引申为笨重。戴侗《六书故·地理一》:"锒铛之为物,连牵而重,故俗语以困重不异为锒铛。"也指铁索牵动声。如:铁索锒铛。

稂

(láng) 莠一类的草,对禾苗有害。参见"稂莠"。

稂莠 《诗·小雅·大田》:"既坚既好,不稂不莠。"毛传:"稂,童粱也;莠,似苗也。"后以"稂莠"指形似禾苗的害草,亦比喻坏人。韩愈《平淮西碑》:"稂莠不薅。"白居易《读汉书》诗:"禾黍与稂莠,雨来同日滋。"

锒

〔鋃〕(láng) 见"锒头"。

锒头 亦作"榔头"、"狼头"。即锤。敲打用的工具。

筤

(láng) 见"苍筤"。

艆

(láng) ❶海船。《广雅·释水》:"艆,舟也。"王念孙疏证引《埤仓》:"海中船曰艆舶。"❷舟舷曰艆,俗作艆。见《正字通》。

螂

〔蜋〕(láng) 见"螳螂"。

羹

(láng) 见"不羹"。另见 gēng。

lǎng

俍

(lǎng) 长貌。见《广韵·三十七荡》。另见 liáng。

悢

(lǎng) 见"圹悢"。另见 liàng。

朗

(lǎng) ❶明亮。《诗·大雅·既醉》:"昭明有融,高朗令终。"王羲之《兰亭诗序》:"天朗气清。"❷响亮。如:朗读。孙绰《游天台山赋》:"朗咏长川。"❸高明。袁宏《三国名臣序赞》:"公瑾英达,朗心独见。"

眼

(lǎng) 同"朗"。明亮。《集韵·三十七荡》:"眼,明也。亦书作'朗'。"另见 làng。

烺

(lǎng) 见"烺烺"。

烺烺 火明貌。柳宗元《答韦中立论师道书》:"及长,乃知文者以明道,是故不苟为炳炳烺烺、务采色、夸声音而以为能也。"

塱

(lǎng) 用于地名。广东从化市有黄竹塱。

槤

(lǎng) 地名用字。湖南长沙市附近有槤黎镇。

làng

埌

(làng) ❶见"圹埌"。❷坟墓。《方言》第十三:"冢,秦晋之间谓之坟……或谓之埌。"

莨

(làng) 见"莨菪"。另见 liáng。

莨菪(Hyoscyamus niger) 亦称"天仙子"、"菲沃斯"。茄科。一年生或二年生有毒草本,全株有粘性腺毛,并有特殊臭气。基生叶丛生,卵状披针形;茎生叶互生,椭圆形,有疏齿牙。夏季开花,花漏斗状,黄色,有紫色网状脉纹。蒴果包藏于增大的宿萼内,盖裂。产于欧、亚、美各洲;中国东北、河北、甘肃等地都有野生,各地栽培。叶和种子主要含莨菪碱和阿托品等成分。种子入药,性温、味苦辛,有大毒,功能镇痉、止痛,主治癫狂、风痫、牙痛、久泻、久痢、胃痛、神经痛、气喘等症。

崀

(làng) 用于地名。如:崀山,在湖南省;大崀,在广东省。

狼

(làng) 见"狼汤渠"。另见 láng。

狼汤渠 古运河名。或作蒗荡渠、莨荡渠。始见《汉书·地理志》,即战国至秦汉间的鸿沟。《水经注》作"蒗荡渠",一作"蒗薚渠",又省作"渠水"。故道自今河南荥阳市北引黄河水东流,经中牟、开封县北,南流经通许东、太康西,至淮阳南入颍水。战国以来为中原水道交通干流。魏、晋后开封以下改称蔡水(河),开封以上改称汴水。

阆

〔閬〕(làng,又读 láng) ❶门高貌。见"阆阆"。❷空旷的余地。《庄子·外物》:"胞有重阆。"郭象注:"阆,空旷也。"成玄英疏:"言人腹内空虚,故容藏胃。"❸隍,城壕。《管子·度地》:"城外为之郭,郭外为之土阆。"另见 liàng。

阆阆 高大虚空貌。《汉书·扬雄传上》:"闶阆阆其寥廓兮,似紫宫之峥嵘。"

阆苑 ❶传说中的神仙住处。常用指宫苑。庾肩吾《山池应令》诗:"阆苑秋光暮,金塘牧潦清。"❷唐代苑名。故址在今四川阆中市西。《舆地纪胜·利东路阆州》:"唐初鲁王灵夔、滕王元婴,以衙宇卑陋,乃修饰宏大之,拟于宫苑,由是谓之隆苑;后避明皇讳,改为阆苑。"

浪

(làng) ❶波浪。如:乘风破浪。也指像波浪起伏之状。如:麦浪。❷随便;滥。如:浪游;浪费。杜甫《泛江送魏十八仓曹还京》诗:"见酒须相忆,将诗莫浪传。"❸鼓动。《文选·孔稚珪〈北山移文〉》:"浪栧上京。"李善注:"浪犹鼓也。"❹徒然。韩愈《秋怀诗》:"胡为浪自苦,得酒且欢喜。"❺姓。晋代有浪逢。另见 láng。

浪荡 ❶放浪闲游。姜夔《契丹歌》:"一春浪荡不归家,自有穹庐障风雨。"❷游手好闲,不务正业。

浪花 ❶波浪冲击溅起的泡沫。徐铉《登甘露寺北望》诗:"京口潮来曲岸平,海门风起浪花生。"❷指不结果实的花,也叫"狂花"。《齐民要术》卷二"种瓜":"无歧而花者,皆是浪花,终无瓜矣。"

浪迹 ❶不拘形迹。江淹《杂体诗·张绰》:"浪迹无蚩妍,然后君子道。"❷到处漫游,行踪无定。如:浪迹天涯。戴逵《栖林赋》:"浪迹颎湄,栖景(影)箕岑。"

浪峤 即"琅峤"。《明史·鸡笼传》:"其地北自鸡笼,南至浪峤。"即今台湾南部恒春。

浪漫 亦作"漫浪"。放荡不羁。苏轼《与孟震同游常州僧舍》诗:"年来转觉此生浮,又作三吴浪漫游。"

浪孟 失意貌。一说形容大声。《文选·潘岳〈笙赋〉》:"罔浪孟以惆怅,若欲绝而复肆。"李善注:"罔及浪孟皆失志之貌。"张铣注:"罔,无也;浪孟,大声也。"

浪人 行踪无定或到处流浪的人。王勃《春思赋》:"于是仆本浪人,平生自沦。怀书去洛,抱剑辞秦。"柳宗元《李赤传》:"李赤,江湖间浪人也。"

浪淘沙 ❶唐教坊曲名,后用为词牌。又名《浪淘沙令》、《卖花声》、《过龙门》等。原为小曲,单调二十八字,四句三平韵,亦即七言绝句。唐刘禹锡、白居易所作,皆专咏调名本意。禹锡词九首为正格,居易六首为拗体。南唐李煜始作《浪淘沙令》,盖因旧曲名,另创新声,双调五十四字,平韵。宋人也有于前段或后段起句增减一二字的,也有稍变音节而用仄韵的。另有《浪淘沙慢》，一百三十三字，入声韵。❷曲牌名。南曲越调和北曲双调都有同名曲牌，字句格律均与词牌五十四字体的半阕相同，但曲调各异，用途亦不相同。又南曲羽调也有《浪淘沙》，字句格律与词牌不同。

浪语 ❶任意乱说。《隋书·五行志上》："大业中童谣曰……莫浪语，谁道许。"❷犹空话，不必要的话。杜甫《归雁》诗："系书无浪语，愁寂故山薇。"

浪职 旷废职守。孙樵《与高锡望书》："尸位浪职，虽贵必黜。"

浪子 不务正业，好事游荡的子弟。张国宝《罗李郎》第三折："人都道你是浪子，上长街百十样风流事。"也指流浪者。

浪子宰相 宋徽宗时，李邦彦行事猥鄙，好作秽亵的词曲，自号李浪子。《三朝北盟会编》："邦彦尝自言赏尽天下花，踢尽天下球，做尽天下官，而都人亦呼邦彦为浪子宰相。"

眼(làng) 晾；晒。王祯《农书》卷九："晒荔法，采下即用竹篱眼晒。"

另见 lǎng。

茛(làng) 通"莨"。空广。见"莽茛"。

蒗(làng) 见"蒗荡渠"。

蒗荡渠 古运河名。"狼汤渠"的别称。

魉〔魎〕(làng) 江河中鬼。李绅《涉沅潇》诗："行人愁望待明月，星汉沉浮魉鬼号。"

另见 chāng。

閬(làng) 同"阆(閬)"。

lāo

捞〔撈〕(lāo) 从液体中取物。《元史·食货志二》："每丁，捞盐一石，给工价钞五钱。"引申为随便拾取或用不正当的手段求取。如：捞一把。鲁迅《二心集·非革命的急进革命论者》："他现为批评家而说话的时候，就随便捞到一种东西以驳诘相反的东西。"

láo

劳〔勞〕㊀(láo) ❶劳动。如：按劳分配。❷勤劳；劳苦。如：任劳任怨。《易·兑》："说以先民，民忘其劳。"《国语·越语下》："劳而不矜其功。"❸费；烦。如：劳神；劳驾；无劳远念。❹功劳。如：汗马之劳。韩愈《太原府参军苗君墓志铭》："佐江西使有劳。"❺病。《淮南子·精神训》："好憎者使人之心劳。"高诱注："劳，病。"❻忧愁。《诗·邶风·燕燕》："实劳我心。"❼使用过分。《管子·小匡》："牺牲不劳，则牛马育。"尹知章注："过用谓之劳。"❽通"痨"。通常指肺结核病。如：童子劳；女儿劳。❾姓。

㊁(láo，旧读 lào) 慰劳。如：劳军。《汉书·谷永传》："劳二千石。"

另见 lào，liáo。

劳绩 犹言功绩。白居易《翰林待诏李景亮授左司御率府长史依前待诏制》："夫执艺事上者，必揆日时，计劳绩，而后进爵秩，以旌服勤。"

劳苦 ❶辛苦。《诗·邶风·凯风》："有子七人，母氏劳苦。"❷慰劳。《史记·萧相国世家》："上数使使劳苦丞相。"

劳来 劝勉；慰劳。来，本作"勑(勑)"，亦作"倈"、"徕"。《墨子·尚贤下》："垂(舍)其股肱之力，而不相劳来也。"股肱，犹言四肢。此言劝勉。《汉书·原涉传》："从宾客往至丧家，为棺敛，劳倈毕葬。"颜师古注："劳倈，谓慰勉宾客也。"

劳力 ❶从事体力劳动。《孟子·滕文公上》："或劳心，或劳力。"❷即劳动力。

劳民 ❶使民劳苦。如：劳民伤财。《晏子春秋·谏下二》："寡人自知诚费财劳民，以为无功，又从而怨之，是寡人之罪也！"❷慰抚人民。《易·井》："君子以劳民劝相。"

劳谦 勤劳谦恭。语出《易·谦》"劳谦，君子有终，吉"。孔颖达疏："上承下接，劳倦于谦也。"后多用为劳于接待的意思。《晋书·温峤传》："昔周公之相成王，劳谦吐握，岂好勤而恶逸哉？"

劳人 忧伤的人。《诗·小雅·巷伯》："骄人好好，劳人草草。"

劳生 辛劳的一生。杜甫《陪章留后饯嘉州崔都督》诗："劳生共几何？离恨兼相仍。"

劳什子 北方方言，泛指一般事物，含有轻蔑和厌恶的意思。《红楼梦》第三回："我也不要这劳什子！"此指玉。又第六十二回："如今学了这劳什子。"此指唱戏。

劳心 ❶用心思。《左传·襄公九年》："君子劳心，小人劳力。"高適《秋胡行》："劳心苦力终无恨，所冀君恩即可依。"❷忧心。《诗·陈风·月出》："舒窈纠兮，劳心悄兮。"

劳燕分飞 劳，伯劳鸟。比喻离别。语出古乐府《东飞伯劳歌》"东飞伯劳西飞燕，黄姑织女时相见"。

牢(láo) ❶关牲畜和野兽的栏圈。如：豕牢；虎牢。❷祭祀用的牺牲。见"太牢"、"少牢"。❸监禁犯人之处。如：囚牢；坐牢。❹坚固。如：牢不可破；牢记在心。❺忧劳。见"牢愁"、"牢骚"。❻公家发给的粮食。《后汉书·董卓传》："牢直不毕，廪赐断绝。"❼姓。春秋时齐有牢成。

另见 lào，lóu。

牢城 宋时囚系流配罪犯的地方。《宋史·刑法志一》："迺(乃)诏诸犯徒流罪，并配所在牢城，勿复转送阙下。"

牢愁 忧愁；愁闷。刘克庄《次韵实之春日五和》："牢愁余发(鬓)五分白，健思君才十倍多。"

牢笼 ❶关禽兽的笼槛，比喻束缚人的事物。如：陷入牢笼。引申为笼络、制驭。❷包罗。《淮南子·本经训》："牢笼天地，弹压山川。"

牢落 ❶野兽奔走貌。《文选·司马相如〈上林赋〉》："牢落陆离。"李善注引郭璞曰："群奔走也。"❷稀疏零落貌。韩愈《天星》诗："天星牢落鸡喔咿。"❸无所寄托貌。陆机《文赋》："心牢落而无偶。"

牢盆 ❶煮盐器。《史记·平准书》："因官器作煮盐，官与牢盆。"有三说。裴骃集解引如淳曰："牢，廪食也。古者名廪为牢也。盆者，煮盐盆。"司马贞索隐引苏林曰："牢，价直也，今世人言雇手牢盆。"又引乐彦曰："牢乃盆名。"按《史记》上文云"愿募民自给费"，则前两说非，后一说是。《本草纲目·石部五》"食盐"下引苏颂曰："煮盐之器，汉谓之牢盆。"❷唐时指盐铁事务。《旧唐书·高骈传》："绾利则牢盆在手，主兵则都统当权。"按高骈掌管盐铁转运之职七年，"牢盆"即指此。

牢骚 抑郁不平之感。如：发牢骚。《儒林外史》第八回："这两位公子因科名蹭蹬……激成了一肚牢骚不平。"

牢烛 婚礼用的华丽之烛。《南齐书·礼志上》："连卺以镳，盖出近俗。复别有牢烛雕费采饰，亦亏曩制。"

僗 〔僗〕(láo) 见"呆僗"。

牢 (láo) 同"牢"。

唠 〔嘮〕(láo) 见"唠叨"。
另见 lào。

唠叨 说话噜苏不已。亦作"唠唠叨叨"。

哗 (láo) 见"哗哗"。

哗哗 拟声词。穆修《残春病酲》诗:"风帘窣窣燕哗哗。"

崂 〔嶗〕(láo) 见"崂山"。

崂山 旧称劳山或牢山。在山东省青岛市东北崂山区境,东临崂山湾。花岗岩山体,东峻西坦,最高点巨峰,俗称崂顶,海拔1133米。为中国北方道教胜地。东有太平宫、狮子峰、白云洞、华严寺,南有太清宫、上清宫、明霞洞,北有华楼宫、九水等古迹名胜。为全国重点风景名胜区。以产矿泉水著名。

涝 〔澇〕(láo) ❶水名。见"涝水"。❷大的波浪。鲍照《登大雷岸与妹书》:"浴雨排风,吹涝弄翮。"
另见 lào。

涝水 在陕西户县、周至两县界上,源出秦岭,北流入渭。下游屡经迁改,《水经注》时代西北注入甘水,不入渭。

浶 (láo) 见"浶浪"。

浶浪 惊扰貌。见《集韵·六豪》。张衡《西京赋》:"摷蓼浶浪,干(乾)池涤薮。"摷蓼,搜索。

㧯 〔㧯〕(láo,旧读 lào) 同"劳❶"。慰劳。《西游记》第三回:"送六王出去,却又赏㧯大小头目。"

镣 〔鐒〕(láo) 化学元素[周期系第Ⅲ族(类)副族元素、铜系元素]。符号 Lr。原子序数103。具强放射性。人工获得的放射性元素(1961年)。寿命最长的同位素^{260}Lr,半衰期为3分钟。

痨 〔癆〕(láo) 痨病,结核病的俗称。如:肺痨;骨痨。

蟧 〔蟧〕(láo) 螺属。《尔雅·释鱼》:"蜌蚧,小者蟧。"郭璞注:"螺属,见《埤苍》。或曰即彭蜌也,似蟹而小。"郝懿行义疏:"螺与蟧,声相转。……《古今注》云:'螺蜌,小蟹也。生海边途中。'……郭注虽存两说,前义为长。"

另见 liáo。

筹 〔篓〕(láo) 竹名。《文选·左思〈吴都赋〉》:"篾筹有丛。"刘逵注:"筹竹有毒,夷人以为觚,刺兽中之则必死。"

唠 (láo) 见"唠嘈"。

唠嘈 形容大而杂的声音。成公绥《啸赋》:"众声繁奏,若笳若箫,硑硠震隐,訇磕唠嘈。"

斺 (láo) 见"斆斺"。

辚 〔轆〕(láo) 以勺刮;捞取。如:辚铛;辚饭。《汉书·楚元王传》:"嫂厌叔与客来,阳为羹尽,辚釜,客以故去。"

另见 lǎo、liáo。

醪 (láo) 本指汁滓混合的酒。即酒酿。《后汉书·樊儵传》:"又野王岁献甘醪膏饧。"李贤注:"醪,醇酒汁滓相将也。"引申为浊酒。杜甫《清明二首》诗:"钟鼎山林各天性,浊醪粗饭任吾年。"

lǎo

老 (lǎo) ❶年纪大,与"少"相对。《论语·季氏》:"及其老也,血气既衰,戒之在得。"引申为衰,与"壮"相对。《左传·僖公二十八年》:"师直为壮,曲为老。"❷老年;晚年。杜甫《题柏大兄弟山居屋壁》诗:"江汉终吾老,云林得尔曹。"❸死的讳称。《红楼梦》第十五回:"以备京中老了人口,在此停灵。"❹年老退休;告老。《左传·隐公三年》:"桓公立,乃老。"❺敬老;养老。《孟子·梁惠王上》:"老吾老,以及人之老。"朱熹注:"老,以老事之也。吾老,谓我之父兄;人之老,谓人之父兄。"❻老人的尊称。如:张老;香山九老。❼古时公卿大夫的尊称。《礼记·王制》:"属于天子之老二人。"郑玄注:"老,谓上公。"又《曲礼下》:"国君不名卿老世妇。"注:"卿老,上卿。"《左传·昭公十三年》:"天子之老,请帅王赋。"杜预注:"天子大夫称老。"亦指大夫之家臣。《仪礼·聘礼》:"授老币。"贾公彦疏:"大夫家臣称老。"❽历时长久的。如:老友;老主顾。❾富有经验的;老练的。如:老手。杜甫《奉汉中王手札》诗:"枚乘文章老,河间礼乐存。"❿原来的;陈旧的。如:老地方;老脑筋;老朽。赵抃《书院》诗:"雨久藏书蠹,风高老屋斜。"⓫不嫩。如:老豆腐。⓬总;常。如:他们老提前完成任务。⓭很;极。如:老远;老长。⓮老子及其哲学的省称。如:老庄。《史记·老庄申韩列传》:"申子之学,本于黄老而主刑名。"⓯作词助,在前。如:老张;老二;老虎。⓰作词助,常附在一个词的后头表示人体的某部分。如:渌老(眼);嗅老(鼻);听老(耳);爪老(手)。王实甫《西厢记》第五本第三折:"乔嘴脸,腌躯老(身段),死身分。"⓱姓。宋代有老麻。

老板 ❶称商店、工厂所有者。又佃农称地主,雇工称雇主,亦叫"老板"。❷旧时对京剧演员的尊称。

老蚌生珠 比喻老年得贤子。孔融《与韦端书》:"前日元将来,渊才亮茂,雅度弘毅,伟世之器也;昨日仲将复来,懿性贞实,文敏笃诚,保家之主也。不意双珠,近出老蚌。"元将、仲将,韦端二子康、诞字。《北齐书·陆卬传》:"吾以卿老蚌遂出明珠。"后多指老年得子。特指年纪较老的妇女生子。

老悖 年老糊涂。《国策·楚策四》:"先生老悖乎?"

老伯 对父辈的一种尊称。梁绍壬《两般秋雨庵随笔》卷六:"今人于父执,率称老伯……比较年齿,长于父者曰老伯,少于父者曰老叔,截然不可紊也。"

老苍 ❶谓头发苍白的老人。杜甫《壮游》诗:"脱略小时辈,结交皆老苍。"❷老练。黄庭坚《次韵答邢敦夫》:"儿中兀老苍,趣造其奇异。"❸谓苍鹰。韩愈《嘲鲁连子》诗:"田巴兀老苍,怜汝矜爪嘴。"

老成 ❶阅历多而练达世事。如:老成持重。《诗·大雅·荡》:"虽无老成人,尚有典刑。"亦指老成的人。黄庭坚《司马文正公挽词》:"元祐开皇极,功归用老成。"❷形容文章老练。杜甫《赠郑谏议十韵》:"毫发无遗恨,波澜独老成。"❸复姓。周代宋国有大夫老成方。

老大 ❶年老;年长。古乐府《长歌行》:"少壮不努力,老大徒伤悲。"白居易《琵琶行》:"门前冷落鞍马稀,老大嫁作商人妇。"亦谓排行第一的人。❷长江下游一带的方言,称船主或主持航行的船工。❸很;极为;重。如:老大不愿意;老大不安。

老当益壮 年老而志气应当更加豪壮。《后汉书·马援传》:"丈夫为志,穷当益坚,老当益壮。"

老爹 ❶对老人的尊称。《儒林外史》第一回:"老爹请坐,我告诉你。"

❷某些地方也用以称祖父或父。❸旧时亦称乡绅或有官员身分者。何良俊《四友斋丛说·杂记》:"文老爹作故,我老爹待老爹不至,已往吊丧去了。"文老爹,指文徵明。参见"老爷"。

老儿 对老年人不太尊敬的称呼。《水浒传》第三回:"鲁达又道:'老儿,你来! 洒家与你些盘缠,明日便回东京去,如何?'"

老凤 ❶称赞俱有才华的父与子时,称父为老凤,子为雏凤。李商隐《韩冬郎即席为诗》:"桐花万里丹山路,雏凤清于老凤声。"雏凤,指韩偓,即韩冬郎。❷宋代称紫微舍人为"小凤",翰林学士为"大凤",丞相为"老凤"。见王志坚《表异录·职官部》。《三朝名臣言行录》卷六:"曾鲁公自嘉祐秉政,至熙宁中尚在中书,年虽长高,而精力不衰。故台谏无非之者。惟李复圭以为不可,作诗曰:'老凤池边蹲不去,饥乌乌上噤无声。'"按置荀勖比中书省为凤凰池,故有老凤、大凤、小凤之称。参见"雏凤"、"凤凰池"。

老夫 老人自称。《礼记·曲礼上》:"大夫七十而致仕……自称曰老夫。"《左传·隐公四年》:"石碏使告于陈曰:'卫国褊小,老夫耄矣,无能为也。'"

老父 老人的尊称。《汉书·张良传》:"有一老父,衣褐,至良所。"

老汉 ❶称老年男子。《十国春秋·后蜀·李如实传》:"如实数数有所规谏……末帝怒曰:'憨老汉不足与语!'"❷老年男子的自称。无名氏《陈州粜米》第三折:"老汉活偌大年纪,几曾看见什么紫金锤。"

老骥伏枥 曹操《步出夏门行》:"老骥伏枥,志在千里;烈士暮年,壮心不已。"言老了的良马虽伏处马房,仍想奔千里远路。后常以"老骥伏枥"比喻有志之士,年虽老而仍有雄心壮志。

老奸巨猾 阅历深而手段极其奸诈狡猾的人。《宋史·食货志上六》:"老奸巨猾,匿身州县,舞法扰民。"

老辣 ❶老练厉害。如:手段很老辣。❷老练刚劲。刘克庄《跋赵戣诗卷》:"歌行中悲愤慷慨苦硬老辣者,乃似卢仝、刘叉。"

老莱衣 《艺文类聚》卷二十引《列女传》:"老莱子孝养二亲,行年七十,婴儿自娱,著五色采衣。尝取浆上堂,跌仆,因卧地为小儿啼。"后因以"老莱衣"表示孝养父母,为宣扬孝道的典故。孟浩然《蔡阳馆》诗:"明朝拜嘉庆,须著老莱衣。"参见"戏彩"。

老马识途 《韩非子·说林上》:"管仲、隰朋从于桓公而伐孤竹,春往冬反,迷惑失道。管仲曰:'老马之智可用也。'乃放老马而随之。遂得道。"后因以"老马识途"比喻富于经验的人能起引导作用。黄仲则《立秋后二日》诗:"老马识途添病骨,穷猿投树择深枝。"

老衲 衲是僧衣,故称老僧为老衲。戴叔伦《题横山寺》诗:"老衲供茶碗,斜阳送客舟。"

老娘 ❶旧时以接生为业的妇女。稳婆。李行道《灰阑记》第一折:"现放着剃胎头收生的老娘,则问他谁是亲娘,谁是继养?"❷泼辣妇人的自称。李玉《永团圆·山城惧内》:"你每这些剐不了杀不尽的狗头,在这里商量什么事,老娘不是好惹的。"

老彭 《论语·述而》:"述而不作,信而好古,窃比于我老彭。""老彭"有两说,一说是老聃、彭祖,一说是商代的贤人。见刘宝楠《论语正义》。

老婆 ❶妻。《水浒传》第二十四回:"莫非是卖枣糕徐三的老婆?"❷老妇。寒山诗:"东家一老婆,富来三五年。"

老气横秋 孔稚珪《北山移文》:"霜气横秋。"杜甫《送率评事赴同谷判官》诗:"老气横九州。"黄庭坚《次韵德孺五丈惠贶秋字之句》:"老来忠义气横秋。"后以"老气横秋"形容老练而自负的神态。亦用以讽刺自高自大或形容人缺乏朝气。

老拳 结实有力的拳头。《晋书·石勒载记下》:"初勒与李阳邻居,岁尝争麻池,迭相殴击;至是……引阳臂笑曰:'孤往日厌卿老拳,卿亦饱孤毒手。'"今谓用拳头打人为"饱以老拳",本此。

老人 ❶老年人。《史记·留侯世家》:"与老人期,后,何也?"❷指父母。车永《与陆士龙书》:"老人及姊,自闻此问,三四日中,了不能复食。"此指其母。问,消息。❸称尊长。国泰《助字辨略序》:"《助字辨略》者,确山刘老人所著也。"刘老人,指刘淇。❹恒星名。也叫"南极老人"、"南极星"、"寿星"。即"船底座α星",西名Canopus。全天第二亮星,白色,星等-0.72,距离约200光年。位置:赤经6时22.8分,赤纬

-52°40′。公元14000年织女一为北极星时,老人星将成为南极星。《晋书·天文志上》:"老人一星,在弧南,一曰南极……见则治,主寿昌。"

老身 老人自称。《北史·穆崇传》:"老身二十年侍中。"《新五代史·汉家人传》:"〔太后诰曰〕老身未终残年,属此多难,惟以衰朽托于始终。"戏曲话本中多用于老妇人自称。关汉卿《窦娥冤》第一折:"老身蔡婆婆是也。"

老生常谭 谭,亦作"谈"。旧谓老书生常讲的话,没有新意。《三国志·魏志·管辂传》:"此老生之常谭。"《世说新语·规箴》作"常谈"。后比喻听惯的一套老话头。《儒林外史》第一回:"这一首词,也是个老生常谈,不过说人生富贵功名,是身外之物。"

老师 ❶学生对教师的尊称。又,明清两代,生员和举子称主试的座主和学官。黄宗羲《广师说》:"今老师门生之名遍于天下。"❷年辈最尊的学者。《史记·孟子荀卿列传》:"齐襄王时,而荀卿最为老师。"

老手 熟手;富有经验的人。苏轼《至真州再和王胜之》诗:"老手王摩诘,穷交孟浩然。"陆游《喜雨》诗:"天公老手真可人,夜雨萧萧洗旱尘。"

老宿 ❶僧道中年老德高者。杜甫《大云寺赞公房》诗:"深藏供老宿。"❷年老而资深的人。如:文坛老宿。汪启淑《鹿菲子小传》:"〔黄景仁〕著有《浮湘赋》,老宿咸称之。"

老饕 贪吃。苏轼《老饕赋》:"盖聚物之夭美,以养吾之老饕。"亦指贪吃的人。杨万里《四月八日尝新荔子》诗:"老饕要啖三百颗,却怕甘寒冻断肠。"参见"饕餮❷"。

老头皮 犹"老头"。宋真宗征召杨朴,问:"临行有人作诗赠卿否?"答道:"臣妻有诗一首云:'更休落魄贪杯酒,亦莫猖狂爱咏诗。今日捉将官里去,这回断送老头皮!'"见赵德麟《侯鲭录》卷六。后因以"老头皮"戏称老年男子。

老小 ❶老人和幼童。《晋书·食货志》:"十二以下,六十六以上为老小,不事。"❷妻和儿女。《水浒传》第二回:"亦且壮年,又没老小。"❸泛指家属。《水浒传》第三十九回:"只见数乘轿子,抬着两家老小上山来。"

老朽 ❶衰老无用。郑愚《潭州大圆禅师碑铭》:"以耽沈之利欲,役老

朽之筋骸。"❷老人自谦之称。苏轼《与冯祖仁书》:"辱笺教累幅,文义粲然,礼意兼重,非老朽所敢当。"

老爷 旧时称官吏。王应奎《柳南随笔》卷五:"前明时缙绅惟九卿称老爷,词林称老爷,外任司道以上称老爷,余止称大人,乡约称老爹而已。"清代四品官以上称大人,五品以下称"老爷"。旧时豪绅及富贵之家的年长男主人也称"老爷"。

老丈 对老年男子的尊称。《称谓录》卷三十二引《孙公谈圃》:"周孟阳春卿,英庙宫僚。圣眷素隆,书简以老丈称之。"《三国演义》第三十一回:"操笑曰:'何敢当老丈所言!'"

老拙 老人自谦之称。苏轼《章质夫寄惠崔徽真》诗:"卷赠老夫惊老拙。"

老子 ❶老人自称。《晋书·庾亮传》:"老子于此处兴复不浅。"❷父亲。陆游《老学庵笔记》卷一:"予在南郑,见西陲俚俗谓父曰老子,虽年十七八,有子,亦称老子。"❸倨傲的自称。如:老子天下第一。

佬 (lǎo) 人的代称,常指成年男子。现亦用作贬称。如:阔佬。

茗 (lǎo) 草名。闽广人以茗叶裹槟榔切片嚼之。见《西溪丛语》卷上。

恅 (lǎo) 见"悼恅"。

姥 (lǎo) 姥姥。亦作"老老"。北方方言对外祖母的称呼,亦为对年老妇人的尊称。
另见 mǔ。

栳 (lǎo) 见"栲栳"。

铑 〔铑〕(lǎo) 化学元素[周期系第Ⅷ族(类)元素]。铂系元素之一。符号 Rh。原子序数45。银白色金属。熔点 1 966℃±3℃。性极硬,耐磨。微溶于酸和王水。常镀在探照灯及反射镜上。可制热电偶、电热丝、电接触部件、弹簧、铂铑合金等。铑黑或海绵铑用作催化剂。

筶 (lǎo) 见"筶筶"。

僚 (lǎo) 中国古代岭南和云、贵、川地区部分少数民族的泛称。汉至唐分布在今桂、黔、川、滇等部分地区。有住干栏、卧水底持刀刺鱼、文身、凿齿、鼻饮、铸铜爨、行悬棺葬等俗。唐又有南平僚、守宫僚、葛僚、仡僚等名称。

另见 liáo,liǎo。

獠 (lǎo) 骂人的词语。《新唐书·褚遂良传》:"武氏(则天)从帷后呼曰:'何不扑杀此獠?'"
另见 liáo。

潦 (lǎo) 雨后地面积水。《楚辞·九辩》:"寂寥兮收潦而水清。"洪兴祖补注引五臣云:"潦,雨水。"《韩非子·外储说右上》:"天雨,廷中有潦。"参见"行潦"。
另见 lào,liáo。

辌 〔辌〕(lǎo) ❶车篷骨架及车辐的通称。段玉裁《说文解字注·车部》:"盖弓曰辌,亦曰橑,橑者椽也,形状略似也。"又:"幅三十凑毂,亦如橑然,故亦得辌名。"❷通"橑"。屋椽。《汉书·张敞传》:"果得之殿屋重辌中。"
另见 liáo,liǎo。

蔂 (lǎo) 亦作"藛"。煮后晒干的果实。《说文·艸部》:"蔂,干梅之属。"《周礼》曰:'馈食之笾,其实干蔂。'后汉长沙王始煮艸为蔂。藛,蔂或从潦。"按《周礼·天官·笾人》:"其实枣、栗、桃、干蔂、榛实。"郑玄注:"干蔂,干梅。有桃诸、梅诸,是其干者。"

獠 (lǎo) 古西南夷名。苏轼《闻正辅表兄将至以诗迎之》:"舌音渐獠变,面汗尝骍羞。"
另见 liáo。

lào

劳 〔勞〕(lào) 通"耢"。农具名,一种用荆条或藤条编成的无齿耙,用来平整土地,也指用耢平地。《齐民要术·耕田》:"劳亦再遍。"
另见 láo,liáo。

牢 (lào) 搜牢,谓虏掠。《后汉书·董卓传》:"卓纵放兵士,突其庐舍,淫略妇女,剽虏资物,谓之'搜牢'。"
另见 láo,lóu。

络 〔絡〕(lào) 见"络子"。
另见 luò。

络子 ❶线绳结成的网状袋子。《红楼梦》第三十五回:"倒不如打个络子,把玉络上呢。"❷绕丝绕纱的器具。

唠 〔嘮〕(lào) 方言。说;谈。如:咱们唠唠。
另见 láo。

烙 (lào) ❶把食物放在烧热的器物上焙熟。如:烙饼。《儒林外史》第一回:"王冕自到厨下烙了一斤面饼。"❷用烧热的铁器烫熨。如:烙衣服。
另见 luò。

烙印 在器物或牲畜身上烫火印,作为标记。比喻不易磨灭的痕迹。如:过去的一切在生活中留下深深的烙印。

涝 〔澇〕(lào) 亦称"内涝"、"沥涝"。降雨过多,使旱作物田间积水或水稻田淹水过深而致减产的现象。涝往往致渍,涝渍相随,统称为涝。
另见 láo。

落 (lào) 见"落子"。
另见 là,luò。

落子 华北、东北一带对曲艺"莲花落"的俗称。

耢 〔耢〕(lào) ❶也叫"耱"、"盖"。一种整地农具。用于耕后或耕耙后耱碎土块,平土保墒。由荆条或树枝编于木耙框或框架中而成。❷用耢平整土地。

酪 (lào,读音luò) ❶用牛、羊、马等乳炼制成的食品。《本草纲目·兽部一》:"酪,湩。"李时珍集解引《饮膳正要》:"造法:用乳半杓,锅内炒过。入馀乳,熬数十沸,常以杓左右搅之,乃倾出罐盛,待冷,掠取浮皮以为酥;入旧酪少许,纸封放之,即成矣。"《世说新语·言语》:"淳酪养性。"也泛指酪状的食品。《汉书·食货志上》:"分遣大夫谒者教民煮木为酪。"颜师古注引如淳曰:"作杏酪之属也。"❷醋。《礼记·礼运》:"以亨(烹)以炙,以为醴酪。"郑玄注:"酪,酢酨。"

嫪 (lào) ❶爱惜;留恋。韩愈《荐士》诗:"念将决焉去,感物增恋嫪。"❷姓。战国末年有嫪毐。

潦 (lào) 同"涝"。雨水过多淹没庄稼。《后汉书·顺帝纪》:"连年灾潦。"
另见 lǎo,liáo。

憥 (lào) 见"懊憥"。

lè

仂 (lè) 零数;余数。《礼记·王制》:"祭用数之仂。"郑玄注:"算今年一岁经用之数,用其什一。"

阞 (lè) ❶地的脉理。《考工记·匠人》:"凡沟,逆地阞,谓之不行。"郑玄注:"沟,谓造沟;阞,谓脉理。不行,谓决溢也。"❷通"仂"。零数。《考工记·轮人》:"以其围之防捎其薮。"郑玄注:"捎,除也;防,三分之一也。薮者,众辐之所趋也。"

芳^(lè)　❶见"萝芳"。❷通"扐"。两指之间。《太玄·太玄数》:"并馀于芳,一芳之后而数其馀。"

另见 jí。

扐^(lè)　❶手指之间。古代筮法以所数蓍草的零余夹在手指间,故亦指奇零之数,字变作"仂"。《易·系辞上》:"归奇于扐以象闰。"❷汉代地名。字亦作"朸"。《汉书·高五王传》:"济南王辟光以扐侯立。"

叻^(lè)　见"叻埠"。

叻埠　华侨对新加坡市的别称。过去以马来语 Selat 音译石叻称新加坡,从而简称作"叻埠"。

乐〔樂〕^(lè)　❶喜悦;快乐。《论语·学而》:"有朋自远方来,不亦乐乎!"❷喜欢;乐意。《易·系辞上》:"是故君子所居而安者,《易》之序也;所乐而玩者,爻之辞也。"《国策·楚策一》:"法令既明,士卒安难乐死。"❸笑。如:逗乐。❹姓。

另见 luò,yào,yuè。

乐不可支　形容快乐到极点。《后汉书·张堪传》:"拜渔阳太守……乃于狐奴开稻田八千余顷,劝民耕种,以致殷富。百姓歌曰:'桑无附枝,麦穗两歧,张君为政,乐不可支!'"

乐不思蜀　《三国志·蜀志·后主传》"并封列侯"裴松之注引《汉晋春秋》:"司马文王(司马昭)与禅宴,为之作故蜀技,旁人皆为之感怆,而禅喜笑自若……他日,王问禅曰:'颇思蜀否?'禅曰:'此间乐,不思蜀。'"后因以"乐不思蜀"称乐而忘返或乐而忘本。

乐昌分镜　全名《乐昌公主破镜重圆》。南戏剧本。据传南宋人作,作者不详。见元周德清《中原音韵》。剧情原出唐孟棨《本事诗·情感》。写南朝陈乐昌公主、徐德言夫妇离合的故事。剧本今不传,仅存曲词残篇。

乐成　共享成果。《商君书·更法》:"民不可与虑始,而可与乐成。"

乐此不疲　耽乐其事,不觉疲倦。语本《后汉书·光武帝纪》"我自乐此,不为疲也"。

乐天知命　《易·系辞上》:"乐天知命,故不忧。"谓乐从天道的安排,知守性命的分限,故能不忧。《儒林外史》第八回:"我在林下,倒常教他做几首诗吟咏性情,要他知道乐天知命的道理,在我膝下承欢便了。"

乐土　安乐的地方。《诗·魏风·硕鼠》:"逝将去女(汝),适彼乐土。乐土乐土,爱得我所。"

乐易　和乐平易。《荀子·荣辱》:"安利者常乐易,危害者常忧险。"

乐育　《诗·小雅·菁菁者莪序》:"《菁菁者莪》,乐育材也。"谓乐于培育人材。宋濂《送陈彦正之官富州》诗:"菁菁我台莱,一一思乐育。"

乐园　❶指欢乐安适的地方。如:儿童乐园;人间乐园。❷基督教《圣经》指天堂,也指伊甸园。见《圣经·路加福音》。

玏^(lè)　见"瑊玏"。

泐^(lè)　❶石依其纹理而裂开。《考工记·总序》:"石有时以泐。"❷通"勒"。本谓铭刻,引申为书写。旧时写信给平辈及辈小者常用"手泐"以代"手书"。

勒^(lè)　❶套在马头上带嚼口的笼头。《汉书·匈奴传》:"鞍勒一具。"参见"衔❶"、"辔❷"。❷拉紧马缰绳。如:悬崖勒马。虞世南《山寨》诗:"扬桴上陇坂,勒骑下平原。"❸约束;统率。《后汉书·马廖传》:"廖性宽缓,不能教勒子孙。"又《光武帝纪上》:"亲勒六军。"❹强迫;强制。如:勒令;勒索。《隋书·食货志》:"于是侨居者各勒还本属。"❺刻。《礼记·月令》:"物勒工名,以考其诚。"孔稚珪《北山移文》:"勒移山庭。"❻古时书法横画的名称。见"永字八法"。❼姓。汉代有勒尊。

另见 lēi。

勒抑　亦作"抑勒"。压榨;克扣。《明史·邹应龙传》:"嵩(严嵩)父子故籍袁州,乃广置良田美宅于南京、扬州,无虑数十所,以豪仆严冬主之,抑勒侵夺,民怨入骨。"

簕^(lè)　见"簕竹"。

簕竹　地名。在广东省。

鳓〔鰳〕^(lè)　动物名。学名 Ilisha elongata。中国北方称"脍鱼"、"白鳞鱼",南方称"曹白

鱼"、"鲞鱼"。硬骨鱼纲,鲱科。体侧扁,长约 40 厘米,银白色。口上

鳓

位。腹部有棱鳞。为近海中上层鱼类,主食鱼类和无脊椎动物。春季至初夏由外海至近海产卵。中国以及朝鲜半岛、菲律宾、印度尼西亚、印度沿海均产。为重要食用鱼类,供鲜食或制曹白鱼鲞等。

le

了^(le,读音 liǎo)　❶作语助,表事之完成。如:天亮了。❷用在句末表肯定语气。如:可以去了。

另见 liǎo。

饹〔餎〕^(le)　见"饸饹"。

lēi

勒^(lēi)　用绳子捆住或套住,再拉紧。如:那铺盖卷儿嫌太松,还得勒紧些。

另见 lè。

léi

垒〔壘〕^(léi)　通"缧"。拘系。《荀子·大略》:"氐羌之虏也,不忧其系垒也,而忧其不焚也。"

另见 lěi,lèi,lǜ。

累〔纍〕^(léi)　❶通"缧"。捆绑。亦指绑人所用的绳索。《汉书·李广传》:"禹(李禹)从落(络)中以剑斫绝累。"颜师古注:"累,索也。"❷指雄畜与雌畜交配。《礼记·月令》:"[季春之月]乃合累牛、腾马,游牝于牧。"郑玄注:"累、腾,皆乘匹之名。"按累牛本谓与母牛交配的公牛,因即以为公牛的别称。❸不以罪死。《汉书·扬雄传上》:"因江潭而㟅记兮,钦吊楚之湘累。"颜师古注引李奇曰:"诸不以罪死曰累。苟息、仇牧皆是也。屈原赴湘死,故曰湘累也。"❹见"累累"。

另见 lěi,lèi。

累累　通"羸羸"。瘦瘠疲惫貌。《礼记·玉藻》:"丧容累累。"

累牛　即"㸆牛"。公牛。

累囚　拘留的俘虏。《左传·成公

累囚三年》:"两释累囚,以成其好。"

累绁 同"缧绁"。《史记·仲尼弟子列传》:"虽在累绁之中,非其罪也。"《论语·公冶长》作"缧绁"。

累坠 亦作"累赘"。拖累;重负。黄宗羲《明儒学案》卷四:"站立之顷,遂觉胸中如有石头磕然而下,无复累坠。"

累赘 ❶同"累坠"。❷形容文字繁复。《红楼梦》第三十七回:"宝玉道:'居士'、'主人',到底不雅,又累赘。"

品(léi) 见"卟"。

雷(léi) ❶伴随闪电出现的强烈爆炸声。由闪道中的高温使水滴气化、空气体积迅速膨胀而产生。❷一种爆炸性的武器。如:地雷;鱼雷。也用作地雷或水雷的简称。如:扫雷。❸通"罍"。古酒器名。《隶释·韩敕造孔庙礼器碑》:"雷、洗、觞、觚。"❹姓。

另见 lèi。

雷池 古雷水自今湖北黄梅县界东流,经今安徽宿松至望江县东南,积而成池,称为雷池。自此以下,东流入江,故雷水又有雷池之称。庾亮《报温峤书》:"吾忧西陲,过于历阳,足下无过雷池一步也。"意谓劝温峤坐镇原防,不要越雷池而东。后用以比喻不可逾越之界线。

雷动 ❶打雷;雷声震动。贾谊《旱云赋》:"云惟布而雷动兮,相击冲而破碎。"❷比喻声音宏大或群情震动。如:欢声雷动。《汉书·息夫躬传》:"边竟(境)雷动,四野风起。"

雷公 见"雷神"。

雷厉风行 形容政事法令执行的严厉迅速。曾巩《亳州谢到任表》:"昭不杀之武,则雷厉风行。"亦作"雷厉风飞"。韩愈《潮州刺史谢上表》:"陛下即位以来,躬亲听断,旋乾转坤,关机阖开,雷厉风飞。"现亦形容声势猛烈,行动迅速。

雷神 亦称"雷公"、"雷师"。中国古代神话中司雷之神。《山海经·海内东经》:"雷泽中有雷神,龙身而人头,鼓其腹。"《云仙杂记·天鼓》:"雷曰天鼓,雷神曰雷公。"《楚辞·离骚》:"鸾皇为余前戒兮,雷师告余以未具。"洪兴祖补注:"轩辕主雷雨之神。一曰雷师,丰隆也。"后被道教奉为天神,认为可以为天"代言"、"主天之灾福,持物之权衡;掌物掌人,司生司杀"。并谓轩辕氏"得道升天"为雷神,称之为"九天应元雷声普化天尊"。

雷霆 ❶疾雷。《易·系辞上》:"鼓之以雷霆,润之以风雨。"❷比喻盛怒。如:大发雷霆。❸比喻威势或威权。《三国志·魏志·王粲传》:"但当速发雷霆,行权立断。"

雷霆万钧 语出贾山《至言》"雷霆之所击,无不摧折者;万钧之所压,无不糜灭者"。形容威力极大。

雷同 人云亦云;相同。《礼记·曲礼上》:"毋剿说;毋雷同。"郑玄注:"雷之发声,物无不同时应者;人之言当各由己,不当然也。"《楚辞·九辩》:"世雷同而炫曜兮,何毁誉之昧昧!"

雷音 ❶雷鸣声。亦谓声大如雷鸣。杜牧《杜秋娘》诗:"雷音后车远,事往落花时。"❷谓佛说法之音如雷震。庾信《陕西弘农郡五张寺经藏碑》:"法云(雲)深藏,师子雷音。"

蔂(léi) 盛土笼。《淮南子·说山训》:"针成幕,蔂成城。"高诱注:"蔂,土笼也。"

靁(léi) 同"雷"。

嫘(léi) 见"嫘祖"。

嫘祖 一作雷祖、累祖。传为西陵氏之女,黄帝正妃。传说中养蚕治丝方法的创造者。北周以后被祀为"先蚕"(蚕神)。

缧〔縲〕(léi) 古时拘系犯人的大索。见"缧绁"。

缧绁 亦作"累绁"。拘系犯人的绳索,引申为囚禁。《论语·公冶长》:"虽在缧绁之中,非其罪也。"陈基《乌夜啼引》:"冤狱平反解缧绁,已死得生诬得雪。"

樏(léi) 同"㔣"。

畾(léi) 田间地。见《集韵·十五灰》。

㹊(léi) 公牛的别称。《淮南子·时则训》:"乃合㹊牛腾马,游牝于牧。"参见"累(léi)❷"。

朦(léi) 见"朦腄"。

朦腄 形貌丑恶。见《广韵·十四皆》。

擂(léi) 研碎。如:擂钵;擂槌;擂成细末。

另见 lèi。

檑(léi) 古代守城的武器,即滚石,滚木。如:檑木;檑石。《水浒传》第三十四回:"只见上面檑木、炮石、灰瓶、金汁,从险峻处打将下来。"

礌(léi,又读 lèi) 同"礧"。《魏书·李崇传》:"鹫峡之口积大木,聚礌石。"

另见 lèi。

镭〔鐳〕(léi) ❶瓶、壶之类。潘岳《马汧督诔》:"置壶镭瓶瓳以侦之。"❷化学元素[周期系第Ⅱ族(类)碱土金属元素]。符号 Ra。原子序数88。具放射性。银白色金属,质软。化学性质与钡近似。存在于多种含铀矿物及矿泉中,但含量极微。在它的蜕变过程中,有新的放射性气体氡(Rn)形成。利用镭的射线,可以治疗癌症。镭盐与铍粉的混合制剂,可作为中子源,在地质勘探中应用。$^{228}_{88}Ra$ 与硫化锌混合可用作钟表和仪表刻度盘的发光涂料。

櫑(léi) 同"罍"。酒器名。

另见 lèi。

轠〔轠〕(léi) ❶碰击。《汉书·陈遵传》:"为尝所轠。"颜师古注:"轠,击也。"❷见"轠轳"。

轠轳 连属不绝貌。《汉书·扬雄传上》:"缤纷往来,轠轳不绝。"颜师古注:"轠轳,环转也。"又引孟康曰:"轠轳,连属貌。"

羸(léi) ❶瘦;弱。《礼记·问丧》:"身病体羸,以杖扶病也。"❷衰败。《吕氏春秋·首时》:"秋霜既下,众林皆羸。"❸通"累(纍)"。束缚缠绕。《易·大壮》:"羝羊触藩,羸其角。"孔颖达疏:"羸,拘累缠绕也。"

羸露 衰败。《风俗通·十反》:"久抱重疾,气力羸露,耳聋目眩。"

礧(léi,又读 lèi) ❶推石自高处下击。《汉书·司马相如传上》:"礧石相击。"颜师古注:"礧石,转石也。"亦即指用以下击的滚石。《北史·李崇传》:"鹫峡之口,积大木,聚礧石,临崖下之,以拒官军。"❷通"擂"。撞击;冲击。郭璞《江赋》:"骇崩浪而相礧。"

另见 lèi。

镭〔鐳〕(léi) ❶剑首饰。见《玉篇》。❷同"櫑"。见《集韵·十五灰》。

另见 lèi。

罍(léi) 古代器名。青铜制。也有陶制的。圆形或方形。小口、广肩、深腹、圈足,有盖,肩部有两环耳,腹下又有一鼻。用以盛酒和水。盛行于

罍

商周时期。

䨓(léi) "雷"的本字。

藟(léi) ❶蔓生植物。❷古时盛土器。《孟子·滕文公上》:"盖归反藟梩而掩之。"

樏(léi) 登山的用具。《说文·木部》:"樏,山行所乘者。"《文子·自然》:"山用樏。" 另见 luǒ。

驫(léi) 鼯鼠别名。见《集韵·五支》。

lěi

耒(lěi) ❶古代翻土农具。《韩非子·五蠹》:"因释其耒而守株。"❷见"耒耜"。

耒耜 古代耕地翻土的工具。《易·系辞下》:"神农氏作,斫木为耜,揉木为耒。"耜是耒耜的铲,直接作用于土壤,也有用骨、石制作的;耒是耒耜的柄。后亦以"耒耜"泛称农具。

耒 耜

诔〔誄〕(lěi) 古代用以表彰死者德行并致哀悼的文辞,亦即为谥法所本。仅能用于上对下。《礼记·曾子问》:"贱不诔贵,幼不诔长,礼也。"《左传·哀公十六年》:"孔丘卒,公诔之。"后来成为哀祭文体的一种。陆机《文赋》:"诔缠绵而凄怆。"

垒〔壘〕(lěi) ❶军营四周所筑的堡塞。如:深沟高垒。《左传·文公十二年》:"请深垒固军以待之。"特指边疆上为防敌入侵所筑的堡垒。《礼记·曲礼上》:"四郊多垒,此卿大夫之辱也。"郑玄注:"垒,军壁也。数见侵伐,故多垒。"❷堆砌。如:垒墙。❸姓。晋代有垒锡。 另见 léi,lì,lù。

垒块 比喻胸中积的不平之气。《世说新语·任诞》:"阮籍胸中垒块,故须酒浇之。"

垒垒 一堆一堆地丛列着。《文选·曹丕〈善哉行〉》:"还望故乡,郁何垒垒。"李善注:"《广雅》曰:垒,重也。"常形容坟墓之多。张载《七哀诗》:"北芒何垒垒,高陵有四五。"

累〔纍〕(lěi) 亦作"絫"。❶堆叠;积聚。如:累土为山;日积月累。❷重叠。《楚辞·招魂》:"层楼累榭,临高山些。"❸接连;屡次。

《史记·太史公自序》:"六艺经传以千万数,累世不能通其学。"《晋书·杨佺期传》:"佺期自湖城入潼关,累战皆捷。" 另见 léi,lì。

累累 ❶多貌;重叠貌;联贯成串貌。《礼记·乐记》:"累累乎端如贯珠。"梅尧臣《范景仁席中赋葡萄》诗:"朱盘何累累!"❷犹"屡屡"。一次又一次。《穀梁传·哀公十三年》:"吴,东方之大国也,累累致小国以会诸侯。"范宁注:"累累,犹数数也。"

累卵 堆积起来的禽蛋,比喻处境危殆之极。《国策·秦策五》:"王之春秋高,一日山陵崩,太子用事,君危于累卵。"

累棋 堆积棋子,高则易倒,比喻形势危险。《国策·秦策四》:"致至而危,累棋是也。"高诱注:"至,极也。"傅亮《司徒刘穆之碑》:"迥累棋之危,成维山之固。"

累黍 ❶古代累列黍粒计算长度,据以制尺及定音乐律管的长度。《宋史·律历志四》:"前代制尺,非特累黍,必求古雅之器以杂校焉。"按古时累黍之法,黍有圆长大小,又有取黍广与黍长二法,标准不一,常有争论。汉代取秬黍中者,一黍之广为分,十分为寸,十寸为尺。黄钟律管长九十分。见《汉书·律历志上》。❷"累"通"絫"。絫、黍,是古代两种微小的重量单位。合谓数量微小之至。如:不差累黍。参见"黍累"。

累息 因恐惧而喘息。《后汉书·任延传》:"自是威行境内,吏民累息。"亦作"絫息"。《汉书·外戚传下》:"每窸窣而絫息兮,申佩离以自思。"

絫(lěi) 古代重量单位名。《孙子算经》卷上:"称之所起,起于黍,十黍为一絫。"亦作"累"。参见"黍累"。

傫(lěi) 颓丧、不振作的样子。《史记·赵世家》:"见其长子章傫然也。"

傫傫 疲惫丧气的样子。《论衡·骨相》:"傫傫若丧家之狗。"

磊(lěi) ❶石累积貌。见"磊磊❶"。❷大貌。《文选·木华〈海赋〉》:"磊匒匌而相豗。"李善注:"磊,大貌。匒匌,重叠也。相豗,相击也。"

磊磊 ❶众石貌。《楚辞·九歌·山鬼》:"石磊磊兮葛蔓蔓。"❷圆转

貌。《文心雕龙·杂文》:"磊磊自转,可称珠耳。"❸光明磊落。韩愈《答刘秀才论史书》:"夫圣唐巨迹,及贤士大夫事,皆磊磊轩天地,决不沈没。"

磊磊落落 ❶错落分明貌。古乐府《两头纤纤诗》:"磊磊落落向曙星。"亦作"礧礧落落"。❷同"磊落❷"。亦作"礧礧落落"。

磊砢 ❶众多貌。左思《吴都赋》:"金镒磊砢。"❷壮大貌。《文选·王延寿〈鲁灵光殿赋〉》:"万楹丛倚,磊砢相扶。"李善注:"磊砢,壮大之貌。"❸才能卓越。《世说新语·言语》:"其人磊砢而英多。"

磊落 ❶众多杂沓貌。成公绥《天地赋》:"川渎浩汗而分流,山岳磊落而罗峙。"❷形容胸怀坦白。韩愈《与于襄阳书》:"世之龊龊者既不足以语之,磊落奇伟之人又不能听焉。"❸形容仪态俊伟。庾信《周柱国大将军拓跋俭神道碑》:"公状貌丘墟,风神磊落。"❹形容声音宏大。《文选·马融〈长笛赋〉》:"酆琅磊落,骈田磅唐。"李善注:"众声宏大四布之貌。"

蕾(lěi) 含苞待放的花朵。杨万里《九日郡中送白菊》诗:"一夜西风开瘦蕾,两年南海伴重阳。"参见"蓓蕾"。

碌(lěi) 同"磊"。

僇(lěi) ❶憔悴;羸瘦。潘岳《寡妇赋》:"容貌僇以顿悴兮。"❷见"傀僇"。

僇僇 疲惫憔悴貌;颓丧貌。班固《白虎通·寿命》:"僇僇如丧家之狗。"按《史记·孔子世家》作"累累(纍纍)",《孔子家语·困誓》作"僇然"。《老子》:"僇僇兮若无所归。""僇"一本作"儽"。参见"累累(léi léi)"。

蕌(lěi) ❶藤。《诗·王风·葛藟》:"绵绵葛藟,在河之浒。"❷通"纍"。缠绕。王绩《古意》诗:"渔人递往还,网罟相萦蕌。"❸通"蕾"。蓓蕾。范成大《丙午新正书怀》诗:"梅蕌粉融连夜开。"

礧(lěi) 通"磊"。见"礧礧落落"。 另见 léi。

礧礧落落 同"磊磊落落"。心地光明貌。《晋书·石勒载记下》:"大丈夫行事,当礧礧落落,如日月皎然。"

嵧（lěi） 山状，形容高大。见"嵧嵬"。

嵧嵬 高大貌。杜甫《冬狩行》："幕前生致九青兕，骆驼嵧嵬垂玄熊。"亦作"嵧嵬"。何景明《霍山辞》："襄陵嵧嵬而在下。"

猵（lěi）❶同"鸓（鸓）"。❷即蜼，一种长尾猿。见《尔雅·释兽》"蜼"郝懿行义疏，《太平御览》卷九一三引《异物志》。

瘣（lěi） 小肿。见《集韵·十四贿》。

濻（lěi） 见"溾濻"。

榐（lěi） 通"蕾"。见"榐具剑"。
另见 léi。

榐具剑 古剑名，因木柄上雕饰如花蓓蕾，故名。《汉书·隽不疑传》："带榐具剑。"颜师古注引晋灼曰："古长剑首以玉作井鹿卢形，上刻木作山形，如莲花初生未敷时。"

㯟（lěi） 同"藟"。

膿（lěi） 见"膿脮"。

膿脮 肿貌。梅尧臣《和王仲仪咏瘿二十韵》："膿脮常柱颐，伶仃安及胫。"

碏（lěi） 同"礨"。
另见 léi。

礨（lěi）❶见"礨空"。❷同"碏"。

礨空 小窟窿。《庄子·秋水》："计四海之在天地之间也，不似礨空之在大泽乎！"陆德明释文："礨空，小穴也。"

鸓（鸓）（lěi） 古代传说的动物名。《山海经·西山经》："翠山……其鸟多鸓，其状如鹊，赤黑而两首四足，可以御火。"

镭（鑘）（lěi） 同"罍"。见"镍"。
另见 léi。

蠝（lěi） 同"鸓"。即"鼯鼠"。司马相如《上林赋》："蜼玃飞蠝。"

瀶（lěi） 水名。见"瀶水"。

瀶水 古水名。即今河北遵化市沙河。源出市北长城外，南流经市东折西南注入庚水（即今沽河）。

藟（lěi） 亦作"㯟"。蔓生植物。《尔雅·释木》有山藟、虎藟，《本草纲目·草部》有蓬藟。

鑘（鑘）（lěi） 见"银鑘"。

儽（lěi） 见"儽儽"。

儽儽 颓丧貌。《老子》："儽儽兮若无所归。"参见"儡儡"。

瀶（lèi） 水名。见"瀶水"。

瀶水 古水名。上游即今山西、河北境内的桑干河与永定河。下游自今北京市西南卢沟桥以下，据《水经注》所载，故道在今永定河之北，东南流至天津市武清东北注入潞河（今北运河）。

lèi

肋（lèi，读音 lè） 胁骨。《说文》："肋，胁骨也。"亦指胸腔的两侧。如：两肋。

肋骩 犹"邋遢"。容貌服饰不整洁。《集韵·二十五德》："肋骩，不正容止也。"

泪〔淚〕（lèi） 眼泪。《国策·燕策三》："士皆垂泪涕泣。"引申以指形似眼泪的东西。温庭筠《咏晓》诗："乱珠凝烛泪，微红上露盘。"

泪竹 即斑竹。相传舜死后，娥皇、女英二妃子泪染竹成斑痕，因称斑竹为泪竹。吴融《春晚书怀》诗："嫦娥断影霜轮冷，帝子无踪泪竹繁。"参见"湘妃竹"。

泪妆 王仁裕《开元天宝遗事·泪妆》："宫中嫔妃辈施素粉于两颊，相号为泪妆。"《宋史·五行志三》："〔理宗朝宫妃〕粉点眼角，名泪妆。"

类〔類〕（lèi）❶种类。如：同类；分类；类别。《易·乾文言》："则各从其类也。"❷亦称"集合"、"集"。传统逻辑研究的类仅限于自然类，即具有共同属性的事物所组成的类，如一支支铅笔组成铅笔类，一块块橡皮组成橡皮类。现代逻辑研究的类则不限于自然类，还包括人为的类，如将桌上放的一支铅笔、一块橡皮、一本练习簿组成一个类。组成类的每个事物称为该类的分子（或元素）。分子的数量，可以是有穷的，也可以是无穷的。在无穷多个分子中，有的是可数的（如有理数），有的是不可数的（如无理数）。有包括某一领域内一切分子的类（全类），也有只有一个分子的类，还有没有任何分子的类（空类或零类）。❸中国逻辑史上关于定名、立辞、推

理的基本逻辑概念。墨家已系统揭示了"类"的逻辑意义。墨子提出"察类"、"知类"、"明类"，把"类"作为分析和区分事物的根据。后期墨家提出"以类取，以类予"（《小取》）、"异类不比"（《经下》）等立辞、推理的原则，指出"夫辞，以故生，以理长，以类行也"（《大取》），强调推理必须按种类关系进行。荀子认为"类"的本质在于同理："类不悖，虽久同理"（《荀子·非相》）、"听断以类"、"以类行杂"（《王制》）。后来历代思想家对此均有所阐述，如明清之际王夫之提出"比类相观"等。❹相似。《左传·庄公八年》："非君也，不类。"《后汉书·马援传》："所谓画虎不成反类狗者也。"❺类推。《孟子·告子上》："指不若人，则知恶之；心不若人，则不知恶：此之谓不知类也。"❻法式。《楚辞·九章·怀沙》："明告君子，吾将以为类兮。"❼大抵；都。曹丕《与吴质书》："观古今文人，类不护细行。"❽通"禷"。祭天。《书·舜典》："肆类于上帝。"❾传说中的兽名。《山海经·南山经》："亶爰之山，多水无草木，不可以上。有兽焉，其状如狸而有髦，其名曰类。"
另见 lì。

类次 分类编列。欧阳修《梅圣俞诗集序》："予尝嗜圣俞诗，而患不能尽得之，遽喜谢氏之能类次也，辄序而藏之。"

类聚 ❶同类的事物聚在一起。《易·系辞上》："方以类聚，物以群分。"《后汉书·边让传》："金石类聚，丝竹群分。"❷《艺文类聚》的简称。

类书 辑录各门类或某一门类的资料，按照一定的方法编排，以便于寻检、征引的一种工具书。始于魏文帝时《皇览》。历代都有编纂，但多亡佚。现存著名的有：唐代的《北堂书钞》、《艺文类聚》、《初学记》，宋代的《太平御览》、《册府元龟》，明代的《永乐大典》，清代的《古今图书集成》等。其体例分专辑一类和合辑众类两种，后者居多。通常以分类编排，也用分韵、分字等方法。有些被征引的古籍，多有散佚，赖以保存零篇单句，可供辑佚考证之用。

类似 差不多；大致相似。《论衡·说日》："与晨凫飞相类似也。"

类同 类似。《吕氏春秋·应同》："成齐类同皆有合，故尧为善而众善至，桀为非而众非来。"

类推 ❶依照某一事物的道理推出同类其他事物的道理。如：以此类推。《二程语录》卷九："格物穷理，非是要尽穷天下之物；但于一事上穷尽，其他可以类推。"❷"法律类推"的简称。

类型 具有共同特征的事物而形成的种类。

垒〔壘〕（lèi）见"垒石"。
另见 léi，lěi，lù。

垒石 即"礌石"。置在城堡上便于下击敌人的石块。《汉书·李陵传》："乘隅下垒石。"颜师古注："言放石以投人。"

累〔纍〕（lèi）❶疲劳。如：不怕累；不觉得累。❷烦劳；麻烦。《国策·齐策三》："小国英桀之士皆以国事累君，诚说（悦）君之义，慕君之廉也。"❸带累；使受害。如：累及无辜。《书·旅獒》："不矜细行，终累大德。"❹亏欠。如：亏累。❺负担。旧指依靠自己养活的妻子儿女。如：家累。
另见 léi，lěi。

累累 指儿女家累。侯方域《赠陈郎序》："子此行如不测，故乡又未定，此累累将安归乎？"

累重 指繁多厚重的家口和财物。《汉书·匈奴传上》："匈奴闻，悉远其累重于余吾水北。"

雷（lèi）❶通"擂"。敲击。古乐府《巨鹿公主歌辞》："官家出游雷大鼓。"❷通"礌"、"礧"。古时守城用以击敌的石块。《左传·襄公十年》"亲受矢石"孔颖达疏引郑玄云："'用金石作枪雷之属。'雷即礌也。兵法：守城用礌石以攻敌者。"
另见 léi。

酹（lèi） 洒酒于地表示祭奠或立誓。《后汉书·张奂传》："〔奂〕召主簿于诸羌前，以酒酹地，曰：'使马如羊，不以入厩；使金如粟，不以入怀。'"苏轼《念奴娇·赤壁怀古》词："一樽还酹江月。"

颣〔纇〕（lèi）❶丝上的疙瘩。薛传均《说文答问疏证自序》："如玉之有瑕，如丝之有颣。"引申为毛病、缺点。《淮南子·氾论训》："明月之珠，不能无颣。"❷通"戾"。反常。《左传·昭公二十八年》："忿颣无期。"杜预注："颣，戾也。"

擂（lèi） 亦作"攂"。❶捶；击。《三国演义》第七回："从辰时擂鼓，直到巳时，绍（袁绍）军不进。"

❷通"礧"。从高处推下石头。《新唐书·李光弼传》："乃彻民屋为擂石车。"❸见"擂台"。
另见 léi。

擂台 旧时武术家比武艺的台。如：摆擂台；打擂台。参见"打擂台"。

攂（lèi） 同"擂"。

藬〔藬〕（lèi） 草名。《尔雅·释草》："藬，牛蘈。"郭璞注："似蒲而细。"

禷〔禷〕（lèi） 古代以特别事故祭天和天神的名称。与定时的"郊"祭不同。《说文·示部》："以事类祭天神也。"古书通作"类"。《书·舜典》："肆类于上帝"这是祭天。《周礼·春官·小宗伯》："兆五帝于四郊，四望、四类亦如之。"郑玄注："四类，日、月、星、辰。"这是祭天神。又泛指特别事故的祭祀。《周礼·春官·小宗伯》："凡天地之大灾，类社稷宗庙，则为位。"

lei

嘞（lei） 表语气。略同"了"，又含有提醒注意的语气。如：好去嘞，时候不早嘞！

léng

崚（léng） 见"崚嶒"。

崚嶒 高峻突兀貌。沈约《钟山诗应西阳王教》："郁律构丹巘，崚嶒起青嶂。"亦用以形容人品高超，诗文特立。陈与义《和王东卿绝句》："说与虎头须画我，三更月里影崚嶒。"周亮工《示裴生符剖》诗："海内风流全黯澹，江南词赋尔崚嶒。"

塄（léng） 田地边上的坡子。也叫"地塄"。

棱〔稜〕（léng） ❶物体的边角或尖角。如：锋棱。韩愈《秋怀诗》："清晓卷书坐，南山见高棱。"❷威势。《汉书·李广传》："威棱憺乎邻国。"颜师古注引李奇曰："神灵之威曰棱。"❸严峻。《后汉书·王允传》："允性刚棱疾恶。"
另见 lèng，líng。

棱层 ❶高峻突兀貌。岑参《出关经华岳寺访法华云公》诗："开门对西岳，石壁青棱层。"❷瘦削貌。清珙《闲咏》："满头白发瘦棱层，日用生涯事事能。"

棱角 物体的边角或尖角。韩愈《南山》诗："晴明出棱角，缕脉碎分绣。"常比喻人所显露出来的锋芒。计六奇《明季北略·郑鄤始末》："在廷在野，岁月均也，棱角不无太露。"

棱棱 ❶严寒貌。鲍照《芜城赋》："棱棱霜气，蔌蔌风威。"❷威严方正貌。《新唐书·崔从传》："从为人严伟，立朝棱棱有风望。"

䮚〔䮚〕（léng） 大声。见"䮚輷"。
另见 líng。

䮚輷 大声。《文选·王褒〈洞箫赋〉》："故其武声，则若雷霆䮚輷。"李善注："䮚輷，大声也。"亦作"輷䮚"。韩愈《读东方朔杂事》诗："偷入雷电室，輷䮚掉狂车。"

楞（léng） ❶同"棱"。如：四楞儿的象牙筷。《礼记·儒行》"毁方而瓦合"孔颖达疏："圭角，谓圭之锋铓有楞角。"❷量词。如：一楞儿瓜。《二刻拍案惊奇》卷二十八："老圃慌了手脚，忙把锄头锄开一楞地来，把尸首埋好。"
另见 lèng。

磅（léng） 见"磅礴"。

磅礴 不平整貌。孟郊《寒江吟》："获洲素浩渺，碕岸斯磅礴。"斯，流冰。

薐（léng） 菠薐，蔬菜名。即菠菜。

lěng

冷（lěng） ❶寒冷。❷冷落；闲散。李中《赠杜翱少府》诗："爱静不嫌官况冷。"❸不热情。意含讥诮。如：冷言冷语；冷嘲热讽。引申为冷酷、严峻。见"冷面"。❹冷僻；少见的。如：冷字眼；冷门货。❺姓。明代有冷谦。

冷布 织得稀疏的布。《红楼梦》第六十七回："叫他多多做些小冷布口袋儿，……又透风，又不遭蹋。"

冷肠 与"热肠"相对。谓冷漠无情的心肠。《颜氏家训·省事》："墨翟之徒，世谓热腹；杨朱之侣，世谓冷肠。"

冷嘲热讽 尖锐、辛辣的嘲笑和讽刺。《后汉通俗演义》第二十回："郭皇后暗中窥透，当然怀疑，因此对着帝前，往往冷嘲热讽，语带蹊跷。"

冷淡 ❶幽寂；不热闹。李中《徐司徒池亭》诗："扶疏皆竹柏，冷淡似潇湘。"❷不热情。如：态度冷淡。❸

不称艳。白居易《白牡丹》诗："白花冷淡无人爱,亦占芳名道牡丹。"

冷官 指职务不重要、事务不忙的官。张籍《早春闲游》诗："年长身多病,独宜作冷官。"也专指教官。杜甫《醉时歌》:"广文先生官独冷。"王颜辅注:"赠广文馆博士郑虔。"后世因以"冷官"称教官。

冷箭 ❶暗中放出的箭。比喻暗中加害于人的行为。参见"暗箭"。❷比喻刺骨的寒风。孟郊《寒地百姓吟》:"冷箭何处来,棘针风骚骚。"

冷节 即寒食节。韩偓《寒食日沙县雨中看蔷薇》诗:"何处遇蔷薇,殊乡冷节时。"参见"寒食"。

冷落 ❶冷冷清清;不热闹。白居易《琵琶行》:"门前冷落鞍马稀,老大嫁作商人妇。"❷对人情意淡薄。《二刻拍案惊奇》卷十四:"你向来有了心上人,把我冷落了多时。"

冷面 形容态度严峻。《明史·周新传》:"改监察御史,敢言,多所弹劾,贵戚震惧,目为冷面寒铁。"

冷峭 形容寒气刺骨。白居易《招客》诗:"日午微风且暮寒,春风冷峭雪干残。"

冷淘 凉面一类的食品。《唐六典·光禄寺》:"夏月加冷淘、粉粥。"王禹偁有《甘菊冷淘》诗。潘荣陛《帝京岁时纪胜·夏至》:"京师于是日家家俱食冷淘面,即俗说过水面是也。"

冷笑 含有轻蔑或讥诮之意的笑。李白《上李邕》诗:"世人见我恒殊调,闻余大言皆冷笑。"

冷眼 冷静或冷淡的神情。洪昇《长生殿·献发》:"冷眼静看真好笑。"

lèng

倰(lèng) 长。见《集韵·四十六证》。
另见 líng。

倰僜 象乐器弹奏声。吴融《简人三十韵》:"管咽参差韵,弦嘈倰僜声。"

埄(lèng) 用于地名。江西新余市有长坡埄。

棱[稜](lèng) 田间土陇,因以为约计亩亩的单位。陆龟蒙《奉酬袭美苦雨见寄》诗:"我本曾无一棱田,平生啸傲空渔船。"
另见 léng,líng。

愣(lèng) ❶失神;发呆。如:发愣;愣了一会儿。❷鲁莽;

冒失。如:愣小子;愣头愣脑。❸方言。偏偏。如:愣要那么干。

楞(lèng) 呆;失神。如:发楞;楞头楞脑。《老残游记》第二回:"老残慌忙睁开眼睛,楞了一楞,道:'呀,原来是一梦!'"
另见 léng。

睖(lèng) 见"睖瞪"。

睖瞪 瞪眼直视;发愣。《集韵·十六蒸》:"睖瞪,直视貌。"亦作"睖静"。

lī

哩(lī) 见"哩也波哩也啰"。
另见 li,mái,yīnglǐ。

哩也波哩也啰 元时俗语,犹如此这般。王实甫《西厢记》第三本第二折:"著我今夜花园里来,和他哩也波哩也啰哩。"

lí

柂(lí) 同"篱"。玄应《一切经音义》卷十四引《通俗文》:"柴垣曰柂,木垣曰栅。"
另见 chǐ,duò,yí。

丽[麗](lí) 通"罹"。遭遇;落入。《诗·小雅·鱼丽》:"鱼丽于罶。"
另见 lì。

厘[釐](lí) ❶治理。《书·尧典》:"允厘百工。"引申为厘正、改革。《后汉书·梁统传》:"施行日久,岂一朝所厘?"李贤注:"厘,犹改也。"❷通"嫠"。寡妇。《后汉书·西羌传》:"兄亡则纳厘嫂。"❸旧计量单位。(1)长度单位。十毫为一厘,十厘为一分。(2)重量单位。十毫为一厘,十厘为一分。(3)地积单位。十厘为一分,十分为一亩。❹利率计算单位。年息一厘为本金的百分之一,月息一厘为本金的千分之一。❺国际单位制中用于构成分数单位的一种词头名称。表示 10^{-2},符号 c。如 1 厘米 =10^{-2}米。❻姓。南北朝有厘艳。
另见 lài。

厘定 整理,考定。《新唐书·礼乐志十一》:"张文收以所为十二和之制未备,乃诏有司厘定。"和,雅乐名。

厘改 考核改正。《国语·周语下》:"其后伯禹念前之非度,厘改制量。"韦昭注:"厘,理也;量,度也。"

厘革 调整改革。《北史·韩麒麟传》:"凡有重名,其数甚众……愚以为可依地理旧名,一皆厘革,小者并合,大者分置。"

厘和 平和治理。《晋书·康献褚皇后传》:"伏愿陛下抚综万机,厘和政道,以慰祖宗,以安兆庶。"

厘降 下嫁。《书·尧典》:"厘降二女于妫汭,嫔于虞。"孔传:"降,下;嫔,妇也。"孔颖达疏:"舜为匹夫,帝女下嫁。"

厘金 亦称"厘捐"或"厘金税"。旧中国的一种商业税。主要是在水陆交通要道设立关、卡征收。1853年(清咸丰三年)开始实行。当时清政府为筹措军饷以镇压太平天国革命运动,最初在扬州仙女镇(今江都市江都镇)设厘金所,对该地米市课以百分之一的捐税。百分之一为一厘,故称"厘金"。征收厘金的机构,通称"厘卡"。以后各省相继仿行,遍及全国。1931年裁撤厘金,改征统税及营业税。

厘莽 同"来牟"。麦。《汉书·刘向传》:"饴我厘莽。"王先谦补注引王先慎曰:"《毛诗》作'贻我来牟',《文选·典引》注引《韩诗》,作'贻我嘉麰',《说文》'来'下引作'诒我来莽',诒、饴,通段字,贻即诒之俗体;厘、来,文异而声义同。"

厘正 考正;订正。孔颖达《毛诗正义序》:"先君宣父,厘正遗文,缉其精华,褫其烦重。"《新唐书·颜师古传》:"帝尝叹五经去圣远,传习寝讹,诏师古于秘书省考定,多所厘正。"

秜(lí) 稻谷落在地上至来年自生的稻子。见《说文·禾部》。《淮南子·泰族训》:"离先稻熟。""离"即"秜"之音近假借。参见"稻"、"穭"。

狸[貍](lí) 动物名。《说文·豸部》:"狸,伏兽,似貙。"段玉裁注:"谓善伏之兽,即俗所谓野猫。"
另见 mái。

狸奴 猫的别名。陆游《赠猫》诗:"裹盐迎得小狸奴,尽护山房万卷书。"

狸狌 亦作"狸鼪"。野猫。《庄子·秋水》:"骐骥骅骝,一日而驰千里,捕鼠不如狸狌,言殊技也。"

狸首 ❶《乐府诗集·韩愈〈残形操〉》郭茂倩题解引《琴操》曰:"《残形操》,曾子所作。曾子梦一狸,不见其首,而作此曲也。"因以

"狸首"形容形体不完。汪中《哀盐船文》:"嗟狸首之残形,聚谁何而同穴。"❷古乐章名。《礼记·射义》:"其节,天子以驺虞为节,诸侯以狸首为节。"《文选·司马相如〈上林赋〉》:"射狸首,兼驺虞。"吕向注:"狸首、驺虞,乐章名,以节制度也。"

离〔離〕(lí)❶分开;分别。如:离别;悲欢离合。《荀子·赋篇》:"日夜合离,以成文章。"❷分解;圈点。见"离经❶"。❸割取。《礼记·少仪》:"牛羊之肺,离而不提心。"❹相并;成排。《礼记·曲礼上》:"离坐离立,无往参焉。"❺陈列。《左传·昭公元年》:"楚公子围设服离卫。"杜预注:"设君服,二人执戈陈于前以自卫。"❻经历。《汉书·西域传上》:"离一二旬,则人畜弃捐旷野而不反。"❼八卦之一,卦形为三,象征火。又为六十四卦之一,离下离上。《易·说卦》:"离为火、为日、为电。"❽明。《易·说卦》:"离也者,明也,万物皆相见,南方之卦也。"《大戴礼记·公符》:"陛下离显先帝之光耀。"❾通"罹"。遭受。《诗·邶风·新台》:"鱼网之设,鸿则离之。"❿通"秜"。稻谷落在地上,第二年生出来的稻。《淮南子·泰族训》:"离先稻熟,而农夫耨之,不以小利伤大获也。"⓫通"缡"。古代女子出嫁系的佩巾。《汉书·外戚传下》:"申佩离以自思。"

另见 chī,lǐ。

离贰 不亲附,有异心。《北史·周太祖纪》:"悦(陈悦)果疑其左右有异志,左右不自安,众遂离贰。"

离宫 皇帝正宫以外的临时宫室。《汉书·枚乘传》:"修治上林,杂以离宫。"

离间 从中挑拨,使不和睦、不团结。《三国志·蜀志·马超传》:"曹公用贾诩谋,离间超遂(韩遂),更相猜疑,军以大败。"

离经 ❶分析经书的章节,读断文句。《礼记·学记》:"一年视离经辨志。"郑玄注:"离经,断句绝也。"❷背离经典规范。如:离经叛道。

离刺 彼此不相合,互相倾轧。《三国志·吴志·诸葛瑾传》:"自古至今,安有四五人把持刑柄而不离刺转相蹄啮者也?"

离离 ❶繁茂貌。《诗·王风·黍离》:"彼黍离离。"❷懒散疲沓貌。《荀子·非十二子》:"劳苦事业之中,则儢儢然,离离然。"❸忧伤貌。

《楚辞·九叹·思古》:"曾哀凄欷,心离离兮。"王逸注:"离离,剥裂貌。"韩愈《秋怀》诗:"离离挂空悲,感感抱虚警。"❹罗列的样子。李贺《长歌续短歌》:"夜峰何离离,明月落石底。"

离娄 ❶犹言玲珑。雕镂交错分明貌。《玉台新咏·古诗》:"雕文各异类,离娄自相联。"《文选·何晏〈景福殿赋〉》:"丹绮离娄。"李善注:"离娄,刻镂之貌。"❷古代传说中的人名。亦作"离朱"。《孟子·离娄上》:"离娄之明。"赵岐注:"离娄者,古之明目者,盖以为黄帝之时人也。黄帝亡其玄珠,使离朱索之。离朱即离娄也,能视于百步之外,见秋毫之末。"

离楼 同"离娄❶"。王延寿《鲁灵光殿赋》:"嶔崟离楼。"嶔崟,高峻貌。

离鸾 比喻与配偶分开的人。李贺《湘妃》诗:"离鸾别凤烟梧中。"王琦注:"舜葬苍梧,二妃死湘水,故言离鸾别凤。"

离落 离散流落。《国语·吴语》:"使吾甲兵钝弊,民人离落,而日以憔悴。"

离靡 绵延不断。司马相如《上林赋》:"延曼太原,离靡广衍。"按《史记》作"丽靡"。

离披 分散;散乱。《楚辞·九辩》:"白露既下百草兮,奄离披此梧楸。"元稹《大觜鸟》诗:"众鸟齐搏铄,翠羽几离披。"

离奇 木根盘曲貌。《汉书·邹阳传》:"蟠木根柢,轮囷离奇。"轮囷,弯曲。今多指奇特、不寻常。如:情节离奇。李渔《风筝误·遣试》:"且喜得他天资英迈,品格离奇。"

离群索居 离开同伴而孤独地生活。《礼记·檀弓上》:"吾离群而索居,亦已久矣。"郑玄注:"群,谓同门朋友也;索,犹散也。"

离褷 亦作"离缡"、"离莸"。羽毛濡湿粘合的样子。《文选·木华〈海赋〉》:"凫雏离褷,鹤子淋渗。"张铣注:"离褷淋渗,毛羽初生貌。"又嵇康《琴赋》:"慊缥离缡。"李善注:"慊缥离缡,羽毛貌。"韩愈《秋雨联句》:"毛羽皆遭冻,离莸不能翔。"

离索 "离群索居"的略语。白居易《和微之四月一日作》:"两地诚可怜,其奈久离索!"

离析 离散;分离。《汉书·董仲舒传赞》:"仲舒遭汉承秦灭学之后,

六经离析,下帷发愤,潜心大业。"谢灵运《南楼中望所迟客》诗:"路阻莫赠问,云何慰离析?"

离心离德 与"同心同德"相对,谓人心各异,思想不统一,行动不一致。《书·泰誓中》:"受(纣)有亿兆夷人,离心离德。"

离朱 ❶古代传说中的人名,古之明目者。《慎子》:"离朱之明,察秋毫之末于百步之外。"又见于《庄子》、《列子》、《韩非子》、《淮南子》等书。参见"离娄"。❷鸟名。《山海经·海外南经》:"〔狄山〕爰有熊罴、文虎、蜼、豹、离朱。"见郝懿行《山海经笺疏》。

姌〔孋〕(lí)❶通"骊"。古国名。东方朔《七谏·沉江》:"晋献惑于姌姬兮,申生孝而被殃。"姌姬,即骊姬。❷姓。汉代有姌仲仁。

骊〔驪〕(lí)❶纯黑马。《诗·鲁颂·駉》:"有骊有黄。"毛传:"纯黑曰骊。"泛指黑。如:骊龙;骊羊。❷并驾。《文选·张衡〈西京赋〉》:"骊驾四鹿。"薛综注:"骊,犹罗列骈驾之也。"❸"骊龙"的简称。如:探骊;骊珠。详"骊龙"。

骊歌 告别的歌。刘孝绰《陪徐仆射晚宴》诗:"洛城虽半掩,爱客待骊歌。"参见"骊驹❷"。

骊驹 ❶纯黑色的马。古乐府《陌上桑》:"何用识夫婿,白马从骊驹。"❷古代客人告别时唱的诗篇。《汉书·王式传》:"谓歌吹诸生曰:'歌《骊驹》。'"颜师古注:"服虔曰:'逸诗篇名也,见《大戴礼》,客欲去,歌之。'文颖曰:'其辞云:骊驹在门,仆夫具存;骊驹在路,仆夫整驾也。'"后因称告别的歌为"骊歌"。

骊龙 黑色的龙。《文选·左思〈吴都赋〉》:"玩其碛砾而不窥玉渊者,未知骊龙之所蟠也。"刘良注:"骊龙,龙名也。"参见"探骊得珠"。

骊山老母 一作黎山老母。中国古代神话中的女仙。唐李筌《黄帝阴符经疏·自序》托词:李筌好神仙之道,在嵩山石壁中得《阴符经》,虽成诵在口,竟不晓其义理。因入秦,至骊山下,逢一老母,髽髻当顶,余发倒垂,弊衣扶杖,见路旁遗火烧树,因自语:"火生于木,祸发必剋。"筌惊问:"此是《黄帝阴符》上文,母何得而言?"答:"吾受此符,三元六周甲子矣。"于是坐树下说《阴符》玄义。讲毕,为时已久,母曰:"吾有麦饭,相与为食。"因自袖中出一瓢,使筌往谷中

取水,李筌取水满,瓢忽重百余斤,力不能制而沉入泉底。李筌回原处,只有麦饭一升,老母已不见。筌乃食麦饭而归,从此不食不饥,因而绝粒求道。

骊珠 传说出自骊龙颔下的宝珠。《庄子·列御寇》:"千金之珠,必在九重之渊,而骊龙颔下。"丘丹《奉酬韦使君送归山》诗:"涉海得骊珠,栖梧惭凤质。"后以比喻可珍宝的人才和物品。元稹《赠严童子》诗:"杨公莫讶清无业,家有骊珠不复贫。"参见"探骊得珠"。

缡 〔纚〕(lí) 通"缡"。维系。《诗·小雅·采菽》:"泛泛杨舟,绋缡维之。"《尔雅·释水》作"绋缡维之"。

另见 lǐ,shǎi,shī,shǐ。

梸 (lí) 同"梨"。

梨 〔棃〕(lí) ❶果木名。学名 Pyrus spp.。蔷薇科,梨属落叶乔木。种类很多,中国作经济栽培的有秋子梨、白梨、沙梨和洋梨。前三者原产中国,其中又有很多品种。因品种和地区不同,果实可自7月陆续采收至10月。果供生食或制成多种加工品。❷老。《方言》第一:"眉、梨、耋、鲐,老也。东齐曰眉,燕、代之北鄙曰梨。"❸通"劙"。割;剥。《淮南子·齐俗训》:"伐梗、柟、豫樟而剖梨之。"高诱注:"梨,分也。"《汉书·扬雄传下》:"分梨单于。"颜师古注:"梨与劙同,谓剥析也。"

梨花雨 指美女的眼泪。语本白居易《长恨歌》"玉容寂寞泪阑干,梨花一枝春带雨"。周邦彦《鬓云松令·送傅国华奉使三韩》词:"檀板停时君看取,数尺鲛绡,半是梨花雨。"

梨涡 指女子面颊上的笑靥或酒涡。罗大经《鹤林玉露》卷十二:"胡澹庵十年贬海外,北归之日,饮于湘潭胡氏园,题诗云:'君恩许归此一醉,傍有梨颊生微涡。'谓侍妓黎倩也。厥后朱文公见之,题绝句云:'十年浮海一身轻,归对梨涡却有情。'"胡澹庵,胡铨;朱文公,朱熹。

梨园 唐玄宗时教练宫廷歌舞艺人的地方。在长安(今陕西西安)光化门(一说芳林门)外禁苑中。玄宗曾选坐部伎子弟三百人和宫女数百人于梨园学歌舞,有时亲加教正,称为"皇帝梨园弟子"。也称"梨园弟子"。后人称戏曲界为梨园行、戏曲从业人员为梨园子弟,源出于此。

梨园弟子 唐玄宗时对梨园歌舞

艺人的称谓。白居易《长恨歌》:"梨园弟子白发新,椒房阿监青娥老。"参见"梨园"。

梨枣 旧时刻书多用梨木或枣木,因以"梨枣"为书版的代称。如:付之梨枣。孙诒让《札迻序》:"复以竹帛梨枣,钞刊屡易。"

犁 〔犂〕(lí) ❶耕翻土壤的农机具。中国春秋时代就有用牛为动力的畜力犁,由犁辕和装在其前下方的铧式犁体等构成。现代机引犁由工作部件、犁架、调节机构、牵引或悬挂装置等组成。按工作部件分铧式犁、圆盘犁、驱动型耕作机等。❷耕。《古诗十九首》:"古墓犁为田,松柏摧为薪。"❸杂色。参见"犁牛"。❹通"黎"。见"犁明"。❺通"黎"。迟;比及。《史记·晋世家》:"犁二十五年,吾家上柏大矣。"❻姓。汉代有犁胡次。

犁旦 拂晓。《史记·南越列传》:"犁旦,城中皆降伏波。"裴骃集解:"《汉书》'犁旦'为'迟旦',谓待明也。"

犁明 同"黎明"。天将亮未亮时。《史记·吕太后本纪》:"犁明,孝惠还。"

犁牛 杂色牛。《论语·雍也》:"犁牛之子,骍且角。"刘宝楠正义:"犁牛者,黄黑相杂之牛也。"

犁然 犹言释然。明辨貌。如:犁然可考。《庄子·山木》:"木声与人声犁然有当于人心。"一说,犹栗然。

犁庭扫闾 谓犁平其庭院以为田,扫荡其闾里以为墟,比喻灭亡其国。《汉书·匈奴传下》:"固已犁其庭,扫其闾,郡县而置之。"亦作"犁庭扫穴"。穴,谓巢穴。王夫之《宋论·高宗》:"即不能犁庭扫穴,以靖中原,亦何至日敝月削,以迄于亡哉。"

鹂 〔鸝〕(lí) 见"黄鹂"。

劙 (lí) 划开;划破。见"劙面"。

劙面 古代北方某些少数民族的风俗,割面流血,表示忠诚哀痛。杜甫《哀王孙》诗:"花门劙面请雪耻。"亦作"梨面"。《后汉书·耿秉传》:"匈奴闻秉卒,举国号哭,或至梨面流血。"

蓠 〔蘺〕(lí) ❶江蓠。藻类植物的一种。藻体深褐色或紫红色。可提取琼胶、供食用及工业原料用。❷通"篱"。《汉书·项籍传赞》:"乃使蒙恬北筑长城而守藩蓠。"

蜊 (lí) 见"蛤蜊"。

蝷 (lí) 同"蜊"。

鹲 〔鵹〕(lí) 见"鹲黄"。

鹲黄 鸟名,即"黄鹂"。亦作"黎黄"、"离黄"、"鹂黄"。也叫"仓庚"、"黄莺"。《尔雅·释鸟》:"鹲黄,楚雀。"郭璞注:"即仓庚也。"《晋书·郭璞传》:"夫欣黎黄之音者,不罄蟪蛄之吟。"

荊 (lí) 通"篱"。《集韵·十一荠》:"荊笓,织荆。"按即今"篱笆"。

漓 ㊀(lí) ❶薄。如:浇漓。陆游《何君墓表》:"一卷之诗有淳漓,一篇之诗有善病。"❷见"淋漓"。

㊁〔灕〕(lí) 水名。见"漓江"。

漓江 一称漓水。桂江上游。在广西壮族自治区东北部。上源大溶江出兴安县境苗儿山,西南流到阳朔以下称桂江。长82公里。与湘江上源海洋河有灵渠(湘桂运河)相通。江水清澈,两岸奇峰重叠,风景秀丽。为全国重点风景名胜区。

缡 〔褵〕(lí) ❶亦作"褵"。即"帨❶",古时女子出嫁时所系的佩巾。《诗·豳风·东山》:"亲结其缡。"毛传:"缡,妇人之帨也。"参见"帨"、"结缡"。❷带子。《文选·张衡〈思玄赋〉》:"献环琨与琛缡兮,申厥好之玄黄。"李善注引薛君《韩诗章句》:"缡,带也。"❸通"缡"。维系。《诗·小雅·采菽》:"泛泛杨舟,绋缡维之。"《尔雅·释水》引作"绋缡维之"。

璃 〔瓈、瓈〕(lí) 见"琉璃"、"玻璃"。

嫠 (lí) 寡妇。《左传·襄公二十五年》:"嫠也何害,先夫当之矣。"杜预注:"寡妇曰嫠。"殷潜之《题筹笔驿》诗:"江东矜割据,邺下夺孤嫠。"参见"嫠妇"。

嫠不恤纬 《左传·昭公二十四年》:"嫠不恤其纬,而忧宗周之陨,为将及焉。"嫠,寡妇;纬,织布用的纬纱。谓寡妇不忧其纬少,而恐国家灭亡会祸及于己。后因用为忧国忘家之喻。亦简作"嫠纬"。吴莱《三朝野史》:"金陵帅阃赵以夫过衢州,访秘书徐霖,相见后观面大恸。左右见者骇然,不知所哭何事。原来哭世道艰险,小人在朝,君子在野,生民不见太平之治,以夫与霖俱怀嫠纬之忧故也。"

嫠妇 寡妇。《左传·昭公十九年》:"莒有妇人,莒子杀其夫,已为嫠妇。"

孷 (lí) 见"孷孖"。

孷孖 双生。见《玉篇·子部》。按《方言》第三:"陈、楚之间,凡人兽乳而双产谓之厘孷。"孷孖即厘孷的异文。

樆 (lí) 梨。《尔雅·释木》:"梨,山樆。"郭璞注:"即今梨树。"邢昺疏:"梨生山中者名樆,人植之曰梨。"

醨 〔醨〕(lí) 通"醨"。薄酒。《楚辞·渔父》:"何不餔其糟而歠其醨?"《史记·屈原贾生列传》醨作"醨"。

另见 shī。

屩 〔屩〕(lí) 同"屩"。"接屩"亦作"接屩"。

盠 (lí) ❶以瓢为饮器。见《广韵·十二齐》。❷箪,见《广韵·十一荠》。

莍 (lí) 见"莍轩"。

犛 另见 máo 牦。

犛轩 汉西域国家之一。一作犛轩。即大秦国。

氂 (lí) 通"厘(釐)"。《礼记·经解》:"差若豪氂。"

另见 máo 氂,máo 牦。

漦 (lí) 涎沫。《国语·郑语》:"卜请其漦而藏之,吉。"韦昭注:"漦,龙所吐沫。"

屩 〔屩〕(lí) 见"接屩"。

黎 (lí) ❶同"黏"。古时用黍米作成的胶质,用以粘鞋。罗愿《尔雅翼·释草一》:"又古人作履,黏以黍米,谓之黎。"❷通"旅"。众多。《诗·大雅·桑柔》:"民靡有黎,具祸以烬。"王引之《经义述闻》卷七:"黎者,众也,多也。……言民多死于祸乱,不复如前日之众多。"❸通"黧"。黑色。《书·禹贡》:"厥土青黎。"孔传:"色青黑。"《史记·夏本纪》"黎"作"骊"。❹通"耆"。见"黎老"。❺通"邌"。徐徐。见"黎明"。❻古国名。在今山西黎城,一说在今山西长治西南。为周文王所灭。春秋时地入于晋。❼中国少数民族名。❽姓。

黎黑 黑色。《史记·李斯列传》:"手足胼胝,面目黎黑。"亦作"黧黑"。杜甫《赠苏四徯》诗:"子何面黧黑,焉得豁心胸。"

黎老 老人。《国语·吴语》:"今王播弃黎老。"韦昭注:"鲐背之耇称黎老;播,放也。"按王引之《经义述闻》卷三十一:"黎老者,耆老也。古字黎与耆通。"

黎苗 ❶犹黎民。众民。《后汉书·邓皇后纪》:"损膳解骖,以赡黎苗。"李贤注引《广雅》:"苗,众也。"❷九黎与三苗的并称。

黎民 即众民。《诗·大雅·云汉》:"周余黎民,靡有孑遗。"郑玄笺:"黎,众也。"一说因黑发得名。《书·尧典》:"黎民于变时雍。"蔡沈集传:"黎,黑也。民首皆黑,故曰'黎民'。"《孟子·梁惠王上》:"黎民不饥不寒。"朱熹注:"黎,黑也。黎民,黑发之人,犹秦言黔首也。"一说原来指九黎族之民。杨筠如《尚书覈诂》:"黎民当即九黎之民。《国语·楚语》:'其后三苗复九黎之德,尧复育重黎之后,使复典之。'即黎民于变之事。嗣后乃沿用为齐民之谊。"

黎明 天渐亮之时。《史记·高祖本纪》:"黎明,围宛城三匝。"按黎,本作"邌"。徐徐。《说文》:"邌,徐也。"段玉裁注:"或假黎为之。《史记·卫霍传》'迟明',迟,待也。一作黎。"傅毅《舞赋》'黎收而拜'李注:'言舞将罢,徐收敛容态而拜',引《仓颉篇》:'邌,徐也。'"亦作"犂明"。犂、黎古字通。参见"迟明"。

黎丘丈人 《吕氏春秋·疑似》:"梁北有黎丘部,有奇鬼焉,喜效人之子侄昆弟之状。邑丈人有之市而醉归者,黎丘之鬼效其子之状,扶而道苦之。丈人归,酒醒,而诮其子曰:'吾为汝父也,岂谓不慈哉?我醉,汝道苦我,何故?'其子泣而触地曰:'孽矣,无此事也,昔也往责于东邑人,可问也!'其父信之,曰:'嘻,是必夫奇鬼也,我固尝闻之矣。'明日,端复饮于市,欲遇而刺杀之。明旦之市而醉。其真子恐其父之不能反也,遂逝迎之。丈人望其真子,拔剑而刺之。丈人智惑于似其子者,而杀其真子。夫惑于似士者,而失于真士,此黎丘丈人之智也。"后以"黎丘丈人"喻称惑于假象、不察真情而陷于错误的人。

黎山老母 即"骊山老母"。

黎庶 犹"黎民"。众民。《史记·孟子荀卿列传》:"驺衍睹有国者益淫侈,不能尚德,若《大雅》整之于身,施及黎庶矣。"

黎献 众多贤人。《书·益稷》:"万邦黎献,共惟帝臣。"孔传:"献,贤也,万国众贤,共为帝臣。"

黎蒸 亦作"黎烝"。平民;众民。《文选·司马相如〈封禅文〉》:"正阳显见,觉悟黎蒸。"《汉书·司马相如传下》作"黎烝"。颜师古注:"黎烝,众庶也。"

鰡 〔鱺〕(lí) 鱼名。即"鳗鱺"。《韩诗外传》卷七:"南假子过程本,本为之烹鰡鱼。"

憏 (lí) 欺谩。《方言》第十:"憏他,欺谩之语也。"按《广雅·释诂》:"憏,欺也。"

褵 ㊀(lí) 同"缡"。古时女子出嫁时所系的佩巾。参见"结缡"。

㊁〔襹〕(lí) 见"褵褷"。

褵褷 同"离褷"、"离蓰"。羽毛初生或濡湿粘合的样子。皮日休《奉和鲁望白鸥》诗:"雪羽褵褷半惹泥。"

罹 (lí) ❶遭受。《书·汤诰》:"罹其凶害。"❷忧患;苦难。《诗·王风·兔爰》:"逢此百罹。"毛传:"罹,忧也。"

鳌 〔鰲〕(lí) 鱼名。《尔雅·释鱼》:"鳌,鲦。"郝懿行义疏:"《广韵》:'鳗鲦,鱼名。'鳗鲦即鳌鲦。《本草别录》作鳗鲡,陶注'能缘树食藤花,形似鳝'是也。鰡鳌声亦相借,《广韵》得之。"

篱 〔籬〕(lí) 篱笆。潘岳《闲居赋》:"长杨映沼,芳枳树篱。"

篱落 即篱笆。张籍《过贾岛野居》诗:"蛙声篱落下,草色户庭间。"

篱鷃 宋玉《对楚王问》:"夫藩篱之鷃,岂能与之料天地之高哉。"比喻所处低下者见识不广大。杜本《逍遥岩》诗:"鹏抟九万里,篱鷃飞咫尺。"

醨 (lí) 薄酒。《史记·屈原贾生列传》:"众人皆醉,何不餔其糟而啜其醨?"

離 (lí) 同"离(離)"。

藜 〔犛〕(lí) ❶牦牛。《庄子·逍遥游》:"今夫藜牛,其大若垂天之云。"❷硬而曲的毛,可以絮衣。见《说文·犛部》。

另见 tái。

藜 〔藜〕(lí) 植物名。学名 *Chenopodium album*。亦称"灰藋"、"灰菜"。藜科。一年生草本。叶菱状卵形,边缘有齿牙,下面被粉状物。夏秋开花,花小,聚成小簇,再排列枝上成圆锥花序。果实包于花被内。广布世界各地;中国各地均产。嫩叶可食;种子可榨油;全草入药。

藜藿 《史记·太史公自序》:"粝粱之食,藜藿之羹。"张守节正义:"藜,似藿而表赤;藿,豆叶。"多用以指粗劣的饭菜。《文选·曹植〈七启〉》:"予甘藜藿,未暇此食也。"刘良注:"藜藿,贱菜。"

藜杖 藜茎所作的杖。《晋书·山涛传》:"以母(山涛母)老,拜赠藜杖一枚。"王维《菩提寺禁口号又示裴迪》:"悠然策藜杖,归向桃花源。"

邌(lí) 同"黎"。迟。博毅《舞赋》:"黎收而拜。"徐锴《说文解字系传》引作"邌"。《新唐书·李怀仙传》:"邌明,泚(朱泚)惧欲亡。"

檬(lí) 木名。见"檬檬"。

檬檬(*Citrus limonia*) 又名"宜母子"、"广东柠檬"。芸香科。常绿灌木或小乔木。枝上有刺。叶椭圆形,叶翼线形。花白色,通常五瓣。种胚淡绿色。果球形,黄或红色,皮薄,果肉极酸。用播种、嫁接、压条等繁殖。原产于中国东南部,分布于广东、福建、广西、云南、贵州等地。为柑橘优良砧木之一。生长快而结果多,但树龄较短。果实可制饮料和蜜饯。

檬檬

鸝(lí) 黑色。《韩非子·外储说左上》:"手足胼胝,面目鸝黑,劳有功者也。"

鸝黄 鸟名。即仓庚。亦称黄莺、黄鹂。鸝亦作"鹂"。《尔雅·释鸟》:"仓庚,鸝黄也。"郭璞注:"其色鸝黑而黄,因以名云。"又:"鹂黄,楚雀。"郭璞注:"即仓庚也。"

蠡(lí) 瓠瓢。见"蠡测"。

另见 lǐ, luó。

蠡测 以瓠瓢测量海水,比喻见识短浅,看不见事物的全貌。《汉书·东方朔传》:"以蠡测海。"李商隐《咏怀寄秘阁旧僚》诗:"典籍将蠡测,文章若管窥。"

灑(lí) 见"淋灑"。

另见 sǎ, sǎ 洒。

劙(lí) 割;劈。《荀子·强国》:"〔莫邪〕劙盘盂,刭牛马,忽然耳。"杨倞注:"劙盘盂,刭牛马,盖古时试剑者也。"

lǐ

礼 〔禮〕(lǐ) ❶本谓敬神,引申为表示敬意的通称。如:敬礼;礼貌。《左传·僖公二十六年》:"〔重耳〕及郑,郑文公亦不礼焉。"❷为表敬意或表隆重而举行的仪式。如:婚礼;丧礼。❸泛指奴隶社会或封建社会贵族等级制的社会规范和道德规范。《论语·为政》:"齐之以礼。"朱熹注:"礼,谓制度品节也。"❹礼物。如:送礼;礼单。《晋书·陆纳传》:"及受礼,唯酒一斗,鹿肉一柈。"❺姓。春秋时卫有大夫礼孔、礼至。

礼防 礼法。旧谓礼所以防乱,故曰"礼防"。语出《礼记·经解》"夫礼,禁乱之所由生,犹坊止水之所自来也"。陆德明释文:"坊,本又作防。"曹植《洛神赋》:"收和颜而静志兮,申礼防以自持。"

礼服 在庄重的社交和礼仪场合中习惯或规定穿用的服饰。有社交服和礼仪服两大类,根据庄重程度可分为大礼服和小礼服,按穿着时间又可分为日间礼服和晚礼服。社交服在较正式的招待会、晚会、舞会、宴会、音乐会等场合穿用,女装款式变化较多,造型特点为柔美、优雅、别致、亲切,并特别注重服饰品的配合。礼仪服在婚礼、丧礼、祭礼、典礼仪式等重大场合穿用,款式、色彩具有庄重、高雅、豪华、程式化的特点,受习俗及礼仪规范的严格制约。

礼教 ❶礼仪教化。指为维护宗法与等级制度而制定的礼法条规和道德标准。《列子·杨朱》:"卫之君子多以礼教自持。"❷礼的教育。《礼记·经解》:"恭俭庄敬,礼教也。"

礼貌 对人恭敬和顺的仪容。《孟子·告子下》:"迎之致敬以有礼,则就之;礼貌衰,则去之。"赵岐注:"礼者,接之以礼也。貌者,颜色和顺,有乐贤之容。"俞樾《群经平议》谓凡言礼貌者,并当读为体;体貌即容貌,仪容意。

礼炮 在国家庆祝大典和其他隆重场合,为表示礼仪而鸣放的炮。

礼器 也称"彝器"。古代贵族在进行祭祀、丧葬、朝聘、征伐和宴享、婚冠等活动时举行礼仪所使用的器皿。指青铜器中的鼎、簋、瓿、豆和钟、镈等。《史记·儒林列传》:"鲁诸儒持孔氏之礼器,往归

陈王。"陈王,即陈涉。

礼生 祭祀时赞礼司仪的执事,即"相礼者"。《梁书·刘毅传》:"自国子礼生射策高第,为宁海令。"

礼数 ❶古代按名位而分的礼仪等级制度。也指官阶品级。《左传·庄公十八年》:"王命诸侯,名位不同,礼亦异数。"杜甫《八哀诗·故右仆射相国张公九龄》:"向时礼数隔,制作难上请。"❷礼节。王建《早秋过龙武李将军书斋》诗:"语笑侍儿知礼数,吟哦野客任狂疏。"

礼治 儒家的政治思想。主张用贵族等级制的社会规范和道德规范维持统治。儒家自孔子起,即提倡礼治,要求天子、诸侯、卿、大夫、士等各级统治者都安于名位,遵守礼制,不得僭越,以便巩固统治阶级内部而更有效地统治人民。《荀子·修身篇》:"故人无礼则不生,事无礼则不成,国家无礼则不宁。"

李(lǐ) ❶果木名。蔷薇科。落叶乔木。叶长椭圆形至椭圆状倒卵形,有锯齿。花白色。果实圆形,果皮紫红、青绿或黄绿色。果肉暗黄或绿色,近核部紫红色。核仁含油约45%。多用嫁接、分株等繁殖。果味甜,生食及制蜜饯;果仁、根皮供药用。我国栽培的主要有:李(*Prunus salicina*),原产中国;红李(*P. simonii*),一名"杏李",原产中国北京一带;美洲李(*P. americana*),原产北美;欧洲李(*P. domestica*),原产高加索及欧洲。中国李与美洲李中多数品种自花不孕,栽培时须配置授粉树。❷通"理"。古称指法官。《管子·法法》:"皋陶为李。"尹知章注:"古治狱之官。"亦泛指官吏。见"行李❷❸"。❸姓。

李杜 ❶指唐诗人李白、杜甫。元稹《唐故工部员外郎杜君(甫)墓系铭叙》:"时山东人李白,亦以奇文取称,时人谓之李杜。"韩愈《调张籍》诗:"李杜文章在,光焰万丈长。"《旧唐书·杜甫传》:"天宝末诗人,甫与李白齐名。"❷指唐诗人李商隐、杜牧。两人同为晚唐的著名诗人,后也有人称之为李杜或小李杜。

里 ㊀(lǐ) ❶古时居民聚居的地方。《诗·郑风·将仲子》:"将仲子兮,无逾我里。"毛传:"里,居也。二十五家为里。"《汉书·食货志上》:"在野曰庐,在邑曰里。"按毛传乃举《周礼》为例,古代另有五十户、一百户等说。今称在城市者为"里弄",在乡村者

为"乡里"。也特指故乡。**江淹**《别赋》:"割慈忍爱,离邦去里。"❷旧时县以下的基层行政单位。**顾炎武**《日知录》卷二十二:"以县统乡,以乡统里。备书之者,《史记》'**老子**,楚苦县**厉乡曲仁里**人'是也。"参见"里正"。❸长度单位,"市里"的简称。❹通"悝"。忧伤。《诗·大雅·云汉》:"瞻卬昊天,云如何里。"❺姓。**春秋**时晋有里克。

㊀〔裏、裡〕(**lǐ**)❶衣服的内层。《诗·邶风·绿衣》:"绿衣黄里。"❷指方位,与"外"相对。如:城里;箱子里。❸指处所或时间。如:这里;那里;日里;夜里。❹通"理"。《荀子·解蔽》:"而宇宙里矣。"**杨倞**注:"里,当为理。"

另见 lí。

里程碑 设于路旁记载里数的标志。今常比喻在历史进程中可以作为标志的重大事件。

里党 犹"乡党",邻里。《聊斋志异·乐仲》:"里党乞求,不靳与。"

里甲 明州县的基层组织,又为三大徭役之一。以邻近的一百一十户为一里,从中推丁多田多的十户轮流充当里长,余一百户分十甲,每甲十户,轮流充当甲首。每年由里长一人率领十甲甲首应役。值役的称"当年",轮次的称"排年"。十年轮流一遍,期满后按各户人丁和田地增减重新编排。里长贫困,在一百一十户内另选;逃亡的补足。里甲人户都载于黄册,遇有差役凭册派充。鳏、寡、孤、独和无田产不服役者带管于一百一十户之外,列在册后,叫畸零。里甲初任传达公事,催征税粮。后官府凡祭祀、宴飨、营造、馈送等均由里甲供应。

里间 乡里。《古诗十九首》:"思还故里间,欲归道无因。"

里人 ❶同里的人。**苏轼**《滕县时同年西园》诗:"我作西园诗,以为里人箴。"❷即"俚人❷"。

里社 古时里中供奉土地神的处所。《史记·封禅书》:"民里社,各自财以祠。"**陈立**《白虎通疏证》三:"凡民所私立之社,皆称里社。"后亦作乡里的代称。

里舍 私人住宅。《资治通鉴·汉灵帝光和二年》:"时甫(**王甫**)休沐里舍。"**胡三省**注:"里舍,私第也。"亦指乡里或同乡之人。《后汉书·何进传》:"悉罢中常侍、小黄门,使还里舍。"《聊斋志异·犬奸》:

"后里舍稍闻之,共为不平,鸣于官。"

里正 古时乡官。《公羊传·宣公十五年》"什一行而颂声作矣"**何休**注:"一里八十户……其有辩护伉健者,为里正。"辩护,谓能办事。后代多设里正,但制度各有不同。隋畿外二十五家为里,置里正;百家为党,置党长。**唐**以百户为里,五里为乡。每里置里正一人。见《通典·食货三·职官十五》。至**明**代改名里长。参见"里甲"。

焱 (**lǐ**,又读 yǐ) 二爻。见《说文》部首。**段玉裁**注:"二爻者,交之广也,以形为义。"按古读如丽,象门户疏窗形,非卦爻字义。

峛 (**lǐ**) 见"峛崺"。

峛崺 犹"逦迤"。连延;连续不断貌。《法言·吾子》:"观书者,譬之观山及水,升东岳而知众山之峛崺也。"

俚 (**lǐ**) ❶鄙俗;不文雅。《汉书·司马迁传赞》:"辩而不华,质而不俚。"❷聊赖。《汉书·季布传赞》:"其画无俚之至耳。"❸**苏州**方言的"他"或"她"。

俚歌 民间通俗歌谣。常为自己诗作的谦称。**苏轼**《和王胜》诗:"不惜阳春和俚歌。"

俚曲 即"俗曲❶"。

俚人 ❶鄙俗之人。**王褒**《四子讲德论》:"俚人不识,寡见鲜闻。"❷古代岭南地区少数民族的泛称。亦作"里人"。**东汉**至**隋唐**屡见于史籍,常与僚并称。主要分布在今**广东**西南沿海及**广西**东南等地。后来,一部分逐渐融合于汉族,另一部分则移居**广西**西部,发展为今日的壮等民族。一说**海南岛**的俚人,为今黎族的先民。

俚语 通俗的口头词语。俗语的一种。常带有方言性。《新五代史·王彦章传》:"**彦章**武人,不知书,常为俚语谓人曰:'豹死留皮,人死留名。'"

逦 〔邐〕(**lǐ**) 见"逦迤"。

逦迤 犹迤逦。连延;连续不断貌。**吴质**《答东阿王书》:"夫登**东岳**者,然后知众山之逦迤也。"

逦倚 谓高低曲折。《文选·张衡〈西京赋〉》:"墱道逦倚以正东。"**薛综**注:"逦倚,一高一下,一屈一直也。"**吕向**注:"逦倚,长远之貌。"

逞 (**lǐ**) 见"迤逞"。

悝 (**lǐ**) 忧愁。《诗·大雅·云汉》:"云如何里。"**陆德明**释文:"本亦作瘣,《尔雅》作悝,并同。"

另见 kuī。

娌 (**lǐ**) 见"妯娌"。

缡 〔纚〕(**lǐ**) 连续。见"缡属"。

另见 lí, shǎi, shī, shǐ。

缡属 连绵不断。《汉书·司马相如传上》:"靃靡缡属。"**颜师古**注:"缡属,缡迤相连属也。"

理 (**lǐ**) ❶治玉。《韩非子·和氏》:"王乃使玉人理其璞。"引申为整治、治平。如:修理;理财。《汉书·循吏传序》:"庶民所以安其田里,而亡叹息愁恨之心者,政平讼理也。"亦引申为治疗。《后汉书·崔寔传》:"夫以德教除残,是以粱肉理疾也。"❷玉石的纹路,引申为事物的条理。如:肌理。《荀子·儒效》:"井井兮其有理也。"**杨倞**注:"理,有条理也。"❸道理。如:理直气壮。《孟子·告子上》:"故理义之悦我心,犹刍豢之悦我口。"亦谓说理,申辩。如:上疏理之。❹名分。《礼记·乐记》:"乐者,通伦理者也。"注:"理,分也。"❺通常指条理、准则或规律。战国韩非认为:"理者,成物之文(指规律)也。"又说:"万物各异理,万物各异理而道尽"(《韩非子·解老》),意谓"理"为事物的特殊规律,和普遍规律的"道"有区别。程朱学派认为"未有天地之先,毕竟也只是理,有此理,便有此天地"(《朱子语类》卷九十五)。他们说的"理",实际上指封建伦理纲常。"宇宙之间,一理而已。……其张之为三纲,其纪之为五常,盖皆此理之流行,无所适而不在。"(《朱文公文集·读大纪》)这"理"是永恒存在的:"且如万一山河大地都陷了,毕竟理却只是在这里。"(《朱子语类》卷九十二)试图使封建伦理永恒化。陆王学派认为"人皆有是心,心皆具是理,心即理也"(陆九渊《与李宰书》)。❻通"吏"。(1)使者。《左传·昭公十三年》:"行理之命。"**杜预**注:"行理,使人通聘问者。"(2)狱官。《礼记·月令》:"〔孟秋之月〕命理瞻伤。"**郑玄**注:"理,治狱官也。"❼古星名。《汉书·天文志》:"房南众星曰骑官,左角理,右角将。"❽媒人。《离骚》:"吾令蹇修以为理。"**王逸**注:"使古贤蹇修而为媒理也。"❾顺;赞许。

《孟子·尽心下》:"稽（貉稽）大不理于口。"焦循正义:"犹言不利于人口也。"❿答;顾。如:答理;理睬;置之不理。⓫温习。如:理书;理曲。《颜氏家训·勉学》:"吾七岁时,诵《灵光殿赋》,至于今日,十年一理,犹不遗忘。"⓬姓。商代有理徵。

理官 古掌狱讼之官。《汉书·艺文志》:"法家者流,盖出于理官。"《左传·昭公十四年》"士景伯如楚"杜预注:"士景伯,晋理官。"后世称法官为司理、大理,本此。

理化 ❶犹言治化。治理与教化。《晋书·刑法志》:"夫礼以训世,而法以整俗,理化之本,事实由之。"❷物理学、化学的合称。❸旧县名。在四川省甘孜藏族自治州中部偏南。1913年由清末理化厅改置。1951年改名理塘县。

理会 ❶理解一致。《世说新语·识鉴》:"时人皆谓山涛不学孙吴,而暗与之理会。王夷甫亦叹云,公暗与道合。"❷领悟;理解。朱熹《近思录》卷二:"明道曰:'修辞立其诚',不可不子细理会。"❸照顾;料理。《水浒传》第十回:"我自在门前理会,你且去阁子背后听说甚么。"❹评理。《水浒传》第四十九回:"和你官司里去理会。"

理致 义理情致;思想情趣。一般指学问文艺而言。《颜氏家训·文章》:"文章当以理致为心肾。"《南史·刘之遴传》:"说义属诗,皆有理致。"

锂〔鋰〕(lǐ) 化学元素[周期系第Ⅰ族（类）碱金属元素]。符号Li。原子序数3。银白色软金属。易受空气氧化而变暗,通常贮藏在液体石蜡中。是最轻而比热容最大的金属。很易和氧、氮、硫等化合。与水激烈反应,放出氢气。自然界重要的锂矿物有锂辉石、锂云母及磷锂铝石等;也存在于某些地区的盐湖中。电解熔融氯化锂可制得金属锂。热核反应可在锂核与氘核之间进行。在冶金工业中可用作脱氧剂或脱气剂,也可用作铅基轴承合金及铍、镁、铝等轻质合金的成分,也是有机合成中的重要试剂。

瘀(lǐ) 忧愁病。见《尔雅·释诂下》。

豊(lǐ) 古代祭祀用的礼器。见《说文·豊部》。

鲤〔鯉〕(lǐ) ❶动物名。学名Cyprinus carpio。硬骨鱼纲,鲤科。体延长,稍侧扁,长达1米左右。体青黄色,尾鳍下叶红色。口下位,须两对。背鳍、臀鳍均具硬刺,最后一刺的后缘具锯齿。栖息水底层,杂食性。中国除西部高原外,各地淡水中都产。生长快,生活力强,耐高温和污水,是重要的养殖鱼。中国养鲤已有2400余年历史,现世界各地都有养殖。鳞可制胡鳞胶;鳔可制鱼鳔胶;内脏和骨可制鱼粉。品种颇多,常见的有:"镜鲤",皮肤光滑,仅侧线部和背、腹部有少数大型鳞片;"革鲤",皮肤绿黑色,无鳞;"荷包鲤",体短、头大、腹部圆突,含脂丰富;"红鲤",体色红,或有黑白斑,供观赏用。近缘种大头鲤(C. pellegrini)仅见于云南杞麓湖、星云湖,无须。为国家二级保护动物。❷古乐府《饮马长城窟行》:"客从远方来,遗我双鲤鱼;呼童烹鲤鱼,中有尺素书。"后因以鲤鱼作书信的代称。独孤及《送何员外使湖南》诗:"王程傥未复,莫遣鲤鱼稀。"

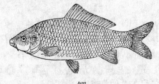

鲤

鲤庭 《论语·季氏》记载,孔鲤"趋而过庭",其父孔丘教训他要学诗、学礼。后因以"鲤庭"指受父训之处,亦借指父训。刘禹锡《酬郑州权舍人使湖南寄》诗:"鲤庭传事业,鸡树遂翱翔。"参见"趋庭"。

澧(lǐ) ❶水名。见"澧水"。❷见"澧澧"。

澧澧 波浪声。《楚辞·九叹·离世》:"波澧澧而扬浇兮,顺长濑之浊流。"王逸注:"澧澧,波声也。"

澧水 洞庭湖水系主要河流之一。在湖南省西北部。源出桑植县北,东流经张家界、慈利、石门、澧县、津市、安乡等市县注入洞庭湖。长388公里,流域面积1.85万平方公里。大部流经山区,多乱石、暗礁。澧水流域位处暴雨区,造成下游频繁洪灾,现已兴建江垭及皂市水利枢纽。流域内有著名的武陵源风景区。

醴(lǐ) ❶甜酒。《荀子·礼论》:"飨尚玄尊,而用酒醴。"❷甜美的泉水。扬雄《蜀都赋》:"北属昆仑泰极,涌泉醴。"❸通"澧"。水名。《楚辞·九歌·湘夫人》:"沅有茝兮醴有兰。"

醴酒不设 《汉书·楚元王传》:"初,元王敬礼申公等,穆生不耆（嗜）酒,元王每置酒,常为穆生设醴。及王戊即位,常设,后忘设焉。穆生退曰:'可以逝矣! 醴酒不设,王之意怠,不去,楚人将钳我于市。'"后因称对人敬礼渐减为"醴酒不设"。

鳢〔鱧〕(lǐ) 动物名。学名Channa argus。亦称"乌鱼"、"黑鱼"、"乌鳢"。硬骨鱼纲,月鳢科。体延长,亚圆筒形,长达50厘米以上。青褐色,具三纵行黑色斑块。口大,牙尖。背鳍和臀鳍均延长。咽头上方具一宽大鳃上腔,能呼吸空气。栖息淡水底层。性凶猛,捕食其他鱼类,故为淡水养殖业的害鱼。分布于中国;朝鲜半岛和日本亦产。肉肥美,供食用。《本草纲目·鳞部四》"鳢鱼"李时珍集解:"形长体圆,头尾相等,细鳞玄色,有斑点花纹。"

鳢

蠡(lǐ) 本谓虫蚀木,引申为器物经久磨损欲断之称。《孟子·尽心下》:"以追蠡。"赵岐注:"追,钟钮也。钮摩啮处深矣。蠡,欲绝之貌也。"

另见lí,luó。

艤(lǐ) ❶小船。《方言》第九:"南楚江湘凡船大者谓之舸,小舸谓之艖。东南丹阳、会稽之间,谓艖为艤。"❷大船。《说文·木部》:"艤,江中大船名。"王煦《说文五翼》:"艤为小舟,与《说文》异。今按《广雅》艤作艢,云舟也。是艤为船之通称。《说文》以为大船,《方言》以为小舸,当两存之。"❸捕鸟兽的网。《广雅·释器》:"罘,罜,兔罟也。其罥谓之艤。"王念孙疏证:"考诸书言罥艤者,皆所以系取鸟兽,不专施于兔罟也。"

艢(lǐ) 同"艤"。

lì

力(lì) ❶力气。《史记·项羽本纪》:"力拔山兮气盖世。"❷能力。如:才力;视力;购买力。《孟子·离娄上》:"圣人既竭目力焉……既竭耳力焉。"❸威力;权力。《孟子·公孙丑上》:"以力服人者,非心服也。"❹尽力;竭力。如:力战;力争。《左传·僖公二十三年》:"其从者肃而宽,忠而能力。"❺功劳。

《国语·晋语五》:"子之力也夫。"韦昭注:"力,功也。"❻旧指体力劳动者,仆役。《南史·陶潜传》:"今遣此力,助汝薪水之劳。"❼甚。《汉书·汲黯传》:"今病力,不能任郡事。"颜师古注:"力谓甚也。"❽物理学名词。物质之间的相互作用。力的概念起源于气力,是人们在劳动中通过肌肉紧张的感觉而体会到的;现已推广为:凡能改变物体静止或匀速直线运动状态或使物体发生形变的作用都称为力。力具有大小、方向和作用点三个要素。由于相互作用的方式不同,力有很多种,例如任何物体之间的万有引力、互相接触的物体作相对运动时出现的摩擦力、电荷之间的静电力等。力是矢量,单位为牛顿。

力不从心 心欲为而力不及。《后汉书·西域传》:"今使者大兵未能得出,如诸国力不从心,东西南北自在也。"

力来 犹劳来,劝勉。《汉书·王莽传中》:"钦若昊天,敬授民时,力来农事,以丰年谷。"颜师古注:"力来,劝勉之也。"

力士 ❶力气特别大的人。《公羊传·宣公六年》:"赵盾之车右祁弥明者,国之力士也。"❷古官名。掌金鼓旗帜,随皇帝车驾出入及守卫四门。

力田 ❶致力耕种。《汉书·召信臣传》:"郡中莫不耕稼力田。"❷古时乡官名。《后汉书·明帝纪》:"其赐天下男子爵,人二级;三老、孝悌、力田,人三级。"李贤注:"三老、孝悌、力田,三者皆乡官之名。"

力透纸背 形容书法遒劲有力。颜真卿《张长史十二意笔法记》:"其用锋常欲使其透过纸背。"后也用来形容诗文立意深刻,造语精练。赵翼《瓯北诗话》卷六:"〔陆游诗〕意在笔先,力透纸背。"

力行 努力从事;尽力去做。《礼记·中庸》:"好学近乎知,力行近乎仁。"《史记·儒林列传》:"为治者不在多言,顾力行何如耳。"

力征 谓以武力相征伐。《淮南子·要略》:"齐桓公之时,天子卑弱,诸侯力征。"亦作"力正"、"力政"。《墨子·明鬼下》:"天下失义,诸侯力正。"孙诒让间诂引毕沅曰:"正同征。"参见"力政❷"。

力政 ❶犹力役。指筑城、修路、开河等劳役。《周礼·地官·均人》:"均人民、牛马、车辇之力政。"郑玄注:"政读为征。"❷同"力征"。

《汉书·五行志中之下》:"天子弱,诸侯力政。"颜师古注:"政亦征也,言专以武力相征讨。"

力子 勤勉的人。《后汉书·樊晔传》:"游子常苦贫,力子天所富。"李贤注:"勤力之子。"

历

㊀〔歷、歴、厤〕(lì)❶经过。《书·毕命》:"既历三纪,世变风移。"❷统指过去的各个或各次。如:历代;历届。❸越过。《孟子·离娄下》:"礼,朝廷不历位而相与言。"❹普遍。《书·盘庚下》:"历告尔百姓于朕志。"❺选择。《史记·司马相如列传》:"于是历吉日以斋戒。"❻通"秝"。稀疏。宋玉《登徒子好色赋序》:"其妻蓬头挛耳,齞唇历齿。"❼通"枥"。(1)马厩。《汉书·梅福传》:"伏历千驷。"(2)古代椓指的刑罚。《庄子·天地》:"罪人交臂历指。"❽通"鬲"、"厤"。《史记·滑稽列传》:"铜历为棺。"

㊁〔曆、厤〕(lì)❶历法;推算岁时节候的方法。《大戴礼记·曾子天圆》:"圣人慎守日月之数,以察星辰之行,以序四时之顺逆,谓之历。"也指记载岁时节候的书册。如:日历;万年历。❷一个朝代预计的享国年数。《汉书·诸侯王表》:"故曰周过其历,秦不及期。"❸约数。《管子·海王》:"终月大男食盐五升少半,大女食盐三升少半,吾子食盐二升少半,此其大历也。"吾子,稚子。

历历 分明可数。崔颢《黄鹤楼》诗:"晴川历历汉阳树,芳草萋萋鹦鹉洲。"

历练 谓因长久从事而富有经验。《红楼梦》第十三回:"如今出了阁,在那府里办事,越发历练老成了。"

历乱 杂乱无章。鲍照《拟行路难》:"锉蘖染黄丝,黄丝历乱不可治。"

历落 ❶疏疏落落;参差不齐。《水经注·河水》:"轻崖秀举,百有余丈。峰次青松,岩悬赪石,于中历落有翠柏生焉。"❷形容孤高寡合,与众不同。《晋书·桓彝传》:"茂伦(桓彝字)嵚崎历落,固可笑人也。"

历数 ❶推算岁时节候的次序。《书·洪范》:"五曰历数。"孔颖达疏:"筭日月行道所历,计气朔早晚之数,所以为一岁之历。"❷《论语·尧曰》:"尧曰:'咨!尔舜,天之历数在尔躬。'"朱熹注:"历数,帝王相继之次第,犹岁时节气之先后也。"按古人以为帝位相承,与天象运行的次序相应,故称帝王继承的次第为"历数"。

数"。

历象 推算天体的运行。《书·尧典》:"历象日月星辰,敬授人时。"孔颖达疏:"以算术推步,累历其所行法象。"

厉

〔厲〕(lì)❶"砺"的本字。磨刀石。《诗·大雅·公刘》:"取厉取锻。"引申为磨砺。如:厉兵秣马。❷严肃;严厉。《论语·子张》:"望之俨然,即之也温,听其言也厉。"《礼记·表记》:"不矜而庄,不厉而威。"❸猛烈;迅疾。见"厉风"。❹疾飞。《汉书·息夫躬传》:"鹰隼横厉。"❺腰带的下垂部分。《诗·小雅·都人士》:"垂带而厉。"《左传·桓公二年》:"鞶厉游缨。"杜预注:"厉,大带之垂者。"❻河水可以涉过之处。《诗·卫风·有狐》:"在彼淇厉。"毛传:"厉,深可厉之者。"亦即谓涉过。《论语·宪问》:"深则厉。"❼祸患;危险。《易·乾》:"夕惕若,厉,无咎。"参见"厉阶"。❽虐害;剥削。《孟子·滕文公上》:"今也滕有仓廪府库,则是厉民以自养也。"❾恶鬼。《左传·襄公二十六年》:"厉之不如。"杜预注:"厉,恶鬼也。"❿通"疠"。灾疫。《管子·五行》:"旱札,苗死,民厉。"⓫通"励"。劝勉。《史记·儒林传》:"余读功令,至于广厉学官之路,未尝不废书而叹也。"⓬姓。

另见 lài。

厉兵秣马 磨快兵器,喂饱马匹,谓准备作战。《左传·僖公三十三年》:"郑穆公使视客馆,则束载厉兵秣马矣。"

厉风 ❶大风。《庄子·齐物论》:"厉风济,则众窍为虚。"郭庆藩集释引司马彪云:"厉风,大风。"亦指西北风。《吕氏春秋·有始》:"西北曰厉风。"高诱注:"乾气所生。一曰不周风。"《淮南子·坠形训》作"丽风"。参见"八风"。❷中医病名。即"麻风"。

厉鬼 恶鬼。《左传·昭公七年》:"今梦黄熊入于寝门,其何厉鬼也?"

厉阶 祸端;祸患的来由。《左传·昭公二十四年》:"《诗》曰:'谁生厉阶,至今为梗。'"杜预注:"厉,恶;阶,道。"苏轼《代张方平谏用兵书》:"从微至著,遂成厉阶。"

厉禁 列队警戒。《周礼·秋官·司隶》:"守王宫与野舍之厉禁。"郑玄注:"厉,遮例(迾)也。"后用为严禁之意。

厉厉 仇视貌。《荀子·王制》："彼将厉厉焉日日相离疾也。"

厉世摩钝 谓激厉世人，使鲁钝者奋发有为。《汉书·梅福传》："故爵禄束帛者，天下之厎(砥)石，高祖所以厉世摩钝也。"

劧(lì，又读 liè) 见"劧崺"、"崺劧"。

劧崺 ❶同"崺劧"。山峰高耸貌。贡师泰《题颜辉山水诗》："苍龙渡海成叠嶂，劧崺西来势何壮！"❷比喻态度庄重。元稹《寄吴士矩端公五十韵》："隐笑甚艰难，敛容还劧崺。"

立(lì) ❶站立。《左传·宣公二年》："华元逃归，立于门外。"❷植；竖。《书·牧誓》："立尔矛。"❸设置。《周礼·地官·小司徒》："立其社稷。"《书·周官》："立太师、太傅、太保。"❹建树；成就。如：立业；立功。《离骚》："老冉冉其将至兮，恐修名之不立。"❺订立。如：立约；立契。❻指君主即位。《左传·隐公三年》："桓公立，乃老。"❼即时。《史记·刺客列传》："剑坚，故不可立拔。"

立场 犹立足点。泛指观察事物和处理问题时所处的地位和由此而持的态度。

立春 二十四节气之一。每年2月4日前后太阳到达黄经315°时开始。中国习惯作为春季开始的节气。《月令七十二候集解》："正月节，立，建始也……立夏秋冬同。"立春后气温回升，农业生产应抓紧春耕准备和越冬作物田间管理。

立地 ❶立刻；即刻。杨万里《江山道中蚕麦大熟》诗："新晴户户有欢颜，晒茧摊丝立地干。"❷林业上指能影响森林生长发育的一切环境条件(包括地形、气候、水文、土壤、地质等)的总称。立地不同，森林生产率就有差异，营林技术也有所不同。

立冬 二十四节气之一。每年11月8日前后太阳到达黄经225°时开始。中国习惯作为冬季开始的节气。《月令七十二候集解》："十月节，立字解见前(立春)。冬，终也，万物收藏也。"这时我国大秋作物陆续登场，黄河中下游地区即将结冰。

立竿见影 把竹竿竖在太阳光下，可立刻看到影子。比喻收效迅速。《参同契》卷下："立竿见影，呼谷传响。"

立极 ❶古代神话以为天的四方尽头有支撑的柱子，为四极。传说共

工与颛顼斗争，以头触不周山，柱折天倾，"女娲炼五色石以补苍天，断鳌足以立四极"。见《淮南子·天文训》，又《览冥训》。❷古指王朝树立纲纪，确立统治的准则。语本《书·洪范》："皇建其有极。"朱熹《中庸章句序》："自上古神圣，继天立极，而道统之传，有自来矣。"后亦引申为树立最高准则。

立枷 亦称"站笼"。明清时刑具之一。用木制笼，笼顶开有圆孔，套在颈部后，令人昼夜站立，直至疲劳过度而死；或于套枷时在脚下置垫物，套定后抽去垫物，使人悬空而死。

立秋 二十四节气之一。每年8月8日前后太阳到达黄经135°时开始。《月令七十二候集解》："七月节，立字解见春(立春)。秋，揫也，物于此而揫敛也。"中国习惯作为秋季的开始。此后气温开始下降。中国中部地区早稻收割，后季稻移栽和管理。

立夏 二十四节气之一。每年5月6日前后太阳到达黄经45°时开始。中国习惯作为夏季开始的节气。《月令七十二候集解》："四月节，立字解见春(立春)。夏，假也，物至此时皆假大也。"这时农作物生长渐旺，田间管理日益繁忙。农谚"立夏三朝遍地锄。"

立雪 ❶禅宗二祖慧可立雪求道的故事。《景德传灯录》卷三："十二月九日夜，天大雨雪，光(慧可)坚立不动，迟明，积雪过膝。师(达摩)悯而问曰：'汝久立雪中，当求何事？'光悲泪曰：'惟愿和尚慈悲，开甘露门，广度群品。'"❷见"程门立雪"。

朸(lì，又读 liè) ❶木的纹理。《说文·木部》："朸，木之理也。"❷棱角。《诗·小雅·斯干》"如矢斯棘"陆德明释文："棘，《韩诗》作朸，朸，隅也。"

吏(lì) ❶旧时大小官员的通称。如：大吏；长吏。《国语·周语上》："百吏庶民。"韦昭注："百吏，百官也。"《后汉书·李通传》："不乐为吏，乃自免归。"❷专指官府中的胥吏或差役。古乐府《孔雀东南飞》："君既为府吏。"杜甫《石壕吏》诗："暮投石壕村，有吏夜捉人。"

吏议 ❶官吏的拟议。《史记·李斯列传》："臣闻吏议逐客，窃以为过矣。"❷指司法官吏判处罪人刑罚的拟议。《汉书·陈汤传》："庸臣遇汤，卒从吏议。"

吏隐 旧谓不以利禄萦心，虽居官

而与隐者同。宋之问《蓝田山庄》诗："宦游非吏隐，心事好幽偏。"

吏治 官吏治事的成绩。《汉书·宣帝纪》："具知闾里奸邪，吏治得失。"

劧〔蘆〕(lì) 植物名。即"荭荭"。参见"荭"。

丽〔麗〕(lì) ❶光采焕发；美丽。如：风和日丽。《楚辞·招魂》："丽而不奇些。"王逸注："丽，美好也；不奇，奇也。"❷成对的。《周礼·夏官·校人》："丽马一圉。"亦谓驾双马。《汉书·扬雄传上》："丽钩芒与骖蓐收兮。"颜师古注："丽，并驾也；骖，三马也。"❸数目。《诗·大雅·文王》："商之孙子，其丽不亿。"郑玄笺："商之孙子其数不徒亿，多言之也。"❹附着。《易·离》："日月丽乎天，百谷草木丽乎土。"引申为射着。参见"矞(guī)❹"。❺拴；系。《礼记·祭义》："祭之日，君牵牲……既入庙门，丽于碑。"郑玄注："丽犹系也。"

另见 lí。

丽都 华丽；华贵。《国策·齐策四》："妻子衣服丽都。"

丽黄 亦称"鹂黄"。鸟名。即黄鹂。张衡《东京赋》："睢鸠丽黄，关关嘤嘤。"

丽靡 同"靡丽"。华美。《汉书·扬雄传下》："恶丽靡而不近，斥芬芳而不御。"

丽谯 高楼。《庄子·徐无鬼》："君亦必无盛鹤列于丽谯之间。"郭象注："鹤列，陈兵也；丽谯，高楼也。"陆德明释文："谯，本亦作譙。"成玄英疏："言其华丽譙峣也。"后以称谯楼，即更鼓楼。秦观《阮郎归》词："丽谯吹罢小单于，迢迢清夜徂。"

丽属 相附属。《后汉书·马融传》："类行屯驱，星布丽属，曹伍相保，各有分局。"

丽泽 《易·兑》："丽泽兑，君子以朋友讲习。"王弼注："丽犹连也。"兑，喜悦。意谓两个沼泽相连，滋润万物，所以万物皆悦。后用来比喻朋友互相切磋。

丽质 ❶美好的资质。曹丕《与锺繇书》："谨奉赋一篇，以赞扬丽质。"❷美人。梁简文帝《妾薄命乐府》："名都多丽质，本自持容姿。"

励〔勵〕(lì) ❶劝勉；鼓励。《三国志·魏志·杨阜传》："皇等率父兄子弟，以义相励。"❷通"厉"、"砺"。磨练；振奋。《淮南子

· 修务训》:"励节亢高,以绝世俗。"❸姓。宋代有励静。

励精图治　励,亦作"厉"。振奋精神,想办法把国家治好。《宋史·神宗纪赞》:"厉精图治,将大有为。"

呖

〔嚦〕(lì)　见"呖呖"。

呖呖　形容声音清脆流利。王实甫《西厢记》第一本第一折:"恰便似呖呖莺声花外啭。"

利

(lì)　❶利益。与"弊"、"害"相对。如:有利无弊。《论语·宪问》:"见利思义。"亦谓有利;方便。《韩非·问田》:"窃以为立法术,设度数,所以利民萌、便众庶之道也。"❷富饶。《国策·秦策一》:"西有巴、蜀、汉中之利。"❸顺利。《易·谦》:"无不利,㧑谦。"《史记·项羽本纪》:"时不利兮骓不逝。"❹锋利。与"钝"相对。如:坚甲利兵。《荀子·劝学》:"金就砺则利。"❺利润;利息。《史记·越王勾践世家》:"逐什一之利。"❻通"痢"。腹泻。《三国志·魏志·华佗传》"阿从佗求可服食益于人者"裴松之注引《华佗别传》:"〔李璠〕餐伏苓,饮寒水,中泄利。"❼姓。汉代有利乾。

利害　❶利益和害处。《周礼·夏官·职方氏》:"周知其利害。"❷祸殃。《警世通言·万秀娘仇报山亭儿》:"异日却为这妇女变做个利害,却又不坏了我。"❸同"厉害"。含有剧烈、凶猛、凶狠等义。《红楼梦》第八十二回:"倘若病的利害,咱们也过去告诉大嫂子。"又第八回:"真真这林姐儿,说出一句话来,比刀子还利害。"

利口　能言善辩。《论语·阳货》:"恶利口之覆邦家者。"《汉书·张释之传》:"岂效此啬夫喋喋利口捷给哉?"

利令智昏　谓因贪利而失去理智,不辨一切。《史记·平原君虞卿列传赞》:"鄙语曰:'利令智昏。'平原君贪冯亭邪说,使赵陷长平兵四十余万众,邯郸几亡。"

利落　亦作"俐落"。❶指言语动作灵活、敏捷、整齐有条理。如:动作利落;干净利落。❷完毕;妥当。如:这件事总算办利落了。

利器　❶锋利的兵器。如:手执利器。引申以泛指精良的器械或工具。《晋书·阮种传》:"夫贤才之畜于国,由(犹)良工之须利器,巧匠之待绳墨也。"❷比喻英明杰出的人才。《后汉书·虞诩传》:"不遇槃根错

节,何以别利器乎?"❸比喻兵权。《资治通鉴·汉灵帝中平六年》:"而反委释利器。"胡三省注:"利器,谓兵柄也。"❹比喻国家权力。《老子》:"国之利器,不可以示人。"

利权　❶经济权益;享受利益之权。❷谓有利于己的权力。《左传·襄公二十三年》:"且栾氏多怨,子为政,栾氏自外,子在位,其利多矣。既有利权,又执民柄,将何惧焉?"❸掌管财利的职权。魏泰《东轩笔录》卷二:"陈晋公恕,自升朝入三司为判官,既置盐铁使,又为总计使。泊罢参政,复为三司使……晚年多病,乞解利权。"泊,及。

利润　❶利益。《北史·列女传》:"及承祖为文明太后所宠贵,亲姻皆求利润,唯杨独不欲。"❷剩余价值的转化形式之一。资本家在销售商品后所获得的超过成本价格的余额。其实质是工人劳动所创造的剩余价值。当剩余价值被看作全部资本的产物时,就转化为利润。剩余价值转化为利润,掩盖了可变资本是剩余价值的真正源泉和资本主义剥削的实质。❸社会主义企业出售商品的收入扣除成本和缴纳税金后的纯收入,通常也称为利润(或收益)。是社会主义积累的主要来源。与资本主义的利润不同,它与企业交纳的税金一起构成企业的赢利,即劳动者为社会劳动所创造的价值。反映社会主义生产关系。

利市　❶买卖所得的利润。参见"利市三倍"。❷吉利;走运。如:讨个利市。《水浒传》第六回:"俺猜着这个撮鸟是个剪径的强人,正在此间等买卖,见洒家是个和尚,他道不利市,吐一口唾,走入去了。"孙光宪《北梦琐言》卷三:"夏侯孜相国未偶,伶俜风尘……时人号曰不利市秀才。"❸节庆所赏的喜钱。孟元老《东京梦华录》卷五:"女家亲人有茶、酒、利市之类。"

利市三倍　形容买卖获得厚利。语出《易·说卦》"〔巽〕为近利,市三倍"。按《易》"利"和"市"不连属成词。《文明小史》第四十二回:"于是引得那些学堂里的学生,你也去买,我也去买,真是应接不暇,利市三倍。"

利益　❶好处。如:集体利益;个人利益。❷佛教用语。犹言功德,指有益于他人的事。《法华文句记》:"功德利益,一而无异,若分别者,自益名功德,益他名利益。"

利用厚生　中国历史上主张尽物之用以富裕民生的经济思想。《尚书·大禹谟》:"正德,利用,厚生,惟和。"认为治理国家要正德以率下,利用以阜财,厚生以养民,三者和洽,就是善政。

利欲熏心　贪图名利的欲望迷住了心窍。黄庭坚《赠别李次翁》诗:"利欲熏心,随人翕张。"随人翕张,谓屈从于人,不能自主。

沥

〔瀝〕(lì)　❶犹"漉"。水下滴。如:沥酒。《文选·张衡〈思玄赋〉》:"漱飞泉之沥液兮。"李善注:"沥,流也。"亦指沥过的酒。《楚辞·大招》:"吴醴白蘖,和楚沥只。"王逸注:"沥,清酒也。"❷液体的点滴。《史记·滑稽列传》:"侍酒于前,时赐馀沥。"

沥胆　谓竭尽忠诚。崔融《代皇太子请起居表》:"沥胆陈祈,焦心觐谒。"参见"披肝沥胆"。

沥沥　❶拟声词。于武陵《早春日山居寄城郭知己》诗:"入户风泉声沥沥,当轩云岫色沈沈。"❷滴沥不绝。苏鹗《杜阳杂编》卷下:"或他人命饮,即百斗不醉。夜则垂发于盆中,其酒沥沥而出,曲糵之香,辄无减耗。"

苙

(lì)　❶牲畜的圈栏。《孟子·尽心下》:"如追放豚,既入其苙。"❷药草名,即"白芷"。参见"芷"。

枥

〔櫪〕(lì)　❶马槽。曹操《步出夏门行》:"老骥伏枥,志在千里。"❷木名。同"栎"。韩愈《山石》诗:"山红涧碧纷烂漫,时见松枥皆十围。"

枥榯　拶指。古代绞指的刑具。《说文·木部》:"枥榯,梂指也。"

辆

〔轣〕(lì)　见"辆辘"。

辆辘　亦作"历鹿"。❶象车轮或辘轳的转动声。陆游《春寒复作》诗:"青丝玉井声辆辘,又是窗白鸦鸣时。"尹廷高《车中》诗:"车辆辘,车辆辘,骡牛逐逐双转毂。"❷缲车,即纺丝车。《广雅·释器》:"缲车谓之历鹿。"参见"鹿车❸"、"缲车"。❸车子的轨道。谐音"诡道",因称狡诈为辆辘。《名义考》卷八:"汉人有适吴者,吴人设笋,问之,曰:'竹也。'归而煮其箦不熟,谓妻曰:'吴人辆辘,欺我如此。'"

例

(lì)　❶比照。如:以此例彼。❷例子;例证。如:例句;举例。《水浒传》第二十回:"若有不从

者,将王伦为例。"❸规程。如:条例;律例。❹成例;旧例。如:援例。❺按照规定或成例进行的。如:例会;例行公事。❻一概。《南史·刘苞传》:"家有旧书,例皆残蠹。"❼中国古代专指审判案件的成例。经朝廷批准,可作为审判案件的法律根据。《秦简》中的"廷行事",即指例。汉时称为"决事比"。《晋书·刑法志》有"集罪例以为刑名"之说。唐代允许在法律无明文规定时可比照成例办案,但不像后来那样重视例,尤其反对用例来破坏法律的明文规定。宋代规定"法所不载,然后用例",但是实际上,"当是时,法令虽具,然一切以例从事,法当然而无例,则事皆泥而不行"(《宋史·刑法志》)。明清两代,例与律并行。《清史稿·刑法志》:"盖清代定例,一如宋时之编敕,有例不用律,律既多成空文,而例遂愈滋繁碎。"

疠 〔癘〕(lì) ❶癞病,即"麻风"。《黄帝内经太素·诸风数类》:"疠者,营气热胕,其气不精,故使其鼻柱坏而色败也,皮肤伤溃。"❷瘟疫。《左传·哀公元年》:"天有灾疠。"杜预注:"疠,疾疫也。"❸杀。《管子·五行》:"不疠雏穀。"

沴 (lì) ❶水流不畅,引申为阻水的高地。《汉书·扬雄传上》:"跖魂负沴。"颜师古注引服虔曰:"沴,河岸之坻也。"❷谓气不和而生的灾害。如:灾沴;沴气。引申为相害,相克。《汉书·五行志中之上》:"气相伤谓之沴。"又:"木气病则金沴之。"

沴孽 犹言妖孽。柳宗元《贺皇太子笺》:"消伏沴孽,赞扬辉光。"

戾 (lì) ❶乖张;暴戾。《荀子·荣辱》:"猛贪而戾。"引申为违反。《淮南子·览冥训》:"举事戾苍天。"❷罪。《左传·文公四年》:"其敢干大礼以自取戾?"❸劲疾;猛烈。潘岳《秋兴赋》:"劲风戾而吹帷。"❹到达。《诗·大雅·旱麓》:"鸢飞戾天,鱼跃于渊。"❺安定。《诗·大雅·桑柔》:"民之未戾,职盗为寇。"❻吹干。《礼记·祭义》:"桑于公桑,风戾以食之。"
另见 liè。

戾气 即"疫疠"。

戾止 同"莅止"。来临。《诗·鲁颂·泮水》:"鲁侯戾止,言观其旗。"毛传:"戾,来;止,至也。"

隶 〔隸、隷、隸〕(lì) ❶附属。《后汉书·冯异传》:"乃更部分诸将,各有配隶。"引申为跟随。柳宗元《至小丘西小石潭记》:"隶而从者崔氏二小生。"❷中国古代对一种奴隶或差役的称谓,多指因罪而被没入官奴者。《左传·襄公二十三年》:"斐豹,隶也,著于丹书。"杜预注:"盖犯罪没为官奴,以丹书其罪。"《左传·昭公七年》:"舆臣隶,隶臣僚。"❸特指衙役。参见"皂隶"。❹汉字字体的一种。即隶书。❺察看。《史记·酷吏列传》:"关东吏隶郡国出入关者。"
另见 dài。

隶农 春秋时对一种农业奴隶的称谓。《国语·晋语一》:"其犹隶农也,虽获沃田而勤易之,将不克飨,为人而已。"韦昭注:"隶,今之徒也。"

隶人 古代称因罪没入官为奴隶、从事劳役的人。《仪礼·既夕礼》:"隶人涅厕。"郑玄注:"隶人,罪人也,今之徒役作者也。"亦以称职位低微的吏役。《左传·昭公四年》:"舆人纳之,隶人藏之。"杜预注:"舆、隶,皆贱官。"

隶书 字体名。❶也叫"左书"、"史书"。是由篆书简化演变而成的一种字体,把篆书圆转的笔画变成方折,在结构上,把象形笔画化,以便书写。始于秦代,普遍使用于汉魏。晋卫恒《四体书势》:"秦既用篆,奏事繁多,篆字难成,即令隶人(指胥吏)佐书,曰隶字。"程邈将当时这种书写体加以搜集整理,后世遂有程邈创隶书的传说。早期隶书,字形构造保留篆书形迹较多(图一)。后在使用中加工发展,成为笔势、结构与小篆完全不同的两种字体,它打破了六书的传统,奠定了楷书基础,标志着汉字演进史上的一个转折点。魏晋时也称楷书为隶书,因别称有波磔的隶书为"八分",以示区别(图二)。❷正书的古称。正书由隶书发展演变而成,故唐以前仍把正书沿称为"隶书"。如《唐六典》:"校书郎正字,掌雠校典籍,刊正文字。其体有五:……五曰隶书,典籍、表奏、公私文疏所用。"此隶书即指当时通用的正书。为区别于汉、魏时代通用的隶书,又称正书为"今隶"。

图 (一) 寵可食殿朝美眭;草 (二) 元康四年六月中字扶長書名華

隶 书

琍 〔瓈〕(lì) 见"玓琍"。

荔 〔茘〕(lì) ❶草名。即"荔挺"。❷见"荔枝"。❸见"薜荔"。

荔挺 草名。形似蒲而小,根可制刷。《礼记·月令》:"〔仲冬之月〕荔挺出。"

荔枝(Litchi chinensis) 无患子科。常绿乔木,高可达20米。偶数羽状复叶,小叶长椭圆形或披针形,全缘,革质,侧脉不明显。花的类型有雄花、不完全雄蕊雌花、不完全雌蕊雄花、变态花等。圆锥花序;花小,无花瓣,呈绿白或淡黄色,有芳香。果心脏形或圆形;果皮具多数

荔枝

鳞斑状突起,鲜红、紫红、青绿或青白色。果肉新鲜时半透明凝脂状,多汁,味甘美,有芳香。性喜温湿多光。多用压条繁殖。原产中国南部,以广东、广西、福建、四川、云南、台湾等地栽培最多。枝叶繁茂,可作防风林树种。木质坚实,可作家具。果可食用,果壳、根、树干可提制栲胶。中医学上以种子入药,名"荔枝核"。性温,味甘、微苦、涩,功能疏肝行气、散寒止痛,主治疝气疼痛、睾丸肿痛、胃痛等。

枥 〔欐〕(lì) 木名。《山海经·中山经》:"历儿之山,其上多橿多枥木。是木也,方茎而员叶,黄花而毛,其实如楝,服之不忘。"

栎 〔櫟〕㊀(lì) ❶木名。如"麻栎"、"白栎"等。❷栏杆。《史记·滑稽列传》:"建章宫后阁重栎中,有物出焉,其状如麋。"司马贞索隐:"重栎,栏楯之下有重栏处也。"❸古都邑名。春秋郑国别都。在今河南禹州市。《左传》桓公十五年(公元前697年):"郑伯因栎人杀檀伯,而遂居栎。"即此。战国时称阳翟。❹传说中的鸟名。《山海经·西山经》:"〔天帝之山〕有鸟焉,其状如鹑,黑文而赤翁,名曰栎。"
㊁(lì,又读 láo) 敲击;搏击。《史记·楚元王世家》:"嫂厌叔,叔与客来,嫂佯为羹尽,栎釜。"《文选·潘岳〈射雉赋〉》:"栎雌妒异,倏来忽往。"李善注:"栎,击搏也。"
另见 yuè。

栎散 犹樗散。比喻无用之才。《魏书·宗钦传》:"伊余栎散,才至

庸微。"参见"樗栎"、"樗散"。

郦〔酈〕(lì) 姓。
另见 zhí。

砺

砺碻 一种农具。陆龟蒙《耒耜经》："爬而后有砺碻焉,有碌碡焉。自爬至砺碻,皆有齿;碌碡,觚棱而已。咸以木为之,坚而重者良。"王祯《农书》卷十二:"〔砺碻〕与碌碡之制同,但外有列齿,独用于水田,破块滓,混泥涂也。"

砅(lì) "厉(厲)❻"的本字。本谓履石渡水。见《说文·水部》。

轹〔轢〕(lì) ❶车轮辗过。《文选·张衡〈西京赋〉》："当足见蹍,值轮被轹。"薛综注:"足所蹓为蹍,车所加为轹。"❷超越。《文心雕龙·时序》:"经典礼章,跨周轹汉。"❸敲击;欺凌。《文选·张衡〈西京赋〉》:"轹辐轻骛,容于一扉。"薛综注:"驭车欲马疾,以策轹于辐,使有声也。"《汉书·酷吏传序》:"刻轹宗室,侵辱功臣。"颜师古注:"轹,谓陵践也。"

铏〔鉶〕(lì) 本作"鬲",或作"镉",鼎属。《吴越春秋·夫差内传》:"梦入章明宫,见两铏蒸而不炊。"徐天祜注:"铏,鬲属。"

俪〔儷〕(lì) ❶并;偕。《淮南子·缪称训》:"释正而追曲,倍是而从众,是与俗俪走,而内行无绳。"❷配偶。《左传·成公十一年》:"鸟兽犹不失俪。"引申为成双成对之意。如:俪辞;骈俪。参见"伉俪"。

俪辞 亦作"丽辞"。即对偶的文辞。《文心雕龙》有《丽辞》篇。刘知幾《史通·杂说下》:"对语俪辞,盛行于俗。"

俐(lì) 见"伶俐"。

疬〔癧〕(lì) 见"瘰疬"。

类〔類〕(lì) 通"戾"。偏;不公平;违拗。《左传·昭公十六年》:"刑之颇类。"《荀子·不苟》:"夫富贵者则类傲,夫贫贱者则求柔之,是非仁人之情也。"
另见 lèi。

瑮(lì) 蚌蛤之属。其甲古人用作刀剑鞘上的饰物。《诗·小雅·瞻彼洛矣》"鞞琫有珌"毛传:"士瑮琫而珧珌。"

莉(lì) 见"茉莉"。

莅〔涖、蒞〕(lì) 到;临。《仪礼·士冠礼》:"吾子将莅之。"

莅官 指到官、到职。《礼记·曲礼上》:"莅官行法。"孔颖达疏:"莅,临也;官,谓卿、大夫、士各有职掌。"

莅莅 水流声。《史记·司马相如列传》:"莅莅下濑,批岩冲壅。"

莅止 亦作"戾止"。来临。《诗·小雅·采芑》:"方叔莅止,其车三千。"

莅阼 莅,临视。阼,帝王主持祭礼时所站的台阶。指帝王登位视事。《礼记·文王世子》:"成王幼,不能莅阼。"郑玄注:"莅,视也,不能视阼阶,行人君之事。"参见"践阼"。

栵(lì) ❶成行列的小树。《诗·大雅·皇矣》:"修之平之,其灌其栵。"一说栵为树木经砍伐而重生者。见王引之《经义述闻》卷六"其灌其栵"条。❷木名。《尔雅·释木》:"栵,栭。"

楒(lì) 木名。《文选·郭璞〈江赋〉》:"楒楂森岭而罗峰。"李善注:"楒、楂亦二木名也。"

鬲(lì) ❶古代炊器。陶制。圆口,三空心足。新石器时代晚期开始出现,商周时除陶制外,兼用青铜制。《汉书·郊祀志上》:

鬲

"其(指鼎)空足曰鬲。"颜师古注引苏林曰:"足中空不实者,名曰鬲也。"❷古代丧礼所用的一种瓦瓶。《礼记·丧大记》:"陶人出重鬲。"孔颖达疏:"重鬲者,谓悬重之罂也。是瓦瓶,受三升。"❸西周时对俘虏或奴隶的称谓。详"人鬲"。
另见 è, gé。

栗㊀(lì) ❶栗属(Castanea)树种的总称。世界上有十几个种。原产中国的有板栗、锥栗和茅栗三种。各国生产栽培的有板栗、日本栗、欧洲栗、美洲栗和锥栗五种。栗有时也作板栗的简称。❷坚;结实。《礼记·聘义》:"缜密以栗。"❸肥满。《诗·大雅·生民》:"实颖实栗。"❹通"裂"。《诗·豳风·东山》:"烝在栗薪。"郑玄笺:"栗,析也。"❺通"历"。经历。《仪礼·聘礼》:"栗阶升。"❻姓。汉有栗融。
㊁〔慄、溧〕(lì) ❶寒冷。《素问·气交变大论》:"其变栗冽,其灾冰雪霜雹。"王冰注:"栗冽,甚寒也。"❷恐惧;瑟缩;寒颤。如:战栗。《汉书·杨恽传》:"不寒而栗。"

栗犊 初生的小牛,角小如栗,故名。《西京杂记》卷二:"长安有儒生曰惠庄,闻朱云折五鹿充宗之角,乃叹息曰:'栗犊反能尔耶?吾终耻溺死沟中。'遂裹粮从云。"参见"茧栗❶"。

栗栗 ❶众多。《诗·周颂·良耜》:"积之栗栗。"❷(慄慄)恐惧貌。《书·汤诰》:"栗栗危惧,若将陨于深渊。"又寒颤貌。王禹偁《和冯中允》诗:"人日雪花寒栗栗。"

栗主 用栗木做的神主。《公羊传·文公二年》:"虞主用桑,练主用栗。"按古礼,人死既葬,回家设祭叫虞,这时神主用桑木;期年练祭,改用栗主,埋桑主。后世通称宗庙神主为"栗主"。

砺〔礪〕(lì) ❶磨刀石。《荀子·劝学》:"金就砺则利。"❷磨。《书·费誓》:"砺乃锋刃。"参见"砺砥"。

砺砥 同"砥砺"。犹磨砺。袁桷《善之金事兄南归述怀百韵》:"相期在霄汉,薄禄慎砺砥。"

砾〔礫〕(lì) ❶碎石;碎瓦。如:砂砾;瓦砾。张衡《东京赋》:"飞砾雨散,刚瘅必斃。"柳宗元《袁家渴记》:"其旁多岩洞,其下多白砾。"❷"砾石"、"石砾"的简称。

擶〔攦〕(lì,又读 xǐ) 折断;拗。《庄子·胠箧》:"擶工倕之指,而天下始人有其巧矣。"

唎(lì) 拟声词。如:唏唎哗喇。

秝(lì) 稀疏而均匀之貌。《说文·秝部》:"秝,稀疏适秝也。"朱骏声通训定声:"按适秝者,叠韵连语,均匀之兒。"通作"历"。参见"历㊀❻"。

眹〔矊〕(lì) 见"的眹"。

猁(lì) 见"猞猁"。

飈〔飈〕(lì) 风急速貌。《文选·郭璞〈江赋〉》:"广莫飈而气整。"李善注引《山海经》注:"飈飈,急风貌。"

离〔離〕(lì) 通"丽"。依附。《汉书·扬雄传下》:"工、傅、董贤用事,诸附离之者,或起家至二千石。"
另见 chī, lí。

鸐〔鸐〕(lì) 鸟名。《尔雅·释鸟》："鸐,天狗。"郭璞注:"小鸟也,青似翠,食鱼,江东呼为水狗。"按即鱼狗。

翍〔韄〕(lì) 见"粘翍"。

悧(lì) 见"怜悧"。

莀(lì) 草名。即"莐草"。

欐〔欐〕(lì) ❶屋梁。《列子·汤问》:"昔韩娥东之齐,匮粮,过雍门,鬻歌假食,既去,而馀音绕梁欐,三日不绝。"❷小船。《三国志·魏志·王朗传》"策以儒雅"裴松之注引《献帝春秋》:"独与老母共乘一欐。流矢始交,便弃欐就俘。"❸见"欐欐"。

欐欐 繁多貌。枚乘《梁王菟园赋》:"若乃附巢塞鷽之传于列树也,欐欐若飞雪之重弗丽也。"

覙〔覼〕(lì,又读 xǐ) 探视;查看。《文选·左思〈吴都赋〉》:"覙海陵之仓,则红粟流衍。"李善注引《仓颉篇》曰:"覙,索视之貌。"

捩(lì) 拨动琵琶弦索的用具。萧纲《咏内人昼眠》诗:"插捩举琵琶。"
另见 liè。

蛎〔蠣〕(lì) 即"牡蛎"。《南齐书·周颙传》:"疑食蚶蛎,使学生议之。"

蛎黄 牡蛎肉。《本草纲目·介部二》李时珍集解:"南海人以其蛎房砌墙,烧灰粉壁;食其肉,谓之蛎黄。"李调元《南越笔记》卷十一:"〔蚝〕生食曰蚝白,腌之曰蛎黄,味皆美。"

唳(lì) 鹤、鸿雁等高亢地鸣叫。《晋书·陆机传》:"华亭鹤唳,岂可复闻乎?"

笠(lì) ❶笠帽,用竹箬或棕皮等编成。《诗·小雅·无羊》:"何蓑何笠?"❷竹篾编成的笠形覆盖物。如:笠盖;笠覆。

笠毂 《左传·宣公四年》:"又射,汰辀,以贯笠毂。"杜预注:"兵车无盖,尊者则边人执笠,依毂而立,以御寒暑,名曰笠毂。此言箭过车辕及王之盖。"后亦借指兵车。庾信《哀江南赋》:"居笠毂而掌兵。"

腒(lì) 腒。

猱(lì) 古代传说中兽名。状如彙,赤如丹火。见《山海经·中山经》。

痢(lì) 同"疠❷"。瘟疫。《公羊传·庄公二十年》:"大瘠者何?痢也。"何休注:"痢者,民疾疫也。"

粝〔糲〕(lì) 粗米。《汉书·外戚传下》:"妾夸布服粝食。"颜师古注引孟康曰:"夸,大也,大布之衣也。粝,粗米也。"

粒(lì) ❶一颗颗的谷米。刘桢《答魏太子丕借廓落带书》:"嘉禾始熟,而农夫先尝其粒。"❷泛称粒状物。如:豆粒;砂粒。又用为粒状物的计数词。如:一粒珍珠。❸谓有谷米可食。《书·益稷》:"烝民乃粒。"孔传:"米食曰粒。"

粒食 以谷物为食。《礼记·王制》:"衣羽毛穴居,有不粒食者矣。"

淚(lì) 见"淼淚"。
另见 lèi 泪。

悷(lì) 悲伤。见"悏悷"。

綟〔綟〕(lì) 用莀草染成的一种黑黄而近绿的颜色。《东观汉记·百官表》:"建武元年,复设诸侯王金玺綟绶。"

趏〔趩〕(lì) 跳动。《说文·走部》:"趏,动也。"段玉裁注:"《篇》、《韵》皆云跞同。《大戴礼》曰:'骐骥一趏,不能十步。'"徐灏笺:"《荀子·劝学篇》:'骐骥一跃,不能十步。'趏与跃同义。《篇》为《玉篇》,《韵》为《集韵》)。"

髲(lì) 见"髭髲"。

椛(lì) 机纽。见"机椛"。

霹〔靂〕(lì) 见"霹雳"。

跞〔躒〕(lì) 走动。《大戴礼记·劝学》:"骐骥一跞,不能千里。"
另见 luò。

詈(lì) 责骂。《国策·秦策二》:"乃使勇士往詈齐王。"

倮(lì) 见"儽"。

痢(lì) ❶病名,即痢疾。如:赤痢;白痢。❷见"痢痢"。

蒚(lì) ❶莞蒲的中茎叫蒚。《尔雅·释草》:"莞,苻蒚,其上蒚。"郭璞注:"西方亦名蒲,中茎为蒚,用之为席。"郝懿行义疏:"此莞似蒲,故亦抽茎作蒚。谓之为蒚。"❷菜名。《尔雅·释草》:"蒚,山蒜。"郝懿行义疏:"蒜之生于山者名蒚。"

桌(lì) ❶果名。同"栗"。《周礼·天官·笾人》:"加笾之实,菱、芡、桌、脯。"陆德明释文:"桌,古栗字。"❷古代金工之一种。《周礼·考工记序》:"攻金之工:筑、冶、凫、桌、段、桃。"贾公彦疏:"桌氏为量。"

隶(lì) 同"莅"。

溧(lì) 多用于地名。如溧水、溧阳。

瓥(lì) 同"鬲"。

鶈〔鶇〕(lì) 见"鶷鶈"。

镉〔鎘〕(lì) 同"鬲"。
另见 gé。

鬲(lì) 同"鬲"。古代炊器。见《说文·鬲部》。

箃(lì) 见"筚箃"。

鴶〔鴶〕(lì,又读 jí) 见"鶌鴶"。

髶(lì) 见"鬎髶"。

隸(lì) 姓。汉代有隸近之。
另见 lì 隶。

磿(lì) ❶石声。见《说文·石部》。段玉裁注:"谓其声磿磿然。"❷西周时对俘虏的称谓。《逸周书·世俘篇》:"馘磿亿(十万)有七万七千七百七十有九。"或说即"鬲"。

瀱(lì) 同"厉❻"。本谓涉深水,引申为渡水的通称。《楚辞·九叹·离世》:"棹舟杭以横瀱兮。"王逸注:"瀱,渡也,由膝以上为瀱。"

糐(lì) 同"粝(糲)"。

蝥(lì) ❶通"戾"。凶狠;暴戾。《史记·司马相如列传》:"蝥夫为之垂涕。"❷通"綟"。绿色。《汉书·百官公卿表上》:"诸侯王,高帝初置,金玺蝥绶。"颜师古注引晋灼曰:"蝥,草名也……似艾,可染绿,因以为绶名也。"

蔖(lì) 同"砅"。

麍(lì) 雌麐。一说为雄麐。《尔雅·释兽》:"麐,牡麍,牝麐。"郝懿行义疏:"《尔雅》古本作'麐,牡麍,牝麐'。今本麍麐互倒。"

擽(lì) 同"劙"。分割;散开。《荀子·赋》:"擽兮其相逐而反也。"杨倞注:"撇兮,分判貌。言云……或分散相逐而还于山也。"

li

里 〔裏〕(lǐ) 表语气,同"哩"。张先《八宝妆》词:"这浅情薄倖,千山万水,亦须来里!"
另见lǐ。

哩 (li) ❶表确定语气,与"呢"略同。如:早着哩。马致远《汉宫秋》第二折:"说汉朝大臣来投见哩。"❷作语助,同"啦"。如:笔哩,墨哩,都在那儿放着。
另见lǐ,mái,yīng lǐ。

liǎ

俩 〔倆〕(liǎ) 两个;不多几个。如:咱俩;他俩;只有这么俩人。
另见liǎng。

lián

令 (lián) 见"令居"。
另见líng,lǐng,lìng。

令居 古县名。西汉置。治今甘肃永登西北。晋废。前凉复置,旋废。地当自湟水流域通向河西走廊的要冲,汉武帝时,筑塞,通渠,置田官吏卒于此。两汉护羌校尉皆尝治此。

奁 〔奩、匲、匳、籢〕(lián) 古代盛放梳妆用品的器具。漆木制,也有陶制的明器。流行于战国至唐宋间,作圆形、长方形或多边形,大都分层。后代成为一种可以开阖的梳妆镜匣。亦泛指精致而小巧的匣子。如:印奁;棋奁。旧时也用为嫁女所备衣物的总称。如:陪奁;奁资。

奁

连 〔連〕(lián) ❶连接;结合。如:骨肉相连;藕断丝连。《吕氏春秋·审为》:"民相连而从之,遂成国于岐山之下。"❷连续。杜甫《春望》诗:"烽火连三月,家书抵万金。"❸姻亲关系。《史记·南越尉佗列传》:"及苍梧秦王有连。"❹周代王畿千里以外的行政区划名。十国为连,连有帅。见《礼记·王制》。❺兼得。《列子·汤问》:"一钓而连六鳌,合负而趣,归其国。"❻连同,引申为以至于之意。常与后边的"也"、"都"相应。如:他激动得连话都说不出来。❼相牵引之意,引申为行路艰难貌。《易·蹇》:"往蹇来连。"❽由若干排编成的军队一级组织。通常隶属于营。是基本战术分队。❾通"琏"。《礼记·明堂位》:"夏后氏之四连。"❿通"链"。铅矿。《史记·货殖列传》:"豫章出黄金,长沙出连锡。"⓫姓。春秋时齐有连称。

连璧 亦作"联璧"。并列在一起的两块玉。常以比喻并美的物与人。《庄子·列御寇》:"以日月为连璧,星辰为珠玑。"《晋书·夏侯湛传》:"美容观,与潘岳友善,每行止,同舆接茵,京都谓之连璧。"

连城璧 价值连城的玉。《史记·廉颇蔺相如列传》:"赵惠文王时,得楚和氏璧,秦昭王闻之,使人遗赵王书,愿以十五城请易璧。"后因有"连城璧"之称。杨炯《夜送赵纵》诗:"赵氏连城璧,由来天下传。"亦常比喻极珍贵的东西。元好问《论诗绝句》:"少陵自有连城璧,争奈微之识砇珷。"砇珷,像玉的石头。

连犿 随和貌。《庄子·天下》:"其书虽瑰玮,而连犿无伤也。"陆德明释文:"犿,本亦作抃,同。李云,宛转貌。一云,相从貌,谓与物相从不违,故无伤也。"

连横 亦作"连衡"。战国时张仪游说六国共同奉事秦国,叫"连横",同苏秦的"合纵"相对。《国策·齐策一》:"张仪为秦连横。"参见"合纵连横"。

连衡 即"连横"。《史记·秦始皇本纪》:"外连衡而斗诸侯。"

连枷 一种手工脱粒农具。由手柄及敲杆铰连构成。操作者持柄使敲杆绕短轴旋转,敲击铺在地面上的作物穗荚,使籽粒脱落。《农政全书·农器》:"连枷,击禾器。"亦作"连耞"。赵翼《陔馀丛考·连枷》:"农家登麦,必用连枷击之。"

连蹇 同"蹇连"。艰难。《易·蹇》:"往蹇来连。"王弼注:"往蹇来难。"扬雄《反离骚》:"骋骅骝以曲囏(艰)兮,驴骡连蹇而齐足。"引申为遭遇坎坷。石介《三豪诗送杜默师雄》:"永叔亦连蹇,病鸢方骞腾。"

连襟 ❶姊妹的丈夫之互称或合称。马永卿《嬾真子》卷二:"《尔雅》曰:'两婿相谓为亚。'注云:'今江东人呼同门为僚婿。'《严助传》呼'友婿',江北人呼'连袂',又呼'连襟'。"❷襟,指胸怀。犹言彼此知心。骆宾王《秋日与群公宴序》:"誓敦交道,俱忘白首之情;款尔连襟,共挹青田之酒。"

连娟 亦作"联娟"。眉弯曲而纤细;细长。《史记·司马相如列传》:"长眉连娟。"亦指身材苗条。《汉书·外戚传上》:"美连娟以修嫭兮。"颜师古注:"连娟,嫋弱也。"

连类 因人因事而并举其同类。《韩非子·难言》:"多言繁称,连类比物,则见以为虚而无用。"

连理 不同根的草木,其枝干连生在一起。旧时看作吉祥的征兆。班固《白虎通·封禅》:"德至草木,朱草生,木连理。"《晋书·元帝纪》:"一角之兽,连理之木,以为休征者,盖有百数。"

连理枝 两树枝条连生一起。比喻恩爱的夫妻。白居易《长恨歌》:"在天愿作比翼鸟,在地愿为连理枝。"也比喻兄弟。张羽《送弟瑜赴京师》诗:"愿言保令体,慰此连理枝。"

连连 ❶犹徐徐。不急迫。《诗·大雅·皇矣》:"执讯连连。"❷接连不断。《庄子·骈拇》:"则仁义又奚连连如胶漆缠索,而游乎道德之间为哉?"陈琳《饮马长城窟行》:"长城何连连,连连三千里。"

连逴 接连不断。《聊斋志异·小髻》:"俄而尺许小人,连逴而出,至不可数。"

连绵 亦作"联绵"。接连不断。谢灵运《过始宁墅》诗:"岩峭岭稠叠,洲萦渚连绵。"李白《白毫子歌》:"小山连绵向江开,碧峰巉岩渌水回。"

连弩 装有机栝,可以连续发射的弓。《史记·秦始皇本纪》:"蓬莱药可得,然常为大鲛鱼所苦,故不得至,愿请善射与俱,见则以连弩射之。"

连篇累牍 牍,书版。累牍,犹言累纸。形容文辞冗长。《隋书·李谔传》:"连篇累牍,不出月露之形。"亦作"累牍连篇"。《宋史·选举志二》:"寸晷之下,惟务贪多,累牍连篇,何由精妙?"

连蜷　亦作"连卷"。蜷曲貌。《楚辞·招隐士》："桂树丛生兮山之幽，偃蹇连蜷兮枝相缭。"

连天　与天相连，常以形容山势高峻。李白《梦游天姥吟留别》："天姥连天向天横，势拔五岳掩赤城。"也用以形容辽远广阔，无边无际。王维《出塞作》诗："白草连天野火烧。"

连延　连续貌。何晏《景福殿赋》："阶除连延，萧曼云征。"《宋史·宋琪传》："自易水距此二百余里，并是沿山村墅连延，溪涧相接。"

连枝　连在一起的树枝。常用以比喻同胞兄弟。苏武《诗四首》："况我连枝树，与子同一身。"

连珠　❶连成一串的珍珠。《汉书·律历志》："明如合璧，五星如连珠。"❷文体名。南朝沈约谓："连珠者，盖谓辞句连续，互相发明，若珠之结排也。"形式短小。多骈偶而用韵，借以喻以见义。今所见以汉扬雄《连珠》为最早。继作者有演连珠、拟连珠、畅连珠、广连珠等称。《魏书·李先传》有"韩子连珠二十二篇"之说，当指《韩非子·内外储说》中词义连贯的文辞，并非文体之称。

连坐　亦称"缘坐"、"相坐"、"从坐"、"随坐"。中国旧时因一人犯法而使有一定关系的人（如亲属、邻里或主管者等）连带受刑的制度。《尚书·泰誓》有"罪人以族"的记载。《史记·商君列传》："令民为什伍而相牧司连坐。"汉武帝时张汤、赵禹作《见知故纵监临部主之法》，主管官吏对部下犯罪，见知而故意不举劾，各与同罪，也得连坐。国民党政府在一定区域实行保甲制度，也规定连坐办法。

怜〔憐〕(lián)　❶哀怜；同情。如：同病相怜。白居易《放鱼》诗："怜其不得所，移放于南湖。"❷宠爱；爱惜。《国策·赵策四》："丈夫亦爱怜其少子乎？"白居易《白牡丹》诗："怜此皓然质，无人自芳馨。"

另见 líng。

帘〔簾〕(lián)　用布、竹、苇等做成的遮蔽门窗用具。如：窗帘；门帘。王勃《滕王阁序》："朱帘暮卷西山雨。"

〇(lián)　酒家做店招的旗帜。郑谷《旅寓洛南村舍》诗："白鸟窥鱼网，青帘认酒家。"

谇〔讆〕(lián)　见"谇语"、"谇谀"。

谇谀　言语支离烦琐的样子。《楚辞·九思·疾世》："嗟此国兮无良，媒女诎兮谇谀。"洪兴祖补注："谇谀，语乱也。"

谇语　亦作"连语"。也叫联绵字、联绵词。联绵不可分割的双音节词，很多是双声或叠韵的。如"参差"、"窈窕"。

莲〔蓮〕(lián)　莲子；莲蓬。《尔雅·释草》："荷，芙渠……其实莲。"后多与荷混用。古乐府《江南》："江南可采莲，莲叶何田田。"

莲步　美女的脚步。孔平仲《观舞》诗："云鬟应节低，莲步随歌转。"参见"金莲❶"。

莲房　莲蓬。因各孔分隔如房，故名。杜甫《秋兴》诗："露冷莲房坠粉红。"中医学上可供药用。

莲花　即荷花。

莲幕　庾杲之任王俭的长史官，萧缅给俭的信说："盛府元僚，实难其选；庾景行（杲之字）泛渌水，依芙蓉，何其丽也？"见《南史·庾杲之传》。当时人把俭府比做莲花池，所以信中这样称赞庾杲之。后世称幕府为"莲幕"，本此。李商隐《自桂林奉使江陵途中感怀》诗："下客依莲幕，明公念竹林。"

薟〔薟〕(lián)　"薟（蔹）"的本字。

另见 xiān。

啮〔嗹〕(lián)　见"啮喽"。

啮喽　多言。见《玉篇·口部》。按《广韵·一先》作"言语繁絮貌"。

涟〔漣〕(lián)　❶风吹水面所成的波纹。谢灵运《山居赋》："拂青林而激波，挥白沙而生涟。"❷泪流不断貌。李白《玉壶吟》："烈士击玉壶，壮心惜暮年，三杯拂剑舞秋月，忽然高咏涕泗涟。"❸水名。见"涟水"。

涟洏　犹"涟涟"。泪流不止貌。王粲《赠蔡子笃》诗："中心孔悼，涕泪涟洏。"亦作"涟而"。谢惠连《祭古冢文》："纵锸涟而。"

涟涟　泪流不止貌。《诗·卫风·氓》："不见复关，泣涕涟涟。"

涟水　湘江下游支流。在湖南省中部。源出涟源市西北，东流经湘乡市到湘潭县入湘江。长224公里，流域面积7 155平方公里。涟源以下可通航，是湘江航运量较大的支流。上游建有水府庙水库，中、下游建有韶山灌区。

涟漪　细小的波纹。本作"涟猗"。《诗·魏风·伐檀》："河水清且涟猗。"毛传："风行水成文曰涟。"猗，语助，犹"兮"，后加水旁作"漪"。左思《吴都赋》："濯明月于涟漪。"

缏〔繕〕(lián)　丝缕纠结不解。见《玉篇·糸部》。

槤〔槤〕(lián)　❶木名。郭璞《江赋》："楩、槤森岭而罗峰。"❷与楼阁紧连的小屋。《玉篇·木部》："槤，楼也。"亦作"连"。《尔雅·释宫》："连谓之簃。"郭璞注："堂楼阁边小屋。"

另见 liǎn。

联〔聯〕(lián)　❶联合；连接。如：珠联璧合。柳宗元《与崔策登西山》诗："联袂度危桥，萦回出林杪。"❷古代户口编制的名称。《周礼·地官·族师》："五家为比，十家为联；五人为伍，十人为联；四闾为族，八闾为联。"❸对联。如：春联；挽联；楹联。

联璧　同"连璧"。刘峻《广绝交论》："日月联璧，赞尧夔之弘致。"《周书·韦孝宽传》："时独孤信为新野郡守，司荆州，与孝宽情好款密，政术俱美，荆部吏人号为联璧。"

联句　旧时作诗方式之一，亦称"连句"。两人或多人共作一诗，相联成篇。传始于汉武帝时《柏梁台诗》（疑系后人伪托）。初无定式，有一人一句一韵、两句一韵乃至两句以上者，依次而下。后来习用一人出上句，续者对成一联，再出上句，轮流相继。此外尚有用杂言及一至九字诗形式写成的联句。多用于上层饮宴及朋友间应酬，绝少佳作。

联娟　同"连娟"。弯曲而细长。宋玉《神女赋》："眉联娟以蛾扬兮，朱唇的其若丹。"

联联　联续不绝貌。顾况《露青竹杖歌》："采得马鞭长且坚，浮沤丁子珠联联。"韩愈《庭楸》诗："濯濯晨露珠，明珠何联联。"

联绵　同"连绵"。接连不断。江总《大庄严寺碑》："木密联绵，香泥缭绕。"

联绵字　也作"连绵字"。指由两个音节联缀成义而不能分割的词。或有双声、叠韵的关系，如"玲珑"（双声）、"徘徊"（叠韵）。或没有双声、叠韵的关系，如"蜈蚣"、"妯娌"。或同音相重复，如"匆匆"、"津津"。

联翩　鸟飞貌。常用来形容连续不断。《文选·陆机〈文赋〉》："浮藻联翩。"李周翰注："联翩，鸟飞貌；谓文思将来联翩然。"亦作"连翩"。曹植《白马篇》:"白马饰金羁,连翩西北驰。"

联拳 同"连卷"。蜷曲貌。杜甫《雕赋》:"联拳拾穗,长大如人。"又《漫成》诗:"沙头宿鹭联拳静。"

联署 同"连署"。《新唐书·归登传》:"同列有所谏正,辄联署,无所回讳。"

联宗 在封建宗法社会中,同姓而没有宗族关系的人联成一族,叫"联宗"。张尔岐《蒿庵闲话》卷二:"近俗喜联宗,凡同姓者,势可藉,利可资,无不兄弟叔侄者矣。此风大盛于唐。其时重旧姓,每竞相依附。"

链〔鏈〕(lián) 铅矿。《广雅·释器》:"铅矿谓之链。"王念孙疏证:"链,通作连。"参见"连❿"。

另见 liàn。

裢〔褳〕(lián) 见"褡裢"。

零(lián) 见"先零羌"。

另见 líng。

嗛(lián) 布的帘子。《说文·巾部》:"嗛,帷也。"段玉裁注:"户嗛,施之于户外也。按与竹部簾异物,嗛以布为之,簾以竹为之。"

廉〔廉、亷〕(lián) ❶侧边。《仪礼·乡饮酒礼》:"设席于堂廉东上。"❷棱角。《吕氏春秋·孟秋》:"其器廉以深。"引申为品行方正。参见"廉隅"。❸廉洁;不贪。《汉书·东方朔传》:"割之不多,又何廉也!"❹便宜;价钱低。王禹偁《黄州新建小竹楼记》:"以其价廉而工省也。"❺考察;查访。《汉书·高帝纪下》:"且廉问有不如吾诏者,以重论之。"❻姓。战国时有廉颇。

廉耻 谓廉洁知耻。《管子·权修》:"货财上流,赏罚不信,民无廉耻,而求百姓之安难,兵士之死节,不可得也。"

廉俸 清代官吏除正俸外,另给"养廉银",合称"廉俸"或"俸廉"。

廉洁 清廉;清白。与"贪污"相对。《楚辞·招魂》:"朕幼清以廉洁兮。"王逸注:"不受曰廉,不污曰洁。"

廉泉让水 南朝宋时,梁州范柏年因事谒见明帝,明帝说到广州的贪泉,就问柏年:"卿州复有此水否?"柏年曰:"梁州惟有文川、武乡、廉泉、让水。"又问:"卿宅在何处?"曰:"臣所居廉、让之间。"见《南史·胡谐之传》。范语暗示自己清廉之意。后以"廉泉让水"比喻风土醇美。

廉纤 细雨貌。韩愈《晚雨》诗:"廉纤晚雨不能晴,池岸草间蚯蚓鸣。"亦借指细雨。叶梦得《为山亭晚卧》诗:"泉声分寂历,草色借廉纤。"

廉隅 本谓棱角,后以喻人品行端方,有志节。《汉书·元后传》:"禁(王禁)有大志,不修廉隅,好酒色。"

廉远堂高 《汉书·贾谊传》:"人主之尊譬如堂,群臣如陛,众庶如地。故陛九级上,廉远地,则堂高;陛亡(无)级,廉近地,则堂卑。高者难攀,卑者易陵,理势然也。"廉,堂的边角。意谓天子高居百官之上,其尊不可及。因以"廉远堂高"比喻帝王的尊严。

溓(lián) 见"溓溓"。

另见 liǎn,nián。

溓溓 水始凝结成冰貌。潘岳《寡妇赋》:"水溓溓以微凝。"

蔹〔蘞〕(lián,又读 liǎn) 多年生蔓草,有白蔹、赤蔹、乌蔹莓等。《诗·唐风·葛生》:"蔹蔓于野。"陆玑《毛诗草木鸟兽虫鱼疏》卷上:"蔹似栝楼,叶盛而细,其子正黑如燕薁,不可食。"

蹥〔蹥〕(lián) 见"蹥蹇"。

蹥蹇 同"连蹇"。艰难。《论衡·物势》:"亦或辩口利舌辞喻横出为胜,或诎弱缀跲蹥蹇不比者为负。"

磏(lián) 赤色的砺石。朱骏声《说文通训定声·谦部》:"厉石青者曰砛,赤者曰磏。"引申为自厉。《韩非子·六反》:"磏勇之士。"王先慎集解:"《说文》:'磏,厉石也。'凡棱利之义,即此字之转注,经传皆以廉为之。"

鲢〔鰱〕(lián) 动物名。学名 *Hypophthalmichthys molitrix*。

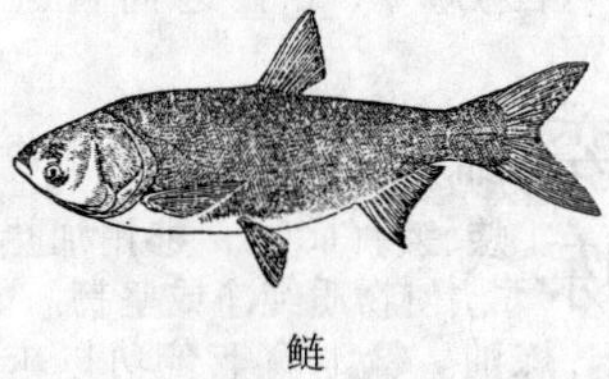

鲢

亦称"鲊"、"鲢子"、"白鲢"。硬骨鱼纲,鲤科。体侧扁,较高,长达1米余。银灰色。口中大,眼下侧位。腹面腹鳍前后均具肉棱。胸鳍末端伸达腹鳍基底。栖息水的中上层,以海绵状的鳃耙滤食浮游植物。性活泼,善跳跃。三龄成熟;可人工繁殖。为中国最主要的淡水养殖鱼类之一。分布于各大水系。鳞可制鱼鳞胶和珍珠素。

螊(lián,又读 xián) 动物名。《说文·虫部》:"螊,海虫也。长寸而白。可食。"朱骏声通训定声:"疑今之蛏也。"《晋书·夏统传》:"或至海边拘螊、蠘以资养。"

濂(lián) 见"濂溪"。

濂溪 ❶源出今湖南道县西都庞岭,东北流入潇水。宋理学家周敦颐世居溪上,人称为"濂溪先生",并称其学派为"濂溪学派"。❷源出今江西庐山莲花峰下,西北流合龙开河入长江。周敦颐晚年居此,因以故乡濂溪为水名。

臁(lián) 小腿。周密《齐东野语·经验方》:"辛酉夏,余足疡发于外臁。"

熑(lián) 火不绝貌。见《广韵·二十五添》。

䨬(lián) 久雨。毛奇龄《重建息县儒学大成殿碑记》:"康熙七年,夏,大䨬,潦横流之。"

䨬䨴 亦作"廉纤"、"𩆞䨴"。小雨连绵。董解元《西厢记诸宫调》卷一:"薄薄春阴,酿花天气,雨儿𩆞䨴,风儿淅沥。"

镰〔鐮、鐮、鎌〕(lián) ❶镰刀。割稻麦等的农具。❷箭镞的棱角。《方言》第九:"凡箭镞胡合嬴者,四镰,或曰钩肠;三镰者谓之羊头;其广长而薄镰谓之锝,或谓之钯。"郭璞注:"镰,棱也。"

䭑〔䭑〕(lián) 见"䭑䴬"。

䭑䴬 食品名。即馓子。吴坰《五总志》:"干宝《司徒仪》曰:'祭用䭑䴬。'晋制呼为环饼,又曰寒具,今曰馓子。"

蠊(lián) 见"蜚蠊"。

鬑(lián) 见"鬑鬑"。

鬑鬑 须发稀疏貌。古乐府《陌上桑》:"为人洁白皙,鬑鬑颇有须。"

𩆞(lián) 同"䨬"。

liǎn

琏〔璉〕(liǎn) ❶古代盛黍稷的礼器。《论语·公冶长》:"瑚琏也。"何晏集解:"瑚琏,黍稷之器,夏曰瑚,殷曰琏。"❷通"连"。《文选·何晏〈景福殿赋〉》:"既栉比而横集，又宏琏以丰敞。"李善注："琏与连古字通。"

槤〔槤〕(liǎn) 瑚槤，亦作"瑚璉"。古代盛黍稷的祭器。参见"瑚璉"。
另见lián。

敛〔斂〕(liǎn) ❶收拾。《诗·小雅·大田》："此有不敛穧。"❷征收。如：横征暴敛。《孟子·尽心上》："易其田畴，薄其税敛。"❸收集。如：聚敛。《聊斋志异·竹青》："讯知其由，敛赀送归。"❹收缩。如：翕敛；侈敛。王勃《饯韦兵曹》诗："川霁浮烟敛，山明落照移。"❺不足。《史记·赵世家》："去沙丘钜鹿敛三百里。"❻收束；约束。敛迹。《汉书·陈万年传》："皆令闭门自敛，不得逾法。"❼通"殓"。《礼记·丧服大记》："小敛大敛，祭服不倒。"

敛丐 聚集；索取。《新唐书·王缙传》："缙给中书符，遣游屠数十辈行州县，敛丐赀货。"

敛迹 ❶谓有所顾忌而收敛行迹。《新唐书·刘栖楚传》："诸恶少窜名北军，凌藉衣冠，有罪则逃军中，无敢捕。栖楚一切穷治，不阅旬，宿奸老蠹为敛迹。"❷退隐。《晋书·张轨传》："吾在州八年，不能绥靖区域，又值中州兵乱，秦陇倒悬，加以寝患委笃，实思敛迹避贤。"

敛容 犹正容，表示肃敬。《汉书·霍光传》："光每朝见，上虚己敛容，礼下之已甚。"

敛手 ❶缩手，表示不敢妄为。《史记·春申君列传》："秦楚合而为一以临韩，韩必敛手。"❷拱手，表示恭敬。白居易《宿紫阁山北村》诗："主人退后立，敛手反如宾。"

脸〔臉〕(liǎn) ❶颊；面孔。梁简文帝《妾薄命》诗："玉貌歇红脸，长颦串翠眉。"❷面子；颜面。如：丢脸。《水浒传》第二十一回："婆惜也不曾睡着，听得宋江骂时，扭过身回道：'你不羞这脸！'"

裣〔襝〕(liǎn) 同"敛"。见"裣衽"。

裣衽 夹衣襟于带间。表敬意。

濂(liǎn) 水平静貌。《宋书·礼志三》："河濂海夷。"
另见lián，nián。

liàn

练〔練〕(liàn) ❶亦作"湅"。使丝麻或布帛柔软洁白。《周礼·天官·染人》："凡染，春暴练。"郑玄注："暴练，练其素而暴之。"❷练过的丝帛，多指白绢。谢朓《晚登三山还望京邑》诗："余霞散成绮，澄江静如练。"❸练习；训练。如：练字；练兵。❹熟练。如：老练；干练；练事。《汉书·薛宣传》："〔翟方进〕荐宣明习文法，练国制度。"❺白色。《淮南子·说林训》："墨子见练丝而泣之，为其可以黄，可以黑。"❻通"拣"。选择。《汉书·邹阳传》："今吴楚之王，练诸侯之兵。"❼古代祭名。父母去世第十一个月祭于家庙，可穿练过的布帛，故以为名。《礼记·杂记下》："丧之期，十一月而练，十三月而祥，十五月而禫。"❽姓。唐代有练何。

练达 熟练通达。白居易《李宗何可渭南令制》："宗何学古修己，练达道理。"亦作"达练"。《后汉书·胡广传》："达练事体，明解朝章。"

练师 亦作"炼师"。道士的名号。《唐六典》卷四："道士修行有三号：其一曰法师，其二曰威仪师，其三曰律师。其德高思精，谓之练师。女道士亦同。亦作炼师。"后用作对道士的敬称。《太平广记》卷一百三十引《三水小牍》："炼师欲求三清长生之道。"

栜〔欄〕(liàn) 木名。即楝。《考工记·㡛氏》："涑帛以栜为灰。"郑玄注："以栜木之灰渐释其帛也。"
另见lán。

偭〔健〕(liàn，又读 liǎn) ❶小鸡。偭。《尔雅·释畜》："未成鸡，偭。"通作"连"。《国策·秦策一》："诸侯不可一，犹连鸡之不能俱止（一作'上'）于栖之（一作'亦'）明矣。"❷孪生，兼指人及动物言。《方言》第三："陈楚之间凡人兽乳而双产谓之釐孶，秦晋之间谓之偭子。"

娈〔孌〕(liàn) 同"恋"。
另见luán。

炼〔煉、鍊〕(liàn) ❶用加热等方法使物质纯净或坚韧。如：炼钢；炼油。❷比喻下苦功以求精炼。如：炼字；炼句。

炼丹 古代方士的术语，也是道教的道术之一。"丹"即"丹砂"。原指将朱砂等药物放于炉火中烧炼，以制"长生不死"丹药（即"金丹"）。后有内丹、外丹之分。将人体拟作炉鼎，以静功和心法修炼精、气、神的，称内丹。用炉火烧炼药石的，称外丹。嵇康《答难养生论》："故赤斧以炼丹颓发，涓子以术精久延。"

炼句 推敲字句，使之凝炼。周贺《投江州张郎中》诗："炼句贻箱箧，悬图视蜀岷。"

炼师 旧时对懂得"养生"、"炼丹"方法的道士的尊称。《唐六典》卷四："其（道士）德高思精者，谓之炼师。"

捡〔撿〕(liàn) 拱手。见《说文·手部》。
另见jiǎn。

恋〔戀〕(liàn) 爱慕不舍。如：依恋；恋群。李白《杭州送裴大泽》诗："去割慈亲恋，行忧报国心。"也特指男女之爱。如：恋人；热恋。

恋恋 亦作"挛挛"。留恋；顾念。如：恋恋不舍。《史记·范雎蔡泽列传》："雎曰：'然公之所以得无死者，以绨袍恋恋，有故人之意，故释公。'"

恋阙 指臣子依恋朝廷。韩愈《次邓州界》诗："潮阳南去倍长沙，恋阙那堪又忆家！"

恋栈 《晋书·宣帝纪》："驽马恋栈豆。"比喻贪恋禄位。

浰(liàn，又读 lì) 急流。比喻行动迅速。《汉书·司马相如传上》："倏胂倩浰。"颜师古注引张揖曰："皆疾貌也。"

渶〔瀲〕(liàn) ❶浸渍。《文选·木华〈海赋〉》："尔其为大量也，则南渶朱崖，北洒天墟。"李善注："渶，渍也。"❷同"潋"。

殓〔殮〕(liàn) 给尸体穿着入棺。如：大殓；入殓。《南史·任昉传》："杂木为棺，浣衣以殓。"

蒝(liàn) ❶草名。《尔雅·释草》："蒝，莶苓。"郝懿行义疏："蒝者，《玉篇》云：'白薇也。'根似核，故以核名。苓与核，古字通借。"❷见"芊蒝"。

瘗(liàn) 同"殓"。《路史·吴英氏》："丧三日而瘗。"

链〔鏈〕(liàn) ❶用金属环连接而成的长条。如：表链；锁链。❷译自英文 cable。（1）计量海上短距离的非法定计量单位。1链为十分之一海里，即185.2米。（2）中国和某些国家舰炮对海射击射程的非法定计量单位。1炮链为182.87米。
另见lián。

湅(liàn) 练丝。《考工记·㡛氏》："湅丝以涚水。"涚水，温水。《玉篇·水部》："涑，煮丝绢熟也。"

棟（liàn）木名。即楝树。

澰〔澰〕（liàn）❶水际。潘岳《西征赋》："青蕃蔚乎翠澰。"❷见"澰灎"。

澰灎　❶水满貌。泛指盈溢。白居易《对新家酝玩自种花》诗："玲珑五六树，澰灎两三杯。"❷水波荡漾貌。《文选·木华〈海赋〉》："浟湙潋灎，浮天无岸。"李善注："澰灎，相连之貌。"张铣注："皆漫波状貌。"苏轼《饮湖上初晴后雨》诗："水光潋灎晴方好，山色空蒙雨亦奇。"

鰊〔鰊〕（liàn）鱼名。即鯡。

liáng

良（liáng）❶良好；美好。如：良药；良田；良辰。❷善良。《诗·陈风·墓门》："夫也不良。"❸旧谓身家清白。参见"良贱"。❹古时妇女称丈夫。《仪礼·士昏礼》："媵衽良席在东。"贾公彦疏："使媵布夫席。"古乐府《读曲歌》："白帽郎，是侬良，不知乌帽郎是谁?"参见"良人❶"。❺和悦；和顺。《荀子·非十二子》："其容良。"❻能够。《左传·昭公十八年》："吾身泯焉，弗良及也。"❼确；真。《史记·赵世家》："诸将以为赵氏孤儿良已死，皆喜。"❽很；甚。《汉书·冯唐传》："上既闻廉颇、李牧为人，良说(悦)。"参见"良久"。❾犹言深。见"良夜❷"。❿姓。春秋时郑有良霄。

另见 lǎng。

良辰美景　美好的节令和景物。谢灵运《拟魏太子邺中集诗序》："天下良辰、美景、赏心、乐事，四者难并。"《陈书·孙瑒传》："每良辰美景，宾僚并集，泛长江而置酒，亦一时之胜赏焉。"

良娣　古代太子妃妾的称号。始于西汉，魏晋至唐多曾沿称。

良家　❶旧时谓清白的人家。如：良家妇女。参见"良贱"。❷旧指善于经营致富的人家。《管子·问》："问乡之良家，其所牧养者几何人矣?"

良家子　❶旧时用以指清白人家的子弟。《汉书·李广传》："广以良家子从军击胡。"王先谦补注："周寿昌曰：汉制，凡从军不在七科谪内者，谓之良家子。"《汉书·外戚传》："孝

文窦皇后，景帝母也。吕太后时，以良家子选入宫。"汉世以陇西、天水、安定、北地、上郡、西河六郡的良家子选充羽林、期门，当时名将多由此出，见《汉书·地理志》。❷旧时也指名门贵族家庭的子女。卢思道《从军行》："犀渠玉剑良家子，白马金羁侠少年。"

良贱　良民和贱民。旧以身家清白与否把人分为良贱两等，以士农工商为良，以倡优、奴婢、乞丐等为贱，并制订种种迫害"贱民"的法规，如不得应试入仕等。

良久　好久；很久。《史记·商君列传》："孝公既见卫鞅，语事良久。"

良能　孟子用语。《孟子·尽心上》："人之所不学而能者，其良能也。"参见"良知❶"。

良朋　好友。《诗·小雅·常棣》："每有良朋，况也永叹。"况，发语辞；永叹，长叹。陶潜《停云》诗："良朋悠邈，搔首延伫。"悠邈，远意；延伫，久待。

良人　❶旧指丈夫。《孟子·离娄下》："齐人有一妻一妾而处室者，其良人出，则必餍酒肉而后反。"❷犹美人。《诗·唐风·绸缪》："今夕何夕，见此良人!"❸旧指身家清白的人。《水浒传》第七回："林冲娘子红了脸道:'清平世界，是何道理，把良人调戏!'"❹犹平民。白居易《新乐府·道州民》："父兄子弟始相保，从此得作良人身。"❺泛指好人、善人。《诗·秦风·黄鸟》："歼我良人。"❻古乡官。即乡大夫。《国语·齐语》："十连为乡(二千家)，乡有良人焉。"❼西汉妃嫔的称号。《汉书·外戚传序》："良人视八百石，比左庶长。"东汉废，魏、晋、南朝曾复置。

良史　旧时称有学识、记事无所隐讳的史官为"良史"。《左传·昭公十二年》："左史倚相趋过，王曰:'是良史也。'"《汉书·司马迁传赞》："然自刘向、扬雄博极群书，皆称迁有良史之材。"

良药苦口　比喻劝戒的话，听起来虽然难受，却很有益处。《韩非子·外储说左上》："夫良药苦于口，而智者劝而饮之，知其入而已己疾也。"《三国志·吴志·孙奋传》："夫良药苦口，惟疾者能甘之；忠言逆耳，惟达者能受之。"

良夜　❶天色美好之夜。苏轼《后赤壁赋》："月白风清，如此良夜何!"❷深夜。《后汉书·祭遵传》："劳飨士卒，作黄门武乐，良夜乃罢。"李贤

注："良，犹深也。"

良知　❶孟子用语。天赋的道德善性和认识能力。《孟子·尽心上》："人之所不学而能者，其良能也。所不虑而知者，其良知也。"认为仁、义、礼、智等道德观念，是天赋给人的，不是从外面学来的。又认为"仁义礼智皆根于心"，故"良知"为心之本体，"我"之主宰，一切意识和德性皆出于此。明王守仁根据这种观点，提出"致良知"说，作为道德修养方法。❷好友；知己。谢灵运《游南亭》诗："我志谁与亮? 赏心惟良知。"

俍（liáng）❶善。《庄子·庚桑楚》："夫工乎天而俍乎人者，惟全人能之。"全人，道家指道德高的人。❷见"俍倡"。

另见 lǎng。

俍倡　同"踉蹌"。

亮（liáng）见"亮阴"。

另见 liàng。

亮阴　同"谅阴"。帝王居丧。《书·无逸》："乃或亮阴，三年不言。"

莨（liáng）见"莨纱"。

另见 làng。

莨纱　亦称"香云纱"。盛产于中国广东的一种丝织物。以生丝织成的提花纱罗织物作坯绸，用薯莨的液汁(含有胶质、丹宁酸等)多次涂覆于练熟的坯绸上，使织物表面粘聚一薄层黄棕色胶状物质。再用含有氧化铁的泥土涂布于织物表面，使胶状物变成黑色，效果犹如涂漆。色泽的日晒、水洗牢度极佳。防水性能强，发散水分快。质地爽滑柔润，穿着时感到轻快凉爽，耐穿易洗。但表面漆状光泽耐磨性较差，揉搓后容易脱落。适于制夏服。

凉〔涼〕（liáng）❶微寒；不热。如：天气转凉；冬暖夏凉。韩偓《已凉》诗："已凉天气未寒时。"❷薄。见"凉德"。❸古代六饮之一。《周礼·天官·浆人》："掌共(供)王之六饮：水、浆、醴、凉、医、酏。"郑玄注："郑司农云：凉，以水和酒也。玄谓凉，今寒粥，若糗饭杂水也。"❹十六国时期国名。有"前凉"、"后凉"、"南凉"、"西凉"、"北凉"。❺姓。三国时魏有凉茂。

另见 liàng。

凉薄　才德微薄。吕惠卿《贻王安石书》："内省凉薄，尚无细故之嫌。"

凉德　薄德。犹言不义。《左传·庄公三十二年》："虢多凉德，其何土

之能得!"

凉风 ❶微寒的风。❷指西南风。《礼记·月令》:"〔孟秋之月〕凉风至。"《淮南子·墬形训》:"西南曰凉风。"❸指北风。《尔雅·释天》:"北风谓之凉风。"参见"八节风"。

凉凉 ❶自甘寂寞的样子。《孟子·尽心下》:"行何为踽踽凉凉?"朱熹注:"凉凉,薄也,不见亲厚于人也。"❷微寒。《列子·汤问》:"日初出,沧沧凉凉。"

谅〔諒〕(liáng)　见"谅阴"。
另见 liàng。

谅阴　亦作"谅闇"、"梁闇"、"亮阴"。指帝王居丧。《论语·宪问》:"高宗谅阴,三年不言。"朱熹注:"谅阴,天子居丧之名,未详其义。"也以指高级官吏居丧。一说"谅阴"是凶庐,即守丧之处。见刘宝楠《论语正义》引郑玄注。

谅闇　同"谅阴"。《晋书·山涛传》:"山太常(山涛)虽尚居谅闇,情在难夺。"

梁㊀(liáng)　❶桥。如:桥梁。津梁。《诗·大雅·大明》:"造舟为梁。"嵇康《琴赋》:"乃相与登飞梁。"❷水中筑堰像桥梁一样的捕鱼设置。《诗·邶风·谷风》:"毋逝我梁。"❸身体或物体上居中拱起或成弧形的部分。如:鼻梁;车梁。❹古国名。嬴姓。在今陕西韩城南。公元前641年灭于秦,秦改称少梁。战国时又改称夏阳。❺即魏。公元前361年,一说为前364年,魏惠王迁都大梁(今河南开封),从此魏也称为梁。❻朝代名。南朝之一。公元502年萧衍代齐称帝,国号梁,建都建康(今江苏南京),也称萧梁。疆域初同齐后期,一度乘北魏衰乱向北有所扩展。侯景乱后丧失殆半,长江以北沦于北齐,巴蜀沦于西魏,弃云贵高原于土著民族,后又乘襄樊一带于西魏,失荆州一带于西魏的附庸后梁。557年为陈所代。共历四帝,五十六年。❼姓。

㊀〔樑〕(liáng)　主要承受与轴不平行荷载的长条形构件。梁轴一般为水平,如桥梁中的行车道梁、屋面梁、楼板梁等。一般用木、钢筋混凝土、钢材等制成。

梁闇　同"谅阴"。谓天子居庐守丧。《尚书大传·毋逸》:"高宗梁闇,三年不言。"

梁昌　谓处境狼狈,进退失据。《三国志·魏志·毋丘俭传》"将士诸为俭、钦所迫胁者,悉归降"裴松

之注引文钦《与郭淮书》:"孤军梁昌,进退失所。"昌,亦作"倡"。《抱朴子·行品》:"而疏迟迂阔,不达事要,见机不作,所为无成,居己梁倡,受任不举。"

梁丽　亦作"梁栭"。栋梁。《庄子·秋水》:"梁丽可以冲城,而不可以窒穴,言殊器也。"郭庆藩集释:"梁丽,必材之大者,故可用以冲城。"《列子·汤问》:"昔韩娥东之齐,匮粮,过雍门,鬻歌假食。既去,而馀音绕梁栭,三日不绝。"

梁粝　犹狼戾。狼藉。《盐铁论·未通》:"乐岁粒米梁粝而寡取之。"

梁上君子　《后汉书·陈寔传》:"有盗夜入其室,止于梁上。寔阴见,乃起自整拂,呼命子孙,正色训之曰:'夫人不可不自勉。不善之人,未必本恶,习以性成,遂至于此,梁上君子者是矣!'盗大惊,自投于地,稽颡归罪。"后因用为窃贼的代称。

梁楹　房屋的大梁和柱子。比喻身负重任的人。《新唐书·韦皋等传赞》:"皆为国梁楹,光奋一时。"

梁辀　古代车上用以驾马的曲辕。突出车前作穹隆形,如屋梁,故名。《诗·秦风·小戎》:"五楘梁辀。"毛传:"梁辀,辀上句衡也。"

椋(liáng)　木名。亦称椋子木,俗称灯台树。《尔雅·释木》:"椋,即来。"郝懿行义疏:"唐《本草》注:'叶似柿,两叶相当,子细圆如牛李子,生青熟黑,其木坚重,煮汁赤色。'陈藏器云:'即松杨,一名椋子木。'"

辌〔輬〕(liáng)　古代一种卧车。《楚辞·招魂》:"轩辌既低。"王逸注:"轩、辌,皆轻车名也。"洪兴祖补注:"辌,音凉,卧车也。"参见"辒辌车"。

量(liáng)　❶测量;丈量。如:量体温;量地积。《庄子·胠箧》:"为之斗斛以量之。"❷计算;清点。《文心雕龙·指瑕》:"又《周礼》井赋,旧有匹马,而应劭释匹,或量首数蹄,斯岂辩物之要哉!"❸商酌。《魏书·范绍传》:"敕绍诣寿春,共量进止。"
另见 liàng。

量体裁衣　《南齐书·张融传》:"〔太祖〕手诏赐融衣曰:'……今送一通故衣,意谓虽故胜新也,是吾所著,已令裁减称卿之体。'"后以喻为根据实际情况办事。

犞(liáng)　黑白杂色的牛。见《说文·牛部》。

粮〔糧〕(liáng)　❶粮食;特指行人携带的干粮。《诗·大雅·公刘》:"乃裹糇粮。"《周礼·地官·廪人》:"凡邦有会同师役之事,则治其粮与其食。"❷田赋。如:征粮;完粮。《宋史·高宗纪八》:"戒州县加收耗粮。"

粮道　❶运粮的道路。《史记·高祖本纪》:"不绝其粮道。"《三国演义》第四十五回:"我自引一万马军,往聚铁山断操(曹操)粮道。"❷官名。明清两代,都设督粮道,督运各省漕粮。简称粮道。

粱(liáng)　❶即"高粱"。❷精美的饭食。《左传·哀公十三年》:"粱则无矣,粗则有之。"孔颖达疏:"食以稻粱为贵,故以粱表精。"参见"粱肉"、"膏粱❶"。

粱肉　指精美的膳食。《汉书·食货志上》:"衣必文采,食必粱肉。"杜甫《醉时歌》:"甲第纷纷厌粱肉,广文先生饭不足。"厌,通"餍",吃饱。

墚(liáng)　我国西北黄土地区条状延伸的岭冈。有的由黄土塬经侵蚀分割而成;有的在黄土堆积前即为条状延伸的岭冈,黄土堆积后,仍保持其原有形态。顶面比较平缓,两侧为沟谷和冲沟所切割。如中国陕北绥德一带。

踉(liáng,又读 láng)　见"跳踉"、"踉蹡"。
另见 liàng。

踉蹡　欲行貌。见《玉篇》。亦作"俍傍"。王延寿《梦赋》:"于是三三四四,相随俍傍而历僻。"

醂(liáng)　清浆;一说杂和而成的酱。《说文·酉部》:"醂,杂味也。"段玉裁注:"按许作醂,即《周官》、《内则》之凉字也。杂味者,即以诸和水说也。干者为桃诸、梅诸,水渍为桃滥。《内则》正义曰:'诸者,众杂之辞。'又按《广雅》云:'醂,酱也。'疑杂味下本有酱字。"

liǎng

两(liǎng)　同"两(兩)"。
另见 liàng。

两〔兩〕(liǎng)　❶匹耦;成对的两个。如:两手空空;两小无猜。《论语·八佾》:"邦君为两君之好,有反坫。"也泛指二。杜甫《南邻》诗:"秋水才深四五尺,野航恰受两三人。"❷犹言双。(1)两只。《诗·齐风·南山》:"葛屦五两。"(2)并

比。如：一时无两。《管子·禁藏》："行有进退，而力不能两也。"❸双方；并。如：两全其美；势不两立。❹对立依存的两面。《左传·昭公三十二年》："物生有两。"北宋张载《正蒙·太和》："两不立，则一不可见。"认为没有对立面就不可能有统一体。还提出"两故化"，认为两是事物变化的原因。❺几，指不定的少数。如：过两天再说。❻"市两"的简称。❼旧时的一种货币单位。❽犹言匹。《左传·闵公二年》："重锦三十两。"❾周代队伍编制单位名。《周礼·地官·小司徒》："五伍为两。"

另见 liàng。

两败俱伤 《史记·张仪列传》："〔卞庄子〕欲刺虎，馆竖子止之，曰：'两虎方且食牛，食甘必争，争则必斗，斗则大者伤，小者死；从伤而刺之，一举必有双虎之名。'卞庄子以为然，立须之。有顷，两虎果斗，大者伤，小者死，庄子从伤者而刺之，一举果有双虎之功。"后以比喻争斗的双方都受到损伤。李渔《比目鱼·假神》："休使这前功尽弃，坐看他两败俱伤。"

两榜 即唐代进士的甲科、乙科。又清代用为由举人而中进士的俗称。参见"甲榜"。

两曹 犹两造。指原告、被告两方。《说文·曰部》："朁，狱两曹也。"段玉裁注："两曹，今俗所谓原告、被告也。曹，犹类也。"

两当 ❶同"裲裆"。背心。《南史·柳元景传》："唯着绛衲两当衫。"❷县名。在甘肃省东南部，邻接陕西省。宝成铁路经过境内。县人民政府驻城关镇。北魏置县。以县界两当水得名。主产小麦、玉米、稻、豆类等。森林茂密，多松、柏及苹果、核桃，并产党参等药材。矿产有煤、铁。工业有农机、采煤、陶瓷、塑料等。土特产有党参、猕猴桃。名胜有鹭鸶山。

两端 ❶两个极端。《礼记·中庸》："执其两端，用其中于民。"郑玄注："两端，过与不及也。"❷比喻事情的始末。《论语·子罕》："有鄙夫问于我，空空如也，我叩其两端而竭焉。"孔颖达疏："两端，终始也。"谓竭尽所知，告以事情之终始。❸两可的态度。《史记·魏公子列传》："留军壁邺，名为救赵，实持两端以观望。"持两端，谓采取骑墙的态度。❹事物统一体中的对立的两个方面。北宋张载《正蒙·太和》："天地变化，

两端而已。"认为事物的对立矛盾普遍存在，"两端"为天地变化的根源。南宋朱熹说："统言阴阳，只是两端，而阴中自分阴阳，阳中亦有阴阳。"（《朱子语类》卷九十四）认为"两端"即事物的矛盾，矛盾中又有矛盾。

两宫 旧史中遇太后和帝，太上皇和帝，帝、后或两后并举时，称为"两宫"。《汉书·王莽传上》："值世俗隆奢丽之时，蒙两宫厚骨肉之宠。"颜师古注："两宫，谓成帝及太后。"又《张汤传》："放（张放）取皇后弟平恩侯许嘉女，上为放供张，赐甲第，充以乘舆服饰，号为天子取妇，皇后嫁女，大官私官并供其第。两宫使者，冠盖不绝。"此两宫指帝、后。

两虎相斗 比喻两雄相争。《史记·春申君列传》："天下莫强于秦、楚。今闻大王（秦昭王）欲伐楚，此犹两虎相与斗。"

两可 可彼可此；无所可否。如：模棱两可。《资治通鉴·唐宪宗元和四年》："苟求便身，率为依阿两可之言。"依阿，没有自己的主见，随顺别人说话。

两髦 古时男子未成年时，发分垂两边至眉。《诗·鄘风·柏舟》："髧彼两髦。"毛传："髦，两髦之貌。髦者，发至眉，子事父母之饰。"

两面派 通常指政治上两面三刀、搞阴谋诡计的人。毛泽东说："阳奉阴违，口是心非，当面说得好听，背后又在捣鬼，这就是两面派行为的表现。"（《毛泽东选集》第2卷第532页）但在特定条件下有不同的涵义，如抗日战争期间把致力于革命和抗日，为此目的的不得已而应付敌人的人称为"革命两面派"。

两面三刀 比喻耍两面手法，当面一套，背地一套。《红楼梦》第六十五回："嘴甜心苦，两面三刀，上头笑着，脚底下就使绊子。"

两潘 指西晋文学家潘岳、潘尼。两人是叔侄，作品的思想倾向基本相同，在形式上都追求文辞藻丽。钟嵘《诗品序》："太康中，三张、二陆、两潘、一左（左思），勃尔复兴。"

两司马 指汉辞赋家司马相如和史学家、散文家司马迁。两人在文学史上都很有影响，后人有"文章西汉两司马"之称。

两庑 指宫殿或祠宇的东西两廊。《宋史·选举志一》："寻又定亲试进士条制：凡策士，即殿两庑张帘列几席，标姓名其上。"

两犀 犀，瓠瓜子。指上下齿。梁武帝《子夜歌》："巧笑奋两犀，美目扬双蛾。"参见"瓠犀"。

两小无猜 谓幼男幼女相处融洽，天真无邪。李白《长干行》："同居长干里，两小无嫌猜。"

两行 庄子用语。指对是非不置可否，任其自然。《庄子·齐物论》："是以圣人和之以是非，而休乎天钧，是之谓两行。"郭象注："任天下之是非。"

两曜 指日和月。梁元帝《纂要》："日月谓之两曜。"陆游《春雨》诗："羲和挟两曜，疾走不可遮。"

两仪 天地或阴阳。《易·系辞上》："是故易有太极，是生两仪。"孔颖达疏："不言天地而言两仪者，指其物体；下与四象（金、木、水、火）相对，故曰两仪，谓两体容仪也。"

两意 ❶犹二心。《宋书·乐志三》引《白头吟》："闻君有两意，故来相诀绝。"❷相异之命意。《宋史·选举志一》："场屋之文，专尚偶丽，题虽无两意，必欲厘而为二，以就对偶。"

两翼 鸟的两翅。常形容屋宇飞檐之状。柳宗元《柳州东亭记》："徘徊前出，两翼冯空拒江。"也比喻部队作战时的两侧。《新五代史·杜重威传》："乃分兵为三，重威以左右队击其两翼。"

两楹 楹，堂前直柱。指殿堂东西的两根大柱。《公羊传·定公元年》："正棺于两楹之间，然后即位。"

㒳（liǎng） 两。《说文·㒳部》："㒳，再也。《易》曰：'参天㒳地。'"段玉裁注："再者，一举而二也。凡物有二，其字作㒳，不作两（㒳），两者，二十四铢之称也。今字两行而㒳废矣。"

良（liǎng） 见"方良"。另见 liáng。

俩〔倆〕（liǎng） 见"伎俩"。另见 liǎ。

䕞〔蒳〕（liǎng） 草名。见《集韵·三十六养》。

阆〔閬〕（liǎng） 通"魉"。《史记·孔子世家》："木石之怪夔、罔阆。"司马贞索隐："阆，音两。《家语》作'魍魉'。"另见 làng。

緉〔緉〕（liǎng） 古代计算鞋的量名，犹言双。《说文·糸部》："緉，履两枚也。"亦作"两"。《诗·齐风·南山》："葛屦五两。"

裲〔裲〕（liǎng） 见"裲裆"。

裲裆　古作"两当"。即马甲、坎肩或背心。《释名·释衣服》："裲裆，其一当胸，其一当背也。"王先谦疏证补："案即唐宋时之半背，今俗谓之背心。当背当心，亦两当之义也。"

蜽　〔蜽〕（liǎng）　见"蝄蜽"。

魎　〔魎〕（liǎng）　见"魍魎"。

輌　（liǎng）　同"辆（輛）"。

liàng

两　（liàng）　同"两（兩）"。
另见 liǎng。

兩　〔兩〕（liàng）　同"辆"。《书·牧誓序》："武王戎车三百两。"《诗·召南·鹊巢》："百两御之。"
另见 liǎng。

亮　（liàng）　❶明；明亮。嵇康《杂诗》："皎皎亮月，丽于高隅。"❷显露。《南齐书·何昌寓传》："昔叔向之理，恃祁大夫而获亮。"❸声音响。如：宏亮；清亮。❹诚实正直。《孟子·告子下》："君子不亮，恶乎执！"《三国志·魏志·司马芝传》："芝性亮直，不矜廉隅。"❺明鉴。如：亮察；亮照。《宋书·王僧达传》："即蒙亮许，当赐矜擢。"❻辅助。《书·舜典》："惟时亮天功。"《史记·五帝本纪》作"惟时相天事"。
另见 liáng。

亮节　坚贞的节操。白居易《与仕明诏》："忠诚亮节。"

亮相　比喻公开表明态度，亮出观点。

喨　（liàng，又读 láng）　见"嘹喨"。

倞　（liàng）　求索。《礼记·郊特牲》："祊之为言倞也。"郑玄注："倞，犹索也。"
另见 jìng。

凉　〔涼〕（liàng）　❶使凉。如：把稀饭放在窗口凉一凉。❷辅佐。《诗·大雅·大明》："凉彼武王。"❸通"谅"。信。《左传·昭公四年》："君子作法于凉，其弊犹贪。"朱骏声《说文通训定声·壮部》："按：信也。杜预注'薄也'，失之。"
另见 liáng。

凉阴　丧庐。《汉书·五行志中之下》："〔高宗〕尽凉阴之哀。"颜师古注："凉，信也；阴，默也。言居丧信默，三年不言也。凉，读曰谅。一说，凉阴谓居丧之庐也，谓三年处于庐中不言。凉，音力羊反。"按据《尚书大传》及历来用例，则一说是。参见"谅阴"。

悢　（liàng）　❶惆怅。赵至《与稽茂齐书》："临书悢然，知复何云？"❷眷念。见"悢悢❷"。
另见 lǎng。

悢悢　❶悲恨。《文选·稽康〈与山巨源绝交书〉》："顾此悢悢，如何可言！"李周翰注："悢悢，悲恨也。"❷眷念。《后汉书·陈蕃传》："天之于汉，悢悢无已。"李贤注："悢悢，犹眷眷也。"

谅　〔諒〕（liàng）　❶信实。《论语·季氏》："友直，友谅，友多闻，益矣。"《汉书·杜邺传》："可谓谅不足而谈有余者。"颜师古注："谅，信也。"❷料想。如：谅必；谅可。《京本通俗小说·冯玉梅团圆》："承信到临安，自谅前事年远，无人推剥。"❸原谅；谅解。欧阳修《与刁景纯学士书》："然虽胥公，亦未必谅某此心也。"❹固执；坚持成见。《论语·卫灵公》："君子贞而不谅。"刘宝楠正义："谅者，信而不通之谓。"❺姓。东汉有谅辅。
另见 liáng。

辆　〔輛〕（liàng）　古代的车一般有两轮，故车一乘称一两，后作"辆"，统称车为"车辆"。参见"两"。

靓　〔靚〕（liàng）　方言。漂亮。如：靓女。
另见 jìng。

量　（liàng）　❶计量多少的器具。《汉书·律历志上》："量者，龠、合、升、斗、斛也，所以量多少也。"❷与"质"一起构成事物的规定性。见"质"。❸容纳的限度。《论语·乡党》："唯酒无量。"❹器量；度量。《三国志·吴志·吕蒙传评》："吕蒙勇而有谋断……有国士之量，岂徒武将而已乎！"❺估量。如：量入为出。《资治通鉴·汉献帝建安十二年》："孤不度德量力。"❻数量。《吕氏春秋·季春》："是月也，命工师，令百工，审五库之量。"❼通"辆"。双。《晋书·阮孚传》："未知一生当著几量屐。"
另见 liáng。

量入为出　中国历史上根据国家收入数额来确定支出数额的财政原则。《礼记·王制》："冢宰制国用，必于岁之杪，五谷皆入，然后制国用。……量入以为出。"其对立原则是量出制入。量入为出这一原则后来又被应用到家庭或个人收支方面。

晾　（liàng）　放在太阳底下晒干或通风处吹干。如：晾衣服。

嘹　（liàng）　见"嘹亮"。

鋺　〔鐐〕（liàng）　一种打击乐器。毛奇龄《蛮司合志》卷十五："富者乘马鸣鋺，贫则否。"

踉　（liàng）　见"踉跄"。
另见 liáng。

踉跄　亦作"踉蹡"。❶走路不稳，跌跌冲冲。韩愈《赠张籍》诗："君来好呼出，踉跄越门限。"❷行走缓慢貌。潘岳《射雉赋》："寨微罟以长眺，已踉蹡而徐来。"

liāo

撩　（liāo）　揭起。《三国演义》第五十四回："玄德闻言，撩衣一跃，跃上马背。"
另见 liáo，liào。

蹽　（liāo）　❶快走。❷偷偷地走开。

liáo

辽　〔遼〕（liáo）　❶遥远。潘岳《登虎牢山赋》："眷故乡之辽隔。"引申为开阔。白居易《截树》诗："开怀东南望，目远心辽然。"❷久远。阮籍《咏怀》："人生乐长久，百年自言辽。"❸朝代名。公元916年契丹族领袖耶律阿保机创建，国号契丹，两年后建都皇都（今内蒙古巴林左旗南波罗城）。947年改国号为辽（983—1066年间曾重称契丹），改皇都为上京。疆域东北到今日本海黑龙江口，西北到蒙古国中部，南以今天津市海河、河北霸州、山西雁门关一线与宋接界。辽与北宋、西夏鼎立，是统治中国北部的一个王朝。1125年为金所灭。历九帝，凡二百十年。后耶律大石重建契丹国，仍用辽国号，史称西辽。❹辽宁省的简称。

辽东豕　《后汉书·朱浮传》："伯通自伐，以为功高天下。往时辽东有豕，生子白头，异而献之。行至河东，见群豕皆白，怀惭而还。若以子之功，论于朝廷，则为辽东豕也。"伯通，彭宠字。后以比喻少见多怪。

辽阔　辽远广阔。李商隐《东下三旬苦于风土马上戏作》诗："天池辽阔谁相待？日日虚乘九万风。"引申为相去甚远。《北史·韩麒麟传》："若欲取况古人，班马之徒，固自辽阔。"

辽廓　广阔无边。孙绰《游天台山赋》："太虚辽廓而无阂。"太虚，天空；阂，阻隔。

辽辽　远貌。《楚辞·九叹·忧苦》："山修远其辽辽兮，涂(途)漫漫其无时。"

辽落　同"寥落"。稀疏旷绝。《世说新语·言语》："江山辽落，居然有万里之势。"亦用为悬殊之意。任昉《为范尚书让吏部封侯第一表》："在魏则毛玠公方，居晋则山涛识量，以臣况之，一何辽落。"

劳〔勞〕(liáo)　通"辽"。《诗·小雅·渐渐之石》："山川悠远，维其劳矣。"郑玄笺："劳，广阔。"孔颖达疏："当从辽远之辽，而作劳字者，以古之字少，多相假借。"
　　另见 láo，lào。

疗〔療〕(liáo)　医治；治疗。《左传·襄公二十六年》："不可救疗。"杜预注："疗，治也。"《周礼·天官·疡医》："凡疗疡以五毒攻之。"郑玄注："止病曰疗。"亦作"瘹"。

膋〔膋〕(liáo)　肠部的脂肪。《诗·小雅·信南山》："取其血膋。"郑玄笺："膋，脂膏也。"

料(liáo)　通"撩"。撩拨。《庄子·盗跖》："疾走料虎头，编虎须，几不免虎口哉！"无名氏《诤范叔》第四折："他怎敢轻料虎狼须？"
　　另见 liào。

窌(liáo)　空穴。《黄帝内经太素》卷十一："九窌在腰尻分间。"隋杨上善注："窌字音聊，空穴也。"明高武《针灸聚英》中称穴位为窌穴。明李时珍《奇经八脉考·释音》："窌与髎同。"
　　另见 jiào。

聊(liáo)　❶耳鸣。《楚辞·九叹·远逝》："耳聊啾而慏慌。"❷依赖。《荀子·子道》："衣与缪与不女(汝)聊。"杨倞注："聊，赖也。"《国策·秦策四》："百姓不聊生。"❸姑且；略。如：聊以自慰；聊以解嘲。《诗·邶风·泉水》："娈彼诸姬，聊与之谋。"❹闲谈。如：聊天。

聊复尔耳　姑且如此而已。《晋书·阮咸传》："七月七日，北阮盛晒衣服，皆锦绮粲目。咸以竿挂大布犊
鼻于庭。人或怪之。答曰：'未能免俗，聊复尔耳。'"犊鼻，短裤。古代风俗，在七月七日曝晒衣服。阮咸家贫，无衣可晒，故云。

聊赖　依赖，指生活或情感上的寄托。蔡琰《悲愤诗》："为复强视息，虽生何聊赖！"

聊生　谓赖以维持生活。《国策·秦策四》："百姓不聊生，族类离散。"高诱注："聊，赖。"《史记·主父偃列传》："丁男被甲，丁女转输，苦不聊生，自经于道树，死者相望。"

尞(liáo)　"燎"的本字。

蟟〔蟟〕(liáo)　❶蝉属。《方言》第十一："蝉，其大者谓之蟟。"❷见"蛁蟟"。
　　另见 láo。

嵺(liáo)　见"嵺愀"。

嵺愀　萧条。《后汉书·马融传》："山谷萧条，原野嵺愀。"李贤注："嵺愀，亦萧条貌也。"

僚(liáo)　❶官吏。《书·皋陶谟》："百僚师师。"也指同一官署的官吏。如：同僚；僚友。❷我国古代对一种奴隶或差役的称谓。《左传·昭公七年》："隶臣僚，僚臣仆。"孔颖达疏引服虔曰："僚，劳也，共劳事也。"❸姓。春秋时鲁国有僚但。
　　另见 lǎo，liǎo。

僚党　朋辈；同僚。《后汉书·魏应传》："〔应〕闭门诵习，不交僚党，京师称之。"

僚属　指在同一官署任事的下属官吏。《世说新语·雅量》："顾劭在郡卒，雍盛集僚属，自围棋。"雍，劭父。

僚婿　姐妹的丈夫间的互称或合称。《尔雅·释亲》"两婿相谓为亚"郭璞注："今江东呼同门曰僚婿。"《称谓录》卷七："江东呼为僚婿，北人呼连袂，又连襟，亦呼连襟。"

僚友　指在同一官署任事的官吏。《礼记·曲礼上》："僚友称其弟也，执友称其仁也。"郑玄注："僚友，官同者。"

僚佐　同"寮佐"。指同僚的官佐属吏。《南史·张融传》："四月八日建斋并灌佛，僚佐俸者多至一万，少不减五千。"

廖(liáo)　人名。《左传·庄公二十七年》："王使召伯廖赐齐侯命。"
　　另见 liào。

漻(liáo)　❶流通。《吕氏春秋》："决壅塞，凿龙门，降通漻水以导河。"高诱注："漻，流。"❷寂静。《韩非子·主道》："寂乎其无位而处，漻乎莫得其所。"
　　另见 liú。

漻淚　疾流貌。张衡《南都赋》："长输远逝，漻淚减汩。"刘歆《遂初赋》："激流潺之漻淚兮。"

憀(liáo)　❶依赖。《淮南子·兵略训》："上下不相宁，吏民不相憀。"高诱注："憀，赖。"❷悲恨的情绪。陆龟蒙《自遣》诗："云晴山晚动情憀。"❸见"憀亮"。

憀亮　同"嘹亮"。形容音响清彻。嵇康《琴赋》："新声憀亮，何其伟也！"

寥(liáo)　❶稀疏。如：寥若晨星。❷空虚；寂寞。《老子》："寂兮寥兮。"《庄子·大宗师》："安排而去化，乃入于寥天一。"郭象注："安于推移而与化俱去，故乃入于寂寥而与天为一也。"❸指广阔的天空。范成大《望海亭赋》："若夫浩荡轩豁，孤高伶傅，腾驾碧寥，指麾沧溟。"

寥窲　幽深貌。王延寿《鲁灵光殿赋》："隐阴夏以中处，霫寥窲以峥嵘。"

寥廓　❶空阔。《楚辞·远游》："下峥嵘而无地兮，上寥廓而无天。"❷器量远大。《汉书·邹阳传》："今欲使天下寥廓之士笼于威重之权，胁于位势之贵。"颜师古注："寥廓，远大之度也。"

寥戾　亦作"寥唳"。形容声音凄清辽远。谢朓《从戎曲》："寥戾清笳转，萧条旌马烦。"

寥唳　同"寥戾"。

寥寥　❶稀少；孤单。如：寥寥无几。刘长卿《过郑山人所居》诗："寂寂孤莺啼杏园，寥寥一犬吠桃源。"❷空阔。左思《咏史》："寂寂杨子宅，门无卿相舆；寥寥空宇中，所讲在玄虚。"

寥落　❶稀疏。谢朓《京路夜发》诗："晓星正寥落，晨光复泱漭。"❷冷落；寂寞。元稹《行宫》诗："寥落古行宫，宫花寂寞红。"

撩(liáo)　引逗；挑弄。如：春色撩人。庾信《结客少年场行》："歌撩李都尉，果掷潘河阳。"李，汉李延年。潘，晋潘岳。
　　另见 liāo，liào。

撩拨　挑动；引逗。《聊斋志异·促织》："试以猪鬣撩拨虫须，仍不动。"《红楼梦》第六十四回："因而乘

机百般撩拨。”

撩乱　同“缭乱”。纷乱。元稹《兔丝》诗：“百鸟撩乱鸣。”

敹（liáo）　缝缀。《书·费誓》：“善敹乃甲胄。”孔颖达疏引郑玄云：“敹，谓穿彻之，谓甲绳有断绝，当使敹理穿治之。”按今语犹谓粗粗缝合为“敹上几针”。一说为选择，见《说文·攴部》。

嘹（liáo，又读 liào）　见“嘹亮”、“嘹唳”。

嘹唳　形容响亮而曼长的声音。李百药《笙赋》：“远而听之，若游鸳翔鹤，嘹唳飞空。”

嘹亮　亦作“嘹喨”。声音响亮而清远。刘孝绰《三日侍华光殿曲水宴》诗：“妍歌已嘹亮，妙舞复纤徐。”

嘹喨　同“嘹亮”。黄宗羲《雁来红赋》：“嘹喨兮声满长空，参差兮景留古渡。”

嶚（liáo）　亦作“嶛”。高貌。左思《魏都赋》：“剑阁虽嶚，凭之者蹶。”

嶛（liáo）　同“嶚”。

獠（liáo）　❶夜间打猎。亦泛指打猎。司马相如《子虚赋》：“于是乃相与獠于蕙圃。”❷凶恶貌。如：獠面；獠牙。《西游记》第八十五回：“獠牙嘴出赛银钉。”
　另见 lǎo。

飅〔飅〕（liáo）　见“飅戾”。
　另见 liù。

飅戾　❶风声。潘岳《西征赋》：“吐清风之飅戾，纳归云之郁蓊。”❷迅疾貌。《后汉书·张衡传》：“翙泪飅戾沛以罔象兮。”李贤注：“并疾貌也。”按《文选·张衡〈思玄赋〉》作“飘泪”。

潦（liáo）　❶水名，又名垱河。在河南省西南部，源出南阳市西北。❷见“潦草”、“潦倒”。
　另见 lǎo，lào。

潦草　草率；不精密；不认真。如：字迹潦草。袁中道《园居》诗：“潦草支尘事，闲僧不用邀。”

潦倒　❶落拓不羁；举止不自检束。嵇康《与山巨源绝交书》：“足下旧知吾潦倒粗疏，不切事情。”❷衰病；失意。李华《卧疾舟中相里范二侍御先行赠别序》：“潦倒龙钟，百疾丛体。”杜甫《登高》诗：“艰难苦恨繁霜鬓，潦倒新停浊酒杯。”

憭（liáo）　见“憭栗”。
　另见 lǎo。

憭栗　凄凉；寒冷。《楚辞·九辩》：“憭栗兮若在远行，登山临水兮送将归。”文同《哭仲蒙二章》：“憯憭栗兮临清秋。”

寮（liáo）　❶小窗。左思《魏都赋》：“旷日笼光绮寮。”❷小屋。如：茶寮。陆游《贫居》诗：“屋窄似僧寮。”❸通“僚”。同官为寮。参见“同寮”。

寮采　官舍，引申为官的代称。江总《诒孔中丞奂》诗：“畴昔同寮寀，今随年代改。”

寮佐　亦作“僚佐”。旧指同寮的官佐属吏。《晋书·孟嘉传》：“九月九日，温（桓温）燕（宴）龙山，寮佐毕集。”

屪（liáo）　本作“屪”。男子的外生殖器。见《字汇补·尸部》。

嫽（liáo）　美好。《文选·傅毅〈舞赋〉》：“貌嫽妙以妖蛊兮，红颜晔其扬华。”李善注引毛传曰：“嫽，好貌。”

缭〔缭〕（liáo）　❶围绕；缠绕。《后汉书·班固传》：“缭以周墙。”参见“缭绕”。❷束。《杨太真外传》：“乃引刀剪其发一缭。”❸通“撩”。见“缭乱”。

缭戾　曲折缠绕；不顺畅。《楚辞·九叹·逢纷》：“缭戾宛转，阻相薄兮。”指水势回旋。亦作“缭悷”。《楚辞·九辩》：“心缭悷而有哀。”王逸注：“思念纠戾，肠折摧也。”

缭乱　亦作“撩乱”。纷乱；纠缠混杂。王昌龄《从军行》：“缭乱边愁听不尽，高高秋月照长城。”

缭绕　回旋貌。如：烟雾缭绕。张衡《南都赋》：“修袖缭绕而满庭，罗袜蹑蹀而容与。”

橑（liáo，又读 lǎo）　❶屋椽。《楚辞·九歌·湘夫人》：“桂栋兮兰橑，辛夷楣兮药房。”❷通“辕”。车盖弓。《论衡·说日》：“系明月之珠于车盖之橑，转而旋之。”❸柴薪。《管子·侈靡》：“雕橑然后爨之。”

暸（liáo）　明。见《集韵·三萧》。

膫（liáo）　㊀同“脊（膋）”。㊁同“屪”。

燎（liáo）　烫。如：燎浆泡。
　另见 lǎo，liào。

鷯〔鷯〕（liáo）　见“鹪鷯”。

蟟（liáo）　见“蛁蟟”。

簝（liáo，又读 lǎo）　古代宗庙盛肉竹器。《周礼·地官·牛人》：“凡祭祀，共其牛牲之互，与其盆簝，以待事。”郑玄注引郑司农云：“盆、簝，皆器名。盆，所以盛血；簝，受肉笼也。”

屪（liáo）　同“屪”。

獠（liáo）　同“獠”。夜猎。见《集韵·三萧》。
　另见 lǎo。

髎（liáo）　骨节空隙处。中医学常指穴位。《素问·骨空论》：“八髎在腰尻分间。”明李时珍《奇经八脉考·释音》：“髎音寥，骨空处也。”如位于骶部四对骶后孔中的穴位分别称为上髎、次髎、中髎、下髎，合称“八髎”。另有瞳子髎、颧髎、肩髎、肘髎等穴位。

瘹（liáo）　同“疗（療）”。

飉（liáo）　同“飇（飉）”。
　另见 liù。

飇（liáo）　同“飉”。见“飇厉”。

飇厉　同“飉戾”。风声。引申谓歌声清越。左思《蜀都赋》：“歌《江上》之飇厉。”

liǎo

了　㊀（liǎo）　❶结束；了结。《晋书·傅咸传》：“官事未易了也。”❷全然。《世说新语·文学》：“庾子嵩读《庄子》，开卷一尺许，便放去，曰：‘了不异人意。’”
　㊁〔瞭〕（liǎo）　明白；懂得。如：了解；了然。郭璞《尔雅序》：“其所易了，阙而不论。”
　另见 le。

了不得　❶犹言不得了，表示情势严重。《红楼梦》第三十八回：“众人都怕经了水，冒了风，说了不得了，谁知竟好了。”❷异乎寻常的意思。如：他的本领真了不得。

了当　❶犹停当；完毕。《三国演义》第十四回：“玄德吩咐了当，乃统马步军三万，离徐州望南阳进发。”❷办理；处置。范仲淹《与中舍书》：“所支钱与了当丧事，甚是，甚是！”

了得　❶了却；办得了。《朱子全书·论语六》：“自家徒能临大节而不可夺，却不能了得他事。”❷有能耐；本领高强。《水浒传》第三十三回：“花知寨十分英勇了得！”❸表示情况严重，多用在“还”字的后面。

《老残游记》第五回:"你这东西谣言惑众,还了得吗!"

了鸟　❶门窗上的搭扣。亦称"屈戌"。李商隐《病中闻河东公乐营置酒口占寄上》:"锁门金了鸟,展障玉鸦叉。"❷颠倒不整貌。《三国志·魏志·明帝纪》"属义阳郡"裴松之注引《魏略》:"面目垢黑,沾体涂足,衣冠了鸟。"

了了　❶聪明;懂事。《世说新语·言语》:"小时了了,大未必佳。"❷清清楚楚。元好问《客意》诗:"雪屋灯青客枕孤,眼中了了见归途。"❸毕竟。《五灯会元》卷一:"〔鹤勒那尊者〕乃说偈曰:'认得心性时,可说不思议,了了无可得,得时不说知。'"

了然　❶(瞭然)明白清楚。白居易《睡起晏坐》诗:"了然此时心,无物可譬喻。"❷全然。梅尧臣《题刁经臣山居》诗:"散帙理旧学,了然无俗喧。"

了如指掌　《论语·八佾》:"或问禘之说。子曰:'不知也;知其说者之于天下也,其如示诸斯乎!'指其掌。"何晏集解引包咸曰:"孔子谓或人言知禘礼之说者,于天下之事,如指示掌中之物,言其易了。"后以"了如指掌"比喻对事理了解得非常清楚。《宋史·道学传序》:"命于天而性于人者,了若指掌。"

了事　❶明白事理;能干。《南史·蔡撙传》:"卿殊不了事。"❷办妥事情或解决纷争。《新五代史·郑珏传》:"事急矣,宝固不足惜,顾卿之行,能了事否?"

钌　〔釕〕(liǎo)　化学元素〔周期系第Ⅷ族(类)元素〕。铂系元素之一。符号Ru。原子序数44。银灰色金属。熔点很高(2 310℃)。质硬而脆。不溶于王水。与熔融的碱起作用。生成八价化合物(如RuO₄)是钌和锇的共同特性。用作金属阳极涂层,制备耐磨硬质合金、抗腐蚀合金、超导合金和有机合成反应的催化剂等。

衶　(liǎo)　见"校衶"。

舠　(liǎo)　小船。见《玉篇·舟部》。参见"鹝舠"。

鄝　(liǎo)　亦作"蓼"。古国名。(1)在今河南唐河。《左传·桓公十一年》:"郧人军于蒲骚,将与随、绞、州、蓼伐楚师。"陆德明释文:"蓼,本或作鄝。"(2)在今河南固始。《左传·文公五年》:"臧文仲闻六与蓼灭,曰:皋陶、庭坚不祀,忽诸。"罗泌《路史·后纪》卷八注:《地理志》云:'安,姬姓国',而《世本》蓼亦姬姓,则皆庭坚后也。"

蓼　(liǎo)　❶蓼科,蓼属(Polygonum)植物的泛称。草本。节常膨大。托叶鞘状,抱茎,先端截形或斜形,全缘,稀分裂,通常有缘毛。花淡红色或白色,穗状花序或头状花序。瘦果三角形或两面凸起,包在宿存萼片之内,或微露出萼片之外,有一种子。中国各地均产。最普通的如酸模叶蓼(P. lapathifolium)、水蓼、荭草等。❷比喻辛苦。《诗·周颂·小毖》:"予又集于蓼。"❸古国名。一作鄝。(1)己姓,即古飂国,在今河南唐河。(2)姬姓,相传庭坚之后,在今河南固始,公元前622年为楚所灭。

另见lù。

憭　(liǎo)　通"嫽"。好貌。《诗·陈风·月出》:"月出皎兮,佼人憭兮。"

另见lǎo,liáo。

缪　〔繆〕(liǎo)　通"缭"。见"缪绕"。

另见jiū,miào,miù,móu,mù。

缪绕　同"缭绕"。纠结。《汉书·司马相如传上》:"缪绕玉绥。"玉绥,女子衣上用玉串成的装饰品。

憀　(liǎo)　明白。韦昭《国语解叙》:"其所发明,大义略举,为已憀矣。"

另见liáo。

轑　〔轒〕(liǎo)　通"燎"。燃烧。《汉书·杜钦传》:"欲以熏轑天下。"颜师古注:"熏,言熏灼之;轑,读曰燎,假借用字。"熏燎,比喻荼毒。

另见lǎo,lǎo。

燎　(liǎo)　❶放火燃烧。《诗·小雅·正月》:"燎之方扬,宁或灭之。"《孙子·火攻》"时者,天之燥也"梅尧臣注:"旱燥易燎。"❷烘干。《后汉书·冯异传》:"光武对灶燎衣。"

另见liáo,liào。

燎发　《三国志·魏志·王粲传》:"以此行事,无异于鼓洪炉以燎毛发。"后以"燎发"比喻办事极易。《隋书·音乐志下·凯乐歌辞》:"攻如燎发,战似摧枯。"

燎毛　《史记·刺客列传》:"夫以鸿毛燎于炉炭之上,必无事矣。"后以"燎毛"喻极易。《新唐书·柳玭传》:"成立之难如升天,覆坠之易如燎毛。"

燎原　火烧原野。如:星火燎原。《书·盘庚上》:"若火之燎于原,不可向迩。"潘尼《火赋》:"及至焚野燎原,埏光赫戏。"喻势盛不可挡。

瞭　(liǎo)　眼珠明亮。《孟子·离娄上》:"胸中正,则眸子瞭焉。"郑澣《赠毛仙翁》诗:"皎皎明眸,瞭然如新。"

另见liǎo 了㈢,liào。

liào

尥　(liào)　❶走路时足胫相交。如:尥腿。❷见"尥蹶子"。

尥蹶子　牲口用后腿向后踢。

料　(liào)　❶计数;核计。见"料民"。❷料想;揣度。如:意料;逆料。《史记·李斯列传》:"君侯自料,能孰与蒙恬?"❸整理;处理。《广雅·释诂二》:"料,理也。"❹挑选;择别。《三国志·吴志·陆逊传》:"逊料得精兵八千余人。"❺可供制造的物质。如:材料;原料;衣料;木料。❻可供饮食的物质。如:饮料;作料。也特指牛马所吃的干草或杂粮。如:马料;料豆。❼一种人造的半透明物质,常用来充珠、玉、翡翠等。如:料器;料货。❽指所用材料的分剂。如:单料;双料;合一料药。

另见liáo。

料理　❶照顾;安排。《晋书·王徽之传》:"卿在府日久,比当相料理。"❷选拔、提携。《世说新语·德行》:"汝若为选官,当好料理此人。"❸排遣。黄庭坚《催公静碾茶》诗:"睡魔正仰茶料理,急遣溪童碾玉尘。"

料量　❶称量计算。《史记·孔子世家》:"尝为季氏史,料量平。"❷料想。白居易《行简初授拾遗同早期入阁》诗:"老去何侥幸,时来不料量。"

料民　意指统计一国或一地区的人口数。《国语·周语上》:"宣王既丧南国之师,乃料民于太原。"《吴子·图国》:"强国之君,必料其民。"中国古代常进行人口的登记和调查。《周礼》规定大司徒、小司徒、乡大夫、遂大夫、小司寇均须负责掌握民数。商鞅曾实行全国人口的出生与死亡登记。东汉末徐幹认为周知民数是"为国之本"(《中论·民数》)。

料峭　形容春天的微寒。苏轼《定风波》词:"料峭春风吹酒醒,微冷。"范成大《晚步西园》诗:"料峭轻寒结晚阴,飞花院落怨春深。"

撂（liào）❶放下；搁开。如：撂不开手。❷丢。《红楼梦》第二十八回："黛玉便把剪子一撂，说道：'理他呢！过一会子就好了。'"

廖（liào）姓。东汉时有廖扶。
另见 liáo。

撩（liào）通"撂"。放下，丢。《红楼梦》第八十一回："探春把竿一挑，往地下一撩，却是活进的。"
另见 liāo，liáo。

燎（liào）火炬。《诗·小雅·庭燎》："夜未央，庭燎之光。"毛传："庭燎，大烛。"
另见 liáo，liǎo。

燎炬火把。《隋书·柳彧传》："鸣鼓聒天，燎炬照地。"

燎燎明显貌。《韩诗外传》卷二："昭昭乎若日月之光明，燎燎乎如星辰之错行。"

瞭（liào）登高远望。如：瞭望。
另见 liǎo，liào 了㊀。

镣〔鐐〕（liào，又读 liáo）❶纯美的银子。《尔雅·释器》："白金谓之银，其美者谓之镣。"❷加在脚上的刑具。如：脚镣。《明史·刑法志一》："镣，铁连环之，以系足，徒者带以输作，重三斤。"

liě

咧（liě）张开嘴唇。如：咧着嘴笑。
另见 liè。

liè

列（liè）❶排列；安排。如：列队。《礼记·乐记》："列笾豆。"❷陈述。《汉书·司马迁传》："拳拳之忠，终不能自列。"颜师古注："列，陈也。"❸行列；位次。直排叫行，横排叫列。如：前列。《左传·僖公十五年》："入而未定列。"❹犹"各"、"诸"。如：列国；列位。❺通"裂"。分裂；分割。《管子·五辅》："是故博带梨，大袂列。"尹知章注："列大袂以从小。"《史记·韩信卢绾列传》："故得列地。"按《汉书》作"裂地"。❻通"迾"。遮遏；禁止。《礼记·玉藻》："山泽列而不赋。"郑玄注："列之言遮迾也。虽不赋，犹为之禁不得非时取也。"❼通"烈"。见"列风淫雨"。❽姓。

列风淫雨列，通"烈"，猛烈。淫，过量。谓大风大雨。参见"别风淮雨"。

列国犹言各国。春秋战国时代，指当时诸侯国，亦指诸侯之较大者。《左传·庄公十一年》："列国有凶，称孤，礼也。"杜预注："列国，诸侯。"孔颖达疏："列国，谓大国也。"

列棘《周礼·秋官·朝士》："左九棘，孤卿大夫位焉，群士在其后；右九棘，公侯伯子男位焉，群吏在其后。"古代朝廷树棘以为卿大夫之位，后称入朝任高官为"登列棘"。《南史·陆验传》："数年遂登列棘。"参见"九棘"。

列眉两眉对列，形容真切无疑。《国策·燕策二》："吾必不听众口与谗言，吾信汝也，犹列眉也。"鲍彪注："列眉，言无可疑。"后用以形容明白显见。如：朗若列眉。

列缺古谓天的裂缝；天门。《楚辞·远游》："上至列缺（缺）兮，降望大壑。"也指闪电。《汉书·扬雄传上》："辟历列缺，吐火施鞭。"

列肆❶商铺。《史记·平准书》："今弘羊令吏坐市列肆，贩物求利。"❷古星名。《星经》卷下："列肆二星，在斛西北，主货珍宝金玉等也。"

列席❶设席列坐。王勃《圣泉宴》诗："披襟乘石磴，列席俯春泉。"❷指参加会议而无表决权。

列星诸星宿。《楚辞·九辩》："卬明月而太息兮，步列星而极明。"极明，到天亮。

列宿诸星宿，指二十八宿。《史记·天官书》："天则有列宿，地则有州域。"

劣（liè）❶弱小；低下。曹植《辨道论》："寿命长短，骨体强劣，各有人焉。"《三国志·吴志·陆凯传》："智慧浅劣。"❷恶，坏。如：劣绅；劣迹。❸仅。《宋书·刘怀慎传》："德愿善御车，尝立两柱，使其中劣通车轴，乃于百余步上振辔长驱，未至数尺，打牛奔从柱间直过，其精如此。"

劣马羸弱或不驯顺的马。《齐民要术》卷六："谚曰：'羸牛劣马寒食下'，务在充饱调适而已。"《三国演义》第六十三回："玄德曰：'军师何故乘此劣马？'"

劦（liè）用力不停。
另见 xié。

𣲗（liè）见"𣲗𣲗"。

𣲗𣲗水流貌。见《玉篇·川部》。

冽（liè）寒冷。《诗·曹风·下泉》："冽彼下泉。"

冽冽寒冷貌。左思《杂诗》："秋风何冽冽，白露为朝霜。"

戾（liè）通"捩"。扭转。潘岳《射雉赋》："戾翳旋把，萦随所历。"
另见 lì。

纳〔納〕（liè）结。见《字汇补·糸部》。

𢇁（liè）"列"的古字。

苶（liè）苕帚。《周礼·夏官·戎右》："赞牛耳桃苶。"郑玄注："桃，鬼所畏也。苶，苕帚，所以扫不祥。"

迾（liè）列队警戒。《汉书·昌邑哀王传》："以王家钱取卒，迾宫清中备盗贼。"颜师古注引李奇曰："迾，遮也。"《后汉书·舆服志上》："张弓带鞬，遮迾出入。"

驾〔駕〕（liè）亦作"駉"。马成行列依次奔驰。见《说文·马部》。

烮〔爄〕（liè）烧断。《梁书·萧景传》："有田舍老姥尝诉得符，还至县，县吏未即发。姥语曰：'萧监州符，火烮汝手，何敢留之！'其为人所畏敬如此。"

洌（liè）清彻貌。《易·井》："井洌，寒泉食。"欧阳修《醉翁亭记》："泉香而酒洌。"

埒（liè）❶矮墙；特指马射场的围墙。庾信《三月三日华林园马射赋》："弓如明月对埒，马似浮云向埒。"《世说新语·汰侈》："济（王济）好马射，买地作埒。"徐震堮校笺："埒，界埒也，又库垣也。谓筑短垣围之以为界埒。"❷山上水道。《列子·汤问》："一源分为四埒，注于山下。"张湛注："山上水流曰埒。"❸界域；形状。《淮南子·俶真训》："所谓有始者，繁愤未发，萌兆牙蘗，未有形埒垠㙓。"又《本经训》："含气化物，以成埒类。"高诱注："埒，形也。"❹相等。《史记·平准书》："故吴诸侯也，以即山铸钱，富埒天子。"

烈（liè）❶火势猛烈、强烈。如：烈火；烈日；烈性；兴高采烈。《书·舜典》："烈风雷雨弗迷。"❷烧。《孟子·滕文公上》："舜使益掌火，益烈山泽而焚之，禽兽逃匿。"❸光明；显赫。《国语·晋语九》："君有烈名，臣无叛质。"

韦昭注："烈，明也。"❹功绩；功业。如：功烈。《汉书·王莽传上》："成王不能共事天地，修文、武之烈。"颜师古注："共，读曰恭，烈，业也。"亦谓余业。《诗·大雅·云汉序》："宣王承厉王之烈。"郑玄笺："烈，馀也。"❺严厉。《淮南子·齐俗训》："若事严主烈君。"❻正直；刚毅。如：义烈，贞烈。参见"烈士"。❼浓郁的香气。司马相如《上林赋》："应风披靡，吐芳扬烈。"❽通"列"。行列。《诗·郑风·大叔于田》："叔在薮，火烈具举。"孔颖达疏："火有行列，俱时举之。"

烈烈 ❶火焰炽盛貌。《诗·商颂·长发》："如火烈烈，则莫我敢曷。"❷威武貌。《诗·商颂·长发》："相土烈烈，海外有截。"相土，商代的祖先，契的孙子。❸忧思貌。《诗·小雅·采薇》："忧心烈烈，载饥载渴。"❹山高峻险阻貌。《诗·小雅·蓼莪》："南山烈烈，飘风发发。"

烈女 古称重义轻生的女子。《史记·刺客列传》："非独政能也，乃其姊亦烈女也。"《国策·韩策二》作"列女"。旧亦称以死保全贞节的女子为"烈女"。

烈山氏 即"炎帝"。

烈士 刚烈之士，亦指有志建立功业之人。《史记·伯夷列传》："贪夫徇财，烈士徇名。"曹操《步出夏门行》："烈士暮年，壮心不已。"今专指为革命事业而壮烈牺牲的人。如：革命烈士永垂不朽。

烈祖 ❶古称开基创业的帝王。《书·伊训》："伊尹乃明言烈祖之成德以训于王。"孔传："汤，有功烈之祖，故称焉。"南唐李昪庙号"烈祖高皇帝"。❷始祖。庾信《哀江南赋》："余烈祖于西晋，始流播于东川。"

飑 〔飀〕(liè)　烈风。见《说文·风部》。参见"飑飑"。

飑飑 风猛寒烈。梁武帝《孝思赋》："旅雁鸣哀哀，朔风鼓而飑飑。"

剒 (liè)　同"列"。割。见《玉篇·刀部》。

鴷 〔䴕〕(liè)　即"啄木鸟"。《尔雅·释鸟》："鴷，斫木。"

挩 (liè)　扭转。韩愈《送穷文》："挩手覆羹。"
　另见 lì。

肑 (liè，又读 liě)　❶禽兽肋骨分的肉。如：肑条肉。❷通"膟"。肠间的脂肪。
　另见 luán。

猎 〔獵〕(liè)　❶搜捕禽兽。如：打猎；田猎。《诗·魏风·伐檀》："不狩不猎，胡瞻尔庭有县(悬)貆兮!"引申为追求。见"猎奇"。❷通"躐"。践踏。《荀子·议兵》："不杀老弱，不猎禾稼。"❸掠过。宋玉《风赋》："猎蕙草，离秦蘅。"❹揽；捋。《史记·日者列传》："宋忠、贾谊瞿然而悟，猎缨正襟危坐。"❺象声。《文选·王褒〈洞箫赋〉》："猎若枚折。"李善注："猎，声也。"

猎猎 风声。鲍照《上浔阳还都道中作》诗："鳞鳞夕云起，猎猎晚风遒。"又指旌旗在风中飘动声。李白《永王东巡歌》："雷鼓嘈嘈喧武昌，云旗猎猎过寻阳。"

猎奇 刻意搜寻新奇的事物。如：搜异猎奇。有时用为贬意。

猎食 搏取禽兽为食。《易林·渐之大过》："鹰鹯猎食，雉兔困极。"引申为谋取财物。《聊斋志异·画皮》："意道士借魇禳以猎食者。"

裂 (liè)　同"蛚"。

裂 (liè)　❶缯帛的残余。引申为破敝，分裂。如：四分五裂。《礼记·内则》："衣裳绽裂。"《庄子·天下》："道术将为天下裂。"郭象注："裂，分离也。"❷裁；扯。如：割裂；扯裂。《左传·昭公元年》："裂裳帛而与之。"

裂帛 ❶裁帛作书。《文选·江淹〈恨赋〉》："裂帛系书，誓还汉恩。"李善注引《汉书》："常惠教汉使者谓单于，言天子射上林中，得雁，足有系帛书，苏武等在某泽中。"❷指古代的书籍。《文心雕龙·史传》："欲其详悉于体国，必阅石室，启金匮，抽裂帛，检残竹，欲其博练于稽古也。"古代无纸，以竹、帛书写，故常用竹帛为书籍的代称。❸形容声音的清厉。白居易《琵琶行》："曲终收拨当心画，四弦一声如裂帛。"

裂眦 眦，眼眶。眼怒睁而目眦欲裂，形容愤怒到极点。《淮南子·泰族训》："荆轲西刺秦王，高渐离、宋意为击筑，而歌于易水之上，闻者莫不瞋目裂眦，发植穿冠。"

蛚 (liè)　见"蜻蛚"。

筋 (liè)　竹之行列。《西游补》第十三回："但见青苔遍地，管筋危天。"

腊 〔臘〕(liè)　剑的两刃。《考工记·桃氏》："桃氏为剑，腊广二寸有半寸。"
　另见 là, xī。

趔 (liè)　见"趔趄"。

趔趄 立脚不稳；脚步踉跄。《红楼梦》第四十四回："扬手一下，打的那丫头一个趔趄，便蹚脚儿走了。"亦作"列趄"。董解元《西厢记》卷一："小庭那畔，不见佳人门昼掩，列趄着脚儿走到千遍。"

鴷 〔䰞〕(liè)　即"鲝"，亦称"刀鱼"、"鱭刀鱼"。《尔雅·释鱼》："鴷，鱭刀。"郭璞注："今之鲝鱼也，亦呼为刿鱼。"

獦 (liè)　同"猎(獵)"。
　另见 gé, xiē。

駟 (liè)　同"鴷(鷍)"。

儠 (liè)　❶长壮貌。《说文·人部》："儠，长壮儠也。"段玉裁注："儠儠，长壮貌。辞赋家用猎猎字。"❷见"儠儢"。

儠儢 恶貌。见《正字通》。

擸 (liè)　整理须发或形似须发的东西。《说文·手部》："擸，理持也。"段玉裁注："谓分理而持之也。"通作"躐"，见该条。
　另见 là。

躐 〔躐〕(liè)　❶同"躐"。❷通"猎(獵)"。经历。左思《蜀都赋》："蹴蹈蒙笼，涉躐寥廓。"

躐 (liè)　❶践踏；踩。《楚辞·九歌·国殇》："凌余阵兮躐余行。"❷逾越。见"躐等"。❸通"擸"。用手挪齐。《后汉书·崔骃传》："当其无事，则躐缨整襟，规矩其步。"

躐等 不按次序；逾越等级。《礼记·学记》："幼者听而弗问，学不躐等也。"

鱲 〔鱲〕(liè)　动物名。学名 *Zacco platypus*。亦称"桃花鱼"。硬骨鱼纲，鲤科。体侧扁，长约10厘米。银灰带红色，具蓝色横纹。雄性臀鳍鳍条延长，生殖季节色泽鲜艳。生活于溪流中。分布于中国；朝鲜半岛和日本亦产。可供食用。

鱲

鞢 (liè)　马笼头上当额的金属饰物。《广韵·二十九叶》："鞢，马粗也。"《盐铁论·散不足》：

"今富者鞦耳银镂鞦，黄金琅勒。"

鬣（liè）❶马颈上的长毛。引申为凡刚毛之称。《礼记·明堂位》："夏后氏骆马黑鬣。"又《曲礼下》："豕曰刚鬣。"也指髭须。《左传·昭公七年》："楚子享公（鲁侯）于新台，使长鬣者相。"❷指鱼龙之属颔旁的鬣。杜牧《华清宫三十韵》："鲸鬣掀东海，胡牙揭上阳。"❸松针。段成式《酉阳杂俎·广动植之三》："松凡言两粒五粒，粒当言鬣。"❹扫帚的末端。《礼记·少仪》："拚席不以鬣。"

lie

咧（lie）表语气，同"哩（li）"。另见 liě。

līn

拎（līn）提物。如：拎水；拎提包。《儒林外史》第四回："浑家拎着酒。"

lín

邻〔鄰、隣〕（lín）❶邻居；邻国。如：左邻右舍。《书·蔡仲之命》："睦乃四邻。"❷接近。《左传·襄公二十九年》："邻于善，民之望也。"❸古称君主的近臣。《书·益稷》："钦四邻。"孔传："四近，前后左右之臣。"❹周代制度以五家为邻。《周礼·地官·遂人》："五家为邻，五邻为里。"

邻笛 邻家的笛声。向秀《思旧赋序》："余与嵇康、吕安居止接近；其人并有不羁之才，然嵇志远而疏，吕心旷而放。其后各以事见法……余逝将西迈，经其旧庐，于时日薄虞渊，寒冰凄然，邻人有吹笛者，发声寥亮，追思曩昔游宴之好，感音而叹，故作赋云。"后因用"邻笛"为伤逝怀旧之意。卢藏用《答宋鸣皋兼贻平昔游旧》诗："无复平原赋，空余邻笛声。"平原，指陆机。陆机有《叹逝赋》，与《思旧赋》情致略同。

邻邻 ❶同"辚辚"。车行声。《诗·秦风·车邻》："有车邻邻。"❷众多貌。《楚辞·九歌·河伯》："鱼邻邻兮媵予。"

邻曲 邻居；邻人。陶潜《游斜川诗序》："与二三邻曲，同游斜川。"

邻伍 古制，五家为邻，又以五家为伍，故称邻居为"邻伍"。陈造《泊慈湖北岸》诗："渔翁家苇间，蜗舍无邻伍。"

林（lín）❶丛聚的树木。《诗·邶风·击鼓》："于林之下。"❷喻人或事物的群体。如：儒林；艺林。《汉书·司马迁传》："士有此五者，然后可以托于世而列于君子之林矣。"❸盛貌。《诗·小雅·宾之初筵》："百礼既至，有壬有林。"朱熹注："壬，大；林，盛也。"❹指隐居之地。张说《和魏仆射还乡》："富贵还乡国，光辉满旧林。"参见"林下❷"。❺姓。

林薄 草木丛生之处。《楚辞·九章·涉江》："露申辛夷，死林薄兮。"王逸注："丛木曰林，草木交错曰薄。"亦借指隐居之所。《晋书·束皙传》："忠不足以卫己，祸不可以预度，是士讳登ہ而竞赴林薄。"

林离 ❶水流不绝貌。《史记·司马相如列传》："滂濞沆溉，泄以林离。"❷众盛貌。江淹《思北归赋》："木萧梢而可哀，草林离而欲暮。"❸中国古代西方少数民族乐曲名。《文选·班固〈东都赋〉》："僸佅兜离"李善注引《孝经钩命决》："西夷之乐曰林离。"案《诗·小雅·鼓钟》孔颖达疏引作"株离"。参见"僸佅兜离"。

林林 众多貌。柳宗元《贞符》："惟人之初，总总而生，林林而群。"

林泉 山林泉石胜境，也指退隐之地。《北史·韦夐传》："所居之宅，枕带林泉。"徐铉《奉和子龙大监》："怀恩未遂林泉约，窃位空惭组绶悬。"

林薮 ❶丛林和草泽。借指山野。《后汉书·儒林传序》："四方学士多怀挟图书，遁逃林薮。"❷指聚集之处。班固《典引》："屡访群儒，谕咨故老，与之斟酌道德之渊源，肴核仁谊之林薮，以望元符之臻焉。"

林下 ❶《世说新语·贤媛》："王夫人神情散朗，故有林下风气。"后因以称颂妇女仪度闲雅。如：林下风致。《宣和画谱·人物二》："童以妇人而能丹青……有文士题童氏画诗曰：'林下材华虽可尚，笔端人物更清妍。'"❷幽僻之境，引申指退隐或隐居之处。李白《安陆寄刘绾》诗："独此林下意，杳无区中缘。"灵彻《东林寺酬韦丹刺史》诗："相逢尽道休官好，林下何曾见一人。"

临〔臨〕（lín）❶居高处朝向低处。如：居高临下；如临深渊。《诗·邶风·日月》："日居月诸，照临下土。"引申为上对下之称。《论语·为政》："临之以庄，则敬。"❷面对。如：如临大敌。《礼记·曲礼上》："临财毋苟得，临难毋苟免。"❸到。如：双喜临门；亲临其地。❹及；正当；将要。如：临走；临别赠言。王融《求自试启》："露木风荣，临年共悦。""临年"犹言及时。❺对着字画摹仿学习。如：临帖；临写。参见"临摹"。❻六十四卦之一，兑下坤上。《易·临》："象曰：泽上有地，临。"孔颖达疏："泽上有地者，欲见地临于泽，在上临下之义。"❼古代的一种战车。见"临冲"。❽姓。汉代有临孝存。

另见 lìn。

临池 相传东汉张芝学书甚勤，"凡家之衣帛，必先书而后练之；临池学书，池水尽黑"（晋卫恒《四体书势》）。后因称学习书法为"临池"。相传王羲之亦有墨池故迹，在临川（今属江西）城东，见宋曾巩《墨池记》。

临冲 古时两种战车的名称。《诗·大雅·皇矣》："以尔钩援，与尔临、冲，以伐崇墉。"孔颖达疏："临者，在上临下之名；冲者，从傍冲突之称；故知二车不同。兵书有作临车、冲车之法，《墨子》有《备冲》之篇，知临、冲俱是车也。"钩援，云梯之类。崇，国名。

临存 犹临问。《汉书·严助传》："使重臣临存，施德垂赏以招致之。"

临江仙 ❶唐教坊曲名，后用为词牌。原曲多用以咏水仙故事，故名。敦煌词或作《临江山》，又名《谢新恩》、《庭院深深》等。双调五十八字或六十字，平韵。晏几道"梦后楼台高锁"一阕甚有名。此调宋柳永演为慢词，双调九十三字，平韵。❷曲牌名。南曲南吕宫、北曲仙吕宫都有同名曲牌。南曲较常见，字句格律与词牌六十字体半阕同。用作引子。

临硎 三国吴宫门名。

临摹 黄伯思《东观徐论·论临摹二法》："临，谓以纸在古帖旁，观其形势而学之，若临渊之临，故谓之临。摹，谓以薄纸覆古帖上，随其细大而拓之，若摹画之摹，故谓之摹。"后泛指以名家书画为蓝本，摹仿学习。

临蓐 犹临产。蓐，床上草垫。《聊斋志异·巩仙》："府中耳目较多，倘一朝临蓐，何处可容儿啼？"

临深履薄 《诗·小雅·小旻》："战战兢兢，如临深渊，如履薄冰。"

后因以"临深履薄"比喻谨慎戒惧。《后汉书·杨终传》:"岂可不临深履薄,以为至戒?"

临问 前来慰问或征求意见。旧常指皇帝亲自或派人慰问、咨询。《汉书·霍光传》:"车驾自临问光病。"又《李寻传》:"幸使重臣临问,愚臣不足以奉明诏。"

临幸 ❶皇帝亲临。《新五代史·王峻传》:"峻于枢密院起厅事,极其华侈,邀太祖临幸。"❷特指皇帝与嫔妃同宿。马致远《汉宫秋》第二折:"妾身王嫱,自前日蒙恩临幸,不觉又旬月。"

临轩 古时皇帝不坐正殿而在殿前平台上接见臣属,叫"临轩"。王维《少年行》:"天子临轩赐侯印,将军佩出明光宫。"

临渊羡鱼 比喻徒有愿望,不去实干,于事无补。《汉书·董仲舒传》:"临渊羡鱼,不如退而结网。"

啉(lín) 见"喹啉"。
另见 lán,lìn。

淋(lín) 浇。如:日晒雨淋;淋浴。《红楼梦》第三十回:"只见宝玉淋得雨打鸡一般。"
另见 lìn。

淋浪 ❶水连续下滴貌。也指流泪不止。陶潜《感士不遇赋》:"泪淋浪以洒袂。"❷形容音响连续不断。嵇康《琴赋》:"纷淋浪以流离。"朱熹《试院杂诗》:"坐听秋檐响,淋浪殊未休。"

淋离 犹言陆离。长而美好貌。《楚辞·哀时命》:"冠崔嵬而切云兮,剑淋离而从(纵)横。"王逸注:"淋离,长貌也。"

淋漓 ❶沾湿或流滴貌。韩愈《醉后》诗:"淋漓身上衣,颠倒笔下字。""漓"或作"浪"。又《赤龙杖歌》:"赤龙拔须血淋漓。"❷形容充盛、酣畅。如:淋漓尽致。李商隐《韩碑》诗:"濡染大笔何淋漓。"

淋灑 连绵不断貌。《文选·王褒〈洞箫赋〉》:"被淋灑其靡靡兮。"李善注:"淋灑,不绝貌。"按此指声音的连续。

淋铃 ❶雨声。韦庄《宿蓬船》诗:"夜来江雨宿蓬船,卧听淋铃不忍眠。"❷指《雨淋铃》曲。杜牧《华清宫》诗:"行云不下朝元阁,一曲《淋铃》泪数行。"

惏(lín) 见"惏栗"、"惏悷"。
另见 lán 婪。

惏栗 寒貌;凄清貌。宋玉《风赋》:"故其风中人,状直憯凄惏栗,

清凉增欷。"

惏悷 悲伤貌。宋玉《高唐赋》:"令人惏悷憯凄,胁息增欷。"

綝〔綝〕(lín,又读 shēn) 见"綝缡"。
另见 chēn。

綝缡 ❶亦作"襂缡"、"襂褵"、"襂褷"。衣裳、毛羽等下垂貌。《楚辞·九怀·通路》:"舒佩兮綝缡。"参见"襂缡"。❷盛饰貌。张衡《思玄赋》:"冠罳号其映盖兮,佩綝缡以辉煌。"号号,冠高貌。

琳(lín) 美玉;青碧色的玉。《书·禹贡》:"厥贡惟球、琳、琅玕。"司马相如《上林赋》:"玫瑰碧琳。"

琳宫 仙宫。亦指道院。吴筠《游仙诗》:"上元降王闳,王母开琳宫。"上元,指上元夫人,神话人物名;王母,即西王母。殷尧藩《游王羽士山房》诗:"落日半楼明,琳宫事事清。"

琳琅 ❶精美的玉石。比喻珍异的物品、文章或人材。如:琳琅满目。《世说新语·容止》:"有人诣王太尉,遇安丰、大将军、丞相在坐,往别屋见季胤、平子;还语人曰:'今日之行,触目见琳琅珠玉。'"柳宗元《答贡士沈起书》:"览所著文,宏博中正,富我以琳琅珪璧之宝,甚厚。"❷玉石相击声。《楚辞·九歌·东皇太一》:"璆锵鸣兮琳琅。"

晽(lín) 见"晽晽"。

晽晽 《淮南子·俶真训》:"而知乃始昧昧晽晽,皆欲离其童蒙之心。"高诱注:"昧昧,欲明而未也;晽晽,欲所知之貌也。"一说"晽晽"是"綝綝"之误。"昧昧"、"綝綝",一声之转,皆欲知之貌也。见王念孙《读书杂志》卷十二。

碄(lín) 见"碄碄"。

碄碄 深貌。《文选·张衡〈思玄赋〉》:"漂通川之碄碄。"李善注:"碄碄,深貌。"吕延济注:"深广貌。"

箖(lín) 竹名。《笋谱》:"箖竹,出襄州卧龙山诸葛亮祠中。长百丈;梢上有叶,土人作幡竿承落。"

粦(lín) 《说文·《部》:"水生厓石间粦粦也。"徐锴系传:"水流石间不驶也。"郭璞《江赋》:"或颎彩轻涟,或焝曜崖粦。"

粦粦 清澈貌。《诗·唐风·扬之水》:"扬之水,白石粦粦。"毛传:"粦粦,清澈也。"谓水中石可

见。方岳《寄友人》诗:"面熟青山亦故人,霜逢肯负月粦粦。"翁卷《题东池》诗:"一池寒水绿粦粦。"亦作"磷磷"。宋之问《始安秋日》诗:"碎石水磷磷。"参见"磷磷"。

嶙(lín) 见"嶙峋"。

嶙嶙 山势起伏不平貌。欧阳修《盘车图》诗:"浅山嶙嶙,乱石矗矗。"

嶙峋 ❶高耸层叠貌。扬雄《甘泉赋》:"增宫参差,骈嵯峨兮,岭嶪嶙峋,洞无厓兮。"形容宫殿矗立。韩愈《送惠师》诗:"遂登天台望,众壑皆嶙峋。"形容山峰重叠高耸。❷比喻做人刚直。如:风骨嶙峋。❸形容人瘦削。如:瘦骨嶙峋。

獜(lín) ❶犬健。见《说文·犬部》。❷獜獜,象声词。
另见 lìn。

遴(lín) 审慎选择。见"遴选"。
另见 lìn。

遴柬 犹遴选。《新唐书·魏玄同传》:"太平多士,则遴柬俊髦而使之。"

遴选 审慎选拔。王安石《辞男雱说书札子》:"一介之任,必欲因能;讲艺之臣,尤为遴选。"

潾(lín) 水清澄貌。见《玉篇·水部》。

潾潾 ❶水清貌。杜甫《杂述》诗:"泗水潾潾冰以清。"❷月光随水波动貌。温庭筠《三洲词》:"月随波动碎潾潾。"

骊〔驎〕(lín) ❶身有鳞状斑纹的马。《尔雅·释畜》:"青骊,驎。"郝懿行义疏:"《诗·駉》传用《尔雅》,疏引孙炎云:'色有浅深似鱼鳞也。'然则鳞、骊声义同。"参见"駩"。❷见"骐骊"。

璘(lín) 见"璘彬"。

璘彬 玉光缤纷。《文选·张衡〈西京赋〉》:"珊瑚琳碧,瑌珉璘彬。"薛综注:"璘彬,玉光色杂也。"亦作"瞵瑉"。扬雄《甘泉赋》:"翠玉树之青葱兮,璧马犀之瞵瑉。"

霖(lín) 久雨。《左传·隐公九年》:"凡雨,自三日以往为霖。"蔡邕《霖雨赋》:"夫何季秋之淫雨兮,既弥旬日而成霖。"亦谓干旱时所需的大雨。如:甘霖。参见"霖雨❶"。

霖霖 雨声;雨不止貌。缪袭《喜霁赋》:"雷隐隐而震其响兮,雨霖霖

而又隤。"

霖雨 ❶连绵大雨。曹植《赠白马王彪》诗:"霖雨泥我涂,流潦浩纵横。"❷《书·说命上》:"若济巨川,用汝作舟楫;若岁大旱,用汝作霖雨。"此为殷高宗对大臣傅说说的话。后即以霖雨比喻济世之臣。杜甫《上韦相二十韵》:"霖雨思贤佐,丹青忆老臣。"

辚 〔辚〕(lín) ❶象声。见"辚辚"。❷门槛。《淮南子·说林训》:"亡马,不发户辚。"高诱注:"言马亡不可发户限而求。"❸轮子。《仪礼·既夕礼》"迁于祖用轴"郑玄注:"轴状如转辚。"贾公彦疏:"辚,轮也。"

另见 lìn。

辚辚 车行声。《楚辞·九歌·大司命》:"乘龙兮辚辚。"杜甫《兵车行》:"车辚辚,马萧萧。"

瓵 (lín) 敝;损。《考工记·轮人》:"是故轮虽敝,不瓵于凿。"郑玄注:"郑司农云:'不瓵于凿,谓不动于凿中也。'玄谓瓵亦敝也。"

磷 (一)〔燐、粦〕(lín) 化学元素[周期系第Ⅴ族(类)主族元素]。符号 P。原子序数 15。主要矿物是磷灰石。单体磷至少有两种同素异形体:白磷(也叫"黄磷")和赤磷(也叫"红磷")。磷酸钙与二氧化硅及炭在电炉中加热,将所得的磷蒸气迅速冷却,即得白磷。白磷为透明蜡状固体,有毒,化学性活泼,易在空气中氧化,氧化时在暗处可见它发光,称为"磷光现象"。白磷在密闭器中加热到 260℃,即渐变为化学性质较不活泼且无毒的赤磷。赤磷可用以制造火柴及各种磷化物。白磷在高压下加热则变为略有金属性且无毒的另一种同素异形体黑磷(或紫磷)。为生命所必需的大量营养元素,它是组成牙齿、骨骼和脱氧核糖核酸的必要成分。

(二)(lín) 见"磷磷"。

另见 lìn。

磷火 俗称鬼火。忽隐忽现的青色野火。系由磷质遇空气发光燃烧而成。庾信《拟连珠》:"盖闻营魂不反,磷火宵飞,时遭猎夜之兵,或毙亭之鬼。"

磷磷 水中见石貌,形容水清。刘桢《赠从弟三首》:"泛泛东流水,磷磷水中石。"亦形容水石相击。宋之问《始安秋日》诗:"碎石水磷磷。"

磷碙 同"嶙峋"。

瞵 (lín) 眼光闪闪地看。左思《吴都赋》:"鹰瞵鹗视。"

瞵盼 顾盼;瞻视。《楚辞·九怀·昭世》:"进瞵盼兮上丘墟。"

璘 (lín) 田垄。王祯《农书》卷二:"其法起坺为璘,两璘之间,自成一畎。"

鏻 〔鏻〕(lín) 化学名词。拉丁文 phosphonium 的译名。一类具有 R₄PX 通式的含磷有机化合物的总称(R 为烃基,X 为羟基或卤素等)。如$(CH_3)_4POH$(氢氧化四甲鏻)等。

鳞 〔鱗〕(lín) ❶鱼类、爬行类和少数哺乳类体表以及鸟类局部区域所被覆的皮肤衍生物。一般呈薄片状,具有保护作用。鱼类的鳞为骨质鳞,由真皮或由真皮和表皮共同形成。根据构造和性质的不同,可分盾鳞、硬鳞和骨鳞三类。鱼鳞可制取工业和医药原料。蛇、蜥蜴和穿山甲体表以及鸟类局部区域(如喙的基部和足部)等的鳞为角质鳞。宋玉《高唐赋》:"鼋鼍鳣鲔,交积纵横,振鳞奋翼,蜲蜲蜿蜿。"也借指形似鱼鳞的东西。李贺《雁门太守行》:"黑云压城城欲摧,甲光向日金鳞开。"❷鱼的代称。李贺《竹》诗:"织可承香汗,裁堪钓锦鳞。"❸泛指有鳞甲的动物。《礼记·月令》:"〔孟春之月〕其虫鳞"郑玄注:"鳞,龙蛇之属也。"

鳞比 犹"鳞次"。何晏《景福殿赋》:"星居宿陈,绮错鳞比。"

鳞萃 犹"鳞集"。张衡《西京赋》:"瑰货方至,鸟集鳞萃。"亦作"鳞崒"。司马相如《子虚赋》:"珍怪鸟兽,万端鳞崒。"

鳞集 群集。谓如游鱼四集。司马相如《难蜀父老》:"四面风德,二方之君,鳞集仰流,愿得受号者以亿计。"《汉书·刘向传》:"夫乘权借势之人,子弟鳞集于朝,羽翼阴附者众。"

鳞甲 ❶犹"鳞介"。指水族。曹植《七启》:"飞翮凌高,鳞甲隐深。"❷比喻人多巧诈之心。《三国志·蜀志·陈震传》:"都护李平坐诬罔废,诸葛亮与长史蒋琬、侍中董允书,曰:'孝起(陈震字)前临至吴,为我说正方(李平字)腹中有鳞甲,乡党以为不可近。吾以为鳞甲者但不当犯之耳,不图复有苏张之事出于不意。可使孝起知之。'"

鳞介 水族的统称。左思《魏都赋》:"羽翮颉颃,鳞介浮沈。"杜甫

《白凫行》:"鳞介腥膻素不食,终日忍饥西复东。"亦作"介鳞"。《淮南子·墜形训》:"介鳞者,夏食而冬蛰。"高诱注:"介,甲,龟鳖之属也;鳞,鱼龙之属。"

鳞鳞 像层层的鱼鳞,常用来形容云或水波纹等。鲍照《还都道中作》诗:"鳞鳞夕云起,猎猎晚风遒。"苏轼《和文与可洋州园池》诗:"曲池流水细鳞鳞,高会传觞似洛滨。"

鳞爪 比喻残存、零碎或无足轻重之物。计有功《唐诗纪事》卷三十九:"长庆中,元微之、梦得(刘禹锡)、韦楚客同会乐天(白居易)舍,论南朝兴废,各赋金陵怀古诗。刘满引一杯,饮已即成……白公览诗,曰:'四人探骊龙,子先获珠,所馀鳞爪,何用耶!'于是罢唱。"参见"一鳞半爪"、"东鳞西爪"。

麟 〔麐〕(lín) ❶见"麒麟"。❷通"燐"。见"麟麟"。

麟笔 史官之笔。卢纶《和常舍人晚秋集贤院即事》诗:"麟笔删金篆,龙绡荐玉编。"参见"麟经"。

麟凤 麟和凤都是传说中的珍异动物,用以比喻品格高尚的人。杜甫《幽人》诗:"麟凤在赤霄,何当一来仪。"

麟角 比喻稀罕可贵的人才或事物。《北史·文苑传序》:"及明皇御历,文雅大盛,学者如牛毛,成者如麟角。"

麟角凤距 麟角、凤爪,比喻虽珍奇而不实用之物。《抱朴子·自叙》:"晚又学七尺杖术,可以入白刃,取大戟。然亦是不急之末学;知之譬如麟角凤距,何必用之?"

麟角凤觜 麟角、凤觜,指稀罕而名贵的东西。《海内十洲记》:"洲上多凤麟……亦多仙家。煮凤喙及麟角,合煎作膏,名之为续弦胶,或名连金泥。此胶能续弓弩已断之弦,刀剑断折之金。"杜甫《病后遇王倚饮赠歌》:"麟角凤觜世莫识,煎胶续弦奇自见。"亦作"麟角凤毛"。

麟经 指《春秋》。孔子作《春秋》至获麟绝笔,故《春秋》又称"麟经"。马祖常《都门一百韵》:"群儒修麟经,诸将宣豹略。"亦作"麟史"。张说《崔司业挽歌》:"凤池伤旧草,麟史泣遗篇。"参见"获麟"。

麟麟 光明貌。《文选·扬雄〈剧秦美新〉》:"炳炳麟麟,岂不懿哉!"李善注:"麟麟,光明也。麟与燐古字同用。"

麟止 《史记·太史公自序》:"于

是卒述陶唐以来,至于麟止。"裴骃集解引张晏曰:"武帝获麟,迁以为述事之端。上包黄帝,下至麟止,犹《春秋》止于获麟也。"司马贞索隐引服虔曰:"武帝至雍获白麟,而铸金作麟足形,故云麟止。"

麟趾 ❶金币名。《汉书·武帝记》:"〔太始二年〕更黄金为麟趾、褭蹄。"谓改铸黄金成饼状的麟趾金、马蹄金。❷《诗·周南·麟之趾》以"振振公子"等语称美周文王子孙昌盛,后遂以"麟趾"为子孙昌盛之喻。王融《三月三日曲水诗序》:"族茂麟趾,宗固磐石。"

lǐn

菻(lǐn) ❶蒿类植物。见《说文·艸部》。❷见"拂菻"。

掵(lǐn,又读lǎn) 杀;打。《方言》第一:"晋、魏、河内之北谓掵曰残。"郭璞注:"今关西人呼打为掵。"戴震疏证:"掵、㦁古通用。"

禀〔稟〕(lǐn) 通"廪"。给予粮食。《汉书·文帝纪》:"今闻吏禀当受鬻者,或以陈粟。"颜师古注:"禀,给也。"
　另见bǐng。

僯(lǐn) 惭耻。见《玉篇·人部》。

凛(lǐn) ❶冷。梅尧臣《中伏日永叔遗冰》诗:"莹澈肖水玉,凛气侵人肌。"❷严冷可畏貌。如:凛若冰霜。❸通"懍"。懍栗;敬畏。苏轼《后赤壁赋》:"予亦悄然而悲,肃然而恐,凛乎其不可留也。"

凛冽 刺骨的寒冷。如:北风凛冽。李白《大猎赋》:"严冬惨切,寒气凛冽。"

凛凛 ❶寒冷貌。郝经《秋思》诗:"静听风雨急,透骨寒凛凛。"❷可敬畏貌。如:威风凛凛。《宋史·辛弃疾传》:"憙(朱熹)殁,弃疾为文哭曰:'……谓公死,凛凛犹生。'"❸戒惧貌。《三国志·蜀志·法正传》:"〔孙权妹〕侍婢百余人,皆亲执刀侍立,先主每入,衷心常凛凛。"

凛然 严厉貌;形容令人敬畏的神态。如:凛然不可犯。《宋史·李芾传》:"强力过人,自旦治事,至暮无倦色……望之凛然犹神明。"

廪(lǐn) ❶粮仓,亦指储藏的粮食。《韩非子·外储说右上》:"于是反国,发廪粟以赋众贫,散府余财以赐孤寡。"❷积聚;郁结。《素问·皮部论》:"廪于肠胃。"❸旧

指官府发给的粮米。如:食廪。❹通"懍"。恐惧貌。《左传·哀公十五年》:"以水潦之不时,无乃廪然陨大夫之尸。"杜预注:"廪然,倾动貌。"❺通"凛"。寒冷。《楚辞·九辩》:"窃独悲此廪秋。"
　另见lǎn。

廪膳 官府发给在学生员的膳食津贴。《元史·选举志一》:"成宗大德十年春二月,增生员廪膳。"

廪食 官府给以粮食。《汉书·贡禹传》:"宜免为庶人,廪食。"亦指官府发给的粮食。《汉书·苏武传》:"武既至海上,廪食不至。"

廪饩 旧指由官府供给的粮食。《南史·萧正德传》:"敕所在给汝廪饩。"后来专指官府发给在学生员的膳食津贴。《元史·选举志一》:"而百官子弟之就学者,常不下二三百人,宜增其廪饩。"参见"廪膳"。

凜(lǐn) 同"凛"。

懍(lǐn) 危惧;戒惧。《书·五子之歌》:"懍乎若朽索之驭六马。"

懍懍 ❶危惧貌。《书·泰誓中》:"百姓懍懍,若崩厥角。"《说苑·政理》:"懍懍焉,如以腐索御奔马。"❷严正貌。《后汉书·孔融传论》:"懍懍焉,嶷嶷焉,其与琨玉秋霜比质可也。"李贤注:"懍懍,言劲烈如秋霜也。"参见"凛凛❷"。

檁(lǐn) 见"檁条"。

檁条 亦称"桁条"、"檁子"。设置在屋架间、山墙间或屋架和山墙间的小梁。用以支承椽子或屋面板。一般用钢、木或钢筋混凝土做成。

蘦(lǐn) 植物名。即"蘦蒿",又称"萩"、"萩蒿"或"萝"。《本草纲目·草部》"蘦蒿"引陆农师云:"蘦之为言高也,萩亦峨也,萩科高。可以覆蚕,故谓之萝。"

lìn

吝〔恡〕(lìn) ❶吝惜;舍不得。如:不吝赐教。《书·仲虺之诰》:"改过不吝。"❷贪鄙;吝啬。《论语·泰伯》:"如有周公之才之美,使骄且吝,其余不足观也已。"《颜氏家训·治家》:"吝者,穷急不恤之谓也。"❸耻辱。《后汉书·张衡传》:"得之不休,不获不吝。"

吝顾 犹爱惜。《三国志·魏志·毌丘俭传》"悉归降"裴松之注引

文钦《与郭淮书》:"事君有节,忠愤内发,忘寝与食,无所吝顾也。"

吝色 内心不愿而显露在脸上的神态。犹言面有难色。《潜夫论·贤难》:"邓通幸于文帝,尽心而不违,吮痈而无吝色。"

吝啬 小气;鄙吝。《三国志·魏志·曹洪传》:"始洪家富而性吝啬。"亦作"遴啬"。《汉书·王莽传下》:"莽好空言,慕古法,多封爵人,性实遴啬。"颜师古注:"遴读如吝同。"

吝惜 过分的爱惜;舍不得。《书·仲虺之诰》"改过不吝"孔传:"有过则改,无所吝惜。"《三国志·魏志·王肃传评》:"吝惜财物,而治身不秽。"

临〔臨〕(lìn) 哭吊死者。《左传·襄公十二年》:"凡诸侯之丧,异姓临于外。"
　另见lín。

唥(lìn) 同"吝(恡)"。

赁〔賃〕(lìn,读音rèn) ❶租;租赁。王禹偁《书斋》诗:"年年赁宅住闲坊,也作幽斋着道装。"❷为人雇佣。《南史·张敬儿传》:"家贫,每休假,辄佣赁自给,尝为城东吴泰家担水。"

赁春 受雇为人春米。《后汉书·梁鸿传》:"居庑下,为人赁春。"

赁书 受雇为人缮写。《南史·庾震传》:"丧父母,居贫无以葬,赁书以营事,至手掌穿,然后葬事获济。"

恡(lìn) 同"吝"。

啉(lìn) 呆貌。王实甫《西厢记》第三本第四折:"足下其实啉,休妆唔,笑你个风魔的翰林。"
　另见lán,lín。

阃〔闐〕(lìn) 通"躏"。践踏。《汉书·司马相如传上》:"徒车之所阃轹。"

淋㊀(lìn) 滤。如:过淋;淋盐。
　㊁〔痳〕(lìn) 见"淋病"。
　另见lín。

淋病 旧称"白浊"。因淋球菌感染所引起的一种传染性性病。主要发生于尿道和生殖系统。急性淋病的主要症状有排尿疼痛、尿道流脓等;急性淋病可转化为慢性。在女性可引起盆腔炎,有痛经、不孕等症状;在男性无明显症状,能传染,也可形成尿道狭窄。治疗用抗生素、磺胺类药等。

藺〔藺〕(lìn) ❶草名。即"灯心草"。❷通"梭"。见"藺石"。❸姓。

藺石 一名"雷石"。古代守城时用以打击敌人的大石。《汉书·晁错传》:"高城深堑,具藺石。"

獜(lìn) 传说中的兽名。状如犬,虎爪有甲。见《山海经·中山经》。
另见 lín。

遴(lìn) ❶本义为行路难,引申为难意。《法言·问明》:"鹪明遴集,食其洁者矣。"宋咸注:"鹪明,似凤,南方神雀,难于翔集,盖非洁不食者。"❷通"吝"。贪啬。《汉书·鲁恭王传》:"晚节遴,惟恐不足于财。"
另见 lín。

橉(lìn) ❶木名。《本草纲目·木部二》"橉木"李时珍曰:"此木最硬,梓人谓之橉筋木是也。木入染绛用,叶亦可酿酒。"按亦名"檁"。❷门限。《淮南子·氾论训》:"枕户橉而卧者,鬼神跖其首。"

轔〔轔〕(lìn) 同"轠"。见"轔轹"。
另见 lín。

轔轹 车轮辗压。《史记·司马相如列传》:"徒车之所轔轹。"《文选·司马相如〈上林赋〉》作"轠轹"。引申为践踏,欺凌。《隋书·何妥传》:"今复轔轹太史。"

膦(lìn) 磷化氢(PH₃)分子中的氢原子,部分或全部被烃基取代而形成的有机化合物的总称。例如,CH₃PH₂(甲膦)、(CH₃)₂PH(二甲膦)及(CH₃)₃P(三甲膦)等。

磷(lìn) ❶薄,削损。《论语·阳货》:"不曰坚乎?磨而不磷。"❷见"磷磷"。
另见 lín。

磷磷 形容玉石的色泽。《汉书·司马相如传上》:"磷磷烂烂,采色澔汗。"颜师古注引郭璞曰:"皆玉石符采映曜也。"

轠〔轠〕(lìn) 见"轠轹"。

轠轹 ❶车轮辗压。《文选·司马相如〈上林赋〉》:"徒车之所轠轹。"《史记·司马相如列传》作"轔轹"。❷践踏;欺凌。宋濂《项夫人墓志铭》:"娣姒之间,或讥诮之,或轠轹之,夫人皆不答。"❸超越。《隋书·杨玄感李密传论》:"足以轠轹轩、唐,奄吞周、汉。"轩,黄帝轩辕氏;唐,唐尧。

躏(lìn) 同"躝"。《后汉书·班固传》:"躏其十二三。"李贤注:"躏,轹也。"《文选·班固〈西都赋〉》作"蹂躏"。

躝〔躝〕(lìn) 见"蹂躝"、"躝轹"。

躝轹 犹蹂躏。践踏伤害之意。李白《大猎赋》:"虽躝轹之已多,犹拗怒而未歇。"亦作"躝跞"。《鹖冠子·王铁》:"为之父母,无所躝跞,仁于取予,备于教道。"

líng

令(líng) ❶见"令狐"。❷同"鸰"。
另见 lián,lǐng,lìng。

令丁 铃。《说文·金部》:"铃,令丁也。"王筠句读:"三字叠韵,故以令丁为铃之别名。"段玉裁注:"镯、铃一物也。古谓之丁宁,汉谓之令丁。"

令狐 ❶古地名。春秋晋地。在今山西临猗西。公元前636年置重耳从秦返国,渡河,围令狐;前620年晋败秦兵于令狐,皆即此。❷复姓。汉代有令狐略。

伶(líng) ❶古乐官名。相传黄帝时乐官名伶伦,故以为称。孟浩然《教坊歌儿》诗:"去年西京寺,众伶集讲筵。"旧亦以指戏剧演员。如:优伶;名伶。❷使;使唤的人。《诗·秦风·车邻》:"寺人之令。"陆德明释文引《韩诗》作"寺人之伶"。❸通"灵"。见"伶俐"。❹通"零"。见"伶仃"、"伶俜"。❺姓。汉代有伶徵。

伶丁 同"零仃"。孤独貌。李陵《赠苏武》诗:"远处天一隅,苦困独伶丁。"

伶仃 同"伶丁"、"零丁"。孤独貌。陆游《幽居遣怀》诗:"斜阳孤影叹伶仃,横按乌藤坐草亭。"

伶仃洋 一称零丁洋。在广东省珠江口外、内伶仃岛和外伶仃岛之间。万山群岛横亘外口,为天然屏障。当广州市黄埔港对外航运要冲。

伶工 即伶人。《新唐书·仪卫志下》:"伶工谓夜警为严。"

伶官 乐官。《诗·邶风·简兮序》:"卫之贤者仕于伶官。"后称供奉内廷的伶人及伶人授有官职者。《新五代史》有《伶官传》。

伶俐 ❶灵活;乖巧。《红楼梦》第三十三回:"宝玉素日虽然口角伶俐,此时……只是怔怔地站着。"❷干脆,爽利。无名氏《赚蒯通》第一折:"便除了后来祸患,岂不伶俐!"

伶俜 孤零。杜甫《新安吏》诗:"瘦男独伶俜。"

伶人 古代乐人之称。《国语·周语下》:"伶人告和。"韦昭注:"伶人,乐人也。"旧亦以指演戏的人。

诤〔詅〕(líng) 叫卖。周密《齐东野语·莫氏别室子》:"其夫以鬻粉羹为业,子稍长,诤羹于市。"

诤痴符 古代方言,指没有才学而好夸耀的人。《颜氏家训·文章》:"吾见世人,至无才思,自谓清华,流布丑拙,亦以众矣,江南号为'诤痴符'。"

灵〔靈〕(líng) 亦作"霝"。❶古时楚人称跳舞降神的巫。《楚辞·九歌·东皇太一》:"灵偃蹇兮姣服,芳菲菲兮满堂。"❷神。《楚辞·九歌·湘夫人》:"灵之来兮如云。"曹植《洛神赋》:"于是洛灵感焉,徙倚彷徨。"❸属于死人的。如:灵位;灵柩;移灵。❹灵魂。温庭筠《过陈琳墓》诗:"词客有灵应识我,霸才无主始怜君。"❺善;美好。《诗·鄘风·定之方中》:"灵雨既零。"郑玄注:"灵,善也。"❻聪明;灵巧。如:心灵手巧。❼灵活。如:周转不灵。❽灵验;应验。如:灵药。《史记·龟策列传》:"龟藏则不灵,蓍久则不神。"❾威灵。《左传·哀公二十四年》:"寡人欲徼福于周公,愿乞灵于臧氏。"❿姓。春秋时晋有灵辄。
另见 lǐng。

灵床 ❶停放尸体的床。《后汉书·张奂传》:"措尸灵床,幅巾而已。"❷为死者虚设的坐卧之具。《世说新语·伤逝》:"顾彦先平生好琴,及丧,家人常以琴置灵床上,张季鹰往哭之,不胜其恸,遂径上床,鼓琴,作数曲。"

灵椿 古代传说中的神树。《宋史·窦仪传》:"窦禹钧生子仪、俨、侃、偁、僖五人,皆相继登科,冯道与禹钧有旧,尝赠诗,有'灵椿一株老,丹桂五枝芳'之句。"按《庄子·逍遥游》:"上古有大椿者,以八千岁为春,八千岁为秋。"后因以称父亲,有祝长寿之意。

灵府 古指心。《庄子·德充符》:"不可入于灵府。"成玄英疏:"灵府者,精神之宅也,所谓心也。"陆游《月下作》诗:"诗成独高咏,灵府炯澄澈。"

灵光 ❶神异的光辉。《三国志·

蜀志·先主传》:"玺潜汉水,伏于渊泉,辉景烛耀,灵光彻天。"亦指人的灵性光明。《五灯会元·洪州百丈怀海禅师》:"灵光烛耀,迥脱根尘。"❷汉代殿名。庾信《哀江南赋》:"况复零落将尽,灵光岿然。"比喻知交死亡将尽,唯有自己还在,犹如灵光殿之巍然独存。参见"鲁殿灵光"。

灵龟 龟名。《尔雅·释鱼》:"二曰灵龟。"郭璞注:"涪陵郡出大龟,甲可以卜,缘中文似玳瑁。俗呼为灵龟,即今觜蠵龟。"古用以占卜。《易·颐》:"舍尔灵龟,观我朵颐。"

灵魂 ❶宗教所信居于人的躯体内主宰躯体的精神体。这种观念产生于原始社会。当时人们还不知道身体的构造及各器官的功能,并且受梦中景象的影响,以为思维和感觉不是人身体的活动,而是一种独特的寓于身体之中而在人死亡时就离开身体的被称为"灵魂"的精神体在活动。❷心灵。如:灵魂深处。❸比喻起指导和决定作用的因素。

灵柩 盛尸之棺。王实甫《西厢记》第一本楔子:"将这灵柩寄在普救寺内。"

灵明 即"心"。明王守仁《传习录》卷下:"曰:'人又甚么教做心?'对曰:'只是一个灵明。'"王守仁认为:"离却我的灵明,便没有天地鬼神万物了;我的灵明离却天地鬼神万物,亦没有我的灵明。"

灵匹 指牵牛、织女二星。谢惠连《七月七日夜咏牛女》:"云汉有灵匹,弥年阙相从。"

灵气 一种细微的精灵之气。《管子·内业》:"灵气在心,一来一逝,其细无内,其大无外。"

灵蛇珠 即"隋珠"。旧时比喻非凡的才能。曹植《与杨德祖书》:"人人自谓握灵蛇之珠,家家自谓抱荆山之玉。"

灵寿 ❶木名。即"椐"。《汉书·孔光传》:"赐太师灵寿杖。"颜师古注:"木似竹有枝节,长不过八九尺,围三四寸,自然有合杖制,不须削治也。"《文选·左思〈蜀都赋〉》:"灵寿桃枝。"刘逵注:"灵寿,木名也,出涪陵县;桃枝,竹属也,出垫江县。二者可以为杖。"参见"椐"。❷花名。段成式《酉阳杂俎续集·支植上》:"湖南有灵寿花,数蒂簇开,视日如槿,红色,春秋皆发,非作杖者。"

灵爽 指鬼神的精气。《文选·郭璞〈江赋〉》:"奇相得道而宅神,乃协灵爽于湘娥。"刘良注:"奇相者,

人也,得道于江,故居江为神,乃合其精爽与湘娥俱为神也。"

灵琐 古称宫门或庙门。《离骚》:"欲稍留此灵琐兮,日忽忽其将暮。"王逸注:"灵以喻君;琐,门镂也,文со连锁。"门镂,刻在门上的花纹。刘克庄《谒南岳》诗:"驾言款灵琐,楼堞晃丹赤。"

灵台 ❶周代台名。《孟子·梁惠王上》:"文王以民力为台为沼,而民欢乐之,谓其台曰灵台,谓其沼曰灵沼。"盖用以游观,一说用以观天象。汉代天象台名"灵台",见《三辅黄图》卷五。❷同"灵府"。指心。《庄子·庚桑楚》:"不可内于灵台。"❸星名。《晋书·天文志上》:"明堂西三星曰灵台;观台也,主观云物、察符瑞、候灾变也。"

灵位 祭祀时为死者所设牌位。用木牌、素绫或纸做成,上面写某姓某名之灵位。也有先写官爵及主祀者对死者的称谓的。

灵物 ❶犹神物,指不常见的事物或祥瑞。《后汉书·光武帝纪下》:"今天下清宁,灵物仍降。"❷指鬼神。《旧唐书·刘禹锡传》:"在在处处,应有灵物护持。"

灵犀 犀角。旧说犀牛是灵异的兽,角中有白纹如线,直通两头。见《汉书·西域传赞》颜师古注。李商隐《无题》诗:"身无彩凤双飞翼,心有灵犀一点通。"因以比喻两心相通。

灵性 谓天赋的聪明才智。韩愈《苟药歌》:"娇痴婢子无灵性,竞挽春衫来比并。"《红楼梦》第八十一回:"我看他相貌也还体面,灵性也还去得,为什么不念书,只是心野贪玩?"

灵修 比喻君王。《离骚》:"指九天以为正兮,夫唯灵修之故也。"此处灵修指楚怀王。王逸注:"灵,神也,修,远也。能神明远见者,君德也,故以喻君。"

灵曜 ❶天的别称。《文选·蔡邕〈陈太丘碑文〉》:"禀岳渎之精,苞灵曜之纯。"李善注:"灵曜谓天也。"❷指日光。郭璞《游仙诗》:"旸谷吐灵曜,扶桑森千丈。"

灵异 ❶旧谓神鬼妖物有异迹者。《晋书·干宝传》:"宝以此遂撰集古今神祇灵异,人物变化,名为《搜神记》,凡二十卷。"❷贤俊;奇才。《文选·范云〈古意赠王中书〉诗》:"岱山饶灵异,沂水富英奇。"刘良注:"二处并出琅邪王氏也。灵、英并贤俊。"

灵圉 神仙。《汉书·司马相如传上》:"灵圉燕于闲馆。"颜师古注引张揖曰:"灵圉,众仙号也。"《楚辞·九叹·远游》:"登昆仑而北首兮,悉灵圉而来谒。"王逸注:"灵圉,众神也。"

灵长(—zhǎng) 谓神灵而居于首位者。郭璞《江赋》:"咨五才之并用,实水德之灵长。"

灵座 为死者所设之座,供祭奠用。《晋书·顾荣传》:"荣素好琴,及卒,家人常置琴于灵座。"

夌(líng)

❶超越。《说文·夊部》:"夌,越也。"徐锴系传:"越,超越也。"段玉裁注:"凡夌越字当作此,今字或作凌,或作凌,而夌废矣。《广韵》陵下云:'犯也,侮也,侵也。'皆夌义之引伸,今字概作陵矣。"❷陵迟、陵夷的陵本字。《说文·夊部》:"夌,一曰夌徲也。"段玉裁注:"凡言陵迟、陵夷当作夌徲,今陵迟、陵夷行而夌徲废矣。"按陵迟者,始速终迟、自高渐下之意。

苓(líng)

❶植物名。苓耳,即卷耳。亦称葈耳、苍耳。❷通"蘦"。植物名,即大苦。《诗·唐风·采苓》:"采苓采苓,首阳之巅。"毛传:"苓,大苦也。"参见"蘦❶"。❸茯苓。见"茯"。❹通"零"。见"苓落"。

苓茏 形容草木青葱茂盛。《淮南子·俶真训》:"根茎枝叶,青葱苓茏。"

苓落 同"零落"。凋零衰败。《管子·宙合》:"奋盛,苓落也。盛而不落者,未之有也。"

呤(líng)

轻声说话。《玉篇·口部》:"呤,小语。"《广韵·十五青》:"《埤苍》云:'呤呤,语也。'"

另见 lìng。

岭(líng)

见"岭嶙"。

另见 lǐng。

岭嶙 石声。扬雄《蜀都赋》:"叩岩岭嶙。"

囹(líng)

见"囹圄"。

囹圄 亦作"囹圉"。牢狱。司马迁《报任少卿书》:"深幽囹圄之中,谁可告诉者!"

囹圉 同"囹圄"。牢狱。《史记·秦始皇本纪》:"虚囹圉而免刑戮。"

泠(líng)

❶轻妙貌。《庄子·逍遥游》:"夫列子御风而行,泠然善也。"❷通"伶"。见"泠人"。

❸通"零"。降落。《隶释·张公神碑》:"天时和兮甘露泠。"❹见"泠泠"。❺姓。周代有泠州鸠。

泠风 小风;和风。《庄子·齐物论》:"泠风则小和。"陆德明释文:"泠风,泠泠小风也。"《吕氏春秋·任地》:"子能使子之野尽为泠风乎?"高诱注:"泠风,和风,所以成穀也。"

泠洌 清淳。韩愈《醉赠张秘书》诗:"酒味既泠洌,酒气又氛氲。"

泠泠 ❶形容声音清越。陆机《文赋》:"音泠泠而盈耳。"罗含《湘中记》:"衡山有悬泉,滴沥岩间,声泠泠如弦音。"朱熹《次秀野韵题卧云庵》:"更把枯桐写奇趣,鹍弦寒夜独泠泠。"❷清凉貌。《楚辞·七谏·初放》:"下泠泠而来风。"

泠人 即"伶人"。古代掌音乐之官。《左传·成公九年》:"问其族,对曰:'泠人也。'"杜预注:"泠人,乐官。"孔颖达疏:"泠氏世掌乐官而善焉,故后世多号乐官为泠官。"

泠汰 任其自然。《庄子·天下》:"泠汰于物,以为道理。"郭象注:"泠汰,犹听放也。"

怜 (líng) 见"怜悧"。
另见 lián。

怜悧 同"伶俐❶"。

玲 (líng) 见"玲玎"、"玲琅"。

玲玎 玉石等相击的清脆声。皮日休《入林屋洞》诗:"人语散顶洞,石响高玲玎。"参见"玎玲"。

玲琅 清越的声音。刘子翚《听詹温之弹琴歌》:"玲琅一鼓万象春,铁面霜髯不枯槁。"

玲珑 ❶玉声;清越的声音。《文选·班固〈东都赋〉》:"凤盖棽丽,和銮玲珑。"李善注引《埤苍》:"玲珑,玉声也。"❷明彻貌。李白《玉阶怨》诗:"却下水晶帘,玲珑望秋月。"❸灵活;灵巧。如:玲珑活泼;小巧玲珑。施肩吾《观叶生画花》诗:"心窍玲珑貌亦奇,荣枯只在手中移。"

柃 (líng) 植物名。学名 Eurya japonica。亦称"柃木"。山茶科。常绿灌木或小乔木,嫩枝有两棱。叶厚革质,椭圆形至长椭圆状披针形,有钝齿。花单性,雌雄异株,小型,白色,无毛。浆果近球形,紫黑色。分布于中国东南部;朝鲜半岛、日本亦产。枝叶入药,能清热、消肿;果实可为染料。

轹 〔轹〕(líng) ❶车阑,即车箱前面和左右两面横直交结的栏木。《楚辞·九辩》:"倚结轹兮长太息,涕潺湲兮下沾轼。"❷小车名。《汉书·百官公卿表上》:"又车府、路轹、骑马、骏马四令丞。"颜师古注引伏俨曰:"轹,今之小马车曲舆也。"❸车轮。亦作"辚"。《礼记·曲礼上》:"已驾,仆展轹效驾。"

瓴 (líng) ❶房屋上仰盖的瓦,也称瓦沟。戴侗《六书故·工事四》:"瓴,牝瓦仰盖者也,仰瓦受覆之流,所谓瓦沟也。"❷容器,形如瓶。《淮南子·修务训》:"今夫救火者,汲水而趋之,或以瓮瓴,或以盆盂。"

瓴甋 砖。《尔雅·释宫》:"瓴甋谓之甓。"郭璞注:"甋砖也。今江东呼瓴甓。"蔡邕《吊屈原文》:"啄碎琬琰,宝其瓴甋。"

铃 〔鈴〕(líng) ❶金属制成的响器。又为击乐器。形似钟而小,有两种:(1)体内垂一小铜舌或金属丸,摇动发音,如我国民族乐队中使用的马铃;(2)无舌,用单签敲击或两铃相碰发音,亦名"碰铃"、"星"。❷铃状物。如:哑铃;杠铃。

铃阁 将帅或州郡长官办事的地方。《晋书·羊祜传》:"铃阁之下,侍卫者不过十数。"白居易《郡斋暇日》诗:"衙门排晓戟,铃阁开朝锁。"

铃下 ❶随从护卫的兵士。《三国志·吴志·吴范传》:"乃髡头自缚诣门下,使铃下以闻。铃下不敢。"❷唐代对太守的敬称。王志坚《表异录·职官》:"唐称太守曰节下,又云铃下,又曰下第下。"

倰 (líng) 欺凌。《宋书·蔡兴宗传》:"朕恭承洪绪,思弘盛烈,而在朝竞竞,驱扇成风。"
另见 lèng。

鸰 〔鴒〕(líng) 见"鹡鸰"。

凌 (líng) ❶积冰。孟郊《寒江吟》:"涉江莫涉凌。"❷通"陵"。侵犯;欺凌。《楚辞·九歌·国殇》:"凌余阵兮躐余行。"《吕氏春秋·不侵》:"立千乘之义而不可凌。"引申为相犯、交错、迫近。见"凌乱"、"凌晨"。❸通"陵"。渡;逾越。《吕氏春秋·论威》:"虽有江河之险则凌之。"❹升。张衡《东京赋》:"凌天池。"❺地球上所看到的内行星的圆面投影到日面或卫星的圆面投影到其母行星表面而呈现小黑点的现象。❻姓。

凌晨 天快亮的时候。白居易《宿西林寺早赴东林满上人之会》诗:"薄暮萧条投寺宿,凌晨清净与僧期。"

凌迟 亦作"陵迟"。俗称"剐"。中国古代执行死刑最残酷的一种方式。即零刀碎割,使犯人受尽痛苦而死。具体方法历代不尽相同。《宋史·刑法志》:"凌迟者,先断其支(肢)体,乃抉其吭,当时之极法也。"抉,割断;吭,咽喉。沈家本《刑律分考》卷二引王明德《读律佩觿》:"其法乃寸而磔之,必至体无余脔,然后为之割其势,女则幽其闭,出其脏腑,以毕其命,支分节解,菹其骨而后已。"始于五代,辽、元、明、清将凌迟列入正条,常用以处置犯"大逆"及"逆伦"等罪的人。

凌空 腾空。形容物体离地很远。张锡《奉和九月九日登慈恩寺浮图应制》:"仙游光御路,瑞塔回凌空。"

凌厉 意气昂扬,奋起直前的样子。《三国志·魏志·贾诩传》裴松之注:"实由疾疫大兴,以损凌厉之锋。"亦作"陵厉"。《南史·沈庆之传》:"据鞍陵厉,不异少壮。"

凌轹 亦作"陵轹"、"棱轹"。倾轧;欺压。《史记·魏其武安侯列传》:"凌轹宗室,侵犯骨肉。"《北史·宇文化及传》:"处公卿间,言辞不逊,多所凌轹。"

凌乱 杂乱无条理。鲍照《舞鹤赋》:"轻迹凌乱,浮影交横。"元稹《五弦弹》诗:"风入春松正凌乱。"

凌室 古代藏冰之室。《汉书·惠帝纪》:"秋七月乙亥,未央宫凌室灾。"参见"凌阴"。

凌霄 犹"凌云"。《文选·陆机〈演连珠〉》:"穷愈达,故凌霄之节厉。"李善注:"厉,高也。"张景源《奉和九月九日登慈恩寺浮图应制》诗:"飞塔凌霄起,宸游一届焉。"

凌虚 高入天空。曹植《节游赋》:"建三台于前处,飘飞陛以凌虚。"

凌阴 藏冰的地窖。《诗·豳风·七月》:"二之日凿冰冲冲,三之日纳于凌阴。"毛传:"凌阴,冰室也。"

凌云 直上云霄。形容升向空中,离地面很远。何晏《景福殿赋》:"尔乃建凌云之层盘。"也比喻志趣高迈或意气昂扬。如:壮志凌云。杜甫《戏为六绝句》:"凌云健笔意纵横。"

竛 (líng) 见"竛竮"。

竛竮 同"伶俜"。孤单貌。梁武帝《孝思赋序》:"年未髫龀,内失所恃,余喘竛竮,奶媪相长。"

陵(líng) ❶大土山。《诗·小雅·天保》："如冈如陵。"❷帝王的陵墓。如：十三陵；明孝陵。参见"山陵❸"。❸衰颓。《后汉书·儒林传赞》："斯文未陵，亦各有承。"参见"陵夷"。❹磨砺。《荀子·君道》："兵刃不待陵而劲。"❺严峻；苛刻。《荀子·致仕》："凡节奏欲陵，而生民欲宽。"杨倞注："节奏，谓礼节奏；陵，峻也。"❻经过；超越。《礼记·学记》："不陵节而施之谓孙（逊）。"孔颖达疏："不越其节分而教之。"《史记·秦始皇本纪》："陵水经地。"❼欺侮。《礼记·中庸》："在上位，不陵下。"❽登；上升。张衡《西京赋》："陵重巘。"

陵波　亦作"凌波"。形容女子步履轻盈。曹植《洛神赋》："陵波微步，罗袜生尘。"

陵迟　❶斜平，迤逦渐平；引申为衰颓。《荀子·宥坐》："三尺之岸，而虚车不能登也；百仞之山，任负车登焉。何则？陵迟故也……今夫世之陵迟亦久矣，而能使民勿逾乎？"《诗·王风·大车序》："礼义陵迟。"❷即"凌迟"。

陵谷　《诗·小雅·十月之交》："高岸为谷，深谷为陵。"本用以比喻君子处在下位，小人反居上位。《后汉书·杨赐传》："〔郜俭、梁鹄〕各受丰爵不次之宠，而令搢绅之徒委伏畎亩……冠履倒易，陵谷代处。"后用以比喻世事变迁，高下易位。骆宾王《叙寄员半千》诗："坐历山川险，呼嗟陵谷迁。"元好问《学东坡移居》诗："一从陵谷变，归顾无复望。"

陵藉　欺压。《魏书·崔休传》："内有自得之心，外则陵藉同列。"

陵驾　亦作"凌驾"。超越；高出其上。《宋书·恩幸传序》："举世无才，升降盖寡，徒以冯（凭）借世资，用相陵驾。"

陵轹　同"凌轹"。欺压。《史记·文帝本纪》："陵轹边吏，入盗，甚敖无道。"

陵寝　帝王的陵墓寝庙。《后汉书·祭祀志下》："以窦后配食章帝，恭怀皇后别就陵寝祭也。"参见"寝庙"。

陵辱　欺陵侮辱。石崇《王明君辞》："父子见陵辱，对之惭且惊。"

陵替　❶谓纲纪不能维持，上下不思振作。《左传·昭公十八年》："于是乎下陵上替，能无乱乎？"《梁书·武帝纪中》天监十年诏曰："晋氏陵替，虚诞为风。"❷衰落。杜甫《赠秘书监江夏李公邕》诗："长啸宇宙间，高才日陵替。"亦作"零替"。汪中《自序》："余衰宗零替，顾景（影）无俦。"

陵霄　亦作"凌霄"。直上云霄，高举之意。陆机《赴洛》诗："仰瞻陵霄鸟，羡尔归飞翼。"又《遂志赋》："陈（陈平）倾覆于楚魏，亦陵霄以自濯。"

陵虚　高空。曹植《节游赋》："建三台于前处，飘飞陛以陵虚。"亦作"凌虚"。杜甫《寄李十四员外布十二韵》："黄牛平驾浪，画鹢上陵虚。"

陵衍　平广的丘陵地带。《穆天子传》卷三："爰有陵衍平陆。"

陵夷　同"陵迟❶"。迤逦渐平。引申为衰颓。《汉书·成帝纪》："帝王之道，日以陵夷。"《宋史·胡铨传》："国势陵夷，不可复振。"

陵鱼　古代神话传说中的人鱼。《山海经·海内北经》："陵鱼，人面手足鱼身，在海中。"

陵雨　暴雨。《法言·吾子》："震风陵雨，然后知夏屋之为帡幪也。"

陵园　本指帝王或诸侯的墓地。《晋书·琅邪悼王焕传》："营起陵园，功役甚众。"现泛指以陵墓为主的园林。如：烈士陵园。

陵云　同"凌云❶"。《汉书·扬雄传》："往时武帝好神仙，相如（司马相如）上《大人赋》，欲以风，帝反缥缥有陵云之志。"《后汉书·冯衍传》："不求苟得，常有陵云之志。"

陵折　欺压人，折辱人。《史记·外戚世家》："修成子仲骄恣陵折，吏民皆患苦之。"《后汉书·贾复传》："官属以复后来，而好陵折等辈，调补鄠尉。"

聆(líng) ❶听。张衡《思玄赋》："聆广乐之九奏兮。"❷通"龄"。岁数。《礼记·文王世子》："梦帝与我九聆。"❸见"聆聆"。

聆聆　犹了了。《淮南子·齐俗训》："不通于道者若迷惑，告以东西南北，所居聆聆，一曲而辟，然忽不得，复迷惑也。"高诱注："聆聆，意晓解也。"

菱〔蔆〕(líng)　植物名。一名"芰"，俗称"菱角"。菱科。一年生水生草本。菱茎出水后，节间短缩，先后发生多数绿叶如盘状，称为"菱盘"。水上叶棱形，叶柄有浮囊。夏末秋初开花，花单生于叶腋，白或淡红色。花受精后，没入水中，长成果实，即一般所称之菱；萼片发育成菱角，革质。类型很多，可分四角菱(*Trapa quadrispinosa*)、二角菱(*T. bispinosa*)和乌菱(*T. bicornis*)。性喜温暖及充足阳光。春季直播或育苗后移植，秋季采收。原产中国，中部和南部栽培颇盛，无霜期在七个月以上的地区均可栽培。果实供食用及制淀粉，鲜嫩者可作水果。

菱花镜　古代以铜为镜，映日则发光影如菱花，因名"菱花镜"。杨达《明妃怨》诗："匣中纵有菱花镜，羞对单于照旧颜。"

棂〔欞〕(líng) ❶同"櫺"。❷长木。见《玉篇·木部》。

蛉(líng)　见"螟蛉"。

笒(líng) ❶古代车子前后两旁遮蔽风尘的竹帘。见朱骏声《说文通训定声·坤部》。❷通"轸"。车轼下面纵横交结的竹木条。《释名·释车》："笒，横在车前，织竹作之，孔笒笒也。"❸见"笒床"。

笒床　竹片所编垫子。《左传·昭公二十五年》"唯是楄柎所以藉干者"杜预注："楄柎，棺中笒床也。干，骸骨也。"《释名·释船》："舟中床以荐物者曰笒，言但有簀如笒床也。"

笒箵　打鱼用的竹编盛器。皮日休《奉和鲁望渔具十五咏·笒箵》："朝空笒箵去，暮实笒箵归。"

舲(líng)　有窗户的船。《楚辞·九章·涉江》："乘舲船余上沅兮。"王逸注："舲船，船有窗牖者。"亦指小船。

翎(líng) ❶鸟的羽毛。白居易《答箭镞》诗："插以青竹箨，羽之赤雁翎。"❷清代官员官帽上用来作装饰和区别品级的孔雀尾毛、鹖尾毛等。如：赏戴花翎。

羚(líng)　见"羚羊"。

羚羊　哺乳纲，偶蹄目，牛科中一个类群的通称。种类繁多。体形一般轻捷，四肢细长，蹄小而尖，有的雌雄均有角，有的仅雄的有角；尾长短不一。一般生活在旷野或荒漠，也有栖息于山区地带。分布于非洲和亚洲。产于中国的有藏原羚、鹅喉羚、藏羚和斑羚等。

羚羊挂角　陆佃《埤雅·释兽》："羚羊似羊而大，角有圆绕擦文，夜则悬角木上以防患。语曰'麢（羚）羊挂角'，此之谓也。"《本草纲目·兽部·羚羊》引陈藏器曰："而羚羊有神，夜宿防患，以角挂树不著地。"比喻诗的意境超脱，不露雕琢痕迹。严羽《沧浪诗话·诗辩》:"盛唐诸人唯在兴趣,羚羊挂角,无迹可求,故其妙处,透彻玲珑,不可凑泊。"

凌(líng) ❶乘。《楚辞·九章·哀郢》:"凌阳侯之泛滥兮,忽翱翔之焉薄。"王逸注:"凌,乘也。阳侯,大波之神。薄,止也。"❷亦作"凌"。逾越。木华《海赋》:"飞骏鼓楫,泛海凌山。"❸疾驰;急行。《楚辞·大招》:"冥凌浃行。"王逸注:"冥,玄冥,北方之神也。凌犹驰也。浃,遍也。"❹姓。

凌波 见"陵波"。

悷(líng) ❶哀怜。《方言》第六:"悷,怜也。"❷惊怖。参见"悷遽"。

悷遽 惊惶失措貌。《文选·张衡〈西京赋〉》:"百禽悷遽,骈瞿奔触。"薛综注:"悷,犹怖也;遽,促也;骈瞿,走貌;奔触,唐突也。"

绫〔綾〕(líng) 采用斜纹组织或斜纹地提花组织,以桑蚕丝或桑蚕丝同化学纤维长丝交织而成的一类丝织物。质地较轻薄,光滑柔软。例如,素广绫、花广绫等。

棱〔稜〕(líng) 见"穆棱"。
另见 léng、lèng。

碐(líng) 见"殑碐"。

辌〔輬〕(líng) 车轮碾压。见"辌轹"。
另见 léng。

辌轹 同"凌轹"。车轮碾压,比喻践踏,欺压。《汉书·灌夫传》:"辌轹宗室,侵犯骨肉。"

跉(líng) 见"跉蹼"。

跉蹼 孤独貌。毛奇龄《周子铉游天台山记事》:"四顾跉蹼,傍无一人,方疑其年少独行,必有所为。"

零(líng) ❶下雨。《诗·鄘风·定之方中》:"灵雨既零。"也比喻如雨一般地落下。如:感激涕零。❷草木雕落。《楚辞·远游》:"悼芳草之先零。"❸零碎;不成整数。如:零售;奇零。周密《齐东野语》卷十五:"《推节气歌》括云:'中气与节气,但有半月隔。若要知仔细,两时零五刻。'"❹整数系统中一个重要的数。它小于一切自然数,是介于正数与负数之间唯一的数,记作0。在加法里,$a + 0 = 0 + a = a$;在乘法里,$a \times 0 = 0 \times a = 0$;在除法里,0不能作除数。在计量时,数0表示"没有";有时还用来表示某种量的基准,如摄氏温度计上的冰点,记作

0℃。❺位值制记数法中数码"0"的名称。用以表示某一数位上是空位。❻姓。明代有零混。
另见 lián。

零丁 ❶亦作"伶仃"。孤独无依貌。李密《陈情表》:"零丁孤苦,至于成立。"❷寻人的招贴。《通雅》卷五:"升庵引《齐谐》曰:有失儿女零丁,谢承《后汉书》戴良有失父零丁,犹今之寻人招子也。盖古以纸书之,悬于一竿,其状零丁然。黄宗羲《万里寻兄记》:"于是裂纸数千,缮写其兄里、系、年、貌为零丁。所过之处,辄榜之宫观街市间。"一说零丁本为铃声,古时寻人要振铃,故称寻人招贴为"零丁"。

零丁洋 一作伶仃洋。在今广东珠江口外。宋末文天祥被元兵所执,至此,作《过零丁洋》诗,有"人生自古谁无死,留取丹心照汗青"句。鸦片战争前,英美侵略者的鸦片贩子,曾用趸船和快艇,强占伶仃洋洋面和伶仃岛,对中国进行大量的鸦片走私。

零落 ❶雕谢;脱落。《离骚》:"惟草木之零落兮。"王逸注:"零落皆坠也。草曰零,木曰落。"于谦《清明日戏题》诗:"才看花满枝,又见花零落。"❷比喻死亡、飘零、衰败。陆机《门有车马客行》:"亲友多零落。"杜甫《佳人》诗:"自云良家子,零落依草木。"《三国演义》第六回:"关中残破零落。"❸稀疏;不集中。亦作"零零落落"。

零散 犹零落。白居易《忆杭州梅花因叙旧游寄萧协律》诗:"歌伴酒徒零散尽,惟残头白老萧郎。"

零碎 ❶不完整;细碎。如:资料零碎;零碎活儿。白居易《题州北路傍老柳树》诗:"雪花零碎逐年减,烟叶稀疏随日新。"《红楼梦》第八十八回:"凤姐便叫彩明将一天零碎日用账对过一遍。"❷小东西;杂物。如:他正在收拾零碎儿。

零星 犹"零碎"。《红楼梦》第一百○六回:"零星需用亦在账房内开销。"亦指稀疏。张问陶《初五日夜抵潼驿怀亥白》诗:"烟深树黑沙溟蒙,一村灯火零星红。"

龄〔齡〕(líng) ❶年龄。如:高龄。《礼记·文王世子》:"古者谓年〔为〕龄。"❷已经历的年数。如:工龄;党龄。

铃〔鈴〕(líng) 金名。见《玉篇·金部》。

鯪〔鯪〕(líng) 动物名。学名 *Cirrhina molitorella*。亦称"土鲮鱼"。硬骨鱼纲,鲤科。体侧扁,长约30厘米。银灰色,胸鳍上方数鳞具暗斑。口小,下位,具短须两对。上唇细裂,下颌前缘扁薄锐利。栖息水的底层,以附着藻类等为食。分布于中国华南以及西南各地水系中。生长快,肉味鲜美,是中国南方以及马来群岛等地重要养殖鱼类之一。

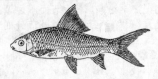

鯪

霝(líng) "零"的本字。落雨。《说文·雨部》:"霝,雨零也。《诗》曰:'霝雨其蒙。'"按今本《诗·豳风·东山》作"零雨其蒙"。
另见 lìng。

靈(líng) 同"灵(靈)"。
另见 líng。

霛(líng) "灵(靈)"的古字。
另见 líng。

鸰〔鴒〕(líng) 鹡的别名。见《广韵·十五青》。按《集韵·十五青》作"鹡小者"。

齢(líng) 鼠名。《玉篇·鼠部》:"齢,鼩属。"按《玉篇》:"鼩,斑鼠。"亦连称"鼩齢"。

酃(líng) ❶汉代县名。其地在今湖南衡阳县。❷湖名。在湖南衡阳县东。

酃渌 酒名。《晋书·简文帝纪》:"初荐酃渌酒于太庙。"亦作"醽醁"。见该条。

蘦(líng) ❶药草名。《尔雅·释草》:"蘦,大苦。"郭璞注谓甘草,沈括谓黄药(见《梦溪笔谈》卷二十六)。李时珍谓沈说近是(见《本草纲目·草部一·甘草》)。❷零落。《尔雅·释诂》:"蘦,落也。"邢昺疏:"《说文》云:'草曰零,木曰落。'此对文尔。散而言之,他物之落亦言蘦。《鄘风·定之方中》云:'灵雨既零。'蘦、零音义同。"

櫺(líng) ❶门、窗或栏杆上雕有花纹的格子。董解元《西厢记》上:"早是梦魂成不得,湿风吹雨入疏櫺。"❷屋檐。《广雅·释宫》:"櫺,梠也。"王念孙疏证:"《方言》:'屋梠谓之櫺。'郭注云:'即屋檐也。'"

櫺床 有栏槛的床。《三国志·魏

志·袁术传》"发病道死"裴松之注引韦昭《吴书》："时盛暑，欲得蜜浆，又无蜜。坐櫩床上叹息良久。"

蠕（líng）　同"蛉"。

艫（líng）　有屋的小船。元结《闵荒诗》："船艫壮龙鹢，若负宫阙浮。"

醽（líng）　见"醽醁"。

醽醁　酒名。《抱朴子·知止》："密宴继集，醽醁不撤。"亦作"醁醽"、"绿醽"。李贺《示弟》诗："醽醁今夕酒，缃帙去时书。"《文选·左思〈吴都赋〉》："飞轻轩而酌绿醽。"李善注引《湘州记》："湘州临水县有醽湖，取水为酒，名曰醽酒。"

鷝（líng）　同"羚"。《尔雅·释兽》："鷝，大羊。"郭璞注："鷝羊，似羊而大，角员（圆）锐，好在山崖间。"

艫（líng）　同"艫"。

醴（líng）　同"醽"。

líng

令（lǐng）　❶令。纸张的计量单位。一般以规定尺寸的整裁平版纸五百张为一令。❷亦称"型"。国际上以前用以表示手表机芯直径的单位。1令等于2.256毫米。如11令即表示机芯直径为 $2.256 \times 11 = 24.82$（毫米）。
另见lián，líng，lìng。

岭〔嶺〕（lǐng）　❶山岭。如：爬山过岭。王羲之《兰亭集序》："此地有崇山峻岭，茂林修竹。"❷山脉的干系。如：南岭；北岭。
另见líng。

岭表　或作"领表"。古地区名。即岭南、岭外。

岭梅　指大庾岭上的梅。杜甫《秋日荆南述怀》诗："秋水漫湘竹，阴风过岭梅。"

岭南　或作"领南"。地区名。即岭表、岭外。指五岭以南地区。

岭外　"岭"亦作"领"，即岭南、岭表。从中原人看来，岭南地区在五岭之外，故名。隋唐以后常用之。《隋书·谯国夫人传》："安抚岭外。"唐高适《送柴司户》诗："岭外资雄镇，朝端宠节旄。"宋周去非撰有《岭外代答》。

衿（lǐng）　❶衣襟。《方言》第四："绕衿谓之裙。"一说，衿为衣领。❷佩巾。汤显祖《紫箫记·巧合》："嗦，流态及欢前，佩衿香展。"

领〔領〕（lǐng）　❶颈。《左传·成公十三年》："及君之嗣也，我君景公引领西望曰：'庶抚我乎！'"❷衣领。《荀子·劝学》："若挈裘领，诎五指而顿之。"引申为衣服的件数。魏武帝《与太尉杨彪书》："今赠足下锦裘二领。"又引申为要领。如：提纲挈领。❸率领；引导。如：领唱；领路。元结《宿洄溪翁宅》诗："老翁八十犹能行，将领儿孙行拾穟。"❹管理；统属。如：领土；领海；领空。《汉书·魏相传》："总领众职。"❺领取；接受。如：领款；领奖。《三国演义》第三回："布（吕布）领令而去。"❻领会；欣赏。如：心领神会。陆游《初春书怀》诗："清泉冷浸疏梅蕊，共领人间第一香。"❼兼任较低级的职务。《宋史·职官志》："宣和以后，官高而仍旧职者谓之领，官卑而职高者谓之视。"❽通"岭"。《汉书·严助传》："舆轿而隃（逾）领。"

领表　即"岭表"。

领会　❶领悟；理解。陆游《示子遹》诗："数仞李杜墙，常恨欠领会。"❷际遇，遭际。《文选·向秀〈思旧赋〉》："托运遇于领会兮。"李善注引司马彪曰："言人运命如衣领之相交会，或合或开。"

领解（—jiè）　领悟理解。《元史·达礼麻识理传》："幼颖敏，从师授经史，过目辄领解。"

领解（—jiè）　科举考试中举人称"领解"。也称"发解"。

领略　欣赏；领会。陆游《弋阳县驿》诗："唤船野渡逢迎雪，携酒溪头领略梅。"《红楼梦》第二十三回："原来戏上也有好文章，可惜世人只知看戏，未必能领略其中的趣味。"

领南　即"岭南"。

领外　即"岭外"。

领袖　❶衣服的领和袖。借指为人表率的人。《晋书·魏舒传》："魏舒堂堂，人之领袖也。"❷国家、政治团体、群众组织等的最高领导人。

lìng

另（lìng）　❶别的；另外。如：另一回事；另有任务。❷单；独。陈亮《又甲辰秋书》："独往独来于人世间，亦自伤其孤另而已。"

令（lìng）　❶命令。如：政令；军令。《书·冏命》："发号施令，罔有不臧。"❷出令；召。《诗·齐风·东方未明》："倒之颠之，自公令之。"❸使。如：令人兴奋。《史记·孙子吴起列传》："臣能令君胜。"❹时令。如：夏令；冬令。❺善；美。《诗·大雅·卷阿》："如圭如璋，令闻令望。"《周书·萧瓛传》："幼有令誉。"❻敬词。常用于尊称对方的亲属或有关系的人。如：令亲；令郎。薛稷《饯许州宋司马赴任》诗："令弟与名兄，高才振两京。"古人亦用称己之弟辈。谢灵运《酬从弟惠连》诗："末路值令弟，开颜披心胸。"❼官名。战国、秦汉时，县的行政长官称令长：大县称令，小县称长。隋唐以后皆称令。宋代虽置县令，但由知县理县事。明清改称知县。又历代中央最高级机构的主官亦有称令者，如中书令、尚书令。某些中级机构中的主官亦有称令者，如汉代九卿属官中之太史令、太医令。明清仅宗人府主官尚称宗人令及宗令。❽中国古代关于国家体制和基本制度的法规。《新唐书·刑法志》："令者，尊卑贵贱之等数，国家之制度也。"始于秦。汉时令极繁多，统治者用以对"律"作修改补充，即所谓"天子诏所增损，不在律上者为令"（《汉书·宣帝纪》文颖注）。❾唐宋杂曲的一种体制。令曲，即小令。
另见lián，líng，líng。

令爱　爱，亦作"嫒"。称对方女儿的敬词。《京本通俗小说·碾玉观音》："适来叫出来看郡王轿子的人，是令爱么？"

令辰　吉利的时日。《国语·楚语下》："百姓夫妇择其令辰。"韦昭注："辰，十二辰。"

令弟　称对方之弟的敬词。薛稷《饯许州宋司马赴任》诗："令弟与名兄，高才振两京。"古人也用以称己之弟辈。谢灵运《酬从弟惠连》诗："末路值令弟，开颜披心胸。"

令公　古代对中书令的尊称。《魏书·高允传》："于是拜允为中书令……高宗重允，常不名之，恒呼为令公。"唐郭子仪为中书令，亦被称为令公。唐代末期以后，武人多加中书令，使用颇滥。

令公香　即"荀令香"。荀彧在汉曾守尚书令，称荀令君。相传曾得异香，至人家坐，三日香气不歇，故称"令公香"。后多以指高雅人士的风采。李颀《寄綦毋三诗》：“风流三接令公香。”亦作“令君香”。王维《春日直门下省早朝》诗：“遥闻侍中珮，暗识令君香。”

令箭　旧时军中用以传令的小旗，竿头如箭镞，以铁为之，故称。清制，大将军、将军、督抚、提镇均用三角旗，驻防将军、都统、副都统均用方旗。见《清文献通考·兵十六》。

令节　❶佳节。宋之问《奉和九日幸临渭亭登高应制》诗：“令节三秋晚，重阳九日欢。”❷清白的节操。曹植《武帝诔》：“既以约终，令节不衰。”

令君　❶魏晋间称尚书令为令君，含有褒美意。《晋书·荀勖传》：“帝尝谓曰：‘魏武帝言荀文若之进善，不进不止，荀公达之退恶，不退不休，二令君之美，亦望于君也。’”后亦用以称位居显要之大臣。沈佺期《别侍御严凝》诗：“令君出使车，行迈方靡靡。”❷县令的尊称。韦居安《梅磵诗话》卷中：“梁郑公克家未第时，为潮州揭阳宰馆客，寓县治东斋。斋前有梅一株，忽于九月中盛开……邑士多赋诗，往往皆诣令君。”

令郎　古乐府《孔雀东南飞》：“直说太守家，有此令郎君。”令郎君，犹言佳子弟。后省作“令郎”，用以称对方儿子的敬词。

令名　❶好的名声。《左传·闵公元年》：“为吴大伯（太伯），不亦可乎？犹有令名，与其及也。”及，及祸。❷好的名称。《史记·秦始皇本纪》：“阿房宫未成；成，欲更择令名名之。”

令仆　尚书令与仆射的合称。《世说新语·赏誉下》：“阿源（殷浩）有德有言，向使作令仆，足以仪刑百揆。”

令器　犹言美材。优秀的人材。《晋书·石苞传》：“俊（石苞子）字彦伦，少有名誉，议者称为令器。”

令人　❶善良的人。《诗·邶风·凯风》：“母氏圣善，我无令人。”这里的“令人”指能尽为子之道的人。❷宋代命妇的封号。宋制，内命妇有奉恩令人等封号，为正六品。外命妇之号有九等，令人居第五等，在硕人之下，恭人之上。见《宋会要辑稿·仪制十》及《续通典·职官十六》。❸指衙役。秦简夫《赵礼让肥》第四折：“令人，你与某请将马武来者。”

令色　和悦的脸色。《诗·大雅·烝民》：“令仪令色，小心翼翼。”郑玄笺：“令，善也。善威仪，善颜色。”

令嗣　犹言令郎。称对方儿子的敬词。王禹偁《五哀诗》：“鲤庭有令嗣，凤阁登仙署。”

令坦　称对方女婿的敬词。取王羲之闻人觅婿，坦腹东床的典故。参见“坦腹”。

令堂　称对方母亲的敬词。郑德辉《㑇梅香》第三折：“这声音九分是你令堂。”参见“北堂”。

令望　有威仪而为人景仰。《诗·大雅·卷阿》：“如圭如璋，令闻令望。”郑玄笺：“令，善也……人望之则有善威仪。”

令闻　犹“令名”。美好的名声。《书·微子之命》：“尔惟践修厥猷，旧有令闻。”

令行禁止　命令做的就立即执行，不准做的就马上停止。《管子·立政》：“令则行，禁而止，宪之所及，俗之所被，如百体之从心，政之所期也。”《荀子·王制》：“令行禁止，王者之事毕矣。”

令兄　称对方之兄的敬词。《通俗编·称谓》引苏辙《栾城遗言》：“贡父尝谓公曰：‘君作强于令兄。’”

令仪　美好的仪容。《诗·小雅·湛露》：“岂弟君子，莫不令仪。”朱熹集传：“令仪，言醉而不丧其威仪也。”

令正　❶古代官名，掌管文告辞令。《左传·襄公二十六年》：“子大叔为令正。”杜预注：“主作辞令之正。”❷旧时以嫡妻为正室，因用为称对方嫡妻的敬词。《西游记》第五十九回：“今闻公主是牛大哥令正。”

令终　❶保持善名而死。《诗·大雅·既醉》：“昭明有融，高朗令终。”亦谓尽天年、得善终为“令终”。❷事情圆满结束。嵇康《琴赋》：“既丰赡以多姿，又善始而令终。”

令子　犹言佳儿，多用于称美他人之子。李商隐《五言述德上杜仆射》诗：“过庭多令子，乞墅有名甥。”

令尊　称对方父亲的敬词。陈叔方《颖川语小》：“世俗称谓，多失其义，惟以令尊称父，以内称妻，尚可通。”

灵〔靈〕（lìng）　通“令”。《法言·渊骞》：“窃国灵也。”李轨注：“灵，命也。”

另见 líng。

吟（lìng）　译音字。如：嘌吟（一种含氮的杂环化合物）。

另见 líng。

霝（lìng）　通“令”。善。《广雅·释言》：“霝，令也。”王念孙疏证：“《齐侯镈钟铭》：‘霝命难老。’即令命也。”

另见 líng。

霛（lìng）　同“灵（靈）”。

另见 líng。

霠（lìng）　同“灵（靈）”。

另见 líng。

liū

溜（liū）　❶滑；滑行。如：溜冰。书从手中溜下去。❷光滑。如：滑溜；溜光。❸偷偷地跑开。如：溜走。❹一种烹调法，即经油炸后再加芡粉。如：溜黄鱼。

另见 liù。

熘（liū）　一种与炒相似的烹饪方法，作料中加淀粉汁。

liú

刘〔劉〕（liú）　❶杀。《逸周书·世俘》：“则咸刘商王纣。”孔晁注：“刘，克也。”参见“虔刘”。❷斧钺一类的兵器。《书·顾命》：“一人冕，执刘。”孔传：“刘，钺属。”❸剥落；雕残。《诗·大雅·桑柔》：“捋采其刘。”毛传：“刘，爆烁而希也。”❹树木名。《尔雅·释木》：“刘，刘杙。”郭璞注：“刘子生山中，实如梨，酢甜核坚，出交趾。”亦作“榴”。左思《吴都赋》：“探榴御霜。”榴，一本作刘。❺古邑名。一作留。在今河南偃师市南。春秋郑邑。公元前712年为周桓王所取。周匡王封其少子于此，是为刘康公，传至贞定王时绝封。❻姓。

沭（liú）　古文“流”字。源流。《荀子·荣辱》：“其沭长矣，其温厚矣，其功盛姚远矣。”姚远，犹遥远。

茆〔蓟〕（liú）　见“茆莅”。

茆莅　风声。《汉书·司马相如传上》：“茆莅芔（音汇）歙。”颜师古注：“林木鼓动之声也。”

旒（liú）　同“旒”。❶古代旌旗的下垂饰物。《周礼·春官·巾车》：“建大常，十有二旒。”❷古代用作冕饰的垂玉。《周礼·夏官·弁师》：“诸侯之缫旒九就。”

另见 yóu。

流（liú）　同“流”。

浏 〔瀏〕(liú) ❶水流清澈貌。《诗·郑风·溱洧》:"溱与洧,浏其清矣。"❷风疾貌。《楚辞·九叹·逢纷》:"白露纷以涂涂兮,秋风浏以萧萧。"

浏览 本作"刘览"。约略地看;泛观。《淮南子·原道训》:"刘览偏照。"高诱注:"刘览,回观也。刘,读留连之留。"参见"流览"。

浏溧 清明凉爽。《文选·马融〈长笛赋〉》:"雷叩锻之岌峇兮,正浏溧以风冽。"李善注:"浏溧,清凉貌。"

浏亮 晓畅明朗。《文选·陆机〈文赋〉》:"诗缘情而绮靡,赋体物而浏亮。"李善注:"浏亮,清明之称。"

恘 〔懰〕(liú) ❶停留。潘岳《笙赋》:"恘檄粲以奔邀,似将放而中匮。"❷见"恘栗"。

另见 liǔ。

恘栗 忧伤;悲怆。《楚辞·九怀·昭世》:"志怀逝兮心恘栗,纡余辔兮踌躇。"

飀 〔飅〕(liú) 见"飀飀"。

飀飀 风声。左思《吴都赋》:"翼飀风之飀飀。"

留 〔畱、畄〕(liú) ❶停止。如:停留;留止。《史记·越王勾践世家》:"可疾去矣,慎毋留。"❷阻止;牵挽。如:扣留;挽留;留客。《史记·高祖本纪》:"酒阑,吕公因目固留高祖。"❸耽搁;迟滞。如:迟留;滞留;淹留。《易·旅》:"君子以明慎用刑,而不留狱。"孔颖达正义:"不稽留狱讼。"❹长久。《尔雅·释诂》:"留,久也。"❺拘泥。《管子·正世》:"不慕古,不留今。"尹知章注:"留,谓守常不变。"参见"留居"。❻保存;遗存。如:留余地;留一手;留得青山在,不怕没柴烧。梁简文帝《登琴台》诗:"高名千载留。"❼守候;等机会。《庄子·山木》:"褰裳躩步,执弹而留之。"司马彪注:"留,伺便也。"❽古地名。(1)东周郑邑,在今河南开封东南陈留城。郑武公迁新郑前曾都于此。后为陈所并,故称陈留。(2)春秋宋邑,在今江苏沛县东南。《左传》襄公元年(公元前572年):"楚子辛救郑,侵宋吕、留。"即此。秦置留县。❾指地球和行星绕太阳运动时,从地球上看,有时行星在天空的位置好像停留不动的现象。发生在顺行转变为逆行(顺留)或逆行转变为顺行(逆留)的瞬间。内行星发生在下合前后;外行星发生在冲前后。❿姓。汉代有留长孺,宋代有留梦炎。

另见 liù。

留都 古代迁都之后,常置官留守旧都,因称旧都为"留都"。侯方域《马伶传》:"金陵为明之留都。"

留居 执守故常。《庄子·山木》:"市南子曰:'君无形倨,无留居。'"郭象注:"留居,滞守之谓。"

留髡 《史记·滑稽列传》:"日暮酒阑……主人留髡而送客。"谓送走他客而独留淳于髡极饮尽欢。后因称留客痛饮为"留髡"。苏轼《闻李公择饮傅国博大醉》诗:"纵使先生能一石,主人未肯独留髡。"

留连 留恋耽搁,不愿离开或不忍割舍。《易林·复之离》:"行旅迟迟,留连齐鲁。"高适《行路难》诗:"五侯相逢大道边,美人弦管争留连。"

留落 谓机会、际遇不好,不得升迁。《汉书·霍去病传》:"然而诸宿将,常留落不耦。"王先谦补注引王念孙曰:"留落,即不耦之意;耦之言遇也,言无所遇合也。故《史记》作'留落不遇'。今人言留落,义亦相近也。"

留难(—nán) 滞留阻难。《易林·观之震》:"盘纡九回,行道留难。"

留难(—nàn) 故意作梗,无理阻挠。《盐铁论·本议》:"间者,郡国或令民作布絮,吏恣留难,与之为市。"

留心 ❶留止之心。《史记·孙子吴起列传》:"臣窃恐起之无留心也。"❷留意;关心。《史记·蒙恬列传》:"故曰:'用道治者不杀无罪,而罚不加于无辜。'唯大夫留心。"

留夷 《离骚》:"畦留夷与揭车兮。"王逸注:"留夷,香草也。"按《广雅·释草》:"挛夷,芍药也。"王念孙疏证:"挛夷,即留夷。留、挛,声之转也。"

留中 ❶皇帝把臣下的章奏留于宫禁中,不交议,也不批答。《史记·三王世家》:"四月癸未,奏未央宫,留中不下。"❷留在朝廷任职。戴叔伦《奉天酬别郑谏议》诗:"拜阙奏良图,留中沃圣谟。"

流 (liú) ❶水流动。引申为淌出或淌开。如:川流不息;汗流浃背。《诗·邶风·泉水》:"毖彼泉水,亦流于淇。"❷水道。如:主流;支流。《史记·河渠书》:"延道弛兮离常流。"引申为容器内水所由出

的嘴。如古器盉、爵都有流。参见"盉"、"爵"。又引申为流动的东西。如:气流;电流。❸往来无定或转运不停。如:流民;流光。❹流传;传布。如:流芳;流毒。《史记·平津侯主父列传》:"是故事无遗策而功流万世。"引申为没有根据的意思。见"流言"、"流誉❶"。❺向坏的方向变。如:流为盗匪;流于形式。❻品级;流别。如:第一流;三教九流。《汉书·艺文志》:"儒家者流,盖出于司徒之官。"❼寻求;择取。《诗·周南·关雎》:"参差荇菜,左右流之。"毛传:"流,求也。"❽中国古代将犯人遣送到边远地方服劳役的刑罚。俗称充军。《孟子·万章上》:"舜流共工于幽州。"北齐定为五刑之一,沿用至清。重于徒,轻于死。❾古称边远的地区。《礼记·王制》:"千里之外,曰采;曰流。"孔颖达疏:"流,谓九州之外,或贡或否,流移不定。"❿王莽时所定的银两单位。《汉书·食货志下》:"朱提银重八两为一流。"

流辈 犹侪辈。谓同辈或同一流的人。《北史·贺若敦传》:"顾其流辈,皆为大将军,敦独未得。"

流弊 相沿而成的弊端。刘昼《新论·伤谗》:"谗谄之流弊,一至于斯!"

流波 ❶流水。张协《杂诗》:"流波恋旧浦,行云思故山。"❷比喻流传的影响。《旧唐书·柳泽传》:"今骄奢之后,流波未变;慢游之乐,余风尚在。"❸比喻美女晶莹的眼波。《文选·宋玉〈洛神赋〉》:"望余帷而延视兮,若流波之将澜。"李善注:"流波,目视貌,言举目延视,精若水波,将成澜也。"

流传 辗转传播。亦指从过去传下来和从一地传开去。《墨子·非命中》:"声闻不废,流传至今。"

流宕 ❶放荡。陶潜《闲情赋序》:"抑流宕之邪心。"❷流浪;飘泊。古乐府《艳歌行》:"兄弟两三人,流宕在他县。"

流芳 散布香气。曹植《洛神赋》:"践椒涂之郁烈,步蘅薄而流芳。"比喻流传美好的名声。如:流芳百世。《三国志·魏志·后妃传》:"并以贤明,流芳上世。"

流风 ❶犹言遗风,指前代流传下来的良好风尚习惯。《孟子·公孙丑上》:"其故家遗俗,流风善政,犹有存者。"❷随风流行。《楚辞·九章·悲回风》:"凌大波而流风兮,托彭

咸之所居。"

流光 ❶谓德泽流传后世。《穀梁传·僖公十五年》:"故德厚者流光。"❷光阴。因其逝去如流水,故称。李白《古风》:"逝川与流光,飘忽不相待。"❸光彩闪耀。曹丕《济川赋》:"明珠灼灼而流光。"❹闪动的光。曹植《七哀》诗:"明月照高楼,流光正徘徊。"

流黄 ❶即硫黄。张衡《南都赋》:"赭垩流黄,绿碧紫英。"❷黄色。《西京杂记》卷二:"会稽岁时献竹簟供御,世号为流黄簟"。亦作"留黄"。刘昭《续汉书·礼仪志下》:"近臣及二千石以下皆服留黄冠。"亦特指黄色的绢。古乐府《相逢行》:"大妇织绮罗,中妇织流黄。"❸玉名。《淮南子·本经训》:"流黄出而朱草生。"高诱注:"流黄,玉也。"

流火 ❶火,星名,即心宿。每年夏历五月间黄昏时心宿在中天,六月以后,就渐渐偏西。时暑热开始减退。《诗·豳风·七月》:"七月流火,九月授衣。"孔颖达疏:"于七月之中有西流者,是火之星也,知是将寒之渐。"❷中医学病名。下肢丹毒的俗称。因其漫肿灼痛而名。

流金铄石 形容天气酷热。《楚辞·招魂》:"十日代出,流金铄石些。"王逸注:"铄,销也;言东方有扶桑之木,十日并在其上,以次更行,其热酷烈,金石坚刚,皆为销释也。"亦作"铄石流金"。《淮南子·诠言训》:"大热铄石流金,火弗为益其烈。"

流寇 犹流贼。到处窜扰之寇贼。旧时统治者常用以污蔑流动作战的农民起义军。《明史·流贼传》:"武宗之世,流寇蔓延,几危宗社。"

流览 同"浏览"。亦作"流揽"。周流观览。曹丕《折杨柳行》:"流览观四海,茫茫非所识。"枚乘《七发》:"流揽无穷,归神日母。"

流浪 犹飘泊。谓流转各地,行踪无定。李白《江西送友人之罗浮》诗:"乡关渺安西,流浪将何之?"

流离 ❶转徙离散;流落。《后汉书·和帝纪》:"黎民流离,困于道路。"❷犹淋漓。流泪貌。司马相如《长门赋》:"涕流离而从(纵)横。"❸光采焕发貌。《汉书·扬雄传上》:"曳红采之流离兮。"❹枭的别名。《诗·邶风·旄丘》:"流离之子。"孔颖达疏:"《草木疏》云:'枭也。关西谓之流离。'"❺同"琉璃"。一种宝石。《汉书·西域传上》:"〔罽宾国〕

出……珠玑、珊瑚、虎魄、璧流离。"

流丽 流畅而华美,常用以形容诗文或书法。苏轼《和子由论书》:"端庄杂流丽,刚健含婀娜。"

流利 流畅而不凝滞。如:语言流利。张彦远《法书要录·梁庾元威论书》:"敬通(孔敬通)又能一笔草书,一行一断,婉约流利。"

流连 ❶谓耽于游乐而忘归。《孟子·梁惠王下》:"流连荒亡,为诸侯忧。从流下而忘反,谓之流;从流上而忘反,谓之连。"❷依恋不忍离去。傅亮《为宋公修张良庙教》:"游九京者,亦流连于随会。"❸流离;转徙离散。《汉书·师丹传》:"百姓流连,无所归心。"

流落 飘泊他乡,穷困潦倒。李白《与韩荆州书》:"白陇西布衣,流落楚汉。"

流氓 原谓无业游民。后用以指不务正业,专门放刁撒赖、施展下流手段的人。

流眄 转动眼睛斜视。宋玉《登徒子好色赋》:"含喜微笑,窃视流眄。"陶潜《闲情赋》:"瞬美目以流眄,含言笑而不分。"

流民 因自然灾害或战乱而流亡在外的人。《汉书·食货志上》:"至昭帝时,流民稍还,田野益辟,颇有蓄积。"

流年 ❶光阴;年华。谓其如流水之易逝。方干《送从兄郜》诗:"流年莫虚掷,华发不相容。"❷算命看相的人称人一年的运气为"流年"。如:流年不利。

流派 ❶水的支流。张文琮《咏水》诗:"标名资上善,流派表灵长。"❷指学术、文艺方面的派别。

流配 亦作"配流"。流放罪人于远地。也指被流配的人。《隋书·炀帝纪》:"大业五年……大赦天下:开皇以来流配,悉放还乡。"开皇,隋文帝年号。

流品 品类。旧时称人的社会地位的高下。特别指官阶、门第。《南史·王僧绰传》:"参掌大选,究识流品,任举咸尽其分。"顾炎武《日知录》卷十三:"晋、宋以来,尤重流品。"

流人 ❶流亡在外的人。《后汉书·贾逵传》:"后累迁为鲁相,以德教化,百姓称之,流人归者八九千户。"❷有罪被流放的人。《庄子·徐无鬼》:"子不闻夫越之流人乎?"陆德明释文引司马曰:"流人,有罪见徙者也。"

流冗 流散;流离失所。《汉书·成帝纪》:"水旱为灾,关东流冗者众。"颜师古注:"冗,散失其事业也。"

流觞 古代习俗,每逢三月上旬的巳日(三国魏以后始固定为三月三日)集会于环曲的水渠旁。在上流放置酒杯,任其顺流而下,停在谁的面前,谁即取饮,叫做"流觞",也叫"流杯"。王羲之《兰亭集序》:"又有清流激湍,映带左右,引以为流觞曲水。"《荆楚岁时记》:"三月三日,士民并出江渚池沼间,为流杯曲水之饮。"参见"修禊"。

流矢 没有确定目标的乱箭。《史记·高祖本纪》:"高祖击布(黥布)时,为流矢所中。"司马相如《喻巴蜀檄》:"触白刃,冒流矢。"

流水不腐户枢不蠹 户枢,门的转轴。比喻经常运动的东西不易受外物侵蚀,可以历久不坏。《吕氏春秋·尽数》:"流水不腐,户枢不蝼,动也。"《意林》引"不蝼"作"不蠹"。

流水高山 见"高山流水"。

流苏 下垂的缨子,用五彩羽毛或丝线制成。古代用作车马、帷帐等的装饰品。《后汉书·舆服志上》:"大行载车,其饰如金根车……垂五采,析羽流苏前后。"王维《扶南曲歌词》:"翠羽流苏帐。"

流俗 《孟子·尽心下》:"同乎流俗,合乎污世。"朱熹注:"流俗者,风俗颓靡,如水之下流,众莫不然也。"后泛指世俗。多含贬义。司马迁《报任少卿书》:"仆之先人非有剖符丹书之功,文史星历近乎卜祝之间,固主上所戏弄,倡优畜之,流俗之所轻也。"

流亡 ❶因在本乡、本国不能存身而逃亡流落在外。《诗·大雅·召旻》:"瘨我饥馑,民卒流亡。"《楚辞·九章·哀郢》:"去故乡而就远兮,遵江夏以流亡。"❷随水流逝。《楚辞·九章·惜往日》:"宁溘死而流亡兮,恐祸殃之有再。"王逸注:"意欲淹没随水去也。"

流霞 ❶飘动的云霞。《文选·扬雄〈甘泉赋〉》:"吸青云之流霞兮,饮若木之露英。"李善注"霞"作"瑕"。❷神话传说中的仙酒名。《抱朴子·祛惑》:"河东蒲坂有项曼都者,与一子入山学仙,十年而归家。家人问其故,曼曰:'……仙人但以流霞一杯,与我饮之,辄不饥渴。'"亦泛指美酒。孟浩然《宴梅道士房》诗:"童颜若可驻,何惜醉流霞?"

流行 迅速传播或盛行一时。《孟子·公孙丑上》："孔子曰：'德之流行，速于置邮而传命。'"《史记·晋世家》："天灾流行。"

流亚 指同一类的人物，犹言等辈。《晋书·桓温传》："温眼如紫石棱，须作猬毛磔，孙仲谋(孙权)、晋宣王(司马懿)之流亚也。"

流言 散布没有根据的话。《书·金縢》："武王既丧，管叔及其群弟乃流言于国，曰：公(指周公)将不利于孺子。"孔颖达疏："盖遣人流传此言于民间也。"亦指谣言。《礼记·儒行》："久不相见，闻流言不信。"

流移 流浪移徙。《后汉书·东夷传》："会稽东冶县人有入海行，遭风流移至澶州者，所在绝远，不可往来。"

流议 ❶犹馀论。《汉书·东方朔传》："虚心定志，欲闻流议者，三年于兹矣。"颜师古注："流，末流也，犹言馀论也。"❷流俗的言论；一般人的议论。颜延之《五君咏》："立俗迕流议，寻山洽隐沦。"隐沦，隐逸。❸任意发表言论。白居易《策林四·纳谏》："工商得以流议，士庶得以传言。"

流庸 庸，同"佣(傭)"。指流亡在外为人佣作的人。《汉书·昭帝纪》："比岁不登，民匮于食，流庸未尽还。"颜师古注："流庸，谓去其本乡而行，为人庸作。"《宋书·何偃传》："然淮泗数州，实亦雕耗，流佣未归，创痍未起。"

流寓 寄居在异乡。《后汉书·廉范传》："范父遭丧乱，客死于蜀汉，范遂流寓西州。"《周书·庾信传》："南北流寓之士，各许还其旧国。"

流誉 ❶没有根据的称扬。《荀子·致士》："凡流言、流说、流事、流谋、流誉、流诉，不官而衡至者，君子慎之。"杨倞注："流者，无根源之谓。诉，谮也。不官，谓无主首也。衡读为横。横至，横逆而至也。"❷声誉广传。《魏书·李奖传》："入朝为牧，清明流誉。"

流转 ❶运行变化。杜甫《曲江》诗："传语风光共流转，暂时相赏莫相违。"❷流畅圆转。常用以形容文词。《南史·王筠传》："好诗圆美流转如弹丸。"❸流落转徙。《后汉书·张俭传》："俭得亡命……后流转东莱，止李笃家。"杜甫《寄张十二山人彪》诗："流转依边徼。"❹轮流。《隋书·音乐志下》："十二月，三管流转用事。"❺佛教指因果相续而生起的一切世间现象。包括众生生死在内，与轮回同义。《瑜伽师地论》五十二："诸行因果相续不断性，是谓流转。"唐译《华严经》："一切众生界，流转生死海。"

骃 〔騮〕(liú) 亦作"騳"。赤身黑鬣的马。《诗·秦风·小戎》："骐骃是中。"

琊 (liú) 璧琊，石之有光者。见《说文·玉部》。段玉裁注："璧琊，即璧流离也……今人省言之曰流离，改其字为瑠璃；古人省言之曰璧琊。琊与流、瑠音同。"

琉 〔瑠、瑠〕(liú) 见"琉璃"。

琉璃 亦作"流离"、"瑠璃"。一种矿石质的有色半透明体材料。《汉书·西域传上》："〔罽宾国〕出……珠玑、珊瑚、虎魄、璧、流离。"颜师古注引《魏略》："大秦国出赤、白、黑、黄、青、绿、缥、绀、红、紫十种流离。"《魏书·大月氏传》："其国人商贩京师，自云能铸石为五色瑠璃。于是采矿山中，于京师铸之。"也指琉璃瓦。《西厢记》第一本第四折："梵王宫殿月轮高，碧琉璃瑞烟笼罩。"

硫 (liú) 亦称"硫黄"。化学元素[周期系第Ⅵ族(类)主族元素]。符号 S。原子序数 16。在自然界中以自然硫、硫化物(如黄铁矿、闪锌矿等)、硫酸盐(如石膏、泻利盐)等形式存在。单体硫呈黄色。有多种同素异形体，其中单斜硫和正交硫能溶于二硫化碳，弹性硫则不溶。能同氧、氢、卤素(除碘外)和大多数金属化合。单体硫在工业上用以制硫酸、亚硫酸、二硫化碳、硫化物，也用以制黑色火药、杀虫剂、硫化橡胶、药物、染料、烟火等。中医学上以天然硫黄矿加工品作药用。性温、味酸，有毒，功能温阳、祛寒，内服主治虚寒腹痛、阳痿足冷、虚喘冷哮、阳虚便秘等；外用治皮肤湿疮、疥癣等，有杀虫作用。

游 (liú) 同"斿"。见"游缨"。另见 yóu。

游缨 游，亦作"斿"，旌旗的旒；缨，马胸前的饰物，即马鞅。《左传·桓公二年》："鞶厉游缨，昭其数也。"

梳 (liú) 衣襟下垂貌。《尔雅·释器》："衣梳谓之䘒。"郭璞注："衣缕也。"郝懿行义疏："梳者，流之或体也。䘒者，郭云'衣缕'。释文：'缕又作褛。'《方言》云：'褛谓之䘒。'䘒即衣襟。然则梳䘒，

犹言流曳，皆谓衣衽下垂，流移摇曳之貌。"

遛 (liú) 同"䌑"。

遛 (liú) 通"留"。见"逗遛"、"遛遛"。另见 liù。

馏 (liú) 见"蒸馏"。另见 liù。

旒 (liú) ❶亦作"斿"。旌旗下边悬垂的饰物。《礼记·明堂位》："旂十有二旒。"《诗·商颂·长发》："为下国缀旒。"郑玄注："旒，旌旗之垂者也。"❷古代冕冠前后悬垂的玉串。《礼记·玉藻》："天子玉藻，十有二旒。"

旒扆 借指帝王。扆，帝座后的屏风。姚崇《于知微碑》："朝廷称叹，声闻旒扆，乃加银青光禄大夫，改授绛州刺史。"柳宗元《礼部为文武百寮请听政第三表》："伏以万机至重，遗旨难违，再献表章，上尘旒扆。"

骝 〔騮〕(liú) 同"骃"。❶红身黑鬣尾的马。《诗·鲁颂·駉》："有骝有雒。"郑玄笺："赤身黑鬣曰骝，黑身白鬣曰雒。"❷见"骃骝"。

榴 (liú) 果木名。即石榴。

榴火 形容石榴花红艳似火。曹伯启《谢朱鹤皋招饮》诗："满院竹风吹酒面，两株榴火发诗愁。"

摎 (liú) 姓。汉代有摎广德。另见 jiū。

飀 〔飀〕(liú) 见"飂飀"。

漻 (liú) ❶清澈貌。《庄子·天地》："夫道，渊乎其居也，漻乎其清也。"❷变化貌。《庄子·知北游》："油然漻然，莫不入焉。"另见 liáo。

镏 〔鎦〕(liú) 本作"鎦"。❶杀。❷把溶于水银中的金用刷子涂饰器物，可经久不退。如：镏金尖塔。亦作"鎏"。❸姓。另见 liù。

鹠 〔鶹〕(liú) ❶见"鸺鹠"。❷见"鹠䴔"。

鹠䴔 枭的别名。《尔雅·释鸟》："鸟少美长丑为鹠䴔。"郭璞注："鹠䴔犹留离，《诗》所谓'留离之子'。"按今《诗·邶风·旄丘》作"流离之子"。参见"流离❹"。

瘤 〔癅〕(liú) 中医学病名。指发生于体表或筋骨间的赘生物。隋巢元方《诸病源候论·瘿瘤等

病候》："瘤者，皮肉中忽肿起，初如梅李大，渐长大，不痛不痒，又不结强，言留结不散，谓之为瘤。"可由痰瘀留聚、气血凝滞所致。根据发生部位、形状和病因的不同，有气瘤、肉瘤、筋瘤、血瘤、脂瘤和骨瘤等区别，宜按不同情况，采用内服或外治疗法。

鎏（liú）　古代冕上作装饰的垂玉。参见"旒❷"。

嫪（liú）　❶《说文·田部》："嫪，烧种也。"段玉裁注："谓焚其草木而下种，盖治山田之法为然。"参见"火耕水耨"。❷谓开沟灌田。《晋书·殷浩传》："开江西嫪田千余顷，以为军储。"何超音义："案通沟溉田亦为嫪。"

镠〔鏐〕（liú）　纯美的黄金。《尔雅·释器》："黄金谓之鎏，其美者谓之镠。"郭璞注："镠即紫磨金。"亦引申为纯美。

蟉（liú）　见"蟉虬"。

蟉虬　屈曲盘绕貌。王延寿《鲁灵光殿赋》："腾蛇蟉虬而绕榱。"

䏶（liú）　同"䏶"。

鰡〔鰡〕（liú）　鱼名。即"鯔"。

艐（liú）　见"觮艐"。

鎏（liú）　❶金之美者。《集韵·十八尤》："美金谓之鎏。"❷同"镏❷"。

貁（liú）　亦作"鼺"。鼠名。《说文·鼠部》："貁，竹鼠也，如犬。"桂馥义证引刘欣期《交州记》："竹鼠如小狗子，食竹根，出封溪县。闽中呼之为貁。"

鎦（liú）　同"镏（镏）"。
另见 liù。

橊（liú）　❶藤名。《本草纲目·草部三》："其蔓叶名扶留藤，一作扶橊，一作浮留。"❷屋檐。梁简文帝《大法颂序》："虹拖蜿垂，承甍绕橊。"

鼺（liú）　同"貁"。

liǔ

柳〔柳、桺〕（liǔ）　❶杨柳科，柳属（Salix）植物的泛称。落叶乔木或灌木。枝条柔韧，叶常狭长。花雌雄异株，柔荑花序，苞片全缘，无花被，有腺体，雄蕊往往只有一或两

个，花柱常一，具两枚两裂的柱头，或柱头极短。种子具毛。约有 520 种，中国有 257 种。常见的如垂柳、旱柳、杞柳等。❷古代装饰棺车的帷盖。《释名·释丧制》："舆棺之车……其盖曰柳。柳，聚也，众饰所聚，亦其形偻也。"因即称丧车为柳车。《史记·季布栾布列传》："置广柳车中。"裴骃集解引邓展曰："皆棺饰也。载以丧车，欲人不知也。"❸星名。二十八宿之一。即"柳宿"。❹通"瘤"。《庄子·至乐》："俄而柳生其左肘。"郭庆藩集释："柳、瘤字一声之转。"❺姓。

柳暗花明　绿柳成荫、繁花如锦的景象。陆游《游山西村》诗："山重水复疑无路，柳暗花明又一村。"亦指环境或境界的骤然转变。多指由逆境转为顺境。梁启超《外交欤，内政欤》："我们读西洋史，真是越读越有趣，处处峰回路转，时时柳暗花明。"

柳眉　形容女子细长秀美的眉毛。王衍《甘州曲》："柳眉桃脸不胜春。"

柳絮　柳树种子所带的白色绒毛，随风轻飘如絮。也叫柳绵。晏殊《寓意》诗："梨花院落溶溶月，柳絮池塘淡淡风。"

柳眼　指早春时初生的柳叶，如人睡眼初展。元稹《生春》诗："何处生春早，春生柳眼中。"

柳腰　形容女子身腰纤柔。韩偓《频访卢秀才》诗："柳腰莲脸本忘情。"

柳营　细柳营的省称。也泛指军营。卢纶《送从叔程归西川幕》诗："群鹤栖莲府，诸戎拜柳营。"参见"细柳❷"。

懰〔懰〕（liǔ）　美好。《诗·陈风·月出》："月出皓兮，佼人懰兮。"陆德明释文："懰，力久反，好貌。"
另见 liú。

留〔留、雷、畱〕（liǔ）　昴星的别名。《史记·律书》："北至于留。"
另见 liú。

綹〔綹〕（liǔ）　❶丝缕的组合体。《集韵·四十四有》："丝十为纶，纶倍为綹。"❷须、发、线、麻等的一股。如：五綹长须；一綹青丝；一綹丝线。❸身上佩系东西的带子。如：剪綹；綹窃。

蔞〔蔞〕（liǔ）　通"柳"。见"蔞翣"。
另见 lóu。

蔞翣　古代棺饰。《礼记·檀弓

下》："是故制绞衾，设蔞翣，为使人勿恶也。"郑玄注："蔞翣，棺之墙饰。"《周礼·天官·缝人》作"翣柳"。

铳〔鋶〕（liǔ）　亦称"冰铜"。铜、镍等有色金属冶炼过程中产出的金属硫化物的互熔体。熔炼硫化铜精矿所得的铳，其主要组成为硫、铜和铁；熔炼硫化镍精矿得镍铳（其中含铜的则为铜镍铳）；鼓风炉炼铅过程中，有时能得铜铅铳。原料中的贵金属大部分进入铳中。

罶（liǔ）　捕鱼的竹笼。《诗·小雅·鱼丽》："鱼丽于罶，鲿鲨。"毛传："丽，历也。罶，曲梁也，寡妇之笱也。"参见"笱"。

liù

六（liù，旧读 lù）　❶数目。五加一所得。❷《周易》称卦中的阴爻（两短横 – –）为六。如：初六；上六。❸工尺谱中音名之一。
另见 lù。

六蔽　❶六种偏弊。《论语·阳货》："子曰：'由也，女（汝）闻六言、六蔽矣乎？……好仁不好学，其蔽也愚；好知不好学，其蔽也荡；好信不好学，其蔽也贼；好直不好学，其蔽也绞；好勇不好学，其蔽也乱；好刚不好学，其蔽也狂。'"由，仲由，即子路。❷佛教所谓六种阻碍善行的意识和行为：（1）悭贪，蔽复布施；（2）破戒，蔽复戒行；（3）瞋恚，蔽复忍辱；（4）懈怠，蔽复精进；（5）散乱，蔽复禅定；（6）愚痴，蔽复智慧。见《大智度论》卷三十三。

六博　本作"六簙"，或作"陆博"。古代博戏。共十二棋，六黑六白，两人相博，每人六棋，故名。局分十二道，两头当中名为"水"，放"鱼"两枚。博时先投琼，视琼采行棋，棋行到处，则入水食鱼、夺鱼。每食一鱼得二筹，每夺一鱼得三筹，最终俘获二"鱼"的一方赢棋。见《楚辞·招魂》补注引《古博经》。

六駮　❶兽名。亦单称"駮"。《尔雅·释畜》："駮，如马，倨牙，食虎豹。"倨牙，牙齿像锯子。《北史·张华原传》："州东北七十里甑山中，忽有六駮，食猛兽。"❷植物名。《诗·秦风·晨风》："山有苞栎，隰有六駮。"孔颖达引陆玑疏："駮马，梓榆也。其树皮青白駮荦，遥视似駮马，故谓之駮马。"崔豹《古今注·草木》："六駮，山中有木，叶似豫章，皮

多癖驳。"

六朝 历史时期名。三国的吴,东晋,南朝的宋、齐、梁、陈,都以建康(吴名建业,今江苏南京)为首都,合称六朝。

六朝金粉 指六朝时金陵的靡丽繁华景象。后也比喻妇女的仪容、装饰。王实甫《西厢记》第二本第一折:"香消了六朝金粉,清减了三楚精神。"亦作"六朝脂粉"。《群音类选·〈鞋鞡记·赏月遇恶〉》:"且乐平生,尘寰事,几变更,六朝脂粉飞灰冷。"

六陈 ❶中医指狼毒、麻黄、橘皮、吴茱萸、半夏、枳实六味药,因其用以陈者为良,故名。李益《宣上人病中相寻联句》:"草木分千品,方书问六陈。"❷旧指米、大麦、小麦、大豆、小豆、芝麻等六种粮食,以其可久藏,故名。后因称粮食店铺为"六陈铺"或"六陈行"。《醒世恒言·卖油郎独占花魁》:"〔莘善〕自己曾开过六陈铺子,卖油之事,都则在行。"

六尺之孤 指未成年的孤儿。《论语·泰伯》:"可以托六尺之孤。"何晏集解引孔安国曰:"六尺之孤,幼少之君也。"

六出 ❶六片花瓣。花的分瓣叫出。段成式《酉阳杂俎·广动植之三》:"诸花少六出者,惟栀子花六出。"❷雪花六角,因用为雪花的别名。《宋书·符瑞志下》:"草木花多五出,花雪独六出。"《资治通鉴·宋孝武帝大明五年》:"春正月戊午朔,朝贺。雪落太宰义恭衣,有六出。"❸封建社会会压迫妇女,有所谓"七出"之条,惟帝王、诸侯之妻,无子不出,称为"六出"。参见"七出"。

六畜 指马、牛、羊、猪、狗、鸡六种家畜。《左传·僖公十九年》:"古者六畜不相为用。"

六纛 纛,军中大旗。六纛,唐代节度使军中所用。《新唐书·百官志四下》:"节度使掌总军旅……辞日,赐双旌双节,行则建节,树六纛。"《太平御览》卷三百三十九引《太白阴经》:"古者天子六军,诸侯三军;今天子十二,诸侯六军,故纛有六以主之。"白居易《送令狐相公赴太原》诗:"六纛双旌万铁衣,并汾旧路满光辉。"

六德 西周大司徒教民的六项道德标准,即知、仁、圣、义、忠、和。见《周礼·地官司徒》。

六典 ❶谓治典、教典、礼典、政典、刑典、事典等六种典制。《周礼·天官·大宰》:"大宰之职,掌建邦之六典,以佐王治邦国。"❷古女官名。《隋书·后妃传序》:"开皇二年……采汉置旧仪,置六尚、六司、六典,递相统摄,以掌宫掖之政。"

六丁六甲 道教神名。"六丁"和"六甲"的合称。《无上九霄雷霆玉经》:"六丁玉女,六甲将军。"道教认为六丁(丁卯、丁巳、丁未、丁酉、丁亥、丁丑)是阴(女)神,六甲(甲子、甲戌、甲申、甲午、甲辰、甲寅)是阳(男)神,为天帝所役使,能行风雷,制鬼神,道士可用符箓召请之"祈禳驱鬼"。今《道藏》有《灵宝六丁秘法》《上清六甲祈祷秘法》等。

六服 ❶周代把王室周围的土地按远近距离分为六种,谓六服。即侯服、甸服、男服、采服、卫服、蛮服。《书·周官》:"六服群辟,罔不承德。"❷周代天子、诸侯的六种服色,即大裘冕、衮冕、鷩冕、毳冕、希冕、玄冕。见《周礼·春官·司服》。❸周代王后的六种服色,即袆衣、揄狄、阙狄、鞠衣、展衣、缘(褖)衣。见《周礼·天官·内司服》。

六府 ❶古以水、火、金、木、土、谷为"六府"。《书·大禹谟》:"水、火、金、木、土、谷,惟修;正德、利用、厚生,惟和……六府三事允治。"三事,指正德、利用、厚生。❷古代六种税官的总称。《礼记·曲礼下》:"天子之六府,曰:司土、司木、司水、司草、司器、司货,典司六职。"郑玄注:"府,主藏六物之税者。此亦殷时制也。"❸中医学名词。亦称"六腑"。"府"同"腑"。胆、胃、小肠、大肠、三焦、膀胱的总称。具有受纳传导化物的功能,以完成食物和水液的消化、吸收和排泄。《素问·五藏别论》:"六府者,传化物而不藏,故实而不能满也。"

六根 ❶指目、耳、鼻、口、心、知。《庄子·外物》:"目彻为明,耳彻为聪,鼻彻为颤,口彻为甘,心彻为知,知彻为德。"成玄英疏:"彻,通也。颤者,辛臭之事也。夫六根无壅,故彻。聪明不荡于外,故为德也。"❷亦名"六情"。佛教指人身的眼、耳、鼻、舌、身、意。根是"能生"的意思。佛教认为眼、耳、鼻、舌、身、意具有能摄取相应之六境(色、声、香、味、触、法),产生相应之六识(眼识、耳识、鼻识、舌识、身识、意识)的六种功能,故名。

六根清净 佛教指称六根不染六境。佛教认为修行佛法的人达到眼、

耳、鼻、舌、身、意六根于色、声、香、味、触、法六境不染着时,即为"六根清净"。《圆觉经》:"心清净故,见尘清净;见清净故,眼根清净;根清净故,眼识清净。乃至耳、鼻、舌、身、意亦复如是。"后常用以指根除欲念而无烦恼。

六宫 古代皇后的寝宫,也借指皇后。《周礼·天官·内宰》:"以阴礼教六宫。"郑玄注以为皇后寝宫有六,正寝一,燕寝五,合为六宫。这里的六宫,即指皇后。后统指皇后妃嫔或其住处。《后汉书·马皇后纪》:"后辞曰:'此缯特宜染色,故用之耳。'六宫莫不叹息。"白居易《长恨歌》:"回眸一笑百媚生,六宫粉黛无颜色。"

六谷 《周礼·天官·膳夫》:"食用六谷。"郑玄注引郑众曰:"六谷:稌、黍、稷、粱、麦、苽。"稌即稻,苽即菰米。《三字经》称稻、粱、菽、麦、黍、稷为"六谷"。

六行(—háng) 古代排成六行的舞列,亦用为舞队的泛称。张籍《寄梅处士》诗:"六行班里身常下,九列符中事亦稀。"

六合 ❶指天地和东、南、西、北四方。《庄子·齐物论》:"六合之外,圣人存而不论。"成玄英疏:"六合者,谓天地四方也。"亦泛指天下。李白《古风》诗:"秦皇扫六合,虎视何雄哉!"❷古代历法用语。《淮南子·时则训》:"六合:孟春与孟秋为合,仲春与仲秋为合,季春与季秋为合,孟夏与孟冬为合,仲夏与仲冬为合,季夏与季冬为合。"❸阴阳家所指吉利日辰的说法,以子与丑合,寅与亥合,卯与戌合,辰与酉合,巳与申合,午与未合为六合。《南齐书·礼志上》:"太常丞何谌之议:'五行说,十二辰为六合,寅与亥合。'"

六和 六种调味品。《礼记·礼运》:"五味、六和、十二食,还相为质也。"孔颖达疏:"酸、苦、辛、咸,加之以滑与甘,为六和也。"后亦指多种美味。沈约《需雅八首》之二:"五味九变兼六和,令芳甘旨庶且多。"

六极 ❶六种极不幸的事。《书·洪范》:"六极:一曰凶短折,二曰疾,三曰忧,四曰贫,五曰恶,六曰弱。"一说,"极"通"殛",谓天所给予人的六种惩罚。见孙星衍《尚书今古文注疏》。❷指天地四方。《庄子·应帝王》:"以出六极之外,而游无何有之乡。"成玄英疏:"六极,犹六合。"

六技 《汉书·艺文志》小学类有

《八体六技》一书，早已不传。宋王应麟《汉艺文志考证》云："六技者疑即亡新六书。"（新是王莽朝代名）参见"六书❷"。

六珈 古代贵族妇女的一种首饰。《诗·鄘风·君子偕老》："副笄六珈。"郑玄笺："珈之言加也。副既笄而加饰，如今步摇上饰。"按古代王后和诸侯夫人编发作假髻，叫做副；用笄把副别在头上，笄上加玉饰，叫做珈。珈数多寡不一，"六珈"为侯伯夫人所用。见《周礼·天官·追师》孙诒让正义。

六甲 ❶《汉书·食货志上》："八岁入小学，学六甲五方书计之事。"王先谦补注引顾炎武曰："六甲者，四时六十甲子之类。"又引周寿昌曰："犹言学数干支也。"又《小学绀珠·律历类》谓即指甲子、甲戌、甲申、甲午、甲辰、甲寅。❷神名。详"六丁六甲"。❸古星名。《晋书·天文志》："华盖杠旁六星曰六甲，可以分阴阳而配节候。"❹古代术数的一种。《神仙传·左慈》："乃学道，尤明六甲。"《汉书·艺文志》"五行家"有《风鼓六甲》、《文解六甲》，均已佚。❺谓妇女有孕。如：身怀六甲。《隋书·经籍志三》有《六甲贯胎书》。

六街 唐代长安城中的六条大街。《资治通鉴·唐睿宗景云元年》："中书舍人韦元徼巡六街。"胡三省注："长安城中，左右六街，金吾街使主之；左右金吾将军掌昼夜巡警之法。"又北宋汴京也有六街。《宋史·魏丕传》："初，六街巡警皆用禁卒，至是诏左右街各募卒千人，优以廪给，使传呼备盗。"

六经 ❶六部儒家经典。始见于《庄子·天运》篇。即在《诗》、《书》、《礼》、《易》、《春秋》五经之外，另加《乐经》。后世学者，或认为《乐经》因秦焚书而亡失；或认为儒家本来没有《乐经》，"乐"即包括在《诗》、《礼》之中。据考证，以后说较妥。也有称六经为"六艺"的，见《史记·滑稽列传》。❷中医学名词。指十二经脉中手足同名的六对经脉。即太阴经、少阴经、厥阴经、阳明经、太阳经、少阳经。

六龙 ❶指《周易》乾卦的六爻。《易·乾》："时乘六龙以御天。"❷古代传说指驾日车的"六龙"。《太平御览》卷三引《淮南子》"爱止羲和，爱息六螭，是谓悬车"注："六螭，即六龙也。"按今本《淮南子·天文训》

作"爱止其女，爱息其马，是谓悬车"。李白《蜀道难》诗："上有六龙回日之高标。"❸古代天子之车驾六马，马八尺称龙，因用为天子车驾的代称。杜牧《长安晴望》诗："回识六龙巡幸处。"❹晋代温恭兄弟六人都有名，当时号为"六龙"。又卞粹兄弟六人号"卞氏六龙"。见《晋书·温羡、卞壶两传》。

六率 北周设左右武贲率掌武贲之士，左右旅贲率掌旅贲之士，左右射声率掌射声之士，左右骁骑率掌骁骑之士，左右羽林率掌羽林之士，左右游击率掌游击之士，由左右武伯分别统率，为宫廷的卫士。又唐有东宫六率，与十二卫分领府兵，所领军士各有名号，左右卫率府所领称超乘，左右司御率府所领称旅贲，左右清道率府所领称直荡。

六辔 辔，缰绳。古代四马之车，每匹马各有两辔，共有八辔，但因两旁两马的内辔系在轼前，在御者之手的只有"六辔"。《诗·秦风·小戎》："四牡孔阜，六辔在手。"

六亲 六种亲属。古说不一。(1)贾谊《新书·六术》以父、昆弟、从父昆弟、从祖昆弟、曾祖昆弟、族昆弟为六亲。《汉书·礼乐志》颜师古注引如淳说同此。(2)《汉书·贾谊传》颜师古注引应劭注，以父、母、兄、弟、妻、子为六亲。(3)《老子》王弼注以父、子、兄、弟、夫、妇为六亲。(4)《左传·昭公二十五年》杜预注以为即《左传》所说父子、兄弟、姑姊、甥舅、昏媾、姻亚。(5)《史记·管晏列传》张守节正义以外祖父母、父母、姊妹、妻兄弟之子、从母之子、女之子为六亲。(6)《汉书·贾谊传》"以奉六亲"王先谦补注引王先慎说，以为据《左传》文，夫妇不属六亲；据《贾谊传》陈政事疏，父子在六亲之外，六亲是同时的亲属，不依祖、父、子、孙纵的关系而定，故确定为：诸父（父亲的兄弟），诸舅，兄弟，姑姊（父亲的姊妹），昏媾（妻的家属），及姻亚（夫的家属）。按王氏误解贾谊文，与《新书》、《左传》不合，可备一说。

六卿 ❶古代天子有六军，六军的主将称"六卿"。《书·甘誓》："大战于甘，乃召六卿。"❷《周礼》把执政大臣分为六官，亦称六卿。后世亦往往称吏、户、礼、兵、刑、工六部尚书为六卿。❸春秋后期晋国有范氏、中行氏、知氏、韩氏、赵氏、魏氏六家为卿，亦称六卿。六卿都曾改革田亩制和

税制，图谋富强。其中赵氏以二百四十步为亩，采取"无税"政策，最为孙武所称许。见山东临沂银雀山汉墓出土竹简《孙子兵法·吴问》。

六情 ❶指人的各种情感。《白虎通·情性》："六情者，何谓也？喜、怒、哀、乐、爱、恶谓六情。"陆机《文赋》："及其六情底滞，志往神留。"❷佛家以眼、耳、鼻、舌、身、意为"六根"，也称"六情"。《金光明经·空品》："心处六情，如鸟投网。"

六扰 即六畜。扰，驯服。《周礼·夏官·职方氏》："其畜宜六扰。"郑玄注："六扰，马、牛、羊、豕、犬、鸡。"

六神 ❶六种神祇。《楚辞·九章·惜诵》："令五帝以枑（析）中兮，戒六神与向服。"王逸注："六神，谓六宗之神也。"按"六宗"一词始见于《书·舜典》，历来说法不一，有谓日、月、雷、风、山、泽者，有谓天宗三、月、星辰，地宗岱、河、海者，有谓四时、寒暑、日、月、星、水旱者。详见俞正燮《癸巳类稿·虞六宗义》。❷道教谓人的心、肺、肝、肾、脾、胆各有神灵主宰，称为六神。见《黄庭内景经·心神》。后亦泛指心神。如：六神无主。

六神无主 六神，道教指主宰心、肺、肝、肾、脾、胆六脏的神。形容心慌意乱，失去主意。《醒世恒言·卢太学诗酒傲王侯》："吓得知县已是六神无主，还有甚心肠去吃酒。"

六诗 《周礼·春官宗伯·大师》："教六诗：曰风，曰赋，曰比，曰兴，曰雅，曰颂。"《诗·大序》以此为诗之"六义"。据郑玄注，风是"言贤圣治道之遗化"，即风教；赋就是铺，"直铺陈今之政教善恶"；比是"见今之失，不敢斥言，取比类以言之"；兴是"见今之美，嫌于媚谀，取善事以喻劝之"；雅是"言今之正者以为后世法"；颂即歌诵，是"诵今之德，广以美之"。后人一般认为风雅颂都是乐歌，赋比兴是写作手法。参见"六义❶"。

六十甲子 ❶简称"甲子"。天干和地支的配合。如甲子、乙丑、丙寅之类。其变有六十，从甲子起至癸亥止，满六十为一周，故名。一般用于年、月、日、时的纪序。❷道教信奉的六十个元辰神。即轮流值年的六十位神。或称"元辰本命神"、"太岁"。由天干和地支循环相配而成。这些神名大多是中国古代历史人物或传说人物。

六十四卦　《周易》中的八卦，两卦相重成为六十四卦。卦名是：乾、坤、屯、蒙、需、讼、师、比、小畜、履、泰、否、同人、大有、谦、豫、随、蛊、临、观、噬嗑、贲、剥、复、无妄、大畜、颐、大过、坎、离、咸、恒、遁、大壮、晋、明夷、家人、暌、蹇、解、损、益、夬、姤、萃、升、困、井、革、鼎、震、艮、渐、归妹、丰、旅、巽、兑、涣、节、中孚、小过、既济、未济。

六书　❶古人分析汉字的造字方法而归纳出来的六种条例，亦称"六义"。即象形、指事、会意、形声、转注、假借。今人一般认为"转注"、"假借"实为用字方法，与造字无关。❷王莽时六种字体。即古文（战国时通行于六国的文字）、奇字、篆书、左书、缪篆、鸟虫书。见《说文·叙》。

六顺　旧谓六种顺应伦理规范的关系。《左传·隐公三年》："君义、臣行、父慈、子孝、兄爱、弟敬，所谓六顺也。"

六味　六种味道。谓苦、酸、甜、辛、咸、淡。梁简文帝《六根忏文》："餐禅悦之六味，服法喜之三德。"

六乡　周代制度，京城之外百里以内，分为六乡，每乡有乡大夫管理政务。《周礼·地官·小司徒》："乃颁比法于六乡之大夫，使各登其乡之众寡、六畜、车辇。"

六行（—xíng）　西周大司徒教民的六项行为标准，即孝、友、睦、姻、任、恤。见《周礼·地官司徒》。

六虚　❶《周易》六十四卦每卦六爻的位置。因为爻有阴有阳，往来变动无定，所以爻位称虚。《易·系辞下》："变动不居，周流六虚"❷指上下四方。《列子·仲尼》："用之弥满六虚，废之莫知其所。"

六义　❶诗经学术语。《周礼·春官宗伯·大师》以风、赋、比、兴、雅、颂为六诗。《诗·大序》："故诗有六义焉：一曰风，二曰赋，三曰比，四曰兴，五曰雅，六曰颂。"但其解说略有不同。据唐孔颖达解说："风雅颂者，诗篇之异体；赋比兴者，诗文之异词耳。大小不同而得并为六义者，赋比兴是诗之所用，风雅颂是诗之成形。用彼三事，成此三事，是故同称为义。"这是说风雅颂是诗歌的类型，赋比兴是表现诗歌内容的方法。但也有人以为是六种诗体，如章炳麟《国故论衡·六诗说》。❷指六书。《晋书·卫恒传》："因而遂滋，则谓之字，有六义焉：一曰指事，上下是也；二曰象形，日月是

也；三曰形声，江河是也；四曰会意，武信是也；五曰转注，考老是也；六曰假借，令长是也。"

六艺　❶即"六经"。《史记·滑稽列传》："孔子曰：'六艺于治一也，《礼》以节人，《乐》以发和，《书》以道事，《诗》以达意，《易》以神化，《春秋》以道义。'"刘歆《七略》著录六经经籍，称为"六艺略"，见《汉书·艺文志》。❷西周学校教育内容。起源于夏、商。包括礼（礼仪制度、道德规范）、乐（音乐、诗歌、舞蹈）、射（射箭）、御（驾车）、书（文字读写）、数（算法）。见《周礼·地官·保氏》。

六幽　指天地四方幽远之处。班固《典引》："神灵日照，光被六幽。"

六欲　人的各种欲望。《吕氏春秋·贵生》："所谓全生者，六欲皆得其宜也。"高诱注以为是生、死、耳、目、口、鼻之欲。佛家以色欲、形貌欲、威仪姿态欲、言语音声欲、细滑欲、人想欲为"六欲"。见《大智度论》卷二十一。也泛指各种情欲。如：七情六欲。

六月飞霜　《文选·江淹〈诣建平王上书〉》："昔者贱臣叩心，飞霜击于燕地。"李善注引《淮南子》："邹衍尽忠于燕惠王，惠王信谮而系之。邹子仰天而哭，正夏而天为之降霜。"《初学记》卷二引作"夏五月，天为之下霜"。按：今本《淮南子》无此文。张说《狱箴》："匹夫结愤，六月飞霜。"后遂用为冤狱的典故。

六政　谓道、德、仁、圣、礼、义。《大戴礼记·盛德》："御天地与人与事者亦有六政。"注："六政，谓道、德、仁、圣、礼、义也。"

六箸　古代博具。箸，亦作"著"。曹植《仙人篇》："仙人揽六著，对博太山隅。"《西京杂记》卷四："许博昌，善陆博……法用六箸，或谓之究，以竹为之，长六分。"《颜氏家训·杂艺》："古为大博则六箸，小博则二茕（即琼，骰子），今无晓者。"参见"六博"。

六粢　六种谷物。《周礼·春官·小宗伯》："辨六粢之名物，与其用，使六宫之人共奉之。"郑玄注："粢，读为粢。六粢谓六谷：黍、稷、稻、粱、麦、苽。"

陆〔陸〕(liù，读音 lù)　数目字"六"的大写。
另见 lù。

翏(liù，又读 liú)　《说文·羽部》："翏，高飞也。"段玉裁注："羽毛新生丰满可以高飞也。"也

指风声。见"翏翏"。

翏翏　风声。《庄子·齐物论》："而独不闻之翏翏乎？"陆德明释文："翏翏，长风之声。"翏翏，一本作"飂飂"。

塯(liù)　盛饭瓦器。《史记·秦始皇本纪》："尧舜采椽不刮，茅茨不翦，饭土塯，啜土形。"裴骃集解引徐广曰："吕静云饭器谓之篹。"司马贞索隐："如字，一作篹。"是塯与篹同为盛饭瓦器。

碌〔磟〕(liù，旧读 lù)　见"碌碡"。
另见 lù。

碌碡　亦作"磟碡"。用于压实土壤、压碎土块或碾脱谷粒的畜力农具。由牵引用木框架和可转动的辊子构成。辊子用木料或石头制成，呈圆柱、圆锥或橄榄形，有的表面有凸棱。

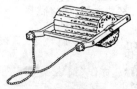

碌　碡

遛(liù)　缓步行走。如：遛弯儿。
另见 liú。

馏〔餾〕(liù)　朱骏声《说文通训定声·孚部》："米一蒸曰馈，再蒸曰馏。"今北方人称熟食蒸热为馏。如：把馒头馏一馏。
另见 liú。

廇(liù)　中庭。《楚辞·九叹·愍命》："刺谗贼于中廇兮。"王逸注："中廇，堂中央也。"洪兴祖补注："廇音溜，中庭也。"

溜(liù)　❶水流。袁桷《栾河》诗："维时雨新过，急溜槽床注。"❷通"雷"。屋檐下滴水处。如：檐溜。《左传·宣公二年》："三进及溜，而后视之。"❸串；条；排。用于成串、成条、成排的事物。《清平山堂话本·快嘴李翠莲记》："〔李翠莲〕凡向人前，说成篇，道成溜。"❹通"遛"。慢步走。见"溜马"。
另见 liū。

溜马　谓马疾驰后，由人牵着慢步，以调节呼吸，解除疲劳。

镏〔鎦〕(liù)　❶釜。《集韵·四十九宥》："梁州谓釜曰镏。"❷镏子，北方方言"戒指"的别称。
另见 liú。

飀 〔飂〕(liù，又读 liú) ❶见"飀风"。❷犹飘。《老子》："飀兮若无止。"王弼注："无所系縶。"

另见 liáo。

飀风 西风。《吕氏春秋·有始》："西方曰飀风。"高诱注："兑气所生，一曰阊阖风。"参见"八风"。

飀飀 形容风之阴凉。《淮南子·览冥训》："故至阴飀飀，至阳赫赫。"亦形容风声。阮籍《清思赋》："声飀飀以洋洋，若登昆仑而临西海。"

磟 (liù) 同"碌（碡）"。

鷚 〔鹨〕(liù) ❶鸟纲，鹡鸰科，鹨属（Anthus）各种的通称。如树鹨、水鹨等。又另称百灵科的云雀为天鹨。❷雉雏。《尔雅·释鸟》："雉之暮子为鹨。"郭璞注："晚生者。今呼少鸡为鹨。"张协《七命》："丹穴之鹨，玄豹之胎，焯以秋橙，酤以春梅。"

蹓 (liù) 同"遛"。见"蹓跶"。

蹓跶 亦作"遛达"、"溜达"。闲走；散步。

霤 (liù) ❶屋檐下接水的长槽。如：水霤。❷屋檐。《礼记·玉藻》："颐霤，垂拱，视下而听上。"孔颖达疏："颐霤者，霤，屋檐，身俯，故头临前，垂颐如屋霤。"❸滴下的水。《汉书·枚乘传》："泰山之霤穿石。"特指屋檐水。潘岳《悼亡》诗："晨霤承檐滴。"

鎦 (liù) 同"镏（鐂）"。

另见 liú。

飄 (liù) 同"飀（飂）"。

另见 liáo。

霤 (liù) 同"霤"。

lo

咯 (lo) 表语气。如：这个办法好得很咯。

另见 gē，kǎ。

lóng

龙 〔龍〕(lóng) ❶古代传说中一种有鳞角须爪能兴云作雨的神异动物。❷封建时代用龙作为皇帝的象征。如：龙颜；凤子龙孙。❸高大的马。《周礼·夏官·廋人》："马八尺以上为龙。"❹旧时堪舆家以山势为龙，称其起伏绵亘的脉

络为龙脉，气脉所结为龙穴。刘禹锡《虎丘寺路宴》诗："埋剑人空传，凿山龙已去。"❺星名。东方苍龙七宿的统称。《左传·桓公五年》："龙见而雩。"也指岁星。《左传·襄公二十八年》："蛇乘龙。"杜预注："龙，岁星。岁星，木也。木为青龙。"❻通"宠"。《诗·小雅·蓼萧》："既见君子，为龙为光。"毛传："龙，宠也。"❼姓。

另见 lǒng，máng。

龙飞 ❶比喻帝王即位。语本《易·乾》"飞龙在天，利见大人"。贯休《寿春节进》诗："圣运关天纪，龙飞古帝基。"亦比喻升官。傅咸《赠何劭王济》诗："吾兄既凤翔，王子亦龙飞。"吾兄，指何劭；王子，指王济。❷后凉吕光年号（396—399）。

龙飞凤舞 形容山势之奔放雄壮。苏轼《表忠观碑》："天目之山，苕水出焉，龙飞凤舞，萃于临安。"也形容书法笔势之生动秀逸。《老残游记》第九回："草书写得龙飞凤舞，出色惊人。"

龙凤 ❶比喻才能优异的人。《南史·王僧虔传》："于时王家门中，优者龙凤，劣者虎豹。"❷形容帝王的相貌。《新唐书·太宗纪》："龙凤之姿，天日之表。"❸年号。（1）元末韩林儿年号（1355—1366）。（2）明时田九成年号（1397年）。

龙肝豹胎 指极难得的珍贵食品。《晋书·潘尼传》："厥肴伊何？龙肝豹胎。"

龙光 ❶非凡的神采。《后汉书·高彪传》："不待介者而谒大君子之门，冀一见龙光，以叙腹心之愿。"❷指宝剑的光芒。王勃《滕王阁序》："物华天宝，龙光射牛斗之墟。"参见"丰城剑气"。

龙卷 (—gǔn) 古代帝王的朝服。《礼记·玉藻》："龙卷以祭。"郑玄注："龙卷，画龙于衣。"按："卷"假借作"衮"，"龙卷"即"龙衮"。《礼记·祭义》："天子卷冕"，亦即"衮冕"。孔颖达正义谓"画此龙形卷曲于衣"，其实衮服只有升龙降龙，无卷龙。孔说非。

龙虎 ❶比喻豪杰之士。李白《登金陵冶城西北谢安墩》诗："沙尘何茫茫，龙虎斗朝昏。"❷道家语。指水火、铅汞之属。《周易参同契考异》："水火、龙虎、铅汞之属，只是互换其名，其实只是精气二者而已。"李咸用《送李尊师归临川》诗："尘外烟霞吟不尽，鼎中龙虎伏初驯。"

龙虎榜 《新唐书·欧阳詹传》："举进士，与韩愈、李观、李绛、崔群、王涯、冯宿、庾承宣联第，皆天下选，时称龙虎榜。"后因以"龙虎榜"称一时知名之士同登一榜。

龙驹 ❶骏马。李白《永王东巡歌》："战舰森森罗虎士，征帆一一引龙驹。"❷比喻英俊少年。《晋书·陆云传》："此儿若非龙驹，当是凤雏。"

龙漦 古代传说中神龙的唾沫。《史记·周本纪》载：夏后氏之衰，有二神龙止于夏帝庭而言曰："余，褒之二君。"夏帝请其漦而藏之椟。夏亡，传此器于殷，殷亡，又传此器于周，莫敢发之。至厉王之末，发而观之，漦流于庭，化为玄鼋，以入王后宫，童妾遭之，无夫而生女，是为褒姒。后人因褒姒为周幽王所宠，与西周灭亡有关，因以"龙漦"比喻祸国的女子。

龙鳞 ❶指皇帝衮服上的龙文。杜甫《秋兴》诗："云移雉尾开宫扇，日绕龙鳞识圣颜。"❷形容似鳞甲的东西。王维《春日与裴迪过新昌里访吕逸人不遇》诗："闭户著书多岁月，种松皆老作龙鳞。"此形容松皮斑驳。李白《忆旧游寄谯郡元参军》诗："浮舟弄水箫鼓鸣，微波龙鳞莎草绿。"此形容水波。

龙马 ❶古代传说中的形状像马的龙。《礼记·礼运》"河出马图"孔颖达疏引《尚书中候·握河纪》："伏羲氏有天下，龙马负图出于河。"❷骏马。谢朓《送远曲》："方衢控龙马，平路骋朱轮。"李白《白马篇》："龙马花雪毛，金鞍五陵豪。"❸比喻年老而精神健壮。李郢《上裴晋公》诗："四朝忧国鬓如丝，龙马精神海鹤姿。"

龙媒 《汉书·礼乐志》："天马徕（来），龙之媒。"颜师古注引应劭曰："言天马者，乃神龙之类，今天马已来，此龙必至之效也。"后因称骏马为"龙媒"。李贺《瑶华乐》诗："穆天子，走龙媒。"亦比喻俊才。高适《和贺兰判官望北海作》："长鸣谢知己，所愧非龙媒。"

龙蟠凤逸 亦作"龙盘凤逸"。比喻怀才不遇。李白《与韩荆州书》："所以龙蟠凤逸之士，皆欲收名定价于君侯。"

龙蟠虎踞 蟠，亦作"盘"。形容地形雄壮险要，也特指南京。《太平御览》卷一五六引晋张勃《吴录》："刘备曾使诸葛亮至京，因睹秣陵山阜，叹曰：'钟山龙盘，石头虎踞，此帝

王之宅。'"李白《永王东巡歌》:"龙蟠虎踞帝王州,帝子金陵访古丘。"亦作"虎踞龙盘"、"虎踞龙蟠"。庾信《哀江南赋》:"昔之虎踞龙盘,加以黄旗紫气。"辛弃疾《念奴娇·登建康赏心亭呈史留守致道》词:"虎踞龙蟠何处是? 只有兴亡满目。"

龙袍 皇帝所穿的袍,上面绣有龙形图纹。

龙潜 旧称帝王未即位时为"龙潜"。语本《易·乾》"潜龙勿用"。《南史·沈约范云传论》:"范云恩结龙潜,沈约情深惟旧。"

龙湫 ❶上有悬瀑,下有深潭叫"龙湫",犹言龙潭。《隋书·礼仪志一》:"鹿角生于杨树,龙湫出于荆谷。"❷瀑布名。浙江省乐清市雁荡山有瀑布龙湫。

龙泉 剑名。相传晋代张华见斗、牛二星之间有紫气,后使人于丰城狱中掘地得二剑,一曰龙泉,一曰太阿。见《晋书·张华传》。亦泛指宝剑。李白《在水军宴赠幕府诸侍御》诗:"宁知草间人,腰下有龙泉。"

龙雀 ❶古代传说中的神鸟。《文选·张衡〈东京赋〉》:"龙雀蟠蜿。"薛综注:"龙雀,飞廉也。"❷宝刀名。《晋书·赫连勃勃载记》:"又造百炼钢刀,为龙雀大环,号曰'大夏龙雀'。"

龙髯 《史记·封禅书》:"黄帝采首山铜,铸鼎于荆山下。鼎既成,有龙垂胡髯下迎黄帝,黄帝上骑,群臣后宫从上者七十余人,龙乃上去。馀小臣不得上,乃悉持龙髯,龙髯拔堕,堕黄帝之弓。百姓仰望黄帝既上天,乃抱其弓与胡髯号。"后因以为帝王死亡之称。刘禹锡《敬宗睿武昭愍孝皇帝挽歌》:"虹影俄侵日,龙髯不上天。"

龙沙 《后汉书·班超传赞》:"定远慷慨,专功西遐,坦步葱、雪,咫尺龙沙。"李贤注:"葱岭、雪山、白龙堆沙漠也。"后泛指塞外沙漠之地为"龙沙"。李白《塞下曲》:"将军分虎竹,战士卧龙沙。"

龙蛇 ❶比喻隐匿、退隐。语本《易·系辞下》"龙蛇之蛰,以存身也"。❷比喻非常的人物。《左传·襄公二十一年》:"深山大泽,实生龙蛇。"杜预注:"言非常之地多生非常之物。"李白《早秋赠裴十七仲堪》诗:"穷溟出宝贝,大泽饶龙蛇。"❸比喻矛戟等武器。吕温《代谢赐戟状》:"武库龙蛇,忽追飞于陋巷。"❹形容盘曲的树枝。李商隐《武侯庙

古柏》诗:"蜀相阶前柏,龙蛇捧閟宫。"❺形容书法笔势的蜿蜒盘曲。李白《草书歌行》:"时时只见龙蛇走,左盘右蹙如惊电。"辛弃疾《水调歌头》词:"落笔万龙蛇。"❻十二属相以辰为龙,以巳为蛇,因以"龙蛇"代表地支的辰巳。苏轼《再过超然台赠太守霍翔》诗:"昔饮雩泉别常山,天寒岁在龙蛇间。"谓岁在丙辰、丁巳之间。

龙蛇飞动 形容书法笔势的劲健生动。苏轼《西江月·平山堂》词:"十年不见老仙翁,壁上龙蛇飞动。"

龙生九子 徐应秋《玉芝堂谈荟·龙生九子》引李东阳《怀麓堂集》:"龙生九子不成龙,各有所好:囚牛,平生好音乐,今胡琴头上刻兽是其遗像;睚眦,平生好杀,今刀柄上龙吞口是其遗像;嘲风,平生好险,今殿角走兽是其遗像;蒲牢,平生好鸣,今钟上兽钮是其遗像;狻猊,平生好坐,今佛座狮子是其遗像;霸下,平生好负重,今碑座兽是其遗像;狴犴,平生好讼,今狱门上狮子头是其遗像;负屃,平生好文,今碑两旁文龙是其遗像;螭吻,平生好吞,今殿脊兽头是其遗像。"通常用以比喻同胞兄弟性格志趣各不相同。

龙孙 ❶良马名。李商隐《过华清内厩门》诗:"自是明时不巡幸,至今青海有龙孙。"❷"笋"的别称。辛弃疾《满江红》词:"春正好,见龙孙穿破,紫苔苍壁。"又为竹名,许观《东斋记事·竹之异品》:"辰州有一种小竹,曰龙孙竹,生山谷间,高不盈尺,细仅如针。"❸旧称帝王的后裔。如:凤子龙孙。

龙庭 ❶古代匈奴祭祀天神的处所。《文选·班固〈封燕然山铭〉》:"蹑冒顿之区落,焚老上之龙庭。"张铣注:"龙庭,单于祭天所也。"❷旧时相术,以额前为天庭,天庭隆起叫"龙庭",以为是帝王的贵相。《新唐书·唐俭传》:"高祖尝召访之。俭曰:'公日角龙庭,姓协图谶,系天下望久矣。'"

龙头 ❶指最杰出的人物。《三国志·魏志·华歆传》"议论持平,终不毁伤人"裴松之注引《魏略》:"歆与北海邴原、管宁俱游学,三人相善,时人号三人为一龙,歆为龙头,原为龙腹,宁为龙尾。"❷"状元"的别称。王禹偁《寄状元孙学士何》诗:"惟爱君家棣华榜,登科记上并龙头。"❸酒铛名。酒铛是温酒器。古乐府《三洲歌》:"湘东酃酴酒,广州龙头铛。"李

贺《秦王饮酒》诗:"龙头泻酒邀酒星。"❹自来水管上放水口处小阀的俗称。

龙图 ❶"河图"的别称。传说为龙马从河水中背出。王褒《上庸公陆腾勒功碑》:"龙图纪河,鸿渐于陆。"❷宋代有龙图阁,设学士等官,为侍从之荣衔。人即称龙图阁学士为龙图。龙图阁学士以下又按其等级各有俗称,学士称老龙,直学士为大龙,待制为小龙,直龙图阁为假龙。

龙图阁 宋代阁名。《宋史·职官志二》:"龙图阁,大中祥符中建。阁上以奉太宗御书、御制文集,及典籍图画宝瑞之物,及宗正寺所进属籍世谱。有学士、直学士、待制、直阁等官。"参见"龙图❷"。

龙文 ❶骏马名。《汉书·西域传赞》:"蒲梢、龙文、鱼目、汗血之马充于黄门。"颜延之《三月三日曲水诗序》:"龙文饰辔,青翰侍御。"青翰,船名。❷比喻才能出众的儿童。《北齐书·杨愔传》:"此儿驹齿未落,已是我家龙文;更十岁后,当求之千里外。"❸龙形的花纹。《文选·班固〈宝鼎诗〉》:"宝鼎见兮色纷缊,焕其炳兮被龙文。"韩愈《病中赠张十八》诗:"龙文百斛鼎,笔力可独扛。"

龙涎 香名。苏轼《过子以山芋作玉糁羹》诗:"香似龙涎仍酽白,味如牛乳更全清。"

龙骧 ❶比喻气概威武。《后汉书·吴汉传赞》:"吴公鸷强,实为龙骧。"参见"龙骧虎步"、"龙骧虎视"。❷古代将军的名号。晋武帝以王濬为龙骧将军,后苻坚、姚苌都受此名号。❸指大船。苏轼《大风留金山两日》诗:"龙骧万斛不敢过,渔舟一叶从掀舞。"

龙骧虎步 形容气概威武。《三国志·魏志·陈琳传》:"今将军总皇威,握兵要,龙骧虎步,高下在心。"

龙骧虎视 比喻雄才壮志。也形容气概威武,眼光远大。《三国志·蜀志·诸葛亮传》:"亮之素志,进欲龙骧虎视,苞括四海。"欧阳詹《送张骠骑邠宁行营》诗:"宝马雕弓金仆姑,龙骧虎视出皇都。"

龙行虎步 形容帝王的威武仪态。《宋史·太祖纪三》:"太宗龙行虎步,生时有异,他日必为太平天子。"

龙颜 《史记·高祖本纪》:"高祖为人,隆准而龙颜。"司马贞索隐:"高祖感龙而生,故其颜貌似龙,长颈而高鼻。"隆准,高鼻。后因称皇帝的容貌为"龙颜"。亦指称皇帝。李白

《赠溧阳宋少府陟》诗:"早怀经济策,特受龙颜顾。"

龙吟虎啸 龙虎的叫啸,形容人吟啸声音嘹亮。张衡《归田赋》:"尔乃龙吟方泽,虎啸山丘。"黄庭坚《送昌上座归成都》诗:"昭觉堂中有道人,龙吟虎啸随风云。"

龙驭宾天 谓乘龙升天,为天帝之宾。旧作皇帝死的用语。亦作"龙驭上宾"。

龙跃凤鸣 比喻才华出众。《晋书·褚陶传》:"张华见之,谓陆机曰:'君兄弟龙跃云津,顾彦先凤鸣朝阳,谓东南之宝已尽,不意复见褚生。'"

龙战 《易·坤》:"龙战于野,其血玄黄。"后因称群雄争夺天下为"龙战"。班固《答宾戏》:"于是七雄虓阚,分裂诸夏,龙战虎争。"

龙钟 ❶衰老貌;行动不灵活。如:老态龙钟。李端《赠薛戴》诗:"交结惭中辈,龙钟似老翁。"❷潦倒貌。白居易《十年三月三十日别微之于澧上》诗:"莫问龙钟恶官职,且听清脆好文篇。"❸泪流貌。王褒《与周弘让书》:"援笔揽纸,龙钟横集。"

龙种 ❶旧时用龙象征皇帝,因称皇帝子孙或皇族后代为"龙种"。杜甫《哀王孙》诗:"高帝子孙尽隆准,龙种自与常人殊。"李商隐《杨本胜说长安见小男阿衮》诗:"寄人龙种瘦,失母凤雏痴。"❷良马名。杜甫《秦州杂诗》:"闻说真龙种,仍残老骕骦。"

龙舟 龙形的船。船的首尾作巨龙形状。(1)古代为帝王之舟。《隋书·炀帝纪》:"御龙舟,幸江都。"(2)民间划船竞赛的船。习俗于端午节盛行龙舟竞渡,源于纪念战国时投江的诗人屈原。余靖《端午日寄酒庶回都官》诗:"龙舟争快楚江滨,吊屈谁知特怆神。"

龙珠 传说中龙所吐的珠。《述异记》卷上:"凡珠有龙珠,龙所吐者……越人谚云:'种千亩木奴,不如一龙珠。'"木奴,谓橘树。

茏 〔蘢〕(lóng) 草名。即水荭。《管子·地员》:"其山之浅,有茏与斥。"参见"荭"。

茏苁 聚集貌。《淮南子·俶真训》:"缤纷茏苁。"

茏葱 同"葱茏"。揭傒斯《题桃源图》诗:"烟霞俄变灭,草树杳茏葱。"

茏茸 聚集貌。司马相如《大人赋》:"钻罗列聚,丛以茏茸兮。"

咙 〔嚨〕(lóng) 喉咙,咽部和喉部的统称。

巃 〔巃〕(lóng) 见"巃嵸"。

巃嵸 ❶高耸貌。司马相如《上林赋》:"崇山矗矗,巃嵸崔巍。"❷聚集貌。《楚辞·招隐士》:"山气巃嵸兮石嵯峨。"指云气聚集。傅毅《舞赋》:"车骑并狎,巃嵸逼迫。"指车骑交错。杜甫《乾元中寓居同谷县作歌》:"古木巃嵸枝相樛。"指树林丛集。

庞 〔龐〕(lóng) 见"庞庞"。
另见 páng。

庞庞 充实貌;强壮貌。《诗·小雅·车攻》:"四牡庞庞,驾言徂东。"

泷 〔瀧〕(lóng) ❶湍急的河流。如浙江建德与桐庐之间有七里泷。❷见"泷泷"。
另见 shuāng。

泷泷 水声。苏轼《宿于南山中蟠龙寺》诗:"谷中暗水响泷泷,岭上疏星明煜煜。"

骧 〔驪〕(lóng) 见"骧骧"。

骧骧 同"龙骧"。

珑 〔瓏〕(lóng) ❶古人在大旱求雨时所用的玉,上刻龙纹。见《说文·玉部》。亦泛指玉石。❷见"玲珑"、"珑玲"。

珑玲 亦作"玲珑"。玉色明彻貌。扬雄《甘泉赋》:"前殿崔巍兮,和氏珑玲。"亦用以形容清越的响声。韩愈《答张彻》诗:"紫树雕斐亹,碧流滴珑玲。"

栊 〔櫳〕(lóng) ❶窗上棂木;窗户。谢惠连《七月七日夜咏牛女》:"落日隐檐楹,升月照房栊。"❷养禽兽的笼槛。祢衡《鹦鹉赋》:"顺栊槛以俯仰。"

轳 〔轆〕(lóng) 车轴头。《方言》第九:"车缸,齐谓之轳。"郭璞注:"车釭,车轴头也。"

轳轳 转动貌。皮日休《九讽·遇谤》:"心轳轳以似车兮,思绵绵以如铋。"

眬 〔矓〕(lóng) 见"瞳眬"、"眬眬"。

眬眬 微明貌。白居易《早发楚城驿》诗:"眬眬烟树色,十里始天明。"

胧 〔朧〕(lóng) 见"胧胧"、"朦胧"。

胧胧 明貌。潘岳《悼亡诗》:"岁寒无与同,朗月何胧胧。"多指微明

貌。夏侯湛《秋可哀》诗:"月翳翳以隐云,星胧胧以投光。"亦作"眬眬"。崔曙《早发交崖山还太室作》诗:"萧萧过颍上,眬眬辨夕阳。"

炈 〔爤〕(lóng) 烧。郑光祖《王粲登楼》第一折:"看了你这嘴脸,火也没一些炈的。"

硗 〔礲〕(lóng) 同"砻"。磨。见《广雅·释诂》。王念孙疏证:"硗者,《说文》:'砻,䃩也。'《晋语》:'斫其橼而砻之。'……砻与硗同,磨与䃩同。"四川省西部有雅砻江,"砻"旧作"硗"。

砻 〔礱〕(lóng) ❶磨。曹植《宝刀铭》:"造兹宝刀,既砻既砺。"❷也叫"砻子"。用于稻谷破壳取米的农具。状如石磨,由上臼、下臼、摇臂和支座等组成。土砻臼的工作面上镶有硬木或竹齿,木砻则为刻槽。工作时,下臼不动,人力推动上臼旋转,借臼齿搓擦,使稻壳脱落。

砻厉 犹磨砺。《荀子·性恶》:"钝金必将待砻厉然后利。"

鸯 〔鸞〕(lóng) 鸟名。《史记·楚世家》:"小臣之好射鸰雁罗鸯。"裴骃集解:"鸯,野鸟也。"

眬 〔矓〕(lóng) 见"蒙眬"。

钺 〔鑨〕(lóng) 同"砻"。磨平。黄宗羲《张元岵先生墓志铭》:"卒后几年,葬于某原。刓钺墓石,再拜求铭。"

裭 〔襱〕(lóng,又读 lǒng) 裤脚管。《方言》第四:"袴,齐鲁之间……或谓之裭。"郭璞注:"今俗呼袴踦为裭。"

聋 〔聾〕(lóng) 丧失听觉能力;听觉不灵。引申为不明事理。《左传·宣公十四年》:"郑昭,宋聋。"杜预注:"昭,明也;聋,暗也。"

聋聩 耳聋。比喻愚昧无知。阮籍《咏怀》诗:"世有此聋聩,茫茫将焉如?"

聋俗 谓不辨美恶的世风。孟浩然《赠道士参寥》诗:"知音徒自惜,聋俗本相轻。"

蛋 〔蠪〕(lóng) ❶蚂蚁的一种。《尔雅·释虫》:"蛋,蚁。"郭璞注:"赤驳蚍蜉。"郝懿行义疏:"杠之为言赪也。此蚁赤驳,故以为名。"❷见"蛙蛋"。

笼 〔籠〕(lóng) ❶竹篾等编成的盛物器或罩物器。如:熏笼;灯笼。❷畜养鸟类及虫类的编织器。如:鸟笼;鸡笼;蝈蝈笼。《庄子

·庚桑楚》:"以天下为之笼,则雀无所逃。"❸泛指包络之物。如:马笼头。《史记·田单列传》:"令其宗人尽断其车轴末而傅铁笼。"❹笼屉。如:蒸笼。
另见 lǒng。

笼饼　一种蒸食的面饼。周祈《名义考》卷十二:"凡以面为食具者皆谓之饼……蒸而食者曰蒸饼,又曰笼饼。"

笼东　同"东笼"。颓败丧气貌。《北史·李穆传》:"因大骂曰:'笼东军士,尔曹主何在,尔独住此?'"

笼笼　或作"胧胧"。朦胧,隐约可见貌。刘孝威《都县遇见人织率尔寄妇》诗:"笼笼隔浅纱,的的见妆华。"

舩　〔舮〕(lóng)　小船。陆龟蒙《江南秋怀寄华阳山人》诗:"舩舳寻远近,握槊斗输赢。"

隆(lóng)　❶高起。《尔雅·释山》:"宛中,隆。"《后汉书·张衡传》:"造候风地动仪,以精铜铸成,圆径八尺,合盖隆起,形似酒尊。"亦作增高解。《国策·齐策一》:"虽隆薛之城到于天,犹之无益也。"❷盛;多。《国策·秦策一》:"当秦之隆,黄金万溢为用。"《淮南子·缪称训》:"礼不隆而德有馀。"❸深厚;程度深。如:隆冬;高谊隆情。❹尊重。《荀子·儒效》:"上则能大其所隆,下则能开道不己若者。"❺成长。《汉书·王莽传上》:"臣莽夙夜养育,隆就孺子。"颜师古注:"隆,长也,成之使其长大也。"

隆冬　严冬。《晋书·王献之传赞》:"观其字势,疏瘦如隆冬枯树。"

隆贵　显贵。《史记·张汤列传》:"汤尝病,天子至自视病,其隆贵如此。"

隆寄　厚望,重托。王俭《单拜录尚书优策议》:"即事缘情,不容均之凡僚,宜有策书,用申隆寄。"

隆眷　深厚的眷念,殷切的看重。江淹《知己赋》:"吐情志而深赏,忘年齿而隆眷。"

隆极　指最高的地位或职位。《晋书·刘琨传》:"庶以克复圣主,扫荡仇耻,岂可猥当隆极?"

隆隆　❶盛貌。扬雄《解嘲》:"炎炎者灭,隆隆者绝。"❷象声,形容剧烈震动的声音。李贺《高轩过》诗:"马蹄隐耳声隆隆。"

隆虑山　古山名。在今河南林州市西。产铁。东汉因避殇帝刘隆讳,

改名林虑山。公元24年尤来起义军大败谢躬于此。

隆起　❶高于四周的。❷地槽或地台中的正性构造。形态上为巨大的突起,如地背斜、台背斜等。

隆情　深情。陈端生《再生缘》八回:"公子闻言心大喜,慌忙接口谢隆情。"

隆杀　隆重和简省。《荀子·乐论》:"贵贱明,隆杀辨,和乐而不流。"

隆盛　兴隆昌盛。《汉书·翼奉传》:"窃闻汉德隆盛,在于孝文皇帝躬行节俭,外省繇役。"

隆师　尊师。《荀子·修身》:"故非我而当者,吾师也;是我而当者,吾友也;谄谀我者,吾贼也。故君子隆师而亲友,以致恶其贼。"

隆暑　即酷暑。陆机《从军行》:"隆暑固已惨,凉风严且苛。"

隆替　兴废;盛衰。潘岳《西征赋》:"人之升降,与政隆替。"《晋书·王羲之传》:"悠悠者以足下出处,足观政之隆替。"

隆污　《礼记·檀弓上》:"道隆则从而隆,道污则从而污。"隆,犹高;污,犹降。意谓丧礼的厚薄决定于道的盛衰。后以"隆污"称世道盛衰或政治兴替。亦作"隆窊"。《三国志·蜀志·郤正传》:"道有隆窊,物有兴废。"

隆中对　东汉末诸葛亮隐居隆中(今湖北襄阳西),建安十二年(公元207年),刘备三次往访。诸葛亮提出占据荆、益两州,安抚西南各族,联合孙权,整顿内政,俟机从荆、益两路北伐曹操的策略,以图统一中国,恢复刘家帝业,史称"隆中对"。后刘备大体根据这个计划,建立蜀汉政权。刘备死后,诸葛亮加强与孙吴的联合,改善对西南各族的关系,进行过五次北伐。

跉　〔躘〕(lóng)　见"跉踵"。

跉踵　同"龙钟"。"踵",亦作"蹱"。

欮　〔龏〕(lóng)　❶大长谷。见《说文·谷部》。❷土垅。韩滮《蝶恋花·细风吹池沼》词:"一树南欮香来老,春风已自生芳草。"

滰(lóng)　高下不平处的急水。见《集韵·一东》。参见"泷(lóng)❶"。

靯　〔韆〕(lóng)　见"靯头"。

靯头　络头。《齐民要术·养牛马驴骡》"饲父马令不斗法"注:"唯

著靯头,浪放不系。"

窿(lóng)　高耸貌。褚人穫《坚瓠五集·沙河碑》:"娄门东北三十里沙湖,湖北为塘,窿然有碑。"

憳(lóng)　心意。见《五音集韵》。

瘲(lóng)　❶弯腰驼背、身材极矮或足不能行等病。《汉书·高帝纪下》:"年老瘲病,勿遣。"颜师古注:"瘲,疲病也。"❷小便不利。《素问·宣明五气篇》:"膀胱不利为瘲。"

窿(lóng)　见"窟窿"。

嶜(lóng)　见"碏嶜"。

龏(lóng)　同"枕(槞)"。

lǒng

龙　〔龍〕(lǒng)　通"垄"。见"龙断"。
另见 lóng,máng。

龙断　本为断而高的冈垄,引申为独占和把持的行为。《孟子·公孙丑下》:"人亦孰不欲富贵?而独于富贵之中,有私龙断焉……有贱丈夫焉,必求龙断而登之,以左右望而罔市利,人皆以为贱。"《说文》引作"垄断"。

优　〔儱〕(lǒng)　见"优侗"。

优侗　同"笼统"。浑然无别;模糊不清。如:含糊优侗。《朱子全书·礼一》:"然这天理本是优侗一直下来,圣人就其中立个界限,分成段子。"

陇　〔隴〕(lǒng)　❶通"垄"。田埂。《史记·项羽本纪》:"〔项羽〕乘势起陇亩之中。"❷甘肃省的简称。因古为陇西郡地而得名。❸旺盛。《灵枢经·营卫生会》:"日中而阳陇,日西而阳衰。"

陇客　《文选·祢衡〈鹦鹉赋〉》:"惟西域之灵鸟兮。"李善注:"西域,谓陇坻,出此鸟也。"古代鹦鹉出于陇坻(在今甘肃东部),因称鹦鹉为"陇客"。梅尧臣《和刘原甫白鹦鹉》诗:"雪衣应不妒,陇客幸相饶。"

陇种　同"龙钟"。摧毁溃败貌。《荀子·议兵》:"案角鹿埵陇种东笼而退耳。"案,语词。角,衍文。鹿埵、陇种、东笼,杨倞注云:"盖皆摧败披靡之貌。"又引或说:"陇种即龙钟。"

《新唐书·窦轨传》："我陇种车骑，尚不足给公。"

垅〔壠〕(lǒng)　同"垄(壟)"。❶田埂。❷坟墓。

垄〔壟〕(lǒng)　亦作"垅"。❶田埂。《汉书·陈胜传》："辍耕之垄上。"亦指高地。见"垄断"。❷坟墓。《礼记·曲礼上》："适墓不登垄。"《国策·齐策四》："由是观之，生王之头，曾不若死士之垄也。"❸高出地面种植作物的窄土垆。将作物种植于垄上一般称"垄作"。也指作物条播的行。

垄断　亦作"陇断"、"龙断"。高而不相连属的土墩子。《列子·汤问》："自此冀之南，汉之阴，无陇断焉。"《孟子·公孙丑下》："有贱丈夫焉，必求龙断而登之，以左右望而罔市利。"意谓商人登高探望，以求易于获取高利的货物，进行交易。后遂引申为把持和独占。

拢〔攏〕(lǒng)　❶聚合；合拢。郭璞《江赋》："拢万川乎巴梁。"❷靠拢；靠近。丁仙芝《江南曲》："知郎旧时意，且请拢船头。"❸梳掠；整理。韩偓《春闷（一作闺）偶成》诗："无言拢鬓时。"❹弦乐器的一种弹奏法。用指上下按弦。白居易《琵琶行》："轻拢慢捻抹复挑。"

㤫〔懳〕(lǒng)　见"㤫戾"。

㤫戾　凶狠难驯。《大唐西域记·屈支国》："诸龙易形，交合牝马，遂生龙驹，㤫戾难驭。"

𥥈〔竉〕(lǒng)　孔。见《玉篇》。亦作"孔𥥈"，今作"窟窿"。

笼〔籠〕(lǒng)　❶笼罩。杜牧《泊秦淮》诗："烟笼寒水月笼沙。"❷收罗；掌握。《史记·平准书》："大农之诸官，尽笼天下之货物，贵即卖之，贱则买之。"❸用于"箱笼"、"笼络"、"笼统"。
　另见 lóng。

笼鹅　《晋书·王羲之传》："〔羲之〕性爱鹅……山阴有一道士，养好鹅，羲之往观焉，意甚悦，固求市之。道士云：'为写《道德经》，当举群相赠耳。'羲之欣然写毕，笼鹅而归，甚以为乐。"后以"笼鹅"指王羲之以字换鹅故事。李白《王右军》诗："书罢笼鹅去，何曾别主人。"

笼络　笼和络原是羁绊牲口的用具，引申为用权术要手段以驾驭、拉拢人。如：笼络人心。《宋史·胡安国传》："自蔡京得政，士大夫无不受其笼络。"

笼统　模糊不清；不具体。如：含糊笼统。

裲(lǒng，又读 tǒng)　同"襱"。裤筒。《方言》第四："无裲之裤谓之襣。"郭璞注："裤无踦者，即今犊鼻裈也。裲亦袳，字异耳。"钱绎笺疏："今吴俗谓袜管为裲，音如统，即裲字。"

箿〔簀〕(lǒng)　同"笼"。
　另见 gōng。

lòng

弄〔衖〕(lòng)　小巷；胡同。如：弄堂；里弄。
　另见 nòng。

弄堂　吴方言称小巷为弄堂。亦作"弄唐"。祝允明《前闻记·弄》："今人呼屋下小巷为弄……俗又呼弄唐，唐亦路也。"

哢(lòng)　鸟叫。左思《蜀都赋》："云飞水宿，哢吭清渠。"

岽(lòng)　壮族语。石山间的平地。广西壮族自治区都安瑶族自治县有七百岽区。

lōu

㧬〔摟〕(lōu)　❶聚集。如：㧬柴火。引申为搜括。如：㧬钱。❷撩起。如：㧬起衣服。
　另见 lóu，lǒu。

lóu

牢(lóu)　削。《仪礼·士丧礼》："牢中旁寸。"郑玄注："牢读为楼，楼谓削约握之中央以安手也。"贾公彦疏："云削约者，谓削之使约少也。"
　另见 láo，lào。

刌(lóu)　❶小穿。见《广韵·十九侯》。今谓水道小穿为刌。❷方言。水道。如：刌嘴。

娄〔婁〕(lóu)　❶"篓"的本字。引申为多孔而通明，又引申为疏松。见"娄娄"。❷同"㹊"。见"娄猪"。❸通"塿"。见"部娄"。❹星宿名。二十八宿之一。❺姓。
　另见 lǚ，lǔ。

娄娄　疏松貌。《管子·地员》："五谷之状娄娄然。"

娄罗　❶形容语音不清，含有轻视的意思。《南史·顾欢传》："蹲夷之仪，娄罗之辩，各出彼俗，自相聆解。"

❷同"喽啰"。旧指供役使的人。苏鹗《苏氏演义》卷上："娄罗者，干办集事之称。"又称强盗部下。施惠《幽闺记·山寨巡逻》："大娄罗巡山，小娄罗打更。"

娄猪　母猪。《左传·定公十四年》："既定尔娄猪，盍归吾艾豭。"杜预注："娄猪，求子猪也，以喻南子（卫灵公妃）。"艾豭，指宋公子朝。

偻〔僂〕(lóu，又读 lǚ)　❶曲背。《汉书·蔡义传》："行步俯偻。"引申为恭敬貌。《左传·昭公七年》："一命而偻。"❷疾速；行动迅速。《公羊传·庄公二十四年》："夫人不偻，不可使入。"

偻㑩　同"喽啰"。

偻指　屈指而数。《荀子·儒效》："虽有圣人之知，未能偻指也。"李冶《敬斋古今黈》卷五："未能偻指，言未能曲指以一二数也。"一说，偻，疾也。偻指即疾速指陈。见《荀子》杨倞注。况周颐《蕙风词话续编》卷一："此类可歌文，尤不胜偻指。"

谚〔謱〕(lóu)　见"诐谚"。
　另见 lǔ。

塿〔塿〕(lóu)　坟头。《方言》第十三："冢，秦晋之间谓之坟……自关而东谓之丘，小者谓之塿。"
　另见 lǒu。

蒌〔蔞〕(lóu)　草名。即蒌蒿（白蒿）。《诗·周南·汉广》："翘翘错薪，言刈其蒌。"参见"蒿❶"。
　另见 liǔ。

搂〔摟〕(lóu)　牵引；拉拢。《孟子·告子下》："五霸者，搂诸侯以伐诸侯者也。"朱熹注："搂，牵也。"
　另见 lōu，lǒu。

喽〔嘍〕(lóu)　见"喽啰"。
　另见 lou。

喽啰　本作"偻㑩"，亦作"楼罗"、"娄罗"。❶聪明，伶俐。《旧五代史·刘铢传》："铢喜谓业（李业）辈曰：'君等可谓偻㑩儿矣。'"❷旧时用以称盗贼的部下。今常用以比喻恶人的追随者。《水浒传》第二回："在上面聚集五七百个小喽啰。"❸喧闹声。刘基《送人分题得鹤山诗》："前飞乌鸢后驾鹅，啄腥争腐声喽啰。"

嵝〔嶁〕(lóu)　见"嵝篼"。

嵝篼　饲马器。《方言》第五："饲马橐，自关而西或谓之嵝篼。"

遼

漊〔遼〕(lóu) 水名。见"漊水"。
另见 lǔ。

漊水 澧水支流。在湖南省西北部。源出湖北省鹤峰县，东南流到慈利县入澧水。长250公里，流域面积5 048平方公里。多峡谷、险滩，江垭以下可通航。

偻〔僂〕(lóu) 恭谨。《抱朴子·尚博》："以其所不解者为虚诞，偻诚以为尔，未必违情以伤物也。"原注："偻，敬也。"

骙〔驪〕(lóu) 大骡。《旧唐书·西戎传》："〔波斯〕出骙及大驴、师子、白象。"

楼〔樓〕(lóu) ❶两层以上的房屋；楼房。如：大楼；高楼大厦。也指楼房的一层。如：九楼。王之涣《登鹳雀楼》诗："欲穷千里目，更上一层楼。"❷建筑物的上层部分或有上层结构的。如：城楼；钟楼；楼船；楼车。《墨子·备城门》："三十步置坐候楼，楼出于堞四尺。"❸姓。

楼车 古代的一种战车，上设望楼，用以瞭望敌人。《左传·宣公十五年》："登诸楼车，使呼宋而告之。"参见"云车❶"、"巢车"。

楼船 ❶西汉时根据地方特点训练各个兵种，江淮以南各郡训练水军，称为"楼船士"或"楼船"。武帝曾命杨仆为"楼船将军"。参见"材官"。❷有楼饰的游船。杜甫《城西陂泛舟》诗："青蛾皓齿在楼船，横笛短箫悲远天。"

楼橹 古时军中用以侦察、防御或攻城的高台。《后汉书·公孙瓒传》："今吾诸营，楼橹千里。"

楼罗 ❶犹伶俐，谓干练能办事的人。《宋史·张思钧传》："质状小而精悍，太宗尝称其楼罗，自是人目为小楼罗焉。"参见"喽啰"。❷象声词。《北史·王昕传》："尝有鲜卑聚语，崔昂戏问昕曰：'颇解此不？'昕曰：'楼罗，楼罗，实自难解！'"

廔〔廔〕(lóu) 同"楼（樓）"。

漏(lóu) 通"蝼"。一种臭气。《礼记·内则》："马黑脊而般臂，漏。"郑玄注："漏当为蝼，如蝼蛄臭也。"
另见 lòu。

寠(lóu) 同"窭（窶）"。
另见 jù。

窭〔窶〕(lóu) 见"瓯窭"。
另见 jù。

褛〔褸〕(lóu) 衣襟。《方言》第四："褛谓之袩。"郭璞注："衣襟也。或曰裳际也。"
另见 lǔ。

耧〔耬〕(lóu) 也叫"耧车"、"耧犁"、"耩子"。一种畜力条播农具。相传为西汉赵过所创。由耧架、耧斗、耧腿、耧铲等构成。有一腿耧至七腿耧多种，以两腿耧播种较均匀。可播大麦、小麦、大豆、高粱等。

楼(lóu) 同"楼（樓）"。

蝼〔螻〕(lóu) ❶见"蝼蛄"。❷一种马病，其肉有臭味如蝼蛄。《周礼·天官·内饔》："马黑脊而般臂，蝼。"

蝼蛄 亦称"蝼蝈"、"蝼螲"、"拉拉蛄"、"土狗子"。昆虫纲，直翅目，蝼蛄科。重要的农业地下害虫。穴居土中。前足变形为挖掘足，适于掘土，并能切断植物的根部、嫩茎、幼苗等。食性复杂，主要危害禾苗、甘蔗、亚麻和甘薯等。常见的有：非洲蝼蛄，中国南方较多；华北蝼蛄，亦称"大蝼蛄"，分布于华北。干燥虫体入药，性寒，味咸，有小毒；功能通利小便、解毒消肿；主治小便不利或闭塞不通、水肿，外用治瘰疬、恶疮等；体虚者及孕妇忌用。

蝼蝈 《礼记·月令》："〔孟夏之月〕蝼蝈鸣。"郑玄注："蝼蝈，蛙也。"陆德明释文引蔡邕曰："蝼，蝼蛄；蝈，蛙也。"

蝼蚁 蝼蛄和蚂蚁。比喻力量微小或地位低微、无足轻重的人物。《韩诗外传》卷八："夫吞舟之鱼大矣，荡而失水，则为蝼蚁所制。"司马迁《报任少卿书》："假令仆伏法受诛，若九牛亡一毛，与蝼蚁何以异！"

蝼螲 昆虫名，即"蝼蛄"。《方言》第十一："蝼螲谓之蝼蛄。"

艛〔艛〕(lóu) 舟名。见《玉篇·舟部》。

犪〔犪〕(lóu) 兽名。《广韵·十九侯》："土犪，似羊，四角，其锐难当，触物则毙，食人。出《山海经》。"按《山海经·西山经》作"土蝼"。

㺊〔㺊〕(lóu) 母猪。通作"娄"。见"娄猪"。

鳜〔鱸〕(lóu) 鱼名。❶大的青鱼。见《玉篇·鱼部》。❷即"鳝"。见《说文·鱼部》。

髅〔髏〕(lóu) 见"骷髅"、"髑髅"。

lǒu

塿〔塿〕(lǒu) 小土丘。见"培塿"。
另见 lóu。

摟〔摟〕(lǒu) 抱持。《红楼梦》第三回：〔黛玉〕正欲下拜，早被外祖母抱住，摟入怀中。"
另见 lōu,lóu。

嶁〔嶁〕(lǒu，又读 lǔ) 见"岣嵝"。

瓾〔甊〕(lǒu) 见"瓿瓾"。

篓〔簍〕(lǒu) 用竹子、荆条、苇篾等编成的盛器，一般作圆桶形。如：炭篓；油篓；字纸篓。

䉻〔䉻〕(lǒu) 见"籛䉻"。

lòu

陋(lòu) ❶狭小；简陋。如：陋巷；陋室。❷见闻不广；浅陋。《荀子·修身》："少见曰陋。"《礼记·学记》："独学而无友，则孤陋而寡闻。"❸粗鄙；不合理。如：陋俗；陋规。《新书·道术》："辞令就得谓之雅，反雅为陋。"❹丑陋；粗劣。《旧唐书·卢杞传》："杞形陋而心险。"《宋书·孔觊传》："衣裳率服，皆择其陋者。"❺鄙视；轻视。杜甫《甘林》诗："勿矜朱门是，陋此白屋非。"

陋规 相沿成习的不合理规定。如：铲除陋规。

陋室 简陋狭小的屋子。《韩诗外传》卷五："彼大儒者，虽隐居穷巷陋室，无置锥之地，而王公不能与之争名矣。"刘禹锡《陋室铭》："斯是陋室，惟吾德馨。"

陋巷 狭陋的街巷。《论语·雍也》："贤哉回也！一箪食，一瓢饮，在陋巷，人不堪其忧，回也不改其乐。"戴叔伦《送张南史》诗："陋巷无车辙，烟萝总是春。"一说：古人称巷有二义，里中道谓之巷，人所居亦谓之巷；《论语》的"陋巷"，是指居室，而非街巷之巷。见刘宝楠《论语正义》引王念孙说。

屚(lòu) "漏"的古字。

镂〔鏤〕(lòu) ❶可供雕刻的刚铁。《书·禹贡》："厥贡璆、铁、银、镂、砮、磬。"❷雕刻。《左传·哀公元年》："器不雕镂。"❸疏通。《汉书·司马相如传下》："镂灵山。"颜师古注："镂,谓疏通之以开道也。"❹通"漏"。孔穴。《宋书·符瑞志上》:"〔禹〕两耳参镂。"❺大口锅。《方言》第五："𨦣,……江淮陈楚之间谓之锜,或谓之镂。"参见"𨦣"。

镂冰 比喻徒劳无功。《盐铁论·殊路》:"故内无其质而外学其文,虽有贤师良友,若画脂镂冰,费日损功。"

镂尘吹影 比喻不见形迹。《关尹子·一宇》:"言之如吹影,思之如镂尘。"

镂心刻骨 形容受人恩惠,感念极深。《封神演义》第九十六回:"妾等蒙陛下眷爱,镂心刻骨,没世难忘。"亦作"刻骨镂心"。《西游记》第八十七回:"虽刻骨镂心,难报万一。"

镂月裁云 比喻技艺精巧。李义府《堂堂词》:"镂月成歌扇,裁云作舞衣。"李觏《和慎使君出城见梅花》诗:"化工呈巧异寻常,镂月裁云费刃芒。"

瘘〔瘻〕(lòu) ❶颈部生疮,久而不愈,常出脓水之疾。一名鼠瘘。《淮南子·说山训》:"鸡头已瘘。"高诱注:"瘘,颈肿疾。"❷亦称"瘘管"。空腔脏器与体表或空腔脏器之间不正常的通道。前者为外瘘(如肛瘘、肠瘘等);后者为内瘘(如胆囊十二指肠瘘)。常由外伤、炎症、手术并发症等造成。瘘形成后不易自愈,常需手术治疗。
另见 lú。

漏(lòu) ❶液体或气体从孔隙中渗出。如:漏水;漏气;屋漏偏逢连夜雨。❷孔隙。《淮南子·修务训》:"禹耳参(三)漏。"❸中医指血流不止或疮溃不收口的病。如:崩漏;痔漏。❹泄露。如:走漏风声。《公羊传·文公六年》:"君漏言也。"❺遗漏。如:挂一漏万。《荀子·修身》:"易忘曰漏。"❻脱免;逃避。如:漏网;漏税。❼古代滴水计时的仪器。如:铜壶滴漏。也借指时刻。如:漏尽更深。详"漏壶"。❽引诱。《水浒传》第二十七回:"我见阿嫂瞧得我包裹紧,先疑忌了,因此特地说些风话,漏你下手。"
另见 lóu。

漏壶 又名"漏刻"、"刻漏"、"壶漏"。古代的一种计时仪器。分两种:(1)单壶,只有一个储水壶,水压变化大,计时精度低(约一刻)。中国和埃及均有出土。中国发现的有,陕西兴平漏壶、河北满城漏壶和内蒙

古伊克昭盟漏壶。都是西汉初期(约公元前 100 年)的计时工具。(2)复壶,为两个以上的储水壶。著名的为元延祐年间(1314—1320)漏壶,由四铜壶自上而下互相叠置而成。上面三壶底部有小孔,最上一壶装满水后,水即逐渐流入以下各壶,最下一壶内装一直立浮标,上刻时辰,水逐步升高,浮标也随之上升,由此可知道时辰。《周礼·夏官》已有设官管漏刻的记载。可见我国早在周代已使用漏壶测定时刻。明以后我国有了钟表才废弃不用。

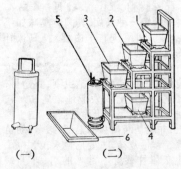

漏壶示意图
1.日天壶 2.夜天壶 3.平水壶
4.分水壶 5.万水壶 6.退水壶

漏刻 ❶亦称"刻漏"。古代计时器。详"漏壶"。❷顷刻。《后汉书·光武帝纪上》:"寻、邑自以为功在漏刻,意气甚逸。"

漏网 本指捕鱼时鱼逸出网外。借指法律条文的疏漏。《文选·陆机〈五等诸侯论〉》:"六臣犯其弱纲,七子冲其漏网。"吕向注:"漏网,谓孝景时法网疏宽也。"后常用来比喻罪犯侥幸没有受到法律制裁,或部分战败的军队没有遭到歼灭。

漏卮 渗漏的酒器。《盐铁论·本议》:"川源不能实漏卮,山海不能赡溪壑。"后常用以比喻利权外溢。

镂〔鎘〕(lòu) ❶见"镂鎘"。❷见"镂耧"。

镂耧 亦作"镂镂"。铁耙。亦指用铁耙耙地。《齐民要术·小豆》:"凡大、小豆,生既布叶,皆得用铁齿镂耧纵横杷而劳之。"又《耕田》"若水旱不调,宁燥不湿"原注:"湿耕者,白背速镂耧之。"

露(lòu) 显现出来。如:露脸;露马脚。
另见 lù。

露马脚 无意中露出真相,有贬义。《水浒全传》第一百〇一回:"王庆一日吃得烂醉如泥,在本府正排军张斌面前露出马脚。"

lou

嘍〔嘍〕(lou) 表语气,"了哟"的合音。如:别说喽!
另见 lóu。

lū

噜〔嚕〕(lū) 见"噜苏"。

噜苏 啰嗦;说话繁琐,不干脆。

lú

卢〔盧〕(lú) ❶古时樗蒲戏一掷五子皆黑的名称,是为最胜采。《晋书·刘毅传》:"裕(刘裕)厉声喝之,即成卢焉。"❷黑色。司马相如《上林赋》:"于是乎卢橘夏熟。"❸通"眹"。瞳人。《汉书·扬雄传上》:"玉女无所眺其清卢兮。"❹猎狗。《诗·齐风·卢令》:"卢令令。"毛传:"卢,田犬;令令,缨环声。"参见"韩卢"。❺通"垆"。安放酒坛的土墩子。《汉书·司马相如传上》:"乃令文君当卢。"参见"垆❷"。❻通"颅"。《汉书·武五子传赞》:"头卢相属于道。"❼古族名,即卢戎,分布在今湖北省南漳县东北。❽姓。

卢胡 同"胡卢"。喉间的笑声。《后汉书·应劭传》:"宋愚夫亦宝燕石,缇缥十重,夫睹之者掩口卢胡而笑。"

卢卢 呼狗声。程大昌《演繁露》卷八:"绍兴中年,秦桧专国,献佞者……谓为圣相。郡县用此意递相尊尚,凡所称呼,皆非其实。无名子为诗曰:'呼鸡作朱朱,呼犬作卢卢。文官称学士,武官称大夫。'"

卢前王后 《旧唐书·杨炯传》:"炯与王勃、卢照邻、骆宾王以文词齐名,海内称为王、杨、卢、骆,亦号为四杰。炯闻之,谓人曰:'吾愧在卢前,耻居王后。'当时议者亦以为然。"后以此称文人齐名,或借指在某人的前后。亦作"王后卢前"。

芦〔蘆〕(lú) ❶植物名。即"芦苇"。❷姓。

芦苇(*Phragmites australis*) 亦称"芦"、"苇"。禾本科。多年生草本。根状茎粗壮匍匐。叶片宽披针形,两列。夏秋开花,圆锥花序长 10～40 厘米;小穗含 4～7 小花。生长于池沼、河岸或道旁。分布几遍中国和全世界温带地区。为保土固堤植物

秆可作纸、人造棉、人造丝的原料,也供编席、帘等用;花序可作扫帚;根状茎入药,称"芦根",性寒、味甘,功能清热生津、除烦、止呕、利尿,主治热病烦渴、胃热呕哕、肺热咳嗽、肺痈、热淋小便不利等症。

芦衣 用芦花代絮做的冬衣。《太平御览》卷八百十九引《孝子传》:"闵子骞幼时,为后母所苦,冬月以芦花衣之以代絮。其父后知之,欲出后母。子骞跪曰:'母在一子单,母去三子寒。'父遂止。"旧时以"芦衣"作为孝子的典故,本此。

庐 〔廬〕(lú) ❶本指乡村一户人家所占的房地,引申为村房或小屋的通称。如:茅庐。陶潜《读〈山海经〉》诗:"吾亦爱吾庐。"又指临时搭成的小屋。参见"庐墓"。❷古代沿途迎候宾客的房舍。《周礼·地官·遗人》:"十里有庐,庐有饮食。"❸古代官员值宿所住的屋子。《汉书·金日䃅传》:"且䃅小疾卧庐。"颜师古注:"殿中所止曰庐。"❹寄居。《国语·齐语》:"卫人出,庐于曹。"韦昭注:"庐,寄也。"❺通"筟"。《考工记·总序》:"秦无庐。"郑玄注:"庐……谓矛戟柄。"
另见 lǘ。

庐儿 古代私家所属的奴仆。《汉书·鲍宣传》:"苍头庐儿皆用致富。"颜师古注引孟康曰:"诸给殿中者所为庐,苍头侍从因呼为庐儿。"参见"苍头❷"。

庐墓 古礼,父母或老师死后,服丧期间在墓旁搭盖小屋居住,守护坟墓,称"庐墓"。《新唐书·韩思彦传》:"张僧彻者,庐墓三十年。"

庐山真面目 苏轼《题西林壁》诗:"横看成岭侧成峰,远近高低各不同。不识庐山真面目,只缘身在此山中。"后用以比喻事物的真相。

庐帐 用毡帐作居室。《后汉书·西域传》:"庐帐而居,逐水草,颇知田作。"

坺 〔壚〕(lú) ❶黑色坚硬的土壤。《淮南子·墬形训》:"坺土人大,沙土人细。"❷酒店安置酒瓮的土墩子,因作酒店的代称。《世说新语·伤逝》:"〔王濬冲〕乘轺车,经黄公酒坺下过,顾谓后车客:'吾昔与嵇叔夜、阮嗣宗共酣饮于此坺。'"参见"当坺"。❸通"炉"。盛火的器具。陆游《山行过僧庵不入》诗:"茶坺烟起知高兴。"

庐 〔壚〕(lú) 呼猪声。见《广韵·十一模》。

岾 〔壚〕(lú,旧读 lǘ) 山名,即庐山。

狳 〔獹〕(lú) 韩狳,骏犬。见《玉篇·犬部》。参见"韩卢"。

炉 〔爐、罏〕(lú) ❶盛火的器具,作冶炼、取暖、烹饪等用。如:熔铁炉;手炉;炉灶。❷通"罏"、"坺"、"卢"。古时酒店前放置酒坛的炉形土墩,也用为酒店的代称。《史记·司马相如列传》:"〔相如〕令文君当炉。"裴骃集解引韦昭曰:"炉,酒肆也。"参见"当坺"。

炉火纯青 道家谓炼丹成功时,炉火由红转为纯青为火候到。后用以比喻功夫达到纯熟完美的境地。《孽海花》第二十五回:"到了现在,可到了炉火纯青的气候,正是弟兄们各显身手的时期。"

泸 〔瀘〕(lú) 水名。见"泸水"。

泸水 古水名。一名泸江水。指今雅砻江下游和金沙江会合雅砻江以后一段。《后汉书·西南夷传》:建武十九年(公元43年),遣刘尚率军"度泸水入益州界";诸葛亮《出师表》:"五月渡泸,深入不毛",皆即此。

纑 〔纑〕(lú) ❶麻线。《左传·昭公十九年》"纺焉"孔颖达疏:"纺,谓纺麻作纑也。"陆德明释文:"纑,麻缕也。"❷纻麻属植物。《史记·货殖列传》:"夫山西饶材、竹、榖、纑、旄、玉石。"裴骃集解引徐广曰:"纑,纻属,可以为布。"❸练麻。《孟子·滕文公下》:"妻辟纑。"赵岐注:"缉绩其麻曰辟,练之纑。"

栌 〔櫨〕(lú) ❶木名。又称"黄栌"、"栌木"。张衡《南都赋》:"枫、柙、栌、枥,帝女之桑。"❷果名。即甘栌,橘的一种。《吕氏春秋·本味》:"果之美者……箕山之东,青鸟之所,有甘栌焉。"❸即欂栌,斗栱,柱顶上承托栋梁的方木。《淮南子·主术训》:"短者以为朱儒枅栌。"参见"斗栱"。

轳 〔轤〕(lú) 见"辘轳"。

胪 〔臚〕(lú) ❶腹前。《广韵·九鱼》:"腹前曰胪。"❷额。《云笈七签》卷十一:"七液洞流冲胪间。"注:"两眉门,谓额也。"❸陈列。如:胪列。❹传语;陈述。《国语·晋语六》:"风听胪言于市,辨祅祥于谣。"张衡《思玄赋》:"心犹豫而狐疑兮,即岐阯而胪情。"
另见 lǘ。

胪唱 科举时代,进士殿试之后,按甲第唱名传呼召见,叫"胪唱",也叫"传胪"、"胪传"。方回《赵宾旸唐师善见和涌金城望次韵三首》:"胪唱曾叨殿上传,末班遥望御炉烟。"

胪传 ❶传语。《庄子·外物》:"大儒胪传曰:'东方作矣,事之何若?'"成玄英疏:"从上传语告下曰胪。胪,传也。"后专指传告皇帝诏旨。《新唐书·齐映传》:"映为人白晳长大,言音鸿爽,故帝令侍左右,或前马胪传诏旨。"❷同"胪唱"。

鸬 〔鸕〕(lú) 见"鸬鹚"。

鸬鹚(*Phalacrocorax*) 鸟纲,鸬鹚科。有5个种。普通鸬鹚(*P. carbo sinensis*,一般简称"鸬鹚")亦称"水老鸦"、"鱼鹰"。体长可达0.8米。体羽主要为黑色而带有紫色金属光泽。生殖季节头、颈部生白丝状羽。幼鸟的下体黑色,杂以白羽。栖息河川、湖沼和海滨,善潜水,捕食鱼类。在苇丛中或矮树、峭壁上营巢。广布于中国各地。已驯化的可使捕鱼,但此法已逐渐淘汰。海鸬鹚(*P. pelagicus*)和黑颈鸬鹚(*P. niger*)为国家二级保护动物。

眹 〔矑〕(lú) 瞳人,引申为眼珠子。扬雄《甘泉赋》:"玉女无所眺其清眹兮。"孙楚《箭赋》:"调唇吻,整容止,扬清眹,隐皓齿。"

𨨏 〔鑪〕(lú) 化学元素[周期系第IV族(类)副族元素]。符号Rf。原子序数104。第一个被发现的超锕系元素。具强放射性。化学性质近似铪,由重离子轰击法人工合成而得。寿命最长的同位素 ^{261}Rf,半衰期为65秒。

颅 〔顱〕(lú) 头盖骨,亦指头。《新唐书·武元衡传》:"遂害元衡,批颅骨持去。"张耒《岁暮即事》诗:"褐帽裹僧颅。"亦可用于兽类。元稹《望云骓马歌》:"分鬃摆袂头太高,擘肘回颅项难转。"

蛢 〔蠦〕(lú) 见"蛢蜰"。

蛢蜰 虫名。《尔雅·释虫》:"蜚,蛢蜰。"郭璞注:"蜰即负盘,臭虫。"郝懿行义疏:"《本草》作蜚蠊。……圆薄如盘,故名负盘。"

筟 〔籚〕(lú) ❶竹名。❷矛、戟的柄。见《说文·竹部》。

舻 〔艫〕(lú) 见"舳舻"。

旅 （lú） 黑色。见"旅弓"。

旅弓 黑弓。《左传·僖公二十八年》："旅弓矢千。"亦作"卢弓"。见《书·文侯之命》。

鲈 〔鑪〕（lú） 鱼名。体延长，侧扁。口大，下颌突出。银灰色，背部和背鳍上有小黑斑。性凶猛，以鱼、虾等为食。为常见食用鱼。

轳 （lú） 小口罂。《陶录》："翁之女，名舒娇，尤善陶。其罏、瓮诸色，几与哥窑等价。"

髗 （lú） 同"颅（顱）"。

lǔ

卤 ㊀〔鹵〕（lǔ） ❶不生谷物的咸卤地。《宋史·刘几传》："从范仲淹辟，通判邠州，邠地卤。"参见"斥卤"。❷通"鲁"。愚钝。刘桢《赠五官中郎将》诗："小臣信顽卤，僶俛安能追！"❸通"橹"。大盾。《史记·秦始皇本纪》："伏尸百万，流血漂卤。"❹通"掳"。掠夺。《史记·吴王濞列传》："烧宗庙，卤御物。"

㊁〔滷〕（lǔ） ❶盐卤。❷咸汁。如：肉卤；鱼卤。❸以浓汁制食品。如：卤鸡；卤豆腐干。

卤簿 古代帝王出外时在其前后的仪仗队。蔡邕《独断》："天子出，车驾次第，谓之卤簿。"封演《封氏闻见记》卷五："舆驾行幸，羽仪导从谓之卤簿，自秦汉以来始有其名……按，字书：'卤，大楯也。'字亦作'橹'，又作'樐'，音义皆同。卤以甲为之，所以捍敌……甲楯有先后部伍之次，皆著之簿籍，天子出，则案次导从，故谓之卤簿耳。"按自汉以后，后、妃、太子、王公、大臣皆有卤簿，各有定制，并非天子所专用。

卤莽 ❶亦作"鲁莽"。冒失；粗率；不郑重。杜甫《空囊》诗："世人共卤莽，吾道属艰难。"郑樵《通志·总序》："是致小学一家，皆成卤莽。"参见"卤莽灭裂"。❷荒地野草。《文选·扬雄〈长杨赋〉》："夷坑谷，拔卤莽。"李善注："卤莽，中生草莽也。"又用为荒废的意思。苏轼《诸宫》诗："二王台阁已卤莽，何况远闻纵横时。"❸隐约。白居易《浔阳秋怀赠许明府》诗："卤莽还乡梦，依稀望阙歌。"

卤莽灭裂 亦作"鲁莽灭裂"。《庄子·则阳》："长梧封人问子牢曰：'君为政焉勿卤莽，治民焉勿灭裂。昔予为禾，耕而卤莽之，则其实亦卤莽而报予；芸而灭裂之，其实亦灭裂而报予。'"陆德明释文引司马（彪）曰："卤莽，犹麤粗也，谓浅耕稀种也；灭裂，断其草也。"成玄英疏："卤莽，不用心也；灭裂，轻薄也。"后常以"卤莽灭裂"形容做事草率苟且，粗鲁莽撞。朱熹《辛丑延和奏札三》："其有卤莽灭裂，徒为烦扰去处，将来本司觉察得知，具名闻奏。"

虏 〔虜、虜〕（lǔ） ❶俘获。《汉书·周勃传》："其将固可袭而虏也。"亦指虏掠、抄掠。张载《七哀》诗："珍宝见剽虏。"❷俘虏。《礼记·曲礼上》："献民虏者操右袂。"❸指奴隶。《韩非子·说难》："伊尹为宰，百里奚为虏。"❹对敌方的蔑称。曹丕《至广陵于马上作》诗："不战屈敌虏。"

掳 〔擄〕（lǔ） ❶劫掠。如：掳掠。❷俘获。《三国演义》第十三回："非臣则驾被掳矣。"

硵 〔磠〕（lǔ） 硵砂，即"硇砂"。

鲁 〔魯〕（lǔ） ❶钝拙。《论语·先进》："参（曾参）也鲁。"❷粗鲁。参见"鲁莽"。❸古国名。公元前十一世纪周分封的诸侯国。姬姓。开国君主为周公旦之子伯禽，在今山东的西南部，建都曲阜（今山东曲阜市）。春秋时国势衰弱，春秋后期公室为季孙氏、孟孙氏、叔孙氏三家所分。战国时成为小国，公元前256年为楚所灭。❹地区名。今山东泰山以南的汶、泗、沂、沭水流域，是春秋时鲁地。秦汉以后仍沿称这地区为鲁，近代又用为山东省的简称。❺姓。

鲁殿 鲁灵光殿的略称。徐陵《与王僧辩书》："重以秦宫既获，鲁殿犹存，避绿草于应门，开青槐于武库。"参见"鲁殿灵光"。

鲁殿灵光 灵光，汉代殿名，为景帝子鲁恭王馀所建。东汉王延寿有《鲁灵光殿赋》，序云："鲁灵光殿者，盖景帝程姬之子恭王馀之所立也……遭汉中微，盗贼奔突，自西京未央、建章之殿皆见隳坏，而灵光岿然独存。"后因借称硕果仅存的人或事物为"鲁殿灵光"或"鲁灵光"。参见"鲁殿"。

鲁缟 古代鲁国出产的一种白色质地很薄的生绢。《汉书·韩安国传》："强弩之末，力不能入鲁缟。"颜师古注："缟，素也。曲阜之地，俗善作之，尤为轻细。"

鲁鸡 《庄子·庚桑楚》："越鸡不能伏鹄卵，鲁鸡固能矣。"陆德明释文引向秀曰："越鸡，小鸡，或云荆鸡。鲁鸡，大鸡也，今蜀鸡也。"

鲁酒 《庄子·胠箧》："鲁酒薄而邯郸围。"陆德明释文："楚宣王朝诸侯，鲁恭公后至，而酒薄；宣王怒，欲辱之。恭公不受命……宣王怒，乃发兵与齐攻鲁。梁惠王常欲击赵，而畏楚救。楚以鲁为事，故梁得围邯郸。"又引许慎注《淮南》曰："楚会诸侯，鲁赵俱献酒于楚王，鲁酒薄而赵酒厚。楚之主酒吏求酒于赵，赵不与。吏怒，乃以赵厚酒易鲁薄酒奏之。楚王以赵酒薄，故围邯郸也。"后因称味薄的酒为"鲁酒"。庾信《哀江南赋序》："楚歌非取乐之方，鲁酒无忘忧之用。"

鲁莽 同"卤莽❶"。

鲁男子 《诗·小雅·巷伯》"哆兮侈兮，成是南箕"毛传："鲁人有男子独处于室，邻之厘（嫠）妇又独处于室，夜，暴风雨至而室坏，妇人趋而托之，男子闭户而不纳。"后因称不好女色的人为"鲁男子"。

鲁叟 称孔丘。孔丘，鲁人。陶潜《饮酒》诗："羲农去我久，举世少复真，汲汲鲁中叟，弥缝使其淳。"苏轼《六月二十日夜渡海》诗："空馀鲁叟乘桴意，粗识轩辕奏乐声。"

鲁阳 战国时楚之县公，传说他曾挥戈使太阳返回。《淮南子·览冥训》："鲁阳公与韩构难，战酣，日暮，援戈而撝（挥）之，日为之反三舍。"李白《日出入行》："鲁阳何德，驻景（影）挥戈？"

鲁鱼帝虎 马总《意林》卷四引《抱朴子》："谚云：'书三写，鱼成鲁，帝成虎。'"按今本《抱朴子·遐览》作"虚成虎"。后因称传写谬误为"鲁鱼帝虎"。参见"鲁鱼亥豕"。

鲁鱼亥豕 《抱朴子·遐览》："谚曰：'书三写，鱼成鲁，虚成虎。'"《吕氏春秋·察传》："有读史记者曰：'晋师三豕涉河。'子夏曰：'非也，是己亥也。夫己与三相似，豕与亥相似。'""鲁"和"鱼"、"亥"和"豕"的篆文字形相似，容易写错。后因谓字形相近，在传写或刊印后的文字错误为"鲁鱼亥豕"。《红楼梦》第一百二十回："既是'假语村言'，但无鲁鱼亥豕以及背谬矛盾之处，乐得与二三同志，酒余饭饱，雨夕灯窗，同消寂寞。"

镥〔鏀〕(lǔ)　煎胶器。见《说文·金部》。

蔺(lǔ)　草名。《尔雅·释草》:"蔺,鹿藿。"郭璞注:"作履苴草。"郝懿行义疏:"蔺,可以织屦。苴之言粗也,草履为粗。粗与苴、蔺,盖一声之转也。"

橹〔櫓、艣、樐、艪、樐〕(lǔ)　一种用人力使船前进的工具。外形略似桨,但较大,支在船尾或船旁的橹担上。用手摇动时水中的橹片左右摆动,因其前后面发生水压力的差异而产生推力。也可控制船的航向。

〇〔橹、樐〕(lǔ)　❶大盾牌。《左传·襄公十年》:"蒙之以甲,以为橹。"❷望楼。见"楼橹"。

鹭〔鷺〕(lǔ)　见"鹭鹭"。

镥〔鑥〕(lǔ)　化学元素[周期系第Ⅲ族(类)副族元素、镧系元素]。稀土元素之一。符号 Lu。原子序数 71。银白色金属。质软,有延展性。在空气中比较稳定。存在于独居石等稀土矿物中。用于核工程及用作裂解、烷基化、氢化和聚合反应的催化剂。

lù

六(lù)　古国名。偃姓,皋陶之后。在今安徽六安市。公元前 622 年为楚所灭。
另见 liù。

用(lù)　"角"字的变体和异读。汉代有用里先生。

谷(lù)　见"谷蠡王"。
另见 gǔ、yù。

谷蠡王　匈奴官名。冒顿单于始设,分左右,位在屠耆王之下,管理军事和行政,由单于子弟担任。

角(lù)　见"角里"。
另见 gǔ、jiǎo、jué。

角里　角,亦作"用"。汉初隐士。《史记·留侯世家》:"四人前对,各言名姓,曰东园公,角里先生,绮里季,夏黄公。"角里先生姓周,名术,字元道,太伯之后。见范成大《吴郡志》卷二十载张守节《史记正义》引汉周树《洞历》。

陆〔陸〕(lù)　❶陆地。如:大陆;登陆。❷大土山。《楚辞·九叹·忧苦》:"巡陆夷之曲衍兮。"王逸注:"大阜曰陆。"❸陆路。王粲《登楼赋》:"背坟衍之广陆兮,临皋隰之沃流。"❹跳跃。《庄子·

马蹄》:"龁草饮水,翘足而陆,此马之真性也。"❺姓。
另见 liù。

陆钞　从陆路包抄,劫掠。《三国志·魏志·齐王芳传》"冬十二月"裴松之注引《汉晋春秋》:"司马宣王(司马懿)谓曹爽曰:'设令贼二万人断沔水,三万人与沔南诸军相持,万人陆钞租中,君将何以救之?'"

陆沉　亦作"陆沈"。❶陆地无水而沉。比喻隐于市朝中。《庄子·则阳》:"方且与世违,而心不屑与之俱,是陆沈者也。"也比喻不为人知,有埋没之意。黄庭坚《答张沙河》诗:"丈夫身在要勉力,岂有吾子终陆沉?"❷比喻国土沉沦,非由于洪水,而是由于祸乱。《晋书·桓温传》:"与诸僚属登平乘楼,眺瞩中原,慨然曰:'遂使神州陆沈,百年丘墟,王夷甫诸人不得不任其责!'"❸谓泥古而不合时宜。《论衡·谢短》:"夫知古不知今,谓之陆沉,然则儒生所谓陆沉者也。"

陆海　物产富饶的高原地区。《汉书·地理志下》:"〔秦地〕有鄠、杜竹林,南山檀柘,号称陆海,为九州膏腴。"颜师古注:"言其地高陆而饶物产,如海之无所不出,故云陆海。"

陆海潘江　亦作"潘江陆海"。钟嵘《诗品》卷上:"谢混云:'潘(潘岳)诗烂若舒锦,无处不佳;陆(陆机)文如披沙简金,往往见宝。'……余常言:'陆才如海,潘才如江。'"后因以"陆海潘江"比喻文才渊博。梅尧臣《谢永叔答述旧之作和禹玉》诗:"天下才名罕有双,今逢陆海与潘江。"

陆离　❶形容色彩繁杂,变化多端。《离骚》:"纷总总其离合兮,斑陆离其上下。"扬雄《甘泉赋》:"声骈隐以陆离兮。"❷分散貌。左思《蜀都赋》:"毛群陆离,羽族纷泊。"❸长貌。《楚辞·九章·涉江》:"带长铗之陆离兮,冠切云之崔嵬。"❹美玉。《楚辞·九叹·逢纷》:"薜荔饰而陆离荐兮,鱼鳞衣而白霓裳。"

陆梁　❶跳走貌。扬雄《甘泉赋》:"飞蒙茸而走陆梁。"引申为嚣张,跋扈。胡铨《上高宗封事》:"顷者丑虏陆梁。"❷一作"陆量"。秦时称五岭以南为陆梁地。《史记·秦始皇本纪》:"略取陆梁地为桂林、象郡、南海。"司马贞索隐:"谓南方之人,其性陆梁,故曰陆梁。"张守节正义:"岭南之人,多处山陆,其性强梁,故曰陆梁。"

陆陆　同"碌碌"。随从附和貌。

《后汉书·马援传》:"季孟(隗嚣字)尝折愧子阳(公孙述字),而不受其爵,今更共陆陆,欲往附之,将难为颜乎?"

陆掠　掳掠。《后汉书·应劭传》:"制御小缓,则陆掠残害。"

陆续　先后相续不断。袁桷《装马曲》:"驼峰熊掌翠釜珍,碧实冰盘行陆续。"

陆轴　即碌碡。平地面、碾场所用的石磙。《齐民要术·水稻》:"四月上旬为中时,中旬为下时,先放水,十日后曳陆轴十遍。"

垒(lù)　同"陆"。《说文·土部》:"垒,一曰垒梁地。"段玉裁注:"《始皇本纪》:'三十三年,发诸尝逋亡人、赘壻、贾人略取陆梁地……'字作陆。按垒梁盖其地多土出,而土性强梁也。"
另见 sù。

录〔錄〕(lù)　❶记载;抄写。《公羊传·隐公十年》:"《春秋》录内而略外。"宋濂《送东阳马生序》:"手自笔录。"❷册籍;簿籍。如:言行录;备忘录;金石录。❸采纳。韩愈《送诸葛觉往随州读书》诗:"屡为丞相言,虽恳不见录。"也指任用。如:录用。❹收藏。《世说新语·政事》:"〔陶侃〕作荆州时,敕船官悉录锯木屑,不限多少……官用竹皆令录厚头。"❺逮捕。《世说新语·政事》:"王安期作东海郡,吏录一犯夜人来。"❻次第。《国语·吴语》:"今大国越录。"韦昭注:"录,第也。"❼总管;统领。《后汉书·章帝纪》:"融(牟融)为太尉,并录尚书事。"❽检束。《荀子·修身》:"程役而不录。"杨倞注:"于功程及劳役之事,怠惰而不检束,言不能拘守而详也。"❾剑名。《荀子·性恶》:"桓公之葱,大公之阙,文王之录……此皆古之良剑也。"杨倞注:"葱,青色也,录与绿同,二剑以色为名。"
另见 lǜ。

录录　同"碌碌"。平庸。《史记·萧相国世家》:"于秦时为刀笔吏,录录未有奇节。"

峍(lù)　高深貌。龚自珍《送徐铁孙序》:"周秦间数子之填若峍若。"

峍屼　亦作"峍兀"。高耸貌。沈约《郊居赋》:"岑崟峍屼,或坳或平。"李东阳《雷公峡二十韵》:"秋风动雷峡,孤冢高峍屼。"

辂〔輅〕(lù)　车名。《论语·卫灵公》:"乘殷之辂。"邢昺疏:"殷车曰大辂,木辂也。取其俭素,故使乘之。"

另见 hé、yà。

赂〔赂〕(lù) ❶赠送财物。《诗·鲁颂·泮水》:"大赂南金。"毛传:"赂,遗也。南,谓荆扬也。"《左传·桓公二年》:"〔宋督〕以郜大鼎赂公。"引申为贿赂。《梁书·杨公则传》:"湘俗单家以赂求州职。"❷赠送的财物。《左传·庄公二十八年》:"数之以王命,取赂而还。"也泛指财物。《文选·左思〈吴都赋〉》:"其琛赂则琨瑶之阜,铜锴之垠。"刘逵注:"琛,宝也;赂,货也。"

碑(lù) 见"碑矶"。

碑矶 亦作"碑兀"。岩石突兀貌。郭璞《江赋》:"巨石碑矶以前却。"亦形容严峻,难亲近。韩愈《雪后寄崔二十六丞公》诗:"几欲犯严出荐口,气象碑兀未可攀。"

鹿(lù) ❶哺乳纲,偶蹄目,鹿科动物的通称。通常雄的有角(驯鹿雌的也有角),每年脱换一次;比较原始的种类,雌雄均无角(如麝、獐)。无上门齿。肢细长,善奔跑。尾短小。第一趾完全退化,第二、五趾仅留痕迹。中国所产种类很多,有麝、麂、梅花鹿、白唇鹿、马鹿、麋鹿(四不像)、驼鹿、驯鹿、獐、麝等。❷指代所要猎获的对象。常用以比喻政权。参见"逐鹿"、"鹿死谁手"。❸粮仓。《国语·吴语》:"市无赤米,而囷鹿空虚。"韦昭注:"员(圆)曰囷,方曰鹿。"字亦作"簏"。《广韵·一屋》引贾逵《国语注》曰:"簏,庾也。"《广雅·释室》:"簏,仓也。"❹即角。酒器名。《隶释·鲁相韩敕造孔庙礼器碑》:"爵、鹿、柤(俎)、桓(豆)。"❺姓。后魏有鹿悆。

鹿车 ❶用鹿拉的车子。《南史·东夷扶桑国传》:"有马车、牛车、鹿车。国人养鹿,如中国畜牛。"❷古时的一种小车。《后汉书·赵熹传》:"因以泥涂仲伯妇面,载以鹿车,身自推之。"李贤注引《风俗通》:"俗说鹿车窄小,裁(才)容一鹿。"❸即辘轳车。缲丝车。《方言》第五:"缲车,赵魏之间谓之轳辘车,东齐海岱之间谓之道轨。"戴震疏证:"轳辘亦通作历鹿。《广雅》:'缲车谓之历鹿,道轨谓之鹿车。'本此。"

鹿独 犹落拓。流离颠顿貌。《颜氏家训·勉学》:"鹿独戎马之间,转死沟壑之际。"

鹿骇 鹿性易惊,喻惊惶纷扰之状。陆倕《石阙铭》:"于是治定功成,迩安远肃,忘兹鹿骇,息此狼顾。"

鹿角 ❶一种小鱼。欧阳修《奉答圣俞达头鱼之作》诗:"毛鱼与鹿角,一龠数千百。"❷一种蔬菜。《齐民要术》卷十"菜茹"引《南越志》曰:"鹿角,猴葵,色赤,生石上。"

鹿巾 即鹿皮巾。古时隐士戴的一种头巾。韦庄《雨霁池上作》诗:"鹿巾藜杖葛衣轻,雨歇池边晚吹清。"

鹿卢 ❶即辘轳。滑车;绞盘。《古文苑·王褒〈僮约〉》:"屈竹作杷,削治鹿卢。"章樵注:"鹿卢引绠以汲井。"❷古剑首以玉作鹿卢形为饰,名鹿卢剑。古乐府《陌上桑》:"腰间鹿卢剑,可值千万余。"

鹿鸣宴 唐制乡贡试毕,长吏以乡饮酒礼,会属僚,设宾主,陈俎豆,备管弦,牲用少牢,歌《诗·小雅·鹿鸣》以宴之。明清沿此,于乡试放榜次日设宴,歌《鹿鸣》,作魁星舞,以巡抚主其事,内外帘官、新科举人皆预宴,称"鹿鸣宴"。

鹿皮冠 古代隐士所戴的头巾。也叫鹿巾、鹿皮巾。《南史·何尚之传》:"尚之在家常著鹿皮帽。及拜开府,天子临轩,百僚陪位。沈庆之于殿庭戏之曰:'今日何不著鹿皮冠?'"又《何点传》:"梁武帝与点有旧。及践阼,手诏论旧,赐以鹿皮巾等,并召之。"

鹿豕 鹿与猪。用以泛指山野无知之物。《孟子·尽心上》:"舜之居深山之中,与木石居,与鹿豕游。"后亦用以比喻愚蠢的人。如:蠢如鹿豕。

鹿死不择音 "音"通"荫",谓庇荫之处。比喻人至绝境,只求安身,不择处所。语出《左传·文公十七年》"鹿死不择音"。孔颖达疏:"鹿死不择庇荫之处,喻己不择所从之国。"

鹿死谁手 《晋书·石勒载记下》:"朕若逢高皇(汉高祖刘邦),当北面而事之,与韩、彭竞鞭而争先耳;脱遇光武(汉光武帝刘秀),当并驱于中原,未知鹿死谁手。"鹿,谓猎取的对象,比喻政权。未知鹿死谁手,谓不知天下为谁所得。参见"逐鹿"。

鹿台 古台名。别称"南单之台"。故址在今河南淇县朝歌镇南,相传为殷纣王所筑。"其大三里,高千尺"。纣王与周战,失败后,登鹿台

渌(lù) ❶清澈。曹植《洛神赋》:"灼若芙蕖出渌波。"❷清酒。白居易《春日闲居三首》:"便可傲松乔,何假杯中渌?"❸同"漉"。

逯(lù) ❶随意行走。《淮南子·精神训》:"浑然而往,逯然而来。"高诱注:"逯谓无所为忽然往来也。"❷姓。汉代有逯普。

娽(lù) 见"娽娽"。

娽娽 亦作"录录"。随从貌。《史记·平原君虞卿列传》"公等录录"司马贞索隐引王邵云:"录录,借字耳。《说文》:'娽娽,随从之貌。'"按《说文·女部》:"娽,随从也。"

骉〔骉〕(lù) 见"骉耳"。

骉耳 亦作"骉駬"、"绿耳"。马名,周穆王八骏之一。《史记·秦本纪》:"造父以善御幸于周缪王,得骥、温骊、骅骝、騄耳之驷。"裴骃集解:"八骏皆因其毛色以为名号。"按《穆天子传》及《列子·周穆王》皆作"绿耳",则当为绿色马。

绿〔绿、菉〕(lù) 草名,即菉草。《诗·小雅·采绿》:"终朝采绿。"孔颖达疏:"绿同菉。"

另见 lǜ。

绿林 新莽末年,王匡、王凤等聚众起义,占据绿林山(今湖北大洪山),号称"绿林军"(见《后汉书·刘玄传》。后因称聚集山林,武装反抗封建统治、诛锄恶霸土豪的好汉为"绿林"。亦用指群盗股匪。

球(lù) 见"球球"。

球球 玉坚貌。《老子》:"不欲球球如玉,珞珞如石。"亦作"碌碌"。《后汉书·冯衍传》:"冯子以为夫人之德,不碌碌如玉,落落如石。"李贤注:"玉貌碌碌,为人所贵。"

辘〔辒〕(lù) 见"辘轳"。

辘轳 圆转也。辘,同"轳"。或作"摅"。见《广韵·一屋》。

觻〔鱳〕(lù) 见"觻得"。

觻得 古县名。觻一作鱳。汉武帝以匈奴地置。治今甘肃张掖市西北。晋改名永平。自汉至魏为张掖郡治所。《汉书·霍去病传》"扬武乎觻得",即此。一说觻得乃匈奴中地名,而张掖县乃转取其名。

禄(lù) ❶福。《诗·大雅·既醉》:"天被尔禄"。毛传:"禄,福也。"❷古代官吏的俸给。如:俸禄;食禄;高官厚禄。《左传·僖公二十四年》:"介之推不言禄,禄亦弗及。"

禄禄 同"碌碌"。平凡;平庸。《庄子·渔父》:"不知贵真,禄禄而受变于俗,故不足。"王先谦集解:"案禄禄,犹录录也。《汉书》萧曹赞作录录,颜注犹鹿鹿,言在凡庶之中。"

禄隐 隐于官禄之中。谓食官禄而不勤力办事、不显露声名,与"朝隐"同。《法言·渊骞》:"或问:'柳下惠非朝隐者欤?'曰:'君子谓之不恭。古者高饿显,下禄隐。'"饿显指伯夷,禄隐谓柳下惠。

禄秩 官吏俸禄的级别。《荀子·荣辱》:"是官人百吏之所以取禄秩也。"

鹭〔鶒〕(lù) 见"鹭鶒"。

鹭鶒 鸟名。《尔雅·释鸟》:"鹭,鶒。"郭璞注:"今之野鹅。"

碌(lù) 见"碌碌"。
另见 liù。

碌碌 ❶石貌。《文心雕龙·总术》:"碌碌之石,时似乎玉。"❷平庸貌;随众附和貌。《史记·酷吏列传》:"九卿碌碌奉其官。"亦作"录录(録録)"、"娽娽"、"陆陆"、"禄禄"。❸形容辛苦、烦忙。如:忙忙碌碌。贾岛《古意》诗:"碌碌复碌碌,百年双转毂。"❹犹辚辚,车行声。陈泰《邯郸道上书所见》诗:"马珑珑,车碌碌,古道茫茫沙扑扑。"

睩(lù) 眼珠转动明亮貌。《楚辞·招魂》:"蛾眉曼睩,目腾光些。"王逸注:"好目曼泽,时睩睩然视。"

路(lù) ❶道路。《离骚》:"回朕车以复路兮,及行迷之未远。"❷纹理;道理。如:纹路;理路。《书·洪范》:"无有作恶,遵王之路。"❸地区;方面。如:各路人马;外路人。❹宋、金、元地方区划名。宋初为加强中央集权,仿唐代道制分境内为二十一路,其后分合不一,至道三年(公元997年)始定为十五路,真宗时增为十八路,神宗时又增为二十三路。路置监司、军帅诸职,而以转运使司(一称漕司)、提点刑狱司(一称宪司)、安抚使(或为经略安抚使,或但置马步军都总管、兵马钤辖)司(一称帅司),三者为一代常

制。三司治所时或不在一地,分路亦不尽相同;其所掌虽转运以财赋,提刑以刑狱,安抚以兵马为主,但往往兼总他务,权任随时而变。北宋分路,以转运司为主,前所称二十一路、十五路、十八路、二十三路等,皆指转运司路而言;南宋分路,则以安抚司为主。金仿宋制,分境内为十九路。金路亦有总管府路、按察司路、转运司路、统军司路、招讨司路之别,而以总管府路为主。元时降为第二等地方行政区划,置总管府,隶属于省。明废。❺比喻权位。《孟子·公孙丑上》:"夫子(指孟子)当路于齐,管仲、晏子之功可复许乎?"❻车。《左传·宣公十二年》:"筚路蓝缕,以启山林。"杜预注:"筚路,柴车。"❼大。《诗·大雅·生民》:"厥声载路。"毛传:"路,大也。"《史记·武帝本纪》:"路弓乘矢。"裴骃集解:"路,大也。四矢为乘。"❽通"露"。败。《管子·四时》:"国家乃路。"❾姓。

路车 亦作"辂车"。古代诸侯乘坐的车子。《公羊传·昭公二十五年》"乘大路"何休注:"礼:天子大路,诸侯路车,大夫大车,士饰车。"亦指天子所乘的车。《左传·桓公二年》"大路越席"孔颖达疏:"路,训大也,君之所在以大为号,门曰'路门',寝曰'路寝',车曰'路车';故人君之车,通以路为名也。"

路祭 旧时出殡,亲友在灵柩经过的路旁祭奠,称为"路祭"。《司马氏书仪》卷七:"若奠于轝所经过者,设酒馔于道左右,或有幄,或无幄。望枢将至,宾烧香酹茶酒,祝拜哭。枢至,少驻,主人诣奠所拜宾,哭,从枢而行。"《红楼梦》第十四回:"走不多时,路上彩棚高搭,设席张筵,和音奏乐,俱是各家路祭。"一作"道祭",见《封氏闻见记》卷六。

路节 旌节。《周礼·秋官·环人》:"以路节达诸四方。"郑玄注:"路节,旌节也。"贾公彦疏:"云路节旌节也者,以其道路用旌节,故知路节旌节也。"参见"旌节❶"。

路马 亦作"辂马"。古代君主驾车的马。《礼记·曲礼上》:"大夫士下公门,式路马。"郑玄注:"路马,君之马。"

路门 古代王侯宫廷最里层的正门。《考工记·匠人》:"路门不容乘车之五个。"郑玄注:"路门者,大寝之门。"贾公彦疏:"路门以近路寝,故特小为之。"

路岐人 也叫"路岐"。宋元时各

种经常流动演出的民间艺人的俗称。南宋灌圃耐得翁《都城纪胜》:"如执政府墙下空地,诸色路岐人在此作场。"南戏《宦门子弟错立身》:"在家牙坠子,出路路岐人。"

路寝 古代君主处理政事的宫室。《诗·鲁颂·閟宫》:"路寝孔硕。"毛传:"路寝,正寝也。"《礼记·玉藻》:"君日出而视之,退适路寝听政。"参见"燕寝"。

路室 古代的客舍。《周礼·地官·遗人》:"凡国野之道,十里有庐,庐有饮食,三十里有宿,宿有路室,路室有委。"委,贮备少量粮食。《楚辞·七谏·怨世》:"路室女之方桑兮,孔子过之以自侍。"

路舆 天子所乘的车子。《新书·容经》:"古之为路舆也,盖圜以象天,二十八橑以象列星,轸方以象地,三十幅以象月。"

稑(lù) 亦作"穋"。后种先熟的谷类。《周礼·天官·内宰》:"上春,诏王后帅六宫之人而生穜稑之种,而献之于王。"郑玄注引郑司农云:"先种后孰(熟)谓之穜,后种先孰谓之稑。"

僇(lù) ❶侮辱。《史记·楚世家》:"僇越大夫常寿过。"❷通"戮"。杀戮。《礼记·大学》:"有国者不可以不慎,辟则为天下僇矣。"郑玄注:"邪辟失道,则有大刑。"

僇力 同"戮力"。尽力;合力。《史记·商君列传》:"僇力本业,耕织致粟帛多者复其身。"《淮南子·人间训》:"请与公僇力一志,悉率徒属,而必以灭其家。"

僇民 僇,亦作"戮"。受刑戮的人;罪人。《庄子·大宗师》:"丘,天之戮民也。"丘,孔子。谓孔子主张礼义,桎梏形性,为有罪于天性自然的人。龚自珍《寒月吟》:"八十罹饥寒,虽生犹僇民。"亦作"僇人"。柳宗元《始得西山宴游记》:"自余为僇人,居是州,恒惴慄。"

盠(lù) ❶盒子。《旧唐书·李德裕传》:"敬宗诏浙西造银盠子妆具二十事入内。"❷通"滤"。《考工记·栈氏》:"清其灰而盠之。"

蓼(lù) 长大貌。《诗·小雅·蓼萧》:"蓼彼萧斯。"
另见 liǎo。

蓼蓼 长大貌。《诗·小雅·蓼莪》:"蓼蓼者莪。"

摭(lù) 振;摇。《周礼·夏官·大司马》:"三鼓,摭铎。"郑玄注:"掩上振之为摭摭者。"孔颖达

疏:"以手在上,向下掩而执之。"

箓〔籙〕(lù)　❶簿籍。《三国志·吴志·孙策传》"迎汉帝"裴松之注引《江表传》:"今此子已在鬼箓。"❷帝王自称其符命之书。《文选·王融〈永明十一年策秀才文〉》:"朕秉箓御天,握枢临极。"李周翰注:"箓,符也,天子受命执之,以御制天下也。"参见"符命"。❸道教的秘文秘录。如:符箓。《隋书·经籍志四》:"其受道之法,初受《五千文箓》,次受《三洞箓》,次受《洞玄箓》,次受《上清箓》,箓皆素书,记诸天曹官属佐史之名有多少。"

廲(lù)　粮仓。《玉篇·广部》:"廲,庾也,仓也。"

漉(lù)　❶使干涸。《礼记·月令》:"〔仲春之月〕毋竭川泽,毋漉陂池。"❷渗出;润湿。《国策·楚策四》:"漉汁洒地,白汗交流。"《汉书·司马相如传下》:"滋液渗漉,何生不育?"❸滤过。陆游《野饭》诗:"时能唤邻里,小瓮酒新漉。"

漉漉　明亮温润貌。李贺《月漉漉篇》:"月漉漉,波烟玉。"

趢(lù)　见"趢趢"。

趢趢　犹局促。《文选·张衡〈东京赋〉》:"狭三王之趢趢。"薛综注:"趢趢,局小貌也。言以三王礼法为局小狭陋。"

榙(lù,又读dú)　同"椟"。《玉篇·木部》:"榙同椟,匮也。"

酴(lù)　美酒,特指醁酴酒。《聊斋志异·狐妾》:"一夕,夜酌,偶思山东苦酴。"参见"醁酴"。

辘〔轆〕(lù)　见"辘轳"、"辘轳"、"轳辘"。

辘轳　❶汲取井水的起重装置。井上竖立支架,上装可用手柄摇转的轮轴,转轮上绕绳索,两端各系水桶(亦有仅一端系桶的)。摇转手柄,带动转轮绕轴旋转,使水桶一起一落,汲取井水。中国很早就已使用,为现代起重绞车的雏型。李璟《应天长》词:"柳堤芳草径,梦断辘轳金井。"❷亦称"陶车"。陶瓷制品成形机械的一种。为中国所发明。主要由一水平转盘和转轴所构成。转盘装在垂直的转轴上端,由动力或人力使作回旋运动,将泥料放在转盘中心,用手工成形;或将泥料放在转盘上的石膏模型中,用样板刀成形,以得到陶瓷生坯。

辘辘　车行声。杜牧《阿房宫赋》:"雷霆乍惊,宫车过也;辘辘远

听,杳不知其所之也。"

踤(lù)　跳。郭璞《江赋》:"夒𤟤踔踤于夕阳。"亦作"陆"。《庄子·马蹄》:"翘足而陆。"

甋(lù)　砖的一种。慧琳《一切经音义》卷五十六引《通俗文》:"狭长者谓之甋砖,江南言令甓。"《三国志·魏志·胡昭传》"动见模楷焉"裴松之注引《魏略》:"独居道侧,以甋砖为障。"

戮〔剹〕(lù)　❶杀;惩罚。《左传·哀公二年》:"若其有罪,绞缢以戮。"《荀子·王制》:"防淫除邪,戮之以五刑。"❷陈尸示众。《国语·晋语九》:"三奸同罪,请杀其生者,而戮其死者。"韦昭注:"陈尸为戮。"❸羞辱。《左传·文公六年》:"贾季戮臾骈,臾骈之人欲尽杀贾氏以报焉。"臾骈曰:'不可。'"

〇〔勠〕(lù)　见"戮力"。

戮力　尽力;协力。《书·汤诰》:"聿求元圣,与之戮力,以与尔有众请命。"孔颖达疏:"戮力,犹勉力也。"《汉书·高帝纪上》:"臣与将军戮力攻秦。"

戮民　罪民;受过刑罚的人。《庄子·天运》:"操之则栗,舍之则悲,而一无所鉴,以窥其所不休者,是天之戮民也。"《管子·立政》:"刑馀戮民,不敢服绤。"

戮人　罪人。《商君书·算地》:"刑人无国位,戮人无官任。"

戮笑　耻笑。《公羊传·庄公三十二年》:"不从吾言,而不饮此,则必为天下戮笑。"

蕗(lù)　❶甘草的别名。《急就篇》卷四:"牡蒙甘草菀藜芦。"颜师古注:"甘草,一名蜜草,一名蕗。"❷见"茛蕗"。

欐(lù)　❶见"㙟欐"。❷见"欐欐"。

欐欐　同"簵欐"。下垂貌。李贺《春坊正字剑子歌》:"捉丝团全悬欐欐。"

穋(lù)　同"稑"。后种先熟的谷类。《诗·豳风·七月》:"黍稷重穋。"毛传:"后熟曰重,先熟曰穋。"

簵〔簬〕(lù)　竹名。《书·禹贡》:"惟箘簵楛。"

鮤〔鮨〕(lù)　❶动物名。学名Pomatomus saltatrix。硬骨鱼纲,鮤科。体延长,侧扁,长达50厘米。褐色或紫黑色。吻尖,眼大,口大,具犬牙。背鳍两个,尾鳍分叉。栖息深层,产卵期向浅海移动。分布

于中国和日本沿海。肉及卵供食用,味美。❷古代传说中的一种鱼。《山海经·南山经》:"柢山多水,无草木,有鱼焉,其状如牛,陵居,蛇尾,有翼,其羽在魼(胠,亦作胁)下,其音如留(犁)牛,其名曰鮤。冬死(蛰)而夏生,食之无肿疾。"

鮥〔鯥〕(lù)　动物名。学名Sebastichthys elegans。亦称"铠鮥"。硬骨鱼纲,鲉科。体侧扁,长达10厘米以上。灰褐色,具黑色斑纹,鳍上有小黑点。眼大,眼间隔较狭,内凹,头部棘和棱显著。栖息近海岩礁间。中国产于黄海和渤海。

潞(lù)　见"潞水"。

潞水　❶古水名。一作潞川。《周礼·职方》冀州:"浸曰汾、潞。"即今山西浊漳河。❷即"潞河"。即北京市通县以下的北运河。明徐贞明撰有《潞水客谈》。

溛(lù)　同"盝"。

璐(lù)　美玉。《楚辞·九章·涉江》:"被明月兮珮宝璐。"王逸注:"宝璐,美玉也。"

鞣(lù)　同"簵"。胡鞣,箭室。见《集韵·一屋》。

楮(lù)　桐木。见《玉篇·木部》。

簵(lù)　❶用竹子、柳条或藤条等编成的圆形盛器。如:字纸簵。《楚辞·九叹·离世》:"弃鸡骇于筐簵。"王逸注:"鸡骇,文犀也。筐簵,竹器也。"❷见"簵欐"。

簵欐　下垂貌。李郢《张郎中宅戏赠》诗:"薄雪燕翁紫燕钗,钗垂簵欐抱香怀。"亦作"欐欐"。李贺《春坊正字剑子歌》:"捉丝团金悬欐欐。"

骆(lù)　同"鹭(鷺)"。

艛(lù)　见"艡艛"。

鹭〔鷺〕(lù)　鸟纲,鹭科部分种类的通称。体一般高大而瘦削,喙盘直而尖,颈和足皆长,趾具半蹼;适于涉水觅食。常活动于河湖岸边或水田、泽地。例如,苍鹭、池鹭、牛背鹭、白鹭等。其中黄嘴白鹭(Egretta eulophotes)和岩鹭(E. sacra)为国家二级保护动物。

鹭序　鹭飞有序,因以形容古代百官朝见时井然有序。《禽经》:"寀寮雍雍,鸿仪鹭序。"张华注:"鹭,白鹭也,小不逾大,飞有次序,百官缙绅之象。"宋无《上冯集贤》诗:"玉笋晓班

联鹭序,紫檀春殿对龙颜。"

蹃（lù）　遛行。《金瓶梅词话》第三十八回:"这马甚是会行,只好长骑着蹃街道儿罢了,不可走远了他。"

褖（lù）　弧褖,箭室。见《广韵·一屋》。亦作"胡觮"。

麓（lù）　❶山脚。《诗·大雅·旱麓》:"瞻彼旱麓,榛楛济济。"旱,山名。❷管理苑囿的官。《国语·晋语九》:"主将适蝼,而麓不闻。"

簬（lù）　同"簵（簬）"。

鵱（lù）　同"鵹"。

露（lù）　❶空气中水汽因地面或地物表面散发热量(温度一般在0℃以上)而凝结在其上的水珠。常见于晴朗无风的夜间或清晨。❷润。《汉书·晁错传》:"覆露万民。"❸用花、果、药材等蒸馏而成或在蒸馏水中加入药料、果汁等制成的饮料。如:玫瑰露;金银花露;果子露。酒亦有称露的。如:蔷薇露。❹露天;在屋外。如:露营。❺显露;泄露。《礼记·孔子闲居》:"风霆流形,庶物露生。"《后汉书·蔡邕传》:"事遂漏露。"❻败坏。《左传·昭公元年》:"勿使有所壅闭湫底,以露其体。"《庄子·渔父》:"田荒室露。"❼通"路"。《周书·武帝纪上》:"〔建德〕三年正月壬戌,朝群臣于露门。"❽通"辂"。大车。多指帝王所乘之车。《史记·楚世家》:"昔我先王熊绎,辟在荆山,荜露蓝蒌,以处草莽。"裴骃集解引服虔曰:"荜露,柴车,素木辂也。"❾姓。汉代有露平。

另见 lòu。

露板　见"露布"。

露布　亦称"露板"、"露版"。❶文书不加检封,公开宣布之意。《后汉书·李云传》:"云素刚,忧国将危,心不能忍,乃露布上书。"李贤注:"露布,谓不封之也。"《南史·谢灵运传》:"〔孟颛〕因灵运横恣,表其异志,发兵自防,露板上言。"❷古代用称檄文、捷报或其他紧急文书。《文心雕龙·檄移》:"张仪檄楚,书以尺二,明白之文,或称露布,播诸视听也。"封演《封氏闻见记》卷四:"露布,捷书之别名也。诸军破贼,则以帛书建诸竿上,兵部谓之'露布'。盖自汉以来有其名。所以名'露布'者,谓不封检露而宣布,欲四方速知。亦谓之'露版'。魏武奏事云:'有警

急,辄露版插羽'是也。"

露才扬己　炫耀才能,表现自己。班固《离骚序》:"今若屈原,露才扬己,竞乎危国群小之间,以离谗贼。"

露车　古代民间载物用的车子,上无篷盖,四边无车衣。《后汉书·灵帝纪》:"帝(少帝)与陈留王协夜步逐荧光行数里,得民家露车,共乘之。"

露次　露宿。《后汉书·献帝纪》:"幸华阴,露次道南。"《晋书·王濬传》:"至于今者,猥烦六军,衡盖露次,远临江渚。"

露电　朝露易干,闪电一瞬即灭,比喻事物存在时间的短暂。语出《金刚经》"一切有为法,如梦幻泡影,如露亦如电"。陆游《感事》诗:"若悟死生均露电,未应富贵胜渔樵。"

露骨　❶尸骨暴露。《晋书·成都王颖传》:"黄桥战亡者有八千余人,既经夏暑,露骨中野,可为伤恻。"❷比喻用意显露。《文心雕龙·檄移》:"抗辞书衅,皦然露骨矣。"按原文系指陈琳替袁绍作檄,数曹操罪状。

露井　没有盖的井。贺知章《望人家桃李花》诗:"桃李从来露井傍。"王昌龄《春宫曲》:"昨夜风开露井桃。"

露盘　❶宝塔顶上的轮盖,亦名"轮相"或"相轮"。卢宗回《登长安慈恩寺塔》诗:"东方晓日上翔鸾,西转苍龙拂露盘。"❷承受露水的盘。详"承露盘"。

露禽　鹤。《禽经》"露翥则露"张华注:"露禽,鹤也。"梁简文帝《南郊颂》:"露禽乍聚,望比翼之翱翔。"

露申　《楚辞·九章·涉江》:"露申辛夷,死林薄兮。"关于"露申"约有三说:(1)王逸注:"露,暴也。申,重也。言重积辛夷露而暴之,使死于林薄之中。"(2)蒋骥注:"或曰:即瑞香花,亦名露甲。"(3)戴震云:"或曰:即申椒,状若繁露,故名。未闻其审。"

露宿风餐　亦作"风餐露宿"、"餐风宿露"。形容行旅生活的艰苦。陆游《宿野人家》诗:"老来世路浑谙尽,露宿风餐未觉非。"

露台　亦称"凉台"。建筑物上无顶的平台。采用砖、石或水泥等材料建成。供赏景、休息等用。

露章　公开显露奏章的内容,让被弹劾的人知道。《汉书·何武传》:"〔何武〕迁扬州刺史,所举奏二千石

长吏,必先露章,服罪者为亏除,免之而已;不服,极法奏之,抵罪或至死。"颜师古注:"亏,减也。减除其状,直令免去也。"后亦称上奏章弹劾为露章。王明清《挥麈录馀话》卷二:"靖康中,蔡元长父子既败,言者攻之……李泰发光时为侍御史,独不露章。"

露止　犹言露宿。《后汉书·张禹传》:"〔陛下〕久处单外,百官露止。"单外,无障蔽的野外之地。

lú

庐〔廬〕（lú）　古邑名,一作卢。在今湖北襄阳西南。本春秋庐戎国,被楚灭后为楚邑。《左传》文公十六年(公元前611年):"楚伐庸,自庐以往",即此。

另见 lǘ。

驴〔驢〕（lǘ）　动物名。学名 *Equus asinus*。哺乳纲,马科。草食役用家畜。非洲及亚洲尚有野生种。体较马小,耳长,尾根毛少,尾端似牛尾。被毛灰、褐或黑色,灰、褐驴背、肩和四肢中部常见暗色条纹;黑驴眼、嘴及腹部均被淡色毛。仅前肢有附蝉。性温驯,富忍耐力,但颇执拗。耐粗食,耐热,抗病力较其他马属动物强。春秋两季都能发情,发情周期约二十三天,持续三至九天。多在春季配种,妊娠期约三百六十天,每胎产仔一头。寿命比马长。分布亚洲、非洲及南美洲等地;中国主要分布在华北地区。可作乘、挽、驮及拉磨用。有大、中、小三型,关中驴是中国著名的大型驴品种。

间〔閭〕（lǘ）　❶古代以二十五家为间。《周礼·地官·大司徒》:"令五家为比,使之相保,五比为间,使之相受。"泛称乡里。❷里巷的大门。《公羊传·成公二年》:"二大夫出,相与踦间而语。"何休注:"间,当道门。闭一扇,开一扇,一人在外,一人在内,曰踦间。"❸汇聚。见"尾间"。❹传说中的兽名,形状像驴。《山海经·北山经》:"〔县雍之山〕其兽多间麋。"郭璞注:"间,即输也,似驴而歧蹄,角如麏羊,一名山驴。"

间里　乡里;民间。《周礼·天官·小宰》:"听间里以版图。"贾公彦疏:"在六乡则二十五家为间,在六遂则二十五家为里。间里之中有争讼,则以户籍之版、土地之图听决之。"《后汉书·岑晊传》:"虽在间里,慨然有董正天下之志。"

阊巷 街巷；里门。《盐铁论·刺权》："并兼列宅，隔绝阊巷。"王维《桃源行》："平明阊巷扫花开，薄暮渔樵乘水入。"亦泛指乡里、民间。《史记·李斯列传》："夫斯乃上蔡布衣，阊巷之黔首。"

阊阖 ❶里巷的门。《史记·平准书》："守阊阖者食梁肉。"借指里巷。班固《西都赋》："内则街衢洞达，阊阖且千。"❷借指平民。《史记·苏秦列传》："夫苏秦起阊阖，连六国从亲，此其智有过人者。"❸借指房屋。王勃《滕王阁序》："阊阖扑地，钟鸣鼎食之家。"

阊左 秦代对贫苦人民的称谓。《史记·陈涉世家》："发阊左適（谪）戍渔阳九百人。"司马贞索隐："阊左，谓居阊里之左也。秦时复除者居阊左，今力役凡在阊左者尽发之也。又云，凡居以富强为右，贫弱为左，秦役戍多，富者役尽，兼取贫弱者也。"又《汉书·食货志》颜师古注："应劭曰：'秦时以適发之名適戍，先发吏有过及赘婿、贾人，后以尝有市籍者发，又后以大父母、父母尝有市籍者，戍者曹辈尽，复入阊取其左发之，未及取右而秦亡。'师古曰：'阊，里门也，言居在里门之左者一切发之。此阊左之释，应最得之。'"对于"阊左"，今人的说法颇多。

娄 〔婁〕(lǘ) 拖；曳。《诗·唐风·山有枢》："子有衣裳，弗曳弗娄。"毛传："娄，亦曳也。"
另见 lóu、lǚ。

虑 〔慮〕(lǘ) 见"隆虑山"。
另见 lǜ。

莒 〔藘〕(lǘ) 见"莒茹"。

莒茹 药用草名。《本草纲目·草部六》："生山原中，春初生苗，高二三尺，根长大如萝卜、蔓菁。"

榈 〔櫚〕(lǘ) ❶木名。紫红色，似紫檀，有花纹，性坚硬，可作器具或扇骨。也叫花榈木。见《本草纲目·木部二》。❷见"棕❶"。

䐠 〔臘〕(lǘ，又读 liǔ、lóu) 祭名，各地时间不同。古代楚俗以二月祭饮食。见《说文·肉部》。《韩非子·五蠹》："夫山居而谷汲者，䐠腊而相遗以水。"《汉书·武帝纪》："〔太初二年三月〕令天下大酺五日，䐠五日。"颜师古注："如淳曰：'《汉仪注》："立秋䝟䐠。"'苏林曰：'䐠，祭名。䝟，虎属。常以立秋日祭兽王者，亦以此日出猎，还以祭宗庙，故有䝟䐠之祭。'"

魆 〔魕〕(lǘ) 见"魆魕"。

魆魕 一种毛织品。《后汉书·乌桓传》："妇人能刺韦作文绣，织魆魕。"玄应《一切经音义》卷十六"魆魕"注引《声类》："毛布也。"

瘘 〔瘻〕(lǘ) 同"偻"。《广韵·十虞》："瘘病，曲瘠。"
另见 lòu。

貗 〔貗〕(lǘ) 貒仔。《尔雅·释兽》："貒子，貗。"郭璞注："貒，豚也，一名貛。"郝懿行义疏："今貛形如猪，穴于地中，善攻堤岸，其子名貗，与娄猪同名。"

藘 (lǘ) 见"茹藘"。

lǚ

吕 (lǚ) ❶古"膂"字。象脊骨之形。❷中国古代音乐十二律中的阴律，有六种，总称六吕。参见"十二律"。❸古国名。一作甫。亦称有吕。姜姓。传为四岳之后。在今河南南阳西。春秋初年为楚所灭。❹姓。

郘 (lǚ) 古邑名。一作"吕"。在今山西霍州市南。春秋时属晋，为吕甥封邑，因以为氏。其后地属魏氏，魏相亦称吕相。春秋时铜器有"郘钟"。王国维《观堂集林》卷十八有《郘钟跋》。

侣 (lǚ) ❶同伴；伴侣。如：旧侣。王褒《四子讲德论》："于是相与结侣，携手俱游。"❷结为伴侣。苏轼《前赤壁赋》："侣鱼虾而友麋鹿。"

臚 〔臚〕(lǚ) 通"旅"。祭名。《史记·六国年表》："位在藩臣而臚于郊祀。"
另见 lú。

娄 〔婁〕(lǚ) ❶拴牛。《公羊传·昭公二十五年》："牛马维娄。"何休注："系马曰维，系牛曰娄。"徐彦疏："旧说云：娄者，侣也，谓聚之于厩。"❷通"屡"。《诗·周颂·桓》："绥万邦，娄丰年。"《汉书·公孙弘传》："时上方兴功业，娄举贤良。"颜师古注："娄，古屡字。"
另见 lóu、lǚ。

梠 (lǚ) ❶楣；屋檐。《方言》第十三："屋梠谓之棂。"郭璞注："雀梠，即屋檐也。"何晏《景福殿赋》："櫨梠缘边，周流四极。"❷通"稆"。野生的谷物。《晋书·殷仲堪传》："顷闻抄掠所得，多皆采梠饥人，壮者欲以救子，少者志在存亲。"

挴 (lǚ) "捋 luō❷"的语音。
另见 luó。

旅 (lǚ) ❶在外作客；旅行。如：寄旅；旅居；旅途。亦谓旅客。参见"行旅"、"商旅"。引申以指蔬谷之类不待种而生。《后汉书·光武帝纪上》："至是野谷旅生。"李贤注："旅，寄也。不因播种而生，故曰旅，今字书作稆，音吕。"古乐府《十五从军征》："中庭生旅谷，井上生旅葵。"❷由若干个营（团）编成，级别介于师、团之间的军队一级组织。通常隶属于师或集团军（军）。设有领导指挥机关，编有战斗和勤务保障分队。是基本战术兵团。❸泛指军队。如：军旅；强兵劲旅。❹众人。《周礼·天官·掌次》："凡祭祀，张其旅幕。"引申为共、同。参见"旅进旅退"。❺陈列。《诗·小雅·宾之初筵》："笾豆有楚，殽核维旅。"❻次序。《仪礼·燕礼》："宾以旅酬于西阶上。"郑玄注："旅，序也，以次序劝卿大夫饮酒。"❼古时祭山之称。《论语·八佾》："季氏旅于泰山。"❽通"膂"。《考工记·函人》："权其上旅与其下旅。"郑玄注引郑司农曰："上旅，谓要（腰）以上；下旅，谓要以下。"❾六十四卦之一，艮下离上。《易·旅》："象曰：山上有火，旅。"孔颖达疏："火在山上，逐草而行，势不久留，故为旅象。"❿姓。汉代有旅卿。

旅次 旅途中暂住的地方。《易·旅》"旅即次"王弼注："次者，可以安行旅之地也。"杜甫《毒热》诗："老夫转不乐，旅次兼百忧。"

旅进旅退 与众人共进共退。《礼记·乐记》："今夫古乐，进旅退旅。"郑玄注："旅犹俱也，俱进俱退，言齐一也。"引申谓循班进退，无所建白，有贬义。王禹偁《待漏院记》："复有无毁无誉，旅进旅退，窃位而苟禄，备员而全身者，亦无所取焉。"

旅力 ❶同"膂力"。《三国志·魏志·典韦传》："形貌魁梧，旅力过人。"❷众人的气力。《诗·小雅·北山》："旅力方刚。"毛传："旅，众也。"❸陈力；出力。《后汉书·班固传》："宜亦勤恳旅力，以充厥道。"李贤注："恳，念也。旅，陈也。充，当也。"

旅鸟 候鸟迁徙时，途中经过某一地区，不在此地区繁殖或越冬，这些种类就成为该地区的旅鸟。

旅人 ❶在外作客的人。《国语·晋语八》："旅人，所以事子也，唯事是待。"韦昭注："旅，客也。言客寄之人，不敢违命。"❷古代官名。《仪礼·公食大夫礼》："雍人以俎入，陈于鼎南；旅人南面加匕于鼎，退。"郑玄注："旅人，雍人之属旅食者也。"按谓掌管割烹的官属。

旅生 野生。《梁书·武帝纪下》："北徐州境内旅生稻稗二千许顷。"参见"旅❶"。

旅食 ❶寄食他乡；客居。杜甫《奉赠韦左丞丈》诗："骑驴三十载，旅食京华春。"❷古谓入官而未受正禄的士，众食于公家。《仪礼·燕礼》："尊士旅食于门西。"郑玄注："旅，众也。士众食，谓未得正禄，所谓庶人在官者也。"

铝〔鋁〕(lǚ) 化学元素[周期系第Ⅲ族（类）主族元素]。符号 Al。原子序数 13。银白色轻金属。俗称"钢精"或"钢宗"。相对密度 2.702。有延展性。导电、导热性强。化学性质活泼，用于冶炼某些高熔点金属。溶于酸或碱而放出氢气。在空气中铝的表面形成氧化铝薄膜，起了保护作用。在自然界中以复杂的硅酸盐形态存在。由铝的氧化物与冰晶石（Na_3AlF_6）共熔电解制得。铝的合金质轻而坚韧，可作房屋、飞机、汽车、火箭的结构材料。纯铝可作超高电压的电缆。

稆(lǚ) 亦作"稴"、"旅"。不种自生的谷物。《后汉书·献帝纪》："尚书郎以下自出采稆。"李贤注："稆音吕。《埤苍》曰：'稴自生也。'稆与稴同。"参见"秜"。

谟〔謱〕(lǚ) 另见 lóu。

偐〔僂〕(lǚ) 见"偐偐"。

偐偐 懈怠不勤貌。《荀子·非十二子》："劳苦事业之中，则偐偐然，离离然。"杨倞注："偐偐，不勉强之貌。"

溇〔漊〕(lǚ) 密雨不绝貌。《说文·水部》："溇，雨溇溇也。"段玉裁注："溇溇，犹缕缕，不绝之貌。"
另见 lóu。

屡〔屢〕(lǚ) 多次。如：屡见不鲜。《论语·先进》："〔赐〕货殖焉，亿则屡中。"《左传·宣公十二年》："屡丰年。"

屡空 常常贫困。《论语·先进》："回（颜渊）也，其庶乎！屡空。"庶，犹差不多。孔子称赞颜渊德行好，能安守贫困。后因用"屡空"指安贫乐道。陶潜《癸卯岁始春怀古田舍》诗："屡空既有人，春兴岂自免。"

缕〔縷〕(lǚ) ❶线。如：千丝万缕；不绝如缕。《孟子·滕文公上》："麻缕丝絮轻重同，则贾（价）相若。"❷泛指线状物。冯延巳《鹊踏枝》词："杨柳风轻，展尽黄金缕。"❸详尽；细致。如：缕述；缕陈。枚乘《七发》："固未能缕形其所由然也。"

缕缕 一缕一缕。《宋史·食货志上一》："蚕妇治茧，绩麻纺纬，缕缕而积之，寸寸而成之。"引申为一件一件，如书函中用"缕缕不尽"，意谓头绪繁多，不能一一细述。

觏〔覯〕(lǚ) 见"觏觏"。

膂(lǚ) ❶脊骨。《书·君牙》："作股肱心膂。"郭璞《尔雅图赞·比肩兽》："同心共膂。"❷俗称"里肌"。即脊旁肌肉。《灵枢·百病始生》："虚邪之中人……或著于膂筋。"《素问·疟论》唐王冰注："膂，谓脊两旁。"明张景岳注："一曰夹脊两旁之肉曰膂。"

膂力 亦作"旅力"。体力；筋力。《后汉书·董卓传》："卓膂力过人，双带两鞬，左右驰射。"

褛〔褸〕(lǚ) 衣服破绽叫"褛裂"。朱骏声《说文通训定声·需部》："褛者在旁开合处，故衣被组（绽）敝为褛裂，亦为褴褛。"参见"褴褛"。
另见 lóu。

履(lǚ) ❶鞋。如：革履。❷穿鞋。《史记·留侯世家》："父曰：'履我。'良业为取履，因长跪履之。"❸踩踏。如：履险如夷。《论语·乡党》："行不履阈。"引申为临到；处于。如：履帝位；履尘世。❹实行；执行。如：履行；履约。❺指领土。《左传·僖公四年》："赐我先君履。"杜预注："所践履之界。"❻通"禄"。《诗·周南·樛木》："福履绥之。"❼六十四卦之一。兑下乾上。《易·履》："象曰：上天下泽，履，君子以辩上下，定民志。"

履冰 《诗·小雅·小旻》："战战兢兢，如临深渊，如履薄冰。"比喻戒慎恐惧之至。《三国志·吴志·薛综传》："遵乘桥之安，远履冰之险。"

履戴 下履地而上戴天。《左传·僖公十五年》："君履后土而戴皇天，皇天后土，实闻君之言。"引申

谓生存天地间。《北史·周宗室宇文护传》："顾视悲摧，心情断绝，胡颜履戴，负愧神明。"

履端 ❶年历的推算始于正月朔日，叫"履端"。《左传·文公元年》："先王之正时也，履端于始，举正于中，归馀于终。"杜预注："步历之始，以为术之端首也。"按"中"指十二月的中气，"馀"指闰月。❷帝王初即位改元。《晋书·景帝纪》："履端初政，宜崇玄朴。"❸泛指事物的开始。《文心雕龙·镕裁》："是以草创鸿笔，先标三准。履端于始，则设情以位体。举正于中，则酌事以取类。归馀于终，则撮辞以举要。"

履历 行步所至。陶渊明《还旧居》诗："履历周故居，邻老罕复遗。"后引申指资格经历。《魏书·源子恭传》："又其履历清华，名位高达。"王明清《挥麈馀话》卷一："王文穆守杭州，钱唐一老尉，苍颜华发，询其履历，乃同年生。"也指履历书、履历表。

履霜 ❶《易·坤》："履霜坚冰至。"谓因履霜而知寒冬将至，比喻由目前的迹象而对未来有所戒备警惕。《新唐书·高宗赞》："不戒履霜之渐，而毒流天下，贻祸邦家。"❷古琴曲名。《琴操·履霜操》："《履霜操》者，尹吉甫之子伯奇所作也。"陆游《老学庵笔记》卷九："范文正公喜弹琴，然平日止弹《履霜》一操，时人谓之范履霜。"

履尾 即履虎尾，比喻处于危险的境地。《易·履》："履虎尾，不咥人，亨。"又："履虎尾，咥人，凶。"王弼注："履虎尾者，言其危也。"《晋书·袁宏传》："虽遇履尾，神气恬然。"

履新 ❶过新年。《新唐书·礼乐志九》："履新之庆，与公等同之。"❷旧谓官吏上任。

履行 ❶行走；巡行。《晋书·朱序传》："序母韩亲登城履行。"❷实行。如：履行义务；履行契约。《后汉书·吕强传》："南面当国，宜履行其事。"❸操行。《晋书·成帝纪》："其详求卫公山阳公近属，有履行修明可以继承其祀者，依旧典施行。"

鞮〔鞻〕(lǚ，又读 lóu) 《周礼》春官之属，有鞮鞻氏。

稴(lǚ) 谷物不待种而自生。亦作"稆"、"旅"。

lù

孯(lǚ) ❶"捋"的本字。《说文·殳部》："孯，五指孯也。"

❷"锊"的古字。中国古代的重量单位。《说文·金部》:"锊,十〔一〕铢二十五分之十三也。……《周礼》曰:'重三锊。'北方以二十两为锊。"《考工记·冶氏》:"重三锊。"郑玄注引郑司农曰:"三锊为一斤四两。"按金文作"孚"。

录 〔録〕(lù) 见"录囚"。
另见 lǜ。

录囚 亦作"虑囚"。中国旧制由君主或上级官吏向囚犯讯察决狱情况,纠正冤案错案的制度。《汉书·隽不疑传》:"每行县录囚徒还,其母辄问不疑:'有所平反,活几何人?'"颜师古注:"省录之,知其情状有冤滞与不也。今云虑囚,本录声之去者耳。"此制自汉至宋相沿,明清被朝审、秋审取代。

律(lǜ) ❶法则;规章。如:戒律;定律。《易·师》:"师出以律。"孔颖达疏:"律,法也……师出之时,当须以其法制整齐之。"❷按律处治。如:律以重典。引申为约束。李商隐《骄儿》诗:"抱持多反倒,威怒不可律。"❸中国古代主要法律规范的名称。秦孝公三年(公元前359年)商鞅变法,以李悝的《法经》为蓝本,改法为律,制定了秦国的盗律、贼律、囚律、捕律、杂律、具律等刑律。此外,秦国还有田律、厩律、仓律、工律、徭律、置吏律、军爵律等律。自此至清末,均沿用这一名称。有时,"律"用作一个朝代法律的总称,如秦律、汉律、明律、清律等。❹音律;乐律。《书·舜典》:"声依永,律和声。"参见"律吕"。❺律诗的简称。如:五律;七律;排律。❻古代爵命的等第。《礼记·王制》:"有功德于民者,加地进律。"❼指佛教专守戒律的。如:律宗;律寺。

律科 法律条文。《南史·废帝东昏侯纪》:"冬十月己未,诏删省律科。"

律令 法令。《史记·萧相国世家》:"沛公至咸阳,诸将皆争走金帛财物之府分之,何(萧何)独先入收秦丞相御史律令、图书藏之。"引申为一般的法则。柳宗元《复杜温夫书》:"但见生用助字不当律令,惟以此奉告。所谓乎、欤、耶、哉、夫者,疑辞也;矣、尔、焉、也者,决辞也。今生则一之。"

律吕 ❶音乐术语。"六律"、"六吕"的合称,即十二律。❷泛指乐律或音律。

律律 山势突兀貌。《诗·小雅·蓼莪》:"南山律律,飘风弗弗。"

律诗 诗体名。近体诗的一种。格律严密,故名。起源于南北朝,成熟于唐初。八句,四韵或五韵。中间两联必须对仗。第二、四、六、八句押韵,首句可押可不押,通常押平声不得换韵。每句各字及句与句、联与联之间平仄必须遵循一定的规则。分五言、七言两体,简称五律、七律。亦偶有六律。其有每首十句以上者,则为排律。

垒 〔壘〕(lǜ) 见"神荼郁垒"。
另见 léi、lěi、lèi。

虑 〔慮〕(lǜ) ❶思考;谋划。《史记·淮阴侯列传》:"臣闻智者千虑,必有一失;愚者千虑,必有一得。"❷忧。杜甫《羌村》诗:"萧萧北风劲,抚事煎百虑。"❸打扰。《吕氏春秋·长利》:"无虑吾农事。"高诱注:"虑,犹乱也。"❹姓。春秋时有虑癸。
另见 lǜ。

虑囚 即"录囚"。

率(lǜ) ❶一定的标准和比率。如:效率;生产率。❷通"繂"。缉边。《礼记·玉藻》:"士练带,率下辟。"孔颖达疏:"士用孰(熟)帛练为带,其带用单帛,两边繂而已。繂,谓缘缉也。"❸通"锊"。古重量名。《史记·周本纪》:"其罚百率。"裴骃集解:"徐广曰:'率即锾也。'孔安国曰:'六两曰锾。'"按"锾"与"锊"古为一字。❹中国古代指数量之间的一定关系。刘徽《九章算术·方田》经分术注云:"凡数相与者谓之率。"分数的分母与分子、圆的周长与直径等,以至线性方程组的行,都是率关系。刘徽视之为"算之纲纪"。
另见 shuài。

绿 〔緑〕(lǜ,读音 lù) 青中带黄的颜色。
另见 lù。

绿鬓 乌黑而光亮的鬓发。常用以形容青春年少。乔知之《从军行》:"况复落红颜,蝉声摧绿鬓。"

绿沈 浓绿色。《隋书·张奫传》:"其后赐绮罗千匹,绿沈甲,兽文具装。"杜甫《重过何氏》诗:"雨抛金锁甲,苔卧绿沈枪。"

绿耳 马名。周穆王"八骏"之一。见《穆天子传》卷一。《淮南子·主术训》:"华骝绿耳,一日而至千里。"亦作"騄耳"。

绿绮 古琴名。傅玄《琴赋序》:"齐桓公有鸣琴曰号钟,楚庄有鸣琴曰绕梁,中世司马相如有绿绮,蔡邕

有焦尾,皆名器也。"后用为琴的代称。李白《听蜀僧濬弹琴》诗:"蜀僧抱绿绮,西下峨嵋峰。"

绿钱 苔藓的别称。《广群芳谱·卉谱五》:"苔,一名绿苔,一名品藻,一名品苦,一名泽葵,一名绿钱,一名重钱,一名圆藓,一名垢草。"沈约《冬节后至丞相第车中作》诗:"宾阶绿钱满,客位紫苔生。"

绿头巾 封演《封氏闻见记》卷九:"李封为延陵令,吏人有罪不加杖罚,但令裹碧头巾以辱之。随所犯轻重,以日数为等级,日满乃释。吴人著此服出入州乡以为大耻。"盖以绿色巾为贱服。元明时规定娼家男子戴绿头巾。梁同书《直语补证》引明人《杂俎》:"〔娼妓〕隶于官者为乐户,又为水户,国初之制,绿其巾以示辱。"旧因称妻有外遇为戴绿头巾。郎瑛《七修类稿》卷二十八:"吴人称人妻有淫行者为绿头巾。"

绿叶成阴 计有功《唐诗纪事》卷五十六载,杜牧尝游湖州,见一少女。十四年后,牧为湖州刺史,女已嫁生子。牧作诗云:"自是寻春去校(较)迟,不须惆怅怨芳时。狂风落尽深红色,绿叶成阴子满枝。"后因以指女子出嫁生有子女。

绿衣使者 指鹦鹉。唐代长安豪民杨崇义被妻刘氏和邻人李弇谋杀,县官到杨家察看,杨家的鹦鹉忽作人言,说杀家主的是李弇。案情大白。唐玄宗因封鹦鹉为"绿衣使者"。见《开元天宝遗事·鹦鹉告事》。近代因邮递员着绿色工作服,因称其为绿衣使者。

绿蚁 酒面上的绿色泡沫,也作为酒的代称。白居易《问刘十九》诗:"绿蚁新醅酒,红泥小火炉。"亦作"渌蚁"。谢玄晖《在郡卧病》诗:"嘉觞聊可荐,渌蚁方独持。"参见"浮蚁"。

绿云 比喻女子乌黑的头发。杜牧《阿房宫赋》:"绿云扰扰,梳晓鬟也。"

葎(lǜ) 见"葎草"。

葎草(Humulus scandens) 俗称"拉拉藤"。桑科。多年生缠绕草本。叶对生,掌状3~7裂,有锯齿,叶脉上疏生粗糙刚毛。茎和叶柄布满倒生的短刺。秋季开花,花单性,淡黄绿色,雌雄异株。复果近球形。产于中国和日本。全草入药,性寒,味甘苦,功能清热解毒、利水消肿,主治发热、腹泻、水肿、小便不利,外治

湿疮等症。

勔〔勔〕(lǜ)　赞助。《尔雅·释诂》："助,勔也。"郭璞注："勔谓赞勉。"邢昺疏："不以力助,以心助也。"

㞧(lǜ)　见"㞧崒"。

㞧崒　山高峻貌。《史记·司马相如列传》："其山则盘纡弗郁,隆崇㞧崒。"

氯(lǜ)　化学元素[周期系第Ⅶ族(类)主族元素]。卤族元素之一。符号Cl。原子序数17。分子式Cl_2。浅黄绿色气体。有毒,对呼吸器官有强烈刺激性。常温时,在$6×10^5$帕下即可液化。氧化能力很强,能同许多金属和非金属元素直接反应而成氯化物。稍溶于水,同碱能起反应。海水中含大量氯离子。氯气工业上由电解食盐水溶液取得,实验室中用二氧化锰和盐酸制得。可用于制合成盐酸和漂白粉,也广泛用于有机化学工业。为生命所必需的大量营养元素。

濾〔濾〕(lǜ)　漉去液体中的杂质。如:滤清;滤器;滤纸。《正字通·水部》"滤"下引白行简《滤水罗赋》注:"罗者,滤水具,用轻纱粗葛布为之,淬在上,水在下,则水洁净也。"

缥〔缥〕(lǜ)　粗绳索。《诗·小雅·采菽》"泛泛杨舟,绋缅维之"毛传:"绋,缥也。"参见"绋"。《礼记·檀弓下》"公室视丰碑"郑玄注:"下棺以缥绕,天子六缥四碑。"

镥〔镥〕(lǜ)　磋磨骨角铜铁等的工具。《大学》"如切如磋"朱熹注:"磋以镥锡,磨以沙石。"引申为磋磨。《诗·大雅·抑》"白圭之玷"郑玄笺:"玉之缺尚可磨镥而平。"亦用以比喻修养,磨砺。扬雄《太玄·大》:"大其虑,躬自镥。"

膟(lǜ)　肠间脂肪。一说为牲血。《广韵·六术》:"膟,肠间脂。"《说文》曰:'血祭肉也。'"按:段玉裁《说文解字注》云:"许云以血祭肉者,肉是衍字,血祭不容有肉。"《祭义》疏引《说文》、《字林》:'膟,血祭。'"

luán

峦〔巒〕(luán)　小而尖的山。如:孤峦。《楚辞·七谏·自悲》:"登峦山而远望兮。"王逸注:

"峦,小山也。"也泛指山。《史记·司马相如列传》:"谕以封峦。"裴骃集解引《汉书音义》:"峦,山也。"

娈〔孌〕(luán)　美好貌。《诗·邶风·泉水》:"娈彼诸姬。"又《齐风·甫田》:"婉兮娈兮,总角丱兮。"

另见 liàn。

娈童　美好的童子。《水经注·漉水》:"至若娈婉丱童,及弱年崽子,或单舟采菱,或迭舸折芰。"茅元铭校本原注:"按近刻作娈童丱角,弱年女子。"旧时亦指被当作女性玩弄的美貌男子。

孪〔孿〕(luán)　双生。《吕氏春秋·疑似》:"夫孪子之相似者,其母常识之,知之审也。"

孪生　双生。一胎生两个婴儿。《方言》第三:"自关而东赵、魏之间,凡人兽乳而双产谓之孪生。"乳,生子。

栾〔欒〕(luán)　❶植物名。学名 Koelreuteria paniculata。无患子科。落叶乔木,高可达20米。奇数羽状复叶,互生,小叶有缺齿、缺裂或深裂为不完全的二回羽叶。夏季开花,黄色,杂性,圆锥花序顶生。秋季果熟,蒴果囊状中空,三角状卵形,果皮膜质。种子球形。分布于中国黄河流域及长江流域的石灰岩山地。

栾
1. 花枝 2. 果

花可提黄色染料,又供药用。叶可为青色染料。木材可制小器具。种子可榨油。又供观赏。❷柱上的曲木,两端以承斗栱。张衡《西京赋》:"结重栾以相承。"❸钟口的两角。《考工记·凫氏》:"两栾谓之铣。"❹通"孪"。双生子。《韩非子·外储说右上》:"薛公知之,故与二栾博。"王先慎集解:"其言二栾者,谓昆弟皆来博也。则'栾'为'孪'假借,仍当以双生训之。"❺古邑名。春秋属晋。《左传》哀公四年(公元前491年):国夏伐晋,取栾等八邑。故址在今河北赵县西北。❻姓。西汉有栾布。

栾栾　瘦瘠貌。《诗·桧风·素冠》:"棘人栾栾兮。"

挛〔攣〕(luán)　❶维系不断。《易·中孚》:"有孚挛如。"王弼注:"挛如者,系其信之辞也。"❷蜷曲不能伸。如:痉挛。《后汉书·

杨彪传》:"称脚挛不复行,积十年。"

挛踠　手足曲不能伸。柳宗元《捕蛇者说》:"然得而腊之以为饵,可以已大风、挛踠、瘘、疠。"

崍〔灤〕(luán)　漏流。见《说文·水部》。

胹(luán)　同"脔(臠)"。切肉成块片。《汉书·司马相如传上》:"胹割轮淬。"颜师古注:"胹字与脔同……言脔割其肉。"

另见 liè。

鸾〔鸞〕(luán)　❶传说中的凤凰一类的鸟。《广雅·释鸟》:"鸾鸟……凤皇属也。"《山海经·西山经》:"西南三百里曰女床之山……有鸟焉,其状如翟而五采文,名曰鸾鸟,见则天下安宁。"❷通"銮"。古代的一种车铃。《诗·小雅·蓼萧》:"和鸾雍雍。"毛传:"在轼曰和,在镳曰鸾。"亦指刀上的铃。参见"鸾刀"。

鸾车　古代有鸾铃的车乘。《礼记·明堂位》:"鸾车,有虞氏之路(辂)也。"郑玄注:"鸾,有鸾和也。"又送葬时载牲体明器,也用鸾车。《周礼·春官·冢人》:"及葬,言鸾车、象人。"象人,刍灵。

鸾刀　有铃的刀。《诗·小雅·信南山》:"执其鸾刀,以启其毛,取其血膋。"孔颖达疏:"鸾即铃也。谓刀环有铃,其声中节。"

鸾凤　鸾鸟和凤凰。(1)比喻贤俊之士。《后汉书·刘陶传》:"公卿所举,率党其私,所谓放鸱枭而囚鸾凤。"(2)比喻夫妇。如:鸾凤和鸣。卢储《催妆》诗:"今日幸为秦晋会,早教鸾凤下妆楼。"

鸾凤和鸣　《左传·庄公二十二年》:"初,懿氏卜妻敬仲,其妻占之,曰:'吉。是谓凤皇于飞,和鸣锵锵。'"后世用"鸾凤"比喻夫妻,因以"鸾凤和鸣"比喻夫妻和谐。白朴《梧桐雨》第一折:"夜同寝,昼同行,恰似鸾凤和鸣。"

鸾孤凤只　比喻夫妻离散或失偶独居。无名氏《连环计》第四折:"且温侯鸾孤凤只,烦恼杀情分两处旧娇妻。"

鸾胶　传说中的一种胶,能把弓弦断处粘接起来。《汉武外传》:"西海献鸾胶。武帝弦断,以鸾胶续之,弦两头遂相著。终日射,不断。帝大悦。"后称男子续娶为续胶、续弦或鸾胶再续。刘兼《秋夕书怀呈戎州郎中》诗:"鸾胶处处难寻觅,断尽相思寸寸肠。"

鸾镜 妆镜。白居易《太行路》诗:"何况如今鸾镜中,妾颜未改君心改。"

鸾铃 同"銮铃"。《三国演义》第五回:"正欲探听,鸾铃响处,马到中军,云长提华雄之头,掷于地上。"

鸾飘凤泊 ❶形容书法笔势盘屈离披之态。韩愈《峋嵝山》诗:"科斗拳身薤倒披,鸾飘凤泊拏虎螭。"❷比喻夫妇离散或才士失志。龚自珍《金缕曲·癸酉秋出都述怀有赋》词:"我又南行矣,鸾飘凤泊,情怀何似。"

鸾旗 皇帝仪仗中的旗。《汉书·贾捐之传》:"鸾旗在前,属车在后。"颜师古注:"鸾旗,编以羽毛,列系橦旁,载于车上,大驾出,则陈于道而先行。"

鸾翔凤集 比喻人才会聚。傅咸《申怀赋》:"穆穆清禁,济济群英。鸾翔凤集,羽仪上京。"

鸾翔凤翥 比喻书法笔势飞动之态。韩愈《石鼓歌》:"鸾翔凤翥众仙下,珊瑚碧树交枝柯。"

鸾舆 天子乘的法驾。班固《西都赋》:"于是乘鸾舆,备法驾,帅群臣,披飞廉,入苑门。"

脔〔臠〕(luán) 切成块的肉。如:尝一脔。《晋书·谢混传》:"每得一脔,以为珍膳,项上一脔尤美。"

圞〔圝〕(luán) 见"团圞"。

滦〔灤〕(luán) 水名。见"滦河"。

滦河 在河北省东北部。上源闪电河出丰宁满族自治县,绕经内蒙古自治区东南缘多伦县北,折向东南流,始名滦河。中游穿流燕山山地。下游在乐亭、昌黎两县间入渤海。长877公里,流域面积5.44万平方公里。有伊逊河、青龙河、武烈河等支流。水量较丰富。承德、迁西间建有潘家口、大黑汀等水库。1983年建有引滦入津工程。

銮〔鑾〕(luán) ❶古时皇帝车驾所用的铃。见"銮铃"。也作皇帝车驾的代称。如:随銮;迎銮。❷见"金銮"。

銮驾 皇帝的车驾,用作帝王的代称。《后汉书·荀彧传》:"今銮驾旋轸。"《三国志·魏志·陈思王植传》:"陛下可得雍容都城,何事劳动銮驾,暴露于边境哉?"

銮铃 亦作"鸾铃"。古代车乘的马铃。青铜制成,上有轮形铃,下连方銎,一般套在轭的顶端。崔豹《古今注·舆服》:"鸾口衔铃,故谓之銮铃。今或为銮,或为鸾,事一而义异也。"

蹮〔躚〕(luán) 见"蹮蹮"。

蹮蹮 弯曲着身体。关汉卿《谢天香》第三折:"我伏事的都入罗帏,我恰才舒铺盖似孤鬼,少不的蹮蹮寝睡。"

圝(luán) 同"圞(圝)"。

羉〔羉〕(luán) 捕野猪的网。《后汉书·马融传》:"罜置罗羉。"李贤注:"羉,麠网也。"

luǎn

卵(luǎn) ❶亦称"卵子"。成熟的雌性生殖细胞,亦即异形配子中显著分化的雌性配子。一般呈球形或卵圆形,较精子为大,多不能活动。不同类动物的卵,大小差别悬殊。其差别完全取决于卵中所积累营养物质(如卵黄、卵白等)的多寡。根据卵中所包含的卵黄数量、颗粒大小以及分布状态不同,可把卵区分为少黄卵、多黄卵、均黄卵、端黄卵和中黄卵等类型。❷指动物发育的第一个阶段。例如完全变态的昆虫(蛾、蝶、蚊、蝇等),有卵、幼虫、蛹和成虫四个阶段。❸特指动物的蛋。如:鸟卵。《荀子·劝学》:"风至苕折,卵破子死。"《淮南子·主术训》:"犹以卵投石。"❹男子睾丸的俗称。《难经·经脉诊候第一》"二十四难":"足厥阴气绝,即筋缩引卵与舌卷。"

另见 kūn。

卵翼 《左传·哀公十六年》:"子西曰:'胜(白公)如卵,余翼而长之。'"后因以"卵翼"比喻养育庇护。常用于贬义。

卵育 繁殖。韩愈《鳄鱼文》:"鳄鱼之涵淹卵育于此,亦固其所。"

恋(luǎn) 恋子,方言。对体肥的人的戏称。杨慎《丹铅录》:"俗戏体肥者为恋子,今亦呼笨子,如《南史》'笨伯'是也。"

luàn

乱〔亂〕(luàn) ❶紊乱;无秩序。如:快刀斩乱麻。《史记·项羽本纪》:"楚军大乱坏散。"❷反叛;战乱。如:叛乱;作乱;七国之乱。《左传·文公七年》:"兵作于内为乱。"柳宗元《封建论》:"侯王虽乱,不可变也。"❸混杂;混淆。如:以假乱真。《韩非子·喻老》:"乱之楛叶之中而不可别也。"❹迷惑。《荀子·解蔽》:"酒乱其神也。"❺淫乱;奸淫。《诗·郑风·东门之墠序》:"《东门之墠》,刺乱也。"❻乐曲的最后一章或辞赋篇末总括全篇要旨的一段。《论语·泰伯》:"《关雎》之乱,洋洋乎盈耳哉!"朱熹集注:"乱,乐之卒章也。"《离骚》:"乱曰:已矣哉,国无人莫我知兮,又何怀乎故都!"王逸注:"乱,理也。所以发理辞旨,总撮其行要也。"❼横渡。《书·禹贡》:"乱于河。"孔传:"绝流曰乱。"❽治理。《尔雅·释诂》:"乱,治也。"《书·顾命》:"其能而乱四方。"蔡沈集传:"而,如;乱,治也。"

乱臣 ❶古称善于治国的能臣。《书·泰誓》:"予有乱臣十人。"孔颖达疏:"《释诂》云:乱,治也。"❷旧谓不守臣道之臣。《管子·君臣下》:"君为倒君,臣为乱臣,国家之衰也,可坐而待之。"

乱臣贼子 《孟子·滕文公下》:"孔子成《春秋》,而乱臣贼子惧。"后指不守臣道、心怀异志的人。文天祥《平原》诗:"乱臣贼子归何处,茫茫烟草中原土。"

乱道 乱说;胡说。《汉书·张禹传》:"新学小生,乱道误人,宜无信用。"亦用为自称作品的谦词。欧阳修《与梅圣俞书》:"有乱道一两首在谢丈处,为无人写录得也。圣俞略与臧否之。"

乱纪 破坏法纪。《礼记·礼运》:"是谓天子坏法乱纪。"也指事物失却条理。陆机《浮云赋》:"朱丝乱纪,罗袿失领。"

乱离 指遭乱而流离失所。《诗·小雅·四月》:"乱离瘼矣,爰其适归。"王粲《赠蔡子笃》诗:"悠悠世路,乱离多阻。"

乱伦 泛指一切违反常理的行为。《论语·微子》:"欲洁其身,而乱大伦。"《荀子·解蔽》:"是故众异不得相蔽以乱其伦也。"后专指近亲间的通奸行为。

乱命 《左传·宣公十五年》:"魏武子有嬖妾无子,武子疾,命颗曰:'必嫁是。'疾病,则曰:'必以为殉!'及卒,颗嫁之,曰:'疾病则乱,吾从其治也。'"疾,生病。病,病重。本指神志昏迷时所发的命令。后泛称荒谬无理的命令。

乱世 谓混乱动荡的时代。诸葛亮《出师表》:"苟全性命于乱世,不求闻达于诸侯。"

乱真 谓善于摹仿,可同真的相混。《宋史·米芾传》:"画山水人物,自名一家,尤工临移,至乱真不可辨。"张岱《陶庵梦忆》卷六"甘文台炉":"其拨蜡范沙,深心有法,而烧铜色等分量(两),与宣铜款识,分毫无二,俱可乱真。"宣铜,明代宣德间所铸的香炉。

lüè

拣〔擽〕(lüè) ❶敲击;打击。《广雅·释诂》:"拣……击也。"王念孙疏证:"拣者,《皋陶谟》:'戛击鸣球。'马、郑注并云:'戛,拣也。'"❷通"掠"。冲击。《三国志·吴志·周瑜传》:"瑜亲跨马拣阵。"
另见 luò。

剀(lüè) 同"掠"。
另见 qíng。

碧(lüè) 锋利。见《广韵·十八药》。

掠(lüè) ❶虏掠。《左传·昭公二十年》:"斩刈民力,输掠其聚。"杜预注:"掠,夺取也。"❷拂过。苏轼《后赤壁赋》:"掠予舟而西也。"❸梳理。如:掠鬓;梳掠。❹拷打。《史记·张仪列传》:"共执张仪,掠笞数百。"❺斫伐。《穆天子传》卷五:"命虞人掠林。"❻书法称长撇为"掠"。

掠理 拷打审问。《后汉书·戴就传》:"卿虽衔命,固宜申断冤毒,奈何诬枉忠良,强相掠理?"

掠美 掠取别人的美名或功绩以为己有。《左传·昭公二十四年》:"己恶而掠美为昏。"

略〔畧〕(lüè) ❶巡行。见"略地❶"。❷智谋。《汉书·司马相如传上》:"观士大夫之勤略,钧猎者之所得获。"颜师古注:"略,智略也。"❸疆界。《左传·僖公十五年》:"略秦伯以河外列城五,东尽虢略。"孔颖达疏:"虢略,虢之竟(境)界也。"❹侵夺;强取。如:侵略;略取。《左传·宣公十五年》:"晋侯治兵于稷,以略狄土。"❺谋划。如:谋略;方略;策略;战略;雄才大略。❻法度。《左传·成公二年》:"兄弟甥舅,侵败王略。"杜预注:"略,经略法度。"❼大要。如:大略;要略。《荀子·非相》:"略则举大。"杨倞注:"略,谓举其大纲。"❽简省。如:简

省;省略;略说;略图。《管子·侈靡》:"略近臣。"尹知章注:"略礼,谓不繁也。"❾稍微。如:略知一二。❿通"路"。《书·武成》:"以遏乱略。"⓫通"罃"。铦利、锐利、锋利。《诗·周颂·载芟》:"有略其耜,俶载南亩。"

略表 亦称"略章"。代替勋章、奖章的简明标志。军人在不佩带勋章、奖章时,可佩带略表。

略地 ❶巡视边境。《左传·隐公五年》:"公曰:'吾将略地焉。'遂往,陈鱼而观之。"❷占领敌方的土地。《淮南子·兵略训》:"攻城略地,莫不降下。"

略迹原情 撇开表面的事实,从情理上原谅。鲁迅《坟·我之节烈观》:"万一幸而遇着宽厚的道德家,有时也可以略迹原情,许他一个烈字。"他,指女子。

罃(lüè) 铦利。《尔雅·释诂》:"剡、罃,利也。"按《诗·周颂·载芟》作"略"。参见"略⓫"。

铪〔鉻〕(lüè) 古量名,义同"锊"。《考工记·冶氏》:"重三铪。"郑玄注引《说文》:"铪,锊也。"按今本《说文·金部》:"锊,铪也。"

lūn

抡〔掄〕(lūn) 举臂挥动。如:抡拳;抡枪。鲁迅《三闲集·流氓的变迁》:"李逵劫法场时,抡起板斧来排头砍去。"
另见 lún。

轮〔輪〕(lūn) 通"抡"。举臂挥动。李直夫《虎头牌》第二折:"你索与他演枪刀,轮剑戟,习弓箭。"
另见 lún。

lún

仑㊀〔侖〕(lún) 思;想。《说文》:"仑,思也。"《新方言·释言》:"浙江今人自反省者曰肚里仑一仑。"
㊁〔侖、崙、嵛〕(lún) 见"昆仑"。

伦〔倫〕(lún) ❶人伦,指封建社会人与人之间的道德关系。参见"人伦❶"。❷类;同类。《礼记·曲礼下》:"拟人必于其伦。"郑玄注:"伦,犹类也。"❸条理。《书·舜典》:"八音克谐,无相夺伦。"《论语

·微子》:"言中伦。"

伦比 类比;匹敌。《三国志·魏志·夏侯玄传》:"拟其伦比,勿使偏颇。"韩愈《论佛骨表》:"数千百年来,未有伦比。"

伦常 封建伦理道德以君臣、父子、夫妇、兄弟、朋友五伦为不可改变的常道,因称"伦常"。纪昀《阅微草堂笔记·滦阳续录五》:"干名义,渎伦常,败风俗,皆王法之所必禁也。"参见"三纲"、"五伦"。

伦次 条理;秩序。如:语无伦次。范仲淹《与威寺丞书》:"庠序之会,渐有伦次。"

伦理 ❶事物的条理。《礼记·乐记》:"乐者,通伦理者也。"郑玄注:"伦,犹类也;理,分也。"亦指安排有条理。欧阳修《与薛少卿书》:"族大费广,生事未成,伦理颇亦劳心。"❷处理人们相互关系所应遵循的道理和准则。《礼记·乐礼》:"乐者,通伦理者也。"郑玄注:"伦言人伦。"现通常作为"道德"的同义词使用。

论〔論〕(lún) ❶通"伦"。《诗·大雅·灵台》:"于论鼓钟。"朱熹注:"论,伦也,言得其伦理也。"❷通"抡"。选择。《荀子·王霸》:"君者,论一相,陈一法,明一指,以兼覆之,兼照之,以观其盛者也。"杨倞注:"论,选择也。"盛,读为"成",成功之意。
另见 lùn。

抡〔掄〕(lún) 挑选;选拔。周邦彦《汴都赋》:"其材则匠石之所抡。"《聊斋志异·阿宝》:"生以是抡魁。"参见"抡材"。
另见 lūn。

抡材 挑选木材。《周礼·地官·山虞》:"凡邦工入山林而抡材,不禁。"引申为选拔人才。《唐书·刘迺传》:"文部始抡材,终授位。"亦作"抡才"。

囵〔圇〕(lún) 见"囫囵"。

沦〔淪〕(lún) ❶起微波。《诗·魏风·伐檀》:"河水清且沦猗。"❷淹没;没落。如:沉沦;沦落。《书·微子》:"今殷其沦丧,若涉大水,其无津涯。"

沦落 沉沦;落泊。柳宗元《上桂州李中丞荐卢遵启》:"乃今雕丧沦落,莫有达者。"白居易《琵琶行》:"同是天涯沦落人,相逢何必曾相识!"

沦陷 ❶谓国土被敌人占领。《宋史·丘崇传》:"中原沦陷且百年,在

我固不可一日而忘也。"❷犹沧落。柳宗元《与萧翰林俛书》:"海内皆欣欣怡愉,而仆与四五子者独沧陷如此,岂非命欤?"

沧胥 相率牵连。《诗·小雅·雨无正》:"若此无罪,沧胥以铺。"毛传:"沧,率也。"郑玄笺:"胥,相;铺,遍也。"陆德明释文引王肃云:"铺,病也。"陈奂传疏以"铺"为"痛"的假借字,谓无罪的人亦被牵连而受苦难。又《小雅·小旻》:"如彼泉流,无沧胥以败。"《大雅·抑》:"如彼泉流,无沧胥以亡。"其义亦皆为"相率"。惟朱熹集传释"沧"为"陷",后习用为相率沧表或陷溺之义。

纶〔綸〕(lún) ❶青丝绶,古代官吏系印用的青丝带。《后汉书·仲长统传》:"身无半通青纶之命。"❷较粗的丝线,常指钓丝。张祜《寄灵彻上人》诗:"沧洲垂一纶。"❸理丝。《诗·小雅·采绿》:"之子于钓,言纶之绳。"

另见 guān。

纶绋 《礼记·缁衣》:"王言如纶,其出如绋。"后因称皇帝的诏令为"纶绋"。柳宗元《代广南节度使谢出镇表》:"捧对纶绋,不知所图。"参见"丝纶"。

纶音 皇帝的诏令。贡奎《敬亭山》诗:"增秩睹隆典,纶音播明庭。"参见"纶绋"。

枪〔槍〕(lún) 小樟木。《尔雅·释木》:"枪,无疵。"郭璞注:"枪,梗属,似豫章。"《本草纲目·木部》"钓樟"注:"樟有大小二种,紫淡二色。此即樟之小者,即《尔雅》所谓'枪,无疵'是也。"

轮〔輪〕(lún) ❶车轮。泛指轮形之物。如:齿轮;月轮。❷车的代称。《拾遗记·周穆王》:"又副以瑶华之轮十乘。"❸指轮船。如:江轮;拖轮;客轮。❹钓鱼用具。《文选·郭璞〈江赋〉》:"或挥轮于悬碕。"李善注:"轮,钓轮也。"❺轮流。《红楼梦》第七十七回:"这回子轮到自己用,反倒各处寻去。"❻盘旋屈曲而上,引申为高大貌。见"轮困"、"轮奂"。❼计面积的纵度。见"广轮"。❽边缘;外围。如:轮廓;耳轮。《南史·曹武传》:"晚节在雍州,致见钱七千万,悉厚轮大郭。"

另见 lūn。

轮扁 春秋时齐国有名的车匠,名扁。《庄子·天道》:"桓公读书于堂上,轮扁斫轮于堂下。"后多用为名匠、高手的代称。《南齐书·陆厥

传》:"韵与不韵,复有精粗;轮扁不能言,老夫亦不能尽辨此。"参见"斫轮"。

轮奂 形容房屋高大众多。《礼记·檀弓下》:"晋献文子成室,晋大夫发焉。张老曰:'美哉轮焉!美哉奂焉!'"郑玄注:"轮,轮囷,言高大;奂,言众多。"亦作"轮焕"。白居易《和望晓》诗:"星河稍隔落,宫阙方轮焕。"

轮回 ❶循环不息。《南齐书·竟陵文宣王子良传》:"前人增估求侠,后人加税请代,如此轮回,终何纪极。"❷佛教名词。译自梵语 Saṃsāra。亦称"六道轮回"。原意是"流转",为婆罗门教主要教义之一。佛教沿用并发展,说一切有生命的东西,如不寻求"解脱",就永远在"六道"(天、人、阿修罗、地狱、饿鬼、畜生)中生死相续,无有止息,犹如车轮转动不停,故名。佛教以此解释人世间的痛苦。

轮廓 亦作"轮郭"。边缘;物体的外周或图形的外框。《后汉书·董卓传》:"又钱无轮郭文章,不便人用。"袁枚《随园诗话》卷十五引陆奎勋《咏月华》:"五色流苏齐著地,三重轮廓欲弥天。"引申为事情的概略。

轮困 亦作"轮菌"、"轮箘"。❶屈曲貌。《史记·鲁仲连邹阳列传》:"蟠木根柢,轮困离诡。"枚乘《七发》:"中郁结之轮菌,根扶疏以分离。"❷高大貌。《文选·何晏〈景福殿赋〉》:"爰有遝狄,镂质轮菌。"李周翰注:"遝狄,长狄也,古之长人,以银铸之,其形质轮菌然而高。"

轮舆 ❶轮人和舆人。古代造车的匠人。《考工记·总序》:"攻木之工,轮、舆、弓、庐、匠、车、梓。"《孟子·滕文公下》:"则梓匠轮舆皆得食于子。"❷车轮和车舆。梅尧臣《俨上人粹隐堂》诗:"岁月速轮舆。"

蛇〔蝓〕(lún,又读 lì) ❶亦作"蜧"。蛇属。《说文·虫部》:"蛇,蛇属也。黑色,潜于神渊之中,能兴云致雨。"❷大虾蟆,状如屡,能食蛇。见《广韵·十八谆》。❸见"蝹蛇"。

舲〔鯩〕(lún) 传说中的鱼名。《山海经·中山经》:"〔来需之水〕其中多舲鱼,黑文,其状如鲋,食者不睡。"按《文选·郭璞〈江赋〉》李善注引作"食之不肿"。

lǔn

忴〔惀〕(lǔn) 欲知之貌。参见"愠忴"。

lùn

论〔論〕(lùn) ❶议论;讲述。如:一概而论。《史记·封禅书》:"其后百有余年,而孔子论述六蓺,传略言易姓而王。"❷学说;主张。如:唯物论。《公孙龙子·迹府》:"疾名实之散乱,因资材之所长,为守白之论。"❸文体的一种,属议论文。如:社论;政论。陆机《文赋》:"颂优游以彬蔚,论精微而朗畅。"❹辩论;评论。《吕氏春秋·应言》:"入与不入之时,不可不熟论也。"高诱注:"论,辩也。"《史记·萧相国世家》:"论功行封。"❺定罪。《后汉书·鲁丕传》:"坐事下狱,司寇论。"❻藏语译音。一作"论逋"。唐时吐蕃大臣称号。以职权不同,有大、小、内、外之分,分司军政事务,例由贵族充任。

另见 lún。

论辩 论议辩驳。《论衡·订鬼》:"天地之性,本有此化,非道术之家所能论辩。"

论列 议论;陈述。《汉书·司马迁传》:"乃欲印(仰)首信(伸)眉,论列是非。"

论难 辩论诘难。《后汉书·桓荣传》:"车驾幸太学,会诸博士,论难于前。"

论赞 附在史传后面的评语。司马迁《史记》称"太史公曰",班固《汉书》、范晔《后汉书》皆称"赞",陈寿《三国志》称"评",荀悦《汉纪》称"论",谢承《后汉书》称"诠",其他或称"序",或称"议",或称"述",名称不一。刘知幾《史通》总称为"论赞"。

论著 ❶议论性的著作。❷讨论和制作。《汉书·叔孙通传》:"汉诸仪法,皆通所论著也。"

坴〔壥〕(lùn) 坎陷。见《集韵·二十七恨》。

苍〔蕭〕(lùn) 木名。《管子·地员》:"其木宜蚖、苍与杜、松。"尹知章注:"蚖、苍,二木名。"蚖当作杬。

luō

捋(luō) ❶用手把物顺势脱下。如:捋桑叶。《诗·周南

·茉莒》："薄言捋之。"❷抚摩。杨慎《题秋江远眺图》诗："倚栏独把吟髭捋。"参见"捋虎须"。

另见 lǔ。

捋虎须 比喻触犯有权势的人。韩偓《安贫》诗："谋身拙为安蛇足，报国危曾捋虎须。"

啰〔囉〕(luō) 见"啰苏"。

另见 luó。

啰苏 亦作"噜苏"。多言；说话不干脆。

蟍(luō) 虫名。《说文·虫部》："蟍，商何也。"朱骏声通训定声："《尔雅·释虫》：'蟍，蟏何。'《集韵》以为蟋蟀类也。"

攞(luō) 同"捋"。

luó

罗〔羅〕(luó) ❶捕鸟的网。《诗·王风·兔爰》："雉离于罗。"❷张网捕鸟。如：门可罗雀。《诗·小雅·鸳鸯》："鸳鸯于飞，毕之罗之。"❸搜寻；包罗。如：搜罗。韩愈《送温处士赴河阳军序》："罗而致之幕下。"❹分布；陈列；排列。如：星罗棋布。《楚辞·招魂》："轩辕既低，步骑罗些。"王逸注："罗，列也。"《史记·五帝本纪》："旁罗日月星辰。"❺用合股丝以罗组织织成的一类丝织物。外观似平纹绸，具有由经纬纱绞合而成的有规则的横向或纵向排孔，花纹美观雅致，且透气性好。质地较薄，手感滑爽。例如，杭罗等。❻一种细密的筛子。如：绢罗；铜丝罗。亦指用罗筛东西。如：罗面。❼通"罹"。遭遇。《汉书·于定国传》："罗文法者，于公所决皆不恨。"颜师古注："罗，罹也，遭也。"❽古国名。熊姓，在今湖北宜城西。春秋时为楚所灭。❾英文 gross 的省音译。量词。十二打为一罗。❿唐时西突厥可汗斛瑟罗入中国，其后人就以"斛瑟罗"为姓，后又改以"罗"为姓，见《通志·氏族略》。

罗拜 四面围绕着下拜。《三国志·魏志·张辽传》："所督诸军将吏皆罗拜道侧。"

罗敷 古乐府《陌上桑》描述秦罗敷在陌上采桑，被使君看中，要强娶她，她严词拒绝。崔豹《古今注》卷中说是赵国邯郸人。或以为罗敷是女子常用的名字，不必实有其人。《孔雀东南飞》也有"东家有贤女，自名秦罗敷"的记载。后多用为美丽坚贞的妇女的代称。

罗汉 "阿罗汉"的略称。意译"应供"，即当受众生供养。

罗列 分布；排列。古乐府《鸡鸣》："鸳鸯七十二，罗列自成行。"

罗缕 同"觃缕"。详细陈述。傅咸《上事自辨》："臣前所以不罗缕者，冀因结奏，得从私愿也。"《文选·谢灵运〈拟魏太子邺中集诗八首〉》："罗缕岂阙辞，窈窕究天人。"吕向注："罗列缕述也。"

罗罗 彝族旧称。也作"卢鹿"、"倮㑩"、"罗落"、"落落"等，"卢鹿"之称最早见于唐代史籍。元在今四川西昌地区及大凉山一带设立"罗罗斯宣慰司"。"罗罗"等名为元明以来史籍所习用。中华人民共和国成立后已不用。

罗落 ❶罗网。《庄子·胠箧》："削格罗落罝罘之知多，则兽乱于泽矣。"❷犹罗列。分布排列。《文选·陈琳〈为袁绍檄豫州文〉》："州郡各整戎马，罗落境界。"吕向注："罗落，布列也。"❸见"罗罗"。

罗曼谛克 亦作"罗漫的克"。英文 romantic 的音译，也译为"浪漫"。有富于幻想、不守常规等意思。

罗雀掘鼠 《新唐书·张巡传》载：张巡守睢阳，食尽，"至罗雀掘鼠，煮铠弩以食"。后因称竭力筹措财物为"罗雀掘鼠"。亦省称"罗掘"。如：罗掘俱穷。

罗织 虚构罪名，陷害无辜。《旧唐书·来俊臣传》："招集无赖数百人，令其告事，共为罗织，千里响应。欲诬陷一人，即数处别告，皆是事状不异，以惑上下。"

觃〔覼〕(luó) 同"覼"。见"觃缕"。

觃缕 亦作"觃谀"、"覼观"、"罗缕"。谓委曲详尽而有条理，多指语言。《文选·左思〈吴都赋〉》："嗟难得而觃缕。"李周翰注："觃缕，次序也。言难得其次第也。"刘知几《史通·叙事》："夫叙事之体，其流甚多，非复片言所能觃缕。"

偻〔僂〕(luó) 见"偻偻"。

萝〔蘿〕(luó) 植物名。(1)即莪。《尔雅·释草》："莪，萝。"郭璞注："今莪蒿也。"(2)女萝。见"薜萝"。

萝卜 又名"莱菔"。十字花科。一二年生草本。肉质直根呈圆锥、圆球、长圆锥、扁圆等形，肥厚多肉，白、绿、红或紫色等。叶大，羽状分裂或

不分裂。总状花序，花白或浅紫色。性较耐寒。适于壤土或砂壤土生长。原产中国，各地均有栽培。按生长季节分春萝卜、夏萝卜、秋冬萝卜、四季萝卜等类型。中国主要蔬菜之一。生萝卜含淀粉酶，能助消化。子可入药。

萝芳 一种香菜。《本草纲目·菜部一》作"罗勒"，一名"兰香"。

萝藦 (*Metaplexis japonica*) 一名"芄兰"，俗称"婆婆针线包"。萝藦科。多年生蔓草，有乳白色液汁。叶对生，心脏形。总状花序生于叶腋，夏季开花，花白或带有紫红色斑点。蓇葖呈角状，成对着生。种子上端具白色丝状毛。中国各地都有野生；日本也有分布。果壳入药，称"天浆壳"，可止咳、化痰、平喘。民间以茎、叶作强壮药，种毛作止血药。

啰〔囉〕(luó) 见"啰唣"。

另见 luō。

啰唣 纠缠；吵闹。《水浒传》第五十一回："孩儿快放了手，休要啰唣！"

逻〔邏〕(luó，旧读 luò) ❶巡察；巡逻。如：逻卒。《晋书·戴洋传》："宜远侦逻。"❷遮拦。黄庭坚《演雅》诗："桑蚕作茧自缠裹，蛛蝥结网工遮逻。"❸边缘。许浑《岁暮自广江至新兴往复中题峡山寺》诗："海虚争翡翠，溪逻斗芙蓉。"

逻所 巡逻士兵守卫之所。《资治通鉴·晋成帝咸和三年》："每逢逻所，辄以杖叩船。"胡三省注："逻所，谓津要置逻卒之所。"

逻子 犹逻卒。巡逻的士兵。《新唐书·康承训传》："遣逻子羸服觇贼。"

腡〔腡〕(luó) 手指纹。俗作"螺纹"。

猡〔玀〕(luó) 吴方言称猪为猡猡。

锣〔鑼〕(luó) 见"伴锣"。

珋〔璍〕(luó) 见"珂珋版"。

椤〔欏〕(luó) 见"桫"。

锣〔鑼〕(luó) 击乐器。铜制，圆形，无固定音高，用槌敲击。如：敲锣打鼓。

箩〔籮〕(luó) 竹制的盛器，多方底圆口。如：稻箩；淘箩。范成大《雪中闻墙外卖鱼菜者声甚苦》诗："饭箩驱出敢偷闲？"

骡〔騾、贏〕(luó) 家畜名。学名 *Equus asinus* × *Equus caballus orientalis*。俗称"马骡"。公驴和母马所生的种间杂种。体形偏似马，叫声似驴。颈上缘毛、尾毛及耳长介于马、驴之间。蹄小，踵高而坚实，四肢筋腱强韧，背、肩及四肢中部常有暗色条纹。耐粗饲，耐劳，抗病力及适应性强，挽力大而能持久。役用价值高于马和驴，寿命亦较长。一般无生殖力。多作挽、驮用。

骦〔騛〕(luó) 见"骦骦"。

骦骦 同"觇缕"。谓语言委曲详尽而有条理。元芾《振兴温泉颂》："斯盖有道存焉，固非人事之所骦骦。"

螺(luó) ❶具有回旋形贝壳的软体动物。如：田螺；海螺；螺蛳。❷螺杯的省称。庾信《园庭》诗："香螺酌美酒，枯蚌借兰殽。"参见"螺杯"。❸螺髻的省称。侯真《浣溪沙·三衢陈签上作》词："双绾香螺春意浅。"参见"螺髻"。❹螺子墨或螺黛的省称。陆云《与兄书》："今送二螺。"陈旅《白画眉图》诗："隋家宫妓扫长蛾，销尽波斯万斛螺。"参见"螺黛"。❺法螺。佛教乐器的一种，用海螺壳做成。苏鹗《杜阳杂编》卷下："吹螺击钹，灯烛相迷。"❻螺旋形的指纹。

螺杯 用螺壳制成的酒杯。张籍《流杯渠》诗："渌酒白螺杯，随流去复回。"陶穀《清异录·器具》："以螺为杯，亦无甚奇，惟数穴极弯曲，则可以藏酒，号九曲螺杯。"

螺黛 古代用以画眉的一种青黑色矿物颜料。冯贽《南部烟花记·螺子黛》："炀帝宫中争画长蛾，司宫吏日给螺子黛五斛，出波斯国。"欧阳修《阮郎归》词："浅螺黛，淡燕（胭）脂，闲妆取次宜。"

螺髻 形似螺壳的发髻。白居易《绣阿弥陀佛赞》："金身螺髻，玉毫绀目。"也用来比喻峰峦的形状。皮日休《缥缈峰》诗："似将青螺髻，撒在明月中。"辛弃疾《水龙吟·登建康赏心亭》词："遥岑远目，献愁供恨，玉簪螺髻。"

螺钿 ❶古代妇女的一种首饰。《正字通》："螺钿，妇人首饰，用翡翠丹粉为之。"❷亦作"螺甸"、"螺填"。用贝壳薄片制成人物、鸟兽、花草等形象嵌在雕镂或髹漆器物上的装饰，为中国著名手工艺品之一。起源甚早，周代已流行。从现存唐代螺钿实

物看来，当时此种工艺已有很高水平。周密《癸辛杂识》别集下："王柟……初知彬州，就除福建市舶，其归也，为螺钿卓面屏风十副，图贾相盛事十项，各系之以赞以献之。"曹昭《格古论要》："螺钿器皿，出江西吉安府庐陵县。宋朝内府中物及旧做者，俱是坚漆或有嵌铜线者甚佳。元朝时富家不限年月做，造漆坚而人物细可爱。"

蠃〔贏〕(luó) 鸟名，即须蠃。《尔雅·释鸟》："鹠，须蠃。"郭璞注："鹠，鹭鹠，似鸮而小，膏中莹刀。"谓其膏可涂刀令光莹不锈。参见"鹠"。

蠃(luó) 通"螺"。螺类动物的统称。《易·说卦》："〔离〕为蠃为蚌。"

另见 luǒ。

蠡(luó) 通"蠃"。即螺。班昭《东征赋》："谅不登樔而椓蠡兮。"

另见 lí, lǐ。

镙〔鑼〕(luó) 见"钨镙"。

骦(luó) 同"骡〔贏〕"。

luǒ

果(luǒ) 通"裸"。《周礼·春官·龟人》："东龟曰果属。"郑玄注：杜子春读果为蠃。

另见 guǒ, kè, wǒ。

砢(luǒ) 见"磊砢"。

另见 kē。

倮(luǒ) 同"裸"。《礼记·月令》："〔季夏之月〕其虫倮。"

倮虫 旧时总称无羽毛鳞甲蔽身的动物。《大戴礼记·易本命》："倮之虫三百六十，而圣人为之长。"《礼记·月令》："其虫倮。"孙希旦集解："凡物之无羽、毛、鳞、介，若黾（蛙）、蜓（蚓）之属，皆倮虫也；而人则倮虫之最灵者。"

㥀〔懏〕(luǒ) 见"懆㥀"。

蓏(luǒ) 瓜类植物的果实。在木曰果，在地曰蓏。参见"果蓏"。

裸〔躶、贏〕(luǒ) 赤身露体。如：裸体。《左传·僖公二十三年》："欲观其裸。"引申为凡无包裹之称。如：裸芽；裸麦。

瘰(luǒ) 见"瘰疬"。

瘰疬 中医学病名。俗称"疬子颈"。颈项间结核的总称。多因体虚气郁、痰浊邪毒结聚经络所致。初生如豆，渐大如梅李，不红不痛、坚硬而能推动，常三五枚串生，甚至连及胸腋，日久出现疼痛，推之不动，将溃时皮色紫红，溃后流脓或夹有败絮状物，收口缓慢，或此愈彼溃而成窦或瘘。内治初期宜疏肝养血、解郁化痰，中期宜托毒透脓，后期宜补肺滋肾；外治初期宜消散，中后期宜提脓祛腐。本病类似颈淋巴结结核。

蠃(luǒ) 见"蠃虫"。

蠃另见 luó。

蠃虫 即"倮虫"。《汉书·五行志中之下》："时则有蠃虫之孽。"颜师古注："蠃、蜱之类无鳞甲毛羽，故谓之蠃虫也。"

儽(luǒ) 同"蠃"。见"儽儽"。

儽儽 无羽毛之貌。《荀子·赋》："有物于此，儽儽兮其状屡化如神。"按谓蚕。

㰠(luǒ) 木名。《集韵·三十四果》："㰠，木名，实有皮无壳。"

另见 léi。

luò

乐〔樂〕(luò) 见"暴乐"。

另见 lè, yào, yuè。

捰〔擽〕(luò) 坚硬貌。《荀子·王霸》："擽然扶持心国，且若是其固也！"杨倞注："擽，读为落，石貌也。"王先谦集解引郝懿行曰："盖谓小石坚确之貌。"

另见 lüè。

洛(luò) 见"洛泽"。

洛泽 同"洛泽"。

濼〔灤〕(luò) 水名。见"濼水"。

另见 pō。

濼水 古水名。源出今山东济南市西南，北流至濼口入古济水（此段古济水即今黄河）。《春秋》桓公十八年（公元前694年）："公会齐侯于濼。"南宋初，伪齐刘豫堰濼水东流为小清河上源，后人因通称濼水为小清河。自堰以东曾屡次淤断，屡次疏通，每遇淤断，濼水即在今济南市东北华不注山东麓北流入大清河（今黄河）。清末又予疏通。

荦〔犖〕(luò) ❶杂色的牛。陆龟蒙《杂讽》诗："斯为朽关

键,怒荦抉以入。"引申为杂色。见"驳荦"。❷见"荦确"。

荦荦　分明貌。《史记·天官书》:"此其荦荦大者,若至委曲小变,不可胜道。"

荦确　山多大石貌。韩愈《山石》诗:"山石荦确行径微,黄昏到寺蝙蝠飞。"

烁〔爍〕(luò)　见"爆烁"。
另见 shuò。

洛(luò)　❶水名。见"洛水"。❷通"络"。见"洛诵"。❸洛阳的简称。《古诗十九首》:"驱车策驽马,游戏宛与洛。"

洛成　亦作"落尘"。即梳篦。厉荃《事物异名录·器用·梳》:"《奚囊橘柚》:'丽居,孙亮爱姬也。鬓发香净,一生不用洛成。'洛成,即今篦梳,或云落尘。"

洛泽　亦作"洛泽"。冻冰。《玉篇》:"洛泽,冰貌。"《楚辞·九思·悯上》:"冰冻兮洛泽。"注:"洛,竭也;寒而水泽竭成冰。"洪兴祖补注引《集韵》:"冰谓之洛泽。"

洛神　即洛水的女神洛嫔。曹植作有《洛神赋》,李善在《文选》注中引如淳说,谓系宓(伏)羲之女,称宓妃,因渡水淹死,为水神。宓妃之名,亦见于《离骚》。

洛书　见"河洛❷"。

洛水　古水名。(1)即今河南洛河。(2)一名北洛水,即今陕西洛河。(3)今四川沱江诸源之一。见"雒水"。(4)一名洛涧,即今安徽洛河。

洛诵　亦作"雒诵"。反复诵读。《庄子·大宗师》:"副墨之子,闻诸洛诵之孙。"成玄英疏:"背文谓之洛诵,初既依文生解,所以执持披读,次则渐悟其理,是故罗洛诵之。"王先谦集解:"成云罗洛诵之,案谓连络诵之,犹言反复读之也。洛、络同音借字。"

洛阳纸贵　晋左思著《三都赋》成,洛阳豪贵之家,竞相传写,纸价因而昂贵起来。语见《晋书·文苑传》。后人常用以称誉著作风行一时,流传甚广。《孽海花》第二回:"上海虽繁华世界,究竟五方杂处,所住的无非江湖名士,即如写字的莫友芝,画画的汤埙伯,非不洛阳纸贵,名震一时,总嫌带着江湖气。"

骆〔駱〕(luò)　❶尾和鬣毛黑色的白马。《诗·小雅·四牡》:"啴啴骆马。"毛传:"白马黑鬣曰骆。"❷见"骆驼"。❸通"络"。见

"骆驿"。❹姓。

骆驼　哺乳纲,骆驼科。反刍家畜。头小,颈长,体躯大,毛褐色。眼为重睑,鼻孔能开闭,四肢长,二趾,蹠有厚皮,适于沙地行走。尾细长,尾端有丛毛。背有一或两个驼峰,内蓄脂肪;胃分三室。耐饥渴。性温驯而执拗,食粗草及灌木。能负重致远,号称"沙漠之舟"。交配季节为1—4月,发情周期两个月,发情持续约十六天,妊娠期约十三个月。寿命约三十年。单峰驼(*Camelus dromedarius*)饲养于阿拉伯半岛、印度及非洲北部。双峰驼(*C. bactrianus*)产于中国及中亚细亚,尚有野生者,体较大,四肢较短。两者交配可得种间杂种。除作驮、骑外,还可拉车及利用其毛、皮、乳、肉等。

骆驿　同"络绎"。往来不绝。张衡《南都赋》:"男女姣服,骆驿缤纷。"

络〔絡〕(luò)　❶缠丝。刘𫗧《隋唐嘉话》卷下:"一绚丝,能得几日络?"❷缠绕;笼罩。班固《西都赋》:"络以纶连。"《淮南子·原道训》:"络马之口,穿牛之鼻者,人也。"亦指马笼头。梁简文帝《西斋行马》诗:"晨风白金络,桃花紫玉珂。"晨风、桃花,皆马名。❸泛指网状物。如:橘络;丝瓜络。《红楼梦》第三十五回回目:"黄金莺巧结梅花络。"❹交接;连续。如:联络;络绎不绝。❺人体的脉络。如:经络。
另见 lào。

络幕　张设;笼罩。《文选·左思〈蜀都赋〉》:"罻罗络幕。"刘逵注:"罻罗,鸟兽网也;络幕,施张之貌也。"亦作"络缦"。《后汉书·马融传》:"纤罗络缦。"

络头　❶马笼头。杜甫《高都护骢马行》:"青丝络头为君老,何由却出横门道。"❷即帕头,古人束发的头巾。《方言》第四:"络头,帕头也……自关以西秦晋之郊曰络头,南楚江湘之间曰帕头。"

络纬　虫名。即莎鸡。俗称纺织娘。吴均《杂绝句》:"蜘蛛檐下挂,络纬井边啼。"

络绎　亦作"络驿"、"骆驿"。往来不绝;前后相接。王夫之《宋论》卷三:"车骑络绎,歌吹喧阗。"《后汉书·乌桓鲜卑传》:"络驿而至。"

珞(luò)　❶见"璎珞"。❷见"珞珞"。

珞珞　石坚貌。《老子》:"不欲琭琭如玉,珞珞如石。"亦作"落落"。

《晏子春秋·内篇问下》:"坚哉石乎落落!"

砢〔礜〕(luò)　见"砢确"。

砢确　石相扣声。《文选·郭璞〈江赋〉》:"岩碻砢确。"李善注:"皆水激石崄峻不平之貌。"刘良注:"石声也。"

烙(luò,旧读 gé)　见"炮烙"。
另见 lào。

砢(luò)　见"砟砢"。

铬〔鉻〕(luò)　剃发。《正字通·金部》:"言剃去发也。梵书:'须发自铬。'通作'落'。今称"落发为僧"。按当作'铬'。"
另见 gè。

鵅〔鵅〕(luò)　鸟名。《尔雅·释鸟》:"鵅,乌鸇。"郭璞注:"水鸟也。似鸭而短颈,腹翅紫白,背上绿色。"
另见 gé。

落(luò)　❶下降;降落。如:落叶;水落石出。《离骚》:"朝饮木兰之坠露兮,夕飡秋菊之落英。"❷衰败;飘零。见"没落"、"流落"。❸死。见"殂落"。❹停留;定止。如:落脚;坐落;着落。❺人聚居的地方。《后汉书·仇览传》:"庐落整顿。"李贤注:"《广雅》曰:'落,居也。'案今人谓院为落也。"❻得到某种结果。无名氏《射柳捶丸》第一折:"俺若是一心行正,落一个万古名扬。"参见"落得❶"。❼开始。《诗·周颂·访落》:"访予落止。"毛传:"访,谋;落,始。"郑玄笺:"〔成王〕于庙中与群臣谋我始即政之事。"❽古代用血涂新铸的钟。《左传·昭公四年》:"叔孙为孟钟,曰:'尔未际,飨大夫以落之。'"❾古代宫室筑成时举行的祭礼。《左传·昭公七年》:"楚子成章华之台,愿以诸侯落之。"参见"落成"。❿稀少。《史记·汲黯郑当时列传》:"家贫,宾客益落。"⓫耽误;妨碍。《庄子·天地》:"夫子阖行邪!无落吾事。"⓬屋檐上的滴水装置。杜牧《阿房宫赋》:"蠹不知乎几千万落。"⓭通"络❷"。《庄子·秋水》:"落马首。"⓮篱笆。王褒《僮约》:"凿井浚渠,缚落锄园。"
另见 là、lào。

落草　❶旧称逃往山林为盗。《水浒传》第二回:"朱武哭道:'小人等三个累被官司逼迫,不得已上山落草。'"❷指婴儿出生。《红楼梦》第八回:"〔宝玉〕项上挂着长命锁、记

名符,——另外有那一块落草时衔下来的宝玉。"

落成 《诗·小雅·斯干序》郑玄笺:"宣王于是筑宫庙群寝,既成而衅之,歌《斯干》之诗以落之。"落,古代宫室筑成时举行的祭礼。后因称建筑工程竣工为"落成"。

落单 同"路亶"。羸弱;疲惫。《新序·杂事三》:"仁人之兵不可诈也;彼可诈者,怠慢者也,落单者也。"

落得 ❶得到某种结局。关汉卿《玉镜台》第三折:"人都道刘家女被温峤娶为妻,落得个虚名儿则是美。"❷犹乐得。《儒林外史》第十三回:"宦成大酒大肉,且落得快活。"

落地 ❶指婴儿出生。陶潜《杂诗》:"落地为兄弟,何必骨肉亲!"❷指垂直物下端到地的。如:落地长窗。

落第 科举时代应试不中叫"落第",亦称"下第"。朱庆馀《送张景宣下第东归》诗:"归省值花时,闲吟落第诗。"

落发 剃发出家。《新五代史·张策传》:"策少好浮图之说,乃落发为僧,居长安慈恩寺。"

落花流水 亦作"流水落花"。形容残春的景象。赵长卿《鹧鸪天·送春》词:"落花流水一春休。"李煜《浪淘沙》词:"流水落花春去也。"后用以比喻残败零落。《红楼梦》第四回:"这薛公子的混名,人称他'呆霸王',最是天下第一个弄性尚气的人,而且使钱如土,只打了个落花流水。"

落荒 离开大路,向荒野逃跑。无名氏《小尉迟》第三折:"我诈败落荒的走,父亲必然赶将我来。"

落籍 犹除名。从簿籍中除去姓名。丘濬《大学衍义补》卷一百十七:"军士落籍者众。"旧时亦称妓女从良为"落籍"。《二刻拍案惊奇》卷十二:"必须落籍,方可从良嫁人。"

落阱下石 阱,亦作"井"。比喻乘人之危加以陷害。韩愈《柳子厚墓志铭》:"一旦临小利害,仅如毛发比,反眼若不相识;落陷阱,不一引手救,反挤之,又下石焉者,皆是也。"

落款 在所作书画上题写姓名、年月等叫"落款"。邹一桂《小山画谱·落款》:"画有一定落款处,失其所,则有伤画局。"亦指在书信、花圈、礼品等上面题写姓名。

落落 ❶犹零落。陆机《叹逝赋》:"亲落落而日稀,友靡靡而愈索。"❷形容孤独,不遇合。左思《咏

史》:"落落穷巷士,抱影守空庐。"亦指见解孤立,无可与谋。《后汉书·耿弇传》:"将军前在南阳,建此大策,常以为落落难合。"李贤注:"落落,犹疏阔也。"❸豁达;开朗。如:落落大方。柳宗元《柳公行状》:"终身坦荡,而细故不入,其达生知足,落落如此。"❹稀疏貌。孙绰《游天台山赋》:"荫落落之长松。"❺同"路路"。❻见"罗罗"。

落帽 《晋书·孟嘉传》:"〔孟嘉〕后为征西桓温参军,温甚重之。九月九日,温燕龙山,寮佐毕集。时属吏并著戎服。有风至,吹嘉帽堕落,嘉不之觉。温使左右勿言,欲观其举止。嘉良久如厕,温令取还之。命孙盛作文嘲嘉,著嘉坐处。嘉还见,即答之,其文甚美。"后因成为重九登高的典故。韩鄂《岁华纪丽》卷三"重阳":"授衣之月,落帽之辰。"

落莫 同"落寞"。冷落。《资治通鉴·唐文宗太和九年》:"涯(王涯)待之(指王沐)殊落莫。"胡三省注:"落,冷落也;莫,薄也。落莫,唐人常语。"

落寞 亦作"落莫"。寂寞;冷落。辨才《设缸面酒款萧翼》诗:"披云同落寞,步月共裴回。"裴回,同"徘徊"。

落泊 穷困失意。《南史·杜棱传》:"少落泊,不为时知。"

落魄 穷困失意。《史记·郦生陆贾列传》:"〔郦食其〕家贫落魄,无以为衣食业。"

落水狗 比喻失势的坏人。鲁迅《坟·论"费厄泼赖"应该缓行》:"总而言之,不过说是'落水狗'未始不可打,或者简直应该打而已。"

落苏 "茄"的俗称。《本草纲目·菜之三》引陈藏器本草云:"茄一名落苏,名义未详;按《五代贻子录》作酪酥,盖以其味如酪酥,于义通。"

落索 ❶冷落萧索。《颜氏家训·治家》:"谚云:'落索阿姑餐。'"林逋《雪》诗:"清夹晓林初落索,冷和春雨转飘萧。"❷食品名。吴自牧《梦粱录》卷十六"分茶酒店":"群鲜羹,落索儿。"

落托 同"落拓"。❶形容性情放浪,不拘小节。马令《南唐书·潘扆传》:"常游江淮间,自称野客,落托有大志。"❷犹落寞。寂寞;冷落。古乐府《懊侬歌》:"揽裳未结带,落托行人断。"

落拓 亦作"落托"。❶放浪不羁。

《北史·杨素传》:"少落拓有大志,不拘小节。"❷犹落泊。穷困失意。《聊斋志异·娇娜》:"生往,令适卒,落拓不得归。"

落英 ❶落花。左思《蜀都赋》:"落英飘摇。"❷初开的花。《离骚》:"朝饮木兰之坠露兮,夕餐秋菊之落英。"一说,亦作"落花"解。

落照 落日的光辉。梁简文帝《和徐录事见内人作卧具》诗:"密房寒日晚,落照度窗边。"卢纶《长安春望》诗:"川原缭绕浮云外,宫阙参差落照间。"

落着 同"着落"。犹言下落。《朱子全书·孟子四》:"当如张子之说,以行无不慊于心解之,乃有落着。"

跞〔躒〕(luò) 见"卓跞"。
另见 lì。

答(luò) 亦作"筶"。❶盛杯的竹器。《说文·竹部》:"答,杯答也。"《方言》第五:"杯落(答),陈楚宋卫之间谓之杯落,又谓之豆筥;自关东西谓之杯落。"郭璞注:"盛杯器笼也。"❷竹笼。《楚辞·招魂》"秦簟齐缕"洪兴祖补注:"簟,笼也,答也。答,音落,可熏衣。"❸通"络"。束;缠。《广雅·释诂三》:"答,束也。"王念孙疏证:"《楚辞·招魂》'郑绵络些'王逸注云:'络,缚也。''络'与'答'通。"

摞(luò) ❶把东西重叠放置。如:把那些空碗摞起来。❷重叠放置之物的计量单位。如:两摞砖。

鮥〔鮥〕(luò) 鱼名。《尔雅·释鱼》:"鮥,鮛鲔。"郭璞注:"鲔,鳣属也,……有一鱼状似鳣而小,建平人呼鮥子,即此鱼也。"按鮛鲔,《说文·鱼部》作"叔鲔",段玉裁注:"鲔之小者也。"

雒(luò) ❶白鬣的黑马。《诗·鲁颂·駉》:"有骄有雒。"毛传:"赤身黑鬣曰骄,黑身白鬣曰雒。"❷通"烙"。烙印。《庄子·马蹄》:"烧之剔之,刻之雒之。"王先谦集解引郭嵩焘曰:"雒同烙,谓印烙。"❸通"洛"。如:"雒阳"、"雒邑"。❹姓。明代有雒金。

雒嫔 即洛神。《楚辞·天问》:"胡射夫河伯,而妻彼雒嫔?"王注:"雒嫔,水神,谓宓妃也。"

雒水 古水名。(1)《汉书·地理志》弘农郡卢氏县:"熊耳山在东,伊水出,东北入雒。"指今河南洛河。三国魏改"雒"为"洛"。(2)"雒"一作

"洛"。《汉书·地理志》广汉郡雒县:"章山,雒水所出。"指今四川广汉市境内沱江诸源之一,一说即鸭子河,一说即石亭江,《水经注》的洛水,兼指今金堂以下的沱江;唐宋诸地志或作"雒",或作"洛",仍专指金堂以上。

漯(luò) 见"漯河"。

另见 tà。

漯河 市名。在河南省中部偏南,京广、漯阜、漯南三铁路交会于此,濒临沙、澧两河。辖源汇区及舞阳、临颍、郾城三县。原为郾城县一集镇,1949 年设市。市区北临沙河,附近一段河流称漯河湾,市因河名。人口 244 万(市辖区 31.1 万,1996 年)。是豫中著名的牲畜交易市场。工业有纺织、造纸、机械、卷烟、建材、制革、化学等。古迹有三晋乡祠。

鞈(luò) 生革。《吕氏春秋·古乐》:"质乃效山林谿谷之音以歌,乃以麋鞈置缶而鼓之。"

鞈鞈 生革做的鞋子。顾炎武《天下郡国利病书·蜀中风俗记》:"男子衣褐羊皮鞈鞈,妇人多带金花。"

箈(luò) 同"筶"。

辂辘〔輅〕(luò) 车转声。见《玉篇》。

M

m̄

姆(m̄)　吴方言称母为"姆妈"。

另见 mǔ。

ḿ

呒〔嘸〕(ḿ)　吴方言。没有。如:呒啥;呒结果。

另见 fǔ。

呣(ḿ)　疑怪声。如:呣,你说什么?

另见 m̀。

唔(ḿ)　广东方言。同"不"。如:唔好睇(不好看)。

另见 ngú,wú。

m̀

呣(m̀)　允诺声。如:呣,知道了。

另见 ḿ。

mā

妈〔媽〕(mā)　❶母亲。❷对亲属中长一辈妇人的称呼。如:姑妈。也用为对年老妇女的敬称。如:大妈。❸用于称中年或老年女仆。如:张妈。

孖(mā)　广东方言,谓相连成对。如:孖仔;孖塔;孖髻山(在广东省)。

另见 zī。

抹(mā)　❶擦。如:抹桌布。❷用手按着移动。《西游记》第五十二回:"你看他更不取下,转往上抹了两抹,紧紧的勒在肱膊上。"

另见 mǒ,mò。

嬷(mā,又读 mó)　同"妈"。见"嬷嬷"。

嬷嬷　❶妈妈。俗呼母为"嬷嬷"。见《称谓录》卷二。❷北方方言,对老妇人的通称。贾仲名《萧淑兰》第一折:"留下管家嬷嬷并梅香看视。"

má

吗〔嗎〕(má)　什么。如:干吗?

另见 mǎ,ma。

麻〔蔴〕(má)　麻类植物的总名。有大麻、亚麻、苎麻、苘麻等。古代专指大麻。

㊀(má)　❶指麻的皮纤维。《礼记·内则》:"执麻枲,治丝茧,织纴组纫。"❷麻布的丧服。《礼记·杂记下》:"麻者不绅,执玉不麻,麻不加于采。"❸唐宋时任命大臣用黄白麻纸颁诏,因即以为这种诏书的代称。参见"宣麻"。❹古代乐器名。《尔雅·释乐》:"大磬谓之麻,小者谓之料。"❺面部痘瘢。如:面麻;麻子。《聊斋志异·吕无病》:"衣服朴洁,而微黑多麻。"引申指物体表面不平滑。❻麻木;感觉不灵。如:手麻;脚麻。❼喻纷乱。见"麻沸"。❽姓。

麻沸　亦作"縻沸"、"麇沸"。形容混乱之极。《汉书·王莽传下》:"江湖海泽麻沸。"颜师古注:"麻沸,言如乱麻而沸涌。"

麻沸散　古代施行外科手术时的全身麻醉药方。《后汉书·华佗传》:"若疾发结于内,针药所不能及者,乃令先以酒服麻沸散,既醉无所觉,因刳破腹背,抽割积聚。"方已失传,据《华佗神医秘传》,由羊踯躅、茉莉花根、当归、菖蒲组成。

麻风　中医学亦称"厉风"。由麻风杆菌引起的一种慢性传染病。因长期密切接触而传染。主要有两大类:(1)瘤型。皮肤损害为边缘不清的红斑、结节或片状肿块,传染性较大。(2)结核样型。为边界清楚的红斑或浅色斑,有显著感觉障碍及神经粗大,一般无传染性。主要采用氨苯砜、利福平及氯苯吩嗪联合疗法,

需连续用药 1～2 年以上。

麻姑　中国古代神话中的女仙。葛洪《神仙传》说她为建昌人,修道牟州东南姑余山。东汉桓帝时应王方平之召,降于蔡经家,年十八九,能掷米成珠。自言曾见东海三次变为桑田,蓬莱之水也浅于旧时,或许又将变为平地。后世遂以"沧海桑田"比喻世事变化之巨大。她的手指像鸟爪,蔡经见后曾想:"背大痒时,得此爪以爬背,当佳。"后代文人常用作典故。如唐杜牧《读韩杜集》诗:"杜诗韩笔愁来读,似倩麻姑痒处搔。"相传三月三日西王母寿辰,麻姑在绛珠河畔以灵芝酿酒,为王母祝寿。故旧时祝女寿者多赠麻姑像,称"麻姑献寿"。

麻胡　传说中的人名,旧时民间常用以吓唬小孩。李匡乂《资暇集》卷下:"俗怖婴儿曰'麻胡来'。"王楙《野客丛书》卷二十一:"今人呼'麻胡来',以怖小儿,其说甚多。《朝野佥载》云:伪赵石虎以麻将军秋师师。秋,胡人,暴戾好杀……有儿啼,母辄恐之曰:'麻胡来!'啼声即绝。《大业拾遗》云:炀帝将去江都,令将军麻祜浚阪。祜虐用其民,百姓惴栗,呼'麻祜来'以恐小儿,转祜为胡。'

麻木不仁　谭嗣同《以太说》:"疾痛痾痒,一触即知。其机极灵,其传至速。不灵不速时,曰麻木不仁。"比喻对事物反应迟钝或漠不关心。

麻衣　❶丧服,大祥后之服。《礼记·间传》:"又期而大祥,素缟,麻衣。"郑玄注:"谓之麻者,纯用布,无采饰也。"纯,边缘。❷古代的常服,即"深衣"。《诗·曹风·蜉蝣》:"蜉蝣掘阅,麻衣如雪。"郑玄笺:"麻衣,深衣。诸侯之朝,朝服,朝夕则深衣也。"参见"深衣"。❸布衣。旧时特指赴试举子的衣服,也用作举子的代称。王定保《唐摭言·与恩地旧交》:"刘虚白与太平裴公(裴垍)早同砚席。及公主文,虚白犹是举子。试杂文日,帘前献一绝句曰:'二十年

前此夜中,一般灯烛一般风。不知岁月能多少,犹著麻衣待至公.'"胡震亨《唐音癸签·诂笺三》:"〔进士科〕岁每三十人为率。李山甫诗:'麻衣尽举一双手,桂树只生三十枝.'言得者之少而难如此."

痲〔mà〕 病名。即"麻风"。

摩〔mà〕 牛名。柳宗元《同刘二十八院长述旧言怀》诗:"岸芦翻毒蠚,碛竹斗狂摩."

蟆〔蟇〕(mà) 见"蛤蟆"。

魇〔魘〕(mà) 见"氉魇"。

mǎ

马〔馬〕(mǎ) ❶动物名。学名 *Equus caballus*。哺乳纲,马科。草食役用家畜。耳小直立、面长。额、颈上缘、鬐甲及尾有长毛。四肢强健,内侧有附蝉,第三趾最发达,趾端为蹄,其余各趾退化。毛色复杂,有骝、栗、青、黑等。性温驯而敏捷。多在春夏发情,发情周期21～22天,发情持续3～7天。3～4岁开始配种,妊娠期11个月,每胎产驹一头。寿命约30年。广布于世界各国;中国主要分布在东北、西北和西南地区。有重挽、轻挽和骑乘三型,亦可兼作驮、乳等用。❷通"码"。计算用的筹。《礼记·投壶》:"为胜者立马。"❸虫类及草类特大者之称。如:马蜂;马蓼。❹官名。商代设置,常奉命征伐和射猎。见于甲骨卜辞。所部分左、右、中三队,每队百人。后世司马之官,或从此出。❺姓。

马弁 旧时跟随军官的侍卫人员。

马伯六 亦作"马泊六"。褚人获《坚瓠集·广集》卷六:"俗呼撮合者曰马伯六,不解其义。偶见《群碎录》:'北地马群,每一牡将十余牝而行,牝皆随牡,不入他群……愚合计之,亦每伯牝马用牡马六匹,故称马伯六.'"旧时俗称诱引男女搞不正当关系的人。《水浒传》第二十四回:"王婆笑道:'老身为头是做媒;又会做牙婆,也会抱腰,也会收小的,也会说风情,也会做马泊六.'"

马齿 马齿随年龄而添换,看马齿可知马的年龄。《穀梁传·僖公二年》:"荀息牵马操璧而前曰:'璧则犹是也,而马齿加长矣.'"后用作自称年岁的谦词。庾信《谨赠司寇淮南公》诗:"犹怜马齿进,应念节旄稀."

马二先生 《儒林外史》中人物。名纯上。以给书坊评选八股文为业。庸碌迂腐,不通世务,把求取功名富贵、荣宗耀祖作为人生唯一目的,而把八股文作为最重要的学问。然语言真率,"又尚上知春秋汉唐,在'时文士'中犹属诚笃博通之士"(鲁迅《中国小说史略》)。这一形象,既深刻地体现了当时儒者的人生哲学,反映了以八股文取士的科举制度对封建社会知识分子的毒害,又具有鲜明的个性,是中国古典文学中著名的艺术典型。相传是以作者吴敬梓的挚友、全椒举人冯粹中为原型。

马肝 ❶马的肝。相传马肝有毒,食之能致命。《史记·封禅书》:"文成食马肝死耳。"司马贞索隐:"《论衡》云,气勃而毒盛,故食走马肝,马肝杀人。"文成,武帝时方士少翁,封文成将军。❷即马肝石,可作砚。苏轼《孙莘老寄墨四首》诗:"溪石琢马肝,剡藤开玉板。"赵次公注:"端州深溪之石,其色紫如马肝者为上。"

马革裹尸 用马皮包裹尸体。谓英勇作战,捐躯沙场。语出《后汉书·马援传》:"援曰:'方今匈奴、乌桓尚扰北边,欲自请击之。男儿要当死于边野,以马革裹尸还葬耳,何能卧床上在儿女子手中邪!'"

马工枚速 谓司马相如、枚皋二人为文,一工一速。《汉书·枚乘传》:"〔枚皋〕为文疾,受诏辄成,故所赋者多;司马相如善为文而迟,故所作少而善于皋。"后用以誉称各有所长。

马甲 ❶马的护身甲。《新五代史·汉本纪·高祖》:"晋高祖马甲断,梁兵几及,知远以所乘马授之。"❷吴语称背心为"马甲"。❸江珧肉柱,即干贝。朱熹《次秀野杂诗韵又五绝》:"马甲蠔山得饫餐。"

马快 骑马的捕快,旧时官署中协管缉捕盗贼的公差。《称谓录》卷二十六:"马快,步快,《赋役全书》各府县均有此名目。"

马牛襟裾 马牛穿着衣服。讥讽不明事理,不识礼仪的人。韩愈《符读书城南》诗:"人不通古今,马牛而襟裾。"无名氏《延安府》第二折:"你这等人,乃沐猴而冠之辈,马牛襟裾之材。"

马前卒 在官员马前引导开路的吏役。韩愈《符读书城南》诗:"一为马前卒,鞭背生虫蛆;一为公与相,潭潭府中居。"后喻称受人驱使的人。

马首是瞻 《左传·襄公十四年》:"荀偃令曰:'鸡鸣而驾,塞井夷灶,唯余马首是瞻.'"杜预注:"言进退从己。"后比喻服从指挥或乐于追随。龚自珍《与吴虹生书》:"此游作何期会,作何章程,愿惟命是听,惟马首是瞻,胜于在家穷愁也。"

马头 船只停泊处。《资治通鉴·唐穆宗长庆二年》:"又于黎阳筑马头,为度(渡)河之势。"胡三省注:"附河岸筑土,植木夹之至水次,以便兵马入船,谓之马头。"今作"码头"。也指商业城市。《警世通言·乔彦杰一妾破家》:"宁海郡大马头去处,快活过了生世。"

吗〔嗎〕(mǎ) 译音字。另见 má,ma。

犸〔獁〕(mǎ) 见"猛犸"。

玛〔瑪〕(mǎ) ❶见"玛瑙"。❷译音字。如:玛祖卡。

玛瑙 矿物名和宝玉石名。具有不同颜色条带或花纹相间分布的玉髓。由含不同杂质的二氧化硅胶体溶液在岩石空洞或裂隙中逐次沉淀而成。按花纹和颜色的不同而称作苔纹玛瑙、缠丝玛瑙等。色泽差者可作精密仪器的轴承、耐磨器皿(如玛瑙乳钵)等。色彩艳丽者可加工成精美的工艺美术品及各种饰物。

杩〔杩〕(mǎ) 见"杩槎"。另见 mà。

杩槎 一种临时性的截流建筑物。以圆木构成三脚架,中设平台,台上置石块,保持稳定。应用时以多个排列成行,在迎水面上加系横木及竖木,外置竹席,并加培粘土。可起挡水作用,不需要时极易拆除。很早就用于四川都江堰市都江堰岁修工程中。

都江堰杩槎

码〔碼〕(mǎ) ❶天平上计重量的标准。见"砝码"。❷计数的符号或用具。如:号码;页码;筹码。❸英文 yard 的译名。英制中的长度单位。1 码＝3 英尺;1 英里＝1 760 码。与法定计量单位的关系是:1 码＝0.914 4 米。❹通"马"。如"码头"本作"马头",即水边伸出以便兵马上船的建筑物。❺同"玛"。

见"码磝"。

码磝 宝石名。通作"玛瑙",亦作"码瑙"、"马瑙"、"马脑"。<u>杜甫</u>《韦讽录事宅观曹将军画马图》诗:"内府殷红马脑碗。"

蚂 〔螞〕(mǎ) 本作"马"。虫类大者之称。如:蚂蚁(本谓大蚁,今为蚁通称)。
另见 mà。

蚂蟥 蛭纲,水蛭科。<u>中国</u>常见的宽体金线蛭体略呈纺锤形,扁平而较肥壮,长达 13 厘米。背面通常暗绿色,有五条黑色间杂淡黄的纵行条纹。前吸盘小,口内有齿,但不发达。在<u>中国</u>分布很普遍,水田、河湖中极常见,捕食小动物。虽能刺伤皮肤,但不吸血。虫体干燥炮制后入药。

mà

杩 〔榪〕(mà) 床头横木。见《玉篇·木部》。
另见 mǎ。

祃 〔禡〕(mà) 古代军中祭名。《诗·大雅·皇矣》:"是类是祃,是致是附,四方以无侮。"《礼记·王制》:"祃于所征之地。"郑玄注:"祃,师祭也,为兵祷。"《宋史·礼志二十四》:"师出必祭,谓之祃。"

祃牙 古时出兵行祭旗之礼。<u>封演</u>《封氏闻见记》卷五:"军前大旗谓之牙旗,出师则有建牙、祃牙之事。"《宋史·礼志二十四》:"<u>太宗征河东</u>,出京前一日,遣右赞善大夫潘慎修出郊,用少牢一,祭<u>蚩尤祃牙</u>。"

蚂 〔螞〕(mà) 见"蚂蚱"。
另见 mǎ。

蚂蚱 "蝗"的俗名。有的地方也兼指蚱蜢。

骂 〔罵、駡、傌〕(mà) 以恶言加人。如:咒骂;骂街。《史记·留侯世家》:"陛下轻士善骂。"

骂座 谩骂同座的人。《史记·魏其武安侯列传》:"劾灌夫骂座不敬,系居室。"

唛 〔嘜〕(mà) 英文 mark 的译音字。见"唛头"。

唛头 译自英文 mark,亦译"唛"或"嘜"。用文字、图形和记号表明在货物包装上,以便识别一批货物不同于另一批货物的标记。它的内容有:批号、件号、指运港口、目的地、生产国别(地名)、合同号码、货名、数量、收货人等。

貊 (mà) 通"祃"。古代祭名。《周礼·春官·肆师》:"祭表

貊。"<u>郑玄</u>注:"貊,师祭也。"参见"祃"。
另见 háo,hé,mò。

鬃 (mà) 用带绕于髻上以为饰。《文选·张衡〈西京赋〉》:"朱鬃蚴髺,植发(髮)如竿。"<u>李善</u>注引《说文》曰:"鬃,带髻头饰也。"按本《说文·彡部》作"鬃,带结饰也"。

ma

么 〔麽〕(ma) 表语气。同"吗"。
另见 yāo,me。

吗 〔嗎〕(ma) ❶表示疑问或反诘的语气。如:明天你来吗? 这件事情难道你不知道吗? ❷作语助,用在句中表停顿。如:这事吗,其实也不能怪他。
另见 má,mǎ。

嘛 (ma) ❶见"喇嘛"。❷语助,表示提醒的语气。如:你自己答应的嘛,怎么又翻悔了!

mái

愇 〔憒〕(mái) 见"愇愇"。

愇愇 心不平。《明史·梅之焕传》:"由此悍然益诛善类,愇愇楚人矣。"

埋 (mái) ❶葬;藏。如:掩埋;埋藏。《礼记·曲礼上》:"祭器敝则埋之,龟筴敝则埋之,牲死则埋之。"❷隐没。如:隐姓埋名。参见"埋没"。
另见 mán。

埋轮 ❶埋车轮于地,以示坚守而不退兵。《孙子·九地》:"是故方马埋轮,未足恃也。"<u>曹操</u>注:"埋轮,示不动也。"❷埋车轮于地,表示停留在此,坚决不离开。《后汉书·张纲传》:"<u>汉安</u>元年,选遣八使徇行风俗,皆耆儒知名,多历显位,唯<u>纲</u>年少,官次最微。余人受命之部,而<u>纲</u>独埋其车轮于<u>洛阳</u>都亭,曰:'豺狼当路,安问狐狸!'遂奏弹大将军<u>梁冀</u>。后因以'埋轮'表示不畏高官,敢于弹劾权贵。<u>沈约</u>《奏弹王源》文:"虽埋轮之志,无屈权右;而狐鼠微物,亦蠹大猷。"

埋名 隐没其名,不使人知。《汉书·翟方进传》:"设令时命不成,死国埋名,犹不当以惭于先帝。"

埋没 ❶掩埋。杜甫《兵车行》:

"生女犹得嫁比邻,生男埋没随百草。"❷湮没不为人知。<u>庾信</u>《哀江南赋》:"功业夭枉,身名埋没。"

埋香 喻指埋葬青年女子。<u>吴文英</u>《莺啼序·丰乐楼节斋新建》词:"瘗玉埋香,几番风雨。"

埋忧 把忧愁埋藏起来。犹言抑制忧愁。<u>仲长统</u>《述志》诗:"寄愁天上,埋忧地下。"

埋玉 比喻年少而有才能者死亡,表示悼惜之辞。语出《晋书·庾亮传》:"<u>亮</u>将葬,<u>何充</u>会之,叹曰:'埋玉树于土中,使人情何能已!'"后常简作"埋玉"。<u>宋之问</u>《祭杜学士审言文》:"名全每困于铄金,身没谁恨其埋玉!"亦比喻埋葬女子,并表惋惜。

哩 (mái) 译音字。如:<u>哩伽塔</u>(古地名)。
另见 lǐ,li,yīnglǐ。

狸 〔貍〕(mái) 通"埋"。参见"狸虫"、"狸沈"。
另见 lí。

狸沈 狸,通"埋"。谓祭祀山川,将牲币祭品埋于山或沉于川中。《周礼·春官·大宗伯》:"以狸沈祭山林川泽。"<u>郑玄</u>注:"祭山林曰埋,川泽曰沈。"<u>贾公彦</u>疏:"以其山林无水,故埋之。川泽有水,故沈之。"

狸虫 藏身房屋孔穴的虫。《周礼·秋官·赤犮氏》:"凡隙屋,除其狸虫。"

薶 (mái) 同"埋"。《淮南子·时则训》:"掩骼薶骴"《礼记·月令》作"埋"。
另见 wō。

懬 (mái) 慧。《方言》第一:"虔,儇,慧也。秦谓之谩,晋谓之懬。"

霾 (mái) ❶大气呈混浊状态的一种天气现象。系悬浮细微烟、尘或盐粒所致。在以天空为背景时,呈微黄色或橘红色;在以物体为背景时,呈浅蓝色。出现时水平能见度小于 10 千米。有干霾和湿霾之分。前者的相对湿度一般小于60%;后者亦即"轻雾",相对湿度大于70%。《诗·邶风·终风》:"终风且霾。"<u>毛</u>传:"霾,雨土也。"❷通"埋"。《楚辞·九歌·国殇》:"霾两轮兮絷四马。"

mǎi

买 〔買〕(mǎi) ❶购买;买进。与"卖"相对。引申谓用金钱

或其他手段取得。如：买好；买名。❷招惹；引起。《国策·韩策一》："此所谓市怨而买祸者也。"❸姓。

买春 唐代的酒多以春为名，如竹叶春、梨花春之类，因以"春"为酒的代称。买春，即买酒。司空图《诗品·典雅》："玉壶买春，赏雨茆屋。"一说，"玉壶买春"言载酒游春，见杨廷芝《诗品浅解》。

买椟还珠 《韩非子·外储说左上》："楚人有卖其珠于郑者，为木兰之柜，熏以桂椒，缀以珠玉，饰以玫瑰，辑以羽翠，郑人买其椟而还其珠。"椟，匣子；玫瑰，石之美者；辑，装饰。后因用以比喻舍本逐末，取舍失当。亦省作"买椟"。

买邻 《南史·吕僧珍传》："宋季雅罢南康郡，市宅居僧珍宅侧。僧珍问宅价，曰：'一千一百万。'怪其贵，季雅曰：'一百万买宅，千万买邻。'"后遂以"买邻"为买屋择邻的典故。查慎行《八叠前韵答同年吴南村》："与君日日为同直，千万何须更买邻。"

买山 《世说新语·排调》："支道林因人就深公买印山。深公答曰：'未闻巢、由买山而隐。'"印山当作岇山。巢，巢父；由，许由，都是古代的隐者。后因称退隐为"买山"。温庭筠《春日访李十四处士》诗："谁言有策堪经世，自是无钱可买山。"

买醉 谓沽酒痛饮，以图一醉。李白《梁园吟》："沉吟此事泪满衣，黄金买醉未能归。"

荬〔蕒〕(mǎi) 植物名。吴其濬《植物名实图考》载有"苦荬"、"菖荬"数种。嫩茎叶可食。

鹀〔鷶〕(mǎi) 见"鹀鹀"。

鹀鹀 鸟名，即杜鹃。《广雅·释鸟》："鷐鸠，鹀鹀，子鸠也。"王念孙疏证："鸠，或作规。……《玉篇》云：'鹀，布谷也。'……按《龙龛手鉴》云：'子鸠鸟大如布谷。'不得即以为布谷也。亦作"买镆"。《汉书·扬雄传》："徒恐鷐鸠之将鸣兮。"颜师古注："鷐鸠鸟，一名买镆，一名子规，一名杜鹃。"

mài

劢〔勱〕(mài) 勉力。《书·立政》："其惟吉士，用劢相我国家。"

迈〔邁〕(mài) ❶远行；前进。《诗·王风·黍离》："行迈靡靡，中心摇摇。"《魏书·邢峦传》："前军长迈，已至梓潼。"引申为跨步或大踏步。如：迈过门槛；迈步前进。❷超过；超逸。《三国志·魏志·高堂隆传》："则三王可迈，五帝可越。"《新唐书·员半千传》："长与何彦先同事王义方，以迈秀见赏。"❸巡行。《诗·周颂·时迈》："时迈其邦。"❹时光消逝。《诗·唐风·蟋蟀》："今我不乐，日月其迈。"引申为年老。《后汉书·皇甫规传》："年齿之不迈。"❺通"劢"。勤勉。《左传·庄公八年》："皋陶迈种德。"孔颖达疏："言皋陶能勉力种树功德。"

迈迈 ❶行进貌。陶潜《时运》诗："迈迈时运，穆穆良朝。"❷不悦貌。《诗·小雅·白华》："念子懆懆，视我迈迈。"毛传："迈迈，不说也。"陆德明释文："迈迈，《韩诗》及《说文》并作怖怖。"按，朱熹注："迈迈，不顾也。"与毛传异。

麦〔麥〕(mài) ❶禾本科。一、二年生草本。中国栽培的种类甚多，有小麦、大麦、燕麦、黑麦等，尤以小麦、大麦两种为最广。子实主要作粮食，或作精饲料、酿酒、制饴糖。秆可作编织或造纸原料。❷姓。隋代有麦铁杖。

麦饭 以麦为饭。《急就篇》："饼饵麦饭甘豆羹。"颜师古注："磨麦合皮而炊之也。"《后汉书·冯异传》："光武对灶燎衣，异复进麦饭、菟肩。"引申为粗粝的饭。苏轼《和子由送梁左藏》："城西忽报故人来，急扫风轩炊麦饭。"

麦秋 夏历四月麦子成熟的时候。《礼记·月令》："〔孟夏之月〕麦秋至。"蔡邕《月令章句》："百谷各以其初生为春，熟为秋，故麦以孟夏为秋。"罗隐《寄进士卢休》诗："从此客程君不见，麦秋梅雨遍江东。"

麦人 麦心，去皮壳的麦。即麦仁。苏轼《过汤阴市得豌豆大麦粥》诗："秋霖暗豆漆，夏旱瘦麦人。"王士朋集注："《本草》荞麦取人作饭，食之下气，盖麦之心曰人。"

麦穗两歧 亦作"麦秀两歧"。一麦二穗，为丰收之兆。《后汉书·张堪传》："乃于狐奴开稻田八千余顷，劝民耕种，以致殷富。百姓歌曰：'桑无附枝，麦穗两歧（岐），张君为政，乐不可支。'"

麦舟 惠洪《冷斋夜话》卷十载：宋范仲淹子纯仁从姑苏运麦五百斛，船过丹阳，遇石曼卿无钱归葬亲人，即以全船麦赠之。后因以麦舟代称

赠物相助。仇远《送程子方归蜀》诗："家温无计归葱肆，岁晚何人付麦舟。"

侎(mài) 我国古代东部少数民族的乐名。见"僸侎兜离"。

卖〔賣〕(mài) ❶以货换钱；出售。与"买"相对。《国策·西周策》："越人请买之千金，折而不卖。"❷出卖，以损害他人为手段来博取自己的利益。《史记·范雎蔡泽列传》："自知见卖。"参见"卖友"。❸尽量使出来。如：卖力；卖劲。❹卖弄。如：倚老卖老。

卖官鬻爵 旧时指执政掌权者出卖官职爵位，以聚敛财物。《宋书·邓琬传》："父子并卖官鬻爵。"

卖国贼 勾结、投靠外国侵略者，出卖国家主权和民族利益的人。

卖剑买牛 西汉龚遂为勃海太守，其地岁岁饥，多盗劫；遂至任后，"劝民务农桑……民有带持刀剑者，使卖剑买牛，卖刀买犊"。见《汉书·龚遂传》。后借用为改业归农的意思。陆游《贫甚作短歌排闷》："惟有躬耕差可为，卖剑买牛悔不早。"

卖买 交易。《周礼·天官·小宰》："七曰听卖买以质剂。"

卖名 犹沽名。李白《送裴十八图南归嵩山》诗："洗心得真情，洗耳徒卖名。"

卖弄 夸示；炫耀。《后汉书·朱浮传》："〔建武〕二十二年，坐卖弄国恩免。"卖弄国恩，谓恃恩弄权。王实甫《西厢记》第一本第四折："来往向人前卖弄俊俏。"

卖权 犹弄权。《商君书·农战》："下卖权，非忠臣也，而为之者，以末货也。"参见"卖重"。

卖文 以诗文博取报酬。杜甫《闻斛斯六官未归》诗："本卖文为活，翻令室倒悬。"

卖笑 指旧时娼妓或歌女为生活所迫，以声色供人取乐。周密《南宋市肆记·歌馆》："靓装迎门，争妍卖笑。"

卖友 出卖朋友以谋私利。《汉书·郦商传》："其子寄，字况，与吕禄善。及高后崩，大臣欲诛诸吕，吕禄为将军，军于北军。太尉勃不得入北军，于是乃使人劫商，令其子寄给吕禄。吕禄信之，与出游，而太尉勃乃得入据北军，以诛诸吕……天下称郦况卖友。"《史记》作"卖交"。

卖重 卖弄权势。《韩非子·和氏》："主用术则大臣不得擅断，近习

不敢卖重。"

脉 〔脈、衇、絈〕(mài)　❶血管。如:静脉;动脉。❷脉搏。如:切脉;脉象。《史记·扁鹊仓公列传》:"特以诊脉为名耳。"❸像血管一样连贯而自成系统的东西。如:叶脉。刘克庄《北山作》诗:"山行忘路脉,野坐认天文。"
另见 mò。

镁 〔鏺〕(mài)　化学元素〔周期系第Ⅷ族(类)元素〕。符号 Mt。原子序数 109。具强放射性。化学性应近似于铱。由重离子轰击法人工合成而得。质量数为 266 的同位素,半衰期为 3.5 毫秒。

鷖 〔鷖〕(mài)　鸟惊疑貌。《文选·潘岳〈射雉赋〉》:"靡闻而惊,无见自鷖。"李周翰注:"鷖犹疑也,靡,无也,此多惊疑之雉也。"

霢 (mài)　见"霢霂"。

霢

　霢霂　小雨。《诗·小雅·信南山》:"雨雪雰雰,益之以霢霂。"欧阳修《喜雨》诗:"夜响流霢霂,晨晖霁苍凉。"

霢 (mài)　同"霢"。

mān

颟 〔顢〕(mān,读音 mán)　见"颟顸"。

　颟顸　糊涂,不明事理。《红楼梦》第八十一回:"如今儒大太爷虽学问也只平平,但还弹压的住这些小孩子们,不至以颟顸了事。"

mán

埋 (mán)　见"埋怨"。
另见 mái。

　埋怨　亦作"埋冤"。责备。《水浒传》第四回:"且看赵员外檀越之面,容恕他这一番。我自明日叫去埋冤他便了。"亦作抱怨解。

悗 (mán)　烦闷。《灵枢·五乱》:"清浊相干,乱于胸中,是谓大悗。"
另见 mèn。

菛 (mán)　彼此平匀;相当。朱骏声《说文通训定声·乾部》:"按今以皮冒鼓曰菛,言平帖无缝也。"参见"菛胡"。

　菛胡　两面相当而蒙合之状。《周礼·天官·鳖人》:"掌取互物"郑玄注引郑司农云:"互物,谓有甲菛胡,龟鳖之属。"孙诒让正义:"菛胡、漫胡、曼胡、漫沍,皆形容之语,声义并同。……盖介物皮甲周匝敛合,上下必相当也。"

曼 (mán,又读 màn)　见"曼曼"。
另见 màn。

　曼曼　同"漫漫"。长远貌,多形容距离远或时间长。《离骚》:"路曼曼其修远兮,吾将上下而求索。"司马相如《长门赋》:"夜曼曼其若岁兮。"

蛮 〔蠻〕(mán)　❶野蛮;蛮横。如:蛮干;蛮不讲理。❷亦称"南蛮"。中国古代对长江中游及其以南地区少数民族的泛称。先秦古籍里称"六蛮"、"八蛮"或"百蛮",又通称"南蛮"。分布在楚国西北部,流行檠瓠的传说。以种植水稻等谷物为生。自魏晋南北朝以后,遍及今湘、鄂、豫、皖、赣、川、渝、黔、滇、桂的大部或一部分地区。旧时也泛指四方的少数民族。

　蛮舶　指古代航行东西方海上的外国船。《汉书·地理志》称为蛮夷贾船。《唐书·卢钧列传》云:"南海有蛮舶之利。"

　蛮触　语出《庄子·则阳》:"有国于蜗之左角者,曰触氏;有国于蜗之右角者,曰蛮氏。时相与争地而战,伏尸数万,逐北,旬有五日而后反。"苏轼《跋王晋卿所藏莲华经》:"乃知蜗牛之角,可以战蛮触。"后称因细故而引起的争端为蛮触之争。

　蛮荒　旧指文化比较落后的僻远地方。韩愈《潮州谢上表》:"虽在蛮荒,无不安泰。"

　蛮夷　旧时泛称四方的少数民族。《书·舜典》:"蛮夷率服。"《管子·八观》:"宪令著明,则蛮夷之人不敢犯。"

懑 〔懑〕(mán)　糊涂。《说文·心部》:"懑,忘也,懑兜也。"徐锴系传:"不晓了之意也。"段玉裁注:"懑兜盖古语,忘之貌也,犹今人曰糊涂不省事。"

谩 〔謾〕(mán)　欺骗;蒙蔽。《汉书·匈奴传上》:"是面谩也。"颜师古注:"谩,欺诳也。"
另见 màn。

蔓 (mán)　见"蔓菁"。
另见 màn,wàn。

　蔓菁　即"芜菁"。

樠 〔樠〕(mán)　❶木名。《左传·庄公四年》:"王(楚武王)遂行,卒于樠木之下。"❷溢出

貌。《庄子·人间世》:"以为门户则液樠,以为柱则蠹。"陆德明释文引司马彪曰:"樠,谓脂出樠樠然也。"

馒 〔饅〕(mán)　见"馒头"。

　馒头　一种用面粉发酵蒸成的食品。形圆而隆起。本有馅,后北方称无馅的为馒头,有馅的为包子;吴语区有馅无馅统称馒头。俗传诸葛亮南征孟获,渡泸水时,因邪神作祟,用面裹牛羊豕肉,像人头以祭,从此始有馒头。见《事物纪原》卷九。亦作"曼头"。束皙《饼赋》:"于时享宴,则曼头宜设。"

瞒 〔瞞〕(mán)　隐藏实情。如:隐瞒。《红楼梦》第六十一回:"什么事瞒的过我!"
另见 mén。

鞔 (mán)　❶鞋;鞋面。《吕氏春秋·召类》:"南家,工人也,为鞔者也。"段玉裁《说文解字注·革部》:"鞔,如今人言鞋帮也。"❷用皮蒙鼓。引申为绷紧貌。段成式《酉阳杂俎·语资》:"宁王常夏中挥汗鞔鼓。"又《盗侠》:"独有老人植杖不避,王(黎王)怒,杖背二十,如击鞔革。"
另见 mèn。

曫 (mán)　同"瞒"。
另见 màn。

鳗 〔鰻〕(mán)　鱼名。见"鳗鲡"。

　鳗鲡(Anguilla japonica)　简称"鳗",亦称"白鳝"。硬骨鱼纲,鳗鲡科。体长,呈圆筒形,长达 60 余厘米。背侧灰褐色,下方白色。背鳍和臀鳍延长,与尾鳍相连。无腹鳍。鳞细小,埋没皮

鳗鲡

肤下。亲鱼于秋季降入深海产卵;幼鱼经变态后,进入淡水中成长。分布于中国以及朝鲜半岛和日本。肉质细嫩,富含脂肪,为上等食用鱼类之一。可养殖。

髥 〔髥〕(mán)　头发长。《说文·髟部》:"髥,发长也。"引申为凡长之称。《汉书·礼乐志》:"掩回辕,髥长驰。"颜师古注引如淳曰:"髥髥,长貌也。"

鬘 (mán)　❶头发美好貌。见《集韵·二十六桓》。❷亦称"华鬘",即连贯成串的花。皮日休《明月湾》诗:"藤深垂花鬘。"

霡〔mán〕　雨露浓。苏轼《次韵毛滂法曹感雨》诗："兴雨自有时，肤寸便蒙霫。"

mǎn

霫〔矕〕（mǎn）❶视；望。《后汉书·马融传》："右矕三涂。"李贤注："矕，视也。三涂，山名，在陆浑县西南。"❷被；蒙。班固《答宾戏》："矕龙虎之文，旧矣。"

满〔満〕（mǎn）❶充满；布满。如：粮食满仓。《史记·滑稽列传》："瓯窭满篝，污邪满车，五谷蕃熟，穰穰满家。"❷满足；满意。如：不满；心满意足。《汉书·食货志上》："莽一朝有之，其心意未满。"❸骄傲自满。《书·大禹谟》："满招损，谦受益。"❹达到期限。如：假满；满期。《南史·虞寄传》："前后所居官，未尝至秩满。"❺成功。《吕氏春秋·贵信》："以言非信，则百事不满也。"高诱注："满，犹成。"❻全。如：满不在乎。❼中国少数民族名。❽姓。汉代有满昌。

另见 mèn。

满城风雨　宋潘大临《题壁》诗有"满城风雨近重阳"之句。见《冷斋夜话》卷四。原指秋天的景象。后以"满城风雨"比喻消息一经传出，就众口喧腾，到处哄动。

满谷满坑　《庄子·天运》："在谷满谷，在坑满坑。"后以"满谷满坑"形容数量极多。亦作"满坑满谷"。

满贯　犹"盈贯"。贯，穿钱的索子。钱已穿满索子，比喻已到最高限度。多指罪恶。《韩非子·说林下》："有与悍者邻，欲卖宅而避之。人曰：'是其贯将满矣，子姑待之。'答曰：'吾恐其以我满贯也。'遂去之。"参见"恶贯满盈"。

满假　自满自大。《书·大禹谟》："克勤于邦，克俭于家，不自满假。"孔传："满，谓盈实；假，大也。"孔颖达疏："言己无所不知，是为自满；言己无所不能，是为自大。"

满江红　❶词牌名。双调九十三字，仄韵，一般用入声韵。相传为岳飞所作的"怒发冲冠"一首，最为有名。南宋姜夔始作平韵体，但用者不多。❷曲牌名。南曲正宫、南吕宫，北曲仙吕宫都有同名曲牌。南曲较常见，属正宫者字句格律与词牌不同，用作过曲；属南吕宫者与词牌前半阕同，用作引子。

满面春风　满脸喜色，十分得意的样子。王实甫《丽春堂》第一折："气昂昂，志卷长虹。饮千钟，满面春风。"

满堂红　旧时灯的一种，多作四角、六角、八角等形，外蒙彩绢或玻璃，悬挂在厅堂上。翟灏《通俗编·器用》："《暖姝由笔》：'满堂红，彩绢方灯也。'按今所谓满堂红，其制又别，盖属近时起矣。"

满庭芳　❶词牌名。又名《锁阳台》《满庭霜》等。双调九十五字或九十六字，有平韵、仄韵两体。❷曲牌名。南曲中吕宫、正宫，北曲中吕宫均有同名曲牌。常见者有二：一属南曲中吕宫，字句格律与词牌同，用作引子。一属北曲中吕宫，与词牌前半阕略异，用作小令，或用在套曲中。

满意　❶合意；快意。汪藻《晚发吴城山》诗："会须满意开怀抱，到眼庐山不世情。"❷专意；决意。《国策·齐策四》："孟尝君逐于齐而复反。谭拾子迎之于境，谓孟尝君曰：'君得无有所怨于齐士大夫？'孟尝君曰：'有。''君满意杀之乎？'孟尝君曰：'然。'"❸一心想要。范成大《发合江数里寄杨商卿诸公》诗："临分满意说离愁，草草无言只泪流。"

满月　❶犹"望月"。夏历每月十五夜之月。张九龄《赋得自君之出矣》诗："思君如满月，夜夜减清辉。"❷婴儿出生满一月。《魏书·汲固传》："时式子生先始满月。"❸怀孕期满临娩之月。元稹有《妻满月日相唁》诗。

满招损，谦受益　自满则招致损害，谦虚则得到补益。《书·大禹谟》："惟德动天，无远弗届，满招损，谦受益，时乃天道。"

鋄〔鋄〕（mǎn）　金精。《集韵·二十四缓》："鋄，金精谓之鋄。"

螨〔蟎〕（mǎn）　蛛形纲，蜱螨亚纲，真螨目。体微小，不超过2毫米。头、胸、腹愈合成躯体，分节不明显，躯体前端有突出的口器，称"颚体"。角皮极薄，腹面有足四对。分布遍及地下、地上、高山、水中和生物体内外。繁殖快，数量多。种类繁多。不少种类，如叶螨（亦称红蜘蛛）、粉螨能危害农作物、果树及仓库贮粮，疥螨、毛囊螨和肺螨能寄生人和动物体内外，革螨、恙螨能传播多种疾病，尘螨可引起人体过敏性疾病。土壤中螨类群落对土质有很大影响。

màn

曼（màn）❶长。《诗·鲁颂·閟宫》："孔曼且硕。"《列子·汤问》："娥（韩娥）还复为曼声长歌。"❷延展；延长。《楚辞·九章·哀郢》："曼余目以流观兮。"《汉书·礼乐志》："德施大，世曼寿。"❸柔美。如：轻歌曼舞。❹细腻。《汉书·司马相如传上》："郑女曼姬。"颜师古注引文颖曰："曼者，言其色理曼泽也。"

另见 mán。

曼辞　粉饰之辞。司马迁《报任少卿书》："今虽欲自雕琢，曼辞以自饰，无益，于俗不信，适足取辱耳。"

曼漶　模糊；不分明。如：碑文曼漶。《汉书·扬雄传下》："为其泰曼漶而不可知。"

曼靡　形容声音柔和轻细而曼长。萧统《七契》："与金石而铿锵，共丝竹而曼靡。"

曼羡　犹洋溢。盛大貌。《汉书·司马相如传下》："逢涌原泉，沕潏曼羡。"颜师古注："曼羡，盛大之意也。"按《文选·司马相如〈封禅文〉》李善注："或曰：曼羡，广散也。"

曼延　❶亦作"曼衍"。连绵不断。王延寿《鲁灵光殿赋》："长涂升降，轩槛曼延。"❷亦作"漫衍"、"曼衍"、"蔓延"或"蔓蜒"。巨兽名。《汉书·司马相如传上》："蔓蜒貙豻。"郭璞注："蔓蜒，大兽似狸，长百寻。"古代亦仿以为百戏节目。常与"鱼龙"同时演出，合称"曼延鱼龙"，后称"鱼龙曼延"。

曼衍　❶发展变化。《庄子·齐物论》："和之以天倪，因之以曼衍，所以穷年也。"成玄英疏："曼衍，犹变化也。"❷同"曼延❶"。连绵不断。《汉书·晁错传》："土山丘陵，曼衍相属。"颜师古注："曼衍，犹联延也。"❸散布。扬雄《甘泉赋》："骈交错而曼衍兮。"❹汉代杂戏名。见"曼延❷"。

曼泽　细腻润泽。《楚辞·大招》："曼泽怡面，血气盛只。"王逸注："肌肤曼致，面貌怡怪，血气充盛，身体强壮也。"

幕（màn）　钱币的背面。《汉书·西域传上》："以金银为钱，文为骑马，幕为人面。"

另见 mù。

鄤（màn）　古地名。春秋郑国地。确址不详。《左传·成公三年》:郑公子偃"使东鄙覆诸鄩"。

僈(màn) ❶通"慢"。轻慢。轻视。《荀子·非十二子》:"上功用,大俭约,而僈差等。"❷通"慢"。怠慢;怠惰。《荀子·不苟》:"君子宽而不僈。"❸通"漫"。污秽。《荀子·荣辱》:"污僈突盗,常危之术也。"

谩〔谩〕(màn) ❶通"慢"。怠慢;轻视。《汉书·翟方进传》:"轻谩宰相。"❷空泛。通"漫"。《庄子·天道》:"孔子……于是繙十二经以说,老聃中其说,曰:'大谩,愿闻其要。'"王先谦集解:"按繁则近谩,恐多无实之词。"

另见 mán。

谩骂 同"嫚骂"。

墁(màn) ❶同"镘"、"槾"。涂墙的工具。❷墙上的涂饰。《孟子·滕文公下》:"毁瓦画墁。"❸铺饰。如:花砖墁地。

蔓(màn) ❶蔓生植物的枝茎,木本曰藤,草本曰蔓。如:葛蔓;萝蔓。❷蔓延,滋长。《左传·隐公元年》:"无使滋蔓,蔓,难图也。"❸乱。《楚辞·九思·悯上》:"须发蔓悴兮颠鬓白。"王逸注:"蔓,乱也。"

另见 mán,wàn。

蔓草 蔓生的草。《诗·郑风·野有蔓草》:"野有蔓草,零露溥兮。"

蔓蔓 ❶形容长久。《汉书·礼乐志》:"蔓蔓日茂。"❷《太玄·莹》:"故夫抽天下之蔓蔓,散天下之混混者,非精其孰能之!"蔓蔓,以草的支蔓比喻难察的事。

蔓延 ❶像蔓草一样地延伸。魏明帝《种瓜篇》:"兔丝无根株,蔓延自登缘。"引申为传播散布。❷汉代百戏之一。《文选·张衡〈西京赋〉》:"巨兽百寻,是为蔓延。"张铣注:"言作大兽,名为蔓延之戏。"

蔓衍 滋长延伸;广延。《楚辞·九思·怨上》:"菽藟兮蔓衍。"《旧唐书·武宗纪》:"汉魏之后,像教寖兴……因缘染习,蔓衍滋多。"像教,佛教。亦作"曼衍"。蔡邕《月令问答》:"尽天地三光之情,辞繁多而曼衍,非所谓理约而达也。"

幔(màn) 帐幕。段成式《酉阳杂俎·礼异》:"北朝婚礼,青布幔为屋,在门内外,谓之青庐。"

幔城 用帷幕围绕如城,因称"幔城"。宋之问《奉和幸长安故城未央宫应制》诗:"寒轻彩仗外,春发幔城中。"

幔亭 用帐幔围成的亭子。《云笈七籤》卷九十六引陆鸿渐《武夷山记》:"武夷君,地官也,相传每于八月十五日大会村人于武夷山,上置幔亭,化虹桥通山下。"武夷山的幔亭峰,即因此种传说而得名。

猌(màn) 见"猌狿"。

猌狿 兽名。《广韵·二十五愿》:"猌狿,兽长百寻。"《史记·司马相如列传》:"兕象野犀,穷奇猌狿。"

漫(màn,又读 mán) ❶水涨;水外溢。储光羲《酬綦毋校书梦耶溪见赠之作》诗:"春看湖水漫。"宋之问《自湘源至潭州衡山县》诗:"渐见江势阔,行嗟水流漫。"引申为满,弥漫。苏轼《定惠院海棠》诗:"桃李漫山总粗俗。"沈周《落花》诗:"夹雨檐沟瓦半漫。"❷浸坏。《金史·河渠志》:"河水浸漫,堤岸陷溃。"❸污。《庄子·让王》:"又欲以其辱行漫我。"❹随意;不受约束。如:漫游;漫谈。严武《寄题杜拾遗锦江野亭》诗:"漫向江头把钓竿。"❺枉;徒然。杜甫《宾至》诗:"岂有文章惊海内,漫劳车马驻江干。"

漫漶 亦作"曼漶"。模糊不可辨识。韩愈《新修滕王阁记》:"赤白之漫漶不鲜者,治之则已。"

漫澜 ❶亦作"澜漫"。水广大貌。韩愈《送郑尚书序》:"其南州皆岸大海,多洲岛,帆风一日踔数千里,漫澜不见踪迹。"❷犹糜烂,破碎貌。《淮南子·精神训》:"其已成器而破碎漫澜而复归其故也,与其为盆盎,亦无以异矣。"

漫漫 ❶亦作"曼曼"。无涯际貌。形容时间长、距离远或面积广。宁戚《饭牛歌》:"长夜漫漫何时旦?"《文选·扬雄〈甘泉赋〉》:"指东西之漫漫。"李善注:"漫漫,无垠(涯)际之貌也。"江淹《别赋》:"云漫漫而奇色。"❷放纵。《汉书·江都易王传》:"王前事漫漫,今当自谨。"

漫天 犹满天。弥漫天空。范成大《碧瓦》诗:"无风杨柳漫天絮,不雨棠梨满地花。"引申为无边无垠。如:漫天要价;漫天大谎。

漫条斯理 从容不迫。《儿女英雄传》第一回:"〔公子〕听见老爷的话,便过来规规矩矩、漫条斯理的说道:'这话还得请父亲斟酌。'"

漫羡 犹漫衍。博涉而无指归。《汉书·艺文志·杂家》:"及荡者为之,则漫羡而无所归心。"

漫衍 ❶连绵。宋玉《高唐赋》:"箕踵漫衍,芳草罗生。"亦指泛滥。刘歆《山海经序》:"洪水洋溢,漫衍中国。"❷博涉而无所主。《列子·仲尼》:"公孙龙之为人也,行无师,学无友,佞给而不中,漫衍而无家。"❸汉代杂戏名,即"曼延"。《汉书·西域传赞》:"作巴俞都卢、海中砀极、漫衍鱼龙、角抵之戏,以观视之。"

漫游 随意游玩。元结《漫酬贾沔州》诗:"漫游无远近,漫乐无早晏。"

慢(màn) ❶迟缓。与"快"相对。如:慢手慢脚。❷轻忽;怠惰。《左传·襄公三十一年》:"我远而慢之。"《三国志·蜀志·诸葛亮传》:"若无兴德之言,则责攸之、祎、允等之慢,以彰其咎。"❸词曲的一种格调。以字数较多、节奏舒缓而得名。如:声声慢;石州慢。

慢藏 收藏财物不谨慎。《易·系辞上》:"慢藏诲盗。"亦作"嫚藏"。《后汉书·崔骃传》:"睹嫚藏而乘衅兮,窃神器之万机。"

慢声 古汉语有一音缓读而成二音者,叫做慢声。昔人有"慢声为二、急声为一"之说。如慢声为"之乎",急声为"诸";慢声为"不律",急声为"笔"。过去流行于民间的切口,也有一音缓读而成二音的,如"一"为"也基","有"为"爷九"。

慢世 谓任性放纵,不拘礼法,不以世人的毁誉为意。嵇康《司马相如赞》:"长卿慢世,越礼自放。"

慢条斯理 慢吞吞。《儒林外史》第一回:"老爷亲自在这里传你家儿子说话,怎的慢条斯理!"

慢易 ❶疏忽;轻侮。《管子·内业》:"思索生知,慢易生忧。"《史记·张耳陈馀列传》:"高祖箕踞詈,甚慢易之。"❷形容声音舒缓平和。《礼记·乐记》:"嘽谐慢易、繁文简节之音作,而民康乐。"

嫚(màn) ❶轻侮;倨傲。《汉书·季布传》:"单于尝为嫚太后。"又《武帝纪》:"单于待命加嫚,侵盗亡已。"颜师古曰:"嫚与慢同。"❷通"慢"。懈怠;迟缓。《淮南子·主术训》:"职事不嫚。"

另见 yuān。

嫚骂 肆意辱骂。《史记·高祖本纪》:"高祖问医,医曰:'病可治。'于是高祖嫚骂之曰:'吾以布衣提三尺剑取天下……虽扁鹊何益?'"

嫚易 ❶轻侮,不以礼相待。《汉书·郦食其传》:"吾闻沛公嫚易人。"❷和缓。《汉书·礼乐志》:"阐谐嫚易之音作,而民康乐。"颜师古注:"嫚易,言不急刻也。"

缦〔縵〕(màn) ❶无文采的帛。《管子·霸形》:"令诸侯以缦帛鹿皮报。"引申为凡无文采之物。《国语·晋语五》:"乘缦不举。"韦昭注:"缦,车无文;不举,不举乐。"❷通"慢"。疏慢。《庄子·齐物论》:"与接为构,日以心斗,缦者,窖者,密者。"❸弦索。见"操缦"。

缦立 久立。杜牧《阿房宫赋》:"缦立远视而望幸焉。"

缦缦 ❶萦回舒卷貌。《尚书大传·虞夏传》:"卿云烂兮,糺缦缦兮。"❷沮丧貌。《庄子·齐物论》:"小恐惴惴,大恐缦缦。"

槾(màn) 同"镘"、"墁"。以泥涂墙。《荀子·礼论》:"抗析,其貌(貌)以象槾茨番阏也。"杨倞注:"槾,杇也。茨,盖屋也。"亦指以泥涂墙的工具。参见"镘❶"。

熳(màn) 见"烂熳"。

曼(màn) ❶眼花缭乱。沈亚之《柘枝舞赋》:"乐作,堂下行舞,男女纷杂交贯,率以百品,而观者盖曼然。"❷流盼。刘孝绰《咏眼》:"含娇曼已合,离怨动方开。"❸细长。权德舆《杂诗五首》之二:"文桂映束素,香黛宜曼绿。"

另见 mán。

镘〔鏝〕(màn) ❶用泥土、石灰等物涂墙的工具。俗称"泥抹子"。《尔雅·释宫》:"镘谓之杇。"郝懿行义疏:"杇所以涂也。秦谓之杇,关东谓之槾。按镘古盖用木,后世以铁。"❷通"幕"。旧时铜钱无字的一面。李文蔚《燕青博鱼》第二折:"这钱昏,字镘不好。"

貙(màn) 同"獌"。

貜(màn) 同"獌"。

貓(màn) 同"獌"。

māng

牤(māng) 北方方言,指公牛。

máng

龙〔龍〕(máng) 通"尨"。杂色。《考工记·玉人》:"上公用龙。"

另见 lóng,lǒng。

邙(máng) 山名。见"邙山"。

邙山 在河南省西部、陇海铁路北。东西走向。西起三门峡市,东止伊洛河岸。西段渑池县北仰韶村,以出土新石器时代文物著名。东段一称北邙山,多古代帝王陵墓。

芒(máng) ❶植物名。学名 Miscanthus sinensis。别称"芒茅"。禾本科。多年生草本。秆直立,粗壮。叶片线状披针形,边缘有细齿。八九月抽扇形圆锥花序,发育外稃有芒。生于山坡草地或河边湿地。分布几遍中国各地以及日本。可作绿篱和布置庭园,又可作造纸和人造丝原料。嫩叶可作牛的饲料。❷禾本科植物小花的外稃顶端或背部,由中脉延伸而成的针状突起。芒的有无和形状,可为鉴定部分禾本科植物种和品种的依据之一。❸通"铓"。枪刀的尖端。张协《七命》:"建云髦,启雄芒。"❹光芒。张衡《思玄赋》:"扬芒熛而绛天兮。"❺通"茫"。模糊;昏暗。《庄子·天下》:"芒乎昧乎,未之尽者。"引申为暗昧无知。《庄子·齐物论》:"其我独芒而人亦有不芒者乎?"❻姓。战国时魏有芒卯。

另见 huǎng。

芒刺 草木茎叶、果壳上的小刺。陆龟蒙《蔷薇》诗:"外布芳菲虽笑日,中含芒刺欲伤人。"比喻使人极度不安的感觉。如:芒刺在背。

芒砀 芒山、砀山的合称。《汉书·高帝纪》:"隐芒砀山泽间。"

芒角 ❶指植物初生的尖叶。应劭《风俗通·声音》引刘歆《钟律书》:"角者,触也,物触地而出,戴芒角也。"❷指笔锋。梁武帝《答陶弘景书》:"夫运笔邪(斜)则无芒角。"❸指星的光芒。苏轼《夜泛西湖》诗:"苍龙已没牛斗横,东方芒角升长庚。"

芒芒 同"茫茫"。❶大貌;远貌。《诗·商颂·玄鸟》:"宅殷土芒芒。"左思《魏都赋》:"芒芒终古。"❷渺茫;模糊不清。《文选·陆机〈叹逝赋〉》:"何视天之芒芒!"六臣本作"茫茫"。❸疲乏貌。《孟子·公孙丑上》:"芒芒然归。"赵岐注:"罢(疲)倦之貌。"

芒昧 同"茫昧"。幽暗模糊。《晋书·成公绥传》:"何元一之芒昧兮,廓开辟而著形。"

芒然 ❶无牵挂貌。《庄子·达生》:"芒然彷徨乎尘垢之外,逍遥乎无事之业。"成玄英疏:"芒然,无心之貌也。"❷疲倦貌。《国策·魏策四》:"丈人芒然,乃远至此,甚苦矣!"❸同"茫然❸"。

芒鞋 草鞋。陈师道《绝句四首》:"芒鞋竹杖最关身。"

芒种 二十四节气之一。每年6月6日前后太阳到达黄经75°时开始。《月令七十二候集解》:"五月节,谓有芒之种谷可稼种矣。"中国长江中下游地区将进入多雨的黄梅时节。农业生产上多忙于夏收、夏种和夏管。

汒(máng) 通"茫"。茫昧。《庄子·天地》:"汒若于夫子之所言矣。"成玄英疏:"汒,无所见也。"王先谦集解:"汒若,犹茫然。"

忙(máng) ❶事情多,没有空闲。与"闲"相对。白居易《观刈麦》诗:"田家少闲月,五月人倍忙。"❷急。《红楼梦》第九十七回:"紫鹃忙往外走。"❸旧时田赋分期征收叫分忙,有上忙、下忙之称。❹姓。元代有忙兀台。

忙月 ❶指农事繁忙的月份。与"闲月"相对。《新唐书·食货志五》:"〔门夫〕番上不至者,闲月督课为钱百七十,忙月二百。"番上,轮到当差。督课,征收。❷旧时农村帮工的一种。自己种地,只在年节或忙时给人帮工。

杧(máng) 见"杧果"。

杧果(Mangifera indica) 俗称"芒果"。一作"檬果"或"樣果"。漆树科。常绿大乔木。树皮鳞片状脱落。叶革质,全缘,长圆状披针形,常丛生于枝顶,揉碎后有松脂味。花小而多,红色或黄色,有香气,圆锥花序,每一花序有数百以至千朵以上小花,分两性与雄性两种花。果肾形,淡绿色或淡黄色,果肉味甜、有香气,汁多。内果皮核状,附有纤维。性喜高温。用播种、压条、嫁接等法繁殖。原产于亚洲南部;中国台湾栽培最多,广东、广西、福建、云南等地也有少量栽培。果供鲜食及制多种加工品,为热带重要果品之一。果皮供药用;叶和树皮可为黄色染料;树皮含胶质树脂。

狵(máng) ❶多毛的狗。《诗·召南·野有死麕》:"无使狵也吠。"❷杂色。《左传·闵公二年》:"衣之狵服。"

另见 méng,páng。

尨眉皓发　眉发花白，形容年老的形貌。《文选·张衡〈思玄赋〉》"尉尨眉而郎潜兮"李善注引《汉武故事》："颜驷，不知何许人，汉文帝时为郎。至武帝尝辇过郎署，见驷尨眉皓发。"

宋（máng）　栋，房屋的正梁。韩愈《进学解》："夫大木为宋，细木为桷。"

盳（máng）　同"盲"。　另见 wàng。

盲（máng）　❶瞎。《庄子·大宗师》："夫盲者无以与乎眉目颜色之好。"引申为盲人，瞎子。如：问道于盲。又比喻不明事理。韩愈《代张籍与李浙东书》："当今盲于心者皆是。"❷疾速。见"盲风"。❸昏暗。《吕氏春秋·音初》："天大风晦盲。"高诱注："盲，瞑也。"❹眼科学名词。狭义的"盲"，指视力丧失到全无光感；广义的"盲"，指视力减退到 0.05 以下，失去正常劳动能力。多由角膜病、眼外伤、青光眼、白内障、沙眼、葡萄膜炎、眼部或颅内肿瘤等引起。积极防治以上眼病，是防盲工作的重点。　另见 wàng。

盲风　大风。《礼记·月令》："〔仲秋之月〕盲风至。"郑玄注："盲风，疾风也。"孔颖达疏："秦人谓疾风为盲风。"

盲人瞎马　比喻非常危险。《世说新语·排调》："盲人骑瞎马，夜半临深池。"

氓（máng）　用于"流氓"。　另见 méng。

茫（máng）　❶模糊不清。参见"茫昧"、"渺茫"。❷通"忙"。匆忙。《方言》第二："茫，遽也。吴扬曰忙。"

茫浪　犹"孟浪"。卤莽。《宋书·傅隆传》："虬邮茫浪，伏用竦报。"

茫茫　亦作"芒芒"。❶辽阔；深远。古乐府《敕勒歌》："天苍苍，野茫茫，风吹草低见牛羊。"❷模糊不清。韩愈《祭十二郎文》："吾年未四十，而视茫茫，而发苍苍，而齿牙动摇。"

茫昧　幽暗不明；模糊不清。陶潜《怨诗楚调示庞主簿邓治中》："天道幽且远，鬼神茫昧然。"亦作"芒昧"。欧阳修《论删去九经正义中谶纬札子》："学者芒昧，莫知所归。"

茫然　❶渺茫；模糊不清。李白《蜀道难》诗："蚕丛及鱼凫，开国何茫然？"❷辽阔无边际貌。苏轼《前赤壁赋》："纵一苇之所如，凌万顷之茫然。"❸失意貌。犹言惘然。《庄子·说剑》："文王（赵文王）芒然自失。"芒，通"茫"。韩愈《答陈商书》："辱惠书，语高而旨深，三四读尚不能通晓，茫然增愧报。"

厖（máng）　通"尨"。杂；乱。《书·周官》："不和，政厖。"　另见 páng。

厖错　杂乱。《新唐书·李勉传》："始调开封尉，汴州水陆一都会，俗厖错，号难治。"

厖眉　眉毛花白，状人的老态。王褒《四子讲德论》："厖眉耆者之老咸爱惜朝夕，愿济须臾。"参见"尨眉皓发"。

厖杂　多而杂乱。《新唐书·李吉甫传》："方今置吏不精，流品厖杂，存无事之官，食至重之税。"

恾（máng）　怖；慌张。见《广韵·十一唐》。

咙（máng）　语言杂乱。《国语·齐语》："杂处则其言咙。"

咙聒　犹言喧聒。声音杂作。马融《长笛赋》："经涉其左右，咙聒其前后者，无昼夜而息焉。"

狵（máng）　同"尨❶"。　另见 zhuó。

厐（máng）　同"厖"。　另见 páng。

駹〔駹〕（máng）　❶暗色毛而面额白的马。《尔雅·释畜》："面颡皆白，惟駹。"❷青色马。《汉书·匈奴传上》："东方尽駹"颜师古注："駹，青马也。"❸杂色牲口。《周礼·秋官·犬人》："用駹可也。"贾公彦疏："駹，谓杂色牲。"

砻（máng）　"芒硝"的"芒"的专字。

铓〔鋩〕（máng）　❶刀剑等的尖锋。韩愈《祭田横墓文》："何五百人之扰扰，而不能脱夫子之剑铓？"❷通"芒"。光芒。左思《吴都赋》："雄戟耀铓。"

牻（máng）　黑白杂色的牛。见《说文·牛部》。也泛称毛色不纯的兽类。

瘀（máng）　❶肿起；浮肿。《素问·评热病论》："有病贤风者，面胕瘀然壅，害于言。"王冰注："瘀然，肿起貌。"也指肿块。皮日休《九讽·遇谤》："佞为瘀兮何去，奸为疣兮莫剑。"❷同"厖"。

蒙（máng）　见"骏蒙"。　另见 mēng，méng，mǎng。

蜢（máng）　见"蜢蠓"。　另见 bàng。

蜢蠓　虫名。《尔雅·释虫》："蠓，蜢蠓。"郭璞注："蜢蠓，蠓蚝类。"

鲏〔鯎〕（máng）　见"鲏鯰"。

鲏鯰（pangasids）　硬骨鱼纲，鲏鯰科。体延长，后部侧扁，腹部圆凸，整个腹部有或无皮质棱突，或自腹鳍基部下方至肛门具棱突。头小，平扁。下颌须 1～2 对。背鳍和胸鳍各有一强棘，脂鳍小；尾鳍分叉。中国鲏鯰有两属五种，常见的有半棱华鲏（Sinopangasius semicultratus），见于广东和广西各河口咸淡水水域，是中国特有种，味鲜美，属珍贵食用鱼类。鲏鯰（Pteropangasius pangasius）为东南亚国家广泛养殖的高产食用鱼类，中国于 1978 年引入，在南方广泛养殖。

蕄（máng）　勉力。《书·洛诰》："汝乃是不蕄。"陆德明释文："马云：勉也。"

矇（máng）　冥暗，引申为阴私。《方言》第十三："矇，私也。"郭璞注："冥闇，故为阴私也。"

mǎng

佲（mǎng）　见"儜佲"。

佲儜　同"儜佲"。

莽（mǎng）　❶密生的草。亦泛指草。《方言》第三："草，南楚江湘之间谓之莽。"《离骚》："夕揽洲之宿莽。"又草名。见"莽草"。❷茂密；草木深邃的地方。《汉书·景帝纪》："或地饶广，荐草莽，水泉利，而不得徙。"颜师古注引如淳曰："庄周云：麋鹿食曰荐。一曰草稠曰荐，深曰莽。"❸竹的一种。《尔雅·释草》："莽，数节。"郝懿行义疏："数节，促节也。莽竹节短，盖如今马鞭竹。"❹粗率；莽撞。见"鲁莽"。❺姓。汉代有莽何罗。

莽苍　亦作"苍莽"。野色迷貌。亦指一碧无际的郊野。《庄子·逍遥游》："适莽苍者，三飡（餐）而返，腹犹果然。"成玄英疏："莽苍，郊野之色，遥望之不甚分明也。"

莽草　植物名，出《本草经》。一种有毒植物。亦称"水莽"。

莽大夫　指汉代扬雄。扬雄本仕汉朝，王莽称帝时，仕莽为大夫。朱熹《通鉴纲目·汉纪》："戊寅五年，莽大夫扬雄死。"按朱熹称"戊寅五年"，而不称王莽"天凤五年"，称"死"而不称"卒"，对扬雄有贬斥之意。后因以"莽大夫"比喻变节的人。

莽罛 广大空旷貌。左思《吴都赋》："相与腾跃乎莽罛之野。"

莽莽 ❶草木茂盛貌。《楚辞·九章·怀沙》："滔滔孟夏兮，草木莽莽。"❷长大貌。《吕氏春秋·知接》："戎人见暴布者而问之曰：'何以为之莽莽也？'"暴，晒。❸无涯际貌。杜甫《秦州杂诗》："莽莽万重山，孤城山谷间。"

莽撞 犹言鲁莽，谓言语、行动粗率不慎。康进之《李逵负荆》第四折："我说的明白，道莽撞的廉颇请罪来。"

漭(mǎng) 见"漭漭"、"漭沆"。

漭沆 亦作"沆漭"。水广大貌。张衡《西京赋》："顾临太液，沧池漭沆。"

漭漭 水广远貌。宋玉《高唐赋》："涉漭漭，驰苹苹。"

漭瀁 广大无涯际貌。《孔子家语·致思》："赐愿使齐楚合战于漭瀁之野。"《后汉书·明帝纪》："雨水不时，汁流东侵，日月益甚，水门故处，皆在河中，漭瀁广溢，莫测圻岸。"

蟒(mǎng) 蛇的一种。《尔雅·释鱼》："蟒，王蛇。"郭璞注："蟒，蛇最大者，故曰王蛇。"

另见 měng。

蟒袍 ❶古代官服，袍上绣蟒，称为"蟒袍"。清制，皇子、亲王等亲贵以及一品至七品官皆穿蟒袍。惟皇子、亲王之袍绣五爪金黄色蟒九；一品至七品官之蟒，则按品级绣四爪蟒八至五，并不得用金黄色。见《清通志·器服略》。❷简称"蟒"。传统戏曲服装。剧中帝王将相的官服。圆领大襟，满绣龙纹、水纹，有水袖。大抵皇帝穿黄色，老臣穿古铜色或白色，一般人物穿红色或绿色。穿着时腰围玉带。后妃、贵妇、女将所穿"女蟒"，式样大致相同，绣彩凤，长仅及膝。

māo

猫〔貓〕(māo) 动物名。学名 *Felis domestica*。哺乳纲，食肉目，猫科。趾底有脂肪质肉垫，因而行走无声。性驯良。行动敏捷，善跳跃。喜捕食鼠类，有时亦食蛙、蛇等。品种很多。欧洲家猫起源于韭洲的山猫(*F. ocreata*)，亚洲家猫一般认为起源于印度的沙漠猫(*F. ornata*)。

猫鼠同眠 《新唐书·五行志》："龙朔元年十一月，洛州猫鼠同处。鼠隐伏，像盗窃；猫职捕啮，而反与鼠同，像司盗者废职容奸。"后以比喻上官糊涂，任凭下属作恶；也比喻上下串通为奸。《红楼梦》第九十九回："我就不识时务吗？若是上和下睦，叫我与他们'猫鼠同眠'吗？"

máo

毛(máo) ❶人和哺乳动物特有的，由表皮角质化所形成的一种结构。被覆身体表面，有防御侵害和保持体温的作用。一般分毛根和毛干两部分：毛根埋于皮肤中，外被毛囊，下方与富于血管的毛乳头相接触；毛干露出皮肤外面。毛一般有周期性脱换的现象。在鲸、海牛、象、犀等，成体时全身或大部分无毛。有些动物具有刚毛、刺、棘、须等，均为毛的一种。无脊椎动物的纤毛、鞭毛和刚毛等，构造简单，不可与哺乳动物的毛相比拟。高等植物体表往往亦有毛，根据其形态特征和生理功能，分别称为根毛、表皮毛、腺毛等。❷特指头发。《国语·齐语》："班序颠毛，以为民纪统。"韦昭注："颠，顶也；毛，发也……次列顶发白黑使长幼有等。"引申为辨毛色。《周礼·夏官·校人》："毛马而颁之。"郑玄注："毛马，齐其色也。"❸指地面所生的谷物等。如：不毛之地。《左传·隐公三年》："涧溪沼沚之毛。"❹粗糙；未经加工。如：毛坯；毛铁。❺粗估；约计。如：毛利；毛重；毛估。❻粗率；急躁。如：毛手毛脚。❼恐慌。如：心里发毛。❽小；细碎。如：毛孩子；毛毛雨。❾中国辅币"角"的俗称。❿无；没有。《后汉书·冯衍传上》："饥者毛食。"王先谦集解引钱大昕曰："古音无如模，声转为毛，今荆楚犹有此音。"⓫古国名。姬姓。始封之君为周文王子叔郑。在今陕西岐山、扶风一带。后东迁至今河南宜阳县境。遗物有"毛公鼎"。⓬姓。

毛病 ❶徐咸《相马书》："马旋毛者，善旋五，恶旋十四，所谓毛病，最为害者也。"原指马的缺点，引申为人或物的缺点。黄庭坚《山谷刀笔》卷十八《与马中玉金部第二首》："乃是荆南人毛病。"❷疾病。

毛举 ❶粗略地列举。《子华子·北宫子仕》："毛举其目，尚不胜为数也。"❷列举琐碎的事情。《汉书·刑法志》："徒钩撅微细，毛举数事，以塞诏而已。"颜师古注："毛举，言举毫毛之事，轻小之甚。"《宋史·陈桷传》："时言事者率毛举细务，略大利害。"❸谓举重若轻。语出《诗·大雅·烝民》："德辅如毛，民鲜克举之"。谢观《王言如丝赋》："毛举之赞是恤，蚕食之讥讵作。"

矛(máo) ❶古代兵器。商周时用青铜制成，至汉时多用铁矛。直刺，安以木质的长柲(柄)。❷古星名。《史记·天官书》："杓端有两星，一内为矛，招摇。"按招摇即牧夫座 γ 星。

矛盾 亦作"矛楯"。《韩非子·难一》："楚人有鬻楯与矛者，誉之曰：'吾楯之坚，物莫能陷也。'又誉其矛曰：'吾矛之利，于物无不陷也。'或曰：'以子之矛，陷子之楯，何如？'其人弗能应也。"后以"矛盾"连举比喻相互抵触，互不相容。如：自相矛盾；矛盾百出。《北史·李业兴传》："昇(朱昇)曰：'圆方俗说，经典无文，何怪于方？'业兴曰：'圆方之言，出处甚明，卿自不见，见卿录梁主《孝经义》，亦云上圆下方，卿言岂非自相矛楯？'"

芼(máo) 通"毛"。草。指可供食用的野菜或水草。柳宗元《游南亭夜还叙志七十韵》："野蔬盈倾筐，颇杂池沼芼。"亦谓以野菜杂羹。见"芼羹"。

另见 mào。

芼羹 用菜和肉做的羹。《礼记·内则》："芼羹"郑玄注："芼，菜也。"孔颖达疏："按公食大夫礼，三牲皆有芼者，牛藿、羊苦、豕薇，是芼乃为菜也，用菜杂肉为羹。"

茆(máo) 通"茅"。❶茅草。如：茆屋；茆亭。❷姓。明代有茆鼎。

另见 mào。

茅(máo) ❶草名。《诗·豳风·七月》："昼尔于茅，宵尔索綯。"❷见"前茅"。❸古国名。一作"茆"。姬姓。始封之君为周公之子。在今山东金乡西南。❹姓。

茅柴 茅，亦作"茆"。一种劣质的酒。冯时化《酒史·酒品》："恶酒曰茅柴。"韩驹《庚子年还朝饮酒绝句》："饮惯茆柴谙苦硬，不知如蜜有香醪。"

茅塞 《孟子·尽心下》："山径之

蹊间,介然用之而成路,为间不用,则茅塞之矣;今茅塞子之心矣。"后以"茅塞"比喻人的思路闭塞或愚昧不懂事。《三国演义》第三十八回:"玄德闻言,避席拱手谢曰:'先生之言,顿开茅塞,使备如拨云雾而睹青天。'"

茅土 古代皇帝社祭的坛用五色土建成:东方青,南方赤,西方白,北方黑,中央黄。分封诸侯时,把一种颜色的泥土用茅草包好授给受封的人,作为分得土地的象征。见《书·禹贡》"厥贡惟土五色"孔颖达疏。后称封诸侯为授茅土。

牦 〔犛、氂〕(máo) 即"牦牛"。《国语·楚语上》:"巴浦之犀牦兕象,其可尽乎?"

牦牛(Bos grunniens) 亦称"犏牛"、"氂牛"、"旄牛"、"髦牛"。哺乳纲,牛科。反刍家畜。亦有野生者。体矮身健,髻甲高,垂皮小。毛长,色多黑、深褐或黑白花斑,尾毛蓬生,下腹、肩、股、胁等部密生长毛。成年公牛体重约400～500千克,母牛220～320千克。耐寒,耐粗饲。蹄质坚实,在空气稀薄的高山峻岭间善驮运,故称"高原之舟"。乳色黄,含脂率高(平均在6%以上),适于制酥油。肉质佳。毛可制披衣、帐篷和绳索;绒是高级毛纺原料。怕热。性成熟较晚,3.5～4岁开始产犊,妊娠期约260天。原产亚洲中部山地;在中国主要分布于青海、西藏及其邻近海拔3 000米以上的高寒地区。

牦　牛

耗(máo) 无;没有。《汉书·高惠高后文功臣表》:"子孙讫于孝武后元之年,靡有孑遗,耗矣!"颜师古注:"言无有独存者,至于耗尽也。今俗语犹谓无为耗,音毛。"

另见 hào,mào。

旄(máo) ❶亦作"牦"。旄牛尾。《荀子·王制》:"西海则有皮革文旄焉。"杨倞注:"旄,旄牛尾。文旄,谓染之为文采也。"❷古时旗杆头上用旄牛尾作的装饰,因即指有这种装饰的旗。《诗·鄘风·干旄》:"孑孑干旄。"毛传:"孑孑,干旄之貌。注旄于干首,大夫之旃也。"❸

见"旄丘"。

另见 mào。

旄节 古代使者所持之节,以旄牛尾为饰,用作信物。《史记·秦始皇本纪》:"衣服旄旌节旗皆上黑。"张守节正义:"旄节者,编毛为之,以象竹节。"古代镇守一方的军政长官也拥有旄节。《新唐书·杨汝士传》:"开成初,由兵部侍郎为东川节度使。时嗣复镇西川,乃族昆弟,对拥旄节,世荣其门。"

旄牛 即"牦牛"。《山海经·北山经》:"有兽焉,其状如牛而四节生毛,名曰'旄牛'。"郭璞注:"今旄牛背膝及胡尾皆有长毛。"

旄骑 即旄头骑,古代一种担任前驱的骑兵。《后汉书·公孙述传》:"銮旗旄骑。"参见"旄头❶"。

旄丘 前高后低的土山。《尔雅·释丘》:"前高旄丘,后高陵丘。"

旄头 亦作"髦头"。❶古代一种先驱的骑士。《后汉书·光武帝纪》:"赐东海王强虎贲、旄头、钟虡之乐。"李贤注引《汉官仪》:"旧选羽林为旄头,被发先驱,汉亦选羽林为旄头骑。"❷星名,即昴宿。《史记·天官书》:"昴曰髦头。"古人以为旄头星特别亮的时候,预兆有战事发生。李白《幽州胡马客歌》:"旄头四光芒,争战如蜂攒。"

酕(máo) 见"酕醄"。

酕醄 大醉貌。晁补之《即事》诗:"有时醉酕醄,大笑翻盏罂。"周履靖《感皇恩·和毛泽民》词:"高歌痛饮任酕醄。"

髦(máo) 同"髦"。

锚〔錨〕(máo) 船停泊时所用的器具。一般为钢制,用锚链(锚索)与船相连。锚上有爪,用时将锚放下,使爪抓住水底,将船系住,不为风力或水流漂走;也可用以固定其他水上漂浮物。一般置于船首,有的首尾都设。特殊用途的特种锚,如冰上系船用的冰锚,一般为单爪锚,用时在冰上凿孔,将锚爪钩在孔中,通过钢索将船系住;长期系泊浮筒、浮标或灯船等漂浮物用的永久锚,有单爪锚、菌形锚、锚桩及水泥重块等。

髦(máo) ❶毛中的长毫,比喻英俊杰出之士。《尔雅·释言》:"髦,俊也。"邢昺疏:"毛中之长毫曰髦,士之俊选者借譬为名焉。"❷选择;选拔。《诗·大雅·思齐》:"誉髦斯士。"王引之、马瑞辰并据

《尔雅·释言》"髦,选也"以释此诗。❸下垂至眉的长发,古代男子未成年时的装束。《诗·鄘风·柏舟》:"髦彼两髦。"❹马颈上的毛,即马鬃。《礼记·曲礼下》:"乘髦马。"❺草名。《尔雅·释草》:"髦,颠蕀。"颠蕀,《神农本草经》作"颠勒",即天门冬。❻螳螂。《方言》第十一:"螳螂谓之髦。"❼通"旄"。幡幢。张协《七命》:"建云髦。"❽通"髳"。中国古代西南少数民族名。《诗·小雅·角弓》:"如蛮如髦。"郑玄笺:"髦,西夷别名。"❾通"牦"。见"髦牛"。

髦牛 同"牦牛"。《史记·西南夷列传》:"巴蜀民或窃出商贾,取其筰马、僰僮、髦牛,以此巴蜀殷富。"

髦士 英俊之士。《诗·小雅·甫田》:"烝我髦士。"又《大雅·棫朴》:"奉璋峨峨,髦士攸宜。"

髦头 同"旄头"。

氂(máo,又读 lí) ❶牦牛尾。见《说文·犛部》。也指马尾。《淮南子·说山训》:"马氂截玉。"❷长毛。《后汉书·岑彭传》:"狗吠不惊,足下生氂。"李贤注:"氂,长毛也。"❸氇;毡。《尔雅·释言》:"氂,氇也。"❹同"斄"。《汉书·王莽传中》:"以氂装衣。"颜师古注:"毛之强曲者曰氂。"

另见 máo 牦,lí。

髳(máo) 中国古代西南少数民族名。分布跨川南滇北。周初有参加武王伐纣的髳国,在今重庆市。唐设髳州,在今云南牟定。《书·牧誓》:"及庸、蜀、羌、髳、微、卢、彭、濮人。"

蟊(máo,又读 móu) 同"蟊"。见"蟊贼"。

蟊贼 同"蟊贼"。

蟊(máo) 吃稻根的害虫。参见"蟊贼"。

蟊贼 亦作"蟊贼"。原谓吃禾苗的两种害虫。《诗·小雅·大田》:"去其螟螣,及其蟊贼。"毛传:"食根曰蟊,食节曰贼。"后常用以比喻对人民或国家有危害的人或事物。《左传·成公十三年》:"帅我蟊贼,以来荡摇我边疆。"《后汉书·岑彭传》:"我有蟊贼,岑君遏之。"

鬏(máo) 同"髦"。

鬏

mǎo

冇(mǎo) 粤方言。没有。

卯〔夘、戼〕(mǎo) ❶地支的第四位。❷十二时辰之一。早晨五时至七时。旧时官署开始办公的时间。见"点卯"、"画卯"。❸期限。清代催征钱粮,分期追比,叫比限;筹饷捐案,分期奏报,第几期就叫第几卯。❹器物上安榫头的孔眼,也叫卯眼。如:卯榫。

卯酒　早晨卯时喝的酒。白居易《醉吟》诗:"耳底斋钟初过后,心头卯酒未消时。"

茆(mǎo)　莼菜。《诗·鲁颂·泮水》:"薄采其茆。"孔颖达疏:"茆……江南人谓之莼菜。"参见"莼菜"。
另见 máo。

峁(mǎo)　我国西北黄土地区一种呈圆穹状的黄土丘陵。顶部浑圆,斜坡较陡峭。有的由塬或梁经长期侵蚀切割而成;有的在黄土堆积前即为丘陵,黄土堆积后,仍保持其原有形态。多见于我国陕北、晋西一带。

泖(mǎo)　❶水面平静的湖荡。倪瓒《正月廿六日漫题》诗:"泖云汀树晚离离,饮罢人归野渡迟。"❷湖名。又名三泖。在上海市青浦西南、松江西和金山西北。

昴(mǎo)　星名。二十八宿之一。即"昴宿"。

铆〔鉚〕(mǎo)　见"铆接"。

铆接　一种金属结构的连接方法。铆钉一般为圆柱形,先在一端预制钉头,烧红后(或不烧红作冷铆)插入连接构件上冲成或钻成的钉孔,随即用气压力铆钉枪或压铆机压制另一端的钉头,从而把构件紧密连接。

mào

务〔務〕(mào)　通"冒"。《荀子·哀公》:"古之王者,有务而拘领者矣。"杨倞注:"《尚书大传》曰:'古之人衣上有冒而句领者。'郑康成注云:'……冒,覆项也。'"
另见 wǔ、wù。

芼(mào)　择取。《诗·周南·关雎》:"参差荇菜,左右芼之。"
另见 máo。

皃(mào)　"貌"的本字。

茂(mào)　❶草木繁盛。如:根深叶茂。《荀子·致仕》:"山林而禽兽归之。"也指美盛。如:图文并茂。《诗·小雅·南山有台》:"德音是茂。"❷通"懋"。勉。《汉书·董仲舒传》:"《书》云:'茂哉茂哉!'皆强勉之谓也。"按:《书·皋陶谟》作"懋哉懋哉"。

茂才　即"秀才"。后汉时为避光武帝刘秀名讳,改秀才为茂才。《后汉书·雷义传》:"义归举茂才。"后相沿作秀才的别称。

茂齿　壮年。周弘让《复王少保书》:"吾已褐阴,弟非茂齿。"

茂士　有才德的人。《汉书·朱邑传》:"广延茂士。"

眊(mào)　❶眼睛失神。《孟子·离娄上》:"胸中不正,则眸子眊焉。"赵岐注:"眊者,蒙蒙目不明之貌。"❷通"耄"。《汉书·彭宣传》:"臣资性浅薄,年齿老眊。"

眊眊　亦作"贸贸"。蒙昧不明貌。《韩诗外传》卷六:"不闻道术之人,则冥于得失,不知乱之所由,眊眊乎其犹醉也。"

眊矂　同"眊瞶"。犹言烦恼。苏轼《与潘三失解后饮酒》诗:"顾我自为都眊矂。"

冒〔冐〕㈠(mào)　❶"帽"的古字。《汉书·隽不疑传》:"著黄冒。"❷统括;覆盖。《易·系辞上》:"夫易,开物成务,冒天下之道。"曹植《公宴》诗:"秋兰被长坂,朱华冒绿池。"❸犯;冲犯;冒犯。《汉书·霍去病传》:"直冒汉围。"❹升起;透出。如:冒烟;冒火。❺冒充;假冒。《汉书·卫青传》:"故青冒姓为卫氏。"❻贪污。《左传·文公十八年》:"贪于饮食,冒于货贿。"❼古指覆盖尸体的布。《释名·释丧制》:"以囊韬其形曰冒,覆其形使人勿恶也。"❽通"懋"。勉励。《书·君奭》:"迪见冒,闻于上帝。"陆德明释文:"冒,马作勖,勉也。"❾通"媢"。嫉妒。参见"冒疾"。❿通"瑁"。《考工记·玉人》:"天子执冒四寸,以朝诸侯。"⓫通"芼"。《文选·枚乘〈七发〉》:"冒以山肤。"李善注:"冒与芼古字通。"⓬姓。元代有冒致中。

㈡(mào,旧读 mèi)　见"毒冒"。
另见 mò。

冒疾　亦作"媢嫉"。妒忌。《书·秦誓》:"人之有技,冒疾以恶之。"蔡沈集传:"冒,《大学》作'媢',忌也。"

冒进　韩愈《争臣论》:"居无用之地,而致匪躬之节……在王臣之位,

而高不事之心,则冒进之患生,旷官之刺兴。"谓超越本分、贪求仕进。后用为不顾具体条件和实际情形冒昧从事。

冒昧　犹莽撞。言行轻率。戴侗《六书故·工事七》:"冢冒直前者为冒昧。"王夫之《读通鉴论·唐德宗》:"当时所冒昧狂逞以思乱者数人耳。"多用作谦辞。如:冒昧陈辞;不揣冒昧。《儒林外史》第十二回:"我想可以措办此事,只有二位老爷。外此,那能有此等胸襟? 所以冒昧黑夜来求。"

冒名顶替　冒用别人姓名窃取权利、地位,或代替别人去干事。《官场现形记》第五十六回:"凡是考试,都可以请枪手冒名顶替进场。"

冒突　❶触犯冲撞。《三国志·魏志·齐王芳传》:"越蹈重围,冒突白刃。"❷古代战船名。《后汉书·岑彭传》:"于是装直进楼船、冒突、露桡数千艘。"李贤注:"冒突,取其触冒而唐突也。"

冒险　迎受风险;不顾安危。《北史·陈元康传》:"从神武于芒山,将战,遗失阵图,元康冒险求得之。"

耗(mào)　❶通"眊"。昏乱不明。《荀子·修身》:"多而乱曰耗。"❷无。《史记·天官书》:"市中星众者实;其虚则耗。"张守节正义:"耗,贫无也。"
另见 hào。

贸〔貿〕(mào)　❶交易;买卖。《诗·卫风·氓》:"抱布贸丝。"❷变易。萧统《答晋安王书》:"炎凉始贸,触兴自高。"裴骃《史记集解序》:"世之惑者,定彼从此,是非相贸,真伪舛杂。"❸通"侔"。齐等。《商君书·开塞》:"今世之所谓义者,将立民之所好,而废其所恶;此其所谓不义者,将立民之所恶,而废其所乐。二者名贸实易,不可不察也。"❹见"贸贸"。

贸贸　❶同"眊眊"。蒙昧不明貌。《礼记·檀弓下》:"有饿者蒙袂辑屦,贸贸然来。"郑玄注:"贸贸,目不明之貌。"今亦谓盲目轻率。❷纷乱貌。韩愈《琴操·猗兰操》:"雪霜贸贸,荠麦之茂。"

贸迁　❶贩运;买卖。《晋书·食货志》:"贸迁有无,各得其所。"参见"懋迁"。❷变易;改换。刘知幾《史通·因习》:"夫事有贸迁,而言无变革,此所谓胶柱而调瑟,刻船以求剑也。"

贸首　比喻仇恨极深,欲谋取对方

的头颅才甘心。《国策·楚策二》："甘茂与樗里疾，贸首之仇也。"鲍彪注："贸，言欲易取其首。"

贸易 ❶以钱财物资相交易。《史记·货殖列传》："以物相贸易，腐败而食之货勿留，无敢居贵。"后通指商业。也指商品买卖的行为。❷变易。《论衡·知实》："圣贤知（智）不逾，故用思相出入；遭事无神怪，故名号相贸易。"

耗（mào） 通"眊"。昏乱不明。《淮南子·精神训》："弗疾去，则志气日耗。"

另见 hào，máo。

耄（mào） ❶《礼记·曲礼上》："八十、九十曰耄。"《盐铁论·孝养》："七十曰耄。"亦泛指年老。《左传·隐公四年》："老夫耄矣，无能为也。"❷昏乱。《楚辞·七谏·怨世》："心悼怵而耄思。"王逸注："耄，乱也。"

耄耋 高龄；高寿。如：耄耋之年；寿登耄耋。曹操《对酒》诗："耄耋皆得以寿终。"

耄期 《书·大禹谟》："耄期倦于勤。"孔传："八十、九十曰耄，百年曰期。"亦泛指高寿。苏轼《答范端明启》："耄期称道，直亮多闻。"

旄（mào） 通"耄"。年老。《史记·春申君列传》："后制于李园，旄矣。"参见"旄倪"。

另见 máo。

旄期 老年。旄，通"耄"。《礼记·射义》："旄期称道不乱。"郑玄注："八十、九十曰旄，百年曰期颐。"

旄倪 "旄"通"耄"；"倪"通"兒（儿）"；老人和幼儿的合称。《孟子·梁惠王下》："王速出令，反其旄倪，止其重器。"

罞（mào） 见"罞罞"。

罞罞 ❶蒙昧不明貌。《汉书·鲍宣传》："愿赐数刻之闲，极竭罞罞之思。"颜师古注："犹蒙蒙也。"❷风吹动貌。《龙城录·上帝追摄王远知易总》："台人既辞去，舟回如飞羽，但觉风罞罞而过。"按罞罞，一本作习习。

鄮〔鄮〕（mào） 见"鄮山"。

鄮山 在今浙江鄞县东。《方舆胜览》引《四蕃志》："以海人持货贸易于此，故以名山。"

袤（mào） 纵长。《文选·张衡〈西京赋〉》："于是量径轮，考广袤。"李善注引《说文》："南北曰袤。"也指横长、周长。《史记·蒙恬列传》："〔长城〕起临洮，至辽东，延袤万余里。"此指东西横长。扬雄《羽猎赋序》："周袤数百里。"此指周长。

萂（mào） 同"茂"。《说文·艸部》："细艸丛生也。"段玉裁注："萂与茂音义同。"

帽〔帽〕（mào） ❶帽子。如：草帽；呢帽。❷罩在器物上形如帽子的东西。如：笔帽；螺丝帽。《聊斋志异·口技》："折纸戢戢然，拔笔掷帽丁丁然。"指笔帽。

媢（mào） 嫉妒。《新唐书·杨国忠传》："帝疑以位相媢，不之信。"

媢嫉 妒忌。《逸周书·皇门解》："是人斯乃谗贼媢嫉，以不利于厥家国。"亦作"媢疾"、"冒疾"。《礼记·大学》："人之有技，媢疾以恶之。"《书·秦誓》作"冒疾以恶之。"

瑁（mào） ❶古玉器名。天子所执，用以合诸侯之圭。《书·顾命》："太保承介圭，上宗奉同瑁，由阼阶陈。"孔传："瑁，所以冒诸侯，以齐瑞信。"❷见"玳瑁"。

楣（mào） 门上贯枢的横木。《说文·木部》："楣，门枢之横梁。"朱骏声通训定声："门上为横木，凿孔以贯枢者。在门下即门限，楣也。上下之臼皆曰棂。"

楙（mào） ❶"茂"的古字。《汉书·律历志上》："使长大楙盛也。"❷果木名。即木瓜。见《尔雅·释木》。

毷（mào） 见"毷氉"。

毷氉 亦作"眊矂"。烦闷。韦庄《买酒不得》诗："停尊待尔怪来迟，手挈空瓶毷氉归。"

愗（mào） 见"怐愗"。

貌（mào） ❶相貌；容色。《荀子·非相》："是非容貌之患也。"《楚辞·九章·惜诵》："情与貌其不变。"❷外表；外观。《礼记·儒行》："礼节者，仁之貌也。"《史通·模拟》："盖模拟之体，厥途有二：一曰貌同而心异；二曰貌异而心同。"❸形状；姿态。《穀梁传·桓公十四年》："望远者，察其貌而不察其形。"范宁注："貌，姿体。形，容色。"❹礼貌。《论语·乡党》："见冕者与瞽者，虽亵必以貌。"❺样子；情态。如：滔滔，广大貌；赳赳，武貌。❻描绘；画像。《新唐书·后妃传上》："命工貌妃于别殿。"

貌合心离 谓表面上关系亲密而内怀二心。《素书·遵义》："貌合心离者孤，亲谗远忠者亡。"亦作"貌合行离"、"貌合神离"。《抱朴子·勤求》："口亲心疏，貌合行离。"

貌寝 相貌丑陋。《三国志·魏志·王粲传》："表（刘表）以粲貌寝而体弱通侻，不甚重也。"亦作"貌侵"。《史记·魏其武安侯列传》："武安者，貌侵。"

瞀（mào） ❶目眩；眼花。《晋书·天文志上》："天了无质，仰而瞻之，高远无极，目瞀精绝，故苍苍然也。"韩愈《南山》诗："时天晦大雪，泪目苦蒙瞀。"转为夜盲症之称，古谓之雀瞀。❷见"瞀瞀❶"。❸心绪紊乱。《楚辞·九章·惜诵》："中闷瞀之忳忳。"❹愚昧。《荀子·非十二子》："世俗之沟犹瞀儒。"杨倞注："瞀，暗也。"

瞀病 头目晕眩的病症。《庄子·徐无鬼》："予少而自游于六合之内，予适有瞀病。"成玄英疏："瞀病，谓风眩冒乱也。"

瞀乱 ❶精神错乱。《楚辞·九辩》："中瞀乱兮迷惑。"《后汉书·廉范传》："范呵之曰：'君困厄瞀乱邪？'"❷紊乱。《南史·张贵妃传》："贿赂公行，赏罚无常，纲纪瞀乱矣。"

瞀瞀 ❶垂目下视貌。《荀子·非十二子》："瞀瞀然，是子弟之容也。"杨倞注："瞀瞀然，不敢正视之貌。"❷形容眼睛昏花，引申为昏昏沉沉。梁无名氏《七召》："瞀瞀填乎沟壑。"

蝐（mào） 同"瑁"。

額（mào） 古"貌"字。借作"庙"。《荀子·礼论》："疏房檖額。"檖，通"邃"。谓通明的房室，深邃的宫庙。

懋（mào） ❶勤勉。《书·舜典》："汝平水土，惟时懋哉！"孔传："懋，勉也。"❷通"茂"。盛大。如：懋典；懋绩。《书·皋陶谟》："政事懋哉懋哉！"❸喜悦。张衡《东京赋》："四灵懋而允怀。"❹同"贸"。见"懋迁"。❺姓。明代有懋国辅。

懋迁 同"贸迁"。贩运买卖。《书·益稷》："懋迁有无化居。"化，通"货"，指市易。居，居积。

懋〔懋〕（mào） ❶美。《后汉书·桥玄传》："幽灵潜翳，懋哉缅矣！"❷陵越。《后汉书·冯衍传》："沮先圣之成论兮，懋名贤之高风。"李贤注："憋，陵也。"

憋 (mào) 同"憋(憋)"。

me

么 〔麽〕(me) ❶作词助。如：这么；什么；多么。宋元词曲中亦用为这么、那么等的省文。黄庭坚《南乡子》词："万水千山还么去。" ❷歌词中的衬字。如：五月的花儿开呀，红呀红似火。

另见 ma，yāo。

嘛 (me，又读 ma) 表语气，同"嘛"。

另见 mò。

méi

没 (méi，又读 mò) 没有；未。如：没出息；没见过世面。

另见 mò。

没巴鼻 俗谓没把握，没根据，没来由。田汝成《西湖游览志馀·委巷丛谈》："言人做事无据者曰没雕当，又曰没巴鼻。"翟灏《通俗编·器用·没巴鼻》："按把犹言柄，鼻犹言纽，以器为喻也。"亦作"没巴没鼻"。《朱子语类》卷六："或有看不得底，少间遇著别事，没巴没鼻，也会自然触发。"陈郁《念奴娇·咏雪》词："没巴没鼻，霎时间，做出漫天漫地。"

没包弹 无可指摘，谓完美无缺。董解元《西厢记诸宫调》卷一："苦爱诗书，素闲琴画，德行文章没包弹，绰有赋名诗价。"王楙《野客丛书·杜撰》："故言事无瑕疵者曰没包弹。"一说"包弹"本作"驳弹"，驳、包是一音之转。张鷟《朝野佥载》卷四："黜陟失所，选补伤残；小人在位，君子驳弹。"

没地 岂，难道。《水浒传》第二十三回："休要胡说，没地不还你钱，再筛三碗来我吃！"

没精打采 采，亦作"彩"。形容情绪低落，萎靡不振。《红楼梦》第八十七回："贾宝玉满肚疑团，没精打采的归至怡红院中。"

没来由 无缘无故。王实甫《西厢记》第三本第二折："分明是你过犯，没来由把我摧残。"

没奈何 ❶无可如何。《三国演义》第七十回："张郃不见救兵至，正没奈何，又见山上火起，只被张飞后军夺了寨栅。" ❷褚人穫《坚瓠集》："张循王俊家多银，每千两铸一球，

目为没奈何。"亦作"无奈何"、"末耐何"。本谓难以零碎动用，后亦用为特大银饼的代称。《聊斋志异·仇大娘》："银成没奈何。"

没下梢 金主亮末年，自制短鞭，仅存其半，叫"没下梢"。其后亮为下属所杀。后乃以"没下梢"称人没有好收场或事情没有好结局。王子一《误入桃源》第四折："分浅缘薄，有上梢没下梢。"

没字碑 没有刻上文字的碑。喻指虚有仪表而不通文墨的人。《新五代史·任圜传》："崔协不识文字，而虚有仪表，号为没字碑。"

没 (méi) 同"没"。

另见 mò。

玫 (méi) 见"玫瑰"。

玫瑰 ❶植物名。蔷薇科。落叶灌木，茎密生锐刺。羽状复叶，小叶5~9枚，椭圆形或椭圆状倒卵形，上面有皱纹。夏季开花，花单生，紫红色至白色，芳香。果扁球形。原产中国，久经栽培，供观赏。由花提制的芳香油，为高级香料。花入药，功能理气活血、疏肝解郁，主治肝胃气痛、食少呕恶、月经不调、跌打损伤等症。 ❷美玉。司马相如《子虚赋》："其石则赤玉玫瑰。"亦谓珍珠。《急就篇》："璧碧珠玑玫瑰瓮。"颜师古注："玫瑰，美玉名也……或曰，珠之尤精者曰玫瑰。"

莓 (méi) 同"莓"。

枚 (méi) ❶树干。《诗·周南·汝坟》："伐其条枚。"引申为计量单位。《汉书·食货志下》："〔贝〕二枚为一朋。" ❷马鞭。《左传·襄公十八年》："以枚数阖。"杜预注："枚，马棰也；阖，门扇也。"一说，指形似钟乳的门钉。 ❸古代行军时防止士卒喧哗的用具，状如箸，衔在口中。《诗·豳风·东山》："勿士（事）行枚。"参见"衔枚"。 ❹谓钟乳，钟上突起的部分。《考工记·凫氏》："钟带谓之篆，篆间谓之枚。" ❺量词，用于形体小的东西。如：一枚针，十枚钱。 ❻姓。汉代有枚乘。

枚卜 一一占卜。古代以占卜法选官，因泛指选用官员为"枚卜"。《书·大禹谟》："禹曰：'枚卜功臣，惟吉之从。'"孔传："枚谓历卜之而从其吉。"《左传·哀公十六年》："王与叶公枚卜子良，以为令尹。"明代特指选大臣为大学士，入内阁办事为"枚卜"。见《明史·温体仁传》。

枚举 一一列举。如：不胜枚举。《书·无逸》："其在祖甲，不义惟王"蔡沈集传："下文周公言，自殷王中宗及高宗及祖甲及我周文王。及云者，因其先后次第而枚举之辞也。"

枚枚 细密貌。《诗·鲁颂·閟宫》："閟宫有侐，实实枚枚。"毛传："枚枚，砻密也。"黄庭坚《赵令答诗约》诗："风入园林寒漠漠，日移宫殿影枚枚。"

眉 (méi) ❶眉毛。眼上额下的毛。如：眉开眼笑。 ❷指物的上端或旁侧。如：书眉。《汉书·陈遵传》："居井之眉。"颜师古注："眉，井边地，若人目上之有眉。"引申为题额。《穆天子传》卷三："乃纪丌（其）迹于弇山之石，而树之槐，眉曰：'西王母之山。'"

眉黛 古代女子用黛画眉，因称眉为"眉黛"。白居易《喜小楼西新柳抽条》诗："须教碧玉羞眉黛，莫与红桃作曲（麴）尘。"亦借指女子。温庭筠《杨柳》诗："六宫眉黛惹春愁。"

眉飞色舞 形容喜悦或得意的神态。《官场现形记》第一回："王乡绅一听此言，不禁眉飞色舞。"

眉睫 ❶眉毛和睫毛，泛指人的形貌。《庄子·庚桑楚》："向吾见若眉睫之间，吾因以得汝矣。"成玄英疏："吾昔观汝形貌，已得汝心。" ❷极言迫近。《韩非子·用人》："不去眉睫之祸，而慕贲育之死。"

眉目 ❶眉毛和眼睛，谓容颜。如：眉目清秀。《三国志·魏志·崔琰传》："琰声姿高畅，眉目疏朗。" ❷头绪。如：事有眉目。 ❸条理。如：眉目清楚。

眉批 在图书正文上端的空白（书眉）处批注的读书心得、评语、订误、校文和音注等，称为眉批。

眉寿 长寿。《诗·豳风·七月》："为此春酒，以介眉寿。"毛传："眉寿，豪眉也。"孔颖达疏："人年老者必有豪毛秀出者。"古以豪眉为寿者相，因用为祝寿之词。苏轼《次韵郑夫人》诗："祝君眉寿似增川。"

眉宇 指面貌，容颜。面之有眉，犹屋之有宇。《新唐书·元德秀传》："房琯每见德秀，叹息曰：'见紫芝眉宇，使人名利之心都尽。'"紫芝，德秀字。后亦以"芝字"作为眉宇的美称。

眉语 以眉作态，表达情意。李白《上元夫人》诗："眉语两自笑，忽然随风飘。"

莓（méi） 亦作"苺"。植物名。如：草莓；蛇莓；木莓（山麑子）。《尔雅·释草》"麑，苺"郭璞注："麑，即莓也。"

另见 mèi。

脄（méi） 同"脢"。夹脊肉。《礼记·内则》："捣珍，取牛羊麋鹿麇麕之肉，必脄。"郑玄注："脊侧肉也。"

梅〔楳、槑〕（méi） ❶果木名。学名 Prunus mume。蔷薇科。落叶乔木。叶阔卵形或卵形，有细锐锯齿。叶柄顶端有二腺体。芽为落叶果树中萌发最早的一种。花单生或两朵齐出，先叶开放，多为白色和淡红色，具清香。核果球形，未熟时为青色，成熟一般呈黄色，味极酸。加工用的梅果常未熟前采收，依采时果色不同可分白梅（青白色）、青梅（绿色）、花梅（带红色）等类型。性喜温暖湿润，对土壤适应性强。多用嫁接、播种繁殖。原产中国，多分布于长江以南各地。果实除少量供生食外，多制蜜饯和其他加工品。未熟果加工成"乌梅"，供药用和饮料用。花供观赏。❷节候名。见"梅雨"。❸姓。

梅妻鹤子 宋代林逋隐居杭州西湖孤山，无妻无子，种梅养鹤以自娱，人称其"梅妻鹤子"。

梅香 旧时多以"梅香"为婢女的名字，因以为婢女的代称。王实甫《西厢记》第一本第二折："偌大一个宅堂，可怎生没别个儿郎，使得梅香来说勾当。"

梅雨 常指初夏产生在中国江淮流域以及韩国、日本中部雨期较长的连阴雨天气。因值梅子黄熟，故名。中国古代关于梅雨的记载很多，如北周庾信诗："五月炎气蒸，三时刻漏长，麦随风里熟，梅逐雨中黄。"明李时珍《本草纲目》："梅雨或作霉雨，言其沾衣及物，皆生黑霉也。"也有写作"霉雨"的。

脢（méi） 背脊肉。《易·咸》："咸其脢。"孔颖达疏引郑玄曰："脢，脊肉也。"

郿 **郿县** 旧县名。在陕西省中部偏西。秦置县。1964 年改眉县。

堳 **堳埒** 坛周围的矮墙。《周礼·地官·封人》："掌设王之社壝。"郑玄注："壝，谓坛及堳埒也。"孙诒让正义："凡委土为坛及卑垣之堳埒，通谓之壝。"

嵋（méi） 峨嵋，山名。见"峨眉山"。

铘〔鉫〕（méi） 大环套小环的子母环。《诗·齐风·卢令》："卢重铘。"孔颖达疏："谓一大环贯二小环也。"

詹（méi） "眉"的古体字。

猸（méi） 见"猸子"。

猸子 即"鼬獾"。

湄（méi） 岸边，水与草交接的地方。《诗·秦风·蒹葭》："所谓伊人，在水之湄。"

媒（méi） ❶婚姻介绍人；媒人。《诗·卫风·氓》："匪我愆期，子无良媒。"❷媒介；介绍或引导两方发生关系的。如：风媒；虫媒。引申为事物发生的诱因。《文中子·魏相》："见誉而喜者，佞之媒也。"❸见"媒蘖"。

另见 mèi。

媒蘖 亦作"媒孽"。媒，酒母；蘖，通"糵"，曲（麯）糵。比喻挑拨是非，陷人于罪。《汉书·司马迁传》："今举事壹不当，而全躯保妻子之臣，随而媒蘖其短。"颜师古注："媒如媒娉之媒，蘖如曲蘖之蘖。一曰齐人谓曲饼为媒也。"按《汉书·李陵传》作"媒糵"，颜师古注引孟康曰："媒，酒教；糵，曲也。谓酿成其罪也。"

媒妁 介绍婚姻的人。《淮南子·缪称训》："媒妁誉人，而莫之德也。"

媒怨 招致怨恨。《宋史·吕嘉问传》："嘉问奉法不公，以是媒怨。"

楣（méi） ❶房屋的横梁，即二梁。《仪礼·乡射礼》："堂则物当楣。"郑玄注："是制五架之屋也；正中曰栋，次曰楣。"❷门上的横木。陆游《夏雨叹》诗："蜗舍入门楣触额，黄泥壁作龟兆坼。"引申为门楣，即门第。❸屋檐口椽端的横板。谢灵运《山居赋》："因丹霞以颓楣，附碧云以翠椽。"

脄（méi） ❶妇女始怀胎。《广雅·释亲》："脄，胎也。"《广韵·十五灰》："脄，孕始兆也。"❷见"脄脄"。

脄脄 肥美貌。《文选·左思〈魏都赋〉》："脄脄坰野。"刘逵注："美也。"参见"肬肬"。

煤（méi） ❶主要的有机质固体燃料和化学工业原料。由地质历史时期中生长繁茂的植物，在适宜地质环境中，逐渐堆积成层，并埋没在水底或泥沙中，经过漫长年代的煤化作用而成。在世界上各地质时期中，石炭纪、二叠纪、侏罗纪和第三纪是重要的成煤时代。根据煤化程度的不同分泥炭、褐煤、烟煤和无烟煤。煤的含碳量一般为 46% ～ 97%，呈褐色至黑色，具有暗淡至金刚光泽。密度 1.1～1.8 克/厘米³。❷烟熏所积的黑灰，为制墨的主要原料。桂馥《说文解字义证》："汉以后，松烟、桐煤既盛，故石墨遂湮废。"

禖（méi） 媒神，祭之以求子。《汉书·戾太子传》："为立禖。"参见"高禖"。

鹛〔鶥〕（méi） 鸟媒，用以诱捕鸟类的鸟。《集韵·十五灰》："鹛，诱取禽者。"亦泛指用作诱捕的动物。《镜花缘》第九回："想来又是猎户下的鹛子。少刻猎户看见，毫不费力，就捉住了。"

酶（méi） 旧称"酵素"。生物体产生的具有催化能力的蛋白质。这种催化能力称为酶的活性。生物体的化学变化几乎都在酶的催化作用下进行。酶的作用具有高度专一性。酶的催化效率很高，一个酶分子在一分钟内能催化数百至数万个底物分子的转化。酶的作用一般在常温、常压、近中性的水溶液中进行，高温、强酸、强碱和某些重金属离子会使酶失去活性。酶通常根据其底物或其作用性质命名，例如淀粉酶作用于淀粉，凝乳酶引起乳的凝固，葡萄糖氧化酶催化葡萄糖的氧化等。根据其催化作用的性质，酶可分为六大类，即氧化还原酶、转移酶、水解酶、裂合酶、异构酶、连接酶。酶的研究，对于生命现象本质的了解，疾病的诊断和治疗以及工农业生产都有重大意义。约在四千年前，中国在酿酒等生产实践中就广泛应用了微生物提供的酶。酶制剂在纺织、皮革、食品等工业及医药卫生上的应用日益广泛。

镅〔鋂〕（méi） 化学元素[周期系第Ⅲ族（类）副族元素、锕系元素]。符号 Am。原子序数 95。银白色金属。具强放射性。化学性质活泼。为人工获得的放射性元素（1944 年）。寿命最长的同位素²⁴³Am，半衰期为 7.37×10^3 年。另一同位素²⁴¹Am，半衰期为 433 年，是同位素测厚仪和同位素 X 射线荧光光谱仪等的常用放射源。镅与铍的化合物可用作中子源。

鹛〔鶥〕(méi) 鸟名，即鹕鸡。《广韵·六脂》："鹛，鸟名。"《尔雅》曰：'鹕，麋鸹。'今呼鹕鹕。《字林》作鹛。"按《尔雅·释鸟》："鹕，麋鸹。"郭璞注："今呼鹕鹕。"郝懿行义疏："今莱阳人谓之老鹕，南方人谓之鹕鸡。"《本草纲目·禽部》："鹕鸡，李时珍曰：鹕鸡，水鸟也，食于田泽洲渚之间。大如鹤，青苍色，亦有灰色者。"

霉〔黴〕(méi) ❶即霉菌。❷物因生菌而质变。如：霉烂。

貚 (méi) 兽名。李白《大猎赋》："别有白貚、飞骏、穷奇、貙貚。"

糜 (méi) 同"糜"。穄子，即黍之不粘者。
另见 mén。

徽 (méi) 相随貌。《楚辞·九思·怨上》："鸳鸯兮喈喈，狐狸兮徽徽。"

糜 (méi) 见"糜子"。
另见 mí。
糜子 黍的一个变种。秆上有毛，穗密聚，子实不粘者为糜子。

靡 (méi) 通"湄"。水边。《史记·司马相如列传》："明月珠子，玓瓃江靡。"
另见 mí, mǐ, mó。

攗 (méi) 见"蕨攗"。

徽 (méi) 见"徽黑"、"徽黧"。
另见 méi 霉。
徽黑 颜色发黑。《淮南子·修务训》："尧瘦臞，舜徽黑。"谓脸黑。
徽黧 犹徽黑。《楚辞·九叹·逢纷》："颜徽黧以沮败兮，精越裂而衰耄。"

糜 (méi) 同"糜"。

měi

每 (měi) ❶逐个。如：每人；每天。《论语·八佾》："子入太庙，每事问。"❷每一次。《诗·秦风·权舆》："于我乎每食四簋。"❸时常；往往。曹操《求言令》："吾充重任，每惧失中。"参见"每每"。❹贪恋。《汉书·贾谊传》："品庶每生。"颜师古注引孟康曰："每，贪也。"❺虽然。《诗·小雅·常棣》："每有良朋，况也永叹。"❻宋元时口语，用同"们"。高明《琵琶记·文场选士》："你每众秀才听着。"亦语助，无义。又《宦邸忧思》："教他好看承我爹娘，料他每应不会遗忘。""他每"即"他"。❼姓。汉代有每当时。
另见 mèi。
每每 往往。陶潜《杂诗》："值欢无复娱，每每多忧虑。"
每下愈况 《庄子·知北游》："东郭子问于庄子曰：'所谓道，恶乎在?'庄子曰：'无所不在。'东郭子曰：'期而后可?'庄子曰：'在蝼蚁。'曰：'何其下邪?'曰：'在稊稗。'曰：'何其愈下邪?'曰：'在瓦甓。'曰：'何其愈甚邪?'曰：'在屎溺。'东郭子不应。庄子曰：'夫子之问也，固不及质，正获之问于监市履狶也，每下愈况。'"正获，名字叫获的市官。监市，市场上的牙人之类。狶，猪。况，由比照而显明。谓牙人用脚踏猪以估其肥瘦，越踏在猪的下部，即脚胫上，就越能显出它是否真肥，因为脚胫是难肥之处。比喻越是从低微的事物上推求，就越能看出道的真实情况。后用"每况愈下"表示情况越来越坏。

浼 (měi) 同"浼"。

美 (měi) ❶指味、色、声、态的好。如：美味；美观；良辰美景。《史记·吴太伯世家》："见舞《大武》，曰：'美哉! 周之盛也，其若此乎!'"❷指才德或品质的好。如：美德；价廉物美。《管子·五行》："人与天调，然后天地之美生。"王勃《滕王阁序》："宾主尽东南之美。"❸善事；好事。《论语·颜渊》："君子成人之美，不成人之恶。"❹赞美；称美。《庄子·齐物论》："毛嫱、丽姬，人之所美也。"❺喜欢；称心。《醒世恒言·马当神风送滕王阁》："满座之人见王勃年少，却又面生，心各不美。"❻美洲、美国的简称。❼美学研究的中心范畴。从自然到社会，从物质到精神，都有令人愉悦、爱慕的美存在。对于美的本质、特征，即美在何处，何以为美的问题，历来是美学家争论的中心，并形成多种学派。主要有三种观点：(1)客观说。认为美是事物客观存在的均衡、对称、和谐等物质属性；美是理念等客观存在的精神属性及其感性显现；美是客观的社会生活等。(2)主观说。认为美是主观心灵的产物；美是移情的结果等。(3)主客观统一说。认为事物性质、形状为美提供了条件，但只有符合主观意识时才美。马克思主义美学认为美是自然的人化，人的本质力量的对象化和形象显现，是人的社会实践的产物，确证了人的思想、情感、智慧、才能、愿望。它是主体与客体、客观性与社会性、合规律性与合目的性、感性与理性的统一体，具有形象性、可塑性、发展性、丰富性、独特性、感染性、愉悦性等特征。含内容美与形式美两个要素，有自然美、社会美、艺术美等不同形态。它是审美的对象，美感的源泉，随着人类审美实践和感知、创造美的能力的发展而发展。

美疢 《左传·襄公二十三年》："季孙之爱我，疾疢也；孟孙之恶我，药石也。美疢不如恶石；夫石犹生我，疢之美，其毒滋多。"谓表面上顺从见好，实际上是祸害。

美化 ❶好的风尚。《南史·宋武帝纪》："淳风美化，盈塞区宇。"❷与"丑化"相对。美学上主要指通过艺术的加工，将潜在的美变成现实的美，或将本来不甚美的事物变成较美的事物，以满足人们的审美要求。有的甚至将不美或丑的事物粉饰成仿佛是美的事物。

美女簪花 形容书法的娟秀多姿。梁袁昂评卫恒书，谓其"如插花美女，舞笑镜台"。见《佩文斋书画谱》卷八。《金石萃编·杨震碑跋》："昔人谓褚登善书如美女簪花，或谓其出于汉隶。观此碑，知非欺人之论也。"褚登善即褚遂良。书法有美女簪花格。亦借用来形容诗文的秀丽。毛晋《汲古阁书跋·南村诗集》："尝述虞伯生论一代诗……揭曼硕如美女簪花。"虞伯生，名集；揭曼硕，名傒斯。皆元代诗人。

美人 ❶容貌美好的女子。❷美好的人。古诗文中多以指自己所怀念向往的人。《诗·邶风·简兮》："云谁之思，西方美人。"苏轼《赤壁赋》："望美人兮天一方。"❸妃嫔的称号。西汉始置。《汉书·外戚传序》："美人视二千石，比少上造。"自东汉至明皆沿置。❹虹的别名。《释名·释天》："虹……又曰美人。"

美人香草 王逸《离骚序》："《离骚》之文，依《诗》取兴，引类譬谕，故善鸟、香草，以配忠贞……灵修、美人，以媲于君。"配、媲，都是比的意思。旧时诗文中因以"美人香草"象征忠君爱国的思想。

美谈 亦作"美谭"。人们乐于称

道的好事情。《公羊传·闵公二年》："桓公使高子将南阳之甲,立僖公而城鲁……鲁人至今以为美谈。"

美意延年　《荀子·致士》："得众动天,美意延年。"杨倞注:"美意,乐意也。无忧患则延年也。"后用为祝颂语。

挴（měi）　贪。《楚辞·天问》:"穆王巧挴。"王逸注:"挴,贪也。言穆王巧于辞令,贪好攻伐。"

浼（měi）　❶玷污;污染。《孟子·公孙丑上》:"尔焉能浼我哉!"《淮南子·人间训》:"若痈疽之必溃也,所浼者多矣。"❷请托;央求。陶宗仪《辍耕录》卷七"待士"载:"刘整求见廉希宪,请廉希贡通报,希宪初不答,希贡出,'整复浼入言之'。"❸见"浼浼"。

浼浼　水盛貌。《诗·邶风·新台》:"河水浼浼。"

渼（měi）　❶水波。见《玉篇·水部》。❷见"渼陂"。

渼陂　古池名。在今陕西户县西,受终南山之水,西北流入涝水。杜甫《渼陂行》:"岑参兄弟皆好奇,携我远来游渼陂。"

媺（měi）　美;善。《考工记·辀人》:"轴有三理,一者以为媺也。"孔颖达疏:"无节目,是轴之美状也。"陈造《财昏》诗:"土俗未易挽,人情大不媺。"

镁〔鎂〕（měi）　化学元素〔周期系第Ⅱ族（类）碱土金属元素〕。符号 Mg。原子序数 12。银白色轻金属。熔点 648.4℃,沸点 1 107℃,相对密度 1.74（5℃）。有展性。燃烧时发出眩目的白光。主要含镁矿物有菱镁矿、白云石、光卤石等,也存在于海水、地下盐水和岩盐矿床中。工业上由电解熔融氯化镁或在电炉中用碳或硅铁使它还原制得。金属镁可用于熔融盐金属热还原法制取稀有金属。镁合金在工业上有广泛用途。含 5%～30% 镁的铝镁合金,质轻,有优良机械性能,应用于航空器材方面。加微量镁于熔融生铁中,冷却后得球墨铸铁,比普通生铁坚韧耐磨。镁为格林尼亚试剂的原料。也可用于制脱硫剂、脱氢剂、闪光粉、烟火等。为生命必需的大量营养元素。

黣（měi）　面色晦黑。《列子·黄帝》:"燋然肌色皯黣。"

mèi

每（mèi）　见"每每"。
另见 měi。

每每　❶犹昧昧。昏乱貌。《庄子·胠箧》:"故天下每每大乱。"陆德明释文引李颐曰:"犹昏昏也。"❷同"旄旄"。肥美貌。《左传·僖公二十八年》:"原田每每。"杜预注:"喻晋军美盛,若原田之草每每然。"

眛（mèi）　我国古代西部少数民族的乐名。《白虎通·礼乐》:"西夷之乐曰眛。"
另见 wèi。

沬（mèi）　❶古地名。春秋时卫国邑。在今河南淇县南。《诗·鄘风·桑中》:"爰采唐矣,沬之乡矣。"❷通"昧"。微暗。《易·丰》:"丰其沛,日中见沬。"
另见 huì。

妹（mèi）　❶妹妹。如:表妹。❷古邑名。一作沬。在今河南淇县。殷自武乙后都于此。

靺〔靺〕（mèi）　本为可作染料的茜草,亦指将皮革染成赤黄色。《左传·成公十六年》:"有靺韦之跗注。"杜预注:"靺,赤色;跗注,戎服。"孔颖达疏:"郑玄《诗》笺云:'靺,茅蒐染也。'韦昭云:'茅蒐,今绛草也,急疾呼茅蒐成靺也;茅蒐,今之蒨也。'"参见"靺韐"。

靺韐　古代祭服上用以蔽膝的韨,用茅蒐草染成赤黄色。《仪礼·士冠礼》:"爵弁,服纁裳、纯衣、缁带、靺韐。"郑玄注:"靺韐,缊韨也。士缊韨而幽衡,合韦为之,士染以茅蒐,因以名焉。今齐人名蒨为靺韐。"蒨,茜草,即茅蒐。

昧（mèi）　❶昏暗。《离骚》:"路幽昧以险隘。"❷隐蔽不明;欺瞒。如:暧昧;欺昧。《荀子·大略》:"蔽公者谓之昧,隐良者谓之妒。"❸愚昧;无知。如:昧于事理。《书·仲虺之诰》:"兼弱攻昧,取乱侮亡。"❹冒昧。《左传·襄公二十六年》:"晋楚将平,诸侯将和,楚王是故昧于一来。"参见"昧死"。❺同"眛"。古乐名。《礼记·明堂位》:"昧,东夷之乐也。"

昧旦　黎明;拂晓。《诗·郑风·女曰鸡鸣》:"女曰鸡鸣,士曰昧旦。"陈奂传疏:"旦,明也;昧旦,未全明也。昧旦后于鸡鸣时。"

昧谷　古代传说西方日入之处。《书·尧典》:"分命和仲,宅西,曰昧谷。"孔传:"昧,冥也,日入于谷而天下冥,故曰昧谷。"

昧昧　❶昏暗貌。《楚辞·九章·怀沙》:"日昧昧其将暮。"王逸注:"昧,冥也。"❷深切静思貌。《书·秦誓》:"昧昧我思之。"蔡沈集传:"昧昧而思者,深潜而静思也。"❸纯厚浑朴貌。《淮南子·俶真训》:"其道昧昧芒芒然。"高诱注:"昧昧,纯厚也。"

昧爽　犹黎明。天将亮未亮时。《书·太甲上》:"先王昧爽丕显,坐以待旦。"程大昌《演繁露》卷十:"〔黎明〕犹曰昧爽也。昧,暗也;爽,明也。亦明暗相杂也。"

昧死　犹冒死,古时臣下上书多用此语,以表示敬畏的意思。《国策·秦策一》:"臣昧死望见大王,言所以举破天下之从之。"《史记·秦始皇本纪》:"臣等昧死上尊号,王为'泰皇'。"蔡邕《独断》:"汉承秦法,群臣上书皆言昧死言。王莽盗位,慕古法,去昧死曰稽首。"

昒（mèi）　瞑目远视。一说,久视。见《说文·目部》。
另见 wù。

袂（mèi）　衣袖。《晏子春秋·内篇杂下》:"张袂成阴,挥汗成雨。"

莓（mèi）　见"莓莓"。
另见 méi。

莓莓　亦作"每每"。草盛貌。《文选·左思〈魏都赋〉》:"兰渚莓莓。"李善注:"《左氏传》曰:'原田莓莓。'杜预曰:'若原田之草莓莓然。'"按今本《左传·僖公二十八年》作"每每"。

眜（mèi）　目不明。《左传·僖公二十四年》:"目不别五色之章为眜。"

谜〔謎〕（mèi）　用于"猜谜儿"。
另见 mí,mì。

彲（mèi）　同"魅"。《说文·鬼部》:"彲,老物精也。"段玉裁注:"《周礼》:'以夏日至致地示物彲。'注曰:'百物之神曰彲。'引《春秋传》:'螭彲魍魉。'按今《左传》作魅。"

痗（mèi）　忧病。《诗·卫风·伯兮》:"愿言思伯,使我心痗。"

寐（mèi）　睡眠。《诗·邶风·柏舟》:"耿耿不寐,如有隐忧。"

媒（mèi）见"媒媒"。
另见 méi。

媒媒 昏昧不明貌。《庄子·知北游》："媒媒晦晦，无心而不可与谋。"

媚（mèi）❶美好。如：春光明媚。❷喜爱。繁钦《定情诗》："我既媚君姿，君亦悦我颜。"❸谄媚；奉承讨好。《史记·佞幸列传》："非独女以色媚，而士宦亦有之。"

媚奥　《论语·八佾》："王孙贾问曰：'与其媚于奥，宁媚于灶，何谓也？'"何晏集解引孔安国曰："奥，内也，比喻近臣。灶，以喻执政。贾，执政者，欲使孔子求昵之，故微以世俗之言感之也。"朱熹注："室西南隅为奥，灶者，五祀之一，夏所祭也。凡祭五祀，皆先设主而祭于其所，然后迎尸而祭于奥，略如祭宗庙之仪。如祀灶，则设主于灶陉，祭毕而更设馔于奥以迎尸也。故时俗之语，因以奥有常尊而非祭之主，灶虽卑贱而当时用事，喻自结于君，不如阿附权臣也。"二说不同，刘宝楠正义主前说。后以"媚奥"比喻谄媚权贵。

媚世　讨好世俗的人。《孟子·尽心下》："阉然媚于世也者，是乡原也。"释贯休《故林偶作》诗："媚世非吾道，良图有白云。"

媚妩　美好可爱。元好问《梨花海棠》诗："妍花红粉妆，意态工媚妩。"

媚灶　比喻阿附当权的官僚。韩愈《荐士》诗："行身践规矩，甘辱耻媚灶。"详"媚奥"。

媚子　❶所宠爱的人。《诗·秦风·驷驖》："公之媚子，从公于狩。"❷宠爱儿女。《潜夫论·忠贵》："父母常失，在不能已于媚子。"❸首饰名。庾信《镜赋》："悬媚子于搔头，拭钗梁于粉絮。"

媚（mèi）以质粗易燃的纸搓成圆条，供引火、吸烟之用，叫"纸媚"，也叫"纸媒儿"。

魅（mèi）鬼魅；精怪。旧时迷信以为物老则成魅。鲍照《芜城赋》："木魅山鬼，野鼠城狐，风嗥雨啸，昏见晨趋。"参见"魑魅"。

mēn

闷〔悶〕（mēn）❶气不通畅。如：闷热。《素问·风论》："风者，善行而数变，腠理开则洒然寒，闭则热而闷。"❷声音不响亮或不出声。如：闷声闷气；闷声不响。❸密闭着使不出气。如：刚沏的茶，闷一会儿再喝。

另见 mèn。

mén

门〔門〕（mén）❶建筑物出入口上用作开关的设备。如：板门；铁门。也指出入口。如：大门；城门。《易·系辞下》："重门击柝，以待暴客。"❷形状或作用像门的东西。如：炉门；闸门。❸人身的孔窍。《管子·心术上》："开其门。"尹知章注："门谓口也，开口使顺理而言。"❹关塞要口。如：玉门；雁门；虎门。❺门径；关键。如：法门；窍门。《老子》："玄之又玄，众妙之门。"王弼注："众妙皆从同而出，故曰众妙之门也。"❻家；家族。如：名门；权门。《史记·孟尝君列传》："文闻将门必有将，相门必有相。"❼派别；宗派。如：孔门；佛门。亦专指师门。如：拜门；同门；及门。❽类别。如：分门别类。❾门（英 Phylum，希腊文 Phylon）。生物分类系统上所用的等级之一。❿守门；攻门。《公羊传·宣公六年》："勇士入其大门，则无人门焉者。"《左传·襄公十年》："门于桐门。"⓫计量单位。如：一门炮；一门课。⓬姓。北朝魏有门文爱。

门地　犹门第。指门阀地位。《宋史·赵安仁传》："幼少与宋元奥同学，元奥门地贵盛，待安仁甚厚。"参见"门第"。

门弟子　谓及门的弟子。《论语·泰伯》："曾子有疾，召门弟子。"

门第　封建时代地主阶级内部不同家族的等级。显贵之家称为"高门"，卑庶之家称为"寒门"。魏、晋、南北朝时实行九品中正制，选用官员，高门中选，寒门受排斥，彼此交际、婚配、任官、坐位亦有区别。相沿成为不成文的等级制度，利于维护封建贵族门阀特权。唐以后旧的门第区别不再存在，改以当代官爵高下为区分门第的标准。参见"士庶"。

门斗　❶清代儒学中的公役。徐珂《清稗类钞·胥役类》："旧称为学官供役者曰门斗，盖学中本为生员设廪膳，称门斗者，当是以司阍兼司仓，故合门子、斗子之名而称之耳。"《儒林外史》第十七回："保正认得是学里门斗，说道：'好了，匡二相公恭喜进了学了。'"❷指门楣上贴横额处。《红楼梦》第八回："黛玉仰头看里间门斗上，新贴了三个字，写着'绛云轩'。"❸在房屋或厅室的入口处所设置的过渡小厅。内外之间设有两道门，以起分隔、挡风、隔寒等缓冲作用。

门阀　即门第阀阅。指封建社会中的世代贵显之家。《后汉书·宦者传论》："声荣无晖于门阀。"《新唐书·郑仁表传》："尝以门阀文章自高。"东汉章帝时选举已多为门阀包办，魏、晋、南北朝特别重视门阀特权。亦称"阀阅"。《后汉书·韦彪传》："士宜以才行为先，不可纯以阀阅。"参见"门第"。

门房　❶宗族。《魏书·刑罚志》："增律七十九章，门房之诛十有三。"门房之诛，谓刑及族人。❷设在大门内侧的小房，犹现在的传达室。《桃花扇·媚座》："不用去请，俱在门房候着呢。"亦借称管门人或在门房担任传达工作的人。

门风　犹家风。指一家或一族世代相传的风习。《颜氏家训·风操》："又有臧逢世，臧严之子也，笃学修行，不坠门风。"

门馆　❶指内宫。《后汉书·边让传》："且垂精于万机兮，夕回辇于门馆。"也指官署。杜牧《上周相公启》："朝廷笃老，四海俊贤，皆因挈维，尽在门馆。"❷招待门客的馆舍。沈约《冬节后至丞相第诣世子车中作》诗："廉公失权势，门馆有虚盈。"❸家塾。乔吉《金钱记》第三折："你家这门馆先生，自从我在学堂中一个月，不曾教我一句书。"

门户　❶房屋出入处的统称。《管子·八观》："门户不闭。"比喻险要之地。《三国志·吴志·孙贲传》"上贲领太守"裴松之注引《江表传》："策（孙策）谓贲曰：'兄今据豫章，是扼僮芝咽喉，而守其门户矣。'"❷家，人家。古乐府《陇西行》："健妇持门户，亦胜一丈夫。"❸犹门第。《晋书·卫玠传》："玠妻先亡，征南将军山简见之甚相钦重，简曰：'昔戴叔鸾嫁女，唯贤是与，不问贵贱，况卫氏权贵门户，令望之人乎？'于是以女妻焉。"❹旧时称结党为立门户。《新唐书·韦云起传》："今朝廷多山东人，自作门户，附下罔上，为朋党。"亦称派别为门户。如：门户之见。❺旧称妓院。黄尊素《说略》："门户二字，伎院名也。"《桃花扇·传歌》："我们门户人家，舞袖歌裙，吃饭庄屯。"

门籍　汉代书有朝臣姓名的牒籍，凭以出入宫门。《汉书·窦婴传》：

“太后除婴门籍,不得朝请。”

门可罗雀 《史记·汲郑列传赞》:“始翟公为廷尉,宾客阗门;及废,门外可设雀罗。”后因以“门可罗雀”形容门庭冷落。纪昀《阅微草堂笔记·滦阳续录》:“僮奴婢媪皆散,不半载,门可罗雀矣。可,亦作“堪”。元好问《寄西溪相禅师》诗:“门堪罗雀仍未害,釜欲生鱼当奈何。”

门客 ❶门下客;食客。《南史·戴法兴传》:“法兴与太宰颜柳一体,往来门客恒有数百,内外士庶莫不畏服之。”❷宋代贵家塾师称“门客”。陆游《老学庵笔记》卷三:“秦会之有十客,曹冠以教其孙为门客。”

门楣 门框上的横木。借指门第。如:光大门楣。《资治通鉴·唐玄宗天宝五年》:“杨贵妃方有宠……民间歌之曰:‘生男勿喜女勿悲,君今看女作门楣。’”胡三省注:“凡人作室,自外至者,见其门楣宏敞,则为壮观。言杨家因生女而宗门崇显也。”

门墙 ❶《论语·子张》:“夫子之墙数仞,不得其门而入,不见宗庙之美,百官之富。”后因称师门为“门墙”。顾云《上池州卫郎中启》:“自随乡荐,便托门墙。”❷犹言家门或家门口。唐彦谦《夏日访友》诗:“童子立门墙,问我向何处。”❸犹门下。韩愈《与陈给事书》:“夫位尊,则贱者日隔,伺候于门墙者日益进,则爱博而情不专。”

门人 ❶生徒;弟子。《论语·先进》:“颜渊死,门人欲厚葬之。”《史记·孟子荀卿列传》:“孟轲,邹人也,受业子思之门人。”❷食客;门客。《国策·齐策三》:“〔邾之登徒〕见孟尝君门人公孙戍。”❸守城门的人。《穀梁传·襄公二十五年》:“吴子谒伐楚,至巢,入其门,门人射吴子。”

门神 中国旧俗贴于门上的神像。俗谓能驱鬼辟邪,保障家庭平安。《月令广义·十二月令》:“道家谓门神左曰丞,右为门尉。盖司门之神,其义本自桃符,以神荼郁垒避邪,故树之于门。后世画将军朝官诸式,复加爵鹿蝠喜宝马瓶鞍等状,皆取美名,以迎祥祉,世俗传来既久,未考昉于何代。”通行的有两种:(1)即“神荼郁垒”,画像丑怪凶恶。(2)即唐代的秦叔宝和尉迟敬德的画像。相传唐太宗生病,闻门外有鬼魅呼号,以告群臣,秦叔宝请与尉迟敬德戎装立门下以伺。太宗准奏,夜果无事;乃令画工图两人形象,悬挂宫门左

右。后世沿袭为门神以镇邪。见《三教源流搜神大全》。也有以钟馗和温(温峤)、岳(岳飞)二元帅等为门神的。

门生 ❶原指再传弟子。欧阳修《集古录》卷二载后汉《孔宙碑阴题名》:“其亲授业者为弟子,转相传授者为门生。”后来不受业而登上门生名录者,也称门生。甚至依附名势者,亦称门生。徐幹《中论·谴交》:“有策名于朝,而称门生于富贵之家者,比屋有之。为之师而无以教,弟子亦不受业,然其于事也,至于怀丈夫之容,而袭婢妾之态,或奉货而行赂以自固结,求志属托,规图仕进。参见《日知录》卷二十四“门生”条和《陔馀丛考》卷三十六“门生”条。❷晋、南北朝时世家豪族的依附人口。《南齐书·刘怀珍传》:“怀珍北州旧姓,门附殷积,启上门生千人充宿卫。”❸科举考试及第者对主考官自称“门生”。《新五代史·裴皞传》:“宰相马胤孙、桑维翰皆皞礼部所放进士也;后胤孙知举放榜,引新进士诣皞,皞喜作诗曰:‘门生门下见门生。’”

门市 ❶工商企业对顾客直接进行买卖和服务的业务或场所。❷中国古代商货出入贩卖和稽征的处所。《周礼·地官·司市》:“守门市之群吏平肆。”门,指关门、城门;市,指列肆、市集。

门帖 ❶贴在门上的对联,亦称“门对”。戴冠《濯缨亭笔记》:“北京宫阙成,太宗命解缙书门帖,以古诗书之,曰:‘日月光天德,山河壮帝居。’”❷贴在门上告卖田宅、物件的招帖。《南史·庾杲之传》:“百姓那得家家题门帖卖宅?”

门庭若市 形容来者之多。《国策·齐策一》:“群臣进谏,门庭若市。”

门徒 ❶门生;徒弟。《后汉书·钟皓传》:“避隐密山,以诗律教授门徒千余人。”❷守门之吏。《周礼·地官·司门》“祭祀之牛牲系焉,监门养之”郑玄注:“监门,门徒。”

门外汉 《五灯会元》卷六:圆智举东坡诗“溪声便是广长舌,山色岂非清净身?”曰:“若不到此田地,如何有这个消息?”此庵曰:“是门外汉耳。”今称外行人为门外汉,谓对其事尚未入门。

门望 门第郡望。《魏书·韩显宗传》:“夫门望者,是其父祖之遗烈,亦何益于皇家?”

门下 ❶门庭之下。《国策·齐策四》:“〔冯谖〕使人属孟尝君,愿寄食门下。”引申为食客。《史记·魏公子列传》:“平原君门下闻之,半去平原君,归公子。”❷弟子。《淮南子·道应训》:“公孙龙顾谓弟子曰:‘门下故有能呼者乎?’”❸犹阁下,对尊贵者的敬称。朱熹《与江东陈帅书》:“不审高明,何以处此？熹则为门下忧之,而未敢以为贺也。”❹南北朝时齐称侍中为“门下”。又中书侍郎呼为“小门下”。见《通典·职官三》。唐宋门下省章奏皆称“门下”。参见“门下省”。

门下省 官署名。东汉有侍中寺,晋始称门下省。唐曾改为东台、鸾台、黄门省等,旋复旧称。元以后废。原为皇帝的侍从机构,南北朝时权力渐大,北朝政出门下,成为中央政权机构的重心。隋唐时与中书省同掌机要,共议国政,并负责审查诏令,签署章奏,有封驳之权。其长官称侍中,或称纳言、左相、黄门监,因时而异。其下有黄门侍郎、给事中、散骑常侍、谏议大夫、起居郎等官。宋初门下省仅主朝仪等事。神宗元丰改官制,始恢复审查诏令的旧制。南宋初,中书、门下合并为一,称中书门下省。辽金亦置门下省,金海陵王时废。

门下晚生 清代门生对座主的座主、座主的父亲或父亲的座主称太老师,自称为门下晚生,或门下晚学生。

门荫 荫,庇荫。谓借先人之功绩循例得官。《晋书·范弘之传》:“石阶借门荫,屡登崇显。”

门者 古代守门的小吏。《史记·张耳陈馀列传》:“张耳、陈馀乃变名姓,俱之陈,为里监门以自食……秦诏书购求两人,两人亦反用门者以令里中。”司马贞索隐:“案门者即馀、耳也。自以其名而号令里中,诈更别求也。”亦泛指守门人。《后汉书·梁冀传》:“客到门不得通,皆请谢门者。”

门胄 家族世系。《宋书·范晔传》:“晔素有闺庭议论,朝野所知,故门胄虽华,而国家不与姻娶。”

门状 ❶唐宋时下属进谒上司所用的名帖,犹后来的手本。《事物纪原》卷二:“汉初未有纸,书门于刺,削木竹为之。后代稍用名纸。唐武宗时,李德裕贵盛,百官以旧刺礼轻,至是留具衔候起居之状。至今贵贱通用,谓之门状。稍贵礼隔者,如公状体为大状。”❷丧家将死者生卒年

月及殡葬日期等,用素纸书写,贴于门首,俗称门状。

门资 指门第和资格。《晋书·王沉传》:"岂计门资之高卑,论势位之轻重乎?"《周书·苏绰传》:"州郡大吏但取门资,多不择贤良。"

门子 ❶卿大夫的嫡子。《周礼·春官·小宗伯》:"其正室皆谓之门子。"郑玄注:"正室,適(嫡)子也,将代父当门者也。"❷门下士;食客。《韩非子·亡征》:"群臣为学,门子好辩。"❸管门的人。《道山清话》:"都下有一卖药老翁,自言少时尝为尚书省中门子。"❹犹"门路"。指进身的途径。《红楼梦》第九十二回:"〔贾政〕说道:'几年间,门子也会钻了,由知府推升,转了御史。'"

门祚 家世。《新唐书·柳玭传》:"丧乱以来,门祚衰落。"

扪〔捫〕(mén) ❶抚摸。《汉书·高帝纪上》:"汉王伤胸,乃扪足曰:'虏中吾指!'"❷持;按住。参见"扪舌"。

扪舌 谓持其舌不使言语。《诗·大雅·抑》:"莫扪朕舌,言不可逝矣。"刘荣嗣《有感》诗:"扪舌藏身消永日,随心曝背倚前檐。"

扪虱 《晋书·王猛传》:"桓温入关,猛被褐而诣之,一面谈当世之事,扪虱而言,旁若无人。"此处用以形容王猛放达率性无所畏忌的样子。

扪捫 摸索。《聊斋志异·章阿端》:"忽有人以手探被,反复扪捫。"

扪心 摸摸胸口,反省自问的意思。白居易《和梦游春诗》:"扪心无愧畏,腾口有谤讟。"

汶(mén) 见"汶汶"。

另见 wèn。

汶汶 犹惛惛,昏暗不明貌。与"察察"相对。引申为蒙受污垢或耻辱。《楚辞·渔父》:"安能以身之察察,受物之汶汶者乎?"王逸注:"蒙垢尘也。"洪兴祖补注:"蒙沾辱也。一音昏。《荀子》注引此作惛惛。惛惛,不明也。"

钔〔鍆〕(mén) 化学元素〔周期系第Ⅲ族(类)副族元素、锕系元素〕。符号 Md。原子序数 101。具强放射性。人工获得的放射性元素(1955 年)。寿命最长的同位素^{258}Md,半衰期为 55 天。

璊〔璊〕(mén) 赤色的玉。《诗·王风·大车》:"毳衣如璊。"

穈〔穈〕(mén) 一种赤色毛织品。见《说文·毛部》。后泛指毛织布。《北史·契丹传》:"灵太后以其俗嫁娶之际以青穈为上服。"

瞞〔瞞〕(mén) 惭愧貌。《庄子·天地》:"子贡瞞然惭。"

另见 mán。

縻(mén) 谷的一种。《诗·大雅·生民》:"诞降嘉种,维秬维秠,维縻维芑。"毛传:"縻,赤苗也。"按縻初生时叶纯赤,生三四叶后赤青相间,七八叶后色始纯青。说见程瑶田《九穀考》卷一。参见"芑"。

另见 méi。

亹(mén) 峡中两岸对峙如门的地方。如钱塘江有鳖子亹,潮水由此出入。《诗·大雅·凫鹥》:"凫鹥在亹。"郑玄笺:"亹之言门也。"

另见 wěi。

虋(mén) 《尔雅·释草》:"虋,赤苗。"郭璞注:"今之赤粱粟。"

mèn

闷〔悶〕(mèn) ❶忧愤;烦闷。《易·乾》:"遁世无闷。"《红楼梦》第二十六回:"怎么又要睡觉?你闷的很,出去逛逛不好?"❷密闭的。如:火车上装货的无窗车厢叫闷子车。

另见 mēn。

闷葫芦 犹言哑谜。比喻秘密或难以猜透的事。纪君祥《赵氏孤儿》第四折:"好着我沉吟半晌无分诉,这画的是徯幸杀我也闷葫芦。"

闷瞀 心绪烦乱。《楚辞·九章·惜诵》:"申侘傺之烦惑兮,中闷瞀之忳忳。"

闷闷 ❶抑郁不舒畅。岳珂《桯史·吴畏斋谢贽启》:"已不胜贾生痛哭之私,矧欲致藏宫鸣剑之议。试揆闷闷,毋谓平平。"❷愚昧貌。《老子》:"俗人察察,我独闷闷。"韦应物《善福精舍答韩司录见忆》诗:"皦皦仰时彦,闷闷独为愚。"

悗(mèn) 无心貌。《庄子·大宗师》:"悗乎忘其言也。"

另见 mán。

焖〔燜〕(mèn) 一种烹饪法,即紧盖锅盖,不使泄气,用微火把食物煨熟。如:黄焖鸡。按《说文·火部》:"裒,炮炙也,以微火温肉。"段玉裁注:"微火温肉,所谓焄也。今俗语或曰乌,或曰煨,或曰焖,皆此字之双声叠韵耳。"

惛(mèn) 亦作"懑"。通"闷"。烦闷。《后汉书·张衡传》:"不见是而不惛。"按《易·乾·文言》作"不见是而无闷"。

另见 hūn。

悶(mèn) 同"惛"。

另见 hūn。

满〔滿〕(mèn) 通"懑"。烦闷。《汉书·石显传》:"忧满不食。"

另见 mǎn。

潣(mèn) 同"焖(燜)"。

鞔(mèn) 通"懑"。腹中闷胀。《吕氏春秋·重己》:"味众珍则胃充,胃充则中大鞔。"

另见 mán。

懑〔懣〕(mèn) ❶愤;闷。《楚辞·哀时命》:"惟烦懑而盈匈。"《汉书·霍光传》:"〔昌邑王贺〕即位,行淫乱;光忧懑。"❷属;辈。犹今言"们"。赵长卿《念奴娇》词:"对酒当歌浑令谈,一任他懑嗔恶。"

men

们〔們〕(men) 用在名词或代词的后面,表示复数。如:孩子们;我们。

mēng

蒙〔矇〕(mēng) ❶欺骗。如:别蒙人,我不信。❷昏迷。如:他给球打蒙了。❸胡乱猜测。如:所答非所问,简直是瞎蒙。

另见 máng、méng、měng。

méng

龙(méng) 见"龙茸"。

另见 máng、páng。

龙茸 亦作"蒙戎"。蓬松貌;散乱貌。《左传·僖公五年》:"狐裘龙茸。"杜预注:"龙茸,乱貌。"

甿(méng) 古指农民。《周礼·地官·遂人》:"凡治野,以下剂致甿,以田里安甿。"《史记·陈涉世家》:"陈涉,瓮牖绳枢之子,甿隶之人。"裴骃集解引徐广曰:"田民曰甿。"

黾〔黽〕(méng) 见"黾隘"。

另见 měng、miǎn、mǐn。

黾隘 即"冥阨"。见《国策·燕策》、《史记·春申君列传》。

氓（méng）❶民。朱骏声《说文通训定声·壮部》："自彼来此之民曰氓，从民从亡会意。"亦专指居于郊野之民。《国策·秦策一》："不忧民氓。"高诱注："野民曰氓。"参见"甿"。❷《诗·卫风》篇名。系写一女子与"士"相恋、结婚以至被遗弃的经过，反映当时社会男女间的不平等。《诗序》说是卫宣公时的作品，旨在讽刺卫国风气淫靡而赞美荡妇能返于正道。朱熹谓为荡妇被弃而自道其悔恨。两说都与诗意不合。

另见 máng。

虻〔蝱〕（méng）昆虫纲，双翅目，虻科。成虫形似蝇而稍大，体粗壮，长约 1～3 厘米，多毛。头阔，眼大，刺吸式口器，触角短，仅三节。翅仅前翅一对，后翅退化为平衡棒。幼虫生活在沼泽中，肉食性。最常见的为华虻（Tabanus mandarinus）及中华斑虻（Chrysops sinensis），雌虻刺吸牛等牲畜的血液，危害家畜，传播疾病；有时也吸人血。

蝱（méng）同"虻"。

茵（méng）药草名。《尔雅·释草》："茵，贝母。"

郲〔郲〕（méng）见"郲县"。

郲县　古县名。西汉置。治今河南罗山西北。东汉封邓邯为郲侯于此。北齐废入齐安。地近郲阨之险，历代为军事要地。

萌（méng）❶植物的芽；亦谓生芽，发芽。《礼记·月令》："〔季春之月〕萌者尽达。"❷开始；发生。如：故态复萌。《汉书·司马相如传下》："明者远见于未萌。"❸锄去。《周礼·秋官·薙氏》："掌杀草，春始生而萌之。"郑玄注："谓萌之者，以兹其斫其生者。"贾公彦疏："汉时兹其，即今之锄也。"❹通"氓"。民。《管子·山国轨》："谓高田之萌曰：'吾所寄币于子者若干。'"

萌动　指草木发芽。《礼记·月令》："〔孟春之月〕天地和同，草木萌动。"引申指事物开始发动。《汉书·辛庆忌传》："故奸轨不得萌动而破灭。"

萌蘖　萌，芽；蘖，木枝砍去后再生的芽。泛指植物的新芽。《孟子·告子上》："是其日夜之所息，雨露之所润，非无萌蘖之生焉。"亦用以比喻事物刚发生。王安石《先大夫述》：

"凡有萌蘖，一切摘发穷治之。"

萌芽　亦作"萌牙"。刚生的草木芽；发芽。《礼记·月令》："安萌牙，养幼少。"欧阳修《祭苏子美文》："山川草木，开发萌芽。"亦借指事物的开端。《汉书·金日磾传》："霍氏有事萌牙。"颜师古注："萌牙者，言始有端绪，若草之始生。"又《王莽传上》："或见萌芽，相率告之；及其祸成，同共仇之。"

梦〔夢〕（méng）见"梦梦"。

另见 mèng。

梦梦　形容昏愦。《诗·小雅·正月》："视天梦梦。"又《大雅·抑》："视尔梦梦，我心惨惨。"

蝱（méng）见"蝱鸠"。

蝱鸠　鸟名，即鸤鸠。《大戴礼记·劝学》："南方有鸟，名曰蝱鸠，以羽为巢，编以发，系之苇苕。"卢辩注："蝱读曰蒙，蒙鸠，鸤鸠也。"按《荀子·劝学》作"蒙鸠"。

蒙㊀（méng）❶草名。《尔雅·释草》："蒙，王女。"《诗·鄘风·桑中》疏引孙炎曰："一名菟丝。"❷裹；包。《左传·昭公十三年》："晋人执季孙意如，以幕蒙之。"引申为遮蔽、包庇。《国语·楚语下》："今子闻而弃之，犹蒙耳也。"《汉书·卫绾传》："郎官有谴，常蒙其罪。"❸承上。《说文解字叙》"册部四十四"段玉裁注："蒙龠从册而次之。"按《说文解字叙》册部前为"龠部四十三"，故段注如此。❹欺骗；隐瞒。《左传·僖公二十四年》："上下相蒙。"❺六十四卦之一，坎下艮上。《易·蒙》："象曰：山下有险，险而止，蒙。"又《序卦》："蒙者，蒙也，物之稚也。"引申为蒙昧无知。如：启蒙；发蒙。❻自称的谦辞，犹言愚。《文选·张衡〈西京赋〉》："蒙窃惑焉。"李善注："蒙，谦称也。"❼阴暗。见《书·洪范》"曰蒙"孔传。《释名·释天》："蒙，日光不明，蒙蒙然也。"❽冒犯；遭；受。如：蒙难；承蒙招待。《易·明夷》："以蒙大难。"孔颖达疏："以蒙犯大难。"❾姓。秦代有蒙恬。

㊁〔濛〕（méng）微雨貌。《诗·豳风·东山》："零雨其蒙。"

㊂〔矇〕（méng）睁眼瞎子。《诗·大雅·灵台》："蒙瞍奏公。"毛传："有眸子而无见曰蒙。"

㊃〔懞〕（méng）忠厚貌。见《集韵·一东》。

另见 máng,měng,měng。

蒙尘　蒙受风尘。旧谓帝王或大臣逃亡在外。《左传·僖公二十四年》："天子蒙尘于外，敢不奔问官守?"《世说新语·言语》："顾司空（顾和）时为扬州别驾，援翰曰：'王光禄（王含）远避流言，明公蒙尘路次。'"明公，指王导。

蒙冲　亦作"艨艟"。古代战船名。《后汉书·祢衡传》："黄祖在蒙冲船上大会宾客。"《资治通鉴·汉献帝建安十三年》："刘表治水军，蒙冲斗舰乃以千数。"胡三省注："杜佑曰：'蒙冲，以生牛皮蒙船覆背，两厢开掣棹孔，左右有弩窗、矛穴，敌不得近，矢石不能败。'"

蒙谷　中国古代传说西方日入之处。《淮南子·天文训》："（日）至于蒙谷，是谓定昏。"高诱注："蒙谷，北方之山名也。"庄逵吉谓"即《尚书》之昧谷，蒙、昧声相通"。

蒙馆　亦称"蒙学"。中国旧时对儿童进行启蒙教育的学校。教育内容主要是识字、写字和伦理道德教育。宋以后教材一般为《三字经》、《百家姓》、《千字文》、《蒙求》、《四书》等。没有固定年限。采用个别教学，注重背诵、练习。

蒙汗药　相传吃了能使人失去知觉的一种麻醉药。《水浒传》第十六回："不卖了！不卖了！这酒里有蒙汗药在里头！"

蒙鸿　亦作"鸿蒙"。同"蒙颂"。《文选·郭璞〈江赋〉》"类胚浑之未凝"李善注引《春秋命历序》："冥茎无形，蒙鸿萌兆，浑浑沌沌。"萌兆，萌言露形。

蒙颂　同"颂蒙"，亦作"蒙鸿"。❶指宇宙形成前的混沌状态。《论衡·谈天》："溟涬蒙颂，气未分之类也；及其分离，清者为天，浊者为地。"❷含混不明貌。《楚辞·天问叙》："既有解词，乃复多连蹇其文，蒙颂说。"

蒙眬　目不明貌。如：睡眼蒙眬。

蒙冒　昏蒙；愚昧。《三国志·蜀志·郤正传》："蒙冒瞽说，时有攸献。"

蒙昧　亦作"矇昧"。昏暗，知识未开。如：蒙昧时代；蒙昧无知。《晋书·阮种传》："臣诚蒙昧，所以为罪。"

蒙袂辑屦　蒙袂，用袖子蒙住脸，意思是不愿见人；辑屦，拖着鞋不使脱落，形容十分困乏。《礼记·檀弓下》："有饿者蒙袂辑屦，贸贸然来。"

蒙蒙　❶盛貌。《楚辞·七谏·自

悲》:"微霜降之蒙蒙。"❷模糊不明貌。《汉书·叙传上》:"心蒙蒙犹未察。"❸(濛濛)雨雪迷蒙貌。王昌龄《龙兴观黄道士房问易因题》诗:"玉清坛上雨蒙蒙。"白居易《过裴令公宅》诗:"梁王旧馆雪蒙蒙。"

蒙难　蒙受灾难。语出《易·明夷》:"内文明而外柔顺,以蒙大难,文王以之。"

蒙倛　亦作"蒙箕"。古时腊月驱逐疫鬼或出丧时所用之神像。脸方而丑,发多而乱,形凶恶。《荀子·非相》:"仲尼之状,面如蒙倛。"杨倞注:"倛,方相也。其首蒙茸然,故曰蒙倛……韩侍郎云:'四目为方相,两目为倛。'"《抱朴子·博喻》:"嫫毋面如蒙箕。"韩愈《杂说》之三:"其貌有若蒙倛者。"

蒙求　中国旧时的蒙学课本。取义于《易·蒙卦》"匪我求童蒙,童蒙求我"。《四库全书提要》谓著者为后晋李瀚,今考证,当是唐代李翰。宋徐子光注。广集历史人物言行故事,编为四言对偶韵语。宋元明间非常流行。后有许多以"蒙求"为名的课本,如宋方逢辰《名物蒙求》,元胡炳文《纯正蒙求》等。

蒙戎　同"尨茸"。犹言蓬松,乱貌。《诗·邶风·旄丘》:"狐裘蒙戎。"

蒙汜　中国古代神话以为是极西日没的地方。《楚辞·天问》:"出自汤谷,次于蒙汜。"王逸注:"次,舍也;汜,水涯也。言日出东方汤谷之中,暮入西极蒙水之涯也。"汤,同"旸"。亦指日出之处。《淮南子·览冥训》:"遒回蒙汜之渚,尚佯冀州之际。"高诱注:"蒙汜,日所出之地。"

蒙学　❶即"蒙馆"。❷1902年(清光绪二十八年)《钦定学堂章程》规定初等教育机构分为三级:蒙学堂、寻常小学堂、高等小学堂。蒙学堂简称蒙学。仅有章程,并未开办。

蒙养　谓以蒙昧隐默的方法来修养正道。《易·蒙》:"蒙以养正,圣功也"孔颖达疏:"能以蒙昧隐默,自养正道,乃成至圣之功。"后用为教育童蒙之意。清末学制系统中有蒙养院。

霿　(méng,又读wù)《说文·雨部》以"霿"为"霿"(今雾字)籀文。

瞢〔瞢〕(méng)❶视。见《玉篇》。❷见"瞢盯"。

瞢盯　直视。见《广韵·十二庚》。

盟　(méng)❶古代诸侯于神前立誓缔约之称。《礼记·曲礼下》:"莅牲曰盟。"孔颖达疏:"盟者,杀牲歃血,誓于神也。盟之为法,先凿地为方坎,杀牲于坎上,割牲左耳,盛以珠盘,又取血盛以玉敦,用血为盟书,成,乃歃血而读书。"❷指结拜弟兄。如:盟兄;盟弟。❸指政治集团之间或国家之间的联合。如:盟约;同盟;联盟。❹中国内蒙古自治区中相当于地区的管理区域。盟的设置,始于清政府统治蒙古族的盟旗制度;新中国成立后盟旗制度被废除,仅保留盟、旗的称谓。现在的盟不是一级行政区域。自治区人民政府设有行政公署作为派出机关。
　另见mèng,míng。

盟府　古时掌管盟约的官府。《左传·僖公五年》:"勋在王室,藏于盟府。"孔颖达疏:"以勋受封必有盟要,其辞当藏于司盟之府也。"要,约;司盟,掌管盟约的官。

盟书　又称"载书"。古代天子和诸侯之间、诸侯相互之间、诸侯和大夫之间,为了在政治利益上相互约束,向神盟誓时写在策上的载辞。1965年侯马晋国遗址曾出土数百件用朱书写在玉片上的盟书。

盟主　古代诸侯盟会首领;主持盟会者。《左传·襄公二十六年》:"晋君宣其明德于诸侯,恤其患而补其阙,正其违而治其烦,所以为盟主也。"后亦谓某个集体、集团的首领或某一集体活动的倡导者。如:文坛盟主。《三国志·魏志·武帝纪》:"〔袁术等〕同时俱起兵,众各数万,推绍为盟主。"绍,袁绍。

幪　(méng)同"幪"。
　另见měng。

骡〔骡〕(méng)亦作"駺"。驴之子。《说文·马部》:"骡,驴子也。"桂馥义证:"《急就篇补注》:'驴,其子名骡。'《篆文》:'驴一曰漠骊,其子曰骡。'"

甍　(méng)屋脊。《释名·释宫室》:"屋脊曰甍。甍,蒙也,在上覆蒙屋也。"

瞢　(méng)❶目不明。《太玄·瞢》:"瞢腹睒天,无能见也。"范望注:"瞢瞢不明,故无能见也。"❷烦闷。《左传·襄公十四年》:"不与于会,亦无瞢焉。"❸惭愧。左思《魏都赋》:"有靦瞢容。"
　另见mèng。

瞢腾　同"懵腾"。蒙眬迷糊。范

成大《睡觉》诗:"寻思断梦半瞢腾,渐见天窗纸瓦明。"

郮　(méng,又读mèng)古地名。春秋曹邑。《春秋·昭公二十年》:"曹公孙会,自郮出奔宋。"按在今山东省定陶县西北。

儚　(méng)迷昏不明。《尔雅·释训》:"儚儚,惽也。"郭璞注:"迷惽。"郝懿行义疏:"惽者,《说文》云:'不憭也。'儚者,儚之或体。《说文》云:'儚,惽也。'与懜同,云不明也。《释文》儚字或作懜。"

蝱　(méng)通"茵"。药名,即贝母。《诗·鄘风·载驰》:"陟彼阿丘,言采其蝱。"
　另见máng虻。

幪　(méng)见"帡幪"。
　另见měng。

饛〔饛〕(méng)　食物装满貌。《诗·小雅·大东》:"有饛簋飧。"毛传:"饛,满簋貌;飧,熟食,谓黍稷也。"

濛　(méng)见"濛江"。
　另见méng蒙。

濛江　旧县名。在吉林省东南部。1912年由濛江州改置。1946年解放后为纪念杨靖宇烈士改名靖宇县。

懜　(méng)❶无知貌。《周礼·地官·遂人》"致甿以田里"郑玄注:"甿犹懜懜,无知貌也。"陆德明释文:"懜,本又作儚。"❷不明。《说文·心部》:"懜,不明也。"朱骏声《通训定声》:"按心不明也。《贾子·道术》:'行充其宜谓之义,反义为懜。'"

氋　(méng)见"氄氋"。

檬　(méng)见"柠檬"。

曚　(méng)见"曚昧"。

曚昧　同"蒙昧"。混沌未分。《三国志·蜀志·郤正传》:"昔在鸿荒,曚昧肇初。"也指知识未开,昏昧糊涂。如:曚昧无知。

朦　(méng)❶眼半睁。王实甫《西厢记》第二本第二折:"觑他云鬟低坠,星眼微朦。"❷遮掩。王实甫《西厢记》第一本第四折:"把一个发慈悲的脸儿朦着。"

朦胧　模糊不清。如:暮色朦胧。来鹄《寒食山馆书情》诗:"蜀魄啼来春寂寞,楚魂吟后月朦胧。"

鹲〔鹲〕(méng)　亦称"热带鸟"。鸟纲,鹲科,鹲属(Phaëthon)各种的通称。中型至大型海鸟。体白色或灰色。嘴强直而侧扁，末端尖锐，啄缘呈锯齿状。尾羽12～16枚，中央两枚特长，且与外侧尾羽色彩不同，鲜明夺目。多栖息热带远洋岛屿，主食鱼类。见于中国的红嘴鹲（P. aethereus indicus），体长约35厘米，嘴呈珊瑚红色，西沙群岛有繁殖。

礞（méng）　礞石，药名。《本草纲目·石部》："礞石，其色濛濛然，故名。有青白二种，以青者为佳。"

矒（méng）　见"睡矒"。

艨（méng）　见"艨艟"。

艨艟　同"蒙冲（衝）"。亦作"艨冲（衝）"。古代战船名。《释名·释船》："狭而长曰艨冲，以冲突敌船也。"《旧五代史·贺瓌传》："以艨艟战舰扼其中流。"

瞢（méng）　"梦"的本字。
另见 mèng。

鬤（méng）　见"鬤松"。

鬤松　亦作"鬔松"。模糊不清；蒙眬。欧阳修《渔家傲》词："叶里黄鹂时一弄，犹鬤松，等闲惊破纱窗梦。"杨万里《与伯勤子文幼姪同登南溪奇观戏道旁群儿》诗："鬤松睡眼熨难开，曳杖缘溪啄紫苔。"

骙（méng）　同"骤"。见《集韵·一东》。

鳙〔鱕〕（méng）　见"鲍鳙"。

鬙（méng）　同"鬤"。

měng

鼆〔鼃〕（měng）　蛙的一种。《尔雅·释鱼》："鼃鼆、蟾诸，在水者鼃。"
另见 méng，miǎn，mǐn。

勐（měng）　❶勇敢。❷傣语音译，意为"地方"。多指平坝地区，与山区称"圈"相对。引申为地区和行政区划的名称，如：勐遮；勐海。

猛（měng）　❶勇猛；猛烈。如：猛将；猛兽；猛火；猛进。《礼记·郊特牲》："虎豹之皮，示服猛也。"❷凶暴。《礼记·檀弓下》："苛政猛于虎也。"❸严厉。《左传·昭公二十年》："宽以济猛，猛以济宽。"❹急骤；突然。《西厢记》第一

本第三折："猛听得角门儿呀的一声，风过处花香细生。"❺姓。春秋时晋有猛足。

猛可　突然；陡然。《水浒传》第二十四回：〔知县〕猛可想起武松来，须是此人可去。"郑廷玉《忍字记》第一折："猛可里抬头把他观觑了，将我来险笑倒。"

猛犸（Mammuthus primigenius）亦称"毛象"、"猛犸象"。古哺乳动物。属长鼻目。大小近似现代象，体被棕色长毛，上门齿向上弯曲。生存于亚欧大陆北部及北美洲北部更新世晚期的寒冷地区。俄罗斯西伯利亚及美国阿拉斯加的冻土层中曾发现带有皮肉的完整个体。中国东北、内蒙古、宁夏等地曾有化石发现。

猛省　陡然醒悟。《朱子全书·学四》："人心之公，每为私欲所蔽，所以更放不下；但常常以此两端体察，若见得时，自须猛省，急摆脱出来。"

蒙（měng）　见"蒙懂"。
另见 máng，mēng，méng。

蒙懂　❶同"懵懂"。❷景物模糊不明貌。宋米友仁画山水很有名，但大家调侃他的画，说："解作无根树，能描蒙懂云。"见宋邓椿《画继》卷三"轩冕才贤"。

嵋（měng）　同"幪"。
另见 méng。

锰〔錳〕（měng）　化学元素〔周期系第Ⅶ族（类）副族元素〕。符号 Mn。原子序数25。银白色金属，性坚而脆。在空气中易氧化。易溶于稀酸而放出氢气。以软锰矿、硬锰矿、水锰矿、菱锰矿等形式存在于自然界中。冶金工业中用以制造特种钢、非铁合金。在钢铁生产上用锰铁合金作为去硫剂和去氧剂。为生命必需的微量营养元素。

蜢（měng）　见"蚱蜢"。

艋（měng）　❶见"艋舺"。❷见"舴艋"。

艋舺　旧地名。在今台湾台北市。当淡水河沿岸，清嘉庆末至同治年间，为台湾对大陆贸易的重要港口。道光时最繁荣，有"一府（台南）、二鹿（鹿港）、三艋"之称。同治末年以后因河床淤塞逐渐衰落，港市移向下游近邻大稻埕一带。

蟒（měng）　通"蜢"。蚱蜢。《方言》第十一："〔蟒〕南楚之外谓之蟅蟒，或谓之蟒。"
另见 mǎng。

幪（měng）　见"幪幪"。
另见 méng。

幪幪　茂盛貌。《诗·大雅·生民》："麻麦幪幪。"

獴（měng）　动物名。哺乳纲，食肉目，灵猫科，獴属（Herpestes）。头小，吻尖，体细长而四肢短小；体长约30～65厘米，尾一般超过体长的一半，无环纹。中国产有两种：蟹獴和红颊獴（H. auropunctatus）。

懵（měng）　无知貌。白居易《与元九书》："除读书属文外，其他懵然无知。"
另见 mèng。

懵懂　亦作"蒙（懞）懂"。昏昧，糊涂。如：聪明一世，懵懂一时。汪元亨《醉太平·警世》曲："且达时知务暗包笼，权粧个懵懂。"

懵腾　亦作"懜腾"。半睡半醒；朦胧迷糊。韩偓《马上见》诗："去带懵腾醉，归成困顿眠。"

鼆〔鼆〕（měng）　❶冥；夜。见《说文·冥部》及《广雅·释诂》。❷句鼆，鲁邑，见《左传·文公十五年》。朱骏声《说文通训定声·壮部》以为即"勾萌"。

蠓（měng）　昆虫纲，双翅目，蠓科。体小，长1～3毫米；翅宽短，常有翅斑，停息时上下相叠。口器刺吸式，能叮咬人、畜，发生痛痒及丘疹，有的吸血，并传播欧氏曼森线虫（Mansonella ozzardi）和常现棘唇虫（Dipetalonema perstans）。主要的有库蠓（Culicoides）、拉蠓（螺蠓，Lasiohelea）和勒蠓（Leptoconops），均吸血。中国有200余种。

mèng

孟（mèng）　❶兄弟姊妹中排行居长的。如：孟兄。❷每季月份中居首的。如：孟春；孟秋。❸勤勉；努力。见"孟晋"。❹大。《管子·任法》："莫敢高言孟行，以过其情。"❺姓。

孟贲　战国时勇士。《史记·范雎蔡泽列传》："成荆、孟贲、王庆忌、夏育之勇焉而死。"裴骃集解引许慎曰："孟贲，卫人。"《孟子·公孙丑上》："夫子过孟贲远矣。"焦循正义引《帝王世纪》："秦武王好多力之士，齐孟贲之徒并归焉。孟贲生拔牛角，是谓之勇士也。"

孟津　黄河古渡口名。在今河南孟津东、孟州市西南。《书·禹贡》：

导河"东至于孟津"。相传周武王伐纣，在此盟会诸侯并渡河，故一名盟津。一说本作盟津，后讹作孟津。又名富平津。东汉置关于此，为雒阳周围八关之一。西晋后建有河桥，北魏又筑河阳三城于南北两岸及河中洲上，历代为兵争要地。

孟晋　勉力求进。班固《幽通赋》："盍孟晋以迨群兮，辰倐忽其不再。"

孟浪　❶谓言语轻率不当。《庄子·齐物论》："夫子以为孟浪之言，而我以为妙道之行也。"❷卤莽。《聊斋志异·武技》："孟浪迕客，幸勿罪。"❸放浪。酒贤《巢湖述怀》诗："我生胡为自役役，孟浪江湖竟何益！"

孟庙　又称"亚圣庙"。在山东省邹城市南关。历代祭祀孟子的场所。初建于北宋景祐四年（1037年）四基山，宣和三年（1121年）迁建现址。历经拓广增修，明代已具现今规模。庙占地4万平方米，呈长方形，院落五进，殿宇64间。主体建筑亚圣殿，为清康熙年间（1662—1722）地震毁后重建。殿高17米，宽27.7米，深20.48米，双层飞檐，歇山式，绿琉璃瓦覆顶。亚圣殿两侧有寝殿、启圣殿、孟母殿、致严堂、桃主祠、祭器库、省牲所、康熙及乾隆御碑亭等建筑。庙内有碑碣石刻三百五十余块，桧、槐、银杏等古树苍郁。为全国重点文物保护单位。

孟月　四季中每季的第一个月，即夏历的正月、四月、七月、十月。《周礼·地官·党正》："党正各掌其党之政令教治，及四时之孟月吉日，则属民而读邦法以纠戒之。"潘尼《皇太子社》诗："孟月涉初旬。"

孟陬　夏历正月的别称。《离骚》："摄提贞于孟陬兮，惟庚寅吾以降。"按：《尔雅·释天》："正月为陬。"正月为孟春月，故称"孟陬"。

梦〔夢〕（mèng）❶睡眠中出现的一种生理现象。生理学上对它的产生还不完全了解。一般认为睡眠时，如大脑皮质某些部位有一定的兴奋活动，外界和体内的弱刺激到达中枢与这些部位发生某些联系时，就可以产生梦。梦的内容与清醒时意识中保留的印象有关。但在梦时，这种印象常错乱不清，故梦的内容大多是混乱和虚幻的。❷比喻虚幻；幻想。如：梦幻；梦想。《荀子·解蔽》："不以梦剧乱知，谓之静。"杨倞注："梦，想象也；剧，器烦也。言

处心有常，不蔽于想象、器烦而介于胸中，以乱其知，斯为静也。"❸指云梦泽。《楚辞·招魂》："与王趋梦兮课后先。"一说："梦，泽中也；楚人名泽中为梦中。"见王逸注。❹姓。宋代有梦仲才。

另见 méng。

梦笔生花　王仁裕《开元天宝遗事·梦笔头生花》："李太白少时，梦所用之笔头上生花，后天才赡逸，名闻天下。"因以"梦笔生花"喻指才思俊逸，遂成佳作。

梦蝶　《庄子·齐物论》："昔者庄周梦为胡蝶，栩栩然胡蝶也；自喻适志与，不知周也；俄然觉，则蘧蘧然周也。"后因用"梦蝶"为梦幻之意。马致远《双调·夜行船》套曲："百岁光阴一梦蝶。"

梦华　《列子·黄帝》："〔黄帝〕昼寝而梦，游于华胥氏之国。"后用"梦华"为追怀往事恍如梦境之意。宋孟元老著有《东京梦华录》。

梦幻　梦中幻境，比喻空妄虚无。《梁书·谢几卿传》："沉滞床箦，弥历七旬，梦幻俄顷，忧伤在念。"

梦兰　相传春秋时郑文公妾燕姞梦天使赐兰而生穆公。后因称妇女怀孕为"梦兰"。庾信《奉和赐曹美人》诗："何年迎弄玉，今朝得梦兰。"参见"征兰"。

梦寐　睡梦；梦中。《后汉书·郎颛传》："此诚臣颛区区之愿。夙夜梦寐，尽心所计。"杜甫《羌村》诗："夜阑更秉烛，相对如梦寐。"参见"梦寐以求"。

梦寐以求　语出《诗·周南·关雎》"窈窕淑女，寤寐求之"。谓睡梦中也在追求。后用"梦寐以求"形容愿望的迫切。

梦熊　《诗·小雅·斯干》："吉梦维何，维熊维罴……男子之祥。"郑玄笺："熊罴在山，阳之祥也，故为生男。"后用为贺人生子之辞。如：梦熊之喜。

梦魇　梦中惊悸。韩愈《陪杜侍御游湘西两寺独宿》诗："犹疑在波涛，怵惕梦成魇。"

梦呓　梦话。比喻胡言乱语、荒谬之言。张岱《陶庵梦忆序》："余今大梦将寤，犹事雕虫，又是一番梦呓。"

梦泽　即云梦泽。孟浩然《与诸子登岘山》诗："水落鱼梁浅，天寒梦泽深。"

梦周　《论语·述而》："甚矣吾衰也，久矣吾不复梦见周公。"孔子对周公敬慕不已，形诸梦寐。后用

"梦周"为缅怀先贤的典故。刘琨《重赠卢谌》诗："吾衰久矣夫，何其不梦周？"

盟（mèng）见"盟津"。

另见 méng，míng。

盟津　即"孟津"。

薨（mèng）通"梦"。湖泽名。《汉书·叙传上》："子文初生，弃于薨中，而虎乳之。"

另见 méng。

薨（mèng）见"薨趱"。

薨趱　疲行貌。《敦煌变文集·佛说观弥勒菩萨上生兜率天经讲经文》："把戟夜叉肥薨趱，持锵罗刹瘦筋吒。"

懜（mèng）不明。谢庄《月赋》："昧道懜学，孤奉明恩。"

另见 méng。

瞢（mèng）"梦"的本字。

另见 méng。

霿（mèng，又读 méng）❶天色昏暗。《说文·雨部》："霿，晦也。"❷见"霿淞"。

另见 mòu。

霿淞　曾巩《冬夜即事》诗："香消一榻氍毹暖，月澹千门霿淞寒。"自注："齐寒甚，夜气如雾，凝于木上，旦起视之如雪，日出飘满阶庭，尤为可爱，齐人谓之霿淞。"

mī

咪（mī）猫叫声。

眯〔瞇〕（mī）眼皮微微合缝。如：眯缝。

另见 mí，mì。

mí

㹟〔獼〕（mí）同"狝"。

另见 xiǎn。

罙（mí）❶"罙"的误字。见"罙"。❷通"弥"。愈；益。《文献通考·舆地考序》："晋时分州为十九，自晋以后，所分罙多，所统罙狭。"

另见 shēn。

罙（mí）亦作"罙"。冒进之意。《诗·商颂·殷武》："奋伐荆楚，罙入其阻。"郑玄笺："罙，冒也。"按与毛传异。陆德明释文引《说文》作"罙"。按今本《说文·网部》作"罙"，又作"宗"。

弥 〔彌〕(mí) ❶久;远。《逸周书·谥法解》:"弥,久也。"参见"弥望"、"弥甥"。❷更加。《论语·子罕》:"仰之弥高,钻之弥坚。"《荀子·不苟》:"故操弥约而事弥大。"❸遍;满。《周礼·春官·大祝》:"国有大故天灾,弥祀社稷祷祠。"郑玄注:"弥,犹遍也。"《汉书·苏武传》:"马畜弥山。"❹覆盖。《文选·张衡〈西京赋〉》:"弥皋被冈。"薛综注:"弥,犹覆也。"❺终极;尽。《诗·大雅·卷阿》:"岂弟君子,俾尔弥尔性。"王粲《登楼赋》:"北弥陶牧,西接昭丘。"❻姓。春秋卫有弥子瑕。

另见 mǐ。

弥缝 弥补缝缀。谓补救行事的阙失。《左传·僖公二十六年》:"弥缝其阙,而匡救其灾。"陶潜《饮酒》诗:"羲农去我久,举世少复真。汲汲鲁中叟,弥缝使其淳。"谓孔子欲补救当世之失。

弥襟 犹言满怀。陶潜《停云诗序》:"愿言不从,叹息弥襟。"

弥留 《书·顾命》:"病日臻,既弥留。"孔传:"病日至,言困甚;已久留,言无瘳。"本谓久病不愈,后也用以称病重将死。沈约《齐故安陆昭王碑文》:"遭疾弥留,欻焉大渐。"大渐,病危。

弥纶 ❶包括;统摄。《易·系辞上》:"易与天地准,故能弥纶天地之道。"《法言·问神》:"弥纶天下之事,记久明远。"一说古字多借"纶"为"论","弥纶"即遍知之意。见王引之《经义述闻》卷二"弥纶天地之道"。❷犹"弥缝"。弥合补救。朱熹《答张敬夫书》:"窃恐未然之间,卒有事变,而名义不正,弥纶又疏,无复有着手处也。"

弥甥 外甥的儿子。后称"外甥孙"。《左传·哀公二十三年》:"以肥之得备弥甥也。"杜预注:"弥,远也。"按此系季康子(季孙肥)使人吊宋景公丧母之辞。季康子父桓子为景公之甥,故季康子自以为弥远之孙。

弥天 满天,极言其大。应璩《报东海相梁季然书》:"顿弥天之网,收万仞之鱼。"也比喻气势雄豪。陆机《吊魏武帝文》:"违率土以靖寐,戢弥天乎一棺。"《晋书·习凿齿传》:"道安曰:'弥天释道安。'凿齿曰:'四海习凿齿。'时人以为佳对。"

弥望 视野所及之处,谓阔远。张衡《西京赋》:"前开唐中,弥望广

潒。"唐,庭。广潒,宽大貌。亦谓满眼。归有光《与沈敬甫书》:"舍中蓬蒿弥望,使人怆然,不能已矣。"

弥月 ❶胎儿足月。《诗·大雅·生民》:"诞弥厥月。"谓妊娠满足十个月而诞生。今俗称小儿生后满一月为"弥月",也叫"满月"。夫妇结婚满月也称"弥月"。❷经月;整月。韦应物《答贡士黎遵》诗:"弥月旷不接,公门但驱驰。"

迷 (mí) ❶分辨不清。如:迷路。《易·坤》:"君子有攸往,先迷后得,主利。"❷昏乱。如:昏迷;迷乱。❸媚惑。宋玉《登徒子好色赋》:"嫣然一笑,惑阳城,迷下蔡。"❹沉迷于某种嗜好。如:入迷;戏迷。尉迟枢《南楚新闻》:"生犹悦烟花,迷于饮博。"

另见 mì。

迷宫 ❶希腊语为 labyrinthos,英文为 labyrinth。希腊神话中对结构复杂的建筑物的称谓。通常指克里特岛传说的米诺斯(Minos)王的宫殿。一说古埃及第十二王朝法老在美里多沃湖(摩里斯湖)附近也筑有迷宫。今用以比喻因扑朔迷离而无法掌握的事物或局势。❷亦称"迷津"。一种游戏。相传欧洲有称为迷宫的建筑,后人据此作图或建筑为戏,要求玩者从中寻出通路,抵达目的地。

迷惑 迷乱。《庄子·盗跖》:"矫言伪行,以迷惑天下之主。"亦指不明事理,胸无所主。《楚辞·九辩》:"中瞀乱兮迷惑。"

迷津 ❶谓迷失津渡。孟浩然《南还舟中寄袁太祝》诗:"桃源何处是?游子正迷津。"❷佛教名词。谓"迷妄"的境界。《大唐西域记序》:"廓群疑于性海,启妙觉于迷津。"❸即"迷宫❷"。

迷离 模糊不明。古乐府《木兰诗》:"雄兔脚扑朔,雌兔眼迷离。"

迷恋 沉迷依恋。《琵琶记·伯喈夫妻分别》:"他只道我不贤,要将你迷恋。"

迷楼 隋炀帝所建的楼名。韩偓《迷楼记》:"〔炀帝〕诏有司,供具材木,凡役夫数万,经岁而成;楼阁高下,轩窗掩映,幽房曲室,玉栏朱楯,互相连属,回环四合,曲屋自通,千门万户,上下金碧……人误入者,虽终日不能出。帝幸之,大喜,顾左右曰:'使真仙游其中,亦当自迷也,可目之曰迷楼。'"

迷路 犹迷途。庾肩吾《陇西

行》:"草合前迷路,云浓后暗城。"宋之问《春日宴宋主簿山亭》诗:"攀岩践苔易,迷路出花难。"

迷途 行路迷失方向。比喻趋向错误。陶潜《归去来辞》:"实迷途其未远,觉今是而昨非。"

迷途知反 反,同"返"。比喻发觉了自己的错误,知道改正。丘迟《与陈伯之书》:"夫迷途知反,往哲是与!"

迷罔 ❶精神失常。《列子·周穆王》:"秦人逢氏有子,少而惠,及壮,而有迷罔之疾。"❷蒙蔽;荧惑。《潜夫论·忠贵》:"迷罔百姓,欺诬天地。"

迷信 一般指相信星占、卜筮、风水、命相、鬼神等的愚昧思想。泛指盲目的信仰或崇拜。

祢 〔禰〕(mí,旧读 nǐ) 姓。汉代有祢衡。

另见 nǐ。

眯 (mí,旧读 mǐ) 灰沙入眼。《庄子·天运》:"夫播糠眯目,则天地四方易位矣。"《淮南子·说林训》:"蒙尘而眯。"

另见 mǐ,mì。

猕 〔獼〕(mí) 见"猕猴"。

猕猴 (Macaca mulatta) 亦称"恒河猴"。哺乳纲,灵长目,猴科。体长55~60厘米,尾长25~32厘米。毛色灰褐,腰部以下橙黄,有光辉,胸腹部和腿部深灰色。颜面和耳裸出,幼时白色,成长后肉色至红色。有颊囊,用以贮藏食物。臀部有红色臀疣。群居山林中,好喧哗玩闹。采食野果、野菜,也吃昆虫、小鸟等;冬季常结队盗食农作物。分布于南亚、东南亚以及中国云南、贵州、四川、青海、陕西、河北、广西、广东、海南、福建、西藏、山西、浙江、安徽等地。可供生物学、医学、心理学等科学研究用。为国家二级保护动物。

谜 〔謎〕(mí) ❶谜语。如:灯谜;猜谜。❷比喻还没弄明白或难以理解的事物。如:这件事情直到现在还是一个谜。《文心雕龙·谐隐》:"谜也者,回互其辞,使昏迷也。"

另见 mèi,mì。

蒾 (mí) 见"荚蒾"。

筻 〔籋〕(mí) 竹篾。见《集韵·五支》。

醚 (mí) 具有 C—O—C 结构的有机化合物的总称。通式

为 R—O—R′(R、R′为两个相同或不同的烃基)。根据烃基的结构可分为脂肪醚、芳香醚两类。可由两分子一元醇分子间缩去一分子水，或由醇钠或酚钠和卤代烃作用制得。化学性质一般较稳定。与氧化剂、还原剂、碱或稀酸不起作用。浓氢卤酸(HI 或 HBr)加热会使醚键断裂。乙醚($C_2H_5OC_2H_5$)是最重要的代表物，可由乙醇(C_2H_5OH)制得。由二元醇分子内缩水则得内醚，如环氧乙烷。

黿〔黿〕(mí)　见"黿麽"。

黿麽　龟属。《文选·郭璞〈江赋〉》："鳞黿黿麽。"李善注引《临海水土物志》："黿麽，与觚辟(蟞)相似。形大如蕦，生乳海边日沙中。肉极好，中啖。"

醾〔醾〕(mí，又读 mān)　酒、酱、醋等败坏后表面上所生的白霉。亦作"醿醾"、"醿"。玄应《一切经音义》卷十五"醾青"：《埤苍》：醿醾，酱败坏也。酱败则醿醾生也。"参见"醿"。

糜(mí)　❶粥。《释名·释饮食》："糜，煮米使糜烂也。"《礼记·月令》："〔仲秋之月〕行糜粥饮食。"❷碎烂。《楚辞·九思·伤时》："愍贞良兮遇害，将夭折兮碎糜。"❸姓。

　另见 méi。

糜沸　同"麻沸"。混乱貌。陈后主《与詹事江总书》："梁室乱离，天下糜沸。"

糜费　耗费过度；浪费。《晋书·何充传》："崇修佛寺，供给沙门以百数，糜费巨亿而不吝也。"亦作"靡费"。《荀子·君道》："故天子诸侯无靡费之用。"

糜烂　亦作"靡烂"。❶碎烂；腐烂。《晋书·孔群传》："〔群〕性嗜酒，导(王导)尝戒之曰：'卿恒饮，不见酒家覆瓿布，日月久糜烂邪？'"❷毁伤；摧残。《孟子·尽心下》："糜烂其民而战之。"❸皮肤或粘膜表面受到损伤或局部发炎形成的小而浅表性缺损。如宫颈炎引起的宫颈糜烂；胃粘膜被消化引起的急性出血性胃粘膜糜烂等。

糜灭　毁灭。《汉书·贾山传》："万钧之所压，无不糜灭者。"

縻(mí)　❶牛缰绳。刘禹锡《因论·叹牛》："刘子行其野，有叟牵跛牛于蹊。偶问焉……叟揽縻而对。"❷牵系；束缚。苏轼《僧惠勤初罢僧职》诗："既为物所縻。"参见"羁縻"。

麋(mí)　❶动物名。即麋鹿。《楚辞·九歌·湘夫人》："麋何食兮庭中？蛟何为兮水裔？"❷通"湄"。《诗·小雅·巧言》："居河之麋。"陆德明释文："麋，本又作湄。"陈奂传疏："湄本字，麋假借字。"❸通"眉"。《荀子·非相》："伊尹之状，面无须麋。"❹通"糜"。见"麋沸"。❺姓。三国时蜀有麋竺。

麋沸　同"糜沸"。混乱貌。《淮南子·兵略训》："攻城略地，莫不降下，天下为之麋沸螳(蚁)动。"

靡(mí)　❶分散。《易·中孚》："我有好爵，吾与尔靡之。"❷通"糜"。《楚辞·九叹·怨思》："名靡散而不彰。"

　另见 méi，mǐ，mó。

靡烂　❶毁伤；摧残。《史记·酷吏列传》："奸猾穷治，大抵尽靡烂狱中。"❷腐烂。

靡散　《楚辞·九叹·怨思》："芳懿懿而终败兮，名靡散而不彰。"王逸注："靡散，犹消灭也。"

蘪(mí)　同"蘼"。

蘼(mí)　见"荼蘼"。

蘪(mí)　见"蘪芜"。

蘪芜　香草名。《尔雅·释草》："蕲茝，蘪芜。"郭璞注："香草，叶小如萎状。"陆德明释文引《本草》云："蘪芜，一名江蓠，芎䓖苗也。"按即蘼芜。参见"蘼芜"。

麛(mí)　❶同"麑"。即小鹿。❷小兽的通称。《礼记·曲礼下》："士不取麛卵。"孔颖达疏："麛乃是鹿子之称，而凡兽子亦得通名也。"

蘼(mí)　见"蘼芜"。

蘼芜　草名。亦名"蕲茝"、"江蓠"。《本草纲目·草部三》："蘼芜，一作蘪芜，其茎叶蘼弱而繁芜，故名之。当归名蕲，白芷名蓠。其叶似当归，其香似白芷，故有蕲茝、江蓠之名。"古乐府《上山采蘼芜》："上山采蘼芜，下山逢故夫。"

攠(mí)　磨损；磨损处。《考工记·凫氏》："于上之攠，谓之隧。"郑玄注："攠，所击之处攠弊也。"

　另见 mó。

麢(mí)　糜烂。引申为碎屑。

麢(mí)　《离骚》："精琼麢以为粻。"

醿(mí)　见"醿醾"。

醿(mí)　同"醿"。

醾(mí)　同"醿"。

mǐ

米(mǐ)　❶去皮、壳的谷类或某些植物的子实。如：小米；玉米；薏米；菰米；花生米。特指稻实。❷小粒像米的食物。如：虾米。❸古代绣在衣上的花纹。《书·益稷》："藻、火、粉、米、黼、黻，絺绣，以五采彰施于五色，作服。"孔传："米，若聚米。"参见"粉米"。❹旧称"米突"、"公尺"。长度单位。符号 m。在公制中，以通过巴黎子午线全长的四千万分之一作为 1 米。1960 年第 11 届国际计量大会规定 1 米等于氪-86 原子在真空中(在 $2p_{10}$ 和 $5d_5$ 二能级之间跃迁时)所发射的橙色光波波长的 1 650 763.73 倍，1983 年第 17 届国际计量大会规定米是光在真空中，在 1/299 792 458 秒的时间间隔内运行距离的长度。❺姓。古代米国人来中国，有的就以米为姓，如唐有著名乐工米嘉荣。

米盐　米和盐；比喻细碎。《韩非子·说难》："米盐博辩，则以为多而交之。"旧注："米盐之为物，积群萃以成斗斛，谓博明细杂之物。"《汉书·咸宣传》："宣为左内史，其治米盐，事小大皆关其手。"颜师古注："米盐，细杂也。"

芈(mǐ)　春秋时楚国祖先的族姓。《史记·楚世家》："陆终生子六人……六曰季连，芈姓，楚其后也。"《国语·郑语》："融(祝融)之兴者，其在芈姓乎！"

　另见 miē。

渳〔瀰〕(mǐ，又读 mí)　❶同"弥(瀰)"。水满。见《说文·水部》。❷见"渳池"。

　另见 nǐ。

渳渳　水盛貌。《诗·邶风·新台》："新台有泚，河水渳渳。"

渳池　形容地形平远广阔。鲍照《芜城赋》："渳池平原，南驰苍梧涨海，北走紫塞雁门。"

弥〔瀰〕(mǐ，又读 mí)　水满貌。《诗·邶风·匏有苦叶》："有弥济盈。"参见"弥漫"。

㊀〔彌〕(mǐ) 通"弭"。止息。《周礼·春官·小祝》:"弥灾兵。"孙诒让正义:"汉时通用弭为弥,此经例用古字作弥,……凡云弥者,并取安息御止之义。"

另见 mí。

弥节 节,古代官员出行时所用的旌节。弥节,犹驻节,古指官员在途中暂时留住。《汉书·李广传》:"将军其率师东辕,弥节白檀,以临右北平盛秋。"

弥漫 充盈、洋溢貌。多形容水势盛大。潘岳《西征赋》:"其池则汤汤汗汗,混瀁弥漫,浩如河汉。"舒元舆《牡丹赋序》:"弥漫如四渎之流,不知其止息之地。"

浊 (mǐ) 水名。见"浊水"。

浊水 湘江下游支流。在湖南省东南部。源出炎陵县南境八面山,西北流到衡东县草市纳永乐江,在雷溪镇入湘江。长 296 公里,流域面积 10 505平方公里。建有水电站多座。茶陵县王家渡以下可通航。

弭 (mǐ) ❶弓末的弯曲处。《诗·小雅·采薇》:"象弭鱼服。"郑玄笺:"弭,弓反末彆者,以象骨为之。"❷停止;消除。如:弭患;弭忧。《国语·楚语下》:"弭其百苛。"《左传·襄公二十五年》:"自今以往,兵其少弭矣。"❸安抚。《史记·田敬仲完世家》:"夫治国家而弭人民者,无若乎五音者。"❹顺服。《后汉书·吴汉传》:"城邑莫不望风弭从。"❺古地名。春秋郑地。在今河南新密境。《左传·庄公二十一年》:春,郑伯与虢叔"胥命于弭。夏,同伐王城。"❻姓。王莽时有弭彊。

弭谤 遏止非议。《国语·周语上》:"厉王虐,国人谤王。邵公告曰:'民不堪命矣!'王怒,得卫巫,使监谤者,以告,则杀之。国人莫敢言,道路以目。王喜,告邵公曰:'吾能弭谤矣。'"

弭兵 息兵;停止战争。《左传·襄公二十七年》:"且人曰弭兵,而我弗许,则固携吾民矣。"

弭节 节,车行的节度。按节缓行。《离骚》:"吾令羲和弭节兮,望崦嵫而勿迫。"王逸注:"弭,按也,按节徐步也。"一说指止节。见洪兴祖补注。后泛指驾车或停车。虞世南《从军行》:"弭节度龙城。"黄遵宪《度辽将军歌》:"自从弭节驻鸡林,所部精兵百炼。"

弭辙 绝迹。谓拉车的马奔驰极快,不见车轮辗过的痕迹。《淮南子·道应训》:"若此马者,绝尘弭辙。"

脒 (mǐ)
一类具有 $-C\overset{\text{NH}}{\underset{\|}{}}-NH_2$ 基团的有机化合物。无色晶体。不很稳定,与酸能形成稳定的盐,易被热的酸或碱水解,能与某些试剂缩合产生杂环体系。脒或其盐酸盐通常由氰、氯化铵及氨在 $125\sim150℃$ 条件下反应制得。可用作中间体用于合成含氮杂环化合物。

$R-C\overset{\text{NH}}{\underset{\|}{}}-NH_2$
脒的通式

敉 (mǐ) 安抚;安定。《书·立政》:"亦越武王,率惟敉功。"蔡沈集传:"敉功,安天下之功。"

敉宁 犹安抚。《书·大诰》:"民献有十夫予翼,以于敉宁武图功。"孔传:"四国人贤者有十夫来翼佐我周,用抚安武事谋立其功。"

葿 (mǐ) 药用植物,即"白薇"。《本草纲目·草部六莠草》:"葿,音尾,白薇也,微、葿字音相近尔。"

泤 (mǐ) 洗尸身。《周礼·春官·小宗伯》:"王崩,大肆,以秬鬯泤。"郑玄注:"杜子春读泤为泯,以秬鬯浴尸。"孔颖达疏:"必用秬鬯者,以死者人所恶,故以秬鬯浴尸,使之香也。"

靡 (mǐ) ❶倒下。《左传·庄公十年》:"望其旗,靡。"❷奢侈。《礼记·檀弓上》:"昔者夫子居于宋,见桓司马自为石椁,三年不成,夫子曰:'若是其靡也!'"❸华丽;细腻。《汉书·韩信传》:"靡衣偷食。"参见"靡颜腻理"。❹无。《诗·大雅·荡》:"靡不有初,鲜克有终。"鲜,少;克,能。❺不。《史记·外戚世家》:"其详靡得而记焉。"

另见 méi,mí,mó。

靡敝 风俗侈靡,民生雕敝。《史记·平津侯主父列传》:"百姓靡敝,孤寡老弱不能相养。"

靡丽 亦作"丽靡"。奢侈;华丽。《后汉书·安帝纪》:"嫁娶送终,纷华靡丽。"

靡曼 ❶柔弱。《文心雕龙·章句》:"歌声靡曼,而有抗坠之节。"❷美丽。《淮南子·原道训》:"齐靡曼之色。"高诱注:"靡曼,美色也。"

靡靡 ❶行步迟缓貌。《诗·王风·黍离》:"行迈靡靡。"❷柔弱,委靡不振。多用以形容乐声。如:靡靡之音。《史记·殷本纪》:"北里之舞,靡靡之乐。"❸富丽貌。王延寿《鲁灵光殿赋》:"何宏丽之靡靡,咨用力之妙勤。"❹风吹草偃貌。陆机《拟青青河畔草》诗:"靡靡江离草,熠耀生河侧。"❺零落貌。陆机《叹逝赋》:"友靡靡而愈索。"

靡颜腻理 形容容貌美丽,肌肤细腻。《楚辞·招魂》:"靡颜腻理,遗视眄些。"遗视,窃视。

巉 (mǐ) 见"迤靡"。

灖 (mǐ) 水流貌。见《集韵·四纸》。

嬎 (mǐ) ❶见"嬎密"。❷人名用字。《集韵·四纸》:"嬎,女字。汉许皇后姊嬎。"

嬎密 美好细致。曹植《静思赋》:"性通畅以聪惠,行嬎密而妍详。"

mì

日 (mì) 用于人名。如:汉代有金日磾。

另见 rì。

糸 (mì) 细丝。见《说文·糸部》。

另见 sī。

汨 (mì) 见"汨罗江"。

汨罗江 在湖南省东北部。上游汨水有东、西两源:东源出江西省修水县境,西源出平江县东北境龙璋山,在平江县城西汇合后,西流到湘阴县北磊石山流入洞庭湖。长 250 公里,流域面积 4 053 平方公里。自汨罗市长乐街以下可通航。相传战国时楚诗人屈原忧愤国事,投此江而死。

汩 (mì) 潜藏貌。《史记·屈原贾生列传》:"袭九渊之神龙兮,汩深潜以自珍。"

另见 wù。

觅 〔覓、覔〕(mì) ❶寻找。《晋书·武帝纪》:"涉舟航而觅路。"❷唐时南诏以贝十六枚为一觅。见《新唐书·南蛮传》。

觅句 诗人得句,多由苦思力索,因称"觅句"。杜甫《又示宗武》诗:"觅句新知律,摊书解满床。"

泌 (mì) 液体由细孔排出。如:分泌。

另见 bì。

宓 (mì) 安静。《淮南子·览冥训》:"宓穆休于太祖之下。"高诱注:"宓,宁;穆,和;休,息也。"

另见 fú。

崒（mì）　山名。《山海经·西山经》：“崒山其上多丹木，员叶而赤茎，黄华而赤实，其味如饴，食之不饥。”郝懿行笺疏：“郭注《穆天子传》及李善注《南都赋》、《天台山赋》引此经俱作密山。”

迷（mì）　通“昧”。见“一迷”。
另见 mí。

秘〔祕〕（mì）　不易测知的；不公开的。如：神秘；秘密；秘而不宣。《史记·陈丞相世家》：“其计秘，世莫得闻。”班固《两都赋》：“启发篇章，校理秘文。”
另见 bì。

秘方　古称“禁方”。指秘传的药方。

秘阁　古代宫廷中收藏珍贵图书之处。自汉迄唐，都由秘书监执管。宋太宗时，就崇文院中堂建造秘阁，选择史馆、昭文馆、集贤院所贮书籍真本万余卷及古画墨迹，藏于其中，并设直秘阁（官名）执掌其事（有时由其他官员兼职），下设校理、检讨等官负责管理。

秘记　占验术数、预言未来的迷信书籍。如谶纬等类。《后汉书·杨厚传》：“祖父春卿，善图谶学……临命，戒子统曰：‘吾绨帙中，有先祖所传秘记，为汉家用，尔其修之。’”

秘器　棺材。《汉书·孔光传》：“及霸薨，上素服临吊者再，至赐东园秘器、钱帛。”霸，孔光父；东园，汉代专造丧葬器物的机关。

秘书　❶职务名称。掌管文件并协助领导人处理日常工作的人员。❷官名。中国自秦汉以来，历代封建王朝曾设称做“秘书”的官职，掌握官员向皇帝奏事的奏章函牍、皇帝宣布命令的宣示以及宫禁的图书等工作，如“秘书监”、“秘书令”、“秘书丞”、“秘书郎”等。❸宫禁里的藏书。《晋书·荀勖传》：“得汲郡冢中古文竹书，诏勖撰次之，以为中经，列在秘书。”❹指谶纬图箓等书。《说文》：“秘书说曰：日月为易。”段玉裁注：“秘书，谓纬书。”❺使馆中介于参赞和随员之间的外交职员。分一等秘书、二等秘书和三等秘书。受使馆馆长之命工作。享有外交特权与豁免。

觅〔覔〕（mì，又读 mò）　同“觅”。寻觅。张衡《西京赋》：“觅往昔之遗馆，获林光于秦余。”亦谓察视。《尔雅·释诂》：“觅，相也。”《国语·周语上》：“古者太史顺时觅土。”韦昭注：“觅，音脉，视也。”

眽（mì）　梦魇。《庄子·天运》：“游居寝卧其下，彼不得梦，必且数眽焉。”成玄英疏：“眽，魇也。”
另见 mì，mí。

密（mì）　❶形状像堂屋的山。《尔雅·释山》：“山如堂者密。”引申为隐蔽之处。《礼记·少仪》：“不窥密。”❷秘密。如：保密；密约。《易·系辞上》：“几事不密则害成。”❸亲切。如：密友。❹靠近；距离小。如：密植。曹植《与吴季重书》：“前日虽因常调，得为密坐。”❺精到；细致。如：周密；严密。沈约《齐故安陆昭王碑》：“深图密虑，众莫能窥。”❻安定。《诗·大雅·公刘》：“止旅乃密。”❼寂静。《书·舜典》：“三载，四海遏密八音。”❽古国名。（1）亦作密须。姞姓。在今甘肃灵台东南，为周文王所灭。（2）姬姓。在今河南新密市东南，春秋初期尚存。

密迩　贴近。《国语·鲁语下》：“齐师退而后敢还，非以求远也，以鲁之密迩于齐，而又小国也。”

密教　亦称“大乘密教”。佛教派别。与“显教”相对。形成于公元7世纪。是大乘佛教中部分派别与婆罗门教互相调和的产物。以高度组织化的咒术、仪礼、民俗信仰为特征。认为佛与众生体性相同。众生如果手结印契（身密）、口诵真言（语密）、心观佛尊（意密），就能使身口意“三业”清净，与佛的身口意三密相应，可即身成佛。强调仪轨必须严格，奥秘必须秘传。以《大日经》、《金刚顶经》等为主要经典。传说大日如来授法金刚萨埵，金刚萨埵传于龙树，龙树传于龙智，龙智传于金刚智和善无畏。唐开元四年（公元716年）始，善无畏、金刚智、不空先后入唐，翻译佛经，传播密教，创立中国密宗。贞元二十年（公元804年）后传入日本。8—11世纪，印度密教传入中国西藏地区，建立了西藏密教的传统，称“藏密”。

密勿　勤劳谨慎。《汉书·刘向传》：“故其《诗》曰：‘密勿从事，不敢告劳。’”颜师古注：“此《小雅·十月之交》篇刺幽王之诗也。密勿，犹黾勉从事也。”《后汉书·蔡邕传》：“宣王遭旱，密勿祗畏。”李贤注：“勤劳戒惧也。”后亦意机密。《三国志·魏志·杜恕传》：“与闻政事密勿大

臣，宁有悬悬忧此者乎？”

密云不雨　《易·小畜》：“密云不雨，自我西郊。”孔颖达疏：“但为密云……不能为雨……润泽不能行也。”比喻德泽未能下及。后指事件虽逐渐酝酿成熟却未立即发生。

谜〔謎〕（mì）　见“一迷”。
另见 mèi，mí。

幂〔冪〕（mì）　❶覆盖；罩。《周礼·天官·幂人》：“祭祀，以疏布巾幂八尊，以画布巾幂六彝。”晁补之《洞仙歌》词：“青烟幂处，碧海飞金镜。”❷巾。《仪礼·公食大夫礼》：“簠有盖幂。”❸数学名词。n 个 a 相乘的积称为“a 的 n 次幂”或“a 的 n 次乘方”，记作 a^n，a 称为幂的底数，n 称为幂的指数。在扩充的意义下，指数 n 可以是分数、负数，也可以是任意实数或复数。

谧〔謐〕（mì）　安宁；平静。班固《汉武帝内传》：“内外寂谧，以候云驾。”《南史·贺琛传》：“今诚愿责公平之效，黜其残愚之心，则下安上谧，无侥幸之患矣。”

塓（mì）　涂墙壁。《左传·襄公三十一年》：“圬人以时塓馆宫室。”杜预注：“圬人，涂者；塓，涂也。”

莫（mì）　见“菥莫”。
另见 míng。

幎（mì）　❶同“幂”。覆盖。《淮南子·原道训》：“舒之幎于六合。”高诱注：“幎，覆也。”❷均匀貌。《考工记·轮人》：“望而视其轮，欲其幎尔而下迤也。”

幎历　犹迷离。模糊不清。潘岳《射雉赋》：“幎历乍见。”

蓂（mì）　藕鞭。《尔雅·释草》：“〔荷〕其茎蓂。”郭璞注：“茎下白蒻在泥中者。”参见“蒻❸”。

嘧（mì）　见“嘧啶”。

嘧啶　一种含间位氮原子的六元杂环化合物。由于嘧啶中存在共轭双键而具有特殊的紫外吸收光谱。其衍生物如胞嘧啶、尿嘧啶、胸腺嘧啶等都是核酸的重要组成成分。许多嘧啶衍生物是有效的化学治疗药物。

滵（mì）　见“滵汩”。

滵汩　水疾流貌。《史记·司马相如列传》：“泛滥滵汩。”司马贞索隐引司马彪云：“滵汩，去疾也。”

蜜(mì) 蜂蜜,蜜蜂采取花液酿成的甜汁。亦比喻甘美。如:口蜜腹剑;甜言蜜语。

蜜玺 古时以蜂蜡制成的印章,用以殉葬。郝懿行《晋宋书故·蜜章》:"晋武帝泰始四年,文明王皇后崩,将合葬,开崇阳陵,使太尉司马望奉祭,进皇帝蜜玺绶于便房神坐。"

蜜印 古时用蜂蜡刻制的官印。人死后追赠官职时所用。胡震亨《唐音癸签·诂笺三》:"权德舆《哭刘尚书》诗:'命赐龙泉重,追荣蜜印陈。'蜜印者,谓赠官刻蜡为印,悬绶以赐也。不知起何时。始见晋《山涛传》:涛薨,敕赠司徒蜜印紫绶,侍中貂蝉,新沓侯蜜印青朱绶。唐人文笔中亦多用此。刘禹锡《为人谢追赠表》云:'紫书忽降于九重,蜜印加荣于后夜。'有改作密者,误。"

蜜月 欧美称新婚后的一个月为"蜜月"。在这一月内夫妇偕同旅行,叫做"度蜜月"。

蜜章 即"蜜印"。《晋书·陶侃传》:"今遣兼鸿胪,追赠大司马,假蜜章,祠以太牢。"

鼏(mì) ❶鼎盖。《仪礼·士昏礼》:"设扃鼏。"❷同"幂"。古时盖酒尊的粗布。引申为用巾覆盖。《礼记·礼器》:"牺尊疏布鼏。"孔颖达疏:"疏,粗也;鼏,覆也。"

樒(mì) 香木,似槐。见《集韵·五质》。

幦(mì) 同"幦"。车轼上的覆盖。《周礼·春官·巾车》:"〔王之丧车〕犬幦尾櫜。"郑玄注:"犬,白犬皮。既以皮为覆笭,又以其尾为戈戟之弢。"

幦(mì) 义同"幭"。古时车轼上的覆盖物。《公羊传·昭公二十五年》:"以幦为席。"何休注:"幦,车覆笭。"

醚(mì) ❶饮酒俱尽。见《说文·酉部》。❷酱。见《广雅·释器》。王念孙疏证:"《说文》:'醉,擣榆酱也。'醉与醚同。"

篾(mì) 车篷带。《方言》第九:"车枸篓,其上约谓之箹,或谓之篾。"按枸篓即篷,在车篷上约之以带叫箹,也叫篾。

箈(mì) 竹名。空小而有穰。见《集韵·五质》。

羃(mì) 同"幂"。

簚(mì) 同"幦"。车轼上的覆盖物。《礼记·曲礼下》:"素簚。"郑玄注:"簚,覆笭也。"

爢(mì) 见"爢蠢"。

爢蠢 干酪。见《集韵·二十三锡》。参见"熐蠢"。

鑖〔鑖〕(mì) 小釜。见《集韵·十二霁》。

另见 miè。

mián

宀(mián) 深屋。《说文·宀部》:"宀,交覆深屋也。"段玉裁注:"古者屋四注,东西与南北皆交覆也。有堂有室,是为深屋。象两下之形,亦象四注之形。"

眠(mián) ❶通"瞑"。睡觉。如:安眠;失眠。《后汉书·第五伦传》:"竟夕不眠。"❷某些动物的一种生理状态,在一段期间内不食不动。如:冬眠。❸装死。《山海经·东山经》:"馀峨之山……有兽焉……见人则眠。"❹偃卧。《三辅旧事》:"汉苑中有柳,状如人形,号曰人柳,一日三眠三起。"❺横放。司空图《诗品·典雅》:"眠琴绿阴。"

眠娗 不开通貌。《列子·力命》:"眠娗諈诿。"一说,欺慢戏弄。

绵〔綿、緜〕(mián) ❶丝绵。《广韵·二仙》:"精曰绵,粗曰絮。"❷软弱;薄弱。见"绵薄"、"绵力"。❸连续不断;延续。张衡《思玄赋》:"绵日月而不衰。"❹久远。陆机《饮马长城窟行》:"去家邈以绵。"❺亦称"绵纹"、"绺"或"绵绺"。宝石或水晶等晶体中呈絮状、丝缕状或雾状分布的包裹物。是由微细的气、液包裹体或微裂纹群集分布而组成的一类瑕疵。

绵薄 《汉书·严助传》:"越人绵力薄材,不能陆战。"后以"绵薄"为自谦之辞,犹言微力、微劳。如:敢竭绵薄。《聊斋志异·青凤》:"必欲仆效绵薄,非青凤来不可!"

绵惙 病势危殆。《魏书·广陵王羽传》:"叔翻沈疴绵惙,遂有辰岁。我每为深忧,恐其不振。"叔翻,羽字。

绵笃 病势沉重。《晋书·陶侃传》:"不图所患,遂尔绵笃。伏枕感结,情不自胜。"

绵顿 缠绵委顿。久病衰弱貌。刘潜《为南平王让徐州表》:"臣绵顿枕席,动移旬晦。恒恐尺波易流,寸阴难保。"

绵亘 连绵不断;延伸。扬雄《蜀都赋》:"东有巴、賨,绵亘百濮。"

绵里针 ❶比喻外貌和善,内心刻薄。石君宝《曲江池》第二折:"笑里刀剐皮割肉,绵里针剔髓挑觔。"书家亦常以绵里针比喻柔中有刚。❷比喻小心,珍护。王实甫《西厢记》第三本第四折:"得了个纸条儿恁般绵里针。"

绵力 犹微力。江总《辞行李赋》:"进学惭于枝叶,绵力谢于康衢。"参见"绵薄"。

绵密 ❶柔和紧密。《宣和书谱·正书一》:"〔萧思话〕初学书于羊欣,下笔绵密婷婷,当时有凫鸥雁鹜游戏沙汀之比。"❷细致周密。《北周书·姚僧垣传》:"梁武帝叹曰:'卿用意绵密,乃至于此!'"

绵绵 ❶连绵不断貌。《诗·王风·葛藟》:"绵绵葛藟。"毛传:"绵绵,长不绝之貌。"曹植《洛神赋》:"思绵绵而增慕,夜耿耿而不寐。"❷安静貌。《诗·大雅·常武》:"绵绵翼翼。"孔颖达疏:"绵绵然安静,不行暴掠;翼翼然恭敬,各司其事。"❸微小。《逸周书·和寤解》:"绵绵不绝,蔓蔓若何?毫末不掇,将成斧柯。"

绵邈 ❶遥远。左思《吴都赋》:"岛屿绵邈。"❷久远。《晋书·天文志上》:"年代绵邈,文籍靡传。"

棉(mián) 植物名。学名 *Gossypium* spp.。亦称"棉花"。锦葵科。一年生亚灌木或多年生灌木。栽培棉有亚洲棉、草棉、陆地棉、海岛棉等种,常作一年生草本栽培,其中以陆地棉在中国栽培最广。纤维可纺纱或做棉絮。棉籽可榨油供食用或工业用,油粕可作饲料或肥料。棉籽绒是制造火药和塑料、人造纤维的重要原料。茎的韧皮纤维可制绳索和造纸。

婳(mián) 眼睛美好貌。《楚辞·大招》:"青色直眉,美目婳只。"洪兴祖补注:"婳,音绵,美目貌。"

另见 miǎn。

碥(mián) 见"碥砂"。

碥砂 即"丹雘"。红色的涂料。杨慎《升庵外集》卷十九:"今之紫粉,古谓之芝泥;今之碥砂,古谓之丹雘。皆濡印染籀之具。"

櫋〔櫋〕(mián) 木名。即杜仲。《本草纲目·木部二》:"其皮折之,白丝相连,江南谓之櫋。初生嫩叶可食,谓之櫋芽。"

瞑（mián）❶通“眠”。小睡；假寐。《庄子·德充符》：“倚树而吟，据槁梧而瞑。”郭象注：“坐则据梧而睡。”❷菜名，亦称睡菜。《本草纲目·菜部四》：“睡菜，南海人食之，令人思睡，呼为瞑菜。”❸弓名。《新唐书·南蛮传上》：“永昌之西，野桑生石上，其材上屈，两向而下植，取以为弓，不筋漆而利，名曰瞑弓。”

另见 miàn，míng。

蝒（mián）　也叫“马蜩”、“马蝉”、“蚱蝉”。大的蝉。《尔雅·释虫》：“蝒，马蜩。”郭璞注：“蜩中最大者为马蝒。”郝懿行义疏：“《初学记》引孙炎曰：‘蝒，马蜩，蝉最大者也。’”

瞒〔矊〕（mián）　亦作“矊”。❶谓眼珠黑，亦指眼睛。《方言》第二：“矊瞳之子谓之瞒。”❷含情而视貌。《楚辞·招魂》：“靡颜腻理，遗视矊些。”王逸注：“矊，脉也。言诸美女颜容脂细，身体夷滑，心中矊脉，时时窃视。”

楣（mián）　屋檐板。《楚辞·九歌·湘夫人》：“擗蕙楣兮既张。”王逸注：“擗，析也，以析蕙覆楣屋。”

轐〔轋〕（mián）　车轮的外圈，即“辁”。《急就篇》卷三：“辐毂辖轙轐轋。”颜师古注：“辁，车辋也。关西谓之辁，言其柔曲也；或谓之轐，言其绵连也。”

矊（mián）　同“瞒（矊）”。

miǎn

丏（miǎn）　遮蔽。《说文·丏部》：“丏，不见也，象雍蔽之形。”林义光《文源》：“象人头上有物蔽之形。”

免（miǎn）❶免除；脱去。如：免礼；免罪。《左传·哀公十六年》：“乃免胄而进。”❷逃避；避免；离开。《礼记·曲礼上》：“临难毋苟免。”《左传·桓公六年》：“庶免于难。”《论语·阳货》：“子生三年，然后免于父母之怀。”❸罢免。《汉书·文帝纪》：“遂免丞相勃（周勃），遣就国。”❹通“娩”。生育。《国语·越语上》：“将免者以告。”❺在中国古代刑罚制度上，指免除刑罚。有赦免、赎免等不同情况。赦免是通过大赦、特赦等途径免除刑罚，赎免是采取赎的方法达到免的目的。

另见 wèn。

免冠　古人去冠表示谢罪。《史记·张释之冯唐列传》载：太子与梁王共车入朝，不下司马门，释之劾其不敬，奏之。“薄太后闻之，文帝免冠谢曰：‘教儿子不谨。’”

免乳　分娩；生育。《汉书·外戚传上》：“妇人免乳大故，十死一生。”颜师古注：“免乳谓产子也。”

免身　分娩；生育。《史记·赵世家》：“居无何，而朔（赵朔）妇免身生男！”

免俗　免于世俗之情。《世说新语·任诞》：“阮仲容（阮咸）、步兵（阮籍）居道南，诸阮居道北。北阮皆富，南阮贫。七月七日，北阮盛晒衣，皆纱罗锦绮；仲容以竿挂大布犊鼻裈于中庭。人或怪之。答曰：‘未能免俗，聊复尔耳。’”

免席　避席。古人席地而坐，起立离开席位，表示恭敬。《史记·乐书》：“宾牟贾起，免席而请。”

沔（miǎn）❶水名。见“沔水”。❷水流满貌。《诗·小雅·沔水》：“沔彼流水，朝宗于海。”❸通“湎”。沉迷。《史记·乐书》：“流沔沈佚，遂往而不返，卒于丧身灭宗，并国于秦。”

沔水　古代通称汉水为沔水。据《水经注》，北源出自今陕西留坝西一名沮水者为沔，西源出自今宁强北者为汉，二源合流后通称沔水或汉水。北源长而西源短，《汉书·地理志》：“汉水受氐道水，一名沔。”即以西源为正源；《说文》：“沔水出武都沮县东狼谷。”则以北源为正源，《水经》同，而都称西汉水（今嘉陵江及其上游西汉水）为汉。又沔水入江以后今武汉市以下的长江，古代亦得通称沔水，故《水经》叙沔水下游一直到入海为止。

黾〔黽〕（miǎn）　见“黾池”。

另见 méng，měng，mǐn。

黾池　见“渑池”。

眄（miǎn）❶斜视。陶潜《归去来辞》：“引壶觞以自酌，眄庭柯以怡颜。”参见“眄眄”。❷眷顾。《南史·陆厥传》：“时有会稽虞炎以文学与沈约俱为文惠太子所遇，意眄殊常，官至骁骑将军。”

眄睐❶斜视。《文选·古诗十九首》：“眄睐以适意，引领遥相睎。”吕延济注：“眄睐，邪视也，言邪视以宽适其意。”❷眷顾。《魏书·恩倖传序》：“夫色令巧言，矫情饰貌，邀眄睐之利，射咳唾之私，此盖苟进之常。”

眄眄　斜视貌。《资治通鉴·唐肃宗乾元元年》：“由是为下者常眄眄焉伺其上。”胡三省注：“目偏合而邪视也。”

俛（miǎn）　通“勉”。勤劳貌。《礼记·表记》：“俛焉日有孳孳。”

另见 fǔ 俯。

勉（miǎn）❶尽力。《左传·哀公十一年》：“吾既言之矣，敢不勉乎！”❷鼓励；劝勉。《礼记·月令》：“〔季春之月〕周天下，勉诸侯。”《颜氏家训·勉学》：“安可不自勉耶？”❸勉强。如：勉为其难。❹姓。汉代有勉昂。

勉疾　努力；勤奋。《商君书·垦令》：“窳惰之农勉疾，商欲农，则草必垦矣。”

勉励　劝勉鼓励。司马迁《报任少卿书》：“此言士节不可不勉励也。”

勉强❶勉力去做。“勉”、“强”二字同义。《荀子·解蔽》引传曰：“勉之强之，其福必长。”❷将就；不很足够。如：勉强可用；勉强及格。❸不是心甘情愿的。如：勉强答应。❹强人去做不愿做的事。如：不要勉强他。

娩（miǎn）　生小孩。如：分娩。

另见 wǎn。

挽（miǎn）　同“娩”。

绹〔綩〕（miǎn）　通“冕”。帝王、诸侯、卿大夫所戴的礼帽。《史记·礼书》：“郊之麻绹。”

另见 wèn。

緬（miǎn）　同“缅（緬）”。

勔（miǎn）　勉力。张衡《思玄赋》：“勔自强而不息兮，蹈玉阶之峣峥。”

冕（miǎn）　古代帝王、诸侯、卿大夫戴的礼帽。后专指皇冠。参《中华古今注》卷上“冕服”条。《淮南子·主术训》：“古之王者，冕而前旒。”高诱注：“冕，王者冠也。”

冕服　古代帝王、诸侯、卿大夫的礼服。《礼记·杂记上》：“复，诸侯以褒衣；冕服，爵弁服。”复，招魂之礼。按：古制王六服同冕；上公冕服九章，诸侯冕服七章，诸子冕服五章。见《周礼·春官·司服》、《秋官·大行人》。

冕旒　古代帝王、诸侯、卿大夫的礼冠。外黑内红。盖在顶上的叫延；以五采缫绳穿玉，垂在延前的叫旒。

天子之冕十二旒,诸侯九,上大夫七,下大夫五。见《周礼·夏官·弁师》。冕旒之制,历代大略相同,南北朝以后则臣下都不用冕。也用作皇帝的代称。王维《和贾舍人早朝大明宫》:"九天阊阖开宫殿,万国衣冠拜冕旒。"

俛 （miǎn）❶向;面向。《说文·人部》:"俛,乡(向)也。"《少仪》曰:'尊壶者,俛其鼻。'"按今本《礼记·少仪》"俛"作"面"。孔颖达疏:"尊与壶悉有面,面有鼻,鼻宜向于尊者,故言面其鼻也。"❷背;违反。《离骚》:"固时俗之工巧兮,俛规矩而改错。"

渑 〔澠〕（miǎn）　见"渑池"。另见 shéng。

渑池 古城名。一作黾池。因南有黾池得名。在今河南渑池西。战国郑地,后入韩,又入秦。公元前279年秦昭王和赵惠文王会盟于此。

湎 （miǎn）沉迷于酒。《书·酒诰》:"罔敢湎于酒。"亦指沉迷。《礼记·乐记》:"慢易以犯节,流湎以忘本。"

惽 （miǎn）❶"缅"的本字。思貌。❷"勔"的本字。勉力。

媔 （miǎn）妒忌。桓谭《新论》:"闉氏妇女有妒媔之性。"
另见 mián。

缅 〔緬〕（miǎn）❶遥远貌。如:缅怀;缅想。《国语·楚语上》:"缅然引领南望。"江淹《杂体》诗:"极眺清波深,缅映石壁素。"❷缅甸的简称。

缅邈 遥远貌,含有瞻望弗及的意思。潘岳《寡妇赋》:"遥逝兮逾远,缅邈兮长乖。"

觍 〔靦〕（miǎn）同"腼"。见"觍觍"。
另见 tiǎn。

觍觍 同"腼腆"。害羞。洪昇《长生殿·骂贼》:"不似他朝臣觍觍。"

腼 （miǎn）见"腼腆"。

腼腆 亦作"觍觍"。害羞。王实甫《西厢记》第一本第一折:"未语人前先腼腆。"

鮸 〔鮸〕（miǎn）动物名。学名 *Miichthys miiuy*。亦称"米鱼"。硬骨鱼纲,石首鱼科。体侧扁,长达50厘米以上。灰褐色。头尖长,口大,牙尖锐。尾呈楔状。为近海中下层鱼类,以小鱼、虾类等为食。

是常见的食用鱼类。分布于中国沿海;朝鲜半岛、日本也产。主要供鲜食;鳔可制鱼胶。

鮸

醔 （miǎn）　同"湎"。

miàn

沔 〔沔〕（miàn）　见"眩沔"。另见 mǐn。

面 ㊀（miàn）❶脸。❷当面。如:面谈;面议。❸见;见面。《仪礼·聘礼》:"宾面,如觌币。"《文选·袁宏〈三国名臣序赞〉》李善注引崔寔《本论》:"徒以一面之交,定臧否之决。"❹表面。如:水面。❺方面。《汉书·张良传》:"独韩信可属大事,当一面。"❻前面。《考工记·匠人》:"左祖右社,面朝后市。"谓前朝后市。❼向;面向。如:背山面水。《周礼·夏官·司士》:"王南乡(向),三公北面,东上。"引申为仔细观察。潘岳《笙赋》:"审洪纤,面短长。"❽通"俛"。以背相向。《史记·项羽本纪》:"顾见汉骑司马吕马童,曰:'若非吾故人乎?'马童面之。"❾指方位。如:里面;后面。❿量词。如:一面旗;一面镜子。《宋书·何承天传》:"承天又能弹筝,上又赐银装筝一面。"

㊁〔麵、麪〕（miàn）❶粮食磨成的粉,也特指小麦粉。如:玉米面;上白面。❷面条。如:汤面;挂面。❸粉末。如:胡椒面;药面儿。

面壁 ❶佛教用语。面对墙壁默坐静修。《五灯会元》卷一"东土祖师":"〔初祖菩提达磨大师〕寓止于嵩山少林寺,面壁而坐,终日默然,人莫之测,谓之壁观婆罗门。"❷表示对事情不介意或无所用心。《晋书·王述传》:"谢奕性粗,尝忿述,极言骂之,述无所应,唯面壁而已。"郑文宝《南唐近事》:"常梦锡为翰林学士……或谓曰:'公罢直私门,何以为乐?'尝曰:'垂帏痛饮,面壁而已。'"

面缚 两手反绑。《左传·僖公六年》:"许男面缚衔璧。"杜预注:"缚手于后,唯见其面。"《史记·宋微子世家》:"肉袒面缚。"司马贞索

隐:"面缚者,缚手于背而面向前也。"按《汉书·项籍传》"马童面之"颜师古注:"面谓背之不面向也。面缚,亦谓反背而缚之。"

面面相觑 相对无言而视。表示惊异或束手无策。《三国演义》第十一回:"此时人困马乏,大家面面相觑,各欲逃生。"

面目 ❶面貌。如:面目可憎。引申为事物的外部状况;表相。如:面目一新。苏轼《题西林壁》诗:"不识庐山真面目,只缘身在此山中。"❷犹面子、颜面。《史记·项羽本纪》:"纵江东父兄怜而王我,我有何面目见之。"

面墙 ❶《书·周官》:"不学墙面。"孔传:"人而不学,其犹正墙面而立。"谓不学的人如面对着墙,一无所见。后即以"面墙"比喻不学。《晋书·凉武昭王传》:"面墙而立,不成人也。"❷同"面壁❶"。唐彦谦《寄蒋二十四》诗:"禅门澹薄无心地,世事生疏欲面墙。"

面势 方面,形势。《考工记·总序》:"或审曲面埶(势),以饬五材,以辨民器。"郑玄注引郑司农云:"审曲面埶,审察五材曲直、方面、形埶宜以治之,及阴阳之面背也。"孙诒让正义:"郑锷云:'审曲者,审其曲也;面埶者,面其埶也。材有曲直,直者不待审而可知,审其曲者,然后见其理之所在;埶有向背,背者不可向以为用,面其埶然后顺其体之所向。'……与先郑异,亦通。"后多据郑玄注引申为外观、位置。杜甫《寄题江外草堂》诗:"敢谋土木丽?自觉面势坚。"

面首 ❶容貌。寒山诗:"二人同老少,一种好面首。"王梵志《身体骨崖崖》诗:"迎得少年妻,褒扬殊面首。"❷指强壮姣美的男子。《宋书·臧质传》:"〔臧质〕纳面首生口,不以送台,免官。"引申为男宠、男妾。《资治通鉴·宋纪·太宗明皇帝上之上》:"〔山阴公主〕尝谓帝曰:'姜与陛下男女虽殊,俱托体先帝,陛下六宫万数,而妾惟驸马一人,事太不均。'帝乃为公主置面首左右三十人。"胡三省注:"面取其貌美,首取其发美。"❸当面自陈罪状。《旧唐书·韦处厚传》:"处厚因谢从容奏曰:'臣有大罪,伏乞面首。'"

面誉 当面恭维。《庄子·盗跖》:"好面誉人者,亦好背而毁之。"亦作"面谀"。《孟子·告子下》:"士止于千里之外,则谗谄面谀之人至

矣。"

面折 当面指摘人的过失。《史记·汲郑列传》："黯(汲黯)为人,性倨少礼,面折,不能容人之过。"《汉书·王陵传》："平(陈平)曰:'于面折廷争,臣不如君;全社稷,定刘氏后,君亦不如臣。'"廷争,在朝廷上争论。

面子 ❶俗谓体面光荣。《旧唐书·张濬传》载:张濬出军讨太原,杨复恭奉厄酒属濬。濬辞曰:'圣人赐酒,已醉矣。'复恭戏曰:'相公握禁兵,拥大斾,独当一面,不领复恭意作面子耶?'濬笑曰:'贼平之后,方见面子。'复恭衔之。❷情面。《官场现形记》第三十五回:"有了王爷的面子,还怕上头不收?"

泗 (miàn) 见"滇泗"。

瞑 (miàn) 见"瞑眩"。
另见 mián、míng。

瞑眩 《孟子·滕文公上》:"《书》曰:'若药不瞑眩,厥疾不瘳。'"赵岐注:"瞑眩,药攻人疾,先使瞑眩愦乱,乃是瘳愈。"

miāo

喵 (miāo) 猫叫声。

miáo

苗 (miáo) ❶禾类植物开花结实以前的名称。《诗·王风·黍离》:"彼黍离离,彼稷之苗。"孔颖达疏:"苗谓禾未秀。"❷一般植物初生时的名称。如:棉苗。也指某些蔬菜的嫩茎或嫩叶。如:豆苗;韭苗。又借指某种初生的动物,如:鱼苗。❸指事情的因由、端倪或略微显露的迹象。如:苗头;根苗。❹苗裔。《隶释·国三老袁良碑》:"厥先舜苗。"参见"苗裔"。❺夏季的田猎。《左传·隐公五年》:"故春蒐、夏苗、秋狝、冬狩,皆于农隙,以讲事也。"杜预注:"苗,为苗除害也。"❻民众。见"黎苗❶"。❼古族名。亦称有苗、三苗。传说尧时其部落首领列为诸侯。❽中国少数民族名。❾古邑名。春秋置地。在今河南济源市西南。《左传》襄公二十六年(公元前547年):"(楚)若敖之乱,伯贲之子贲皇奔晋,晋人与之苗。"❿姓。

苗而不秀 《论语·子罕》:"子曰:'苗而不秀者有矣夫!'"谓庄稼

生长却不吐穗扬花。比喻才质美秀而早夭。后也比喻虚有其表。王实甫《西厢记》第四本第二折:"你元(原)来苗而不秀。呸!你是个银样镴枪头。"

苗条 细长柔美,多用来形容女子的身材。《聊斋志异·董生》:"十年不见,遂苗条如此!"

苗绪 犹"苗裔"。后代子孙。陆云《祖考颂序》:"云之世族,承黄虞之苗绪,禀灵根之遗芳。"

苗裔 后代子孙。《离骚》:"帝高阳之苗裔兮。"朱熹注:"苗者,草之茎叶,根所生也;裔者,衣裾之末,衣之余也。故以为远末子孙之称。"

蚕 (miáo) 初生的蚕。《玉篇·虫部》:"蚕,蚕初生。"《本草纲目·虫部一》:"〔蚕〕自卵出而为蚕,自蚕蜕而为蚕。"

描 (miáo) 依样摹写或绘画。如:描花;素描。《红楼梦》第四十二回:"原先盖这园子就有一张细致图样,虽是画工描的,那地步方向是不错的。"

描红纸 印有红色楷字供初学儿童用墨笔摹写的习字纸。鲁迅《呐喊·孔乙己》:"别人便从描红纸上的'上大人孔乙己'这半懂不懂的话里替他取下一个绰号。"

描摹 如实写出或画出人物或事物的形象。亦作"描摸"。周密《杏花天·赋昭君》词:"丹青自是难描摸,不是当时画错。"

媌 (miáo) 美好。《方言》第一:"自关而东河济之间谓之媌……好,其通语也。"郭璞注:"今关西人呼好为媌。"韩愈孟郊《城南联句》:"海岳错口腹,赵燕锡媌姌。"

鹋 [鹋] (miáo) 见"鹃鹋"。

瞄 (miáo) 注视目标;视力集中在一点上。如:瞄准。

miǎo

诐 [诐] (miǎo) ❶高貌。张衡《西京赋》:"通天诐以竦峙。"❷见"诐婧"。
另见 chāo。

诐婧 腰细貌。《文选·张衡〈思玄赋〉》:"舒诐婧之纤腰兮。"李善注:"诐,音眇;《说文》曰:婧,妍婧也。"

妙 (miǎo) 通"眇"。细微;眇小。《吕氏春秋·审分》:"所知者妙矣。"

另见 miào。

纱 [纱] (miǎo) 细微。见《广雅·释诂》。
另见 shā。

杪 (miǎo) ❶竹木的末梢。司马相如《上林赋》:"夭娇枝格,偃蹇杪颠。"❷年月季节的末尾。《礼记·王制》:"冢宰制国用,必于岁之杪。"孟浩然《夜登孔伯昭南楼》诗:"再来值秋杪,高阁夜无喧。"

杪小 细小。《后汉书·冯衍传》:"阔略杪小之礼。"

眇 [眇] (miǎo) ❶一只眼瞎。《易·履》:"眇能视。"《三国志·魏志·陈思王植传》"文帝即王位,诛丁仪"裴松之注引《魏略》:"丁㕟,好士也,即使其两目盲,尚当与女,何况但眇?"亦谓两眼都瞎。苏轼《日喻》:"生而眇者不识日。"❷眯着眼睛看。《汉书·叙传上》:"离娄眇目于豪(毫)分。"颜师古注:"眇,细视也。"❸通"秒"。微小。《庄子·德充符》:"眇乎小哉!"《汉书·昭帝纪》:"朕以眇身,获保宗庙。"❹通"渺"。辽远;高远。《楚辞·九章·哀郢》:"眇不知其所蹠。"《汉书·王褒传》:"眇然绝俗离世。"❺通"杪"。引申为高。《荀子·王制》:"彼王者不然,仁眇天下,义眇天下,威眇天下。"杨倞注:"眇,尽也。"按王念孙、朱骏声并谓当训高。
另见 miào。

眇眇 ❶微小。《书·顾命》:"眇眇予末小子。"《史记·秦始皇本纪》:"寡人以眇眇之身,兴兵诛暴乱。"❷远视貌。《楚辞·九歌·湘夫人》:"帝子降兮北渚,目眇眇兮愁予。"❸辽远貌;高远貌。《楚辞·九章·悲回风》:"登石峦以远望兮,路眇眇之默默。"陆机《文赋》:"志眇眇而临云。"

眇小 亦作"渺小"。微小;瘦弱。《史记·孟尝君列传》:"始以薛公为魁然也,今视之,乃眇小丈夫耳。"《南史·周敷传》:"敷形貌眇小,如不胜衣。"

眇瞜 视貌。《文选·木华〈海赋〉》:"眇瞜冶夷。"李善注:"眇瞜,视貌。"

钞 [钞] (miǎo) 通"眇"。《管子·幼官》:"听于钞,故能闻未极;视于新,故能见未形。"戴望校正:"钞当为眇之借字,眇本训目小,引申之为微眇之义。"
另见 chāo。

秒（miǎo）❶禾芒。见《说文·禾部》。引申为细微，微小；末端。参见"秒忽"。❷国际单位制中的时间单位。单位符号 s。1967 年第 13 届国际计量大会规定为铯-133原子基态的两个超精细能级间跃迁所对应辐射的 9 192 631 770 个周期的持续时间。60 秒为 1 分，60 分为 1 时。❸平面角单位中，角秒的简称。60 秒为 1 分。❹古代长度单位，一寸的万分之一。《隋书·律历志上》："《孙子算术》云：'蚕所生吐丝为忽，十忽为秒，十秒为豪，十豪为厘，十厘为分。'"按今本《孙子算经》作"十忽为一丝"。❺古代容量单位。《隋书·律历志上》引《孙子算术》云："六粟为圭，十圭为秒，十秒为撮，十撮为勺，十勺为合。"按本《孙子算经》作"十圭为一撮，十撮为一秒"。❻古代计算积余成闰的时间单位。《隋书·律历志下》："凡日不全为余，积以成余者曰秒。"

秒忽　犹言"丝毫"。比喻细微。《汉书·叙传下》："造计秒忽。"颜师古注引刘德云："秒，禾芒也。忽，蜘蛛网细者也。"白居易《试进士策问》："日月代明而昼夜分，刻漏者准之，无秒忽之失焉。"

渺〔淼、森〕（miǎo）❶水远貌。《楚辞·九章·哀郢》："渺南渡之焉如。"高适《送崔录事赴宣城》诗："举帆风波渺，倚棹江山来。"❷邈远貌。皎然《奉送袁高使君》诗："退路渺天末。"❸小；微小。苏轼《前赤壁赋》："渺沧海之一粟。"

渺茫❶时地远隔，模糊不清楚。白居易《长恨歌》："一别音容两渺茫。"❷烟波辽阔貌。韦庄《送日本国僧敬龙归》诗："扶桑已在渺茫中，家在扶桑东更东。"

渺渺　悠远貌；水远貌。《管子·内业》："渺渺乎如穷无极。"尹知章注："渺渺，微远貌。"寇準《江南春》词："波渺渺，柳依依。"

缈〔緲〕（miǎo）见"缥缈"。

鷑〔鷙〕（miǎo）见"鶷鷑"。

藐（miǎo）❶小；幼稚。潘岳《寡妇赋·序》："孤女藐焉始孩。"❷轻视。《孟子·尽心下》："说大人，则藐之。"❸通"邈"。远。见"藐姑射"。❹草名。即紫草。可以染紫。

藐姑射　古代传说中的山名。《庄子·逍遥游》："藐姑射之山有神

人居焉，肌肤若冰雪，绰约若处子。"又："尧治天下之民，平海内之政，往见四子藐姑射之山、汾水之阳。"一说：藐，远；姑射，山名。

藐孤　幼小的孤儿。《左传·僖公九年》："献公使荀息傅奚齐。公疾，召之曰：'以是藐诸孤，辱在大夫，其若之何？'"

藐藐❶美盛貌。《诗·大雅·崧高》："寝庙既成，既成藐藐。"❷高远貌。《诗·大雅·瞻卬》："藐藐昊天。"❸轻忽，不在意。《诗·大雅·抑》："诲尔谆谆，听我藐藐。"

藐视　犹轻视、蔑视。小看；看不起。曾巩《送孙颖贤》诗："高谈消长才惊世，藐视公侯行出人。"

邈（miǎo）远。《楚辞·九章·怀沙》："汤禹久远兮，邈而不可慕。"

miào

妙〔一〕（miào）❶美好；美妙。《后汉书·边让传》："妙舞丽于《阳阿》。"❷年少。见"妙年"、"妙龄"。❸姓。宋代有妙颐真。
〔二〕〔玅〕（miào）神妙；奥妙。《老子》："故常无欲以观其妙。"王弼注："妙者，微之极也。"
另见 miǎo。

妙丽❶美丽。《汉书·孝武李夫人传》："上乃召见之，实妙丽善舞。"❷美女。董颖《薄媚·西子词》："有顷城妙丽，名称西子，岁方笄。"

妙龄　青少年时期。苏轼《苏潜圣挽词》："妙龄驰誉百夫雄，晚节忘怀大隐中。"

妙年　少壮之年。杜甫《奉赠严八阁老》诗："扈圣登黄阁，明公独妙年。"

妙善　精妙美善。谢灵运《田南树园激流植援》诗："赏心不可忘，妙善冀能同。"

妙手　技能高超的人。苏轼《孙莘老寄墨》诗："珍材取乐浪，妙手惟潘翁。"潘翁，即潘谷，有名的制墨师。也指神奇巧妙的技艺。如：妙手回春。

妙手空空儿　唐传奇小说中的剑侠。《太平广记》卷一百九十四引裴铏《传奇·聂隐娘》："后夜当使妙手空空儿继至。空空儿之神术，人莫能窥其用，鬼莫能踪其踪。"后指小偷。

妙选❶精选。《晋书·裴楷传》："武帝为抚军，妙选僚采，以楷为参军事。"❷出色的人选。《世说

新语·文学》："下官今日为公得一太常博士妙选。"

妙用　神妙的作用。李群玉《送房处士闲游》诗："刀圭藏妙用，岩洞契冥搜。"刀圭，指药。

庙〔廟〕（miào）❶旧时奉祀祖宗、神佛或前代贤哲的地方。如：宗庙；土地庙；孔庙；关帝庙。❷王宫的前殿；朝堂。见"庙堂"、"廊庙"。❸已死皇帝的代称。见"庙号"、"庙讳"。

庙策　指帝王或朝廷对于国事的策划。《后汉书·班勇传》："孝明皇帝深惟庙策。"李贤注："古者谋事必就明，故言庙策也。"

庙号　皇帝死后，在太庙立室奉祀，特立名号，如某祖、某宗等。《旧唐书·高祖本纪》："群臣上谥曰大武皇帝，庙号高祖。"《新五代史·梁本纪》："皇高祖黯谥曰宣元，庙号肃祖。"

庙讳　封建时代称皇帝父祖名讳为"庙讳"。《新五代史·职方考》："镇州故以成德军，梁初以'成'音犯庙讳，改曰武顺。"谓"成"与梁太祖父朱诚之名同音。

庙见❶参拜祖先于宗庙。《史记·秦始皇本纪》："令子婴斋，当庙见，受王玺。"❷古代婚礼。新妇到夫家，次日天明，始拜见夫之父母；若夫之父母已殁，则于三月后至宗庙参拜，称"庙见"。《礼记·曾子问》："三月而庙见，称来妇也。"郑玄注："谓舅姑没者也。"孔颖达疏："妇入三月之后，而于庙中以礼见于舅姑，其祝辞告神，称来妇也。"

庙略　犹言庙算、庙策。杨炯《送刘校书从军》诗："坐谋资庙略，飞檄佇文雄。"

庙貌　《诗·周颂·清庙序》郑玄笺："庙之言貌也，死者精神不可得而见，但以生时之居，立宫室象貌为之耳。"因称庙宇及神像为"庙貌"。柳宗元《唐故特进南府君睢阳庙碑》："庙貌斯存，碑表攸托。"

庙社　宗庙社稷。借指国家朝廷。韩愈《元和圣德诗》："妇女累累，啼哭拜叩，来献阙下，以告庙社。"

庙食　谓死后在庙中享受祭飨。《史记·滑稽列传》："庙食太牢，奉以万户之邑。"

庙算　庙堂的策划，指执政者制定的克敌谋略。《孙子·计》："夫未战而庙算胜者，得算多也；未战而庙算不胜者，得算少也。"张预注："古者兴师命将，必致斋于庙，授以成算，然

后遣之,故谓之庙算。"

庙堂 太庙的明堂。古代帝王祭祀、议事的地方。《楚辞·九叹·逢纷》:"始结言于庙堂兮,信中涂(途)而叛之。"王逸注:"言人君为政举事,必告于宗庙,议之于明堂也。"后因指君主与宰辅大臣议政之处。苏轼《送朔方大总管张仁愿》诗:"老臣帷幄算,元宰庙堂机。"

庙田 中国旧时寺、庙、观占有的土地。由政府拨给和信徒捐献。有的掌握在地主、乡绅等"首事"手里,有的由主持寺、庙、庵、观的僧尼道士掌管。大都出租或雇工经营,所得用于祭祀和供养僧尼、道士或管庙人员。

庙祝 神庙里管理香火的人。《清平山堂话本·夔关姚卞吊诸葛》:"姚卞遂更衣,执祭文,往庙中烧香再拜……遂将酒肴,邀守关老吏并庙祝共饮。"

眇〔眇〕(miào) 通"妙"。精微;奥妙。《汉书·儒林传》:"严然总五经之眇论。"颜师古注:"眇,读曰妙。"
另见 miǎo。

庿(miào) "庙(廟)"的古体字。《仪礼·士冠礼》:"士冠礼,筮于庿门。"

缪〔繆〕(miào) 姓。
另见 jiū、liǎo、miù、móu、mù。

miē

乜(miē) 见"乜斜"。
另见 niè。

乜斜 眼睛眯成一条缝;略眯着眼斜视。无名氏《马陵道》第四折:"脚趔趄,眼乜斜,恰便似酒醋时节。"

芈(miē) 亦作"咩"。羊叫。
另见 mǐ。

咩〔哔、哔〕(miē) 羊叫声。

miè

灭〔滅〕(miè) ❶熄灭。如:烟消火灭。《书·盘庚上》:"若火之燎于原,不可向迩,其犹可扑灭!"❷淹没。见"灭顶"。❸灭绝;消灭。《左传·僖公五年》:"晋灭虢。"《国策·西周策》:"前功尽灭。"李白《把酒问月》诗:"皎如飞镜临丹阙,绿烟灭尽清辉发。"❹佛家语。指涅槃。

灭此朝食 朝食,吃早餐。《左传

·成公二年》:"齐侯曰:'余姑剪灭此而朝食。'不介马而驰之。"后常以形容斗志坚决,即刻就要消灭敌人。

灭顶 入水极深,不见头顶。《易·大过》:"过涉灭顶,凶。"后多指淹死。

灭迹 ❶隐退,不与人往来。曹植《潜志赋》:"退隐身以灭迹,进出世而取容。"❷消灭犯罪痕迹。如:杀人灭迹。

灭口 为防止泄密而杀死知情人。《史记·春申君列传》:"李园既入其女弟,立为王后,子为太子,恐春申君语泄而益骄,阴养死士,欲杀春申君以灭口。"

灭裂 草率;轻忽从事。《庄子·则阳》:"君为政焉勿卤莽,治民焉勿灭裂。"成玄英疏:"灭裂,轻薄也。"参见"卤莽灭裂"。

灭性 遭亲丧悲哀过度,以致危及生命。《礼记·丧服四制》:"毁不灭性,不以死伤生也。"《北史·李浑传》:"丁母忧,行丧冢侧,殆将灭性。"

昧(miè) 通"蔑"。春秋时地名。《公羊传·隐公元年》:"公及邾娄仪父盟于昧。"《左传》"昧"作"蔑",杜预注:"蔑,姑蔑,鲁地。"
另见 mò。

鸺〔鷦〕(miè) 鸟名。冕柳莺的旧称。又莺科某些少数种类,旧时常称某某鸺。如黄腹鹪莺,旧称"灰头竿鸺"。

搣(miè) 同"娀"。

娀(miè) 本作"搣",按摩。《庄子·外物》:"静然可以补病,眦娀可以休老。"郭庆藩集释:"娀,本亦作搣。《广韵》:'搣,案也,摩也。'似谓以两手案摩目眦。眦,目厓也。眦娀,当谓左右眦不能流盼,可以闭目养神,故曰休老。"

蔑〔一〕(miè) ❶目受伤而不明。宋玉《风赋》:"故其风中人……得目为蔑。"❷无视;轻视。如:轻蔑;侮蔑。《国语·周语中》:"是蔑先王之官也。"又:"不蔑民功。"韦昭注:"蔑,弃也。"❸小。《法言·学行》:"视日月而知众星之蔑也。"❹无。《左传·僖公十年》:"蔑不济矣。"❺灭。《国语·周语中》:"而蔑杀其民人,宜吾之不敢服也。"❻古地名。见"姑蔑"。
〔二〕〔衊〕(miè) 本谓血污,引申为诬,毁。《汉书·文三王传》:"污

蔑宗室。"

薎蒙 同"蠛蠓"。❶形容快捷。《淮南子·修务训》:"手若薎蒙。"高诱注:"言其疾也。"亦用来形容飞扬。司马相如《大人赋》:"薎蒙踊跃,腾而狂趡。"趡,奔驰。❷借指云、雾、气等轻扬之物。张衡《思玄赋》:"涉清霄而升遐兮,浮薎蒙而上征。"

薎(miè) 同"蔑"。

撆(miè) ❶击。见《广雅·释诂》。❷见"撆撆"。

撆撆 不方正。见《广韵·十六屑》。

幭(miè) 古时车轼上的覆盖物。《诗·大雅·韩奕》:"鞹鞃浅幭。"毛传:"鞃,革也。鞃,轼中也。浅,虎皮浅毛也。幭,覆式也。"

篾(miè) ❶薄竹皮,可以编制席子、篮子等。如:篾席;篾篓子。韩偓《奉和峡州孙舍人肇荆南重围中寄朝士》:"黄篾舫中梅雨里,野人无事日高眠。"❷竹名。《书·顾命》:"敷重篾席。"孔传:"篾,桃枝竹。"按《尔雅·释草》"桃枝四寸有节。"郝懿行义疏:"《竹谱》云'桃枝皮赤,编之滑劲,可以为席',《顾命》篇所谓'篾席'者也。"

篾片 旧时豪富人家专事帮闲凑趣的门客。《儒林外史》第三十二回:"只有门下是七八个月的养在府里白浑些酒肉吃吃,一个大钱也不见面。我想这样乾篾片也做不来。"参见"清客"。

瀎(miè) 见"瀎泧"。

瀎泧 水貌。见《集韵·十六屑》。

懱(miè) 轻侮。《说文·心部》:"懱,轻易也。《商书》曰:'以相陵懱。'"段玉裁注:"懱者,轻易人蔑视之也。"今《商书》无此文。

橬(miè) 见"橬楔"。

橬楔 ❶细小貌。见《类篇》。❷木不方正。见《正字通》。

矊(miè) 眼病的一种。眼眶中排泄物堆积凝结。《吕氏春秋·尽数》:"精不流则气郁,郁……处目则为矊为盲。"

鑖〔鑖〕(miè) 铜铁矿石。见《广雅·释器》。
另见 mì。

蠛(miè) 见"蠛蠓"。

蠛蠓　虫名。《尔雅·释虫》："蠓，蠛蠓。"郭璞注："小虫似蚋，喜乱飞。"扬雄《甘泉赋》："历倒景而绝飞梁兮，浮蠛蠓而撇天。"

鱴〔鱴〕（miè）鱼名。即"鳖"。

mín

民（mín）❶人民。如：拥政爱民。❷古代泛指被统治的庶人。《书·五子之歌》："民惟邦本。"《孟子·尽心下》："民为贵，社稷次之，君为轻。"一说，古代"民"本专指农民。见金鹗《求古录·礼说八》。❸泛指人或人类。《论语·季氏》："困而不学，民斯为下矣。"《左传·昭公二十五年》："民有好恶喜怒哀乐。"

民胞物与　北宋张载的伦理学说。从人类万物都是天地所生（《西铭》："乾称父，坤称母"）出发，提出"民吾同胞，物吾与也"的抽象命题。要求爱一切人如爱同胞手足一样，并进一步扩大到"视天下无一物非我"。

民不聊生　聊，利赖。人民无法生活下去。多指社会黑暗或动荡不定。《史记·张耳陈馀列传》："头会箕敛，以供军费。财匮力尽，民不聊生。"《宣和遗事·元集》："天下骚然，民不聊生。"

民膏民脂　指人民用血汗创造的财富。孟昶《戒石文》："尔俸尔禄，民膏民脂。"亦作"民脂民膏"。《水浒传》第九十四回："库藏粮饷，都是民脂民膏。"

民贵君轻　孟子的政治思想。《孟子·尽心下》："民为贵，社稷次之，君为轻。"认为民心向背为国家政权安危所系，国君要把本身利害放在这一前提下来考虑。

民萌　"萌"同"氓"。民众。古代泛指无世袭贵族身份者。《韩非子·问田》："窃以为立法术，设度数，所以利民萌便众庶之道也。"

民瘼　人民的疾苦。《诗·大雅·皇矣》："求民之莫。"莫，通"瘼"。《三国志·蜀志·马超传》即作"求民之瘼"。《宋史·魏了翁传》："戢吏奸，询民瘼，举刺不避权右，风采肃然。"权右，犹权贵。

民生　人民的生计。如：国计民生。《左传·宣公十二年》："民生在勤，勤则不匮。"

民时　即农时，指农民耕作、下种、收获的时令。《国语·齐语》："勿夺民时，则百姓富。"《汉书·五行志上》："妄兴徭役，以夺民时。"

民天　指粮食。语出《汉书·郦食其传》"王者以民为天，而民以食为天"。《宋史·乐志十二》："土爰稼穑，允协民天。"

民田　亦称"私田"。中国旧时私人占有的土地。须向政府缴纳田赋，可自由买卖。自宋至明，民田田赋较官田为轻，但须负担差徭。

民以食为天　人民以粮食为自己生活所系。极言民食的重要。《汉书·郦食其传》："王者以民为天，而民以食为天。"

民主　❶庶民之主宰。《书·多方》："乃惟成汤，克以尔多方，简代夏作民主。"《左传·襄公三十一年》："赵孟将死矣，其语偷，不似民主。"❷"专制"的对称。统治阶级中的多数人掌握国家权力的国家形式、政治制度。❸"专政"的对称。解决人民内部矛盾的方法。即讨论的方法，批评的方法，说服教育的方法。❹"集中"的对称。指领导征求意见，了解下情，群众发表意见，开展讨论，上下通气。民主和集中的统一，就是民主集中制。

玟（mín）美石。见"璊玟"。

䀨（mín）见"䀨䀨"。

䀨䀨　和蔼；和乐。《汉书·司马相如传下》："䀨䀨穆穆，君子之态。"颜师古注引孟康曰："䀨䀨，和也。"《文选·左思〈魏都赋〉》："䀨䀨率土，迁善罔匮。"刘良注："䀨䀨，和乐貌。"

旻（mín）❶秋天。见"旻天❷"。❷天空。李白《古风》："众星罗秋旻。"❸痛伤；悯惜。《诗·大雅·召旻序》："旻，闵也，闵天下无如召公之臣也。"

旻天　❶天。《书·大禹谟》："帝（舜）初于历山，往于田，日号泣于旻天。"❷指秋天。《尔雅·释天》："秋为旻天。"郭璞注："旻，犹愍也，愍万物雕落。"愍，同"悯"。《楚辞·九思·哀岁》："旻天兮清凉，玄气兮高朗。"

旻序　秋季。李峤《八月奉教》诗："清尊对旻序，高宴有余欢。"

岷（mín）见"岷山"。

岷山　在四川省中北部，绵延川、甘两省边境。南北逶迤500多公里。海拔4000米左右，主峰雪宝顶（5588米）在松潘县东。5000米以上有现代冰川分布，多古冰川遗迹。山体由砂岩、板岩、石灰岩和花岗岩等构成，地形崎岖。长江、黄河分水岭，岷江、嘉陵江源地。富森林资源及煤、铁、铜、金、铅、锌等矿。森林中有大熊猫、金丝猴、扭角羚、梅花鹿、白唇鹿等珍稀动物。1935年9月中国工农红军长征经此。

忞（mín）❶勉力之意。按即"文莫"的"文"。参见"文莫"。❷见"忞忞"。

忞忞　犹言蒙蒙然。茫昧貌。《法言·问神》："著古昔之㖧㖧，传千里之忞忞者，莫如书。"李轨注："忞忞，心所不了。"

珉（mín）亦作"瑉"、"碈"。似玉的美石。《荀子·法行》："故虽有珉之雕雕，不若玉之章章。"雕雕，犹昭昭。

罠（mín）捕兽网。《文选·左思〈吴都赋〉》："罠蹏连网。"刘逵注："罠，麋网。"

筤（mín）❶竹皮。《说文·竹部》："筤，竹肤也。"段玉裁注："肤，皮也。竹肤曰筤，俗作筠。已析可用者曰篾，《礼》注作篾。"❷泽发骏刷，见《正字通》。按今妇女用以刷发的叫筤子。亦作"捪子"。❸《文选·马融〈长笛赋〉》："筤笭抑隐，行入诸变。"李善注："筤笭抑隐，手循孔之貌。"按即手指头放在笛子的洞孔上。

嶓（mín）同"岷"。

緡〔緍〕（mín）亦作"繑"。❶钓丝。《诗·召南·何彼襛矣》："其钓维何？维丝伊緡。"❷安弦线。《诗·大雅·抑》："荏染柔木，言緡之丝。"毛传："緡，被也。"陈奂传疏："柔木，中琴瑟之木也。被丝，犹言安弦耳。"❸穿钱的绳子。亦指成串的钱，一千文为一緡。罗大经《鹤林玉露》卷二："今以钱十万緡，卒五千付尔。"❹姓。《史记·吴太伯世家》："后緡方娠。"裴骃集解引贾逵曰："緡，有仍之姓也。"后緡，夏帝相之妃。

瑉（mín）同"珉"。

鸐〔鶍〕（mín）传说中的鸟名。《太平御览》卷八百六十九引《山海经》："符愚之山，其鸟名鸐，其状如翠而赤喙，可以卫火。"

瞀（mín）郁闷。《庄子·外物》："心若县（悬）于天地之间,慰暋沈屯。"

另见 mǐn。

碈（mín）同"珉"。似玉的石头。《礼记·聘义》："敢问君子贵玉而贱碈者,何也?"

瞑（mín）俯视。见《集韵·十七真》。

瘖（mín）精神昏乱之病。《诗·大雅·桑柔》："多我觏瘖。"郑玄笺:"瘖,病也。"

緡（mín）同"缗（緡）"。

鍲（mín）同"缗（緡）"。

鐻（mín）同"缗（緡）"。见《玉篇·金部》。

mǐn

皿（mǐn,旧读 mǐng）器皿。碗、碟、杯、盘一类用器的总称。

闵〔閔〕（mǐn）❶亦作"悯"。怜念。《诗·周南·汝坟序》："妇人能闵其君子。"❷亦作"悯"。忧伤。《孟子·公孙丑上》："宋人有闵其苗之不长而揠之者。"马融《琴赋》："孤茕特行,怀闵抱思。"❸亦作"悯"、"愍"。病困;凶丧。《诗·邶风·柏舟》："觏闵既多,受侮不少。"潘岳《杨仲武诔》："子之遭闵,曾未龀髫。"❹昏昧;糊涂。《史记·范雎蔡泽列传》："窃闵然不敏,敬执宾主之礼。"司马贞索隐:"闵犹昬闇也。"❺强悍。《孟子·万章下》："《康诰》曰:'杀越人于货,闵不畏死,凡民罔不譈。'"朱熹集注:"今《书》闵作暋。"❻勉力。《书·君奭》:"予惟用闵于天越民。"孔传:"闵,勉也。我惟用勉于天道加于民。"❼姓。

闵勉　同"黾勉"。勤勉。《汉书·五行志中之上》："闵勉遁乐,昼夜在路。"颜师古注:"闵勉,犹黾勉,言不息也。"按《汉书·谷永传》作"闵免"。

闵闵　❶忧惧貌。《左传·昭公三十二年》："闵闵焉如农夫之望岁,惧以待时。"❷深远貌。《素问·灵兰秘典论》："闵闵之当,孰者为良?"王冰注:"闵闵,深远也。"❸同"泯泯"。纷乱貌。何逊《至大雷联句》："闵闵风烟动,萧萧江雨声。"

抿（mǐn）❶闭住;合拢。如:抿着嘴。❷妇女轻刷头发使平整之称,用来刷头发的刷子叫"抿

子"。《红楼梦》第四十二回:"忙开了李纨的妆奁,拿出抿子来,对镜抿了两抿,仍旧收拾好了。"

黾〔黽〕（mǐn）见"黾勉"。

另见 méng,mǐng,miǎn。

黾勉　亦作"僶俛"。勤勉;尽力。《诗·小雅·十月之交》："黾勉从事,不敢告劳。"归有光《与王仲山书》："更辱名画及礼币之惠,以先公墓石见委,敢不黾勉承役,自效于知己。"

呡（mǐn）略饮。如:呡了一口酒。

另见 wěn。

昬〔昏〕（mǐn）通"暋❶"。勉力。《书·盘庚上》:"惰农自安,不昏作劳,不服田亩,越其罔有黍稷。"

另见 hūn。

泯〔泯〕（mǐn）灭;尽。《诗·大雅·桑柔》:"乱生不夷,靡国不泯。"张衡《思玄赋》:"泯规矩之员（圆）方。"

另见 miàn。

泯灭　消灭净尽。《三国志·魏志·钟会传》:"往者汉祚衰微,率土分崩,生民之命,几于泯灭。"

泯泯　❶水清貌。杜甫《漫成二首》:"春流泯泯清。"❷犹泯灭。韩愈《与孟尚书书》:"后之学者,无所寻逐,以至于今泯泯也。"❸纷乱貌。《书·吕刑》:"泯泯棼棼。"

泯没　形迹消亡;死亡。《三国志·吴志·张昭传》:"使泯没之后,有可称述。"

闽〔閩〕（mǐn）❶古族名。详"七闽"。❷五代时十国之一。公元893年王潮据今福建之地,任福建观察使,旋升威武军节度使。后其弟审知在909年被后梁封为闽王。933年审知子延钧称帝,建都长乐（今福建福州）,国号闽。943年延钧弟延政又在建州称帝,国号殷。945年复国号闽,为南唐所灭。共历六主,三十七年。❸福建省的简称。因秦设闽中郡而得名。亦因福建省为古七闽地而得名。一说因境内最大河流闽江得名。

闽侯　县名。在福建省福州市西部、闽江下游。来福铁路经过境内。县人民政府驻甘蔗镇。秦置冶县,东汉改东侯官县,晋为侯官县,隋改原丰县,旋改为闽县。唐又析置侯官县,1913年两县合并为闽侯县。

僶〔僶〕（mǐn）见"僶俛"。

僶俛　勤勉;努力。如:僶俛从事。贾谊《新书·劝学》:"然则舜僶俛而加志,我僬僷而弗省耳。"亦作"黾勉"、"黾俛"。

悯〔憫〕（mǐn）❶怜恤。周昙《咏史诗》:"能怜钝拙诛豪俊,悯弱摧强真丈夫。"❷忧郁。《孟子·公孙丑上》:"阸穷而不悯。"朱熹集注:"悯,忧也。"

敏（mǐn）❶疾速;敏捷。《书·大禹谟》:"黎民敏德。"蔡沈集传:"敏,速也。"《诗·大雅·文王》:"殷士肤敏。"毛传:"肤,美;敏,疾也。"❷聪敏。《论语·颜渊》:"回虽不敏,请事斯语矣。"❸奋勉。《论语·公冶长》:"敏而好学,不耻下问。"❹材能。《吕氏春秋·士容》:"辞令逊敏。"高诱注:"敏,材也。"❺通"拇"。足大趾。《诗·大雅·生民》:"履帝武敏,歆。"朱熹注:"履,践也。帝,上帝也。武,迹;敏,拇。歆,动也,犹惊异也。"传说后稷之母姜嫄踏在大神足迹的拇趾上,心里有所触动,因而受孕。

敏达　聪慧而通达事理。《汉书·京房传》:"敏达好政,欲为国忠。"

敏给　犹敏捷。《庄子·徐无鬼》:"敏给搏捷矢。"成玄英疏:"敏给,犹速也。"

敏捷　灵敏迅速。《汉书·严延年传》:"延年为人短小精悍,敏捷于事。"

敏求　勉力以求。《论语·述而》:"我非生而知之者,好古敏以求之者也。"刘宝楠正义:"敏,勉也。言黾勉以求之也。"

绳〔繩〕（mǐn）见"绳绳"。

另见 shéng,yìng。

绳绳　犹漠漠;恍惚。《老子》:"绳绳不可名。"陆德明释文:"无涯际之貌。"

渑（mǐn）通"闵"。《荀子·王霸》:"齐渑、宋献是也。"杨倞注:"渑与闵同。齐渑即齐闵王。"

另见 hūn。

筂〔簢〕（mǐn）中空竹,可制席。《尔雅·释草》:"筂,筡中。"郭璞注:"言其中空,竹类。"

暋（mǐn）❶勉力。《书·盘庚上》"不昏作劳"孔颖达疏:"郑玄读昏为暋,训为勉也。"❷顽悍。《书·康诰》:"暋不畏死。"孔传:"暋,强也。"

另见 mín。

愍（mǐn）❶哀怜。《后汉书·应奉传》:"追愍屈原,因以自

伤。"❷忧病。《楚辞·九章·惜诵》:"惜诵以致慜兮,发愤以抒情。"王逸注:"慜,病也。"❸灾乱。《文选·班固〈幽通赋〉》:"巨滔天而泯夏兮,考遭慜以行谣。"李善注引应劭曰:"王莽,字巨君。"考,父亲。

㟵 (mǐn) 野兽。《玉篇·牛部》:"㟵,兽,似牛,苍黑。"参阅《山海经·西山经》。

慜 (mǐn) 同"敏"。唐代僧人有常慜。

鰵 〔鰵〕(mǐn) 鱼名。即"鳕"。

míng

名 (míng) ❶起名字;命名。《礼记·祭法》:"黄帝正名百物。"《离骚》:"名余曰正则兮。"也指事物的名称,人的名字。《易·系辞下》:"其称名也小。"孔颖达疏:"言《易》辞所称物名多细小。"韩愈《圬者王承福传》:"王其姓,承福其名。"❷中国古代逻辑中与"实"相对的范畴。指概念或表达概念的语词、名称。名家邓析就赋予"名"以逻辑涵义,主张"循名责实"。儒家则提出"正名",对逻辑的概念分析具有一定的作用。墨家提出"以名举实"的思想,荀子也提出"制名以指实",都认为名是对实(客观事物)的反映。后期墨家把名分为达名、类名、私名三大类。荀子进一步提出了共名和别名的分类法以及由别名到共名的概括法和由共名到别名的限定法。❸声名;名誉。《聊斋志异·阿宝》:"翁素耳其名而贫之。"引申为有名。如:名人;名山。❹名义。如:名不正则言不顺。❺指称。如:莫名其妙。《论语·泰伯》:"荡荡乎民无能名焉!"❻古代称文字为名。《周礼·春官·外史》:"掌达书名于四方。"郑玄注:"古曰名,今曰字。"❼指人数。如:三名战士;五名学生;名额已满。❽眉与眼之间。《诗·齐风·猗嗟》:"猗嗟名兮!"毛传:"目上为名。"

名辈 声望和行辈。《资治通鉴·晋成帝咸和元年》:"豫州刺史祖约,自以名辈不后郗、卞。"胡三省注:"名为一时所称,辈以年齿为等。"亦指有声望而行辈高的人。《北史·高道穆传》:"选用御史,皆当时名辈。"

名笔 名作,佳作。《晋书·乐广传》:"广善清言而不长于笔,将让尹,请潘岳为表,岳曰:'当得君意。'广乃作二百句语,述己之志,岳因取次比,便成名笔。时人咸云,若广不假岳之笔,岳不取广之旨,无以成斯美也。"

名场 旧时读书人求功名的场所,指科举考场。杜荀鹤《哭友人》诗:"病向名场得,终为善误身。"泛指竞夺声名的场所。李咸用《临川逢陈百年》诗:"教我无为礼乐拘,利路名场多忌讳。"

名刺 即名帖,名片。赵翼《陔馀丛考》卷三十"名帖":"古人通名,本用削木书字,汉时谓之谒,汉末谓之刺,汉以后则虽用纸,而仍相沿曰刺。"元稹《重酬乐天》诗:"最笑近来黄叔度,自投名刺占陂湖。"

名阀 名门世族之家。《新唐书·柳玭传》:"东都仁和里裴尚书宽,子孙众盛,实为名阀。"

名分 ❶名位及其应守的职分。《庄子·天下》:"《易》以道阴阳,《春秋》以道名分。"《吕氏春秋·审分》:"故人主不可以不审名分也,不审名分,是恶壅而愈塞也。"高诱注:"名,虚实爵号之名;分,杀生与夺之分也。"❷指财物的所属关系。《商君书·定分》:"夫卖者满市,而盗不敢取,由名分已定也。"

名贵 ❶著名而珍贵。如:名贵的字画。❷谓有名而显达。《晋书·何曾传》:"自以继世名贵,奢侈过度。"

名号 ❶称号;位号。《韩非子·诡使》:"夫立名号,所以为尊也。"《史记·秦始皇本纪》:"今名号不更,无以称成功、传后世。"❷犹名节。《史记·鲁仲连邹阳列传》:"盛饰入朝者,不以利污义;砥砺名号者,不以欲伤行。"❸《春秋》公羊家用以阐述"正名"说的一对范畴。《春秋繁露·深察名号》:"名众于号,号其大全。名也者,名其别离分散也。号凡而略,名详而目。目者遍辨其事也,凡者独举其大事也。"此说以"名"、"号"为一对范畴,号是总称,名是别称,如"祭"是号,而四时的祭名"春曰祠、夏曰礿、秋曰尝、冬曰烝"是名。

名讳 旧时称人名字,生曰"名",死曰"讳"。君亲之名,生时也讳。连称则曰"名讳",通用于生者及死者,含有尊敬的意思。束晳《劝农赋》:"条牒所领,注列名讳。"

名籍 记名入册。《史记·汲郑列传》:"高祖令诸故项籍臣名籍,郑君独不奉诏,诏尽拜名籍者为大夫而逐郑君。"后指名册。《后汉书·百官志三》:"郡国岁因计上宗室名籍。"

名家 ❶以学有专长而名为一家。《汉书·艺文志》:"传《齐论》者……唯王阳名家。"后也指有名的专家或作家。❷犹名门。《史记·樗里子甘茂列传》:"昔甘茂之孙甘罗,年少耳,然名家之子孙,诸侯皆闻之。"❸一称"辩者",又称"刑名家"。战国时的一个学派。《汉书·艺文志》列为"九流"之一,并著录名家代表人物的著作,有《邓析子》、《尹文子》、《惠子》、《公孙龙子》等。

名检 名声规矩。"检"谓防检,指规矩法度。《晋书·怀愍帝纪论》:"谈者以虚荡为辨,而贱名检。"

名缰利锁 谓名利如缰绳锁链,束缚人身。柳永《夏云峰》词:"向此免名缰利锁,虚费光阴。"

名教 ❶以正名定分为主的封建礼教。《世说新语·德行》:"欲以天下名教是非为己任。"西汉武帝时,把符合封建统治利益的政治观念、道德规范等立为名分,定为名目,号为名节,制为功名,以之教化,称"以名为教"。其内容主要是"三纲"、"五常"。魏晋时把"名教"与"自然"相对。❷名声和教化。《管子·山至数》:"昔者周人有天下,诸侯宾服,名教通于天下。"

名节 名誉和节操。欧阳修《朋党论》:"所守者道义,所行者忠信,所惜者名节。"

名流 指社会知名人士。《世说新语·品藻》:"孙兴公、许玄度皆一时名流。"

名落孙山 范公偁《过庭录》:"吴人孙山,滑稽才子也。赴举他郡,乡人托以子偕往;乡人子失意,山缀榜末,先归。乡人问其子得失,山曰:'解名尽处是孙山,贤郎更在孙山外。'"后因称考试落第为"名落孙山"。《官场现形记》第五十四回:"等到出榜,名落孙山,心上好不懊恼。"

名门 指有声名地位的家族。如:系出名门。李商隐《为李贻孙上李相公启》:"语姬朝之旧族,庄、武惭颜;叙汉代之名门,韦、平掩耀。"

名目 ❶称赞。《三国志·魏志·王粲传论》:"同声相应,才士并出,惟粲等六人,最见名目。"谓各有所长,为人称道。❷事物的名称。如:名目繁多;巧立名目。白居易《紫薇花》诗:"紫薇花对紫薇翁,名目虽同貌不同。"

名人 著名的人物。《吕氏春秋·劝学》:"不疾学而能为天下魁士名人者,未之尝有也。"

名色 ❶名目。汪应辰《与周参政书》:"近户部行下,以今岁下半年赋,限七月内令以其他名色,先次兑那,起发一半。"❷名号。无名氏《谢金吾》第一折:"功劳大,更打着个郡马的名色。"

名山事业 《史记·太史公自序》:"藏之名山,副在京师,俟后世圣人君子。"司马贞索隐:"《穆天子传》云:'天子北征,至于群玉之山,河平无险,四彻中绳,先王所谓策府。'郭璞云:'古帝王藏策之府也。'则此谓藏之名山是也。"后称著作事业为"名山事业",本此。

名胜 ❶著名的风景地。如:名胜古迹。《北史·韩晋明传》:"朝廷欲处之贵要地,必以疾辞,告人云:'废人饮美酒,对名胜,安能作刀笔吏,披反故纸乎?'"❷犹名流。《晋书·王导传》:"帝亲观禊,乘肩舆,具威仪。敦、导及诸名胜皆骑从。"

名实 ❶名声和事功。《孟子·告子下》:"先名实者,为人也。"朱熹集注:"名,声誉也;实,事功也。言以名实为先而为之者,是有志于救民也。"❷犹名利。《晏子春秋·问上》:"倍(背)仁义而贪名实者,不能威当世而服天下者,此其道已也。"

名士 ❶古时指知名于世而未出仕的人。《礼记·月令》:"〔季春之月〕勉诸侯,聘名士。"郑玄注:"名士者,不仕者。"也泛指有名的人士。杜甫《陪李北海宴历下亭》:"海内此亭古,济南名士多。"又特指以诗文著称,恃才放达,不拘小节的人。《后汉书·方术传论》:"汉世之所谓名士者,其风流可知矣。虽弛张趣舍,时有未纯,于刻情修容,依倚道艺,以就其声价,非所能通物方,弘时务也。"❷指刑名之士。《史记·律书》:"自是之后,名士迭兴,晋用咎犯,而齐用王子,吴用孙武,申明军约,赏罚必信。"

名世 谓名高一世。《孟子·公孙丑下》:"五百年必有王者兴,其间必有名世者。"朱熹注:"名世,谓其人德业闻望,可名于一世者。"陆游《书愤》诗:"出师一表真名世,千载谁堪伯仲间!"因《孟子》句中有"五百",也用作"五百"的隐语。如:名世之数。

名手 以某种技艺著名的人;高

手。如:围棋名手。《北史·崔季舒传》:"季舒大好医术,天保中于徙所无事,更锐意研精,遂为名手。"

名宿 有名的老前辈。《后汉书·朱浮传》:"浮年少有才能,颇欲厉风迹,收士心,辟召州中名宿涿郡王岑之属,以为从事。"

名帖 明清时官场拜谒,用红纸书写衔名,称为"名帖"。赵翼《陔馀丛考》卷三十:"《湧幢小品》记张江陵盛时,谒之者名帖用织锦,以大红绒为字。"参见"名刺"。

名网 名利的罗网。谓名利束缚人。刘禹锡《谒枉山会禅师》诗:"哀我堕名网,有如翾飞辈。"

名望 名誉和声望。《三国志·魏志·崔琰传》:"琰从弟林,少无名望。"亦指有名望的人。《北史·崔瞻传》:"所与周旋,皆一时名望。"

名位 原指官爵名号和品位。《左传·庄公十八年》:"王命诸侯,名位不同,礼亦异数。"后指名义和地位。又指名声和地位。

名物 ❶指名号和物色。《周礼·天官·庖人》:"掌共六畜、六兽、六禽,辨其名物。"贾公彦疏:"此禽兽等皆有名号物色,故云辨其名物。"亦指名称和物产。《周礼·地官·大司徒》:"辨其山林、川泽、丘陵、坟衍、原隰之名物。"郑玄注:"名物者,十等之名与所生之物。"❷辨别事物的名称。蔡邕《彭城姜肱碑》:"有名物定事之能。"

名下无虚士 亦作"名下无虚"。《陈书·姚察传》:"〔察〕报聘于周,江左耆旧先在关右者咸相倾慕。沛国刘臻,窃于公馆访《汉书》疑事十余条,并为剖析,皆有经据。臻谓所亲曰:'名下定无虚士。'"意谓负盛名的人必有实学,犹言名不虚传。

名义 ❶身份;资格;名分。如:个人名义;代表名义。《明史·太祖纪赞》:"修人纪,崇风教,正后宫名义,内治肃清。"❷指事物立名的取义。宋法云有《翻译名义集》,明周祈有《名义考》。❸名誉;名节。《韩非子·诡使》:"官爵所以劝民也,而好名义、不进仕者,世谓之烈士。"《新唐书·宋璟传》:"名义至重,不可陷正人以求苟免。"

名誉 名声。《墨子·修身》:"名不徒生,而誉不自长,功成名遂。名誉不可虚假,反之身者也。"

名正言顺 《论语·子路》:"名不正则言不顺,言不顺则事不成。"后以"名正言顺"谓作事理由正当而充

分,含有理直气壮的意思。《三国演义》第七十三回:"名正言顺,以讨国贼。"

名字 ❶本为名和字的合称。《礼记·檀弓》:"幼名,冠字。"古代人始生而有名,至二十成人,行冠礼加字,故合称"名字"。后来一般指人的姓名或单指名。❷事物的名称;名目。韩愈《送穷文》:"各有主张,私立名字。"❸犹名誉,名声。《汉书·陈遵传》:"俱著名字,为后进冠。"

明(míng)

❶光明;明亮。《易·系辞下》:"日月相推而明生焉。"《诗·齐风·鸡鸣》:"东方明矣。"❷表明;显明。《荀子·非相》:"譬称以喻之,分别以明之。"《国策·齐策一》:"王曰:'此不叛寡人明矣,曷为击之?'"❸眼睛亮。如:耳聪目明。引申为明白事理。《荀子·不苟》:"公生明,偏生暗。"❹指贤明的人。《书·舜典》:"三载考绩,三考黜陟幽明。"❺洁净。见"明水"、"明衣"、"明粢"。❻指视力。《礼记·檀弓上》:"子夏丧其子而丧其明。"❼今之次。如:明年;明日。王维《宿郑州》诗:"明当渡京水,昨晚犹金谷。"❽指人世间。见"幽明❸"。❾朝代名。1368年朱元璋(明太祖)称帝,推翻元朝的统治,建都南京,国号明。永乐十九年(1421年)成祖迁都北京。疆域东北初年抵日本海、鄂霍次克海、乌地河流域,后退缩至辽河流域;西界初年在河套西喇木伦河一线,后退缩至今长城;西北初年到新疆哈密,后退缩至嘉峪关;西南包有今西藏、云南;东南到海及海外诸岛。1644年李自成农民军攻破北京,明朝被推翻。共历十六帝,统治二百七十七年。此后清兵入关,建立清王朝。明亡后,其残馀力量曾先后在南方建立弘光等政权,史称南明。❿姓。元代有明玉珍。

明察秋毫 语出《孟子·梁惠王上》"明足以察秋毫之末"。秋毫,秋天鸟兽身上新长的细毛。谓目光敏锐,观察入微,连最微小的东西也能看到。后常用以形容人能洞察事理。《三侠五义》第四十二回:"不想相爷神目如电,早已明察秋毫,小人再不敢隐瞒。"

明旦 ❶天亮,含有通宵达旦的意思。扬雄《剧秦美新》:"旁作穆穆,明旦不寐。"❷明晨。张说《钦州守岁》诗:"故岁今宵尽,新年明旦来。"亦指明天。《后汉书·光烈阴皇后纪》:"即按历,明旦日吉,遂率百官

及故客上陵。"

明珰 珠玉制成的耳饰。曹植《洛神赋》："无微情以效爱兮,献江南之明珰。"

明德 谓完美的德性。《礼记·大学》："大学之道,在明明德。"郑玄注:"谓显明其至德也。"朱熹《大学章句》："明德者,人之所得乎天,而虚灵不昧,以具众理而应万事者也。"以为"明德"是人们天赋本然的善性。

明发 ❶犹"明旦❶"。破晓,天色发亮。含有通宵达旦的意思。《诗·小雅·小宛》："明发不寐,有怀二人。"朱熹注:"明发,谓将旦而光明开发也。二人,父母也。"❷指父母恩德。陆机《思亲赋》："存顾复之遗志,感明发之所怀。"❸犹揭发。《后汉书·循吏传序》："明发奸伏,吏端禁止。"

明分 ❶明显的定分,本分。班彪《王命论》："收陵、婴之明分,绝信、布之觊觎。"《后汉书·庞育母传》:"怨塞身死,妾之明分;结果理狱,君之常理。何敢苟生,以枉公法!"❷明确职分。《商君书·修权》："故立法明分,而不以私害法则治。"❸分明;显然。无名氏《张协状元》第二十七出:"它明分欺侮下官!"

明府 汉代对郡守的尊称,即"明府君"的省称。《汉书·龚遂传》:"明府且止,愿有所白。"《后汉书·张湛传》:"明府位尊德重,不宜自轻。"李贤注:"郡守所居曰府,府者尊高之称。"唐以后则多专用以称县令。

明公 古代对有名位者的尊称。《三国志·魏志·吕布传》:"布请曰:'明公所患,不过于布。今已服矣,天下不足忧。'"明公,指曹操。

明光 ❶同"光明"。日光;光亮。鲍照《学刘公幹体》诗:"白日正中时,天下共明光。"❷汉代宫殿名。(1)明光殿,在桂宫。《三辅黄图》卷二:"未央宫渐台西有桂宫,中有明光殿,皆金玉珠玑为帘箔,处处明月珠,金陛玉阶,昼夜光明。"(2)明光宫,在北宫。《三辅黄图》卷三:"武帝太初四年秋起,在长乐宫后。"《汉书·元后传》:"初,成都侯商(王商)尝病,欲避暑,从上借明光宫。"(3)在甘泉宫。《三辅黄图》卷三:"武帝求仙起明光宫,发燕赵美女二千人充之。"后亦泛指宫殿。张籍《节妇吟·寄东平李司空师道》:"妾家高楼连苑起,良人执戟明光里。"

明火 ❶古代以阳燧映日所点燃的火,祭祀、占卜时所用。《周礼·秋官·司烜氏》:"以夫遂取明火于日。"又《春官·菙氏》:"凡卜,以明火爇燋。"参见"阳遂❶"。❷旧时刑律称盗贼持火炬执兵器为明火执仗。后泛指公开抢劫。

明教 旧时对别人言论书札的敬称。如:伫候明教。《国策·魏策一》:"寡人不肖,未尝得闻明教。"

明旌 同"铭旌"。

明镜 明亮的镜子。《淮南子·俶真训》:"莫窥形于生铁而窥于明镜者,以睹其易也。"比喻见事清楚。杜甫《洗兵马》诗:"司徒清鉴悬明镜。"司徒,指李光弼。又专用以称颂官员判案公允,没有冤屈。《水浒传》第八回:"林冲告道:'恩相明镜,念林冲负屈衔冤!'"

明了 明白;清楚。《后汉书·华佗传》:"鲁女生数说显宗时事,甚明了,议者疑其时人也。"董卓乱后,莫知所在。"

明媚 鲜妍悦目。鲍照《芙蓉赋》:"烁彤辉之明媚,粲雕霞之繁悦。"李成《山水诀》:"春山明媚,夏木繁隆。"

明明 ❶明察。多用来歌颂帝王、神灵。《诗·小雅·小明》:"明明上天,照临下土。"❷明亮。曹操《短歌行》:"明明如月,何时可掇!"❸明举贤明之士。《书·尧典》:"明明扬侧陋。"孔颖达疏:"汝当明白举其明德之人于僻隐鄙陋之处。"❹犹黾勉。勉力。《诗·鲁颂·有駜》:"夙夜在公,在公明明。"陈奂传疏:"明明,犹勉勉也。"❺副词。表示确实如此,显然如此。如:他明明错了,你还护着他。

明眸皓齿 明亮的眼睛,洁白的牙齿,多用以形容女子的美貌。曹植《洛神赋》:"丹唇外朗,皓齿内鲜,明眸善睐,靥辅承权。"杜甫《哀江头》诗:"明眸皓齿今何在?血污游魂归不得。"

明目张胆 谓有胆有识,敢作敢为。《晋书·王敦传》:"今日之事,明目张胆,为六军之首,宁忠臣而死,不无赖而生矣。"后用为公然无所避忌的意思。《中国现在记》第十一回:"始而这事还秘密,后来便明目张胆了。"

明器 ❶即"冥器"。一作"盟器"。专为随葬而制作的器物,一般用陶或木、石制成。从新石器时代开始的历代墓中都有发现。自宋代起,纸明器逐渐流行,陶、木、石制的渐少。明代还有用铅、锡制作的。在随葬明器中,除仿制的日用器物外,尚有房屋、田地、仓、井、灶、猪圈、家具等模型,可以考见当时社会生活情况和雕塑艺术的水平。❷古代诸侯受封时帝王所赐的礼器宝物。《左传·昭公十五年》:"诸侯之封也,皆受明器于王室,以镇抚其社稷。"

明日黄花 苏轼《九日次韵王巩》:"相逢不用忙归去,明日黄花蝶也愁。"明日,指重阳节后的一天,即九月初十。黄花指菊花。谓重阳后,菊花就逐渐萎谢。后常借以比喻过时的事物。

明上 犹言圣上。尊称君王。《晏子春秋·问下》:"通利不能,穷业不成,命之曰处封之民,明上之所诛也。"《三国志·魏志·张邈传》"布遣人求救于术"裴松之注引《英雄记》:"布遣许汜、王楷告急于术……曰:'明上今不救布,为自败耳!布破,明上亦破也。'术时僭号,故呼为明上。"

明时 ❶表明天时变化。《易·革》:"君子以治历明时。"孔颖达疏:"修治历数以明天时也。"❷谓政治清明的时代,多用以称颂当代。曹植《求自试表》:"志欲自效于明时,立功于圣世。"

明庶风 ❶东风。《史记·律书》:"明庶风居东方。明庶者,明众物尽出也。"《说文》:"东方曰明庶风。"❷春分的风。《易纬·通卦验》:"春分明庶风至。"参见"八节风"。

明水 古代祭祀所用的净水。《周礼·秋官·司烜氏》:"以鉴取明水于月。"孙诒让正义:"窃意取明水,止是用鉴承露。"《新唐书·礼乐志二》:"凡祀,五齐之上尊,必皆实明水。"

明堂 ❶古代天子宣明政教的地方,凡朝会及祭祀、庆赏、选士、养老、教学等大典,均于其中举行。古乐府《木兰诗》:"归来见天子,天子坐明堂。"❷古星名。《晋书·天文志上》:"房四星为明堂。"又狮子座τ、υ、e三星也叫"明堂"。❸墓前的祭台。也称"券台"。郑德辉《老君堂》第一折:"倒塌了明堂瓦舍,崩损了石器封坛。"❹旧时看风水者用语,指墓前的所谓地气聚合的地方。

明驼 ❶善走的骆驼。段成式《酉阳杂俎·毛篇》:"驼,性羞。《木兰》篇'明驼千里脚',多误作鸣字。驼卧,腹不贴地,屈足漏明,则行千里。"一说为骏马名,头似骆驼而毛色白亮。❷唐代驿使名。杨慎《丹铅总录》卷十三"明驼使":"唐制:驿置有明驼使,非边塞军机,不得擅发。"

明瓦 一种半透明的蛎、蚌等物的壳,磨成薄片,嵌于窗户或天棚上以取光。《肇庆府志·物产》:"蠔光,出阳江海中,蠔别种,无肉,治其壳,施之窗槅,薄而光明,谓之明瓦。"

明文 明白确实的文字记载。《汉书·王莽传上》:"今制礼作乐,实考周爵五等,地四等,有明文。"

明心见性 佛教禅宗的主要修持方法。意谓"心"是可以转变的(转迷为悟),但"性"是永远不变的,因此只要悟了自心本性(即佛性),就能成佛。对宋明理学有重大影响。南宋陆九渊和明王守仁等袭用这一术语,认为心、性、理都是一个东西,一切存在于"心"中,只要通过内省(明心)的工夫,就可以认识真理(见性)。

明星 ❶明亮的星。特指金星,也叫"启明星"、"太白星"。《诗·郑风·女曰鸡鸣》:"子兴视夜,明星有烂。"《尔雅·释天》:"明星谓之启明。"郭璞注:"太白星也,晨见东方为启明,昏见西方为太白。"❷传说中华山仙女名。《太平广记》卷五十九引《集仙录》:"明星玉女者,居华山,服玉浆,白日升天。"李白《古风》:"西上莲花山,迢迢见明星。素手把芙蓉,虚步蹑太清。"华山有莲花峰。❸对著名演员、运动员等的夸耀称号。如:电影明星。

明刑弼教《书·大禹谟》:"明于五刑,以弼五教,期于予治。"谓以刑律晓谕民众,使大家都知法、畏法而守法,以辅助教化之所不及。张说《起义堂颂》:"明刑弼教,道尊老氏。"

明衣 干净的贴身内衣。古人斋戒沐浴后换穿。《论语·乡党》:"齐(斋),必有明衣,布。"何晏注:"孔曰:'以布为沐浴衣。'"《事物纪原》卷九:"三代以来,袭有明衣,唐改用主明单衣,今但新衣而已。"也指古代死者洁身后所穿的内衣。《仪礼·士丧礼》:"明衣裳用布。"贾公彦疏:"下浴讫,先设明衣,故知亲身。"

明夷 六十四卦之一,离下坤上。《易·明夷》:"象曰:'明入地中,明夷,君子以莅众,用晦而明。'"后用以比喻君主昏暗、贤臣退避的乱世。

《宋书·龚颖传》:"臣闻运缠明夷,则艰贞之节显。"黄宗羲《明夷待访录》书名即取此比喻义。

明月 ❶光明的月亮。《古诗十九首》:"三五明月满,四五蟾兔缺。"❷指明珠。《楚辞·九章·涉江》:"被明月兮佩宝璐。"王逸注:"言己背被明月之珠,要(腰)佩美玉。"❸指次月,下一个月。《左传·昭公七年》:"其明月,子产立公孙泄及良止以抚之。"杨慎《丹铅总录》卷三:"《左传》齐燕平之月,公孙段卒,国人愈惧;其明月,子产立公孙泄。古书传及俗称谓曰明年、明日则有之矣,明月仅见此尔。"

明哲 明智;洞明事理。《书·说命上》:"知之曰明哲。"孔传:"知事则为明智。"《三国志·魏志·李典传》:"曹公明哲,必定天下。"亦作"明悊"。《汉书·翟方进传》:"予未遭其明悊。"颜师古注:"言不遭遇明智之人。"

明哲保身 语本《诗·大雅·烝民》"既明且哲,以保其身"。孔颖达疏:"既能明晓善恶,且又是非辨知,以此明哲择安去危,而保全其身,不有祸败。"意谓深明事理的人能保全自己。白居易《杜佑致仕制》:"尽悴事君,明哲保身,进退始终,不失其道。"今多指生怕有损于己而回避原则斗争的处世态度。

明知故犯 明知不该做而仍旧去做;知法犯法。郑若庸《玉玦记·改名》:"正是明知故犯,也因业在其中。"

明中 通晓星象历法。《文选·陆倕〈石阙铭〉》:"乃命审曲之官,选明中之士。"李善注:"明中,谓四时昏明,各有中星也。"

明珠 ❶光泽晶莹的珍珠。比喻所喜爱的人或珍贵之物。《梁书·刘孺传》:"叔父瑱为义兴郡,携以之官,常置坐侧,谓宾客曰:'此儿,吾家之明珠也。'"韩愈《酬卢给事〈曲江荷花行〉》:"遗我明珠九十六,寒光映骨睡骊目。"孙汝听注:"江谓九十六字。"江,卢给事名。❷道家谓眼睛。《上清黄庭内景经·天中章第六》:"眉号华盖覆明珠。"

明珠暗投《史记·鲁仲连邹阳列传》:"臣闻明月之珠,夜光之璧,以暗投人于道路,人无不按剑相眄者,何则?无因而至前也。"后用以比喻有才能的人所事非明主或珍贵的东西落于不善鉴别的人之手。高适《送魏八》诗:"此路无知己,明珠莫

暗投。"

明珠弹雀 比喻得不偿失。《太玄·唐》:"明珠弹于飞肉,其得不复。测曰:明珠弹肉,费不当也。"范望注:"飞肉,禽鸟也。珠至重,鸟至轻,以重求轻,故不复也。"萧绎《金楼子·立言下》:"黄金满笥,不以投龟;明珠径寸,岂劳弹雀?"参见"随珠弹雀"。

明烛 ❶古时祭祀用的火炬。《周礼·秋官·司烜氏》:"以共(供)祭祀之明盏、明烛,共明水。"❷点亮的烛。谢惠连《雪赋》:"燎熏炉兮炳明烛,酌桂酒兮扬清曲。"

明盏 同"明粢"。《周礼·秋官·司烜氏》:"以共(供)祭祀之明盏、明烛,共明水。"

明粢 亦作"明盏"。古代祭祀用的谷物。"明"为洁净之意。《礼记·曲礼下》:"稷曰明粢。"

鸣〔鳴〕(míng) ❶鸟叫。《诗·齐风·鸡鸣》:"鸡既鸣矣,朝既盈矣。"也指兽类、虫类叫。《诗·小雅·鹿鸣》:"呦呦鹿鸣,食野之苹。"又《豳风·七月》:"五月鸣蜩。"❷泛指发声。如:雷鸣;机鸣。《荀子·天论》:"夫星之队(坠),木之鸣,是天地之变,阴阳之化,物之罕至者也。"❸发抒或表示思想、意见。如:百家争鸣;自鸣得意。韩愈《送孟东野序》:"大凡物不得其平则鸣。"❹著称;闻名。《元史·杨载传》:"以文鸣江东。"

鸣鞭 ❶犹挥鞭。鞭挥动则有声,故称。刘长卿《少年行》:"鸣鞭白马骄。"❷古时皇帝仪仗的一种。《宋史·仪卫志二》:"上皇日常朝殿,差御龙直四十三人执仗排立,并设伞、扇、鸣鞭。"参见"静鞭"。

鸣镝 响箭。古称"嚆矢"。《汉书·匈奴传上》:"冒顿乃作鸣镝。"借指战乱。《晋书·后妃传论》:"中原陷于鸣镝,其兆彰于此焉。"

鸣鼓而攻《论语·先进》:"季氏富于周公,而求也为之聚敛而附益之。子曰:'非吾徒也,小子鸣鼓而攻之可也。'"后以"鸣鼓而攻"指公开宣布罪状,加以声讨。

鸣珂里《新唐书·张嘉贞传》:"嘉祐,嘉贞弟,有干略,方嘉贞为相时,任右金吾卫将军。昆弟每上朝,轩盖驺导盈闾巷,时号所居坊曰鸣珂里。"珂,马勒上的装饰品;鸣珂里,谓高官贵人车马出入喧闹之地。后誉他人的乡里为"珂里"、"珂乡",本此。

鸣桹　亦作"鸣榔"。❶渔人捕鱼时用长木敲船舷作声，惊鱼令入网。潘岳《西征赋》："鸣桹厉响。"❷在船上唱歌时，敲船舷作节拍。李白《送殷淑》诗："惜别耐取醉，鸣桹且长谣。"

鸣銮　銮，同"鸾"。古代一种车铃。鸣鸾，谓皇帝或贵族出行。《宋书·袁淑传》："今当鸣銮中岳，席卷赵魏。"

鸣谦　谓谦德表著于外。《易·谦》："鸣谦，贞吉。"王弼注："鸣者，声名闻之谓也。"后亦谓态度谦虚为"鸣谦"。沈约《齐故安陆昭王碑文》："至公以奉上，鸣谦以接下。"

鸣琴而治　《吕氏春秋·察贤》："宓子贱治单父，弹鸣琴，身不下堂，而单父治。"旧常用以称颂地方官，谓政简刑清、无为而治。

鸣条　风吹树枝发声。董仲舒《雨雹对》："太平之世，则风不鸣条，开甲散萌而已。"亦指随风动摇发声的树枝。陆机《猛虎行》："崇云临岸骇，鸣条随风吟。"

鸣驺　鸣，喝道声；驺，驺卒。谓贵官出行。《南史·到溉传》："恒有驺驺枉道，以相存问。"

茗　（míng，旧读 mǐng）❶茶芽。见《玉篇·艸部》。一说是晚收的茶。陆羽《茶经·一之源》："一曰茶，二曰槚，三曰蔎，四曰茗，五曰荈。"❷茶的通称。如：香茗；品茗。❸通"酩"。见"茗艼"。

茗艼　同"酩酊"。大醉貌。《世说新语·任诞》："山季伦（山简）为荆州，时出酣畅（畅），人为之歌曰：'山公时一醉，径造高阳池，日莫（暮）倒载归，茗艼无所知。'"

茗柯　《世说新语·赏誉下》："简文云：'刘尹（刘惔）茗柯有实理。'"按宋本《世说新语》注："柯，一作杚。"茗杚即茗艼、酩酊，犹言懵懂。谓真长（刘惔字）虽外若懵懂而中有实理。《晋书·刘惔传》："孙绰为之诔曰：'居官无官官之事，处事无事事之心。'"即其外似懵懂之证。

茗邈　高远貌。张协《七命》："茗邈苕峣。"

洺　（míng）水名。见"洺水"。

洺水　古水名。即洺河，在今河北南部。源出武安市西部，东流经永年（临洺关）北，自此以下，历代屡经迁改，清代北流入大陆泽，今北流入北澧河。

冥　〔冥、㝠〕（míng）❶昏暗。《汉书·五行志下之上》："其庙独冥。"❷愚昧。见"冥顽"。❸高远；远离。王令《闻太学议》诗："篯禽不夭飞，讵识云汉冥。"陶潜《赴假还江陵夜行涂口》诗："闲居三十载，遂与尘事冥。"❹幽深。傅咸《鹦鹉赋》："言无往而不复，似探幽而测冥。"❺夜。《诗·小雅·斯干》："哕哕其冥。"❻迷信者称人死后所居之处。如：冥土；冥间；冥府。❼暗合；默契。高允《征士颂》："神与理冥。"❽神名。《楚辞·大招》："冥凌浃行。"王逸注："冥，玄冥，北方之神也；凌，犹驰也；浃，遍也。"❾通"溟"。《庄子·逍遥游》："北冥有鱼。"陆德明释文："冥，本亦作溟，北海也。"❿通"瞑"。睡眠。《庄子·列御寇》："甘冥乎无何有之乡。"陆德明释文："冥，本亦作瞑，又音眠。"⓫姓。汉代有冥都。

冥阨　古隘道名。冥一作黾、渑、鄳。阨一称塞，一称隘。即今河南信阳西南平靖关。《吕氏春秋·有始览》与《淮南子·墬形训》皆列为九塞之一。与附近大隧、直辕二隘并为淮汉间兵争要害。《左传》定公四年（公元前 506 年）：吴伐楚，楚左司马戌请塞大隧、直辕、冥阨，然后自后击之。

冥伯　《庄子》寓言中的山名。《庄子·至乐》："观于冥伯之丘。"陆德明释文引李颐曰："丘名，喻杳冥也。"一说指已死之人。

冥海　传说中的大海。"冥"亦作"溟"。《庄子·逍遥游》："穷发之北，有冥海者，天池也。"《海内十洲记》："圆海，水正黑，而谓之冥海也。无风，洪波百丈。"

冥鸿　高飞的鸿雁。语出《法言·问明》"鸿飞冥冥"。后多用来比喻避世之士。陆龟蒙《寄题罗浮轩辕先生所居》诗："却思丹徼伴冥鸿。"丹徼，犹言朱方，即南方，指罗浮。也用以比喻高才之士。李贺《高轩过》诗："我今垂翅附冥鸿，他日不羞蛇作龙。"

冥会　自然吻合；默契。郭璞《山海经图赞·磁石》："磁石吸铁，瑝琟取芥，气有潜感，数亦冥会。"《南史·陶弘景传》："弘景为人，员（圆）通谦谨，出处冥会，心如明镜，遇物便了。"

冥婚　旧时迷信，指替已死男女举行的婚礼。《旧唐书·萧至忠传》："韦庶人（中宗韦皇后）又为亡弟赠汝南王洵与至忠亡女为冥婚合葬。"

冥灵　神话传说中的树木名。《庄子·逍遥游》："楚之南有冥灵者，以五百岁为春，五百岁为秋。"

冥蒙　同"溟蒙"。模糊不清，指薄雾或暮霭。苏轼《欧阳少师令赋所蓄石屏》诗："孤烟落日相溟蒙。"

冥冥　❶亦作"溟溟"。昏暗。《楚辞·九章·涉江》："深林杳以冥冥兮，乃猿狖之所居。"❷指渺远。《法言·问明》："鸿飞冥冥，弋人何篡焉？"❸专默精诚。《荀子·劝学》："无冥冥之志者，无昭昭之明。"❹糊里糊涂。《史记·苏秦列传》："是故明主外料其敌之强弱，内度其士卒贤不肖，不待两军相当，而胜败存亡之机固已形于胸中矣，岂掩于众人之言而以冥冥决事哉！"

冥契　口不言而暗相投合。《晋书·慕容垂载记》："宠逾宗旧，任齐懿藩，自古君臣冥契之重，岂甚此邪！"

冥器　同"明器❶"。古代殉葬的器物。吴兢《贞观政要·论俭约》："衣衾棺椁，极雕刻之华，灵辒冥器，穷金玉之饰。"后多指焚化给死者的纸制器物。孟元老《东京梦华录·中元节》："七月十五日中元节。先数日，市井卖冥器靴鞋、幞头帽子、金犀假带、五彩衣服。"

冥穷　穷，通"躬"。隐退其身。《荀子·正名》："说行则天下正，说不行则白道而冥穷。"

冥顽　愚钝无知。韩愈《祭鳄鱼文》："不然，则是鳄鱼冥顽不灵，刺史虽有言，不闻不知也。"

冥想　深沉的思索和想像。如：苦思冥想。支遁《咏怀》："道会贵冥想，网象掇玄珠。"

冥行擿埴　语出《法言·修身》"擿埴索涂，冥行而已矣"。冥行，夜间走路；擿，点；埴，地。擿埴，如盲人行路，以杖点地。后因以"冥行擿埴"比喻研求学问不识门路，暗中摸索。阮元《周礼汉读考序》："先生之言出，学者凡读汉儒经子汉书之注，如梦得觉，如醉得醒，不至如冥行擿埴。"参见"擿埴索涂"。

眳　（míng）眉睫之间。《文选·张衡〈西京赋〉》："眳藐流眄，一顾倾城。"李善注："眳，眉睫之间。"

䎳　（míng）"明"的古体字。

铭　〔銘〕（míng）❶记载，镂刻。《礼记·祭统》："夫鼎有铭。"郑玄注："铭，谓书之刻之，以识事者……

也。"《周礼·夏官·司勋》："凡有功者铭书于王之大常。"比喻感受之深，印象不易磨灭。如：铭心刻骨；铭感不忘。❷文体的一种。古代常刻铭于碑版或器物，或以称功德，或以申鉴戒，后成为一种文体。《文心雕龙》有《铭箴》篇。

铭肌镂骨 亦作"铭心镂骨"。形容感激极深，永远不忘。《颜氏家训·序致》："追思昔日之指，铭肌镂骨。"《琵琶记·乞丐寻夫》："谢得公公训诲，奴家铭心镂骨，不敢有忘。"

铭旌 即明旌。竖在柩前以表识死者官职、姓名的旗幡。《周礼·春官·司常》："大丧，共铭旌。"《仪礼·士丧礼》"为铭各以其物"郑玄注："铭，明旌也。杂帛为物，大夫士之所建也。以死者为不可别，故以其旗识识之。"

铭佩 感念不忘。江淹《为建平王谢玉环刀等启》："垂光既深，铭佩更积。"

铭篆 ❶铸刻在器物上的文字。《吕氏春秋·慎势》："功名著乎槃盂，铭篆著乎壶鉴。"❷感激不忘。顾云《谢徐学士启》："仰戴恩荣，已增铭篆。"

郮（míng）　古邑名。春秋虞地，在今山西平陆北。《左传·僖公二年》："冀为不道，入自颠𫐆，伐郮三门。"

蓂（míng）　见"蓂荚"。
　　另见 mì。

蓂荚 古代传说中的一种瑞草。亦名"历荚"。《白虎通·封禅》："蓂荚，树名也，月一日生一荚，十五日毕；至十六日去荚，故荚阶生似月也。"谓从初一日至十五日，每天生一荚；十六日以后，每天落一荚，所以看荚数的多少，就可以知道是何日。

盟（míng）　❶起誓。如：盟个誓。❷见"盟器"。
　　另见 méng，mèng。

盟器 同"明器"。古代殉葬的器物。《孔子家语·曲礼·子贡问》："其葬无盟器之赠。"

鹏〔鵬〕（míng）　鷦鹏，鸟名。详"鷦鹏"。

溟（míng）　❶海。《庄子·逍遥游》："北溟有鱼。"张协《杂诗》："雨足洒四溟。"❷见"溟蒙"。
　　另见 mǐng。

溟蒙 亦作"冥蒙"。❶模糊不清。沈约《八咏》："上瞻既隐轸，下睇亦溟蒙。"❷小雨貌。张昱《船过临平

湖》诗："只因一霎溟蒙雨，不得分明看好山。"

溟溟 ❶犹"冥冥"。昏暗。邢居实《秋风三迭》："秋风渐渐兮云溟溟，鸱枭昼号兮蟋蟀夜鸣。"❷潮湿貌。于鹄《早上凌霄第六峰》诗："渐近神仙居，桂花湿溟溟。"

嫇（míng）　见"妛嫇"。

榠（míng）　见"榠樝"。

榠樝 即"木瓜"。落叶灌木或小乔木。果实长椭圆形，淡黄色，有香气。广东、广西等地亦称香木瓜为木瓜。河北、山西等地则称文冠果为木瓜。

瞑（míng，又读 mǐng）　❶日暮；夜晚。古乐府《孔雀东南飞》："奄奄日欲瞑。"❷昏暗。《新五代史·唐庄宗纪下》："会天大雾昼瞑。"

煝（míng，又读 mì）　见"煝蠡"。

煝蠡 匈奴聚落。见《集韵·十五青》。《文选·扬雄〈长杨赋〉》："驱橐驼，烧煝蠡。"吕向注："煝蠡，聚落也。"按聚落即村落，一说指干酪，见《长杨赋》李善注。

瞑（míng，又读 mǐng）　❶见"瞑目"。❷眼睛昏花。《晋书·山涛传》："臣耳目聋瞑，不能自励。"
　　另见 mián，miàn。

瞑瞑 昏花迷乱貌。《荀子·非十二子》："酒食声色之中，则瞒瞒然，瞑瞑然。"

瞑目 ❶闭上眼睛。《晋书·杨轲传》："颍川荀铺，好奇之士也，造而谈经，轲瞑目不答。"❷谓死。《后汉书·马援传》："今获所愿，甘心瞑目。"《文选·刘峻〈广绝交论〉》："及瞑目东粤，归骸洛浦。"张铣注："瞑目，死也。"

螟（míng）　❶螟蛾的幼虫。一种蛀食稻心的害虫。《尔雅·释虫》："食苗心，螟。"《诗·小雅·大田》："去其螟螣。"毛传："食心曰螟，食叶曰螣。"❷见"螟蛉"。

螟蛹鲞 无针乌贼干制品。

螟蛉 稻螟蛉的幼虫，泛指稻螟蛉、棉蛉虫、菜粉蝶等多种鳞翅目昆虫的幼虫。蜾蠃（蜾蠃）捕螟蛉为食，并以产卵管刺入螟蛉体内，注射蜂毒使其麻痹，然后负之置于蜂窠内，作蜾蠃的幼虫的食料。古人错认为蜾蠃养螟蛉为子。因把"螟蛉"或

"螟蛉子"作为养子的代称。《诗·小雅·小宛》："螟蛉有子，蜾蠃负之。"曾燠《听秋轩诗序》："伤伯道之无儿，空占乌鹊，谓中郎其有女，又是螟蛉。"

mǐng

酩（mǐng）　❶见"酩酊"。❷通"瞑"。见"酩子里"。

酩酊 亦作"茗艼"。大醉貌。《水经注·沔水》："日暮倒载归，酩酊无所知。"韩愈《归彭城》诗："遇酒即酩酊，君知我为谁？"

酩子里 亦作"瞑子里"、"闷子里"。❶暗地里。赵长卿《簇水》词："便把我得人意处，闷子里施纤手。"关汉卿《望江亭》第三折："酩子里愁肠酩子里焦，又不敢著旁人知道。"❷忽地；平白地。董解元《西厢记》："那君瑞醮台旁立地不定，瞑子里归去。"关汉卿《裴度还带》第四折："几曾见酩子里两对门，你道是五百年宿缘分。"对门，谓结成夫妻。

溟（mǐng）　见"溟涬"。
　　另见 míng。

溟涬 同"涬溟"。自然之气。李白《日出行》："吾将囊括大块，浩然与溟涬同科。"亦指混混茫茫的样子。《淮南子·本经训》："江淮通流，四海溟涬，民皆上丘陵，赴树木。"

mìng

命〔俞〕（mìng）　❶生命；性命。《论语·先进》："有颜回者好学，不幸短命死矣！"❷天命。《诗·周颂》有《昊天有成命》篇。《汉书·董仲舒传》："天令之谓命。"❸指吉凶祸福、寿夭贵贱等命运，即人对之以为无可奈何的某种必然性。《论语·颜渊》："死生有命，富贵在天"。主张"知命"。墨子提出"非命"，反对听任命运。孟子主张"立命"，强调努力尽人的本份。庄子主张"安命"，"知其不可奈何而安之若命，德之至也"（《庄子·人间世》）。明清之际王夫之提出"造命"，认为认识和遵循事物的必然性，人就可以主宰命。❹命令；任命。如：遵命；受命。《左传·僖公三十三年》："襄公以三命先且居将中军。"引申为使用。见"命笔"。❺辞命。《论语·宪问》："为命，裨谌草创之。"邢昺疏："命谓政命，盟会之辞也。"❻古代帝王以仪物爵位赐给臣子时的诏书。

《易·师》：“王三锡命。”因指以赐命次数所定的等级。参见“命服”。❼命名。《左传·桓公二年》：“晋穆侯之夫人姜氏，以条之役生太子，命之曰仇。”亦即谓名色。参见“亡命❶”。

命笔　使笔；用笔。指写作。《文心雕龙·养气》：“意得则舒怀以命笔。”

命夫　古称卿大夫与士，谓为王所命。对命妇而言。《周礼·天官·阍人》：“凡外内命夫命妇出入，则为之辟。”贾公彦疏：“内命夫，卿大夫士之在宫中者，谓若宫正所掌者也。对在朝卿大夫士为外命夫。”

命服　古代官员按等级所穿的礼服。《诗·小雅·采芑》：“服其命服，朱芾斯皇。”按：周代官员的品秩有一命至九命之差，官员的衣服因命数不同而各有定制，故名。

命妇　古代妇女之有封号者。宫廷中妃嫔等称内命妇，宫廷外臣下之母、妻称外命妇。命妇享有各种仪节上的待遇。一般多指官员之母、妻而言。

命根　佛教名词。指生命的本源。《成唯识论》卷一：“复如何知异色心等有实命根。”后用以比喻极为重要的人或物。《红楼梦》第二回：“独那太君还是命根子一般。”指贾宝玉。又第九十五回：“这是宝玉的命根子。”指贾宝玉口含而生的通灵玉。

命圭　圭，玉器名。天子授给诸侯的玉圭。《考工记·玉人》：“命圭九寸，谓之桓圭，公守之；命圭七寸，谓之信圭，侯守之；命圭七寸，谓之躬圭，伯守之。”郑玄注：“命圭者，王所命之圭也，朝觐执焉。”

命驾　命人驾车，即动身前往之意。《晋书·嵇康传》：“东平吕安服康高致，每一相思，辄千里命驾。”

命脉　人身的血脉，为生命所系，故称“命脉”。比喻极为重要的事物。真德秀《西山题跋·史太师与通奉帖》：“护公道如命脉，惜人才如体肤。”

命世　犹“名世”。谓闻名于世。《汉书·楚元王传赞》：“圣人不出，其间必有命世者焉。”参见“名世”。

命途　指人生的遭遇经历。王勃《滕王阁序》：“时运不齐，命途多舛。”

命中　射中目标。《汉书·李陵传》：“力扼虎，射命中。”颜师古注：“命中者，所指名处即中之也。”

龄　(mìng)　见“龄艳”。

龄艳　青黑色。见《广韵·四十六径》。

miù

谬　〔謬〕(miù)　❶错误；差错。如：谬见；谬论。《汉书·司马迁传》：“差以豪(毫)氂(厘)，谬以千里。”❷姓。汉代有谬忌。

谬误　❶错误，差错。《三国志·蜀志·向朗传》：“年逾八十，犹手自校书，刊定谬误。”❷同“真理”相对。与客观现实不相一致的认识。在逻辑上一般指违反形式逻辑规律的要求和逻辑规则而产生的错误。

谬悠　亦作“悠谬”。荒诞无稽。《庄子·天下》：“以谬悠之说，荒唐之言，无端崖之辞，时恣纵而不傥。”无端崖，广大无边；不傥，不拘守于一隅。曾巩《和贡甫送元考不至》诗：“学问本闳博，言谈非谬悠。”

谬种流传　谬，亦作“缪”。谓把荒谬错误的东西流传下去。《宋史·选举志二》：“所取之士既不精，数年之后，复俾之主文，是非颠倒逾甚，时谓之缪种流传。”

缪　〔繆〕(miù)　❶通“谬”。错误。如：纰缪。《礼记·仲尼燕居》：“不能诗，于礼缪。”❷假装。《汉书·司马相如传上》：“临邛令缪为恭敬。”

另见 jiū，liǎo，miào，móu，mù。

缪巧　计谋；机智。《汉书·韩安国传》：“意者有它缪巧可以禽之，则臣不知也。”

mō

摸　(mō)　❶以手接触或轻摩物体。《后汉书·蔡邕传》：“邕读《曹娥碑》，能手摸其文读之。”❷用手探取。鲁迅《彷徨·离婚》：“庄木三伸手去摸烟管，装上烟。”引申为探求。如：摸情况。

另见 mó。

摸索　探索；探求。如：摸索门径。李贽《盆荷》诗：“妙处形容难彷似，暗中摸索自相缠。”

mó

无　〔無〕(mó)　见“南无”。

另见 wú。

嗨　(mó)　同“嫫”。嗨母，黄帝妃。见《汉书·古今人表》。颜师古注：“即嫫母也。”

谟　〔謨、暮〕(mó)　❶计谋；谋略。《书·皋陶谟序》：“皋陶矢厥谟。”《周书·文帝纪》：“窃观宇文夏州，英姿不世，雄谟冠时。”❷通“无”。马令《南唐书·党与传·查文徽》：“越人谟信，未可速进。”注：“谟信，无信也，闽人语音。”

蓦　(mó)　同“嫫”。

摹　(mó)　同“摹”。照样复制。《新唐书·李靖传》：“〔文宗〕敕摹诏本还赐彦芳。”彦芳，靖五世孙。

另见 mō。

摸棱　亦作“模棱”。对问题的正反两面，含糊其辞，态度不明确。《旧唐书·苏味道传》：“尝谓人曰：‘处事不欲决断明白，若有错误，必贻咎谴，但摸棱以持两端可矣。’时人由是号为‘苏摸棱’。”

馍　〔饃、饝〕(mó)　见“馍馍”。

馍馍　亦作“饝饝”。北方人或称馒头为“馍馍”。杨显之《酷寒亭》第二折：“我买馍馍你吃。”

嫫　(mó)　嫫母的省称。泛指丑妇。白居易《杏园中枣树》诗：“枣亦在其间，如嫫对西子。”参见“嫫母”。

嫫母　亦作“嫫姆”、“蓦母”。古之丑妇，传说为黄帝妃。《路史后纪》卷五：“〔黄帝〕次妃嫫母，皃(貌)恶德充。”

摹　(mó)　依样写作书画。如：临摹；摹本。《后汉书·蔡邕传》：“及碑始立，其观视及摹写者，车乘日千余两(辆)。”

摹本　按照原本摹制的书画。江少虞《皇朝类苑》卷五十一：“今传《乐毅论》皆摹本也。”《乐毅论》，帖名，王羲之书。王士祯《居易录》卷十五：“一日过寮友国博陆君俊卿家。见几上有旧书一册，取而阅之，乃宋苏文忠公《石鼓文》摹本也，刻之者为维扬欧氏。”

模　(mó)　❶制造器物的模型。左思《魏都赋》：“授全模于梓匠。”❷模范；榜样。左思《咏史》：“巢林栖一枝，可为达士模。”❸仿效；效法。《列子·周穆王》：“变化之极，徐疾之间，可尽模哉？”❹木名。传说其叶春青，夏赤，秋白，冬黑。见《广群芳谱·木谱十三》引《淮南草木谱》。

另见 mú。

模范　❶制作器物的模型。《论衡

·物势》："陶冶者,初埏埴作器,必模范为形,故作之也。"❷榜样。《法言·学行》："师者,人之模范也。"❸取法;仿效。《北史·庾信传》："当时后进,竞相模范,每有一文,都下莫不传诵。"❹描摹。郑光祖《老君堂》第一折："怪石峻岭难模范。"

模糊　不清楚;不分明。崔珏《道林寺》诗："潭州城郭在何处?东边一片青模糊。"汪元量《扬州》诗："重到扬州十馀载,画桥雨过月模糊。"亦作"模胡"。梅尧臣《和江邻几咏雪二十韵》："庭槐高雕肿,屋盖素模胡。"

模楷　❶模范;法式。《后汉书·党锢传序》："天下模楷李元礼。"❷效法。刘知几《史通·序列》："苟模楷贤621,理非可讳。"参见"楷模"。

模棱　遇事不置可否,态度含糊。如:模棱两可。《水浒传》第二回："不拘贵贱齐云社,一味模棱天下圆。"参见"摸棱"。

模棱两可　违反排中律要求的逻辑错误之一。源出《旧唐书·苏味道传》中苏味道的话:"处事不欲决断明白,若有错误,必贻咎谴,但摸(模)棱以持两端可矣。"模棱,就是含糊其词,不置可否;持两端,就是采取骑墙的态度。模棱两可不同于两不可(既否定甲,又否定非甲),不能把这两种错误混淆为"模棱两不可"。

模写　亦作"摹写"。依照范本临摹。《北史·冀儁传》："善隶书,特工模写。"亦指仿照构造。《梁书·萧恭传》："广营第宅,重斋步榈,模写宫殿。"

膜(mó)❶生物体内部的薄皮形组织,功能不一,一般具有保护组织的作用。如:胸膜;鼓膜。泛指其他像膜的东西。如:橡皮膜。李商隐《石榴》诗："榴枝婀娜榴实繁,榴膜轻明榴子鲜。"❷沙漠。《穆天子传》卷二:"西膜之所谓鸿鹭。"注:"西膜,沙漠之乡。"❸见"膜拜"。

膜拜　合掌加额,伏地跪拜,表示极端尊敬或畏服的礼式。也专指礼拜神佛。《穆天子传》卷二:"吾乃膜拜而受。"

麽(mó)　细小。《列子·汤问》:"江浦之间生麽虫。"　另见 ma 么,me 么。

麼(mó)　同"麽"。

摩(mó)❶摩擦;接触。如:摩拳擦掌;摩肩擦踵。❷抚;摸。

《陈书·徐陵传》:"手摩其顶。"❸擦过;迫近。《左传·宣公十二年》:"摩垒而还。"参见"摩天"。❹通"磨"。见"摩灭"。❺研究;切磋。如:揣摩;观摩。《礼记·学记》:"相观而善之谓摩。"

摩荡　❶摩擦动荡;激荡。语本《易·系辞上》"刚柔相摩,八卦相荡"。❷形容气势雄壮。郭翼《天台行送友人》:"赤霞壁立百雉城,闉闍天开势摩荡。"

摩顶　❶见"摩顶放踵"。❷佛教名词。指佛在授法时用手抚摩受法弟子之顶。《妙法莲华经·嘱累品》:"释迦牟尼佛从法座起,现大神力,以右手摩无量菩萨摩诃萨顶而是言。"后世僧尼在收徒弟或受人供养时,亦常用手抚摩其人之顶。

摩顶放踵　从头顶到脚跟都摩伤了。形容不畏劳苦,不顾身体。《孟子·尽心上》:"墨子兼爱,摩顶放踵,利天下为之。"放,至;到。

摩睺罗　❶摩睺罗(Mahoraga)。佛教神名。天龙八部之一。慧琳《一切经音义》卷二十五:"摩睺罗伽,新云莫呼勒伽,此云胸行神,即大蟒蛇也。"❷犹须臾,片时。《法苑珠林》卷三:"一息为一罗婆,三十罗婆为一摩睺罗,翻为一须臾,三十摩睺罗为一日夜。"❸亦作"摩睺罗"、"摩侯罗"、"磨喝乐"、"魔合罗"。宋元时习俗,用土、木等雕塑成小人形,加衣饰,七夕节供养,后来成为儿童玩具。金盈之《醉翁谈录·七夕》:"京师是日多博泥孩儿,端正细腻,京语谓之摩睺罗。小大甚不一,价亦不廉。或加饰以男女衣服,有及于华侈者。南人目为巧儿。"《京本通俗小说·碾玉观音》:"这块玉上尖下圆,好做一个摩侯罗儿。"按唐代的"化生"与此类似。

摩厉以须　亦作"磨砺以须"。把刀磨快等待着。比喻作好准备,待时而动。《左传·昭公十二年》:"摩厉以须,王出,吾刃将斩矣。"杜预注:"以己喻锋刃,欲自摩厉,以斩王之淫慝。"

摩罗　译自梵语 Māra,一译"魔罗",亦略称作"魔"。本为佛教用语,与基督教所谓"魔鬼"义近。鲁迅《坟·摩罗诗力说》:"摩罗之言,假自天竺,此云天魔,欧人谓之撒但。"撒但,基督教《圣经》中的"魔鬼"。参见"魔❶"、"魔鬼"。

摩灭　同"磨灭"。磨损;消灭。《汉书·司马迁传》:"古者富贵而名

摩灭,不可胜记。"

摩挲　亦作"摩娑"、"摩莎"。❶抚弄。《释名·释姿容》:"摩娑,犹末杀也,手上下之言也。"《后汉书·蓟子训传》:"与一老公共摩挲铜人。"❷犹摸索,谓暗中探索抚摸。《聊斋志异·狐嫁女》:"幸月色昏黄,门户可辨,摩娑数进,始抵后楼。"❸搓揉。《礼记·郊特牲》"汁献涗于盏酒"郑玄注:"摩莎沛之,出其香汁。"

摩天　形容极高,也指高空。如:摩天岭;摩天大楼。李白《古风》:"吾观摩天飞,九万方未已。"

橅(mó)　同"模"。

磨(mó)❶物体相摩擦。如:磨刀;磨墨。《诗·卫风·淇奥》:"如琢如磨。"❷消耗;消灭。《后汉书·南匈奴列传》:"千里之差,兴自毫端,失得之源,百世不磨矣。"❸挫折;折磨。如:好事多磨。　另见 mò。

磨喝乐　同"摩睺罗❸"。孟元老《东京梦华录·七夕》:"七月七夕,潘楼街东宋门外瓦子、州西梁门外瓦子、北门外、南朱雀门外街及马行街内,皆卖磨喝乐,乃小塑土偶耳。悉以雕木彩装栏座,或用红纱碧笼,或饰以金珠牙翠,有一对直(值)数千者。"陈元靓《岁时广记》卷二十六:"摩睺罗,俗讹呼为磨喝乐,南人目为巧儿。今行在中瓦后市街众安桥,卖磨喝乐最为旺盛。惟苏州极巧,为天下第一。进入内庭者,以金银为之。"

磨勘　❶唐宋官员考绩升迁的制度。唐时文武官吏考课,由州府和百司官长,考核属下的功过行能,分九等注入考状,期满根据考绩决定升降。为防止申报不实,升降不当,须经吏部和各道观察使等加以复验。"磨勘"之名始于此时。宋代设审官院主持官吏的考课升迁,并确定磨勘的名称。真宗时规定磨勘年限,文武官任职满三年,给予磨勘迁秩。在京的京朝官,磨勘时例须引对,表示由皇帝亲自升擢。其后条例屡有修改。❷科举时代,乡试、会试卷例须进呈,派翰林官员复核,称磨勘。陶福履《常谈》:"康熙四十一年壬午科,始磨勘乡试朱墨卷;乾隆元年,户部侍郎李绂请增派翰、詹、科、道官磨勘。"❸反复磨练。黄宗羲《明儒学案》卷二十:"塘南(王时槐)之学,八十年磨勘至此,可谓洞彻心境者矣。"

磨砺　亦作"摩厉"。磨刀使锐利。《书·费誓》"砺乃锋刃"孔传："磨砺锋刃。"引申为磨炼。《颜氏家训·勉学》："有志尚者,遂能磨砺,以就素业。"

磨灭　亦作"摩灭"。消失;湮灭。江淹《谢临川游山》诗："身名竟谁辨,图史终磨灭。"

磨涅　磨,琢磨;涅,黑色,这里指染黑。磨砺熏染,比喻经受考验。语出《论语·阳货》"不曰坚乎? 磨而不磷。不曰白乎? 涅而不缁"。《史通·浮词》："皎如星汉,非磨涅所移。"

蘑（mó）见"蘑菇"。

蘑菇　故意纠缠,拖延时间。

靡（mó）通"摩"。《庄子·马蹄》："喜则交颈相靡。"
　另见 méi,mí,mǐ。

䅳（mó）偏病。见《广韵·八戈》。即半身不遂。
　另见 mǒ。

魔（mó）❶梵语 Māra 音译"魔罗"的略称,意为"扰乱"、"破坏"、"障碍"等。佛教指能扰乱身心、破坏好事、障碍善法者。印度古代神话传说欲界第六天王魔波旬为魔王,常率魔众作破坏善事的活动。佛教采用其说,并以一切烦恼、疑惑、迷恋等妨碍修行的心理活动为魔。《大智度论》卷五："问曰:何以名魔? 答曰:夺慧命,坏道法功德善本,是故名为魔。"汉译佛经旧译"磨",梁武帝改为"魔"。❷神奇。如:魔术;魔力。

魔鬼　亦称"撒旦"。犹太教、基督教《圣经》故事中诱惑人类犯罪的恶鬼。后亦泛指神话、故事、小说、诗歌等作品中迷人害人的鬼怪。也比喻邪恶势力。

魔合罗　同"摩睺罗❸"。孟汉卿《魔合罗》第一折："每年家赶这七月七,入城来卖一担魔合罗。"

魔术　也称"幻术"。杂技节目。和戏法属同一类型。习惯上,以藏挟见长的称"戏法";较多借助物理、化学原理和电子、机械装置等表演各种物体、动物或水火等迅速增减隐现变化的,称"魔术"。也有把戏法归为魔术之一,并按历史源流,分为中国戏法、印度魔术、东洋把戏、西洋魔术等系统。在技巧构成上,则有手法、器械、遥控、光电、裁割、遁术、心理、滑稽等类型。

劘（mó）❶磨。《论衡·明雩》："砥石劘厉,欲求铦也。"❷切磋。《汉书·贾邹枚路传赞》："贾山自下劘上。"颜师古注引孟康曰："劘谓剀切之也。"谓山能以直言谏诤。❸迫近。杜甫《壮游》诗："气劘屈贾垒,目短曹刘墙。"

攠（mó）同"摩"。
　另见 mí。

饝（mó）同"馍（馍）"。

礦（mó）"磨"的本字。《淮南子·原道训》："攻大礦坚。"

mǒ

抹（mǒ）❶涂;搽。如:东涂西抹。苏轼《饮湖上初晴后雨》诗："欲把西湖比西子,淡妆浓抹总相宜。"❷擦;擦掉。如:抹眼泪。引申为去掉,勾消。如:抹去零数。❸闪过;一擦而过。元好问《太原赠张彦远》诗："惆怅流年如电抹。"
　另见 mā,mò。

抹杀　亦作"末杀"、"抹煞"、"抹摋"。勾消;扫灭。如:一笔抹杀。《汉书·谷永传》："末杀灾异。"韩愈《贞曜先生墓志》："惟其大玩于词而与世抹摋。"

㦬（mǒ）见"㦬愣"。

㦬愣　❶羞惭。赵叔向《肯綮录》："羞惭曰㦬愣。"❷稀疏貌。杨万里《小溪至新田》诗："人烟㦬愣不成村。"

䩂（mǒ）面青貌。见《玉篇》。

䴽（mǒ）同"麽",小。幺䴽,亦作"幺麽"。《汉书·叙传上》："又况幺䴽,尚不及数子。"颜师古注："郑氏曰:'䴽音麽,小也。'……师古曰:'郑音是也。幺、麽,皆微小之称也。'"
　另见 mó。

mò

万（mò）见"万俟"。
　另见 wàn。

万俟　原为古代鲜卑族的部落名,后为复姓。宋代有万俟卨。

末（mò）❶树梢。《楚辞·九歌·湘君》："搴芙蓉兮木末。"引申指物的末梢。如:刀锥之末。《礼记·曲礼上》："献杖者执末。"❷四肢。参见"末疾"。❸尽头;最后。如:末日。亦谓晚年。《礼记·中庸》："武王末受命。"❹事情的终结。如:始末;颠末。❺碎屑;粉末。如:药末。《晋书·鸠摩罗什传》："乃以五色丝作绳结之,烧为灰末。"❻末业。参见"本末❸"。❼非根本的、不重要的事物。如:舍本逐末;本末倒置。❽轻微不足道。《公羊传·桓公十五年》："曷为不言入于郑? 末言尔。"陈立义疏："末言者,犹言不足言耳。"亦用为自谦之词。见"末学"、"末议"。❾减轻。参见"末减"。❿未。《公羊传·隐公六年》："吾与郑人末有成也。"⓫无。《论语·子罕》："虽欲从之,末由也已。"⓬犹"勿"。禁止之词。《礼记·文王世子》："食下,问所膳,命膳宰曰:'末有原。'"郑玄注："末,犹勿也。原,再也。勿有所再进。"⓭同"么（ma）"。语气词。旧戏曲中常用之。无名氏《黄花峪》第一折："兀那卖酒的有酒末?"⓮传统戏曲脚色行当。宋杂剧中有"副末"。元杂剧的"正末"是同"正旦"并重的两个主要脚色。明清戏曲中都有末,主要扮演中年男子。表演上基本与"生"、"外"相同。近代有些剧种（如京剧）,末已逐渐并入老生行,不再有此区分。有些剧种（如汉剧等）则仍作为一个主要行当。⓯姓。汉代有末振将。

末产　犹"末业"。《管子·权修》："故末产不禁,则野不辟。"参见"本末❸"。

末疾　四肢的疾病。《左传·昭公元年》："风淫末疾。"杜预注："末,四支也。"一说指头眩病。见孔颖达疏引贾逵说。陈师道《寄曹州晁大夫》诗："虚名不救饥肠厄,晚岁仍遭末疾缠。"

末减　从轻论罪;减等处刑。《左传·昭公十四年》："三数叔鱼之恶,不为末减。"杜预注："末,薄也;减,轻也。"苏辙《为兄轼下狱上书》："非敢望末减其罪,但得免下狱死为幸。"

末节　细微的事;小节。《礼记·乐记》："乐者,非谓黄钟、大吕、弦歌、干扬也,乐之末节也,故童者舞之。铺筵席,陈尊俎,列笾豆,以升降为礼者,礼之末节也,故有司掌之。"

末利　中国历史上以工商为"末",对经营工商业图利的贬称。《史记·商君列传》："事末利及怠而贫者,举以为收孥。"参见"本末❸"。

末流　❶水流的下游。《后汉书·傅燮传》："臣之所惧,在于治水不自其源,末流弥增其广耳。"❷末世;末期。《汉书·叙传上》:"昔周立爵五等,诸侯从政。本根既微,枝叶强大,故其末流有纵横之事。"❸最低的等列。《汉书·孝成班倢伃传》:"奉共养于东宫兮,托长信之末流。"❹庸劣之辈。刘劭《人物志·九徵》:"无恒、依似,皆风人末流。末流之质,不可胜论。"今也指学术、文艺等流派中的衰败者。❺不良的风习。《汉书·游侠传序》:"惜乎不入于道德,苟放纵于末流。"❻遗业。《汉书·司马迁传》:"惟汉继五帝末流,接三代绝业。"

末路 ❶最后一段路程。《国策·秦策五》:"诗云,'行百里者半于九十',此言末路之难。"引申为晚年;晚节。谢灵运《酬从弟惠连》诗:"末路值令弟,开颜披心胸。"❷朝代的末期。《汉书·邹阳传》:"臣闻秦倚曲台之宫,悬衡天下,画地而不犯,兵加胡越;至其晚节末路,张耳、陈胜连从兵之据,以叩函谷,咸阳遂危。"❸绝路,喻没有前途。如:穷途末路。归有光《邢州叙述》诗:"壮为或灢落,末路藉先容。"❹谦词,犹言"下位"。王褒《四子讲德论》:"襄从末路,望听玉音,窃动心焉。"

末杀 ❶同"抹杀"。❷用手摩弄。《释名·释姿容》:"摩娑,犹末杀也,手上下之言也。"

末世 ❶朝代的末期,衰亡时期。《易·系辞下》:"《易》之兴也,其当殷之末世,周之盛德邪?"亦指后世。❷终身。《荀子·劝学》:"上不能好其人,下不能隆礼……则末世穷年,不免为陋儒而已。"

末事 古指商业和手工业。《商君书·外内》:"末事不禁,则技巧之人利,而游食者众之谓也。"参见"本末❸"。

末俗 末世的衰败习俗。《汉书·朱博传》:"今末俗之弊,政事烦多。"

末学 无根柢之学。《文选·张衡〈东京赋〉》:"若客所谓末学肤受,贵耳而贱目者也。"薛综注:"末学,谓不经根本。"后多用作自谦之词。《陈书·沈不害传》:"末学小生,词无足算。"

末学肤受 谓治学不求根本,所获极浅薄。《文选·张衡〈东京赋〉》:"若客所谓末学肤受,贵耳而贱目者也。"薛综注:"末学,谓不经根本;肤受,谓皮肤之不经于心胸。"

末业 旧指奢侈品的生产和流通

或指工商业。《后汉书·王符传》:"资末业者什于农夫。"参见"本末❸"。

末议 谦称自己的议论。司马迁《报任少卿书》:"向者,仆常厕下大夫之列,陪外廷末议。"

末造 ❶犹末世。《仪礼·士冠礼》:"公侯之有冠礼也,夏之末造也。"❷末代的制作。《后汉书·班固传下》:"吾子曾不是睹,顾燿后嗣之末造,不亦暗乎?"李贤注:"言吾子曾不睹度执权宜之由,而反眩燿后嗣子孙末代之所造。"

末作 犹"末业"。《管子·治国》:"舍本事而事末作,则田荒而国贫矣。"参见"本末❸"。

百 (mò) 勉力。《左传·僖公二十八年》:"距跃三百,曲踊三百。"杜预注:"百犹励也。"陆德明释文:"百,音陌。"孔颖达疏:"言每跳皆勉力为之。"参见"距跃"。
　　另见 bǎi,bó。

圹 (mò) 同"殁"。

伯 (mò) 通"陌"。《汉书·地理志下》:"制辕田,开仟伯。"
　　另见 bà,bǎi,bó。

没 (mò) ❶深入水中。《史记·秦始皇本纪》:"使千人没水求之。"❷淹没;盖没。如:没顶;没膝。《史记·滑稽列传》:"始浮,行数十里乃没。"刘基《寄陶中立郭秉心》诗:"春城飞雪满一月,立马敲门马蹄没。"引申为沦没。司马迁《报任少卿书》:"陵(李陵)未没时,使有来报。"❸消灭;湮没。《晋书·律历志上》:"永嘉之乱,中朝典章咸没于石勒。"❹通"殁"。死亡。《左传·隐公三年》:"得保首领以没。"引申为终。参见"没世"。❺吞没;没收。《南史·东昏侯纪》:"寄附隐藏,复加收没。"韩愈《柳子厚墓志铭》:"子本相侔,则没为奴婢。"❻贪。《国语·晋语二》:"退而不私,不没于利也。"韦昭注:"不没,不贪。"
　　另见 méi。

没齿 ❶犹言没世,一辈子。如:没齿不忘。《论语·宪问》:"没齿无怨言。"❷指老年。陶潜《与子俨等疏》:"兄弟同居,至于没齿。"

没地 亦作"殁地"。谓人死埋于地下。江淹《恨赋》:"赍志没地,长怀无已。"黄滔《馆娃宫赋》:"吴王殁地兮,吴国芜城。"

没落 ❶衰败;趋向灭亡。如:没落贵族;腐朽没落。❷流落。《唐律·

疏议》卷四:"没落,谓中华人没落蕃中。"

没没 ❶贪恋;沉溺。《左传·襄公二十四年》:"子产寓书于子西以告宣子曰:'……夫诸侯之贿,聚于公室,则诸侯贰;若吾子赖之,则晋国贰。诸侯贰,则晋国坏;晋国贰,则子之家坏。何没没也,将焉用贿?'"❷埋没;无声无息,无所作为。如:没没无闻。《南史·王僧达传》:"大丈夫宁当玉碎,安可以没没求活!"

没人 能潜水的人。《庄子·达生》:"若乃夫没人,则未尝见舟而便操之也。"

没入 旧时刑罚之一种,谓没收财物、人口等入官。《汉书·食货志下》:"敢私铸铁器鬻盐者,钛左趾,没入其器物。"又《刑法志》:"妾愿没入为官婢,以赎父刑罪。"

没世 指死。《论语·卫灵公》:"君子疾没世而名不称焉。"亦指终身;一辈子。《大学》:"此以没世不忘也。"

没死 犹言"昧死"、"冒死"。多用作向上陈诉或奏疏中的套语。《国策·赵策四》:"愿令得补黑衣之数,以卫王宫,没死以闻。"

沒 (mò) 同"没"。
　　另见 méi。

茉 (mò) 见"茉莉"。

茉莉 (*Jasminum sambac*) 亦称"茉莉花"。木樨科。常绿攀缘灌木。叶对生,椭圆形或广卵形。夏季开花最盛,秋季也开花,花白色,有香气;有重瓣花类型。原产印度;中国南北各地都有栽培,以广州、福州、杭州、苏州为最多。为常见盆栽芳香植物之一。除供观赏外,花常用以熏制花茶;亦为提取芳香油的原料;根有麻醉止痛功能。

殁 (mò) ❶同"殁"。死,终。《说文·歺部》:"殁,终也。"段玉裁注引《史记·白起王翦列传》:"偷合取容,以至殁身。"今本《史记》作"圹"。❷尽。《太玄·爽》:"泄其节,执其术,共所殁。"范望注:"殁,尽也。"
　　另见 wěn。

歿 (mò) ❶死亡。《史记·屈原贾生列传》:"伯乐既歿兮,骥将焉程兮?"❷通"没"。隐没。

抹 (mò) ❶把泥灰涂上再抹平。如:在墙上抹石灰。❷紧靠着绕过去。如:转弯抹角。❸紧贴着。见"抹胸"。❹用手指轻按。奏弦乐指法的一种。白居易《琵琶行》："轻拢慢撚抹复挑。"

另见 mā, mǒ。

抹额 亦称抹头，束在额上的巾。《新唐书·娄师德传》："戴红抹额。"

抹胸 兜肚。徐珂《清稗类钞·服饰类》："抹胸，胸间小衣也，一名袜腹，又名袜肚，以方尺之布为之，紧束前胸，以防风之内侵者，俗谓之兜肚。"

袜（mò）头巾。用以包扎的织物。《辽史·礼志一》："皇后御绛袜，络缝红袍。"

另见 wà。

帕（mò）见"帕头"。

另见 pà。

帕头 亦作"陌头"、"帞头"。古代男子束发的头巾。《三国志·吴志·孙策传》"策阴欲袭许，迎汉帝"裴松之注引《江表传》："昔南阳张津为交州刺史……尝著绛帕头。"

佰（mò）通"陌"。见"仟佰（qiān mò）"。

另见 bǎi。

沫（mò）❶水泡。如：泡沫。郭璞《江赋》："拊拂瀑沫。"❷口水；唾沫。《庄子·大宗师》："相濡以沫。"❸消散；终止。《离骚》："芬至今犹未沫。"《楚辞·招魂》："身服义而未沫。"❹水名。见"沫水"。

沫水 古水名，一名渍（一作"渂"，误）水。战国秦蜀守李冰凿溷崖（今四川乐山市岷江与大渡河交会处），避沫水之害；西汉元光五年（公元前130年）司马相如通西夷，西至沫水、若水，皆指此。隋、唐后，改名大渡河。

陌（mò）❶田间的小路。见"阡陌"。❷街道。《后汉书·袁绍传》："士无贵贱，与之抗礼，辎軿柴毂，填接街陌。"❸通"帕"。见"陌头❶"。❹钱一百文。《旧五代史·王章传》："官库出纳缗钱，皆以八十为陌。"

陌路人 犹言路人，谓素不相识的人。萧德祥《杀狗劝夫》第一折："可怎生把亲兄弟如同陌路人。"亦简作"陌路"。《红楼梦》第七十九回："古人异姓陌路，尚然肥马轻裘，敝之无憾，何况咱们！"

陌上桑 一名《艳歌罗敷行》。汉乐府《相和曲》名。崔豹《古今注》述其本事说：邯郸有秦氏女名罗敷，夫王仁为赵王家令。罗敷出采桑，赵王见而欲强夺之，罗敷作《陌上桑》以自明。事与今存《陌上桑》内容不合。或以为此系另一作品而其辞已不传。今存魏晋所奏古辞内容，系写一太守在路上调戏采桑女子罗敷、遭到拒绝的故事。诗中穿插对话，形象鲜明，描写也很生动，是著名的汉代民间叙事诗。

陌头 ❶同"帕头"。束发的头巾。《释名·释首饰》："〔绡头〕或曰陌头，言其从后横陌而前也。"❷陌上，路旁。王昌龄《闺怨》诗："忽见陌头杨柳色，悔教夫婿觅封侯。"

妹（mò）见"妹喜"。

妹喜 一作妹喜、末嬉、末喜。有施氏之女，为夏桀所宠。商汤灭夏，与桀同奔南巢（今安徽巢湖市西南）而死。一说桀伐岷山，得二女，她遂为桀所弃，因与商伊尹相结而灭夏。

林（mò）见"标林"。

冒（mò）见"冒顿"。

另见 mào。

冒顿 匈奴单于。姓挛鞮。秦二世元年（公元前209年）杀父头曼自立。加强内部组织，建立军政制度，东灭东胡，西逐月支，并夺取楼兰、乌孙、呼揭及其旁二十六国地，北服丁零，南服楼烦、白羊，并进占秦的河南地（今河套一带），势力强大。西汉初年，常南下侵扰，对西汉王朝形成严重威胁。

帞（mò）见"帕头"。

帞头 同"帕头"。古代男子束发的头巾。《方言》第四："络头……南楚江湘之间曰帞头。"

脒（mò）肚子。见《集韵·十三末》。

脉〔脈、衇、衇〕（mò）通"眽"。见"脉脉"。

另见 mài。

脉脉 本作"眽眽"。凝视貌，有含情欲吐之意。《古诗十九首》："盈盈一水间，脉脉不得语。"温庭筠《梦江南》词："过尽千帆皆不是，斜晖脉脉水悠悠。"辛弃疾《摸鱼儿》词："脉脉此情谁诉！"

犵（mò）同"貘❷"。

莫（mò）❶没有谁；没有什么。《论语·宪问》："莫我知也夫！"《荀子·天论》："在天者，莫明于日月。"❷不。如：爱莫能助。❸勿。如：闲人莫入。❹安定。《诗·大雅·皇矣》："监观四方，求民之

莫。"孔颖达疏："监视而观察天下四方之众国，欲择善而从，以求民之所安定也。"一说"莫"通"瘼"，谓疾苦。❺通"谟"。谋划。《诗·小雅·巧言》："秩秩大猷，圣人莫之。"❻勉励。《淮南子·缪称训》："其谢之也，犹未之莫与？"❼通"劚"。削。《管子·制分》："屠牛坦朝解九牛，而刀可以莫铁。"❽通"漠"。广大。《庄子·逍遥游》："广莫之野。"❾姓。

另见 mù。

莫愁 古乐府中所传女子。一为石城（在今湖北钟祥）人。《乐府诗集》所收《莫愁乐》说："莫愁在何处？莫愁石城西。"南朝陈智匠《古今乐录》："石城西有女子名莫愁，善歌谣。"一为洛阳人。梁武帝《河中之水歌》："河中之水向东流，洛阳女儿名莫愁。十五嫁为卢家妇，十六生儿字阿侯。"

莫莫 ❶茂盛繁密貌。《诗·周南·葛覃》："葛之覃兮，施于中谷，维叶莫莫。"❷肃敬貌。《诗·小雅·楚茨》："君妇莫莫，为豆孔庶，为宾为客。"君妇，主妇。❸同"漠漠"。尘土纷起貌。《楚辞·九思·疾世》："尘莫莫兮未晞。"

莫逆 《庄子·大宗师》："〔子桑户、孟子反、子琴张〕三人相视而笑，莫逆于心，遂相与友。"意谓彼此心意相通，无所违逆。后因称情投意合、友谊深厚为"莫逆"。《北史·黎景熙传》："虽穷居独处，不以饥寒易操，与范阳卢道源为莫逆交。"

莫须有 犹言恐怕有、或许有。《宋史·岳飞传》："狱之将上也，韩世忠不平，诣桧（秦桧）诘其实。桧曰：'飞子云与张宪书虽不明，其事体莫须有。'世忠曰：'莫须有三字何以服天下？'"后因称无罪被冤为"莫须有"。李玉《清忠谱·缔姻》："污蔑忠良驱陷阱，莫须有罪案招承。"

莫邪 亦作"镆铘"、"镆地"、"镆邪"。古代人名，转为宝剑名。陆广微《吴地记·匠门》载：吴王阖庐使干将铸剑，铁汁不下。干将妻莫邪问计，干将说：从前先师欧冶子铸剑时，曾以女人配炉神，即得。莫邪闻言就投身炉中，铁汁出，铸成二剑。雄剑叫"干将"，雌剑叫"莫邪"。又《吴越春秋·阖闾内传》谓莫邪断发剪爪，投于炉中。参见"干将"。

莫衷一是 衷，折衷，决断。是，对。不能断定哪一方面对。《痛史》第三回："议论纷纷，莫衷一是。"

昧（mò） ❶目不明。❷通"冒"。《文选·左思〈吴都赋〉》："相与昧潜险，搜瑰奇"刘良注："昧，冒也。"

另见 miè。

秣（mò） ❶牲口的饲料。《周礼·天官·大宰》："七日刍秣之式。"贾公彦疏："谓牛马禾谷也。"❷以粟米喂马。《诗·周南·汉广》："之子于归，言秣其马。"毛传："秣，养也。"

秣马厉兵 亦作"秣马利兵"、"厉兵秣马"。喂饱战马，磨快武器，谓做好作战准备。《左传·成公十六年》："蒐乘补卒，秣马利兵，修陈固列，蓐食申祷，明日复战。"又《僖公三十三年》："郑穆公使视客馆，则束载厉兵秣马矣。"耶律楚材《答杨行省书》："秣马厉兵，可报西门之役。"

袜（mò） 袜肚，即抹肚，兜肚的古称。隋炀帝《喜春游歌》："锦袖淮南舞，宝袜楚宫腰。"

另见 wà。

袜腹 即肚兜。《南史·周迪传》："冬则短身布袍，夏则紫纱袜腹。"

眽
眽眽 ❶凝视貌。《楚辞·九思·逢尤》："魂茕茕兮不遑寐，目眽眽兮寤终朝。"❷骄诈貌。《文选·李康〈运命论〉》："眽眽然自以为得矣。"张铣注："眽眽，骄诈貌。"

袙（mò） 同"帕"。袙头，古代男子用以束发的头巾。始衰之服。见《集韵·十五鎋》。

另见 bó。

絉（mò） 同"袜"。

另见 wà。

鄚（mò） 见"鄚县"。

鄚县 古县名。战国赵邑，汉置县。治今河北任丘市北鄚州镇。唐开元时改"鄚"为"莫"，宋熙宁六年（1073年）废入任丘。

蛨（mò） 见"蚅蛨"。

驀〔驀〕（mò） ❶上马。《文选·左思〈吴都赋〉》："驀六驳。"李周翰注："驀，骑也。"❷超越。李贺《送沈亚之歌》："烟底驀波乘一叶。"❸突然的意思。《水浒传》第二十一回："宋江吃了，驀然想起道：'时常吃他的汤药，不曾还我还钱。'"

嘆（mò） 寂静。《楚辞·哀时命》："聊窜端而匿迹兮，嘆寂默而无声。"

貊（mò） ❶野兽名。《后汉书·西南夷传》："〔哀牢夷〕出貊兽"李贤注引《南中八郡志》曰："貊，大如驴，状颇似熊，多力。"❷古族名。亦作貉、貃。貃又作貘、貊，一说亦作逼。西周前，貊、貃单称，后常复称貃貊。《史记·货殖列传》：燕"东绾秽貊、朝鲜、真番之利。"初分布中国北方地区。秦汉前，居今长城以内者，或迁东北，或与当地居民融合；居今关外者，分布在松嫩平原、鸭绿江流域及朝鲜半岛。《后汉书》等有传的貃，居今朝鲜江原道一带，只是貃貊族的一支。一般认为，秦汉以后的夫馀、高句骊、沃沮、百济等族，都与貃貃有渊源关系。❸通"寞"。静。《诗·大雅·皇矣》："貊其德音。"

貃（mò） 同"貉"。

另见 hé。

貉（mò） 古族名。见"貊❷"。

另见 háo、hé、mà。

餗（mò） 同"秣"。

鮇〔鮇〕（mò） 鱼名，即"鲨"。

漠（mò） ❶沙漠。《文选·鲍照〈舞鹤赋〉》："怜霜雁之违漠"吕向注："违漠，雁背沙漠以就温也。"❷通"寞"。寂静无声。《汉书·冯奉世传》："玄成等漠然，莫有对者"颜师古注："漠，无声也。"❸冷淡；不相关貌。《清史稿·礼志五》："或偶诣祖陵，漠不动心。"

漠漠 ❶寂静无声。《荀子·解蔽》："听漠漠而以为啕啕。"杨倞注："漠漠，无声也。"❷密布貌。陆机《君子有所思行》："廛里一何盛，街巷纷漠漠。"❸弥漫貌。韩愈《同水部张员外曲江春游》诗："漠漠轻阴晚自开，青天白日映楼台。"

寞（mò） 见"寂寞"。

縸〔縸〕（mò） 通"幕"。《后汉书·马融传》："纤罗络縸。"李贤注："络縸，张罗貌。縸，与幕通。"

另见 mù。

靺（mò） 见"靺鞨"。

另见 wà。

靺鞨 古族名。来源于肃慎。北魏时称勿吉，隋唐时称靺鞨。分布在松花江、牡丹江流域及黑龙江中下游，东至日本海。原分众多部，粟末、伯咄、安车骨、拂涅、号室、黑水、白山等渐发展为著名七部。从事农业，种植粟、麦、穄，养猪，富者多至数百口，也从事渔猎。北朝至隋时，多次朝贡。各部发展不平衡。粟末部居最南方，较先进，后建立渤海国。黑水部居最北方，发展较慢，黑水靺鞨时期分16部。唐开元十年（公元722年），黑水靺鞨酋长倪属利稽入朝，唐玄宗命其为勃利（伯力）州刺史。开元十三年，在其境置黑水军，翌年又就最大部落置黑水府，仍以其首领为都督。其余各部隶属都督府，称为州，任命各部落的首领为州刺史，唐派长史监领之。五代时称女真。

驀（mò） 夜晚。《集韵·十九铎》："驀，冥也。"文天祥《回曾连推宗甫书》："朝发轫兮咸池，驀曝鳞于沃焦。"

塺（mò） 尘埃。《楚辞·九叹·惜贤》："愈氛雾其如塺。"

瞙（mò） 目不明。见《玉篇》。俗谓目翳为瞙。

嘿（mò） 同"默"。不出声。《史记·刺客列传》："荆轲嘿而逃去。"

另见 hēi。

墨（mò） ❶书画所用的黑色颜料，用松烟等原料制成。引申为书画所用的其他颜料。如：蓝墨水；银朱墨。❷黑。《法书要录》："〔张芝〕临池学书，池水尽墨。"也指气色晦暗。《左传·哀公十三年》："肉食者无墨。"汪中《哀盐船文》："死气交缠，视面惟墨。"❸木工所用的墨线，因以为准则规矩的代称。如：绳墨；矩墨。❹学问、文字的代称。如：胸无点墨。❺古时占卜灼龟而成的兆坼。《礼记·玉藻》："史定墨。"郑玄注："墨，兆坼也。"❻亦称"黥"。中国古代在犯人面部或额上刺刻后涂以墨的刑罚。五刑中最轻的一种。《周礼》称"墨"，《尚书》称"黥"。秦以前对妇女不用"墨"，秦则男女一律。汉文帝除肉刑，此刑废。以后间或使用，但隋唐无此刑。五代后晋时恢复，改称刺字，并与"流"结合，称为"刺配"，沿用至清。刺字的对象、部位、形状各代不尽相同。❼烧田。《文选·枚乘〈七发〉》："徼墨广博，观望之有坼。"李善注："言逐兽于烧田广博之所，而观望之有坼埒也。"❽通"冒"。贪污。《左传·昭公十四年》："贪以败官为墨。"❾通"缥"。绳索。《文选·扬雄〈解嘲〉》:"徽以纠墨。"李善注:"墨,索也。"徽,缚束。纠,亦为绳索。❿古代量制,五尺为墨。《国语·周语下》:"不过丈墨寻常之间。"韦昭注:"五尺为墨,倍墨为丈。"⓫同"默"。缄默。《荀子·解蔽》:"故口可劫而使墨云。"劫,迫。云,言语。⓬指墨家。《韩非子·显学》:"故孔墨之后,儒分为八,墨离为三。"⓭姓。

墨宝　指珍贵的字画。赵翼《题肃本淳化帖》诗:"淳化天子盛文物,爱古墨宝勤搜罗。"也用来称美他人的字和画。如请人写字或画画说"敬求墨宝"。

墨海　砚的别名。传说黄帝得一玉,琢为墨海,刻"帝鸿氏之砚"于其上。见苏易简《文房四谱》卷三。程俱《谢人惠砚》诗:"帝鸿墨海世不见,近爱端溪青紫砚。"

墨迹　❶指书画的真迹。张籍《和左思元郎中秋居》诗:"学书求墨迹,酿酒爱朝和。"❷犹字迹。如:墨迹未干。

墨井　古指煤矿。《文选·左思〈魏都赋〉》:"墨井盐池,玄滋素液。"李周翰注:"墨井,井中有石如墨。"

墨客　指文人。扬雄《长杨赋》:"墨客降席,再拜稽首。"

墨吏　贪污的官吏。

墨面　❶面容瘦黑。《淮南子·览冥训》:"美人挈首墨面而不容。"挈首,蓬头。❷即墨刑。刺刻面额,染以黑色。《三国志·魏志·袁绍传》"欲以为后而未显"裴松之注引《典论》:"以为死者有知,当复见绍于地下,乃髡首墨面,以毁其形。"参见"墨❻"。

墨墨　❶昏暗貌。《管子·四称》:"政令不善,墨墨若夜。"❷犹"默默❹"。《史记·商君列传》:"武王谔谔以昌,殷纣墨墨以亡。"

墨守　战国时墨翟以善于守御著名(事见《墨子·公输》),后因称善守者为"墨守"。《后汉书·郑玄传》:"时任城何休好《公羊》学,遂著《公羊墨守》。"李贤注:"言《公羊》义理深远,不可驳难,如墨翟之守城也。"后多用为固执不知改变之意。黄宗羲《钱退山诗文序》:"如钟嵘《诗品》,辨体明宗,固未尝墨守一家以为准的也。"

墨丸　古时的一种墨。陶宗仪《辍耕录》卷二十九:"上古无墨,竹挺点漆而书。中古方以石磨汁,或云是延安石液。至魏晋时,始有墨丸,

乃漆烟、松煤夹和为之。所以晋人多用凹心砚者,欲磨墨贮沈(潘)耳。自后有螺子墨,亦墨丸之遗制。"

墨猪　比喻点画痴肥而无骨力的字体。卫夫人《笔阵图》:"善笔力者多骨,不善笔力者多肉。多骨微肉者,谓之筋书;多肉微骨者,谓之墨猪。"

镆〔鏌〕(mò)　见"镆铘"。

镆铘　同"莫邪"。宝剑名。《后汉书·崔骃传》:"选利器于良材,求镆铘于明智。"

瘼(mò)　毛病;疾苦。《诗·小雅·四月》:"乱离瘼矣。"《三国志·蜀志·马超传》:"求民之瘼。"

默(mò)　❶静默;不语。《易·系辞上》:"或默或语。"❷通"墨"。贪污。《孔子家语·正论》:"贪以败官为默。"《左传·昭公十四年》作"贪以败官为墨"。

默默　❶不言貌。《韩诗外传》卷十:"故曰:有谔谔争臣者,其国昌;有默默谀臣者,其国亡。"❷幽寂;没有声音。《楚辞·九章·悲回风》:"登石峦以远望兮,路眇眇之默默。"洪兴祖补注:"默默,寂无人声也。"❸无知貌。《庄子·在宥》:"至道之极,昏昏默默。"❹不得意的样子。《汉书·贾谊传》:"于嗟默默,生之亡故兮。"颜师古注引应劭曰:"默默,不得意也。"生,先生,指屈原。

默契　心意暗相契合。谓双方的意思没有明白说出,而见解相同。归有光《孟子叙道统而不及周公颜子》:"厥后后儒周子,默契道统,得不传之正。"

默认　"明认"的对称。以默示的方式表示承认。除有特别规定者外,法律上认为与明认有同等效力。

默许　没有明白表示,暗示同意。曾巩《答葛蕴》诗:"众中得子辞,默许非他人。"

默识　"识"通"志(誌)"。谓暗记而不忘。《论语·述而》:"默而识之,学而不厌,诲人不倦,何有于我哉?"《文选·孔融〈荐祢衡表〉》:"弘羊潜计,安世默识。"

磨(mò)　❶磨粉工具。主要工作部件为石制磨盘,工作面上刻有磨沟。工作时,谷物在磨盘和磨盘间被研磨成粉。❷用磨研物。如:磨麦子;磨豆腐。❸移动。如:把衣柜磨过来一些。
另见 mó。

貘(mò)　❶哺乳纲,奇蹄目,貘科,貘属(Tapirus)动物的通称。形略似犀,但较矮小;尾极短;鼻与上唇延长、能伸缩。四肢短,前足四趾,后足三趾。栖息热带密林多水处,善游泳,遇惊即逃入水中。主食嫩枝叶。分布于马来西亚、印度尼西亚苏门答腊、泰国及中美、南美等洲。产于亚洲的为马来貘(T. indicus),背与两胁灰白色,头、肩、腹和四肢黑色。产于中美、南美的有美洲貘(T. terrestris),体型较小,全身紫褐色。肉可食。❷兽名。《尔雅·释兽》:"貘,白豹。"郭璞注:"似熊,小头庳脚,黑白驳,能舐食铜铁及竹骨,骨节强直,中实少髓,皮辟湿。"邢昺疏:"或曰,豹白色者别名貘。"

鞨(mò)　见"鞨巾"。
另见 hé。

鞨巾　头帕,古代男子束发的头巾。《列子·汤问》:"北国之人,鞨巾而裘。"张湛注:"鞨,音末。《方言》俗人帕头是也;帕头,幧头也。"参见"帕头"、"幧头"。

蘑(mò)　见"萝蘑"。

螟(mò)　即"蛄蛨"。

嘿(mò)　❶同"默"。《史记·屈原贾生列传》:"吁嗟嘿嘿兮,生之无故!"❷即"唛头"。
另见 me。

缥〔纆〕(mò)　亦作"纆"、"墨"。绳索。《史记·屈原贾生列传》:"夫祸之与福兮,何异纠缥!"裴骃集解引瓒曰:"纠,绞也;缥,索也。"

纆(mò)　同"缥"。

糖(mò)　也叫耢。见"耢"。

mōu

哞(mōu)　牛叫声。

móu

毪(móu)　见"毪追"。
另见 wú。

毪追　亦作"牟追"。夏代的一种黑布冠。《礼记·郊特牲》:"毪追,夏后氏之道也。"郑玄注:"常所服以行道之冠也。"孔颖达疏:"行道,谓养老、燕饮、燕居之服。"

牟（móu）❶牛鸣声。柳宗元《牛赋》："牟然而鸣。"❷通"蛑"。食苗根的虫。引申为贪取、侵夺。《汉书·景帝纪》："渔夺百姓，侵牟万民。"颜师古注引李奇曰："牟，食苗根虫也。侵牟食民，比之蛑贼也。"❸通"侔"。等同。《汉书·司马相如传下》："德牟往初。"❹加倍。《楚辞·招魂》："成枭而牟。"王逸注："倍胜为牟。"❺通"麰"。大麦。《诗·周颂·思文》："贻我来牟。"❻通"坴"。釜属。《礼记·内则》："敦牟卮匜。"陆德明释文："齐人呼土釜为牟。"❼通"鍪"。兜鍪。《后汉书·祢衡传》："更著岑牟单绞之服。"李贤注："岑牟，鼓角士胄也。"❽通"眸"。《荀子·非相》："尧舜参牟子。"❾春秋时国名，在今山东省莱芜东。❿姓。西汉有牟卿。

另见 mù。

牟利　营取私利。《汉书·食货志下》："如此，富商大贾亡（无）所牟大利。"颜师古注引如淳曰："牟，取也。"权德舆《进士策问五道·第三问》："欲使操奇赢而无所牟利，务农桑者沛然自足。"

牟贼　同"蟊贼"。比喻对人民或国家有危害的人或事物。《史记·孝景帝本纪》司马贞索隐述赞："条侯出将，追奔逐北。坐见枭剠，立翦牟贼。"

侔（móu）❶齐等。《庄子·大宗师》："畸人者，畸于人而侔于天。"❷《墨经》中的逻辑术语。其主要形式是对原判断的词项相应地予以增减，从而构成一个推理。如"白马，马也；乘白马，乘马也。"相当于直接推理的一种形式。《墨子·小取》："侔也者，比辞而俱行也。"❸通"牟"。谋取；求。《管子·宙合》："静默以侔免。"

侔色揣称　《文选·谢惠连〈雪赋〉》："抽子秘思，骋子妍辞，侔色揣称，为寡人赋之。"李善注："郑玄《周礼》注曰：'侔，等也。'《说文》曰：'揣，量也。'《尔雅》曰：'称，好也。'"谓摹绘物色，恰到好处。

恈（móu）　贪爱。见"恈恈"。

恈恈　贪爱貌。《荀子·荣辱》："恈恈然唯利饮食之见，是猹（狗）彘之勇也。"杨倞注："恈恈，爱欲之貌。"

眸（móu）❶眼珠。曹植《洛神赋》："明眸善睐。"❷低目谨视。《荀子·大略》："今夫亡箴

者，终日求之而不得，其得之，非目益明也，眸而见之也。"

眸子　瞳人。《孟子·离娄上》："存乎人者，莫良于眸子。"

铧〔鋘〕（móu）❶剑端。见《玉篇·金部》。❷通"鍪"。头盔。《晋书·符登载记》："皆刻铧铠为'死休'字，示以战死为志。"

谋〔謀〕（móu）❶计策；计谋。《书·大禹谟》："弗询之谋勿庸。"《三国演义》第三回："某与吕布同乡，知其勇而无谋。"❷计议；商量。《诗·卫风·氓》："来即我谋。"❸咨询。《诗·小雅·皇皇者华》："周爰咨谋。"毛传："咨事之难易为谋。"❹图谋；营求。《左传·宣公十四年》："贪必谋人，谋人，人亦谋己。"杜甫《同诸公登慈恩寺塔》诗："君看随阳雁，各有稻粱谋。"❺姓。

谋夫　出谋划策的人。《诗·小雅·小旻》："谋夫孔多，是用不集。"孔，甚。是用，因此。

谋府　谓谋议所从出的地方。《庄子·应帝王》："无为名尸，无为谋府。"

谋略　计谋策略。《三国志·吴志·陆逊传评》："予既奇逊之谋略，又叹权之识才。"

谋面　《书·立政》："谋面用丕训德。"孔传："谋所面见之事，无所疑惑，用大顺明德。"后谓见面。如：素未谋面。

谋主　出主意、定计划的人。《左传·襄公二十六年》："析公奔晋，晋人置诸戎车之殿，以为谋主。"苏轼《范增论》："义帝之立，增为谋主矣。"

鹋〔鵃〕（móu）　见"鹋母"。

鹋母　鸟名。《尔雅·释鸟》："鴟，鹋母。"郭璞注："鴟也，青州呼鹋母。"按鴟即鹋。

蛑（móu）　即"蟚蛑"。柳宗元《游南亭夜还叙志七十韵》："螟蛑愿亲燎，荼荓甘自薅。"

坴（móu）❶前高后平之丘。见《玉篇·土部》。❷土釜。《礼记·内则》"敦牟卮匜"郑玄注："牟读曰坴也。"孔颖达疏："坴，土釜也。"

夻〔麰〕（móu）　大麦。《孟子·告子上》："今夫夻麦，播种而耰之。"也指用大麦做成的曲（麴）。《方言》第十三："夻，曲也。"郭璞注："大麦曲也。"

缪〔繆〕（móu）　见"绸缪"。
另见 jiū、liǎo、miào、miù、mù。

鍪（móu）❶古代炊器。青铜制。圆底，敛口，反唇。流行于汉代。❷形似头盔的帽子。也即谓戴这种帽子。《淮南子·氾论训》："古者有鍪而绻领，以王天下者矣。"高诱注："鍪，头著兜鍪帽，言未知制冠也。"

鍪（炊器）

鏊（móu）　同"鍪"。
另见 mù。

mǒu

厶（mǒu）　"某"的俗体。陆游《老学庵笔记》卷六："今人书某为厶，皆以为俗从简便，其实古'某'字也。"

另见 sī。

某（mǒu）❶指人、地、事、物而不明言其名的用词。如：某人；某处；某些。《论语·卫灵公》："子告之曰：'某在斯，某在斯。'"《礼记·少仪》："问道艺，曰：'子习于某乎？子善于某乎？'"❷指代失传的人名或时、地等。《公羊传·宣公六年》："于是使勇士某者往杀之。"何休注："某者，本有姓氏，记传者失之。"又"子某时所食活我于暴桑下者也。"何休注："某时，记传者失之。"❸自称之词，指代"我"，或指代人名。旧戏曲、文学中常用之。无名氏《气英布》第一折："某姓英名布，祖贯寿州六安县人氏。"

某甲　因失名、从省或回避等而不直书其名，称为"某甲"或"某乙"、"某丙"等。《三国志·魏志·崔琰传》南阳许攸裴松之注引《魏略》："〔许攸〕至呼太祖小字曰：'某甲，卿不得我，不得冀州也。'"

mòu

霉（mòu）　见"区霉"。
另见 mèng。

mú

毪（mú）　西藏出产的一种羊毛织品。

獏（mú）　兽名。即"貘"。见《集韵·十一模》。

模（mú）　❶模样。李白《明堂赋》："人物禽兽,奇形异模。"❷模子。如：木模；铜模。

另见 mó。

模样　❶样子。指形状、容貌或神态。如：模样儿很俊。《水浒传》第三回："写了鲁达的年甲贯址,画了他的模样,到处张挂。"亦谓描摹样子。《太平广记》卷二百八十二引《异闻集》："其芳殊明媚,笔不可模样。"❷犹光景；情况。白居易《请罢兵第三状》："必待事不得已,然后罢之；只使陛下威权转销,天下模样更恶。"

氁（mú）　❶一种毛织物。陶宗仪《辍耕录·嘲回回》："氁织脱兮尘土昏,头袖碎兮珠翠黯。"❷翻毛衫。俞琰《席上腐谈》卷上："今之蒙衫,即古之氀衣。蒙,谓毛之细软貌……俗作氁。"

醸（mú）　见"醂醸"。

mù

母（mǔ）　❶母亲。❷泛指女性的长辈。如：伯母；姑母；姨母。❸老妇的通称。《史记·淮阴侯列传》："信钓于城下,诸母漂。"❹指乳母。《国语·越语上》："生三人,公与之母。"❺雌的。如：母鸡；母牛。也指能结子的植物。如：麻母。❻根源。《商君书·说民》："慈、仁,过之母也。"❼泛指能有所滋生的事物。如：酒母；字母；母金；工作母机。

母党　母亲一系的亲族。《礼记·坊记》："睦于父母之党,可谓孝矣。"曹冏《六代论》："母党专政。"

母弟　同母所生的弟弟。《左传·庄公八年》："僖公之母弟曰夷仲年。"参见"母兄"。

母猴　《吕氏春秋·察传》："数传而白为黑,黑为白。故狗似玃,玃似母猴,母猴似人,人之与狗则远矣。"按母猴为猴的一种,亦作"沐猴"、"猕猴"。与一般以雌猴为母猴义异。

母后　帝王的母亲,泛称皇太后。《三国志·魏志·后妃传序》："魏因汉法,母后之号,皆如旧制。"

母难日　白珽《湛渊静语》卷二："近刘极斋宏济,蜀人,遇诞日,必斋沐焚香端坐,曰：'父忧母难之日也。'"后因称自己的生日为"母难日"。意谓出生时,母亲正在受难。

母钱　即"母金"。本钱。《宋史·杜衍传》："州郡阙（缺）母钱,愿出官帑助之。"

母兄　同母所生的兄长。《公羊传·隐公七年》："齐侯使其弟年来聘。其称弟何？母弟称弟,母兄称兄。"何休注："母弟,同母弟；母兄,同母兄。"

母仪　为母者的典范,多用于皇后。《后汉书·光武郭皇后纪》："好礼节俭,有母仪之德。"亦用于一般妇女。白居易《杨于陵母亡祖母崔氏等赠郡夫人制》："发挥妇道,标表母仪。"

卧（mǔ）　同"畞（畝）"。

牡（mǔ）　❶鸟兽的雄性。《诗·邶风·匏有苦叶》："雉鸣求其牡。"❷锁簧；门闩。《礼记·月令》"〔孟冬之月〕修键闭"郑玄注："键,牡；闭,牝也。"孔颖达疏："凡锁器,入者谓之牡。"《颜氏家训·书证》："案蔡邕《月令章句》曰：'键,关牡也。牡所以止扉也,或谓之剡移。'按剡移即屎廖。"❸比喻丘陵。见"牝❸"。

牡蛎（Ostrea）　简称"蚝"。双壳纲,牡蛎科。壳形不规则,大小、厚薄因种而异；左壳（或称"下壳"）较大较凹,附着他物；右壳（或称"上壳"）较小,掩覆如盖。无足及足丝。分布于热带和温带。中国沿海均产,约20种。中国养殖牡蛎历史悠久,宋代即有"插竹养蚝"的方法。现广东、福建、台湾养殖较多。肉味鲜美。也可加工制成蚝豉、蚝油及罐头品。壳可烧石灰；亦入药,性微寒、味咸,功能潜阳、固涩、化痰软坚,主治头晕、自汗、盗汗、遗精、崩漏、带下及瘰疬等症。

畞〔畝、晦、畞、畞、畞、畞〕（mǔ）　❶"市畞"的简称。❷垄,即田中高处。《庄子·让王》："居于畎畞之中"陆德明释文引司马彪曰："垄上曰畞,垄中曰畎。"

拇（mǔ）　手大指。如：拇指。也指足大指。《春秋繁露·王道》："〔纣〕斫朝涉之足,察其拇。"

拇战　即豁拳。清江藩《汉学师承记·朱笥河》："拇战分曹,杂以谐笑。"

姆（mǔ）　❶古代教育未出嫁女子的妇人。《仪礼·士昏礼》："姆纚笄宵衣。"郑玄注："姆,妇人年五十无子,出而不复嫁,能以妇

道教人者。"❷翟灏《通俗编·称谓》："弟妇呼兄妇为姆姆,即母母也。"❸姆欧的简称。

另见 m̄。

姥（mǔ）　❶婆婆,丈夫的母亲。古乐府《孔雀东南飞》："奉事循公姥,进止敢自专。"❷老妇人。白行简《李娃传》："一姥垂白上偻,即娃母也。"

另见 lǎo。

鉧〔鉧〕（mǔ）　见"钴鉧"。

姆（mǔ）　同"姆"。

另见 wǔ。

鸅〔鸅〕（mǔ,又读 wǔ）　鸟名。《说文·鸟部》："鸅,鹦鸅也。"段玉裁注："鸅,古茂后反。今作鹉。音武。"《山海经·西山经》："箭盼水出焉,……有鸟焉,其状如鸅,青羽、赤喙、人舌、能言,名曰鹦鸅。"

踇（mǔ）　足大趾。《集韵·四十五厚》："踇,足将指。"

憮（mǔ）　见"憮懋"。

憮懋　愚昧无知。朱鼎《玉镜台记·王敦反》："狂言犯上……憮懋,管教你灭族身亡。"

鏮（mǔ）　同"鉧"。

mù

木（mù）　❶树。《说苑·善说》："山有木兮木有枝。"❷指木本的。如：木棉；木芙蓉。❸木料。《孟子·梁惠王下》："为巨室,则必使工师求大木。"❹指某些木制器物。《左传·僖公二十三年》："又如是而嫁,则就木焉。"此指棺材。《庄子·列御寇》："为外刑者,金与木也。"郭象注："木谓捶楚桎梏。"此指刑具。柳宗元《种树郭橐驼传》："击木而召之。"此指柝。❺木星。《史记·天官书》："五星犯北落……火,军忧；水,水患；木、土,军吉。"裴骃集解引《汉书音义》："木星、土星入北落,则吉也。"❻八音之一。见"八音"。❼五行之一。见"五行❶"。❽质朴。参见"木讷"。❾笨。如：木头木脑。❿失去知觉；麻木。《红楼梦》第十一回："贾瑞听了,身上已木了半边。"⓫姓。西晋时有木华。

木铎　铎,铃。木舌的铃。古代施行政教、传布命令时用以振鸣惊众。

《周礼·天官·小宰》："徇以木铎。"郑玄注："木铎，木舌也。文事奋木铎，武事奋金铎。"也用以比喻宣扬教化的人。《论语·八佾》："天下之无道也久矣，天将以夫子为木铎。"

木鸡 ❶《庄子·达生》："纪渻子为王养斗鸡，十日而问：'鸡已乎？'曰：'未也，方虚憍而恃气。'十日又问。曰：'未也，犹应响景。'十日又问。曰：'几矣，鸡虽有鸣者，已无变矣，望之似木鸡矣。其德全矣。异鸡无敢应者，反走矣。'"后因以"木鸡"称人的修养到家。如：木鸡养到。张祜《送韦正字枡贯赴制举》诗："木鸡方备德，金马正求贤。"❷相传古人以木头制成的能飞的鸡。《抱朴子·应嘲》："墨子刻木鸡以厉天。"❸比喻呆笨。如：呆若木鸡。《聊斋志异·促织》："小虫伏不动，蠢若木鸡。"

木屐 木底鞋，有齿。《急就篇》颜师古注："屐者以木为之，而施两齿，所以践泥。"《后汉书·五行志一》："延熹中，京都长者皆著木屐，妇女始嫁至，作漆画五采为系。"

木　屐

木简 战国至魏晋时代的书写材料。参见"简"。

木强 性格质直倔强。《史记·绛侯周勃世家》："勃为人木强敦厚。"

木介 亦称"木冰"、"木稼"、"树稼"。雨着木成冰，如披介胄，故称。《穀梁传·成公十六年》："雨木冰。"《汉书·五行志上》："或曰，今之长老名木冰为木介，介者甲，甲，兵象也。"叶梦得《石林诗话》卷上："王荆公作韩魏公挽词云：'木稼曾闻达官怕，山颓今见哲人萎。'……魏公之薨，是岁适雨木冰，前一岁华山崩，偶有二事，故不觉耳。"参见"树稼❷"。

木槿（Hibiscus syriacus）锦葵科。落叶灌木。叶卵形，往往三裂，有三大脉。夏秋开花，花单生叶腋，花冠紫红或白色，有重瓣品种。产于中国和印度。栽培供观赏，兼作绿篱。树皮和花入药，树皮称"木槿皮"，功能杀虫疗癣，外用治疥疮、顽癣；花称"木槿花"，主治痢疾。

木客 ❶伐木者。《水经注·浙江水》："句践使工人伐荣楛，欲以献吴，久不得归，工人忧思，作《木客吟》。"❷传说的山中精怪。形声似人，手脚爪如钩，居高岩绝峰。见《太平御览》卷八八四引邓德明《南康记》。皮日休《寄琼州杨舍人》诗："行遇竹王因设奠，居逢木客又迁家。"

木驴 ❶古代攻城的兵车。《资治通鉴·梁武帝太清二年》："景作木驴数百攻城。"胡三省注引杜佑曰："以木为脊，长一丈，径一尺五寸，下安六脚，下阔而上尖，高七尺，内可容六人，以湿牛皮蒙之，人蔽其下，异直抵城，下木石铁火所不能败，用以攻城，谓之木驴。"❷刑具名。木架下装轮轴，载罪犯示众并处死。关汉卿《窦娥冤》第四折："钉上木驴，剐一百二十刀处死。"

木乃伊 即"干尸"。古代埃及人用防腐的香料殓藏尸体，年久干瘪，即可形成。

木难 亦作"莫难"。宝珠名。曹植《美女篇》："明珠交玉体，珊瑚间木难。"崔豹《古今注·杂注》："莫难珠，一名木难，色黄，出东夷。"

木讷 为人质朴，出言迟钝。《论语·子路》："刚毅木讷，近仁。"何晏集解引王肃曰："木，质朴；讷，迟钝。"《晋书·葛洪传》："为人木讷，不好荣利。"

木牛流马 古代一种运输工具。相传三国诸葛亮创制。《三国志·蜀志·诸葛亮传》："亮性长于巧思，损益连弩，木牛流马，皆出其意。"《事物纪原》卷八："木牛即今小车之有前辕者；流马即今独推者是，而民间谓之江州车子。"按《诸葛亮集》有《作木牛流马法》。

木奴 指柑橘树。《水经注·沅水》："又东历龙阳县之氾洲，洲长二十里，吴丹阳太守李衡植柑于其上，临死，敕其子曰：'吾州里有木奴千头，不责衣食，岁绢千匹。'"李商隐《陆发荆南始至商洛》诗："青辞木奴橘，紫见地仙芝。"亦泛指果树。《齐民要术·种梅杏》："谚曰：'木奴千，无凶年。'盖言果实可以市易五谷也。"

木偶 亦作"木禺"。木刻的人像。《史记·孟尝君列传》："见木偶人与土偶人相与语。"司马贞索隐："木偶，比孟尝君。"比喻受人操纵摆布的人。

木人 ❶木偶。《国策·燕策二》："宋王无道，为木人以写寡人，射其面。"❷比喻呆笨的人。《史记·魏其武安侯列传》"且帝宁能为石人耶"张守节正义："按今俗云人不辨事，骂云杌杌若木人也。"❸即"木夯"。木制的打夯工具。

木人石心 形容没有感情，不受外物的影响。《晋书·夏统传》记载：晋时太尉贾充用官职、地位、女色诱致夏统，统好像一无所闻。充曰："此吴儿是木人石心也。"

木舌 ❶木铎的舌。《书·胤征》"遒人以木铎徇于路"孔传："木铎，金铃木舌。"参见"木铎"。❷犹言结舌，比喻缄默不言。《后汉书·黄琼传》："忠臣惧死而杜口，万夫怖祸而木舌。"

木石 ❶泛指树木山石。《孟子·尽心上》："舜之居深山之中，与木石居，与鹿豕游。"❷比喻没有情感、知觉之物。司马迁《报任少卿书》："身非木石，独与法吏为伍，深幽图圄之中，谁可告诉者？"

木天 ❶唐代宫中庋藏图书的秘书阁，甚高敞，故称。见《唐六典》。顾清《文渊阁赋》："地兼乎木天之重，名并乎凤池之荣。"后因以指高敞宏大的建筑。❷指翰林院。陈翰《与薛蒻园书》："木天不能容公耶？蛾眉出宫，作米盐新妇，真可叹也。"谓薛由翰林院外放。❸指天棚。梁元帝《金楼子·杂记上》："斋前悉施木天以蔽光景，春花秋月之时，暗如深夜撤烛。"

木樨 即桂花。

木雁 《庄子·山木》篇里说，庄子在山里看见一棵大树，伐木的人说是废材，不去砍伐。后来到了一个朋友家，主人有两头鹅，杀了不会叫的一头以待客。于是庄子的弟子问，昨天的树木因为不成材保全了性命，今天的鹅却因为无才送了性命，先生以为有才好还是无才好？庄子笑道："周将处夫材与不材之间。"这是古代道家全身远害的处世态度。后即以"木雁"比喻有才与无才。雁，指鹅。《南史·刘穆之等传论》："韶（檀韶）、祗（檀祗）克传胤嗣，其木雁之间乎？"白居易《偶作》诗："'木雁'一篇须记取，致身才与不才间。"

木已成舟 比喻事情已成定局，无可挽回。《镜花缘》第三十五回："到了明日，木已成舟，众百姓也不能求我释放，我也有词可托了。"

木鸢 相传古人以木头制成像鸟的飞行器。《韩非子·外储说左上》："墨子为木鸢，三年而成，蜚（飞）一日而败。"《酉阳杂俎续集·贬误》引《朝野佥载》云鲁般作木鸢乘飞而归，公输般亦为木鸢以窥宋城。

木主 ❶用木制作的神主牌位，书死者姓名以供祭祀。《礼记·曲礼下》：“措之庙，立之主。”孔颖达疏：“主用木。”按：木主制，一说方尺，一说尺二寸，一说前方后圆，一说状正方，穿中央达四方，天子长尺二寸，诸侯长尺。并见《礼记·曲礼上》孔颖达疏引《白虎通》、《五经异义》诸说。《史记·周本纪》：“武王上祭于毕，东观兵至于盟津，为文王木主，载以车。”按古代帝王出军、巡狩或去国，载庙主及社主以行，见《周礼·春官·小宗伯》及《礼记·曾子问》。后世凡子孙祭祖先皆用木牌为神主，亦称牌位。参见“神主❶”。❷指社主。亦名田主。社主用木者，即依社树为神主，而别置石主。后世社祀有石主、木主，木主即神牌，而以社树为田主。详俞正燮《癸巳类稿》卷三“论语社主义”。

目（mù）❶眼睛。如：目瞪口呆；目中无人。❷中医学名词。主视觉。《灵枢·脉度》“肝气通于目”，说明目与肝有内在联系，肝阴上濡，有滋养目的作用。五脏的精气皆上注于目，如五脏精气充盛，则目能保持正常的视觉功能；如肝阴不足、肝火上亢或五脏精气亏损，均可导致目疾。❸孔眼。如：网目。❹看；视。《史记·陈丞相世家》：“〔船人〕目之，欲杀平。”此谓注视。《国语·周语上》：“国人莫敢言，道路以目。”此谓侧目而视。《汉书·高帝纪上》：“范增数目羽击沛公。”此谓以目示意。❺名称。如：名目；数目。引申为称。《穀梁传·隐公元年》：“段，郑伯弟也。何以知其为弟也？杀世子母弟，目君。以其目君，知其为弟也。”范宁注：“目君，谓称郑伯也。”又引申为品题。《后汉书·许劭传》：“曹操微时，常卑辞厚礼，求为己目。”❻标题。如：标目；题目。❼条目；目录。如：纲目；细目；帐目；节目；书目；剧目。《论语·颜渊》：“请问其目。”❽头目。如：吏目；弁目。❾表示筛网规格的单位。常以单位长度内的孔数计量。❿生物分类系统上所用的等级之一。如食肉目；蔷薇目。

目不见睫　眼睛看不见自己的睫毛，比喻没有自知之明。参见“目论”。亦比喻见远不见近。王安石《再寄蔡天启》诗：“远求而近遗，如目不见睫。”

目不交睫　眼睫毛没有交合，即未合眼，形容心绪不宁而无法入睡。《前汉纪·文帝纪上》：“陛下在代时，太后尝病，三年，陛下目不交睫，

睡不解衣冠。”

目不窥园　《汉书·董仲舒传》：“下帷讲诵，弟子传以久次相授业，或莫见其面。盖三年不窥园，其精如此。”后因以“目不窥园”形容治学专心。《儿女英雄传》第三十三回：“那公子却也真个足不出户，目不窥园，日就月将，功夫大进。”

目不识丁　形容人不识字。郑燮《潍县寄舍弟墨第三书》：“或仅守厥家，不失温饱而目不识丁。”参见“不识一丁”。

目不暇给　形容眼前事物又多又好，来不及观赏。郑燮《潍县署中与舍弟墨第二书》：“见其扬翚振彩，倏往倏来，目不暇给。”亦作“目不给视”。周邦彦《汴都赋》：“殊形妙状，目不给视，无所不有，不可殚纪。”今多作“目不暇接”。

目测　用眼睛估测距离、高度和角度的方法。

目成　❶以目传情，以成亲好。《楚辞·九歌·少司命》：“满堂兮美人，忽独与余兮目成。”❷犹目击。宋应星《天工开物》序：“事物而既万矣，必待口授目成而后议之，其与几乎？”

目耕　以农夫耕田比喻勤读不辍。王逢《目耕轩》诗：“身耕劳百骸，目耕劳两瞳。”

目光　❶眼睛的光芒。《辽史·太祖本纪上》：“目光射人。”❷泛指人的认识能力，犹言见解。如：目光远大。

目击　目光触及。《庄子·田子方》：“若夫人者，目击而道存矣，亦不可以容声矣。”郭象注：“目裁（才）往，意已达。”后称亲眼看见为“目击”。如：目击其事。焦竑《李氏焚书序》：“余幸而后死，目击废兴，故识此于其端云。”

目论　《史记·越王勾践世家》：“吾不贵其用智之如目，见豪（毫）毛而不见其睫也。今王知晋之失计，而不自知越之过，是目论也。”司马贞索隐：“言越王知晋之失，不自觉越之过，犹人眼能见豪毛而自不见其睫，故谓之目论也。”后亦称浅见为“目论”。《文选·王巾〈头陀寺碑文〉》：“顺非辩伪者，比微言于目论。”张铣注：“比微妙之圣言于目前狭论也。”

目逆　目光迎面注视。《左传·桓公元年》：“宋华父督见孔父之妻于路，目逆而送之，曰：‘美而艳。’”逆，迎。

目擩耳染　谓耳目经常接触，自然受到影响。韩愈《清河郡公房公墓碣铭》：“公胚胎前光，生长食息，不离典训之内，目擩耳染，不学以能。”擩，亦作“濡”。今多作“耳濡目染”。

目无全牛　形容技术达到极纯熟的境界。亦形容办事能干。语本《庄子·养生主》“始臣之解牛之时，所见无非牛者。三年之后，未尝见全牛也”。杨承和《梁守谦功德铭》：“操利柄而目无全牛。”

目下　❶跟前；身旁。《三国志·蜀志·杨洪传》：“〔张裔〕随从目下，效其器能。”❷目前；近来。如：目下安宁。

目语　以目示意。《三国志·吴志·周鲂传》：“目语心计，不宣唇齿。”

仸（mù）　仸佬族，中国少数民族名。

牟（mù）　牟平，旧县名。在山东省东北部。唐置县。1994年撤销，改设烟台市牟平区。
另见 móu。

沐（mù）❶洗头发。《诗·小雅·采绿》：“予发曲局，薄言归沐。”❷休假。沈约《酬谢宣城朓》诗：“晨趋朝建礼，晚沐卧郊园。”参见“休沐”。❸整治。《礼记·檀弓下》：“夫子助之沐椁。”郑玄注：“沐，治也。”❹米汁。《史记·外戚世家》：“丐沐沐我，请食饭我。”❺润泽。《后汉书·明帝纪》：“京师冬无宿雪，春不燠沐。”❻受润泽，引申为蒙受。如：沐恩。❼见“沐猴而冠”。❽姓。汉代有沐宠。

沐猴而冠　沐猴即猕猴。《汉书·项籍传》“人谓楚人沐猴而冠，果然”颜师古注：“言虽着人衣冠，其心不类人也。”猕猴戴帽子，比喻装扮得外表像而虚假不实。

沐浴　❶洗发澡身。《论语·宪问》：“孔子沐浴而朝。”❷比喻身受其润。《后汉书·班固传下》：“久沐浴乎膏泽。”

坶（mù）　见“坶野”。

坶野　古地名。即牧野。周武王破殷纣王处。

苜（mù）　见“苜蓿”。

苜蓿　❶古大宛语 buksuk 的音译。植物名。豆科。一年生或多年生草本。汉武帝元朔三年（公元前126年）张骞出使西域，从大宛国带回紫花苜蓿种子。古代所称苜蓿专指紫苜蓿。《史记·大宛列传》：

"〔**大宛**〕俗嗜酒，马嗜苜蓿，汉使取其实来，于是天子始种苜蓿、蒲陶（即葡萄）肥饶地。"现亦作苜蓿属（Medicago）紫花苜蓿、南苜蓿等的统称。❷旧时教官清苦，常以苜蓿为蔬，因用以形容教官或学馆的生活。唐庚《除凤州教授》诗："绛纱谅无有，苜蓿聊可嚼。"

牧（mù）❶放饲牲畜。如：牧牛；牧马。《周礼·地官·牧人》："掌牧六牲而阜蕃其物。"❷牧地。《诗·小雅·出车》："我出我车，于彼牧矣。"毛传："就马于牧地。"亦指远郊之地。《左传·隐公五年》："郑人侵卫牧。"❸古指牧牛的奴隶。春秋时作为"人有十等"以下的等级。《左传·昭公七年》："马有圉，牛有牧。"也泛指牧人。❹治民。参见"牧民❶"。❺古时治民之官。《书·立政》："宅乃牧。"孔颖达疏引郑玄注："殷之州牧曰伯，虞、夏及周曰牧。"汉末一州的军政长官称"州牧"。《后汉书·袁绍传》："自立为辽东侯平州牧。"❻指主事之官。《礼记·月令》："命舟牧覆舟。"郑玄注："舟牧，主舟之官也。"❼姓。春秋时有牧皮、牧仲。

牧伯 古时州牧与方伯的合称，指封疆大吏。《汉书·朱博传》："居牧伯之位，秉一州之统。"

牧民 ❶治民。古时把官吏治民比做牧人牧养牲畜。《管子·牧民》："凡有地牧民者，务在四时，守在仓廪。"❷以畜牧为业的人。

莫（mù）❶"暮"的本字。《论语·先进》："莫春者，春服既成。"❷草名。《诗·魏风·汾沮洳》："言采其莫。"孔颖达疏引陆玑曰："莫茎大如箸，赤节，节一叶，似柳叶，厚而长，有毛刺。今人缲以取茧绪。其味酢而滑。始生，可以为羹，又可生食。"❸通"幕"。《史记·张释之冯唐列传》："上功莫府。"

另见 mò。

莫难 同"木难"。宝珠名。《广志》："莫难珠，其色黄，生东国。"

钼〔**鉬**〕（mù） 化学元素［周期系第Ⅵ族（类）副族元素］。符号 Mo。原子序数 42。银白色金属或灰黑色粉末。熔点 2 610℃。主要矿物是辉钼矿。纯钼丝用于高温电炉。钼片用于制无线电元件和 X 射线器材。还可用于制催化剂、灯泡及各种合金等。合金钢中加钼可提高弹性极限、抗腐蚀性能及保持永久磁性等。为生命必需的微量营养元素。

募（mù） 募集；招募。如：募捐；募兵。柳宗元《捕蛇者说》："募有能捕之者。"刘克庄《募兵》诗："募金莫作缠头费，留制衣袍御北风。"

募化 犹"化缘"。僧、尼或道士向人乞求布施。

墓（mù） 坟墓。《礼记·檀弓上》："古也墓而不坟。"按古时凡葬不堆土植树者谓之墓，今通称坟墓。

墓表 立在墓前，刻载死者生平，表扬其功德的石碑。《碑版广例》卷九："墓表与神道碑异名同物，故墓表之有铭者亦多。"后以刻在墓表上的文字列为文体之一。宋欧阳修有《泷冈阡表》，即属此类。

墓志 放在墓中刻有死者传记的石刻。上面记有死者姓名、籍贯和生平，可作为历史资料，补史书的不足。现知标明为墓志铭的方形墓志，以刘宋大明八年（公元 464 年）刘怀民墓志为最早。东汉晚年和西晋墓中或有与墓志相近的方版和小型墓碑，但都不自名为墓志。北魏以后，方形墓志成为定制。下底上盖，底刻志铭，盖刻标题。此外，有的在砖上写或刻着死者的姓名、籍贯、卒年等，也属墓志范围。旧时也有人在生前为自己撰写墓志的。

墓志铭 文体名。包括志和铭两部分。志多用散文撰写，叙死者姓氏、籍贯、生平等。铭则用韵文统括全篇，是对死者的赞扬、悼念或安慰之词。但也有只用碑志或只用碑铭的。

幕〔**幙**〕（mù） ❶帐幕；篷帐。杜甫《西山》诗："风动将军幕，天寒使者裘。"❷窗帷。欧阳修《蝶恋花》词："庭院深深深几许？杨柳堆烟，帘幕无重数。"❸剧本和戏剧演出中的段落。按剧情发展的时间、地点和事件的变化、转换而划分。幕又可按情节发展的需要划分为场或景。也常有不分幕而把全剧分为若干场的。❹舞台上的幕布。如：大幕，天幕。❺"幕府"的简称。如：幕僚。旧也用来指幕友这一行业。如：习幕；游幕。❻古代战时的一种臂甲或腿甲。《史记·苏秦列传》："当敌则斩坚甲铁幕。"司马贞索隐引刘氏曰："谓以铁为臂胫之衣。"❼覆盖。《易·井》："井收，勿幕。"王弼注："幕，犹覆也。"❽通"漠"。沙漠。《史记·匈奴列传》："以精兵待于幕

北，与汉大将军接战一日。"

另见 màn。

幕北 即漠北。《史记·卫将军骠骑列传》：汉元狩四年（公元前 119 年），匈奴"悉远北其辎重，皆以精兵待幕北"，即此。

幕宾 《晋书·郗超传》："谢安与王坦之尝诣温（桓温）论事，温令超帐中卧听之，风动帐开，安笑曰：'郗生可谓入幕之宾矣。'"后因称幕友为"幕宾"。

幕府 军队出征，施用帐幕，所以古代将军的府署称"幕府"。《史记·廉颇蔺相如列传》："〔李牧〕常居代雁门，备匈奴。以便宜置吏，市租皆输入莫（幕）府，为士卒费。"又运筹帷幕之大将亦称"幕府"。《后汉书·袁绍传》："幕府奉汉威灵，折冲宇宙。"后世地方军政大吏的府署，如明清的督抚衙门，也称"幕府"。

幕僚 地方军政大吏幕府中参谋、书记之类的僚属。《宋史·颜衎传》："请自今藩镇幕僚勿得任台官。"也指这些官署中所聘请的顾问人员。参见"幕友"、"师爷"。

幕南 即漠南。《史记·匈奴列传》：汉骠骑将军破匈奴，封于狼居胥山，禅姑衍，临瀚海而还。"是后匈奴远遁，而幕南无王庭"。

幕天席地 以天为幕，以地为席，指露宿野外，亦形容胸襟旷达。刘伶《酒德颂》："幕天席地，纵意所如。"

幕燕 筑窠在帷幕上的燕子。比喻处境极不安全。语出《左传·襄公二十九年》"夫子之在此也，犹燕之巢于幕上"。《元史·外夷传》："鼎鱼幕燕，亡在旦夕。"

幕友 原指将帅幕府中的参谋、书记等，后用为地方军政官署延用的办理文书、刑名、钱谷等佐助人员的通称。亦称"幕僚"、"师爷"、"西宾"。

睦（mù） 亲善；和睦。《书·尧典》："九族既睦。"《礼记·礼运》："讲信修睦。"

慔（mù） 勉。见《说文·心部》。

桬（mù） 用皮革扎束在车辕上的装饰。《诗·秦风·小戎》："五桬梁辀。"朱熹注："五，五束也。桬，历录然文章之貌也。梁辀，从前轸以前稍曲而上，至衡则向下钩之。衡横于辀下，而辀形穹隆上曲如屋之梁，又以皮革五处束之，其文章历录然也。"

缪〔**繆**〕（mù） 恶絮。见《集韵·十一暮》。

另见 mò。

暮(mù) ❶日落之时;傍晚。如:日暮;朝三暮四。❷晚;将尽。如:暮春;暮年。《吕氏春秋·谨听》:"学德未暮。"杜甫《岁晏行》:"岁云暮矣多北风。"

暮齿 晚年。庾信《哀江南赋序》:"藐是流离,至于暮齿。"

暮鼓晨钟 寺庙中用以报时的早晚钟鼓。李咸用《山中》诗:"朝钟暮鼓不到耳,明月孤云长挂情。"后常用"暮鼓晨钟"比喻令人警悟的言语。纪君祥《赵氏孤儿》第二折:"我委实的捱不彻暮鼓晨钟。"亦作"晨钟暮鼓"。

暮节 ❶晚年。《新唐书·白居易传》:"暮节惑浮屠道尤甚。"❷夏历十二月。《初学记》卷三:"十二月季冬,亦曰暮冬、杪冬、除月、暮节、暮岁、穷稔、穷纪。"

暮年 晚年;老年。曹操《步出夏门行》:"烈士暮年,壮心不已。"

暮气 ❶黄昏时的烟霭。陆游《访毛平仲问疾与其子适同游柯山》诗:"楼堞参差暮气昏。"❷比喻精神颓靡不振。与"朝气"相对。如:暮气沉沉。参见"朝气"。

慕(mù) ❶依恋;思念。《孟子·万章上》:"人少则慕父母。"苏轼《赤壁赋》:"如怨如慕,如泣如诉。"❷羡慕;仰慕。韩愈《争臣论》:"庶岩穴之士,闻而慕之。"❸姓。元代有慕完。

慕蔺 《史记·司马相如列传》:"相如既学,慕蔺相如之为人,更名相如。"后用为钦慕贤者之辞。李商隐《为柳珪谢京兆公启》:"徒将慕蔺,何足望回?"回,指颜回。

慕名 ❶仰慕他人的名气。如:慕名而来。❷犹言好名。《汉书·王商传赞》:"阳平之王多有材能,好事慕名,其埶(势)尤盛。"

慕义 向慕正义。《史记·吴太伯世家赞》:"延陵季子之仁心,慕义无穷。"司马迁《报任少卿书》:"怯夫慕义,何处不勉焉?"

缪〔繆〕(mù) 通"穆"。《孔子家语·辨乐》:"孔子有所缪然思焉。"王肃注:"缪然,深思貌。"

另见 jiū,liǎo,miào,miù,móu。

霂(mù) 见"霡霂"。

艒(mù) 小船。《宋书·吴喜传》:"从西还,大艑小艒,爰及草舫,钱米布绢,无船不满。"参见"艒䑼"。

艒艒船 小船的俗称。艒是小船,艒艒叠呼,形容其极小。

艒䑼 小船。《方言》第九:"南楚江湘,凡船大者谓之舸,小舸谓之艖,艖谓之艒䑼。"

穆(mù) ❶严肃;壮美。《诗·周颂·清庙》:"于穆清庙。"❷淳和。《诗·大雅·烝民》:"吉甫作颂,穆如清风。"引申为使和悦。《管子·君臣下》:"穆君之色。"❸通"默"。沉默。《文选·东方朔〈非有先生论〉》:"于是吴王穆然。"李善注:"穆犹默,静思貌也。"❹见"昭穆❶"。❺姓。

穆棱 市名。在黑龙江省牡丹江市东部、穆棱河上游,邻接吉林省。市人民政府驻八面通镇。清宣统元年(1909 年)设县。以穆棱河得名。1995 年改设市。

穆穆 ❶仪表美好,容止庄敬貌。《诗·大雅·文王》:"穆穆文王。"毛传:"穆穆,美也。"《礼记·曲礼下》:"天子穆穆。"孔颖达疏:"云天子穆穆者,威仪多貌也。"❷柔和貌。《汉书·礼乐志》:"月穆穆以金波,日华燿以宣明。"

穆清 《诗·大雅·烝民》:"穆如清风。"谓陶冶人的性情,像清和的风化育万物。旧时常用以颂扬帝王或有才德之人。《史记·太史公自序》:"汉兴以来,至明天子,获符瑞,建封禅,改正朔,易服色,受命於穆清,泽流罔极。"张守节正义:"於,音乌。颜云:'於,叹辞也。穆,美也。言天子有美德而教化清也。'"《三国志·吴志·陆抗传》:"夫俊乂者,国家之良宝,社稷之贵资,庶政所以伦叙,四门所以穆清也。"亦用以比喻清平之时。曹植《七启》:"天下穆清。"

鞪(mù) 同"鞪"。

另见 móu。

N

nā

那^(nā) 那桐,清末满洲镶黄旗人,叶赫那拉氏,字琴轩。
另见 nǎ, nà, né, něi, nèi, nuó, nuò。

南^(nā) 见"南无"。
另见 nán。

南无 梵语 namas 的音译,亦译"南谟"、"曩谟",意为"归敬"、"归命"、"敬礼"。佛教徒常用来加在佛、菩萨名或经典题名之前,表示对佛、法的尊敬和虔信。

ná

挐^(ná) 牵引。见《说文·手部》。
另见 ná 拿, ráo, rú。

拿〔拏、挐、舒〕^(ná) ❶握持。如:拿在手里。王之道《春雪和袁望回》诗:"老夫僵不扫,稚子走争拿。"引申为料事的把握。如:十拿九稳。又引申为故意装着。如:拿架子。参见"拿大"。❷取。如:拿过来;拿开去。❸擒捉;逮捕。如:拿获;拿贼。《三国演义》第六十六回:"操连夜点起甲兵三千,围住伏完私宅,老幼并皆拿下。"❹用;把。如:拿话激他;别拿我开玩笑。

拿大 自大;摆架子。《红楼梦》第六回:"他家的二小姐,着实爽快会待人的,倒不拿大。"

说〔說〕^(ná) 用话刺探。《说文·言部》:"说,言相说司也。"徐锴系传:"司,伺也,谓以言伺人之意旨也。"段玉裁注:"说司犹刺探。说之言惹也,司之言伺也。"

镎〔錇〕^(ná) 化学元素[周期系第Ⅲ族(类)副族元素、镅系元素]。符号 Np。原子序数93。银白色金属。具延展性、放射性。化学性质活泼。自然界中只在含铀矿物中有极微量的镎存在。由钙还原四氟化镎制得,也可由^{238}U 出发经人工合成而得。1940 年用中子轰击铀始获得它的同位素^{239}Np,半衰期为2.35 天。另一同位素^{237}Np 寿命相当长,半衰期为$2.14×10^6$ 年。

nǎ

那^(nǎ) 同"哪"。
另见 nā, nà, né, něi, nèi, nuó, nuò。

哪^(nǎ) ❶表疑问的词。如:哪儿;哪一个。❷任何。如:无论学哪一门科学,都得理论联系实际。
另见 na, né, něi。

nà

内^(nà) 同"纳"。纳入。《荀子·富国》:"婚姻娉内,送逆无礼。"杨倞注:"内,读曰纳,纳币也。"
另见 nèi。

那^(nà) ❶远指之词。与"这"相对。如:那边;那个;那人。❷那么。如:那好吧;那我就走了。
另见 nā, nǎ, né, něi, nèi, nuó, nuò。

呐^(nà) 见"呐喊"。
另见 nè, ne。

呐喊 大声叫喊。《三国演义》第四十五回:"来日四更造饭,五更开船,鸣鼓呐喊而进。"

饳〔飿〕^(nà) 饳饳。食貌。拾得《诗》之二五:"从头吃至尾,饳饳无余肉。"

妠^(nà) ❶娶。《广雅·释诂》:"妠,入也。"王念孙疏证:"妠,亦纳也。"❷见"婠妠"。

纳〔納〕^(nà) ❶收受;容受。如:采纳;闭门不纳;纳凉。《书·舜典》:"命汝作纳言,夙夜出纳朕命。"《庄子·刻意》:"吐故纳新。"❷使进入;藏入。如:纳入正轨。《书·金縢》:"公(周公)归,乃纳册于金縢之匮中。"❸交付;致送。如:纳税;纳粮。《书·禹贡》:"二百里纳铚。"参见"纳币"。❹缔结。《宋史·葛洪传》:"又有营营终日,专务纳交,书币往来,道路旁午,而妄希升进者矣。"❺同"衲"。补缀。如:补纳破衣。❻通"軜"。古代四马驾车两旁骖马的内缰绳。《荀子·正论》:"三公奉軶持纳。"

纳币 古代婚礼"六礼"之一。也称"纳徵"。男女两方缔婚之后,男家把聘礼送给女家。《春秋·庄公二十二年》:"公如齐纳币。"参见"纳徵"。

纳陛 古代赐给有特殊功勋的诸侯或大臣的"九锡"之一。《汉书·王莽传上》:"朱户、纳陛。"颜师古注:"孟康曰:'纳,内也,谓凿殿基际为陛,不使露也。'师古曰:'孟说是也。尊者不欲露而升陛,故内之于霤下也。'"按《文选·潘勖〈册魏公九锡文〉》:"今又加君九锡……是用锡君纳陛以登。"李周翰注:"纳陛者,致于殿两阶之间,便其上殿。"与孟康说异。又后世亦以为对大臣的优遇。《宋史·吕端传》:"又以端躯体洪大,官庭阶戺稍峻,特令梓人为纳陛。"则纳陛为木制者。

纳采 古代婚礼"六礼"之一。男家请媒人向女家提亲,女家答应议婚后,男家备礼前去求婚。《仪礼·士昏礼》:"昏(婚)礼:下达,纳采用雁。"

纳福 享福;受福。旧时通信或见面时常用之语。《红楼梦》第六回:"刘老老只得蹭上来问:'太爷们纳福。'"

纳贡 ❶古代诸侯以财物进贡给天子;也指域外的国家前来进贡。司马相如《子虚赋》:"夫使诸侯纳贡者,非为财币,所以述职也。"❷科举制度中贡入国子监的生员之一种。明代准许纳资入监(国子监),凡由生员纳捐的称纳贡,由普通身份纳捐的称例监。《明史·选举志一》:"生员曰贡监……同一贡监也,有岁贡,有选贡,有恩贡,有纳贡。"纳贡性质与清代的例贡略同。参见"五贡"。

纳罕　诧异;惊奇。《红楼梦》第四十九回:"一时又见黛玉赶着宝琴叫妹妹,并不提名道姓,直似亲姊妹一般……宝玉看着,只是暗暗的纳罕。"

纳吉　古代婚礼"六礼"之一。男家卜得吉兆之后,备礼通知女家,决定缔结婚姻。《仪礼·士昏礼》:"纳吉用雁,如纳采礼。"郑玄注:"归卜于庙,得吉兆,复使使者往告,昏(婚)姻之事于是定。"庙,男家的家庙。

纳款　犹投诚。亦指接受投诚。《文选·王融〈永明十一年策秀才文〉》:"加以纳款通和,布德修礼。"李善注:"纳其款关之诚,而通其和好之礼。"

纳闷　发闷;疑惑不解。《三国演义》第五十九回:"时当九月尽,天气暴冷,彤云密布,连日不开,曹操在寨中纳闷。"《红楼梦》第五回:"〔秦氏〕忽听宝玉在梦中唤他的小名,因纳闷道:'我的小名,这里从无人知道,他如何得知?'"

纳纳　❶沾湿貌。《楚辞·九叹·逢纷》:"裳襜襜而含风兮,衣纳纳而掩露。"❷广大包容貌。杜甫《野望》诗:"纳纳乾坤大,行行郡国遥。"

纳妾　有配偶的男子娶另外的女子为非正式妻子的行为。这种非正式妻子称为妾。是一夫多妻制的一种形式。在中国封建社会中,法律规定正妻只能有一个,纳妾则不禁。新中国成立后,禁止纳妾,纳妾按重婚论处。

纳粟　❶古代富人捐粟以取得官爵或赎罪。《史记·秦始皇本纪》:"四年,百姓内(纳)粟千石,拜爵一级。"❷明清两代,富家子弟缴纳一笔钱给政府,准进国子监肄业,称为监生,可不经过府州县学考试,直接参加乡试。《明史·选举志一》:"例监始于景泰元年,以边事孔棘,令天下纳粟纳马者入监读书。"又:"迨开纳粟之例,而流品渐淆。"

纳言　官名。始见《书·尧典》,掌宣达帝命。隋代避隋文帝父杨忠嫌名,因用此名以代侍中。唐初尚沿称,后仍改侍中。

纳徵　亦称"纳币"。古代婚礼"六礼"之一。纳吉之后,男家以聘礼送给女家。《仪礼·士昏礼》:"纳徵:玄纁、束帛、俪皮。"郑玄注:"徵,成也,使使者纳币以成昏(婚)礼。"币,指皮帛等物。参见"纳吉"。

轫　〔靹〕(nà)　软。见《广雅·释诂一》。

轫　〔靹〕(nà)　骖马车上两旁两匹马的内侧缰绳。《诗·秦风·小戎》:"鋈以觼轫。"毛传:"轫,骖内辔也。"郑玄笺:"鋈以觼轫,轫之觼以白金为饰也。轫系于轼前。"

肭　(nà)　见"膃肭"。

钠　〔鈉〕(nà)　化学元素[周期系第Ⅰ族(类)碱金属元素]。符号 Na。原子序数11。银白色软金属。燃烧时火焰呈黄色,钠蒸气的光谱,主要是黄色 D 线,因此钠光灯可用做单色光源。化学性质极活泼,遇水起猛烈反应,放出氢气同时燃烧,一般保存在煤油中。自然界中主要以化合态存在。电解熔融氢氧化钠或氯化钠可制得金属钠。在有机合成及某些稀有金属的冶炼过程中用作还原剂,也可用以制取四乙基铅及过氧化钠、氢化钠等化合物。为生命必需的大量营养元素。

衲　(nà)　❶缝补;补缀。如:千补百衲。引申为缀合而成之意。如:百衲本二十四史。❷僧徒的衣服常用许多碎布补缀而成,称为"百衲衣"、"百衲"、"衲衣"或"衲"。《佛祖统纪》卷五"摩诃迦叶尊者":"我今亦当随佛出家,即著坏色衲衣,自剃须发。"又因以为僧徒的自称或代称。如:贫衲;衲子。成廷珪《春日游上方寺》诗:"田翁入郭买春酒,野衲下堂留午斋。"

娜　(nà)　人名用字及译音字。
另见 nuó。

菈　〔蒳〕(nà)　植物名。《文选·左思〈吴都赋〉》:"草则藿蒳豆蔻。"刘良注引《异物志》:"蒳,草树也,叶如枇榈(棕榈)而小,三月采其叶,细破,阴干之,味近苦而有甘。"

捺　(nà)　❶揿;按。如:捺手印。《儒林外史》第三十九回:"恶和尚大惊,丢了刀,放下酒,将只手捺着左眼。"❷书法以笔向右下斜拖叫"捺"。如:一撇一捺。

趴　(nà)　足伤。见《集韵·十一没》。

貀　(nà)　兽名。《广韵·十四黠》:"貀,兽名。似貍,苍黑,无前足,善捕鼠。《说文》作豽。"

貀　(nà)　兽名。《尔雅·释兽》:"貀无前足。"郭璞注:"似狗,豹文,有角,两脚,即此种类也。或说貀似虎而黑,无前两足。"

魶　〔鮲〕(nà)　❶动物名。即"大鲵"。《史记·司马相如列传》:"禺禺鱋魶。"裴骃集解引徐广曰:"'魶一作鰨。'"按《汉书》作"鰨",颜师古注引郭璞曰:"鰨,鲵鱼也,似鲇,有四足,声如婴儿。"❷鱼名。《广韵·二十七合》:"魶,鱼名,似鳖,无甲,有尾,口在腹下。"按《说文》作"魶"。

靹　(nà)　软。《吕氏春秋·辩土》:"凡耕之道,必始于垆,为其寡泽而后枯;必厚其靹,为其唯厚而及。"靹,指软土。

鮾　〔鮲〕(nà)　鱼名。《说文·鱼部》:"鮾,鱼似鳖无甲,有尾无足,口在腹下。"段玉裁注:"《广韵》作魶,《史记〈上林赋〉》有魶字,云魶一作鰨。"

哪　(na)　表警戒语气。如:要当心哪!
另见 nǎ, né, něi。

疓　〔孻〕(nái)　老人所生幼子。陆容《菽园杂记》:"广东谓老人所生幼子曰疓。"按钮琇《觚剩·人觚》:"闽粤之俗,谓末子为疓。"

羪　(nái)　见"羪羺"。

羪羺　羊名。慧琳《一切经音义》引《通俗文》:"羊卷毛者谓之羪羺,胡羊也。"寒山诗之一一二:"世浊作羪羺,时清为骐骥。"

乃　〔迺、廼〕(nǎi)　❶是;就是。《史记·高祖本纪》:"吕公女,乃吕后也。"❷你;你的。《汉书·翟义传》:"今欲发之,乃肯从我乎?"《书·盘庚中》:"古我先后,既劳乃祖乃父。"❸如此。《庄子·德充符》:"子无乃称。"❹尚且。《书·大诰》:"厥子乃弗肯堂,矧肯构?"❺却;但。《诗·郑风·山有扶苏》:"不见子都,乃见狂且。"❻仅。《史记·项羽本纪》:"至东城,乃有二十八骑。"❼于是;就。《史记·大宛列传》:"终不得入中城,乃罢而引归。"❽宁;岂。《左传·襄公三十年》:

"或主强直,难乃不生? 姑成吾所。"
❾而。《仪礼·大射礼》:"大夫不拜,乃饮实爵。"❿至于。《孟子·公孙丑上》:"乃所愿,则学孔子也。"⓫如果。《书·费誓》:"乃越逐,不复,汝则有常刑。"⓬这才;才。《国策·齐策四》:"先生所为文市义者,乃今日见之。"⓭竟是;竟。《史记·淮阴侯列传》:"至拜大将,乃韩信也。"陶潜《桃花源记》:"问今是何世,乃不知有汉,无论魏、晋。"

乃公　❶你的父亲。父对子的自称。《汉书·陈万年传》:"万年尝病,召咸(万年子)教戒于床下,语至夜半,咸睡……万年大怒,欲杖之,曰:'乃公教戒汝,汝反睡不听吾言,何也?'"❷对人自称的傲慢语。《汉书·张良传》:"竖儒! 几败乃公事!"

乃翁　你的父亲。《汉书·项籍传》:"吾翁即汝翁。必欲亨乃翁,幸分我一杯羹。"亨,即"烹"。陆游《示儿》诗:"王师北定中原日,家祭无忘告乃翁。"

乃者　往日。《汉书·曹参传》:"乃者我使谏君也。"颜师古注:"乃者,犹言曩者。"

芅（nǎi）　通"奶"。如:芅芅。
另见 réng。

奶〔嬭、妳〕（nǎi）❶乳房。如:奶头。亦谓像奶头的东西。如:芋奶。❷乳汁。如:牛奶。❸喂奶。如:奶孩子。

奶媪　乳母。《晋书·桓玄传》:"奶媪每抱诣温(桓温),辄易人而后至,云其重兼常儿。"

奶母　亦作"奶姆"。乳母。《红楼梦》第九回:"贾政看时,是宝玉奶姆的儿子,名唤李贵的。"

奶奶　❶祖母。❷对女主人的称呼。《红楼梦》第九回:"我眼里就看不起他那样主子奶奶么!"

氖（nǎi）　化学元素〔周期系零族(类)元素〕。稀有气体之一。符号 Ne。原子序数 10。无色、无臭。化学性质极不活泼,一般不生成化合物。用以制霓虹灯和指示灯,与氩混合使用能产生美丽的蓝色光。液体氖亦可作致冷剂。

妳（nǎi）　同"奶(妳)"。
另见 nǐ。

迺（nǎi）　姓。元代有迺贤。
另见 nǎi 乃。

嫛（nǎi）　同"奶(嬭)"。见"阿嫛❷"。

nài

奈（nài）　亦作"柰"。❶如何。《淮南子·兵略训》:"唯无形者无可奈也。"❷对付。黄庭坚《和文潜舟中所题》:"谁奈离愁得,村醪或可尊。"❸无奈。王实甫《西厢记》第一本第二折:"小生特谒长老,奈路途奔驰,无以相馈。"❹通"耐"。禁得起;受得住。司空图《退居漫题》诗:"莺喧奈细听。"杜甫《月》诗:"天寒奈九秋。"

奈何　亦作"柰何"。❶怎么;怎么办。《史记·晋世家》:"〔晋公子〕穷来过我,奈何不礼?"《楚辞·九歌·大司命》:"羌愈思兮愁人,愁人兮奈何!"❷对付;处置。岳伯川《铁拐李》第一折:"张千! 休教走了这老子,等我慢慢的奈何他。"

佴（nài,又读 mǐ）　姓。明代有佴祺。
另见 èr。

柰（nài）　❶果木名。《本草纲目·果部》"柰"李时珍集解:"柰与林檎,一类二种也。树实皆似林檎而大。"按俗名花红,亦名沙果。❷同"奈"。

耐（nài）　❶忍受得住;禁得起。如:耐冷;耐烦;刻苦耐劳。❷宜;适宜。高适《广陵别郑处士》诗:"溪水堪垂钓,江田耐插秧。"❸愿。岑参《郡斋南池招杨辚》诗:"闲时耐相访,正有床头钱。"❹通"耏"。古代一种刑罚。参见"耏"。❺通"奈"。黄庭坚《奉谢泰亨送酒》诗:"非君送酒添秋睡,可耐东池到晓蛙!"
另见 nê,néng。

耐可　❶犹言"哪可"、"怎得"。李白《陪族叔刑部侍郎晔及中书贾舍人至游洞庭》诗:"南湖秋水夜无烟,耐可乘流直上天!"❷犹言"宁可"、"愿得"。薛峤《寄公衮舍弟》诗:"余生百计拙,耐可事清吟。"

耏（nài）　通"耐"。古代刑罚的一种。《汉书·高帝纪下》:"令郎中有罪耏以上请之。"颜师古注引应劭曰:"轻罪不至于髡,完其耏鬓,故曰耏。古耐字从彡,发肤之意也。"
另见 ér。

能（nài）　❶通"耐"。受得住。《汉书·晁错传》:"鸟兽毳毛,其性能寒。"❷姓。唐代有能延寿。

另见 néng,tái,tài。

萘（nài）　一种稠环芳香烃。白色晶体。有特殊气味。熔点 80℃。能挥发并易升华,能水蒸气蒸馏。不溶于水,微溶于乙醇,易溶于醚及苯中。和苯相比,萘更易发生氧化、加氢、取代(卤化、硝化、磺化)等反应,制成邻苯二甲酸酐、氢化萘、卤代萘、硝基萘、萘磺酸等衍生物。可由煤干馏和石油重整制得。曾用作驱虫剂、防蛀剂,现已禁用。其衍生物是合成染料、树脂、药物等的重要中间体。

漆（nài）　见"漆沛"。

漆沛　波貌;又水声。见《玉篇·水部》。

鼐（nài）　大鼎。《诗·周颂·丝衣》:"鼐鼎及鼒。"

襨（nài）　见"襨襫"。

襨襫　❶衣服粗重宽大,既不合身又不合时。比喻无能,不晓事。程晓《嘲热客》诗:"今世襨襫子,触热到人家。"❷遮日笠帽。用竹片做胎,蒙以布帛。

蠆（nài）　虫名。《淮南子·说林训》:"兔啮为蠆。"高诱注:"兔所啮草,灵在其心中,化为蠆。一说,兔啮,虫名。"

鼒（nài）　虫名。《广雅·释虫》:"鼒,蛊也。"王念孙疏证:《说文》:'蛊,啮人飞虫也。'鼒似蛊而小,青斑色,啮人。"

nān

囡（nān）　亦作"囝"。吴语对小孩的通称。如:小囡;阿囡。

囝（nān）　同"囡"。
另见 jiǎn,zǎi。

nán

男（nán）　❶古称能在田中出力劳动的壮丁。《礼记·内则》:"三十而有室,始理男事。"郑玄注:"男事,受田给政役也。"❷男性;男人。与"女"相对。如:男学生;男女平等。❸称儿子。杜甫《石壕吏》诗:"一男附书至,二男新战死。"亦为儿子对父母的自称。❹古爵位名。五等爵的第五等。直至清代仍沿用。❺欧洲的爵位名。在西欧 11—13 世纪为一种贵族称号,依附于国王或大封建领主。王权加强后成为贵族爵衔，即"男爵"（英、法文 baron），位在子爵之下。

男女 ❶男子和女子。如：男女老少。❷儿子和女儿。杜甫《岁晏行》："况闻处处鬻男女，割慈忍爱还租庸。"❸元明时仆役的自称。《张协状元》戏文："先生少待，男女请出那解元来。"亦用作詈词。《水浒全传》第四十九回："这两个男女，却放他不得。"❹指两性生活。《礼记·礼运》："饮食男女，人之大欲存焉。"

讦〔訵〕(nán) 见"讦讦"。

讦讦 亦作"喃喃"、"諵諵"。语多不尽。《元包经·睽》："妇际瞪瞪，妾言讦讦。"李江注："讦音髯，多言也。"

南(nán) ❶方位名。与"北"相对。如面向东，则右手为南，左手为北。❷古代南方音乐的名称。《诗·小雅·鼓钟》："以雅以南。"《礼记·文王世子》："胥鼓南。"❸姓。唐代有南霁云。
另见 nā。

南董 南史、董狐，都是春秋时代的良史，分见《左传》襄公二十五年、宣公二年。后因称能如实记事的史官为"南董"。《隋书·魏澹传》："当须南董直笔，裁而正之。"

南斗 "斗宿"的俗称。因相对北斗来说位置在南，故名。

南风不竞 《左传·襄公十八年》："晋人闻有楚师，师旷曰：'不害，吾骤歌北风，又歌南风，南风不竞，多死声，楚必无功。'"南风，南方的音乐；不竞，乐声低沉。这里指师旷能从乐声中臆测出楚师不振，无战斗能力。后也用以比喻竞赛中一方力量不强。《晋书·王献之传》："尝观门生樗蒱，曰：南风不竞。"

南服 周代以距都城远近为准，分土地为五服。在南方者称南服。因即以指南方。颜延之《登巴陵城楼作》诗："江汉分楚望，衡巫奠南服。"

南宫 ❶古代天区名。《史记·天官书》把中宫以南、朱鸟七宿为中心的天区称为"南宫"。❷即尚书省。以其象列宿的南宫，故称。东汉郑宏为尚书令，著有《南宫故事》；南齐丘仲孚为尚书右丞，亦有《南宫故事》百卷。宋代也专称礼部。洪迈《容斋四笔·官称别名》："〔礼部〕今日南宫。"王禹偁《赠礼部宋员外阁老》诗："未还西掖旧词臣，且向南宫作舍人。"❸宋代皇室子弟的学塾。

《宋史·职官志五》："咸平初，遂命诸王府官，分兼南北宅教授。南宫者，太祖、太宗诸王之子孙处之，所谓睦亲宅也。"

南冠 《左传·成公九年》："晋侯观于军府，见钟仪，问之曰：'南冠而絷者谁也？'有司对曰：'郑人所献楚囚也。'"杜预注："南冠，楚冠。"后因以南冠为囚犯的代称。骆宾王《在狱咏蝉》："西陆蝉声唱，南冠客思侵。"

南国 古时称南方诸侯之国。《诗·周南·汉广序》："文王之道，被于南国，美化行乎江汉之域。"又《小雅·四月》："滔滔江汉，南国之纪。"也泛指南方。宋之问《经梧州》诗："南国无霜霰。"

南箕北斗 《诗·小雅·大东》："维南有箕，不可以簸扬；维北有斗，不可以挹酒浆。"箕与斗，都是星宿名。箕宿四星，联起来像簸箕形；斗宿六星，像斗形。当箕、斗并在南方的时候，箕在南而斗在北。后即用"南箕北斗"比喻徒有虚名而无实际。《北史·邢邵传》："今国子虽有学官之名，而无教授之实，何异兔丝燕麦、南箕北斗哉！"

南柯 唐代李公佐作《南柯太守传》，略谓：淳于棼梦入槐安国，国王以女妻之，任南柯太守，荣华富贵，显赫一时。后与敌战而败，公主亦死，被遣回。醒后见槐树南枝下有蚁穴，即梦中所历。后人因称梦境为"南柯"。范成大《题城山晚对轩壁》诗："一枕清风梦绿萝，人间随处是南柯。"

南蛮𫷷舌 《孟子·滕文公上》："今也南蛮𫷷舌之人，非先王之道。"赵岐注："𫷷，博劳鸟也。"这是孟子讥许行的话。许行，楚人，与孟子学说不同，所以孟子讥他语音如鸟鸣𫷷。后因用以讥人操难懂的南方方言。

南面 古代以面向南为尊位，帝王之位南向，故称居帝位为"南面"。《庄子·盗跖》："凡人有此一德者，足以南面称孤矣。"

南冥 南方的大海，以其冥漠无涯，故谓之冥。《庄子·逍遥游》："是鸟也，海运则将徙于南冥。南冥者，天池也。"成玄英疏："大海洪川，原夫造化，非人所作，故曰天池也。"亦作"南溟"。

南溟 同"南冥"。南海。王勃《滕王阁序》："地势极而南溟深，天柱高而北辰远。"

南亩 《诗·豳风·七月》："馌彼

南亩。"后泛指农田。杜牧《阿房宫赋》："使负栋之柱，多于南亩之农夫。"按，从北视之，田垄横陈于南，故称。说见程瑶田《通艺录》。

南内 ❶唐代长安的兴庆宫，在蓬莱宫以南，故名南内。白居易《长恨歌》："西宫南内多秋草，落叶满阶红不扫。"❷宋南渡后，皇帝居住的地方称殿，总称大内，又称"南内"。见《宋史·舆服志六》。❸明代皇城中的小南城，亦称"南内"。见吴长元《宸垣识略》卷三。

南浦 南面的水边。《楚辞·九歌·河伯》："送美人兮南浦。"王逸注："愿河伯送己南至江之涯。"后常用以称送别之地。《文选·江淹〈别赋〉》："送君南浦。"张铣注："南浦，送别之处。"

南曲 ❶宋元时南方戏曲、散曲所用各种曲调的统称。同北曲相对。大多渊源于唐宋大曲、宋词和南方民间曲调。盛行于元明。用韵以今江苏、浙江一带语音为标准，有平上去入四声，明中叶以后也兼从《中原音韵》。音乐上用五声音级，声调柔缓宛转，主要以箫笛伴奏。《九宫大成南北词宫谱》所收南曲曲牌有一千五百十三个（包括集曲）。宋元南戏和明清传奇都以南曲为主。❷曲艺南音的别称。

南拳 中国南方各地拳术的统称。有广东、福建、广西、四川、重庆、江西、湖南、湖北、浙江、江苏等拳路，各路南拳往往自成体系，且流派多。如广东有洪家拳、刘家拳、蔡家拳、李家拳、咏春拳等。福建有祖拳、五祖拳、鹤拳、罗汉拳、梅花桩等。共同特点是步稳、拳刚、势烈，少跳跃，多短拳，常以声气催力。

南人 ❶南方人。《论语·子路》："南人有言曰：'人而无恒，不可以作巫医。'"❷元代对南宋遗民的称呼。元代划分的四等人之一。参见"色目人"。

南荣 ❶屋的南檐。檐两头高起的叫荣。唐太宗《赋得夏首启节》诗："北阙三春晚，南荣九夏初。"❷南方的田野。因南方冬暖，草木常茂，故称。《楚辞·九怀·思忠》："与吾期兮南荣。"❸复姓。《庄子·庚桑楚》有南荣趎。

南戏 亦称"戏文"。原为宋代流行于南方，用南曲演唱的戏曲形式。明祝允明《猥谈》："南戏出于宣和之后，南渡之际，谓之'温州杂剧'。"徐渭《南词叙录》："南戏始于宋光宗朝,永嘉人所作《赵贞女》、《王魁》二种实首之。……号曰'永嘉杂剧'。"元灭南宋后,渐以"南戏"称之。为中国戏曲最早的成熟形式之一。对明清两代的戏曲影响颇大。剧本今知有二百余种,但全本留传者仅有《小孙屠》、《张协状元》、《宦门子弟错立身》(合称《永乐大典戏文三种》)、《牧羊记》、《拜月亭》、《荆钗记》、《白兔记》、《杀狗记》、《琵琶记》等十余种,且多经明人改编。

南辕北辙 辕,车前驾马的车杠;辙,车轮留下的痕迹。辕向南而辙向北,比喻行动同目的相反。《申鉴·杂言下》:"先民有言,适楚而北辕者,曰:'吾马良,用多,御善。'此三者益侈,其去楚亦远矣。"后也用为背道而驰的意思。亦作"北辙南辕"。

南斋 ❶即南书房。在北京故宫乾清宫西南。本清圣祖读书处,曾一度为发布政令、参预皇帝机务之所在。后专司文词书画等事。❷指书斋。贾岛《宿姚合宅寄张籍》诗:"谁伴南斋宿,月高霜满城。"

南针 即指南针。指南针能指示方向,故用以比喻指导。后称请人指导为"乞赐南针",书信中常用之。

南至 冬至。《左传·僖公五年》:"春,王正月,辛亥,朔,日南至。"杜预注:"冬至之日,日南极。"

南中 ❶泛指南部地区;南方。《魏书·李寿传》:"封建宁王,以南中十二郡为建宁国。"❷古地区名。相当今四川大渡河以南和云南、贵州两省。三国蜀汉以巴蜀为根据地,其地在巴蜀之南,故名。《三国志·蜀志·诸葛亮传》:先主卒后,"南中诸郡,并皆叛乱。"

南州冠冕 《三国志·蜀志·庞统传》:司马徽,清雅有知人鉴。统弱冠往见徽,徽采桑于树上坐,统在树下,共语,自昼至夜,徽甚异之,称统当为南州士之冠冕,由是渐显。后用以赞誉德高望重、才识优异的人。

难〔難〕(nán) ❶不容易;艰难。《左传·隐公四年》:"众叛亲离,难以济矣。"李白《蜀道难》诗:"蜀道之难难于上青天。"❷不好。如:难听;难看。

另见 nàn,nuó。

难为 ❶不容易做。古乐府《孔雀东南飞》:"君家妇难为。"❷使人为难。如:他已经很忙,别再难为他了。❸多亏。多用于谢语。《红楼梦》第

四十五回:"黛玉听说笑道:'难为你,……冒雨送来。'"

难兄难弟 兄弟才德都好,难分高下。许月卿《赠黄藻》诗:"难兄难弟夸京邑,莫负当年梦惠连。"后也指两个人同样恶劣。参见"元方季方"。

喃(nán) 低语声;燕鸣声。见"喃喃"、"呢喃"。

喃喃 ❶低语声。《北史·房陵王勇传》:"喃喃细语。"❷燕语声。白居易《燕诗示刘叟》:"喃喃教言语,一一刷毛衣。"

楠〔柟、枏〕(nán) 植物名。学名 *Phoebe zhennan*。亦称"桢楠"。樟科。常绿乔木。叶互生,广披针形或倒卵形,革质,下面有毛。花小,圆锥花序。核果小,卵形,宿存的花被裂片直立而紧抱果实基部。产于中国四川、重庆、云南、贵州、湖南等地。木材为建筑和制器具良材。另有滇楠(*P. nanmu*)、紫楠(*P. sheareri*)、山楠(*P. chinensis*)等,均称"楠木"。木材富于香气,用途同上种。

暔(nán) 古国名。见《集韵·四十八感》。

諵(nán) 同"喃"。见"諵諵"。

諵諵 多言貌,也指低语声。韩愈《酬卢云夫望秋作》诗:"论诗说赋相諵諵。"

鸂(nán) 难(難)的本字。另见 nàn。

---

nǎn

赧(nǎn) ❶因羞愧而脸红。曹植《上责躬应诏表》:"切感《相鼠》之篇,无礼遄死之义,形影相吊,五情愧赧。"❷忧惧。《国语·楚语上》:"夫子践位则退,自退则敬,否则赧。"

赧赧 脸红,难为情的样子。《孟子·滕文公下》:"观其色赧赧然。"

赦(nǎn) 同"赧"。《玉篇·赤部》:"赦,面惭赤也。亦作赧。"

另见 niǎn。

湳(nǎn) ❶古水名。黄河支流。见《水经注·河水三》。❷古羌族部落名。《文选·潘岳〈关中诗〉》:"虚晸湳德,谬彰甲吉。"李善注:"湳、甲,二羌号也。德、吉,其名也。"《后汉书·西羌传》有"卑湳"、"离湳"等羌人部落。

腩(nǎn) ❶用调味品浸渍肉类以备炙食。《齐民要术》卷九"腩炙":"牛、羊、麕、鹿肉皆得,方寸脔切,葱白研令碎,和盐、豉汁,仅令相淹,少时便炙。"又"肝炙":"牛、羊、猪肝皆得,脔长寸半,广五分,亦以葱、盐、豉汁腩之。"❷牛肚子上和近肋骨处的松软肌肉,也指用这种肉做成的菜。

戁〔戁〕(nǎn) 恐惧。《诗·商颂·长发》:"不戁不竦,百禄是緫。"毛传:"戁,恐;竦,惧也。"

蝻(nǎn) 蝗的幼虫。形似成虫而较小,头大,仅有翅芽。常成群吃稻、麦、玉米等禾本科作物。

熯(nǎn) 通"戁"。敬惧。《诗·小雅·楚茨》:"我孔熯矣,式礼莫愆。"

另见 hàn。

---

nàn

难〔難〕(nàn) ❶灾难;不幸的遭遇。《易·否》:"君子以俭德辟(避)难。"《礼记·曲礼上》:"临难毋苟免。"❷诘责;驳诘。《孟子·离娄下》:"于禽兽又何难焉?"《韩非子·难一》王先慎集解:"古人行事或有不合理,韩子立义以难之。"❸怨仇。《周礼·地官·调人》:"调人掌司万民之难而谐和之。"郑玄注:"难,相与为仇雠。"❹拒斥。《书·舜典》:"而难任人。"孔传:"任,佞;难,拒也。佞人斥远之。"

另见 nán,nuó。

难兄难弟 指共过患难的人或处于类似困难境地的人。

戁〔戁〕(nàn) 安戁。温。见《说文·日部》。

鸂(nàn) 难(難)的本字。另见 nán。

---

nāng

囔(nāng) 见"嘟囔"。

---

náng

囊(náng) ❶口袋。如:皮囊。囊空如洗。参见"囊橐"。❷用囊盛物。见"囊萤"。❸像袋子的东西。如:肾囊;胆囊。❹通"攘"。《庄子·在宥》:"乃始脔卷犷囊而乱天下也。"陆德明释文:"犷,崔本作

'戕'。崔云：'戕囊，犹抢攘。'❺姓。春秋时楚有囊瓦。

囊揣 软弱。马致远《黄粱梦》第二折：“俺如今鬓发苍白，身体囊揣，则悠的东倒西歪。”

囊家 旧指聚赌抽头的人，也叫“头家”。李肇《唐国史补》卷下：“囊家什一而取，谓之乞头。”

囊括 犹言包罗。《文选·贾谊〈过秦论〉》：“有席卷天下，包举宇内，囊括四海之意，并吞八荒之心。”刘良注：“括，盛也，犹囊盛而结之。”参见“括囊❷”。

囊橐 口袋。《诗·大雅·公刘》：“乃裹糇粮，于橐于囊。”毛传：“小曰橐，大曰囊。”郑玄笺：“乃裹粮食于囊橐之中。”段玉裁《说文解字注》：“囊者，言实其中如瓜瓢也；橐者，言虚其中以待，如木橐也。”比喻收容包庇。《汉书·张敞传》：“广川王姬昆弟及王同族宗室刘调等通行为之囊橐。”颜师古注：“言容止贼盗，若囊橐之盛物也。”

囊萤 以囊盛萤。《晋书·车胤传》：“〔胤〕博学多通，家贫不常得油，夏月则练囊盛数十萤火以照书，以夜继日焉。”后人因用为勤苦读书的典故。李中《寄刘钧明府》诗：“三十年前共苦辛，囊萤曾寄此烟岑。”

囊膪 猪胸腹部肥而松的肉。

饢 〔饢〕（náng）波斯语音译。“面包”的意思。清人译作“馕馕”。维吾尔、哈萨克、柯尔克孜等族主要食物之一。用小麦面、玉米面或高粱面做成饼，通常是贴在烧热的烘炉中烤熟，便于贮存或携带。

另见 nǎng。

nǎng

瀼 （nǎng）见“浇瀼”。

另见 ráng, ràng。

曩 （nǎng）往昔；从前。《列子·黄帝》：“曩吾以汝为达，今汝之鄙至此乎？”

攮 （nǎng）❶推；挤。如：推推攮攮。❷北方人称匕首为攮子。因称以匕首或刺刀刺人为攮。《儒林外史》第六回：“半夜里不见了枪头子——攮到贼肚里。”

饢 〔饢〕（nǎng）拼命地吃。《西游记》第十九回：“那饢糠的夯货，快出来与老孙打么！”

另见 náng。

nàng

齉 （nàng）鼻病。鼻塞不通，发音不清。如：齉鼻子。

nāo

孬 （nāo）“不好”的合文和变音。坏。《龙龛手鉴·不部》收此字，注“乌怪切”，音近“坏”，与今音不同。《捻军歌谣·穷爷们结成捻》：“走了孬运碰官兵，人亡财散望谁喊。”

náo

诨 〔詾〕（náo）同“呶”。叫嚣。《旧唐书·徐彦伯传》：“以号诨为令德。”

呶 （náo）喧哗。《诗·小雅·宾之初筵》：“载号载呶。”

另见 nǔ。

呶呶 多言；说话唠叨。含有使人讨厌的意思。柳宗元《答韦中立论师道书》：“岂可使呶呶者早暮咈吾耳，骚吾心！”

怓 （náo）喧哗；乱。《诗·大雅·民劳》：“无纵诡随，以谨惽怓。”

詨 〔譊〕（náo）见“詨詨”。

詨詨 争辩声，引申为喧闹嘈杂。《三国志·蜀志·孟光传》：“好公羊春秋而讥呵左氏，每与来敏争此二义，光常詨詨譊（喧）咋。”古乐府《孤儿行》：“里中一何詨詨。”

撓 〔撓〕（náo）❶搅；搅和。《淮南子·说林训》：“使水浊者，鱼撓之。”❷扰乱；阻挠。韩愈《送孟东野序》：“草木之无声，风撓之鸣。”《新五代史·义儿传》：“宜以精骑撓之。”❸弯曲；屈。如：百折不撓。《史记·酷吏列传》：“所爱者，撓法活之；所憎者，曲法诛灭之。”❹搔。如：抓耳撓腮。

撓败 见“橈败”。

撓北 败北；溃散。《吕氏春秋·忠廉》：“若此人也，有势则不自私矣，处官则不为污矣，将众则不撓北矣。”

惱 〔憹〕（náo）懊惱，痛悔。见《集韵·六豪》。

橈 〔橈〕（náo）❶弯曲。《易·大过》：“栋橈。”陆德明释文：“曲折也。”❷屈服。《荀子·荣辱》：

“重死、持义而不橈，是士君子之勇也。”❸冤屈；委屈。《礼记·月令》：“〔仲秋之月〕斩杀必当，毋或枉橈。”《史记·萧相国世家》：“上已桡功臣，多封萧何。”❹削弱。《汉书·张良传》：“汉王忧恐，与郦食其谋桡楚权。”❺扰乱。《易·说卦》：“桡万物者，莫疾乎风。”

另见 ráo。

橈败 战败；挫败。《左传·成公二年》：“畏君之震，师徒橈败。”

猱 （náo）山名。见“猱山”。

猱山 在今山东淄博市东。《诗·齐风·还》：“遭我乎猱之间兮”，即此。

碙 （náo）见“碙砂”。

碙砂 矿物名。化学式为 NH_4Cl。中医学上入药，性温、味咸苦辛，有毒，功能破瘀消积、软坚化痰，内服治癥瘕积块、噎膈反胃、咳嗽痰多等，外用治痈疽、疔疮、瘰疬、翳障胬肉、赘疣等。现用于治疗食管癌、鼻咽癌等。内服宜慎，孕妇忌用。

铙 〔鐃〕（náo）❶古代乐器。一说应名“钲”。青铜制。体短而阔，有中空的短柄，插入木柄后可执，以槌击之而鸣。三个或五个一组，大小相次。盛行于商代。《周礼·地官·鼓人》：“以金铙止鼓。”郑玄注：“铙，如铃，无舌，有柄，执而鸣之。”❷中国击乐器。

铙

形制与钹相似，唯中间隆起部分较小，其径约当全径的五分之一。以两片为一副，相击发声。大小相当的铙与钹，铙所发的音低于钹而余音较长。铙较钹出现晚，宋时始有。后形成大小不一的多种形制，被广泛采用于民间歌舞、戏曲、吹打乐、锣鼓乐中。❸通“挠”。扰乱。《庄子·天道》：“万物无足以铙心者，故静也。”

碙 （náo）同“碙”。

蛲 〔蟯〕（náo）见“蛲虫”。

蛲虫（*Enterobius vermicularis*）线虫纲，尖尾线虫科。体形似针，色白。口部有小唇片三个。雄虫长约 5 毫米，尾端向腹面弯曲，有交合刺一枚。雌虫长达 12 毫米，尾部长而尖细。寄生在人的肠道回盲部的肠粘膜上，引起蛲虫病。

猱（náo）❶猿类，身体便捷，善攀援。《诗·小雅·角弓》："毋教猱升木。"❷古琴弹奏的一种指法。

蝚（náo）《史记·司马相如列传》："其上则有赤猨蠷蝚。"蠷、蝚，皆猿猴类兽名。
另见 róu。

巎（náo）同"玃"。

玃（náo）本作"夒"。❶同"猱"。兽名，猿属。《礼记·乐记》："玃杂子女。"郑玄注："玃，猕猴也，言舞者如猕猴戏也。"❷用泥涂墙壁。《汉书·扬雄传下》："玃人亡，则匠石辍斤而不敢妄斫。"颜师古注："玃，扲拭也，故谓涂者为玃人。"

夒（náo）"猱"古字。猴的一种。《说文·夂部》："夒，贪兽也。一曰母猴，似人。"徐锴系传："今作'猱'。"按《礼记·乐记》作"玃"。

巎（náo）同"猲"。字亦作"嶩"、"巎"。《说文·山部》："猲，猲山也，在齐地。"段玉裁注："《地理志》引作'嶩'。师古云：'亦作巎。'"按《汉书·地理志》"齐地"颜师古注："嶩，山名也。字亦作巎。"

玃（náo）"玃"的古字。

嶩（náo）同"巎"。

nǎo

堖（nǎo）方言。圆顶像脑的土山。亦用作地名。山西昔阳县有南堖。

恼〔惱〕（nǎo）❶恨；怒。李行道《灰阑记》第一折："你不去，员外又道你恼着他哩！"❷忧愁；苦闷。如：苦恼；烦恼。也用为撩拨，使人烦恼。王安石《夜直》诗："春色恼人眠不得，月移花影上阑干。"❸病痛。《陈书·姚察传》："将终，曾无痛恼。"

剒（nǎo）同"脑"。《考工记·弓人》："夫角之本蹇于剒。"郑玄注："蹇，近也。"陆德明释文："剒又作脑。"

脑〔腦〕（nǎo）❶人和脊椎动物中枢神经系统的主要部分。位于颅腔内。分大脑、间脑、小脑和脑干四部分。低等脊椎动物的脑较简单，人和哺乳动物的大脑最发达，由左右两个大脑半球组成，两半球间有胼胝体等相连。平常说的"脑"指大脑。间脑被包埋在大脑半球内。脑干像大脑的柄。小脑则在脑干的背面。❷中医学名词。又称"髓海"。奇恒之府之一。认为由精髓汇集而成。脊髓与脑相通，"故上至脑，下至尾骶，皆精髓升降之道路"（见明李梴《医学入门》）。《灵枢·海论》载述：髓海的充盈与不足，对肢体运动、听力、视力及精神活动等都有影响。金张洁古指出人的视觉、听觉、嗅觉、感觉等，都是脑的功能活动（见金李东垣《脾胃论》）。明李时珍说："脑为元神之府"（见《本草纲目》"辛夷"条），进一步阐明了脑具有精神意识、思维活动等功能。"脏腑学说"认为脑与心、肾等内脏之间有密切的联系。❸指白色如脑状或脑髓的物质。如：石脑；樟脑。

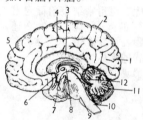

人脑正中矢状面图
1. 枕叶　2. 顶叶　3. 胼胝体
4. 扣带回　5. 额叶　6. 下丘脑
7. 垂体　8. 丘脑　9. 脑桥
10. 延髓　11. 小脑　12. 中脑

瑙（nǎo）见"玛瑙"。

磁（nǎo）见"码磁"。

獿（nǎo）扰乱。见《广雅·释诂》。按《广韵·三十一巧》同。
另见 qiāo。

nào

闹〔鬧、閙〕（nào）❶争吵；喧扰。如：吵闹；胡闹。柳宗元《答韦中立论师道书》："度今天下不吠者几人，而谁敢衒怪于群目，以召闹取怒乎！"❷嘈杂；热闹。范成大《寒亭》诗："一川丰年意，比屋闹鸡犬。"马致远《拨不断》曲："子陵一钓多高兴，闹中取静。"❸旺盛；浓艳。宋祁《玉楼春》词："红杏枝头春意闹。"杨万里《赵达明招游西湖》诗："海棠闹日不曾来。"❹轰轰烈烈地干。如：闹革命；闹生产。❺激动；发泄。如：闹情绪；闹脾气。❻发生灾害或疾病。如：闹水灾；闹肚子。

闹场又称"闹台"、"开台锣鼓"。通常指单纯用锣鼓演奏的音乐。多在戏曲开演前用以吸引观众，偶尔亦在演出结束后用以送客。在戏曲向现代剧场艺术发展后，已渐少用。

闹蛾儿古代妇女头上插戴的妆饰品。刘若愚《酌中志·饮食好尚记略》："自岁莫（暮）正旦，咸头戴闹蛾，乃乌金纸裁成，画颜色装就者；亦有用草虫、蝴蝶者。亦名'闹嚷嚷'。"王夫之《杂物赞·活的儿》："以乌金纸剪为蛱蝶，朱粉点染，以小铜丝缠缀针上，旁施柏叶。迎春，元日，冶游者插之巾帽，宋柳永词所谓'闹蛾儿'也；或亦谓之'闹嚷嚷'。"

闹房新婚之晚亲友在新房里向新婚夫妇说笑取乐。也叫"闹新房"。吴荣光《吾学录·昏礼门》："世俗有所谓闹新房者……乃群饮喧呼，恣为谐谑。"

闹竿儿古代儿童玩具。竿上缀有丛杂的装饰，故名。吴自牧《梦粱录》卷十三"诸色杂货"："小儿戏耍家事儿，如……闹竿儿。"《新编南词定律》卷二"山渔灯换头"引《陈巡检梅岭失妻》戏文："香车宝马人无数，闹竿儿挑著葫芦。"亦称"闹竹竿"。《西湖老人繁胜录》："闹竹竿。"吴子修校注："有极细用七宝犀象揍成者。"

闹装鞍辔等物用各种珍宝杂缀为饰的称闹装。白居易《渭村退居寄礼部崔侍郎翰林钱舍人》诗："贵主冠浮动，亲王辔闹装。"孟元老《东京梦华录·元旦朝会》："例本朝伴射用弓箭中的，则赐闹装银鞍马，衣着金银器物有差。"又有闹装带。胡应麟《少室山房笔丛》卷二十一："闹装带，余游燕日，尝见于东市。合众宝杂缀而成，故曰闹装。"

淖（nào）❶泥；泥沼。《左传·成公十六年》："栾、范以其族夹公行，陷于淖。"❷湿润；柔和。《淮南子·原道训》："甚淖而滒，甚纤而微。"
另见 chuò, zhuō。

腝（nào）同"臑"。臂节。见《广韵·三十七号》。
另见 ér, nuǎn, ruǎn。

臑（nào）人体的上肢或牲畜的前肢。《灵枢经·经脉》："颔肿不可顾，肩似拔，臑似折。"《仪礼·特牲馈食礼》：“尸俎：右肩、臂、臑、肫、胳。”胡培翚正义引《礼经释例·释牲》：“肩下谓之臂，臂下谓之臑。”

另见 ér、nuǎn、rú。

臑肉 上臂部肌肉，主要指肱二头肌部。元滑寿《十四经发挥》：“髆下对腋处为臑，肩肘之间也。”明张景岳《类经图翼·周身骨部名目》：“臑……肩髆下内侧对腋处高起软白肉也。”《灵枢·经脉》称上臂屈侧面为“臑内”，伸侧面为“臑外”。清吴谦《医宗金鉴·正骨心法要旨》称肱骨为“臑骨”。

né

那（né，又读 nuó） 见“那吒”。
另见 nā、nǎ、nà、něi、nèi、nuó、nuò。

那吒 ❶那吒。梵语 Nalakūvara 或 Nalakūbara 音译的略称，全名那吒俱伐罗。佛教护法神。相传为毗沙门天王第三子，称那吒太子或那拏天。其形象，一说为三头六臂。❷亦作哪吒。《西游记》、《封神演义》中的人物。《西游记》说他是玉帝部下托塔天王李靖第三子，年少却神通广大，曾参与讨伐孙悟空。《封神演义》说他出生不久，便打死龙王太子敖丙，四海龙王奏准玉帝，欲擒拿其父母，他为了表示自己所为与父母无涉，毅然剖腹、剜肠、剔骨血，归还双亲而死。死后，魂魄借莲花为躯体，得以复活。后助姜子牙兴周灭纣。这一人物当由佛教经籍中的故事演化而成。

哪（né，又读 nuó） 见“哪吒”。
另见 nǎ、na、něi。

哪吒 即“那吒”。

nê

耐（nê） 同“偄”。吴方言，你。
另见 nài、néng。

偄（nê） 吴方言的“你”。亦作“耐”。

nè

讷〔訥〕（nè，旧读 nà） 出言迟钝。《论语·里仁》：“君子欲讷于言而敏于行。”《晋书·左思传》：“貌寝口讷，而辞藻壮丽。”

呐（nè） 同“讷”。说话迟钝或口吃。《荀子·非相》：“其辩不若其呐也。”

另见 nà、ne。

呐呐 形容说话迟钝或口吃。《礼记·檀弓下》：“其言呐呐然如不出〔诸〕其口。”

冏（nè） 同“讷”。言语迟钝。《说文·冏部》：“冏，言之讷也。”段玉裁注：“此与言部讷音义皆同，故以讷释冏。”

眲（nè） 轻视。《列子·黄帝》：“〔子华子之门徒〕顾见商丘开年老力弱，面目黎黑，衣冠不检，莫不眲之。”《方言》第十：“扬越之郊，凡人相侮以为无知谓之眲。眲，耳目不相信也。”郭璞注：“因字名也。”

ne

呐（ne） 同“呢”。
另见 nè、nà。

呢（ne） ❶表询问语气，常用于疑问选择句。如：你到底去不去呢？也用来结束前面已经有过询问词的问句。如：你怎么还不去呢？❷表警醒语气。如：这种地方是去不得的呢！
另见 ní。

něi

那（něi） “哪一”的合音。
另见 nā、nǎ、nà、né、nèi、nuó、nuò。

哪（něi） “哪一”的合音。如：哪棵树？
另见 nǎ、na、né。

馁〔餒〕（něi） ❶饥饿。《左传·僖公二十五年》：“昔赵衰以壶飧从，径，馁而弗食。”杜预注：“馁，饿也。”引申为丧气。萎靡不振。如：胜勿骄，败勿馁。《孟子·公孙丑上》：“其为气也，配义与道；无是，馁也。”❷指鱼类臭烂。《论语·乡党》：“鱼馁而肉败。”按《史记·孔子世家》“馁”作“餧”。

腇（něi） 见“腲腇”。

餧（něi） 同“馁”。饥饿。《汉书·魏相丙吉传》：“发仓廪，振乏餧。”
另见 wèi 喂。

nèi

内（nèi） ❶里面。与“外”相对。如：国内；内衣。❷女色。

《左传·僖公十七年》：“齐侯好内。”❸古代泛称妻妾。《左传·昭公元年》：“齐惠栾、高氏皆耆酒，信内多怨。”后专称妻为内。钱惟善《送贾元英之照潭》诗：“梦里无题惟寄内。”又为妻家亲戚之称。如：内兄；内侄。❹亲近；亲信。《礼记·大学》：“外本内末。”孔颖达疏：“外，疏也。内，亲也。”《管子·法法》：“则人主孤立而无内。”❺内室。《汉书·晁错传》：“家有一堂二内。”❻皇宫。白居易《长恨歌》：“西宫南内多秋草。”参见“大内❶”。❼内脏。见“五内”。
另见 nà。

内臣 ❶国内之臣。《左传·僖公七年》：“我以郑为内臣，君亦无所不利焉。”杜预注：“以郑事齐，如封内臣。”❷宫廷近臣。《春秋·隐公元年》“祭伯来”孔颖达疏：“天子内臣，不得外交。”❸指宦官。《汉书·五行志上》：“阙在司马门中，内臣石显之像也。”石显，汉元帝时宦官。

内宠 ❶受宠爱的姬妾。《左传·僖公十七年》：“齐侯好内，多内宠，内嬖如夫人者六人。”❷得宠的宦官。《左传·僖公十七年》：“易牙入，与寺人貂，因内宠以杀群吏。”杜预注：“内宠，内官之有权宠者。”

内顾 ❶向后看。《论语·乡党》：“车中不内顾。”❷指对家事或国事的关心。《汉书·杨仆传》：“失期内顾。”颜师古注：“内顾，言思妻妾也。”《三国演义》第九十一回：“今南方已平，可无内顾之忧。”❸反过来想到自己。柳宗元《游南亭夜还叙志》诗：“内顾乃无有，德輶甚鸿毛。”

内翰 宋代为翰林学士之别称。《宋史·王旦传》：“内翰得官几日，乃欲隔截天下进士耶！”内翰，指翰林学士陈彭年。清代内阁中书亦称“内翰”。

内行（—háng） 熟习某种行业的内情，或对某方面有丰富经验。也具有这种经验的人。

内讧 亦作“内哄”。指内部互相倾轧或冲突。《诗·大雅·召旻》：“天降罪罟，蟊贼内讧。”

内讳 ❶讳言国内家内之丑事。《公羊传·宣公元年》“公子遂如齐逆女”何休注：“有母言如者，缘内讳，无贬公文。”❷古时指家中妇女的名讳。《晋书·王述传》：“亡祖先君，名播海内，远近所知，内讳不出门，馀无所讳。”

内家 ❶指皇宫。王建《宫词》：

"尽送春球出内家,记巡传把一枝花。"亦指宫人。薛能《吴姬》诗:"身是三千第一名,内家丛里独分明。"❷指俗家,非出家人。《初刻拍案惊奇》卷三十四:"静观尼此时已是内家装扮了。"

内奸　隐藏在内部,与敌人勾结,暗中从事破坏活动的敌对分子。

内艰　旧称母丧为"内艰"。《新五代史·李琪传》:"其兄珽,唐末举进士及第,为监察御史,丁内艰,贫无以葬。"

内教　指封建时代对妇女的教育。《晋书·杨骏传》:"后妃所以供粢盛,弘内教也。"

内疚　内心惭愧不安。嵇康《幽愤》诗:"惩难思复,心焉内疚。"惩难,遭受困厄后引为教训;复,改正。

内乱　❶国内的战争或变乱。《礼记·杂记下》:"内乱不与焉,外患弗辟(避)也。"❷犹乱伦。《周礼·夏官·大司马》:"外内乱,鸟兽行,则灭之。"贾公彦疏:"内乱谓家内,若卫宣公上烝父妾,下纳子妻之等是也。"

内亲　❶妻子亲属的统称,如内兄、内弟、连襟等。❷母亲。《敦煌变文集·句道兴〈搜神记〉》:"〔樊寔〕内亲早亡,继事后母。"

内热　❶内心焦灼。《庄子·人间世》:"今吾朝受命而夕饮冰,我其内热乎?"❷中医学名词。指体内有热的病变。有虚实之分,虚证多由阴虚引起,《素问·调经论》:"阴虚则内热。"阴液耗损、虚阳偏亢,则表现内热征象。实证多见壮实之体,由平素阳盛、内热炽盛引起。内热证常见五心烦热、咽干、口燥或口臭、口舌生疮、便秘、溲赤等症。

内人　❶古代泛指妻妾,眷属。《礼记·檀弓下》:"今及其死也,朋友诸臣未有出涕者,而内人皆行哭失声。"后专用以对人称自己的妻子。❷宫人。《周礼·天官·寺人》:"掌王之内人及女宫之戒令。"郑玄注:"内人,女御也。"❸唐代长安教坊歌舞妓进入宜春院的称"内人"。崔令钦《教坊记》:"妓女入宜春院,谓之内人,亦曰前头人,常在上前也。"

内禅　帝王择定继位的人,自动让位给他。《文选·干宝〈晋纪·论晋武帝革命〉》:"尧舜内禅,体

文德也。"李善注引谢灵运《晋书·禅位表》:"夫唐虞内禅,无兵戈之事,故曰文德。"后代也指皇帝未死时传位于继承者。王明清《玉照新志》卷四载方允迪《乞乾龙节上寿文》:"内禅应图,大计果安于社稷。"按指宋钦宗(赵桓)承受徽宗(赵佶)的皇位。

内省(—shěng)　犹言禁省。指宫内。《后汉书·和熹邓皇后纪》:"宫禁至重,而使外舍久在内省。"外舍,外戚。

内圣外王　中国古代伦理思想中的一种理想人格。意为内修圣人之德,外施王者之政或外务社会事功。语出《庄子·天下》篇。其具体内容随学派而异。以儒家内圣外王为主的理想人格,对中国社会的政治、伦理、哲学、文化产生深远影响,成为中国历代士人与知识分子人生追求的理想目标。

内视　❶犹言内省,自我检查。《史记·商君列传》:"反听之谓聪,内视之谓明。"❷谓凭主观想像以看待事物。《庄子·列御寇》:"贼莫大乎德有心而心有睫,及其有睫也而内视,内视而败矣。"郭庆藩集释引俞樾曰:"内视者,非谓收视返听也,谓不以目视而以心视也。"❸练气功时将意念集中于体内的状态。唐孙思邈《千金要方·养性》:"常当习黄帝内视法,存想思念,令见五脏如悬磬,五色了了分明,勿辍也。"

内竖　古代宫中传达王命的小吏。《周礼·天官·内竖》"掌外内之通令"郑玄注:"内,后六宫;外,卿大夫也。使童竖通王内外之命。"后用作宦官的通称。《后汉书·梁商传》:"未尝以权盛干法,而性慎弱无威断,颇溺于内竖。"

内心　心中;心里。《说苑·修文》:"是故服不成象,而内心不变。"

内行(—xíng)　指人在家庭中的操行。《史记·五帝本纪》:"舜居妫汭,内行弥谨。"

内省(—xǐng)　内心省察。《论语·颜渊》:"子曰:内省不疚,夫何忧何惧。"

内兄弟　❶《仪礼·丧服》"舅之子"郑玄注:"内兄弟也。"❷古代称姑、姊、妹及族人之妇为"内兄弟"。《仪礼·特牲馈食礼》:"洗献内兄弟于房中,如献众兄弟之仪。"郑玄注:"内兄弟,内宾、宗妇也。"贾公彦疏:

"内宾,姑、姊、妹;宗妇,族人之妇。"❸妻的兄弟。

内学　❶谶纬之学。《后汉书·方术传序》:"自是习为内学,尚奇文,贵异数,不乏于时矣。"李贤注:"内学,谓图谶之书也。其事秘密,故称内。"参见"谶纬"。❷即"佛学"。古印度佛教自称其学为"内明"。"明",译自梵语 Vidyā,即"学问"。因而后世佛教学者称佛学为"内学",称佛学以外的学问为"外学"。

内训　古称对妇女的教育。《后汉书·曹世叔妻传》:"作《女诫》七篇,有助内训。"

内应　❶内部策应的人。《史记·郦生陆贾列传》:"足下举兵攻之,臣为内应。"❷在暗中支持的人。《汉书·谷永传》:"永自知有内应,展意无所依违。"

内忧　❶指国家内部的忧患。与"外患"相对。《左传·成公十六年》:"唯圣人能外内无患。自非圣人,外宁必有内忧。"❷内心忧惧。《汉书·张安世传》:"禹(霍禹)谋反,夷宗族。安世素小心畏忌,已内忧矣。"❸指母丧。杨炯《唐右将军魏哲神道碑》:"显庆二年,以内忧解职。"参见"丁忧"、"内艰"。

内忧外患　内部的变乱和外来的祸患。《国语·晋语六》:"讵非圣人,不有外患,必有内忧。"《孽海花》第二十五回:"当此内忧外患接踵而来,老夫子系天下人望,我倒可惜他多此一段闲情逸致!"

内藏　❶内库。《公羊传·僖公二年》:"则宝出之内藏,藏之外府。"❷同"内脏"。《灵枢经·本藏》:"视其外应,以知其内藏,则知所病矣。"

内政　❶国家的内部事务。《后汉书·陈蕃传》:"臣闻齐桓修霸,务为内政……内政不理,心腹之患也。"❷宫中的事务。《周礼·天官·女史》:"掌王后之礼职,掌内治之贰,以诏后治内政。"

内主　❶古称诸侯的夫人,因夫人主阃内之事。《左传·昭公三年》:"君有辱命,惠莫大焉,若惠顾敝邑,抚有晋国,赐之内主,岂惟寡君,举群臣实受其贶。"后也指皇后。晋武帝《立皇后大赦诏》:"以仪刑万邦者,必须内主。"❷犹内应。《后汉书·董卓传》:"初平元年,馥(韩馥)等到官,与袁绍之徒十余人,各兴义兵,同盟讨卓,而伍琼、周珌阴为内主。"

内助　妻子帮助丈夫处理家庭内部事务,因称妻子为"内助"。《宋史

·哲宗昭慈孟皇后传》:"得贤内助,非细事也。"

内传 ❶古代经学家称专主解释经义的书为"内传",广引事例、推演本义的书为"外传"。如《汉书·艺文志·六艺略》有《诗》的《韩内传》四卷、《韩外传》六卷。又《左传》称为《春秋》的内传,见韦昭《国语解叙》。又各书"内传"、"外传"体例不一。参见"外传"。❷一种传记小说体,以记载传主的遗闻秘事为主。如《隋书·经籍志二》有《汉武内传》、《关令内传》、《南岳夫人内传》等。李商隐《碧城》诗:"武皇内传分明在,莫道人间总不知。"

内子 ❶古代称卿大夫的嫡妻。《左传·僖公二十四年》:"〔赵姬〕以盾为才,固请于公以为嫡子,而使其三子下之;以叔隗为内子,而己下之。"❷古时人之妻、己之妻都可称为"内子"。孙光宪《北梦琐言》卷六:"唐乐安孙氏,进士孟昌期之内子。"后专以称自己的妻子。俞樾《小浮梅闲话》:"夏日,余与内子坐其中,因录其闲话稍有依据者为一编云。"

那 (nèi) "那(nà)一"的合音。如"那边"即"那一边"。

另见 nā、nǎ、nà、né、něi、nuó、nuò。

nèn

婑 (nèn) 同"嫩"。《说文·女部》:"婑,好貌。"朱骏声通训定声:"假借为奧,俗字又变作嫩。"

另见 ruǎn。

嫩 [嫩] (nèn,旧读 nùn) ❶物初生时的柔弱娇嫩状态。如:嫩芽。李白《宫中行乐词之二》:"柳色黄金嫩,梨花白雪香。"❷事物刚产生或尚轻微的状态;不老练。萧衍《答陶弘景书》:"笔力过嫩,书体乖异。"

嫩寒 轻寒;微寒。柳贯《中秋待月不见》诗:"桂花养魄嫩寒生。"

嫩绿 浅绿色。柳永《西平乐》词:"正是和风丽日,几许繁红嫩绿。"

嫩晴 谓春日雨后初晴。杨万里《春暖郡圃散策》诗:"春禽处处讲新声,细草欣欣贺嫩晴。"

néng

而 (néng) 通"能"。❶能够。《墨子·尚同下》:"然计天下

之所以治者何也?唯而以尚同一义为政故也。"❷才能。《庄子·逍遥游》:"德合一君,而征(徵)一国。"

另见 ér。

耐 (néng) 通"能"。《礼记·乐记》:"故人不耐无乐。"郑玄注:"耐,古书'能'字也。"

另见 nài、nē。

能 (néng) ❶一种像熊的野兽。《国语·晋语八》:"今梦黄能入于寝门。"韦昭注:"能,似熊。"❷三足的鳖。《尔雅·释鱼》:"鳖三足能。"邢昺疏:"鳖龟皆四足,三足者异,故异其名,鳖之三足者名能。"张衡《东京赋》:"能鳖三趾。"❸能力;才能。如:各尽所能。亦指有技能、有才能。《论语·泰伯》:"以能问于不能,以多问于寡。"❹能够;善于;胜任。如:能写会算;能言善辩。《史记·项羽本纪》:"乃请陈婴,婴谢不能。"❺亲善。《诗·大雅·民劳》:"柔远能迩,以定我王。"《左传·襄公二十一年》:"〔范鞅〕与栾盈为公族大夫而不相能。"❻中国哲学概念。即"能知"。详"能所"。❼够;到。《史记·扁鹊仓公列传》:"其死未能半日也。"❽犹"乃"。《管子·权修》:"二者不失,则民能可得而官也。"❾犹"而"。《墨子·天志下》:"能少尝之甘,谓甘;多尝谓苦。"❿犹"只"、"徒"。杜甫《月》诗:"只益丹心苦,能添白发(髮)明。"⓫通"恁"。那么;这么。文天祥《念奴娇》词:"乾坤能大,算蛟龙岂是池中之物?"⓬通"宁"。宁可。马致远《任风子》第二折:"俗说'能化一罗刹,莫度十乜斜'。"

另见 nài、tái、tài。

能亨 即"宁馨"。犹言如此。方以智《通雅·谚原》:"宁馨,今云能亨。"翟灏《通俗编·语辞》:"《癸辛杂志》天台徐子渊词云:'他年青史总无名,你也能亨,我也能亨。'自注:'能亨,乡音也。'"

能近取譬 谓能设身处地,推己及人;以己之心比人之心。《论语·雍也》:"夫仁者,己欲立而立人,己欲达而达人。能近取譬,可谓仁之方也已。"刘宝楠正义:"譬者喻也;以己为喻,故曰近。"

能人 指某方面特别能干的人。

能事 所能之事。《易·系辞上》:"引而申之,触类而长之,天下之能事毕矣。"亦指擅长之事。杜甫《戏题王宰画山水图歌》:"能事不受相促迫,王宰始肯留真迹。"

能所 "能知"和"所知"的合称。即认识主体与认识对象的关系。佛教学者最先应用,认为"所知"依附于"能知",即把认识对象消融在认识主体中,否定客观世界的存在。明清之际王夫之指出"所谓能者即己也,所谓所者即物也","所不在内,故心如太虚,有感而皆应",驳斥了"消所以入能,而谓能为所"之说(见《尚书引义》卷五),并提出"因所以发能","能必副其所"的观点。

能者多劳 《庄子·列御寇》:"巧者劳而知(智)者忧,无能者无所求,饱食而敖游。"后称"能者多劳"本此,但与《庄子》命意有别。庄子之意在弃绝巧智,故曰"无能者无所求,饱食而敖游";后言"能者多劳"则对多能之人有赞扬之意。《红楼梦》第十五回:"俗语说的:'能者多劳。'太太见奶奶这样才情,越发都推给奶奶了。"

能知 与"所知"相对。指认识主体。详"能所"。

ńg

嗯 (ńg,又读 ń) 表示怀疑的声音。如:嗯!哪有这种事情?

另见 ňg、ng。

ňg

唔 (ňg,又读 ň) 表示出乎意外或不以为然。如:唔!你怎么还在这儿?

另见 ǹg。

嗯 (ňg,又读 ň) 表示意外或不以为然的声音。

另见 ńg、ng。

ǹg

唔 (ǹg,又读 ǹ) 答应声。表示允许或同意。如:唔,就这么办吧。

另见 ňg。

嗯 (ǹg,又读 ǹ) 表示应允的声音。如:嗯,就这么办吧。

另见 ńg、ňg。

ngú

唔 (ngú) 吴语自称之词。

另见 ḿ、wú。

nī

妮（nī，旧读 ní）　亦作"婗"。见"妮子"。

妮子　旧时对婢女的称呼。亦以称少女或幼女。《新五代史·晋家人传》："吾有梳头妮子。"无名氏《百花亭》第二折："那厮巨万贯东西，要娶俺这妮子。"亦作"婗子"。章炳麟《新方言·释亲属》："山东谓幼女为妮子，亦以称婢。"

ní

尼（ní）　梵语 Bhikṣuṇī 的音译"比丘尼"的省称。即尼姑，信佛出家的女子。如：僧尼；削发为尼。

另见 nǐ。

尼父　对孔子的尊称。古代常在男子字的后面加"父"以示尊敬，叫"且字"。孔子字仲尼，故加且字为尼父。《礼记·檀弓上》："鲁哀公诔孔丘曰：'天不遗耆老，莫相予位焉，呜呼哀哉，尼父！'"郑玄注："尼父，因且字以为之谥。"

尼姑　中国对比丘尼的俗称。

坭（ní）　同"泥"。

呢（ní）　❶见"呢喃"。❷毛织物的一种。如：毛呢；制服呢。

另见 ne。

呢喃　燕鸣声。刘季孙《题饶州酒务厅屏》诗："呢喃燕子语梁间，底事来惊梦里闲？"也用以形容声音多而很低。《聊斋志异·于去恶》："兄于枕上教《毛诗》，诵声呢喃，夜尽四十余行。"

兒（ní）　❶通"猊"。《诗·鲁颂·閟宫》："黄发（髮）兒齿。"❷同"倪"。姓。西汉时有兒宽。

另见 ér 儿，er 儿。

泥（ní）　❶和着水的土。如：烂泥；泥塘。❷像泥一般的东西。如：印泥；枣泥；蒜泥。❸软弱。《尔雅·释兽》："威夷，长脊而泥。"邢昺疏："泥，弱也。"

另见 nǐ，nì，niè。

泥封　即"封泥"。

泥滑滑　鸟名，即竹鸡。梅尧臣《竹鸡》诗："泥滑滑，苦竹冈。"《本草纲目·禽部二》："竹鸡……南人呼为泥滑滑，因其声也。"

泥金　颜料名。用金箔和胶水制成的金色颜料。应用于书画、髹漆等方面。有青赤两种。王仁裕《开元天宝遗事·泥金帖子》："新进士才及第，以泥金书帖子，附家书中，用报登科之喜。"崔塗《过绣岭宫》诗："上皇曾此驻泥金。"指泥金的车驾。

泥犁　亦作"泥梨"、"泥黎"。梵语。意译为地狱，其中一切皆无，没有喜乐。《翻译名义集·地狱篇》："地狱，此方名。梵称泥犁。"《云笈七籤》卷十引《老君太上虚无自然本起经》："五道者，神入泥黎。泥黎者，地狱名也。"

泥淖　泥泞的洼地。苏舜钦《和韩三谒欧阳九之作》："是时穷阴久，泥淖没马鼻。"也比喻不能自拔的窘困境地。

泥泞　泥烂而滑。如：道路泥泞。杜甫《久雨期王将军不至》诗："泥泞漠漠饥鸿鹄。"

泥牛入海　《景德传灯录》卷八"龙山和尚"："洞山又问和尚：'见个什么道理，便住此山？'师云：'我见两个泥牛斗入海，直至如今无消息。'"后因以"泥牛入海"比喻一去不返，杳无消息。《近十年之怪现状》第十回："这封信去后，满意为子迁多少总要接济点来，谁知就如泥牛入海般永无消息。"

泥首　顿首至地。《晋书·庾亮传》："亮明日又泥首谢罪，乞骸骨。"

泥涂　犹言草野。比喻卑下的地位。《左传·襄公三十年》："使吾子辱在泥涂久矣，武（赵武）之罪也。"

泥丸　❶道家谓上丹田，在两眉间。《黄庭内景经·至道》："脑神精根字泥丸。"皮日休《太湖诗》："羽客两三人，石上谈泥丸。"❷泥团子。《说苑·杂言》："隋侯之珠，国之宝也；然用之弹，曾不如泥丸。"

怩（ní）　见"忸怩"。

铌〔鈮〕（ní）　化学元素[周期系第Ⅴ族（类）副族元素]。符号 Nb（旧称"钶"，符号 Cb）。原子序数41。钢灰色高熔点金属（熔点2468℃±10℃）。在常温下相当稳定，但在高温时能吸收氧、氢、氮等气体。同钽共存于铌铁矿、钽铁矿中。钨矿物及某些稀土矿物中也有少量铌存在。主要用于制造耐高温的合金钢、高温金属陶瓷及电子管，也可用以增加钢的硬度。碳化铌同碳化钨、碳化钽配合，可以制超级硬质合金。铌的"热中子俘获截面"较小，也有良好的超导性能。

郳（ní）　古国名。亦作"倪"。亦称小邾、小邾娄。曹姓。开国君主是邾文公之子友（一说名肥），在今山东滕州市东。一说在今山东枣庄市西北。战国时灭于楚。

倪（ní）　❶通"兒"。（1）弱小。见"庬倪"。（2）引申为事物的初始。朱骏声《说文通训定声·解部》："倪，假借为兒。兒者，人之微始也。"《庄子·秋水》："又何以知毫末之足以定至细之倪？"参见"端倪"。❷姓。

另见 nì。

猊（ní）　见"狻猊"。

婗（ní）　❶同"妮"。❷见"嫛婗"。

輗〔輗〕（ní）　大车车杠前端与车衡相衔接的部分。《论语·为政》："大车无輗，小车无軏，其何以行之哉！"

跜（ní）　见"蟉跜"。

貎（ní）　兽名，毛皮可制裘。《宋史·日本国传》："鹿皮笼一，纳貎裘一领。"

裞（ní）　衣襟下垂貌。《尔雅·释器》："衣裗谓之裞。"郭璞注："衣缕也。"郝懿行义疏："裞者，郭云'衣缕'。《释文》：'缕又作褛。'《方言》云：'褛谓之祍。'祍即衣襟。"参见"裗"。

蜺（ní）　蝉的一种。《礼记·月令》："〔孟秋之月〕寒蝉鸣"郑玄注："寒蝉，寒蜩，谓蜺也。"《方言》第十一："〔蝉〕黑而赤者谓之蜺。"

另见 ní 霓。

貎（ní）　亦作"猊"。狻貎，狮子。见《玉篇·犬部》。与"貎"异。

霓〔蜺〕（ní）　亦称"副虹"。虹的一种。《尔雅·释天》："螮蝀，虹也。"邢昺疏："虹双出，色鲜盛者为雄，雄曰虹；暗者为雌，雌曰霓。"李白《梦游天姥吟留别》："霓为衣兮风为马，云之君兮纷纷而来下。"参见"虹（hóng）❶"。

霓旌　古时皇帝出行时仪仗的一种。《汉书·司马相如传上》："拖霓旌，靡云旗。"颜师古注引张揖曰："析羽毛，染以五采，缀以缕为旌，有似虹霓之气也。"杜甫《哀江头》诗："忆昔霓旌下南苑，苑中万物生颜色。"

齯〔齯〕（ní）　指老人牙齿落尽后更生的细齿，古时以为长寿之征。《尔雅·释诂》："鲵齿，寿也。"亦作"兒"。《诗·鲁颂·閟宫》："黄发兒齿。"

鲵〔鯢〕(ní) ❶两栖动物。亦称"山椒鱼"或"娃娃鱼"。《本草纲目·鳞部四》引陈藏器曰："鲵生山溪中，似鲇有四足；长尾，能上树……声如小儿啼。"❷雌鲸。庾信《哀江南赋》："大则为鲸为鲵。"参见"鲸鲵"。❸小鱼。《庄子·外物》："守鲵、鲋，其于得大鱼，难矣。"❹见"鲵齿"。

鲵齿 同"鲵齿"。老人更生的细齿。借指长寿者。张衡《南都赋》："于是乎鲵齿眉寿齰背之叟，皤皤然被黄发（髮）者，喟然相与歌。"

鯢〔鯢〕(ní) 鯢鰌，即泥鳅。《敦煌变文集·维摩诘经讲经文》："忽被个鯢鰌之鱼，抛入水池之内。"

麑(ní，又读 mí) 幼鹿。《国语·鲁语上》："兽长麑麌。"韦昭注："鹿子曰麑。"

nǐ

尼(nǐ) 阻止。如：阻尼。《墨子·号令》："淫嚣不静，当路尼众，舍事后就。"毕沅注："尼，止。"
另见 ní。

拟㊀〔擬〕(nǐ) ❶估量；猜测。《红楼梦》第九十四回："究竟那些人能够回家不能，未知着落，亦难虚拟。"参见"拟议"。❷起草。如：拟稿。❸打算。白居易《自咏》诗："为贪逐日俸，拟作归田计。"
㊁〔擬、儗〕(nǐ) ❶类似。《后汉书·张衡传》："吾观《太玄》，方知子云妙极道数，乃与五经相拟。"❷摹拟；模仿。如：拟古；拟作。

拟声词 也叫"象声词"。摹仿自然声音构成的词。如摹仿流水声的"潺潺"，摹仿布谷鸟叫声的"布谷"。

拟议 行动之前的揣度和议论。《易·系辞上》："拟之而后言，议之而后动，拟议以成其变化。"

你〔妳〕(nǐ) 称说话的对方。
你侬 吴方言，你。宋犖《江上歌》："我侬一日还到驿，你侬何日到邕州？"

苨(nǐ) 见"苨苨"。
苨苨 叶茂盛貌。《广雅·释训》："苨苨，茂也。"王念孙疏证："《大雅·行苇》篇：'维叶泥泥。'传

云：'叶初生泥泥然。'《潜夫论·德化》篇引《诗》作'柅柅'，并与'苨苨'同。"

抳(nǐ) 同"柅"。遏止。

狔(nǐ) 见"旖旎"、"猗狔"。

洗〔瀰〕(nǐ) 见"洗洗"。
另见 mǐ。
洗洗 众多貌。《诗·齐风·载驱》："垂辔洗洗。"

泥(nǐ) 见"泥泥"。
另见 ní，nì，niè。
泥泥 ❶露多貌；濡湿貌。《诗·小雅·蓼萧》："零露泥泥。"❷茂盛貌。《诗·大雅·行苇》："维叶泥泥。"参见"苨苨"。

妮(nǐ) 同"你（妳）"。指女性。
另见 nǎi。

柅〔棍〕(nǐ，又读 mí) 络丝工具。《说文·木部》："棍，络丝柎也。"段玉裁注："络丝柎者，若今络丝架子。"方以智《通雅·器用》"柅"下云："似小搅车，中有柄。听丝旋其外，而中轴自转，总曰络子。"

柅(nǐ) ❶木名。《说文·木部》："柅，木也，实如梨。"❷止车的木块。《易·姤》："系于金柅。"孔颖达疏："柅之为物，众说不同……惟马（馬融）云：'柅者，在车之下，所以止轮令不动者也。'"❸遏止。《新唐书·王彦威传》："捷柅奸冒。"
柅杜 杜绝。《新唐书·牛徽传》："乾符中选滥，吏多奸，岁调四千员。徽治以刚明，柅杜干请，法度复振。"

昵(nǐ) 通"祢"。父庙。《书·高宗肜日》："典祀无丰于昵。"
另见 nì，zhì。

祢〔禰〕(nǐ) ❶为亡父在宗庙中立主之称。《公羊传·隐公元年》"惠公者何，隐之考也"何休注："生称父，死称考，入庙称祢。"《左传·襄公十二年》："同族于祢庙。"杜预注："父庙也。"❷随行的神主。《礼记·文王世子》："其在军，则守于公祢。"孔颖达疏："公祢，谓迁主，载在齐车，随公行者也。"
另见 mí。

捉(nǐ) 模拟；比拟。《太玄·玄捉》："捉，拟也。"又："捉拟之昼夜。"
另见 niè。

旎(nǐ) 见"旖旎"。

柅(nǐ) 通"捉"。比拟。《太玄·柅》："柅，拟也，图象也，告其所由往也。"
另见 niè。

舂(nǐ) 盛貌。见《说文·弄部》。
另见 nì。

儗(nǐ) 见"儗恘"、"儗儗"。
另见 nǐ 拟，yì。

儗儗 ❶同"薿薿"。草木茂盛貌。《汉书·食货志上》："故其《诗》曰：'或芸或芋，黍稷儗儗。'"《诗·小雅·甫田》作"或耘或耔，黍稷薿薿"。❷迟疑貌。柳宗元《梦归赋》："若有钵余以往路兮，驭儗儗以回复。"钵，引导。

儗恘 迟疑惭愧。《荀子·儒效》："卒然起一方，则举统类而应之，无所儗恘。"

薿(nǐ) 见"薿薿"。

薿薿 茂盛貌。《诗·小雅·甫田》："黍稷薿薿。"

聬〔聲〕(nǐ) 表疑问或感叹语气，近似于"呢"。《祖堂集》卷十九："作摩生疑聲？"
另见 jiàn。

nì

耴(nì) ❶物蠢生。见《玉篇》。❷见"聲牙"。

伲(nì) 苏州、上海一带方言词。我们。

泞〔濘〕(nì) 泥粘着。《管子·地员》："不泞车轮，不污手足。"
另见 nìng。

泥(nì) ❶涂饰；粉刷。如：泥窗。《世说新语·汰侈》："王（王恺）以赤石脂泥壁。"❷拘执；难行。如：拘泥；泥古。《论语·子张》："致远恐泥，是以君子不为也。"❸软求；软缠。元稹《遣悲怀》诗："顾我无衣搜荩箧，泥他沽酒拔金钗。"❹胶缠。杜甫《冬至》诗："忽忽穷愁泥杀人。"
另见 ní，nì，niè。

泥古 拘泥于古代的成规或古人的说法。如：泥古不化。《宋史·刘几传》："其议乐律最善，以为……儒者泥古，致详于形名度数间，而不知清浊轻重之用。"

昵〔暱〕(nì)　亲近;亲昵。《左传·襄公二年》:"若背之,是弃力与言,其谁昵我。"

另见 nǐ,zhì。

昵昵　亲昵貌。韩愈《听颖师弹琴》诗:"昵昵儿女语,恩怨相尔汝。"

胒(nì)　肥;油脂多。《本草纲目·菜部》:"刮老生姜皮一大升,于久用油胒锅内,不须洗刷。"

逆(nì)　❶迎;接。《书·顾命》:"逆子钊于南门之外。"《春秋·庄公二十四年》:"公如齐逆女。"《新五代史·杜重威传》:"安重荣反,重威逆战于宗城。"❷接受。《周礼·天官·司书》:"以逆群吏之征令。"郑玄注:"逆受而钩考之。"❸预先猜度。如:逆知;逆料。《易·说卦》:"知来者逆。"诸葛亮《后出师表》:"至于成败利钝,非臣之明所能逆睹也。"❹倒;反。与"顺"相对。如:逆行;逆风。❺违背。古乐府《孔雀东南飞》:"恐不任我意,逆以煎我怀。"❻叛乱。《史记·礼书》:"孝景用其计,而六国畔逆。"❼指民间上书。《周礼·天官·宰夫》:"宰夫之职……叙群吏之治,以待宾客之令,诸臣之复,万民之逆。"郑玄注:"自下而上曰逆,逆谓上书。"

逆耳　不顺耳。《史记·留侯世家》:"且忠言逆耳利于行,毒药苦口利于病。""毒药",《孔子家语》作"良药"。《晋书·王沈传》:"若好忠直……则逆耳之言,不求而自至。"

逆料　预料;预测。诸葛亮《后出师表》:"凡事如是,难可逆料。"

逆鳞　倒生的鳞片。《韩非子·说难》以龙比喻君主,谓龙喉下有逆鳞,"若有人婴之者,则必杀人"。后因谓臣下直谏触犯君主为"婴逆鳞"。参见"婴鳞"。

逆流　❶水倒流。《管子·七法》:"不明于决塞,而欲殴众移民,犹使水逆流。"❷倒流的水。比喻反动的、与主流相反的潮流。❸迎着水流的方向。《后汉书·岑彭传》:"时天风狂急,奇(鲁奇)船逆流而上,直冲浮桥。"

逆旅　客舍。逆,迎;迎止宾客之处。犹后来的旅馆。《庄子·山木》:"阳子之宋,宿于逆旅。"《后汉书·黄宪传》:"颍川荀淑至慎阳,遇宪于逆旅。"

逆伦　悖逆人伦。指谋杀尊亲等罪行。《二十年目睹之怪现状》第七十四回:"万一弄出了逆伦重案,照例左右邻居,前后街坊,都要波及的。"

逆命　❶接受命令。《仪礼·聘礼》:"众介皆逆命,不辞。"郑玄注:"逆,犹受也。"❷不服从命令。《左传·昭公四年》:"庆封惟逆命。"

逆取顺守　《汉书·陆贾传》:"且汤武逆取而以顺守之,文武并用,长久之术也。"古代从正统观念出发,认为汤武以诸侯身份用武力夺取帝位,故叫"逆取"。即位后,偃武修文,合于正道,故叫"顺守"。《三国演义》第六十二回:"逆取顺守,古人所贵。今大事已在掌握之中,何故欲弃此而回荆州乎?"

逆水行舟　逆着水势行船,不用力划要后退。比喻处境不顺利,必须努力从事。鲁迅《且介亭杂文·门外文谈》:"即使目下还有点逆水行舟,也只好拉纤。"

祇(nì)　内衣;贴身衣。《说文·衣部》:"祇,日日所常衣。"《玉篇·衣部》:"祇,近身衣也;日日所著衣。"《后汉书·祢衡传》:"衡进至操(曹操)前而止,吏呵之曰:'鼓史,何不改装而轻敢进乎?'衡曰:'诺。'于是先解祇衣,次释馀服,裸身而立。"

匿(nì)　隐藏;躲避。《淮南子·说林训》:"清则见物之形,弗能匿也。"《汉书·灌夫传》:"〔窦婴〕乃匿其家。"

另见 tè。

匿迹　隐藏起来,不露形迹。张协《七命》:"圣人不卷道而背时,智士不遗身而匿迹。"

匿迹销声　同"销声匿迹"。谓深藏远避,不使人见其面、闻其名。《官场现形记》第二十八回:"黑八哥一干人也劝他,叫他暂时匿迹销声,等避过风头再作道理;这也是照应他的意思。"亦作"匿迹消声"。

匿名　不署名或隐瞒真姓名。如:匿名信。李肇《唐国史补》卷下:"匿名造谤。"

匿名揭帖　帖,亦作"贴"。张贴在公共场所攻讦别人的匿名文件。俗称"无头榜"。

匿名书　不署真姓名的信件。《旧唐书·王锷传》:"尝听理,有遗匿名书于前者,左右取以授锷。"后亦称"匿名信"。

匿年　隐瞒年龄。《三国志·魏志·司马朗传》:"十二,试经为童子郎。监试者以其身体壮大,疑朗匿年。"

匿情　隐藏真情。《左传·襄公十八年》:"吾知子敢匿情乎?"《汉书·王莽传上》:"尝私买侍婢,昆弟或颇闻知,莽因曰:'后将军朱子元无子,莽闻此儿种宜子,为买之。'即日以婢奉子元。其匿情求名如此。"

匿丧　旧制官员在职,遇父母之丧,应即呈报丁忧。凡隐匿不呈报者,谓之匿丧。

匿影藏形　见"藏形匿影"。

匿怨　怀恨在心,表面上不显露出来。《论语·公冶长》:"匿怨而友其人。"

倪(nì)　见"俾倪"。

另见 ní。

疟(nì)　痒。见《集韵·五质》。

另见 niè。

坭(nì)　见"埤坭"。

愵(nì)　忧思伤痛。《方言》第一:"自关而西,秦晋之间,凡志而不得,欲而不获,高而有坠,得而中亡,谓之湿,或谓之愵。"《诗·小雅·小弁》:"我心忧伤,愵焉如捣。"又《周南·汝坟》:"未见君子,愵如调饥。"毛传:"愵,饥意也。调,朝也。"郑玄笺:"愵,思也,未见君子之时,如朝饥之思食。"

睨(nì)　日落。《玉篇·日部》:"睨,日昳也。"

緳〔繢〕(nì)　绶带。《汉书·翟方进传》:"赤韨緳。"颜师古注:"服虔曰:'緳,即今之绶也。'师古曰:緳者,系也,谓逆受之也。"逆是迎的意思。

睨(nì)　❶斜视。《孟子·滕文公上》:"睨而不视。"《史记·廉颇蔺相如列传》:"相如持其璧睨柱,欲以击柱。"❷偏斜。《庄子·天下》:"日方中方睨,物方生方死。"

膩〔腻〕(nì)　❶肥。韦庄《赠渔翁》诗:"芦刀夜脍红鳞腻。"❷油腻。顾况《茶赋》:"滋饭蔬之精素,攻肉食之膻腻。"❸柔滑。《楚辞·招魂》:"靡颜腻理。"❹积垢。《晋书·刘舆传》:"或曰:'舆,犹腻也,近则污人。'"❺厌烦。《红楼梦》第十九回:"我往那里去呢,见了别人就怪腻的。"

溺(nì)　❶淹没。如:溺死。《礼记·缁衣》:"夫水近于人而溺人。"❷沉湎无节制。《礼记·乐记》:"奸声以滥,溺而不止。"

另见 niào。

溺爱　宠爱过甚。江淹《空青赋》:"秦娥吴娃,溺爱靡意,魂飞心离。"

溺职 失职;不尽职。《汉书·酷吏传》:"当是之时,吏治若救火扬沸,非武健严酷,恶能胜其任而愉(愉)快乎? 言道德者,溺于职矣。"颜师古注:"溺,谓沉滞而不举也。"

慝(nì) 惭愧。《方言》第二:"慝,愧也。梁宋曰慝。"郭璞注:"慝亦惭貌也。音匿。"

惄(nì) 同"怒"。忧思;伤痛。《诗·周南·汝坟》:"惄如调饥。"陆德明释文:"韩诗惄作愵。"

嬺(nì) 同"昵"。亲昵。

惷(nì,又音yì) 众多貌;聚集貌。如:戢惷。
另见nǐ。

慝(nì) 通"匿"。见"庆慝"。
另见tè。

翍(nì) 同"翵"。

翵(nì) 粘。《说文·黍部》:"翵,粘也。"段玉裁注:"翵与昵(暱)音义皆相近。"

濘(nì) 见"漅濘"。

嶷(nì) 见"岐嶷"、"嶷嶷"。
另见yí。

嶷屶 高貌。杜甫《朝献太清宫赋》:"地轴倾而融曳,洞宫俨以嶷屶。"

嶷嶷 ❶形容幼年聪慧。《诗·大雅·生民》:"诞实匍匐,克岐克嶷。"郑玄笺:"其貌嶷嶷然,有所识别也。"参见"岐嶷"。❷高尚貌。《史记·五帝本纪》:"其德嶷嶷。"

嶷然 特立;超绝。杜甫《赠左仆射郑国公严公武》诗:"嶷然大贤后,复见秀骨清。"

蠥(nì) 小虫。见《玉篇·虫部》。按《广雅·释虫》:"蠥,虻也。"王念孙疏证引《玉篇》作"蠥,小虻也。"

niā

嘘(niā) 吴方言,表祈使语气。如:来嘘!

niān

拈(niān) 用指取物。如:信手拈来。《释名·释姿容》:"拈,粘也,两指翕之,粘着不放也。"杜甫《韦偃画马歌》:"戏拈秃笔扫骅骝。"

另见diān,niǎn。

拈阄 用几张小纸片写上字或记号,卷起或揉成纸团,由有关的人各取其一,以决定权利或义务该属于谁。《三国演义》第二十二回:"岱(刘岱)曰:'我与你拈阄,拈着的便去。'"

蔫(niān) 比喻精神萎靡。如:蔫样儿。
另见yān。

nián

年〔秊〕(nián) ❶一种计时单位。公历平年365日,闰年366日;夏历平年354或355日,闰年约384日。❷一种周期或时间,即地球绕太阳从某一定标点回到同一定标点所经历的时间。按照所选的不同定标点,在天文学上主要分为恒星年、回归年、近点年和交点年。❸岁数;年纪。如:年轻力壮。《庄子·大宗师》:"子之年长矣,而色若孺子。"❹年成。如:丰年;歉年。《穀梁传·宣公十六年》:"五谷大熟为大有年。"❺年节。如:过年。吴自牧《梦粱录·正月》:"正月朔日,谓之元旦,俗呼新年。"❻科举时代同年考中者的互称。参见"年兄"。❼姓。

年表 按照年代次序胪列历史事件的表格。司马迁《史记》中有《十二诸侯年表》、《汉兴以来诸侯王表》等,为较早的年表。以后正史中的沿用此体,也列有年表。宋以后的学者为补历代正史所未备,往往有补表之作,如宋熊方的《补后汉书年表》、清万斯同的《历代史表》等。今亦有《中外历史年表》等。

年成 收成;一年中农作物的收获情况。

年代 ❶时代。谢灵运《会吟行》:"自来弥年代,贤达不可纪。"❷年数。唐韩愈《谏迎佛骨表》:"宋齐梁陈元魏以下,事佛渐谨,年代尤促。"

年高德劭 劭,亦作"邵"、"韶",美好。语出《法言·孝至》"年弥高而德弥劭"。意谓年龄大,德行好。杨万里《太宜人萧氏墓志铭》:"吉州以夫人年高德劭,应旧封太孺人,再封太安人。"张四维《双烈记·访道》:"终南山有一隐士,年高德劭,时望所尊,人皆称为陈公。"

年庚 用"八字"表示一个人出生的年、月、日、时。迷信者认为根据年

庚可以推算人一生命运的好坏。有时"年庚"与"八字"同义。

年谷 一年中收获的谷物。《荀子·富国》:"年谷复孰(熟),而陈积有余。"

年关 指夏历年底。旧时商业往来,年底必须结清欠账,欠债的人过年就像过关一样,故称年底为"年关"。

年华 时光;年岁。庾信《竹杖赋》:"潘岳《秋兴》,嵇生倦游,桓谭不乐,吴质长愁,并皆年华未暮,容貌先秋。"皮日休《樵家》诗:"居兹老复老,不解叹年华。"

年家 见"年谊"。

年力 年岁和精力。范晔《乐游诏诗》:"闻道虽已积,年力互颓侵。"

年事 岁数;年纪。白居易《四年春》诗:"时辈推迁年事到,往还多是白头人。"

年所 年数。《文选·朱浮〈与彭宠书〉》:"六国之时,其势各盛……故能据国相持,多历年所。"刘良注:"所,数也。"按《后汉书·朱浮传》作"年世"。

年兄 科举同榜登科者彼此称同年,互相尊称为"年兄"。叶显祖《鸾鎞记·探婚》:"下官温庭筠叨中贾岛榜进士,昨闻杜年兄迎取年嫂到京,特来拜贺。"主试人对所取中的门生有时也用此称呼。后亦用来尊称同学。参见"年谊"、"同年❸"。

年谊 科举时代称同年登科的关系为"年谊"。同年登科者互称为年家,称其长辈为年伯,同辈为年兄,后辈为年家子。

年祚 ❶人的寿命。《晋书·王沈传》:"弹琴咏典,以保年祚。"❷指国运,即立国的年数。《南史·陶弘景传》:"时有沙门释宝志者……梁武帝尤深敬事,尝问年祚远近。"

粘〔黏〕(nián) 具有粘性。如:发粘;粘湿。白居易《朱藤谣》:"泥粘雪滑,足力不堪。"
另见zhān。

黏〔黏〕(nián) 见"青黏"。

鮎〔鯰〕(nián) ❶鱼名。即"鲶"。《本草纲目·鳞部四》:"鮎乃无鳞之鱼,大首偃额,大口大腹,鮠身鳢尾,有齿有胃有须。生流水者,青白色;生止水者,青黄色。"❷香鱼的日本名。

濂(nián) 通"粘"。《考工记·轮人》:"则虽有深泥,亦弗之濂也。"

另见 lián,liǎn。

鲶〔鯰〕(nián) 动物名。学名 Silurus asotus。亦称"鮧"。硬骨鱼纲，鲶科。体前部平扁，后部侧扁，长达 1 米以上。灰黑色，有暗色斑块。口宽大，有须两对。眼小。背鳍一个，很小；臀鳍长，与尾鳍相连；胸鳍具一硬刺。无鳞，皮肤富粘液腺。栖息水的中下层，以小鱼及无脊椎动物为食。分布于中国各地淡水中。肉味美，为优良的食用鱼类；鳔可入药。

鲶

niǎn

拈〔撚〕(niǎn) 用手指搓转。章炳麟《新方言·释言》："引绵作线，揉纸使紧曰拈。"杨万里《观雪》诗："倩谁细拈成汤饼。"

另见 diān,nián。

涩(niǎn) ❶汗出貌。枚乘《七发》："涩然汗出，霍然病已。"❷见"澳涩"。

報(niǎn) 同"辗（輾）"。

另见 ruǎn。

捻(niǎn) ❶亦作"拈（撚）"。用手指搓转。如：捻线；捻麻绳。❷用纸或线搓成的条状物。如：纸捻儿；麻捻儿。

另见 niē。

淰(niǎn) 通"罱"。挖取水底淤泥。

另见 shěn。

辇〔輦〕(niǎn) ❶人推挽的车。《说文·车部》："辇，挽车也。"段玉裁注："谓人挽以行之车也。"秦汉后特指君后所乘的车。如：帝辇；凤辇。《通典·礼典》："夏氏末代制辇，秦以为人君之乘，汉因之。"❷京都的别称。《文选·左思〈吴都赋〉》："都辇殷而四奥来暨。"李善注："辇，王者所乘，故京邑之地曰辇焉。"❸挽车；乘车。《荀子·大略》："诸侯辇舆就马。"杨倞注："辇谓人挽车，言不暇待车马至，故辇舆就马也。"《左传·定公六年》："公又文子老矣，辇而如公。"❹载运。后汉书·张衡传》："或辇贿而违车，孕行而为对。"车，张车子。

辇道 ❶犹言"阁道"。宫中楼阁间可乘辇而行的通道。《汉书·司马

相如传上》："辇道绸属。"颜师古注："辇道，谓阁道可以乘辇而行者也。"后也指帝王车驾所经之路。颜延之《三月三日曲水诗序》："南除辇道，北清禁林。"❷古星名。属天琴、天鹅两座。《晋书·天文志》："织女……西足五星曰辇道。"

辇毂下 犹言在皇帝车驾之下，指京都。司马迁《报任少卿书》："仆赖先人绪业，得待罪辇毂下，二十余年矣。"黄庭坚《送薛乐道知郇乡》诗："岁晚相望青云衢，去年樽酒辇毂下。"

辇下 谓辇毂之下。京都的代称。方干《赠李支使》诗："白雪振声来辇下，青云开路到床前。"参见"辇毂下"。

被(niǎn) 见"實被"。

另见 nǎn。

辗〔輾〕(niǎn) 通"碾"。赵嘏《哭李进士》诗："牵马街中哭送君，灵车辗雪隔城闻。"

另见 zhǎn。

碾(niǎn) ❶转磨或转压。如：碾米；碾药。白居易《浔阳春》诗："曲江碾草钿车行。"因即谓转磨或转压的用具。如：石碾；汽碾。❷琢磨玉器。李贺《春怀引》诗："蟾蜍碾玉挂明弓，捍拨装金打仙凤。"

撵〔攆〕(niǎn) ❶驱逐。《红楼梦》第八回："你诚心要撵他，也好。我们都愿意出去，不如就势儿连我们一齐撵了。"❷追赶。如：人家走远了，快撵上。

撚(niǎn) ❶践踏。《淮南子·兵略训》："前后不相撚，左右不相干。"高诱注："撚，蹂蹈也。"❷弹琵琶的一种指法。白居易《琵琶行》："轻拢慢撚抹复挑。"❸通"撵"。驱逐。萧德祥《杀狗劝夫》第一折："这等人不长进，则待馋处着嘴，懒处着身，不撚了他去待做甚么？"

另见 niǎn 拈。

撚酸 嫉妒。《牡丹亭·围释》："你却也忒撚酸。"

黏(niǎn) 点黏，一种草书笔势。苏辙《寄张芸叟》诗："点黏旧无对，吟哦今与谁？"参见"黏黗"。

niàn

卄(niàn) 同"廿"。

廿(niàn) 亦作"卄"。二十。

念〔一〕(niàn) ❶思念；记念。如：惦念；怀念。《诗·大雅·文王》："王之荩臣，无念尔祖。"毛传："荩，尽也；无念，念也。"❷考虑；思考。《史记·淮阴侯列传》："韩信谢曰：'先生且休矣，吾将念之。'"❸念头；想法。如：私心杂念。陶潜《闲情赋》："悃悃不寐，众念徘徊。"❹"廿"的大写体。❺姓。西魏有念贤。

〔二〕〔唸〕(niàn) 诵读。如：念书。《旧唐书·韦温传》："温七岁时，日念《毛诗》一卷。"

念旧 怀念故旧。徐度《却扫编》卷中："日边人至，常闻念旧之言。"日边，指京都。

念念 ❶佛家语，谓每一极短的时刻。《维摩诘经·方便品》："是身如电，念念不住。"❷不断地想念着。《朱子全书·论语》："言其于忠信笃敬，念念不忘。"

念奴娇 ❶词牌名。念奴为唐天宝中著名歌女，音调高亢，遂取为调名。宋词中以苏轼所填《赤壁怀古》最著名。又名《百字令》、《大江东去》、《酹江月》等。双调一百字，仄韵，亦有用平韵者。❷曲牌名。南北曲均有。属大石调。字句格律与词牌前半阕同。南曲用作引子，北曲用于套曲中。另北曲大石调有《百字令》，别名《念奴娇》，与词牌全阕同，用为小令。

念秧 北方人称骗局。设置圈套使人上当以诈取财物的骗术。《聊斋志异·念秧》："乃又有萍水相逢，甘言如醴，其来也渐，其入也深。误认倾盖之交，遂罹丧资之祸。随机设阱，情状不一，俗以其言辞润泽，名曰念秧。"又："王故问：'念秧何说？'许曰：'君客时少，未知险诈。今有匪类，以甘言诱行旅，夤缘与同休止，因而乘机骗赚。'"

念珠 亦称"佛珠"或"数珠"。佛教信徒念佛诵经时用以计数的用具。通常用香木车成小圆粒，贯穿成串，也有用玛瑙、玉石等制成。粒数有 18 颗、27 颗、54 颗、108 颗等。

念兹在兹 《书·大禹谟》："念兹在兹，释兹在兹。"《左传·襄公二十一年》亦引此语。杜预注："兹，此也。谓行此事，当念使可施之于此。"后用为念念不忘某件事情。陶潜《命子》诗："温恭朝夕，念兹在兹。"

埝(niàn) ❶俗称"民埝"。尺寸较小或保护局部地区的堤。章晋墀、王乔年《河工要义》中有"堤、埝二字，名异实同，皆积土而成，

障水不使旁溢之谓也,故通用之"等语。❷淮北盐场交货、换船的地方。

笒(niàn)　木船行进时拉纤用的篾索,古名"百丈",今四川语叫"纤藤"。白居易《初入峡有感》诗:"苒篛竹篾笒,牵危槭师趾。"

niáng

娘〔孃〕(niáng)　❶母亲。❷称长一辈的或年长的已婚妇女。如:大娘;婶娘。❸对妇女的泛称。多用于年轻女子。如:新娘;娇娘。《子夜歌》:"见娘喜容媚,愿得结金兰。"

娘娘　❶皇后或宫妃。马致远《汉宫秋》第一折:"兀那弹琵琶的是那位娘娘? 圣驾到来,急忙迎接者。"宋代亦称太后为娘娘。蔡絛《铁围山丛谈》卷一:"国朝(宋朝)禁中称乘舆及后妃多因唐人故事……至谓母后,亦同臣庶家曰娘娘。"❷母亲。洪皓《使金上母书》:"日夜忧愁娘娘年高。"也尊称年长妇女。《西湖佳话·断桥情迹》:"适见花粉店中,坐着一个老妇人,世高走近前,陪着一个小心道:'老娘娘,借宝店坐一坐。'"

娘姨　❶旧时称父亲的妾。❷吴方言称女佣。鲁迅《且介亭杂文·阿金》:"她是一个女仆,上海叫娘姨。"

娘子　❶已嫁或未嫁女子的通称。《北齐书·祖珽传》:"一妻耳顺,尚称娘子。"吴自牧《梦粱录》卷二十"嫁娶":"女家回定帖,亦如前开写,及议亲第几位娘子。"也指宫妃。花蕊夫人《宫词》:"诸院各分娘子位,羊车到处不教知。"❷对主妇的尊称。《太平广记》卷一百九十四引裴铏《传奇·昆仑奴》:"磨勒曰:'娘子既坚确如是,此亦小事耳。'"❸母亲。司马光《书仪》卷一:"古人谓父为阿耶,谓母为娘子。"❹妻子。《水浒传》第五回:"那大王摸进房中,叫道:'娘子,你如何不出来接我?'"

niàng

酿〔釀〕(niàng)　❶酿造。利用发酵作用制造酒、醋、酱油等。一般指酿酒。《三国志·蜀志·简雍传》:"时天旱,禁酒,酿者有刑。"❷酒。《晋书·何充传》:"充能饮酒,雅为刘惔所贵。惔每云:'见次道(何充字)饮,令人欲倾家酿。'"❸酝酿。如:酿成巨变。

niǎo

鸟〔鳥〕(niǎo)　❶飞禽的统称。❷指南方朱鸟七宿。《书·尧典》:"日中星鸟。"
另见 diǎo。

鸟道　形容险峻狭窄的山路,仅飞鸟可度。李白《蜀道难》诗:"西当太白有鸟道,可以横绝峨眉巅。"

鸟革翚飞　《诗·小雅·斯干》:"如鸟斯革,如翚斯飞。"革,鸟张翼;翚,野鸡,羽毛很美。形容宫室华丽。

鸟尽弓藏　《史记·越王勾践世家》:"蜚鸟尽,良弓藏。""蜚"同"飞"。又《淮阴侯列传》作"高鸟尽"。比喻事成以后,功臣遭到废弃或杀害。曹丕《煌煌京洛行》:"淮阴五刑,鸟尽弓藏。"

鸟瞰　从高处俯视地面景物。如:鸟瞰全城。引申为概略的观察,又指事物的大概情况。如:世界大势鸟瞰。

鸟兽散　比喻成群的人各自散去。《汉书·李陵传》:"今无兵复战,天明坐受缚矣,各鸟兽散,犹有得脱归报天子者。"

鸟兽行　喻指乱伦的行为。《周礼·夏官·大司马》:"外内乱,鸟兽行,则灭之。"

鸟篆　❶形似鸟迹的篆书。索靖《草书状》:"仓颉既生,书契是为,科斗鸟篆,类物象形。"亦称"鸟籀"。《文心雕龙·练字》:"《苍颉》者,李斯之所辑,而鸟籀之遗体也。"❷谓鸟的爪迹像篆字。张耒《和晁应之大暑书事》:"青引嫩苔留鸟篆,绿垂残叶带虫书。"

茑〔蔦〕(niǎo)　见"茑萝"。

茑萝　❶植物名。学名 Quamoclit pennata。旋花科。一年生光滑蔓草。茎细长,缠绕。叶互生,羽状深裂,裂片线形,基部一对裂片常各两裂;托叶与叶同形。聚伞花序腋生,有花数朵,夏秋间陆续开放,花红色,也有白色的。蒴果卵圆形。原产热带美洲。中国各地都有栽培,供观赏。❷茑和女萝,两种寄生植物。比喻同别人的亲戚关系,有依附及自谦之意。语本《诗·小雅·頍弁》"茑与女萝,施于松柏"。

袅〔裊、嫋、嬝、褭〕(niǎo)　见"袅娜""袅袅"。

袅袅　❶摇曳貌。温庭筠《台城晓朝曲》:"袅袅浮航金画龙。"❷纤长柔美貌。左思《吴都赋》:"袅袅素女。"杜甫《绝句漫兴》:"隔户杨柳弱袅袅。"❸形容声音婉转悠扬。苏轼《赤壁赋》:"馀音袅袅,不绝如缕。"❹形容烟的缭绕上升。苏轼《青牛岭高绝处有小寺》诗:"炉烟袅袅十里香。"❺形容微风的吹拂。《楚辞·九歌·湘夫人》:"袅袅兮秋风,洞庭波兮木叶下。"

袅娜　草木柔弱细长貌。梁简文帝《赠张缵》诗:"洞庭枝袅娜,澧浦叶参差。"也用来形容女子体态轻盈柔美。《聊斋志异·红玉》:"女袅娜如随风飘去,而操作过农家妇。"

袅窕　动摇不停貌。杜甫《渼陂行》:"半陂以南纯浸山,动影袅窕冲融间。"指水中山影动荡不定。

䟧(niǎo)　沙漠中用的一种交通工具。《文子·自然》:"水用舟,沙用䟧,泥用辅。"

鸋〔鸋〕(niǎo)　❶同"鸟(鳥)"。❷鸟名。见《玉篇·鸟部》。

褭(niǎo)　见"褭蹄"。

褭蹄　古代铸成马蹄形的黄金。《汉书·武帝纪》:"今更黄金为麟趾褭蹄,以协瑞焉。"颜师古注:"武帝欲表祥瑞,故普改铸为麟足马蹄之形,以易旧法耳。今人往往于地中得马蹄金,金甚精好,而形制巧妙。"

嬲(niǎo)　纠缠;戏弄。嵇康《与山巨源绝交书》:"足下嬲之不置,不过欲为官得人,以益时用耳。"韩驹《送子飞弟归荆南》诗:"弟妹乘羊车,堂前走相嬲。"

niào

尿(niào)　同"溺"。❶俗称"小便"。肾脏的排泄液。血液流经肾脏时,血浆中的水分和所有晶体物由肾小球滤过进入肾小管而成为"原尿";肾小管将原尿中的营养物质、大部分水分和无机盐类重吸收回血液,然后排出含有少量氮的代谢产物(主要为尿素)和盐类的水溶液为"终尿",即通常所称的尿。尿经输尿管、膀胱和尿道而排出体外。健康成年人每昼夜的尿量约1.5升。尿量与饮水量、体温和气温有关。饮水多,排尿也多,对机体有害的代谢产物排出亦随之增加,故在某些情况下,水是良好的利尿剂。❷排泄小便。
另见 suī。

脲（niào）　即"尿素"。人和某些动物尿中的主要含氮物质，蛋白质的代谢产物。

屎（niào）　同"尿"。另见 suī。

溺（niào）　同"尿"。小便。《史记·范雎蔡泽列传》："雎佯死，即卷以箦，置厕中。宾客饮者醉，更溺雎。"
另见 nì。

niē

捏〔揑〕（niē）　❶握着。鲁迅《彷徨·祝福》："手上还紧紧的捏着那只小篮呢。"❷用手指揉聚。如：捏泥人；捏饺子。❸虚构；假造。如：捏造事实。《搜神记》卷二："刺史阴谋欲夺我马，私捏人诉，意欲杀我。"

捻（niē）　❶通"捏"。《红楼梦》第十二回："贾瑞也捻着一把汗。"❷闭塞。《晋书·五行志中》："百姓谣云：'昔年食白饭，今食麦麸，天公诛谪汝，教汝捻咙喉。'"
另见 niǎn。

撩（niē）　用指捻。《文选·潘岳〈笙赋〉》："撩纤翩以震幽簧。"李善注："撩，指捻也。翩，管也。"

nié

苶（nié）　疲倦貌。《庄子·齐物论》："苶然疲役而不知其所归。"

niè

乜（niè）　姓。另见 miē。

不（niè）　树木被砍伐后所留根株。字亦作"櫱"、"蘖"。另见 dǔn。

泥（niè）　通"涅"。染黑。《史记·屈原贾生列传》："皭然泥而不滓者也。"
另见 ní、nǐ、nì。

枿（niè）　❶同"蘖"。树木砍伐处所生的新芽。《书·盘庚上》："若颠木之有由蘖。"陆德明释文："蘖，本又作枿。"❷树木砍伐后留下的根株。《水经·沅水注》："吴丹阳太守李衡植柑于其上……今洲上犹有陈根馀枿，盖其遗也。"

陧（niè）　见"杌陧"。

聂〔聶〕（niè）　❶附耳小语。通作"嗫"。参见"咕嗫"。❷姓。
另见 zhé。

铌〔鑈〕（niè）　❶坚正。《方言》第十二："铌，正也。"郭璞注："谓坚正也。"❷同"筬"、"镊"。《集韵·二十九叶》："筬，箝也。亦作镊、铌。"

臬（niè）　❶射箭的目标；靶子。张衡《东京赋》："桃弧棘矢，所发无臬。"❷本作"槷"。测日影的表。《考工记·匠人》"置槷"郑玄注："于所平之地中央树八尺之臬。"贾公彦疏："臬即表也。"❸刑法；法度。《书·康诰》："外事，汝陈时臬。"孔颖达疏："汝当布陈是刑法。"元代称肃政廉访使为臬司，明清称按察使为臬司，按察司收赃罚银的库房为臬库，本此。❹极至；终极。王粲《游海赋》："其深不测，其广无臬。"

臬兀　同"虺陧"。困顿；动摇不安。杜甫《大历三年春白帝城放船出瞿唐峡》诗："生涯临臬兀，死地脱斯须。"

疟（niè）　疮痕。韩愈《征蜀联句》："视伤悼瘢疟。"
另见 nì。

涅（niè）　同"涅"。

湼〔涅〕（niè）　❶可作黑色染料的一种矿石。《荀子·劝学》："白沙在涅，与之俱黑。"《淮南子·俶真训》："今以涅染缁，则黑于涅。"高诱注："涅，礬石也。"❷染黑。《论语·阳货》："不曰白乎，涅而不缁。"何晏集解："至白者，染之于涅而不黑。"❸塞。《仪礼·既夕礼》："隶人涅厕。"郑玄注："涅，塞也。"

涅而不缁　比喻高尚的品格能不受污染。《论语·阳货》："不曰白乎，涅而不缁？"何晏集解引孔安国曰："涅可以染皂。……至白者染之于涅中而不黑。喻君子虽在浊乱，浊乱不能污。"《史记·孔子世家》缁作"淄"。《晋书·刘曜载记》："义孙可谓岁寒而不凋，涅而不缁者矣。"

涅槃　梵语 Nirvāṇa 的音译，旧译"泥洹"，原意为熄灭一切烦恼或熄灭一切烦恼后的状态。或称"般涅槃"（梵 Parinirvāṇa），意译"入灭"、"圆寂"。佛教全部修习所要达到的最高理想。一般指通过修持断灭"生死"轮回而后获得的一种精神境界。佛教认为，信佛的人，经过长期"修道"，即能"寂（熄）灭"一切烦恼和"圆满"（具备）一切"清净功德"。这种境界，名为"涅槃"。部派佛教将涅槃分为"有馀涅槃"和"无馀涅槃"两种。大乘佛教除说此两种涅槃外，更说"自性清净涅槃"和"无住处涅槃"。后世也称僧尼逝世为"涅槃"、"入灭"或"圆寂"。

掜（niè）　姓。明代有掜大伦。
另见 nǐ。

啮〔嚙、齧、囓〕（niè）　❶咬。《礼记·曲礼上》："毋啮骨。"引申为侵蚀。《国策·魏策二》："樊水啮其墓。"❷缺口。《淮南子·人间训》："剑之折必有啮。"

啮臂盟　谓啮臂出血为誓，表示坚决。《史记·孙子吴起列传》："〔吴起〕东出卫郭门，与其母诀，啮臂而盟曰：'起不为卿相，不复入卫。'"后亦称男女相爱私下订定婚约为"啮臂盟"。参见"割臂盟"。

峞（niè）　见"崛峞"。

筬〔籋〕（niè）　❶箝。《说文·竹部》："籋，箝也。"段玉裁注："夹取之器曰籋，今人以铜铁作之，谓之镊子。"❷通"蹑"。《汉书·礼乐志·郊祀歌》："籋浮云，晻上驰。"颜师古注引苏林曰："籋音蹑，言天马上蹑浮云也。"

馅〔餡〕（niè）　馅头，饼类食品。李日新《题仙娥驿》诗："商山食店大悠悠，陈鹗馎䭔古馅头。"
另见 rèn。

陧（niè）　同"陧"。

槷（niè）　见"杌槷"。
另见 nǐ。

敜（niè）　室塞。《书·费誓》："敜乃阱。"孔传："阱，穿地陷兽，当以土窒敜之。"

榠（niè）　同"蘖"。《淮南子·俶真训》："百事之茎叶条榠，皆本于一根而条循千万也。"高诱注："榠，读作蘖，旁生萌芽也。"

摄〔攝〕（niè）　安静。《汉书·严助传》："天下摄然，人安其生。"
另见 shè。

嗫〔囁〕（niè）　见"嗫嚅"。

嗫嚅　❶要说话而又顿住的样子。韩愈《送李愿归盘谷序》："足将进而赵趔,口将言而嗫嚅。❷窃窃私语貌。《楚辞·七谏·怨世》:"改前圣之法度兮;喜嗫嚅而妄作。"王逸注:"嗫嚅,小语谋私貌。"

嵲（niè）　见"嵽嵲"。

铓〔鋩〕（niè）　首饰名。小钗。王粲《七释》:"戴明中之羽雀,离华铓之葳蕤。"

闑〔闑〕（niè）　古代门中央所竖短木。朱骏声《说文通训定声·泰部》:"古者门有二闑,二闑之中曰中门,二闑之旁皆曰枨。必设此者,所以为尊卑出入之节也。"《礼记·玉藻》:"君入门,介拂闑;大夫中枨与闑之间;士介拂枨。"孔颖达疏:"闑谓门之中央所竖短木也;枨谓门之两旁长木,所谓门楔也。"

骦〔騽〕（niè）　马疾驰。《晋书·刘曜载记》:"陇上壮士有陈安……骦聦父马铁瑕鞍。"

缛〔繷〕（niè）　计丝线股数的量词。《西京杂记》卷五:"五丝为缛,倍缛为升。"

埶（niè）　❶倾危不安。《考工记·轮人》:"毂小而长则柞,大而短则埶。"郑玄注引郑众曰:"埶读为槷,谓辐危槷也。"❷古代测日影的标杆。《考工记·匠人》:"置埶以县(悬),视以景(影),为规识(志)日出之景与日入之景。"❸通"臬"。箭靶。《小尔雅·广器》:"正中者谓之埶,埶方六寸。"❹通"闑"。门槛。《穀梁传·昭公八年》:"置游以为辕门,以葛覆质以为埶。"
另见 xiè。

摰（niè）　危;不稳固。《考工记·轮人》:"毂小而长则柞,大而短则摰。"郑玄注:"大而短,则毂末不坚。"戴震《考工记图补注》:"摰者,车行危陧不安。"

镊〔鑷〕（niè）　❶镊子,拔除毛发或夹取细小东西的用具。❷拔除;夹取。贾岛《答王建秘书》诗:"白发无心镊,青山去意多。"❸古代簪端的垂饰。《后汉书·舆服志下》:"〔珠簪〕下有白珠,垂黄金镊。"❹治丝具。《西京杂记》卷一:"绫出巨鹿陈宝光,宝光妻传其法。……机用一百二十镊,六十日成一匹,匹直万钱。"

镍〔鎳〕（niè）　化学元素[周期系第Ⅷ族(类)元素]。符号Ni。原子序数28。银白色金属。熔点1455℃。性坚韧,有磁性和良好的延展性。在空气中不被氧化,溶于

硝酸。重要的矿物有镍黄铁矿、硅镁镍矿等。主要用于制不锈钢和各种抗腐蚀合金(如铬镍钢、镍钢及各种有色金属合金),含镍成分较高的铜镍合金,不易腐蚀,在化学工业中广泛使用。镍也用于电镀,制碱性蓄电池、化学器皿,并用作催化剂。为生命所必需的微量营养元素。

颞〔顳〕（niè）　即颞骨,颅骨之一。

嶭（niè）　见"巀嶭"。

簜（niè）　管乐器。《尔雅·释乐》:"大管谓之簜,其中谓之簜。"郝懿行义疏引舍人曰:"中者声精密,故曰簜,簜,密也。"

跪（niè）　见"跪阢"。

跪阢　动摇不安;困顿。《易·困》:"困于葛藟,于跪阢。"亦作"臲卼"、"陧杌"、"峴岏"。

辄〔輒〕（niè）　高貌。何晏《景福殿赋》:"飞榍翼以轩翥,反宇辄以高骧。"

蹑〔躡〕（niè）　❶踩;踏。《史记·淮阴侯列传》:"张良、陈平蹑汉王足。"❷追踪。《三国志·魏志·邓艾传》:"〔姜维〕引退还,欣(杨欣)等追蹑于强川口,大战,维败走。"引申为暗暗跟随及轻步行走之貌。如:蹑手蹑脚。❸古代织机上提综的踏板。《三国志·魏志·杜夔传》"其好古存正莫及夔"裴松之注引傅玄曰:"旧绫机五十综者五十蹑。"

蹑蹀　同"蹰蹀"。张衡《南都赋》:"修袖缭绕而满庭,罗袜蹑蹀而容与。"

蹑蹻担簦　蹻,草鞋;簦,有柄的笠:都是走远路的用具。指远行。《史记·平原君虞卿列传》:"蹑蹻担簦,说赵孝成王。"

镊〔鑷〕（niè）　镳。《尔雅·释器》:"镳谓之镊。"郭璞注:"马勒旁铁。"
另见 yǐ。

孽（niè）　同"孽"。

孽〔孼〕（niè）　❶古时指庶子,即妾媵所生之子。《公羊传·襄公二十七年》:"执铁锧,从君东西南北,则是臣仆庶孽之事也。"何休注:"庶孽,众贱子,犹树之有孽生。"参见"孽子"、"孤孽"。❷坏事;罪恶。《书·太甲中》:"天作孽,犹可违;自作孽,不可逭。"❸妖孽;灾

殃。《左传·昭公十年》:"蕴利生孽。"杜预注:"孽,妖害也。"《汉书·五行志下之上》:"蔽恶生孽。"颜师古注:"蔽谓遮恶人蔽君之明为灾孽也。"❹病;害。《吕氏春秋·遇合》:"贤圣之后,反而孽民。"❺忤逆;不孝。《新书·道术》:"子爱利亲谓之孝,反孝为孽。"❻通"蘖"。见"媒孽"。

孽嬖　宠妾。《汉书·刘向传》:"故采取诗书所载贤妃贞妇兴国显家可法则及孽嬖乱亡者,序次为《列女传》。"

孽臣　奸臣。陆机《五等诸侯论》:"孽臣朝入而九服夕乱。"

孽孽　衣饰华贵貌。《诗·卫风·硕人》:"庶姜孽孽。"毛传:"孽孽,盛饰。庶姜,指随嫁的众女,齐国姜姓,故云庶姜。"

孽子　古时称妾媵所生之子。《孟子·尽心上》:"独孤臣孽子,其操心也危,其虑患也深,故达。"

蘖（niè）　本作"櫱"。树木的嫩芽。《孟子·告子上》:"牛山之木尝美矣……是其日夜之所息,雨露之所润,非无萌蘖之生焉。"亦指树木被砍伐后所生的新芽。《汉书·货殖传序》:"然犹山不茬蘖,泽不伐夭。"

櫱（niè）　同"蘖"。

齧（niè）　见"齧桑"。
另见 niè 啮。

齧桑　战国魏地。在今江苏沛县西南。公元前323年秦使张仪与楚、齐、魏会盟于此。

蘖（niè）　同"櫱"。

蠥（niè）　❶"妖孽"的"孽"的本字。❷忧。《楚辞·天问》:"启代益作后,卒然离蠥。"

櫱（niè）　亦作"蘖"。曲,酿酒用的发酵剂。《礼记·礼运》:"犹酒之有櫱也。"

櫱（niè）　同"蘖"。

nín

恁（nín）　同"您"。《西厢记》第二本楔子:"我从来斩钉截铁常居一,不似恁惹草粘花没掂三。"
另见 rèn。

您（nín）　"你"的敬称。用于多数时不加词助"们"。

níng

宁〔寧、寍、甯〕(níng)　❶平安;安定。《易·乾》:"万国咸宁。"❷康健;无疾病。见"康宁"。❸已嫁的女子省视父母。见"归宁"。❹守父母之丧;丧假。《汉书·哀帝纪》:"前博士弟子父母死,予宁三年。"颜师古注:"宁,谓处家持丧服。"❺古邑名。春秋晋地。在今河南获嘉。《左传》文公五年(公元前622年):"晋阳处父聘于卫,反过宁。"❻江苏南京市的简称。因隋以后历为江宁县及江宁郡、江宁府治所而得名。❼宁夏回族自治区的简称。
另见 nìng,zhù。

宁贴　亦作"宁帖"。平安舒贴。王安石《再用前韵寄蔡天启》:"扶疴归未久,吾见喜宁帖。"

宁馨　晋宋时俗语,"这样"的意思。王若虚《滹南遗老集·谬误杂辨》引城阳居士《桑榆杂录》:"宁,犹如此;馨,语助也。"刘禹锡《赠日本僧智藏》诗:"为问中华学道者,几人雄猛得宁馨!"参见"宁馨儿"。

宁馨儿　晋宋时俗语,犹今语这样的孩子。《晋书·王衍传》:"何物老妪,生宁馨儿!"后多用于褒义。

冰(níng)　"凝"的本字。《新唐书·韦思谦传》:"涕泗冰须(鬚)。"
另见 bīng。

冰雪　脂膏。《尔雅·释器》:"冰,脂也。"郭璞注:"《庄子》云:'肌肤若冰雪。'冰雪,脂膏也。"后用以形容肌肤洁白滑润。《云笈七籤》卷六十四:"〔王屋真人〕夫妇之颜,俱若冰雪。"

佇〔儜〕(níng)　❶怯弱。《宋书·王微传》:"吾本佇人,加疹意惕,一旦闻此,便惶怖矣。"❷见"拘佇"。
另见 zhù 伫。

苧〔薴〕(níng)　❶散乱。《楚辞·九思·悯上》:"须发苧悴兮颠鬓白。"❷有机化合物。分子式 $C_{10}H_{16}$。广泛存在于香精油中的一种单环萜烯。具有柠檬香味的液体。有左旋体、右旋体和外消旋体三种。左旋体存在于松叶油中,右旋体存在于柠檬油中,都可用作香料。外消旋体即二聚异戊二烯,无旋光性,可用作合成橡胶、纤维的原料。
另见 zhù 苧。

拧〔擰〕(níng)　❶用手指夹住扭转。《红楼梦》第八回:"宝钗也忍不住,笑着把黛玉腮上一拧。"❷绞。如:拧手巾;把麻拧成绳子。
另见 nǐng,nìng。

咛〔嚀〕(níng)　见"叮咛"。

狞〔獰〕(níng)　凶恶貌。见"狰狞"。

柠〔檸〕(níng)　见"柠檬"。

柠檬(Citrus limon)　芸香科。常绿小乔木。嫩叶和花均带紫红色。叶翼不甚明显。果椭圆形或卵圆形,淡黄色,表面粗糙,先端呈乳头状。皮厚而香,果汁极酸。种子多数单胚,白色。不耐寒。用播种、嫁接、扦插等繁殖。原产于马来西亚、中国四川、台湾、广东、广西、福建等地有栽培。果实供制饮料及香料。

氋〔氎〕(níng)　多毛。《南齐书·卞彬传》:"作《蚤虱赋》序曰:'……四体氋氋,加以臭秽,故苇席蓬缨之间,蚤虱猥流。'"

鸋〔鸋〕(níng)　见"鸋鴂"。

鸋鴂　鸟名。《尔雅·释鸟》:"鸱鸮,鸋鴂。"邢昺疏引陆玑《毛诗草木鸟兽虫鱼疏》:"鸱鸮似黄雀而小,其喙尖如锥,取茅莠为巢,以麻绤之,如刺袜然,县(悬)著树枝,或一房,或二房。幽州人谓之鸋鴂,或曰'巧妇',或曰'女匠'。"按亦称"鷦鷯"。

聍〔聹〕(níng,又读 nǐng)　见"叮聍"。

寍(níng)　同"宁(寧)"。
另见 nìng。

宼(níng)　"宁(寧)"的古体字。
另见 nìng。

疑(níng)　安定;止息。《诗·大雅·桑柔》:"靡所止疑。"
另见 yí。

髻〔鬡〕(níng)　见"鬤髻"。

獰(níng)　同"狞(獰)"。

凝(níng)　❶水遇冷而固结。后泛指液体结成固体。张协《七命》:"天凝地闭。"又:"霜锷水凝。"引申为形成。《中庸》:"苟不至德,至道不凝焉。"❷坚定;巩固。《荀子·议兵》:"兼并易能也,唯坚凝之难焉。"❸专注;凝聚。鲍照《芜城赋》:"凝思寂听。"张泌《浣溪沙》

词:"马上凝情忆旧游。"

凝睇　注视。柳永《诉衷情近》词:"故人千里,竟日空凝睇。"

凝寂　寂静无声。《晋书·孝武帝纪赞》:"简皇凝寂,不贻伊害;孝武登朝,奸雄自消。"

凝神　聚精会神;精神凝定不浮散。如:凝神思索。颜延之《五君咏·嵇中散》:"吐论知凝神。"

凝雨　雪。古人以为雪是雨凝成,故称。沈约《雪赞》诗:"独有凝雨姿,贞腕而无殉。"

凝脂　凝冻的脂膏,比喻皮肤洁白柔滑。《诗·卫风·硕人》:"肤如凝脂。"引申指洁白柔滑的皮肤。白居易《长恨歌》:"温泉水滑洗凝脂。"

凝滞　❶受阻而停留不进。江淹《别赋》:"舟凝滞于水滨。"按《楚辞·涉江》作"疑滞"。❷粘著;拘牵。《楚辞·渔父》:"圣人不凝滞于物,而能与世推移。"

凝重　庄重;不轻佻。徐陵《报德寺刹下铭》:"幼怀凝重。"《朱子全书·学一》:"出入步趋,务要凝重。"

凝伫　有所思虑、期待而立着不动。柳永《鹊桥仙》词:"但黯然凝伫,暮烟寒雨,望秦楼何处?"

凝妆　盛妆。王昌龄《闺怨》诗:"闺中少妇不知愁,春日凝妆上翠楼。"

谭〔譚〕(níng)　见"菩"。

nǐng

拧〔擰〕(nǐng)　❶用力扭转。如:拧螺丝,拧紧水龙头。❷错误;误会;走了样。《儿女英雄传》第三十五回:"张姑娘才觉得这句话是说拧了;忍着笑,扭过头去。"
另见 níng,nìng。

nìng

宁〔寧、寍、甯〕(nìng,旧读 níng)　❶宁可;宁愿。《楚辞·渔父》:"宁赴湘流,葬于江鱼之腹中。"❷岂;难道。《史记·郦生陆贾列传》:"陆生曰:'居马上得之,宁可以马上治之乎?'"❸乃;曾;而。《诗·邶风·日月》:"胡能有定,宁不我顾。"郑玄笺:"宁,犹曾也。"❹作语助,无义。《左传·昭公元年》:"不宁唯是。"❺姓。春秋时齐有宁戚,卫有宁赢。
另见 níng,zhù。

宁渠　渠，通"讵"。犹"庸讵"。哪里；怎么。《史记·张仪列传》："且苏君在，仪宁渠能乎？"

佞（nìng）❶用花言巧语谄媚人。《论语·公冶长》："雍也仁而不佞。"❷才；有才能。《左传·成公十三年》："寡人不佞。"

佞佛　媚佛；迷信佛。《晋书·何充传》："二郄谄于道，二何佞于佛。"《新唐书·侯希逸传》："好畋猎，佞佛，兴广祠庐，人苦之。"

佞人　善以巧言献媚的人。《论语·卫灵公》："放郑声，远佞人。"

佞幸　由谄媚而得宠。《史记·佞幸列传序》："高祖至暴抗也，然籍孺以佞幸；孝惠时有闳孺。此两人非有材能，徒以婉佞贵幸。"亦以指皇帝左右以谄佞得幸的人。

佞兑　一作"佞说"。兑、说，通"悦"。谓谄谀取悦。《荀子·修身》："饶乐之事则佞兑而不曲。"亦指谄媚取悦的奸人。《荀子·王制》："进退贵贱则举佞兑。"一说兑通"锐"。佞锐，谓口才捷利。

佞说　同"佞兑"。

拧〔擰〕（nìng）倔强。《儿女英雄传》第四十回："玉格这孩子真个的怎么这么拧啊！"
另见 níng，nǐng。

泞〔濘〕（nìng）泥浆。《左传·僖公十五年》："晋戎马还泞而止。"
另见 nì。

宁（nìng）同"宁（寧）"。
另见 níng。

盁（nìng）"宁（寧）"的古体字。
另见 níng。

niū

妞（niū）北方方言，小女孩之称。如：大妞；二妞；小妞儿。

niú

牛（niú）❶黄牛、瘤牛、水牛、牦牛以及其种间杂种的统称。哺乳纲，牛科。有牛（*Bos*）和水牛（*Bubalus*）两属。体强大。一般有角。四趾，第三、四趾特别发达，趾端为蹄。上腭无门齿，胃分四室，草食反刍。体重自数百千克至千余千克不等。有乳用、肉用、役用和兼用等种类。❷比喻固执或倔强。如：牛脾气；牛性子。❸植物种中特大者之

称。《尔雅·释草》："君，牛藻。"郭璞注："似藻叶大。"❹星名，二十八宿之一。《晋书·张华传》："吴之未灭也，斗、牛之间常有紫气。"❺姓。

牛蒡（*Arctium lappa*）别称"恶实"。菊科。二年生草本。根肉质。茎粗壮，带紫色，有微毛，上部多分枝。基生叶丛生，茎生叶互生，广卵形至心脏形，背面密生白毛。头状花序簇生或排成伞房状，夏秋开花，全部为管状花，紫红色。野生或栽培。种子繁殖。中国自东北至西南各地都有分布，亦有栽培。日本、欧洲也产。根可供食用；根和枝叶可作饲料；种子入药，称"牛蒡子"或"大力子"，性平、味辛，功能散风热、宣肺气、消肿毒，主治外感咳嗽、风疹、咽喉肿痛、疮痈肿毒等症。

牛车　用牛挽拉的车辆。有两轮或四轮，上架车板，由一头或几头牛挽拉。在中国，牛车起源甚早，汉初已较流行。

牛　车

牛刀　宰牛用的刀。《论语·阳货》："子之武城，闻弦歌之声。夫子莞尔而笑曰：'割鸡焉用牛刀？'"意谓治理武城这样的小地方，用不着以礼乐来进行教化。比喻大材。苏轼《送欧阳主簿赴官韦城》诗："读遍牙签三万轴，欲来小邑试牛刀。"

牛鬼蛇神　杜牧《李贺集序》："鲸呿鳌掷，牛鬼蛇神，不足为其虚荒诞幻也。"原意比喻李贺诗的虚幻怪诞，后多用来比喻形形色色的坏人。《老残游记续集遗稿》第二回："若官、幕两途，牛鬼蛇神，无所不有！"

牛后　比喻从属的地位。元稹《酬翰林白学士代书一百韵》："那能作牛后，更拟助洪基。"参见"鸡口牛后"。

牛郎　❶牧牛童。《神仙传·苏仙公》："家贫，常自牧牛，与里中小儿更日为牛郎。"❷星名。即牵牛星。胡曾《黄河》诗："沿流欲共牛郎语，只得灵槎送上天。"❸神话人物。详"牛郎织女"。

牛郎织女　❶星名。牛郎，指牵牛

星；织女，指织女星。❷神话人物。从星名衍化而来。织女为天帝孙女，故亦称天孙。长年织造云（雲）锦，自嫁与河西牛郎后，织乃中断。天帝大怒，责令她与牛郎分离，只准每年七夕相会一次。故事初见于《古诗十九首》。至《荆楚岁时记》，内容有所发展。《风俗通》佚文又记织女会牛郎时，乌鹊为天河上为之搭桥，名为"鹊桥"。

牛马走　像牛马一样被役使的人，旧时自称之谦词。《文选·司马迁〈报任少卿书〉》："太史公牛马走。"李善注："走，犹仆也。"蔡襄《和答孙推官久病新起见过》："去年大暑过京口，唯子见过牛马走。"或说牛为"先"字之误。先马走言以史官中书令在导引之列。见吴仁杰《两汉刊误补遗》七。

牛眠地　《晋书·周光传》："初，陶侃微时，丁艰，将葬，家中忽失牛而不知所在。遇一老父，谓曰：'前冈见一牛眠山污中，其地若葬，位极人臣矣。'"后世因称做坟的吉地为"牛眠地"。丁鹤年《送奉祠王良佐奔讣还鄮城》诗："佳城已卜牛眠地，屏立泰山带围泗。"

牛女　牵牛星和织女星；牛郎和织女。潘岳《西征赋》："仪景星于天汉，列牛女以双峙。"杜甫《天河》诗："牛女年年渡，何曾风浪生？"参见"牛郎织女"。

牛溲马勃　韩愈《进学解》："牛溲马勃，败鼓之皮，俱收并蓄，待用无遗者，医师之良也。"牛溲，牛溺；一说车前草。马勃，马屁勃，属担子菌类。比喻被一般人视为无用的东西。

牛头马面　佛教指阎罗的两名狱卒。一名阿傍，牛头人手，双脚牛蹄，持铁叉；一名马面，人身马头。

牛衣　亦称"牛被"。给牛御寒用的覆盖物。《汉书·王章传》："初，章为诸生，学长安，独与妻居。章疾病，无被，卧牛衣中；与妻决，涕泣。"颜师古注："牛衣，编乱麻为之，即今俗呼为龙具者。"王先谦补注引《演繁露》："牛衣，编草使暖，以被牛体，盖蓑衣之类。"后以"牛衣对泣"形容夫妻共守穷困。

牛饮　《韩诗外传》卷四："桀为酒池，可以运舟，糟丘足以望十里，而牛饮者三千人。"牛饮，谓如牛俯身就池而饮，后泛指放量豪饮。梅尧臣《和韵三和戏示》："将学时人斗（鬥）牛饮，还从上客舞娥杯。"

niǔ

扭 (niǔ) ❶转动。《红楼梦》第三十二回:"湘云红了脸,扭过头去吃茶,一声也不答应。"❷摆动。《西游记》第二十二回:"这条河若论老孙去时,只消把腰儿扭一扭,就过去了。"❸揪住。《官场现形记》第三十一回:"大众见他二人扭在一处,只得一齐住手,过来相劝。"❹拧;拗。如:强扭的瓜不甜。❺违拗。《红楼梦》第十八回:"贾蔷扭不过他,只得依他做了。"

扭捏 行走时身体故意扭动。王实甫《西厢记》第一本第四折:"扭捏着身子儿百般做作。"亦作"扭扭捏捏",形容言语动作装腔作势,不大方、不爽快。《红楼梦》第二十七回:"难为你说的齐全,不像他们扭扭捏捏,蚊子似的。"

狃 (niǔ) ❶习惯。《左传·桓公十三年》:"莫敖狃于蒲骚之役,将自用也。"❷贪。《国语·晋语一》:"嗛嗛之食,不足狃也。"❸当;充当。《国语·晋语七》:"使臣狃中军之司马。"韦昭注:"狃,正也。"

忸 ㊀(niǔ) 通"狃"。熟习。《荀子·议兵》:"忸之以庆赏。"杨倞注:"战胜则与之赏庆,使习以为常。"

㊁(niǔ,旧读nǜ) 见"忸怩"。

忸怩 羞惭的样子。如:忸怩作态。《书·五子之歌》:"颜厚有忸怩。"孔颖达疏:"忸怩,羞不能言,心惭之状。"

纽〔紐〕(niǔ) ❶交互而成的扣结。如:衣纽;纽扣。❷器物上备提携悬系的襻儿。如:秤纽;印纽。❸供人操纵的机键;有关全局的关键。如:电纽;枢纽。❹连结;联系。如:纽带。❺音韵学名词。声母的别称。❻姓。隋代有纽回。

杻 (niǔ) 木名。《诗·唐风·山有枢》:"山有栲,隰有杻。"《尔雅·释木》:"杻,檍。"郭璞注:"似棣,细叶,叶新生可饲牛,材中车辋。"

另见 chǒu。

钮〔鈕〕(niǔ) ❶印鼻,印章上端的雕饰。古代用以分别官印的等级。有各种不同的形式,如瓦钮、环钮、龟钮、虎钮、狮钮等。《太平御览》卷六百八十二引崔鸿《十六国春秋·前凉录》:"赵婴上言,于青涧水中得一玉玺,钳钮,光照水外。"❷通"纽"。如:钮扣;揿钮。❸姓。东晋有钮滔。

niù

拗〔抝〕(niù) ❶固执。如:执拗。❷扭。鲁迅《彷徨·祝福》:"我不信你这么大的力气,真会拗他不过。"

另见 ǎo,ào。

nóng

农〔農、辳〕(nóng) ❶农业。《商君书·垦令》:"民不贱农,则国安不殆。"《汉书·食货志上》:"辟土殖谷曰农。"❷农民。如:贫农;棉农。《论语·子路》:"吾不如老农。"❸古代的田官。《礼记·郊特牲》:"飨农。"郑玄注:"农,田畯也。"❹勤勉。《管子·大匡》:"耕者出入不应于父兄,用力不农,不事贤,行此三者,有罪无赦。"

农时 适合耕地、播种、收获等农事活动的时节。《孟子·梁惠王上》:"不违农时,谷不可胜食也。"中国农民根据长期生产实践的经验,一向按照二十四节气安排生产,如清明下种、谷雨栽秧等。

侬〔儂〕(nóng) ❶我。李白《秋浦歌》:"寄言向江水,汝意忆侬不?"❷人。古乐府《寻阳乐》:"鸡亭故侬去,九里新侬还。"❸上海一带方言指"你"。❹姓。唐代有侬金意、侬金勒。

诶〔譨〕(nóng) 见"诶诶"。

诶诶 同"哝哝"。《楚辞·九思·怨上》:"群司兮诶诶。"洪兴祖补注:"诶诶,多言也。"

哝〔噥〕(nóng) 见"哝哝"。

哝哝 小声说话。如:唧唧哝哝。

浓〔濃〕(nóng) ❶本指露多。引申为密、厚。与"淡"、"薄"相对。如:浓烟;浓墨。苏轼《饮湖上初晴后雨》诗:"淡妆浓抹总相宜。"❷程度深。如:兴趣很浓。

浓郁 言香气之盛。田汝成《西湖游览志馀·偏安佚豫》:"天香浓郁,花柳避妍。"

浓妆 犹盛妆。浓艳的妆饰。耶律楚材《蜡梅》诗:"反笑素英浑淡抹,却嫌红艳太浓妆。"

脓〔膿〕(nóng) ❶疮口溃烂所出的黄绿色粘液。《史记·扁鹊仓公列传》:"后八日,呕脓死。"❷腐烂。《齐民要术·水稻》:"陈草复起,以镰侵水芟之,草悉脓死。"❸肥。曹植《七启》:"玄熊素肤,肥豢脓肌。"❹通"醲"。浓厚。《文选·枚乘〈七发〉》:"甘脆肥脓,命曰腐肠之药。"李善注:"脓,厚之味也。"

秾〔穠〕(nóng) 繁盛艳丽貌。罗隐《牡丹花》诗:"可怜韩令功成后,辜负秾华(花)过此身。"

襛〔襛〕(nóng) 衣厚貌。段玉裁《说文解字注·衣部》:"凡农声之字,皆训厚。醲,酒厚也;浓,露多也;襛,衣厚貌也。引申为凡多、厚之偁(称)。《召南》曰:'何彼襛矣,唐棣之华。'"《文选·宋玉〈神女赋〉》:"振绣衣,被袿裳,襛不短,纤不长。"吕向注:"襛,肥也。"

醲〔醲〕(nóng) ❶指酒性浓烈。枚乘《七发》:"饮食则温淳甘膬,脭醲肥厚。"《镜花缘》第二十三回:"我们量窄,吃不惯醲的,你把淡的换一壶来。"❷通"浓"。厚。《后汉书·马援传》:"明主醲于用赏,约于用刑。"

醲郁 味浓厚。韩愈《进学解》:"沈浸醲郁,含英咀华,作为文章,其书满家。"张雨《酒香诗》:"醲郁芬香味更严。"

nǒng

绒〔繷〕(nǒng,又读 náo) 大而多。《后汉书·崔骃传》:"若夫纷绒塞路,凶虐播流。"李贤注引《方言》云:"绒,盛多也。"按《方言》第十:"南楚凡大而多谓之䆿,或谓之繷。"钱绎笺疏:"绒与繷同。"

nòng

弄〔挵〕(nòng,旧读 lòng) ❶玩弄;戏耍。《左传·僖公九年》:"夷吾弱不好弄。"杜预注:"弄,戏也。"❷作弄。《水浒传》第五十三回:"你既依我言语,我和你干大事,如何肯弄你!"❸做;搞。如:弄饭;弄明白。❹亦作"哢"。中国古代百戏乐舞中称扮演脚色或表演节目为"弄"。唐有"弄参军"、"弄兰陵王"等,宋有"弄悬丝傀儡"等,金元时别称院本为"五花爨弄"。今福建莆仙戏有传统剧目《搭渡弄》,梨园戏有传统剧目《妙泽弄》等,尚保存此古称。❺奏乐。《史记·司马相如传》:"及饮卓氏,弄琴。"亦指琴曲。如《梅花三弄》。

另见 lòng。

弄笔 ❶指舞文弄墨,颠倒是非。《晋书·赫连勃勃载记》:"我今未死,汝(韦祖思)犹不以我为帝王,吾死之后,汝辈弄笔,当置吾何地!"❷犹言执笔。含有以笔墨为游戏的意思。元稹《闺晚》诗:"调弦不成曲,学书徒弄笔。"

弄潮 候潮戏水。苏辙《竞渡》诗:"父老不知招屈恨,少年争作弄潮游。"

弄臣 皇帝狎近戏弄之臣。《史记·张丞相列传》:"〔汉文帝〕使使者持节召通而谢丞相曰:'此吾臣,君释之。'"通,邓通;丞相,指申屠嘉。

弄鬼掉猴 比喻调皮捣蛋。《红楼梦》第四十六回:"心里再要买一个,又怕那些牙子家出来的,不干不净,也不知道毛病儿,买了来三日两日,又弄鬼掉猴的。"

弄假成真 本来是假意做作,结果却变成真事。《三国演义》第五十五回:"却说孙权差人来柴桑郡报周瑜,说:'我母亲力主,已将妹嫁刘备,不想弄假成真。此事还复如何?'"

弄口 播弄是非;逞巧辩。《汉书·文三王传》:"左右弄口,积使上下不和。"任昉《弹奏范缜》:"弄口鸣舌,只足饰非。"

弄巧成拙 想逞巧,结果反而弄僵、弄糟。黄庭坚《拙轩颂》:"弄巧成拙,为蛇画足。"

弄权 凭借职位,滥用权力。贡师泰《河决》诗:"县官出巡防,小吏争弄权。"

弄丸 ❶亦称"跳丸"。中国古代抛接游戏。以手连续抛接若干弹丸,一个在手,数个滞空,递抛递接,往返不绝。始见于战国时。《庄子·徐无鬼》:"市南熊宜僚弄丸,而两家之难解。"❷蜣螂的别名。崔豹《古今注·鱼虫》:"蜣螂转丸,一名弄丸,能以土包屎,转而成丸,圆正无斜角。"

弄险 冒险。《三国演义》第九十五回:"懿曰:'亮平生谨慎,不曾弄险;今大开城门,必有埋伏。'"

弄玉 见"萧史、弄玉"。

弄月 赏玩月色。李白《别山僧》诗:"何处名僧到水西?乘舟弄月宿泾溪。"

弄璋 璋,一种玉器。《诗·小雅·斯干》:"乃生男子,载寝之床,载衣之裳,载弄之璋。"郑玄笺:"男子生而玩以璋者,欲其比德焉。"意谓希望儿子将来有玉一样的品德。后因称生男为"弄璋"。白居易《崔侍御以诗见示因以二绝和之》:"弄璋诗句多才思,愁杀无儿老邓攸。"

弄姿 修饰容貌。赵至《与嵇茂齐书》:"弄姿帷房之里。"后多指女子卖弄风骚姿态。参见"搔头弄姿"。

獰 〔䶊〕(nòng) 鼻病多涕。见《集韵·一送》。

nóu

瓵 (nóu) 仔兔。见《集韵·十九侯》。

糯 (nóu) 见"㺀糯"。

譹 (nóu) 亦作"䶊"。兔子。《尔雅·释兽》:"兔子,娩。"郭璞注:"俗呼曰娩。"韩愈《毛颖传》:"明际八世孙譹。"按《集韵·十九侯》:"江东呼兔子为譹,或作瓵,亦书作䶊。"朱熹考异引《广雅》云:"譹,兔子。"按见《广雅·释兽》。

䶊 (nóu) 同"譹"。

nòu

㭢 (nòu) 同"槈"。见《说文·木部》。

槈 (nòu) ❶小手锄。《释名·释用器》:"槈,似锄,妪(伛)槈禾也。"《吕氏春秋·任地》:"槈柄尺。"《国语·齐语》:"挟其枪、刈、槈、镈,以旦暮从事于田野。"❷除草。《孟子·梁惠王上》:"深耕易槈。"

譹 〔譹〕(nòu) 见"逗譹"。

獳 (nòu) 怒犬貌。见《说文·犬部》。

橲 (nòu) 木名。《后汉书·王符传》:"今者京师贵戚,必欲江南橲、梓、豫章之木。"李贤注引郭璞《尔雅》注:"橲似槲橡而痹(卑)小。"

鎒 (nòu) 同"槈"。除草具。《管子·轻重乙》:"一农之事,必有一耜、一铫、一镰、一鎒、一椎、一铚。"亦谓以鎒除草。《淮南子·说山训》:"治国者若鎒田。"

nú

奴 (nú) ❶丧失自由、受人役使的人。如:家奴;农奴。陆游《岁暮感怀》诗:"富豪役千奴,贫老无寸帛。"❷对人的鄙称。《世说新语·假谲》:"我固疑是老奴,果如所卜。"❸古代妇女自称。《宋史·陆秀夫传》:"杨太妃垂帘,与群臣语,犹自称奴。"❹男子也或自称奴。计有功《唐诗纪事·昭宗》:"何处是英雄,迎奴归故宫?"❺通"弩"。《墨子·鲁问》:"今有固车良马于此,又有奴马四隅之轮于此,使子择马,子将何乘?"

奴婢 古代称罪人的男女家属没入官中为奴者;后泛指丧失自由、被人奴役的男女。《三国志·魏志·毛玠传》:"汉律,罪人妻、子没为奴婢。"又太监亦以此自称。

奴才 ❶明清时常称仆人为"奴才"。又清代旗籍文武官员,对皇帝自称奴才,也用于正式文件。是"阿哈"的汉译。今亦用以斥指甘心供人役使、帮助作恶的人。❷轻蔑的称呼,指无用而只配为奴之人。《晋书·刘元海载记》:"颖不用吾言,逆自奔溃,真奴才也!"亦作"奴材"。《资治通鉴·唐代宗大历三年》:"子仪诸子,皆奴材也。"

奴产子 奴婢的子女,其身分仍为奴。《汉书·陈胜传》:"秦令少府章邯免骊山徒、人奴产子,悉发以击楚军。"颜师古注:"服虔曰:'家人之奴也。'师古曰:'奴产子,犹今人云家生奴也。'"唐宋以后称为家生奴或家生孩儿。

奴家 旧时女子自称。《水浒全传》第三回:"奴家是东京人氏。因同父母来这渭州,投奔亲眷,不想搬移南京去了。"

奴客 古代私家的奴隶。《汉书·胡建传》:"多从奴客往,奔射追吏。"《后汉书·窦宪传》:"〔窦氏〕虽俱骄纵,而景为尤甚,奴客缇骑依倚形势,侵陵小人。"

奴颜婢膝 形容卑躬屈节,谄媚讨好的样子。陆龟蒙《江湖散人歌》:"奴颜婢膝真乞丐,反以正直为狂痴。"

奴子 即奴仆。《魏书·温子升传》:"为广阳王渊贱客,在马坊教诸奴子书。"

帑 (nú) 通"孥"。❶妻儿。《左传·文公六年》:"宣子使臾駣送其帑。"也指儿女。《诗·小雅·常棣》："宜尔家室,乐尔妻帑。"毛传:"帑,子也。"❷指鸟尾。《左传·襄公二十八年》:"以害鸟帑。"孔颖达疏:"帑者细弱之名,于人则妻子为帑,于鸟则鸟尾曰帑。"

另见 tǎng。

驽〔駑〕(nú) ❶能力低下的马。《荀子·劝学》:"驽马十驾,功在不舍。"❷比喻才能低劣。《史记·廉颇蔺相如列传》:"相如虽驽,独畏廉将军哉?"

驽钝 才短力弱。诸葛亮《前出师表》:"庶竭驽钝,攘除奸凶。"

驽铅 驽马、铅刀,质皆钝劣,比喻才能平庸。吕公著《定州谢上表》:"顾驽铅之难强,嗟蒲柳之易衰。"

驽骀 驽、骀都是能力低下的马,比喻才能平庸。《楚辞·九辩》:"却骐骥而不乘兮,策驽骀而取路。"《晋书·荀崧传》:"思竭驽骀,庶增万分。"

驽下 犹言庸才,谓才能驽钝低下。《国策·燕策三》:"荆轲曰:'此国之大事,臣驽下,恐不足任使。'"

孥(nú) ❶儿女。《诗·小雅·常棣》:"乐尔妻孥。"❷妻和儿女的统称。《国语·晋语二》:"以其孥适西山。"韦昭注:"孥,妻子也。"❸通"奴"。见"孥戮"。

孥戮 《书·甘誓》:"予则孥戮汝。"孔传:"孥,子也,非但止汝身,辱及汝子,言耻累也。"颜师古《匡谬正俗》卷二:"按孥戮者,或以为奴,或加刑戮,无有所赦耳。此非孥子之孥。"按颜说为长。亦作"奴僇"。《汉书·季布传赞》:"及至困厄,奴僇苟活而不变。"颜师古注:"僇,古戮字也。奴僇,谓髡钳为奴而卖之也。"

笯(nú) 鸟笼。《楚辞·九章·怀沙》:"凤皇在笯兮,鸡鹜翔舞。"

胬(nú) 见"胬肉攀睛"。

胬肉攀睛 中医学病名。亦称"翼状胬肉"。一种淡赤胬肉横布眼睛的疾病。由心肺两经风热壅盛所致,或因脾胃湿热蕴蒸诱发。见胬肉由眦端横布白睛,如昆虫翼翅,渐侵黑睛、瞳神,影响视力。按其发展情况,可分:(1)进行性。胬肉布满血丝、肥厚,发展迅速,治宜内服清热散风或泻火解毒剂,外滴眼药水,也可局部施行针刺或手术。(2)静止性。如不影响视力,一般不需治疗。

nǔ

伮(nǔ) 同"努"。

努(nǔ) ❶勉力;出力。如:努力。王恽《挽漕篇》:"硬拖泥水行,奚异暴荡努。"❷翘起;凸出。唐彦谦《采桑女》诗:"春风吹蚕细如蚁,桑芽才努青鸦嘴。"参见"努目"。❸古时书法称直画为"努"。参见"永字八法"。

努目 把眼睛张大,眼珠凸出。萨都剌《终南进士行和李五峰题马麟画钟馗图》:"至今怒气犹未消,髯戟参差努双目。"参见"怒目"。

呶(nǔ) 通"努"。凸出。如:嘴唇一呶;呶着眼睛。

另见 náo。

弩(nǔ) ❶用机栝发箭的弓。《史记·孙子吴起列传》:"齐军万弩俱发。"❷同"努"。(1)用力。《资治通鉴·汉光武帝建武五年》:"贼兵盛,出必两败,弩力而已!"(2)书法直画为弩。参见"永字八法"。

弩机 弩的机件。青铜制。装置于木弩臂的后部。一般弩机,四周有"郭","郭"中有"牙",可钩住弓弦,"郭"上有"望山"作为瞄准器,"牙"下连结有"悬刀"作为扳机。发射时,把"悬刀"一扳,"牙"就缩下,"牙"所钩住的弦就弹出,有力地把矢射出。创始于战国,其后不断有所改进。

弩　机

弩牙 弩上钩弓弦的机栝。《旧唐书·韩滉传》:"以佛寺铜钟铸弩牙兵器。"

砮(nǔ) 石制的箭镞。《书·禹贡》:"砥砺砮丹。"《史记·孔子世家》:"有隼集于陈廷而死,楛矢贯之,石砮,矢长尺有咫。"裴骃集解引韦昭曰:"砮,镞也,以石为之。"

nù

怒(nù) ❶生气;着恼。如:恼羞成怒。《诗·邶风·柏

舟》:"薄言往诉,逢彼之怒。"❷谴责。《礼记·内则》:"若不可教而后怒之。"孔颖达疏:"谓教而不从,然后责怒之。"❸形容气势强盛。如:怒马;怒涛;百花怒放。引申为奋发。《庄子·逍遥游》:"〔鹏〕怒而飞,其翼若垂天之云。"

怒发冲冠 形容盛怒的情态。《史记·廉颇蔺相如列传》:"相如因持璧却立,倚柱,怒发上冲冠。"岳飞《满江红》词:"怒发冲冠,凭栏处,潇潇雨歇。"

怒目 张目怒视。如:怒目而视。刘伶《酒德颂》:"闻吾风声,议其所以,乃奋袂攘衿,怒目切齿。"

怒蛙 《韩非子·内储说上》:"越王勾践见怒蛙而式之,御者曰:'何为式?'王曰:'蛙有气如此,可无为式乎?'士人闻之,曰:'蛙有气,王犹为式,况士人有勇者乎?'"怒蛙,鼓足气的蛙。式,伏在车前横木上表示敬礼。勾践为报吴仇,故式怒蛙以求勇士。

nǚ

女(nǚ) ❶女人。与"男"相对。《诗·郑风·出其东门》:"有女如云。"❷女儿。古乐府《木兰诗》:"不闻爷娘唤女声。"❸柔弱;柔嫩。见"女好"、"女桑"。❹亦称"须女"、"婺女"。星宿名。二十八宿之一。玄武七宿的第三宿。有星四颗,即宝瓶座中的四星。

另见 nù,rǔ。

女博士 有才学的女子。黄庭坚《赠李辅圣》诗:"相看绝叹女博士,笔砚管弦成古丘。"

女德 ❶旧指妇女应具备的德行。王融《永嘉长公主墓志铭》:"肃穆妇容,静恭女德。"❷犹女色。《史记·晋世家》:"子疾反国,报劳臣,而怀女德,窃为子羞之。"❸尼姑。宋徽宗宣和元年改称僧为"德士",尼为"女德"。见《宋史·徽宗纪四》。

女弟 妹妹。《史记·佞幸列传》:"延年女弟善舞。"

女儿茶 用青桐芽制成的饮料。《红楼梦》第六十三回:"闷了一茶缸子女儿茶,已经喝过两碗了。"

女儿酒 亦称"女酒"。嵇含《南方草木状·草麹》:"南人有女数岁,即大酿酒……女将嫁,乃发陂取酒以供宾客,谓之女酒。"又浙江绍兴旧俗,生女后即酿酒埋藏起来,女儿出嫁时,取出请客,名为"女儿酒"。见

梁绍壬《两般秋雨庵随笔》。

女工 ❶亦作"女功"、"女红"。指妇女所作的纺绩、刺绣、缝纫等事。《淮南子·齐俗训》:"锦绣纂组,害女工者也。"❷旧指做女红的妇女。《墨子·辞过》:"女工作文采,男工作刻镂。"今泛指女工人。

女功 同"女工❶"。

女红 同"女工❶"。

女冠 "女道士"的别称。唐代女道徒皆戴黄冠。因古时女子本无冠,凡有冠者必是女道士,故称"女冠"。《旧唐书·则天皇后纪》:"令释教在道法之上,僧尼处道士女冠之前。"宋徽宗宣和元年改女冠为女道尼。见《宋史·徽宗纪》。但也有称女道士为坤道或偶称女黄冠者。全真道女道士所戴为黑色冠。

女好 柔婉貌。《荀子·赋》:"此夫身女好而头马首者与?"意谓蚕体柔婉,其头像马头。

女户 无男丁而以妇女为户主的民户。《宋史·食货志上》六:"单丁、女户及孤幼户,并免差役。"

女祸 旧时谓由于宠信女子或女主执政所造成的祸乱。《新唐书·玄宗纪赞》:"数十年间,再罹女祸。"

女校书 ❶女才子。《牡丹亭·训女》:"谢女班姬女校书。"❷指唐代成都名妓薛涛。王建《寄蜀中薛涛校书》诗:"万里桥边女校书,枇杷花里闭门居。"后因称有才妓女为女校书。

女诫 东汉班昭著。分《卑弱》、《夫妇》、《敬慎》、《妇行》、《专心》、《曲从》、《和叔妹》七篇。阐述中国封建社会妇女"三从四德"的道德标准。后曾成为女子教育课本。

女酒 ❶古代宫中酿酒的女奴。《周礼·天官·序官》:"酒人,奄十人,女酒三十人。"郑玄注:"女酒,女奴晓酒者。"❷酒名。庄季裕《鸡肋篇》卷下:"广南富家生女,即蓄酒藏之田中,至嫁方取饮,名曰女酒。"参见"女儿酒"。

女流 犹女辈。有时含轻视意。《儒林外史》第四十一回:"看他虽是个女流,倒有许多豪侠的光景。"

女闾 《国策·东周策》:"齐桓公宫中七市,女闾七百,国人非之。"鲍彪注:"闾,里中门也,为门为市于宫中,使女子居之。"本谓宫中设市,使女子居之,以便行商。旧时即以称娼妓居住的地方。汪中《经旧苑吊马守真文》:"何斯人之高秀兮,乃荡堕于女闾。"亦作"妇闾"。《抱朴子·任能》:"妇闾三百。"

女萝 植物名。《诗·小雅·頍弁》:"茑与女萝,施于松柏。"毛传:"女萝,菟丝也。"《广雅·释草》:"女萝,松萝也。"今植物学者认为菟丝与松萝绝不相类。李时珍《本草纲目》以为女萝即松萝。

女墙 城墙上呈凹凸形的矮墙。刘禹锡《石头城》诗:"淮水东边旧时月,夜深还过女墙来。"亦作"女垣"。李贺《石城晓》诗:"月落大堤上,女垣栖乌起。"

女桑 小桑树;初生柔弱之桑。《诗·豳风·七月》:"猗彼女桑。"毛传:"女桑,荑桑也。"

女色 女子之美色。《荀子·乐论》:"目不视女色。"

女师 ❶古代教育妇女的女教师。《诗·周南·葛覃》"言告师氏"毛传:"师,女师也。古者女师教以妇德、妇言、妇容、妇功。"❷尼姑。《醒世恒言·赫大卿遗恨鸳鸯绦》:"东院乃是照空,西院的是静真,也是个风流女师。"

女士 ❶女子与男子。王粲《从军》诗:"女士满庄馗。"❷《诗·大雅·既醉》:"其仆维何,厘尔女士。"孔颖达疏:"女士,谓女而有士行者。"后用作对女子的尊称。

女娲氏 神话中人类的始祖。传说人类是由她和伏羲兄妹相婚而产生,后来他们禁止兄妹通婚,制定婚礼。反映了中国原始时代由血缘婚进步到族外婚的情况。又传说她曾用黄土造人,并炼五色石补天,折断鳌足支撑四极,治平洪水,杀死猛兽,使人民得以安居。

女巫 古代女官名。掌管歌舞拜神、祝福祈祷之事。《周礼·春官·女巫》:"女巫掌岁时祓除衅浴,旱暵则舞雩,若王后吊,则与祝前,凡邦之大灾,歌哭而请。"后亦用为替人祝祷降神的女性迷信职业者的通称。江南称师娘,北方称巫婆、神婆。

女先 旧称以算命、说书为业的女盲人。《红楼梦》第四十三回:"园中人都打听得尤氏办得十分热闹,不但有戏,连耍百戏并说书的女先儿全有。"

女兄 姐姐。刘知幾《史通·浮词》:"俾同气女兄,摩笄引决。"摩,通"磨"。按指春秋时赵襄子姐自杀事。

女媭 《离骚》:"女媭之婵媛兮,申申其詈予。"王逸注:"女媭,屈原姊也。"《说文》引贾逵说:"楚人谓姊曰媭。"后以"女媭"为姊的代称。亦作"女须"。姜夔《〈探春慢〉词序》:"予自孩幼从先人宦于古沔,女须因嫁焉。"

女谒 亦作"妇谒"。谓宫中妇得宠弄权,多所请托。《说苑·政理》:"后宫不荒,女谒不听。"

女夷 传说的神名。《淮南子·天文训》:"女夷鼓歌以司天和,以长百谷禽鸟草木。"高诱注:"主春夏长养之神也。"后亦以为花神,见冯应京《月令广义·岁令·祀典》。

女乐 古代的歌舞伎。《论语·微子》:"齐人归女乐。"《后汉书·马融传》:"常坐高堂,施绛纱帐,前授生徒,后列女乐。"

女主 ❶主妇。《礼记·丧大记》:"其无女主,则男主拜女宾于寝门内。"❷女子之为君者,多指临朝的太后。《史记·吕太后本纪》:"太后女主,欲王吕氏。"❸星官名。属星宿。

钕 〔釹〕(nǚ) 化学元素[周期系第Ⅲ族(类)副族元素、镧系元素]。稀土元素之一。符号 Nd。原子序数 60。银白色金属。较活泼,因易氧化而迅速变暗。用于制钕盐、着色玻璃、天文望远镜的透镜和激光材料等。

粓 (nǚ) 见"粔粓"。

nù

女 (nù) 嫁女于人。《左传·庄公二十八年》:"女以骊姬。"杜预注:"纳女于人。"
另见 nǚ, rǔ。

恧 (nù) 惭愧。《史记·司马相如列传》:"以登介丘,不亦恧乎?"

衄 〔衂、䡆〕(nù) ❶鼻出血。《素问·金匮真言论》:"故春善病鼽衄。"❷损伤;挫败。《文选·左思〈吴都赋〉》:"莫不衄锐挫芒。"李善注:"衄,折伤也。"

朒 (nù) ❶古代称夏历每月初一前后月亮出现在东方。参见"朓❶"。❷不足。《九章算术》第七章为"盈朒"。刘徽注:"盈者谓之朓,不足者谓之朒。"❸见"缩朒"。❹拧伤。《水浒传》第五十六回:"我见那厮却似闪朒了腿,一步步挑着了走。"

偄 (nù) 愁恼。见《集韵·三烛》。

絮（nǔ）　姓。汉代有絮舜。
另见 chù,xù。

嵼（nǔ）　同"衄"。见《集韵·一屋》。

nuán

濡（nuán）　水名。见"濡水"。
另见 rú。

濡水　即今河北东北部的滦河。《集韵》作澳，奴官切。唐以后始写作滦，读作卢丸切。北魏神䴥二年（公元429年）太武帝破走柔然，收降高车诸部数十万落，徙置于阴山以东至濡源一带。

nuǎn

炗（nuǎn）　缩。《太玄·炗》："炗，阳气能刚能柔，能作能休，见难而缩。"

餪〔餪〕（nuǎn）　古代婚嫁的一种礼节。参见"餪女"。

餪女　亦作"暖女"。旧时女儿嫁后三日母家馈送食物之称。邵博《河南邵氏闻见后录》卷二十七："〔宋祁〕尝纳子妇三日，子以妇家馈食物书白，一过目即曰：'书错一字，姑报之。'至白报书，即怒曰：'吾薄他人错字，汝亦尔邪?'……子退检字书《博雅》中出餪字，注云：'女嫁三日，饷食为餪女。'"王念孙《广雅疏证·释言》："餪者，温存之意。"参见"暖女"。

澳（nuǎn）　❶温水。《仪礼·士丧礼》："澳濯弃于坎。"❷水名。即滦河。

暖〔煖、暅、煗〕（nuǎn）　温暖。如：春暖花开。《礼记·月令》："〔季秋之月〕行春令，则暖风来至。"
另见 xuān。

暖翠　晴明时青翠的山色。吴景奎《和韵春日》："江上数峰浮暖翠，日边繁杏倚春红。"

暖阁　❶设炉取暖的小阁。白居易《别春炉》诗："暖阁春初入，温炉兴稍阑。"❷旧时官署大堂上设公座的木阁。为一左右斜向前包的屏障，下有底座，高于地面，公案即安设在底座上。《儒林外史》第二十三回："两个人牵了我的驴头，一路走上去；走到暖阁上，走的地板格登格登的一路响。"

暖女　旧俗女儿嫁后三日母家馈

送食物之称。赵德麟《侯鲭录》卷三："世之嫁女，三日送食，俗谓之暖女。"孟元老《东京梦华录·娶妇》："三日，女家送彩段、油蜜蒸饼，谓之蜜和油蒸饼。其女家来作会，谓之暖女。"参见"餪女"。

暖屋　旧俗，入新宅或迁居，亲友送礼饮宴祝贺，叫"暖屋"。亦称暖房。陶宗仪《辍耕录》卷十一"暖屋"："今之入宅与迁居者，邻里醵金治具，过主人饮，谓之曰暖屋，或曰暖房。王建《宫词》：'太仪前日暖房来。'则暖屋之礼，其来尚矣。"

腝（nuǎn）　温暖。《后汉书·东夷传》："土气温腝，冬夏生菜茹。"
另见 ér,nào,ruǎn。

臑（nuǎn）　温;暖。《宋书·刘湛传》："会湛入，因命臑酒炙车螯。湛正色曰:'公（刘义真）今当不宜有此设。'"
另见 ér,nào,rú。

nüè

疟〔瘧〕（nüè）　病名。即"疟疾"。《左传·昭公十九年》："夏，许悼公疟。"
另见 yào。

虐（nüè）　❶残暴;侵害。如：暴虐;虐待。《书·洪范》："无虐茕独。"❷灾害。《书·盘庚中》："殷降大虐。"

虐疾　暴疾;重病。《书·金縢》："遘厉虐疾。"孔传："虐，暴也。"

虐政　犹暴政。《孟子·公孙丑上》："民之憔悴于虐政，未有甚于此时者也。"

nún

麐（nún）　香气。

nuó

郍（nuó）　❶古国名。见《说文·邑部》。❷"那"的古字。

那（nuó）　❶多。《诗·小雅·桑扈》："受福不那。"毛传："那，多也。"马瑞辰通释："'不'为语词。'受福不那'犹云受福孔多。"❷美好。《国语·楚语上》："使富都那竖赞焉。"韦昭注："富，富于容貌。都，闲也。那，美也。竖，未冠者也。"❸安闲貌。《诗·小雅·鱼藻》："有

那其居。"❹"奈何"的合音。怎样。《左传·宣公二年》："弃甲则那。"李白《长干行》："那作商人妇，愁水复愁风!"❺对于。《国语·越语下》："吴人之那不穀，亦又甚焉。"韦昭注："那，于也。"❻通"挪"。移动。《清平山堂话本·快嘴李翠莲记》："新人那步过高堂。"❼《诗·商颂》篇名。旧说为祭祀成汤的乐歌。陈述音乐舞蹈之盛，以纪念其先祖。为《商颂》第一篇。❽姓。明代有那鉴。
另见 nā,nǎ,nà,né,něi,nèi,nuò。

郍（nuó）　同"郍"。

郍（nuó）　❶同"郍"。见"郍鄂"。❷姓。北周有蒲州别帅郍协郎。见《北史·稽胡传》。按《周书·稽胡传》作"郝三郎"。

郍鄂　古地名。《北史·白兰传》："白兰者，羌之别种也。其地东北接吐谷浑，西北〔至〕利摸徒，南界郍鄂。"按《周书·白兰传》作"郍鄂"。

挪㊀（nuó）　移动。《红楼梦》第八十九回："把火盆挪过去就是了。"
㊁〔挼、捼〕（nuó，又读 ruó）　揉搓。《南史·周迪传》："挪绳破篾。"韩愈《读东方朔杂事》诗："两手自相挪。"

挪莎　莎，同"挲"。谓两手相搓。《礼记·曲礼上》"共饭不泽手"郑玄注："泽，谓挪莎也。"孔颖达疏："古之礼，饭不用箸，但用手;既与人共饭，手宜絜（洁）净，不得临食始挪莎手乃食，恐为人秽也。"

挪移　❶移用;挪借。❷移动;转移。《红楼梦》第一百〇九回："只好设法将他的心意挪移过来，然后能免无事。"

娜（nuó）　见"婀娜"、"娜娜"、"袅娜"。
另见 nà。

娜娜　轻柔貌。梅尧臣《依韵和永叔子履冬夕小斋联句》："到时春怡怡，万柳枝娜娜。"

难〔難〕（nuó）　❶茂盛貌。《诗·小雅·隰桑》："隰桑有阿，其叶有难。"❷通"傩"。古代腊月驱逐疫鬼的名称。《周礼·春官·占梦》："遂令始难殴（驱）疫。"❸通"戁"。恐惧。《荀子·君道》："君子恭而不难，敬而不巩。""巩"读为"恐"。
另见 nán,nàn。

傩〔儺〕（nuó）　❶犹猗傩。行步有姿态。《诗·卫风·竹竿》："佩玉之傩。"毛传："行有节度。"❷古时腊月驱逐疫鬼的仪式。《论语·乡党》："乡人傩。"《吕氏春秋·季冬》："命有司大傩。"高诱注："大傩，逐尽阴气为阳导也，今人腊岁前一日击鼓驱疫，谓之逐除是也。"

nuǒ

婑（nuǒ）　见"婑婀"。

婑婀　婀娜多姿貌。戴良唐辕《对菊联句》："秋荣恣婑婀，春粲失荽嫫。"

nuò

那（nuò）　❶作语助，表反诘。《后汉书·韩康传》："公是韩伯休那，乃不二价乎？"李贤注："那，语余声。"❷犹"奈"。王维《酬郭给事》诗："强欲从君无那老。"无那，无奈。

另见 nā，nǎ，nà，né，něi，nèi，nuó。

㥾〔懧〕（nuò）　同"懦"。《国策·齐策四》："文（田文）倦于事，愦于忧，而性㥾愚。"

诺〔諾〕（nuò）　❶答应声；应诺。《论语·阳货》："诺，吾将仕矣。"《礼记·玉藻》："父命呼，唯而不诺。"孔颖达疏："应之以唯而不称诺，唯恭于诺也。"❷答应；允许。《老子》："夫轻诺必寡信。"❸古时批字于公文之尾，表示许可，相当于后世的画行。参见"画诺"。

诺诺　连声答应，表示顺从。《韩非子·八奸》："人主未命而唯唯，未使而诺诺，先意承旨，观貌察色，以先主心者也。"古乐府《孔雀东南飞》："媒人下床去，诺诺复尔尔。"

搻（nuò）　同"搦❷"。持；握；捏。武汉臣《玉壶春》第二折："搻着一条黄桑棒。"王子一《误入桃源》第二折："搻粉抟酥，走臂飞觥。"无名氏《昊天塔》第四折："搻双拳打不停。"

喏（nuò）　同"诺"。
另见 rě。

㖠（nuò）　本作"那"，或作"哪"。语助词。见《集韵·三十八个》。

愞（nuò）　怯懦。《汉书·武帝纪》："〔天汉三年〕匈奴入雁门，太守坐畏愞弃市。"

搦（nuò）　❶按下；遏制。左思《魏都赋》："搦秦起赵。"❷捏；握；握持。郭璞《江赋》："舟子于是搦棹。"❸挑惹。《三国演义》第一百

○二回："人报秦朗引兵在寨外，单搦郑文交战。"❹摩。班固《答宾戏》："搦朽摩钝，铅刀皆能一断。"

搦管　握笔。梁简文帝《玄圃园讲颂序》："搦管摛章。"

搦战　挑战。《三国演义》第七十三回："廖化出马搦战，翟元出迎。"

锘〔鍩〕（nuò）　化学元素［周期系第Ⅲ族（类）副族元素、锕系元素］。符号 No。原子序数102。人工获得的放射性元素（1957年）。寿命最长的同位素^{259}No，半衰期为58分钟。

需（nuò）　通"懦"。懦弱。《国策·秦策二》："其健者来使者，则王勿听其事；其需弱者来使，则王必听之。然则需弱者用而健者不用矣。"
另见 ruǎn，xū。

拏（nuò）　同"搦"。

懦（nuò）　畏怯；软弱。如：懦夫。《左传·僖公二年》："宫之奇之为人也，懦而不能强谏。"

糯〔糯、稬〕（nuò）　见"糯稻"。

糯稻　亚洲栽培稻的一个变种。米粒乳白色，胚乳多含支链淀粉，易糊化，粘性强，胀性小。籼、粳稻两亚种的水、陆稻类型中都有糯稻。

O

ō

喔(ō) 感叹声。表省悟。如：喔！原来如此。

另见 wō。

喔咿儒儿 强颜欢笑貌。《楚辞·卜居》："将喔咿嚅栗斯、喔咿儒儿以事妇人乎？"王逸注："强笑噱也。一作嚅唲。"洪兴祖补注："皆强笑之貌。一云：喔咿，强颜貌；唲（当作"嚅唲"），曲从貌。"一说"儒儿"即"嗫嚅"，"儒"、"嚅"古同声而通，"儿"转为"嗫"；双声叠韵之辞，倒顺皆通。见俞樾《俞楼杂纂·读楚辞》。

噢(ō) 答应声。

另见 yǔ。

ó

哦(ó) 惊讶声。《儒林外史》第三十回："哦！你就是来霞士！"

另见 é，ò。

ò

哦(ò) 叹词，表示领会。如：哦！我这才明白。

另见 é，ó。

ōu

区〔區〕(ōu) ❶古代量名，四升为豆，四豆为区。《左传·昭公三年》："齐旧四量：豆、区、釜、钟。"❷隐匿。《左传·昭公七年》："作仆区之法。"孔颖达疏引服虔曰："仆，隐也；区，匿也。为隐亡人之法也。"见"区脱"。❸姓。

另见 gōu，kòu，qiū，qū。

区脱 同"瓯脱"。匈奴语称边境屯戍或守望之处为"区脱"。《汉书·苏武传》："区脱捕云中生口。"颜师古注引服虔曰："区脱，土室。"一说指双方都管辖不到的边境地带。王先谦补注引沈钦韩曰："区脱犹俗云边际，匈奴与汉连界，各谓之区脱。"

讴〔謳〕(ōu) ❶歌唱。《汉书·高帝纪上》："诸将及士卒皆歌讴。"❷歌曲。《汉书·礼乐志》："乃立乐府，采诗夜诵，有赵、代、秦、楚之讴。"❸姓。春秋时有讴阳。

讴歌 歌颂；赞美。《孟子·万章上》："讴歌者不讴歌尧之子而讴歌舜。"

讴吟 讴歌吟咏。《管子·侈靡》："安乡乐宅享祭，而讴吟称号者皆诛，所以留民俗也。"尹知章注："皆令安乐乡宅，享祭先祖，其有讴吟思于他所者，则诛之；或有称举号咏于他乡者，皆诛。"《汉书·叙传上》："今民皆讴吟思汉，乡仰刘氏，已可知矣。"

坅〔塸〕(ōu) ❶墓。见《玉篇·土部》。❷聚沙成堆。见《广韵·四十五厚》。

呕〔嘔〕(ōu) ❶通"讴"。歌唱。《汉书·朱买臣传》："其妻亦负戴相随，数止买臣毋歌呕道中。"❷拟声词。见"呕轧"、"呕呕"。

另见 ǒu，òu，xū。

呕呕 物相轧声。无名氏《九张机》词："呕呕轧轧，织成春恨，留着待郎归。"

呕鸦 ❶指婴儿。陈造《送学生归赴秋试因省别业》诗："宁堪再揽减，又抱两呕鸦。"自注："淮人谓岁饥为年岁揽减，越人以婴儿为呕鸦。"❷拟声词。元稹《待漏》诗："飐闪才人袖，呕鸦软举镮。"

呕哑 ❶形容杂乱的乐声。杜牧《阿房宫赋》："管弦呕哑，多于市人之言语。"❷形容鸟鸣声。欧阳修《赠李道士》诗："李师一弹凤凰声，空山百鸟停呕哑。"❸形容器物相轧磨的声音。曹邺《四怨诗》："手推呕哑车，朝朝暮暮耕。"

呕轧 拟声词。司空图《冯燕歌》："故故推门掩不开，似教呕轧传言语。"

沤〔漚〕(ōu) ❶水泡。如：浮沤。韩琦《观鱼轩》诗："喜掷舟前翻乱锦，静潜波下起圆沤。"❷通"鸥"。《列子·黄帝》："海上之人有好沤鸟者。"

另见 òu。

枢〔樞〕(ōu) 木名。即刺榆。《诗·唐风·山有枢》："山有枢，隰有榆。"

另见 shū。

瓯〔甌〕(ōu) ❶盆盂一类的瓦器。《急就篇》卷三颜师古注："甂瓯，瓦杅也，其形大口而庳。一曰：瓯，小盆也。"《宋史·邵雍传》："晡时酌酒三四瓯。"❷乐器名。

瓯卜 《新唐书·崔琳传》："明皇每命相，皆先书其名。一日书琳等名，覆以金瓯。会太子入，帝谓曰：'此宰相名，若自意之，谁乎？即中，且赐酒。'太子曰：'非崔琳、卢从愿乎？'帝曰：'然。'"后因以代称择相。

瓯窭 狭小的高地。《史记·滑稽列传》："瓯窭满篝，污邪满车。"张守节正义："窭音楼。瓯楼谓高地狭小之区，得满篝笼也。"意思是希望狭小的高地也能丰收，使谷类积满篝笼。参见"蟹堁"。

瓯脱 亦作"区脱"。匈奴称边境屯戍或守望之处。《史记·匈奴列传》："〔东胡〕与匈奴间，中有弃地，莫居，千余里。各居其边为瓯脱。"司马贞索隐："服虔云：'作土室以伺汉人。'又《纂文》曰：'瓯脱，土穴也。'又云是地名，故下云'生得瓯脱王'。"后人对"瓯脱"有三种解释：(1)指边境上候望的土室；(2)指双方中间的缓冲地带；(3)指边界。

欧〔歐〕(ōu) ❶同"讴"。歌唱。《隶释·三公山碑》："百姓欧歌。"❷通"殴"。捶击。《汉书·张良传》："良愕然，欲欧之。"《史记·留侯世家》作"殴"。❸欧罗巴洲的简称。❹姓。汉代有欧宝。

另见 ǒu。

欧刀　古代处决用的刑刀。《后汉书·袁绍传》：“若使得申明本心，不愧先帝，则伏首欧刀，寨衣就镬，臣之愿也。”

欧阳　复姓。

殴〔毆〕(ōu)　亦作“欧”。击打；捶击。如：斗殴。《后汉书·梁冀传》：“殴击吏卒。”

烌〔熰〕(ōu)　谓酷热。《管子·侈靡》：“〔古之祭〕有时而烌。”尹知章注：“烌，热甚也，谓旱热甚而祭。”

鸥〔鷗〕(ōu)　鸟纲，鸥科各种类的通称；有时专指鸥属(La-rus)各种。概为水鸟，体型有大小差别。翼尖长，善于飞翔；趾间具蹼，能游水。体羽多灰、白色；有的种类羽毛还带有黑色部分，大多有冬羽和夏羽的区别。主食鱼类、昆虫和多种水生动物。种类繁多，广布于全球海洋和内陆河川。在中国常见的有黑尾鸥、海鸥、银鸥、红嘴鸥和燕鸥等。

鸥鹭忘机　古时海上有好鸥者，每日从鸥鸟游，鸥鸟至者以百数。其父说：“吾闻沤(鸥)鸟皆从汝游，汝取来吾玩之。”次日至海上，鸥鸟舞而不下。见《列子·黄帝》。谓无机心者则异类亦与之相亲。后喻指淡泊隐居。陆龟蒙《酬袭美夏首病愈见招》诗：“除却伴谈秋水外，野鸥何处更忘机。”陈与义《蒙示涉汝诗次韵》：“知公已忘机，鸥鹭宛停峙。”

鸥盟　谓与鸥鸟订盟为友，指退隐。朱熹《过盖竹作二首》：“浩荡鸥盟久未寒，征幪聊此驻江干。”

铻〔鏂〕(ōu)　古代容量单位。《管子·轻重丁》：“今齐西之粟釜百泉，则铻二十也；齐东之粟釜十泉，则铻二钱也。”按尹知章注，谓一斗二升八合为一铻，戴望校正谓二斗为一铻。

óu

吘(óu)　狗争斗声。《汉书·东方朔传》：“狋吘牙者，两犬争也。”

另见 hōng,hǒu。

ǒu

呕〔嘔〕(ǒu)　吐。《左传·哀公二年》：“吾伏弢呕血，鼓音

不衰。”杜预注：“弢，弓衣。”

另见 ōu,òu,xū。

呕心沥血　《文心雕龙·隐秀》：“呕心吐胆，不足语穷。”韩愈《归彭城》诗：“剖肝以为纸，沥血以书辞。”后以“呕心沥血”形容穷思苦索，费尽心血。

欧〔歐〕(ǒu)　同“呕”。吐。《汉书·丙吉传》：“醉欧丞相车上。”

另见 ōu。

禺(ǒu)　通“偶”。《史记·封禅书》：“木禺龙栾车一驷。”司马贞索隐：“禺音偶，谓偶其形于木。禺马亦然。栾车，谓车有铃。”

另见 yú,yù。

偶(ǒu)　❶偶像。《国策·齐策三》：“今臣来过于淄上，有土偶人与桃梗相与语。”❷双；成对。如：偶数；无独有偶。《礼记·郊特牲》：“鼎俎奇而笾豆偶。”❸相对。见“偶语”。❹配偶。《北史·刘延明传》：“妙选良偶。”❺偶尔；偶然。如：偶一为之。《列子·杨朱》：“郑国之治，偶耳。”❻遇。綦毋潜《春泛若耶溪》诗：“幽意无断绝，此去随所偶。”❼姓。明代有偶桓。

偶人　用土、木等制成的人像。《史记·殷本纪》：“帝武乙无道，为偶人，谓之天神。”参见“俑”。

偶像　用土、木、金、石等制成的神像、佛像等。引申指盲目崇拜的对象。

偶语　相对私语。《史记·高祖本纪》：“诽谤者族，偶语者弃市。”《汉书·高帝纪》作“耦语”。

遇(ǒu)　通“偶”。❶相对。《史记·天官书》：“气相遇者，卑胜高，兑胜方。”司马贞索隐：“遇音偶。”❷偶然。《论衡·幸偶》：“营卫之行，遇不通也。”古乐府《孤儿行》：“孤儿生，孤子遇生，命独当苦。”

另见 yù。

寓(ǒu)　通“偶”。木偶。寓人，即木偶人。

另见 yù。

髃(ǒu)　肩头。《仪礼·既夕礼》：“即床而奠，当髃，用吉器。”贾公彦疏：“当尸肩头也。”

耦(ǒu)　❶两人各持一耜骈肩而耕。《论语·微子》：“长沮、桀溺耦而耕。”引申为二人一组。

《左传·襄公二十九年》：“射者三耦。”❷通“偶”。成对；配偶。《左传·桓公六年》：“人各有耦，齐大，非吾耦也。”又《宣公三年》：“吾闻姬、姞耦，其子孙必蕃。”相合，和谐。《汉书·霍去病传》：“然而诸宿将常留落不耦。”❸偶数。与“奇”相对。《易·系辞下》：“阳卦奇，阴卦耦。”❹姓。汉代有耦嘉。

耦语　相对密语。《汉书·高帝纪上》：“父老苦秦苛法久矣，诽谤者族，耦语者弃市。”颜师古注引应劭曰：“秦法，禁民聚语。耦，对也。”

藕(ǒu)　同“藕”。

藕(ǒu)　植物名。亦称“莲藕”。荷的地下肥大根茎。由莲鞭先端膨大而成，横生于泥土中，外皮呈黄褐色。肉肥厚，白色，微甜而质脆。根茎中有管状小孔，折断处有藕丝相连。可食用及制淀粉。藕节入药。

藕断丝连　比喻表面上断了关系，实际上仍有牵连。多指男女之间情意未绝。孟郊《去妇》诗：“妾心藕中丝，虽断犹牵连。”翟灏《通俗编》卷一“俚语对句”：“瓜熟蒂落，藕断丝连。”

藕丝　❶藕中丝。喻未断之情。韩偓《春闷偶成十二韵》：“别泪开泉脉，春愁胃藕丝。”❷彩色名。李贺《天上谣》：“粉霞红绶藕丝裙。”王琦汇解：“粉霞、藕丝，皆当时彩色名。”

òu

呕〔嘔〕(òu)　同“怄”。呕气；使呕气。《水浒传》第十六回：“杨志骂道：‘这畜生不呕死俺！只是打便了！’”《官场现形记》第十回：“谁知此时他二人，一个是动了真气，一个是有心呕他，因此，魏翩仞拦阻不住。”

另见 ōu,ǒu,xū。

沤〔漚〕(òu)　久浸。《诗·陈风·东门之池》：“东门之池，可以沤麻。”

另见 ōu。

怄〔慪〕(òu)　亦作“呕”。引发；引逗。如：怄气；怄人笑。《红楼梦》第八回：“原来袭人实未睡着，不过故意装睡，引宝玉来怄他顽耍。”

P

pā

趴（pā）❶身体向前倚靠。如:趴在桌子上写字。❷胸腹向下卧倒。如:趴在床上。

钯〔鈀〕（pā）箭头的一种。《方言》第九:"〔箭镞〕其广长而薄镰,谓之钯,或谓之钯。"郭璞注:"镰,棱也。"

另见 bà,bǎ,pá。

啪（pā）拟声词。常用来形容放枪声或拍击声。

葩（pā）❶花。嵇康《琴赋》:"迫而察之,若众葩敷荣曜春风。"❷华丽;华美。韩愈《进学解》:"《诗》正而葩。"此指《诗经》义正而词美。后因称《诗经》为"葩经"。

pá

扒（pá）❶通"爬"。搔;抓。如:扒痒。❷用耙把东西聚拢。如:扒草。

另见 bā。

扒灰 谓与儿媳妇通奸。李元复《常谈丛录》卷八:"俗以淫于子妇者为扒灰,盖为污媳之隐语,膝媳音同,扒行灰上,则膝污也。"

杷（pá）❶农家爬梳的用具。有齿曰杷。木制、铁制或竹制。王褒《僮约》:"屈竹作杷。"《荆楚岁时记》:"四月也,有鸟名获谷,其名自呼。农人候此鸟,则犁杷上岸。"❷耙梳。《齐民要术·耕田》:"耕荒毕,以铁齿鍋楱,再遍杷之。"❸用手挖泥土。《汉书·贡禹传》:"捽中(草)杷土,手足胼胝。"❹见"枇杷"。❺古代军队中的用具。《六韬·军用》:"方胸铁杷,柄长七尺以上,三百枚。"❻姓。汉末巴康,避董卓之难,改姓杷。

另见 bà。

爬（pá）❶搔。黄庭坚《送吴彦归番阳》诗:"诗句唾成珠,笑嘲怅爬痒。"❷伏地而行。如:爬行。❸攀援而上。《水浒传》第五十六回:"时迁看见土地庙后一株大柏树,便把两只腿夹定,一节节爬将上去树头顶,骑马儿坐在枝柯上。"

爬罗 犹搜集;爬梳网罗。韩愈《进学解》:"爬罗剔抉。"

爬沙 亦作"杷沙"。在沙土上爬行。一说,爬行貌。张宪《听雪斋》诗:"扑纸春虫乱,爬沙夜蟹行。"

爬梳 ❶梳理。陆游《行东山下至南岩》诗:"坐觉尘襟真一洗,正如头垢得爬梳。"❷整理。韩愈《送郑尚书序》:"蜂屯蚁杂,不可爬梳。"

爬栉 疏通整理。周必大《贺范至能农圃堂》诗:"公来开别墅,草莽手爬栉。"

钯〔鈀〕（pá）亦作"耙"。齿钯。一种手工农具,用于平整土地或搂聚和摊散秸穗等。耘钯是钯的一种,以耘稻禾。

另见 bā,bǎ,pā。

耙（pá）通"杷"。手工农具。由竹、木制长柄及铁、竹或木制梳齿耙头构成。用于平地、搂草、搜剔土块、摊翻物料。

另见 bà。

跁（pá,又读 bà）❶见"跁跒"。❷俗谓小儿匍匐曰跁。见《正字通·走部》。按今多作"爬"。

跁跒 ❶行貌。刘基《听蛙》诗:"虾蟆幸不含毒螫,何苦呶号争跁跒。"❷不肯前。见《玉篇》。

琶（pá）见"琵琶"。

掱（pá,又读 shǒu）俗称扒手为三只手,因写作"掱手",亦写作"扒掱"。

筢（pá）竹制的五齿杷,爬翻柴草所用。

潖（pá）水名,即潖江。在广东省境,北江支流,源出佛冈县。

pà

汃（pà）澎汃,犹澎湃,波浪冲激声。韩愈孟郊《征蜀联句》:"獠江息澎汃。"

另见 bīn。

帊（pà）❶手巾;手帕。《三国志·魏志·王粲传》:"棋者不信,以帊盖局,使更以他局为之。"❷头巾。见《广雅·释器》、《玉篇·巾部》。❸三幅宽的帛;布单。《南史·梁纪下》:"梁王詧使以布帊缠尸。"一说,指两幅宽的帛。❹道士所披之衣,形制类似袈裟。《南史·关康之传》:"见其散发被黄布帊。"

帕（pà）❶巾;佩巾。杜甫《骢马行》:"赤汗微生白雪毛,银鞍却覆香罗帕。"❷"帕斯卡"的简称。压力、压强、应力等的国际单位制单位。为纪念帕斯卡而命名。单位符号 Pa。1 帕 = 1 牛/米^2。

另见 mò。

怕（pà）❶害怕;畏惧。如:不怕困难。韩愈《双鸟诗》:"鬼神怕嘲咏,造化皆停留。"❷恐怕,表示疑虑或猜测。《儒林外史》第二十六回:"他怕不也有二十五六岁。"❸岂;难道。关汉卿《谢天香》第三折:"姐姐每肯教诲,怕不是好意?"❹倘或。张之翰《木兰花慢》词:"怕过孤山山下,一杯先酹林逋。"❺姓。唐代有怕善。

另见 bó。

袙（pà）❶头巾。《后汉书·舆服志下》:"秦雄诸侯,乃加其武将首饰为绛袙,以表贵贱。"❷覆裹。《隋书·云定兴传》:"又遇天寒,定兴曰:'入内宿卫,必当耳冷。'述(宇文述)曰:'然。'乃制袜头巾,令深袙耳。"

pāi

拍（pāi,旧读 pò）❶拍击。古乐府《孔雀东南飞》:"举手拍马鞍。"❷拍击的用具。如:球拍;苍蝇拍。❸古兵器名。如:狼牙拍。《陈书·侯瑱传》:"发拍,中于贼舰。"❹乐曲的段落。如:胡笳十八拍。亦谓乐曲的节拍,如:打拍子。

娄坚《寄孟阳》诗："清歌徐点当筵拍。"❺拍合。引申为拍摄。如：拍照。❻频率相近、振幅相等的两个声波合成后，合振动的振幅作周期性变化而引起响度变化的现象。在声学上，拍曾称"拍音"、"升沉"或"唸"。每秒内的拍数（即响度变化的次数）称为"拍频"，它等于两声波频率之差。

另见 bó。

拍板　❶亦称"檀板"、"绰板"（因唐玄宗时梨园乐工黄幡绰善奏拍板而得名），简称"板"。中国击乐器。唐宋时拍板为六或九片木板，以两手合击发音。现今拍板常由三

拍　板

块木板组成，分前、后两组，前组两块，后组一块，用绳连接。奏时，以左手执后一块，使与前两块相碰发音。通常在民乐合奏及戏曲伴奏中起击节作用。❷交易所采用竞争买卖方式时，在交易中决定价格、表示成交的一种方法。在买卖进行过程中，由市场管理员根据买卖双方讨价还价情况，喊出一个适当价格，如双方无异议，即以板拍案，表示价格决定，交易即行成立。❸拍卖货物，成交时拍打桌板。亦用以比喻作出决定。

拍浮　浮游。苏轼《莫笑银杯小》诗："万斛船中著美酒，与君一生长拍浮。"

拍花　旧时歹徒用迷药诱拐小孩，叫"拍花"。

拍张　古代的一种武术。《南史·王敬则传》："善拍张，补刀戟左右。"

趄（pāi）　越过。《文选·郭璞〈江赋〉》："趄涨截泂。"李善注："趄犹越也。"刘良注："趄，过也。"

pái

俳（pái）　❶杂戏；滑稽戏。参见"俳优❶"。❷滑稽。《北史·李文博传》："〔侯白〕好为俳谐杂说，人多爱狎之。"❸瘫痪。《素问·脉解》："内夺而厥，则为瘖俳。"王冰注："肾气内夺而不顺，则舌瘖足废。"

俳佪　同"徘徊"。《汉书·息夫躬传》："玄云泱郁，将安归兮！鹰隼横厉，鸾俳佪兮！"

俳谐文　指隐喻、讥嘲、调谑或嘲

笑的杂文。"俳"亦作"诽"。《隋书·经籍志》著录有袁淑《诽谐文》十卷，今存者有《鸡九锡文》、《驴山公九锡文》等五篇。宋叶梦得《避暑录话》："韩退之作《毛颖传》，此本南朝俳谐文《驴九锡》、《鸡九锡》之类而小变之耳。俳谐文虽出于戏，实以讥切当世封爵之滥。"

俳优　古代以乐舞谐戏为业的艺人。《韩非子·难三》："俳优侏儒，固人主之所与燕也。"《汉书·霍光传》"俳倡"颜师古注："俳优，谐戏也。"参见"倡优❶"。

诽〔誹〕（pái）　见"诽谐"。

另见 fěi。

诽谐　诽，通"俳"。滑稽。"诽谐"犹"诙谐"。《北史·柳晋传》："性嗜酒，言杂诽谐，由是弥为太子所亲狎。"

排（pái）　❶排列。如：排队；排座位。引申为行列。如：前排；后排。又引申为编排而成之物。如：竹排；木排。❷排演。如：排戏；彩排。❸由若干个班编成的军队一级组织。通常隶属于连。是战术小分队。❹疏泄。《孟子·滕文公上》："决汝汉，排淮泗。"❺排遣。阮籍《咏怀诗》："人情有感慨，荡漾焉能排？"❻排挤。《后汉书·冯衍传下》："李广奋节于匈奴，见排于卫青。"❼排解；消除。《史记·鲁仲连邹阳列传》："所贵于天下之士者，为人患释难解纷乱而无取也。"❽推。《礼记·少仪》："排阖说（脱）屦于户内者，一人而已矣。"

另见 bèi，pǎi。

排奡　矫健刚劲貌。多指诗文风格。韩愈《荐士》诗："横空盘硬语，妥帖力排奡。"

排比　修辞学上辞格之一。用结构相似的平行句法构成。如："富贵不能淫，贫贱不能移，威武不能屈。"（《孟子·滕文公下》）

排场　❶铺张奢华的场面。《红楼梦》第二十四回："贾芸深知凤姐是喜奉承、爱排场的。"❷犹身份。关汉卿《谢天香》第二折："量妾身则是个妓女排场，相公是当代名儒。"❸戏场；戏台。孔尚任《桃花扇·先声》："更可喜，把老夫衰态也拉上排场，做了一个副末脚色。"亦谓登场演出。曹雪芹《题敦诚琵琶行传奇》诗："白傅诗灵应喜甚，定教蛮、素鬼排场。"

排斥　❶排挤使离开。如：排斥异己。❷同"吸引"相对。具有分离、膨

胀性质的运动形式。详"吸引❶"。

排行　❶依次排列。陈与义《蜡梅》诗："奕奕金仙面，排行立晓晴。"❷兄弟姊妹依长幼排列的次序。《水浒传》第二十三回："姓武，名松，排行第二。"亦谓兄弟姊妹名字用同一字或同一偏旁表示行辈。顾炎武《日知录》卷二十三："兄弟二名而用其一字者，世谓之排行，如：德宗、德文、义符、义真之类……单名以偏旁为排行，始见于刘琦、刘琮，此后应璩、应场、卫瓘、卫玠之流踵之而出矣。"

排解　犹调解。谓排难解纷。《红楼梦》第四十六回："人家有为难的事，拿着你们当做正经人，告诉你们，与我排解排解。"参见"排难解纷"。

排空　凌空。范仲淹《岳阳楼记》："阴风怒号，浊浪排空。"

排律　诗体名。律诗的一种。就律诗定格加以铺排延长，故名。每首至少十句，有多至百韵以上者。除首、末两联外，中间各联都需对仗。也有隔句相对的，称为"扇对"。往往于题目上标明韵数，如杜甫《敬赠郑谏议十韵》。

排难解纷　《史记·鲁仲连邹阳列传》："所谓贵于天下之士者，为人排患释难解纷乱而无取也。"后因谓为人调解纠纷为"排难解纷"。李渔《意中缘·设计》："况且排难解纷是我辈的常事，何足为奇！"

排遣　消除；消遣。元好问《怀益之兄》诗："谁言易排遣？自分不胜任。"《红楼梦》第四十五回："有时闷了，又盼个姐妹来说些闲话排遣。"

排沙简金　义同"披沙拣金"。比喻细心挑选，去粗存精。《世说新语·文学》："孙兴公云：潘（潘岳）文烂若披锦，无处不善；陆（陆机）文若排沙简金，往往见宝。"

排调　嘲笑戏弄。《世说新语》有《排调》篇，记载嘲笑戏弄的故事。

排泄　人和动物把新陈代谢的最终产物，以及其他身体不需要或对身体有害的物质排出体外的过程。具有排泄功能的器官主要有肾、肺、大肠以及皮肤。

排揎　埋怨；斥责。《红楼梦》第二十回："那袭人待他也罢了，你妈妈再要认真排揎他，可见老背晦了。"

排衙　旧时官署长官升座，陈设仪仗，全署属吏依次参谒，叫"排衙"。王禹偁《除夜寄罗评事》诗："应笑排衙早，寒靴踏晓冰。"

排迮　窘迫。《后汉书·窦融传》："嚣（隗嚣）势排迮，不得进退，

此必破也。"李贤注："排连，谓蹙迫也。"

徘（pái，又读 péi）　见"徘徊"。

徘徊　亦作"俳佪"、"裴回"。来回地行走。《汉书·高后纪》："〔吕产〕入未央宫欲为乱。殿门弗内（纳），徘徊往来。"

棑（pái）　木筏。见《玉篇·木部》。
另见 bài。

棑〔輫〕（pái，又读 péi）　车箱。《方言》第九："箱谓之輫。"

牌（pái）　❶揭示或作标志用的板。如：门牌；路牌；招牌；布告牌。❷产品的名号。如：解放牌汽车；中华牌香烟。❸用作凭证的小木板或金属板。如唐代的银牌，宋代的金牌，后来的腰牌等。❹古时兵器"盾"的俗称。如：藤牌。孟元老《东京梦华录·驾登宝津楼诸军呈百戏》："蛮牌木刀，初成行列。"❺一种娱乐用品，旧时多用作赌具。如：骨牌；麻将牌。❻丧礼所设的木主。如：灵牌；牌位。❼词曲的调名。如：词牌《菩萨蛮》；曲牌《驻云飞》。❽元代军队编制的基层单位。《元史·兵志一》："十人为一牌，设牌头。"❾清代一种下行公文的名称。如：行牌；牌文。

牌坊　中国古代一种门洞式的建筑物。一般用木、砖、石等材料建成，上刻题字，多建于庙宇、陵墓、祠堂、衙署和园林前或街道路口。在建筑上起到入口标识、行进导向、组织空间、点缀景观的作用。其内容多为标榜功德，宣扬封建礼教，如功德牌坊、节孝牌坊等。现今常在具有传统建筑风格的街市路口建造钢筋混凝土结构的牌坊，以点景导向；在节日活动时，也常搭建临时性的牌坊，挂灯结彩，以示庆贺。

牌　坊

箄（pái）　大筏。《后汉书·岑彭传》："公孙述遣其将任满、田戎、程汛将数万人，乘枋箄下江关。"
另见 bēi。

簿（pái）　同"箄"。

簰（pái）　同"箄"。

pǎi

迫〔廹〕（pǎi）　用于"迫击炮"。
另见 pò。

迫击炮　用座钣承受后坐力，发射迫击炮弹的曲射火炮。多采用滑膛身管，有的也采用线膛身管。身管较短，构造简单，重量较轻，便于机动，适于随伴步兵隐蔽行动；初速小，射角通常在45°以上，弹道弯曲，多用于射击遮蔽物后的目标和位于反斜面的目标。

排（pǎi）　见"排子车"。
另见 bèi，pái。

排子车　一种用人力挽拉的、可供人乘坐或载货的两轮车辆。

pài

哌（pài）　译音字。如：哌嗪（驱肠虫药）。

派（pài）　❶水的支流。左思《吴都赋》："百川派别。"❷流派。如：学派；画派。❸作风；气概。如：正派；气派。❹分配；委任。如：轮派；派员。❺指斥。如：派不是。《红楼梦》第三十回："〔薛蟠〕又骂众人：'谁这样编派我，我把那因攘的牙敲了！'"❻量词。如：一派胡言。

派生词　合成词的一种。由词根和词缀合成。如"老鼠"、"木头"、"车子"中"鼠"、"木"、"车"是词根，"老"、"头"、"子"是词缀。

蒎（pài）　蒎烯，化学式 C_6H_{16} 重要的双环萜烯。

湃（pài）　❶见"澎湃"、"湃湃"。❷用冰或凉水镇物使冷。《红楼梦》第三十一回："才鸳鸯送了好些果子来，都湃在那水晶缸里呢。"

湃湃　水波相击声。苏轼《又次前韵赠贾耘老》："仙坛古洞不可到，空听馀澜鸣湃湃。"

濆（pài）　同"湃"。
另见 fèi。

pān

扳（pān）　通"攀"。援引；挽引。《公羊传·隐公元年》："诸大夫扳隐（隐公）而立之。"何休注："扳，引也。"《广韵·二十七删》："扳，挽也。"
另见 bān。

砏（pān）　见"砏碢"。

砏碢　大声貌。《楚辞·九怀·危俊》："巨宝迁兮砏碢。"王逸注："太岁转移，声磕硠也。"洪兴祖补注："石声。"

番（pān）　番禺，市名。在广东省广州市东南部。
另见 bō，fān，pó。

潘（pān）　❶淘米水。《左传·哀公十四年》："使疾而遗之潘沐。"杜预注："潘，米汁，可以沐头。"❷姓。
另见 fān，pán。

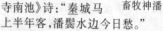
畜牧神潘

潘鬓　潘岳《秋兴赋序》："余春秋三十有二，始见二毛。"又《秋兴赋》："斑鬓发以承弁兮。"后因以"潘鬓"为鬓发早白。赵嘏《春尽独游慈恩寺南池》诗："秦城马上半年客，潘鬓水边今日愁。"

潘杨之睦　潘岳《杨仲武诔》："潘杨之穆，有自来矣。"潘岳妻杨氏，为杨绥（仲武）之姑，属于世亲联姻。穆、睦，二字相通。后称姻亲关系为"潘杨之睦"。沈约《奏弹王源》："王满连姻，实骇物听，潘杨之睦，有异于此。"

攀（pān）　❶用两手抓附他物上升。如：攀藤附葛。《三国志·魏志·邓艾传》："将士皆攀木缘崖，鱼贯而进。"❷通"扳"。牵挽。庾肩吾《同萧左丞咏摘梅花》："折花牵短树，攀丛入细条。"❸比喻结交依附他人。如：高攀；仰攀。引申为牵涉。如：攀连，攀供，诬攀。《三国演义》第二十三回："此人曾攀下王子服等四人，我已拿下廷尉。"

攀附　❶攀援而上。陈琳《为曹洪与魏太子书》："设令守无巧拙，皆可攀附，则公输已陵宋城，乐毅已拔即墨矣。"❷比喻依附。《后汉书·寇恂传》："今闻大司马刘公伯升母弟，尊贤下士，士多归之，可攀附也。"后多指趋附权贵，向上爬。《宋史·张逊传》："逊小心谨慎，徒以攀附至贵显。"

攀龙附凤　《法言·渊骞》："攀龙鳞，附凤翼，巽以扬之，勃勃乎其不可及也。"此以龙、凤比喻圣哲，谓弟子因圣哲以成德。《三国志·蜀志·秦宓传》:"如李仲元不遭《法言》,令名必沦,其无虎豹之文故也,可谓攀龙附凤者矣。"后多以龙凤指帝王,谓臣下从之以建功立业。《后汉书·光武帝纪上》:"〔士大夫〕从大王于矢石之间者,其计固望其攀龙鳞,附凤翼,以成其所志耳。"杜甫《洗兵马》诗:"攀龙附凤势莫当,天下尽化为侯王。"亦泛指攀附有权势的人。

攀援 ❶攀引;攀执。《庄子·马蹄》:"乌鹊之巢,可攀援而窥也。"❷攀附;追随。王维《同卢拾遗过东山别业二十韵》:"寨步守穷巷,高驾难攀援。"按原题中尚有"及乎是行,亦预闻命,会无车马,不果斯诺"之语,故云。❸牵引;拉拢。《汉书·萧望之传》:"时朱博尚为杜陵亭长,为咸(萧咸)、育(萧育)所攀援,入王氏。"❹挽留。曹丕《与吴质书》:"年一过往,何可攀援?"

攀缘 ❶攀登。李白《蜀道难》诗:"猿猱欲度愁攀缘。"❷佛教以心随外境而转移,纷驰不息,如猿攀树枝摇曳不定,谓之"攀缘"。《楞严经》卷一:"诸众生用攀缘心为自性者。"

攀辕卧辙 "辕"亦作"车"。牵挽车辕,睡在车道上,不让车子走。旧时用为称颂贤明官吏,争相挽留之辞。《白氏六帖·事类集》卷二十一:"侯霸字君房,临淮太守,被征,百姓攀辕卧辙,不许去。"

pán

爿(pán) ❶劈开的竹木片。如:竹爿;柴爿。❷计数单位。如:一爿店;第二爿田。

弁(pán) 快乐。《诗·小雅·小弁》:"弁彼鸒斯,归飞提提。"毛传:"弁,乐也。"
另见 biàn。

柈(pán) 盘子。《南史·刘穆之传》:"穆之乃令厨人以金柈贮槟榔一斛以进之。"

胖(pán) 大;舒坦。《礼记·大学》:"心广体胖。"
另见 pàn,pàng。

泮(pán) 盘旋。《管子·小问》:"君乘驳马而泮桓,迎日而驰乎?"

般(pán) ❶盘旋。见"般辟"。❷通"泮"。《汉书·郊祀志上》:"鸿渐于般。"颜师古注引孟康曰:"般,水涯堆也。"❸通"鞶"囊。

《穀梁传·桓公三年》:"诸母般。"范宁注:"所以盛朝夕所须,以备舅姑之用也。"❹通"昪"、"忭"。乐。见"般乐"。
另见 bān,bō。

般乐 游乐;玩乐。《孟子·公孙丑上》:"今国家闲暇,及是时,般乐怠敖,是自求祸也。"

般辟 亦作"盘辟"、"槃辟"、"磐辟"、"蹒躃"。盘旋进退,古代行礼时的动作姿态。《晋书·潘尼传》:"般辟俯仰。"

般还 盘旋。《礼记·投壶》:"宾再拜受,主人般还曰辟。"孔颖达疏:"主人见宾之拜,乃般曲折还,谓宾曰:'今辟而不敢受。'言此者,欲止宾之拜也。"

盘〔盤〕(pán) ❶一种敞口而扁浅的盛器。如:茶盘;菜盘;杯盘狼藉。也指扁平如盘的承物器。如:棋盘;字盘。❷古代盥器。青铜制。陶制的多为明器。贵族盥洗时,用匜提水浇洗,以盘承水。盛行于商周时代。❸指市场买卖的价格。如:开盘;收盘;厂盘。❹指商店以存货及生财全盘出让给人。如:招盘;受盘。❺指机关前任清点移交公家财物给后任。如:交盘;监盘。❻反覆查究。如:盘查;盘问。❼回旋;游乐。如:盘游;盘桓。❽通"蟠"。回绕;屈曲。如:盘膝而坐。参见"盘纡"、"盘郁"。❾通"磐"。见"盘石"。❿姓。明代有盘铭。

盘

盘剥 ❶水陆上下搬运、装卸。《宋史·河渠志六》:"由是水手、牛驴、捧(绛)户、盘剥人等,邀阻百端,商贾不行。"后多作"盘驳"。❷反覆剥削。如:重利盘剥。《红楼梦》第一〇五回:"所抄家资,内有借券,实系盘剥。"

盘缠 犹"盘川"。旅费。无名氏《争报恩·楔子》:"要回那梁山去,争奈手中无盘缠。"

盘川 旅费。《官场现形记》第二十七回:"你又不是宽裕的,谁借盘川给我回杭州呢?"亦作"盘缠"。

盘错 ❶盘曲交错。《拾遗记·周灵王》:"得峄谷阴生之木,其树千寻,文理盘错。"❷"盘根错节"的省语。比喻事情的错综复杂。刘禹锡《奚公神道碑序》:"公执直笔,阅

簿书,纷挐盘错,一瞬而剖。"

盘根错节 亦作"槃根错节"。树木的根干枝节,盘屈交错,不易砍伐。多用以比喻事情繁难复杂,不易处理。《后汉书·虞诩传》:"志不求易,事不避难,臣之职也;不遇槃根错节,何以别利器乎?"

盘互 犹交结。《汉书·谷永传》:"百官盘互,亲疏相错。"颜师古注:"盘结而交互也。"亦谓连结。杜牧《战论》:"高山大河,盘互交锁。"

盘桓 ❶亦作"磐桓"。徘徊;逗留。曹植《洛神赋》:"怅盘桓而不能去。"❷广大貌。陆机《拟青青陵上柏》诗:"名都一何绮,城阙郁盘桓。"❸犹盘曲。崔豹《古今注·杂注》:"长安妇人好为盘桓髻。"

盘诘 盘查诘问。《桃花扇·修札》:"只是一路盘诘,也不是当耍的。"

盘据 亦作"盘踞"、"蟠据"。谓把持据守,势力深固。尤袤《全唐诗话》卷一:"或说王维《终南山》诗,讥时也。诗曰:'太一近天都,连山接海隅。'言势焰盘据朝野也。"

盘踞 同"盘据"。盘结把持;霸据。杜甫《古柏行》:"落落盘踞虽得地,冥冥孤高多烈风。"

盘马弯弓 盘马,谓驰马盘旋;弯弓,谓张弓欲射。形容射箭者的作势欲发。韩愈《雉带箭》诗:"将军欲以巧伏人,盘马弯弓惜不发。"后用以比喻故作惊人的架势,但并不立即行动。

盘铭 盘,古代盥沐用器。盘上刻有铭文,作为警戒。《礼记·大学》:"汤之盘铭曰:'苟日新,日日新,又日新。'"郑玄注:"盘铭,刻戒于盘也。"

盘盘 回曲貌。李白《蜀道难》诗:"青泥何盘盘,百步九折萦岩峦。"

盘辟 同"般辟"。

盘跚 同"蹒跚"。❶行走缓慢、摇摆貌。潘尼《鳖赋》:"既颠坠于岩岸,方盘跚而雅步。"❷舞貌。李贺《瑶华乐》:"舞霞垂尾长盘跚。"

盘石 同"磐石"。巨石。比喻牢固。《荀子·富国》:"则国安于盘石。"梁启雄简释引卢文弨:"盘石,即磐石。"

盘陀 亦作"盘陁"。❶石不平貌。苏轼《游金山寺》诗:"中泠南畔石盘陁。"❷马鞍。杜甫《魏将军歌》:"星缠宝校金盘陀。"❸曲折回旋。《水浒传》第四十七回:"好个祝家庄,尽

是盘陀路，容易入得来，只是出不去。"

盘猛 旋流。木华《海赋》："盘猛激而成窟。"

盘旋 ❶周旋进退。《淮南子·人间训》："是由乘骥逐人于榛薄，而蓑笠盘旋也。"❷旋转。《聊斋志异·赌符》："盘旋五木，似走圆珠。"❸盘桓；留连。韩愈《送李愿归盘谷序》："是谷也，宅幽而势阻，隐者之所盘旋。"❹舞蹈。《北史·尔朱荣传》："每见天子射中，辄自起舞叫，将相卿士，悉皆盘旋。"

盘纡 纡回曲折。《汉书·司马相如传上》："其山则盘纡弗郁。"弗郁，山势层叠貌。

盘郁 曲折幽深。郭若虚《图画见闻志》："〔王维〕尝于清源寺壁画《辋川图》，岩岫盘郁，云水飞动。"

豁（pán） "繁"的古字。
另见 fán，pó。

幋（pán） 同"鞶"。《后汉书·儒林传论》："又从而绣其鞶悦。"李贤注："鞶，带也，字或作幋。"

婆（pán） 见"婆姗"。

婆姗 同"蹒跚❷"。《汉书·司马相如传上》："婆姗勃窣上金堤。"《史记·司马相如列传》作"媻珊勃窣"。司马贞索隐："婆姗，匍匐上下也。"

槃（pán） ❶承盘，亦特指承水器。《礼记·内则》："进盥，少者奉槃。"❷犁辕前可转动的部分。陆龟蒙《耒耜经》："横于犁辕之前末曰槃，言可转也，左右系于樫乎轭也。"❸转；盘绕。《史记·屈原贾生列传》："大专槃物兮，坱轧无垠。"司马贞索隐："槃，犹转也。"❹快乐。《诗·卫风·考槃》："考槃在涧。"毛传："槃，乐也。"❺见"槃槃"。

槃根错节 同"盘根错节"。

槃槃 大貌。《世说新语·赏誉下》刘孝标注引《续晋阳秋》："大才槃槃谢家安。"

槃辟 同"般辟"。盘旋。《汉书·何武传》："坐举方正，所举者召见，槃辟雅拜。"颜师古注："槃辟犹言槃旋也。"

槃散 同"蹒跚"。腿脚不灵便，行步摇摆不稳貌。《史记·平原君虞卿列传》："民家有躄者，槃散引汲。"

槃牙 即盘互，"牙"是"乇（互）"

的讹字。谓互相勾结。《三国志·魏志·曹爽传》："欲置新人，以树私计，根据槃牙，纵恣日甚。"

槃匜 古代盥沐用具。匜，用以注水；槃，用以承水。《国语·吴语》："一介嫡男，奉槃匜以随诸御。"

樊（pán） 见"樊缨"。
另见 fán。

樊缨 同"繁缨"。马饰。《周礼·春官·巾车》："锡樊缨，十有再就。"

磐（pán） ❶纡回层叠的山石；大石。《易·渐》："鸿渐于磐。"王弼注："磐，山石之安者。"孔颖达疏引马季良曰："山中石磐纡，故称磐也。"❷通"盘"。盘桓不去。《后汉书·宋意传》："久磐京邑。"

磐磈 壮大；雄伟。郭璞《江赋》："荆门阙竦而磐磈。"

磐互 犹交结。《汉书·刘向传》："兄弟据重，宗族磐互。"颜师古注："磐结而交互也。"

磐桓 同"盘桓❶"。徘徊；逗留。《易·屯》："初九，磐桓，利居贞，利建侯。"

磐石 厚重的石头。比喻坚固不动，能负重任。古乐府《孔雀东南飞》："磐石方且厚，可以卒千年。"韦庄《江南送李明府入关》诗："正是中兴磐石重，莫将憔悴入都门。"参见"盘石"。

磐郢 宝剑名。《吴越春秋·阖闾内传》："臣闻吴王得越所献宝剑三枚，一曰鱼肠，二曰磐郢，三曰湛卢。"

潘（pán） 通"蟠"、"盘"。回旋的水流。《列子·黄帝》："鲵旋之潘为渊。"张湛注："本作蟠，水之盘回之盘。"
另见 fān，pān。

蟹（pán） 见"蟹"。
另见 bān。

縶（pán） 小袋。《礼记·内则》："妇事舅姑……右佩箴（针）、管、线、纩，施縶帙。"陈澔集说："縶、帙，皆囊属。"一说縶是钩带，帙是小囊，囊系縶上，故以縶帙合称小袋。见《古经服纬》卷中。

磻（pán） 水名。磻溪，一名璜河。在今陕西宝鸡市东南。
另见 bō。

蹒〔蹣〕（pán） 见"蹒跚"。

蹒跚 ❶腿脚不灵便，走路一瘸一拐的样子。皮日休《上真观》诗："天禄行蹒跚。"天禄，兽名。❷舞

貌，犹蹁跹。窦臮《述书赋》："婆娑蹒跚，绰约文质。"

蹒（pán） 见"蹒蹒"。

蹒蹒 同"般辟"。退缩旋转貌。《南齐书·王融传》："婆娑蹒蹒，困而不能前已。"

繁〔緐〕（pán） 通"鞶"。见"繁缨"。
另见 fán，pó。

繁缨 亦作"樊缨"。古时天子诸侯络马的带饰。繁，通"鞶"，马腹带；缨，马颈革。《礼记·礼器》："大路，繁缨一就；次路，繁缨七就。"路，通"辂"。

蟠（pán） ❶盘曲而伏。《法言·问神》："龙蟠于泥。"❷遍及。《管子·内业》："上察于天，下极于地，蟠满九州。"
另见 fán。

蟠据 同"盘据"。

蟠龙 蛰伏的龙。《尚书大传·虞夏传》："蟠龙贲信于其藏，蛟鱼踊跃于其渊。"《方言》第十二："未升天龙谓之蟠龙。"

蟠木 ❶根干盘曲的树木。《汉书·邹阳传》："蟠木根柢，轮囷离奇。"❷古代传说中的山名。《大戴礼记·五帝德》："〔颛顼〕乘龙而至四海……西济于流沙，东至于蟠木。"

蟠蜿 盘曲貌。徐陵《报德寺刹下铭》："左则青龙蟠蜿，右则白虎蹲踞。"

鞶（pán） ❶古代皮做的束衣带。《周礼·春官·巾车》"樊缨"孙诒让正义："人服有二带，大带谓之绅，革带谓之鞶。通言之，革带亦或谓之大带。"❷小囊。俗称荷包。《礼记·内则》："男鞶革，女鞶丝。"郑玄注："鞶，小囊，盛帨巾者。男用韦，女用缯，有饰缘之。"

鞶厉 古代衣服上的带子。《左传·桓公二年》："鞶厉游缨，昭其数也。"杜预注："鞶，绅带也，一名大带；厉，大带之垂者。"陆机《吴王郎中时从梁陈作》诗："轻剑拂鞶厉，长缨丽且鲜。"

鞶囊 革制的囊，古代官吏用以盛印绶。班固《与窦宪笺》："固于张掖县受赐所服物虎头绣鞶囊一双。"《宋书·礼志五》："鞶，古制也；汉代著鞶囊者，侧在腰间，或谓之傍囊，或谓之绶囊，然则以此囊盛绶也。"后异其花饰借以识别官吏的品级。《隋书·礼仪志六》："鞶囊，二品以上金缕，三品金银缕

……七八九品彩缕，兽爪鞶。官无印绶者，并不合佩鞶囊及爪。"

鞶帨 《法言·寡见》："今之学也，非独为之华藻也，又从而绣其鞶帨。"李轨注："鞶，大带也；帨，佩巾也。"《后汉书·儒林传论》引此文，李贤注："喻学者文烦碎也。"

鬢（pán）　横梳的发髻。徐锴《说文解字系传·髟部》："《古今注》所谓盘桓髻也。"

另见 bān。

pǎn

奋（pǎn）　面大。见《集韵·二十四缓》。

另见 hǎ，tǎi。

pàn

片（pàn）　见"片合"。

另见 piān，piàn。

片合　同"胖合"。两性相配合。《庄子·则阳》："雌雄片合。"陆德明释文："片，音判，又如字。"

半（pàn）　大片。《汉书·李陵传》："令军士人持二升糒，一半冰。"

另见 bàn。

伴（pàn）　见"伴奂"。

另见 bàn。

伴奂　纵弛；闲暇。《诗·大雅·卷阿》："伴奂尔游矣，优游尔休矣。"郑玄笺："伴奂，自纵弛之意也。"一说为广大有文采。见毛传。

判（pàn）　❶分开。如：判袂。《国语·周语中》："若七德离判，民乃携贰。"韦昭注："判，分也。携，离也。"❷有区别；分辨。如：判若两人。刘克庄《和实之读邸报》："芳臭须臾判。"❸半。《公羊传·定公八年》："瑒判白。"何休注："判，半也。半圭曰瑒，白藏天子。"❹评断。唐庚《有所叹》诗："是非已付渔樵判，疑信难凭党与传。"又专指对案件的裁决。如：判案；判处徒刑。《宋书·许昭先传》："叔父肇之，坐事系狱，七年不判。"❺官名。如：州判；通判。❻唐宋官制，以高官兼低职之官称判。《资治通鉴·唐代宗大历十四年》："以吏部尚书刘晏判度支。"《宋史·韩琦传》："琦请去……除镇安武胜军节度使、司徒兼侍中，判相州。"❼同"拚"。元稹《采珠行》："海波无底珠沉海，采珠之人判死采。"判死，犹"拚命"。

判牍　文体名。判决司法案件等文章，古代多用四六骈文。如唐代张鷟撰有《龙筋凤髓判》。白居易亦有《甲乙判》，编入《白氏长庆集》。

判断　❶辨别；断定。《北齐书·许惇传》："〔许惇〕任司徒主簿，以能判断，见知时人，号为入铁主簿。"❷犹鉴赏。刘克庄《贺新郎·寄题聂侍郎郁孤台》词："倾倒赣江供砚滴，判断雪天月夜。"❸对事物的情况有所断定的思维形式。任何一个判断，都或者是真的或者是假的。如果一个判断所肯定或否定的内容与客观现实相符合，它就是真的；否则，就是假的。检验判断真假的唯一标准是实践。判断都用句子来表达。同一个判断可用不同的句子来表达，同一个句子也可表达不同的判断。判断可按不同标准进行分类，如简单判断和复合判断，模态判断与非模态判断等。

判官　官名。唐代特派担任临时职务的大臣皆得自选中级官员奏请充任判官，以资佐理。中期以后，节度、观察等使均有判官，亦由本使选充，以备差遣。均非正官。宋代沿置于各州、府，选派京官充任时称签书判官厅公事（简称签判）；各路经略、宣抚、转运和中央的三司、群牧等使亦设判官，职位略低于副使。元代分设于各路总管府、散府及州，明代仅设于州，职位渐轻，清代改为州判。

判合　同"胖合"、"片合"。两性相配合。《周礼·地官·媒氏》："掌万民之判。"郑玄注："判，半也，得耦为合，主合其半，成夫妇也。"《丧服》传曰：'夫妻判合。'郑司农云：'主万民之判合。'"

判涣　分散。《诗·周颂·访落》："将予就之，继犹判涣。"孔颖达疏引王肃云："将予就继先人之道业，乃分散而去，言己才不能继。"将，助。予，周成王自称。一说"判涣"即"伴奂"，纵弛、闲暇的意思。俞樾《群经平议》卷十一："'将予就之，继犹判涣'，言将助我而就之，继犹自纵弛也。"参见"伴奂"。

判决　法院对审理终结的案件就实体问题所作的决定。"裁判"的一种。刑事判决确定被告人是否有罪，所犯何罪，是否适用刑罚，适用什么刑罚。民事判决解决当事人对民事权利、义务的争执。行政判决解决有关行政方面的争议。判决须制作判决书。

判袂　犹言分袂。离别。范成大《大热泊乐温有怀商卿德称》诗："故人新判袂，得句与谁论。"

判若云泥　比喻高下悬殊。参见"云泥"。

判押　在文书上签字画押。《宋史·陈恕传》："〔寇準〕躬至恕第请判押。"

沜（pàn）　同"泮"。半月形的水池。《新唐书·王维传》："别墅在辋川，地奇胜，有……茱萸沜、辛夷坞。"

坢（pàn）　灰尘。一说大堤防。见《集韵·二十九换》。

拌（pàn）　❶通"判"。分开。《史记·龟策列传》："镌石拌蚌，传卖于市。"❷舍弃。《方言》第十："拌，弃也。楚凡挥弃物谓之拌。"

另见 bàn。

抨（pàn）　亦作"拚"。舍弃；不顾惜。如：抨命；抨死。晏几道《鹧鸪天》词："彩袖殷勤捧玉钟，当年抨却醉颜红。"

另见 fān，fèn，pīn。

服（pàn）　肉。见《玉篇·肉部》。

泮（pàn）　❶融解。《诗·邶风·匏有苦叶》："迨冰未泮。"❷通"畔"。水边。《诗·卫风·氓》："淇则有岸，隰则有泮。"❸泮宫。古代学宫。《诗·鲁颂·泮水》："矫矫虎臣，在泮献馘。"

泮宫　亦作"頖宫"。西周诸侯所设大学。《诗·鲁颂·泮水》："既作泮宫。"《礼记·王制》："大学在郊，天子曰辟廱，诸侯曰頖宫。"

泮汗　❶水势广大无边貌。《文选·左思〈吴都赋〉》："溃渱泮汗，滇泙渺漫。"李善注："溃渱泮汗，谓直望无崖也。"吕向注："并水流广大貌。"❷挥汗貌。《盐铁论·散不足》："黎民泮汗力作。"

泮水　古时学宫前的水池，状如半月形。《诗·鲁颂·泮水》："思乐泮水。"毛传："泮水，泮宫之水也。天子辟廱，诸侯泮宫。"郑玄笺："泮之言半也。半水者，盖东西门以南通水，北无也。"

盼（pàn）　❶眼睛清朗。《诗·卫风·硕人》："美目盼兮。"毛传："盼，白黑分。"按今本作"盻"，唐石经作"盼"。❷看。如：顾盼；流盼。引申为看待。《宋书·谢晦传》："同被齿盼。"❸盼望。如：切盼；盼复。

盼倩　《诗·卫风·硕人》："巧笑

倩兮,美目盼兮。"倩指口颊的美,盼指眼睛的美,后用以形容妇女姿态妩媚。《文心雕龙·情采》:"夫铅黛所以饰容,而盼倩生于淑姿。"

胖(pàn)　❶一物中分为二。《楚辞·九章·惜诵》:"背膺胖以交痛兮,心郁结而纡轸。"朱熹注:"膺,胸也;胖,半分也……背胸一体而中分之。"❷半,两性结合中的一方。参见"胖合"。

胖合　亦作"片合"、"判合"。两半相配合,特指两性结合为夫妻。《仪礼·丧服》:"故父子首足也,夫妻胖合也。"

胖(pàn)　古时祭祀用的半体牲。《仪礼·少牢馈食礼》:"司马升羊右胖。"
另见 pán,pàng。

叛(pàn)　❶背离;背叛。《左传·隐公四年》:"众叛亲离,难以济矣。"❷焕盛貌。《文选·张衡〈西京赋〉》:"叛赫戏以辉煌。"薛综注:"叛焕炳焕;赫戏,炎盛也;辉煌,光耀也。"

叛换　同"畔援"。跋扈。《资治通鉴·晋孝武帝太元元年》:"张天锡承祖父之资,借百年之业,擅命河右,叛换偏隅。"

叛逆　❶背叛。《史记·平津侯列传》:"今诸侯有叛逆之计。"❷有背叛行为的人。《三略·中略》:"世乱则叛逆生。"

叛衍　犹漫衍。连续不断。《文选·左思〈蜀都赋〉》:"累毂叠迹,叛衍相倾。"李善注引司马彪《庄子》注曰:"叛衍,犹漫衍也。"

挤(pàn)　同"拚"。

畔(pàn)　❶田界。《左传·襄公二十五年》:"行无越思,如农之有畔。"❷边侧。如:江畔。《楚辞·渔父》:"行吟泽畔。"❸回避;藏匿。《隋书·五行志上》:"陈后主造齐云观,国人歌之曰:'齐云观,寇来无际畔'。"❹通"叛"。《论语·阳货》:"公山弗扰以费畔。"孔颖达疏:"弗扰,即《左传》公山不狃也,字子泄。为季氏费邑宰,与阳虎共执季桓子,据邑以畔。"

畔岸　❶边际。苏轼《荀卿论》:"茫乎不知其畔岸而非远也,浩乎不知其津涯而非深也。"❷放纵任性。《汉书·司马相如传下》:"放散畔岸,骧以孱颜。"孱颜,不齐。

畔换　同"畔援"。

畔援　亦作"畔换"、"叛换"。暴横;跋扈。《诗·大雅·皇矣》:"帝谓文王,无然畔援。"《汉书·叙传下》"项氏畔换"颜师古注引《诗》作"无然畔换"。《资治通鉴·晋孝武帝太元元年》:"张天锡承祖父之资,借百年之业,擅命河右,叛换偏隅。"

頖(pàn)　同"泮"。见"泮宫"。

鋬(pàn)　器物上备手把握的部分。如古酒器爵与斝都有鋬。

襻(pàn)　古指系衣裙的带子。庾信《镜赋》:"衣正身长,裙斜假襻。"后指钮扣的圈套及器物上用来结系或攀手的带子。如:钮襻;鞋襻;搭襻;车襻。又引申为系上或缝上。如:用绳子襻住;襻上几针。

pāng

乒(pāng)　见"乒乓"。

汸(pāng)　见"汸汸"。
另见 fāng。

汸汸　水盛貌。引申为盛多。《荀子·富国》:"财富浑浑如泉源,汸汸如河海。"

脨(pāng)　见"脨肛"。

脨肛　胀大;浮肿。《广雅·释诂二》:"脨肛,肿也。"韩愈《病中赠张十八》诗:"连日挟所有,形躯顿脨肛。"

滂(pāng)　大水涌流貌。《汉书·宣帝纪》:"醴泉滂流,枯槁荣茂。"

滂湃　同"澎湃"。水势盛大貌。《水经注·渭水》:"山上有二泉,东西分流。至若山雨滂湃,洪津泛洒,挂溜腾虚,直泻山下。"

滂沛　❶波澜壮阔貌。《楚辞·九叹·逢纷》:"波逢汹涌,溃滂沛兮。"❷亦作"霶霈"。雨大貌。扬雄《甘泉赋》:"云飞扬兮雨滂沛。"按五臣本《文选》作"霶霈"。❸气势盛大貌。陆机《文赋》:"吐滂沛乎寸心。"

滂濞　同"澎湃"。❶水波相击声。司马相如《上林赋》:"横流逆折,转腾漱洌,滂濞沆溉。"也形容水势盛。《汉书·司马相如传下》:"贯列缺之倒景兮,涉丰隆之滂濞。"《史记》"濞"作"沛"。❷众盛貌。《史记·司马相如列传》:"滂濞泱轧,洒以林离。"

滂沱　大雨貌。《诗·小雅·渐渐之石》:"月离于毕,俾滂沱矣。"也形容泪下如雨。《诗·陈风·泽陂》:"涕泗滂沱。"

鎊〔鎊〕(pāng)　❶削。如:鎊锯。❷铲的别名。
另见 bàng。

韸(pāng)　鼓声。徐复祚《投梭记·赛魔》:"社鼓韸韸锣又筛,来到庙中清凉界。"

霶(pāng)　同"滂"。见"霶霈"。

霶霈　同"滂沛"。雨大貌。参见"滂沛❷"。

霶霈　同"滂沱"。雨大貌。王安石《丙戌五日京师作二首》:"谁令昨夜雨霶霈,北风萧萧寒到骨。"

霶霔　同"滂沱"。

páng

方(páng)　❶通"旁"。广。《书·立政》:"方行天下,至于海表。"❷见"方羊"、"方皇"。
另见 fāng,fēng,wǎng。

方皇　同"彷徨"。《荀子·礼论》:"于是其中焉,方皇周挟,曲得其次序。"杨倞注:"方皇,读为仿偟,犹徘徊也。"周挟,周匝。

方羊　同"彷徉"。《左传·哀公十七年》:"如鱼窥尾,衡流而方羊。裔焉大国,灭之将亡。"孔颖达疏:"郑众以为鱼劳则尾赤,方羊,游戏,喻卫侯淫纵。"

方洋　同"彷徉"。《汉书·吴王濞传》:"吴王内以朝(晁)错为诛,外从大王后车,方洋天下。"颜师古注:"方洋,犹翱翔也。"

仿(páng)　见"仿佯"、"仿偟"。
另见 fǎng。

仿偟　同"彷徨"。《楚辞·九叹·思古》:"且徘徊于长阪兮,夕仿偟而独宿。"

仿佯　同"彷徉"。游荡无定。《楚辞·远游》:"聊仿佯而逍遥兮,永历年而无成。"

尨(páng)　通"庞"。高大。柳宗元《三戒·黔之驴》:"虎见之,尨然大物也。"
另见 máng,méng。

彷(páng)　见"彷佯"、"彷徨"。
另见 fǎng 仿㊀。

彷徨　亦作"徬徨"、"傍偟"、"仿偟"、"方皇"、"旁皇"。❶徘徊;游移不定。《庄子·逍遥游》:"彷徨乎无为其侧,逍遥乎寝卧其下。"引申为心神不定,坐立不安。司马相如《长门赋》:"舒息悒而增欷兮,蹝履起而彷徨。"❷盘旋;回转。《庄子·天运》:"风起北方,一西一东,有上彷徨。"有上彷徨,犹言复升高而盘旋。引申为逍遥、游乐。《庄子·大宗师》:"芒然彷徨乎尘垢之外,逍遥乎无为之业。"成玄英疏:"彷徨、逍遥,皆自得逸豫之名也。"

彷徉　亦作"仿佯"、"方羊"、"方洋"。游散;游荡无定。《楚辞·招魂》:"彷徉无所倚,广大无所极些。"《史记·吴王濞列传》:"故吴王欲内以晁错为讨,外随大王后车,彷徉天下。"

冘（pánɡ）　"旁"的本字。见《说文·二部》。二为古文上。

庞〔龐〕（pánɡ）　❶高大。如:庞大。❷坚实。《淮南子·氾论训》:"古者,人醇,工庞,商朴,女重。"高诱注:"工庞,器坚致也。"❸多而杂乱。如:庞杂。❹脸盘。《西厢记》第二本第二折:"衣冠济楚庞儿俊。"❺姓。战国时魏有庞涓。

另见 lónɡ。

庞鸿　同"蒙鸿"。亦作"厖鸿"。古人想像中天地形成以前的浑沌状态。张衡《灵宪》:"有物浑成,先天地生,其气体固未可得而形,其迟速固未可得而纪也,如是者又永久焉,斯谓庞鸿。"

庞眉皓发　同"龙眉皓发"。

房（pánɡ）　秦有阿房宫。

另见 fánɡ。

庬（pánɡ）　本谓石大,引申为凡大之称。《尔雅·释诂》:"庬,大也。"《诗·商颂·长发》:"为下国骏庬。"

另见 mánɡ。

逢（pánɡ）　姓。周代有逢同,汉代有逢安、逢萌。"逢"本作"逢"。"逢萌",今本《后汉书》作"逢萌"。《孟子·离娄下》"逢蒙"亦作"逢蒙"。

逄（pánɡ）　"逢"的本字。姓。

另见 fénɡ,pénɡ。

庬（pánɡ）　同"庬"。

另见 mánɡ。

旁（pánɡ）　❶边;侧。如:路旁;两旁。《汉书·黄霸传》:"食于道旁。"❷汉字的偏旁。如:形旁;声旁;"木"旁。❸辅佐。《楚辞·九章·惜诵》:"曰有志极而无旁。"王逸注:"但有劳极心志,终无

辅佐。"❹邪;偏。如:旁门左道。《荀子·议兵》:"旁辟私曲之属为之化而公。"❺别的;本身之外的。如:旁枝;旁证。鲍照《代别鹤操》:"旁人那得知。"❻广。《书·说命下》:"旁招俊乂。"❼妄;乱。《礼记·少仪》:"不旁狎。"孔颖达疏:"不得妄与人狎习。"

另见 bànɡ。

旁魄　即"旁薄"。

旁薄　亦作"旁礴"、"旁魄"、"磅礴"。❶广被。《汉书·扬雄传下》:"陶冶大炉,旁薄群生。"❷混同。《庄子·逍遥游》:"将旁礴万物以为一,世蕲乎乱。"❸广博。《荀子·性恶》:"杂能旁魄而无用。"王先谦集解引郝懿行曰:"'旁魄'即'旁薄',皆谓大也。"❹广大无边貌。《宋史·乐志八》:"块圠无垠,磅礴罔测。"

旁礴　即"旁薄"。

旁观　置身局外,从旁观察。如:旁观者清;袖手旁观。《颜氏家训·勉学》:"有识旁观,代其入地。"亦作"傍观"。《新唐书·元行冲传》:"当局称迷,傍观必审。"

旁皇　同"彷徨"。《庄子·天运》"有上彷徨"陆德明释文:"司马本作旁皇。"

旁罗　犹遍及。普遍分布。《史记·五帝本纪》:"旁罗日月星辰,水波,土石金玉。"

旁旁　同"彭彭"。强壮貌。《诗·郑风·清人》:"清人在彭,驷介旁旁。"

旁敲侧击　对问题不直接表明意见而隐晦曲折地表达出来。《二十年目睹之怪现状》第二十回:"只不过不应该这样旁敲侧击,应该要明亮亮的叫破了他。"

旁若无人　不把在旁的人放在眼里,形容态度从容或高傲。《史记·刺客列传》:"高渐离击筑,荆轲和而歌于市中,相乐也,已而相泣,旁若无人者。"

旁生魄　旁,广大。魄,亦作"霸",月光。谓月亮大部分有光。《逸周书·世俘》:"维一月丙午,旁生魄。"孔晁注:"旁,广大,月大时也。"古时常用作夏历每月初十日的代称,或指初十日至十五六日这一段期间。详王国维《观堂集林·生霸死霸考》。

旁死魄　谓月亮大部分无光,古时常用作夏历每月二十五日的代称,或指二十五日至三十日这一段期间。《书·武成》:"惟一月壬辰,旁死

魄。"

旁通　犹言广通,博通。《易·乾·文言》:"六爻发挥,旁通情也。"嵇康《与山巨源绝交书》:"足下旁通,多可而少怪。"亦用为融会贯通之意。如:触类旁通。

旁行　❶普遍运行;周行。《易·系辞上》:"旁行而不流。"《汉书·地理志序》:"昔在黄帝,作舟车以济不通,旁行天下。"颜师古注:"旁行,谓四出而行之。"❷见"旁行书"。

旁行书　谓横行的文字。《史记·大宛列传》:"〔安息〕画革旁行,以为书记。"《新唐书·陆羽传》:"幼时,其师教以旁行书。"

旁行斜上　《梁书·刘杳传》:"桓谭《新论》云,太史《三代世表》,旁行邪(斜)上,并效周谱。"按指《史记·三代世表》。因谓谱、表之体为"旁行斜上"。江藩《国朝汉学师承记·贾田祖》:"墓志云'旁行斜上'者,岂田祖为《春秋》之表学欤?"后多指不按格式行款书写文字。

旁转　音韵学术语。古音中主元音相近的阴声和阴声、阳声和阳声或入声和入声之间的相互转变。如"洪水",《孟子》作"洚水",东部字"洪",异读为冬部字"洚",这是东部[oŋ]和冬部[uŋ]的旁转。又如有的古音学家将从幽部"求"声之"裘"归入之部,这是之部[əŋ]和幽部[uŋ]的旁转。清代音韵学家多以入声韵归阴声类,音韵学上阳声与阴声的旁转,亦包括入声韵的变化在内。

旁坐　犹连坐。一人获罪而株连亲族。《新唐书·蒋乂传》:"故罪止锜(李锜)及子息,无旁坐者。"

彭（pánɡ）　旁;近。《易·大有》:"九四,匪其彭,无咎。"孔颖达疏:"彭,旁也。"《墨子·备穴》:"若彭有水浊非常者,此穴土也。"

另见 bānɡ,pēnɡ,pénɡ。

霶（pánɡ）　雪盛貌。《诗·邶风·北风》:"北风其凉,雨雪其霶。"

傍（pánɡ）　❶通"旁"。《世说新语·夙惠》:"玄(桓玄)应声恸哭,酸感傍人。"参见"傍观"。❷见"傍徨"、"傍傍"。

另见 bànɡ。

傍薄　同"磅礴"。《宋书·谢灵运传》:"崿崩飞于东峭,槃傍薄于西阡。"

傍观　在旁观察。《新唐书·元行冲传》:"当局称迷,傍观必审,何所

为疑而不申列?"亦作"旁观"。《颜氏家训·风操》:"有识旁观,犹欲掩耳。"

傍徨 同"彷徨"。徘徊。《国语·吴语》:"王亲独行,屏营傍徨于山林之中。"

傍傍 忙于奔走应付的样子。《诗·小雅·北山》:"四牡彭彭,王事傍傍。"

傍妻 旧称妾为"傍妻"。《汉书·元后传》:"〔王禁〕不修廉隅,好酒色,多取傍妻。"亦作"旁妻"。

傍若无人 亦作"旁若无人"。形容态度傲慢或从容。《晋书·谢尚传》:"〔尚〕着衣帻而舞,导(王导)命坐者抚掌击节。尚俯仰在中,傍若无人。"

莠（páng）　见"莠荴"。
另见 bàng。

莠荴 白蒿,亦即蓬蒿。《广雅·释草》:"繁母,莠荴也。"王念孙疏证:"繁之为言旛也。"《尔雅》云,'蘩,旛蒿',《说文》作'蘮',云'白蒿也'。"

徬（páng）　见"徬徨"。

徬徨 同"彷徨"。班固《西都赋》:"既惩惧于登望,降周流以徬徨。"

愣（páng）　见"愣惶"。

愣惶 同"彷徨❶"。

膀（páng）　见"膀胱"。
另见 bǎng。

膀胱 ❶储存尿液的囊状器官。其前壁接触耻骨联合,后方为直肠,在女性则与子宫和阴道相邻。❷中医学名词。六府之一。主要功能是储存和排泄尿液。《素问·灵兰秘典论》:"膀胱者……津液藏焉,气化则能出矣。"即将肾阳蒸腾的水液储于其中,并依靠气化作用而自主地排出体外。

磅（páng）　见"磅礴"。
另见 bàng。

磅礴 同"旁薄"。

磅唐 也作"磅唐"、"旁唐"。广大;盛大。宋玉《笛赋》:"其处磅唐千仞,绝谿凌阜,隆崛万丈,磐石双起。"马融《长笛赋》:"酆琅磊落,骈田磅唐。"

霶（páng）　同"霶"。

螃（páng）　见"螃蟹"。

螃蟹 即"河蟹"。

篣（páng）　竹名。戴凯之《竹谱》:"篣竹有毒,夷人以刺虎豹,中之辄死。"
另见 péng。

蹨

龐

鰟（páng）　见"跟蹨"。

　　　　（páng）　同"庞(龐)"。

〔鰟〕（páng）　见"鰟鲏"。

鰟鲏 硬骨鱼纲,鲤科。体侧扁,卵圆形,长 4～15 厘米。银灰色,常带橙黄色或蓝色斑纹。口角有时具须,侧线完全或不完全。背鳍和臀鳍均较长。雌鱼具产卵管,插入蚌体内产卵孵化。中国各地淡水中均产。常见的有中华鰟鲏(*Rhodeus sinensis*)和高体鰟鲏(*R. ocellatus*)等。

鰟　鲏

騯（páng,又读 péng）　通作"彭"。马强壮貌。《说文·马部》:"騯,马盛也。《诗》曰:'四牡騯騯。'"按今《诗·小雅·北山》、《大雅·蒸民》都作"彭彭"。

pǎng

嗙（pǎng）　自夸;吹牛。如:胡吹乱嗙。

耪（pǎng）　用锄翻松泥土。如:耪地;耪麦苗。

pàng

胖（pàng）　肥大。《水浒传》第六回:"当中坐着一个胖和尚,生的眉如漆刷,脸似墨装。"
另见 pán,pàn。

pāo

抛（pāo）　本作"抛"。❶丢弃;撇开。《后汉书·安成孝侯赐传》:"赐与显子信卖田宅,同抛财产,结客报吏,皆亡命逃伏。"❷投;掷。如:抛锚。何景明《津市打鱼歌》:"往来抛网如掷梭。"❸暴露。如:抛头露面。

抛球乐 唐教坊曲名。为抛球催酒时所唱。后用为词牌名。单调,有三十字、三十三字、四十字、四十二字各体,皆平韵。宋柳永以旧曲名创为新体,双调一百八十七字,仄韵。

抛砖引玉 《五灯会元》卷四"南泉愿禅师法嗣":"师曰:'比来抛砖引玉却引得个擊子。'"后常用为以自己的意见或文字引出别人的高见或佳作的谦辞。《镜花缘》第十八回:"刚才婢子费了唇舌,说了许多书名,原是抛砖引玉,以为借此长长见识,不意竟是如此!"

抛（pāo）　同"抛"。

泡（pāo）　❶质地松软。如:泡松松;馒头发泡。❷量词。用于屎尿。如:撒了一泡尿。
另见 pào。

脬（pāo）　膀胱。《史记·扁鹊仓公列传》:"风瘅客脬,难于大小溲。"张守节正义:"脬亦作'胞',膀胱也。言风瘅之病客居于膀胱。"

páo

包（páo）　通"庖"。厨房。《易·姤》:"包有鱼,无咎。"
另见 bāo。

刨（páo）　挖掘。如:刨地;刨山芋。
另见 bào。

咆（páo）　猛兽嗥叫。李白《梦游天姥吟留别》:"熊咆龙吟殷岩泉。"

咆哮 猛兽怒吼;亦形容人的暴怒或水的奔腾怒啸。《抱朴子·清鉴》:"咆哮者不必勇。"常建《空灵山应田叟》诗:"日入闻虎斗,空山满咆哮。"李白《公无渡河》诗:"黄河西来决昆仑,咆哮万里触龙门。"

咆烋 同"咆哮"。烋,亦作"咻"。《文选·左思〈魏都赋〉》:"克剪方命,吞灭咆烋。"刘逵注:"咆烋,犹咆哮也,自矜健之貌也。"

狍（páo）　同"麅"。

庖（páo）　❶厨房。《孟子·梁惠王上》:"庖有肥肉。"❷厨师。如:越俎代庖。《庄子·养生主》:"良庖岁更刀。"

庖代 同"代庖"。

庖丁解牛 《庄子·养生主》:"庖丁为文惠君解牛,手之所触,肩之所倚,足之所履,膝之所踦,砉然响然,奏刀騞然,莫不中音。"庖丁,厨师。

因以"庖丁解牛"比喻技术高超,出神入化。

軳 〔軳〕(páo) 车底四面木框。《广韵·六豪》:"軳,车轸也。"

胞 (páo) 通"庖"。《汉书·百官公卿表上》:"胞人、都水,均官三长丞"颜师古注:"胞人,主掌宰割者也。胞与庖同。"
另见 bāo。

炰 (páo) ❶烹煮。《诗·大雅·韩奕》:"其殽维何?炰鳖鲜鱼"郑玄笺:"炰鳖,以火熟之也。"❷通"咆"。见"炰烋"。

炰烋 犹咆哮。《诗·大雅·荡》:"女(汝)炰烋于中国,敛怨以为德"郑玄笺:"炰烋,自矜气健之貌。"参见"咆哮"。

炮 (páo) ❶古代烹饪法的一种。《诗·小雅·瓠叶》:"有兔斯首,炮之燔之。"《礼记·内则》:"涂之以谨(墐)涂,炮之。"郑玄注:"炮者,以涂烧之为名也。"孙希旦集解:"裹物而烧之谓之炮。"按今以烂泥涂毛鸡置火中煨熟,江浙人俗称叫化子鸡。❷焚烧。《左传·昭公二十七年》:"令尹炮之,尽灭郤氏之族党。"孔颖达疏:"燔、炮、蒸,皆是烧也。"❸中药制法的一种。即"炮制"。
另见 bāo,pào。

炮凤烹龙 亦作"烹龙炮凤"。形容菜肴的丰盛珍奇。李贺《将进酒》诗:"烹龙炮凤玉脂泣,罗屏绣幕围香风。"刘若愚《酌中志·内府衙门职掌》:"有所谓炮凤烹龙者,凤乃雄雉,龙则宰白马代之耳。"

炮烙 本作"炮格"。❶相传是殷代所用的一种酷刑。用炭烧铜柱使热,令有罪者爬行其上。人堕入火炭中被烧死。见《史记·殷本纪》。《汉书·谷永传》:"榜棰瘝于炮格,绝灭人命。"瘝,惨痛。❷烤肉用的铜格。《韩非子·喻老》:"纣为肉圃,设炮烙,登糟丘,临酒池。"俞樾《诸子平议》卷二十一:"盖为铜格,布火其下,欲食者于肉圃取肉,置格上炮而食之也。"

炮制 又称"炮炙"。中药药材的加工方法。将药材经过修治后,再进行火制、水制或水火共制等加工处理。火制有煅、炮、炙、炒等法,大都用酒、醋、蜜或姜汁等同制;水制有渍、泡、洗等法;水火共制有蒸、煮等法。目的是加强药物效用,减除毒性和副作用,便于药物储藏以免变质,

改变药物的性能和便于服用等。汉张仲景《金匮玉函经》已有"方药炮制"方法,南朝宋雷敩《炮炙论》中有较详记载。

袍 (páo) ❶长衣服的通称。如:棉袍;长袍。❷古代特指装旧丝绵的长衣。《礼记·玉藻》:"纩为茧,缊为袍。"孙希旦集解:"纩与缊皆渍茧擘之,新而美者为纩,恶而旧者曰缊,衣以缊著之者谓之袍。"《论语·子罕》:"衣敝缊袍。"❸衣服的前襟。《公羊传·哀公十四年》:"反袂拭面,涕沾袍。"

袍笏登场 官服打扮,登台演剧。比喻新官上任。赵翼《数月内频送南雷述庵淑斋诸人赴京补官戏作》诗:"袍笏登场也等闲。"多含有讽刺的意思。

袍泽 泽,亦作"襗",衣服名。《诗·秦风·无衣》:"岂曰无衣,与子同袍,王于兴师,修我戈矛,与子同仇。岂曰无衣,与子同泽,王于兴师,修我矛戟,与子偕作。"泽,郑玄笺作"襗",云:"亵衣,近污垢。"后军人相称为"同袍",也称相互之间的友谊为"袍泽之谊",本此。

匏 (páo) ❶葫芦的一种。即匏瓜。《诗·邶风·匏有苦叶》:"匏有苦叶"毛传:"匏谓之瓠。"❷八音之一,指笙、竽一类的乐器。参见"八音"。

匏瓜 ❶匏瓜多不供食用,故以比喻人不受重用。王粲《登楼赋》:"惧匏瓜之徒悬兮。"参见"匏系"。❷星名。见《史记·天官书》。古代用作男子无妻独处的象征。《文选·曹植〈洛神赋〉》:"叹匏瓜之无匹兮,咏牵牛之独勤。"李善注:"阮瑀《止欲赋》曰:'伤匏瓜之无偶,悲织女之独勤',俱有此言。然无匹之义,未详所始。"张铣曰:"匏瓜,星名,独在河鼓东,故云无匹。"

匏系 亦作"系匏"。《论语·阳货》:"吾岂匏瓜也哉!焉能系而不食?"刘宝楠正义:"匏瓜以不食,得系滞一处。"旧时用来比喻不得出仕,或久任微职,不得迁升。陆游《别曾学士》诗:"匏系不得从,瞻望抱悁悁。"

匏尊 亦作"匏樽"。匏瓜制成的饮具。也泛指饮具。苏轼《前赤壁赋》:"驾一叶之扁舟,举匏尊以相属。"

跑 (páo) 兽用足扒土。杜光庭《录异记》卷二:"行及中道,所乘之马跑地不进。"朱弁《曲洧

旧闻》卷四:"代州五台山太平兴国寺者,乃古白虎庵之遗址也。相传云:'昔患于乏水,适有虎跑足涌泉,潺沸徐清,挹酌无竭,因号虎跑泉,而庵以此得名。'"按今杭州西湖定慧寺亦有虎跑泉。
另见 pǎo。

龅 〔龅〕(páo) 露齿。见《玉篇·齿部》。

鞄 (páo,又读 bào) 古代制皮革的工人。《考工记·总序》:"攻皮之工:函、鲍、韗、韦、裘。"郑玄注引郑司农云:"鲍,读为鲍鱼之鲍,书或为鞄。"贾公彦疏:"鞄人主治皮。"

麃 (páo) 兽名。《汉书·郊祀志上》:"后二年(元狩元年),郊雍,获一角兽,若麃然。"颜师古注:"麃,鹿属也。形似獐,牛尾,一角。"
另见 biāo,piǎo。

麅 (páo) 动物名。学名 Capreolus capreolus。一作"狍"。哺乳纲,偶蹄目,鹿科。体长达 1 米余,尾很短。雄的有角,角小,分三叉。上颌缺犬齿。冬毛长,浅棕色;夏毛短,栗红色,有明显白色臀盘。栖息小山坡、小树林中。喜食嫩树枝、浆果和野蕈。分布于欧、亚两洲。中国产于东北、华北、西北和四川、河南、湖北等地。肉可食;毛皮可做褥垫或制革。

pǎo

跑 (pǎo) 急走;奔逃。如:赛跑,逃跑。马戴《边将》诗:"红缰跑骏马,金镞掣秋鹰。"
另见 páo。

pào

奅 (pào) ❶虚夸之词。《正字通·大部》:"以大言冒人曰奅。"❷炮石,为打击仰攻的敌人,从上面投下或滚下的石块。韩愈《征蜀联句》:"投奅闹碻磝。"

泡 (pào) ❶气体鼓成的球状体。如:水泡。❷泡状物。如:灯泡。❸用水冲注或浸渍。如:泡茶;泡菜。
另见 pāo。

泡幻 像水泡一样地虚幻。王禹偁《月波楼咏怀》:"身世喻泡幻,衣冠如赘瘤。"

泡沫 分散在液体或固体中的气泡。其线性大小大约在 10^{-5} 厘米以

上，其形状亦常因环境而异。例如，稀泡沫的气泡近乎球形，而浓泡沫中的气泡呈多面体形状。如肥皂泡沫、啤酒开瓶时所产生的泡沫等，是气体在液体中的泡沫；泡沫玻璃和泡沫塑料等中的气泡则是气体在固体中的泡沫。

泡影　佛教用泡和影比喻事物的虚幻不实、生灭无常。《金刚经》："一切有为法，如梦幻泡影。"刘兼《偶有下殇因而自遣》诗："彭寿殇龄共两空，幻缘泡影梦魂中。"今多比喻事情或希望落空。

炮〔礮、砲〕(pào)　❶兵器的一种。如：大炮、榴弹炮。❷炮仗。如：鞭炮。参见"爆竹"。
　　另见 bāo，páo。

炮手　操作火炮的战士。如瞄准手、诸元装定手、发射手、装填手、弹药手等。

炮仗　即"爆竹"。

疱〔皰〕(pào)　皮肤上长的小疙瘩。如：面疱。也指凸出皮面的火疱或脓疱。《淮南子·说林训》："溃小疱而发痤疽。"

滰(pào)　同"泡"。用水浸物。周辉《清波杂志》卷上："〔高宗〕自相州渡大河，荒野中寒甚，烧柴，借半破甆盂，温汤滰饭茅檐下，与汪伯彦同食。"

皰(pào)　同"疱(皰)"。

皰(pào)　同"疱(皰)"。

皰(pào)　同"疱(皰)"。见《集韵·三十六效》。

pēi

阫(pēi，又读 péi)　墙。《庄子·庚桑楚》："正昼为盗，日中穴阫。"

坯(pēi)　土丘。《尔雅·释山》："山一成，坯。"《说文·土部》作"坏"。范成大《长安闸》诗："千车拥孤隧，万马盘一坯。"
　　另见 huài，péi，pī。

呸(pēi)　表示鄙薄或斥责的声音。《西厢记》第四本第二折："你原来'苗而不秀'。呸！你是个银样镴枪头。"

柸(pēi)　见"柸治"。
　　另见 bēi。

柸治　不舒坦；不快乐。《淮南子·道应训》："卢敖仰而视之，弗见，乃止驾柸治，悖若有丧也。"高诱注：

"楚人谓'恨不得'为柸治也。"

胚〔肧〕(pēi)　❶妇女怀胎一月之称。一说三月。《文中子·九守》："三月而胚。"参见"胚胎❶"。❷动物由受精卵或未受精的卵发育而成的初期发育的幼体。参见"胚胎❶"。❸苔藓植物和维管植物的卵，受精后在母体内经过一定的发育过程而形成的幼体。胚发育过程中的营养由母体供应，依附的时间多少有别。胚的发育过程各类植物有所不同。苔藓植物的胚初是在颈卵器内的一团细胞，后分出有足、柄和蒴的胚；蕨类植物的胚多数在配子体上长成有足、根、茎、叶或有胚柄的胚；种子植物的胚则在胚珠内长成具有胚根、胚芽、胚轴和子叶的胚。在胚的子叶数上，裸子植物一般为多数，被子植物有双子叶和单子叶之别。

胚胎　❶由受精卵发育而成的初期发育的动物体。人和绝大多数哺乳动物的胚胎是在母体的子宫内发育成长的，并借脐带与胎盘连接，通过胎盘从母体获得营养。卵生动物的胚胎在母体外发育成长，从卵子所含的卵黄获得营养。在人，怀孕最初两个月内的幼体称为胚，三个月以后称胎儿，简称胎。早在东汉初许慎《说文解字》即已有"胚，妇孕一月也"，"胎，妇孕三月也"的记载。❷比喻事物的开始或形成。《尔雅·释诂》："胎，始也。"郭璞注："胚胎未成，亦物之始也。"

衃(pēi)　❶凝积的败血。《素问·五藏生成论》："赤如衃血者死。"王冰注："衃血，败恶凝聚之血，色赤黑也。"❷通"胚"。《潜夫论·本训》："资和以兆衃，民之胎含嘉以成体。"

啡(pēi)　出唾声；鄙斥声。今通作"呸"。翟灏《通俗编·语辞》："元人剧本有'呸'字，即'啡'之俗体。"
　　另见 fēi。

痞(pēi)　皮肤病名。

髬(pēi)　见"髬髵"。

髬髵　多须(鬚)貌。见《集韵·十五灰》。

醅(pēi)　未滤的酒。杜甫《客至》诗："盘飧市远无兼味，樽酒家贫只旧醅。"

péi

坯(péi)　通"培"。❶用泥土涂塞空隙。《礼记·月令》："〔仲秋之月〕蛰虫坯户。"❷屋的后墙。《汉书·扬雄传下》："故士或自盛以橐，或凿坯以遁。"
　　另见 huài，péi，pī。

岯(péi)　山上更有一山重叠，叫做"岯"。字亦作"坯"。《集韵·六脂》："岯，山再成曰岯，一曰山一成。或作坯。"按《尔雅·释山》："山，一成坯。"邢昺疏："成，重也。山上更有一山重累者。"

陪(péi)　❶重叠。见"陪臣"。又引申为增加。《左传·昭公五年》："殄有陪鼎。"❷伴随。苏轼《上清辞》："群仙迎兮塞云汉，俨前导兮纷后陪。"❸辅佐。《汉书·文帝纪》："〔吴王、淮南王〕皆秉德以陪朕。"❹通"赔"。苏轼《重游终南》诗："懒不作诗君错料，旧逋应许过时陪。"

陪臣　古代诸侯的大夫，对天子自称陪臣。《礼记·曲礼下》："列国之大夫入天子之国曰某士，自称曰陪臣某。"郑玄注："陪，重也。"孔颖达疏："其君已为王臣，己今又为己君之臣，故自称对王曰重臣。"也指大夫的家臣。《论语·季氏》："陪臣执国命，三世希不失矣！"何晏集解："马曰：陪，重也。谓家臣，阳虎为季氏家臣。"

陪都　在首都以外另立的都城。如周代的洛邑（今河南洛阳）、宋代的建康（今江苏南京）等。

陪京　犹陪都。《文选·张衡〈南都赋〉》："陪京之南，居汉之阳。"李善注："京谓洛阳也。"

陪隶　犹"陪台"。《后汉书·袁绍传》："臣以负薪之资，拔于陪隶之中。"李贤注："陪，重也。陪隶犹陪台。"

陪门　犹陪嫁。唐代称嫁女的装奁。《新唐书·高俭传》："三品以上，纳币不得过三百匹；四品、五品二百；六品、七品百；悉为归装，夫家禁受陪门财。"

陪仆　奴仆。《后汉书·陈元传》："夺公辅之任，损宰相之威，以刺举为明，徼讦为直，至乃陪仆告其君长，子弟变其兄父。"

陪鳃　同"毰毢"。鸟羽奋张貌。《文选·潘岳〈射雉赋〉》："摛朱冠之艳赫，敷藻翰之陪鳃。"徐爰注："陪鳃,奋怒之貌也。"

陪乘 ❶《周礼·夏官·齐右》:"行则陪乘。"郑玄注:"陪乘,参乘,谓车右也。"即站在车子的右边。参见"骖乘"。❷随从的车子。《国语·鲁语下》:"士有陪乘,告奔走也。"韦昭注:"陪,犹重也。奔走,使令也。"

陪台 台,中国古代最低等的一种奴隶或差役的称谓,春秋时列入"人有十等"中的第十等。陪台,谓役于仆隶之人。《左传·昭公七年》:"若从有司,是无所执逃臣也;逃而舍之,是无陪台也。"洪亮吉《春秋左传诂》卷十六引韦昭《国语》注:"臣之臣为陪。"参见"台一❼"。后用以比喻低一等的。姚鼐《今体诗钞·序目》:"钞玉谿(李商隐)诗一卷,附温(温庭筠)诗数首,然于玉谿为陪台,非可与并立也。"

培〔péi〕❶在植物根株上壅土。引申为培养,补养。如:栽培;培补。《礼记·中庸》:"故栽者培之。"❷垒土。引申为屋后墙。《淮南子·齐俗训》:"凿培而遁之。"❸通"冯"。见"培风"。

另见 pǒu。

培风 乘风。《庄子·逍遥游》:"风之积也不厚,则其负大翼也无力,故九万里则风斯在下矣,而后乃今培风。"王念孙《读书杂志·庄子》:"培之言冯也,冯,乘也,风在鹏下,故言负,鹏在风上,故言冯……冯与培声相近,故义亦相通。"冯,通"凭"。

培养 栽培育养。如:培养花木。欧阳玄《示侄》诗:"初阳萌动慎培养,万木一本含春滋。"引申为教育、造就人才。《宋史·苏轼传》:"要在朝廷培养之,使天下之士莫不畏慕降伏。"

培壅 培植;培养。《宋史·苏云卿传》:"披荆畚砾为圃,艺植耘芟,灌溉培壅,皆有法度。"又《仁宗纪四》:"有以培壅宋三百余年之基。"

培植 栽培草木。《宋史·卢秉传》:"林木非培植,根株弗成。"引申为培育人才。《金史·韩企先传》:"专以培植、奖励后进为己责任。"

赔〔赔〕〔péi〕❶赔偿。如:赔款。❷折损;亏蚀。与"赚"相对。如:赔本。《三国演义》第五十五回:"周郎妙计安天下,赔了夫人又折兵!"❸向人道歉或认错。如:赔礼;赔罪;赔不是。

毰〔péi〕 见"毰毸"。

毰毸 亦作"陪鳃"。❶鸟羽张开貌。刘禹锡《飞鸢操》:"毰毸饱腹蹲枯枝。"❷比喻怒放、飞扬。《文选·潘岳〈射雉赋〉》:"摛朱冠之艳赫,敷藻翰之陪鳃。"徐爰注:"陪鳃,奋怒之貌也。"

锫〔锫〕〔péi〕 化学元素[周期系第Ⅲ族(类)副族元素、铜系元素]。符号 Bk。原子序数 97。具强放射性。人工获得的放射性元素(1949 年)。寿命最长的同位素 ^{247}Bk,半衰期为 1.4×10^3 年。

裴〔péi〕 ❶长衣貌。见《说文·衣部》。❷见"裴回"。❸姓。

裴回 同"徘徊"。《后汉书·冯衍传下》:"发轫新丰兮,裴回镐京。"

諙〔péi〕 古地名,在今山西闻喜东;又姓,秦始祖非子之后。《新唐书·宰相世表一上》:"大骆生非子,周孝王使养马汧、渭之间。以马蕃息,封之于秦,为附庸……非子之支孙封諙乡,因以为氏,今闻喜諙城是也。六世孙陵,当周僖王之时封为解邑君,乃去'邑'从'衣'为'裴'。"

pèi

妃〔pèi〕 ❶通"配"。婚配。《左传·文公十四年》:"子叔姬妃齐昭公,生舍。"❷见"妃色"。

另见 fēi。

妃耦 同"配偶"。《诗·卫风·有狐序》:"卫之男女失时,丧其妃耦焉。"《左传·昭公三十二年》:"天有三辰,地有五行,体有左右,各有妃耦。"

妃色 犹言女色。《汉书·贾谊传》:"及太子少长,知妃色,则入于学。"颜师古注:"妃色,妃匹之色。"

沛〔pèi〕 ❶行动迅速貌。《楚辞·九歌·湘君》:"沛吾乘兮桂舟。"❷充盛貌。《公羊传·文公十四年》:"力沛若有余。"❸有水有草的沼泽地。《后汉书·崔骃传》:"虻蚋之趣大沛。"李贤注引刘熙曰:"沛,水草相半。"❹通"旆"。幡幔之属。《易·丰》:"丰其沛,日中见沫。"王弼注:"沛,幡幔,所以御盛光也。沫,微昧之明也。"❺通"跋"。偃仆。见"颠沛"。

沛艾 马疾行时头摇动貌。《汉书·司马相如传下》:"沛艾赳螑,仡

以佁儗兮。"颜师古注引张揖曰:"沛艾,驳骖也。"按《说文》:"驳骖,马摇头也。"《文选·张衡〈东京赋〉》:"齐腾骧而沛艾。"薛综注:"沛艾,作姿容貌也。"

沛泽 ❶沼泽;有水有草的低注之地。《公羊传·僖公四年》:"桓公曰:'诺。'于是还师滨海而东,大陷于沛泽之中。"何休注:"草棘曰沛,渐洳曰泽。"❷指古代沛邑的大泽。骆宾王《上齐州张司马启》:"蛇分沛泽,翼唐运以开基。"❸盛大的恩泽。王明清《玉照新志》卷一:"六十余年,幽枉无诉,宜占沛泽,用慰泉局。"

浿〔浿〕〔pèi〕 古水名。

茇〔pèi〕 ❶开白花的苕。参见"苕❷"。❷见"茇茇"。

另见 bá。

茇茇 翩翻飞翔貌。《楚辞·九辩》:"左朱雀之茇茇兮。"

帔〔pèi〕 披肩。《释名·释衣服》:"帔,披也,披之肩背,不及下也。"《南史·任昉传》:"西华(昉次子)冬月著葛帔练裙。"

另见 pī。

佩〔pèi〕 ❶佩带。如:佩刀。《左传·闵公二年》:"佩之金玦。"❷身上佩带的饰物。《楚辞·九歌·湘君》:"遗余佩兮澧浦。"❸敬服;铭感。如:钦佩;感佩。

佩服 ❶佩饰和服章的统称。韩愈《送区弘南归》诗:"佩服上色紫与绯。"❷犹言铭佩,感念不忘之意。萧纶《赠言赋》:"钦爱顾之罔已,良佩服之在游。"❸敬仰悦服。杜甫《湘江宴饯裴二端公赴道州》诗:"鄙人奉末眷,佩服自早年。"

佩韦 韦,熟皮,性柔韧,性急者佩之于身,用以自戒。《韩非子·观行》:"西门豹之性急,故佩韦以自缓;董安于之性缓,故佩弦以自急。"参见"韦弦"。

佩弦 弓弦常紧张,性缓者佩之用以自警。《韩非子·观行》:"董安于之性缓,故佩弦以自急。"参见"佩韦"。

佩玉 ❶古时贵族身上所佩带的玉器。《礼记·玉藻》:"君子在车,则闻鸾和之声,行则鸣佩玉。"❷系带玉佩。《礼记·玉藻》:"古之君子必佩玉。"

佩紫 腰佩紫色印绶。指位居高官。《晋书·夏侯湛传》:"卿士常伯,被朱佩紫,耀金带白。"

pèi

肺（pèi）　见"肺肺"。
另见 fèi。

肺肺　茂盛貌。《诗·陈风·东门之杨》："其叶肺肺。"

茷（pèi）　❶通"斾"。《左传·定公四年》："绋茷旆旌。"孔颖达疏："茷即斾也。"❷见"茷茷"。
另见 bá，fá。

茷茷　严整貌。《诗·鲁颂·泮水》："其旂茷茷。"毛传："茷茷，言有法度也。"

朏（pèi）　见"朏朏"。

朏朏　亦作"胐胐"。日月初出光未盛明貌。《楚辞·九思·疾世》："心緊縈兮伤怀，时朏朏兮旦旦。"朏，一作胐。洪兴祖补注："朏，日将曙；胐，月未盛明。"

斾（pèi）　同"斾"。

珮（pèi）　同"佩"。佩带的饰物。《楚辞·九章·涉江》："被明月兮珮宝璐。"

配（pèi）　❶义同"妃"。配偶。《易·丰》："遇其配主。"陆德明释文引郑玄注："嘉耦曰妃。"《诗·大雅·皇矣》："天立厥配。"郑玄笺："天既顾文王，又为之生贤妃。"❷婚配；成婚。《左传·隐公八年》："陈鍼子送女，先配而后祖。"❸配合。陆游《村居初夏》诗："梅青巧配吴盐白，笋美偏宜蜀豉香。"❹祭祀时配享。《易·豫》："先王以作乐崇德，殷荐之上帝以配祖考。"参见"配享❶"。❺匹敌；媲美。《书·君牙》："追配于前人。"《楚辞·九思》："配稷契兮恢唐功。"❻添补；补缺。如：配货；配零件。❼定量分给。《旧唐书·文宗纪上》："宜令所在州县，写本散配乡村。"❽流刑；充军。杜甫《敬寄族弟唐十八使君》诗："除名配清江，厥土巫峡邻。"《旧唐书·敬宗纪》："河阳节度掌书记李仲言配流象州。"

配合　❶组合；合作。张衡《灵宪》："日与月，共配合也。"❷结成配偶。《易林·明夷之需》："童女无室，未有配合，空坐独宿。"《后汉书·鲜卑传》："唯婚姻先髠头，以季春月大会于饶乐水上，饮宴毕，然后配合。"

配军　流配充军的罪犯。《水浒传》第九回："洪教头便问道：'大官人今日何故厚礼管待配军？'"

配流　即"流配"。《旧唐书·则天皇后纪》："天官侍郎吉顼配流岭

表。"

配偶　❶处在合法婚姻中的丈夫与妻子。男女双方因结婚而产生的亲属关系。血亲与姻亲赖以发生的基础。婚姻关系存续期间，丈夫以妻子为配偶，妻子以丈夫为配偶。❷指男女相配为夫妇。亦作"配耦"。《汉书·孝昭上官皇后传》："长主内（纳）周阳氏女，令配耦帝。"

配食　祔祭。《后汉书·光武帝纪下》："吕太后不宜配食高庙，同桃至尊。"《晋书·陆云传》："云乃去官，百姓追思之，图画形象，配食县社。"参见"配享❶"。

配享　❶亦作"配飨"。祔祭。古代专指帝王宗庙及孔子庙的祔祀，后来通指在其他祠庙中的祔祭。《三国志·魏志·齐王芳传》"诏祀故尚书令荀攸于太祖庙庭"裴松之注："魏氏配飨，不及荀彧。"《晋书·裴秀传》："咸宁初，与石苞等并为王公，配享庙庭。"《明史·礼志四》："〔洪武〕五年，罢孟子配享。逾年，帝曰，孟子辨异端，辟邪说，发明孔子之道，配享如故。"❷媲美。李渔《曲话·词采》："即汤若士（汤显祖）《还魂》一剧，世以配飨元人，宜也。"

配享从祀　孔庙祭祀以孔子弟子及历代有名的儒者列在两庑一体受祭，称为配享从祀。人数历代屡有增减。唐代配享、从祀无别，宋代起以颜渊、曾参、子思、孟子为配享，其余列在庙堂或两庑者，为次一等，称从祀。《宋史·礼志八》："国子司业蒋静言：'先圣与门人通被冕服无别，配享从祀之人当从所封之爵服。'"参见"配享❶"、"从祀❶"。

斾（pèi）　亦作"斾"。❶古时旗末状如燕尾的垂旒。《诗·小雅·六月》："白（帛）斾央央。"毛传："白斾，继旐者也。央央，鲜明貌。"陈奂传疏引《尔雅》郭璞注："帛全幅长八尺，帛续旐末为燕尾。"❷泛指旌旗。《左传·僖公二十八年》："狐毛设二斾而退之。"杜预注："斾，大旗也。"

斾斾　❶下垂貌。《诗·小雅·出车》："彼斾旐斯，胡不斾斾。"毛传："斾斾，旐垂貌。"❷盛长貌。《诗·大雅·生民》："蓺之荏菽，荏菽斾斾。"毛传："斾斾然长也。"

淠（pèi）　见"淠淠"。
另见 pì。

淠淠　飘动貌。《诗·小雅·采菽》："其旗淠淠。"毛传："淠淠，动

也。"

鮄（鲋）（pèi）　见"鲜鮄"。

轡（辔）（pèi）　驾驭牲口的缰绳。《诗·郑风·大叔于田》："执辔如组，两骖如舞。"

霈（pèi）　❶雨盛貌。李白《明堂赋》："于斯之时，云油雨霈。"❷雨。沈填《贺雨赋》："喜甘霈之流滋。"❸比喻帝王恩泽。柳宗元《代韦中丞贺元和大赦表》："霈泽斯降，膏润无遗。"

pēn

呠（pēn）　喷。见《玉篇·口部》。按《正字通·口部》云："呠，俗喷字。"

喷（噴）（pēn）　❶喷涌；喷射。如：喷雾器。《庄子·秋水》："子不见夫唾者乎，喷则大者如珠，小者如雾。"❷怒叱。元稹《望云骓马歌》："上前喷吼如有意。"
另见 fèn，pèn。

喷薄　形容气势壮盛，激荡喷涌而出。岑参《秋夜宿仙游寺》诗："乱流争迅湍，喷薄如雷风。"

喷饭　吃饭时笑得喷出饭来。形容可笑之至。惠洪《冷斋夜话》卷二："一座大笑，喷饭满案。"

喷喷　形容说话快。《韩诗外传》卷九："疾言喷喷，口沸目赤。"

濆（濆）（pēn）　泉水自地下直涌而出。参见"濆泉"。
另见 fén，fèn。

濆薄　犹"喷薄"。濆涌而出。左思《吴都赋》："濆薄沸腾。"

濆泉　喷泉。《公羊传·昭公五年》："濆泉者何？直泉。直泉者何？涌泉也。"陆德明释文："濆泉，踊泉也。《左氏》作蚡泉，《穀梁》作贲泉。"

歕（pēn）　同"喷"。《文选·班固〈东都赋〉》："吐煙生风，歕野歕山。"李善注："歕，吹气也。"

pén

瓫（pén）　同"盆"。敞口敛底的盛器，比盘深。龚自珍《病梅馆记》："余购三百瓫，皆病者。"

盆（pén）　❶一种比盘较深的敞口盛器。如：花盆；脸盆。引申为中央凹入如盆的形状。如：盆地。❷古量器名。《荀子·富国》："今是土之生五谷也，人善治之，则亩

数盆。"杨倞注引《考工记》："盆实二鬴。"鬴，同"釜"。古代量器，容六斗四升。❸把东西浸没在水中。《礼记·祭义》："夫人缫，三盆手。"孔颖达疏："三盆手者，犹三淹也。手者，每淹以手振出其绪。"❹姓。汉有中郎将盆谧。

溢（pén）❶水上涌。《汉书·沟洫志》："河水溢溢。"郭璞《江赋》："乃溢涌而驾隈。"❷水名。一称溢浦或溢江，今名龙开河。源出今江西瑞昌市西南青山，东流经市南至九江市西，北流入长江。唐白居易《琵琶行》："住近溢江地低湿"，即此。

pèn

喷〔噴〕（pèn）气味浓烈。如：喷香。
另见 fèn，pēn。

pēng

匎（pēng）见"匎匎"。
匎匎　同"砯匎"。形容大声。

亨（pēng）"烹"的本字。《诗·豳风·七月》："七月亨葵及菽。"《周礼·天官·内饔》："掌王及后、世子膳羞之割亨煎和之事。"
另见 hēng，xiǎng。

抨（pēng）❶弓弦弹响。引申为开弓。韩愈《城南联句》："箭出方惊抨。"李贺《猛虎行》："长戈莫舂，强弩莫抨。"❷弹劾。《新唐书·阳峤传》："其意不乐弹抨事。"引申为攻击。见"抨击"。❸拍；拂过。《梁书·沈约传》："翅抨流而起沫，翼鼓浪而成珠。"
另见 bēng。

抨击　用言语或文字攻击。

闁〔閛〕（pēng）关门声。《法言·问道》："开之廓然见四海，闁之閛然不睹墙之里。"

泙（pēng）见"泙泙"。

泙泙　水声。韩偓《李太舍池上玩红薇醉题》诗："花低池小水泙泙，花落池心片片轻。"

怦（pēng）心跳貌。见"怦怦❷"。

怦怦　❶忠谨貌。《楚辞·九辩》："心怦怦兮谅直。"洪兴祖补注："怦，披绷切，心急，一曰忠谨貌。"❷心跳貌。江藩《汉学师承记·汪

中》："〔中〕闻更鼓鸡犬声，心怦怦动，夜不成寐。"

莩（pēng）使。《诗·大雅·桑柔》："民有肃心，莩云不逮。"毛传："莩，使也。"孔颖达疏："莩云不逮者，是使之不得及门也。"
另见 píng。

軯〔軯〕（pēng）象声。《文选·张衡〈思玄赋〉》："丰隆軯其震霆兮，列缺晔其照夜。"李善引旧注："丰隆，雷公也。軯，声貌。震霆，霹雳也。"

恲（pēng）❶流露；形于颜色。《淮南子·齐俗训》："故礼因人情而为之节文，而仁发恲以见容。"高诱注："恲，色也。"❷感叹。见"恲性"。❸见"恲恲"。

恲恲　《楚辞·七谏·怨世》："思比干之恲恲兮，哀子胥之慎事。"王逸注："恲恲，忠实之貌。"洪兴祖补注："忼慨也。"

恲性　叹息；感慨。《文选·王粲〈从军诗〉》："夙夜自恲性，思逝若抽萦。"李周翰注："恲性，叹息也。"

砯（pēng）象声。《列子·汤问》："徐以气听，砯然闻之，若雷霆之声。"也谓发大声。吴武陵《遗孟简书》："霆砯电射。"

砯匎　响声宏大。李白《梁甫吟》："雷公砯匎震天鼓，帝旁投壶多玉女。"亦作"砯轰"。元稹《答姨兄胡灵之见寄五十韵》："春郊才烂熳，夕鼓已砯轰。"

砯磕　象声。《文选·潘岳〈藉田赋〉》："箫管嘲哳以啾嘈兮，鼓鞞砯隐以砯磕。"吕向注："砯磕，革声也。"又《扬雄〈羽猎赋〉》："上下砯磕，声若雷霆。"李善注："言鸟飞上下，翅翼之声若雷霆也。"

桲（pēng）木弩。见《集韵·十二庚》。

烹（pēng）❶烧煮食物。《左传·昭公二十年》："以烹鱼肉。"❷古代以鼎镬煮杀人的酷刑。《国策·齐策一》："臣请三言而已矣；益一言，臣请烹。"

烹饪　烧煮食物。烹，本作"亨"。《易·鼎》："以木巽火，亨（烹）饪也。"孙逖《唐济州刺史裴公德政颂》："蔬食以同其烹饪，野次以同其燥湿。"

烹鲜　比喻治国之道，也比喻政治才能。语出《老子》："治大国若烹小鲜。"王弼注："不扰也。"河上公注："鲜，鱼。烹小鱼，不去肠，不去鳞，不敢挠，恐其糜也。"李颀《赠别穆元

林》诗："彼乡有令弟，小邑试烹鲜。"

彭（pēng）另见 bāng，páng，péng。

彭湃　同"澎湃"。《汉书·司马相如传》："淘涌彭湃。"

澎（pēng）水冲击声。《水经注·淇水》："淇水出沮洳山，水出山侧，颓波澎注，冲击横山。"

駍（pēng）同"軯"。

磞（pēng）见"磞硠"。

磞硠　大声。《文选·成公绥〈啸赋〉》："磞硠震隐。"李善注："皆大声也。"张铣注："谓啸之众声繁奏也。"

péng

芃（péng）❶草茂密貌。见"芃芃"。❷兽毛蓬松貌。《诗·小雅·何草不黄》："有芃者狐。"马瑞辰通释："芃，本众草丛簇之貌，狐毛之丛杂似之，故曰有芃者狐。"

芃芃　草木茂密丛杂貌。《诗·鄘风·载驰》："我行其野，芃芃其麦。"白居易《贺雨》诗："万心春熙熙，百谷青芃芃。"

朋（péng）❶朋友。《论语·学而》："有朋自远方来。"❷结党。《离骚》："世并举而好朋兮，夫何茕独而不予听。"❸成群。《山海经·北山经》："群居而朋飞。"❹同；齐一。《后汉书·李固杜乔传赞》："朋心合力。"❺伦比。《诗·唐风·椒聊》："硕大无朋。"❻古代以贝壳为货币，五贝为一串，两串为一朋。见王国维《观堂集林·说珏朋》。《诗·小雅·菁菁者莪》："锡我百朋。"引申为两尊。参见"朋酒❶"。❼姓。宋代有朋水、朋山。

朋比　依附；互相勾结。如：朋比为奸。《新唐书·选举志上》："向闻杨虞卿兄弟朋比势家，妨平进之路。"

朋党　为私利而互相勾结。《国策·赵策二》："臣闻明王绝疑去谗，屏流言之迹，塞朋党之门。"《晋书·郤诜传》："动则争竞，争竞则朋党，朋党则诬罔，诬罔则臧否失实，真伪相冒。"后专指排斥异己的结党宗派。如唐中叶有牛僧孺、李德裕的朋党之争。宋仁宗时，欧阳修、尹洙、余靖等也被人指为朋党；欧阳修曾作《朋党论》以自明。

朋酒　❶两樽酒。《诗·豳风·七

月》："十月涤场,朋酒斯飨,曰杀羔羊。"朱熹注："两尊曰朋,乡饮酒之礼,两尊壶于房户间是也。"❷泛指朋友相聚欢饮。《晋书·陶潜传》："性不解音,而畜素琴一张,弦徽不具,每朋酒之会,则抚而和之。"

朋友　❶《周礼·地官·大司徒》："五曰联朋友。"郑玄注："同师曰朋,同志曰友。"亦泛称相交好的人。《论语·公冶长》："老者安之,朋友信之,少者怀之。"❷指群臣。《诗·大雅·假乐》："燕及朋友。"毛传："朋友,群臣也。"❸明代有科名者对儒学生员的称呼。《儒林外史》第二回："原来明朝士大夫称儒学生员叫做朋友,称童生是小友。"

逢（péng）　鼓声。见"逢逢"。
另见 féng,páng。

逢逢　❶鼓声。《诗·大雅·灵台》："鼍鼓逢逢。"❷同"蓬蓬"。盛貌。《墨子·耕柱》："逢逢白云。"

堋（péng）　❶射堂的矮墙,用以分隔射道。庾信《北园射堂新成》诗："转箭初调筈,横弓先望堋。"❷分水的堤坝。《水经注·江水》："李冰作大堰于此,雍江作堋,堋有左右口,谓之湔堋。"
另见 bèng。

堋的　箭靶。《南史·齐高帝诸子传》："宣都王铿……弥善射,常以堋的太阔,曰:'终日射侯,何难之有!'乃取甘蔗插地,百步射之,十发十中。"

趶（péng,又读 fāng）　《说文·足部》："趶,曲胫马也。"引申为邪曲不正。《新书·道术》："衷理不辟谓之端,反端为趶。"

弸（péng）　❶强劲的弓。《太玄·止》："绝弸破车。"❷充满。见"弸中彪外"。❸见"弸彋"。

弸彋　风吹帷幕声。扬雄《甘泉赋》："帷弸彋其拂汨兮。"

弸中彪外　弸,充满;彪,有文采。谓才德充实于内,则文采发扬于外。《法言·君子》："或问:君子言则成文,动则成德,何以也? 曰:'以其弸中而彪外也。'"

彭（péng）　❶春秋时地名。《诗·郑风·清人》："清人在彭。"毛传："彭,卫之河上,郑之郊也。"❷通"膨"。见"彭亨"。❸通"旁"。答击。《后汉书·戴就传》："每上彭考,因止饭食不肯下。"❹姓。
另见 bāng,páng,pēng。

彭亨　同"膨脝"。腹膨大貌。韩愈《石鼎联句》："豕腹涨彭亨。"

彭殇　犹言寿夭,指寿命的长短。彭,彭祖,传说曾活到八百岁;殇,未成年者而死。王羲之《兰亭集序》："一死生为虚诞,齐彭殇为妄作。"

棚（péng）　❶用竹、木、芦苇等材料搭成的篷架或小屋。如:豆棚;凉棚;棚厂。《隋书·柳彧传》："高棚跨路,广幕陵云。"❷朋党。《封氏闻见记·贡举》："在馆诸生更相造诣,互结朋党,以相渔夺,号之为棚。"❸清代军队编制单位,十四人为一棚。

輣〔輣〕（péng）　见"輣车"。

輣车　古代一种战车。《史记·淮南衡山列传》："王乃使孝客江都人救赫、陈喜作輣车鏃矢。"

蓬（péng）　❶草名。即"飞蓬"。❷散乱;蓬松。如:蓬头垢面。❸量词。用于像飞蓬样的事物。如:一蓬烟;一蓬火。❹蓬莱的省称。如:蓬岛。

蓬葆　比喻头发散乱。《汉书·燕刺王旦传》："当此之时,头如蓬葆,勤苦至矣!"颜师古注："头久不理,如蓬草、羽葆也。"

蓬荜　蓬门荜户,指穷人住的房子。《晋书·皇甫谧传赞》："士安好逸,栖心蓬荜。"士安,皇甫谧字。

蓬荜生辉　亦作"蓬荜增辉"。谓使寒舍增加光彩。多用为谦谢之辞。王之道《和富山权宗丞》诗："门外传来一轴诗,烂然蓬荜增光辉。"王世贞《鸣凤记·邹林游学》："得兄光顾,蓬荜生辉,先去打扫草堂迎候。"

蓬勃　盛貌。贾谊《旱云赋》："遥望白云之蓬勃兮,滃滃澹澹而妄止。"滃滃澹澹,云起荡动貌。妄,无。

蓬壶　古代传说中的海中仙山。李白《秋夕书怀》诗："始探蓬壶事,旋觉天地轻。"

蓬户瓮牖　以蓬草编门,以破瓮作窗。指贫苦人家。《礼记·儒行》："荜门圭窬,蓬户瓮牖。"参见"瓮牖"、"绳枢"。

蓬间雀　据《庄子·逍遥游》所载,生活在蓬草间的斥鷃讥笑乘风直上九万里的鲲鹏说:"我腾跃而上,不过数仞而下,翱翔蓬蒿之间,此亦飞之至也,而彼且奚适也!"王先谦集解引司马彪云:"斥,小泽;鷃,雀也。""蓬间雀"即指"斥鷃"之类,比喻鼠目寸光、卑琐庸懦的人物。

蓬颗　颗,土块。指长蓬草的土块。常指坟上长草的土块。《汉书·贾山传》："使其后世曾不得蓬颗蔽冢而托葬焉。"

蓬莱　古代传说东海中神山之一,为神仙所居。《史记·秦始皇本纪》："齐人徐市等上书言:海中有三神山,名曰蓬莱、方丈、瀛洲。"

蓬累　飞蓬飘转。比喻行踪无定。《史记·老子韩非列传》："且君子得其时,则驾;不得其时,则蓬累而行。"张守节正义："蓬,沙碛上转蓬也;累,转行貌也。言君子得明主则驾车而事,不遭时则若蓬转流移而行,可止则止也。"

蓬庐　犹言茅舍,泛指简陋的房屋。《淮南子·本经训》："民之专室蓬庐,无所归宿。"专室,小室。

蓬门　蓬草编的门,用以称所居简陋。杜甫《客至》诗："蓬门今始为君开。"

蓬蓬　❶茂盛貌。《诗·小雅·采菽》："其叶蓬蓬。"❷风起貌。《庄子·秋水》："今子蓬蓬然起于北海,蓬蓬然入于南海。"

蓬茸　茂盛貌。亦作"蓁茸"、"髬茸"。张衡《西京赋》："苯䔿蓬茸,弥皋被冈。"苯䔿,草丛生。白居易《养竹记》："蓁茸荟郁。"李商隐《垂柳》诗："垂柳碧髬茸。"

蓬矢　用蓬草茎做的箭。详"桑弧蓬矢"。

蓬首垢面　形容不注意修饰,头发蓬乱,脸上肮脏。《汉书·王莽传上》："莽侍疾,亲尝药,乱首垢面。"《喻世明言·沈小霞相会出师表》："大娘自到孟家去,奴家情愿蓬首垢面,一路伏侍官人前行。"

蓬头历齿　头发蓬乱,牙齿稀疏。宋玉《登徒子好色赋》："登徒子则不然,其妻蓬头挛耳,龋唇历齿。"庾信《竹杖赋》："鹤发鸡皮,蓬头历齿。"

蓬心　蓬,草名。蓬心狭窄而弯曲,借以比喻见识浅陋。《庄子·逍遥游》："夫子犹有蓬之心也夫。"郭庆藩集释："蓬者短不畅,曲士之谓。"谢朓《奉和随王殿下》诗："干直愧蓬心。"

蓬瀛　蓬莱和瀛洲。古代传说中神山名。《汉书·郊祀志上》："自威、宣、燕昭使人入海求蓬莱、方丈、瀛洲。此三神山者,其传在勃海中。"后用来泛指想像中的仙境。许敬宗《游清都观》诗："方士访蓬瀛。"

蓬转　蓬草随风飞转。比喻行踪转徙无定。潘岳《西征赋》："陋吾人之拘挛,飘萍浮而蓬转。"

硼（péng）❶石名。见《玉篇》。❷化学元素［周期系第Ⅲ族（类）主族元素］。符号B。原子序数5。无定形硼是暗棕色粉末；结晶形硼是有光泽的灰色晶体，硬度仅次于金刚石。室温时为弱导电体，高温时则为良导电体。在自然界中主要以硼酸和硼酸盐的形式存在。由镁粉或铝粉加热还原氧化硼而得。其化合物广泛用于医药、农业、玻璃工业等方面。

挷（péng，又读bàng）笞打。《周书·姚最传》："挷讯数百，卒无异辞。"

〔**锛**〕（péng）兵器。见《集韵·十二庚》。

棚（péng）禾密。见《集韵·十二庚》。

倗（péng）❶同"朋"。《鹖冠子·备知》："故为者败之，治者乱之，败则倗，乱则阿。"陆佃注："倗，党也。"❷姓。西汉有倗宗。另见bēng。

〔**鹏**〕（péng）传说中的大鸟。《庄子·逍遥游》："鹏之徙于南冥也，水击三千里，抟扶摇而上者九万里。"

鹏程比喻前途远大。道潜《次韵孔天瑞秀才见寄》："来岁如今好时节，看君高步蹑鹏程。"

鹏鲲《庄子·逍遥游》中所写的最大的鸟和鱼。比喻极大的事物和杰出的人物。李白《赠宣城赵太守悦》诗："溟海不震荡，何由纵鹏鲲。"亦作"鹏鶤"。《南史·顾欢传》："鹏鶤适大海，蜩鸠之桑柘。"

鹏图《庄子·逍遥游》："鹏之徙于南冥也……而后乃今培风，背负青天，而莫之夭阏者，而后乃今将图南。"本谓鹏鸟飞往南方。后比喻人有远大的志向。杜甫《赠萧二十》诗："鹏图仍矫翼，熊轼且移轮。"

鹏抟本谓鹏鸟振翅高飞，见《庄子·逍遥游》。后常用以比喻人的奋发有为。李白《独漉篇》："神鹰梦泽，不顾鸱鸢；为君一击，鹏抟九天。"

漨（péng）见"漨浡"。

漨浡多盛貌。《文选·左思〈吴都赋〉》："歊雾漨浡，云蒸昏昧。"刘逵注："歊雾，水雾之气，似云蒸昏暗不明也。"刘良注："烦郁之状。"

榜（péng）通"挷"。捶击；打。《汉书·司马迁传》："今交手足，受木索，暴肌肤，受榜箠。"另见bǎng，bàng，bēng。

澎（péng）❶通"膨"。胀大。❷见"澎湃"。❸地名用字。

澎湃亦作"彭湃"、"滂湃"、"澎濞"、"滂濞"。波涛冲击声。《宋史·河渠志七》："浙江东接海门，胥涛澎湃，稍越故道，则冲啮堤岸。"苏轼《石钟山记》："则山下皆石穴罅，不知其浅深，微波入焉，涵澹澎湃而为此也。"

澎濞同"澎湃"。《史记·司马相如列传》："横流逆折，转腾澈洌，澎濞沆溉。"

篷（péng）❶遮蔽风雨和阳光的设备。用篾席或布制成。如：车篷；船篷；帐篷。黄景仁《退潭舟夜雷雨》诗："谁知暴雨不终昔，打篷渐歇筝琵琶。"❷帆。《三国演义》第四十九回："箭到处，射断徐盛船上篷索，那篷堕落下水，其船便横。"

篣（péng）义同"挷"。捶打。《后汉书·虞延传》："加篣二百。"另见páng。

膨（péng）胀满。见"膨胀"、"膨脝"。

膨脝腹膨大貌。陆游《朝饥食齑面甚美戏作》诗："一杯齑馎饦，老子腹膨脝。"亦作"彭亨"。韩愈《石鼎联句》诗："龙头缩菌蠢，豕腹涨彭亨。"引申指饱食。陆游《新晴出门闲步》诗："穷人旋画膨脝计，自买蹲鸱煮糁羹。"

膨胀❶体积增大。如：气球因充气而膨胀。亦借指事物扩大或增长。如：通货膨胀。❷犹"脬肛"。胀大；浮肿。❸中医病名。即"鼓胀"。

鵬（péng）同"鹏（鹏）"。

髼（péng）见"髼松"。

髼松蓬松。《广韵·一东》："髼松，发乱貌。"

鬅（péng）见"鬅松"、"鬅鬙"。

鬅鬙毛发乱貌。曾巩《看花》诗："但知抖薮红尘去，莫问鬅鬙白发催。"

鬅松同"髼松"。毛发乱貌。《水浒传》第三回："看那妇人……鬅松云髻，插一枝青玉簪儿。"

蟛（péng）见"蟛蜞"、"蟛蚏"。

蟛蜞（Sesarma）亦称"螃蜞"、"相手蟹"。甲壳纲，方蟹科。头胸甲略呈方形。种较多，常见的为红螯相手蟹（S. haematocheir）。头胸甲长2.9厘米。螯足无毛，红色；步足有毛。穴居近海地区江河沼泽的泥岸中。分布于中国东南部；朝鲜半岛、日本等地亦产。另有中型相手蟹（S. intermedia）等，分布也广。均能伤害禾苗，损坏田埂、堤岸。

蟛蚏动物名。似蟹而小，见《广韵·十月》。白居易《和微之春日投简阳明洞天五十韵》："乡味珍蟛蚏，时鲜贵鹧鸪。"亦作"蟛蜞"。《太平御览·鳞介·彭蜞》引《晋书》："或至海边拘蟛蜞以资养。"按今本《晋书·夏统传》作"蟛蜞"。

蟛蜞同"蟛蚏"。

䑾（péng）香气浓。《广韵·十二庚》："䑾，䑾醇，大香。"

鬅（péng）同"髼"。

pěng

捧（pěng）❶两手承托。《后汉书·朱浮传》："捧土以塞孟津，多见其不知量也。"❷吹嘘或奉承人。如：捧场。《红楼梦》第二十六回："仗着宝玉疼他们，众人就都捧着他们。"

捧腹以手捧腹，形容大笑时的情状。《史记·日者列传》："司马季主捧腹大笑。"柳宗元《送独孤书记赴辟命序》："曳裾戎幕之下，专弄文墨，为壮夫捧腹。"

捧檄接到委任官职的通知。骆宾王《上瑕丘韦明府启》："祈安阳之捧檄，拟毛义之清尘。"

捧心《庄子·天运》："西施病心而矉其里，其里之丑人见而美之，归亦捧心而矉其里。"谓丑人用手捧着胸口，以示有病。后用为拙劣摹仿之典。参见"东施效颦"。

pèng

椪（pèng）椪柑，柑的一个品种。见"柑（gān）"。

〔**揰、踫**〕（pèng）❶两物相触或相撞。如：碰杯；碰得头破血流。❷遇到。如：碰见；碰头。也指偶然遭遇。如：碰巧；碰机会。

pī

丕（pī）通"㔻"。大。《诗·周颂·清庙》："不显不承。"

按《孟子·滕文公下》引《书·君牙》作"丕显哉,文王谟！丕承哉,武王烈！"

另见 bù,fōu,fǒu,fū。

丕 (pī) ❶大。《书·大禹谟》:"嘉乃丕绩。"❷奉。《汉书·郊祀志下》:"丕天之大律。"❸乃。《书·禹贡》:"三危既宅,三苗丕叙。"❹通"不"。《书·金縢》:"若尔三王是有丕子之责于天。"郑玄注:"丕读曰不。爱子孙曰子。元孙遇疾,若汝不救,是将有不爱子孙之过,为天所责。"《史记·鲁周公世家》引作"负"。司马贞索隐:"谓三王负上天之责。"❺作语助,无义。置句首或句中。《书·酒诰》:"丕惟曰,尔克永观省。"又《召诰》:"其丕能诚于小民。"❻姓。春秋晋国有丕郑。

丕 (pī) 同"丕"。

坏 (pī) 同"坏"。如:土坏。
另见 huài,pēi,péi。

邳 (pī,又读 péi) ❶古地名。商诸侯国,春秋薛地。在今山东微山西北。相传夏代奚仲始迁于此,为薛侯之祖。❷姓。汉有邳彤。

批 (pī) ❶手击。《左传·庄公十二年》:"〔宋万〕遇仇牧于门,批而杀之。"参见"批颊❶"。❷排除。《史记·范雎蔡泽列传》:"批患折难。"❸削。杜甫《房兵曹胡马》诗:"竹批双耳峻。"仇兆鳌注引《齐民要术》:"马耳欲小而锐,状如斩竹筒。"❹触。见"批逆鳞"。❺批判。如:揭批。❻评定;审定。如:批改文章;审批文件。❼公文的一种。即批示。❽大量,用于买卖货物。如:批发;批购。❾量词。如:一批新产品。

批亢捣虚 亢,咽喉,喻要害。谓抓住要害乘虚而入。《史记·孙子吴起列传》:"救斗者不搏撠,批亢捣虚,形格势禁,则自为解耳。"搏撠,亲手助人搏刺。

批颊 ❶打耳光。《宋史·吕夷简传》:"郭后以怒尚美人,批其颊,误伤帝颈。"❷鸟名。卢延让《冬夜》诗:"树上谘诹批颊鸟。"

批逆鳞 《史记·刺客列传》:"奈何以见陵之怨,欲批其逆鳞哉!"谓秦国强暴,不可触犯。也用来比喻臣下敢于直谏触犯君主。语本《韩非子·说难》。参见"婴鳞"。

批郤导窾 比喻处理问题善于从关键处入手,因而能顺利解决。《庄子·养生主》:"批大郤,导大窾。"郭象注:"有际之处,因而批之令离;节

解窾空,就导令殊。"陆德明释文:"批,击也;郤,间也;窾,空也。"谓在骨头接合处批开,无骨处则就势分解。

伾 (pī) ❶见"伾伾"。❷山岭重叠。《书·禹贡》:"至于大伾。"孔传:"山再成曰伾。"

伾伾 有力貌。《诗·鲁颂·駉》:"有驿有骐,以车伾伾。"

纰 〔纰〕(pī) 稀疏;疏失。见"纰漏"、"纰缪"。
另见 bǐ,pí。

纰漏 疏失;失误。《世说新语》有《纰漏》篇。今多谓做错事、出岔子为出纰漏。

纰缪 错误。裴骃《史记集解序》:"虽时有纰缪,实勒成一家。"

坯 (pī) ❶没有烧过的砖瓦、陶器等。如:砖坯。《太玄·干》:"或锡之坯。"范望注:"坯,未成瓦也。"❷特指土坯。如:脱坯;打坯。❸泛指半制成品。如:坯布。

抷 (pī) 推击。《列子·黄帝》:"攦抷挨抌。"

披 (pī) ❶覆盖于身。如:披麻戴孝。《三国演义》第三十八回:"头戴纶巾,身披鹤氅。"❷劈开;劈去。《史记·五帝本纪》:"〔黄帝〕披山通道,未尝宁居。"又《范雎蔡泽列传》:"木实繁者披其枝。"❸分散;分解。如:披头散发。《史记·魏其武安侯列传》:"枝大于本,胫大于股,不折必披。"❹翻阅。韩愈《进学解》:"手不停披于百家之编。"❺揭开;披露。如:披肝沥胆。

披猖 ❶嚣张。猖獗。苏轼《次韵子由所居六咏》:"先生坐忍渴,群嚣自披猖。"❷狼狈;失败。《北齐书·王晞传》:"万一披猖,求退无地。"

披拂 吹拂;飘动。《庄子·天运》:"风起北方……孰居无事而披拂是?"方回《路傍草》诗:"春风一披拂,颜色还媚好。"

披肝沥胆 比喻竭诚效忠。司马光《上体要疏》:"虽访所不及,犹将披肝沥胆,以效其区区之忠。"

披怀 敞开胸怀,诚心待人。阮瑀《为曹公与刘备书》:"披怀解带,投分寄意。"

披甲 清八旗兵的别称。"甲"指索子甲,"披甲"即穿索子甲的兵。八旗制度规定:男丁及龄(16 岁)由各佐领选充甲兵。应选的人要通过马、步、箭的考试,入选者称为"披甲"。有马甲(马兵)、步甲(步兵)等名目。

披荆斩棘 荆、棘,多刺的植物。《后汉书·冯异传》:"为吾披荆棘,定关中。"后因以"披荆斩棘"比喻在创业过程中或前进道路上扫除障碍,克服重重困难。

披离 亦作"被离"。分披;四面散开。吴均《共赋韵咏庭中桐》:"华晖实掩映,细叶能披离。"

披沥 谓竭诚相示。上官仪《为卢岐州请致仕表》:"披沥丹愚,谅非矫饰。"参见"披肝沥胆"。

披露 显露;展示。《新唐书·员半千传》:"陛下何惜玉陛方寸地,不使臣披露肝胆乎?"今亦用为发表、公布的意思。

披靡 ❶草木随风偃伏。司马相如《上林赋》:"应风披靡,吐芳扬烈。"❷形容军队溃败,不能立足。《三国志·魏志·张辽传》:"权(孙权)人马皆披靡,无敢当者。"

披沙拣金 义同"排沙简金"。比喻细心挑选,去粗存精。高仲武《中兴间气集·崔峒》:"崔拾遗文采炳然,意思方雅……斯亦披沙拣金,往往见宝。"

披涉 犹涉猎。浏览。《抱朴子·自叙》:"曾所披涉,自正经诸史百家之言,下至短杂文章近万卷。"

披剃 佛教信徒出家须依戒律规定剃除须发,披上袈裟,故通称出家为"披剃"。

披心 披露心腹,比喻示人真心。《晋书·慕容垂载记》:"歃血断金,披心相付。"

披星带月 形容星夜奔波,或早出晚归,备极辛劳。亦作"披星戴月"。无名氏《冤家债主》第一折:"这大的个孩儿披星带月,早起晚眠,这家私多亏了他。"

披阅 浏览;阅读。《旧唐书·段成式传》:"为秘书省校书郎,研精苦学,秘阁书籍,披阅皆遍。"

披云雾睹青天 披,亦作"廓"。比喻除去障翳,得见光明。《世说新语·赏誉上》:"〔卫伯玉〕曰:'此人,人之水镜也。见之若披云雾睹青天。'"刘孝标注引王隐《晋书》:"〔卫伯玉〕曰:'每见此人,则莹然犹廓云雾而睹青天。'"

帔 (pī) 传统戏曲服装。剧中古代帝王、将相、官员、豪绅的常服。大领对襟,有水袖,满绣团花"寿"字或龙、鹤、鹿、花卉等。后妃、贵妇着女帔,绣花卉,长仅及膝,色彩较男帔为鲜艳。

另见 pèi。

狉（pī）见"狉狉"。

狉狉　兽群走貌。柳宗元《封建论》："草木榛榛，鹿豕狉狉。"

狓（pī）❶见"狓猖"。❷译音字。见"玃獗狓"。

狓猖　同"披猖"。见《广韵·五支》。

駓〔駓〕（pī）❶毛色黄白相杂的马。《诗·鲁颂·駉》："有骓有駓。"《尔雅·释畜》："黄白杂毛，駓。"郭璞注："今之桃花马。"❷见"駓駓"。

駓駓　趋行貌。《楚辞·招魂》："逐人駓駓些。"

砒（pī）"砷"的旧称。

钛〔鈦〕（pī）刃戈。见《玉篇》。韩愈《晚秋郾城夜会联句》："何当铸鉅钛？鉅钛，或作'剑戟'。"

铍〔鈹〕（pī）❶医家用于治病的针，亦指针砭。刘昼《新论·利害》："瘕疾填胸而不敢铍。"❷两刃小刀。左思《吴都赋》："羽族以觜距为刀铍。"❸长矛。《方言》第九："锬谓之铍。"郭璞注："今江东呼大矛为铍。"❹通"披"。见"铍滑"。

另见pí。

铍滑　纷乱。《荀子·成相》："君教出，行有律，吏谨将之无铍滑。"杨倞注："铍与披同，滑与汨同，言不使纷披汨乱也。"

秠（pī）一种黑黍。《诗·大雅·生民》："诞降嘉种，维秬维秠。"孔颖达疏："秬是黑黍之大名；秠是黑黍之中有二米者，别名之为秠。"《尔雅·释草》："秠，一稃二米。"

怌（pī）谬误。《文选·左思〈魏都赋〉》："兼重怌以眦缪。"李善注："言既重其怌，而又累其缪也。"《广仓》曰：'怌，用心并误也。'"

被（pī）通"披"。《左传·襄公十四年》："被苫盖。"孔颖达疏："言无布帛可衣，唯衣草也。"引申为护身物的计量词。《史记·绛侯周勃世家》："甲楯五百被。"

另见bèi, bì。

被发文身　古代吴越一带的风俗。散发不作髻，身上刺花纹。《礼记·王制》："东方曰夷，被发文身。"参见"文身"。

被发缨冠　《孟子·离娄下》："今有同室之人斗者，救之，虽被发缨冠

而救之，可也。"意谓不及束发就结上冠缨。表示急于救助他人。

被褐怀玉　《老子》："知我者希，则我者贵，是以圣人被褐怀玉。"褐，古代贫苦人穿的衣服；玉，比喻才德。"被褐怀玉"，谓怀抱美才，深藏若虚。后用以比喻出身贫寒而怀有真才实学者。曹操《求贤令》："今天下得无有被褐怀玉而钓于渭滨者乎？"

被坚执锐　披坚甲，执利兵。谓投身战斗。《汉书·高帝纪下》："朕亲被坚执锐，自帅士卒，犯危难，平暴乱。"

被离　众盛；乱杂。《楚辞·九叹·远游》："怀兰蕙之芬芳兮，妒被离而折之。"亦作"披离"。

被被　长大貌。《楚辞·九歌·大司命》："灵衣兮被被，玉佩兮陆离。"一作"披披"。

铓〔鈹〕（pī）❶有刃的矛戟。见《六书故》。❷古有旌旗名灵姑铓。

㧊（pī）披散。《汉书·扬雄传上》："㧊桂椒，郁移杨。"颜师古注："㧊，古披字。"

釽（pī）同"錍"。箭镞的一种。亦指杆长而箭镞薄的箭。杜甫《七月三日有诗因论壮年乐事戏呈元二十一曹长》诗："长釽逐狡兔，突羽当满月。"

豾（pī）貍属。见《玉篇·豸部》。

㩒（pī）古"批"字。

錍〔錍〕（pī）箭镞的一种。《方言》第九："〔箭镞〕其广长而薄镰，谓之錍，或谓之钯。"《广韵·九麻》"钯"字注引《方言》："江东呼錍箭。"

鮍〔鮍〕（pī）鱼名。《尔雅·释鱼》："鮍，大鳜。"郭璞注："鳜似鲇而大，白色。"参见"鳜"。

另见pí。

髬（pī）见"髬髵"。

髬髵　猛兽鬣毛竖起貌。《文选·张衡〈西京赋〉》："及其猛毅髬髵。"薛综注："髬髵，作毛鬣也。"

磇（pī）同"砒"。

鎞〔鎞〕（pī）通"錍"。箭镞。参见"錍"。

另见bī。

鷝〔鷝〕（pī）见"鷝鴡"。

鷝鴡　鸟名。即鹡鸰。元稹《欲曙》诗："鹤媒华表上，鷝鴡柳枝头。"

劈（pī）❶用刀斧等破开，又引申为分开。如：劈木柴；劈山引水。❷正对着。杨万里《方虚日斜再行宿乌山》诗："日已衰容去，风仍劈面来。"❸亦称"楔"或"尖劈"。简单机械的一种。由两斜面（称劈面）合成，上为劈背、下为劈刃。

另见pí。

劈破玉　民间曲调名。流行于明中叶以后。一般九句五十一字。与《挂枝儿》相似，仅最后两句重叠一次，故能唱《挂枝儿》者，亦能唱《劈破玉》。万历年间刻本《大明春》所载《挂枝儿》，实即《劈破玉》。

劈头　❶当头；迎头。《水浒传》第十四回："〔晁盖〕夺过土兵手里棍棒，劈头劈脸便打。"❷开头。如：劈头一句话；劈头就问。《朱子全书·春秋·纲领》："劈头一个王正月，便说不去。"

駓（pī）同"駓"。

磇（pī）同"霹"。见《集韵·二十三锡》。

霹（pī）见"霹雳"。

霹雳　❶亦作"辟历"、"劈历"。疾雷声。杜甫《热》诗："雷霆空霹雳，云雨竟虚无。"辛弃疾《破阵子·为陈同甫赋壮词以寄之》："马作的卢飞快，弓如霹雳弦惊。"❷星官名。属壁宿，共五星，即双鱼座β、γ、θ、和ω星。《星经》："霹雳五星在云雨北，主天威击劈万物。"

霹雳车　❶古时的一种发石战车。《后汉书·袁绍传》："操乃发石车击绍楼，皆破，军中呼曰霹雳车。"李贤注："以其发石声震烈，呼为霹雳，即今之抛车也。"❷传说中的雷神之车。李廊在介休县，宿晋祠宇下，夜半闻有人叩门，称介休王暂借霹雳车，某日至介休收麦。到期，注雨如缲，风吼雷震，损麦千余顷。见段成式《酉阳杂俎·雷》。

霹雳手　唐裴琰之永徽中任同州司户参军，刺史李崇义故意把积年旧案数百件交他速办。琰之挥笔断案，迅速判完，判词允当。崇义大惊。琰之由是大知名，号为"霹雳手"。事见《旧唐书·裴漼传》。后因以"霹雳手"称断案快速的人。于谦《昼夜长短》诗："诉牒旁午来，剖断不留宿，虽非霹雳手，遇事颇神速。"

pí

比(pí) 见"皋比"。
另见 bǐ。

皮(pí) ❶动植物体的表面层。如:皮肤;树皮。《左传·僖公十四年》:"皮之不存,毛将安傅?"❷制过的兽皮。如:皮袍;皮鞋。参见"裘❶"、"革(gé)❶"。❸特指皮侯,即用兽皮制成的射靶。《论语·八佾》:"子曰:'射不主皮。'"何晏集解引马融曰:"天子三侯,以熊、虎、豹皮为之。"❹指薄如皮层的东西。如:铁皮;豆腐皮。❺指包在外面的东西。如:包皮;书皮;封皮。❻犹言面,通常指其大小或容量。如:地皮;车皮。❼表面的、肤浅的。见"皮相"、"皮傅"。❽顽皮。如:这孩子真皮。❾通"披"。剥;削。《史记·刺客列传》:"聂政大呼,所击杀者数十人,因自皮面决眼,自屠出肠,遂以死。"❿姓。

皮币 ❶毛皮和布帛,古代作为贵重的礼物。《管子·五行》:"出皮币,命行人修春秋之礼于天下诸侯。"《孟子·梁惠王下》:"昔者大(太)王居邠,狄人侵之,事之以皮币,不得免焉。"❷汉武帝时用宫苑中的白鹿皮制成的有价凭证。元狩四年(公元前119年)发行。每张一方尺,饰以彩画,值四十万钱。王侯、宗室朝觐聘享要以此荐(垫)璧作为礼品。有人认为具有纸币的性质。

皮傅 凭着一知半解,附会其说。《后汉书·张衡传》:"且《河》《洛》六艺,篇录已定,后人皮傅,无所容篡。"李贤注:"扬雄《方言》曰:'秦晋言非其事谓之皮傅。'谓不深得其情核,皮肤浅近,强相傅会也。"

皮黄 戏曲声腔。西皮、二黄两种腔调的合称。在有些剧种中西皮称为"北路",二黄称为"南路",合称"南北路"。清初,西皮是汉调的主要腔调,二黄是徽调的主要腔调。清中叶西皮、二黄开始合流,至道光年间,徽、汉二调在北京成为京剧的基本唱腔。皮黄对湘剧、粤剧、桂剧、滇剧等许多剧种产生了深远的影响,形成皮黄这一声腔系统。京剧流传最广,因此皮黄有时也专指京剧。

皮毛 ❶泛称禽兽的皮和毛。《周礼·天官·兽人》:"凡兽,入于腊人,皮毛筋角,入于玉府。"比喻浅薄的或表面上的东西。多指学识而言。如:粗知皮毛。❷中医学名词。指皮肤、毫毛及汗孔等。皮肤毛孔有抵御外邪、排泄汗液等作用。皮毛与肺关系密切。《素问·痿论》:"肺主身之皮毛。"肺气宣发,使卫气能温养皮毛,调节汗孔的开阖。如肺气虚,卫外之气不足,容易感受外邪;而体表受邪,又可内侵于肺。

皮相 从表面上看;只看外表。《史记·郦生陆贾列传》:"夫足下欲兴天下之大事而成天下之大功,而以目皮相,恐失天下之能士。"

皮之不存毛将焉附 连皮都没有了,毛长到哪儿去呢?比喻事物失去了存在的基础,就不能存在。《左传·僖公十四年》:"秦饥,使乞籴于晋,晋人弗与。庆郑曰:'背施无亲,幸灾不仁,贪爱不祥,怒邻不义:四德皆失,何以守国?'虢射曰:'皮之不存,毛将安傅?'""安"犹"焉";"傅"同"附"。

伾(pí) 见"伾偯"。
另见 pǐ。

伾偯 丑陋的女子。《楚辞·九叹·思古》:"西施斥于北宫兮,伾偯倚于弥樴。"谓丑女站满樴柱之间。

阰(pí) 山名。《离骚》:"朝搴阰之木兰兮。"洪兴祖补注:"山在楚南。"

芘(pí) 见"芘茮"。
另见 bì。

芘茮 草名。《诗·陈风·东门之枌》"视尔如荍"毛传:"荍,芘茮也。"陆玑《毛诗草木鸟兽虫鱼疏》卷上:"芘茮,一名荆葵。"

狉(pí) 同"貔"。

陂(pí) 见"黄陂"。
另见 bēi、bì、pō。

剕(pí) 剥;割开。牟融《理惑论》:"豫让吞炭漆身,聂政剕面自刑。"

紕(pí) 在衣冠或旗帜上镶边。《诗·鄘风·干旄》:"素丝紕之。"也指所镶的边缘。《礼记·玉藻》:"缟冠素紕。"
另见 bǐ、pī。

枇(pí) 见"枇杷"。
另见 bǐ、bì。

枇杷 蔷薇科。常绿小乔木。叶长椭圆形,有锯齿,叶厚,革质,表面皱缩,背面密被茸毛。圆锥花序,有锈色绒毛;花冠淡黄白色,有芳香。果球形或椭圆形,橙黄或淡黄色。

枇杷门巷 王建《寄蜀中薛涛校书》诗:"万里桥边女校书,枇杷花里闭门居。"校书,妓女的雅称。薛涛为唐代名妓。后因以称妓女居处为"枇杷门巷"。

肶(pí) 同"膍"。
另见 bì。

毗〔毘〕(pí) ❶辅助。《诗·小雅·节南山》:"四方是维,天子是毗。"《后汉书·明德马皇后纪》:"辄言及政事,多所毗补。"❷损伤;败坏。《庄子·在宥》:"人大喜邪毗于阳,大怒邪毗于阴。阴阳并毗,四时不至,寒暑之和不成,其反伤人之形乎?"❸连接。如:毗连;毗邻。

鴄〔鵧〕(pí) 钦鴄,神鸟名。

蚍(pí) 见"蚍蜉"。

蚍蜉 大蚁。傅玄《短歌行》:"蚍蜉愉乐,粲粲其荣。"

蚍蜉撼大树 蚂蚁想摇动大树,比喻不自量力。韩愈《调张籍》诗:"蚍蜉撼大树,可笑不自量。"

罷〔罷〕(pí) 通"疲"。❶《国语·吴语》:"今吴民既罷。"韦昭注:"罷,劳也。"❷软弱无能。《荀子·王制》:"贤能,不待次而举;罷不能,不待须而废。"❸疲沓无行。参见"罷士"、"罷女"。
另见 bà、ba、bǎi。

罷敝 疲劳乏力。《左传·昭公三年》:"庶民罷敝,而宫室滋侈。"亦作"罷弊"。《史记·越王句践世家》:"吴士民罷弊。"又作"疲敝"、"疲弊"。

罷池 倾斜而下貌。《文选·司马相如〈子虚赋〉》:"罷池陂陁,下属江河。"郭璞注:"言旁颓也。"参见"陂陀"、"陂池(pōtuó)"。

罷癃 ❶亦作"疲癃"。病废不能任事。《汉书·陈汤传》:"将相九卿皆贤材通明,小臣罷癃,不足以策大事。"颜师古注:"罷读曰疲。"❷驼背。腰曲而背隆起。《史记·平原君虞卿列传》:"臣不幸有罷癃之病,而君之后宫临而笑臣。"一说即蹩足。见王念孙《读书杂志·史记四》。

罷露 疲劳困乏。也指疲乏困顿的人。《韩非子·亡征》:"好罷露百姓,煎靡货财者,可亡也。"煎靡,压榨。《管子·五辅》:"匡贫窭,赈罷露。"亦作"罷羸"、"罷潞"。《论衡·效力》:"文儒怀先王之道,含百家之言……荐致之者,罷羸无力,遂却退穷于岩穴矣。"《吕氏春秋·不屈》:"〔魏惠王〕围邯郸三年而弗能取,士民罷潞。"高诱注:"潞,羸也。"

罷女 罷,通"疲"。不贤惠的女

子。《管子·小匡》："罷士无伍，罷女无家。"尹知章注："罷，谓乏于德义者，……罷女犹罷士，众耻娶之，故无家。"

罷软　软弱无能。《汉书·贾谊传》："坐罷软不胜任者，不谓罷软，曰：'下官不职。'"

罷士　罷，通"疲"。品德不佳之士。《国语·齐语》："罷士无伍，罷女无家。"韦昭注："罷，病也，无行曰罷。无伍，无与为伍也。"

鈹〔鈹〕（pí）　化学元素[周期系第Ⅱ族（类）主族元素]。符号 Be。原子序数 4。坚硬质轻的灰白色金属。有展性。高毒性。在稀酸或碱溶液中都会溶解。用于制飞机合金、X 射线管、计算器部件等。加少量铍于铜中，可得既耐腐蚀又极坚韧的合金，称为"铍青铜"。加 1% 铍于钢中，可制得在红热下仍不失去弹性的弹簧。在原子核反应堆中可用作减速剂和反射剂。在核反应试验时，高纯度铍是快速中子的来源。

另见 pī。

箆（pí）　捕虾的竹器。见《广韵·十二齐》。

郫（pí）　地名，水名。四川省有郫县、郫江。

郫筒　酒名。杜甫《将赴成都草堂途中有作先寄严郑公》诗："酒忆郫筒不用酤"。仇兆鳌注引《华阳风俗录》："郫县有郫筒池，池旁有大竹，郫人剖其节，倾春酿于筒，苞以藕丝，蔽以蕉叶，信宿香达于林外，然后断之以献，俗号郫筒酒。"

疲（pí）　❶疲倦；劳累。如：精疲力竭。《后汉书·光武帝纪下》："我自乐此，不为疲也。"❷瘦弱。《管子·小匡》："以疲马犬羊为币。"尹知章注："疲，谓瘦也。"❸停息。道安《鞞婆沙序》："载玩载咏，欲疲不能。"

疲惫　意即为极度疲劳。如：疲惫不堪。

疲敝　亦作"疲弊"。疲乏凋敝的意思。《后汉书·袁绍传》："师出历年，百姓疲敝。"

疲弊　同"疲敝"。诸葛亮《出师表》："今天下三分，益州疲弊。"

疲劳　持久或过度劳累后造成的身体不适和工作效率减退的现象。

疲癃　残疾人。指弯腰驼背及身体极其矮小者。《后汉书·殇帝纪》："疲癃羸老，皆上其名。"

疲沓　亦作"疲塌"。松懈不起劲。如：拖拉疲沓。

疲于奔命　"疲"亦作"罷"。谓因忙于奔走应付而致精疲力尽。《左传·成公七年》："余必使尔罷于奔命以死。"《后汉书·袁绍传》："救右则击其左，救左则击其右，使敌疲于奔命，人不得安业。"

陴（pí）　城墙上的矮墙。《左传·宣公十二年》："守陴者皆哭。"张巡《守睢阳》诗："襄疮犹出阵，饮血更登陴。"参见"女墙"、"埤堄"。

埤（pí）　❶增益；加于。《诗·邶风·北门》："政事一埤益我。"❷矮墙。亦指篱笆之类。杜甫《题省中院壁》诗："披垣竹埤梧十寻。"杨伦注："蔡曰：竹埤，言竹编为储胥（栅栏），若城埤然，如今竹篱笆屏之类。"

另见 bēi，pì。

啤（pí）　译音字。如：啤酒。

鵧〔鵧〕（pí，又读 píng）　见"鵧鷑"。

鵧鷑　鸟名。《尔雅·释鸟》："鷑鸠，鵧鷑。"郭璞注："小黑鸟，鸣自呼，江东名为乌鴫。"

琵（pí）　见"琵琶"。

琵琶　本作"批把"。中国拨弦乐器。汉刘熙《释名·释乐器》："批把本出于胡中，马上所鼓也。推手前曰批，引手却曰把，象其鼓时，因以为名也。"又，晋傅玄《琵琶赋序》："汉遣乌孙公主嫁昆弥，念其道道思慕，使工人知音者裁琴、筝、筑、箜篌之属作马上之乐……以方语目之，故云琵琶。"这种琵琶的形制为盘圆、柄直、四弦十二柱。一说秦时已有长柄皮面圆形音箱的拨弦乐器，是由修筑长城的工人用鼗鼓张弦而成，名"弦鼗"。汉人亦视为琵琶一类。秦汉以来，这类乐器经过不断改进，发展为阮、秦琴、三弦、月琴等多种形制，其共同特点为：圆形直颈。宋以前统称琵琶。南北朝时又有曲项琵琶传入，隋唐年间盛极一时，有龟兹琵琶、五弦、忽雷等多种形制，其共同特点为：半梨形曲项，当时亦统称为胡琴。唐宋以来，在两种琵琶基础上不断改进，逐渐形成现今形制：音箱呈半梨形，以桐木板蒙面，琴颈向后弯曲，颈与面板上设"相"和"品"，张四弦，按四、五度关系定弦。

演奏方法改原横抱为竖抱，改原用拨子弹奏为五手指弹奏，技法日趋丰富，成为独奏、伴奏和合奏的重要民族乐器，"琵琶"亦成为此种乐器的专称。近代通行的琵琶为四相十三品，后经改革，增至六相二十三至二十五品，能奏所有半音，可自如转调。

琵琶别抱　语出白居易《琵琶行》"犹抱琵琶半遮面"。顾大典《青衫记·茶客娶兴》："含羞，又抱琵琶过别舟。"后以"琵琶别抱"指妇女改嫁。纪昀《阅微草堂笔记·槐西杂志一》："虽琵琶别抱，已负旧恩，然身去而心留，不犹愈于同床各梦哉。"

椑（pí）　古代一种椭圆形盛酒器。也叫椑榼、匾榼、偏榼。引申指椭圆形。《考工记·庐人》："句兵椑。"

另见 bēi，bì。

脾（pí）　❶人和脊椎动物重要的储藏血液的场所和最大的周围淋巴器官。属于网状内皮系统。色暗红，体积变化大，具有过滤血液、破坏衰老的红细胞、调节血量、产生淋巴细胞和对进入血内的抗原产生免疫应答等重要功能。在胚胎时期，是一个重要的造血器官。人的脾位于腹腔左上方，贴附于膈下。膈面隆凸，另一面凹陷。凹面有脾门，为血管和神经出入处。正常人的脾不易从体表摸到，但脾大时可在左肋弓下缘摸到。❷中医学名词。五藏之一。根据藏象、经络学说，脾的功能是：(1)脾主运化（见《素问·灵兰秘典论》及《类经》张景岳注）。脾有运化水谷、输布精微与运行水液的功能。人体气血、津液等均来源于水谷的精微，故称"脾为后天之本"。(2)脾统血。脾有统摄血液的作用。若脾气虚不能统血，可见便血、崩漏等。(3)脾主肌肉、四肢。脾能输送饮食化生的营养物质，以充养肌肉、四肢。《素问·痿论》："脾主身之肌肉。"《素问·太阴阳明论》："四肢皆禀气于胃……必因于脾，乃得禀也。"(4)脾气通于口（见《灵枢·脉度》）。脾与口有内在联系。故称"脾开窍于口"。(5)脾的经脉为足太阴脾经，与足阳明胃经有表里关系。❸通"膍"。牛胃。《周礼·天官·醢人》："其实葵菹、蠃醢、脾析。"郑玄注引郑司农云："脾析，牛百叶也。"❹通"髀"。大腿。《庄子·在宥》："鸿蒙拊脾雀跃掉头曰：'吾弗知！吾弗知！'"

魮〔魮〕(pí) 即鳑鲏鱼。见"鳑鲏"。

魾〔魾〕(pí) 鱼名。即鲂。《尔雅·释鱼》："鲂，魾。"郭璞注："江东呼鲂鱼为鳊，一名魾。"
另见 pī。

鲏〔鮍〕(pí) 见"鳑鲏"。

裨(pí) ❶古代的次等礼服。《礼记·玉藻》："诸侯玄端以祭，裨冕以朝。"参见"裨衣"。❷副；偏；小。见"裨将"、"裨海"、"裨贩"。❸姓。春秋时郑有裨谌。
另见 bì。

裨贩 同"稗贩"。小贩。张衡《西京赋》："尔乃商贾百族，裨贩夫妇。"

裨海 小海。《史记·孟子荀卿列传》："中国外如赤县神州者九，乃所谓九州也，于是有裨海环之。"

裨将 副将。《汉书·项籍传》："梁(项梁)为会稽将，籍为裨将。"颜师古注："裨，助也，相副助也。"

裨衣 古代的次等礼服。天子除大裘为上外，其余均为裨服，如衮、鷩、毳、希、玄等。《仪礼·觐礼》"侯氏裨冕"郑玄注："裨冕者，衣裨衣而冠冕也。裨之为言埤也。天子六服，大裘为上，其余为裨，以事尊卑服之，而诸侯亦服焉。"

榌(pí) 屋檐前板。张衡《西京赋》："镂槛文榌。"

蜱(pí) 蛛形纲，蜱螨亚纲，寄螨目，蜱亚目的一个总科——蜱总科(Ixodoidea)。一般可分为硬蜱、软蜱和纳蜱三大类。硬蜱有一盾片所形成的硬背，软蜱则无。体长数毫米至一厘米。表皮革质，褐色。体躯由颚体部和椭圆形的体部构成，体部背面有坚厚的几丁质板。成蜱和若蜱有足四对，幼蜱有足三对。大多数为吸血性，为人、畜的害虫，其中有很多为病媒种类，能传播人类的森林脑炎、蜱媒斑疹伤寒和蜱媒回归热等疾病，以及家畜的血孢子虫病和兔热病。

罴〔羆〕(pí) 熊的一种。《诗·大雅·韩奕》："有熊有罴。"又："赤豹黄罴。"

膍(pí) ❶牛羊等的胃。通称百叶。《广雅·释器》："百叶谓之膍胵。"《庄子·庚桑楚》："腊者之有膍胲，可散而不可散也。"❷厚赐。《诗·小雅·采菽》："福禄膍之。"

䴽〔䴽〕(pí) 曲(麯)。《方言》第十三："䴽，曲也。北鄙曰䴽，曲，其通语也。"郭璞注："䴽，细饼曲。"钱绎笺证："䴽之言卑也，以细小为义也。"

蕃(pí) 姓。东汉有蕃嚮。
另见 bō，fān，fán。

椑(pí) 见"椑榹"。

椑榹 向下的树枝。《广雅·释木》："下支谓之椑榹。"王念孙疏证："支与枝同。《玉篇》云：'椑榹，木下枝也。'凡木枝多向上，故于其向下者别为之名也。亦单谓之椑。《广韵》云：'椑，木枝下也。椑之言卑也，以其卑下也。'"按《广韵·五支》："椑，木下交貌。"

箆(pí) 同"笓"。
另见 bì。

鞞(pí) 同"鼙"。《礼记·月令》："〔仲夏之月〕命乐师修鞀鞞鼓。"
另见 bǐng。

貔(pí) ❶猛兽名。《书·牧誓》："如虎如貔。"《诗·大雅·韩奕》："献其貔皮。"孔颖达疏："《释兽》云：'貔，白狐，其子豰。'郭璞曰：'一名执夷，虎豹之属。'陆玑疏云：'貔似虎，或曰似熊；一名执夷，一名白狐，辽东人谓之白罴。'"❷狸别名。参见"猍"。

貔虎 貔与虎。比喻勇猛的将士。《后汉书·光武纪赞》："寻(王寻)、邑(王邑)百万，貔虎为群。"刘峻《辨命论》："若谓驱貔虎，奋尺剑，入紫微，升帝道，则未达窅冥之情，未测神明之数。"

貔貅 ❶古籍中的猛兽名。《礼记·曲礼上》："前有挚兽，则载貔貅。"孔颖达疏："貔貅是一兽。"古代行军，前面有猛兽，就举起画貔貅的旗帜以警众。❷比喻勇猛的军士。《晋书·熊远传》："命貔貅之士，鸣檄前驱。"

鼙(pí) 亦作"鞞"。古代军中所击的小鼓；一说骑鼓，见《说文·鼓部》。《周礼·夏官·大司马》："中军以鼙令鼓，鼓人皆三鼓。"潘岳《藉田赋》："箫管嘲哳以啾嘈兮，鼓鞞硡隐以砰磕。"参见"鼓鼙"。

pǐ

匹 ㊀(pǐ) ❶相当；相配。《楚辞·九章·怀沙》："独无匹兮。"《左传·僖公二十三年》："秦、晋，匹也。"❷比。《庄子·逍遥游》："而彭祖乃今以久特闻，众人匹之，不亦悲乎！"❸单独。《公羊传·僖公三十三年》："匹马只轮无反者。"❹马、骡等的计数词。如：四匹马；两匹骡子。

㊁〔疋〕(pǐ) 绸布等织物的量名。《汉书·食货志下》："布帛广二尺二寸为幅，长四丈为匹。"今匹的幅长因品种而不同。

匹俦 犹匹敌。对等；配偶。《楚辞·九怀·危俊》："步余马兮飞柱，览可与兮匹俦。"王逸注："二人为匹，四人为俦。"曹植《赠王粲》诗："中有孤鸳鸯，哀鸣求匹俦。"

匹敌 ❶对等；相当。《左传·成公二年》："萧同叔子非他，寡君之母也；若以匹敌，则亦晋君之母也。"❷犹配偶。《汉书·晁错传》："人情非有匹敌，不能久安其处。"

匹夫 古指平民中的男子。《左传·桓公十年》："匹夫无罪，怀璧其罪。"参见"匹夫匹妇"。也泛指寻常的个人。如：天下兴亡，匹夫有责。苏轼《潮州韩文公庙碑》："匹夫而为百世师。"

匹夫匹妇 古指没有爵位的平民。《论语·宪问》："岂若匹夫匹妇之为谅也。"邢昺疏："匹夫匹妇，谓庶人也。"

匹夫之勇 不用智谋，单凭个人的勇敢。《孟子·梁惠王下》："夫抚剑疾视曰：'彼恶敢当我哉！'此匹夫之勇，敌一人者也。"

匹马单枪 亦作"单枪匹马"。单身出战。比喻单独行动，没有别人帮助。《景德传灯录》卷十二："问：'匹马单枪来时如何？'师曰：'待我斫棒。'"

匹鸟 成双对的鸟，特指鸳鸯。《诗·小雅·鸳鸯》"鸳鸯于飞"毛传："鸳鸯，匹鸟。"郑玄笺："匹鸟，言其止则相耦，飞则为双，性驯耦也。"

匹如 同匹似。元稹《酬乐天醉别》："好住乐天休怅望，匹如元不到京来。"

匹庶 平民。《后汉书·祭祀志上》："皇帝以匹庶受命中兴。"

匹似 好似；譬如。杨万里《和彭仲庄对牡丹上酒》："呼酒撚花谈旧事，牡丹匹似梦中看。"

匹溢 散布。《文选·王褒〈洞箫赋〉》："故吻吮值夫宫商兮，和纷离其匹溢。"李善注："匹溢，声四散也。"

庀（pǐ）❶备具。如：鸠工庀材。《左传·襄公九年》："官庀其司。"杜预注："庀，具也，使具其官属。"❷治理。《国语·鲁语下》："夜庀其家事。"

圮（pǐ）❶毁；绝。《书·尧典》："方命圮族。"孔传："圮，毁；族，类也。"张衡《东京赋》："汉初弗之宅，故绪中圮。"❷坍塌。苏辙《东轩记》："支其欹斜，补其圮缺。"

仳（pǐ）见"仳离"。另见 pí。

仳离 犹言别离。旧时特指妇女被遗弃而离去。《诗·王风·中谷有蓷》："有女仳离，嘅其叹矣。"郑玄笺："有女遇凶年而见弃，与其君子别离。"

芘（pǐ）有机化合物。化学式 $C_{22}H_{14}$。难溶解的结晶，存在于焦油中。

否（pǐ）❶贬；非议。《世说新语·德行》："每与之言，言皆玄远，未尝臧否人物。"❷六十四卦之一，坤下乾上。《易·否》："象曰：天地不交，否。"❸穷；不通。《列子·天瑞》："圣有所否，物有所通。"参见"否极泰来"。❹恶。《庄子·渔父》："不择善否。"❺通"鄙"。《书·尧典》："否德，忝帝位。"《史记·五帝本纪》"否"作"鄙"。另见 fǒu。

否隔 隔绝不通。曹植《求通亲亲表》："今之否隔，友于同忧。"友于，指弟兄。亦作"否鬲"。《汉书·薛宣传》："夫人道不通，阴阳否鬲。"颜师古注："鬲与隔同。"

否极泰来《周易》中的哲学思想。"否"（☷）、"泰"（☰）卦名。泰谓天地交（相互作用）而万物通（亨通），否谓"天地不交而万物不通（失利）"。意指事物发展到一定程度，就要转化到它的对立面。后用"否极泰来"形容情况从坏转好。白居易《遣怀》诗："乐往必悲生，泰来犹否极。"《红楼梦》第十三回："秦氏冷笑道：'婶娘好痴也！'否极泰来"，荣辱自古周而复始，岂人力所能常保的。'"亦作"否去泰来"、"否终则泰"。韦庄《湘中作》诗："否去泰来终可待。"

否泰 否（☷）、泰（☰），《周易》的两个卦名。泰谓"天地交而万物通"，否与泰反，谓"天地不交而万物不通"。后常合用"否泰"指世道盛衰和人事通塞。潘岳《西征赋》："岂地势之安危，信人事之否泰。"参见"否泰"。

吡（pǐ）诋毁；非议。《庄子·列御寇》："中德也者，有以自好也，而吡其所不为者也。"郭象注："吡，訾也。"另见 bǐ，bì。

痞（pǐ）❶病症名。《玉篇·疒部》："痞，腹内结病。"❷痞子；坏人。如：痞棍；文痞；地痞流氓。

顐〔顐〕（pǐ）倾头。《说文·页部》："顐，倾首也。"段玉裁注："玄应引《苍颉篇》云：'头不正也。'又引《淮南子》：'左顐右倪。'"

劈（pǐ）❶擘分；分开。如：劈麻；劈成两股。❷劈碎的。如：劈柴（指已劈好的柴薪）。另见 pī。

擗（pǐ）❶捶胸。见"擗踊"。❷通"擘"，剖。《韩诗外传》卷九："目如擗杏，齿如编贝。"

擗踊 亦作"辟踊"。擗，用手拍胸；踊，以脚顿地。形容极度悲哀。《晋书·刘元海载记》："七岁遭母忧，擗踊号叫，哀感旁邻。"

癖（pǐ）❶饮水不消之病。《诸病源候论·癖食不消候》："此由饮水积聚，聚于膀胱，遇冷热相搏，因而作癖。"❷积久成习的嗜好。《晋书·杜预传》："预尝称济（王济）有马癖，峤（和峤）有钱癖。武帝闻之，谓预曰：'卿有何癖？'对曰：'臣有《左传》癖。'"

嚭（pǐ）本义为大喜。用为人名，春秋时吴有大夫伯嚭。

pì

屁（pì）从肛门排出的臭气。常用来骂人，指斥文字或言语的荒谬。如：屁话。

铔〔铔〕（pì）同"铍"。另见 gū，zhāo。

埤（pì）见"埤堄"。另见 bēi，pí。

埤堄 城墙上的小墙。傅若金《登岳阳楼》诗："阑干映水迥，埤堄与云连。"参见"睥睨❸"。

副（pì）裂开；剖开。《诗·大雅·生民》："不坼不副。"另见 fù。

铍〔鈚〕（pì）亦作"鈚"。❶裁截；割裂。《方言》第二："铍，裁也。梁益之间，裁木为器曰铍。"《汉书·艺文志》："及瞽者为之，则苟钩铍析乱而已。"❷良剑身上的文彩。《越绝书·宝剑》："观其铍，烂

淠（pì）❶舟行貌。《诗·大雅·棫朴》："淠彼泾舟。"❷水名。淮河支流。在安徽省西部。源出大别山，北流经霍山、六安等县市，到寿县西正阳关附近入淮河。另见 pèi。

淠淠 茂盛貌。《诗·小雅·小弁》："萑苇淠淠。"毛传："淠淠，众也。"

搣（pì）同"揖"。

鈚（pì）同"铍"。

阓〔闢〕（pì）见"阓塞"。

阓塞 拥挤；塞满。《敦煌变文集·维摩诘经讲文》："稠盈难下脚，阓塞坐莓苔。"

睥（pì）见"睥睨"。

睥睨 亦作"俾倪"、"辟倪"、"僻倪"。❶斜视，有厌恶或傲慢意。《淮南子·修务训》："过者莫不左右睥睨而掩鼻。"《史记·魏公子列传》："公子引车入市，侯生下见其客朱亥，俾倪，故久立，与其客语。"❷侧目窥察。《史记·魏其武安侯列传》："辟倪两宫间，幸天下有变。"幸，希冀。《魏书·尔朱荣传论》："而始则希觊非望，睥睨宸极。"❸城墙上的小墙。《水经注·穀水》："城上西面列观，五十步一睥睨。"❹古时一种仪仗。《宋史·仪卫志六》："睥睨，如华盖而小。"华盖，形如伞，四周有沿边。

辟（一）〔闢〕（pì）❶打开。《左传·宣公二年》："寝门辟矣。"❷开辟。《荀子·王制》："辟田野，实仓廪，便备用。"司马相如《上林赋》："地可垦辟。"❸屏除；排除。《周礼·天官·阍人》："凡外内命夫、命妇出入，则为之辟。"《荀子·解蔽》："是以辟耳目之欲。"引申为驳斥。如：辟谣。

（二）（pì）❶通"僻"。不诚实；邪僻。《论语·先进》："师也辟。"《左传·昭公六年》："楚辟我衷，若何效辟！"杜预注："辟，邪也；衷，正也。"亦指幽僻。《离骚》："扈江离与辟芷兮。"❷通"擗"。捶胸。《诗·邶风·柏舟》："寤辟有摽。"❸通"譬"。《荀子·王霸》："是过者也，过犹不及也，辟之是犹立直木而求其影之枉也。"❹通"霹"。见"辟历"。❺《墨经》中的逻辑术语。举example以喻所说的论题。《墨子·小取》："辟也者，

举他物而以明之也。"

另见 bì。

辟咡　谓交谈时侧着头,避免口气触到对方,以示尊敬。《礼记·少仪》:"有问焉,则辟咡而对。"

辟历　同"霹雳"。疾雷。《史记·天官书》:"夫雷电、虹蜺、辟历、夜明者,阳气之动者也。"

辟纑　分析练过的麻,搓成线。《孟子·滕文公下》:"彼身织屦,妻辟纑,以易之也。"

辟邪　❶辟除邪祟;辟除邪说。李石《续博物志》卷七:"学道之士,居山宜养白犬白鸡,可以辟邪。"❷同"僻邪"。邪恶不正。《左传·昭公十六年》:"辟邪之人,而皆及执政,是先王无刑罚也。"

辟淫　辟,通"僻"。邪僻放荡。《商君书·弱民》:"故明主察法,境内之民无辟淫之心。"

辟踊　同"擗踊"。极度悲哀,捶胸顿足。《礼记·檀弓下》:"辟踊,哀之至也。"孔颖达疏:"拊心为辟,跳跃为踊。"

辟芷　《离骚》:"扈江离与辟芷兮,纫秋兰以为佩。"王逸注:"江离、芷,皆香草名。辟,幽也。芷幽而香。"

媲（pì）　匹配;比得上。如:媲美。韩愈《醉赠张秘书》诗:"险语破鬼胆,高词媲皇坟。"

媲美　比美,谓其美相若。达三《宋学渊源记序》:"直迈三代而媲美唐虞矣。"

揊（pì）　本作"䐾"。谓压挤(疮脓等)。《韩非子·显学》:"夫婴儿不剔首则腹(复)痛,不揊痤则寖益。"腹痛,更加痛。

澈（pì）　义同"澼"。漂。另见 piē。

僻（pì）　❶偏僻。如:僻巷;僻处一隅。《吕氏春秋·慎行》:"晋之霸也,近于诸夏,而荆僻也。"❷不正;邪。《淮南子·精神训》:"教志胜而行不僻矣。"高诱注:"僻,邪也。胜或作遁。"教,同"悖"。❸不常见;冷僻。如:僻典。《新唐书·选举志》:"有司患之,谋为黜落之计,以僻书隐学为判目,无复求人之意。"

僻戾　怪僻暴戾。《新唐书·陆贽传》:"延龄(裴延龄)僻戾躁妄,不可用。"

僻陋　荒僻而鄙陋。《荀子·王霸》:"虽在僻陋之国,威动天下,五伯是也。"

僻倪　同"睥睨"。

僻违　邪僻背理。《荀子·不苟》:"小人能则倨傲僻违以骄溢人,不能则妒嫉怨诽以倾覆人。"一作"辟违"、"辟回"。《左传·昭公二十年》:"动作辟违,从欲厌私。"《荀子·成相》:"邪枉辟回失道途。"

澼（pì）　漂洗声。见"洴澼絖"。

濞（pì）　大水暴发的声音。左思《吴都赋》:"濞焉汹汹。"参见"滂濞❶"。

另见 bì。

甓（pì）　砖。《诗·陈风·防有鹊巢》:"中唐有甓。"马瑞辰通释:"甓为砖。"《晋书·陶侃传》:"侃在州无事,辄朝运百甓于斋外,暮运于斋内。"

糩（pì）　同"屁"。气下泄。《山海经·东山经》:"东始之山,泚水出焉,其中多茈鱼,其状如鲋,一首而十身,其臭如蘼芜,食之不糩。"郭璞注:"止失气也。"郝懿行笺疏引《广韵》:"糩,同屁,气下泄也。"

鷿〔鸊〕（pì）　鷿鷈,鸟纲,鷿鷈科各种类的通称。体形似鸭而大多远较鸭为小;趾具瓣蹼。栖息河流或湖泊中,极善潜水。

䴙（pì）　❶同"副"。剖开。王维《酬诸公见过》诗:"䴙瓜抓枣。"❷磔牲。见"䴙辜"。

䴙辜　分割、肢解牲体。《周礼·春官·大宗伯》:"以䴙辜祭四方百物。"

譬（pì）　❶比喻;比方。《诗·大雅·抑》:"取譬不远。"❷晓谕。《后汉书·第五伦传》:"又譬诸外戚。"李贤注:"譬,晓谕也。"❸通晓。《后汉书·鲍永传论》:"言者虽诚,而闻之未譬。"李贤注:"譬,犹晓也。"

譬喻　比喻。《淮南子·要略》:"假象取耦,以相譬喻。"《论衡·正说》:"诸家以为譬喻。"

piān

片（piān）　片子。如:相片;唱片。

另见 pàn,piàn。

扁（piān）　小貌。见"扁舟"。另见 biǎn,biàn。

扁舟　小舟。《史记·货殖列传》:"范蠡既雪会稽之耻……乃乘扁舟,浮于江湖。"苏轼《赤壁赋》:"驾一叶之扁舟,举匏樽以相属。"

偏（piān）　❶不正;倾斜。如:偏锋;镜框挂偏了。❷不公正;不平均。如:偏爱;偏重。韩愈《董公行状》:"好恶无所偏。"❸偏僻。《列子·杨朱》:"殊方偏国。"❹辅佐。《左传·襄公三十年》:"司马,令尹之偏。"❺古时战车二十五辆为一偏。《左传·桓公五年》:"先偏后伍。"杜预注引《司马法》:"车战二十五乘为偏。"❻偏偏;出乎寻常或意料。如:偏不凑巧。刘方平《夜月》诗:"今夜偏知春气暖。"❼客气话。表示先用或已用过茶饭等。《红楼梦》第十四回:"凤姐正吃饭,见他们来了,笑道:'好长腿子,快上来吧。'宝玉道:'我们偏了。'"❽背着。《儒林外史》第四十七回:"你自然也在阁上偏我吃酒。"❾通"谝"。见"偏辞❷"。

偏安　指帝王不能统治全国,偏据一方以自安。诸葛亮《闻孙权破曹休魏兵东下关中虚弱上言》:"先帝虑汉贼不两立,王业不偏安。"

偏辞　❶片面之辞,一面之辞。《易·益》:"象曰:莫益之,偏辞也。"孔颖达疏:"此有求而彼不应,是偏辞也。"《汉书·文三王传》:"王辞又不服,猥强劲立,傅致难明之事,独以偏辞成罪断狱,亡益于治道。"❷"偏"通"谝"。便巧之言;花言巧语。《庄子·人间世》:"巧言偏辞。"

偏宕　犹偏激。《后汉书·孔融传》:"既见操雄诈渐著,数不能堪,故发辞偏宕,多致乖忤。"

偏房　旧时称妾为"偏房"。《列女传·晋赵衰妻颂》:"生虽尊贵,不妒偏房。"

偏废　❶偏重某一方面,忽视或废弃另一方面。《三国志·蜀志·杨仪传》:"亮(诸葛亮)深惜仪之才干,凭魏延之骁勇,常恨二人之不平,不忍有所偏废也。"不平,谓二人不协调。❷犹"偏枯"。一般以指半身不遂。参见"偏枯❶"。

偏锋　❶书法术语。毛笔运行时笔锋偏在笔画之一边,笔画扁薄软弱,成为病笔。❷比喻作文、说话或行事不从正面着眼,而采取旁敲侧击、从侧面下手的方法。《镜花缘》第十七回:"若只管闹这偏锋,只怕越趋越下,岂能长进!"

偏讳　古代遇君主或尊长的名字有两个字的,单举其中的一个字,也要避讳,称"偏讳"。《礼记·曲礼上》:"二名不偏讳。"

偏枯　❶中医学病症名。亦称"半

枯"、"偏瘫"、"半身不遂"。指一侧肢体瘫痪的症状。多见于中风后遗症。《诸病源候论》："其状半身不随，肌肉偏枯小而痛，言不变，智不乱是也。"多因气血亏损、营卫俱虚、风痰入络所致，治宜益气活血、疏通经络，并结合针刺疗法。❷比喻偏于一方，发展不均匀。谢榛《四溟诗话》卷二："非笔力纯粹，必有偏枯之病。"

偏露 父死曰孤露，亦称偏露。谓孤单无所荫庇。孟浩然《送莫甥兼诸昆弟从韩司马入西军》诗："平生早偏露，万里更飘零。"

偏旁 旧称汉字中合体字的左方为偏，右方为旁。习惯上左右上下内外的部件统称偏旁，如"湖"字的"氵"（即"水"）和"胡"，"嵩"字的"山"和"固"，"园"字的"囗"和"元"。有形旁和声旁的区别。

偏裨 偏将与裨将，古时将佐的通称。《三国志·魏志·张杨传》："征天下豪杰，以为偏裨。"

偏颇 不公正；有偏向。《书·洪范》："无偏无颇。"（今本"颇"作"陂"，为唐玄宗时所改。）王符《潜夫论·交际》："内偏颇于妻子，外僭惑于知友。"

偏栖 独居。《南史·张景仁传》："霸城王整之姊，嫁为卫敬瑜妻，年十六而敬瑜亡……所住户有燕巢，常双飞来去，后忽孤飞，女感其偏栖，乃以缕系脚为志，后岁此燕果复更来，犹带前缕。"后因称孀居为"偏栖"。

偏生 偏偏；出乎寻常或意料。《红楼梦》第七十回："偏生这日王子腾将侄女许与保宁侯之子为妻，择于五月间过门，凤姐儿又忙着张罗。"

偏师 指全军的一部分，以别于主力。《左传·宣公十二年》："彘子以偏师陷。"

偏袒 ❶祖露一臂。《汉书·高后纪》："为吕氏右袒，为刘氏左袒。"又《徐乐传》："〔陈涉〕偏袒大呼，天下从风。"后因以"偏袒"指袒护双方中的一方。昭梿《啸亭续录·先恭王之正》："西林偏袒乡党，非持平天下之道也。"❷佛徒着袈裟露出右肩，以示恭敬，并便于执持法器，亦称"偏袒"。见《释氏要览·礼数》。《法华经·信解品》："偏袒右肩，右膝着地。"

偏义复词 两个并列成分构成的复合词，其中有一个成分的意义已经消失。如："兄弟"指"弟"，"兄"义消失；"窗户"指"窗"，"户"义消失。

偏战 各据一面而战。《公羊传·桓公十年》："此偏战也。"何休注："偏，一面也。结日定地，各居一面，鸣鼓而战，不相诈。"

偏诸 古代衣服上的装饰，类似今用来缕边的丝带、花边。贾谊《上疏陈政事》："白縠之表，薄纨之里，緁以偏诸，美者黼绣，是古天子之服，今富人大贾嘉会召客者以被墙。"

媥（piān） 见"媥姺"。

媥姺 同"蹁跹"。舞貌。《史记·司马相如列传》："媥姺徶循。"裴骃集解引郭璞曰："衣服婆娑貌。"《文选·司马相如〈上林赋〉》作"便姗嫳屑"。参见"便姗"。

牑（piān） 见"牑牛"。

牑牛 牦牛和黄牛交配所生的第一代杂种。母牦牛和公黄牛所生的叫"真牑牛"，公牦牛和母黄牛所生的叫"假牑牛"。一般指前者。

牑 牛

瓹（piān） 盆盂一类的瓦器。《说文·瓦部》："瓹，似小瓿，大口而卑。"《淮南子·说林训》："狗彘不择瓹瓯而食。"

瘑（piān） 半身不遂。《说文·疒部》："瘑，半枯也。"段玉裁注："《尚书大传》：'汤瘑，瘑者，枯也。'注：'言汤体半小扁枯。'按扁即瘑字之假借，瘑之言偏也。"

褊（piān） 另见 biǎn。

褊襹 衣飘扬貌。见《韵会举要》卷六。

篇（piān） ❶首尾完整的诗文。《汉书·枚乘传》："其可读者百二十篇。"杜甫《饮中八仙歌》："李白一斗诗百篇。"❷成部著作中的一个组成部分。《史记·孟子荀卿列传》："作《孟子》七篇。"《说文解字·叙》："此十四篇，五百四十部也。"❸"萹竹"的"萹"本字。《诗·卫风·淇奥》"绿竹猗猗"毛传："竹，篇竹也。"

篇什 《诗经》的"雅"和"颂"以十篇为一什，所以诗章又称"篇什"。《晋书·乐志上》："三祖纷纶，咸工篇什。"三祖，曹操、曹丕、曹叡。

翩（piān） 疾飞貌。引申为轻快飘忽之称。曹植《洛神赋》："翩若惊鸿。"

翩翩 上下飞动貌。张衡《西京赋》："众鸟翩翩。"

翩翩 ❶飞貌。《诗·小雅·四牡》："翩翩者雕，载飞载下。"❷往来不息貌。《诗·小雅·巷伯》："缉缉翩翩，谋欲谮人。"❸形容风致、文采的优美。《文选·曹丕〈与吴质书〉》："元瑜书记翩翩，致足乐也。"刘良注："翩翩，美貌。"书记，指书札、奏记。陆游《排闷》诗："小儿笔墨日翩翩。"❹欣喜自得貌。张华《鹪鹩赋》："翩翩然有以自乐也。"❺宫阙宏伟貌。《后汉书·班固传》："翩翩巍巍，显显翼翼。"

翩跹 亦作"蹁跹"、"翩仙"。轻扬飘逸貌。常用以形容轻快旋转的舞姿。苏轼《后赤壁赋》："梦一道士，羽衣翩仙，过临皋之下。"柳亚子《浣溪沙》词："弟兄姊妹舞翩跹。"

pián

平（pián） 本作"釆"，古文作"𠨐"，因而误作"平"。辨别；治理。见"平章"、"平平"。另见 píng。

平平 "平"本作"𠨐"，即"釆"，古"辨（辩）"字。《书·洪范》："王道平平。"孔传："言辩治。"按辩和治义，辩治即治理。《诗·小雅·采菽》："平平左右。"孔颖达疏引服虔曰："平平，辩治不绝之貌。"《韩诗》作"便便"，云闲雅之貌。陈奂《诗毛氏传疏》以为当亦是治辨至极之义，闲雅是安详娴熟，与辩治义可相通。

平章 辨别章明。"平"为"釆"字讹。《书·尧典》："九族既睦，平章百姓。"百姓，百官。百官以功受姓。平章百姓即定姓别族之义。《史记·五帝本纪》作"便章"，《尚书大传·唐传》作"辨章"。

便（pián） ❶适宜；安适。《墨子·天志中》："百姓皆得暖衣饱食，便宁无忧。"❷口才辩给。见"便佞"、"便便"。另见 biàn。

便嬖 指以阿谀逢迎得到君主宠爱的近臣。《孟子·梁惠王上》："便嬖不足使令于前与?"

便娟 亦作"嫚娟"。❶姿态轻盈

美好貌。《楚辞·大招》:"丰肉微骨,体便娟只。"❷回旋飞舞貌。谢惠连《雪赋》:"初便娟于墀庑,末萦盈于帷席。"

便佞 善以言辞取媚于人;花言巧语。《论语·季氏》:"友便佞,损矣。"《旧唐书·魏徵传》:"便佞之徒,肆其巧辩。"

便辟 逢迎谄媚。《论语·季氏》:"友便辟,友善柔,友便佞,损矣。"朱熹注:"便辟,谓习于威仪而不直。"

便便 ❶同"辩辩"。言论明晰畅达。《论语·乡党》:"其在宗庙朝廷,便便言,唯谨尔。"❷肥满貌。如:大腹便便。《后汉书·边韶传》:"韶口辩,曾昼日假卧,弟子私嘲之曰:'边孝先,腹便便;懒读书,便欲眠。'韶潜闻之,应时对曰:'边为姓,孝为字;腹便便,五经笥;但欲眠,思经事,寐与周公通梦,静与孔子同意。师而可嘲,出何典记?'嘲者大惭。"

便姍 犹蹁跹,舞貌。《文选·司马相如〈上林赋〉》:"便姍嫳屑,与俗殊服。"李善注引郭璞曰:"衣服婆娑貌。"《史记·司马相如列传》作"媥姺"。

便旋 徘徊。《广雅·释训》:"俳佪,便旋也。"苏轼《责授检校水部员外郎黄州团练副使》诗:"出门便旋风吹面,走马联翩雀啅人。"

便宜 ❶利益,好处。多指个人的利益。如:占便宜。《朱子语类·论语八》:"凡事只认自家有便宜处做,便不恤他人,所以多怨。"❷价钱低廉。如:这东西真便宜。

便嬛 犹言便娟。姿态轻盈貌。司马相如《上林赋》:"靓糚(妆)刻饰,便嬛绰约。"

便章 辨别章明。《史记·五帝本纪》:"九族既睦,便章百姓。"按《书·尧典》作"平章",亦作"辨章"。

骈〔駢〕(pián) ❶两马并驾一车。嵇康《琴赋》:"骈驰翼驱。"❷并列;对偶。如:骈肩;骈文。白居易《草堂记》:"萝茑叶蔓,骈织承翳。"❸罗列;凑集。杜甫《秋日夔府咏怀奉寄郑监李宾客一百韵》:"宵旰忧虞轸,黎元疾苦骈。"

骈比 排列相接貌。《水经注·滱水》:"池之四周,居民骈比。"亦作"骈坒"。左思《吴都赋》:"士女伫眙,商贾骈坒。"

骈肩 并肩,肩挨肩,形容人多。欧阳修《相州昼锦堂记》:"夹道之人,相与骈肩累迹,瞻望咨嗟。"也形

容繁茂众多。舒元舆《牡丹赋》:"弄彩呈妍,压景骈肩。"

骈邻 《汉书·高惠高后文功臣表》:"柏至靖侯许盎,以骈邻从起昌邑。"颜师古注:"二马曰骈。骈邻,谓并两骑为军翼也。"按《史记·高祖功臣表》司马贞索隐释"骈邻"为"比邻"。但许盎与刘邦不同里,不能为比邻,据《汉书》表例,"骈邻"当为军职。

骈拇枝指 《庄子·骈拇》:"骈拇枝指,出乎性哉,而侈于德。"成玄英疏:"骈,合也,大也,谓足大拇指与第二指相连合为一指也;枝指者,谓手大拇指傍枝生一指成六指也。"后以比喻多余无用之物。《文心雕龙·熔裁》:"骈拇枝指,由侈于性;附赘悬肬,实侈于形。二意两出,义之骈枝也。"

骈骈 盛多貌。苏洵《张益州画像记》:"公在西囿,草木骈骈。"

骈枝 比喻多余的东西。《庄子·骈拇》:"是故骈于足者,连无用之肉也。枝于手者,树无用之指也。多方骈枝于五藏之情者,淫僻于仁义之行,而多方于聪明之用也。"参见"骈拇枝指"。

骈四俪六 指骈体文。骈体文多用四言六言的句子对偶排比。柳宗元《乞巧文》:"骈四俪六,锦心绣口。"

骈田 罗布;连续。刘桢《鲁都赋》:"其园囿苑沼,骈田接连。"亦作"骈填"、"骈阗"。《晋书·夏统传》:"士女骈填,车服烛路。"王勃《晚秋游武担山寺序》:"龙镳翠辖,骈阗上路之游。"

骈填 同"骈田"。

骈阗 同"骈田"。

骈文 文体名。起源于汉、魏,形成于南北朝。全篇以双句(即俪句、偶句)为主,讲究对仗、声律和藻饰。其以四字六字相间定句者,又称四六文。

骈胁 肋骨紧密相接的生理畸形。《左传·僖公二十三年》:"曹共公闻其骈胁,欲观其裸。浴,薄而观之。"孔颖达疏:"胁是腋下之名,其骨谓之肋……骈训比也,骨相比迫若一骨然。"《国语·晋语四》作"骿胁"。也指肌肉健壮得不显肋骨。《史记·商君列传》:"多力而骈胁者为骖乘。"

骈字 两字合成的词语,也包括联绵字。如"天地"、"天然"、"犹豫"、"逍遥"等。清康熙间张廷玉等编有

骈字类编。

胼(pián) 见"胼胝"。

胼胝 俗称"老茧"。手掌或足底因长期劳动摩擦而形成增厚的角质层。一般无疼痛感觉。通常不需处理。因继发感染而坚硬肿痛不能行走的足跟部胼胝,中医学上称为"牛程蹇"。《荀子·子道》:"有人于此,夙兴夜寐,耕耘树艺,手足胼胝以养其亲。"

谝〔諞〕(pián) 花言巧语。《书·秦誓》:"惟截截善谝言。"孔传:"惟察察便巧,善为辨佞之言。"

另见 piǎn。

阗〔闐〕(pián) 见"阗阗"。

阗阗 亦作"骈阗"。罗布;连续。曾瑞《醉花阴·元宵忆旧》套曲:"灯火阑珊,似万朵金莲谢;车马阗阗,赛一火鸳鸯社。"

媥(pián) 见"媥娟"。

媥娟 ❶美丽貌。司空图《释怨》:"况若越溪佳丽,楚硤神仙,凝纤弄冶,挑袅媥娟。"❷回环曲折貌。王延寿《鲁灵光殿赋》:"旋室媥娟以窈窕,洞房叫窱而幽邃。"

楩(pián) 南方大木名。《汉书·司马相如传上》:"楩、楠、豫章。"颜师古注:"楩……即今黄楩木也。"

楄(pián) ❶短方椽。《文选·何晏〈景福殿赋〉》:"爰有禁楄,勒分翼张,承以阳马,接以员方。"李善注:"楄,附阳马之短桷也。阳马,四阿长桁也。"❷木屐的底板。《宋书·五行志一》:"旧为屐者,齿皆达楄上,名曰'露卯'。"

跰(pián) 见"跰?"。

跰? 犹蹒跚。行步倾跌不稳貌。《庄子·大宗师》:"跰?而鉴于井。"陆德明释文引司马彪云:"病不能行,故跰?也。"

骿〔駢〕(pián) 并齿;重牙。《帝王世纪》:"帝喾……生而神异,自言其名曰夋,骿齿。"《春秋元命苞》:"武王骿齿,是谓刚强。"

瓩(pián) 瓜名。《北史·郭祚传》:"祚曾从幸东宫,明帝幼弱,祚持一黄瓩出奉之。"

骿(pián) ❶通"骈"。见"骿胁"。❷通"胼"。见"骿胝"。

骿胁 同"骈胁"。肋骨相连接成

为一片。《国语·晋语四》："〔晋文公〕自卫过曹,曹共公亦不礼焉。闻其骿胁,欲观其状。"

骿胝　同"胼胝"。手脚上因长期劳作而生的硬皮或老茧。《汉书·司马相如传下》："心烦于虑而身亲其劳,躬傶骿胝无胈,肤不生毛。"躬傶,《文选·难蜀父老》作"躬腠"。

蹁（pián）❶膝盖。《释名·释形体》："膝头曰膑……或曰蹁;蹁,扁也,亦因形而名之也。"❷行不正。参见"蹁跹❷"。

蹁跹　❶形容旋转的舞态。张衡《南都赋》："翘遥迁延,蹀躞蹁跹。"亦作"蹮跹"。陆游《除夜》诗:"椒酒辟瘟倾潋滟,蓝袍俘鬼舞蹮跹。"❷行步不正貌。苏轼《哭干儿》:"未期观所好,蹁跹逐书史。"

辩〔辯〕（pián）见"辩辩"。
另见 biàn。

辩辩　形容善于言谈。《史记·孔子世家》:"其于宗庙朝廷,辩辩言,唯谨尔。"《论语·乡党》作"便便"。参见该条。

piǎn

谝〔諞〕（piǎn）夸耀;显示。如:谝能。
另见 pián。

piàn

片（piàn）❶本指锯开木头的一半。因以为一偏之称。如:片面言词。❷单;只。如:片言只字。《文选·左思〈吴都赋〉》:"双则比目,片则王馀。"刘良注:"双行者为比目,只行者为王馀。片,只也。"比目、王馀,皆鱼名。❸泛指扁而薄的东西。如:木片;铁片;纸片;名片。❹削成薄片。如:片肉。❺形容很少或很短。如:片善;片刻。❻片状物的计量单位。如:一片瓦;一片药。也指连绵不断的事物。如:一片草地;一片好心。❼填词术语。词的分段称为分片。
另见 pàn,piān。

片时　片刻;短暂的时间。江总《闺怨篇》:"愿君关山及早度,念妾桃李片时妍。"

片言折狱　《论语·颜渊》:"片言可以折狱者,其由(子路)也与?"朱熹注:"片言,半言;折,断也。子路忠信明决,故言出而人信服之,不待其辞之毕也。"按朱注,片言犹一言半语,谓其能用简短的话判决讼事。后谓能用简要的话来判别论争的是非。卓人月《答詹曰至书》:"所谕西江金沙之异同,真是片言折狱。"

片月　半圆形的月,即弦月。徐陵《走笔戏书应令》诗:"片月窥花簟,轻寒入锦巾。"

骗〔騗〕（piàn）跳跃上马。张元一《嘲武懿宗》诗:"长弓度短箭,蜀马临阶骗。"

骗〔騙〕（piàn）❶用假话或假象使人上当;欺蒙。如:哄骗;拐骗。《琵琶记·义仓赈济》:"又谁知被人骗。"亦指用欺蒙的手段谋得。如:骗钱。❷同"骗"。《集韵·三十三线》:"骗……跃而乘马也。或书作骗。"

辨（piàn）皮革中断。《尔雅·释器》:"革中绝谓之辨。"
另见 bān,bàn,biǎn,biàn。

piāo

票（piāo）通"飘"。❶轻举貌。《汉书·礼乐志》:"票然逝。"❷摇动。《汉书·扬雄传下》:"票昆仑。"
另见 biāo,piào。

剽（piāo,旧读 piào）❶抢劫。《汉书·贾谊传》:"剽吏而夺之金。"颜师古注:"剽,劫也。"❷攻击。见"剽剥"。❸轻捷。《考工记·弓人》:"则其为兽也剽。"郑玄注:"剽,疾也。"❹削;分。《后汉书·崔寔传》:"剽卖田宅。"
另见 biāo。

剽剥　犹言攻击。《史记·老子韩非列传》:"然善属书离辞,指事类情,用剽剥儒墨。"

剽悍　亦作"慓悍"、"僄悍"。矫捷勇猛。《后汉书·杜笃传》:"地势便利,介胄剽悍,可与守近,利以攻远。"

剽疾　强悍敏捷。《淮南子·兵略训》:"剽疾轻悍,勇敢轻敌。"亦作"剽急"。《三国志·蜀志·张嶷传》:"加吴楚剽急,乃昔所记。"

剽窃　抄袭;窃取他人的文字以为己作。归有光《与沈敬甫小简》:"今世相尚以琢句为工,自谓欲追秦汉,然不过剽窃齐梁之余。"

剽轻　强悍轻捷。《史记·绛侯周勃世家》:"楚兵剽轻,难与争锋。"

剽遫　迅急轻捷。《史记·礼书》:"轻利剽遫,卒如熛风。"张守节正义:"剽遫,疾也。"

剽袭　抄袭。欧阳修《绛守居园池》诗:"孰云己出不剽袭?句断欲学《盘庚》书。"

剽姚　同"票姚"。汉代武官名,取劲疾之义。《史记·卫将军骠骑列传》:"大将军受诏,与壮士为剽姚校尉。"《汉书》作"票姚",亦作"嫖姚"。

剽贼　犹剽窃。韩愈《南阳樊绍述墓志铭》:"惟古于词必己出,降而不能乃剽贼,后皆指前公相袭。"

彯（piāo）见"彯摇"。

彯摇　勇健轻捷貌。详"嫖姚"。

嘌（piāo,又读 piào）❶疾速貌。《诗·桧风·匪风》:"匪风飘兮,匪车嘌兮。"毛传:"嘌嘌,无节度也。"孔颖达疏:"由疾,故无节。"❷见"嘌唱"。

嘌唱　歌曲中宛转引长其声。程大昌《演繁露》第九:"凡今世歌曲……近又即旧声而加泛滟者,名曰嘌唱。嘌之读如瓢。"灌圃耐得翁《都城纪胜·瓦舍众伎》:"嘌唱,谓上鼓面唱令曲小词,驱驾虚声,纵弄宫调。"上鼓面,谓用鼓击节。

漂（piāo）❶浮。如:漂萍。《书·武成》:"血流漂杵。"❷摇动。《汉书·中山靖王传》:"夫众煦漂山,聚蚊成雷。"颜师古注:"漂,动也。"煦,吹煦。《文选·扬雄〈长杨赋〉》:"漂昆仑。"李善注:"漂,摇荡之也。"❸通"飘"。吹。《诗·郑风·萚兮》:"风其漂女。"❹志节高远貌。《汉书·杨恽传》:"夫西河魏士,文侯所兴,有段干木、田子方之遗风,漂然皆有节概。"
另见 piǎo,piào。

漂泊　随流漂荡而停泊。比喻行止无定。庾信《哀江南赋》:"下亭漂泊,高桥羁旅。"亦作"飘泊"。《北史·山伟传》:"身亡之后,卖宅营葬,妻子不免飘泊。"

漂渺　同"缥缈"。隐隐约约、若有若无的样子。鲁迅《呐喊·社戏》:"回望戏台在灯火光中,却又如初来未到时候一般,又漂渺得像一座仙山楼阁,满被红霞罩着了。"

漂摇　❶动荡;摇荡。《诗·豳风·鸱鸮》:"予室翘翘,风雨所漂摇。"❷同"飘摇"。飘荡。王安石《游土山》诗:"漂摇五城舟,尚想浮河楫。"

缥〔縹〕（piāo）见"缥缈"。
另见 piǎo。

缥缈　隐隐约约若有若无貌。白居易《长恨歌》:"忽闻海上有仙山,山在虚无缥缈间。"亦作"缥眇"、"瞟眇"。木华《海赋》:"群仙缥眇,餐玉清涯。"王延寿《鲁灵光殿赋》:"忽瞟眇以响像,若鬼神之仿佛。"

飘〔飄、飃〕(piāo) ❶旋风。《诗·桧风·匪风》:"匪风飘兮。"毛传:"回风为飘。"❷吹拂。曹植《侍太子坐》诗:"寒冰辟炎景,凉风飘我身。"❸飘扬。白居易《长恨歌》:"骊宫高处入青云,仙乐风飘处处闻。"❹落下。《庄子·达生》:"虽有忮心者不怨飘瓦,是以天下平均。"

飘泊　同"漂泊"。比喻行止无定所。《北史·袁式传》:"虽羁旅飘泊,而清贫守度,不失士节。"

飘风　旋风。《诗·大雅·卷阿》:"有卷者阿,飘风自南。"毛传:"飘风,回风也。"

飘忽　轻快;迅疾。宋玉《风赋》:"飘忽溯滂,激扬熛怒。"曹植《洛神赋》:"体迅飞凫,飘忽若神。"苏轼《辛丑十一月十九日马上赋诗》:"亦知人生要有别,但恐岁月去飘忽。"亦作"飘矞"。《文选·傅毅〈舞赋〉》:"蜲蛇姌媠,云转飘矞。"李善注:"飘忽,如风之疾也。"

飘零　❶坠落。刘昼《新论·言苑》:"秋叶诚危,因微风而飘零。"❷漂泊流落。杜甫《衡州送李大夫七丈赴广州》诗:"王孙丈人行,垂老见飘零。"

飘眇　亦作"飘渺"、"飘邈"、"缥缈"。❶声音清脆而悠长。《文选·成公绥〈啸赋〉》:"横郁鸣而滔涽,冽飘眇而清昶。"李善注:"飘眇,声清长貌。"❷隐隐约约,似有似无。白居易《长恨歌》:"忽闻海上有仙山,山在虚无缥缈间。"

飘蓬　蓬,即蓬蒿。遇风常被吹折离根,飞转不已。比喻飘泊不定的生活。杜甫《铁堂峡》诗:"飘蓬逾三年,回首肝肺热。"参见"飞蓬❶"。

飘飘　❶飞貌。潘岳《秋兴赋》:"蝉嘒嘒而寒吟兮,雁飘飘而南飞。"❷得意貌。《史记·司马相如列传》:"相如既奏《大人》之颂,天子大说(悦),飘飘有凌云之气。"❸风吹貌。陶潜《归去来辞》:"风飘飘而吹衣。"❹迅疾貌。《淮南子·兵略训》:"与飘飘往,与忽忽来,莫知其所之。"

飘洒　飘散。白居易《和微之春日投简阳明洞天五十韵》:"泉岩雪飘洒,苔壁锦漫糊。"

飘姚　同"飘摇"。《汉书·外戚

传》:"的容与以猗靡兮,缥飘姚虖愈庄。"

飘摇　亦作"飘飘"。❶飘荡。曹植《杂诗》:"转蓬离本根,飘飘随长风。"❷飞扬。《国策·楚策四》:"奋其六翮而凌清风,飘摇乎高翔。"

飘逸　亦作"漂逸"。❶俊爽潇洒。耶律楚材《西域从王君玉乞茶》诗:"酒仙飘逸不知茶,可笑流涎见曲(麹)车。"❷形容文笔骏快。《晋书·陆机传》:"其宏丽妍赡,英锐漂逸,亦一代之绝乎!"❸轻疾貌。王粲《浮淮赋》:"若鹰飘逸,递相竞轶。"

飘茵落溷　《南史·范缜传》:"时竟陵王子良盛招宾客,缜亦预焉。尝侍子良,子良精信释教而缜盛称无佛。子良问曰:'君不信因果,何得富贵贫贱?'缜答曰:'人生如树花同发,随风而堕,自有拂帘幌坠于茵席之上,自有关篱墙落于粪溷之中。坠茵席者,殿下是也;落粪溷者,下官是也。贵贱虽复殊途,因果竟在何处?'意谓富贵贫贱取决于偶然的机缘,非由天定。

瀌(piāo)　同"漂"。

螵(piāo)　见"螵蛸"。

螵蛸　❶螳螂的卵房。《本草纲目·虫部一》:"螳螂……深秋乳子作房,粘著枝上,即螵蛸也。房长寸许,大如拇指,其内重重有隔房,每房有子如蛆。"按产在桑树上的叫"桑螵蛸",可入药。❷乌贼鱼的骨。《尔雅翼·释虫二》:"海中有乌贼鱼,背如樗蒱形,亦有螵蛸之名……为海螵蛸。"

piáo

朴(piáo)　姓。明代有朴素。另见pō,pò,pǔ。

嫖(piáo)　男子玩弄妓女。如:嫖娼;嫖客。另见piào。

瓢(piáo)　葫芦剖开做成的舀水、盛酒器。也泛指舀水器。《论语·雍也》:"一箪食,一瓢饮。"张说《咏瓢》诗:"美酒酌悬瓢。"

瓢饮　以瓢作为饮具。指饮食简朴。杜甫《赠特进汝阳王二十韵》:"瓢饮唯三径,岩栖异一膝。"

藻(piáo)　浮萍。《广韵·四宵》引《方言》:"江东谓浮萍为藻。"

闝(piáo)　同"嫖"。明人小说中常用。

piǎo

荸(piǎo)　通"殍"。饿死的人。《孟子·梁惠王上》:"野有饿荸。"另见fú。

殍(piǎo)　饿死。《辽史·杨佶传》:"燕地饥疫,民多流殍。"也指饿死者。《盐铁论·水旱》:"野有饿殍。"参见"荸"。

漂(piǎo)　❶漂白。如:这块布漂了又漂,颜色还是不白。❷用水冲洗。如:漂朱砂。《史记·淮阴侯列传》:"诸母漂。"裴骃集解引韦昭曰:"以水击絮为漂。"另见piāo,piào。

缥〔縹〕(piǎo,又读piāo)　青白色的丝织品;也指淡青色。蔡邕《翠鸟》诗:"回顾生碧色,动摇扬缥青。"另见piāo。

缥囊　盛书的袋。萧统《文选序》:"词人才子,则名溢于缥囊。"吕向注:"缥,青白色;囊,有底袋也,用以盛书。"

缥瓦　琉璃瓦。史达祖《三姝媚》词:"烟光摇缥瓦,望晴檐多风,柳花如洒。"

缥缃　缥,淡青色的帛;缃,浅黄色的帛。古时常用以作书囊或书衣。萧统《文选序》:"词人才子,则名溢于缥囊;飞文染翰,则卷盈乎缃帙。"后因以"缥缃"为书卷的代称。

缥帙　淡青色帛做成的书衣,借指书卷。李白《闻丹丘子于城北山营石门幽居》诗:"故园恣闲逸,求古散缥帙。"

餥(piǎo)　同"殍"。另见bǎo。

膘(piǎo)　牲畜小腹两边的肉。见《说文·肉部》。另见biāo。

麃(piǎo)　通"皫"。白色。另见biāo,páo。

撆(piǎo)　落。见《玉篇·手部》。

瞟(piǎo)　斜看。《红楼梦》第二十八回:〔宝玉〕脸望着黛玉说,却拿眼睛瞟着宝钗。

颡〔顠〕(piǎo,又读piāo)　《楚辞·九思·悯上》:"须发苫悴兮颡鬓白。"王逸注:"苫,乱也;颡,杂白也。"洪兴祖补注:"颡,发乱貌。"

簜(piǎo) 竹名。《文选·左思〈吴都赋〉》："簜笋有丛。"刘逵注："簜竹大如戟槿,实中劲强,交趾人锐之为矛,甚利。"

醥(piǎo) 清酒。《文选·左思〈蜀都赋〉》："觞以清醥,鲜以紫鳞。"李周翰注："醥,清酒也。"

曥(piǎo) ❶白色。见《玉篇·白部》。❷羽毛失去光泽。《礼记·内则》："鸟曥色而沙鸣,郁(鬱)。"孔颖达疏："郁,谓腐臭也。曥色,其色变无润泽。沙鸣者,沙,嘶也,谓鸣而声嘶。鸟若如此,其肉腐臭。"

piào

票(piào) ❶行动迅疾貌。《汉书·王商传》："遣票轻吏微求人罪。"❷标出;用作标识的签条。如:票签。❸作为凭证的纸片。如:车票;选举票。❹旧时对戏曲或曲艺非职业演出的一种称谓。参见"票友"。❺犹言"批"。如:一票货色。❻旧指被盗匪绑架勒赎的人。如:绑票;肉票。
　　另见 biāo,piāo。

票姚 劲疾貌。汉代用以为武官名号。《汉书·霍去病传》："年十八,为侍中,善骑射,再从大将军(卫青)。大将军受诏,予壮士,为票姚校尉。"后多用以指霍去病。亦作"嫖姚"、"剽姚"、"票鹞"。

票友 对戏曲、曲艺非职业演员、乐师等的一种称谓。相传清初八旗子弟凭清廷所发"龙票"赴各地演唱子弟书,为清王朝作宣传;后来就把非职业演员等称为票友。其同人组织称票房,演出称票戏。票友转为职业艺人称下海。

僄(piào) ❶矫捷;敏疾。《汉书·谷永传》："崇聚僄轻无义小人以为私客。"颜师古注："僄,疾也。"❷轻佻。《荀子·修身》："怠慢僄弃,则炤之以祸灾。"

僄悍 同"剽悍"。轻捷勇猛。《史记·高祖本纪》："项羽为人,僄悍猾贼。"

僄狡 矫捷勇猛。《后汉书·班固传》："虽轻迅与僄狡,犹愕眙而不敢阶。"

僄遬 矫捷迅速。《荀子·议兵》："轻利僄遬,卒(猝)如飘风。"

獟(piào) 同"僄"。

漂(piào) ❶见"漂亮"。❷犹言"落空"。如:漂帐;这事儿恐怕要漂了。
　　另见 piāo,piǎo。

漂亮 ❶色彩鲜明。《说文·系部》："纝,丝色也。"段玉裁注："《考工记》曰:'丝欲沈。'注云:'如在水中时色。'今人谓之漂亮。"引申指美观。如:打扮得很漂亮。❷出色。如:事情办得漂亮;打一个漂亮仗。

慓(piào) 迅捷。参见"慓悍"。

慓悍 同"剽悍"。矫捷勇猛。《汉书·高帝纪上》："项羽为人,慓悍祸贼。"

嫖(piào,又读 piáo) 轻捷。见"嫖姚"。
　　另见 piáo。

嫖姚 亦作"票姚"、"剽姚"、"彯摇"。勇健轻捷貌。王融《三月三日曲水诗序》："彯摇武猛,扛鼎揭旗之士。"汉霍去病官嫖姚校尉,后以称霍去病。杜甫《后出塞》诗："借问大将谁?恐是霍嫖姚。"

膘〔驃〕(piào) 马行疾貌。见《集韵·三十五笑》。
　　另见 biāo。

膘骑 ❶亦作"票骑"。汉代将军名号。《史记·卫将军骠骑列传》："以冠军侯去病为骠骑将军。"张守节正义："《汉书》云,霍去病征匈奴,有绝幕(漠)之勋,始置骠骑将军,位在三司,品秩同大将军。"按《汉书·霍去病传》作"票骑"。魏晋至明,亦设有"骠骑将军"的名号。❷元、明空中马戏。《广阳杂记》："明禁中,端午有龙舟、骠骑之戏。骠骑者,一人骑而持帜前行,后骑继之,各于马上呈弄伎巧,盖以习骑乘云。实元制也。"

瞟(piào) 把物放在风日中晾晒使干。《方言》第十"晞、晒,干物也"郭璞注："晞音费。亦皆北方常语耳,或云瞟。"《玉篇·日部》："瞟,置风日中令干也。"

piē

气(piē) 氢的同位素。质量数为1。符号¦H。参见"氢"。

觑〔覕〕(piē) 犹"瞥"。暂见。《庄子·徐无鬼》："是以一人之断制利天下,譬之犹一觑也。"陆德明释文引司马彪云:"暂见貌。"王先谦集解引宣颖曰:"一人之断制,所见有限,犹目之一瞥,岂能尽万物之情乎?"

蜱(piē) 见"蜱蜻"。

蜱蜻 鸟名。《文选·左思〈蜀都赋〉》："蜱蜻山栖。"刘逵注："蜱蜻,鸟名也,如今之所谓山鸡,其雄色班(斑),雌色黑,出巴东。"

撇(piē) ❶抛;丢。《水浒传》第二十六回："小人买卖撇不得,不及奉陪。"❷从液汁面上舀取。如:撇油水。
　　另见 piě。

潎(piē) 见"潎洌"。
　　另见 pì。

潎洌 ❶水疾流貌。司马相如《上林赋》："横流逆折,转腾潎洌。"一说为相冲激貌。❷声音相纠激。嵇康《琴赋》："缥缭潎洌。"

瞥(piē) ❶眼光掠过;匆匆一看。如:瞥见;一瞥。《梁书·王筠传》："余少好书,虽偶见瞥观,皆即疏记。"❷突现,即很快地出现一下。张衡《舞赋》："瞥若电灭。"

鉴(piē) 锹的锋口。《说文·金部》："鉴,河内谓臿头金也。"《方言》第五:"臿,东齐谓之梩。"郭璞注:"音侅。江东又呼锹刃为鉴。"

piě

苤(piě) 见"苤蓝"。

苤蓝 "球茎甘蓝"的俗称。

撆(piě) 本作"擎"。❶挥去。王褒《洞箫赋》："擎涕抆泪。"❷汉字向左横掠或斜掠的笔法。潘之淙《书法离钩》卷三："撆磔者,字之手足。"
　　另见 piē。

擎(piě) 同"撆"。

鏅〔鏉〕(piě) ❶烧盐用的敞口锅。❷用于地名,表示是烧盐的地方。江苏省有潘家鏅。

piè

婜(piè) 见"婜屑"。

婜屑 亦作"徶循"。衣服飘舞貌。《文选·司马相如〈上林赋〉》："便姗婜屑,与俗殊服。"李善注引郭璞曰:"衣服婆娑貌。"《史记·司马相如列传》作"媥姺徶循"。

pīn

拚（pīn）同"拼"。❶连合；缀合。鲁迅《准风月谈·难得糊涂》："人生却不在拚凑，而在创造，几千百万的活人在创造。"❷义同"拚（pàn）"。

另见 fān，fèn，pàn。

拼（pīn）❶连合；缀合。如：拼音；东拼西凑。❷义同"拚"。不顾惜，豁出去。如：拼命。

拼音　❶指使用表音文字的语言用字母拼合词语的读音。❷指汉语用声母和韵母（包括声调）按一定规则拼合字音。如《汉语拼音方案》采用拉丁字母按声母和韵母的组合规则拼写普通话的语音。

拼音文字　广义即"表音文字"。狭义专指"音位文字"。

姘（pīn）见"姘居"。

姘居　男女一方或双方有配偶而与第三者同居的行为。姘居的双方虽然共同生活，但对外不以夫妻名义。在我国，是破坏一夫一妻制的违法行为。

pín

玭（pín，又读 pián）珠。何晏《景福殿赋》："垂环玭之琳琅。"

贫〔貧〕（pín）❶穷。与"富"相对。《论语·学而》："贫而无谄，富而无骄。"❷不足；缺乏。如：贫乏。《文心雕龙·练字》："富于万篇，贫于一字。"❸谓絮烦可厌。如：这个人嘴真贫。《红楼梦》第五十四回："真真这凤丫头，越发炼贫了！"参见"贫嘴贱舌"。

贫道　和尚自称的谦词。《世说新语·言语》："支道林常养数匹马。或言道人畜马不韵。支曰：'贫道重其神骏。'"叶梦得《避暑录话》卷下："晋宋间，佛学初行，其徒犹未有僧称，通曰道人……贫道亦是当时仅制定以自名之辞。"后专用于道士。吴昌龄《张天师》第三折："贫道姓张，双名道玄，祖传道法戒箓精严，三十七代辈辈流传。"

贫瘠　❶土地不肥沃。如：开发贫瘠的山区。❷指贫穷的人。《新唐书·李大亮传》："大亮招亡散，抚贫瘠。"

贫贱交　本作"贫贱之知"。谓贫困时所结交的知心朋友。《后汉书·宋弘传》："〔光武帝〕谓弘曰：'谚言贵易交，富易妻，人情乎？'弘曰：'臣闻贫贱之知不可忘，糟糠之妻不下堂。'"后作"贫贱之交"。《南史·刘悛传》："上（齐武帝）数叹曰：'贫贱之交不可忘。'"亦作"贫交"、贫时交"。

贫贱骄人　《史记·魏世家》："子击逢文侯之师田子方于朝歌，引车避，下谒。田子方不为礼。子击因问曰：'富贵者骄人乎？且贫贱者骄人乎？'子方曰：'亦贫贱者骄人耳！'"后因用"贫贱骄人"，谓以自己的贫贱为骄傲，表示对富贵显达的鄙视或蔑视。

贫窭　贫乏；贫困。《诗·邶风·北门》："终窭且贫"孔颖达疏："无资充用而众臣又莫知我贫窭之艰难者。"《后汉书·桓荣传》："贫窭无资。"

贫约　贫乏困苦。《晋书·卞壸传》："壸廉洁俭素，居甚贫约。"

贫嘴贱舌　话多而刻薄。《红楼梦》第二十五回："你们都不是好人！再不跟着好人学，只跟着凤丫头学的贫嘴贱舌的。"亦作"贫嘴薄舌"。

蘋〔蘋〕（pín）见"蘋草"。

蘋草　即"赖草"。

频〔頻〕（pín）❶屡次；连续多次。杜甫《绝句漫兴》："熟知茅斋绝低小，江上燕子故来频。"❷危急。《诗·大雅·桑柔》："国步斯频。"❸通"颦"。见"频蹙"。❹并列。《国语·楚语下》："百嘉备舍，群神频行。"

另见 bīn。

频颅　同"颦蹙"。《孟子·滕文公下》："则有馈其兄生鹅者，己频颅曰：'恶用是鶂鶂者为哉？'"鶂鶂，鹅叫声。

频蹙　同"颦蹙"。《易·巽》："频巽，吝"王弼注："频，频蹙，不乐而穷不得已之谓也。"

嫔〔嬪〕（pín）❶嫁。《书·尧典》："厘降二女于妫汭，嫔于虞。"❷古代宫廷女官名。《左传·昭公三年》："以备嫔嫱。"也指帝王之妾。如：嫔妃。❸古代妻死后之称。《礼记·曲礼下》："生曰父，曰母，曰妻；死曰考，曰妣，曰嫔。"郑玄注："嫔，美称。妻死，其夫以美号名之，故称嫔。"❹通"缤"。众多貌。《汉书·王莽传上》："得比肩首复为人者，嫔然成行。"

嫔从　宫嫔侍从。黄滔《汉宫人诵〈洞箫赋〉赋》："有才可应于妃后，工赋足流于嫔从。"

嫔妇　❶古代宫廷中的女官名。《周礼·天官·典妇功》："掌妇式之法，以授嫔妇及内人女功之事赍。"郑玄注："嫔妇，九嫔世妇。"按古代帝王有九嫔，二十七世妇，掌妇学及礼事。见《周礼·天官·内宰》及《礼记·昏义》。❷古时妇女通称。《周礼·天官·大宰》："以九职任万民……七曰嫔妇，化治丝枲。"贾公彦疏："嫔妇，谓国中妇人有德行者，治理变化丝枲，以为布帛之等也。"

颗〔顠〕（pín，又读 bīn）❶愤懑。《方言》第十二："颗，懑也。"郭璞注："颗音频，谓愤懑也。"戴震疏证："颗，《说文》作颦，云涉水颦蹙。攒眉为颦，皱颗为蹙。桂馥、王筠皆训颦之或字，心有忧愤而攒眉，故训懑。❷头骨。见《龙龛手鉴》。

瞤（pín）同"颦"。皱眉头。《庄子·天运》："故西施病心而瞤其里。"又《至乐》："髑髅深瞤蹙额。"

嚬（pín）同"颦（顰）"。

嚬蹙　同"颦蹙"。皱眉蹙额。《论衡·自然》："薄酒酸苦，宾主嚬蹙。"

嚬呻　痛苦呻吟。李白《鸣皋歌送岑征君》："冥鹤清唳，饥鼯嚬呻。"韩愈《司徒兼侍中中书令赠太尉许国公神道碑铭》："察其嚬呻，与其眴盼。"

顰〔顰〕（pín）皱；皱眉。如：一颦一笑。《晋书·戴逵传》："是犹美西施，而学其颦眉。"苏轼《和陶诗·贫士》："无衣寒我肤，无酒颦我颜。"

颦蹙　皱眉蹙额，不快乐的样子。《颜氏家训·治家》："〔房文烈〕尝寄人宅，奴婢彻屋为薪，略尽，闻之颦蹙，卒无一言。"彻，拆毁。亦作"频蹙"、"频颅"、"嚬蹙"。

pǐn

品（pǐn）❶标准。《汉书·酷吏传》："群盗起不发觉，发觉而弗捕满品者，二千石以下至小吏主者皆死。"颜师古注："品，率也，以人数多寡为率也。"❷物品。如：商品；成品。❸品种。《书·禹贡》："厥贡惟金三品。"❹品质。如：人品；品德。❺等级。如：上品；中品。《汉书·匈奴传上》:"给缯絮食物有品。"❻品评;区分。如:品茶;品花。《国语·郑语》:"夏禹能单平水土,以品处庶类者也。"❼旧时官吏的等级。如:七品;品级。❽众。《易·乾》:"品物流形。"❾法式;礼仪。《汉书·梅福传》:"叔孙通通秦归汉,制作仪品。"❿指吹弄乐器。如:品箫;品竹弹丝。⓫琵琶、月琴等拨弦乐器面板上凸起的一排小横条,用以确定音位,便于按弦奏音,通常用竹或骨制成。曼陀林等拨弦乐器的品设在指板上,常为金属质。亦有以丝弦缠琴颈为品者,如热瓦甫等。又,琵琶颈部镶有四块或六块山形物,称"相",其作用与品相同。古时品和相亦称"柱"。⓬姓。明代有品嵒。

品德　"道德品质"的简称。

品第　品评优劣而定其等级。《晋书·苻坚载记上》:"坚亲临太学,考学生经义优劣,品而第之。"亦指等级、地位。《晋书·会稽文孝王道子传》:"本臧获之徒,无乡邑品第。"谓在乡邑里没有被公认的地位。

品服　官服,按官吏品级高低各有规定。《新唐书·郑馀庆传》:"每朝会,朱紫满庭,而少衣绿者,品服大滥。"

品格　❶品性风格。李中《庭荠》诗:"品格清于竹,诗家景最幽。"❷指文艺作品的质量和风格。韩愈《画记》:"至河阳,与二三客论画品格。"

品级　区别职官等级的制度。明清沿袭前代规定加以简化,最高为一品,最低为九品,每品又分正从二级,共十八级。参见"九品❷"。

品节　❶按等级、阶格而予以限制。《礼记·檀弓下》:"品节斯,斯之谓礼。"孔颖达疏:"品,阶格也;节,制断也。"谓礼有等级,有限制。❷指人的品格节操。

品目　种类;名目。如:品目繁多。秦观《议论上》:"夫所谓役法者,其科条品目,虽曲折不同,大抵不过差免二法而已。"引申为品评。李绰《尚书故实》:"父曰仲容,亦鉴书画,精于品目。"

品评　评论高下。《世说新语·文学》:"于病中犹作《汉晋春秋》,品评卓逸。"

品题　评论人物,定其高下。《后汉书·许劭传》:"好共核论乡党人物,每月辄更其品题,故汝南俗有月旦评焉。"

品行　个人在活动中表现出来的具有一贯性的品性和行为方式的总和。受社会道德、生活环境和教育等多种因素的影响,但主要取决于个人的道德修养和所从事的社会实践活动。是衡量个人道德面貌的客观标志。

品藻　犹评论,品题。《汉书·扬雄传下》:"爱及名将尊卑之条,称述品藻。"颜师古注:"品藻者,定其差品及文质。"

pìn

牝　(pìn)　❶鸟兽的雌性。《书·牧誓》:"牝鸡无晨。"❷门闩的孔;锁孔。《礼记·月令》"〔孟冬之月〕修键闭"郑玄注:"键,牝,闭,牡也。"孔颖达疏:"凡锁器……受者谓之牝。"❸喻溪谷。《大戴礼记·易本命》:"丘陵为牡,溪谷为牝。"

牝鸡司晨　母鸡报晓。喻妇女专权。语出《书·牧誓》:"牝鸡无晨;牝鸡之晨,惟家之索。"孔传:"索,尽也。喻妇人知外事,雌代雄鸣则家尽,妇夺夫政则国亡。"耶律楚材《请智公尼禅开堂疏》:"可骇特牛生牸,便好出头;勿谓牝鸡司晨,不敢下觜。"

牝牡骊黄　牝牡,即雌雄;骊,黑色;黄,黄色。《列子·说符》载:伯乐(善相马者)荐九方皋为秦穆公访求骏马。三月回,说已访着。穆公曰:"何马也?"对曰:"牝而黄。"使人去取,返曰:此马"牡而骊"。穆公责备伯乐。伯乐喟然太息曰:"若皋之所观,天机也。得其精而忘其粗,在其内而忘其外;见其所见,不见其所不见,视其所视,而遗其所不视。若皋之相马,乃有贵乎马者也。"待马到来,果天下稀有之良马。意谓观察事物要注重其本质,而不在于表面现象。后以"牝牡骊黄"比喻事物的表面现象。陈亮《祭潘叔度文》:"亮不肖无状,为天人之所共弃,叔度独略其牝牡骊黄而友其人,关其休戚。"

泵　(pìn)　水冲激矶石。钮琇《觚賸·粤觚上》:"水之矶激为泵,音聘。"

另见 bèng。

娉　(pìn)　通"聘"。见"娉会"。

另见 pīng。

娉会　聘妻,已订婚而未结婚之妻。《称谓录》卷五:"《汉故相小史夏堪碑》:'娉会谢氏,并灵合柩。'案

娉会,即娉妻也,娉与聘通。"

聘　(pìn,旧读 pìng)　❶聘请;延请。如:礼聘;聘约。《孟子·万章上》:"汤使人以币聘之。"❷古代国与国之间遣使访问。《春秋·襄公二十六年》:"晋侯使荀吴来聘。"❸旧式婚礼中的文定。如:行聘;许聘。《礼记·内则》:"聘,则为妻。"参见"文定"。

聘君　受过朝廷征聘而未出仕的人。亦称"征君"。《南史·陶季直传》:"好学,淡于荣利。征召不起,时人号曰聘君。"

聘礼　即"彩礼"。

聘妻　娶妻。后称已行聘礼而未结婚的妻子为"聘妻"。

pīng

乒　(pīng)　见"乒乓"。

乒乓　❶象声。如:乒乓一声。❷"乒乓球"的简称。如:打乒乓。

粤　(pīng)　❶豪侠。汉代长安一带方言谓轻财者为粤。见《说文·丂部》。❷见"粤掌"。

粤掌　《尔雅·释训》:"粤掌,掣曳也。"郭璞注:"谓牵挽。"亦作"荓蜂"。

伶　(pīng)　见"伶俜"。

砯　(pīng)　水击岩石声。郭璞《江赋》:"砯岩鼓作。"李白《蜀道难》诗:"飞湍瀑流争喧豗,砯崖转石万壑雷。"

娉　另见 pìn。

娉婷　美好貌。白居易《昭君怨》诗:"明妃风貌最娉婷。"也指美女。陈师道《放歌行》:"春风永巷闭娉婷。"

频　〔频〕(pīng)　美貌,一曰作色、变色貌。《楚辞·远游》:"玉色频以脕颜兮"王逸注:"面目光泽,以鲜好也。"戴震《屈原赋注》:"气上充于色曰频。"

蹁　(pīng)　见"蹁蹮"。

píng

平　(píng)　❶不倾斜;无起伏。如:波平如镜。亦谓整治使平。如:平了三亩地。❷平面。如:地平;水平。❸平息;平定。《诗·小雅·常棣》:"丧乱既平,既安且宁。"

引申为平安,没有危险。❹宁静,不激动。如:心平气和。❺媾和。《左传·宣公十五年》:"宋人及楚人平。"❻均等;公平。如:平分;持平。《史记·田叔列传》:"任安常为人分麋鹿雉兔……众人皆喜,曰:'无伤也,任少卿分别平。'"❼一般的;普通的。如:平凡;平淡。❽旧指一种衡量的标准。如:库平;漕平。❾时;往常;一向。如:平生;平居。❿汉语声调之一。⓫通"评"。见"平议❷"。⓬姓。

另见 pián。

平安 安好。如:全家平安。

平白 凭空;无缘无故。关汉卿《窦娥冤》第二折:"却教我平白地说甚的?"

平楚 犹平林。谢朓《宣城郡内登望》诗:"寒城一以眺,平楚正苍然。"杨慎《升庵诗话》卷二:"楚,丛木也;登高望远,见木杪如平地,故云平楚,犹《诗》所谓平林也。"

平旦 清晨。《孟子·告子上》:"平旦之气。"骆宾王《帝京篇》:"三条九陌丽(一作凤)城隈,万户千门平旦开。"

平籴 由国家在丰年收购食粮储存,备荒年发售,以稳定粮价的措施。平价购进称平籴;平价出售称平粜。始于春秋战国时。《史记·货殖列传》:"平籴齐物,关市不乏,治国之道也。"《汉书·食货志上》:"是故善平籴者,必谨观岁有上中下孰(熟)。"汉宣帝从耿寿昌建议在边郡设常平仓,于谷贱时增价收谷,谷贵时减价售出。后代仿行,兴废无常。

平地风波 语本刘禹锡《竹枝词》:"常恨人心不如水,等闲平地起波澜。"杜荀鹤《经马当山庙因书三绝》亦有"只怕马当山下水,不知平地有风波"句。后以"平地风波"比喻突然发生的事故。苏辙《思归》诗:"儿言世情恶,平地风波起。"

平定 平息安定。《史记·秦始皇本纪》:"诛残贼,平定天下。"

平凡 平常;普通。朱熹《斋居感兴诗序》:"欲效其体,作十数篇,顾以思致平凡,笔力萎弱,竟不能就。"

平反 纠正冤屈误判的案件。《汉书·隽不疑传》:"每行县录囚徒还,其母辄问不疑:'有所平反,活几何人?'"王先谦补注引《通鉴》胡三省注:"平反,理正幽枉也。"

平分秋色《楚辞·九辩》:"皇天平分四时兮,窃独悲此廪(凛)秋。"韩愈《合江亭》诗:"穷秋感平分,新

月怜半破。"后以"秋色平分"或"平分秋色"指双方各得一半。

平复 ❶痊愈;复原。《汉书·王褒传》:"疾平复,乃归。"《后汉书·华佗传》:"四五日创愈,一月之间皆平复。"❷恢复平静。《史记·梁孝王世家》:"太后闻之,立起坐餐,气平复。"

平和 宁静温和。《礼记·乐记》:"感条畅之气而灭平和之德。"

平衡 ❶衡器两端承受的重量相等。《汉书·律历志上》:"准正,则平衡而钧权矣。"引申为几方面在数量或质量上均等或大致均等。❷亦称"均衡"。指矛盾暂时的相对的统一或协调。事物发展稳定性和有序性的标志之一。平衡是相对的。它与不平衡相反相成,相互转化。一般可分为动态平衡和静态平衡。

平画 ❶评议谋划。《商君书·更法》:"孝公平画。"❷犹壁画。郭若虚《图画见闻志》卷四:"〔冯清〕兼工平画。"

平交 ❶平等交往。李白《少年行》:"府县尽为门下客,王侯皆是平交人。"❷平昔之交。杜荀鹤《访蔡融因题》诗:"每见苦心修好事,未尝开口怨平交。"

平居 平日;常时。《国策·齐策五》:"此夫差平居而谋王,强大而喜先天下之祸也。"韩愈《柳子厚墓志铭》:"平居里巷相慕悦,酒食游戏相征逐。"

平康 ❶平安。《忠经·广为》:"人臣和悦,邦国平康。"❷唐代长安里名,亦称平康坊,为妓女聚居之所。里近北门,故又称"北里"。后因泛称妓家为"平康"。《桃花扇·访翠》:"盛夸李香君妙龄绝色,平康第一。"

平林 ❶平原上的树林。《诗·小雅·车舝》:"依彼平林,有集维鷮。"李白《菩萨蛮》词:"平林漠漠烟如织。"参见"平楚"。❷古地、县名。在今湖北随州市东北。新莽末陈牧、廖湛等在此领导农民起义,号称"平林兵"。三国魏置县,唐初废。

平流 ❶平民。《新唐书·韦嗣立传》:"贵阀后生,以徼幸升,寒族平流,以替业去。"❷缓慢地流。白居易《府中夜赏》诗:"白粉墙头花半出,绯纱烛下水平流。"❸平静的流水。徐广《钓赋》:"投芳饵于纤丝,洒长纶于平流。"

平明 ❶天亮的时候。《史记·留侯世家》:"后五日平明,与我会此。"

❷公平明察。诸葛亮《前出师表》:"若有作奸犯科及为忠善者,宜付有司论其刑赏,以昭陛下平明之理。"

平平 平凡;平常。《后汉书·班超传》:"我以班君当有奇策,今所言平平耳。"

平沙 平坦的沙漠。杜甫《后出塞》诗:"平沙列万幕,部伍各见招。"

平身 旧称行跪拜礼后起立站直为"平身"。《元史·礼乐志一》:"曰拜,曰兴,曰平身。"

平生 ❶平素;往常。如:素昧平生。《论语·宪问》:"久要不忘平生之言。"杜甫《梦李白》诗:"出门搔白首,若负平生志。"❷犹一生。《陈书·徐陵传》:"岁月如流,平生何几。"

平声 汉语声调之一。参见"四声"、"声调"。

平时 平日;平常时候。陆游《雪意》诗:"山寒酒过平时量,窗黑书亏半日功。"

平世 太平之世。与"乱世"相对。《孟子·离娄下》:"禹、稷当平世,三过其门而不入,孔子贤之。"

平视 正视;直视。《三国志·魏志·刘桢传》"桢以不敬被刑"裴松之注引《典略》:"太子(曹丕)尝请诸文学,酒酣坐欢,命夫人甄氏出拜,坐中众人咸伏,而桢独平视。"

平署 犹连署。在公文上一起署名。《后汉书·李膺传》:"案经三府,太尉陈蕃却之……不肯平署。"

平水韵 原为金代官韵书,供科举考试之用。平水是旧平阳府城(今山西临汾)别称,因刊行于此,故名。有两种:一种将宋《礼部韵略》注明同用之韵悉数合并,又原不同用的上声"迥"、"拯"二韵,去声"径"、"证"二韵,亦各并为一部,共一百零六部:上下平各十五韵,上声廿九,去声三十,入声十七。其韵目见于金王文郁《平水新刊礼部韵略》、张天锡《草书韵会》及宋阴时夫《韵府群玉》,为元、明、清以来"近体诗"押韵的依据,沿用至今。又一种分一百零七韵,上声"迥"、"拯"不并,为宋刘渊《壬子新刊礼部韵略》所本。刘书不传,其韵目见于熊忠《古今韵会举要》。

平素 往日;素常。潘岳《寡妇赋》:"耳倾想于畴昔兮,目仿佛乎平素。"

平亭 研究斟酌,使得其平。亭,犹平。《汉书·张汤传》:"汤决大狱,欲傅古义,乃请博士弟子治《尚书》《春秋》,补廷尉史,平亭疑法。"

平头 ❶指十、百、千、万等不带零

头的整数，即齐头数。白居易《除夜》诗：“火销灯尽天明后，便是平头六十人。”❷头巾名。《新唐书·车服志》：“〔隋文帝时〕文官又有平头小样巾，百官常服，同于庶人。”

平芜 平旷的原野。欧阳修《踏莎行》词：“平芜尽处是春山，行人更在春山外。”

平昔 往日；往常。杜甫《崔少府高斋三十韵》：“三叹酒食傍，何似平昔！”

平行 ❶不相隶属的同级关系。如：平行机关。❷同时进行的。如：平行作业。❸平安前进。《汉书·李广利传》：“自此而西，平行至宛城。”颜师古注：“平行，言无寇难。”❹数学名词。当平面上的两直线，或空间中的两平面，或空间中的一直线与一平面不相交时，称其间的关系为平行。

平议 ❶公平地论定是非曲直。《后汉书·霍谞传》：“有人诬谞舅宋光于大将军梁商者，以为妄刊章文，坐系洛阳诏狱，掠考困极。谞时年十五，奏记于商曰：'……前者温教，许为平议，虽未下吏断决其事，已蒙神明顾省之听。'”❷论议。“平”通“评”。《三国志·魏志·杜畿传》：“大家当共平议。”

平易 ❶平坦宽广。《汉书·赵充国传》：“地埶（势）平易。”也指人性情和蔼，态度可亲。《新唐书·杜佑传》：“为人平易逊顺，与物不违忤，人皆爱重之。”❷平和简易。《史记·鲁周公世家》：“夫政，不简不易，民不有近；平易近民，民必归之。”❸浅近易懂。程颐《明道先生行状》：“先生之言，平易易知。”

平原督邮 坏酒的隐语。《世说新语·术解》：“桓公（桓温）有主簿善别酒，有酒辄令先尝，好者谓'青州从事'，恶者谓'平原督邮'。青州有齐郡，平原有鬲县。从事，言到脐；督邮，言在鬲（膈）上住。”从事、督邮，都是官名。

平允 ❶公平适当。《后汉书·虞诩传》：“祖父经，为郡县狱吏，案法平允。”❷性情平易。《晋书·齐献王攸传》：“及长，清和平允，亲贤好施。”

平仄 平指汉语四声中的平声，仄指汉语四声中的上、去、入三声。旧诗赋及骈文中所用的字音，平声与仄声相互调节，使声调谐协，谓之调平仄。

平章 ❶品评。戴复《梅花》诗：“穿林傍水几平章。”❷筹商。洪迈《夷坚丁志》卷二“济南王生”：“主人夜与语，因及乡里门阀，审其未娶，为言：'提举家一女极韶媚，方相托议亲，子意否？'生欣然，唯恐不得当也。主人为平章，翌日约定。”❸官名。《新唐书·百官志一》：“贞观八年，仆射李靖以疾辞位，诏疾小瘳，三两日一至中书门下平章事。”平章事之名始此。唐中叶以后，凡实际任宰相之职者，必在其本官外加同平章事衔称，意即共同议政。宋代有平章军国重事，专以位置年高或望重之大臣，位在宰相之上。金元有平章政事，位次于丞相。元代行中书省置平章政事，则为地方高级长官。简称平章。明初犹沿袭，不久即废。

平治 ❶治理。《孟子·公孙丑下》：“如欲平治天下，当今之世，舍我其谁也？”❷太平。韩愈《董溪墓志铭》：“臻宰相，致平治。”

平准 汉武帝时桑弘羊为调节物价、取得财政收入而采取的商业经营政策。元封元年（公元前110年）实行。“开委府（商品仓库）于京师，以笼货物。贱即买，贵则卖。是以县官（朝廷）不失实，商贾无所贸利，故曰平准”（《盐铁论·本议》）。后世类似平准的有王莽新朝的五均、唐刘晏的常平法、宋王安石的市易法等。

冯 〔馮〕（píng）❶马行疾，引申为盛怒貌或盛貌。见“冯怒”。❷愤懑。《楚辞·哀时命》：“愿舒志而抽冯兮。”❸欺陵。《左传·襄公十三年》：“小人伐其技以冯君子。”杜预注：“冯，亦陵也。”❹辅助。汉代有左冯翊郡，为三辅之一。见《汉书·地理志上》。❺通“凭”。凭借；依靠。《左传·哀公七年》：“冯恃其众。”❻通“溯”。见“冯河”。

另见féng。

冯河 涉水过河。《尔雅·释训》：“冯河，徒涉也。”参见“暴虎冯河”。

冯陵 亦作“冯凌”。进逼；侵陵。《左传·襄公八年》：“焚我郊保，冯陵我城郭。”杜预注：“冯，迫也。”

冯怒 大怒。《左传·昭公五年》：“今君奋焉震电冯怒，虐执使臣，将以衅鼓，则吴知所备矣。”

冯冯 ❶捶打声。《诗·大雅·绵》：“筑之登登，削屡冯冯。”毛传：“登登，用力也。削墙锻屡之声冯冯然。”陈奂传疏：“屡当作娄。锻娄者，捶打空窍坳处也；冯冯，坚实声也。”❷众盛貌。《太玄·廓》：“百辟冯冯。”李轨注：“冯冯，盛多貌。”

冯戎 丰盛。扬雄《蜀都赋》：“五谷冯戎，瓜瓝饶多。”

冯翼 ❶依附。《诗·大雅·卷阿》：“有冯有翼。”毛传：“有冯有翼，道可以冯依以为辅翼也。”❷浑沌貌。《楚辞·天问》：“冯翼惟象，何以识之？”《淮南子·天文训》：“天墬（地）未形，冯冯翼翼，洞洞漏漏。”高诱注：“冯翼，无形之貌。”王念孙以“冯翼”为“愊臆”之转，愊臆，气满。见《广雅疏证·释诂》。

评 〔評〕（píng）议论是非高下。如：评理；评比；社评；诗评。《后汉书·许邵传》：“好共核论乡党人物，每月辄更其品题，故汝南俗有'月旦评'焉。”

评论 ❶批评与议论。《后汉书·范滂传》：“评论朝廷，虚构无端。”《隋书·杨异传》：“评论得失，规讽疑阙。”❷就新近发生的事件、社会现象、思想倾向、公众普遍关注的问题等发表议论的文章。❸特指新闻评论，有社论、评论员文章、短评、述评、编后、编者按等形式，具有新闻性和政论性，代表编辑部的观点。

评议 评论。《后汉书·东夷传》：“〔高句骊〕无牢狱，有罪，诸加评议便杀之，没入妻子为奴婢。”《魏书·程骏传》：“今宜依旧诏百寮评议。”

坪 （píng）❶泛指山区或丘陵区局部的平地或平原。多用于地名。如：茅坪、武家坪。❷也叫“黄土坪”。中国西北黄土地区的黄土阶地面、平台及较宽的沟底平坦面。多是良好的农耕场所。

苹 ㊀（píng）❶植物名。也叫“藾蒿”。《尔雅·释草》：“苹，藾萧。”郭璞注：“今藾蒿也，初生亦可食。”《诗·小雅·鹿鸣》：“食野之苹。”❷通“萍”。《大戴礼记·夏小正》：“七月湟潦生苹。”参见“萍”。

㊁〔蘋〕（píng）落叶乔木。果实叫苹果，球形，红色、黄色或青色，味甜。

苹苹 草丛生貌。也指丛生的草。宋玉《高唐赋》：“涉漭漭，驰苹苹。”

呼 （píng）拟声词。如：巨弹呼然击发。

凭 〔憑、凴〕（píng）❶靠着。如：凭栏远眺。引申为依据，依靠。《南史·梁武帝纪上》：“凭险作守，兵食兼资。”❷证据。如：口说无凭；真凭实据。❸请；请求。杜牧

《赠猎骑》诗:"凭君莫射南来雁,恐有家书寄远人。"❹任凭。《红楼梦》第三十回:"你要打要骂,凭你怎么样,千万别理我。"❺满。《离骚》:"众皆竞进以贪婪兮,凭不厌乎求索。"王逸注:"凭,满也。楚人名满为凭。"

凭吊　对遗迹而悼念古人或感慨往事。王士禛《带经堂诗话·裁正》:"古来功臣之冤,未有如颖公之甚者。公宿州人,予尝过宿,凭吊而悲之。"颖公,傅友德。

凭借　倚仗;依靠。《宋书·恩幸传论》:"举世人才升降盖寡,徒以冯(凭)借世资,用相陵驾。"《新唐书·魏谟传》:"业(李业)内恃凭借,人无敢言者。"

凭据　❶依据。《文苑英华·颜师古〈封禅议〉》:"委巷浮说,不足凭据。"❷凭证;证据。也指作为凭证的事物。白居易《论姚文秀打杀妻状》:"况阿王已死,无以辨明,姚文秀自云相争,有何凭据?"

凭陵　同"冯陵"。侵凌。王俭《太宰褚彦回碑文》:"嗣王荒怠于大位,强臣凭陵于荆楚。"

凭轼　轼,车箱前的横木。靠着横木,谓行车。左思《魏都赋》:"凭轼捶马,袖幕纷半。"

凭轼结辙　《子华子·晏子问党》:"游士无所植其足,则凭轼结辙而违之。"谓驾车奔走,以至车马相接,不绝于道。参见"结辙"。

凭眺　登高远望。张九龄《登乐游原春望》诗:"凭眺兹为美,离居方独愁。"

凭依　凭借;依靠。韩愈《杂说》:"然龙弗得云,无以神其灵矣;失其所凭依,信不可欤!"

郱（píng）　古邑名。春秋纪地,后入齐。在今山东临朐东南。《春秋·庄公元年》:"齐师迁纪、郱、鄑、郚。"

玶（píng）　玉名。见《集韵·十二庚》。

苹（píng）　草名,亦名铁扫帚。《尔雅·释草》:"苹,马帚。"郭璞注:"苹,可以为帚。"《本草纲目·草部四》:"苹音瓶,马帚也;此即荔草,谓其可为马刷,故名。今河南北人呼为铁扫帚,是矣。"
另见 pēng。

苹蜂　同"粤筝"。牵引;扶持。《诗·周颂·小毖》:"莫予苹蜂。"毛传:"苹蜂,摩(挲)曳也。"

枰（píng）　❶古代的博局,亦指棋盘。如:棋枰。《方言》第五:"所以投簿谓之枰。"韦昭《博弈论》:"然其所志不出一枰之上。"❷木名。《汉书·司马相如传上》:"华枫枰栌。"颜师古注:"枰,即平仲木也。"❸独坐的榻板。《释名·释床帐》:"枰,平也。以板作之,其体平整也。"

岍（píng）　见"岍幪"。

岍幪　帐幕。在旁的称"岍",在上的称"幪"。引申为覆盖。《法言·吾子》:"震风陵雨,然后知夏屋之为岍幪也。"旧时书信中常用为托庇荫的意思。如:幸托岍幪。

渌〔漂〕（píng）　见"渌澋"。

渌澋　水势相激汹涌貌。《文选·郭璞〈江赋〉》:"渌澋灢湒。"李善注:"皆水势相激汹涌之貌。"

汫（píng）　见"汫澼絖"。

汫澼絖　汫澼,漂洗,一说击絮之声。絖,绵絮。谓在水上漂洗绵絮。《庄子·逍遥游》:"宋人有善为不龟手之药者,世世以汫澼絖为事。"成玄英疏:"汫,浮;澼,漂也;絖,絮也。"龟,通"皲",皮肤坼裂。

屏（píng）　❶屏风。韦庄《望远行》词:"欲别无言倚画屏。"参见"屏风❶"。❷挂在壁上作装饰的条幅,通常以四条、六条或八条字画联列成组。如:寿屏;字屏。❸当门的小墙。《荀子·大略》:"天子外屏,诸侯内屏。"朱骏声《说文通训定声·鼎部》:"《尔雅·释宫》'屏谓之树'注:'小墙当门中。'按亦谓之塞门,亦谓之萧墙,如今之照墙也。"❹指障蔽或捍卫之物。《诗·大雅·板》:"大邦维屏。"
另见 bīng,bǐng,bìng。

屏蔽　如屏风般遮挡。

屏藩　语出《诗·大雅·板》"价人维藩,大师维垣,大邦维屏,大宗维翰"。毛传:"价,善也;藩,屏也;垣,墙也;翰,干也。"亦作"藩屏"。比喻卫国的重臣。亦谓捍卫。《左传·定公四年》:"选建明德,以藩屏周。"

屏风　❶室内挡风或作为障蔽的用具。《燕丹子》卷下:"八尺屏风,可超而越。"❷苦菜的别名。《楚辞·招魂》:"紫茎屏风。"王逸注:"屏风,水葵也。"洪兴祖补注引《本草》:"凫葵即苦菜,生水中,俗名水葵。"❸中药防风的别名。《重修政和证类

本草》:"防风一名屏风。"

屏翰　比喻卫国的重臣。韩愈《楚国夫人墓志铭》:"为王屏翰,有壤千里。"参见"屏藩"。

轻〔軿〕（píng）　古代一种有帷幕的车。《后汉书·袁绍传》:"士无贵贱,与之抗礼,辐轻柴毂,填接街陌。"李贤注:"《说文》曰:'轻车,衣车也。'郑玄注《周礼》曰:'軿犹屏也,取其自蔽隐。'"特指贵族妇女所乘有帷幕的车。《魏书·礼志》:"小行则御绀幰轻车,驾三马。"

瓶〔缾〕（píng）　❶汲水器。《汉书·陈遵传》:"观瓶之居,居井之眉。"❷一般指腹大颈长的容器。如:花瓶;酒瓶。❸姓。汉代有瓶守。

瓶笙　以瓶煎茶,将沸时声音幽细如吹笙。苏轼《瓶笙》诗引:"庚辰八月二十二日,刘几仲饯饮东坡。中觞,闻笙箫声杳杳若在云霄间,抑扬往反,粗中音节,徐而察之,则出于双瓶……坐客惊叹,得未曾有,请作瓶笙诗记之。"陆游《初睡起有作》诗:"老夫徐下榻,负火听瓶笙。"

萍（píng）　见"浮萍"。

萍水相逢　比喻人的偶然相遇。谓如萍随水飘泊,聚散无定。王勃《滕王阁序》:"萍水相逢,尽是他乡之客。"

萍踪　萍生水中,飘泊无定,因称无定的行踪为"萍踪"。汤显祖《牡丹亭·闹殇》:"恨匆匆,萍踪浪影,风剪了玉芙蓉。"

郱〔郱〕（píng）　古地名。亦作"郱"、"邧"、"駢"。春秋时邧邑。秦置县。在今山东临朐东南。
另见 bǐng。

溯（píng）　❶涉水过河。见《说文·水部》。通作"冯"。《尔雅·释训》:"冯河,徒涉也。"陆德明释文:"依字当作溯。"❷见"溯滂"。

溯滂　风击物声。宋玉《风赋》:"飘忽溯滂,激扬熛怒。"

荓（píng）　❶同"萍"。❷通"苹"。蘋蒿。《文选·谢灵运〈拟魏太子邺中集诗〉》:"自从食荓来,唯见今日美。"李善注引《毛诗》曰:"呦呦鹿鸣,食野之苹。"❸通"屏"。"荓翳"的省称。《楚辞·天问》:"荓号起雨,何以兴之?"王逸注:"荓,荓翳,雨师名也。"

蚲（píng）　见"蟥蚲"。

鲆〔鮃〕(píng)　硬骨鱼纲,鲆科。比目鱼的一类。体侧扁,不对称,两眼都在左侧。口前位,下颌多少突出。前鳃盖骨边缘游离。有眼的一侧暗灰色或具斑块,无眼的一侧白色。种类繁多,广布于热带和温带海洋;中国沿海均有分布。常见的有牙鲆(Paralichthys olivaceus)、花鲆(Tephrinectes sinensis)和桂皮斑鲆(Pseudorhombus cinnamomeus)等。供鲜食或制罐头品和咸干品;肝可制鱼肝油。牙鲆为黄海、渤海名贵鱼类。

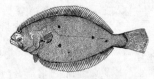

鲆

屏(píng)　见"羚屏"。

簟(píng)　❶车上遮灰尘的竹席,前面的叫藩,后面的叫簟,也叫"屏星"。见《篇海》。❷见"簟笒"。

簟笒　车名。《广韵·十五青》:"簟笒,别驾车名。"

憑(píng)　❶愤懑。《方言》第二:"憑,怒也。"张衡《西京赋》:"心犹憑而未摅。"❷盛满。《离骚》:"憑不厌乎求索。"王逸注:"楚人名满曰憑。"
另见 píng 凭。

䶄(píng)(Clethrionomys rufocanus)　亦称"红毛耗子"、"棕背䶄"。哺乳纲,啮齿目,仓鼠科。体长约10厘米;尾短而细。四肢短小。耳较大,大部藏于毛中。毛长而蓬松,尾毛短。背面红棕色;体侧黄灰色;腹面污白色。栖息林区,常在树基处或倒木旁筑洞。食植物的绿色部分,冬春则以种子及茎的皮部为食,对林业有害。主要分布于中国东北、华北、新疆、甘肃、四川等地。

蘋(píng)　植物名。学名 Marsilea quadrifolia。亦称"四叶菜"、"田字草"。蕨类植物,蘋科。多年生浅水草本。根状茎匍匐泥中。叶柄长,顶端集生四小叶。夏秋叶柄基部生孢子果2～4枚。常见于水田、池塘、沟渠中。中国各地都有分布。全草入药,功能除热解毒、利湿、止血,主治疮痈、热淋、吐血、衄血、尿血等症;民间用治蛇咬伤。
另见 píng 苹。

蘋末　蘋的叶尖。指风所起处。《文选·宋玉〈风赋〉》:"夫风生于地,起于青蘋之末。"后亦用为微风的代称。程俱《江仲嘉见寄绝句次韵》:"漾漾扁舟拂水飞,飘飘蘋末细吹衣。"

pō

攴(pō)　小击。《说文·攴部》:"攴,小击也。"段玉裁注:"此字从又卜声,又者手也,经典隶变作扑。"

朴(pō)　用于"朴刀"。
另见 piáo,pò,pǔ。

抪(pō)　推;击。《淮南子·说林训》:"游者以足蹶,以手抪。"

钋〔釙〕(pō)　化学元素[周期系第Ⅵ族(类)主族元素]。符号 Po。原子序数84。银白色金属。具放射性。铀矿物中有微量存在。天然同位素中以钋－210的半衰期最长(138.38天)。人工合成的钋,以钋－209的寿命最长,半衰期为103年。钋－210和铍混合可作为中子源。

陂(pō)　见"陂陀"。
另见 bēi,bì,pí。

陂池　同"陂陀"。

陂陀　亦作"陂阤"、"陂陁"、"陂池"、"岥陀"。❶倾斜不平貌。《史记·司马相如列传》:"登陂阤之长阪兮。"李华《含元殿赋》:"靡迤秦山,陂陀汉陵。"《后汉书·光武帝纪下》:"无为山陵,陂池栽言流水而已。"意谓不起高大的山陵,只把泥土堆成斜面,让水能流掉。潘岳《西征赋》:"栽岥陀以隐嶙。"❷倾斜而下貌。司马相如《子虚赋》:"其山……罢池陂陀,下属江河。"《汉书·司马相如传上》作"罢池陂阤"。"罢池"与"陂陀"、"陂阤"均同义。

坡(pō)　山的倾斜面。如:上坡;下坡。范成大《钻天三里》诗:"非冈非岭复非坡,黄鹄不度吾经过。"

岥(pō)　同"陂"。

泊(pō)　❶湖泽。如:湖泊;水泊。❷浪花。见"泊柏"。
另见 bó。

泊柏　小波浪。《文选·木华〈海赋〉》:"泛泊柏而迤飏。"李善注:"泊柏,小波也。"

泺〔濼〕(pō)　湖泊。《正字通·水部》:"陂泽,山东名泺,幽州名淀。"按"泺"与"泊"通,如梁山泊也作梁山泺。见《大宋宣和遗事·亨集》。
另见 luò。

泼〔潑〕(pō)　❶洒;浇;倾出。苏轼《雪后书北台壁》诗:"但觉衾裯如泼水。"无名氏《渔樵记》第四折:"这是泼水难收。"❷有魄力。参见"泼辣❷"。亦谓蛮横无理。如:撒泼。❸咒骂之词,含有恶劣、卑贱的意思。张寿卿《红梨花》第一折:"泼贱才,堪人骂!"无名氏《冤家债主》第一折:"引着些个泼男泼女相扶策。"也表示厌恶。参见"泼残生"。
另见 bō。

泼残生　犹言苦命。"泼"是咒骂之词,表示厌恶。李行道《灰阑记》第二折:"则我这泼残生,怎熬出这个死囚牢!"汤显祖《牡丹亭·惊梦》:"泼残生,除问天。"

泼辣　❶凶悍不讲理。《红楼梦》第七回:"人家的孩子,都是斯斯文文的,没见过你这样泼辣货,还叫人家笑话死呢!"❷有魄力;无顾忌。如:大胆泼辣。

泼赖　凶恶;毒辣。尚仲贤《单鞭夺槊》第二折:"老徐却也忒泼赖,这不是说话,这是害人性命哩!"

泼皮　流氓;无赖。《水浒传》第十二回:"原来这人是京师有名的破落户泼皮,叫做没毛大虫牛二。"

钹〔鏺〕(pō)　❶农具。刀的两边有刃,装有长木柄,用以割草。❷芟除。王祯《农书》卷十四引《太公农器篇》:"春钹草棘。"旧亦引申为讨平之义。韩愈《曹成王碑》:"钹广济,掘蕲春。"

颇〔頗〕(pō)　❶偏颇;不平正。《离骚》:"举贤而授能兮,循绳墨而不颇。"《左传·昭公二年》:"君刑已颇,何以为盟主?"❷很;甚。偏至之词。如:颇多;颇久;颇有见地。陆游《自唐安徙家来和义出城迎之马上作》诗:"颇思投笔去。"❸稍微;略微。不尽之词。《史记·刘敬叔孙通列传》:"臣愿颇采古礼,与秦仪杂就之。"❹姓。明代有颇廷相。

颇奈　同"叵奈"、"叵耐"。犹可恨。卢仝《月蚀》诗:"颇奈虾蟆儿,吞我芳桂枝。"杨显之《酷寒亭》第一折:"颇奈郑孔目,终日只在萧娥家,气的我成病。"

酸〔醱〕(pō) 义同"醱",酒再酿。《集韵·十三末》:"醱谓之酸。"

酸醁 未滤过的重酿酒。庾信《春赋》:"石榴聊泛,蒲桃酸醁。"李白《襄阳歌》:"遥看汉水鸭头绿,恰似葡萄初酸醁。"

pó

婆(pó) ❶年老的妇人。❷丈夫的母亲。《儒林外史》第三回:"婆媳两个都来坐着吃了饭。"❸通指长两辈的亲属妇女。如:叔婆;外婆;姑婆;姨婆。❹旧时指某些职业妇女。如:媒婆;牙婆;收生婆。

婆娘 ❶对妇女的鄙称或通称。陶宗仪《辍耕录》卷十四"妇女曰娘":"谓妇人之卑贱者曰某娘,曰几娘,鄙之曰婆娘。"王实甫《西厢记》第三本第一折:"我虽是个婆娘,有志气。"❷妻子。石君宝《秋胡戏妻》第四折:"谁著你戏弄人家妻儿,迤逗人家婆娘?"

婆婆妈妈 形容人行动琐碎,言语啰苏或感情脆弱。《红楼梦》第七十七回:"你也太婆婆妈妈的了。这样的话,怎么是你读书的人说的?"

婆娑 ❶舞蹈。《诗·陈风·东门之枌》:"子仲之子,婆娑其下。"毛传:"婆娑,舞也。"❷盘旋;徘徊。宋玉《神女赋》:"婆娑乎人间。"班固《答宾戏》:"婆娑乎术艺之场。"❸犹扶疏,形容枝叶纷披。张籍《新桃》诗:"桃生叶婆娑。"

番(pó) ❶见"番番❶"。❷姓。汉代有番系。
另见 bō,fān,pān。

番番 同"皤皤"。白发貌。《史记·秦本纪》:"黄发番番。"黄发,指老人。

鞶(pó) 同"擎"。

鎐(pó) "繁"的古字。
另见 fán,pán。

嫯(pó) 同"婆"。

蔢(pó) 见"蔢蔢"。

蔢蔢 ❶草木盛貌。见《广韵·八戈》。❷草根。见《集韵·八戈》。

擎(pó,又读 pán) 亦作"鞶"。除。《文选·潘岳〈射雉赋〉》:"尔乃擎场拄翳。"徐爰注:"擎者,开除之名也,今伧人通有此语。射者闻有雉声,便先除地为场,拄翳于草。"

鄱(pó) 鄱江,古称番水。鄱阳湖水系主要河流之一。又称饶河。在江西省东北部。

嗙〔嗙〕(pó) 佛教咒语中译音字。《消灾吉祥神咒》:"钵罗入嗙罗。"

繁〔繇〕(pó) 姓。汉有繁钦。
另见 fán,pán。

皤(pó) ❶白。《易·贲》:"贲如皤如。"孔颖达疏:"皤是素白之色。"❷大腹貌。《左传·宣公二年》:"皤其腹。"

皤皤 ❶白首貌。《后汉书·樊准传》:"故朝多皤皤之良,华首之老。"❷丰盛貌。左思《魏都赋》:"丰肴衍衍,行庖皤皤。"

pǒ

叵(pǒ) ❶不可。如:居心叵测。许慎《说文解字叙》:"虽叵复见远流,其详可得略说也。"❷遂;便。《后汉书·隗嚣传》:"帝知其终不为用,叵欲讨之。"

叵测 不可测度。《新唐书·尹愔传》:"〔父思贞〕尝受学于国子博士王道珪,称之曰:'吾门人多矣,尹子叵测也。'"意谓不可限量。后多用作贬义词。

叵罗 酒卮,敞口的浅杯。《北齐书·祖珽传》:"神武宴寮属,于坐失金叵罗,窦泰令饮酒者皆脱帽,于珽髻上得之。"

叵奈 同"叵耐"。白朴《梧桐雨》楔子:"叵奈杨国忠这厮,好生无礼!"

叵耐 亦作"叵奈"。不可忍耐;可恨。唐无名氏《鹊踏枝》词:"叵耐灵鹊多谩语,送喜何曾有凭据。"

叵信 不可信。《三国志·魏志·吕布传》:"布因指备曰:'是儿最叵信者。'"

咘(pǒ) 同"叵"。

駊〔駊〕(pǒ) 见"駊騀"。

駊騀 ❶马头摇动貌。杜甫《扬旗》诗:"庭空六马入,駊騀扬旗旌。"❷起伏奔腾貌。《楚辞·远游》:"骖连蜷以骄骜。"王逸注:"驷马駊騀而鸣骧也。"❸形容高大。《文选·扬雄〈甘泉赋〉》:"崇丘陵之駊騀兮。"李善注:"駊騀,高大貌也。"

鉕〔鉕〕(pǒ) 化学元素〔周期系第Ⅲ族(类)副族元素、镧系元素〕。稀土元素之一。符号Pm。原子序数61。银白色金属。在自然界中尚未发现。是1947年发现的人工放射性元素。

箁(pǒ) 箁箬,一种盛谷物的器具,用竹篾或柳条等编成。

pò

朴(pò) 榆科,朴属(Celtis)植物的泛称。落叶乔木。叶有基出三大脉,两侧不等。早春开花于新枝上,杂性同株,雄花生在新枝下部,两性花单生或两或三朵集生于新枝上部。核果卵形或球形。中国约有20种。最常见的如朴(C. tetrandra sinensis),小枝和叶下有毛,果实单生于叶腋,橙色,果柄和叶柄几同长,主产于中国中部和南部。紫弹树(C. biondii),亦称"朴",小枝和叶下有毛,果实1~3个同生,橙色,果柄远较叶柄为长,主产于中国中部。黑弹树(C. bungeana),亦称"朴",小枝和叶无毛,果实紫黑色,果柄细长,产于中国华北、西北、中南、西南、华东。三种朴的木材均可供建筑、制家具和农具等用;茎皮纤维可代麻用,或作造纸、人造棉的原料。
另见 piáo,pō,pǔ。

朴樕 ❶木名。亦作"樕朴"。《尔雅·释木》:"樕朴,心。"邢昺疏:"孙炎曰:'朴樕亦名心。'某氏曰:'朴樕,梗樕也。有心,能湿。江河间以作柱。'"朱熹《古意》诗:"兔丝附朴樕,佳木生高冈。"❷《诗·召南·野有死麕》:"林有朴樕。"毛传:"朴樕,小木也。"后用以比喻凡庸之材。杜牧《贺平党项表》:"臣僻左小郡,朴樕散材。"

迫〔廹〕(pò) ❶逼迫。《左传·哀公十五年》:"迫孔悝于厕,强盟之。"《汉书·武帝纪》:"外迫公事,内乏资财。"❷催促。杜甫《戏题王宰画山水图歌》:"能事不受相促迫。"❸紧急。如:迫不及待。❹逼近。司马迁《报任少卿书》:"涉旬月,迫季冬。"❺狭窄。《后汉书·窦融传》:"西州地势局迫。"❻急遽。《后汉书·朱晖传》:"惶迫伏地。"
另见 pǎi。

迫遽 亦作"薄遽"。犹言急迫。《后汉书·仲长统传》:"安宁勿懈惰,有事不迫遽。"

迫胁 ❶以威力强迫。《三国志·毌丘俭传》:"迫胁淮南将守诸别屯者,及吏民大小,皆入寿春城。"❷狭陋。张衡《西京赋》："狭百堵之侧陋，增九筵之迫胁。"

狛（pò）　动物名。如狼，善驱羊。李白《大猎赋》："扼土狛，㧙天狗。"

珀（pò）　见"琥珀"。

柏〔栢〕（pò）　通"迫"。靠近，贴近。《史记·河渠书》："鱼沸郁兮柏冬日。"裴骃集解引徐广曰："柏犹迫也。冬日行天边，若与水相连矣。"

另见 bǎi、bó、bò。

破（pò）　❶石头开裂。如：石破天惊。引申为指凡物碎裂损坏的状态。如：破碗；破衣。❷劈开；毁坏。如：势如破竹；破釜沉舟。《诗·豳风·破斧》："既破我斧，又缺我锜。"❸揭穿；剖析。如：揭破；说破。《中庸》："语小，天下莫能破焉。"孔颖达疏："若说细碎小事，……天下之人无能分破之。"❹冲开；攻下。如：破阵；破敌。引申为推翻立论的根据。如：不破不立。❺打破；撤除。如：破例；破戒；破格录用；破除迷信。❻耗费；破败。如：破钞；破财；破家；破产。

破壁飞去　《宣和画谱》卷一："张僧繇尝于金陵安乐寺画四龙，不点目睛，谓点即腾骧而去。人以为诞，固请点之。因为落墨，才及二龙，果雷电破壁。徐视画，已失之矣。"旧以"破壁飞去"比喻人由平凡卑微骤然飞黄腾达。

破产　❶犹言破家。《后汉书·齐武王缤传》："倾身破产，交结天下雄俊。"❷谓彻底失败。如：敌人的阴谋诡计破产了。❸在法律上，指债务人既不能以其现有财产清偿全部债务，又不能与债权人达成和解结束债务关系时，由法院宣告破产，强制处理其全部财产，使所有债权人公平受偿而设置的一种诉讼程序。由法院用书面裁定宣告。

破的　发箭正中鹄的。《晋书·谢尚传》："尝与翼（庾翼）共射。翼曰：'卿若破的，当以鼓吹相赏。'尚应声中之。"引申为发言中肯，能道出要旨。《世说新语·品藻》："刘尹至王长史许清言，时苟子年十三，倚床边听。既去，问父曰：'刘尹语何如尊？'长史曰：'韶音令辞不如我，往辄破的胜我。'"

破釜沉舟　《史记·项羽本纪》："项羽乃悉引兵渡河，皆沉船，破釜甑，烧庐舍，持三日粮，以示士卒必

死，无一还心。"后以"破釜沉舟"比喻下定决心。陈际泰《与罗杓庵书》："秋间姑且破釜沉舟，持三日之粮，为射日擒王计。"按，指赴乡试。

破瓜　旧时文人拆"瓜"字为二八字以纪年，谓十六岁。诗文中多用于女子。《通俗编·妇女》："宋谢幼槃词：'破瓜年纪小腰身。'按俗以女子破身为破瓜，非也。瓜字破之为二八字，言其二八十六岁耳。"亦谓六十四岁。《通俗编》又云："若吕岩赠张洎诗'功成当在破瓜年'，则八八六十四岁也。"

破镜　❶传说中的恶兽名，也称为獍，长大则食其父。《汉书·郊祀志上》："古天子常以春解祠，祠黄帝，用一枭、破镜。"颜师古注引孟康曰："枭，鸟名，食母；破镜，兽名，食父。黄帝欲绝其类，使百吏祠皆用之。破镜如貙而虎眼。"参见"獍"。❷传说中的恶鸟名，长大则食其父母。《楞严经》卷七："及破镜鸟以毒树果抱为其子；子成，父母皆遭其食。"❸比喻夫妻分离。语出孟棨《本事诗》。参见"破镜重圆"。

破镜重圆　孟棨《本事诗·情感》载：南朝陈将亡时，驸马徐德言预料妻子乐昌公主将被人掠去，因破一铜镜，各执一半，为他日重见时的凭证，并约定正月十五日卖镜于市，以相探讯。陈亡，乐昌公主为杨素所有。徐德言至京城，正月十五日遇一人叫卖破镜，与所藏半镜相合，遂题诗云："镜与人俱去，镜归人不归；无复嫦娥影，空留明月辉。"公主见诗，悲泣不食，杨素知之，使公主与德言重新团圆，偕归江南终老。后以"破镜重圆"比喻夫妻失散或离婚后重又完聚。李致远《碧牡丹》词："破镜重圆，分钗合钿，重寻绣户珠箔。"

破落户　旧谓衰落的门第，也指这种人家的无赖子弟。《水浒传》第十二回："杨志看那人时，原来是京师有名的破落户泼皮，叫做'没毛大虫'牛二。"

破碎　❶破损；毁坏。《史记·酷吏列传》："〔义纵〕遂案宁氏，尽破碎其家。"引申为不完整。文天祥《过零丁洋》诗："山河破碎风抛絮，身世飘摇雨打萍。"❷割裂。《汉书·夏侯胜传》："胜非之曰：'建（夏侯建），所谓章句小儒，破碎大道。'"❸散乱。《墨子·兼爱中》："越王亲自鼓其士而进之，士闻鼓音，破碎乱行，蹈火而死者，左右百人有余。"

破题　古代应科举考试所作诗赋

和经义，起首数语须说破题目要义，称为破题。当时也用以称一般诗赋的开头部分。明清八股文起首的两句破题，成为一种固定的程式。

破题儿　唐宋以后考试诗赋及八股文的"破题"，比喻事情的开端或第一次。《西厢记》第四本第三折："却告了相思回避，破题儿又早别离。"

破体　❶行书的变体。唐张怀瓘《书断》："王献之变右军行书，号曰破体书。"❷旧称不合正体的俗字为破体。

破涕为笑　犹言转悲为喜。刘琨《答卢谌书》："时复相与举觞对膝，破涕为笑，排终身之积惨，求数刻之暂欢。"

破天荒　孙光宪《北梦琐言》卷四："唐荆州衣冠薮泽，每岁解送举人，多不成名，号曰天荒解。刘蜕舍人以荆解及第，号为破天荒。"后以指前所未有的第一次出现。黄遵宪《番客篇》诗："平生不著袜，今段破天荒。"

破晓　天刚发亮。陆游《上虞逆旅见旧题岁月感怀》诗："胙艋为家东复西，今朝破晓下前溪。"

破颜　改愁颜为笑容。卢纶《落第后归终南别业》诗："落羽羞言命，逢人强破颜。"

破甑　后汉孟敏荷甑而行；甑堕地破裂，敏不顾而去。见《后汉书·郭太传》。后以"破甑"比喻不值得一顾的东西。辛弃疾《玉蝴蝶·杜仲高来书戒酒用韵》词："依家生涯蜡屐，功名破甑，交友抟沙。"参见"堕甑不顾"。

破绽　衣裳上的裂缝，引申为语言行动中不周到之处。犹言漏洞。《水浒传》第二回："王进看了半晌，不觉失口道：'这棒也使得好了，只是有破绽，赢不得真好汉。'"

破折号　标点符号的一种，即〔——〕。表示底下有个注释性的部分。如："作文要讲究三性——准确性、鲜明性、生动性"又表示意思的转折。如："好在她现在已经再没有什么牵挂，太太家里又凑巧要换人，所以我就领她来。——我想，熟门熟路，比生手实在好得多……"（鲁迅《祝福》)破折号占两个字的地位。

破阵子　❶唐教坊曲名，本为大曲《破阵乐》中的一遍，后用为词牌。又名《十拍子》。双调六十二字，韵。❷曲牌名。属南曲正宫。字句格律与词牌半阕同。用作引子。

破竹 比喻顺利无阻。《晋书·杜预传》："今兵威已振，譬如破竹，数节之后，皆迎刃而解，无复著手处也。"参见"势如破竹"。

破字 训诂学术语。用本字来改读古书中的假借字。清王引之《经义述闻》引其父念孙说："训诂之旨存乎声音。字之声同声近者，经传往往假借。学者以声求义，破其假借之字而读以本字，则涣然冰释。"如《诗·王风·葛藟》："谓他人昆，亦莫我闻。""闻"是"问"的借字，"问"是本字。《汉书·匡衡传》："淑问扬乎疆外。""问"是"闻"的借字，"闻"是本字。

哱（pò） 见"哱罗"。

哱罗 旧时军队中的一种乐器，用海螺壳做成。戚继光《纪效新书·号令》："凡吹哱罗，是要众兵起身。"

粕（pò） 见"糟粕"。

薄（pò） 见"苴薄"。

獛（pò） 通"薄"。见"獛且"。另见 bó。

獛且 同"苴薄"。《史记·司马相如列传》："诸蔗獛且。"裴骃集解："獛且，襄荷也。"司马贞索隐："《汉书》作巴且，文颖云：'巴蕉也。'"

魄（pò） ❶古指人身中依附形体而显现的精神，以别于能离开形体的魂。《左传·昭公七年》："人生始化曰魄。"杜预注："魄，形也。"参见"魂魄"。❷精力；胆识。如：体魄；魄力。❸通"霸"。月始生或将灭时的微光。《逸周书·世俘》："维一月丙午，旁生魄……二月，既死魄。"《法言·五百》："月未望则载魄于西，既望则终魄于东。"李轨注："魄，光也。"❹通"粕"。《庄子·天道》："古人之糟魄已夫。"另见 bó, tuò。

擨（pò） 见"擨擖"。

擨擖 射中物声。《文选·张衡〈西京赋〉》："流镝擨擖。"吕向注："镝，箭镞。擨擖，中物声。"

霢（pò）《说文·雨部》："霢，雨濡革也。"段玉裁注："雨濡革则虚起，今俗语若朴。"

霸〔覇〕（pò） "魄"的本字。指每月初始见的月亮。《说文·月部》："霸，月始生霸然也。承大月二日，承小月三日。从月霸声。《周书》曰：'哉生霸。'"按今本《书·康诰》作"魄"。另见 bà。

pōu

剖（pōu） ❶破开；从中切开。《三国志·蜀志·秦宓传》："甫欲凿石索玉，剖蚌求珠。"鲍照《芜城赋》："竟瓜剖而豆分。"❷分辨；分析。如：剖述。张衡《思玄赋》："通人暗于好恶兮，岂昏惑而能剖！"

剖符 古代帝王分封诸侯功臣，任命将帅郡守，把符节剖分为二，双方各执其一，作为信守的约证，叫做"剖符"。《国策·秦策三》："决裂诸侯，剖符于天下。"

剖腹藏珠 《资治通鉴·唐太宗贞观元年》："上谓侍臣曰：'吾闻西域贾胡得美珠，剖身以藏之。'侍臣曰：'有之。'上曰：'人皆知彼之爱珠而不爱其身也。'"比喻为了爱惜物品，自伤身体，轻重倒置。《红楼梦》第四十五回："跌了灯值钱呢，是跌了人值钱？……怎么忽然又变出这'剖腹藏珠'的脾气来！"

剖决 剖断，分析解决。《新唐书·刘晏传》："事无闲剧，即日剖决无留。"

剖析 分解辨析。如：剖析事理。《文心雕龙·体性》："精约者核字省句，剖析毫厘者也。"

剖心 ❶古代传说比干强谏殷纣，纣怒曰："吾闻圣人心有七窍。"遂剖比干，观其心。见《史记·殷本纪》。《庄子·盗跖》："子胥沉江，比干剖心。"❷比喻披露内心，开诚相见。《汉书·邹阳传》："剖心析肝相信，岂移于浮辞哉？"

póu

抔（póu） 用双手捧。《礼记·礼运》："污尊而抔饮。"郑玄注："污尊，凿地为尊也；抔饮，手掬之也。"参见"一抔土"。

垺（póu） ❶制砖瓦的模型。❷极大。《庄子·秋水》："精，小之微也；垺，大之殷也。"另见 fú。

掊（póu） ❶同"抔"。用手扒土。《汉书·郊祀志上》："见地如钩状，掊视得鼎。"❷聚敛。见"掊克"。另见 fù, pǒu。

掊克 聚敛贪狠。也指聚敛贪狠之人。《诗·大雅·荡》："曾是强御，曾是掊克。"朱熹注："掊克，聚敛之臣也。"范椁《闽州歌》："官胥掊克常十八，况以鸠敛夺耕耘。"

裒（póu） ❶聚集。如：裒集；裒辑。《诗·小雅·常棣》："原隰裒矣。"郑玄笺："原也，隰也，以相与聚居之故，故能定高下之名。"引申为众多。《诗·周颂·般》："敷天之下，裒时之对。"郑玄笺："裒，众；对，配也。遍天之下，众山川之神皆如是配而祭之。"❷刬除；减少。见"裒多益寡"。

裒多益寡 裒，减少；益，增补。谓移多余以补不足。《易·谦》："君子以裒多益寡，称物平施。"朱熹注："裒多益寡，所以称物之宜而平其施，损高增卑以趣于平，亦谦之意也。"

裒辑 搜集编辑。陈傅良《跋御制圣政序记》："爰命史臣，裒辑圣政。"

裒敛 犹聚敛，谓搜括财物。《陈书·侯安都传》："推毂所镇，裒敛无厌。"

pǒu

附〔坿〕（pǒu） 见"附娄"。另见 fù。

附娄 同"培塿"。

部（pǒu） 通"培"。小阜。《风俗通义·山泽》："部者，阜之类也，今齐鲁之间田中少高卬，名之为部矣。"参见"部娄"。另见 bù。

部娄 同"培塿"。小山丘。《左传·襄公二十四年》："部娄无松柏。"杜预注："部娄，小阜。"

培（pǒu） 见"培塿"。另见 péi。

培塿 亦作"附娄"、"部娄"。小土丘。柳宗元《始得西山宴游记》："然后知是山之特出，不与培塿为类。"《左传·襄公二十四年》："部娄无松柏。"杜预注："部娄，小阜。"《说文》引作"附娄"。

掊（pǒu） 破；剖。《庄子·逍遥游》："吾为其无用而掊之。"又《胠箧》："掊斗折衡，而民不争。"另见 fù, póu。

嶓（pǒu） 同"培"。

馞〔餢〕（pǒu） 见"馞鍮"。

馞鍮 用水和面发酵，也用为饼名，即炊饼。见《正字通》。《齐民要术·饼法》有馉饳制法。

棓（pǒu） 铺在不平处的跳板。《公羊传·成公二年》："萧同姪子者，齐君之母也，踊于棓而窥客。"陈立义疏："高下悬绝，有板横其间，可登。"

另见 bàng。

pū

仆（pū，又读 fù） 向前跌倒。如：前仆后继。《史记·项羽本纪》："樊哙侧其盾以撞，卫士仆地。"

另见 pú。

扑〔撲〕（pū） ❶用力压倒的动作。《水浒传》第二十三回："原来那大虫拿人只是一扑，一掀，一剪。"❷猛击。《史记·刺客列传》："〔高渐离〕举筑扑秦皇帝，不中。"❸拍。如：扑粉；扑蝴蝶；扑去衣服上的土。❹直冲。如：扑鼻；扑面。刘基《卖柑者言》："剖之如有烟扑口鼻。"❺古时责罚的刑杖。又作体罚生徒的用具。《书·舜典》："扑作教刑。"孔颖达疏："官刑鞭扑俱用，教刑惟扑而已，故属扑于教。"❻通"仆"。倾覆。韩愈《纳凉联句》："危檐不敢凭，朽机俱倾扑。"

扑地 犹遍地，满地。鲍照《芜城赋》："廛闬扑地，歌吹沸天。"

扑满 储蓄钱币用的瓦器。《西京杂记》卷五："扑满者，以土为器，以蓄钱；具有入窍而无出窍，满则扑之。"

扑朔迷离 古乐府《木兰诗》："雄兔脚扑朔，雌兔眼迷离；两兔傍地走，安能辨我是雄雌！"扑朔、迷离，并指雌雄两兔，两句互相补充，相对成义，谓模糊不清，很难辨别其为雌为雄。后用"扑朔迷离"形容事情错综复杂，不易详其究竟。

拊（pū，又读 bù） ❶扪摸。《说文·手部》："拊，扪持也。"段玉裁注："谓扪按而持之也。"❷布散。《汉书·王莽传中》："拊遍九州。"❸击。见《广雅·释诂三》。按假借为"搏"，见朱骏声《说文通训定声》。

剥（pū） 通"扑"。击。《诗·豳风·七月》："八月剥枣。"

另见 bō，bó。

铺〔鋪〕（pū） ❶铺首。衔门环的底座。左思《蜀都赋》："金铺交映。"参见"铺首"。❷铺设；摊开。如：铺轨。《宋史·唐震传》："

兵入，执牍铺案上，使震署降。"❸通"痛"。病。《诗·小雅·雨无正》："若此无罪，沦胥以铺。"❹古器名。西周晚期有刘公铺，形如豆。见《博古图》。

另见 pù。

铺陈 ❶同"敷陈"。详细地铺叙。白居易《读张籍古乐府》诗："六义互铺陈。"❷陈设；布置。《旧五代史·唐明宗纪十》："赐宰相李愚绢百匹、钱十万，铺陈物一十三件。"高明《琵琶记·杏园春宴》："铺陈得整整齐齐，另是一般气象。"今也称铺盖为铺陈。亦指铺张，讲排场。

铺首 衔门环的底座。铜制，作虎、螭、龟、蛇等形。《汉书·哀帝纪》："孝元庙殿门铜龟蛇铺首鸣。"

铺张扬厉 亦作"敷张扬厉"。铺张，敷陈渲染。扬厉，极力宣扬。韩愈《潮州刺史谢上表》："铺张对天之閎休，扬厉无前之伟迹。"《文史通义·诗教下》："文之敷张而扬厉者皆赋之变体。"后多以"铺张扬厉"形容过分讲究排场。

痛（pū） 过度疲劳。《诗·周南·卷耳》："我仆痛矣。"孔颖达疏引孙炎曰："痛，人疲不能行之病。"

踃（pū） 马蹄踏痕。梁简文帝《紫骝马》诗："骤急珂弥响，踃多尘乱飞。"

噗（pū） 拟声词。如：噗，一口气吹灭了灯。

噗哧 笑声。如：他禁不住噗哧一笑。

鯆〔鯆〕（pū） ❶亦作"鱒"。江豚的别名。❷鱼名。"鳐"、"魟"或"鯆"的统称。

撲（pū） ❶击。《太玄·格》："郭其目，撲其角，不庳其体撲。"范望解："撲，击也。"❷尽。《方言》第三："撲，尽也。南楚凡物尽生者曰撲生。"郭璞注："今种物皆生，云撲地生也。"戴震疏证："案，撲亦作扑（撲）。"

鱒（pū） 同"鯆〔鯆〕"❶。

pú

仆〔僕〕（pú） ❶我国古代对奴隶或差役的称谓。《叔夷钟》："余易（赐）女（汝）马车戎兵、厘（莱）仆三百又五十家。"《左传·昭公七年》："僚臣仆，仆臣台。"后泛指供使役的仆人。❷周代官名。《周礼

·春官》有车仆；《夏官》有太仆、祭仆、田仆等。❸驾车。《论语·子路》："子适卫，冉有仆。"何晏集解引孔安国曰："冉有御。"❹依附。《诗·大雅·既醉》："君子万年，景命有仆。"❺自称谦词。司马迁《报任少卿书》："仆非敢如是也。"❻姓。汉代有仆颢。

另见 pū。

仆夫 ❶古时称驾驭车马的人为"仆夫"。《诗·小雅·出车》："召彼仆夫，谓之载矣。"❷古时养马的卑官。《周礼·夏官·校人》："六系为厩，厩一仆夫。"《左传·襄公四年》："虞人之箴曰：'……兽臣司原，敢告仆夫。'"杜预注："告仆夫，不敢斥尊。"

仆区 春秋时楚国刑书名。《左传·昭公七年》："吾先君文王作仆区之法。"杜预注："仆区，刑书名。"陆德明释文引服虔曰："仆，隐也；区，匿也；为隐匿亡人之法也。"

仆仆 《孟子·万章下》："子思以为鼎肉使己仆仆尔亟拜也。"赵岐注："仆仆，烦猥貌。"后也用以形容奔走劳顿。如：风尘仆仆。唐顺之《葛母传》："蚤起育雏……仆仆追烛不自休。"

仆遬 短小貌。比喻才短不中用。《汉书·息夫躬传》："诸曹以下，仆遬不足数也。"颜师古注："凡短之貌也。"参见"朴樕❷"。

仆射 官名。起于秦代，凡侍中、尚书、博士、谒者、郎等官，都有仆射，根据所领职事作称号，意即其中的首长。仆射之名，由仆人、射人合成，本为君主左右小臣，一说古者重武技，以善射者掌事，故名。东汉尚书仆射为尚书令副手，职权渐重；末年分置左、右仆射。魏晋以后令、仆同居宰相之任，有"朝端"、"朝右"等称呼。唐代不设尚书令，仆射即为尚书省长官。初与中书令、侍中同为宰相，中宗以后，非加同中书门下平章事不为宰相。宋初相沿。元丰改革官制，以左、右仆射充宰相。徽宗时一度改为太宰、少宰；南宋孝宗乾道八年（1172 年）改为左、右丞相。后此名全废。

仆缘 犹言附着。《庄子·人间世》："夫爱马者，以筐盛矢，以蜄（蜃）盛溺，适有蚉（蚊）虻仆缘，而拊之不时。"王念孙《读书杂志·余编上》："仆之言附也，言蚊虻仆缘于马体也。"

圤（pú）同"璞"。

扶（pú）通"匍"。见"扶服"、"扶伏"。

另见 fú。

扶伏 亦作"扶服"。同"匍匐"。伏地而行。《左传·昭公二十一年》："扶伏而击之。"

扶服 同"匍匐❷"。《礼记·檀弓下》："诗云：凡民有丧，扶服救之。"陆德明释文："扶、服，并如字。又上音蒲，下音蒲北反；本又作匍匐，音同。"

匍（pú）见"匍匐"。

匍匐 ❶伏地而行。《孟子·滕文公上》："赤子匍匐将入井，非赤子之罪也。"❷竭力。《诗·邶风·谷风》："凡民有丧，匍匐救之。"郑玄笺："匍匐，尽力也。"

莆（pú）莆田。市名。在福建省东部沿海、木兰溪下游。辖城厢、涵江二区和莆田、仙游二县。

另见 fǔ。

菩（pú）见"菩提"、"菩萨"。

另见 bù。

菩萨 梵语 Bodhisattva（菩提萨埵）音译的简称，意译"觉有情"，即"上求菩提（觉悟）、下化有情（众生）"的人。或译为"大士"，即"发大心的人"。指达到自觉（自身得到解脱）、觉他（使众生得到解脱）两项佛教修行果位者。原为释迦牟尼修行尚未成佛时的称号，后泛称大乘思想的实行者。一般也称所崇拜的神像为菩萨。

菩萨低眉 形容人的慈祥善良。参见"金刚怒目"。

菩萨蛮 ❶唐教坊曲名，后用为词牌。亦作《菩萨鬘》。《杜阳杂编》称唐宣宗时，女蛮国来聘，见其高髻金冠，缨络被体，号为菩萨蛮队，当时优人遂制此曲。此说不可信。据《教坊记》载，开元年间已有《菩萨蛮》曲名。今人或以为骠苴蛮之异译，其调乃缅甸古乐。又名《重叠金》、《子夜歌》等。双调四十四字，前后阕均两仄韵转两平韵。❷曲牌名。属北曲正宫。字句格律与词牌前半阕同。用在套曲中。❸宋代称伊斯兰教徒为菩萨蛮，即阿拉伯语 musalmān 的音译。名见朱彧《萍洲可谈》卷二。元代异译作木速蛮、铺速满、谋速鲁蛮、没速蛮、木速儿蛮等。

菩提 译自梵语 Bodhi，意为"觉"、"智"、"道"等。佛教用以指断绝世间烦恼而达涅槃的彻悟境界；又指觉悟的智慧和觉悟的途径。

脯（pú）胸脯。如：挺着脯子。多指供食用的家禽胸部肉。如：鸡脯子；鸭脯子。

另见 fǔ。

葡（pú）葡萄，葡萄科。落叶木质藤本。掌状叶，3～5缺裂。复总状花序，通常呈圆锥形。浆果多为圆形和椭圆形，色泽随品种而异。

蒲（pú）同"蒲"。见"樗蒲"。

蒲（pú）❶水生植物名，可以制席。嫩蒲可食。《诗·大雅·韩奕》："其蔌维何？维笋及蒲。"又名"香蒲"。❷《诗·王风·扬之水》："扬之水，不流束蒲。"郑玄笺："蒲，蒲柳。"按，即"水杨"。❸草盖的圆屋。《释名·释宫室》："草圆屋曰蒲。蒲，敷也，总其上而敷下也。"又谓之庵。❹通"匍"。见"蒲伏"。❺古邑名。（1）春秋卫地，战国属魏，在今河南长垣。公元前709年齐厘公与卫宣公相约于蒲，后又会盟于此。前238年秦始皇遣军攻取魏蒲邑，即此。（2）春秋晋地，在今山西隰县西北。公元前656年晋公子重耳奔蒲，明年献公使披伐蒲，重耳逾垣而走。❻姓。

另见 bó。

蒲璧 古代的一种璧，上面刻香蒲状的花纹。《周礼·春官·大宗伯》："男执蒲璧。"郑玄注："或以蒲为琢饰，璧皆径五寸。"

蒲鞭 蒲草做的鞭子。以示刑罚宽仁。《后汉书·刘宽传》："吏人有过，但用蒲鞭罚之，示辱而已，终不加苦。"李白《赠清漳明府侄聿》诗："蒲鞭挂檐枝，示耻无扑挞。"

蒲伏 同"匍匐❶"。《左传·昭公十三年》："怀锦奉壶饮冰，以蒲伏焉。"《史记·淮阴侯列传》："俯出裤下，蒲伏。"

蒲服 同"匍匐❶"。《史记·苏秦列传》："委蛇蒲服。"

蒲剑 菖蒲的叶形状像剑，故称"蒲剑"。李咸用《和殷衙推春霖即事》："柳眉低带泣，蒲剑锐初抽。"亦指以蒲为剑。民间习俗于端午节挂在门上，以辟邪。

蒲牢 古代传说中的兽名。《文选·班固〈东都赋〉》"于是发鲸鱼，铿华钟"李善注引薛综："海中有大鱼曰鲸，海边又有兽名蒲牢。蒲牢素畏鲸，鲸鱼击蒲牢，辄大鸣。凡钟欲令声大者，故作蒲牢于上。所以撞之者，为鲸鱼。"按，钟上多作兽纽，就是蒲牢的形象。

蒲柳 植物名，即水杨。陆游《出游》诗："羊牛点点日将夕，蒲柳萧萧天正秋。"因其早凋，常用来比喻衰弱的体质。《晋书·顾悦之传》："蒲柳常质，望秋先零。"也用以比喻低贱。《红楼梦》第五回："觑着那，侯门艳质同蒲柳；作践的，公府千金似下流。"

蒲卢 ❶蜂的一种。《尔雅·释虫》："果蠃，蒲卢。"郭璞注："即细腰蜂也。"❷蛤属。《广雅·释鱼》："蚌、蛤，蒲卢也。"❸芦苇。《中庸》："夫政也者，蒲卢也。"朱熹注："蒲卢，沈括以为蒲苇是也。"❹瓠的一种，即细腰葫芦。《本草纲目·菜部三》"壶卢"："壶之细腰者为蒲芦……今之药壶卢是也。"❺复姓。春秋时齐国有蒲卢胥。

蒲轮 用蒲裹轮。车轮转动时震动较小，古时常用于封禅或迎接贤士。《汉书·武帝纪》："遣使者安车蒲轮，束帛加璧，征鲁申公。"后泛指迎接贤士的车子。白居易《题赠郑秘书征君石沟溪隐居》诗："蒲轮入翠微，迎下天台峰。"

蒲月 指夏历五月。旧俗五月五日端午节，用菖蒲叶作剑，与艾叶等并扎悬于门首，用以辟邪，因称五月为"蒲月"。

箁（pú）同"籬"。

醩（pú）❶聚饮，特指命令所特许的大聚饮。《汉书·文帝纪》："醩五日。"颜师古注引文颖曰："汉律，三人以上无故群饮酒，罚金四两，今诏横赐得令会聚饮食五日也。"宗懔《荆楚岁时记》："元旦至于月晦，并为醩聚饮食。"❷神名。《周礼·地官·族师》："春秋祭醩亦如之。"郑玄注："醩者，为人物灾害之神也。"

璞（pú）土块。《淮南子·说林训》："土胜水者，非以一璞塞江也。"

璞（pú）❶蕴藏有玉的石头；也指未雕琢的玉。《孟子·梁惠王下》："今有璞玉于此，虽万镒，必使玉人雕琢之。"《韩非子·和氏》："王乃使玉人理其璞，而得宝焉。"又指未经锻炼磨砺的剑铁。王褒《圣主得贤臣颂》："巧冶铸干将之璞。"❷比喻人的天真质朴状态。见"归真反璞"。

璞玉浑金　未雕琢的玉,未冶炼的金。比喻人品真纯质朴。《世说新语·赏誉》:"王戎目山巨源如璞玉浑金,人皆钦其宝,莫知名其器。"

镤〔鏷〕(pú)　❶未经炼制的铜铁。张协《七命》:"镤越锻成。"❷化学元素[周期系第Ⅲ族(类)副族元素、锕系元素]。符号Pa。原子序数91。具放射性。银白色金属。延展性强。化学性质与钽近似。由四碘化镤在真空中经热分解而得。寿命最长的同位素^{231}Pa,半衰期为3.28×10^4年。存在于沥青铀矿中。1918年发现。

镤镝　鲁矢。见《广韵·十一模》。按《左传·庄公十一年》作"僕姑"。

簿(pú)　沉在水底取鱼的竹笪。见《广韵·十一模》。

濮(pú)　❶古水名。❷古族名。亦称"卜"、"百濮"。殷周时分布在"江汉之南"。曾参与周武王"伐纣"的会盟。周匡王二年(公元前611年),与麇人伐楚。周景王二十二年(前523年),"楚为舟师以伐濮"。濮人当时处于分散的部落状态,无统一君长,又有"百濮"之称。以后在西南地区也有濮人的记载。❸姓。明代有濮英。

pǔ

朴〔樸〕(pǔ)　❶树皮。《文选·王褒〈洞箫赋〉》:"秋蜩不食抱朴而长吟兮。"李善注引《苍颉篇》:"朴,木皮也。"❷未经加工的木材。《论衡·量知》:"无刀斧之断者谓之朴。"❸原价;本钱。《商君书·垦令》:"贵酒肉之价,重其租,令十倍其朴。"❹敦厚;质朴。《孔子家语·王言解》:"民敦俗朴。"陆机《羽扇赋》:"创始者恒朴,而饰终者必妍。"❺未瞭干的鼠肉。《国策·秦策三》:"周人谓鼠未腊者朴。"参见"鼠璞"。❻老子用语。指原始自然质朴的存在,即"道"。认为"道常无名,朴虽小,天下莫能臣。"(《老子·三十二章》)"朴"亦无名,称"无名之朴"。"朴散则为器",朴的散失,就成为世间的具体器物。但人们只要守雌、守辱,使"常德"充足,也能"复归于朴"。朴还可用来镇止一切欲望,使人"不欲以静,天下将自定"。

另见 piáo,pō,pò。

朴钝　❶不锋利。《汉书·陈汤传》:"兵刃朴钝,弓弩不利。"❷朴质迟钝。《三国志·蜀志·庞统传》:"少时朴钝,未有识者。"此指才能未显露。

朴茂　朴实厚重。韩愈《答吕毉山人书》:"以吾子始自山出,有朴茂之美,意恐未暇磨以世事。"

朴素　质朴无华;俭朴。《后汉书·明德马皇后纪》:"车骑朴素,无金银之饰。"

朴学　❶质朴之学。指汉代经学中古文经学派。初见于《汉书·儒林传》。汉代古文经学家好儒信古,治经多从文字学入手,注重字句和名物训诂考据,但一经说至百余万言,其弊在烦琐。❷指清代的乾嘉学派。

朴壹　朴实专一。《商君书·农战》:"国大民众,不淫于言,则民朴壹。"

朴拙　质朴真率。《宋史·苏轼传》:"近岁朴拙之人愈少,巧进之士益多。"

埔(pǔ)　广东省有黄埔。
另见 bù。

圃(pǔ)　❶种植蔬菜、花果或苗木的土地。周围常有垣篱。如:菜圃;苗圃。《周礼·天官·大宰》:"园圃,毓(育)草木。"郑玄注:"树果蓏曰圃,园其樊也。"也泛指园地。《左传·哀公十五年》:"舍于孔氏之外圃。"杜预注:"圃,园。"❷种植园圃的人。《论语·子路》:"吾不如老圃。"

圃田　中国旧时栽种蔬果的园地。

浦(pǔ)　❶水滨。《诗·大雅·常武》:"率彼淮浦。"江淹《别赋》:"送君南浦,伤如之何!"❷通大河的水渠。《吴郡图经续记》卷下"治水":"或五里七里而为一纵浦,又七里或十里而为一横塘,因塘浦之土以为堤岸,使塘浦阔深,堤岸高厚,则水不能为害,而可使趋于江也。"❸姓。三国魏有浦仁裕。

普(pǔ)　❶广大周遍;全面。如:普及;普查;普天同庆。《易·乾》:"见龙在田,德施普也。"《墨子·尚贤中》:"圣人之德,若天之高,若地之普。"❷姓。元代有普元理。

普度　❶佛教谓广施法力使众生普遍得解脱。❷广行剃度。《宋史·孔承恭传》:"尝劝上不杀人,又请于征战地修寺及普度僧尼。"

普通话　即以北京语音为标准音、以北方话为基础方言、以典范的现代白话文著作为语法规范的现代汉民族共同语。近几百年来,由于白话文学和"官话"的传播,其规范逐渐明确,影响日益扩大。普通话不等于北方话或北京话,因为它还吸收其他方言以及古代汉语和其他民族语言中的成分,比任何方言更丰富、更完善。建国后,普通话得到迅速的推广和发展。

普通语言学　语言学的理论部门。研究人类语言的一般规律和共性现象。是在研究具体语言的基础上建立起来的。一般认为,德国的卡尔·洪堡是普通语言学的奠基人。主要内容有语言的本质、起源和发展,语言的基本结构及其规律,研究语言的专门方法,语言学的源流、派别和语言学部门,语言学在科学体系中的地位等。

溥(pǔ)　❶广大。《诗·大雅·公刘》:"瞻彼溥原。"❷通"普"。普遍。《诗·小雅·北山》:"溥天之下,莫非王土。"按《孟子·万章上》引此诗"溥"作"普"。❸通"浦"。水边。《汉书·扬雄传上》:"储与虖大溥。"按《文选·扬雄〈羽猎赋〉》"溥"作"浦"。

另见 fū。

暜(pǔ)　同"普"。

谱〔譜〕(pǔ)　❶按照事物类别或系统编成的表册。如:年谱。亦谓编列成谱。《史记·三代世表》:"自殷以前,诸侯不可得而谱。"张守节正义:"谱,布也,列其事也。"❷作示范或供寻检的图书、样本。如:棋谱;画谱;脸谱。❸曲谱;乐谱。如:简谱;五线谱;工尺谱。❹按歌词作曲。如:谱曲。❺大致的依据;打算。如:他做事有谱儿;心里没个谱。❻犹言左右,表示约数。如:三十元之谱。

谱牒　古代记述氏族世系的书籍。《史记·太史公自序》:"维三代尚矣,年纪不可考,盖取之谱牒旧闻。"即专记帝王诸侯世系的史籍。魏、晋、南北朝时特重门第,有司选举必稽谱牒,谱学成为地主官僚保持门阀的工具。晋太元中,贾弼撰《姓氏簿状》,子孙相传,号为贾氏谱学。南朝梁王僧孺因贾弼旧本,改撰《十八州谱》等书,号为王氏谱学。北魏太和中,诏诸郡中正各立本土姓族,次为举选,名"方司格"。唐时路敬淳、柳冲、韦述等都讲明谱学。太宗、武后皆曾修订《氏族志》。五代以后,谱学渐衰。南宋郑樵《通志》著录谱系六种、一百七十部;至元马端临撰

《文献通考》时,所存者不过数家。明清地方宗族仍多编修族谱。

嗜（pǔ）见"嗜噜"。

嗜噜　同"氆氇"。

氆（pǔ）见"氆氇"。

氆氇　藏语音译。藏族手工生产的一种羊毛织品。品种甚多,有的织有民族图案。一般用作衣服和坐垫等面料。

错〔錯〕（pǔ）化学元素[周期系第Ⅲ族（类）副族元素、镧系元素]。稀土元素之一。符号 Pr。原子序数59。银灰色金属。其化合物用于制造有色玻璃、陶瓷及搪瓷,也用作催化剂。错钕的混合氧化物用于制造电焊防护眼镜玻璃片,也用于制碳弧的核心、微波激射器、激光器和荧光体等。

蹼（pǔ）某些水栖或有水栖习性的动物趾间的皮膜。见于两栖类（如蛙、蟾蜍等）、爬行类（如龟、鳖等）、鸟类（如雁、鸭等）、哺乳类（如河狸、水獭等）等。可用来划水运动。蹼的发达程度及其形态,因种类而异,常为分类的依据之一。

pù

铺〔鋪、舖〕（pù）❶床铺。如:上铺;高铺。❷商店。孟元老《东京梦华录·宣德楼前省府宫宇》:"南门大街以东,南则唐家金银铺,温州漆器什物铺。"❸驿站。顾炎武《日知录·驿传》:"今时十里一铺,设卒以递公文。"

另见 pū。

铺递　犹驿递。铺,驿站。《金史·世宗纪下》:"上谓宰臣曰:'……朕尝欲得新荔支,兵部遂于道路特设铺递。'"

堡（pù）通"铺"。本为"驿站",今多用于地名。如:十里堡。

另见 bǎo,bǔ。

暴（pù）"曝"的古字。晒。如:一暴十寒。《颜氏家训·书证》:"言日中时必须暴晒,不尔者,失其时也。"

另见 bào,bó。

暴露　置于露天之下,受到日晒雨淋。《左传·襄公三十一年》:"其暴露之,则恐燥湿之不时而朽蠹,以重敝邑之罪。"引申为奔走道路,触冒风雨寒暑。《国策·燕策二》:"寡人之使骑劫代将军者,为将军久暴露于外,故召将军,且休,计事。"

暴鳃龙门　《太平御览》卷四十引《辛氏三秦记》:"河津一名龙门,巨灵迹犹在,去长安九百里。江海大鱼洎集门下数千,不得上,上则为龙,故云暴鳃龙门。"后以喻挫折、困顿。科举时代,亦用以比喻应进士试不第。参见"曝鳃"、"登龙门"。

暴师　谓军队战戍在外,蒙受风日霜露。《孙子·作战》:"久暴师,则国用不足。"

暴室　《汉书·宣帝纪》:"既壮,为取暴室啬夫许广汉女。"颜师古注:"应劭曰:'暴室,宫人狱也。今日薄室。'……师古曰:'暴室者,掖庭主织作染练之署,故谓之暴室,取暴晒为名耳……盖暴室职务既多,因为置狱主治其罪人,然往往云暴室狱耳。然本非狱名,应说失之矣。'"按东汉有暴室丞,以宦者为之。宫中妇人有疾病者居此室治,皇后贵人有罪时亦居此室。

暴（pù）"曝"的古字。

另见 bào。

瀑（pù）瀑布。宋濂《送陈彦正教授》诗:"石门碧作山,怒泻千丈瀑。"

另见 bào。

曝（pù）晒。陶潜《自祭文》:"冬曝其日,夏濯其泉。"

另见 bào。

曝鳃　古代传说,集于龙门之鱼,得上者成龙,不得上者暴鳃于龙门。因以喻处境困顿。《梁书·何敬容传》:"且曝鳃之鳞,不念杯酌之水。"参见"暴鳃龙门"。

曝献　亦作"献曝"。《列子·杨朱》:"负日之暄,人莫知者,以献吾君,当有重赏。"后称贡献意见或赠物,以为微小而意诚者的谦词。

Q

qī

七(qī) ❶数目。六加一所得。❷文体名。或称"七体",为赋体的形式之一。西汉枚乘著文,设吴客说七事以启发楚太子,题作《七发》。后人仿效其体,以作讽劝之文。如傅毅《七激》、张衡《七辩》、曹植《七启》,王粲《七释》,左思《七讽》等。《昭明文选》列"七"为一门。《隋书·经籍志四》著录《七林》十卷,或为专收"七体"的专集。❸旧时人死后每隔七天祭祀一次,至七七四十九日而止,叫"做七"。

七宝 ❶佛教所说的七种宝物。佛经中说法不一。(1)《法华经》以金、银、琉璃、砗磲、码磲(玛瑙)、真珠、玫瑰为七宝。(2)《无量寿经》以金、银、琉璃、玻璃、珊瑚、码磲、砗磲为七宝。(3)《阿弥陀经》、《大智度论》以赤金、银、琉璃、玻璃、砗磲、珠、码磲为七宝。(4)《般若经》以金、银、琉璃、砗磲、玛瑙、虎(琥)珀、珊瑚为七宝。❷泛指多种宝物。《南齐书·高帝纪上》:"不得以七宝饰乐器。"后凡用多种宝物装饰的器物,也多以"七宝"为名。如:七宝床;七宝砚炉。

七步 《世说新语·文学》:"文帝(曹丕)尝令东阿王(丕弟曹植)七步中作诗,不成者行大法;应声便为诗曰:'煮豆持作羹,漉菽(一作"豉")以为汁;其在釜下燃,豆在釜中泣。本自同根生,相煎何太急!'帝深有惭色。"后因以"七步"形容才思敏捷。李白《感时留别从兄徐王延年从弟延陵》诗:"九卿领徐方,七步继陈思。"曹植封陈王,卒谥思,故称陈思。

七尺 古时尺短,七尺相当于一般成人的高度,因用为人身的代称。李颀《古意》诗:"赌胜马蹄下,由来轻七尺。"

七出 亦称"七去"、"七弃"。中国封建时代休妻的七种理由。《仪礼·丧服》:"出妻之子为母期。"贾公彦疏:"七出者,无子,一也;淫泆,二也;不事舅姑,三也;口舌,四也;盗窃,五也;妒忌,六也;恶疾,七也。"《大戴礼记·本命》所指七去为:"不顺父母去,无子去,淫去,妒去,有恶疾去,多言去,窃盗去。"丈夫可以用七出或七去中的任何一条为借口,将妻子休弃。

七颠八倒 形容纷乱。朱熹《答陈卫道书》:"所以见处则尽高明脱洒,而用处七颠八倒,无有是处。"亦形容神魂颠倒。《警世通言·玉堂春落难逢夫》:"只为这冤家害的我一丝两气,七颠八倒。"

七件事 ❶日常生活中必需的七件东西。武汉臣《玉壶春》第一折:"早晨起来七件事,柴、米、油、盐、酱、醋、茶。"❷五脏和肠胃。也叫"七事子"。秦简夫《赵礼让肥》第三折:"由你将我身躯七事子开,由你将我心肝一件件摘。"

七绝 七言绝句的简称。参见"绝句"。

七律 七言律诗的简称。参见"律诗"。

七闽 古指今福建和浙江南部地区。《周礼·夏官·职方氏》:"辨其邦、国、都、鄙、四夷、八蛮、七闽、九貉、五戎、六狄之人民。"郑玄注:"闽,蛮之别也……四、八、七、九、五、六,周之所服国数也。"贾公彦疏:"叔熊居濮如蛮,后子从分为七种,故谓之七闽。"后亦泛指今福建省。苏轼《送张职方吉甫赴闽漕》诗:"空使吴儿怨不留,青山漫漫七闽路。"

七七 旧时丧俗之一。以人死后每隔七日为忌日,祭奠一次,到七七四十九日止,故名。佛教谓人生有六道流转,在人死此生彼之间,有"中阴身",如童子形。寻求生缘,以七日为一期,若七日终,不得生缘,则更续七日,至第七个七日终,必生一处。在此期间举行超度、祭奠,形成习俗。《北史·胡国珍传》:"又诏自始薨至七七,皆为设千僧斋。"

七窍 ❶指耳、目、口、鼻七孔。《庄子·应帝王》:"人皆有七窍,以视听食息。"❷古代相传人心有七孔。《史记·殷本纪》:"〔比干〕乃强谏纣。纣怒曰:'吾闻圣人心有七窍。'剖比干,观其心。"

七窍生烟 形容气极,若耳目口鼻中有火冒出。《二十年目睹之怪现状》第四十四回:"他老婆听了,便气得三尸乱暴,七窍生烟。"亦作"七窍冒烟"、"七窍冒火"。

七情 ❶人的七种感情。儒家以喜、怒、哀、惧、爱、恶、欲为七情(见《礼记·礼运》)。佛教以喜、怒、忧、惧、爱、憎、欲为七情。❷中医学名词。喜、怒、忧、思、悲、恐、惊七种情志的总称。七情活动,一般属于生理活动范围。如情志活动过度,则可导致内脏功能失常,气血不调而发生疾病。

七日来复 《易·复》:"七日来复。"王弼注:"阳气始剥尽至来复,时凡七日。"坤卦六爻皆阴;复卦六爻,其第一爻为阳,二至六爻皆为阴。坤卦表示纯阴,复卦则已有一阳,表示阳气由剥尽而复,故说"来复"。后称一星期为"一来复",星期日为"来复日"。一说,"七日"指"七月"。详孙奕《履斋示儿编·经说·七日来复》及朱熹《近思录》卷一"七日来复"茅星来注。

七伤 中医学名词。❶指致病因素。《诸病源候论》以大饱伤脾,大怒气逆伤肝,强力举重、久坐湿地伤肾,形寒寒饮伤肺,忧愁思虑伤心,风雨寒暑伤形,大恐惧不节伤志为"七伤"。又,喻嘉言以《金匮要略》之食伤、忧伤、饮伤、房室伤、饥伤、劳伤、经络荣卫气伤为"七伤"。❷指男性生殖系统疾病的七种表现。《诸病源候论》:"七伤者,一曰阴寒,二曰阴萎,三曰里急,四曰精连连,五曰精少阴下湿,六曰精清,七曰小便苦数、临事不卒。"

七十二地煞 道教称北斗丛星中有七十二个地煞星。传说每一星即有一神。《水浒传》以之附会于梁山泊七十二位头领。称他们是七十二地煞星下凡。

七十二冢 传说曹操怕死后被人发掘坟墓,在漳河一带造了七十二个疑冢。见陶宗仪《辍耕录·疑冢》。范成大有《七十二冢》诗,自注:"曹操疑冢也。"亦作"七十二坟"。陈恭尹《邺中》诗:"七十二坟秋草遍,更无人表汉将军。"

七十子 指孔子门下一些才德出众的学生。七十,举成数而言。《孟子·公孙丑上》:"如七十子之服孔子也。"《史记·孔子世家》:"身通六艺者七十有二人。"又《仲尼弟子列传》:"受业身通者七十有七人。"《汉书·艺文志序》:"昔仲尼没而微言绝,七十子丧而大义乖。"

七夕 节日名。夏历七月初七的晚上。古代神话,七夕牛郎织女在天河相会。《荆楚岁时记》:"博玄《拟天问》云:'七月七日,牵牛织女会天河。'"杜甫《牵牛织女》诗:"牵牛出河西,织女处其东。万古永相望,七夕谁见同?"参见"乞巧"。

七香车 古时用多种有香气的木料制成的车。也泛指华美的车子。曹操《与太尉杨彪书》:"今赠足下锦裘二领,八节银角桃杖一枚,青毡床褥三具,官绢五百匹,钱六十万,画轮四望通幰七香车一乘,青𪍘牛二头。"亦作"七香轮"、"七香辇"。朱有燉《神仙令》第二折:"管教你五花的官诰七香轮,稳拍拍做夫人。"《花月痕》第四十三回:"忽见屏门洞开,门外停两座七香宝辇。"

七襄 谓织女星七次移动位置。《诗·小雅·大东》:"跂彼织女,终日七襄;虽则七襄,不成报章。"郑玄笺:"襄,驾也;驾,谓更其肆也。从旦至暮七辰,辰一移,因谓之七襄。"按:织女,谓织女星;肆,谓星宿所舍,即星次;旧时分一昼夜为十二辰,通常以自卯至酉为昼,共七辰。颜延之《夏夜呈从兄散骑车长沙》诗:"九逝非空思,七襄无成文。"

七言诗 诗体名。全篇每句七字或以七字为主,当起于汉代民间歌谣。旧说始于《柏梁台诗》(见"柏梁体"),但此诗恐系伪托。两汉文人作七言诗而见于记载者颇多,今多不存。魏曹丕《燕歌行》,为现存较早的纯粹七言诗。至唐代大为发展。有七言古诗、七言律诗、七言绝句。与五言诗同为汉语古典诗歌的主要形式。

七政 《书·舜典》:"在璇玑玉衡,以齐七政。"按"七政"说法不一。(1)北斗七星。见《史记·天官书》。(2)春、秋、冬、夏、天文、地理、人道。见《尚书大传·唐传·尧典》。(3)日、月、五星(水、火、木、金、土)。见《史记·五帝本纪》裴骃集解引郑玄说。(4)北斗七星各主日、月、五星。见《史记·天官书》司马贞索隐引马融说。

七纵七禽 "禽"同"擒"。亦作"七擒七纵"。传说三国时诸葛亮南征孟获,七次擒,七次纵。事见《三国志·蜀志·诸葛亮传》裴松之注引《汉晋春秋》。《三国演义》第九十回:"孟获垂泪言曰:'七擒七纵,自古未尝有也。'"后谓善于运用策略使对方折服。《五灯会元·普贤元素禅师》:"不用铁旗铁鼓,自然草偃风行;何须七纵七擒,直得无思无服。"或省作"七纵"、"七禽"。张说《唐故广州都督甄公碑》:"授桴作气,有七纵之能;孤剑无前,当万人之敌。"黄庭坚《次韵吉老十小诗》:"藏拙无三窟,谈禅剧七禽。"

七族 《史记·鲁仲连邹阳列传》:"荆轲之湛(沉)七族。"荆轲刺秦始皇不成,其族连坐被杀。七族,有两种说法:(1)裴骃集解引张晏曰:"七族,上至曾祖,下至曾孙。"(2)司马贞索隐:"七族:父之姓,一也;姑之子,二也;姊妹之子,三也;女之子,四也;母之姓,五也;从子,六也;及妻父母,凡七族也。"

泲(qī) 用沸水冲泡。《红楼梦》第二十六回:"紫鹃,把你们的好茶泲碗我喝。"

另见 qiè。

妻(qī) 男子的配偶。与"夫"相对。

另见 qì。

妻党 妻的亲族。《晏子春秋·杂下》:"且臣以君之赐,父之党无不乘车者,母之党无不足于衣食者,妻之党无冻馁者。"

妻帑 同"妻孥"。《诗·小雅·常棣》:"宜尔室家,乐尔妻帑。"毛传:"帑,子也。"

妻孥 妻子儿女的统称。陆游《夜读兵书》诗:"战死士所有,耻复守妻孥。"

柒(qī) ❶木名。《山海经·西山经》:"刚山,多柒木。"毕沅校:"柒当为桼。"按即漆树。❷"七"字的大写。

栖〔棲〕(qī) ❶禽鸟歇宿。《诗·王风·君子于役》:"鸡栖于埘。"❷居住;停留。《国语·越语上》:"越王勾践栖于会稽之上。"陶潜《丙辰岁八月中于下潠田舍获》诗:"遥谢荷蓧翁,聊得从君栖。"❸歇处;卧床。《国策·秦策一》:"诸侯不可一,犹连鸡之不能俱止于栖之明矣。"《孟子·万章上》:"二嫂使治朕栖。"赵岐注:"栖,床也。"❹囤放。柳宗元《舜庙祈晴文》:"粢盛不害,馀粮可栖。"

另见 xī。

栖泊 栖止;居留。陈子昂《古意题徐令壁》诗:"闻君太平世,栖泊灵台侧。"一作"栖薄"。谢灵运《登临海峤与从弟惠连》诗:"日落当栖薄,系缆临江楼。"

栖迟 ❶游息。《诗·陈风·衡门》:"衡门之下,可以栖迟。"《汉书·叙传上》:"栖迟于一丘,则天下不易其乐。"引申为失意飘泊;淹留。李贺《致酒行》:"零落栖迟一杯酒,主人奉觞客长寿。"白朴《东墙记》第二折:"似这等栖迟误了奴家命,强打精神拜斗星,何日安宁?"❷散弃。《荀子·王制》:"于库府货财、粟米者,彼将日日栖迟薛越之中野,我今将畜积并聚之于仓廪。"

栖遁 隐居。《南史·虞寄传》:"性冲静,有栖遁志。"

栖神 ❶道家修炼术,谓静心专一以养元神。《晋书·阮籍传》:"籍尝于苏门山遇孙登,与商略终古及栖神导气之术。"❷谓死后安息。《三国志·魏志·文帝纪》:"骨无痛痒之知,冢非栖神之宅。"

栖息 居住,止息。多指隐居。谢灵运《道路忆山中》诗:"追寻栖息时,偃卧任纵诞。"韦应物《答裴处士》诗:"况子逸群士,栖息蓬蒿间。"

桤〔檟〕(qī) 木名。杜甫《凭何十一少府邕觅桤木数百栽》诗:"饱闻桤木三年大,与致溪边十亩阴。"

郪(qī) 郪丘,古地名。春秋齐地。在今山东东阿境。《春秋·文公十六年》:"公子遂及齐侯盟于郪丘。"

另见 cī。

俱(qī) 同"魌"。《荀子·非相》:"仲尼之状,面如蒙俱。"参见"蒙俱"。

攲(qī) 见"攲岖"。

攲岖 同"崎岖"。庾信《小园

赋》:"骹驱兮狭室,穿漏兮茅茨。"

凄 ⊖〔淒〕(qī) 寒冷。向秀《思旧赋序》:"寒冰凄然。"

⊜〔淒、悽〕(qī) 凄凉;悲伤。祢衡《鹦鹉赋》:"音声凄以激昂。"卢照邻《秋霖赋》:"莫不埋轮据鞍,衔凄茹叹。"

凄(悽)恻 哀伤。江淹《别赋》:"是以行子肠断,百感凄恻。"

凄楚 凄凉悲哀。李子卿《听秋虫赋》:"心羁者多感激,志苦者易凄楚。"

凄怆 ❶亦作"凄沧"。寒冷;寒气。《素问·五常政大论》:"凄沧数至,木伐草萎。"❷(悽怆)伤感;悲痛。《楚辞·九辩》:"中憯恻之凄怆兮,长太息而增欷。"《后汉书·桥玄传》:"〔曹操〕及后经过玄墓,辄凄怆致祭。"

凄风 西南风。《吕氏春秋·有始》:"西南曰凄风。"高诱注:"坤气所生,一曰凉风。"参见"八风"。

凄风苦雨 形容天气恶劣。语出《左传·昭公四年》"春无凄风,秋无苦雨"。后也用以比喻处境的悲惨凄凉。《隋唐演义》第六十二回:"何苦在这里,受这些凄风苦雨。"

凄惶 悲伤不安貌。关汉卿《拜月亭》第一折:"一点雨间一行凄惶泪。"

凄紧 寒意强烈逼人。柳永《八声甘州》词:"渐霜风凄紧,关河冷落,残照当楼。"

凄厉 寒凉;凄惨尖厉。苏轼《初秋寄子由》诗:"西风忽凄厉,落叶穿户牖。"

凄戾 寒凉;悲凉。钟嵘《诗品》卷中:"晋太尉刘琨,晋中郎卢谌诗,其源出于王粲,善为凄戾之词,自有清拔之气。"亦作"凄淚"、"凄唳"。

凄凉 ❶寂寞冷落。李贺《长歌续短歌》:"凄凉四月阑,千里一时绿。"❷悲伤。李白《留别曹南群官之江南》诗:"怀归路绵邈,览古情凄凉。"

凄迷 ❶景物模糊。善住《送中上人归故里》诗:"野花秋寂历,江草晚凄迷。"❷迷惘。郝经《营独山谷》诗:"中夜几回还自惜,缺壶歌罢意凄迷。"

凄凄 ❶寒凉貌。《诗·郑风·风雨》:"风雨凄凄。"❷(悽悽)悲伤貌。《关尹子·三极》:"人之善瑟者,有悲心则声凄凄然。"❸同"萋萋"。盛貌。《诗·小雅·大田》:"有渰萋萋。"《说文》引作"凄凄"。

凄切 凄凉悲切。孟郊《古别曲》:"荒郊烟莽苍,旷野风凄切。"

凄清 寒凉貌。潘岳《秋兴赋》:"月朣胧以含光兮,露凄清以凝冷。"

凄惘 感伤怅惘,若有所失。《世说新语·言语》:"袁彦伯为谢安南司马,都下诸人送至濑乡,将别,既自凄惘,叹曰:'江山辽落,居然有万里之势。'"

谋〔謀〕(qī,又读jī) ❶亦作"娸"、"欺"。诋毁。徐锴《说文解字系传·言部》:"谋,谩言也。《汉书》枚皋有'诋谋东方朔',又有'自诋谋'。"按今本《汉书·枚皋传》并作"诋娸",《哀帝纪》及《东方朔传》则作"诋欺"。参见"诋娸"。❷谋划。《后汉书·张衡传》:"回志揭来从玄谋。"李贤注:"揭,去也;谋,或作谋,谋亦谋言也。"按《文选·张衡〈思玄赋〉》作"谋"。

萋(qī) ❶草茂盛貌。《汉书·班婕妤传》:"中庭萋兮绿草生。"❷文彩交错。见"萋斐"。

萋斐 花纹错杂貌。《诗·小雅·巷伯》:"萋兮斐兮,成是贝锦;彼谮人者,亦已太甚!"后因用"萋斐"比喻谗言。刘昼《新论·伤谗》:"吞决之情深,则萋斐之辞作。"

萋萋 ❶茂盛貌。《诗·周南·葛覃》:"维叶萋萋。"崔颢《黄鹤楼》诗:"晴川历历汉阳树,芳草萋萋鹦鹉洲。"❷云起貌。《诗·小雅·大田》:"有渰萋萋。"渰,云兴貌。按《汉书·食货志上》、《说文》等都引作"凄凄"。

漆(qī) "漆"的本字。《汉书·贾山传》:"漆涂其外。"

戚 ⊖(qī) ❶古兵器名,斧的一种。见"戚扬"。❷亲近。《书·金縢》:"未可以戚我先王。"亦谓亲属关系。见"戚串"。❸古邑名。春秋卫地,即今河南濮阳北戚城。其地西濒古黄河,为晋、郑、吴、楚交通孔道。《春秋》文公元年(公元前626年):"公孙敖会晋侯于戚。"❹姓。

戚

⊜〔慼、慽〕(qī) 忧愁;悲伤。如:休戚相关。《诗·小雅·小明》:"自诒伊戚。"《论语·八佾》:"丧,与其易也,宁戚。"

戚串 即"亲串"。亲戚。

戚旧 亲戚故旧。《魏书·李栗

传》:"时王业草创,爪牙心腹多任亲近,唯栗一介远寄,兼非戚旧。"

戚里 ❶汉代长安城中外戚居住的地方。《汉书·石奋传》:"高祖召其姊为美人,以奋为中涓,受书谒,徙其家长安中戚里。"王先谦补注引周寿昌曰:"《长安志》注云:'高祖娶石奋姊为美人,移家于长安城中,号之曰戚里,帝王之姻戚也。'据此,戚里因石奋家而名。"后借指外戚。《后汉书·张霸传赞》:"霸贵知止,辞交戚里。"❷亲戚邻里。《聊斋志异·婴宁》:"设鹊突官宰,必逮妇女质公堂,我儿何颜见戚里?"

戚戚 ❶相亲貌。《诗·大雅·行苇》:"戚戚兄弟,莫远具尔。"❷忧惧貌。《论语·述而》:"君子坦荡荡,小人长戚戚。"陶潜《五柳先生传》:"不戚戚于贫贱,不汲汲于富贵。"❸心动貌。《孟子·梁惠王上》:"夫子言之,于我心有戚戚焉。"

戚施 ❶《诗·邶风·新台》:"燕婉之求,得此戚施。"毛传:"戚施,不能仰者。"按"戚施"本是蟾蜍,四足据地,无颈,不能仰视,因以比喻貌丑驼背之人。《国语·晋语四》:"戚施不可使仰。"韦昭注:"戚施,瘠者。"参见"籧篨❶"。❷谄谀之徒。《尔雅·释训》:"戚施,面柔也。"陆德明释文:"舍人曰:'令色诱人。'李曰:'和颜悦色以诱人,是谓面柔也。'"❸滑稽俳优。《国语·郑语》:"侏儒戚施,实御在侧。"韦昭注:"侏儒、戚施,皆优笑之人。"

戚畹 外戚;也指外戚聚居的地方。《宋史·李处耘传论》:"幸联戚畹之贵。"洪昇《长生殿·贿权》:"荣夸帝里,恩连戚畹。"

戚扬 古兵器,即斧钺。《诗·大雅·公刘》:"弓矢斯张,干戈戚扬。"毛传:"戚,斧也;扬,钺也。"

娸 (qī) 丑诋。《汉书·叙传下》:"安昌货殖,朱云作娸。"参见"诋娸"。

缕〔縷〕(qī) 织物花纹交错貌。《说文·糸部》:"缕,帛文貌。《诗》曰:'缕兮斐兮,成是贝锦。'"按《诗·小雅·巷伯》作"萋",毛传:"萋,斐,文章相错也。"

期(qī,旧读qí) ❶约会。如:不期而会。《诗·鄘风·桑中》:"期我乎桑中。"❷限定的时间;约定的时日。如:如期完成;过期作废。《诗·王风·君子于役》:"君子于役,不知其期。"❸希望。《南史·蔡约传》:"想副我所期。"❹限度。

《吕氏春秋·怀宠》:"征敛无期。"❺必定;务须。《左传·哀公十六年》:"期死,非勇也。"❻定期刊物出版的次数。如:季刊每年出四期。❼地质学名词。在一个国境内或一个大区域内,小于世的地质年代单位。一个世可以分出数目不等的期。期适用于整个生物地理区。一个生物地理区不局限于一个小地方,也不遍于全球,而相当于一个或几个大区域。不同的生物地理区有不同的期名。在期的时间内形成的地层叫"阶",如中国上寒武统的凤山阶等。❽百年曰期。见"期颐"。❾见"期期"。

另见 jī。

期期(—jī) 期满;限期已至。《左传·僖公二十三年》:"怀公命无从亡人,期期而不至,无赦。"亡人,逃亡在外的晋公子重耳。

期期(—qī) 形容口吃。《史记·张丞相列传》:"昌(周昌)为人吃,又盛怒,曰:'臣口不能言,然臣期期知其不可;陛下虽欲废太子,臣期期不奉诏。'"张守节正义:"昌以口吃,每语故重言期期也。"

期望 亦作"期待"。希望;等待。邹浩《秋蝇》诗:"期望秋风回,一扫无余孽。"

欺(qī) ❶欺骗;欺诈。《国策·秦策一》:"苏秦欺寡人。"❷凌辱;欺负。如:欺压;欺人太甚。姚合《寄王度居士》诗:"天公与贫病,时辈复轻欺。"引申为胜过、超越。丘为《左掖梨花》诗:"冷艳全欺雪,馀香乍入衣。"

欺诞 虚夸欺骗。《后汉书·南匈奴传》:"斯皆外示富强,以相欺诞也。"

欺负 欺诈背负。《汉书·韩延寿传》:"接待下吏,恩施甚厚而约誓明。或欺负之者,延寿痛自刻责:'岂其负之!何以至此?'"后多用为欺侮、侮辱的意思。马致远《荐福碑》第三折:"把似你便逞头角,欺负俺这秀才。"

欺诳 犹欺罔。陆龟蒙《记事》诗:"岁晏弗躬亲,何由免欺诳?"

欺谩 诳骗,轻慢。《史记·魏其武安侯列传》:"上使御史簿责魏其所言灌夫,颇不仇,欺谩。劾系都司空。"亦作"欺慢"。《申鉴·时事》:"事枉而难实者,欺慢必众。"

欺世盗名 欺骗世人,盗取虚名。苏洵《辨奸论》:"王衍之为人也,容貌语言,固有以欺世而盗名者。"《宋史·魏了翁传》:"谏议大夫朱端常遂劾了翁,欺世盗名,朋邪谤国。"

欺罔 欺骗蒙蔽。《汉书·郊祀志下》:"皆奸人惑众,挟左道,怀诈伪,以欺罔世主。"

敧(qī) 倾侧不平。元结《右溪记》:"敧嵌盘屈,不可名状。"

另见 jī,yī。

敧案 斜榻,犹今之躺椅。刘孝绰《昭明太子集序》:"临书幌而不休,对敧案而忘怠。"

攲(qī) 通"敧"。倾斜。杜甫《奉先刘少甫新画山水障歌》:"攲岸侧岛秋毫末。"

另见 yī。

攲器 古代一种倾斜易覆的盛水器。水少则倾,中则正,满则覆。人君可置于座右以为戒。《荀子·宥坐》:"孔子观于鲁桓公之庙,有攲器焉。孔子问于守庙者曰:'此为何器?'守庙者曰:'此盖为宥坐之器。'"杨倞注:"攲器,倾攲易覆之器。宥,与'右'同。言人君可置于坐右以为戒也。"庾信《周祀宗庙歌·皇夏》:"攲器防满,金人戒言。"

缉〔緝〕(qī) 一种密针缝纫方法。如:缉鞋口。

另见 jī。

嘁(qī) 拟声词。《红楼梦》第二十七回:"只听那亭里边嘁嘁喳喳有人说话。"

僛(qī) 见"僛僛"。

僛僛 醉舞攲斜貌。《诗·小雅·宾之初筵》:"屡舞僛僛。"毛传:"僛僛,舞不能自正也。"

漆(qī) ❶各种粘液涂料的统称。涂于物体表面,干后能结成坚韧而美观的保护薄膜。可分天然漆和人造漆两大类。中国使用天然漆已数千年,19世纪前,用以装饰及保护宫殿、庙宇、棺椁、祭皿等,目前仅用作工艺美术品及一些木器等的涂饰。人造漆种类很多,广泛用于工业和农业机械、建筑物、交通运输工具及器物等的涂饰。❷涂漆。如:油漆;漆器。❸黑色。《周礼·春官·巾车》:"漆车藩蔽。"郑玄注:"漆车,黑车也。"❹木名。落叶乔木,汁可作涂料。《诗·鄘风·定之方中》:"椅桐梓漆。"❺姓。

漆雕 复姓。春秋时有漆雕开。

漆身吞炭 《史记·刺客列传》:"豫让又漆身为厉(癞),吞炭为哑,使形状不可知,行乞于市,其妻不识也。"谓漆身以变其形,吞炭以变其音,使人不能辨认。朱鼎《玉镜台记·新亭流涕》:"我自愿漆身吞炭,尝胆卧薪,同心协力期雪耻,须歃血为誓。"

桼(qī) 同"泰"。

槭(qī) 槭树科,槭树属(*Acer*)植物的泛称。中国有140余种。主要特征为具对生叶和双翅果。中国各地均有分布,以长江流域及西南地区为多。较著名的如鸡爪槭、元宝槭(*A. truncatum*),后者亦称"平基槭",叶掌状五裂,基脚常截齐,见于中国北部。三角槭(*A. buergerianum*),亦称"三角枫",叶常三裂,见于中国中部、东部至日本。白牛槭(*A. mandshuricum*)及三花槭(*A. triflorum*)均为复叶,小叶三枚,分布于中国东北至朝鲜半岛,为当地林区中重要阔叶树种。此类大多数木材坚实,可供建筑及制家具。又北美洲产的糖槭,由树干流出的液汁经蒸发后,制成槭糖,供食用。

另见 sè。

碛(qī,又读 xī) 同"溪"。马融《长笛赋》:"临万仞之石碛。"

踦(qī) ❶一只脚。见《说文·足部》。引申为脚不全。《方言》第二:"雍梁之西郊,凡兽支体不具者谓之踦。"引申为偏重。《韩非子·亡征》:"其强弱相踦者也。"❷通"崎"。见"踦躯"。

另见 jī,jǐ,yǐ。

踦躯 同"崎岖"。左思《魏都赋》:"山阜猥积而踦躯。"

霋(qī) 雨止放晴。《说文·雨部》:"霋,霁谓之霋。"

䫏(qī) "魌"的本字。见"䫏丑"、"魌头"。

䫏丑 古代求雨用的鬼怪状的泥偶;比喻极其丑陋的人。《淮南子·精神训》:"是故视珍宝珠玉犹石砾也,视至尊穷宠犹行客也,视毛嫱、西施犹䫏丑也。"

蹊(qī) 见"蹊跷"。

另见 xī。

蹊跷 同"跷蹊"。奇怪;可疑。《水浒传》第二十回:"宋江见了这个大汉走得蹊跷,慌忙起身赶出茶房来。"

蝛(qī) 腹足纲,原始腹足目中几个不同科动物的总称。壳无螺旋,呈笠状,因而有"笠贝"或"帽贝"之称。壳面具有放射肋花纹和生长环纹,颜色随种类而异。足部肌肉特别发达，用以吸附在海边岩礁上。以细小藻类和小动物为食。为中国沿海潮间带岩礁上习见的动物，数量很多。例如，中华楯蟣（Scutus sinensis）、嫁蟣（Cellana toreuma）、史氏背尖贝（Notoacmea schrencki）等。肉供食用。

魌（qī）见"魌头"。

魌头 古时打鬼驱疫时用的面具。《周礼·夏官·方相氏》"方相氏掌蒙熊皮"郑玄注："冒熊皮者，以惊驱疫疠之鬼，如今魌头也。"亦作"頩头"。《说文·页部》："今逐疫有頩头。"

曊（qī）❶将干未燥。《玉篇·日部》："欲干也。"❷用沙土等吸去水分。

鏚（qī）同"戚"。斧子。《左传·昭公十二年》："君王命剥圭以为鏚柲。"柲，柄。

qí

开（qí，今读jī）姓。唐代有开士能。
另见jī。

开官 复姓。孔子年十九，娶于宋之开官氏。见《孔子家语·本姓解》。一说，"开"作"开"。

亓（qí）❶"其"的古文。❷姓。唐代有亓志。

示（qí）❶古代指神祇。也专指地神。《周礼·春官·大宗伯》："大宗伯之职，掌建邦之天神人鬼地示之礼。"❷姓。

伎（qí）见"伎伎"。
另见jì。

伎伎 奔走舒徐貌。《诗·小雅·小弁》："鹿斯之奔，维足伎伎。"毛传："伎伎，舒貌。谓鹿之奔走，其足伎伎然舒也。"一说速行之貌。详马瑞辰《毛诗传笺通释》。

齐［齊］（qí）❶整齐。如：参差不齐；向右看齐。❷整治。《大学》："欲治其国者，先齐其家。"《荀子·富国》："正法以齐官。"杨倞注："齐，整也。"❸排列。《淮南子·原道训》："齐靡曼之色。"高诱注："齐，列也。"❹同；并；比。如：齐心；齐驱。《楚辞·九歌·云中君》："与日月兮齐光。"❺皆；全。如：齐备；齐全。《史记·平准书》："民不齐出于南亩。"❻定限。《列子·杨朱》："百年，寿之大齐。"❼通"脐"。(1)《左传·庄公六年》："若不早图，后君噬齐。"杜预注："若啮腹齐，喻不可及。"(2)引申为中央。《列子·黄帝》："不知斯齐国几千万里。"张湛注："斯，离也；齐，中也。"(3)喻漩涡。《庄子·达生》："与齐俱入。"王先谦集解引宣颖云："水漩入处似脐。"❽通"疾"。捷；速。《荀子·修身》："齐给便利，则节之以动止。"杨倞注："齐给便利，皆捷速也。"❾古国名。公元前11世纪周分封的诸侯国。姜姓。吕氏。在今山东北部，开国君主是吕尚，建都营丘（后称临淄，今山东淄博东北）。春秋初期齐桓公任用管仲为政，国力富强，成为霸主。前567年齐灵公灭莱，疆土扩到山东东部。疆域东到海，西到黄河，南到泰山，北到无棣水（今河北盐山南）。春秋末年君权逐渐为大臣陈氏（即田氏）所夺。前386年周安王承认田和为齐侯。田和传三代到齐威王，国力强盛，打败魏国，开始称王，成为战国七雄之一。此后长期与秦国东西对峙。前284年燕、秦等五国联合攻齐，齐被燕将乐毅攻破，从此国力衰弱。前221年为秦所灭。❿唐末农民起义军领袖黄巢所建的政权。建都长安（今陕西西安），建元金统（公元881年初—884年6月）。设有太尉兼中书令、侍中、同平章事、左右仆射、知左右军事、枢密使、翰林学士等官职。⓫地区名。今山东泰山以北黄河流域及胶东半岛地区，为战国时齐地，汉以后沿称齐。⓬姓。
另见jī, jì, jiǎn, zhāi, zī。

齐齿呼 音韵学上四呼之一。凡韵头或韵腹是 i[i] 的韵母叫齐齿呼。如天(tiān)[t'iɑn]、希(xī)[çi]中的 iɑn[iɑn]、i[i]。

齐姜 古代女子称姓，周朝的齐国为姜姓，故齐侯之女称"齐姜"。也用作名门美女的代称。《诗·陈风·衡门》："岂其取妻，必齐之姜？"

齐眉 夫妇相敬相爱。《京本通俗小说·错斩崔宁》："与同浑家王氏，年少齐眉。"参见"举案齐眉"。

齐民 平民。《汉书·食货志下》："世家子弟富人，或斗鸡走狗马，弋猎博戏，乱齐民。"颜师古注引如淳曰："齐，等也。无有贵贱，谓之齐民，若今言平民矣。"

齐明 无所不明。《荀子·修身》："齐明而不竭，圣人也。"杨倞注："齐，谓无偏无颇也，不竭不穷也。"一说，齐，智虑之敏。见王念孙《读书杂志·荀子一》。

齐女 蝉的异名。崔豹《古今注·问答释义》："牛亨问曰：'蝉名齐女者何？'答曰：'齐王后忿而死，尸变为蝉，登庭树嘒唳而鸣。王悔恨。故世名蝉曰齐女也。'"

齐天乐 ❶词牌名。又名《台城路》、《如此江山》等。双调一百零二字，仄韵。❷曲牌名。南曲正宫、北曲中吕宫都有同名曲牌。南曲字句格律与词牌前半阕同，用作引子。北曲与词牌不同，常用于《红衫儿》曲牌前，二曲连用，或作小令，或用于套曲中。

齐纨 齐地出产的白细绢。《列子·周穆王》："曳齐纨。"班婕妤《怨歌行》："新裂齐纨素，皎洁如霜雪；裁为合欢扇，团团似明月。"后因以称团扇。《红楼梦》第二十三回："水亭处处齐纨动，帘卷朱楼罢晚妆。"

齐谐 《庄子·逍遥游》："齐谐者，志怪者也。"成玄英疏："姓齐名谐，人姓名也；亦言书名也，齐国有此俳谐之书也。"后世志怪之书多用"齐谐"为书名，如《隋书·经籍志》有东阳无疑先生《齐谐记》七卷，梁吴均有《续齐谐记》一卷。清袁枚《子不语》亦名《新齐谐》。

齐一 统一；一致。《荀子·儒效》："答桲暴国，齐一天下，而莫能倾也。"

齐整 ❶整齐，不参差、杂乱。《三国志·魏志·郑浑传》："入魏郡界，村落齐整如一。"❷整顿。《后汉书·缪肜传》："肜深怀愤叹，乃掩户自挝曰：'缪肜，汝修身谨行，学圣人之法，将以齐整风俗，奈何不能正其家乎！'"

祁（qí）❶大。《书·君牙》："冬祁寒。"❷山名。即"祁山"。❸姓。

祁祁 ❶众多貌。《诗·大雅·韩奕》："诸娣从之，祁祁如云。"又《豳风·七月》："春日迟迟，采蘩祁祁。"❷舒迟貌。《诗·召南·采蘩》："被之祁祁，薄言还归。"

祁山 在今甘肃礼县东。汉在西汉水北岸山上筑城，极为严固，即今祁山堡，为军事必争之地。相传三国时蜀汉诸葛亮曾六出祁山以攻魏，但据《三国志·诸葛亮传》亮出兵攻魏仅五次，而出祁山者仅两次。

圻（qí）❶方千里之地。《左传·昭公二十三年》："今土数圻而郢是城，不亦难乎！"❷通"碕"。曲岸。谢灵运《入彭蠡湖口》诗："洲岛骤回合，圻岸屡崩奔。"

另见 yín。

圻父 古代官名，职掌王畿内兵马。《书·酒诰》：“矧惟若畴圻父。”孔传：“圻父，司马。”孔颖达疏：“司马主圻封，故云圻父；父者，尊之辞。”亦作“祈父”。《诗·小雅·祈父》：“祈父，予王之爪牙。”

芪(qí) 见“黄芪”。

岐(qí) ❶山名。见“岐山”。❷古邑名。在今陕西岐山县东北。周族古公亶父自豳迁于岐山下周原，作邑以居四方来归之民。❸同“歧”。《释名·释道》：“二达曰岐旁：物两为岐，在边曰旁。”❹见“岐嶷”。❺姓。晋代有岐盛。

岐伯 传说中的古代医家。见《内经》。此书托名他与黄帝讨论医学，以问答形式写成。后世称中医学为“岐黄之术”，即源于此。

岐黄 岐伯和黄帝的合称。相传为医家之祖。《内经》即以黄帝、岐伯问答的体裁写成，故后世以岐黄作为“中医学”的代称。清汪昂《医方集解·凡例》：“况余不业岐黄，又学无师授。”

岐山 在今陕西岐山县东北。山状如柱，亦称天柱山。相传周初有凤鸣于此，故名凤凰堆。《诗·大雅·緜》：“古公亶父，来朝走马，率西水浒，至于岐下。”《书·禹贡》：“治梁及岐”，又“导岍及岐”。

岐嶷 《诗·大雅·生民》：“诞实匍匐，克岐克嶷。”毛传：“岐，知意也；嶷，识也。”朱熹注：“岐嶷，峻茂之状。”后常用来形容幼年聪慧。《后汉书·马援传》：“客卿幼而岐嶷，年六岁，能应接诸公，专对宾客。”参见“嶷❶”。

恞(qí) 爱。《尔雅·释训》：“恞恞，爱也。”郝懿行义疏：“恞者，《说文》云：‘爱也。’《释文》云：‘李（巡）：余之反，恞恞，和适之爱也。’则与怡怡音义同。”

其(qí) ❶回指上文提及的事物或人。他（她、它）的，他（她、它）们的。《诗·周南·桃夭》：“桃之夭夭，灼灼其华；之子于归，宜其室家。”上“其”指桃，下“其”指之子。❷指意之所属。那；那个。《史记·项羽本纪》：“今欲举大事，将非其人不可。”《汉书·司马迁传》：“藏之名山，传之其人。”❸犹“殆”。表拟议或揣测。《易·系辞下》：“《易》之兴也，其于中古乎？”❹犹“将”。将要。《诗·唐风·蟋蟀》：“我今不

乐，日月其除。”❺犹“尚”、“当”。表祈使。《书·益稷》：“帝其念哉！”《史记·孝文本纪》：“今法有诽谤妖言之罪……其除之。”❻犹“岂”。表反诘。《左传·僖公五年》：“一之谓甚，其可再乎？”❼犹“抑”。《史记·赵世家》：“秦诚爱赵乎，其实憎齐乎？”❽犹“若”。《左传·僖公九年》：“其济，君之灵也；不济，则以死继之。”❾用同“之”。《大戴礼记·保傅》：“凡此其属，少傅之任也。”❿更端之词。犹言“至”。《书·无逸》：“其在高宗，时旧劳于外。”⓫作词助，用同“然”。《诗·王风·中谷有蓷》：“嘅其叹矣。”又《邶风·绿衣》：“凄其以风。”⓬作语助，无义。《诗·唐风·扬之水》：“既见君子，云何其忧？”⓭姓。汉代有其石。

另见 jī, jǐ。

其诸 犹或者。表示测度的语气。《论语·学而》：“夫子之求之也，其诸异乎人之求之与？”

枝(qí) 通“歧”。见“枝指”。

另见 zhī。

枝指 枝，通“歧”。《庄子·骈拇》：“骈拇枝指。”成玄英疏：“枝指者，谓手大拇指旁枝生一指，成六指也。”常用来比喻重复无用之物。

奇(qí) ❶特殊的；罕见的。《史记·商君列传》：“公孙鞅年虽少，有奇才。”❷惊异。《史记·淮阴侯列传》：“滕公奇其言。”❸出人意外；变幻莫测。如：出奇制胜。《老子》：“以奇用兵。”❹异常；甚。如：奇痒；奇痛。

另见 jī。

奇兵 谓乘敌不意，出奇制胜的军队。崔湜《塞垣行》：“精骑突晓围，奇兵袭暗壁。”

奇货可居 《史记·吕不韦列传》：“〔子楚〕居处困，不得意。吕不韦贾邯郸，见而怜之，曰：‘此奇货可居。’”谓把稀有的东西囤积起来，等待高价出售。后常用以比喻挟持某种技艺或事物为资本以博取功名财利。

奇谲 奇特而有机谋。《汉书·朱博传》：“每迁徙易官，所到辄出奇谲如此，以明示下为不可欺者。”

奇人 奇异的人；不平常的人。《后汉书·隗嚣传》：“闻鸟氏有龙池之山，微径南通，与汉相属，其傍时有奇人。”

奇响 不同于寻常的音响。刘峻《辨命论》：“闻孔墨之挺生，谓英睿擅奇响。”

奇正 古代兵法的术语，先出合战为正，后出为奇，其内容根据战阵情况而不同。《孙子·势》：“战势不过奇正，奇正之变，不可胜穷也。”又：“奇正相生，如循环之无端，孰能穷之？”王晳注：“奇正者，用兵之钤键，制胜之枢机也。临敌运变，循环不穷，穷则败也。”

軝〔軝〕(qí) 车毂两端有皮革装饰的部分。《诗·小雅·采芑》：“约軝错衡。”毛传：“軝，长毂之軝也，朱而约之。错衡，文衡也。”孔颖达疏：“《考工记》说兵车、乘车，其毂长于田车，是为长毂也。言朱而约之，谓以朱色缠束车毂以为饰。”

歧(qí) 叉开。如：歧路。《后汉书·张堪传》：“麦穗两歧。”引申为歧异，不相同。如：分歧；歧视。袁树《哭堂妹秋卿》诗：“书远摹多误，人稠语屡歧。”

歧道 歧路，即岔路。《论衡·率性》：“是故杨子哭歧道，墨子哭练丝也。”参见“泣歧路”。

歧路亡羊 《列子·说符》：“杨子之邻人亡羊，既率其党，又请杨子之竖追之。杨子曰：‘嘻！亡一羊何追者之众？’邻人曰：‘多歧路。’既反，问：‘获羊乎？’曰：‘亡之矣。’曰：‘奚亡之？’曰：‘歧路之中又有歧焉，吾不知所之，所以反也。’……心都子曰：‘大道以多歧亡羊，学者以多方丧生。’”后以“歧路亡羊”比喻事理复杂多变，因而迷失方向，不能找到真理。

歧旁 亦作“岐旁”。犹岔道。《尔雅·释宫》：“一达谓之道路，二达谓之歧旁。”《释名·释道》：“二达曰岐旁。物两为岐，在边曰旁。”

歧途 岔路。也比喻错误的方向、道路。如：误入歧途。

虮〔蟣〕(qí) 水蛭。《尔雅·释鱼》：“蛭，虮。”郭璞注：“今江东呼水中蛭虫入人肉者为虮。”

另见 jī, jǐ。

肵(qí) 见“肵俎”。

肵俎 敬尸之俎。古代祭祀盛牲体心舌的器物。《仪礼·特牲馈食礼》：“佐食升肵俎。”郑玄注：“肵，谓心、舌之俎也。”《郊特牲》曰：“肵之为言敬也。”言主人之所以敬尸之俎。”

祈(qí) ❶向神求祷。如：祈福。《诗·小雅·甫田》：“以祈甘雨，以介我稷黍。”引申为向人请求的通称。如：祈请；敬祈。❷通

"畿"、"圻"。《诗·小雅·祈父》序："《祈父》，刺宣王也。"孔颖达疏："此职掌封畿甲兵，当作畿字，今作圻。"

祈祷 宗教仪式之一。各种宗教都有，由信教者以赞美、感谢、禀告、恳求等方式，向他们所信仰的天、地、神等进行祷告，祈福禳灾。

祈年 ❶祈求丰年。《诗·大雅·云汉》："祈年孔夙，方社不莫。"郑玄笺："我祈丰年甚早。"❷殿名。在北京天坛。本明大享殿，嘉靖间建此，专以祈谷。清仍袭用，至乾隆时改今名。

祈使句 用来要求听话人做某件事情的句子。如："你去一趟。""把任务交给我！""快上车吧！"常用"吧"、"呀"、"啊"等助词。句末用句号，语气较强的用感叹号。

祈向 祈求向往。《庄子·天地》："三人行而一人惑，所适者犹可致也，惑者少也。二人惑，则劳而不至，惑者胜也。而今也以天下惑，予虽有祈向，不可得也，不亦悲乎！"

祈羊 烹羊以祭，古代祭山的一种仪式。《管子·形势》："山高而不崩，则祈羊至矣；渊深而不涸，则沈玉极矣。"尹知章注："山不崩，渊不涸，兴雨之祥，故羊玉而祈祭。烹羊以祭，故曰祈羊。"按戴望校正引张文虎曰："祈羊费解。羊疑祥字之讹。《国准》篇云：'立祈祥以固山泽。'是其证。"可备一说。

祇(qí) ❶亦称"地祇"。指地神。陆德明《经典释文》："天曰神，地曰祇。"常与神合称"神祇"，指天地之神。并常以天神、地祇、人鬼并提，泛指天上、地上和人世的各种精神体。❷大。《易·复》："不远复，无祇悔。"孔颖达疏："既能速复，是无大悔。"❸通"疧"。病。《诗·小雅·何人斯》："壹者之来，俾我祇也。"

另见 zhī，zhǐ 只。

陒〔隑〕(qí) 同"碕"。曲岸。《史记·司马相如列传》："临曲江之陒州兮，望南山之参差。"司马贞索隐："陒，即碕字，谓曲岸头也。"

另见 gài。

亝(qí) "齐(齊)"的古体字。

另见 zhāi 斋。

俟(qí) 见"万俟"。

另见 sì。

疧(qí) 忧病。《诗·小雅·白华》："之子之远，俾我疧兮。"毛传："疧，病也。"

忮〔懠〕(qí) 愤怒。《诗·大雅·板》："天之方忮，无为夸毗。"

耆(qí) ❶老。《晋书·食货志》："九年躬稼，而有三年之蓄，可以长孺齿，可以养耆年。"❷强横。《左传·昭公二十三年》："不懦不耆。"杜预注："懦，弱也；耆，强也。"❸憎怒。《诗·大雅·皇矣》："上帝耆之。"毛传："耆，恶也。"

另见 shì，zhǐ。

耆艾 ❶古称六十岁为耆，五十岁为艾。《礼记·曲礼上》："五十曰艾，服官政；六十曰耆，指使。"亦泛指老年。《荀子·致士》："耆艾而信，可以为师。"❷师傅。《国语·周语上》："瞽史教诲，耆艾修之，而后王斟酌焉。"韦昭注："耆艾，师傅也。师傅修理瞽史之教，以闻于王也。"

耆旧 年高而久负声望的人。杜甫《遣兴》诗："襄阳耆旧间，处士节独苦。"指庞德公。苏轼《姚屯田挽词》："京口年来耆旧衰，高人沦丧路人悲。"

耆宿 亦作"耆夙"。年高而有道德学问的人。《后汉书·樊儵传》："耆宿大贤，多见废弃。"

萁(qí) 同"萁"。豆茎。《孙子·作战》："萁秆一石，当吾二十石。"

桥〔檮〕(qí，又读 jī) ❶白枣。《尔雅·释木》："桥，白枣。"郭璞注："即今枣子白熟。"郝懿行义疏："凡枣熟时赤，此独白熟为异。《初学记》引《广志》云：'大白枣名曰蹙咨，小核多肌。'按蹙咨之合声为桥。"❷木名。《说文·木部》："桥，木也，可以为大车轴。"《古文苑·扬雄〈蜀都赋〉》："枇桥枎榴。"章樵注："桥，榆属。"

蚑(qí) ❶虫名。即"蟏蛸"，亦称"长蚑"。一种长脚的蜘蛛。崔豹《古今注·鱼虫》："长蚑，蟏蛸也。身小而足长，故谓长蚑。"❷虫行貌。《淮南子·修务训》："蚑行蛲动之虫，喜而合，怒而斗。"王褒《洞箫赋》："是以蟋蟀蚸蠖，蚑行喘息。"

蚚(qí) 米谷中的小黑虫。也叫"强蛘"。《尔雅·释虫》："强。蚚。"郭璞注："即强丑捋。"郝懿行义疏："《说文》强、蚚互训。《玉篇》：'强，米中蠹小虫。'是强蚚即上蛄螿，强蛘也。"广东人呼米牛，绍兴人呼米象，并因形以为名。

颀〔頎〕(qí) 身长貌。《诗·卫风·硕人》："硕人其颀。"

另见 kěn。

脐〔臍〕(qí) ❶人和哺乳动物胎儿出生后，胚胎期脐带脱落结疤形成的瘢痕。在人体，一般位于腹正中，但可因年龄、性别、胖瘦程度、腹肌张力等而有变化。在脐区可触及由结缔组织形成的一个硬环称为脐环。新生儿的脐部组织如愈合不佳，或成年人的脐环因故削弱，腹腔内部分内脏由此突出，均可导致脐疝。❷鸟类正羽羽根上部与羽干相接处的腹面和羽根下部末端的小孔，分别称为"上脐"、"下脐"。❸指蟹的腹部，雄尖雌圆，故有尖脐、团脐之称。

旂(qí) 古时旗帜的一种，旗上画有龙形，竿头系有铜铃。《周礼·春官·司常》："交龙为旂。"《尔雅·释天》："有铃曰旂。"《诗·周颂·载见》："龙旂阳阳，和铃央央。"

另见 qí 旗㊀。

陭(qí) 见"陭岖"。

另见 yǐ。

陭岖 同"崎岖"。路不平貌。《史记·司马相如列传》："民人登降移徙，陭岖而不安。"

埼(qí) 同"碕"、"陒"。《文选·司马相如〈上林赋〉》："触穹石，激堆埼。"李善注引张揖曰："埼，曲岸头也。"

赽(qí) ❶在大木上爬行。《说文·走部》："赽，缘大木。"徐锴系传："虫行曰蚑行，谓四足随高下逶迤，其背豸豸然。人之缘木，有似于此。"❷行貌。《说文·走部》："赽，一曰行貌。"

萁(qí) 豆茎。《汉书·杨恽传》："种一顷豆，落而为萁。"

另见 jī。

畦(qí，读音 xī) ❶田园中以种植作物所划分的小区。《汉书·食货志上》："菜茹有畦。"颜师古注："畦，区也。"按不同情况又分为凸畦(高出地面的畦)、平畦和凹畦(与地面平，但四周围有小埂)。❷治地成畦；分畦栽种。《孟子·滕文公下》："胁肩谄笑，病于夏畦。"赵岐注："言其意苦劳极，甚于仲夏之月治畦灌园之勤也。"《离骚》："畦留夷与揭车兮。"

畦径 田间小路。比喻常规，多指学艺方面。《新唐书·李贺传》："辞尚奇诡，所得皆惊迈，绝去翰墨畦径，当时无能效者。"参见"蹊径"。

畦畛 犹町畦。田间的道路，引申为界限、格式或隔阂。曾巩《后耳目志》："东坡《过海谢表》，萧然出四六畦畛之外。"韩愈《赠崔立之评事》诗："高士例须怜曲（麹）糵，丈夫终莫生畦畛。"

跂（qí）❶多出的脚趾。《庄子·骈拇》："故合者不为骈，而枝者不为跂。"❷通"歧"。分歧。《诗·小雅·大东》："跂彼织女，终日七襄。"毛传："跂，隅貌。"孔颖达疏："孙毓云：'织女三星，跂然如隅。'然则三星鼎足而成三角，望之跂然，故曰隅貌。"❸通"蚑"。虫爬行貌。见"跂行"、"跂跂"。

另见 qǐ、qì。

跂跂 虫爬行貌。《汉书·东方朔传》："跂跂脉脉善缘壁，是非守宫即蜥蜴。"

跂行 虫爬行。引申为有足能行者之称。《史记·匈奴列传》："跂行喙息蠕动之类，莫不就安利而辟危殆。"

崎（qí）见"崎岖"。

崎岖 亦作"陭岖"，"敧岖"。地面高低不平貌。张衡《南都赋》："上平衍而旷荡，下蒙茏而崎岖。"也用来比喻处境困难。《史记·燕召公世家论》："燕外迫蛮貉，内措齐晋，崎岖强国之间。"

鬾（qí，又读 jì）亦作"魖"。鬼。《说文·鬼部》："鬾，鬼俗也。"《淮南传》曰：'吴人鬼，越人鬾。'"《集韵·七尾》："南方之鬼曰鬾，一说吴人曰鬼，越人曰鬾。"按此实为鬼的俗称，今浙东一带仍称鬼为鬾。

淇（qí）水名。在河南北部。古为黄河支流，南流至今卫辉市东北淇门镇南入河。

骐〔騏〕（qí）❶青黑纹如棋盘格子的马。见《说文·马部》。一说纹如綦形，即像鞋带的交错。《诗·秦风·小戎》："驾我骐鮮。"毛传："骐，綦文也。"❷骐文的，即棋盘格子纹的。《诗·曹风·鸤鸠》："其弁伊骐。"❸见"骐骥"。❹通"麒"。见"骐骥❶"。

骐骥 良马。《庄子·秋水》："骐骥骅骝，一日而驰千里。"

骐骥 ❶同"麒麟"。《国策·赵策四》："剡胎焚夭，而骐骥不至。"❷良马名。《商君书·画策》："骐骥騄駬，每一日走千里。"

骑〔騎〕㊀（qí）❶两腿跨坐。如：骑马；骑自行车。《汉书·爰盎传》："百金之子不骑衡。"颜师古注："骑，谓跨之耳。"❷兼跨着两边。如：骑墙；骑缝。

㊁（qí，旧读 jì）❶骑兵。如：铁骑；精骑。《礼记·曲礼上》："前有车骑则载飞鸿。"亦指所骑的马。如：坐骑。❷一人一马的合称。如：一骑；千骑。白居易《长恨歌》："千乘万骑西南行。"

骑从 ❶骑马随从。《史记·项羽本纪》："于是项王乃上马骑，麾下壮士骑从者八百余人。"❷骑马的随从。苏轼《黄州》诗："使君厌骑从，车马留山前。"

骑鹤上扬州 《说郛》载《商芸小说》（本为《殷芸小说》，宋人避讳改"殷"为"商"）："有客相从，各言所志：或愿为扬州刺史，或愿多资财，或愿骑鹤上升，其一人曰：'腰缠十万贯，骑鹤上扬州。'欲兼三者。"比喻贪婪的妄想。

骑虎难下 比喻行事遇到困难，却迫于大势不能中止。李白《留别广陵诸公》诗："骑虎不敢下，攀龙忽堕天。"《近十年之怪现状》第三回："这件事都是仲英闹出来的，此刻骑虎难下。"

骑箕尾 《庄子·大宗师》："傅说得之以相武丁，奄有天下，乘东维，骑箕尾，而比于列星。"傅说一星，在箕星尾星之间，相传为傅说死后升天所化。后因称大臣死为"骑箕尾"或"骑箕"。《宋史·赵鼎传》："至是书铭旌云：'身骑箕尾归天上，气作山河壮本朝。'"

骑鲸 扬雄《羽猎赋》："乘巨鳞，骑京（鲸）鱼。"后用以指文人隐遁或游仙。陆游《七月一日夜坐舍北水涯戏作》诗："斥仙岂复尘中恋，便拟骑鲸返玉京。"

骑驴觅驴 比喻物本已有而反外求。《景德传灯录》卷二十九"志公和尚大乘赞"："不解即心即佛，真似骑驴觅驴。"

骑月雨 从月末延续到下月初的雨。陆游《村社祷晴有应》诗："爽气收回骑月雨，快风散尽满天云。"自注："俗谓二十四五间有雨，往往辄成霖潦，谓之骑月雨。"

骑者善堕 惯于骑马的人常常会堕下马来，比喻擅长某事的人，往往疏忽大意而招致失败。语出《越绝书·外传记吴王占梦》："悲哉，夫好船者溺，好骑者堕。"《聊斋志异·念秩》："旨哉古言！骑者善堕。"

骑置 即"驿骑"。乘马传送公文者。《汉书·李陵传》："因骑置以闻。"

琪（qí）美玉。陆龟蒙《袭美先辈以龟蒙所献五百言》诗："剖石呈清琪。"

琪花瑶草 古谓仙境里的花草。王毂《梦仙谣》："前程渐觉风光好，琪花片片粘瑶草。"后亦指名贵的花草。《水浒后传》第三十六回："有座天生石台，直靠在海外，如建康燕子矶一样，玲珑剔透，文采可观，遍生琪花瑶草。"

琦（qí）❶美玉。《抱朴子·博喻》："沟浍之中，无宵朗之琦。"❷卓异；美好。宋玉《对楚王问》："夫圣人瑰意琦行，超然独处。"❸诡异；不正。《荀子·非十二子》："好治怪说，玩琦辞。"杨倞注："琦读为'奇异'之'奇'。"

棋〔碁、棊〕（qí）文娱用具。如：围棋；象棋。也特指棋子。《左传·襄公二十五年》："弈者举棋不定，不胜其耦。"

另见 jī。

棋布 像棋子般密布着。如：星罗棋布。左思《吴都赋》："屯营栉比，解署棋布。"

棋局 ❶即棋盘。特指围棋棋盘。杜甫《江村》诗："老妻画纸为棋局，稚子敲针作钓钩。"❷指弈棋之事。《后汉书·张衡传》："弈秋以棋局取誉。"亦指盘面形势，即运子的全部进程。

棋峙 相持不下，像行棋时相对峙。高诱《淮南子叙》："会遭兵灾，天下棋峙，亡失书传，废不寻修。"亦作"棋跱"。《三国志·魏志·梁习传》："兵家拥众，作为寇害，更相扇动，往往棋跱。"

赍〔賷、賫、齎〕（qí）通"齐"。即"脐"。中央。《列子·黄帝》："与赍俱入，与汩偕出。"张湛注："赍汩者，水回入涌出之貌。"殷敬顺释文本"赍"作"齐"。

另见 jī。

蛴〔蠐〕（qí）见"蛴螬"。

蛴螬 金龟子的幼虫。

祺（qí）❶吉祥。《诗·大雅·行苇》："寿考维祺，以介景福。"书信中用为祝颂语。如：文祺；时祺。❷安详貌。《荀子·非十二子》："士君子之容……祺然蕼然。"杨倞注："或曰：祺，祥也，吉也，谓安泰不忧惧之貌。薻当为肆,谓宽舒之貌。"

祺祥 幸福吉祥。《宋史·乐志十三》:"群分非一,祺祥绍登。"

幾❷(qí) ❶见"沂鄂(yín è)"。❷通"颀"。长貌。《史记·孔子世家》:"丘得其为人,黯然而黑,幾然而长。"

另见 jī,jǐ 几㈠,jǐ 几㈡,jì,qǐ。

鶼〔鹣〕(qí) ❶见"鶼老"。❷见"鸹鶼"。

鶼老 鸟名。《尔雅·释鸟》:"鶬,鶼老。"郭璞注:"俗呼为痴鸟。"郝懿行义疏:"鹪,一名鶼老。《释文》引《字林》云:'句喙鸟。'长颈,短尾,鸿身,大鸟也。"

鞊(qí) 靴子。无名氏《杀狗劝夫》第二折:"哥哥靴鞊里有五锭钞哩!"

碕(qí) ❶曲折的堤岸。扬雄《羽猎赋》:"探岩排碕。"❷山长貌。《文选·郭璞〈江赋〉》:"碕岭为之嵒崿。"李善注引许慎《淮南子》注:"碕,长边也。"

碕礒 石不平整貌。《楚辞·招隐士》:"嶔岑碕礒兮。"洪兴祖补注:"碕礒,石貌。"

鶀〔鹝〕(qí) 见"鹝鶼"。

鹝鶀 传说中的鸟名。亦作"鹝鵨"。《山海经·西山经》:"翼望之山……有鸟焉,其状如乌,三首六尾而善笑,名曰鹝鶀。服之使人不厌,又可以御凶。""厌",通"魇"。

錡〔錡〕(qí) ❶镬的一种。《诗·召南·采苹》:"维錡及釜。"陆德明释文:"錡,三足釜也。"❷古代的凿木工具。《诗·豳风·破斧》:"既破我斧,又缺我錡。"❸山石嵌空,状如锜釜。《汉书·司马相如传上》:"岩陁甗錡。"

另见 yǐ。

虺(qí) ❶见"虺堆"。❷古星名。见《集韵·八微》。《楚辞·九叹·远逝》:"讯九虺与六神。"王逸注:"九虺,谓北斗九星也……虺,一作魁。"钱大昕《十驾斋养新录》卷十七遂以"虺"为"魁"字之误。

虺堆 即虺雀。古代传说中的一种怪鸟;一说为怪兽。《山海经·东山经》:"北号之山……有鸟焉,其状如鸡而白首,鼠足而虎爪,其名曰虺雀。亦食人。"郭璞注:"虺,音祈。"《楚辞·天问》:"虺堆焉处?"柳宗元改堆为雀。洪兴祖谓虺即虺雀。

王逸说虺堆是奇兽。

愭(qí) 敬畏。见《广韵·六脂》。

綥(qí) ❶苍白色。见"綥巾"。❷鞋带。《仪礼·士丧礼》:"夏葛屦,冬白屦……綥系于踵。"❸古方言,谓两脚连并,不能开步。《穀梁传·昭公二十年》:"两足不能相过,齐谓之綥。"❹极;甚。如:言之綥详;望之綥切。《荀子·王霸》:"甚易处而綥可乐也。"

綥巾 《诗·郑风·出其东门》:"缟衣綥巾。"毛传:"綥巾,苍艾色女服也。"清人雷学淇以为即围裙,见《古经服纬》卷中。

綥毋 亦作綥母。复姓。春秋时晋有綥毋张。

蜞(qí) 见"蟛蜞"。

旗㈠〔旂〕(qí) 旗帜的总称。《周礼·春官·司常》:"司常掌九旗之物名。"又:"熊虎为旗。"则为旗的一种。现在有国旗、党旗、军旗等等。

㈡(qí) ❶事物的表识。《左传·闵公二年》:"佩,衷之旗也。"杜预注:"旗,表也,所以表明其中心。"❷古星名。左右两旗,属天箭、天鹰两座。《史记·天官书》:"东宫苍龙房、心……东北曲十二星曰旗。"❸指清代八旗。如:旗人;旗地;旗学。❹我国内蒙古自治区内相当于县的行政区域。旗的设置,始于清政府统治蒙古族的盟旗制度;解放后盟旗制度已彻底废除,仅保留盟、旗的称谓。❺姓。汉代有旗光。

旗鼓相当 亦作"鼓旗相当"。古代军队用旗鼓发号令,故谓两军对敌为"旗鼓相当"。《后汉书·隗嚣传》:"如令子阳(公孙述)到汉中三辅,愿因将军(指隗嚣)兵马,鼓旗相当。"亦谓敌对竞胜。《三国志·魏志·管辂传》"故人多爱之而不敬也"裴松之注引《管辂别传》:"单子春曰:吾欲自与卿旗鼓相当。"后用以比喻双方势均力敌。《官场现形记》第三十五回:"单说何孝先自办此事以来,居然别开生路,与申大善士一帮旗鼓相当,彼此各不相下。"

旗枪 成品绿茶之一。由带顶芽的小叶制成。成茶泡入杯中,芽尖细如枪,叶展开如旗,一旗一枪,故名。形、色与龙井茶相似。产于浙江临安、余杭、萧山一带。

旗亭 ❶古代的市楼,用以指挥集市。张衡《西京赋》:"旗亭五重,俯

察百隧。"《洛阳伽蓝记·城东龙华寺》:"里有土台,高三丈,上有二精舍。赵逸云,此台是中朝旗亭也,上有二层楼,悬鼓击之,以罢市。罢市,谓散去集市。❷指酒楼。陆游《初春感事》诗:"百钱不办旗亭醉,空爱鹅儿似酒黄。"

旗语 亦称"手旗通信"。一种通信方法。常使用于航海、军事或某些野外作业中。其方法是:双手挥动两面小旗,作出不同姿势,借以把通信内容传达给对方。

璂(qí) 亦作"綦"、"璑"。古代弁上的玉饰。《周礼·夏官·弁师》:"王之皮弁会五采玉璂。"郑玄注:"皮弁之缝中,每贯结五采玉十二以为饰,谓之璂。"《晋书·舆服志》:"王皮弁,会五采玉璂。"

蘄〔蕲〕(qí) ❶香草,一说药草。参见"薜荔"。❷通"祈"。祈求。《庄子·齐物论》:"悔其始之蕲生乎?"❸马衔。张衡《西京赋》:"结驷方蕲。"❹古地名。辖境在今湖北蕲春一带。❺姓。汉代有蕲良。

禥(qí) 同"祺"。

鯕〔鲯〕(qí) 见"鯕鳅"。

鯕鳅(*Coryphaena hippurus*) 硬骨鱼纲,鯕鳅科。体延长,侧扁,长达1米余,尾柄细小。黑褐色。头高大,成鱼额部隆起,雄性更显著。眼小,下侧位。口大,牙尖。背鳍颇长,始于眼的上方;尾鳍分叉深。体被细小圆鳞。为外洋性上层鱼类,游泳迅速,常结群。七八月间产卵。广布于太平洋、印度洋、地中海和大西洋;中国沿海亦产。

濝(qí) 水名。在今河南济源。见《水经注·河水四》。

鬐(qí) 同"鬐"。

鰭〔鳍〕(qí) 鱼类和其他水生脊椎动物的运动器官。鱼类的鳍一般表面覆有皮肤,内由柔软分节的"鳍条"和坚硬不分节的"鳍棘"构成,用以扩展和支持鳍形,有利于运动,并有部分的护身作用。因着生部位不同,有背鳍、臀鳍、尾鳍、胸鳍和腹鳍五种。其中前三种都不成对,称为"奇鳍";后两种成对,与其他脊椎动物的前后肢相当,成对,称为"偶鳍"。鳍的种类和有无,以及鳍棘和鳍条的数目,均为鱼类分类的重要依据之一。

麒

麒(qí) 见"麒麟"。

麒麟 亦作"骐麟"。古代传说中的一种动物。其状如鹿，独角，全身生鳞甲，尾像牛。多作为吉祥的象征。亦简称"麟"。《礼记·礼运》："山出器车，河出马图，凤凰麒麟，皆在郊棷。""棷"同"薮"，沼泽。又："麟凤龟龙，谓之四灵。"亦借喻杰出的人。《晋书·顾和传》："和二岁丧父，总角便有清操，族叔荣雅重之，曰：'此吾家麒麟。'"

麒麟楦 用驴子装成麒麟为戏，唐人称此驴为"麒麟楦"。比喻虚有其表的人。冯贽《云仙杂记》卷九引张鷟《朝野金载》："唐杨炯每呼朝士为麒麟楦。或问之，曰：今假弄麒麟者，必修饰其形，覆之驴上，宛然异物。及去其皮，还是驴耳。无德而朱紫，何以异是？"

鬐(qí) 马鬣。亦指鱼脊。《仪礼·士虞礼》："鱼进鬐。"又引申为如鱼脊之形。张衡《西京赋》："瞰宛虹之长鬐。"

骐(qí) 同"骐"。良马名。古时八骏之一。《荀子·性恶》："骅骝、骐骥、纤离、绿耳，此皆古之良马也。"杨倞注："骐，读为骐。"

鱶(qí) 同"鬼(鬼)"。

鐖(qí) 近。《尔雅·释诂下》："鐖，汽也。"郭璞注："谓相摩近。"郝懿行义疏："鐖即幾也。《说文》汽训水涸。水涸尽则近于地，故汽又训近也。"又《说文·豈部》："鐖，汽也。"段玉裁注："汽，水涸也。水涸则近于尽矣，故引为凡近之词。然则见幾、研幾字当作幾，庶幾、幾近字当作鐖，幾行而鐖废矣。"

獑(qí) 犬生一子。《尔雅·释畜》："犬生三，獀；二，师；一，獑。"邢昺疏："犬生三子则曰獀，二曰师，一曰獑。"

qǐ

乞(qǐ) ❶求；讨。如：乞食；乞援。《论语·公冶长》："乞诸其邻而与之。"黄庭坚《题东坡字后》："东坡居士极不惜书，然不可乞；有乞书者正色诘责之，或终不与一字。"❷姓。明代有乞贤。
另见 qì。

乞丐 ❶求食。《汉书·西域传上》："拥强汉之节，馁山谷之间，乞丐无所得。"王安石《上仁宗皇帝言事书》："官小者，贩鬻乞丐，无所不为。"亦作乞求义。陈琳《为袁绍檄豫州》："父嵩，乞丐携养，因赃假位。"曹操父曹嵩是曹腾的养子❷没有职业，以行乞为生的人。

乞骸骨 犹乞身。意谓使骸骨可归葬故土。《汉书·赵充国传》："充国乞骸骨，赐安车驷马，黄金六十斤，罢就第。"参见"乞身"。

乞假(—jiǎ) 犹借贷。《礼记·内则》："不通乞假。"

乞假(—jià) 请假。卢纶《卧病寓居龙兴观寄冯生并赠乔尊师》诗："乞假依山宅，蹉跎属岁周。"

乞灵 乞求神灵以为己助。《左传·哀公二十四年》："寡人欲徼福于周公，愿乞灵于臧氏。"

乞盟 ❶向敌国求和。《左传·僖公八年》："郑伯乞盟，请服也。"❷订盟时向神祷告，求其监督。《左传·僖公二十八年》："用昭乞盟于尔大神，以诱天衷。"

乞巧 民间风俗，妇女于夏历七月七日夜间向织女星乞求智巧，谓之"乞巧"。《荆楚岁时记》："七月七日，为牵牛织女聚会之夜。是夕，人家妇女结彩缕，穿七孔针，或以金银鍮石为针，陈瓜果于庭中以乞巧。"和凝《宫词》："阑珊星斗缀珠光，七夕宫嫔乞巧忙。"

乞人 讨饭的人；乞丐。《孟子·告子上》："蹴尔而与之，乞人不屑也。"

乞身 旧时官员年老自请退休。《后汉书·隗嚣传》："请命乞身。"欧阳修《答判班孙待制见寄》诗："三朝窃宠幸逢辰，晚节恩深许乞身。"亦称"乞骸骨"。

乞师 讨救兵。《左传·隐公四年》："秋，诸侯复伐郑，宋公使来乞师，公辞之。"

苣(qǐ) ❶白苗的粱。见程瑶田《九谷考》。❷野菜，像苦菜。《诗·小雅·采苣》："薄言采苣。"

屺(qǐ) 无草木的山。《说文·山部》："屺，山无草木也。"《尔雅》、《释名》同。《诗·魏风·陟岵》："陟彼屺兮，瞻望母兮。"参见"岵"。

岂〔豈〕(qǐ) ❶犹言宁。难道。用于疑问或反诘句。如：岂有此理。《国策·秦策三》："子常宣言代我相秦，岂有此乎？"❷犹言其。用于祈使句。《国语·吴语》："大王岂辱裁之！"
另见 kǎi。

企(qǐ) ❶跂起脚跟。如：延颈企踵。《汉书·高帝纪上》："日夜企而望归。"引申为仰望、盼望的意思。如：企慕；企候回音。❷企及；赶上。《中论·天地》："程元曰：'不敢企常(董常)。'"

企及 勉力达到；企望赶上。《后汉书·陈蕃传》："圣人制礼，贤者俯就，不肖企及。"

企望 亦作"跂望"。举踵而望；盼望。《后汉书·袁绍传》："企望义兵，以释国难。"

企踵 跂起脚跟，形容希望之殷切。《汉书·萧望之传》："是以天下之士，延颈企踵，争愿自效，以辅高明。"

玘(qǐ) 玉名。见《说文·玉部》新附。

杞(qǐ) ❶木名。见"枸杞"。❷古国名。公元前11世纪周分封的诸侯国。姒姓。相传开国君主是夏禹后裔东楼公。初在雍丘(今河南杞县)，杞成公迁缘陵(今山东昌乐东南)，杞文公迁淳于(今山东安丘市东北)。前445年为楚所灭。❸姓。春秋时有杞梁。

杞人忧天 《列子·天瑞》："杞国有人，忧天地崩坠，身亡所寄，废寝食者。"后用以比喻不必要的或无根据的忧虑。《孽海花》第六回："一面又免不了杞人忧天，代为着急。"

杞忧 "杞人忧天"的略语。赵翼《冬暖》诗："阴阳调燮何关汝，偏是书生易杞忧。"详"杞人忧天"。

杞梓 杞和梓，两种优质木材。比喻优秀的人才。《国语·楚语上》："晋卿不若楚，其大夫则贤。其大夫皆卿材也，若杞、梓、皮革焉，楚实遗之。"《晋书·陆机陆云传评》："观夫陆机、陆云，实荆衡之杞梓。"

启〔啟、啓、启〕(qǐ) ❶开；打开。如：启封。《左传·昭公十九年》："启西门而出。"引申为萌生、出土。《荀子·天论》："繁启蕃长于春夏，蓄积收藏于秋冬。"亦引申为开导、启发。如：启蒙。《左传·襄公二十五年》："启敝邑之心。"杜预注："启，开也，开道(导)其心，故得胜。"又引申为开拓。《韩非子·有度》："齐桓公并国三十，启地三千里。"❷古代指立春、立夏。以此时生物繁启而得名。《左传·僖公五年》："凡分、至、启、闭，必书云物。"参见"八节"。❸先；前。《商君书·

境内》：“其先入者，举为最启；其后入者，举为最殿。”❹开始。如：启程；启行。❺陈述。如：启事。旧时书札亦称书启。古乐府《孔雀东南飞》：“府吏得闻之，堂上启阿母。”❻通“跽”。小跪。参见“启处”。❼古指军队的左翼。《左传·襄公二十三年》：“启牢成御襄罢师。”孔颖达疏：“左翼曰启。”❽夏代国君。姒姓。禹子。传禹曾选定东夷族的伯益为继承人。禹死后，他自继王位，与伯益争斗，杀伯益，确立传子制度。有扈氏不服，也被他攻灭。一说禹死后，伯益推让，他被拥戴继位。❾姓。明代有启和。

启闭　❶开和关。《周礼·天官·阍人》：“阍人掌守王宫之中门之禁……以时启闭。”❷指节气。古称立春、立夏为启，立秋、立冬为闭。《左传·僖公五年》：“凡分、至、启、闭，必书云物，为备故也。”孔颖达疏：“四时之气，寒暑不同。春夏生物，秋冬杀物，生物则当启，杀物则当闭，故立春、立夏为启，立秋、立冬为闭。”

启齿　❶笑。《庄子·徐无鬼》：“奉事而有大功者，不可为数，而吾君未尝启齿。”《文选·郭璞〈游仙诗〉》“灵妃顾我笑，粲然启玉齿”李善注引司马彪曰：“启齿，笑也。”❷发言。柳宗元《乞巧文》：“抃嘲似傲，贵者启齿。”今多指向别人有所请求而言。如：难于启齿。

启处　安居休息。《诗·小雅·四牡》：“王事靡盬，不遑启处。”毛传：“启，跪；处，居也。”按古时席地而坐，跪，谓竖直身体；居，谓坐。

启迪　开导；启发。《书·太甲上》：“旁求俊彦，启迪后人。”

启发　❶《论语·述而》：“子曰：‘不愤不启，不悱不发。’”朱熹注：“启，谓开其意；发，谓达其辞。”后用作指点别人使有所领悟的意思。《宋史·李沆传》：“荐绅为李宗谔、赵安仁，皆时之英秀，与之谈，犹不能启发吾意。”❷犹阐发，阐释。班固《西都赋》：“启发篇章，校理秘文。”

启蒙　开发蒙昧。《风俗通·皇霸》：“每辄挫衄，亦足以祛蔽启蒙矣。”因指教育童蒙，使初学的人得到基本的、入门的知识。亦指通过宣传教育，使后进的人们接受新事物而得到进步。

启明　开朗明达。《书·尧典》：“胤子朱启明。”孔颖达疏：“其人心志开达，性识明悟。”《史记·五帝本纪》作“开明”。

启示　❶开导；启发。❷亦称“天启”。基督教谓上帝直接向人显示“真理”的行动以及这种真理本身。有时亦被称作“启示真理”，以别于通过人的理性探求而获得的“理性真理”。

启沃　开诚忠告。旧指以治国之道开导君王。《书·说命上》：“启乃心，沃朕心。”孔颖达疏：“当开汝心所有，以灌沃我心，欲令以彼所见教己未知故也。”欧阳修《论台谏官唐介等宜早牵复札子》：“至于谋猷启沃，蔑尔无闻。”

启行　起程；出发。《诗·小雅·六月》：“元戎十乘，以先启行。”

启蛰　冬天蛰伏的虫类到春天开始活动，称启蛰。《考工记·韗人》：“凡冒鼓必以启蛰之日。”郑玄注：“启蛰，孟春之中也，蛰虫始闻雷声而动。”参见“惊蛰”。

莒　〔蕾〕(qǐ)　见“莒蕨”。
莒　另见 ái。

莒蕨　即“水蕨”。

起　(qǐ)　❶起立。《左传·宣公十四年》：“楚子闻之，投袂而起。”引申为耸立。释惠远《庐山记略》：“东南有香炉山，孤峰秀起。”❷起床。《礼记·内则》：“孺子早寝晏起。”引申为病愈。《史记·扁鹊传》：“此自当生者，越人能使之起耳。”❸扶起。枚乘《七发》：“车覆能起之。”引申为使之振作；启发。《后汉书·荀彧传》：“起发臣心，革易愚虑。”参见“起予”。❹升腾；飞扬。王粲《杂诗》：“风飙扬尘起，白日忽已冥。”❺迅速动身出发。《墨子·公输》：“子墨子闻之，起于齐，行十日十夜而至于郢。”引申为鸟兽突飞疾走。《艺文类聚》卷八十八引《庄子》：“失时则鹊起。”《吕氏春秋·论威》：“兔起凫举。”❻开始。如：起头；起点；起工；起笔。❼发生；发动。如：起疑；起兵。《吕氏春秋·直谏》：“百邪悉起。”❽创立；兴建。如：白手起家。《汉书·武帝纪》：“起建章宫。”❾拔出；取出。如：起钉子；起货。❿出身；举用；出任。《汉书·萧何曹参传赞》：“萧何、曹参皆起刀笔吏。”《国策·秦策二》：“起樗里子于国。”《明史·熊廷弼传》：“廷议以廷弼熟边事，起大理寺丞，兼河南道御史，宣慰辽东。”⓫力所堪任的意思。如：禁得起；买不起。马致远《青山泪》第二折：“随妈妈要多少钱，小子出的起。”⓬批；次。如：来了几起客人；发生了几起事故。

起承转合　诗文结构章法方面的术语。“起”是开端；“承”是承接上文加以申述；“转”是转折，从另一方面立论；“合”是结束全文。《负曝闲谈》第一回：“文章做得粗粗的通顺，就是起承转合的法子，也会了齐全八套。”

起伏　❶一起一落，高低不平。苏辙《黄州快哉亭记》：“西望武昌诸山，冈陵起伏，草木行列。”❷比喻盛衰、兴废。《后汉书·郭皇后纪》：“物之兴衰，情之起伏，理有固然矣。”颜延之《始安郡还都登巴陵城楼》诗：“万古陈往还，百代劳起伏。”❸指涨落。

起复　❶古时官员遭父母丧，守制尚未满期而应召任职，称为“起复”。原因军事需要而征召，后亦行于平时。《北史·李德林传》：“寻丁母艰，以至孝闻，朝廷嘉之，裁（才）百日，夺情起复，固辞不起。”《宋史·富弼传》：“故事，执政遭丧皆起复，帝虚位五起之，弼谓此金革变礼，不可施于平世，卒不从命。”明清两代则专指服父母丧满期而重行出来做官。❷泛指一般开缺官员重被起用。《红楼梦》第三回：“他系此地人，革后家居，今打听得都中奏准起复旧员之信，他便四下里寻情找门路。”

起家　❶自家中征召出来，授以官职。《史记·袁盎晁错列传》：“建元中，上招贤良，公卿言邓公。时邓公免，起家为九卿。”❷兴家立业；发迹。《史记·外戚世家》：“卫氏枝属以军功起家，五人为侯。”今多指创立事业。如：白手起家。

起敬　谓产生钦敬之心。如：肃然起敬。朱熹《跋赵中丞行实》：“赵公之孝谨醇笃，虽古人犹难之，三复其书，令人起敬。”

起居　❶作息；日常生活。《素问·上古天真论》：“食饮有节，起居有常。”《汉书·胡建传》：“贫亡（无）车马，常步，与走卒起居。”❷请安；问好。杜甫《奉送蜀州柏二别驾将中丞命赴江陵起居卫尚书太夫人》诗：“迁转五州防御使，起居八座太夫人。”❸古代专指皇帝的言行举止。皇帝的言行录叫“起居注”。《新唐书·褚遂良传》：“帝（唐太宗）曰：‘卿记起居，大抵人君得观之否？’对曰：‘今之起居，古左右史也，善恶必记，戒人主不为非法，未闻天子自观史也。’”

起色　情况好转。如：大有起色。枚乘《七发》：“然而有起色矣。”此指病情好转。

起事 ❶办事。《管子·形势》："解(懈)惰简慢，以之事主则不忠，以之事父母则不孝，以之起事则不成。故曰：怠倦者不及也。"❷倡议起兵夺取政权。《新唐书·太宗本纪》："高祖谓曰：'起事者，汝也，成败惟汝。'"也指发动武装起义。

起死人肉白骨 把死人救活，使白骨再长出肉来。比喻给人以再造之恩。《国语·吴语》："君王之于越也，緊起死人而肉白骨也。"緊，是。

起义 ❶被压迫阶级和被压迫民族为反抗反动统治阶级或外国侵略者而爆发的武装斗争。如1917年俄国工人和水兵在彼得格勒举行的武装起义，1927年中国的南昌起义、秋收起义、广州起义等。❷在革命力量的强大攻势下，反动军队的一部分弃暗投明，参加革命阵营，也叫起义。

起予 《论语·八佾》："子曰：'起予者商(子夏)也，始可与言诗已矣。'"朱熹注："起，犹发也。起予，言能起发我之志意。"后用为启发我之意。顾炎武《与友人论学书》："且以区区之见，私诸同志，而求起予。"

跂 (qǐ) 通"企"。踮起脚尖。《史记·高祖本纪》："日夜跂而望归。"《汉书·高帝纪》"跂"作"企"。见"跂踵"、"跂望"。
另见 qí, qì。

跂望 踮起脚尖向前望。形容盼望心切。《诗·卫风·河广》："谁谓宋远？跂予望之。"《三国志·魏志·董昭传》："远近跂望，冀一朝获安。"

跂踵 ❶踮起脚跟。形容盼望殷切。一作"企踵"。《三国志·魏志·崔琰传》："士女企踵，所思者德。"❷传说中的国名。《山海经·海外北经》："跂踵国在拘缨东，其为人大，两足亦大，一曰大踵。"郭璞注："其人行，脚跟不着地也。"❸传说中的鸟名。《山海经·中山经》："复州之山……有鸟焉，其状如鸮而一足，彘尾，其名曰跂踵。"

啓 (qǐ) 同"启(啓)"。

婍 (qǐ) 容貌美好。《广韵·四纸》："婍，貌好。"

绮 〔綺〕(qǐ) ❶平纹底上起花纹的丝织品。如：罗绮；纨绮。《汉书·高帝纪下》："贾人毋得衣锦、绣、绮、縠、絺、纻、罽。"颜师古注："绮，文缯也，即今之细绫也。"❷美丽；美盛。如：绮丽；绮年玉貌。

绮井 即"藻井"。有图案的天花板。左思《魏都赋》："绮井列疏以悬蒂。"

绮里 复姓。汉代有绮里季。

绮罗香 词牌名。双调一百零四字或一百零三字，仄韵。始见于南宋史达祖《梅溪词》。

绮靡 美丽细致。《文选·陆机〈文赋〉》："诗缘情而绮靡，赋体物而浏亮。"李善注："绮靡，精妙之言；浏亮，清明之称。"

绮年 犹华年。少年。宇文逌《庾开府集序》："绮年而播华誉，龆岁而有俊名。"

绮思 美妙的想像。梁简文帝《赠张缵》诗："绮思暧霞飞，清文焕飙转。"

绮语 ❶美妙的语句。苏轼《登州海市》诗："新诗绮语亦安用？相与变灭随东风。"❷称词之纤婉言情者。陈廷焯《白雨斋词话》卷五："近人为词，习绮语者，托言温、韦。"温，温庭筠；韦，韦庄。❸佛教语。指涉及爱情或闺门的艳丽辞藻及一切杂秽语。

棨 (qǐ) ❶古时官吏所用仪仗之一，其形似戟，有衣，出行时执以前导。《汉书·韩延寿传》："建幢棨。"颜师古注："棨，有衣之戟也。"参见"棨戟"。❷古时刻木而成的一种符信。过关时执以为凭。《汉书·文帝纪》"除关无用传"颜师古注："李奇曰：'传，棨也。'棨者，刻木为合符也。"

棨戟 有缯衣或油漆的木戟，古代官吏出行时作前导的一种仪仗。《汉书·韩延寿传》："功曹引车，皆驾四马，载棨戟。"王勃《滕王阁序》："都督阎公之雅望，棨戟遥临。"

胮 (qǐ) 即腓，小腿肚子。《山海经·海外北经》："无胮之国在长股东，为人无胮。"

幾 (qǐ) 通"岂"。《荀子·荣辱》："是其为相县也，幾直夫刍豢稻粱之县糟糠尔哉？"杨倞注："幾读为岂。"
另见 jī, jǐ 儿⊖, jǐ 儿⊜, jì, qí。

綮 (qǐ) 通"棨"。古代官吏出行用作符信的有衣之戟。
另见 qìng。

稽 (qǐ) ❶叩头至地。见"稽首❶"、"稽颡"。❷通"棨"。棨戟。《国语·吴语》："拥铎拱稽。"
另见 jī。

稽颡 古时一种跪拜礼。屈膝下拜，以额触地，居丧答拜宾客时行之，表示极度的悲痛和感谢。《仪礼·士丧礼》："吊者致命，主人哭拜，稽颡成踊。"于请罪、投降时行之，表示极度的惶恐。《汉书·李广传》："若乃免冠徒跣，稽颡请罪，岂朕之指哉！"

稽首 ❶古时一种跪拜礼。叩头到地。是九拜中最恭敬者。《周礼·春官·大祝》："辨九捧(拜)，一曰稽首，二曰顿首，三曰空首，四曰振动，五曰吉捧，六曰凶捧，七曰奇捧，八曰褒捧，九曰肃捧。"贾公彦疏："一曰稽首，其稽，稽留之字；头至地多时，则为稽首也。此三者(指稽首、顿首、空首)，正捧也。稽首，捧中最重，臣捧君之捧。"❷道士举一手向人行礼。《水浒传》第十五回："那先生看了道：'保正休怪，贫道稽首。'"先生，宋时对道士的称呼。

qì

乞 (qì) 给予。杜甫《戏简郑广文兼呈苏司业》诗："赖有苏司业，时时乞酒钱。"
另见 qǐ。

切 (qì) 通"砌"。阶石。《文选·张衡〈西京赋〉》："设切厓崕。"李善注："切与砌古字通。"
另见 qiē, qiè。

气 〔氣〕(qì) ❶本指云气，引申为一切气体的通称。如：煤气；沼气。也特指空气。如：气温；气压。❷指自然界冷热阴晴等现象。如：天气；节气；秋高气爽。❸呼吸。气息。如：喘气。❹气味。如：泥土气；羊臊气。❺嗅。《礼记·少仪》："洗盥执食饮者勿气。"孔颖达疏："谓不鼻嗅尊长饮食也。"❻通常指一种极细微的物质，是构成世界万物的本原。东汉王充提出："天地合气，万物自生。"(《论衡·自然》)北宋张载认为："太虚不能无气，气不能不聚而为万物。"(《正蒙·太和》)认为"气"是世界的物质本原。南宋朱熹则提出"理先气后"说，认为："未有天地之先，毕竟也只是理。……有理便有气，流行发育万物。"(《朱子语类》卷二)认为气是由世界的精神本原派生出来的。❼指一种精神状态、道德境界。孟子认为"至大至刚"的"浩然之气"乃"集义所生"(见《孟子·公孙丑》)。❽旧指气数、命运。《二程遗书》卷十八："问：'上古人多寿，后世不及古，何也？莫是气否？'曰：'气便是命也。'"❾中医学上指运行变化于体内，维持生命活动和推动脏腑组织功能的精微物质。如精气、营气、卫气、中气、肾气等。❿指人的精神状态。如:勇气;朝气;暮气。⓫习气或气质。如:孩子气;市侩气。⓬气恼。如:受气受恼;忍气吞声。⓭气氛。如:喜气洋洋。⓮气势。如:一鼓作气;气吞山河。⓯围棋术语。一个棋子下到棋盘上后,其上下左右有以直线相连的紧邻二至四个交叉点,均为此棋子的"气"。无"气"之子应从棋盘上拿去。

气岸 指气质风貌。李白《流夜郎赠辛判官》诗:"气岸遥凌豪士前,风流肯落他人后?"

气禀 指人生来对气的禀受。《韩非子·解老》:"是以死生气禀焉。"《论衡·命义》:"人禀气而生,含气而长,得贵则贵,得贱则贱。"此试图用气禀说明人的死生贵贱等命运。宋理学家认为气禀形成人的气质之性,人禀受天地之气而生,因气有清浊不同,故人有贵贱、智愚、善恶之别。"禀得至清之气者为圣人,禀得至浊之气者为恶人。"(《二程遗书》卷二十二上)以此为封建等级制辩护。

气概 ❶气节。《北史·崔光传》:"常慕胡广、黄琼为人,故为气概者所不取。"❷气派;气魄。如:英雄气概。耶律楚材《继孟云卿韵》:"开基气概鲸吞海,遁世生涯鼠饮河。"

气候 ❶某一地区多年的天气特征。包括平均状况和极端状况。由太阳辐射、大气环流、地面性质等因素相互作用所决定。❷时节。中国古代以五日为一候,三候为一节气。《素问·六节藏象论》:"五日谓之候,三候谓之气,六气谓之时,四时谓之岁。"一年二十四气、七十二候,各气各候都有其自然特征,合称"气候"。江文通诗:"南中气候暖,朱华凌白雪。"❸指人的神态风度。《三国志·吴志·朱然传》:"然长不盈七尺,气候分明,内行修絜。"❹指文艺作品的风格、气韵。谢赫《古画品录·第一品》:"张墨、荀勖风范气候,极妙参神。"❺比喻环境和形势。如:政治气候。❻指格局、规模、气势等。鲁迅《坟·论睁了眼看》:"倘使并正视而不敢,此外还能成什么气候。"

气节 ❶节操。如:革命气节;民族气节。《史记·汲郑列传》:"〔黯〕好学,游侠,任气节,内行修絜。"❷节令。《书·尧典》"以闰月定四时成岁"孔颖达疏:"以时分于岁,故云气节,谓二十四气时月之节。"陶潜《劝农》诗:"气节易过,和泽难久。"

气决 犹气魄。《后汉书·朱晖传》:"家世衣冠,晖早孤,有气决。"

气类 ❶犹物类。人与物的统称。钟会《与蒋斌书》:"譬诸草木,吾气类也。"❷气味相投的人。《文选·任昉〈王文宪集序〉》:"弘长风流,许与气类。"刘良注:"气类,谓同气相求,方以类聚也。"

气量 度量。《宋史·吕蒙正传》:"上退谓左右曰:'蒙正气量,我不如。'"

气魄 犹魄力。指敢作敢为不怕困难的气概。《朱子全书·孟子一》:"人若有气魄,方做得事成。"

气尚 气质,好尚。《后汉书·祢衡传》:"少有才辩,而气尚刚傲,好矫时慢物。"《北史·甄琛传》:"颇涉经史,雅有气尚。"

气势 ❶气概与声势。《淮南子·兵略训》:"三军之众,百万之师,志厉青云,气如飘风,声如雷霆,诚积逾而威加敌人,此谓气势。"❷气象,形势。杜牧《长安秋望》诗:"南山与秋色,气势两相高。"

气数 ❶节气与度数。《宋史·乐志四》:"以谓天地兆分,气数爰定。律厥气数,通之以声。"❷旧谓气运、命运。《三国演义》第六回:"汉东都洛阳,二百余年,气数已衰。"

气味 ❶嗅觉所感到的味道。杜甫《谢严中丞送青城山道士乳酒一瓶》诗:"山瓶乳酒下青云,气味浓香幸见分。"❷比喻意趣或情调。如:气味相投。白居易《闲意》诗:"渐老渐谙闲气味。"

气息 ❶呼吸时出入之气。李密《陈情表》:"但以刘日薄西山,气息奄奄,人命危浅,朝不虑夕。"引申为呼吸。《后汉书·寒朗传》:"母往视,犹尚气息,遂收养之。"❷气味。比喻情态或意趣、风格。如:乡土气息;富有生活气息。阮元《与友人论古文书》:"两汉文章,著于班范,体制和正,气息渊雅。"

气象 ❶大气中的冷、热、干、湿、风、云、雨、雪、霜、雾、雷电、光象等各种物理状态和物理、化学现象的统称。❷景象;光景。谢道韫《登山》诗:"气象尔何物,遂令我屡迁。"❸气度;气概。《二十年目睹之怪现状》第四十一回:"眉宇间还带几分威严气象。"

气性 气质,性格。《孔子家语·五帝德》:"治气性以教众。"

气焰 犹气势。《新唐书·刘弘基等传赞》:"其威灵气焰,有以动物悟人者。"多指器张气势。如:气焰熏天。

气运 ❶指气数和命运。引申指个人的年寿。《世说新语·伤逝》:"戴公见林法师墓,曰:'德音未远,而拱木已积,冀神理绵绵,不与气运俱尽耳。'"❷时序流转。曹植《节游赋》:"感气运之和顺,乐时泽之有成。"

气韵 神气和韵味。常用于文章、书画。谢赫《古画品录》:"画有六法……一气韵生动是也,二骨法用笔是也,三应物象形是也,四随类赋彩是也,五经营位置是也,六传移模写是也。"陈善《扪虱新话上集》卷一:"文章以气韵为主,气韵不足,虽有辞藻,要非佳作也。"

气质 ❶犹言风骨。指诗文清峻慷慨的风格。《宋书·谢灵运传论》:"自汉至魏……文体三变。相如巧为形似之言,班固长于情理之说,子建、仲宣以气质为体。"❷心理学名词。人在进行心理活动时或在行为方式上表现出来的强度、速度、稳定性和灵活性等动态性的人格心理特征。既表现在情绪产生的快慢、情绪体验的强弱、情绪状态的稳定性及情绪变化的幅度上;也表现在行为动作和言语的速度和灵活性上。决定人的气质的既有遗传素质的因素,但更重要的是人的教育和社会生活的影响。在汉语日常用语中,与"脾气"、"秉性"含义接近。

讫 〔訖〕(qì)❶终了;完毕。如:收讫;验讫。《汉书·赵广汉传》:"坐语未讫。"❷通"迄"。到;至。如:起讫。《书·禹贡》:"声教讫于四海。"《汉书·成帝纪》:"讫今不改。"❸竟;终。《汉书·西域传上》:"而康居骄黠,讫不肯拜使者。"颜师古注:"讫,竟也。"

扱 (qì)通"及"。谓手及地。《仪礼·士昏礼》:"妇拜扱地。"郑玄注:"妇人扱地,犹男子稽首。"

另见 chā,xī。

迄 (qì)❶至;到。《诗·大雅·生民》:"后稷肇祀,庶无罪悔,以迄于今。"❷毕竟;终究。《后汉书·孔融传》:"才疏意广,迄无成功。"

肯 (qì)振动散布。《说文·肉部》:"肯,振肸也。"段玉裁

注："振胠者，谓振动布写。盖肯与胠音义皆同。许无八佾字，今按作肯作胠皆可。"按：古无"佾"字，肯亦通佾。

汔（qì）❶水干涸。《抱朴子·诘鲍》："其不汔渊剖珠，倾岩刊玉。"❷接近；庶几。《诗·大雅·民劳》："民亦劳止，汔可小康。"

忔（qì）喜也。见《广韵·九迄》。
　　另见 yì。

忔憎 本为可爱的反语。多用为可爱之意。黄庭坚《好事近》词："思量模样忔憎儿，恶又怎生恶？"

弃〔棄〕（qì）❶舍去；抛开。《孟子·尽心上》："舜视弃天下犹弃敝蹝也。"❷忘记。《左传·昭公十三年》："南蒯子仲之忧，其庸可弃乎？"杜预注："弃，犹忘也。"

弃妇 旧指被丈夫遗弃的妇女。顾况《弃妇词》："古人虽弃妇，弃妇有归处；今日妾辞君，辞君欲何去？"

弃世 ❶死的婉称，意思是离开人世。李白《自溧水道中哭王炎》诗："王公希代宝，弃世一何早！"❷摒绝世务，遗世独立。《庄子·达生》："夫欲免为形者，莫如弃世，弃世则无累。"

弃市 中国古代执行死刑的一种方式。即在闹市处死，并将尸体暴露街头。语出《礼记·王制》："刑人于市，与众弃之。"《史记·秦始皇本纪》："有敢偶语《诗》、《书》者，弃市。"从秦开始，历代执行死刑多用弃市方式。

弃养 父母去世的婉称。子女奉养父母，父母去世则不得奉养，因称。苏颋《章怀太子良娣张氏神道碑》："遘疾弃养于京延康第之寝。"

汽（qì）液体或固体受热而变成的气体。特指水蒸气。

刺（qì）见"刺促"。
　　另见 cì。

刺促 忙迫；劳苦不安。《晋书·潘岳传》："和峤刺促不得休。"亦作"促刺"。

妻（qì）以女嫁人。《论语·公冶长》："以其兄之子妻之。"邢昺疏："以其兄之女与之为妻也。"
　　另见 qī。

炁（qì）同"气"。多见于道家的书。《关尹子·六匕》："以神存炁，以炁存形。"

迟（qì）曲行。见《说文·辵部》。《庄子·人间世》"吾行却曲，无伤吾足"陆德明释文："却

曲，去逆反。字书作迟。《广雅》云：'迟，曲也。'"

泣（qì）❶无声有泪的哭；低声哭。如：泣不成声。《书·益稷》："启呱呱而泣。"❷眼泪。《广雅·释言》："涕泣，泪也。"《史记·项羽本纪》："项王泣数行下。"

泣歧路 《淮南子·说林训》："杨子见逵路而哭之，为其可以南，可以北。"逵路，犹歧路。谓身临歧路，容易迷失方向，是以感伤。阮籍《咏怀诗》："杨朱泣歧路，墨子悲染丝。"参见"歧道"、"歧路亡羊"。

泣血 《礼记·檀弓上》："高子皋之执亲之丧也，泣血三年。"郑玄注："言泣无声，如血出。"谓因亲丧而哀伤之极。后用为居父母丧之辞，本此。

泣杖 汉韩伯俞尽孝的故事。《说苑·建本》："伯俞有过，其母笞之。泣。其母曰：'他日笞子，未尝见泣；今泣，何也？'对曰：'他日俞得罪，笞尝痛；今母之力，不能使痛，是以泣。'"谓因母年老力衰而哭泣。梁嵩《倚门望子赋》："忆昔伯俞之志，宁无泣杖之心。"

泣罪 《说苑·君道》："禹出见罪人，下车问而泣之。"后用作哀矜罪人之意。梁简文帝《昭明太子集序》："仁同泣罪，幽比推沟。"

亟（qì）屡次。《左传·隐公元年》："亟请于武公，公弗许。"《论语·阳货》："好从事而亟失时。"
　　另见 jí。

契（qì）❶合同；证券。如：契约；契据。❷意气相合；投合。如：默契；相契。司空图《诗品·超诣》："少有道契，终与俗违。"❸通"锲"。刻。《吕氏春秋·察今》："遽契其舟。"
　　另见 qiè、xiè。

契机 亦称"环节"或"瞬间"。事物发展或一事物转化为他事物的关键、枢纽、决定性的环节。在由量到质的转化过程中，契机就是关节点。黑格尔著作中，契机又指在整体中的与整体其他部分密切联系着的某种环节。

砌（qì）❶台阶。李后主《虞美人》词："雕阑玉砌应犹在，只是朱颜改。"❷堆砌。如：砌墙；填砌。苏轼《乞外补回避贾易札子》："必欲收拾砌累，以成臣罪。"
　　另见 qiè。

聑（qì）附耳低语。见《说文·口部》。经传通作"缉"。参

见"缉缉"。

脄（qì）同"湆"。肉羹。《集韵·二十六缉》："《博雅》：'羹谓之脄。'或作湆。"
　　另见 lā。

栔（qì）"锲（鍥）"、"契"的古字。刻。

挈（qì）通"契"。《汉书·沟洫志》："内史稻田租挈重，不与郡同，其议减。"颜师古注："租挈，收田租之约令也。"
　　另见 qiè。

唭（qì）见"唭嚬"。

唭嚬 口吃。《太玄·唫》："唭嚬，唫无辞也。"范望解："唭嚬，有声而无辞也。"

跂（qì）见"跂坐"。
　　另见 qí、qǐ。

跂坐 垂足而坐，跟不及地。《南史·王敬则传》："敬则横刀跂坐。"

偈（qì）通"憩"。休息。《汉书·扬雄传上》："度三峦兮偈棠梨。"棠梨，宫名；三峦，观名。
　　另见 jì、jié。

裓（qì）见"裓膝"。

裓膝 裙子正中开衩之处。《广雅·释器》："衩、衿、祜，裓膝也。"《玉篇·衣部》："裓膝，裙衿也。"

葺（qì）❶原指用茅草覆盖房屋。《左传·襄公三十一年》："缮完葺墙。"孔颖达疏："葺墙谓草覆墙也。"也泛指修理房屋。《左传·昭公二十三年》："必葺其墙屋。"杜预注："葺，补治也。"❷重叠累积。《楚辞·九章·悲回风》："鱼葺鳞以自别兮。"

揭（qì）提起衣裳。如：揭衣涉水。《诗·邶风·匏有苦叶》："济有深涉，深则厉，浅则揭。"
　　另见 jiē。

湆（qì）雨下。见《说文·水部》。王筠注："《字林》：'湆，雨声湆湆也。'"

湆（qì）❶幽湿。见《说文·水部》。❷羹汁。《仪礼·士昏礼》："大羹湆在爨。"郑玄注："大羹湆，煮肉汁也。"一说"湆"本作"湇"，从月（肉），泣声。

湇（qì）"湆❷"的本字。

愒（qì）休息。《诗·大雅·民劳》："民亦劳止，汔可小愒。"朱骏声《说文通训定声·泰部》："愒字亦作憩。"

另见 hè，kài。

碛 〔磧〕（qì） 浅水中的沙石。左思《吴都赋》："玩其碛砾而不窥玉渊者，未知骊龙之所蟠也。"也指沙石上的急湍。《汉书·武帝纪》"甲为下濑将军"颜师古注："服虔曰：'甲，故越人归汉者也。'臣瓒曰：'濑，湍也，吴越谓之濑，中国谓之碛。'"引申为沙漠。杜甫《送人从军》诗："今君度沙碛，累月断人烟。"

褉（qì） 衣襟饰边。《说文·衣部》："褉，袩缘也。"段玉裁注："缘，衣纯也。古者深衣自领及衽，左自袼亦及衽，皆缘之，故曰袩缘。"

碶（qì） 水闸。《明史·张可大传》："城内外田数千亩，海潮害稼。可大筑碶蓄淡水，遂为膏腴，民称曰'张公碶'。"

甈（qì） 破瓦壶。《尔雅·释器》："康瓠谓之甈。"亦谓破裂。《法言·先知》："甄陶天下者，其在和乎？刚则甈，柔则坏（坏）。"李轨注："甈，燥也；坏，湿也。"宋咸注："甈，破也。言陶法太刚则破裂也。"

噐（qì） 同"器"。

碱（qì） ❶见"碶碱"。❷通"砌"。白居易《庐山草堂记》："碱阶用石，幂窗用纸。"

礤（qì） 同"砌"。

暩（qì） 察；视。《文选·左思〈魏都赋〉》："有暩吕梁。"李善注引《说文》曰："暩，察也。"吕向注："暩，下视也。吕梁，水名。"

器（qì） ❶用具。如：陶器；铁器。《易·系辞上》："以制器者尚其象。"❷生物的器官。如：消化器；生殖器。❸见"道器"。❹才能；人才。《礼记·王制》："瘖聋、跛躄、断者、侏儒、百工，各以其器食之。"《宋史·苏轼传》："轼之才，远大器也。他日自当为天下用。"❺器量；器度。《论语·八佾》："管仲之器小哉！"❻重视，器重。《后汉书·陈宠传》："朝廷器之。"

器局 犹言器量，度量。《晋书·何充传》："充居宰相，虽无澄正改革之能，而强力有器局。"

器量 原指器物的容量。引申指人的度量。蔡邕《郭泰碑》："器量弘深，姿度广大。"

器皿 盛食品的用具，如杯、盘、碗、碟及古代尊彝之类。《礼记·礼器》："宫室之量，器皿之度。"

器任 器重，信任。《后汉书·袁绍传》："绍乃以丰（田丰）为别驾，配（审配）为治中，甚见器任。"

器识 器量与见识。《晋书·张华传》："器识弘旷，时人罕能测之。"

器使 《论语·子路》："君子易事而难说也。说之不以道，不说也；及其使人也，器之。"何晏集解引孔安国曰："度才而官之。"后因用"器使"为量材使用之意。班固《窦将军北征颂》："料资器使，采用先务。"

器小易盈 亦作"小器易盈"。谓酒量小。吴质《在元城与魏太子笺》："前蒙延纳，侍宴终日……小器易盈，先取沈顿。"后亦比喻器量狭小，容易自满。《镜花缘》第十二回："若令器小易盈、妄自尊大那些骄傲俗吏看见，真要愧死。"

器械 用具的总称。《礼记·王制》："器械异制。"陆德明释文："何休注《公羊》云：'攻守之器曰械。'郑注《大传》云：'礼乐之器及兵甲也。'郭璞《三苍解诂》云：'械，器之总名。'"

器用 ❶器皿用具。《书·旅獒》："毕献方物，惟服食器用。"亦指兵器、农具。《国语·周语上》："阜其财求，而利其器用。"韦昭注："器，兵甲也；用，耒耜之属也。"❷比喻有才具可以用的人。《汉书·王褒传》："夫贤者，国家之器用也。"

器宇 胸襟；度量。《魏书·刘懋传》："器宇渊旷，风流甚美，时论高之。"亦指风度、仪表。如：器宇轩昂。

器重 看重；重视。多用于长辈对晚辈、上级对下级。《汉书·冯野王传》："深见器重，有名当世。"

憩 〔憇〕（qì） 休息。《诗·召南·甘棠》："召伯所憩。"毛传："憩，息也。"

藒（qì） 见"藒车"。

藒车 草名。《尔雅·释草》："藒车，芑舆。"郭璞注："藒车，香草。"郝懿行义疏："《说文》无'车'字。《广志》云：'藒车香，味辛，生彭城，高数尺，黄叶白华。'亦作'揭车'。《离骚》："畦留夷与揭车兮。"

鼛（qì） 古代巡夜所击的鼓。《周礼·地官·鼓人》："凡军旅夜鼓鼛。"孙诒让正义："谓击鼓行夜戒守也。"

萕 〔薺〕（qi） 见"荸萕"。另见 jì。

啐（qi） 表示轻蔑的声音。如：啐！这算得什么！另见 cuì。

呿（qiā） 《列子·力命》："墨呿情露。"张湛注引阮孝绪云："恶呿，伏态貌。"

掐（qiā） ❶用指甲刻入或切断。《北史·齐孝昭帝纪》："帝立侍帷前，以爪掐手心，血流出袖。"《红楼梦》第一回："原来是一个丫鬟在那里掐花儿。"❷用拇指点着别的指头。如：掐指一算。❸用手指轻按。《三国志·魏志·苏则传》："侍中傅巽掐则曰：'不谓卿也。'"❹用手的虎口紧紧夹住。如：一把掐住。

葜（qiā） 见"菝葜"。

趶（qiā） 见"趾趶"。

齺 〔齚〕（qiā） 啮。柳宗元《解崇赋》："独凄已而煨物，愈腾沸而骸齺。"童宗说注："齺，大齧也。"

卡（qiǎ） ❶在交通要道或险隘路口所设稽查或征税的机构。如：关卡；厘卡。❷夹。如：关门时大衣被卡住了。另见 kǎ。

帢（qià） 见"帢帽"。

帢帽 古代士人戴的一种便帽。《三国志·魏志·武帝纪》载曹操死后，"敛以时服"。裴松之注引《傅子》："魏太祖以天下凶荒，资财乏匮，拟古皮弁，裁缣帛以为帢，合于简易随时之义，以色别其贵贱。"又引《曹瞒传》："太祖为人佻易无威重……时或冠帢帽以见宾客。"

洽（qià） ❶沾湿；浸润。《淮南子·要略》："以内洽五藏。"高诱注："洽，润。"❷广博；周遍。如"洽闻"。❸协和；和睦。如：融洽。《诗·大雅·江汉》："矢其文德，洽此四国。"❹商量；交换意见。如：洽办；面洽。另见 hé。

洽比 融洽;亲近。《诗·小雅·正月》:"洽比其邻。"按《左传·僖公二十二年》引《诗》作"协比"。

洽恰 见"狎恰"。

洽闻 多闻博识。《汉书·刘向传赞》:"此数公者,皆博物洽闻,通达古今。"《文选·班固〈西都赋〉》:"元元本本,殚见洽闻。"张铣注:"殚,尽也;洽,遍也。"

恰(qià) 适合;正好。如:恰到好处。杜甫《南邻》诗:"野航恰受两三人。"

恰恰 ❶刚好;恰巧。如:恰恰相反。❷融和。陈造《春寒》诗:"小杏惜香春恰恰,垂杨弄影舞疏疏。"亦以形容声音的和谐。杜甫《江畔独步寻花七绝》:"自在娇莺恰恰啼。"

恰如其分 刚刚合适;切合事物的分际。《歧路灯》第一百〇八回:"赏分轻重,俱是阎仲端酌度,多寡恰如其分。"

帕(qià) 同"帕"。

楬(qià) 古乐器名。即敔。参见"柷"、"敔"。

另见 jié。

骱(qià) 同"髂"。腰骨。见《玉篇》。

另见 kē。

髂(qià) 腰骨。《汉书·扬雄传下》:"〔范雎〕折胁拉髂。"

qiān

千 ㊀(qiān) ❶数目。百的十倍。❷言其多。如:盈千累万。❸通"芊"。见"千眠"。❹姓。汉代有千献。

㊁〔韆〕(qiān) 见"秋千"。

千疮百孔 比喻毛病很多,或破坏得非常严重。梁启超《西政丛书叙》:"千疮百孔,代甚一代。"亦作"千孔百疮"。《歧路灯》第十五回:"实在此时千孔百疮,急切周章不开。"参见"百孔千疮"。

千方百计 想尽一切方法,用尽一切计谋。《红楼梦》第六十七回:"千方百计请好大夫配药诊治。"

千古 ❶谓年代久远。辛弃疾《南乡子·登京口北固亭有怀》词:"千古兴亡多少事,悠悠,不尽长江滚滚流。"❷《新唐书·薛收传》:"卒,年三十三。王(秦王李世民)哭之恸,与其从兄子元敬书曰:'吾与伯褒(收字)共军旅间,何尝不驱驰经略,岂期一朝成千古也!'"一

朝成千古,犹言一朝永别。后用为哀挽死者之辞。

千户 ❶千家。极言人家之多。独孤授《花发上林》诗:"影连千户竹,香散万人家。"❷官名。金初设置,为世袭军职,即女真语猛安之汉译,统领谋克,隶属于万户。元代相沿,其军制设千户为"千夫之长",亦隶属于万户。驻于各县者,分属于诸路万户府。设千户所统领百户所。统兵七百以上称上千户所;五百以上称中千户所;三百以上称下千户所。各设达鲁花赤一员,千户一员。明代卫所兵制亦设千户所,驻重要府州,统兵一千一百二十人,分为十个百户所,隶统于卫。千户为一所的长官。

千金 ❶《史记·项羽本纪》:"项王乃曰:'吾闻汉购我头千金,邑万户。'"千金,谓黄金千斤。汉代以一斤金为一金,值万钱,见《汉书·食货志》。❷比喻贵重。如:一字千金;一刻千金。《史记·刘敬叔孙通列传》:"千金之裘,非一狐之腋也。"❸旧称别人的女儿,含有尊贵之意。《红楼梦》第五十七回:"薛姨妈道:'怨不得他,真真是侯门千金,而且又小,那里知道这个?'"

千金市骨 战国时燕昭王"卑身厚币以招贤者",郭隗说:"臣闻古之君人,有以千金求千里马者,三年不能得;涓人言于君曰:'请求之。'君遣之,三月得千里马,马已死,买其首五百金,反以报君。君怒曰:'所求者生马,安事死马而捐五百金?'涓人对曰:'死马且买之五百金,况生马乎?天下必以王为能市马,马今至矣。'于是不能期年,千里之马至者三。今王诚欲致士,先从隗始;隗且见事,况贤于隗者乎?岂远千里哉?"见《国策·燕策一》。涓人即近侍。后因以"千金市骨"比喻求贤若渴。黄庭坚《咏李companion时摹韩幹三马次苏子由韵》:"千金市骨今何有,士或不价五羖皮。"

千金一诺 一诺值千金。形容重视诺言。《金瓶梅》第五十六回:"酒后一言,就果然相赠,又不惮千里送来,你员外真可谓千金一诺矣。"

千钧 古代以三十斤为一钧。千钧,极言其重。如:千钧棒;千钧一发。《汉书·枚乘传》:"以一缕之任系千钧之重。"

千钧一发 钧,古代重量单位,一钧合三十斤。千钧重量吊在一根头发丝上,比喻万分危急。枚乘《上书谏吴王》:"夫以一缕之任,系千钧之

重,上悬之无极之高,下垂之不测之渊,虽甚愚之人,犹知哀其将绝也。"李曾伯《水龙吟·和幕府贺策应》词:"中流孤艇,千钧一发,老夫何有?"

千里莼羹 指本乡风味特产。《世说新语·言语》:"陆机诣王武子,武子前置数斛羊酪,指以示陆曰:'卿江东何以敌此?'陆云:'有千里莼羹,但未下盐豉耳。'"莼羹,莼菜制成的羹。《晋书·陆机传》作"千里莼羹,未下盐豉"。一说,"未"应作"末";千里,湖名,末下为地名。后用为乡思之辞。亦省作"千里莼"。杜甫《赠别贺兰铦》诗:"我恋岷下芋,君思千里莼。"

千里鹅毛 比喻礼物虽轻而情意深厚。黄庭坚《谢陈适用惠送吴南雄所赠纸》诗:"千里鹅毛意不轻,瘴衣腥腻北归客。"

千里驹 少壮的良马。《楚辞·卜居》:"宁昂昂若千里之驹乎?将泛泛若水中之凫乎?"比喻英俊少年。《汉书·楚元王传》:"德(刘德)字路叔,修黄老术,有智略。少时数言事,召见甘泉宫,武帝谓之'千里驹'。"后也称子侄中的优秀者为"千里驹"。《三国志·魏志·曹休传》载曹操的侄子曹休十几岁时丧父,投奔曹操,操说:"此吾家千里驹也。"

千里马 ❶谓日行千里的良马。《史记·赵世家》:"缪王日驰千里马,攻徐偃王,大破之。"❷古国名。或以为即《明史·外国列传》有专条记述的千里达,故地当在今斯里兰卡东北部的亨可马里一带,为中世纪东西方海上交通重要港口所在。元汪大渊《岛夷志略》有专条记述。

千里足 良马日行千里,故称"千里足"。《韩诗外传》卷七:"使骥不得伯乐,安得千里之足,造父亦无千里之手矣。"亦指能行千里者。古乐府《木兰诗》:"愿借明驼千里足,送儿还故乡。"引申以比喻英俊之才。《后汉书·延笃传》:"延叔坚有王佐之才,奈何屈千里之足乎?"

千了百当 形容一切妥贴。《朱子语类·论语十六》:"圣人发愤便忘食,乐便忘忧,直是一刀两段,千了百当。"

千虑一得 《史记·淮阴侯列传》:"智者千虑,必有一失;愚者千虑,必有一得。"《宋史·许忻传》:"欲采千虑一得之说,以广聪明。"常用为计议后的自谦之辞。参见"一得"。

千门万户 ❶形容屋宇深广。《史记·孝武本纪》:"作建章宫,度为千门万户。"❷指众多人家。卢道悦《迎春》诗:"不须迎向东郊去,春在千门万户中。"

千眠 同"芊绵"。亦作"芊眠"、"阡眠"。草木鲜茂丛生貌。《文选·陆机〈文赋〉》:"或藻思绮合,清丽千眠。"李善注:"千眠,光色盛貌。"按《文选》六臣注本作"芊眠"。此用来形容文辞。

千奇百怪 形容事物和现象各种各样,奇怪异常。《五灯会元·华严道隆禅师》:"知有乃可随处安闲,如人在州县住,或闻或见,千奇百怪。"

千顷陂 陂,池。百亩为顷。比喻度量宽广。东汉末郭泰很器重黄宪,说"叔度(宪字)汪汪若千顷陂,澄之不清,淆之不浊,不可量也"。见《后汉书·黄宪传》。

千秋 犹千年,千载。(1)谓年代久远。李陵《与苏武三首》:"嘉会难再遇,三载为千秋。"(2)祝贺生日的敬辞。《国策·齐策二》:"犀首跪行,为仪(张仪)千秋之祝。"

千秋岁 ❶词牌名。又名《千秋节》。双调七十一字或七十二字,仄韵。另有《千秋岁引》,又名《千秋万岁》,即据此调添减字数而成。❷曲牌名。南北曲均属中吕宫。南曲较常见,字句格律与词牌不同。用作过曲。

千秋万岁 ❶经历久远的年代。《梁书·南平王伟传》:"千秋万岁,谁传此者?"❷君主死的讳辞。《史记·梁孝王世家》:"上(景帝)与梁王燕饮,尝从容言曰:'千秋万岁后传于王。'"❸祝人长寿之辞。《韩非子·显学》:"千秋万岁之声聒耳,而一日之寿无征于人。"

千人所指 千人,许多人;指,指责。形容触犯众怒。《汉书·王嘉传》:"里谚曰:'千人所指,无病而死。'"亦作"千夫所指"。鲁迅书信集·致李秉中》:"然而三告投杼,贤母生疑,千夫所指,无疾而死。生丁今世,正不知目后如何耳。"

千日酒 传说中山人狄希能造千日酒,饮之,千日醉。《搜神记》卷十九、《博物志》卷五均载此事。后用为美酒的代称。韩偓《江岸闲步》诗:"青布旗夸千日酒,白头浪吼半江风。"

千山万水 形容途程险阻而遥远。宋之问《至端州驿》诗:"岂意南中歧路多,千山万水分乡县。"

千石 ❶十二万斤。《史记·货殖列传》:"素木铁器若厄茜千石。"裴駰集解引徐广曰:"百二十斤为石。"❷汉代以俸禄高低计官品,千石官指丞相长史、大司马长史、御史中丞等,月俸谷八十斛。东汉官俸半钱半谷,千石官月俸钱四千,米三十斛。见《通典·职官·禄秩》,又《秩品一》。

千丝万缕 缕,线。千条丝,万条线。多形容彼此之间关系密切、复杂,难以割断。无名氏《南吕·一枝花》套曲:"长叹罢罗帕频淹,都揾尽千丝万缕。"

千岁 ❶千年,年岁久远。《荀子·非相》:"欲观千岁,则数今日;欲知亿万,则审一二。"❷封建时代称太子、王公等为千岁,常见于小说、戏曲中。

千万 ❶叮咛之辞。务须;一定要。如:千万珍重。欧阳修《与大寺丞发书》:"少吃发风物,酒亦少饮,千万! 千万!"❷一定;必定。古乐府《孔雀东南飞》:"念与世间辞,千万不复全。"❸多;繁多。曹丕《折杨柳行》:"追念往古事,愤愤千万端。"

千载独步 独步,独一无二。千年内独一无二。意谓超越古今。李阳冰《草堂集序》:"自三代已来,风骚之后,驰驱屈宋,鞭挞扬马,千载独步,唯公一人。"亦作"千古独步"。《镜花缘》第九十三回:"并非我要自负,实系前无古人,后无来者,竟可算得千古独步。"

千载一时 一千年才遇到一次,极言机会难得与可贵。韩愈《潮州刺史谢上表》:"当此之际,所谓千载一时,不可逢之嘉会。"

千嶂 很多像屏障一样的山峰。孟浩然《下赣石》诗:"赣石三百里,沿洄千嶂间。"

仟 (qiān) ❶"千"字的大写。❷古代军制,千人之长。见"仟佰(—bǎi)"。❸通"阡"。见"仟佰(—mò)"。❹通"芊"。见"仟眠"。

仟佰(—bǎi) 犹行伍。《史记·陈涉世家》引贾谊《过秦论》:"蹑足行伍之间,俯仰仟佰之中。"《汉书·陈涉传》引作"阡陌"。仟佰,原是千人、百人之长,这里泛指军队。王念孙《读书杂志·汉书八》则认为是"什伯"之误,谓为十人、百人之长。

仟眠 ❶亦作"芊瞑"、"肝瞑"。阴晦不明。《楚辞·九怀·通路》:"远望兮仟眠,闻雷兮阗阗。"王逸注:"远视楚国,暗未明也。"❷同"芊

绵",亦作"千眠"。草木蔓衍丛生貌。《楚辞·九思·悼乱》:"菅蒯兮野莽,雚苇兮仟眠。"

仟佰(—mò) 同"阡陌"。

阡 (qiān) ❶田间的小路。也泛指田野。陆游《花时遍游诸家园》诗:"看花南陌复东阡,晓露初干日正妍。"参见"阡陌"。❷墓道;坟墓。欧阳修《泷冈阡表》:"始克表于其阡。"❸通"芊"。见"阡眠"、"阡阡"。❹姓。唐代有阡能。

阡表 墓碑。欧阳修葬父母于江西永丰泷冈,作《泷冈阡表》。

阡眠 同"芊绵"。草木蔓衍丛生貌。谢朓《和王著作融八公山》诗:"阡眠起杂树,檀栾荫修竹。"

阡陌 田界;田间纵横交错的小路。《史记·商君列传》:"为田开阡陌封疆,而赋税平。"按《史记·秦本纪》"为田开阡陌",司马贞索隐引《风俗通》:"南北曰阡,东西曰陌;河东以东西为阡,南北为陌。"陶潜《桃花源记》:"阡陌交通,鸡犬相闻。"亦作"仟佰"。《汉书·食货志上》:"富者田连仟佰,贫者无立锥之地。"

阡阡 阡,通"芊"。茂盛貌。谢朓《游东田》诗:"远树暖阡阡,生烟纷漠漠。"

开 (qiān) 姓。宋代有开度。

芊 (qiān) 见"芊芊"。

芊菓 青盛貌。郭璞《江赋》:"涯灌芊菓。"

芊绵 草木蔓衍丛生貌。梁元帝《鄮州晋安寺碑铭》:"凤皇之岭,芊绵映色。"亦作"仟眠"、"芊眠"、"千眠"。

芊芊 ❶草木茂盛貌。《列子·力命》:"美哉国乎! 郁郁芊芊。"❷浓绿色。《文选·宋玉〈高唐赋〉》:"仰视山巅,肃何芊芊。"李周翰注:"芊芊,山色也。"

芊蔚 草木茂盛貌。陈子昂《感遇》诗:"兰若生春夏,芊蔚何青青。"

扦 (qiān) ❶用以通物或剔除污垢的针形物。如:火扦;竹扦。❷插;贯穿。如:用针扦住。❸拳术手法之一,握手成半拳,击对方上部。❹通"铅"。吴方言,修剪之意。如:扦脚。

迁〔遷〕(qiān) ❶迁移。如:迁居;迁都。《诗·小雅·伐木》:"出自幽谷,迁于乔木。"❷变易。如:时过境迁。❸贬谪;放逐。如:迁客。白居易《琵琶引序》:"感

斯人言,是夕始觉有迁谪意。"❹古时调动官职叫"迁",一般指升职。《汉书·主父偃传》:"偃数上疏言事,迁谒者、中郎、中大夫,岁中四迁。"❺中国古代将犯人及其亲属或被株连的人迁离乡土的刑罚。秦汉时有迁无流,元、明、清律规定,迁轻于流而重于徒。

迁次　❶犹言移居。《左传·哀公十五年》:"废日共积,一日迁次。"杜甫《入宅》诗:"客居愧迁次。"❷旧指官吏按次第升迁。《三国志·魏志·毛玠传》:"文帝为五官将,亲自诣玠,属所亲眷。玠答曰:'老臣以能守职,幸得免戾。今所说人非迁次,是以不敢奉命。'"❸指季节变更。白居易《感秋咏意》:"炎凉迁次速如飞,又脱生衣著熟衣。"

迁复　❶调复原职。《新唐书·卢怀慎传》:"虽坐流黜,俄而迁复,还为牧宰。"❷恢复本来面目。李阳冰《上李大夫论古篆书》:"蔡中郎以'豊'同'豐',李丞相将'束'为'宋',鱼鲁一惑,泾渭同流,学者相承,靡所迁复。"

迁化　❶变易;变化。卢照邻《释疾文·悲夫》:"四时兮代谢,万物兮迁化。"❷指人死。《汉书·外戚传上》:"忽迁化而不反兮,魄放逸以飞扬。"

迁就　降格相就;曲意求合。贾谊《治安策》:"故贵大臣定有其罪矣,犹未斥然正以呼之也,尚迁就而为之讳也。"《宋史·王钦若传》:"每朝廷有所兴造,委曲迁就,中帝意。"

迁客　流放或被贬谪到外地的官。江淹《恨赋》:"迁客海上,流戍陇阴。"李白《与史郎中饮听黄鹤楼上吹笛》诗:"一为迁客去长沙,西望长安不见家。"

迁怒　将怒气发泄到他人身上。《论语·雍也》:"有颜回者好学,不迁怒,不贰过。"

迁乔　亦称"乔迁"。《诗·小雅·伐木》:"伐木丁丁,鸟鸣嘤嘤。出于幽谷,迁于乔木。"后因称自卑处升高处为"迁乔"。刘孝绰《咏百舌》:"迁乔声迥出,赴谷响幽深。"后用以比喻官位的进升。桓温《荐谯元彦表》:"中华有顾瞻之哀,幽谷有迁乔之望。"

迁染　谓性情为习俗所移。《后汉书·党锢传序》:"孔子曰:'性相近也,习相远也。'言嗜恶之本同而迁染之涂异也。"王先谦集解:"言人好恶各有本性,迁染者由其所习。"

迁善　改恶从善。《孟子·尽心上》:"民日迁善而不知为之者。"《法言·学行》:"是以君子贵迁善。"

迁徙　❶变易。《史记·李斯列传》:"盖闻圣人迁徙无常,就变而从时。"❷迁移。《淮南子·时则训》:"季夏行春令,则谷实解落,多风咳,民乃迁徙。"❸多种鸟类依季节不同而变更栖居地区的一种习性。在鸟类中,视迁徙习性的有无,可区别为候鸟和留鸟两大类。哺乳类中的蝙蝠类、驯鹿以及昆虫中的蝗虫、美洲王蝶、英国大白蝶等也有迁徙现象。鱼类和鲸、海豚、鳍足类及甲壳类等的洄游也是一种迁徙。

迁延　❶拖延。《农政全书·营治下》:"迁延过时,秋苗亦误锄治。"❷退却。《左传·襄公十四年》:"乃命大还,晋人谓之迁延之役。"杜预注:"迁延,却退。"❸逍遥自在。《淮南子·主术训》:"迁延而入之。"高诱注:"迁延,犹倘佯也。"

迁莺　亦作"莺迁"。喻官位进升。丁位《小苑春望宫池柳色》诗:"他时花满路,从此接迁莺。"参见"莺迁"。

杆　(qiān)　见"青杆"。

岍　(qiān)　见"岍山"。

岍山　古山名。即汧山,又名吴山。在今陕西陇县西南。《书·禹贡》:"导岍及岐。"

佥　〔僉〕(qiān)　❶众人;大家。《书·舜典》:"佥曰:'伯禹作司空。'"❷都,皆。《书·大禹谟》:"询谋佥同。"❸打谷器。《方言》第五:"佥,宋魏之间谓之攕殳。"郭璞注:"今连枷,所以打谷者。"❹通"签"。如:佥押。周密《志雅堂杂钞·图画碑帖》:"凡枢密院官皆只押字,不佥名。"❺通"憸"。奸邪不正。见"佥壬"。

佥壬　同"憸壬"。奸人;小人。魏源《书明史稿二》:"从古佥壬不修史。"

汧　(qiān)　❶山名。汧山,《书·禹贡》作"岍"。亦名岳山、吴山、吴岳。❷古邑名。

臤　(qiān)　牢固。《说文·臤部》:"臤,坚也。"段玉裁注:"谓握之固也,故从'又'。"

挈　〔掔〕(qiān)　❶坚固。《尔雅·释诂》:"掔,固也。"郝懿行义疏:"掔之为言坚也。"❷通"牵"。《史记·郑世家》:"郑襄公肉

祖挈羊以迎。"引申为引去、除去。《庄子·徐无鬼》:"君将黜耆(嗜)欲,掔好恶,则耳目病矣。"

肝　(qiān)　见"肝瞑"。

肝瞑　谓林叶茂密,阴晦不明。《文选·张衡〈南都赋〉》:"攒立丛骈,青冥肝瞑。"李善注:"言林木攒罗,众色幽昧也。"

钎　〔釬〕(qiān)　见"钎子"。

钎子　用手工或机械钻凿孔眼的工具。由钎头、钎杆、钎尾三部分构成。钎头具有一定硬度、刃角和形状(一字形、十字形等),一般镶嵌硬质合金,以提高钻凿效果。常用于采掘工程。

厱　〔厱〕(qiān)　岸侧的空处。郭璞《江赋》:"猿獭睒瞯乎厱空。"

另见 lán。

牵　〔牽〕(qiān)　❶拉;挽引向前。《孟子·梁惠王上》:"有牵牛而过堂下者。"❷可以牵着走的牲口。《左传·僖公三十三年》:"唯是脯资饩牵竭矣。"杜预注:"牵谓牛、羊、豕。"孔颖达疏:"牛、羊、豕可牵行,故云牵谓牛、羊、豕也。"❸关系。《文选·张衡〈西京赋〉》:"夫人在阳时则舒,在阴时则惨,此牵乎天者也。"薛综注:"牵,犹系也。"❹牵连;牵累。《易·小畜》:"牵复吉。"孔颖达疏:"牵谓牵连。"元结《招陶别驾家阳华作》诗:"无或毕婚嫁,竟为俗务牵。"❺拘泥。苏轼《谢秋赋试官启》:"不泥于古,不牵于今。"❻姓。东汉有牵颢。

另见 qiàn。

牵强　犹言勉强。如:牵强附会。《朱子全书·学五》:"随问遽答,若与之争先较捷者,此其间岂不牵强草略处?"

牵染　连累;牵连。《后汉书·杨伦传》:"是时邵陵令任嘉在职贪秽,因迁武威太守。后有司奏嘉臧(赃)罪千万,征考廷尉,其所牵染将相大臣百有余人。"

牵丝　❶执印绶,谓初任官。《文选·谢灵运〈初去郡〉诗》:"牵丝及元兴,解龟在景平。"李善注:"牵丝,初仕;解龟,去官也。"❷唐宰相张嘉贞欲纳郭元振为婿,因命五女各持一丝于幔后,使郭牵之。郭牵一红丝,得第三女。见《开元天宝遗事》。后用以称缔结婚姻。❸古称木偶戏为"牵丝戏"。唐玄宗《傀儡吟》:"刻木

牵丝作老翁,鸡皮鹤发与真同。"

扲（qiān） 古"迁(遷)"字。

柠〔櫏〕（qiān） 见"椢柠"。

挳〔搻〕（qiān） 同"牵"。《文选·扬雄〈羽猎赋〉》:"钩赤豹,挳象犀。"李善注:"挳,古牵字。"按五臣本《文选》作"牵"。
另见 kēng。

蚈（qiān） 百足虫。即"马陆",亦名"蠲"。《吕氏春秋·季夏纪》:"腐草化为蚈。"高诱注:"蚈,马蚿也;一曰萤火也。"《淮南子·兵略训》:"故良将之卒,若虎之牙,若兕之角,若鸟之羽,若蚈之足。"

铅〔鉛、鈆〕（qiān） 化学元素〔周期系第Ⅳ族(类)主族元素〕。符号 Pb。原子序数 82。银白色金属。延性弱、展性强。铅蒸气和化合物有毒。熔点 327.502℃,沸点 1740℃,相对密度 11.343 7(16℃)。主要存在于方铅矿(PbS)及白铅矿(PbCO$_3$)中,经煅烧得硫酸铅及氧化铅,再还原即得金属铅。可用作耐硫酸腐蚀(例如铅室衬壁)、防 X 射线、蓄电池等的材料。其合金可制轴承、铅字等,还用于制颜料、四乙基铅等。
另见 yán。

铅刀 铅质的刀,言其不锋利。比喻才力微弱,有鄙视或自谦之意。《盐铁论·殊路》:"今仲由、冉求无檀柘之材,隋和之璞,而强文之,譬若雕朽木而砺铅刀。"《后汉书·班超传》:"况臣奉大汉之威,而无铅刀一割之用乎?"

铅华 古代女子搽脸的粉。《文选·曹植〈洛神赋〉》:"芳泽无加,铅华弗御。"李善注:"铅华,粉也。"

铅黄 铅,铅粉。黄,雌黄。古人常用以点校书籍,故亦称校勘为"铅黄"。白居易《酬卢秘书》诗:"笔尽铅黄点,诗成锦绣堆。"陶翰《赠郑员外》诗:"何必守章句,终年事铅黄!"

铅驽 亦作"驽铅"。谓才力卑下如铅刀驽马。《南齐书·王融传》:"但千祀一逢,休明难再,思策铅驽,乐陈涓壒。"涓壒,滴水微尘,犹言末。

铅椠 古代书写的文具。铅,铅粉笔。椠,木板。《西京杂记》卷三:"扬子云好事,常怀铅提椠,从诸计吏,访殊方绝域四方之语,以为裨补辅轩所载。"后亦指著作及校雠。韩愈《送无本师归范阳》诗:"久不事铅椠。"

铅素 犹言纸笔。《翰苑新书》:"人抬青紫,家怀铅素;求古文于孔壁,收竹书于汲冢。"参见"铅椠"。

悭〔慳〕（qiān） ❶吝啬。《南史·王玄谟传》:"刘秀之俭吝,常呼为老悭。"❷欠缺。如:缘悭一面。陆游《怀昔》诗:"泽国气候晚,仲冬雪犹悭。"

悭吝 小气;吝啬。无名氏《看钱奴》第三折:"岂知俺父亲他一文也不使,半文也不用,这等悭吝的紧。"

悭囊 ❶即扑满。范成大《催租行》:"床头悭囊大如拳,扑破正有三百钱。"参见"扑满"。❷指吝啬人的钱袋。

羟〔羥〕（qiān） 羊名。见《说文·羊部》。
另见 qiǎng。

雃（qiān） 鸟名,即"鹡鸰"。《说文·隹部》:"雃,石鸟,一名雍渠,一曰精列。"段玉裁注:"毛传曰:'脊令,雍渠也,飞则鸣,行则摇,不能自舍尔。'精列者,脊令之转语。"按毛传见《诗·小雅·常棣》"脊令在原"。

鍌〔鐉〕（qiān,又读 qǐn） ❶刻。《公羊传·定公八年》:"鍌而犉其板。"徐彦疏:"谓以指爪刻其馈器之上敛藏衣物之板。"❷特指刻书板。叶德辉《书林清话》卷一:"刻板盛于赵宋,其名甚繁……曰鍌板,曰鍌木,曰鍌梓。"板亦作版。

悕（qiān） 心不安貌。《清史稿·后妃传》:"朕值庆典,数筋,必诚侍者,室无过煥,中夜悕悕起视。"

谦〔謙〕（qiān） ❶谦虚。《书·大禹谟》:"满招损,谦受益。"❷六十四卦之一,艮下坤上。《易·谦》:"象曰:地中有山,谦,君子以哀多益寡,称物平施。"
另见 qiàn。

谦辞 与"敬辞"相对。表示谦恭的用语。如自称为"愚"、"不才"等。

谦光 《易·谦》:"谦尊而光。"孔颖达疏:"尊者有谦而更光明盛大。"后因用"谦光"指谦退或谦退的风度。陆云《赠顾尚书》诗:"谦光自抑,厥辉愈扬。"

谦谦 谦逊貌。《易·谦》:"谦谦君子,卑以自牧也。"

谦虚 虚心;不自满。《晋书·周访传》:"智勇过人,为中兴名将;性谦虚,未尝论功伐。"

谦逊 谦让。《汉书·韦玄成传》:"少好学,修父业,尤谦逊下

士。"

嗛（qiān） 通"谦"。见"嗛嗛"。
另见 qiǎn,qiàn,qiè,xián。

嗛嗛 谦逊貌。《汉书·艺文志》:"合于尧之克攘,《易》之嗛嗛。"颜师古注:"嗛字与谦同。"

签〔一〔簽〕（qiān） ❶在文件上亲笔署名或画押。如:签名;签字;签押。❷用简单的文字拟具意见。如:签注。❸旧时官府交给差役拘捕犯人的凭证。如:朱签;火签。《红楼梦》第四回:"发签差公人,立刻将凶犯家属拿来拷问。"

〔二〔籤〕（qiān） ❶一头尖锐的细小杆子。如:牙签。❷用作标志或记注的纸条、布条或小牌子。如:标签;浮签;书签。韩愈《送诸葛觉往随州读书》诗:"邺侯家多书,插架三万轴,一一悬牙签,新若手未触。"❸信手抽出或拈起的竹签或纸条,用以决定彼此或次序。参见"抽签"。❹旧时寺庙中的一种卜具。用竹削制而成,上编号数,贮于筒中,供信仰者向神佛问事吉凶之用。每签均有诗相配,谓之签诗或签语。求签时持筒摇之,及签落,验其号数,以签诗决休咎。签诗按吉凶程度分上签、中签、下签三种,每种又分上、中、下三等,共有上上、上中、上下、中上、中中、中下、下上、下中、下下九等。文字无标点,可作多种解释。❺记注;记注的文字。《世说新语·文学》:"〔殷浩〕大读佛经,皆精解,唯至事数处不解。遇见一道人,问所签,便释然。"又:"殷中军〔殷浩〕读小品,下二百签。"

签署 在文件、条约或凭证上签字。

签押房 旧时高级官员衙门中主管长官的办公室。《官场现形记》第四十二回:"探来探去,好容易探到,说是'大人正在签押房里,替候补知县卫某人画画哩'。"

愆〔諐〕（qiān） ❶过。《书·牧誓》:"不愆于六步七步,乃止齐焉。"❷失误;丧失。《诗·大雅·假乐》:"不愆不忘,率由旧章。"《左传·昭公二十六年》:"王昏不若,用愆厥位。"❸过失;罪咎。《三国志·蜀志·诸葛亮传》:"诏策亮曰:'街亭之役,咎由马谡,而君引愆,深自贬抑。'"❹患恶疾。《左传·昭公二十六年》:"王愆于厥身。"

愆伏 谓天气寒暖失调。《左传·昭公四年》:"冬无愆阳,夏无伏阴。"杜预注:"愆,过也;谓冬温。伏阴,夏寒。"《孔丛子·论书》:"是故阴阳

清和，五星来备，烈风雷雨，各以其应，不有迷错愆伏。"

愆期 失期；过期。约期而失信。《诗·卫风·氓》："匪我愆期，子无良媒。"

愆尤 罪过，罪责。张衡《东京赋》："卒无补于风规，只以昭其愆尤。"王安石《拟寒山拾得》诗："渠不知此机，故自认愆尤。"

愆滞 失误延搁。《三国志·蜀志·费祎传》"代蒋琬为尚书令"裴松之注引《费祎别传》："董允代祎为尚书令，欲效祎之所行，旬日之中，事多愆滞。"

鹐 〔鹐〕(qiān) 鸟啄物。章孝标《鹰》诗："向人鹐断碧丝绦。"

骞 〔骞〕(qiān) ❶举首。《楚辞·大招》："王虺骞只。"王逸注："王虺，大蛇也；骞，举头貌也。"引申谓飞起。杜甫《寄岳州贾司马六丈巴州严八使君》诗："如公尽雄俊，志在必腾骞。"❷违背。《后汉书·李杜传论》："夫专为义则伤生，专为生则骞义。"❸惊动。颜延之《车驾幸京口侍游曲阿后湖作》诗："民灵骞都野。"❹亏损。《诗·小雅·天保》："如南山之寿，不骞不崩。"❺通"搴"。拔取。《汉书·杨仆传》："非有斩将骞旗之实也。"❻通"褰"。揭起衣服。如"骞裳"亦作"褰裳"，见《左传·襄公二十六年》"拂衣从之"杜预注。❼通"愆"。过失。《荀子·正名》："长夜漫兮，永思骞兮。"

骞翥 飞举貌。张衡《西京赋》："凤骞翥于甍标，咸溯风而欲翔。"也比喻超越同辈。《晋书·袁湛传》："范泰赠湛及混诗云：'亦有后出隽，离群颇骞翥。'"

搴 (qiān) ❶拔取。《离骚》："朝搴阰之木兰兮。"《汉书·季布传赞》："身履军搴旗者数矣。"❷通"褰"。撩起；揭起。卢照邻《释疾文》："搴裳访古。"❸姓。汉代有搴扬。

摼 (qiān) 插。见《集韵·二仙》。按今作"扦"。

齤 〔齤〕(qiān) 见"齤齗"。

齤齗 有齿无牙状。《古文苑·王延寿〈王孙赋〉》："口嗛呥以齤齗。"章樵注："有齿无牙状。"

撍 〔撍〕(qiān) 通"攓（搴）"。拔取。《方言》第十："撍，取也。"郭璞注："音骞，一曰搴。"搴通

"撍"。

撍撅 亦作"搴蹶"。掘取。《韩非子·外储说左上》："谚曰：'筑社者，撍撅而置之，端冕而祀之。'"《魏书·古弼传》："吾闻筑社之役，搴蹶而筑，端冕而祀。"一说，撍，通"攓（搴）"。攓撅(guì)，揭起衣裳，形容很不恭敬。

褰 (qiān) ❶抠；揭起。《诗·郑风·褰裳》："子惠思我，褰裳涉溱。"白居易《新昌新居书事》诗："帘每当山卷，帷多待月褰。"❷通"襣"。裤子的一种，即套裤。《左传·昭公二十五年》："征褰与襦。"❸折叠成裥。《史记·司马相如列传》："襞积褰绉。"司马贞索隐引苏林曰："褰绉，缩蹙之也。"

髯 〔髯〕(qiān) 鬓发脱落貌。韩愈《南山》诗："或赤若秃髯。"

攓 (qiān) 通"搴"。揭起。《楚辞·九章·思美人》："因芙蓉而为媒兮，惮攓裳而濡足。"

另见 jiǎn。

攘 (qiān) 同"搴"。揭起衣服。《淮南子·人间训》："江水之始出于岷山也，可攘裳而越也。"

攓 (qiān) 同"搴"。拔取。《方言》第一："攓，取也。南楚曰攓。"《庄子·至乐》："攓蓬而指之。"

孅 (qiān) 巧佞。《新唐书·魏徵传》："及正伦以罪黜，君集坐逆诛，孅人遂指为阿党。"参见"孅趋"。

另见 xiān。

孅趋 巧佞谄媚。《史记·日者列传》："卑疵而前，孅趋而言。"司马贞索隐："孅趋，犹足恭也。"

qiānwǎ

瓩 (qiānwǎ) "千瓦"的旧称。

qián

岒 (qián) 见"岒峨"。

岒峨 高下不齐貌。《楚辞·七谏·怨世》："世沉淖而难论兮，俗岒峨而嶄嵯。"

拑 (qián) 同"钳"。

姌 (qián，又音 mán) 见"姌母"。

姌母 亦作"姌姆"。以好话取悦于人的老婆子。《晋书·简文三子传》："姌姆尼僧，尤为亲昵。"翟灏《通俗编·妇女》："姌婆，妇之老者；能以甘言悦人，故字从甘，其音读若钳。或谓老倡曰'虔婆'，误。"参见"虔婆"。

荨 〔蕁〕(qián) 荨麻。一作"焊麻"。荨麻科，荨麻属(Urtica)植物的泛称。草本，被螫毛，触之奇痛。叶对生，有齿牙或分裂，具托叶。花单性，穗状花序或圆锥花序。瘦果藏于宿存花被内。

另见 tán, xún。

柑 (qián) 通"钳"。使马口衔。《公羊传·宣公十五年》："围者柑马而秣之。"何休注："柑者，以木衔其口，不欲令食粟，示有畜积。"

另见 gān。

钤 〔鈐〕(qián) ❶锁。郭璞《尔雅序》："九流之津涉，六艺之钤键。"引申为锁闭。《道德指归论》卷一："天地钤结，阴阳隔闭。"❷钳制。吕温《故太子少保赠尚书左仆射京兆韦府君神道碑》："仁护鳏惸，智钤豪右。"❸盖章；盖印。《清会典事例·礼部贡举》："即系寻常闲散图篆，亦不值于试卷纷纷钤用。"❹钤记的简称。

钤记 旧时较低级官吏所用的印。《清会典·铸印局》："文职佐杂，及无兼管兵马钱粮之武职官，所用木钤记，均由布政司发官匠刻给。各府州县僧道阴阳医官等钤记，亦如佐杂之例。"又受地方长官委派办事的机关或人员，亦用钤记，率由委任者镌发。

钤键 ❶锁钥。《隋书·天文志中》："房星……北二小星，曰钩钤；房之钤键，天之管籥。"参见"钤❶"。❷比喻机谋；管束。黄宗羲《蒋氏三世传》："总使灭一海而为海者皆是，亦安得尽施其钤键乎！"海，徐海，引倭入寇者。

前 〔前〕(qián) ❶表方位。与"后"相对。如：前门；村前村后。《书·顾命》："先辂在左塾之前。"❷表示次第或时间在先。如：名列前茅。《礼记·檀弓上》："我未之前闻也。"❸上前；前进。如：勇往直前。《史记·魏其武安侯列传》："及出壁门，莫敢前。"❹在主将马前。见"前驱"。

另见 jiǎn。

前辈 年长或资历较高的一辈。如：老前辈；革命前辈。孔融《论盛孝章书》："今之少年，喜谤前辈。"

前朝后市 亦称"面朝后市"。中国古代的一种都城布局。《周礼·考工记下》："匠人营国，方九里，旁三门。国中九经九纬，经涂九轨。左祖右社，面朝后市，市朝一夫。"即建造一座九平方里的都城，每边开三个门。城中纵横各九条道路，路宽可供九辆车并行。王宫左边是祖庙，右边是社稷，前面是朝廷，后面是市场，各占地百亩。

前车 比喻可以引为教训的往事。《荀子·成相》："前车已覆，后未知更何觉时。"

前车之鉴 鉴，借鉴。前面的车子翻了，后面的车子可引为鉴戒。比喻前人的失败，后人可引为教训。《镜花缘》第九十八回："若再执迷不醒，这四人就是前车之鉴。"参见"前车"。

前尘 ❶佛教称色、声、香、味、触、法为六尘。谓当前境界为六尘所成，都非真实，故称"前尘"。《楞严经》卷一："佛告阿难，此是前尘，虚妄相想，惑汝真性。"❷指旧事，过去之事。如：回首前尘；前尘影事。欧阳修《归田录》卷二："澹墨题名第一人，孤生何幸继前尘。"

前程 ❶前面的路程。孟浩然《唐城馆中早发寄杨使君》诗："访人留后信，策蹇赴前程。"❷比喻未来的境遇。如：前程万里；锦绣前程。❸旧称功名为"前程"。《儒林外史》第五十三回："再过一年，我就可以得个知府的前程。"

前度 ❶以前的法度。《史记·屈原贾生列传》："章画职墨兮，前度未改。"裴骃集解："度，法也……修前人之法，不易其道。"❷前次；上回。刘禹锡《再游玄都观》诗："种桃道士归何处，前度刘郎今又来。"

前度刘郎 刘禹锡《再游玄都观》诗："种桃道士归何处，前度刘郎今又来。""前度刘郎"乃禹锡自称。用东汉刘晨、阮肇故事。相传东汉永平年间（58—75），刘晨、阮肇在天台桃源洞遇仙。还乡后，至西晋太康年间（280—289），两人重到天台。见刘义庆《幽明录》。后因称去而复来的人为"前度刘郎"。

前进士 唐代士人应试进士科及第的称为"前进士"。见李肇《唐国史补》卷下。《称谓录》卷二十四："唐代有举人、进士之名，特为不第者之通称……已及第者乃称前进士。"

前倨后恭 先傲慢而后谦恭。《史记·苏秦列传》："苏秦笑谓其嫂曰：'何前倨而后恭也？'"《国策·秦策一》作"前倨而后卑"。

前科 指曾被法院判处刑罚且已执行完毕。其法律意义在于：（1）有前科的人又犯罪，如果符合累犯的条件，就构成累犯，应从重处罚。（2）有某种前科的人不能担任某些职务，如按我国法官法规定，曾因犯罪受过刑事处罚的人员，不得担任法官。

前茅 犹先头部队。古代行军时前哨斥候以茅为旌，行于军前，如遇敌人或敌情有变化，举旌以警告后军。《左传·宣公十二年》："前茅虑无。"虑无，戒备意外的意思。后称考试成绩优秀，名次在前为"名列前茅"。《聊斋志异·郭生》："自以屡拔前茅，心气颇高。"

前门拒虎后门进狼 比喻刚除掉一个祸患，另一祸患紧跟而来。李贽《史纲评要·周纪》："前门拒虎，后门进狼，未知是祸是福。"

前仆后继 前面的人倒下了，后面的人继续上。后常用以形容斗争的英勇壮烈。亦作"前覆后继"。王楙《野客丛书·后宫嫔御》："士大夫以粉白黛绿丧身殒命何可胜数，前覆后继，曾不知悟。"《清史稿·曾国荃传》："悉向东路，填壕而进，前仆后继。"

前驱 前导；先锋。《诗·卫风·伯兮》："伯也执殳，为王前驱。"《三国演义》第七回："可令黄祖部领江夏之兵为前驱，主公率荆襄之众为援。"今亦以指先导者。

前身 本佛教名词，谓前世之身。白居易《临水坐》诗："手把杨枝临水坐，闲思往事似前身。"今亦借指事物所由发展而来的原先的名称或形式。

前识 犹言先知，先见之明。《老子·三十八章》："前识者道之华而愚之始。"王弼注："前识者，前人而识也。"意谓比别人先一步认识。《韩非子·解老》则认为："前识者，无缘而忘（妄）意度也。"意谓脱离实际而作毫无根据的猜测。

前世 ❶过去的年代。《汉书·董仲舒传》："视前世已行之事，以观天人相与之际，甚可畏也。"❷犹前生。苏轼《题灵峰寺壁》诗："前世德云今我是，依希犹记妙高台。"

前事不忘后事之师 不忘记以往的经验教训，作为以后行事的借鉴。《国策·赵策一》："前事之不忘，后事之师。"陈子昂《谏用刑书》："臣每读《汉书》至此，未尝不为戾太子流涕也。古人云，前事不忘，后事之师，伏愿陛下念之。"

前提 推理中作为推理依据的已知判断。例如：在"真理是不怕批评的，马克思主义是真理，所以马克思主义是不怕批评的"这一推理中，前两个判断就是前提。

前途 ❶前面的路程。杜甫《石壕吏》诗："天明登前途，独与老翁别。"比喻未来的境况。如：前途光明。❷旧时在与人接洽事情时，作为有关对方的代称。《老残游记》第十六回："只须老兄写明云，减半六五之数，前途愿出。兄弟凭此，明日下就断结了。"

前席 古时席地而坐，"前席"谓移坐向前。《史记·屈原贾生列传》："上因感鬼神事，而问鬼神之本。贾生因具道所以然之状。至夜半，文帝前席。"

前贤 前代的贤人或名人。杜甫《戏为六绝句》："今人嗤点流传赋，不觉前贤畏后生。"

前修 犹先哲。前代的贤人。《离骚》："謇吾法夫前修兮，非世俗之所服。"

前言 ❶以前说过的话。《论语·阳货》："偃之言是也，前言戏之耳。"亦指前人的言论。《国语·晋语四》："夫必追择前言，求善以终。"❷亦称"前记"、"序"、"叙"、"绪言"、"引言"、"弁言"等。文体名。由（译）者或他人撰写，刊印在图书正文前面，用以说明写作（翻译）的目的、经过和资料来源、编写体例等，或对内容加以评介。出版社所写的"出版说明"，有时亦用以代替"前言"。

前元音 由舌面前部抬起而构成的一类元音。发音时舌头前伸，舌尖平伸靠着下齿背，舌面前部对着硬腭抬起，亦称硬腭元音，如 i[i]、ü[y]、ê[ε] 等。

前哲 犹先贤，前代的贤人。《左传·成公八年》："夫岂无辟王，赖前哲以免也。"

前箸 进餐时放在座前的筷子。《汉书·张良传》："汉王方食……良曰：'臣请借前箸以筹之。'"参见"借箸"。

耑（qián）"前"的本字。

虔（qián）❶诚敬。如：虔诚；虔敬。《左传·成公十六年》:"虔卜于先君也。"❷通"劫"。劫掠;斩杀。《书·吕刑》:"夺攘矫虔。"参见"虔刘"。❸通"姏"。见"虔婆"。

虔诚　恭敬而有诚意。庾信《周祀五帝歌》:"朱弦绛鼓馨虔诚,万物含养各长生。"

虔刘　劫掠;杀戮。《左传·成公十三年》:"芟夷我农功,虔刘我边陲。"

虔婆　以甘言悦人的不正派的老婆子。周祈《名义考》卷五:"《方言》谓贼为虔,虔婆犹贼婆也。"也指鸨母。石君宝《曲江池》第一折:"虽然那爱钞的虔婆,他可也难恕免;争奈我心坚石穿,准备着从良弃贱!"参见"姏母"、"三姑六婆"。

钱〔錢〕(qián)　❶铸币,或泛指货币。本为农具名,布币即由农具演变而来。《国语·周语下》:"景王二十一年,将铸大钱。"这里的"钱"已指铜铸币。王莽称钱为"泉",以后两字通用。铸成钱币形而非流通货币亦称钱,如厌胜钱。❷"市钱"的简称。❸姓。

另见jiǎn。

钱唇　铜钱的边缘。沈括《梦溪笔谈·技艺》:"庆历中,有布衣毕昇,又为活板。其法:用胶泥刻字,薄如钱唇,每字为一印,火烧令坚。"

钱刀　刀是古代一种刀形的钱,后因用"钱刀"泛指钱或金钱。古乐府《白头吟》:"男儿重意气,何用钱刀为!"

钱范　古代铸造金属货币使用的范模。有模和范两种:模中的钱文都阳文正书,为翻制范的工具,多用铜或石制。范的钱文都阴文反书,范面有沟槽,以便灌注金属溶液,多用铜、铁、土或滑石制成。战国时期的铸币,都用范直接铸成。用模制成范后再大量浇铸,是在西汉中叶以后。用模制成的范,大都是泥质。

钱谷　❶犹钱粮。多指赋税。❷旧时官署中主办钱粮、税收、会计的幕友,一般称为钱谷师爷,又称钱粮师爷。

钱可通神　极言金钱魔力之大。张固《幽闲鼓吹》卷五十二:"唐张延赏判一大狱,召吏严缉。明旦见案上留小帖云:'钱三万贯,乞不问此狱。'张怒掷之。明旦复帖云:'十万贯。'遂止不问。子弟乘间侦之,张曰:'钱十万,可通神矣,无不可回之事,吾惧祸及,不得不止。'"无名氏《鸳鸯被》第四折:"钱可通神,法难

纵你。"

钱粮　田赋所征银钱和食粮的合称。唐行两税法,经宋元明,田赋或征收米谷或折征银钱,故称钱粮。亦泛指税收。

钱癖　敛钱的癖好。《晋书·和峤传》:"峤家产丰富,拟于王者,然性至吝,以是获讥于世,杜预以为峤有钱癖。"

钱树子　指妓女。旧社会妓院中鸨母把妓女当作摇钱树,故称。段安节《乐府杂录》:"许和子者,吉州永新县乐家女也……既美且慧,善歌,能变新声。及卒,谓其母曰:'阿母,钱树子倒矣。'"

钱引　亦称"川引"。宋代的纸币。崇宁四年(1105年)用以代替贬值的交子。钱引意即兑换钱币的凭证。两年换发一次,称为一界。引上印有界分、年限以及面额等,并饰以各种图案花纹。后因不能兑现而贬值。

钳〔鉗〕(qián)　❶夹持物体的手工工具。由两个绕轴作相对转动的钢制件组成。有尖口钳和平口钳等。

钢丝钳

有些还具有切断等功能。❷以钳夹物。徐灏《说文解字注笺》:"以手曰拑,以竹木曰箝,以铜铁曰钳,通用则不别也。"引申为以势力胁迫人。见"钳制"。❸古代一种刑罚。见"髡钳"。

钳口　亦作"拑口"、"箝口"。闭口不言。《后汉书·单超传》:"上下钳口,莫有言者。"

钳制　❶亦作"箝制"。挟持牵制。《朱子语类》卷一百二十六:"而其始者祸福报应之说,又足以钳制愚俗。"❷以兵力、火力吸引和拖住敌人的作战行动。用以分散敌人力量,保障主力作战。

乾(qián)　八卦之一,卦形为☰,三爻皆阳。又六十四卦之一,乾下乾上。象征阳性或刚健。《易·说卦》:"乾,健也。"又:"乾为天,为圜,为君,为父。"

另见gān 干㊀。

乾道　义同"天道"。《易·乾》:"〔象曰〕乾道变化,各正性命。"

乾纲　旧指君权。范宁《穀梁传序》:"昔周道衰陵,乾纲绝纽。"亦指夫权。《聊斋志异·马介甫》:"兄勿馁,乾纲之振,在此一举。"

乾坤　《周易》中的两个卦名,指

阴阳两种对立势力。阳性的势力叫做乾,乾之象为天;阴性的势力叫做坤,坤之象为地。《易传》认为乾的作用在使万物发生,"大哉乾元,资始,乃统天"(《易·乾·象辞》);坤的作用在使万物成长,"至哉坤元,万物资生,乃顺天"(《易·坤·象辞》)。引申为天地、日月、男女、父母、世界等的代称。

乾乾　自强不息。《易·乾》:"〔文言曰〕是故居上位而不骄,在下位而不忧,故乾乾因其时而惕,虽危,无咎矣。"《后汉书·左雄传》:"陛下乾乾劳思,以济民为务。"

乾造　旧时称男子出生的年月日时为"乾造",女子为"坤造"。

乾宅　旧时婚礼,男家称"乾宅",女家称"坤宅"。

捐(qián)　用肩膀扛东西。如:捐枪;捐行李。

捐客　旧时对居间人或一般经纪人的习称。

揵(qián)　❶举起。司马相如《上林赋》:"揵鳍掉尾,振鳞奋翼。"❷竖立。《后汉书·冯衍传下》:"揵六枳而为篱兮。"❸通"捐"。用肩扛。《后汉书·舆服志上》:"揵弓韣九揵。"

另见jiàn。

渐〔漸〕(qián)　通"潜"。见"湛渐"。

另见chán,jiān,jiàn。

骓〔騝〕(qián)　❶黄脊的骝马。张说《大唐开元十三年陇右监牧颂德碑》:"差其毛物,则有苍白骊黄……骓骐驔骓。"❷见"骓骓"。

骓骓　壮健貌。《古文苑·石鼓文》:"左骖騛騛,右骖骓骓。"章樵注:"郭璞云:'骓,取其壮健儿。'"

犍(qián)　用于地名"犍为"。

另见jiān。

嫱(qián)　星名。《说文·女部》:"嫱,甘氏《星经》曰:'太白号上公,妻曰女嫱,居南斗食厉,下祭之曰明星。'"段玉裁注:"《史记·天官书》曰:'太白,大区也,其号上公。'妻曰女嫱,居南斗食厉,未闻。此云天下祭之曰明星,盖祀女嫱也。"

骿〔騈〕(qián)　马名。《尔雅·释畜》:"四蹄皆白,骿。"郭璞注:"俗呼踏雪马。"

玷(qián)　义同"焊❸"。《楚辞·大招》:"玷鹄臇凫只。"洪兴祖补注:"玷,沉肉于汤也。"

另见shàn,shǎn。

黔(qián) 同"黔②"。

另见 qín。

箝(qián) 同"钳"。夹住。如:箝子。引申为紧闭,钳制。如:箝口结舌。《汉书·异姓诸侯王表》:"箝语烧书。"

箝制 同"钳制①"。

潜〔潛〕(qián) ❶没水。如:潜水衣;潜水艇。《诗·小雅·正月》:"鱼在于沼,亦匪克乐;潜虽伏矣,亦孔之炤。"引申为深藏。苏轼《赤壁赋》:"舞幽壑之潜蛟。"❷暗中;偷偷地。《左传·哀公十七年》:"越子以三军潜涉。"《荀子·议兵》:"不潜军。"❸通"槮"、"椮"。堆积水中供鱼栖止的柴。《诗·周颂·潜》:"潜有多鱼。"❹通"灊"。古水名。见"灊"。❺《诗·周颂》篇名。《诗序》:"《潜》,季冬荐鱼、春献鲔也。"盖王者命渔师捕鱼,用以献祭宗庙,奏此乐歌。据《礼记·月令》,献鱼之祭在每年季冬、季春。

潜邸 指皇帝即位前所居的府第。郭若虚《图画见闻志》卷三:"太宗在潜邸,多访求名艺,文进(高文进)往依焉。"

潜龙 比喻圣人有龙德而隐居不显。《易·乾·文言》:"初九,曰:'潜龙勿用。'何谓也?子曰:'龙德而隐者也,不易乎世,不成乎名,遁世无闷,不见是而无闷,乐则行之,忧则违之,确乎其不可拔,潜龙也。'"后比喻有大德而未为世用的人。马融《广成颂》:"宗重渊之潜龙。"

潜师 秘密发兵。《左传·僖公三十二年》:"杞子自郑使告于秦,曰:'郑人使我掌其北门之管,若潜师以来,国可得也。'"

潜心 谓专心从事。《三国志·蜀志·向朗传》:"乃更潜心典籍,孜孜不倦。"

潜移默化 本作"潜移暗化"。《颜氏家训·慕贤》:"潜移暗化,自然似之。"谓人的思想或性格受到环境或别人的感染,在不知不觉中起了变化。《文明小史》第一回:"第一须用上些水磨工夫,叫他们潜移默化,断不可操切从事,以致打草惊蛇,反为不美。"

黔(qián) ❶黑色。见"黔首"。❷贵州省的简称。因省境东北部在战国、秦代属黔中郡,在唐代属黔中道,故名。❸姓。春秋时齐有黔敖。

黔黎 黔首、黎民的合称。指百姓。潘岳《西征赋》:"愿黔黎其谁

听,惟请死而获可。"

黔娄 战国时齐国隐士。齐、鲁国君请他出来做官,他总不肯。家甚贫,死时衾不蔽体。他的妻子和他一样"乐贫行道"。见刘向《列女传》、皇甫谧《高士传》。陶潜《咏贫士》:"安贫守贱者,自古有黔娄。"后作为贫士的代称。元稹《遣悲怀》诗:"谢公最小偏怜女,自嫁黔娄百事乖。"

黔驴之技 柳宗元《三戒·黔之驴》载:黔无驴,有好事者载之入。放山下。虎见之,庞然大物,以为神,蔽林间窥之。驴一鸣,虎大骇,以为且噬己,甚恐。然往来视之,觉无异能。稍近,益狎。驴不胜怒,蹄之。虎因喜,计之曰:'技止此耳!'因跳踉大㘎,断其喉,尽其肉,乃去。后因以"黔驴之技"谓有限而拙劣的伎俩。以"黔驴技穷"谓有限的本领已经用尽。

黔首 战国及秦代对国民的称谓。初见于《战国策·魏策》、《吕氏春秋》的《振乱》、《怀宠》等篇、《韩非子·忠孝》及李斯《谏逐客书》等。《史记·秦始皇本纪》:"二十六年,……更名民曰黔首。"裴骃集解引应劭曰:"黔亦黎,黑也。"《说文解字·黑部》:"秦谓民为黔首,谓黑色也。周谓之黎民。"

鍼(qián) 姓。春秋时秦有鍼虎。

另见 zhēn 针。

鍼巫 复姓。《左传·庄公三十二年》:"成季使以君命命僖叔待于鍼巫氏。"

鰜〔鰜〕(qián) 鱼名。《史记·司马相如列传》:"鲕鳊鰜魼。"裴骃集解引《汉书音义》:"鰜,似鲤而大也。"

藡(qián) 植物名,即苎麻。白居易《送客南迁》诗:"藡草四时青。"

另见 xián。

灊(qián) 古水名。

qiǎn

胅(qiǎn) ❶肋骨和胯骨之间的部分(多指兽类)。❷狐狸胸腹部和腋下的皮毛。如:狐胅。《红楼梦》第二十回:"分明冷些,怎么你倒脱了青胅披风呢?"

浅〔淺〕(qiǎn) ❶不深。《诗·邶风·谷风》:"就其浅矣,泳之游之。"❷简明易懂。如:深入浅

出。❸不深切;浮泛。如:交浅言深;才疏学浅。《晋书·王豹传》:"敢以浅见陈写愚情。"❹历时不久。如:相处日浅。《国策·赵策二》:"寡人年少,莅国之日浅。"❺颜色淡。如:浅红;浅绿。❻特指兽毛不厚,亦即谓浅毛的兽皮。《仪礼·既夕礼》:"荐乘车鹿浅幦。"郑玄注:"鹿浅,鹿夏毛也。"贾公彦疏:"以鹿夏皮浅毛者为幦,以覆式(轼)。"

另见 jiān。

浅带 宽博的衣带。《荀子·儒效》:"逢衣浅带。"杨倞注:"浅带,博带也。"《韩诗外传》作'逢衣博带',言博带则约束衣服者浅。"

浅陋 谓见闻不广。《荀子·修身》:"多闻曰博,少闻曰浅;多见曰闲,少见曰陋。"后多用为浅薄之意。《汉书·孔安国传》:"世所传《百两篇》者,出东莱张霸……篇或数简,文意浅陋。"《百两篇》,汉代所传《尚书》的一种。

浅斟低唱 斟,筛酒。缓缓喝酒,曼声歌唱。形容悠闲享乐的情态。柳永《鹤冲天》词:"忍把浮名,换了浅斟低唱。"

唊〔唊〕(qiǎn) 猴类把食物贮在颊部。《集韵·五十琰》:"猴颊藏食曰唊。"

另见 jiá。

蜸〔蜸〕(qiǎn) 见"蜸蚕"。

蜸蚕 即蚯蚓。《尔雅·释虫》:"螼蚓,蜸蚕。"郭璞注:"江东呼寒蚓。"郝懿行义疏:"蚯蚓即螼蚓,声相转也。《古今注》云:'蚯蚓一名曲蟮,善长吟于地中。'"

胲〔胲〕(qiǎn) 腹下。见《广韵·五十琰》。

另见 jiá,xié。

遣(qiǎn) ❶派遣;发送。如:调兵遣将。《左传·僖公二十三年》:"姜与子犯谋,醉而遣之。"引申为放逐。《汉书·孔光传》:"上免官,遣归故郡。"❷排遣;消遣。杜甫《崔少府高斋三十韵》:"赠此遣愁寂。"❸使;教。元稹《琵琶歌》:"努力铁山勤学取,莫遣后来无所祖。"

遣蚤 《东观汉记·马援传》:"击寻阳山贼,上书曰:'除其竹木,譬如婴儿头多虮虱,而剃之荡荡,虮虱无所复依。'"后因谓剃去头发为遣蚤。萧纲《答湘东王书》:"剃顶之时,此心特至。心口自谋,并欲剪落。无疑马援遣蚤之谈,不辞应氏赤壶之讽。"

嗛（qiǎn）猴类颊中藏食处。《尔雅·释兽》："寓鼠曰嗛。"郭璞注："颊里贮食处，寓谓狁猴之类，寄寓木上。"

另见 qiān，qiàn，qiè，xián。

嵰（qiǎn）山高貌。见《广韵·五十琰》。

膁（qiǎn）家畜外形部位名称。位于腰下、股前、季肋骨之后的软陷处。役畜膁宜短，过长无力。

谴〔譴〕（qiǎn）❶责备；责罚。如：谴责。《诗·小雅·小明》："畏此谴怒。"官吏贬官谪戍也叫谴。王昌龄《寄穆侍御出幽州》诗："一从恩谴度潇湘。"❷罪责；罪过。《汉书·贾谊传》："故其在大谴大何（呵）之域者，闻谴何则白冠氂缨，盘水加剑，造请室而请罪耳。"

缱〔繾〕（qiǎn）见"缱绻"。

缱绻　固结不解之意。《诗·大雅·民劳》："无纵诡随，以谨缱绻。"后多用来形容情意深厚，犹言缠绵。韩愈《赠别元十八协律》诗："临当背面时，裁诗示缱绻。"

鼸（qiǎn）鼠名。《尔雅·释兽》："鼸鼠。"郭璞注："以颊裹藏食也。"郝懿行义疏："鼸鼠，即今香鼠，颊中藏食，如狕猴然，灰色短尾而香，人亦畜之。"

qiàn

欠（qiàn）❶疲倦欲睡时张口呵气。如：打呵欠。参见"欠伸"。❷坐卧时身体上部稍微躬起并前倾。《红楼梦》第三十四回："〔宝玉〕犹恐是梦，忙又将身子欠起来。"❸借而未还或当给未给。如：拖欠；欠债。《红楼梦》第五回："欠命的，命已还；欠泪的，泪已尽。"❹不够；缺少。如：欠佳；欠妥。韩愈《喜侯喜至赠张籍张彻》诗："今者诚自幸，所怀无一欠。"❺痴呆。董解元《西厢记诸宫调》卷六："君瑞真个欠，我道你，佯小心，妆大胆。"

欠伸　欠，打呵欠；伸，伸懒腰。疲乏时的表现。《仪礼·士相见礼》："君子欠伸。"郑玄注："志倦则欠，体倦则伸。"白居易《江上对酒二首》："坐稳便箕踞，眠多爱欠伸。"亦作"欠申"。《汉书·翼奉传》："五藏象天，六体象地。故藏病则气色发于面，体病则欠申动于貌。"

倪〔儀〕（qiàn）❶譬喻；好比。《诗·大雅·大明》："大邦有子，倪天之妹。"❷古代观察风向的设备。《淮南子·齐俗训》："辟（譬）若倪之见风也，无须臾之间定矣。"按王念孙以为"倪"是"綄"字形近之误。见《读书杂志》。

另见 xiàn。

纤〔縴〕（qiàn）拉船前进的绳索。如：拉纤；纤绳。

另见 jiān，xiān。

芡（qiàn）植物名。学名 Euryale ferox。亦称"鸡头"。睡莲科。多年生水生草本，全株有刺。叶圆盾形，浮于水面。夏季开花，花单生，带紫色。浆果海绵质，顶端有宿存的萼片，全面密生锐刺。种子球形，黑色。分布于温带和亚热带，中国各地均产。种子称"芡实"或"鸡头米"，供食用或酿酒。亦入药，性温，味甘涩，功能健脾、涩精，主治脾虚泄泻、遗精及带下等症。

茜（qiàn）❶草名。亦称"血茜草"、"血见愁"。茜草科。多年生攀缘草本。根黄红色。茎方形，有倒生刺。叶常四枚轮生，叶片心脏卵形。秋季开黄色小花。❷茜草根可以作大红色染料，因即以指大红色。李群玉《黄陵庙》诗："黄陵女儿茜裙新。"

另见 xī。

茜草
1. 花枝　2. 根

牵〔牽〕（qiàn）同"纤（縴）"。挽舟的绳索。高启《赠杨荣阳》诗："渡河自撑篙，水急船断牵。"

另见 qiān。

倩（qiàn）❶古时男子的美称。《汉书·朱邑传》："昔陈平虽贤，须魏倩而后进。"颜师古注："倩，士之美称。"❷笑靥美好貌。《诗·卫风·硕人》："巧笑倩兮。"引申为俏丽。如：倩装。《红楼梦》第三十七回："倩影三更月有痕。"

另见 qìng。

倩盼　《诗·卫风·硕人》："巧笑倩兮，美目盼兮。"后用"倩盼"形容容貌秀美动人。张耒《次韵秦观》：

"婵娟守重闺，倚市争倩盼。"

堑〔塹〕（qiàn）❶护城河；壕沟。《史记·高祖本纪》："郎中郑忠乃说止汉王，使高垒深堑勿与战。"❷陷坑；比喻挫折。如：吃一堑，长一智。❸挖掘。《左传·昭公十七年》："环而堑之，及泉。"

绮〔綪〕（qiàn）赤色缯。《左传·定公四年》："绮茷旃旌。"杜预注："绮茷大赤，取染草名也。"茷，旆。

另见 zhēng。

輤〔輤〕（qiàn）柩车上装饰用的覆盖。《礼记·杂记上》："其輤有裧。"郑玄注："輤，载柩将殡之车饰也。"

槧〔槧〕（qiàn）❶古代用木削成以备书写的版片。《论衡·量知》："断木为槧，析之为板，力加刮削，乃成奏牍。"《西京杂记》卷三："〔扬雄〕常怀铅提槧，从诸吏求访殊方绝域四方之语。"引申为刻本。如：宋槧；旧槧。黄伯思《东观馀论·跋洛阳所得杜少陵诗后》："此帙所录杜子美诗，颇与今行槧本小异。"❷简札；书信。王令《赠别晏成绩懋父太祝》诗："幸因西南风，时作寄我槧。"

嵌（qiàn，旧读 qiān）❶填镶。一般用于装饰。《红楼梦》第三回："头上戴着束发嵌宝紫金冠。"❷山石如张口貌。《文选·扬雄〈甘泉赋〉》："嵌岩岩其龙鳞。"李善注："嵌，开张之貌。"也指深陷的洞穴。韦庄《李氏小池亭十二韵》："引泉疏地脉，扫絮积山嵌。"

另见 kàn。

嵌空　玲珑貌。杜甫《铁堂峡》诗："修纤无垠竹，嵌空太始雪。"

傔（qiàn）❶见"傔从"。❷通"慊"。履足。《吕氏春秋·知士》："揆吾家苟可以傔剂貌辨者，吾无辞为也。"高诱注："傔，足也。"

傔从　侍从。《新唐书·裴行俭传》："所引偏裨为世名将，傔从至刺史、将军者数十人。"

傔卒　侍从的兵卒，卫士。《新唐书·魏謩传》："荆南监军吕令琛，纵傔卒辱江陵令。"

谦〔謙〕（qiàn）通"慊"。心安理得之意。《礼记·大学》："所谓诚其意者，毋自欺也。如恶恶臭，如好好色，此之谓自谦。"郑玄注："谦读为慊。"

另见 qiān。

蒨（qiàn）❶同"茜"。《尔雅·释草》："茹藘"郭璞注："今之蒨也,可以染绛。"亦指绛色。杜牧《村行》诗:"篱窥蒨裙女。"❷草盛貌。左思《吴都赋》:"夏晔冬蒨。"

蒨蒨 鲜艳貌。杨载《遣兴偶作》诗:"春蔬茂前畦,蒨蒨有颜色。"

嗛(qiàn) 通"歉"。❶不满足。《荀子·仲尼》:"满则虑嗛。"❷歉收。《穀梁传·襄公二十四年》:"一穀不升谓之嗛。"

另见 qiān,qiǎn,qiè,xián。

嗛嗛 ❶微小貌。《国语·晋语一》:"嗛嗛之德,不足就也。"韦昭注:"嗛嗛,犹小小也。"❷不足貌。束皙《贫家赋》:"食草叶而不饱,常嗛嗛于膳珍。"

晴(qiàn) 白色。见《集韵·三十二霰》。

慊(qiàn) 憾;恨;不满足。《孟子·公孙丑下》:"彼以其富,我以吾仁,彼以其爵,我以吾义,吾何慊乎哉?"《淮南子·齐俗训》:"衣若县(悬)衰而意不慊。"高诱注:"慊,恨。"

另见 qiè,xián。

歉(qiàn) ❶谷物收成不好。如:荒歉;歉岁。《广雅·释天》:"一谷不升曰歉。"❷饿;吃不饱。李商隐《行次西郊作一百韵》:"健儿立霜雪,腹歉衣裳单。"❸缺少;不足。王安石《推命对》:"则箪食豆羹无歉焉。"❹心觉不安。如:抱歉;歉仄。

壍(qiàn) 同"堑(塹)"。

qiāng

庆〔慶〕(qiāng) 作语助,用于句首。犹"羌"。《汉书·叙传上》:"庆未得其云已。"

另见 qīng,qìng。

抢〔搶〕(qiāng) ❶逆;不顺。如:抢风;抢水。❷碰;撞。见"抢地"。

另见 chéng,qiǎng。

抢地 触地。《国策·魏策四》:"布衣之怒,亦免冠徒跣,以头抢地尔。"亦作"枪地"。《汉书·司马迁传》:"见狱吏乃头枪地。"

呛〔嗆〕(qiāng) 因饮食太急而引起气逆咳嗽。《红楼梦》第四十一回:"刘姥姥两手捧着喝,贾母、薛姨妈都道:'慢些,别呛了。'"

另见 qiàng。

羌〔羌、羌〕(qiāng) ❶古族名。主要分布在今甘、青、川一带。最早见于甲骨卜辞。殷周时,部分居中原。秦汉时,部落众多,有先零、烧当、婼、广汉、武都、越巂等部。魏、晋、南北朝、唐、宋间,又有宕昌、邓至、白兰、党项等部。部落分散,以游牧为主。与汉人杂处的从事农耕。两汉、魏、晋、唐、宋中,不断反抗封建统治。东汉末内附,部分东迁内地。东晋至北宋间,烧当羌、党项羌先后建立后秦、西夏等政权。其首领多受历朝册封,曾助北魏、唐破氏及吐谷浑,往来联系密切。后渐与西北和西南地区的汉族及其他民族相融合。❷中国少数民族名。❸作语助。用在句首,无义。《离骚》:"羌内恕己以量人兮,各兴心而嫉妒。"一说犹"乃"。《广雅·释言》:"羌,乃也。"王念孙疏证引《离骚》:"余以兰为可恃兮,羌无实而容长。"❹姓。晋代有羌迪。

羌无故实 羌,作语助,无义。指不用典故或没有出处。钟嵘《诗品序》:"'清晨登陇首',羌无故实。"按"清晨登陇首"这句诗的作者不详,全诗已失传。

玱〔瑲〕(qiāng) 玉相击声。《诗·小雅·采芑》:"有玱葱珩。"毛传:"玱,珩声也。"

玱玱 亦作"鎗鎗"、"锵锵"、"将将"。象声词。《诗·小雅·采芑》:"八鸾玱玱。"陆德明释文:"玱,本亦作鎗。"此鸾铃声。《荀子·富国》引《诗》曰:"钟鼓喤喤,管磬玱玱。"此引《周颂·执竞》,今本作"将将"。此乐器声。参见"将将❶"、"锵锵❶"。

枪〔槍、鎗〕(qiāng) 武器名。❶在长杆上装有尖头用于刺杀的冷兵器。如:红缨枪;标枪。《旧五代史·王彦章传》:"常持铁枪,冲坚陷阵。"❷管形喷射火器。如:火枪;飞火枪。❸枪械的别称。

〔槍〕(qiāng) ❶掘草的工具。《国语·齐语》:"挟其枪刈耨镈,以旦暮从事于田野。"❷头上削尖的竹木片,供编篱笆用。如:枪篱笆。《文选·扬雄〈长杨赋〉》:"木拥枪累,以为储胥。"李善注引苏林曰:"木拥,栅;其外又以竹枪累为外储胥也。"储胥,篱笆。❸茶叶的嫩芽。如:茶枪;旗枪。❹冲。《庄子·逍遥游》:"我决起而飞,枪榆枋。"陆德明释文引支遁曰:"枪,突也。"❺碰撞。司马迁《报任少卿书》:"见狱吏则头

枪地。"❻代替。如:代枪。参见"枪手❷"。❼姓。汉代有枪传。

另见 chēng。

枪枪 同"跄跄"。步趋有节貌。《荀子·大略》:"朝廷之美,济济枪枪。"

枪手 ❶旧指以长枪为武器的兵士。《宋史·兵志五》:"广东驻泊杨从先言:'本路枪手万四千。'"后指射击手。❷封建科举称代人考试为"枪替",称代人应考者为"枪手",亦称"枪替手"。《官场现形记》第五十六回:"这位大人乃是个一窍不通的,只得请了枪手,代为枪替。"

矼(qiāng) 诚实貌。《庄子·人间世》:"且德厚信矼。"成玄英疏:"道德纯厚,信行确实。"

另见 gāng。

戗〔戧〕(qiāng) ❶逆;迎头。如:戗风。❷决裂。《儒林外史》第五十四回:"两个人说戗了,揪着领子,一顿乱打。"

另见 chuāng,qiàng。

戕(qiāng,旧读 qiáng) 杀害;残害。如:自戕。《左传·宣公十八年》:"邾人戕鄫子于鄫。"

戕贼 伤害;残害。《孟子·告子上》:"子能顺杞柳之性而以为桮棬乎?将戕贼杞柳而后以为桮棬也?"欧阳修《秋声赋》:"念谁为之戕贼,亦何恨乎秋声!"

斨(qiāng) 古代的一种斧子,装柄的孔是方的。《诗·豳风·破斧》:"既破我斧,又缺我斨。"

鸧〔鶬〕(qiāng) ❶以金为饰。《诗·周颂·载见》:"鞗革有鸧。"郑玄笺:"鸧,金饰貌。"陆德明释文:"鸧,本亦作鎗。"❷同"锵"。《诗·商颂·烈祖》:"八鸾鸧鸧。"

另见 cāng。

将〔將〕(qiāng) ❶愿;请。《诗·卫风·氓》:"将子无怒。"❷见"将将"。

另见 jiāng,jiàng。

将伯 《诗·小雅·正月》:"将伯助予。"毛传:"将,请也;伯,长也。"后用以向人求助为"将伯"。亦用指别人对自己的帮助。《聊斋志异·连琐》:"将伯之助,义不敢忘。"

将将 ❶同"锵锵❶"。拟声词。《诗·郑风·有女同车》:"佩玉将将。"❷高大、雄壮貌。《诗·大雅·绵》:"应门将将。"司马相如《长门赋》:"象积石之将将。"

酋〔醬〕(qiāng) 藏族常喝的一种用青稞酿成的酒。

控（qiāng）打。《庄子·外物》：“儒以金椎控其颐。”

另见 kòng。

跄〔蹌〕（qiāng）走动灵活有节奏。《诗·齐风·猗嗟》：“美目扬兮，巧趋跄兮。”参见“跄跄”。

另见 qiàng。

跄跄 亦作“蹡蹡”。步趋有节貌。《诗·大雅·公刘》：“跄跄济济，俾筵俾几。”《法言·向明》：“凤鸟跄跄。”

哐（qiāng）哐嗽，中兽医病名。

另见 kōng。

桪（qiāng）古乐器名。即柷。《说文·木部》：“桪，柷乐也。”段玉裁注：“谓之桪者，其中空也。”参见“柷”。

蒋〔蔣〕（qiāng）见“蒋蒋”。

蒋蒋 ❶象水触石声。班固《西都赋》：“扬波涛于碣石，激神岳之蒋蒋。”❷山高貌。见《正字通·山部》。

腔（qiāng）❶曲调；唱腔。如：昆腔；字正腔圆。❷说话的腔调。如：洋腔；官腔。

腔调 ❶戏曲音乐名词。对某一地区的戏曲在广泛流传基础上逐渐形成的特定音调体系的称谓。如西皮、二黄、吹腔、高拨子等。每种腔调大都包括许多板式或曲牌，如西皮中有慢板、原板、快板等。某些具有共同音乐特征的腔调可结合一起，构成戏曲声腔，并使用于不同剧种。如作为声腔的皮黄腔即以西皮、二黄两种腔调为主构成；而京剧、汉剧、粤剧、桂剧、滇剧等剧种均以演唱皮黄腔为主。❷说话的声音、语气。借指人的行动或作风，常含贬义。如：这是什么腔调！

蜣（qiāng）见“蜣螂”。

蜣螂 一种昆虫。亦称“蛣蜣”。《尔雅·释虫》：“蛣蜣，蜣螂。”郭璞注：“黑甲虫，噉粪土。”郝懿行义疏：“蜣螂，体圆而纯黑，以土裹粪，弄转成丸。”俗亦称“推丸”、“推车客”、“坌屎虫”、“屎壳郎”。

锖〔錆〕（qiāng）见“锖色”。

锖色 见“假色”。

锵〔鏘〕（qiāng）金玉相击声。《礼记·玉藻》：“然后玉锵鸣也。”

锵锵 ❶象声。亦作“将将”、“玱

玱”。《诗·大雅·烝民》：“八鸾锵锵。”此铃声。《左传·庄公二十二年》：“是谓凤皇于飞，和鸣锵锵。”此凤凰鸣声。《吕氏春秋·古乐》：“其音若熙熙凄凄锵锵。”此乐声。❷同“将将❷”。《后汉书·张衡传》：“命王良掌策驷兮，逾高阁之锵锵。”李贤注：“锵锵，高貌也。”亦用为美好貌、盛多貌。如：鸿鹄锵锵；济济锵锵。❸同“跄跄”。

箐（qiāng）竹名。谢灵运《山居赋》“水石别谷，巨细各汇”自注：“〔石竹〕巨者竿梃之属，细者笼箐之流也。”

另见 jìng。

矼（qiāng）掏空内脏的羊躯体。后也用为宰杀过的羊、小牛等的计量单位。孙仲章《勘头巾》第二折：“赏你一矼羊、十瓶酒。”

锖〔錆〕（qiāng）具有强烈腐蚀性的浓硝酸、浓盐酸等俗称“锖水”，前者称为“硝锖水”，后者称为“盐锖水”。

另见 qiǎng。

蹡（qiāng）同“跄（蹌）”。

另见 qiàng。

鎗（qiāng）通“锵”。金玉撞击声。《淮南子·说山训》：“范氏之败，有窃其钟负而走者，鎗然有声。”

另见 chēng，qiāng 枪㊀，qiàng。

鎗鎗 ❶犹“锵锵”。金属物碰击声。《后汉书·马融传》：“锽锽鎗鎗，奏于农郊大路之衢。”❷同“跄跄”。《荀子·大略》：“朝廷之美，济济鎗鎗。”杨倞注：“鎗与跄同。鎗鎗，有行列貌。”

qiáng

弜（qiáng，又读 jiàng）强；倔强。卫元嵩《元包经·仲阴》：“倔弜胥执。”

强〔彊、強〕（qiáng）❶健壮；有力。与“弱”相对。如：身强力壮。❷坚强；势力过人。《孟子·梁惠王上》：“晋国天下莫强焉。”也指强国或强者。《左传·成公十六年》：“今三强服矣。”❸超越；好。如：生活一年比一年强。❹勉力。《礼记·学记》：“知困，然后能自强也。”❺有余；略多。《晋书·天文志上》：“两极相去一百八十二度半强。”❻程度高。如：责任心强。❼古代男子四十岁之称。见“强仕”。❽虫名，即“强蜉”。《尔雅·释

虫》：“强丑捋。”郭璞注：“以脚自摩捋。”❾姓。后汉有强华。

另见 jiàng，qiǎng。

强半 过半；大半。杜牧《题池州贵池亭》诗：“蜀江雪浪西江满，强半春寒去复来。”

强本 本，指农桑。犹言重农。《荀子·天论》：“强本而节用，则天不能贫。”

强本节用 中国古代主张加强农业生产并节约支出的经济思想。《荀子·天论》：“强本而节用，则天不能贫。……本荒而用侈，则天不能使之富。”强调人的主观能动作用。西汉司马谈将墨子的经济思想也归结为“强本节用”（《史记·太史公自序》）。

强辩 能言善辩；有力的辩论。《旧唐书·陆元方传》：“虽才学不逮子昂（陈子昂）等，而风流强辩过之。”

强干弱枝 亦作“强本弱枝”。比喻削弱地方势力，加强中央权力。《史记·汉兴以来诸侯王年表序》：“而汉郡八九十，形错诸侯间，犬牙相临，秉其阨塞地利，强本弱枝叶之势，尊卑明而万事各得其所矣。”曹冏《六代论》：“非所以强干弱枝，备万一之虑也。”

强横 霸道粗暴。《后汉书·鲍永传》：“永以吏人痍伤之后，乃缓其衔辔，示诛强横而镇抚其余，百姓安之。”衔辔，喻法律。

强记 记忆力强，记得的东西多。潘岳《杨荆州诔》：“多才丰艺，强记洽闻。”参见“博闻强志”。

强奸 以暴力、胁迫或者其他手段，违背妇女的意志，强行与之性交的行为。是否违背妇女的意志，是区别强奸和通奸的界限。我国刑法规定强奸为犯罪。并规定，奸淫不满十四周岁的幼女的，以强奸论，从重处罚。

强梁 ❶有力量的人。《后汉书·苏竟传》：“良医不能救无命，强梁不能与天争。”❷凶暴；强横。《老子》：“强梁者不得其死。”❸古代传说中的神名。《后汉书·礼仪志中》：“强梁、祖明共食磔死寄生。”磔死、寄生，恶鬼。

强弩之末 谓强弩所发之矢飞行已达末程，比喻势力已衰，不再能起作用。《三国志·蜀志·诸葛亮传》：“闻追豫州，轻骑一日一夜行三百余里。此所谓强弩之末，势不能穿鲁缟者也。”鲁缟，鲁地所出的白色生

绢，很薄。

强人 ❶犹强盗。《水浒传》第六回："俺猜这个撮鸟是个剪径的强人，正在此间等买卖。"❷强有力之人；能人。

强仕　《礼记·曲礼上》："四十曰强，而仕。"孔颖达疏："强有二义：一则四十不惑，是智虑强也；二则气力强也。"旧时因以为四十岁的代称。《后汉书·胡广传》："甘奇显用，年乖强仕。"甘，甘罗；奇，子奇。皆战国时人，十余岁即出仕。

强死　不以老病死，谓死于非命。《左传·文公十年》："三君皆将强死。"

强项　❶刚强，不肯低头。形容刚直不屈。《后汉书·杨震传》："卿强项，真杨震子孙。"又东汉董宣为洛阳令，杀湖阳公主恶奴，光武帝命向公主谢罪，宣不肯低头，光武帝称之为"强项令"。见《后汉书·董宣传》。❷指运动员有较强实力的竞争项目。

强蜼　一种米虫。亦作"强羊"。《说文·虫部》："姑螰，强羊也。"段玉裁注："盖今江东人谓麦中小黑虫为羊子者是也。"《尔雅·释虫》作"强蜼"。郝懿行义疏："广东人呼米牛，绍兴人呼米象。"

强梧　同"强圉❸"。

强圉　❶强壮多力。《离骚》："浇身被服强圉兮，纵欲而不忍。"❷强暴有势力者。《汉书·王莽传上》："不畏强圉。"亦作"强御"。❸十干中丁的别称。用以纪年。《尔雅·释天》："〔太岁〕在丁曰强圉。"亦作"强梧"。

强御　强暴有势力者。《诗·大雅·烝民》："不侮矜寡，不畏强御。"参见"强圉❷"。

强志　同"强记"。《汉书·刘歆传》："父子俱好古，博见强志。"亦作"强识"。《三国志·魏志·杜袭传》："与王粲和洽并用，强识博闻。"参见"博闻强志"。

强宗　豪门大族。《后汉书·郭伋传》："强宗右姓，各拥众保营，莫肯先附。"右姓，大族。

墙〔牆、墻〕（qiáng）❶房屋或园场周围的障壁。《书·五子之歌》："峻宇雕墙。"《诗·郑风·将仲子》："无踰我墙。"❷门屏。《论语·季氏》："吾恐季孙之忧，不在颛臾，而在萧墙之内也。"参见"萧墙"。❸出殡时张于棺材周围的帏帐。《释名·释丧制》："舆棺之车曰辁……

其旁曰墙，似屋墙也。"《礼记·檀弓上》："周人墙置翣。"

墙外汉　古乐府《慕容垂歌辞》："慕容攀墙视，吴军无边岸。我身分自当，枉杀墙外汉。"后比喻不相干之人。

墙宇　❶指房屋。《晋书·孝愍帝纪》："墙宇颓毁，蒿棘成林。"❷比喻人的气度、风格。袁宏《三国名臣赞》："邈哉崔生，体正心直，天骨疏朗，墙宇高嶷。"

蔷〔薔〕（qiáng）见"蔷薇"。
另见 sè。

蔷薇　蔷薇科，蔷薇属中某些观赏种类的泛称。如黄蔷薇、香水蔷薇、十姊妹、粉团蔷薇等。落叶灌木。茎有刺。叶互生，奇数羽状复叶。分布在北半球温带及亚热带。世界各地都有栽培。扦插、压条或嫁接繁殖。除栽培供观赏外，花、果、根等可供药用或制香料。

嫱〔嬙〕（qiáng）宫廷女官名。《左传·哀公元年》："宿有妃、嫱、嫔、御焉。"杜预注："妃、嫱，贵者；嫔、御，贱者；皆内官。"

樯〔檣、艢〕（qiáng）桅杆。《宋史·丰稷传》："从安焘使高丽，海中大风，樯折，舟几覆。"引申为帆船或帆。谢灵运《撰征赋序》："灵樯千艘，雷辐万乘。"陆游《醉后草书歌诗戏作》："宝刀出匣挥雪刃，大舸破浪驰风樯。"

廧（qiáng）同"墙"。《汉书·邹阳传》："牵帷廧之制。"

疆（qiáng）通"强（彊）"。强盛。《吕氏春秋·长攻》："凡治乱存亡，安危疆弱，必有其遇，然后可成。"
另见 jiāng。

蘠（qiáng）见"蘠蘼"。

蘠蘼　花名。《尔雅·释草》："蘠蘼，虋冬。"郝懿行义疏："蘠蘼即今蔷薇，蘠、薇古音同也。"《本草纲目·草部》："蘠蘼，释名蔷薇。此草蔓柔，靡依墙援而生，故名蘠蘼。"

qiǎng

抢〔搶〕（qiǎng）❶争夺；劫取。如：抢先；抢劫。《红楼梦》第十五回："宝玉先抢着了，喝着。"❷赶紧；争先。如：抢修；抢收；抢运。
另见 chēng，qiāng。

抢白　当面责备或讥讽。《红楼

梦》第四十六回："不想被鸳鸯抢白了一顿，又被袭人、平儿说了几句。"

抢夺　乘人不备，公然夺取公私财物占为己有的行为。我国刑法规定，抢夺公私财物数额较大的，构成抢夺罪；并规定，犯抢夺罪，为窝藏赃物、抗拒抓捕或者毁灭罪证而当场使用暴力或以暴力相威胁的，按抢劫罪定罪处罚；携带凶器抢夺的，也依照抢劫罪定罪处罚。

抢劫　使用暴力、胁迫或其他方法当场将公私财物占为己有的行为。我国刑法规定为犯罪。抢劫罪和抢夺罪的区别在于：（1）方法不同，抢夺不使用暴力等方法，而只是乘人不备夺取；（2）抢夺财物，数额较大的才构成犯罪，抢劫财物则不论数额大小均构成犯罪。

抢险　对导致堤岸决口的各种危急情况采取的补救措施。主要险象有洪水漫顶，大溜顶冲，堤身有孔洞隐患，背水堤坡崩塌或严重渗漏等。具体措施为加筑子埝后戗，培厚坝体，抢修各种护岸工程等。

羟〔羥〕（qiǎng）羟基，即"氢氧基"。
另见 qiān。

强〔彊、强〕（qiǎng）❶勉强。如：强辩；强求。《孟子·滕文公下》："强而后可。"❷使用强力。如：强迫；强讨。❸通"襁"。《史记·鲁周公世家》："成王少，在强葆之中。"
另见 jiàng，qiáng。

强辩　把没有理的硬说成有理。如：事实俱在，不容强辩。

强词夺理　无理强辩。《三国演义》第四十三回："座上一人忽曰：'孔明所言，皆强词夺理，均非正论，不必再言。'"

强饭　犹言努力加餐，强制自己多进食。《汉书·贡禹传》："生其强饭慎疾以自辅。"

强记　硬记。如：强记的东西容易忘。

强谏　下对上极力谏诤。《左传·僖公二年》："宫之奇之为人也，懦而不能强谏。"

强解事　不懂事而自以为懂。杜甫《彭衙行》："小儿强解事，故索苦李餐。"

强颜　❶勉强表示欣悦。如：强颜欢笑。《聊斋志异·邵女》："柴始强颜为笑。"❷面皮厚，不知羞耻。司马迁《报任少卿书》："及以至是，言不辱者，所谓强颜耳！曷足贵乎？"

强韵　犹"险韵"。冷僻难押的韵。《南史·王筠传》："筠又能用强韵,每公宴并作,辞必妍靡。"

勥（qiǎng）　强迫。《说文·力部》："迫也。"段玉裁注："勥与强义别。强者,有力;勥者,以力相迫也。凡云勉勥者,当用此字。"

另见 jiàng。

镪〔鏹〕（qiǎng）　钱串。引申为成串的钱。左思《蜀都赋》："藏镪巨万。"后多指银子或银锭。《聊斋志异·八大王》："于寝室中掘得藏镪数百,用度颇充。"

另见 qiāng。

襁〔繦〕（qiǎng）　背负婴儿所用的布兜。见"襁负"。

襁褓　亦作"襁保"、"强葆"。襁,布幅,用以络负;褓,小儿的被,用以裹覆。泛称背负或包裹小儿所用的东西。《后汉书·桓郁传》："昔成王幼小,越在襁保。"《文选·嵇康〈幽愤诗〉》："哀茕靡识,越在襁褓。"李善注引《博物志》："襁,织缕为之,广八寸,长丈二,以约小儿于背上。"

襁负　用布幅把婴儿兜负在背上。《论语·子路》："四方之民襁负其子而至矣。"

繦（qiǎng）　本指穿钱的绳子。引申为穿好的钱。《管子·国蓄》："藏繦千万。"

另见 qiǎng 襁。

繦属　连续。《汉书·儿宽传》："大家牛车,小家担负,输租繦属不绝。"颜师古注："繦,索也。言输者接连不绝于道,若绳索之相属也。"

qiàng

呛〔嗆〕（qiàng）　有刺激性的气味使人呼吸感到难受。如:油烟呛人。

另见 qiāng。

戗〔戧〕（qiàng）　❶支持;支撑。《水浒传》第五十六回:"墙里望见两间小巧楼屋,侧首却是一根戗柱。"❷大堤外围对大堤起加固、保护作用的小堤。林则徐《勘估宝山县海塘工程折》:"宝山江西各段塘面所筑土戗均被潮漫溢。"❸填嵌。如:戗金。

另见 chuàng,qiāng。

炝〔熗〕（qiàng）　一种烹调法。把菜肴稍煮取出,加上调味品。如:炝芹菜;炝蛤蜊。

哾（qiàng）　古方言词,谓哭不止。《方言》第一:"自关而西

秦晋之间,凡大人少儿泣而不止,谓之哾,哭极音绝亦谓之哾。"

哾哴　《方言》第一:"平原谓啼极无声,谓之哾哴。"谓哭而至于不能出声。一说为儿啼不止。见《集韵·三十一唐》。哴,亦作"喨"。

跄〔蹌〕（qiàng）　❶快步走。《京本通俗小说·志诚张主管》:"那人跄将入来,闪身已在灯光背后。"❷见"跄踉"。

另见 qiāng。

跄踉　形容脚步不稳。郭象《睽车志》卷三:"病妇忽自床起,颠倒跄踉,投门而出。"

蹡（qiàng）　同"跄（蹌）"。

另见 qiāng。

鎗（qiàng）　通"戗"。髹漆工艺的一种。陶宗仪《辍耕录》卷三十有"鎗金银法"。

另见 chēng,qiāng,qiāng 枪㊀。

qiāo

绡〔繑〕（qiāo）　❶亦作"缲"。一种缝纫法。把布帛的边向里卷,然后缝起来,外面不露针脚。如:绡边儿;绡一根带子。❷套裤的带子。见朱骏声《说文通训定声·小部》。

另见 juē。

桥〔橋〕（qiāo）　山轿。《史记·河渠书》:"山行即桥。"

另见 gāo,jiǎo,qiáo。

郪〔鄡〕（qiāo）　❶古县名。❷姓。春秋时有郪单。

悄（qiāo）　见"悄悄"。

另见 qiǎo。

悄悄　没有声音或声音很轻,不惊动人。如:悄悄地出了门。

硗〔磽〕（qiāo）　❶同"墝"。土地坚硬而瘠薄。《孟子·告子上》:"则地有肥硗。"慧琳《一切经音义》卷六十二:"顾野王云:'硗,坚也。地坚则瘦,不宜五谷。'"❷恶;坏。《后汉书·窦武传》"枭首洛阳都亭"李贤注引《续汉志》:"桓帝末,京师童谣曰:'……嚼复嚼,今年尚可后年硗。'……后年硗者,天下大坏也。"

硗瘠　土地坚硬而瘠薄,亦指贫瘠的土地。陆游《蔬圃》诗:"硗瘠财三亩。"财,通才。仅仅。

硗确　同"墝埆"。土地坚瘠。《韩诗外传》卷三:"徐衍之财有所流,故丰膏不独乐,硗确不独苦。"

雀（qiāo）　用于"雀子"。脸上的雀（què）斑。

另见 què。

帗（qiāo）　❶同"幧"。敛发。见《玉篇·巾部》。❷同"绡❶"。

另见 jiāo。

鄗（qiāo）　山名。《左传》宣公十二年（公元前597年）:"晋师在敖、鄗之间。"杜预注："敖、鄗二山在荥阳县西北。"按在今河南荥阳境内。

另见 hào。

趬〔趬〕（qiāo）　举足轻捷。《后汉书·马融传》:"或轻趹趬悍。"轻趹,轻捷。

跷〔蹺、蹻〕（qiāo）　❶举足。如:跷起一只脚。❷行步不平;跛。如:跷脚。引申为不平常。参见"跷蹊"。

跷蹊　亦作"蹊跷"。奇怪;可疑。《京本通俗小说·错斩崔宁》:"小娘子与那后生看见赶得跷蹊,都立住了脚。"

跷足　同"翘足"。《汉书·高帝纪下》:"大臣内畔,诸将外反,亡可跷足待也。"

杲（qiāo）　通"锹"。臿属。见《玉篇·杲部》。

另见 zào。

锹〔鍫、鍪〕（qiāo）　又名"臿"。一种手工工具,用于开沟掘土、铲取什物。又即谓用锹起土或舀煤。如:锹起一层草皮;锹进一锹煤。

劁（qiāo）　今称阉割牲畜为"劁"。如:劁猪;劁羊。

另见 qiáo。

獥（qiāo,又读 xiāo）　❶犬獥獥咳吠。见《说文·犬部》。❷事露。见《广韵·三十一巧》。❸狡狯。《方言》第十:"央亡,狯也。江湘之间或谓之无赖,或谓之獥。"

另见 nǎo。

嗷（qiāo）　同"敲"。

敲（qiāo）　❶击;叩。《左传·定公二年》:"夺之杖以敲之。"贾岛《题李凝幽居》诗:"鸟宿池边树,僧敲月下门。"❷短杖。《文选·贾谊〈过秦论〉》:"执敲扑以鞭笞天下。"李善注："臣瓒以为短曰敲,长曰扑。"

敲边鼓　亦作"打边鼓"。谓从旁相助,以促成某事。《官场现形记》第十一回:"你等一等,我去替你探一探口气,再托周老爷敲敲边鼓。"

敲骨吸髓　敲碎骨头来吮吸骨髓，比喻残酷榨取。

敲门砖　比喻借以猎取名利的工具，一达到目的，就可抛弃。田艺蘅《留青日札摘抄》卷四："括帖之说，总属时套，举子习熟，取便于场屋耳。其未得第也，则名之曰撞太岁；其既得第也，则号之曰敲门砖。"鲁迅《且介亭杂文二集·在现代中国的孔夫子》："在三四十年前，凡有企图获得权势的人，就是希望做官的人，都是读《四书》和《五经》，做'八股'，别一些人就将这些书籍和文章，统名之为'敲门砖'。这就是说，文官考试一及第，这些东西也就同时被忘却，恰如敲门时所用的砖头一样，门一开，这砖头也就被抛弃了。"

敲枰　枰，棋盘。下围棋。下棋时踌躇凝思，反复推敲，故称。米芾《送王涣之彦舟》诗："神武乐天下造，不使敲枰使传道。"

敲诈勒索　以非法占有为目的，采取威胁、要挟等方法迫使他人交出公私财物的行为。我国刑法规定敲诈勒索公私财物数额较大的，构成犯罪。不同于诈骗（以欺诈方法诱使他人"自愿"交出财物），也不同于抢劫（当场使用暴力等手段将财物当场抢走）。

境（qiāo）　同"碻（磽）"。见"境埆"。

境埆　❶亦作"磽确"。土地贫瘠。《论衡·率性》："夫肥沃境埆，土地之本性也。"❷险要的地方。《后汉书·南匈奴传》："境埆之人，屡婴涂炭。"

碻（qiāo）　碻磝，古津渡、城名。一作敲磝。故址在今山东茌平西南古黄河南岸，城在津东。

另见 què。

骹（qiāo）　胫部近足处的较细部分。也泛指一切物体的较细部分。《考工记·轮人》："参（三）分其股围，去一以为骹围。"郑玄注引郑司农云："股，谓近毂者也；骹，谓近牙者也。方言股以喻其丰，故言骹以喻其细。人胫近足者细于股，谓之骹。羊胫细者亦为骹。"

另见 xiāo。

墩（qiāo）　土地瘠薄。《淮南子·要略》："韩、晋别国也，地墩民险。"

橇（qiāo）　❶古代在泥路上行走所乘之具。《史记·夏本纪》："泥行乘橇。"裴骃集解引孟康曰："橇形如箕，擿行泥上。"❷在冰雪上拖拉滑行的交通工具。如：雪橇。

幧（qiāo）　见"幧头"。

幧头　同"帩头"。古代男子束发的头巾。《方言》第四："络头，帩头也……自河以北赵魏之间曰幧头。"

缲〔繰〕（qiāo）　同"绡❶"。

另见 sāo，zǎo。

鍬（qiāo）　同"锹"。见《集韵·四宵》。

另见 shū。

鞒（qiāo）　亦作"橇"。见《玉篇·革部》。

另见 jué，qiáo。

鸎（qiāo）　雀斑。

qiáo

乔〔喬〕（qiáo）　❶高。《书·禹贡》："厥木惟乔。"❷木名。见"乔梓"。❸矛柄靠近矛头结缨之处。《诗·郑风·清人》："二矛重乔。"❹做作；装假。见"乔装"。❺宋元口语詈词。刁滑；恶劣；装模作样。如：乔才；乔模样。杨景贤《刘行首》第二折："这先生好乔也！我二十一岁，可怎生是你二十年前故交，你莫不见鬼来！"❻姓。元代有乔吉。

另见 jiāo。

乔才　坏家伙；装模作样的人。贾仲名《对玉梳》第二折："无廉耻的乔才，惹场折挫。"《琵琶记·激怒当朝》："乔才堪笑，故阻伴推不肯从。"

乔迁　《诗·小雅·伐木》："伐木丁丁，鸟鸣嘤嘤，出自幽谷，迁于乔木。"乔木，高大的树木。后因以"乔迁"、"迁乔"贺人迁居或升迁。张籍《赠殷山人》诗："满堂虚左待，众目望乔迁。"

乔松　❶高大的松树。《诗·郑风·山有扶苏》："山有乔松。"后比喻坚贞的人物。❷古代传说中的仙人王乔和赤松子。《国策·秦策三》："世世称孤，而有乔松之寿。"亦作"侨松"。《汉书·王褒传》："呴嘘呼吸如侨松。"颜师古注："侨，王侨；松，赤松子，皆仙人也。"

乔岳　高峻的山岳。本指泰山。《诗·周颂·时迈》："及河乔岳。"毛传："乔，高；高岳，岱宗也。"《淮南子·泰族训》引作"峤"。后通称高山。杨载《寄维扬贾侯》诗："气蒸云雾藏乔岳，声转沧溟动大河。"

乔装　亦作"乔妆"。❶改扮。如：乔装打扮。❷假装；装做。《红楼梦》第八十回："宝蟾又乔装躲闪，连忙缩手。"

乔梓　亦作"桥梓"。《尚书大传·周传·梓材》："伯禽与康叔见周公，三见而三笞之。康叔有骇色，谓伯禽曰：'有商子者，贤人也。与子见之。'乃见商子而问焉。商子曰：'南山之阳有木焉，名乔。'二三子往观之，见乔实高高然而上，反以告商子。商子曰：'乔者，父道也；南山之阴有木焉，名梓。'二三子复往观焉，见梓实晋晋然而俯，反以告商子。商子曰：'梓者，子道也。'二三子明日见周公，入门而趋，登堂而跪。周公迎拂其首，劳而食之，曰：'尔安见君子乎？'按儒家以为父权不可侵犯，似乔；儿子应卑躬屈节，似梓。后因称父子为"乔梓"。阮元《经义述闻序》："余平日说经之意，与王氏乔梓投合无间。"王氏乔梓，指王念孙、王引之父子。

招（qiáo）　❶揭露；揭示。《国语·周语下》："立于淫乱之国而好尽言以招人过，怨之本也。"❷举。《庄子·骈拇》："自虞氏招仁义以挠天下也，天下莫不奔命于仁义。"俞樾云："招，举也。"

另见 sháo，zhāo。

侨〔僑〕（qiáo）　❶寄居；客居。如：侨胞；侨居。《韩非子·亡徵》："羁旅侨士。"❷侨民。如：华侨。

侨眷　指华侨、归侨在国内的眷属。包括配偶、父母、子女及其配偶、兄弟姐妹、祖父母、外祖父母、孙子女、外孙子女，以及同华侨、归侨有长期扶养关系的其他亲属。外籍华人在华的具有中国国籍的眷属（其范围与侨眷同），视同侨眷。

侨流　东晋、南北朝时，北人避兵乱流亡南渡，称侨流。《宋书·谢晦传》："土断侨流郡县，使晦分判扬豫民户，以平允见称。"土断谓以所处之地定其户籍。

侨人　东晋、南北朝时称流亡江南的北方人，为侨人。《隋书·食货志》："晋自中原丧乱，元帝寓居江左，百姓之自拔南奔者，并谓之侨人。"

侨乡　指中国国内某些侨居外国者较多，归侨、侨眷较集中的地方。

荞〔蕎、荍〕（qiáo）　荞麦，蓼科。一年生或多年生草本。茎直立分枝，质柔软。叶戟形。总状或圆锥状花序，花被白或淡红色。瘦果,三棱形,黑、褐或灰色。
另见 jiāo。

茮(qiáo)　植物名。即锦葵。《诗·陈风·东门之枌》:"视尔如茮。"
另见 qiáo 荍。

峤〔嶠〕(qiáo)　同"乔"。见"峤岳"。
另见 jiào。

峤岳　高山。《淮南子·泰族训》:"传云:'怀柔百神,及河峤岳。'"《诗·周颂·时迈》作"乔岳"。

桥〔橋〕(qiáo)　❶桥梁,架在水上或空中以便通行的建筑物。如:石桥;铁桥。❷形状如桥梁的器物或其一部分。如:鞍桥。❸井上桔槔。《礼记·曲礼上》:"奉席如桥衡。"参见"桔槔"。❹通"乔"。高。《诗·郑风·山有扶苏》:"山有桥松。"陆德明释文:"桥,本亦作乔。"❺木名。见"桥梓"。❻姓。东汉有桥玄。
另见 gāo,jiǎo,qiáo。

桥梓　即"乔梓"。

硚〔礄〕(qiáo)　用于地名。武汉市有硚口。

盉〔盃〕(qiáo)　碗类器皿。《红楼梦》第四十一回:"那一只形似钵而小,也有三个垂珠篆字,镌着'点犀盉'。妙玉斟了一盉与黛玉。"

翘〔翹〕(qiáo)　❶鸟尾上的长羽。见"翠翘❶"。❷举起。如:翘首;翘企。❸特出。见"翘秀"、"翘楚"。❹古代妇女的一种首饰。见"翠翘❷"。
另见 qiáo。

翘楚　原意为高出众薪的荆木。《诗·周南·汉广》:"翘翘错薪,言刈其楚。"楚,荆木。因以"翘楚"比喻杰出的人物。孔颖达《春秋正义序》:"刘炫于数君之内,实为翘楚。"参见"翘翘❶"。

翘企　抬起头、踮起脚盼望,形容盼望之切。《三国志·吴志·周鲂传》:"不胜翘企,万里托命。"

翘翘　❶高出貌。《诗·周南·汉广》:"翘翘错薪。"❷远貌。《左传·庄公二十二年》:"翘翘车乘,招我以弓。"❸危貌。《诗·豳风·鸱鸮》:"予室翘翘,风雨所漂摇。"

翘秀　高出于众人;出类拔萃。《颜氏家训·文章》:"凡此诸人,皆其翘秀者。"

翘足　举足,抬起脚来。《庄子·马蹄》:"龁草饮水,翘足而陆,此马之真性也。"因以形容时间短暂。《史记·高祖本纪》:"大臣内叛,诸侯外反,亡可翘足而待也。"参见"跂足"。

睄(qiáo)　同"瞧"。
另见 xiāo。

趫〔趬〕(qiáo)　❶行动轻捷,善于缘木升高。《文选·张衡〈西京赋〉》:"非都卢之轻趫,孰能超而究升?"刘良注:"都卢,山名。其山人善缘高也。"❷矫健。《隋书·长孙晟传》:"善弹工射,趫捷过人。"❸壮盛。《吕氏春秋·悔过》:"袭国邑,以车不过百里,以人不过三十里,皆以其气之趫与力之盛,至是以犯敌能灭,去之能速。"

鲀〔鮻〕(qiáo)　鱼名。《荀子·荣辱》:"鯈、鲀者,浮阳之鱼也。"一说,鲀为"鲂"之异文,即鲂鱼。见王念孙《读书杂志·荀子一》。

剿(qiáo)　刈割。《广雅·释诂一》:"剿,断也。"《齐民要术·收种》:"别收选好穗绝色者,剿刈高悬之。"
另见 qiáo。

谯〔譙〕(qiáo)　❶望楼;高楼。见"谯楼"、"丽谯"。❷见"谯谯"。❸姓。三国时有谯周。
另见 qiáo。

谯楼　古时城门上筑以瞭望的楼。周祈《名义考》卷三:"门上为高楼以望曰谯……古者为楼以望敌阵,兵列于其间,下为门,上为楼,或曰谯门,或曰谯楼也。"曹昭《格古要论》卷五:"世之鼓楼曰谯楼。"陈孚《彰德道中》诗:"偶逐征鸿过邺城,谯楼鼓角晚连营。"

谯谯　羽毛残敝的样子。《诗·豳风·鸱鸮》:"予羽谯谯。"

蕉(qiáo)　通"憔"。
另见 jiāo。

憔〔顦、癄〕(qiáo)　见"憔悴"。

憔悴　❶瘦弱萎靡貌。《楚辞·渔父》:"颜色憔悴,形容枯槁。"引申为困顿失意貌。杜甫《梦李白》诗:"冠盖满京华,斯人独憔悴。"亦作"蕉萃"。《左传·成公九年》:"虽有姬姜,无弃蕉萃。"❷困苦。《孟子·公孙丑上》:"民之憔悴于虐政,未有甚于此时者也。"

嫶(qiáo)　见"嫶妍"。

嫶妍　忧伤瘦损貌。《汉书·外戚传上》:"嫶妍太息,叹稚子兮。"颜师古注引晋灼曰:"三辅谓忧愁面省瘦曰嫶冥。嫶冥犹嫶妍也。"

樵(qiáo)　❶木柴。《梁书·阮孝绪传》:"家贫无以爨,僮妾窃邻人樵以继火。"❷打柴;亦即指打柴的人。《诗·小雅·白华》:"樵彼桑薪,卬烘于煁。"王安石《谢公墩》诗:"问樵樵不知,问牧牧不言。"❸烧柴;焚烧。《公羊传·桓公七年》:"焚之者何?樵之也。"❹通"谯"。谯楼。《汉书·赵充国传》:"为堑垒木樵,校联不绝。"颜师古注:"樵与谯同,谓为高楼以望敌也。"

樵苏　❶打柴割草。《史记·淮阴侯列传》:"樵苏后爨,师不宿饱。"范成大《科桑》诗:"饱尽春蚕收罢茧,更弹余力付樵苏。"亦指柴草。潘岳《马汧督诔》:"木石将尽,樵苏乏竭,乌蔫罄绝。"亦指打柴割草的人。左思《魏都赋》:"樵苏往而无忌,即鹿纵而匪禁。"❷泛称日常生计。曹松《己亥岁》诗:"泽国江山入战图,生民何计乐樵苏!"

燋(qiáo)　通"憔"。憔悴。《淮南子·氾论训》:"譬犹不知音者之歌也,浊之则郁而无转,清之则燋而不讴。"高诱注:"燋,悴;讴,和也。"
另见 jiāo。

磬〔磐〕(qiáo)　乐器,大磬。《尔雅·释乐》:"大磬谓之磬。"郭璞注:"磬,形似犁镴,以玉石为之。"陆德明释文:"孙炎云:'磬也;乔,高也,谓其声高也。'"又:"《字林》曰:'镴,田器也。自江而南呼犁刃为镴。'此磬形似犁镴,但大尔。"

瞧(qiáo)　❶看。如:瞧一瞧。❷目劳损。嵇康《难张辽叔自然好学论》:"睹文籍则目瞧。"

鞽(qiáo)　马鞍上拱起的部分。本作"桥"。
另见 jué,qiáo。

矯(qiáo)　同"荍(蕎)"。

qiǎo

巧(qiǎo)　❶技巧;技艺。《考工记·总序》:"材有美,工有巧。"《孟子·离娄上》:"离娄之明,公输子之巧,不以规矩,不能成方圆。"❷灵巧。如:心灵手巧。❸虚浮不实。如:花言巧语。❹碰巧;恰好。如:来得正巧。❺美好貌。见"巧笑"。

巧不可阶　谓巧妙非人所能及。梁简文帝《与湘东王书》："时有效谢康乐（灵运）、裴鸿胪（子野）文者，亦颇有惑焉……谢故巧不可阶，裴亦质不宜慕。"

巧夺天工　谓人工的精巧胜过天然。极言技艺巧妙。赵孟頫《赠放烟火者》诗："人间巧艺夺天工。"

巧妇　❶聪明能干的妇女。如：巧妇难为无米之炊。古乐府《捉搦歌》："粟谷难舂付石臼，弊衣难护付巧妇。"❷鸟名。即巧雀、工雀、鹪鹩。白居易《履道池上作》诗："树暗小巢藏巧妇，渠荒新叶长慈姑。"

巧宦　善于钻营趋奉的官吏。潘岳《闲居赋序》："岳尝读《汲黯传》，至司马安四至九卿，而良史书之，题以巧宦之目，未尝不慨然废书而叹。"

巧取豪夺　巧取，软骗；豪夺，强抢。谓用欺诈手段骗取，或恃强夺取。亦作"巧偷豪夺"。苏轼《次韵米黻二王书跋尾》："巧偷豪夺古来有，一笑谁似痴虎头。"虎头，东晋画家顾恺之的小字。

巧笑　美好的笑。《诗·卫风·硕人》："巧笑倩兮，美目盼兮。"

巧言　❶表面上好听而实际上虚伪的话。《诗·小雅·巧言》："巧言如簧，颜之厚矣。"❷《诗·小雅》篇名。《诗序》说："《巧言》，刺幽王也。大夫伤于谗，故作是诗也。"诗中对巧言乱政之徒表示憎恶，对周天子听信谗言表示伤怨。

巧言令色　花言巧语，假装和善的样子。《论语·学而》："巧言令色，鲜矣仁。"

钘〔鈃〕(qiǎo)　❶美金。见《玉篇》。❷好；洁。《方言》第二："钘，嫽，好也。"郭璞注："今通呼小姣洁喜好者为嫽钘。"戴震疏证："按钘亦作俏。"❸微。见《集韵·三十小》。

悄(qiǎo)　❶静，声音很低或没有声音。如：低声悄语。白居易《琵琶行》："东船西舫悄无言。"❷忧愁貌。《诗·陈风·月出》："劳心悄兮。"❸犹言"浑"、"直"。董解元《西厢记诸宫调》："百般悄如风汉。"
另见 qiāo。

悄悄　❶寂静。白居易《西楼夜》诗："悄悄复悄悄，城隅隐林杪。"❷忧愁貌。《诗·邶风·柏舟》："忧心悄悄。"

愀(qiǎo)　忧戚变色貌。《史记·司马相如列传》："于是

二子愀然改容，超若自失。"司马贞索隐引郭璞云："变色貌。"

愀怆　悲伤貌。嵇康《琴赋》："莫不惨懔惨凄，愀怆伤心！"

愀如　谨慎貌。《法言·渊骞》："见其貌者，肃如也；闻其言者，愀如也。"

qiào

削(qiào)　通"鞘"。刀剑鞘。《汉书·货殖传》："质氏以洒削而鼎食。"颜师古注："削谓刀剑室也。"
另见 xuē。

俏(qiào)　❶容态轻盈美好。如：模样儿俏；打扮得俏。柳永《小镇西》词："意中有个人，芳颜二八。天然俏，自来奸黠。"❷轻佻。如：轻俏。参见"俏皮"。❸谓商品销路好，价格涨。如：市价挺俏。
另见 xiào。

俏皮　形容人的容貌、举止漂亮或谈话风趣。如：模样儿俏皮；俏皮话。有时也用作轻佻的意思。

诮〔誚〕(qiào)　❶责问。《书·金縢》："王亦未敢诮公。"❷讥嘲。孔稚珪《北山移文》："列壑争讥，攒峰耸诮。"❸完全；简直。多用于词曲中。杨无咎《于中好》词："欲知占尽春明媚，诮无意，看桃李。"石孝友《暮山溪》词："一似楚云归，诮没个鳞书羽信。"

诮让　谴责。《史记·黥布列传》："〔项王〕数使使者诮让召布。"

殻(qiào)　❶从上击下。《齐民要术·种瓠》引《氾胜之书》："著三实，以马箠殻其心，勿令蔓延。"❷同"壳（殼）"。
另见 hù。

哨(qiào)　不正貌。《礼记·投壶》："某有枉矢哨壶。"
另见 shào。

峭〔陗〕(qiào)　❶陡直。如：悬崖峭壁。《韩非子·内储说上》："见深涧峭如墙。"❷严厉；苛刻。王褒《四子讲德论》："宰相刻峭，大理峻法。"《新唐书·杨国忠传》："惨文峭诋。"❸尖厉。徐积《杨柳枝》诗："清明前后峭寒时，好把香绵闲抖擞。"

峭拔　高而陡。本指地势，常用来形容性格孤高脱俗。欧阳炯《贯休应梦罗汉画歌》："西岳高僧名贯休，孤情峭拔凌清秋"也用来形容笔墨雄健超脱。如：文笔峭拔。夏文彦

《图绘宝鉴》卷三："侯翌……落笔清駛（快），行笔劲峻，峭拔而秀，绚丽而雅。"

峭核　严峻苛刻。《后汉书·第五伦传论》："第五伦峭核为方，非夫恺悌之士。"李贤注："峭核，谓其性峻急，好穷核事情。"

峭急　严厉急躁。《三国志·吴志·朱治传》："权弟翊，性峭急，喜怒快意。"

峭刻　严厉苛刻。司马光《司马府君墓志》："虽练习律令，而不为峭刻，断狱必求厌人心。"厌，满足。

峭蒨　鲜明貌。左思《招隐》诗："峭蒨青葱间，竹柏得其真。"

峭直　严峻刚直。《史记·袁盎晁错列传》："错为人峭直刻深。"

帩(qiào)　见"帩头"。

帩头　亦作"绡头"、"幧头"。即帕头，古代男子束发的头巾。古乐府《陌上桑》："少年见罗敷，脱帽着帩头。"

窍〔竅〕(qiào)　❶孔穴。《庄子·应帝王》："人皆有七窍。"❷比喻事情的关键。如：诀窍；窍门。❸贯通。《淮南子·俶真训》："神农黄帝，剖判大宗，窍领天地。"

翘〔翹〕(qiào)　向上昂起。如：中间低下去，两头翘起来。
另见 qiáo。

湁(qiào)　见"湁湆"。

湁湆　巨浪。《文选·木华〈海赋〉》："湁湆湥而为魁。"李善注："湁湆，峻波也。"

谯〔譙〕(qiào)　同"诮"。"谯让"。
另见 qiáo。

谯让　犹诮让。谴责。《汉书·樊哙传》："是日微樊哙奔入营谯让项羽，沛公几殆。"

撬(qiào)　❶抬起；翘起。《红楼梦》第八十八回："论家事，这里是踮（踩）一头儿撬一头儿的，连珍大爷还弹压不住。"❷用棍棒刀锥等拨开或挑起。如：撬门；撬石头。

鞘(qiào)　❶刀剑套。如：刀出鞘。欧阳修《日本刀歌》："鱼皮装贴香木鞘。"❷古时用来贮银以便转运的木筒。《清史稿·食货志二》："当堂装鞘。"
另见 shāo。

撽(qiào)　亦作"擎"。敲击。旁击。《庄子·至乐》："撽以马捶。"《公羊传·宣公六年》："公

怒，以斗擎而杀之。"何休注："擎，犹擊也；擎，谓旁击头项。"

嗷（qiào）　口。《汉书·货殖传》："马蹄嗷千。"颜师古注："蹄与口共千，则为马二百也。"

另见 jiào。

骹（qiào）　❶高。见《集韵·二十四啸》。❷见"骹骹"。

骹骹　不安。韩愈《记梦》诗："我亦平行蹋骹骹，神完骨蹻脚不掉。"

鞘（qiào）　同"鞘"。

擎（qiào）　同"撒"。

蹱（qiào）　马的肛门。《史记·货殖列传》："马蹄蹱千。"沈钦韩《汉书补注》："蹱即尻窍。按马四蹄一蹱，共计千数，则为马二百匹。"

qiē

切（qiē）　❶割；截。如：切瓜；切菜。《礼记·内则》："切葱若薤，实诸醯以柔之。"❷电影中转换时间和空间的形式之一。指将前后两个场景不同的画面不用技巧地直接衔接起来，使前一个场景的画面刚一结束，后一个场景的画面迅即出现，以此收到对比强烈、节奏紧凑的效果。影片中同一场景不同镜头之间的衔接，一般也称为"切"。

另见 qì,qiè。

切磋　本义是把骨角玉石加工制成器物，引申为学问上的商讨研究。《诗·卫风·淇奥》："有匪君子，如切如磋，如琢如磨。"毛传："治骨曰切，象曰磋，玉曰琢，石曰磨。"《聊斋志异·娇娜》："公子谓生曰：'切磋之惠，无日可以忘之。'"

切割　❶切断；截断。《颜氏家训·风操》："虽姜菜有切割，皆不忍食。"❷利用电弧、气体火焰、电子束、激光或机械能将金属、非金属材料切断或割成所需形状的加工方法。有气割、电弧切割、等离子切割、激光切割、高压水切割等方法。

qié

乬（qié）　姓。宋代有乬遇。

伽（qié）　梵文译音。如：伽蓝。

另见 gā,jiā。

伽蓝　亦译"僧伽蓝摩"、"众园"或"僧院"。佛教寺院的通称。

茄（qié）　蔬菜名。学名 Solanum melongena。亦称"茄子"，俗称"落苏"。茄科。一年生草本，在热带为多年生灌木。叶互生，卵圆形或椭圆形，呈暗绿、鲜绿或紫绿色。萼片有刺，花淡紫或白色。浆果圆形、扁圆形、倒卵形或长条形，紫、绿或白色。性喜温暖。冬春于保护地或终霜后于露地育苗移栽。原产印度；中国普遍栽培。嫩果供食用，是夏季主要蔬菜之一。根供药用。

另见 jiā。

迦（qié）　见"迦蓝"。

另见 jiā,xié。

迦蓝　同"伽蓝"。佛教寺院。《梁书·何敬容传》："世奉佛法，并建立塔寺，至敬容又舍宅东为迦蓝。"参见"伽蓝"。

qiě

且（qiě）　❶尚；尚且。《史记·项羽本纪》："樊哙曰：'臣死且不避，卮酒安足辞！'"❷姑且；暂且。《诗·唐风·山有枢》："且以喜乐。"❸将要；将近。《国策·秦策一》："三年，城且拔矣。"《汉书·匈奴传上》："率其党且万人降匈奴。"❹而且；并且。《诗·小雅·鱼丽》："君子有酒，旨且多。"❺连用以指两件事同时并进。《史记·李将军列传》："士死者过半，而所杀伤匈奴亦万余人，且引且战。"❻抑或；还是。《国策·齐策四》："王以天下为尊秦乎？且尊齐乎？"❼作语助，用在句首。犹"夫"。《孟子·公孙丑上》："且文王之德，百年而后崩，犹未洽于天下。"

另见 cú,jū。

qiè

切（qiè）　❶两物相磨。引申为贴近，接近。如：切己。赵师秀《徐孺子宅》诗："今识高眠处，沧浪觉切邻。"❷切合。如：不切题；不切实际。《汉书·刘辅传》："此其言必有卓诡切至当圣心者。"❸迫切。孟郊《烛蛾》诗："灯前双舞蛾，厌生何太切？"❹极力。《汉书·东方朔传》："直言切谏。"❺严厉。《汉书·霍光传》："光闻之，切让王莽。"颜师古注："切，深也。"❻切要。《汉书·扬雄传下》："请略举凡，而客自览其切焉。"❼责备。《后汉书·陈忠

传》："时三府任轻，机事专委尚书，而灾眚变咎，辄切免公台。"李贤注："切，责也。"❽按脉诊病。如：望闻问切。《史记·扁鹊仓公列传》："切其脉，大而实。"❾"反切"的简称。如：东，德红切。

另见 qì,qiē。

切齿腐心　形容愤恨到极点。《史记·刺客列传》："樊於期偏袒搤捥而进曰：'此臣之日夜切齿腐心也。'"司马贞索隐："切齿，齿相磨切也……腐，亦烂也，犹今人事不可忍云腐烂，然皆奋怒之意。"按"腐心"亦作"拊心"。《国策·燕策三》作"此臣日夜切齿拊心也"。

切肤　犹切身。如：切肤之痛。虞集《淮阳献武王庙堂之碑》："邃深蔽亏，群谗切肤。"

切骨　犹彻骨。萧统《黄钟十一月启》："酌醇酒而据切骨之寒。"也用来形容仇恨很深。如：切骨仇恨。

切谏　直言极谏。《史记·平津侯主父列传》："臣闻明主不恶切谏以博观，忠臣不敢避重诛以直谏。"

切口　❶也叫"反切语"。用反切造成的词语。如过去北京话中有一种把"一"说作"也基"、"有"说作"爷九"的；吴语中有一种把"一"说作"郁结"、"二"说作"虐基"的。❷指旧时秘密会党、帮派或某些行业用的隐语。

切切　❶形容恳挚或迫切。《论语·子路》："朋友切切偲偲。"《盐铁论·国疾》："夫辩国家之政事，论执政之得失，何不徐徐道理相喻，何至切切如此乎？"❷忧思貌。江淹《伤爱子赋》："心切切而内圮。"张九龄《西江夜行》诗："悠悠天宇旷，切切故乡情。"❸形容声音的凄厉或细小低微。谢朓《宣城郡内登望》诗："切切阴风暮，桑柘起寒烟。"白居易《琵琶行》："小弦切切如私语。"❹告诫之辞。官府告示或命令结尾处多用之。

切云　《楚辞·九章·涉江》："冠切云之崔嵬。"王逸注："戴崔嵬之冠，其高切青云也。"一说，切云，高冠名。后也用来形容高。李商隐《昭肃皇帝挽歌辞》："玉律朝惊露，金茎夜切云。"

沏（qiè）　碰撞。木华《海赋》："激势相沏。"李善注："沏，摩也。"

另见 qī。

妾（qiè）　❶女奴隶。《书·费誓》："臣妾逋逃。"❷旧指小妻；侧室；偏房。《穀梁传·僖公九

年》:"毋以妾为妻。"❸古时妇女自称的谦词。古乐府《孔雀东南飞》:"妾不堪驱使,徒留无所施。"

妾媵 古时诸侯之女出嫁,从嫁之妹与女侄,称"妾媵"。《列子·杨朱》:"弃其家事,都散其库藏珍宝车服妾媵。"后泛指侧室。梁辰鱼《浣纱记·不允》:"妻为妾媵,贡献王庭。"

怯(qiè) ❶胆小;畏缩不前。《史记·天官书》:"其将悍,其士怯。"❷害怕。吴昌龄《东坡梦》第一折:"你不怯我师父,我师父也不怯你。"❸体质虚弱。如:怯症(俗称虚痨病)。

怯弱 ❶胆小软弱。《三国志·魏志·夏侯渊传》:"为将当有怯弱时,不可但恃勇也。"❷虚弱。《红楼梦》第十六回:"秦钟本自怯弱,又带病未痊。"

怯慑 胆小畏惧。陆龟蒙《纪梦游甘露寺》诗:"怯慑不敢前,荷襟汗沾露。"

契(qiè) 见"契阔"。
另见 qì、xiè。

契阔 ❶劳苦;勤苦。《诗·邶风·击鼓》:"死生契阔。"《后汉书·傅毅传》:"契阔夙夜。"❷久别的情愫。《后汉书·范冉传》:"行路仓卒,非陈契阔之所,可共前亭宿息,以叙分隔。"按《诗·邶风·击鼓》的"契阔",毛传释为"勤苦",一说契阔即离合,此处用为偏义复词,亦为久别之意。说见马瑞辰《毛诗传笺通释》。

匧(qiè) 盛物容器。《说文·匚部》:"匧,籚或从竹。"章炳麟《秦献记》:"秘书私匧,无所不烧。"

砌(qiè) 见"砌末"。
另见 qì。

砌末 一作"切末"。传统戏曲所用简单布景和大小道具的统称。如元杂剧《误入桃源》中的行囊、食物,近代戏曲的布城、云片、水旗等。

窃〔竊〕(qiè) ❶偷取;盗取。《列子·说符》:"人有亡鈇者,意其邻之子,视其行步,窃鈇也;颜色,窃鈇也。"❷窃物的人。如:小窃。《庄子·山木》:"君子不为盗,贤者不为窃。"❸犹言私。常用作表示个人意见的谦词。如:窃闻;窃思。《论语·述而》:"窃比于我老彭。"❹察。《荀子·哀公》:"窃其有益与其无益,君其知之矣。"杨倞注:"窃宜为察,察其有益与无益。"

窃钩窃国 《庄子·胠箧》:"彼窃钩者诛,窃国者为诸侯,诸侯之门,而仁义存焉。"成玄英疏:"钩者,腰带钩也。"后常以"窃钩者诛、窃国者侯"讽刺社会法律的虚伪和不合理。

窃窃 ❶私语貌。《金史·唐括辩传》:"每窃窃偶语,不知议何事。"❷明察貌。《庄子·齐物论》:"而愚者自以为觉,窃窃然知之。"陆德明释文引司马彪曰:"窃窃,犹察察也。"

窃位 窃据权位。《论语·卫灵公》:"臧文仲其窃位者与?知柳下惠之贤,而不与立也。"刘宝楠正义:"窃如盗窃之窃,言窃居其位,不让进贤能也。"《后汉书·郅恽传》:"若不早图,是不免于窃位也。"

窃位素餐 窃据高位,无功食禄。《汉书·杨恽传》:"恽家方隆盛时,乘朱轮者十人,位在列卿,爵为通侯,总领从官,与闻政事,曾不能以此时有所建明,以宣德化,又不能与群僚同心并力,陪辅朝廷之遗忘,已负窃位素餐之责久矣。"颜师古注:"素,空也;不称其职,空食禄也。"参见"窃位"、"尸位素餐"。

窃玉偷香 喻男女暗中通情。王实甫《西厢记》第一本第二折:"虽不能勾(够)窃玉偷香,且将这盼行云眼睛儿打当。"参见"偷香"。

挈(qiè) ❶提。如:提纲挈领。引申为提携、带领。《穀梁传·僖公二年》:"挈其妻子以奔曹。"❷通"锲"。刻。《汉书·叙传上》:"且算祀于挈龟。"颜师古注:"挈,刻也。"且,周公姬旦。
另见 qì。

挈贰 即"霓"。一名"副虹"。大气光学的现象。《尔雅·释天》:"蜺为挈贰。"郭璞注:"蜺,雌虹也;挈贰,其别名。"

挈领 ❶《荀子·劝学》:"若挈裘领,诎五指而顿之,顺者不可胜数也。"比喻抓住要点。参见"提纲挈领"。❷犹言延颈受戮。《国策·秦策三》:"臣战,载主契国,以与王约,必无患矣;若有败者,臣请挈领,然而臣有患也。"鲍彪注:"言欲请诛,持其项以受铁钺。"

挈瓶 汲水用的瓶子,比喻知识浅薄。《左传·昭公七年》:"虽有挈瓶之知,守不假器。"谓虽有挈瓶汲水之小智,犹能守其器而不以假人。陆机《文赋》:"患挈瓶之屡空,病昌言之难属。"

挈挈 急切貌。《太玄经·干》:"次三菥键挈挈。"司马光集注:"挈挈,急切貌。"柳宗元《答韦中立书》:"居长安,炊不暇熟,又挈挈而东,如是数矣。"

剨(qiè) 同"锲(鍥)"。

捷〔捷〕(qiè) 见"捷捷"。
另见 jié。

捷捷 ❶动作敏捷貌。《诗·大雅·烝民》:"征夫捷捷。"❷贪得无厌。《孔子家语·五仪解》:"事任于官,无取捷捷……捷捷,贪也。"

喢(qiè) 见"喢佞"。
另见 shà。

喢佞 谗言。扬雄《反离骚》:"灵修既信椒兰之喢佞兮。"

嵯(qiè) 巉头。见《集韵·二十九》。参见"巉头"。
另见 shà。

鲅〔鲅〕(qiè) 风干的鱼。《本草纲目·鳞部》:"鲍,即今之干鱼也。以物穿风干者曰法鱼,曰鲅鱼。"
另见 jì。

惬〔惬、愜〕(qiè) ❶快意;满足。如:未惬人意。《世说新语·文学》:"左太冲作《三都赋》初成,时人互有讥訾,思意不惬。"❷恰当。参见"惬当"。

惬当 恰当。《北史·高构传》:"我读卿判数遍,词理惬当,意所不能及也。"

惬心 满意;快意。《后汉书·杨彪传》:"司隶校尉阳球因此奏诛甫,天下莫不惬心。"甫,王甫。

惬志 满意。《汉书·文帝纪》:"天下人民,未有惬志。"

趄(qiè) ❶斜。王实甫《西厢记》第四本第四折:"欹珊枕把身躯儿趄。"❷见"趔趄"。
另见 jū。

嗛(qiè) 通"慊"。满足;快意。《荀子·正名》:"故向万物之美而不能嗛也。"
另见 qiān、qiǎn、qiàn、xián。

慊(qiè) 满足;惬意。《庄子·天运》:"今取猿狙而衣以周公之服,彼必龁啮挽裂,尽去而后慊。"
另见 qiàn、xián。

朅(qiè) ❶离去。《楚辞·九辩》:"车既驾兮朅而归。"❷勇武貌。《诗·卫风·硕人》:"庶士有朅。"❸通"曷"。何。《吕氏春秋·贵因》:"胶鬲曰:'朅至?'武王曰:'将以甲子至殷郊。'"高诱注:"言以何日来至殷也。"❹作语助。犹

"聿"。苏轼《生日王郎以诗见庆》诗:"揭从冰叟来游宦,肯伴臞仙亦号儒。"

嗺（qiè）见"嗺嗺"。

嗺嗺　象细碎之声。陆龟蒙《挟瑟歌》:"寥寥倚浪系,嗺嗺沈湘语。"

锲〔鍥〕（qiè）❶镰刀。《方言》第五:"刈钩,……自关而西或谓之钩,或谓之镰,或谓之锲。"❷刻;截断。《荀子·劝学》:"锲而舍之,朽木不折。"《左传·定公九年》:"尽借邑人之车,锲其轴,麻约而归之。"

锲薄　《后汉书·刘陶传》:"愿陛下宽锲薄之禁,后冶铸之议。"李贤注:"锲,刻也。"谓刮钱使薄,取其铜屑。后引申为刻薄。《新唐书·魏徵传》:"至于威怒,则专法申韩,故道德之旨未弘,而锲薄之风先摇。"

锲而不舍　不断地刻镂。比喻坚持不懈。《荀子·劝学》:"锲而舍之,朽木不折;锲而不舍,金石可镂。"

箧〔篋〕（qiè）小箱子。如:书箧;行箧。《左传·昭公十三年》:"卫人使屠伯馈叔向羹与一箧锦。"

缰〔繲〕（qiè）衣物的缘饰,犹花边。见《说文·糸部》。
另见 xí。

踥（qiè）见"踥蹀"。

踥蹀　同"蹼蹀"。

蝶（qiè,又读 zhé）见"土蝶"。

鏺（qiè）同"锲"。《淮南子·本经训》:"镌山石,鏺金玉。"高诱注:"鏺,刻金玉以为器也。"

qīn

钦〔欽〕（qīn）❶尊敬;佩服。《书·尧典》:"钦若昊天。"韩愈《留别张使君》诗:"久钦江总文才妙,自叹虞翻骨相屯。"❷对皇帝所作事的敬称。如:钦命;钦定;钦赐。❸通"顈"。曲貌。《后汉书·周燮传》:"燮生而钦颐折颏,丑状骇人。"李贤注:"钦颐,曲颔也。"❹姓。宋代有钦德载。

钦迟　犹敬仰。《晋书·陶潜传》:"刺史王弘以元熙中临州,甚钦迟之。"

钦钦❶忧思难忘貌。《诗·秦风·晨风》:"忧心钦钦。"❷钟声。《诗·小雅·鼓钟》:"鼓钟钦钦。"

钦挹　佩服;推重。《晋书·乐广传》:"裴楷尝引广共谈,自夕申旦,雅相钦挹,叹曰:'我所不如也。'"

钦伫　犹敬仰。《隋书·炀帝纪》:"周称多士,汉号得人。常想前风,载怀钦伫。"载,发语词。

侵（qīn）❶侵犯。《国语·楚语下》:"无相侵渎。"❷侵蚀。《北齐书·邢邵传》:"加以风雨稍侵,渐致亏坠。"❸渐近。如:侵晨。❹荒年。《穀梁传·襄公二十四年》:"五谷不升,谓之大侵。"❺姓。汉代有侵恭。
另见 qǐn。

侵伐　本意谓兴兵讨罪,引申为向他国进攻。《左传·庄公二十九年》:"夏,郑人侵许。凡师有钟鼓曰伐,无曰侵。"《史记·五帝本纪》:"轩辕之时,神农氏世衰,诸侯相侵伐。"

侵陵　侵逼欺陵。《礼记·聘义》:"故诸侯相接以敬让,则不相侵陵。"

侵略❶侵犯掠夺。《百喻经·夫妇食饼共为要喻》:"贼见不语,即其夫前侵略其妇。"❷一国对他国领土、主权的侵犯和对他国人民的掠夺、奴役的行为。根据1974年联合国大会通过的《侵略定义》规定,武装侵略"是指一个国家使用武力侵犯另一个国家的主权、领土完整或政治独立"。侵略战争是破坏国际和平的罪行。因武装侵略行为"而取得的任何领土或特殊利益,均不得亦不应承认为合法"。

侵蚀❶逐渐侵入破坏;侵害腐蚀。如:侵蚀作用;抵制不良思想的侵蚀。❷逐渐侵占、侵吞。昭梿《啸亭杂录·孔王祠》:"盖有岁修祭田为祠官所侵蚀。"

侵寻　犹侵淫。渐进。《史记·孝武本纪》:"天子始巡郡县,侵寻于泰山矣。"亦作"侵浔"、"浸寻"、"寖寻"。

侵轶　侵犯;侵扰。《左传·隐公九年》:"彼徒我车,惧其侵轶我也。"一作"侵佚"。《后汉书·南匈奴传论》:"乘间侵佚,害流傍境。"

侵淫　同"浸淫"。逐渐扩展。宋玉《风赋》:"夫风生于地,起于青蘋之末,侵淫溪谷,盛怒于土囊之口。"

侵渔　盗窃或侵夺公众的财物。《史记·酷吏列传》:"县官所兴,未获其利,奸吏并侵渔,于是痛绳以罪。"

侵早　破晓;天刚亮。方干《采莲》诗:"隔夜相期侵早发。"

亲〔親〕（qīn）❶父母。如:双亲。《公羊传·庄公三十二年》:"君亲无将。"何休注:"亲,谓父母。"❷血统最近的。如:亲弟兄;亲叔侄。❸亲族,亲戚。如:至亲好友;沾亲带故。❹婚姻关系。如:结亲。《史记·匈奴列传》:"汉亦引兵而罢,使刘敬结和亲之约。"❺亲信。《孟子·梁惠王下》:"王无亲臣矣。"亦指亲信的人。如:众叛亲离。❻爱;亲近。《史记·孙子吴起列传》:"起(吴起)曰:'治百官,亲万民,实府库,子孰与起?'"❼亲自。如亲眼;亲笔。《史记·秦始皇本纪》:"亲巡天下,周览远方。"❽亲吻;肌肤接触。如:妈妈亲了亲宝宝;男女授受不亲。
另见 qìng,xīn。

亲串（—chuàn）　亲戚。黄宗羲《两异人传》:"去之三十年,其亲串曾莫得其音尘。"

亲耕　古代天子于每年正月,举行一次亲自扶犁耕田的仪式,表示劝农。《穀梁传·桓公十四年》:"天子亲耕,以共(供)粢盛。"

亲故　亲戚故旧。杜甫《别李义》诗:"误失将帅意,不如亲故恩。"

亲串（—guàn）　亲近的人。谢惠连《秋怀》诗:"因歌遂成赋,聊用布亲串。"

亲家　泛指亲戚之家。《三国志·魏志·王凌传》"死时年四十余"裴松之注引《魏末传》曰:"明山(凌少子)投亲家食,亲家告吏,乃就执之。"

亲旧　犹亲故。嵇康《与山巨源绝交书》:"时与亲旧叙阔,陈说平生。"

亲眷　亲近和眷爱的人。鲍照《吴兴黄浦亭庾中郎别》诗:"已经江海别,复与亲眷违。"今泛称所有亲戚。

亲昵　极亲近。亦指极亲近的人。《左传·昭公三十二年》:"我一二亲昵甥舅,不皇启处,于今十年。"《列子·杨朱》:"屏亲昵,绝交游。"章炳麟《新方言·释言》:"古言亲昵,今语亦变为亲热。惟江南犹正言亲昵耳。"

亲戚❶古指父母兄弟等。《史记·五帝本纪》:"尧二女不敢以贵骄,事舜亲戚,甚有妇道。"张守节正义:"亲戚,谓父瞽叟、后母、弟象、妹颗手等。"❷指内外亲属。《礼记·曲礼上》:"兄弟亲戚称其慈也。"孔颖达疏:"亲指族内,戚言族外。"后多专指族外姻戚。

亲亲❶爱自己的亲属。《孟子·

尽心上》:"亲亲而仁民。"❷犹言亲戚。《世说新语·贤媛》:"汝若不与吾家作亲亲者,吾亦不惜余年。"

亲事 ❶亲身治事。《汉书·晁错传》:"臣闻五帝神圣,其臣莫能及,故自亲事。"❷官名。唐置。以六、七品子年十八以上者为之,凡王公以下及文武职事三品以上带勋官者,给与差用。诸亲王府并置亲事府,有执仗亲事等名。见《通典·职官典》。❸谓婚事。王实甫《西厢记》第二本楔子:"莺莺亲事,拟定妻君也。"

亲属 因婚姻、血缘与收养而产生的人们之间的关系。一般分为血亲与姻亲。配偶是否作为亲属,各国规定不尽相同。中国、日本等国列为亲属,《德国民法典》与《瑞士民法典》等不列为亲属。中国古代法律根据宗法制度与男尊女卑原则,将亲属分为宗亲与外亲,自《大明律》开始,又由外亲分出妻亲。宗亲又称"内亲",指与男系血统相连属的亲属;外亲指与女系血统相连属的亲属;妻亲,专指夫的妻方亲属,包括岳父母、妻的兄弟姊妹等。夫之宗亲与妻之宗亲间,法律不认为有亲属关系。1911年辛亥革命后加以改革,分亲属为血亲、姻亲与配偶三种。亲属关系一经确定,就产生法律上的效力。

亲痛仇快 亲人痛心,仇人快意。语出朱浮《与彭宠书》:"凡举事无为亲厚者所痛,而为见仇者所快。"

亲信 亲近信任。《汉书·霍光传》:"小心谨慎,未尝有过,甚见亲信。"亦指亲近信任的人。李商隐《为濮阳公檄刘稹文》:"自然麾下平生,尽忘旧爱,帐中亲信,即起他谋。"

亲迎 古代婚礼"六礼"之一。新婿亲至女家迎娶。《诗·大雅·大明》:"亲迎于渭。"《公羊传·庄公二十四年》:"公如齐逆女,何以书?亲迎,礼也。"

亲政 指帝王亲理朝政。特指幼年继位的帝王,成年后亲自执政。《汉书·王莽传上》:"皇帝年在襁褓,未任亲政。"

亲知 ❶后期墨家指由亲身观察得来的直接知识。《墨子·经说上》:"身观焉,亲也。"❷犹亲友。白居易《山中问月》诗:"如归旧乡国,似对好亲知。"

亲炙 谓亲身受到教益。《孟子·尽心下》:"非圣人而能若是乎?而况于亲炙之者乎?"朱熹注:"亲近而熏炙之也。"《红楼梦》第一百十五回:"久仰芳名,无由亲炙。"

衾（qīn） ❶被子;特指大被。如:同衾共枕。李煜《浪淘沙》词:"罗衾不耐五更寒。"❷覆盖或衬垫尸体的单被。《孝经·丧亲章》:"为之棺椁衣衾而举之。"邢昺疏:"衾谓单被,覆尸荐尸所用。"

衾裯 《诗·召南·小星》:"抱衾与裯。"毛传:"衾,被也;裯,禅（单）被也。"后以"衾裯"连用,泛指被褥等卧具。谢灵运《伤己赋》:"出衾裯而载坐。"

衾屏 布制的屏障。《南史·马仙琕传》:"身衣不过布帛,所居无帏幕衾屏。"

衾影独对 谓即使只身自处,仍谨慎不苟。语本刘昼《新论·慎独》:"独立不惭形,独寝不愧衾。"《儿女英雄传》第二十七回:"到了衾影独对的时候,真有此情此景。"

浸（qīn） 见"浸寻"、"浸淫"。
另见 jìn。

浸润 亦作"寖润"。（1）逐渐浸染。司马相如《难蜀父老》:"怀生之物,有不浸润于泽者,贤君耻之。"（2）谓谗言积渐而发生作用。《论语·颜渊》:"浸润之谮。"何晏集解:"郑曰:'潜人之言,如水之浸润,渐以成之。'"亦借指谗言。《汉书·王尊传》:"秦听浸润,以诛良将。"又《刘向传》:"上内重堪,又患众口之寖润,无所取信。"

浸寻 亦作"浸浔"、"侵寻"、"寖寻"。逐渐到达;渐进。《史记·封禅书》:"是岁,天子始巡郡县,浸寻于泰山矣。"《孝武本纪》作"侵寻",《汉书·郊祀志》作"寖寻"。

浸浔 同"浸寻"。渐渍;逐渐。《史记·齐悼惠王世家》:"事浸浔不得闻于天子。"按:"不得"二字当为衍文。

浸淫 亦作"寖淫"、"侵淫"。积渐而扩及;渐进。司马相如《难蜀父老》:"是以六合之内,八方之外,浸淫衍溢。"

骎〔骎〕（qīn） 见"骎骎"。

骎骎 ❶马速行貌。《诗·小雅·四牡》:"载骤骎骎。"毛传:"骎骎,骤貌。"引申为疾速。范成大《大暑行含山道中雨骤至》诗:"骎骎失高丘,扰扰暗古县。"也比喻时间迅速消逝。梁简文帝《纳凉》诗:"斜日晚骎骎。"❷渐进貌。李翱《故处士侯君墓志》:"每激发则为文达意,其高处骎骎乎有汉魏之风。"

缦〔縵〕（qīn） 线。《诗·鲁颂·閟宫》:"公徒三万,贝胄朱缦。"陈奂传疏:"朱缦,谓以染朱之线缀贝于胄。"
另见 xiān。

梫（qīn） 木名。桂的一种。《文选·左思〈蜀都赋〉》:"其树则有木兰梫桂。"刘逵注:"梫桂,木桂也。"

锓〔鋟〕（qīn） ❶通"揿"。谓抑下。《列子·汤问》:"锓其颐,则歌合律。"❷通"颔"。曲。《汉书·扬雄传下》:"锓颐折頞。"颜师古注:"锓,曲颐也。"《文选·扬雄〈解嘲〉》"锓"作"颔"。
另见 hàn。

渗〔滲〕（qīn） 见"渗淫"。
另见 shèn。

渗淫 逐渐渗透进去的少量的水。《文选·木华〈海赋〉》:"沥滴渗淫,荟蔚云雾。"李善注:"渗淫,小水津液也。"

嶔〔嶔〕（qīn） ❶高峻貌。见"嶔崎"、"嶔崟"。❷小而高的山。张九龄《赴使泷峡》诗:"溪路日幽深,塞云入两嶔。"

嶔崎 ❶山高峻貌。谢灵运《山居赋》:"上嶔崎而蒙笼,下深沈而浇激。"❷形容人品格特异,不同于众。《儒林外史》第一回:"元朝末年,也曾出了一个嶔崎磊落的人,这人姓王名冕。"

嶔崟 ❶山高貌。张衡《思玄赋》:"嘉曾氏之归耕兮,慕历阪之嶔崟。"曾氏,曾参。❷山名。见"崟山"。

侵（qīn） "侵"的本字。

颔〔頷〕（qīn） 下颔敛曲貌。《文选·扬雄〈解嘲〉》:"颔颐折頞。"李善注引韦昭曰:"曲上曰颔。"参见"锓❷"。
另见 yǎn。

寝（qīn） 同"浸"。

磀〔礖〕（qīn） ❶见"磀磤"。❷同"嶔"。见《集韵·二十一侵》。

磀磤 山形深险连延。《文选·左思〈吴都赋〉》:"磀磤乎数州之间。"李周翰注:"高山水广远也。"

潯（qīn） 同"浸"。
另见 jìn。

礖（qīn） 见"礝礖"。

浸（qīn） 同"浸"。
另见 jìn。

qín

芹（qín） 蔬菜名。《诗·小雅·采菽》："言采其芹。"《吕氏春秋·本味》："菜之美者……云梦之芹。"

芹献 犹芹意。《列子·杨朱》："昔人有美戎菽、甘枲茎、芹萍子者，对乡豪称之。乡豪取而尝之，蜇于口，惨于腹。众哂而怨之，其人大惭。"后用"芹献"或"献芹"为自谦所献菲薄、不足当意之辞。

芹意 谦词。微薄的情意。《红楼梦》第一回："邀兄到敝斋一饮，不知可纳芹意否?"参见"芹献"。

芹藻 《诗·鲁颂·泮水》："思乐泮水，薄采其芹……思乐泮水，薄采其藻。"《诗序》："颂僖公能修泮宫也。"后以"芹藻"比喻贡士或有才学之士。江淹《杂记谕南徐州新安王》："淹幼乏乡曲之誉，长匮芹藻之德。"

芩（qín） 植物名。或谓即禾本科芦苇属植物。《诗·小雅·鹿鸣》："食野之芩。"

庈（qín） 人名用字。春秋时鲁有费庈父。

矜（qín） 同"鞘"。矛柄。见《说文·矛部》。后亦指戟柄。《史记·平津侯主父列传》："然起穷巷，奋棘矜，偏袒大呼而天下从风。"司马贞索隐："矜，今戟柄；棘，戟也。"
另见 guān，jīn。

秦（qín） ❶古部落名。嬴姓。传为伯益的后代。非子为部落首领时，居于犬丘(今陕西兴平东南)，善养马，被周孝王封于秦(今甘肃张家川东)，作为附庸。传到秦仲，周宣王命为大夫。秦仲被犬戎杀死，其长子庄公又把犬戎打败。❷古国名。开国君主为秦庄公子秦襄公。以护送周平王东迁有功，被周封为诸侯。襄公子文公击退犬戎，占有岐山以西地。春秋时建都于雍(今陕西凤翔南)，占有今陕西中部和甘肃东南端。秦穆公曾攻灭十二国，称霸西戎。战国初期经济落后，又常发生内乱，国力衰弱，被魏攻占河西(北洛水和黄河间地)。秦孝公任用商鞅变法，国力富强，并迁都咸阳(今陕西咸阳东北)，成为战国七雄之一。秦惠王时夺回河西，攻灭巴蜀，

夺取楚的汉中。秦昭王时不断夺得魏、韩、赵、楚等国地。公元前221年秦王政(即秦始皇)统一中国，建立秦朝。❸朝代名。中国历史上第一个封建王朝。公元前221年秦王政统一中原，自称始皇帝(即秦始皇)，建都咸阳。并进一步统一了东南、西南地区。疆域东、南到海，西到今甘肃、四川，西南至今云南、广西，北到阴山，东北远达到辽东。曾推行郡县制，统一文字和度量衡，修筑长城等，有利于巩固统一、加强中央集权；以赋役繁重，刑政苛暴，激化了地主阶级和农民的矛盾。前209年(秦二世元年)爆发了以陈胜、吴广为首的农民大起义。前206年为刘邦(即汉高祖)所灭。共历二世，统治十五年。❹古邑名。即秦城、秦亭，在今甘肃张家川东。秦代祖先非子始封于此，是秦的最早都邑。❺古时西域称中国为秦。《史记·大宛列传》："闻宛城中新得秦人，知穿井。"❻陕西省的简称。因战国时为秦国地而得名。❼姓。古代大秦人来中国，有的就以秦为姓，如三国时有秦论。

秦艽（*Gentiana macrophylla*） 亦称"大叶龙胆"。龙胆科。多年生草本。基部有宿存的残叶纤维；根圆柱形。基生叶较大，茎生叶3～4对，对生，叶片披针形，基部连合，有脉五条。夏秋开花，花丛生于上部叶腋成轮状；花冠筒状，深蓝紫色，裂片先端尖。蒴果长椭圆形。种子椭圆形，深黄色。分布于中国华北和东北各地；俄罗斯、蒙古也有分布。根入药，性平、味苦辛，功能祛风湿、退虚热，主治风湿疼痛、潮热骨蒸等症。根含多种生物碱，有消炎作用。

秦晋 春秋时，秦晋两国世为婚姻，后因称两姓联姻为"秦晋之好"。王实甫《西厢记》第二本第一折："倒陪家门，情愿与英雄结婚姻，成秦晋。"

秦镜 相传秦始皇有一面镜子，能照见人的五脏六腑，知道心的邪正。见《西京杂记》卷三。因用以称颂官吏精明，善于断狱。如：秦镜高悬。刘长卿《避地江东留别淮南使院诸公》诗："何辞向物开秦镜，却使他人得楚弓。"

秦楼楚馆 同"楚馆秦楼"。

秦庭 春秋时，吴国进攻楚国，楚臣申包胥奉命到秦国求援，在秦庭倚墙而哭，历日日夜哭声不绝，秦王遂出兵援楚。见《左传·定公四年》。后因谓向别国请求救兵为"秦庭之哭"。

秦越 古代秦越两国，一在西北，一在东南，相去极远。后因称疏远隔膜，互不相关为"秦越"。韩愈《争臣论》："视政之得失，若越人视秦人之肥瘠，忽焉不加喜戚于其心。"《宋史·食货志上之六》："愿陛下课官吏，使之任牛羊刍牧之责；劝富民，使之无秦越肥瘠之视。"

聋（qín） 音。见《广韵·二十一侵》。

厪（qín） 石地。《说文·厂部》："厪，石地也。"段玉裁注："厪者，坚闭之意。"

厪钦 形容山岩高峻。王闿运《严伯受甫哀词》："岩厪钦兮独来往，鹤远跱兮雄高掌。"

堇（qín） ❶粘土。见《说文·堇部》。❷诚。《管子·五行》："修槛水上，以待乎天堇。"尹知章注："堇，诚也。……上待天诚也。"
另见 jǐn。

捦 同"擒"。

琴〔琹〕（qín） ❶亦称"七弦琴"，俗称"古琴"。拨弦乐器。周代已有。琴面标志泛音位置及音位的徽，定型于汉代。魏晋以后，形制已和现在的大致相同。琴身为狭长形木质音箱，长约110厘米，琴头宽约17厘米，琴尾宽约13厘米。面板用桐木或杉木制成，外侧有徽十三个；底板用梓木制成，开有大小不同的出音孔两个，称"凤沼"、

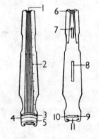

琴

1. 龙龈　2. 徽　3. 岳山
4. 承露　5. 额　6. 龈托
7. 凤沼　8. 龙池　9. 弦眼
10. 轸池　11. 嗉

"龙池"。琴面张弦七根。奏时右手弹弦，左手按弦，有吟、猱、绰、注等手法。音域较宽(三个八度又一个纯五度)，音色变化丰富。汉魏六朝时期曾是伴奏相和歌的乐器之一，隋唐九、十部乐中，亦用作伴奏乐器。在长期的历史发展过程中，形成了独特的演奏艺术和各具特色的多种流派。

古代乐曲赖琴保存者极为丰富,自南北朝至清末,琴曲谱集现存者有一百五十余种。❷多种乐器的通称。如:胡琴、月琴、风琴、钢琴。❸姓。春秋时有琴张。

琴剑　琴与剑,古时文士的行装。薛能《送冯温往河外》诗:"琴剑事行装,河关出北方。"

琴趣　词的别名。词在起初,都是配合音乐歌唱的,因其协律动听,故有此称。宋黄庭坚(山谷)词集名《山谷琴趣外篇》。

琴瑟　❶两种乐器名。《礼记·曲礼下》:"士无故不彻琴瑟。"《中论·修本》:"琴瑟鸣,不为无听而失其调;仁义行,不为无人而灭其德。"❷比喻夫妇间感情和谐。亦作"瑟琴"。《诗·周南·关雎》:"窈窕淑女,琴瑟友之。"又《小雅·常棣》:"妻子好合,如鼓瑟琴。"❸比喻兄弟、朋友的情谊。潘岳《夏侯常侍诔》:"子之友悌,和如琴瑟。"陈子昂《春夜别友人》诗:"离堂思琴瑟,别路绕山川。"❹比喻和悦于心的事物。庾信《拟连珠》:"忠信为琴瑟,仁义为庖厨。"

琴堂　《吕氏春秋·察贤》:"宓子贱治单父,弹鸣琴,身不下堂而单父治。"后因称州、县官的衙门为"琴堂"。李白《赠从孙义兴宰铭》诗:"退食无外事,琴堂向山开。"

琴心　琴声传达的心意。《史记·司马相如列传》:"是时卓王孙有女文君新寡,好音,故相如缪与令相重,而以琴心挑之。"后因用以指爱情的表达。李群玉《戏赠魏十四》诗:"兰浦秋来烟雨深,几多情思在琴心。"

琴心剑胆　犹言柔情侠骨,比喻既有情致,又有胆识。吴莱《寄董与幾》诗:"小榻琴心展,长缨剑胆舒。"

琴樽　琴和酒樽。古时文人雅士闲暇或宴集时常用。杜审言《赠崔融》诗:"琴樽横寒席,岩谷卧词场。"

禽（qín）❶鸟类的通称。《尔雅·释鸟》:"二足而羽谓之禽,四足而毛谓之兽。"亦兼指鸟兽。《白虎通·田猎》:"禽者何?鸟兽之总名。"《三国志·魏志·华佗传》:"吾有一术,名曰五禽之戏,一曰虎,二曰鹿,三曰熊,四曰猿,五曰鸟。"❷通"擒"。《左传·哀公二十三年》:"齐师败绩,知伯亲禽颜庚。"❸姓。春秋时秦有禽息。

禽犊　禽和犊。古代常用作馈赠的礼物。《荀子·劝学》:"小人之学

也,以为禽犊。"杨倞注:"禽犊,馈献之物也。"刘师培补释:"《礼记·曲礼》言:'凡贽:卿,羔;大夫,雁;士,雉;庶人,鹜。'是所执之贽非兽即禽,特此文以犊代羔耳。"

禽荒　沉迷于田猎。《书·五子之歌》:"内作色荒,外作禽荒。"蔡沈集传:"禽荒,耽游畋也;荒者,迷乱之谓。"

禽兽　❶鸟类和兽类;亦单指兽类。《礼记·曲礼上》:"猩猩能言,不离禽兽。"❷骂人的话,犹言畜生。《西厢记》第四本第二折:"红娘,书房里唤将那禽兽来!"

禽言　❶鸟语;鸟鸣声。宋之问《谒禹庙》诗:"猿啸有时答,禽言常自呼。"❷诗体名。宋代诗人梅圣俞(尧臣)以鸟鸣声比附人事,作《四禽言》诗;后苏轼又仿其体作《五禽言》,序云:"春夏之交,鸣鸟百族,土人多以其声之似者名之,遂用圣俞体作《五禽言》。"

蓁（qín）见"蓁椒"。

蓁椒　亦作"秦椒"。即"花椒"。见李时珍《本草纲目》。

勤⊖（qín）❶劳;出力。《论语·微子》:"四体不勤,五谷不分。"❷努力;认真。如:勤学苦练。❸常常;多。如:勤看报;夏季雨水勤。❹"勤务"的简称。如:内勤;外勤;值勤;出勤。❺帮助。《国语·晋语二》:"秦人勤我矣。"韦昭注:"勤我,助我也。"❻姓。唐代有勤曾。

⊜[懃]（qín）❶愁苦;担心。《法言·先知》:"民有三勤……政善而吏恶,一勤也;吏善而政恶,二勤也;政吏骈恶,三勤也。"李轨注:"勤,苦。"《楚辞·七谏·自悲》:"居愁勤其谁告兮!"❷殷切盼望。《诗·召南·江有汜序》:"勤而无怨。"孔颖达疏:"勤者,心企望之。"

勤恳　❶殷勤恳切。柳宗元《柳浑行状》:"词旨切直,意气勤恳。"❷做事认真踏实。如:工作勤恳。

勤王　❶尽力于王事。《晋书·谢安传》:"夏禹勤王,手足胼胝。"❷谓起兵救援王朝。《左传·僖公二十五年》:"求诸侯莫如勤王。"

靲（qín,又读jìn）❶皮制的鞋。一说皮制鞋的带子。见王筠《说文句读·革部》。❷竹篾。《仪礼·士丧礼》:"系用靲。"贾公彦疏:"谓竹之青可以为系者。"

厪（qín）同"廑"。另见jǐn。

嗪（qín）译音字。如:哌嗪。

溱（qín）用于"溱潼"(地名,在江苏省姜堰市)。
另见zhēn。

鈙（qín）同"钤(鈐)"。
另见qián。

榛（qín）牛名。《本草纲目·兽部》:"牛,李时珍曰:牛有榛牛、水牛二种。榛牛小而水牛大,榛牛有黄、黑、赤、白、驳杂数色。"

廑（qín）亦作"厪"。勤劳;殷勤。《汉书·扬雄传下》:"其廑至矣。"颜师古注:"廑,古勤字。"
另见jǐn。

廑注　殷切的关心和挂念。旧时书信中的常用语。如:请释廑注。

懃（qín）勇气。《列子·说符》:"此而不报,无以立懃于天下。"殷敬顺释文:"懃音勤,勇也。"
另见jìn。

靳（qín）同"芹"。

擒（qín）捉。《国策·燕策》:"两者不肯相舍,渔者得而并擒之。"

擒贼擒王　杜甫《前出塞》诗:"射人先射马,擒贼先擒王。"比喻作事要抓住关键。《红楼梦》第五十五回:"〔凤姐道〕如今俗语说:擒贼必先擒王。他(指探春)如今要作法开端,一定是先拿我开端。"

噙（qín）含。如:噙着一眶热泪。

檎（qín）花红。亦名"林檎"。

蟳（qín）虫名。蝉的一种。《尔雅·释虫》:"蜓,蜻蜓。"郭璞注:"如蝉而小。"《方言》云:'有文者谓之蟳。'"郝懿行义疏:"其形短小,方头广额,体兼彩文,鸣声清婉,若咨咨然。"

篸（qín）古乐器。《元史·礼乐志》:"篸,制如筝而七弦,有柱,用竹轧之。"

玂（qín）同"矜"。

懃（qín）姓。宋代有懃铉。
另见qín勤⊖。

坅（qǐn）坑;洞。《仪礼·既夕礼》:"甸人筑坅坎。"郑玄注:"穿坎之名,一曰坅。"胡培翚正义

"筑坟坎者,犹言筑其所掘之坎耳。"

侵 [qǐn] 同"寝"。丑陋。《史记·魏其武安侯列传》:"武安者貌侵。"裴骃集解:"侵,短小也;又云丑恶也。"

另见 qīn。

寝 [寢、寢] [qǐn] ❶睡;卧。如:废寝忘食。《诗·小雅·斯干》:"下莞上簟,乃安斯寝。"又指物体横躺着。《荀子·解蔽》:"见寝石,以为伏虎也。"❷停止;平息。《汉书·礼乐志》:"其议遂寝。"又:"汉典寝而不著。"颜师古注:"寝,息也。"❸内堂;卧室。如:正寝;内寝。《逸周书·皇门解》:"予独服在寝。"孔晁注:"寝,室也。"❹皇家宗庙后殿藏先人衣冠之处,又指帝王的坟墓。见"寝庙"、"陵寝"。❺貌丑。见"貌寝"。❻通"寖"。逐渐。《汉书·刑法志》:"二伯之后,寝以陵夷。"

寝疾 卧病。《礼记·檀弓上》:"成子高寝疾,庆遗入请曰:'子之病革矣。'"

寝陋 指容貌丑陋。《新唐书·郑注传》:"貌寝陋,不能远视。"

寝庙 古代的宗庙有庙和寝两部分,合称"寝庙"。《诗·小雅·巧言》:"奕奕寝庙。"《礼记·月令》:"〔仲春之月〕寝庙毕备。"郑玄注:"凡庙,前曰庙,后曰寝。"

寝苫枕块 古时居父母丧的礼节。《仪礼·既夕礼》:"居倚庐,寝苫枕块。"贾公彦疏:"孝子寝卧之时,寝于苫以块枕头,必寝苫者,哀亲之在草,枕块者,哀亲之在土云。"亦作"寝苫枕草"。寝苫谓睡草荐,枕草谓以草把为枕。《左传·襄公十七年》:"苴绖带,杖菅屦,食粥,居倚庐,寝苫枕草。"

寝兴 卧起。《诗·小雅·斯干》:"乃寝乃兴。"潘岳《悼亡诗》:"寝兴目存形,遗音犹在耳。"

寝衣 睡衣。《论语·乡党》:"必有寝衣,长一身有半。"刘宝楠正义:"古人衣不连裳,夫子制此寝衣,较平时所服之衣稍长,寝时著之以卧。"

qìn

吢 [qìn] 同"㕇"。

沁 [qìn] ❶渗入或透出。一般指香气。唐彦谦《咏竹》:"醉卧凉阴沁骨清。"参见"沁人心脾"。❷汲水。韩愈孟郊《同宿联句》:"义泉虽至近,盗索不敢沁。"

沁人心脾 形容吸入芳香或凉爽之气,或喝了可口的饮料,令人有舒适的感觉。也形容优美的诗文、乐曲等极为动人。王国维《人间词话》卷上:"大家之作,其言情也必沁人心脾;其写景也必豁人耳目。"

沁园春 ❶词牌名。东汉窦宪仗势夺取沁水公主所有的沁园,后人作诗以咏其事,此调因此得名。又名《寿星明》、《洞庭春色》等。双调一百十四字,平韵。❷曲牌名。南曲中吕宫、北曲黄钟宫均有同名曲牌。属南曲中吕宫者较常见,字句格律与词牌前半阕同,也有与全阕同者。用作引子。

㕇 [qìn] 同"噷"。《玉篇·口部》:"㕇,犬吐。亦作吢。"

噷 [qìn] 猫、狗呕吐。借用以骂人,比"胡说"更重。《红楼梦》第七回:"少胡说!那是醉汉嘴里胡噷,你是什么样的人,不说没听见,还倒细问!"

菣 [qìn] 香蒿。《尔雅·释草》:"蒿,菣。"郭璞注:"今人呼青蒿香中炙啖者为菣。"郝懿行义疏:"孙炎云:'荆楚之间谓蒿为菣。'是菣即青蒿。青蒿极香,故名香蒿,香美中啖也。"

搇 [搇、捘] [qìn] 用手按。如:搇电铃。

潩 [潩] [qìn] 古水名。即今河南泌阳、遂平境内沙河。

qīng

庆 [慶] [qīng] 通"卿"。古"庆"与"卿"同音。如"庆云"即"卿云"。《礼记·祭统》:"作率庆士。"孙希旦集解:"庆士,卿士也。"

另见 qiāng,qìng。

庆云 [雲] ❶一种彩云,古人以为祥瑞之气。《汉书·礼乐志》:"甘露降,庆云集。"❷县名。在山东省德州市东北部、马颊河下游,邻接河北省。县人民政府驻庆云镇。汉阳信县地,隋置无棣县,元分置西无棣县,明改庆云县。清咸丰《庆云县志》:"无棣旧有庆云乡,明初因以名县。"原属河北省,1965年划归山东省。农产以小麦、玉米、高粱、大豆、棉花为主,并产小枣。工业有机械、造纸、纺织、化学、建材等。古迹有无棣故城遗址、大丁庙汉墓群。

青 [qīng] ❶春季植物叶子的颜色。《古诗十九首》:"青青河畔草。"❷泛指青色物。如:杀青(指竹);踏青(指草)。《诗·齐风·著》:"充耳以青乎而。"毛传:"青,青玉也。"❸比喻年轻。如:青年;青工。❹黑色。《书·禹贡》:"厥土青黎。"孔颖达疏引王肃曰:"青,黑色。"参见"青丝❸"。❺青海省的简称。❻姓。明代有青文胜。

青白眼 青眼,眼睛正视,眼珠在中间,表示对人器重或喜爱;白眼,眼睛向上或向旁边看,现出眼白,表示轻视或憎恶。《晋书·阮籍传》:"籍又能为青白眼。见礼俗之士,以白眼对之。及嵇喜来吊,籍作白眼,喜不怿而退;喜弟康闻之,乃赍酒挟琴造焉,籍大悦,乃见青眼。"《名义考》卷六:"后人有青盼、垂青之语。人平视睛圆则青,上视睛藏则白。上视,怒目而视也。"

青出于蓝 《荀子·劝学》:"青,取之于蓝而青于蓝;冰,水为之而寒于水。"杨倞注:"以喻学则才过其本性也。"蓝,蓝草,可作染料。《史记·三王世家褚少孙论》:"传曰'青采出于蓝,而质青于蓝'者,教使然也。"后因以"青出于蓝"比喻学生胜过老师。《北史·李谧传》:"初师事小学博士孔璠,数年后,璠还就谧请业,同门生为之语曰:'青成蓝,蓝谢青,师何常,在明经。'"

青春 ❶指春季。因春季草木青葱,故称"青春"。《楚辞·大招》:"青春受谢,白日昭只。"杜甫《闻官军收河南河北》诗:"白日放歌须纵酒,青春作伴好还乡。"❷指青年时期。亦指少壮的年龄。《文选·潘尼〈赠陆机出为吴王郎中令〉》:"予涉素秋,子登青春。"李善注:"素秋,喻老;青春,喻少也。"司空曙《送曹同椅》诗:"青春三十余,众艺尽无如。"

青词 亦称"绿章"。道教举行斋醮时献给"天神"的奏章祝文。因用朱笔写于青藤纸上,故名。一般为骈俪体。李肇《翰林志》:"凡太清宫道观荐告词文,用青藤纸书朱字,谓之青词。"宋人集中亦常见。明时道教盛行,词臣争以青词邀宠。见《文体明辨·青词》。

青帝 ❶中国古代神话中的五天帝之一。系东方之神。亦作"苍帝"。《晋书·天文志上》:"东方苍帝灵威仰。"道教尊为"东方青帝青灵始老九炁天君"。❷春神。《尚书纬》:"春为东帝,又为青帝。"

青娥 ❶谓青年女子。杜审言《戏赠赵使君美人》诗:"红粉青娥映楚云,桃花马上石榴裙。"曹松《夜饮》诗:"席上未知帘幕晓,青娥低语指东方。"❷喻指女子眉毛。韦应物《拟古》诗:"娟娟双青娥,微微启玉齿。"

青蛾 旧时女子用青黑色画的眉。李贺《夜坐吟》:"铅华笑妾鬓青蛾。"温庭筠《赠知音》诗:"窗间谢女青蛾敛,门外萧郎白马嘶。"

青蚨 古时传说中的虫名,也叫"鱼伯"。《搜神记》卷十三:"〔南方有虫〕名青蚨……生子必依草叶,大如蚕子。取其子,母即飞来,不以远近。虽潜取其子,母必知处。以母血涂钱八十一文,以子血涂钱八十一文;每市物,或先用母钱,或先用子钱,皆复飞归,轮转无已。"按《太平御览》卷九百五十引《淮南万毕术》有"青蚨还钱"之说,与上文同。后人因称钱为"青蚨"。谷子敬《城南柳》第一折:"则你那尊中无绿蚁,皆因我囊里缺青蚨。"绿蚁,指酒。

青宫 《神异经·中荒经》:"东方有宫,青石为墙,高三仞。左右阙高百尺,画以五色。门有银榜,以青石碧镂,题曰'天地长男之宫'。"按古制,天子诸侯之太子居东宫。《易·说卦》:"震为长男,为东方。"东方属木,于色为青,故《初学记》卷十谓皇太子居青宫。因即指太子。白居易《寄杨六》诗:"青宫官冷静,赤县事繁剧。"参见"东宫❶"、"春宫❶"。

青翰 船名。因船上有鸟形刻饰,涂以青色,故名。《说苑·善说》:"鄂君子晳之泛舟于新波之中也,乘青翰之舟。"李绅《过吴门》诗:"绿杨深浅巷,青翰往来舟。"

青红皂白 比喻是非曲直。《孽海花》第十五回:"哼!也没见不分青红皂白就把人当贼。"参见"皂白"。

青黄 ❶青黄两色。《楚辞·九章·橘颂》:"青黄杂糅,文章烂兮。"❷《汉书·礼乐志》:"灵安留,吟青黄。"颜师古注:"青黄,谓四时之乐也。"❸新秋和陈粮。详"青黄不接"。

青黄不接 谓陈粮已吃完,新禾未成熟。《元典章·户部·仓库》:"即目正是青黄不接之际,各处物斛涌贵。"钱澄之《伯仲叹》:"明年闻又闰正月,青黄不接那曾餐!"也常用以比喻一时失去衔接或匮乏。

青衿 亦作"青襟"。《诗·郑风·子衿》:"青青子衿。"毛传:"青衿,青领也,学子之所服。"因以指读书人。杜甫《题衡山县新学堂呈陆宰》诗:"金甲相排荡,青衿一憔悴。"明清科举时代专指秀才。

青龙 ❶一作"苍龙"。四象之一。二十八宿体系形成后,由东方七宿——角宿、亢宿、氐宿、房宿、心宿、尾宿、箕宿组成龙象。❷亦称"苍龙"。中国古代神话中的东方之神。后为道教所信奉,同白虎、朱雀、玄武合称四方四神。一般认为青龙为吉神,主财喜。❸即"太岁"。《后汉书·律历志三》:"青龙移辰,谓之岁。"《淮南子·天文训》:"天神之贵者,莫贵于青龙。"

青楼 ❶泛指豪华精致的楼房。曹植《美女篇》:"青楼临大路,高门结重关。"《晋书·麴允传》:"麴允,金城人也,与游氏世为豪族。西洲为之语曰:'麴与游,牛羊不数头,南开朱门,北望青楼。'"❷楼名,南朝齐兴光楼的别称。《南齐书·东昏侯纪》:"世祖兴光楼,上施青漆,世谓之青楼。"❸指妓院。李白《在水军宴韦司马楼船观妓》诗:"对舞青楼妓,双鬟白玉童。"杜牧《遣怀》诗:"十年一觉扬州梦,赢得青楼薄幸名。"

青庐 青布搭成的棚,古代举行婚礼时用。古乐府《孔雀东南飞》:"其日牛马嘶,新妇入青庐。"《世说新语·假谲》:"魏武少时,尝与袁绍好为游侠,观人新婚,因潜入主人园中,夜叫呼云'有偷儿贼',青庐中人皆出观,魏武乃入,抽刃劫新妇。"段成式《酉阳杂俎·礼异》:"北朝婚礼,青布幔为屋,在门内外,谓之青庐,于此交拜。"

青梅竹马 李白《长干行》:"郎骑竹马来,绕床弄青梅。"后常以形容小儿女天真无邪、亲昵嬉戏之状。

青门瓜 汉初,故秦东陵侯召平种瓜于长安城东青门,瓜美,世称"东陵瓜",又名"青门瓜"。何逊《南还道中送赠刘谘议别》诗:"目想平陵柏,心忆青门瓜。"参见"东陵瓜"。

青冥 ❶青色的天空。《楚辞·九章·悲回风》:"据青冥而摅虹兮,遂儵忽而扪天。"张九龄《将至岳阳》诗:"湘岸多深林,青冥昼结阴。"❷古代宝剑名。崔豹《古今注·舆服》:"吴大帝有宝刀三,宝剑六。……五曰青冥。"

青囊 ❶古代医生盛医书的囊,后借指医术。《后汉书·华佗传》:"佗临死,出一卷书与狱吏曰:'此可以活人。'吏畏法不敢受,佗亦不强,索火烧之。"张骥《补注》引《神仙纲鉴》:"吴押狱者每以酒食供奉,佗感其恩,告曰:'我死非命,有青囊未传,二子不能继业,修书与汝,可往取之。'至金城,取而藏之。佗知不免,大饮如醉而殂。吴弃役回家,问妻索书,妻曰:'纵学得神术,终使毙于狱中,故我以囊烧毁也。'吴叹恨不已。"❷古代术数家用青囊盛书及用具,因借指卜筮之术。《晋书·郭璞传》:"有郭公者,客居河东,精于卜筮,璞从之受业。公以青囊中书九卷与之,由是遂洞五行、天文、卜筮之术。"陈子昂《酬田逸人见寻不遇题隐居里壁》诗:"传道寻仙友,青囊卖卜来。"❸印囊。崔豹《古今注·舆服》:"青囊,所以盛印也。"

青黏 又名黄芝、地节。药草名。《后汉书·华佗传》:"佗授以漆叶青黏散,漆叶屑一斗,青黏十四两,以是为率。"

青鸟 《山海经·大荒西经》:"西有王母之山……有三青鸟,赤首黑目。"郭璞注:"皆西王母所使也。"《艺文类聚》卷九十一引《汉武故事》:"七月七日,上(汉武帝)于承华殿斋,正中,忽有一青鸟从西方来,集殿前。上问东方朔,朔曰:'此西王母欲来也。'有顷,王母至。有二青鸟如乌,侠(夹)侍王母旁。"后因称传信的使者为"青鸟"。李商隐《无题》诗:"蓬山此去无多路,青鸟殷勤为探看。"

青女 神话中霜雪之神。《淮南子·天文训》:"至秋三月……青女出,以降霜雪。"高诱注:"青女,天神,青霄玉女,主霜雪也。"李商隐《霜月》诗:"青女素娥俱耐冷,月中霜里斗婵娟。"

青萍 ❶植物名。即"浮萍"。❷古代宝剑名。陈琳《答东阿王笺》:"君侯体高世之才,秉青萍(萍)、干将之器。"李白《与韩荆州书》:"庶青萍、结绿,长价于薛、卞之门。"

青杆 (Picea wilsonii) 松科。常绿乔木,高可达50米。小枝色淡,无毛,芽卵状,褐色。叶四棱状锥形,四面有气孔线,先端尖,长0.8~1.3厘米。球果长4~8厘米,圆柱状长卵形,种鳞倒卵形。产于中国内蒙古、河北、山西、陕西、湖北、甘肃、青海、四川等地高山。木材轻软、纹理直、耐久,可供电杆、枕木、家具、造纸等用材。为产地重要造林树种,亦为本属分布较广的树种。又为观赏树。

青钱 即青铜钱。杜甫《北邻》诗:"青钱买野竹。"苏轼《山村》诗:"杖藜裹饭去匆匆,过眼青钱转手空。"一说青钱即铜钱,青系钱色。

青钱万选 比喻文辞出众。《新唐书·张荐传》:"员外郎员半千数为公卿,称鸳(张鸳)文辞犹青铜钱,万选万中。时号鸳'青钱学士'。"晏殊《假中示判官张寺丞王校勘》诗:"游梁赋客多风味,莫惜青钱万选才。"

青史 古代以竹简记事,因称史书为"青史"。杜甫《赠郑十八贲》诗:"古人日以远,青史字不泯。"于谦《收麦》诗:"更有清名播青史。"

青士 竹的代称。陆游《晚到东园》诗:"岸帻寻青士,凭轩待素娥。"

青霜 ❶袍名。《汉武帝内传》:"〔上元夫人〕服青霜之袍,云彩乱色,非锦非绣,不可名字。"❷亦作"清霜"。指宝剑。王勃《滕王阁序》:"紫电青霜,王将军之武库。"按剑刃锋利,青莹若霜雪,故称"青霜"。按《王子安集》作"清霜"。一说指戈,见《升庵全集》卷五十三。

青丝 ❶青色的丝。古乐府《孔雀东南飞》:"赍钱三百万,皆用青丝穿。"亦指丝缰。杜甫《青丝》诗:"青丝白马谁家子,粗豪且逐风尘起。"❷指柳丝。李白《新林浦阻风寄友人》诗:"今朝白门柳,夹道垂青丝。"❸比喻黑而柔软的头发。李白《将进酒》:"君不见高堂明镜悲白发,朝如青丝暮成雪!"多指女人的头发。白居易《陵园妾》诗:"青丝发落丛鬓疏,红玉肤销系裙缦。"

青琐 ❶古代宫门上的一种装饰。《汉书·元后传》:"曲阳侯根骄奢僭上,赤墀青琐。"颜师古注:"青琐者,刻为连环文,而青涂之也。"后亦借指宫门。杜甫《秋兴》诗:"一卧沧江惊岁晚,几回青琐点朝班?"❷刻镂成连环文的窗户。《世说新语·惑溺》:"韩寿美姿容,贾充辟以为掾。充每聚会,贾女于青琐中看,见寿,说之。"

青天 ❶晴朗的天空。《晋书·乐广传》:"简书令卫瓘,朝之耆旧,建与魏正始中诸名士谈论,见广而奇之曰:'……此人之水镜,见之莹然,若披云雾而睹青天也。'"❷比喻清官。刘昌《县笥琐探摘抄·况太守》:"况青天,朝命宣,早归田。"况,指况钟。

青乌术 相传汉代有青乌子,亦称青乌公或青乌先生,精堪舆之术。《抱朴子·极言》:"相地理则书青乌之说。"后世因称堪舆之术即相地术为"青乌术"。

青葙(Celosia argentea) 一名"野鸡冠"。苋科。一年生草本。叶矩圆状披针形至披针形。秋季开花,花淡红色,穗状花序呈圆柱状。产于热带、亚热带;中国东南部亦产。嫩茎叶可作饲料。种子称"青葙子",性微寒、味苦,功能清肝明目,主治目赤肿痛、翳障等症。

青眼 ❶晋阮籍能为青白眼,常以青眼对所器重的人。后因以"青眼"称对人喜爱或器重。杜甫《短歌行》:"仲宣楼头春色深,青眼高歌望吾子。"有时亦借指知心朋友。权德舆《送卢评事婺州省觐》诗:"客愁青眼别,家喜玉人归。"参见"青白眼"。❷喻青春年少。张祜《喜王子载话旧》诗:"相逢青眼日,相叹白头时。"❸一种上等砚台。宋无名氏《端溪砚谱》:"盖自唐以来,便以青眼为上,黄赤为下。"眼,指砚石上的斑。

青阳 ❶春天。《尔雅·释天》:"春为青阳。"郭璞注:"气清而温阳。"陈子昂《感遇》诗:"白日每不归,青阳时暮矣。"❷古代明堂位于东面的宫室。《礼记·月令》:"〔孟春之月〕天子居青阳大庙。"❸汉代郊祀歌名,为春天郊祀所用。见《汉书·礼乐志》。

青衣 ❶古时地位低下者所穿的服装。婢女亦多穿青衣,后因用为婢女的代称。蔡邕有《青衣赋》。白居易《懒放》诗:"青衣报平旦,呼我起盥栉。"❷传统戏曲脚色行当。"旦"行的一支。主要扮演庄重的青年或中年妇女。表演上着重唱功,如京剧《三击掌》的王宝钏。由于所扮人物大都穿青素(黑色)褶子而得名。在京剧等剧种中有时也称"正旦"。

青蝇 ❶苍蝇的一种,也叫"金蝇"。❷《诗·小雅》篇名。《诗序》说是周大夫刺幽王之作。诗有"营营青蝇,止于樊,岂弟君子,无信谗言"之语,后因以"青蝇"比喻谗言小人。《论衡·累害》:"青蝇所污,常在练素。"陈子昂《宴胡楚真禁所》诗:"青蝇一相点,白璧遂成冤。"

青蝇吊客 《三国志·吴志·虞翻传》"皆传于世"裴松之注引《虞翻别传》:"自恨疏节,骨体不媚,犯上获罪,当长没海隅。生无可与语,死以青蝇为吊客。"意谓生前无知己,死后只有青蝇来凭吊。刘禹锡《遥伤丘中丞》诗:"何人为吊客,唯是有青蝇。"

青玉案 词牌名。取义于东汉张衡《四愁诗》"何以报之青玉案"句。又名《横塘路》、《西湖路》等。双调六十七字,仄韵。宋词此调字数句法稍有参差,《词谱》以贺铸"凌波不过横塘路"一首为正体。

青云 ❶指高空。司马相如《子虚赋》:"交错纠纷,上干青云。"❷比喻高官显爵。《史记·范雎蔡泽列传》:"须贾顿首言死罪,曰:'贾不意君能自致于青云之上。'"❸比喻清高。《三国志·魏志·荀彧等传评》裴松之注:"张子房青云之士,诚非陈平之伦。"李白《送韩准裴政孔巢父还山》诗:"所以青云人,高歌在岩户。"❹同"青丝❸"。李贺《大堤曲》:"青云教绾头上曲,明月与作耳边珰。"

青毡 《晋书·王献之传》:"夜卧斋中,而有偷人入其室,盗物都尽。献之徐曰:'偷儿,青毡我家旧物,可特置之。'群偷惊走。"后以"青毡"为士人故家旧物之代辞。杜甫《与任城许主簿游南池》诗:"晨朝降白露,遥忆旧青毡。"元好问《赠冯内翰》诗:"青毡持去故家尽,白帽归来时事新。"

青州从事 美酒的隐语。《世说新语·术解》:"桓公(桓温)有主簿善别酒,有酒辄令先尝,好者谓'青州从事',恶者谓'平原督邮'。青州有齐郡,平原有鬲县。从事,言到脐;督邮,言在鬲(膈)上住。"从事、督邮,都是官名。苏轼《章质夫送酒六壶书至而酒不达戏作小诗问之》:"岂意青州六从事,化为乌有一先生。"参见"平原督邮"。

青紫 本为古时公卿服饰,因借指高官显爵。《文选·扬雄〈解嘲〉》:"纡青拖紫。"李善注引《东观汉记》:"印绶,汉制公侯紫绶,九卿青绶。"又刘良注:"青紫,并贵者服饰也。"杜甫《夏夜叹》诗:"青紫虽被体,不如早还乡。"

顷〔頃〕(qīng) 通"倾"。偏侧;倾斜。《汉书·王褒传》:"不单顷耳而听已聪。"颜师古注:"单,尽极也;顷,读曰倾。"

另见 kuǐ、qǐng。

顷筐 斜口的筐子,后高前低,容量不多。《诗·周南·卷耳》:"采采卷耳,不盈顷筐。"毛传:"顷筐,畚属,易盈之器也。"

轻 〔輕〕(qīng) ❶分量不大。与"重"相对。《孟子·梁惠王上》:"权然后知轻重。"❷需力不多;不费力。如:轻便;轻易;轻而易举。❸价值不高;不足贵。《孟子·尽心下》:"民为贵,社稷次之,君为轻。"❹轻视;鄙薄。《老子》:"祸莫大于轻敌。"《荀子·成相》:"许由、善卷,重义轻利。"❺轻率;轻佻。如:轻诺寡信;轻举妄动。《左传·僖公三十三年》:"秦师轻而无礼,必败。"

轻薄 ❶分量或价值小,与"厚重"相对。《史记·平准书》:"钱益轻薄而物贵。"❷轻盈纤弱,罗虬《比红儿诗》:"金粟妆成扼臂环,舞腰轻薄瑞云间。"❸轻佻浮薄。《南史·谢惠连传》:"轻薄多尤累,故官不显。"后多指以轻佻态度对待妇女。❹不尊重;鄙薄。《汉书·王尊传》:"摧辱公卿,轻薄国家。"《三国志·魏志·夏侯尚传》:"杜袭之轻薄尚,良有以也。"

轻车 ❶轻便的车子。如:轻车简从;驾轻车就熟路。❷古代的一种战车。取其轻捷便于驰骋。《周礼·春官·车仆》:"轻车之萃。"郑玄注:"轻车,所用驰敌致师之车也。"参见"革车"。❸驾轻车作战的士兵。西汉兵种之一。汉初用于战争,后逐渐失去作用,至武帝时成为仪仗队。参见"材官"。

轻车熟路 犹言"驾轻就熟"。韩愈《送石处士序》:"若驷马驾轻车就熟路,而王良、造父(古代善于驾车的人)为之先后也。"后因以"轻车熟路"比喻对事很熟悉,做起来很容易。辛弃疾《贺新郎》词:"逸气轩眉宇,似王良,轻车熟路,骅骝欲舞。"

轻肥 ❶"轻裘肥马"的略语。❷轻暖、肥壮。杜甫《秋兴》诗:"同学少年多不贱,五陵衣马自轻肥。"❸轻捷的肥马。万齐融《三日绿潭篇》诗:"金鞍玉勒骋轻肥,落絮红尘拥路飞。"

轻举 ❶轻率行动。如:轻举妄动。《三国演义》第二十六回:"若轻举渡河,设或有变,众皆不能还矣!"❷轻装疾进。《资治通鉴·魏文帝黄初七年》:"若我潜军轻举,掩其无备,破之必也。"❸轻身飞升。孙绰《游天台山赋序》:"非夫遗世玩道,绝粒茹芝者,乌能轻举而宅之?"

轻吕 古剑名。《逸周书·克殷解》:"击之以轻吕,斩之以黄钺。"孔晁注:"轻吕,剑名。"《史记·周本纪》作"轻剑"。

轻描淡写 本谓绘画时用浅淡的颜色轻轻描绘,引申为说话或行文时将某件事轻轻带过,不予重视。《二十年目睹之怪现状》第四十八回:"桌台见他说得这等轻描淡写,更是着急。"

轻儇 犹轻浮。《辽史·宋王喜隐传》:"喜隐轻儇无恒,小得志即骄。"

轻骑 装备轻便、行动迅速的骑兵。《史记·刘敬叔孙通列传》:"去长安近者七百里,轻骑一日一夜可以至秦中。"

轻裘肥马 形容豪华的生活。《论语·雍也》:"赤(公西华)之适齐也,乘肥马,衣轻裘。"亦略作"轻肥"。

轻裘缓带 形容闲适从容。《晋书·羊祜传》:"在军常轻裘缓带,身不被甲。"

轻容 无花的薄纱。周密《齐东野语》卷十:"纱之至轻者,有所谓轻容,出唐《类苑》,云:'轻容,无花薄纱也。'王建《宫词》云:'嫌罗不著爱轻容。'元微之有寄白乐天白轻容,乐天制而为衣,而诗中容字,乃为流俗妄改为庸,又作褣,盖不知其所出。《元丰九域志》:'越州岁贡轻容纱五匹'是也。"

轻褣 同"轻容"。无花的薄纱。白居易《元九以绿丝布白轻褣见寄制成衣服以诗报知》:"绿丝文布素轻褣,珍重京华手自封。"

轻锐 轻装的精锐部队。《资治通鉴·汉献帝建安十三年》:"瑜(周瑜)等率轻锐继其后,雷鼓大震。"

轻声 汉语有些词里的音节或句子里的词,念成又轻又短的调子的叫轻声。如普通话"桌子"的"子","家里"的"里","我们"的"们","葡萄"的"萄"及助词"的"、"吗"、"了"、"啊"等。参见"轻音"。

轻率 言行随便、不慎重。《北史·达奚武传》:"及居重位,不持威仪。行常单马,左右从一两人而已。门外不施戟,恒昼掩一扉。或谓曰:'公位冠群后,何轻率若是?'群后,指众官。

轻佻 轻率;不沉着。《三国志·吴志·孙坚孙策传评》:"然皆轻佻果躁,陨身致败。"亦作"轻窕"。《左传·襄公二十六年》:"楚师轻窕,易震荡也。"后谓言行轻薄、不庄重。

轻脱 轻率;放荡。《晋书·羊祜传》:"尝欲夜出,军司徐胤执棨当营门曰:'将军都督万里,安可轻脱?'"《聊斋志异·辛十四娘》:"(冯生)少轻脱,纵酒。"

轻音 语言中轻读的音。与"重音"相对。轻音现象与前后语音环境的影响,与音的高低、长短、强弱和音质都有一定的关系。如俄文мýка(痛苦)和мукá(面粉),二者的差别就在于轻重音位置的不同。汉语里的轻音主要与字的声调有关,习惯上称之为"轻声"。参见"轻声"。

轻盈 形容动作、姿态轻巧优美。李白《相逢行》:"下车何轻盈,飘然似落梅。"韩愈《戏题牡丹》诗:"幸自同开俱隐约,何须相倚斗轻盈。"

氢 〔氫〕(qīng) 最轻的化学元素。符号H。原子序数1。原子量1.007 94。由三种同位素——质量数为1的氕(99.98%)、质量数为2的氘(约0.02%)和极微量的质量数为3的氚(约10^{-16}%)所组成。已知氢的放射性同位素是氚。无色无臭无味的气体。密度最小(空气的1/14.5)。极微溶于水。很难液化。利用液态氢可以获得低温。化学性质较活泼,能燃烧,与许多非金属和金属直接化合。自然界的氢主要存在于化合物中,如水、碳氢化合物等。工业上大量氢气由水蒸气通过灼热焦炭而生成的水煤气为原料而制得;实验室中可由活泼金属(锌等)与非氧化性酸(盐酸、稀硫酸)作用置换出氢气。氢是合成氨、氯化氢、有机合成中的氢化反应和油脂硬化等的原料。氢氧焰用于钢铁等的切割和焊接。液态氢也可用作高能燃料。固态氢(H)具有金属性,并有超导性能。

倾 〔傾〕(qīng) ❶侧;斜。《礼记·孔子闲居》:"倾耳而听之。"曹植《洛神赋》:"日既西倾,车殆马烦。"也指偏向或倾向。如:左倾。杜甫《自京赴奉先县咏怀五百字》诗:"葵藿倾太阳,物性固莫夺。"❷倒坍;倾覆。如:大厦将倾。范仲淹《岳阳楼记》:"樯倾楫摧。"引申为倒出。见"倾注❶"、"倾盆"。❸尽;用尽。如:倾其全力。❹钦佩;倾慕。《汉书·司马相如传上》:"一坐尽倾。"❺胜过;超越。《汉书·田蚡传》:"欲以倾诸将相。"颜师古注:"倾谓逾越而胜之也。"

倾杯乐 唐教坊曲名,本为隋旧曲,后用为词牌。亦名《倾杯》、《古倾杯》。唐玄宗时曾配合于马舞。唐宣宗又另制《新倾杯乐》,则已非旧曲。敦煌写本《云谣集杂曲子》收此调二首，一百零九字与一百十字，仄韵。宋柳永《乐章集》载八首，双调，有七种不同句法，五种不同宫调，自一百零四字至一百十六字，仄韵。

倾巢 ❶犹覆巢。李白《赠从孙义兴宰铭》诗："倾巢有归禽。"❷全体出动，多用于贬义。如：倾巢而出。《水浒全传》第一百零八回："宋江闻报，与吴用计议道：贼兵倾巢而来，必是抵死厮并。"

倾城 ❶倾覆国家。《诗·大雅·瞻卬》："哲夫成城，哲妇倾城。"郑玄笺："城，犹国也；倾，覆也。"❷形容女子貌美。李商隐《北齐二首》："倾城最在著戎衣。"参见"倾国倾城"。❸全城。孙楚《征西官属送于陟阳候作诗》："倾城远追送，饯我千里道。"

倾倒（—dǎo）❶倒翻；跌倒；倒仆。《南史·江湛传》："坐散，俱出，劢（刘劢）使班剑及左右推排之，殆于倾倒。"❷佩服，心折。杜甫《奉赠射洪李四丈》诗："志士怀感伤，心胸已倾倒。"❸痛饮；大口饮酒。杜甫《雨过苏端》诗："苏侯得数过，欢喜每倾倒。"

倾倒（—dào）比喻畅所欲言。《宋史·李浩传》："反覆数千言，倾倒罄竭。"

倾夺 犹言竞争、争胜。《文选·傅毅〈舞赋〉》："马材不同，各相倾夺。"李善注："倾夺，谓驰竞也。"

倾耳 侧耳细听的样子。《国策·秦策一》："妻侧目而视，倾耳而听。"

倾覆 覆没；颠覆。《荀子·王制》："入不可以守，出不可以战，则倾覆灭亡可立而待也。"

倾盖 盖，车盖，形如伞。谓停车交盖，两盖稍稍倾斜。常用来形容朋友相遇，亲切谈话的情况。《孔子家语·致思》："孔子之郯，遭程子于途，倾盖而语终日，甚相亲。"也指偶然接语的新朋友。邹阳《狱中上书自明》："语曰：白头如新，倾盖如故。"

倾国 ❶倾覆国家；亡国。《韩非子·爱臣》："万乘之君无备，必有千乘之家在其侧，以徙其威而倾国。"《论衡·非韩》："民无礼义，倾国危主。"❷指容貌绝美的女子。白居易《长恨歌》："汉皇重色思倾国，御宇多年求不得。"参见"倾国倾城"。❸全国。《三国演义》第六十六回："权（孙权）闻之大怒，商议起倾国之兵，来取荆州。"

倾国倾城 《汉书·孝武李夫人传》："北方有佳人，绝世而独立，一顾倾人城，再顾倾人国。"后因用"倾国倾城"形容绝色女子。王实甫《西厢记》第一本第四折："怎当他倾国倾城貌！"

倾筐倒筐 本作"倾筐倒庋"。把箱子里的东西全都倒出来，形容竭尽所有。《世说新语·贤媛》："王右军郗夫人谓二弟司空（愔）、中郎（昙）曰：'王家见二谢，倾筐倒庋，见汝辈来，平平尔，汝可无烦复往。'"后多作"倾筐倒筐"。

倾盆 大雨倾注貌。苏轼《介亭饯杨杰次公》诗："前朝欲上已蜡屐，黑云白雨如倾盆。"

倾谈 畅谈；无所不谈。如：促膝倾谈。《聊斋志异·牛癀》："就与倾谈，颇极蕴藉。"

倾听 侧耳而听。《礼记·曲礼上》："立不正方，不倾听。"孔颖达疏："不得倾头属听左右也。"后引申为用心细听。

倾吐 倾诉；畅所欲言。如：倾吐衷曲。韩维《和平甫》诗："高文大论日倾吐。"

倾危 ❶快要倒坍的样子。《三国志·吴志·鲁肃传》："今汉室倾危。"李成《山水诀》："崖岸倾危。"❷犹险诈。《史记·张仪列传论》："此两人真倾危之士哉！"

倾心 一心向往；竭尽诚心。阮瑀《为曹公作书与孙权一首》："亦能倾心去恨，顺君之情。"

倾迟 倾慕期待。《晋书·贺循传》："望必屈临，以副倾迟。"

倾注 ❶灌注；倾泻。郝经《葡萄》诗："一派玛瑙浆，倾注百千瓮。"❷比喻把精神或力量集中到一个目标上。如：倾注全力。《聊斋志异·雷曹》："时苦旱，乐接器排云，约望故乡，尽情倾注。"

卿（qīng）❶古代高级长官或爵位的称谓。西周、春秋时天子、诸侯所属高级长官称卿。战国时为爵位的称谓，有上卿、亚卿等。秦汉三公以下各有九卿。历代相沿，如大理寺、太常寺等各置卿，北魏以后，并各置少卿。清代往往以三品至五品卿为官僚虚衔。❷古代君对臣、长辈对晚辈的称谓，朋友、夫妇也以"卿"为爱称。参见"卿卿"。❸通"庆"。见"卿云"。❹姓。汉代有卿仲辽。

卿家 ❶你家之尊称。《三国志·吴志·鲁肃传》："肃因责数羽曰：'国家区区，本以土地借卿家者，卿

家军败远来，无以为资故也。'"❷戏曲小说中帝后对臣下的称呼。

卿老 上卿。《礼记·曲礼下》："国君不名卿老、世妇。"郑玄注："卿老，上卿也。"

卿卿 《世说新语·惑溺》："王安丰妇常卿安丰，安丰曰：'妇人卿婿，于礼为不敬，后勿复尔。'妇曰：'亲卿爱卿，是以卿卿；我不卿卿，谁当卿卿？'遂恒听之。"按"卿卿"，下"卿"字指安丰，后将两"卿"字连用，为夫妻间的爱称。韩偓《偶见》诗："小叠红笺书恨字，与奴方便寄卿卿。"亦用为对人亲昵的称呼。有时含有戏谑、嘲弄之意。《红楼梦》第五回："机关算尽太聪明，反算了卿卿性命！"

卿云 ❶同"景云"。卿，通"庆"。一种彩云，古以为祥瑞之气。《竹书纪年·帝舜有虞氏》："十四年卿云见，命禹代虞事。"《史记·天官书》："若烟非烟，若云非云，郁郁纷纷，萧索轮囷，是谓卿云。"❷古歌名。即卿云歌。

卿子 即公子。《史记·项羽本纪》："诸别将皆属宋义，号为卿子冠军。"裴骃集解："卿子，时人相褒尊之辞，犹言公子也。"

请〔請〕（qīng）通"清"。见"请室"。
另见 qíng，qǐng，qìng。

请室 汉代囚禁官吏有罪者的牢狱。《汉书·贾谊传》："盘水加剑，造请室而请辠（罪）耳。"颜师古注："应劭曰：'请室，请罪之室。'苏林曰：'音絜清。'胡公《汉官》：车驾出，有请室令在前先驱，此官有别狱也。'"后以称刑部狱。高兆《与周减斋先生》书："请室风雪，夜更多寒。"

圊（qīng）厕所。《新唐书·高骈传》："突将乱，乘门以入，骈匿于圊，求不得。"见"圊溷"。

圊溷 厕所。《三国志·蜀志·诸葛亮传评》裴松之注引《袁子》："所至营垒、井灶、圊溷、藩篱、障塞，皆应绳墨。"

清（qīng）❶水澄澈。与"浊"相对。《楚辞·渔父》："沧浪之水清兮，可以濯我缨。"也指其他液体或气体清澈。如：酒清；风清；天朗气清。❷洁净；纯洁。如：冰清玉洁；一清二白。❸清平；不乱。《孟子·万章下》："以待天下之清也。"❹廉洁；不贪污。如：清廉。《楚辞·招魂》："朕幼清以廉洁兮。"❺明晰；不混。陆机《荐张畅表》："畅才思清敏，志节贞厉。"❻干净；无余。如：誉

清;肃清。《越绝书·荆平王内传》："（女子）乃发其箪饭,清其壶浆而食之。"❼单纯;不杂。如:清炒;清唱。❽清淡;不烦。如:生意清;政简刑清。❾寂静;不热闹。如:冷清;凄清。柳宗元《至小丘西小石潭记》:"以其境过清,不可久居。"❿古邑名。(1)春秋卫邑。在今山东东阿南东阿旧治西。《春秋》隐公四年(公元前719年):"公及宋公遇于清。"即此。(2)在今山西稷山东南。一名清原。《左传》宣公十三年(前596年):"赤狄伐晋,及清。"(3)春秋齐邑,在今山东聊城市西。《左传》成公十七年(前574年):"〔齐〕使国胜告难于晋,待命于清。"(4)春秋齐邑,在今山东长清东南。《左传》哀公十一年(前484年):"〔齐〕师师伐我,及清。"⓫朝代名。1616年女真族首领努尔哈赤建立后金政权。天聪十年(1636年)皇太极即皇帝位,改国号为清。顺治元年(1644年)世祖入关,定都北京,逐步统一全国。疆域西到今巴尔喀什湖、楚河及塔拉斯河流域、帕米尔高原,北到戈尔诺阿尔泰、萨彦岭,东北到外兴安岭、鄂霍次克海,东到海,包括台湾及其附属岛屿,南到南海诸岛,西南到广西、云南、西藏,包括拉达克。至18世纪后期,人口增至三亿左右,是当时亚洲东部最强大的封建国家。自鸦片战争以后,由于外国资本主义的侵入,中国一步一步地变成了一个半殖民地半封建社会。19世纪40年代后,海疆香港、澳门、台湾、澎湖为英、葡、日所占,东北乌苏里江以东黑龙江以北,西北今国界以外为沙俄所占,帕米尔为俄英所分,拉达克为英属克什米尔所并。宣统三年(1911年)资产阶级领导的辛亥革命推翻清王朝,结束了两千多年来的封建君主制度。清代从皇太极改国号为清起,共历十一帝,统治二百七十六年。⓬姓。宋代有清贤。

清白 ❶操行纯洁,没有污点。王逸《离骚序》:"不忍以清白久居浊世,遂赴汨渊自沈而死。"❷旧称没有从事过所谓卑贱职业的。如:身家清白。参见"良贱"。

清白吏 旧时称廉洁守正的官吏。《后汉书·杨震传》:"性公廉,不受私谒,子孙常蔬食步行。故旧长者或欲令为开产业,震不肯,曰:'使后世称为清白吏子孙,以此遗之,不亦厚乎?'"

清班 旧时以文学侍从之臣清高华贵,因称其官班为"清班"。黄庭坚《次韵子瞻送顾子敦河北都运》:"昨来立清班,国士相顾喜。"

清跸 帝王出行,清除道路,禁止行人。唐玄宗《早登太行山中言志》诗:"清跸度河阳,凝笳上太行。"

清唱 ❶歌声清脆明亮。李白《苏台览古》诗:"旧苑荒台杨柳新,菱歌清唱不胜春。"❷戏曲名词。不化妆的戏曲演唱形式,相对化妆的"彩唱"而得名。通常是一人独唱戏曲片段。也有数人唱整出戏的,俗称"清音桌"。旧时有专营清唱的茶馆和艺人。又明代用笛、笙伴奏唱"散曲",也称清唱。

清尘 ❶《汉书·司马相如传下》:"犯属车之清尘。"颜师古注:"尘,谓行而起尘也。言清者,尊贵之意也。"后用以称尊贵的人,表示恭敬。卢谌《与司空刘琨书》:"自奉清尘,于今五稔。"亦用于对一般人的敬辞。元稹《会真记》:"骨化形销,丹诚不泯;因风委露,犹托清尘。"❷清静无为之境。《楚辞·远游》:"闻赤松之清尘兮,愿承风乎遗则。"

清尘浊水 曹植《七哀诗》:"君若清路尘,妾若浊水泥,浮沈各异势,会合何时谐!"清生喻人,浊水自喻。后用作云泥隔绝、会合无期的意思。李昌祺《剪灯馀话·田洙遇薛涛联句记》:"歙漆阿胶忽纷解,清尘浊水何由逢。"

清道 ❶清净无为之道。《淮南子·原道训》:"是故圣人守清道而抱雌节。"❷指帝王或大官外出,清除道路,驱逐行人。《汉书·司马相如传下》:"且夫清道而后行,中路而驰,犹时有衔橛之变。"

清芬 本谓花的清香芬芳,比喻高洁的德行。陆机《文赋》:"咏世德之骏烈,诵先人之清芬。"

清风两袖 谓居官廉洁,除两袖清风外别无所有。都穆《都公谭纂》卷上:"于少保(谦)尝为兵部侍郎,巡抚河南,其还京日,不持一物,人传其诗云:'绢帕麻菇与线香,本资民用反为殃;清风两袖朝天去,免得闾阎话短长。'"亦作"两袖清风"。陈基《次韵吴江道中》:"两袖清风身欲飘,杖藜随月步长桥。"

清高 谓不慕荣利,洁身自好。《晋书·辛谧传》:"昔许由辞尧以天下让之,全其清高之节。"杜甫《咏怀古迹》:"诸葛大名垂宇宙,宗臣遗像肃清高。"

清歌 ❶不用乐器伴奏的独唱。《晋书·乐志下》:"宋识善击节唱和,陈左善清歌。"❷清亮的歌声。王勃《三月上巳被禊序》:"清歌绕梁,白云将红尘并落。"

清鲠 清正鲠直。《新唐书·赵宗儒传》:"少嗜学,履尚清鲠。"

清宫 ❶古时皇帝行幸所至,例须先由人检查所居宫室,以防意外。《汉书·文帝纪》:"使太仆婴、东牟侯兴居先清宫。"后也以称帝王出巡时所居宫室。王融《三月三日曲水诗序》:"禁轩承幸,清宫俟宴。"❷打扫屋子。《国策·秦策一》:"〔苏秦〕将说楚王,路过洛阳。父母闻之,清宫除道,张乐设饮,郊迎三十里。"

清供 清雅的供品。旧俗于节序或祭祀时,以清香、鲜花、素食等为供品。如新岁每以松、竹、梅供于几案,称岁朝清供;乡居素食淡茶谓之山家清供。宋人林洪有食谱《山家清供》之作。

清官 ❶旧时称地位贵显、政事不繁的官职。《北史·景穆十二王传》:"皆以宗室,早历清官。"❷称公正廉洁的官吏。元好问《薛明府去思口号》:"能吏寻常见,公廉第一难。只从明府到,人信有清官。"

清规戒律 ❶清规与戒律的合称。佛教寺院的规戒。❷道教的规约和戒条。包括戒律、斋戒、清规、禁忌四种。条文繁多,以"不嗜杀、不偷盗、不邪淫、不两舌、不荤口"为戒文的基本内容。❸比喻限制束缚人的成规惯例或禁忌。

清和 ❶指国家升平的气象。《汉书·贾谊传》:"海内之气,清和咸理。"❷指性情清静平和。《世说新语·赏誉下》:"世称荀子秀出,阿兴(王蕴)清和。"❸谓天气清明而和暖。谢灵运《游赤石进帆海》诗:"首夏犹清和,芳草亦未歇。"白居易《初夏闲吟兼呈韦宾客》诗:"孟夏清和月,东都闲散官。"后因以为夏历四月的别称。

清华 ❶古时指清贵的官品。亦指这种官员和他的门第。《南史·到㧑传》:"晏(王晏)先为国常侍,转员外散骑郎,此二职,清华所不为。"❷文章清丽华美。《晋书·左贵嫔传》:"言及文义,辞对清华。"❸景物清幽美丽。《南史·隐逸传论》:"岩壑闲远,水石清华。"

清化 清明的政治教化。《后汉书·邓骘传》:"不能宣赞风美,补助清化。"李密《陈情表》:"逮奉圣朝,沐浴清化。"

清徽 ❶清正的风操。《晋书·殷浩等传论》："清徽雅量，众议攸归。" ❷犹雅音，谓高雅的谈吐。潘尼《答杨士安》诗："俊德贻妙诗，敷藻发清徽。"

清诲 犹明教。书信中常用为称别人教诲的敬辞。《后汉书·赵壹传》："冀承清诲，以释遥悚。"

清洁 洁净无污。如：注意清洁卫生。

清净 ❶不烦扰。《史记·太史公自序》："李耳无为自化，清净自正。" ❷佛教称远离罪恶与烦恼。《俱舍论》卷十六："远离一切恶行烦恼垢故，名为清净。"

清静 道教名词。"清"即"专精积神不与物杂"，"静"即"反神服气安而不动"（见《云笈七籤》）。道教以"清静"为道之根本。《老子》认为："清静为天下正"、"我好静而民自正"。含义与"无为"、"清心寡欲"相通。《老子想尔注》云："道常无欲乐清静，故令天地常正"、"人法天地，故不得燥处，常清静为务。"认为修炼者必须效法天道，摒除欲望杂念，"清其心源"、"静其气海"，达到"常清常静，不起纤毫尘念"的境界（《清静经》）。

清君侧 旧谓清除君主身旁的亲信坏人。语本《公羊传·定公十三年》"此逐君侧之恶人"。李商隐《有感》诗："古有清君侧，今非乏老成。"《新唐书·仇士良传》："如奸臣难制，誓以死清君侧。"

清客 旧指富贵人家帮闲凑趣的门客。《红楼梦》第十七回："众清客在旁笑道：'老世翁所见极是。'"

清狂 ❶痴颠。《汉书·昌邑哀王传》："察故王衣服、言语、跪起，清狂不惠。"颜师古注引苏林曰："凡狂者，阴阳脉尽浊。今此人不狂似狂者，故言清狂也。或曰，色理清徐而心不慧曰清狂。清狂，如今白痴也。" ❷放逸不羁。杜甫《壮游》诗："放荡齐赵间，裘马颇清狂。"

清泠 ❶古代传说中的大泽名。《山海经·中山经》："神耕父处之，常游清泠之渊，出入有光。"《庄子·让王》："又欲以其辱行漫我，吾羞见之，因自投清泠之渊。" ❷清爽寒凉。刘桢《黎阳山赋》："云兴风起，萧瑟清泠。"陈子昂《与东方左史虬修竹篇》："春风正淡荡，白露已清泠。"

清流 ❶清澈的流水。王羲之《兰亭集序》："清流激湍，映带左右。" ❷你负有时望、不肯与权贵同流合污的士大夫。《三国志·魏志·陈群等传评》："陈群动仗名义，有清流雅望。" ❸县名。在福建省三明市西部、九龙溪流域。县人民政府驻龙津镇。宋置县。森林、矿产、水力资源丰富。产稻、大豆、油菜籽、油茶、花生等。手工业品以剪刀著名。森林资源丰富。矿产有钨、煤、铜。工业有机械、采矿、化肥、水泥、食品等。名胜古迹有九龙庙、海会塔、"龙津望月"。

清门 寒素之家。杜甫《丹青引赠曹将军霸》："将军魏武之子孙，于今为庶为清门。"

清明 ❶犹治平。指政治有法度、有条理。《诗·大雅·大明》："肆伐大商，会朝清明。"毛传："不崇朝而天下清明。"《后汉书·班固传》："固幸得生于清明之世。" ❷谓神志思虑清晰明朗。《礼记·玉藻》："色容厉肃，视容清明。" ❸晴朗。如：天气清明。 ❹二十四节气之一。每年4月5日前后太阳到达黄经15°时开始。《月令七十二候集解》："三月节……物至此时，皆以洁齐而清明矣。"此时黄河中下游及其以南地区平均气温一般在10℃以上。我国大部分地区气候温暖、草木萌茂，改变冬季寒冷枯黄景象。农业生产上多忙于春耕春种。江南农谚："清明谷雨两相连，浸种耕田莫迟延"；"种树造林，莫过清明"。这节气开始的一日为清明节。

清盼 尊称别人的顾盼。受人厚遇或渴望见面时常用之。李白《赠范金乡》诗："君子枉清盼，不知东走迷。"韩愈《崔十六少府摄伊阳以诗及书见投因酬三十韵》："音问难屡通，何由觌清盼？"

清贫 ❶清苦贫寒。《魏书·李冲传》："冲家素清贫。" ❷谓贫苦而有操守。《后汉书·刘陶传》："陶既清贫，而耻以钱买职，称疾不听政。"

清平调 唐教坊曲名，后用为词牌。相传开元中，李白供奉翰林，时宫中木芍药（即牡丹）花盛开，玄宗于月夜赏花，召杨贵妃侍酒；以金花笺赐李白，命进新辞《清平调》，时白尚在醉中，乃成三章，由李龟年歌之。《碧鸡漫志》谓《清平调》词，乃于古乐"清调"、"平调"中制词。近人有疑其说者。《乐府诗集》列李白所作入《近代曲》。单调二十八字，平韵。即七言绝句。宋词盖因旧曲名，另创新声。《花草粹编》载北宋王珪之作，双调五十字，平韵。《类说》本《倦游杂录》题作《平调发引》。

清平乐 ❶唐教坊曲名，后用为词牌。传李白始作此调。又名《忆萝月》、《醉东风》等。双调四十六字。上阕押仄韵，下阕换平韵。亦有全押仄韵者。另有《清平乐令》，为《望江怨》之别名，与此不同。 ❷曲牌名。属南曲羽调。有二体，其一字句格律与词牌前半阕同；另一与词牌不同，都用作引子。

清癯 清瘦。郝经《唐十臣像歌》："司空表圣宜贤良，清癯不欲游岩廊。"

清时 清平的时世。李陵《答苏武书》："勤宣令德，策名清时，荣问休畅，幸甚幸甚。"

清世 清平之世。《吕氏春秋·序意》："盖闻古之清世，是法天地也。"《新唐书·李源传》："抱此真节，弃于清世。"

清谈 亦称"玄言"、"玄谈"、"谈玄"。魏晋时期崇尚虚无、空谈名理的风气。始于魏何晏、夏侯玄、王弼等。上承汉末清议，从品评人物转向以谈玄为主。以《周易》、《老子》、《庄子》"三玄"为基本内容，用老庄思想解释儒家经义，摒弃世务，专谈本末、体用、有无、性命等抽象玄理，到晋王衍辈，清谈之风大盛。东晋佛学兴起后渐衰。

清听 ❶静听。陆机《吴趋行》："四坐并清听，听我歌《吴趋》。" ❷谓清澈的听闻。孟浩然《宿业师山房》诗："松月生夜凉，风泉满清听。" ❸书信中用为收信人听纳的敬辞。如：冒昧陈辞，有辱清听。

清玩 指金石、书画、古器、盆景等可供赏玩的清雅之物。欧阳玄《题山庄所藏东坡画古木图》诗："山庄刘氏富清玩，家有苏公旧挥翰。"

清望官 唐制以中央高级官包括门下及中书侍郎、尚书左右丞、六部侍郎、太常少卿、太子詹事、左右庶子、秘书少监、国子司业在内称为清望官，常备顾问。宋制略同。因此等官职多由进士出身有文学之人担任，故名。

清闲 清静闲空。《汉书·龚遂传》："遂曰：'臣痛社稷危也！愿赐清闲竭愚。'王辟左右。"

清新 ❶清丽不俗。杜甫《春日忆李白》诗："白也诗无敌，飘然思不群。清新庾开府，俊逸鲍参军。" ❷清爽而新鲜。如：空气清新。

清言 犹"清谈"。《晋书·乐广传》："广善清言而不长于笔。"笔，文笔。

清扬 眉目清秀。《诗·郑风·野有蔓草》:"有美一人,清扬婉兮。"毛传:"清扬,眉目之间婉然美也。"后亦用为丰采之意。蒋防《霍小玉传》:"今日幸会,得睹清扬。"

清要 ❶旧时称地位尊显、职司重要的官职。赵昇《朝野类要》卷二:"职慢位显谓之清,职紧位显谓之要;兼此二者,谓之清要。"《新唐书·李素立传》:"以亲丧解官,起授七品清要。有司拟雍州司户参军,帝曰:'要而不清。'复拟秘书郎,帝曰:'清而不要。'乃授侍御史。"❷指文字简要明白。《文心雕龙·杂文》:"傅毅《七激》,会清要之工;崔骃《七依》,入博雅之巧。"

清议 公正的评论,舆论。古时指乡里或学校中对官吏的批评。《南史·宋武帝纪》:"其犯乡论清议、赃污淫盗,一皆荡涤。"顾炎武《日知录·清议》:"两汉以来,犹循此制,乡举里选,必先考其生平,一玷清议,终身不齿。"

清音 辅音的一类。纯粹由气流受阻构成,不振动声带,不带乐音。如汉语的 b[p]、p[p‘]、f[f]、d[t]、t[t‘]、g[k]、k[k‘]、h[x]、j[tɕ]、q[tɕ‘]、x[ɕ]、zh[tʂ]、ch[tʂ‘]、sh[ʂ]、z[ts]、c[ts‘]、s[s]。

清越 ❶声音清畅高扬。《礼记·聘义》:"叩之,其声清越以长。"❷容貌神采清秀出众。《南史·贞惠世子方诸传》:"风采清越,特为元帝所爱。"❸指文章辞采高超。韩愈《送文畅师北游》诗:"出其囊中文,满听实清越。"

清真 ❶纯洁质朴。《世说新语·赏誉上》:"山公(涛)举阮咸为吏部郎,目曰:'清真寡欲,万物不能移也。'"❷中国穆斯林的常用语。原为普通名词,约于明弘治、正德年间(1488—1521),中国穆斯林已广泛使用。明清之际,该教学者用"清净无染"、"真乃独一"、"至清至真"和"真主原有独尊,谓之清真"等语概述教义和称颂所崇奉的真主,"清真"遂为伊斯兰教所专用;并称伊斯兰教为清真教,寺曰清真寺,按该教规制作的食物为清真食品。

蜻(qīng) 见"蜻蜓"。
另见 jīng。

蜻蜓 昆虫纲,蜻蜓目,差翅亚目昆虫的通称。体型一般较大,休息时翅展开,平放两侧;前后翅不相似,后翅常大于前翅。差翅亚目又分为蜻与蜓两个总科。蜻总科的前后翅的

三角室不相似,蜓总科的前后翅的三角室相似。中国最常见的为黄绿棘臀蜓(Polycanthagyna melanictera),体长约 50 毫米。若虫(水虿)与成虫都捕食其他昆虫或小动物,有益于人类。

鲭〔鯖〕(qīng) 鱼名。即"鲐"。
另见 zhēng。

鋞〔鋞〕(qīng) ❶金声。见《说文·金部》。❷本作"踁"。一足行。《左传·昭公二十六年》:"断其足,鋞而乘于他车以归。"

踁(qīng) "鋞(鋞)"的本字。一足跳行。见《玉篇·足部》。参见"鋞"。

qíng

姓(qíng) "晴"的本字。见《说文·夕部》。

荶〔薊〕(qíng) 菜名。《尔雅·释草》:"荶,山蘦。"郭璞注:"今山中多有此菜。"郝懿行义疏:"蘦者,《说文》云:'菜也,叶似韭。'王祯《农书》云:'野薤俗名天薤,生麦原中,叶似薤而小,味益辛,亦可供食,但不多有。'"是荶即野薤,薤即蘦字。
另见 jìng。

剠(qíng) 同"黥"。
另见 luè。

勍(qíng) 强有力。《左传·僖公二十二年》:"勍敌之人。"参见"劲敌"。

请〔請〕(qíng) 通"情"。《荀子·成相》:"听之经,明其请。"
另见 qīng, qǐng, qìng。

殑(qíng) 病困欲死之状。刘基《赠道士蒋玉壶长歌》:"瘁肌砭髓魂欲殑。"
另见 jìng。

殑殑 病困貌。元稹《纪怀赠李六户曹崔二十功曹五十韵》:"荒居邻鬼魅,羸马步殑殑。"亦作"殏殑"。

情(qíng) ❶感情。如:热情洋溢;情不自禁。《礼记·礼运》:"何谓人情?喜、怒、哀、惧、爱、恶、欲,七者弗学而能。"❷情况;实情。如:病情。《孟子·离娄下》:"故声闻过情,君子耻之。"❸情面;私情。如:说情;徇情。❹爱情。李煜《更漏子》词:"知我意,感君怜,此情须问天。"❺情趣。段成式《题谷隐兰若》诗:"村情山趣顿忘机。"❻

情态。卢照邻《长安古意》诗:"鸦黄粉白车中出,含娇含态情非一。"

情弊 指作弊的事实。《红楼梦》第六十回:"探春听了,虽知情弊,亦料定他们皆是一党,本皆淘气异常,便只答应,也不肯据此为实。"

情操 对客观事物的持续稳定的情感倾向和坚定而持久的行为方式的综合。包括道德感、理智感和美感等。与人的世界观和文化素养关系密切。比一般的情感具有更高的稳定性、概括性和倾向性。在汉语日常用语中,情操指情绪与坚定的行为方式的结合。

情窦 《礼记·礼运》:"故礼义也者……所以达天道、顺人情之大窦也。"孔颖达疏:"窦,孔穴也。孔穴开通,人之出入。礼义者亦是人之所出入,故云达天道、顺人情之大窦也。"后多以"情窦初开"形容少年男女开始懂得爱情。

情话 泛指知心话。陶潜《归去来辞》:"悦亲戚之情话,乐琴书以消忧。"亦指男女间谈情说爱的话。如:喁喁情话。

情怀 心境;心情。杜甫《北征》诗:"老夫情怀恶。"

情节 叙事性文艺作品中具有内在因果联系的人物活动及其形成的事件的进展过程。由一组以上能显示人物行动、人物和人物、人物和环境之间的错综复杂关系的具体事件和矛盾冲突所构成,是塑造人物性格的主要手段。它以现实生活中的矛盾冲突为根据,经作家、艺术家的集中、概括并加以组织、结构而成,事件的因果关系亦更加突出。一般包括开端、发展、高潮、结局等组成部分。有的作品还有序幕和尾声。

情景 ❶情况;光景。《红楼梦》第十八回:"母女姊妹,不免叙些久别的情景及家务私情。"❷景,外界的景物;情,由景物所激起的感情。如:情景交融。

情趣 性情志趣。《南齐书·孔稚珪传》:"稚珪风韵清疏,好文咏,饮酒七八斗,与外兄张融,情趣相得。"亦指意境、情致。姚最《续画品》:"沈粲笔迹调媚,专工绮罗屏障,所图颇有情趣。"

情赏 犹言心赏,谓心意所爱好。《南史·徐勉传》:"欲穿池种树,少寄情赏。"

情实 ❶真心。《管子·形势解》:"与人交,多诈伪无情实。"❷实情;事实的真相。《史记·吕不韦列

传":"<u>秦王</u>下吏治,具得情实。"《北史·<u>赵刚</u>传》:"具陈关东情实。"

情素　本心;真情实意。《汉书·邹阳传》:"披心腹,见情素。"素,亦作"愫"。

情随事迁　思想感情随着客观环境的变化而变迁。<u>王羲之</u>《兰亭集序》:"情随事迁,感慨系之矣。"

情网　谓情欲缚人,犹如罗网。如:堕入情网。<u>江总</u>《琼法师碑》:"解六情之网。"

情伪　❶犹言真伪。情,实情。《左传·僖公二十八年》:"民之情伪,尽知之矣。"❷犹情弊。作弊的情况。《三国志·蜀志·杨洪传》:"不如留<u>向朗</u>,<u>朗</u>情伪差少。"

情文　❶犹言内容和形式。《荀子·礼论》:"故至备,情文俱尽;其次,情文代胜。"意谓最完备的礼,情和文都要做得充分;次一等的,或文胜于情,或情胜于文。情谓礼意,如丧主哀,祭主敬等。文指所行的各种仪式。❷指文章的情感和文采。《世说新语·文学》:"<u>孙子荆</u>除妇服,作诗以示<u>王武子</u>。王曰:'未知文生于情,情生于文。览之凄然,增伉俪之重。'"情谓文章中表达的思想情感,文谓辞藻。后人评文,因有"情文并茂"之语。

情见势屈　军情暴露,又处于劣势。《史记·淮阴侯列传》:"今将军欲举倦弊之兵,顿之<u>燕</u>坚城之下,欲战恐久,力不能拔,情见势屈,旷日粮竭,而弱<u>燕</u>不服,<u>齐</u>必距境以自强也。"按《汉书·韩信传》作"情见力屈"。

情欲　指人的欲望、欲念,如男女之爱等。《晋书·平原王幹传》:"颇清虚静退,简于情欲。"

情知　明明知道。<u>晁冲之</u>《临江仙》词:"情知春去后,管得落花无?"

情志　中国古代文论范畴之一。艺术作品中表现的思想、情感、志趣、理想的统称。<u>西晋陆机</u>《文赋》明确提出"情志"概念:"颐情志于典坟。"<u>唐孔颖达</u>认为文艺中的情与志是不可分割的心理内容:"在己为情,情动为志,情志一也。"两者统一,构成了艺术的内容。因其是具体可感的,当人们欣赏艺术时,便可感知作者的思想感情。

情致　情趣和风致。《世说新语·文学》:"其夜清风朗月,闻江渚间估客船上有咏诗声,甚有情致。"

·情状　❶情况;情形。《三国志·魏志·胡质传》:"书吏<u>李若</u>见问而色动,遂穷诘情状;<u>若</u>即自首,罪人斯得。"❷犹情态。<u>李阳冰</u>《上李大夫论古篆书》:"备万物之情状。"

晴　(qíng)　❶生活上以无云、有云而仍见阳光,或雨止而云散者为"晴"。❷我国气象上规定:天空云量占当地天空面积不到1/10者,称为"晴"。

晴天霹雳　比喻突然发生的令人震惊的事情。

婧　〔婧〕(qíng)　受赐。<u>耶律楚材</u>《和韩浩然韵》:"坐婧神物愧无功。"

另见 jìng。

氰　(qíng)　化学式(CN)₂。氮、碳两元素的化合物。无色气体。有刺激性气味。极毒。溶于水、乙醇和乙醚。氰化钾或其他氰化物溶液中加可溶性铜盐(例如硫酸铜),即有气态氰放出。性质和卤素有很多类似之处,例如与氢氧化钾溶液反应时,卤素(Cl₂、Br₂、I₂)生成卤化钾和次卤酸钾,氰生成氰化钾和氰酸钾。其化合物(氰化物)也与卤化物类似,因此是类卤素之一。用于有机合成等。

睲　(qíng)　同"晴"。

勍　(qíng)　同"黥"。

撖　(qíng)　❶同"檠"。❷通"檠"。正弓器。《淮南子·说山训》:"撖不正,而可以正弓。"

檠　(qíng,又读 jìng)　亦作"橄"。❶辅正弓弩的器具。《淮南子·修务训》:"弓待檠而后能调,剑待砥而后能利。"❷矫正。《汉书·苏武传》:"武能网纺缴,檠弓弩。"<u>颜师古</u>注:"檠,谓辅正弓弩也。"❸灯架。<u>苏轼</u>《侄安节远来夜坐》诗:"梦断酒醒山雨绝,笑看饥鼠上灯檠。"也指灯。<u>鲁迅</u>《集外集拾遗·别诸弟》诗:"最是令人凄绝处,孤檠长夜雨来时。"❹通"擎"。举;托。《红楼梦》第七十八回:"檠莲焰以烛兰膏耶?"

擎　(qíng)　举;向上托住。如:众擎易举;一柱擎天。《世说新语·纰漏》:"婢擎金澡盘盛水。"

擎天柱　比喻担负重任的人。《宋史·刘永年传》:"<u>仁宗</u>使赋《小山诗》,有'一柱擎天'之语。"《西厢记》第三本第二折:"擎天柱,大事如何了也?"

橄　(qíng)　同"檠"。

黥　(qíng)　❶墨刑的异称。《书·吕刑》:"爰始淫为劓、刵、椓、黥。"参见"墨❻"。❷在人身上雕字或花纹。也叫"刺青"。见<u>段成式</u>《酉阳杂俎·黥》。❸古时兵士脸上黥字刺黑作记号,以防逃亡。《宋史·兵志一》:"泰宁军节度使<u>李从善</u>部及<u>江南</u>水军凡千三百九人,并黥面隶籍,以归化、归圣为额。"参见"鯨❷"。

鱷　(qíng)　同"鲸"。《汉书·翟义传》:"盖闻古者伐不敬,取其鱷鲵。"

qǐng

苘　(qǐng)　苘麻,俗称"青麻"、"黄"。锦葵科。一年生草本。茎被细短柔毛,青或红紫色。叶心脏形,亦被短毛。花单生叶腋,钟形,黄色。蒴果呈磨盘形,分果爿15～20。种子肾形,淡灰或黑色。

顷　〔頃〕(qǐng)　❶土地面积的计量单位。《史记·平准书》:"田,大县数百顷,小县百余顷。"近代土地面积单位,又作"市顷",1顷=100亩。❷短时间;不久;方才。《庄子·秋水》:"夫不为顷久推移。"<u>成玄英</u>疏:"顷,少时也;久,多时也。"

另见 kuǐ,qīng。

顷刻　犹片刻,短时间。《三国志·吴志·诸葛恪传》:"〔<u>恪</u>〕还坐,顷刻乃复起。"

请　〔請〕(qǐng)　❶请求。《左传·隐公元年》:"〔<u>姜氏</u>〕爱<u>共叔段</u>,欲立之,亟请于<u>武公</u>,公弗许。"❷敬词。《论语·颜渊》:"请问其目。"❸犹言愿。《孟子·梁惠王上》:"王好战,请以战喻。"《史记·吕不韦列传》:"<u>子楚</u>乃顿首曰:'必如君策,请得分<u>秦</u>国与君共之。'"❹谒见。《汉书·张汤传》:"造请诸公,不避寒暑。"<u>颜师古</u>注:"请,谒问也。"❺邀请;宴请。《汉书·孝宣许皇后传》:"乃置酒请之。"❻问。《仪礼·士昏礼》:"摈者出请事。"<u>郑玄</u>注:"请,犹问也。"❼告诉。《仪礼·乡射礼》:"主人答再拜,乃请。"<u>郑玄</u>注:"请,告也。"谓告宾以射事。

另见 qīng,qíng,qìng。

请安　❶问好。用于下对上或平辈。❷古代宴会时留客之辞。《仪礼·乡饮酒礼》:"主人曰:'请安于宾。'"<u>胡培翚</u>正义:"请安,<u>蔡氏德晋</u>云:'留宾安坐也。'"❸自请安息。

《左传·昭公二十七年》:"使宰献而请安。"孔颖达疏:"谓齐侯请自安于别室,不在坐也。"

请急 犹言请假,告假。《南史·谢灵运传》:"出郭游行或一百六七十里,经旬不归,既无表闻,又不请急。"

请君入瓮 《资治通鉴·唐则天皇后天授二年》:"或告文昌右丞周兴与丘神勣通谋,太后命来俊臣鞫之。俊臣与兴方推事对食,谓兴曰:'囚多不承,当为何法?'兴曰:'此甚易耳!取大瓮,以炭四周炙之,令囚入中,何事不承?'俊臣乃索大瓮,火围如兴法,因起谓兴曰:'有内状推兄,请兄入此瓮。'兴惶恐叩头伏罪。"后因以"请君入瓮"比喻即以其人之道,还治其人之身。《聊斋志异·席方平》:"当掬西江之水,为尔湔肠;即烧东壁之床,请君入瓮。"

请老 古代官吏请求退休养老。《左传·襄公二十七年》:"成(崔成)请老于崔(邑名),崔子许之。"

请命 ❶请求保全生命或解除疾苦。《三国志·吴志·吕蒙传》:"蒙疾,权(孙权)自临视,命道士于星辰之下为之请命。"《汉书·蒯通传》:"西乡(向)为百姓请命。"❷犹言请示。《仪礼·聘礼》:"几筵既设,摈者出请命。"摈者,即司仪。❸请求任命官职。《新五代史·卢光稠传》:"全播(谭全播)乃起,遣使请命于梁,拜防御使。"

请托 以私事相托;走门路,通关节。《汉书·何武传》:"欲除吏,先为科例,以防请托。"

请业 向人请教学业中不懂的问题。《礼记·曲礼上》:"请业则起,请益则起。"

请谒 请托求见。《管子·立政》:"请谒任举之说胜,则绳墨不正。"《商君书·错法》:"故人君者先便请谒而后功力,则爵行而兵弱矣。"

请益 受教后仍不明了,再去请教。《礼记·曲礼上》:"请益则起。"郑玄注:"益谓受说不了,欲师更明说之。"后泛称向人请教。

请缨 《汉书·终军传》:"〔汉武帝〕乃遣军使南越,说其王,欲令入朝,比内诸侯。军自请,愿受长缨,必羁南越王而致之阙下。"南越,亦称南粤,在今两广等地。缨,绳子。后因用"请缨"指投军报国。薛能《相国陇西公南征能以留务独宿府城作》诗:"吾君贤相事南征,独宿军厨

负请缨。"

请自隗始 《史记·燕召公世家》:"〔燕昭王〕谓郭隗曰:'齐因孤之国乱,而袭破燕,孤极知燕小力少,不足以报,然诚得贤士以共国,以雪先王之耻,孤之愿也。先生视可者,得身事之。'郭隗曰:'王必欲致士,先从隗始;况贤于隗者,岂远千里哉!'"原意是请拿自己作一个榜样,来吸引一班贤者,后亦用作自愿带头的意思。韩愈《与于襄阳书》:"阁下将求之而未得欤?古人有言:请自隗始。"

请罪 ❶自认有罪,请求惩处。《汉书·元后传》:"车骑将军音(王音)藉槁请罪。"颜师古注:"自坐槁上,言就刑戮也。"❷请求免罪。《资治通鉴·汉桓帝延熹二年》:"吏民赍货求官请罪者,道路相望。"❸问罪。《左传·僖公二年》:"敢请假道,以请罪于虢。"

廎 〔庼〕(qǐng) ❶屋侧。❷亦作"高"。小厅堂。《集韵·四十一迥》:"高,小堂也。或作廎。"

高 (qǐng) 同"廎〔庼〕"。小厅堂。

藄 〔綮〕(qǐng,又读jiǒng) 今作"苘"。麻类植物。罗愿《尔雅翼·释草八》:"藄,枲属,高四五尺,或六七尺,叶似苎而薄,实如大麻子,今人绩以为布及造绳索。"《诗·卫风·硕人》及《郑风·丰》"衣锦褧衣",《说文·枲部》引"褧"作"藄"。

藚 (qǐng) 同"苘"。

謦 (qǐng) 咳嗽声。参见"謦咳"。

謦咳 咳嗽。《列子·黄帝》:"康王蹀足謦咳疾言。"引申为言笑。如:亲承謦咳。《庄子·徐无鬼》:"又况乎昆弟亲戚之謦咳其侧者乎?"

qìng

庆 〔慶〕(qìng) ❶祝贺。如:庆丰收。《国语·鲁语下》:"夫义人者,固庆其喜而吊其忧。"❷可纪念的喜庆贺的事。如:国庆。❸奖赏。《礼记·月令》:"〔孟春之月〕行庆施惠。"❹幸福。《易·履》:"大有庆也。"❺姓。春秋时齐有庆封,晋有庆郑。

另见qiāng,qīng。

庆父 即仲庆父、共仲,亦称孟氏。春秋时鲁桓公子,鲁庄公庶兄。庄公

去世,子般即位,他派人杀死子般。闵公继立二年,他又派人杀死闵公,出奔莒。鲁用贿赂求莒送归,他在回国途中自缢死。孟孙氏(一作仲孙氏)即其后裔。后人常以制造内乱的人比为"庆父","庆父不死,鲁难未已"的成语,即由此而来。

庆赏 ❶犹奖赏。《荀子·议兵》:"庆赏刑罚,欲必以信。"❷犹欣赏。睢景臣《六国朝·收心》套曲:"六桥云锦,十里风花,庆赏无厌。"

庆霄 犹庆云。谢瞻《张子房诗》:"明两烛河阴,庆霄薄汾阳。"亦指云霞灿烂的天空。权德舆《齐成公碑铭》:"鹏起扶摇,鸾翔庆霄。"

亲 〔親〕(qìng) 用于"亲家"。

另见qīn,xīn。

亲家 夫妻双方之父母互称对方为"亲家"。《新唐书·萧嵩传》:"子衡,尚新昌公主,嵩妻入谒,帝(玄宗)呼为亲家。"

倩 (qìng) ❶请;央求。黄庭坚《即席》诗:"不当爱一醉,倩倩路人扶。"❷旧称女婿。《史记·扁鹊仓公列传》:"黄氏诸倩,见建(宋建)家京下方石,即弄之。"裴骃集解引徐广曰:"倩者,女婿也。"

另见qiàn。

清 (qìng) 凉。见"温清"。

请 〔請〕(qìng) 朝会名。《史记·吴王濞列传》:"使人为秋请。"裴骃集解引孟康曰:"春曰朝,秋曰请,如古诸侯朝聘也。"

另见qīng,qíng,qǐng。

艵 (qìng) 见"艵艵"。

綮 (qìng) 筋骨结合处。见"肯綮"。

另见qǐ。

瀞 〔澢〕(qìng) 冷气。见《说文·水部》。

磬 (qìng) ❶中国古击乐器。用石或玉雕成,悬挂于架上,以槌击之而鸣。商代已有单一的特磬,周代常有十几个大小相次成组的编磬。❷佛寺中敲击以集僧的鸣器,状如云板。姚合《寄无可上人》诗:"多年松色别,后夜磬声秋。"又佛寺中钵形的铜乐器也叫磬。❸缢杀。《礼记·文王世子》:"公族其有死罪,则磬于甸人。"郑玄注:"县缢杀之曰磬。"❹身体弯曲似磬。《礼记·曲礼上》"坐如尸,立如齐"郑玄注:"磬且听也,齐谓祭祀时。"孔颖达疏:"磬者,谓屈身如磬之折杀。"

❺通"罄"。空;尽。《淮南子·览冥训》:"磬龟无腹,著策日施。"❻通"骋"。放马疾驰。见"磬控"。

商代特磬

磬控　《诗·郑风·大叔于田》:"抑磬控忌。"毛传:"骋马曰磬,止马曰控。"意谓驭马时操纵自如。忌,语助。

磬折　弯腰如磬,表示恭敬。《史记·滑稽列传》:"西门豹簪笔磬折,向河立。"亦泛指形态曲折如磬。

罄(qìng)　❶器中空。《诗·小雅·蓼莪》:"瓶之罄矣。"引申为尽、完。如:罄其所有。❷通"磬"。乐器。《大戴礼记·礼三本》:"县(悬)一罄。"❸显现。《韩非子·外储说左上》:"夫犬马,人所知也,且暮罄于前也。"❹严整貌。《逸周书·太子晋》:"师旷罄然又称曰。"孔晁注:"罄然,自严整也。"

罄竹难书　极言劣迹之多。《旧唐书·李密传》:"罄南山之竹,书罪未穷。"谓即使把南山上的竹子都制成竹简,也写不完他(指隋炀帝)的罪恶。按《汉书·公孙贺传》,贺捕京师大侠朱安世以赎子罪,安世笑曰"南山之竹,不足受我辞",为此语所本。

qióng

卭(qióng)　同"邛❶"。《后汉书·杜笃传》:"捶驱氏羌,寏狼卭莋。"

邛(qióng)　❶汉代西南少数民族名。即"邛都夷"。❷土堆。《诗·陈风·防有鹊巢》:"邛有旨苕。"毛传:"邛,丘也;苕,草也。"孔颖达疏:"美草多生于高丘。"❸通"𢤱"。忧病。《诗·小雅·巧言》:"匪其止共,维王之邛。"郑玄笺:"邛,病也。小人好为谗佞,既不共(供)其职事,又为王作病。"

邛邛岠虚　亦作"蛩蛩距虚"。古代传说中的兽名。邛邛岠虚与比肩兽蟨互相依赖。前者前足高,善走而不善求食;后者前足短,善求食而不善走,故平时后者供给前者甘草,遇难则前者背负后者而逃。见《尔雅·释地》、《吕氏春秋·不广》及《说苑·复恩》。按《汉书·司马相

如传上》:"蹴蛩蛩,辚距虚。"颜师古注引张揖曰:"蛩蛩,青兽,状如马;距虚,似骡而小。"又引郭璞曰:"距虚即蛩蛩,变文互易耳。"张氏据《逸周书·王会》与《说苑》,以蛩蛩与距虚为二兽;郭氏据《尔雅》以为一兽,二说不同。

茕〔煢〕(qióng)　❶古博戏用具,似骰子。《颜氏家训·杂艺》:"古为大博则六箸,小博则二茕,今无晓者。"参见"投琼❷"。❷同"茕"。

穷〔窮〕(qióng)　❶极;尽。如:穷奢极侈;无穷无尽。《楚辞·九歌·云中君》:"横四海兮焉穷?"❷困厄;困窘。《论语·卫灵公》:"君子亦有穷乎?"《国策·秦策》:"公孙衍欲穷张仪。"高诱注:"穷,困也。"❸不得志。《孟子·尽心上》:"穷不失义。"❹贫苦。《左传·昭公十四年》:"分贫振穷。"孔颖达疏:"穷谓全无生业。"皮日休《卒妻怨》:"救此穷饿骸。"❺彻底推求。如:穷原竟委。《易·说卦》:"穷理尽性,以至于命。"

穷兵黩武　谓竭兵力,好战不厌。《三国志·吴志·陆抗传》:"而听诸将徇名,穷兵黩武,动费万计,士卒雕瘁,寇不为衰,而我已大病矣。"

穷措大　"措"亦作"醋"。旧时讥称穷读书人。参见"措大"。

穷当益坚　处境越困穷,意志应当越坚定。《后汉书·马援传》:"尝谓宾客曰:'丈夫为志,穷当益坚,老当益壮。'"

穷而后工　旧时谓文人处境困穷,诗方写得好。欧阳修《梅圣俞诗集序》:"凡士之蕴其所有,而不得施于世者,多喜自放于山巅水涯之外,见虫鱼草木风云鸟兽之状类,往往探其奇怪,内有忧思感愤之郁积,其兴于怨刺,以道羁臣寡妇之所叹,而写人情之难言。盖愈穷则愈工。然则非诗之能穷人,殆穷者而后工也。"

穷乏　穷困贫乏。《孟子·告子上》:"所识穷乏者得我与?"《汉书·食货志上》:"转谷振贷穷乏。"亦谓无资蓄。《淮南子·主术训》:"〔国〕无三年之畜(蓄),谓之穷乏。"

穷发　《庄子·逍遥游》:"穷发之北,有冥海者,天池也。"成玄英疏:"地以草为毛发,北方寒沍之地,草木不生,故名穷发,所谓不毛之地。"

穷鬼　❶传说中使人贫穷的鬼。韩愈《送穷文》:"三揖穷鬼而告之曰:'闻子行有日矣。'"❷亦称"穷寒

鬼"。讥骂穷人的话。张祜《感归》诗:"行却江南路几千,归来不把一文钱;乡人笑我穷寒鬼,还似襄阳孟浩然。"

穷寇　势穷力竭的敌人。《孙子·行军》:"粟马肉食,军无悬瓯,不返其舍者,穷寇也。"粟马,以粟喂马。瓯,同"缶",瓦器。

穷寇勿追　谓对陷于绝境之敌,勿追迫太甚,以防其殊死反扑。《孙子·军争》:"归师勿遏,围师必阙,穷寇勿迫,此用兵之法也。"《后汉书·皇甫嵩传》引作"穷寇勿迫",今通作"穷寇莫追"。

穷裤　《汉书·外戚传上》:"帝(昭帝)时体不安。左右及医皆阿意,言宜禁内,虽宫人使令,皆为穷裤,多其带。"颜师古注:"服虔曰:'穷裤,有前后当(裆),不得交通也。'……即今之绲裆裤也。"

穷里　僻巷。《汉书·赵广汉传》:"长安少年数人,会穷里空舍,谋共劫人。"颜师古注:"穷里,里中之极隐处。"

穷理　穷究事物的道理。《易·说卦》:"穷理尽性,以至于命。"参见"居敬穷理"。

穷庐　同"穹庐"。

穷鸟入怀　比喻处境困穷而投靠于人。《三国志·魏志·邴原传》"政窘急,往投原"裴松之注引《魏氏春秋》:"政窘急往投原曰:'穷鸟入怀。'原曰:'安知斯怀之可入邪?'"按刘政有勇力计谋,因避公孙度捕捉而投奔邴原。

穷奇　❶古代传说中的神名。《淮南子·墬形训》:"穷奇,广莫风之所生也。"高诱注:"穷奇,天神也。在北方道,足乘两龙,其形如虎。"❷传说中的兽名。《汉书·司马相如传上》:"赤首圜题,穷奇象犀。"颜师古注引张揖曰:"穷奇,状如牛而猬毛,其音如嗥狗,食人。"❸古以为凶恶的人的称号。《左传·文公十八年》:"少皞氏有不才子,毁信废忠,崇饰恶言,靖谮庸回,服谗蒐慝,以诬盛德,天下之民谓之穷奇。"

穷泉　泉下。指人埋葬的地方。潘岳《哀永逝文》:"委兰房兮繁华,袭穷泉兮朽壤。"

穷鼠啮狸　狸,狸猫。比喻被人欺压过甚,虽力不敌,亦必反噬。《盐铁论·诏圣》:"死不再生,穷鼠啮狸。"

穷乡僻壤　荒远偏僻的地区。《儒林外史》第九回:"穷乡僻壤,有这样读书君子,却被守钱奴如此凌虐,足

令人怒发冲冠。""穷乡"亦作"穷陬"。李时勉《北京赋》:"穷陬僻壤,无一物之不遂。"

穷巷 僻巷。《史记·陈丞相世家》:"家乃负郭穷巷,以弊席为门。"

穷形尽相 形容尽致的意思,谓文章细腻生动,描摹逼真。《文选·陆机〈文赋〉》:"虽离方而遁员(圆),期穷形而尽相。"吕向注:"不见方员之形,终期尽物之象也;相,象也。"后来也称人的丑态毕露。

穷阎漏屋 阎,里巷。指偏僻的里巷,破漏的居室。《荀子·儒效》:"虽隐于穷阎漏屋,人莫不贵,贵道诚存也。"亦作"穷巷陋室"。《韩诗外传》卷五:"虽隐居穷巷陋室,无置锥之地,而王公不能与争名矣。"

煢〔𤯤〕(qióng) 同"惸"。本指没有兄弟,泛指孤单无靠。张协《七命》:"煢嫠为之擗摽,孀老为之鸣咽。"

煢独 煢,无兄弟;独,无子。谓孤独,没有依靠;亦指孤独无靠的人。《书·洪范》:"无虐煢独。"

煢煢 孤独无依貌。李密《陈情表》:"煢煢孑立,形影相吊。"孑,单;吊,问。意谓只有影子和自己互相慰问。亦作"嬛嬛"、"睘睘"。

穹(qióng) ❶像天空那样中间隆起而四面下垂的形状。参见"穹隆"。亦即以为天空的代称。如:上穹,苍穹。参见"穹苍"。❷泛指高大。《汉书·司马相如传上》:"触穹石。"颜师古注引张揖曰:"穹石,大石也。"❸深。见"穹谷"。❹穷尽。《诗·豳风·七月》:"穹窒熏鼠。"毛传:"穹,穷;窒,塞。"孔颖达疏:"言穷尽塞其窟穴也。"

另见 kōng。

穹苍 即"苍穹",指天。《诗·大雅·桑柔》:"靡有旅力,以念穹苍。"孔颖达疏引李巡曰:"仰视天形,穹隆而高,其色苍苍,故曰穹苍。"

穹谷 幽深的山谷。《文选·班固〈西都赋〉》:"幽林穹谷。"李善注引薛君曰:"穹谷,深谷也。"

穹隆 ❶形容中央隆起四周下垂。《太玄·告》:"天穹隆而周乎下。"❷长曲貌。张衡《西京赋》:"阁道穹隆。"❸充溢腾涌貌。《汉书·司马相如传上》:"滂濞沆溉,穹隆云桡。"王先谦补注:"言水势起伏,乍穹然而上隆。"《文选·扬雄〈甘泉赋〉》:"香芬茀以穹隆兮。"李善注:"言香气芬茀,穹隆而盛。"

穹窿 ❶同"穹隆❶"。❷通称"圆顶"。屋顶形式之一。建筑物中宽大厅室上筑成球面形或多边曲面球形的屋盖。

穹庐 游牧民族居住的毡帐。《汉书·匈奴传上》:"匈奴父子同穹庐卧。"颜师古注:"穹庐,旃帐也。其形穹隆,故曰穹庐。"《后汉书·乌桓传》:"随水草放牧,居无常处,以穹庐为舍,东开向日。"亦作"穷庐"。《淮南子·齐俗训》:"譬若舟车、楯肆、穷庐,故有所宜也。"

穹冥 穹隆而窅冥,指天。《北齐书·文宣纪》:"是以仰协穹冥,俯从百姓,敬以帝位式授于王。"

穹嵌 山上高险的地方。王昌龄《奉赠张荆州》诗:"邑西有路缘石壁,我欲从之卧穹嵌。"

孯(qióng) 孤独。见《玉篇·勹部》。

另见 xuán。

藭〔藭〕(qióng) 见"芎藭"。

筇(qióng) 同"筇"。

筇(qióng) 亦作"笻"。❶竹名。❷杖。筇竹可以作杖,因即称杖为筇。黄庭坚《次韵德孺新居病起》:"稍喜过从近,扶筇不驾车。"

艒(qióng) 小船。陆龟蒙《江南秋怀寄华阳山人》诗:"舴艒寻远近,握槊斗输赢。"

琼〔瓊〕(qióng) ❶赤色玉。见《说文·玉部》。亦泛指美玉。《竹书纪年》卷下:"〔周夷王〕二年,蜀人、吕人来献琼玉。"❷比喻精美的事物,杰出的人才。《楚辞·招魂》:"华酌既陈,有琼浆些。"卢纶《送史兵曹判官赴楼烦》诗:"敢谢亲贤持琼玉,仲宣能赋亦能诗。"❸古代游戏用具,与后来的骰子相似。参见"投琼❷"。❹海南省的简称。

琼瑰 似玉的美石。陆机《赠纪士》诗:"琼瑰侯丰价,窈窕不自鬻。"亦用以比喻美好的诗文。罗隐《县斋秋晚酬友人朱瓒见寄》诗:"中秋节后捧琼瑰,坐读行吟数月来。"

琼华 ❶似玉的美石。《诗·齐风·著》:"尚之以琼华乎而!"❷仙境中琼树的花。司马相如《大人赋》:"呼吸沆瀣兮餐朝霞,噍咀芝英兮叽琼华。"亦比喻美好的事物。

琼玖 美玉。《诗·卫风·木瓜》:"投我以木李,报之以琼玖。"

琼琚 玉佩。《诗·卫风·木瓜》:"投我以木瓜,报之以琼琚。"亦用以比喻美好的诗文。韩愈《祭柳子厚文》:"玉佩琼琚,大放厥辞。"

琼林 ❶唐德宗时的内库之一。《新唐书·陆贽传》:"乃于行在夹庑,署琼林、大盈二库,别藏贡物。"白居易《重赋》诗:"进入琼林库,岁久化为尘。"❷宋皇家苑名,在汴京(开封)城西。宋徽宗政和二年以前,于此宴新及第的进士。《宋史·乐志四》:"政和二年,赐贡士闻喜宴于辟雝,仍用雅乐,罢琼林苑宴。"后多用以指考中进士。袁枚《琼林曲》:"几队霓裳行簇簇,琼林苑里春波绿。"❸比喻披雪的树林。刘禹锡《和乐天洛下雪中宴集寄汴州李尚书》诗:"遥想兔园今日会,琼林满眼映旌竿。"

琼楼玉宇 形容瑰丽的建筑物,古人常指所谓仙界或月宫中的楼台亭阁。苏轼《水调歌头》词:"我欲乘风归去,又恐琼楼玉宇,高处不胜寒。"亦作"琼台玉宇"。无名氏《登瀛洲》第四折:"遥望见宝殿珠楼,琼台玉宇见。"

琼筵 盛筵。李白《春夜宴从弟桃花园序》:"开琼筵以坐花,飞羽觞而醉月。"

琼瑶 美玉。《诗·卫风·木瓜》:"投我以木桃,报之以琼瑶。"用以比喻雪。白居易《西楼喜雪命宴》诗:"四郊铺缟素,万室甃琼瑶。"也比喻美好的诗文。刘禹锡《酬太原令狐相公见寄》诗:"书信来天外,琼瑶满匣中。"

琼英 ❶似玉的美石。《诗·齐风·著》:"尚之以琼英乎而!"❷比喻似玉的美好的人或事物。裴夷直《和周侍御洛城雪》诗:"天街飞辔踏琼英,四顾全疑在玉京。"此以白玉比雪。柳宗元《新植海石榴》诗:"粪壤擢珠树,莓苔插琼英。"此以赤玉比石榴花。

琼莹 似玉的美石。《诗·齐风·著》:"尚之以琼莹乎而!"

琼枝玉叶 旧时称王室或显宦的子孙。萧颖士《贺立太子表》:"琼枝挺秀,玉叶资神。"亦作"金枝玉叶"。

蛩(qióng) ❶蝗虫。《淮南子·本经训》:"飞蛩满野。"❷蟋蟀。白居易《禁中闻蛩》诗:"西窗独暗坐,满耳新蛩声。"❸恐惧。见《广雅·释诂》。参见"蛩蛩❷"。❹见"駏蛩"、"蛩蛩❶"。

另见 gōng。

蛩蛩 ❶古代传说中的异兽名。《山海经·海外北经》:"〔北海内〕有素兽焉,状如马,名曰蛩蛩。"司马相如《子虚赋》："蹳蛩蛩,鳞距虚。"❷忧惧貌。《楚辞·九叹·离世》："心蛩蛩而怀顾兮,魂眷眷而独逝。"

傏（qióng）　见"傏艽"。

傏艽　骂人的话,表示憎恶。《方言》第七："傏艽,骂也,燕之北郊曰傏艽。"郭璞注："贏小可憎之名也。"

艽（qióng）　小船。《后汉书·马融传》："然后方餘皇,连艽舟。"李贤注："艽,小舟也。"餘皇,即"餘艎"。

惸（qióng）　亦作"茕"。❶本谓无兄弟,引申为孤独无依靠者之称。《周礼·秋官·大司寇》："惸独老幼。"郑玄注："无兄弟曰惸,无子孙曰独。"❷忧愁貌。韩愈孟郊《城南联句》："猛犊牛马乐,妖残枭鸹惸。"

惸惸　忧念貌。《诗·小雅·正月》："忧心惸惸,念我无禄。"

趯（qióng）　脚步声。《庄子·徐无鬼》："夫逃空虚者……闻人足音趯然而喜矣。"

睘（qióng）　见"睘睘"。

睘睘　同"茕茕"。孤独无依貌。《诗·唐风·杕杜》："独行睘睘,岂无他人,不如我同姓。"

鈘（qióng）　斧头上装柄的孔。《诗·豳风·七月》："取彼斧斨"毛传："斨,方鈘也。"后泛指器具上的孔。王祯《农书》卷十四："刃长寸许,上带圆鈘。"

另见 xiōng。

睘（qióng）　孤独貌;惊视貌。《说文·目部》："睘,目惊视也。《诗》曰:'独行睘睘。'"按《诗·唐风·杕杜》毛传："睘睘,无所依也。"谓无依者每彷徨惊顾,义实相通。

銅（qióng）　见"銅銅"。

銅銅　恭敬貌。《史记·鲁周公世家》："北面就臣位,銅銅如畏然。"裴骃集解引徐广曰："銅銅,谨敬貌也。"

璚（qióng）　❶同"琼"。赤玉。❷日旁如玉带状的气体。《晋书·天文志中》："璚者如带,璚在日四方。"

另见 jué。

嬛（qióng）　通"惸"、"茕"。见"嬛嬛"。

另见 huán,yuán。

嬛嬛　孤独忧伤貌。《诗·周颂

·闵予小子》："遭家不造,嬛嬛在疚。"参见"茕茕"。

蔩（qióng）　见"蔩茅"。

蔩茅　❶《尔雅·释草》："菅,蔩茅。"邢昺疏："菅与蔩茅,一草也;花白者即名菅,花赤者别名蔩茅。"❷《离骚》："索蔩茅以筳篿兮。"王逸注："蔩茅,灵草也。"

箉（qióng）　见"箉笼"。

箉笼　车弓。《方言》第九："车枸篓,宋、魏、陈、楚之间谓之筱,或谓之箉笼。"郭璞注："即车弓也。"参见"车盖❶"。

窮（qióng）　同"穷(窮)"。

qiū

区〔區〕（qiū）　见"区盖"。

另见 gōu,kòu,ōu,qǔ。

区盖　存疑。《荀子·大略》："言之信者,在乎区盖之间。"杨倞注："区,藏物处;盖,所以覆物者。凡言之可信者,如物在器皿之间,言有分限,不流溢也。"一作"丘盖"。《汉书·儒林传》："疑者丘盖不言。"颜师古注引苏林曰："丘盖者,不言所不知之意也。"区,丘声之变。

丘〔坵、邱〕（qiū）　❶小山;土堆。《书·禹贡》："九河既道……桑土既蚕,是降丘宅土。"柳宗元《钴鉧潭西小丘记》："梁之上有丘焉,生竹树。"❷坟墓。《方言》第十三："冢大者谓之丘。"王安石《将次相州》诗："青山如浪入漳州,铜雀台西八九丘。"❸废墟。《楚辞·九章·哀郢》："曾不知夏之为丘兮。"❹古代田地的区划。《周礼·地官·小司徒》："四邑为丘。"郑玄注："方四里。"❺众人聚居之处。《广雅·释诂二》："丘,居也。"杜甫《后出塞》诗："战伐有功业,焉能守旧丘!"旧丘,即旧居。❻通"巨"。大;长。《汉书·楚元王传》："高祖微时,时时与宾客过其丘嫂食。"颜师古注引张晏曰："丘,大也,长嫂称也。"按《史记·楚元王世家》作"巨嫂"。

（二）（qiū）　姓。春秋有大夫丘弱。

丘八　"兵"字可拆为"丘八",因以丘八借称兵。何光远《鉴诫录·轻薄鉴》："王太祖(蜀王建)问击枪之戏,创自谁人。大夫(冯涓)对曰:'丘八所置。'上为大笑。"

丘壑　❶山水幽深之处,亦指隐者所居之处。谢灵运《斋中读书》诗："昔余游京华,未尝废丘壑。"杜甫《解闷》诗："不见高人王右丞,蓝田丘壑漫寒藤。"❷比喻深远的意境。黄庭坚《题子瞻枯木》诗："胸中元自有丘壑,故作老木蟠风霜。"

丘垄　坟墓。《汉书·刘向传》："黄帝葬于桥山,尧葬济阴,丘垄皆小。"亦作"丘陇"。陶潜《归园田居》诗："徘徊丘陇间,依依昔人居。"

丘民　庶民;众民。《孟子·尽心下》："民为贵,社稷次之,君为轻。是故得乎丘民而为天子。"焦循正义："丘民犹言邑民、乡民、国民也。"

丘墟　❶废墟;荒地。《管子·八观》："众散而不收,则国为丘墟。"亦作"丘虚"。《汉书·公孙弘传》："自蔡(李蔡)至庆(石庆),丞相府客馆丘虚而已。"❷坟墓。陆游《叹老》诗："朋侪什九堕丘墟,自笑身如脱网鱼。"

茿〔薗〕（qiū）　乌茿,葵的别称。《尔雅·释草》："葵,薗。"郭璞注："似苇而小,实中,江东呼为乌茿。"

另见 fū,xū。

邱（qiū）　姓。

另见 qiū 丘。

龟〔龜〕（qiū）　亦作"龜"。用于地名"龟兹"。

另见 guī,jūn。

龟兹　古西域城国名。又作鸠兹、屈茨、归兹、屈支、丘兹等。在今新疆库车一带。居民主要务农,兼营畜牧。冶铸、酿酒等也较发达。有文字。擅长音乐。东汉初传入佛教,魏、晋后盛行。汉通西域后属西域都护府。宣帝时其王绛宾娶汉解忧公主女,同入朝,学汉制度,行于境内。东汉班超任西域都护时,立龟兹侍子白霸为王。三国时属魏。晋太康中其王遣子入侍。东晋时,前秦将吕光立王弟帛震为王。

秋〔秌、穮〕（qiū）　❶一年四季中的第三季,夏历的七月至九月。❷指三个月的时间。《诗·王风·采葛》："一日不见,如三秋兮。"孔颖达疏："年有四时,时皆三月。三秋,谓九月也。设言三春、三夏,其义亦同。"❸庄稼成熟的时期。如:麦秋。引申为收成。《书·盘庚上》："若农服田力穑,乃亦有秋。"❹年。如:千秋万岁。❺日子;时期。如:多事之秋;存亡危急之秋。曹植《七启》："此宁子商歌之秋也。"❻飞貌;腾跃貌。《汉书·礼乐志》:"飞龙秋,游上天。"颜师古注:"苏林曰:'秋,飞貌也。'师古曰:《庄子》有秋驾之法者,亦言驾马腾骧,秋秋然也。"参见"秋秋"。❼姓。近代有秋瑾。

㊁〔鞦〕(qiū) 见"秋千"。

秋波 ❶秋天的水波。李白《鲁郡东石门送杜二甫》诗:"秋波落泗水,海色明徂徕。"❷比喻美女的眼睛。朱德润《对镜写真》诗:"两面秋波随彩笔,一奁冰影对钿花。"

秋分 二十四节气之一。每年9月23日前后太阳到达黄经180°(秋分点)时开始。《月令七十二候集解》:"八月中,解见春分。"《春秋繁露·阴阳出入上下篇》:"秋分者,阴阳相半也,故昼夜均而寒暑平。"此日阳光几乎直射赤道,昼夜几乎等长。此后阳光直射位置更向南移,北半球昼短夜长。天文学上规定秋分为北半球秋季开始。我国北方秋收秋种。

秋风 ❶秋天的风;西风。汉武帝《秋风辞》:"秋风起兮白云飞。"❷同"抽丰"。指利用各种借口向人索取财物。《儒林外史》第四回:"高要地方肥美,或可秋风一二。"参见"抽丰"、"打秋风"。

秋风过耳 比喻漠不关心。《吴越春秋·吴王寿梦传》:"富贵之于我,如秋风之过耳。"亦作"风过耳"。《南齐书·庐陵王子卿传》:"吾日冀汝美,勿得料敕如风过耳,使吾失气。"

秋官 《周礼》六官,称司寇为秋官,掌刑狱。唐武则天时一度改刑部为秋官,旋复旧称。后世亦以秋官为刑部的通称。唐宋至明清间设秋官正等,为主管天文历法之官。

秋毫 ❶鸟兽在秋天新长出来的细毛。《孟子·梁惠王上》:"明足以察秋毫之末。"朱熹注:"毛至秋而末锐,小而难见也。"比喻极纤小的事物。《韩非子·外储说左下》:"西门豹为邺令,清克洁悫,秋毫之端无私利也。"亦作"秋豪"。《商君书·错法》:"夫离朱见秋豪百步之外,而不能以明目易人。"❷指毛笔。朱逵《怀素草书歌》:"转腕摧锋增崛崎,秋毫茧纸常相随。"

秋毫无犯 丝毫不加侵犯,多形容军队纪律严明。《后汉书·岑彭传》:"持军整齐,秋毫无犯。"参见"秋毫❶"。

秋节 ❶指夏历八月十五日,即中秋节。参见"中秋❶"。❷指夏历九月九日,即重阳节。韦安石《奉和九日幸临渭亭登高》:"重九开秋节。"❸泛指秋季。班婕妤《怨歌行》:"常恐秋节至,凉风夺炎热。"

秋老虎 中国立秋后出现的炎热天气。立秋后,如副热带高气压的势力仍强,受其控制,连日晴朗,日射强烈,气温不断增高,易出现此种天气。

秋娘 唐代歌妓女伶多用"秋娘"为名。如白居易《琵琶行》中的秋娘,《乐府杂录》中所记李德裕的亡姬谢秋娘等。亦用为歌妓的通称。元稹《赠吕三校书》诗:"竞添钱贯定秋娘。"

秋千 体育活动用具。在木架上悬挂两绳,下拴横板。玩者在板上或站或坐,两手握绳,使前后摆动。相传系春秋时齐桓公由北方山戎传入。一说起源于汉桓帝时,本云千秋,祝寿之词。后世倒语为秋千。见《事物纪原》卷八。

秋卿 《周礼》以秋官司寇掌刑,后世因称刑部长官为秋卿。又南朝梁武帝时以卫尉、廷尉、大匠三卿为秋卿。

秋秋 飞舞貌;奔腾貌。《荀子·解蔽》:"凤凰秋秋。"杨倞注:"秋秋,犹跄跄,谓舞也。"《汉书·扬雄传》:"秋秋跄跄。"颜师古注:"秋秋跄跄,腾骧之貌也。"

秋扇 班婕妤《怨歌行》:"常恐秋节至,凉风夺炎热。弃捐箧笥中,恩情中道绝。"谓秋凉后,扇即弃置不用。用来比喻被弃的妇女。刘孝绰《班婕妤怨》诗:"妾身似秋扇,君恩绝履綦。"履綦,鞋带。指履迹。

秋社 古代秋天祭祀土神称秋社,一般在立秋后第五个戊日。孟元老《东京梦华录》卷八"秋社":"八月秋社,各以社糕、社酒相赍送。"韩偓《不见》诗:"此身愿作君家燕,秋社归时也不归。"参见"社日"。

秋声 指秋天的风声、落叶声和虫鸟声等。刘禹锡《登清晖楼》诗:"浔阳江色潮添满,彭蠡秋声雁送来。"欧阳修有《秋声赋》。

秋试 亦称"秋闱"。明清科举制度,每三年的秋季,在各省省城举行一次考试,即乡试。因在秋季举行,故称"秋试"。由朝廷派出正副主考官主持。录取的称举人。

秋水 ❶秋天的水。王勃《滕王阁序》:"秋水共长天一色。"❷比喻清澈的神色。杜甫《徐卿二子歌》:"秋水为神玉为骨。"❸比喻清澈的眼波。李贺《唐儿歌》:"一双瞳人剪秋水。"袁枚《题美人图》诗:"望幸晴眸凝秋水,倚愁眉簇春山。"❹比喻镜面。鲍溶《古鉴》诗:"曾向春窗分绰约,误回秋水照蹉跎。"

秋水伊人 《诗·秦风·蒹葭》:"蒹葭苍苍,白露为霜。所谓伊人,在水一方。"后以"秋水伊人"谓对景思人。《雪鸿轩尺牍·答许葭村》:"登高望远,极目苍凉,正切秋水伊人之想。"

秋荼密网 《盐铁论·刑德》:"昔秦法繁于秋荼,而网密于凝脂。"荼,茅、芦之类的白花,至秋繁茂。后以"秋荼密网"比喻刑法苛细。王融《永明九年策秀才文》:"伤秋荼之密网,恻夏日之严威。"

秋闱 即"秋试"。闱是考场的意思。

秋禊 古人于夏历七月十四日临水被祭,以被除不祥,称为"秋禊",以别于季春上巳的"春禊"。刘桢《鲁都赋》:"及其素秋二七,天汉指隅,民胥被禊,国于水游。"国,都城,指都城里的人。

秋颜 衰老的容颜。李白《春日独酌》诗:"但恐光景晚,宿昔成秋颜。"

秋阳 炎热的太阳。《孟子·滕文公上》:"秋阳以暴之。"赵岐注:"秋阳,周之秋,夏之五六月,盛阳也。"周、夏指周历和夏历。

蚯 (qiū) 见"蚯蚓"。

蚯蚓 通称"地龙",俗称"曲蟮"。环节动物门,寡毛纲。种类很多。中国常见的为巨蚓科的环毛蚓属(*Pheretima*)。体呈长圆柱形,常见种长达20厘米左右,由多数环节构成,每节环生刚毛数十至百余条不等。生殖带环状,在第14~16节。受精囊孔三对。无大肾管而有多数小肾管;雌雄同体,异体受精。卵1~3个,产在蚓茧中。对改良土壤有重要作用。可作家禽或鱼类的食饵。全虫入药,性寒、味咸,功能解热、定惊、利尿、平喘,主治高热神昏、惊痫抽搐、关节痹痛、半身不遂、尿少水肿、肺热喘咳等症。蚯蚓及其提取成分能松弛平滑肌和降低血压。

萩 (qiū) ❶一种蒿类植物。《尔雅·释草》:"萧,萩。"郭璞注:"即蒿。"郝懿行义疏:"萩蒿叶白,似艾而多岐(歧),茎尤高大,可丈余。"❷通"楸"。木名。《汉书·货殖传》:"山居千章之萩。"

楸 〔檓〕(qiū) 同"楸"。植物名。《山海经·中山经》:"〔阳华之山〕其草多薯蓣,多苦辛,

其状如梓。"郭璞注："梓,即楸字也。"

另见 sù。

湫（qiū）❶水潭。杜甫《乾元中寓居同谷县作》诗："南有龙兮在山湫。"❷凉貌。宋玉《高唐赋》："湫兮如风。"❸缩减。《淮南子·俶真训》："精有湫尽,而行无穷极。"

另见 jiǎo。

楸（qiū）　植物名。学名 Catalpa bungei。紫葳科。落叶乔木,高可达30米。树干端直。叶三枚轮生,三角状卵形,全缘或 3～5裂,无毛。夏季开花,两唇形,白色,内有紫斑,总状花序顶生。蒴果细长。分布于中国黄河流域及长江流域,山麓、平原冲积土上习见。生长较快。木材细致、耐湿,供建筑、造船及制家具等用材。叶可作猪饲料,又可治猪疮。种子可作药用,主治热毒及各种疮疥。又为行道树、观赏树。

楸

楸枰　古时多用楸木制棋盘,因称棋盘为"楸枰"。温庭筠《观棋》诗："闲对楸枰倾一壶。"

脉（qiū）　股胫之间,膝盖弯。《敦煌变文集·舜子变》："把舜子头发,悬在中庭树地,从项决到脚脉,鲜血遍流洒地。"参见"䏶脉"。

鹙〔鶖〕（qiū）　古籍中水鸟名。相传以为似鹤而大,青苍色。张翼广五六尺,举头高六七尺。长颈赤目,头项皆无毛。其顶皮方二寸许,红色,如鹤顶。嘴扁直,深黄色。足如鸡爪,黑色。见《本草纲目·禽部一》。《诗·小雅·白华》："有鹙在梁。"

槮〔槬〕（qiū）　木名。即楸。《文选·左思〈蜀都赋〉》："其树则有木兰梫桂,杞櫹椅桐。"刘逵注："櫹,大木也。"

另见 xiāo。

緧（qiū）　同"鞧"。

繍（qiū）　同"鞧"。

鶖（qiū）　同"鹙（鶖）"。

鳅〔鰌、鰍〕（qiū）　硬骨鱼纲,鳅科鱼类的统称。体侧扁,口小,具须 3～6 对。鳞细小或退化,侧线不完全或消失。鳔退化,前部包于骨质囊内,后部细小,游离。种类多,常见的有泥鳅、中华花鳅（Cobitis sinensis）和长薄鳅（Leptobotia elongata）等。

醔〔醔〕（qiū）　见"鼀醔"。

鞦（qiū）　同"鞧"。《世说新语·政事》："阁东有大牛,和峤鞦,裴楷鞧。"参见"鞧"。

另见 qiū 秋㊀。

鞧（qiū）　牛马后部的革带。比喻在后。《晋书·潘岳传》："时尚书仆射山涛、领吏部王济裴楷等并为帝所亲遇,岳内非之,乃题阁道为谣曰:'阁道东,有大牛,王济鞦,裴楷鞧。'"

鳛〔鰼〕（qiū）　鱼名。《山海经·东山经》："庖山无草木,苍体之水出焉,而西流注于展水,其中多鳛鱼,其状如鲤而大首,食者不疣。"郭璞注："今虾鳛字亦或作鳛,音秋。"郝懿行笺疏："《广雅》云:'鳛,鰌也。'是本二字,郭音鳛为秋,与鰌同音。"

鰌（qiū）　通"遒",迫蹙。引申为蹴踏、箝制。《庄子·秋水》："然而指我则胜我,鰌我亦胜我。"《荀子·议兵》："㤀之以庆赏,鰌之以刑罚。"

另见 qiū 鳅。

qiú

仇（qiú）❶匹配;配偶。曹植《浮萍篇》："结发辞严亲,来为君子仇。"❷姓。

另见 chóu。

厹（qiú）　本作"厹"。武器,三棱矛。参见"厹矛"。

另见 róu。

厹矛　有三棱锋刃的长矛。《诗·秦风·小戎》："厹矛鋈錞,蒙伐有苑。"孔颖达疏："厹矛,三隅矛,刃有三角。"

叴（qiú）❶荒远。《诗·小雅·小明》："我征徂西,至于叴野。"❷禽兽巢穴中的垫草。《淮南子·原道训》："禽兽有叴,人民有室。"高诱注："叴,蓐也。"

另见 jiāo。

囚（qiú）❶拘禁。《书·蔡仲之命》："囚蔡叔于郭邻。"引申为拘束。孟郊《冬日》诗："一生虚自囚。"❷囚犯。白居易《歌舞》诗："岂知阌乡狱,中有冻死囚。"❸俘虏。《诗·鲁颂·泮水》："在泮献囚。"

囚首丧面　如囚犯般的头发,似居丧而不洗的颜面。形容仪容脏乱。苏洵《辨奸论》："囚首丧面而谈诗书,此岂其情也哉!"

叴（qiú）❶"厹"的本字。❷叴叴,傲气貌。刘侗、于奕正《帝京景物略·慈寿寺》："四壁金刚,振臂拳臂,督聢据踏,如有气叴叴,如叱叱有声。"

犰（qiú）　见"犰狳"。

犰狳　哺乳纲,贫齿目,犰狳科。头顶有鳞片,形成盔状。躯干部一般分成前、中、后三段,前段和后段有整块不可伸缩的骨质鳞片,中段的鳞片分成绊（带状）,以筋肉相连,可以伸缩,绊数视种类而异。尾部和四肢也有鳞片,鳞片间有毛。腹部无鳞,有较密的毛。栖息疏林、草原和沙漠地区,杂食。

纠〔紤〕（qiú）　幼小。《逸周书·王会》："卜卢以纠牛。纠牛者,牛之小者也。"

杗（qiú）❶山楂。《尔雅·释木》："杗,檕梅。"郭璞注:"杗树状似梅,子如指头,赤色似小柰,可食。"❷杨梅。段公路《北户录·白杨梅》："杨梅叶如龙眼,树如冬青,一名杗。"

另见 guǐ。

汓（qiú）　同"泅"。

求（qiú）❶探索;寻取。如:实事求是。《孟子·告子上》："求则得之。"❷请求;求助。《易·蒙》："匪我求童蒙,童蒙求我。"❸需要;要求。如:供过于求。❹责成。《论语·微子》："无求备于一人。"❺终。《诗·大雅·下武》："世德作求。"郑玄笺："求,终也,以其世世积德,庶为终成其大功。"❻姓。汉代有求仲。

求凰　汉代司马相如作琴歌二章,向卓文君求爱,其中有"凤兮凤兮归故乡,遨游四海求其凰"之句。后世因称男子求偶为"求凰"。《聊斋志异·婴宁》："〔王子服〕聘萧氏女,未嫁而夭,故求凰未就也。"

求全责备　谓对人对事,要求十全十美,完备无缺。鲁迅《华盖集·这个与那个》："于已成之局,那么委曲求全;于初兴之事,就这么求全责备?"

求全之毁　追求完美无缺反而招致诋毁。《孟子·离娄上》:"有不虞之誉,有求全之毁。"朱熹注:"求免于毁而反致毁,是为求全之毁。"

求仁得仁　语出《论语·述而》:"求仁而得仁,又何怨?"后多用为适如心愿之意。

求田问舍　谓但知买田置屋,没有远大志向。《三国志·魏志·陈登传》:"备(刘备)曰:'君(许汜)有国士之名,今天下大乱,帝主失所,望君忧国忘家,有救世之意;而君求田问舍,言无可采。是元龙(陈登字)所讳也。'"辛弃疾《水龙吟·登建康赏心亭》词:"求田问舍,怕应羞见,刘郎才气。"

虬　〔虯〕(qiú)　❶古代传说中的一种龙。《离骚》:"驷玉虬以乘鹥兮,溘埃风余上征。"王逸注:"有角曰龙,无角曰虬。"❷盘曲如虬龙。杜牧《题青云馆》诗:"虬蟠千仞剧羊肠。"

虬髯　蜷曲的胡须,特指颊须。罗邺《老将》诗:"弓欹猿臂秋无力,剑泣虬髯晓有霜。"《旧五代史·皇甫遇传》:"遇少好勇,及壮,虬髯,善骑射。"

虬蝼　龙伸颈行貌。王夫之《九昭》:"龙虬蝼其且蛰兮,凤翩翩而不宁。"

泅　(qiú)　游水。《列子·说符》:"人有滨河而居者,习于水,勇于泅。"

俅　(qiú)　见"俅俅"。

俅俅　恭顺貌。《诗·周颂·丝衣》:"丝衣其紑,载弁俅俅。"毛传:"丝衣,祭服也。紑,洁鲜貌。俅俅,恭顺貌。"郑玄笺:"载,犹戴也。弁,爵弁也。"

觓　(qiú)　兽角弯曲貌。《穀梁传·成公七年》:"展觓角而知伤。"展,省察。

尳　(qiú)　迫。见《说文·言部》。承培元《广说文答问疏证》:"尳,以言相迫也。"

酋　(qiú)　❶本义为酒熟,引申为掌酒的长官。《礼记·月令》:"〔仲冬之月〕乃命大酋。"郑玄注:"酒熟曰酋。大酋者,酒官之长也。"❷古代对一种女奴的称谓。因被强迫从事造酒,故名。《墨子·天志下》:"丈夫以为仆、圉、胥靡,妇人以为舂、酋。"孙诒让间诂:"酒官谓

之酋者,以其掌酒也,然则女奴之掌酒者,亦得谓之酋矣。"❸部落的首领;酋长。亦为魁帅的通称。左思《吴都赋》:"儋耳、黑齿之酋,金邻、象郡之渠。"❹完成;成就。《汉书·叙传上》:"《说难》既酋,其身乃囚。"王先谦补注:"王念孙云:'酋读为就,就,成也,言《说难》之书既成,而其身乃因也。'朱一新云:'酋本有就义,不烦改读。'"❺聚。《太玄·玄图》:"阴酋西北,阳尚东南。"

酋豪　部落首长。《汉书·匈奴传下》:"匈奴使怒,收乌桓酋豪,缚到悬之。"丘迟《与陈伯之书》:"部落携离,酋豪猜贰。"

遒　(qiú)　古县名。一作遒县。

捄　(qiú)　长貌。《诗·小雅·大东》:"有捄棘匕。"

另见 jiù 救,jū。

逑　(qiú)　❶配偶。《诗·周南·关雎》:"窈窕淑女,君子好逑。"❷聚合。《诗·大雅·民劳》:"民亦劳止,汔可小休,惠此中国,以为民逑。"毛传:"休,定也;逑,合也。"郑玄笺:"休,止,息也;合,聚也。"

釚　(qiú)　弩牙。见《玉篇·金部》。

絿　〔絿〕(qiú)　急躁。《诗·商颂·长发》:"不竞不絿。"毛传:"絿,急也。"

球　㊀〔毬〕(qiú)　❶即"鞠"。古代的游戏用具。以皮为之,中实以毛,蹴踢为戏。详"蹴鞠"。❷现代体育用具。如:篮球;足球;网球;垒球。

㊁(qiú)　❶球形的物体。如:月球;眼球。亦特指地球。如:全球;北半球。❷同"璆"。美玉。《书·禹贡》:"厥贡惟球、琳、琅玕。"也指玉磬。《书·益稷》:"戛击鸣球。"孔颖达疏:"球,玉也。鸣球,谓击球使鸣。乐器惟磬用玉,故球为玉磬。"

梂　(qiú)　栎实。《尔雅·释木》:"栎,其实梂。"郝懿行义疏:"栎实外有裹橐,形如彚(猬)毛,状如球子。"

赇　〔賕〕(qiú)　贿赂。《汉书·刑法志》:"吏坐受赇枉法。"

頄　(qiú,又读 kuí)　同"頯"。颧骨。《易·夬》:"壮于頄。"王弼注:"頄,面权也。"

崷　(qiú)　见"崷崒"。

崷崒　高峻貌。班固《西都赋》:

"岩峻崷崒,金石峥嵘。"也作"嶲崒"。杜甫《白水县崔少府高斋三十韵》:"烟氛蔼嶲崒,魍魉森惨凄。"

銶　〔鍫〕(qiú)　凿子之类。一说斧属。《诗·豳风·破斧》:"既破我斧,又缺我銶。"

愁　(qiú)　怨恶。《说文·心部》:"愁,怨愁也。"段玉裁注:"怨愁,谓怨恶之也。愁与咎音同义别,古书多假咎字为之,咎行而愁废矣。"

逎　(qiú)　❶迫近。《文选·宋玉〈招魂〉》:"分曹并进,逎相迫些。"李善注:"逎,亦迫也。"❷强劲。鲍照《上浔阳还都道中》诗:"鳞鳞夕云起,猎猎晚风逎。"参见"逎劲"。❸聚。《诗·商颂·长发》:"敷政优优,百禄是逎。"引申为坚固。《诗·豳风·破斧》:"四国是逎。"毛传:"逎,固也。"

逎拔　雄健挺拔。《宋史·张阁传》:"京(蔡京)免相,阁当制,历数其过,词语逎拔,人士多传诵之。"

逎劲　刚劲有力,多指书画的运笔。《宣和画谱·花鸟三》:"〔李煜〕书作颤笔樛曲之状,逎劲如寒松霜竹,谓之金错刀。"

巯　〔巰〕(qiú)　见"巯基"。

巯基　"氢硫基(—SH)"的简称。由氢和硫两种元素组成的一价原子团。

裘　(qiú)　❶皮衣。如:狐裘;集腋成裘。《论语·乡党》:"缁衣羔裘。"❷通"求"。《诗·小雅·大东》:"舟人之子,熊罴是裘。"郑玄笺:"裘,当作求。"❸姓。

裘弊金尽　《国策·秦策一》:"〔苏秦〕说秦王书十上而说不行,黑貂之裘弊,黄金百斤尽。"后因以"裘弊金尽"比喻穷困潦倒。亦作"金尽裘敝"。《歧路灯》第五十八回:"把一份祖业,渐渐的弄到金尽裘敝地位。"

裘葛　夏衣葛,冬衣裘。比喻寒暑的变迁。柳贯《睡馀偶题》诗:"裘葛屡催年。"

裘褐　❶粗陋的衣服。《庄子·天下》:"使后世之墨者,多以裘褐为衣。"成玄英疏:"裘褐,粗衣也。"墨者,传墨子之学的人。❷皮衣。《晋书·郗超传》:"且北土早寒,三军裘褐者少,恐不可以涉冬。"

裘马　《论语·雍也》:"子曰:'赤之适齐也,乘肥马,衣轻裘。'"后因以"裘马"形容生活的豪华

杜甫《秋兴》诗："同学少年多不贱,五陵裘马自轻肥。"

蛷（qiú）见"蛷螋"。

蛷螋 同"蠼螋"。见《广雅·释虫》。王念孙疏证："今扬州人谓之蓑衣虫,顺天人谓之钱龙。长可盈寸,行于壁上,往来甚捷。"

鮂〔鮂〕（qiú）鱼名。即白鲦。《尔雅·释鱼》："鮂,黑鰦。"郭璞注："即白鲦鱼,江东呼为鮂。"郝懿行义疏："《诗·周颂·潜》笺：'鲦,白鲦也。'字变为鲦。《尔雅翼》曰：'其形纤细而白,故曰白鲦。'"

颒〔頯〕（qiú,又读kuí）亦作"頄"。颧骨,引申为质朴无装饰之貌。《庄子·大宗师》："其颒颒。"宣颖注："颒,额也;颒,大朴貌。"

觓（qiú）❶同"觩"。兽角弯曲貌。《诗·小雅·桑扈》："兕觥其觓。"❷弓紧张。《诗·鲁颂·泮水》："角弓其觓。"郑玄笺："角弓觓然,言持弦急也。"

觓觓 弯曲如角。《文选·扬雄〈甘泉赋〉》："玄瓒觓觓,秬鬯泔淡。"李善注引张晏曰："瓒受五升,以圭为柄,觓觓,其貌也。"

璆（qiú）❶同"球"。美玉。《书·禹贡》："厥贡璆、铁、银、镂、砮、磬。"孔传："璆,玉名。"亦指玉磬。《国语·晋语四》："蓬蔂蒙璆。"韦昭注："蒙,戴也;璆,玉磬也。"〔蓬蔂〕不能俯,故使戴磬。❷玉相击声。《史记·孔子世家》："夫人自帷中再拜,环珮玉声璆然。"

蝤（qiú）见"蝤蛴"。另见jiū,yóu。

蝤蛴 天牛的幼虫,色白身长。借以形容女颈之美。《诗·卫风·硕人》："领如蝤蛴。"

鮋〔鮋〕（qiú）鱼名。元稹《酬乐天东南行诗一百韵》："枭鳖那胜羿,烹鮋只似鲈。"

鼽（qiú）❶鼻部。《黄帝内经太素·气府》隋杨上善注："鼽,鼻表也。""鼽,鼻形也。"❷颧部。《素问·气府论》唐王冰注："鼽,頄也。頄,面颧也。"❸鼻流清涕。《素问·气交变大论》唐王冰注："鼽,鼻中水出也。"❹鼻塞。《类经》卷二十四明张景岳注："鼽,鼻塞也。"

鰌〔鰌〕（qiú）❶同"鳅"。《集韵·十八尤》："鳅,鱼名。似鳊而大鳞,肥美多鲠。或作鰌。"❷即

鲔鱼。《本草纲目·鳞部》："鲔鱼,一名鰌鱼。"李时珍集解引《异物志》云："鰌鱼,初夏从海中泝流而上,长尺余,腹下如刀,肉中细骨如毛。"

qiǔ

糗（qiǔ）炒熟的米、麦等谷物。有捣成粉的,有不捣成粉的。详段玉裁《说文解字注》。《书·费誓》："峙乃糗粮。"峙,储备。《周礼·天官·笾人》："羞笾之实,糗饵粉餈。"

糗糒 干粮。《后汉书·隗嚣传》："嚣病且饿,出城餐糗糒,恚愤而死。"

qū

凵（qū）同"筌"。

区〔區〕（qū）❶区别;划分。《后汉书·党锢传赞》："物性既区。"❷地区;一定的地域。如:工业区;居民区。❸房屋一处叫一区。也指房屋。《汉书·扬雄传上》："有宅一区。"又《胡建传》："穿北军垒垣以为贾区。"颜师古注："区者,小室之名,若今小庵屋之类耳。"❹行政区域的一种名称。在我国,即"市辖区"。❺我国县、自治县根据行政管理的需要而划分的区域。不是一级行政区域。设立区公所,作为县、自治县人民政府的派出机关。
另见 gōu,kòu,ōu,qiū。

区别 分别;不同。如:有所区别。《后汉书·独行传序》："而情迹殊杂,难为条品,片辞特趣,不足区别。"

区别词 ❶也叫"非谓形容词"。指汉语中具有下列功能特征的一类词:不能单说;在句法结构中的基本用途是附加在名词之前作定语;加"的"以后,大体与名词的功能相当;不受副词修饰,否定时用"非"。如正、副、雌、雄、微型、国营、药用、自由式、大陆性、多功能、超高频等。❷作为形容词和副词的统称。这是着眼于形容词用于区别事物性状和副词用于区别动作情态或性状而加以概括的。

区处（—chǔ）分别处置;处理。《汉书·黄霸传》："鳏寡孤独有死无以葬者,乡部书言,霸为区处。"

区处（—chù）居住的地方。《论衡·辩祟》："鸟有巢栖,兽有窟穴,虫鱼鳞介各有区处,犹人之有室宅楼

台也。"

区区 ❶小;少。《左传·襄公十七年》："宋国区区。"《孔丛子·论势》："以区区之众,居二敌之间。"❷自称的谦词。归有光《山舍示学者》："则区区与诸君论此于荒山寂寞之滨,其不为所嗤笑者几希!"❸犹"拳拳",衷爱专一的意思。古乐府《孔雀东南飞》："新妇谓府吏：'感君区区怀。'"❹义同"姁姁"。喜悦自得貌。《吕氏春秋·务大》："区区焉相乐也。"《谕大》篇作"姁姁"。

区县 犹区有。谓疆域,天下。《陈书·高祖纪下》："故能大庇黔首,光宅区县。"

区有 区,区域;有,九有,即九州。指海内之地。沈约《梁宗庙登歌》："铸熔苍昊,甄陶区有。"

区宇 疆域;区域。《三国志·魏志·崔琰传》："不如守境述职以宁区宇。"蒋偕《责田游岩书》："故能声出区宇,名流四海。"亦作"伛宇"。《墨子·经说下》："伛宇不可偏举。"

区中 犹区寰。人世间。张衡《思玄赋》："逼区中之隘陋兮,将北度而宣游。"

去（qū）通"驱"。《左传·僖公十五年》："千乘三去。"另见jǔ,qù。

戌（qū,又读xū）用于"屈戌"。另见xū。

曲㊀（qū）❶弯曲。与"直"相对。如:曲线;曲径。《礼记·经解》："礼之于正国也,犹衡之于轻重也,绳墨之于曲直也。"引申为不公正,不合理。如:是非曲直。❷委曲。见"曲成"。❸曲折隐秘的地方。如:河曲;乡曲。《诗·秦风·小戎》："在其板屋,乱我心曲。"❹局部。《荀子·解蔽》："凡人之患,蔽于一曲,而暗于大理。"❺古代军队编制的较小单位。见"部曲❶"。❻蚕箔。《史记·绛侯周勃世家》："勃以织薄曲为生。"❼姓。唐代有曲环。

㊁〔麯、麴〕（qū）含有大量能发酵的活微生物或其酶类的发酵剂或酶制剂。一般用粮食或粮食副产品培养适当微生物制成。各种曲中微生物的种类随酿造用途而异,如酿造白酒所用的大曲或小曲,前者主要含有曲霉和酵母等,后者主要含有根霉、毛霉和酵母。曲的形式有盘曲、帘子曲、通风曲（厚层制曲）和液体曲等。中国在制曲方面有悠久的历史和丰富的经验,早在周代已利用黄曲霉培制黄曲,宋代已开始选用好曲

种做小曲,明代已利用红曲霉培制红曲。为适应规模生产需要,已改用通风曲和液体曲,且曲内只有糖化菌种,发酵时需另外加入发酵用的酒精酵母。

另见 qǔ。

曲笔 ❶写史者有所顾忌,不敢据事直书的一种笔法。《后汉书·臧洪传》:"南史不曲笔以求存。"亦泛指写作中委宛的表达手法。❷比喻枉法定案。《北史·游明根传》:"宣武尝敕肇有所降恕,执而不从。曰:'陛下自能恕之,岂可令臣曲笔也!'"肇,明根子。

曲辩 犹诡辩。巧饰、怪诞的辩说。《商君书·农战》:"主好其辩,不求其实,说者得意,道路曲辩,辈辈成群。"

曲成 《易·系辞上》:"曲成万物而不遗。"孔颖达疏:"言委变而应,屈曲委细,成就万物。"后用为委曲成全的意思。

曲房 内室;隐秘之室。枚乘《七发》:"往来游宴,纵恣于曲房隐间之中。"

曲解 谓歪曲原意,作错误的解释。李介《天香阁随笔》卷一:"不核实以证悮,而反曲解以就舛。"

曲谨 谨小慎微。《宋史·李纲传下》:"平居无事,小廉曲谨,似可无过;忽有扰攘,则错愕无所措手足。"

曲局 ❶蜷曲。《诗·小雅·采绿》:"予发(髪)曲局,薄言归沐。"❷枉邪不正。苏轼《庞公》诗:"杜口如今不复言,庞公为人不曲局。"

曲蘖 酒母。《书·说命下》:"若作酒醴,尔惟曲蘖。"也指酒。杜甫《归来》诗:"凭谁给曲蘖,细酌老江干。"

曲全 语出《老子》"曲则全,枉则直"。《庄子·天下》:"人皆求福,己独曲全。"郭象注:"委顺至理则常全,故无所求福,福已足。"后用为委曲保全的意思。

曲蟮 也作"曲蟺"。"蚯蚓"的俗称。

曲生 传说唐代道士叶法善居玄真观。有朝客十余人来访,解带淹留,满座思酒。突一少年傲睨直入,自称曲秀才,抗声谈论,一坐皆惊。良久暂起,如风旋转。法善以为妖魅,俟曲生复至,密以小剑击之,剑随手坠于阶下,化为瓶榼,美酒盈瓶。坐客大笑,饮之,其味甚佳。见郑棨《开天传信记》。后因以"曲生"或

"曲秀才"为酒的别称。《聊斋志异·八大王》:"故曲生频来,则骚客之金兰友。"

曲士 囿于一隅、见识不广的人。《庄子·秋水》:"曲士不可以语于道者,束于教也。"

曲水 古代风俗,于夏历三月上巳日(上旬的巳日,魏以后固定为三月三日)就水滨宴饮,认为可被除不祥,后人因引水环曲成渠,流觞取饮,相与为乐,称为曲水。见黄朝英《靖康缃素杂记》。王羲之《兰亭集序》:"又有清流激湍,映带左右,引以为流觞曲水,列坐其次。"参见"流觞"。

曲说 偏于一隅、不够全面的论说。《淮南子·泰族训》:"夫彻于一事,察于一辞,审于一技,可以曲说,而未可广应也。"后用以指歪曲事实的言论。

曲突徙薪 突,烟囱。薪,柴。《汉书·霍光传》:"臣闻客有过主人者,见其灶直突,傍有积薪。客谓主人,更为曲突,远徙其薪,不者且有火患。主人嘿(默)然不应。俄而家果失火,邻里共救之,幸而得息。于是杀牛置酒,谢其邻人,灼烂者在于上行,馀各以功次坐,而不录言曲突者。人谓主人曰:'乡(向)使听客之言,不费牛酒,终亡(无)火患。今论功而请宾,曲突徙薪亡(无)恩泽,燋(焦)头烂额为上客耶?'主人乃寤而请之。"后用以比喻防患于未然。屠隆《彩毫记·拜官供奉》:"念隐忧漆室效葵倾,鉴先几曲突徙薪情。"

曲巷 ❶犹小巷。李白《宴陶家亭子》诗:"曲巷幽人宅,高门大士家。"❷指妓院。《聊斋志异·林氏》:"曲巷之游,从此绝迹。"

曲学 指邪僻之学,以别于当时的所谓"正学"。《商君书·更法》:"曲学多辨。"

曲直 ❶犹是非,善恶。《史记·李斯列传》:"今取人则不然,不问可否,不论曲直,非秦者去,为客者逐。"❷曲折与平直,形容歌声抑扬。《礼记·乐记》:"使其曲直、繁瘠、廉肉、节奏,足以感动人之善心而已矣。"孔颖达疏:"曲谓声音回曲,直谓声音放直。"

陬 〔陬〕(qū) 见"陭陬"。

岖 〔嶇〕(qū) 见"崎岖"。

佉 (qū) 译音字。古印度有佉卢文。

诎 〔詘〕(qū) ❶通"屈"。屈曲;折叠。《荀子·劝学》:"诎五指而顿之。"《礼记·丧服大记》:"凡陈衣不诎。"❷屈服;败退。《荀子·议兵》:"敌国不待试而诎。"❸言语钝拙。《史记·李斯列传》:"辩于心而诎于口。"❹冤屈。《吕氏春秋·雍塞》:"宋王因怒而诎杀之。"❺穷。《管子·国蓄》:"〔利〕出二孔者,其兵不诎。"❻短缩。《周髀算经》卷下:"往者诎也。"赵君卿注:"从夏至南往,日益短,故曰诎。"❼戛然而止貌。《礼记·聘义》:"叩之,其声清越以长,其终诎然。"❽姓。汉代有诎强。

诎辱 即屈辱。《楚辞·九思·伤时》:"览往昔兮俊彦,亦诎辱兮系累。"

诎体 屈身,谓在人前低三下四。司马迁《报任少卿书》:"其次诎体受辱。"《汉书·张汤传》:"〔朱买臣〕已而失官守长史,诎体于汤。"

诎信 即屈伸。《荀子·乐论》:"然而治俯仰诎信,进退迟速,莫不廉制,尽筋骨之力。"《史记·乐书》:"诎信俯仰,级兆舒疾,乐之文也。"按:《礼记·乐记》级作级。

诎指 ❶同"屈指"。谓用手指计数。《汉书·陈汤传》:"诎指计其日。"❷曲意顺从。《国策·燕策一》:"诎指而事之,北面而受学。"

阹 (qū) 猎者利用天然地形围猎禽兽,亦指围猎之圈。《文选·左思〈吴都赋〉》:"阹以九疑。"张铣注:"阹,阑也。九疑,山名。"扬雄《长杨赋》:"以网为周阹。"

驱 〔驅、駈、敺〕(qū) ❶鞭马前进。《诗·唐风·山有枢》:"弗驰弗驱。"孔颖达疏:"策马谓之驱。"亦谓奔驰。如:长驱直入。❷驱逐。《礼记·月令》:"〔孟夏之月〕驱兽,毋害五谷。"❸行进。《仪礼·士昏礼》:"乃驱。"郑玄注:"驱,行也。"❹驾驭;役使。王安石《商鞅》诗:"自古驱民在信诚,一言为重百金轻。"❺逼迫。陶潜《乞食》诗:"饥来驱我去。"

驱策 犹驱使、役使。王湾《秋夜寓直即事》诗:"卑吏凤驱策,微涓效斗升。"

驱驰 策马疾驰。《史记·绛侯世家》:"将军约,军中不得驱驰。"也用作奔走效力之意。诸葛亮《前出师表》:"由是感激,遂许先帝以驱驰。"

驱除 赶走;排除。如:驱除残敌。范成大《大风》诗:"烦将残暑驱除

尽，只莫颠狂损稻花。"

驱遣 ❶驱逐。古乐府《孔雀东南飞》："仍更被驱遣，何言复来还？"❷驱使；差遣。《颜氏家训·风操》："〔诸子〕不敢宁宅，动经旬日，官司驱遣，然后始退。"❸逼迫。王建《行见月》诗："不缘衣食相驱遣，此身谁愿长奔波？"

驱使 役使；差遣。古乐府《孔雀东南飞》："妾不堪驱使，徒留无所施。"

取（qū）通"趣"，即"趋"。快走。古乐府《孤儿行》："上高堂，行取殿下堂。"
另见 qǔ。

取舍 同"趣舍"。犹言行止。《汉书·王吉传》："吉与贡禹为友，世称王阳在位，贡公弹冠。言其取舍同也。"颜师古注："弹冠者，言入仕也。取，进趣也；舍，止息也。"王吉，字子阳。

拻（qū）捞取。《汉书·扬雄传上》："拻灵蠵。"颜师古注："拻，挹取也。"
另见 jié。

呿（qū）张口貌。《庄子·秋水》："公孙龙口呿而不合。"

岖（qū）同"岖"。《集韵·十虞》："岖，或作岖。"

屈（qū）❶弯曲。如：屈指可数。❷屈服。如：坚贞不屈。《孟子·滕文公下》："贫贱不能移，威武不能屈。"❸缺；亏。如：理屈词穷。❹委屈；冤枉。如：含冤受屈。《三国演义》第四十七回："可惜吾屈死汝手！"❺治。《诗·鲁颂·泮水》："屈此群丑。"❻古邑名。春秋晋地。在今山西吉县北，盛产良马。《左传·僖公二年》："晋荀息请以屈产之乘与垂棘之璧，假道于虞以伐虢。"一说以屈产为地名，因屈产泉得名，在今山西石楼东南。❼姓。
另见 jué。

屈服 屈身降服。《吕氏春秋·召类》："故割地宝器戈剑甲辞屈服，不足以止攻。"亦作"屈伏"。《晋书·刘曜载记》："为之拜者，屈伏于人也。"

屈节 ❶失节。《汉书·苏武传》："屈节辱命，虽生，何面目以归汉？"❷犹折节。降低身份。如：屈节事人；卑躬屈节。

屈就 旧指降志屈节出就官职。《后汉书·陈纪传》："四府并命，无所屈就。"后也用为请人担任职务的客套语，犹俯就。

屈戌 门窗上的搭扣。李商隐《魏侯第东北楼堂》诗："锁香金屈戌，带酒玉昆仑。"亦作"屈膝"。李贺《宫娃歌》："啼蛄吊月钩阑下，屈膝铜铺锁阿甄。"

屈伸 亦作"屈申"、"屈信"。屈曲与伸直。《淮南子·修务训》："使未尝鼓瑟者，虽有离朱之明，攫掇之捷，犹不能屈伸其指。"引申指进和退；得意和失意。《荀子·不苟》："与时屈伸。"又："此言君子能以义屈信变应故也。"《后汉书·班固传》："虽屈申无常，所因时异。"

屈宋 指战国时楚诗人屈原和宋玉。《文心雕龙·辨骚》说："屈宋逸步，莫之能追。"屈原是骚体的开创者，宋玉略后于屈原，也是有名的辞赋作家。

屈威 犹言屈驾，邀请人的敬辞。《资治通鉴·汉献帝建安十三年》："备（刘备）遣人慰劳之。瑜（周瑜）曰：'有军任，不可得委署；倘能屈威，诚副其所望。'"胡三省注："谓能自屈其威而来见。"

屈指 扳指头计算。如：屈指可数。吴伟业《郯城晓发》诗："他乡已过故乡远，屈指归时二月头。"亦作"诎指"。《汉书·陈汤传》："诎指计其日。"引申为时间短或数量少。亦指突出。《东京梦华录》卷三："南食则寺桥金家、九曲子周家，最为屈指。"

苗（qū）蚕薄。养蚕器。《方言》第五："薄，宋、魏、陈、楚、江淮之间谓之苗。"

肤（qū）❶腋下胁上部分。《素问·咳论》："甚则不可以转，转则两肤下满。"❷古战阵右翼的名称。《左传·襄公二十三年》："肤，商子车御侯朝，桓跳为右。"杜预注："右翼曰肤。"❸撬开。见"肤箧"。❹通"阹"。遮拦；搁浅。《荀子·荣辱》："〔浮阳之鱼〕肤于沙而思水，则无逮矣。"

肤箧 撬开箱箧。《庄子·肤箧》："将为肤箧探囊发匮之盗而为守备。"后亦用为盗窃的代称。

祛（qū）除去。如：祛疑；祛痰。王绩《薛记室收过庄见寻率题古意以赠》诗："使我视听遣，自觉尘累祛。"

祛祛 《诗·鲁颂·駉》："以车祛祛。"毛传："祛祛，强健也。"陈奂传疏："唐石经作'祛祛'，'祛祛'状马行，有强健之意。"

胠（qū）见"胠胅"。

胠胅 股之间，膝盖弯。高安道《哨遍·嗓淡行院》套曲："扑红旗裹着惯老，拖白练缠着胠胅。"

祛（qū）❶袖口。《诗·郑风·遵大路》："掺执子之祛兮。"❷撩起；举起。《韩诗外传》卷三："〔孟尝君〕祛衣请受业。"班固《西都赋》："祛黼帷。"❸摆脱；去掉。殷仲文《南州桓公九井作》诗："惑祛吝亦泯。"

诎〔詘〕（qū）❶通"屈"。弯曲。《淮南子·氾论训》："诎寸而伸尺，圣人为之。"❷见"诎诡"。

诎诡 犹言谲诡。诡异。左思《吴都赋》："偶僪之极异，诎诡之殊事。"

蓲（qū）❶刷去。《说文·艸部》："蓲，刷也。"段玉裁注："刷，拭也……今人谓以钝帚去薉（秽）物曰蓲。"❷有机化合物，分子式 $C_{18}H_{12}$，金黄色结晶，溶于热苯。

蛆（qū）蝇类的幼虫。
另见 jū。

蜛（qū）蛣蜛。木中蛀虫。见《说文》。

筁（qū）凵或字。《说文·凵部》："凵卢，饭器，以柳作之。筁，凵或从竹去声。"段玉裁注："单呼曰卢，累呼曰凵卢。"

躯〔軀〕（qū）身体。如：为国捐躯。《荀子·劝学》："口耳之间则四寸耳，曷足以美七尺之躯哉！"

躯壳 谓形体，对精神而言。孔武仲《松上老藤》诗："蛇蟠筋脉壮，龙死躯壳在。"

趋〔趨〕（qū）❶疾走，快步而行。《论语·微子》："孔子下，欲与之言，趋而避之，不得与之言。"也指小步而行，表示恭敬。《论语·子罕》："子见齐衰者、冕衣裳者与瞽者，见之，虽少必作，过之必趋。"❷奔赴；归附。《荀子·议兵》："故近者歌讴而乐之，远者竭蹶而趋之。"❸趋向；旨趣。《孟子·告子下》："三子者不同道，其趋一也。一者何也？曰仁也。"《论衡·定贤》："言眇而趋深，然而不能处定是非。"
另见 cù。

趋风 疾行至下风，表示向对方致敬。一说谓疾趋如风。《左传·成公十六年》："郤至三遇楚子之卒；见楚子，必下，免胄而趋风。"李白《梁甫吟》："君不见高阳酒徒起草中，长揖山东隆准公，入门不拜骋雄辩，两女……"

辍洗来趋风。”

趋奉 奉承；奔走讨好。《桃花扇·媚座》：“但看他趋奉之多，越显俺尊荣之至。”

趋跄 谓行步快慢有节奏。《诗·齐风·猗嗟》：“巧趋跄兮。”郑玄笺：“跄，巧趋貌。”孔颖达疏：“礼有徐趋疾趋，为之有巧有拙，故美其巧趋跄兮。”白居易《和微之春日投简阳明洞天五十韵》：“捧拥罗将绮，趋跄紫与朱。”

趋舍 同“趣舍”。

趋势 ❶事物发展的动向。如：发展趋势；必然趋势。❷趋奉权势。《三国志·魏志·董昭传》：“国士不以孝悌清修为首，乃以趋势游利为先，合党连群，相与褒叹。”

趋庭 《论语·季氏》：“〔孔子〕尝独立，鲤趋而过庭。曰：‘学诗乎？’对曰：‘未也。’‘不学诗，无以言。’鲤退而学诗。他日，又独立，鲤趋而过庭。曰：‘学礼乎？’对曰：‘未也。’‘不学礼，无以立。’鲤退而学礼。”这是孔子教训他儿子孔鲤的事。后因以“趋庭”为承受父教的代称。王勃《滕王阁序》：“他日趋庭，叨陪鲤对；今晨捧袂，喜托龙门。”杜甫《登兖州城楼》诗：“东郡趋庭日，南楼纵目初。”

趋炎附势 指奔走权门或依附有势力的人。冯梦龙《山歌·汤婆子竹夫人相骂》：“悔初心，只为趋炎附势，如今落得冷清清。”亦作“趋炎附热”、“趋炎奉势”。《宋史·李垂传》：“今已老大，见大臣不公，常欲面折之。焉能趋炎附热，看人眉睫，以冀推挽乎？”《红楼梦》第一百〇七回：“且说外面这些趋炎奉势的亲戚朋友，先前贾宅有事，都远避不来；今儿贾政袭职，知圣眷尚好，大家都来贺喜。”

趋之若鹜 像野鸭般成群而往，比喻很多人争相前往。《明史·萧如薰传》：“如薰亦能诗，士趋之若鹜，宾座常满。”后多含贬义。

蛐(qū) ❶见“蛐蟺”。❷见“蛐蛐儿”。

蛐蛐儿 即“蟋蟀”。

蛐蟺 即“蚯蚓”。

笛(qū) 同“苗”。

趍(qū) 同“趋”。《诗·齐风·猗嗟》：“巧趋跄兮。”陆德明释文：“趋，本亦作趍。”《元史·瑠求传》：“漈者，水趍下而不回也。”

锯〔鋸〕(qū) 见“锯铽”。

锯铽 同“屈戌”。

鮕〔鮕〕(qū) 鱼名。《文选·司马相如〈上林赋〉》：“禺禺鮕鳎。”郭璞注：“鮕，比目鱼。”

趣(qū) 通“趋”。❶疾行。《列子·汤问》：“汝先观吾趣，趣如吾，然后六辔可持，六马可御。”❷趋附；迎合。《易·系辞下》：“变通者，趣时者也。”孔颖达疏：“趣向于时也。”

另见 cù,qù。

趣舍 亦作“取舍”、“趋舍”。进取或退止。《荀子·修身》：“趣舍无定，谓之无常。”《韩非子·解老》：“人无愚智，莫不有趋舍。”《汉书·王吉传》：“世称王阳在位，贡公弹冠，言其取舍同也。”

駈(qū) 同“驱(驅)”。

麴(qū) 姓。晋代有麴崇裕。另见 qū 曲㊁。

躣(qū) 见“踦躣”。

麹(qū) 姓。三国魏有麹英。另见 qū 曲㊂。

黢(qū) 黑。见《玉篇·黑部》。

鱸(qū) 同“鮕”，鱼名。《史记·司马相如列传》：“禺禺鱸魶。”裴骃集解引徐广曰：“鱸一作鮕，魶一作鳎。”按《汉书》作鮕鳎。颜师古注：“鮕，比目鱼也。”

qú

句(qú) ❶同“約❶”。鞋头上的装饰。《周礼·天官·屦人》：“青句素屦。”❷句町，古县名。在今云南。

另见 gōu,jù。

佢(qú) 广东方言词。他。

劬(qú) ❶劳；劳苦。陶潜《和刘柴桑》诗：“谷风转凄薄，春醪解饥劬。”❷慰劳。《礼记·内则》：“食子者三年而出，见于公宫，则劬。”郑玄注：“士妻、大夫之妾食国君之子，三年出归其家，君有以劳赐之。”食，养育。

劬劳 劳苦；劳累。《诗·小雅·鸿雁》：“之子于征，劬劳于野。”又《蓼莪》：“哀哀父母，生我劬劳。”后人据《蓼莪》诗，遂以“劬劳”专指父母养育子女的劳苦。《三国演义》第三十六回：“如书到日，可念劬劳之恩，星夜前来，以全孝道。”

劬劬 劳苦貌。程俱《和柳子厚读书》诗：“谁能三万卷，悬头苦劬劬。”

居(qú) 见“康居”。另见 jī,jū。

姁(qú,又读 xǔ) 见“姁姁”。另见 xū。

姁姁 ❶喜悦自得貌。《吕氏春秋·谕大》：“燕雀争善处于一室之下，子母相哺也，姁姁焉相乐也。”❷和悦貌。《汉书·韩信传》：“项王见人恭谨，言语姁姁。”《史记·淮阴侯列传》作“呕呕”。亦作“区区”。

約〔約〕(qú) ❶古时鞋头上的装饰，有孔，可以穿系鞋带。《仪礼·士丧礼》：“乃屦，綦结于跗，连約。”❷网罟的别名。《穀梁传·襄公二十七年》：“织約邯郸，终身不言卫。”

軥〔軥〕(qú,又读 gōu) 车轭两边下伸反曲以夹马颈的部分。《说文·车部》：“軥，轭下曲者。”《左传·襄公十四年》：“射两軥而还。”孔颖达疏引服虔曰：“车轭两边叉马颈者。”

另见 jū。

軥牛 挽軥的小牛。《汉书·朱家传》：“家亡(无)馀财，衣不兼采，食不重味，乘不过軥牛。”王先谦补注引沈钦韩曰：“据此时贱牛车，而朱家所乘，并是挽軥之小牛，言其贫薄。”

朐(qú) ❶屈曲的干肉。《仪礼·士虞礼》：“朐在南。”郑玄注：“朐，脯及干肉之屈也。”❷通“軥”。车轭两边叉马颈的曲木。《左传·昭公二十六年》：“繇朐汏輈。”杜预注：“朐，车轭。輈，车辕。繇，过也。汏，矢激。”

另见 chǔn。

斪(qú) 见“斪斸”。

斪斸 古农具名。锄属。《尔雅·释器》：“斪斸谓之定。”郭璞注：“锄属。”郝懿行义疏：“定者，《释文》引李巡云：‘斪斸，锄也。定，锄别名。’”

鸲〔鴝〕(qú) 见“鸲鹆”。

鸲鹆 鸟名。即“八哥”。《说文·鸟部》：“鸲，鸲鹆也。”段玉裁注：“今之八哥也。”《楚辞·九思·疾世》：“鸲鹆鸣兮聒余。”亦作“鸜鹆”。《考工记》：“鸜鹆不逾济。”参见“八哥”。

翑(qú) 羽尾弯曲的部分。《说文·羽部》："翑，羽曲也。"段玉裁注："凡从句者皆训曲。"徐灏《说文解字注笺》："凡羽必小钩曲，而其末翘起，谓之翑。"

渠(qú) ❶人工开凿的水道。《史记·河渠书》："穿二江成都之中，此渠皆可行舟，有馀则用溉浸(浸)。"❷古时车轮外圈的名称。《考工记·车人》："车人为车，柯长三尺……渠三柯者三。"郑玄注："郑司农云：'柯长三尺，谓斧柯，因以为度。'……渠二丈七尺，谓罔也。郑司农云：'渠谓车辋，所谓牙。'"❸盾。《国语·吴语》："奉文犀之渠。"韦昭注："文犀之渠，谓楯也。"❹通"巨"。大。见"渠帅"、"渠渠"。❺他。《三国志·吴志·赵达传》："女婿昨来，必是渠所窃。"❻水名。见"渠江"。

另见 jù。

渠答 亦作"渠荅"。一种御敌的器具，一般认为即"铁蒺藜"。《尉缭子·攻权》："津梁未发……渠荅未张，则虽有城无守矣。"《汉书·晁错传》："高城深堑，具蔺石，布渠答。"

渠江 嘉陵江支流。在四川省中部和重庆市北部。上源集川、陕、渝三省市边境米仓山、大巴山南麓诸水，西南流到渠县三汇镇始称渠江，到合川市入嘉陵江。长720公里，流域面积4.05万平方公里。主要支流有明江、恩阳河、州河等，建有多座水电站。

渠侬 古吴方言。即他，他们。《通俗编·称谓》："吴俗自称我侬，指他人亦曰渠侬。古《读曲歌》：'冥就他侬宿。'《孟珠曲》：'莫持艳他侬。'隋炀帝诗：'个侬无赖是横波。'他侬、个侬，犹之云渠侬也。"辛弃疾《贺新郎·同父见和再用前韵》词："问渠侬：神州毕竟，几番离合？"

渠渠 殷勤貌。《诗·秦风·权舆》："于我乎，夏屋渠渠！"郑玄笺："渠渠，犹勤勤也。"一说高大貌，见孔颖达疏引王肃说。

渠帅 亦作"渠率"。首领。旧称武装反抗者的首领或部落酋长。《三国志·魏志·韩暨传》："暨散家财以供牛酒，请其渠帅。"亦指某一行业的出头人物。蒋防《霍小玉传》："长安有媒鲍十一娘者……性便辟，巧言语，豪家戚里，无不经过，追风挟策，推为渠帅。"

渠率 同"渠帅"。《史记·建元以来侯者年表》："众颇有欲还者，斩杀其渠率，遂与俱入汉。"《后汉书·桓谭传》："是以兵长渠率，各生狐疑。"

鸲〔鴝〕(qú) 见"鸲鹆"。

鸲鹆 即"鸲鹆"，亦称"八哥"。《敦煌变文集·燕子赋》："云野鹊是我表丈人，鸲鸠是我家伯。"

豦(qú，又读 jù) ❶豕属。《尔雅·释兽》："豦，迅头。"郭璞注："今建平山中有豦，大如狗，似猕猴，黄黑色，多髯鬣，好奋迅其头，能举石擿(掷)人，玃类也。"郝懿行义疏："《说文》引司马相如说：'豦，封豕之属。'《玉篇》：'封豦，豕属也。'迅头者，豕性躁疾，易警扰，好奋迅其头；郭注所说盖别物，非豕属也。"❷争斗相持不放。《说文·豕部》："豦，斗相丮不解也。"段玉裁注："两丮相对，丮，持也。"

蝇〔蠅〕(qú，又读 gōu) ❶《说文·黾部》："蝇，䵷属，头有两角，出辽东。"❷亦作"鼩"。见"鼩鼊"。

蕖(qú) ❶芋头。《广雅·释草》："蕖，芋也。"王引之疏证："芋之大根曰蕖，蕖者，巨也，或谓之芋魁，或谓之莒。"❷见"芙蕖"。

磲(qú) 见"砗磲"。

鸜〔鸜〕(qú) 见"鹏鸜"。

璩(qú) ❶一种耳环。参见"镰"。❷姓。汉代有璩光岳。

氍(qú) 同"氍"。

瞿(qú) ❶兵器名，戟属。《书·顾命》："一人冕，执瞿。"❷姓。

另见 jù。

镰〔鐻〕(qú) 金银制成的耳环。《山海经·中山经》："〔神武罗〕穿耳以镰。"

另见 jù。

镰锅 古代少数民族的耳饰。《后汉书·杜笃传》："若夫文身鼻饮缓耳之主，椎结左衽镰锅之君。"李贤注："《山海经》曰：神武罗穿耳以镰。"镰锅本系穿耳之物，转义为穿耳以垂金宝。

鼩(qú) 见"鼩鼱"。

鼩鼱(*Sorex araneus*) 哺乳纲，食虫目，鼩鼱科。形似小鼠。体长6～8厘米，尾长3～5厘米。体背栗褐色。吻部较尖细，能伸缩；齿尖红色。栖息平原、沼泽、高山和建筑物中。分布于欧洲、亚洲；中国产于东北、内蒙古东部、西北、西南等地。捕食虫类等，对农业有益；也吃植物种子和谷物。

鼩(qú) 同"蝇"。

鼩鼊 龟属。《文选·左思〈吴都赋〉》："鼩鼊、鲭、鳄。"刘逵注："鼩鼊，龟属也，其形如笠，四足，缦胡无指。其甲有黑珠，文采如瑇瑁，可以饰物。肉如龟肉，肥美可食。"

蘧(qú) ❶蘧麦，即"瞿麦"。❷惊喜貌。《庄子·大宗师》："蘧然觉。"❸通"蕖"。《文选·张衡〈西京赋〉》："蘧藕拔。"薛综注："蘧，芙蕖。"❹姓。春秋时卫有蘧伯玉。

蘧蒢 同"籧篨"。蒢，亦作"除"。❶比喻身有残疾不能俯视的人。《国语·晋语四》："蘧蒢不可使俯。"韦昭注："蘧蒢，直者，谓疾。"❷谄佞之徒。《论衡·累害》："戚施弥妒，蘧除多佞。"❸用苇或竹编的粗席。《新唐书·高仙芝传》："令诚(边令诚)已斩常清(封常清)，陈尸于蘧蒢。"

蘧庐 传舍，犹今旅馆。《庄子·天运》："仁义，先王之蘧庐也，止可以一宿，而不可久处。"成玄英疏："蘧庐，客舍，不可久停；仁义礼智，用讫宜废。"

蘧蘧 ❶惊动貌。《庄子·齐物论》："昔者庄周梦为胡蝶，栩栩然胡蝶也。自喻适志与，不知周也。俄然觉，则蘧蘧然周也。"❷高耸貌。王延寿《鲁灵光殿赋》："飞梁偃蹇以虹指，揭蘧蘧而腾凑。"

灈(qú) 古水名。即今河南遂平石羊河。

欋(qú) ❶齐鲁谓四齿杷曰欋。见《集韵·十虞》。❷木根盘错。《淮南子·说林训》："木大者根欋，山高者基扶。"

戵(qú) 兵器名。《广韵·十虞》："戵，戟属。"亦作"瞿"。《书·顾命》："一人冕，执瞿，立于西垂。"孔颖达疏引郑玄云："瞿，盖今三锋矛。"

氍(qú) 见"氍毹"。

氍毹 毛织的地毯。古乐府《陇西行》："请客北堂上，坐客毡氍毹。"《三辅黄图·未央宫》："规地以罽宾氍毹。"罽宾，古西域国名，位于今克什米尔一带，手工业以产毛织品著名。约在西汉时，首都长安(今陕西西安)已见使用罽宾氍毹。

氍毹 有花纹的毛织品。《南州异物志》:"氍毹,以羊毛杂群兽之毳为之鸟兽人物草木云气,作鹦鹉远望轩若飞也。"

籧 (qú) 见"籧篨"。

另见 jǔ。

籧篨 亦作"蘧蒢"。❶《诗·邶风·新台》:"燕婉之求,籧篨不鲜。"毛传:"籧篨,不能俯者。"按籧篨是古代钟鼓架下兽形的柎,其兽即豦,封豕之属,蹲其后足,以前足据持其身,仰首不能俯视,因以比喻身有残疾不能俯视之人。见闻一多《诗经通义·新台》。一说,谄佞之徒。《尔雅·释训》:"籧篨,口柔也。"陆德明释文:"舍人云:'籧篨,巧言也。'李云:'籧篨,巧言辞以饶人,谓之口柔。'"参见"戚施"。❷用苇或竹编的粗席。《淮南子·本经训》:"若簟籧篨。"高诱注:"籧篨,苇席也。"

癯 (qú) 亦作"臞"。瘦。《史记·司马相如列传》:"形容甚臞。"

癯 (qú) 同"臞"。体瘦。柳宗元《国子司业阳城遗爱碣》:"癯者既肥。"

蠷 (qú) 蠷螋。昆虫的一种。

衢 (qú) ❶四通八达的道路。《左传·昭公二年》:"尸诸周氏之衢,加木焉。"《大戴礼记·子张问入官》:"六马之离,必于四面之衢。"❷形容纵横交错。《山海经·中山经》:"少室之山⋯⋯其上有木焉,其名曰帝休。叶状如杨,其枝五衢。"郭璞注:"言树枝交错相重五出,有象衢路也。"❸姓。明代有衢通。

衢道 犹歧路。《荀子·劝学》:"行衢道者不至。"杨倞注:"不至,不能有所至。"

衢室 相传唐尧征询民意的处所。《管子·桓公问》:"尧有衢室之问者,下听于人也。"泛指帝王听政之处。江淹《萧太尉上便宜表》:"太祖文皇帝恭己明台之上,听政衢室之下,九官咸静,万绩惟凝。"

躣 (qú) 见"躣躣"。

躣躣 行走貌。《楚辞·九辩》:"左朱雀之茇茇兮,右苍龙之躣躣。"洪兴祖补注:"躣躣,行貌。"

蠷 (qú) 同"蠷"。

另见 jué。

鸜 (qú) 同"鸲(鸲)"。

qǔ

曲 (qǔ) 韵文文学的一种。广义指秦汉以来各种可入乐的乐曲,如汉大曲、唐宋大曲、民间小曲等。通常则多指宋以来的南曲和北曲,同词的体式相近,但一般在字数定格外可加衬字,较为自由,并多使用口语。分为戏曲(或称剧曲,包括杂剧、传奇等)、散曲两类,元明以来甚为流行。

另见 qū。

曲高和寡 宋玉《对楚王问》:"客有歌于郢中者,其始曰《下里》、《巴人》,国中属而和者数千人;其为《阳阿》、《薤露》,国中属而和者数百人;其为《阳春》、《白雪》,国中属而和者数十人;引商刻羽,杂以流徵,国中属而和者,不过数人而已。是其曲弥高,其和弥寡。"意谓乐曲的格调越高,能和的人就越少,用来比喻知音难得。后也喻言论或作品不通俗,能了解的人很少。《艺文类聚》卷四十四引阮瑀《筝赋》:"曲高和寡,妙伎难工,伯牙能琴,于兹为朦。"

曲牌 俗称"牌子"。元明以来南北曲、小曲、时调等各种曲调名的泛称。各有专名,如〔点绛唇〕、〔山坡羊〕、〔挂枝儿〕、〔转调货郎儿〕、〔叠落金钱〕、〔银纽丝〕等。总数达数千个。每一曲牌都有一定的曲调、唱法,字数、句法、平仄等也都有基本定式,可据以填写新曲词。曲牌多来自民间,一部分由词发展而来,故曲牌名也有与词牌名相同的。此外,亦有专供演奏的曲牌,大多只有曲调而无曲词。

曲艺 ❶小技。旧多指医卜之类的技能。《礼记·文王世子》:"曲艺皆誓之。"郑玄注:"曲艺,为小技能也。"❷各种说唱艺术的总称。以说讲和歌唱为主要艺术手段,辅以动作、表情、口技等来叙述故事,塑造人物,描绘情景,表达思想感情,反映社会生活。一般以叙事为主、代言为辅。演出时演员人数通常为一至二三人。表演形式有坐唱、站唱、走唱(载歌载舞)、拆唱(分角色演唱)、彩唱(化装表演)等;其歌唱部分,音乐曲式有板腔体、联曲体、单曲体三种。按历史源流和形式特点,又可分为评话、相声、快板、大鼓、弹词、道情(渔鼓)、牌子曲、走唱、时调小曲以及少

数民族曲艺等类别。历史悠久。唐代有说唱故事的说话、转变;宋代说话、鼓子词、诸宫调、唱赚、道情等曲艺形式十分流行,元明两代盛行词话、评话、弹词、鼓词等,清代又出现许多曲种。据建国后的不完全统计,全国各民族、各地区有三百多个曲种。曲艺文学(说唱文学)如唐五代变文、宋元话本以及许多评话、弹词、鼓词脚本,在中国文学史上均有一定影响。

苣 (qǔ) 见"苣荬菜"。

另见 jù。

苣荬菜 (Sonchus brachyotus) 别称"匍茎苦菜"。菊科。多年生草本,具匍匐茎。地上茎直立。叶互生,长椭圆状披针形,具稀疏的缺刻或浅羽裂。秋季开花,全部为黄色舌状花。生于路边、田野。为世界广布种,中国各地都有分布。全草入药,嫩苗可食或作饲料;叶可配制农药,防治蚜虫。

詓 〔詓〕(qǔ) 《集韵·八语》:"詓,声也。"《白虎通·号》:"卧之詓詓,起之呼呼。"谓卧时的鼻息声。

取 (qǔ) ❶割取耳朵。《周礼·夏官·大司马》:"获者取左耳。"引申为俘获;捕获。《左传·庄公十一年》:"覆而败之,曰取某师。"杜预注:"覆谓威力兼备,若罗网所掩覆,一军皆见禽制,故以取为文。"❷领取;取得。如:取款;取信于人。《孟子·离娄下》:"可以取,可以无取,取伤廉。"❸选取;采用。如:取材;取法;取其精华,去其糟粕。《孟子·尽心下》:"尽信《书》,不如无《书》。吾于《武成》,取二三策而已矣。"❹通"娶"。《易·蒙》:"勿用取女。"❺作语助,表示动作的进行。如:听取;记取。李白《长相思》:"不信妾肠断,归来看取明镜前。"❻姓。宋代有取希作。

另见 qū。

取次 ❶任意;随便。寒山诗:"平侧(仄)不解压,凡言取次出。"杜甫《送元二适江左》诗:"经过自爱惜,取次莫论兵。"❷草草,匆匆。元稹《离思五首》:"取次花丛懒回顾,半缘修道半缘君。"❸渐渐,陆续。邓学可《端正好·乐道》套曲:"亭台即渐摧,花木取次休。"

取缔 明令取消或禁止。如:取缔非法经营。

取精用宏 语出《左传·昭公七年》"其用物也弘矣,其取精也多

矣"。后以"取精用宏"指从所占有的丰富资料中吸取精华。况周颐《蕙风词话》卷一："尤必印证于良师益友,庶收取精用宏之益。"

取舍　采取和舍弃;选择。《汉书·贾谊传》:"为人主计者,莫如先审取舍,取舍之极定于内,而安危之萌应于外矣。"

夠(qǔ)　雄壮貌。《淮南子·人间训》:"〔匠人〕受令而为室,其始成,夠然善也。"高诱注:"夠,高壮貌。"

娶(qǔ)　娶妻。《左传·隐公元年》:"初,郑武公娶于申,曰武姜。"

齲〔齲〕(qǔ)　蛀牙。《史记·扁鹊仓公列传》:"齐中大夫病齲齿。"

齲齿笑　一种故意做作的笑。《后汉书·梁冀传》:"寿色美而善为妖态,作愁眉、啼粧(妆)、堕(堕)马髻、折腰步、齲齿笑。"寿,孙寿,梁冀妻。李贤注引《风俗通》:"愁眉者,细而曲折;啼粧者,薄拭目下若啼处;堕马髻者,侧在一边;折腰步者,足不任体;齲齿笑者,若齿痛不忻忻。"

qù

去(qù)　❶离开。如:去职。《汉书·朱买臣传》:"不能留,即听去。"❷往。如:从上海去北京。❸失去;损失。如:大势已去。《后汉书·梁鸿传》:"鸿乃寻访烧者,问所去失。"❹距;离开。如:两地相去数十里。王度《古镜记》:"夜行佩之山谷,去身百步,四面光徹,纤微皆见。"❺除去;弃。如:去皮。《后汉书·申屠刚传》:"人所畔者,天所去也。"❻过去的。如:去冬;去年。曹操《短歌行》:"去日苦多。"❼犹言"起"。指扮演戏剧中的人物。如:他在《牧羊记》里去苏武。❽表示行为的趋向。如:汽车慢慢向前开去。苏轼《海棠》诗:"只恐夜深花睡去。"❾汉语四声之一。即"去声"。
另见 jǔ,qū。

去国　❶离开故国。《礼记·曲礼下》:"去国三世,爵禄有列于朝,出入有诏于国。"❷离开国都。范仲淹《岳阳楼记》:"登斯楼也,则有去国怀乡,忧谗畏讥,满目萧然,感极而悲者矣!"❸离开故乡。苏轼《胜相院藏经记》:"有一居士,其先蜀人……去国流浪,在江淮间。"

去就　❶就或不就;从或舍。《大戴礼记·曾子疾病》:"是故君子慎其所去就。"《汉书·杨恽传》:"夫西河魏土,文侯所兴,有段干木、田子方之遗风,漂然皆有节概,知去就之分。"❷行动;举止。《三国志·魏志·杜畿传》:"范先欲杀畿以威众,且观畿去就。于门下斩杀主簿以下三十余人;畿举动自若。"《敦煌变文集·父母恩重经讲经文》:"有一类弟子,为人去就乖疏。"❸礼数;体统。柳宗元《上权德舆补阙温卷决进退启》:"庶几告之,俾识去就。"《北梦琐言》卷七:"盖讥其阻兵恃强,失事君去就。"

去去　❶催人速去之词。《世说新语·任诞》:"去去!无可复用相报。"❷越去越远。柳永《雨霖铃》词:"念去去千里烟波,暮霭沈沈楚天阔。"❸去一去的略语。去一会儿。如:我去去就来。

去声　汉语的一种调类。四声之一。调值各地不一。普通话去声念高降调,如"进"、"步"、"最"、"快"等字的调子。参见"四声"。

去势　即"阉割"。

去思　旧称地方绅民对离职官吏的怀念。《汉书·循吏传序》:"所居民富,所去见思。"杨素《赠薛播州》诗:"楚人结去思。"

去思碑　亦称"德政碑"。碑志之一种。旧时官吏离任时,地方士绅颂扬其"德政",著文勒碑,表示去后留思之意。

去泰去甚　语本《老子》"是以圣人去甚、去奢、去泰"。泰、甚,都是过分的意思。谓作事戒太过太甚。《文选·左思〈魏都赋〉》:"匪(非)朴匪(非)斫,去泰去甚。"李周翰注:"言取中法,不以奢侈为务。"亦作"去甚去泰"。《韩非子·扬权》:"故去甚去泰,身乃无害。"

厺(qù)　"去"的本字。

欨(qù)　张口出气。卢藏用《析滞论》:"口欨心醉,不知所答矣。"

屈(qù)　关闭。汤显祖《紫箫记·话别》:"门儿屈着暗咨嗟,烛心点着生疼热。"

麮〔麮〕(qù)　大麦粥。《荀子·富国》:"夏日则与之瓜麮。"

闃〔闃〕(qù)　空;寂静。《易·丰》:"闃其无人。"王禹偁《黄冈竹楼记》:"幽闃辽夐,不可具状。"

闃寂　寂静。韩偓《曲江夜思》诗:"林塘闃寂偏宜夜,烟火稀疏便似村。"

黿〔黿〕(qù)　见"黿醶"。

黿醶　蟾蜍。《尔雅·释鱼》:"黿醶,蟾诸。"郭璞注:"似虾蟆,居陆地。"按蟾诸今作蟾蜍,即癞哈蟆。

蜡(qù)　"蛆"的古字,蝇生子。《周礼·秋官·序官》"蜡氏"郑玄注:"蜡,骨肉腐臭,蝇虫所蜡也。"
另见 là,zhà。

趣(qù)　❶旨趣;意旨。《列子·汤问》:"曲每奏,钟子期辄穷其趣。"《晋书·陶潜传》:"但识琴中趣,何劳弦上声?"❷兴会;兴趣。《晋书·王羲之传》:"恒恐儿辈觉,损其欢乐之趣。"❸风致。《晋书·王献之传》:"献之骨力远不及父,而颇有媚趣。"
另见 cù,qū。

趣味　情趣与意味。《水经注·江水二》:"绝巘多生怪柏,悬泉瀑布,飞漱其间,清荣峻茂,良多趣味。"叶适《水心题跋·跋刘克逊诗》:"怪伟伏平易之中,趣味在言语之外。"

覰〔覰〕(qù)　❶窥伺。如:故寇覰边。李觏《鲁公碑》诗:"自非大祭时,莫教凡眼觑。"❷细看。辛弃疾《祝英台近·晚春》词:"鬓边觑,试把花卜归期,才簪又重数。"

闠(qù)　同"闃(闃)"。

覰(qù)　同"覰(覰)"。

闧(qù)　同"闃(闃)"。

覷(qù)　同"覰(覰)"。

鼩(qù)　❶兽名。《尔雅·释兽》:"鼩,鼠身长须而贼,秦人谓之小驴。"郭璞注:"鼩,似鼠而马蹄,一岁千斤,为物残贼。"❷鼠名。《尔雅·释兽》:"鼩鼠。"郭璞注:"今江东山中有鼩鼠,状如鼠而大,苍色,在树木上。"郝懿行义疏:"此与寓属之鼩同名异物。"

quān

卷(quān)　古邑名。战国魏地。在今河南原阳西南原武西北。《史记·苏秦列传》:"据卫取卷、淇,则齐必入朝秦",即此。
另见 gǔn,juǎn,juàn,quán。

卷（quān） 弩弓。《汉书·司马迁传》："张空卷，冒白刃，北首争死敌。"

驦〔驦〕（quān） 黑唇的白马。见《尔雅·释畜》。

悛（quān） ❶改过；悔改。如：怙恶不悛。《左传·隐公六年》："长恶不悛。"又《襄公二十八年》："子家弗听，亦无悛志。"❷次序。《左传·哀公三年》："自大庙始，外内以悛。"杜预注："悛，次也。"
另见 xún。

圈（quān） ❶圆圈。❷以圆圈作记号。如：加圈；圈点。❸活动的范围。如：势力圈。❹划界；围住。如：圈地。❺通"棬"。《礼记·玉藻》："母没而杯圈不能饮焉。"
另见 juān，juǎn，juàn。

圈点 旧时用来表示文句结构的符号，一般只用圈〔。〕和点〔、〕两种，分别表示文句结构的句和读。圈点也常加在句旁，表示词句的重要或精采。

圈套 范围；框框。《朱子语类·训门人》："某不是要教人步步相循，都来入这圈套。"引申为使人上当受骗之计。洪昇《长生殿·权哄》："怕孤立终落他圈套。"

棬（quān） 曲木制成的盂。《旧唐书·中宗纪》："幸临渭亭修禊饮，赐群官柳棬以辟恶。"参见"杯棬"。
另见 juàn。

quán

权〔權〕（quán） ❶秤锤。《汉书·律历志上》："权者，铢、两、斤、钧、石也，所以称物平施，知轻重也。"❷称量。《孟子·梁惠王上》："权，然后知轻重。"❸权衡。《礼记·王制》："凡听五刑之讼，必原父子之亲，立君臣之义，以权之。"❹权力；势力。如：掌权。《国策·齐策一》："田忌亡齐而之楚，邹忌代之相齐，恐田忌欲以楚权复于齐。"高诱注："权，势也。"❺权利。如：选举权；发言权。❻权宜；变通。古代常与"经"（指当不移的道理）相对。《公羊传·桓公十一年》："权者何？权者反于经然后有善者也。"❼佛教指权宜。与"方便❶"同义。常与"实"相对。"权"指适于一时机宜之法，"实"指究竟不变之法。《摩诃止观》第三："权谓权谋，暂用还废；实谓实录，究竟旨归。"❽姑且。如：权且；权时。《文选·左思〈魏都赋〉》："权假日以馀荣。"李善注："权，犹苟且也。"❾指暂代官职。如：权摄；权代；权篆。《宋史·李纲传上》："积官至监察御史，兼权殿中侍御史。"❿黄色。《尔雅·释草》："权，黄华。"又《释木》："权，黄英。"王国维《尔雅草木虫鱼鸟兽释例》："凡色黄者谓之权。"⓫通"颧"。面颊。《文选·曹植〈洛神赋〉》："明眸善睐，靥辅承权。"李善注："权，两颊。"⓬姓。唐有权德舆。
另见 guàn。

权变 随机应变。《史记·张仪列传论》："三晋多权变之士。"

权柄 权力。《汉书·刘向传》："夫大臣操权柄，持国政，未有不为害者也。"

权贵 指居高位、有权势的人。李白《梦游天姥吟留别》："安能摧眉折腰事权贵，使我不得开心颜。"

权衡 ❶秤。权，秤锤；衡，秤杆。《庄子·胠箧》："为之权衡以称之。"❷衡量比较。如：权衡得失。《淮南子·本经训》："故谨于权衡准绳，审乎轻重，足以治其境内矣。"❸权力。《晋书·潘岳传》："虽居高位，飨重禄，执权衡，握机秘……不得与之比逸。"❹古星座名。《史记·天官书》："南宫，朱鸟权衡。"裴骃集解引孟康曰："轩辕为权，太微为衡。"

权家 ❶权贵。《南史·袁昂传》："昂依事劾奏，不惮权家。"❷指长于谋略的人。《文选·曹植〈赠丁仪王粲〉诗》："权家虽爱胜，全国为令名。"李善注："权家，兵家也。"

权利 ❶权势和货利。《后汉书·董卓传》："遂等稍争权利，更相杀害。"❷"义务"的对称。（1）指法律上的权利，即自然人或法人依法行使的权能与享受的利益。是社会经济关系的一种法律形式，与义务不可分离。权利义务的依存性是公正法治的基础。在社会主义社会，权利与义务的一致性有了真正实现的可能。国家不仅在法律上确认公民的广泛权利，而且为公民享有权利提供保障。权利按不同的标准可作多种分类，主要有：1.按权利所反映的法律关系的性质，分为政治权利、财产权利、人身权利等；2.按权利相应义务人的范围，分为绝对权利与相对权利；3.按权利发生的因果关系，分为原权利与派生权利；4.按权利之间固有的主从关系，分为主权利与从权利。（2）泛指社会团体的章程规定其成员可以享受的利益和允许行使的权力。

权略 权谋；谋略。陆机《辨亡论》："权略纷纭。"《晋书·祖逖传》："又多权略，是以少长咸宗之。"

权门 权贵之家，也指有权势者。《汉书·息夫躬传》："交游贵戚，趋权门。"

权谋 犹权略。《荀子·君道》："上好权谋，则臣下百吏诞诈之人乘是而后欺。"《汉书·艺文志》"兵家"有"兵权谋十三家"，谓："权谋者，以正守国，以奇用兵，先计而后战，兼形势，包阴阳，用技巧者也。"

权能 权利的具体运用形式。权利的各种具体运用形式之总和，构成权利的内容。如占有、使用、收益、处分为所有权的权能。

权奇 奇特；卓异。《汉书·礼乐志》："志俶傥，精权奇。"王先谦补注："权奇者，奇谲非常之意。"

权时 ❶审度时势。朱浮《为幽州牧与彭宠书》："欲权时救急。"❷暂时；暂且。王实甫《西厢记》第三本第二折："受艾焙权时忍这番。"

权首 指主谋及首先发动事变的人。《汉书·吴王刘濞传赞》："毋为权首，将受其咎。"

权术 权谋；手段。《宋史·徐谊传》："三代圣王，有至诚而无权术。"

权数 ❶权能的类别。《管子·山权数》："桓公问管子曰：'请问权数。'管子对曰：'天以时为权，地以财为权，人以力为权，君以令为权。'"❷机智善变的能力。《后汉书·鲁恭传》："祖父匡，王莽时为羲和，有权数，号曰智囊。"❸在统计中计算平均数等指标时，对各个变量值具有权衡轻重作用的数值。例如，计算工人的平均工龄时，各种工龄的工人人数影响着平均工龄的大小，各种工龄的工人人数就是权数。

权枉 有权势而邪恶的人。《后汉书·杨震传论》："抗直方以临权枉，先公道而后身名。"又《史弼传论》："折让权枉，又何壮也！"

权威 ❶权力与威势。《吕氏春秋·审分》："若此则百官恫扰，少长相越，万邪并起，权威分移。"❷源于拉丁文 auctoritas，含有尊严、权力和力量的意思。指人类社会实践过程中形成的具有威望和支配作用的力量。权威的产生有其社会物质基础，权威的存在是社会发展的必要条件。在有阶级的社会里，政治权威集中表现为政权。无产阶级的组织纪律性、无产阶级专政的国家机器以及一批有经验、有威信的党的领袖，这些都是无产阶级革命和社会主义建设事业获得胜利的重要保证。无政府主义否定一切权威是错误的;把权威绝对化，搞个人崇拜，也是错误的。

权宜　因时因事而变通办法。如:权宜之计。《后汉书·西羌传论》:"计日用之权宜，忘经世之远略。"

权右　权门右族，指有权力而居高位的人。右，上。《晋书·周处周访传赞》:"始见疑于朝廷，终获戾于权右。"

权舆　❶草木萌芽新生。《大戴礼记·诰志》:"于时冰泮发蛰，百草权舆。"引申为起始、初时。《诗·秦风·权舆》:"于嗟乎，不承权舆。"毛传:"权舆，始也。"❷《诗·秦风》篇名。《诗序》以为刺秦康公"忘先君之旧臣，与贤者有始而无终"。意即待旧臣不如从前。今人或以为此乃没落贵族自伤"每食无余"，留恋过去生活之作。

权知　即暂代之意。宋官员以差遣治事，官衔前常带"知"字，"知"为主持之意。暂代者称权知。如权知枢密院事、权知贡举、权知某州某府等。又资历浅者任品秩高的职务时也加"权"字。

权轴　指宰辅的职位。《南史·范缜传》:"缜自以首迎武帝，志在权轴，而所怀未满，亦快快。"亦泛指大权。梁武帝《净业赋·序》:〔群小〕各执权轴，入出号令。"

全（quán）❶完备;齐全。《列子·天瑞》:"天地无全功，圣人无全能，万物无全用。"❷整个。如:全国;全世界;全神贯注。《国策·燕策一》:"秦赵相弊，而王以全燕制其后。"❸完全;都。如:全新;全来了。王维《酌酒与裴迪》诗:"草色全经细雨湿。"❹保全。《庄子·庚桑楚》:"全汝形，抱汝生。"《后汉书·童恢传》:"倾家赈恤，九族乡里赖全者以百数。"❺通"痊"。病愈。《周礼·天官·医师》:"岁终则稽其医事以治其食，十全为上，十失一次之。"❻姓。三国时吴有全琮。

全豹　比喻事物的全貌、全体。《聊斋志异·司文郎》:"适领一艺，未窥全豹，何忽另易一人来也?"参见"管中窥豹"。

全丁　古代称能担负劳役的成年男子。《晋书·范宁传》:"今以十六为全丁，则备成人之役矣;以十三为半丁，其任非复童幼之事矣。"

全活　❶使生活困难、濒于死亡的人得以继续生存。《汉书·成帝纪》:"流民欲入关，辄籍内(纳)，所之郡国，谨遇以理，务有以全活之。"❷犹言寿终。《论衡·祸虚》:"若此言之，颜渊不当早夭，盗跖不当全活也。"

全交　保全友谊。《礼记·曲礼上》:"君子不尽人之欢，不竭人之忠，以全交也。"

全局　在哲学上与"局部"相对，组成辩证法的一对范畴。全局指事物的整体及其发展全过程。局部指组成事物整体的各个部分、方面及其发展的各个阶段。二者是对立的统一。全局由它的一切局部组成，但高于局部、统率局部，对局部的发展变化起着主要的决定作用。局部是全局的一部分，对全局有一定的影响，在一定的条件下，当某个局部成为影响全局的主要一环时，它对全局就起着决定的作用。全局和局部的区分是相对的，在一定场合为全局的东西，在另一场合就成了局部的东西，反之亦然。

全牛　《庄子·养生主》:"始臣之解牛之时，所见无非牛者;三年之后，未尝见全牛也。"意思是说，刚剖解牛的时候，看到的都是完整的牛;几年之后，技术纯熟，看到的就只是牛的各部结构，而不是整体的牛。后因用"目无全牛"比喻技术熟练到了得心应手的境界。

全人　❶《庄子·庚桑楚》:"圣人工乎天而拙乎人。夫工乎天而俍乎人者，唯全人能之。"成玄英疏:"俍，善也。全人，神人也。"旧称道德纯备的人为"全人"，谓具有完美的人品。❷肢体形貌端正齐全的人。《庄子·德充符》:"瓮㼜大瘿说齐桓公，桓公说(悦)之，而视全人，其脰肩肩。"瓮㼜大瘿，谓脖子粗得像瓮㼜的人。脰，脖子。肩肩，细小貌。齐桓公喜欢这位病态者，反而觉得普通人的脖子太细了。❸保全人民。《后汉书·郅恽传》:"昔伊尹自鬻辅商，立功全人。"

全生　❶谓保全自然赋与人的各种禀性。《庄子·养生主》:"可以保身，可以全生，可以养亲，可以尽年。"❷保全生命。《管子·立政·九败解》:"全生之说胜，则廉耻不立。"

全帖　旧时于隆重礼节时所用的礼帖。用红纸折成，共十面，第一面中央写"正"字或"整肃"二字，第二面署名。因为共有十面，故称"全帖"。

全真　保全自然之本性。《文选·嵇康〈幽愤〉诗》:"志在守朴，养素全真。"张铣注:"养素全真，谓养其质以全真性。"

纯〔純〕（quán）古计数单位。一双;一对。《仪礼·乡射礼》:"二筭(算)为纯。一纯以取实于左手，十纯则缩而委之。"又《少牢馈食礼》:"鱼十有五而鼎，腊一纯而鼎。"

另见 chún，tún，zhūn，zhǔn。

佺（quán）见"偓佺"。

卷（quán）❶原指膝曲，引申为凡曲之称。《诗·大雅·卷阿》:"有卷者阿。"毛传:"卷，曲也。"❷通"圈"。《礼记·中庸》:"今夫山，一卷石之多;及其广大，草木生之，禽兽居之，宝藏兴焉。"郑玄注:"卷，犹区也。"❸通"婘"。好貌。《诗·陈风·泽陂》:"有美一人，硕大且卷。"❹通"惓"。见"卷卷"。

另见 gǔn，juǎn，juàn，quān。

卷娄　卷曲伛偻。《庄子·徐无鬼》:"卷娄者，舜也。"成玄英疏:"卷娄者，谓背项俆曲，向前拳卷而伛偻也。"又:"舜举乎童土之地，年齿长矣，聪明衰矣，而不得休归，所谓卷娄者也。"

卷卷　卷，通"惓"。忠诚;恳切。《汉书·贾捐之传》:"敢昧死，竭卷卷。"颜师古注:"卷，读与'拳'同。"按今多作"拳拳"。

诠〔詮〕（quán）❶详细解释;阐明事理。元稹《解秋十首》:"我怀有时极，此意何由诠?"❷真理。《淮南子·兵略训》:"发必中诠，言必合数。"

诠次　选择和编次;次第。钟嵘《诗品》卷中:"一品之中，略以世为先后，不以优劣为诠次。"韩愈《进顺宗皇帝实录表状》:"史官沈传师等采事得于传闻，诠次不精，致有差误。"

荃（quán）❶即荪。香草名。《离骚》:"荃不察余之中情兮。"王逸注:"荃，香草，以谕君也。"❷通"筌"。捕鱼器。《庄子·外物》:"荃者，所以在鱼，得鱼而忘荃。"

荃察　语出《离骚》"荃不察余之中情兮"。荃，原用以喻楚君。后书信中常用"荃察"为希望对方谅解之敬辞。

泉（quán） ❶地下水在地面的天然出露。在适宜的地形、地质、水文地质条件下，地下水能涌出地表而成泉。如山区的地形多经强烈割切，在沟谷和山坡坡麓有利于地下水的出露，泉就较多；在平原地区，泉一般出露在冲积扇的外缘、河流两岸和冲沟发育的地方。按其出露条件，可分为断层泉、接触泉、侵蚀泉等；按其水力性质，可分为上升泉和下降泉；按补给泉的地下水的类型，可分为上层滞水泉、潜水泉和自流水泉。❷古代钱币的名称。《周礼·地官·泉府》贾公彦疏："泉与钱，今古异名。"《汉书·食货志下》："故货，宝于金，利于刀，流于泉。"颜师古注："流行如泉也。"❸姓。北周有泉企。

泉布 古代泉与布并为货币，故统称货币为"泉布"。一说布也就是泉，一物而两名。《周礼·天官·外府》："掌邦布之入出。"郑玄注："布，泉也。布，读为宣布之布。其藏曰泉，其行曰布。取名于水泉，其流行无不遍。"《汉书·食货志下》："私铸作泉布者，与妻子没入为官奴婢。"陈造《长卢寺》诗："行客乞泉布。"

泉路 犹言泉下、泉壤。赵嘏《悼亡》诗："明月萧萧海上风，君归泉路我飘蓬。"

泉脉 伏流地中的水源。王维《春中田园作》诗："持斧伐远扬，荷锄觇泉脉。"

泉壤 犹言泉下、地下。指人死后埋葬之处。潘岳《寡妇赋》："上瞻兮遗像，下临兮泉壤。"

泉石 ❶指山水、园林佳胜之处。《南史·陶弘景传》："有时独游泉石，望见者以为仙人。"刘孝绰《侍宴集贤堂》诗："反景入池林，余光映泉石。"❷犹黄泉、泉下。《琵琶记·一门旌奖》："岂独奴心知感德，料你也衔恩泉石里。"

泉石膏肓 谓爱山水泉石成癖，犹如病入膏肓，不可改变。《新唐书·田游岩传》："高宗幸嵩山……谓曰：'先生比佳否？'答曰：'臣所谓泉石膏肓、烟霞痼疾者。'"

泉台 ❶犹言泉下、泉壤。黄滔《伤翁外甥》诗："应作芝兰出，泉台月桂分。"❷台名。即郎台。春秋时鲁庄公所筑。《公羊传·文公十六年》："秋八月，辛未，夫人姜氏薨，毁泉台。泉台者何？郎台也。"

泉下 犹言九泉、黄泉之下，即地下。《周书·晋荡公护传》："死若有知，冀奉见于泉下尔。"

泉源 泉水的源头。《诗·卫风·竹竿》："泉源在左，淇水在右。"祖咏《田家即事》诗："攀条憩林麓，引水开泉源。"

恮（quán） 谨慎。《说文·心部》："恮，谨也。"

辁〔輇〕（quán） ❶古代无辐的木车轮。《说文·车部》："辁，蕃车下庳轮也。一曰无辐也。"庳轮，低下的轮。❷比喻低劣。见"辁才"。

辁才 小才。谓识浅才小，不堪重任。《庄子·外物》："已而后世辁才讽说之徒，皆惊而相告也。"

牷（quán） 纯色的全牲。《左传·桓公六年》："吾牲牷肥腯。"杜预注："牲，牛羊豕也；牷，纯色完全也。"

桊（quán） 屈木做成的盂。见《集韵·二僊》。

另见 juàn。

拳（quán） ❶拳头，屈指向内而紧握的手。如：握拳；挥拳。❷徒手的武术。如：拳术；太极拳。❸勇力。见"拳勇❶"。❹通"蜷"。屈曲。《颜氏家训·勉学》："手不得拳，膝不得屈。"❺见"拳拳"。❻姓。春秋时卫有拳弥。

拳踢 局促，不得伸展。李白《答王十二寒夜独酌有怀》诗："骅骝拳踢不能食，蹇驴得志鸣春风。"

拳曲 屈曲貌。《庄子·人间世》："仰而视其细枝，则拳曲而不可以为栋梁。"

拳拳 亦作"惓惓"。牢握不舍之意。《中庸》："得一善，则拳拳服膺而弗失之矣。"朱熹注："拳拳，奉持之貌。"引申为恳切。司马迁《报任少卿书》："拳拳之忠，终不能自列。"

拳勇 ❶谓有勇力。语出《诗·小雅·巧言》："无拳无勇。"毛传："拳，力也。"《国语·齐语》："於子之乡，有拳勇股肱之力，秀出于众者？"韦昭注："大勇为拳。"白居易《博陵崔府君碑》："拳勇之旅，归之如云。"❷指拳术。陆凤藻《小知录》卷七"拳勇"条有内家、外家。

捲（quán） 通"拳"。《说文·手部》"捲"字说解引《国语》："有捲勇。"按《国语·齐语》作"有拳勇"。

另见 juǎn 卷。

捲捲 用力貌。《庄子·让王》："捲捲乎后之为人，葆力之士也。"

婘（quán） 见"婘膜"。

婘膜 丑貌。《淮南子·脩务训》："婘膜……籧篨、戚施，虽粉白黛黑，弗能为美者，嫫母、仳催也。"

铨〔銓〕（quán） ❶衡量轻重的器具。《汉书·王莽传中》："考量以铨。"颜师古注引应劭曰："量，斗斛也；铨，权衡也。"引申为量度；评定。参见"铨衡"。❷量才授官。《唐六典》卷二"考功郎中"："〔吏部〕以三铨分其选：一曰尚书铨，二曰中铨，三曰东铨。"❸姓。汉代有铨征。

铨衡 衡量轻重的器具。《后汉书·第五伦传》："伦平铨衡，正斗斛，市无阿枉，百姓悦服。"引申为评量品鉴的意思。陆机《文赋》："苟铨衡之所裁，固应绳其必当。"也指评量人才或执掌铨选的职位。《晋书·吴隐之传》："〔韩康伯母〕谓康伯曰：'汝若居铨衡，当举如此辈人。'"铨衡，指吏部曹，主选举事。

铨叙 旧时一种叙官制度，按照资历或劳绩考核评定官职的授予或升迁。《晋书·张骏传》："陈寓等冒险远至，宜蒙铨叙。"亦作"铨序"。《宋书·武帝纪》："将士依劳铨序。"

铨选 唐宋至清选用官吏的制度。除最高级职官由皇帝任命外，一般职官都由吏部按照规定选补。凡经考试、捐纳或原官起复具有资格的人均须到吏部听候铨选。

痊（quán） 病愈。如：痊愈；痊可。谢灵运《辨宗论·答王卫军问》："药验者疾易痊。"

惓（quán） 见"惓惓"。

另见 juàn。

惓惓 同"拳拳"。诚恳、深切之意。《论衡·明雩》："区区惓惓，冀见答享。"

婘（quán） 美好貌。《诗·齐风·还》"揖我谓我儇兮"陆德明释文："儇，许全反。"《韩诗》作'婘'，音权，好皃（貌）。"

另见 juàn。

棬（quán） 牛名。《尔雅·释畜》："黑脚，棬。"邢昺疏："牛之黑脚者名棬。"

筌（quán） 捕鱼用的竹器，鱼笱一类。郭璞《江赋》："夹潈罗筌。"一说是各种钓鱼用具的统称。陆龟蒙《渔具诗序》："缗而竿者，总谓之筌；筌之流，曰筒、曰车，横川曰梁，承虚曰笱。"参见"筌蹄"。

筌蹄 《庄子·外物篇》："筌者所以在鱼，得鱼而忘筌；蹄者所以在兔，得兔而忘蹄。"荃,即筌,捕鱼竹器;蹄,捕兔器。后来以"筌蹄"比喻达到目的的手段。一作"蹄筌"。《弘明集·无名氏〈正诬论〉》:"上士游之,则忘其蹄筌,取诸远味。"参见"言筌"。

腃（quán）❶脣;口边。《周礼·考工记》"锐喙决吻"郑玄注:"吻,口腃也。"决,张开。❷踡曲。《敦煌变文集·降魔变文》:"身腃项缩,恰似害冻老鸱。"鸱,同"鸱"。

谅〔諒〕（quán） 言语和悦。见《广韵·二仙》。
另见 yuàn。

跧（quán）❶踩;踏。《说文·足部》:"跧,蹴也。"❷蜷伏。王延寿《鲁灵光殿赋》:"狡兔跧伏于柎侧。"

瘏（quán）❶手屈病。见《广韵·二仙》。❷拳曲。《隋唐演义》第二十一回:"腮边瘏结淡红须,耳后蓬松长短发。"

觠（quán） 曲角。《尔雅·释畜》:"羊角三觠,羷。"郭璞注:"觠,角三匝。"郝懿行义疏:"《说文》:'觠,曲角也。'《系传》引《尔雅》注:'觠,捲也。'此盖旧注之文。"

蜷（quán） 虫行屈曲貌。见"蜷局"。

蜷局 亦作"蜷蹐"。拳曲不伸。《离骚》:"仆夫悲余马怀兮,蜷局顾而不行。"谓曲身回顾而不肯行。《楚辞·九思·悯上》:"蜷蹐兮寒局数。"

巻〔蜷〕（quán）❶缺齿;一说曲齿。见《说文·齿部》。❷笑而露齿貌。《淮南子·道应训》:"若士者巻然而笑。"

踡（quán） 见"踡局"。

踡局 同"蜷局"。拳曲不伸;局促。《淮南子·精神训》:"踡局而谛,通夕不寐。"左思《吴都赋》:"邦有湫隘而踡局。"

醛（quán） 含有醛基的有机化合物的总称。通式为
$$R-C-H$$
（R代表H或烃基）。化学性质极活泼,会起羰基加成反应,易被弱氧化剂（如费林试剂、多伦试剂）氧化成羧酸（RCOOH）,亦能加氢或还原成伯醇。可由伯醇（RCH$_2$OH）脱氢或缓和氧化制得。许多醛具有工业价值,如甲醛用以制酚醛塑料;乙醛制醋酸;糠醛用合成

纤维、橡胶、药物等。

鐉〔鐉〕（quán）❶门钩。《说文·金部》:"鐉,所以钩门户枢也。"王筠句读:"其形如钩而长爪。爪著于门匡,枢纳其中,以利开阖。吾乡犹用此物。"❷治门户的器具。《说文·金部》:"鐉,一曰治门户枢也。"引申为钻凿的意思。王筠《说文系传校录》:"《西狭颂》曰:'鐉烧破析。'又曰:'鐉山浚渎。'所谓鐉者,盖凿削平治之谓。"

鰁〔鰁〕（quán） 硬骨鱼纲,鲤科。体稍侧扁,长达十余厘米。口小,下位,呈马蹄形,下颌凹入,前缘具角质突起。栖息淡水底层,杂食性。广布于中国各地。常见的有华鰁（*Sarcocheilichthys sinensis*）和黑鳍鰁（*S. nigripinnis*）等。可供食用。

鬈（quán）❶本谓头发好,引申为美好。《诗·齐风·卢令》:"其人美且鬈。"毛传:"鬈,好貌。"按郑玄笺"勇壮也",则通"拳勇"之"拳"。今指头发卷曲。如:鬈发。❷把头发分开结束为髻,垂在两侧。《礼记·杂记下》:"燕则鬈首。"

巏（quán） 巏务,山名。

顴〔顴〕（quán） 颧骨。《北齐书·神武帝纪上》:"长颈高颧。"

蠸（quán） 瓜类害虫,即"黄守瓜"。《尔雅·释虫》:"蠸,舆父、守瓜。"郭璞注:"今瓜中黄甲小虫,喜食瓜叶,故曰守瓜。"郝懿行义疏:"今按此虫黄色,小于斑蝥,常在瓜叶上,食叶而不食瓜,俗名看瓜老子者也。"《庄子·至乐》:"瞀芮生乎腐蠸。"

蠹（quán） 同"泉"。见《集韵·二仙》。

quǎn

〈（quǎn） "甽"的古字。《说文·〈部》:"〈,水小流也。"段玉裁注:"〈与涓音义同。"

犬（quǎn）❶动物名。学名 *Canis familiaris*。亦称"狗"。哺乳纲,犬科。为人类最早驯化的家畜。耳短直立或长大下垂,听觉灵敏。犬齿锐利。舌长而薄,有散热功能。前肢五指,后肢四趾,有钩爪,以趾着地奔跑。尾上卷或下垂。嗅觉敏锐,性机警,易受训练。多在春秋两季单次发情,持续三周,妊娠期约

60～65天,年产两胎,每胎产仔2～8头。寿命15～20年。品种很多,按用途可分为牧羊犬、猎犬、警犬、玩赏犬以及挽曳、皮肉用等。❷旧时常用为自谦或鄙斥他人之词。见"犬子"、"豚犬"。

犬马❶古时臣仆对君主的自喻,表示甘愿服劳奔走。《三国志·魏志·华歆传》:"臣备位宰相,老病日笃,犬马之命将尽。"❷比喻小人。《后汉书·王符传》:"一旦富贵,则背亲捐旧,丧其本性,疏骨肉而亲便辟,薄知友而厚犬马。"❸借指玩好之物。苏辙《汉昭帝论》:"小人先之,悦之以声色犬马。"❹古代大夫生病的代称。《公羊传·桓公十六年》"属负兹舍,不即罪尔"何休注:"天子有疾称不豫,诸侯称负兹,大夫称犬马,士称负薪。"

犬牙❶借指像犬牙之物。苏辙《复次烟字韵答黄大临庭坚》:"犬牙春米新秋后,麦粒烝茶欲社天。"❷比喻地形、地势参差交错。刘禹锡《连州刺史厅壁记》:"此郡于天文与荆州同星分,田壤制与番禺相犬牙。"

犬子❶古人用为小儿名,表示爱称。《史记·司马相如列传》:"司马相如者,蜀郡成都人也。字长卿,少时好读书,学击剑,故其亲名之曰犬子。"司马贞索隐引孟康曰:"爱而字之也。"❷旧时对别人谦称自己的儿子为"犬子",亦称"小犬"、"豚儿"、"豚犬"。有时用以表示对别人儿子的轻蔑。《三国演义》第七十三回:"吾虎女安肯嫁犬子乎!"

甽（quǎn） "甽"的古字。《考工记·匠人》:"匠人为沟洫……广尺深尺谓之甽。"

汱（quǎn） 水落貌。《尔雅·释诂》:"汱、浑,陨坠也。"郭璞注:"汱、浑,皆水落貌。"

圳（quǎn） 同"甽"。《荀子·成相》:"举舜甽亩,任之天下身休息。"
另见 zhèn。

甽（quǎn） 同"圳"。

畎（quǎn）❶田间小沟。《书·益稷》:"浚畎浍距川。"孔传:"一亩之间,广尺深尺曰畎。"❷山谷。《书·禹贡》:"岱畎,丝、枲、铅、松、怪石。"孔传:"岱山之谷出此五物,皆贡之。"❸疏通。《乾坤凿度》卷上"象成数生":"圣人凿开虚无,畎流大道。"❹古族名。即"畎戎"。

畎亩 田间；田地。《孟子·告子下》："舜发于畎亩之中。"

畎戎 即"犬戎"。古戎人的一支，亦称畎夷、昆夷、绲夷等。殷周时游牧于泾渭流域（今陕西省彬县、岐山一带），为殷周西方劲敌。

畎田 亦作"畖田"。有小沟的田；在田中作小沟。《汉书·食货志上》："后稷始畖田，以二耜为耦，广尺深尺曰畖，长终亩；一亩三畖，一夫三百畖，而播种于三畖中。"

烇（quǎn） 火貌。见《玉篇·火部》。

绻〔綣〕（quǎn）❶屈。《淮南子·人间训》："兵横行天下而无所绻。"高诱注："绻，屈也。"❷见"缱绻"。

quàn

劝〔勸〕（quàn）❶劝告；劝解。如：劝戒；劝慰。❷提倡；勉励。《左传·成公十四年》："惩恶而劝善。"《论语·为政》："举善而教不能，则劝。"邢昺疏："言君能举用善人，置之禄位，教诲不能之人，使之材能，如此，则民相劝勉为善也。"

劝化 ❶佛教指劝人向善。《天台戒疏》卷上："劝化人受戒功德，胜造八万四千宝塔。"❷犹募化。劝人施舍财物。《释氏要览》卷中"造像"下引《罪福决疑经》："僧尼白衣，或自财，或劝化得财，拟作佛像。"

劝驾 《汉书·高帝纪下》："御史中执法下郡守，其有意称明德者，必身劝，为之驾，遣诣相国府。"颜师古注引文颖曰："有贤者，郡守身自往劝勉，令至京师，驾车遣之。"后称劝人起行或任职为"劝驾"。

劝酒胡 古时宴会中用以劝酒的小木偶。亦称酒胡、酒胡子。张邦基《墨庄漫录》卷八："饮席刻木为人，而锐其下，置之盘中，左右欹侧，僛僛然如舞状，久之力尽乃倒。视其传筹所至，酬之杯，谓之劝酒胡。"

劝农 ❶鼓励耕作。《史记·文帝本纪》："其于劝农之道未备。"❷官名。束皙《劝农赋》："惟百里之置吏，各区别而异曹；考治民之贱职，美莫当乎劝农。"唐宋有"劝农使"。苏轼《鸦种麦行》："农夫罗拜鸦飞起，劝农使者来行水。"

券〔券〕（quàn）❶契据。古代的券常分为两半，各执其一作为凭证，如今之合同。《史记·孟尝君列传》："酒酣，乃持券如前，合

之。"后泛指票据、凭证。如：国库券；入场券。❷比喻事情可成的保证。见"操券"。

缘〔縓〕（quàn） 浅红色。《仪礼·既夕礼》："縓绰锡。"郑玄注："一染谓之縓，今红也。"

quē

决〔決〕（quē） 通"缺"。《史记·李斯列传》："譬犹骋六骥过决隙也。"
另见 jué，xuè。

炔（quē） 化学中通常用以表示化合价缺少之意。有时也指一类有机化合物，其中含碳－碳叁键结构而具有高度不饱和性。
另见 guì。

缺（quē）❶残破；残缺。《易林·颐之睽》："缺囊破筐。"❷亏ံ缺；废缺。《史记·汉兴以来诸侯王年表》："幽、厉之后，王室缺，侯伯强国兴焉。"《后汉书·灵帝纪赞》："《小雅》尽缺。"李贤注："缺亦废也。"❸不足；短少。如：缺货；缺人；书有缺页。❹旧时指官位。如：出缺；补缺；实缺。❺当到而不到。如：缺席；缺勤。

缺陷 欠缺；不够完美。如：生理缺陷。《宋史·李沆传》："但念内典以此世界为缺陷，安得圆满如意，自求称足！"《儒林外史》第五十三回："竟不曾会他们一面，也是一件缺陷事！"

䏏（quē） 同"缺"。

阙〔闕〕（quē）❶过失；错误。《左传·成公二年》："其晋实有阙。"❷空缺；亏损。《左传·昭公二十年》："过齐氏，使华寅肉袒执盖，以当其阙。"杜预注："阙，空也。"《礼记·礼运》："三五而阙。"孔颖达疏："谓月光亏损。"❸毁；除。《吕氏春秋·孝行》："父母全之，子弗敢阙。"
另见 jué，què。

阙如 《论语·子路》："君子于其所不知，盖阙如也。"谓缺而不言。后常用为欠缺之意。《后汉纪·孝和皇帝纪上》："汉兴拨乱，日不暇给，礼仪制度阙如也。"

阙文 缺疑不书或脱漏之文。《论语·卫灵公》："吾犹及史之阙文也。"邢昺疏："文，字也。古之良史以书字有疑则阙之，以待能者，不敢穿凿。"陆机《文赋》："收百世之阙

文，采千载之遗韵。"

阙疑 谓有疑而暂置不论，不作主观判断。《论语·为政》："多闻阙疑，慎言其余，则寡尤。"

闕（quē） 同"阙（闕）"。

闕

qué

瘸（qué） 本谓手脚偏废的病，今指腿脚有病，行步不平衡。如：瘸腿；瘸子；一瘸一拐。

què

芍（què） 见"芍陂"。
另见 sháo。

芍陂 古代淮水流域著名的水利工程。在今安徽寿县南。因引淠水经白芍亭东积而成湖，故名。相传此陂即期思陂，系春秋楚相孙叔敖所造，不可信。最早见于《汉书·地理志》。自东汉至唐，王景、邓艾等屡经修浚，陂周至二三百里，灌田至万余顷。南朝梁后以陂在安丰郡境内，又名安丰塘。宋元后渐就堙废，今安丰塘即其残存的一部分。

却〔卻、卻〕（què）❶退；退避；退却。如：却敌。《国策·秦策五》："秦受地而却兵。"《汉书·郊祀志下》："〔楚怀王〕欲ълж以获福，助却秦师。"❷拒绝；推却。见"却之不恭"。❸还；再。李商隐《夜雨寄北》诗："何当共剪西窗烛，却话巴山夜雨时。"❹表示语气转折，相当于"但"、"可是"。《水浒传》第三十回："施恩来了大牢里三次，却不提防被张团练家心腹人见了。"❺反而。司空图《漫书》诗："逢人渐觉乡音异，却恨莺声似故山。"❻犹"了"。去。如：忘却。杜甫《曲江》诗："一片花飞减却春。"

却谷 又称"辟谷"、"断谷"、"绝谷"。见马王堆帛书《却谷食气篇》。秦汉前后的一种养生方法。即不吃当时的习惯膳食而食用水果或含丰富植物油的种子（如松子仁、柏子仁、火麻仁等）以及含有多种糖、淀粉、维生素等成分的根、根茎或菌核（如麦门冬、地黄、茯苓、山药、黄芪、人参等）。也有减食或间断饥饿等方法。

却粒 不食作为主食的谷粒。即"却谷"。陆机《汉高祖功臣颂》："托迹黄老，辞世却粒。"

却曲 曲行，不敢一直前进。《庄

子·人间世》:"迷阳迷阳,无伤吾行,吾行却曲,无伤吾足。"迷阳,棘刺。

却扫　谢客,谓不复扫径迎客。江淹《恨赋》:"闭关却扫,塞门不仕。"参见"杜门却扫"。

却扇　古代婚礼,新妇行礼时以扇障面,交拜后去扇称为"却扇"。庾信《为梁上黄侯世子与妇书》:"分杯帐里,却扇床前。"唐时习俗,成婚之夕,有催妆诗、却扇诗,李商隐有《代董秀才却扇》诗。

却月　半圆形的月亮;半圆形。《南史·侯景传》:"城内作迂城,形如却月以捍之。"《旧唐书·李靖传》:"筑却月城,延袤十余里。"

却之不恭　《孟子·万章下》:"却之却之为不恭。"后以"却之不恭"表示拒绝盛情邀请或拒受礼物就不免失敬的意思。

堁　(què) 土地瘠薄。《后汉书·陈龟传》:"今西州边郡,土地堁堁。"李贤注:"堁,谓瘠土也。"

犳　(què) 战国宋良犬名。通"鹊"。后亦泛指狗。王禹偁《酬种放征君》诗:"方号骁骁龙,已困猖猖犳。"参见"鹊❷"。

岩　〔礐〕(què) ❶风或水击石成声。木华《海赋》:"彯沙岩石。"❷多大石的山。《尔雅·释山》:"〔山〕多大石,岩。"陆德明释文:"岩或作确。"

珬　(què) 用于人名。唐代有段珬宝。

愨　〔愨〕(què) 诚笃;忠厚。《史记·孝文本纪》:"法正则民愨。"

雀　(què) ❶鸟名。麻雀的别称。也泛称雀形目的多种小鸟。《文选·宋玉〈高唐赋〉》:"众雀嗷嗷,雌雄相告。"李善注:"雀,鸟之通称。"❷赤黑色。见"雀弁"。
另见 qiāo。

雀弁　同"爵弁"。古代礼冠的一种,比冕次一级,色如雀头,赤而微黑。《书·顾命》:"二人雀弁执惠,立于毕门之内。"惠,一种矛。

雀屏　《旧唐书·高祖窦皇后传》:"〔窦毅〕谓长公主曰:'此女(窦后)才貌如此,不可妄以许人,当为求贤夫。'乃于门画画二孔雀,诸公子有求婚者,辄与两箭射之,潜约中目者许之。前后数十辈莫能中,高祖(李渊)后至,两发各中一目,毅大悦,遂归于我帝。"后用"雀屏中选"为择婿许婚的典故。

雀跃　《庄子·在宥》:"鸿蒙方将拊髀雀跃而游。"陆德明释文:"雀,本又作爵。司马云,雀跃,若雀浴也;一云,如雀之跳跃也。"后用以表示喜极。袁枚《随园诗话》卷一:"余曰:渠用意极妙,惜未醒耳。若改'仰首欲攀低首拜',则精神全出;仅易三字耳。陈为雀跃。"

确　(一)(què) ❶通"角"。角逐。《汉书·李广传》:"数与虏确。"颜师古注:"确,谓竞胜败也。"❷薄。与"厚"、"丰"相对。左思《吴都赋》:"庸可共世而论巨细,同年而议丰确乎?"❸土地瘠薄。徐孝嗣《表立屯田》:"精寻灌溉之源,善商肥确之异。"
(二)〔確〕(què) ❶确实;真实。如:确有其事。❷刚强;坚固。《易·乾·文言》:"确乎其不可拔。"

确凿　真实有据。鲁迅《而已集·读书杂谈》:"实地经验总比看、听、空想确凿。"

阒　〔闃〕(què) ❶本谓祭事已毕而闭门,引申为止息。《诗·小雅·节南山》:"君子如届,俾民心阒。"毛传:"届,极;阒,息。"郑玄笺:"届,至也;君子,斥在位者。如行至诚之道,则民鞠讻之心息。"❷乐终。《礼记·郊特牲》:"乐三阒,然后出迎牲。"孔颖达疏:"阒,止也;奏乐三遍,止,乃迎牲入杀之意。"因谓乐曲一首为一阒。《吕氏春秋·古乐》:"昔葛天氏之乐,三人操牛尾,投足以歌八阒。"又词一首也叫一阒。❸终了。周邦彦《浪淘沙慢》词:"南陌脂车待发,东门帐饮乍阒。"又旧谓三年之丧满为"服阒"。❹完尽。张协《七命》:"繁肴既阒,亦有寒羞。"❺空虚。《庄子·人间世》:"瞻彼阒者,虚室生白。"陆德明释文引司马彪云:"阒,空也。室比喻心,心能空虚则纯白独生也。"

塙　(què) 本指贫瘠之地,引申为坚不可拔。《说文·土部》:"塙,坚不可拔也。"徐锴系传:"所谓塙堁之地也。"段玉裁注:"今俗字作确,乃确字之变耳。"

鹊　〔鵲〕(què) ❶动物名。学名 Pica pica。亦称"喜鹊"。鸟纲,鸦科。我国有四个亚种。普通亚种(P. p. sericea)体长约46厘米。上体羽色黑褐,具有紫色光泽,其余部分白色。尾长,栖止时常上下翘动。杂食性,多营巢于村舍高树上。为中国分布极广的留鸟,沿海地区尤为常见。❷通"犳"。战国时宋国犬

名。《礼记·少仪》"乃问犬名"郑玄注:"谓若韩卢宋鹊之属。"孔颖达疏引桓谭《新论》作"韩卢宋犳"。

鹊

鹊巢鸠占　语出《诗·召南·鹊巢》"维鹊有巢,维鸠居之"。毛传:"鸤鸠不自为巢,居鹊之成巢。"本比喻女子出嫁,以夫家为家。后用以比喻占夺他人居处、地位或财产。

鹊起　《太平御览》卷九二一引《庄子》:"鹊上高城之垝,而巢高榆之颠,城坏巢折,陵风而起。故君子之居世也,得时则蚁行,失时则鹊起也。"本指见机而作,后用为乘时崛起之意。谢朓《和伏武昌登孙权故城》:"鹊起登吴山,凤翔陵楚甸。"

鹊桥　神话传说每岁七月七夕牛郎、织女相会,鹊鸟衔接为桥以渡银河。韩鄂《岁华纪丽》卷三引《风俗通》:"织女七夕当渡河,使鹊为桥。"权德舆《七夕》诗:"今日云轺渡鹊桥,应非脉脉与迢迢。"参见"七夕"。

鹊桥仙　❶词牌名。双调五十六字,仄韵。秦观所作咏七夕一阒,有"金风玉露一相逢,便胜却人间无数"句,故又名《金风玉露相逢曲》。又一体双调八十八字,仄韵。❷曲牌名。属南曲仙吕宫。字句格律与词牌五十六字体半阒同。用作引子。

鹊喜　旧俗以鹊噪为喜兆,故称"鹊喜"。王仁裕《开元天宝遗事·灵鹊报喜》:"时人之家,闻鹊声皆为喜兆,故谓灵鹊报喜。"宋之问《发端州初入西江》诗:"破颜看鹊喜,拭泪听猿啼。"

鹊笑鸠舞　《易林·噬嗑之离》:"鹊笑鸠舞,来遗我酒;大喜在后,授吾龟纽。"后用作喜庆的祝词。

鹊噪　鹊声噪杂,旧时以为报喜之讯。《宋史·孙守荣传》:"自是数出入相府。一日庭鹊噪,令占之。曰:'来日哺时,当有宝物至。'明日,李全果以玉柱斧为贡。"参见"鹊喜"。

散　(què) 树皮裂坼。《尔雅·释木》:"槐小叶曰榎;大而散,楸;小而散,榎。"郭璞注:"老而皮粗散者为楸,小而皮粗散者为榎。"邹浩《四柏赋》:"皮皴散以龙惊。"

碏　(què) 杂色石。见《集韵·十八药》。用作人名。春秋时

卫有大夫石碏。

阙〔闕〕(què) ❶古代宫殿、祠庙和陵墓前的建筑物，通常左右各一，建成高台，台上起楼观。以两阙之间有空缺，故名阙或双阙。有的用石雕砌而成，专作记官爵、功绩和装饰之用。也有大阙旁更建小阙，称"子母阙"。

高颐阙

如东汉王稚子阙、高颐阙等。徐锴《说文解字系传》卷二十三："盖为二台于门外，人自作楼观于上，上员下方。以其阙然为道，谓之阙，以其上可远观，谓之观，以其县(悬)法谓之象魏。"因以为宫门的代称。《汉书·朱买臣传》："诣阙上书。"❷见"城阙"。❸姓。宋代有阙礼。

另见 jué，quē。

阙党　即"阙里"。孔子故居。《论语·宪问》："阙党童子将命。"刘宝楠正义："阙党是孔子所居。《汉书·梅福传》：'今仲尼之庙，不出阙里。'师古曰：'阙里，孔子旧里也。阙里即阙党。'"

阙里　春秋时孔子住地。在今山东曲阜市城内阙里街。因有两石阙，故名。孔子曾在此讲学。后建有孔庙，几占全城之半。旧亦曾用作曲阜的别称。

阙下　宫阙之下。谓帝王所居之处。借指朝廷。《汉书·淮南厉王长传》："驰诣阙下，肉袒而谢。"

愨(què) 同"愨(愨)"。

榷〔搉、権〕(què) ❶渡水的横木。见《说文·木部》。❷专利；专卖。《汉书·武帝纪》："初榷酒酤。"颜师古注引应劭曰："县官酤榷卖酒，小民不复得酤也。"❸税；征税。《文献通考·征榷考》："其擅加杂榷，率一切宜停。"又："天下置肆以酤者，每斗榷百五十钱。"❹商讨。见"商榷"。

㲉(què，又读 qiāo)　击头。《说文·殳部》："㲉，击头也。"《左传·定公二年》："阍乞肉焉，夺之杖以㲉之。"陆德明释文："㲉，《说文》作毃。按《说文》毃、㲉为二字：毃，击头，横㮲。㲉必以杖，毃不必以杖。"

碻(què)　同"确(確)"。另见 qiāo。

愨(què)　同"愨(愨)"。

雐(què)　同"鹊"。

闠(què)　同"阙(闕)"。

㲉(què)　❶通"确"。瘠薄；枯瘠。《管子·地员》："刚而不㲉。"《庄子·天下》："其道大㲉。"❷俭薄；节俭。《史记·秦始皇本纪》："虽监门之养，不㲉于此。"❸脚背。《仪礼·既夕礼》："有前后裳，不辟，长及㲉。"

另见 hú，jué。

醵(què)　同"榷❷"。

攉(què)　同"榷"。专利。《汉书·王莽传下》："如令豪吏猾民辜而攉之。"颜师古注："辜攉，谓独专其利，而令他人犯者得罪辜也。"参见"扬攉"。

另见 huò。

闑(què)　同"阙(闕)"。

碻(què)　❶坚固不可动摇貌。《后汉书·申屠蟠传》："澄等果罢党锢，或死或刑者数百人，蟠碻然免于疑论。"❷敲打。《北堂书钞》卷一百三十四引《郭子》："何次道尝诣王丞相以麈尾碻床，呼何共坐。"❸水激石貌。郭璞《江赋》："幽㵎积岨，岩碻㟥碻。"

qūn

困(qūn)　圆形的谷仓。《诗·魏风·伐檀》："胡取禾三百困兮。"

困仓　贮藏粮食的仓库。圆形的叫"困"，方形的叫"仓"。《礼记·月令》："〔仲秋之月〕穿窦窖，修困仓。"

困困　曲折回旋貌。杜牧《阿房宫赋》："盘盘焉，困困焉，蜂房水涡，矗不知其几千万落。"

逡(qūn)　❶退让。《汉书·公孙弘传》："有功者上，无功者下，则群臣逡。"王先谦补注："逡，退也。言群臣明退让之义也。"❷通"踆"。兔名。《国策·齐策三》："东郭逡者，海内之狡兔也。"

另见 jùn。

逡巡　❶亦作"逡循"、"逡遁"。却退；欲进不进、迟疑不决的样子。《庄子·让王》："子贡逡巡而有愧

色。"❷犹言顷刻；须臾。陆游《除夜》诗："相看更觉光阴速，笑语逡巡即隔年。"王实甫《西厢记》第二本第一折："虽然是不关亲，可怜见命在逡巡，济不济权将秀才来尽！"

逡遁　同"逡巡❶"。

逡循　同"逡巡❶"。

辌〔輬〕(qūn)　车轴相逢。见《广韵·十七真》。引申为相连貌。《文选·张衡〈南都赋〉》："堤塍相辌。"李善注："辌，相连之貌。"

另见 qún。

踆(qūn)　通"逡"。张衡《东京赋》："千品万官，已事而踆。"薛综注："已，止也；踆，退也。谓品秩官僚等并止事而退还也。"

另见 cūn。

踆踆　行步迟重的样子。张衡《西京赋》："怪兽陆梁，大雀踆踆。"

qún

峮(qún)　见"峮嶙"。

峮嶙　山相连貌。《文选·张衡〈南都赋〉》："或峮嶙而纲联。"李善注："峮嶙，相连之貌。"

寪(qún)　群居。见《说文·宀部》。引申为荟萃之处。如：学寪。

辌〔輬〕(qún，又读 yǐn)　小车前的阑木。《说文·车部》："辌，轺车前横木也。"段玉裁注："轺车，小车也。横，阑木也。谓小车轼轸之直者衡者也。"

另见 qūn。

裠〔帬、裳〕(qún)　❶古谓下裳，男女同用。见"裙屐"。今专指妇女的裙子。❷鳖甲边缘的肉质部分。陶岳《五代史补·僧赋牡丹诗》载：僧谦光饮酒食肉，尝云："老僧无他愿，但愿鹅生四只腿、鳖长两重裙足矣。"

裙钗　古代妇女的服饰，因用为妇女的代称。《红楼梦》第一回："我堂堂须眉，诚不若彼裙钗。"

裙带官　赵升《朝野类要》卷三："亲王南班之婿，号曰西官，即所谓郡马也；俗谓裙带头官。"周煇《清波杂志》卷三："蔡(蔡卞)拜右相，家宴张乐，伶人扬言曰：'右丞今日大拜，都是夫人裙带。'讥其官职自妻而致，中外传以为笑。"蔡为王安石婿。旧谓借妻女、姊妹的关系而得的官为"裙带官"。含讽刺意。

裙屐　裙，下裳；屐，木鞋。六朝贵

游子弟的衣着。《北史·邢峦传》："萧深藻是裙屐少年,未治政务。"

群 [羣](qún) ❶合群。《荀子·王制》："人能群,彼不能群也。"❷兽畜相聚之称。《诗·小雅·吉日》："或群或友。"毛传:"兽三为群。"又《小雅·无羊》:"谁谓尔无羊,三百维群。"❸朋辈;集体。见"离群索居"。❹指成群的同类事物。如:建筑群。《易·系辞上》:"物以群分。"❺众;诸。如:群山;群书。《书·舜典》:"觐四岳群牧。"❻联系;会合。《荀子·非十二子》:"壹统类而群天下之英杰。"❼抽象代数学的重要概念。指元素之间具有某一代数运算(通常称为乘法,运算结果称为乘积)并满足下列条件的集:(1)元素对于这个运算满足结合律;(2)有单位元素,它和集中任何元素的乘积还是该元素;(3)每个元素有逆元素,任何元素与其逆元素的乘积是单位元素。例如,所有不等于零的实数关于普通乘法构成一个群,1是它的单位元素,每个元素的逆元素就是这个元素的倒数。群论是系统地研究群的性质和应用的一门学科。19世纪初,伽罗瓦利用群的性质解决了高次代数方程用根式求解的可能性的判断问题以后,群论获得巨大发展。现在群论成为研究数学许多分科及结晶学、物理学等的重要工具。

群策群力 《法言·重黎》:"汉屈群策,群策屈群力。"李轨注:"屈,尽。"后常用"群策群力"谓大家出主意出力气。也指众人的智慧和力量。《明史·文震孟传》:"尽斥患得患失之鄙夫,广集群策群力以定乱,国事庶有瘳乎!"

群从 指族中兄弟子侄辈。《晋书·阮咸传》:"群从昆弟,莫不以放达为行。"

群季 诸弟。李白《春夜宴从弟桃花园序》:"群季俊秀,皆为惠连。"惠连,谢灵运族弟,善诗文,与灵运齐名。

群龙无首 语出《易·乾》"见群龙,无首,吉"。比喻一群人中没有领头者。沈德符《万历野获编·阁试》:"至丙辰而群龙无首,文坛丧气。"

群轻折轴 《国策·魏策一》载张仪说魏王:"臣闻积羽沉舟,群轻折轴,众口铄金,故愿大王之熟计之也。"谓即使是轻的东西,堆积过多,也能把车轴压断。比喻不能忽视小事,因任其滋长,也能造成大的恶果。

群生 ❶犹言众生,指一切生物。《汉书·董仲舒传》:"是以阴阳调而风雨时,群生和而万民殖。"❷指百姓。元结《大唐中兴颂》:"毒乱国经,群生失宁。"

群小 犹言"众小人"。用以称自己不满的或轻蔑的人。《诗·邶风·柏舟》:"忧心悄悄,愠于群小。"六朝时,统治阶级多用以蔑称庶人,以别于士大夫阶级。《世说新语·容止》:"庾长仁与诸弟入吴,欲住亭中宿。诸弟先上,见群小满屋,都无相避意。"

群众 大众。《史记·礼书》:"宰制万物,役使群众。"

麇(qún) 同"羣"。成群。《左传·昭公五年》:"求诸侯而麇至。"

另见 jūn,kǔn。

麕(qún) 同"羣"。

另见 jūn。

麢(qún) 通"群"。成群。颜延之《皇太子释奠会作》诗:"怀仁憬集,抱智麢至。"

另见 jūn。

R

呥(rán) 同"呥"。

呥(rán) 见"呥呥"。

呥呥 咀嚼貌。《荀子·荣辱》："呥呥而噍。"杨倞注："呥呥,噍貌。噍,嚼也。"

袇(rán) 衣服的边缘。《仪礼·士昏礼》："纯衣纁袇。"郑玄注："纯衣,丝衣……袇,亦缘也。"

蚺(rán) 同"蚺"。

腬〔朒〕(rán) 龟甲边。见《说文·龟部》。

蚺(rán) 即"蟒蛇"。
另见 tiàn。

蚺蛇 即"蟒蛇"。

然(rán) ❶"燃"的本字。燃烧。《孟子·公孙丑上》："若火之始然。"❷是。《论语·雍也》："雍之言然。"也用作肯定的回答。《论语·阳货》："然,有是言也。"❸如是;这样。如:所以然;不尽然。《论语·宪问》："其然,岂其然乎?"❹犹"乃"。《庄子·天地》："始也我以女(汝)为圣人邪,今然君子也。"❺不过;但是。《史记·高祖本纪》："周勃重厚少文,然安刘氏者必勃也。"❻表语气。犹"焉"。《礼记·哀公问》："寡人愿有言然。"❼表比拟,犹言一般。《礼记·大学》："如见其肺肝然。"❽作词助,表状态。如:突然;欣欣然。《孟子·梁惠王上》："天油然作云,沛然下雨,则苗浡然兴之矣。"❾姓。战国时滕有然友。

然诺 许诺。《史记·张耳陈馀列传》："上贤贯高为人能立然诺,使泄公具告之,曰:'张王已出。'因赦贯高。"

然脐 东汉董卓被吕布刺死后,尸陈于市。"卓素充肥,脂流于地。守尸吏然火置卓脐中,光明达曙,如是积日。"见《后汉书·董卓传》。杜甫《郑驸马池台喜遇郑广文同饮》诗:"然脐郿坞败,握节汉臣回。"亦作"然腹"。《晋书·王敦传》:"董卓然腹以照市。"

然疑 犹"狐疑"。《楚辞·九歌·山鬼》:"君思我兮然疑作。"王逸注:"言怀王有思我时,然谗言妄作,故令狐疑也。"

頕(rán) 同"髯"。多须。《庄子·田子方》:"昔者寡人梦见良人,黑色而頕。"

髯〔髥〕(rán) ❶两颊上的长须。《汉书·朱博传》:"博奋髯抵几。"抵,击。❷须长的人。《三国志·蜀志·关羽传》:"羽美须髯,故亮(诸葛亮)谓之髯。"

髯口 也叫"口面"。传统戏曲演员扮演脚色时所戴的假须,用头发、马尾或牦牛毛等制成。常用的有黑、黪(灰黑)、白三色,个别性格或容颜怪异的人物则戴红髯或紫髯。式样有满髯、五绺、三绺等。净脚所戴口部露空的髯口叫"扎",络腮短髯叫颏下涛或二涛。丑脚常用的垂挂式髯口叫吊搭。髯口除作年龄、身份的标志外,还有帮助演员表演的作用。

三绺　　吊搭
髯口

嘫(rán) 应声。《说文·口部》:"嘫,语声也。"朱骏声通训定声:"声谓相应之声,经传皆以然为之。"

顄(rán) 同"髯"。颊上长须。《释名·释形体》:"在颊耳旁曰顄,随口动摇,顄顄然也。"

燃(rán) 本作"然"。焚烧;点火。如:燃料;燃灯。梁元帝《宫殿名》诗:"林间花欲燃。"谓花红如燃。

燃藜 《三辅黄图·阁》:"刘向成帝之末,校书天禄阁,专精覃思。夜有老人著黄衣,植青藜杖,叩阁而进见。向暗中独坐诵书,老父乃吹杖端烟然,因以见向,授五行洪范之文。"按此为古时传说。后因以"燃藜"指夜读或勤学。

燃眉 比喻事情急迫。赵翼《人参》诗:"燃眉倘可救,剜肉遑敢计。"

燃烧 两物质起激烈的化学反应而发热和发光的现象。例如,锑粉或钠丝在氯气中燃烧,煤或汽油在空气中燃烧。普通所称的燃烧,仅指某些物质(如柴、油类、硫黄、煤气等)在较高温度时与空气中的氧气化合而发热和发光的激烈氧化反应现象。

燃犀 《元和郡县图志》卷二十八:"温峤至牛渚,燃犀照诸灵怪。"按《晋书·温峤传》:"〔峤〕至牛渚矶,水深不可测;世云其下多怪物,峤遂毁犀角而照之。须臾,见水族覆火,奇形异状,或乘马车著赤衣者。"毁,焚烧。按此为古时传说,借用为洞察奸邪的意思。

爇(rán) "然"的古字。燃烧。《汉书·陈汤传》:"卒徒工庸以巨万数,至爇脂火夜作。"

冉〔冄〕(rǎn) ❶龟壳的边缘。《汉书·食货志下》:"元龟岠冉,长尺二寸。"❷姓。

冉冉 ❶慢慢地;渐进貌。《离骚》:"老冉冉其将至兮,恐修名之不立。"古乐府《陌上桑》:"盈盈公府步,冉冉府中趋。"❷柔弱下垂貌。曹植《美女篇》:"柔条纷冉冉,叶落何翩翩。"

姌(rǎn) 同"姌"。

苒(rǎn) 见"苒苒"、"荏苒"。

苒苒 ❶草盛貌。唐彦谦《移莎》

诗:"苒苒齐芳草,飘飘笑断蓬。"❷轻柔貌。王粲《迷迭赋》:"挺苒苒之柔茎。"❸渐渐。刘禹锡《酬窦员外旬休早凉见示》诗:"四时苒苒催容鬓,三爵油油忘是非。"

苒荏 同"荏苒"。时光渐渐过去。陆云《与杨彦明书》:"时去苒荏,岁行复半。"

姌（răn）　见"姌嫋"。

姌嫋 纤细柔弱貌。《史记·司马相如列传》:"柔桡嫚嫚,妩媚姌嫋。"

骃〔骃〕（răn）　周代所封国名。《路史·高辛氏下》:"周之初兴,大封同姓五十有三国,而文武之胙又三十有二:管、蔡、成、霍、鲁、卫、毛、骃……文之昭也。"

染（răn）　❶染色。《墨子·所染》:"见染丝而叹曰:'染于苍则苍,染于黄则黄;所入者变,其色亦变。'"亦指图画上施彩色。如:点染;渲染。❷沾上,一般指不良的嗜好、疾病等。如:习染;传染。《书·胤征》:"旧染污俗,咸与维新。"《晋书·庾衮传》:"始疑疫疠之不相染也。"❸豆酱。《吕氏春秋·当务》:"于是具染而已。"高诱注:"染,豉酱也。"❹姓。晋代有染闵。

染指　《左传·宣公四年》:"楚人献鼋于郑灵公。公子宋(即宋子公)与子家将见,子公之食指动,以示子家,曰:'他日我如此,必尝异味。'……及食大夫鼋,召子公而弗与也。子公怒,染指于鼎,尝之而出。"后以"染指"比喻沾取非分利益。皮日休《酒中十咏·酒床》:"开眉既压后,染指偷尝处。"后亦用以比喻插手参与某事。

翢（răn）　即"绒羽",俗称"绒毛"。

橪（răn）　酸小枣。《史记·司马相如列传》:"枇杷橪柿。"裴骃集解引徐广:"橪,果也。"

răng

嚷（răng）　义同"嚷(răng)"。如:嚷嚷。

另见 răng。

ráng

儴（ráng）　同"勷"。见"伥儴"。

勷（ráng）　见"劻勷"。

蘘（ráng）　通"穰"。五谷丰收。《庄子·庚桑楚》:"居三年,畏垒大壤。"

另见 răng。

蘘（ráng）　见"蘘荷"。

蘘荷（Zingiber mioga）　亦称"阳藿"。姜科。多年生草本。根状茎淡黄色,有辛辣味。叶从根状茎生出,两行,披针形。夏季抽生穗状花序,花被淡黄色,花下有鳞片状苞片。生于山野荫蔽处。中国南部和日本都有分布。花穗和嫩芽可供食用;根状茎入药,性温、味辛,功能温中理气、祛风止痛、止咳平喘,主治感冒咳嗽、气管炎、哮喘等症。

攘（ráng）　通"禳"。求神消灾除病。《礼记·月令》:"〔季春之月〕九门磔攘。"意谓宰割牲畜以祀神,驱逐疫疠于国门之外。《吕氏春秋·季春》作"磔禳"。

另见 răng,ràng。

獽（ráng）　旧时四川少数民族名。顾炎武《天下郡国利病书》:"四川简州有獽人,言语与夏不同,嫁娶不同。"

瀼（ráng）　见"瀼瀼"。

另见 năng,ràng。

瀼瀼　❶露盛貌。《诗·郑风·野有蔓草》:"野有蔓草,零露瀼瀼。"❷波涛开合貌。《文选·木华〈海赋〉》:"惊浪雷奔,骇水迸集,开合解会,瀼瀼湿湿。"张铣注:"瀼瀼湿湿,开合貌。"

纕〔纕〕（ráng,又读 xiāng）　《说文·糸部》:"纕,援臂也。"段玉裁注:"援臂者,捋衣出其臂也。"按:"援臂"乃纕的别名。《玉篇·糸部》:"纕,收衣袖綮。"(即扎衣袖的绳子)段注非。见王筠《说文句读·糸部》。

另见 xiāng。

禳（ráng）　祭祷消灾。《左传·昭公二十六年》:"齐有彗星,齐侯使禳之。"

鑲〔鑲〕（ráng）　铸铜铁器模型的瓤子。《说文·金部》:"鑲,作型中肠也。"徐锴系传:"铸钟镭属使内空者,于型范中更作土模,所以后却流铜也,又若果实之穰。"

另见 xiāng。

穰（ráng）　❶禾茎内包的白色柔软的部分。如:秫秸穰。亦指果类的肉,义同"瓤"。无名氏《气

英布》第四折:"戴一顶描星辰、晃日月,插鸡翎、排凤翅、玲珑三角叉、枣穰紫金盔。"❷庄稼丰熟。《史记·天官书》:"所居野大穰。"郑德辉《伊尹耕莘》第一折:"那其间四野桑麻禾稼穰。"❸通"禳"。见"穰田"。

另见 răng。

穰穰　❶多貌;丰盛貌。《诗·周颂·执竞》:"降福穰穰。"《史记·滑稽列传》:"五谷蕃熟,穰穰满家。"

穰田　祈求田谷的丰熟。《史记·滑稽列传》:"见道旁有穰田者。"司马贞索隐:"谓为田求福穰。"

瓤（ráng）　❶瓜类的肉。刘桢《瓜赋》:"蓝皮蜜理,素肌丹瓤。"❷其他果实的肉或分列的子房。范成大《桂海虞衡志·志果》:"〔椰子〕子中瓤白如玉,味美如牛乳。"罗愿《尔雅翼·释木》:"橙之芳用在皮,甘(柑)之甘在瓤。"

蠰（ráng,又读 náng）　见"蚼蠰"。

另见 răng,shàng。

躟（ráng）　见"距躟"。

另见 răng。

鬤（ráng）　发乱貌。《楚辞·大招》:"被发鬤只。"王逸注:"鬤,乱貌也。"

răng

壤（răng）　❶松而柔的泥土,即经耕作的土地。《周礼·地官·大司徒》:"辨十有二壤之物,而知其种,以教稼穑树艺。"郑玄注:"壤亦土也。以万物自生焉,则言土……以人所耕而树艺焉,则言壤。"引申为地的通称,苏舜钦《若神栖心堂》诗:"予心充塞天壤间。"❷地域。《汉书·武帝纪》:"两国接壤。"❸古游戏用具名。见"击壤"。❹通"攘"。见"壤壤"。

另见 ráng。

壤壤　同"攘攘"。纷乱貌。《吕氏春秋·知接》:"孰之壤壤也,可以为之莽莽也。"毕沅校注:"壤壤,纷错之貌。"参见"熙熙攘攘"。

攘（răng）　❶排除;排斥。《楚辞·七谏·沉江》:"正臣端其操行兮,反离谤而见攘。"离,通"罹",遭受。❷侵夺;侵犯。《庄子·渔父》:"诸侯暴乱,擅相攘伐。"❸窃取;夺取。《书·吕刑》:"奸宄夺攘矫虔。"参见"攘羊"、"攘翰"。❹捋。曹植《美女篇》:"攘袖见素手。"参见"攘臂"。❺容忍;忍受。《离

骚》:"屈心而抑志兮,忍尤而攘诟。"❻乱。《淮南子·兵略训》:"故至于攘天下。"参见"扰攘"。

另见 ráng,ràng。

攘臂 将袖伸臂,振奋或发怒貌。《史记·苏秦列传》:"于是韩王勃然作色,攘臂瞋目。"

攘羊 偷羊。《论语·子路》:"吾党有直躬者,其父攘羊而子证之。'刘宝楠正义:"凡六畜自来而取之曰攘。"后因以"攘羊"为不讳言父过。

攘瑜 《左传·僖公四年》:"攘公之瑜。"瑜,肥美的绵羊。沿用为掠美的意思。李商隐《为荥阳公桂州谢上表》:"敢伐善以攘瑜。"

嚷(răng)❶大声喊叫。如:病人刚睡,别嚷!❷吵闹。如:刚才你跟谁嚷来着?

另见 ráng。

瀼(răng) 肥胖。皮日休《九讽·遇谤》:"垚既瀼而必烹兮,木方蓁兮必折。"

穰(răng)❶兴盛;兴旺。如:人稠物穰。《汉书·张敞传》:"长安中浩穰。"颜师古注:"穰,盛也,言人众之多也。"❷通"攘"。烦乱;焦灼。孟汉卿《魔合罗》第三折:"又不是公事忙,不由咱心绪穰。"❸数目。《孙子算经》卷上:"万万秭曰穰。"❹古地名。战国时楚邑,后为韩国穰邑,秦置穰县(即今河南邓州),明废。

另见 ráng。

穰穰 同"攘攘"。纷乱貌。《盐铁论·毁学》:"司马子言,天下穰穰,皆为利往。"

蠰(răng) 见"蠰溪"。

另见 ráng,shàng。

蠰溪 蝗虫的一种。《尔雅·释虫》:"土螽,蠰溪。"郭璞注:"似蝗而小。"郝懿行义疏:"今土蛞蚓也。亦有两种:一种体如土色,似蝗而小,有翅能飞不远。又一种黑斑色,而大翅绝短,不能飞,善跳,俗呼之度蛞蚓。"

躟(răng) 疾行。《文选·傅毅〈舞赋〉》:"扰躟就驾。"李善注引《埤苍》:"躟,疾行貌。"

另见 ráng。

ràng

让〔讓〕(ràng)❶责备。《左传·僖公五年》:"公使让之。"《史记·项羽本纪》:"二世使人让章邯。"❷退让;谦让;辞让。《贾

子·道术》:"厚人自薄谓之让。"《楚辞·九章·怀沙》:"知死不可让,愿勿爱兮。"❸容许;叫。如:让我试试;让高山低头。❹犹"被"。如:让雨淋了。❺逊色;不及。《宋史·太祖纪赞》:"宋于汉、唐,盖无让焉。"❻通"攘"。《管子·君臣下》:"治斧钺者,不敢让刑;治轩冕者,不敢让赏。"俞樾《诸子平议》卷三:"两让字并当读为攘窃之攘,言不敢攘窃刑赏之权也。"

让畔 畔,田岸。让畔,推让共有的田岸。《史记·五帝本纪》:"舜耕历山,历山之人皆让畔。"《汉书·黄霸传》:"田者让畔,道不拾遗。"

让枣推梨 《南史·王泰传》:"年数岁时,祖母集诸孙侄散枣栗于床,群儿竞之,泰独不取。问其故,对曰:'不取,自当得赐。'由是中表异之。"《后汉书·孔融传》"融幼有异才"李贤注引融家传:"年四岁时,每与诸兄共食梨,融辄引小者。大人问其故,答曰:'我小儿,法当取小者。'由是宗族奇之。"后因合用"让枣推梨"为兄弟友爱的典故。《南史·梁武陵王传》:"兄肥弟瘦,无复相代之期;让枣推梨,长罢欢愉之日。"

攮(ràng) 古"让(讓)"字。《史记·太史公自序》:"小子何敢让焉。"司马贞索隐:"《汉书》'让'作'攮'。"晋灼云:此古'让'字。"

另见 ráng,răng。

瀼(ràng) 水名。见"瀼水"。

另见 náng,ráng。

瀼水 陆游《入蜀记》:"土人谓山间之流通江者曰瀼。"今重庆云阳、奉节,湖北巴东一带入江水道以瀼为名者甚多:云阳城东有大瀼水,县西有清瀼水;巴东县西有东西二瀼溪。

懹(ràng) 畏惧。《玉篇·心部》:"懹,惮也,相畏也。"参见"懹懹"。

懹懹 恐惧貌。元结《演兴·闵岭中》诗:"久懹懹以悛悢,却迟回而永叹。"

ráo

荛〔蕘〕(ráo)❶柴草。《说文·艸部》:"荛,薪也。"❷打柴火;打柴火的人。柳宗元《童区寄传》:"童寄者,郴州荛牧儿也;行牧且荛。"参见"刍荛"。❸菜名,即芜菁。见《方言》第三。

另见 yáo。

饶〔饒〕(ráo)❶富裕;丰富。《汉书·陈平传》:"平既娶张氏女,资用益饶。"韩愈《次同冠峡》诗:"今日是何朝,天晴物色饶。"❷让;饶恕。《西溪丛语》:"尝有一道人,善棋,凡对局,辄饶人一先。"《西游记》第二十七回:"既如此说,且饶你这一次。再休无礼。"❸另外增添。石君宝《紫云庭》第一折:"我唱的是《三国志》,先饶十大曲。"❹任凭;尽管。《红楼梦》第四十五回:"饶这么严,他们还偷空儿闹个乱子来。"❺古地名。在今河北饶阳县东北。《史记·赵世家》:悼襄王六年(公元前239年),"封长安君以饶",即此。西汉置饶阳县。❻姓。

饶给 富饶丰足。《史记·封禅书》:"人皆以为不治生业而饶给,又不知其何所人,愈信。"

饶舌 多嘴;唠叨。《红楼梦》第六十六回:"贾琏还要饶舌,湘莲便起身说:'请兄外座一叙,此处不便。'"

饶益❶富裕。《史记·货殖列传》:"七十子之徒,赐(子贡)最为饶益。"❷使人受到利益。《法华经·譬喻品》:"何况长者自知财富无量,欲饶益诸子。"

娆〔嬈〕(ráo) 见"娆娆"、"妖娆"、"娇娆"。

另见 răo。

娆娆 柔弱貌。王褒《洞箫赋》:"风鸿洞而不绝兮,优娆娆以婆娑。"

挐(ráo) 同"挠"。

另见 ná,ná 拿,rú。

桡〔橈〕(ráo) 船桨。《淮南子·主术训》:"夫七尺之桡而制船之左右者,以水为资。"

另见 náo。

挠(ráo) 通"桡"。船桨。《庄子·渔父》:"方将杖挠而引其船。"

另见 ná 拿,rú。

袶〔襓〕(ráo) 剑衣。《礼记·少仪》:"剑则启椟,盖袭之,加夫袶与剑焉。"郑玄注:"夫袶,剑衣也,加剑于衣上。夫或为烦,皆发声。"孔颖达疏:"夫或为烦,皆发声,……然则袶之一字是衣之正名。袶字从衣,当以缯帛为之。"

艣(ráo) 同"桡(橈)"。

răo

扰〔擾〕㊀(răo)❶乱。如:纷扰;扰攘。《汉书·高帝纪

上》："天下方扰,诸侯并起。"❷侵扰。《梁书·武帝纪》："江淮扰迫,势同履虎。"❸谓烦人款待。如:叨扰。《儒林外史》第三十二回："昨日扰了世兄这一席酒,我心里快活极了。"

㈠(rǎo,又读 róu) ❶安抚。《周礼·地官·序官》："以佐王安扰邦国。"郑玄注:"扰,亦安也。"❷和顺。《书·皋陶谟》："扰而毅。"❸驯服;驯养。《周礼·夏官·服不氏》："掌养猛兽而教扰之。"郑玄注:"扰,驯也,教习使之驯服。"❹指家畜、家禽。《周礼·夏官·职方氏》："其畜宜六扰。"郑玄注:"六扰,马、牛、羊、豕、犬、鸡。"

扰攘 ❶混乱;不太平。《后汉书·冯衍传下》："遭扰攘之时,值兵革之际。"❷亦作"扰躟"。纷忙;急遽。《文选·傅毅〈舞赋〉》："扰躟就驾,仆夫正策。"李善注引《埤苍》:"躟,疾行貌。"按六臣注本作"扰攘"。

扰扰 纷乱貌。《列子·周穆王》："存亡得失,哀乐好恶,扰扰万绪起矣。"

娆 〔嬈〕(rǎo) 烦扰;扰乱。《淮南子·原道训》："其魂不躁,其神不娆。"《汉书·晁错传》："除苛解娆。"
另见 ráo。

绕 〔繞〕(rǎo) 姓。春秋时秦有绕朝。
另见 rào。

rào

绕 ㈠〔繞〕(rào) 缠束。如:绕线圈。繁钦《定情》诗:"何以致契阔,绕腕双条脱。"

㈡〔繞、遶〕(rào,旧读 rǎo) ❶走曲折的路。如:绕远儿。《儒林外史》第九回:"绕道往嘉兴。"❷环绕;围绕。曹操《短歌行》:"绕树三匝,何枝可依!"
另见 rǎo。

绕梁 ❶《列子·汤问》:"昔韩娥东之齐,匮粮,过雍门,鬻歌假食。既去,而余音绕梁欐,三日不绝。"后因以"余音绕梁"形容歌声优美动人,使人久而不忘。❷古乐器名。傅玄《琴赋序》:"楚庄有鸣琴曰绕梁。"《通典·乐典》:"宋孝武大明中,吴兴沈怀远被徙广州,造绕梁。其器与箜篌相似。怀远亡,其器亦绝。"

绕指柔 刘琨《重赠卢谌》诗:"何意百炼刚,化为绕指柔。"原意自喻

英雄失志,俯仰由人。后亦借以形容柔软。高适《咏马鞭》诗:"珠重重,星连连,绕指柔,纯金坚。"

rě

若 (rě) 见"般若"。
另见 ruò。

喏 (rě) 见"唱喏"。
另见 nuò。

惹 (rě) ❶招引;挑逗;沾染。如:惹事;惹人注意。《儒林外史》第五十二回:"我就是羊肉不曾吃,空惹一身膻。"❷牵引住。张先《减字木兰花·咏舞》词:"只恐惊飞,拟倩游丝惹住伊。"❸同"偌"。这样。高明《琵琶记·奉旨招婿》:"挑着惹多鞋做甚么?"

惹惹 轻貌。韩偓《闲步》诗:"庄南纵步游荒野,独鸟寒烟轻惹惹。"

rè

热 〔熱〕(rè) ❶温度高。如:热天;热带。❷热烈。如:热爱祖国;热情洋溢。❸心情激动。杜甫《自京赴奉先县咏怀五百字》:"穷年忧黎元,叹息肠内热。"❹盛;旺。如:热闹;热门。❺物质运动的一种表现。这一概念来自人们对冷热的感觉,如天气热、火炉热等。但其本质则通过物理学的研究才逐渐为人们所认识。具体地说,热的本质是大量实物粒子(分子、原子等)混乱运动(称为"热运动")的表现,热运动越剧烈,由这些粒子组成的物体或体系就越热(温度越高)。热量有时也简称为"热"。

热肠 肯帮助人。犹言热心,热情。郑仲夔《耳新·知遇》:"荐绅先生无热肠者,苦门墙之过峻,不肯奖借后来。"

热腹 犹言热肠,热心。《颜氏家训·省事》:"墨翟之徒,世谓热腹;杨朱之侣,世谓冷肠。"

热闪 夏夜遥见闪电而不闻雷声的现象。《农政全书·农事·占候》:"夏秋之间,天晴而见远电,俗谓之热闪。"

热中 ❶本谓心情烦躁焦虑。《孟子·万章上》:"仕则慕君,不得于君则热中。"后用为急切地企图获得的意思。如:热中名利。❷病名。内热。《素问·异法方宜论》:"鱼者使人热中,盐者胜血。"

rén

人 (rén) ❶人类。《书·泰誓上》:"惟天地万物父母,惟人万物之灵。"❷指某种人。如:工人;客人。❸每人;人人。如:人手一册。《史记·平准书》:"人给家足。"❹别人;他人。与"我"、"己"相对。如:人不犯我,我不犯人。《论语·学而》:"不患人之不己知。"❺成年人。《荀子·儒效》:"〔周〕成王冠,成人。"《清平山堂话本·合同文字记》:"想安住今已长成人了。"❻泛指民众。《后汉书·皇甫规传》:"夫君者,舟也;人者,水也。"❼人才。《左传·文公十三年》:"子无谓秦无人。"《晋书·任旭传》:"秀(孙秀)坐被收,旭狼狈营送,秀慨然叹曰:'任功曹,真人也。'"❽指人的品性行为。《孟子·万章下》:"颂其诗,读其书,不知其人可乎?"❾人事,人世间的事情。《史记·扁鹊仓公列传》:"简子疾,五日不知人。"❿人体。如:这两天人很不舒服。⓫人道,指男女交合之事。《史记·樊郦滕灌列传》:"荒侯市人病不能为人。"张守节正义:"言不能行人道。"⓬果仁。《尔雅·释木》"桃李丑核"郭璞注:"子中有核人。"段玉裁《说文解字注》:"果人之字,自宋元以前,《本草》方书,诗歌记载,无不作人字,自明成化重刊《本草》,乃尽改为仁字。"⓭姓。明代有人杰。

人才 ❶有才识学问的人;德才兼备的人。如:人才辈出。❷指才学;才能。杜甫《重送刘十弟判官》诗:"年事推乳尕,人才觉弟优。"❸指人的品貌。《三国演义》第六十五回:"马超纵骑持枪而出,狮盔兽带,银甲白袍,一来结束非凡,二者人才出众。"

人材 亦作"人才"。德才兼备的人。也指人的才能。《诗·小雅·菁菁者莪序》:"君子能长育人材,则天下喜乐之矣。"《淮南子·主术训》:"如此,则人材释而公道行矣。"

人称 也叫"身"。语法范畴之一。通过一定的语法形式表示行为动作是属于谁的。属于说话人的是第一人称,属于听话人的是第二人称,属于说话人、听话人以外的是第三人称。如法语 j'aime(我爱)是第一人称,tu aimes(你爱)是第二人称,il aime(他爱)是第三人称。

人次 ❶人类之列。《晋书·庾亮

传》："朝廷复何理齿臣于人次,臣亦何颜自次于人理!"❷一种复合计算单位,表示若干次中的人数的总和。如:观众已达 30 万人次。

人道 ❶与"天道"相对。指人事,人伦,为人之道,或社会规范。《礼记·表服小记》："亲亲、尊尊、长长,男女之有别,人道之大者也。"《易·谦》："天道亏盈而益谦,地道变盈而流谦,鬼神害盈而福谦,人道恶盈而好谦。"明清之际王夫之提出"以人道率天道",强调人改造自然、治理社会的作用。清戴震提出"人道,人伦日用身之所行者皆是也"(《孟子字义疏证·道》)。❷指爱护人的生命,尊重人的人格和权利。❸指男女交合。《诗·大雅·生民》"履帝武敏歆"郑玄笺:"如有人道感己者也,于是遂有身。"

人地 ❶人才和门第。《南史·王融传》："融躁于名利,自恃人地,三十内望为公辅。"❷指当地的人与地方情况。如:人地生疏。《旧唐书·高士廉传》："凡所署用,莫不人地俱允。"

人定 ❶指夜深人静时。《后汉书·来歙传》："歙自书表曰:'臣夜人定后,为何人所贼伤,中臣要害。'"王先谦集解:"《通鉴》胡注:'日入而群动息,故中夜谓之人定。'惠栋曰:'杜预云,人定者,亥也。'"❷见"人定胜天"。

人定胜天 人定,犹言人谋。谓人的意志和力量可以战胜自然。刘过《襄阳歌》："人定兮胜天,半壁久无胡日月。"《聊斋志异·萧七》："登门就之,或人定胜天,不可知。"按:《逸周书·文传》"人强胜天",亦此意。

人浮于事 本作"人浮于食"。浮,超过。食,俸禄。原指任事的职位高过所得俸禄的等级。《礼记·坊记》："故君子与其使食浮于人也,宁使人浮于食。"后称人多事少或人员过多为"人浮于事"。

人格 ❶个人的尊严、价值和道德品质的总和。是人在一定的社会中的地位和作用的统一。伦理学意义上的人格,常称为道德人格。马克思主义认为,人格不是超历史、超现实的抽象,本质上是人的一种社会特质。❷在人格主义哲学中,指具有自我意识与自我控制能力,即具有感觉、情感、意志等机能的主体。它是唯一真实的存在,是一切其他存在的基础。人格主义者将人归结为能进行各种精神活动的统一体,并认为

"人"、"我"与"人格"是同义词。又主张建立以上帝为主宰的人格的世界体系,认为上帝是最高的人格,宇宙中的一切都是由上帝所创造的。❸在心理学上亦称"个性"。指个人稳定的心理品质。包括两个方面,即人格倾向性和人格心理特征。前者包括人的需要、动机、兴趣和信念等,决定着人对现实的态度、趋向和选择;后者包括人的能力、气质和性格,决定着人的行为方式上的个人特征。这两方面的有机结合,使个性成为一个整体结构。由于各人的遗传素质尤其是社会实践活动各不相同,使各人之间在人格倾向性和人格心理特征方面各不相同,形成不同的人格,即个别差异。这种个别差异不仅表现在人们是否具有某种特点上,而且还表现在同一特点的不同水平上。

人工 ❶人造的;出于人力的。与"自然"或"天然"相对。朱同《雪中书怀》诗:"大钧播物本无意,妙巧有此岂人工。"❷人力;人力作的工。与机械力相对。陶潜《饮酒》诗十五:"贫居乏人工,灌木荒余宅。"❸工作量的计算单位,指一个人作工一天。

人海 ❶比喻人群,社会。黄景仁《都门秋思》诗:"侧身人海叹栖迟,浪说文章擅色丝。"❷形容人多。如:人山人海。李廉《元夕》诗:"人海涌来喧笑语,车雷轰处恣游盘。"

人和 百姓心意和协,谓得人心。《孟子·公孙丑下》："天时不如地利,地利不如人和。"赵岐注:"人和,得民心之所和乐也。"

人寰 人间;人世。鲍照《舞鹤赋》："去帝乡之岑寂,归人寰之喧卑。"

人极 ❶为人的准则。《文中子·述史》："仰以观天文,俯以察地理,中以建人极。"❷北宋周敦颐用语。指做人的最高标准。《太极图说》："圣人定之以中正仁义(自注:'圣人之道,仁义中正而已矣'),而主静(自注:'无欲故静'),立人极焉。"

人给家足 人人饱暖,家家丰足。《史记·太史公自序》："要曰强本节用,则人给家足之道也。"又见《平准书》。亦作"家给人足",见《商君列传》。

人纪 人之纲纪,指立身处世之道。《书·伊训》："先王肇修人纪。"孔传:"言汤始修为人纲纪。"

人间 人世间。《韩非子·解老》："狂则不能免人间法令之祸。"

人鉴 旧指直谏之臣,谓直臣之言

可为帝王之镜。《新唐书·魏徵传》："帝后临朝,叹曰:'以铜为鉴,可正衣冠;以古为鉴,可知兴替;以人为鉴,可明得失。朕尝保此三鉴,内防己过,今魏徵逝,一鉴亡矣!'"按:"鉴"本作"镜",宋代因赵匡胤之祖名敬,避讳改作"鉴"。元稹《崔郾授谏议大夫制》："昔我太宗文皇帝以魏徵为人镜,而奸胆形于下,逆耳闻于上。"

人杰 杰出的人物。《史记·高祖本纪》："夫运筹策帷帐之中,决胜于千里之外,吾不如子房;镇国家,抚百姓,给馈饷,不绝粮道,吾不如萧何;连百万之军,战必胜,攻必取,吾不如韩信。此三者,皆人杰也。"

人杰地灵 谓有杰出的人物降生或到过,其地也就成了名胜之区。王勃《滕王阁序》："物华天宝,龙光射牛斗之墟;人杰地灵,徐孺下陈蕃之榻。"

人镜 见"人鉴"。

人口 ❶居住在地球上或某个地区(区域、国家、省、市、县等)的人的总和。包含人口数量、质量、构成、分布、迁移和发展等多种因素。是一切社会存在和发展的必要前提。人口的生产和再生产,受社会生产方式以及人们的生活方式制约。在一定生产力水平上,人口的数量、质量和结构影响着社会发展的快慢,但不是社会发展的决定性力量。人口再生产应同整个社会物质资料的增长、同生态环境之间保持合理的关系。❷人们的口头。如:脍炙人口。《宣和书谱·行书三》："韩愈以文衡轻重天下士,而张籍为愈客,且荐讳于朝,自尔名播人口。"

人困马乏 形容(因旅行或作战)体力极度疲劳。黄元吉《流星马》第三折:"俺两口儿三日不曾吃饮食,人困马乏。"

人籁 指由人口吹奏出的声音。与"天籁"、"地籁"(自然所发出的声音)相对。《庄子·齐物论》："女(汝)闻人籁而未闻地籁,女闻地籁而未闻天籁夫?"又:"人籁,则比竹是已。"比竹,指管籥之属。

人类 灵长目。一般指更新世以来的人,通常只包括智人。其特点为:具有完全直立的姿势,解放了的双手,复杂而有音节的语言和特别发达、善于思维的大脑;并有制造工具、能动地改造自然的本领。人类是社会性劳动的产物。

人鬲 简称"鬲"。西周对俘虏或

奴隶的称谓。《孟鼎》："易（赐）女（汝）邦司四白（伯），人鬲自驭至于庶人六百又五十又九夫，易（赐）尸（夷）司王臣十又三白（伯），人鬲千又五十夫。"《令簋》："姜商（赏）令贝十朋，臣十家，鬲百人。"

人柳 即柽柳。亦名垂丝柳、三眠柳、观音柳。《三辅旧事》："汉苑中有柳，状如人形，号曰人柳，一日三眠三起。"

人伦 ❶中国古代指人与人之间的关系和应当遵守的行为准则。《孟子·滕文公上》："使契为司徒，教以人伦：父子有亲，君臣有义，夫妇有别，长幼有叙，朋友有信。"嵇康《与山巨源绝交书》："又人伦有礼，朝廷有法。"❷指各类人。《荀子·富国》："人伦并处，同求而异道，同欲而异知，生也。"王先谦集解："伦，类也。"❸谓品评人物。《后汉书·郭太传》："林宗虽善人伦，而不为危言核论。"

人马 人与马。曹操《苦寒行》："行行日已远，人马同时饥。"后多用以指军队。《三国志·吴志·孙韶传》："权（孙权）问青徐诸屯，要害远近，人马众寡，魏将帅姓名，尽其识之，所问咸对。"

人猫 《新唐书·李义府传》："时号义府'笑中刀'，又以柔而害物，号曰'人猫'。"比喻外表柔和而内心险恶之人。

人面兽心 谓外貌像人，内心却如野兽一般残忍凶恶。《列子·黄帝》："夏桀、殷纣、鲁桓、楚穆，状貌七窍皆同于人，而有禽兽之心。"《汉书·匈奴传赞》："被发左衽，人面兽心。"

人面桃花 唐崔护尝于清明日独游长安城南，见一庄居，花木丛萃，乃叩门求饮；有女子启关，以杯水至，设床命坐，独倚小桃柯伫立，而意属殊厚。来岁清明，崔又往寻之，则门扃无人，因题诗于左扉曰："去年今日此门中，人面桃花相映红。人面只今（一作"不知"）何处去，桃花依旧笑春风。"见孟棨《本事诗·情感》。后用以泛指所爱慕而不能再见的女子以及由此而产生的怅惘心情。梅鼎祚《玉合记·言祖》："蝉联岁华，怕游丝到处将春挂，闷孤眠帐额芙蓉，可重逢人面桃花？"

人民 ❶人类。《管子·七法》："人民鸟兽草木之生物。"❷百姓。《孟子·尽心下》："诸侯之宝三：土地、人民、政事。"❸与"敌人"相对。在不同的国家和各个国家的不同的历史时期有不同的内容。如中国抗日战争时期，一切抗日的阶级、阶层和社会集团都属人民的范围；解放战争时期，一切反对帝国主义和官僚资产阶级、地主阶级及代表这些阶级的国民党反动派的阶级、阶层和社会集团都属人民的范围；在社会主义现代化建设的新时期，全体社会主义劳动者，拥护社会主义的爱国者，拥护祖国统一的爱国者，都属于人民的范围。主体是劳动者。是历史的创造者，推动社会的发展。

人命 ❶人的命运。《楚辞·九歌·大司命》："固人命兮有当，孰离合兮可为？"❷人的生命。《后汉书·钟离意传》："诏有司，慎人命，缓刑罚。"也指寿命。古诗："天德悠且长，人命一何促？"

人莫予毒 《左传·宣公十二年》："及楚杀子玉，公喜而后可知也，曰：'莫余毒也已。'"莫，没有。意谓再也没有人能危害我了。后用"人莫予毒"表示目空一切，无所顾忌。章炳麟《致张继于右任书》："纵令势力弥满，人莫予毒，亦乃与满洲亲贵等夷。"

人牧 犹人君。《孟子·梁惠王上》："今夫天下之人牧，未有不嗜杀人者也。"

人品 人的品质，品格。沈约《奏弹王源》："源虽人品庸陋，胄实参华。"

人弃我取 别人抛弃，我去取来。《史记·货殖列传》："白圭乐观时变，故人弃我取，人取我与。"白圭，战国时人，用"人弃我取、人取我与"的办法经商致富。后多用"人弃我取"表示兴趣见解不同于他人，有时也指不同别人争夺的谦让态度。

人琴 悼念友人之词。刘禹锡《和西川李尚书汉州微月游房太尉西湖》诗："人琴久寂寞，烟月若平生。"参见"人琴俱亡"。

人琴俱亡 《晋书·王徽之传》："献之卒，徽之……取献之琴弹之，久而不调，叹曰：'呜呼子敬，人琴俱亡！'"后因用为睹物思人、悼念死者之辞。鲁迅《二心集·做古文和做好人的秘诀》："现在去柔石的遇害，已经一年有余了，偶然从乱纸里检出这稿子来，真不胜其悲痛……所谓'人琴俱亡'者，大约也就是这模样的罢。"

人情 ❶人的情感。《礼记·礼运》："何谓人情？喜、怒、哀、惧、爱、恶、欲，七者弗学而能。"❷人之常情。《庄子·逍遥游》："大有径庭，不近人情焉。"❸犹人心、世情。欧阳建《临终诗》："真伪因事显，人情难豫观。"❹指婚丧喜庆交际所送的礼物。杜甫《戏作俳谐体遣闷》诗："於菟侵客恨，粔籹作人情。"亦指酬酢、应酬。高文秀《遇上皇》第一折："父亲，这三日吃酒，有些人情，所以吃酒。"❺情面；情谊。如：托人情；做个人情。李渔《奈何天·计左》："〔外上〕人情留一线，日后好相见。"

人权 人们应当平等地享有的权利。最初是英国资产阶级革命中提出的口号。它的对立物是封建特权和神权。经过斗争，英国国会分别于1679、1689年通过《人身保护法》、《权利法案》。18世纪，法国启蒙思想家卢梭等倡导"天赋人权"说，成为资产阶级的重要政治理论之一。1776年美国《独立宣言》、1789年法国《人权宣言》，都体现了这种政治学说。在现代，1948年以来联合国通过了《世界人权宣言》等有关人权的宣言和公约，对人权的内容作了阐述，在某些方面超越了西方传统的人权概念。1991年中国政府发表《中国的人权状况》，说明了中国有关人权的基本立场和实践。人权首先是人民的生存权，同时包括人身自由、民主权利以及经济、文化、社会等方面的权利。它既是一项个人权利，又是一项集体的权利，其中包括国家的独立权和发展权。人权问题已进入国际领域，但主要是一个国家主权范围内的问题。中国的人权具有三个显著特点：广泛性、公平性和真实性。

人日 夏历正月初七日为"人日"。《北史·魏收传》引晋议郎董勋《答问礼俗说》："正月一日为鸡，二日为狗，三日为猪，四日为羊，五日为牛，六日为马，七日为人。"杜甫《人日》诗："元日到人日，未有不阴时。"

人瑞 人间的祥瑞。王褒《四子讲德论》："今海内乐业，朝廷淑清，天符既章，人瑞又明。"后也称年寿特高的人。

人神共愤 形容民愤达到极点。《旧唐书·于頔传》："肆行暴虐，人神共愤，法令不容。"

人生观 对人生目的、意义和价值等的根本看法。具体表现在幸福观、公私观、生死观、荣辱观、爱情观等方面。是世界观在人生问题上的表现。它影响并在一定程度上决定人们的道德行为和道德品质。由于人们在社会生活中所处的地位不同,所受的教育及经历等的不同,对人生的价值、意义和目的有不同的观点,因而形成不同的人生观。在人类历史上,曾产生过享乐主义、厌世主义、禁欲主义、幸福主义等人生观。在阶级社会中,不同阶级有不同的人生观。资产阶级人生观从个人主义出发,导致唯利是图、自私自利、损人利己。无产阶级人生观从集体主义出发,大公无私,全心全意为人民服务,以实现共产主义的社会理想作为人生最高目的,因此无产阶级人生观又称共产主义人生观,是反映社会历史发展规律的、科学的人生观。

人生如寄 亦作"人生若寄"。人的一生如寄宿世间。形容人生短促。《古诗十九首》:"人生忽如寄,寿无金石固。"曹丕《善哉行》:"人生如寄,多忧何为!"陶潜《荣木》诗:"人生若寄,憔悴有时。"

人胜 剪成人形的彩胜,古代用作装饰之物。《荆楚岁时记》:"正月七日为人日。以七种菜为羹,剪彩为人,或镂金薄(箔)为人,以贴屏风,亦戴之头鬓,又造华胜相遗。"温庭筠《菩萨蛮》词:"藕丝秋色浅,人胜参差剪。"

人胜节 唐代人称夏历正月初七日为"人胜节"。李义《奉和人日清晖阁宴群臣遇雪应制》诗:"幸陪人胜节,长愿奉垂衣。"参见"人日❶"、"人胜"。

人师 德行、才识卓越,可作表率的人。《荀子·儒效》:"四海之内若一家,通达之属,莫不从服,夫是之谓人师。"《韩诗外传》卷五:"智如泉源,行可以为表仪者,人师也。"

人时 农时。《书·尧典》:"乃命羲、和,钦若昊天,历象日月星辰,敬授人时。"蔡沈集传:"人时,谓耕获之候,凡民事早晚之所关也。"按:古代有授时制度,"敬授人时"谓以农时告民,犹后世之颁布历书。

人士 ❶指有名望地位的人。《诗·小雅·都人士》:"彼都人士,狐裘黄黄。"❷泛指百姓。《后汉书·邓骘传》:"人士荒饥,死者相望。"

人事 ❶人情事理;人世间的事情。如:不懂人事。《史记·太史公自序》:"夫《春秋》,上明三王之道,下辨人事之纪。"❷人为之事;人力。《孟子·告子上》:"今夫麰麦……虽有不同,则地有肥硗、雨露之养、人事之不齐也。"《六韬·农器》:"战攻守御之具,尽在于人事。"❸指交际酬应之事;也指送人的礼物。《后汉书·黄琬传》:"时权富子弟,多以人事得举。"白居易《论于頔裴均状》:"窃见外使入奏,不问贤愚,皆欲仰希圣恩,傍结权贵,上须进奉,下须人事。"❹指男女情欲。《红楼梦》第六回:"〔袭人〕近来也渐省人事。"❺指工作人员的录用、培养、调配和奖惩等事宜。

人天 ❶人间与天上。《魏书·释老志》:"人天道殊,卑高定分。"又喻生死。如:人天永隔。❷人心与天意。《晋书·陆云传》:"帝尧昭焕,而道协人天。"❸即"民天"。唐代避太宗李世民讳,改民为人,人天指粮食。《旧唐书·音乐志三》:"粒食伊始,农之所先,古今攸赖,是曰人天。"

人徒 ❶众人。《墨子·非攻中》:"人徒之众,至有数百万人。"❷供役使的人。《荀子·王霸》:"使衣服有制,宫室有度,人徒有数,丧祭械用皆有等宜。"杨倞注:"人徒,谓胥徒给徭役者也。"

人亡政息 《礼记·中庸》:"其人存,则其政举;其人亡,则其政息。"执政者死了,他所定的政治措施也随之停止。

人望 ❶众人所属望。也指众望所归的人。《后汉书·齐武王縯传》:"诸将会议立刘氏,以从人望。"刘禹锡《送李尚书镇滑州》诗:"自古相门还出相,如今人望在岩廊。"❷犹言声望。《北史·崔休传》:"休少孤贫,矫然自立……尚书王嶷钦其人望。"

人微权轻 《史记·司马穰苴列传》:"臣素卑贱,君擢之闾伍之中,加之大夫之上,士卒未附,百姓不信,人微权轻,愿得君之宠臣、国之所尊以监军乃可。"谓资望浅,威权不足以服众。参见"人微言轻"。

人微言轻 谓地位低微,言论主张不受人重视。《续资治通鉴长编·宋仁宗嘉祐元年》:"臣人微言轻,固不足以动圣听。"

人为 ❶人力所为,与"天然"、"自然"相对。高启《偃松行》:"左伸右屈多异态,天自出巧非人为。"❷人造成的,含有不应当有的意思。如:人为的障碍;人为的困难。

人文 ❶旧指诗书礼乐等。《易·贲》:"文明以止,人文也。观乎天文,以察时变;观乎人文,以化成天下。"今指人类社会的各种文化现象。❷指人事。《后汉书·公孙瓒传论》:"舍诸天运,征乎人文。"

人物 ❶人材;在某方面有代表性或具有突出才能的人。《后汉书·许劭传》:"好共核论乡党人物。"❷指人的品貌风度。孙光宪《北梦琐言》卷五:"蒋凝侍郎亦有人物,每到朝家,人以为祥瑞。"❸指人和物。《后汉书·段颎传》:"攻略县邑,剽略人物。"❹文艺作品中所描绘的人物形象。人物与事件是文艺作品中重要因素,人物一般地说是组成艺术形象的主体、核心。叙事性文艺作品大多是通过对人物和人物的活动及其相互关系的描写来刻画人物性格、塑造人物形象和揭示生活意义,展现人生理想的。

人心不古 今人的心地不如古人淳厚。多用以感叹世风浇薄。刘时中《端正好·上高监司》曲:"争奈何人心不古,出落着马牛襟裾。"

人心如面 谓人的思想情况有如人的面貌,各不相同。《左传·襄公三十一年》:"人心之不同,如其面焉。"

人心惟危 《书·大禹谟》:"人心惟危,道心惟微。"蔡沈集传:"人心易私而难公,故危;道心难明而易昧,故微。"按:此本《荀子·解蔽》引《道经》之语,伪古文《大禹谟》取之,为宋儒理学所据。常用来称人的心地险恶,不可揣测。参见"十六字心传"。

人心向背 人民的拥戴或反对。《宋史·魏了翁传》:"事变倚伏,人心向背,疆场安危,邻寇动静,其几有五。"

人性 人区别于其他动物的共性。对它的认识,历史上产生过多种学说。马克思主义认为,人性是人的自然属性和社会属性的统一,它不是抽象的,而是现实的、具体的。一定的社会关系是形成人性的决定性因素。它在历史上是不断演变的。在阶级社会里,人性往往打上阶级的烙印。

人熊 即罴。一种大的熊,能直立行动,故称"人熊"。《尔雅·释兽》:"罴如熊。"郝懿行义疏:"熊罴类相,俗人不识罴,故呼为人熊。"

人学 以整体的人的本质及其生活世界为研究对象的学问。在中国古代,已有"天人合一"思想,关于人性善恶的争论,以及丰富的人伦思想。在西方,古希腊伯里克利就提出"人是第一重要的",普罗塔哥拉认为"人是万物的尺度"，亚里士多德认为"人是政治动物"。随着资本主义的兴起和发展，人道主义成为人学的主导思想。在现代西方，有卡西尔的人论、萨特的人学辩证法、加罗蒂的人学、弗洛姆的人学等流派。马克思主义认为，人的本质是自由自觉的活动（劳动），按其现实性说是一切社会关系的总和。人学的主要内容有两方面：人的本质，包括人的地位和人的发展问题；人的生活世界，包括人与自然、人与社会、人的历史、人的社会生活和个人生活问题。人学的分支学科有：人的自然科学、人的社会科学、人的精神科学。

人烟 指人家，住户。烟，炊烟，因有炊烟的地方就有住户。曹植《送应氏》诗："中野何萧条，千里无人烟。"

人言 别人的议论。《诗·郑风·将仲子》："人之多言，亦可畏也。"《宋史·王安石传》："天变不足畏，祖宗不足法，人言不足恤。"

人言可畏 言，言语，指流言蜚语。流言蜚语是可怕的。《诗·郑风·将仲子》："人之多言，亦可畏也。"王安石《辞参知政事表》："付之方面之权，还之禁林之地，固已人言之可畏，岂云国论之与知。"

人妖 ❶妖，通"祅"。犹言人祸，谓人事上的反常现象。《荀子·天论》："政令不明，举错不时，本事不理，夫是之谓人祅。"王先谦集解引《外传》作"人妖"。❷指生理上变态或假装成为异性的人。《南史·崔慧景传》载东阳女子娄逞变服诈为男子，遍游公卿，仕至扬州议曹从事。事发，驱令还乡，云："此人妖也。"

人一己百 谓别人用一分力量，自己用百倍力量。即以百倍努力赶上别人。语出《礼记·中庸》"人一能之，己百之；人十能之，己千之。果能此道矣，虽愚必明，虽柔必强"。

人隐 人民的疾苦。《后汉书·张衡传》："故能同心戮力，勤恤人隐。"李贤注："隐，病也。"

人有十等 中国古代社会的一种等级制度。《左传·昭公七年》："天有十日，人有十等，下所以事上，上所以共（供）神也。故王臣公，公臣大夫，大夫臣士，士臣皁，皁臣舆，舆臣隶，隶臣僚，僚臣仆，仆臣台。马有圉，牛有牧，以待百事。"在十等中，王、公、大夫、士四等，属于贵族；皁、舆、隶、僚、仆、台六等，属于奴隶。一说皁、舆以下乃低级官吏。至于养马

的"圉"与牧牛的"牧"，属于十等以外。

人欲 人的欲望嗜好。《礼记·乐记》："夫物之感人无穷，而人之好恶无节，则是物至而人化物也；人化物也者，灭天理而穷人欲者也。"参见"天理人欲"。

人月圆 ❶词牌名。宋王诜始创，因其词中有"人月圆时"句，故名。又名《青衫湿》。双调四十八字，有平韵、仄韵两体。❷曲牌名。南北曲均有。南曲属大石调，字句格律与词牌不同，用作过曲。北曲属黄钟宫，与词牌相同，用作小令。

人云亦云 人家说什么自己也跟着说什么，形容没有主见或创见。蔡松年《槽声同彦高赋》诗："槽床过竹春泉句，他日人云吾亦云。"《二十年目睹之怪现状》第一〇一回："现在的世人，总是人云亦云的居多。"

人治 ❶人伦之治。即以人与人之间的关系和应当遵循的道德准则为立身之本。《礼记·大传》："名者，人治之大者。"郑玄注："人治所以正人。"王充《论衡·本性》："情性者，人治之本，礼乐所由生也。"❷与"法治"相对。一种治理国家的主张。认为国家治乱的关键在于统治者个人的道德和行为，而不是法律。统治者的道德、言行是规范被统治者道德、言行的尺度。它曾被各国专制统治者使用。柏拉图在《理想国》中提出建立"贤人政治"。中国儒家以此作为统治者的治国之本。《论语·颜渊》："政者，正也，子帅以正，孰敢不正？"《礼记·中庸》："文武之政，布在方策，其人存，则其政举，其人亡，则其政息。"

人彘 汉高祖后吕氏，于高祖死后，将高祖宠姬戚夫人断手足，去眼，熏耳，饮喑药，置厕中，称为"人彘"。见《史记·吕后本纪》。亦作"人豕"。《汉书·爰盎传》："陛下所以为慎夫人，适所以祸之也，独不见人豕乎！"

人中龙 晋代人宋纤隐居不仕，太守马岌屡次造访，皆不得见。岌叹道："名可闻而身不可见，德可仰而形不可睹，吾而今而后知先生人中之龙也。"见《晋书·宋纤传》。后用"人中龙"比喻杰出之士。苏轼《孔北海赞》："文举以英伟冠世之资，师表海内，意所予夺，天下从之，此人中龙也。"

人主 君主。《管子·权修》："民

贱其爵服，则人主不尊。"

儿 (rén) "人"的古文奇字。见《说文·儿部》。
另见 ér, er。

壬 (rén) ❶天干的第九位。❷大。《诗·小雅·宾之初筵》："百礼既至，有壬有林。"朱熹集传："壬，大；林，盛也。言礼之盛大也。"❸奸佞。《书·皋陶谟》："何畏乎巧言令色孔壬！"孔颖达疏："何所畏惧于彼巧言令色为甚佞之人！"❹姓。宋代有壬午宝。

仁 (rén) ❶古代儒家的一种含义极广的道德范畴。《说文·人部》："仁，亲也，从人、二。"《礼记·中庸》："仁者人也，亲亲为大。"本指人与人相互亲爱。孔子言"仁"，以"爱人"为核心，包括恭、宽、信、敏、惠、智、勇、忠、恕、孝、弟等内容；而以"己所不欲，勿施于人"和"己欲立而立人，己欲达而达人"为实行的方法。❷旧指具有仁德的人。《论语·学而》："泛爱众而亲仁。"又《述而》："子（孔子）曰：'若圣与仁，则吾岂敢！抑为之不厌，诲人不倦，则可谓云尔已矣。'"❸古时所谓善政的标准，即仁政。❹假借为"人"。《论语·雍也》："虽告之曰：'井有仁焉。'其从之也？"朱熹注引刘聘君曰："有仁之仁当作人。"❺犹"存"。《礼记·仲尼燕居》："子曰：郊社之义，所以仁鬼神也。"❻果核里面的种子部分。如：杏仁；瓜子仁。❼姓。五代时有仁美、仁裕。

仁弟 对同辈中年轻者的敬称；师长对学生，年长者对年幼者也常用此称呼，表示爱重。孔臧《与从弟书》："诚惧仁弟道未信于世，而以独知为愆也。"楼钥《跋子深所藏书画·徐东湖》："徐东湖与了翁家相厚如家人，通判郎中即了翁次子止之也，呼以仁弟。"

仁风 谓仁德的作用和影响。《后汉书·章帝纪》："功烈光于四海，仁风行于千载。"

仁里 语出《论语·里仁》"里仁为美"。何晏集解引郑玄曰："里者，民（从刘宝楠校改）之所居，居于仁者之里，是为美。"后因称风俗淳美的乡里为仁里。张衡《思玄赋》："匪仁里其焉宅兮，匪义迹其焉追。"也用来称美别人的乡里。萧统《诒明山宾》诗："筑室非道傍，置宅归仁里。"

仁寿 仁厚而且长寿。语出《论语·雍也》"仁者寿"。《汉书·董仲舒传》："尧舜行德，则民仁寿。"

仁术 仁爱之道。《孟子·梁惠王上》:"无伤也,是乃仁术也。"又指合于仁道的,如称医术为"仁术"。

仁兄 对同辈友人的敬称。常用于书信。赵壹《报皇甫规书》:"实望仁兄昭其悬迟。"

仁言利博 亦作"仁言利溥"。谓有仁德的人说的话,好处很大。《左传·昭公三年》:"君子曰:'仁人之言,其利博哉!晏子一言而齐侯省刑。'"

仁义礼智 儒家伦理思想。《孟子·离娄上》:"仁之实,事亲是也;义之实,从兄是也;智之实,知斯二者弗去是也;礼之实,节文斯二者(使事亲、从兄两种行为有节度、有文采)是也。"儒家从孟子起,多数认为仁义礼智是人生而固有的道德。参见"四端"。

仁宇 ❶仁德之所覆被。本用以颂帝王,也用作一般颂人之辞。沈约《瑞石像铭》:"惟圣仁宇,宝化潜融。"柳宗元《为韦京兆祭杜河中文》:"余弟宗卿,获芘仁宇。""芘"同"庇"。❷犹仁里。对他人居处的敬称。李直方《白苹亭记》:"道出公之仁宇,目览亭之崇构。"

仁政 儒家的政治主张。认为统治者不仅要对人民进行道德教育,更重要的是以"仁"施政,争取民心。孔子在对"仁"所作的解释中,已有关于"仁政"的思想。孟子发挥孔子学说,明确提出"仁政"这一观点。《孟子·梁惠王上》:"王如施仁政于民,省刑罚,薄税敛,深耕易耨,壮者以暇日修其孝悌忠信,入以事其父兄,出以事其长上,可使制梃以挞秦楚之坚甲利兵矣。"在两汉后产生巨大影响。

仁至义尽 《礼记·郊特牲》:"蜡之祭,仁之至、义之尽也。"蜡祭是周代十二月举行的一种祭祀,用以报答有功于农事的诸神。意谓这种蜡祭,有功必报,可谓竭尽仁义之道。后谓对人的爱护、帮助已尽了最大的努力为"仁至义尽"。陆游《秋思》诗之十:"虚极静笃道乃见,仁至义尽馀何忧。"

任 (rén)❶女子爵位名。《汉书·王莽传中》:"其女皆为任。"朱骏声《说文通训定声·临部》:"任亦男爵也,易其字以别于男子之称耳。"❷古代南方的一种民族乐曲。《周礼·春官·鞮鞻氏》"掌四夷之乐"郑玄注:"〔四夷之乐〕南方曰任。"❸通"壬"。见"任人"。❹

古国名,风姓,传为太皞后裔,在今山东济宁。战国时灭亡。❺姓。
另见 rèn。

任人 奸佞之人。《书·舜典》:"惇德允元而难任人。"孔传:"任,佞;难,拒也。"蔡沈集传:"任,古文作壬,包藏凶恶之人也。"

铻 〔鉝〕(rén)❶刀口卷折。《淮南子·修务训》:"今剑或绝侧羸文,啮缺卷铻,而称以顷襄之剑,则贵人争带之。"高诱注:"绝,无侧;羸,无文;啮齿卷铻,钝弊无刃。托之为楚顷襄王所服剑,故贵人慕而争带之。"❷见"锯铻"。

鵀 〔鶔〕(rén) 古籍中鸟名。全称"戴鵀",亦名"戴胜"。

rěn

忍 (rěn)❶容忍;忍耐。《论语·八佾》:"是可忍也,孰不可忍也?"引申为坚强、顽强。《晋书·朱伺传》:"伺曰:'两敌相对,惟当忍之;彼不能忍,我能忍,是以胜耳。'"❷抑制。《荀子·儒效》:"志忍私,然后能公;行忍情性,然后能修。"❸残忍;忍心。《新书·道术》:"恻隐怜人谓之慈,反慈为忍。"杜甫《忆昔》诗:"伤心不忍问耆旧,复恐初从乱离说。"

忍俊不禁 忍俊,含笑。禁,抑制。本谓热中某事而无法自制。后指忍不住发笑。赵璘《因话录》卷五:"柜初成,周戎时为吏部郎中,大书其上,戏作考词状:'当有千有万,忍俊不禁,考上下。'"《续传灯录》卷七:"僧问:'饮光(释迦弟子大迦叶)正见,为甚么见拈花却微笑?'师(宽道)曰:'忍俊不禁。'"

忍辱负重 忍受屈辱,担负重任。《三国志·吴志·陆逊传》:"国家所以屈诸君使相承望者,以仆有尺寸可称,能忍辱负重故也。"

忍心 ❶心地残忍。《诗·大雅·桑柔》:"维彼忍心,是顾是复。"郑玄笺:"有忍为恶之心者,王反顾念而重复之。"❷指耐心。白居易《酬皇甫十早春对雪见赠》诗:"忍心三两日,莫作破斋人。"

荏 (rěn)❶即"白苏"。一年生芳香草本植物。❷通"戎"、"壬"。大。《诗·大雅·生民》:"艺之荏菽。"郑玄笺:"戎菽,大豆也。"《尔雅·释草》:"戎叔谓之荏菽。"郝懿行义疏:"戎、壬,《释诂》并云大。壬、荏古字通,荏、戎声相转也。"❸软

弱;怯懦。《论语·阳货》:"色厉而内荏。"❹见"荏苒"。

荏苒 犹"渐冉"。时光渐渐过去。潘岳《悼亡诗》:"荏苒冬春谢,寒暑忽流易。"

荏染 柔弱貌。《诗·小雅·巧言》:"荏染柔木。"

荏弱 柔弱;怯弱。《楚辞·九章·哀郢》:"谌荏弱而难持。"谌,实在,真。

蒽 (rěn) 草名。亦称"金银花"。

棯 (rěn,又读niàn) 木名。枣树的一种。《尔雅·释木》:"还味,棯枣。"郝懿行义疏:"今枣形长,有似瓠者,俗呼为马枣,或曰唐枣。"

稔 (rěn)❶庄稼成熟。如:丰稔。《国语·吴语》:"不稔于岁。"引申指事物酝酿成熟。任昉《奏弹刘整》:"恶积衅稔。"❷年。谷一熟为年,故亦谓年为稔。《国语·郑语》:"凡周存亡,不三稔矣。"❸熟悉。如:相稔;稔知。

rèn

刃 (rèn)❶刀口;刀锋。《庄子·养生主》:"今臣之刀十九年矣,所解数千牛矣,而刀刃若新发于硎。"❷指有锋刃的兵器,刀剑之属。《孟子·梁惠王上》:"杀人以梃与刃,有以异乎?"《淮南子·氾论训》:"铸金锻铁以为兵刃。"❸杀。《史记·鲁仲连邹阳列传》:"与人刃我,宁自刃。"

刅 (rèn) 同"刃"。

认 〔認〕(rèn)❶认识;辨明。如:认字;认清是非。米芾《山光寺》诗:"迟迟绕壁认题名。"❷以为;当作。刘克庄《答妇兄林公遇诗》:"梦回残月在,错认是天明。"❸承认。《三国演义》第四十五回:"瑜虽心知中计,却不肯认错。"

认识 ❶认得,相识。鲁迅《朝花夕拾·范爱农》:"认识的人告诉我说:他叫范爱农。"❷人脑在实践基础上对外部现实的能动反映,包括感性认识和理性认识。世界的客观性和可知性是认识的前提。社会实践是认识发生和发展的基础,是检验认识正确与否的唯一标准,也是认识的目的。认识是一种社会历史性反映活动,是从生动的直观到抽象的思维,并从抽象的思维到实践

辩证发展过程。唯心主义者否认认识是对客观世界的反映，形而上学唯物主义者不懂得认识对实践的依赖关系及其发展过程。

认同 在社会学中泛指个人与他人有共同的想法。人们在交往过程中，为他人的感情和经验所同化，或者自己的感情和经验足以同化他人，彼此间产生内心的默契。分有意的和无意的两种。

认知 译自英文 cognition，即认识，在现代心理学中通常译作认知。指人类认识客观事物，获得知识的活动。包括知觉、记忆、学习、言语、思维和问题解决等过程。按照认知心理学的观点，人的认知活动是人对外界信息进行积极加工的过程。

仞（rèn）❶古代长度单位。据陶方琦《说文仞字八尺考》谓周制为八尺，汉制为七尺，东汉末则为五尺六寸。《论语·子张》："夫子之墙数仞。"❷测量深度。《左传·昭公三十二年》："计丈数，揣高卑，度厚薄，仞沟洫。"❸通"牣"。充满。《史记·司马相如列传》："虚宫观而勿仞。"❹通"认"。《汉书·孟喜传》："喜因不肯仞。"❺通"韧"。《易·革》"巩用黄牛之革"王弼注："牛之革坚仞不可变也。"❻古地名。春秋楚地。一说在今湖北竹山县境，一说在今湖北丹江口市境。《左传》文公十六年：楚军分二队以伐庸，其一即经此。

讱〔訒〕（rèn）出言难貌。《论语·颜渊》："仁者，其言也讱。"

任（rèn）❶任用。《书·大禹谟》："任贤勿贰。"❷职位。如：上任；卸任。《晋书·刘颂传》："随才授任。"❸责任；职责。诸葛亮《前出师表》："至于斟酌损益，进尽忠言，则攸之（郭攸之）、祎（费祎）、允（董允）之任也。"❹担当；承担。如：任劳任怨。《国语·齐语》："负任担荷，服牛轺马，以周四方。"韦昭注："背曰负，肩曰担。任，抱也。荷，揭也。"❺信任。《史记·屈原贾生列传》："王甚任之。"❻担保。《管子·大匡》："子固辞无出，吾权任子以死亡，必免子。"❼保养。班固《白虎通·礼乐》："任养万物。"❽胜；堪。如：无任感奋。《史记·白起王翦列传》："是时武安君病，不任行。"❾放任；不拘束。《商君书·弱民》："上舍法，任民之所善，故奸多。"参见"任性"、"任情"。❿听凭；不管。自居易《九日醉吟》诗："门任雀罗张。"⓫担荷，谓行李。《孟子·滕文公上》："门人治任将归。"⓬任侠。《墨子·经上》："任，士损己而益所为也。"孙诒让间诂引毕沅云："谓任侠。"参见"任侠"。⓭通"妊"。怀孕。《汉书·叙传上》："刘媪任高祖。"

另见 rén。

任达 任性放纵，不受礼法拘束。《晋书·阮咸传》："咸任达不拘，与叔父籍为竹林之游，当世礼法者讥其所为。"

任劳任怨 《盐铁论·刺权》："蒙其忧，任其劳。"《汉书·石显传》："诚不能以一躯称快万众，任天下之怨。"后称做事不辞辛苦、不怕别人埋怨为"任劳任怨"。《明史·王应熊传》："乃群臣不肯任劳任怨，致陛下万不获已，权遣近侍监理。"

任气 纵任意气。梁元帝《追思张缵诗序》："简宪之为人也，不事王侯，负才任气。"

任情 任意；尽情。《北史·李栗传》："每在道武（魏太祖拓跋珪）前舒放倨傲，不自祗肃，笑唾任情。"

任率 任性而行，不做作。《晋书·王戎传》："为人短小，任率不修威仪。"

任侠 谓抑强扶弱，仗义行事。《史记·季布栾布列传》："季布者，楚人也。为气任侠，有名于楚。"

任性 纵任性情，不加约束。《后汉书·马融传》："善鼓琴，好吹笛，达生任性，不拘儒者之节。"

任意 犹随意。谓任凭己意，不守约束。如：任意行动。何休《春秋公羊传序》："说者疑惑，至有倍经任意，反传违戾者。"倍，反背。《世说新语·俭啬》："乃开库一日，令任意用。"

任重道远 负担沉重，路程遥远。比喻责任既重大，又要经历长期的艰苦奋斗。《论语·泰伯》："士不可以不弘毅，任重而道远。"《商君书·弱民》："背法而治，此任重道远而无马牛，济大川而无舡楫也。"亦作"道远任重"。《意林》卷一"尸子"："车轻道近，鞭策不用；鞭策所用，道远任重。"

任子 西汉时，二千石以上官吏，任满一定年限可以保举子弟一人为郎，称任子。东汉沿袭不改。后世以此为由父荫而得官之称。

纴〔紝〕（rèn）❶搓；捻。《楚辞·惜誓》："伤诚是之不察兮，并纫茅丝以为索。"❷连缀。见"纴佩"。❸以线穿针。《礼记·内则》："衣裳绽裂，纫箴请补缀。"引申为缝纫、做衣服。《聊斋志异·侠女》："见母作衣履，便代缝纫。"❹按摩。《管子·霸形》："狄伐邢卫，桓公不救，裸体纫胸称疾。"房玄龄注："纫，犹摩也。自摩其胸，若有所痛患也。"❺感佩不忘。如：至纫高谊。参见"纫佩"。❻通"韧"。坚韧。古乐府《孔雀东南飞》："蒲苇纫如丝，磐石无转移。"

纫佩 语出《离骚》"纫秋兰以为佩"。纫，连缀。佩，佩饰。比喻对别人所施的德泽或教益，铭感不忘。旧时书信常用语。

韧〔靭、靱、靭、韌〕（rèn）柔软而坚固。如：坚韧；韧性。《宋史·苏云卿传》："夜织屦，坚韧过革舄，人争贸之以馈远。"

靱〔靭、軔〕（rèn）❶刹住车轮的木头，车发动时抽去。参见"发靱"。引申为挡住。《后汉书·申屠刚传》："光武尝欲出游，刚……谏不见听，遂以头靱乘舆轮。"李贤注："谓以头止车轮也。"❷车轮。潘岳《怀旧赋》："水渐靱以凝汭。"❸柔弱；懒散。《荀子·富国》："芒靱慢楛。"杨倞注："靱，柔也，亦怠惰之义。慢与慢同。楛，不坚固也。"❹通"仞"。《孟子·尽心上》："掘井九靱而不及泉，犹为弃井也。"焦循正义："靱，八尺也。"

牣（rèn）❶满。《诗·大雅·灵台》："王在灵沼，於牣鱼跃。"《文选·司马相如〈子虚赋〉》："充牣其中，不可胜纪。"张铣注："充满于山泽之中。"❷通"韧"。坚韧。《吕氏春秋·别类》："白所以为坚也，黄所以为牣也。"毕沅注："牣与韧、忍、刃、纫古皆通用。"

朒（rèn）❶坚肉。见《玉篇》。❷同"韧"。坚柔也。见《广韵·二十一震》。《管子·心术下》："人能正静者，筋朒而骨强。"

饪〔餁、餁〕（rèn）煮熟。如：烹饪。《仪礼·士昏礼》："鱼十有四，腊一肫，髀不升，皆饪。"贾公彦疏："饪，熟也。"

妊〔姙〕（rèn）怀孕。归有光《先妣事略》："又逾年，生有尚，妊十二月。"

妊娠 人和哺乳动物怀胎的过程。人类自成熟卵受精至胎儿娩出，约为266天。为了便于计算，通常是从末次月经第一天算起，足月妊娠约为

280 天（40 周）。妊娠期间，母体的新陈代谢，内分泌、心血管、生殖等系统和乳房都发生相应的变化。

纴〔紝〕（rèn）　亦作"絍"。织机。《战国策·秦策一》："[苏秦]归至家，妻不下纴，嫂不为炊。"又指纺织。《汉书·严助传》："男子不得耕稼种树，妇人不得纺绩织纴。"

衽〔袵〕（rèn）　❶衣襟。《论语·宪问》："微管仲，吾其被发左衽矣。"❷袖口。《广雅·释器》："衽，袖也。"朱骏声《说文通训定声·临部》："凡衽，皆言两傍，衣际、裳际正当手下垂之处，故转而名袂也。"❸床席。《仪礼·士丧礼》："衽如初。"郑玄注："衽，寝卧之席也。"❹下裳。《考工记·辀人》："衣衽不敝。"郑玄注："衽，谓裳也。"❺棺盖上的木楔，其形两头宽，中间窄，古时名为小要或细腰，插入棺材两旁的坎中而与之密合。《礼记·檀弓上》："衽，每束一。"孙希旦集解："古棺无钉，用皮束之……衽与束相值，每束之处用一衽。"

恁（rèn）　❶那。姜夔《疏影》词："等恁时再觅幽香，已入小窗横幅。"❷如此；这样。无名氏《九张机》词："不言愁恨，不言憔悴，只恁寄相思。"
另见 nín。

恁地　亦作"恁的"。❶如此；这样。《水浒传》第一回："既然恁地，依着你说，明日绝早上山。"❷如何；怎么。《水浒传》第三回："却恁地教甚么人在间壁吱吱的哭，搅俺兄弟们吃酒？"

恁么　如此；这样。《景德传灯录》卷四"鸟窠道林禅师"："三岁孩儿也解恁么道。"

馂〔餁〕（rèn）　同"饪（餁）"。熟食。见《广韵·四十七寝》。
另见 niè。

葚（rèn，读音 shèn）　亦作"椹"。桑树的果实。《诗·卫风·氓》："无食桑葚。"

眹（rèn）　❶眩瞶。见《玉篇》。❷视貌。见《类篇》。

脵（rèn）　煮熟。《礼记·郊特牲》："腥、肆、爓、脵祭，岂知神之所飨也。"郑玄注："脵，熟也。"孔颖达疏："言祭或进腥体，或荐解剔，或进汤沈，或荐爓熟。"

紝（rèn）　同"纴（紝）"。

rēng

扔（rēng）　❶投掷。如：扔球；扔手榴弹。❷抛弃；丢掉。《红楼梦》第十四回："每日大家早来晚散，宁可辛苦这一个月，过后再歇息，别把老脸面扔了。"
另见 rèng。

réng

仍（réng）　❶还；依然。如：仍须努力。❷依照。《新唐书·傅弈传》："时国制草具，多仍隋旧。"参见"仍旧贯"。❸重复；频繁。《汉书·武帝纪》："今大将军仍复克获。"颜师古注："仍，频也。"❹因而；乃。《南史·宋武帝纪》："初，帝平齐，仍有定关洛意。"❺又；且；还。杨万里《和谢张功父》："老夫最爱嚼香雪，不但解醒仍涤热。"

仍旧贯　照旧办法、旧制度办事。《论语·先进》："仍旧贯，如之何？何必改作？"何晏集解引郑玄曰："仍，因也；贯，事也；因旧事则可也，何乃复更改作？"亦作"一仍旧贯"。《晋书·殷仲堪传》："自此之外，一仍旧贯。"

仍仍　❶惘然如有所失貌。《淮南子·精神训》："今夫穷鄙之社也，叩盆拊瓴，相和而歌，自以为乐矣。尝试为之击建鼓，撞巨钟，乃性（始）仍仍然，知其盆瓴之足羞也。"高诱注："仍仍，不得志之貌也。"❷犹频频。戴良《咏雪赠友》诗："罅隙仍仍掩，高低故故平。"

仍孙　亦作"礽孙"。从本身数下第八世孙为"仍孙"（八世包括本身）。又称"耳孙"。《尔雅·释亲》："昆孙之子为仍孙。"亦称孙子为"仍孙"。《太玄·玄数》："九属，一为玄孙，二为曾孙，三为仍孙，四为子，五为身是也。"

芿（réng）　草更生。引申为茂密的草。《逸周书·商誓解》："百姓献民，其有缀芿。"孔晁注："缀芿，谓若丝之绝而更续，草之刈而更生也。"
另见 nǎi。

礽（réng）　❶福。见《集韵·十六蒸》。❷通作"仍"。参见"仍孙"。

苆（réng）　同"芿"。草更生；亦指乱草。《列子·黄帝》："赵襄子率徒十万，狩于中山，藉苆

燔林。"张湛注："草不剪曰苆。"

陾（réng）　见"陾陾"。

陾陾　众多貌。《诗·大雅·绵》："捄之陾陾，度之薨薨。"

rèng

扔（rèng）　❶牵引；拉。《老子》："则攘臂而扔之。"❷摧毁。《后汉书·马融传》："审伏扔轮。"李贤注："扔，摧也，言为轮所摧也。"
另见 rēng。

rì

日（rì）　❶"太阳"的简称。《诗·卫风·伯兮》："杲杲出日。"❷计量时间的基本单位。即一昼夜。1 日分 24 小时，1 小时为 60 分钟，1 分钟为 60 秒。❸一种周期或时间。地球自转一周的周期或所经历的时间。有恒星日、真太阳日和平太阳日三种。❹指白昼。《诗·唐风·葛生》："夏之日，冬之夜。"❺每天。《论语·学而》："吾日三省吾身。"❻一天一天地。如：日新月异。《史记·田单列传》："田单兵日益多，乘胜，燕日败亡，卒至河上。"❼他日；改天。《列子·汤问》："日以俱来，吾与若俱观之。"❽往日；从前。《国语·晋语四》："日吾来此也，非以狄为荣，可以成事也。"❾日子。如：春秋佳日。《孟子·梁惠王上》："壮者以暇日修其孝悌忠信。"❿光阴。《左传·昭公元年》："玩岁而愒日。"⓫旧指日辰的吉凶禁忌。柳宗元《三戒·永某氏之鼠》："永有某氏者，畏日，拘忌异甚。"参见"日者❶"。⓬国名。日本国的简称。
另见 mì。

日表　❶即"日晷"。古代依据日影以测定时辰的仪器。《后汉书·律历志上》："记称大桡作甲子，隶首作数，二者既立，以比日表，以管万事。"❷犹言天外。指极远的地方。《宋书·符瑞志下》："日表地外，改服从教。"❸称帝王的仪容。杨宗瑞《辟雍赋》："至若万乘戾止，六龙驰驱，日表渊穆，天颜冲邃。"

日薄西山　薄，逼近。太阳迫近西山，即将下落。比喻人年老力衰，接近死亡。《汉书·扬雄传上》："临汨罗而自陨兮，恐日薄于西山。"李密《陈情表》："但以刘日薄西山，气息

奄奄,人命危浅,朝不虑夕。"刘,密之祖母。后也比喻事物接近衰亡。

日不暇给　谓事情多,时间不够。《汉书·高帝纪下》:"虽日不暇给,规摹弘远矣。"颜师古注:"给,足也。日不暇足,言众事繁多,常汲汲也。"

日长一线　谓冬至后白昼渐长。陈元靓《岁时广记·冬至》引《岁时记》:"魏晋间,宫中以红线量日影,冬至后日添长一线。"

日程　❶每日的行程。李廌《师友谈记》:"尝于所居公署前立一旗曰占风旗,使人日候之,置籍焉,令诸漕纲日程,亦各记风之便逆。"❷按日排定的工作程序。如:议事日程;工作日程。元代程端礼有《读书分年日程》。《元史·世祖纪四》:"戊申,诏以治事日程谕中外官吏。"

日高三竿　谓太阳离地面有三根竹竿那么高。指天已大亮,时候不早。《南齐书·天文志上》:"永明五年十一月丁亥,日出高三竿,朱色赤黄。"亦作"日上三竿"。《续传灯录》卷三十二"鼎需禅师":"日上三竿犹更眠。"

日晷　❶日影。《文选·左思〈魏都赋〉》:"揆日晷,考星耀。"李善注引《周礼》曰:"匠人建国,昼参诸日中之景(影),夜考之极星,以正朝夕。"❷古代一种测时仪器。由晷盘和晷针组成。晷盘是一个有刻度的盘,中央装一根与盘面垂直的晷针。中国的日晷独具特色,晷盘为平行于赤道面,倾斜安放的圆盘;晷针为指向南、北极方向的金属针。针影随太阳运转而移动,刻度盘上的不同位置表示不同的时刻。

日 晷

日角　旧时星相家指人的额骨中央部分隆起,是帝王之相。《后汉书·光武帝纪上》:"身长七尺三寸,美须眉,大口,隆准,日角。"李贤注引郑玄《尚书中候》注云:"日角,谓庭中骨起,状如日。"相者也称额骨隆起入左边发际为"日角",入右边发际为"月角"。《文选·刘峻〈辩命论〉》:"龙犀日角,帝王之表。"李善注引朱建平《相书》:"额有龙犀入发,左角日,右角月,王天下也。"因以为帝王的代称。李商隐《隋宫》诗:"玉玺不缘归日角,锦帆应是到天涯。"

日近长安远　《世说新语·夙惠》:"晋明帝数岁,坐元帝膝上。有人从长安来……因问明帝:'汝意谓长安何如日远?'答曰:'日远。不闻人从日边来,居然可知。'元帝异之。明日,集群臣宴会,告以此意。更重问之,乃答曰:'日近。'元帝失色曰:'尔何故异昨日之言邪?'答曰:'举目见日,不见长安。'"王实甫《西厢记》第一本第一折:"望眼连天,日近长安远。"后以"日近长安远"喻向帝都而不得至。

日就月将　犹言日积月累。《诗·周颂·敬之》:"日就月将,学有缉熙于光明。"孔颖达疏:"日就,谓学之使每日有成就;月将,谓至于一月则有可行。言当习之以积渐也。"李清照《金石录后序》:"日就月将,渐益堆积。"

日暮途远　天色已晚,但距离目的地尚远。比喻计穷力尽。《史记·伍子胥列传》:"吾日暮途(涂)远,吾故倒行而逆施之。"亦比喻到了没落灭亡的阶段。汤显祖《紫箫记·惜别》:"只有老夫日暮途远,恐当没齿边陲,星星白发,无相见期矣。"亦作"日暮途穷"。陆采《明珠记·会内》:"孤身日暮途穷,镇长愁一命终。幸刑官念我含冤痛,朝夕里好看供。"

日夕　❶傍晚。语出《诗·王风·君子于役》"日之夕矣,羊牛下来"。陶潜《饮酒》诗:"山气日夕佳,飞鸟相与还。"❷朝夕;日夜。韩愈《潮州刺史谢上表》:"毒雾瘴氛,日夕发作。"

日下　❶太阳落下去。白居易《和梦游春》:"月流春夜短,日下秋天速。"❷封建社会以帝王比日,因以"日下"指京都。钱起《送薛判官赴蜀》诗:"边陲劳帝念,日下降才杰。"清朱彝尊有《日下旧闻》。❸目前。吴自牧《梦粱录》卷十二:"日下拆毁屋宇,开辟水港。"

日新　❶一天一天地更新。《易·大畜》:"日新其德。"《大学》:"汤之盘铭曰:'苟日新,日日新,又日新。'"❷大理段正严年号(1109年)。

日新月异　天天更新,月月不同,形容变化快。沈德符《万历野获编补遗·元夕放灯》:"外方灯市之盛,日新月异。"

日削月朘　《汉书·董仲舒传》:"民日削月朘,寖以大穷。"朘,萎缩减少。寖,渐。谓人民受到残酷盘剥,越来越贫困。亦作"日朘月削"。《新唐书·萧至忠传》:"私谒开而согласно言塞,日朘月削,卒见凋弊。"

日月合璧　谓日月同升,出现于夏历的朔日。在我国很少见。古人遂用以附会为国家的祥瑞。《汉书·律历志上》:"日月如合璧,五星如连珠。"颜师古注引孟康曰:"谓太初上元甲子夜半朔旦冬至时,七曜皆会聚斗、牵牛分度,夜尽如合璧连珠也。"

日月如梭　太阳和月亮如穿梭般来去,形容光阴迅速。高明《琵琶记·牛相教女》:"光阴似箭催人老,日月如梭趱少年。"

日昃　亦作"日仄"、"日侧"。太阳偏西,约未时,即下午二时前后。《易·离》:"日昃之离,何可久也?"《书·无逸》:"自朝至于日中昃。"孔颖达疏:"《易》丰卦象曰:'日中则昃。'谓过中而斜昃也。昃亦名映,言日蹉跌而下,谓未时也。"

日者　❶占候卜筮的人。《墨子·贵义》:"子墨子北之齐,遇日者。"❷往日;从前。《汉书·高帝纪下》:"日者,荆王兼有其地。"

日中　❶中午。中国古代十二辰之一,相当于午时,今11时至13时。《平原君列传》:"日出言之,日中不决。"《史记·司马穰苴列传》:"与庄贾约,旦日日中,会于军门。"❷一日之内。《荀子·议兵》:"赢三日之粮,日中而趋百里。"❸春分、秋分。《书·尧典》:"日中星鸟,以殷仲春。"孔传:"日中,谓春分之日。"《左传·庄公二十九年》:"凡马,日中而出,日中而入。"杜预注:"日中,春、秋分也。"孔颖达疏:"中者,谓日之长短与夜中分,故春、秋两节谓之分、秋分也。"

驲　〔驲〕(rì)　古代驿站专用的车。《左传·文公十六年》:"楚子乘驲,会师于临品。"杜预注:"驲,传车也。"朱骏声《说文通训定声·履部》:"车曰驲、曰传,马曰驿、曰遽。"

róng

戎　(róng)　❶古代兵器的总称。如弓、殳、矛、戈、戟称五戎。《礼记·王制》:"戎器不粥于市。"郑玄注:"戎器,军器也。粥,卖也。"❷军旅、军士的代称。如:从戎;戎车;戎机;戎士。又特指戎车。《诗·小雅·六月》:"元戎十乘,以先启行。"❸征伐;战争。《书·泰誓中》:"戎商必克。"《左传·僖公十五年》:"使我两君匪以玉帛相见,而以兴戎。"❹

大。《诗·周颂·烈文》:"念兹戎功。"❺相助。《诗·小雅·常棣》:"每有良朋,烝也无戎。"每,虽。烝,久。❻晋南朝宋时人称从弟为阿戎。《南齐书·王思远传》:"阿戎劝吾自裁。"❼汝,你。《诗·大雅·民劳》:"戎虽小子。"朱骏声《说文通训定声·丰部》:"戎、汝、若、而,皆一声之转。"《新方言·释言》:"今江南浙江滨海之地谓汝为戎,音如农。"❽古族名。殷周有鬼戎、西戎等。春秋时有己氏之戎、北戎、允姓之戎、伊洛之戎、犬戎、骊戎、戎蛮七种。秦国西北有狄豲邦冀之戎、义渠之戎、大荔之戎等。战国时,晋北有林胡、楼烦之戎;燕北有山戎,各分居山谷,均有头目。一说"戎"在殷代为㺄狁、绲戎、犬戎等,后因移动而加地名为之区别。旧时,"戎"或"西戎"是中原人对西北各族的泛称之一。有时也泛称东方、南方的一些族,如徐戎、蛮戎。❾古国名,在今山东曹县西北。《春秋》隐公二年(公元前721年):"公会戎于潜",即此。后地入于卫。❿戎(Jumbara)。古地名。故址或以为在今泰国南部马来半岛东岸的春蓬(Chumphon)。为古代横越马来半岛最短一条交通线上的重要港口。元汪大渊《岛夷志略》有专条记述。宋赵汝适《诸蕃志》"真腊"条的浔番、《大德南海志》的茸里,当与此为一地。⓫姓。汉代有戎阳。

戎丑 大众,众多的人。《诗·大雅·绵》:"乃立冢土,戎丑攸行。"毛传:"戎,大;丑,众也;冢土,大社也。"孔颖达疏:"立此社者,为动大众,所以告之而行也。"一说指戎狄之丑房。见于省吾《泽螺居诗经新证》卷中。

戎服 军服。《左传·襄公二十五年》:"郑子产献捷于晋,戎服将事。"《汉书·匈奴传赞》:"遂躬戎服。"

戎行 行伍,军队。《左传·成公二年》:"下臣不幸,属当戎行。"亦指军旅之事。杜甫《新婚别》诗:"勿为新婚念,努力事戎行。"

戎机 ❶指战争,军事。古乐府《木兰诗》:"万里赴戎机。"杜甫《遣愤》诗:"自从收帝里,谁复总戎机。"❷战机;用兵的时机。如:勿误戎机。

戎马 ❶军马。《汉书·刑法志》:"戎马四万匹,兵车万乘。"❷指军事;战争。如:戎马倥偬。杜甫《登岳阳楼》诗:"戎马关山北,凭轩涕泗流。"❸指胡地所产之马。《文选·

司马迁〈报任少卿书〉》:"且李陵提步卒不满五千,深践戎马之地。"李善注:"胡地出马,故曰戎马。"

戎首 ❶《礼记·檀弓下》:"毋为戎首,不亦善乎? 又何反服之礼有?"郑玄注:"为兵主来攻伐曰戎首。"原意谓被放逐的臣子不作攻伐本国的谋主就算是好的,不用回国来为旧主服丧。后指发动战争的祸首,也指挑起争端的人。《晋书·向雄传》:"雄曰:'刘河内(刘毅)于臣,不为戎首,亦已幸甚。'"❷总管军事的首领,即主帅。《晋书·谢安传》:"复命臣荷戈前驱,董司戎首。"

戎索 戎人之法。《左传·定公四年》:"疆以戎索。"杜预注:"大原近戎而寒,不与中国同,故自以戎法。"这里指周封唐叔于晋,其地近戎,故任其用戎人之法。索,法。后亦泛指法令。

戎衣 即大殷。《礼记·中庸》:"壹戎衣而有天下。"郑玄注:"衣读如殷,声之误也;齐人言殷声如衣。"按"壹戎衣",《书·康诰》作"殪戎殷"。殪,歼灭;戎,大。"壹戎衣"即歼灭大殷。后人多承用伪古文《书·武成》孔传之说,以"戎衣"为戎服,即军服。杜审言《赠苏味道》诗:"朔气卷戎衣。"

戎旃 军旗。《文选·谢朓〈拜中军记室辞随王笺〉》:"契阔戎旃,从容宴语。"李周翰注:"戎,兵也;旃,旌也。"后借指战事、军队。《旧唐书·郭子仪传》:"卿入居台铉,出统戎旃。"

戎装 军人装束。《北史·杨大眼传》:"妻潘氏,善骑射,……至攻战游猎之际,潘亦戎装,齐镳并驱。"

讼〔訟〕(róng) 通"容"。相容。《史记·吴王濞列传》:"佗(他)郡国吏欲来捕亡人者,讼共禁弗予。"张守节正义:"讼音容,言其相容禁止不与也。"

另见 gōng,sòng。

肜(róng) ❶殷祭祀名,祭后次日再祭。《书·高宗肜日序》:"祖己训诸王,作《高宗肜日》。"孔颖达疏:"祭之明日又祭,殷曰肜,周曰绎。"❷通"融"。见"肜肜"。

肜肜 和乐貌。《文选·张衡〈思玄赋〉》:"聆广乐之九奏兮,展泄泄以肜肜。"李善注引《左传》郑庄公入而赋,"大隧之中,其乐也肜肜",谓"融与肜古字通也"。参见"融融"。

茙(róng) ❶茙葵,亦作戎葵。即蜀葵。❷通"袯"。《诗·

召南·何彼袯矣》陆德明释文:"袯,《韩诗》作茙。"

茙菽 同"戎菽"。大豆。《列子·力命》:"进其茙菽,有稻粱之味。"

茸(róng) ❶初生的草。韩愈《有所思联句》:"庭草滋深茸。"❷柔软的兽毛。杜牧《扬州》诗:"喧阗醉年少,半脱紫茸裘。"❸通"绒"。刺绣用的丝缕。高启《效香奁二首》:"绣茸留得唾痕香。"❹"鹿茸"的简称。

另见 rǒng。

茸茸 柔密丛生貌。卢仝《喜逢郑三游山》诗:"相逢之处花茸茸,石壁攒峰千万重。"苏轼《元修菜》诗:"彼美君家菜,铺田绿茸茸。"

荣〔榮〕(róng) ❶草类开花或谷类结穗。陶潜《桃花源诗》:"草荣识节和。"❷茂盛。陶潜《归去来辞》:"木欣欣以向荣。"引申为繁荣、荣盛。❸光荣;荣耀。《荀子·荣辱》:"先义而后利者荣,先利而后义者辱。"❹梧桐的别名。《尔雅·释木》:"荣,桐木。"郭璞注:"即梧桐。"❺屋檐两头翘起的部分。《仪礼·士冠礼》:"设洗,直于东荣。"郑玄注:"荣,屋翼也。"❻姓。

荣观《老子》:"虽有荣观,燕处超然。"河上公注:"荣观,谓宫阙。"后亦用为荣名、荣誉的意思。《颜氏家训·名实》:"惧荣观之不显,非所以让名也。"

荣光 五色云气,古时以为祥瑞之征。《太平御览》卷八十引《尚书中候》:"荣光起河,休气四塞。"李白《西岳云台歌》:"荣光休气纷五彩。"

荣华 草木开花。《荀子·王制》:"草木荣华滋硕之时,则斧斤不入山林。"引申为昌盛显达。《淮南子·说林训》:"有荣华者,必有憔悴。"许浑《七里滩》诗:"荣华暂时事,谁识子陵心!"子陵,严光字。

荣名 荣誉;美好的名声。《淮南子·修务训》:"死有遗业,生有荣名。"高诱注:"荣,宠也。"

荣施 赞美别人施惠之辞。《左传·昭公三十二年》:"今我欲徼福假灵于成王,修成周之城……其委诸伯父。使伯父实重图之,俾我一人无征怨于百姓,而伯父有荣施,先王庸之。"

荣誉 个体或团体由于出色地履行义务而获得的公认的赞许和奖励,以及与之相应的主观上的肯定感受。是客观评价和主观感受的统一。在不同的社会或阶级中有不同的内容和表现形式。

辀 〔軵〕(róng) 挤。《淮南子·氾论训》:"相戏以刃者,太祖辀其肘。"

另见 fù、rǒng。

犹 (róng) ❶亦称"绢毛猴"。哺乳纲,灵长目,犹科。低等猴类。体小;尾长,无缠绕性;头两侧有长的毛丛,向外和向后。前肢拇指不与其他指相对,除后肢拇趾具趾甲外,其余各指、趾均具爪。普通犹(Callithrix jacchus)体长21厘米,尾长29厘米;倭犹(Cebuella pygmaea)体长仅15厘米,尾长12厘米,是最小的猿猴类。性活泼、温顺,易驯养。树栖,但不能使用臂行法在林间活动。只能像松鼠那样在树上跳跃、爬行。以果实、昆虫、蜘蛛、树芽、树汁为食。每胎两仔,偶尔三仔。产于中美、南美。可供玩赏。❷指犹尾做成的鞍鞯。黄庭坚《次韵宋楙宗三月十四日到西池》:"金犹系马晓莺边,不比春江上水船。"❸通"绒"。细布。见《广韵·一东》。

骁 〔駥〕(róng) 身长八尺的马。《尔雅·释畜》:"马八尺为骁。"郝懿行义疏引徐松云:"八尺言长,马身长者必善走,故相马者以长为贵。"亦泛指骏马。《抱朴子·名实》:"骁骥委牧乎林坰。"

绒 〔羢、羢、毧〕(róng) ❶鸟兽身上的柔毛。如:鸭绒、驼绒。❷织物名。古代指细布。见《玉篇·糸部》。❸亦称"丝绒"。用桑蚕丝或桑蚕丝与化学纤维长丝交织而成的一类丝织物。大都有专门的经丝起绒。表面有耸立而平行排列的紧密绒毛或绒圈,色泽鲜艳光亮,美丽大方。例如,立绒、乔其绒、漳绒等。❹刺绣用的松散丝缕。席佩兰《刺绣》诗:"手擘香绒一缕轻。"

颂 〔頌〕(róng) 通"容"。❶仪容;礼容。《汉书·儒林传》:"而鲁徐生善为颂。"❷收容;庇护。《汉书·吴王濞传》:"它郡国吏欲来捕亡人者,颂共禁不与。"颜师古注:"颂,读曰容。"❸宽容。见"颂系"。

另见 sòng。

颂系 谓宽容,虽拘禁而不加刑具。《汉书·刑法志》:"其著令:年八十以上,八岁以下,及孕者未乳,师、朱儒,当鞠系者,颂系之。"颜师古注:"乳,产子;师,乐师盲瞽者;朱儒,短人不能走者。颂,读曰容。"

容 (róng) ❶容受。如:容器;容量。《礼记·投壶》:"〔壶〕容斗五升。"❷接纳。如:收容;容纳。《诗·卫风·河广》:"谁谓河广?曾不容刀。"刀,小船。❸宽容。《史记·淮南衡山列传》:"兄弟二人,不能相容。"❹可;允许。《左传·昭公元年》:"五降之后,不容弹矣。"岳珂《桯史·徐铉入聘》:"卧榻之侧,岂容他人鼾睡耶?"引申为求得别人允许。❺容或;或许。《世说新语·方正》:"彼容不相知也。"❻容貌;仪容。白居易《长恨歌》:"玉容寂寞泪阑干。"❼障蔽物。《尔雅·释宫》:"容谓之防。"郭璞注:"形如今床头小曲屏风。"❽通"庸"。岂。《三国志·魏志·辛毗传》:"昔周文王以纣遗武王,惟知时也;苟时未可,容得已乎?"❾打扮。司马迁《报任少卿书》:"士为知己者用,女为悦己者容。"❿姓。

另见 yǒng。

容光 ❶仪容风采。徐幹《杂诗》:"端坐而无为,仿佛君容光。"❷指罅隙。《孟子·尽心上》:"日月有明,容光必照焉。"赵岐注:"容光,小郤也,言大明照幽微也。"郤,同"隙"。

容华 ❶美丽的容貌。刘长卿《王昭君歌》:"那知粉绘能相负,却使容华翻误身。"❷汉女官名。《史记·外戚世家》:"容华秩比二千石。"《汉书·外戚传上》作"傛华"。

容忍 宽容忍耐。《三国志·吴志·吕蒙传》:"蒙辄陈请:'天下未定,斗将如宁(甘宁)难得,宜容忍之。'"

容容 ❶随众附和。《汉书·翟方进传》:"朕诚怪君,何持容容之计,无忠固意!"颜师古注:"容容,随众上下也。"❷飞舞浮动貌。《楚辞·九歌·山鬼》:"表独立兮山之上,云容容兮而在下。"《汉书·礼乐志》:"神之行,旍容容。"

容色 容貌脸色。《史记·淮阴侯列传》:"忧喜在于容色。"

容身 存身;安身。《庄子·盗跖》:"再逐于鲁,削迹于卫,穷于齐,围于陈蔡,不容身于天下。"张籍《送辛少府任乐安》诗:"才多不肯浪容身。"

容台 ❶举行礼仪的台。《淮南子·览冥训》:"植社槁而墤裂,容台振而掩覆。"高诱注:"容台,行礼容之台。"❷礼部的别称。《史记·殷本纪》"表商容之闾"司马贞索隐:"郑玄云:'商家典乐之官,知礼容,所以礼署称容台。'"阮大铖《燕子笺·授画》:"早官翰苑,忝陟容台,赞铃阁之谋谟,掌秩宗之典礼。"

容物 ❶度量大,能容人。《庄子·田子方》:"缘而葆真,清而容物。"❷仪容衣物。《文选·谢庄〈宋孝武宣贵妃诔〉》:"怆皇情于容物。"李周翰注:"言天子视丧礼容仪衣物而哀怆也。"

容膝 室小仅能容双膝。极言其狭小。陶潜《归去来辞》:"倚南窗以寄傲,审容膝之易安。"

容臭 香囊。《礼记·内则》:"衿缨皆佩容臭。"郑玄注:"容臭,香物也。"孙希旦集解:"容臭,谓为小囊以容受香物也。"

容与 ❶闲暇自得貌。陶潜《闲情赋》:"拥劳情而罔诉,步容与于南林。"❷迟缓不前貌。《楚辞·九章·涉江》:"船容与而不进兮,淹回水而疑滞。"❸放任。《庄子·人间世》:"因案人之所感,以求容与其心。"❹小船。《史记·乐书》:"骋容与兮跇万里。"跇,超越。

容悦 逢迎取媚。《孟子·尽心上》:"有事君人者,事是君,则为容悦者也。"朱熹注:"阿殉以为容,逢迎以为悦。"焦循正义谓"容"即"悦","容"与"悦"双声同义。

容止 仪容举止。《孝经·圣治》:"容止可观,进退可度。"《南史·贺琛传》:"琛容止闲雅。"

嵘 〔嶸〕(róng) 见"峥嵘"。

傛 (róng) 同"容"。见"容华❷"。

另见 yǒng。

蓉 (róng) ❶见"芙蓉"。❷四川成都的简称。

溶 (róng) ❶溶化;溶解。如:溶液。❷盛貌。《文选·扬雄〈甘泉赋〉》:"溶方皇于西清。"李善注:"溶,盛貌也。"一说闲暇貌。见《汉书·扬雄传》引《甘泉赋》颜师古注。

溶解 一物质(溶质)以分子或离子等状态均匀分散于另一物质(溶剂)中成为溶液的过程。例如食盐或糖溶解于水而成水溶液。

溶溶 ❶宽广貌。《楚辞·九叹·愍命》:"心溶溶其不可量兮。"❷水流动貌。杜牧《阿房宫赋》:"二川溶溶,流入宫墙。"也形容月光荡漾。许浑《冬日宣城开元寺赠元孚上人》诗:"林疏霜摵摵,波静月溶溶。"❸盛貌。《楚辞·九叹·逢纷》:"扬流波之潢潢兮,体溶溶而东回。"❹形容暖和。苏轼《哨遍》词："正溶溶养花天气。"

溶液　由两种或两种以上不同物质所组成的均匀物系。在这物系中的任何部分都具有相同的性质。液态溶液如食盐水、糖水和碘酒等；固态溶液如铜镍合金等。一般的溶液系指水溶液。根据溶液中溶质含量的多少，可分为浓溶液和稀溶液两类；根据溶质在溶液中的含量等于或小于该温度（和压力）下的溶解度，又可分为饱和溶液和不饱和溶液。在工业、农业、科学研究及日常生活中起着重大的作用。

溶滴　水波动荡貌。宋玉《高唐赋》："洪波淫淫之溶滴。"

瑢（róng）见"玜瑢"。

榕（róng）❶植物名。学名 *Ficus microcarpa*。桑科。常绿大乔木。干生气根，多而下垂，如长入土中粗似支柱。叶革质，深绿色，卵形，长 4~8 厘米，基部楔形，全缘，羽状脉。隐花  果生于叶腋，近扁球形，直径约 8 毫米。中国分布于浙江南部和江西南部以南各地区。喜酸性土。种子或扦插繁殖。木材褐红色，轻软，纹理不匀，易腐朽。供器具、薪炭等用。果可食。根、叶、树汁均可作药用。❷福建省福州市的别称。因盛产榕树而得名。

榕

熔〔鎔〕（róng）以高温使固体物质转变为液态。如：熔铁；熔炉。

熔解　物质从固态转变为液态的过程。晶体在一定的压强下（如在 101.325 千帕下）加热到一定温度（熔点）时开始熔解，在熔解过程中虽然吸收热量，但温度保持不变，直到全部变成液体为止。非晶体（如玻璃、火漆等）在熔解过程中随温度升高而逐渐软化，最后成为液体，故无熔点可言。

蝾〔蠑〕（róng）蝾螺，亦称"夜光蝾螺"。腹足纲，蝾螺科。壳呈拳形，但短粗，高约 17 厘米，螺层五六层。壳面肩角隆起，其上生有一些瘤突，体螺层第一环肋上的瘤突特别大。壳面绿色，为十余条棕、白

条斑交错组成的色带所环绕。

裥（róng）见"轻裥"。

聳（róng，又读 èr）发多而乱。《说文·彡部》："聳，乱发也。"段玉裁注："此与艸部茸义略同。"《文选·张衡〈东京赋〉》："聳髦被绣。"薛综注："聳髦，髦头茸骑也。"

融〔螎〕（róng）❶炊气上出。引申为火。见"祝融"。❷大明。《左传·昭公五年》："明而未融。"❸融化；消溶。杜甫《晚出左掖》诗："楼雪融城湿。"❹融合。如：水乳交融。❺和乐；恬适。《晋书·陶潜传》："每一醉则大适融然。"参见"融融"。❻通。何晏《景福殿赋》："云行雨施，品物咸融。"❼永；长。蔡邕《郭有道碑文》："禀命不融，享年四十有二。"

融会贯通　把各方面的知识或道理融合贯穿起来而得到系统透彻的理解。《朱子全书·学三》："举一而三反，闻一而知十，乃学者用功之深，穷理之熟，然后能融会贯通，以至于此。"

融融　和乐貌；和畅貌。《左传·隐公元年》："公（郑庄公）入而赋：'大隧之中，其乐也融融。'姜出而赋：'大隧之外，其乐也泄泄。'"杜牧《阿房宫赋》："春光融融。"

融泄　飘动貌。何晏《景福殿赋》："若乃高甍崔嵬，飞宇承霓，绵蛮黮霭，随云融泄。"

融裔　声音悠长。潘岳《笙赋》："泓宏融裔。"

鎔（róng）❶铸器的模型。《汉书·董仲舒传》："犹金之在鎔，唯冶者之所铸。"❷矛属。《急就篇》卷三："铍戟铍鎔剑镡镞。"

另见 róng 熔。

瀜（róng）见"沖瀜"。

rǒng

冗〔宂〕（rǒng）❶繁杂；多余。《新唐书·百官志一》："其事愈繁而官益冗。"参见"冗杂"、"冗长"。❷忙。刘宰《走笔谢王去非》诗："知君束装冗，不敢折简致。"❸逃散。《后汉书·光武帝纪上》："妻子裸祖，流冗道路。"

冗长　芜杂而累赘，多指言语或文章。陆机《文赋》："要辞达而理举，故无取乎冗长。"按"长"原读

zhàng，多余的意思，后读为长短之长。

冗食　❶古代官吏因值朝班而由公家供膳。《周礼·地官·槁人》："槁人掌共（供）外内朝冗食者之食。"孙诒让正义："冗，散也。外内朝上直诸吏，谓之冗吏，亦曰散吏，以上直不归家食，槁人供之，因名冗食者。"亦泛指由公家给食。《汉书·成帝纪》："避水他郡国，在所冗食之。"颜师古注引文颖曰："散廪食使生活。"❷犹坐食；吃闲饭。《资治通鉴·汉桓帝延熹八年》："又婴女充积，冗食空宫，伤生费国。"

冗员　古称无专职而备临时使令的官员。《正字通·宀部》冗："古设官分职，人有常守，转移执事，不可无人，故有冗员备使令。"后指无事可作的闲散人员。《白孔六帖》卷四十一："捐不急，罢冗员。"

冗杂　繁多杂乱。夏文彦《图绘宝鉴》卷四："〔僧慧舟〕作小丛竹，或二三竿，或百十成林，不见其重复冗杂。"

茸（rǒng）❶推入。《汉书·司马迁传》："而仆又茸以蚕室。"颜师古注："谓推致蚕室之中也。"按，《文选·司马迁〈报任少卿书〉》"茸"作"佴"，意为随后。与此不同。❷无用；不肖。见"阘茸"。

另见 róng。

輈〔辀〕（rǒng，又读 fǔ）推送。《淮南子·览冥训》："斯徒马圉，輈车奉饷。"高诱注："斯，役；徒，众也。牛曰牧，马曰圉。輈音拊，推也。饷，资粮也。"

另见 fù，róng。

毧（rǒng）同"氄"。

㲩〔㲩〕（rǒng）❶不肖。见《集韵·二肿》。❷见"儜㲩"。

氄（rǒng）鸟兽贴近皮肤的细软绒毛。《书·尧典》："鸟兽氄毛。"孔传："鸟兽皆生软毳细毛以自温。"

róu

内（róu）今作蹂。兽足践地之迹。《说文·内部》："蹂，篆文内。"王筠句读："《众经音义》：蹂，古文作内。"

厹（róu）本作"内"，即"蹂"。野兽践踏土地的足迹。《尔雅·释兽》："狸、狐、貒、貈丑，其足蹯，其迹厹。"

另见 qiú。

柔（róu）❶嫩。《诗·豳风·七月》："爰求柔桑。"郑玄笺："柔桑，稚桑也。"❷柔软；软弱。与"刚"相对。《易·系辞上》："刚柔相推，而生变化。"《老子》："见小曰明，守柔曰强。"❸温和；温顺。《礼记·内则》："柔声以谏。"《公羊传·昭公二十五年》："且夫牛马维娄，委己者也，而柔焉。"何休注："柔，顺。"❹安抚；怀柔。《左传·僖公二十八年》："楚服其罪，我且柔之矣。"参见"柔远"。

柔翰　毛笔。左思《咏史》诗："弱冠弄柔翰，卓荦观群书。"

柔克　谓以柔顺成事。《书·洪范》："三曰柔克。"《汉书·叙传》："孝元翼翼，高明柔克。"

柔毛　❶指古代祭祀所用的羊。《礼记·曲礼下》："羊曰柔毛。"孔颖达疏："若羊肥则毛细而柔弱。"❷轻暖的皮衣。《列子·杨朱》："一朝处以柔毛绨幕，荐以梁肉兰橘，心痛体烦，内热生病矣。"❸毛笔。王千秋《浣溪沙》词："亲染柔毫擘彩笺。"

柔祇　地的别称。祇，地神。古人谓地道阴柔，故称柔祇。谢庄《月赋》："柔祇雪凝，圆灵水镜。"

柔日　古代以干支纪日，凡天干值乙、丁、己、辛、癸的偶数日子称为"柔日"。《礼记·曲礼上》："内事用柔日。"孔颖达疏："乙、丁、己、辛、癸五偶为柔也。"偶，偶数。参见"刚日"。

柔茹　犹言柔懦。《韩非子·亡征》："缓心而无成，柔茹而寡断。"茹，通"懦"。

柔茹刚吐　谓欺弱避强。《诗·大雅·烝民》："人亦有言，柔则茹之，刚则吐之。"孔颖达疏："喻见敌寡弱者则侮侵之，强盛者则避畏之。"

柔荑　黄，初生的茅草。比喻女子手的纤细白嫩。《诗·卫风·硕人》："手如柔荑。"

柔心　形容性情柔和。《列子·汤问》："其国……人性婉而从物，不竞不争，柔心而弱骨，不骄不忌。"

柔远　安抚边远地人民。《书·舜典》："柔远能迩。"孔传："柔，安。……言安远乃能安近。"

柔兆　亦作"游兆"。天干中丙的别称，用以纪年。《尔雅·释天》："〔太岁〕在丙曰柔兆。"参见"岁阳"。

茹（róu）　草名。即香茹，香薷的异称。一年生芳香草本。茎叶可提取芳香油。中医学上以全草入药。

揉（róu）❶来回擦或搓。如：揉眼睛；揉面（麵）。王建《照

镜》诗："暖手揉双目。"❷使木条弯曲。《易·系辞下》："揉木为耒。"也谓矫曲木使直。《汉书·公孙弘传》："臣闻揉曲木者不累日。"颜师古注："揉谓矫而正之也。"❸通"柔"。使顺服。《诗·大雅·崧高》："揉此万邦，闻于四国。"郑玄笺："揉，顺也。"

骤〔騥〕（róu）　多鬛的青黑色马。《尔雅·释畜》："青骊繁鬣，骤。"郭璞注："繁鬣，两被毛，或云美毛鬣。"郝懿行义疏："繁鬣者，言髦多也。"

瑈（róu）　玉名。见《广韵·十八尤》。

輮〔輮〕（róu，又读rǒu）❶车轮的外周。亦称"牙"、"辋"。《释名·释车》："辋，网也，网罗周轮之外也。关西曰輮，言曲輮也。"❷通"揉"。拗直成曲。《易·说卦》："坎为水……为矫輮。"孔颖达疏："使曲者直为矫，使直者曲为輮。"❸通"蹂"。践踏。《汉书·项羽传》："乱相輮蹈。"

輮轹　践踏；碾压。《晋书·孙楚传》："信能右折燕齐，左震扶桑，輮轹沙漠，南面称王。"按：《文选·孙楚〈石仲容与孙皓书〉》作"陵轹"。

鶔〔鶔〕（róu）　见"鸜鶔"。

蝚（róu）　虫名。《尔雅·释虫》："蝚，蛝蝼。"郭璞注："蝼蛄类。"
另见náo。

糅（róu）　混杂。《仪礼·乡射礼》："以白羽与朱羽糅杠。"《楚辞·九章·怀沙》："同糅玉石兮，一概而相量。"

蹂（róu）❶践踏。《文选·司马相如〈上林赋〉》："步骑之所蹂若。"参见"蹂躏"。❷通"揉"。用手来回擦或搓。《诗·大雅·生民》："或簸或蹂。"马瑞辰通释："蹂米，盖以手重擦之。"

蹂躏　践踏。《汉书·王商传》："言大水至，百姓奔走相蹂躏。"亦用以比喻暴力欺压、侮辱、侵害、摧残。

鞣（róu）　用鞣料将动物生皮制成性质柔韧的革。

騥（róu）　春秋时邑名。见《国语·郑语》。

rǒu

燥（rǒu）　用火烤木材，使之弯曲。《汉书·食货志上》："燥

木为耒。"颜师古注："燥，屈也。"按《易·系辞下》作"揉"。

ròu

肉（ròu，读音rù）❶肌肉。如：剜肉补疮。引申为肉体。如：苦肉计。❷指供食用的禽兽肉。如：酒肉。也指蔬果的可吃部分。如：枣肉；笋肉。❸指从口出的歌声，对乐器的声音而言。《晋书·孟嘉传》："丝不如竹，竹不如肉。"《聊斋志异·西湖主》："肉竹嘈杂。"❹形容声音丰润。见"肉好（—hǎo）"。❺中间有孔平圆形玉器的边体。见"肉好（—hào）"。

肉桂（Cinnamomum cassia）　亦称"玉桂"、"牡桂"、"箘桂"、"筒桂"。樟科。常绿乔木。叶革质，长椭圆形，离基三出脉。夏季开花，花小、白色，圆锥花序。果实球形，紫红色。产于中国广东、广西、云南等地；亦见于越南、缅甸和印度尼西亚等国。木材供制家具等用。树皮含挥发油，极香。树皮入药，性大热、味辛甘，功能温肾补火、引火归源、祛寒止痛，主治肾阳虚衰、阳痿、宫冷、腰膝冷痛、虚寒呕吐、心腹冷痛、久泻、痛经、阴疽等症。嫩枝俗称"桂枝"，亦入药。

肉好（—hǎo）　形容声音丰润洪亮。《礼记·乐记》："宽裕肉好顺成和动之音作。"《史记·乐书》引此文，裴骃集解引王肃曰："肉好，言音之洪美。"

肉好（—hào）　肉，平圆形玉器的边体；好，中间的孔。也指圆形钱币的边体和孔。《尔雅·释器》："肉倍好谓之璧，好倍肉谓之瑗，肉好若一谓之环。"《汉书·食货志下》："〔周景王〕卒铸大钱，文曰宝货，肉好皆有周郭。"

肉糜　肉煮烂成糊。晋惠帝养尊处优，昏庸无知。时"天下荒乱，百姓饿死，帝曰：'何不食肉糜？'"见《晋书·惠帝纪》。

肉食　❶肉类食品。❷指高位厚禄；也指做官的人。梁武帝《置谤木肺石函诏》："若肉食莫言，山阿欲有横议，投谤木函。"山阿，指山野之民。参见"肉食者鄙"。

肉食者鄙　《左传·庄公十年》："肉食者鄙，未能远谋。"意谓居高位、享厚禄的人眼光短浅。

肉袒　去衣袖而露臂。古时在祭祀或谢罪时表示恭敬或惶恐。《礼记·郊特牲》："君再拜稽首，肉袒亲

割,敬之至也。"《史记·廉颇蔺相如列传》:"廉颇闻之,肉袒负荆,因宾客至蔺相如门谢罪。"

肉刑 残害犯罪人肉体的刑罚。中国古代的墨、劓、剕、宫以及笞、杖等刑罚都是肉刑。外国法制史上也多有用肉刑者。

肉眼 ❶佛经所说五眼之一,谓肉身之眼。《涅槃经·纯陀品》:"先受施者……唯得肉眼,未得佛眼乃至慧眼。"佛家认为肉眼见近不见远,见前不见后,见明不见暗。后因以指俗眼。隋炀帝《与释智顗书》:"今所著述,肉眼未睹明暗,谨复研寻。"❷指人的视力。如:微生物非常细小,非肉眼所能看见。

宍

(ròu) "肉"的古字。

rú

如 (rú) ❶顺遂;依照;遵从。如:如愿;如常;如命。《史记·高祖本纪》:"项羽使人还报怀王,怀王曰:'如约。'"❷似;像。如:如数家珍。《诗·郑风·叔于田》:"执辔如组,两骖如舞。"❸及;比得上。《史记·项羽本纪》:"夫被坚执锐,义不如公;坐而运策,公不如义。"❹往;去。《左传·隐公五年》:"公将如棠观鱼者。"❺宜;应当。《墨子·贵义》:"今天下莫为义,则子如劝我者也,何故止我?"❻奈。《左传·襄公二十四年》:"陈文子见崔武子曰:'将如君何?'"参见"如何❷"。❼若;假如。《史记·李将军列传》:"惜乎,子不遇时!如令子当高帝时,万户侯岂足道哉!"❽而。《韩非子·五蠹》:"民之政计,皆就安利如辟危穷。"❾或。《论语·先进》:"方六七十,如五六十。"❿与;和。《仪礼·乡饮酒》:"公如大夫入。"⓫乃。《大戴礼记·少闲》:"请尽臣之言,君如财(裁)之。"⓬于。《吕氏春秋·爱士》:"人之困穷,甚如饥寒。"《史记·汲郑列传》:"至如黯见,上不冠,不见也。"⓭不如。《左传·僖公二十二年》:"若爱重伤,则如勿伤。"⓮作词缀,用同"然"。《论语·述而》:"子之燕居,申申如也,夭夭如也。"《汉书·叙传下》:"荣如辱如,有机有枢。"⓯姓。三国时有如淳。

如椽笔 犹言"大手笔",指重要的文字。也比喻雄健的笔力。《晋书·王珣传》:"珣梦人以大笔如椽与

之。既觉,语人曰:'此当有大手笔事。'俄而帝崩,哀册、谥议,皆询所草。"程钜夫《和寅夫惠教游鼓山诗》:"烦公更泚如椽笔,摹写云天不尽容。"

如夫人 《左传·僖公十七年》:"齐侯好内,多内宠,内嬖如夫人者六人。"原意谓同于夫人,后即以称别人之妾。《儒林外史》第二十三回:"他第七位如夫人有病。"

如干 犹若干,表示不定数。任昉《王文宪集序》:"是用缀缉遗文,永贻世范,为如干帙,如干卷。"

如何 ❶怎样。《诗·小雅·庭燎》:"夜如何其?夜未央。"如何其,问时之早晚。其,语助词。❷犹奈何,怎么办。《诗·秦风·晨风》:"如何如何,忘我实多。"白居易《上阳白发人》诗:"少亦苦,老亦苦,少苦老苦两如何?"❸怎么;为什么。《左传·僖公二十二年》:"伤未及死,如何勿重?"《儒林外史》第三十八回:"这银子……先生如何不受?"

如火如荼 形容军容壮盛。《国语·吴语》:"万人以为方阵,皆白裳,白旗,素甲,白羽之赠,望之如荼……左军亦如之,皆赤裳,赤旆,丹甲,朱羽之赠,望之如火。火,红色;荼,茅穗,色白。后形容气势蓬勃旺盛。

如君 妾的别称。俞正燮《癸巳类稿》卷七"释小补楚语笄内则总角义":"小妻……曰如君。"参见"如夫人"。

如来 (Tathāgata) 一译"多陀阿伽陀"、"答塔葛达"等。释迦牟尼的十种称号之一。释迦牟尼常用以自称,一般也以如来佛称释迦牟尼。其涵义有两说。《成实论》认为"如"指"如实",即真如,"如来者,乘如实道来成正觉"。《金刚经》认为"如来者,无所从来,亦无所去,故名如来"。

如雷贯耳 贯,亦作"灌"。形容人的名声极大。《三国演义》第八回:"闻将军之名,如雷灌耳。"

如律令 汉代公文的常用语,表示要对方文到奉行,像按照律令办事一样。陈琳《为袁绍檄豫州》:"布告天下,咸使知圣朝有拘逼之难。如律令。"后来道士画符念咒多仿用为末尾语。

如梦令 词牌名。原名《忆仙姿》,传为后唐庄宗自制曲。因其中有"如梦,如梦,和泪出门相送"句,苏轼改为今名。又名《宴桃源》等。单调三十三字,仄韵。其复加一叠为

双调者名《如意令》。

如是 ❶如此;这样。《荀子·天论》:"如是,则知其所为,知其所不为矣。"❷许可之词。《金刚经》:"佛言:'如是,如是。'"

如是我闻 佛经开卷语。佛教传说,佛灭度后,诸弟子结集佛说,阿难为佛侍者,听到的最多,所以推他宣唱,他用这句话开头。如是,指经中的内容;我闻,阿难谓闻之于佛,意即我闻佛说如此。

如汤沃雪 亦作"如汤灌雪"、"如汤浇雪"。汤,热水;沃,浇。雪浇于汤就消掉,形容极其容易。《文选·枚乘〈七发〉》:"小饭大歠,如汤沃雪。"刘良注:"言食之易也。"《孔子家语·王言》:"民之弃恶,如汤之灌雪焉。"《南史·王莹传》:"丈人一旨,如汤浇雪耳。"

如馨 犹宁馨。如此;这样。《世说新语·方正》:"桓大司马诣刘尹,卧不起,桓弯弹弹刘枕,丸进碎床褥间,刘作色而起曰:'使君如馨地,宁可斗战求胜!'"参见"宁馨"。

如兄如弟 比喻彼此亲密无间。《诗·邶风·谷风》:"宴尔新昏,如兄如弟。"又旧俗异姓结为兄弟,年长的称"如兄",年幼的称"如弟"。

如许 ❶如此;这样。范成大《盘龙驿》诗:"行路如许难,谁能不华发。"❷这么些;这么多。李义府《咏乌》:"上林如许树,不借一枝栖。"

如蚁附膻 语出《庄子·徐无鬼》"蚁慕羊肉,羊肉膻也"。后用以比喻趋炎附势、追求名利的行为。梁启超《变法通议·论译书》:"官之接西官,如鼠遇虎;商之媚西商,如蚁附膻。"

如意 ❶满意;如愿。如:称心如意。《汉书·京房传》:"臣疑陛下虽行此道,犹不得如意。"❷器物名。用竹、玉、骨等制成,头作灵芝或云叶形,柄微曲。供搔背或赏玩等用。《晋书·王敦传》:"咏魏武帝乐府歌,以如意打唾壶为节。"

如鱼得水 《三国志·蜀志·诸葛亮传》:"孤之有孔明,犹鱼之有水也。"谓有所凭借。后多以"如鱼得水"比喻得到跟自己最相投合的人。《儒林外史》第二十八回:"今得见萧先生,如鱼之得水了。"也比喻进入十分适合的环境之中。

如雨 ❶形容多。《诗·齐风·敝笱》:"齐子归止,其从如雨。"《古诗十九首》:"终日不成章,泣涕零如雨。"❷比喻分散。王粲《赠蔡子笃》

诗:"风流云散,一别如雨。"

如月 阴历二月的别称。《尔雅·释天》:"二月为如。"郝懿行义疏:"如者,随从之义,万物相随而出,如如然也。"

如云 ❶形容盛多。《诗·郑风·出其东门》:"出其东门,有女如云。"白居易《轻肥》诗:"夸赴军中宴,走马去如云。"❷美发貌。《诗·鄘风·君子偕老》:"鬒发如云。"毛传:"如云,言美长也。"

如字 一字有二音,依本音读叫"如字"。张守节《史记正义论例》:"如字初音者,皆为正字,不须点发。"点发,用圆点在字角标声调。陆德明《经典释文·周易音义》:"上下,并如字。王肃上音时掌反。"谓此"上下"皆读本音去声,王肃读"上"则为上声,故出其反切音。

茹(rú) ❶蔬菜的总称。《汉书·食货志上》:"菜茹有畦。"❷吃。如:含辛茹苦。参见"茹毛饮血"。❸柔软。《离骚》:"揽茹蕙以掩涕兮。"❹根相牵连的样子。《易·泰》:"拔茅茹。"王弼注:"茹,相牵引之貌也。"❺猜想;忖度。《诗·邶风·柏舟》:"我心匪鉴,不可以茹。"毛传:"鉴,所以察形也;茹,度也。"❻腐臭。《吕氏春秋·功名》:"以茹鱼去蝇,蝇愈至,不可禁。"❼姓。南齐有茹法亮。

茹藘 草名。即茜草,其根可作绛红色染料。《诗·郑风·东门之墠》:"东门之墠,茹藘在阪。"

茹毛饮血 《礼记·礼运》:"未有火化,食草木之实,鸟兽之肉,饮其血,茹其毛。"谓太古之时人们还不知熟食,生食禽兽。萧统《文选序》:"冬穴夏巢之时,茹毛饮血之世。"

茹素 吃素,即不吃鱼肉荤腥。李之彦《东谷所见·茹素》:"今之人每于斗降三八庚申甲子本命日茹素,谓之斋戒。"

袽(rú) ❶破旧的巾。徐锴《说文解字系传》卷十四引《黄庭经》:"人间纷纷臭袽如。"❷弓干上的衬木。《考工记·弓人》:"厚其袽则木坚,薄其袽则需。"

挐(rú) 同"挐"。

挐(rú,又读nú) ❶纷乱。《淮南子·览冥训》:"美人挐首墨面而不容。"❷杂糅。《楚辞·招魂》:"稻粢穱麦,挐黄粱些。"❸姓。战国时魏有挐薄。
另见 ná 拿,ráo。

铷〔銣〕(rú) 化学元素[周期系第Ⅰ族(类)碱金属元素]。符号Rb。原子序数37。银白色软金属。熔点低(38.89℃)。化学性质极活泼,遇水发生爆炸。由电解熔融的氯化铷制得。在光的作用下易放出电子,可制光电池和真空管。

袽(rú) 旧絮;破布。《易·既济》:"繻有衣袽。"程颐传:"繻当作濡,谓渗漏也。舟有罅漏,则塞以衣袽。"

鴽〔鴽〕(rú) 小鸟名。《礼记·月令》:"〔季春之月〕田鼠化为鴽。"陆德明释文引蔡氏云:"鴽,鹌鹑之属。"

蕠(rú) 见"蘜蕠"。

鴽〔鴽〕(rú) 见"鴽鮔"。

鴽鮔 鱼名。《山海经·西山经》:"滥水……多鴽鮔之鱼,其状如覆铫,鸟首而鱼翼鱼尾,音如磬石之声,是生珠玉。"按《文选·郭璞〈江赋〉》李善注引作"文鮔"。

蕠(rú) 同"袽"。旧絮。《史记·张释之冯唐列传》:"以北山石为椁,用纻絮斮陈蕠漆其间。"裴骃集解:"徐广曰:'斮,一作错。'駰案《汉书音义》曰:'斮絮以漆著其间也。'"司马贞索隐:"案斮陈絮以漆著其间也。"按谓用纻麻、绵絮错杂陈絮以漆合石椁的间隙。《汉书》无"蕠"字,盖承上文"絮"而省。

濡(rú) 同"濡"。沾湿。《庄子·大宗师》:"相濡以沫。"陆德明释文:"濡,本又作濡。"

儒(rú) ❶古指学者。《后汉书·杜林传》:"博洽多闻,时称通儒。"❷古代从巫、史、祝、卜中分化出来专为贵族人家相礼的知识分子。《论语·雍也》:"女(汝)为君子儒,无为小人儒。"❸孔子创立的学派。《庄子·齐物论》:"道隐于小成,言隐于荣华,故有儒墨之是非。"参见"儒家"。❹柔顺。《素问·皮部论》:"少阴之阴,名曰枢儒。"王冰注:儒,顺也。❺通"懦"。懦弱。《荀子·修身》:"偷儒转脱。"杨倞注:"儒,亦谓懦弱畏事。"❻见"侏儒"。❼姓。汉代有儒光。

儒臣 古称博士官为"儒臣"。扬雄《博士箴》:"儒臣司典,敢告在宾。"后泛指读书人出身的或有学问的大臣。刘因《张燕公读书堂》诗:"济济唐开元,儒臣相伯仲。"

儒冠 儒生的帽子。《史记·郦生陆贾列传》:"沛公不好儒,诸客冠儒冠来者,沛公辄解其冠,溲溺其中。"后用以称儒生。杜甫《奉赠韦左丞丈二十二韵》:"纨绔不饿死,儒冠多误身。"

儒家 中国学术思想中崇奉孔子学说的学派。《汉书·艺文志》列为"九流"之首。学说内容,主要是"祖述尧舜,宪章(效法)文武",崇尚"礼乐"和"仁义",提倡"忠恕"和不偏不倚、无过不及的"中庸"之道。政治上主张"德治"和"仁政"。重视伦理道德教育和自我修养本性。战国时儒家有八派,重要的有孟子和荀子两派。自汉武帝罢黜百家、独尊儒学后,其学说逐渐成为中国封建社会文化主流。儒家为适合各个时期封建统治阶级的需要,总是从孔子学说中演绎出各种应时的儒家学说来。如在两汉,有以董仲舒和刘歆等为代表的今古文经学以及谶纬之学;在魏晋,有王弼、何晏以老庄思想解释儒经的玄学;在唐代,有韩愈为排佛而倡导的儒家"道统"说;在宋明,有兼取佛道思想的程朱派和陆王派的理学;清代前期有汉学、宋学之争,清代中叶以后有今文经学和古文经学之争。五四运动前后,随着封建社会的没落而日渐丧失其作为正统思想的独尊地位。儒家学说统治中国学术思想二千余年,它的经典曾是封建统治阶级的最高教条,成为禁锢人们思想的枷锁,严重地阻碍了社会的发展,然而儒家学派又成为中国传统文化的主体,曾在漫长的历史中为维护民族的统一、稳定社会秩序起着积极作用,对中华民族的文化的保存和发展,有巨大贡献。

儒将 指有儒者风度或文官出身的将帅。薛能《清河泛舟》诗:"儒将不须夸郤縠,未闻诗句解风流。"郤縠一作郄縠,春秋时晋国的元帅。

儒巾 读书人戴的一种头巾,即方巾。林景熙《元日得家书喜》诗:"爆竹声残事事新,独怜临镜尚儒巾。"明代儒巾为举人未第者生员之服。见《三才图会·衣服》。

儒林 儒者之林,旧指学术界。《史记》有《儒林列传》。潘岳《西征赋》:"儒林填于坑阱,《诗》、《书》炀而为烟。"

儒墨 即儒家和墨家。战国时祖述孔子的儒家和以墨子为代表的墨家,同为"显学",故儒、墨并称。《韩非子·显学》:"世之显学,儒墨也。"

儒墨在战国时期"徒属弥众，弟子弥丰，充满天下"（见《吕氏春秋·当染》），成为当时对立的两大重要学派。

儒生 指通经之士，也指一般读书人。《史记·刘敬叔孙通列传》："诸弟子儒生随臣久矣。"《论衡·超奇》："能说一经者为儒生。"

儒士 崇信孔子学说的人。《庄子·田子方》："哀公曰：'鲁多儒士，少为先生方者。'"也泛指一般读书人。《三国志·魏志·高堂隆传》："尊儒士，举逸民。"

儒术 儒家的学术思想。《史记·魏其武安侯列传》："太后好黄老之言，而魏其、武安、赵绾、王臧等务隆推儒术，贬道家言。"

儒童 明清科举制度，凡应考生员（秀才）之试者，不论年龄大小，皆称童生，别称文童或儒童。

儒学 ❶儒家的学说。《史记·五宗世家》："河间献王德，以孝景帝前二年用皇子为河间王。好儒学，被服造次必于儒者。"❷元、明、清在府、厅、州、县设立学校，供生员读书，称儒学。

儒雅 ❶谓儒家之学的正道。《汉书·张敞传》："然敞本治《春秋》，以经术自辅，其政颇杂儒雅，往往表贤显善，不醇用诛罚。"❷博学的儒者。《尚书序》："汉室龙兴，开设学校，旁求儒雅。"❸犹言温文尔雅。杜甫《咏怀古迹》："摇落深知宋玉悲，风流儒雅亦吾师。"

儒医 旧指儒生而行医者。《宋会要辑稿》："伏观朝廷兴建医学，教养士类，使习儒术、通黄素、明诊疗而施于疾病，谓之儒医。"

儒宗 儒者所宗仰之师。《史记·刘敬叔孙通列传赞》："进退与时变化，卒为汉家儒宗。"

薷 (rú) 香薷，一年生草本植物。全草入药。

濡 (rú) 同"濡"。

嚅 (rú) 见"嚅呒"、"嗫嚅"。

嚅呒 亦作"儒儿"。强笑貌。详"喔咿儒儿"。

濡 (rú) ❶沾湿。如：濡笔。《诗·邶风·匏有苦叶》："济盈不濡轨。"引申为沾染。如：耳濡目染。❷延迟；等待。见"濡滞"。❸柔顺。见"濡忍"。❹光泽。《诗·小雅·皇皇者华》："我马维驹，六辔如濡。"郑玄笺："如濡，言鲜泽也。"❺小

便。《史记·扁鹊仓公列传》："病方今客肾濡，此所谓'肾痹'也。"❻水名。见"濡水(1)(2)"。

另见 nuán。

濡染 ❶沾染。参见"目擩耳染"。❷浸湿。李商隐《韩碑》诗："公退斋戒坐小阁，濡染大笔何淋漓！"

濡忍 柔忍；含忍。《史记·刺客列传》："乡（向）使政（聂政）诚知其姊无濡忍之志，不重暴骸之难，必绝险千里以列其名，姊弟俱僇于韩市者，亦未必敢以身许严仲子也。"司马贞索隐："濡，润也。人性湿润，则能含忍，故云濡忍；若勇躁，则必轻死也。"

濡需 偷懒；苟且偷安。《庄子·徐无鬼》："有濡需者。"又："濡需者，豕虱是也。"陆德明释文："濡需，谓偷安须臾之顷。"按《方言》第十二："儒输，愚也。"郭璞注："儒输，犹懦撰也。"儒输与濡需，为一音之转，懦撰，即懦弱。又《荀子·修身》："劳苦之事，则偷儒转脱。"杨倞注："或曰，偷当为输。"输儒为儒输的倒文。参见"偷儒"。

濡滞 迟延；稽迟。《孟子·公孙丑下》："三宿而后出昼，是何濡滞也！"赵岐注："濡滞，淹久也。"

嬬 (rú，又读 xū) ❶懦弱。《说文·女部》："嬬，弱也。"王筠句读："此义与懦同。"❷妾。《说文·女部》："嬬，一曰下妻也。"朱骏声通训定声："《易》'归妹以须'，陆绩本作嬬，注：'妾也。'"章炳麟《新方言·释亲属》："广州谓妾曰嬬，音亦如乃。"

孺 (rú，旧读 rù) ❶幼儿。如：妇孺。❷相亲。《诗·小雅·常棣》："兄弟既具，和乐且孺。"毛传："孺，属也。"孔颖达疏："而亦甚忻乐，且复骨肉相亲属也。"❸姓。春秋时鲁有孺悲。

另见 rù。

孺人 《礼记·曲礼下》："天子之妃曰后，诸侯曰夫人，大夫曰孺人，士曰妇人，庶人曰妻。"宋代用为通直郎以上之母或妻的封号，明清则为七品官母或妻的封号。旧时也通用为妇人的尊称。

孺子 ❶儿童；后生。《史记·留侯世家》："父去里所，复返，曰：'孺子可教矣。'"❷少年美女。《国策·齐策三》："齐王夫人死，有七孺子皆近。"高诱注："孺子，幼艾美女也。近，幸也。"❸古代太子的妾的名目。

《汉书·外戚传上》："太子有妃，有良娣，有孺子，妻妾凡三等。"也泛称妾。

孺子牛 ❶《左传·哀公六年》："女（汝）忘君之为孺子牛而折其齿乎？"孺子，齐景公的儿子。齐景公曾跟儿子嬉戏，口衔着绳子，学做牛，让儿子牵着走。儿子跌倒，把齐景公的牙齿拉折。❷借喻甘愿为人民大众服务的人。鲁迅《集外集·〈自嘲〉诗》："横眉冷对千夫指，俯首甘为孺子牛。"

繻 〔繻〕(rú，又读 xū) ❶古代一种丝织品，即彩色的缯。一说细密的罗。❷古代作通行证用的帛，上写字，分成两半，过关时验合，以为凭信。《汉书·终军传》："军从济南当诣博士，步入关，关吏予军繻。"

曘 (rú) ❶日色。见《玉篇·日部》。❷暗。《旧唐书·卢用传》："子所谓曲学所习，曘昧所守，徒识偏方之诡说，未究亨衢之通论。"

臑 (rú) ❶嫩软貌。《楚辞·招魂》："肥牛之腱，臑若芳些。"❷通"蠕"。《荀子·臣道》："喘而言，臑而动。"杨倞注："臑，微动也。"

另见 ér，nào，nuán。

鑐 〔鑐〕(rú) 通"襦"。短衣。《管子·禁藏》："被襏以当铠鑐。"

另见 xū。

襦 (rú) ❶短衣；短袄。段玉裁《说文解字注·衣部》："襦，若今袄之短者也。"《西京杂记》卷一："汉帝送死皆珠襦玉匣。"❷小儿涎衣。今名围涎。《方言》第四："襜谓之襦。"钱绎笺疏："襜所以承次（涎）液，故襜亦名襦也。"❸通"繻"。细密的罗网。《周礼·夏官·罗氏》："蜡则作罗襦。"

顬 〔顬〕(rú) 即"颥骨"。颅骨之一。

蠕 〔蝡〕(rú) 虫爬行貌。陆贾《新语·道基》："蚑行喘息，蜎飞蠕动之类，水生陆行。"

醹 (rú) 醇厚的酒。《诗·大雅·行苇》："酒醴维醹。"

鱬 〔鱬〕(rú) 鱼名。《山海经·南山经》："英水出焉，南流注于即翼之泽，其中多赤鱬，其状如鱼而人面，其音如鸳鸯，食之不疥。"

魖 (rú) 见"魖魖"。

魖魖 鬼哭声。纪昀《阅微草堂笔

记·滦阳消夏录一》：“又旬日，或告鬼哭已近城。斥之如故。越旬日，余所居墙外巍巍有声。”亦用以形容人的抽泣声。

rǔ

女（rǔ）❶通“汝”。你。《汉书·外戚传下》：“女自知之。”颜师古注：“女读曰汝。”❷姓。春秋时晋有女叔宽。
另见 nǔ，nù。

汝（rǔ）❶你。《书·舜典》：“格，汝舜……汝陟帝位。”❷古水名。❸姓。殷代有汝鸠。

乳（rǔ）❶乳房。❷奶汁。《魏书·王琚传》：“常饮牛乳，色如处子。”亦指以乳哺育婴儿。《新唐书·刘黄传》：“如保傅焉，如乳哺焉。”❸生子。《史记·扁鹊仓公列传》：“怀子而不乳。”司马贞索隐：“乳，生也。”亦指鸟类产卵。《礼记·月令》：“雄雌鸡乳。”❹幼小。杜牧《题村舍》诗：“三树稚桑春未到，扶床乳女午啼饥。”

乳媪 奶妈。《新唐书·元德秀传》：“兄子襁褓丧亲，无资得乳媪，德秀自乳之。”

乳钵 研磨细末的器皿。《宣和书谱》卷八载唐虞世南有《借乳钵帖》。

乳名 犹奶名，小名。《宋史·选举志三》：“凡无官宗子应举，初生则用乳名给据，既长则用训名。”

乳臭 奶腥气，常用以形容年幼无知。《汉书·高帝纪上》：“是口尚乳臭，不能当韩信。”

乳药 服药，多指服毒药自杀。《后汉书·王允传》：“〔允〕以它罪被捕……诸从事好气决者共奉药而进之。允厉声曰：‘吾为人臣，获罪于君，当伏大辟以谢天下，岂有乳药求死乎！’投杯而起，出就槛车。”

乳医 汉时专治妇产科疾病的医生。《汉书·霍光传》颜师古注：“乳医，视产乳之疾者。”

辱（rǔ）❶耻辱。《左传·襄公十八年》：“子殿国师，齐之辱也。”❷侮辱。《左传·昭公五年》：“足以辱晋。”❸污浊。《老子》：“大白若辱。”❹辜负；玷辱。《论语·子路》：“使于四方，不辱君命。”司马迁《报任少卿书》：“太上不辱先，其次不辱身。”❺屈辱；埋没。《左传·襄公三十年》：“使吾子辱在泥涂久矣。”❻谦词，犹言承蒙。司马迁

《报任少卿书》：“曩者辱赐书。”

郎（rǔ）古地名。其地在今河南洛阳市境内。《左传·宣公三年》：“成王定鼎于郏郎。”

擩（rǔ）沾染。今通作“濡”。参见“目擩耳染”。
另见 ruì。

黥（rǔ）黑垢。《老子》：“上德若谷，太白若辱。”朱谦之校释：“辱字，傅范本作‘黥’。《玉篇》：‘黥，垢黑也。’当为‘辱’之古文。”

rù

入（rù）❶进入。《孟子·滕文公上》：“禹八年于外，三过其门而不入。”❷收进；收入。如：入不敷出。《礼记·王制》：“然后制国用，量入以为出。”❸缴纳。《墨子·贵义》：“今农夫入其税于大人。”参见“入粟”。❹合乎；合于。如：入情入理。朱庆馀《近试上张籍水部》诗：“画眉深浅入时无？”

入定 佛教指坐禅时，心不驰散，进入安静不动的禅定状态。《法华经·序品》：“即于大众中结跏趺坐，入无量义处三昧（定），身心不动。”《观无量寿经》：“出定入定，恒闻妙法。”

入耳 犹言悦耳，中听。《抱朴子·辞义》：“夫文章之体，尤难详赏；苟以入耳为佳，适心为快，鲜知忘味之九成，雅颂之风流也。”

入阁 明代命大学士入值文渊阁，事实上即居宰相之任，称为入阁预机务。清代相沿，以大臣授殿阁大学士或协办大学士为入阁。

入彀 谓进入弓箭射程以内。(1)比喻受笼络；就范。王定保《唐摭言·述进士》：“〔唐太宗〕私幸端门，见新进士缀行而出，喜曰：‘天下英雄入吾彀中矣！’”(2)比喻合乎一定的程式或要求。胡应麟《诗薮·中州》：“制作殊寡入彀。”

入官 ❶从政；做官。《书·周官》：“学古入官，议事以制，政乃不迷。”❷没收入官府，即充公。《梁书·明山宾传》：“有司追责，籍其宅入官。”

入国问俗 《礼记·曲礼上》：“入国而问俗。”国，都城。谓进入别国的都城，先要问清楚风俗习惯，以免犯禁。参见“入门问讳”、“入境问禁”。

入籍 旧称“归化”。狭义指无籍人或外国人按一国法律规定申请并经批准而取得该国国籍。广义的

入籍还包括因结婚、被收养等而依一国法律规定取得该国国籍。

入静 一种特殊的精神安静状态。通过气功锻炼，在杂念不起的基础上出现的高度寂静境界。唐王建《送宫人入道》：“问师初得经中字，入静犹烧内里香。”《资治通鉴·唐僖宗光启三年》“乘其入静”胡三省注：“入静者，静处一室，屏去左右，澄神静虑，无思无营。”

入境问禁 谓进入别国的国境，先问清楚那国的法禁，以免触犯。《礼记·曲礼上》：“入竟（境）而问禁，入国而问俗，入门而问讳。”参见“入门问讳”、“入国问俗”。

入流 ❶够格；进入流品。《南史·王僧虔传》：“谢灵运书乃不伦；遇其合时，亦得入流。”❷古代官制，九品以内为流内，九品以外为流外，由流外进入流内叫“入流”。《新唐书·刘祥道传》：“入流岁千四百，多也。”

入梅 亦称“入霉”、“进梅”。指初入梅雨期的日子。中国古代对入梅曾有几种规定，例如，《琐碎录》：“（闽人）立夏后逢庚日入梅”；《神枢经》：“芒种后逢丙日进霉”；《江南志书》：“五月芒种后遇壬入梅”；《田家五行》：“芒种后雨为黄梅雨”，则以芒种为入梅。上述入梅日不同原因有二：一是地区差别；二是多年平均入梅日期往往有所变化而致。中国目前历书采用《神枢经》的说法。

入门 《论语·子张》：“夫子之墙数仞，不得其门而入，不见宗庙之美，百官之富。”后称学习已得门径或能得师传为“入门”。李渔《闲情偶寄·声容》：“妇人读书习字，所难止在入门。”亦以称便于初学的读物。如：医学入门。

入门问讳 旧时客人入门，先问主人先祖的名字，以便谈话时避讳。《礼记·曲礼上》：“入国而问俗，入门而问讳。”郑玄注：“为敬主人也。”孔颖达疏：“门，主人之门也；讳，主人祖先君名。宜先知之，欲为避之也。”参见“入国问俗”、“入境问禁”。

入木三分 形容书法笔力强劲。相传晋王羲之书祝版，工人削之，笔痕入木三分。见《说郛》卷八七引张怀瓘《书断·王羲之》。后亦用来比喻见解、议论的深刻。

入幕宾 《晋书·郗超传》：“谢安与王坦之尝诣温（桓温）论事，温令超帐中卧听之，风动帐开，安笑曰：‘郗生可谓入幕之宾矣！’”事亦见

《世说新语·雅量》。本意是说郗超参与机要,后因称幕僚为"入幕宾"。李端《送宋校书赴宣州幕》诗:"远避看书吏,行当入幕宾。"

入泮 亦称"游泮"。西周诸侯所设的大学前有半圆形的池,名泮水,学校称泮宫。后代沿袭其形制。明清州、县录取新进生员入学,称入泮或游泮。《醒世恒言·张廷秀逃生救父》:"文秀带病去赴试,便得入泮。"

入山 与"出山"相对。谓隐居深山不仕。韩愈《上宰相书》:"彼惟恐入山之不深,入林之不密。"

入神 ❶谓达到神妙的境界。《易·系辞下》:"精义入神,以致用也。"《古诗十九首》:"弹筝奋逸响,新声妙入神。"❷精神贯注。《儿女英雄传》第三十九回:"〔安老爷〕正在听得有些入神儿。"

入声 四声之一。方言里的入声,多数发音短促,有塞音韵尾:或收 -g[-k]、-d[-t]、-b[-p],如"六"、"八"、"十"的广州音;或收[?],如这些字的上海音。也有韵尾消失,音不短促,自成一个调类的,如长沙音。普通话没有入声,入声字分别归入阴、阳、上、去四声,如"六"归去声,"八"归阴平,"十"归阳平,"百"归上声。参见"四声"。

入室 比喻学问技能获得师传,达到高深的地步。《论语·先进》:"由也升堂矣,未入于室也。"《晋书·杨轲传》:"虽受业门徒,非入室弟子,莫得亲言。"参见"升堂入室"。

入室操戈 《后汉书·郑玄传》:"任城何休好公羊学,遂著《公羊墨守》、《左氏膏肓》、《穀梁废疾》。玄乃'发《墨守》,针《膏肓》,起《废疾》'。休见而叹曰:'康成入吾室,操吾矛以伐我乎?'"后因以"入室操戈"比喻就对方的论点反驳对方。陈亮《戊戌冬与吕伯恭正字书》:"入室操戈,不罪唐突。"

入手 ❶着手;下手。如:先从调查研究入手。纪君祥《赵氏孤儿》楔子:"俺二人文武不和,常有伤害赵盾之心,争奈不能入手。"❷到手。杨万里《和陆务观见和归馆》诗:"君诗如精金,入手知价重。"

入粟 犹纳粟。封建时代一种用实物买官或赎罪的政策。晁错《论贵粟疏》:"今募天下入粟县官,得以拜爵,得以除罪。"后亦用来指交纳一定数额的金钱取得功名。戴名世

《汪河发墓志铭》:"欲为河发入粟为太学生。"

入微 达到极其细致、深刻的地步。如:体贴入微;剖析入微。林逋《闻灵皎师自信州归越》诗:"诗寻静语应无极,琴弄寒声转入微。"

入学 明清童生经考试取录后入府、州、县学读书,称为入学。亦称进学。入学后即归教官管教,并须按期参加考试。别称"入泮"或"游泮"。今指进学校学习。如:入学考试。特指进小学。如:入学年龄。

入月 ❶妇女月经来临。王建《宫词》:"密奏君王知入月,唤人相伴洗裙裾。"❷妇女孕期足月。吴自牧《梦粱录》卷二十"育子":"杭城人家育子,如孕妇入月期将届,外舅姑家以银盆或彩盆,盛粟秆一束,上以锦或纸盖之……送至婿家,名催生礼。"

入直 直,同"值"。封建时代称官员入宫禁值班供职。《梁书·昭明太子传》:"时太子年幼,依旧居于内,拜东宫官属文武,皆入直永福省。"

入主出奴 韩愈《原道》:"其言道德仁义者,不入于杨,则入于墨;不入于老,则入于佛。入于彼,必出于此。入者主之,出者奴之。"意谓崇信一种说法,必然会排斥另一种说法,以自己所信奉的为主,以所排斥的为奴。后因以"入主出奴"指持有门户的成见。黄宗羲《钱退山诗文序》:"入主出奴,谣诼繁兴,莫不以为折衷群言。"

入赘 旧时称男子就婚于女家并成为女方家庭的成员为"入赘"。参见"赘婿"。

入子 跟随改嫁的母亲至后父家的子女。《周礼·地官·媒氏》:"凡娶判妻入子者,皆书之。"郑司农以入子为"嫁女"。参阅孙诒让《周礼正义》卷二十六。

泃(rù) ❶古水名。一称"泃河"。即今错河。源出今北京市平谷县,南流至河北省三河市北之泃口入泃河。❷见"沮泃"。

俀(rù) 姓氏用字。代北有库俀官三字姓。后改库氏。见《通志·氏族略》。

另见 nǔ。

蓐(rù) ❶陈草复生。引申为草垫子、草席。如称妇女临产为坐蓐。《公羊传·桓公十六年》"属员兹舍"何休注:"兹者,蓐席也。"又引申为蚕簇。❷春秋时国名。

在汾水流域。《左传·昭公元年》:"臺骀能业其官……帝用嘉之,封诸汾川,沈、姒、蓐、黄,实守其祀。"

溽(rù) ❶湿润;湿气熏蒸。郭璞《江赋》:"林无不溽。"袁桷《上京杂咏》:"午溽曾持扇,朝寒却衣绵。"❷味浓厚。《礼记·儒行》:"其饮食不溽。"

溽暑 又湿又热。指盛夏气候。《礼记·月令》:"〔季夏之月〕土润溽暑,大雨时行。"

缛〔縟〕(rù) ❶繁密的采饰。郭璞《江赋》:"缛组争映。"❷繁复;烦琐。如:繁文缛节。❸通"褥"。谢惠连《雪赋》:"援绮衾兮坐芳缛。"

褥(rù) 褥子,坐卧时垫身的用具。如:被褥;褥垫。《后汉书·张禹传》:"给帷帐床褥。"

孺(rù) 通"乳"。孵生。《庄子·天运》:"鸟鹊孺。"陆德明释文:"孚乳而生也。"

另见 rú。

ruán

挼〔捼〕(ruán,又读 nuó) 亦作"挪(捼)"。以手揉摩。王实甫《西厢记》第四本第二折:"挼之以去其污。"

挼就 温存;迁就。何梦桂《喜迁莺》词:"夜雨帘栊,柳边庭院,烦恼有谁挼就?"王实甫《西厢记》第四本第二折:"俺家里陪酒陪茶到(倒)挼就。"

堧(ruán) 亦作"壖"。❶城下田。《汉书·翟方进传》:"税城郭堧及园田。"❷河边地。《史记·河渠书》:"故尽河壖弃地。"裴骃集解引韦昭曰:"壖……谓缘河边地也。"❸馀地;隙地。《汉书·食货志上》:"过(赵过)试以离宫卒田其宫堧地。"颜师古注:"壖,馀也。宫壖地,谓外垣之内、内垣之外也。"

撋(ruán) 蘸;染。《仪礼·特牲馈食礼》:"尸左执角,右取肝,撋于盐。"

瓀(ruán) ❶城下田地。王明清《挥麈后录》卷四:"腾身复道表,送日夹城瓀。"❷水边地。张居正《祭秦白崖先生文》:"夫先生初起海瓀也,含菁咀华,怀珍抱璞。"❸松软地。《太平寰宇记》卷一百三十引《博物志》:"海陵县多麋,千万为群,掘食草根,其处成泥,名曰麋瓀。民随而种,不耕而获其利,所收百倍。"

壖（ruǎn）　同"壖"。

ruǎn

阮（ruǎn）　❶古国名。偃姓，在今甘肃泾川。为周文王所灭。《诗·大雅·皇矣》："侵阮徂共。"❷阮籍与侄阮咸并有盛名，世称"大小阮"。后用作侄的代称。如：贤阮。❸中国拨弦乐器。亦称"阮咸"，古琵琶之一种，因晋人阮咸善弹此乐器而得名。琴头呈"如意"形，直柄，圆形音箱，四弦，十二品位。现经改革，品位增至二十四个。用拨子或假指甲弹奏，可独奏，也可与其他乐器合奏。今有小阮、中阮、大阮、低阮四种。《水浒全传》第八十一回："李师师取过阮来，拨个小小的曲儿，教燕青听。"❹姓。

阮（乐器）

另见 juàn。

阮郎归　❶词牌名。词名用刘晨、阮肇故事。唐教坊曲有《阮郎迷》，疑为其初名。又名《醉桃源》等。双调四十七字，平韵。❷曲牌名。有二，均属南曲南吕宫。其一字句格律与词牌同，但多仅用其前半阕或后半阕，用作引子；其一与词牌不同，用作过曲。

阮囊　❶《韵府群玉·阳韵》"一钱囊"："阮孚持一皂囊，游会稽。客问：'囊中何物？'曰：'但有一钱看囊，恐其羞涩。'"阮孚，晋时人。后人因自称匮乏为"阮囊羞涩"。❷一种绳床。《宋史·勃泥国传》："王坐绳床。若出，即大布单坐其上，众异之，名曰阮囊。"

软〔軟、輭〕（ruǎn）　❶柔软。与"硬"相对。张耒《春日遣兴》诗："日烘烟柳软于丝。"引申为无力；疲乏。如：腿酸脚软。❷懦弱。如：欺软怕硬。❸温和；柔和。见"软语"。❹比喻意不坚或心不忍。如：耳朵软；心肠软。❺通"餪"。用食物慰劳。苏轼《浣溪沙·徐门石潭谢雨道上作》词："垂白杖藜抬醉眼，捋青捣䴬软饥肠。"

软饱　谓饮酒。苏轼《发广州》诗："三杯软饱后，一枕黑甜馀。"自注："浙人谓饮酒为软饱，俗谓睡为黑甜。"后亦谓以软食充饥。

软红尘　苏轼《次韵蒋颖叔钱穆父从驾景灵宫》："半白不羞垂领发，软红犹恋属车尘。"自注："前辈戏语：'西湖风月，不如东华软红香土。'"东华，指京师。后多以"软红尘"指都市的繁华。黄景仁《将之京师杂别》诗："除是白云知此意，几曾情艳软红尘?"亦作"软尘"。陆游《仗锡平老索怡云堂诗》："东华软尘飞扑帽，黄金络马人看好。"

软轮　以蒲裹轮，使车行平稳。《后汉书·明帝纪》："安车软轮，供绥执授。"李贤注："软轮，以蒲裹轮。"

软美　犹言柔媚，温和。《新唐书·李泌传》："（张）九龄与严挺之、萧诚善。挺之恶诚佞，劝九龄谢绝之。九龄忽独念曰：'严太苦劲，然萧软美可喜。'方命左右召萧，泌在旁，帅尔曰：'公起布衣，以直道至宰相，而喜软美者乎?'九龄惊，改容谢之。"白居易《东南行一百韵》："软美仇家酒，幽闲葛氏姝。"

软语　温和而委婉的话。杜甫《赠蜀僧间丘师兄》诗："夜阑接软语，落月如金盆。"权德舆《与草衣禅师宴坐记》："微言软语，有时而闻。"又语音柔和也叫"软语"。如吴语音调柔和，有"吴侬软语"之称。

朊（ruǎn）　蛋白质的旧称。另见 wǎn。

奘（ruǎn）　软弱。《汉书·司马迁传》："仆虽怯奘欲苟活，亦颇识去就之分矣。"

報（ruǎn）　同"软（軟）"。另见 niǎn。

偄（ruǎn）　弱。王符《潜夫论·救边》："欲先自割，示偄寇敌，不亦惑乎?"

荋（ruǎn）　木耳。见《说文·艸部》。

媆（ruǎn）　柔弱。《说文·女部》："媆，好貌。"段玉裁注："此谓柔媆之好也。俗作輭。"另见 nèn。

瑌（ruǎn）　似玉的美石。《史记·司马相如列传》："瑌石武夫。"《汉书》作"礝石"。

甐（ruǎn）　软皮革。《说文·甐部》："甐，柔韦也。"段玉裁注："柔者，治之使鞣也；韦，可用之皮也。"

腝（ruǎn）　软脚病。见《广韵·二十八狝》。另见 ér，nào，nuǎn。

硬（ruǎn）　次于玉的美石。司马相如《子虚赋》："硬石碔砆。"

礝碱　次于玉的美石。班固《西都赋》："礝碱彩致。"

需（ruǎn）　通"软"。柔软。《考工记·弓人》："薄其帤则需。"另见 nuò，xū。

瓀（ruǎn）　似玉的美石。张衡《西京赋》："瓀珉璘彬。"

瓀玟　美石名。《礼记·玉藻》："士佩瓀玟。"孔颖达疏："瓀玟，石次玉者。"亦作"瓀珉"。《诗·郑风·子衿》"青青子佩"毛传："士佩瓀珉。"

礝（ruǎn）　同"瓀"。《山海经·中山经》："〔扶猪之山〕其上多礝石。"

ruí

绥〔綏〕（ruí）　通"緌"。旌旗名。《礼记·明堂位》："夏后氏之绥。"孙希旦集解："谓之绥者，言其垂旒绥绥然也。"另见 suí，tuǒ。

缕〔緌〕（ruí）　❶古代冠带在颔下打结后的下垂部分。《礼记·内则》："冠緌缨。"孔颖达疏："结缨颔下以固冠，结之余者，散而下垂，谓之緌。"❷蝉长在腹下的针喙。虞世南《蝉》诗："垂緌饮清露，流响出疏桐。"

緌緌　下垂貌。杜牧《杜秋娘》诗："壮发绿緌緌。"

飚〔飅〕（ruí）　风迟。《文选·郭璞〈江赋〉》："徐而不飅，疾而不猛。"李善注引《埤苍》曰："飅，风迟也。"刘良注："徐，缓；飅，迟也。言虽缓不迟，虽疾不猛，和而得所。"

蕤（ruí）　❶草木花下垂貌。陆机《文赋》："播芳蕤之馥馥。"❷指下垂的装饰品。《礼记·杂记》："大白冠、缁布之冠，皆不蕤。"孙希旦集解："蕤者，冠缨之结于颐下而垂馀以为饰者也。"

蕤宾　十二律中的第七律。

ruǐ

桵（ruǐ）　木名。《尔雅·释木》："棫，白桵。"郭璞注："桵，小木，丛生有刺，实如耳珰，紫赤可啖。"

蕊〔蘂、橤、蕋〕（ruǐ）　❶花蕊，种子植物的生殖器官，有雄蕊、雌蕊之分。❷未开的花，即花苞。杜甫《江畔独步寻花七绝句》："嫩蕊商量细细开。"

蕊榜 旧时称进士榜为"蕊榜"。杨慎《艺林伐山》卷十:"唐人进士榜必以夜书,书必以淡墨……世传大罗天放榜于蕊珠宫,故又称'蕊榜'。"按道教最高之天为大罗天。蕊珠宫,神仙所居。科举时代以得第为登仙,故云。亦指乡试榜。谭献《复堂日记》卷三:"借新榜诸人入贡院,见聚奎堂有副主试竹坡宝廷壁诗曰:'……英奇埋没知多少,蕊榜书成愧不禁。'"

橤(ruǐ) 见"橤橤"。
橤另见 ruǐ 蕊。

橤橤 花落纷披貌。卢谌《时兴》诗:"摵摵芳叶零,橤橤芬华落。"

橤(ruǐ) 下垂貌。《左传·哀公十三年》:"佩玉橤兮,余无所系之。"

ruì

芮(ruì) ❶絮。《吕氏春秋·必己》:"不衣芮温。"❷系盾的绶带。《史记·苏秦列传》:"坚甲铁幕,革抉㕙芮,无不毕具。"司马贞索隐:"㕙与'㕙'同,音伐,谓楯也。芮音如字,谓系楯之绶也。"❸小貌。《文选·潘岳〈西征赋〉》:"营宇寺署,肆廛管库,蕞芮于城隅者,百不处一。"李善注:"蕞,聚貌也……芮,小貌。"❹通"汭"。水涯。《诗·大雅·公刘》:"止旅乃密,芮鞠之即。"毛传:"芮,水厓也。"❺古国名。一作内。周文王时建立的诸侯国。姬姓。在今陕西大荔朝邑城南。公元前640年为秦所灭。一说在今甘肃华亭西南。❻姓。元代有芮世通。

兑(ruì) 通"锐"。《荀子·议兵》:"兑则若莫邪之利锋,当之则溃。"
另见 duì,yuè。

汭(ruì) 河流的弯曲处。《书·禹贡》:"东过洛汭。"

枘(ruì) 榫头;插入卯眼的木栓。参见"枘凿"、"凿枘"。

枘凿 枘,榫头。凿,榫眼。枘凿,方枘圆凿的简语。比喻两不相合或互相矛盾。《文选·宋玉〈九辩〉》:"圆凿而方枘兮,吾固知其鉏铻而难入。"吕延济注:"若凿圆穴,斫方木,内(纳)之而必参差不可入。"刘克庄《赠施道州》诗之二:"拮据自笑营巢拙,枘凿明知合辙难。"

蚋(ruì) 昆虫纲,双翅目,蚋科。成虫形似蝇,体长1~5毫米,褐色或黑色,胸背隆起,足短,触角粗短,分11节,口器刺吸式。雌蚋刺吸牛、羊等牲畜血液,传播疾病,危害家畜;亦吸人血,叮咬后奇痒,非洲和拉丁美洲某些种类能传播盘尾丝虫病。幼虫生活在山溪急流中,杂食性。

枘(ruì) 通"锐"。锐利。《老子》:"揣而枘之,不可长保。"王弼注:"既揣末令尖,又锐之令利。"
另见 tuō,zhuō。

锐〔銳〕(ruì) ❶锐利。《淮南子·时则训》:"柔而不刚,锐而不挫。"引申为精锐。《国策·齐策一》:"使轻车锐骑冲雍门。"❷上小下大。《尔雅·释丘》:"再成锐上为融丘。"杜甫《久雨期王将军不至》诗:"锐头将军来何迟。"王洙注:"传言白起头小而锐。"❸细小。《左传·昭公十六年》:"且吾以玉贾罪,不亦锐乎?"❹通"駾"。迅速。《孟子·尽心上》:"其进锐者,其退速。"《文选·陆机〈五等论〉》:"进取之情锐。"李善注:"锐,犹疾也。"
另见 duì,yuè。

锐气 锐利的士气。《孙子·军争》:"故善用兵者,避其锐气。"

锐士 战国时秦国经过考选和训练的步兵。秦自商鞅变法,奖励军功,军力强盛。《汉书·刑法志》:"秦昭(即秦昭王)以锐士胜。"荀况比较各国兵制,认为"齐之技击不可以遇魏氏之武卒,魏氏之武卒不可以遇秦之锐士"。见《荀子·议兵》。后用以泛称精锐士兵。《三国志·吴志·甘宁传》:"羽(关羽)号有三万人,自择选锐士五千人,投县上流十余里浅濑,云欲夜涉渡。"

瑞(ruì) ❶瑞玉,古代用为信物的玉。《周礼·春官·典瑞》:"掌玉瑞玉器之藏。"郑玄注:"人执以见曰瑞。瑞,符信也。"❷吉祥。如:瑞雪兆丰年。《论衡·讲瑞》:"夫恒物有种类,瑞物无种。"❸征兆。《论衡·指瑞》:"占者因其野泽之物,巢集城宫之内,则见鲁国且凶,傅舍人不吉之瑞矣。"

瑞鹤仙 ❶词牌名。始见于宋周邦彦词。又名《一捻红》。双调一百零二字,仄韵。另有《瑞鹤仙令》,为《临江仙》别名。❷曲牌名。南曲正宫、北曲仙吕宫都有同名曲牌。南曲较常见,字句格律与词牌前半阕略异,用作引子。

瑞雪 指冬雪。因其能杀虫保温,有利于农作物,农家多视为来岁丰收的瑞兆,故称。宗楚客《奉和圣制喜雪应制诗》:"飘飘瑞雪下山川,散漫轻飞集九垓。"

瑞应 吉祥的征兆。古谓帝王修德,时代清平,就有祥瑞的感应。《史记·礼书》:"或言古者太平,万民和喜,瑞应辨至,乃采风俗,定制作。"

瑞鹧鸪 词牌名。又名《舞春风》、《鹧鸪词》、《天下乐》等。双调五十六字,平韵。按《瑞鹧鸪》本七言律诗,五代时谱为歌词,便成词调。至宋柳永乃增添为双调,有六十四字、八十六字及八十八字三体。

蜹(ruì) 同"蚋"。蚊属。《荀子·劝学》:"醯酸而蜹聚焉。"

睿〔叡〕(ruì) 明智;智慧。《书·洪范》:"思曰睿。"王安石《洪范传》:"睿则思无所不通。"

睿藻 圣哲的辞藻。颂扬帝王诗文的用语。宋之问《夏日仙萼亭应制》诗:"睿藻光岩穴,宸襟洽薜萝。"

睿哲 神圣而明智。旧时颂扬帝王的用语。张衡《东京赋》:"睿哲玄览,都兹洛宫。"《晋书·江统传》:"古之人君,虽有聪明之姿,叡哲之质,必须辅弼之助,相导之功。"

擩(ruì) 调拌;揉和。《周礼·春官·大祝》:"辨九祭……六曰擩祭。"郑玄注引郑司农云:"擩祭,以肝肺菹擩盐醢中以祭也。"一说,"擩"当作"捼"。见《说文·手部》"捼"字段玉裁注,又见孙诒让《周礼正义》。
另见 rǔ。

rún

瞤〔瞤〕(rún) ❶眼皮跳动,俗称眼跳。《西京杂记》卷三:"目瞤得酒食。"❷肌肉掣动。《素问·气交变大论》:"肌肉瞤酸。"

犉(rún) 黄毛黑唇的牛。《尔雅·释畜》:"黑唇,犉。"《诗·小雅·无羊》:"谁谓尔无牛,九十其犉。"毛传:"黄牛黑唇曰犉。"

rùn

闰〔閏〕(rùn) ❶余数。历法纪年与地球环绕太阳运行一周的时间有一定差数,故每隔数年必设闰日或闰月加以调整。《史记·历书》:"盖黄帝考定星历,建立五行,起消息,正闰余。"裴骃集解引《汉书音义》曰:"以岁之余为闰,故曰闰余。"参见"闰年"。❷偏;副。对"正"而言。《宋史·宋庠传》:"又辑

《纪年通谱》，区别正闰，为十二卷。"参见"闰位"。

闰年　阳历和阴历中有闰日的年份，或阴阳历中有闰月的年份。如公历 2000 年为闰年，全年 366 日；夏历辛巳年（2001 年）为闰年，闰四月小，该月只有芒种，无中气，全年 13 个月。伊斯兰教历 1420 年（约 2000 年）为闰年，全年 355 日。

闰位　指非正统的帝位。《汉书·王莽传赞》："紫色蛙声，除分闰位。"颜师古注引服虔曰："言莽不得正王之命，如岁月之余分为闰也。"

闰月　阴阳历逢闰年所加的 1 个月。夏历属阴阳历，规定不含中气的月份为闰月，并用上月的月份名称或序数称为"闰某月"。如夏历丙戌年（公历 2006 年）闰七月小，只有白露，而无中气。

润〔潤〕（rùn）❶滋润；滋益。《荀子·劝学》："玉在山而草木润。"《汉书·路温舒传》："泽加百姓，功润诸侯。"❷潮湿。周邦彦《满庭芳·夏日溧水无想山作》词："地卑山近，衣润费炉烟。"❸细腻光滑。如：珠圆玉润。❹雨水。《后汉书·钟离意传》："比日密云，遂无大润。"

润笔　《隋书·郑译传》："上令内史令李德林立作书书，高颎戏谓译曰：'笔干（乾）。'译答曰：'出为方岳，杖策言归，不得一钱，何以润笔？'上大笑。"后以"润笔"称请人作诗文书画的酬劳。欧阳修《归田录》卷二："蔡君谟既为余书《集古录目序》刻石，其字尤精劲，为世所珍。余以鼠须栗尾笔、铜绿笔格、大小龙茶、惠山泉等物为润笔。"

润色　修饰。《论语·宪问》："东里子产润色之。"朱熹注："润色，谓加以文采也。"鲁迅《且介亭杂文·门外文谈》："唐朝的《竹枝词》和《柳枝词》之类，原都是无名氏的创作，经文人的采录和润色之后，留传下来的。"

润色先生　砚的别称。陶穀《清异录·文用·藏锋都尉》："元微之素闻薛涛名，因奉使见焉。微之矜持笔砚，涛请走笔作四友赞，其略曰：'磨润色先生之腹，濡藏锋都尉之头，引书媒而黯黯，入文亩以休休。'"

润饰　润色修饰，多指修改诗文。《宋史·蔡肇传》："肇援笔立就，不加润饰。"

润泽　滋润。《孟子·滕文公上》："若夫润泽之，则在君与子矣。"比喻恩泽。《史记·李斯列传》："群臣莫不被润泽，蒙厚德。"

腝（rùn）❶见"胸腝"。❷柔韧。《太平广记》卷二六一引《卢氏杂说》："人肉腥而且腝，争堪吃？"

ruò

若（ruò）❶顺从。《诗·小雅·大田》："曾孙是若。"❷选择。《国语·晋语二》："夫晋国之乱，吾谁使先若夫二公子而立之，以为朝夕之急？"❸奈。如：若何？若之何？❹及；至于。《国语·晋语五》："病未若死。"❺乃；才。《国语·周语中》："必有忍也，若能有济也。"❻如；像。《孟子·梁惠王上》："若寡人者可以保民乎哉？"❼假如。《左传·隐公元年》："若阙地及泉，隧而相见，其谁曰不然？"❽或者。《左传·定公元年》："若从践土，若从宋，亦唯命。"《史记·魏其武安侯列传》："愿取吴王若将军头，以报父之仇。"❾尔；汝。《史记·淮阴侯列传》："若虽长大，好带刀剑，中情怯耳！"❿此；如此。《论语·宪问》："南宫适出，子曰：'君子哉若人！尚德哉若人！'"《孟子·梁惠王上》："以若所为，求若所欲，犹缘木而求鱼也。"⓫作词助，犹"然"。《诗·卫风·氓》："桑之未落，其叶沃若。"郑玄笺："沃若，犹沃沃然。"⓬海神名，即海若。《庄子·秋水》："望洋向若而叹。"⓭香草名。即杜若。宋玉《神女赋》："沐兰泽，含若芳。"⓮姓。汉代有若章。

另见 rě。

若敖　复姓。周代楚王熊咢生子熊仪，命名为若敖，后即沿为姓氏。

若敖氏之鬼　若敖氏的后代楚国令尹子文，担心他的侄儿椒将来会使若敖氏灭宗，临死时，对族人哭着说："若敖氏之鬼，不其馁而！"馁，饿。意思是若敖氏的鬼将因灭宗而无人祭祀。后来，若敖氏终因椒的叛楚而灭绝。见《左传·宣公四年》。后因以"若敖氏之鬼"或"若敖鬼馁"指无子绝嗣。参见"狼子野心"。

若鞮　匈奴语"孝"的意思。汉宣帝时呼韩邪单于归附后，与汉亲密，见汉帝常谥为孝，慕之，自复株累若鞮单于以下各单于称号均加此字，南匈奴单于于比以下省称"鞮"。

若而　犹言"某某"。《左传·襄公十二年》："夫妇所生若而人。"杜预注："不敢誉亦不敢毁，故曰若而人。"顾炎武《左传杜解补正》卷二："若而人犹言某某。"章炳麟《新方言·释词》："物不定则言若而，数不定则言若干。"

若干　❶犹言多少；几许。用于问数量或指不定量。《礼记·曲礼下》："始服衣若干尺矣。"刘淇《助字辨略》卷五："若干者，未定多少，且约计之也。"❷复姓。五代后周时有若干惠。

若个　❶若干；几个。程大昌《演繁露》卷一："若个，犹言几何枚也。"❷哪个；谁。吴镇《辋川图》诗："当年满朝士，若个在林泉？"

若华　古代神话中若木的花。《楚辞·天问》："羲和之未扬，若华何光？"王逸注："言日未出之时，若木何能有明赤之光华乎？"参见"若木"、"若英❷"。

若木　古代神话中的树名，生在昆仑山的极西处，日落的地方。《名义考》卷二：《山海经》：'灰野之山，有树青叶赤华（花），名曰若木，日所入处。'"《离骚》："折若木以拂日兮，聊逍遥以相羊。"

若若　❶长貌。《汉书·石显传》："牢邪石邪？五鹿客邪？印何累累，绶若若邪？"❷盛多貌。《列子·力命》："今昏昏昧昧，纷纷若若，随所为，随所不为，日去日来，孰能知其故？"

若时　❶此时；现在。《公羊传·定公四年》："君如有忧中国之心，则若时可矣。"❷那时；当初。《三国志·魏志·高堂隆传》："今无若时之急。"

若水　古水名。即今雅砻江。自与金沙江合流后至四川宜宾市的一段，古时也曾有若水之称。当巴蜀对今云贵地区交通的要冲。《史记·司马相如列传》，通西夷，"西至沫、若水"，即此。

若为　❶怎样；如何。《旧唐书·孙伏伽传》："但法者，陛下自作之，还须守之……今自为无信，欲遣兆人，若为信畏？"❷哪堪。王维《送杨少府贬郴州》诗："明到衡山与洞庭，若为秋月听猿声！"

若英　❶杜若的花。《楚辞·九歌·云中君》："华采衣兮若英。"王逸注："衣五采华衣，饰以杜若之英。"❷古代神话中若木的花。《文选·谢庄〈月赋〉》："嗣若英于西冥。"李善注："若英，若木之英也。"参见"若木"。

鄀（ruò） 古国名。允姓。有上鄀、下鄀之分。上鄀，一作"若"，在今湖北宜城市东南，后灭于楚，春秋后期为楚都。下鄀，金文作"蠚"或"蟜"，在今河南内乡、陕西商州市间，后灭于晋，为晋邑。详见郭沫若《两周金文辞大系考释》。

佸（ruò） 如此；这般。王实甫《西厢记》第一本第二折："老僧佸大年纪，焉肯作此等之态？"

弱（ruò） ❶软弱；衰弱；无能。与"强"相对。《礼记·祭义》："强不犯弱，众不暴寡。"《后汉书·耿纯传》："抑强扶弱。"❷年幼。《左传·昭公二十七年》："母老子弱，是无若我何？"也指年少。参见"弱冠"。❸丧亡。《左传·昭公三年》："又弱一个焉。"❹表示略少。《晋书·天文志上》："与赤道东交于角五少弱。"❺示弱；害怕。《古今小说·临安里钱婆留发迹》："别人弱他官府，我却不弱他。"

弱不好弄 年少时不爱嬉戏。《左传·僖公九年》："夷吾弱不好弄。"夷吾，晋惠公名。

弱不胜衣 形容人柔弱得连衣服都似承受不起。《红楼梦》第三回："〔黛玉〕身体面貌虽弱不胜衣，却有一段风流态度。"参见"不胜衣❶"。

弱冠 《礼记·曲礼上》："二十曰弱，冠。"弱，年少。古代男子二十岁行冠礼，故用以指男子二十岁左右的年龄。《后汉书·胡广传》："终、贾扬声，亦在弱冠。"终军年十八请缨，贾谊年十八为博士，皆未满二十岁。

弱翰 毛笔。扬雄《答刘歆书》："雄常把三寸弱翰，赍油素四尺，以问其异语，归即以铅摘次之于椠。"

弱肉强食 比喻弱者被强者欺凌、吞并。韩愈《送浮屠文畅师序》："弱之肉，强之食。"刘基《秦女休行》："有生不幸遭乱世，弱肉强食官无诛。"后多比喻强国并吞弱国。

弱岁 谓青少年之时。《晋书·姚泓载记论》："景国弱岁英奇，见方孙策，详其干识。"

弱息 幼弱的子女。《南史·周盘龙传》："小人弱息，当得一子。"此指儿子。后多指女儿。《聊斋志异·婴宁》："弱息仅存，亦为庶产。"庶产，妾所生的。

弱约 同"绰约"。亦作"淖约"。柔顺貌。《大戴礼记·劝学》："夫水者……深渊不测似智，弱约危通似察。"《荀子·宥坐》作"淖约微达似察"，《孔子家语·三恕》作"绰约微达，此似察"。

炳（ruò，又读 rè） 同"爇"。烧。《素问·异法方宜论》："藏寒生满病，其治宜灸炳。"

渃（ruò） 溪名。在湖北枝江东，入长江。

婼（ruò） 婼羌，旧县名。在新疆维吾尔自治区。
另见 chuò。

楉（ruò） 见"楉榴"。

楉榴 即"石榴"。见《广雅·释木》。

蒻（ruò） ❶嫩的香蒲。《急就篇》卷三"蒲蒻"颜师古注："蒻，谓蒲之柔弱者也。"❷"蒻席"的简称。《楚辞·招魂》："蒻阿拂壁，罗帱张些。"❸荷茎入泥的白色部分，俗名藕鞭。《本草纲目·果部六》："藕芽种者最易发，其芽穿泥成白蒻，即蒻也。长者至丈余，五六月嫩时，没水取之，可作蔬茹，俗呼藕丝菜。"

篛〔箬〕（ruò） ❶笋皮。王彪之《闽中赋》："细箬素笋。"❷见"箬竹"。

箬竹（*Indocalamus tessellatus*） 亦称"簜竹"。禾本科。秆高约75厘米，直径4～5毫米；节间中空极小；每节仅生一枝。箨鞘长达25厘米，宿存，枯萎后呈暗草黄色。中国长江流域特产。叶可裹粽。

爇（ruò） 同"爇"。

爇（ruò，又读 rè） 点燃；放火焚烧。《周礼·春官·菙氏》："凡卜，以明火爇燋。"《左传·昭公二十七年》："遂令攻郤氏，且爇之。"

鰙〔鰯〕（ruò） 鱼名。即"沙丁鱼"。

S

sā

仁（sā） 北方方言。三个。如：哥儿仁；咱们仁。

些（sā） 语助。辛弃疾《鹧鸪天·代人赋》词："陌上柔桑破嫩芽，东邻蚕种已生些。"
另见 suò，xiē。

撒（sā） ❶放开。如：撒网；撒开大步。❷放出；排泄。如：撒尿；撒粪。❸施展。如：撒娇。《警世通言·俞仲举题诗遇上皇》："孙婆见他撒酒风，不敢惹他。"❹姓。明代有撒仲谦。
另见 sǎ。

撒旦 译自希伯来语 sātān，一译**沙殚**，意为"抵挡"。基督教对专事抵挡上帝，并与上帝为敌者的称呼。与圣经故事中的魔鬼同义。谓原是上帝所造的使者，后妄想与上帝比高下而被贬堕落。

撒和 ❶喂牲口。《西厢记》第一本第一折："安排下饭，撒和了马，等哥哥回家。"❷群聚宴饮。杨瑀《山居清话》："都城豪民，每遇假日，必有饮食，招致省宪僚吏翘桀群者款之，名曰撒和。"

撒漫 亦作"撒镘"。镘，铜钱无字的一面，泛指钱。谓任意挥霍。《红楼梦》第六十二回："袭人又本是个手中撒漫的。"

撒泼 耍无赖，用蛮横无理的行动对待人。《水浒传》第十二回："〔生二〕专在街上撒泼、行凶、撞闹。"

撒手 放开手；松手。朱敦儒《木兰花慢》词："虚空无碍，你自痴迷不自在。撒手游行，到处笙歌拥路迎。"亦用为死的婉辞。如：撒手西归。赵翼《扬州哭秋园之讣》诗："岂期真撒手，遥空驭笙鹤。"

撒唔 亦作"撒吞"。假装痴呆。《雍熙乐府·一枝花》套曲："俺如今腆着脸百事妆憨，低着头凡事儿撒唔。"

撒野 胡闹；放肆。《红楼梦》第九回："贾瑞忙喝：'茗烟不得撒野！'"

sǎ

洒（一）〔灑〕（sǎ） ❶淋水在地上。如：洒扫。《诗·唐风·山有枢》："子有廷内，弗洒弗埽。"❷喷散；散落。郭璞《江赋》："骇浪暴洒。"引申为潇洒貌。见"洒脱"、"洒落"。
（二）（sǎ） 宋元时关西方言"洒家"的略语，犹"咱"。《张协状元》戏文："你伏事洒辛苦。"
另见 cuǐ，xǐ，xiǎn。

洒家 宋元时关西一带人自称为"洒家"。《水浒传》第三回："洒家是经略府提辖，姓鲁，讳个达字。"

洒落 ❶脱落。潘岳《秋兴赋》："庭树槭以洒落兮"❷形容人洒脱，不拘谨。《宋史·张泊传》："迫风仪洒落，文采清丽。"

洒脱 潇洒脱略。与"矜持"相对。《聊斋志异·鬼令》："教谕展先生，洒脱有名士风。"

靸（一）（sǎ） 拖鞋。《急就篇》卷二："靸鞮印角褐袜巾。"颜师古注："靸谓韦履，头深而兑，平底者也。今俗呼谓之跣子。"亦名"靸鞋"。三代皆以皮为之，始皇二年改用蒲制，从晋到唐多用草制，梁武帝曾用丝制。见唐王叡《炙毂子杂录》。陶宗仪《辍耕录》卷十八"靸鞋"："西浙之人，以草为履而无跟，名曰靸鞋。"
（二）（sǎ，又读 tā） 穿鞋时将后跟压倒，拖着走。亦作"靸拉"。《红楼梦》第六十三回："宝玉靸了鞋，便迎出来。"又第二十五回："宝玉便靸拉着鞋，走出房门。"

靸霅 疾行貌。《文选·左思〈吴都赋〉》："靸霅警捷，先驱前途。"李善注："靸霅，走疾貌。"

撒（sǎ） 散播；散布。如：撒下种子。刘基《二鬼》诗："手摘桂树子，撒入大海中。"
另见 sā。

撒帐 旧时婚礼，新夫妇交拜毕，并坐床沿，妇女各以金钱彩果散掷，叫"撒帐"。见孟元老《东京梦华录·娶妇》。

潵（sǎ） 水名。即潵河，在河北省。
另见 sàn。

灑（sǎ） 大瑟。《尔雅·释乐》："大瑟谓之灑。"
另见 lí、sǎ 洒。

sà

卅（sà） 三十。

杀〔殺〕（sà） 颜色浅淡。《史记·扁鹊仓公列传》："望之杀然黄。"《集韵·十二曷》："杀，散貌。"
另见 shā，shài，shè。

驶〔駛〕（sà） 疾驰。《汉书·扬雄传上》："声骈隐以陆离兮，轻先疾雷而驶遗风。"颜师古注："疾意也。"

驶遝 亦作"驶沓"。相继不断。引申为盛多貌。《文选·陆机〈文赋〉》："纷葳蕤以驶遝，唯毫素之所拟。"李善注："驶遝，多貌。"

铩〔鎩〕（sà） ❶古代一种兵器，即短小的矛。亦用为农具。陆云《与车茂安书》："举铩如云，下铩如雨。"❷见"铩镂"。

铩镂 用金银在器物上嵌饰花纹。贺知章《答朝士》诗："铩镂银盘盛蛤蜊。"

捼〔掇〕（sà） ❶侧手击。《公羊传·庄公十二年》："万〔宋万〕臂捼仇牧，碎其首。"❷同"杀"。见"抹杀"。

飒〔颯、颰〕（sà） ❶象风声。宋玉《风赋》："有风飒然而至。"❷衰落；衰老。陆倕《思田赋》："岁聿忽其云暮，庭草飒以萎黄。"杜甫《夔府书怀》诗："翠华森远矣，白首飒凄其。"

飒戾　《楚辞·九叹·远逝》："游清灵之飒戾兮，服云衣之披披。"王逸注："飒戾，清凉貌。"

飒飒　象风雨声。《楚辞·九歌·山鬼》："风飒飒兮木萧萧。"杜甫《乾元中寓居同谷县作歌七首》："四山多风溪水急，寒雨飒飒枯树湿。"

飒纚　长袖飘动貌。班固《西都赋》："红罗飒纚，绮组缤纷。"张衡《西京赋》："振朱屦于盘樽，奋长袖之飒纚。"

飒爽　神采飞动貌；劲捷貌。杜甫《丹青引赠曹将军霸》："褒公、鄂公毛发动，英姿飒爽来酣战。"又《画鹘行》："高堂见生鹘，飒爽动秋骨。"

飒沓　众盛貌。鲍照《咏史诗》："宾御纷飒沓，鞍马光照地。"

飒飘　大风貌。杜甫《赠崔十三评事公辅》诗："飒飘定山桂，低徊风雨枝。"

脉　(sà)　含有相邻的两个羰基的化合物、α-羟基醛或α-羟基酮各自和二分子的苯肼($C_6H_5NHNH_2$)缩水后的衍生物。例如，由2，3-丁二酮得2，3-丁二酮脉，还原糖类（葡萄糖、果糖、麦芽糖等）和过量苯肼能生成结晶形的"糖脉"。有机分析中常用观察糖脉的结晶状态及测定熔点等方法以鉴别某些糖类。

萨　〔薩〕(sà)　❶见"菩萨"。❷姓。

蔡　(sà)　❶流放。《左传·昭公元年》："周公杀管叔而蔡蔡叔。"❷通"杀"。谓减杀。《书·禹贡》："三百里夷，二百里蔡。"郑玄注："蔡之言杀，减杀其赋。"
　　另见 cài。

偞　(sà)　见"偝偞"。

撒　(sà)　见"撒撒"。

敠　(sà)　支起。几案四足有不平处，垫以小木，叫敠子。《中州集》卷七有周驰《敠子》五律一首。

膇　(sà)　见"肛膇"。

sāi

思　(sāi)　见"于思"。
　　另见 sī, sì。

毸　(sāi)　见"毰毸❶"。

腮　〔顋〕(sāi)　两颊的下半部；腮帮子。李贺《南园》诗："花枝草蔓眼中开，小白长红越女腮。"

塞　(sāi)　❶塞子。如：瓶塞。❷堵塞。如：把洞塞住。
　　另见 sài, sè。

噻　(sāi)　译音字。噻吩，亦称"硫杂茂"。一种含硫的杂环化合物。

觪　(sāi)　《说文·角部》："觪，角中骨也。"王筠《说文释例》卷十六："觪者，牛羊之角，外骨冒内骨，虽相附丽而不能合一，其内骨名曰觪。"《史记·乐书》"角觡生"司马贞索隐："牛羊有觪曰角，麋鹿无觪曰觡。"

鳃　〔鰓〕(sāi)　多数水生动物的呼吸器官。见于圆口类、鱼类和两栖类幼体、少数有尾类成体和某些无脊椎动物。其位置、形态、构造等差异极大。根据其露出体外与否，可分外鳃和内鳃。外鳃全部露出体外，见于两栖类幼体以及少数有尾类（洞螈、泥螈）成体，一般呈丝状或羽状，生于头后两侧。内鳃见于多数鱼类，一般生于头部咽两侧，外有鳃盖（硬骨鱼类）或皮褶（板鳃鱼类）保护，以鳃裂或鳃孔同外界相通。
　　另见 xǐ。

鬓　(sāi)　见"髶鬓"。

sài

塞　(sài)　❶边界险要之处。《史记·苏秦列传》："秦，四塞之国，被山带渭。"《汉书·晁错传》："守边备塞，劝农力本。"❷同"赛"。酬神祭。《汉书·郊祀志上》："冬塞祷祠。"颜师古注："塞，谓报其所祈也。"❸通"簺"。一种赌戏。《庄子·骈拇》："问穀奚事，则博塞以游。"
　　另见 sāi, sè。

塞北　一称塞外。旧时指外长城以北，包括内蒙古自治区及甘肃省和宁夏回族自治区的北部、河北省外长城以北等地。

塞外　即"塞北"。

塞翁失马　《淮南子·人间训》："近塞上之人，有善术者，马无故亡而入胡，人皆吊之，其父曰：'此何遽不为福乎？'居数月，其马将胡骏马而归。"后人所说"塞翁失马，安知非福"，本此。比喻虽然暂时受到损失，但也可能因此得到好处，有坏事可以变成好事之意。陆游《长安道》诗："士师分鹿真是梦，塞翁失马犹为福。"

塞雁　边塞之雁，此鸟秋天南来，春天北去，诗文中常比喻思念远离家乡的亲人。杜甫《登舟将适汉阳》诗："塞雁与时集，樯乌终岁飞。"亦作"塞鸿"。鲍照《代陈思王京洛篇》诗："春吹回白日，霜歌落塞鸿。"

赛　〔賽〕(sài)　❶比赛。如：赛球。❷比得上；胜过。如：萝卜赛梨；一个赛一个。❸祭祀酬神之称。韩愈《城南联句》："赛馔木盘簇，靸妖藤索绛。"❹完毕；了结。马致远《新水令》套曲："自赛了儿婚女嫁，却归来林下。"❺姓。明代有赛从俭。

赛会　俗用仪仗、鼓乐、杂戏，迎神出庙，周游街巷，叫"赛会"。如：迎神赛会。王明清《挥麈前录》卷四："〔李定〕文亦奇，欲预赛神会。"

赛社　周代十二蜡祭的遗俗，农事完毕后，陈酒食以祭田神，相与饮酒作乐，叫"赛社"。见《事物纪原》卷八"赛神"。刘克庄《喜雨二首柬张使君又和》："林深隐隐闻箫鼓，知是田家赛社还。"

赛愿　祭神还愿。洪迈《容斋三笔》卷十四："予顷使金国时，辟景孙弟辅行，弟妇在家许斋醮，及还家赛愿，予为作青词云。"

僿　(sài)　不诚恳。《史记·高祖本纪》："文之敝小人以僿，故救僿莫若以忠。"

簺　(sài)　❶古代的一种博戏。《说文·竹部》："行棋相塞谓之簺。"亦称"格五"。❷用竹木编成的断水捕鱼具。《新唐书·高宗纪》："禁作簺捕鱼、营圈取兽者。"

sān

三　㊀(sān)　❶数目。二加一所得。❷代表多次或多数。如：三反四覆；三令五申。
　　㊁(sān, 旧读 sàn)　再三。见"三思❶"、"三复"。

三巴　东汉末益州牧刘璋分巴郡为永宁、固陵、巴三郡，后又改为巴、巴东、巴西三郡，称为三巴。相当今川渝间嘉陵江和重庆綦江流域以东的大部。南朝宋泰始五年（公元469年）分益州之巴郡、巴西、梓潼，荆州之巴东、建平五郡，置三巴校尉，领巴东太守。

三百六十行　各种行业的总称。极言行业众多。如：三百六十行，行行出状元。《初刻拍案惊奇》卷八：

"只论衣冠中,尚且如此,何况做经纪客,做公门人役,三百六十行中尽有狼心狗行,狠似强盗之人,自不必说。"参见"三十六行"。

三百篇 指《诗经》的篇数,亦用作《诗经》的代称。司马迁《报任少卿书》:"《诗》三百篇,大底圣贤发愤之所为作也。"《诗经》本为三百零五篇,举其成数,则言"三百"。《论语·为政》:"《诗》三百,一言以蔽之,曰:思无邪。"

三班六房 明清时州县衙门中吏役的总称。三班谓皂班、壮班、快班,都是隶役;六房谓吏房、户房、礼房、兵房、刑房、工房,都是胥吏。《儒林外史》第二回:"想这新年大节,老爷衙门里三班六房,那一位不送帖子来。"

三宝 ❶被认为可宝贵的三种事物。(1)《老子》:"我有三宝,持而宝之:一曰慈,二曰俭,三曰不敢为天下先。"(2)《孟子·尽心下》:"诸侯之宝三:土地、人民、政事。"(3)东北一带流行的话:"吉林三宝,人参、貂皮、乌拉草。"❷译自梵语 Ratna - traya 或 Trīṇi ratnāni。佛教以佛、法、僧为"三宝"。佛,指创教者释迦牟尼(也泛指一切佛);法,指佛教的教义、教理;僧,指继承、阐扬佛教教义的僧众。❸道教以道、经、师为三宝。《道教义枢》卷一:"一者道宝,二者太上经宝,三者大法师宝。"❹内丹家以三丹田或精、气、神为三宝。

三表 亦称"三法"。墨子关于认识论的术语。墨子认为认识和检验真理有三个标准,即"有本之者,有原之者,有用之者"的三表:(1)"上本之于古者圣王之事",即要有历史根据;(2)"下原察百姓耳目之实",即要符合人民的感觉经验;(3)"废(发)以为刑政,观其中国家百姓人民之利",即要符合国家和人民的利益(见《墨子·非命上》)。

三病 中国古代画论中所举有关用笔的三种疵病。北宋郭若虚《图画见闻志》卷一《论用笔得失》:"画有三病,皆系用笔,所谓三者:一曰版(板),二曰刻,三曰结。版者腕弱笔痴,全亏取与,状物平褊,不能圆浑也;刻者运笔中疑,心手相戾,勾画之际,妄生圭角也;结者欲行不行,当散不散,似物凝碍,不能流畅也。"

三晡 傍晚的时候。庾信《春赋》:"百丈山头日欲斜,三晡未醉莫还家。"晡,申时,见《玉篇·日部》。三,指申时的上中下三刻。

三不惑 《后汉书·杨秉传》:"秉性不饮酒,又早丧夫人,遂不复娶,所在以清白自称。尝从容言曰:'我有三不惑:酒、色、财也。'"后以"三不惑"谓不因酒、色、财所迷。

三不去 亦称"三不出"。中国封建时代不能休妻的三种情况。《大戴礼记·本命》:"妇有三不去:有所娶无所归(休弃时无娘家可归),不去;与更三年丧(曾为公婆守孝三年),不去;前贫贱后富贵,不去。"

三不朽 《左传·襄公二十四年》:"大(太)上有立德,其次有立功,其次有立言,虽久不废,此之谓不朽。"后谓立德、立功、立言为"三不朽"。

三不知 《左传·哀公二十七年》:"文子曰:'吾乃今知所以亡。君子之谋也,始、衷、终皆举之,而后入焉。今我三不知而入之,不亦难乎?'"意谓自始至终都不知道。后谓诸事不知。《红楼梦》第五十五回:"一问摇头三不知。"也谓出于意料。无名氏《儿女团圆》第二折:"三不知逢着贵客,我两只手忙加额。"

三才 ❶古指天、地、人。《易·说卦》:"是以立天之道曰阴与阳,立地之道曰柔与刚,立人之道曰仁与义。兼三才而两之,故《易》六画而成卦。"❷旧时看相人谓人的面部有三才,即额角、准头(鼻子)、地角(两颊骨的下端)。

三曹 指汉魏间曹操与子曹丕、曹植。他们因政治上的地位和文学上的成就,对当时的文坛很有影响,故后人合称为"三曹"。

三长两短 指意外的灾祸、事故。《三遂平妖传》第五回:"万一此后再有三长两短,终不然靠着太医活命。"特指人的死亡。《二十年目睹之怪现状》第十六回:"将来我有个甚么三长两短,偏少爷又是独子,不便出继,只好请偏少爷照应我的后事,并挑过来。"

三朝(—cháo) ❶古代天子、诸侯与群臣会见处。《周礼·秋官·朝士》郑玄注:"周天子诸侯皆有三朝:外朝一,内朝二。"按外朝、内朝有两种说法:郑司农认为外朝在路门外,内朝在路门内;郑玄认为外朝在库门外、皋门内,内朝二,一在路门外,一在路门内。❷见"三朝元老"。

三朝元老 元老,旧时对年老大臣中德高望重者之称。三朝元老,指历事三朝的重臣。《后汉书·章帝纪》谓太尉赵熹"三世在位,为国元老"。

三辰 指日、月、星。《左传·桓公二年》:"三辰旒旗,昭其明也。"杜预注:"三辰,日、月、星也。画于旒旗,象天之明。"

三尺 ❶指剑。剑约长三尺,故用为剑的代称。《汉书·高帝纪下》:"吾以布衣提三尺,取天下。"❷古代把法律刻在三尺长的竹简或木简上,因作法律的代称。《汉书·杜周传》:"三尺安出哉?"详"三尺法"。

三尺法 指法律。古时把法律条文写在三尺长的竹简或木简上,故名。《史记·酷吏列传》:"君为天子决平,不循三尺法。"也简称"三尺"。

三尺水 喻指宝剑。李贺《春坊正字剑子歌》:"先辈匣中三尺水,曾入吴潭斩龙子。"

三川 ❶郡名。战国韩宣王置,以境内有河(黄河)雒(洛)伊三川得名。秦庄襄王时治雒阳(今洛阳市东北),一说治荥阳(今市东北)。辖境相当今河南黄河以南、灵宝市以东的伊、洛流域和北汝河上游地区。汉高帝二年(公元前 205 年)改为河南郡。❷唐中叶后以剑南东、西川及山南西道合称"三川"。

三春 ❶春季的三个月。旧称夏历正月为孟春,二月为仲春,三月为季春,合称"三春"。孟郊《游子吟》:"谁言寸草心,报得三春晖。"亦指春季的第三个月,即夏历三月。岑参《临洮龙兴寺玄上人院同咏青木香丛》诗:"六月花新吐,三春叶已长。"❷三个春天,即三年。陆机《赠贾谧》诗:"游跨三春,情固二秋。"

三刺 中国古代指审理重罪时讯问群臣、群吏、百姓三等人,然后定罪判决的制度。据《周礼·秋官·司刺》载:"壹刺曰讯群臣,再刺曰讯群吏,三刺曰讯万民。"孙诒让正义:"三刺者,问众以当杀与否,是刑与宥不可豫定。"

三从四德 中国封建社会强迫妇女遵守的三种道德规范与应有的四种德行。三从,即"未嫁从父,既嫁从夫,夫死从子"(《仪礼·丧服·子夏传》)。四德,即"妇德、妇言、妇容、妇功"(《周礼·天官·九嫔》)。东汉班昭在《女诫·妇行》中对四德作了注释:"清闲贞静,守节整齐,行己有耻,动静有法,是谓妇德;择辞而说,不道恶语,时然后言,不厌于人,是谓妇言;盥浣尘秽,服饰鲜洁,沐浴以时,身不垢辱,是谓妇容;专心纺织,不好戏笑,洁齐酒食,以奉宾客,是谓妇功。"即要求妇女屈从男权,谨守品德、辞令、仪态与手艺的"闺范"。

三寸舌 称有辩才，善于辞令。《史记·平原君虞卿列传》："毛先生（毛遂）以三寸之舌，强于百万之师。"又《留侯世家》："今以三寸舌为帝者师，封万户，位列侯，此布衣之极，于良（张良）足矣。"

三大宪 清代地方官员对总督（或巡抚）、布政使和按察使的合称。

三代 ❶指夏、商、周三代。《论语·卫灵公》："斯民也，三代之所以直道而行也。"亦泛指三个朝代。鲍照《芜城赋》："出入三代，五百余载，竟瓜剖而豆分。"此指汉、魏、晋。❷自祖至孙。一说以曾祖、祖、父为三代。《宋史·选举志一》："列叙名氏、乡贯、三代之类书之，谓之小录。"

三党 旧指父党、母党、妻党，即父族、母族、妻族。《尔雅·释亲》以父之亲族为宗族，母与妻之亲族为母党、妻党。《喻世明言·杨八老越国奇逢》："老爷不信时，移文到鳌屋县中，将三党亲族姓名一一对验。"

三刀 《晋书·王濬传》："濬夜梦悬三刀于卧屋梁上，须臾又益一刀。濬惊觉，意甚恶。主簿李毅再拜贺曰：'三刀为州字，又益一者，明府其临益州乎？'……果迁濬为益州刺史。"后因以称刺史。杨炯《恒州刺史王义童神道碑》："门容驷马，位列三刀。"亦用作地方官升迁的典故。李商隐《街西池馆》诗："太守三刀梦，将军一箭歌。"

三道头 指旧上海租界里的外国警察头目（即所谓"捕头"）。因制服臂章上有三条横的标记，故称。鲁迅《南腔北调集·为了忘却的记念》："他们竟一同被捕，我的那一本书，又被没收，落在'三道头'之类的手里了。"

三典 古代轻、中、重三类刑法。《周礼·秋官·大司寇》："大司寇之职，掌建邦之三典，以佐王刑邦国，诘四方。一曰刑新国用轻典；二曰刑平国用中典；三曰刑乱国用重典。"郑玄注："典，法也。"按新国，指新辟新立之国；平国，指承平守成之国；乱国，指篡弑叛逆之国。《宋书·明帝纪》："夫愆有小大，宪随宽猛，故五刑殊用，三典异施。"

三冬 ❶冬季。杜荀鹤《溪居叟》诗："不说风霜苦，三冬一草衣。"亦指冬季的第三个月，即夏历十二月。顾瑛《呈缪叔正》诗："阿翁九月新成服，老父三冬未得归。"❷三个冬天，即三年。《汉书·东方朔传》："年十三学书，三冬，文史足用。"颜师古注引如淳曰："贫子冬日乃得学书。"俞樾《古书疑义举例》卷三："三冬亦即三岁也。学书三岁而足用，故下云'十五学击剑'也。注者不知其举小名以代大名，乃泥冬字为说，云'贫子冬日乃得学书'，失其旨矣。"

三都 ❶《左传》定公十二年（公元前498年）："仲由为季氏宰，将堕三都。"杜预注："三都，费、郈、成也。"❷东汉称雒阳为东都，长安为西都，宛为南都，合称"三都"。❸晋左思作《三都赋》，指三国时的蜀都成都、吴都建业、魏都邺为"三都"。❹唐都长安，显庆二年（657年）建洛阳为东都，天授元年（690年）建晋阳为北都，合称"三都"。

三独坐 汉代御史中丞、司隶校尉、尚书令为百官之首，朝会时得专席而坐，称"三独坐"。《后汉书·宣秉传》："光武特诏御史中丞与司隶校尉、尚书令会同并专席而坐，故京师号曰'三独坐'。"亦省称"三独"。泛指高官显位。《晋书·傅玄传论》："位居三独，弹击是司，遂能使台阁生风，贵戚敛手。"

三自 商代的军队编制，分右、中、左三自。《殷契粹编》五九七片说："丁酉贞，王作三自：右、中、左。"即王师分右、中、左三自。

三多 ❶《庄子·天地》："尧观乎华，华封人曰：'嘻，圣人，请祝圣人，使圣人寿。'尧曰：'辞。''使圣人富。'尧曰：'辞。''使圣人多男子。'尧曰：'辞。'"旧因以"三多"（多福、多寿、多男子）为祝颂之词。李渔《慎鸾交·赠妓》："长幡绣佛祝三多。"❷佛教用语。指多近善友，多闻法音，多修不净观。多修不净观，谓应多自省察种种不净的观念。一说指多供养佛，多事善友，多问法要。❸陈师道《后山诗话》："永叔（欧阳修）谓为文有三多，看多、做多、商量多也。"

三法司 中国古代中央政府中三种司法官员或司法机关的合称。汉代指廷尉、御史中丞和司隶校尉。唐代指刑部尚书、侍郎、御史中丞和大理卿。明清两代指刑部、都察院、大理寺。重大案件由三法司会审，明清两代亦称"三司会审"。

三坟 相传是古书名。《左传·昭公十二年》："是能读三坟、五典、八索、九丘。"一说三坟是三皇之书，也有认为系指天、地、人三礼，或天、地、人三气的，并见唐孔颖达《左传正义》引。章炳麟《检论·尚书故言》则谓："坟、丘十二，宜即夷吾所记泰山刻石十有二家也。"今存《三坟书》，分山坟、气坟、形坟，以《连山》为伏羲作，《归藏》为神农作，《乾坤》为黄帝作，各衍为六十四卦，系之以传，且杂以《河图》，实系宋人伪造。

三坟五典 传说中我国最古的书籍。《左传·昭公十二年》："是能读三坟、五典、八索、九丘。"杜预注："皆古书名。"孔颖达疏："孔安国《尚书序》云：'伏羲、神农、黄帝之书谓之三坟，言大道也；少昊、颛顼、高辛、唐、虞之书谓之五典，言常道也。'"孙楚《登楼赋》："谈三坟而咏五典。"参见"三坟"。

三伏 ❶即初伏、中伏、末伏。一年中最热的时候。《初学记》卷四引《阴阳书》："从夏至后第三庚为初伏，第四庚为中伏，立秋后初庚为后伏，谓之三伏。"❷指末伏。

三辅 汉景帝前二年（公元前155年）分内史为左、右内史，与主爵中尉（不久改主爵都尉）同治长安城中，所辖皆京畿之地，故合称"三辅"。《汉书·景帝纪》："三辅举不如法令者，皆以丞相、御史请之。"武帝太初元年（前104年）改左、右内史、主爵都尉为京兆尹、左冯翊、右扶风。辖境相当今陕西中部地区。后世区划虽时有更改，但直至唐，习惯上仍称这一地区为"三辅"。

三复 再三反覆。《论语·先进》："南容三复白圭，孔子以其兄之子妻之。"按《诗·大雅·抑》："白圭之玷，尚可磨也；斯言之玷，不可为也。"三复白圭，是慎言的意思。

三纲 封建社会中三种主要的道德关系。《白虎通·三纲六纪》："三纲者，何谓也？君臣、父子、夫妇也。"《礼记·乐记》："然后圣人作为父子君臣以为纪纲。"孔颖达疏引《礼纬含文嘉》："君为臣纲，父为子纲，夫为妻纲。"纲是提网的总绳，为纲，是居于主要或支配地位的意思。

三纲五常 "三纲"、"五常"的合称。简称"纲常"。详"三纲"、"五常❶"。

三革 《国语·齐语》："定三革。"韦昭注："三革，甲、胄、盾也。"《荀子·儒效》："定三革，偃五兵。"杨倞注："三革，犀也，兕也，牛也。"按甲、胄、盾都用犀、兕、牛等皮革制成，韦注指制成之物，杨注指制物之材，其实相同。

三更 指夜间十二时左右,约当半夜。如:半夜三更。崔颢《七夕》诗:"河汉三更看斗牛。"

三公 周代三公有两说。一说司马、司徒、司空,一说太师、太傅、太保。西汉时丞相(大司徒)、太尉(大司马)、御史大夫(大司空)合称三公。东汉时太尉、司徒、司空合称三公。又称三司。为共同负责军政的最高长官。唐宋仍沿此称,惟已无实际职务。明清以太师、太傅、太保为三公,只用作大臣的最高荣称。

三宫 ❶古代诸侯夫人的宫室。《穀梁传·桓公十四年》:"甸粟而纳之三宫。"范宁注:"三宫,三夫人也。"杨士勋疏:"礼,王后六宫,诸侯夫人三宫也;故知三宫是三夫人宫也。"❷汉人奏疏,用作皇帝、太后、皇后的合称。《汉书·王嘉传》:"自贡献宗庙三宫,犹不至此。"颜师古注:"三宫,天子、太后、皇后也。"❸指明堂、辟雍、灵台。张衡《东京赋》:"乃营三宫,布政颁常。"❹指紫微、太微、文昌三星座。《楚辞·远游》"后文昌使掌行兮"王逸注:"天有三宫,谓紫宫、太微、文昌也。"

三姑六婆 陶宗仪《辍耕录》卷十:"三姑者,尼姑、道姑、卦姑也;六婆者,牙婆、媒婆、师婆、虔婆、药婆、稳婆也。"《红楼梦》第一百十二回:"我说那三姑六婆是再要不得的!"旧时三姑六婆往往借其身份干坏事,因常用以泛指不务正业、行为不端之妇女。

三孤 《北堂书钞》卷五十引许慎《五经异义》:"天子立三公曰太师、太傅、太保……又立三少以为之副,曰少师、少傅、少保,是为三孤。"《通典》卷二十:"孤,特也,言卑于公,尊于卿。"三孤之名至明清犹沿用。三公三孤合称"公孤"。清代对"公孤"通称"宫保",一般仅指太子太保、太子少保。

三古 指上古、中古、下古。所说不一。《汉书·艺文志》:"世历三古。"颜师古注引孟康曰:"伏羲为上古,文王为中古,孔子为下古。"《礼记·礼运》"夫礼之初,始诸饮食"孔颖达疏:"伏牺为上古,神农为中古,五帝为下古。"

三顾 诸葛亮《前出师表》:"先帝不以臣卑鄙,猥自枉屈,三顾臣于草庐之中。"旧时文人常用以表示对帝王的知遇之感。沈佺期《陪幸韦嗣立山庄》诗:"茆室承三顾,花源接九重。"有时也喻指诚心诚意去邀请或访问。参见"三顾茅庐"。

三顾茅庐 茅庐即草庐。汉末,诸葛亮隐居隆中,刘备三次亲临拜访,邀请诸葛亮帮助打天下。见《三国志·蜀志·诸葛亮传》。后比喻诚心诚意地邀请人。马致远《荐福碑》第一折:"我住着半间儿草舍,再谁承望三顾茅庐。"

三关 古代三个重要关口的总称。著名的有:(1)上党关、壶口关、石陉关。在今山西。上党关一说在今屯留境,一说在晋城市南;壶口关在今黎城东北;石陉关无考,一说即井陉关。《后汉书·冯衍传上》:"上党之地,有四塞之固,东带三关,西为国蔽。"(2)即阳平关、江关、白水关。阳平关在今陕西宁强西北,江关在今重庆奉节东,白水关在今四川广元市西北。《三国志·吴志·贺邵传》:"刘氏据三关之险。"(3)义阳三关,南北朝时义阳郡(治今河南信阳市)南平靖、黄岘、武阳三关的总称。(4)即淤口关、益津关、瓦桥关。五代周显德六年(公元959年)取瀛、莫等州,以三关与契丹分界。一说三关中有草桥关(今河北高阳东),而无淤口关。(5)明以今河北境内沿内长城的居庸关、倒马关、紫荆关为"内三关";今山西境内沿内长城的雁门关、宁武关、偏头关为"外三关"。京师恃为外险,北边有事,必分列戍守于此。

三官 亦称"三元"、"三官大帝"。道教所信奉的天官、地官、水官三神。传说天官赐福,地官赦罪,水官解厄。东汉时,张角曾作三官手书为人治病(见《后汉书·刘焉传》注)。道教又以三官配三元,谓上元天官正月十五日生,中元地官七月十五日生,下元水官十月十五日生。也有说三官指尧舜禹三帝。道教有三官庙、三官殿(堂)。《道藏》中有《元始天尊说三官宝号经》等。

三馆 ❶汉时公孙弘以布衣为宰相,开钦贤、翘材、接士三馆,招天下才智之士。见《西京杂记》卷四。❷官署合称。唐有弘文馆(即昭文馆、修文馆),属门下省,掌校书、教授生徒;崇文馆,属东宫,掌经籍图书、教授诸生;集贤殿书院,属中书省,掌刊辑书籍。史馆,掌修国史。宋初以史馆、昭文馆、集贤院为三馆。另有广文、太学、律学三馆,为中央之教育机构。见《宋史·选举志三》。

三光 ❶指日、月、星。《白虎通·封公侯》:"天有三光,日、月、星。"❷指房、心、尾三星宿。《礼记·乡饮酒义》:"立三宾以象三光。"郑玄注:"三光,三大辰也。"《尔雅·释天》:"大辰,房、心、尾也。"

三归 ❶《论语·八佾》:"管氏有三归。"郭嵩焘《释三归》:"此盖《管子》九府轻重之法,当就管子书求之。《山至数》篇以:'则民之三有归于上矣。'三归之名,实本于此。是所谓三归者,市租之常例之归之公者也。"此外还有数说,如:(1)妇人谓嫁曰归;三归,是说管仲娶了三姓的女子(何晏集解引包咸说)。(2)三处家庭(俞樾《群经平议》)。(3)台名(《说苑·善说》)。谓管仲筑三归之台,以伤民。朱熹《论语集注》取此说。(4)地名,管仲的采邑(梁玉绳《瞥记》)。(5)藏泉币的府库(武亿《群经义证》)。❷佛教名词。亦作"三皈"。佛教徒对佛、法、僧三宝的归顺、依附。《魏书·释老志》:"其始修心,则依佛、法、僧三宝,谓之三归,若君子之三畏也。"

三国 时代名。继东汉后出现的魏、蜀(蜀汉)、吴三国鼎立的历史时期。从公元220年曹丕代汉称帝起,到280年吴亡止,共历六十一年。一般也将赤壁之战后魏、蜀、吴建国前的历史划入三国时期。

三过其门而不入 三次经过家门,都不进去。指夏禹治水的故事。《孟子·离娄下》:"禹、稷当平世,三过其门而不入。"后用以形容热心工作,因公忘私。

三害 晋周处少年时横行乡里,时人把他同南山白额虎、长桥下蛟并称为三害。《晋书·周处传》:"父老叹曰:'三害未除,何乐之有?'"

三行 春秋时晋国步兵的编制。晋文公五年(公元前632年)晋国为了抵御狄族,在上、中、下"三军"以外,创设三支步兵,称为"三行",即中行、右行、左行。

三河 ❶汉人称河东、河内、河南三郡为"三河",与三辅、弘农同为畿辅之地。《史记·货殖列传》:"昔唐人都河东,殷人都河内,周人都河南。夫三河在天下之中,若鼎足,王者所更居也。"❷水名。《后汉书·西羌传》:羌人"遂俱亡入三河间"。李贤注:"即黄河、赐支河(今青海海南藏族自治州附近一段黄河)、湟河也。"

三户 犹言几户人家,极言人数之少。《史记·项羽本纪》:"楚虽三户,亡秦必楚也。"裴骃集解引臣瓒曰:"楚人怨秦,虽三户,犹足以亡秦也。"

三槐 ❶《周礼·秋官·朝士》："面三槐,三公位焉。"按"三槐"本古代外朝所植的三棵槐树,三公位在其下。后为三公的代称。《陈书·侯安都传》:"位极三槐,任居四岳。"参见"三朝(sān cháo)"。❷《宋史·王旦传》:祐(王祐)手植三槐于庭曰:'吾之后世必有为三公者,此其所以志也。"后王祐次子旦作宰相,世因以"三槐"为王姓的代称。

三槐九棘 槐,槐树。棘,酸枣树。《周礼·秋官·朝士》记载:宫廷外植三槐和左右九棘,天子会见时,三公面槐而立,其余群臣立于棘下,以区分名位。后因喻指三公九卿。《后汉书·袁绍传》:"诚恐陛下日月之明有所不照,四聪之听有所不闻,乞下臣章,资之群贤,使三槐九棘议臣罪戾。"参见"三槐❶"。

三桓 春秋后期掌握鲁国政权的三家贵族。即孟孙氏(一作仲孙氏)、叔孙氏、季孙氏。三家为鲁桓公子仲庆父(亦称孟氏)、叔牙、季友的后裔,故称"三桓",季孙氏势力最大。

三患 三种忧患。(1)指不得闻、不得学、不得行。古代以为在位君子可忧之事。《礼记·杂记下》:"君子有三患:未之闻,患弗得闻也;既闻之,患弗得学也;既学之,患弗能行也。"(2)谓多子患多惧,富患多事,寿患多辱。《庄子·天地》:"三患莫至,身常无殃,则何辱之有!"

三皇 传说中的远古帝王。最早见于《吕氏春秋·贵公》等篇。有六种说法:(1)天皇、地皇、泰皇(《史记·秦始皇本纪》);(2)天皇、地皇、人皇(《史记·补三皇本纪》引《河图》、《三五历记》);(3)伏羲、女娲、神农(《风俗通·皇霸》引《春秋纬运斗枢》);(4)伏羲、神农、祝融(《白虎通·号》);(5)伏羲、神农、黄帝(《帝王世纪》);(6)燧人、伏羲、神农(《风俗通·皇霸》引《礼纬含文嘉》)。最后一说反映了原始社会经济生活发展情况。

三季 ❶指夏、商、周三个朝代的末期。《汉书·叙传下》:"三季之后,厥事放纷。"颜师古注:"三季,三代之末也。"❷春秋鲁昭公时季平子(季孙意如)及仲孙氏(孟懿子)、叔孙氏(昭子)彼此勾结,称为"三季"。《吕氏春秋·察微》:"以鲁国恐不胜一季氏,况于三季同恶。"

三家村 偏僻的小乡村。陆游《村饮示邻曲》诗:"偶失万户侯,遂老三家村。"

三缄 刘向《说苑·敬慎》:"孔子之周,观于太庙,右陛之前有金人焉,三缄其口而铭其背曰:'古之慎言人也。'"缄,封。后以"三缄"喻说话谨慎。谢观《王言如丝赋》:"知驷足之难及,保三缄之可守。"

三监 ❶古代代表天子监察诸侯的高级官吏。《礼记·王制》:"天子使其大夫为三监,监于方伯之国,国三人。"方伯,一方诸侯之长。❷周武王灭商后,以商旧都封纣子武庚,并以殷都以东为卫,由武王弟管叔监之;殷都以西为鄘,由武王弟蔡叔监之;殷都以北为邶,由武王弟霍叔监之,总称三监。一说武王以邶封武庚,以鄘封管叔,以卫封蔡叔,以监殷民,称为三监。

三鉴 鉴,镜子。《新唐书·魏徵传》:"徵薨……帝后临朝,叹曰:'以铜为鉴,可正衣冠;以古为鉴,可知兴替;以人为鉴,可明得失。朕尝保此三鉴,内防己过。今魏徵逝,一鉴亡矣!'"

三江 ❶《书·禹贡》扬州:"三江既入,震泽厎定。"《周礼·夏官·职方氏》扬州:"其川三江。"汉以后有多种解释:一说以今吴淞江和芜湖市、宜兴市间由长江通太湖一水,并长江下游为南、中、北三江,见《汉书·地理志》;一说以今赣江、岷江、汉江为南、中、北三江,见《初学记》引郑玄;一说以长江上、中、下游为南、中、北三江,见盛弘之《荆州记》;一说以《汉书·地理志》的分江水(这是一条实际上并不存在的水道,据说起自今安徽贵池市,分长江水东出至浙江余姚市入海)、中江、北江为"三江",见《水经注》;又有浙江、浦江(浦阳江)、剡江(曹娥江)说,见《吴越春秋》;有松江(吴淞江)、钱塘江、浦阳江说,见韦昭《国语》注;有岷江、松江、浙江说,见《水经注》引郭璞;有松江、娄江(浏河)、东江(已堙塞)说,见顾夷《吴地记》。近人认为这些说法都很牵强,"三江"应为众多水道的总称,而非确指某几条水。❷古时各地"三江"之名很多,如《山海经·海内东经》称大江、南江、北江为岷三江;郭璞注《山海经·中山经》称长江、湘水、沅水为三江;《元和郡县志》称岷江、澧江、湘江为西、中、南三江;杨慎《病榻手欸》称岷江、涪江、沱江为外、中、内三江,是为蜀之"三江"。明清时以广西漓江、左江、右江为三江。

三脚猫 陶宗仪《辍耕录》卷二十八:"张明善作北乐府《水仙子》讥时云:'……说英雄,谁是英雄? 五眼鸡,岐山鸣凤;两头蛇,南阳卧龙;三脚猫,渭水非熊。'"按"非熊"即"飞熊"。渭水非熊指太公望。谓把行走不便的三脚猫,当作能够飞行的熊。郎瑛《七修类稿》卷五十一:"俗以事不尽善者,谓之三脚猫。"后常比喻对各种技艺略知皮毛的人。

三教 ❶汉儒所称颂的三种德教。即"夏人之王教以忠","殷人之王教以敬","周人之王教以文"。见班固《白虎通·三教》。❷儒教、道教、佛教的合称。《北史·周高祖纪》:"帝升高座,辨释三教先后。以儒教为先,道教次之,佛教为后。"参见"三教九流"。

三教九流 三教,指儒教、道教、佛教。《北史·周高祖纪》载:周武帝建德二年"十二月癸巳,集群官及沙门道士等,帝升高座,辨释三教先后。以儒教为先,道教次之,佛教为后"。九流,指儒家、道家、阴阳家、法家、名家、墨家、纵横家、杂家、农家者流。见《汉书·艺文志》。泛称江湖上各种行业的人。

三戒 ❶戒色,戒斗,戒得。原是儒家处世之道。语出《论语·季氏》:"孔子曰:'君子有三戒:少之时,血气未定,戒之在色;及其壮也,血气方刚,戒之在斗;及其老也,血气既衰,戒之在得。'"后也泛指处世的三种警戒。王应麟《困学纪闻·杂识》:"齐斋倪公三戒:不妄出入,不妄言语,不妄忧虑。"❷散文篇名。唐柳宗元作。分为《黔之驴》、《临江之麋》和《永某氏之鼠》三篇。均借动物故事以诚谕世人,设喻巧妙,文辞隽洁,颇受印度佛经寓言的影响。

三晋 古地区名。春秋末韩、赵、魏三家瓜分晋国,是为战国时的韩、赵、魏三国,历史上称为三晋。三晋疆域屡有变迁,战国晚期约当今山西、河南中部、北部和河北南部、中部。近代又用作山西省的别称。

三经 宋王安石撰《毛诗义》、《尚书义》、《周官新义》,称为《三经义》,或称《三经新义》。因有"三经"之名。

三径 《三辅决录》卷一:"蒋诩归乡里,荆棘塞门,舍中有三径,不出,唯求仲、羊仲从之游。"因指归隐后所住的田园。陶潜《归去来兮辞》:"三径就荒,松菊犹存。"

三九 ❶指三公九卿。《后汉书·郎顗传》："陛下践祚以来，勤心众政，而三九之位，未见其人。"❷指菹（腌过的）、瀹（汤煮的）韭、生韭三种韭菜，以喻清贫。《南齐书·庾杲之传》："〔杲之〕清贫自业，食唯有韭菹、瀹韭、生韭杂菜，或戏之曰：'谁谓庾郎贫，食鲑常有二十七种。'言三九也。""九"谐声为"韭"。❸即"三九天"。《农政全书·农事占候》："谚云：一九二九，相唤弗出手；三九二十七，篱头吹觱篥。"❹三与九的乘积，指二十七。《宋史·礼志二》："〔郊坛〕，三成用三九之数，广二十七丈。"

三九天 简称"三九"。从冬至起，每九天为一九，至九九为止。冬至后第十九天至第二十七天为三九天，是一年中最冷的时候。

三莒 春秋"三莒"邑，确址无考。一在齐国东部。《左传》昭公三年（公元前539年）："齐侯田于莒。"一为周邑。《左传》昭公二十六年（前516年）："阴忌奔莒以叛。"一为鲁邑，又作莒父。《春秋》定公十四年（前496年）："城莒父。"江永《春秋地理考实》："案莒系以'父'，鲁人语音。如梁父、亢父、刚父是也。"

三绝 集于一人或一时的三种卓越的技能。一般指诗、书、画。《新唐书·郑虔传》："尝自写其诗，并画以献。帝大署其尾曰：'郑虔三绝。'"也有指别种技能或事物的。如唐文宗时诏以李白的诗、裴旻的剑舞和张旭的草书为三绝。见《新唐书·李白传》。《新唐书·李揆传》："揆美风仪，善奏对。帝叹曰：'卿门第、人物、文学，皆当世第一，信朝廷羽仪乎！'故时称三绝。"又《徐彦伯传》："时司户韦暠善判，司士李亘工书，而彦伯属辞，时称河东三绝。"

三军 ❶春秋时，大国多设三军，如晋设中军、上军、下军，以中军之将为三军统帅。楚设中军、左军、右军。以中军为主力。❷《商君书·兵守》言守城之法："三军：壮男为一军，壮女为一军，男女之老弱者为一军，此之谓三军也。"壮男作战，壮女治守备，老弱收集供应食物，以恣力御敌。

三考 ❶考绩三次，古代官吏的考绩制度。《书·舜典》："三载考绩；三考，黜陟幽明。"孔颖达疏："言帝命群官之后，经三载，乃考其功绩；经三考则九载，黜陟幽明，明者升之，暗者退之。"此指上古。《春秋繁露·考功名》："天子岁试天下，三试而一

考，前后三考而黜陟，命之曰计。"此指汉代。《新唐书·选举志下》："宪宗时，宰相李吉甫定考选之格……三省官，诸道敕补，检校五品以上及台省官皆三考，馀官四考，文武官四品以下五考。"此指唐代。❷旧称科举中的乡试、会试、殿试。

三窟 三处洞穴。语出《国策·齐策四》："冯谖曰：'狡兔有三窟，仅得免其死耳。今君有一窟，未得高枕而卧也。请为君复凿二窟。'"后常以喻多种防身避祸的手段。苏轼《再用前韵寄莘老》："君不见夷甫开三窟，不如长康号痴艳。"参见"狡兔三窟"。

三老 ❶指上寿、中寿、下寿。《左传·僖公三十二年》"中寿"孔颖达疏："上寿百二十岁，中寿百，下寿八十。"又《昭公三年》："公聚朽蠹而三老冻馁。"杜预注："三老谓上寿、中寿、下寿，皆八十已上。"❷古时掌教化的乡官。战国魏有三老，秦置乡三老，汉增置县三老，东汉以后又有郡三老，并间置国三老。《汉书·高帝纪上》："举民年五十以上，有修行，能帅众为善，置以为三老，乡一人。择乡三老一人为县三老。"《后汉书·王景传》："父闳为郡三老。"❸船工。沈受宏《九龙滩》诗："长索条分众揽舟，独crit操篙付三老。"参见"长年三老"。❹见"三老五更"。

三老五更 古代设三老五更，以尊养老人。《礼记·文王世子》："遂设三老五更，群老之席位焉。"郑玄注："三老五更各一人也，皆年老更事致仕者也，天子以父兄养之，示天下之孝悌也。"

三乐（—lè） 三种乐事。《孟子·尽心上》："父母俱存，兄弟无故，一乐也；仰不愧于天，俯不怍于人，二乐也；得天下英才而教育之，三乐也。"

三勒浆 酒名。三勒，即庵摩勒、毗梨勒、诃梨勒，三勒浆当为以此三种植物所酿之酒。唐时从波斯传入。见李肇《国史补》卷下。

三礼 ❶《仪礼》、《周礼》、《礼记》三书的合称。东汉郑玄兼注三《礼》。韩愈《送陈密序》："今将易其业而三《礼》是习。"❷古代指祭天、祭地、祭宗庙的礼节。《书·舜典》："帝曰：'咨四岳，有能典朕三礼？'"孔传："三礼，天、地、人之礼。"《隋书·礼仪志一》："唐虞之时，祭天之属为天礼，祭地之属为地礼，祭宗庙之属为人礼，故《书》云命伯夷典朕三礼。"

三理 魏晋时期的三种玄学理论。即"声无哀乐"、"养生"、"言尽意"。《世说新语·文学》："旧云，王丞相（导）过江左，止道声无哀乐、养生、言尽意三理而已。"

三吏 ❶即三公。《左传·成公二年》："王使委于三吏，礼之如侯伯克敌使大夫告庆之礼。"杜预注："三吏，三公也。"❷指杜甫诗《新安吏》、《潼关吏》、《石壕吏》。

三良 三贤臣。秦穆公死，奄息、仲行、鍼虎同时殉葬。故《诗·秦风·黄鸟序》云《黄鸟》，哀三良也，国人刺穆公以人从死，而作是诗也"。《左传·僖公七年》："郑有叔詹、堵叔、师叔三良为政，未可间也。"《晋书·陆玩传》："时王导、郗鉴、庾亮相继而薨，朝野咸以为三良既没，国家殄瘁，以玩有德望，乃迁侍中司空。"

三灵 ❶指天、地、人。班固《典引》："答三灵之蕃祉。"❷指日、月、星。扬雄《羽猎赋》："方将上猎三灵之流，下决醴泉之滋。"

三令五申 谓再三命令告诫。《史记·孙子吴起列传》："出宫中美女得百八十人，孙子分为二队……约束既布，乃设铁钺，即三令五申之。"

三闾 王逸《离骚序》："屈原与楚同姓，仕于怀王，为三闾大夫。三闾之职掌王族三姓，曰昭屈景。"后即以"三闾"专指屈原。李商隐《过郑广文旧居》诗："宋玉平生恨有余，远循三楚吊三闾。"

三闾大夫 官名。战国时楚国设置。掌管昭、屈、景三姓贵族。屈原曾任此职。

三昧 ❶指事物的诀要或精义。如称在某方面造诣深湛为"得其三昧"。陆游《示子遹》诗："正令笔扛鼎，亦未造三昧。"❷佛教名词。见"定❿"。

三苗 古族名。亦称有苗或苗民。《史记·五帝本纪》载其地在江、淮、荆州（今河南南部至湖南洞庭湖、江西鄱阳湖一带）。传说舜时被迁到三危（今甘肃敦煌一带）。

三木 古时加在罪犯颈项和手足上的刑具。司马迁《报任少卿书》："魏其，大将也，衣赭衣，关三木。"赭衣，囚衣。

三年不窥园 《汉书·董仲舒传》："〔仲舒〕少治《春秋》，孝景时为博士，下帷讲诵……盖三年不窥园，其精如此。"后用以形容学习专心。马祖常《壮游》诗："三年不窥园，自

谓五经笥。"

三年丧 古代丧服中最重的一种。昭梿《啸亭杂录·阿司寇》:"后既崩,御史李玉明复上疏请行三年丧礼。"参见"斩衰"。

三品 中国古代画论中品评书画艺术的三个等级,即神品、妙品和能品。唐张怀瓘《书断》评论历代书法家,立神、妙、能三品,源于南朝梁庾肩吾《书品》的上、中、下三等(每等又分上、中、下,共为九例);北宋刘道醇《圣朝名画评》以此评画,元夏文彦、明王世贞皆承其说。而唐朱景玄《唐朝名画录》则援李嗣真《书后品》的上、中、下三等九品例,于神、妙、能三品九格(每品分上、中、下三个等格,共为九格)外增逸品;北宋黄休复《益州名画记》分逸、神、妙、能四格;宋徽宗评画,以神、逸、妙、能为序。明董其昌亦置逸品在神妙之间;清恽寿平仍以逸品置神品之上。

三齐 古地区名。秦亡,项羽以齐国故地立故齐王族人田都为齐王,都临淄(今山东淄博市东北旧临淄);田市为胶东王,都即墨(今山东平度市东南);田安为济北王,都博阳(今泰安市东南):称为三齐。相当今山东省大部地区。不久,田荣击走田都,杀田市、田安,并有三齐之地。

三千大千世界 简称"大千世界"。古印度传说中一个广大范围的世界。以须弥山为中心,同一日月所照的四天下为一小世界,合一千小世界为一小千世界,合一千小千世界为一中千世界,合一千中千世界为一大千世界。因大千世界有小中大三种千世界,故名。佛教沿用其说,以为释迦牟尼所教化的范围。

三迁 指孟母三迁。相传孟子幼年因住处靠近墓地,嬉游时"为墓间之事",孟母遂迁于街市附近,又学"为贾人衒卖之事",再徙至学宫旁,"乃设俎豆揖让进退,孟母曰:'真可以居吾子矣。'遂居"。见《列女传·母仪》。赵岐《孟子题辞》:"幼被慈母三迁之教。"后常用以颂扬母教。叶適《朱文昭母杨氏挽词》:"义并三迁峻,书成百卷长。"

三秦 秦亡,项羽三分秦故地关中:封秦降将章邯为雍王,领有今陕西中部咸阳以西和甘肃东部地区;司马欣为塞王,领有今陕西咸阳以东地区;董翳为翟王,领有今陕西北部地区,合称三秦。

三清 道教所尊的三位最高尊神。即玉清元始天尊(亦称天宝君)、上清灵宝天尊(亦称太上道君)、太清道德天尊(亦称太上老君)。三神所居的仙境称玉清、上清、太清,合称三清、三清天或三清境。道教认为"三清尊神"都是"道"在不同时期的化身,所以又有"一气化三清"之说。三清分别主宰和代表天地万物生化的进程。是《道德经》"道生一,一生二,二生三,三生万物"思想的体现。

三秋 ❶秋季。亦指秋季的第三个月,即夏历九月。王勃《滕王阁序》:"时维九月,序属三秋。"❷三个季度,即九个月。《诗·王风·采葛》:"一日不见,如三秋兮!"孔颖达疏:"年有四时,时皆三月。三秋谓九月也。设言三春、三夏,其义亦同,作者取其韵耳。"亦指三年。李白《江夏行》:"只言期一载,谁谓历三秋!"❸指农业的秋收、秋耕、秋种。

三人成虎 亦作"三人成市虎"。《国策·魏策二》:"夫市之无虎明矣,然而三人言而成市虎。"又《秦策三》:"闻'三人成虎,十夫楺椎,众口所移,毋翼而飞。'"《淮南子·说山训》:"三人成市虎。"谓有三个人谎称市上有虎,听者就信以为真。意谓说的人一多,就能使假认真。参见"曾参杀人"。

三仁 《论语·微子》:"微子去之,箕子为之奴,比干谏而死。孔子曰:'殷有三仁焉。'"微子见殷王纣昏乱残暴而离去,箕子、比干劝谏殷王纣而被辱、被杀,孔子称他们为三仁人。

三少 《大戴礼记·保傅》:"于是置三少,皆上大夫也:曰少保、少傅、少师。"参见"三孤"。

三舍 ❶古代计里程的单位,一舍三十里。《左传·僖公二十八年》:"退三舍避之。"参见"退避三舍"。❷指三座星宿的位置。《淮南子·览冥训》:"鲁阳公与韩构难,战酣日暮,援戈而㧑(挥)之,日为之反三舍。"谓太阳倒退过三座星宿的位置。❸宋熙宁四年(1071年)定三舍法,分太学为三舍:上舍、内舍、外舍。也叫"三学"。初入学者为外舍,由外舍升内舍,由内舍升上舍。最后按照科举的考试法,分别规定其出身并授以官职。《宋史·选举志三》:"崇宁建辟雍于郊,以处贡生,而三舍考选法,乃遍天下。"

三赦 中国古代指可以赦免的三种人。据《周礼·秋官·司刺》载,一赦幼弱(即无责任能力的儿童),二赦老耄(即七八十岁的老人),三赦蠢愚(即痴呆无知的人)。历代法律对此均有规定。参见"三宥❶"。

三生 即"三世❹"。白居易《自罢河南已换七尹偶题西壁》诗:"世说三生如不谬,共疑巢许是前生。"巢许,指巢父、许由,传说中古代的隐士。

三生石 传说唐代李源同惠林寺和尚圆观(亦作圆泽)友善,两人同游三峡时,见一妇人汲水,圆观对李源说:"是某托身之所。更后十二年中秋月夜,杭州天竺寺外,与君相见。"后李源如期到杭州访问,果遇一牧童唱《竹枝词》道:"三生石上旧精魂,赏月吟风不要论;惭愧情人远相访,此身虽异性常存。"牧童就是圆观的后身。见袁郊《甘泽谣·圆观》。后人附会谓杭州天竺寺后山有三生石,即李源和圆观相会之处。

三牲 古代指用于祭祀的牛、羊、猪。《礼记·祭统》:"三牲之俎。"曹植《灵芝篇》:"刻木当严亲,朝夕致三牲。"后也以鸡、鱼、猪为"三牲"。韩愈《李君墓志铭》:"五谷三牲,盐醯果蔬,人所常御。"

三省(—shěng) 官署合称。指中书省、门下省、尚书省。《新唐书·百官志一》:"唐因隋制,以三省之长,中书令、侍中(门下)、尚书令,共议国政,此宰相职也。"按隋唐时,三省同为最高政务机构,一般为中书决策,门下审议,尚书执行,实际上为三省长官共同负责中枢政务。

三尸 也称"三尸神"。道教谓在人体内有作祟的三神。段成式《酉阳杂俎·玉格》:"上尸青姑,伐人眼;中尸白姑,伐人五脏;下尸血姑,伐人胃命。"白居易《题石山人》诗:"存神不许三尸住,混俗无妨两鬓斑。"

三师 ❶北魏以后称太师、太傅、太保为三师,品级列正一品,但仅为虚衔,无实职。元代以后改称三公。❷犹三军。《左传·隐公十年》:"郑伯围戴,癸亥克之,取三师焉。"杜预注:"师者,军旅之通称。"❸星名。《宋史·天文志二》:"在魁西者名三师,占与三公同,皆主宣德化,调七政,和阴阳之官也。"

三十六策走是上计 亦作"三十六计,走为上计"、"三十六着,走为上着"。谓事情已经到了无可奈何的地步,只能出走,算是良策。《南史·王敬则传》:"是时上(齐明帝)疾已笃,敬则仓卒东起,朝廷震惧。东昏侯在东宫议欲叛,使人上屋望,见征虏亭失火,谓敬则至,急装欲走。有告敬则者,敬则曰:'檀公三十六策,走是上计。汝父子唯应急走耳。'盖讥檀道济避魏事也。"

三十六行　各种行业的总称。徐珂《清稗类钞·农商类》:"三十六行者,种种职业也。就其分工而约计之,曰三十六行;倍之,则为七十二行;十之,则为三百六十行:皆就成数而言。俗为之一一指定分配者,罔也。至三百六十行之称,则见于宋田汝成《西湖游览志馀》,谓杭州三百六十行,各有市语也。"按宋田汝成之宋当作明。

三十六天罡　道教称北斗丛星中有三十六个天罡星。传说每一星即有一神。小说家以之附会梁山泊中三十六员猛将。《宣和遗事·亨集》:"宋江才展开看了,认得是个天书;又写着三十六个姓名……末后有一行字写道:'天书付天罡院三十六员猛将,使呼保义宋江为帅。广行忠义,珍灭奸邪。'"《水浒传》第七十一回,言宋江等忠义堂建罗天大醮,得一石碣,前面书梁山泊天罡星三十六员,背面书地煞星七十二员。

三十六字母　音韵学上传统的"三十六字母",大体上代表唐、宋间汉语语音的三十六个声母。唐末僧人守温制定三十个字母,宋代等韵学家又增加非、敷、奉、微、床、娘六母。列表如下。

发音部位 新名	发音部位 旧名	发音 方法	全清	次清	全浊	次浊
双唇	唇	重唇	帮[b][p]	滂[p'][p']	并[b]	明[m][m]
唇齿	音	轻唇	非[f][f]	敷[f']	奉[v][v]	微[m]
舌尖中	舌	舌头	端[d][t]	透[t'][t']	定[d]	泥[n][n]
舌面前	音	舌上	知[t]	彻[t']	澄[d]	娘[n]
舌尖前	齿	齿头	精[z][ts] 心[s][s]	清[c][ts']	从[dz] 邪[z]	
舌面前	音	正齿	照[ʒ][tɕ] 审[ɕ][ɕ]	穿[q][tɕ']	床[dʑ] 禅[ʑ]	
舌根		牙音	见[g][k]	溪[k][k']	群[g]	疑[ng][ŋ]
舌根		喉音	影[o]		匣[ɣ]	
			晓[h][x]			喻[j]
舌尖中		半舌音				来[l][l]
舌面前		半齿音				日[nz]

近人对"三十六字母"的拟音,意见不完全一致。有人认为泥、娘两母,无论从《切韵》系统或方言演变说,只是同一音位[n][n];娘母是宋代等韵学家为了使图表整齐而勉强分出来的。也有人把并、定、澄、从、床、群等母拟作送气浊音,把影母拟作喉塞音[ʔ]。

三史　魏、晋、南北朝时称《史记》、《汉书》、《东观汉记》为三史。唐开元以后,以范晔《后汉书》代《东观汉记》,与《史记》、《汉书》合称"三史"。

三豕涉河　亦作"三豕渡河"。《吕氏春秋·察传》:"子夏之晋,过卫,有读史记者曰:'晋师三豕涉河。'子夏曰:'非也,是己亥也,夫己与三相近,豕与亥相似。'至于晋而问之,则曰晋师己亥涉河也。"后比喻文字传写或刊印的讹误。按古文"己"作"己","亥"作"",与"三"字、"豕"字形近,所以误读。《文心雕龙·练字》:"晋之史记,三豕渡河,文变之谬也。"

三始　指夏历正月初一。《汉书·鲍宣传》:"今日蚀于三始。"颜师古注引如淳曰:"正月一日为岁之朝,月之朝,日之朝;始,犹朝也。"

三世　❶指祖孙三代。《礼记·曲礼下》:"去国三世。"郑玄注:"三世,自祖至孙。"❷古代公羊学派对历史演变所划分的三个阶段。指所见世、所闻世和所传闻世。❸康有为对社会进化所划分的三个阶段。指"据乱世"、"升平世"和"太平世"。❹亦称"三生"、"三际"。"世",迁流。佛教指个体一生存在的时间。三世即过去(前世、前生、前际)、现在(现世、现生、中际)、未来(来世、来生、后际)的总称。此说是业报轮回说的理论依据之一。

三世佛　❶指过去、现在、未来三世之佛。亦称"竖三世佛"。过去佛为迦叶诸佛,寺院塑像一般特指燃灯佛,现在佛为释迦牟尼佛,未来佛为弥勒佛。❷指三个佛的世界之佛。亦称"横三世佛"。即东方净琉璃世界药师佛、娑婆世界释迦牟尼佛、西方极乐世界阿弥陀佛。

三事　❶三件事。据文而异。《书·大禹谟》:"六府三事允治。"指正德、利用、厚生。《诗·大雅·常武》:"三事就绪。"指三农之事。❷官名。即"三事大夫"。西周设置。指常伯、常任、准人。常伯是掌民事的地方官,也称牧。常任掌选择人员充任官吏,也称任人。准人掌司法,也称准夫。一说三事指司徒、司马、司空。

三姝媚　词牌名。双调九十九字或一百零一字,有仄韵、平韵两体,仄韵见宋史达祖《梅溪词》,平韵见《阳春白雪》收宋杜良臣词。

三蜀　汉初分蜀郡置广汉郡,武帝又分置犍为郡,合称三蜀。其地约当今四川中部、贵州赤水河流域、三岔河上游及云南金沙江下游以东和会泽以北地区。左思《蜀都赋》:"三蜀之豪,时来时往。"

三司　❶东汉称太尉、司徒、司空为三司。❷唐以御史大夫、中书、门下为三司。《新唐书·百官志三》:"凡冤而无告者,三司诘之。"❸五代、北宋称盐铁、户部、度支为三司,长官称三司使,掌管统筹国家财政,元丰后废。❹金以劝农、盐铁、度支户部三科为三司,贞祐时废。❺明代以各省之都指挥使司、布政使司、按察使司合称三司。❻清末以各省之布政使司或民政使司、按察使司或提法使司、提学使司合称三司。

三思　❶再三考虑。《论语·公冶长》:"季文子三思而后行。"❷三种想法。谓少思长,老思死,有思穷。《荀子·法行》:"君子有三思而不可不思也。少而不学,长无能也;老而不教,死无思也;有而不施,穷无与也。是故君子少思长则学,老思死则教,有思穷则施也。"

三巳　即上巳。本指阴历三月的第一个巳日,后特指三月初三日。沈佺期《三日梨园侍宴》诗:"九重驰道出,三巳祓堂开。"参见"上巳"。

三颂　《诗经》中《周颂》、《鲁颂》、《商颂》的合称。共四十篇。为祭祀所用的乐歌。其中部分是舞曲。

三苏　指北宋文学家苏洵与子苏轼、苏辙。洵称老苏,轼称大苏,辙称小苏。其中苏轼的成就最高,在诗、词,文各方面都有重要地位。洵、辙长于书策散文。三人皆入"唐宋散文八大家"之列。

三宿　❶三次进酒。《书·顾命》:"王三宿,三祭,三咤。"孔颖达疏:"三宿,谓三进爵,从立处三进至神所也。"爵,酒器。❷犹三日。《孟子·公孙丑下》:"三宿而后出昼。"昼,齐地名。

三台　❶汉代对尚书、御史、谒者的总称。尚书为中台,御史为宪台,谒者为外台,合称"三台"。《后汉书·袁绍传》:"坐召三台,专制朝政。"后称三公。司空曙《和常舍人晚秋集贤院即事》诗:"官附三台贵,儒开百氏宗。"❷古代供天子登高眺望的三种台阁。《诗·大雅·灵台序》孔颖达疏引慎到《五经异义》谓古天子有三台:"有灵台以观天文,有时台以观四时施化,有囿台观鸟兽鱼鳖。"❸星官名。亦称"三能"。属太微垣,共六星。《晋书·天文志上》:"三台六星,两两而居……西近文昌二星曰上台……次二星曰中台……东二星曰下台。"按上、中、下三台各两星顺次为大熊座 ι、κ;λ、μ;υ、ξ 星。❹唐教坊曲名,后用为词牌。唐人所作《三台》歌辞,有五言四句、六言四句、六言八句等体,有题《突厥三台》者,则为七言四句。又名《开元乐》、《翠华引》。《词律》收单调二十四字平韵体,与六言绝句同。宋万俟咏所作为三叠一百七十一字,仄韵,与前调不同。

三能 即"三台"。星名。《史记·天官书》:"魁下六星,两两相比者,各曰三能。"

三通 《通典》、《通志》、《文献通考》三书的总称。

三统 指夏、商、周三代的正朔。夏正建寅,以正月为岁首,称人统;商正建丑,以十二月为岁首,称地统;周正建子,以十一月为岁首,称天统。《汉书·成帝纪》:"盖闻王者必存二王之后,所以通三统也。"参见"三统说"。

三统说 亦称"三正说"。西汉董仲舒等的历史循环论。认为"天之道终而复始",黑、白、赤三统循环往复;夏朝为黑统,以寅月(即夏历正月)为正月;商朝为白统,以丑月(即夏历十二月)为正月;周朝为赤统,以子月(即夏历十一月)为正月。其继周者,又当为黑统,用夏历。如此循环不已,每一朝代之始,都应循例改正朔,易服色,以顺天意。"三统说"以神学理论体系为汉王朝服务,后在《白虎通义》中得到更详尽的发挥。但此说亦含有在必要时须改朝换代之意,故有眭弘、盖宽饶先后劝汉昭帝、汉宣帝让位贤人之事。

三头六臂 亦作"三头八臂"。佛教指佛的法相。《景德传灯录》卷十三"善昭禅师":"三头六臂擎天地,忿怒那吒扑帝钟。"《法苑珠林》卷九:"〔修罗道者〕体貌粗鄙,每怀瞋毒,棱层可畏,拥聋惊人,发出三头,重安八臂,跨山蹋海,把日擎云。"后用以比喻本领特别大。无名氏《马陵道》第四折:"总便有三头六臂天生别,到其间那里好藏遮。"

三推六问 谓累次审讯。《水浒传》第十二回:"牛二家又没苦主,把款状都改得轻了。三推六问,却招做一时斗殴杀伤,误伤人命。"

三瓦两舍 瓦舍是宋元时大城市里妓院及各种娱乐场集中的地方。

三瓦两舍即指这些场所。《水浒传》第二回:"每日三瓦两舍,风花雪月。"

三王 指夏禹、商汤、周文王;一说夏禹、商汤和周代文王武王。《孟子·告子下》:"五霸者,三王之罪人也。"

三位一体 ❶基督教的基本信条。该教认为上帝(或称天主)只有一个,但包含圣父、圣子、圣灵(或称圣神)三个"位格",三者又结合于同一"本体",故名。❷泛指三者密切结合成一个整体。

三畏 儒家认为三件应戒惧之事。《论语·季氏》:"君子有三畏:畏天命,畏大人,畏圣人之言。"

三吴 古地区名。三国吴韦昭有《三吴郡国志》,其书久佚,所指"三吴"不详。据《三国志》、《晋书》有关记载,当以《水经注》的吴郡、吴兴、会稽为三吴,《通典》、《元和郡县志》的吴郡、吴兴、丹阳为三吴,二说比较合于原意。唐梁载言《十道四蕃志》以吴郡、吴兴、义兴为三吴,按义兴始置于晋,则三国时不应已有三吴之称。至于宋税安礼《历代地理指掌图》以苏、常、湖三州为三吴,明周祈《名义考》以苏州为东吴、润州为中吴、湖州为西吴,更是后起之说。

三五 ❶指参宿、昴宿。《诗·召南·小星》:"嘒彼小星,三五在东。"按参宿共七星,中间横列三星,《诗》以此三星为参宿;昴宿共七星,《诗》以为五星。参、昴相近,故能同时出现于东方。见王引之《经义述闻》卷五。❷指三辰、五星。《史记·天官书》:"为天数者,必通三五。"司马贞索隐:"三谓三辰,五谓五星。"按三辰指日、月、星,五星指金、木、水、火、土。❸三与五的乘积,指十五。郭璞《方言序》:"是以三五之篇著,而独鉴之功显。"❹指夏历每月十五日。《古诗十九首》:"三五明月满,四五蟾兔缺。"也专指正月十五。李清照《永遇乐》词:"中州盛日,闺门多暇,记得偏重三五。"❺指三皇、五帝。《汉书·郊祀志下》:"夫周秦之末,三五之隆。"颜师古注:"三谓三皇,五谓五帝也。"也指三王、五霸。《楚辞·九章·抽思》:"望三五以为象兮,指彭咸以为仪。"王逸注:"三王五伯可修法也。""伯"同"霸"。

三峡 长江三峡的简称。

三夏 ❶夏季。亦指夏季的第三个月,即夏历六月。古乐府《子夜四时歌·夏歌》:"情知三夏热,今日偏

独甚。"❷三个夏天,即三年。晁贯之《墨经·新故》:"凡新墨不过三夏,殆不堪用。"❸古代乐曲《肆夏》、《韶夏》、《纳夏》的总称。《左传·襄公四年》:"穆叔如晋,报知武子之聘也。晋侯享之,金奏《肆夏》之三,不拜……对曰:'三夏,天子所以享元侯也。'"❹指农业的夏收、夏种、夏管。

三献 古代祭祀时献酒三次,依次叫初献爵、亚献爵、终献爵,合称"三献"。《后汉书·百官志二》:"光禄勋卿一人,中二千石……郊祀之事掌三献。"

三湘 一说湘水发源与漓水合流后称漓湘,中游与潇水合流后称潇湘,下游与蒸水合流后称蒸湘,总名"三湘"。一说湘乡为下湘,湘潭为中湘,湘阴为上湘,合称"三湘"。近代一般用作湘东、湘西、湘南三地区的总称,泛指湖南全省。

三谢 指南朝宋诗人谢灵运、谢惠连和齐诗人谢朓。

三衅三浴 《国语·齐语》:"庄公(鲁庄公)将杀管仲,齐使者请……于是庄公使束缚以予齐使,齐使受之而退。比至,三衅三浴之。"韦昭注:"以香涂身曰衅,亦或为熏。"再三熏香、沐浴,盖表示尊礼之意。

三星 ❶相邻而几乎成一直线的三颗亮星。有参宿三星、心宿三星与河鼓三星。近人朱文鑫《天文考古录》认为,《诗·唐风·绸缪》首章"绸缪束薪,三星在天"为参宿三星;二章"绸缪束刍,三星在隅"为心宿三星;末章"绸缪束楚,三星在户"为河鼓三星。毛传以三星为参,郑笺以三星为心,皆专指一宿。❷旧俗称福、禄、寿三神为"三星"。俞樾《茶香室三钞·三星图》:"三星之说,明已有之。且见于名人之集也。"

三省(—xǐng) 从三方面来反省。一说,多次反省。《论语·学而》:"曾子曰:'吾日三省吾身:为人谋而不忠乎?与朋友交而不信乎?传不习乎?'"

三秀 ❶灵芝草的别名。禾类、草类开花叫秀,灵芝草每年开花三次,故名。《楚辞·九歌·山鬼》:"采三秀兮于山间。"❷茶农称春分前、清明前、谷雨前所采新茶为"春前"、"明前"、"雨前",合称"三秀"。

三玄 《老子》、《庄子》、《周易》三书的合称。《颜氏家训·勉学》:"《庄》、《老》、《周易》,总谓三玄。"魏晋玄学以老、庄糅合儒家经义,至南朝宋时始以此三书作为玄学经典。

三学 ❶唐代对国子学、太学、四门学的合称。《新唐书·儒学传序》："广学舍千二百区，三学益生员，并置书算二学，皆有博士。"宋代把太学再分为外、内、上三舍，也叫三学。《宋史·职官志五》："〔熙宁初〕广阔黉舍，分为三学，增置生徒总二千八百人。"参见"三舍❸"。❷佛教修行方法的总称。包括戒学、定学、慧学。用戒止恶修善，用定息虑澄心，用慧破惑证道，三者有相互不离的关系。

三旬九食 陶潜《拟古》诗："三旬九遇食，十年著一冠。"后用以形容家境贫困，得食艰难。

三衙 宋代以殿前司、侍卫亲军马军司、侍卫亲军步军司分掌禁军，各置都指挥使等为长官。因唐代藩镇之亲兵称牙（衙）兵，而五代至宋的皇帝多半出自藩镇，故相沿称为三衙。三衙长官分称殿帅、马帅、步帅，合称三帅。

三杨 即杨士奇、杨溥、杨荣。从明宣宗即位起，历宣德、正统两朝，三人同时以大学士辅政，正统时人称"三杨"。

三乐（—yào） 指三件爱好的事。《论语·季氏》："益者三乐，损者三乐。乐节礼乐，乐道人之善，乐多贤友，益矣；乐骄乐，乐佚游，乐宴乐，损矣。"孔颖达疏："言人心乐好损益之事，各有三种也。"朱熹注："乐，五教反；礼乐之乐，音岳；骄乐、宴乐之乐，音洛。"

三易 《连山》、《归藏》、《周易》的合称。《周礼·春官·太卜》："掌三易之法，一曰连山，二曰归藏，三曰周易。"

三友 ❶三种交友之道。《论语·季氏》："益者三友，损者三友。友直，友谅，友多闻，益矣；友便辟，友善柔，友便佞，损矣。"后多指三种益友。秦观《送少章弟赴仁和主簿》诗："投闲数访之，可得三友益。"❷旧称松、竹、梅为岁寒三友。见冯应京《月令广义·冬令·方物》。亦称琴、酒、诗为三友。见白居易《北窗三友》诗。

三宥 ❶中国古代指可以对犯人宽大处理的三种情况。宥，减刑。据《周礼·秋官·司刺》载，一宥不识（不知法），二宥过失，三宥遗忘。参见"三赦"。❷"宥"同"侑"，谓劝食。《周礼·春官·大司乐》："王大食，三宥，皆令奏钟鼓。"按古代天子诸侯每月初一、十五加牲为食，叫大食。

三余 三国时魏人董遇常教学生利用"三余"的时间读书，谓"冬者岁之余，夜者日之余，阴雨者时之余"。见《三国志·魏志·王肃传》裴松之注引鱼豢《魏略》。陶潜《感士不遇赋序》："余尝以三余之日，讲习之暇，读其文。"

三语掾 《世说新语·文学》："阮宣子（阮修）有令闻，太尉王夷甫（王衍）见而问曰：'老庄与圣教同异？'对曰：'将无同。'太尉善其言，辟之为掾。世谓三语掾。"掾，属官。《晋书·阮瞻传》亦载此事，惟王衍作王戎，阮修作阮瞻。苏轼《虔州景德寺荣师湛然堂》诗："欲知妙湛与总持，更问江东三语掾。"参见"将无同"。

三元 ❶旧以夏历正月十五为上元节，七月十五为中元节，十月十五为下元节。源出于道教。《唐六典》卷四"祠部郎中"："〔道士有〕三元斋：正月十五日天官为上元，七月十五日地官为中元，十月十五日水官为下元，皆法身自忏愆罪焉。"赵翼《陔余丛考》卷三十五："其以正月、七月、十月之望（十五日）为三元日，则自元魏始。"参见"三官"。❷道教称天、地、水为"三元"。《云笈七签》卷五十六："夫混沌分后，有天、地、水三元之气，生成人伦，长养万物。"❸术数家以六十年为一甲子，第一甲子为上元，第二甲子为中元，第三甲子为下元，合称"三元"。《晋书·苻坚载记下》："从上元人皇起，至中元，穷于下元，天地一变，尽三元而止。"❹指日、月、星。《云笈七签》卷十一："上睹三元如连珠。"注："三元，谓三光之元，日、月、星也。"❺指三丹田。《周易参同契》卷下："含养精神，通德三元。"❻指精、气、神。《悟真篇》卷上董德宁注："三元者，三才也，其在天为日、月、星之三光，在地为水、火、土三要，在人为精、气、神之三物也。"❼夏历正月初一日，为年、月、日三者之始，故称"三元"。颜师古《奉和正日临朝》诗："七府璇衡始，三元宝历新。"❽科举考试称乡试、会试、殿试之第一名为解元、会元、状元，合称"三元"。明代亦以廷试之前三名为"三元"，即状元、榜眼、探花。❾指天、地、人，即三才。郑馀庆《享太庙乐章》："三元告命，四极骏奔。"

三垣 太微垣、紫微垣和天市垣的总称。它们本是星官名，自隋唐时代的《步天歌》开始，也用作天区名称。

三袁 明袁宗道、宏道、中道三兄弟的并称。他们都是公安派代表作

家。《明史·袁宏道传》："袁宏道，字中郎，公安人。与兄宗道、弟中道，并有才名，时称三袁。"

三藏 译自梵语 Tri - piṭaka。佛教经典的总称。义近"全书"。"藏"指收藏物品的筐箧，分为三类：（1）素怛缆藏（Sūtra - piṭaka），意为经藏（说教）；（2）毗奈耶藏（Vinaya - piṭaka），意为律藏（戒律）；（3）阿毗达磨藏（Abhidharma - piṭaka），意为论藏（论述或注解）。故名三藏，有大小乘之分。由此，对通晓三藏的僧人，尊称为三藏法师，或简称三藏。

三张 西晋诗人张载与弟张协、张亢的并称。《晋书·张载传》："亢字季阳，才藻不逮二昆，亦有属缀。又解音乐技术。时人谓载、协、亢、陆机、云曰二陆、三张。"

三朝（—zhāo） ❶夏历正月初一。《汉书·孔光传》："岁之朝曰三朝。"颜师古注："岁之朝，月之朝，日之朝，故曰三朝。"❷旧ští结婚、生子或死亡的第三日。《梦粱录》卷二十"嫁娶"："三日，女家送冠花、彩段、鹅蛋……并以茶饼、鹅、羊、果物等合送去婿家，谓之送三朝礼也。"

三折肱 《左传·定公十三年》："三折肱，知为良医。"按王棠《知新录》："三折肱知为良医，谓屡折其臂，能参考其方之优劣也。"参见"九折臂"。

三贞九烈 封建社会用来赞扬妇女宁死不改嫁、不失身的节操。"三"、"九"极言其甚。乔孟符《金钱记》第三折："我则道你是个三贞九烈闺中女，呸！原来你是个辱门败户小奴胎。"亦作"九烈三贞"。无名氏《合同文字》第三折："他元来是九烈三贞贤妇，兀的个老人家尚然道出嫁从夫。"

三正 ❶中国古代历法有以建子、建丑、建寅三个月的朔日为首的，依次叫做周正、殷正、夏正，合称为"三正"。"建"指"斗建"，即北斗所指的时辰，由子至亥，每月迁移一辰。《书·甘誓》："有扈氏威侮五行，怠弃三正。"陆德明释文引马融云："建子、建丑、建寅，三正也。"❷指夏、殷、周三代。《文选·班固〈幽通赋〉》："匪三正而灭姬。"李善注引曹大家曰："三正谓夏、殷、周也。"

三至 《国策·秦策二》："昔者曾子处费，费人有与曾子同名族者而杀人，人告曾子母曰：'曾参杀人。'曾子之母曰：'吾子不杀人。'织自若。有顷焉，人又曰：'曾参杀人。'其母

尚织自若也。顷之，一人又告之曰：‘曾参杀人。’其母惧，投杼逾墙而走。”后以“三至”为谗言屡至之典。《后汉书·班超传》：“身非曾参而有三至之谗，恐见疑于当时矣。”

三终 谓奏毕三章之乐。《仪礼·大射》：“小乐正立于西阶东。乃歌《鹿鸣》三终。”《礼记·乡饮酒义》：“工入，升歌三终。”孔颖达疏：“谓升堂歌《鹿鸣》、《四牡》、《皇皇者华》，每一篇而一终。”

三珠树 ❶传说的树名，本作“三株树”。《山海经·海外南经》：“三株树在厌火北，生赤水上。其为树如柏，叶皆为珠。”张九龄《感遇》诗：“侧见双翠鸟，巢在三珠树。”❷指唐代王勃与兄王勔、王勮三人。《新唐书·王勃传》：“初，勔、勮、勃皆著才名，故杜易简称三珠树。”

三铢 中国古铜币。铸于西汉建元元年（公元前140年）。上有“三铢”二字，故名。建元五年停铸。元狩四年（前119年）再铸，次年废。

三字狱 《宋史·岳飞传》载：岳飞被秦桧等诬陷下狱，“韩世忠不平，诣桧诘其实。桧曰：‘飞子云与张宪书虽不明，其事体莫须有。’世忠曰：‘莫须有三字，何以服天下？’”按“莫须有”犹言“也许有”。世称岳飞冤狱为“三字狱”。后因以为冤狱的代称。佟世临《戊寅秋拜先王父墓下》诗：“钩党竟成三字狱，招魂欲叩九重天。”

三族 说法不一：（1）《大戴礼记·保傅》：“三族辅之。”卢辩注：“三族，父族、母族、妻族也。”（2）《礼记·仲尼燕居》：“故三族和也。”郑玄注：“三族，父、子、孙也。”（3）《史记·秦本纪》：“法初有三族之罪。”裴骃集解引张晏曰：“父母、兄弟、妻子也。”（4）《仪礼·士昏礼》：“惟是三族之不虞。”郑玄注：“三族，谓父昆弟、己昆弟、子昆弟。”参见“六亲”。

弎 (sān) “三”的古体字。

叁 (sān) “三”的大写字。

参 〔參、条〕(sān) ❶同“叁(三)”。《左传·隐公元年》：“先王之制，大都不过参国之一。”❷对立结合而成的统一物。《墨经·经上》：“直，参也。”意谓“直”如三点成一线。北宋张载《易说·系辞上》：“极翳是谓天参。数虽三，其实一也，象成而未形也。”认为太极为一，内含两（阴阳），称“天参”（天然

的三）。参所含的两（阴阳）和解而统一，故在形体上仍然为一，又称“参一”。这种三一思想是关于对立统一规律的一种表述。

另见 cān，càn，cēn，săn，shēn。

参伍 交互错杂；错综比验。《易·系辞上》：“参伍以变，错综其数。”孔颖达疏：“参，三也。伍，五也。或三或五，以相参合，以相改变。”亦作“参五”。《淮南子·主术训》：“事不在法律中，而可以便国佐治，必参五行之。”

参夷 古代诛灭三族的暴刑。《汉书·刑法志》：“秦用商鞅，连相坐之法，造参夷之诛。”颜师古注：“参夷，夷三族。”

蔘 〔蔘〕(sān) 见“蔘绥”。
另见 shēn。

蔘绥 ❶广大貌。《方言》第二：“蔘绥，言既广又大也。东瓯之间，谓之蔘绥。”❷垂貌。见《广韵·二十二覃》。

毰 〔毵〕(sān) 见“毵毵”。

毰毰 毛发或枝条细长貌。《诗·陈风·宛丘》“值其鹭羽”孔颖达疏引陆玑云：“白鹭青脚，高尺七八寸。尾如鹰尾，喙长三寸。头上有毛十数枚，长尺余，毵毵然与众毛异好。”孟浩然《高阳池》诗：“绿岸毵毵杨柳垂。”

毶 (sān) 同“毵(毵)”。

鬖 **鬖**〔鬖〕(sān) 见“鬖鬖”、“鬖鬖”。

鬖鬖 毛发或须状物下垂貌。苏辙《和毛君新葺囷庵船斋》诗：“拥褐放衙人寂寂，脱巾漉酒鬓鬖鬖。”黄伯思《东观馀论·齐景公招虞人以旌说》：“顾恺之画苏武所执之旌，上员如幢，下覆数层红羽，鬖鬖然如夜合花。”

鬖鬖 毛发蓬松貌。《文选·郭璞〈江赋〉》：“绿苔鬖鬖乎研上。”李善注引《通俗文》：“发乱曰鬖鬖。”又谓发美。见《集韵·八戈》。

săn

伞 〔傘、伞、繖〕(săn) ❶以柄骨、盖组成，且能张合的挡雨、遮阳光的用具。如：雨伞；阳伞。《魏书·裴延儁传》：“〔冯宜都〕持白伞白幡。”❷伞形物。如：降落伞。

参 〔參、条〕(săn) 通“糁”。参杂；不纯。《仪礼·大射》：

“以狸步……参七十。”郑玄注：“参，读为糁；糁，杂也。”
另见 cān，càn，cēn，sān，shēn。

栅 (săn) 同“傪”。见“傪子”。
另见 cè。

散 〔散〕(săn) ❶研成细末或锉成粗末的药料。如：行军散；平胃散。《后汉书·华佗传》：“乃令先以酒服麻沸散。”❷散开的。如：散装；散页。引申为疏散；消散。《易·说卦》：“风以散之。”❸不自检束；懒怠。如：散淡；懒散。《荀子·修身》：“庸众驽散，则劫之以师友。”❹不受格律的拘束。如：散文。❺闲散，没有一定的职务。如：散职；散位。韩愈《进学解》：“投闲置散。”❻酒器名。《礼记·礼器》：“贱者献以散。”王国维以为即斝。见《观堂集林》三“说斝”。参见“斝”。❼琴曲名。潘岳《笙赋》：“辍张女之哀弹，流广陵之名散。”❽姓。周代有散宜生。
另见 sàn。

散地 闲散的官职；不重要的地位。《资治通鉴·唐穆宗长庆二年》：“谏官争上言：‘时未偃兵，裴度有将相全才，不宜置之散地。’”

散发 谓抛弃冠簪，隐居不仕。《后汉书·袁闳传》：“延熹末，党事将作，闳遂散发绝世，欲投迹深林。”

散官 古代表示官员等级的称号，与职事官表示所任职务的称号相对而言。如唐代文散官自开府仪同三司至将仕郎凡二十九阶，武散官自骠骑大将军至陪戎副尉凡四十五阶。散官与职事官的品级不一定一致。有低级散官而任较高级职务者，称“守某官”，有高级散官而任较低级职务者称“行某官”。待遇则仍按其散官之品级。散官亦称阶官。宋代称为寄禄官。明清则职居几品，即授几品阶官，故无散官之名，但亦可特授较高级的阶官。

散郎 员外郎。《新唐书·元稹传》：“长庆初，潭峻方亲幸，以稹歌词数十百篇奏御，帝大悦，问稹今安在？曰，为南宫散郎，即擢祠部郎中，知制诰。”

散漫 ❶弥漫纷乱。谢惠连《雪赋》：“其为状也，散漫交错，氛氲萧索。”❷用心不专一。《朱子语类·学》：“人做功课，若不专一，东看西看，到此心已散漫了，如何看得道理出？”亦指随便无拘束。如：自由散漫。

散木　不成材的树木,借喻无用的人。《庄子·人间世》载:有一个名石的木匠到齐国去,看见栎社树,曰:"散木也。以为舟则沉,以为棺椁则速腐,以为器则速毁,以为门户则液樠,以为柱则蠹,是不材之木也。"

散曲　曲的一种体式。和诗词一样,用于抒情、写景、叙事,无宾白科介(说白及动作指示),便于清唱,有别于剧曲。包括散套、小令(与词中的小令不同)两种。散套通常用同一宫调的若干曲子组成,长短不论,一韵到底。小令通常以一支曲子为独立单位,但可以重复,各首用韵可以互异,有别于散套。又有以两支或三支曲调为一个单位的"带过曲",也属于小令的一体。元明两代盛行。

散人　不材之人。《墨子·非儒下》:"散人焉知良儒?"后以指闲散不为世用的人。陆龟蒙《江湖散人传》:"散人者,散诞之人也。"

散套　散曲分为小令和套数两类。散套即散曲套数的别称,因与小令的只曲形式不同,又称"大令"。散套虽也由几个曲子组成,但它是独自成套,和剧曲前后有联贯的套数不同。分南曲散套、北曲散套、南北合套等。

散文　文学的一大样式。中国六朝以来,为区别于韵文和骈文,把凡不押韵、不重排偶的散体文章,包括经传史书在内,概称"散文"。后又泛指除诗歌以外的所有文学体裁。"五四"以后,现代散文与小说、诗歌、戏剧等并称为最重要的文体。其中又有广义和狭义之分。广义的包括杂文、小品文、随笔、报告文学等;狭义的专指表现作者情思的叙事、抒情散文。散文以表现性情见长,形式自由,结构灵活,手法丰富多样,抒情、叙事、议论各其其事,也可兼而有之。

散文诗　兼有散文和诗歌特点的一种文学体裁。篇幅短小,有诗的意境,但如散文不分行,不押韵,以情感的自然节奏停顿。如鲁迅的《野草》。

散仙　道教谓天界仙人分为有官职和无官职的两种,未被玉皇授职者称为"散仙"。《云笈七籤·斋戒》:"升入云中,于景霄之上,受为散仙人。"亦以比喻文人未得官职,可以放浪不羁。白居易《雪夜小饮赠梦得》诗:"久将时背成遗老,多被人呼作散仙;呼作散仙应有以,曾看东海变桑田。"

散乐　古代乐舞名词。《周礼·春官·旄人》:"掌教舞散乐、舞夷乐。"郑玄注:"散乐,野人为乐之善者,若今黄门倡矣。"原指周代民间乐舞,南北朝后为百戏的同义语。《周书·宣帝纪》:"散乐杂戏鱼龙烂漫之伎,常在目前。"《旧唐书·音乐志》:"散乐者,历代有之,非部伍之声,俳优歌舞杂奏……如是杂变,总名百戏。"宋元以后亦用以指民间戏曲、歌舞艺人,南戏《宦门子弟错立身》有"你速去唤散乐王恩深来"等语。

糁　〔糝〕(sǎn)　❶以米和羹。《说苑·杂言》:"七日不食,藜羹不糁。"❷饭粒。《续传灯录》卷三十"普贤元素禅师":"襄无系蚁之丝,厨乏聚蝇之糁。"今吴方言、江淮方言谓饭粒为米糁、饭糁。引申为散粒。周邦彦《大酺》词:"红糁铺地,门外荆桃如菽。"

另见 shēn。

糁糁　纷散貌。范成大《木瓜》诗:"沉沉黛色浓,糁糁金沙绚。"

馓　〔馓〕(sǎn)　一种食品。《急就篇》卷二:"枣杏瓜棣馓饴饧。"颜师古注:"馓之言散也,熬稻米饭使发散也。古谓之张皇,亦目其开张而大也。"张皇,即饻馇。后亦指馓子。一种油炸的面食。《清平山堂话本·刎颈鸳鸯会》:"平旦买两盒饼馓,雇顶轿儿送母回了。"

馓子　一种油炸的面食。《本草纲目·穀部》:"寒具,即今馓子也,以糯粉和面,入少盐,牵索纽捻成环钏之形,油煎食之。"现在的馓子形如栅状,细如面条。

糒　(sǎn)　同"糁❶"。以米和羹。《墨子·非儒》:"孔某穷于蔡陈之间,藜羹不糒。"

sàn

闦　〔闦〕(sàn)　覆盖。罗泌《路史·因提纪》:"乃教民揉木茹皮,以御风霜,绚发闦首,以去灵雨。"

散　〔散〕(sàn)　❶分开;分散。与"聚"相对。如:分散;散场。《礼记·大学》:"财聚则民散,财散则民聚。"❷排遣。如:散闷;散心。《世说新语·栖逸》:"游散名山。"❸罢休。《后汉书·王畅传》:"会赦,事得散。"

另见 sǎn。

散策　策,手杖。谓扶杖散步。杜甫《郑典设自施州归》诗:"北风吹瘴疠,赢老思散策。"

散地　古代诸侯在自己领地内作战,因士卒易于溃散,故名。《孙子·九地》:"诸侯自战其地,为散地。"杜佑注:"战其境内之地,士卒意不专,有溃散之心,故曰散地。"

散馆　清制,翰林院庶吉士经过一定年限举行甄别考试之称。进士经殿试后,除一甲三名分别授修撰及编修外,其余一部分选为庶吉士的都由特派的翰林官教习,通常在三年后考试优等者,原为二甲进士者授编修,原为三甲进士者授检讨,次者,改任各部主事或知县。因翰林官相当于唐宋的馆职,又庶吉士学习之地称庶常馆,故学习期满称为散馆,而留充编修、检讨的称为留馆。

散花　❶为供佛而散布花朵。《无量寿经》卷下:"悬缯然(燃)灯,散华(花)烧香。"宋之问《奉和九月九日登慈恩浮屠应制》诗:"散花多宝塔,张乐布金田。"❷舞曲名。《隋书·音乐志下》:"行曲有《单交路》,舞曲有《散花》。"❸见"散花天女"。

散花天女　佛经人物。《维摩经·观众生品》:"时维摩诘室有一天女,见诸大人闻所说法,便现其身,即以天花散诸菩萨大弟子上;花至诸菩萨即皆坠落,至大弟子便著不坠。"天女说:"结习未尽,花著身耳。"俗语"天女散花",本此。

散齐　齐,通"斋"。❶古礼于祭祀前七日不御、不乐、不吊,称散齐。《礼记·祭义》:"致齐于内,散齐于外。"郑玄注:"散齐,七日不御、不乐、不吊耳。"❷谓斋戒期满。白居易《五月斋戒罢宴彻乐闻韦宾客皇甫郎中饮会亦稀又知欲携酒寻出斋先以长句呈谢》:"散齐香火今朝散,开素盘筵后日开。"

潵　(sàn)　水散落。见《集韵·二十九换》。

另见 sǎ。

sāng

丧　〔喪〕(sāng)　有关人死亡的事;丧礼。如:吊丧。《论语·八佾》:"临丧不哀,吾何以观之哉?"

另见 sàng。

丧服　居丧时冠裳绖带等服制。古时依与死者关系的亲疏分丧服为五等。参见"五服❸"。

丧家狗　《史记·孔子世家》:"孔子适郑,与弟子相失,孔子独立郭东门。郑人或谓子贡曰:'东门有人,其颡似尧，其项类皋陶，其肩类子产，然自要（腰）以下，不及禹三寸，累累若丧家之狗。'"裴骃集解引王肃曰："丧家之狗，主人哀荒，不见饮食，故累然而不得意。孔子生于乱世，道不得行，故累然不得志之貌也。"本谓丧事之家的狗，丧音平声，比喻沦落不遇的人。元稹《酬乐天得微之诗知通州事因成》诗："饥摇困尾丧家狗，热暴枯鳞失水鱼。"后人读丧作去声，以为无家可归的狗，比喻穷迫无归的人。

丧礼 处理死者殓殡祭奠和拜踊哭泣的礼节。古为"凶礼"之一。《周礼·春官·大宗伯》："以丧礼哀死亡。"

丧门 旧时星命家所谓"丛辰"之一。星命家以为一岁十二辰都随着善神和凶煞，叫"丛辰"。丧门是凶煞之一，主死丧哭泣等事，也称"丧门神"。

丧（sāng） 同"丧（喪）"。
另见 sàng。

桑〔桒〕（sāng）❶桑科，桑属（Morus）植物的泛称。落叶乔木。叶卵圆形，分裂或不分裂，边缘有锯齿。花一般为单性，淡黄绿色，雌雄同株或异株。果实为聚花果，名"桑椹"，成熟时一般呈紫黑或白色，味甜。种类颇多，主要有山桑、白桑、鲁桑等。再生分枝力强，耐剪伐。对土壤适应性较强。叶可饲蚕，果可食用和酿酒，木材可制各种器具，枝条编筐，枝条皮制纸，叶、果、枝、根皮可供药用。❷姓。

桑土（—dù） 桑根。土，借为"杜"，树根。《诗·豳风·鸱鸮》："迨天之未阴雨，彻彼桑土，绸缪牖户。"

桑弧蓬矢 桑木做的弓，蓬梗做的箭。《礼记·内则》："国君世子生，告于君……射人以桑弧蓬矢六，射天地四方。"象征男子应有志于四方。后用以勉励人应怀大志。

桑间濮上 《礼记·乐记》："桑间濮上之音，亡国之音也；其政散，其民流。"桑间在濮水之上，古卫国地。《汉书·地理志下》："卫地有桑间濮上之阻，男女亦亟聚会，声色生焉。"后因称男女幽会之所。亦简作"桑濮"。潘岳《笙赋》："故丝竹之器未改，而桑濮之流已作。"

桑门 "沙门"的异译。《后汉书·楚王英传》："当有悔吝，其还赎以助伊蒲塞桑门之盛馔。"李贤注："伊蒲塞，即优婆塞也，中华翻为近住，言受戒行堪近僧住也。桑门，即沙门。"

桑濮 见"桑间濮上"。

桑枢瓮牖 《庄子·让王》："蓬户不完，桑以为枢而瓮牖。"因以"桑枢瓮牖"喻指贫苦之家。武汉臣《玉壶春》第三折："我便是桑枢瓮牖，他情愿的布袄荆钗。"

桑田 泛指田畴。苏轼《八月十五日看潮》诗："应教斥卤变桑田。"参见"沧海桑田"。

桑土（—tǔ） 指宜于种桑的土地。《书·禹贡》："桑土既蚕。"

桑榆 指日落时余光所在处，谓晚暮。《后汉书·冯异传》："失之东隅，收之桑榆。"东隅指日出处，桑榆指日落处。也用来比喻人的垂老之年。如：桑榆晚景。刘禹锡《酬乐天咏老见示》诗："莫道桑榆晚，微霞尚满天。"

桑中之约 《诗·鄘风·桑中》："期我乎桑中，要我乎上宫，送我乎淇之上矣。"后以"桑中之约"指男女约期幽会。《聊斋志异·窦氏》："桑中之约，不可长也。"

桑梓 《诗·小雅·小弁》："维桑与梓，必恭敬止。"桑和梓是古代家宅旁边常栽的树木，这里是说，见桑与梓，容易引起对父母的怀念。张衡《南都赋》："永世克孝，怀桑梓焉；真人南巡，睹旧里焉。"后用作故乡的代称。柳宗元《闻黄鹂》诗："乡禽何事亦来此，令我生心忆桑梓。"

sǎng

搡（sǎng） 用力推；挤。《儒林外史》第五十四回："被丁言志搡了一交，骨碌碌就滚到桥底下去了。"

嗓（sǎng） 喉咙。如：嗓子疼。也指发音。如：他的嗓子很高。

辕〔轋〕（sǎng） 车毂的空腔。《急就篇》卷三："辐毂辑辕辕辕辕。"颜师古注："辕者，毂中之空，受轴处也。"

嗾（sǎng） 同"嗓"。

磉（sǎng） 柱下石。如：磉盘。《梁书·扶南国传》："可深九尺许，方至石磉，磉下有石函。"

颡〔顙〕（sǎng）❶额。《易·说卦》："其于人也，为寡发（髪），为广颡。"❷稽颡的省称。《公羊传·昭公二十五年》："再拜颡。"参见"稽颡"。

sàng

丧〔喪〕（sàng） 丧失；丧亡。如：丧偶；丧命。《论语·子路》："一言而丧邦，有诸？"又《子罕》："天之将丧斯文也，后死者不得与于斯文也。"
另见 sāng。

丧胆 形容恐惧到极点。李商隐《为李贻孙上李相公启》："亘绝幕以消魂，委穷沙而丧胆。"

丧明 眼睛失明。《礼记·檀弓上》："子夏丧其子而丧其明。"后世因称死了儿子为"丧明之痛"。《世说新语·雅量》："〔顾雍〕曰：'已无延陵之高，岂可有丧明之责！'"延陵，春秋时吴季札，丧其长子。

丧气 意气沮丧。陆机《辩亡论》："由是二邦之将，丧气挫锋。"

丧心病狂 丧失理智，言行悖谬，像发了疯一样。《宋史·范如圭传》："如圭独以书责桧（秦桧）以曲学倍师，忘仇辱国之罪，且曰：'公不丧心病狂，奈何为此？必遗臭万世矣。'"

丧（sàng） 同"丧（喪）"。
另见 sāng。

sāo

搔（sāo）❶用指甲轻刮；抓挠。如：隔靴搔痒。《盐铁论·利议》："〔诸生〕不知趋舍之宜，时世之变，议论无所依，如膝痒而搔背。"❷通"骚"。见"搔扰"。
另见 zhǎo。

搔扰 同"骚扰"。《后汉书·班彪传》："十余年间，中外搔扰，远近俱发。"

搔首 抓头，心绪烦乱焦急或有所思考时的动作。《诗·邶风·静女》："爱而不见，搔首踟蹰。"

搔头❶犹"搔首"。心绪烦乱或有所想念时的动作。❷首饰，簪的别名。白居易《长恨歌》："花钿委地无人收，翠翘金雀玉搔头。"

搔头弄姿 谓修饰姿容。《后汉书·李固传》："胡粉饰貌，搔头弄姿。"后也形容卖弄姿色。亦作"搔首弄姿"。

慅（sāo） 见"慅慅"。
另见 cǎo。

慅慅 骚动；骚扰不安。《隋书·李德林传》："军中慅慅，人情大异。"

骚〔騷〕(sāo) ❶动乱;骚扰。《诗·大雅·常武》:"徐方绎骚。"❷忧愁。《史记·屈原贾生列传》:"离骚者,犹离忧也。"离,遭。❸《离骚》的省称。韩愈《进学解》:"下逮《庄》、《骚》,太史所录,子云、相如,同工异曲。"也指一种诗体。《文心雕龙·乐府》:"朱(朱买臣)、马(司马相如)以骚体制歌。"❹通"臊"。臊腥气;狐臭。《山海经·北山经》"食之不骄"郭璞注:"骄或作骚,臭也。"❺淫荡。《初刻拍案惊奇》卷二十六:"可恨那老和尚又骚又吃醋,极不长进。"

另见 sǎo。

骚动 动乱;不安宁。《史记·汲郑列传》:"何至令天下骚动?"

骚扰 扰乱;动乱不安。《汉书·叙传上》:"数十余年间,外内骚扰,远近俱发。"

骚人 ❶屈原作《离骚》,因称屈原或《楚辞》作者为骚人。李白《古风》:"正声何微茫,哀怨起骚人。"正声,古指《诗经》。谓《楚辞》继《诗》而作。也泛指诗人、文人。如:骚人墨客。卢梅坡《雪梅》诗:"梅雪争春未肯降,骚人阁笔费评章。"❷失意文人。范仲淹《岳阳楼记》:"迁客骚人,多会于此。"

骚骚 ❶行动急切貌。《礼记·檀弓上》:"故骚骚尔则野。"❷愁思貌。《楚辞·九叹·远游》:"聊假日以须臾兮,何骚骚而自故。"❸象声词。《文选·张衡〈思玄赋〉》:"寒风凄其永至兮,拂穹岫之骚骚。"李善注:"骚骚,风劲貌。"吕向注:"骚骚,风声。"

骚杀 ❶下垂飘动貌。《文选·张衡〈东京赋〉》:"飞流苏之骚杀。"李善注:"骚杀,垂貌。"刘良注:"骚杀,飘扬貌。"❷犹萧瑟。鲍照《园中秋散》诗:"流枕商声苦,骚杀年志阑。"

骚体 亦称"楚辞体"。属辞赋一类。起于战国时楚国,以屈原所作《离骚》为代表。这类作品,富于抒情成分和浪漫气息;篇幅、字句较长,形式也较自由,并多用"兮"字以助语势。

骚屑 ❶风声。《楚辞·九叹·思古》:"风骚屑以摇木兮。"❷愁苦;忧烦。杜甫《自京赴奉先县咏怀》:"抚迹犹酸辛,平人固骚屑。"

飍〔飍〕(sāo) 见"飍飍"。

飍飍 象风声。柳宗元《游南亭夜还叙志七十韵》:"淹泊遂所止,野风自飍飍。"

猱(sāo) ❶传说中的山中怪物。宗懔《荆楚岁时记》:"按《神异经》云:西方山中有人焉,其长尺余,一足,性不畏人……《玄黄经》所谓山猱鬼也。"❷妖媚。《南史·王琨传》:"父怪不辨菽麦……人无肯与婚,家以猱婢恭心侍之,遂生琨。"

缫〔繅〕(sāo) 亦作"缲"。缫丝,抽出茧丝。

另见 zǎo。

缲〔繰〕(sāo) 同"缫"。抽丝。杜甫《白丝行》:"缲丝须长不须白。"

另见 qiāo,zǎo。

臊(sāo) 腥臊;骚气。《吕氏春秋·本味》:"夫三群之虫,水居者腥,肉玃者臊,草食者膻。"高诱注:"肉玃者,玃拏肉而食之,谓鹰雕之属,故其臭臊也。"

另见 sào。

鳋〔鰠〕(sāo) 传说中的鱼名。《山海经·西山经》:"〔西次四经〕又西二百二十里曰鸟鼠同穴之山……渭水出焉,而东流注于河。其中多鳋鱼,其状如鳣鱼。"

飍〔飍〕(sāo) 见"飍飍"。

飍飍 象风声。沈辽《山上》诗:"攀援上下岂无意,新林落日风飍飍。"

sǎo

扫〔掃〕(sǎo) ❶用扫帚除去尘土。引申为清除;消灭。如:一扫而空;扫盲。张衡《东京赋》:"扫项军于垓下。"❷尽其所有。如:扫数。《汉书·英布传》:"大王宜扫淮南之众,日夜会战彭城下。"颜师古注:"扫者,谓尽举之。"埽,同"扫"。❸迅速横掠而过。如:扫射;扫了一眼。❹画;抹。见"扫眉"。

另见 sào。

扫愁帚 苏轼《洞庭春色》诗:"应呼钓诗钩,亦号扫愁帚。"洞庭春色,酒名,后因以"扫愁帚"为酒的代称。

扫荡 扫除荡涤;铲除净尽。李白《忆旧游书怀赠江夏韦太守良宰》诗:"扫荡六合清,仍为负霜草。"

扫地 ❶清除地上尘土脏物。《孔子家语·致思》:"使弟子扫地,将以享祭。"❷比喻破坏无余。如:名誉扫地。《文选·扬雄〈羽猎赋〉》:"军惊师骇,刮野扫地。"李善注:"言杀获皆尽,野地似乎扫刮也。"❸尽数,全部。《隋书·食货志》:"时帝将事辽、碣,增置军府,扫地为兵。"

扫眉 画眉。张祜《集灵台》诗:"却嫌脂粉污颜色,淡扫蛾眉朝至尊。"陆次云《圆圆传》:"圆圆扫眉而入,冀邀一顾,帝穆然也。"参见"扫眉才子"。

扫眉才子 旧指有文才的女子。王建《寄蜀中薛涛校书》诗:"万里桥边女校书,枇杷花里闭门居。扫眉才子知多少,管领春风总不如。"薛涛,唐代成都乐妓,能诗。

扫晴娘 娘,亦作"妇"。赵翼《陔馀丛考》卷三十三:"吴俗久雨后,闺阁中有剪纸为女形,手持一帚,悬檐下,以祈晴,谓之扫晴娘。按元初李俊民有《扫晴妇》诗,'卷袖搴裳手持帚,挂向阴空便摇手',其形可想见也。俊民,泽州人,而所咏如此,可见北省亦有此俗。"

扫榻 拂除榻上的尘垢,表示竭诚迎客。语本于东汉时陈蕃为徐稚下榻的故事。如:扫榻以待。陆游《寄题徐载叔东庄》诗:"南台中丞扫榻见,北门学士倒屣迎。"

埽(sǎo) 同"扫"。

另见 sào。

嫂(sǎo) 哥哥的妻子。也用为对已婚妇女的敬称。

媜(sǎo) 同"嫂"。

骚〔騷〕(sǎo) 通"扫"。扫数出动。《史记·黥布列传》:"大王宜骚淮南之兵渡淮。"裴骃集解:"骚音扫。"

另见 sāo。

薂(sǎo) 草名。见《说文·艸部》。

sào

扫〔掃〕(sào) 用于"扫帚"。

另见 sǎo。

埽(sào) 见"埽工"。

另见 sǎo。

埽工 护岸和堵口时常用的工事。大致和填相似。用高粱秆代替梢料的,称"秸料",用芦苇的,称"苇料"。稻草、麦秆有时只用来填心,不能单独应用。不论梢料、秸料或苇料均需用土填压,一层料一层土累积而成。埽工就地取材,造价低廉,施工便捷,易见成效;但高粱秆和芦苇,质轻易朽,且受压后易沉陷,每年须培修,三五年后还要重换。

瘙（sào）❶疥疮。❷皮肤发痒。

毷（sào）见"毷毷"。

臊（sào）❶臊子，同"燥子"。肉末儿。《水浒传》第三回："再要十斤寸金软骨，也要细细地剁做臊子。"❷羞；难为情。《红楼梦》第三十二回："袭人听了，惊疑不止，又是怕，又是急，又是臊。"
另见 sāo。

燥（sào）见"燥子"。
另见 zào。

燥子　细切的肉，其中瘦肉居多。吴自牧《梦粱录》卷十六"肉铺"："且如猪肉名件，或细抹落索儿精、钝刀丁头肉、条撺精、窜燥子肉。"亦作"臊子"。《水浒传》第三回："再要十斤寸金软骨，也要细细地剁做臊子。"

臊（sào）见"毷臊"。

sè

色（sè）❶即"颜色❶"。人视觉的基本特征之一。不同波长的可见光引起人目不同的颜色感觉，大致划分如下：

红 770～622 纳米，
橙 622～597 纳米，
黄 597～577 纳米，
绿 577～492 纳米，
蓝－靛 492～455 纳米，
紫 455～390 纳米。

各色之间是连续变化的。发光物体的颜色，由它所发的光内所含不同波长单色光的比例而定，称为"光色"。非发光物体的颜色主要决定于它对外来照射光的吸收和反射。一个对照射白光能完全反射的物体称为"白体"，而完全吸收照射光的物体称为"黑体"（绝对黑体）。❷脸上的神色。如：气色；和颜悦色；勃然变色。《论语·学而》："巧言令色，鲜矣仁。"也特指怒色。《左传·昭公十九年》："谚所谓室于怒、市于色者，楚之谓矣。"杜预注："犹人忿于室家而作色于市人。"❸女色。《论语·季氏》："少之时，血气未定，戒之在色。"❹品类；种类。如：一色一样；各色人等。❺景象；光景。如：春色；夜色。《庄子·盗跖》："车马有行色。"❻品质；质量。如：音色；成色；足色。❼佛教指一切能使人感触到的东西。相当于"物质"的概念，

但并非全指物质现象。与"心"相对。
另见 shǎi。

色厉内荏　外表强硬而内心怯懦。《论语·阳货》："色厉而内荏，譬诸小人，其犹穿窬之盗也与！"

色盲　失去正常人辨别颜色能力的先天性色觉障碍。有红色盲、绿色盲、红绿色盲、黄蓝色盲和全色盲之分，其中以红绿色盲为最常见。色盲者不可担任交通运输驾驶或其他需要辨别颜色能力的工作。

色目　❶种类名目。《礼记·王制》"凡执技以事上者，祝、史、射、御、医、卜及百工"孔颖达疏："此论与祝、史、医、卜并列见其色目。"❷人品；身份。蒋防《霍小玉传》："不邀财货，但慕风流，如此色目，共十郎相当矣。"孟元老《东京梦华录·民俗》："其士农工商诸行百户衣装，各有本色，不敢越外……街市行人，便认得是何色目。"

色目人　"色目"一词见于唐代，意为"各色名目"，亦称姓氏稀僻者为色目。元政府将治下的人民分为蒙古人、色目人、汉人、南人四等，实行种族歧视政策，在选用官吏以及科举、刑罚上都有所差别。蒙古人地位最为优越；次为色目人；再次为汉人（包括契丹、女真、高丽等族）；最后为南人，即南宋遗民。色目人来自西域及中国西北各族，其中包括哈剌鲁、钦察、唐兀、阿速、秃八（即秃伯歹）、康里、畏吾儿、回回、乃蛮、阿儿浑、撒耳柯思、斡罗思、汪古、甘木里、怯失迷儿等。

色弱　程度较轻的色盲。表现在辨色力敏感度的降低。

色相　❶佛教指一切事物的形状外貌。《华严经》："无边色相，圆满光明。"《楞严经》："离诸色相，无分别性。"后亦指女子的声容相貌。❷色彩所呈现出来的质的面貌。如日光通过三棱镜分解出来的红、橙、黄、绿、青、紫六种色相。这种色相是产生色与色之间关系的主要因素。

色笑　和颜悦色。《诗·鲁颂·泮水》："载色载笑，匪怒伊教。"郑玄笺："和颜色而笑语。"后称事奉父母为"承颜候色"。

色养　谓以愉悦的颜色尽奉养之道。《论语·为政》："子夏问孝。子曰：'色难。有事，弟子服其劳，有酒食，先生馔，曾是以为孝乎？'"包咸、马融解为承顺父母颜色。郑玄以为和颜悦色为难者。二说均可通，郑

说似较长。朱熹注亦从郑说。潘岳《闲居赋序》："太夫人在堂，有赢老之疾，尚何能违膝下之色养，而屑屑从斗筲之役乎？"旧时也泛称尽孝为"色养"。刘长卿《送严维尉诸暨》诗："退公兼色养。"

色泽　颜色，光采。如：色泽鲜明。《淮南子·俶真训》："譬若钟山之玉，炊以炉炭，三日三夜而色泽不变。"

涩〔澀、溍、濇〕（sè）　本作"歰"。❶不滑润。如：枯涩。❷像吃白矾时舌头麻木干燥的感觉。如：苦涩；涩口。李咸用《和吴处士题村叟壁》诗："秋果植梨涩，晨羞笋蕨鲜。"❸文字生硬难读。如：生涩；艰涩。❹语言迟钝。《南史·宋南郡王义宣传》："生而舌短，涩于言论。"❺道路阻滞。潘尼《迎大驾》诗："世故尚未夷，崤函方嶮涩。"

啬〔嗇〕（sè）　❶吝啬。《国策·韩策一》："仲（公仲）啬于财。"❷节俭；不浪费。《老子》："治人事天莫若啬。"《韩非子·解老》："少费之谓啬。"❸通"穑"。《汉书·成帝纪》："服田力啬。"❹阻塞。赵师秀《哀山民》诗："残疴故未去，涩啬肠腑间。"

啬夫　古代官名。（1）司空的属官。《仪礼·觐礼》："啬夫承命。"（2）秦汉时的乡官，掌管诉讼和赋税。《续汉书·百官志五》："其乡小者，县置啬夫一人，皆主知民善恶，为役先后，知民贫富，为赋多少，平其差品。"（3）古时有吏啬夫、人啬夫。《管子·君臣上》："吏啬夫任事，人啬夫任教。"尹知章注："吏啬夫，谓检束群吏之官也；人啬夫，亦谓检束百姓之官也。"汉有暴室啬夫、虎圈啬夫，均为小吏。

铯〔銫〕（sè）　化学元素［周期系第 I 族（类）碱金属元素］。符号 Cs。原子序数 55。银白色金属。质软，熔点低（28.5℃）。化学性质比铷更活泼。在光的作用下易放出电子，可制光电管。铯–137 可用于辐射育种、食品辐射保藏等。

瑟（sè）　❶中国古拨弦乐器。春秋时已流行。形似琴，但无徽位，通常有二十五弦，每弦一柱。长沙马王堆一号汉墓出土者按五声音阶定弦，由低到高，弦的粗细也不同。古时，瑟常与琴或笙合奏。❷众多茂密貌。《诗·大雅·旱麓》："瑟彼柞棫。"❸庄严貌。《诗·卫风·淇奥》："瑟兮僴兮，赫兮咺兮。"❹洁

净鲜明貌。《诗·大雅·旱麓》："瑟彼玉瓒。"

瑟

瑟瑟 ❶风声。杨炯《庭菊赋》："风萧萧兮瑟瑟。"也形容细碎的声音。鲁迅《彷徨·祝福》："雪花落在积得厚厚的雪褥上面，听去似乎瑟瑟有声。"❷碧色珠宝。《新唐书·于阗国传》："德宗即位，遣内给事朱如玉之安西，求玉于于阗，得……瑟瑟百斤，并它宝等。"也指碧色。白居易《暮江吟》："一道残阳铺水中，半江瑟瑟半江红。"

瑟缩 ❶收缩；收敛。《吕氏春秋·古乐》："民气郁阏而滞著，筋骨瑟缩不达，故作为舞以宣导。"❷寒风萧索的声音。苏轼《与述古自有美堂乘月夜归》诗："凄风瑟缩经弦柱。"❸哆嗦；发抖。鲁迅《野草·秋夜》："她于是一笑，虽然颜色冻得红惨惨地，仍然瑟缩着。"

塞（sè）❶阻格；堵。《商君书·开塞》："法古则后于时，修今则塞于势。"《淮南子·主术训》："是故公道通而私道塞矣。"❷充满。《孟子·公孙丑上》："其为气也，至大至刚，以直养而无害，则塞于天地之间。"❸弥补。《汉书·于定国传》："将欲何施，以塞此咎？"❹时运不通。韩愈《驽骥》诗："孰云时与命，通塞皆自由？"

另见 sāi、sài。

塞渊 亦作"渊塞"。诚实而有远见。《诗·邶风·燕燕》："其心塞渊。"孔颖达疏："其心诚实而深远也。"《汉书·叙传下》："安世温良，塞渊其德。"

塞责 谓抵塞罪责，弥补所任事的不足。《韩诗外传》卷十："〔卞庄子曰〕：'前犹与母处，是以战而北也，辱吾身；今母殁矣，请塞责。'"今指作事不认真负责。如：敷衍塞责。

薔〔薔〕（sè）植物名，蓼属。《尔雅·释草》："薔，虞蓼。"郝懿行义疏："即水蓼。"

另见 qiáng。

懎〔懎〕（sè）悲恨。《聊斋志异·封三娘》："未几，闻玉葬香埋，懎然悲丧，恨不从丽人俱死。"

涩（sè）同"涩"。不滑。引申为苦涩；口吃。《楚辞·大招》："四酎并孰，不涩嗌只。"《方言》第十："谯极，吃也。楚语也。或谓之轧，或谓之涩。"郭璞注："语涩难也。"

槭（sè）草木凋零貌。《文选·潘岳〈秋兴赋〉》："庭树槭以洒落兮。"李善注："槭，枝空之貌。"

另见 qī。

韢〔韢〕（sè）❶古代车旁用皮革交错而成的障蔽物。《急就篇》卷三："革韢縹漆油黑苍。"颜师古注："革韢，车藉之交革也。"❷涩；塞结不畅。枚乘《七发》："邪气袭逆，中若结韢。"参见"结韢"。

穑〔穑〕（sè）❶收获谷物。《诗·魏风·伐檀》："不稼不穑。"毛传："种之曰稼，敛之曰穑。"❷通"啬"。爱惜。《左传·昭公元年》："大国省穑而用之。"杜预注："大国能省爱用之。"❸互相钩连。《管子·度地》："树以荆棘上相穑著者，所以为固也。"尹知章注："穑，钩也，谓荆棘刺条相钩连也。"戴望校正引张文虎云："穑无钩义，疑当作穑，穑义为留止。"

穑臣 司稼穑之臣，即司农官。张华《大司农箴》："穑臣司农，敢告左右。"

穑夫 农夫。《书·大诰》："若穑夫，予曷敢不终朕亩！"

儍（sè）❶不及。见《玉篇·人部》。❷见"儍嘉"。

儍嘉 疾貌。《文选·嵇康〈琴赋〉》："纷儍嘉以流漫。"李善注："儍嘉，疾貌。"李周翰注："纷，乱也。儍嘉流漫，乱急长远声也。"

謵〔謵〕（sè）言语艰难。《楚辞·七谏·初放》："言语讷謵兮，又无疆辅。"

瑟（sè）鲜洁貌。《诗·大雅·旱麓》："瑟彼玉瓒。"《说文·玉部》引"瑟"作"瑟"。

飋〔飋〕（sè）清凉貌。《文选·王延寿〈鲁灵光殿赋〉》："飋萧条而清泠。"李善注："飋，萧条，清凉之貌。"

---

sēn

森（sēn）❶树木丛生繁密貌。左思《蜀都赋》："弹言鸟于森木。"引申为众盛貌。张衡《思玄赋》："百神森其备从兮。"❷阴森。顾况《游子吟》："沈寥群动异，眇默诸境森。"❸森严。杜甫《李潮八分小篆歌》："况潮小篆逼秦相，快剑长戟森相向。"秦相，指李斯。

森林 覆盖大面积土地并以乔木为主体的植物群落。是集生的乔木及与共同作用的植物、动物、微生物和土壤、气候等的总体。不仅提供木材和其他林产品、副产品，还具有保持水土、调节气候、防护农田、卫生保健、有利国防等作用。也是天然的基因库。

森林公园 利用森林地区建设的公园。以大片森林为基础，布置景物，供群众郊外休养、避暑、文娱和体育活动等用。在林业措施上一般不进行主伐，而用抚育采伐和林分改造等措施，不断提高其经济价值和观赏价值。

森森 ❶繁密貌。张协《杂诗》："翳翳结繁云，森森散雨足。"❷高耸貌。《世说新语·赏誉》："庾子嵩目和峤：森森如千丈松。"❸形容阴沉可怕或寒气逼人。如：阴森森。梅尧臣《暴雨》诗："森森斗觉凉侵肤，毛根瘯瘰栗匝躯。"

森严 ❶整饬；严密。杜牧《朱坡》诗："偃蹇松公老，森严竹阵齐。"❷威严。如：戒备森严。陆龟蒙《奉和袭美杉三十韵》："磥峗珊瑚涌，森严獬豸窥。"

槮〔槮〕（sēn，又读 shēn）❶水中积柴以捕鱼。《尔雅·释器》："槮谓之涔。"郭璞注："今之作槮者，聚积柴木于水中，鱼得寒入其里藏隐，因以薄围捕取之。"王安石《次韵昌叔岁暮》："槮密鱼虽暖，巢完鹤更阴。"❷见"橬槮"。

---

sēng

僧（sēng）❶译自梵语 Saṃgha，"僧伽"的简称，意译"和合"、"众"等。佛教对出家修行者的称呼。与佛、法合称佛教三宝。原指四个以上出家人结合一处的僧团。后泛指个别的出家人。❷姓。明代有僧可朋。

僧伽 即"僧"。

僧腊 亦称"僧夏"。和尚受戒后的年岁。元稹《许刘总出家制》："赐法号大觉，仍赐僧腊五十。"白居易《奉国寺神照师塔铭序》："是月迁葬于龙门山，报年六十三，僧夏四十四。"

僧侣 原指佛教的和尚，与僧徒、

僧众同。后被用来泛称各种宗教中终身不结婚的男性宗教职业者，但有时也泛指所有宗教中允许结婚的男性宗教职业人员。

僧徒 僧侣；僧众。《大唐西域记·梵衍那国》："伽蓝百余所，僧徒六千余人。"

鬙(sēng) 见"鬅鬙"。

shā

杀〔殺〕(shā) ❶弄死；致死。《孟子·梁惠王上》："杀人以梃与刃，有以异乎？"❷打仗；相杀。如：杀出重围。❸猎取。《礼记·王制》："天子杀，则下大绥。诸侯杀，则下小绥。大夫杀，则止佐车。佐车止，则百姓田猎。"❹肃杀。《左传·桓公五年》："始杀而尝。"杜预注："建酉之月，阴气始杀。"❺消灭；减除；败坏。如：杀痒；杀饥。参见"杀风景"。❻收束；断绝。如：杀梢；杀尾；关杀；钉杀。❼犹言"死"。形容极甚之辞。如：笑杀；痛杀。《古诗源》卷三载古歌："秋风萧萧愁杀人。"

另见sà，shài，shè。

杀敌致果 《左传·宣公二年》："杀敌为果，致果为毅。"孔颖达疏："能杀敌人，是名为果，言能果敢以除贼；致此果敢，乃名为毅，言能强毅以立功。"后因谓勇敢杀敌以立战功为"杀敌致果"。

杀风景 谓有损景物或败人兴致。李义山《杂纂》中有"花间喝道，看花泪下"等九事，为"杀风景"。苏轼《次韵林子中春日新堤书事》："为报年来杀风景，连江梦雨不知春。"

杀鸡取卵 比喻贪图眼前微小好处而损害长久利益。也比喻贪得无厌的人营求暴利，非尽丧其所有不止。故事出《伊索寓言》。

杀妻求将 《史记·孙子吴起列传》："齐人攻鲁，鲁欲将吴起。吴起取齐女为妻，而鲁疑之。吴起于是欲就名，遂杀其妻以明不与齐也，鲁卒以为将。将而攻齐，大破之。"后因以"杀妻求将"比喻人为追求功名而不惜忍心害理。

杀气 ❶肃杀之气；寒气。《吕氏春秋·仲秋》："杀气浸盛，阳气日衰。"❷凶恶的气氛。如：杀气腾腾。李华《吊古战场文》："凭陵杀气，以相剪屠。"杜甫《观安西兵过赴关中待命》诗："孤云随杀气，飞鸟避辕门。"❸犹出气；发泄气愤。如：拿人杀气。亦作"煞气"。

杀青 ❶《后汉书·吴祐传》："恢(祐父)欲杀青简以写经书。"李贤注："以火炙简令汗，取其青易书，复不蠹，谓之杀青。亦谓汗简。"一说古人著书，初稿书于青竹皮上，取其易于改抹，改定后再削去青皮，书于竹白，谓之"杀青"。后泛指书籍写定。陆游《读书》诗："《三苍》奇字已杀青，九译旁行方著录。"参见"汗青"。❷谓以竹、麻造纸。见宋应星《天工开物·杀青》。❸绿茶加工初制的第一道工序。将鲜叶置于锅中或滚筒中，利用高温破坏叶内氧化酶的作用，抑制茶单宁氧化，使成品茶保持固有绿色；并使叶内水分蒸发，组织变软，便于揉捻。

杀人越货 杀害人的性命，抢劫人的财物，指盗匪的行为。《书·康诰》："杀越人于货，暋不畏死。"孔传："杀人颠越人，于是以取货利。"孔颖达疏："其劫窃皆有杀有伤。越人谓不死而伤，皆为之而取货利故也。"

杀身成仁 《论语·卫灵公》："志士仁人，无求生以害仁，有杀身以成仁。"意谓为了成全仁德，可以不顾一己。后指牺牲生命，以维护正义事业。

杉(shā) 义同杉(shān)，用于"杉木"、"杉篙"等。

另见shān。

沙(shā) ❶细碎的土石粒。如：黄沙；沙石。《史记·淮阴侯列传》："韩信乃夜令人为万余囊，满盛沙，壅水上流，引军半渡，击龙且。"引申为含沙质的水中滩或水旁地。如：滩沙；沙洲。《诗·大雅·凫鹥》："凫鹥在沙，公尸来燕来宜。"毛传："沙，水旁也。"苏轼《自金山放船至焦山》诗："云霾浪打人迹绝，时有沙户祈春蚕。"自注："吴人谓水中可田者为沙。"❷松散如沙的。如：豆沙。❸淘汰；拣择。见"沙汰"。❹发声嘶哑。如：沙哑；沙嗓子。❺同"唦"。犹"呵"。石君宝《曲江池》第一折："不因你个小名儿沙，他怎肯误入桃源！"❻姓。

沙场 平沙旷野。应璩《与满炳书》："沙场夷敞，清风肃穆。"后多指战场。祖詠《望蓟门》诗："沙场烽火连胡月，海畔云山拥蓟城。"

沙堤 唐时替新任宰相铺筑的沙面大路。李肇《唐国史补》卷下："凡拜相，礼绝班行，府县载沙填路，自私第至子城东街，名曰沙堤。"白居易《行简初授拾遗同早朝入阁因示》诗："宿雨沙堤润，秋风桦烛香。"

沙发 英文sofa的音译。一种内有弹性衬垫的靠背椅。有单人坐的，也有双人或多人坐的。

沙皇 译自俄文царь。俄罗斯帝王的称号。"沙"意即"皇"，习惯联用；系古罗马统治者恺撒(Caesar，后成为罗马皇帝的头衔)姓氏的拉丁文转音。1547年莫斯科大公伊凡四世正式称沙皇。1721年彼得一世改称皇帝，但一般仍称作沙皇。1917年俄国二月革命中被废。

沙龙 法文salon的音译，即客厅之意。一般指17世纪起，西欧贵族、资产阶级社会中谈论文学、艺术或政治问题的社交集会。18世纪欧洲资产阶级革命前夜，在法国特别流行。也特指17世纪下半叶起法国官方每年在巴黎定期举行的造型艺术展览会。

沙漏 也叫"沙时计"、"沙钟"。古代一种计时仪器。为元新安詹希元发明。以沙从一容器漏到另一个容器的数量来计量时间。其法与漏壶相同，北方天寒易冻，故以沙代水。

沙 漏

沙锣 供盥洗用的器具。赵彦卫《云麓漫钞》卷九："今人呼洗为沙锣，又曰厮锣。凡国朝赐契丹、西夏使人，皆用此语。究其说，军行不暇持洗，以锣代之……军中以锣为洗，正如秦汉用刁斗可以警夜，又可以炊饭，取其便耳。"洗，盥洗用具。

沙门 梵语Śramaṇa音译"沙门那"的略称，亦译"桑门"，意译"息心"或"勤息"、"修道"等。表示勤修善法、息火恶法之意。原为古印度各教派出家修道者的通称，佛教盛行后专指依照戒律出家修道的僧侣。

沙弥 梵语Śrāmaṇera音译的略称，意译"息恶"或"勤策男"。佛教出家五众(其余四众为比丘、比丘尼、式叉摩那、沙弥尼)之一。指七岁以上二十岁以下依照戒律出家，已受十戒但未受具足戒的男性修行者。中国俗称"小和尚"。

沙弥尼 梵语Śrāmanerika音译的略称，意译"勤策女"。佛教出家五众(其余四众为比丘、比丘尼、式叉摩那、沙弥)之一。指七岁以上二十岁以下依照戒律出家，已受十戒但未受具足戒的女性修行者。中国俗称"小尼姑"。

沙漠 ❶荒漠的通称。❷指沙质荒漠。地表覆盖大片流沙,广布各种沙丘。在风力推动下,沙丘不时移动,往往侵没农田、村镇、道路,造成危害。如中国新疆的塔克拉玛干沙漠。

沙钱 谓片薄质劣的小钱。也称"沙皮子"、"沙板子"。《宋史·哲宗孟贞皇后传》:"时虔州府库皆空,卫军所给,惟得沙钱,市买不售。"

沙汰 淘汰。《晋书·孙绰传》:"沙之汰之,瓦石在后。"《北齐书·文襄帝纪》:"又沙汰尚书郎,妙选人地以充之。"

沙滩 河中或岸边在低水位时露出、高水位时淹没的表面平坦的沙质淤地。有两种:(1)在平原河流中,由于水流速度降低,挟沙能力减弱,泥沙淤积于河床内而成。在水位较低时,沙滩可露出水面,在岸边的称为"边滩",在河中心的称为"心滩"。(2)平坦的沙质海岸。

沙田 ❶江海沿岸或河湖中泥沙淤积的新涨滩地经开垦的农田。田赋科则较轻。王祯《农书·田制门》:"沙田,南方江淮间沙淤之田也。或滨大江,或峙中洲。四围芦苇骈密以护堤岸。"旧时沙滩涨成即有地主向官府申请占有,诱致农民开垦;或被豪绅强占,由富农承租,雇工经营;亦有农民垦熟后为地主所霸占。沙田涨坍不定,又常遭受水灾。❷旧时广东盐田称沙田。

纱〔紗〕(shā) ❶由纺织纤维制成的有拈或无拈的连续细缕。供拈线织造等用。纺织用的纸质细缕和金属细缕等也属纱的范畴。❷经纬稀疏而轻薄的织物,古多以丝为之。《汉书·江充传》:"充衣纱縠禅衣。"颜师古注:"纱縠,纺丝而织之也。轻者为纱,绉者为縠。"❸原为丝织物类名。用蚕丝交织而成,全部或部分采用由经纱扭绞形成均匀分布孔眼的纱组织。习惯上也常将有均匀分布方孔的、经纬拈度很低的薄型平纹织物称为"纱",而不限于丝织物。可分为不提花的素纱和提花的花纱两种。例如,巴里纱、乔其纱、麻纱等。

另见 miǎo。

纱帽 古代君主或贵族、官员所戴的一种纱制便帽。《北齐书·平秦王归彦传》:"齐制,宫内唯天子纱帽,臣下皆戎帽。特赐归彦纱帽以宠

之。"《宋史·符昭寿传》:"昭寿以贵家子,日事游宴,简倨自恣,常纱帽素氅衣,偃息后圃,不理戎务。"明制,凡文武官常服,致仕及侍亲辞闲官、状元及诸进士、内外官亲属、内使监皆用纱帽。见《明史·舆服志三》。后因用作在官有职的代称。

刹(shā) 止住。如:刹车。另见 chà。

茶〔藗〕(shā) 同"柝"。茱萸。张衡《南都赋》:"苏茶紫姜。"

砂(shā) ❶岩石学名词。一种粒径为 0.062 5～2 毫米的矿物和岩石碎粒。由暴露在地表的各种岩石经风化破碎而成。主要矿物成分为石英、长石和云母。广泛分布在第四纪沉积物及现代河流、湖泊、沙漠、滨海沉积中。质纯的石英砂可作玻璃原料。❷泛指细碎如砂的物质。如:砂糖;矿砂。❸特指道家修炼的丹砂。《红楼梦》第六十三回:〔贾敬〕系道教中吞金服砂,烧胀而殁。"

砂礓 土壤中的石灰质结核体。主要由碳酸钙和土粒逐渐胶结而成。华北冲积土区和西北黄土区等土壤中,多有存在。小的似黄豆,大的如瓮罐。近耕作层含砂礓多的土壤,通称"砂礓土",亦作"砂姜土"。

砂糖 呈结晶颗粒的蔗糖。因颗粒大小不同,有细砂糖、粗砂糖之分;又因色泽不同,有白砂糖、赤砂糖之别。其中白砂糖是糖品的主要品种。

砂田 也叫"铺砂地"。地表铺盖一层厚 7～15 厘米粗砂或卵石夹砂的农田。在中国多见于甘肃部分地区的旱地。砂田隔一定年限,须进行换砂。其相隔年限和铺砂的厚度,因砂的来源、性质及灌溉条件而不同。砂田具有抗旱保墒、调节土温、防止土壤盐渍化及抑制杂草等作用。对经济作物、瓜果、蔬菜等均能获得好收成。

莎(shā) 见"莎鸡"。另见 suō。

莎鸡 虫名,即"纺织娘"。《诗·豳风·七月》:"六月莎鸡振羽。"又名"络纬"、"络丝娘"。罗愿《尔雅翼·释虫二》:"莎鸡……一名络纬,今俗人谓之络丝娘,盖其鸣时又正当络丝之候。"

柝〔欓〕(shā) 木名。《离骚》:"柝又欲充夫佩帏。"王逸注:"柝,茱萸也。"《尔雅·释木》:"椒,柝。"郭璞注:"柝似茱萸而小,

赤色。"李时珍谓茱萸有食茱萸和吴茱萸二种,柝为前者的古名。见《本草纲目·果部四》。

唦(shā) 表语气,与"啊"略同。元曲中常用。李行道《灰阑记》第三折:"告告告狠爹爹宁耐唦。"

籿(shā) 蔗糖。见《正字通·米部》。

另见 chǎo。

铩〔鎩〕(shā) ❶古兵器。即铍。大矛。《史记·秦始皇本纪》:"锄耰棘矜,非铩于句戟长铩也。"❷伤残。左思《蜀都赋》:"鸟铩翮。"

铩羽 羽毛摧落。比喻失意、受挫折。鲍照《拜侍郎上疏》:"铩羽暴鳞,复见翻跃。"《聊斋志异·叶生》:"榜既放,依然铩羽。"

䋽〔緔〕(shā) 杀死。《考工记·梓人》:"凡攫䋽援簭之类,必深其爪,出其目,作其鳞之而。"郑玄注:"谓笰虡之兽也。"贾公彦疏:"攫䋽者,攫著则杀之,援揽则噬之。"

另见 shài。

钞〔鈔〕(shā) 见"钞锣"。

钞锣 亦作"筛锣"、"沙锣"。锣的一种。《正字通·金部》:"今马上急递所击者,似锣而小,俗呼筛锣,即钞锣也。"也用作洗器。《宋史·礼志二十二》:"〔北使〕入余杭门,至都亭驿,赐褥被、钞锣等。"赵彦卫《云麓漫钞》卷三:"今人呼洗为沙锣,又曰厮锣,国朝赐契丹西夏使人,皆用此语。究其说,军行不暇持洗,以锣代之。"

痧(shā) ❶四时不正之气或秽浊邪气。沈金鳌《杂病源流犀烛·痧胀》:"若痧入气分而毒壅,宜刮痧。"或指由此而引起的急性病症。如痧证、绞肠痧、烂喉痧等。❷皮疹。张石顽《张氏医通·婴儿门》:"麻疹俗名痧子"。《临证指南医案·癍痧疹瘰》邵新甫注:"痧者,疹之通称,有头粒而如粟象。"

煞(shā) ❶结束;止住。如:煞尾;煞车。❷同"杀"。损伤;杀伤。《白虎通·五行》:"金味所以辛何? 西方煞伤成物,辛所以煞伤之也。"

另见 shà。

裟(shā) 见"袈裟"。

魦（shā）同"鲨"。

鲨〔鯊〕（shā）❶亦称"沙鱼"、"鲛"。一种鳃裂位于侧面的板鳃鱼类的通称。体一般呈纺锤形。鳃裂每侧5～7个，背鳍一或两个，尾鳍发达，歪形，臀鳍有时消失。海生，少数种类亦进入淡水。肉食性。中国产100余种。常见的有真鲨、姥鲨、星鲨、角鲨等。经济价值高，除供食用外，肝可制鱼肝油；皮可制革；骨可制胶、胆固醇等；鳍干制成鱼翅；唇部干制成鱼唇；吻侧软骨干制成明骨，都是名贵食品。❷某些淡水小型鱼类，亦称"鮀"、"鲨鮀"。❸鰕虎鱼类的别名。❹古书中小鱼名。《诗·小雅·鱼丽》："鱼丽于罶，鲿鲨。"毛传："鲨，鮀也。"《尔雅·释鱼》："鲨，鮀。"郭璞注："今吹沙小鱼，体圆而有点文。"亦作"魦"。《后汉书·马融传》："鳝鲤鲿魦。"

shá

偬（shá）同"啥"。

奢（shá）姓。明代有奢崇明。
另见 shē。

啥（shá）什么。如：你要啥？章炳麟《新方言·释词》："舍，何也……今通言曰甚么，舍之切音也。川楚之间曰舍子，江南曰舍，俗作啥。"

偺（shá）同"啥"。什么。如：这是偺话？

shǎ

傻（shǎ）同"傻"。

傻（shǎ）❶愚蠢。如：傻子；傻瓜。❷老实而不知变通。如：傻干。❸愣；呆。如：吓傻了。

傻（shǎ）同"傻"。

shà

栅〔柵〕（shà）如：大栅栏（北京前门外一条热闹市街）。
另见 cè, zhà。

哈（shà）通"歃"。以口吸饮。《淮南子·氾论训》："尝一哈水而甘苦知矣。"
另见 hā, hǎ, hà。

蒚（shà）见"蒚莆"。

蒚莆　古代传说中的一种神异的草。《说文·艸部》："蒚，蒚莆，瑞草也。尧时生于庖厨，扇暑而凉。"《白虎通·封禅》："蒚莆者，树名也，其叶大于门扇，不摇自扇，于饮食清凉，助供养也。"《论衡·是应》作"蒚脯"，"言厨中自生肉脯，薄如蒚形，摇鼓生风，寒凉食物，使之不臭"。亦作"箑脯"，见《宋书·符瑞志上》。

啑（shà）❶同"唼"。见"唼喋"。❷同"歃"。见"啑血"。
另见 dié 喋。

啑血　同"歃血"。唼血。《史记·吕太后本纪》："始与高帝啑血盟。"

唼（shà，又读 zā）水鸟或鱼类吞食。《楚辞·九辩》："凫雁皆唼夫梁藻兮。"参见"唼喋"。
另见 qiè。

唼血　同"歃血"。《汉书·王陵传》："始与高帝唼血而盟，诸君不在耶？"

唼喋　水鸟或鱼类聚食貌。司马相如《上林赋》："唼喋菁藻，咀嚼菱藕。"亦作"啑喋"。沈辽《德相送荆公三诗用元韵戏为之》："所居养鹅雁，菰蒲观啑喋。"

帩（shà）见"帩幧"。
另见 qiè。

帩幧　面衣。见《玉篇·巾部》。

厦〔廈〕（shà）❶大屋子。如：高楼大厦。杜甫《茅屋为秋风所破歌》："安得广厦千万间，大庇天下寒士俱欢颜。"❷门庑；披屋。如：前廊后厦。
另见 xià。

唕（shà）同"歃"。吴隐之《饮贪泉》诗："古人云此水，一唕怀千金。"

翣〔翜〕（shà）迅速。《说文·羽部》："翜，捷也，飞之疾也。"段玉裁注："按翜、捷，皆谓敏疾……故下云'飞之疾也'，以释从羽。今俗语霅时者当作此。"

嘎（shà）嘶哑。《庄子·庚桑楚》："儿子终日嗥而嗌不嘎。"陆德明释文引司马彪曰："楚人谓啼极无声为嘎。"
另见 á。

歃（shà）饮；微吸。《左传·隐公七年》："壬申，及郑伯盟，歃如忘。"参见"歃血"。

歃血　吸血，口含血。一说，以指蘸血，涂于口旁。古代订盟时表示信誓的一种仪式。《孟子·告子下》："葵丘之会，诸侯束牲载书而不歃血。"《史记·平原君虞卿列传》："毛遂谓楚王之左右曰：'取鸡狗马之血来。'遂奉铜槃而跪进之楚王，曰：'王当歃血而定从（纵）。'"定纵，定合纵之约。

歃（shà）同"歃"。

煞（shà）❶凶神。如：煞神；凶神恶煞。❷表示极甚之词。如：急煞；煞费苦心。
另见 shā。

箑（shà，又读 jié）扇子。《淮南子·精神训》："知冬日之箑，夏日之裘，无用于己。"

箑脯　见"蒚莆"。

翣（shà）❶古代出殡时的棺饰。朱骏声《说文通训定声·谦部》："《世本》：'武王作翣。'汉制，以木为匡（框），广三尺，高二尺四寸，衣以画布，柄长五尺。柩车行，持之两旁以从。按如今之掌扇，疑古本以羽为之，与羽盖同，后世以布，或以席。"❷古代仪仗中用的大掌扇。《宋史·仪卫志一》："古者扇翣，皆编次雉羽或尾为之，故于文从羽。唐开元改为孔雀。"❸古代钟鼓架横木簨上的装饰。《礼记·明堂位》："周之璧翣。"郑玄注："画缯为翣，戴以璧，垂五采羽于其下，树于簨之角上。"孔颖达疏："翣，扇也。言周画缯为扇，戴小璧于扇之上。"

翣柳　棺饰。翣形如掌扇。覆柩车上者曰柳。《周礼·天官·缝人》："衣翣柳之材。"贾公彦疏："翣、柳二者皆有材，缝人以采缯衣缠之，乃后张饰于其上。"

霅（shà）通"霎"。迅疾貌。马融《广成颂》："翠然云起，霅尔雹落。"扬雄《甘泉赋》："霅然阳开。"
另见 xiá, zhà。

霅霅　雨貌。《广雅·释训》："霅霅，雨也。"

霅煜　光明貌；显赫貌。《文选·班固〈答宾戏〉》："其余桑飞景附，霅煜其间者，盖不可胜载。"李善注："霅煜，光明之貌也。"张铣注："霅煜，强盛貌。"亦作"煜霅"。见《汉书·叙传上》。

霎（shà）❶瞬间。杨万里《小雨》诗："雨才放脚又还无，叶上萧萧半霎雨。"陈造《夜宿商卿家》诗："蝶梦蓬蓬才一霎。"❷见"霎霎"。

霎霎　风雨声。韩偓《夏夜》诗："霎霎高林簌雨声。"韩琦《春霖》诗："楼迥昏昏雾，窗寒霎霎风。"

瞲　(shà,旧读 shài)　同"煞"。❶表示程度之深。欧阳修《渔家傲》词："今朝斗觉雕零瞲。"❷虽。董解元《西厢记》卷二："这书房里往日瞲曾来，不曾见这般物事。"
　另见 shài。

shāi

筛　〔篩〕(shāi)　❶亦称"筛子"。一种用以分离粗细颗粒的设备。主要部分是由金属（或其他材料）丝（条或棒）编成的网，或为穿有很多小孔的金属板。网目或孔的大小有一定标准。除最简单的筛外，生产上多采用机械筛（筛分机），如摆动筛、振动筛、回旋筛、共振筛及概率筛等。❷用筛子筛东西。《汉书·贾山传》："筛土筑阿房之宫。"引申为穿过孔隙。董解元《西厢记诸宫调》："渐渐风筛一岸蒲。"❸斟酒。《水浒传》第二十三回："只见店主人把三只碗、一双箸、一碟熟菜，放在武松面前，满满筛一碗酒来。"

筛分　按所要求的颗粒大小，用筛孔大小和形状不同的筛面将物料筛分成各种粒度级别的作业。在选矿中用筛分进行的分选称"筛选"。

筛选　❶作物或树木选种方法之一。用筛孔大小和形状不同的种子筛，筛除种子中夹杂物（泥块、草子等）、秕粒和小粒种子，以选出粒大饱满的优质种子。❷引申为简择。❸见"筛分"。

簁　(shāi)　同"筛"。

shǎi

色　(shǎi)　❶颜色。用于口语。如：掉色；退色。❷见"色子"。
　另见 sè。

色子　赌具，即"骰子"。参见"骰"。

纚　〔纚〕(shǎi)　❶撒网。《文选·张衡〈西京赋〉》："钓鲂鳢，纚鰋鲉。"薛综注："纚网如箕形，狭后广前。"❷见"纚纚"。
　另见 lí,lǐ,shī,shǐ。

纚纚　《韩非子·难言》："所以难言者，言顺比滑泽，洋洋纚纚然，则见以为华而不实。"王先慎注："纚纚，

有编次也。"后以文章、议论连续不穷为"洋洋纚纚"。

shài

杀　〔殺〕(shài)　❶衰退。《仪礼·士冠礼》："德之杀也。"❷减少；降等。《周礼·地官·廪人》："诏王杀邦用。"《礼记·文王世子》："其族食世降一等，亲亲之杀也。"❸羽毛雕落。《诗·豳风·鸱鸮》"予羽谯谯"毛传："谯谯，杀也。"郑玄笺："羽尾又杀敝。"❹剪裁。《论语·乡党》："非帷裳，必杀之。"何晏集解引王肃曰："衣必有杀缝，唯帷裳无杀也。"❺声音细小。参见"嗺杀"。
　另见 sà,shā,shè。

晒　〔曬〕(shài)　❶在阳光下曝干或取暖。如：晒衣裳；晒太阳。《世说新语·任诞》："北阮盛晒衣，皆纱罗锦绮。"❷太阳光的照射。如：西晒。《汉书·中山靖王刘胜传》："臣闻白日晒光，幽隐皆照。"亦泛指照射。

晒书　《世说新语·排调》："郝隆七月七日，出日中仰卧。人问其故，答曰：'我晒书。'"按郝隆自负满腹诗书，故云。

絼　〔絼〕(shài)　❶通"杀"。减杀；削减。《考工记·匠人》："凡为防，广与崇方，其絼参分去一。"郑玄注："崇，高也。方，犹等也。絼者，薄其上。"❷弓的角与柎相接处。《考工记·弓人》："为柎而发，必动于絼。"郑玄注："絼，接中。"戴震《考工记图》卷下："言因柎以致伤动者，其病必在角柎相接之处。"
　另见 shā。

瞲　(shài)　同"晒"。白居易《游悟真寺》诗："其西瞲药台。"
　另见 shà。

shān

山　(shān)　❶陆地表面高度较大、坡度较陡的隆起地貌，海拔一般在 500 米以上。自上而下分为山顶、山坡和山麓。以较小的峰顶面积区别于高原，又以较大的高度区别于丘陵。高大的山称为山岳。一般的概念，也把山岳、丘陵通称为山。按成因分为褶皱山、断块山、侵蚀山、火山等。❷指形状像山之物。如：山墙；鳌山。❸陵冢；坟墓。《汉书·地

理志下》："盖亦强干弱支，非独为奉山园也。"颜师古注引如淳曰："《黄图》谓陵冢为山。"❹蚕簇。如：蚕上山了。❺形容大声。如：山响。❻姓。晋代有山涛。

山斗　泰山北斗，比喻众所崇敬之人。辛弃疾《水龙吟·甲辰岁寿韩南涧尚书》词："况有文章山斗，对桐阴、满庭清昼。"参见"泰山北斗"。

山房　山中之屋。常用来称书室和僧舍。《宋史·李常传》："少读书庐山白石僧舍，既擢第，留所抄书九千卷，名舍曰李氏山房。"苏轼《宿临安净土寺》诗："明朝入山房，石镜炯当路。"

山高水长　比喻人品节操高洁，与山水同其久远。范仲淹《桐庐郡严先生祠堂记》："云山苍苍，江水泱泱，先生之风，山高水长。"亦比喻人之恩德。

山歌　❶民歌的一种。大多在山野劳动时歌唱。曲调爽朗质朴，节奏自由。内容主要反映劳动、爱情等生活。多流行于南方，北方的《信天游》、《花儿》、《爬山调》等亦属山歌性质。其中也有文人的拟作。❷民间小曲曲调名。单调二十八字，四句。使用的人可以大量增加衬字，音调比较自然。❸时调集。一名《童痴二弄》。十卷。明冯梦龙编。内容多咏男女私情，偶有讽世之作。原抄本所收为三百五十六首。前九卷用吴语写成。

山谷　山地中相邻两山背或山脊间呈线状延伸的低凹部分。主要由构造作用、流水或冰川等侵蚀作用所成。常为通过山岭的交通要道和设置关隘的军事要冲。

山河　❶高山大河，指某一地区的形胜。《晋书·姚襄载记》："洛阳虽小，山河四塞之固，亦是用武之地。"❷指国土、疆域。《世说新语·言语》："过江诸人，每至美日，辄相邀新亭，借卉饮宴。周侯（周颤）中坐而叹曰：'风景不殊，正自有山河之异！'"钱起《送王使君赴太原行营》诗："诸侯持节钺，千里控山河。"

山洪　因大雨或积雪融化从山上骤然流下的大水。如：山洪暴发。

山呼　犹"嵩呼"。封建时代臣下祝颂皇帝的仪节。张说《大唐祀封禅颂》："五色云起，拂马以随人；万岁山呼，从天而至地。"《元史·礼乐志一》："曰跪左膝，三叩头，曰山呼，曰再山呼。"注："凡传山呼，控鹤呼噪应和曰'万岁'，传再山呼，应

曰'万万岁'。控鹤,近侍。

山花子 ❶唐教坊曲名,后用为词牌。此调在五代时为杂言《浣溪沙》之别名,即就《浣溪沙》的上下段中,各增添三个字的结句,故又名《摊破浣溪沙》或《添字浣溪沙》。亦有径称《浣溪沙》者,见敦煌曲子词。又因南唐李璟词"细雨梦回"两句颇著名,故又称《南唐浣溪沙》。双调四十八字,平韵。敦煌曲子词中的一首则押仄韵。❷曲牌名。属南曲中吕宫。字句格律与词牌不同,用作过曲。

山鸡舞镜 刘敬叔《异苑》卷三:"山鸡爱其毛羽,映水则舞。魏武时,南方献之,帝欲其鸣舞而无由。公子苍舒令置大镜其前,鸡鉴形而舞不知止。"后以"山鸡舞镜"比喻顾影自怜。《镜花缘》第二十回:"丹桂岩山鸡舞镜,碧梧岭孔雀开屏。"

山精 传说中的山中怪兽。《淮南子·氾论训》"山出枭阳"高诱注:"枭阳,山精也。人形,长大,面黑色,身有毛,足反踵。"庾信《枯树赋》:"木魅睒眒,山精妖孽。"

山君 ❶老虎。旧以虎为山兽之长,故名。《说文·虎部》:"虎,山兽之君。"黄景仁《圈虎行》:"何物市上游手儿,役使山君作儿戏。"❷山神。《史记·孝武本纪》:"泰一、皋山山君、地长用牛。"张守节正义:"三并神名。"苏轼《宸奎阁碑铭》:"咨尔山君海王。"

山口 高大山脊的鞍状坳口。通常由山脊两边河流相向侵蚀而成。常为高山大岭的交通孔道。

山陵 ❶泛指山。《史记·淮阴侯列传》:"兵法右倍山陵,前左水泽。"❷山陵高固,比喻帝王。参见"山陵崩"。❸帝王的坟墓。《水经注·渭水》:"秦名天子冢曰山,汉曰陵,故通曰山陵矣。"《宋史·朱熹传》:"若夫山陵之卜,则愿黜台史之说,别求草泽,以营新宫。"

山陵崩 比喻帝王死亡。《国策·秦策五》:"王之春秋高,一日山陵崩,太子用事,君危于累卵。"高诱注:"山陵,喻尊高也;崩,死也。"又《赵策四》:"一旦山陵崩,长安君何以自托于赵?"这里指赵太后。

山脉 沿一定方向作线状延伸的山体。常由多条山体所组成。例如中国阴山山脉、长白山脉等。

山门 ❶佛寺的大门。因佛寺多在山间,故称。白居易《寄韬光禅师》诗:"一山门作两山门,两寺原从

一寺分。"❷墓门。《宋书·袁颛传》:"奈何毁掷先基,自蹈凶戾,山门萧瑟,松庭谁扫?"

山盟海誓 亦作"海誓山盟"。指着山海盟誓,谓情深厚爱如山海之久长不变。赵长卿《贺新郎》词:"终待说山盟海誓,这恩情到此非容易。"

山明水秀 山光明媚,水色秀丽。形容风景优美。黄庭坚《蓦山溪·赠衡阳妓陈湘》词:"眉黛敛秋波,尽湖南,山明水秀。"

山姆大叔 美国的绰号。其来源传说不一。最通行的一种说法是:1812年英美战争时,美国的军需品装箱上均印有 U.S.(英文"美国"的缩写)字样。当时美国纽约州特洛伊城(Troy)有一个专门检查政府军事订货的官员山姆尔·威尔逊(Samuel Wilson,1766—1854),其亲友平时均称他"山姆大叔"。由于"山姆"(Sam)和"大叔"(Uncle)两个英文字的第一个字母也是 U 和 S,有人便开玩笑说这些军需品箱子都是山姆大叔的。后广为流传,"山姆大叔"即成为美国的绰号。19世纪30年代,美国漫画家把山姆大叔的形象描绘成一个蓄有长发和山羊胡子的瘦长老人,头戴星条高帽,身穿燕尾服。1961年美国国会通过决议承认"山姆大叔"为美国民族先驱的象征。

山妻 旧时隐士称己妻为"山妻"。罗大经《鹤林玉露》卷四:"既归竹窗下,则山妻稚子,作笋蕨,供麦饭,欣然一饱。"士人也用为称己妻的谦词。李白《赠范金卿》诗:"只应自索漠,留舌示山妻。"

山墙 上部成山尖形的横墙。设在双坡屋面房屋端部或内部,用以搁置檩条。有时亦指一般房屋的内外横墙。

山穷水尽 山和水都到了尽头,前面已无路可走。比喻陷入绝境。《官场现形记》第四十七回:"及至山穷水尽,一无法想,然后定他一个罪名。"

山人 ❶即山虞。古代掌管山林的官员。《左传·昭公四年》:"山人取之,县人传之。"孔颖达疏:"《周礼》:'山虞掌山林之政令。'知山人虞官也。"❷指隐士。王勃《赠李十四》诗:"野客思茅宇,山人爱竹林。"❸从事卜卦、算命等迷信职业的人。石君宝《秋胡戏妻》第一折:"你可以曾量忖,问山人,怎生的不拣择个吉日良辰?"

山水画 简称"山水",中国画画科之一。描写山川自然景色为主体的绘画。在魏、晋、六朝,逐渐发展,但仍多作为人物画的背景;至隋、唐,已有不少独立的山水画制作;五代、北宋而益趋成熟,作者纷起,从此成为中国画中的一大画科。主要有青绿、金碧、没骨、浅绛、水墨等形式。中国的山水画,先有设色,后有水墨。设色画中先有重色,后有淡彩。在艺术表现上讲经营位置和表达意境。

山水诗 诗歌的一种。以山水名胜为主题,表现山水自然美的抒情诗。对景物观察细致、形象清新逼真、语言富丽精工是其主要特点。中国古代山水诗也常流露出作者纵情山水、标举隐逸的消极情趣。在诗中对山水景色进行描绘,晋代已开其端,南朝宋谢灵运始开山水一派诗风,其后最著名的山水诗人有南朝齐谢朓、南朝梁何逊、唐孟浩然、王维等。

山颓木坏 《礼记·檀弓上》:"孔子蚤(早)作,负手,曳杖,消摇于门,歌曰:'泰山其颓乎?梁木其坏乎?哲人其萎乎?'……寝疾七日而殁。"后因以"山颓木坏"比喻重要人物之死。

山魈 ❶动物名。学名 *Mandrillus sphinx*。哺乳纲,灵长目,猴科。雄的体长0.8米以上。头大,尾极短,四肢粗壮。面部眉骨高突,两眼漆黑深陷;自眼以下,鼻部呈深红色,两侧皮肤有皱纹,色鲜蓝而透紫。

山 魈

吻部密被白须或橙须,并具尖利长牙,状极丑恶。头顶的毛竖起。身上的毛一般为黑褐色,腹部的灰白色。臀疣红色。栖于西非多石的山上,群居,杂食,常结群盗食农作物。性凶猛。是珍贵动物之一。❷亦作"山獠"。传说中的山中怪物。白居易《送人贬信州判官》诗:"溪畔毒沙藏水弩,城头枯树下山魈。"

山阳笛 晋向秀经山阳旧居,听到邻人吹笛,发声寥亮,不禁追念亡友嵇康、吕安,因作《思旧赋》。见《晋书·向秀传》。后人因以"山阳笛"为怀念故友的典故。庾信《伤王司徒褒》诗:"唯有山阳笛,凄余《思旧》篇。"

山阴道 山阴,今浙江绍兴。山阴

道指今绍兴市西南郊外一带,以风景优美著称。杜甫《舟中夜雪怀卢侍御》诗:"不识山阴道,听鸡瑜忆君。"参见"山阴道上应接不暇"。

山阴道上应接不暇 《世说新语·言语》:"王子敬(王献之)云:'从山阴道上行,山川自相映发,使人应接不暇。'"谓胜景太多,目不暇接,美不胜收。后亦以形容头绪纷繁,应付不过来。

山雨欲来风满楼 许浑《咸阳城东楼》诗:"溪云初起日沉阁,山雨欲来风满楼。"后用来比喻重大事情即将发生的某种气氛和迹象。

山长 ❶书院之主讲兼总院务者。始见于唐末五代。如唐刺史孙丘设学舍于阆州北古台山,以尹恭初为山长。宋元明官办书院设山长。宋元由礼部或行省宣慰使选任,与学正、教谕等并为地方学官。明代则由地方官礼聘。清沿明制。乾隆时改名院长,后复旧称。清末,改书院为学堂,其称遂废。❷旧时士大夫不仕,隐居山林,自称山长。如:宋雷简夫隐居时,出入乘牛,冠铁冠,自号"山长",见《宋史》本传。

山珍海错 亦作"山珍海味"。山间海中出产的各种珍异食品。韦应物《长安道》诗:"山珍海错弃藩篱,烹犊羊羔如折葵。"《红楼梦》第三十九回:"姑娘们天天山珍海味的,也吃腻了。"

山中宰相 南朝陶弘景初仕齐为左卫殿中将军,入梁,隐居句容的句曲山(茅山),屡经礼聘不出,武帝时国家每有大事,辄就咨询,时人称为"山中宰相"。见《南史·陶弘景传》。

山庄 山中住所;别墅。祝允明《寄谢雍》诗:"想得山庄长夏里,石床眠看度墙云。"

彡(shān) 毛笔饰画之文。见《说文·彡部》。
另见 xiǎn。

芟(shān) ❶删除杂草。《诗·周颂·载芟》:"载芟载柞。"毛传:"除草曰芟,除木曰柞。"引申为除去。如:芟除。❷镰刀。《国语·齐语》:"耒耜枷芟。"

芟夷 ❶除草。《左传·隐公六年》:"如农夫之务去草焉,芟夷蕴崇之。"蕴崇,堆积。❷削除。《三国志·蜀志·诸葛亮传》:"今操(曹操)芟夷大难,略已平矣。"

杉(shān) 一种常绿乔木。亦称"沙木"。

另见 shā。

删〔刪〕(shān) ❶削除。如:删繁就简。《汉书·律历志上》:"删其伪辞,取正义,著于篇。"❷节取。《汉书·艺文志》:"今删其要,以备篇籍。"

删夷 同"芟夷"。亦作"删刈"。削除之意。鲁迅《且介亭杂文末编·'这也是生活'……》:"删夷枝叶的人,决定得不到花果。"

苫(shān) ❶用草编成的覆盖物。如:草苫子。❷居丧时睡的草荐。《仪礼·丧服》:"居倚庐,寝苫枕块。"
另见 shàn。

苫次 旧指居亲丧的地方。如:苫次昏迷。也用作居亲丧的代称。参见"苫块"。

苫块 "寝苫枕块"的略语。苫,草荐;块,土块。古礼,居亲丧时,以草荐为席,土块为枕。

钐〔釤〕(shān) ❶化学元素[周期系第Ⅲ族(类)副族元素、镧系元素]。稀土元素之一。符号 Sm。原子序数 62。银白色金属。具有还原性和高的中子吸收截面。空气中加热至 150℃ 即着火。$SmCo_5$ 是良好的永久磁性材料。在激光材料、微波与红外光器材等方面有重要的应用。❷姓。明有钐资。
另见 shàn,xiān。

衫(shān) 古指短袖的单衣。《释名·释衣服》:"衫,芟也,芟末无袖端也。"《乐府诗集·杂曲歌辞·西洲曲》:"单衫杏子红,双鬓鸦雏色。"今指单上衣。如:衬衫;汗衫。亦为衣服的通称。如:衣衫。

衫子 古时妇女穿的上衣,又名"半衣"。元稹《杂忆》诗:"忆得双文衫子薄,钿头云影褪红酥。"参见"半衣"。

姗〔姍〕(shān) 见"姗姗"。
另见 shàn,xiān。

姗姗 ❶形容步履缓慢从容。《汉书·外戚传》:"偏何姗姗其来迟。"❷指气度飘洒自然。《儿女英雄传》第三十五回:"那老者生得童颜鹤发,仙骨姗姗。"

珊〔珊〕(shān) ❶见"珊珊"。❷见"珊瑚"。

珊瑚 由珊瑚虫的分泌物所构成的它们的外骨骼。其形状通常如树枝。主要由方解石($CaCO_3$)组成,遇酸起泡。其中的红珊瑚(*Corallium rubrum*)与黑珊瑚(*C. nigrum*,由角质的有机物$C_{32}H_{48}N_2O_{11}$组成,少数)

质地细腻致密,色泽艳丽,是名贵的有机珠宝。两者分别呈粉红至深红、黄、紫、蓝等色以及深棕至黑色;半透明至不透明;玻璃至蜡状光泽;硬度3.5。以色泽纯正、树高枝多者为上。用于制作首饰和工艺美术雕刻品。珊瑚多产于热带海洋中,常形成珊瑚礁。中国南海海域所产白珊瑚洁白多姿,可作观赏盆景。珊瑚还可入药,有定惊明目之功效。

珊瑚在网 比喻有才学的人都被收罗。《镜花缘》第四十二回:"从此珊瑚在网,文博士本出宫中;玉尺量才,女相如岂遗苑外?"

珊珊 ❶形容衣裾玉珮的声音。宋玉《神女赋》:"动雾縠以徐步兮,拂墀声之珊珊。"❷形容步履缓慢。如:珊珊来迟。《李师师外传》:"又良久,见姥拥一姬珊珊而来。"❸摇曳多姿貌。归有光《项脊轩志》:"三五之夜,明月半墙,桂影斑驳,风移影动,珊珊可爱。"

埏(shān) 本谓揉粘土,引申为制陶器的模型。《管子·任法》:"昔者尧之治天下也,犹埏埴之在埏也,唯陶之所以为。"参见"埏埴"。
另见 yán。

埏埴 亦作"挻埴"。以陶土放入模型中制成陶器。《老子》:"埏埴以为器。"

挻(shān) ❶引诱。《新唐书·卢钧传》:"相挻为乱。"按《旧唐书》作"相诱为乱"。❷夺取。《方言》第一:"自关而西,秦晋之间,凡取物而逆,谓之篡,楚部或谓之挻。"《汉书·贾谊传》:"主上有败,则因而挻之矣。"❸揉和。朱骏声《说文通训定声·乾部》:"凡柔和之物,引之使长,挼之使短,可析可合,可方可圆,谓之挻。陶人为坏,其一端也。"《老子》:"挻埴以为器。"

舢(shān) 见"舢舨"。

舢舨 原名"三板",亦作"舢板"。中国港湾和江河用桨、篙、橹等推进的木质小船。

彡(shān) 屋翼。见《广韵·二十七衔》。
另见 biāo。

腤(shān) 生肉酱。桓谭《新论·谴非》:"鄙人有得腤酱而美之。"
另见 chān。

痁(shān) 疟疾。《新唐书·姚崇传》:"崇病痁移告。"
另见 diàn。

烻(shān) 闪光貌。《文选·何晏〈景福殿赋〉》:"晨光内照,流景外烻。"张铣注:"烻,光动也。日光照之于中,彩色流出于外,动其晖光。"
　另见 yàn。

扇(shān) ❶通"搧"。摇扇生风。如:扇炉子。❷通"煽"。扇动。引申为炽盛。《梁书·谢举传论》:"逮乎江左,此道弥扇。"
　另见 shàn。

扇动 怂恿;鼓动。《三国志·魏志·蒋济传》:"大臣秉事,外内扇动。"亦作"煽动"。《旧五代史·唐明宗纪四》:"在途闻李严为孟知祥所害,以为剑南阻绝,互相煽动。"

扇惑 挑拨引诱。《晋书·郭璞传》:"小人愚崄,共相扇惑。"王守仁《客座私祝》:"导以骄奢淫荡之事,诱以贪财黩货之谋,冥顽无耻,扇惑鼓动。"

扇扬 鼓动。阮瑀《为曹公作书与孙权》:"秉翻然之成议,加刘备相扇扬,事结衅连,推而行之。"亦指播扬。柳宗元《国子司业阳城遗爱碣》:"昔公之来,仁风扇扬。"

蔪〔蔪〕(shān) 同"芟"。删除。《汉书·贾谊传》:"故蔪去不义诸侯,而虚其国。"颜师古注:"谓芟刈之。"
　另见 jiān。

掺〔摻〕(shān) 见"掺掺"。
　另见 càn,chān,shǎn。

掺掺 形容女子手的纤美。《诗·魏风·葛屦》:"掺掺女手。"毛传:"掺掺,犹纤纤也。"《说文》引作"攕攕"。

幓〔幓〕(shān) 旌旗的旒。《史记·司马相如列传》:"垂旬始以为幓兮。"裴骃集解引《汉书音义》曰:"旬始,气如雄鸡,县(悬)于葆下以为旒也。"

幓𫄧 同"襂𫄧"。下垂貌。《汉书·扬雄传上》:"漓虖幓𫄧。"颜师古注:"漓虖幓𫄧,车饰貌也。"

笘(shān) 古代儿童习字的竹片,可以擦去再写。《说文·竹部》:"颍川人名小儿所书写曰笘。"清代俞樾著有《儿笘录》。

縿〔縿〕(shān) 旌旗的正幅,旒所着之处。《尔雅·释天》:"纁帛縿。"邢昺疏:"縿,即众旒所著者。"
　另见 xiāo。

跚(shān) 见"蹒跚"。

搧(shān) ❶用扇搧动。如:搧风炉。引申为发挥。《聊斋志异·红玉》:"大搧威虐。"❷用手掌或手背批击。如:搧他一巴掌。翟灏《通俗编·杂字》:"今谓以手批面曰搧。"

煔(shān) 即"杉"。《尔雅·释木》:"柀,煔。"郭璞注:"煔似松,生江南,可以为船及棺材,作柱埋之不腐。"
　另见 qián,shǎn。

襂〔襂〕(shān) 同"衫"。《广雅·释器》:"复襂谓之裍。"王念孙疏证:"襂与衫同。"
　另见 shēn。

鯅〔鯅〕(shān) 本义鱼酱。见《玉篇·鱼部》。引申为鱼类制品。如鳀的幼苗的干制品叫"海鯅"。

煽(shān,又读 shàn) ❶炽盛。《诗·小雅·十月之交》:"艳妻煽方处。"❷扇火。引申为扇惑、扇动。陆游《排闷》诗:"日畏谗口煽。"《旧五代史·明宗纪四》:"煽摇军众。"

煽动 同"扇动"。

潸(shān) 泪流貌。《诗·小雅·大东》:"潸焉出涕。"也指流泪。《史记·扁鹊仓公列传》:"流涕长潸。"

檆(shān) 同"杉"。

膻〔羶、羴〕(shān) ❶羊臊气。《庄子·徐无鬼》:"蚁慕羊肉,羊肉膻也。"引申为类似羊臊气的恶臭。《列子·周穆王》:"王之嫔御,膻恶而不可亲。"亦引申为肉食。皮日休《喜鹊》诗:"弃膻在庭际,双鹊来摇尾。"❷羊腹内的脂膏。《礼记·祭义》:"燔燎,膻芗。"孙希旦集解:"膻芗,牛羊肠间脂也。羊膏,膻;牛膏,芗。"
　另见 dàn。

颤〔顫〕(shān) 鼻子通畅。《庄子·外物》:"鼻彻为颤,口彻为甘。"
　另见 chàn。

shǎn

闪〔閃〕(shǎn) ❶亮光突然显现,或忽隐忽现。如:闪光;闪亮。也指倏忽一现的光。如:闪电;打闪。又喻指形影的突然出现。《三国演义》第一回:"为首闪出一将,身长七尺,细眼长髯。"❷侧身急避。如:躲闪;闪开。《水浒传》第十一回:"林冲赶将去,那里赶得上!那汉子闪过山坡去了。"❸抛撇。高明《琵琶记·糟糠自厌》:"教孩儿往帝都,把媳妇闪得苦又孤。"❹因身体转侧或颠仆而扭伤筋络。如:跌闪了腰。王实甫《西厢记》第四本第二折:"夫人休闪了手。"引申为挫折或错失。如:闪失。《水浒传》第十二回:"不想又吃这一闪。"❺姓。明代有闪镗。

闪闪 光闪烁动摇貌。如:电光闪闪。《世说新语·容止》:"〔裴楷〕双目闪闪若岩下电。"

闪烁 光晃动不定貌。王僧孺《中寺碑》:"日流闪烁,风度清锵。"亦用以比喻说话多所遮掩。如:闪烁其词。

夾(shǎn) 偷了东西藏在怀里。与"夾(夹)"异。朱骏声《说文通训定声·谦部》:"夾者公然持人,夾者私有怀物。""陕(陝)"字从此。

㨹〔㨹〕(shǎn) 疾动貌。《文选·潘岳〈射雉赋〉》:"㨹降丘以驰敌,虽形隐而草动。"徐爰注:"㨹,疾貌也。"按今作"闪"。

㳌〔㳌〕(shǎn) 水流疾速。《文选·木华〈海赋〉》:"㳌泊柏而迤扬。"李善注:"㳌,疾貌。泊柏,小波也。"

陕〔陝〕(shǎn) ❶古地名。《公羊传》隐公五年(公元前718年):"自陕而东者,周公主之;自陕而西者,召公主之。"一说即战国陕陌,汉以后陕县,今河南陕县西南。一说"陕"当作"郏",指王城所在的郏鄏而言。❷陕西省的简称。旧因位陕原(今河南陕县一带)以西得名。

陕东 古地区名。周成王时周、召二公分陕而治,后人一般认为陕指陕陌(今河南陕县西南),因称陕陌以东地区为陕东,以西为陕西,与山东关东含义略同。参见"陕❶"。

陕西 古地区名。指陕陌以西。见"陕东"。

陕原 古地名。即陕陌。在今河南陕县西南。周成王时周、召二公分界之地。《括地志》:"分陕从原为界。"或谓"陕"当作"郏",参见"陕❶"。

㶒〔㶒〕(shǎn) ❶闪电。《西游记》第九十九回:"忽又一阵狂风,天色昏暗,雷㶒俱作,走石飞沙。"❷以火热菜。捧花生《画舫馀谭》："火舱之地，仅容一人，踞蹲而焐鸭、烧鱼、炰羹、炊饭，不闻声息。"

掺〔掺〕(shǎn) 持；握。《诗·郑风·遵大路》："掺执子之祛兮。"

另见 càn，chān，shān。

映(shǎn) 见"映映"。

映映 目频动貌。见《正字通·目部》。

睒(shǎn) ❶电光。见《正字通·日部》。❷晶莹貌。见《正字通·日部》。

睒(shǎn) ❶闪烁。《元包经·仲阳》："其光睒也。"❷窥视。《太玄·瞢》："瞢腹睒天，不睹其畛。"

睒睒 光芒闪烁貌。韩愈《东方半明》诗："残月辉辉，太白睒睒。"太白，金星。

睒睗 ❶疾视。《文选·左思〈吴都赋〉》："忘其所以睒睗，失其所以去就。"李善注："《说文》曰：睒，暂视也，式冉切；睗，疾视也，式亦切。"❷犹闪烁。韩愈《寄崔二十六立之》诗："雷电生睒睗。"

黏(shǎn) 见"黏灼"。

另见 qián，shān。

黏灼 犹闪烁。时时闪现出光芒。鲁迅《坟·人之历史》："进化之说，黏灼于希腊智者德黎(Thales)，至达尔文(Ch. Darwin)而大定。"

shàn

讪〔訕〕(shàn) ❶毁谤；讥笑。《论语·阳货》："恶居下流而讪上者。"《荀子·大略》："有谏而无讪。"参见"讪笑❶"。❷羞惭貌。如：讪脸。参见"讪讪"。

讪谤 诽谤。《北史·贾彝传》："父为苻坚钜鹿太守，坐讪谤系狱。"

讪讪 不好意思，难为情的样子。《红楼梦》第三十六回："自己便讪讪的红了脸。"

讪笑 ❶讥笑。《新唐书·韩愈传赞》："虽蒙讪笑，跲而复奋。"参见"姗笑"。❷勉强装笑。《红楼梦》第十六回："贾琏此时不好意思，只是讪笑。"

汕(shàn) ❶捕鱼的用具。《尔雅·释器》："翼谓之汕。"郭璞注："今之撩罟。"郝懿行义疏："按撩罟，今谓之抄网。"❷地名。汕头的简称。❸见"汕汕"。

汕汕 群鱼游水貌。《诗·小雅·南有嘉鱼》："南有嘉鱼，烝然汕汕。"

苫(shàn) 用苫来遮盖。陆游《幽居岁暮》诗："刈茅苫鹿屋，插棘护鸡栖。"

另见 shān。

钐〔釤〕(shàn) ❶大镰刀。韩愈《凤翔陇州节度使李公墓志铭》："铸镈、钐、锄、斸，以给农之不能自具者。"❷砍；劈。王实甫《西厢记》第二本第二折："远的破开步将铁棒彪，近的顺著手把戒刀钐。"

另见 shān，xiān。

疝(shàn) 通常指腹腔内脏突出腹腔或进入潜在的腹内间隙的病症。多由腹腔内压增高和腹壁有缺损或薄弱引起。腹股沟疝(俗称"小肠气")、股疝、脐疝和腹壁切口疝等较为常见。此外尚有腹腔内容物通过膈肌缺损或薄弱区突入胸腔的膈疝。由于疝可能诱发肠绞窄，宜及早手术治疗；婴儿和年老体弱者可用疝带防止疝突出；对已有绞窄症状者应紧急手术。

单〔單〕(shàn) ❶县名。❷姓。隋末有单雄信。

另见 chán，dān，dàn。

姗〔姍〕(shàn) 通"讪"。讥议。《汉书·石显传》："显恐天下学士姗己。"

另见 shān，xiān。

姗诮 嘲笑讥刺。《新唐书·裴伷先传》："武后度流人已诛，畏天下姗诮，更遣使者安抚十道，以好言自解释。"

姗笑 嘲笑，讥讽。《汉书·诸侯王表》："姗笑三代，荡灭古法。"参见"讪笑❶"。

剡(shàn) 见"剡溪"。

另见 yǎn。

剡牍 旧时公文多用剡溪纸誊写，因称公牍为剡牍。楼钥《通添差教授王太傅启》："知客授侯邦，尤得抠衣之便。抚躬甚喜，剡牍先之。"

剡溪 在今浙江嵊州市，即曹娥江上游。溪水制纸甚佳，古代以产藤纸、竹纸著名。唐皮日休《二游诗》："宣毫利若风，剡纸光于月。"

扇(shàn) ❶门扇；窗扇。《礼记·月令》："是月也，耕者少舍，乃修阖扇，寝庙毕备。"郑玄注："用木曰阖，用竹苇曰扇。"因亦以计门窗及楅扇之数。如：一扇门；两扇窗。❷扇子。如：纸扇；团扇。❸古代障尘蔽日的用具。如：掌扇。❹通"骟"。见"扇马"。

另见 shān。

扇马 同"骟马"。阉割过的雄马。《新五代史·郭崇韬传》："至于扇马，亦不可骑。"

墠〔墠〕(shàn) 供祭祀用的经清除的整洁地面。《礼记·祭法》："王立七庙、一坛、一墠。"郑玄注："封土曰坛，除地曰墠。"

掞〔掞〕(shàn) 芟除。引申为攻取。扬雄《长杨赋》："所过麾城掞邑，下将降旗。"

另见 zhàn。

掸〔撣〕(shàn) 掸人，缅甸民族之一。约270万人(1995年)。主要分布在掸邦，部分在克耶邦一带和缅甸中部。语言属汉藏语系壮侗语族。有文字。多信小乘佛教。同中国的傣族有密切关系。

另见 chán，dǎn。

潬〔潬〕(shàn) 见"宛潬"。

另见 tān。

橝〔橝〕(shàn) 木名。白纹，古时用以制栉、杓等物。《山海经·中山经》："〔风雨之山〕其木多椆橝。"郭璞注："橝木白理中栉。"《礼记·礼器》："橝杓，此以素为贵也。"孔颖达疏："用白理木为杓。"

偏(shàn) 炽盛。《说文·人部》："偏，炽盛也。《诗》曰：'艳妻偏方处。'"段玉裁注："《诗》本作偏，后人以训炽之故，肊造煽字耳。古通作扇。"

善(shàn) ❶善良；美好。如：善意；尽善尽美。《汉书·张汤传》："其推贤扬善，固宜有后。"❷友好；亲善。《国策·秦策二》："齐楚之交善。"❸擅长；善于。《梁书·柳恽传》："宋世有嵇元荣、羊盖，并善弹琴。"❹赞许；以为善。《孟子·梁惠王下》："王如善之，则何为不行?"《荀子·非相》："凡人莫不好言其所善。"❺多；容易。如：善变；善忘；善病。❻爱惜。《荀子·强国》："善日者王，善时者霸。"❼犹言熟悉。如：这个人好面善呀! ❽通"缮"。修治。王弼《易略例》："故有善迹而远矣。"引申为揩拭。见"善刀"。❾通"膳"。《庄子·至乐》："具太牢以为善。"❿伦理学基本概念。与"恶"相对。一定社会或阶级对符合其道德原则和规范的行为的肯定评价。具有时代性和民族性。在有阶级的社会中，阶级利益是判断善恶标准的基础。但也不排斥公共生活中的一些简单的共同的善恶准则。善与恶是对立的统一，历史上它们相比较而存在,相斗争而发展。评价善恶是有客观标准的:一切有利于社会的进步或者对历史发展起促进作用的,就是善;反之,就是恶。无产阶级判断善恶的标准是社会主义、共产主义的道德原则和规范。❶姓。五代时有善友。

善本 ❶凡精加校勘,错误较少的书籍,称为善本。宋欧阳修《欧阳文忠公全集·集古录跋尾》卷八《唐田弘正家庙碑》:"自天圣以来,……学者多读韩文而患集本讹舛,惟余家本屡更校正,时人共传,号为善本。"❷时代较远的旧刻本、精抄本、手稿、碑帖拓本及流传稀见的其他印刷品等,通常亦称为"善本"。

善才 唐时著名琵琶师。《乐府杂录·琵琶》:"贞元中有王芬、曹保,保其子善才,其孙曹纲,皆袭其艺。"后也用以称琵琶师。白居易《琵琶行·序》:"尝学琵琶于穆曹二善才。"又诗云:"曲罢曾教善才服,妆成每被秋娘妒。"

善财(Sudhana) 亦称善财童子。佛教菩萨。据《华严经·入法界品》载,为福城长者之子,受文殊指点,南行参访五十三位"善知识"(名师)而成菩萨。因曾从观音受教,故禅宗寺院中观音造像左侧,常造有善财童子像。

善刀 《庄子·养生主》:"善刀而藏之。"郭象注:"拭刀而纳之也。"陆德明释文:"善刀,善,犹拭也。"后因以"善刀而藏"比喻适可而止,自敛其才。

善贾(—gǔ) 善于做生意。《韩非子·五蠹》:"鄙谚曰:'长袖善舞,多钱善贾。'此言多资之易为工也。"

善后 《孙子·作战》:"虽有智者,不能善其后矣。"原意说不能防止后患。后用来指妥善地料理事后遗留的问题。如:处理善后事宜。苏轼《送范经略》诗:"谋初要百虑,善后乃万全。"

善怀 多忧虑。《诗·鄘风·载驰》:"女子善怀,亦各有行。"朱熹注:"善怀,多忧思也。"

善贾(—jià) 贾,同"价"。善贾,犹高价。参见"善贾而沽"。

善贾而沽 等好价钱才卖出。《论语·子罕》:"有美玉于斯,韫匵而藏诸?求善贾而沽诸?"贾,同"价"。旧时也常用以比喻怀才未遇,等待时机以求一售。

善柔 善于阿谀奉承。《论语·季氏》:"友便辟,友善柔,友便佞,损

矣!"邢昺疏:"善柔,谓面柔,和颜悦色以诱人者也。"

善善恶恶(恶恶 è è) 犹"好好丑丑"。

善善恶恶(恶恶 wù è) 区别善恶,爱憎分明。《史记·太史公自序》:"善善恶恶,贤贤贱不肖。"

善始善终 从开头到结局都很好。《史记·陈丞相世家赞》:"以荣名终,称贤相,岂不善始善终哉!"

善颂善祷 《礼记·檀弓下》:"晋献文子成室,晋大夫发焉。张老曰:'美哉轮焉!美哉奂焉!歌于斯,哭于斯,聚国族于斯。'文子曰:'武也,得歌于斯,哭于斯,聚国族于斯,是全要(腰)领以从先大夫于九京(原)也。'北面再拜稽首。君子谓之善颂善祷。"孔颖达疏:"张老因颂寓规,故为善颂;文子闻义则服,故为善祷。"后文人常用来赞美能寓规劝于颂祷之中。

善意 ❶善良的心意;好意。❷法律用语。"恶意"的对称。指不知存在足以影响法律效力的事实而实施的行为。如不知交付人不是所有权人或并无让与权,而以合法的原因取得动产。各国法律规定,善意占有物可以不返还所有人。

善终 ❶指人因衰老而死亡,不死于刑戮或意外的灾祸。《晋书·魏舒传》:"时论以为晋兴以来,三公能辞荣善终者,未之有也。"❷指办好丧事,饰终以礼。《左传·文公十五年》:"襄仲欲勿哭,惠伯曰:'丧,亲之终也;虽不能始,善终可也。'"

禅〔禪〕(shàn) ❶古代帝王的祭地礼。详"封禅"。❷以帝位让人。《孟子·万章上》:"唐、虞禅,夏后、殷、周继。"参见"禅让"。❸转化。《庄子·寓言》:"万物皆种也,以不同形相禅,始卒若环,莫得其伦,是谓天均。"成玄英疏:"禅,代也。夫物云云,禀之造化,受气一种而形质不同,运运迁流而更相代谢。"

另见 chán。

禅让 相传尧为部落联盟领袖时,四岳推举舜为继承人,尧对舜进行三年考核后,使帮助办事。尧死后,舜继位,用同样推举方式,经过治水考验,以禹为继承人。禹继位后,又举皋陶为继承人,皋陶早死,又以伯益为继承人。这种古代部落联盟推选领袖的制度,史称"禅让"。

谪〔譝〕(shàn) 以言惑人。见《集韵·三十三线》。

詹(shàn) 赡足。《吕氏春秋·适音》:"不充则不詹,不詹则窕。"高诱注:"詹,足也。"

另见 chán,zhān。

骟〔騸〕(shàn) ❶马割掉睾丸。《旧五代史·郭崇韬传》:"不唯疏斥阉寺,骟马不可复乘。"也指割去其他牲畜的睾丸。❷接树。《月令广义》有骟树法。

鄯(shàn) 鄯善,古西域国名。本名楼兰。王居扜泥城(在今新疆若羌县治卡克里克)。在西域南道上。产驴、马、骆驼等。居民游牧,能制兵器。

墡(shàn) 白土。见《广韵·二十八狝》。

僤(shàn) 通"禅"。禅让;让位。《法言·问明》:"允哲尧僤舜之重。"

另见 chán,dàn,tǎn。

缮〔繕〕(shàn) ❶修补;整治。如:修缮;缮治。《左传·襄公三十年》:"聚禾粟,缮城郭。"《汉书·息夫躬传》:"缮修干戈。"❷抄写。曾巩《列女传目录序》:"今校雠其八篇及十五篇者已定,可缮写。"

膳〔饍〕(shàn) ❶饭食。如:用膳;供给膳宿。曹植《赠丁翼》诗:"丰膳出中厨。"❷进献食物。《仪礼·公食大夫礼》:"宰夫膳稻于粱西。"郑玄注:"膳,犹进也。"❸煎和;烹调。《周礼·天官·庖人》:"凡用禽献,春行羔豚膳膏香。"郑玄注:"用禽献,谓煎和之以进献王。"膏香,牛脂。

膳夫 官名。西周设置。金文作善夫,掌出纳王命。《周礼》中天官所属有此官,掌王之食饮膳羞。

膳食结构 居民消费的各种食物种类及其数量的构成。它取决于人体对营养的生理需要、膳食习惯、社会生产、经济、文化和科学技术的发展水平。其合理程度与人体体格素质、健康状况关系密切。

澹(shàn) 通"赡"。供给;供应。《荀子·王制》:"物不能澹则必争。"

另见 dàn,tán。

擅(shàn) ❶专;独揽;自作主张。如:擅长。《史记·货殖列传》:"而擅其利数世。"《三国志·魏志·武帝纪》:"傕(李傕)等擅朝政。"❷据有。《国策·秦策三》:"且昔者中山之地,方五百里,赵独擅之。"❸通"禅"。《荀子·正论》:"尧舜擅让。"杨倞注:"擅与禅同。"

擅场 压倒全场;胜过众人。《文选·张衡〈东京赋〉》:"秦政利觜长距,终得擅场。"李善注:"利喙长距者终擅一场也。"杜甫《冬日洛城》诗:"画手看前辈,吴生远擅场。"

擅断 专断;独断独行。《韩非子·和氏》:"主用术,则大臣不得擅断,近习不敢卖重。"

魾（shàn）同"鳝(鱓)"。

嬗（shàn）❶通"禅"。更替;禅让。《汉书·王莽传中》:"予之皇始祖考虞帝,受嬗于唐。"❷演变;蜕变。《汉书·贾谊传》:"形气转续,变化而嬗。"

嬗变 演变;蜕变。参见"嬗❷"。

赡〔赡〕（shàn）❶供给;供养。《晋书·羊祜传》:"祜立身清俭,被服率素,禄俸所资,皆以赡给九族,赏赐军士。"❷充裕;足够。《墨子·节葬下》:"亦有力不足,财不赡,智不智,然后已矣。"《孟子·公孙丑上》:"以力服人者,非心服也,力不赡也。"❸姓。元代有赡思。

另见 dàn。

赡丽 富丽。《梁书·萧洽传》:"又敕撰《当涂堰碑》,辞亦赡丽。"

赡恤 赡养抚恤。《南史·梁武帝纪》:"诏鳏寡孤独尤贫者,赡恤各有差。"

赡养 成年子女对父母或晚辈对长辈在物质上的帮助与生活上的照顾。属于广义的扶养。我国婚姻法规定,成年子女对父母有赡养扶助的义务;子女不履行赡养义务时,无劳动能力或生活有困难的父母,有要求子女给付赡养费的权利。我国刑法规定,有赡养义务而拒绝赡养,情节恶劣的,应追究刑事责任。

禋（shàn）同"禅"。

蟮（shàn）同"蟺"。曲蟮,亦作"曲蟺",即蚯蚓。

蟺（shàn）见"蜿蟺"。

鐥（shàn）同"钐(釤)"。

鳝〔鳝、鱓〕（shàn）动物名。学名 *Fluta alba*。亦称"黄鳝"。硬骨鱼纲,合鳃科。体呈鳗形,长达 50 余厘米。黄褐色,具暗色斑点。头大,口大,唇厚,眼小。左右鳃孔连成一个,位于腹面。无胸鳍和腹鳍;背鳍和臀鳍低平,与尾鳍相连。无鳞。栖息池塘、小河、稻田等处,常潜伏泥洞或石缝中。食各种小动物。广布于亚洲东部、南部;中国除西部高原外,各地均产。是中国最普通的淡水食用鱼类。有些地区已开始养殖。

鱓〔鱓〕（shàn）通"鳝"。黄鳝。参见"鱓堂"。

另见 zhān。

鱓堂 《后汉书·杨震传》:"后有冠雀衔三鱓鱼,飞集讲堂前。都讲取鱼进曰:'蛇鱓者,卿大夫服之象也;数三者,法三台也。先生自此升矣。'"李贤注:"按《续汉》及谢承书,鱓皆作鳝。然则鱓、鳝古字通也。鳝鱼长者不过三尺,黄地黑文,故都讲云'蛇鱓,卿大夫之服象也。'"后因称讲学之所为"鱓堂"。朱熹《奉和公济兄留周宾之句》诗:"鱓堂偶休闲,鸡黍聊从容。"

鱓庭 即鱓堂。讲堂。李德裕《奉送相公十八丈镇扬州》诗:"共悬龟印衔新绶,同忆鱓庭访旧居。"参见"鱓堂"。

骟（shàn）同"骟(騸)"。

灗（shàn）同"灗"。

shāng

伤〔伤〕（shāng）❶创伤。《左传·襄公十七年》:"以杙抉其伤而死。"❷伤害。《孟子·公孙丑上》:"矢人惟恐不伤人。"引申为毁伤,诋毁。如:中伤。《吕氏春秋·举难》:"人伤尧以不慈之名。"❸妨碍。《论语·先进》:"何伤乎?亦各言其志也。"❹忧思;哀悼。《诗·周南·卷耳》:"维以不永伤。"《国策·秦策一》:"天下莫不伤。"❺丧祭。《管子·君臣下》:"明君饰食饮吊伤之礼。"尹知章注:"伤,谓丧祭也。"❻失之于;太过。《北史·苏威传》:"所修格令章程,并行于当世,颇伤烦碎。"

伤风 见宋陈无择《三因方·叙伤风论》。即"感冒"。清徐大椿《医学源流论》:"凡人偶感风寒,头痛发热,咳嗽涕出,俗语谓之伤风。"

伤风败俗 败坏风俗。多用以谴责道德败坏的行为。韩愈《论佛骨表》:"伤风败俗,传笑四方,非细事也。"

伤弓之鸟 受过箭伤的鸟。比喻遭受过灾祸,遇事胆怯的人。《晋书·苻生载记》:"伤弓之鸟,落于虚发。"参见"惊弓之鸟"。

伤害 ❶损害。如:伤害自尊心。❷法律上指破坏人体组织的完整性或人体器官的正常机能的行为。如打瞎眼睛、使人精神失常等。造成肉体上暂时疼痛、使人精神上受到轻微刺激等,不以伤害论。在我国,故意伤害他人身体的,无论轻伤、重伤,均构成犯罪;过失伤害他人身体的,只有致人重伤的才构成犯罪。

伤气 志气受挫伤。犹言气短。《文选·宋玉〈高唐赋〉》:"感心动耳,回肠伤气。"李善注:"言上诸声,能回转人肠,伤断人气。"司马迁《报任少卿书》:"夫以中才之人,事有关于宦竖,莫不伤气,而况于慷慨之士乎!"

伤生 ❶伤害生命。《庄子·让王》:"君固愁身伤生,以忧戚不得也。"❷妨害活人。《孝经·丧亲章》:"三日而食,教民不以死伤生,毁不灭性。"

伤食 因饮食不节而使脾胃受伤。《素问·痹论》:"饮食自倍,肠胃乃伤。"多见脘腹饱胀、厌食、嗳腐吞酸、舌苔厚腻等。治宜消食导滞。

伤逝 哀念死者。庾信《周赵国夫人纥豆陵氏墓志铭》:"孙子荆之伤逝,怨起秋风;潘安仁之悼亡,悲深长簟。"

伤心 悲痛;心灵受到创伤。《礼记·问丧》:"女子哭泣悲哀,击胸伤心。"司马迁《报任少卿书》:"悲莫痛于伤心。"

伤夷 同"伤痍"。

伤痍 创伤。《史记·刘敬叔孙通列传》:"哭泣之声未绝,伤痍者未起。"按《汉书·娄敬传》作"伤夷",颜师古注:"夷,创也,音痍。"

汤〔汤〕（shāng）见"汤汤"。

另见 tāng, tàng, yáng。

汤汤 大水急流貌。《书·尧典》:"汤汤洪水方割。"范仲淹《岳阳楼记》:"浩浩汤汤,横无际涯。"

惕〔惕〕（shāng）见"惕惕"。

另见 dàng。

惕惕 形容走路时身直而步快。《礼记·玉藻》:"凡行容惕惕。"郑玄注:"惕惕,直疾貌。"

杨〔殇〕（shāng）指强死鬼,即死于非命者。亦指驱逐强死鬼之祭。《礼记·郊特牲》:"乡人杨。"郑玄注:"杨,强鬼也。谓时傩,索室驱疫,逐强鬼也。杨或为献,或为傩。"

殇〔殇〕（shāng）❶未成年而死。《仪礼·丧服》:"年十九至十六为长殇,十五至十二为中殇,十一至八岁为下殇,不满八岁以下,皆为无服之殇。**王羲之**《兰亭集序》:"固知一死生为虚诞,齐彭殇为妄作。"**彭**,指彭祖,古代相传的长寿者。❷指为国死难者。见"国殇"。

商(shāng) ❶贩卖货物。如:经商。也指从事商业的人。如:小商小贩。参见"商贾"。❷商量。如:有事面商。《后汉书·宦者传论》:"成败之来,先史商之久矣。"**李贤**注:"商谓商略也。"❸五音之一。《礼记·月令》:"〔孟秋之月〕其音商。"参见"五音❶"。❹漏刻。古代漏壶中箭上所刻的度数。《仪礼·士昏礼》**贾公彦**疏:"郑目录云:'日入三商为昏。'……商,谓商量,是漏刻之名。"❺古星名,即"心宿"。《左传·昭公元年》:"故辰为商星。"❻古部落名。**子**姓。始祖名契,居于商(今河南商丘市南),商乃由此得名。传到孙相土时,势力达到今渤海一带。相土三世孙冥,善于治水。冥子王亥,从事畜牧业。传到汤,灭夏桀,建立商朝。从契到汤,共十四代。❼朝代名。公元前1600年商汤灭夏后建立的奴隶制国家。建都亳(今山东曹县南),曾多次迁移。后盘庚迁都殷(今河南安阳小屯村),因而商也被称为殷。农业比较发达,已用多种谷类酿酒,手工业已能铸造精美青铜器和烧制白陶,交换也较前扩大,出现规模较大的早期城市,为当时世界上的文明大国。传至纣,被周武王攻灭。共传十七代,三十一王。相当公元前1600年到前1046年。❽古地名。在今河南商丘市南。商始祖契所居。由地名成为国族名。商自盘庚迁都于殷(今河南安阳市小屯村)后,周人改称商为殷,而商人自称则仍为商,故殷都亦称中商。❾数学名词。一数除以不为零的数的结果称为"商"。❿姓。

商标 企业、事业单位和个体工商业者对其生产、制造、加工、拣选或经销的商品所使用的标志。一般用文字、图形或其组合,注明在商品、商品包装、招牌、广告上面。商标经国家商标管理部门核准注册,称为注册商标,注册人取得专用权,受到法律保护。商标的作用在于促进商品质量的提高,便于消费者选购,维护商标注册人的信誉和权益。

商飙 亦作"商飈"。秋风。**李白**《登单父半月台》诗:"置酒望白云,商飙起寒梧。"参见"商秋"。

商店 在一定的建筑物内从事商品买卖的经营单位。按商品流转环节分,有批发商店和零售商店;按经营形态分,有综合商店、专业商店和百货商店;按服务方式分,有售货员服务商店和自我服务商店等。

商兑 商酌。《易·兑》:"商兑未宁。"**朱熹**注:"不能决而商度所说,未能有定。"宁,定。

商风 秋风;西风。《楚辞·七谏·沈江》:"商风肃而害生兮"**王逸**注:"商风,西风。"参见"商秋"。

商贾 商人的统称。《周礼·天官·太宰》:"六曰商贾,阜通货贿。"**郑玄**注:"行曰商,处曰贾。"

商横 即"上章",十干中"庚"的别称。《史记·历书》:"商横涒滩三年。"**司马贞**索隐:"商横,庚也……涒滩,申也。"按即庚申三年。参见"上章❸"。

商蚷 虫名,即马陆,也叫马蚿。《庄子·秋水》:"是犹使蚊负山,商蚷驰河也,必不胜任矣。"**陆德明**释文引**司马彪**曰:"商蚷,虫名,北燕谓之马蚿。"

商路 商人进行远距离贩运贸易所行经的路线,特指中世纪以前的陆上通商道路而言。其中最著名且重要者即古代横贯亚洲大陆的"丝绸之路"。此外在亚洲内部特别是蒙古、中南半岛、印度半岛和阿拉伯半岛等地,非洲的东部、北部和中部,以及欧洲各地,也都有商路纵横分布。近代交通运输发展后,旧有商路的作用逐渐减低。

商旅 ❶行商;流动的商人。《考工记·总序》:"通四方之珍异以资之,谓之商旅。"**郑玄**注:"商旅,贩卖之客也。"❷商人和旅客。**范仲淹**《岳阳楼记》:"商旅不行,樯倾楫摧。"

商略 ❶商量讨论。《晋书·阮籍传》:"籍尝于苏门山遇孙登,与商略终古及栖神导气之术。"❷估计。**陆游**《枕上》诗:"商略明朝当少霁,南檐风佩已锵然。"❸犹脱略,放纵不受拘束。《三国志·蜀志·杨戏传评》:"杨戏商略,意在不群,然智度有短,殆罹世难云。"

商谜 用猜谜斗智以吸引听众的伎艺。宋代颇流行。**灌圃耐得翁**《都城纪胜》:"商谜:旧用鼓板吹《贺圣朝》,聚人猜诗谜、字谜、戾谜、社谜,本是隐语。"猜谜方式有道谜、正猜、下套贴套等。原注有"来客索猜"、"许旁人猜"等语,可知不仅由表演人互相猜答,且亦可以听众互猜。

商品 为交换而生产的劳动产品。具有使用价值和价值二因素。供自己消费而生产的劳动产品不是商品。为他人生产,但不经过交换的劳动产品,如农民向地主交纳地租的那一部分产品,也不是商品。商品是在一定经济条件下存在的历史范畴,它的出现是社会分工和产品属于不同所有者的结果。畜牧业从农业中分离出来后,农业部落和畜牧部落之间交换的产品,是最初的商品。它在不同的社会里体现不同的生产关系。

商秋 旧以商为五音中的金音,声凄厉,与肃杀的秋气相应,故称秋天为"商秋"。《文选·何晏〈景福殿赋〉》:"结实商秋,敷华青春。"**李善**注引《礼记》:"〔孟秋之月〕其音商。"

商榷 斟酌;商讨。《北史·崔孝芬传》:"商榷古今,间以嘲谑,听者忘疲。"**左思**《吴都赋》:"剖判庶士,商榷万俗。"

商羊 传说中的鸟名。《孔子家语·辩政》:"齐有一足之鸟,飞集于宫朝下,止于殿前,舒翅而跳。齐侯大怪,使使聘鲁问孔子。孔子曰:'此鸟名曰商羊,水祥也。昔童儿有屈其一脚,振讯两眉而跳。且谣曰:天将大雨,商羊鼓舞。'"《论衡·变动》:"商羊者,知雨之物也;天且雨,屈其一足起舞矣。"

商业 亦称"贸易"。从事商品流通的国民经济部门。分对外贸易和国内商业。国内商业又分批发商业和零售商业。是联结工业同农业、城市同乡村、生产同消费的桥梁和纽带;其主要职能是进行商品的收购、销售、调运和储存;任务是为生产、消费服务。

商周铜器 中国考古学上的铜器,主要指商代和两周时期制造的青铜器。其类型有工具、兵器、烹饪器、食器、酒器、水器、乐器、车马器等,形制多样,纹饰精丽,其铭文尤为研究古代史的重要资料。商代晚期和西周前期的形制,端庄厚重,精细华丽,装饰图案多为饕餮纹、夔龙纹和各种动物纹及几何形图案,铭文的字数一般较少。从西周中期到春秋中期,风格趋向简朴,装饰图案多为粗线条的几何形图案,但长篇铭文较前增多。春秋后期至战国时代,制作轻薄精巧,纹饰多活泼的动物纹与细密复杂的几何纹,有用细线雕刻狩猎、战争、宴会等图像的，更有用金银、纯铜、玉石等镶嵌成图案或图像的。

觞〔觴〕(shāng) ❶古代盛酒器。《礼记·投壶》："请行觞。"颜延之《陶徵士诔》："念昔宴私，举觞相诲。"❷向人敬酒或自饮。《吕氏春秋·达郁》："管子觞桓公。"范成大《宿胥口始闻雁》诗："把酒不能觞。"

觞政 酒令。《说苑·善说》："魏文侯与大夫饮酒，使公乘不仁为觞政。"参见"酒令"。

墒(shāng) 北方方言。指土壤含有适合种子发芽的水分。如：保墒；抢墒抢种。

蔏(shāng) 见"蔏蒌"、"蔏藋"。

蔏藋 植物名。《尔雅·释草》："拜，蔏藋。"按，即"藜"。参见该条。

蔏蒌 植物名。《尔雅·释草》："购，蔏蒌。"郭璞注："蔏蒌，蒌蒿也。"按，即白蒿。

慯(shāng) "伤（傷）"的本字。

鬺〔鬺〕(shāng) 烹煮。特指烹煮牲牢以祭祀。《史记·封禅书》："禹收九牧之金铸九鼎，皆尝亨鬺上帝鬼神。"裴駰集解引徐广曰："皆尝以亨牲牢而祭祀。"

熵(shāng) 科学名词。用以表示某些物质系统状态的一种量度，或说明其可能出现的程度。(1)热力学中表示物质系统状态的物理量。常用 S 表示。可用如下方式定义：物质在可逆变化过程中，熵的增量为 $dS = dQ/T$，式中 dQ 为对物质加入的热量，T 为物质的热力学温度。熵在物理学、化学、冶金学等学科中都有广泛的应用。可以证明，熵的上述定义与统计热力学上的如下陈述相符：熵的大小是状态自发实现可能性的量度，熵越大的状态，实现的可能性越大。例如，将氮、氧两种气体封闭于同一容器中，则氮、氧分开的可能性小，而均匀混合的可能性大；所以前者的熵小，后者的熵大。从气体动理论的观点来看，由于分子的热运动，物质系统的分子要从有序趋向混乱。熵变大即表示分子运动的混乱程度增加。经验指出，孤立系统内实际发生的过程，总是使系统的熵增加。熵增加是一切物理和化学过程能否实现的判据。(2)信息论中的一个基本量。例如，在试验甲和乙中，两种结果 A 和 B 出现的概率如下表。

	出现 A 的概率	出现 B 的概率
试验甲	0.5	0.5
试验乙	0.99	0.01

那么在试验之前，就试验甲而言，很难断定 A 和 B 中，哪个将出现；但就试验乙而言，就很有把握地断定 A 将出现。由此可见，在不同的试验中，其不肯定性是有大有小的，试验甲的不肯定性就比试验乙的来得大。熵就是描写不肯定性大小的量，熵愈大不肯定性愈大。一般地，设在试验中有 n 个可能出现的结果 $A_1, A_2, \cdots, A_n$，假设它们出现的概率分别是 $P_1, P_2, \cdots, P_n$，通常规定这个试验的熵为

$$H = -p_1 \log_2 p_1 - p_2 \log_2 p_2 - \cdots - p_n \log_2 p_n$$

鷞〔鷞〕(shāng) 见"鷞鸠"。

鷞鸠 鸟名。《玉篇·鸟部》："鷞鸠，舞则天大雨。"亦作"商羊"。《孔子家语·辩政》："齐有一足之鸟，飞集于宫朝，下止于殿前，舒翅而跳，齐侯大怪之，使使聘鲁问孔子，孔子曰：'此鸟名曰商羊，水祥也，昔童儿……谣曰：天将大雨，商羊鼓舞。'"

螪(shāng) 见"螪何"。

螪何 虫名，蜥蜴类。《尔雅·释虫》："蛶，螪何。"郝懿行义疏："何或作蚵，音河。《玉篇》：'蛶，螪蚵也。'又云：'蚵蜚，蜥易也。'本于《广雅》。《集韵》引《尔雅》'蛶，螪何'，亦以为蜥易类也。"按易是"蜴"的本字。

醠(shāng) 同"觞（觴）"。

shǎng

上(shǎng) 汉语声调之一。即上声。

另见 shàng。

上声 汉语的一种调类。四声之一。调值各地不一。普通话上声念降升调，如"永"、"久"、"友"、"好"等字的调子。参见"四声"。

坰(shǎng) 中国北方使用的一种地积单位。东北多数地区一坰约合十五亩，西北地区约合三至五亩。现法定计量单位使用公顷。

晌(shǎng) ❶正午或午时前后。如：晌午。❷半天的时间。如：上半晌；下半晌。❸泛指不多久的时间。如：前晌；晚晌；半晌。

董解元《西厢记》卷三："低头了一晌，把庞儿变了眉儿皱。"❹通"垧"。原田地面积单位名。杨宾《柳边纪略》卷三："宁古塔地，不计亩而计晌，晌者，尽一日所种之谓也。"

赏〔賞〕(shǎng) ❶赏赐；奖赏。《礼记·月令》："〔孟春之月〕赏公卿诸侯大夫于朝。"《韩非子·难一》："赏不加于无功。"亦指赏格。如：悬赏征求。❷欣赏；赏识。如：赏月；奇文共赏。孟浩然《夏日南亭怀辛大》诗："欲取鸣琴弹，恨无知音赏。"❸称扬。如：赞赏。《左传·襄公十四年》："善则赏之。"杜预注："赏谓宣扬。"❹通"尚"。尊重。《荀子·王霸》："赏贤使能以次之。"

赏格 悬赏所定的报酬数目。《南史·陈后主纪》："重立赏格，分兵镇守要害。"

赏鉴 亦作"鉴赏"。欣赏；鉴别。如：赏鉴名画。《红楼梦》第八回："原来姐姐那项圈上也有字，我也赏鉴赏鉴。"

赏识 认识到人的才能或作品的价值而加以重视或赞扬。《宋史·欧阳修传》："奖引后进，如恐不及；赏识之下，率为闻人。"

赏心 心情欢畅。谢灵运《拟魏太子邺中集诗序》："天下良辰、美景、赏心、乐事，四者难并。"

赏心悦目 看到美好的景色而心情愉快。鲁迅《故事新编·采薇》："野草里开着些红红白白的小花，真是连看看也赏心悦目。"

曏(shǎng) "晌"的本字。不多久。段玉裁《说文解字注·日部》："曰一晌，曰半晌，皆是曏字之俗。"

另见 xiàng 向（嚮）。

shàng

上(shàng) ❶位置在高处。如：上层；楼上。❷时间、次第在前。如：上午；上册。❸等级、质量较高。如：上级；上品。《晋书·宣帝纪》："弃城预走，上计也。"❹尊长。《礼记·王制》："尊君亲上，然后兴学。"孔颖达疏："亲上，谓在下亲爱长上。"又专指帝王。《史记·平津侯主父列传》："不合上意，上怒。"❺登；上升。如：上山。王维《辋川闲居赠裴秀才迪》诗："渡头馀落日，墟里上孤烟。"❻送；进献。如：上书；上酒。《庄子·说剑》："宰夫上食。"❼陵驾。《左传·桓公五年》："君子不

欲多上人。"❽增添;安装。如:上煤;上刺刀。《镜花缘》第三十七回:"楼窗上锁,不能开放。"❾碰上;搭上。如:上当;上钩。❿前往;去,到。如:上工厂;上学校。常指由南往北,由下游往上游,由乡村往城市。如:北上;沿江而上;上城里去。⓫按规定的时间进行或参加。如:上课;上班。⓬指动作的趋向或达成。如:赶上队伍;考上大学。⓭指方面。如:领导上;事实上。⓮指时间、处所、范围。如:早上;身上;课堂上。⓯边;畔。《论语·子罕》:"子在川上,曰:'逝者如斯夫!'"⓰通"尚"。(1)崇尚。《汉书·匡衡传》:"治天下者,审所上而已。"(2)表示劝勉、命令等语气。《诗·魏风·陟岵》:"上慎旃哉!"⓱工尺谱中的音名之一。⓲姓。汉代有上雄。

另见 shǎng。

上变 向朝廷报告紧急事变。多指密告谋反。《史记·淮阴侯列传》:"舍人弟上变,告信(韩信)欲反状于吕后。"

上宾 ❶上等宾客;贵宾。《汉书·枚乘传》:"乘久为大国上宾。"❷《逸周书·太子晋》:"吾后三年上宾于帝所。"谓死后将作天帝的上宾。后用为帝王死亡的代称。陆佃《埤雅·序》:"编纂将终,而永裕上宾矣。"永裕指宋神宗,死后葬永裕陵。参见"龙驭宾天"。

上春 即孟春,指夏历正月。《周礼·春官·天府》:"上春,衅宝镇及宝器。"衅,以牲血涂器物隙缝。《初学记》卷三引梁元帝《纂要》:"正月孟春,亦曰孟阳、孟陬、上春。"

上达 ❶《论语·宪问》:"君子上达,小人下达。"邢昺疏:"本为上,谓德义也;末为下,谓财利也。"谓对德义透彻了解并能努力实行。❷下层或下属的意见能到达上层或上级。《新唐书·魏徵传》:"在贞观初,遇下有礼,群情上达。"

上代 上古;先世。陆云《答兄平原》诗:"昔在上代,轩虞笃生。"《晋书·顾荣传》:"勋茂上代,义彰天下。"又祖先亦称"上代"。

上德 ❶老子用语。对"下德"而言。指具有高尚德性的人。《老子》:"上德不德,是以有德;下德不失德,是以无德。"❷帝王的功德。班固《两都赋·序》:"或以抒下情而通讽谕,或以宣上德而尽忠孝。"❸上,通"尚"。崇尚道德;推尊有德者。《左传·僖公二十八年》:"原轸将中

军,胥臣佐下军,上德也。"

上帝 ❶天帝。《诗·大雅·大明》:"上帝临女(汝)。"❷帝王。《后汉书·党锢传》:"顷闻上帝震怒,贬黜鼎臣。"李贤注:"上帝谓天子。"❸基督教所信奉的至尊崇敬的神。基督教认为上帝创造并主宰着世界。古汉语原有"上帝"一词,意为"天帝"、"天神"。明末天主教传入中国后,借用上帝和天主译称该教信奉之神。利玛窦《天学实义》(亦作《天主实义》)中上帝与天主相通用。冯应京《天主实义序》:"天主何,上帝也。"后一度不用"上帝",一般译称"天主"。19世纪初新教传入中国后,亦曾以"天主"、"上帝"、"神"等译称该派信奉之神,而以采用"上帝"者较多。此后,"天主"遂成为中国天主教所用的称谓,"上帝"成为中国基督教新教所习用的称谓。

上第 ❶上等;上等货。《后汉书·梁冀传》:"其四方调发,岁时贡献,皆先输上第于冀。"❷考试成绩最优等者。《后汉书·献帝纪》:"九月甲午,试儒生四十余人,上第赐位郎中,次太子舍人,下第者罢之。"《新唐书·选举志上》:"每问经十条,对策三道,皆通,为上第,吏部官之。"

上都 ❶古代对京都的通称。班固《两都赋》:"实用西迁,作我上都。"即以长安为上都。❷对陪都而言,古称首都为上都。北齐以晋阳为下都,故称邺(今河北临漳西南)为上都。唐肃宗宝应元年(公元762年)建东、西、南、北四陪都,故称长安(今西安市)为上都。

上方 ❶指仙、佛所居的天界。虞集《正月十一日朝回即事》诗:"老人南极至,王母上方回。"亦以称佛寺道观。杜甫《山寺》诗:"上方重阁晚,百里见纤毫。"❷汉代五行家以北方、东方为"上方"。《汉书·翼奉传》:"上方之情,乐也。"颜师古注引孟康曰:"上方,谓北与东也。"❸同"尚方"。汉代官署名,主制宫中所用刀剑及玩好器物。《汉书·董贤传》:"武库禁兵,上方珍宝,其选物上第,尽在董氏。"

上风 ❶风向的上方。《庄子·天运》:"虫,雄鸣于上风,雌应于下风而风化。"❷比喻优势的地位。如:占上风。《西游记》第四十二回:"老孙却得个上风来了。"

上峰 ❶高峰。沈约《八咏》:"上峰百丈绝,下趾万寻悬。"❷称上级长官。《二十年目睹之怪现状》第七十

一回:"除了上峰到任,循例道喜之外,朔望也不去上衙门。"

上公 ❶周制,三公八命,出封时加一命,称上公。《周礼·春官·典命》:"上公九命为伯,其国家宫室、车、旗、衣服、礼仪,皆以九为节。"郑玄注:"上公,谓王之三公有德者加命为二伯;二王之后亦为上公。"❷汉制,太傅位在三公上,称上公。《后汉书·百官志一》:"太傅,上公一人。"❸指太白星。《史记·天官书》:"亢为疏庙,太白庙也。太白,大臣也,其号上公。"

上宫 楼房。《孟子·尽心下》:"孟子之滕,馆于上宫。"赵岐注:"馆,舍也;上宫,楼也。孟子舍止宾客所馆之楼上也。"一说,上宫是上等馆舍。

上供 ❶中国旧时地方政府所征赋税中上交朝廷的部分。历代都有朝廷与地方政府赋税分成办法,但名称和份额各有不同。唐宪宗时,将赋税分三部分:上供,输解朝廷府库;送使,解交节度观察使;留州,州县保留自用。❷旧时用物品祭祖或敬神,称上供。

上官 ❶大官;上司。《管子·小问》:"客或欲见齐桓公,请仕上官,授禄千钟。"嵇康《与山巨源绝交书》:"性复多虱,把搔无已,而当裹以章服,揖拜上官,三不堪也。"❷复姓。唐代有上官仪。

上官体 指初唐诗人上官仪的诗风。《旧唐书·上官仪传》:"工于五言诗,好以绮错婉媚为本。仪既贵显,故当时多有学其体者,时人谓为上官体。"

上国 ❶春秋时齐晋等中原诸侯之国称为"上国",对吴楚诸国而言。《左传·成公七年》:"蛮夷属于楚者,吴尽取之,是以始大,通吴于上国。"《国语·吴语》:"越灭吴,上征上国,宋、郑、鲁、卫、陈、蔡执玉之君皆入朝。"❷诸侯称帝室为"上国"。《后汉书·陈蕃传》:"夫诸侯上象四七,垂耀在天,下应分土,藩屏上国。"曹植《与杨德祖书》:"吾虽薄德,位为藩侯,犹庶几戮力上国,流惠下民。"❸指国都。苏轼《送曾仲锡通判如京师》诗:"应为王孙朝上国,幢幡玉节与排衙。"

上行(—háng) 尊位。《汉书·霍光传》:"杀牛置酒,谢其邻人,灼烂者在于上行,余各以功次坐,而不录言曲突者。"

上皇 ❶上古帝皇。《诗谱序》

"诗之兴也,谅不于上皇之世。"孔颖达疏:"上皇谓伏牺,三皇之最先者,故谓之上皇。"❷太上皇。《新唐书·肃宗纪》:"即皇帝位于灵武,尊皇帝(玄宗)曰上皇天帝。"李白《上皇西巡南京歌》:"剑阁重关蜀北门,上皇归马若云屯。"❸《楚辞·九歌·东皇太一》:"吉日兮辰良,穆将愉兮上皇。"王逸注:"上皇,谓东皇太一也。"按楚人以东皇太一为天上最尊贵的神。

【上计】❶良好的计策。如:三十六计,走为上计。❷战国、秦、汉时年终考核地方官员政绩的方法。战国时群臣于年终须将赋税收入写于木券,呈送国君考核,称为上计。汉代由县令(长)将该县的户口、垦田、钱谷出入等编为计簿,呈送郡国;郡守、国相再加汇编,用副本上计于中央的丞相。东汉时郡国上计形式上虽归司徒总核,实际由尚书主持。县级上计由县丞代行;郡级由郡丞代行,东汉时改派地位较高的掾史,凡入京执行上计的人员称"上计吏",或简称"计吏"。

【上将】主将。《孙子·地形》:"料敌制胜,计险阸远近,上将之道也。"

【上交】地位低的人与地位高的人交往。《易·系辞下》:"君子上交不谄,下交不渎。"

【上界】犹天界。道教、佛教称仙佛所居之地。张九龄《祠紫盖山经玉泉山寺》诗:"上界投佛影,中天扬梵音。"贾岛《题戴胜》诗:"能传上界春消息,若到蓬山莫放归。"

【上京】❶古代对京都的通称。班固《幽通赋》:"皇十纪而鸿渐兮,有羽仪于上京。"❷到京城去。《京本通俗小说·错斩崔宁》:"收拾行囊,上京应取。"

【上九】古以每月二十九日为"上九"。参见"下九"。

【上梁不正】比喻在上的人行为不正。无名氏《陈州粜米》第一折:"做的个上梁不正,只待要损人利己惹人憎。"一般说成"上梁不正下梁歪",谓在上的人不好,下边也就会跟着学坏。《缀白裘·铁冠图·夜乐》:"不要怪他们,这叫做上梁不正下梁歪。"

【上流】❶犹上游。河流接近发源地的部分。就一个地点说,河流发源的方向叫"上流"。《南史·谢晦传》:"晦据上流,檀(檀道济)镇广陵,各有强兵,足制朝廷。"晦时为荆州刺史。❷上品;上等。罗隐《题方干》诗:"顾我论佳句,推君最上流。"❸有权势地位者。《汉书·刘屈氂传》:"无益边谷,货赂上流。"

【上楼去梯】❶《三国志·蜀志·诸葛亮传》:"刘表长子琦,亦深器亮。表受后妻之言,爱少子琮,不悦于琦。琦每欲与亮谋自安之术,亮辄拒塞,未与处画。琦乃将亮游观后园,共上高楼。饮宴之间,令人去梯,因谓亮曰:'今日上不至天,下不至地,言出子口,入于吾耳,可以言未?'亮答曰:'君不见申生在内而危,重耳在外而安乎?'琦意感悟,阴规出计。"后因谓秘密的谈话为"去梯言"。❷比喻怂恿愚人,使人上当。《初学记》卷二十四引《郭子》:"殷中军(浩)废后,恨简文曰'上人著百丈楼上,担梯将去。'"参见"上树拔梯"。

【上农】❶古代指生产条件较好、收益较多的农民。也叫"上农夫"。《孟子·万章下》:"上农夫食九人。"赵岐注:"百亩之田,加之以粪,是为上农夫。其所得谷,足以食九口。"《管子·揆度》:"上农挟五,中农挟四,下农挟三。"❷"上",通"尚"。重视农业。《吕氏春秋》有《上农》篇。《史记·秦始皇本纪》:"上农除末,黔首是富。"

【上品】❶上等;上等物品。王闢之《渑水燕谈录》卷八:"建茶盛于江南,近岁制作尤精。龙凤团茶最为上品。"❷指魏晋南北朝时门阀地位最高的贵族。《晋书·刘毅传》:"是以上品无寒门,下品无势族。"

【上清】❶道教所称"三清"之一。指灵宝天尊;或指灵宝天尊所居的仙境,亦称"禹余天"。见《云笈七籤》卷三。又卷八:"上清之天在绝霞之外,有八皇老君运九天之仙而处上清之宫也。"亦用以泛指仙境。沈彬《忆仙谣》:"诗酒近来狂不得,骑龙却忆上清游。"❷道教宫观。白居易《酬赠李炼师见招》诗:"今日求真礼上清。"

【上请】中国古代审判机关对某些案件无权断决,受理后须具状报请上司直至皇帝裁夺的制度。如贵族、官吏犯罪应判刑者,上请。汉高祖七年(公元前200年)诏:"令郎中有罪耐以上,请之。"南北朝以后,凡属八议范围的贵族、官吏犯十恶以外的罪,都须上请皇帝。

【上人】佛教指智德兼备可为僧众之师的高僧。南朝宋以后多用为僧人的尊称。《世说新语·文学》"殷中军读小品"刘孝标注引《语林》:"且己所不解,上人未必能通。"此王羲之称支道林。鲍照有《秋日示休上人》诗,杜甫有《巳上人茅斋》诗。

【上日】❶朔日,即夏历每月初一。《书·舜典》:"正月上日,受终于文祖。"❷犹佳日,佳节。李乂《奉和人日清晖阁宴群臣遇雪应制》:"上日登楼赏,中天御辇飞。"

【上善】完美;至善。《老子》:"上善若水,水善利万物而不争。"

【上舍】❶古时称上等的馆舍。《史记·张仪列传》:"楚怀王闻张仪来,虚上舍而自馆之。"❷宋制,太学分外舍、内舍、上舍,学生在一定年限和条件下,可依次而升。清代因以"上舍"为监生的别称。

【上乘】❶古称一车四马为"上乘",二马为"中乘"。大事用上乘,小事用中乘。见《左传·哀公十七年》"良夫乘衷甸,两牡"孔颖达疏。❷良马。《左传·哀公六年》:"〔阳生〕曰:'尝献马于季孙,不入于上乘,故又献此。'"❸指高妙的境界或上品,多用于文艺、技艺方面。如:已臻上乘。况周颐《蕙风词话》卷五:"以性灵语咏物,以沈着之笔达出,斯为无上上乘。"

【上士】❶道德高尚的人。《老子》:"上士闻道,勤而行之。"❷周代爵号,士有上士、中士、下士。《孟子·万章下》:"大夫倍上士,上士倍中士,中士倍下士。"谓俸禄多寡之比。

【上世】上古之世;先代。《孟子·滕文公上》:"盖上世尝有不葬其亲者。"赵岐注:"上世,未制礼之时。"《汉书·司马迁传》:"予先,周室之太史也,自上世尝显功名虞夏。"

【上手】❶亦称"上首"。位置较尊的一侧。习惯上多称左边的位置。❷犹好手。《颜氏家训·杂艺》:"〔卜筮〕十中六七,以为上手。"又技艺精熟的高手也称"上手"。❸从前的;原来的。《儒林外史》第十六回:"那知他有钱的人只想便宜……串出上手业主,拿原价来赎我的。"❹先例;范式。无名氏《陈州粜米》第二折:"我也曾观唐汉,看春秋,都是俺为官的上手。"❺事情开始。如:此事及早上手。

【上寿】❶最高的年寿。古代有几种说法:(1)《左传·僖公三十二年》:"尔何知?中寿,尔墓之木拱矣!"孔颖达疏:"上寿百二十岁,中寿百,下寿八十。"又《昭公三年》"三老"孔颖达疏:"上寿百年以上,中寿九十以上,下寿八十以上。"(2)《庄子·盗跖》："人上寿百岁,中寿八十,下寿六十。"❷敬酒,表示祝颂之意。《史记·滑稽列传》:"奉觞上寿。"后多指祝寿。

上树拔梯 送人上了树却把梯子搬走。比喻诱使人上前而断其退路。晓莹《罗湖野录》卷一:"黄太史鲁直忧居里闬,有手帖与兴化海老曰:'……此事黄龙兴化亦当作助道之缘,共出一臂,莫送人上树拔却梯也。'"

上水 ❶上流;上游。白居易《初到忠州登东楼寄万州杨八使君》诗:"背春有去雁,上水无来船。"❷船舶在内河逆流航行。王建《水夫谣》:"逆风上水万斛重。"

上水船 逆流而上的船。比喻文思迟钝。王定保《唐摭言·敏捷》:"梁太祖受禅,姚洎为学士。尝从容,上问及廷裕(裴廷裕)行止,洎对曰:'顷岁大迁,今闻旅寄衡水。'上曰:'颇知其人构思甚捷。'对曰:'向在翰林,号为下水船。'太祖应声谓洎曰:'卿便是上水船也。'洎微笑,深有惭色。"参见"下水船"。

上司 ❶高级官职。《后汉书·杨震传》:"吾蒙恩居上司。"❷旧时下属官吏称上级为"上司"。《三国志·魏志·崔林传》:"犹以不事上司,左迁河间太守。"

上巳 节日名。古时以夏历三月上旬巳日为"上巳"。《后汉书·礼仪志上》:"是月上巳,官民皆絜于东流水上,曰洗濯祓除去宿垢疢为大絜。"絜,同洁;疢,病。魏晋以后改为三月三日。吴自牧《梦粱录》卷二"三月":"三月三日上巳之辰,曲水流觞故事,起于晋时。唐朝赐宴曲江,倾都禊饮踏青,亦是此意。"后亦有不用三日,而仍用巳日者。白朴《墙头马上》第一折:"今日乃三月初八日,上巳节令。洛阳王孙士女,倾城玩赏。"参见"修禊"。

上驷 上等良马。《史记·孙子吴起列传》:"今以君之下驷与彼上驷,取君上驷与彼中驷。"也比喻上等人才。韩愈《入关咏马》:"岁老岂能充上驷?力微当自慎前程。"

上溯 逆流而上。曹植《洛神赋》:"冀灵体之复形,御轻舟而上溯。"亦指追溯过去。

上算 ❶好计策;好主意。《周书·异域传论》:"举无遗策,谋多上算。"❷中计;上当。《儒林外史》第十五回:"他原来结交我,是要借我骗胡三公子,幸得胡家没中他上算。"❸合算;便宜。《二十年目睹之怪现状》第八十四回:"卖他四十元,很是上算的。"

上天 ❶上帝,天帝。对"下界"或"下民"而言。《书·汤诰》:"上天孚佑下民。"❷指天,天空。曹丕《芙蓉池作》诗:"上天垂光采,五色一何鲜!"❸登天。《史记·封禅书》:"而后世皆曰秦缪公上天。"❹指冬天。《尔雅·释天》:"冬为上天。"

上头 ❶上边,上面。引申为较高地位或前列。古乐府《陌上桑》:"东方千余骑,夫婿居上头。"❷古代女子年十五始用簪束发,叫"上头"。梁简文帝《和人渡水》诗:"婉婉新上头,湔裙出乐游。"花蕊夫人《宫词》:"年初十五最风流,新赐云鬟便上头。"又古代男子行冠礼,也有称"上头"的。《南齐书·华宝传》:"父豪……谓宝曰:'须我还,当为汝上头。'"

上下 ❶旧指尊卑、长幼。《周礼·夏官·训方氏》:"掌道四方之政事与其上下之志。"郑玄注:"上下,君臣也。"《吕氏春秋·论威》:"君臣上下。"高诱注:"上,长;下,幼。"❷泛指高处和低处;山泽;天地。《书·舜典》:"帝(舜)曰:'畴若予上下草木鸟兽?'"《楚辞·天问》:"上下未形,何由考之?"❸犹言增减。《周礼·秋官·司仪》:"从其爵而上下之。"郑玄注:"上下,犹丰杀也。"❹表示程度、等级的差异。如:不相上下。《周礼·地官·廪人》:"以岁之上下数邦用。"按此指收成的好坏。❺表示约数。犹左右。如:四十岁上下。❻父母。《南史·刘瓛传》:"又上下年尊,益不愿居官次,废晨昏也。"又《郭原平传》:"今岁遇寒,而建安绵好,以此奉尊上下耳。"按原平时父亡母存,则父母中任何一人都可称上下。❼旧称公差。常见于元明小说。《水浒传》第八回:"上下做甚么?"又:"上下要缚就缚,小人敢道怎的。"❽僧人互问法名,称"上下"。犹言上一字、下一字。法名一般为两字。又寒暄时请问对方尊长的名字,亦称"上下"。

上下床 三国时,许汜遭乱过下邳,往见陈登,登轻视汜,自上大床卧,使客卧下床。见《三国志·魏志·陈登传》。后因以"上下床"比喻高下悬殊。方回《追和昌父俞商卿题程一甫诗卷》诗:"人物真高绝,何徒上下床。"

上下其手 《左传·襄公二十六年》载:楚国进攻郑国,穿封戌俘虏郑国守将皇颉,王子围争功,请伯州犁裁处。伯州犁叫俘虏作证,实有意偏祖王子围,向皇颉"上其手曰:'夫子为王子围,寡君之贵介弟也。'下其手曰:'此子为穿封戌,方城外之县尹也。谁获子?'囚曰:'颉遇王子,弱焉。'"夫,彼。弱,败。后因称玩弄手法通同作弊为"上下其手"。《旧唐书·魏徵传》:"昔州黎上下其手,楚国之法遂差;张汤轻重其心,汉朝之刑以弊。"

上弦 一种月相。月球的黄经比太阳大90°时,地球上可看见月球西边的半圆,这时的月相称为"上弦"。发生在夏历每月初八或初九。《诗·小雅·天保》"如月之恒",孔颖达疏:"八日九日,大率月体正半,昏而中,似弓之张而弦直,谓上弦也。"

上庠 西周的大学。传说起源于虞舜时代。《礼记》:"礼在瞽宗,书在上庠"(《文王世子》篇);"有虞氏养国老于上庠,养庶老于下庠"(《王制》篇)。郑玄云:上庠为大学,在王城西郊;下庠为小学,在城内王宫之东。清毛奇龄《学校问》认为,上庠、下庠实为一学,但有上下堂之分。

上相 ❶宰相的尊称。《史记·郦生陆贾列传》:"足下位为上相,食三万户侯。"❷宋代称居首位的宰相为"上相"。《宋史·职官志一》:"宋承唐制,以同平章事为真相之任。无常员,有二人则分日知印,以承郎以上至三师为之。其上相为昭文馆大学士,监修国史;其次为集贤殿大学士。"❸古代朝廷举行大典时主持礼仪的官员。《周礼·春官·大宗伯》:"朝觐会同,则为上相。"❹古星名。《晋书·天文志上》:"东蕃四星,南第一曰上相。"

上刑 ❶重刑。《书·吕刑》:"上刑适轻,下服。"❷用刑。《老残游记》第十七回:"老残看贾魏氏正要上刑,急忙抢上堂去,喊了'住手'。"

上行(—xíng) ❶上升。《易·谦》:"天道下济而光明,地道卑而上行。"❷水路逆流而行。如:逆水上行。

上行下效 在上者怎样做,在下者就跟着学样。《大学》:"上老老而民兴孝,上长长而民兴弟,上恤孤而民不倍;是以君子有絜矩之道也"朱熹注:"言此三者,上行下效,捷于影响。"后多用于贬义。《旧唐书·贾曾传》:"上行下效,淫俗将成。"

上谒 谓通名请求进见尊贵者

《史记·张仪列传》:"张仪于是之赵上谒,求见苏秦。"

上游 ❶河源以下的河段,与河源和中游并无严格的分界。上游河段一般河床深狭,比降大,水量小,水流湍急,具较大的下切侵蚀能力。❷比喻前列或高位。罗隐《春日投钱唐元帅尚父》诗:"征东幕府十三州,敢望非才忝上游。"《宋史·黄伯思传》:"甫冠,入太学,校艺屡占上游。"今用以比喻先进。如:力争上游。

上腴 上等肥沃的土地。班固《西都赋》:"华实之毛,则九州之上腴焉。"《新唐书·太平公主传》:"田园遍近甸,皆上腴。"腴,亦作"奥"。《管子·乘马数》:"郡县上奥之壤,守之若干。"

上谕 帝王告示臣民的命令、诏书。《元史·阿里海牙传》:"是州生齿数百万口,若悉杀之非上谕。"

上元 ❶节日名。旧以夏历正月十五日为上元节,其夜为上元夜,也叫"元宵"。王仁裕《开元天宝遗事·百枝灯树》:"韩国夫人置百枝灯树,高八十尺,竖之高山,上元夜点之,百里皆见,光明夺月色也。"❷讲阴阳五行的人以一百八十年为一周,称其中的第一个甲子为"上元"。参见"三元❸"。

上章 ❶向皇帝上书。《后汉书·百官志二》:"〔公车司马令〕掌宫南阙门,凡吏民上章,四方贡献,及征诣公车者。"❷道士上表求神。《晋书·王献之传》:"献之遇疾,家人为上章。"❸同"商横"。十干中庚的别称,用以纪年。《尔雅·释天》:"〔太岁〕在庚曰上章。"参见"岁阳"。

上真 道教称修炼得道的人为真人,即上仙。李商隐《同学彭道士参寥》诗:"莫羡仙家有上真,仙家暂谪亦千春。"

上知 智力特出之人。《商君书·定分》:"夫微妙意志之言,上知之所难也。"

上知下愚 知,同"智"。天资最聪明和最愚笨的人。《论语·阳货》:"唯上知与下愚不移。"《颜氏家训·教子》:"上智不教而成,下愚虽教无益,中庸之人不教不知也。"

上梓 梓,木名,可用以刻字。旧时印刷多用木刻版,故称文字上版雕刻为"上梓"。

上座 ❶尊敬的席位。如:延之上座。❷译自梵语 Sthavira,音译"悉提那"。佛教称谓之一。(1)对年腊(出家年岁)高者的尊称。《四分律删繁补阙行事钞》卷下三:"从无夏(夏指安居,即出家计年单位)至九夏是下座,十夏至十九夏名中座,二十夏至四十九夏名上座。"(2)对有德行僧人的尊称。《十诵律》卷五十:"有十法名上座。"意谓做到十种守戒善行者为"上座"。(3)全寺之长。通常与寺主、维那合称"三纲",同为寺院中统辖僧众的僧职。《大宋僧史略》卷中:"道宣敕为西明寺上座,列寺主、维那上。"

尚(shàng) ❶超过。《论语·里仁》:"好仁者无以尚之。"❷崇尚;尊重。《礼记·檀弓上》:"夏后氏尚黑。"❸夸;自负。《礼记·表记》:"君子不自尚其功。"❹上。《孟子·万章下》:"舜尚见帝。"赵岐注:"尚,上也。"又指加在上面;增加。《诗·齐风·著》:"尚之以琼华乎尔。"❺久远。《吕氏春秋·古乐》:"乐所由来者尚矣。"❻管理帝王的事物。如:尚食;尚衣;尚书。❼匹配,多用于匹配皇家的女儿。《汉书·司马相如传下》:"〔卓王孙〕自以得使女尚司马长卿晚。"又《卫青传》:"平阳侯曹寿尚武帝姊阳信长公主。"❽佑助。《诗·大雅·抑》:"肆皇天弗尚。"❾还;犹。《诗·大雅·抑》:"白圭之玷,尚可磨也;斯言之玷,不可为也。"❿尚且。《史记·李将军列传》:"今将军尚不得夜行,何乃故也?"⓫庶几;差不多。《礼记·大学》:"以能保我子孙黎民,尚亦有利哉!"⓬表示劝勉、祈使等的语气词。《书·汤誓》:"尔尚辅予一人。"参见"尚飨"。⓭姓。

另见 cháng。

尚齿 尊崇年高者。《礼记·祭义》:"是故朝廷同爵则尚齿。"郑玄注:"同爵尚齿,老者在上也。"亦作"上齿"。《礼记·王制》:"习乡上齿。"

尚方 官署名。秦置。汉末分为中、左、右三尚方,属少府。主造、储藏皇室所用刀剑等兵器及玩好器物。主官有令及丞。东汉、魏、晋沿置。至唐设中、左、右三尚署,置令及丞。明以后不设。

尚方剑 皇帝所用的剑。常以赐臣下,授权便宜行事。《汉书·朱云传》:"臣愿赐尚方斩马剑,断佞臣一人以厉其余。"刘基《赠周宗道》诗:"先封尚方剑,按法诛奸赃。"尚方,秦汉以后为少府的属官,制办或储藏宫廷器物。

尚父 周文王称吕望为尚父,意谓可尊重的父辈。《诗·大雅·大明》:"维师尚父。"毛传:"尚父,可尚可父。"郑玄笺:"尚父,吕望也,尊称焉。"后世皇帝也用来尊礼大臣。《新唐书·郭子仪传》:"德宗嗣位,诏还朝,摄冢宰,充山陵使,赐号'尚父'。"

尚书 官名。始于战国,或称掌书,尚即执掌之意。秦为少府属官,汉武帝提高皇权,因尚书在皇帝左右办事,掌管文书章奏,地位逐渐重要。汉成帝时设尚书五人,分曹办事。东汉正式成为协助皇帝处理政务的官员,三公权力大为削弱。魏晋以后,尚书事务益繁。隋代始分六部,唐代更确定六部为吏、户、礼、兵、刑、工。唐代中央首要机关分为尚书、中书、门下三省,尚书省执行政令,职权益重。宋以后三省分立之制渐成空谈,行政全归尚书省。元代存中书省之名,而以尚书省各官隶属其中。明初犹沿此制,其后废中书省,径以六部尚书分掌政务,六部尚书遂等于国务大臣。清代相沿不改,晚清更有增设,如外务部、邮传部等,继又改尚书为大臣。

尚书郎 官名。东汉取孝廉中有才能者入尚书台,在皇帝左右处理政务,初入台称守尚书郎中,满一年称尚书郎,三年称侍郎。魏晋以后尚书各曹有侍郎、郎中等官,综理职务,通称尚书郎。

尚书令 官名。始于秦,西汉沿置,本为少府属官,掌章奏文书。汉武帝以后职权渐重。东汉政务皆归尚书,尚书令成为直接对君主负责总揽一切政令的首脑。魏晋以后,为事实上之宰相。唐初秦王(唐太宗)曾任其职,其后不置,故唐代尚书省长官仅有左右仆射。宋代尚书令班次在太师上,为亲王及使相兼官,非实职,亦无专任。明废。

尚书省 官署名。东汉设置,称尚书台或中台。南北朝时始称尚书省,下分各曹,为中央执行政务的总机构。唐代曾改称文昌台、都台、中台,旋复旧称。尚书省都堂居中,左右分司,都堂之东有吏部、户部、礼部三行,每行四司,以左司统之;都堂之西有兵部、刑部、工部三行,每行四司,以右司统之。尚书省与中书省、门下省合称三省。长官为尚书令,其副职为左右仆射。元代尚书省时置时废,明代各部均直接对君主负责,不设尚书省,清制同。

尚飨 亦作"尚享"。《仪礼·士虞礼》:"卒辞曰:'哀子某,来日某隮祔尔于尔皇祖某甫。尚飨!'"按卒哭之祭有牲馔,故祝辞末云"尚飨"意谓希望死者来享用祭品。旧时祭文,常用作结语。袁枚《祭程元衡文》:"哀哉尚享!"

尚友 尚,通"上"。谓上与古人为友。《孟子·万章下》:"以友天下之善士为未足,又尚论古之人;颂其诗,读其书,不知其人,可乎?是以论其世也,是尚友也。"

尚章 天干中癸的别称。见《史记·历书》。参见"昭阳❶"。

尚志 高尚其志。《孟子·尽心上》:"王子垫问曰:'士何事?'孟子曰:'尚志。'"

尚主 娶公主为妻。权德舆《古乐府》:"身年二八婿侍中,幼妹承恩兄尚主。"

截(shàng) 定船木桩。《通俗编·杂字》"截"下云:"今江船所用以代缆,住则下,行则起者,是也。"

蠰(shàng) 虫名。《尔雅·释虫》:"蠰,啮桑。"郭璞注:"似天牛,角长,体有白点。喜啮桑树,作孔其中。江东呼为啮发。"
另见 ráng,rǎng。

shang

裳(shang) 用于"衣裳"。
另见 cháng。

shāo

郋(shāo) 同"稍❻"。

捎(shāo) ❶拂掠。张耒《春阴》诗:"风捎檐滴难开幌。"❷芟除;破除。《史记·龟策列传》:"以夜捎兔丝去之。"曹植《野田黄雀行》:"拔剑捎罗网。"❸顺便捎带。如:捎信。
另见 xiāo。

烧〔燒〕(shāo) ❶使物着火;燃烧。《国策·齐策四》:"以责赐诸民,因烧其券。"❷加热使物体起变化。如:烧饭;烧砖。❸因病而体温升高。如:发烧。
另见 shào。

烧槽 琵琶名。马令《南唐书·昭惠周后传》:"通书史,善音律,尤工琵琶,元宗赏其艺,取所御琵琶时谓之烧槽者赐焉。烧槽之说,即蔡邕

焦桐之义,或谓焰材而斫之,或谓因爇而存之。"

烧春 酒名。唐人多以春名酒。李肇《唐国史补》卷下:"酒则有……剑南之烧春。"

烧炼 方士、道士用炉鼎烧炼矿石药物的一种方术。属于外丹的范围。

烧尾 ❶唐时士子登第或升迁的庆贺宴席。封演《封氏闻见记》卷五:"士子初登荣进及迁除,朋僚慰贺,必盛置酒馔音乐,以展欢宴,谓之烧尾。"❷唐代大臣初拜官时向皇帝献食之称。《旧唐书·苏瑰传》:"公卿大臣初拜官者,例许献食,名为烧尾。"

烧砚 欲烧笔砚,谓自恨文不如人。《晋书·陆机传》:"弟云(陆云)尝与书曰:'君苗(崔君苗)见兄文,辄欲烧其笔砚。'"庾信《谢滕王集序启》:"非有班超之志,遂已弃笔;未见陆机之文,久同烧砚。"

弰(shāo) 弓的末梢。庾信《拟咏怀》:"轻云飘马足,明月动弓弰。"

绡〔綃〕(shāo) 通"梢"。《文选·木华〈海赋〉》:"维长绡,挂帆席。"李善注:"绡,今之帆纲也,以长木为之,所以挂帆也。"
另见 xiāo。

梢(shāo) ❶树木的末端。如:树梢;林梢。❷泛指末尾或尽头。如:眉梢;春梢。《文选·颜延之〈赭白马赋〉》:"徒观其附筋树骨,垂梢植发。"李善注:"梢,尾之垂者。"❸事情的结束;下场。如:收梢;下梢。❹竿子。如:梢竿。《汉书·礼乐志》:"饰玉梢以舞歌。"❺小柴。《淮南子·兵略训》:"曳梢肆柴。"❻通"艄"。见"梢公"。❼通"箭"。谓以竿打击。《汉书·扬雄传上》:"梢夔魖而抶獝狂。"颜师古注引孟康曰:"木石之怪曰夔……魖,耗鬼也。獝狂,亦恶鬼也。"
另见 xiāo。

梢公 亦作"艄公"。船夫。《水浒传》第三十七回:"宋江见了,便叫:'梢公!且把船来救我们三个!'"

梢梢 ❶风声。鲍照《野鹅赋》:"风梢梢而过树,月苍苍而照台。"❷劲挺貌。谢朓《酬王晋安》诗:"梢梢枝早劲,涂涂露晚晞。"❸垂长貌。李贺《唐儿歌》:"竹马梢梢摇绿尾。"

稍(shāo) ❶本义为禾末,引申为小意。《周礼·天官·膳夫》:"凡王之稍事,设荐脯醢。"郑

玄注:"稍事,有小事而饮酒。"又引申为稍微。《洛阳伽蓝记·城内永宁寺》:"于是稍安。"❷逐渐。《史记·万石张叔列传》:"积功稍迁,孝文帝时至大中大夫。"❸颇;很。江淹《恨赋》:"紫台稍远,关山无极。"❹已经。韦应物《休沐东还胄贵里示端》诗:"竹木稍摧翳,园场亦荒芜。"❺公家给予的粮食。《仪礼·聘礼》:"唯稍受之。"郑玄注:"稍,禀食也。"贾公彦疏:"以其稍稍给之,故谓米禀为稍。"❻周制指离王城三百里的地面。《周礼·地官·序官》"稍人"郑玄注:"距王城三百里曰稍。"
另见 shào。

筲(shāo) 裤裆。借指裤子。汤显祖《紫箫记·就婚》:"衬体红筲,烛夜花房如茜。"

蛸(shāo) 见"蟏蛸"。
另见 xiāo。

筲〔籍〕(shāo) ❶古时盛饭的竹器,容一斗二升,一说容五升。《论语·子路》:"斗筲之人,何足算也!"今称淘米器为筲箕。❷水桶。如:挑了两筲水。

艄(shāo) 船尾。如:船艄。也指船尾的柁。如:掌艄。

艄公 亦作"梢公"。船尾掌舵的人。

旓(shāo) 旌旗下边悬垂的饰物。《文选·扬雄〈甘泉赋〉》:"建光耀之长旓兮。"李善注引《埤苍》曰:"旓,旌旗旍也。"

鮹〔鮹〕(shāo) 鱼名。《本草纲目·鳞部》:"鮹鱼。"李时珍集解:"〔陈〕藏器曰:'出江湖,形似马鞭,尾有两歧如鞭鞘,故名。'"

鞘(shāo) 通"梢"。鞭梢。《晋书·苻坚载记下》:"长鞘马鞭击左股。"
另见 qiào。

髾(shāo) ❶头发梢。《宋史·占城国传》:"撮发为髾,散垂馀髾于其后。"❷旌旗上所垂的羽毛。《后汉书·马融传》:"曳长庚之飞髾。"❸古时妇女上衣的装饰,形似燕尾。《文选·司马相如〈子虚赋〉》:"蜚襳垂髾。"李善注引司马彪曰:"髾,燕尾也。"

箱(shāo) ❶船舵尾。见《类篇》。❷动。《文选·马融〈长笛赋〉》:"其应清风也,纤末奋箱。"李善注引《方言》曰:"箱,动也。箱与稍同。"张铣注:"纤末,竹上也。谓清风来,则纤末竹之上奋迅而动。"

籀

(shāo) 同"筲"。

sháo

勺 (sháo,读音 shuò) ❶古代从盛酒器中舀酒的器具。青铜制。形如有曲柄的小斗。《仪礼·乡射礼》:"两壶斯禁,左玄酒,皆加勺。"❷"市勺"的简称。计量液体和干散颗粒的容量单位。十勺为一合,十合为一升。
另见 zhuó。

芍 (sháo,读音 shuò) 芍药,芍药科。多年生草本。块根圆柱形或纺锤形。二回三出复叶。初夏开花,与牡丹相似,大型,有白、红等色,雌蕊常无毛。
另见 què。

杓 (sháo,读音 shuó) 同"勺"。舀东西的器具。略作半圆形,有柄。《韩诗外传》卷八:"譬犹渴操壶杓,就江海而饮之。"苏轼《汲江煎茶》诗:"大瓢贮月归春瓮,小杓分江入夜瓶。"
另见 biāo。

招 (sháo) ❶通"韶",虞舜时乐名。《汉书·礼乐志》:"舜作招。"❷见"招摇❶❷❸"。
另见 qiáo,zhāo。

招摇 ❶逍遥;遨游。扬雄《甘泉赋》:"徘徊招摇。"❷摇动貌。《汉书·礼乐志》:"体招摇若永望。"❸古星名。(1)属氐宿,即今牧夫座 γ 星。《星经》:"招摇星在梗河北,主边兵。"(2)《礼记·曲礼上》:"招摇在上。"孔颖达疏:"《春秋运斗枢》云:'北斗七星……第七摇光,第一至第四为魁,第五至第七为标。'案此摇光,则招摇也。'"

韶 (sháo) ❶虞舜乐名。《书·益稷》:"箫韶九成,凤凰来仪。"《礼记·乐记》:"韶,继也。"郑玄注:"韶之言绍也,言舜能继绍尧之德。"❷美好。梁简文帝《答湘东王书》:"暮春美景,风云韶丽。"❸《大韶》的简称。

韶光 美好的时光,常指春光。温庭筠《春洲曲》:"韶光染色如蛾翠,绿湿红鲜水容媚。"范成大《初夏》诗:"晴丝千尺挽韶光,百舌无声燕子忙。"也比喻美好的青年时期。

韶华 美好的时光。常指春光。韩维《太后阁》诗:"迎得韶华入中禁,和风次第遍神州。"也比喻美好的青年时光。白居易《香山居士写真》诗:"勿叹韶华子,俄成皤叟仙。"

韶濩 古乐名。《左传·襄公二十九年》:"见舞韶濩者。"杜预注:"殷汤乐。"孔颖达疏:"以其防濩下民,故称濩也……韶亦绍也,言其能绍继大禹也。"

韶武 韶乐与武乐。即大韶、大武。《论语·八佾》:"子谓韶尽美矣,又尽善也;谓武尽美矣,未尽善也。"邢昺疏:"韶,舜乐名;武,武王乐也。"泛指高雅的古乐。《论衡·自纪》:"闾巷之乐,不用韶武。"

韶箾 古乐名。《左传·襄公二十九年》:"见舞韶箾者。"杜预注:"舜乐。"孔颖达疏:"《乐记》解此乐名云:'韶,继也。'郑玄云:'韶之言绍也,言舜能继绍尧之德。'杜不解箾义,箾即箫也。《尚书》曰:'箫韶九成,凤凰来仪。'此云韶箾,即彼箫韶是也。"

磬 (sháo) 同"韶"。舜乐。《周礼·春官·大司乐》:"以乐舞教国子,舞《云门》、《大卷》、《大咸》、《大磬》。"郑玄注:"《大磬》,舜乐,言其德能绍尧之道也。"

shǎo

少 (shǎo) ❶数量小;不多。《孟子·梁惠王上》:"邻国之民不加少,寡人之民不加多。"❷不足;短缺。《史记·高祖本纪》:"周勃重厚少文。"❸丢失。如:少了东西。❹欠。如:少人家的钱。❺轻视。《史记·苏秦列传》:"显王左右素习知苏秦,皆少之。"❻不多时。《孟子·万章上》:"始舍之,圉圉焉,少则洋洋焉,攸然而逝。"❼稍;略微。《国策·赵策四》:"太后之色少解。"
另见 shào。

少半 ❶略少。《管子·海王》:"终月,大男食盐五升少半,大女食盐三升少半,吾子食盐二升少半。"❷不足半数。

少见多怪 见识少,遇到不常见的事物便以为奇怪。多用以嘲讽别人孤陋寡闻。《牟子》:"少所见,多所怪,睹馲驼,言马肿背。"郑燮《与金农书》:"世俗少见多怪,闻言不信,通病也。"

少间 ❶隔不多时;等一回儿。《礼记·曲礼上》:"少间,愿有复也。"郑玄注:"言欲得少空间有所白也。"❷稍稍停息。《国语·晋语八》:"枝叶益长,本根益茂,是以难已也。今若大其柯,去其枝叶,绝其

本根,可以少间。"❸病好了一些。《新五代史·孙德昭传》:"疾少间,以为左卫大将军。"❹一点点空隙。李之仪《姑溪题跋·跋慎伯筠书》:"户外之屦,至无少间。"

少顷 一会儿。《吕氏春秋·重言》:"少顷,东郭牙至。"

少望 稍怀怨恨。《史记·汲郑列传》:"故黯(汲黯)时丞相史皆与黯同列,或尊用过之,黯褊心,不能无少望。"

少许 少量;一点点。陶潜《饮酒》诗:"倾身营一饱,少许便有馀。"

少选 一会儿;不多久。《吕氏春秋·音初》:"覆以玉筐,少选,发而视之。"高诱注:"少选,须臾。"

搜 (sháo) 搅乱。见《集韵·三十一巧》。
另见 sōu。

shào

少 (shào) ❶年轻人;年轻。如:老少咸宜。《论语·季氏》:"少之时,血气未定。"❷古代为长官辅佐之称。如"少师"、"少傅"、"少保"。❸通"小"。《史记·扁鹊仓公列传》:"齐中尉潘满如病少腹痛。"
另见 shǎo。

少艾 年轻美好。庄绰《鸡肋编》卷上:"有茶肆妇人少艾,鲜衣靓妆。"亦谓年轻美貌的人。《孟子·万章上》:"知好色,则慕少艾。"

少不更事 年轻,阅历不多。《晋书·周颚传》:"君少年未更事。"亦作"少不经事"。《何典》第三回:"你们真是少不经事,只想抄近路!"

少府 官名。(1)始于战国。秦汉相沿,为九卿之一。掌山海池泽收入和皇室手工业制造,为皇帝私府。西汉诸侯王也设有私府,郡守亦设有少府。东汉仍为九卿之一,掌宫中御衣、宝货、珍膳等。魏晋以后沿置,北朝有太府而无少府。隋置少府监,领尚方、织染等署。元废,明初虽一度复设,旋仍归并工部。清代归内务府,故一般以少府为内务府大臣之别称。(2)唐代因县令称明府,县尉为县令之佐,遂称少府,后世亦沿用。

少傅 官名。(1)北周以后,历代多沿置,与少师、少保合称三少。一般为大官加衔,无实职。(2)春秋时齐国设置,为辅导太子之官。西汉称太子少傅。参见"太师❶"。

少君 ❶古代称诸侯之妻。《左传

·定公十四年》："从我而朝少君。"孔颖达疏："少君犹小君也。君为大君，夫人为小君。"参见"小君"。❷年幼的君主。《左传·哀公六年》："少君不可以访，是以求长君。"❸旧时对别人的儿子的敬称。《红楼梦》第一百一十四回："弟那年在江西粮道任时，将小女许配与统制少君。"❹汉武帝时有方士李少君，自称能与仙接，后因以泛指道士。贾岛《过杨道士居》诗："无话瀛洲路，多年别少君。"

少牢 古代称祭祀用的豕和羊。《仪礼·少牢馈食礼》："少牢馈食之礼。"郑玄注："羊、豕曰少牢，诸侯之卿大夫祭宗庙之牲。"《礼记·王制》："天子社稷皆太牢，诸侯社稷皆少牢。"参见"太牢"。

少年 年轻男子。王维《老将行》："少年十五二十时，步行夺得胡马骑。"亦指年轻。如：少年老成。

少年游 ❶词牌名。又名《小阑干》、《玉腊梅枝》。双调五十字至五十二字，平韵。此调各家所作，前后段字数句法及用韵，颇有参差。又张先有《少年游慢》，双调八十四字，仄韵，与令词体制不同。❷曲牌名。属南曲大石调。有二体，字句格律一与词牌同，一与词牌不同。都用作引子。

召（shào） ❶古邑名。周初召公奭采邑。在今陕西岐山西南。周东迁后，别受采邑，在今河南济源市西邵源。❷姓。汉有召信臣。
另见 zhào。

召父杜母 西汉召信臣和东汉杜诗，先后为南阳太守，都有惠政，民间常称道他们，说："前有召父，后有杜母。"见《后汉书·杜诗传》。旧时常称颂有惠政的地方官为"召父杜母"，本此。

召棠 周代召伯巡行南方时，曾在甘棠树下休息，人们因相戒不要伤害这树，并称之为"召棠"，以示怀念。见《诗·召南·甘棠》。旧时常借以称颂官吏有善政博得人民好感者。刘孝绰《栖隐寺碑》："召棠且思，羊碑犹泣。"参见"甘棠❷"。

佋（shào） "绍介"亦作"佋介"。见《广韵·三十小》。
另见 zhào。

邵（shào） 高尚；美好。《法言·孝至》："年弥高而德弥邵。"按"邵"应作"劭"。

邵（shào） ❶邵亭，古地名。又名郫、郫邵。在今河南济源

市西，春秋时属晋国。❷姓。

劭（shào） ❶劝勉。《汉书·成帝纪》："先帝劭农。"颜师古注引晋灼曰："劭，劝勉也。"❷美好。如：年高德劭。潘岳《河阳县作》诗："谁谓邑宰轻，令名患不劭。"

绍〔紹〕（shào） ❶继承。《书·盘庚上》："绍复先王之大业。"亦谓继承者。《诗·大雅·抑》："弗念厥绍。"❷见"绍介"。

绍介 同"介绍"。《国策·赵策三》："平原君遂见辛垣衍曰：'东国有鲁连先生，其人在此，胜（赵胜）请为绍介而见之于将军。'"

绍述 继承。特指宋哲宗时继承神宗所实行的新法。《宋史·章惇传》："哲宗亲政，有复熙宁、元丰之意，首起惇为尚书左仆射，兼门下侍郎。于是专以绍述为国是，凡元祐所革，一切复之。"熙宁、元丰，宋神宗年号；元祐，哲宗亲政前年号。

哨（shào） ❶警戒防守的岗位；巡逻。如：放哨；前哨。《元史·李桢传》："命桢率师巡哨襄樊。"❷古代军队的编制单位。明永乐时分步骑军为中军、左右掖、左右哨，合为五军。嘉靖时中军、哨、掖之名均罢。后改以哨为较小的编制单位，以三千一百二十人为一枝，每枝分中、左、右哨。清代亦有此称。咸丰后，陆军每百人或八十人为哨，水师每八十人或二十人为哨。❸细削。《后汉书·马融传》："大匈（胸）哨后。"李贤注引《考工记》郑玄注："哨，小也。"按指狮虎一类猛兽的形状。❹用口或叫子吹出的高尖声。如：口哨儿。参见"哨子❶"。
另见 qiào。

哨遍 ❶词牌名。一作《稍遍》。双调二百零三字，平仄通叶，但各有定位。❷曲牌名。南北曲均有。均属般涉调。北曲较常见。字句格律与词牌不同，单独使用时甚少，多在此曲后连用同宫调的《要孩儿》、《煞》、《尾声》等曲牌，成为一个套曲或套曲的结束部分。

哨兵 执行警戒任务的士兵。如步哨、观察哨、游动哨、潜伏哨等。任务是防止敌人侦察、渗入、袭击或破坏等。

哨所 担任警戒的分队或哨兵所在的场所。

哨子 ❶叫子；警笛。❷流氓；地痞。无名氏《合同文字》第三折："这里哨子每极多，见咱有些家私，假做

刘安住来认俺。"每，们。

烧〔燒〕（shào） 放火烧野草，以草灰肥田。《管子·轻重甲》："齐之北泽烧，火光照堂下。管子入贺桓公曰：'吾田野辟，农夫必有百倍之利矣。'"
另见 shāo。

裑（shào） 裤子的上半部。《汉书·朱博传》："敕功曹：'官属多襃衣大裑，不中节度。'"颜师古注："裑，音绍，谓大袴也。"王先谦补注据官本考证所引萧该音义云："按韦昭曰，袴上曰裑。"朱骏声《说文通训定声·小部》："苏俗谓之裤当是也。"

稍（shào） 用于"稍息"。
另见 shāo。

艄（shào） 似角尖而向上。《本草纲目·草部五》："其苗方茎暴节，叶皆对生，颇似苋叶而长且尖艄。"

潲（shào） ❶雨经风而斜扫。如：雨往南潲。引申为洒水。如：马路上潲水。❷用泔水饲猪。见《集韵·三十六效》。

瞧（shào） 物体顶部尖锐。见《集韵·三十六效》。
另见 yào。

燿（shào，又读 yào） 细小。《考工记·梓人》："大胸燿后。"贾公彦疏："凡猛兽有力者，皆前粗而后细。"
另见 shuò、yào 耀。

shē

奓（shē） 通"奢"。奢侈。张衡《西京赋》："纷瑰丽以奓靡。"
另见 chǐ、zhā、zhà。

峯〔峯〕（shē） 峯民，即"畬民"。

奢（shē） ❶奢侈；不节俭。《论语·八佾》："礼，与其奢也，宁俭。"❷过分；过多。如：奢望；奢愿。❸阔；夸大。《文选·司马相如〈子虚赋〉》："奢言淫乐，而显侈靡。"郭璞注："奢，阔也。"
另见 shá。

奢汏 亦作"奢泰"、"奢忲"。奢侈无度。《荀子·仲尼》："〔齐桓公〕闺门之内，般乐奢汏。"《南史·王悦之传》："时承奢忲之后，奸窃者众。"

奢泰 亦作"奢汏"。奢侈无度。《汉书·夏侯胜传》："奢泰亡（无）度，天下虚耗。"

奢遮 出色;了不起。《水浒传》第二十二回:“大汉,你不认得这位奢遮的押司?”

赊〔賒〕(shē,读音 shā) ❶赊欠。陆游《纵游归泊湖桥有作》诗:“村酒可赊常痛饮。”❷宽缓;迟缓。骆宾王《晚度天山有怀京邑》诗:“行叹戎麾远,坐怜衣带赊。”杜甫《喜晴》诗:“甘泽不犹愈,且耕今未赊。”❸远;长。韩愈《赠译经僧》诗:“万里休言道路赊。”李中《旅夜闻笛》诗:“长笛起谁家,秋凉夜漏赊。”❹渺茫;稀少。张说《岳州作》诗:“物土南州异,关河北信赊。”韩愈《次邓州界》诗:“商颜暮雪逢人少,邓鄙春泥见驿赊。”❺通“奢”。奢侈。《后汉书·仲长统传》:“楚楚衣服,戒在穷赊。”❻作语助。同“吵”。杨万里《多稼亭看梅》诗:“先生次第即还家,更上城头一望赊。”

猞(shē) 见“猞猁”。

猞猁(*Felis lynx*) 亦称“林独”,别称“猞猁狲”。哺乳纲,食肉目,猫科。体长85～130厘米,尾长12～24厘米。毛带红色或灰色,常具黑斑。四肢粗长。耳直立,尖端有黑色毛丛。尾端黑色。栖息多岩石的森林中,夜行性,以小型哺乳类等为食。分布于中国东北、山西、新疆、四川、云南、西藏、青海等地;欧洲和北美洲亦产。为国家二级保护动物。

猞 猁

畲(shē) 同“畬”。见“畲族”。

畲族 中国少数民族之一。自称“山哈”(山客),古称“輋民”或“畬民”。其族源有多说,一说为汉晋时武陵蛮,一说为古越人,一说由南蛮一支发展而来。63.5万人(1990年)。分布在福建、浙江、江西、广东、安徽五省山区,以福建、浙江两省为最多。语言属汉藏语系。多操接近于汉语客家方言的语言,广东畲族操苗瑶语族苗语支语言。无文字,通用汉文。主要从事农业。建国前,处在封建地主经济发展阶段。笃信盘瓠为始祖的传说。重祭祖。爱唱山歌。民间工艺美术丰富多采。建国后,建立了景宁畲族自治县。

畬(shē) ❶用刀耕火种的方法种田。元结《谢上表》:“保守城邑,畬种山林,冀望秋后少可全活。”亦指刀耕火种的田地。刘禹锡《竹枝词》:“银钏金钗来负水,长刀短笠去烧畬。”❷中国少数民族名。今作“畲”。见“畲族”。

另见 yú。

畬民 畲族古称。一作“輋民”,音同。初见于南宋末年的文献。分布在今闽、粤、赣、浙四省的山区。大抵浙、闽作“畬”,赣、粤作“輋”。因从事畬耕(即刀耕火种),故名。

畬田 采用刀耕火种方法耕种的田地。杜甫《戏作俳谐体遣闷二首》:“瓦卜传神语,畬田费火耕。”范成大《劳畬耕》诗序:“畬田,峡中刀耕火种之地也。春初斫山,众木尽蹶。至当种时,伺有雨候,则前一夕火之,借其灰以粪。明日雨作,乘热土下种,即苗盛倍收。无雨反是。”宋以后在一些地区仍流行。

檨(shē) 果木名。即芒果。《大清一统志·台湾府》谓从日本移入,实如猪腰,五六月盛熟,有香檨、木檨、肉檨三种。

shé

它(shé) 古“蛇”字。《说文·它部》:“它,虫也。从虫而长,象冤曲垂尾形。”

另见 tā,tuó。

舌(shé) ❶位于口腔底部,表面覆以粘膜的肌性器官。内有三个方向排列的横纹肌,能作灵活运动。哺乳类动物舌的功能复杂,能舐取食物、帮助吸吮和吞咽、感受味觉和一般感觉。人类的舌又是言语的重要器官。舌背(上)面有许多细小的舌乳头,包括丝状乳头、菌状乳头和轮廓乳头三种。菌状乳头和轮廓乳头上有味觉器,称“味蕾”。乳头表面的上皮细胞经常有轻度角化、脱落,与唾液和食物碎屑混合而成一层白色而薄的舌苔。❷中医学称“舌为心之苗”。《灵枢·脉度》:“心气通于舌,心和则舌能知五味矣。”舌又为脾之外候,脏腑经脉、气血津液多与舌象相关,故察舌是诊断方法之一。❸语言的代称。如:舌战;舌锋。❹舌状物之称。如:帽舌;火舌。特指箕口外伸的部分。《诗·小雅·大东》:“维南有箕,载翕其舌。”❺指铃铎中的锤。《书·胤征》“木铎”孔传:“木铎,金铃木舌。”❻指箭靶两旁上下伸出的部分。《仪礼·乡射礼》:“倍中以为躬,倍躬以为左右舌;下舌半上舌。”

舌敝唇焦 极言费尽唇舌。《官场现形记》第四十四回:“那些人真正势利,向他们开口,说到舌敝唇焦,止有两家,一家拿出来两块大洋。”

舌根音 又名“舌面后音”。由舌根和软腭接触,使气流受阻而构成的一种辅音。如汉语的 g[k]、k[kʻ]、h[x]。参见“舌面音”。

舌耕 旧时授徒讲学者恃口说以谋生,犹耕田得粟米,因称“舌耕”。王嘉《拾遗记·后汉》:“〔贾逵〕门徒来学……皆口授经文。赠献者积粟盈仓。或云,贾逵非力耕所得,诵经口倦,世所谓舌耕也。”

舌尖音 由舌尖同上齿背、上齿龈或硬腭前部接触,使气流受阻而构成的辅音。与齿背接触的为舌尖前音,与上齿龈接触的为舌尖中音,与硬腭前部接触的为舌尖后音。如“猪”、“展”、“抽”、“趁”等字的声母,普通话里是舌尖后音 zh[tʂ]、ch[tʂʻ],上海话里是舌尖前音 z[ts]、c[tsʻ],福州话里是舌尖中音 d[t]、t[tʻ]。舌尖后音即“翘舌音”,又名“卷舌音”。

舌尖元音 用舌尖对着上齿龈而构成的元音。如普通话资、雌、思等字的元音[ɿ],知、吃、诗、日等字的元音[ʅ]。前者发音时舌尖对着上齿龈的前部,称为舌尖前元音;后者发音时舌尖对着上齿龈的后部,称为舌尖后元音。舌尖元音还有圆唇和不圆唇之分。

舌剑唇枪 亦作“唇枪舌剑”。形容言词犀利,针锋相对,像剑、枪交锋一样。《封神演义》第五十六回:“公则公言之,私则私言之,不必效舌剑唇枪,徒劳往返耳。”

舌面音 由舌面同上腭接触,使气流受阻而构成的辅音。分舌面前音、舌面中音、舌面后音三种。如“基”、“居”、“欺”、“区”等字的声母,普通话里是舌面前音 j[tɕ]、q[tɕʻ],青岛话里是舌面中音[c]、[cʻ],广州话里是舌面后音g[k]、k[kʻ]。舌面后音即“舌根音”。

舌面元音 由对着上腭的舌面起节制作用而造成的元音。平常说元音一般指舌面元音。按舌位的高低即口腔的开合,分高元音或闭元音、半高元音或半闭元音、半低元音或半开元音、低元音或开元音;按舌位的前后,分前元音、央元音、后元音;按嘴唇的状态,分圆唇元音和不圆唇元音。

	前		央		后	
	不圆唇	圆唇	不圆唇	圆唇	不圆唇	圆唇
高(闭)	i	y	ɨ	ʉ	ɯ	u
半高(半闭)	e	ø				o
				ə		ɤ
半低(半开)	ɛ	œ			ʌ	ɔ
低(开)	a				ɑ	ɒ

舌人 古代的翻译官。《国语·周语中》:"故坐诸门外,而使舌人体委与之。"韦昭注:"舌人,能达异方之志,象胥之官。"

舌上音 音韵学术语。即舌面前塞音和舌面前鼻音。如"三十六字母"中之知[ȶ]、彻[ȶ']、澄[ȡ]、娘[ɳ]四母。参见"舌面音"。

舌头音 音韵学术语。即舌尖中塞音和舌尖中鼻音。如"三十六字母"中之端(d)[t]、透(t)[t']、定[d]、泥(n)[n]四母。参见"舌尖音"。

舌叶音 亦称"混合舌叶音"。由舌叶(舌尖连靠近舌尖的舌面)向上齿龈和硬腭前部靠拢以节制气流而构成的一种辅音。如金华话"书"的声母[ʃ],英语 shoe[ʃuː](鞋)里的[ʃ]、pleasure[pleʒə](愉快)里的[ʒ]等。

舌音 音韵学上"七音"之一。包括舌头音、舌上音两类。参见"舌头音"、"舌上音"。

折 (shé)❶断。如:腿跌折了。❷亏损。如:折本。
另见 zhē,zhé。

折阅 减低售价,亏本出售。《荀子·修身》:"故良农不为水旱不耕,良贾不为折阅不市,士君子不为贫穷怠乎道。"

佘 (shé)姓。宋代有佘起。

蛇 〔虵〕(shé)爬行动物。
另见 yí。

蛇蚹 ❶蛇腹下的横鳞。《庄子·齐物论》:"吾待蛇蚹蜩翼邪?"❷古琴上状如蛇蚹的断纹。苏轼《东坡题跋·书王进叔所蓄琴》:"知琴者……以蛇蚹纹为古。"陆游《赠道流》诗:"古琴蛇蚹评无价,宝剑鱼肠托有灵。"

蛇矛 古兵器名。矛之长者。《晋

书·刘曜载记》载陈安死,陇上歌之曰:"七尺大刀奋如湍,丈八蛇矛左右盘。"

蛇吞象 《山海经·海内南经》:"巴蛇食象,三岁而出其骨。"后因以"蛇吞象"比喻贪得无厌。

蛇蝎 蛇和蝎子,比喻狠毒的人。朱熹《小学·嘉言》:"亲贤如就芝兰,避恶如畏蛇蝎。"

蛇行 ❶伏地爬行。《国策·秦策一》:"〔苏秦〕路过洛阳……嫂蛇行匍伏,四拜,自跪而谢。"❷蜿蜒曲折。柳宗元《至小丘西小石潭记》:"潭西南而望,斗折蛇行,明灭可见。"

蛇药 治毒蛇咬伤的药物。《千金要方》有用中药治疗蛇咬伤的记载。宋《太平圣惠方》等医籍中也记录了不少内服、外敷的蛇药。清《良方合璧》载有"蛇狗咬点眼药"。近代还创制了"南通蛇药"等。

蛇影杯弓 见"杯弓蛇影"。

蛇珠 宝珠;比喻卓越的才华。《文选·曹植〈与杨德祖书〉》:"人人自谓握灵蛇之珠。"李善注:"《淮南子》曰:'隋侯之珠。'高诱注:'隋侯见大蛇伤断,以药傅之而涂之。后蛇于大江中衔珠以报之。'"刘禹锡《送周鲁儒赴举诗》:"自握蛇珠辞白屋,欲凭鸡卜谒金门。"参见"隋珠"。

蛇足 比喻多余的事物。韩偓《安贫》诗:"谋身拙为安蛇足,报国危曾捋虎须。"参见"画蛇添足"。

阇 〔闍〕(shé)梵语译音字。如 Atcharya 译阿阇梨,又译阿遮利耶,义为轨范师。
另见 dū。

揲 (shé,又读 dié)用手抽点成批或成束物品的数目。《易·系辞上》:"揲之以四,以象四时。"孔颖达疏:"分揲其蓍,皆以四四为数,以象四时。"
另见 yè。

蚥 (shé)见"蚥蚏"。

蚥蚏 虫名,蝉的一种,即蟪蛄。《方言》第十一:"蚥蚏,楚谓之蟪蛄。"

撦 (shé)古人占卜,数蓍而分之。《汉书·扬雄传》:"撦之以三策。"颜师古注引苏林曰:"三三而分之。"王先谦补注引沈钦韩曰:"《易》揲之以四,《玄》撦之以三。"按撦与揲通,见桂馥《说文解字义证》撦字注。《玄》指扬雄《太玄经》。

闒 (shé)同"阇〔闍〕"。

舍 〔捨〕(shě)❶放弃。《荀子·劝学》:"驽马十驾,功在不舍。"❷发;放射。《诗·小雅·车攻》:"舍矢如破。"❸施舍;布施。《京本通俗小说·错斩崔宁》:"将这一半家私舍入尼姑庵中。"❹通"赦"。《汉书·朱博传》:"常刑不舍。"
另见 shè,shì。

舍本逐末 放弃重要的、基本的,而去追求细枝末节。比喻做事不从根本问题下手,而只在细微的事情上用力气。语出《吕氏春秋·上农》"民舍本而事末则不令。"亦作弃本逐末。《汉书·食货志下》:"铸钱采铜……弃本逐末。"

舍己从人 放弃个人的私见,听从众人的公论。《书·大禹谟》:"稽于众,舍己从人。"孔颖达疏:"考于众言,观其是非,舍己之非,从人之是。"

舍生取义 亦作"舍生存义"。语出《孟子·告子上》"生,亦我所欲也;义,亦我所欲也。二者不可得兼,舍生而取义者也"。谓生命和义不能并有,宁可牺牲生命而取义。后泛指为了维护正义,不惜牺牲生命。

庫 〔庫〕(shè)❶用于地名,义同村或舍。❷姓。东汉有庫钧。

杀 〔殺〕(shè)同"设❺"。如:左杀;右杀。
另见 sà,shā,shài。

设 〔設〕(shè)❶陈设;设置。《国策·秦策一》:"张乐设饮,郊迎三十里。"杜甫《剑门》诗:"惟天有设险,剑门天下壮。"亦指所摆置的东西。如:小摆设。引申为肴馔。《世说新语·雅量》:"羊曼拜丹阳尹,客来蚤者,并得佳设,日晏渐罄,不复及精。"❷筹划。《书·禹贡》"禹敷土"孔颖达疏:"禹必身行九州,规谋设法。"❸完备。《史记·刺客列传》:"宗族盛多,居处兵卫甚设。"❹假如;设使。《法言·重黎》:"设秦得人,如何?"❺突厥、回纥典兵官衔。《旧唐书·突厥传上》:"别部领兵者皆谓之设。"又译"察"或"杀"。如突厥的"左厢察"、"右厢察",回纥的"左杀"、"右杀"。

设备 ❶犹设防。《左传·僖公二

十二年》：“公卑杞，不设备而御之。”❷生产或生活上所需要的各种器械用品。如：设备完善。

设伏 设置伏兵。《汉书·艺文志》：“自春秋至战国，出奇设伏，诈变之兵并作。”

设弧 《礼记·内则》：“子生，男子设弧于门左。”郑玄注：“弧者，示有事于武也。”弧，弓。后因称男子的生日为“设弧”。参见“悬弧”、“设帨”。

设计 根据一定的目的要求，预先制定方案、图样等。如：服装设计；厂房设计。

设醴 《汉书·楚元王传》：“初，元王敬礼申公等，穆生不耆（嗜）酒，元王每置酒，常为穆生设醴。”醴，甜酒。后用以指礼遇贤士。

设色 着色。虞集《题村田乐图》诗：“尺素自是高唐物，莹如秋水宜设色。”

设施 ❶布置安排；行事。《三国演义》第一百〇二回：“懿（司马懿）唤诸将议曰：‘孔明如此设施，其中有计。’”黄宗羲《外舅六桐叶公墓志铭》：“故其设施，因任自然。”❷措施；设备。如：工程设施。

设帨 《礼记·内则》：“子生……女子设帨于门右。”帨，巾。后因称女子的生日为“设帨”。参见“设弧”。

设帐 开馆执教。尹会一《与博陵馆师赵孝廉书》：“兹闻诸亲已迓文旌设帐。”《聊斋志异·褚生》：“盖都中设帐者多以月计，月终束金完，任其留止。”

社(shè) ❶古指土地神。《礼记·祭法》：“共工氏之霸九州也，其子曰后土，能平九州，故祀以为社。”❷祀社神之所。如：里社。《白虎通·社稷》：“封土立社，示有土也。”❸祀社神。《礼记·月令》：“命民社。”引申为祀社神的节日。如：春社；秋社。❹古代地区单位之一。《管子·乘马》：“方六里，名曰社。”《左传·昭公二十五年》：“请致千社。”杜预注：“二十五家为社。”❺集体性组织；团体。如：合作社；棋社。❻古代江淮方言称母为社。《淮南子·说山训》：“社何爱速死，吾必悲哭社。”高诱注：“江淮谓母为社。”❼汉文史籍称“土社”、“番社”。台湾高山族的基层社会组织。每社有几十户至几百户不等，具有农村公社性质。有公共的土地和地界，以户为生产单位。既是政治单位，又是军事单位。有酋长，多由社众推举长者充

任，少数世袭。酋长处理社内外事务，重大事件须征得老人和社众同意。

社公 古指土地神。《礼记·郊特牲》“社祭土而主阴气”孔颖达疏引许慎曰：“今人谓社神为社公。”《后汉书·方术传》：“此狸也，盗社公马耳。”参见“土地❸”。

社会 ❶以一定的物质生产活动为基础而相互联系的人类生活共同体。人是社会的主体。劳动是人类社会生存和发展的前提。物质资料的生产是社会存在的基本条件。人们在生产中形成的与一定生产力发展状况相适应的生产关系，构成社会的经济基础。在这基础上产生与它相适应的上层建筑。社会的发展是一个有规律的自然历史过程。生产力和生产关系、经济基础和上层建筑之间的矛盾，推动着社会从低级向高级发展，表现为社会形态的依次更替。社会发展是统一性和多样性的统一，曲折性和前进性的辩证统一。❷旧时乡村学塾逢春、秋祀社之日或其他节日举行的集会。孟元老《东京梦华录·秋社》：“八月秋社……市学先生预敛诸生钱作社会，以致雇倩祇应、白席、歌唱之人。归时各携花篮、果实、食物、社糕而散。春社、重午、重九，亦是如此。”

社火 ❶旧时在节日扮演的各种杂戏。李斗《扬州画舫录》卷九：“立春前一日，太守迎春于城东蕃釐观，令官妓扮社火：春梦婆一，春姐二，春吏一，皂隶二，春官一。”范成大《上元纪吴中节物俳谐体三十二韵》：“轻薄行歌过，颠狂社舞呈。”自注：“民间鼓乐谓之社火，不可悉记，大抵以滑稽取笑。”❷犹言同伙。《水浒传》第五十八回：“但是来寻山寨头领，必然是社火中人故旧交友。”

社稷 古代帝王、诸侯所祭的土神和谷神。《白虎通·社稷》：“王者所以有社稷何？为天下求福报功。人非土不立，非谷不食。土地广博，不可遍敬也；五谷众多，不可一一祭也。故封土立社示有土尊；稷，五谷之长，故立稷而祭之也。”旧时用作国家的代称。《礼记·曲礼下》：“国君死社稷。”又《檀弓下》：“能执干戈以卫社稷。”

社论 通过对当前发生的重大事件或问题的评论来阐明报刊编辑部立场与主张的言论。是新闻评论的重要品种之一。

社区 以一定地域为基础的社会

群体。此词最早由滕尼斯提出。基本要素有：(1)有一定的地域；(2)有一定的人群；(3)有一定的组织形式、共同的价值观念、行为规范及相应的管理机构；(4)有满足成员的物质和精神需求的各种生活服务设施。

社群 “社会群体”的简称。人们通过一定的社会关系结合起来进行活动的共同体。基本特征是：(1)有较稳定的群体结构和一定的行为规范；(2)成员间相互依赖，频繁互动；(3)有一定的目标和成员间的分工、协作；(4)群体成员有共同的归属感和认同感。依不同标准可分为不同的类型，典型的有首属群体和次属群体、正式群体和非正式群体。

社日 古时春、秋两次祭祀土神的日子，一般在立春、立秋后第五个戊日。《岁时广记·二社日》：“《统天万年历》曰：立春后五戊为春社，立秋后五戊为秋社。”《荆楚岁时记》：“社日，四邻并结综会社牲醪，为屋于树下，先祭神，然后飨其胙。”杜甫《遭田父泥饮美严中丞》诗：“田翁逼社日，邀我尝春酒。”按社日，周代本用甲日，汉至唐各代不同，详顾炎武《日知录》卷六。参见“春社”、“秋社”。

社鼠 寄身于社庙中的鼠，比喻有所倚恃的小人。《晏子春秋·问上之九》：“夫社，束木而涂之，鼠因往托焉。熏之则恐烧其木，灌之则恐败其涂。此鼠所以不可得杀者，以社故也。夫国亦有社鼠，人主左右是也。”参见“城狐社鼠”。

社鼠城狐 见“城狐社鼠”。

社戏 旧时农村中迎神赛会所演的戏。用以酬神祈福，一般均在庙台或野台演出。“社”为旧时祀社神之所在，故称。一说为古代地区的一个小单位，社中演戏，即称社戏。

社学 元、明、清三代的地方学校。元至元二十三年(1286年)始设。元制五十家为一社，每社设学校一所，择通晓经书者为教师，农闲时令子弟入学，读《孝经》、《小学》、《大学》、《论语》、《孟子》。明承元制，教育八岁以上十五岁以下之幼童；教育内容增加《御制大诰》、《大明律令》及冠、婚、丧、祭等礼节。清初令每乡置一所，社师择“文义通晓，行谊谨厚”者充补。清中叶后，成为地主、士绅办“团练”、“御盗贼”之处。鸦片战争爆发后，广东人民利用它作为反抗帝国主义侵略的组织。

社燕 燕子春社时来，秋社时去，故称“社燕”。苏轼《送陈睦知潭州》

诗:"有如社燕与秋鸿,相逢未稳还相送。"周邦彦《满庭芳》词:"年年,如社燕,飘流瀚海,来寄修椽。"

舍(shè) ❶房屋。如:校舍;宿舍;竹篱茅舍。陆游《秋晓》诗:"喔喔舍旁鸡乱鸣。"❷谦称自己的家。如:寒舍;敝舍;舍间。参见"舍下"。亦用以谦称自己的卑幼亲属。如:舍侄;舍弟。❸休息。《诗·小雅·何人斯》:"尔之安行,亦不遑舍。"❹客舍。《逸周书·大聚》:"二十里有舍。"❺住宿。《礼记·檀弓上》:"舍于子夏氏。"❻古时行军以三十里为一舍。《左传·僖公二十三年》:"其辟(避)君三舍。"❼古称一宿为舍。《左传·庄公三年》:"凡师,一宿为舍,再宿为信,过信为次。"❽星次。《史记·律书》:"七正二十八舍。"司马贞索隐:"七正者,日月五星也……二十八舍即二十八宿之所会也。"❾同"啥"。什么。章炳麟《新方言·释词》:"《孟子·滕文公》篇:'舍皆取诸其宫中而用之。'犹言何物皆取诸其宫中而用之也。"按:赵岐注作"止"、"不肯"解,即不肯皆自取于宫宅中而用之。❿宋元时官僚子弟习惯称舍人,犹称公子,亦简作舍,常见于戏曲小说中。武汉臣《玉壶春》第二折:"甚舍来了也,请家里坐。"参见"舍人❷"。

另见shě,shì。

舍人 ❶官名。始见《周礼·地官》。战国及汉初王公贵官都有舍人。《汉书·高帝纪》颜师古注:"舍人,亲近左右之通称也。"秦汉置太子舍人;汉制,皇后、公主的属官也有舍人;唐宋太子属官中沿置中舍人和舍人,均为亲近的属官。此外,三国魏于中书省中置中书通事舍人,掌宣诏命。置及南朝历代沿置,至梁除通事二字,直称中书舍人,任起草诏令之职,参与机密,权力日重。北魏、北齐亦设舍人省。隋唐时,中书舍人仍掌制诰(撰拟诏旨),以有文学资望者充任。其名称常有变更,如隋和唐初称内史舍人,隋炀帝时称内书舍人,武则天曾称凤阁舍人,简称舍人。宋仍有此官,实不任职。神宗元丰年间改官制,始仍掌其事。又唐代中叶以后,其他官职之带有舍人二字的甚多,如通事舍人,掌朝见引纳;起居舍人,掌修记言之史,或称右史。宋的阁门宣赞舍人、元的直省舍人、侍仪舍人、明的带刀散骑舍人,则均为近侍武职。明清时于内阁中的中书科,也设中书舍人,其职责仅为缮写文书。清代另设内阁中书,兼掌撰拟、记载、翻译等事务。❷宋元以来俗称贵显子弟为舍人,犹称公子。无名氏《陈州粜米》楔子:"报的相公得知,有二位舍人来了也。"舍人指刘衙内的女婿杨金吾和小衙内刘得中。明代军卫应袭子弟亦称舍人。见《万历野获编·禁卫》。

舍下 谦称自己所居之室。舍,馆舍;居室。《长生殿·弹词》:"屈到舍下暂住,细细请教何如?"

泏(shè) 通"涉"。历;入。班固《十八侯铭》:"奉命全璧,身泏项营。"

另见chù。

莈〔葮〕(shè) 香草。也作茶的别称。陆羽《茶经·一之源》:"其名一曰茶,二曰槚,三曰莈,四曰茗,五曰荈。"

莈莈 形容香气。《楚辞·九叹·愍命》:"怀椒聊之莈莈兮。"

拾(shè) 通"涉"。见"拾级"。

另见jiè,shí。

拾级 涉历梯级。如:拾级登山。《礼记·曲礼上》:"拾级聚足,连步以上。"

楝(shè,又读sù) 木名。《诗·小雅·四月》"隰有杞楝"毛传:"楝,赤楝。"《尔雅·释木》:"楝,赤楝;白者楝。"郭璞注:"赤楝树叶细而歧锐,皮理错戾,好丛生山中。"

射〔躲〕(shè) ❶放箭,亦指用枪炮射击。❷官名。商代设置,掌射。见于甲骨卜辞。常以百人为小队,称"百射"或"射百"。三百人为中队,称"三百射"或"射三百"。❸用压力或弹力发出。如:发射;喷射;注射。❹有所指。如:影射;暗射。❺逐取;追求。见"射利"。❻猜度。《吕氏春秋·重言》:"有鸟止于南方之阜,三年不动,不飞,不鸣,是何鸟也? 王射之。"见"射覆"。

另见yè,yì。

射策 汉代考试法之一。主试者提出问题,书之于策。分为甲乙科。射策者随意解答,按其难易而分优劣。射是投射之意。见《汉书·萧望之传》注。

射潮 相传五代时吴越王钱镠在杭州用弓箭射钱塘江潮头,与海神交战。见孙光宪《北梦琐言》。苏轼《八月十五日看潮》诗:"安得夫差水犀手,三千强弩射潮低。"按传说吴王夫差有穿水犀皮的甲士"亿有三千"人。见《国语·越语上》。苏诗乃借以咏钱镠事。

射雕手 射雕的能手。《北齐书·斛律光传》:"尝从世宗于洹桥校猎,见一大鸟,云表飞扬,光引弓射之,正中其颈。此鸟形如车轮,旋转而下,至地,乃大雕……邢子高见而叹曰:'此射雕手也。'"后借以指技艺出众的能手。姚合《极玄集自序》:"此皆诗家射雕手也。"

射覆 古代游戏。将物件预为隐藏,供人猜度。《汉书·东方朔传》:"上尝使诸数家射覆。"颜师古注:"于覆器之下而置诸物,令暗射之,故云射覆。"后世酒令中用字句隐寓事物,令人猜度,也称射覆。俞敦培《酒令丛钞·古令》:"今酒座所谓射覆,又名射雕覆者,法以上一字为雕,下一字为覆,设注意'酒'字,则言'春'字、'浆'字使人射之,盖春酒、酒浆也,射者言某字,彼此会意。"

射工 蜮的异名。《汉书·五行志下》"庄公十八年秋,有蜮"颜师古注:"即射工也,亦呼水弩。"《抱朴子·登涉》:"又有短狐,一名蜮,一名射工,一名射影,其实水虫也。"

射宫 辟雍,古代习射试士之所。《礼记·射义》:"古者天子之制,诸侯岁献贡士于天子,天子试之于射宫。"《文选·张衡〈东京赋〉》:"摄提运衡,徐至于射宫。"薛综注:"射宫,谓辟雍也。"

射钩 指春秋时管仲射齐桓公事。《左传·僖公二十四年》:"齐桓公置射钩而使管仲相。"杜预注:"乾时之役,管仲射桓公,中带钩。"置射钩,谓弃置射钩的仇恨。后亦借指管仲,犹言射钩者。刘琨《重赠卢谌》诗:"重耳任五贤,小白相射钩。"小白,齐桓公名。

射侯 犹言箭靶。侯,古代行射礼时用的靶子,用兽皮或布做成。《周礼·天官·司裘》:"王大射,则共虎侯、熊侯、豹侯,设其鹄;诸侯则共熊侯、豹侯,卿大夫则共麋侯,皆设其鹄。"鹄,箭靶的中心。《韩非子·八说》:"狸首射侯,不当强弩趋发。"

射击 用弓、弩、枪、火炮等武器向目标发射箭和弹头等。

射利 追求财利。谓见利所在,即如猎者发矢取之。左思《吴都赋》:"乘时射利,财丰巨万。"

射生 射取生物。王建《宫词》:"射生宫女宿红妆,把得新弓各自张。"唐代有射生手、射生军。《新唐书·兵志》:"又择便骑射者置衙前生手千人。"又："代宗即位，以射生军入禁中清难，皆赐名宝应功臣。"

射天　《史记·殷本纪》："帝武乙无道，为偶人，谓之天神。与之博，令人为行，天神不胜，乃僇辱之。为革囊盛血，卬(仰)而射之，命曰射天。"又《宋微子世家》："〔宋王偃〕盛血以韦囊，县(悬)而射之，命曰射天。"

射影　蜮的别名。详"蜮(yù)❶"、"含沙射人"。

涉(shè)　❶徒步渡水。《诗·邶风·匏有苦叶》："济有深涉。"后泛称渡水。如：登山涉水；远涉重洋。❷到；经历。陶潜《归去来辞》："园日涉以成趣，门虽设而常关。"参见"涉世"。❸关连；牵连。如：关涉；与你无涉。《论衡·问孔》："使下愚之人，涉耐罪之狱吏。"❹动；着。如：涉笔。❺姓。春秋时晋有涉佗。

另见 dié。

涉笔　动笔或着笔。如：涉笔成趣。李昭玘《永兴提刑谢到任启》："委辔下车，勤吏民之趋走；据案涉笔，拥文墨之纷纭。"

涉历　❶经历。《晋书·孔坦传》："然宣下以来，涉历三载。"❷广泛浏览。钟会《母夫人张氏传》："雅好书籍，涉历众书。"

涉猎　谓浏览群书而不深入钻研。《汉书·贾山传》："所言涉猎书记，不能为醇儒。"颜师古注："涉，若涉水；猎，若猎兽。言历览之不专精也。"

涉世　经历世事。如：涉世不深。《晋书·孔衍传》："宗人夷吾有美名，博学不及衍，涉世声誉过之。"

涉想　念及；想到。何逊《为衡山侯与妇书》："帐前微笑，涉想犹存。"

赦(shè)　❶免除或减轻犯人的罪责或刑罚。《书·舜典》有"眚灾肆赦"，《易·解卦》有"赦过宥罪"，《周礼·秋官·司刺》有三赦、三宥之法。汉以后形成定制，赦宥频繁。名目有：(1)大赦，即在全国范围内不问犯罪轻重概予赦免，但十恶等重罪通常不在赦例。(2)曲赦，即局部地区(如灾区或帝王车驾到处)的赦宥。(3)特赦，即对特定罪犯的赦宥。(4)郊赦，即在皇帝到南北郊祭祀天地后施行的大赦。另分为恩赦与常赦。❷姓。春秋晋有赦厥。

赦免　❶宽宥；免罪。❷法律上指国家最高权力机关或国家元首以

命令方式宣告，对一般罪犯或特定罪犯免除其刑罚的全部或一部分的制度。有的国家包括大赦、特赦、复权和减刑。中国宪法只规定特赦制度，未规定大赦制度和复权制度。减刑在中国属于司法制度，由人民法院裁定。

骒〔騍〕(shè)　雌马。《尔雅·释畜》："牝曰骒。"郭璞注："草马名。"

鞢〔韘〕(shè)　古代射箭时戴在右手拇指上以钩弦的用具，以象骨或玉制成。亦称"抉(决、玦)"，俗称"扳指"。《诗·卫风·芄兰》："童子佩鞢。"毛传："鞢，玦也。能射御则佩鞢。"

摄〔攝〕(shè)　❶引持；牵曳。《汉书·张耳陈馀传》："吏尝以过笞馀，馀欲起，耳摄使受笞。"❷摄取；吸引。如：摄影。顾况《广陵白沙大云寺碑》："磁石摄铁，不摄鸿毛。"❸收敛。《庄子·胠箧》："则必摄缄縢，固扃鐍。"❹揭起。苏轼《后赤壁赋》："予乃摄衣而上。"❺整顿。《仪礼·士冠礼》："再醮摄酒。"郑玄注："摄，犹整也。"❻迫近。《论语·先进》："摄乎大国之间。"❼追；捕。如：勾摄。《新唐书·酷吏传序》："周矩谏后(武则天)曰：'……今举朝胁息，谓陛下朝与为密，夕与为仇，一罹摄逮，便与妻子决。'"❽保养。如：珍摄。参见"摄生"。❾代理；兼职。如：摄政。《左传·隐公元年》："不书即位，摄也。"又《昭公十三年》："羊舌鲋摄司马。"杜预注："摄，兼官。"❿辅助。《诗·大雅·既醉》："朋友攸摄，摄以威仪。"⓫通"慑"。使畏惧。《左传·襄公十一年》："武震以摄威之。"⓬古地名。春秋齐地。本邢地聂北，邢亡后入齐，改称摄，为齐之西界，在今山东茌平西北。《左传》昭公二十年(公元前522年)载晏婴所说"聊摄以东，即指此。

另见 niè。

摄生　保养身体；养生。《老子》："盖闻善摄生者，陆行不遇兕虎。"河上公注："摄，养也。"张华《鹪鹩赋》："惟鹪鹩之微禽兮，亦摄生而受气。"

摄提　❶星官名。属亢宿，共六星。左摄提三星即牧夫座 o、π₁,₂、ζ 星，右摄提三星即牧夫座 η、τ、υ 星。《史记·天官书》："(大角)两旁各有三星，鼎足句之，曰摄提。摄提者，直斗杓所指，以建时节。"❷古代年名"摄提格"的简称。战国秦汉时代有

一种星岁纪年法，假想有一速度和木星平均速度(一年走十二分之一周天，即一辰)相等而运动方向相反的天体叫"太岁"，当木星在丑位时，太岁在寅位，这一年就叫"摄提格"。《离骚》："摄提贞于孟陬兮，惟庚寅吾以降"，就是说他自叙生在摄提格这一年。后来，星岁纪年法进化为干支纪年法。摄提格就称作"寅年"。

摄提格　见"摄提❷"。

摄卫　保养身体。刘𫗧《隋唐嘉话》卷下："〔裴知古〕善于摄卫，开元十二年终，年且百岁。"

摄叶　不舒展貌。《楚辞·哀时命》："衣摄叶以储与兮，左袪挂于榑桑。"

摄影　用照相机或电影摄影机等摄取景物影像的过程。摄影术的诞生一般以 1839 年 8 月 19 日法国政府公布达盖尔发明银版摄影法为标志。通常包括三个步骤：(1)使景物形态通过透镜在感光片上曝光，构成潜影；(2)将曝光后的感光片经显影和定影等化学处理，得到明暗程度与景物相反或色彩与景物互成补色的负像，即底片；(3)用感光纸(或拷贝片)通过底片曝光，再经显影和定影等化学处理而得到明暗程度或色彩与被摄景物一致的正像，即照片(或透明正片)。也有使用反转片拍摄的，经显影和定影等化学处理后，直接得到正像(透明正片)。摄影广泛应用于现代社会生活的各个领域，已成为宣传报道、科学技术研究和艺术创作的重要手段。

摄政　君主年幼不能亲政，由最近的亲族或戚族权且代行职务。如周成王时周公摄政，汉平帝时王莽摄政，清世祖时睿亲王多尔衮摄政，宣统中醇亲王载沣摄政。北洋军阀统治时期，总统缺位，由内阁代行职务，亦称摄政。

摄篆　旧时印信都用篆文，因用篆为印信的代称。"摄篆"谓代掌印信，即代理某种官职，并非实授。《聊斋志异·考城隍》："不妨令张生摄篆九年，瓜代可也。"

摄齐　《论语·乡党》："摄齐升堂。"齐，衣服的下边。谓提起衣服升堂，以防脚踏衣服下边，倾跌失礼。

灄〔灄〕(shè)　水名。见"灄水"。

灄水　❶古水名。据《水经注》，故道自今湖北汉川市东北分涢水东流，至黄陂南注入长江。久湮。❷长江中游支流。在湖北省东部。源出

鄂、豫两省边境山地,南流到黄陂县南入长江。

慑〔懾、慴〕(shè,旧读 zhé)
❶恐惧;害怕。《礼记·曲礼上》:"贫贱而知好礼,则志不慑。"《史记·张仪列传》:"愁居慑处,不敢动摇。"❷畏服。《淮南子·氾论训》:"威动天地,声慑四海。"

慑服 亦作"慑伏"。因畏惧而屈服。《史记·项羽本纪》:"诸将皆慑服。"

榺〔檴〕(shè)❶木名。《尔雅·释木》:"榺,虎櫐。"郭璞注:"今虎豆,缠蔓林树而生,荚有毛刺。"郝懿行义疏:"虎櫐即今紫藤,其花紫色,作穗垂垂,人家以饰庭院。"❷枫的别称。《尔雅·释木》:"枫,榺榺。"郝懿行义疏:"《说文》:'枫木也,厚叶弱枝,善摇。'一名榺,不作重文。"

摋(shè) 叶落貌。潘岳《秋兴赋》:"庭树摋以洒落兮。"亦作"槭"。

摋摋 象声之词。《文选·卢谌〈时兴诗〉》:"摋摋芳叶零,蕊蕊芬华落。"吕延济注:"摋摋,叶落声也。"贡师泰《巡按松州虎贲司》诗:"秋风摋摋衣绵薄。"

歙(shè) 地名。如:歙州、歙港。
另见 xì、xié。

歙砚 中国传统的实用工艺品之一。因产地安徽歙州(今歙县)而得名。始于唐代。石质坚韧、润密,不吸水,发墨如油,不伤毫,雕刻精细,造型浑朴。因石出于该处的龙尾山,故又称"龙尾砚"。南唐时推崇李廷珪墨、澄心堂纸、诸葛氏笔、龙尾歙砚为文房四宝。北宋蔡襄《咏徐虞部龙尾砚诗》云:"玉质纯苍理致精,锋芒都尽墨无声。"

麝(shè) ❶动物名。学名 *Moschus moschiferus*。亦称"香獐"。哺乳纲,偶蹄目,麝科。体长 80~90 厘米。前肢短,后肢长,蹄小。耳大,雌雄都无角。体呈棕色,背部较深;有的呈灰褐黑色,带有不甚明显的土黄色条纹和斑点。颈下向后至肩有两条白纹。雄麝犬齿发达,形成"獠牙";脐与生殖孔之间有麝香腺,发情季节,特别发达。以青草、苔藓、野草为食。分布于中国东北、华北、甘肃、陕西、河南、湖北、安徽、四川、新疆、西藏等地山区;亦见于俄罗斯西伯利亚和朝鲜半岛、日本等地。麝香腺分泌的麝香,可作药用

和香料用。为国家二级保护动物。❷麝香,亦泛指香气。杜甫《丁香》诗:"晚堕兰麝中。"

麝煤 作墨的原料,因用为墨的代称。韩偓《横塘》诗:"蜀纸麝煤添笔媚,越瓯犀液发茶香。"

麝薰 麝香。李商隐《无题》诗:"蜡照半笼金翡翠,麝薰微度绣芙蓉。"

shéi

谁〔誰〕(shéi,又读 shuí) ❶什么人。如:你找谁?《论语·微子》:"长沮曰:'夫执舆者为谁?'"也泛指为任何人。如:谁都知道。《诗·大雅·桑柔》:"谁能执热,逝不以濯。"❷犹"何"。什么。李清照《声声慢》词:"满地黄花堆积,憔悴损,如今有谁堪摘?"程垓《玉漏迟》词:"门外星星柳眼,看谁似当时风月。"❸作语助。见"谁昔"。

谁何 ❶谁;什么;哪个。《庄子·应帝王》:"吾与之虚而委蛇,不知其谁何。"❷诘问;呵叱。《六韬·虎韬·金鼓》:"三军以戒为固,以怠为败,令我垒上,谁何不绝。"❸犹过问;干预。徐士俊《汪十四传》:"商贾尽得数倍利,而白梃之徒日益贫困,心忱之而莫可谁何也。"

谁昔 谁,作语助。犹言畴昔。《诗·陈风·墓门》:"谁昔然矣。"

shēn

申(shēn) ❶表达;表明。如:重申前意;三令五申。《礼记·郊特牲》:"大夫执圭而使,所以申信也。"❷明白。《后汉书·邓骘传》:"罪无申证。"李贤注:"申,明白也。"❸向上陈述。如:申请;申报。旧时以为下级对上级行文的名称。如:申文;申送。❹重复;一再。《书·尧典》:"申命羲叔,宅南交。"❺通"伸"。伸展。班彪《北征赋》:"行止屈申,与时息兮。"❻通"呻"。《庄子·刻意》:"熊经鸟申。"陆德明释文引司马(彪)云:"若鸟之嚬呻也。"引申为吟咏。李白《江夏赠韦南陵冰》诗:"玉箫金管喧四筵,苦心不得申长句。"❼至;到。《文选·宋玉〈九辩〉》:"独申旦而不寐兮。"李周翰注:"申,至。"❽十二支的第九位。❾十二时辰之一,十五时至十七时。❿古国名。姜姓。传为伯夷之后。居

今陕西、山西间。周宣王时一部分被东迁,分封于谢(今河南南阳东南),建立申国。春秋初为楚文王所灭。其留在原地部分,称西申,或称申戎,也叫姜氏之戎。后为秦所灭。⓫上海市的别称。以境内黄浦江别称春申江,简称申江而得名。⓬姓。

申报 用书面形式向上级呈报。白居易《奏所闻状》:"自今已后,应有进奉,并不用申报御史台。"

申饬 告戒;斥责。如:严加申饬。《宋史·田锡传》:"伏愿申饬将帅,慎固封守。"

申韩 战国时申不害、韩非二人的合称。后世以"申韩"并称,代表法家。《史记·李斯列传》:"明申韩之术,而修商君之法。"

申结 谓致意结约。《新唐书·房玄龄传》:"与诸将密相申结,人人愿尽死力。"

申理 ❶治理。张衡《应闲》:"重黎又相颛顼而申理之。"❷申辩昭雪。《北史·窦炽传》:"炽抑挫豪右,申理幽滞,在州十载,甚有政绩。"

申商 即申不害和商鞅(公孙鞅)。同属法家。战国时已相提并论。《韩非子·定法》:"今申不害言术,而公孙鞅为法。"《史记·袁盎晁错列传》:〔晁错〕"学申商刑名。"

申申 ❶安舒貌。《论语·述而》:"子之燕居,申申如也。"❷反覆不休。《离骚》:"申申其詈予。"王逸注:"申申,重也。"

申诉 ❶向人诉说情由。《颜氏家训·风操》:"周章道路,要候执事;叩头流血,申诉冤枉。"❷公民对有关的问题向国家机关申述意见,请求处理的行为。有两种:(1)诉讼上的申诉。即当事人或其他有关公民对已发生法律效力的判决或裁定不服,依法向审判机关、检察机关提出重新处理的要求。(2)非诉讼上的申诉。如我国宪法规定,公民对于任何国家机关和国家工作人员的违法失职行为,有向有关国家机关提出申诉、控告或者检举的权利。

申屠 复姓。汉代有申屠嘉。

申奏 向帝王陈述或申请。《宋书·孝武帝纪》:"自今百辟庶尹、下民贱隶,有怀诚抱志,拥郁衡闷,失理负谤,未闻朝听者,皆听躬自申奏,小大以闻。"

伸(shēn) ❶展开;伸直。如:能屈能伸。《易·系辞上》:"引而伸之。"❷同"申"。陈述;表白。如:伸冤。杜甫《兵车行》:"长

者虽有问,役夫敢伸恨!"❸姓。宋代有伸意。

伸眉 犹言扬眉,得意貌。司马迁《报任少卿书》:"乃欲仰首伸眉,论列是非,不亦轻朝廷羞当世之士邪!"

身 (shēn) ❶躯体。如:人身;兽身;全身;半身。也特指头颈以下的部分。如:身首异处。《楚辞·国殇》:"首身离兮心不惩。"❷物的主体部分。如:船身;河身;树身。❸自身;亲身。如:以身作则;身历其境。也用作自称之词,我。《三国志·蜀志·张飞传》:"身是张翼德也。"❹统指人的身份、品德、才力等。如:出身;修身;立身。《汉书·李寻传》:"士厉身立名者多。"❺身孕。《诗·大雅·大明》:"大任有身。"❻佛家轮回说的一世。《晋书·羊祜传》:"谓李氏子,祜之前身也。"❼即"人称"。

另见 yuán。

身重 同"重身"。谓怀孕。《素问·六元正纪大论》:"血溢筋络,拘强关节,不利身重。"

身分 ❶亦作"身份"。人的出身、地位或资格。《颜氏家训·省事》:"吾自南及北,未尝一言与时人论身分也。"❷模样;姿态。《水浒传》第二十三回:〔武松〕把那打虎的身分、拳脚,细说了一遍。"

身后 死后。《后汉书·孔融传论》:"代终之规,启机于身后。"元稹《遣悲怀》诗:"昔日戏言身后意,今朝皆到眼前来。"

身世 个人的经历和境遇。杜甫《秦州杂诗》:"俯仰悲身世,溪风为飒然。"

身手 本领。如:大显身手。杜甫《哀王孙》诗:"朔方健儿好身手,昔何勇锐今何愚!"

身体力行 《淮南子·氾论训》:"故圣人以身体之。"高诱注:"体,行。"《中庸》:"力行近乎仁。"后以"身体力行"指亲身体验,努力实践。张惠言《承拙斋家传》:"先生以致知格物为基阯,以身体力行为堂奥。"

身先士卒 将帅亲自带头作战,走在士兵前面。《三国演义》第七十二回:"披坚执锐,临难不顾,身先士卒。"今也泛指在工作、纪律等方面领导带头。

呻 (shēn) ❶曼声而吟。见"呻毕"。❷呼痛。见"呻呼"。

呻毕 谓吟诵书简,即读书。《礼

记·学记》:"呻其占毕。"郑玄注:"呻,吟也;占,视也;简谓之毕。"范成大《藻侄比课五言诗》:"学业荒呻毕,欢惊隔笑盐。"

呻呼 因疲倦病痛而呼唤。《列子·周穆王》:"有老役夫,筋力竭矣,而使之弥勤。昼则呻呼而即事,夜则昏惫而熟寐。"

呻吟 ❶吟咏;诵读。《庄子·列御寇》:"郑人缓也,呻吟裘氏之地,只三年,而缓为儒。"❷病痛时的低哼声。《三国志·魏志·华佗传》:"佗行道,见一人病咽塞,嗜食而不得下,家人车载欲往就医,佗闻其呻吟,驻车往视。"

侁 (shēn) 见"侁侁"。

侁侁 众多貌。《文选·宋玉〈招魂〉》:"豺狼从目,往来侁侁些。"张铣注:"侁侁,众貌。"亦作"駪駪"、"诜诜"、"甡甡"、"莘莘"。

诜 〔詵〕(shēn) 见"诜诜"。

诜诜 同"莘莘"。众多貌。《诗·周南·螽斯》:"螽斯羽,诜诜兮。"

罙 (shēn) "深"的古字。《说文·穴部》作"突",段玉裁注:"隶变作罙、深。"

另见 mí。

参 ㊀〔參、叅〕(shēn) 星名。二十八宿之一。《诗·召南·小星》:"嘒彼小星,维参与昴。"陆德明释文:"参,所林反,星名也。"

㊁〔参、叅、葠、蓡〕(shēn) 如:人参。

另见 cān,càn,cēn,sān,sǎn。

参辰 同"参商"。辰星居东方,参星居西方,出没各不相见。因用以比喻彼此乖离。徐干《室思一首》:"故如比目鱼,今隔如参辰。"参见"参商"。

参商 参、商二星此出则彼没,两不相见,因以比喻人分离不得相见。曹植《与吴季重书》:"面有逸景之速,别有参商之阔。"也比喻不和睦。如:兄弟参商。

参参 长貌。张衡《思玄赋》:"长余佩之参参。"

绅 〔紳〕(shēn) ❶古代士大夫束在衣外的大带。《论语·卫灵公》:"子张书诸绅。"邢昺疏:"以带束腰,垂其余以为饰,谓之绅。"引申为指束绅的人士。如:乡绅。参见"绅衿"。❷束带。《韩非子·外储说左上》:"书曰:'绅之束之。'宋人有治者,因重带自绅束

之。"

绅衿 绅,大带,士大夫所服用;衿,青衿,学中生员的服式。旧时泛指地方绅士和在学的人。《儒林外史》第四十七回:"两家绅衿共有一百四五十人,我们会齐了,一同到祠门口,都穿了公服迎接当事。"当事,指地方官。

绅士 ❶旧时称地方上有势力的地主或退职的官僚。参见"绅衿"。❷译自英文 gentleman,一译"君子"。在西方,指有身份的人或上流人士。

珅 (shēn) 玉名。见《集韵·十七真》。

柛 (shēn) 树木自倒而枯。《尔雅·释木》:"木自毙,柛。"郝懿行义疏:"自毙者,生木自倒。"

信 (shēn) 通"伸"。《三国志·蜀志·诸葛亮传》:"孤不度德量力,欲信大义于天下。"

另见 xìn。

脤 (shēn) 夹脊肉。《素问·缪刺论》:"两脤之上。"王冰注:"脤,谓两髁脤也。"

另见 shèn。

籸 (shēn) ❶加工粮食、油料余下的渣滓。《本草纲目·谷部一》"麻枯饼"李时珍曰:"此乃榨去油麻滓也,亦名麻籸,荒岁人亦食之,可以养鱼肥田。"❷同"飷"。黄庭坚《陈荣绪惠示之字韵诗三首辄次高韵》诗:"饥蒙青籸饭,寒赠紫陀尼。"青籸饭即青飷饭,又名青精饭、乌饭,传说食之可延年。

籸盆 以麻秸等为燃料的火炬盆。孟元老《东京梦华录·十六日》:"籸盆照耀,有同白日。"

神 (shēn) 见"神荼郁垒"。

另见 shén。

神荼郁垒 亦作"荼与郁雷"。传说中能治服恶鬼的神,后世遂以为门神,画像丑怪凶恶。《论衡·订鬼》引《山海经》曰:"沧海之中,有度朔之山,上有大桃木,其屈蟠三千里,其枝间东北曰鬼门,万鬼所出入也。上有二神人,一曰神荼,一曰郁垒,主阅领万鬼。恶害之鬼,执以苇索而以食虎。于是黄帝乃作礼以时驱之,立大桃人,门户画神荼郁垒与虎,悬苇索以御。"东汉蔡邕《独断》、《后汉书·礼仪志》等均有记载。

姺 (shēn,又读 xiǎn) ❶古国名。《左传·昭公元年》:"商有姺、邳。"杜预注:"二国,商诸侯。"姺即有侁,亦称有辛、有莘。❷姓。

另见 xiān。

駪

駪駪　同"莘莘"。众多貌。《诗·小雅·皇皇者华》:"駪駪征夫,每怀靡及。"《国语·晋语四》引作"莘莘征夫"。

莘

（shēn）❶长貌。《诗·小雅·鱼藻》:"鱼在在藻,有莘其尾。"毛传:"莘,长貌。"❷古国名。(1)亦称有辛、有莘、有侁。在今山东曹县西北。商汤娶有莘氏之女,即其国。(2)姒姓。在今陕西合阳东南,周文王妃太姒即此国之女。❸姓。宋代有莘融。

另见 xīn。

莘莘　亦作"駪駪"、"侁侁"、"甡甡"、"诜诜"。众多貌。如:莘莘学子。《国语·晋语四》:"周诗曰:'莘莘征夫,每怀靡及。'"

砷

（shēn）旧名"砒"。化学元素［周期系第Ⅴ族（类）主族元素］。符号 As。原子序数33。有黄、灰、黑褐三种同素异形体,其中灰色的晶体具有金属性,但性脆而硬。砷和砷的可溶性化合物都有毒。主要以硫化物矿形式存在。例如雄黄（AsS）、雌黄（As_2S_3）、毒砂（FeAsS）等。用于制硬质合金。高纯砷可用于半导体和激光技术中。黄铜中含有微量砷时可防止脱锌。砷的化合物可用于杀虫及医疗。为生命必需的微量营养元素。

瞫

（shēn）❶疾速貌。左思《蜀都赋》:"鹰犬倏瞫,罻罗络幕。"❷张目。柳宗元《又祭崔简旅榇归上都文》:"楚之南,其鬼不可与友,躁戾佻险,睒瞫欺苟。"

莘

（shēn）神名。《庄子·达生》:"水有罔象,丘有莘。"陆德明释文:"本又作莘,司马云:'状如狗,有角,文身五采。'"

甡

（shēn）❶众生。如:万甡园（动物园的旧称）。❷见"甡甡"。

甡甡　同"莘莘"。众多貌。《诗·大雅·桑柔》:"瞻彼中林,甡甡其鹿。"

宎

（shēn）❶深。《说文·穴部》:"宎,深也。"段玉裁注:"此以今字释古字也。宎,滚,古今字,篆作宎、滚,隶变作窊、深。"❷灶突。《说文·穴部》:"宎,一曰灶突。"段玉裁注:"《吕氏春秋》云:'灶突决则火上焚栋。'盖灶上突起以出烟火,今人谓烟囱。以其颠言谓之

突;以其中深曲通火言谓之宎。"按即烟囱的管道。

娠

（shēn）本谓胎儿在母体中微动。泛指怀胎。《左传·哀公元年》:"后缗方娠。"

蓡

〔蓡〕（shēn）❶同"薓"。见《玉篇·艸部》。即"人参"的"参"。❷同"槮"。树长貌。《集韵·二十一侵》:"槮,木长貌……或作'蓡'。"

另见 sān。

深

〔滚〕（shēn）❶水积厚。与"浅"相对。《诗·邶风·谷风》:"就其深矣,方之舟之。"引申为由上到下或由外到内的距离大。如:深耕密植;深宅大院。《仪礼·觐礼》:"坛……深四尺。"郑玄注:"深谓高也,从上曰深。"❷深奥;精微。如:由浅入深。《易·系辞上》:"唯深也,故能通天下之志。"韩康伯注:"极未形之理则曰深。"❸深入;深刻。司马相如《喻巴蜀檄》:"计深虑远,急国家之难。"引申为苛刻。见"深文"。❹深切;甚。如:深交;深信;深表同情。❺颜色浓。如:深红;深绿。《孟子·滕文公上》:"面深墨。"❻历时久。如:深夜;深秋。白居易《琵琶行》:"夜深忽梦少年事。"❼茂盛。杜甫《春望》诗:"国破山河在,城春草木深。"❽隐藏;缩进。《考工记·梓人》:"必深其爪,出其目。"

深藏若虚　《史记·老子韩非列传》:"良贾深藏若虚。"司马贞索隐:"良贾,谓善货卖之人,贾音古;深藏,谓隐其宝货,不令人见,故云若虚。"比喻有才实学的人不露锋芒。

深沉　❶深刻;沉着。与"浅露"相对。《汉书·王嘉传》:"相〔梁相〕计谋深沉。"❷幽深。庾信《咏树》诗:"幽居对蒙密,蹊径转深沉。"❸指程度深或声音低沉。如:暮色深沉;深沉的声响。

深根固柢　柢,亦作"蒂"。谓根基深固而不可动摇。《老子》:"是谓深根固柢,长生久视之道。"左思《魏都赋》:"剑阁虽峻,凭之者蹶,非所以深根固蒂也。"参见"根深柢固"。

深居简出　住在深隐的地方,很少外出。韩愈《送浮屠文畅师序》:"夫兽深居而简出,惧物之为己害也。"后常用为避世之词。秦观《谢王学士书》:"自摈弃以来,尤自刻励,深居简出,几不与世人相通。"

深刻　❶谓刻镂得很深。王恪《石鼓》诗:"当日岐阳猎火红,大书深刻

配《车攻》。"今用以指透切深入。如:印象深刻;深刻的分析。❷苛刻严峻。《汉书·食货志上》:"刑罚深刻,它政悖乱。"亦作"刻深"。

深厉浅揭　《诗·邶风·匏有苦叶》:"深则厉,浅则揭。"毛传:"以衣涉水为厉,谓由带以上也;揭,褰衣也。"意谓涉浅水,可撩起衣服过去;涉深水,撩衣也无用,只得连衣下水。比喻行动要因时、因地制宜。《后汉书·张衡传》:"深厉浅揭,随时为义。"

深谋远虑　计谋周详,考虑深远。刘琨《劝进表》:"深谋远虑,出自胸怀。"

深艳　阴翳之处。李华《寄赵七侍御》诗:"玄猿啼深艳,白鸟戏葱蒙。"

深思熟虑　形容深入而反复地思索考虑。苏轼《策别》第九:"其人亦得深思熟虑,周旋于其间,不过十年,将必有卓然可观者也。"亦作"深思远虑"。《汉书·师丹传》:"〔丹〕奏封事,不及深思远虑,使主簿书,漏泄之。"

深邃　屋宇幽深。卞兰《许昌宫赋》:"同一宇之深邃,致寒暑于阴阳。"引申为意旨深奥。梁简文帝《庄严旻法师成实论义疏序》:"慧门深邃,入之者固希。"

深文　谓制定或援用法律条文,苛细严峻,以入人罪。《史记·汲郑列传》:"而刀笔吏专深文巧诋,陷人于罪,使不得反其真,以胜为功。"任昉《王文宪集序》:"至若文案自环,主者百数,皆深文为吏,积习成奸。"

深文周纳　周,周密,不放松;纳,亦作"内",使陷入。谓苛细周密地援用法律条文,陷人于罪。《史记·酷吏列传》:"〔张汤〕与赵禹共定诸律令,务在深文。"《汉书·路温舒传》:"上奏畏却,则锻炼而周纳之。"参见"深文"、"周内"。

深省　深刻的警悟。杜甫《游龙门奉先寺》诗:"欲觉闻晨钟,令人发深省。"

深衣　古代诸侯、大夫、士平时居所穿的衣服。上衣和下裳相连。《礼记·玉藻》:"夕深衣。"孔颖达疏引《士冠礼》注云:"其私朝及在家,大夫、士夕皆深衣也。"

深造　达到精深的境地。《孟子·离娄下》:"君子深造之以道。"后亦指更进一步的学习和钻研。

深湛　精深;深邃。如:学识深湛。《汉书·扬雄传上》:"默而好深湛之思。"

莘（shēn）❶进。见《说文·先部》。按"赞"字从此，义为引进。❷兄的别称。见元结《五规·处规》自注。按亦取义于"先"。❸见"莘莘"。

莘莘　同"莘莘"。众多貌。李商隐《戊辰会静中出贻同志》诗："金铃摄群魔，绛节何莘莘。"

痒（shēn）　寒病。见《说文·疒部》。徐锴系传引《字书》："寒噤也。"

罧（shēn）　《淮南子·说林训》："罧者扣舟。"高诱注："罧者，以柴积水中以取鱼。扣，击也。鱼闻击舟声，藏柴下，壅而取之。"

襂〔襂〕（shēn）　见"襂纚"。
另见 shān。

襂纚　义同"綝纚"。下垂貌。《文选·扬雄〈甘泉赋〉》："漓摅襂纚。"李善注："漓摅襂纚，龙翰下垂之貌也。"《汉书·扬雄传上》作"襂褷"。亦作"襂褷"。欧阳修《答梅圣俞》诗："羽毛襂褷眼睛活，若动不动如风吹。"

穇〔穇〕（shēn）　谷类磨成的碎粒。如：玉米穇。
另见 sǎn。

薓（shēn）　同"参（葠）"。

鯵〔鯵〕（shēn）　硬骨鱼纲，鯵科鱼类的总称。体侧扁而高，或延长呈纺锤形，尾柄细小。侧线常部分或全部具棱鳞。臀鳍前方常有两个游离鳍棘。大多数为中上层鱼类。盛产于热带和亚热带海中。种类繁多，例如竹筴鱼、大甲鯵、圆鯵、鰤等。

燊（shēn）　盛貌。见《说文·焱部》。

襳（shēn）　见"襳襹"。
另见 xiān。

襳襹　形容羽毛很盛。《文选·张衡〈西京赋〉》："洪涯立而指麾，被毛羽而襳襹。"李周翰注："襳襹，毛衣貌。"洪涯，相传是三皇时代的乐工。

shén

什（shén）　见"什么"。
另见 shí。

什么　亦作"甚么"、"什末"。疑问代词。多用作询问。亦用以表示虚指、任指等。王定保《唐摭言·公荐》："其首篇说乐，韩（韩愈）见始题而掩卷问之曰：'且以拍板为什么？'"

甚（shén）　什么；怎么。姜夔《齐天乐·蟋蟀》词："夜凉独自甚情绪！"周密《一枝春·酒边闻歌》词："东风尚浅，甚先翠娇红妩？"
另见 shèn。

甚么　什么。

神（shén）　❶亦称"神仙"、"神灵"、"神道"。宗教及神话中所指的主宰物质世界的、超自然的、具有人格和意识的存在。为精神体中的最高者。神的观念产生于原始社会后期，是人们不能理解和驾驭自然力量以及社会力量时，这些力量以人格化的方式在人们头脑中的虚幻反映。对神的信仰和崇拜，是一切宗教的核心。中国古代在西周以前，神鬼观念极为普遍，至春秋时已有人对之怀疑。《论语·述而》："子不语怪、力、乱、神。"何晏集解："神，谓鬼神之事。"亦指人死后的英灵。韩愈《黄陵庙碑》："尧死而舜有天下，为天子，二妃之力，宜常为神，食民之祭。"❷奇异莫测；异乎寻常。如：神速；神效。《易·系辞上》："阴阳不测之谓神。"韩康伯注："神也者，变化之极，妙万物而为言，不可以形诘者也。"《宋史·岳飞传》："生有神力，未冠，挽弓三百斤，弩八石。"❸精神。如：凝神；费神；聚精会神。《荀子·天论》："形具而神生。"《淮南子·原道训》："耳目非去之也，然而不能应者何也？神失其守也。"❹像；肖像。如：传神；喜神。苏轼《传神记》："南都程怀立，众称其能，于传吾神，大得其全。"《赵氏家法笔记·传神心法》："传神之法，与画家不同……将写一神，以纸折作十字。为睛则竖折之，则可以取眉心、印堂、山根、鼻准、人中、地阁之得其正。横折之则可以取两眼之得其平。"❺姓。汉代有神曜。
另见 shèn。

神宝　❶神奇的宝物。《史记·龟策列传》："高庙中有龟室，藏内以为神宝。"❷喻指帝位。《后汉书·皇后纪序》："陵夷大运，沦亡神宝。"李贤注："神宝，帝位也。"

神采　亦作"神彩"。指表著于外的精神、神气、风采。如：神采奕奕。《陈书·江总传》："尔操行殊异，神采英拔，后之知名，当出吾右。"

神彩　同"神采"。沈约《齐太尉王俭碑》："精神外朗，神彩傍映。"

神出鬼没　比喻用兵神奇迅速，不可捉摸。语出《淮南子·兵略训》"善者之动也，神出而鬼行"。后来也泛指行动变化多端，迅速无常。《红楼梦》第九十七回："〔宝玉〕本来原有昏愦的病，加以今夜神出鬼没，更叫他不得主意。"

神道　❶犹言天道。谓神妙莫测之理。《易·观》："观天之神道，而四时不忒，圣人以神道设教，而天下服矣。"孔颖达疏："微妙无方，理不可知，目不可见，不知所以然而然，谓之神道。"❷犹神术。《后汉书·左慈传》："少有神道；尝在司空曹操坐，操从容顾众宾曰：'今日高会，珍羞略备，所少吴松江鲈鱼耳。'元放（左慈）于下坐，应曰：'此可得也。'因求铜盘，贮水，以竹竿饵钓于盘中，须臾引一鲈鱼出。"❸神祇。指天地之神。杨显之《潇湘雨》第一折："不曾祭献神道，便开了船。"❹墓道。《后汉书·中山简王焉传》："大为修冢茔，开神道。"李贤注："墓前开道，建石柱以为标，谓之神道。"❺神道教的简称。

神道碑　旧时立在墓道前记载死者事迹的石碑。起于汉代，用于统治阶级的上层人物。后亦称刻在神道碑上之文为"神道碑"，成为文体之一。

神峰　谓气概、风度、神采。《南史·王规传》："王威明风韵遒上，神峰标映，千里绝迹，百尺无枝，实俊人也。"亦作"神锋"。《世说新语·赏誉》："王平子目太尉：'阿兄形似道而神锋太俊。'"王平子，即王澄；太尉，指王衍。

神锋　❶极言刀剑之锋利。张宪《我有二首》："我有雁翎刀，寒光耀冰雪，神锋三尺强，落手断金铁。"❷同"神峰"。

神父　亦作"神甫"。原意为"灵魂之父"。天主教、正教的基层神职人员。职位在主教之下，协助主教管理教务，通常是一个教堂的负责人。正式品位称教士。"神父"为尊称。

神工鬼斧　见"鬼斧神工"。

神话　❶古代先民以对世界起源、自然现象和社会生活的原始理解为基础，集体创造的部落故事。神话不同于传说、寓言和宗教，它主要通过超自然的形象和幻想的形式，表达远古先民对自然现象及人与自然关系的理解，传说中的历史内容，寓言中的道德训诫，宗教中的劝箴意味都少见于神话。神话起源于远古先民对自然和社会现象无法作科学的解释。

一定程度上表达出古代先民对自然力的斗争和对理想的追求。古希腊神话对欧洲文学艺术的发展起着很大的作用。中国神话也极丰富,保存在《山海经》、《淮南子》等古代典籍中。❷一种文学体裁。历代文学创作中,通过模拟神话来反映现实的作品,通常也被称为"神话"。现代西方弗雷泽、荣格、卡西尔、诺斯·弗赖等从文学中看出神话的原型,把文学看作"移位的神话"。于是神话被当作一种检验文学的手段,形成神话批评。

神机妙算 形容智谋无穷,不可测度。《三国演义》第四十六回:"瑜大惊,慨然叹曰:'孔明神机妙算,吾不如也。'"

神奸 指鬼神怪异之物。《左传·宣公三年》:"远方图物,贡金九牧,铸鼎象物,百物而为之备,使民知神奸。"杜预注:"图鬼神百物之形,使民逆备之。"《论衡·儒增》:"安能入山泽不逢恶物,辟除神奸乎?"后亦用以指老奸巨蠹。如:神奸巨蠹。

神交 ❶凭神灵结交。《汉书·叙传上》:"殷说(傅说)梦发于傅岩,周望(太公望)兆动于渭滨,齐甯(甯戚)激声于康衢,汉良(张良)受书于邳沂,皆俟命而神交,匪词言之所信。"❷忘形之交。谓心意投合相知有素的朋友。《三国志·吴志·诸葛瑾传》"孤与子瑜有死生不易之誓。"裴松之注引《江表传》:"孤与子瑜,可谓神交,非外言所闻(间)也。"《晋书·嵇康传》:"所与神交者,惟陈留阮籍、河内山涛。"后多指彼此慕名而尚未见面的交往。❸梦魂相交会。形容思慕之切。沈约《酬谢宣城脁》诗:"神交疲梦寐,路远隔思存。"

神经 一般指神经干。由神经纤维以及包绕它们的结缔组织构成。神经纤维可分为髓鞘纤维和无髓鞘纤维。较大的神经干有相当厚的结缔组织鞘。身体内大多数神经是混合神经,既包含传入(感觉)神经纤维,又包含传出(运动)神经纤维。神经损伤后,在适宜条件下可再生。

神君 ❶神灵。《韩非子·说林上》:"不如相衔负我以行,人以我为神君也。"❷谓巫。托言有神附身,为人治病断吉凶。《史记·孝武本纪》:"及病,使人问神君。"❸旧时对贤明官吏的敬称,谓其正直如神。《南史·孔奂传》:"奂清白自守,妻子不役;所得秩俸,随即分赡孤寡。郡中号曰神君。"

神秘 犹言秘奥。梁武帝《游仙》诗:"水华究灵奥,阳精测神秘。"今一般用为深奥莫测的意思。

神明 ❶旧指神祇。《左传·襄公十四年》:"爱之如父母,仰之如日月,敬之如神明,畏之如雷霆。"也专指日神。《史记·封禅书》:"或曰东北神明之舍,西方神明之墓也。"裴骃集解:"神明,日也。"❷谓无所不知,如神之明。《韩非子·内储说上》:"于是吏皆耸惧,以为君神明也。"❸谓人的精神。《楚辞·远游》:"保神明之清澄兮,精气入而粗秽除。"❹汉建章宫中台名。《三辅黄图·建章宫》:"左凤阙,高二十五丈;右神明台。"

神农氏 传说中农业和医药的发明者。相传远古人民过采集渔猎生活,他用木制作耒耜,教民农业生产。反映中国原始时代由采集渔猎进步到农业的情况。又传他曾尝百草,发现药材,教人治病。《神农本草经》即是依托他的著作。一说神农氏即炎帝。

神女 宋玉《神女赋序》:"楚襄王与宋玉游于云梦之浦,使玉赋高唐之事,其夜王寝,梦与神女遇。"此谓女神,事本假托。李商隐《无题》诗"神女生涯原是梦",本此。后来以宋玉《高唐赋》中有"妾,巫山之女也,为高唐之客,闻君游高唐,愿荐枕席"之语,因亦借以指妓女。

神品 指精妙的书、画等作品。古代鉴赏家以为最高级的称神品。张怀瓘评历代书法,作品列入神品的共二十五人。见张彦远《法书要录》卷八。陶宗仪《辍耕录》卷十八"叙画":"气韵生动,出于天成,人莫窥其巧者,谓之神品。"

神祇 天地神灵之总称,在天为神,在地为祇。《书·汤诰》:"并告无辜于上下神祇。"孔传:"言百姓兆民并告无罪,称冤诉天地。"《史记·宋微子世家》:"今殷民乃陋淫神祇之祀。"裴骃集解引马融曰:"天曰神,地曰祇。"

神气 ❶神奇之气。《史记·封禅书》:"言长安东北有神气,成五采。"❷精神气息。嵇康《琴赋序》:"导养神气,宣和情志。"夏文彦《图绘宝鉴》卷三:"〔董源〕善画山水,树石幽润,峰峦清深,得山水之神气。"❸神情气概。《晋书·刘曜载记》:"此儿神气,岂同义真(刘佶)乎?"今多指精神饱满。

神器 ❶指帝位;政权。《老子》:"将欲取天下而为之,吾见其不得已。天下神器,不可为也。"张衡《东京赋》:"巨猾闲(间)疊,窃弄神器。"指王莽篡夺汉的政权。❷神奇之物。张协《七命》:"神器化成,阳文阴缦。"此指宝剑。

神权 ❶宗教迷信宣扬的鬼神系统的权力。剥削阶级经常散播神权观念,以麻痹和束缚人民,作为统治的一种手段。在中国,从夏代以来历代封建统治者一直利用天命鬼神、宗教迷信、谶纬神学等,以维护其统治。毛泽东指出,在旧中国,神权和政权、族权、夫权代表了全部封建宗法的思想和制度,是束缚中国人民特别是农民的四条极大的绳索。在世界其他国家,封建君主和封建教会也利用神权来束缚和统治人民。❷意为"神所授予的权力"。天主教、正教认为耶稣基督把宣讲福音、施行圣事和管理教会的权力都交给了宗徒及其继承的主教们。通过祝圣仪式即获得神权成为神职人员。由神职人员行使圣事或其他宗教仪式,可使教徒获得神的恩宠或罪的赦免。

神人 ❶古代道家理想中得道而神妙莫测的人。《庄子·逍遥游》:"至人无己,神人无功,圣人无名。"又:"藐姑射之山,有神人居焉……其神凝,使物不疵疠而年谷熟。"❷犹天人。谓才貌特出非世间所常见者。王嘉《拾遗记·周灵王》:"〔西施、郑旦〕二人当轩并坐……窃窥者莫不心惊魄,谓之神人。"

神色 态度;神情。《东观汉记·刘宽传》:"使婢奉肉翻污朝衣,婢遽收之,宽神色不异。"《晋书·王戎传》:"猛兽在槛中,虓吼震地,众皆奔走,戎独立不动,神色自若。"

神事 ❶祭祀。《国语·鲁语下》:"合神事于内朝。"韦昭注:"神事,祭祀也。"❷神怪之事。《史记·封禅书》:"而海上燕、齐怪迂之方士,多更来言神事矣。"

神术 神妙的法术。《后汉书·王乔传》:"乔有神术,每月朔望,常自县诣台朝。"亦谓神奇的本领。裴铏《聂隐娘传》:"空空儿之神术,人莫能窥其用,鬼莫得蹑其踪。"

神思 不拘于事实的想像活动,主要指作家在想像力活跃时或处在灵感状态下进行的创作构思。刘勰《文心雕龙·神思》指出:"文之思也,其神远矣!故寂然凝虑,思接千载;悄然动容,视通万里;吟咏之间,吐纳珠玉之声;眉睫之前,卷舒风云之色。其理之致乎!"神思的通塞去来,与作者的秉性才识有关。神思还必须有一种虚静的心境,使作者处在一种高度自由的内心状态。

神算 神妙的计谋。《后汉书·王涣传》:"又能以谲数发擿奸伏,京师称叹,以为涣有神算。"李贤注:"智算若神也。"亦指准确的推测。

神通 ❶精神相知。《三国志·魏志·曹植传》:"及其见举於汤武、周文,诚道合志同,玄谟神通。"❷古印度各宗教认为修行有成就的人,能具备各种神妙的能力,叫做神通。佛经上也说仙人有五通,罗汉有六通。《大萨遮尼乾子所说经》卷七:"入诸禅故,身得轻软。成就如是身轻心柔,入如意分。善入如意分已,即生神通。"何者如来神通智行?答言:大王! 沙门瞿昙神通行有六种:一者,天眼通;二者,天耳通;三者,他心通;四者,宿命通;五者,如意通;六者,漏尽通。"《维摩经·佛道品》:"或现离淫欲,为五通仙人。"

神童 ❶指聪明异常的儿童。《梁书·刘孝绰传》:"孝绰幼聪敏,七岁能属文,舅齐中书郎王融深赏异之,常与同载适菜友,号曰神童。"❷唐宋时科举有童子科,赴举者称应神童试。

神往 一心向往。如:悠然神往;为之神往。陆云《答兄机》诗:"神往同逝感,形留悲参商。"

神物 ❶指神奇的东西。《易·系辞上》:"是故天生神物,圣人则之。"李白《梁甫吟》:"张公两龙剑,神物合有时。"❷谓神仙。《史记·孝武本纪》:"上即欲与神通,宫室被服不象神,神物不至。"

神仙 道教对所谓得道后能"超脱生死"变幻莫测的人的称谓。"仙人"的一种。《天隐子·神解》:"在人曰人仙;在天曰天仙;在地曰地仙;在水曰水仙;能通变之曰神仙。"

神像 ❶神的图像、塑像。李肇《唐国史补》卷下:"又有为伍员庙之神像者,五分其髯,谓之五髭须神。"❷指死者的遗像。

神韵 ❶神采气度。《宋书·王敬弘传》:"敬弘神韵冲简,识寓(宇)标峻。"❷诗文书画的风格韵味。

神智 精神智慧。刘昼《新论·知人》:"故明哲之相士,听之于未闻,察之于未形,而鉴其神智,识其才能,可谓知人矣。"《魏书·李先传》:"天下何书最善,可以益人神智?"

神州 ❶中国的别称。见"赤县神州"。❷古时亦称都城所在的州。《宋书·刘穆之传》:"神州治本,宰相崇要。"此指东晋都城建康所在之扬州。

神主 ❶古时为已死的君主诸侯作的牌位,用木或石制成。《榖梁传·文公二年》:"丁丑作僖公主。"范宁集解:"为僖公庙作主也。主盖神之所冯(凭)依……天子长尺二寸,诸侯长一尺。"后世民间也立神主以祀祭死者,用木制成,当中写死者名讳,旁题主祀者的姓名。参见"栗主"。❷指帝王。《史记·夏本纪》:"于是天下皆以禹之明度数声乐,为山川神主。"❸指人民。《左传·襄公十八年》:"弃好背盟,陵虐神主。"杜预注:"神主,民也。"

钟 〔鉮〕(shén) 化学名词。具有 R_4AsX 通式的含砷有机化合物的总称,其中 R 为烃基,X 为羟基或卤素等。如 $(CH_3)_4AsOH$(氢氧化四甲钟)等。

魋 (shén) 神。《说文·鬼部》:"魋,神也。"段玉裁注:"当作神鬼也。神鬼者,鬼之神者也。"《山海经·中山经》:"青要之山,……魋武罗司之。"郭璞注:"武罗,神名,魋,即神字。"与《说文》微别。又《玉篇·鬼部》:"魋,山神也。"当即据《山海经》之说。

shěn

郍 (shěn) 见"郍垂"。

郍垂 古地名。春秋周地,在今河南洛阳市南。《左传》文公十七年(前610年)周大夫甘歜败戎人于郍垂,即此。

吲 (shěn) 同"哂"。讥笑。《晋书·苻坚载记下附王猛》:"千秋一言致相,匈奴吲之。"
　另见 yǐn。

沈 ㊀(shěn) ❶古国名。一作冉。西周分封的诸侯国。姬姓。始封之君为周文王之子季载。在今河南平舆北。公元前506年为蔡所灭。❷姓。
　㊁〔瀋〕(shěn) ❶汁。《礼记·檀弓下》:"为榆沈。"郑玄注:"以水浇榆白皮之汁。"❷沈阳的简称。
　另见 chén,tán。

沈宋 指初唐诗人沈佺期、宋之问。二人俱以律诗见称,对近体诗格律形式的完成颇有贡献。李商隐《漫成五章》云"沈宋裁辞矜变律"。《新唐书·宋之问传》:"魏建安后汔江左,诗律屡变。至沈约、庾信,以音韵相婉附,属对精密。及之问、沈佺期,又加靡丽,回忌声病,约句准篇,如锦绣成文。学者宗之,号为沈宋。"

沈腰潘鬓 沈,指沈约。沈约与友人书,谓以多病腰围日渐减瘦。潘,指潘岳。潘岳中年鬓发斑白。见《南史·沈约传》与潘岳《秋兴赋》。后因以"沈腰潘鬓"泛指男子又瘦又老。李煜《破阵子》词:"一旦归为臣虏,沈腰潘鬓消磨。"

审 〔審〕(shěn) ❶详知;明悉。《淮南子·说山训》:"万事由此所先后上下,不可不审。"引申为详尽细密之意。《中庸》:"博学之,审问之。"❷详查;细究。《论语·尧曰》:"谨权量,审法度。"引申为审讯。如:公审;审判。❸慎重。《吕氏春秋·音律》:"审民所终。"高诱注:"审,慎;终,卒。"❹果真;确实。《吕氏春秋·先己》:"审此言也。"《史记·张耳陈馀列传》:"吾王审出乎?"❺姓。汉代有审食其。

审计 由专职审计机构或独立的注册会计师依照一定的标准,对被计单位全部或一部分经济活动及其记录的真实性、合法性、效益性进行审核,取得证据,作出评价,然后提出审计意见的经济监督活动。按审计的内容划分,有包括财经法纪审计的财务审计,有包括经营审计、管理审计的经济效益审计。按审计工作的执行者划分,有国家审计和民间审计,有外部审计和内部审计。按执行审计的时间划分,有事前审计和事后审计。事前审计又称先行审计。

审理 见"审判"。

审判 法院对案件进行审理和判决的合称。审理指审查和认定证据、讯问当事人、询问证人等,以查清案件的事实,确定案件的性质。判决则根据案件的事实和性质,适用有关的法律作出处理的决定。

审时度势 审察时机,忖度形势。洪仁玕《资政新篇》:"夫事有常变,理有穷通。故事有今不可行,而可豫定者,为后之福;有今可行,而不可永定者,为后之祸。其理在于审时度势与本末强弱耳。"

哂 (shěn) ❶微笑。如:聊博一哂。❷讥笑。《论语·先进》:"〔曾皙〕曰:'夫子何哂由(子路)也?'曰:'为国以礼,其言不让,是故哂之。'"

哂笑　讥笑。戴表元《少年行》："童奴哂笑妻子骂，一字不给饥寒躯。"

矧〔矤〕(shěn)　❶况。《书·大诰》："厥子乃弗肯播，矧肯获?"❷亦。《书·康诰》："元恶大憝，矧惟不孝不友。"❸通"龈"。齿根。《礼记·曲礼上》："笑不至矧。"

潤〔澗〕(shěn)　见"潤瀹"。

潤瀹　水流漂急貌。郭璞《江赋》："瀳汋潤瀹。"

谂〔諗〕(shěn)　❶亦作"譖"。义同"审"。知悉。如:谂悉;谂知。❷规谏。《左传·闵公二年》："昔辛伯谂周桓公。"《桓公十八年》记此事作"辛伯谏"。❸思念。《诗·小雅·四牡》："岂不怀归,是用作歌,将母来谂。"毛传:"谂,念也。"❹通"淰"。鱼惊骇貌。《孔子家语·礼运》："故龙以为畜,而鱼鲔不谂。"《礼记·礼运》作"淰"。

淰(shěn)　❶惊散。《礼记·礼运》："故龙以为畜,故鱼鲔不淰。"郑玄注:"淰之言闪也。"孔颖达疏:"淰,水中惊走也。"❷见"淰淰"。

另见niǎn。

淰淰　散而不定貌。杜甫《放船》诗:"江市戎戎暗,山云淰淰寒。"仇兆鳌注引董斯张曰:"淰淰者,状云物散而不定。"一说凝滞貌。见段玉裁《说文解字注》。

婶〔嬸〕(shěn)　❶叔母。❷对与自己父母同辈而年龄较小的妇女的尊称。如:张大婶。❸对夫弟之妻的称呼。

魫〔魫〕(shěn)　鱼子。见《广韵·四十七寝》。

另见chén。

暆(shěn)　日所次隅。《管子·五行》："货暆神庐,合于精气。"

瞫(shěn)　深视,即往下注视。春秋时晋有狼瞫,盖取义于如狼之下视。见《左传·文公二年》。

譖(shěn)　同"审"、"谂"。多用于书翰之中。如:譖知;譖悉。

shèn

肾〔腎〕(shèn)　❶俗称"腰子"。人和高等脊椎动物的造尿器官。左右各一。人的肾形如蚕豆,位于腹后壁腰椎两旁,为脂肪组织所包围和衬托。表面由纤维膜层覆盖。肾实质可分两层:(1)肾皮质(在外)。主要结构为肾小体和肾小管。肾皮质伸入肾锥体间的部分称肾柱。(2)肾髓质(在内)。由15~20个肾锥体组成,锥体的尖端称肾乳头,伸入肾盏,由此连通肾盂。肾内侧缘有凹陷称"肾门",为输尿管道、肾血管和淋巴管出入之处。❷中医学名词。五藏之一。根据藏象、经络学说,肾的功能是:(1)肾藏精(见《灵枢·本神》)。肾精是人体生长、发育和生殖的基本物质,为人体生命之本。(2)肾主水液。水液调节和排泄主要依赖肾的气化作用。(3)肾主骨、生髓。指肾的精气能生养骨髓。《素问·痿论》:"肾主身之骨髓。"(4)其华在发(见《素问·六节藏象论》)。发的化生与血有密切关系,又与肾脏精气的盛衰有关。(5)肾主纳气。肾有纳气作用。如肾虚而致吸气困难,动则气喘,称为"肾不纳气"。(6)肾气通于耳(见《灵枢·脉度》)。肾与耳有内在联系,肾气充足,"则耳能闻五音"。此外,又有"肾司二便"及"肾开窍于二阴"之说。(7)肾的经脉为足少阴肾经,与足太阳膀胱经有表里关系。❸指外肾,即睾丸。如肾囊。

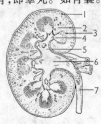

人的肾脏剖面图
1. 肾皮质　2. 肾柱　3. 肾锥体
4. 肾乳头　5. 肾盏　6. 肾盂
7. 输尿管

甚(shèn)　❶很;极。《左传·僖公二十四年》:"臣之罪甚多矣。"❷超过;胜过。如:日甚一日。《左传·僖公二十四年》:"尤而效之,罪又甚焉。"

另见shén。

甚口　大口。《左传·昭公二十六年》:"有君子,白晰,鬒须眉,甚口。"孔颖达疏:"甚口者谓大口也。"

甚嚣尘上　人声喧扰,尘埃飞扬。《左传·成公十六年》:"甚嚣,且尘上矣。"形容军中忙于准备的状态。后亦谓消息普遍流传,喧腾众口。

胂(shèn)　砷化氢(AsH$_3$)分子中部分或全部氢原子被烃基取代后的衍生物。如甲胂(CH$_3$AsH$_2$)。胂和胺(RNH$_2$等)相似,但不具碱性。胂类及其衍生物,例如路易氏气(氯乙烯基二氯化胂)毒性很大。

另见shēn。

昚(shèn)　同"昚"、"慎"的古体字。南宋孝宗名赵昚。

脤(shèn)　古代王侯祭社稷所用的生肉。《左传·闵公二年》:"帅师者,受命于庙,受脤于社。"《穀梁传·定公十四年》:"天王使石尚来归脤。脤者何也? 俎实也,祭肉也。生曰脤,熟曰膰。"参见"脤膰"。

脤膰　古代王侯祭社稷和宗庙所用的肉。《周礼·春官·大宗伯》:"以脤膰之礼,亲兄弟之国。"郑玄注:"脤膰,社稷宗庙之肉,以赐同姓之国,同福禄也。"贾公彦疏:"分而言之,则脤是社稷之肉,膰是宗庙之肉……而《公羊》、《穀梁》皆云,生居俎上曰脤,熟居俎上曰膰,非郑义耳。"

渗〔滲〕(shèn)　❶液体从物质微孔中透过。如:渗水;渗漏。❷漏出;灖下。《汉书·司马相如传下》:"滋液渗漉,何生不育?"颜师古注:"渗漉,谓润泽下究,故无生而不育也。"

另见qīn。

渗漏　水下漏。《聊斋志异·钱卜巫》:"器有渗漏,泻注他器。"也比喻走漏、耗蚀。《宋史·蔡洸传》:"洸常言财无渗漏,则不胜用。"

祳(shèn)　古时社祭的肉。《说文·示部》:"社肉盛之以蜃,故谓之祳。"段玉裁注:"祭社之肉,盛之以蜃。经典祳多从肉作脤。"

鋠〔鋠〕(shèn)　圆铁。见《玉篇·金部》。

椹(shèn)　❶通"葚"。桑实。柳宗元《闻黄鹂》诗:"西林紫椹行当熟。"❷树上长出的菌。张华《博物志·异草木》:"江南诸山,大树断倒经春夏生菌,谓之椹。"庾信《对雨》诗:"湿杨生细椹,烂草变初萤。"

另见zhēn。

蜃(shèn)　❶大蛤。《周礼·天官·鳖人》:"春献鳖蜃。"❷祭器,画有蜃形的漆尊。《周礼·春官·鬯人》:"凡山川四方用蜃。"

蜃景　亦称海市蜃楼。

蜄(shèn)　同"蜃"。见《篇海》。

另见 zhèn。

瘆〔瘆〕(shèn) ❶寒病。见《玉篇·疒部》。❷骇恐貌。见《集韵·四十七寝》。

慎〔昚〕(shèn) ❶谨慎;当心。《诗·小雅·巷伯》:"慎尔言也。"❷禁戒之词。犹言千万。《史记·吴王濞列传》:"〔高祖〕告曰:'汉后五十年,东南有乱者,岂若邪?然天下同姓为一家也,慎毋反。'"❸姓。战国时有慎到。

慎独 在独处时也能谨慎不苟。《礼记·中庸》:"莫见乎隐,莫显乎微,故君子慎其独也。"郑玄注:"慎独者,慎其闲居之所为。"

慎微 重视细微的或初发生的事端。《淮南子·人间训》:"圣人敬小慎微,动不失时。"

慎刑 郑重处理讼事,不轻率判刑。《隋书·音乐志下》:"厉兵诘暴,勅法慎刑。"《元史·张懋传》:"懋恶衣粝食,率之以俭;慎刑平政,处之以公。"

慎言 ❶说话慎重。《论语·学而》:"敏于事而慎于言。"❷书名。明王廷相著。共十三卷。包括《道体》、《乾运》、《作圣》等十三篇。内容着重论述"离气无道"、"气有聚散无灭息"、"道体不可言无"的唯物主义思想。但有"人心道心,皆天赋也"、"人心亦与生而恒存"等唯心观点。

慎终 ❶慎重地考虑到事情的后果。谓谨慎从事。《书·太甲下》:"无安厥位,惟危,慎终于始。"卢谌《赠刘琨》诗:"温温恭人,慎终如初。"❷指居丧能尽礼。《论语·学而》:"慎终追远,民德归厚矣。"

慎重 谨慎持重。《新唐书·仪卫志》:"必备物而后动,盖所以为慎重也。"

黮(shèn) 通"葚"。桑葚。《诗·鲁颂·泮水》:"食我桑黮。"

另见 dàn。

shēng

升㊀(shēng) ❶容量单位。"市升"的简称。❷体积单位。1升=1立方分米。❸古代布八十缕为升。《礼记·杂记上》:"朝服十五升。"按十五升谓二尺二寸幅内含一千二百缕,故为细布。❹谷物登场。《穀梁传·襄公二十四年》:"五谷不升为大饥。"❺六十四卦之一,巽下坤

上。《易·升》:"象曰:地中生木,升。"❻姓。南北朝有升元。

㊁〔昇、陞〕(shēng) ❶上升;提高。如:升旗;升级。《诗·小雅·天保》:"如月之恒,如日之升。"❷登上。如:升阶;升堂入室。

升沉 ❶谓宦途的得失进退。李白《送友人入蜀》诗:"升沉应已定,不必问君平。"❷古代祭山时,把祭品放在山上叫"升";祭水时,把祭品投在水中叫"沉"。《仪礼·觐礼》:"祭天燔柴,祭山丘陵升,祭川沉。"

升调 声调的一种类型。由低到高,可分高升调、中升调、低升调等。如普通话阳平字的念法即为高升调,声调符号标为˥˧₅。

升斗 比喻微薄,少量。《汉书·梅福传》:"言可采取者,秩以升斗之禄,赐以一束之帛。"也比喻贫穷,寒微。如:升斗小民。

升合 比喻极微小的量。《三国志·蜀志·杨洪传》"能尽时人之器用也"裴松之注引《益部耆旧传杂记》:"使人投算,祗(何祗)听其读之,不差升合,其精如此。"

升华 ❶犹升荣。常指官吏晋级。欧阳修《回宝文吕内翰书》:"伏承宝文内翰被诏禁林,升华内阁。"❷比喻事物或精神的提高或精炼。❸固态(晶体)物质不经过液态阶段而直接转变为气态的现象。❹精神分析学派用语。指把本能的心理形式转化为个人和社会所允许的形式,以降低冲突情境中的紧张。弗洛伊德认为,把里比多能转化为创造活动,是升华的一种具体表现,也是一种防御机制。

升降 ❶上台阶或下台阶。《礼记·曲礼上》:"升降不由阼阶,出入不当门隧。"❷盛衰。《书·毕命》:"道有升降,政由俗革。"蔡沈集传:"有升有降,犹言有隆有污也。"

升降调 声调的一种类型。由低升到高,再降到低,先升后降。如福州话阳去字的念法即为升降调,声调符号标为˦˨₄₂。

升平 ❶(昇平)太平。《汉书·梅福传》:"使孝武皇帝听用其计,升平可致。"颜师古注引张晏曰:"民有三年之储曰升平。"❷晋穆帝年号(357—361)。

升荣 升进于荣华之境,指晋升官位。庾信《周安昌公夫人郑氏墓志铭》:"序戚升荣,从夫有秩。"

升堂拜母 升,亦作"登"。谓结为通家之好。《三国志·吴志·周

瑜传》:"坚(孙坚)子策,与瑜同年,独相友善,瑜推道南大宅以舍策,升堂拜母,有无通共。"

升堂入室 《论语·先进》:"由(子路)也升堂矣,未入于室也。"原比喻学习所达到的境地有程度深浅的差别。后用以赞扬人在学问或技能方面有高深的造诣。《三国志·魏志·管宁传》:"游览六艺,升堂入室,究其阃奥。"

升退 ❶升天,升至高远处。《文选·张衡〈思玄赋〉》:"涉清霄而升退。"吕向注:"退,远也。"亦谓离世隐居,学道修仙。阮籍《咏怀》诗:"岂若遗耳目,升退去殷忧。"❷帝王死亡的婉辞。潘岳《西征赋》:"武皇忽其升退。"亦称"登退"。

升转 指官阶的擢升或迁转。《宋史·兵志十》:"积习既久,往往超躐升转,后名反居前列,高下不伦,甚失公平之意。"

生(shēng) ❶草木长出。《礼记·月令》:"〔季春之月〕萍始生。"引申为一切事物的产生。如:出生;发生;化生。《广雅·释亲》:"〔人〕十月而生。"❷活。与"死"相对。如:起死回生;生龙活虎。《论语·颜渊》:"爱之欲其生。"引申为生活或生命。如:养生。《孟子·告子上》:"舍生而取义者也。"又引申为人及动物的统称。如:众生;畜生。又引申为生存期间。如:一生;毕生。❸古时儒者之称。《史记·儒林列传》:"言礼自鲁高堂生。"司马贞索隐:"自汉以来儒者皆号生,亦先生者省字呼之耳。"引申为人士的通称。如:书生;医生。❹旧时指弟子,门徒。如:门生;诸生。又为自谦之辞。如:晚生;侍生。今为学生的简称。如:招生;考生;毕业生。❺宋元时妓女之称。张邦基《墨庄漫录》卷八:"政和间汴都平康之盛,而李师师、崔念月二妓名著一时……李生者门地尤峻。"方回《木绵怨》序:"故亡国权臣乙亥南窜,犹携所谓王生、沈生者自随……此二生者,天下绝色也。"❻传统戏曲脚色行当。扮演男性人物。宋元南戏及明清传奇都有这行脚色,一般扮演青壮年男子,常是剧中的主要人物。此后各地方戏曲剧种中的生行,大多根据所扮人物年龄、身份的不同,划分为若干专行,如老生、小生、武生等,表演上各有特点。❼未煮熟、未成熟或未经锻

炼。如：生米；生菜；生铜；生铁。《孟子·万章上》："昔者有馈生鱼于郑子产。"引申为不熟悉或不熟练。如：面生；陌生；生手。❽生硬；勉强。如：生拉硬拽；生造词语。关汉卿《蝴蝶梦》第二折："把三个未发迹小秀士，生扭做吃勘问死囚徒。"❾甚；深。如：生恐。刘采春《罗唝曲六首》："不喜秦淮水，生憎江上船。"❿作语助。如：好生；偏生；怎生；作么生。《聊斋志异·婴宁》："此女亦太憨生。"⓫同"性"。天赋；资质。《荀子·劝学》："君子生非异也，善假于物也。"⓬通"性"。《论语·乡党》："君赐生，必畜之。"陆德明释文："鲁读生为牲。"⓭姓。明代有生用和。

生财 ❶谓开发财源，管理财政。《礼记·大学》："生财有大道。"后亦泛称商人获取利润为"生财"。❷指商店所用的家具器物。

生产 ❶谋生之业。《史记·高祖本纪》："不事家人生产作业。"又《郦生陆贾列传》："乃出所使越得橐中装卖千金，分其子，子二百金，令为生产。"❷犹生育。❸以一定生产关系联系起来的人们利用生产工具改变劳动对象以适合自己需要的过程。是人类社会存在和发展的基础。包括生产力和生产关系两个方面。人们为了获得衣、食、住、行等所需的物质资料，必然结成一定的关系，同自然界作斗争，故生产在任何条件下都是社会生产。人们在生产斗争中不断改变自然和自己，并创造人类的历史。生产是社会再生产过程的决定性环节，没有生产就没有交换、分配和消费；而交换、分配和消费反过来又影响生产，促进或阻碍生产的发展。生产在广泛的意义上还包括精神财富的生产，以及劳动力即人类自身的生产。

生产工具 亦称"劳动工具"。人们用以改变劳动对象的手段，如石斧、汽锤、镰刀、收割机等。用以传导劳动者的劳动到劳动对象上去。是劳动资料中最重要的因素。生产工具的创造和使用是人类劳动过程的特征；它的发展水平不仅是衡量人类控制自然的尺度，而且有时也可以成为社会生产关系的指示器，如水推磨到蒸汽磨的发展，可以作为从封建制度到资本主义制度的标志。

生产关系 亦称"社会生产关系"。人们在物质资料生产过程中相互结成的社会关系。为了进行生产，人们便发生一定的、必然的、不依他们的意志为转移的联系和关系；只有在这些社会联系和社会关系的范围内，才会有他们对自然界的关系，才会有生产。它和生产力是社会生产不可分割的两个方面。一定的生产关系是在一定的生产力的基础上产生的，反过来又促进或阻碍生产力的发展。生产关系是一种物质利益关系，是一切社会关系中最基本的关系，政治、文化等其他方面的社会关系，都是在生产关系的基础上产生和建立起来的。生产关系的内容包括人们在物质资料的生产、分配、交换、消费诸过程中的关系。恩格斯在《反杜林论》中把它概括为"人类各种社会进行生产和交换并相应地进行产品分配的条件和形式"（《马克思恩格斯选集》第3卷第492页）。斯大林在《苏联社会主义经济问题》中把生产关系概括为三个方面：(1)生产资料所有制形式；(2)各种不同社会集团在生产中的地位和相互关系，或如马克思所说的，"互相交换其活动"；(3)产品分配形式。其中，生产资料所有制起决定作用，是生产关系的基础，它决定生产关系的性质。

生产力 亦称"社会生产力"。人们征服自然、改造自然的能力。表示人们在生产过程中对自然界的关系。它和生产关系是社会生产不可分割的两个方面。生产力要素包括：(1)具有一定科学技术知识、生产经验和劳动技能的劳动者；(2)同一定的科学技术相结合的、以生产工具为主的劳动资料。劳动者是生产力的首要的能动的要素，因为只有劳动者才能制造和改进生产工具，掌握和使用生产资料。生产工具是生产力发展水平的物质标志。科学越来越广泛地运用于工农业生产，通过对生产力各个要素的作用，促进或决定生产力的发展。从这一意义上说，科学技术是第一生产力。有的学者认为生产力的要素还包括劳动对象。生产力是社会生产中最活跃最革命的因素，在社会生产发展过程中起主要的决定的作用。

生齿 《周礼·秋官·司民》："司民，掌登万民之数，自生齿以上皆书于版。"郑玄注："男八月、女七月而生齿。"版，户籍。后借指人口、家口。如：生齿日繁。

生刍 新割的草。《诗·小雅·白驹》："生刍一束，其人如玉。"严粲《诗缉》卷十九："生刍，新刈之草，所谓青刍也。"《后汉书·徐稺传》："及林宗(郭泰)有母忧，稺往吊之，置刍一束于庐前而去。"后因称吊丧礼物为"生刍"。郭诚《挽曹雪芹》诗："故人惟有青衫泪，絮酒生刍上旧垌。"或称"刍敬"。

生祠 为活着的人建立的祠堂。《汉书·于定国传》："其父于公，……郡中为之生立祠。"颜真卿《唐故容州都督兼御史中丞本管经略使元君表墓碑铭并序》："百姓诣阙，请立生祠。"

生分（—fēn）《汉书·地理志下》："薄恩礼，好生分。"颜师古注："生分，谓父母在而昆弟不同财产。"

生分（—fèn）❶冷淡；疏远。李致远《还牢末》第一折："若取回来，不生分了他心？过几日慢慢取罢。"《红楼梦》第三十回："要等他们来劝咱们，那时候儿，岂不咱们倒觉生分了？"❷犹"忤逆"。指不守封建孝道。贾仲名《对玉梳》第一折："别人家养女儿孝顺，偏我家生分。"亦称"生忿"。石君宝《曲江池》第二折："你不仁，我生忿。"

生活 ❶人的各种活动。如：政治生活；文化生活。❷生存；活着。《孟子·尽心上》："民非水火不生活。"裴启《语林》："阮光禄闻何次道为宰相，叹曰：'我当何处生活？'"❸犹生涯，生计。《北史·胡叟传》："家于密云，蓬室草筵，惟以酒自适，谓友人金城宗舒曰：'我此生活，似胜焦先。'"❹指工作、手艺或成品。如：做生活；这生活做得灵巧。《通俗编·服饰》："《元典章》工部段定条：'本年合造生活，比及年终，须要齐足。'"

生活方式 一定社会制度下社会群体及个人在物质和文化生活方面各种活动形式和行为特征的总和。包括劳动方式、消费方式、社会交往方式、道德价值观念等。它从人们的衣食住行、劳动工作、社会交往、参与的社会群体和文化等方面，通过个人或群体的具体的精神活动和物质活动而体现出来。具有社会性、民族性、时代性、类似性、多样性、差异性等特征；在有阶级的社会里，还有阶级性。由社会生产方式决定，受政治、经济、文化等条件的制约。不同社会、阶级、民族和职业的群体或个人都有自己的生活方式，我国社会主义精神文明建设提倡文明健康科学的生活方式。

生计 ❶产生计策。《鬼谷子·谋篇》：“事生谋，谋生计。”❷有关生活的事情；谋生之道。白居易《首夏》诗：“料钱随月用，生计逐日营。”刘沧《罢华原尉上座主尚书》诗：“自怜生计事悠悠，浩渺沧浪一钓舟。”

生寄死归 《淮南子·精神训》：“生，寄也；死，归也。何足以滑和。”高诱注：“滑，乱也。和，适也。”生如寄旅，死如归去。原为一种虚无主义的人生观，后亦用以表示对人生的达观态度。《梁书·徐勉传》：“生寄死归，著于通论。是以深识之事，悠尔忘怀。”

生聚 谓繁殖人口，聚积物力。《左传·哀公元年》：“越十年生聚，而十年教训。”杜预注：“生民聚财富而后教之。”

生克 “相生相克”（又作“相生相胜”）的简称。中国古代阴阳五行学说的基本理论。根据五行学说，相生即木生火，火生土，土生金，金生水，水生木，循环相生；相克即水克火，火克金，金克木，木克土，土克水，循环相克。中国传统医学以此为基本的宇宙观和人体观，用以指导医学实践；道教徒用以指导气功修炼和宗教实践，迷信则以此推算一生的命运和人与人之间的命运关系，如以八字合婚等。

生口 ❶本指俘虏，后以俘虏为奴隶，即用作奴隶的称呼。《三国志·魏志·贾逵传》裴松之注引《魏略》：“赐其生口十人、绢百匹。”《宋史·高宗纪》：“〔绍兴三年〕禁掠卖生口入蛮夷嵠峒。”❷牲口。《三国志·魏志·王昶传》裴松之注引《任嘏别传》：“又与人共买生口，各雇八匹；后生口家来赎，时价直（值）六十匹。”

生圹 生前预造的墓穴。冯登府《金石综例》卷二：唐《高延福墓志》云：‘谋龟筮，相川原，经兆域，畚封壤，自为安神之所。’此叙延福自为生圹之事，生圹始此。”

生力军 新投入战斗的精锐部队。《三国演义》第九十七回：“背后关兴引生力军赶来，魏兵自相践踏及落涧身死者，不知其数。”也常用来比喻新加入某种工作或某种活动能起积极作用的人员。

生灵 ❶犹生民，即百姓；人类。如：生灵涂炭。孔颖达《毛诗正义序》：“有益于生灵。”❷生命。沈约《与徐勉书》：“而开年以来，病增虑

切，当由生灵有限，劳役过差，总此雕竭，归之暮年。”

生面 新的境界。杜甫《丹青引》：“凌烟功臣少颜色，将军下笔开生面。”参见“别开生面”。

生民 ❶人。《孟子·公孙丑上》：“自有生民以来，未有孔子也。”❷谓使民得到教养。《荀子·致士》：“凡节奏欲陵，而生民欲宽。”杨倞注：“生民，谓以德教生养民也。”

生命 由高分子的核酸蛋白体和其他物质组成的生物体所具有的特有现象。能利用外界的物质形成自己的身体和繁殖后代，按照遗传的特点生长、发育、运动，在环境变化时常表现出适应环境的能力。

生母 谓生身之母。旧时妾生的儿子称父亲的正妻为嫡母，称亲生的母亲为“生母”。《南史·谢瞻传》：“年数岁，所生母郭氏疾。”出继子亦称本生母为“生母”。梁章钜《称谓录》：“今则妾生之子，谓所生母为亲母，不称生母；惟已为伯叔父之后，则谓己之父母为本生父母。”

生怕 深怕；惟恐。林逋《春阴》诗：“苦怜燕子寒相并，生怕梨花晚不禁。”

生平 ❶人的一生。如：生平事迹。陈子昂《题居延古城赠乔十二知之》诗：“无为空自老，含叹负生平。”❷平生；平素。《史记·秦始皇本纪》：“上以振威天下，下以除去上生平所不可者。”刘桢《公宴》诗：“生平未始闻，歌之安能详？”

生人 ❶犹生民。孙楚《为石仲容与孙皓书》：“生人陷荼炭之艰。”白居易《初加朝散大夫又转上柱国》诗：“柱国勋成私自问，有何功德及生人？”❷养育人。《潜夫论·本训》：“天地壹郁，万物化淳，和气生人，以统理之。”❸素不相识的人；陌生人。陆灼《艾子后语·牡羊》：“羊牡者好斗，每遇生人则逐而触之。”

生荣死哀 语出《论语·子张》“其生也荣，其死也哀”。意谓活着受人崇敬，死了使人哀痛。后用以称誉受敬重的死者。《隋唐演义》第八十五回：“况夫人幸得善终于相公之前，生荣死哀，其福过相公十倍矣，何必多求。”

生色 色彩鲜明，形象如生。李贺《秦宫》诗：“内屋深屏生色画。”王琦注引陈仁锡曰：“生色画，谓画之鲜明，色像如生者。”亦谓增添光彩。《儒林外史》第四十八回：“他生这样好女儿，为伦纪生色。”

生涩 不圆熟；不流畅。如：文笔生涩。郝经《冤镘叹》：“铁簧生涩深金苔，沴气缠结埋阴霾。”

生生 ❶中国哲学术语。指变化和新事物的产生。《易·系辞上》：“生生之谓易。”承认变化中时时有新的东西产生。后来宋明理学家如周敦颐、程颢等，多本《易》义，强调“生生”为宇宙的根本原理，认为“二气交感，化生万物，万物生生而变化无穷焉”（《太极图说》）。清哲学家戴震则认定“气化流行”是“生生不息”的总过程。❷佛教认为本无今有叫作“生”，而能生此“生”，则名为“生生”。是小乘佛教萨婆多部（意译一切有部）的主张。萨婆多部认为一切有为法都有实体存在。都具有生（发生）、住（存在）、异（迁变）、灭（消灭）四本相和生生、住住、异异、灭灭四随相，连同本身共为九法。此九法中本相的“生”能生其他八法，而“生”不能自生，随相的“生生”，只能生本相之“生”一法。《俱舍论》卷五颂云：“此有生生等，于八一有能。”释云：“随相生生，于九法内，唯生本生。”住、异、灭相，亦同此理。❸犹“世世”。如：生生世世。❹作语助。如：活生生；怯生生。

生事 ❶古代始丧之礼。谓始死时以生人之礼事奉死者。《礼记·檀弓下》：“卒哭而讳，生事毕而鬼事始已。”❷惹起事端。如：造谣生事。《公羊传·桓公八年》：“遂者何？生事也。”❸犹生计。王维《偶然作》诗：“生事不曾问，肯愧家中妇。”❹世事；人事。杜甫《秦州杂诗》：“满目悲生事，因人作远游。”

生受 ❶受苦。《元典章·兵部·使臣》：“使臣每到外头，非理骚扰，各处官司取受钱物，更有多吃祗应，没体例，交百姓生受底。”❷道谢语，犹言难为、有劳、对不住。无名氏《冻苏秦》第三折：“生受哥哥，替我报复去，道有苏秦在于门首。”

生死肉骨 使死者复生，白骨长肉。极言恩施的深厚。《左传·襄公二十二年》：“吾见申叔夫子，所谓生死而肉骨也。”徐铉《又代萧给事与楚王书》：“存者荷二天之恩，没者释九原之恨，则生死肉骨，未可比量。”

生徒 学生；门徒。《后汉书·寇恂传》：“恂素好学，乃修乡校，教生徒。”

生吞活剥 比喻生硬地搬用别人的言论或文辞。刘肃《大唐新语·谐谑》：“有枣强尉张怀庆好偷名士文

章……人谓之谚曰:'活剥王昌龄,生吞郭正一。'"黄宗羲《寿李杲堂五十序》:"始知今天下另有一番为古文词者,聚敛拆洗,生吞活剥,大言以为利禄之媒。"

生物 自然界中具有生命的物体,包括植物、动物和微生物三大类。生物的个体都进行物质和能量代谢,使自己得以生长和发育;按照一定的遗传和变异规律进行繁殖,使种族得以繁衍和进化。生物体的主要成分是带有遗传信息的核酸(脱氧核糖核酸或核糖核酸)和在结构及功能上有重要作用的蛋白质。病毒也具有这两种成分,但其遗传信息的表达有赖于宿主细胞,所以不是完全自律性的生物。

生物钟 生物决定生命活动的节奏性的内在机理。生物通过它量度外界环境的周期性变化(如昼夜光暗变化等),并调节本身生理活动的节律,使其在一定的时期开始、进行或结束。植物在每年的一定季节开花,海滩动物在潮汐周期的一定时期产卵等,大多是通过生物钟的作用。

生息 ❶生活;生存。李觏《惜鸡》诗:"行行求饮食,欲以助生息。"❷繁殖人口。如:休养生息。《新唐书·百官志一》:"每岁孟春上其籍,自黄口以上印臂,仲冬送于都官,条其生息而按比之。"❸本金产生利息。

生小 幼小;童年。古乐府《孔雀东南飞》:"昔作女儿时,生小出野里。"

生肖 人所生年的属相。详"十二生肖"。

生涯 ❶一生的极限。沈炯《独酌谣》:"生涯本漫漫,神理暂超超。"❷生活。刘长卿《过湖南羊处士别业》诗:"杜门成白首,湖上寄生涯。"❸生计。马致远《汉宫秋》楔子:"正是:番家无产业,弓矢是生涯。"

生业 谋生之业;生产。《史记·封禅书》:"〔李少君〕常馀金钱衣食,人皆以为不治生业而饶给。"《汉书·匈奴传上》:"其俗,宽则随畜田猎禽兽为生业。"

生意 ❶犹生机,生命力。《晋书·殷仲文传》:"大司马府中有老槐树,顾之良久而叹曰:'此树婆娑,无复生意。'"❷指商业经营或货物买卖。如:做生意,生意兴隆。❸工作;职业。《说岳全传》第六十五回:"小可因做着衙门生意,熟识的多,再无人来查察。"

生育 ❶生长,养育。《诗·邶风·谷风》:"既生既育。"《淮南子·原道训》:"是故春风至则甘雨降,生育万物。"❷生孩子。

生员 唐代国学及州、县学规定学生员额,因此称生员,正如职官有一定员额而称官员。唐国学、太学、四门学、郡县学,分别置生若干员,此为生员之名所始。明清时代,凡经过本省各级考试取入府、州、县学的,通名生员。即习惯上所谓秀才。经常须受本地方教官(即教授、学正、教谕、训导等)及学政(明代为学道)的监督考核。文章上则常称为诸生。

生查子 ❶唐教坊曲名,后用为词牌。又名《陌上郎》、《绿罗裙》等。韦应物曾作此词,已佚,存词以唐末韩偓所作为最早,敦煌曲子词中亦有此调。双调四十字,仄韵。按"查"字一说即"楂"或"槎"字之误。❷曲牌名。属南曲南吕宫。字句格律与词牌半阕同,亦有与全阕同者。用作引子。另北曲曲牌《捣练子》,属"双调",字句格律与词牌《生查子》半阕同,《九宫大成谱》以为即《生查子》。

生长 生物体或细胞从小到大的过程。当同化作用超过异化作用时,机体的体积和干重逐渐增加,这是由于细胞经分裂而数目增多,同时细胞合成大量原生质而容量加大所致。生长通常伴随着发育过程的细胞分化和形态建成。只有细胞分裂,而细胞并不长大,如受精卵卵裂形成囊胚;暂时的储存物和含水量的增加,如种子吸水膨胀等,都不是真正的生长。有机体或器官的生长速度呈S形曲线,开始生长缓慢,继而生长加快直达高峰,以后生长停滞。至衰老期,由于分解超过合成,机体和器官甚至萎缩。

生殖 亦称"繁殖"。生物孳生后代的现象,为生命的基本特征之一。生殖方式可分两大类:(1)无性生殖,不经过生殖细胞的结合,由母体直接产生子代;(2)有性生殖,通过两性细胞(雌配子与雄配子或卵与精子)结合形成新个体。

声 [聲](shēng) ❶声音。《孟子·梁惠王上》:"闻其声不忍食其肉。"❷乐声。如:宫声;商声。《书·舜典》:"声依永,律和声。"❸声调:如:平声;仄声。❹声母。如:双声;送气声。❺发声;宣扬。《孟子·万章下》:"金声而玉振之也。"《国语·晋语五》:"是故伐善钟鼓,声其罪也。"❻名誉。《淮南子·修务训》:"隐居穷巷,声施千里。"❼宣称;表示。如:声言;声援;声讨。《国语·周语上》:"为令闻嘉誉以声之。"❽音讯。《汉书·赵广汉传》:"界上亭长,寄声谢我,何以不为致问?"

声地 声望与地位。《晋书·桓玄传》:"及还寻阳,资其声地,故推为盟主。"

声调 也叫"字调"。主要由一个音节内部的音高变化构成。如普通话"妈"、"麻"、"马"、"骂"四个字发音高低升降的不同就是声调的不同。

声调符号 简称"调号"。标记声调的符号。(1)汉语拼音在音节的主要元音上阴平加"ˉ",阳平加"ˊ",上声加"ˇ",去声加"ˋ"。如 mā(妈)、má(麻)、mǎ(马)、mà(骂)。(2)标记调值用五度制调号。把音高分为低 [⌊₁]、半低 [⌊₂]、中 [⊦₃]、半高 [⊦₄]、高 [⌐₅] 五度,用竖线作为尺度,在竖线左边按音高变化用横线或斜线、折线表示。如普通话阴平是 ⌐₅₅,阳平是 ╱₃₅,上声是 ⋁₂₁₄,去声是 ╲₅₁。(3)旧时在汉字四角用半圈标记四声:。□为平声,°□为上声,□°为去声,□。为入声。现仍用作调类符号,加在字或音标的四角。阳调在半圈下加一短横,如阳平作 。□。

声东击西 示形于东而击于西。用以迷惑对方,造成错觉,给以不意的攻击。《通典·兵典六》:"声言击东,其实击西。"张凤《与程幼洪书》:"善棋者落落布子,声东击西,渐渐收拾,遂使段段皆赢。"

声服 声乐玩好。《商君书·垦令》:"声服无通于百县,则民行作不顾,休居不听。"

声符 也叫"音符"、"声旁"。形声字的结构中表示读音的部分,对意符而言。如汉字"粮"中的"良","钢"中的"冈"。声符本身原来也是独立的字,在形声字中,只作为表示语音的符号。

声华 犹言声誉。任昉《宣德皇后令》:"客游梁朝,则声华籍甚。"

声伎 女乐;歌姬舞女。《新唐书·太平公主传》:"供帐声伎,与天子等。"《宋史·文天祥传》:"天祥性豪华,平生自奉甚厚,声伎满前。至是痛自贬损,尽以家资为军费。"

声价 声望和社会地位。李白《与韩荆州书》:"一登龙门,则声价十倍。"一本作"声誉"。

声教 声威教化。《书·禹贡》:"东渐于海,西被于流沙,朔南暨声教,讫于四海。"孔传:"此言五服之外皆与王者声教而朝见。"

声泪俱下　边诉说,边哭泣,形容极其悲恸。《晋书·王彬传》:"音辞慷慨,声泪俱下。"

声律　中国古代对诗和骈文在声调、音韵、格律等方面的要求。根据汉字单音节的特点,三国时李登作《声类》,以宫、商、角、徵、羽分韵,首以五声配字音。南齐周颙作《四声切韵》,开始分别字的平上去入四声。到了唐朝,以上去入为仄,平仄相配,逐渐形成了平仄协调的格律。掌握声律,有助于创作出富有音乐美的作品来。

声明　❶声音和光采。《左传·桓公二年》:"锡鸾和铃,昭其声也;三辰旂旗,昭其明也。……文物以纪之,声明以发之。"❷公开说明。❸一般指国家、政府、政党、团体或其领导人为表明对某些问题或事件的立场或主张而发表的文件。也有以会议的名义发表的。由两个以上的国家、政府、政党、团体或其领导人共同发表的称"联合声明"或"共同声明"。如果由国家联合发表的声明中明确规定了当事方的权利和义务,则该声明具有条约性质。

声母　音韵学术语。亦称"声纽"。指一个汉字音节开头的辅音。如"中"(zhōng)[tʂuŋ˥]字的zh[tʂ]、"天"(tiān)[t'ian]字的t[t']。传统的反切,以两字拼音一音,反切上字即声母的代表字。

声纽　音韵学术语。或单称"纽",也称"音纽"。声母的别称。

声气　❶《易·乾》:"同声相应,同气相求。"朱熹注:"物各从其类。"后称朋友意气相合为声气相投,传达消息为互通声气,均本此。❷鼓气。《左传·僖公二十二年》:"三军以利用也,金鼓以声气也。"杜预注:"鼓以佐士众之声气也。"

声色　❶指歌舞和女色。《淮南子·时则训》:"去声色,禁嗜欲。"❷说话的声音和脸色。如:不动声色。《中庸》:"声色之于以化民,末也。"

声声慢　❶词牌名。又名《胜胜慢》等。双调九十六字至九十九字,有平韵、仄韵两体,仄韵例用入声。李清照所作"寻寻觅觅"一首,写南渡后落寞之感,为世传诵。❷曲牌名。属南曲仙吕宫。字句格律与词牌前半阕同,亦有与全阕同者。用作引子。

声诗　乐歌。《礼记·乐记》:"乐师辨乎声诗,故北面而弦。"

声势　❶声威气势。《宋史·岳飞传》:"乞令飞屯鄂岳,不惟江西借其声势,湖广江浙亦获安妥。"❷古称韵母为"声势"。见慧琳《一切经音义》。

声望　名望。《后汉书·东平宪王苍传》:"自以至亲辅政,声望日重,意不自安。"

声威　声誉威望。韩愈《张中丞传后叙》:"贺兰嫉巡远之声威、功绩出己上,不肯出师救。"

声闻　❶名誉。《孟子·离娄下》:"故声闻过情,君子耻之。"❷音讯。《北史·刘炫传》:"炫与妻子,相去百里,声闻断绝。"❸译自梵语Śrāvaka,意为听闻佛陀言教的觉悟者。原指佛陀在世时的弟子。后与缘觉、菩萨合为佛教三乘。指只能遵照佛陀的说教修行,并仅以达到自身解脱为目的的出家者。以修学四谛为主,最高果位是阿罗汉。

声问　❶音信。《汉书·苏武传》:"前发匈奴时,胡妇适产一子通国,有声问来,愿因使者致金帛赎之。"❷同"声闻❶"。《荀子·大略》:"德至色泽洽,行尽而声问远。"

声响　❶声音。王融《游仙诗》:"远翔驰声响,流雪自飘飘。"❷声音和回声。《荀子·宥坐》:"其应佚若声响。"杨倞注:"若声响,言若响之应声也。"

声训　即"音训"。

声援　接应支援。《周书·若干惠传》:"令惠以本官镇鲁阳,以为声援。"今为公开发表言论支援的意思。

声韵　❶即"音韵"。❷声母、韵母的合称。

呏　(shēng)　英、美体积单位加仑(gallon)的旧译。

狌　(shēng)　同"鼪"。俗称黄鼠狼。《庄子·秋水》:"骐骥骅骝,一日而驰千里,捕鼠不如狸狌。"狸与狌二物。一说狸狌为野猫。另见xīng。

牲　(shēng)　供祭祀及食用的家畜。如:三牲;杀牲。《周礼·天官·庖人》:"庖人掌共六畜"郑玄注:"六畜,六牲也;始养之曰畜,将用之曰牲。"孙诒让正义:"用谓共祭及膳。"

牲畜　指人类饲养的家畜。与"农畜"、"家畜"一般通用,唯含义较为广泛。古时所谓"三牲六畜",三牲指牛、羊、猪;而六畜则包括马、牛、羊、鸡、犬、猪。

牲口　指禽兽等动物。《明史·职官志三》:"宦官十二监……牲口房。"注:"收养异兽珍禽。"今指能为人服役的家畜。如:牛、马、驴、骡等。参见"生口❷"。

铔　[鉎](shēng,又读xīng)　铁锈。皮日休《追和虎丘寺清远道士诗》:"石涩古铁铔。"

笙　(shēng)　❶中国簧管乐器。《诗经》中常提及,足证殷、周时已流行。由"簧片"、"笙管"、"斗子"三部分组成。簧片古时用竹制,后改用响铜;笙管为长短不一的竹管,于近上端处开音窗,近下端处开按孔,下端嵌接木质"笙角"以装簧片,并插入斗子内;斗子用匏、木或铜制成,安有吹口。有圆形、方形等多种形制,簧管13～19根不等。奏时手按指孔,吹吸振动簧片而发音。能奏和音。是民间器乐合奏中的重要乐器。现经改革,有24簧笙、36簧键钮笙等,转调便捷,表现力更为丰富,除用于伴奏、合奏外,也用于独奏。❷竹簟。《方言》第五:"簟,宋魏之间谓之笙。"参见"桃笙❷"。

笙

甥　(shēng)　❶姊妹之子。一说女儿之子,即外孙。《诗·齐风·猗嗟》"展我甥兮"毛传:"外孙曰甥。"郑笺:"姊妹之子曰甥。"参见"外甥"。❷女婿。见"甥馆"。❸古代为姑之子、舅之子、妻之兄弟、姊妹之夫的通称。见《尔雅·释亲》。郝懿行义疏:"此四壻字并'生'之声借……古来有此称,今所不行。"

甥馆　《孟子·万章下》:"舜尚见帝,帝馆甥于贰室。"赵岐注:"舜上见尧,尧舍之于贰室……礼谓妻父曰外舅,谓我舅者,吾谓之甥。尧以女妻舜,故谓舜甥。"后因以"甥馆"称女婿在丈人家住的房屋,也用为女婿的代称。黄庭坚《奉和王世弼寄上七兄先生用其韵》:"念嗟叔母刘,穷年寄甥馆。"

猩　(shēng)　多用于人名。春秋时曹桓公名终猩。见《集韵·十二庚》。

鼪　(shēng)　即黄鼬,黄鼠狼。《庄子·徐无鬼》:"藜藋柱乎鼪鼬之径。"

shéng

渑〔澠〕(shéng) 古水名。另见 miǎn。

憴〔憴〕(shéng) 见"憴憴"。

憴憴 戒慎。《尔雅·释训》:"兢兢、憴憴,戒也。"郭璞注:"皆戒慎。"郝懿行义疏:"憴乃或体字,当依经典作绳。《诗·螽斯》传:'绳绳,戒慎也。'"

绳〔繩〕(shéng) ❶由多股纱或线拈合而成,直径较粗。两股以上的绳复拈而成的称"索",直径更粗的称"缆"。❷木工用的墨线。如:准绳。柳宗元《梓人传》:"犹梓人之有规矩绳墨以定制也。"❸直;正。《淮南子·说林训》:"出林者不得直道,行险者不得履绳。"高诱注:"绳,亦直也。"❹纠正。《书·冏命》:"绳愆纠谬。"孔颖达疏:"木不正者,以绳正之。绳谓弹正。"引申为制裁。《史记·秦始皇本纪》:"诸生皆诵法孔子,今上皆重法绳之。"❺按一定的标准衡量。《礼记·乐记》:"以绳德厚。"孔颖达疏:"绳犹度也。"❻继续。《诗·大雅·下武》:"绳其祖武。"朱熹注:"绳,继。"一说是戒慎意。❼称誉。《左传·庄公十四年》:"〔蔡哀侯〕绳息妫以语楚子。"

另见 mǐn,yìng。

绳尺 本指工匠较曲直、量长短的工具,引申为法度。《金史·元好问传》:"为文有绳尺,备众体。"

绳床 一种轻便坐具。以绳穿木板制成,可以折叠。《晋书·佛图澄传》:"坐绳床,烧安息香。"也叫"胡床"。

绳检 ❶约束。《宋史·韩世忠传》:"家贫无产业,嗜酒尚气,不可绳检。"❷规矩;法度。苏轼《谢王内翰启》:"奇文高论,大或出于绳检;比声协句,小亦合于方圆。"

绳墨 木匠画直线用的工具。《庄子·逍遥游》:"吾有大树,人谓之樗,其大本拥肿而不中绳墨。"比喻规矩或法度。《史记·老子韩非列传》:"韩子引绳墨,切事情,明是非。"

绳趋尺步 犹言规行矩步,举动有法度。《宋史·朱熹传》:"方是时,士之绳趋尺步,稍以儒名者,无所容其身。"参见"绳尺"。

绳绳 ❶戒慎貌。《淮南子·缪称训》:"末世绳绳乎唯恐失仁义。"❷不绝貌。《诗·周南·螽斯》:"螽斯羽,薨薨兮。宜尔子孙绳绳兮。"朱熹注:"薨薨,群飞声。绳绳,不绝貌。"

绳枢 用绳子系户枢,形容贫穷的人家。《汉书·陈胜传论》:"陈涉,瓮牖绳枢之子,甿隶之人,迁徙之徒也。"参见"瓮牖"。

鱦〔鱦〕(shéng) 小鱼名。《尔雅·释鱼》:"鱦,小鱼。"郭璞注:"《家语》曰:'其小者鱦鱼也。'今江东亦呼鱼子未成者为鱦。"按,郭注引文见《家语·屈节解》。

shěng

省(shěng) ❶古时王宫禁地之称。如:省中。《北齐书·神武纪下》:"孙腾带仗入省,擅杀御史。"❷减少;节约。如:省吃俭用。《淮南子·主术训》:"法省而不烦。"高诱注:"省,约也。"❸通"眚"。(1)天灾。《公羊传·庄公二十二年》:"大省者何?灾省也。"(2)过失。《史记·秦始皇本纪》:"饰省宣义。"❹我国地方的最高一级行政区域。省的设置,始自元代。当时除京师附近地区直属中书省外,设河南、江浙、湖广等十一个"行中书省",简称"行省"。明代改"行中书省"为"承宣布政使司",但习惯上仍称"行省",简称"省"。以后沿用。❺日本内阁的部。如外交部称"外务省"。

另见 xiǎn,xǐng。

省略号 标点符号的一种,即"……"。表示文中省略的部分,六个点,占两个字的地位。如:"他不禁引吭高歌:'起来,饥寒交迫的奴隶……'"又表示虚而不言的深层涵义。如鲁迅《狂人日记》的结句:"没有吃过人的孩子,或者还有?救救孩子……"

省略句 在一定的语言环境(对话、上下文)里,句子中某些成分可以省去不说,这种句子叫省略句。如:"你找什么?""一本书。"答句"一本书"就是"我找一本书"的省略句。

省陌 "足陌"的对称。亦称"短陌"、"短钱"、"省钱"。简称"省"。"陌"通"百",亦作"佰"。以不足百数之钱作百钱使用。《抱朴子·微旨》:"取人长钱,还人短陌。"《金史·食货志三》:"时民间以八十为陌,谓之短钱,官用足陌,谓之长钱。"宋洪迈《容斋三笔·省钱百陌》:"太平兴国二年,始诏民间缗钱定以七十七为百。自是以来,天下承用,公私出纳皆然,故名'省钱'。"

省声 省略形声字声符的笔画。传统的简化汉字的方法之一。如《说文·鬲部》:"融,从鬲,蟲省声。"又《欠部》:"歎,从欠,鷬(即難字)省声。"

省试 唐宋时各州县贡士到京师,由尚书省的礼部主试,通称省试,或礼部试,相当于明清时的会试。

省文 ❶简省文字。《晋书·礼志上》:"今礼仪事同而名异者,辄别为篇卷,烦而不典,皆宜省文通事,随类合之。"❷指简称或略语。也指减少字的笔画。

省形 省略形声字意符的笔画。传统的简化汉字的方法之一。如《说文·晶部》:"曐,从晶,生声",省作星;"曑,从晶,㐱声",省作参(參)。

省约 简省节约。《三国志·吴志·诸葛瑾传》:"遗命令素棺,敛以时服,事从省约。"

省中 宫禁之中。《文选·左思〈魏都赋〉》:"禁台省中,连闼对廊。"李善注引《魏武集》:"荀欣等曰:'汉制,王所居曰禁中,诸公所居曰省中。'"

胜(shěng) 瘦。《管子·入国》"必知其食饮饥寒、身之膌胜而哀怜之。"膌,同"瘠"。

另见 shèng,xīng。

眚(shěng) ❶眼睛生翳。《说文·目部》:"眚,目病生翳也。"范成大《晚步宣华旧苑》诗:"归来更了程书债,目眚昏花烛穗垂。"引申为日月蚀,灾异。《左传·庄公二十五年》:"非日月之眚不鼓。"杜预注:"眚,犹灾也。月侵日为眚。"❷一种病名。《汉书·外戚传下》:"是岁,孝王薨,有一男,嗣为王,时未满岁,有眚病。"颜师古注引苏林曰:"名为肝厥,发时唇口手足十指甲皆青。"❸疾苦。张衡《东京赋》:"勤恤民隐,而除其眚。"❹过失。《左传·僖公三十三年》:"且吾不以一眚掩大德。"❺通"省"。减省。《周礼·地官·大司徒》:"七曰眚礼。"贾公彦疏:"谓吉礼之中,眚其礼数。"

渻(shěng) "减省"的"省"的专字。《说文·水部》:"渻,少减也。一曰水门。又水出丘前谓之渻丘。"段玉裁注:"今减省之字当作渻,古今字也。"

shèng

圣〔聖〕(shèng) ❶无所不通。《书·洪范》:"睿作圣。"孔传:"于事无不通谓之圣。"❷谓道德极高,仅次于神。《孟子·尽心下》:"大而化之之谓圣,圣而不可知之之谓神。"赵岐注:"大行其道,使天下化之,是为圣人;有圣知之明,其道不可得知,是为神人。"❸谓所专长之事造诣至于极顶。如:诗圣;草圣。❹称颂帝王之词。如:圣旨;圣驾。❺清酒的代称。李适之《罢相作》诗:"避贤初罢相,乐圣且衔杯。"❻宗教上指属于教主的。如:圣地;圣徒。
另见 kū。

圣诞节 亦译"耶稣圣诞瞻礼"、"主降生节"。基督教纪念耶稣诞生的节日。《圣经》中并未提及耶稣出生日期。多数教会规定以 12 月 25 日为圣诞节。但正教和其他东方教会由于使用的历法不同,其 12 月 25 日相当于公历 1 月 6 日或 7 日。圣诞节期间,信徒家里多摆圣诞树,并有向亲友报佳音、唱圣诞歌、化装成圣诞老人向儿童赠送礼物等活动。

圣诞老人 西方童话故事人物。据称是一个白须红袍的老人,于每年圣诞节前夜驾鹿橇自北方来,由烟囱进入各家分送礼物。一说,他是小亚细亚每拉城主教圣尼古拉的化身。西方国家在圣诞节时,有扮演圣诞老人分送礼品的习俗。

圣诞树 基督教圣诞节用的一种装饰品。一般是用杉、柏之类的塔形常绿树,树上挂着各种花彩和礼品。18 世纪开始盛行于欧洲。来源传说不一。一说某农民于圣诞夜接待了一个极穷苦的儿童,儿童临行时折杉树枝,插在地上,树枝立即成树,儿童说:"年年此日,礼物满枝,留此美丽杉树,报答你的好意。"

圣地 ❶宗教徒奉为神圣的地方,常是宗教传说中的重要纪念地,为教徒朝圣的目标。如犹太教、基督教、伊斯兰教的耶路撒冷,伊斯兰教的麦加、麦地那等。❷具有重大纪念意义的地方。如:延安是革命圣地。

圣经 ❶谓圣人之书。指儒家经典。《文中子·天地》:"谓范宁有志于《春秋》,征圣经而诘众传。"❷基督教经典,包括《旧约全书》和《新约全书》。西方文学艺术作品,尤其在中世纪,很多取材于圣经故事。

圣经贤传 指儒家经典及为经典所作的权威性传注解释文字。韩愈《答殷侍御书》:"况近世《公羊》学几绝,何氏注外,不见他书,圣经贤传,屏而不省,要妙之义,无自而寻。"

圣明 睿哲英明。《后汉书·皇后纪上》:"莫不叹服,以为圣明。"

圣人 ❶谓道德智能极高的人。《易·乾·文言》:"圣人作而万物睹。"❷封建时代对帝王的尊称。王建《宫词》:"殿头传语金阶远,只进词来谢圣人。"❸佛教道教对佛祖、上仙的尊称。《法苑珠林》卷五十四:"设斋奉请,并有微瑞,圣人通感,不可备载。"❹天主教指死后灵魂升入天堂、可作教徒表率、应受教会敬礼的人。自 12 世纪起,须经教皇列入"圣品",才能正式尊为圣人。

圣善 《诗·邶风·凯风》:"母氏圣善。"后因用作母亲的代称。孙光宪《北梦琐言》卷四:"道士勉其入蜀,适遇相国圣善疾苦,未果南行。"

成(shèng) 成乐,一作"盛乐"。古县名。西汉置县,即今内蒙古和林格尔西北土城子。
另见 chéng。

甸(shèng) 通"乘"。古代划分田、里的名称。每甸出车一乘,故名。《周礼·地官·小司徒》:"四丘为甸。"郑玄注:"甸方八里。"
另见 diàn,tián。

胜〔勝〕㊀(shèng) ❶胜利。《孟子·公孙丑上》:"战必胜矣。"❷胜过;超过。如:事实胜于雄辩。《论语·雍也》:"质胜文则野,文胜质则史。"❸克制。《孙子·谋攻》:"将不胜其忿而蚁附之,杀士三分之一,而城不拔者,此攻之灾。"❹优越;盛大;佳妙。特指胜地。如:名胜。柳宗元《永州崔中丞万石亭记》:"见怪石特出,度其下必有殊胜。"参见"胜会"、"胜概"。❺古时妇女的首饰。杜甫《人日》诗:"胜里金花巧耐寒。"参见"花胜"、"彩胜"。❻姓。见邵思《姓解·舟六十二》。
㊁(shèng,旧读 shēng) ❶胜任;禁得起。如:力不能胜。《史记·项羽本纪》:"沛公不胜杯杓。"❷尽。如:不可胜数。《孟子·梁惠王上》:"不违农时,谷不可胜食也。"
另见 shěng,xīng。

胜朝 犹前朝。如:胜朝遗老。王应奎《柳南随笔》卷三:"明太祖既登极,避胜朝(元朝)国号,遂以元年为原年。"参见"胜国"。

胜地 ❶名胜之地;风景优美的地方。江总《修心赋》:"实豫章之旧

圃,成黄金之胜也。"❷不败之地;制胜的地位、形势。《管子·七法》:"故贤知之君,必立于胜地。"

胜负 犹胜败。《孙子·计篇》:"士卒孰练,赏罚孰明,吾以此知胜负矣。"

胜概 ❶胜景;美丽的景色。白居易《修香山寺记》:"灵迹胜概,靡不周览。"❷胜事;优雅的生活。王禹偁《黄冈竹楼记》:"待其酒力醒,茶烟歇,送夕阳,迎素月,亦谪居之胜概也。"

胜国 《周礼·地官·媒氏》:"凡男女之阴讼,听之于胜国之社。"郑玄注:"胜国,亡国也。"按亡国谓已亡之国,亡国为今国所胜,故称"胜国"。后亦称前朝为"胜国"。袁枚《题史阁部遗像》诗:"胜国衣冠古,孤臣鬓发星。"

胜会 ❶犹盛会。章碣《癸卯岁毗陵登高》诗:"流落常嗟胜会稀,故人相遇菊花时。"❷过人的风致。《晋书·谢尚传》:"始到府通谒,导(王导)以其有胜会,谓曰:'闻君能作鸲鹆舞,一坐倾想,宁有此理不?'尚曰:'佳!'便著衣帻而舞。导令坐者抚掌击节,尚俯仰在中,傍若无人。"

胜迹 有名的古迹。孟浩然《与诸子登岘山》诗:"江山留胜迹,我辈复登临。"

胜任 担当得起或承受得住。《易·系辞下》:"鼎折足,覆公𫗧,其形渥,凶。言不胜其任也。"《庄子·秋水》:"是犹使蚊负山,商蚷驰河也,必不胜任矣。"

胜算 《孙子·计篇》:"多算胜,少算不胜,而况于无算乎?"后因称能够制胜的计谋为"胜算"。如:稳操胜算。唐顺之《答曾石塘总制书二》:"而雄略胜算,又得窃闻一二。"

胜衣 谓儿童稍长能穿戴成人的衣冠。钟嵘《诗品》卷上:"才能胜衣,甫就小学。"亦指能承受所穿衣服的重量。如:弱不胜衣。

胜友 有名望的朋友;良友。王勃《滕王阁序》:"十旬休暇,胜友如云;千里逢迎,高朋满座。"

晟(shèng,又读 chéng) ❶光明炽盛。郝经《原古上元学士》诗:"俯瞰旭日晟。"❷兴盛;美盛。《西陲石刻录·周李君修佛龛碑》:"自秦创兴,于周转晟。"❸赞美。《楚辞·九章·怀沙》:"内厚质正兮,大人所晟。"

乘〔乘、椉〕(shèng) ❶古时一车四马为一乘。《诗·小雅·

六月》："元戎十乘。"❷古时物数以四计之称。如：乘矢；乘壶。参见"乘韦"、"乘黄"。❸春秋时晋史名，因以为记载的通称。详"史乘"。
另见 chéng。

乘黄 四匹黄色的马。《诗·郑风·大叔于田》："叔于田，乘乘黄。"毛传："四马皆黄。"

乘韦 乘，四；韦，熟牛皮。四张熟牛皮。《左传·僖公三十三年》："〔郑商人弦高〕以乘韦先，牛十二犒师。"

乘舆 旧指皇帝和诸侯所用的车舆。贾谊《新书·等齐》："天子车曰乘舆，诸侯车曰乘舆，乘舆，等也。"也用为帝王的代称。蔡邕《独断》："天子至尊，不敢渫渎言之，故托之于乘舆……或谓之车驾。"班固《东都赋》："礼官整仪，乘舆乃出。"

乘传 驿站用四匹下等马拉的车。《汉书·高帝纪下》："横（田横）惧，乘传诣洛阳。"颜师古注引如淳曰："律，四马高足为置传，四马中足为驰传，四马下足为乘传。"

盛（shèng）❶丰；美；茂。如：盛馔；盛饰；盛开。❷兴隆；盛大。如：盛世；盛会。《史记·范睢蔡泽列传》："物盛则衰。"❸充足。韩愈《答李翊书》："气盛则言之短长与声之高下者皆宜。"❹极点；顶点。《庄子·德充符》："平者，水停之盛也。"❺抚育。《尚书大传·金縢》："周公盛养成王。"❻姓。
另见 chéng。

盛德 ❶指四时旺盛之气。《礼记·月令》："某日立春，盛德在木。"孔颖达疏："四时各有盛时，春则为生，天之生育盛德在于木位，故云盛德在木。"❷美德。《易·系辞上》："日新之谓盛德。"亦用为修养深厚之称。《史记·老子传》："吾闻之，良贾深藏若虚，君子盛德，容貌若愚。"

盛服 衣冠穿戴整齐。《礼记·中庸》："齐明盛服，以承祭祀。"《左传·宣公二年》："〔赵盾〕盛服将朝。"后多指华美的服装。薛道衡《和许给事善心戏场转韵》："假面饰金银，盛服摇珠玉。"

盛年 壮年。陶潜《杂诗》："盛年不重来。"

盛气 蓄怒未发貌。《国策·赵策四》："左师触龙言愿见太后，太后盛气而揖之。"按：揖之，《史记·赵世家》作"胥之"。亦指骄傲蛮横的态度。如：盛气凌人。

盛气凌人 亦作"盛气临人"。本

谓以威严制服人。后多指以骄横的气势压人。《清朝野史大观》卷十："达官贵人，往往睥睨一切，以盛气凌人。"

剩〔賸〕（shèng）❶多余；余下。《魏书·前废帝广陵王纪》："剩员非才，他转之。"❷多。方岳《最高楼》词："且容侬，多种竹，剩栽梅。"❸颇；更。高适《赠杜二拾遗》诗："听法还应难，寻经剩欲翻。"

剩语 多余的话。邵博《邵氏闻见后录》卷十六："李邦直追作神道碑，至三百余言，其文无一剩语。"

嵊（shèng） 嵊州，市名。在浙江省绍兴市东南部、曹娥江上游、四明山南麓。汉置剡县，唐为嵊州治。宋改嵊县。

蔣（shèng） 苣蔣，即胡麻、芝麻。

賸（shèng） 同"剩〔賸〕"。

shī

尸㊀〔屍〕（shī） 尸体。《左传·宣公十二年》："收置尸以为京观。"

㊁（shī）❶古代代表死者受祭的活人。《仪礼·士虞礼》："祝迎尸。"❷像尸体一样躺直。《论语·乡党》："寝不尸。"❸陈尸；以尸体示众。《国语·晋语六》："杀三郤而尸诸朝。"❹收尸。《穀梁传·僖公三十三年》："我将尸女（汝）于是。"❺主持。《诗·召南·采蘋》："谁其尸之？有齐季女。"❻喻居其位而无所事。见"尸位素餐"。❼阵法。《左传·庄公四年》："楚武王荆尸，授师孑焉。"又《宣公十二年》："荆尸而举。"杜预注："荆，楚也；尸，陈（阵）也。楚武王始更为此陈法，遂以为名。"❽姓。战国时有尸佼。

尸谏 《韩诗外传》卷七："昔者卫大夫史鱼病且死，谓其子曰：'我数言蘧伯玉之贤而不能进，弥子瑕不肖而不能退；为人臣生不能进贤而退不肖，死不当治丧正堂，殡我于室足矣。'卫君问其故，子以父言闻。君造然召蘧伯玉而贵之，而退弥子瑕。徙殡于正堂，成礼而后去。生以身谏，死以尸谏，可谓直矣。"后谓臣下以死谏君。《后汉书·虞诩传》："臣将从史鱼死，即以尸谏耳。"

尸解 道教用语。谓遗弃肉体而仙去。"尸"指人的形体，"解"指解脱。道教认为修炼成功者，因阳神已

成，形体已无作用，遂如蝉蜕，称为"尸解"。与"羽化"、"仙去"意义相同。

尸利 犹尸禄。不事事而空受禄。《礼记·表记》："近而不谏，则尸利也。"孔颖达疏："若亲近于君而不谏，则似如尸之受利禄也。"

尸禄 受禄而不尽职。《汉书·鲍宣传》："以苟容曲从为贤，以拱默尸禄为智。"颜师古注："尸，主也。不忧其职，但主受禄而已。"

尸盟 犹言主盟。《左传·襄公二十七年》："叔向谓赵孟曰：'诸侯归晋之德只，非归其尸盟。子务德，无争先。且诸侯盟，小国固必有尸盟者。'"杜预注："尸，主也。"

尸位素餐 谓居位食禄而不尽职。《汉书·朱云传》："今朝廷大臣，上不能匡主，下亡以益民，皆尸位素餐，孔子所谓'鄙夫不可与事君，苟患失之，亡所不至'者也。"亦作"尸禄素餐"。《潜夫论·三式》："其尸禄素餐，无进治之效、无忠善之言者，使从渥刑。"又略作"尸素"。潘岳《关中诗》："愧无献纳，尸素以甚。"

尸袭 尸，指古代代替死者受祭的活人。因以"尸袭"借喻代袭、取代。《商君书·赏刑》："周官之人知而讦之上者，自免于罪，无贵贱，尸袭其官长之官爵、田禄。"

尸祝 古代祭祀时任尸和祝的人。《庄子·逍遥游》："庖人虽不治庖，尸祝不越樽俎而代之矣。"引申为祭祀，崇拜。归有光《畏垒亭记》："谁欲尸祝而社稷我者乎？"

失（shī）❶遗失；丧失。如：失物；失地。❷过失；错误。《汉书·路温舒传》："臣闻秦有十失。"❸耽误；错过。如：失期；失机。《书·泰誓》："时哉弗可失。"❹不自禁；忍不住。见"失喜"、"失笑"。
另见 yì。

失策 计谋失误。《后汉书·胡广传》："国有大政，必议之于前训，谘之于故老，是以虑无失策，举无过事。"

失察 疏于检查监督。《红楼梦》第一百二回："为的是失察属员，重征粮米，请旨革职的事。"

失辞 失言。谓言辞失当。《史记·秦始皇本纪》："受命应对，吾未尝敢失辞也。"

失措 举动慌乱失常；不知所措。《宋史·夏国传》："〔种谔〕闻夏人至，茫然失措，欲作书召燕达战，怵不能下笔。"

失道寡助 《孟子·公孙丑下》："得道者多助,失道者寡助。寡助之至,亲戚畔之;多助之至,天下顺之。"后以"失道寡助"谓做事违反正义则得不到多数人的支持和拥护。

失调(—diào) 音调不和谐。沈约《答陆厥书》:"譬犹子野操曲,安得忽有阐缓失调之声?"

失候 ❶错过适当的时刻。《齐民要术·造神曲并酒》:"但候曲香沫起,便下酿。过久曲生衣,则为失候;失候则酒重钝,不复轻香。"❷缺少问候。梁辰鱼《浣纱记·谈义》:"只因多事,失候起居。"亦谓失于迎候。

失怙 怙,依靠。《诗·小雅·蓼莪》:"无父何怙?"后因称丧父为"失怙"。黄景仁《和容甫》:"两小皆失怙,哀乐颇相当。"参见"失恃❶"。

失魂落魄 形容心神不宁,惊慌之极。《官场现形记》第五十三回:"尹子崇虽然也同他周旋,毕竟是贼人胆虚,终不免失魂落魄。"

失机 ❶错过时机。陆机《文赋》:"如失机而后会,恒操末以续颠。"❷泄露机密。侯白《启颜录·卢思道》:"隋令思道聘陈,陈主敕在路诸处不得共语,致令失机。"❸贻误军机。洪昇《长生殿·骂贼》:"你本是失机边将,罪应斩首。"

失计 失算;计谋错误。《史记·越王句践世家》:"今王知晋之失计,而不自知越之过。"

失节 ❶失去节操。多指投降敌人。《宋史·杨震仲传》:"从之则失节,何面目于世间?"旧亦指妇女失去贞操。❷违背礼节。《史记·秦始皇本纪》:"廊庙之位,吾未尝敢失节也。"❸失去调节;违反时令。《魏书·天象志一之三》:"皆雨旸失节,万物不成候也。"

失口 《礼记·表记》:"君子不失口于人。"郑玄注:"失,谓失其容止之节也。"犹失言。谓言所不当言。《三国演义》第四十九回:"不许失口乱言。"

失礼 不合礼节;没有礼貌。《庄子·渔父》:"夫遇长不敬,失礼也。"《三国演义》第三十八回:"汝若同往,不可失礼。"

失律 ❶行军不守纪律。《易·师》:"师出以律;失律,凶也。"也用以称出战失利。《南史·张永传》:"以北行失律,固求自贬。"❷诗歌不合格律。陆游《老学庵笔记》卷十:"然北人大抵以'相'字作入声,至今犹然,不独乐天。老杜云:'恰似春风

相欺得,夜来吹折数枝花。'亦从入声读,乃不失律。"

失眠 睡眠不足或睡不深熟的病症。可分三种:(1)起始失眠。即难以入睡;(2)间断失眠。即易于惊醒;(3)早醒失眠。即睡眠持续时间短于正常。主要原因是精神过度紧张和兴奋(见于神经衰弱者),也可由疼痛、环境不安静、服用兴奋性饮料或药物等引起。在防治上,去除原因最重要,严重时可适量服用安眠药或安定药,但如长期依赖安眠药,可致慢性药瘾的不良后果。中医学上称不寐。

失明 ❶瞎;丧失视力。司马迁《报任少卿书》:"左丘失明,厥有《国语》。"❷失去光明。《白虎通·灾变》:"月食救之者,阴失明也。"

失粘 作旧体诗术语。写作律诗、绝诗时平仄失误,声韵不相粘贴之谓。即应用平声而误用仄声,或应用仄声而误用平声。又据宋陈鹄《耆旧续闻》,表启之类的骈俪文字,若平仄失调,在当时也叫失粘。

失气 ❶停止呼吸;断气。《荀子·解蔽》:"失气而死,岂不哀哉!"❷丧气;意气沮丧。《晋书·周浚传》:"前破张悌,吴人失气。"❸中医学名词。(1)一作"矢气"。指有气体从肛门排出的现象。《素问·咳论》:"小肠咳状,咳而失气。"《伤寒论》:"阳明病……若不大便六七日,恐有燥屎,欲知之法,少与小承气汤,汤入腹中,转失气者,此有燥屎也,乃可攻之。"(2)指丧失真气。见《灵枢经·终始》。

失色 ❶对人态度容貌不庄重。《礼记·表记》:"不失色于人。"❷因惊恐而变了面色。《汉书·霍光传》:"群臣皆惊鄂(愕)失色,莫敢发言。"

失身 ❶丧身;死亡。《史记·日者列传》:"势高益危,居赫赫之势,失身且有日矣。"❷失去操守;沦落。《孟子·离娄上》:"失其身而能事其亲者,吾未之闻也。"《三国演义》第二十八回:"仓(周仓)乃一粗莽之夫,失身为盗;今遇将军,如重见天日。"也特指妇女失去贞操。《史记·司马相如列传》:"今文君已失身于司马长卿。"

失慎 《周礼·天官·宫正》"春秋以木铎修火禁"贾公彦疏:"谓宫正于宫中特宜慎火,故修火禁。"后因称失火为"失慎"。震钧《天咫偶闻·南城》:"咸丰末,户部失慎,火

三日不熄,存案悉毁。"

失声 ❶悲极气咽,哭不成声。《孟子·滕文公上》:"相向而哭,皆失声。"❷禁不住发出了声音。《红楼梦》第一百一回:"凤姐吓的魂不附体,不觉失声的'咳'了一声。"

失事 出了意外的不幸事故。《初刻拍案惊奇》卷二十二:"州牧几日前曾见这张失事的报单过,晓得是真情。"

失恃 ❶恃,依赖。《诗·小雅·蓼莪》:"无母何恃?"后因称丧母为"失恃"。《聊斋志异·公孙九娘》:"生有甥女,早失恃,遗生鞠养。"参见"失怙"。❷失去依赖。《左传·昭公元年》:"小国失恃。"

失守 ❶失去操守或职守。《易·系辞下》:"失其守者,其辞诎(屈)。"《左传·宣公十年》:"失守宗庙。"❷犹陷落。为敌人所攻占。《三国演义》第三十九回:"今江夏失守,黄祖遇害,故请贤弟共议报复之策。"

失水 由进食和饮水减少、剧烈呕吐、严重腹泻、高热或出汗等原因使身体失去大量水分的状况。有口渴、软弱、皮肤干、唇舌干燥、少尿、发热等症状,严重时可引起虚脱甚至休克、昏迷而死亡。治疗在于补充液体。

失算 打算错了或没有计算到。鲁迅《华盖集续编·空谈》:"血的应用,正如金钱一般,吝啬固然是不行的,浪费也大大的失算。"

失态 谓态度失当;失身分或无礼貌。如:酒后失态。

失调(—tiáo) ❶失去平衡;调节或调养失宜。如:冷暖失调;产后失调。❷即"失谐"。

失喜 喜悦不能自制。杜甫《远游》诗:"似闻胡骑走,失喜问京华。"

失笑 忍不住发笑。苏轼《文与可画筼筜谷偃竹记》:"发函得诗,失笑,喷饭满案。"

失谐 又称"失调"。电路中偏离谐振的现象。即外加电动势(或电流)的频率(即信号频率)偏离电路谐振频率或改变电路的固有频率偏离原已调谐的信号频率的现象。

失心 失去理智。一种精神病。《世说新语·纰漏》:"殷仲堪父病虚悸,闻床下蚁动,谓是牛斗。"刘孝标注引《续晋阳秋》:"仲堪(殷仲堪)父曾有失心病。"

失言 《论语·卫灵公》:"不可与言而与之言,失言。"本指不该对某些人说某些话,后指无意中说了不该说

的话。《红楼梦》第六十二回:"黛玉自悔失言,原是打趣宝玉的,就忘了村了彩云了。"

失业 原有职业的劳动者失去职业的状态。各国一般采取登记办法,将一定时期内无业并以某种方式寻找工作的人员确定为失业者。对于失业者,各国一般均建立失业保险制度,使其在一定时期内获得一定的收入以维持生计。我国 1993 年发布《国有企业职工待业保险规定》,通过失业保险,对部分失业人员的生活进行保障。

失意 ❶不如意。《三国志·魏志·吕布传》:"〔董卓〕性刚而褊,忿不思难,尝小失意,拔手戟掷布。"❷不得志。《汉书·盖宽饶传》:"宽饶自以行清能高,有益于国,而为凡庸所越,愈失意不快。"❸不合他人之意。杜甫《两当县吴十侍御江上宅》诗:"上官权许与,失意见迁斥。"

失语 又称"失语症"。大脑言语中枢病变引起的言语功能障碍。分为两类:(1)运动性失语。表现为不能说话,或只能说单语,但能听懂别人的语言;(2)感觉性失语。表现为对别人说的话完全或部分不能理解,但自己有说话的能力。常见的原因有脑卒中、颅内肿瘤、颅脑损伤、脑炎等。治疗应针对病因,并给予语言训练。中医学上称"瘖"。

失真 走了样;与原来的形状、性质、意义或精神不符。杜甫《李潮八分小篆歌》:"枣木传刻肥失真。"张耒《岁暮福昌怀古》诗:"末俗文章久失真。"

失之交臂 亦作"交臂失之"。《庄子·田子方》:"吾终身与汝交一臂而失之。"王先谦集解:"虽吾汝终身相与,不啻把一臂而失之,言其暂也。"后谓已遇良机而又当面错过。

失重 人和动物由于地球引力而有重量,当同时受其他惯性力如离心力的作用时,若此力恰好抵消地球引力,就产生失重现象。这种情况在进入轨道后的人造地球卫星中发生;在飞机作特定的抛物线飞行时,亦出现短暂的失重现象。在失重条件下,人和动物有暂时动作失调的表现,但能适应过来。在人造卫星和载人宇宙飞船中的试验证明,人和动物都能忍受相当长时期的失重。

失足 ❶举止不庄重。《礼记·表记》:"君子不失足于人。"❷犹失脚,因走路不小心而倾跌。如:失足落水。亦以比喻堕落或犯严重错误。

如:一失足成千古恨。《聊斋志异·聂小倩》:"略一失足,廉耻道丧。"

师〔師〕(shī) ❶老师。如:师生;师徒。韩愈《师说》:"师者所以传道受业解惑也。"❷效法。《孟子·离娄上》:"莫若师文王。"❸对有专门知识技能的人的称呼。如:医师;工程师。《孟子·梁惠王下》:"为巨室,则必使工师求大木。"❹对僧人的尊称。如:法师;禅师。苏轼《秀州报本禅院乡僧文长老方丈》诗:"师已忘言真有道。"❺古官名。(1)师氏的简称,西周金文中常见,为统兵之官。又《周礼》师氏为教国子之官。(2)太师的简称,周代君辅弼之官。(3)周代常称乐官为"师"或"太师"。❻众人。《诗·大雅·韩奕》:"燕师所完。"毛传:"师,众也。"❼军队。如:出师;班师。《诗·秦风·无衣》:"王于兴师。"❽由若干个团编成的军队一级组织,通常隶属于集团军(军)。设有领导指挥机关,编有战斗和勤务保障部(分)队。是基本战术兵团。❾中国古代军队的编制单位。一作"自"。商代有"三自"。西周有六师,《诗·大雅·常武》:"大师皇父,整我六师。"西周金文有西六自、成周八自和殷八自,见《小克鼎》、《禹鼎》等。一师二千五百人,见《周礼·地官·小司徒》。历代沿用其名,人数多少不一。❿六十四卦之一,坎下坤上。《易·师》:"象曰:地中有水,师,君子以容民畜众。"孔颖达疏:"地中有水,盖取容畜之义也。"⓫姓。宋代有师伯浑。

师保 ❶古时担任教导贵族子弟的官,有师有保,统称"师保"。《书·太甲中》:"既往背师保之训,弗克于厥初。"《礼记·文王世子》:"师也者,教之以事而喻诸德者也;保也者,慎其身以辅翼之而归诸道者也。"❷教养;教导。《书·君陈》:"昔周公师保万民,民怀其德。"

师表 表率;学习的榜样。如:为人师表。《史记·太史公自序》:"国有贤相良将,民之师表也。"

师承 一脉相承的师法。如:学无师承。黄庭坚《次韵秦观过陈无己书院观鄙句之作》:"我学少师承,坎井可窥底。"

师出有名 《礼记·檀弓下》:"师必有名。"谓出兵有正当的理由。后以"师出有名"来表示行事有理由。朱鼎《玉镜台记·闻鸡起舞》:"理直气壮,师出有名,大功可就矣。"

师道 ❶犹师承、师传。指学问有所承受。《汉书·匡衡传》:"望之(萧望之)奏衡经学精习,说有师道,可观览。"❷指求师学习的道理。韩愈《师说》:"师道之不传也久矣。"❸指为师之道。《后汉书·桓荣传》:"皇太子以聪睿之姿,通明经义……臣师道已尽,皆在太子。"

师法 ❶老师传授的学问和技艺。《荀子·儒效》:"故有师法者,人之大宝也;无师法者,人之大殃也。"❷效法。《书·皋陶谟》"师汝昌言"孔传:"言禹功甚当,可师法。"❸师所传授之法。特指汉代的经学传授。汉代,某一经的大师被立为博士后,他的经说便叫"师法"。《汉书·胡母生传》:"惟嬴公守学,不失师法。"指嬴公能传其师景帝时博士胡母生的《公羊春秋》。

师范 ❶学习的榜样。《北史·杨播传论》:"恭德慎行,为世师范。"亦指效法。《文心雕龙·才略》:"相如好书,师范屈宋(屈原宋玉)。"❷师范学校的简称。如:女子师范。

师傅 ❶老师的通称。《穀梁传·昭公十九年》:"羁贯成童,不就师傅,父之罪也。"后常用为学徒对传授技艺的业师的尊称。❷对各种有生产技能的工人的尊称。如:老师傅;木匠师傅。❸官名。古代官制有太师、太傅、太保、少师、少傅、少保等。统称师傅、师保、保傅。

师干 《诗·小雅·采芑》:"其车三千,师干之试。"毛传:"师,众;干,捍;试,用也。"陈奂传疏:"言军士之众,足以捍御之用也。"后即用来称军队。

师姑 尼姑。《清平山堂话本·快嘴李翠莲》:"夫家娘家着不得,剃了头发做师姑。"

师古 效法古代。《书·说命下》:"事不师古。"

师旅 古代军队的编制,有师有旅,五百人为旅,五旅为师,因以"师旅"为军队的通称。《论语·先进》:"加之以师旅。"

师式 法式;榜样。《三国志·蜀志·秦宓传》:"至于著作,为世师式,不负于徐州也。"

师事 以师礼相待。《左传·昭公七年》:"故孟懿子与南宫敬叔师事仲尼。"

师帅 ❶表率。《汉书·董仲舒传》:"今之郡守县令,民之师帅,所使承流而宣化也。"❷周代军制,二千五百人为师,师的统帅称"师帅"。

《周礼·夏官·大司马》:"军将执晋鼓,师帅执提。"提,鼓名。

师徒 ❶师父、徒弟的合称。《韩非子·诡使》:"私学成群,谓之师徒。"❷兵士。《左传·昭公四年》:"凡克邑,不用师徒曰取。"

师心 心领神会,不拘泥成法。《关尹子·五鉴》:"善弓者师弓不师羿,善舟者师舟不师奡,善心者师心不师圣。"晁无咎《跋董元画》:"乃知自昔学者皆师心而不蹈迹。"后来称固执己见、自以为是为"师心自用"。

师爷 旧时官署中幕友的尊称。如:刑名师爷;钱谷师爷。

师宜 复姓。东汉有师宜官。

师友 ❶可以求教请益的人。《后汉书·李膺传》:"膺性简亢,无所交接,惟以同郡荀淑、陈寔为师友。"❷古官名。晋代诸王的官属有师与友,职掌在王左右陪侍辅导。南北朝及唐代亦有之。《晋书·职官志》:"王置师、友、文学各一人。"《隋书·百官志下》:"皇伯叔昆弟、皇子为亲王,置师、友各一人,文学二人。"注:"嗣王则无师、友。"

师长 ❶官师和长者。《韩非子·五蠹》:"今有不才之子……师长教之弗为变。"后用为对老师的尊称。如:尊敬师长。❷众官之长。师,众。《书·盘庚下》:"邦伯、师长、百执事之人。"❸军队职务名。师的最高军事指挥员。

师资 ❶能胜任教师职务的人。如:培养师资。❷指可以效法及可为鉴戒的人。《穀梁传·僖公三十二年》"晋侯重耳卒"范宁注:"师资辩说日用之常义。"杨士勋疏:"师者教人以不及,故谓师为师资也。"

郉 (shī) ❶古国名。妊姓。春秋时为鲁所灭。在今山东济宁市东南。❷山名。在今山东平阴西。《左传·襄公十八年》:"魏绛栾盈以下军克郉。"即此。

饲 (shī,又读chī) 亦作"鸱"、"䶛"。牛反刍。《诗·小雅·无羊》:"尔牛来思,其耳湿湿"毛传:"饲而动其耳湿湿然。"

诗 〔詩〕(shī) ❶文学的一种体裁,文学的重要样式之一。详"诗歌"。❷《诗经》的古称。《论语·为政》:"《诗》三百,一言以蔽之,曰思无邪。"

诗伯 犹言大诗人。杜甫《石砚》诗:"平公今诗伯,秀发吾所羡。"

诗歌 文学的一大样式。中国古代称不合乐的为诗,合乐的为歌,现在一般统称为诗歌。是最早产生的一种文学体裁。它按照一定的音节、声调和韵律的要求,用凝练的语言、充沛的情感、丰富的想像,高度集中地表现社会生活和人的精神世界。中国诗歌有悠久的历史和丰富的遗产,如《诗经》、《楚辞》、汉乐府以及历代诗人的作品。西欧的诗歌,由古希腊的荷马、萨福、平达和古罗马的卡图鲁斯、维尔吉、贺拉斯等诗人开始,创作有史诗、颂诗、讽刺诗等。一般分行排列。按有无比较完整的故事情节,可分为叙事诗和抒情诗;按语言有无格律,可分为格律诗、自由诗和歌谣诗;按是否押韵,又可分为有韵诗和无韵诗。

诗格 ❶作诗的法则。《颜氏家训·文章》:"挽歌辞者……皆为生者悼往告哀之意,陆平原多为死人自叹之言,诗格既无此例,又乖制作本意。"❷诗的风格。苏轼《次韵滕元发许仲途秦少游》:"二公诗格老弥新,醉后狂吟许野人。"

诗豪 诗人中的英豪。《新唐书·刘禹锡传》:"居易(白居易)以诗自名者,尝推为诗豪。"

诗虎 即"诗谜"。以虎难以射中,喻谜之难猜。

诗话 ❶评论诗歌、诗人、诗派以及记录诗人议论、行事的著述。写作诗话之风,始于宋欧阳修,盛于宋代,自司马光、张戒、杨万里、严羽以降,存世者不下数十家。明清两代作者尤多。辑集诗话的丛书,有《历代诗话》、《历代诗话续篇》、《清诗话》、《清诗话续编》等。❷古代说唱艺术的一种。宋元间刊印的《大唐三藏取经诗话》,是现存最早的诗话作品。其体制为韵文、散文并用,韵文大都为通俗的七言诗赞。

诗礼之家 指世代读书的人家。郎瑛《七修类稿》卷十六"荒亲":"因仍苟且,多为惜财之小而忘大义,奈何诗礼之家亦如是耶!"

诗律 诗的格律。《新唐书·宋之问传》:"魏建安后迄江左,诗律屡变。"杜甫《遣闷戏呈路十九曹长》诗:"晚节渐于诗律细。"

诗谜 ❶也叫"诗虎"。以诗句为谜面的谜语。明杨慎《升庵诗话》:"杜牧之《咏鹭鸶》诗:'霜衣雪发青玉嘴,群捕鱼儿溪影中,惊飞远映碧山去,一树梨花落晚风。'分明鹭鸶谜也。"❷也叫"敲诗"或"打诗宝"。文字游戏。写生僻古诗一句于长纸条上,藏去一字或二字,将藏去一、二字另配以四字或八字,同写于句旁,猜中原字者胜。

诗魔 ❶指酷爱做诗的人好像着了魔一般;也指做诗的癖好、兴会。白居易《与元九书》:"知我者以为诗仙,不知我者以为诗魔。何则?劳心灵,役声气,连朝接夕,不自知其苦,非魔而何?"《红楼梦》第三十八回:"无赖诗魔昏晓侵,绕篱欹石自沉音。"❷犹言诗中魔道。指诗的格调流于怪僻。魏庆之《诗人玉屑》卷一:"〔学诗者〕立志须高,以汉、魏、盛唐为师,不作开元、天宝以下人物,若自生退屈,即有下劣诗魔入其肺腑之间。"

诗囚 指苦吟的诗人。谓耽于作诗,仿佛为诗所拘囚。元好问《放言》诗:"长沙一湘累,郊岛两诗囚。"郊,孟郊;岛,贾岛。

诗人 ❶写诗的作家。白居易《与元九书》:"唐兴二百年,其间诗人不可胜数。"❷专指《诗》三百篇的作者,以别于辞赋的作者。《法言·吾子》:"诗人之赋丽以则,辞人之赋丽以淫。"

诗社 诗人定期会集做诗的组织。如元初的"月泉吟社"。《红楼梦》第三十七回:"黛玉笑道:'既然定要起诗社,咱们就是诗翁了。'"

诗圣 造诣极高的诗人。明清文人推崇杜甫,称为"诗圣"。叶燮《原诗》:"诗圣推杜甫。"

诗史 指能反映某一历史时期现实情况的诗歌。《新唐书·杜甫传赞》:"甫又善陈时事,律切精深,至千言不少衰,世号诗史。"

诗书 ❶《诗经》和《尚书》。《荀子·劝学》:"《诗》、《书》故而不切。"❷泛指书籍。杜甫《闻官军收河南河北》诗:"却看妻子愁何在,漫卷诗书喜欲狂。"

诗思 诗兴;做诗的念头和情思。贾岛《酬慈恩寺文郁上人》诗:"闻说又寻南岳去,无端诗思忽然生。"

诗坛 诗会;诗歌界。欧阳修《答梅圣俞》诗:"文会忝予盟,诗坛推子将。"

诗无达诂 中国古代文论术语。汉董仲舒《春秋繁露·精华》:"《诗》无达诂,《易》无达占,《春秋》无达辞。"《诗》指《诗经》,"达诂"指确切的训诂或解释。董仲舒提出诗无达诂的意图,在于为汉儒解释《诗经》的合理性提供依据。从文学欣赏和文学批评的特性看,由于各人思想修养、阅历和文化程度不同,对同一作品往往有不同的解释,所以"诗无达诂"可用来表述解释的相对性和审美的差异性。

诗仙 ❶指才情高超、气韵飘逸的诗人。牛僧孺《李苏州遗太湖石因题》诗:"诗仙有刘(刘禹锡)白(白居易),为汝数逢迎。"❷指唐代诗人李白。李白诗风雄奇豪放,贺知章曾称李白为谪仙,故后人称李白为"诗仙"。

诗序 《毛诗序》的简称。现存《诗序》有大序、小序之分。列在各诗之前,解释各篇主题的为"小序";在首篇《关雎》的"小序"之后,有大段文字概论全经的,为"大序"(据孔颖达《毛诗正义》说明,应从"风,风也"句开始)。东汉郑玄《诗谱》以"大序"为子夏作,"小序"为子夏、毛公作。宋代以来学者或据《后汉书·儒林传》中卫宏作《诗序》之语,认为是卫宏之作。

诗言志 中国古代文学批评重要范畴之一。是对诗歌表达作者思想感情这一本质特征的最早理论概括。语出今文《尚书·尧典》,也屡见于其他先秦典籍。"志"指内心所蓄积的思想情感及感觉、记忆、想像各方面。儒家言"志",强调必须受制于一定的礼法。孔子以"思无邪"统论《诗经》主旨,汉儒更明确要求"发乎情,止乎礼义"(《毛诗大序》)。"诗言志"一直是儒家诗论的核心,后世儒家有突出教化内容而忽视个体正常思想情感的倾向,但并未形成主流。20世纪30年代,周作人《中国新文学的源流》将"言志"说的范围扩大,认为它是"五四"新文学直接的源头,赋予其一定的现代性涵义。

诗眼 ❶诗人的艺术鉴别力。范成大《次韵乐先生除夜三绝》:"道眼已空诗眼在。"❷即"句中眼",指一句诗或一首诗中最精炼传神的一个字。见魏庆之《诗人玉屑》卷六。也指一篇诗的眼目,即全诗主意所在。李商隐《少年》诗纪昀评:"末句一篇之诗眼。"

诗馀 词的别名。宋人已有此称,并有以名词集者。后人对此所作解释颇有分歧。一般认为这是把词作为诗的馀绪,一说,词在诗歌中有其独特的地位,称词为"诗馀",只在说明诗歌在形式上的演变。

诗韵 ❶诗的声韵。白居易《继之尚书寄遗非一以此篇用伸酬谢》诗:"交情郑重金相似,诗韵清锵玉不如。"❷旧体诗词用韵所依据的韵书,元以来通用"平水韵"。

诗中有画 《东坡题跋·书摩诘〈蓝关烟雨图〉》:"味摩诘之诗,诗中有画;观摩诘之画,画中有诗。"摩诘,王维字。谓王维工于描写景物,读其诗如置身画图之中。后亦形容诗境幽美。

诗钟 文字游戏。任取意义绝不相同的两词,或分咏,如以"尺"、"蜂"为题:"灯下量衣催五夜(尺),房中酿蜜正三春(蜂)。"或嵌字,如以"女"、"花"为题:"商女不知亡国恨,落花犹似坠楼人。"(集杜牧句)要求凑合自然,对仗工整。清徐兆丰《风月谈馀录》:"构思时以寸香系缕上,缀以钱,下承盂,火焚缕断,钱落盂响,虽佳卷亦不录,故名曰诗钟云。"

诗宗 本谓汉代传《诗》各派的宗师。《汉书·儒林传》:"博士江公世为《鲁诗》宗。"颜师古注:"为《鲁诗》者所宗师也。"后指众所共仰的诗人。如:一代诗宗。

鸤

鸤〔鳲〕(shī) 见"鸤鸠"。

鸤鸠 亦作"尸鸠"。鸟名,即布谷。《诗·曹风·鸤鸠》:"鸤鸠在桑,其子七兮。"

虱

虱〔蝨〕(shī) ❶虱子。寄生于人和哺乳动物的体表,吸食血液,并能传播疾病。❷比喻寄生作恶的人或有害的事物。《商君书·靳令》:"国贫而务战,毒生于敌,无六虱,必强;国富而不战,偷生于内,有六虱,必弱。"❸比喻寄生。韩愈《泷吏》诗:"得无虱其间,不武亦不文。"

虱处裈中 《晋书·阮籍传》:"独不见群虱之处裈中?逃乎深缝,匿乎坏絮,自以为吉宅也;行不敢离缝际,动不敢出裈裆,自以为得绳墨也。然炎丘火流,焦邑灭都,群虱处于裈中而不能出也。君子之处域内,何异夫虱之处裈中乎?"裈,裤子。后因以此语比喻世俗生活的拘窘局促。

绝

绝〔絁〕(shī) 粗绸。《新唐书·食货志五》:"丁岁输绫绝二丈。"董衡释音:"绝,粗缯。"

蒒

蒒〔蒒〕(shī) 植物名。《博物志》卷三:"海上有草焉,名蒒,其实食之如大麦,七月稔熟,名曰自然谷,或曰禹粮。"

䴓

䴓〔鳾〕(shī) 鸟纲,䴓科各类的通称。小型鸟类。常栖于混交林及阔叶林中。在中国分布较广的为普通䴓(Sitta europaea),别称"穿树皮"、"松枝儿"。体长约12厘米。背羽蓝灰色,腹部棕黄色。头侧具一黑色条纹,从喙基经眼周而延达颈后。尾短。常营巢于树洞中,或利用啄木鸟的废巢洞。主食昆虫和种子。分布于东北、华北、华东、西南以及新疆北部和东部等地区,都是留鸟。

狮

狮〔獅〕(shī) 动物名。学名Panthera leo。哺乳纲,食肉目,猫科。雄狮体魄雄壮,体长1.7~1.9米,尾长0.9~1.05米;头大脸阔,从头部至颈有鬣。雌狮较小,体长1.4~1.75米,尾长0.7~1.0米;头颈无鬣。毛通常黄褐或暗褐色,尾端有长的毛丛。栖息树林稀少的沙地平原。通常夜间活动,主食有蹄类动物,如羚羊、斑马、长颈鹿等。每产2~4仔。产于非洲和亚洲西部及印度孟买林区。

雄 狮

施

施(shī) ❶施行;实施。《荀子·天论》:"有齐而无畸,则政令不施。"❷加;给予。如:施肥;施食。《论语·颜渊》:"己所不欲,勿施于人。"《庄子·大宗师》:"利泽施乎万世。"❸散布。《易·乾》:"云行雨施。"❹陈尸示众。《国语·晋语三》:"秦人杀冀芮而施之。"❺尺度名。《管子·地员》:"夫管仲之匡天下也,其施七尺。"戴望校正:"施者,大尺之名也,其长七尺。"❻姓。

另见shǐ,yí,yì。

施工 泛指工程的实施。一般指土木、建筑和水利等工程的现场修建工作。

施劳 夸耀自己的功劳。《论语·公冶长》:"颜渊曰:'愿无伐善,无施劳。'"朱熹注:"施,亦张大之意;劳,谓有功。《易》曰'劳而不伐',是也。"

施舍(—shě) ❶给人财物。《吕氏春秋·原乱》:"文公施舍,振废滞,匡乏困,救灾患。"❷犹言兴废。《后汉书·王充等传论》:"施舍之道,宜无殊典。"❸一称"索得格"。亦称"出散"、"散乜帖"。伊斯兰教鼓励其信徒拿出自己财物的一部分用于济贫和慈善事业,并视此为一种

"善行"。

施舍（—shè） 旅客休息的地方。《国语·周语中》："国无寄寓，县无施舍。"

施施 徐行貌。《诗·王风·丘中有麻》："彼留子嗟，将其来施施。"毛传："施施，难进之意。"郑玄笺："施施，舒行，伺间独来见已之貌。"

施食 佛教解救饿鬼饥渴的一种仪式。古印度传说，饿鬼饥渴，不能得食。佛教亦采用其说。施食时，念诵经咒，撒布少量食物，作为布施。

施事 句子里发出动作的人或事物。如"作家写文章"中的"作家"，"麦苗长高了"的"麦苗"。

施行 付之实施；执行。如：本条例自公布之日起施行。《史记·萧相国世家》："辄以便宜施行。"

施主 译自梵语 Dānapati。亦译"檀越"。佛教名词。佛教对向寺院施舍财物、饮食的世俗信徒的尊称。

浉〔溮〕（shī） 水名，淮河上游支流。在河南省南部。源出豫、鄂两省边境桐柏山支脉，东北流入淮河。

铊〔鉈〕（shī，又读 shé） 段玉裁《说文解字注》："《方言》曰：'矛，吴、扬、江、淮、南楚，五湖之间谓之鍦。'……按鍦，即铊字。"俗称蛇矛。

另见 tā，tuó。

缅〔纚〕（shī） 见"綝缅"。另见 lí，lǐ，shǎi，shǐ。

釶（shī，又读 shé） 同"铊"、"鍦"。矛。《荀子·议兵》："宛鉅铁釶，惨如蜂虿。"王先谦集解："宛地出此刚铁，为矛，惨如蜂虿，言其中人之惨毒也。"

葹（shī） 植物名，即葈耳。《离骚》："资菉葹以盈室兮。"

湿〔濕、溼〕（shī） ❶潮湿。与"干"、"燥"相对。《孟子·公孙丑上》："是犹恶湿而居下也。"❷沾水。王昌龄《采莲曲》："争弄莲舟水湿衣。"❸中医学名词。六淫之一。

另见 chì。

褷〔襹〕（shī） 见"襳褷"。

蓍（shī） ❶植物名。学名 *Achillea alpina*（*A. sibirica*）。别称"蓍草"、"锯齿草"、"蚰蜒草"。菊科。多年生直立草本。叶互生，长线状披针形，篦状羽裂，裂片有锐锯齿。头状花序多数密集于枝顶成复伞房花丛，夏秋间开白色花。中国北部和俄罗斯西伯利亚分布较广。分根或种子繁殖。全草入药，民间用治风湿疼痛，外用治毒蛇咬伤；茎、叶含芳香油，可作调香原料；亦栽培供观赏。❷指古人筮用的蓍草茎，因亦以为占卦的代称。《易·系辞上》："蓍之德圆而神。"参见"蓍龟"。

蓍蔡 犹言蓍龟。谓卜筮。袁淑《吊古文》："书余言于子绅，亦何劳乎蓍蔡？"也用来比喻有先见。袁宏《三国名臣序赞》："公达潜朗，思同蓍蔡。"公达，荀攸字。参见"蔡（cài）❷"。

蓍龟 蓍草和龟甲。古代用来占卜。《易·系辞上》："探赜索隐，钩深致远，以定天下之吉凶，成天下之亹亹者，莫大乎蓍龟。"

蓍簪 蓍草做的簪子。《韩诗外传》卷九："孔子出游少源之野，有妇人中泽而哭，其音甚哀。孔子使弟子问焉。曰：'夫人何哭之哀？'妇人曰：'乡（向）者刈蓍薪，亡吾蓍簪，吾是以哀也。'弟子曰：'刈蓍薪而亡蓍簪，有何悲焉！'妇人曰：'非伤亡簪也，盖不忘故也。'"后常用来比喻不忘故旧。《南史·虞玩之传》："〔齐高帝〕赐以新屐，玩之不受。帝问其故。答曰：'今日之赐，恩华俱重，但蓍簪弊席，复不可遗，所以不敢当。'"

鍦（shī） 同"鍦"。

酾〔釃〕（shī，又读 shāi） ❶滤酒。《诗·小雅·伐木》："酾酒有芎。"毛传："以筐曰酾。芎，美貌。"❷斟酒。苏轼《赤壁赋》："酾酒临江，横槊赋诗。"❸疏导。《汉书·沟洫志》："乃酾二渠，以引其河。"《说苑·君道》："〔禹〕酾五湖而定东海。"

另见 lí。

鍦〔鍦〕（shī，又读 shé） 亦作"釶"。矛。《方言》第九："矛，吴、扬、江、淮、南楚、五湖之间谓之鍦。"左思《吴都赋》："藏鍦于人。"参见"铊"。

鲺〔鰤〕（shī） 硬骨鱼纲，鲹科。体呈纺锤形，长达 70 余厘米。背部蓝褐色，腹部银白色。侧线上无棱鳞，尾柄两侧隆起。为上层洄游性鱼类。中国沿海以及朝鲜半岛、日本均产。常见的有五条鰤（*Seriola quinqueradiata*）、黄条鰤（*S. lalandi*）和高体鰤（*S. dumerili*）等，均为常见食用鱼。

螫（shī） 见"蛄螫"。

鲺〔鯴〕（shī） 动物名。学名 *Argulus*。甲壳纲，鲺科。体扁，呈椭圆形，头胸部宽大，腹部很短，不分节，呈尾鳍状，后缘中央凹陷。有一对复眼。第一小颚变成吸盘。胸肢四对，双肢型。寄生于淡水鱼类体表和鳃，吸取血液。也有寄生海鱼身上的。

褷（shī） 见"褵褷"。

shí

十（shí） ❶数目。九加一所得。❷完满具足的意思。如：十足；十分；十全十美。《商君书·更法》："利不百不变法，功不十不易器。"

十八般兵器 中国民间对古代兵器的泛称。源于"十八般武艺"。详"十八般武艺"。

十八般武艺 泛指多种武艺。其内容在各个时期有所不同。"十八般武艺"一词始见于元杂剧《薛仁贵》、《敬德不服老》中。历代有刀、枪、剑、戟、棍、棒、槊、镋、斧、钺、铲、钯、鞭、锏、锤、叉、戈、矛十八般；及弓、弩、枪、刀、剑、矛、盾、斧、钺、戟、鞭、锏、挝、殳、叉、耙头、绵绳套索、白打十八般诸说。

十八罗汉 见"十六罗汉"。

十部从事 《晋书·刘弘传》："都督荆州……每有兴废，手书守相，丁宁款密，所以人皆感悦争赴之，咸曰：'得刘公一纸书，贤于十部从事！'"按晋制，州所领中郡以上，各置部从事一人，经常巡视郡国，督促文书，检举非法。刺史对于各郡的指示，往往通过从事去传达。刘弘于西晋末任荆州刺史时，荆州管辖十个郡，所以说"十部从事"。意谓辅助官吏多而不得力。亦省作"十部"。

十恶 ❶中国封建王朝为维护其专制统治所规定的不可赦免的十种重大罪名。即谋反、谋大逆、谋叛、恶逆、不道、大不敬、不孝、不睦、不义、内乱。汉代以后陆续出现"不道"、"不敬"等罪名，北齐有"重罪十条"，隋代略作损益，正式以"十恶"罪名规定于法典，经唐至清，除元代改称诸恶外，相沿不改。❷佛教所说的十项罪业。据《法界次第初门》卷上之下载，十恶即：(1)杀生；(2)偷盗（又译"不与取"）；(3)邪淫；(4)妄语（亦译"虚诳语"）；(5)两舌（亦译"离间语"）；(6)恶口（亦译"粗恶语");(7)绮语(亦译"杂秽语");(8)贪欲;(9)瞋恚;(10)邪见。"恶以乖理为义。此十并是乖理而起,故名为恶,亦名十不善道。"

十恶不赦 形容罪大恶极,不可饶恕。关汉卿《窦娥冤》第四折:"这药死公公的罪名,犯在十恶不赦。"参见"十恶"。

十二金牌 宋代,凡赦书及军事上最紧急的命令,用金字牌,由内侍省派人递送。《宋史·岳飞传》:"〔秦桧〕言飞孤军不可久留,乞令班师,一日奉十二金字牌,飞愤惋泣下,东向再拜曰:'十年之力,废于一旦!'"后因用为紧急命令的代称。

十二律 中国古代律制。用三分损益法将一个八度分为十二个不完全相等的半音的一种律制;各律从低到高依次为黄钟、大吕、太簇、夹钟、姑洗、仲吕、蕤宾、林钟、夷则、南吕、无射、应钟。又,奇数各律称"律",偶数各律称"吕",总称"六律、六吕",或简称"律吕"。十二律有时称"正律",乃对其半律(高八度各律)与倍律(低八度各律)而言。

十二生肖 亦称"十二相属"、"十二属"。用于记录年的一种方法。我国古代术数家拿十二种动物来配十二地支,子为鼠,丑为牛,寅为虎,卯为兔,辰为龙,巳为蛇,午为马,未为羊,申为猴,酉为鸡,戌为狗,亥为猪。见《论衡·物势》和《论衡·言毒》。后以为人生在某年就肖某物,如子年生的肖鼠,丑年生的肖牛,故名。《周书·宇文护传》:"生汝兄弟,大者属鼠,次者属兔,汝身属蛇。"赵翼《陔馀丛考》卷三十四谓十二相属之说起于东汉,汉以前未有言之者。外国亦有这种纪年方法,如在印度为鼠、牛、狮子、兔、龙、毒蛇、马、羊、猕猴、鸡、犬、猪;在希腊和埃及为牡牛、山羊、狮子、驴、蟹、蛇、犬、鼠(在埃及为猫)、鳄、红鹤、猿、鹰。

十二时 ❶古时分一日为十二时,即夜半、鸡鸣、平旦、日出、食时、隅中、日中、日昳、晡时、日入、黄昏、人定。见《左传·昭公五年》"故有十时"杜预注。按赵翼《陔馀丛考》卷三十四谓一日十二时始于汉:"其一日分十二时,而以干支为纪,盖自太初改正朔之后,历家之术益精,故定此法。"❷唐五代杂言俗曲。以十二首歌辞为一组的定格联章,形式以三、七言间用,每首分别以"鸡鸣丑"、"平旦寅"等句起头。唐五代僧从谂、文偃皆有此作,敦煌写本中也多有保存。❸词牌名,宋代鼓吹四曲之一。又为《忆少年》的别名。另有《十二时慢》,三叠,一百三十字,仄韵。

十二支 即地支。《史记·律书》"十二子"张守节正义:"十二支,子、丑、寅、卯、辰、巳、午、未、申、酉、戌、亥。"

十番 俗称"十番锣鼓"。民间器乐的一种。由若干曲牌与锣鼓段连缀而成的套曲。流行于福建、江苏、浙江等地。起于明末。叶梦珠《阅世编·纪闻》:"吴中……有十不闲,俗讹称十番,又曰十样锦;其器仅九:鼓、笛、木鱼、板、拨钹、小锣、大锣、大锣、铛锣;人各执一色,惟木鱼、板以一人兼司二色。……音节皆应北词,无肉声。……且有金、革、木,而无丝竹。……万历末,与弦索同盛于江南;至崇祯末,吴圜谞少年又创新十番,其器为笙、管、弦。"李斗《扬州画舫录》卷十一:"十番鼓……只用笛、管、箫、弦(指'三弦')、提琴、云锣、汤锣、木鱼、檀板、大鼓十种。……番者更番之谓。后增星、钹,器辄不止十种。若夹用锣、铙之属,则为粗细十番。"据二书所述,可知十番原以敲击乐为主,而锣鼓与丝竹合奏较晚出。近世按十番所用曲牌和打击乐器不同,将十番鼓与十番锣鼓作为两个乐种。

十方 佛教称东、西、南、北、东南、西南、东北、西北、上、下十个方位为"十方"。亦泛指各处。唐太宗《三藏圣教序》:"弘济万品,典御十方。"

十分 ❶等分为十。《考工记·凫氏》:"大钟十分其鼓间,以其一为之厚;小钟十分其钲间,以其一为之厚。"❷形容程度深,数量足。白居易《和〈春深〉》诗:"十分杯里物,五色眼前花。"

十风五雨 十日刮一次风,五日下一场雨。形容风调雨顺。陆游《子聿至湖上待其归》诗:"十风五雨岁则熟,左餐右粥身其康。"一作"五风十雨"。

十行俱下 形容读书敏捷。《北齐书·河南康舒王孝瑜传》:"读书敏速,十行俱下。"

十戒 佛教沙弥、沙弥尼所受的十项戒条。(1)不杀生;(2)不偷盗;(3)不淫欲;(4)不妄语;(5)不饮酒;(6)不涂饰香鬘;(7)不听视歌舞;(8)不坐高广大床;(9)不食非时食(过午不食);(10)不蓄金银财宝。

十锦 亦作"什锦"。杂取各种不同事物或不同样式配合成的一个整体。如十锦菜;十锦橱。白珽《西湖赋》:"亭连栋为十锦,碑蚀苔以千言。"

十六罗汉 佛教所说的十六个罗汉。《法住记》说十六罗汉都是释迦牟尼的弟子,其名为:宾度罗跋啰惰阇、迦诺迦伐蹉、迦诺迦跋厘惰阇、苏频陀、诺距罗、跋陀罗、迦哩迦、伐阇罗弗多罗、戌博迦、半托迦、罗睺罗、那伽犀那、因揭陀、伐那婆斯、阿氏多、注荼半托迦。宋时有人于十六罗汉外加宾头卢与庆友,或迦叶与军徒钵叹,也有加达摩多罗与布袋和尚或降龙与伏虎为十八罗汉。中国西藏地区则加摩耶夫人与弥勒为十八罗汉。

十六字令 词牌名。又名《归字谣》、《苍梧谣》。因全词只十六字,故名。单调,平韵。

十六字心传 指伪《古文尚书·大禹谟》中"人心惟危,道心惟微,惟精惟一,允执厥中"十六个字。宋儒把这十六字看做尧、舜、禹心心相传的个人修养和治理国家的原则,故名。据宋儒解释,"人心""生于形气之私",和各种物欲联系着,是很危险的;"道心""原于性命之正",即伦理道德的准则,是很微妙的;惟"精则察夫二者之间而不杂","一则守其本心之正而不离","必使道心常为一身之主,而人心每听命焉",才能使"危者安,微者著",合乎中庸(无过与不及)的要求(朱熹《中庸章句序》)。

十目所视十手所指 谓一个人的言行,总有许多人监察着。《礼记·大学》:"十目所视,十手所指,其严乎!"孔颖达疏:"言所指视者众也。"

十年树木百年树人 意谓培养人才是长远的事业。也谓培养人才很不容易。语出《管子·权修》"一年之计,莫如树谷;十年之计,莫如树木;终身之计,莫如树人"。

十全 本指医术高明,所治必愈,十不失一。《周礼·天官·医师》:"岁终,则稽其医事,以制其食。十全为上,十失一次之。"郑玄注:"全,犹愈也。"后谓各样齐备,完满无缺。如:十全十美。

十日饮 《史记·范雎蔡泽列传》:"〔秦昭王〕乃详(佯)为好书遗平原君曰:'寡人闻君之高义,愿与君为布衣之友,君幸过寡人,寡人愿与君为十日之饮。'"后因以"十日饮"或"平原十日之饮"比喻朋友尽情欢聚。韩翃《赠兖州孟都督》诗：“愿学平原十日饮，此时不忍歌《骊驹》。”《骊驹》，古代别歌。

十三经 十三部儒家经典。汉代开始，把《诗》、《书》、《易》、《礼》、《春秋》称为“五经”。唐代把《周礼》、《礼记》、《仪礼》、《公羊传》、《穀梁传》、《左传》与《诗》、《书》、《易》称为“九经”。唐文宗刻石经，将《孝经》、《论语》、《尔雅》列入经部。宋代又将《孟子》列入，因有十三经之称。

十三辙 也叫“十三道辙”。明清以来许多北方戏曲和曲艺如皮黄、鼓词等用韵的十三个韵部。在各剧种、曲种中的归韵及韵辙代字有所出入，其中京剧十三辙一般写为中东、江阳、衣期、姑苏、怀来、灰堆、人辰、言前、梭波、发花、乜邪、遥条、由求。

十室九空 形容因灾荒、战乱或苛征暴敛以致百姓破产或流亡的景象。《宋史·余靖传》：“今自西陲用兵，国币虚竭，民亡（无）储蓄，十室九空。”

十霜 谓十年。贾岛《渡桑干》诗：“客舍并州已十霜，归心日夜忆咸阳。”一说此诗作者为刘皂。

十死一生 形容极端危险。《汉书·孝宣许皇后传》：“妇人免乳大故，十死一生。”

十薮 古代十个泽薮的总称。《尔雅·释地》：“鲁有大野、晋有大陆、秦有杨陓、宋有孟诸、楚有云（雲）梦、吴越之间有具区、齐有海隅、燕有昭余（徐）祁、郑有圃田、周有焦护，十薮。”

十羊九牧 比喻民少官多。《隋书·杨尚希传》：“当今郡县，倍多于古。或地无百里，数县并置；或户不满千，二郡分领……民少官多，十羊九牧。”也比喻使令不一，无所适从。刘知幾《史通·忤时》：“杨令公（再思）则云必须直词，宗尚书（楚客）则云宜多隐恶，十羊九牧，其令难行。”

十样锦 ❶十种锦绣。戚辅之《佩楚轩客谈》：“孟氏在蜀时制十样锦，名长安竹、天下乐、雕团、宜男、宝界地、方胜、狮团、象眼、八搭韵、铁梗襄荷。”❷花名。多年生，叶披针形，对生，花瓣紫色、粉红色或白色。❸多种乐器合奏乐。沈德符《顾曲杂言·俗乐有所本》：“又有所谓十样锦者，鼓笛螺板大小钹钲之属，齐声振响，亦起近年，吴人尤尚之。”

十哲 对从祀孔子的十弟子的尊称。孔子曾举弟子各有所长者十人：“德行，颜渊、闵子骞、冉伯牛、仲弓；言语，宰我、子贡；政事，冉有、季路；文学，子游、子夏。”（《论语·先进》）唐代孔庙祀典规定以此十人从祀，尊为“十哲”。其塑像，孔子南面坐，十哲分东西列坐。

十洲三岛 古代传说神仙所居住的地方。后为道教所承袭。据东方朔《海内十洲记》（一名《十洲三岛记》）：巨海之中有祖、瀛、玄、炎、长、元、流、生、凤麟、聚窟十洲，又有蓬丘、方丈、昆仑三岛，乃人迹稀绝，神仙所居。合称“十洲三岛”。三岛一作蓬莱、方丈、瀛洲，或称“三神山”。《汉书·郊祀志》：“此三神山者，其传在渤海中，去人不远，盖尝有至者，诸仙人及不死之药皆在焉。”

十字架 基督教的主要标志。象征耶稣基督被钉在十字架上受难死亡以救赎世人，代表基督本身和基督教信仰。有希腊式（四臂等长）、拉丁式（下垂之臂长于其他三臂）、三出式（呈丁字形）、倒置式（似罗马字X）等四种基本样式。原为古代处死刑的刑具，流行于波斯帝国、犹太王国、罗马帝国等地。行刑时，将受刑者手足钉于十字形架上，任其流血而死。西方文学中一般也用来比喻苦难。

十字街头 横直交叉的热闹街道。借指现实社会。《五灯会元·黄檗运禅师法嗣》：“一人在孤峰顶上无出身路，一人在十字街头亦无向背，且道那个在前，那个在后。”

十族 宗亲九族之外，再加上门人，合称十族。倪瑞璿《樊大舅客金陵有诗吊方正学先生墓予次其韵》：“碧血一区埋十族，青山千古护孤坟。”参见“九族”。

什（shí）❶十成或十倍。如：什一之税。参见“什百”。❷指由十个单位合成的一组。如古代兵制十人为什，户籍十家为什。《左传·昭公元年》：“以什共车，必克。”杜预注：“更增十人，以当一车之用。”《管子·立政》：“十家为什，五家为伍，什伍皆有长焉。”❸犹言辑，指书篇。《诗·小雅·鹿鸣之什》陆德明释文：“以十篇编为一卷，名之曰什。”柳宗元《兵部郎中杨君墓碣》：“君之文若干什，皆可以传于世。”❹犹言杂。如：什锦。参见“什物”、“什器”。
另见 shén。

什百 十倍百倍。《孟子·滕文公上》：“夫物之不齐，物之情也，或相倍蓰，或相什百，或相千万。”赵岐注：“什，十倍也。”亦作“什伯”。

什伯 ❶古代军队编制，十人为什。《周礼·天官·宫止》“会其什伍”郑玄注：“五人为伍，二伍为什。”百人为伯。《逸周书·武顺》：“五五二十五曰元卒……四卒成卫曰伯。”也泛指队伍。《淮南子·兵略训》：“正行伍，连什伯，明鼓旗，此尉之官也。”❷同“什百”。

什邡 市名。在四川省德阳市西部、成都平原北部。市人民政府驻方亭镇。汉置县。1995年改设市。据《蜀中广记》：“邡水流于十，故名什邡。”

什器 日用杂物。《史记·五帝本纪》：“作什器于寿丘。”司马贞索隐：“什器，什，数也，盖人家常用之器非一，故以十为数，犹今云‘什物’也。”又特指军中生活用品。《汉书·平帝纪》：“天下吏民亡得置什器储偫。”颜师古注：“军法五人为伍，二伍为什，则共其器物，故通谓生生之具为什器。”亡，毋；储偫，积储。

什伍 ❶古代户籍与军队的编制。户籍以五家为伍，十家为什；军队以五人为伍，二伍为什。《周礼·秋官·士师》：“掌乡合州、党、族、闾、比之联，与其民人之什伍。”《汉书·刑法志》：“故卒伍定虖（乎）里，而军政成虖郊，连其什伍。”❷军队。《礼记·祭义》：“军旅什伍，同爵则尚齿。”郑玄注：“什伍，士卒部曲也。”❸犹错杂。韩愈《三星行》：“三星各在天，什伍东西陈。”

什物 常用器物，犹什器。《颜氏家训·风操》：“若寻常坟典，为生什物，安可悉废之乎？”参见“什器”。

什袭 亦作“十袭”。把物品一重重地包裹起来。什，言其多；袭，重叠。《太平御览》卷五十一引《阚子》：“宋之愚人得燕石于梧台之东，归而藏之，以为大宝。周客闻而观焉。主人端冕玄服以发宝。华匮十重，缇巾十袭。客见之，卢胡而笑曰：‘此燕石也，与瓦甓不异。’主人大怒，藏之愈固。”后用以称宝爱珍藏。《聊斋志异·神女》：“设当日赠我万镒之宝，直须卖作富家翁耳。什袭而甘贫贱，何为乎？”

什一 十分之一。《孟子·滕文公上》：“请野九一而助，国中什一使自赋。”《史记·越王勾践世家》：“〔范蠡〕候时转物，逐什一之利。”后也泛指经商牟利。俞樾《春在堂随笔》卷十：“予钱十五贯，使营什一。”

石 (一)(shí) ❶构成地壳的矿物质硬块。如：岩石；矿石。❷八音之一，指石制的磬。《书·舜典》："于予击石拊石，百兽率舞。"孔传："石，磬也。"参见"八音"。❸石刻；碑碣。《吕氏春秋·求人》："故功绩铭乎金石。"❹特指古代战争时用作武器的石块。如：垒石；矢石。❺古时治病用以砭刺的石针。《素问·病能论》："夫气盛血聚者，宜石而写之。"王冰注："石，砭石也。"❻坚。《素问·示从容论》："沈而石者，是肾气内著也。"❼声音不发扬。《周礼·春官·典同》："厚声石。"郑玄注："钟大厚，则如石，叩之无声。"❽通"硕"。《汉书·匈奴传下》："时奇谲之士、石画之臣甚众。"颜师古注引邓展曰："石，大也。"王先谦补注引朱一新曰："石，通作硕。"❾姓。隋唐时石国人来中国，也有以石为姓的。

(二)(shí，又读 dàn) ❶市制中的容量单位，十斗为一石。❷旧重量单位，一百二十市斤为一石。《汉书·律历志上》："三十斤为钧，四钧为石。"近世为"市石"的简称。

石沉大海 比喻渺无踪影；杳无消息。《西厢记》第四本第一折："他若是不来，似石沉大海。"

石敢当 旧时住家正门，正对桥梁、巷口，常立一小石碑，上刻"石敢当"三字，以为可以禁压不祥。《急就篇》："石敢当。"颜师古注："敢当，言所当无敌也。"翟灏《通俗编·居处》引《继古丛编》："吴民庐舍，遇街衢直冲，必设石人或植片石，镌'石敢当'以镇之，本《急就章》也。"又引《墨庄漫录》，谓大历五年"石敢当"刻石，则此俗唐代已有。

石鼓文 中国现存最早的刻石文字。在十块鼓形的石上，每块各刻四言诗一首，内容歌咏秦国君游猎情况，因也称"猎碣"。所刻书体，为秦始皇统一文字前的大篆，即籀文。历来对其书法评价很高。其制作时代，唐人以为周文王或宣王，宋人始提出秦始皇以前之说。经近代和今人进一步研究，公认为秦刻石，但仍有文公、穆公、襄公、献公诸说。石原在天兴（今陕西凤翔）三畤原，唐初被发现。杜甫、韦应物、韩愈等有诗篇题咏。

石鼓文

现十石文字大多剥泐，其中一石文字全部无存。原石藏北京故宫博物院。

石火 敲石所发的火。李贺《南园》诗："沙头敲石火，烧竹照渔船。"比喻人生的短暂。刘昼《新论·惜时》："人之短生，犹如石火，炯然以过，唯立德贻爱为不朽也。"

石交 亦作"硕交"。犹石友。交谊坚固的朋友。《史记·苏秦列传》："此所谓弃仇雠而得石交者也。"

石窟寺 简称"石窟"。佛教寺庙建筑的一种，就山崖开凿而成。起源于印度，有两种：一种较大，左右及后壁上多开凿小龛，称为毗诃罗或精舍，即寺庙之意；一种较小，中心近后壁上留崖柱琢成塔形，称为支提或制底，即塔庙之意。中国开凿石窟约始于公元4世纪中，以北魏至隋唐时最盛，唐以后逐渐减少。在建筑形式上可分为有中心柱及无中心柱两种。窟内雕刻佛像和佛教故事。在石质疏松不适宜雕刻的窟中，则以壁画塑像代替。中国著名的石窟寺有敦煌、云冈、龙门等处。这些石窟不但反映了劳动人民卓越的创造才能，也是研究中国古代社会生活、建筑、雕刻和佛教史等方面的重要资料。

石兰 ❶香草名。《楚辞·九歌·山鬼》："被石兰兮带杜衡。"王逸注："石兰、杜衡，皆香草。"❷石韦的别名。

石林 陡峭石峰林立的一种石灰岩地貌。在高温多雨区，由水流沿石灰岩地层中的垂直裂隙溶蚀而成。石林之间有很深的溶沟，沟坡垂直，坡壁上有平行垂直凹槽。高数十米，形状奇特。中国以云南省路南石林最为典型。规模大的则称为峰林。

石民 《管子·小匡》："士农工商四民者，国之石民也。"尹知章注："四者国之本，犹柱之石也，故曰石民也。"按戴望校正："《文选·陆士衡〈挽歌〉》诗注，扬子云《剧秦美新》注，引作'国之正民'……孙（星衍）氏云：'正民对闲民而言，作石民，非。'"

石破天惊 李贺《李凭箜篌引》："女娲炼石补天处，石破天惊逗秋雨。"谓箜篌的声音凌厉激越，出人意外，有不可名状的奇境。后常用以指文字议论的出奇惊人。《孽海花》第十一回："尚秋听罢咋舌道：'真是石破天惊的怪论！'"也泛指使人震惊。《儿女英雄传》第三十回："我只道你这两个有什么石破天惊的大心事，这等为难。"

石人 ❶石刻的人像。王芑孙《碑版文广例》卷六："墓前石人，不知制所从始……今汉制传于世者，有门亭长，有府门之卒，有亭长，唐人亦谓之翁仲。"参见"翁仲"。❷犹言木石之人，谓其无知觉，亦谓其长久存在。《汉书·灌夫传》："且帝宁能为石人邪？"颜师古注："言徒有人形耳，不知好恶也。一曰：石人者，谓常存不死也。"

石室 ❶古代宗庙中藏神主的处所。《左传·庄公十四年》"典司宗祏"杜预注："宗祏，宗庙中藏主石室。"《新唐书·礼乐志三》："建石室于寝园，以藏神主。"又为藏图书档案的处所。《史记·太史公自序》："秦拨去古文，焚灭诗书，故明堂石室金匮玉版图籍散乱。"❷岩洞；石窟。《后汉书·南蛮传》："槃瓠得女，负而走入南山，止石室中，所处险绝，人迹不至。"❸石造的冢墓。《宋书·礼志二》："汉以后天下送死奢靡，多作石室、石兽、碑铭等物。"❹比喻形势险固。《三国志·吴志·贺劭传》："可谓金城石室，万世之业。"

石田 不可耕种的多石之田，比喻无用之物。《左传·哀公十一年》："得志于齐，犹获石田也，无所用之。"寒山诗："土牛耕石田，未有得稻日。"但在中国西北沙漠地带之石田，因遍布卵石，在少雨地带有利于蓄水而不易蒸发，故为良好的可耕田。

石尤 即石尤风。打头逆风。伊世珍《琅嬛记》引《江湖纪闻》："石尤风者，传闻为石氏女嫁为尤郎妇，情好甚笃。为商远行，妻阻之，不从。尤出不归，妻忆之，病亡。临亡长叹曰：'吾恨不能阻其行，以至于此。今凡有商旅远行，吾当作大风，为天下妇人阻之。'自后商旅发船，值打头逆风，则曰'此石尤风也'，遂止不行。"宋孝武帝《丁督护歌》："愿作石尤风，四面断行旅。"元稹《遭风》诗："罔象睢盱频遏怪，石尤翻动忽云灾。"亦作"石邮"。李商隐《拟意》诗："去梦随川后，来风贮石邮。"

石油 具有天然产状的一种气态、液态和固态的烃类混合物。原油是其基本类型。

石友 ❶犹言金石交。谓情谊坚贞的朋友。潘岳《金谷集作诗》："投分寄石友，白首同所归。"❷指砚。王炎《题童寿卿博雅堂》诗："剡溪来楮生，歙穴会石友。"楮生，指纸。

石州慢 词牌名。又名《柳色黄》、《石州引》。双调一百零二字，仄韵。各家句法颇有不同。

时〔時、峕〕(shí) ❶季节。如：四时；不违农时。《左传·桓公六年》："谓其三时不害，而民和年丰也。"杜预注："三时，春、夏、秋。"❷计时的单位。(1)时辰，一昼夜的十二分之一。如：子时；午时。(2)小时。一昼夜的二十四分之一。❸时间；时候。如：时不我待。《庄子·养生主》："始臣之解牛之时，所见无非牛者。"❹时代；时世。如：生逢其时；时移世易。《汉书·司马相如传上》："朕独不得与此人同时哉！"❺时势；时机。《史记·老子韩非列传》："且君子得其时，则驾；不得其时，则蓬累而行。"❻时时；时常。《汉书·赵充国传》："愿时渡湟水北，逐民所不田处畜牧。"❼按时。《庄子·秋水》："秋水时至，百川灌河。"❽时宜；合于时宜。如：动定合时。《孟子·万章下》："孔子，圣之时者也。"❾时尚；时髦。朱庆馀《近试上张水部》诗："画眉深浅入时无？"❿善；嘉。《诗·小雅·颁弁》："尔殽既时。"⓫通"伺"。伺候；等待。《论语·阳货》："孔子时其亡也而往拜之。"⓬通"司"。掌管。见"时夜"。⓭通"是"。此。《书·舜典》："咨禹，汝平水土，惟时懋哉！"《史记·五帝本纪》作"维是勉哉"。⓮语法范畴之一。通过一定的语法形式表示行为动作的时间。一般分为三种：现在时、过去时、将来时。如英语"I see"（我看）是现在时；"I saw"（我看过）是过去时；"I shall see"（我将看）是将来时。⓯通"莳"。种植。《书·舜典》："播时百谷。"⓰姓。

时弊 当世的弊病。《晋书·姚苌载记》："修德政，布惠化，省非急之费，以救时弊。"

时辰 中国的计时单位。一昼夜分为十二个时辰，每一时辰合现在的两小时。以十二地支为名，从夜间十一时起算，夜半十一时至一时是子时，夜一时至三时是丑时，晨三时至五时是寅时，余类推。顾炎武《日知录》卷二十："自汉以下，历法渐密，于是一日分为十二时，盖不知始自何人，而至今遵用不废……《左氏传》卜楚丘曰：'日之数十，故有十时。'而杜元凯注则以为十二时，虽不立十二支之目，然其曰夜半者即今之所谓子也，鸡鸣者丑也，平旦者寅

也，日出者卯也，食时者辰也，隅中者巳也，日中者午也，日映者未也，晡者申也，日入者酉也，黄昏者戌也，人定者亥也。一日分为十二，始见于此。"后也泛指时刻或时间。

时代 ❶指历史上依据经济、政治、文化等状况来划分的社会各个发展阶段。如：新石器时代；封建时代；社会主义时代。❷指个人生命的某个发展阶段。如：青年时代。❸犹言时世。《宋书·礼志一》："况三国鼎峙，历置至宋，时代移改，各随事立。"

时代精神 体现于社会精神生活中的一定历史时代的客观本质及其发展趋势。集中体现于社会意识形态中的那些代表时代发展潮流、标志一个时代的精神文明、对社会发展产生积极影响的思想之中。其作用取决于它对时代潮流的反映程度。具有时代的、历史的特点，随时代的推移而不断变化发展。在有阶级的社会中，处于一个时代的中心，反映该时代的主要内容、主要方向和主要特点的阶级思想，就是该时代的时代精神。在当今时代中，以马克思主义为指导的无产阶级思想是时代精神的代表，马克思主义哲学则是其精华。

时点 时间上的某一瞬时。如某年末或某日零点正。在计算人口、物资储备等时，都是就一个时点而言的。

时乖运拙 亦作"时乖运蹇"、"时乖命蹇"。谓时运不佳，处于逆境之中。无名氏《娶小乔》第一折："争奈我时乖运拙难前进，几时能够朝帝阙受君恩。"

时光 ❶时间；光阴。如：爱惜时光。张祜《破阵乐》："千里不辞行路远，时光早晚到天涯。"❷当时的景物。韦应物《西郊燕集》诗："济济众君子，高宴及时光。"

时会 ❶犹时运，世运。班彪《北征赋》："故时会之变化兮，非天命之靡常。"参见"时运❶"。❷古代帝王不定期地会见四方诸侯。《周礼·秋官·大行人》："时会，以发四方之禁。"郑玄注："时会，即时见也，无常期。"

时疾 指季节性的流行病。如春季的痄腮。《周礼·夏官·司爟》："司爟掌行火之政令，四时变国火以救时疾。"

时间 ❶指时间计量。包括时间间隔和时刻两方面。前者指物质运动经历的时段；后者指物质运动的某一瞬间。一般以地球自转为根据。

参见"空间"。❷指物质运动过程的持续性和顺序性。见"空间"。

时艰 谓时势艰难。如：蒿目时艰。颜延之《从军行》："苦哉远征人，毕力干（干）时艰。"

时令 犹言月令，古代按季节制定的关于农事等政令。《礼记·月令》："〔季冬之月〕天子乃与公卿大夫共饬国典，论时令，以待来岁之宜。"孙希旦集解引吴澄曰："时令，随时之政令。"后谓岁时节令为"时令"。白居易《赠友》诗："时令一反常，生灵受其病。"

时髦 指一时的英俊之士。《后汉书·顺帝纪赞》："孝顺初立，时髦允集。"李贤注："《尔雅》曰：'髦，俊也。'郭璞注曰：'士中之俊，犹毛中之髦。'"今谓新颖趋时。

时尚 一种外表行为模式的流传现象。如在服饰、语言、文艺、宗教等方面的新奇事物往往迅速被人们采用、模仿和推广。表达人们对美的爱好和欣赏，或借此发泄个人内心被压抑的情绪。属于人类行为的文化模式的范畴。时尚可看作习俗的变动形态，习俗可看作时尚的固定形态。

时食 古代四时祭祀所用的时鲜食品。《中庸》："荐其时食。"朱熹注："时食，四时之食，各有其物，如春行羔豚膳膏香之类是也。"

时势 时代的趋势；当时的形势。《国策·齐策五》："夫权藉者，万物之率也，而时势者，百事之长也，故无权藉，倍（背）时势，而能事成者寡矣。"

时文 时下流行的文体。旧时对当时科举考试所采用文体的通称。如唐宋时用以称律赋，明清时用以称八股文。

时务 ❶当世之事；指有关国计民生的大事。《汉书·昭帝纪》："光（霍光）知时务之要，轻繇薄赋，与民休息。"亦指时势。如：识时务者为俊杰。❷按时应做的事情，多指农事。陶潜《癸卯岁始春怀古田舍》诗："秉耒欢时务，解颜劝农人。"

时鲜 应时的美味。白居易《和微之春日投简阳明洞天五十韵》："乡味珍蝤蛑，时鲜贵鹧鸪。"

时行 ❶应时而降。《礼记·月令》："大雨时行。"孔颖达疏引蔡邕云："大雨时行。行，降也。"❷犹流行。孟元老《东京梦华录·宣德楼前省府宫宇》："街北都亭驿，相对梁家珠子铺，馀皆卖时行纸画，花果铺席。"❸中医学名词。指四时气候异

常变化而发生传染性和流行性疾病的过程。《伤寒论·伤寒例》："凡时行者,春时应暖而复大寒,夏时应大热而反大凉,秋时应凉而反大热,冬时应寒而反大温,此非其时而有其气,是以一岁之中长幼之病多相似者,此则时行之气也。"

时羞 羞,同"馐"。应时的鲜美食品。《魏书·崔光传》:"丰厨嘉醴,罄竭时羞。"

时夜 指鸡。《庄子·齐物论》:"见卵而求时夜。"陆德明释文引崔譔曰:"时夜,司夜,谓鸡也。"

时宜 当时的需要或好尚。如:合乎时宜。《汉书·元帝纪》:"且俗儒不达时宜,好是古非今。"

时誉 当时的声誉。《魏书·陆暐传》:"〔暐〕字道晖,与弟恭之,并有时誉。"

时运 ❶宿命论认为世事变迁或个人遭遇都由命定,因称时世或遭遇为"时运"。班彪《北征赋》:"谅时运之所为兮,永伊郁其谁诉?"高适《宋中遇刘书记》诗:"几载困常调,一朝时运催。"❷犹言时光流转,节序变化。陶潜《时运》诗:"迈迈时运,穆穆良朝。"

时政 ❶犹时令,按岁时时令制定的有关农事的政令。《左传·文公六年》:"闰以正时,时以作事,事以厚生,生民之道,于是乎在矣。不告闰朔,弃时政也,何以为民?"❷当代的政治情况,政治措施。《后汉书·班超梁慬传论》:"时政平则文德用,而武略之士,无所奋其力能。"

时中 儒家指立身行事无过与不及,合乎时宜,适乎中道。《礼记·中庸》:"君子之中庸也,而时中。"孔颖达疏:"谓喜怒不过节也。"《易·蒙》:"蒙亨,以亨行,时中也。"孔颖达疏:"言居蒙之时,人皆愿亨,若以亨道行之,于时则得中也。"

时装 原指当前流行的时髦女装。现泛指包括男装和童装在内的、在当前普遍流行的、能表征发展趋势的新颖服装。习惯上还包括除衣服以外的佩用物,如鞋、帽、袜、手套、围巾、领带、腰带等。配套的各类饰物,如首饰、伞、包等,也包含在时装的范畴中。

识〔識〕(shí) ❶知道;认识。《礼记·乐记》:"识礼乐之文者能述。"《史记·刺客列传》:"〔豫让〕行乞于市,其妻不识也。"❷知识;见识。如:常识;卓识。张衡《东京赋》:"鄙夫寡识。"❸心性;意识。

《文选·颜延年〈五君咏·阮步兵〉》:"阮公虽沦迹,识密鉴亦洞。"李善注:"识,心之别名也。"❹通"适"。刚才。《左传·成公十六年》:"识见不穀而趋。"阮元校勘记引惠栋曰:"识当为适。"

另见 zhì。

识记 识别和记住事物的特点及其联系的过程。按预定目的并经主观努力而产生的识记叫"有意识记",没有预定目的而由深刻印象产生的识记叫"无意识记"。无意识记只能积累零碎的知识经验,系统化的科学知识必须通过有意识记才能掌握。根据被识记的材料有无意义或学习者是否了解其意义,又分为意义识记和机械识记。

识荆 李白《与韩荆州书》:"白闻天下谈士相聚而言曰:'生不用封万户侯,但愿一识韩荆州。'何令人之景慕一至于此耶!"韩荆州,谓韩朝宗,当时为荆州长史。后因以"识荆"为初次识面的敬辞。《水浒全传》第七十二回:"识荆之初,何故以厚礼见赐?"

实〔實、宲〕(shí) ❶财物。《礼记·表记》:"其君子尊仁畏义,耻费轻实。"❷充实;富裕。《孟子·梁惠王下》:"而君之仓廪实,府库充。"❸容受。《庄子·逍遥游》:"惠子谓庄子曰:'魏王贻我大瓠之种,我树之成,而实五石。'"❹指实际内容。和"名"相对。《庄子·逍遥游》:"名者,实之宾也。"❺真实;真诚。如:实事求是;实心眼儿。《后汉书·臧宫传》:"传闻之事,恒多失实。"引申为查实、证实。《书·吕刑》:"阅实其罪。"❻坚实。《孙子·虚实》:"兵之形,避实而击虚。"❼实在;其实。《左传·庄公八年》:"我实不德。"《汉书·高帝纪上》:"实不持一钱。"❽果实;种子。如:开花结实。《礼记·祭统》:"草木之实。"《诗·周颂·载芟》:"实函斯活。"❾是;此。《春秋·桓公六年》:"春正月,实来。"《公羊传·桓公六年》:"实来者何,犹曰是人来也。"《诗·召南·小星》:"实命不同。"❿事迹。如:典实;史实。⓫物资。如:军实。亦指充实容器或宫室的物品。如:笾实;豆实。《左传·庄公二十二年》:"庭实旅百。"⓬佛教名词。与"权"相对。详"权(quán)❼"。

实逼处此 《左传·隐公十一年》:"无滋他族,实逼处此,以与我郑国争此土也。"这是郑庄公对许国

大夫百里说的话。本意是说来占据这个逼近郑地的许国。后来用以表示为情势所迫,不得不如此。

实词 "虚词"的对称。能单独充当句子成分,表示人或事物及其动作、变化、性状等概念的词。如名词、动词、形容词等。

实繁有徒 实在有不少这样的人。《书·仲虺之诰》:"简贤附势,实繁有徒。"亦作"实蕃有徒"。张衡《西京赋》:"实蕃有徒,其从如云。"多用于贬义。

实际 ❶佛教用语。实,指最高的法胜境界;际,指边缘。《大智度论》三二:"实际者,如先说法性名为实,入处名为际。"北魏《中岳嵩阳寺碑》:"化息双林,终归实际。"❷指客观存在的事物,真实的情况;也指人们的行动,即实践。如:不切实际;理论与实际相结合。

实践 ❶履行。如:实践诺言。张居正《请申旧章饬学政以振兴人才疏》:"躬行实践,以需他日之用。"❷人类有目的地改造世界的活动。各派哲学对它有不同的解释。科学的实践观的确立是马克思主义哲学诞生的重要标志。马克思主义哲学认为实践是主观见之于客观的能动的活动,是人类社会发展的普遍基础和动力,也是认识产生和发展的基础和动力。生产活动是最基本的实践活动,此外还有阶级斗争、政治生活、科学试验、艺术、教育等多种形式。实践具有客观性、能动性和社会历史性。人类的全部历史由人们的实践活动构成。

实录 ❶犹"信史"。谓翔实可靠的记载。《汉书·司马迁传赞》:"其文直,其事核,不虚美,不隐恶,故谓之实录。"❷中国历代所修每个皇帝统治时期的编年大事记。最早见于记载的有南朝梁周兴嗣撰《梁皇帝实录》,记武帝事。唐以后,每一皇帝死后,继嗣之君,必敕史臣撰修实录,沿为定例。至清末光绪朝止,据统计共有一百十六部,但绝大多数已佚。唐代仅存《顺宗实录》,宋代仅存《太宗实录》残本,比较完整的为明清两代的各朝实录。实录都由当代人奉敕编撰,于史事每多忌讳,后来亦往往有所修改;但资料丰富,常为修史所依据。又私人记载祖先事迹的文字,有时也用此称,如唐李翱《皇祖实录》)。

实缺 清代定制,以额定之官职,经正式任命者为实缺,其委派署理者

为署缺。

实实　广大貌。《诗·鲁颂·閟宫》："閟宫有侐，实实枚枚。"

实事求是　《汉书·河间献王传》："修学好古，实事求是。"颜师古注："务得事实，每求真是也。"谓根据实证，求索真理。毛泽东在《改造我们的学习》一文中，对这一古语的含义作了新的解释："'实事'就是客观存在着的一切事物，'是'就是客观事物的内部联系，即规律性，'求'就是我们去研究。"（《毛泽东选集》第3卷第801页）"实事求是"是马克思列宁主义、毛泽东思想、邓小平理论的精髓，也是中国共产党的思想路线。

实体　❶客观存在的具体的东西。陆机《浮云赋》："有轻虚之艳象，无实体之真形。"后也特指存在并起作用的组织机构。如：经济实体；政治实体。❷哲学名词。古代中国哲学中已有该词，如王夫之以为一切"对立之象"，"皆取给于太和絪缊之实体"（《张子正蒙注·太和》）。亦称"本体"。在西方哲学史中，一般指一切属性的基础和本原的东西。对它有各种理解。唯物主义者把它作为物质（如德谟克利特的原子），唯心主义者把它作为精神（如柏拉图的理念）。各派哲学家对实体有不同的定义，如亚里士多德认为实体是一切东西的主体或基质，笛卡儿认为实体是"能自己存在而其存在并不需要别的事物的一种事物"。在斯宾诺莎哲学中，实体是唯一不变的、无限的存在、无所不包的自然界，具有无数的属性。康德提出实体（本体）不可知的理论之后，一些现象主义者否认有实体存在，只承认有现象。

实物　物质存在的两种基本形态之一。指具有静止质量的物质，与物质的另一种称为场的形态既有区别又有联系，并能相互转化。

实习　亦称"实习作业"。指教师组织学生在学校、工厂、实习园地以及其他现场从事一定的实际工作，以获得有关的知识和技能，巩固已学过的书本知识，学会运用知识解决实际问题和独立完成规定的作业。常在数学、自然、物理、化学、生物、劳动技术、贸易、会计等学科中运用。

实学　切实的学问。如：真才实学。朱熹《中庸章句》引子程子曰："其味无穷，皆实学也。"《儒林外史》第十回："但这样的人，盗虚名者多，有实学者少。"

实验　又称"试验"。根据一定目的，运用必要的手段，在人为控制的条件下，观察研究事物的实践活动。

实业　对工商企业的通称。

拾（shí）❶捡取。如：俯拾即是。《史记·孔子世家》："涂不拾遗。"❷收拾。见"拾掇"。❸射韝，古代射箭时用的皮制护袖。《诗·小雅·车攻》："决拾既佽。"❹"十"字的大写。
　另见 jiè，shè。

拾尘　捡起饭中灰尘。《论衡·知实》："颜渊炊饭，尘落甑中，欲置之则不清，投地则弃饭，掇而食之，孔子望见，以为窃食。"后以"拾尘"为误会猜疑之典。李白《雪谗》诗："拾尘掇蜂，疑圣贤贤。"

拾掇　❶整理；收拾。如：拾掇整齐。❷采拾；拾取。王令《原蝗》诗："寒禽冬饥啄地食，拾掇谷种无余遗。"

拾芥　芥，小草。拾取地上的小草。比喻取之极易。《元史·成遵传》："以此取科第，如拾芥耳。"

拾人涕唾　比喻蹈袭他人的见解，与"拾人牙慧"意近。严羽《沧浪诗话·答吴景先书》："仆之《诗辨》……是自家闭门凿破此片田地，即非傍人篱壁拾人涕唾得来者。"

拾沈　沈，汁水。捡取汁水。比喻事情不能办成功。《左传·哀公三年》："无备而官办者，犹拾沈也。"

拾遗　❶拾取他人遗失的东西。《史记·孔子世家》："涂不拾遗。"❷比喻轻而易举。《汉书·梅福传》："举秦如鸿毛，取楚若拾遗。"❸补录缺漏。如：《宋拾遗》；《本草纲目拾遗》。《史记·太史公自序》："略以拾遗补艺（艺）。"❹唐代谏官名。唐武则天时置，分属门下、中书两省，职掌和左右补阙相同。北宋改为左右正言。后随设随罢。参见"补阙"。

食（shí）❶吃。《国策·齐策四》："食无鱼。"❷食物。如：饭食；丰衣足食。《左传·宣公二年》："而为之箪食与肉，置诸橐以与之。"❸俸禄。《论语·卫灵公》："君子谋道不谋食。"❹吞没。见"食言"。❺接受。《汉书·谷永传》："不食肤受之诉。"❻通"蚀"。一个天体被另一个天体的影子所掩蔽，其视面变暗甚至消失的现象。如月食。《易·丰》："月盈则食"。
　另见 sì，yì。

食淡　❶即淡食，菜内不著盐。

食淡　《宋史·张根传》："父病蛊戒盐，根为食淡。"❷吃得清淡，谓生活俭朴。苏轼《与蒲传正》："退居之后，决不能食淡衣麄（粗），杜门绝客。"淡，亦作"啖"。《史记·刘敬叔孙通列传》："吕后与陛下攻苦食啖。"裴骃集解引如淳曰："食无菜茹为啖。''啖'，一作'淡'。"

食古不化　学古而盲目照搬，不善运用，如食物之不消化。陈撰《玉几山房画外录》卷下载恽向《题自作画册》："可见定欲为古人而食古不化，画虎不成，刻舟求剑之类也。"

食货　《汉书·食货志上》："《洪范》八政，一曰食，二曰货。食，谓农殖嘉谷，可食之物；货，谓布帛可衣，及金刀龟贝，所以分财布利，通有无者也。"后因以食货统称国家财政经济。《汉书·叙传下》："厥初生民，食货惟先。"

食举　❶古代帝王用膳时所奏的乐曲。《乐府诗集·燕射歌辞》郭茂倩题解："《王制》曰：'天子食，举以乐。'《大司乐》：'王大食三宥（侑），皆令奏钟鼓。'……汉有殿中御饭食举七曲，太乐食举十三曲，魏有雅乐四曲，皆取周诗《鹿鸣》。"❷古代举行某种典礼时吃肺和脊。《仪礼·士昏礼》："皆祭举食举也。"杨大堉疏："举，谓肺、脊，以其先食举之，因名之曰举。"

食客　❶古代寄食于豪门贵族并为之服务的门客。《史记·吕不韦列传》："食客三千人。"❷指饮食店的顾客。吴自牧《梦粱录》卷十六："汴京熟食店，张挂名画，所以勾引观者，留连食客。"

食口　坐吃而不事生产的人。《商君书·垦令》："禄厚而税多，食口众者，败农者也。"后亦指家口。

食力　❶依靠自己的劳力而生活。《国语·晋语四》："庶人食力。"❷依靠租税生活。《礼记·曲礼下》："有宰，食力。"孔颖达疏："食力，谓食民下赋税之力也。"

食毛践土　毛，地面所生的植物。践，踩。《左传·昭公七年》："封略之内，何非君土；食土之毛，谁非君臣？"谓所食之物和所居之地均为国君所有。后因用"食毛践土"表示感戴君恩。纪昀《阅微草堂笔记·如是我闻二》："食毛践土已三十余年。"

食母　《老子》："我独异于人，而贵食母。"王弼注："食母，生之本也。"贵食母是说把吃饭看作生存的根本。

食前方丈　谓菜肴满桌。极言饮食丰盛奢侈。方丈，一丈见方。《孟子·尽心下》：“食前方丈，侍妾数百人，我得志，弗为也。”《西厢记》第一本楔子：“我想先夫在日，食前方丈，从者数百。”

食日万钱　极言饮食奢侈。《晋书·何曾传》：“食日万钱，犹曰无下箸处。”

食肉寝皮　《左传·襄公二十一年》：“然二子（齐将殖绰、郭最）者，譬于禽兽，臣（州绰）食其肉，而寝处其皮矣。”按鲁襄公十八年，晋伐齐，晋州绰射中齐将殖绰，俘殖绰与郭最。二十一年，州绰避祸奔齐，齐庄公向他称二人雄勇。州绰说：把他们比作禽兽，臣下已经吃了他们的肉而睡在他们的皮上了，怎么能算勇？后用“食肉寝皮”比喻除尽奸恶，亦表示仇恨极深。杜牧《雪中书怀》诗：“如蒙一召议，食肉寝其皮。”《西游记》第九回：“却说殷小姐痛恨刘贼，恨不食肉寝皮。”

食色　❶食欲与性欲。《孟子·告子上》：“食、色，性也。”❷饱食的气色。《左传·昭公二十五年》：“〔晋〕围鼓三月，鼓人或请降，使其民见。曰：‘犹有食色，姑修而城。’”

食言　食，吞没。谓言而无信，不履行诺言。《书·汤誓》：“尔无不信，朕不食言。”参见“食言而肥”。

食言而肥　《左传·哀公二十五年》：“〔孟武伯〕恶郭重，曰：‘何肥也？’……公曰：‘是食言多矣，能无肥乎！’”孟武伯，鲁大夫，曾屡许哀公而不践约；郭重是鲁哀公的宠臣。鲁哀公的话，原意是指桑骂槐地借郭重来讥刺孟武伯食言。后因称只图私利，说了话不算数为“食言而肥”。

食邑　即“采邑”。《史记·樊郦滕灌列传》：“赐食邑杜之樊乡。”

食玉炊桂　犹言“米珠薪桂”。比喻物价昂贵。《国策·楚策三》：“楚国之食贵于玉，薪贵于桂，谒者难得见如鬼，王难得见如天帝。今令臣（苏秦）食玉炊桂，因鬼见帝。”

食指　❶亦作“示指”。手的第二指（从拇指数起）。《左传·宣公四年》：“子公之食指动，以示子家。”❷指家庭人口。《聊斋志异·小二》：“食指数百无冗口。”按以手指计人口，见《史记·货殖列传》。

食租衣税　依靠百姓缴纳的租税生活。《史记·平准书》：“县官当食租衣税而已。”县官，指朝廷或官府。

蚀〔蝕〕（shí）　❶本指虫蛀物。如：蛀蚀；蠹蚀。引申为侵蚀、亏损。如：腐蚀；蚀本。❷日食、月食。《史记·天官书》：“日月薄蚀。”

炻（shí）　见“炻器”。

炻器　介于陶器和瓷器之间的一种陶瓷制品。特点是体质坚硬、机械强度较高。不吸水，不透明。因原料所含的杂质不同，坯体可呈灰白到红棕色。如砂锅和耐酸陶瓷等。

祏（shí）　宗庙中藏神主的石盒。《左传·哀公十六年》：“反祏于西圃。”杜预注：“祏，藏主石函。”程大昌《演繁露》卷一：“宗庙神主皆设石函，藏诸庙室之西壁。”一说指宗庙中的神主。《说文·示部》：“祏，宗庙主也。”

坶〔塒〕（shí）　墙壁上挖洞做成的鸡窠。《诗·王风·君子于役》：“鸡栖于坶。”

莳〔蒔〕（shí）　莳萝，亦称“土茴香”。伞形科。一年或多年生草本。叶数回羽状全裂，最终裂片狭长线形。夏季开花，花小、黄色，复伞形花序。果实椭圆形，有广翅。

另见 shì。

秙（shí）　重量单位，一百二十斤为秙。《说文·禾部》：“秙，一百二十斤。”段玉裁注：“古多假石为秙，《月令》钧衡石是也。”

樹〔樹〕（shí）　树木直竖貌。宋玉《高唐赋》：“其始出也，樹兮若松树。”

碩〔碩〕（shí）　通“石”。谓坚固。见“碩交”。

另见 shuò。

碩交　同“石交”。交谊坚固的朋友。《文选·阮瑀〈为曹公与孙权书〉》：“而忍绝王命，明弃碩交。”李善注：“碩与石古字通。”

提（shí）　见“提月”、“提提”。

另见 dī,dǐ,tí。

提提　❶安舒貌。《诗·魏风·葛屦》：“好人提提。”❷群飞貌。《诗·小雅·小弁》：“弁彼鸒斯，归飞提提。”

提月　月之晦日。《初学记》卷四：“提月，晦日。《公羊传》曰：‘提月，六鹢退飞过宋都。提月者何？仅逮是月晦日也。’何休注曰：‘提，月边也，鲁人语也，在是月之几尽。’”

湜（shí）　水清。《说文·水部》：“湜，水清见底也。”

湜湜　水清貌。《诗·邶风·谷风》：“湜湜其沚。”

篂（shí）　钥匙。苏辙《子瞻寄示岐阳十五碑》诗：“古人有遗迹，篂短不及镵。”

鰣〔鰣〕（shí）　动物名。学名 *Tenualosa reevesii*。古称“鮰”。硬骨鱼纲，鲱科。体侧扁，长达70厘米，银白色。上颌中间有一缺刻，下颌中间有一突起。腹部具棱鳞。主食浮游生物。分布于中国以及朝鲜半岛和菲律宾沿海。春夏之交，溯江产卵，中国长江、富春江、西江等河流中均有。初入江时体内脂肪肥厚，肉味最为鲜美，为名贵鱼类。

鰣

鼫（shí）　❶鼠的一种。《本草纲目·兽部三》“鼫鼠”李时珍集解：“鼫鼠处处有之，居土穴树孔中。形大于鼠，头似兔，尾有毛，青黄色。”❷即“梧鼠”。亦称“五技鼠”。蔡邕《劝学篇》：“鼫鼠五能，不成一技。五技者，能飞不能上屋，能缘不能穷木，能泅不能渡渎，能走不能绝人，能藏不能覆身是也。”渎，同“渎”，沟渠。

鱏（shí）　鼠名。《尔雅·释兽》：“鱏鼠。”郝懿行义疏：“《广韵》作鱏。或曰：‘鼠为十二属首，所以纪岁时，故有鱏名。’按鱏自鼠名，非凡鼠俱名鱏。鱏疑从俗所加。”

shǐ

史（shǐ）　❶官名。商代设置，原为驻守在外的武官。如卜辞：“在北史其获羌”（《殷虚文字乙编》6 400）。后成为在王左右的史官，掌祭祀和记事等。或称“作册”。西周有太史、内史等。春秋时有大史、左史、南史等。《礼记·玉藻》：“动则左史书之，言则右史书之。”❷古代官佐之称。《诗·小雅·宾之初筵》：“或佐之史。”《周礼·天官·宰夫》：“（八职）六曰史，掌官书以赞治。”郑玄注：“赞治，若今起文书草也。”❸记载过去事迹的书；历史。如：通史；断代史。❹姓。古代史国人来中国，有的就以史为姓，如北齐有史醜多。由于六七世纪时突厥之王族为阿史那氏，故不少突厥裔人亦以“史”为姓，如隋末唐初的史大奈。

史部 也称"乙部"。我国古代图书四部分类中第二大类的名称。收各种体裁的历史著作。《隋书·经籍志》分为正史、古史、杂史、霸史、起居注、旧事、职官、仪注、刑法、杂传、地理、谱系、簿录十三类。清代《四库全书》分为正史、编年、纪事本末、别史、杂史、诏令奏议、传记、史钞、载记、时令、地理、职官、政书、目录、史评十五类。

史馆 官署名。北齐时设立，掌监修国史。唐太宗时始以史馆为宰相兼领职务之一，以后沿为定制。另设修撰、直馆等官。宋以史馆与昭文馆、集贤院、秘阁并称馆职。元丰以后，史馆改归著作局。但不久仍置国史院。辽金沿置。元代以翰林院兼国史院。明代并其职于翰林院。清代分设国史馆、实录馆。国史馆随时修纂，实录馆则专编前一代皇帝的政令。

史料 研究和编纂历史所用的资料。主要来源有：实物的（如考古遗迹、遗物）、文字的（如铭刻、文书与著述）和口传的（如民间诗歌、传说）。

史论 文体名。《文选》中列有"史论"一门，原指作史者在"本纪"、"列传"之后评述所记事件和人物的文字。后来凡是关于历史事件和人物的论文，也都称为"史论"。

史评 评论史事或史书的著作。如宋孙甫的《唐史论断》、吕夏卿的《唐史直笔》，以及清王夫之的《读通鉴论》、《宋论》，是评论史事与史书的书籍；唐刘知幾《史通》亦多载史书的评论。

史乘 史书。《孟子·离娄下》："晋之乘，楚之梼杌，鲁之春秋，一也。"孙奭疏："以其所载以田赋乘马之事，故以因名为乘也。"朱熹注："或曰，取记载当时行事而名之也。"按"乘"本为春秋时晋国的史籍名，后以史为记载之书，故称一般史书为"史乘"。

矢 (shǐ) ❶箭。如：弓矢。❷古代投壶用的筹。《礼记·投壶》："主人奉矢。"❸正直。见"矢言"。❹通"誓"。《诗·鄘风·柏舟》："之死矢靡它。"❺通"施"。《诗·大雅·江汉》："矢其文德。"❻通"施"。陈设。《春秋·隐公五年》："公矢鱼于棠。"孔颖达疏："谓使捕鱼之人陈设取鱼之备，观其取鱼，以为戏乐。"❼通"屎"。《史记·廉颇蔺相如列传》："顷之，三遗矢矣。"

矢石 箭与礌石，古时守城的武器。《左传·襄公十年》："荀偃、士匄帅卒攻偪阳，亲受矢石。"

矢言 正直的言论。《书·盘庚上》："盘庚迁于殷，民不适有居，率吁众戚，出矢言。"孔传："出正直之言。"潘岳《西征赋》："捍矢言而不纳，反推怨以归咎。"捍，拒绝。

叟 (shǐ) "史"的古字。

屍 (shǐ) "豕"的古字。

豕 (shǐ) 猪，有时指野猪。《左传·庄公八年》："齐侯游于姑棼，遂田于贝丘，见大豕。"

豕交兽畜 比喻待人无礼。《孟子·尽心上》："食而弗爱，豕交之也；爱而不敬，兽畜之也。"赵岐注："人之交接，但食之而不爱，若养豕也；爱而不敬，若人畜禽兽，但соул能敬也。"

豕突 像野猪那样奔突乱窜。如：狼奔豕突。《后汉书·刘陶传》："今果已攻河东，恐遂转更豕突上京。"亦作"豨突"。《资治通鉴·唐僖宗乾符二年》："万一豨突，奈何！"

豕心 比喻贪得无厌。《左传·昭公二十八年》："实有豕心，贪婪无餍。"孔颖达疏："豕心，言其心似猪，贪而无耻也。"

使 (shǐ) ❶派遣；命令。《国策·赵策四》："秦使王翦攻赵，赵使李牧、司马尚御之。"❷(旧读shì)出使；使者。《史记·屈原贾生列传》："是时屈原既疏，不复在位，使于齐。"❸假使。《论语·泰伯》："如有周公之才之美，使骄且吝，其余不足观也已。"❹致使。《诗·郑风·狡童》："维子之故，使我不能餐兮。"❺使用；行。如：使劲；使不得。石君宝《曲江池》第三折："穿的吃的，那件不要钱使。"❻纵任。如：使性。❼官名。唐以后特派负责某种政务者称使，如节度使、转运使等。明清则虽常设之正规官亦有称使者，如中央之通政使，外省之布政使，按察使等。

使臂使指 比喻指挥如意。《汉书·贾谊传》："令海内之势（势），如身之使臂，臂之使指，莫不制从。"

使臣 ❶身负君命外出之臣。《诗·小雅·皇皇者华序》："皇皇者华，君遣使臣也，送之以礼乐。"❷宋代对部分低级官员的称谓。有用于特定职务的，如神宗熙宁中选指使巡教诸军，称巡教使臣；州、府所设捕"盗"官员，称缉捕使臣。有用于表示官阶地位的，如高宗绍兴中重定武臣官阶，其第四十三、四十四两阶训武郎、修武郎为大使臣；第四十五至五十二阶（自从义郎至承信郎）为小使臣。又随军之各色人员亦称使臣或效用使臣。南宋时有一军战士仅二三千人，而使臣多至五六百人。

使持节 魏晋南北朝时，掌地方军政的官常加使持节称号，给以诛杀中级以下官吏之权。次一等称持节，得杀无官职的人。再次称假节，得杀犯军令者。隋唐刺史例加使持节虚衔，如某州刺史必带使持节某州诸军事。永徽以后，都督带使持节，即为节度使。

使节 古代卿大夫聘于诸侯时所持的符信。《周礼·地官·掌节》："凡邦国之使节：山国用虎节，土国用人节，泽国用龙节；皆金也，以英荡辅之。"英荡，带画的盛器。后称一国驻他国的外交官或派往他国临时办理事务的代表。

使酒 因酒使性。《史记·魏其武安侯列传》："灌夫为人，刚直使酒。"

使君 ❶旧时尊称出使的人为"使君"。《后汉书·寇恂传》："使君建节衔命，以临四方。"❷汉时称刺史为使君。古乐府《日出东南隅行》："使君从南来，五马立踟蹰。"汉以后用以对州郡长官的尊称。《三国志·蜀志·先主传》："曹公从容谓先主曰：'今天下英雄，惟使君与操耳。'"按刘备当时为豫州牧。

使令 使唤。《孟子·梁惠王上》："便嬖不足使令于前与？"也指被使唤的人。《汉书·外戚传上》："虽宫人使令，皆为穷绔，多其带。"颜师古注："使令，所之之人也。"

使命 ❶使者所奉之命。《北史·魏收传》："李谐、卢元明首通使命，二人才器并为邻国所重。"❷奉命出使之一。《宋史·田景咸传》："每使命至，唯设肉一器，宾主共食。"❸任务。《三国演义》第八回："但有使命，万死不辞。"

使气 ❶意气用事；闹意气。《南史·刘穆之传》："瑀（刘瑀）使气尚人。"❷申张正气。刘禹锡《效阮公体》诗之三："昔贤多使气，忧国不谋身。"

使数 指奴仆。《西厢记》第五本第四折："我只见丫环使数都厮觑，莫不我身边有甚事故？"

使蚊负山 要蚊子背山。比喻力不胜任。《庄子·应帝王》："其于治天下也,犹涉海凿河,而使蚊负山也。"

使相 唐末常以宰相官衔(同平章事)加予节度使,作为荣典,叫做使相。宋代相沿,以亲王、留守、节度使加侍中、中书令、同平章事者皆谓之使相,实际上不预政事。如王安石罢相后以镇南军节度使同平章事判江宁府,即其例。明代沿用以指辅臣督师之人。清代亦用以称呼兼大学士的总督。

使星 《后汉书·李郃传》:"和帝即位,分遣使者,皆微服单行,各至州县,观采风谣。使者二人当到益部,投郃候舍。时夏夕露坐,郃因仰观,问曰:'二君发京师时,宁知朝廷遣二使邪?'二人默然,惊相视曰:'不闻也。'问:'何以知之?'郃指星示云:'有二使星向益州分野,故知之耳。'"后因以称朝廷派出的使者。参见"星使"。

始 (shǐ) ❶初;最早。与"终"、"末"相对。见"始祖"、"始愿"。❷开始。如:周而复始。《公羊传·隐公元年》:"春者何?岁之始也。"❸初时;当初。《论语·公冶长》:"始吾于人也,听其言而信其行。"韩愈《殿中少监马君墓志》:"始余初冠,应进士,贡在京师。"❹方始,才。李商隐《无题》诗:"春蚕到死丝方尽,蜡炬成灰泪始干。"❺尝;曾。如:未始不可。

始末 ❶自始至终。《晋书·谢安传》:"安虽受朝寄,然东山之志,始末不渝。"❷原委;底细。归有光《题仕履重光册》:"是卷备载二先生致政始末。"

始生魄 即"哉生魄"。魄,亦作"霸"。夏历每月初二或初三日,月亮开始发光,称"哉生魄"或"始生魄"。后作初二、初三日的代称。

始愿 最初的愿望。《左传·成公十八年》:"孤始愿不及此。"

始祖 最初得姓的祖先。《仪礼·丧服》:"诸侯及其大祖,天子及其始祖之所自出。"后称可考的最早祖先。

始作俑者 最早用俑殉葬的人。俑,古代用以代替活人殉葬的木偶或陶偶。《孟子·梁惠王上》:"仲尼曰:'始作俑者,其无后乎!'为其象人而用之也。"后借指带头做某种坏事的人。

驶 〔駛〕(shǐ) ❶马行速。梁简文帝《春日想上林》诗:"驶马黄金羁。"引申为迅捷。王安石《寄曾子固》诗:"桐江路尤驶,飞桨下鸣濑。"❷驾驭;行驶。如:驾驶。梅尧臣《送新安张尉乞侍养归淮甸》诗:"任意归舟驶,风烛亦自如。"

施 (shǐ) 通"弛"。❶解脱。《后汉书·光武帝纪下》:"遣骠骑大将军杜茂将众郡施刑屯北边。"李贤注:"施,读曰弛。弛,解也。前书音义曰:'谓有赦令去其钳钛赭衣,谓之弛刑。'"❷遗弃。《论语·微子》:"君子不施其亲。"释文本"施"作"弛"。

另见 shī,yí,yì。

施舍 谓不任以劳役;免役。《周礼·天官·小宰》:"令百官府共其财用,治其施舍,听其治讼。"

屎 (shǐ) 粪。比喻极低劣的事物。《通俗编·艺术》:"今嘲恶诗曰屎诗。"

另见 xī。

缡 〔纚〕(shǐ,又读 xǐ) 亦作"纚"。❶束发的帛。《仪礼·士冠礼》:"缁缡,广终幅。"郑玄注:"缡一幅长六尺,足以韬发而结之矣。"❷群行貌。《汉书·司马相如传上》:"缡乎淫淫。"❸见"飒缡"。❹见"缡缡"。

另见 lí,lǐ,shǎi,shī。

缡缡 形容长而下垂。《离骚》:"索胡绳之缡缡。"王逸注:"胡绳,香草也。缡缡,索好貌。"

疨 (shǐ) 众。《汉书·司马相如传》:"衍曼流烂,疨以陆离。"颜师古注引张揖曰:"疨,众貌。"

另见 tān。

shì

士 (shì) ❶男子能任事之称。《论语·泰伯》:"士不可以不弘毅,任重而道远。"皇侃义疏:"士,通谓丈夫也。"《白虎通·爵》:"士者,事也,任事之称也。"❷古指已达结婚年龄的男子,兼指未婚与已婚而言。《诗·邶风·匏有苦叶》:"士如归妻,迨冰未泮。"《荀子·非相》:"处女莫不愿得以为士。"杨倞注:"士者,未娶之称。"《诗·郑风·女曰鸡鸣》:"女曰鸡鸣,士曰昧旦。"郑玄笺:"此夫妇相警以夙兴。"❸古为四民之一。《汉书·食货志上》:"士、农、工、商,四民有业;学以居位曰士。"参见"士民❶"。❹古时掌刑狱之官。《书·舜典》:"帝曰:'皋陶……汝作士,五刑有服。'"❺军士。

《荀子·王制》:"霸者富士。"杨倞注:"士,卒伍也。"又军衔之一,在尉级之下,分上士、中士、下士。❻通"事"。《诗·豳风·东山》:"勿士行枚。"孔颖达疏:"无事不行陈(阵)衔枚。"《论语·述而》:"虽执鞭之士,吾亦为之。"《盐铁论·贫富》引作"虽执鞭之事"。❼商、西周、春秋时最低级的贵族阶层。《书·多士》:"用告商王士。"又《酒诰》:"厥诰毖庶邦庶士。"春秋时,士每多为卿大夫的家臣,有的有食田,有的以俸禄为生。《国语·周语上》:"大夫、士日恪位著,以儆其官。"《国语·晋语四》:"大夫食邑,士食田。"有的也参加农业生产。《礼记·少仪》:"问士之子长幼,长则曰能耕矣。"春秋末年后,逐渐成为统治阶级中知识分子的通称。❽姓。三国时吴有士燮。

士兵 军士和兵的统称。通常指直接操作武器装备,执行战斗或保障任务的军人。是军队的基础。

士大夫 ❶古代指官僚阶层。《考工记·序》:"作而行之,谓之士大夫。"郑玄注:"亲受其职,居其官也。"旧时也指有地位有声望的读书人。❷古代称军士将佐。《三国志·魏志·武帝纪》:"〔建安〕十二年春二月"裴松之注引《魏书》:"与诸将士大夫共从戎事。"

士君子 ❶《礼记·乡饮酒义》:"乡人、士君子,尊于房中之间。"郑玄注:"士,州长党正也;君子,谓卿大夫士也。"❷古称有志节之士。《荀子·修身》:"士君子不为贫穷怠乎道。"❸泛指读书人。《儒林外史》第三十四回:"但凡士君子横了一个做官的念头在心里,便先要骄傲妻子。"

士林 ❶旧指学术界、知识界。《资治通鉴·汉纪》:"乘犊车,从吏卒,交游士林。"❷馆名。梁武帝所立。《南史·梁武帝纪》:"丙辰,于宫城西立士林馆,延集学者。"

士民 ❶古代四民之一。《穀梁传·成公元年》:"古者有四民:有士民,有商民,有农民,有工民。"何休注:"士民,学习道艺者。"❷士子与庶民的合称。《荀子·致士》:"国家者,士民之居也。"

士女 ❶旧谓男女或未婚男女。《诗·小雅·甫田》:"以穀我士女。"《荀子·非相》"处女莫不愿得以为士"王先谦集解引郝懿行曰:"古以士女为未嫁娶之称。"❷见"仕女"。

士气 ❶兵士的战斗意志。如:士气旺盛。《宋史·徐禧传》:"军锋士气,固已百倍。"❷指读书人的气概。陆游《送芮国器司业》诗:"人才衰靡方当虑,士气峥嵘未可非。"❸在社会学中,指个人认同群体目标,并为实现这一目标而工作的热情和信念。它折射出群体内部人与人之间的关系整合程度,是团队精神的一种综合体现。

士庶　魏、晋、南北朝时士族、庶族的等级区别。《宋书·恩倖传》:"魏晋以来,以贵役贱,士、庶之科,较然有别。"《南史·王球传》:"士、庶区别,国之章也。"东汉末年开始,大官僚地主依靠政治、经济特权,逐渐形成大姓豪族,称为士族或世族,又称高门。不属于士族的则称为庶族,又称寒门。士、庶之间不能通婚,甚至不得平起平坐,庶族虽官高位显,其自视亦不敢与士族较。参见"士族"。

士子　❶士大夫。《诗·小雅·北山》:"偕偕士子,朝夕从事。"毛传:"士子,有王事者也。"❷犹"学子"。旧时读书人的通称。杜甫《别董颋》诗:"士子甘旨阙,不知道里寒。"

士卒　士,甲士;卒,步卒。泛指兵士。如:身先士卒。《孙子·计》:"兵众孰强,士卒孰练?"

士族　一称世族。东汉以后在地主阶级内部形成的各地大姓豪族,在政治、经济各方面享有特权。《晋书·许迈传》:"家世士族。"《北史·裴让之传》:"河东士族,京官不少。"参见"士庶"。

氏　(shì)❶古代贵族标志宗族系统的称号,为姓的支系,用以区别子孙之所由出生。古时女子称姓,男子称氏。参见"姓氏"。❷古时对已婚妇女的称呼,常于其父姓之后系"氏"。《仪礼·士昏礼》:"祝告称妇女之姓,曰:'某氏来妇。'"后来多在夫姓与父姓之后系"氏"。如:赵钱氏;张王氏。❸远古传说中人物、国名或国号,均系以"氏"。如:伏羲氏、神农氏、夏后氏、涂山氏。❹古代世业职官的称号。如:太史氏;职方氏。❺古代少数民族支系的称号。如鲜卑族有慕容氏、拓跋氏、宇文氏、段氏等。❻对学有专长者表示尊重的称呼。如:老氏;杜氏注。❼姓。三国时有氏仪,后改为是仪。
　另见 zhī。

氏族　也叫"氏族公社"。以血缘关系结成的原始社会基本的社会经济单位。一般认为,产生于考古学上的旧石器时代晚期。初为母权制,约当新石器时代末期开始过渡到父权制。氏族内部实行禁婚(外婚制),生产资料公有,集体生产,平均分配,无剥削和阶级。公共事务由选出的氏族长管理,重大问题(如血亲复仇、收容养子等)由氏族成员会议决定。随着生产力的提高、私有制和阶级关系的确立,氏族制度开始解体,为一夫一妻制家庭所取代。氏族公社阶段为世界各民族所必经,其残迹曾长期留存于阶级社会中。

示　(shì)❶显现;表示。如:以目示意。《易·系辞下》:"夫乾,确然示人易矣;夫坤,隤然示人简矣。"❷以事告人;给人看。如:告示;出示。《老子》:"国之利器,不可以示人。"《庄子·应帝王》:"尝试与来,以予示之。"❸对人来信的敬称。如:赐示;示复。

示弱　显示软弱。《后汉书·班超传》:"是示弱于远夷,暴短于海内,臣愚以为不可许也。"

示威　显示威力。《左传·文公七年》:"叛而不讨,何以示威?"今指有所抗议或要求而显示自身威力的集体行动。

示现　修辞学上辞格之一。把实际上不见不闻的事物,说得如见如闻。如"今夜鄜州月,闺中只独看,遥怜小儿女,未解忆长安。香雾云鬟湿,清辉玉臂寒。何时倚虚幌,双照泪痕干?"(杜甫《月夜》诗)当时杜甫身在长安,家在鄜州,诗中"闺中只独看""香雾云鬟湿,清辉玉臂寒"等只是诗人想像的示现。此外,也可以把过去的或未来的事情说得就像在眼前一样。

示意图　❶在工程图样中,用简单的线条和符号显示机器、仪器和设备的结构或工作原理的图样。一般不将各零件的形状严格按投影法和比例正确绘出。特点为主题突出,清晰易懂。常见的有传动系统图、管路图和线路图等。❷泛指用来说明某一概念或现象的图。如内燃机的热力循环原理示意图等。

世　(shì)❶古称三十年为一世。《论语·子路》:"如有王者,必世而后仁。"❷父子相继;世代。如:五世同堂。《周礼·秋官·大行人》:"世相朝也。"郑玄注:"父死子立曰世。"❸人的一生;一辈子。如:一生一世;永世不忘。《左传·成公十六年》:"不可以当吾世而失诸,必伐郑。"❹时代。如:近世;当世。《易·系辞下》:"当殷之末世。"❺地质年代单位的分级中低于"纪"的一级单位。一个纪可以分为两个或三个世。如:早泥盆世、中泥盆世和晚泥盆世,早二叠世和晚二叠世等。在"世"的时间内形成的地层称"统"。如上泥盆统、中泥盆统、下泥盆统,上二叠统和下二叠统;也可称泥盆系上统、泥盆系中统、泥盆系下统,二叠系上统、二叠系下统等。❻世界。如:世人;世间。韩愈《杂说》之四:"世有伯乐然后有千里马。"❼后嗣。《国语·晋语一》:"非德不及世。"也指嫡长。见"世子"。❽继承。《汉书·贾谊传》:"贾嘉最好学,世其家。"颜师古注:"言继其家业。"❾姓。周代有世硕。

世表　❶当世的表率。《北史·卢昌衡传》:"德为世表,行为土则。"❷犹言"世外"。陆机《叹逝赋》:"精浮神沦,忽在世表。"❸记载历史世系的史表。如《史记·三代世表》但纪世次,异于年表,故称"世表"。

世臣　历朝出仕本国的旧臣。《孟子·梁惠王下》:"所谓故国者,非谓有乔木之谓也,有世臣之谓也。"

世法　❶世俗通行的规范、式样。黄庭坚《书赠俞清老》:"米黻元章……其冠带衣襦,多不用世法。"❷指人事上的交往酬接。戴复古《有感》诗:"老子生来世法疏,白头思欲把犁锄。"❸佛教名词。也称"世间法"。指世间一切生灭无常之法,对出世法而言。《华严经·世主妙严品》:"佛观世法如光影。"

世父　即伯父。《尔雅·释亲》:"父之晜(昆)弟,先生为世父,后生为叔父。"

世妇　宫中女官名。《礼记·曲礼下》:"天子有后,有夫人,有世妇,有嫔,有妻,有妾。"又《昏义》:"古者天子后立六宫,三夫人,九嫔,二十七世妇,八十一御妻。"《周礼·天官》及《春官》各有世妇之名,职掌祭祀、宾客等事。后世宫廷多置此职。《隋书·后妃传序》:"开皇二年,著内官之式,略依《周礼》,省减其数。嫔三员,掌教四德,视正三品。世妇九员,掌宾客祭祀,视正五品。"

世故　❶生计;生产。《列子·杨朱》:"卫端木叔者,子贡之世也,藉其先资,家累万金,不治世故,放意所好。"❷世间的一切事故。嵇康《与山巨源绝交书》:"机务缠其心,世故繁其虑。"特指变乱。《文选·潘尼〈迎大驾〉》诗:"世故尚未夷,崤函方崄涩。"张铣注:"世乱未平,崤谷函关之路,尚嶮涩未通也。"❸犹"世交"。王安石《送陈兴之序》:"吾于兴之又世焉,故又为之思所以慰其亲。"❹处世经验。如:老于世故;不通世故。

世及 犹世袭。《礼记·礼运》:"大人世及以为礼。"孔颖达疏:"世及,诸侯传位与自家也。父子曰世,兄弟曰及。谓父传与子,无子,则兄传于弟也。"陆机《五等诸侯论》:"故诸侯享食土之实,万国受世及之祚矣。"

世纪 ❶记录古代帝王世系的书。古有《尚书世纪》。❷计年单位。百年为一世纪,特指耶稣基督纪元(公历纪元)之百年分期。每世纪中又以十年为一"年代"。

世家 ❶《史记》中传记的一体,主要叙述世袭封国的诸侯的事迹。如《吴太伯世家》。刘知几《史通·世家》:"案世家之为义也,岂不以开国承家,世代相续。"❷旧时泛指门第高、世代做官的人家。《孟子·滕文公下》:"仲子,齐之世家也。"

世讲 吕本中《官箴》:"同僚之契,交承之分,有兄弟之义;至其子孙,亦世讲之。前辈专以此为务,今人知之者盖少矣。"按谓两姓子孙世世有共同讲学之谊。旧时因称朋友的后辈为世讲。如兼有姻谊,则称姻世讲。

世交 两家世代有交谊者。亦称世谊、世好。刘长卿《和州留别穆郎中》诗:"世交黄叶散,乡路白云重。"《红楼梦》第十四回:"世交欠身含笑答礼,仍以世交称呼接待,并不自大。"

世界 ❶全地球所有地方。❷世间;人间。岑参《与高适薛据登慈恩寺浮图》诗:"登临出世界,磴道盘虚空。"❸即"宇宙❶"。❹借指人类活动的某一部分或某一方面。犹园地。如:科学世界;儿童世界。❺境界。清纳兰性德《渌水亭杂识》卷四:"五言律诗,其气脉犹与古诗相近;至于七言律诗,则别一世界矣。"

世界观 亦称"宇宙观"。人们对整个世界的总的根本看法。自然观、历史观、人生观、道德观、科学观等是它的具体表现。在阶级社会里,世界观具有鲜明的阶级性。各种世界观的斗争,主要是唯物主义和唯心主义、辩证法和形而上学的斗争。世界观和方法论是统一的。辩证唯物主义和历史唯物主义是无产阶级及其政党的科学世界观。系统化、理论化

的世界观就是哲学。

世界语 国际辅助语的一种。波兰医生柴门霍甫于1887年创制。原名 Esperanto,意为"希望者"。词汇材料取自欧洲的通用语言,有16条基础语法规则,文字采用拉丁字母,拼写与读音一一对应,简单易学。得到国际上较为广泛的承认,不少国家和地区建立了世界语协会的组织。

世禄 指古代贵族世代享受俸禄。也指世代受禄的制度。《史记·管晏列传》:"鲍叔既进管仲,以身下之,子孙世禄于齐。"《孟子·滕文公上》:"夫世禄,滕固行之矣。"

世路 人生譬如行路,因谓处世的经历为世路。刘峻《广绝交论》:"世路嶮巇,一至于此!"

世母 即伯母。《尔雅·释亲》:"父之兄妻为世母。"参见"世父"。

世仆 见"伴偗"。

世戚 犹"世亲"。累世的亲戚关系。《后汉书·阳球传》:"斗筲小人,依凭世戚,附托权豪。"这里指与皇家的世亲关系。

世亲 几代都有亲戚关系。潘岳《杨仲武诔》:"既藉三叶世亲之恩,而子之姑,余之伉俪焉。"

世卿 世世袭职为卿相。《公羊传·隐公三年》:"尹氏者何? 天子之大夫也。其称尹氏何? 贬。曷为贬? 讥世卿,世卿非礼也。"何休注:"世卿者,父死子继也。"

世情 ❶人世的种种关系和人们之间的感情与态度。元稹《寄乐天》诗:"荣辱升沈影与身,世情谁是旧雷陈。"雷陈,东汉时雷义、陈重,以笃于友谊著名。❷俗情。陶潜《辛丑岁七月赴假还江陵》诗:"诗书敦夙好,林园无世情。"

世儒 ❶俗儒。《史记·律书》:"世儒暗于大较,不权轻重,猥云德化,不当用兵。"曹植《赠丁翼》诗:"君子通大道,无愿为世儒。"❷汉代指传授经学者。《论衡·书解》:"著作者为文儒,说经者为世儒。"

世室 古代帝王的宗庙。《考工记·匠人》:"夏后氏世室,堂修二七,广四修一。"郑玄注:"世室者,宗庙也。鲁庙有世室,牲有白牡,此用先王之礼。"谓世室为夏礼,白牡为殷礼。《礼记·明堂位》孔颖达疏引蔡邕《明堂月令章句》,谓夏后氏时的世室即周代的明堂,飨功、养老、教学、选士,皆在其中。参见"明堂❶"。

世叔 在父辈世交中对年小于父

者的称呼。《儒林外史》第四回:"弟意也要去候敝世叔。"其年长于父者称世伯。

世俗 ❶指当时社会的风俗习惯等。《史记·循吏列传》:"孙叔敖者……三月为楚相,施教导民,上下和合,世俗盛美。"❷犹尘世。《庄子·天地》:"夫明白入素,无为复朴,体性抱神,以游世俗之间者,汝将固惊邪?"亦指俗人、普通人。《商君书·更法》:"子之所言,世俗之言也。"❸非宗教的。

世态 世俗的情态。多指趋炎附势的态度。如:世态炎凉。戴叔伦《旅次寄湖南张郎中》诗:"却是梅花无世态,隔墙分送一枝春。"

世外桃源 晋陶潜《桃花源记》,描述一个与世隔绝、没有遭受祸乱的地方。有"自云先世避秦时乱,率妻子邑人,来此绝境,不复出焉,遂与外人间隔。问今是何世,乃不知有汉,无论魏晋"等语。后用"世外桃源"比喻与外界隔绝、生活安乐的地方。《痛史》第十回:"我这山中便是个世外桃源了。"

世味 对于世事或生活的情趣。韩愈《示爽》诗:"吾老世味薄,因循致留连。"

世务 犹言"时务",当世之要务。《史记·礼书》:"御史大夫晁错,于世务刑名。"

世袭 世代承袭。多用于帝位、爵位和领地等。《三国志·魏志·武帝纪》"汉相国参之后"裴松之注引王沈《魏书》:"曹参以功封平阳侯,世袭爵土。"清代爵位承袭,皆有代数限制;其不限代者,称为"世袭罔替"。

世系 指一姓世代相传的统系。《新唐书·李多祚传》:"后入中国,世系湮远。"《新唐书》有《宗室世系表》、《宰相世系表》。

世兄 世交之家平辈间的称谓。也用作对世交晚辈的称呼。科举制时亦称座师、房师之子为世兄。

世业 世代相传的事业。《汉书·叙传上》:"方今雄桀带州城者,皆无七国世业之资。"亦指先代遗留下来的产业。《南史·张融传》:"箪食瓢饮,不觉不乐,但世业清贫,人生多待。"

世医 ❶世代行医、代相传袭的医生。《汉书·楼护传》:"父世医也,护少随父为医长安。"❷当世的医生。明韩懋《韩氏医通·药性裁成章》:"痰分之病,半夏为主……古方二陈汤以此为君,世医因辛,反减至少

许。”

世缘 俗缘;尘缘。戴叔伦《晖上人独坐亭》诗:“去住浑无迹,青山谢世缘。”

世运 旧指时代盛衰治乱的气运。班彪《王命论》:“验行事之成败,稽帝王之世运。”

世泽 谓先代给子孙的影响。《孟子·离娄下》:“君子之泽,五世而斩;小人之泽,五世而斩。”朱熹注:“泽,犹言流风余韵也。”后亦以指祖宗遗留给子孙的余荫。王夫之《耐园家训跋》:“废兴凡几而仅延世泽,吾子孙当知其故,醇谨也,勤敏也。”

世职 世代传袭的官职。《宋史·范纯仁传》:“知庆州,过阙入对。神宗曰:‘卿父在庆著威名,今可谓世职。’”按,范纯仁之父为范仲淹。

世胄 犹“世家”。贵族后裔。左思《咏史》诗:“世胄蹑高位,英俊沈下僚。”

世子 古代天子、诸侯的嫡长子。《白虎通·爵》:“所以名之为世子何?言欲其世世不绝也。”清制,亲王之嫡子得封为世子。

世族 见“士族”。

世尊 佛教对释迦牟尼的尊称。原为婆罗门教对于长者的尊称,后为佛教沿用。佛经说释迦牟尼具足众多功德,能利益世间,于世独尊,故名。

仕(shì) ❶旧称做官。《论语·公冶长》:“令尹子文三仕为令尹,无喜色;三已之,无愠色。”❷审察。《诗·小雅·节南山》:“弗问弗仕。”郑玄笺:“仕,察也。”❸通“事”。《诗·大雅·文王有声》:“武王岂不仕?”毛传:“仕,事。”郑玄笺:“武王岂不以其功业为事乎?”❹通“士”。古代四民之一。《旧唐书·崔融传》:“仕农工商,四人有业。学以居位曰仕。”

仕宦 做官。《汉书·卜式传》:“自小牧羊,不习仕宦。”

仕女 ❶旧称贵族妇女。石君宝《曲江池》第一折:“你看那王孙蹀躞,仕女秋千。”❷即“士女”。一般指以封建社会中上层妇女为题材的中国画。

仕途 做官的途径。又指官场。《新唐书·隐逸传序》:“然放利之徒,假隐自名,以诡禄仕,肩相摩于道,至号终南、嵩、少为仕途捷径,高尚之节丧焉。”

仕子 做官的人。陆机《五等诸侯论》:“仕子之常志,修己安民。”

市(shì) ❶集中做买卖的场所。如:菜市;集市。《易·系辞下》:“日中为市,致天下之民,聚天下之货,交易而退,各得其所。”❷交易。如:有行无市。《晋书·祖逖传》:“〔石勒〕与逖书,求通使交市。逖不报书,而听互市,收利十倍。”❸购买。《论语·乡党》:“沽酒市脯,不食。”古乐府《孔雀东南飞》:“杂彩三百匹,交广市鲑珍。”引申为收买,换取。见“市义”、“市恩”。❹城镇;城市。如:市区;市民。《汉书·梅福传》:“〔福〕变名姓,为吴市门卒云。”❺行政区域名,为许多国家所使用。工矿、交通、贸易和文化教育事业比较发达,人口比较集中的城市。在中国,作为行政区域的市,有直辖市、地级市和县级市之分。❻属于市制的。如:市尺;市斤。

市曹 商肆集中的地方。《北史·常山王遵传》:“迁吏部尚书,纳货用官,皆有定价……天下号曰市曹。”

市廛 犹市曹。店铺集中之处。谢灵运《山居赋》:“山居良有异乎市廛。”

市场 ❶商品买卖的场所。如商品交易所、市集等。❷一定地区内商品或劳务等的供给和有支付能力需求间的关系。按地区范围分,有国际市场、国内市场;按商品种类分,有棉纱、粮食、黄金等市场;此外还有技术、金融、劳务、信息等市场。市场是社会分工的产物,与商品经济密切联系。它具有交换商品、提供信息、通融资金等功能。

市场经济 市场机制成为资源配置的基本调节手段的国民经济运行方式。传统观念认为只有资本主义经济是市场经济。其实,市场经济是生产社会化和商品经济发展的产物,不是区分社会制度的标志,社会主义也可以搞市场经济。市场经济的一般特征是:(1)企业是自主经营、自负盈亏的商品生产和经营者;(2)一切经济活动都以市场为中介,生产要素的配置通过市场来实现;(3)市场竞争平等,所有的市场参与者在市场进入和买卖行为上都不具有特权,成本与效率原则是决定优胜劣汰的基本准绳;(4)政府不直接干预企业的生产经营活动,但运用金融、财政等经济手段和通过制订经济政策对宏观经济运行实施间接调控;(5)经济活动法制化,企业的微观经济行为和政府的宏观调控都有关的法律法规制约,依法办事。1992年10月,中共十四大提出以建立社会主义市场经济体制作为我国经济体制改革的目标。社会主义市场经济是同社会主义基本制度结合在一起的市场经济。它同公有制为主体的所有制结构和以按劳分配为主体的分配制度相联结,有利于充分调动一切积极因素,兼顾效率与公平,防止两极分化,逐步实现共同富裕。

市朝 市场与朝廷。常指人众会集之处。《孟子·公孙丑上》:“思以一豪挫于人,若挞之于市朝。”《史记·孟尝君列传》:“日暮之后,过市朝者掉臂而不顾。”古时也指集市。《盐铁论·本议》:“市朝以一其求,致士民,聚万货,农商工师,各得所欲,交易而退。”

市道 ❶交易之道,谓重利而忘义。《史记·廉颇蔺相如列传》:“廉颇之免长平归也,失势之时,故客尽去;乃复用为将,客又复来。廉颇曰:‘客退矣。’客曰:‘吁,君何见之晚也!夫天下以市道交,君有势,我则从君,君无势,则去,此固其理也,有何怨乎?’”❷指一般人。《汉书·刘辅传》:“天人之所不予,必有祸而无福,市道皆共知之。”《宋书·刘秀之传》:“时赊市百姓物,不还钱,市道嗟怨。”

市恩 犹言讨好,以私惠取悦他人。《新唐书·裴耀卿传》:“今朕有事岱宗,而怀州刺史王丘饩牵外无它献,我知其不市恩也。”或称市惠。《聊斋志异·曾友于》:“诸兄怒市惠,登门窘辱。”

市虎 ❶市中老虎。比喻无中生有的流言蜚语。《论衡·累害》:“夫如是市虎之讹,投杼之误不足怪。”见“三人成虎”。❷旧时称在马路上伤人的汽车为“市虎”。

市集 中国传统的一种农村贸易组织形式。起于殷周之际。《易·系辞下》:“日中为市,致天下之民,聚天下之货,交易而退,各得其所。”在北方称“集”;在南方和西南部分地区称“墟”或“场”。每隔一定时期(如三天或五天),在固定地点举行一次。举行市集的日子称“集日”、“墟日”或“场日”。到市集进行交易称“赶集”、“赶墟”或“赶场”。

市籍 秦汉时在市(指特定的商业区)内营业的商贾的户籍。凡在籍的商人都应向政府纳一定的市租。秦的七科谪中,征发“贾人”和“尝有市籍”、“父母有市籍”、“大(祖)父母有市籍"的人从事重大劳役或戍边。汉高祖时规定有市籍的商人不得坐车、穿丝绸衣服以及携带武器,并加重他们的赋税负担。后又规定商贾子孙不得做官。

市井 古代指做买卖的地方。《管子·小匡》:"处商必就市井。"尹知章注:"立市必四方,若造井之制,故曰市井。"亦用来称商贾。《史记·平准书》:"市井之子孙,亦不得仕宦为吏。"

市骏 求买骏马之骨,比喻求贤。骆宾王《与程将军书》:"燕昭为市骏之资,郭隗居礼贤之始。"参见"千金市骨"。

市侩 即"牙侩",旧时买卖的居间人。《淮南子·氾论》:"段干木,晋国之大驵也。"高诱注:"一曰:驵,市侩也。"后泛称唯利是图的商人。黄景仁《偶题斋壁》诗:"生疏字愧村翁问,富有书怜市侩藏。"

市令 官名。职掌为管理市场。从战国、秦、汉至唐的城市,都有特定的商业区,由政府派官吏管理。战国时称市吏,汉以后称市令。如汉长安有东西市令。唐代京师(长安)有东西两市,东都(洛阳)有南北两市,也设有市令。州县也有设置。

市民 ❶在古罗马,指享有公民权的罗马人,以别于没有公民权的外来移民。❷指中世纪欧洲城市的居民。因商品交换的迅速发展和城市的出现而形成。包括手工业者和商人等。反对封建领主,要求改革社会经济制度。17、18 世纪,随着资本主义生产方式的形成和发展,市民逐步分化为资产阶级、无产阶级、小资产阶级和城市贫民。❸泛指住在城市的本国公民。

市肆 市中店铺。《后汉书·王充传》:"常游洛阳市肆,阅所卖书,一见辄能诵忆。"

市义 收买人心,博取义声。战国孟尝君派冯煖去薛收债,煖矫命免收债款,焚毁债券,薛人都呼万岁。冯煖对孟尝君说:"臣所以为君市义也。"见《国策·齐策四》。

市隐 隐居闹市。《晋书·邓粲传》:"隐之为道,朝亦可隐,市亦可隐。"张养浩《久雨初霁书所寓壁》诗:"市隐静于野,客居闲似家。"参见"大隐"。

市租 出售货物所交之税。《史记·齐悼惠王世家》:"齐临菑(今山东淄博临淄)十万户,市租千金,人众殷富,巨于长安。"司马贞《索隐》谓:"市租谓所卖之物出税,日得千金,言齐人众而且富也。"

式 (shì) ❶式样;格式。《北史·周高祖本纪》:"议权衡度量,颁于天下,其不依新式者,悉追停之。"❷仪式。如:开幕式;阅兵式。❸榜样;模范。曹操《置屯田令》:"秦人以急农兼天下,孝武以屯田定西域,此先世之良式也。"❹科学中表明规律的一组符号。如:分子式;方程式。❺法式;规格。《周礼·天官·大宰》:"以九式均节财用。"❻通"轼"。古代一种敬礼。见"式闾"。❼通"试"。使用。见"式榖"。❽通"拭"。揩拭。《荀子·礼论》:"不浴,则濡巾三式而止。"❾通"栻"。占卜用具。《史记·日者列传》:"分策定卦,旋式正棋。"❿发语词。《诗·大雅·荡》:"式号式呼,俾昼作夜。"⓫语法范畴之一,也叫"语气"。通过一定的语法形式表示说话人对行为动作的态度。如:"这是一首很好的诗。"是陈述式;"谁写的?"是疑问式;"你先念一遍吧!"是祈使式;"这首诗写得真不错!"是感叹式。现代汉语用语调和语气词表示各种式。⓬中国古代规定官署公文程式的法规名称。《新唐书·刑法志》:"式者,其所常守之法也。"《秦墓竹简》中有《封诊式》。西魏文帝大统十年(公元 544 年)编成《大统式》。隋以后律、令、格、式并行。明清两代的会典包括过去的式,不取式的名称。

式榖 任用好人。《诗·小雅·小明》:"神之听之,式榖以女。"郑玄笺:"式,用;榖,善也。其用善人,则必用女。"女,通"汝"。

式闾 《书·武成》:"式商容闾。"式,同"轼",车上的伏手板。商容,殷代的贤人。式闾,谓周武王过商容之闾,俯身按着车式表示敬意。《史记·魏世家》:"文侯受子夏经艺,客段干木,过其闾,未尝不轼也。"后用为敬贤之词。《梁书·何胤传》:"太守衡阳王元简深加礼敬,月中常命驾式闾,谈论终日。"

式微 《诗·邶风·式微》:"式微式微,胡不归?"式,发语词。微,衰微。后泛称衰微、衰落为"式微"。归有光《张翁八十寿序》:"予以故家大族德厚源远,自振于式微之后。"

呇 (shì) 同"世"。

似 〔佀〕(shì) 似的,跟某种情况或事物相似。如:他乐得什么似的。亦作"是的"。

另见 sì。

忕 (shì) 习惯;惯于。《尔雅·释诂下》:"贯,习也。"郭璞注:"贯,贯忕也。"《史记·汉兴以来诸侯王年表》:"诸侯或骄奢,忕邪臣计谋为淫乱。"司马贞索隐:"忕训习,言习于邪臣之谋计也。"一本作"忲"。或以"忕"为"忲"之误字。

另见 tài。

忲 (shì) 同"忕"。或以为"忲"即"忕"之误字。参见"忕"。

阯 (shì) 阶旁所砌的斜石。《书·顾命》:"夹两阶阯。"孔传:"堂廉曰阯,士所立处。"张衡《西京赋》:"金阯玉阶,彤庭辉辉。"

事 (shì) ❶事情。如:新人新事。《礼记·大学》:"物有本末,事有终始。"❷事故。如:平安无事。贾谊《过秦论》:"天下多事,吏不能纪。"❸从事;治事。如:不事生产。《吕氏春秋·尊师》:"力耕耘,事五榖。"❹侍奉;服事。《易·蛊》:"不事王侯。"《孟子·梁惠王下》:"事齐乎?事楚乎?"❺通"倳"、"剚"。插入;刺入。《汉书·蒯通传》:"慈父孝子所以不敢事刃于公之腹者,畏秦法也。"❻器物的件数。白居易《张常侍池凉夜闲宴赠诸公》诗:"管弦三两事。"

事半功倍 《孟子·公孙丑上》:"万乘之国,行仁政,民之悦之,犹解倒悬也,故事半古之人,功必倍之,惟此时为然。"谓费力少而收效大。

事变 ❶世事的变迁。《诗·大序》:"国史明乎得失之迹,伤人伦之废,哀刑政之苛,吟咏情性,以风其上,达于事变而怀其旧俗者也。"❷突然发生的重大的非常事件。如:七七事变。

事端 ❶事之原由。《史记·周本纪》:"不若令卒为周城,以匿事端。"❷骚乱、事故。《晋书·文明王后传》:"会(钟会)见利忘义,好为事端。"

事功 事业和功绩。王巾《头陀寺碑文》:"夫民劳事功,既镂文于钟鼎。"

事故 ❶意外的变故或灾祸。韩愈《上张仆射书》:"非有疾病事故,辄不许出。"今称工程建设、生产活动与交通运输中发生的意外损害或破坏。❷事情。《周礼·秋官·小行人》:"凡此五物者,治其事故。"《三国演义》第三回:"原(丁原)见布(吕布)至,曰:'吾儿来有何事故?'"

事迹 个人或集体过去所做的事情。如:英雄事迹;模范事迹。欧阳修《春秋论下》:"许之书于经者略矣,止(许世子止)之事迹不可得而知也。"

事际 谓多事之际。犹言多事之秋。《晋书·杨佺期传》:"时人以其晚过江,婚宦失类,每排抑之。恒慷慨切齿,欲因事际以逞其志。"

事件 ❶指历史上或社会上所发生的大事。❷俗称家禽家畜的内脏。吴自牧《梦粱录》卷十三:"御街铺店,闻钟而起,卖早市点心,如煎白肠、羊鹅事件。"

事略 传记文的一种。记述人物事迹的大略。多用于已死的亲属戚友,如明归有光所作《先妣事略》等。也有记述若干人物事迹的大略而辑成一书的,如清李元度的《国朝先正事略》。

事事 ❶做事。《史记·曹相国世家》:"卿大夫以下吏及宾客见参不事事,来者皆欲有言。"❷犹件件,每件事。古乐府《孔雀东南飞》:"著我绣夹裙,事事四五通。"

事势 ❶事情趋势。《三国志·吴志·孙皓传》:"晋文帝为魏相国,遣……降将徐绍、孙彧衔命赍书,陈事势利害,以申喻皓。"❷政治势力。《韩非子·亡征》:"大臣两重,父兄众强,内党外援,以争事势者,可亡也。"

事体 事物之大体。《后汉书·胡广传》:"常逊言恭色,达练事体,明解朝章。"后亦用为凡事情之称。《三国演义》第四十五回:"孔明一去东吴,杳无音信,不知事体如何?"

事为 ❶谓百工技艺。《礼记·王制》:"八政:饮食、衣服、事为、异别、度、量、数、制。"郑玄注:"事为,谓百工技艺也。"❷犹事功。韩愈《送浮屠文畅师序》:"彼见吾君臣父子之懿,文物事为之盛,其心有慕焉。"

事畜 "仰事俯畜"的略语。谓养老抚幼,维持家庭生计。薛福成《筹洋刍议·利权一》:"农之谋食也艰,稍夺其事畜之资,即已流亡失业。"

事宜 ❶关于事情的安排和处理。如:讨论春耕事宜。李德裕《赐回鹘可汗书》:"朕以许公主朝觐,亲问事宜。"❷犹言机宜。谓当时的具体情况和条件。《晋书·刘琨传》:"征讨之务,得从事宜。"

事由 ❶根由;情由。方干《感时》诗:"破除生死须齐物,谁向穹苍问事由。"❷公文用语,指公文的主要内容。亦称"由头"。王溥《唐会要·笺表例》:"大中三年,应边镇及诸道奏事表,时有不题事由。"

事与愿违 事实与愿望相违背。嵇康《幽愤诗》:"事与愿违,遘兹淹留。"

事主 ❶事情的谋主。《宋书·谢晦传》:"道济(檀道济)止于胁从,本非事主。"❷旧指刑事案件中受害的原告,也指其他受害者。王恽《玉堂嘉话》卷七:"遗山(元好问)尝与张㪺斋论文,见有窃用前人辞意而复加雌黄者,遗山曰:'既盗其文,又伤其事主,可乎?'"

势〔勢〕(shì) ❶冲发或冲击的力。如:风势;火势;来势很猛。❷权力。《书·君陈》:"无依势作威。"❸形势;气势。如:山势;地势;居高临下之势。《孙子·势篇》:"故善战人之势,如转圆石于千仞之山者,势也。"❹情势。如:大势所趋。《孟子·公孙丑上》:"虽有智慧,不如乘势。"❺姿态。如:手势;装腔作势。胡仔《苕溪渔隐丛话前集》卷十九引《刘公嘉话》:"〔贾岛〕遂于驴上吟哦,时时引手作推敲之势。"❻男性外生殖器。《晋书·刑法志》:"淫者割其势。"亦指动物的睾丸。沈括《梦溪笔谈·杂志一》:"六畜去势,则多肉而不复有子耳。"❼亦称"位"。描述场的一种量。势一般与物理场相联系,但物理场不一定可用势来描述。势是随空间位置而变化的函数,其数值与势能有关,例如引力场中某点的引力势就是单位质量的质点在该点的势能,电场中某点的电势就是单位正电荷在该点的势能。势有时也用来描述数学场,这时它与势能无关。

势不两立 双方矛盾尖锐,不能并存。《国策·楚策一》:"楚强则秦弱,楚弱则秦强,此其势不两立。"

势交 势利之交,为追求权势财利而结交的朋友。刘峻《广绝交论》:"若其宠钧董、石,权压梁、窦……约同要离焚妻子,誓殉荆卿湛七族,是曰势交。"

势均力敌 亦作"力敌势均"。双方力量相等。司马光《乞裁断政事札子》:"群臣有所见不同,势均力敌,莫能相壹者,伏望陛下特留圣意,审察是非。"

势利 ❶权势和财利。《史记·魏其武安侯列传》:"天下吏士趋势利者,皆去魏其归武安。"后指根据财产多少、地位高低的不同而待人有好坏之分的恶劣作风。如:势利眼。❷谓形势便利。《荀子·议兵》:"兵之所贵者埶(势)利也。"

势如破竹 《晋书·杜预传》:"今兵威已振,譬如破竹,数节之后,皆迎刃而解。"后因以"势如破竹"形容作战或工作节节胜利,毫无阻碍。王楙《野客丛书·韩信之幸》:"其后以之取燕,以之拔齐,势如破竹,皆迎刃而解者。"

势要 有权势,居要职。《北齐书·路去病传》:"势要之徒,虽厮养小人,莫不惮其风格。"

侍(shì) ❶陪侍尊长。《论语·先进》:"闵子侍侧。"❷侍候。陈琳《饮马长城窟行》:"善侍新姑嫜。"❸进献;进言。《史记·赵世家》:"明日,荀欣侍以选练举贤,任官使能。"

侍祠 陪祭。《史记·孝文本纪》:"诸侯王列侯使者侍祠天子,岁献祖宗之庙。"裴骃集解引张晏曰:"王及列侯岁时遣使诣京师,侍祠助祭也。"

侍从 ❶随侍帝后或官员的人。《汉书·严助传》:"厌承明之庐,劳侍从之事。"❷宋代称大学士至待制为侍从官,因常在君主左右备顾问,故名。其后又称在京职事官自六部尚书、侍郎及学士、两制等通为侍从,所指的范围较广。侍从亦称从官。

侍弟 旧时官吏对同僚的谦称。梁章钜《称谓录》卷三十二:"凡本衙门往来拜帖,不论新旧同僚,俱称侍弟,不称寅。"

侍读 官名。唐代有集贤殿侍读学士。宋始置翰林侍读学士。明清沿置翰林院侍读学士、侍读,与侍讲学士、侍讲均为较高级之翰林官。清制另于内阁置侍读学士典校、侍读掌勘对,与翰林官有别。参见"侍讲❷"。

侍儿 婢女。白居易《长恨歌》:"侍儿扶起娇无力,始是新承恩泽时。"也用为妇女自称的谦词。《水浒传》第三十二回:"那妇人含羞向前,深深地道了三个万福,便答道:'侍儿是清风寨知寨的浑家。'"

侍讲 ❶从师读书。《后汉书·卢植传》:"植侍讲积年,未尝转眄。"❷官名。唐代始设集贤院侍讲学士、翰林侍讲学士,职在讲论文史,备君主顾问。宋代沿置翰林侍讲侍读学士,其次则为侍讲侍读,皆以他官之有文学者兼充。**明清**则为翰林院额定之官,有侍读学士、侍讲学士,掌撰著记载等事;又有侍读、侍讲,掌讲读经史等事,合称讲读。

侍郎 官名。**汉代**郎官之一,本为宫廷近侍。**东汉**后,尚书的属官,初任称郎中,满一年称尚书郎,三年称侍郎。自**唐**以后,中书、门下二省及尚书省所属各部均以侍郎为长官之副,官位渐高。至**明清**遂递升至正二品,与尚书同为各部的堂官。

侍生 ❶**明清**两代后辈对前辈的自称。**明代**翰林,后七科入馆者称"晚生",后三科称"侍生"。**清代**翰林,后一科以上者称"侍生",七科称"晚生"。❷旧时对于同辈或晚辈的妇人,自己谦称"侍生"。**梁章钜**《称谓录》卷三十二:"今于挽妇人联幛中概称侍生。"

侍史 ❶**汉代**罪人家属入官供使役之称。见《周礼·天官·叙官》"酒人"**郑玄**注。❷古代官员手下任文书工作的侍从。《史记·孟尝君列传》:"孟尝君待客坐语,而屏风后常有侍史,主记君所与客语,问亲戚居处。"

侍者 旧称左右听候使唤的人。《三国演义》第八十回:"〔曹后〕言罢,痛哭入宫,左右侍者皆歔欷流涕。"

侍中 官名。**秦**始置,两汉沿置,为列侯以下至郎中的加官,无定员。侍从皇帝左右,出入宫廷。初仅伺应杂事,因接近皇帝,地位渐形贵重。**南朝宋文帝**时,始掌机要,**梁陈**相沿,常为实际宰相。**北魏**尤重其官,呼为小宰相。**隋**代改称纳言。**唐**代复置侍中,并一度改称左相,成为门下省正式长官,但因官位特高,仅为大臣虚衔,加同平章事者始为宰相,与**南北朝**不同。**北宋**犹存其名,**南宋**废。

侍子 古代诸侯或属国之王遣子入侍天子之称。《后汉书·光武帝纪下》:"**鄯善**王、**车师**王等十六国,皆遣子入侍奉献,愿请都护。帝以中国初定,未遑外事,乃还其侍子。"

舍 (shì) 通"释"。《周礼·春官·大胥》:"春,入学,舍采,合舞。"参见"舍采"。
另见 shě,shè。

舍采 即"释菜"。亦作"舍菜"。谓古代学子入学,以苹蘩之类祭祀先圣先师。《周礼·春官·大胥》:"春,入学,舍采,合舞。"**郑玄**注:"舍即释也;采读为菜。始入学必释菜,

礼先师也。菜,苹蘩之属。"**李觏**《袁州州学记》:"越明年,成,舍菜且有日。"

饰 〔飾〕(shì) ❶增加人物形貌的华美。如:修饰;装饰。**司马相如**《上林赋》:"靓妆刻饰。"亦指装饰品。如:服饰;首饰。❷掩饰;伪装。如:文过饰非。《后汉书·章帝纪》:"夫俗吏矫饰外貌。"❸戏剧中称扮演角色。❹整治。《周礼·地官·封人》:"凡祭祀,饰其牛牲。"**郑玄**注:"饰,谓刷治洁清之也。"又通"饬"。整饬。《穀梁传·襄公二十五年》:"古者大国过小邑,小邑必饰城而请罪。"**范宁**注:"饰城者,修守备。"

饰辞 ❶修饰文辞。《论衡·对作》:"故论衡者,所以铨轻重之言,立真伪之平,非苟调文饰辞为奇伟之观也。"❷托辞粉饰。《韩非子·显学》:"儒者饰辞曰:'听吾言,则可以霸、王。'此说者之巫祝,有度之主不受也。"

饰非 掩饰过错。《荀子·成相》:"拒谏饰非,愚而上同国必祸。"上同,阿谀君主。

饰润 犹"润色"。修饰。《后汉书·段颎传》:"信叛羌之诉,饰润辞意,云臣兵累旬折衄。"

饰说 粉饰的话。《文心雕龙·谐隐》:"谲辞饰说。"

饰伪 掩饰作伪。**欧阳修**《再辞给事中札子》:"非敢饰伪,上烦圣聪。"

饰智 装作有智慧。《史记·汲郑列传》:"上方向儒术……而**黯**(汲**黯**)常毁儒,面触**弘**(**公孙弘**)等徒怀诈饰智以阿人主取容。"

饰终 古代尊荣死者的典礼。《隋书·豆卢毓传》:"褒显名节,有国通规,加等饰终,抑推令典。"

饰擢 奖饰其才能而擢拔任用。《新唐书·王毛仲传》:"**毛仲**始见饰擢,颇持法不避权贵,为可喜事。"

泽 〔澤〕(shì) 通"释"。《史记·武帝本纪》:"古者,先振兵泽旅,然后封禅。"**裴骃**集解引**徐广**曰:"古释字作泽。"
另见 duó,yì,zé。

试 〔試〕(shì) ❶尝试;试用。《易·无妄》:"无妄之药不可试也。"**黄庭坚**《送舅氏野夫之宣城》诗:"平生割鸡手,聊试发硎刀。"❷考试;检验。如:乡试;会试。《周礼·夏官·槁人》:"试其弓弩。"❸用。《礼记·乐记》:"兵革不试,五刑不

用。"❹任用;出仕。《诗·小雅·大东》:"私人之子,百僚是试。"《汉书·王温舒传》:"已而试县亭长。"

试儿 一种预测小孩性情和志趣的迷信习俗,即"抓周"。《颜氏家训·风操》:"江南风俗,儿生一期为制新衣,盥浴装饰,男则用弓矢纸笔,女则用刀尺针缕,并加饮食之物及珍宝服玩,置之儿前,观其发意所取,以验贪廉愚智,名之为试儿。"一期,一周岁。参见"晬盘"。

试金石 ❶用以简单测试金的纯度的黑色致密坚硬的硅质岩石。如黑色燧石、黑色硅质板岩。根据金在其上摩擦时所留条痕色的深浅来估金的成色高低。❷比喻可靠的检验方法。

试录 **明代**乡、会试的试卷,由考官选定后,编刻成书,称为程文,也称试录。**清代**沿之,别称闱墨。

试帖 帖为**唐代**考明经科所用的一种试卷,卷上抄录一段经文,另用他纸覆在上面,中开一行,显露字句,考试者即据以补上下文。"试帖"即指这种考试。《新唐书·选举志一》:"乃诏自今明经试帖,粗十得六以上,进士试杂文二篇,通文律者,然后试策。"

试帖诗 诗体名。也称"赋得体"。源于**唐代**,由"帖经"、"试帖"影响而产生,为科举考试所采用。故又称"应试诗"。多为五言六韵或八韵的排律,以古人诗句或成语为题,冠以"赋得"二字,并限韵脚。**清代**"试帖诗"限制尤严。旧时文人平时也有用此体来做诗的。

视 〔视、眎、眡〕(shì) ❶看;审察。如:视察;巡视。《荀子·劝学》:"目不能两视而明,耳不能两听而聪。"❷看待。《左传·成公三年》:"贾人如晋,**荀罃**善视之。"❸效法。《书·太甲中》:"视乃厥祖。"**孔**传:"法视其祖而行之。"❹比照。《孟子·万章下》:"天子之卿受地视侯。"❺通"示"。《汉书·高帝纪上》:"视**项羽**无东意。"
另见 zhǐ。

视草 旧指近臣受命商讨、修改诏谕一类的公文。后亦称词臣起草诏谕为"视草"。《汉书·淮南王传》:"时**武帝**方好艺文,以**安**属为诸父,辩博善为文辞,甚尊重之。每为报书及赐,常召**司马相如**等视草乃遣。"**张萱**《疑耀》卷七:"古人称视草者,谓天子自草也。古者,诏令多天子自为之,特令词臣立于其侧,以视所草何

如耳。故汉武帝诏淮南王,令司马相如视草,非令相如代笔也。今典制造者,皆代天子笔,非视草之义而称视草,不亦谬乎?"

视朝　君主临朝听政。《孔子家语·五仪解》:"正其衣冠,平旦视朝。"

视民如伤　《左传·哀公元年》:"臣闻国之兴也,视民如伤,是其福也。"杜预注:"如伤,恐惊动。"谓爱惜人民。

视日　占卜日子的吉凶。《史记·陈涉世家》:"周文,陈之贤人也,尝为项燕军视日。"

视膳　古代侍养父母、祖父母等尊长的一种礼节。《礼记·文王世子》:"食上,必在视寒暖之节;食下,问所膳。"在视,察视。《南史·江敩传》:"庶祖母王氏老疾,敩视膳尝药,七十余日不解衣。"

视事　办公;就职治事。《左传·襄公二十五年》:"崔子称疾不视事。"《汉书·王尊传》:"今太守视事已一月矣。"

视朔　古代天子和诸侯在每月初一祭告于明堂和祖庙后听政,叫"视朔"。《春秋·文公十六年》:"公四不视朔。"参见"听朔"、"告朔❷"。

视死如归　形容不怕死。《韩非子·外储说左下》:"三军既成陈(阵),使士视死如归,臣不如公子成父。"

视息　犹言生存。息,呼吸。蔡琰《悲愤诗》:"为复强视息,虽生何聊赖!"《宋书·徐湛之传》:"觊然视息,忍此余生。"

视学　❶中国古代天子视察学校的礼仪。《礼记·文王世子》:"天子视学,大昕鼓徵,所以惊众也。"又谓天子考试学生的功课。《礼记·学记》:"未卜谛不视学,游其志也。"唐孔颖达疏:"此视学谓考试学者经业,或君亲往,或使有司为之,非天子大礼视学也。"❷学官名。专掌视察各地教育事宜,分部、省、县三级。清光绪三十年(1904年)直隶(今河北)学务处始设,后渐完备。1909年学部颁布《视学官章程》二十三条。民国初承清制。1931年8月颁布《教育部督学章程》,改称"督学"。

视野　❶眼球固定注视一点时所能看见的空间范围。双眼视野大于单眼视野。各种颜色的视野也大小不同:绿色视野最小,红色较大,蓝色更大,白色最大。主要由感受不同波长光线的视锥细胞比较集中于视网膜中心所致。❷思想或知识的领域。如:扩大学术视野。

赏　〔賞〕(shì)　❶租借;赊欠。如:赏器店。《史记·高祖本纪》:"常从王媪武负(妇)赏酒。"❷通"赦"。赦免。《汉书·张敞传》:"因赏其罪。"❸古地名。春秋宋地,在今山东曹县南。《春秋·僖公二年》"盟于贯",误"赏"为"贯"。杜预注:"贯,宋地。梁国蒙县西北有贳城。贯与贳字形相似而误。"

柿　〔柿〕(shì)　果木名。学名*Diospyros kaki*。柿树科。落叶乔木。叶椭圆或长圆形,全缘,叶面光滑,叶背和叶柄有绒毛。花钟状,黄白色,多为雌雄同株异花。果圆或方形,色红或黄。花萼宿存。除甘柿外,果实味涩,脱涩后味甘。种子扁平。性耐寒、耐旱。一般用嫁接繁殖。原产中国,除极寒冷地区外各地均有栽培。果供生食,或制柿饼、柿酒等。树供观赏。中医学上用柿蒂与柿饼入药,柿蒂性温、味苦涩,功能下气降逆,主治呃逆、嗳气等症;柿饼炙炭,可治便血。变种油柿可提取柿漆,并作柿的砧木。

柹　〔櫯〕(shì)　软枣。一名樗枣。《广韵·二十二昔》:"柹,樗枣。"参见"樗"。

　　另见 tú,zhái。

拭　(shì)　揩;擦。苏轼《哭干儿》诗:"我泪犹可拭,日远当日忘。"

拭目　❶揩拭眼睛,表示仔细看或急切想看到所期待的事物。如:拭目以待。杨修《答临淄侯笺》:"观者骇视而拭目,听者倾首而竦耳。"❷自我按摩方法之一。见陶弘景《养性延命录》。两手擦热后轻柔地拭摩两眼睑和眼眶部。有明目醒神等作用。

是　〔昰〕(shì)　❶正确;不错。与"非"相对。如:是非分明。陶潜《归去来辞》:"觉今是而昨非。"❷订正;正定。见"是正❸"。❸以为是。如:各是其是。《荀子·富国》:"其所是焉诚美,其所得焉诚大,其所利焉诚多。"❹表示肯定或加强肯定之词。《孟子·梁惠王上》:"故王之不王,非挟太山以超北海之类也;王之不王,是折枝之类也。"又《告子上》:"至于味,天下期于易牙,是天下之口相似也。"❺此。《论语·学而》:"夫子至于是邦也,必闻其政。"《庄子·齐物论》:"名实未亏,而喜怒为用,亦因是也。"❻凡是。姚合《赠张籍太祝》诗:"古风无手敌,新

语是人知。"❼作语助,用以确指行为的对象。如:惟力是视;惟你是问。《诗·大雅·崧高》:"于邑于谢,南国是式。"❽于是。《书·禹贡》:"桑土既蚕,是降丘宅土。"《史记·夏本纪》作"于是民得下丘居土"。❾姓。三国时吴有是仪。

是非　❶对的和错的;正确和谬误。《庄子·天道》:"是非已明,而赏罚次之。"❷褒贬;评论。《史记·太史公自序》:"是非二百四十二年之中,以为天下仪表。"《汉书·匡衡传》:"所更或不可行,而复复之。是以群下更相是非,吏民无所信。"❸纠纷;口舌。如:搬弄是非。《庄子·盗跖》:"摇唇鼓舌,擅生是非。"

是正　亦作"眂正"。犹订正。审查谬误,加以校正。韦昭《国语解叙》:"始更考校,是正疑谬。"

眂　(shì)　同"视(眡)"。《广雅·释诂一》:"眂,视也。"

呧　(shì)　通"舓"。《庄子·人间世》:"呧其叶,则口烂而为伤。"

　　另见 huài。

峙　(shì)　见"繁峙"。

　　另见 zhì。

适　〔適〕(shì)　❶往;去到。《诗·郑风·缁衣》:"适子之馆兮。"引申为归向。《左传·昭公十五年》:"好恶不愆,民知所适。"❷旧指女子出嫁。见"适人"。❸适合;凑合。《诗·郑风·野有蔓草》:"邂逅相遇,适我愿兮。"《后汉书·荀爽传》:"截趾适履。"引申为适当,应当。《汉书·贾谊传》:"以为是适然耳。"颜师古注:"适,当也,谓事理当然。"❹舒适;畅快。如:稍感不适。《汉书·贾山传》:"穷困万民,以适其欲也。"❺正;恰好。如:适得其反。《汉书·东方朔传》:"此适足以明其不知权变而终惑(惑)于大道也。"❻刚才。《旧唐书·武元衡传》:"适从何处来,而遽集于此?"❼通"啻"。仅仅;不过。《孟子·告子上》:"则口腹岂适为尺寸之肤哉?"《南史·刘善明传》:"卿策沈攸之,虽张良、陈平,适如此耳。"❽如果;假如。《韩非子·内储说下》:"王适有言,必亟听从。"

　　另见 kuò。

适人　古代称女子出嫁。《仪礼·丧服》"子嫁反在父之室"郑玄注:"凡女行于大夫以上曰嫁,行于士庶人曰适人。"《孔子家语·本命》:"女子十五许嫁,有适人之道。"

适应 ❶生物在生存竞争中适合环境条件而形成一定性状的现象。它是自然选择的结果。例如生活在冰雪环境中的北极熊是白色的,不易被发现,有保护作用;生长于沙漠中的仙人掌,叶子是针状的,以减少蒸腾。❷在生理学和心理学上指感觉适应,即感受器在刺激持续作用下所产生的感受性的提高或降低的变化。如从亮处走进暗室,起初几乎什么都看不见,经过半小时左右,视觉慢慢恢复,叫"暗适应"。反之,从暗室走向明处时,在最初一瞬间会感到耀眼发眩,什么都看不清楚,过了几秒钟,由于对强光的感受性较快地降低,视觉随即恢复正常,叫"光适应"或"明适应"。夜盲是暗适应能力减弱的结果。在嗅觉、听觉、肤觉、味觉等方面也存在适应现象,在痛觉方面则不甚显著。

恃 (shì) ❶依靠;凭借。《左传·僖公二十六年》:"室如县(悬)罄,野无青草,何恃而不恐?"《韩非子·显学》:"夫必恃自直之箭,百世无矢矣。"❷母之代称。如:失恃。参见"怙恃"。

恃才傲物 自负才高,藐视别人。《南史·萧子显传》:"恃才傲物,宜谥曰骄。"

室 (shì) ❶房屋。《诗·小雅·斯干》:"筑室百堵,西南其户。"❷房间;内室。《礼记·问丧》:"入门而弗见也,上堂又弗见也,入室又弗见也。"❸家。杜甫《石壕吏》诗:"室中更无人,惟有乳下孙。"亦谓家资。《国语·楚语上》:"施二师而分其室。"❹妻。《礼记·曲礼上》:"三十曰壮,有室。"郑玄注:"有室,有妻也。"旧亦谓授室,即为子娶妻。《国语·鲁语下》:"公父文伯之母欲室文伯,飨其宗老,而为赋《绿衣》之三章。"❺坟墓;圹穴。《诗·唐风·葛生》:"百岁之后,归于其室。"❻刀剑的鞘子。《史记·春申君列传》:"赵使欲夸楚,为玳瑁簪,刀剑室以珠玉饰之。"❼机关内的办公单位。如:科室。❽星名,二十八宿之一,即"室宿"。❾姓。宋代有室䖍。

室迩人远 迩,近。《诗·郑风·东门之墠》:"其室则迩,其人甚远。"朱熹注:"室迩人远者,思之而未得见之辞也。"后常用为思念远人或悼念逝者之词。亦作"室迩人遐"。徐淑《答夫秦嘉书》:"谁谓宋远,企予望之;室迩人遐,我劳如何。"

室家 ❶住处。《书·梓材》:"若作室家,既勤垣墉,惟其涂塈茨。"❷每家每户。《书·仲虺之诰》:"攸徂之民,室家相庆。"❸指夫妇。《诗·周南·桃夭》:"之子于归,宜其室家。"孔颖达疏:"桓十八年《左传》曰:'女有家,男有室。'室家谓夫妇也。"❹家庭;家人。《汉书·武五子传》:"父子不和则室家丧亡。"

室怒市色 言怒于室家而作色于市人。指迁怒于人。《左传·昭公十九年》:"令尹子瑕言蹶由于楚子曰:'彼何罪!谚所谓"室于怒,市于色"者,楚之谓矣。舍前之忿可也。'"郝经《居庸行》:"百年一偾老虎走,室怒市色还猖狂。"

室女 ❶未出嫁的女子。《盐铁论·刑德》:"室女童妇,咸知所避,是以法令不犯,而狱犴不用也。"❷星名。即"室女座",黄道十二星座之一。

室人 ❶泛指家人。《诗·邶风·北门》:"室人交遍谪我。"❷古称夫家的平辈妇女。《礼记·昏义》:"妇顺者,顺于舅姑,和于室人。"郑玄注:"室人,谓女妜、女叔、诸妇也。"孔颖达疏:"女妜,谓婿之姊也。女叔,谓婿之妹也。诸妇,谓娣姒之属也。"❸古称妻妾。《孔丛子·记义》:"公父文伯死,室人有从死者。"❹主人。《诗·小雅·宾之初筵》:"室人入又。"孔颖达疏:"以主自居于室,故谓之室人也。"又,再次射箭。❺宋代命妇封号之一,后改为"宜人"。

室如县罄 室中空无所有。喻贫乏之极。《左传·僖公二十六年》:"室如县罄,野无青草。"陆德明释文:"县音玄;罄,亦作磬,尽也。"《国语·鲁语上》作"室如悬磬"。

耆 (shì) 通"嗜"。爱好。《庄子·齐物论》:"鸱鸦耆鼠。"
另见 qí,zhǐ。

耆欲 同"嗜欲"。嗜好和欲望。《庄子·大宗师》:"其耆欲深者,其天机浅。"

莳 〔蒔〕(shì) 移栽。如:莳秧;莳花。柳宗元《种树郭橐驼传》:"其莳也若子,其置也若弃。"
另见 shí。

栻 (shì) 古代占卜的用具,后称星盘。《汉书·王莽传下》:"天文郎按栻于前。"颜师古注:"栻所以占时日。"

逝 (shì) ❶往;去。《论语·子罕》:"子在川上曰:'逝者如斯夫!'"❷死亡。如:病逝。曹丕

《又与吴质书》:"徐、陈、应、刘,一时俱逝,痛可言邪!"❸通"誓"。表决心之词。《诗·魏风·硕鼠》:"逝将去汝,适彼乐土。"

逝波 犹"逝川"。常比喻过去的时间或事物。杜甫《少年行》:"黄衫年少宜来数,不见堂前东逝波。"

逝川 逝去的流水。语本《论语·子罕》:"子在川上曰:'逝者如斯夫!不舍昼夜。'"比喻过去了的岁月或事物。李白《古风》:"逝川与流光,飘忽不相待。"

轼 〔軾〕(shì) ❶设在车箱前面供人凭倚的横木,形如半框,有三面。《释名·释车》:"轼,式也,所伏以式敬者也。"《左传·僖公二十八年》:"君冯(凭)轼而观之。"❷凭轼致敬。《淮南子·修务训》:"魏文侯过其闾而轼之。"

际 (shì) 通"示"。《汉书·赵充国传》:"至春省甲士卒,循河湟漕穀至临羌,以际羌虏。"颜师古注:"际,亦示字。"
另见 shì 视。

铈 〔鈰〕(shì) 化学元素[周期系第Ⅲ族(类)副族元素、镧系元素]。稀土元素之一。符号 Ce。原子序数 58。灰色软金属。化学性质活泼,在空气中用刀刮即着火。与其他稀土元素共生于独居石和氟碳铈矿等矿物中。在自然界储藏量居稀土元素之首。可用作催化剂、照相的照明剂、真空管的吸气剂及火箭的推进剂等。氧化铈 CeO_2 是最优质的玻璃抛光粉。硝酸铈用于制煤气灯上用的白热纱罩。

舐 (shì) 以舌舔物或取食。《庄子·田子方》:"舐笔和墨,在外者半。"

舐犊 老牛舐爱小牛,比喻人之爱子。《后汉书·杨彪传》:"子修为曹操所杀。操见彪问曰:'公何瘦之甚?'对曰:'愧无日磾先见之明,犹怀老牛舐犊之爱。'"

舐痔 见"吮痈舐痔"。

埶 (shì) 同"势(勢)"。
另见 yì。

諟 〔諟〕(shì) ❶是;此。《广雅·释言》:"諟,是也。"王念孙疏证:"是、諟,声义并同。"❷订正。见"諟正"。

諟正 同"是正"。犹订正,指审查谬误,加以校正。《陈书·姚察传》:"尤好研核古今,諟正文字。"

遾 〔遾〕(shì) ❶通"逝"。《大戴礼记·夏小正》:"[九月]

遷鸿雁。遷,往也。"**孔广森**补注:"雁以北方为居,则北为来,南为往。"❷刀鞘。《礼记·内则》:"右佩玦、捍、管、遰。"

另见 dì。

醉 〔醳〕(shì) 通"释"。释放。《史记·张仪列传》:"共执**张仪**,掠笞数百,不服,醉之。"

另见 yì。

崕 (shì) 山。见《玉篇·山部》。

另见 dié。

弑 (shì) 封建时代称臣杀君、子杀父母为"弑"。《易·坤·文言》:"臣弑其君,子弑其父,非一朝一夕之故,其所由来者渐矣。"亦泛指杀戮。《礼记·明堂位》:"是故鲁王礼也,天下传之久矣,君臣未尝相弑也。"

释 〔釋〕(shì) ❶解开。《诗·郑风·大叔于田》:"抑释掤忌,抑鬯弓忌。"❷解释。《国语·吴语》:"乃使行人奚斯释言于齐。"**韦昭**注引《晋语二》:"释言,以言自解释也。"❸消溶;消除。《老子》:"涣兮若冰之将释。"《国语·晋语一》:"虽欲爱君,惑不释也。"❹放下;释放。《穀梁传·昭公二十九年》:"昭公出奔,民如释重负。"《国语·晋语一》:"君其释**申生**也。"❺通"舍"。舍弃;抛弃。《吕氏春秋·长见》:"视释天下若释躧。"❻浸渍。《礼记·内则》:"欲濡肉,则释而煎之以醢。"❼淘米。《诗·大雅·生民》:"释之叟叟。"❽**中国**佛教对**释迦牟尼**的简称。后又泛指佛教。如释教、释氏、释子、释典等。**东晋**僧人**道安**更以**释**为姓,开**中国**汉族僧尼称释之先河。《高僧传·释道安》:"以大师之本,莫尊**释迦**,乃以释命氏。"

另见 yì。

释菜 亦作"舍采"。古代读书人入学时以苹蘩之属祭祀先圣先师的一种典礼。《礼记·月令》:"〔仲春之月〕命乐正习舞释菜。"《周礼·春官·大胥》:"春,入学,舍采合舞。"

释典 佛教的经典。《晋书·何充传》:"性好释典,崇修佛寺。"

释奠 古代学校的一种典礼,陈设酒食以祭奠先圣先师。《礼记·文王世子》:"凡学,春官释奠于其先师,秋冬亦如之;凡始立学者,必释奠于先圣先师。"**郑玄**注:"释奠者,设荐馔酌奠而已。"

释褐 谓脱去布衣(平民服装)而换上官服,即做官之意。**扬雄**《解嘲》:"夫上世之士,或解缚而相,或释褐而傅。"科举时代称新进士及第授官为释褐。**王禹偁**《成武县作》诗:"释褐来**成武**,初官且自强。"

释教 佛教在**中国**的别称。意为**释迦牟尼**所创立的宗教。

释老 **释迦牟尼**与**老子**。也指佛教和道教。《北史·邢昕传》:"善谈释老,雅好文咏。"

释然 形容疑虑消除。《世说新语·言语》:"由是释然,无复疑虑。"亦作"舍然"。《列子·天瑞》:"其人舍然大喜,晓之者亦舍然大喜。"

释文 辞书学术语。指对字条、词目、条目所作的全部说明。释文的内容和写法,由辞书的性质、用途、规模等方面所决定。一般包括注音、释义、例证、考释等,而以释义为主,也有用法或特种解说(如插图、表格等)为主的。一部辞书的释文有统一的体例。

释义 辞书学术语。指对词目的含义所作的解释。一般辞典以释义为释文的主要内容。释义有多种方式,因辞书性质的不同而不同。语文词典常用的有:(1)用同义词语、反义词语作解释,如"欢畅——高兴;痛快","冷淡——不热闹;不兴盛;不热情";(2)用说明、描写、比喻等方式作解释,如"老迈——年老(常含衰老意)","鼠目寸光——比喻眼光短,见识浅";(3)用下定义的方式作解释,如"画家——擅长绘画的人"。也有用"释义"概指"释文"的。

释子 僧徒的通称,取释迦弟子之意。**韦应物**《寄皎然上人》诗:"吴兴老释子,野雪盖精庐。"

谥 〔謚、諡〕(shì) ❶封建时代在人死后按其生前事迹评定褒贬给予的称号。《周礼·春官·大史》:"小丧赐谥。"参见"谥法"。❷称;号。**司马相如**《喻巴蜀檄》:"身死无名,谥为至愚。"**王褒**《洞箫赋》:"幸得谥为洞箫兮。"

谥法 古时贵族死后依照其生前事迹,评定一个称号,叫"谥法"。始于**西周**中叶。**周文王**、武王号**懿王**,王号皆自称,**孝王**后才有谥法。帝王之谥,由礼官议上;臣下之谥,由朝廷赐予。《逸周书·谥法解》:"谥者,行之迹也;号者,功之表也;车服者,位之章也。是以大行受大名,细行受细名,行出于己,名生于人。"此外又有私谥,始于**东汉**。**夏恭**卒,诸儒私谥曰**宣明君**;**陈寔**卒,海内赴吊者三万余人,共谥为**文范先生**。宋代犹盛

行。

暪 (shì) 目疾视。见《说文·目部》。参见"睒暪"。

嗜 (shì) ❶喜欢;爱好。《孟子·尽心下》:"曾晳嗜羊枣。"《史记·齐太公世家》:"嗜酒好猎。"❷贪。《宋书·颜延之传》:"廉嗜之性不同。"

嗜好 特殊爱好。《南史·周舍传》:"语及嗜好,**裴子野**言从来不尝食姜。"现多指吸烟、喝酒等爱好。

嗜痂 《南史·刘穆之传》:"**穆之**孙**邕**,性嗜食疮痂,以为味似鳆鱼。尝诣**孟灵休**,**灵休**先患炙疮,痂落在床,**邕**取食之。"后世因称怪僻的嗜好为"嗜痂癖"。

跥 (shì) 超越。见《集韵·十三祭》。

另见 zhuǎi。

筮 (shì) 用蓍草占卦。《礼记·曲礼上》:"龟为卜,策为筮。"**孔颖达**疏:"谓蓍为策者,策以谋策为义。"

筮仕 古人将出外做官,先占卦问吉凶。《左传·闵公元年》:"初,**毕万**筮仕于**晋**……**辛廖**占之,曰:'吉。'"后称初次做官为"筮仕"。

誓 (shì) ❶古代告诫将士的言辞。《周礼·秋官·士师》:"〔五戒〕一曰誓,用之于军旅。"《书·甘誓序》:"**启**与**有扈**战于**甘**之野,作《甘誓》。"❷盟约;诺言。如:起誓;发誓。《左传·成公十三年》:"昔逮我献公及穆公相好,戮力同心,申之以盟誓,重之以婚姻。"**庾信**《功臣不死王事请袭封表》:"汉以山河为誓。"❸接受爵命。《周礼·春官·典命》:"凡诸侯之适(嫡)子,誓于天子,摄其君,则下其君之礼一等。"**郑玄**注:"誓,犹命也。言誓者,明天子既命以为之嗣。"❹谨慎。《礼记·文王世子》:"曲艺皆誓之,以待又语。"**郑玄**注:"曲艺为小技能也;誓,谨也。皆使谨习其事。"

誓墓 《晋书·王羲之传》:"时骠骑将军**王述**,少有名誉,与**羲之**齐名,而**羲之**甚轻之……**述**后检察会稽郡,辩其刑政,主者疲于简对,**羲之**深耻之,遂称病去郡,于父母墓前自誓。"后因称辞官归隐,誓不再出为"誓墓"。**陆游**《上书乞祠》诗:"誓墓那因**一怀祖**,人间处处是危机。"**王述**,字怀祖。

誓师 军队将出征时,主帅向全军战士宣布作战意义,表示决心。《北史·隋本纪下》:"况乎**甘**野誓师,夏

启承大禹之业。"今也泛指为完成某项重要任务集体表示决心。如:誓师大会。

奭（shì）❶恼怒。《汉书·窦婴传》:"有如两宫奭将军,则妻子无类矣。"颜师古注:"奭,怒貌也。"❷通"赩"。赤色。《诗·小雅·采芑》:"路车有奭。"❸消散貌。《庄子·秋水》:"无南无北,奭然四解。"成玄英疏:"四方八极,奭然四碍。"❹姓。汉代有奭伟,因避汉元帝讳,改姓盛。

鈰（shì）同"饰(飾)"。

餝（shì）同"饰"。见《玉篇·食部》。

噬（shì）❶咬。《易·噬嗑》:"噬腊肉。"❷通"逝"。《诗·唐风·有杕之杜》:"噬肯适我。"陆德明释文:"《韩诗》作逝。逝,及也。"一说为发声词,无义。见王引之《经传释词》九"逝、噬"。

噬肤　犹切肤。谓关系密切。《汉书·董贤传》载哀帝册免大司马丁明,曰:"有司致法将军请狱治,朕惟噬肤之恩未忍。"颜师古注:"《易》噬嗑卦九二爻辞曰:'噬肤灭鼻。'噬肤者,言者啮其肌肤。诏云,为明是恭后之亲,有肌肤之爱,是以不忍加法,故引噬肤之言也。"

噬嗑　六十四卦之一。震下离上。《易·噬嗑》:"象曰:颐中有物曰噬嗑。"王弼注:"颐中有物,啮而合之,噬嗑之义也。"又《杂卦》:"噬嗑,食也。"

噬脐　比喻后悔不及。《左传·庄公六年》:"若不早图,后君噬齐。"杜预注:"若啮腹齐,喻不可及。""齐"通"脐"。扬雄《太玄赋》:"将噬脐之不及。"

澨（shì）❶水涯。《楚辞·九歌·湘夫人》:"夕济兮西澨。"❷水名。在湖北省境。《书·禹贡》:"过三澨,至于大别。"孔传:"三澨,水名,入汉;大别,山名。"一说地名。胡渭《禹贡锥指》:"三澨,当在清水入汉处;一在襄城北,即大隄,一在樊城南,一在三洲口,皆襄城县地,在邵县之北。"

鞁（shì）刀鞘。《集韵·五质》:"鞘,刀削谓之鞁,通作室。"刀削即刀鞘。

簭（shì）❶同"噬"。《考工记·梓人》:"凡攫杀援簭之类,必深其爪,出其目,作其鳞之而。"❷通"筮"。《周礼·春官》有"簭人",

掌卜筮。

襫（shì）见"被襫"。

shi

笓（shi）　同"匙"。钥匙。李商隐《日高》诗:"玉笓不动便门锁。"

匙（shi）　用于"钥匙"。另见 chí。

shōu

収（shōu）　同"收"。

收（shōu）❶逮捕;拘押。如:收捕;收监。《诗·大雅·瞻卬》:"此宜无罪,女反收之。"❷收敛;收拾。如:收网;收篷。《左传·僖公三十二年》:"余收尔骨焉。"❸收获。如:夏收;秋收。《后汉书·明帝纪》:"今兹蚕麦善收。"❹收取;接纳。如:收帐;收徒弟。《左传·隐公元年》:"太叔又收贰以为己邑。"❺聚集;收集;收藏。《史记·秦始皇本纪》:"吾前收天下书不中用者尽去之。"❻结束;停止。如:收工;收场。应璩《与岑文瑜书》:"雨垂落而复收。"❼车箱底部四面的横木。《诗·秦风·小戎》:"小戎俴收。"毛传:"收,轸也。"参见"轸❶"。❽古冠名。《仪礼·士冠礼》:"周弁,殷冔,夏收。"

收成　指农作物的收获。

收获❶收割农作物。柳宗元《田家》诗:"是时收获竟,落日多樵牧。"❷收益。《风俗通·十反·汝南范滂孟博》:"田种畜牧,所收获多。"亦比喻心得或成绩。

收敛❶收获庄稼。《庄子·让王》:"秋收敛,身足以休食。"❷收取租税。《墨子·尚贤中》:"收敛关市山林泽梁之利,以实官府。"❸收藏。《后汉书·王允传》:"及董卓迁都关中,允悉收敛兰台石室图书秘纬要者以从。"❹约束。《汉书·陈汤传赞》:"陈汤傥荡,不自收敛,卒用困穷,议者闵之。"❺收殓,给尸体穿着下棺。《汉书·宣帝纪》:"使得收敛送终。"

收盘❶交易所及各行业公会每天最后开出的价格。❷旧时商店自动停业,称收盘。

收入❶会计要素之一。(1)营业收入或业务收入的简称。(2)正

常销售业务以外,出售财产的所得。例如,固定资产变价收入。(3)正规业务以外的偶发性所得。例如,没收包装物押金收入。❷个人所得。如工资收入、存款利息收入、稿酬收入等。

收声　止声。《礼记·月令》:"〔仲秋之月〕是月也,日夜分,雷始收声。"

收拾❶收取。《论衡·别通》:"萧何入秦,收拾文书。"❷整顿;整理。岳飞《满江红》词:"待从头收拾旧山河,朝天阙。"❸摆脱;搁起。《西厢记》第三本第三折:"毕罢了牵挂,收拾了忧愁。"

收市　唐代朝廷优先收购外国进口的商货,称为收市。见《全唐文》卷七十五"大和八年疾愈德音"。

收司　纠发监察。《史记·商君列传》:"令民为什伍,而相牧司连坐。"司马贞索隐:"收司,谓相纠发也。"《汉书·王温舒传》:"置伯落长,以收司奸。"颜师古注:"置伯及邑落之长,以收捕司察奸人也。"王先谦补注引王引之曰:"收当作牧,牧司,相监察也。"

收系　收捕拘禁。《汉书·王章传》:"书遂上,果下廷尉狱,妻子皆收系。"

收养　领养他人子女为自己的子女。收养人称养父、养母,被收养人称养子、养女。在我国,收养人须无子女、有抚养教育能力、年满三十五周岁;被收养人为不满十四周岁的未成年人。我国收养法和婚姻法对收养有具体规定。

收益❶即"利润"。❷个人所得,例如有时称工资、利息、稿费等收入为收益。

收责（—zé）　对人引罪自责。《后汉书·隗嚣传》:"范蠡收责勾践,乘偏舟于五湖;舅犯谢罪文公,亦逡巡于河上。"李贤注:"收责,谓收其罪责也。"

收责（—zhài）　"责"同"债"。索回债务。《国策·齐策四》:"后孟尝君出记,问门下诸客:'谁习计会,能为文收责于薛者乎?'"

shǒu

手（shǒu）❶人体上肢的总称。一般指腕以下的部分。也指有些动物身上像人手伸出的感触器。如:触手。❷执;持。如:人手一册。《公羊传·庄公十三年》:"庄

公升坛,曹子手剑而从之。"也指用手打击。《汉书·司马相如传上》:"手熊罴。"颜师古注:"手,言手击杀之。"❸亲手。如:手书;手植。《晋书·纪瞻传》:"好读书,或手自抄写。"❹取;选择。《诗·小雅·宾之初筵》:"宾载手仇,室人入又。"❺指担任或参加行动的人。如:人手;打手;凶手。❻指专司或专精其事的人。如:鼓手;水手;能手;多面手。❼表示动作的开始或结束。如:着手;入手;得手。

手拜 旧时女子跪拜礼的一种。既跪,两手先到地,然后拱手,同时头低下去,到手为止。《礼记·少仪》:"妇人吉事,虽有君赐,肃拜;为尸坐,则不手拜,肃拜。"

手板 亦作"手版"。❶与"笏"同类,用玉、象牙或竹木等制成。古时臣子上朝时所执,有事则记其上,以免遗忘。《周礼·天官序官》"司书"贾公彦疏:"古有简策以记事,若在君前,以笏记事;后代用簿,簿,今手版。"《唐会要》卷三十二:"凡笏……晋、宋以来,谓之手板。"❷"手本"的别名。见"手本❷"。❸旧时书塾中的戒尺。

手本 ❶诉讼状。钟嵘《诗品》卷下:"《行路难》是东阳柴廓所造。宝月尝憩其家,会廓亡,因窃而有之。廓子赍手本出都,欲讼此事,乃厚赂止之。"❷亦称"手板"。明清时下属见上司或门生见老师所用的名帖。刘銮《五石瓠》:"官司移会用六扣白柬,谓之手本;万历间士夫刺亦用六扣,然称名帖;后以青壳粘前后叶而绵六扣,称手本,为下官见上官所投。其门生初见座师,则用红绫壳为手本,亦始万历末年。"六扣,即六折。按清代下属见上司所用手本,分"红禀"、"白禀"两种,都为黑壳。红禀用以书写官衔姓名(官衔手本)、履历(履历手本),也用于庆贺之事;白禀则用于普通叙事。❸公文。张居正《明体制以重王言疏》:"凡官员应给诰敕,该部题奉钦依手本到阁,撰述官先具稿,送臣等看详改定,誊写进呈,候批红发下,撰述官用关防挂号,然后发中书舍人写轴用宝,此定制也。"

手笔 ❶亲手所写或所画的东西,犹言手迹。《后汉书·赵壹传》赵壹报皇甫规书曰:"仁君忽一匹夫,于德何损,而远辱手笔,追路相寻,诚足愧也。"❷指诗文或诗文的创作。陆云《与兄平原书》:"今送君苗《登台赋》,为佳手笔。"《旧唐书·李贺传》:"手笔敏捷,尤长于歌篇。"参见"大手笔"。❸排场;手面。《官场现形记》第五十九回:"这是二舍妹,她自小手笔就阔,气派也不同。"

手表 系在手腕上的小型计时仪器。从19世纪中叶有人将挂表装上皮带,戴在手腕上使用开始,经逐步改进,缩小体形,美化式样,发展成为手表。早先为机芯结构质量较差的粗马表,后逐步造出精度较高、比较经久耐用、采用宝石为轴承的细马表,并有自动表、日历表、潜水表、耐高压表、耐真空表、闹表和盲人表等种类。20世纪中叶又制成了用电池供能的电子表,并进一步发展为音叉振荡式、石英振荡式和数字显示式等种类。

手不释卷 释,放下;卷,书卷。形容勤学不倦。《三国志·吴志·吕蒙传》"结友而别"裴松之注引《江表传》:"光武(刘秀)当兵马之务,手不释卷。"亦作"手不辍卷"。《梁书·杨公则传》:"性好学,虽居军旅,手不辍卷。"

手册 工具书的一种。编集某种专业性资料或综合性资料,以供查检参考。如《汉语拼音中国地名手册》。

手刺 旧时官场中拜谒时所用亲笔写的名帖。陆游《老学庵笔记》卷三:"元丰后又盛行手刺,前不具衔,止云某谨上谒某官,某月日,结衔姓名。刺或云状,亦或不结衔,止书郡名,然皆手书。"

手段 ❶为达到某种目的而采取的方法和措施。如:强硬手段。❷本领;能耐。《儒林外史》第三十四回:"孙解官道:'先生若不信敝友手段,可以当面请教一二。'"❸待人处事的办法。多用于贬义。如:耍手段。

手法 ❶处理材料的方法。常用于工艺、美术或文学等方面,含有技巧、工夫、作风等意义。如:表现手法;手法高超。❷犹手段。应付人事的权术。

手感 评定纺织材料品质的指标之一。通过手等触摸获得的感觉而对纺织材料作出评价。例如,检验原棉时,常以手感作为评价原棉质量的一项指标;对织物的风格特性,也常用滑、爽、挺、软等感觉综合评定。

手工业 依靠手工劳动、使用简单工具的小规模工业生产。开始从属于农业,主要表现为家庭手工业。随着第二次社会分工,手工业脱离农业,成为独立的个体手工业,后又进一步发展为资本主义简单协作的手工业作坊和工场手工业。中国手工业历史久,行业多,分布广,在国民经济中占有重要地位。

手迹 ❶亲手所做的事。《后汉书·曹世叔妻传》:"所作必成,手迹整理,是谓执勤也。"❷亲笔的墨迹。马融《与窦伯尚书》:"孟陵奴来赐书,见手迹,欢喜何量!"

手技 ❶手艺。《汉书·张安世传》:"家童七百人,皆有手技作事。"❷杂技节目。"杂耍"的一种,俗称"杂拌子"。演员用手抛接、耍弄各种物件的技术。所用道具有球、瓶、盘、刀、碗、帽等,以能熟练地用各种姿势抛接数量多而形体、重量不同者为高。参见"跳丸❶"。

手简 书牍。陆游《老学庵笔记》卷三:"予淳熙末还朝,则朝士乃以小纸高四五寸,阔尺余相往来,谓之手简。"后泛称信札。

手卷 书画裱成横幅的长卷,舒卷自如,供案头观赏,不能悬挂。纪君祥《赵氏孤儿》第四折:"我如今将从前屈死的忠臣良将,画成一个手卷。"

手炉 ❶冬天暖手用的小炉,多为铜制。❷僧道等作法事时所执的有柄香炉。王三聘《古今事物考》卷八:"今道士执手炉则不执简。"

手忙脚乱 形容做事忙乱,没有条理。《五灯会元》卷十一"大悲和尚":"问:'如何是大悲境?'师曰:'千眼都来一只收。'曰:'如何是境中人?'师曰:'手忙脚乱。'"

手面 ❶排场;场面。如:手面阔绰。❷曲艺术语。苏州评话、弹词等曲种演唱中所作的形体动作和面部表情,用以辅助叙述故事、交代情节,或模拟人物。昆剧也称动作为手面。

手民 古指木工。陶毂《清异录·人事》:"木匠总号运金之艺,又曰手民,手货。"后亦称排字工人为"手民"。

手枪 单手发射的短枪。短小轻便,能突然开火,通常在50米内有良好的杀伤威力。现代手枪按用途分为自卫手枪、冲锋手枪和特种手枪(微声手枪和隐形手枪等);按结构分为转轮手枪、自动手枪。

手势 ❶用手作各种姿势来表示意思。如:打手势。❷指弹琴的手法。《魏书·柳谐传》:"善鼓琴,以新声手势,京师士子翕然从学。"❸以手作各种姿势示意以行酒令。《新五代史·史弘肇传》:"他日会饮章(王章)第，酒酣，为手势令，弘肇不能为。"

手书 ❶字迹；笔迹。《史记·封禅书》："天子识其手书，问其人。"❷亲手写的书信。《后汉书·隗嚣传》："帝报以手书。"也谓亲笔作书。《三国志·魏志·刘馥传》"子熙嗣"裴松之注引《晋阳秋》："〔刘弘〕每有兴发，手书郡国，丁宁款密。"

手谈 下围棋。《世说新语·巧艺》："王中郎（王坦之）以围棋为坐隐，支公（支遁）以围棋为手谈。"《聊斋志异·连琐》："每夜教杨手谈。"

手腕 ❶手和臂连接的部分。《晋书·淳于智传》："〔智〕乃以朱书手腕横文后三寸。"❷犹手法。方法和技术。鲁迅《且介亭杂文末编·"出关"的"关"》："如果作者手腕高妙，作品久传的话，读者所见的就只是书中人，和这曾经实有的人倒不相干了。"也指对付人事的办法。多用于贬义。如：手腕圆滑；办事很有手腕。

手舞足蹈 形容极其快乐。语出《诗·大序》"永（咏）歌之不足，不知手之舞之，足之蹈之也"。《红楼梦》第四十一回："当下刘老老听见这般音乐，且又有了酒，越发喜的手舞足蹈起来。"

手下 ❶犹手头。如：手下留情；手下败将。❷犹部下。《三国志·吴志·朱异传》："异乃身率其手下二千人，掩破钦（文钦）七屯，斩首数百。"

手艺 手工技能。柳宗元《梓人传》："彼将舍其手艺，专其心智，而能知体要者欤？"

手语 ❶聋哑学校进行教学和聋哑人之间交往、传递思想的特殊的语言规范方式。因用手或手指的动作来表示，故名。分"手指语"和"手势语"两种。用手指作出代表有声语言的字母，并按语言的顺序和规则连续打出（拼成）的语言，称"手指语"（又分双手语和单手语）。中国聋哑学校以"聋人汉语拼音手指字母"教聋哑学生口语，并用作教学辅助工具。以约定俗成的手势（或辅以表情）模拟形象，构成一定的意义，以互相交际和交流思想的，称"手势语"。在实际运用中，手指语和手势语常互相辅助。❷谓弹奏琴瑟之类的乐器，乐声像说话一样能表达情意。李白《春日行》："佳人当窗弄白日，弦将手语弹鸣筝。"

手泽 《礼记·玉藻》："父没而不能读父之书，手泽存焉尔。"孔颖达

疏："谓其书有父平生所持手之润泽存在焉，故不忍读也。"按"手泽"原意为手汗所沾润。后亦借指先人的某些遗物。

手札 手书，亲笔信。白居易《宿香山寺酬广陵牛相公见寄》诗："手札八行诗一篇，无由相见但依然。"

手诏 帝王亲笔写的诏书。《后汉书·盖勋传》："勋虽在外，每军国密事，帝常手诏问之。"

手折 ❶旧时下属向长官申述意见或禀陈公事所用的折子，大都亲手呈递，故称。孔尚任《桃花扇·闲话》："下官写有手折，明日取出奉送罢。"❷旧时商业上记载交易的折子。也叫"经折"。

手足 ❶比喻亲密。《孟子·离娄下》："君之视臣如手足，则臣视君如腹心。"❷指兄弟。《梁书·邵陵王纶传》："岂可手足肱支，自相屠害！"

手足无措 语出《论语·子路》"刑罚不中，则民无所措手足"。措，置放。后以形容临事慌张，不知如何是好。《三国演义》第一百〇三回："山上火箭射下，地雷一齐突出，草房内干柴都着，刮刮杂杂，火势冲天。司马懿惊得手足无措。"亦作"手足失措"。韩愈《为韦相公让官表》："承命震骇，心神靡宁，顾己惭觍，手足失措。"

守（shǒu）❶镇守；守卫；把守。《易·坎》："王公设险，以守其国。"❷掌管。《左传·昭公二十年》："山林之木，衡鹿（麓）守之。"❸保持。《诗·大雅·凫鹥序》："能持盈守成。"❹奉行；遵守。《商君书·更法》："居官而守法。"❺守候；守护；看守。如：守株待兔。《聊斋志异·白莲教》："烧巨烛于堂上，戒恪守，勿以风灭。"❻操守。《易·系辞下》："失其守者其辞屈。"❼请求。《汉书·外戚传》："数守大将军光，为丁外人求侯。"颜师古注："守，求请之。"❽姓。宋代有守恭。
另见 shòu。

守备 ❶防守戒备。《庄子·胠箧》："将为胠箧、探囊、发匮之盗而为守备，则必摄缄縢，固扃鐍。"❷官名。（1）明代设南京守备，节制本区各卫所，为重要军职。（2）明代于总兵下设守备，驻守城哨，位次于游击将军，无定员。（3）清代绿营统兵官，分领营兵，位在都司之下，称营守备。漕运总督辖下各卫分设守备，统率运军领运漕粮，称为卫守备。此外四川、云南等省的土司也有守备一

职，称土守备。

守常 ❶固守常法；按照常理。嵇康《养生论》："谓商无十倍之价，农无百斛之望，此守常而不变者也。"❷正常。《水经注·鲍丘水》引《刘靖碑》："山水暴发，则乘遏东下；平流守常，则自门北入。"

守成 保持已有的成就和业绩。《贞观政要·论君道》："帝王之业，草创与守成孰难？"

守分 安守本分。王粲《公宴诗》："见眷良不翅，守分岂能违！"

守候 防守。《汉书·严助传》："边城守候诚谨。"后多用为等候之意。《三国演义》第五十五回："吾奉周都督将令，守候多时。"

守护 ❶看守保护。如：战士们日夜守护着祖国的边疆。❷日本镰仓幕府和室町幕府的地方官职。1185年（文治元年）源赖朝设置。通常每国（大行政区）设一守护，掌管军警、司法等。室町时代势力扩大。应仁之乱后纷起争雄，拒绝服从幕府，形成战国时代的割据局面。

守护神 被奉为对特定范围或领域加以看守、护卫的神。中国古代崇拜的城隍，即为城池的守护神。许多国家崇奉的各种行业神，对相应的行业加以守护，也属于守护神范围。在某些民族中还有儿童和妇女的守护神等。

守节 ❶坚守节操，不做非礼的事。《左传·成公十五年》："圣达节，次守节，下失节。"❷旧指妇女谨守礼节，能尽妇道。亦专指妇女守寡。《汉书·五行志上》："宋恭公卒，伯姬幽居守节三十余年。"

守经 固守常法；坚持正道。如：守经达权。《汉书·贡禹传》："守经据古，不阿当世。"

守旧 ❶照老样子办事；因袭旧的习俗、观念、制度等不加改变。《宋史·欧阳修传》："士因陋守旧，论卑气弱。"❷旧时戏曲演出舞台上的底幕。绣有各种装饰性图案。左右各有门帘，供演员上下场。旧称"门帘台帐"。清末新式舞台出现后，采用写实布景，门帘台帐遂改称"守旧"。

守口如瓶 形容说话谨慎或严守秘密。周密《癸辛杂识别集下·守口如瓶》："富郑公有'守口如瓶，防意如城'之语。"

守钱虏 亦作"守财奴"。鄙称财多而吝啬的人。《后汉书·马援传》："凡殖货财产，贵其能施赈也，否则守钱虏耳。"

守舍 ❶看守居所。《史记·酷吏列传》：“其父为长安丞，出，汤（张汤）为儿守舍。”❷守卫的处所。《墨子·杂守》：“阁通守舍，相错穿室。”❸俗称心神不定为“魂不守舍”，“舍”指躯体。

守身 保守品节，不受外界诱惑。如：守身如玉。《孟子·离娄上》：“守身，守之本也。”赵岐注：“守身，使不陷于不义也。”

守岁 旧俗，夏历除夕终夜不睡以待天明，称“守岁”。孟元老《东京梦华录·除夕》：“是夜，禁中爆竹山呼，声闻于外。士庶之家，围炉团坐，达旦不寐，谓之守岁。”

守土 守卫疆土。《书·舜典》：“岁二月东巡守。”孔传：“诸侯为天子守土，故称守。”后称地方官之责为守土，谓其有镇守一方、维持安宁之责。苏辙《代歙州贺登极表》：“臣守土南服，亲被鸿恩。”

守望 防守与伺望，指防备盗贼或水火之灾。《孟子·滕文公上》：“出入相友，守望相助，疾病相扶持。”

守文 ❶遵守成法。文，法度。《后汉书·和帝纪》：“守文之际，必有内辅，以参听断。”❷拘守成文。《后汉书·郑玄传论》：“守文之徒，滞固所禀，异端纷纭，互相诡激。”

守信 遵守信约；有信用。《史记·鲁仲连邹阳列传》“是以苏秦不信于天下而为燕尾生”司马贞索隐：“韦昭云：‘尾生，守信而死者。’案言苏秦在燕，独守信如尾生，故云为燕之尾生也。”

守业 ❶保存祖先遗留下来的事业。《左传·昭公二十八年》：“谓知徐吾、赵朝、韩固、魏戊，馀子之不失职，能守业者也。”❷对自己的专职能谨慎从事。《国语·周语中》：“敬所以承命也，恪所以守业也。”

守一 亦作“抱一”。道教修炼方法。语出《老子》：“载营魄抱一”（《老子·十章》），指守持精气魂神，使精不外泄，神不外驰。道教认为“一”为道之根、气之始。守一即可使精气神长驻体内，使魂魄相合，形神相依，达到神气混然的境地，从而达到长生久视目的的。《太平经》称守一为“古今要道”，行之“可长存而不老”。唐以后渐与行气、导引术等融合演变为内丹术。

守御 防守抵御。《史记·封禅书》：“明年，匈奴数入边，兴兵守御。”

守约 ❶得其要领；掌握重点而不

烦琐。《孟子·公孙丑上》：“孟施舍似曾子，北宫黝似子夏；夫二子之勇，未知其孰贤，然而孟施舍守约也。”❷简朴。潘岳《杨仲武诔》：“虽舅氏隆盛，而孤贫守约。”❸遵守信约。

守株待兔 《韩非子·五蠹》：“宋人有耕者，田中有株，兔走触株，折颈而死，因释其耒而守株，冀复得兔。兔不可复得，而身为宋国笑。今欲以先王之政，治当世之民，皆守株之类也。”株，露出地面的树根。后用以比喻死守狭隘经验，不知变通；或意想不劳而获，坐享其成。《喻世明言·杨八老越国奇逢》：“守株待兔，岂是良图？”

守拙 谓无应世之才，宁愿保持愚拙，不求名利。陶潜《归园田居》诗：“开荒南野际，守拙归园田。”

守捉 唐制，军队戍守之地，较大者称军，小者称守捉，其下则有城和镇。天宝以前，军、城、镇、守捉皆有使。又上元以后改防御使为团练守捉使，简称则无“守捉”二字。

首（shǒu）❶头。如：昂首；低首。引申为初始；开端。如：岁首；篇首。❷首领。如：罪魁祸首。❸首先；第一。如：首创；首届；首当其冲。引申为开始；发动。见“首事”、“首难”。❹要领。《书·秦誓》：“予誓告汝群言之首。”❺有罪自陈或出面告发。如：自首；首告。❻方；面。如：东首；上首。❼诗文歌曲一篇叫一首。如《文选》诗文计篇皆称首。韩愈《与于襄阳书》：“谨献旧所为文一十八首。”

首都 一个国家最高政权机关所在地。通常是这个国家的政治、经济和文化的中心。首都所在地一般由宪法规定。个别国家法定首都并非政府所在地，如荷兰的法定首都是阿姆斯特丹，而政府所在地是海牙。中华人民共和国首都是北京。

首恶 ❶首当恶名。《公羊传·僖公二年》：“虞师、晋师灭夏阳。虞，微国也，曷为序乎大国之上？使虞首恶也。”❷罪犯中的为首分子。《新唐书·郑从谠传》：“乃推捕反贼，诛其首恶。”

首辅 即“首揆”。明代对首席大学士的习称。嘉靖、隆庆和万历初期首辅、次辅界限严格，首辅职权最重，主持内阁大政，次辅不敢与较。清代领班军机大臣之权较重，一般亦称为首辅。

首功 ❶《史记·鲁仲连邹阳列传》：“彼秦者，弃礼义而上首功之国

也。”司马贞索隐：“秦法，斩首多为上功。谓斩一人首，赐爵一级，故谓秦为‘首功之国’也。”❷第一等功劳。

首级 秦制以斩敌首多少论功进级。后因称斩下的人头为“首级”。《三国志·魏志·国渊传》：“破贼文书，旧以一为十。及渊上首级如其实数。”

首肯 点头表示同意。王明清《挥麈三录》卷三：“诸将皆喜，云：‘此亦何难！’彦舟亦首肯。”

首领 ❶头和颈。《左传·襄公十三年》：“若以大夫之灵，获保首领以殁于地。”❷集团的领导者；为首的人。《太平广记》卷一三九引《广古今五行记》：“隋开皇初，有〔突厥〕首领数十骑，逐一兔至山。”

首房 首，首级。指斩下的人头。房，俘房。《荀子·儒效》：“故无首房之获。”

首难 首先发难。《国语·晋语九》：“段规反，首难而杀智伯于师。”韦昭注：“言段规首为策作难。”亦用为首先起义的意思，与“首义”同。《史记·项羽本纪》：“陈涉首难，豪杰蜂起。”

首匿 主谋藏匿罪犯。《史记·淮南衡山列传》：“得陈喜于衡山王子孝家。吏劾孝首匿喜。”《汉书·宣帝纪》：“自今子首匿父母，妻匿夫，孙匿大父母，皆勿坐。”颜师古注：“凡首匿者，言为谋首而藏匿罪人。”

首丘 《楚辞·九章·哀郢》：“鸟飞反故乡兮，狐死必首丘。”首，头向着；丘，狐穴所在之土丘。传说狐死时，头犹向着巢穴。后因称人死后归葬故乡为“归正首丘”。也用为怀念故乡之意。《后汉书·班超传》：“况于远处绝域，小臣能无依风首丘之思哉！”又《寇荣传》：“不胜狐死首丘之情。”

首屈一指 屈指计数时首先弯下大拇指。因以“首屈一指”表示位居第一。《儿女英雄传》第二十九回：“千古首屈一指的孔圣人，便是一位有号的。”

首日封 一种供集邮爱好者收集、鉴赏的信封。上面贴有成套、多枚或单枚的纪念邮票、特种邮票或普通邮票，并用该套邮票开始发行当天的邮戳（或纪念邮戳）盖销。如当天交邮寄递，则称“首日实寄封”。

首善 《汉书·儒林传序》：“故教化之行也，建首善自京师始。”意谓实施教化自京师开始，京师为四方的模

范。后因称京师为首善之区。

首施 同"首鼠"。踌躇；进退不定。《后汉书·邓训传》："首施两端"李贤注："首施，犹首鼠也。"一说，犹首尾。王念孙《读书杂志馀编上》："首施，犹首尾也。首尾两端，即今人所云进退无据也。"参见"首鼠两端"。

首时 四时之始，即夏历正月、四月、七月、十月。《公羊传·隐公六年》："《春秋》虽无事，首时过则书。"何休注："首，始也；时，四时也；过，历也。春以正月为始，夏以四月为始，秋以七月为始，冬以十月为始；历一时无事，则书其始月也。"

首事 ❶首要之事。《国策·魏策三》："攻皮氏，此王之首事也。"❷首倡其事。《史记·陈涉世家》："且楚首事，当令于天下。"❸开始。杜预《春秋左氏传序》："故史之所记，必表年以首事。"

首饰 本通指男女头上的饰物。《后汉书·舆服志下》："后世圣人……见鸟兽有冠角頬胡之制，遂作冠冕缨蕤，以为首饰。"后所指饰物不限于头饰。

首鼠 亦作"首施"。踌躇；进退不定。《三国志·吴志·诸葛恪传》："缓则首鼠，急则狼顾。"《北齐书·文襄帝纪》载高澄遗侯景书曰："以狐疑之心，为首鼠之事。"参见"首鼠两端"。

首鼠两端 瞻前顾后、迟疑不决的意思。《史记·魏其武安侯列传》："武安已罢朝，出止车门，召韩御史大夫载。怒曰：'与长孺共一老秃翁，何为首鼠两端！'"裴骃集解引服虔曰："首鼠，一前一却也。"亦作"首施两端"，见《后汉书·邓训传》。按：朱谋玮《骈雅·释训》："首施、首鼠，迟疑也。"王念孙《读书杂志馀编上》："首鼠，亦即首尾之意。"刘大白《辞通序》谓首鼠、首施都是踌躇的叠韵转变字。

首途 启程；上路。杜甫《敬寄族弟唐十八使君》诗："登陆将首途，笔札枉所申。"

首尾 ❶犹前后，始末。《后汉书·西羌传》："驰骋东西，奔救首尾。"《汉书·儒林传》："〔张霸〕分析合二十九篇以为数十，又采《左氏传》、《书叙》为作首尾，凡百二篇。"❷勾结。《水浒传》第五十一回："〔婆娘〕发话道：'你们都和他有首尾，却放他自在。'"引申为男女私情。《京本通俗小说·错斩崔宁》："你既与那妇人没甚首尾，却如何与他同行同宿？"

首相 ❶君主立宪制国家内阁首脑的名称。如英国、日本。日本内阁首脑又称总理大臣。❷朝鲜民主主义人民共和国 1972 年以前政府首脑亦称首相。

首义 ❶最先举兵起义。杜甫《别张建封》诗："刘表建首义，龙见尚踌躇。"❷揭示要旨。《论衡·正说》："夫《春秋》之有年也，犹《尚书》之有章。章以首义，年以纪事。"

艏(shǒu) ❶船的前端或前部。❷见"艗艏"。

shòu

守(shòu) ❶职守，官职。《孟子·公孙丑下》："有官守者，不得其职则去。"❷秦代一郡的长官，后世用为刺史、太守等的简称。《史记·李斯列传》："丞相长男李由为三川守。"《宋史·袁甫传》："〔甫〕缴奏不擒苛小，谓监司、郡守非其人，则一道、一州之蠹也。"❸犹"摄"。暂时署理职务。唐代以品级较低之人任职责较高之官为守某官。《新唐书·百官志一》："至于检校、兼、守、判、知之类，皆非本制。"❹同"狩"。见"巡守"。
另见 shǒu。

守兼 旧时地方官出缺后，不另派人接任，由职位较低者暂代其职。《汉书·王莽传中》："县宰缺者，数年守兼，一切贪残日甚。"

守令 指太守、刺史、县令等地方官。《史记·陈涉世家》："攻陈，陈守令皆不在。"

守宰 地方官吏的泛称。苏轼《上神宗皇帝书》："守宰狼藉，盗贼公行。"又："驱迫邮传，折辱守宰。"

寿〔壽〕(shòu) 亦作"夀"。❶寿命。《庄子·盗跖》："人，上寿百岁，中寿八十，下寿六十。"❷年岁长久。《诗·小雅·天保》："如南山之寿，不骞不崩。"❸生日。如：寿筵；寿酒；拜寿。❹指老年人。《文选·张衡〈东京赋〉》："送迎拜乎三寿。"薛综注："三寿，三老也。"参见"三老❶"。❺祝寿。《史记·项羽本纪》："沛公奉卮酒为寿。"引申为以金帛结纳人。《汉书·东方朔传》："主大喜，使偃以黄金百斤为爰叔寿。"❻保存；保全。《国语·楚语下》："夫盈而不偪，憾而不贰者，臣能自寿。"韦昭注："寿，保也。"❼旧

时给活人预备死后装殓物的婉辞。如：寿衣；寿材。❽姓。晋代有寿冲。

寿考 犹言高寿。《诗·大雅·棫朴》："周王寿考。"朱熹注："文王九十七乃终，故言寿考。"《古诗十九首》："人生非金石，岂能长寿考？"

寿命 生命的年限。古乐府《长歌行》："发白复更黑，延年寿命长。"亦引申指事物存在或有效使用的期限。

寿器 寿材。生前预先做好的棺材。《后汉书·孝崇匽皇后纪》："敛以东园画梓寿器。"李贤注："梓木为棺，以漆画之。称寿器者，欲其久长也，犹如寿堂、寿宫、寿陵之类也。"亦用为棺材的通称。

寿堂 ❶祭祀死者的地方。陆机《挽歌诗》："寿堂延螭魅，虚无自相宾。"也指停放灵柩之堂。白居易《夜哭李夷道》诗："家人临哀毕，夜锁寿堂门。"❷犹寿冢。《东坡志林》卷七："古今之葬者皆为一室，独蜀人为同坟而异葬，其间为通道，高及眉，广不能容人。生者之室，谓之寿堂。"❸祝寿的礼堂。

寿星 ❶十二次之一。配十二辰为辰，配二十八宿为角、亢二宿。《尔雅》所载标志星同。按《汉书·律历志》，日至其初为白露，至其中为秋分。明末后译黄道十二宫的天秤宫为寿星宫。❷即"老人星"，亦称"南极老人"。《史记·封禅书》司马贞索隐："寿星，盖南极老人星也，见则天下理安，故祠之以祈福寿也。"旧俗以此星为司长寿之神，并把他画成老人模样，白须，持杖，头部长而隆起，常伴以鹿鹤、仙桃。❸对被祝寿人的称呼。亦用以尊称高寿的人。

寿域 ❶指人人得尽天年的安乐世界。杜甫《上韦左相》诗："八荒开寿域，一气转洪钧。"❷生前预造的墓穴。

寿藏 犹寿冢。亦称生圹。生前预筑的坟墓。《后汉书·赵岐传》："年九十余，建安六年卒，先自为寿藏。"李贤注："寿藏，谓冢圹也。称寿者，取其久远之意也；犹如寿宫、寿器之类。"

寿终正寝 正寝，住宅的正屋。谓年老时在家安然死去，别于横死、客死或夭亡而言。也比喻事物的自然消亡。《封神演义》第十一回："你道朕不能善终，你自夸寿终正寝，非侮君而何？"

寿冢 生前预筑的坟墓。《后汉书·侯览传》："豫作寿冢，石椁双阙，高庑百尺。"参见"寿藏"。

受（shòu）❶接受;承受。《庄子·让王》:"尧以天下让许由,许由不受。"❷遭受。如:受损失。❸忍受。如:受得了;受不了。❹相应;调合。《吕氏春秋·圜道》:"宫徵商羽角,各处其处,音皆调均,不可以相违,此所以无不受也。"高诱注:"受,亦应也。"引申为适合。如:受听;受用。❺收回。《周礼·春官·司干》:"舞者既陈,则授舞器,既舞则受之。"❻收买。《管子·海王》:"雠(售)盐于吾国,釜十五吾受,而官出之以百。"尹知章注:"受,取也。假令彼盐平价釜当十钱者,吾又加五钱而取之。"❼容纳。《易·咸》:"君子以虚受人。"❽通"授"。《宋书·垣护之传》:"岂是朝廷受任之旨?"

受茶　旧时女子受聘叫"受茶"。陈耀文《天中记》卷四十四"种茶":"凡种茶树必下子,移植则不复生,故俗聘妇必以茶为礼,义固有所取也。"

受成　接受已定的谋划。《礼记·王制》:"天子将出征……受成于学。"郑玄注:"定兵谋也。"孔颖达疏:"其谋成定,受此成定之谋在于学里,故云受成于学。"后称办事遵照主管者之计划而行,不自作主张为"受成"。

受宠若惊　骤得荣宠而感到惊喜和不安。《官场现形记》第十八回:"过道台承中丞这一番优待,不禁受宠若惊。"参见"宠辱若惊"、"宠辱不惊"。

受代　旧称官吏去职为受代。谓受新官的替代。《宋史·河渠志一》:"是年(咸平三年)诏缘河官吏,虽秩满,须水落受代。"

受俘　古时战争得胜,向宗庙和社稷献俘,再行受俘礼,由皇帝接受战俘。《旧唐书·宪宗纪下》:"元和十四年,上御兴安门受田弘正所献贼俘。"《宋史·太祖纪二》及《礼志二十四》载:开宝四年俘刘鋹,献俘于太庙、太社后,宋太祖御明德门受俘。《清会典·礼部》:"凡受俘之礼,献俘之次日皇帝受俘于午门楼,兵部尚书跪奏平定某地所获俘囚某等,谨献阙下;制曰:'所献俘交刑部。'刑部堂官跪领旨,兵部官引俘出,交刑部官,刑部官械俘出,施行。"参见"献俘"。

受贿　国家工作人员利用职务上的便利,索取他人财物或者非法收受他人财物,为他人谋取利益的行为。我国刑法规定为受贿罪。国家工作人员在经济活动中违反国家规定,收受各种名义的回扣、手续费,归个人所有的,以受贿论处。对受贿罪,依照贪污罪处罚。

受戒　❶佛教信徒通过一定仪式接受佛教戒律。戒有五戒、八戒、十戒、具足戒之别,因而受戒的仪式也各不相同。❷伊斯兰教朝觐时的仪节。朝觐者进入麦加圣地前在规定地点沐浴,去常服,披戒衣(白布两块,妇女仍穿常服),科头跣足,戒房事,戒争论,戒修饰(如修剪指甲、毛发和使用香料等),戒伤陆地生灵和圣地树木等,直到朝觐完毕。

受命　❶接受任务或命令。诸葛亮《出师表》:"受命以来,夙夜忧叹。"❷领教;接受教导。《说苑·敬慎》:"孙叔敖再拜曰:'敬受命,愿闻余教。'"❸谓受天之命。古代帝王托神权以自重之辞。《书·召诰》:"惟王受命,无疆惟休。"

受禅　古代指承受帝位禅让。《孔丛子·杂训》:"夫受禅于人者,则袭其统。"亦作"受嬗"、"受禅"。《汉书·王莽传中》:"受嬗于唐。"又《异姓诸侯王表序》:"昔《诗》《书》述虞夏之际,舜禹受禅。"

受事　句子里受动作支配的人或事物。如"大家都尊敬老师"中的"老师","我们学习语法"中的"语法"。

受室　娶妻。《左传·桓公六年》:"今以君命奔齐之急,而受室以归,是以师昏也。"

受田　古代的一种土地制度。《汉书·食货志上》:"民年二十受田,六十归田。"又:"民受田,上田,夫百亩;中田,夫二百亩;下田,夫三百亩。"按,《周礼·地官·大司徒》云:"不易之地家百亩,一易之地家二百亩,再易之地家三百亩。"《汉书》本此。不易之地,指年年可耕之良田;一易、再易,指二年、三年可耕一次的田。

受性　禀性。《诗·大雅·桑柔》"维彼不顺,征以中垢"郑玄笺:"受性于天,不可变也。"《三国志·吴志·步骘传》:"受性暗蔽,不达道数。"

受业　谓从师学习。业,古代学习用的书板。《孟子·告子下》:"交(曹交)得见于邹君,可以假馆,愿留而受业于门。"后用为学生对老师的自称。

受业弟子　直接受教的学生。自汉代起,成为学生对老师的自称。

受用　收取财物以供官府之用。《周礼·天官·大府》:"颁其货于受藏之府,颁其贿于受用之府。"郑玄注:"凡货贿皆藏以给用耳。良者以给王之用,其馀以给国之用。或言受藏,或言受用,又杂言货贿,皆互文。"引申为享受,得益。《法苑珠林》卷十二:"四方僧物,饮食卧具,皆悉不得共同受用。"《朱子语类·学三》:"今只是要理会道理,若理会得一分,便有一分受用;理会得二分,便有二分受用。"

受孕　精子和卵子在母体内结合的生理现象。人和哺乳类动物,在性交时精液被射入阴道内,精子进入子宫腔再移行至输卵管,与成熟卵子在输卵管管腔中结合成为受精卵。受精卵再由输卵管转移而植入子宫内膜,并在此生长发育成为胎儿。

受知　得到知遇。欧阳修《送荥阳魏主簿广》诗:"受知固不易,知士诚尤难。"旧时科举中式,称考官为"受知师"。

受众　传播学术语。指大众传播过程中信息的接收者。其特点是众多,混杂,分散,流动,隐匿。

狩（shòu）❶打猎。《诗·魏风·伐檀》:"不狩不猎,胡瞻尔庭有县(悬)狟兮!"特指君主冬天打猎。《左传·隐公五年》:"故春蒐、夏苗、秋狝、冬狩,皆于农隙以讲事也。"❷通"守"。见"巡守"。

授（shòu）❶给予;付予。如:授权。《聊斋志异·贾儿》:"取酒授之。"❷授职;任命。《晋书·左思传》:"以能,擢授殿中侍御史。"❸传;传授。《三国志·蜀志·王平传》:"其所识不过十字,而口授作书,皆有意理。"《汉书·欧阳生传》:"宽(儿宽)授欧阳生子。"❹姓。汉代有授异众。

授兵　古代兵器由政府收藏管理,有事时祭告祖庙后发给兵士,称授兵。《周礼·夏官·司兵》:"掌五兵五盾,各辨其物与其等,以待军事。及授兵,从司马之法以颁之。"

授餐　谓款留宾客,供给膳食。《诗·郑风·缁衣》:"适子之馆兮,还予授子之粲兮。"粲,通"餐"。

授馆　为宾客安排起居休息的地方。《国语·周语中》:"膳宰不致饩,司里不授馆。"

授箓　道教正一派授受符箓的仪式。只有得授符箓的道士,才能获取道位神职,主持斋醮。授箓仪式须由传度、监度、保举三大师主持。道士受箓后被授予职牒,以为凭信。

授命 ❶献出生命;捐躯。《论语·宪问》:"见利思义,见危授命。"❷犹拼命。《国语·吴语》:"夫谋必素,见成事焉而后履之,不可以授命。"韦昭注:"授命,犹斗命。"

授时 ❶《书·尧典》:"历象日月星辰,敬授人时。"后世因称颁行历书为"授时"。❷时间和频率服务的总称。天文台或时间频率实验室将由原子钟产生的标准频率、原子时刻和由天文观测测定的世界时时刻,利用无线电播发出去,以供测量、航运、科学研究和日常生活的需要。

授室　《礼记·郊特牲》:"舅姑降自西阶,妇降由阼阶,授之室也。"谓以家事交付新妇。后因谓为子娶妇为"授室"。

授首 ❶被斩首。诸葛亮《后出师表》:"举兵北征,夏侯授首。"❷投降。《国策·秦策四》:"秦楚合为一,以临韩,韩必授首。"

授受　交接。谓一方给予,一方接受。《礼记·祭统》:"夫妇相授受。"

授田　亦称"受田"。❶中国古代根据不同人户地位身份分配土地的制度。《周礼·地官·遂人》:"以岁时稽其人民,而授之田野","以土均平政,辨其野之土,上地、中地、下地,以颁田里"。《汉书·食货志上》:"民受田,上田夫百亩,中田夫二百亩,下田夫三百亩。"北魏至唐中叶实行均田制也对民户实行授田。❷先秦实行分封制,天子给诸侯封地,称"授土"或"授田"。

授衣　古时九月制备寒衣,叫"授衣"。《诗·豳风·七月》:"七月流火,九月授衣。"毛传:"九月霜始降,妇功成,可以授冬衣矣。"

售〔shòu〕❶卖。如:出售;售票。《诗·邶风·谷风》:"贾用不售。"❷达到;实现。如:其计不售。张衡《西京赋》:"挟邪作蛊,于是不售。"亦用作科举考试得中的意思。《聊斋志异·促织》:"有成名者,操童子业,久不售。"

兽〔獸〕(shòu) ❶野兽。《尔雅·释鸟》:"二足而羽谓之禽,四足而毛谓之兽。"❷比喻野蛮;下流。如:兽性;兽欲。

兽环　旧时大门上的铜环,多用刻成或铸成兽头形的铺首衔着,故称"兽环"。赵光远《题妓莱儿壁》诗:"鱼钥兽环斜掩门。"

慢(shòu)　人名用字。汉哀帝时有武安侯刘慢。见《汉书·王子侯表下》。

绶〔綬〕(shòu)　古代系帷幕或印纽的丝带。《周礼·天官·幕人》:"掌帷幕幄帟绶之事。"郑玄注引郑司农云:"绶,组绶,所以系帷也。"《史记·范雎蔡泽列传》:"怀黄金之印,结紫绶于要(腰)。"

寿(shòu)　同"寿(壽)"。

瘦(shòu) ❶肌肉不丰满。与"肥"相对。《淮南子·修务训》:"盖闻传书曰:'神农憔悴,尧瘦臞。'"引申为细削、峭削、简啬等的形容。如:字小而瘦;水清石瘦;郊(孟郊)寒岛(贾岛)瘦。❷指食用肉少脂肪。如:瘦肉。❸瘠薄;不肥沃。叶適《戴肖望挽词二首》:"水肥应返钓,田瘦合归犁。"

瘦金书　亦称"瘦金体"。宋徽宗赵佶正楷学唐褚遂良、薛曜、薛稷,略变其体,运笔挺劲犀利,笔道瘦细峭硬而腴润洒脱,成一家法,自称"瘦金书"。

瘦(shòu)　同"瘦"。

锹〔鍬〕(shòu)　见"锹镉"。另见 sōu。

锹镉　铁锈。见《玉篇·金部》。

shū

殳(shū) ❶古代撞击用的兵器。亦作"杸"。竹或木制,长一丈二尺,头上不用金属为刃,八棱而尖。《诗·卫风·伯兮》:"伯也执殳,为王前驱。"❷戟柄。《方言》第九:"三刃枝,南楚、宛、郢谓之匽戟;其柄,自关而西谓之柲,或谓之殳。"❸姓。《书·舜典》有舜臣殳斯。

殳书　秦书八体之一。刻于兵器上的文字。殳是兵器的一种,言殳以包括一切兵器。今存秦代兵器有铭文的如《相邦吕韦戈》,字体不脱小篆,但笔画简省草率,接近隶书;也有字体较为工整的。

殳　书

书〔書〕(shū) ❶书籍;装订成册的著作。如:藏书;著书。许慎《〈说文解字〉序》:"箸于竹帛谓之书。"❷书写;记载。如:振笔疾书;大书特书。❸字体。如:草书;楷书。亦指书法。如:书画并佳。❹信函。如:家书。《左传·昭公六年》:"叔向使诒子产书。"亦泛指文书、文件。如:保证书;申请书;志愿书。❺经籍的通称。《荀子·天论》:"万物之怪书不说。"杨倞注:"书谓六经也。"❻指《尚书》。《礼记·经解》:"温柔敦厚,《诗》教也;疏通知远,《书》教也。"❼某些曲艺的通称。如:说书;书场。《老残游记》第二回:"明儿白妞说书,我们可以不必做生意,来听书吧。"

书策 ❶古代没有纸,把文字写在竹简上,连编诸简谓之策,因称书籍为"书策"。《礼记·曲礼上》:"先生书策琴瑟在前。"❷李肇《唐国史补》卷下:"挟藏入试,谓之书策。"谓夹带书册入试场。

书城　藏书极多,环列如城。陈继儒《太平清话》:"宋政和时,都下李德茂环积坟籍,名曰书城。"参见"百城"。

书痴　嗜书若痴的人。《旧唐书·窦威传》:"威家世勋贵,诸昆弟并尚武艺而威耽玩文史,介然自守,诸兄哂之,谓为书痴。"亦用来嘲笑只爱读书而不通世故的人。

书厨　比喻博学的人。《宋史·吴时传》:"时敏于为文,未尝属稿,落笔已就,两学目之曰立地书厨。"亦用来比喻读书虽多而不能运用的人。《南史·陆澄传》:"澄当世称为硕学,读《易》三年,不解文义,欲撰《宋书》竟不成,王俭戏之曰:'陆公,书厨也。'"

书丹　书法术语。以朱笔在碑石上写字,待镌刻。《后汉书·蔡邕传》:"熹平四年(公元175年),奏求正定六经文字,灵帝许之,邕乃自书丹于碑,使工镌刻。"后称书写碑志等为"书丹"。

书道　书法术语。日本人称书法为书道。其名称出于中国。北宋黄伯思《东观馀论》中"跋段柯古靖居寺碑后"云:"唐中叶以后,书道下衰之际。"

书牍　文体名。信函简牍之类的通称。一般应用于私人间的告述。包括书、启、笺、移、牍、简、札、帖等。牍是古代用以书写的木简。

书法　中国传统艺术之一。指用中国式的圆锥形毛笔书写汉字(篆、隶、正、行、草)的法则。技法上精研执笔、用笔、用墨、点画、结构、分布、体貌风格等。书法仅凭抽象性的点线运转,要力求美化,尤须讲究笔法、笔势、笔意,其气质和韵致,要求有特色,有微妙迭见的变化,力求达到圆满。汉字字体,从先秦时期通用的属于篆书范畴的各种古代文字,包括殷墟甲骨文,商、周金文,秦篆,发展到汉隶成熟后的正书、行书、草书。字体的演变,由繁到简;而书法艺术的内涵与技法,却由简到繁。中国书法艺术和绘画艺术,在笔墨精神上,乃同源、同核、同理、同法。中国书法艺术已有三千多年历史,商、周金文已具艺术性,秦篆、汉隶、魏碑、唐楷、宋行、明人小楷等更见丰采多姿。代有著名书法家,如王羲之、王献之、欧阳询、褚遂良、颜真卿、柳公权、怀素、张旭、苏轼、黄庭坚、米芾、董其昌、郑燮以及吴昌硕、于右任、沈尹默、林散之等。

书馆 汉代的蒙学。属私学。王国维《汉魏博士考》:"汉时教初学之所名曰书馆。其师名曰书师;其书用《仓颉》、《凡将》、《急就》、《元尚》诸篇;其旨在使学童识字习字。"

书翰 指文墨、文札。《陈书·后主沈皇后传》:"聪敏强记,涉猎经史,工书翰。"《南史·垣崇祖传》:"恭叔,谯人,崇祖于豫州,闻其才义,辟为主簿,兼掌书翰。"后多用来指书信。

书后 文体名。对所读作品评价或记述读后感想的文章,也可对其中论点提出补充、批评或反驳的意见。一般用散文叙写。

书会 宋元时戏曲、曲艺作者的组织。多设立于杭州、温州、大都(今北京市)等城市,如古杭书会、九山书会等。参加的作者称为才人。

书籍 用文字、图画或其他符号,在一定材料上记录知识、表达思想并制成卷册的作品。书籍最初同书契档案不分,后随人类知识领域不断扩大,逐渐成为传播思想、传播知识和积累文化的重要手段,并形成独立的形态。古代书籍用人工书写,写书用的材料和书籍的装帧形式也不断变化。我国从春秋时起(迄今发现的实物最早为战国时),常用简、帛写书,称简策、帛书。东汉以后,渐为纸张代替,形成卷轴。唐代以来,逐渐由手抄改为刻版印刷,并由卷轴演变为册叶形式。现代随着科学文化的发展和印刷术的不断革新,书籍的内容和形式都更加丰富多采。

书记 ❶犹书籍。《后汉书·仲长统传》:"少好学,博涉书记。"❷犹书牍。曹丕《典论论文》:"琳、瑀之章表书记,今之隽也。"❸古时在官府主管文书工作的人员。任昉《齐竟陵文宣王行状》:"谋出股肱,任切机

记。"后泛指在机关团体中任抄录书写工作的人员。❹某些政党和团体的各级组织的负责人。

书剑 书、剑为古代文人随身携带之物,因以指文人生涯。高适《人日寄杜二拾遗》诗:"一卧东山三十春,岂知书剑老风尘。"

书经 即"尚书❶"。

书局 ❶官中修书所。《宋史·职官志四》:"宣和二年诏罢在京修书诸局。"❷清季于江苏、浙江、广东、湖北诸省置官书局,刊行书籍。后亦称书店为书局。

书卷 书籍。古代书本多作卷轴形,故称"书卷"。杜甫《水阁朝霁奉简严云安》诗:"雨槛卧花丛,风床展书卷。"

书空 用手指在空中虚划字形。《世说新语·黜免》:"殷中军(浩)被废,在信安,终日恒书空作字……窃视,唯作'咄咄怪事'四字而已。"李贺《唐儿歌》:"东家娇娘求对值,浓笑书空作唐字。"参见"咄咄怪事"。

书吏 清制,内外各官署之吏员皆称书吏。为雇员性质,承办例行公事。

书簏 比喻读书多而不善于运用的人。《晋书·刘柳传》:"时有丞傅迪,好广读书而不解其义……柳云:'卿读书虽多而无所解,可谓书簏矣。'"

书面语 文字创制以后逐渐形成的书面用语。与口语相对。其产生和发展以口语为基础和源泉,一经产生,便扩大了语言在时间和地域上的流传,并同口语一起成为人类社会语言交际的基本形式。它比口语精确严密和利于规范,并对口语的发展和规范产生直接而重大的影响。在历史上,也有书面语同口语相脱离而成很大差别的情况,如中国的文言和中世纪某些欧洲国家使用的拉丁文。书面语演变的总趋势,是同口语基本统一、相互转化、共同发展的。

书名号 标点符号的一种,即《 》或﹏﹏。用来表示文中的书名、篇名之类。一般书刊多采用《 》,如《红楼梦》。

书启 指下级给上级的信件。后来用为信札的通称。欧阳修《与陈员外书》:"下吏以私自达于其属长,而有所候问请谢者,则曰笺记书启。"

书契 ❶指文字。契就是刻,古代文字多用刀刻,故名。《易·系辞下》:"上古结绳而治,后世圣人易之

以书契。"一说,书指文字,刻木以纪数,纪事谓之契。唐李鼎祚《周易集解》:"百官以书治职,万民以契明其事。"❷指券约等书面凭证。《周礼·大官·小宰》:"六曰听取予以书契。"孙诒让正义:"凡以文书为要约,或书于符券,或载于簿书,并谓之书契。"

书社 ❶古代二十五家为一社,书写社人姓名于册籍,称为"书社"。借指一定数量的土地和附着于土地的人口。《左传·哀公十五年》:"因与卫地……书社五百。"《商君书·赏刑》:"自士卒坐陈(阵)者,里有书社。"坐陈,谓临阵。❷谓读书的会社。苏轼《杭州故人信至齐安》诗:"相期结书社,未怕供诗帐。"

书绅 《论语·卫灵公》:"子张书诸绅。"邢昺疏:"绅,大带也。子张以孔子之言书之绅带,意其佩服无忘忘也。"后用来指把重要的训言记下来,以防遗忘。江淹《杂体诗》:"写怀良未远,感赠以书绅。"

书生 儒生,读书人。《后汉书·费长房传》:"长房曾与人共行,见一书生,黄巾被裘,无鞍骑马,下而叩头。"高适《酬贺兰大夫》诗:"鲁连真义士,陆逊岂书生。"

书圣 指书艺最高的书法家。《南史·王志传》:"志善藁隶,当时以为楷法,齐游击将军徐希秀亦号能书,常谓志为书圣。"

书史 ❶记事的史官。周穆王巡行天下,有书史十人,记其所行之地。见王嘉《拾遗记》。❷书籍。江淹《杂体诗·颜延之》:"揆日粲书史,相都丽闻见。"

书手 从事抄写的书吏。陶宗仪《辍耕录·书手》:"世称乡胥为书手。《报应记》:'宋衍应明经举,因疾病废业,为盐铁院书手。'盖唐时已有此名。"

书肆 即书店。亦称"书坊"、"书林"、"书堂"、"书铺"、"书棚"、"书籍铺"、"经籍铺"等。西汉扬雄《法言》:"好书,而不要诸仲尼,书肆也。"这是中国现存古籍中最早提到书肆的记载。至唐代中叶,因刻版印刷术已兴起,在今四川、安徽、江苏、浙江和洛阳等地,都设有书肆。唐代以后,书商设肆刻书更为普遍。

书信 书,函札;信,信使。《晋书·陆机传》:"笑语犬曰:'我家绝无书信,汝能赍书取消息不?'"后称函札为书信。王驾《古意》诗:"一行书信千行泪,寒到君边衣到无?"

书淫 旧时称嗜书成癖,好学不倦的人。《晋书·皇甫谧传》:"耽玩典籍,忘寝与食,时人谓之书淫。"

书院 中国古代的一种学校类型。创始于唐代。开元六年(公元718年)设丽正修书院,十三年改称集贤殿书院,置学士,掌校勘经籍、征集遗书、辨明典章,备顾问应对。后亦有名为精舍的,如善福精舍等。大顺中,江州陈氏立东佳书堂,亦称义门书院,供子弟修学。贞元中,李渤隐居读书于庐山白鹿洞,南唐时就遗址建学馆以授生徒,号庐山国学。后改称白鹿洞书院。宋代由于官府奖励,书院大兴。白鹿之外,新建石鼓、嵩阳、应天府、岳麓、丽正、象山等著名书院十余所。创办者或为私人,或为官府,多选山林名胜之地为院址。不少知名学者讲学其中,研习儒家经籍,形成不同学派的争鸣。元代增至二百余所,路、州、府皆设。在官府控制下,渐流为科举的预习场所。明代由于在讲学中议论朝政,屡遭禁毁。清代发展至数千所,多以应举为目的。惟阮元所创诂经精舍、学海堂(亦书院类型),不课举业,倡为朴学。近代西学东渐,乃产生兼课中、西学的新型书院。清末,废科举,改书院为学堂。抗日战争时期,又有梁漱溟在重庆创办的勉仁书院、马一浮在乐山创办的复性书院,以研习国学为宗旨。

书传 ❶指《尚书》之注。传有传述之义。如明刘三吾等撰有《书传会选》。❷典籍和传述。《史记·廉颇蔺相如列传》:"括徒能读其父书传,不知合变也。"

书佐 官名。两汉郡县各曹都有书佐,主起草和缮写文书。

疋 (shū) 脚。《说文·疋部》:"疋,足也,上象腓肠,下从止。《弟子职》曰:'问疋何止?'今本《管子》'疋'作'趾'。"

　另见 pǐ 匹㊀、yǎ。

朩 (shū) ㊀同"叔"。

抒 (shū) ❶舀出。《诗·大雅·生民》:"或舂或揄"毛传:"揄,抒臼也。"孔颖达疏:"谓抒米以出白也。"❷表达;倾吐。如:各抒己见。《汉书·刘向传》:"一抒愚意。"❸发泄。如:抒愤。《汉书·王褒传》:"敢不略陈愚而抒情素。"❹通"纾"。解除。《左传·文公六年》:"有此四德者,难必抒矣。"参见"纾❶"。

抒情诗 诗歌的一种。多半直接抒发诗人的思想感情,并通过其个性和个人情感折射出一定的时代内容,没有完整的故事情节。但有些抒情诗中的抒情人却是虚构的人物,不能把诗里的"我"当作诗人本人。抒情诗是一切诗的基本原素。根据内容的不同,分为颂歌、哀歌、挽歌、情歌等。

朩 (shū) 同"叔"。

纾 〔纾〕(shū) ❶解除。《左传·庄公三十年》:"鬬穀於菟为令尹,自毁其家,以纾楚国之难。"❷使宽裕;宽舒。陆贽《中书奏议·均节赋税恤百姓》:"州郡羡财,亦将焉往?若不上输王府,理须下纾疲人。"《宋史·李蘩传》:"关外麦熟,倍于常年,实由罢籴,民力稍纾,得以尽于田亩。"❸延缓。《左传·文公十六年》:"姑纾死焉。"

枢 〔樞〕(shū) ❶门户的转轴。如:户枢。《潜夫论·忠贵》:"惧门之不坚,而为作铁枢。"❷指事物的重要部分或中心部分。如:中枢;枢府。《史记·范雎蔡泽列传》:"今夫韩魏,中国之处,而天下之枢也。"❸古星名。北斗七星的第一星,亦称"天枢"。

　另见 ōu。

枢臣 指宰辅重臣。王禹偁《赠密直张谏议》诗:"先皇忧蜀辍枢臣,独冒兵戈出剑门。"

枢府 政府的中枢机构。苏辙《贺欧阳副枢启》:"位在枢府,才为文师。"宋代多以称枢密院。清代亦以称军机处。

枢机 ❶比喻事物运动的关键。《易·系辞上》:"言行,君子之枢机。"韩康伯注:"枢机,制动之主也。"《国语·周语下》:"夫耳目,心之枢机也。"❷朝廷的重要职位或机构。《后汉书·明德马皇后纪》:"先帝防慎舅氏,不令在枢机之要。"

枢极 指中央政府的权力中枢。古代以北极星为天的枢纽,故以为喻。《后汉书·梁统传论》:"夫宰相运动枢极,感会天人。中于道,则易以兴政;乖于务,则难乎御物。"李贤注:"枢,斗枢也。极,北生也。"

枢近 指朝中接近皇帝的重要职位。《周书·文帝纪上》:"孙腾、任祥,欢之心膂,并使入居枢近,伺国间隙。"

枢密使 官名。唐代宗始以宦官掌枢密,其后握权之宦官多以枢密使名义干预朝政,甚至废立君主。昭宗借朱温之力,尽诛宦官,始改以士人任枢密使。朱温称帝,改名崇政使,以君主左右最亲信之大臣任此官。后唐复称枢密使。其实权有超过宰相者。宋代沿其制而略加变通,以枢密使为枢密院长官,与同平章事等合称"宰执",共同负责军国要政。枢密院长官有时称知枢密院事,简称知院。其副职称枢密副使,或同知枢密院事。任此职者一般为文官,也偶用武人。北宋时偶由同平章事兼任。南宋开禧时,定制由同平章事兼使。遇有关于军事之措施,均由枢密使秉承君主意旨决定执行。清代对军机大臣亦往往以枢密为尊称。

枢密院 ❶官署名。五代后梁建立崇政院,后唐改称枢密院。宋代沿置,主要管理军事机密、边防等,与中书门下(政事堂)并称"二府",同为最高国务机关。辽设北枢密院(相当兵部)、南枢密院(相当吏部)及汉人枢密院(掌北族地区兵马)。元代枢密院主要掌军事机密、边防及宫廷禁卫等事务;战争时设行枢密院,掌一方军政。明代废。❷某些君主制国家君主设立的咨询机关(如帝俄及第二次世界大战前的日本等)。通常由贵族、高级官僚等组成。英国的枢密院,在封建君主专制时期,还参预外交、殖民政策的确定和重大政治案件的审判等,18世纪20年代正式形成责任内阁后,枢密院失去原来的政治地位。❸某些国家议会中一个院的名称。

枢纽 比喻冲要处或事物的关键所在。如:交通枢纽。《南齐书·崔祖思传》:"是以有耻且格,敬让之枢纽;令行禁止,为国之关楗。"《文心雕龙·序志》:"盖《文心》之作也,本乎道,师乎圣,体乎经,酌乎纬,变乎骚:文之枢纽,亦云极矣。"

枢务 朝廷的重要政务。白居易《寄隐者》诗:"云是右丞相,当国握枢务。"

枢相 宋代宰相兼任枢密使者称枢相。清代对官至大学士之军机大臣亦有此称。

枢要 ❶事物的中心、关键。《荀子·富国》:"故无分者,人之大害也;有分者,天下之本利也;而人君者,所以管分之枢要也。"❷指中央政府中机要的部门或官职。《后汉书·韦彪传》:"天下枢要,在于尚书。"《晋书·羊祜传》:"祜历职二朝,任典枢要,政事损益,皆咨访焉。"

役 (shū) 同"殳"。

殳

毂 〔轂〕(shū) 车竿。黄宗羲《王讷如使君传》:"龙节虎旗,驰驿奔轺,以去以来,毂交蹄劘。"

叔 (shū) ❶即叔父。称父亲的弟弟。文天祥《指南录后序》:"数吕师孟叔侄为逆。"亦泛称与父亲平辈而年龄比父亲小的人。如:王叔。❷称丈夫的弟弟。如:叔嫂。《尔雅·释亲》:"夫之弟为叔。"《国策·秦策一》:"妻不以我为夫,嫂不以我为叔。"❸在伯、仲、叔、季的兄弟排行中表示行三。柳宗元《哭连州凌员外司马》:"仲叔继幽沦。"❹拾取。《诗·豳风·七月》:"九月叔苴。"毛传:"叔,拾也。"

叔父 ❶父亲的弟弟。《尔雅·释亲》:"父之晜弟,先生为世父,后生为叔父。"《礼记·曾子问》:"已祭,而见伯父叔父,而后飨冠者。"❷周天子同姓诸侯为叔父。《仪礼·觐礼》:"同姓小邦,则曰叔父;其异姓小邦,则曰叔舅。"

叔季 叔世与季世,指衰亡之世。《左传·僖公二十四年》"昔周公吊二叔之不咸"孔颖达疏:"伯、仲、叔、季,长幼之次也。故通谓国衰为叔世,将亡为季世。"朱熹《白鹿洞赋》:"在叔季而且然,矧休明之景运。"

叔妹 即小姑,丈夫之妹。《后汉书·曹世叔妻传》:"舅姑之爱己,由叔妹之誉己也。"

叔世 犹言末世。古指国家政权衰敝的年代。《左传·昭公六年》:"三辟之兴,皆叔世也。"孔颖达疏引服虔曰:"政衰为叔世。"三辟,三种刑书。参见"叔季"。

俆 (shū) 古邑名。亦作徐。即周之薛国。故址在今山东滕州东南薛城故城。战国时曰徐州。越王勾践曾会诸侯于此。
另见 xú。

㐊 (shū) 《说文·辵部》:"㐊,通也。"段玉裁注:"此与辵部疏音义皆同。"参见"疏"。

姝 (shū) ❶美好。古乐府《上山采蘼芜》:"新人虽言好,未若故人姝。"❷美女。古乐府《陌上桑》:"使君遣吏往,问是谁家姝。"

姝丽 美丽;也指美女。《后汉书·和熹邓皇后纪》:"姿颜姝丽,绝异于众。"柳永《玉女摇仙珮》词:"有得许多姝丽,拟把名花比。"

姝姝 见"暖暖姝姝"。

荼 (shū) ❶玉名。《荀子·大略》:"诸侯御荼。"杨倞注:"荼,古舒字,玉之上圆下方者也。"❷神名。详"神荼郁垒"。
另见 chá, tú。

殊 (shū) ❶断绝;离绝。《左传·昭公二十三年》:"断其后之木而弗殊。"亦谓死。《史记·淮南衡山列传》:"太子即自刭,不殊。"裴骃集解引晋灼曰:"不殊,不死。"❷不同。如:言人人殊。《宋书·谢灵运传论》:"一简之内,音韵尽殊;两句之中,轻重悉异。"❸特殊;突出。如:殊荣;殊礼。古乐府《陌上桑》:"坐中数千人,皆言夫婿殊。"❹很;极。《史记·廉颇蔺相如列传》:"恐惧殊甚。"❺超过。《后汉书·梁竦传》:"母氏年殊七十。"

殊方 ❶异域;他乡。班固《西都赋》:"逾昆仑,越巨海,殊方异类,至于三万里。"杜甫《壮游》诗:"小臣议论绝,老病客殊方。"❷不同的旨趣。《汉书·艺文志》:"时君世主,好恶殊方。"

殊死 ❶斩首之刑。《汉书·高帝纪下》:"其赦天下殊死以下。"颜师古注:"殊,绝也,异也。言其身首离绝而异处也。"❷犹决死、拼命。《汉书·韩信传》:"军皆殊死战,不可败。"颜师古注:"殊,绝也。谓决意必死。"

殊途同归 见"同归殊涂"。

殊遇 特殊的知遇。指恩宠、信任。《三国志·蜀志·诸葛亮传》:"盖追先帝之殊遇,欲报之于陛下也。"

透 (shū) 通"踧"。惊慌貌。《方言》第二:"透,惊也。"左思《吴都赋》:"惊透沸乱。"
另见 tòu。

倏 〔儵、儵〕(shū) 原义为犬疾行。见《说文·犬部》。引申为疾速、忽然。如:别后倏已半年。《楚辞·九歌·少司命》:"倏而来兮忽而逝。"

倏忽 ❶忽忽;转眼之间。《吕氏春秋·决胜》:"倏忽往来,而莫知其方。"班固《幽通赋》:"辰倏忽其不再。"辰,时。❷《庄子》寓言中的两个神名。《庄子·应帝王》:"南海之帝为倏,北海之帝为忽。"

倏倏 光彩鲜明貌。扬雄《侍中箴》:"倏倏貂珰。"

倏烁 光闪动貌。《楚辞·九思·悯上》:"云蒙蒙兮电倏烁。"

练 〔練〕(shū) 一种似苎布的粗葛织物。《晋书·王导传》:"时帑藏空竭,库中惟有练数千端。"

埱 (shū, 又读 tòu) ❶通气。《说文·土部》:"埱,气出土也。"段玉裁注:"气之出土濙然。"章炳麟《新方言·释言》:"今语谓通气为埱气,穿出为埱出,发越为埱发。埱,他候切,通以透字为之。"❷同"俶"。《说文·土部》:"埱,一曰始也。"按《尔雅·释诂》:"俶,始也。"埱与俶同。

菽 (shū) 本谓大豆,引申为豆类的总称。《诗·小雅·小宛》:"中原有菽。"陈奂传疏:"菽,豆之大名。"王念孙《广雅疏证》卷十上:"《吕氏春秋·审时篇》云:'大菽则圆,小菽则抟以芳。'是大小豆皆名菽也。但小豆别名为荅,而大豆仍名为菽,故菽之称专在大豆矣。"

菽水 豆和水,指最平凡的食品,常用作孝养父母之称。如:菽水承欢。陆游《湖堤暮归》诗:"俗孝家家供菽水,农勤处处筑陂塘。"参见"啜菽饮水"。

梳 (shū) ❶理发的用具。齿稀的叫"梳",密的叫"篦"。如:木梳;角梳。崔寔《政论》:"无赏罚而欲世之治,是犹不畜梳枇而欲发之治。"❷以梳理发。如:梳洗;梳妆。扬雄《长杨赋》:"头蓬不暇梳。"引申为清理。参见"爬梳"。

郰 (shū) 古县名。

俞

淑 (shū) ❶美好。《盐铁论·非鞅》:"淑好之人,戚施之所妒也。"❷善良。《诗·王风·中谷有蓷》:"遇人之不淑矣。"

淑节 犹言佳节。谢惠连《代悲哉行》:"羁人感淑节。"

淑均 善良而公正。诸葛亮《出师表》:"将军向宠,性行淑均,晓畅军事。"

淑女 美好贤德的女子。《诗·周南·关雎》:"窈窕淑女,君子好逑。"

淑人 ❶善良的人。《诗·曹风·鸤鸠》:"淑人君子,其仪一兮。"郑玄笺:"淑,善;仪,义也。善人君子,其执义当如一也。"❷宋徽宗时所定命妇封号,在夫人之下,硕人之上。封尚书以上官未至执政者之妻。明清为三品官之妻的封号。如封给母及祖母,称太淑人。清又以奉国将军之妻为淑人。

淑慝 犹言善恶。《书·毕命》:

"旌别淑慝,表厥宅里。"孔颖达疏:"淑,善也;慝,恶也。"

淑问 ❶善于审问、判案。《诗·鲁颂·泮水》:"淑问如皋陶,在泮献囚。"孔颖达疏:"所囚者,服罪之人,察狱之吏当受其辞而断其罪,故使善听狱如皋陶者献之。"❷美好的名声。孙绰《聘士徐君墓颂》:"高蹈域表,淑问显融。"

舒(shū)❶伸展;舒畅。如:舒腰;舒眉展眼。杜甫《五盘》诗:"喜见淳朴俗,坦然心神舒。"❷迟缓。《诗·陈风·月出》:"佼人僚兮,舒窈纠兮。"孔颖达疏:"舒者,迟缓之言。"❸姓。

舒迟 犹言舒徐。迟缓;从容不迫。《礼记·玉藻》:"君子之容舒迟。"

舒徐 从容不迫。元稹《张校书元夫》诗:"远处从人须谨慎,少年为事要舒徐。"

舒扬 舒展而清扬。《淮南子·说山训》:"夫玉润泽而有光,其声舒扬。"

疏〔疎〕㊀(shū)❶开浚;疏导。《荀子·成相》:"北决九河,通十二渚,疏三江。"❷开拓;清除。张衡《西京赋》:"疏龙首以抗殿,状巍峨以岌嶪。"❸雕刻。《文选·王延寿〈鲁灵光殿赋〉》:"尔乃悬栋结阿,天窗绮疏。"张载注:"疏,刻镂也。"❹分;分予。《淮南子·道应训》:"知伯围襄子于晋阳,襄子疏队而击之,大败知伯。"《史记·黥布列传》:"上裂地而王之,疏爵而贵之。"❺撤退。《国语·晋语四》:"文公伐原,令以三日之粮。三日而原不降,公令疏军而去之。"❻疏远。《荀子·修身》:"谄谀者亲,谏争者疏。"❼粗布。《孟子·滕文公上》:"三年之丧,齐疏之服,飦粥之食。"《后汉书·祢衡传》:"乃著布单衣、疏巾。"❽糙米;粗粝的饭食。《诗·大雅·召旻》:"彼疏斯粺。"韩愈《山石》诗:"疏粝亦足饱我饥。"❾稀;不密。《老子》:"天网恢恢,疏而不漏。"《史记·齐悼惠王世家》:"深耕概种,立苗欲疏;非其种者,锄而去之。"❿粗疏。《国策·秦策三》:"今见与国之不可亲,越人之国而攻,可乎?其于计疏矣。"陶潜《咏荆轲》诗:"惜哉剑术疏,奇功遂不成。"⓫通"蔬"。泛指蔬菜瓜果。《荀子·富国》:"然后荤菜、百疏以泽量。"参见"疏食❶"。⓬通"跣"。赤脚。《淮南子·道应训》:"子佩疏揖,北面立于殿下。"高

透注:"疏,徒跣也。揖,举手也。"㊀姓。西汉时有疏广。

㊁(shù,旧读 shù)❶分条陈述。如:疏记。亦指奏章。《汉书·匡衡传》:"是时有日蚀地震之变,上问以政治得失,衡上疏。"❷指为古书旧注所作的阐释文字。如:《十三经注疏》;《尔雅义疏》。❸僧道拜忏时所焚化的祝告文。《京本通俗小说·志诚张主管》:"只见一人相揖道:'今日是员外生辰,小道送疏在此。'"

疏放 无拘束;豁达。《北史·刘臻传》:"性好啖蚬,以音同父讳(显),呼为扁螺。其疏放多此类也。"黄景仁《重九后十日醉中次钱企卢韵赠别》:"肯容疏放即吾师,花月文章皓首期。"

疏观 通观。《荀子·解蔽》:"疏观万物而知其情。"

疏记 分条记载。《汉书·匈奴传上》:"于是说(中行说)教单于左右疏记,以计识其人众畜牧。"

疏阔 ❶不周密。《汉书·贾谊传》:"天下初定,制度疏阔,诸侯王僭拟,地过古制。"❷久别。虞集《次韵阿荣存初参议秋夜见寄》:"疏阔思良会,淹留到不才。"❸疏远。《南史·王藻传》:"非唯交友离异,乃亦兄弟疏阔。"❹迂阔。杜甫《赠蜀僧闾丘师兄》诗:"小子思疏阔,岂能达词门?"

疏理 ❶肌理粗疏不紧密。《考工记·轮人》:"凡斩毂之道,必矩其阴阳。阳也者,稹理而坚;阴也者,疏理而柔。"❷审理疏散。《旧唐书·文宗纪下》:"太和四年,五月丁丑,以旱命京城诸司疏理系囚。"❸疏通整理。白居易《池畔》诗:"疏理池东树。"

疏散(—sǎn) 谓不受拘束;闲散。谢灵运《过白岸亭》诗:"未若长疏散,万事恒抱朴。"

疏散(—sàn) ❶分散;离散。李白《东武吟》:"宾客日疏散,玉尊亦已空。"❷战争时期人员、装备、物资进行分散隐蔽配置的行动。有早期疏散、临战疏散和紧急疏散等。目的是防敌袭击,保存力量。

疏食 ❶指蔬菜和谷类。《淮南子·主术训》:"秋畜疏食。"高诱注:"菜蔬曰疏,谷食曰食。"❷粗食。《论语·述而》:"饭疏食饮水,曲肱而枕之,乐亦在其中矣。"

疏疏 ❶犹楚楚,衣服鲜盛貌。《韩诗外传》卷三:"子路盛服见孔

子,孔子曰:'由,疏疏者,何也?'子路趋出,改服入。"❷稀疏。郑谷《江际》诗:"杳杳渔舟破暝烟,疏疏芦苇旧江天。"

疏通 ❶通达。《礼记·经解》:"疏通知远,《书》教也。"《史记·五帝本纪》:"静渊以有谋,疏通而知事。"❷疏浚。如:疏通河道。引申为沟通,说情。❸分辨。《汉书·孟喜传》:"喜好自称誉,得《易》家候阴阳灾变书,诈言师田生且死时,枕喜膝,独传喜,诸儒以此耀之。同门梁丘贺疏通证明之,曰:'田生绝于施雠手中,时喜归东海,安得此事?'"颜师古注:"疏通,犹言分别也;证明,明其伪也。"

疏证 ❶疏通和证明的合称。"疏通",意为"使有条理";与"证明"合称,有分辨之义。如清阎若璩用考据方法证明东晋梅赜所献《古文尚书》和《尚书孔氏传》为伪作,即称《古文尚书疏证》。❷会通古书的义理,加以补充、校订、考证、阐释,如清王念孙《广雅疏证》、皮锡瑞《郑志疏证》等。

摅〔攄〕(shū)❶抒发;舒散;舒展。傅毅《舞赋》:"摅予意以弘观兮。"《文选·张衡〈西京赋〉》:"心犹凭而未摅。"薛综注:"凭,满也。摅,舒也。"❷腾跃。《后汉书·张衡传》:"八乘摅而超骧。"

输〔輸〕(shū)❶运输。《左传·僖公十三年》:"秦于是乎输粟于晋。"引申为灌注。如:输血。❷报告;送达。《国策·秦策一》:"陈轸为王臣,常以国情输楚。"引申为缴纳、献纳。如:捐输。范成大《后催租行》:"佃耕犹自抱长饥,的知无力输租米。"参见"输诚"。❸堕坏;败坏。《诗·小雅·正月》:"载输尔载。"郑玄笺:"输,堕也。"《公羊传·隐公六年》:"郑人来输平。输平者何?输平犹堕成也。何言乎堕成?败其成也。"❹失败。与"赢"相对。《红楼梦》第七十回:"宝玉见香没了,情愿认输,不肯勉强塞责。"

输诚 献纳诚心。《三国志·蜀志·先主传》:"尽力输诚,奖厉六师。"也谓投诚。

输出 "输入"的对称。❶即"出口"。❷商品输出和无形输出的总称。

输将 运送。《汉书·晁错传》:"屯戍之事益省,输将之费益寡。"引申为缴纳、捐献。如:慷慨输将。

输入 "输出"的对称。❶即"进

口"。❷商品输入和无形输入的总称。

毹（shū，又读yú）见"氍毹"。

跣（shū）同"疏"。

疏（shū）同"疏"。

筳（shū）快速；长远。《说文·足部》："筳，疾也，长也。"徐锴系传："此亦倏忽字。"朱骏声《通训定声》："按疾义古皆以倏以儵为之，长义古皆以脩以修为之。"

鮛〔鮛〕（shū）见"鮛鲔"。

鮛鲔　鲔之小者。

蔬（shū）见"蔬菜"。

另见xū。

蔬菜　可作副食品的草本植物的总称。也包括少数可作副食品的木本植物和菌类。《尔雅·释天》："蔬不熟为馑。"郭璞注："凡草菜可食者通名为蔬。"

鯂〔鯂〕（shū）❶鱼名。皮日休《吴中苦雨因书一百韵寄鲁望》："汙莱既已沴，买鱼不获鯂。"❷鱼名。河豚类，有毒。《论衡·言毒》："毒螫渥者，在鱼则为鲑与鮂、鯂。"

橾（shū）车毂中空受轴处。《说文·木部》："橾，车毂中空也。读若薮。"徐锴系传："车毂中贯轴处也。《周礼》作薮，假借也。"

另见qiāo。

濰（shū）见"濰汎"。

濰汎　水流漂急貌。郭璞《江赋》："濰汎潤瀹。"

霱（shū）见"霱昱"。

霱昱　疾速貌。《文选·木华〈海赋〉》："霱昱绝电。"李善注："霱昱，疾貌。"

麤（shū）《尔雅·释兽》："麤，黑虎。"郭璞注："晋永嘉四年，建平秭归县槛得之，状如小虎而黑，毛深者为班（斑）。"

shú

朱（shú）见"朱提"。

另见zhū。

朱提　古县名。（1）西汉置。治今云南昭通市。南朝梁废。唐武德初在此置安上县，不久又改名朱提。境内有朱提山，产银多而美，后世因以"朱提"为高质银的代称。（2）唐天宝中移置。治今四川宜宾西南。为曲州治所。唐末废。

秫（shú）即粘高粱。多用以酿酒。《说文·禾部》："秫，稷之粘者。"参见"稷"。也指粘稻。萧统《陶渊明传》："公田悉令吏种秫，曰：'吾常得醉于酒足矣。'"

另见shù。

璹〔璹〕（shú）玉器。见《集韵·一屋》。

孰（shú）❶谁；什么。《论语·公冶长》："汝与回也孰愈？"又《八佾》："是可忍也，孰不可忍也？"❷"熟"的古字。《礼记·礼运》："腥其俎，孰其肴。"《史记·乐书》："五谷时孰。"《荀子·议兵》："凡虑事欲孰。"

孰何　犹谁何。诘问之辞。《汉书·卫绾传》："及景帝立，岁余不孰何绾。"颜师古注："服虔曰：'不问也。'李奇曰：'孰，谁也；何，呵也。'师古曰：'何，即问也。不谁何者，犹言不借问耳。'"

孰与　犹言何如。常用于反诘句，表示比较抉择。《荀子·天论》："大天而思之，孰与物畜而制之？从天而颂之，孰与制天命而用之？"此谓还不如。《史记·淮阴侯列传》："大王自料，勇悍仁强，孰与项王？"意谓比项王何如。

赎〔贖〕（shú）❶中国古代法律允许罪犯用财物抵消刑罚的制度。《尚书·吕刑》："穆王训夏赎刑。"自夏至清，历代相沿。赎的原因有：（1）犯罪事实不够清楚，证据不够确实，难以处断，如唐律规定"诸疑罪，各依所犯以赎论"。（2）出于对某些罪犯的矜恤照顾。（3）给贵族、官僚及其家属的特权。（4）由于国库不足，借以敛财。有的规定各种刑罚都可以赎，有的则加以限制，如限于流以下或杖以下等。所用财物，因时而异，铜、金、银、米粟、绢帛、货币、马牛杂物等都有。❷用财物换回抵押品。如：赎当；赎身。《京本通俗小说·错斩崔宁》："只典得十五贯钱，若是我有些好处，加利赎你回来。"❸通"续"。接续。《后汉书·赵壹传》："昔原大夫赎桑下绝气。"绝气，饿得断气的人。

塾（shú）❶古时门东西两侧的堂屋。《尔雅·释宫》："门侧之堂谓之塾。"❷旧时民间教读的地方。如：私塾；义塾。《礼记·学记》："古之教者，家有塾，党有庠。"孔颖达疏："周礼百里之内，二十五家为间，共同一巷。巷首有门，门边有塾。谓民在家之时，朝夕出入，恒受教于塾，故云'家有塾'。"

熟（shú，读音shóu）❶食物烹煮到可吃的程度。如：生米煮成熟饭。《论语·乡党》："君赐腥，必熟而荐之。"❷果实成熟，又特指庄稼可收割或有收成。如：瓜熟蒂落。《书·金縢》："岁则大熟。"❸原料经过加工或制炼。如：熟货；熟铁。❹因见惯、做惯而熟悉、熟练。如：熟人；熟手；熟能生巧。❺经久而深入；精审。如：深思熟虑。

熟虑　犹熟思。仔细考虑。如：深思熟虑。《史记·穰侯列传》："愿君熟虑之，而无行危。"

熟视　注目细看。《国策·齐策一》："明日，徐公来，孰视之，自以为不如。"孰，古"熟"字。《新唐书·元万顷传》："〔胡楚宾〕性自慎，未尝语禁中事；人及其醉问之，亦熟视不答。"

熟视无睹　看惯了就像不曾看见。谓对眼前的事物漫不经心。刘伶《酒德颂》："熟视不见太山之形。"韩愈《应科目时与人书》："是以有力者遇之，熟视之若无睹也。"林正大《括沁园春》词："静听无闻，熟视无睹，以醉为乡乐性真。"

熟思　经久而周密地思考。梁武帝《凡百箴》："事无大小，先当孰思。"孰，今作"熟"。

熟悉　了解得清楚。如：熟悉情况。嵇康《与山巨源绝交书》："足下昔称吾于颍川，吾常谓之知言。然经怪此意尚未熟悉于足下，何从便得之也。"

熟语　语言中固定的词组或句子。使用时一般不能任意改变其组织，且要以其整体来理解语义。包括成语、谚语、格言、惯用语、歇后语等。

熟醉　沉醉。杜甫《晦日寻崔戢李封》诗："至今阮籍等，熟醉为身谋。"

shǔ

暑（shǔ）炎热；炎热的季节。如：暑天；暑假。《易·系辞上》："日月运行，一寒一暑。"《论语·乡党》："当暑，袗绤綌。"

暑气　炎热；盛夏的热气。《淮南子·墜形训》："暑气多夭，寒气多寿。"

暑岁　炎热而干旱的年头。《汉书·五行志中之下》："暑岁，羊多疫死。"

黍（shǔ）❶植物名。学名*Panicum miliaceum*。亦称"黍稷"。粳者古称"稷"、"穄"，今称"稷子"、"糜子"；糯者古称"黍"，今称"黍子"、"粘糜子"、"黄粟"。禾本科。一年生草本。秆直立，被茸毛。叶线状披针形。圆锥花序，主轴直立或弯生。侧枝密集或疏散。小穗有小花二朵，其中一朵不孕。成熟时，内外稃坚硬，平滑，有光泽。颖果，球形或椭圆形，乳白、淡黄或红色。种子呈白色、黄色或褐色，性粘或不粘。生育期短，喜温暖，不耐霜，抗旱力极强。子实供食用或酿酒，秆、叶及种子均可作饲料。中国北方栽培较多。主要有三种类型：黍型（*P. m.* var. *contractum*）、黍稷型（*P. m.* var. *compactum*）和稷型（*P. m.* var. *effusum*）。❷酒器名。《吕氏春秋·权勋》："司马子反渴而求饮，竖阳穀操黍酒而进之。"高诱注："酒器受三升曰黍。"

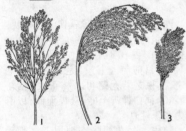

黍的穗型
1.稷型　2.黍型　3.黍稷型

黍稷　黍和稷，两种粮食作物。泛指一般粮食作物。《周礼·夏官·职方氏》："正西曰雍州……其畜宜牛马，其谷宜黍稷。"王粲《从军》诗："鸡鸣达四境，黍稷盈原畴。"

黍累　亦作"累黍"。轻微的重量。《汉书·律历志上》："权轻重者，不失黍累。"颜师古注引应劭曰："十黍为累，十累为一铢。"

属〔屬〕（shǔ）❶类；族；等辈。如：金属；亲属；家属；吾属。❷官属；部属。《书·周官》："六卿分职，各率其属，以倡九牧。"❸生物分类系统上所用的等级之一。❹同"种"相对。一类事物包含另一类事物，前者是后者的属。如"科学"是"自然科学"的属。逻辑学上用作"属概念"的简称。❺隶属。如：附属；直属机关。❻归属。如：胜利属于我们。❼系；是。如：查明属实；事属可行。❽属相。用于十二生肖记生年。如：属鼠；属牛。
另见 zhǔ。

属车　古代帝王出行时的从车；副车。《汉书·司马相如传下》："犯属车之清尘。"颜师古注引应劭曰："大驾属车八十一乘。"

属吏　下级官吏。《新唐书·韩滉传》："玄佐（刘玄佐）素惮滉，修属吏礼。"

属性　❶在西方哲学中，一般指实体的本性，即属于实体的本质方面的特性。如笛卡儿认为物质实体的属性为广延，精神实体的属性为思维。在斯宾诺莎哲学中，属性包容于实体之中，实体具有无限多的属性，但人仅知其二：思维与广延。在马克思主义哲学中，属性指事物本身所固有的性质。如认为运动是物质的根本属性。❷在逻辑学上，指对象的性质和对象间的关系，包括状态、动作等。具有不同属性的对象，分别形成不同的类。可分为特有属性和共有属性等。

属玉　同"鸀鳿"。水鸟名，即鹭鸶。《汉书·司马相如传上》"驾鹅属玉"颜师古注："属玉，似鸭而大，长颈赤目，紫绀色。"

属者　❶近时。《汉书·李寻传》："属者颇有变改，小贬邪猾。"❷过去。《后汉书·朱晖传》："苍既罢，召晖，谓曰：'属者掾自视孰与蔺相如?'"

署（shǔ）❶办理公务的机关。如：公署；官署。❷指代理、暂任或试充官职。《明史·宋礼传》："成祖即位，命署礼部事。"❸布置。如：部署。❹签名；题字。如：署名。《新唐书·郑虔传》："尝自写其诗并画以献，帝大署其尾曰'郑虔三绝'。"

蜀（shǔ）❶"蠋"的本字。蛾蝶类的幼虫。《说文·虫部》："蜀，葵中蚕也。"❷一；独。《方言》第十二："一，蜀也。南楚谓之独。"郭璞注："蜀犹独耳。"《管子·形势》："抱蜀不言，而庙堂既修。"❸古代族名兼国名。分布在今四川中部偏西。周武王时曾参加伐纣。西周中期后首领蚕丛，始称蜀王。后禅位开明氏。从郫县迁都今成都，传12世。周慎靓王五年（公元前316年）为秦所灭，置蜀郡。主要从事农业。❹古国名，三国之一。即蜀汉。❺四川省的简称。因古为蜀国，秦置蜀郡，三国时又为蜀汉地而得名。

蜀犬吠日　柳宗元《答韦中立论师道书》："屈子赋曰：'邑犬群吠，吠所怪也。'仆往闻庸、蜀之南，恒雨少日，日出则犬吠。"后以"蜀犬吠日"比喻少见多怪。

鼠（shǔ）❶哺乳纲，啮齿目部分动物的通称。主要特征：无犬齿，门齿与前臼齿或臼齿间有空隙；门齿发达，无齿根，终生生长，常借啮物以磨短。繁殖迅速。主食植物或为杂食性。种类甚多，常见的有褐家鼠、黄胸鼠、黑家鼠、小家鼠、黑线姬鼠、巢鼠、仓鼠、田鼠、麝鼠、鼯鼠、鼢鼠、沙鼠、跳鼠、竹鼠等。危害农林、草原，盗吃粮食，破坏贮藏物、建筑物等，并能传播鼠疫、流行性出血热、钩端螺旋体病等病原。❷隐忧。见"鼠思"。

鼠辈　鄙视他人的詈词，犹言小子。《三国志·魏志·华佗传》："不忧天下当无此鼠辈邪?"

鼠标器　一种手动式计算机输入装置。因形如老鼠而得名。移动时，其轨迹可转换成 x、y 方向的坐标增量值并输入计算机。常用于显示器屏幕坐标的定位和计算机图形输入。

鼠窜　像老鼠一般乱窜，形容仓皇奔逃。《汉书·蒯通传》："常山王（张耳）奉头鼠窜以归汉王。"奉，同"捧"。

鼠技　《荀子·劝学》："螣蛇无足而飞，梧鼠五技而穷。"杨倞注："技，才能也；言技能虽多，而不能如螣蛇专一，故穷。"后以"鼠技"喻有小技无大本领。参见"鼫❷"。

鼠目寸光　形容眼光短浅，只看到近处、小处，而见不到远处、大处。

鼠璞　亦作"鼠朴"。《尹文子·大道下》："郑人谓玉未理者为璞，周人谓鼠未腊者为璞。周人怀璞谓郑贾曰：'欲买璞乎?'郑贾曰：'欲之。'出其璞视之，乃鼠也，因谢不取。"《国策·秦策三》作"周人谓鼠未腊者朴"。后因以"鼠璞"或"鼠朴"比喻有名无实的人或物。陆游《述怀》诗："玉非鼠朴何劳辨，鱼与熊蹯各自珍。"

鼠窃狗盗　指小窃小盗。《史记·刘敬叔孙通列传》："此特群盗鼠窃狗盗耳，何足置之齿牙间！"亦作"鼠窃狗偷"。《旧唐书·萧铣等传论》："自隋朝维绝，宇县瓜分，小则鼠窃狗偷，大则鲸吞虎据。"

鼠壤　鼠穴之土。《庄子·天道》："鼠壤有馀蔬，而弃妹（昧）之者，不仁也。"

鼠思　忧思。《诗·小雅·雨无正》："鼠思泣血，无言不疾。"郑玄笺："鼠，忧也。"

鼠牙雀角　《诗·召南·行露》："谁谓雀无角，何以穿我屋？……谁谓鼠无牙，何以穿我墉？"陈奂传疏："雀、鼠，喻强暴之男也；穿屋、穿墉，喻无礼也。"谓强暴侵陵，引起争讼。后因以"鼠牙雀角"用为争讼之辞。

鼠子　鄙视他人的詈词，犹言"鼠辈"。《三国志·吴志·孙权传》："欲自征渊（公孙渊）"裴松之注引《江表传》："权怒曰：'朕年六十，世事难易，靡所不尝；近为鼠子所前却，令人气涌如山。不自截鼠子头以掷于海，无颜复临万国。'"鼠子，指公孙渊。

数〔數〕(shǔ)　❶点数；计算。如：不可胜数。引申为算在数内。《后汉书·祢衡传》："馀子碌碌，莫足数。"❷列举（罪状）。如：面数其罪。《左传·昭公二年》："使吏数之，曰：'……有死罪三，何以堪之？'"❸辨察。《诗·小雅·巧言》："往来行言，心焉数之。"朱熹注："数，辨也。"

另见 cù，shù，shuò。

数典忘祖　晋大夫籍谈出使周朝，周景王问谈，晋国何以没有贡物。谈答以晋国从来没有受到王室器物赏赐，所以也无器可献。周王指出从晋之始祖唐叔开始，就不断受到王室的赐器，责备籍谈身为晋国司典的后裔，不应不知道这些史实，说他是"数典而忘其祖"。见《左传·昭公十五年》。后以"数典忘祖"比喻忘本。现又比喻对本国历史的无知。

数九天气　中国民间习俗，谓从冬至起，每九天为一"九"，到"九九"为止，共八十一天，是一年中寒冷的时期，称为"数九天气"。

数落　❶责备。贾仲民《对玉梳》第三折："不合将他千般数落十分怒。"❷诉说。《红楼梦》第二十七回："只听那边有呜咽之声，一面数落着，哭的好不伤心。"

数米而炊　❶比喻过分计较琐细之事，多劳少功。《庄子·庚桑楚》："简发而栉，数米而炊。"成玄英疏："格量米数，炊以供餐，利益盖微，为损更甚。"❷形容吝啬。《警世通言·吕大郎还金完骨肉》："积财聚谷，日不暇给，真个是数米而炊，称柴而爨。"也用来形容生活困窘。

数往知来　谓追数前事，就能推测未来。语出《易·说卦》"数往者顺，知来者逆"。逆，是事未见而预先测度的意思。陆容《菽园杂记》卷一："洪武，朝廷求访通晓历数，数往

知来，试无不验者，必封侯，食禄千百石。"

薯〔藷〕(shǔ)　薯类作物的总称。

薯蓣（Dioscorea opposita）　亦称"山药"。薯蓣科。多年生缠绕藤本，具圆柱形肉质块茎。叶片形状多变化，通常三角状卵形或耳状三裂。叶腋间常生有珠芽，可用以繁殖，亦可供食用。夏季开花，花单性，乳白色，花序穗状，下垂。原产中国，各地都有栽培。河南沁阳市（旧属怀庆府）产的，称"怀山药"。多用块茎或珠芽繁殖。块茎供食用；亦入药，性平、味甘，功能益健脾胃、补肺益肾，主治脾虚泄泻、消渴、遗精、带下等症。

曙(shǔ)　❶破晓；日出。《淮南子·天文训》："日入于虞渊之泛，曙于蒙谷之浦。"❷明；显露。王夫之《读通鉴论·宪宗》："惜乎公之未之曙于此也。"

曙光　破晓时的阳光。唐彦谦《早行遇雪》诗："鸡犬寂无声，曙光射寒色。"亦常用来比喻光明、希望。

曙后星孤　孟棨《本事诗·徵咎》："崔曙进士作《明堂火珠诗试帖》，曰：'夜来双月满，曙后一星孤。'当时以为警句。及来年，曙卒，唯一女名星星。人始悟其自谶也。"按诗中有"曙"和"星"字，恰巧同崔曙及其女名字相合，故谓"自谶"。后因称孤女为"曙后星孤"。朱祖谋《减字木兰花·八哀》词："曙后星孤，留得传家一砚无？"

鸀〔䴏〕(shǔ，又读 zhuó)　鸟名。《尔雅·释鸟》："鸀，山乌。"郭璞注："似乌而小，赤觜（嘴），穴乳，出西方。"郝懿行义疏以为今蓟州名为赐喜儿。

另见 zhú。

癙(shǔ)　忧病。《尔雅·释诂》："癙，病也。"《诗·小雅·正月》："癙忧以痒。"

襡(shǔ)　连腰衣，即长襦。《晋书·夏统传》："〔贾充〕又使妓女之徒服袿襡。"何超音义："襡，连要（腰）衣也。"参见"襩"。

另见 dú。

蠋(shǔ)　本作"蜀"。鳞翅目昆虫的幼虫。青色，似蚕，大如手指。《诗·豳风·东山》："蜎蜎者蠋。"朱熹集传："蠋，桑虫如蚕者也。"《尔雅·释虫》："蚅，乌蠋。"郝懿行义疏："蠋，今谓之豆虫。"

襩(shǔ)　同"襡"。连腰衣，即"长襦"。《释名·释衣服》："襩，属也，衣裳上下相联属也。"

shù

术〔術〕(shù)　❶古代城邑中的道路。左思《蜀都赋》："亦有甲第，当衢向术。"❷手段；策略。《韩非子·定法》："术者，因任而授官，循名而责实，操杀生之柄，课群臣之能者也。"这里所说的"术"，指国君进行统治的权术，包括任免、考核、赏罚各级官吏的手段。❸方法。如道术、心术。《庄子·天下》："道术将为天下裂。"《管子·心术上》："心术者，无为而制窍者也。"❹学术；学问。韩愈《师说》："闻道有先后，术业有专攻。"❺技艺；技术。《礼记·乡饮酒义》："古之学术道者，将以得身也。"郑玄注："术，犹艺也。"《后汉书·伏湛传》："诏无忌与议郎黄景校定中书'五经'、诸子百家、艺术。"李贤注："艺谓书、数、射、御，术谓医、方、卜、筮。"❻指天文历算、历法。《晋书·律历志中》："〔刘洪〕又为月行迟疾交会及黄道去极度、五星术，理实粹密，信可长行。"又："〔韩翊〕所增减，致亦留思，然十术新立，犹未就悉，至于日蚀，有不尽效。"❼通"述"。省视。《礼记·祭义》："结诸心，形诸色，而术省之。"孔颖达疏："术，述，省视也。"❽语助词。《汉书·贾山传》："术追厥功。"

另见 suì，zhú。

术家　古代指擅长天文历算的学者。《后汉书·律历志上》："截管为律，吹以考声……术家以其声微而体难知，其分数不明，故作准以代之。"

术士　❶儒生。《史记·儒林列传序》："及至秦之季世，焚《诗》《书》，坑术士，六艺从此缺焉。"❷道术之士，指儒生中讲阴阳灾异的一派人。《汉书·夏侯胜传》："曩者地震北海、琅邪，坏祖宗庙，朕甚惧焉。其与列侯中二千石博问术士，有以应变，补朕之阙，毋有所讳。"后以指占卜星相等操迷信职业的人。如：江湖术士。

术数　❶一称"数术"。"术"指方法，"数"是气数。即以种种方术观察自然界现象，推测人和国家的气数和命运。《汉书·艺文志》列天文、历谱、五行、蓍龟、杂占、形法等六种，并云："数术者，皆明堂羲和史卜之职也。"但史官久废，除天文、历谱外，后

世称术数者，一般专指各种迷信，如星占、卜筮、六壬、奇门遁甲、命相、拆字、起课、堪舆等。❷权术，策略。《汉书·晁错传》："人主所以尊显，功名扬于万世之后者，以知术数也。"

术语 各门学科中的专门用语。每一术语都有严格规定的意义。如政治经济学中的"商品"、"商品生产"，化学中的"分子"、"分子式"等。

戍（shù）❶军队驻防。《左传·僖公三十年》："〔秦伯〕与郑人盟，使杞子、逢孙、杨孙戍之。"亦指驻防的兵士。《左传·定公元年》："城三旬而毕，乃归诸侯之戍。"❷指边防地的营垒、城堡。南北朝时，北魏在边要形胜之地驻兵戍守。大者称镇，小者称戍。北边不设州郡之地，戍隶属于镇。《魏书·源怀传》："正始元年（公元504年），……怀旋至恒代，按视诸镇左右要害之地，可以筑城置戍之处。……今北镇诸戍东西九城是也。"南边设置州郡之地，戍隶属于州。《魏书·李崇传》："扬州诸戍，皆被寇逼。"南朝在与北朝交界之地，亦置戍。《魏书·地形志》：谯州下蔡郡黄城县注云："萧衍黄城戍，武定六年（548年）改置。"❸官名。商代设置。见于甲骨卜辞。常督率"族"、"众"，从事守边和征伐。

戍边 驻守边疆。杜甫《兵车行》："去时里正与裹头，归来头白还戍边。"

束（shù）❶捆；系。《诗·唐风·绸缪》："绸缪束薪。"《左传·襄公二十八年》："士皆释甲束马而饮酒，且观优。"❷计量成束物的单位。《诗·鲁颂·泮水》："束矢其搜。"毛传："五十矢为束。"《淮南子·氾论训》："讼而不胜者，出一束箭。"高诱注："箭十二为束也。"参见"束帛"。❸约制；管束。如：束身自爱。❹事之末段收梢。如：结束；收束。❺姓。西晋时有束皙。

束帛 帛五匹为一束。每匹从两端卷起，共为十端。《易·贲》："束帛戋戋。"《仪礼·士昏礼》："纳征，玄纁束帛，俪皮，如纳吉礼。"

束带 系带于腰，穿着整肃，表示端庄。《论语·公冶长》："束带立于朝，可使与宾客言也。"刘宝楠正义："《说文》：'束，缚也。'带，系缭于要（腰），所以整束其衣，故曰束带。"按程大中《四书逸笺》卷一云："古人无事则缓带，有事则束带。"《晋书·陶潜传》："郡遣督邮至县，吏白：应束带见之。"

束发 古代男孩成童时束发为髻，因以为成童的代称。《大戴礼记·保傅》："束发而就大学，学大艺焉，履大节焉。"参见"成童"。

束缚 ❶捆缚。《韩非子·难一》："桓公解管仲之束缚而相之。"❷拘束；约束。《吕氏春秋·论人》："意气宣通，无所束缚。"

束身 约束自身，不放纵。《后汉书·卓茂传》："束身自修，执节淳固。"

束手 ❶自缚其手，谓不抵抗。《晋书·杜预传》："遂诣授群帅，径进秣陵。所过城邑，莫不束手。"❷比喻无能为力。如：束手无策。陆龟蒙《正月十五日惜春》诗："花匠凝寒应束手，酒龙多病尚垂头。"

束脩 脩，干肉。十条干肉为束脩。古代诸侯大夫相馈赠的礼物。《礼记·少仪》："其以乘壶酒、束脩、一犬赐人或献人。"乘壶，四壶也。也指学生入学向教师致送的礼物。《论语·述而》："自行束脩以上，吾未尝无诲焉。"朱熹注："古者相见，必执贽以为礼，束脩，其至薄者。"后因指致送教师的酬金。《红楼梦》第九回："白送些束脩礼物与贾代儒，却不曾有一点儿进益。"

束缊请火 语出《汉书·蒯通传》。用乱麻搓成引火物，持之向邻家讨火点燃。缊，乱麻。后用作求援于人之意。亦省作"束缊"。骆宾王《上瑕丘韦明府君启》："是以临邛遣妇，寄束缊于齐邻。"

束之高阁 谓弃置不用。《晋书·庾翼传》："京兆杜乂，陈郡殷浩，并才名冠世，而翼弗之重也；每语人曰：'此辈宜束之高阁，俟天下太平，然后议其任耳。'"韩愈《寄卢仝》诗："《春秋》三传束高阁，独抱遗经究终始。"亦省作"束阁"。陆游《醉歌》："读书三万卷，仕宦皆束阁。"

束装 整理行装。陆游《晓发金牛》诗："客枕何时稳，匆匆又束装。"

述（shù）❶记述；陈述。《史记·屈原贾生列传》："上称帝喾，下道齐桓，中述汤武，以刺世事。"❷遵循。《诗·邶风·日月》："报我不述。"毛传："述，循也。"❸通"鹬"。古代冠饰的一种。《后汉书·舆服志下》："〔通天冠〕梁前有山，展筩为述。"王先谦集解引钱氏曰："述即为鹬。"参见"鹬冠"。

述而不作 谓只阐述前人成说，自己无所创作。《论语·述而》："述而不作，信而好古。"朱熹注："述，传旧而已，作，则创始也。"孔子删《诗》、《书》，定礼乐，赞《周易》，修《春秋》，皆传先王之旧而未尝有所作也。故其自言如此。"

述语 相当于"谓语"。

述职 《孟子·梁惠王下》："诸侯朝于天子曰述职。述职者，述所职也。"原指诸侯向天子陈述职守，后外官向中央政府汇报施政情况亦称"述职"。也指供职。《魏书·崔辩传》："初楷将之州，人咸劝留家口，单身述职。"

述作 述，阐述前人成说；作，创作。《礼记·乐记》："作者之谓圣，述者之谓明，明圣者，述作之谓也。"《论语·述而》："述而不作。"后也泛指著作。任昉《王文宪集序》："公自幼及长，述作不倦。"参见"述而不作"。

杼（shù）❶木名。即柞树。《尔雅·释木》："栩，杼。"郭璞注："柞树。"参见"栩❶"。❷通"抒"。舀，取出。《管子·禁藏》："杼井易水，所以去兹毒也。"

另见 zhù。

沭（shù）水名。沭河，在山东省南部及江苏省北部。源出山东省沂山南麓，同沂河平行南流，入江苏省境内。河道紊乱，主要分两支东流，经蔷薇河到临洪口入黄海。

树〔樹〕（shù）❶木本植物的总称。❷种植；培养。《孟子·梁惠王上》："五亩之宅，树之以桑。"参见"树人"。❸计量树木的单位，犹言一棵一株。如：一树梅花。❹竖立；建立。如：树碑，树恩。《书·泰誓下》："树德务滋。"《诗·周颂·有瞽》："崇牙树羽。"❺门屏；照墙。《尔雅·释宫》："屏谓之树。"郭璞注："小墙当门中。"《礼记·郊特牲》："台门而旅树。"郑玄注："旅，道也。屏谓之树，树所以蔽行道。"

树稼 ❶种植。《旧唐书·狄仁杰传》："今不树稼，来岁必饥。"亦指农林作物。❷亦称"木介"、"木稼"。冷却的雨滴或云雾滴在树木上结成的冰。《旧唐书·让皇帝宪传》："二十九年冬，京城寒甚，凝霜封树，时学者以为《春秋》'雨木冰'即此是，亦名树介，言其像介胄也。宪见而叹曰：'此俗谓树稼者也。'"参见"木介"。

树人 培养人材。《管子·权修》："一年之计，莫如树谷；十年之计,莫如树木;终身之计,莫如树人。"尹知章注:"树人,谓济而成立之"。

树艺 种植。《周礼·地官·大司徒》:"以教稼穑树蓻。"贾公彦疏:"教民春稼秋穑,以树其木,以蓻黍稷也。""蓻"同"艺(藝)"。《孟子·滕文公上》:"树艺五谷。"赵岐注:"树,种;艺,植也。"

树葬 亦称"空葬"、"风葬"、"挂葬"、"林葬"。亚洲北部一些游猎民族常采用的一种葬式。中国鄂温克和鄂伦春等族过去也用这种葬式。人死后即日替死者更衣,用柳条或松木作棺,入殓;无棺者则以白桦树皮将尸体包裹;然后在林间选择几棵大树为桩,高架横木,将棺木或包裹的尸体置放架上,任其腐朽。珞巴族亦有此葬式。

树子 古代诸侯立为世子的嫡长子。《穀梁传·僖公九年》:"毋易树子。"范宁集解:"树子,嫡子。"《称谓录》卷六:"诸侯之嫡子,天子命为之嗣者,曰树子。"

竖〔竪、豎〕(shù) ❶直立。《后汉书·灵帝纪》:"槐树自拔倒竖。"❷书法称直为竖。如:"十"字一横一竖。参见"努"。❸旧称童仆。《列子·说符》:"杨子之邻人亡羊,既率其党,又请杨子之竖追之。"

竖臣 指憸伪之臣。《后汉书·孔融传》:"每有一竖臣,辄云图之,若形之四方,非所以杜塞邪萌。"

竖褐 古代僮仆或贫民穿的短衣,用兽毛或粗麻制成。《荀子·大略》:"食则馆粥不足,衣则竖褐不完。"

竖宦 宦官,宫廷小臣。《后汉书·黄琼传》:"诸梁秉权,竖宦充朝。"

竖起脊梁 比喻振作精神。《通俗编·身体》引《指月录》:"东斋谦谓道川曰:'汝旧呼狄三,今名道川,川即三耳;能竖起脊梁办个事,其道如川之增,若放倒,则依旧狄三也。'"

竖儒 对儒生的蔑称。《史记·留侯世家》:"汉王辍食吐哺,骂曰:'竖儒,几败而公事!'"竖儒:指郦食其。

竖子 ❶童仆。《庄子·山木》:"命竖子杀雁而烹之。"❷鄙贱的称谓,犹小子。《史记·项羽本纪》:"亚父(范增)受玉斗置之地,拔剑撞而破之曰:'唉!竖子不足与谋!'"

俞(shù) 通"腧"。见"腧穴"。

另见 yú,yù。

铢〔鉥〕(shù) ❶长针。《管子·轻重乙》:"一女必有一刀、一椎、一箴、一铢。"亦作动词用,刺。毛奇龄《左季折衷序》:"而乃有刿其心,铢其骨,刳其肾肠。"❷引导。《国语·晋语二》:"子盍入乎?吾请为子铢。"韦昭注:"铢,道。"道,同"导"。

秫(shù) 通"铢"。长针。《国策·赵策二》:"鲲冠秫缝。"高诱注:"秫缝,言女工针缕之粗拙也。"

另见 shú。

恕(shù) ❶儒家的伦理范畴,谓以仁爱之心待人。《论语·里仁》:"夫子之道,忠恕而已矣。"❷宽宥;原谅。《晋书·卫玠传》:"玠尝以人有不及,可以情恕。"❸通"庶"。几乎、差不多。嵇康《养生论》:"若此以往,恕可与羡门比寿,王乔争年,何为其无有哉?"

庶〔庻〕(shù) ❶众多。如:富庶;庶物;庶务。《诗·小雅·小明》:"我事孔庶。"❷古代指百姓,众民。《史记·秦始皇本纪》:"庶心咸服。"❸旁支。与"嫡"相对。如:庶出。参见"庶子❶"、"庶孽"。❹幸,希冀之词。《诗·大雅·生民》:"庶无罪悔,以迄于今。"《左传·桓公六年》:"君姑修政而亲兄弟之国,庶免于难。"❺庶几;差不多。《论语·先进》:"子曰:'回也,其庶乎!'"❻姓。

庶方 诸方。《礼记·曲礼下》:"庶方小侯。"

庶绩 各种事功。《书·尧典》:"允厘百工,庶绩咸熙。"

庶几 ❶也许可以。表示希望。《史记·秦始皇本纪》:"寡人以为善,庶几息兵革。"❷近似;差不多。《孟子·梁惠王下》:"王之好乐甚,则齐国其庶几乎!"❸《易·系辞下》:"颜氏之子,其殆庶几乎!"孔颖达疏:"言圣人知几,颜子亚圣,未能知几,但殆近庶慕而已。"后遂用"庶几"指贤者。《三国志·吴志·张承传》:"凡在庶几之流,无不造门。"

庶老 古指没有做官的老年士人。《礼记·王制》:"有虞氏养国老于上庠,养庶老于下庠。"孔颖达疏:"熊氏云:'庶老,谓士也。'"

庶类 众多的物类;万物。《后汉书·郎𫖮传》:"顺助元气,含养庶类。"

庶民 众民;平民。《诗·大雅·灵台》:"庶民攻之,不日成之。"

庶母 旧时嫡出子女称父妾为"庶母"。《尔雅·释亲》:"父之妾为庶母。"参见"诸母❶"。

庶孽 即"庶子"。旧指妾媵之子。《公羊传·襄公二十七年》:"则是臣仆庶孽之事也。"何休注:"庶孽,众贱子,犹树之有孽生也。"《史记·商君列传》:"商君者,卫之诸庶孽公子也。"

庶人 西周以后对农业生产者的称谓。西周时国王常以庶人赏赐臣下,《孟鼎》:"易(赐)女(汝)邦司四白(伯),人鬲自驭(御)至于庶人六百又五十又九夫。"春秋时,地位在士以下,工商皂隶之上。《国语·晋语四》:"公食贡,大夫食邑,士食田,庶人食力,工商食官,皂隶食职。"《左传·襄公九年》:"其卿让于善,其大夫不失守,其士竞于教,其庶人力于农穑,商工皂隶不知迁业。"秦汉以后泛指无官爵平民。

庶务 各种事务。《隋书·百官志中》:"置三公三孤,以为论道之官;次置六卿,以分司庶务。"后指机关总务部门主管的各种杂务,也指经办这些杂务的人。

庶物 犹言万物。《易·乾》:"首出庶物,万国咸宁。"张衡《东京赋》:"阴阳交和,庶物时育。"

庶姓 古指与王无亲属关系的异姓诸侯。《诗·小雅·伐木》:"兄弟无远"孔颖达疏:"同姓,王之同宗,是父之党也;异姓,王舅之亲,庶姓,与王无亲者。"《左传·隐公十一年》:"薛,庶姓也。"杜预注:"庶姓,非周之同姓。"

庶羞 多种美肴。《仪礼·公食大夫礼》:"上大夫庶羞二十。"杜甫《后出塞》诗:"斑白居上列,酒酣进庶羞。"

庶子 ❶旧称妾所生之子。《史记·万石张叔列传》:"御史大夫张叔者,名欧,安丘侯说之庶子也。"亦作"庶男"。❷战国时国君、太子、列侯、相国、县令的侍从之臣。有御庶子、中庶子、少庶子等。亦称门庭庶子,见《墨子·尚贤上》。孙诒让《墨子间诂》:"盖凡宿卫位署皆在路寝内外朝门庭之间,故此书谓之门庭庶子。"❸官名。太子官属。汉以后为太子侍从官之一种,南北朝时称中庶子,唐以后于太子官属中设左右春坊,以左右庶子分隶之,以比侍中、中书令。自此相沿,至清代犹用以备翰林官之迁转。清末始废。

尌（shù）❶树立。《说文·豆部》："尌，立也。"段玉裁注："今字通用树为之，尌行而尌废矣。"❷姓。春秋郑有尌拙。

短（shù）见"短褐"。另见 duǎn。

短褐　亦作"竖褐"、"裋褐"。古时贫苦人穿的粗布衣服。《史记·孟尝君列传》："亡不得短褐。"司马贞索隐："短音竖。竖褐，谓褐衣而竖裁之，以其省而便事也。"

裋（shù）古指僮仆所穿的衣服。见"裋褐"。

裋褐　粗陋短衣，多为贫苦者所服。《汉书·贡禹传》："妻子糠豆不赡，裋褐不完。"颜师古注："裋者，谓僮竖所著布长襦也；褐，毛布之衣也。"亦作"短褐"。陶潜《五柳先生传》："短褐穿结，箪瓢屡空，晏如也。"

腧（shù）针穴。见"腧穴"。另见 yú。

腧穴　针灸学名词。"腧"又作"输"或"俞"。❶指穴位。见《铜人腧穴针灸图经》。"腧"有输注的含义，"穴"有空隙的意思，为经络、脏腑气血输注处。❷针灸穴位分类名。指五腧穴（井、荥、输、经、合）中的输穴。《灵枢·九针十二原》："所注为腧。"阴经的输穴亦为该经的原穴。

数〔數〕（shù）❶数目。《汉书·律历志上》："数者，一十百千万也。"❷数学中最基本的概念之一。数的概念是人类在生产和生活实践中逐渐形成和发展的。在人类历史发展的最初阶段，由于计量的需要，形成了自然数（亦称"正整数"）的概念。以后随生产的发展，只靠自然数表示计量的结果感到不够，因而引入了正分数或正有理数。由于量与量之间的比值，如正方形对角线和边长的比，有精确表示的必要，引入了无理数。又由于表示相反意义的量的需要，引入了负数。有理数和无理数的全体组成实数系。复数是由解二次和三次方程的需要而引入的。❸几；不止一个。《孟子·梁惠王上》："数口之家，可以无饥矣。"❹算术。《周礼·地官·大司徒》："三曰六艺，礼、乐、射、御、书、数。"❺易数。《周易》以筮数说明事物现象的生成和变化。《易传·系辞上》："参伍以变，错综其数，通其变，遂成天下之文，极其数，遂定天下之象。"❻自然之理。《荀子·富国》："万物同宇而异体，无宜（义）而有用为人，数也。"❼技术；方术。《孟子·告子上》："今夫弈之为数，小数也。"❽旧谓气数，即命运。刘峻《辩命论》："将荣悴有定数，天命有志极。"❾术数。详"术数❶"。❿语法范畴之一。通过一定的语法形式表示名词、代词等的数量。一般分单数、复数两种。如英语中 book（书），单数；books，复数。

另见 cù，shǔ，shuò。

数白论黄　白，白银。黄，黄金。谓计较金钱。汤显祖《邯郸记·赠试》："有家兄打圆就方，非奴家数白论黄。"

数词　表示数目的词。如："一"、"百"、"千"、"万"、"亿"。汉语数词前边加"第"，表示序数。如"第一"、"第三"。汉语中数词经常同量词连用，如"一本"、"三张"、"两趟"。这种组合也叫数量词组或数量词。

数奇　指命运不好，遇事多不利。《史记·李将军列传》："大将军青（卫青）亦阴受上诫，以为李广老，数奇，毋令当单于。"按裴骃集解引如淳说，司马贞索隐引服虔说，均以"数"为屡次之意，音朔（音 shuò）。《汉书·李广传》颜师古注以"数"为命运之义，音所具反（音 shù，今本《汉书》作所角反，同朔，系误文）。当以颜说为是。见周密《齐东野语》卷十四。

数家　擅长术数的人。《汉书·东方朔传》："上尝使诸数家射覆。"颜师古注："数家，术数之家也。"

数据库　存放在计算机存储器中，按一定格式事先编就的相互关联的数据集合。可供用户调用。除具有数据检索和存取功能外，还具有数据修改、增删和整理等功能。

数量词　数词和量词的组合。如"三个"、"两次"。

数四　犹言三四个，表示为数不多。《三国志·吴志·孙皓传》"甘露元年三月"裴松之注引干宝《晋纪》："疆界虽远，而其险要必争之地，不过数四。"

数珠　亦名"念珠"。俗称佛珠。信奉佛教者诵经时用以记数的串珠。《数珠功德经》："数珠者，要当须满一百八颗，如其难得，或五十四颗，或二十七颗，或十四颗，亦皆得用。"

数字　亦称"数码"。用来记数的

符号。现在世界上最通用的是阿拉伯数字 0、1、2、3、4、5、6、7、8、9。中国常用的汉数字为一、二、三、四、五、六、七、八、九、十。历史上还曾有巴比伦楔形数字、埃及象形数字、希腊数字、玛雅数字、罗马数字等。

古代数字

树（shù）同"树（樹）"。

墅（shù）❶田野间草房。曹植《泰山梁甫行》："剧哉边海民，寄身于草墅。"❷别墅；别业。家宅以外别筑的游息之所。《晋书·谢安传》："于土山营墅，楼馆林竹甚盛。"

嗽（嗽）（shù）通"漱"。以清水或药水洗涤口腔。《史记·扁鹊仓公列传》："齐中大夫病龋齿，臣意灸其左太阳明脉，即为苦参汤，日嗽三升，出入五六日，病已。"

另见 sòu，sù。

漱〔潄〕（shù，读音 sòu）❶漱口。《礼记·内则》："咸盥漱。"引申为用水冲刷。《考工记·匠人》："善沟者水漱之。"孙诒让正义："案漱本为荡口，引申为凡水荡物之称。"❷洗涤。《礼记·内则》："冠带垢，和灰请漱。"

漱石枕流　《世说新语·排调》："孙子荆年少时，欲隐；语王武子'当枕石漱流'，误曰'漱石枕流'。王曰：'流可枕，石可漱乎？'孙曰：'所以枕流，欲洗其耳；所以漱石，欲砺其齿。'"后以"漱石枕流"或"漱流枕石"指士大夫的隐居生活。

澍（shù）时雨。《后汉书·明帝纪》："长吏各洁斋祷请，冀蒙嘉澍。"亦指滋润。《淮南子·泰族训》："若春雨之灌万物也……无地而不澍。"

另见 zhù。

霄（shù）同"澍"。时雨。梁元帝《藩难未静述怀诗》："差营逢霄雨。"

另见 zhù。

籔〔籔〕（shù）古量名。《仪礼·聘礼》："十六斗曰籔，十籔日秉。"
另见 sǒu。

霜（shù）　同"澍"。

shuā

刷（shuā）❶刷子。如：板刷；牙刷。《文选·嵇康〈养生论〉》："劲刷理鬓，醇醴发颜。"李善注引《通俗文》："所以理发谓之刷也。"❷用刷子去垢或涂抹。如：刷鞋；刷墙。左思《魏都赋》："洗兵海岛，刷马江洲。"比喻突破旧的，创出新的。如：刷新记录。❸梳理。李白《赠黄山胡公求白鹇》诗："照影玉潭里，刷毛琪树间。"❹洗雪；昭雪。《汉书·货殖传》："刷会稽之耻。"
另见 shuà。

唰（shuā）　拟声词。如：唰唰地下起雨来了。

shuǎ

耍（shuǎ）❶游戏；玩耍。周邦彦《意难忘·美咏》词："长颦知有恨，贪耍不成妆。"❷玩弄；戏弄。《水浒传》第六回："翻筋斗，撷那厮下粪窖去，只是小耍他。"❸使；动。《红楼梦》第一百十一回："醒时便在院里耍刀弄棒。"❹逞；施展（多含贬义）。如：耍脾气；耍威风；耍花招。

shuà

刷（shuà）　用于"刷白"（苍白，多指面色）。
另见 shuā。

shuāi

衰（shuāi）　衰落；衰弱；衰退。如：年老力衰。《左传·襄公二十九年》："其周德之衰乎?"《楚辞·九章·涉江》："年既老而不衰。"
另见 cuī，suī。

衰老　生物体或生物体的一部分趋向自然死亡的现象。有些动物如鸟类和哺乳类在衰老时期，体内物质的降解超过合成。有些动物如无脊椎动物、鱼类和爬行类并不完全停止生长，其衰老意味着随年龄增长而接近预期寿命。目前对于生物体随年龄而衰老的原理尚不了解。有两说：(1)衰老是遗传程序；(2)代谢废物逐渐积累到有害程度。后者包括遗传损伤如辐射作用，或在遗传基因表现过程中，包括转录和转译过程产生的废物。细胞衰老时期的变化称变性，其时渗透性下降，含水量减低，难于溶解的代谢产物不能正常排出，引起细胞容积缩小、积集色素颗粒、出现脂肪小滴等现象。

衰落　事物由兴盛转向没落。

衰飒　衰败；衰落。张九龄《登古阳云台》诗："庭树日衰飒，风霜未云已。"

衰衰　疲弊貌。《太玄·众》："兵衰衰，见其病，不见舆尸。"

衰朽　老迈无用。韩愈《左迁至蓝关示侄孙湘》诗："欲为圣明除弊事，肯将衰朽惜残年!"

摔（shuāi）❶用力扔；丢弃。《红楼梦》第三回："〔宝玉〕摘下那玉，就狠命摔去。"❷跌。如：摔了一交。

shuǎi

甩（shuǎi）❶摆动；挥动。如：甩尾巴。❷丢开。如：甩手不管。❸虫类下卵。如：蚕蛾甩子儿。

shuài

帅〔帥〕㊀（shuài）　军队中的主将。如：元帅；统帅。《左传·宣公十二年》："命为军帅。"引申为主导的人或事物。《孟子·公孙丑上》："夫志，气之帅也。"㊁（shuài，读音 shuò）❶同"率"。带领。《国策·赵策一》："知伯帅赵、韩、魏而伐范中行氏。"❷遵循。《礼记·王制》："命乡简不帅教者以告。"❸姓。晋代有帅昺。

率（shuài）❶捕鸟网，亦谓用网捕鸟兽。《文选·张衡〈东京赋〉》："悉率百禽。"薛综注："率，敛也。"❷带领；统率；率领。《左传·宣公十二年》："率师以来，惟敌是求。"❸通"帅"。主将；首领。《荀子·富国》："将率不能则兵弱。"❹遵循；顺服。如：率教；率礼。《书·大禹谟》："惟时有苗弗率。"❺循。《诗·大雅·绵》："率西水浒，至于岐下。"❻直爽。如：直率；坦率。❼潦草；粗疏。如：轻率；草率。见"率尔"。❽大率；通常。《史记·老子韩非列传》："故其著书十余万言，大抵率寓言也。"张守节正义："率，犹类也。"引申为一概，都。韩愈《进学解》："占小善者率以录，名一艺者无不庸。"❾姓。明代有率庆。
另见 lǜ。

率尔　贸然；轻率貌。《论语·先进》："子路率尔而对。"

率然　❶飘逸貌；轻捷貌。《汉书·东方朔传》："今先生率然高举，远集吴地。"颜师古注："率然犹飒然。"❷犹率尔。不加思考；不慎重。《后汉书·贾复传》："复率然对曰：'臣请击郾。'"❸古代传说中的一种蛇。《神异经·西荒经》："西方山中有蛇，头尾差大，有色五彩。人物触之者，中头则尾至，中尾则头至，中腰则头尾并至，名曰率然。"张华注："会稽常山最多此蛇，《孙子兵法》'三军势如率然'者是也。"

率兽食人　形容暴君虐害人民。《孟子·梁惠王上》："庖有肥肉，厩有肥马，民有饥色，野有饿莩，此率兽而食人也。"

率土　谓境域之内。《诗·小雅·北山》："率土之滨，莫非王臣。"率，循。率土之滨，犹言四海之内。"率土"为"率土之滨"的省语。《魏书·尔朱荣传》："道格普天，仁沾率土。"

率性　❶儒家的伦理思想。《中庸》："天命之谓性，率性之谓道。"郑玄引《孝经说》："性者生之质。"故注："率，循也；循性行之是谓道也。"朱熹认为"性即理也"，故注："人物各循其性之自然，则其日用事物之间，莫不各有当行之路，是则所谓道也。"❷平素的性情。《北史·辛庆之传》："庆之位遇虽隆，而率性俭素，车马衣服，亦不尚华侈。"

率直　坦率爽直。如：心地率直；言语率直。《北齐书·魏收传》："愍（崔愍）为帝登祚赦，云：'朕托体孝文。'收嗤其率直。"

蟀（shuài）　见"蟋蟀"。

shuān

闩〔閂〕（shuān）　门上的横插。如：门闩；铁闩。亦指以闩插门。如：闩门。

拴（shuān）❶缚住；绑住。如：拴马。《红楼梦》第一百四回："众衙役答应，拴了倪二，拉着就走。"引申为打结。如：拴了个结儿。❷上闩。《西厢记》第三本第二折："我将这角门儿世不曾牢拴。"世，从来。

栓(shuān) ❶器物上用以开关的机件。如:消火栓;枪栓;门栓。皮日休《蓝田关铭》:"千岩作锁,万嶂为栓。"❷瓶塞。亦指形状如塞子的东西。如:栓剂。

虨(shuān) ❶门闩。蒲松龄《日用俗字·木匠章》:"枏柛俱已合闩榫,摞上门攛上腰虨。"❷闩门。无名氏《陆沉痛》:"也得把大门儿哦,学闭关紧紧虨好。"

檭(shuān) 同"闩"。

欗(shuān,又读guān) 木桩。《集韵·二仙》:"欗,竖木杙。"

shuàn

涮(shuàn) ❶洗涤。如:涮瓶子;把衣服涮一涮。❷把生的肉片、鱼片之类放在开水锅里烫食。如:涮羊肉。

腨(shuàn) 腓,腿肚子。《说文·肉部》:"腨,腓肠也。"段玉裁注:"腓肠,谓胫骨后之肉也。腓之言肥,似中有肠者然,故曰腓肠。"

踹(shuàn) ❶足跟。见《玉篇·足部》。❷跳脚;顿足。《淮南子·人间训》:"踹足而怒。"
另见 chuài。

shuāng

双〔雙〕(shuāng) ❶两;一对。如:双方;成双作对。《史记·项羽本纪》:"〔沛公〕曰:'我持白璧一双,欲献项王;玉斗一双,欲与亚父。'"❷偶数。如:双日。❸匹敌。《史记·淮阴侯列传》:"至如信(韩信)者,国士无双。"❹姓。汉代有双福。

双宾语 "送"、"教"、"给"、"告诉"之类的动词,有时可以带两个宾语。如"他送我一本书"中的"我"和"一本书"。前一个宾语(我)指人,后一个宾语(一本书)指物。指人的靠近动词,叫"近宾语";指物的离动词远一些,叫"远宾语"。

双凫 ❶成双水鸟。扬雄《解嘲》:"双凫飞不为之少。"❷古代神话故事。东汉明帝时,王乔为叶县令,距京师甚远,但每逢朔望,却亲自来朝。明帝怪之。令人候望,言乔每临,必有双凫自东南飞来。于是候凫至,设网捕得其一,乃是一只木鞋。见《后汉书·王乔传》。后因借为地方官的故实。苏轼《至湖上太守未来两县令先在》诗:"鼓吹未容迎五马,水云先已扬双凫。"

双柑斗酒 本指春游时所带酒食。后即借指春游。冯贽《云仙杂记》卷二引《高隐外书》:"戴颙春携双柑斗酒,人问何之,曰:'往听黄鹂声。此俗耳针砭,诗肠鼓吹,汝知之乎?'"刘泰《春日湖上》诗:"明日重来已烂漫,双柑斗酒听黄鹂。"

双弓米 粥的别名。陶穀《清异录·馔羞》:"单公洁,阳翟人,耻言贫,尝有所亲访之,留食糜,惭于正名,但云啜少许双弓米。"按"粥"字由双"弓"一"米"合成,故名。

双钩 亦作"双勾"。❶古代的藏钩之戏。李商隐《代应》诗:"昨夜双钩败,今朝百草输。"❷摹帖。以透明的纸覆盖帖上,用极细的笔画描摹字帖点画的四周,然后填以浓墨。或以法书置刻石上,沿其字迹,两边用细线钩出,以便摹刻。见姜夔《续书谱·临》。❸中国画技法名。一般用线条钩描物象的轮廓称"钩勒",因基本上是用左右或上下两笔钩成,不分顺、逆、单、复笔,故又称"双钩"。通常用于工笔花鸟画。

双关 修辞学上辞格之一。利用语言文字上同音或同义的关系,使一句话关涉到两件事。如:"空对着,山中高士晶莹雪;终不忘,世外仙姝寂寞林。"(《红楼梦》第五回)"雪"字谐音双关,指薛宝钗的"薛";"林"字音形双关,指林黛玉的"林"。

双管齐下 唐代张璪善画松,"能手握双管,一时齐下,一为生枝,一为枯干……经营两足,气韵双高。"见郭若虚《图画见闻志》卷五。管,即笔。后以"双管齐下"比喻两件事情同时进行或同时采用两种方法。

双鲤 古乐府《饮马长城窟行》:"客从远方来,遗我双鲤鱼。呼儿烹鲤鱼,中有尺素书。"后因作书信的代称。刘禹锡《洛中送崔司业》诗:"相思望淮水,双鲤不应稀。"

双陆 古代博戏。局如棋盘,左右各有六路。子形作"马",黑白各十五枚,两人相博,骰子掷采行马,白马从右到左,黑马反之,先出完者获胜。宋洪遵《谱双序》云,双陆有四名,"曰握槊、曰长行、曰婆罗塞戏、曰双陆。盖始于西竺。流行于曹魏,盛行于梁、陈、魏、齐、隋、唐之间。"元陈元靓《事林广记》载有"格制"、"局例"。

双声 音韵学术语。指两个字的声母相同。如伶(líng)[liŋ ˊ]、俐(lì)[li ˇ],声母同是l[l];美(měi)[mei ˇ]、满(mǎn)[man ˇ],声母同是m[m]。同一个字古今南北的读音往往不同,两字是否双声,须依时地条件而定。

双瞳剪水 形容眼睛清明。李贺《唐儿歌》:"一双瞳人剪秋水。"

泷〔瀧〕(shuāng) 泷冈山,在今江西永丰南凤凰山上。宋欧阳修葬父母于此,并立有墓碑《泷冈阡表》。
另见 lóng。

笼〔雙〕(shuāng) 帆。见《广韵·四江》。

舻〔艭〕(shuāng) 小船。袁宏道《和小修》:"黄笙藤枕梦吴舻。"

娖〔孅〕(shuāng) 见"踉娖"。

爽(shuāng) 见"肃爽"。
另见 shuǎng。

跿〔躦〕(shuāng) 见"踉跿"。

娑(shuāng) 同"双(雙)"。

鹴〔鷞〕(shuāng) 见"鹔鹴"。

霜(shuāng) ❶空气中水汽因地面或地物表面散发热量(温度在0℃以下)而凝华在其上的结晶。一般出现于晴朗无风夜间或清晨。晚秋产生的霜叫"早霜",早春产生的霜叫"晚霜"。霜的出现受局部地区影响很大,虽在同一时间、同一地区内,不一定能普遍见到霜。❷泛指色白如霜的粉末。如:盐霜;糖霜。❸借喻白色。如:霜刃。范云《送别》诗:"不愁书难寄,但恐鬓将霜。"❹比喻高洁。如:霜操。陆机《文赋》:"心懔懔以怀霜,志眇眇而临云。"❺比喻严正、严厉。《文心雕龙·奏启》:"必使笔端振风,简上凝霜。"❻年岁的代称。犹言秋。贾岛《渡桑干》诗:"客舍并州已十霜,归心日夜忆咸阳。"❼通"孀"。《金石萃编·大唐故雁门郡解府君墓志铭》:"霜妻李氏,偕老愿违。"

霜冻 植物因气温短时间降到0℃或0℃以下而遭受损伤乃至死亡的冻害现象。出现霜冻时不一定伴有霜。不伴霜的霜冻称为"黑霜"。防御霜冻害,除选择适宜的种植地区、品种和调整播种期外,还可采用熏烟、覆盖、灌水、喷洒化学药剂以及受冻害后加强田间管理等措施以减免损失。

霜闺　霜，通"孀"。孤妇的卧室。李白《独不见》诗："风催寒梭响，月入霜闺悲。"亦作"孀闺"。钟嵘《诗品序》："塞客衣单，孀闺泪尽。"

霜降　二十四节气之一。每年10月24日前后太阳到达黄经210°时开始。《月令七十二候集解》："九月中，气肃而凝，露结为霜矣。"霜降前后我国黄河流域一般出现初霜，南方地区进入秋收秋种的大忙季节。

霜露之病　谓因感受寒凉而起的病。《史记·平津侯主父列传》："君不幸罹霜露之病。"

霜刃　谓锋利的刀口白亮如霜。贾岛《剑客》诗："十年磨一剑，霜刃未曾试。"

霜台　古称御史台为霜台。岑参《虢州西亭陪端公宴集》诗："为逼霜台使，重裘也觉寒。"

霜天晓角　词牌名。又名《月当窗》等。双调四十三字或四十四字，有仄韵、平韵两体，仄韵较多见，以北宋林逋所作为最早；南宋黄机等有平韵之作。

霙（shuāng）❶雨貌。见《龙龛手镜·雨部》。❷同"双（雙）"。一对。《敦煌曲子词·失调名》："春色渐舒荣，忽睹霙飞燕。"

孀（shuāng）寡妇。《淮南子·修务训》："吊死问疾，以养孤孀。"亦指守寡。如：孀居。

驦〔騻〕（shuāng）见"骕骦"。

騻（shuāng）同"驦（騻）"。

礵（shuāng）地名用字。福建省有南礵岛、北礵岛。

霜（shuāng）同"霙"。

鷞（shuāng）同"鹴（鷞）"。见"鹔鹴"。

shuǎng

爽（shuǎng）❶明。《列子·周穆王》："爽旦案所梦而寻得之。"引申为明澈的心灵。参见"灵爽"。❷开朗；畅快。如：秋高气爽；神清气爽。苏鹗《杜阳杂编》卷中："龙膏酒，黑如纯漆，饮之令人神爽。"❸直爽。《晋书·桓温传》："温豪爽有风概。"❹违背；差错。如：爽约；丝毫不爽。《诗·卫风·氓》："女也不爽，士贰其行。"❺伤败。《老子》："五味令人口爽。"《淮南子·精神训》："五味乱口，使口爽伤。"

另见 shuāng。

鹴鸠　亦作"鹈鸠"。鹰的一种。《左传·昭公十七年》："鹴鸠氏，司寇也。"按少皞氏帝挚，用鸟作官名，"鹴鸠氏"为掌刑狱之官。

塽垲　亦作"壖垲"。高朗干燥。《左传·昭公三年》："子之宅近市，湫隘嚣尘，不可以居，请更诸爽垲者。"杜预注："爽，明；垲，燥。"

爽然　❶开朗舒畅貌。王阮《龙塘久别乘月再到》诗："龙塘畴昔擅云烟，破月重来倍爽然。"❷茫然而无主见貌。见"爽然若失"。

爽然若失　《史记·屈原贾生列传赞》："太史公曰……又怪屈原以彼其材，游诸侯，何国不容，而自令若是。读《服鸟赋》，同生死，轻去就，又爽然自失矣。"爽然，无主见貌。后以"爽然若失"表示内心无所依据，空虚恍惚。鲁迅《朝花夕拾·琐记》："毕业自然大家都盼望的，但一到毕业，却又有些爽然若失了。"

爽爽　俊朗出众貌。《南史·何思澄传》："人中爽爽有子朗（何子朗）。"

爽约　失约。李商隐《为张周封上杨相公启》："郭伋还州，尚不欺于童子；文侯校猎，宁爽约于虞人？"

塽（shuǎng）同"爽"。也指高燥、爽朗的地方。

樉（shuǎng）❶木名。见《广韵·三十六养》。❷木茂貌。见《集韵·三十六养》。

貜（shuǎng）兽名。《古文苑·扬雄〈蜀都赋〉》："鸿貜獌乳，独竹孤鸽。"章樵注："貜、獌皆兽名。貜贵大者，獌贵初生。"

shuí

脽（shuí）通"腄"。臀部。《汉书·东方朔传》："连脽尻。"

shuǐ

水（shuǐ）❶氢和氧的最普遍的化合物。化学式 H_2O。无色、无臭、无味。在自然界中以固态（冰）、液态（水）和气态（水蒸气）三种聚集状态存在。空气中含有水蒸气，土壤和岩石层中有时也积存着大量的水。水是动植物机体所不可缺少的组成部分，在101.325千帕下，水的沸点为100℃，冰点为0℃。水的密度在4℃时最大（1克/毫升）。水结冰时，其密度减小，体积增大，所以冰总是浮于水面。在一切固态和液态物质中，水的热容量最大，这一特性对于调节气候具有重大意义。水能溶解许多物质，是最重要的溶剂。❷江湖河海洋的总称，对陆地而言。如：水陆交通；跋山涉水。❸河流。如：汉水；湘水。❹一切液汁的通称。如：口水；泪水；药水；汽水。❺五行之一。见"五行❶"。❻太阳系九大行星之一。中国古代又叫"辰星"，是最接近太阳的一颗。❼旧指银子的成色，转为货币兑换贴补金及汇费之称。如：贴水；汇水。❽指用水洗过的次数。如：这衣服才洗过一水。❾中国少数民族名。❿姓。明代有水苏民。

水部　官名。晋以后设水部曹郎。隋唐至宋皆以水部为工部四司之一。明清改为都水司。掌有关水道之政令。相沿仍以水部为工部司官的一般称呼。

水产品　水产业所生产的产品。包括捕捞、养殖的鱼、蟹、虾、贝、藻、海兽等的鲜品及以其为原料的各种加工产品。

水产业　亦称"渔业"。以栖息、繁殖在海洋和内陆水域中的水产经济动植物为开发对象，进行合理采捕、人工养殖和增殖，以及加工利用的综合性生产事业。是国民经济的一个组成部分。随着海洋和淡水渔业资源开发规模日益扩大，已成为人类动物性蛋白质食物的重要来源之一。此外，还为化工、医药等工业提供原料，为畜牧业提供饲料。

水车　❶提水工具的一种。用人力、畜力、风力或电力转动带有刮板的链带或带有汲水筒的水轮，将河、湖、塘、井的水从低处提升到高处。用于灌溉农田或排除积水。如龙骨水车、管链水车、斗式水车等。中国使用水车灌溉甚早，龙骨水车见于公元168—189年间，斗式水车（国外称为"波斯轮"）在公元670年前也已出现。❷古代战船的一种。《南史·徐世谱传》："世谱乃别造楼船、拍舰、火舫、水车，以益军势。"❸以水为车。《楚辞·九歌·河伯》："乘水车兮荷盖。"王逸注："言河伯以水为车。"

水到渠成　水一流到就会成渠。比喻条件成熟，事情就会顺利完成。朱熹《答路德章书》："所喻水到渠成之说，意思毕竟在渠上，未放得水东流时，已先作屈曲准备了矣。"也比喻自然而然。苏轼《答秦太虚书》："至时别作经画,水到渠成,不须预虑。"

水稻 栽培稻的基本类型。适宜于水田种植。籼稻、粳稻两亚种中都有水稻类型。品种甚多。

水底隧道 在江河、海峡底下穿越的隧道。在隧道内铺设公路或铁路,用以代替跨越江河的桥梁或轮渡。分水底段、河岸段和引道段。主要是水底段,埋置在河床底下,两端与河岸段连接,再经引道与地面线路接通。一般在两岸各设一至两座竖井,井内安装通风、排水和供电等设备。

水调歌头 词牌名。相传隋炀帝开汴河时曾制《水调歌》。唐人演为大曲,有散序、中序、入破三部分,"歌头"当为中序的第一章。又名《元会曲》、《凯歌》、《台城游》等。双调九十五字,平韵。宋苏轼所作"明月几时有"一阕,尤为著名。宋人于上下阕中的两个六字句,多兼押仄韵。也有句句通押同部仄声韵的。

水碓 利用水力旋动的舂米设备。《三国志·魏志·张既传》:"使治屋宅,作水碓。"按《农政全书·水利》:"杜预作连机碓。"又引《晋书》曰:"今人造作水轮,轮轴长可数尺,列贯横木,相交如滚抢之制。水激轮转,则轴间横木,间打所排碓梢,一起一落舂之,即连机碓也。"

水府 ❶指水的深处。韩愈《贞女峡》诗:"悬流轰轰射水府,一泻百里翻云涛。"❷神话传说中水神或龙王所住的地方。木华《海赋》:"尔其水府之内,极深之庭,则有崇岛巨鳌。"亦用为水神的称号。❸星官名。即猎户座 ν,ξ,f_2,f_1 四星。《晋书·天文志上》:"东井西南四星曰水府,主水之官也。"❹膀胱的别名。张仲景《伤寒论·太阳病上》:"君泽泻之咸寒,咸走水府,寒胜热邪。"

水官 道教信奉的三官之一。详"三官"。

水衡都尉 官名。(1)汉武帝时始置,掌上林苑,兼保管皇室财物及铸钱。东汉废,职务归大司农和少府。(2)三国魏复置,掌水军舟船器械,晋以后不常置。南朝宋曾置水衡令。唐改都水监为水衡都尉,旋复旧称。水衡名称的由来,据《汉书·百官公卿表》应劭注:"古山林之官曰衡,掌诸池苑,故称水衡。"

水火 ❶水与火。《孟子·尽心上》:"民非水火不生活。"亦指烹饪之事。《周礼·天官·亨人》:"掌共(供)鼎镬以给水火之齐(剂)。"❷比

喻患难困苦。《孟子·梁惠王下》:"今燕虐其民,王往而征之,民以为将拯己于水火之中也。"参见"水深火热"。亦比喻危险。《吕氏春秋·为欲》:"犯白刃,冒流矢,趣水火,不敢却也。"❸谓互不相容,势不两立。《三国志·蜀志·庞统传》裴松之之注引《九州春秋》:"备(刘备)曰:'今指与吾为水火者,曹操也。'"

水货 避开海关和进出口管理部门的监管,通过走私、偷运,或以涂改证件、伪装商品、假拟名称、超额发运等违法手段出入境的货物。

水脚 水路运输货物的运费。《宋史·赵开传》:"除成都路转运判官,遂奏罢宣和六年所增上供额纲布十万匹,减绵州下户支移利州水脚钱十分之三。"旧时商业中,卖主发送货物时,应将水运各项费用开列清单,连同发票交与买主。这种清单,称"水脚单"。

水晶 无色透明的石英晶体。常呈完好的晶形。其无瑕疵的单晶块是重要的压电材料和光学材料。此外还用作工艺雕刻品、水晶项链等饰品的材料和石英玻璃原料。造型美观的水晶晶簇和含有针状或发状矿物包裹体的发晶可作为观赏石。

水晶灯笼 比喻对事物了解得非常清楚。《宋史·刘随传》:"随临事明锐敢行,在蜀人号为水晶灯笼。"又《孙道夫传》:"道夫断其机,遇事明了,人目为水晶灯笼。"

水镜 ❶形容月亮明澈如水。谢庄《月赋》:"柔祇雪凝,圆灵水镜。"柔祇,地;圆灵,天。❷比喻清明无私。《三国志·蜀志·李严传》"故以激愤也"裴松之注引习凿齿曰:"夫水至平而邪者取法,镜至明而丑者无怒,水镜之所以能穷物而无怨者,以其无私也。"❸比喻识见清明,能解人疑。《世说新语·赏誉》:"〔卫伯玉〕见乐广与中朝名士谈议,奇之……曰:'此人,人之水镜也,见之若披云雾睹青天。'"

水蕨(*Ceratopteris thalictroides*) 亦称"苴蕨"。蕨类植物,水蕨科。一年生草本。叶丛生,有营养叶和孢子叶之分。营养叶二至四回羽状深裂;孢子叶二或三回羽状深裂。孢子囊生于孢子叶的叶背。生于水田或水沟中。中国长江以南各地均有分布。全草入药,可散血拔毒;嫩叶可食。

水客 ❶船夫;渔夫。左思《蜀都赋》:"试水客,舣轻舟。"梅尧臣《杂

诗绝句》:"买鱼问水客,始得鲫与鲂。"❷旧指商店、公司等派往外埠采购货物的商人。❸菱花的别名。程棨《三柳轩杂识》:"菱花为水客。"

水库 凡能拦蓄一定水量,并能起径流调节作用的蓄水水域。一般指在河流上建筑拦河坝(闸)造成的人工湖。湖泊、池、淀等有拦蓄水量作用的,有时亦称"天然水库"。对环境、生态都有影响,淹没造成土地和财产损失,库区需移民。工程兴建前应充分论证其合理性和可行性。

水潦 积水;流水。《左传·襄公九年》:"具绠缶,备水器,量轻重,蓄水潦。"《淮南子·天文训》:"天倾西北,故日月星辰移焉;地不满东南,故水潦尘埃归焉。"

水龙吟 ❶词牌名。又名《小楼连苑》、《龙吟曲》等。双调一百零二字,仄韵。苏轼《次韵章质夫杨花词》、辛弃疾《登建康赏心亭》等阕,皆甚著名。亦有平韵之作。❷曲牌名。俗称《大开门》、《发点》。戏曲乐队所用的伴奏乐曲,有调无词。以唢呐演奏,锣鼓配合,高官统帅升堂升帐时用,如京剧《空城计》诸葛亮升帐时所奏即此曲。

水陆 ❶水路和陆路。《晋书·羊祜传》:"引梁、益之兵,水陆俱下。"❷指水陆所产的食物。如:水陆毕陈。《晋书·石崇传》:"丝竹尽当时之选,庖膳穷水陆之珍。"

水陆道场 亦称"水陆斋"。佛教遍施饮食以救度水陆一切鬼魂的法会。规模较大。举行时,诵经设斋,礼佛拜忏,追荐亡灵。供品以饮食为主。相传梁武帝为了作普度水陆众生的大斋会,曾命僧保誌(一作宝誌,418—514)集录经典,编成仪文,在金山寺创设水陆道场。

水落石出 水落下去,石头就露出来。苏轼《后赤壁赋》:"山高月小,水落石出。"常比喻事物真相彻底显露。《通俗编·地理》:"《古艳歌行》:'……语卿且勿眄,水清石自见。'今语意当源此诗而讹为水落石出也。"

水马 ❶古代传说中一种生在水中的怪兽。《山海经·北山经》:"〔求如之山〕滑水出焉……其中多水马,其状如马,文臂牛尾,其音如呼。"❷水生昆虫名,水黾的一种。《本草纲目·虫部四》引陈藏器曰:"水黾群游水上,水涸即飞,长寸许,四脚,非海马之水马也。"❸海马的别名,也叫"龙落子"。《本草纲目·鳞

部四》引陶弘景曰："是鱼虾类也,状如马形,故名。"❹一种轻快的船,多供竞渡之用。《荆楚岁时记》："按五月五日竞渡……舸舟取其轻利,谓之飞凫,一自以为水军,一自以为水马。"

水墨画　中国画中纯用水墨的画体。相传始于唐,成于宋,盛于元、明、清以来继续有所发展。以笔法为主导,充分发挥墨法的功能,取得"水晕墨章""如兼五彩"的艺术效果。在中国画史上占重要地位。

水泥　粉状矿物质胶凝材料的一种。与水拌和后能在空气或水中逐渐硬化。因原料及生产方法的不同,有很多品种,重要的有硅酸盐水泥、矿渣硅酸盐水泥、火山灰质硅酸盐水泥、矾土水泥、超早强水泥、膨胀水泥、白水泥及彩色水泥等。广泛应用于土木建筑等工程中。

水牌　便于暂时记写、用后可擦去的粉漆木板。郎瑛《七修类稿》卷二十六："俗以长形薄板,涂布油粉,谓之简板,以其易去错字而省纸。官府用之,名曰水牌。盖取水能去污而复清,借义事毕去字而复用耳。"

水平　❶指与铅垂线成正交的位置。❷测定水平用的工具。❸在某一方面所达到的高度。如:政治水平;科学水平;生活水平。

水清无鱼　水太清澈,鱼就存身不住。用以比喻人太苛察,就不能容人。《汉书·东方朔传》："'水至清则无鱼,人至察则无徒。'……举大德,赦小过,无求备于一人之义也。"

水秋千　宋代水嬉活动之一。从船尾部的秋千上翻身跳水。南宋孟元老《东京梦华录》："又有两画船,上立秋千,……又一人上蹴秋千,将平架,筋斗掷身入水,谓'水秋千'。"

水曲　水流曲折处;水滨。《周礼·地官·保氏》"四曰五驭"郑玄注："五驭:鸣和鸾,逐水曲,过君表,舞交衢,逐禽左。"刘铄《拟行行重行行》诗："寒螀翔水曲,秋兔依山基。"

水乳　水和乳极容易融合,比喻意投情合。江藩《汉学师承记·王昶》："寿椿(袁延梽)馆于康山,踪迹最密,谈论经史,有水乳之合。"

水深火热　比喻人民生活极端痛苦。语出《孟子·梁惠王下》"箪食壶浆以迎王师,岂有他哉? 避水火也。如水益深,如火益热,亦运而已矣"。

水师　❶古代官名。《国语·周语中》："水师监濯。"韦昭注："水师掌

水,监涤濯之事也。"❷犹水手。《宋史·谢景温传》："景温劾轼(苏轼)向丁忧归蜀,乘舟商贩。朝廷下六路捕逮篙工水师穷其事,讫无一实。"❸水军。《宋书·孝武帝纪》："可克日于玄武湖大阅水师。"清代有长江水师、外海水师。

水手　❶驾船的人。《旧唐书·食货志下》："江南百姓不习河水,皆转顾河师水手,更为损费。"❷船员职称之一。船舶舱面的工人。担任操舵、带缆、保养船体,以及消防、堵漏、维修装卸用具等工作。

水书　或称"水字"。旧时中国水族巫师使用的一种记事符号。有二百多个通用单字,其中有象形字,有仿汉字倒写或反写等,故又称"反书",用于占卜等宗教活动。

水土　❶水与陆的合称。《书·舜典》："俞,咨禹,汝平水土,惟时懋哉!"亦指水中与陆上。《礼记·郊特牲》："笾豆之荐,水土之品也。"❷指地方。《左传·僖公十五年》："生其水土而知其人心。"引申指某一地方的自然环境。《三国志·吴志·周瑜传》："不习水土,必生疾病。"

水位　❶江、河、湖、海、水库及地下饱和水带等水体中,自由水面相对于特定基准面的高程。可由安装在固定地点的水尺或自记水位计测量。❷星官名。属井宿,共四星,即小犬座 6 号、11 号星和巨蟹座 8 号、$\zeta_{1,2}$ 星。《晋书·天文志》："水位四星,在积薪东。"

水嬉　亦称"水戏"。中国古代水上文体活动的总称。包括游水、水秋千、水傀儡、赛船和水上杂戏等。唐代已有相当水平。据唐赵璘《因话录》载,善水嬉者,能"百尺樯上,不解衣投身而下,正坐水面,若在茵席",还能"回旋出没,变易千状"。宋代为水军向皇帝表演的项目。见南宋孟元老《东京梦华录》。

水系　也叫"河系"。流域内各种水体构成脉络相通的水网系统的总称。一般包括干流及其各级支流、流域内地下暗流、沼泽及湖泊等。通常以干流命名,如长江水系、黄河水系。

水乡　多水之乡。《汉书·王莽传下》："水乡民三舍垫为池。"

水泄不通　形容极度拥挤或包围得十分严密,连水都流不出去。《水浒全传》第九十六回："宋江分拨将佐到昭德,围的水泄不通。"鲁迅《故事新编·采薇》："只见路边都挤满了民众,真是水泄不通。"

水榭　园林或风景区中,建于水边或水上供人们游憩、眺望的建筑物。一般为长方形平面,四周开敞或设窗扇。

水性杨花　水性流动,杨花轻飘,用来比喻女子用情不专一。《红楼梦》第九十二回："大凡女人都是水性杨花。"亦作"杨花水性"。《小孙屠》戏文："你休得强惺惺,杨花水性无凭准。"

水袖　传统戏曲服装中蟒、帔、开氅、褶子等袖端所缀 30 厘米上下的白绸。可能是明代服装套袖的夸张形式。以其甩动时形似水波纹,故名。运用水袖动作,有助于表现剧中人的身份、性格和感情,并可加强舞蹈美。水袖技巧是传统戏曲表演的基本功之一,习称"水袖功"。

水玉　❶即水晶。《山海经·南山经》："又东三百里,曰堂庭之山,多棪木,多白猿,多水玉。"郭璞注："水玉,今水精也。"水精,即水晶。❷玻璃的别名。《本草纲目·金石部》:〔玻璃〕本作颇黎,颇黎,国名也。其莹如水,其坚如玉,故名水玉,与水精同名。❸药名。即半夏。

水月　❶水中的月影。李绅《宿扬州水馆》诗："轻楫过时摇水月,远灯繁处隔秋烟。"❷明净如水的月亮。郑谷《南康郡牧陆肱郎中辟许棠先辈为郡从事因有寄赠》诗："夜清僧伴宿,水月在松梢。"❸佛教用语。比喻一切法(事物)都无实体。《大智度论·初品·十喻》："了解诸法,如幻如焰,如水中月。"后泛指一切虚幻的景象。参见"镜花水月"。

水葬　一种将尸体完整地或肢解后投入江、河、海中的葬俗。《南史·扶南国传》等史籍已有记载。建国前藏族社会对夭折的小孩和患传染病而死的贫民,即行此葬法。大洋洲美拉尼西亚人、波利尼西亚人等死后亦行此葬俗。

shuì

说　〔説〕(shuì)　❶用话劝说别人使听从自己的意见。如:游说。《孟子·尽心下》："说大人,则藐之。"《史记·淮阴侯列传》："广武君李左车说成安君。"❷通"税"。休憩;止息。《诗·召南·甘棠》："蔽芾甘棠,勿剪勿拜,召伯所说。"孔颖达疏："说,本或作税。舍也。"

另见 shuō,tuō,yuè。

说客　游说之士;善于用言语说动

对方的人。《史记·郦生陆贾列传》："郦生常为说客,驰使诸侯。"

捝（shuì）拭。《仪礼·乡饮酒礼》："坐捝手,遂祭酒。"

另见 tuō。

帨（shuì）佩巾。《诗·召南·野有死麕》："舒而脱脱兮,无感(撼)我帨兮,无使尨也吠。"脱脱,走路脚步轻的状态。

涗①工记·慌氏》："涷丝以涗水,沤其丝七日。"郑玄注:"涗水,以灰所沴水也。"❷通"捝"。揩拭。《周礼·春官·司尊彝》："涗酌。"郑玄注引郑司农云:"涗酌者,捝拭勺而酌也。"

税（shuì）❶国家的税收。《汉书·食货志上》："税谓公田什一,及工商虞衡之入也。"❷赠送。《礼记·檀弓上》："未仕者不敢税人。"孔颖达疏:"税人,谓以物遗人也。"❸租借。白行简《李娃传》："闻兹地有隙院,愿税以居,信乎?"❹利息。《后汉书·桓谭传》："趋走与臣仆等勤,收税与封君比入。"李贤注:"收税谓举钱输息利也。"❺姓。宋代有税挺。

另见 tuàn,tuì,tuō。

税收 国家对有纳税义务的组织和个人所征收的货币和实物。随着商品货币关系的发展,税收从以征收实物为主发展到以征收货币为主。不同社会制度下的税收,具有不同的本质。社会主义国家的税收是国家积累资金,调节积累和消费,调节纳税人收入,促进企业加强经济核算,和配合国家对外政策、维护国家权益的重要手段。

祱（shuì）赠送死者的衣被。《汉书·朱建传》："辟阳侯乃奉百金祱。"颜师古注:"赠终者之衣被曰祱。言以百金为衣被之具。"

睡（shuì）❶《说文·目部》："睡,坐寐也。"即打瞌睡。《史记·商君列传》："孝公既见卫鞅,语事良久,孝公时时睡,弗听。"❷睡觉。如:睡梦;早起早睡。

睡眠 大脑各中枢在自然条件下逐渐普遍进入抑制状态的生理现象。与觉醒状态周期性地交替出现。睡眠为脑疲劳后功能恢复所必需。睡眠不是一个单纯的、始终一样的状态;相反,它不但有深浅的程度之差,而且有本质上不同的两种时相,即脑电图表现高幅度同步慢波的睡眠相和脑电图呈低幅度不同步快波的

伴有快速眼球运动的睡眠相。在一夜的睡眠中,两相交替出现,但前一相总是先出现;做梦多发生于后一相出现时。

睡乡 睡梦中的境界。陈与义《对酒后三日再赋》："不奈长安小车得,睡乡深处作奔雷。"

睡鸭 古代的一种铜制香炉,形状像睡鸭。李商隐《促漏》诗:"舞鸾镜匣收残黛,睡鸭香炉换夕熏。"

唪（shuì）小饮。见《说文·口部》。按《广雅·释诂》:"唪,尝也。"王念孙疏证:"《说文》:'啜,尝也。'唪亦啜也。"按尝与小饮义同。

shǔn

吮（shǔn）用口含吸;咂。如:吮乳;吮笔。《史记·孙子吴起列传》："卒有病疽者,起为吮之。"

吮痈舐痔 《庄子·列御寇》："秦王有病召医,破痈溃痤者,得车一乘;舐痔者,得车五乘。"《汉书·邓通传》："文帝尝病痈,邓通常为上嗽吮之。"《论语·阳货》:"苟患失之,无所不至矣"朱熹注:"小则吮痈舐痔,大则弑父与君,皆生于患失而已。"后常用"吮痈舐痔"比喻谄媚之徒趋奉权贵的卑鄙行为。

楯（shǔn）❶阑干的横木,因即以指阑干。司马相如《上林赋》："宛虹拖于楯轩。"❷拔擢。《淮南子·俶真训》："引楯万物,群美萌生。"

另见 dùn。

膞（shǔn）见"晖膞"。

另见 chǔn。

shùn

顺〔順〕（shùn）❶趋向同一个方向,同"逆"相反。如:顺风;顺路。❷趁便;随便。如:顺手牵羊。❸沿;循。如:顺河边走。苏轼《赤壁赋》："方其破荆州,下江陵,顺流而东也。"❹顺遂。如:顺心;顺意。李密《陈情表》："欲苟顺私情,则告诉不许。"❺依顺;顺服。《诗·郑风·女曰鸡鸣》："知子之顺之。"郑玄笺:"顺,谓与己和顺。"《礼记·月令》:"〔孟秋之月〕顺彼远方。"郑玄注:"顺犹服也。"❻调和;和协。如:风调雨顺。❼通顺。韩愈《樊绍述墓志铭》："文从字顺各识职。"

顺比 和顺亲近。《诗·大雅·

皇矣》:"克顺克比。"毛传:"慈和遍服曰顺,择善而从曰比。"《荀子·王制》:"一天下,振毫末,使天下莫不顺比从服。"亦作"比顺"。参见该条。

顺民 ❶指听天由命、安守本分的人。《列子·杨朱》:"不逆命,何羡寿;不矜贵,何羡名;不要势,何羡位;不贪富,何羡货;此之谓顺民也。"❷指服从统治,逆来顺受,不敢反抗的百姓。❸指顺从民心。如:承天顺民。

顺水推舟 比喻顺势行事;因利乘便。康进之《李逵负荆》第三折:"你休得顺水推舟,偏不许我过河拆桥。"亦作"顺水推船"、"顺水行舟"。关汉卿《窦娥冤》第三折:"天地也做得个怕硬欺软,却元来也这般顺水推船。"《红楼梦》第四回:"老爷何不顺水行舟,做个人情,将此案了结。"

顺天 旧称遵循天道为顺天。《易·大有》:"君子以遏恶扬善,顺天休命。"

顺叙 文学创作的一种叙事排列方式。指按照事件发展的时间的先后顺序来铺展情节、刻画人物。

顺应 ❶顺从;适应。如:顺应历史发展的潮流。❷西方社会学用语。社会成员通过改变自己原有心理和生理的活动机制以适应环境变迁的过程。亦指处于相互冲突中的群体及其成员通过行为模式的调适以消弭或防止冲突的过程。方法有调解、妥协、仲裁、契约、顺从、容忍等。

睒（shùn）同"眴❶"。以目示意。《公羊传·文公七年》:"睒晋大夫使与公盟也。"何休注:"以目通指曰睒。"按今本"睒"误作"眹",据阮元校勘记改。

眴（shùn）❶以目示意。《汉书·项籍传》:"梁(项梁)目眴籍曰:'可矣!'籍遂击斩守。"颜师古注:"眴,动目也,音舜,动目而使之也。"❷视貌。《楚辞·九章·怀沙》:"眴兮杳杳。"

另见 xuàn。

舜（shùn）❶本作"蕣"。草名。《说文·舜部》:"舜,草也,楚谓之葍,秦谓之蔓。蔓地生而连华(花),象形。"参见"葍"、"蔓"。❷通"蕣"。木槿。《诗·郑风·有女同车》:"颜如舜华。"毛传:"舜,木槿也。"❸传说中父系氏族社会后期部落联盟领袖。姚姓,一作妫姓,号有虞氏,名重华,史称虞舜。相传因四岳推举,尧命他摄政。他巡行四

方，除去共工、驩兜、三苗、鲧等四人。尧去世后继位，又咨询四岳，挑选贤人，治理民事，并选拔治水有功的禹为继承人（参见"禅让"）。一说他为禹所放逐，死于南方的苍梧。❹姓。晋代有舜华。

舜日尧年　谓太平盛世。沈约《四时白纻歌·春白纻》："佩服瑶草驻颜色，舜日尧年欢无极。"

舜英　❶木槿花。《诗·郑风·有女同车》："有女同行，颜如舜英。"江总《南越木槿赋》："此则京华之丽木，非于越之舜英。"❷比喻美妇人。刘禹锡《马嵬行》："贵人饮金屑，倏忽舜英暮。"此指杨贵妃被杀。

蕣（shùn）木槿花，早开晚落。《本草纲目·木部三》"木槿"李时珍曰："此花朝开暮落，故名日及。曰槿曰蕣，犹仅荣一瞬之义也。"郭璞《游仙诗》："蕣荣不终朝。"

橓（shùn）同"蕣"。

舜（shùn）"舜"的本字。

瞚（shùn）同"瞬"。眨眼。《庄子·庚桑楚》："终日视而目不瞚。"

瞬（shùn）❶眨眼。《列子·汤问》："尔先学不瞬，而后可言射矣。"❷时间短暂，一眨眼的工夫。陆机《文赋》："观古今于须臾，抚四海于一瞬。"

瞬息　一转眼一呼吸之间，谓时间短促。如：瞬息万变。杜甫《解忧》诗："得失瞬息间，致远宜恐泥。"

鬊（shùn）❶自落的发。《说文·髟部》："鬊，鬊发也。"王筠句读："鬊乃自落之发，与髻为翦落者不同，而云鬊发者，其为堕落同也。"❷发。《礼记·丧大记》："君大夫鬊爪，实于绿中。"郑玄注："绿当为角，声之误也。角中谓棺内四隅也。鬊，乱发也。"按《广雅·释器》："发谓之鬊。"鬊实为发通称。

shuō

说〔說〕（shuō）❶出言；讲。如：说话；说书。❷责备；批评。如：说了他一顿。❸说合；介绍。如：把双方说到一块儿。❹解说。《礼记·檀弓下》："而天下其孰能说之?"郑玄注："说，犹解也。"❺说法；主张；学说。如：著书立说。《国策·秦策二》："王不闻夫管与之说乎?"《史记·樗里子甘茂列传》："学百家

之说。"❻告诉。《国语·吴语》："夫差将死，使人说于子胥。"韦昭注："说，告也。"❼文体的一种，亦称杂说。如韩愈的《师说》、柳宗元的《天说》。❽亦称"辩说"。中国古代逻辑术语。指把立论的理由（根据）表述出来的推理。《墨子·经上》："说，所以明也。"又《小取》："以说出故。"认为"说"可以用来弄清一种事物形成的原因或一种主张所持的理由。荀子进一步提出："辩说也者，不异实名（指推理中的名辞，其所指的对象，在逻辑上必须一致），以喻动静之道（即别同异，明是非）也。"（《荀子·正名》）

另见 shuì，tuō，yuè。

说白　戏曲中的道白。

说表　曲艺术语。演员以第三者口吻叙述情节和描绘人物、景象的说白。

说服　用充分的理由开导对方，使之心服。

说铃　《法言·吾子》："好说而不要诸仲尼，说铃也。"李轨注："铃，以喻小声。犹小说不合大雅。谓虽善于讲话而不合孔子之道，也不能算是正道。

说书　曲艺名词。一般指专门说唱故事的曲艺形式，如评话、弹词、鼓书、乌利格儿等。我国北方也曾专指只说不唱的曲种，如评书等。

说帖　❶犹建议书、意见书。帖指简帖。❷清代称外交上的照会为说帖。林则徐《会谕义律分别准驳事宜》："本大臣、本部堂查阅此次说帖，尚不及前次之明白。"

说项　唐代项斯为杨敬之所器重，敬之赠诗有"平生不解藏人善，到处逢人说项斯"之句，后谓替人说好话或讲情为"说项"。

shuò

妁（shuò）见"媒妁"。

烁〔爍〕（shuò）❶热。枚乘《七发》："衣裳则杂遝曼暖，燀烁热暑。"❷通"铄"。熔化金属。《考工记·总序》："烁金以为刃。"❸发光。见"烁熠"。

另见 luò。

烁烁　光芒闪动貌。《古文苑·录别诗》："烁烁三星列，拳拳月初生。"韩愈《苦药》诗："浩态狂香昔未逢，红灯烁烁绿盘龙。"

烁熠　光彩闪烁貌。江淹《金灯

草赋》："映霞光而烁熠，怀风气而参差。"

铄〔鑠〕（shuò）❶熔化。《淮南子·兵略训》："人无筋骨之强，爪牙之利，故割革而为甲，铄铁而为刃。"❷削弱。《国策·秦策五》："秦先得齐宋，则韩氏铄；韩氏铄，则楚孤而受兵也。"❸喻毁谤。《新唐书·魏元忠传》："卿累负谤铄，何邪?"❹渗入。《孟子·告子上》："仁义礼智，非由外铄我也。"❺通"烁"。光辉美盛之貌。《诗·周颂·酌》："於铄王师，遵养时晦。"毛传："铄，美。"

铄石流金　同"流金铄石"。形容天气酷热，似能使金石熔化。《淮南子·诠言训》："大热铄石流金，火弗为益其烈。"

朔（shuò）❶月球和太阳的黄经相等的时刻。在朔日，月球运行到地球与太阳之间，与太阳同出没，朔地球的一侧因照不到阳光而看不见，呈新月。朔发生在夏历每月初一。《庄子·逍遥游》："朝菌不知晦朔。"❷初始。《礼记·礼运》："皆从其朔。"❸月生。《后汉书·马融传》："月朔西陂。"❹北方。《书·禹贡》："朔南暨，声教讫于四海。"

朔漠　北方沙漠地带。《后汉书·袁安传》："今朔漠既定。"谢惠连《雪赋》："朔漠飞沙。"

朔鼙　朔，开始。鼙，小鼓。古代举行射礼奏乐时，首先击鼙，故称"朔鼙"。《仪礼·大射》："一建鼓在其南，东鼓；朔鼙在其北。"参见"应鼙"。

朔气　❶节气。《周礼·春官·大史》"正岁年以序事"贾公彦疏："节气，一名朔气。朔气在晦，则后月闰；中气在朔，则前月闰。"参见"二十四节气"。❷北方的寒气。古乐府《木兰诗》："朔气传金柝，寒光照铁衣。"

朔日　夏历每月初一日。《礼记·月令》："合诸侯，制百县，为来岁受朔日。"

朔食　古代帝王及贵族每月初一日所进食物较平日丰盛，称"朔食"。《礼记·内则》："男女凤兴，沐浴衣服，具视朔食。"郑玄注："朔食，天子大（太）牢，诸侯少牢，大夫特豕，士特豚也。"《新唐书·彭景直传》："天子始祖、高祖、曾祖、祖、考之庙，皆朔加荐，以象生时朔食，号月祭。"月祭，一作日祭。

欶（shuò）通"嗽"。吮吸。韩愈《纳凉联句》："酒醣欣共

软。"

硕 〔碩〕(shuò,旧读 shí) ❶本谓头大,引申为凡大之称。见"硕果"、"硕大无朋"。❷见"硕士"。
另见 shí。

硕大无朋 《诗·唐风·椒聊》:"彼其之子,硕大无朋。"谓貌壮德美,无与伦比。后引申为巨大无比。

硕果 大的果实。《易·剥》:"上九,硕果不食。"后称难得的东西为硕果。如:硕果仅存。

硕画 宏大的谋划。左思《魏都赋》:"硕画精通,目无匪制。"

硕人 ❶《诗·卫风》篇名。诗中赞美庄姜的家世、美貌和仪从之盛,夸耀其贵族的地位和豪奢生活。庄姜是卫庄公之妻,齐太子得臣之妹,见《左传·隐公三年》。《诗序》说,庄公嬖爱其妾,冷遇庄姜,故庄姜无子,"国人"闵之,为作此诗。后人也称美人为"硕人"。❷旧称盛德之人。《诗·卫风·考槃》:"考槃在涧,硕人之宽。"

硕士 ❶硕学之士。指品节高尚、学问渊博的人。曾巩《与杜相公书》:"当今内自京师,外至岩野,宿师硕士,杰立相望。"❷学位的一种。一般为第二级学位。在中国,高等学校和科学研究机构的研究生,或具有研究生毕业同等学力的人员,通过硕士学位的课程考试和论文答辩,成绩合格,学术水平达到在本门学科上掌握坚实的基础理论和系统的专门知识,具有从事科学研究工作或独立担负专门技术工作的能力者,授予硕士学位。

稍 (shuò) 长矛,即槊。《释名·释兵》:"矛长丈八尺曰稍,马上所持。"《旧唐书·尉迟敬德传》:"元吉执稍跃马,志在刺之,敬德俄顷三夺其稍。"

萌

萌果 裂果类的一种类型。由合生心皮形成,一室或多室,具多数种子,成熟时干燥开裂。萌果开裂的方式有:瓣裂(如鸢尾、紫花地丁)、盖裂(如马齿苋绿)、孔裂(如罂粟)、齿裂(如麦瓶草、女娄菜)等。盖裂的萌果,特称"盖果"。

㧐 (shuò) ❶打。郑廷玉《后庭花》第三折:"我敢㧐碎你口中牙。"❷刺;戳。《西游记》第四十回:"他的嘴长耳大,脑后鬃硬,㧐得我慌。"

数 〔數〕(shuò) ❶屡次;频繁。如:频数;繁数。《史记·伍子胥列传》:"吾数谏王,王不用,吾今见吴之亡矣。"❷中医学脉象名。
另见 cù,shǔ,shù。

数见不鲜 《史记·郦生陆贾列传》:"一岁中往来过他客,率不过再三过,数见不鲜,无久慁公为也。"慁,打扰。数见不鲜,谓常相见则惹人厌。后多指事物经常看见,并不新奇。洪昇《长生殿序》:"而近乃子虚乌有,动写情词赠答,数见不鲜。"

数数 ❶犹汲汲,迫切貌。《庄子·逍遥游》:"彼其于世,未数数然也。"陆德明释文:"司马云:'犹汲汲也。'崔云:'迫促意也。'"❷屡次;常常。《三国志·蜀志·先主传》:"曹公使夏侯渊、张郃屯汉中,数数犯暴巴界。"

数四 犹言再三再四,表示多次。裴度《岁寒知松柏后雕赋》:"杀菽之霜再三,断蓬之风数四。"

槊 (shuò) ❶古代兵器,即长矛。苏轼《赤壁赋》:"横槊赋诗。"❷古代一种博戏。又称握槊。韩愈《示儿》诗:"酒食罢无为,棋槊以相娱。"

愬 (shuò) 恐惧貌。《易·履》:"履虎尾愬愬,终吉。"王弼注:"处多惧之地,故曰'履虎尾愬愬'也。"
另见 sù 诉。

篰 (shuò) 古代武舞所执的竿。《左传·襄公二十九年》:"见舞象篰南籥者。"杜预注:"象篰,舞所执。"
另见 xiāo。

篰蓡 树枝高长貌。《文选·司马相如〈上林赋〉》:"纷溶篰蓡。"张铣注:"篰蓡,高长貌。"

爍 (shuò) 通"铄"。销熔。《汉书·艺文志》:"后世爍金为刃。"
另见 shào,yào 耀。

sī

厶 (sī) "私"的本字。《说文·厶部》:"厶,奸邪也。韩非曰:'仓颉作字,自营为厶。'"
另见 mǒu。

司 (sī) ❶掌管。如:司机;司仪。❷旧时官署的名称。唐宋以后,尚书省各部所属有司。独立之官署亦有称司者,如宋代之殿前司,明清之通政使司。在外则如宋代

之安抚使司称帅司,明清之布政、按察使司称藩司、臬司。现称中央机关部以下一级的行政部门为司。如:外交部礼宾司。❸视察。《山海经·大荒西经》:"司日月之长短。"❹姓。春秋时郑有司臣。
另见 sì。

司败 官名。春秋时陈楚等国称司寇为司败。

司虣 官名。虣,古"暴"字。在《周礼》为地官司市的属官,掌禁止市中不法行为。

司兵 官名。在《周礼》为夏官司马的属官,掌兵器。唐代州有司兵参军,县有司兵,掌军防、门禁、田猎、烽候、驿传诸事。

司晨 报晓。《尸子》卷下:"使星司夜,月司时,犹使鸡司晨也。"也指报晓的雄鸡。陶潜《述酒》诗:"倾耳听司晨。"

司成 官名。古代教国子(贵族子弟)之官,见《礼记·文王世子》。后世以国子监祭酒当之。唐高宗时一度改国子监为司成馆,祭酒为大司成,旋复旧。但仍相沿用作祭酒的别称。

司城 官名。春秋时宋国以避宋武公之名,改司空为司城。

司工 官名。即"司空"。

司官 清代各部属官的通称。指部内各司的郎中、员外郎、主事以及主事以下的七品小京官。中央各独立机构的属官对其长官亦自称司官。

司空 ❶官名。西周始置,金文都作"司工"。春秋、战国时沿置,掌工程。宋国因武公名司空,改司空为司城。西汉成帝时改御史大夫为大司空。后世用作工部尚书的别称,侍郎则称少司空。❷狱名。《礼记·月令》"〔仲春之月〕命有司省囹圄"孔颖达疏:"囹圄何代之狱?焦氏答曰:《月令》秦书,则秦狱名也。汉曰若卢,魏曰司空是也。"❸复姓。唐代有司空图。

司空见惯 孟棨《本事诗·情感》:"刘尚书禹锡罢和州,为主客郎中,集贤学士。李司空罢镇在京,慕刘名,尝邀至第中,厚设饮馔。酒酣,命妙妓歌以送之。刘于席上赋诗曰:'鬌髻梳头宫样妆,春风一曲《杜韦娘》。司空见惯浑闲事,断尽江南刺史肠。'"后因以"司空见惯"称事之常见者。苏轼《满庭芳》词:"人间,何处有?司空见惯,应谓寻常。"

司寇 官名。西周始置,春秋、战国时沿用,掌刑狱、纠察等事。楚陈

等国称为司败。后世以大司寇为刑部尚书的别称,侍郎则称少司寇。

司礼监 官署名。<u>明</u>代设置,有提督、掌印、秉笔、随堂等太监。提督太监掌管理皇城内一切礼仪、刑名及管理当差、听事各役。凡皇帝口述命令,例由秉笔太监用朱笔记录,再交内阁撰拟诏谕颁发。自<u>明武宗</u>时宦官<u>刘瑾</u>专权以后,司礼监遂专掌机密,批阅章奏,实权往往在首辅之上。

司李 官名。古代理李字通,故司理亦称司李。掌狱讼。又为对推官之一般称呼。

司理 官名。司理参军的简称。<u>宋</u>代置于诸州,掌狱讼。

司隶 司隶校尉部的简称。

司隶校尉 官名。司隶本为《周礼》秋官司寇属官。<u>汉武帝</u>时始置司隶校尉,掌纠察京师百官及所辖附近各郡,相当于州刺史。<u>魏晋</u>以后,司隶校尉所辖区域改州,称"司州"。

司令部 军队中主管军事工作的领导机关。通常在团以上部队(单位)设立。在本级首长领导下负责作战指挥、行政管理和军事训练等工作。

司令员 亦称"司令官"。军队职务名称。通常指军队高级建制单位的军事主官。如空军司令员、舰队司令员、军区司令员、方面军司令员等。

司马 ❶官名。(1)<u>西周</u>始置,<u>春秋</u>、<u>战国</u>时沿用。掌管军政和军赋。<u>汉武帝</u>时罢太尉置大司马,后世用作兵部尚书的别称,侍郎则称少司马。(2)<u>汉</u>代诸宫门有司马掌警卫,大将军营五部,部各置司马一人。将军、校尉属官有司马,边郡亦有司马。<u>魏晋</u>至<u>宋</u>,司马均为军府之官,在将军之下,综理一府之事,参预军事计划。<u>唐</u>为郡的佐官,<u>明清</u>因称府同知为"司马"。❷复姓。<u>汉</u>代有<u>司马迁</u>。

司马昭之心 <u>三国魏曹髦</u>在位时,<u>司马昭</u>专国政,蓄意夺取政权。<u>曹髦</u>说:"<u>司马昭</u>之心,路人所知也。"见《三国志·魏志·高贵乡公传》"<u>高贵乡公</u>卒年二十"<u>裴松之</u>注引《<u>汉晋春秋</u>》。后以"司马昭之心"比喻人所共知的野心。

司门 官名。在《周礼》为地官司徒的属官,掌国门启闭。<u>隋</u>初有司门侍郎,<u>唐宋</u>时司门为刑部各司之一,<u>元</u>以后废。

司牧 古把治民比作牧畜,因称管理、统治为司牧。《左传·襄公十四年》:"天生民而立之君,使司牧之。"亦称君主、官吏。<u>萧道成</u>《即位告天

文》:"肇自生民,树以司牧。"特指州郡地方长官。<u>江淹</u>《柳仆射为南兖州诏》:"河、兖冲要,维捍中畿;司牧之任,宜详其授。"

司南 中国古代发明的利用磁石指极性制成的指南仪器。《韩非子·有度》:"故先王立司南以端朝夕。"端,正。朝夕,指东西方向。《论衡·是应》:"司南之杓,投之于地,其柢指南。"后用以比喻指导。<u>杨齐宣</u>《晋书音义序》:"由是博考诸传,综览群言,研核异同,撰成《音义》,亦足以畅先皇旨趣,为学者司南。"

司士 官名。在《周礼》为夏官司马的属官,掌群臣之爵禄等。<u>唐</u>代州有司士参军,县有司士,掌工役之事。

司事 ❶古官名。(1)《左传·昭公十七年》:"鹘鸠氏,司事也。"<u>孔颖达</u>疏:"司事谓营造之事。"(2)《国语·周语上》:"稷以告王曰:'史帅阳官,以命我司事。'"<u>韦昭</u>注:"司事,主农事官也。"❷指官署中低级吏员或公所、会馆等团体中管理帐目或杂务的人。

司天监 官署名。<u>宋元</u>两代掌管天文观测和推算节气历法的机构。<u>三代</u>以前执掌天文历法属<u>羲和</u>;<u>殷周</u>以后设太史;<u>秦汉</u>设太史令;<u>唐</u>设太史局,后改司天台;<u>宋</u>设太史局的翰林天文院和司天监。<u>元</u>沿<u>宋</u>制设司天监,后又设太史院;到<u>明</u>改为钦天监。

司徒 ❶官名。<u>西周</u>始置,金文多作"司土"。<u>春秋</u>时沿置,掌土地和人民。官司籍田,负责征发徒役。<u>晋国</u>因僖侯名<u>司徒</u>,改司徒为中军。<u>西汉哀帝</u>时丞相改称"大司徒",<u>东汉</u>改称"司徒"。❷复姓。<u>五代</u>时有司徒诩。

司土 官名。即"司徒"。

司务 官名。<u>明</u>代六部都设有司务,掌管催督稽缓、勾销簿书等衙署内部杂务。<u>清</u>代六部以及理藩院、大理院等衙门也都有此官。亦用作对手艺工匠的尊称。

司业 学官名。<u>隋</u>以后国子监置司业,为监内的副长官,协助祭酒,掌儒学训导之政。至<u>清</u>末始废。

司仪 ❶官名。《周礼·秋官》有司仪,担任迎接宾客。<u>北齐</u>、<u>隋</u>、<u>唐</u>、<u>明</u>都有司仪署,主管典礼之事。❷举行典礼时的赞礼人。

司直 官名。<u>汉</u>置司直,掌佐丞相举不法。<u>后魏</u>至<u>唐</u>沿置,属廷尉或大理寺,掌出论推按。<u>唐</u>代亦于太子官

属中置司直,相当于朝廷的侍御史。

丝〔絲〕(sī) ❶蚕丝。《书·禹贡》:"〔<u>兖州</u>〕厥贡漆、丝。"引申以称一切像丝的东西。如:蜘蛛丝;钢丝;藕丝。❷丝织品;绸帛的总称。《盐铁论·散不足》:"古者庶人耋老而后衣丝。"❸旧计量单位。《孙子算经》卷上:"度之所起,起于忽。欲知其状,蚕吐丝为忽。十忽为一丝,十丝为一毫,十毫为一厘,十厘为一分。"引申以形容细微之极。如:一丝不苟。❹八音之一,指弦乐器。

丝绸之路 亦称"丝路"。古代以<u>中国</u>为始发点,向<u>亚洲</u>中部、西部及<u>非洲</u>、<u>欧洲</u>等地运送丝绸等物的交通道之总称。19世纪<u>德国</u>地理学家<u>李希霍芬</u>最初使用该术语时,只指称从中原地区,经今<u>新疆</u>而抵<u>中亚</u>的陆上通道;后来,所指范围逐步扩大,以至远达<u>亚</u>、<u>欧</u>、<u>非</u>三洲,并包括陆、海两方面的交通路线。在现代学术界,该词不仅以指称联结整个古代世界的交通道,同时成为古代东、西方之间经济、文化交流的代名词。通常认为,丝绸之路可以分为两类(陆上丝绸之路、海上丝绸之路)、三大干线:(1)草原之路,主要由古代游牧人开辟和使用,大致从黄河流域以北通往<u>蒙古高原</u>,西经<u>西伯利亚</u>大草原地区,抵达咸海、<u>里海</u>、<u>黑海</u>沿岸,乃至更西的<u>东欧</u>地区;(2)绿洲之路,主要通过<u>亚欧大陆</u>上的定居人地区,始于<u>华北</u>,西经河西地区、<u>塔里木盆地</u>,再赴<u>西亚</u>、<u>小亚细亚</u>等地,并南下今<u>阿富汗</u>、<u>巴基斯坦</u>、<u>印度</u>等地;(3)海上丝路,开辟的时间晚于陆路,繁荣于中世纪以降,始于<u>中国</u>沿海地区,经今<u>东南亚</u>、<u>斯里兰卡</u>、<u>印度</u>等地,抵达<u>红海</u>、<u>地中海</u>以及<u>非洲</u>东海岸等地。近年来有些学者主张丝绸之路东端延伸至<u>日本</u>。

丝毫 形容细微之至。《新唐书·辛云京传》:"<u>云京</u>治谨于法,下有犯,虽丝毫比,不肯贷。"

丝来线去 纠缠牵扯。《通俗编·服饰》引《朱子语录》:"圣人肚肠,更无许多廉纤缠绕,丝来线去。"

丝路 即"丝绸之路"。

丝纶 《礼记·缁衣》:"王言如丝,其出如纶。"丝,细缕;纶,粗缘。比喻帝王的一句极微细的话也会产生很大的影响。后称帝王的诏书为"丝纶"。<u>杜甫</u>《奉和贾至舍人早朝大明宫》:"欲知世掌丝纶美,池上于今有凤毛。"参见"纶綍"。

丝萝 《古诗十九首》:"与君为新

婚,兔丝附女萝。"兔丝和女萝都是蔓生植物,纠结一起,不易分开。后因用"丝萝"比喻婚姻。《西厢记》第二本第三折:"便待要结丝萝。"

丝丝入扣 扣,通"筘"。织布时,每条经线都有条不紊地从筘中通过。比喻一一合拍,十分细致,丝毫没有出入。《野叟曝言》第二十七回:"此为丝丝入扣,暗中抛索,如道家所云三神山舟不得近,近者辄被风引回也。"

丝桐 指琴。古代琴多用桐木制成,张丝质琴弦,故称为"丝桐"。王粲《七哀诗》:"丝桐感人情,为我发悲音。"

丝竹 ❶指弦乐器(如琵琶、二胡等)与竹制管乐器(如箫、笛等)。亦泛指音乐。白居易《琵琶行》:"终年不闻丝竹声。"❷民间器乐的一种。流行于中国各地。以笛、笙、二胡、三弦、琵琶、扬琴等为主要乐器,辅以板鼓而不用锣鼓。传统乐曲有《云庆》、《四合》、《六板》、《欢乐歌》、《三六》、《行街四合》等。

糸 (sī)"丝(絲)"的省写。见《集韵·七之》。
另见 mì。

私 (sī)❶个人的;自己的。如:私事;私有。引申为私人的财产。如:家私。《诗·小雅·大田》:"雨我公田,遂及我私。"又《周颂·噫嘻》:"骏发尔私。"毛传:"私,民田也。"❷利己。如:自私自利。《书·周官》:"以公灭私。"《宋史·杜范传》:"同心为国,岂容以私而害公。"❸偏爱。《离骚》:"皇天无私阿兮。"王逸注:"窃爱为私。"❹秘密;不公开。如:阴私;私下。《汉书·霍光传》:"私使乳医淳于衍行毒药杀许后。"引申为暧昧、不合法的。如:私通;走私;私货。❺指日常衣服。《诗·周南·葛覃》:"薄污我私。"❻男女阴部。如:私处;私病。❼小便。《左传·襄公十五年》:"师慧过宋朝,将私焉。"❽古时女子称姊妹之夫为私。《诗·卫风·硕人》:"邢侯之姨,谭公维私。"孔颖达疏引孙炎曰:"私,无正亲之言。"❾姓。汉代有私匡。

私房 ❶旧时大家庭制,弟兄同居,称各自的住室为"私房"。《北史·崔昂传》:"一钱尺帛,不入私房,吉凶有须,聚财分给。"❷个人私下的积蓄。无名氏《神奴儿》第一折:"又说俺两口儿积攒私房。"

私愤 个人的怨恨。《宋史·张永德传》:"进(高进)曰:'张侍中(张永德)诛我宗党殆尽,希中以法,报私愤尔。'"

私讳 封建时代以父、祖的名字为"私讳",也称"家讳",与"君讳"相区别。《礼记·曲礼上》:"君所,无私讳。"郑玄注:"谓臣言于君前,不辟(避)家讳,尊无二。"参见"避讳❶"。

私家 ❶古称大夫以下之家。《礼记·礼运》:"冕弁兵革,藏于私家,非礼也。"孔颖达疏:"私家,大夫以下称家。冕,是衮冕;弁,是皮弁;冕弁是朝廷之尊服,兵革是国家防卫之器,而大夫私家藏之,故云非礼也。"❷个人家里。《旧唐书·李巽传》:"巽精于吏职,盖性使然也。虽在私家,亦置案牍簿书,勾检如公署焉。"❸犹言私人。《北史·李彪传》:"近僭晋之世,有佐郎王隐,为著作虞预所毁,亡官在家,昼则樵薪供爨,夜则观文属缀,集成《晋书》,存一代之事。司马绍敕尚书唯给笔札而已。国之大籍,成于私家,末世之弊,乃至如此。"❹谋取私利以利己。《书·吕刑》:"无或私家于狱之两辞。"私家,即私其家,谓狱官不应利用原告、被告的争执,从中谋取私利。

私艰 父母之丧。《文选·潘岳〈怀旧赋序〉》:"余既有私艰,且寻役于外。"李善注:"私艰,谓家难也。"吕延济注:"岳自遭父忧后,徙官外郡。"

私剑 古代贵族豢养的刺客。《韩非子·五蠹》:"犯禁者诛,而群侠以私剑养。"借指暗杀。又《孤愤》:"是明法术而逆主上者,不僇(戮)于吏诛,必死于私剑矣。"

私累 犹言家累,个人的家庭负担。《南齐书·豫章文献王嶷传》:"臣私累不少,未知将来罢州之后,或当不能不试学营觅以自赡。"

私门 ❶指行私请托的门路。《韩诗外传》卷六:"则公道达而私门塞,公义立而私事息。"❷犹"家门"。指权臣的家宅。李斯《谏逐客书》:"昭王得范雎,废穰侯,逐华阳,强公室,杜私门。"❸指暗娼。《儒林外史》第四十一回:"这些地方,都是开私门的女人住,这女人眼见的也是私门了。"

私昵 亲幸、宠爱的人。《书·说命中》:"官不及私昵,惟其能。"

私曲 ❶偏私阿曲的行为。《韩非子·有度》:"故当今之时,能去私曲,就公法者,民安而国治。"《南史·何远传》:"远性耿介,无私曲,居

私人 ❶个人的;自己的。如:私人藏书。❷亲戚朋友或以私交私利相依附的人。❸古时公卿或大夫的家臣。《诗·大雅·崧高》:"王命傅御,迁其私人。"毛传:"御,治事之官也;私人,家臣也。"孔颖达疏:"私人者,对王朝之臣为公臣,家臣为私属也。"

私丧 家属之丧。《仪礼·聘礼》:"若有私丧,则哭于馆。"郑玄注:"私丧,谓其父母也。"《礼记·杂记上》:"大夫有私丧之葛。"郑玄注:"私丧,妻子之丧也。"葛,谓丧服以葛代麻。

私史 中国旧时对非官修的史书,概称之为私史。

私谥 古时人死后由亲属、朋友或门人给予的谥号。如:春秋时柳下谥惠;晋陶潜,由颜延之定谥为靖节;宋林逋,时人谥为和靖先生。王芑孙《碑版文广例》卷四:"私谥始于周末,讫汉寖盛,陈寔之文范,法真之元德,皆其选也。"

私淑 《孟子·离娄下》:"予未得为孔子徒也,予私淑诸人也。"赵岐注:"淑,善也。我私善之于贤人耳。盖恨其不得学于大圣也。"后对自己所敬仰而不得从学的前辈,常自称为"私淑弟子",本此。

私塾 亦称"书塾"、"学塾"、"塾馆"等。中国旧时私人办理的学校。一般为初级教育。有塾师自设的学馆,有地主、商人设立的家塾,也有祠堂、庙宇的地租收入或私人捐款举办的义塾(免缴学费)。一般只有一位教师,采用个别教学,教材及学习年限不定。

私田 ❶指井田制下农户所受土地。《汉书·食货志上》:"井方一里,是为九夫。八家共之,各受私田百亩,公田十亩,是为八百八十亩;余二十亩以为庐舍。"❷即"民田"。

私学 中国历代私人开办的学校。西周以前,学在官府。春秋时官学衰废,始开私人讲学之风。战国时大盛。汉以后,成为学校制度的重要组成部分。

私谒 因私事而干求请托。《诗·周南·卷耳序》:"内有进贤之志,而无险诐私谒之心。"毛传:"谒,请也。"《史记·张丞相列传》:"嘉(申屠嘉)为人廉直,门不受私谒。"

咝〔噝〕(sī) 拟声词。如：子弹咝咝咝地从头上飞过。

思(sī) ❶考虑；思考。如：深思熟虑；思前想后。《论语·为政》："学而不思则罔，思而不学则殆。"❷想念；挂念。张衡《四愁》诗："我所思兮在太山，欲往从之梁父艰。"引申为悲伤。张华《励志》诗："吉士思秋。"❸作语助。《诗·鲁颂·泮水》："思乐泮水。"又《大雅·文王有声》："无思不服。"又《周南·汉广》："南有乔木，不可休思。"❹姓。明代有思任发。

另见 sāi，sì。

思潮 ❶某一历史时期内反映一定阶级或阶层的利益和要求的思想倾向。❷涌现出来的思想感情。如：思潮起伏。

思存 留意；铭记；爱慕。《诗·郑风·出其东门》："出其东门，有女如云，虽则如云，匪我思存。"

思凡 佛教、道教以人世为凡尘，故称传说中的神仙或出家的僧尼思慕人世生活为"思凡"。刘兑《金童玉女娇红记》杂剧："今日他每思凡，如今将它两个降谪人世。"

思妇 怀念远行丈夫的妇人。陆机《为顾彦先赠妇》诗："东南有思妇，长叹充幽闼。"

思过半 谓大部分已领悟。《易·系辞下》："知者观其彖辞，则思过半矣。"

思量(—liáng) ❶想念。元稹《和乐天梦亡友刘太白同游》："闲坐思量小来事，只应元是梦中游。"❷考虑。《敦煌变文集·维摩诘经讲经文》："仔细思量，又乃不可。"

思量(—liàng) 志趣和度量。《三国志·蜀志·黄权传评》："黄权弘雅思量。"

思维 ❶指理性认识，或指理性认识的过程。是人脑对客观事物能动的、间接的和概括的反映。包括逻辑思维和形象思维，通常指逻辑思维。它是在社会实践的基础上进行的。认识的真正任务在于经过感觉而到达于思维。思维的工具是语言；思维的形式是概念、判断、推理等；思维的方法是抽象、归纳、演绎、分析与综合等。❷相对于存在而言，指意识、精神。

思想 ❶思考；思虑。《素问·上古天真论》："外不劳形于事，内无思想之患。"❷想念；思念。曹植《盘石篇》："仰天长太息，思想怀故邦。"❸思维活动的结果。属于理性认识。亦称"观念"。人们的社会存在，决定人们的思想。具有相对独立性，对社会存在有反作用。正确的思想一旦为群众掌握，就会变成巨大的物质力量。

思绪 犹思路。《晋书·潘岳传论》："安仁思绪云骞，词锋景焕。"也指复杂多端的思虑。陆龟蒙《江南秋怀寄华阳山人》诗："贤彦风流远，江湖思绪萦。"

思致 指思想性情。任昉《为萧扬州荐士表》："理尚栖约，思致恬敏。"也指新颖独到的构思、意趣。黄庭坚《题宗室大年永年画》："大年学东坡先生作小山丛竹，殊有思致。"朱熹《题严居厚与马庄甫唱和诗轴》："争新斗巧，时出古谈，篇篇皆有思致。"

菥(sī) 草名，即荼。《说文·艸部》："菥，茅秀也。"段玉裁注："《广雅》：'蒤，菥，茅穗也。'蒤即荼字之变。《周礼》、《仪礼》注、《郑风》笺、《吴语》注皆云：'荼，茅秀。'当是荼为茅之秀，其色正白。"

恖(sī) 同"思"。

虒(sī) 传说中的兽名。《说文·虎部》："虒，委虒。虎之有角者也。"段玉裁注："虎无角，故言者以别之。《广韵》曰：'虒似虎，有角，能行水中。'"

鸶〔鷥〕(sī) 鹭鸶，即"白鹭"。参见"鹭"。

偲(sī) 见"偲偲"。另见 cāi。

偲偲 相互切磋，相互督促。《论语·子路》："朋友切切偲偲。"

斯(sī) ❶析；劈。《诗·陈风·墓门》："墓门有棘，斧以斯之。"❷扯裂，后作"撕"。《广雅·释诂》："斯，分也。"王念孙疏证："今俗语犹呼手裂物为斯。"❸距离。《列子·黄帝》："华胥氏之国……不知斯齐国几千万里。"❹是；为。《诗·小雅·采薇》："彼路斯何？君子之车。"❺此。《论语·雍也》："斯人也，而有斯疾也！"❻则；就。《论语·述而》："我欲仁，斯仁至矣。"又《乡党》："乡人饮酒，杖者出，斯出矣。"❼作语助，用同"是"，以确指行为的对象。《诗·大雅·公刘》："于豳斯馆。"❽作词助，用同"然"。《诗·大雅·皇矣》："王赫斯怒。"❾作语助，用同"兮"。《诗·豳风·鸱鸮》："恩斯勤斯，鬻子之闵斯。"❿通"厮"。卑贱。《后汉书·左雄传》："乡官部吏，职斯禄薄。"⓫通"澌"。尽。《吕氏春秋·报更》："斯食之，吾更与女(汝)。"⓬姓。三国时吴有斯敦。

斯文 ❶《论语·子罕》："天之将丧斯文也，后死者不得与于斯文也。"斯，此；文，指礼乐制度。后以"斯文"指文人或儒者。杜甫《壮游》诗："斯文崔、魏徒，以我似班、扬。"崔、魏，崔尚、魏启心，杜甫同时人。班、扬，班固和扬雄，汉代文学家。❷犹文雅。《红楼梦》第二十二回："黛玉便道：'还像方才大家坐着，说说笑笑，岂不斯文些儿！'"

斯须 犹言须臾；一会儿。《礼记·祭义》："礼乐不可斯须去身。"

蛳〔螄〕(sī) 螺蛳，淡水螺的通称。

愢(sī) 同"偲"。见"愢愢"。

愢愢 同"偲偲"。互相切磋、督促。王安石《拟上殿进札子》："四方有智之士，愢愢然常恐天下之不久安。"

缌〔緦〕(sī) 细麻布，用以制丧服。《礼记·大传》："四世而缌，服之穷也。"参见"缌麻"。

缌麻 旧时丧服名，五服中最轻的一种。其服用细麻布制成。服期三月。凡本宗为高祖父母、曾伯叔祖父母、族伯叔父母、族兄弟及未嫁族姊妹，又外姓中为中表兄弟、岳父母等，都服之。见《仪礼·丧服》及《清会典·礼部》。

楒(sī) 相思树。《集韵·七之》："楒，相楒，木名。通作思。"

飔〔颸〕(sī) ❶凉风。谢朓《在郡卧病呈沈尚书》诗："珍簟清夏室，轻扇动凉飔。"❷疾风。曹植《磐石篇》："一举必千里，乘飔举帆幢。"

澌(sī) 古水名。今称百泉河，属滏阳河水系，源出河北邢台市附近。

禗(sī) 见"禗禗"。

禗禗 不安貌。《汉书·礼乐志·郊祀歌》："灵禗禗，象舆轙。"颜师古注引孟康曰："不安欲去也。"

螄(sī) 见"螄螽"。

螄螽 虫名。即螽斯。《尔雅·释虫》："螄螽，蚣蝑。"邢昺疏："螄螽，《周南》作螽斯，《七月》作斯螽，……一名蚣蝑。"按《方言》第十一作"舂黍"。参见"螽斯"。

榹（sī）❶见"榹桃"。❷承水器。《说文·木部》："榹，槃也。"朱骏声通训定声："承水器。"《急就篇》：'槫、榼、椑、榹。'"

榹桃　果名。《尔雅·释木》："榹桃，山桃。"郭璞注："实如桃而小，不解核。"按《本草纲目·果部一》："山中毛桃，即《尔雅》所谓榹桃者。小而多毛，核粘味恶，其仁充满多脂，可入药用。"

厮〔廝〕（sī）❶古代指服贱役的人。《史记·苏秦列传》："厮徒十万。"司马贞索隐："厮，养马之贱者。"张守节正义："厮，谓炊烹供养杂役。"参见"厮役"、"厮养"。❷对人表示轻蔑的称呼。《水浒传》第十六回："杨志那厮，强杀只是我们相公门下一个提辖。"❸互相。如：厮见；厮杀。《水浒传》第十五回："两只船厮跟着在湖泊里。"❹通"斯"。分；疏导。《史记·河渠书》："乃厮二渠，以引其河。"

厮赖　抵赖。洪昇《长生殿·见月》："鹊桥河畔，姮娥在，如何厮赖。"

厮台　干杂事劳役的奴仆。《后汉书·党锢传序》："片言违正，则厮台解情。"李贤注："厮台，贱人也。"

厮徒　犹"厮役"。《史记·张仪列传》："料大王之卒，悉之不过三十万，而厮徒、负养在其中矣。"

厮养　为人服役、地位低微的人。《汉书·路温舒传》："愿给厮养，暴骨方外。"按析薪养马之役叫作厮，给事烹炊之役叫作养。参见"扈养"。

厮役　执劳役供使唤的人。《汉书·张耳陈馀传赞》："其宾客厮役皆天下俊桀（杰）。"

厮舆　指执贱役者。《吕氏春秋·决胜》："虽厮舆白徒，方数百里，皆来会战。"《汉书·严助传》："厮舆之卒，一不备而归者。"颜师古注："厮，析薪者；舆，主驾车者。此皆言贱役之人。"

罳（sī）见"罘罳"。

锶〔鍶〕（sī）化学元素[周期系第Ⅱ族（类）碱土金属元素]。符号 Sr。原子序数 38。银白色软金属。达熔点（769℃）即燃烧，火焰呈红色。化学性质活泼，与钙相似。用于制造合金、光电管和烟火。质量数为 90 的锶是铀−235 的裂变产物，半衰期为 28.1 年。可作 β 射线放射源。

澌（sī）解冻时随水流动的冰。《楚辞·九歌·河伯》："流澌纷兮将来下。"

禠（sī）福。张衡《东京赋》："冯相观祲，祈禠禳灾。"

撕（sī）扯裂。《红楼梦》第八十五回："宝玉也不答言，把那帖子已经撕作几段了。"
另见 xī。

撕掳　料理；解决。《红楼梦》第九回："就闹到太爷跟前去，连你老人家也脱不了的。还不快作主意撕掳开了吧！"

嘶（sī，旧读 xī）❶声音沙哑。如：声嘶力竭。《汉书·王莽传中》："大声而嘶。"❷马鸣。温庭筠《菩萨蛮》词："门外草萋萋，送君闻马嘶。"❸虫鸟凄切幽咽的鸣声。苏轼《青溪辞》："雁南归兮寒蜩嘶。"

嘶噪　❶蝉鸣声。江总《修心赋》："风引蜩而嘶噪。"❷马鸣声。元稹《阴山道》诗："臣闻平时七十万匹马，关中不省闻嘶噪。"

澌（sī）❶亦作"斯"。尽。《方言》第三："澌，尽也。"戴震疏证："《说文》：'澌，水索也。'《玉篇》云：'澌，音赐，水尽也。'"❷通"凘"。流冰。《后汉书·王霸传》："候吏还白，河水流澌，无船，不可济。"❸通"嘶"。声音沙哑。《周礼·天官·内饔》："鸟皫色而沙鸣狸。"郑玄注："沙，澌也。"

澌澌　象声。王建《宫词》："月冷江清近腊时，玉阶金瓦雪澌澌。"此雪声。李商隐《肠》诗："隔树澌澌雨，通池点点荷。"此雨声。高启《题黄大痴天池石壁图》诗："饮猿忽下藤袅袅，浴鹤乍立风澌澌。"此风声。

榯（sī）见"椑榯"。
另见 xī。

锶〔鐁〕（sī）❶平木器。《释名·释用器》："锶，锶弥也，斤有高下之迹，以此锶弥其上而平之也。"按锶弥转音为砺磨，取分析磨平义，故用为平木器名。❷锶锣，即钞锣。铜制的盥洗用具。

螥（sī）见"蛄螥"。

霦（sī）小雨。李从善《蔷薇诗》十八韵："匀妆低水鉴，泣泪滴烟霦。"

鲥〔鰤〕（sī）鱼名。❶"鲔"的别称。❷鮼鲥，即"黄颊鱼"。

鼶（sī）大田鼠。《尔雅·释兽》"鼶鼠"郝懿行义疏："《夏小正》：'九月，鼶鼬则穴。'然则鼶盖田鼠之大者。"

sǐ

死（sǐ）❶死亡。与"生"、"活"相对。《论语·为政》："生事之以礼，死葬之以礼。"❷拼死。如：死战；死守。❸固定；不灵活；失去感觉。如：死水；死脑筋。杜甫《乾元中寓居同谷县作歌》："手脚冻皴皮肉死。"❹不通达。如：死路；死胡同。❺形容极甚。如：笑死了；高兴死了。杨文奎《儿女团圆》第三折："这添添小哥，……父亲欢喜死他。"❻通"尸"。尸体。《汉书·陈汤传》："单于怒，竟杀吉等……汉遣使三辈至康居求谷吉等死。"❼中国古代的死刑。先秦称大辟。

死别　永别。古乐府《孔雀东南飞》："生人作死别，恨恨那可论！"

死党　谓结党营私，尽死力于同党。《汉书·翟方进传》："相与为腹心，有背公死党之信。"也指为某人或某集团出死力的党羽。《宋史·秦桧传》："浚（张浚）在永州，桧又使其死党张柄知潭州，与郡丞汪召锡共伺察之。"

死灰　熄灭的灰烬。（1）形容心境枯寂不动。《庄子·知北游》："形若槁骸，心若死灰。"后亦形容失意颓废，没有生机和希望。杜甫《晚晴》诗："泊乎吾生何飘零，支离委绝同死灰。"参见"槁木死灰"。（2）形容颜色苍白。《淮南子·修务训》："〔申包胥〕至于秦庭，……昼吟宵哭，面如死灰，颜色黴黑。"

死灰复燃　比喻失势者重新得势。《史记·韩长孺列传》："蒙狱吏田甲辱安国，安国曰：'死灰独不复然（燃）乎？'"今多为贬义，比喻已被消灭的恶势力或坏思想重新活跃。

死角　❶军事上指枪械、火炮射击时在射程范围内无法命中目标的区域，或指观察时在视力范围内因遮蔽物的阻挡而观察不到的地方。❷比喻某种潮流、风气等尚未影响到而未发生变化之处。❸某种力量涉及不到的不好的环境、处所。

死难　死于国难。如：死难烈士。《盐铁论·忧边》："国家有难而不忧，非忠臣也。夫守节死难者，人臣之职也。"

死士　敢于牺牲生命的武士。《史记·吴太伯世家》："越使死士挑战。"

死亡　机体生命活动的终止阶段。人和高等动物可因生理衰老而发生生理死亡或自然死亡,多因各种疾病造成病理死亡,也可因机械的、化学的或其他因素引起意外死亡。其过程分为:(1)临床死亡。表现为病人心跳、呼吸停止,反射消失。(2)生物学死亡,又称"脑死亡"。指先是大脑皮质,以后整个中枢神经系统发生不可逆变化,最后各个器官和组织的功能相继解体的过程,大脑功能的永久性丧失,外表征象是躯体逐渐变冷,发生尸僵,形成尸斑。

死心塌地　放心,心地落实。亦谓一心一意,不作他想。无名氏《鸳鸯被》第四折:"这洛阳城刘员外,他是个有钱贼,只要是你还了时,方才死心塌地。"《水浒传》第十六回:"刘唐揭起桶盖,又兜了半瓢吃,故意要他们看着,只是叫人死心塌地。"亦作"死心搭地"。马致远《青衫泪》第三折:"是他拂茶客青山沽酒旗,伴着我死心搭地。"

死刑　剥夺犯罪分子生命的刑罚。是一种最严厉的刑罚。在我国,死刑只适用于罪行极其严重的犯罪分子。对于应当判处死刑的犯罪分子,如果不是必须立即执行的,可以判处死刑同时宣告缓期二年执行。犯罪时不满18岁的人和审判时怀孕的妇女,不适用死刑。我国法律还对死刑案件的管辖、核准和执行,从程序上作了周密的规定。

死友　谓交情深厚,至死不相负的朋友。《后汉书·范式传》载:范式与张劭为友,劭病笃,"同郡郅君章、殷子徵晨夜省视之。元伯(张劭)临尽叹曰:'恨不见吾死友!'子徵曰:'吾与君章尽心于子,是非死友,复欲谁求?'元伯曰:'若二子者,吾生友耳。山阳范巨卿(范式),所谓死友也。'"

死有余辜　虽死仍不能抵偿其罪恶,形容罪大恶极。《汉书·路温舒传》:"盖奏当之成,虽咎繇听之,犹以为死有余辜。"

死志　牺牲生命的决心。《左传·定公四年》:"楚瓦不仁,其臣莫有死志,先伐之,其卒必奔。"

sì

巳(sì)❶地支的第六位。❷十二时辰之一,九时至十一时。❸指巳日。见"上巳"。

四(sì)❶数目。三加一所得。❷工尺谱中音名之一。

四表　指四方极远之处。《书·尧典》:"光被四表,格于上下。"又称嵎夷、南交、昧谷、幽都为东、南、西、北四表,见《小学绀珠》卷二。

四部　我国古代图书分类名称。西汉刘歆《七略》分图书为七类,晋荀勖《中经新簿》始改为甲、乙、丙、丁四部,即经、子、史、集四类。李充《四部书目》更换乙部为史,丙部为子。至《隋书·经籍志》才确定经、史、子、集的名称和顺序。后代沿用此法,但每部下类目名称、顺序、详略各有不同。

四聪　能闻远处各方的听觉。《书·舜典》:"明四目,达四聪。"孔颖达疏:"达四方之聪,使为远闻四方也。"

四大❶道家称道、天、地、王(亦作人)为"四大"。《老子》:"道大,天大,地大,王(亦作人)亦大,域中有四大,而王居其一焉。"❷古人称大功、大名、大德、大权为"四大"。《晋书·王豹传》:"明公挟大功,抱大名,怀大德,执大权,此四大者,域中所不能容。"❸全称"四大种",亦称"四界"。佛教指构成一切色法(相当于物质现象)的四种基本原素(地、水、火、风)。"大种"是梵语Mahā – bhūta的意译,是物质之所依。就"四大"属性和作用来说:地大以坚为性,能载万物;水大以润湿为性,能包容物;火大以煖为性,能成熟物;风大以动为性,能生长物。佛教认为世界和人身也由四大组成。❹即大鸣、大放、大辩论、大字报。1957年毛泽东把它们作为"革命形式"并提,以后合称为"四大"。1975年3月被作为人民的民主权利写入宪法。邓小平在1980年1月16日指出:"这个'四大'的做法,作为一个整体来看,从来没有产生积极的作用。"(《邓小平文选》第2卷第257页)根据中共中央的建议,同年9月全国人大五届三次会议取消了宪法中关于"四大"的规定。

四大发明　纸、印刷术、指南针和火药,都由中国人发明,然后相继传入世界各地。是中国对于世界文明的四大贡献,通称"四大发明"。

四德❶封建礼教认定妇女应具有的四种德行。《周礼·天官·九嫔》:"掌妇学之法,以教九御妇德、妇言、妇容、妇功。"郑玄注:"妇德谓贞顺,妇言谓辞令,妇容谓婉娩,妇功谓丝枲。"《后汉书·后纪序》:"九嫔掌教四德。"李贤注:"四德,谓妇德、妇言、妇容、妇功也。"参见"三从四德"。❷指儒家的孝、弟(悌)、忠、信四种德性。《大戴礼记·卫将军文子》:"孝,德之始也;弟,德之序也;信,德之厚也;忠,德之正也。参也,中夫四德者矣哉!"❸《易·乾·文言》:"君子行此四德者,故曰乾,元亨利贞。"元、亨、利、贞,为乾之四德。

四渎❶星官名。属井宿,共四星,一星在双子座内,三星在麒麟座内,即麒麟座17号、13号、ε星。《晋书·天文志》:"东井南垣之东四星曰四渎,江、河、淮、济之精也。"❷古人对四条独流入海的大川的总称,即江(长江)、河(黄河)、淮、济。见《尔雅·释水》。古代天子祭天下名山大川,即指五岳与四渎,见《礼记·王制》。其时淮、济犹独流入海,故得与江、河并列。唐始以大淮为东渎,大江为南渎,大河为西渎,大济为北渎,为金、明各代所沿袭。

四端　孟子用语。指仁、义、礼、智四种道德观念的端绪、萌芽。《孟子·公孙丑上》:"恻隐之心,仁之端也;羞恶之心,义之端也;辞让之心,礼之端也;是非之心,智之端也。人之有是四端也,犹其有四体也。"认为仁义礼智四端和四肢一样,是人生来就有的。

四方❶东西南北四面方向。《礼记·曲礼下》:"天子祭天地,祭四方。"❷泛指天下各处。《淮南子·原道训》:"以抚四方。"高诱注:"四方,谓之天下也。"❸指周代所封的诸国。《诗·大雅·民劳》:"惠此中国,以绥四方。"毛传:"中国,京师也;四方,诸夏也。"❹指正方形或立方体。

四分五裂　《国策·魏策一》:"张仪为秦连横说魏王曰:'魏南与楚而不与齐,则齐攻其东;东与齐而不与赵,则赵攻其北;不合于韩,则韩攻其西;不亲于楚,则楚攻其南;此所谓四分五裂之道也。'"后多以"四分五裂"形容分散,不完整。杨万里《君道》上:"隋文帝取周取陈,以混二百年四分五裂之天下。"

四府　东汉以太傅(或大将军)、太尉、司徒、司空为四府。均有官属。其源起于西汉中期,称丞相、御史大夫、车骑将军、前将军府为四府,并后将军则为五府。见《汉书·赵充国传》王先谦补注。

四辅❶古代天子左右的四个辅

佐之臣。《史记·夏本纪》:"敬四辅臣。"参见"四邻❶"。❷古地区名。(1)唐开元十二年(公元724年)称近京畿的同、华、岐、蒲四州为"四辅"。(2)宋崇宁、政和时,曾以颍昌府为南辅,拱州为东辅,郑州为西辅,澶州(开德府)为北辅,为京畿四面的辅郡,合称"四辅"。

四海 ❶指中国四周的"海疆"。《书·禹贡》:"四海会同。"本为泛称之词,九州之外即为四海。《礼记·祭义》提到东海、西海、南海和北海,不过对举而言,没有确指海域。后人因文求实,直以四海为环绕中国四周的海,于是东、南、西、北海,便有方域可指。但亦因时而异,说法不一。如其中西海,因中国西方陆地广远,湖海复杂,无正确海域可定,故古籍中言西海者有五六处之多。❷因古代以为中国四周皆有海,遂称中国为海内,外国为海外。四海,指天下。《孟子·梁惠王上》:"故推恩,足以保四海"。《汉书·高祖纪》:"天子以四海为家"。❸指四邻各族居住地域。《尔雅·释地》:"九夷、八狄、七戎、六蛮,谓之四海"。❹中医学名词。人体内髓海、血海、气海、水谷之海的总称。脑为髓海,冲脉为血海,膻中为气海,胃为水谷之海(见《灵枢·海论》)。

四海为家 ❶《史记·高祖本纪》:"且夫天子以四海为家,非壮丽无以重威。"谓帝王统有全国。亦用为全国一统之意。刘禹锡《西塞山怀古》诗:"今逢四海为家日,故垒萧萧芦荻秋。"❷到处可以作为自己的家。谓志在四方,不恋恋于故乡。亦用来形容人漂泊无定所。陈师道《次韵别张芸叟》:"中年为别更堪频,四海为家托一身。"

四皓 秦末东园公、甪里先生(甪一作角)、绮里季、夏黄公隐于商山(今陕西商州东南),年皆八十余,时称"商山四皓"。《史记·留侯世家》司马贞索隐引《陈留志》说:"园公,姓庾,字宣明,居园中,因以为号。夏黄公,姓崔名广,字少通,齐人,隐居夏里修道,故号曰夏黄公。甪里先生河内轵人,太伯之后,姓周名术,字元道,京师号曰霸上先生,一曰角里先生"。传说汉高祖敦聘不至,吕后用张良策,令太子卑词安车,招此四人与游,因而使高祖认为太子羽翼已成,消除了改立赵王刘如意为太子的意图。

四呼 音韵学术语。音韵学家分韵母为开口呼、齐齿呼、合口呼、撮口呼四类,合称四呼。参见"等呼"。

四极 四方极远的地方。《离骚》:"览相观于四极兮,周流乎天余乃下。"《尔雅·释地》:"东至于泰远,西至于邠国,南至于濮铅,北至于祝栗,谓之四极。"

四季 ❶温带和副热带地区春、夏、秋、冬的总称。中国古代以立春、立夏、立秋、立冬为四季的开始,也有以夏历一至三月为春、四至六月为夏、七至九月为秋、十至十二月为冬的。在北半球欧、美国以春分、夏至、秋分、冬至为四季开始。近代一般常以阳历3—5月为春季,6—8月为夏季,9—11月为秋季,12月到翌年2月为冬季。中国在气候上常以候温作为划分四季的标准。各地气候不同,故四季长短不一。❷夏历四季中各季的第三月(季月)的总称,即季春三月,季夏六月,季秋九月,季冬十二月。《素问·刺要论》:"四季之月,病腹胀,烦不嗜食。"

四郊 ❶都城外四面的郊区。《礼记·曲礼上》:"四郊多垒。"孔颖达疏:"四郊者,王城四面并有郊,近郊五十里,远郊百里,诸侯亦各有四面之郊,里数随地广狭,故云四郊也。"❷泛指郊外。李白《雨后望月》诗:"四郊阴霭散,开户半蟾生。"

四郊多垒 四郊营垒很多。谓敌军充斥于四郊,形势危急。《礼记·曲礼上》:"四郊多垒,此卿大夫之辱也。"郑玄注:"垒,军壁也;数见侵伐则多垒。"《世说新语·言语》:"今四郊多垒,宜人人自效。"

四君 指战国时齐孟尝君、赵平原君、楚春申君、魏信陵君四人,也称"四公子"。贾谊《过秦论》:"当是时,齐有孟尝,赵有平原,楚有春申,魏有信陵。此四君者,皆明智而忠信,宽厚而爱人。"

四君子 中国画中对梅、兰、竹、菊四种花卉题材的总称。宋、元有些画家好写墨竹、墨梅,将竹、梅和松画在一起,称"岁寒三友";也有在"三友"外加画兰,名《四友图》。明万历间黄凤池辑《梅竹兰菊四谱》,陈继儒题称"四君",以为"君子"的清高品德,后来又名"四君子"。

四科 儒家评论人物的分类。指德行、言语、政事、文学(见《论语·先进》)。汉代始有"四科"之称。王充《论衡·率性》:"世称子路无恒之庸人,……卒能政事,序在四科。"隋崔颐著《八代四科志》,即以四科为人物分类。

四库 ❶古代图书经、史、子、集四部的代称。唐开元间(713—741)收罗图籍,分藏长安、洛阳两地,"以甲、乙、丙、丁为次,列经、史、子、集四库"(《新唐书·艺文志》)。后因称四部为"四库"。❷《四库全书》的简称。

四邻 ❶指四辅,天子左右的大臣。《书·益稷》:"钦四邻。"孔传:"四近前后左右之臣。"孔颖达疏:"四近之臣,普谓近君之臣耳,无常人也。郑玄以四近为左辅、右弼、前疑、后承。"❷四方的邻国。《书·蔡仲之命》:"睦乃四邻。"❸周围的邻居。陆龟蒙《奉和夏初袭美见访题小斋》诗:"四邻多是老农家。"

四六文 文体名。骈文的一体。全篇多以四字六字相间为句,世称骈四俪六。《文心雕龙·章句》:"若夫笔句无常,而字有条数,四字密而不促,六字格而非缓。或变之以三五,盖应机之权节也。"此体形成于南朝,盛行于唐宋。如唐李商隐所作四六文,即称为《樊南四六甲乙集》。

四履 《左传·僖公四年》:"赐我先君履,东至于海,西至于河,南至于穆陵,北至于无棣。"杜预注:"履,所践履之界。"后因以"四履"指诸侯疆土的四至。任昉《宣德皇后令》:"地狭乎四履,势卑乎九伯。"

四美 四种美好的事物。(1)指音乐、珍味、文章、言谈。刘琨《答卢谌》诗:"音以赏奏,味以殊珍,文以明言,言以畅神,之子之往,四美不臻。"(2)谓良辰、美景、赏心、乐事。语本谢灵运《拟魏太子邺中集诗八首序》。王勃《滕王阁序》:"四美具,二难并。"因四美难以并得,故亦称"四难"。"二难"指贤主、嘉宾。

四孟 夏历四季第一个月的总称,即孟春正月,孟夏四月,孟秋七月,孟冬十月。《汉书·刘向传》:"日月薄蚀,山陵沦亡,辰星出于四孟。"颜师古注:"四时之孟月也。"

四面楚歌 《史记·项羽本纪》:"项王军壁垓下,兵少食尽,汉军及诸侯兵围之数重,夜闻汉军四面皆楚歌,项王乃大惊,曰:'汉皆已得楚乎?是何楚人之多也!'"后用以比喻孤立无援,四面受敌的困境。

四民 指士、农、工、商。《穀梁传·成公元年》:"古者有四民:有士民,有商民,有农民,有工民。"《汉书·食货志上》:"士农工商,四民有业:学以居位曰士,辟土殖谷曰农,作巧成器曰工,通财鬻货曰商。"

四难 ❶四件困难的事情。《商君书·说民》："民之有欲有恶也,欲有六淫,恶有四难。"此指务农、力战、出钱、告奸四事。❷四种难以并得的美好事物。谢灵运《拟魏太子邺中集诗八首序》："天下良辰、美景、赏心、乐事,四者难并。"秦观《寄题赵侯澄碧轩》诗:"风流公子四难并,更引清漪作小亭。"参见"四美(2)"。

四扰 《周礼·夏官·职方氏》:"其畜宜四扰。"郑玄注:"四扰,马、牛、羊、豕。"扰,驯服;驯养。

四塞(—sài) ❶指四面皆有天险,可作屏障。《史记·苏秦列传》:"秦,四塞之国,被山带渭,东有关河,西有汉中,南有巴蜀,北有代马,此天府也。"张守节正义:"东有黄河,有函谷、蒲津、龙门、合河等关;南有南山及武关、峣关;西有大陇山及陇山关、大震、乌兰等关;北有黄河南塞,是四塞之国也。"❷指四方屏藩之国。《礼记·明堂位》:"四塞,世告至。"郑玄注:"四塞,谓夷服、镇服、蕃服,在四方为蔽塞者。"

四塞(—sè) 遍布。《汉书·元后传》:"黄雾四塞终日。"

四声 平、上、去、入四种声调的总称。汉语字音在《诗经》时代即已分别声调。但六朝以前,还没有四声的名称。齐梁时,沈约、周颙等人才以平、上、去、入四字作为各类的调名,总称四声,沿用至今。古入声有–b[p]、–d[t]、–g[k]三个塞音韵尾。普通话阴平、阳平、上声、去声四个声调是从古代的四声演变而来的。

四时 ❶四季。《书·尧典》:"以闰月定四时成岁。"《礼记·孔子闲居》:"天有四时,春、秋、冬、夏。"❷指朝、暮、昼、夜。《左传·昭公元年》:"君子有四时,朝以听政,昼以访问,夕以修令,夜以安身。"

四史 《史记》、《汉书》、《后汉书》、《三国志》的合称。

四始 ❶指《诗经》风、小雅、大雅、颂的为首四篇。《史记·孔子世家》:"《关雎》之乱以为风始,《鹿鸣》为小雅始,《文王》为大雅始,《清庙》为颂始。"一说,指风、小雅、大雅、颂。《诗序》:"是谓四始,诗之至也。"孔颖达疏引郑玄说:"风也,小雅也,大雅也,颂也。此四者,人君行之则为兴,废之则为衰。"❷谓夏历元旦为岁、时、月、日之始。《史记·天官书》:"四始者,候之日。"张守节正义:"谓正月旦,岁之始,时之始,月之始,日之始,故云四始。"时之始谓一

季之始。一说,谓正月旦(岁始)、冬至日、腊明日、立春日。见顾炎武《日知录·史记注》。

四书 《大学》、《中庸》、《论语》、《孟子》的合称。宋代以《孟子》升经,又以《礼记》中的《大学》、《中庸》二篇,与《论语》、《孟子》配合。至淳熙间(1174—1189),朱熹撰《四书章句集注》,"四书"之名始立。此后,长期成为封建社会科举取士的初级标准书。

四术 ❶诗、书、礼、乐四种经术的总称。是中国古代贵族用以教育子弟的四门课程或四种方法。《礼记·王制》:"乐正崇四术,立四教,顺先王诗、书、礼、乐以造士,春秋教以礼、乐,冬夏教以诗、书。"郑玄注:"崇,高也,高尚其术以作教也。"❷通向四方的道路。左思《咏史》诗:"冠盖荫四术,朱轮竟长衢。"

四体 ❶四肢。《论语·微子》:"四体不勤,五谷不分,孰为夫子?"❷指正、草、隶、篆四种字体。

四亭八当 形容安排得十分安稳妥帖。亭,也作"停"。朱熹《答吕伯恭书》:"不知如何整顿得此身心四亭八当,无许多凹凸也。"

四通八达 四面八方都有路相通,形容交通极其便利。《子华子·晏子问党》:"且齐之为国也,表海而负岷,轮广隈澳,其涂之所出,四通而八达,游士之所凑也。"亦作"四通五达"。《史记·郦生陆贾列传》:"夫陈留,天下之冲,四通五达之郊也。"

四维 ❶礼、义、廉、耻的合称。语出《管子·牧民》:"何谓四维?一曰礼,二曰义,三曰廉,四曰耻。"维,系物的大绳,比喻一切事物赖以固定的东西。❷指东南、西南、东北、西北四隅。《淮南子·天文训》:"日冬至,日出东南维,入西南维……夏至,出东北维,入西北维。"

四向 ❶犹言四出。《新唐书·韩愈传》:"执兵之卒,四向侵掠。"❷佛教谓须陀洹(预流)向、斯陀含(一来)向、阿那含(不还)向、阿罗汉(无生)向为"四向"。须陀洹、斯陀含、阿那含、阿罗汉为小乘四果,向其果位进修,故谓之向。王僧孺《忏悔礼佛文》:"四向四果,八贤八圣。"

四象 ❶指春、夏、秋、冬四时,或指水、火、木、金,布于四方,或指太阴、太阳、少阴、少阳,其说不一。《易·系辞上》:"两仪生四象。""两仪"即指阴阳或天地,认为四时等变化是由阴阳两种势力相互作用而产生的。

❷我国古代表示天空东、南、西、北四大区星象的四组动物。即东龙、南鸟、西虎、北龟蛇(武)。这个排列符合公元前2000年前后春天黄昏时的天象。二十八宿体系形成后,以每七宿组成一象。春秋战国五行说流行后,四象配色,成为:青龙、朱鸟、白虎、玄武。

四凶 古代传说舜所流放的四人或四族首领。《书·尧典》:"流共工于幽洲,放驩兜于崇山,窜三苗于三危,殛鲧于羽山,四罪而天下咸服。"孔传谓三苗即饕餮。《左传·文公十八年》:"流四凶族,浑敦、穷奇、梼杌、饕餮,投诸四裔,以御螭魅。"杜预注谓浑敦即驩兜,穷奇即共工,梼杌即鲧。但据《史记·五帝本纪》,舜流放四罪和四凶,乃前后两件事。

四序 即四季。《魏书·律历志上》:"然四序迁流,五行变易。"

四学 ❶指西周大学中之东、西、南、北四学。参见"五学"。《礼记·祭义》孔颖达疏则认为指虞、夏、商、周四代之学。❷南朝宋元嘉中,文帝召雷次宗立儒学,何尚之立玄学,太子率更令何承天立史学,谢元立文学。总称四学。

四言诗 诗体名。全篇每句四字或以四字句为主。是我国古代诗歌中最早形成的诗体。春秋以前的诗歌,如《诗经》,大都为四言。汉代以后,格调稍变。自南朝宋齐以后,作者渐少。

四夷 古指华夏族以外的四方少数民族。《书·大禹谟》:"无怠无荒,四夷来王。"

四裔 四方边远之地。《左传·文公十八年》:"投诸四裔,以御螭魅。"

四隅 ❶犹四方。《淮南子·原道训》:"经营四隅。"高诱注:"隅,犹方也。"❷四角。《尔雅·释宫》:"西南隅谓之奥,西北隅谓之屋漏,东北隅谓之宧,东南隅谓之窔。"邢昺疏:"此别宫中四隅之异名也。"《礼记·檀弓上》:"蚁结于四隅。"❸东南西北四方位之中间方位。北与东之正中曰北东,北与西之正中曰北西,南与东之正中曰南东,南与西之正中曰南西。

四陬 指我国古代四方边远地区之可居者。《书·禹贡》:"四陬既宅。"孔传:"四方之宅已可居。"引申指四方诸侯之国。颜延之《赭白马赋序》:"五方率职,四陬入贡。"

四岳 ❶传说为尧舜时的四方部落首领。尧为部落联盟领袖时,四岳

推举舜为继承人。舜继位后，他们又推举禹助舜。反映原始社会末期部落联盟内部推选首领的情况。❷谓东岳泰山，南岳衡山，西岳华山，北岳恒山。《诗·大雅·崧高》："崧高维岳。"毛传："岳，四岳也。东岳，岱；南岳，衡；西岳，华；北岳，恒。"岱，即泰山。

四运 指春、夏、秋、冬四时。陆机《梁甫吟》："四运循环转，寒暑自相承。"

四镇 ❶《周礼·春官·大司乐》以四镇与五岳并举，指可为一方之镇的大山。据郑玄注，即扬州的会稽山（在今浙江）、青州的沂山（在今山东）、幽州的医巫闾山（在今辽宁）、冀州的霍山（在今山西）。❷北魏河南四镇，即碻磝、滑台、金墉、虎牢。见宋王应麟《河南四镇考》。❸即唐安西四镇。

四知 《后汉书·杨震传》："王密为昌邑令，谒见。至夜，怀金十斤以遗震。震曰：'故人知君，君不知故人，何也？'密曰：'暮夜无知者。'震曰：'天知，神知，我知，子知，何谓无知？'密愧而出。"王融《沈冥地狱篇颂》："阴墙虽两密，幽夜有四知。"

四肢 人的两手两足的合称，自肩至手指端为上肢，自髀枢至足趾端为下肢，上下左右相合，总称四肢。《孟子·尽心下》："四肢之于安佚也。"王建《照镜》诗："暖手揉双目，看图引四肢。"亦作"四支"、"四枝"。《易·坤》："美在其中而畅于四支。"《庄子·达生》："辄然忘吾有四枝形体也。"

四至 墓基四周的界域；四面所到达的地界。王芑孙《碑版文广例·书地界四至例》："书地界四至，虽自晋太康瓦甃有之，唐人则见于开元二十八年王守泰《记石浮屠》；后书东西南北四至之下，又总之曰'四至分明，永泰无穷'，末加吉语，虽出汉例，在唐为创见。"《三国演义》第九十五回："安营既毕，便画四至八道地形状图本来我看。"参见"四至八到"。

四至八到 古代地志用"四至"（东、西、南、北四正）或"八到"（合东南、西南、东北、西北四隅）表示州县方位距离，合称"四至八到"。元人始用四正表示四方州县地界距离，称"某方至某处界几里"，名为"四至"；合四正、四隅表示八方城关距离，称"某方到某城（关）几里"，名为"八到"。"至"和"到"的区分始见《通

典》；"八到"标目始见《元和郡县志》；"四至八到"连标始见《太平寰宇记》；都是泛指所至地界。"四至"、"八到"有确定义例，始见《大元大一统志》，但此后未被普遍采用。

司 (sì) 同"伺"。探问消息。《汉书·灌夫传》："太后亦已使人候司。"

另见 sī。

司间 司，同"伺"。寻找可乘之隙。《荀子·王霸》："日欲司间而相与投藉之，去逐之。"

寺 (sì) ❶古代官署名。如：大理寺；太常寺；鸿胪寺。❷亦称"佛寺"、"寺院"。僧众供佛和聚居修行的处所。相传东汉明帝时，摄摩腾、竺法兰应汉使之请，以白马驮经东来，初止鸿胪寺，遂取寺名，敕立白马寺于洛阳西雍门外。古印度称寺为伽蓝，北魏始光元年（公元424年）以伽蓝为僧寺之名，隋大业（605—618）中改称道场，至唐复为寺。❸通"侍"。见"寺人"、"妇寺❷"。

寺观 佛寺和道观。僧人所居称寺，道士所居称观。韩愈《论佛骨表》："不许度人为僧尼道士，又不许创立寺观。"

寺人 古代宫中供使令的小臣。《周礼·天官·寺人》："寺人掌王之内人及女宫之戒令。"后世称宦官为寺人。

似 〔佀〕(sì) ❶相像；类似。《孟子·告子上》："屦之相似，天下之足同也。"❷似乎；好像。《世说新语·品藻》："吾似有一日之长。"❸比拟辞，超过的意思。刘克庄《风入松》词："逆旅主人相问，今回老似前回？"❹给；与。贾岛《剑客》诗："今日把似君，谁有不平事？"❺通"嗣"。继承。《诗·大雅·江汉》："召公是似。"参见"似续"。

另见 shì。

似是而非 看来似乎对，实际上并不对。语出《孟子·尽心下》："孔子曰：'恶似而非者，恶莠，恐其乱苗也。'"《抱朴子·崇教》："嫌疑象类，似是而非。"

似续 同"嗣续"。继承。《诗·小雅·斯干》："似续妣祖。"又《周颂·良耜》："以似以续。"

汜 (sì) ❶由主流分出而复汇合的河水。《尔雅·释水》："决复入为汜。"郭璞注："水出去复还。"《诗·召南·江有汜》："江有汜。"❷不流通的小沟渠。《尔雅·

释丘》："穷渎，汜。"郭璞注："水无所通者。"❸通"涘"。水边。《淮南子·道应训》："至于河上，而航在一汜。"❹水名。汜水，发源于河南巩义市东南，北流经荥阳市汜水镇西，北注入黄河。

兕 (sì) 古代犀牛一类的兽名。皮厚，可以制甲。《论语·季氏》："虎兕出于柙。"《左传·宣公二年》："犀兕尚多。"

兕觥 也叫"兕爵"。古时的一种兽形酒器。《诗·周南·卷耳》："我姑酌彼兕觥。"毛传："兕觥，角爵也。"陆德明释文："《韩诗》云，容五升；《礼图》云，容七升。"

兕中 古代举行射礼时放筹码的盛器。用木刻成伏兕形，背上有圆孔，射中一次，就纳入筹码一枚以计数。《仪礼·乡射礼》："大夫兕中……士鹿中。"《礼记·投壶》"司射奉中"孔颖达疏："其中之形，刻木为之，状如兕鹿而伏。背上立圆圈以盛筹。"

兕 中

侣 (sì) 姓。明代有侣锺。
另见 shì 似，sì 似。

伺 (sì) 侦候；探察。如：伺便。伺机。《史记·伍子胥列传》："嚭使人微伺之。"参见"伺候"。

另见 cì。

伺候 窥伺；守候。《后汉书·侯览传》："览伺候遮截，章竟不上。"

佀 (sì) 深思貌。《管子·侈靡》："佀美然后有辉。"尹知章注："谓深得其美理，然后情魂悦而貌辉然也。"

另见 chì，yì。

祀 〔禩〕(sì) ❶祭祀。《左传·文公二年》："祀，国之大事也。"❷祭祀之所。《礼记·檀弓下》："过墓则式，过祀则下。"❸商代称年为祀。《书·洪范》："惟十有三祀。"

祀灶 祭灶神，古代五祀之一。《礼记·月令》："〔孟夏之月〕其祀灶，祭先肺。"参见"祀灶日"。

祀灶日 祭祀灶神的日子。汉以前祀灶在夏天举行。后传说汉代阴子方在腊日晨见到灶神，并以黄羊祭之，因而大富，遂以腊日为祀灶日。见《后汉书·阴兴传》。旧时风俗多以夏历十二月二十三日或二十四日为祀灶日。范成大《祭灶词》所谓"古传腊月二十四，灶君朝天欲言事，云车风马少留连，家有杯盘丰典祀"，

即指此。

攺（sì）　见"殺攺"。

姒（sì）　❶旧时同夫诸妾年长者之称。《尔雅·释亲》："女子同出，谓先生为姒，后生为娣。"郭璞注："同出，谓俱嫁事一夫。"❷妯娌间年长者的古称。妯娌亦互称姒。《左传·昭公二十八年》："子容之母走谒诸姒曰：'长叔姒生男。'"杜预注："兄弟之妻相谓曰姒。"❸姓。相传为夏禹之后。汉代有姒丰。

姒娣　同"娣姒"。❶古代诸妾合称。见《尔雅·释亲》。❷妯娌。《镜花缘》第四十回："姒娣和睦，妯娌同心。"

杫（sì）　砧板；俎几。《后汉书·钟离意传》："〔药崧〕家贫为郎，常独直台上，无被，枕杫，食糟糠。"李贤注："杫，谓俎几也。"《方言》云：'蜀、汉之郊曰杫。'"

饲〔飼、飤〕（sì）　给人吃；喂食。《旧唐书·陆贽传》："张颐待饲。"今指喂养动物。如：饲猪；饲蚕。

饲料　能提供家畜营养需要，且在合理饲喂下不发生有害现象的物质。按来源分为植物性饲料、动物性饲料和矿物质饲料三类。

饴〔飴〕（sì）　通"饲"。给人吃。《晋书·王荟传》："以私米作饘粥，以饴饿者。"
另见 yí。

泗（sì）　❶鼻涕。《诗·陈风·泽陂》："涕泗滂沱。"毛传："自目曰涕，自鼻曰泗。"❷水名。

孠（sì）　"嗣"的古字。子孙；后嗣。张揖《上〈广雅〉表》："传于后孠，历载五百。"

驷〔駟〕（sì）　❶古代一车套四马，因以称一车所驾之四马或驾四马之车。《诗·郑风·清人》："驷介旁旁。"郑玄笺："驷，四马也。"《说文·马部》："驷，一乘也。"段玉裁注："四马为一乘。"参见"驷介"。又以为计数马匹的单位。《论语·季氏》："齐景公有马千驷。"邢昺疏："马四匹为驷，千驷，四千匹也。"❷通"四"。《礼记·乐记》："夹振之而驷伐。"郑玄注："驷，当为四。"孙希旦集解："谓舞者象牧野之战，两司夹士卒之两旁，振铎以作之，而士卒以戈矛四度击刺也。"❸古星名。亦作"天驷"、"天龙"。苍龙七宿的第四宿。《国语·周语中》："驷见而陨霜。"韦昭注："驷，天驷，房星也。"

驷不及舌　话语一出，四马不能追悔。谓说话当慎重。《论语·颜渊》："夫子（指卫大夫棘子成）之说君子也，驷不及舌。"何晏集解引郑玄曰："过言一出，驷马追之不及。"《说苑·谈丛》："出言不当，四马不能追也。"俗语"一言既出，驷马难追"意同。

驷介　由四匹被甲马挽引的战车。《左传·僖公二十八年》："驷介百乘，徒兵千。"杜预注："驷介，四马被甲也。"

驷马高车　古时显贵者的车乘。也指显贵。《太平御览》卷七十三引《华阳国志》："升迁桥在成都县北十里，即司马相如题桥柱曰'不乘驷马高车，不过此桥'。"亦作"高车驷马"、"大车驷马"。辛弃疾《鹊桥仙·席上和赵晋臣敷文》："高车驷马，金章紫绶，传语渠侬稳便。"

耜（sì）　同"耜"。

柶（sì）　古代礼器，以角或其他材料为之，两头屈曲，形状和功用如匕，用以挹取食物。《仪礼·士冠礼》"角柶"郑玄注："柶状如匕，以角为之，欲滑也。"

枱（sì）　同"耜"。《说文·〈部〉引《周礼》："匠人为沟洫，枱广五寸，二枱为耦。"案：今本《考工记·匠人》作"耜"。
另见 tái。

思（sì）　意思；思绪。如：诗思；文思。陆机《文赋》："思乙乙其若抽。"
另见 sāi、sī。

俟〔竢〕（sì）　等待。《仪礼·士昏礼》："壻乘其车，先俟于门外。"
另见 qí。

俟俟　兽行走貌。《诗·小雅·吉日》："儦儦俟俟，或群或友。"

食（sì）　通"饲"。给人吃，喂食。《国策·齐策四》："左右以君贱之也，食以草具。"柳宗元《捕蛇者说》："谨食之，时而献焉。"
另见 shí、yì。

食母　乳母。《礼记·内则》："大夫之子有食母。"郑玄注："选于傅御之中，《丧服》所谓乳母者。"

袳（sì）　同"祀"。

殔（sì）　暂殡。《释名·释丧制》："假葬于道侧曰殔。"《吕氏春秋·先识》："威公薨，殔九月不得葬。"高诱注："下棺置地中谓之殔。"亦指埋棺之坎。《仪礼·士丧礼》："掘殔见衽。"

鉰〔飴〕（sì，又读 yí）　同"枱"。《说文·木部》："枱，耒端也。鉰或从金台声。"段玉裁注："以其木也，故从木；以其属于金也，故亦从金。"参见"耜"。

飤（sì）　同"饲（飼）"。

涘（sì）　水边，河岸。《诗·王风·葛藟》："绵绵葛藟，在河之涘。"

耜（sì）　古代农具名。耒耜的主要部件，在耒的下端，形似后来的锸。《考工记·匠人》："匠人为沟洫，耜广五寸，二耜为耦；一耦之伐，广尺深尺，谓之畎。"《易·系辞下》："神农氏作，斫木为耜。"参见"耒耜"。

桪（sì，又读 lí）　锹臿一类的起土用具。也指畚土器。《方言》第五："臿，东齐谓之桪。"《孟子·滕文公上》："盖归，反蔂桪而掩之。"赵岐注："蔂桪，笼臿之属，可以取土者也。"段玉裁《说文解字注》："'桪'同'耜'，可以臿地握土者。赵以笼属释'蔂'，以臿属释'桪'也。"

笥（sì）　盛饭食或衣物的竹器。《礼记·曲礼上》："凡以弓剑苞苴箪笥问人者，操以受命，如使之容。"郑玄注："箪笥，盛饭食者，圜曰箪，方曰笥。"班倢伃《怨歌行》："裁成合欢扇，团团似明月……弃捐箧笥中，恩情中道绝。"

覗（sì）　同"伺"。窥伺。《方言》第十："凡相窃视……自江而北谓之貼（覘），或谓之覗。"

肆（sì）　❶不受拘束；放纵。《左传·昭公十二年》："昔穆王欲肆其心。"❷直；显露。《易·系辞下》："其言曲而中，其事肆而隐。"❸陈设。《诗·大雅·行苇》："或肆之筵。"❹商店；手工业作场。如：酒肆；茶肆。《论语·子张》："百工居肆，以成其事。"《汉书·食货志上》："开市肆以通之。"❺古时处死刑后陈尸于市之称。《周礼·秋官·掌戮》："凡杀人者，踣诸市，肆之三日。"❻延缓。《书·舜典》："眚灾肆赦。"孔传："眚，过；灾，害；肆，缓。过而有害当缓赦之。"❼极；尽。《诗·大雅·崧高》："其风肆好。"❽遂；于是。《书·舜典》："肆觐东后。"谓见东方诸侯。❾故，因此。《书·大诰》："肆朕诞以尔东征。"❿"四"字的大写。⓫姓。《何氏姓苑》有渔阳太守肆敏。

另见 tì, yì。

肆力 尽力。《后汉书·承宫传》:"后与妻子之蒙阴山,肆力耕种。"

肆虐 任意行暴。《旧唐书·王义方传》:"辇毂咫尺,奸臣肆虐。"辇毂,指京都。

肆无忌惮 忌惮,顾忌和畏惧。《中庸》:"小人之[反]中庸也,小人而无忌惮也。"朱熹注:"小人不知有此,则肆欲妄行,而无所畏惮矣。"后谓任意妄为、无所畏忌为"肆无忌惮"。《元史·卢世荣传》:"恃委任之专,肆无忌惮,视丞相犹虚位也。"

肆意 任意;逞性。《列子·周穆王》:"肆意远游,命驾八骏之乘。"

肆应 广泛的应声。《淮南子·原道训》:"是故响不肆应,而景(影)不一设。"后来称人善于应付为"肆应之才"。

貄 (sì) 同"貄"。兽名。刘基《郁离子·九难》:"獬猢蜂貄。"

嗣 (sì) ❶继承;接续。《书·洪范》:"禹乃嗣兴。"《左传·襄公二十五年》:"其弟嗣书而死者二人。"❷子孙。如:后嗣。《书·大禹谟》:"罚弗及嗣。"❸姓。汉代有嗣光审。

嗣徽 谓继承先人的美德、声誉。语出《诗·大雅·思齐》"大姒嗣徽音"。郑玄笺:"徽,美也。嗣大任之美音,谓续行其善教令。"大任,周文王之母;大姒,文王之妃。《宋书·王敬弘传》:"陛下嗣徽,特禀曾齿。"

嗣岁 来年。《诗·大雅·生民》:"以兴嗣岁。"

嗣响 继承前人之业,如回声之相应。《宋书·谢灵运传论》:"平子艳发,文以情变,绝唱高踪,久无嗣响。"

嗣续 ❶犹继承。《国语·晋语四》:"嗣续其祖,如谷之滋。"❷后嗣;后代。《新唐书·柳宗元传》:"以是嗣续之重,不绝如缕。"

嗣音 谓继续传寄音信。《诗·郑风·子衿》:"纵我不往,子宁不嗣音?"后用以称人家的覆信。

嗣子 ❶古代诸侯之子居丧时的自称。《礼记·曲礼下》:"大夫、士之子不敢自称曰嗣子某。"孙希旦集解:"嗣子某,诸侯在丧自称之辞。"后称嫡长子当嗣者为"嗣子"。《汉书·高后纪》:"世世勿绝嗣子,各袭其功位。"❷旧时无子者以近支侄子或他人之子为嗣,称"嗣子"。

貄 (sì) 兽名。《尔雅·释兽》:"貄,修毫。"郭璞注:"毫,长毛。"郝懿行义疏:"《释文》:'貄本又作狶,亦作肆,音四。'则与上狸子貄同名,疑亦同物。今狸猫之属有毛绝长者谓之狮猫,狮与貄音近而义同,貄有长意,此兽毛长,因谓之貄。然则《尔雅》古本作肆,今作貄、狶,俱俗体也。"

儩 [儩] (sì) 完;尽。《新唐书·李密传》:"敖庾之藏,有时而儩。"

瀃 [瀃] (sì) 泄水门。皎然《酬秦山人赠别》诗之二:"对此留君还叙别,应思石瀃访春泉。"

薛 (sì) 通"肆"。宽舒貌。《荀子·非十二子》:"祺然薛然。"

sōng

松 (sōng) 见"惺松"。
另见 zhōng。

松 ㊀(sōng) ❶松科植物的总称。常绿或落叶乔木,少数为灌木。树皮多为鳞片状。结球果。种属甚多。木材用途很广。树脂可提松香和松节油等。种子可榨油和食用。❷姓。隋代有松赟。
㊁[鬆](sōng) ❶头发散乱。如:蓬松。引申为散开、放开。如:稀松;放松;松懈;轻松。❷鱼、肉等做成的绒状食品。如:鱼松;肉松。

松乔 古代传说中的仙人赤松子和王子乔,后以指隐士。《南史·刘善明传》:"今朝廷方相委待,讵得便学松乔邪?"白居易《早冬游王屋》诗:"若不为松乔,即须作皋夔。"也指长寿的人。《旧唐书·魏徵传》:"可以尽豫游之乐,可以养松乔之寿。"

松楸 墓地多植松树和楸树,因借指坟墓。李远《过旧游见双鹤怆然有怀》诗:"谢公何岁掩松楸,双鹤依然傍玉楼。"萨都剌《早发黄河即事》诗:"丑妇有子女,鸣机事耕畴,上以充国税,下以祀松楸。"

松涛 谓风撼松林声如波涛。欧阳玄《漫题》诗:"下帘危坐听松涛。"

枀 (sōng) 同"松"。见《字汇·木部》。

娀 (sōng) 有娀,古氏族名。《史记·殷本纪》:"殷契,母曰简狄,有娀氏之女。"张守节正义:"按记云:桀败于有娀之墟,有娀当在蒲州也。"在今山西运城蒲州镇。

伀 (sōng) ❶懒。《方言》第三:"庸谓之伀,转语也。"郭璞注:"伀犹保伀也。今陇右人名嬾为伀。"嬾即古嬾字。❷见"傱伀"。

凇 (sōng,又读 sòng) 也作"淞"。见"淞(sòng)"。

菘 (sōng) 蔬菜名。叶阔大,色白的叫白菜,淡黄的叫黄芽菜。

崧 (sōng) ❶山高大貌。《诗·大雅·崧高》:"崧高维岳,骏(峻)极于天。"❷同"嵩"。指嵩山。韩愈《送侯参谋》诗:"三月崧少步,踯躅红千层。"

崧生岳降 《诗·大雅·崧高》:"崧高维岳,骏(峻)极于天;维岳降神,生甫及申。"后以"崧生岳降"比喻禀赋特异。

皶 [皶] (sōng) 猛禽名。似鹰而小,能捕雀。高文秀《黑旋风》第二折:"且莫说他皶儿小鹞,吹筒粘竿,有诸般来摆设。"

淞 (sōng) 水名。用于吴淞江。
另见 sòng。

嵩 (sōng) ❶亦作"崧"。即嵩山。古名嵩高。麻九畴《送李道人归嵩山》诗:"仰嵩俯嵩,雨濯云烘。"❷姓。汉代有嵩真。

嵩呼 旧时臣下祝颂皇帝,高呼万岁,叫"嵩呼"。《汉书·武帝纪》:"翌日亲登嵩高,御史乘属在庙旁,吏卒咸闻呼万岁者三。"此为"嵩呼"之由来。也叫"山呼"。

嵩山 古称"中岳",为五岳之一。在河南省登封市北。由太室山、少室山等组成,山峦起伏,有七十二峰,东西绵延60公里。主峰峻极峰,亦称嵩顶,在太室山,海拔1440米;最高峰御寨山,在少室山,海拔1512米。自南北朝起即成为宗教、文化重地。名胜古迹极多,主要有中岳庙、嵩岳寺塔、汉代嵩山三阙(太室阙、少室阙、启母阙)、嵩阳书院、观星台、少林寺、法王寺等,被列为全国重点风景名胜区。文物荟萃,其中嵩岳寺塔、观星台和嵩山三阙均属全国重点文物保护单位。

髿 (sōng) 同"松(鬆)"。

蜙 (sōng) 见"蜙蝑"。

蜙蝑 虫名。即螽斯。《尔雅·释虫》:"蜇螽,蜙蝑。"郝懿行义疏:"《诗》之螽斯、斯螽,毛传并云蜙蝑,是一物也。斯与蜇声义同。"

sǒng

从〔從〕(sǒng)　通"怂"。见"从容"。
另见 cóng, zōng, zòng。

从容　同"怂恿"。《史记·淮南衡山列传》："日夜从容王密谋反事。"《汉书·衡山王传》作"纵臾"。

似〔㒖〕(sǒng)　见"似似"。

似似　❶疾行貌。《汉书·扬雄传上》："风似似而扶辖兮，鸾凤纷其御蕤。"颜师古注："似似，前进之意也。"《文选》作"汷汷"。❷亦作"纵纵"。众多貌。《汉书·礼乐志》："神之行，旌容容，骑沓沓，殷纵纵。"颜师古注："般，相连也。纵纵，众也。"王先谦补注："官本'纵纵'作'似似'。"

扨〔搜〕(sǒng)　❶推。《醒世恒言·两县令竞义婚孤女》："你一推，我一扨，扨他出了大门。"❷通"耸"。挺立。杜甫《画鹰》诗："扨身思狡兔。"

岏〔嵷〕(sǒng)　见"嵷岏"。

汷〔漎〕(sǒng)　见"汷汷"。
另见 cóng。

汷汷　迅速。《文选·扬雄〈甘泉赋〉》："风汷汷而扶辖兮，鸾凤纷其衔蕤。"李善注："汷汷，疾貌也。"《汉书·扬雄传上》作"似似"。

纵〔縦〕(sǒng)　见"纵臾"。
另见 zōng, zǒng, zòng。

纵臾　同"怂恿"。嗾使；鼓动。《汉书·衡山王传》："日夜纵臾王谋反事。"

怂〔慫〕(sǒng)　❶见"怂恿"。❷惊恐。张衡《西京赋》："怵悼栗而怂兢。"

怂恿　亦作"纵臾"。从旁撺掇；鼓动。《方言》第十："怂恿，劝也。南楚凡己不欲喜而旁人说之，不欲怒而旁人怒之，谓之'食阎'，或谓之'怂恿'。"

耸〔聳〕(sǒng)　❶聋。马融《广成颂》："子野听耸，离朱目眩。"❷通"崇"。高起；矗立。高耸；耸峙。李频《将赴黔州先寄本府中丞》诗："丹嶂耸空无过鸟。"❸通"怂"。怂恿；奖劝。《国语·楚语上》："耸善而抑恶焉。"❹通"悚"。惊动；耸动。如：危言耸听。刘禹锡《观柘枝舞》诗："体轻似无骨，观者皆耸神。"❺通"竦"。敬。《国语·

楚语上》："昔殷武丁能耸其德。"

悚(sǒng)　恐惧。如：毛骨悚然。鲍照《谢随恩被原疏》："鱼愕鸡眮，且悚且惭。"

骎〔騌〕(sǒng)　掣动马衔令马奔走。《公羊传·定公八年》："临南骎马。"何休注："捶马衔走。"陈立义疏谓"捶"亦作"摇"。

竦(sǒng)　❶伸长脖子、提起脚跟站着。如：竦立。《汉书·韩王信传》："竦而望归。"❷肃敬貌。《后汉书·黄宪传》："竦然异之。"❸通"悚"。恐惧。《汉书·李广传》："率三军之心，同战士之力，故怒形则千里竦，威振则万物伏。"❹通"耸"。往上跳。见"竦身"。❺通"怂"。怂恿。《汉书·扬雄传下》："整舆竦戎。"颜师古注："竦，劝也。"

竦身　犹耸身，纵身上跳。《淮南子·道应训》："若士举臂而竦身，遂入云中。"

楤(sǒng)　木名。即楤木。

愯(sǒng)　恐惧。《说文·心部》："愯，惧也。……《春秋传》曰：'駟氏愯。'"段玉裁注："昭公十九年《左传》文，今本作耸，后人所易也。……《汉书·刑法志》引作愯。"

傱(sǒng)　本作"愯"。❶恐惧。《汉书·刑法志》："故诲之以忠，傱之以行。"颜师古注："晋灼曰：'傱，古竦字。'师古曰：'傱谓奖也。'"按《汉书》引《左传·昭公六年》文，《左传》傱作"耸"。❷耸立。刘敞《雪意诗》："林林傱群木，栗栗抱寒魄。"

sòng

讼〔訟〕(sòng)　❶诉讼。《论语·颜渊》："听讼，吾犹人也，必也使无讼乎。"王安石《度支郎中葛公墓志铭》："令始至，大猾吏辄诱民数百讼庭下。"❷为人辩冤。《汉书·陈汤传》："大中大夫谷永上疏讼汤。"❸争论是非。如：争讼；聚讼。❹责备。《论语·公冶长》："吾未见能见其过而内自讼者也。"❺六十四卦之一，坎下乾上。《易·讼》："象曰：天与水违行，讼。"❻通"颂"。《汉书·王莽传上》："贤良周护、宋崇等对策，深讼莽功德。"徐锴《说文解字系传》卷五："古本《毛诗》，'雅'、'颂'字多作'讼'。"
另见 gōng, róng。

宋(sòng)　❶古国名。子姓。公元前11世纪周公平定武庚反叛后，把商的旧都周围地区分封给商纣的庶兄微子启，建都商丘（今河南商丘南）。有今河南东部和山东、江苏、安徽间地。春秋时宋襄公企图称霸未成，后国势衰弱。前4世纪中叶，剔成肝（即司城子罕）逐杀宋桓侯，夺得政权。后剔成肝被其弟偃驱逐，偃自立为君，旋称王，攻取楚的淮北地。前286年为齐所灭。❷朝代名。南朝之一。公元420年刘裕代晋称帝，国号宋，建都建康（今江苏南京），亦称刘宋。初年强盛时北以秦岭、黄河（今黄河稍北）与北魏为界，西至四川大雪山，西南包今云南，南以今越南横山与林邑接壤，东、东南抵海，是南朝疆域最大的王朝，后来河南淮北渐为北魏所夺。479年为南齐所代。共历八帝，六十年。❸隋末辅公祏所建国号。公元623年建立，建都丹阳（治今江苏南京），有今江苏南部和浙江北部。设有兵部尚书、东南道大使、西南道大行台等官职。624年为唐所灭。❹朝代名。公元960年赵匡胤（宋太祖）代后周称帝。国号宋，定都开封。疆域东、南到海，北以今天津海河、河北霸州、山西雁门关一线与辽接界；西北以陕西横山、甘肃东部、青海湟水流域与西夏、吐蕃接界；西南以岷山、大渡河与吐蕃、大理接界；以广西与越南接界。钦宗靖康元年（1126年）金兵攻入开封，史称此前为北宋。次年赵构（宋高宗）在南京（今河南商丘）称帝。后建都临安（今浙江杭州），史称南宋。南宋时北以淮河、秦岭与金接界，东南、西南同北宋。帝昺德祐二年（1276年）为元所灭。两宋共历十六帝，统治三百十七年。宋亡后，帝昰、帝昺在闽广建立流亡政权，至1279年，亦为元所灭。❺元末红巾军刘福通等所建国号。1355年建都亳州（今属安徽），拥立韩林儿为小明王，年号龙凤，设丞相、枢密院平章、太保、都元帅等官职。1358年迁汴梁（今河南开封）。次年汴梁失守，退据安丰（今安徽寿县）。1363年迁至滁州（今属安徽）。1366年冬林儿被溺死，宋政权结束。❻拉丁文sonus的音译。旧译"味"。响度的单位。1宋等于1000毫宋，1毫宋约相当于人耳刚能听到的声音响度。❼姓。

送(sòng)　❶运送；送交。如：送货；送信。❷奉赠。《仪礼

·聘礼》:"宾再拜稽首送币。"❸送行。《诗·秦风·渭阳》:"我送舅氏,曰至渭阳。"❹追逐。《诗·郑风·大叔于田》:"抑纵送忌。"毛传:"发矢曰纵,从禽曰送。"孔颖达疏:"送谓逐后,故知从禽。"❺了毕;断送。如:送命。

送气音 "不送气音"的对称。塞音和塞擦音的发音,除阻时外出气流较强的称送气音。如汉语的p[pʻ]、t[tʻ]、k[kʻ]、c[tsʻ]、ch[tʂʻ]、q[tɕʻ]。

送穷 谓送走穷神。旧俗以夏历正月晦日为送穷神日。韩愈《送穷文》李翱注:"予尝见《文宗备问》云:'颛顼高辛时,宫中生一子,不着完衣,宫中号为穷子。其后正月晦死,宫中葬之,相谓曰,今日送却穷子。自尔相承送之。'"陈元靓《岁时广记·月晦》引《图经》:"池阳风俗,以正月二十九日为穷九日。扫除屋室尘秽,投之水中,谓之送穷。"同书又引《岁时杂记》以正月初六日为送穷日。

送死 ❶谓父母丧葬。《孟子·离娄下》:"养生者不足以当大事,惟送死可以当大事。"❷自取杀身之路。《三国志·吴志·周瑜传》:"况操自送死,而可迎之邪!"

送往迎来 往者送之,来者迎之。谓极尽酬应之谊。《中庸》:"送往迎来,嘉善而矜不能,所以柔远人也。"

送灶 民俗于夏历十二月二十三或二十四日送灶神升天,于此日祭神,俗称"送灶"。冯应京《月令广义·十二月令》:"燕城俗,刻马印为灶马,士民竞鬻,焚之灶前,为送灶君上天。"

诵〔誦〕(sòng) ❶朗读。《礼记·文王世子》:"春诵,夏弦,大师诏之。"《论语·子路》:"诵《诗》三百。"❷陈述。《孟子·公孙丑下》:"知其罪者,惟孔距心,为王诵之。"韩愈《答陈生书》:"聊为足下诵其所闻。"❸诗篇。《诗·小雅·节南山》:"家父作诵,以究王讻。"❹通"讼"。公开。《汉书·高后纪》:"平阳侯驰语太尉勃,勃尚恐不胜,未敢诵言诛之。"颜师古注引邓展曰:"诵言,公言也。"钱大昕《二十二史考异》卷六:"《史记》诵作讼。韦昭曰:'讼,犹公也。'"

唞(sòng) 响度单位"宋"的旧译。见"宋❻"。

颂〔頌〕(sòng) ❶歌颂;颂扬。《荀子·天论》:"从天而颂

之,孰与制天命而用之?"❷《诗经》的六义之一。与风、雅、赋、比、兴合称六义。❸文体名。《文心雕龙·颂赞》:"原夫颂惟典雅,辞必清铄,敷写似赋,而不入华侈之区,敬慎如铭,而异乎规戒之域。"如:扬雄《赵充国颂》;史岑《出师颂》。❹通"诵"。《孟子·万章下》:"颂其诗,读其书,不知其人可乎?"

另见 róng。

颂声 歌颂赞美之声。《公羊传·宣公十五年》:"什一行而颂声作矣。"

颂赞 文体名。"颂"是用于歌颂的作品。"赞"原本用于赞美,后来也用于评述。古人写作文史,多有附赞语以总结全篇者,如刘勰《文心雕龙》每篇后均有"赞"。二者多篇幅简短,一般有韵。史赞则有韵文、散文两体。

凇(sòng) 本作"淞"。在地表或地面物体上,云雾滴或雨滴的冻结物和除露、霜外的水汽凝结物或凝华物的总称。有水凇、雾凇、雨凇等多种。

另见 sōng。

馂〔餸〕(sòng) 方言。菜肴。

趡(sòng) 行走。《说文·走部》:"趡,行也。"按《广韵·一送》:"薑趡,疲行貌。"

踱(sòng) 同"趡"。

sōu

叟(sōu) ❶见"叟叟"。❷古族名。亦称"搜"。❸汉至六朝时对今甘肃东南部、四川西部、云南东部和贵州西部等地部分少数民族的泛称。有蜀叟、氐叟、窦叟、青叟、越嶲叟等。西汉元封二年(公元前109年),叟人据蜀地反,汉开益州郡。三国时,应魏蜀征募为兵者,作战英勇,以"叟兵"著称。

另见 sǒu。

叟叟 淘米的声音。《诗·大雅·生民》:"释之叟叟。"毛传:"释,淅米也;叟叟,声也。"

窭(sōu) "叟"的古体字。

另见 sǒu。

郰(sōu) 见"郰瞒"。

郰瞒 单称"郰"。春秋时长狄的一支。曾袭击齐、宋、鲁等国,周顷王三年(公元前616年)败于鲁,周匡

王六年(前607年)为齐所灭。在今山东济南北,一说在高苑县(今山东高青)。

蒐(sōu) ❶打猎。《周礼·夏官·大司马》:"遂以蒐田。"❷聚集。《尔雅·释诂》:"蒐,聚也。"郭璞注:"春猎为蒐。蒐者,以其聚人众也。"引申为蒐罗、蒐辑。❸检阅;阅兵。《左传·成公十六年》:"蒐乘补卒,秣马利兵。"❹隐蔽。《左传·文公十八年》:"服谗蒐慝。"❺茜草。《山海经·中山经》:"〔釐山〕其阴多蒐。"郭璞注:"茅蒐,今之蒨草也。"

另见 sōu 搜。

搜〔蒐〕(sōu) ❶寻求。如:搜罗;搜辑。韩愈《进学解》:"独旁搜而远绍。"❷搜索;搜查。《汉书·武帝纪》:"秋,止禁巫祠道中者,大搜。"

另见 shǎo。

搜查 司法机关对犯罪嫌疑人和可能隐匿罪证、罪犯或被执行财产的人的身体、物品、住处和其他有关的地方进行强制搜查检查的活动。

搜括 搜索;寻求。《梁书·刘遵传》:"晚冬暑促,机事罕暇,夜分求衣,未遑搜括,须待夏景,试取推寻。"亦谓尽量搜索和掠夺财物。王夫之《读通鉴论·唐懿宗》:"于是搜括无余,州郡皆如悬磬。"

搜索 ❶搜查。《春秋繁露·五行逆顺》:"闭门闾,大搜索。"❷在军事上,指根据作战需要,对某一复杂或可疑的区域进行的搜查活动。按活动空间分为地面搜索、空中搜索和海上搜索等。

嗖(sōu) 拟声词。形容东西很快飞过空中的声音。如:嗖的飞来一枝箭。

脩〔鮪〕(sōu) 同"鮪"。干鱼。《说文·肉部》:"脩,干鱼尾肃肃也。"《周礼》有脡脩。段玉裁注:"肃肃,干貌,今俗尚有干肃肃之语。今《周礼·庖人》作脡鮪,脡,鸟腊。"

獀(sōu) 同"蒐"。《礼记·祭义》:"放乎獀狩。"

馊〔餿〕(sōu) 饭食经久变味。如:馊饭;馊味。

廋(sōu) ❶隐匿。《论语·为政》:"视其所以,观其所由,察其所安,人焉廋哉!人焉廋哉!"❷隈曲处。《楚辞·九叹·忧苦》:"步从容于山廋。"❸通"搜"。搜索。《汉书·赵广汉传》:"廋索私屠酤

廋辞　也叫"廋语"。"谜语"的古称。《国语·晋语五》："有秦客廋辞于朝,大夫莫之能对也。"《新五代史·李业传》："帝方与业及聂文进、后赞、郭允明等狎昵,多为廋语相诮戏。"

廋 （sōu）　古"廋"字。

溲 （sōu）　便溺。《史记·扁鹊仓公列传》："令人不得前后溲。"司马贞索隐:"前溲谓小便,后溲谓大便也。"也特指小便。《后汉书·张湛传》："湛至朝堂,遗矢溲便。"李贤注:"溲,小便也。"
　　另见 sǒu。

滫 （sōu）　同"溲"。
　　另见 sǒu、zǎo。

骏 〔驺〕（sōu）　❶见"骓骏"。❷同"搜"。

毿 （sōu）　同"甗"。

甗 （sōu）　亦作"毿"。见"甗甗"。

飕 〔颼〕（sōu）　❶小风。《初学记》引应劭《风俗通义》："微风曰飕,小风曰飕。"❷象风声或形容寒意。见"飕飕"。也用来形容动作迅速如风。《水浒传》第七回:"那汉飕的把那口刀掣将出来。"
　　飕飗　风声。左思《吴都赋》："与风飘扬,飗浏飕飕。"
　　飕飕　❶风雨声。白居易《效陶潜体诗十六首》:"月明愁杀人,黄蒿风飕飕。"郑谷《鹭鸶》诗:"静眠寒苇雨飕飕。"❷形容寒气、寒意。元好问《游龙山》诗:"石门无风白日静,自是林响寒飕飕。"

锼 〔鎪〕（sōu）　刻镂。左思《魏都赋》："木无雕锼,土无绨锦。"引申为侵蚀。如:锼啮。

蝼 （sōu）　见"蠼"。

艘 （sōu,又读 sāo）　❶大船。《抱朴子·勖学》:"欲凌洪波而遐济,必因艘楫之器。"❷船只的计量单位。王粲《从军》诗:"连舫逾万艘。"

醙 （sōu）　白酒。《仪礼·聘礼》:"醙黍清皆两壶。"郑玄注:"醙,白酒也。凡酒,稻为上,黍次之,粱次之,皆有清白。"

鍫 〔鍫〕（sōu）　❶刻镂。梅尧臣《苏明允木山》诗:"唯存坚骨蛟龙鍫,形如三山中雄酋。"❷挖掘。《农政全书》卷三十二引《务本新书》:"鍫区下水,卧种栽之。"

另见 shòu。

鎪 （sōu）　"锼"的本字。《尔雅·释器》:"镂,鎪也。"郭璞注:"刻镂物为鎪。"

餿 （sōu）　同"锼（锼）"。

sǒu

叟 （sǒu）　古代对长老的称呼,亦即指老人。如:童叟无欺。《孟子·梁惠王上》:"王曰:'叟,不远千里而来,亦将有以利吾国乎?'"
　　另见 sōu。

娿 （sǒu）　"叟"的古体字。
　　另见 sōu。

傁 （sǒu）　同"叟"。老人《左传·宣公十二年》:"赵傁在后。"杜预注:"傁,老称也。"

椒 （sǒu）　薮泽。《礼记·礼运》:"凤皇麒麟,皆在郊椒。"郑玄注:"椒,聚草也,沼池也。"陆德明释文:"泽也。木或作薮。"
　　另见 zōu。

叜 （sǒu）　叜嵓,山名。在山东省蒙阴县西南。

溲 （sǒu）　❶浸;调合。《仪礼·士虞礼》:"明齐溲酒。"郑玄注:"明齐,新水也。言以新水溲酿此酒也。"❷淘。《聊斋志异·小谢》:"析薪溲米,为生执爨。"
　　另见 sōu。

滫 （sǒu）　同"溲"。
　　另见 sōu、zǎo。

瞍 （sǒu）　瞎;瞎子。《诗·大雅·灵台》:"矇瞍奏公。"郑玄笺:"无眸子曰瞍。"

嗾 （sǒu）　使狗声,亦即谓使狗《左传·宣公二年》:"公嗾夫獒焉。"比喻怂恿别人作坏事。如:嗾使。《北史·宋弁传》:"尔如狗耳,为人所嗾。"

薮 〔藪〕（sǒu）　❶湖泽的通称,也专指少水的泽地。《诗·郑风·大叔于田》:"叔在薮,火烈具举。"❷人或物聚集的地方。参见"渊薮"。❸通"搜"。搜求。《晋书·李重传》:"耽道穷薮,老而弥新。"❹量名。《小尔雅·广量》:"釜二有半谓之薮。"❺犹言草野。湛方生《后斋》诗:"辞朝归薮。"

擞 〔擻〕（sǒu）　见"抖擞"。
　　另见 sòu。

橾 〔橾〕（sǒu）　见"橾橚"。
　　橾橚　树木茂盛。《古文苑·黄香

〈九宫赋〉》:"即蹴缩以橾橚。"章樵注:"橾橚,木之茂盛也。"

籔 〔籔〕（sǒu）　淘米的竹器。即筲箕。
　　另见 shù。

sòu

嗽 〔嗽〕（sòu）　咳嗽。
　　另见 shù、sù。

擞 〔擻〕（sòu）　用扦子通拨。如:擞火。
　　另见 sǒu。

sū

苏 ㊀〔蘇、蘓〕（sū）　❶植物名。即"紫苏"。❷取草。《史记·淮阴侯列传》:"樵苏后爨。"引申为取。《离骚》:"苏粪壤以充帏兮。"❸指须状下垂物。见"流苏"。❹通"傃"。见"苏苏"。❺指苏维埃。如:苏区。❻江苏省的简称。❼古国名。金文或作"穌"。又称有苏氏,己姓。在今河南济源西北。西周初年苏忿生迁都于温(今河南温县西南)。公元前650年为狄所灭。❽古罗马、高卢与法国货币 Sou 的音译。在法国,公元8—9世纪时苏为金币,13世纪时改为银币。后经数次贬值,改为铜币。1793年采用十进位制后取消,但民间习惯上仍使用这一名称,称5生丁为1苏,20苏为1法郎。1947年3月起,5生丁硬币停止流通。❾姓。
　　㊁〔蘇、穌、蘓、甦〕（sū）　醒过来;病体复原。《左传·宣公八年》:"杀诸绛市,六日而苏。"杜甫《江汉》诗:"落日心犹壮,秋风病欲苏。"引申为困顿后得到休息。《书·仲虺之诰》:"后来其苏。"王夫之《读通鉴论·秦始皇》:"民于守令之贪残,有所借以黜陟以苏其困。"
　　㊂〔囌〕（sū）　如:啰苏。
　　另见 sù。

苏黄　指北宋文学家苏轼、黄庭坚。两人以诗歌齐名,赞扬或批评他们的人,都常以"苏黄"并举,如《宋史·文苑·黄庭坚传》:"庭坚于文章尤长于诗,蜀、江西君子以庭坚配轼,故称苏黄。"张戒《岁寒堂诗话》:"(诗)坏于苏黄。"推崇他们书法的人,也常以两人并称。

苏苏　畏惧不安貌。《易·震》:"象曰:'震苏苏,位不当也。'"

苏息　复苏;困顿后得到休息。杜

重《喜雨》诗："谷(穀)根小苏息,沴气终不灭。"沴气,恶气。

苏辛　指宋词人苏轼、辛弃疾。前人论宋词,或分为"婉约"、"豪放"二派,而以苏轼、辛弃疾为豪放词派的代表,故常并称。

酥（sū）❶牛羊乳制成的食品,即酥油。梅尧臣《余之亲家有女子能点酥为诗》诗："琼酥点出探春诗。"❷松脆的食品。饼饵之属。如:桃酥;酥糖。苏轼《戏刘监仓求米粉饼》诗："更觅君家为甚酥。"为甚酥,油果名。❸形容柔嫩滑腻。陆游《钗头凤》词："红酥手,黄滕酒,满城春色宫墙柳。"❹发软。如:四肢酥软。关汉卿《救风尘》第三折："休道冲动那厮,这一会儿连小闲也酥倒了。"

稣〔穌〕（sū）"苏(蘇)"的本字。

窣（sū,又读 sù）❶突然钻出来。《说文·穴部》:"窣,从穴中卒(猝)出。"引申为纵跃。孔平仲《谈苑·皇甫傒深刻》:"如闭目窣身入水,顷刻间耳。"❷低拂,下垂。李从善《蔷薇诗》:"嫩刺牵衣细,新条窣草垂。"高观国《御街行·赋帘》词:"香波半窣深深院。"❸象声。见"窸窣"。

窣静　寂静。汤显祖《牡丹亭·慈戒》:"后花园窣静无边阔,亭台半倒落。"

籁（sū）同"酥"。

sú

俗（sú）❶风俗;习惯。《礼记·曲礼上》:"入国而问俗。"❷大众的;通俗的。如:俗语;俗文学。❸庸俗;凡庸。如:俗气;俗套。《商君书·更法》:"论至德者不和于俗。"❹俗世,与出家相对。《宋书·徐湛之传》:"时有沙门释惠林……世祖命使还俗。"

俗吏　不学无术的平庸官吏。《汉书·贾谊传》:"俗吏之所务,在于刀笔筐箧,而不知大体。"

俗流　世俗之辈;庸俗的人。韩愈《荐士》诗:"俗流知者谁,指注竞嘲傲。"

俗曲　❶又称"俚曲"。通俗的歌曲,相当于小曲。原出于民间,文人起而仿效,目之为"时调"。现存俗曲集有《霓裳续谱》、《白雪遗音》等。清蒲松龄的《聊斋俚曲》,并用以敷

演故事。❷变文初发现时,也称为俗曲。

俗儒　旧指目光短浅、志趣不高的读书人。《荀子·儒效》:"偶然若终身之虏,而不敢有他志,是俗儒者也。"《后汉书·杜林传》李贤注引《风俗通》:"若能纳而不能出,能言而不能行,讲诵而已,无能往来,此俗儒也。"

俗士　❶平庸的士人。《三国志·蜀志·诸葛亮传》"将军岂愿见之乎"裴松之注引《襄阳记》曰:"刘备访世事于司马德操,德操曰:'儒生俗士,岂识时务?识时务者,在乎俊杰。'"❷鄙俗之士。魏晋时,有些文人以脱离世务为清高,称热中功名的人为"俗士"。孔稚珪《北山移文》:"请回俗士驾,为君谢逋客。"

俗文学　近代有些人用以称呼中国古代的通俗文学。大体包括:(1)歌、谣、曲子;(2)讲史、话本;(3)宋元以来南北戏曲及地方戏;(4)变文、弹词、鼓词、宝卷等讲唱文学;(5)民间传说、笑话、谜语等杂体作品。近人郑振铎编有《中国俗文学史》。

俗语　也叫"俗话"、"俗言"。流行于民间的通俗语句,带有一定的方言性。包括谚语、俚语、惯用语等。

俗缘　道教、佛教谓世俗人事的牵累。韩愈《华山女》诗:"仙梯难攀俗缘重,浪凭青鸟通丁宁。"

俗乐　中国古代各类民间音乐的泛称。雅乐的对称。宫廷中宴会时所用俗乐,称为燕乐。

俗字　异体字的一种。旧称流行于民间的大都形体简化的汉字,别于正体字而言。区分正和俗的标准,往往随时代而变迁。如《说文》以"躬"为"躳"的俗字,"袖"为"袌"的俗字。但《玉篇》有"袖"无"袌";《干禄字书》则以"躬"、"躳"并列,这两个字都被认为正字。简化汉字根据约定俗成的原则,多采群众中流行的俗字,如"头"、"灯"等。

sù

玉（sù）❶朽玉。见《说文·玉部》。❷姓。汉代有王况。

夙（sù）❶早。《诗·卫风·氓》:"夙兴夜寐,靡有朝矣。"朱熹注:"夙,早。"❷旧;素常。如:夙怨。《后汉书·郭伋传》:"伋知卢芳夙贼,难卒以力制。"又《刘虞传》:"远近豪俊,夙僭奢者,莫不改操而

归心焉。"❸肃敬。《诗·大雅·生民》:"载震载夙,载生载育。"郑玄注:"夙之言肃也。"孔颖达疏:"夙之言肃,自肃戒也。"❹姓。明代有夙道逵。

夙驾　早起驾车出行。《诗·鄘风·定之方中》:"星言夙驾,说于桑田。"郑玄笺:"星,雨止星见。"说,同"税",止。

夙儒　同"宿儒"。饱学之士;素有声望的学者。《后汉书·张楷传》:"自父党夙儒,借造门焉。"

夙素　同"宿素❶"。平素的志愿。陈造《至喜铺》诗:"是役固劳,端复酬夙素。"

夙昔　同"宿昔❶"。往日。陈子昂《遂州南江别乡曲故人》诗:"平生亦何恨,夙昔在林丘。"陆游《冒雨登拟岘台观江涨》诗:"壮游思夙昔,乘醉下三巴。"

夙兴夜寐　起早睡迟,形容勤奋不懈。《诗·卫风·氓》:"夙兴夜寐,靡有朝矣。"靡有朝,谓没有一朝懈惰。

夙夜　❶早晚;朝夕。《书·舜典》:"夙夜惟寅。"孔传:"夙,早也;言早夜敬思其职。"《诗·召南·采蘩》:"被之僮僮,夙夜在公。"❷古地名。本汉代的不夜县,新莽时改称夙夜县。故城在今山东省荣成市不夜村。

夙怨　同"宿怨"。旧怨。《宋史·苏辙传》:"吕大防、刘挚患之,欲稍引用,以平夙怨。"

苏〔蘇〕（sù）通"傃"。朝向。《荀子·议兵》:"苏刃者死。"杨倞注:"苏,读为傃,傃,向也。"
另见 sū。

诉〔訴、愬〕（sù）❶告诉;诉说。《诗·邶风·柏舟》:"薄言往诉,逢彼之怒。"❷控告。如:起诉;上诉。《旧唐书·张镒传》:"自此奴婢复顺,狱诉稍息。"❸进谗言;毁谤。《左传·成公十六年》:"诉公于晋侯。"《论语·宪问》:"公伯寮诉子路于季孙。"❹辞酒不饮。韦庄有《离筵诉酒》诗。陆游《蝶恋花》词:"鹦鹉杯深君莫诉,他时相遇知何处!"❺民事权利主体因其权益受到侵犯或发生争执而请求法院审判以维护其权利的行为。有三个要素:(1)当事人;(2)诉讼标的,如关于损害赔偿、返还侵占物的请求;(3)诉讼理由。依其内容的不同,分为给付之诉、确认之诉和变更之诉。诉的提起,以有诉权为前提;诉权之有无,依

是否确系该案的权利主体而定。

诉讼 司法机关在当事人和其他诉讼参与人参加下，依法定程序，为处理案件而进行的活动。司法机关在诉讼中居于主导地位，代表国家行使司法权。诉讼有刑事诉讼、民事诉讼和行政诉讼。以起诉、审判、执行为基本阶段，刑事诉讼中还包括侦查（就公诉案件而言）。

诉衷情 ❶唐教坊曲名，后用为词牌。分单调、双调两体。单调三十三字，平韵、仄韵互用。双调有四十一字（又名《桃花水》）、四十四字（又名《渔父家风》）、四十五字三体，平韵。陆游《当年万里觅封侯》一阕，较为著名。另有《诉衷情近》，双调七十五字，仄韵。❷曲牌名。属南曲商调。一说属小石调。字句格律与词牌双调体全阕同，亦有仅用前半阕者。用作引子。

奎（sù）大土块。《说文·土部》："奎，土坴奎奎也，读若速。"段玉裁注："奎奎，大坴之貌。"
另见 lù。

肃〔蕭〕（sù）❶恭敬。如：肃然；肃立。《书·洪范》："恭作肃。"❷恭敬地引进。《礼记·曲礼上》："主人肃客而入。"❸拜。《左传·成公十六年》："敢肃使者。"杜预注："肃，手至地，若今揖。"后来书信中称肃启、谨肃，妇人行礼称端肃，本此。❹庄重；严肃。《礼记·玉藻》："色容厉肃。"❺严急。《礼记·礼运》："刑肃而俗蔽，则法无常。"❻萎缩；肃杀。《礼记·月令》："〔孟秋之月〕天地始肃。"❼通"速"。敏捷。《国语·晋语七》："知羊舌职之聪敏肃给也，使佐之。"❽姓。

肃清 ❶清除；削平。《文选·陆机〈汉高祖功臣颂〉》："二州肃清，四邦咸举。"李善注："据《禹贡》九州之属，魏、赵属冀州，齐、代属青州。四邦，魏、代、赵、齐也。"❷犹冷静。嵇康《琴赋》："冬夜肃清，朗月垂光。"

肃杀 严酷萧瑟貌。一般用来形容深秋或冬季草木枯落时的天气。《汉书·礼乐志》："秋气肃杀。"欧阳修《秋声赋》："夫秋，刑官也，于时为阴；又兵象也，于行为金；是谓天地之义气，常以肃杀而为心。"

肃爽 同"骕骦"。良马名。《左传·定公三年》："唐成公如楚，有两肃爽马。"

肃霜 露凝为霜。《诗·豳风·七月》："九月肃霜，十月涤场。"毛传："肃，缩也，霜降而收缩万物。"

肃肃 ❶恭敬貌。《礼记·乐记》："夫肃肃，敬也。"❷疾速貌。《诗·召南·小星》："肃肃宵征。"❸严正貌。《诗·小雅·黍苗》："肃肃谢功，召伯营之。"谢，邑名。❹犹肃瑟。萧条貌。《庄子·田子方》："至阴肃肃。"成玄英疏："肃肃，阴气寒也。"潘岳《寡妇赋》："墓门兮肃肃。"❺象声。《诗·小雅·鸿雁》："肃肃其羽。"此为鸟拍羽声。《后汉书·董祀妻传》："翩翩吹我衣，肃肃入我耳。"此为风声。

肃雍 ❶庄重和顺。《诗·召南·何彼襛矣》："曷不肃雍，王姬之车。"毛传："肃，敬；雍，和。"❷形容乐声和谐。《诗·周颂·有瞽》："喤喤厥声，肃雍和鸣。"

素（sù）❶白色生绢。古乐府《上山采蘼芜》："新人工织缣，故人工织素。"引申指白色或单纯的颜色。如：素丝；素净。《楚辞·九歌·少司命》："绿叶兮素华。"特指丧服的颜色。见"素服"、"素车"。❷质朴；本色的。《老子》："见素抱朴。"《淮南子·本经训》："其事素而不饰。"❸根本。《说苑·反质》："是谓伐其根素，流于华叶。"❹构成事物的基本成分。如：元素；因素。❺同"愫"。本心；真情。曹植《洛神赋》："愿诚素之先达兮。"❻向来；往常。《国语·吴语》："夫谋，必素见成事焉而后履之。"司马迁《报任少卿书》："仆与李陵俱居门下，素非能相善也。"❼贫寒。见"寒素"。❽白；不付代价。见"素餐"。❾空；无爵位。见"素王"、"素封"。❿蔬果类的食品。如：吃素；素菜。⓫姓。后魏有素延耆。

素材 作家、艺术家从生活中摄取而来，尚未经过提炼和加工的原始材料。

素餐 不劳而食。《诗·魏风·伐檀》："彼君子兮，不素餐兮。"《孟子·尽心上》："《诗》曰：'不素餐兮。'君子之不耕而食，何也？"赵岐注："素，空也。无功而食禄，谓之素餐。"

素车 古代帝王居丧时所乘的车子，以白土涂刷，白色的麻和缯为饰。见《周礼·春官·巾车》。国家有凶、荒，也乘素车。《礼记·玉藻》："年不顺成，则天子素服，乘素车，食无乐。"后也泛指丧事用的车子。参见"素车白马"。

素车白马 古代凶、丧之事所用的白色车马。《史记·高祖本纪》："秦

王子婴素车白马，系颈以组，封皇帝玺符节，降轵道旁。"谓亡国而投降。又东汉山阳人范式与汝南张劭为友，劭亡，将葬，式"素车白马，号哭而来"。见《后汉书·范式传》。后用为送葬之辞。

素臣 指左丘明。汉代研究《春秋》的儒者，以为孔子作《春秋》，立王者之法，称为"素王"，左丘明作《左传》，阐明《春秋》之法，为"素王"之佐，故称为"素臣"。杜预《春秋左传序》："说者以仲尼自卫反鲁，修《春秋》，立素王，丘明为素臣。"参见"素王❷"。

素娥 古代传说中嫦娥的别称，亦泛指月宫的仙女。《文选·谢庄〈月赋〉》："集素娥于后庭。"李周翰注："常娥窃药奔月，因以为名。月色白，故云素娥。"王灼《碧鸡漫志》卷三："开元六年，上皇与申天师中秋夜同游月中，见一大宫府……素娥十余人，舞笑于广庭大树下。"

素封 无官爵封邑而富同封君的人。《史记·货殖列传》："无秩禄之奉，爵邑之入，而乐与之比者，命曰素封。"

素服 居丧或遭凶事时所穿的白色冠服。《礼记·郊特牲》："素服，以送终也。"《周礼·春官·司服》："大札、大荒、大灾，素服。"后亦指日常所穿的便服。

素怀 平素的志趣、怀抱。《颜氏家训·终制》："聊书素怀，以为汝诚。"李端《秋日旅舍别司空文明》诗："素怀宗淡泊。"

素交 真诚不移的友情；老朋友。刘峻《广绝交论》："斯贤达之素交，历万古而一遇。"杜甫《过故斜斯校书庄》诗："素交零落尽，白首泪双垂。"

素节 ❶秋天，特指重阳节。张协《七命》："若乃白商素节，月既授衣。"王绩《九月九日赠崔使君善为》诗："忽见黄花吐，方知素节回。"❷平素的行为。陈子昂《梓州陈居士墓铭》："椎埋肤箧之类，斗鸡走狗之豪，莫不靡下风，驯素节。"❸清高的节操。乔知之《赢骏篇》："丹心素节本无求。"

素履 ❶平凡朴质的言行举止。《易·履》："素履之往，独行愿也。"谢灵运《撰征赋》："思嘉遁之余风，绍素履之落绪。"❷居丧所穿的鞋子。又转用为对居丧者的问候语。如：敬候素履。

素昧平生 谓彼此一向不了解。

昧,不明白。《镜花缘》第五十六回:"原来姐姐同他也是素昧平生。"

素描 ❶绘画的一种。主要以单色线条和块面来塑造物体形象。水平较高的素描画有独立的艺术价值。使用工具有铅笔、木炭、钢笔和毛笔等。❷绘画术语。造型艺术基本功之一,以锻炼观察和表达物象的形体、结构、动态、明暗关系为目的。通常以此为习作或创作起稿,也可直接用于创作。

素女 中国古代神话中的女神。《史记·封禅书》:"太帝使素女鼓五十弦瑟,悲,帝禁不止,故破其瑟为二十五弦。"《楚辞·九怀·昭世》:"闻素女兮微歌,听王后兮吹竽。"一说她知阴阳天道,曾预测越王勾践将从吴国平安返归。见《吴越春秋·勾践伐吴外传》。一说她善房中术,曾对黄帝陈五女之法。见王充《论衡·命义》。《隋书·经籍志》著录有《素女养生要方》、《素女秘道经》等。

素商 秋季的别称。《初学记》卷三引梁元帝《纂要》:"秋曰白藏,亦曰收成,亦曰三秋、九秋、素秋、素商、高商。"按古代"五行"说,秋色尚白,乐音配商,故有此称。马祖常《秋夜》诗:"素商凄清扬微风,草根知秋有鸣蛩。"

素食 ❶蔬食。《汉书·王莽传上》:"每有水旱,莽辄素食。"❷供生吃的果实,指瓜果。《管子·禁藏》:"果蔬素食当十石。"尹知章注:"果蔬不以火化而食,故曰素食。"❸不劳而食。《诗·魏风·伐檀》:"彼君子兮,不素食兮。"黄庭坚《赣上食莲有感》诗:"素食则怀惭。"参见"素餐"。

素王 ❶古代道家称有王之德,但不居王之位者。素,虚位。《庄子·天道》:"以此处下,玄圣、素王之道也。"成玄英注:"有其道而无其爵者,所谓玄圣素王自贵者也。"❷特指孔子。《论衡·超奇》:"孔子之《春秋》,素王之业也。"《汉书·董仲舒传》:"孔子作《春秋》,先正王(指《春秋》以'春王正月'为记事纲目)而系万事,见素王之文焉。"文,法规。汉代一些研究《春秋》的儒者以为孔子修《春秋》是代王者立法,有王者之道,而无王者之位,故称"素王"。参见"素臣"。❸指远古的帝王。素,朴质的古代。《史记·殷本纪》:"〔伊尹〕言素王及九主之事。"司马贞索隐:"按素王者,太素上皇,其道质素,故称素王。"

素位 《中庸》:"君子素其位而行,不愿乎其外。"朱熹注:"素,犹见(现)在也。"素位,谓安于其平素所处的地位。是儒家立身处世的一种态度。

素心 ❶心地纯朴。陶潜《移居》诗:"闻多素心人,乐与数晨夕。"❷本心;平素的心愿。江淹《杂体诗》:"素心正如此,开径望三益。"李白《赠从弟南平太守之遥》诗:"素心爱美酒,不是顾专城。"

素养 ❶经常修习涵养。《汉书·李寻传》:"马不伏历(枥),不可以趋道;士不素养,不可以重国。"也指平日的修养。如:艺术素养;文学素养。❷平素所豢养。《后汉书·刘表传》:"越(蒯越)有所素养者,使人示之以利,必持众手。"

素业 ❶清白的操守。《晋书·陆纳传》:"汝不能光益父叔,乃复秽我素业耶?"❷清高的事业,旧指儒业。《颜氏家训·勉学》:"有志尚者,遂能磨砺以就素业。"卢文弨补注:"素业,清素之业也。"

素一 纯朴。江淹《齐太宰谁》:"迹去繁麦,情归素一。"麦,同"奢"。

素衣 ❶古代礼服的白色中衣。亦名"褐衣"。《诗·唐风·扬之水》:"素衣朱襮。"孔颖达疏:"士以上助祭之服,中衣皆用素也。"❷凶、丧之事所穿的白衣。《礼记·曲礼下》:"大夫、士去国,逾竟(境),为坛位,乡(向)国而哭。素衣,素裳,素冠。"郑玄注:"言以丧礼自处也。"❸白色的衣服。比喻清白的操守。陆机《为顾彦先赠妇》诗:"京洛多风尘,素衣化为缁。"缁,黑色。

素隐行怪 《礼记·中庸》:"素隐行怪,后世有述焉,吾弗为之矣。"意谓身居隐逸之地,而行为怪异,以求名声。《汉书·艺文志》引作"索隐行怪",朱熹《中庸》注以为当作"索",释义各别。参见"索隐行怪"。

素友 真诚淳朴的朋友。王僧达《祭颜光禄文》:"清交素友,比景共波。"

素质 ❶人或事物在某些方面的本来特点和原有基础。❷人们在实践中增长的修养。如政治素质,文化素质。❸在心理学上,指人的先天的解剖生理特点,主要是感觉器官和神经系统方面的特点。是人的心理发展的生理条件,但不能决定人的心理内容和发展水平。某些素质上的缺陷可以通过实践和学习获得不同程度的补偿。

素族 犹"寒门"。魏、晋、南朝时,凡不属于皇族的家族之称。《南齐书·百官志》:"(四中郎将)置世荀羡、王胡之并居此官。宋齐以来唯处诸王,素族无为者。"

茜(sù) 酒去糟。《诗·小雅·伐木》"有酒湑我"毛传:"湑,茜之也。"陆德明释文:"茜与《左传》缩酒同义,谓以茅沛之而去其糟也。"

另见 yóu。

速(sù) ❶快;迅速。《古诗十九首》:"四时更变化,岁暮一何速!"❷召;请;招致。《诗·小雅·伐木》:"既有肥牡,以速诸父。"《书·太甲下》:"以速戾于厥躬。"

速宾 迎宾。《礼记·乡饮酒义》:"主人亲速宾及介,而众宾自从之。"

速度 ❶描述物体位置变化快慢和方向的物理量。位移和所历时间之比,称为这段时间内的"平均速度"。如果这一时间极短(趋近于零),这一比值的极限称为物体在该时刻的速度或"瞬时速度"。速度是矢量,它的方向在直线运动中沿直线方向,在曲线运动中沿运动轨道的切线方向。常用单位为米/秒、厘米/秒、千米/时等。❷各种量随时间变化的快慢、各种过程进行的快慢也称为速度,例如经济发展速度等。

速福 招福。《晋书·刘弘传》:"司马法:赏不逾时,欲人知为善之速福也。"

速辜 招来罪愆。《书·酒诰》:"天匪虐,惟民自速辜。"孔传:"言凡为天所亡,天非虐民,惟民行恶自召罪。"

速驾 《左传·定公八年》:"从者曰:'嘻,速驾!'"原意是赶快套上车子。后用为请早光临的意思。邀客的帖子上常用之。

速速 ❶疏远不亲近貌。《楚辞·九叹·逢纷》:"心愫慌其不我与,躬速速其不吾亲。"王逸注:"速速,不亲附貌也。"❷粗陋貌。《后汉书·蔡邕传》:"速速方毂,夭夭是加。"李贤注引《诗·小雅·正月》毛传云:"速速,陋也。按《诗》作"蔌蔌",同。"❸快快之意。如:速速前往。

速写 ❶绘画术语。素描之一种。一般指用简练的线条在短时间内扼要地画出对象的形体、动作和神态的简笔画。其目的在于及时记录生活,反映现实;为创作准备素材;培养敏锐的观察力及迅速捕捉对象特征的能力。❷散文的一种。一般篇幅短小,文笔简练生动,能迅速及时地表现生活中有一定意义的事件和人物。也是文学的一种表现手法,以简括有力的笔墨描写人物面貌和生活场景。

悚 〔餗〕(sù) 鼎中的食品。《易·鼎》:"鼎折足,覆公餗。"孔颖达疏:"餗,糁也,八珍之膳,鼎之实也。"按谓和米的肉羹。

涑 (sù)水名。涑水河,在山西省西南部。源出绛县太阴山,西南流入伍姓湖,以下有人工渠道通黄河。

宿 〔宿〕(sù) ❶住宿;过夜。柳宗元《渔翁》诗:"渔翁夜傍西岩宿。"❷住宿的地方。《周礼·地官·遗人》:"三十里有宿,宿有路室。"❸隔夜;隔时;旧时。如:宿雨;宿诺。《荀子·大略》:"无留善,无宿问。"杨倞注:"当时即问,不俟经宿。"❹年老的,久经其事的。如:耆宿;宿将。❺安于。《左传·昭公二十九年》:"官宿其业。"杜预注:"宿,犹安也。"❻通"夙"。素常;平素。见"宿志"、"宿愿"。❼通"肃"。戒。《礼记·祭统》:"宫宰宿夫人。"❽古国名。风姓,相传为太皞后裔。在今山东东平县东。❾姓。汉代有宿详。

另见 xiǔ,xiù。

宿逋 旧欠;积欠。旧时一般指滞纳的赋税。《新唐书·李珏传》:"迁河阳节度使,罢横赋、宿逋百余万。"

宿草 隔年草。《礼记·檀弓上》:"朋友之墓,有宿草而不哭焉。"孔颖达疏:"宿草,陈根也,草经一年则根陈也。朋友相为哭一期,草根陈乃不哭也。"后为悼念亡友之辞。江淹《杂体三十首》:"狙殁多拱木,宿草凌寒烟。"

宿酲 谓隔宿醉酒未醒。乐史《杨太真外传》卷上:"遽命龟年持金花笺宣赐翰林学士李白立进《清平乐》词三篇。承旨,犹苦宿酲,因援笔赋之。"

宿分 亦作"夙分"。旧谓前定的缘分。康骈《剧谈录》卷下:"汝得至此,当有宿分。"

宿构 亦作"夙构"。预先构思、计划。《三国志·魏志·王粲传》:"善属文,举笔便成,无所改定,时人常以为宿构。"

宿憾 亦作"夙憾"。旧恨。《宋史·李继隆传》:"时权臣与处耘有宿憾者,忌继隆有才。"

宿好(—hào) 亦作"夙好"。老交情。《三国志·吴志·刘繇传》:"康宁之后,常念渝平豫成,复践宿好。"

宿好(—hào) 平素所嗜爱。陶潜《辛丑岁七月赴假还江陵》诗:"诗书敦宿好,林园无世情。"

宿见 久已形成的见解和看法。鲁迅《二心集·答北斗杂志社问》:"我虽然做过二十来篇短篇小说,但一向没有'宿见'。"

宿将 有丰富经验的老将。《国策·魏策二》:"太子年少不习于兵,田朌,宿将也。"

宿麦 隔年才成熟的麦。即冬麦。《汉书·武帝纪》:"〔元狩三年〕遣谒者劝有水灾郡种宿麦。"颜师古注:"秋冬种之,经岁乃熟,故云宿麦。"

宿莽 冬生草。一说,卷施草。《离骚》:"夕揽洲之宿莽。"王逸注:"草冬生不死者,楚人名曰宿莽。"洪兴祖补注:"《尔雅》云:'卷施草拔心不死。'即宿莽也。"语本《尔雅》郭璞注。

宿诺 ❶久留而不履行的诺言。《论语·颜渊》:"子路无宿诺。"❷旧时许下的诺言。刘永之《舟中》诗:"佳期违宿诺。"

宿儒 亦作"夙儒"。素有声望的博学之士。《汉书·翟方进传》:"是时宿儒有清河胡常,与方进同经。"

宿世 佛教称过去之世。即前生。《法华经·授记品》:"宿世因缘,吾今当说。"

宿素 ❶亦作"夙素"。平素的志愿。《后汉书·郑玄传》载玄戒子书曰:"入此岁来,已七十矣,宿素衰落,仍有失误。"❷老成而素负重望者。《宋史·张秉传》:"虽久践中外,然无仪检,好谐戏,人不以宿素称之。"

宿望 指素负重望的人。《晋书·山涛传》:"时帝以涛乡闾宿望,命太子拜之。"也指素有的名望。

宿卫 在宫禁中值宿警卫。《盐铁论·贫富》:"大夫曰:'余结发束修,年十三,幸得宿卫,给事辇毂之下。'"

宿夕 一夕。谓在很短的时间内。《史记·吴王濞列传》:"吴王不肖,有宿夕之忧。"

宿昔 ❶亦作"夙昔"。从前;旧日。阮籍《咏怀》:"携手等欢爱,宿昔同衣裳。"❷犹向来、经久。《论衡·感虚》:"师旷能鼓《清角》……其初受学之时,宿昔习弄,非直一再奏也。"❸犹早晚,谓时间之短。《晋书·裴楷传》:"虽车马器服,宿昔之间,便以施诸穷乏。"

宿心 久有的心愿;本心。嵇康《幽愤诗》:"内负宿心,外恶良朋。"

宿学 亦作"夙学"。积学之士。《史记·老子韩非列传》:"然善属书离辞,指事类情,用剽剥儒墨,虽当世宿学,不能自解免也。"

宿业 佛教指过去世的业因所造成而见于现在世的后果。佛教相信众生有三世因果,认为过去世所作的善恶业因,可以产生现在世(今生)的苦乐果报,故名。

宿营 ❶部队遂行各种任务中的临时住宿。分为舍营(在房舍住宿)和露营(在房舍外住宿);根据情况,也可采取两者相结合的方式宿营。❷古代指宫中宿卫军住的兵营。

宿雨 隔夜的雨。周邦彦《苏幕遮》词:"叶上初阳干宿雨,水面清圆,一一风荷举。"

宿缘 佛教名词。宿,指过去世;缘,指原因。意谓过去世的因缘。佛教认为现世的遭遇,都是宿缘造成的,并非偶然,故名。

宿怨 《孟子·万章上》:"仁人之于弟也,不藏怒焉,不宿怨焉;亲爱之而已矣。"朱熹注:"宿怨,谓留蓄其怨。"后称旧怨为"宿怨"。亦作"夙怨"。《新唐书·江夏王道宗传》:"永徽初,房遗爱以反诛。长孙无忌、褚遂良与道宗有宿怨,诬与遗爱善,流象州。"

宿愿 亦作"夙愿"。平素的愿望。陆机《思归赋序》:"惧兵革未息,宿愿有违,怀归之思,愤而成篇。"李白《秋于敬亭送从侄耑游庐山序》:"孤负夙愿,惭归名山。"

宿直 官员轮流在宫里值宿。《南齐书·周颙传》:"宋明帝颇好言理,以颙有辞义,引入殿内,亲近宿直。"《辽史·百官志一》:"宿直司掌轮直官员宿直之事。"

宿志 亦作"夙志"。平素的志愿。《后汉书·王霸妻传》:"今子伯之贵,孰与君之高?奈何忘宿志而惭儿女子乎?"

宿治 宿,隔夜。隔宿才办理,形容处理政务缓慢疲沓。《商君书·去强》:"以日治者王,以夜治者强,以宿治者削。"

宿醉 隔夜的余醉。沈佺期《奉和春日幸望春宫应制》:"定是风光牵宿醉,来晨复得幸昆明。"

骕 〔驌〕(sù) 见"骕骦"。

骕骦 良马名。本作"肃爽"、"肃霜",亦作"骕骦"。《左传·定公三年》:"唐成公如楚,有两肃霜马。"

《晋书·郭璞传》："昆吾挺锋，骕骦轩髦。"

璛 〔璛〕(sù) ❶琢玉工。见《集韵·一屋》。❷姓。见《玉篇·玉部》。

楸 〔楸〕(sù，又读 xiāo) 见"楸爽"。

另见 qiū。

楸爽 《文选·张衡〈西京赋〉》："郁蓁菱芬，楸爽樛槮。"薛综注："皆草木盛貌也。"

粟 (sù) ❶植物名。学名 Setaria italica。北方通称"谷子"，去壳后叫"小米"。有一种特别好的品种，古代称为"粱"，今已无此区别。禾本科。一年生草本。秆粗壮，分蘖。叶鞘无毛，叶片线状披针形，叶舌短而厚，具纤毛。圆锥花序，主轴密生柔毛。穗有圆锥、圆筒、纺锤、棍棒等形，通常下垂；小穗具短柄，基部有刺毛。颖果，稃壳红、橙、黄、白、紫、黑等色。子实卵圆形，黄白色。喜温暖、耐旱，对土壤要求不严，适应性强，可春播和夏播。原产中国，以山东、河北、东北、西北等地区栽培最多。按子粒粘性可分糯粟（秫）和粳粟。营养价值高，子粒供食用或酿酒。茎、叶、谷糠可作饲料，但有时有毒，应慎用。❷古代也称"禾"、"稷"、"谷"。粮食的通称。如：重农贵粟。《韩非子·显学》："征赋钱粟，以实仓库。"❸俸禄。《广雅·释诂》："粟，禄也。"❹泛指粟状物。亦以喻物之微小。《山海经·南山经》："英水出焉，西南流注于赤水，其中多白玉，多丹粟。"郭璞注："细丹沙如粟也。"苏轼《赤壁赋》："渺沧海之一粟。"❺皮肤上起小疙瘩。陆游《雪已甚作寒行饶抚道中有感》诗："重裘犹栗肤。"❻姓。

粟

粟斯 曲意奉承貌。《楚辞·卜居》："将呢訾栗斯，喔咿儒儿以事妇人乎？"朱熹注："粟，一作栗……粟从米，诡随也。斯，辞也。其从木者，谨饬也，非是。"洪兴祖补注本作"栗斯"。

𫓨 〔鍊〕(sù) 镯子。赵汝适《诸蕃志》卷上："臂系金缠，足圈金𫓨。"

傃 (sù) 向。颜延之《陶徵士诔》："傃幽告终。"

飅 〔飅〕(sù) ❶寒风。见《广雅·释诂四》。❷风声。崔湜《野燎赋》："飅如万壑之崖崩，拉若千岩之石坼。"

溯 (sù) "溯(泝)"的古体字。

谡 〔謖〕(sù) ❶起立。《礼记·祭统》："是故尸谡。"陆德明释文："谓起也。"尸，古代代表死者受祭的活人。❷整饬貌。《后汉书·蔡邕传》："公子谡尔敛袂而兴曰：'胡为其然也？'"李贤注："谡尔，翕敛之貌。"

谡谡 劲挺有力貌。《世说新语·赏誉》："世目李元礼谡谡如劲松下风。"

嗉 (sù) ❶嗉囊，鸟类食管后段暂时贮存食物的膨大部分。食物在嗉囊里经过润湿和软化，再送入前胃和砂囊，有利于消化。❷二十八宿之一，"张宿"的别名。

塑 (sù) 塑造；用泥土等造成人物形象。如：雕塑；塑像；泥塑木雕。苏轼《凤翔八观·维摩像唐杨惠之塑在天柱寺》诗："今观古塑维摩像，病骨磊嵬如枯龟。"

塑料 以合成的或天然的高分子化合物为主要成分，可在一定条件下塑化成形，产品最后能保持形状不变的材料。多数塑料以合成树脂为基础，并常含有填料、增塑剂、着色剂等。根据受热后的性能变化，可分为热塑性和热固性两类。前者主要具有链状的线型结构，受热软化，可反复塑制；后者成形后具有网状的体型结构，受热不能软化，不能反复塑制。一般具有质轻、绝缘、耐腐蚀、美观、易加工等特点，可作绝缘材料、建筑材料及各种工业的构造材料和零件，也可作各种日用品。

溯 〔泝、遡〕(sù) 逆流而上。王粲《七哀诗》："方舟溯大江，日暮愁我心。"《水经注·江水》："沿溯阻绝。"引申为追求根源。如：追本溯源；不溯既往。

溯洄 逆流而上。《诗·秦风·蒹葭》："溯洄从之，道阻且长。"毛传："逆流而上曰溯洄。"

溯游 顺流而下。《诗·秦风·蒹葭》："溯游从之，宛在水中央。"毛传："顺流而涉曰溯游。"

愫 (sù) 真情；诚意。参见"情愫"。

鶒 〔鶒〕(sù) 见"鶒鹔"。

鶒鹔 ❶亦作"鶒鷫"。水鸟名。雁的一种。罗愿《尔雅翼·释鸟五》："鶒鹔，水鸟，盖雁属也。高诱注《淮南子》云：'长胫，绿色，其形似雁。'"《楚辞·大招》："鸿鹄代游，曼鶒鹔只。"❷传说中的五方神鸟之一。《说文·鸟部》："鶒，鶒鹔也，五方神鸟也。东方发明，南方焦明，西方鶒鹔，北方幽昌，中央凤皇。"

蔌 (sù) ❶蔬菜的总称。《诗·大雅·韩奕》："其蔌维何？维笋及蒲。"❷见"蔌蔌"。

蔌蔌 ❶形容鄙陋。《诗·小雅·正月》："蔌蔌方有穀。"毛传："蔌蔌，陋也。"❷风声劲疾貌。鲍照《芜城赋》："棱棱霜气，蔌蔌风威。"❸花落貌。元稹《连昌宫词》："又有墙头千叶桃，风动落花红蔌蔌。"亦作"簌簌"。❹水流貌。苏轼《食柑》诗："清泉蔌蔌先流齿，香露霏霏欲噀人。"

遫 (sù) ❶同"速"。《管子·侈靡》："水平而不流，无源则遫竭。"尹知章注："停水无源，必遫竭。"❷密。《管子·小匡》："别苗莠，列疏遫。"尹知章注："遫，密也。谓苗之疏密当均列之。"❸局促不安貌。《礼记·玉藻》："君子之容舒迟，见所尊者齐遫。"郑玄注："遫，犹蹙蹙也。"

嗽 〔嗽〕(sù，又读 shuò) 吮吸。《汉书·邓通传》："文帝尝病痈，邓通常为上嗽吮之。"

另见 shù，sòu。

僳 (sù) 僳僳族，中国少数民族名。

膆 (sù) 同"嗉"。鸟类食管后段暂时贮藏食物的膨大部分，形如袋。潘岳《射雉赋》："裂膆破觜。"

觫 (sù) 见"觳觫"。

缩 〔縮〕(sù) 用于"缩砂蔤"。姜科。多年生草本。种子多角形，种仁俗称"砂仁"，入药。

另见 suō。

楸 (sù) 同"楸"。

𣗯 (sù) 见"朴𣗯"。

榱 (sù) 马槽。《方言》第五："枥，梁、宋、齐、楚、北燕之间或谓之榱，或谓之卓。"

矍（sù）　见"麗矍"。

鯂〔鱐〕（sù）　干鱼。《周礼·天官·庖人》："夏行腶鱐，膳膏臊。"郑玄注引郑司农曰："腶，干雉；鱐，干鱼；膏臊，豕膏也。"

蕭（sù）　草名。《尔雅·释草》："蕭，牡茅。"郭璞注："白茅属。"邢昺疏："茅之不实者也。"郝懿行义疏："案今小儿喜啖，谓之甜草。其白华初苗茸茸为针，亦中啖也。"

籔（sù）　见"籔籔"。

籔籔　❶象声。《聊斋志异·辽阳军》："风声籔籔。"亦作"蔌蔌"。《文选·鲍照〈芜城赋〉》："棱棱霜气，蔌蔌风威。"李善注："蔌蔌，风声劲疾之貌。"❷坠落貌。《京本通俗小说·志诚张主管》："那时小夫人开疏看时，扑籔籔两行泪下。"

艒（sù）　见"艒艒"。

蹜（sù）　见"蹜蹜"。

蹜蹜　举足促狭貌。《礼记·玉藻》："执龟玉，举前曳踵，蹜蹜如也。"《论语·乡党》："足蹜蹜如有循。"

suān

狻（suān）　见"狻猊"。

狻猊　即狮子。《穆天子传》卷一："狻猊野马，走五百里。"郭璞注："狻猊，师（狮）子。亦作"狻麑"。《尔雅·释兽》："狻麑……食虎豹。"

痠（suān）　酸痛。《素问·刺热论》："肾热病者，先腰痛胻痠。"

酸（suān）　❶醋的味道。《周礼·天官·食医》："凡和，春多酸，夏多苦，秋多辛，冬多咸。"❷通"痠"。酸痛。《晋书·皇甫谧传》："四肢酸重。"❸悲痛。如：心酸；酸辛。陆机《感时赋》："恒睹物而增酸。"江淹《恨赋》："亦复含酸茹叹，销落湮沉。"❹迂腐或寒酸。范成大《次韵和宗伟阅番乐》："洗净书生气味酸。"陈继儒《李公子传》："汝欲了此君心事，但恐酸秀才正自不堪。"❺化学上的酸（类），通常指在水溶液中进行电离而给出水合氢离子（H_3O^+）的化合物。可分一元酸、二元酸、多元酸或强酸、弱酸等。例如，

盐酸（HCl）、磷酸（H_3PO_4）、醋酸（$HC_2H_3O_2$）等。共同性质为溶液具有酸味，使蓝色石蕊试纸变红，可中和碱等。广义的酸应指任何能放出质子（H^+）的分子或离子。铵离子（NH_4^+）可放出质子，故也是酸。

酸鼻　悲痛。《文选·宋玉〈高唐赋〉》："孤子寡妇，寒心酸鼻。"李善注："酸鼻，鼻辛酸，泪欲出也。"

酸楚　悲痛；凄恻。李白《望木瓜山》诗："客心自酸楚，况对木瓜山。"

酸酐　常指由酸类缩水而成的氧化物（酸性氧化物）。例如三氧化硫（SO_3）是硫酸酐，五氧化二磷（P_2O_5）是磷酸酐。两分子醋酸缩去一分子水后，虽不是氧化物，也称为醋酸酐。

酸嘶　哀叹；悲鸣。杜甫《无家别》诗："生我不得力，终身两酸嘶。"苏轼《秧马歌》："腰如箜篌首啄鸡，筋烦骨殆声酸嘶。"亦作"嘶酸"。李颀《听董大弹胡笳》诗："嘶酸雏雁失群夜，断绝胡儿恋母声。"

酸辛　亦作"辛酸"。悲痛。阮籍《咏怀诗》："对酒不能言，凄怆怀酸辛。"又："感慨怀辛酸，怨毒常苦多。"

suǎn

匴（suǎn）　古代竹制的盛器。《集韵》训为竹盘。《仪礼·士冠礼》："爵弁、皮弁、缁布冠各一匴。"郑玄注："匴，竹器名，今之冠箱也。"

簨（suǎn，又读 zuǎn）　古代笾一类的礼器。《礼记·明堂位》："荐用玉豆雕簨。"
另见 zhuàn，zuǎn 纂㊀。

suàn

选〔選〕（suàn）　❶通"算"。《诗·邶风·柏舟》："威仪棣棣，不可选也。"《汉书·公孙贺传赞》："斗筲之徒，何足选也！"按《论语·子路》作"斗筲之人，何足算也"。❷犹言"万"。《山海经·海外东经》："五亿十选九千八百步。"
另见 xuǎn。

祘（suàn）　"算"的古字。《说文·示部》引《逸周书》："士分民之祘，均分以祘之。"按今本《逸周书·本典解》"均分以利之，则民安"，"利"即"祘"字之误。

竿（suàn）　同"算"。《史记·吴王濞列传》："上方与晁错调兵竿军食。"

蒜（suàn）　植物名。学名 Allium sativum。亦称"大蒜"。百合科。多年生宿根草本，作一二年生栽培。叶狭长而扁平，淡绿色，肉厚，表面有蜡粉。自茎盘中央抽生花茎（即蒜薹）顶端花序，花形成小鳞茎（气生鳞茎），俗称"天蒜"，也可供繁殖用。地下鳞茎由灰白色的膜质外皮包裹，内有小鳞茎，叫蒜瓣，由茎盘上每个叶腋中的腋芽膨大而成。按鳞茎皮色不同分紫皮种和白皮种；按蒜瓣大小不同分大瓣种和小瓣种。性耐寒，幼苗期和蒜头生长期喜湿润。一般用蒜瓣繁殖。蒜头、蒜苗、蒜薹均作蔬菜；蒜头中含有大蒜素，可供药用。中医学上以鳞茎入药，名"大蒜"。性温、味辛，功能解毒、杀虫、健胃、消肿，可用治肺结核、百日咳、痢疾、腹泻、蛲虫病、钩虫病及脘腹冷痛、水肿等；生食或切片口含还能预防流行性感冒、麻疹等；捣烂外敷四肢能预防钩虫感染。但性温助火，故阴虚火旺、目赤肿痛、咽喉肿痛、牙龈肿痛者，不宜服食。

蒜发　壮年人的花白头发。张淏《云谷杂记补编》卷二："今人言壮而发白者，目之曰蒜发，犹言宣发也。"按《易·说卦》"寡发"陆德明释文："本又作宣。黑白杂为宣发。"

簨（suàn）　❶计算用的筹。《说文·竹部》："簨长六寸，计历数者。"❷通"算"。谋画。陆机《吊魏武帝文》："长簨屈于短日，远迹顿于促路。"

算（suàn）　❶计数。如：算账。引申谓数。《北史·崔浩传》："人畜无算。"❷作数；算在数内。如：刚才说的不算，现在重说。《论语·子路》："斗筲之人，何足算也！"❸认为，当作。如：就算不知道，也应该问一问。❹推测；料想。姜夔《扬州慢》词："杜郎俊赏，算而今重到须惊。"❺计划；筹谋。如：盘算；打算；失算。也特指暗算。无名氏《朱砂担》第三折："我孩儿因做买卖去，利增百倍，有铁旛竿白正图了他财，又算他性命。"❻作罢；完结。如：他既然认错，也就算了。❼通"籑"。古代计数用的筹码。《仪礼·乡射礼》："一人执算以从之。"❽竹器。《史记·汲郑列传》："然其馈遗人不过算器食。"司马贞索隐："算，谓竹器，以言无铜漆也。"

算博士　❶算学博士。《新唐书·方技传》："〔李淳风〕奉诏与算博士

梁述、助教王真儒等是正《五曹》、《孙子》等书。"❷指唐代诗人骆宾王。张鷟《朝野金载》卷六:"骆宾王文好以数对,如'秦地重关一百二,汉家离宫三十六'。时人号为算博士。"

算筹 又称"筹"、"策"、"筴"、"算子"。中国古代的计算工具。最晚在春秋时已普遍使用。多数为竹制小棒,亦有用骨、玉、铁、牙、木为之者。算筹记数有如下表纵、横两式。纵横相间,用空位表示零,就可表示任何自然数,亦可表示分数、小数、方程或方程组。外国也有算筹,如英国的耐普尔算筹。

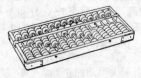

算筹记数

算赋 ❶汉对成年人所征人头税。高祖四年(公元前203年)"初为算赋"(《汉书·高帝纪上》)。《汉仪注》谓:民年十五以上至五十六出赋钱,人百二十为一算,治库兵车马。应劭谓:汉律人出一算,算百二十钱,唯贾人与奴婢倍算。惠帝六年(前189年),又定"女子年十五以上至三十不嫁,五算"(《汉书·惠帝纪》)。百二十钱为一算并非定制,曾有所增减。❷元初按户、丁或资产征收赋税。王圻《续文献通考》卷一九:"太宗元年始定算赋,中原以户,西域以丁,蒙古以马、牛、羊。"

算缗钱 汉武帝时对商人、手工业者、高利贷者和车船所有者征的税。《汉书·武帝纪》"初算缗钱"李斐注:"一贯千钱,出算二十也。"但《史记·酷吏列传》"出告缗令"张守节正义:"一算,百二十文也。"元光六年(公元前129年)"初算商车"。元狩四年(前119年)"初算缗钱",对商人和高利贷者,按其交易额或贷款额,每二千钱一算;对手工业者出售产品,按其值,每四千钱一算。平民车一辆征一算,商人加倍。船五丈以上也征一算。元鼎三年(前114年)又规定,隐匿不报或报而不实,除没收缗钱外,并戍边一年。举发隐匿的以半数给赏。派官吏往各地监督执行,"中家以上大抵皆遇告","于是商贾中家以上大率破"(《史记·平准书》)。

算命 迷信的一种。各国都有,方法不一。在中国,一般以人的出生年、月、日、时的天干、地支依次组成

八个字(称为"八字"),再用本干支所属五行生克来推断一生的命运。相传始于战国时代的鬼谷子。一说唐代李虚中始用人出生时年月日的天干、地支"六字"推算命运吉凶。宋代徐子平完善为"八字",故又称"子平术"。

算盘 计算工具之一。其形长方,周为木框,内穿档,档中横以梁,梁上两珠或一珠,每珠作数五,梁下五珠或四珠,每珠作数一,运算时定位后拨珠计算。因其简单易学,运算方便,在元明逐渐取代算筹成为主要计算工具,并流传到东亚各国。现存算盘图式始见于《魁本对相四言》(1371年)。

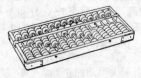

算 盘

算术 ❶数学中最基础与最初等的部分。是讨论自然数和它们在加、减、乘、除、乘方、开方运算下产生的数的性质、运算法则,以及在日常生活中应用的数学分科。算术进一步发展即成为代数学与数论。❷中国对数学或数学书的古称。❸现代数学中亦指"数论"。

算无遗策 策划精密准确,从不失错。《南史·梁简文帝纪论》:"自谓安若太山,算无遗策。"算,亦作"筭"。曹植《王仲宣诔》:"筭无遗策,画无失理。"

suī

尿 (suī) 小便。如:尿脬;溺尿。
另见 niào。

虽〔雖〕(suī) ❶表示假设或让步的词。纵然;即使。《离骚》:"亦余心之所善兮,虽九死其犹未悔。"❷通"唯"。《管子·君臣下》:"虽有明君能决之,又能塞之。"

荽 (suī) 香菜名。亦名"芫荽"。

葰 (suī) ❶亦作"荽"。同"荽"。一种香菜。《文选·潘岳〈闲居赋〉》:"蓼荾芬芳。"李善注引《韵略》曰:"荾,香菜也。"❷花穗。《汉书·外戚传上》:"函荾获以俟风兮。"颜师古注引孟康曰:"荾,音绥,华(花)中齐也。"

惟 (suī) 见"怹怹"。

衰 (suī) 见"衰衰"。
另见 cuī,shuāi。

衰衰 下垂貌。《释名·释宫室》:"或谓之榱,在檼旁下列,衰衰然垂也。"韩愈《南山有高树行赠李宗闵》:"南山有高树,花叶何衰衰!"亦作"蕿蕿"。

眭 (suī) 姓。汉代有眭弘。
另见 huī。

屖 (suī) 同"尿"。
另见 niào。

葰 (suī) 亦作"荽"。同"荽"。一种香菜。
另见 jùn。

蕿 (suī) 见"蕿蕿"。
另见 suō。

蕿蕿 下垂貌。张衡《南都赋》:"布绿叶之蕿蕿,敷华蕊之蕿蕿。"参见"衰衰"。

睢 (suī) ❶水名。在安徽省。❷姓。宋代有睢世雄。
另见 huī。

滚 (suī) 见"滚濉"。

滚濉 雪霜貌。《淮南子·原道训》:"雪霜滚濉。"

濉 (suī) 水名。濉河。一称睢河。在安徽省东北部。源出砀山县废黄河南堤,东南流到江苏省泗洪县城北魏嘴注入洪泽湖。

suí

绥〔綏〕(suí) ❶登车时用以拉手的绳索。《论语·乡党》:"升车,必正立执绥。"❷安;安抚。《诗·小雅·鸳鸯》:"福禄绥之。"《周颂·桓》:"绥万邦"旧时书信结尾处用为祝颂安好语。如:台绥;近绥。❸退军。《文选·任昉〈奏弹曹景宗〉》:"臣闻将军死绥,咫步无却。"李善注引杜预《左氏传》注:"古名退军为绥。"参见"交绥"。❹制止。《国语·齐语》:"使民以劝,绥谤言,足以补官之不善政。"
另见 ruí,tuǒ。

绥靖 安抚平定。《三国志·吴志·陆逊传》:"君其茂昭明德,修乃懿绩,敬服王命,绥靖四方。"

绥绥 ❶相随貌。《诗·卫风·有狐》:"有狐绥绥。"毛传:"绥绥,匹行貌。"❷有文采貌。《荀子·儒效》:"绥绥兮其有文章也。"

隋(suí) ❶朝代名。公元581年杨坚(即隋文帝)代北周称帝,国号隋,开皇三年(公元583年)都大兴(今陕西西安)。九年灭陈,统一全国。疆域东、南到海,西到今新疆东部,西南至云南、广西和越南北部,北到大漠,东北迄至辽河。炀帝大业七年(611年)起,各地农民相继起义,隋朝土崩瓦解。十四年炀帝被杀死于江都(今江苏扬州),隋亡。共历二帝,三十八年。❷姓。元代有隋世昌。

另见 duò,tuǒ。

隋和 亦作"随和"。隋侯珠与和氏璧的合称。《史记·李斯列传》:"今陛下致昆山之玉,有随和之宝。"后常用以称宝器,也用以比喻人的美好的才德。《法言·问明》:"久幽而不改其操,虽隋和何以加诸!"

隋珠 古代传说中的明珠。《淮南子·览冥训》:"譬如隋侯之珠,和氏之璧,得之者富,失之者贫。"高诱注:"隋侯,汉东之国,姬姓诸侯也。隋侯见大蛇伤断,以药傅之。后蛇于江中衔大珠以报之,因曰隋侯之珠,盖明月珠也。"亦作"随珠"。张衡《西京赋》:"流悬黎之夜光,缀随珠以为烛。"参见"随珠弹雀"。

随〔隨〕(suí) ❶跟从。《仪礼·聘礼》:"使者入,及众介随入。"❷沿着。《书·禹贡》:"随山刊木。"❸听任;顺从。如:随你便;随他去。《史记·魏世家》:"听使者之恶之,随安陵氏而亡之。"❹足趾。《易·艮》:"艮其腓,不拯其随。"孔颖达疏:"腓动,则足随之,故谓足为随。"❺随即;马上。《史记·穰侯列传》:"宋、中山数伐割地,而国随以亡。"❻六十四卦之一,震下兑上。《易·随》:"象曰:泽中有雷,随。"❼古国名。西周初分封的诸侯国。姬姓。在今湖北随州市。春秋后期成为楚的附庸。❽古邑名。春秋晋地。在今山西介休市东。《左传》隐公五年(公元前718年):"翼侯奔随。"

随笔 散文的一种。随手写来,不拘一格。中国宋代以后,杂记见闻,也用此名。"五四"以来,随笔十分流行,形式多样、短小活泼。优秀的随笔以借事抒情、夹叙夹议、语言洗练、意味隽永为其特色。

随波逐流 《抱朴子·审举》:"俗之随风而动,逐波而流者,安能复身于德行,苦思于学问哉!"后因以"随波逐流"比喻没有主见而随大流。《镜花缘》第十八回:"学问从实地上用功,议论自然确有根据;若浮光掠影,中无成见,自然随波逐流,无所适从。"

随倡 即随唱。夫唱妇随。形容夫妇相爱。洪昇《长生殿·哭像》:"想当时联镳游赏,怎到头来刚做了恁般随倡。"

随车雨 《后汉书·郑弘传》李贤注:"谢承书曰:'弘消息繇赋,政不烦苛。行春天旱,随车致雨。'"后以"随车雨"比喻加惠人民的好事或良吏。庾肩吾《从驾喜雨》诗:"复此随车雨,民天知可安。"

随分 ❶犹随遇。陆游《蓦山溪·游三荣龙洞》词:"啸台龙岫,随分有云山。"❷犹随便。宋自逊《蓦山溪·自述》词:"客来便请,随分家常饭。"❸照例;照样。郭应祥《好事近·丁卯元夕》词:"今岁度元宵,随分点些灯火。"

随风转舵 亦作"顺风转舵"、"随风使舵"。比喻没有明确的方向或主张,只是顺着情势转变,以求适应。《水浒全传》第九十八回:"眼见得城池不济事了,各人自思随风转舵。"后多比喻察人脸色行事。含贬义。

随和(—hé) ❶随顺众意,不固执己见。《红楼梦》第三回:"今黛玉见了这里许多规矩,不似家中,也只得随和些。"❷同"隋和"。

随和(—hè) 随声附和,曲从。《汉书·梅福传》:"及山阳亡徒苏令之群,蹈藉名都大郡,求党与,索随和,而亡逃匿之意。"刘克庄《跋方蒙仲诗》:"方蒙仲诗趣味清深,态度高雅;谓有未然,虽浮名虚誉,一世所宗,不肯随和。"

随宦 谓父兄在外做官,子弟随之任所。《礼记·丧服小记》:"生不及祖父母诸父昆弟"孔颖达疏:"或随宦出游,居于他国。"

随銮 銮,銮驾,皇帝的车乘。谓臣下随从皇帝出行。李贺《马诗二十三首》:"汗血到王家,随銮撼玉珂。"

随手 ❶犹言随即。《史记·淮阴侯列传》:"吾今日死,公亦随手亡矣。"❷顺手;信手。如:随手关门。杜甫《北征》诗:"学母无不为,晓妆随手抹。"

随俗 随从世俗。《史记·扁鹊仓公列传》:"扁鹊名闻天下,过邯郸,闻贵妇人,即为带下医;过洛阳,闻周人爱老人,即为耳目痹医;来入咸阳,闻秦人爱小儿,即为小儿医,随俗为变。"

随喜 ❶佛教用语。谓见人作善事而心中欢喜。《胜鬘经》:"尔时世尊于胜鬘所说摄受正法大精进力,起随喜心。"❷佛教用语。游览寺院。杜甫《望兜率寺》诗:"时应清盥罢,随喜给孤园。"

随乡入乡 亦作"入乡随乡"。原意为到什么地方就遵从那个地方的风俗。后比喻随遇而安。范成大《秋雨快晴静胜堂席上》诗:"天涯节物遮愁眼,且复随乡便入乡。"

随宜 因事之所宜而采取措施。《宋书·庾悦传》:"属县雕散,亦有所存;而役调送迎不得休止,亦谓应随宜并减,以简众费。"

随遇而安 亦作"随寓而安"。谓处在任何环境中都能安然自得,感到满足。吕颐浩《与姚廷辉书》:"衣食之分,各有厚薄,随所遇而安可也。"《儿女英雄传》二十四回:"吾生有限,浩劫无涯,倒莫如随遇而安,不贪利,不图名,不为非,不作孽,不失自来的性情,领些现在的机缘,倒也是个神仙境界。"

随缘 佛教用语。❶佛教说外物作用于身心叫缘,应缘而有动作叫随缘,佛是应众生之缘而传教。《最胜王经·莲华喻赞品第七》:"随缘所在觉群迷。"❷谓听候机缘安排。《北齐书·陆法和传》:"法和所得奴婢,尽免之,曰:'各随缘去。'"

随葬品 随同死者葬入墓中的物品。因时代、地区和社会身份的不同,随葬品的种类和形制也有所差异。据此可以考见当时的社会生活习俗。

随踵 接踵。《韩非子·难势》:"且夫尧、舜、桀、纣千世而一出,是比肩随踵而生也,世之治者不绝于中。"

随珠 见"隋珠"。

随珠弹雀 亦作"明珠弹雀"。比喻做事不知衡量轻重,因而得不偿失。《庄子·让王》:"今且有人于此,以随侯之珠,弹千仞之雀,世必笑之。是何也?则其所用者重,而所要者轻也。""随珠"亦作"隋珠"。

随坐 犹连坐。因别人犯法而被牵连获罪。《史记·廉颇蔺相如列传》:"赵王因以括(赵括)为将,代廉颇……括母因曰:'王终遣之,即有如不称,妾得无随坐乎?'"不称,不称职。

遂(suí) 通"随"。如:半身不遂。

另见 suì。

suǐ

瀡（suǐ）　溲淘使滑。《礼记·内则》："滫瀡以滑之。"郑玄注："秦人溲曰滫，齐人滑曰瀡也。"参见"滫"。

膸（suǐ）　同"髓"。

髓（suǐ）　❶古称骨中凝脂。《史记·扁鹊仓公列传》："乃割皮解肌，诀脉结筋，搦髓脑。"又："疾之居腠理也，汤熨之所及也；在血脉，针石之所及也；其在肠胃，酒醪之所及也；其在骨髓，虽司命无奈之何。"❷像骨髓的东西。《晋书·嵇康传》："康又遇王烈，共入山。烈尝得石髓如饴，即自服半，馀半与康，皆凝而为石。"❸比喻精华。李咸用《读修睦上人歌篇》诗："意下纷纷造化机，笔头滴滴文章髓。"❹植物茎或少数根中由薄壁组织构成的疏松的中心部分，有时也含有厚壁组织。髓部细胞中贮藏淀粉、色素、鞣质等，也有油类和橡胶的管道。某些植物茎内的髓成熟较早，而其他部分的细胞继续引伸，致使髓破裂，形成空腔，例如伞形科、禾本科植物等。

霍（suǐ）　见"霍靡"。

霍　另见 huò。

霍靡　草随风披拂貌。《楚辞·招隐士》："蓱草霍靡。"

suì

队〔隧〕（suì）　通"隧"。隘道。《穆天子传》卷一："于是得绝钘山之队。"郭璞注："队，谓谷中险阻道也。"

队　另见 duì，zhuì。

术〔術〕（suì）　通"遂"。古代行政区划。《礼记·学记》："术有序，国有学。"郑玄注："术当为遂……《周礼》五百家为党，万二千五百家为遂。"

术　另见 shù，zhú。

岁〔歲、崴〕（suì）　❶星名。即木星。《左传·襄公二十八年》："岁在星纪。"杜预注："岁，岁星也。"❷年。周代以前称年为岁，取岁星运行一次之意。《书·尧典》："以闰月定四时成岁。"又《胤征》："每岁孟春，遒人以木铎徇于路。"后来一般用为年的通称。❸年龄。《诗·鲁颂·閟宫》："万有千岁，眉寿无有害。"《北史·柳遐传》："髫岁便有成

人之量。"❹指时间；光阴。《论语·阳货》："日月逝矣，岁不我与。"❺一年的农事收成。《左传·哀公十六年》："国人望君，如望岁焉。"

岁除　年终。谓旧岁将尽。孟浩然《岁暮归南山》诗："白发催年老，青阳逼岁除。"

岁功　❶一年的时序。《北史·循吏传论》："为政之道，宽猛相济，犹寒暑迭代，俱成岁功者也。"❷一年农事的收获。陶潜《癸卯始春怀古田舍》诗："虽未量岁功，即事多所欣。"量，计算。

岁贡　❶古代诸侯或属国每年向朝廷进贡的礼品。《国语·周语上》："日祭月祀，时享岁贡。"也指百姓的缴纳和地方政权的进贡。《魏书·甄琛传》："天下夫妇岁贡粟帛。"❷古代定期贡士之制。《汉书·食货志上》："诸侯岁贡少学之异者于天子，学于太学，命曰造士。"❸科举制度中贡入国子监的生员之一种。明清两代，一般每年或两、三年从府、州、县学中选送廪生升入国子监读书，因称岁贡。大多挨次升贡，因此有"挨贡"的俗语。参见"五贡"、"监生"。

岁寒三友　松、竹经冬不凋，梅则耐寒开花，故有"岁寒三友"之称。明程敏政有《岁寒三友图赋》。

岁考　亦称"岁试"。清代各省学政巡回所属举行的考试。凡府、州、县的生员、增生、廪生皆须应岁考。清初定为六等黜陟法，一二等与三等前者有赏，四等以下有罚或黜革。道光后稍宽，仅列一二等，列四等者甚少。

岁阑　一年将尽的时候。司空图《有感》诗："岁阑悲物我，同是冒霜萤。"

岁事　❶指一年中应办的事。《礼记·王制》："成岁事，制国用。"特指祭祀之事。《仪礼·特牲馈食礼》："某荐岁事。"又指一年中之农事。《尚书大传·略说》："穰锄已藏，祈乐已入，岁事已毕。"❷指诸侯每年秋季朝见天子之事。《诗·商颂·殷武》："岁事来辟。"❸指一年的时序。苏辙《元日》诗："岁事骎骎已发机。"

岁星　即"木星"。木星在黄道带每年经过一宫，约 12 年运行一周天，所以中国古代称之为"岁星"，并用以纪年。

岁阳　古代用干支纪年，十干叫作"岁阳"，十二支叫作"岁阴"。《尔雅·释天》"岁阳"："太岁在甲曰阏逢，

在乙曰旃蒙，在丙曰柔兆，在丁曰强圉，在戊曰著雍，在己曰屠维，在庚曰上章，在辛曰重光，在壬曰玄黓，在癸曰昭阳。"又"岁阴"："太岁在寅曰摄提格，在卯曰单阏，在辰曰执徐，在巳曰大荒落，在午曰敦牂，在未曰协洽，在申曰涒滩，在酉曰作噩，在戌曰阉茂，在亥曰大渊献，在子曰困敦，在丑曰赤奋若。"故甲子岁也可称阏逢困敦之岁；甲寅岁也可称阏逢摄提格之岁。余类推。

岁阴　❶见"岁阳"。❷犹言岁暮。庾信《岁晚出横门》诗："年华改岁阴，游客喜登临。"唐太宗《守岁》诗："岁阴穷暮纪，献节启新芳。"

岁月　泛指时间。孔融《论盛孝章书》："岁月不居，时节如流。"

岁朝　夏历正月初一。《后汉书·周磐传》："岁朝会集诸生，讲论终日。"

谇〔誶〕（suì）　❶责骂。《列子·力命》："凌谇。"殷敬顺释文："谓好陵辱责骂人也。"❷诘问。《庄子·山木》："虞人逐而谇之。"❸谏诤。《离骚》："謇朝谇而夕替。"王逸注："谇，谏也。"❹告知。《汉书·叙传上》："既谇尔以吉象兮，又申之以炯戒。"

祟（suì）　古谓鬼怪祸害人。《管子·权修》："上恃龟筮，好用巫医，则鬼神骤祟。"《庄子·天道》："其鬼不祟。"引申为灾祸。如：祸祟。又引申为暗中谋害人或态度暧昧。如：作祟；鬼祟。

赇〔賥〕（suì）　财产；财物。《韩非子·说疑》："故为人臣者，破家残赇，内构党与，外接巷族以为誉，从阴约结以相固也。"王先慎集解引赵用贤曰："赇，货也。残赇，谓损减资财。"

遂（suì）　❶道；通路。《史记·苏秦列传》："禽夫差于干遂。"司马贞索隐："遂者，道也。干有道，因为地名。"《荀子·大略》："迷者不问路，溺者不问遂。"杨倞注："遂谓径隧，水中可涉之径也。"引申为水道。《考工记·匠人》："广二尺，深二尺，谓之遂。"又引申为郊外之道，用作郊外的行政区划名。《书·费誓》："鲁人三郊三遂。"❷通达。《淮南子·精神训》："何往而不遂？"高诱注："遂，通也。"❸成功；顺利。《礼记·月令》："〔仲秋之月〕百事乃遂。"《史记·司马相如列传》："长卿久宦游不遂，而来过我。"引申为成长。《国语·齐语》："牺牲不略

则牛羊遂。"❹进;荐。《易·大壮》："不能退,不能遂。"《礼记·月令》："〔孟夏之月〕遂贤良,举长大。"❺就;于是。《左传·僖公四年》："侵蔡,蔡溃,遂伐楚。"❻竟;终。《汉书·陈平传》："吾闻先生事魏不遂。"❼古代射箭时著于左臂的臂衣,即射鞲。《仪礼·大射礼》："袒决遂。"❽通"隧"。钟下体正中受击处。《考工记·凫氏》："为遂,六分其厚,以其一为之深而圜之。"❾通"邃"。见"遂古"。❿古国名。妫姓。传说为虞舜的后代。在今山东肥城南。公元前681年为齐所灭。

另见 suí。

遂初 谓辞去官职,实现隐退的初愿。《晋书·孙绰传》:"〔绰〕少与高阳许询俱有高尚之志,居于会稽,游放山水十有余年,乃作《遂初赋》以致其意。"

遂达 贵显。《汉书·叙传下》:"张汤遂达,用事任职。"王先谦补注:"遂达二字义同,犹言贵显。"

遂古 同"邃古"。远古。《楚辞·天问》:"遂古之初,谁传道之?"

遂事 ❶已成或已经进行,势不能中止的事。《论语·八佾》:"子闻之曰:'成事不说,遂事不谏,既往不咎。'"《淮南子·要略》:"揽掇遂事之踪,追观往古之迹。"❷专断。《公羊传·襄公十二年》:"大夫无遂事。"

遂遂 《礼记·祭义》:"及祭之后,陶陶遂遂,如将复入然。"郑玄注:"思念既深,如睹亲将复入也。陶陶、遂遂,相随行之貌。"孙希旦集解:"陶如郁陶之陶;陶陶,思之结于中也;遂遂,思之达于外也。"陶陶、遂遂,思念貌。

碎 (suì) ❶不完整;破成小片;破裂。如:碎布;碎米。《史记·廉颇蔺相如列传》:"臣头今与璧俱碎于柱矣。"❷琐屑。《晋书·刘毅传》:"不宜累以碎务。"

碎金 比喻珍贵的简短杂著。《晋书·谢安传》:"温(桓温)尝以安所作《简文帝谥议》,以示坐宾曰:'此谢安石碎金也。'"后也有用作书名的,如宋人晁迥《法藏碎金录》,清人刘禧延《刘氏碎金》、吴昌硕《苦铁碎金》。

碎琼 琼,美玉。比喻雪花。张宪《咏雪》诗:"微于疏竹上,时作碎琼声。"《水浒传》第十回:"雪地里踏着碎琼乱玉,迤逦背着北风而行。"

晬 (suì) ❶润泽貌。《孟子·尽心上》:"晬然见于面。"❷通"粹"。颜色纯粹。《法言·君子》:"牛,玄、骍、白,晬而角。"

粹 (suì) 通"碎"。《荀子·儒效》:"故能小而事大,辟(譬)之是犹力之少而任重也,舍粹折无适也。"杨倞注:"舍,除也。粹读为碎。除碎折之外无所之适,言必碎折。"

隧 (suì) ❶隧道;地道。通常指穿凿在山岭、河流及地面以下的通道。《左传·隐公元年》:"阙(掘)地及泉,隧而相见。"有时也指墓道。❷道路。《左传·襄公二十五年》:"陈侯会楚子伐郑,当陈隧者,井堙木刊。"特指门内当中的路。《礼记·曲礼上》:"出入不当门隧。"❸旋转。《庄子·天下》:"若飘风之还,若羽之旋,若磨石之隧。"❹通"遂"。郊外的地方。《史记·鲁周公世家》:"鲁人三郊三隧。"裴骃集解引王肃曰:"邑外曰郊,郊外曰隧。"《书·费誓》作"三遂"。❺通"燧"。古代边塞用以守望并放烽火报告军情的亭子。班彪《北征赋》:"登障隧而遥望兮。"❻钟上受敲击的地方。《考工记·凫氏》:"于上之攠谓之隧。"

另见 zhuì。

隧道 建造在山岭、河道、海峡和城市地面以下的地下工程结构物。亦为地下建筑中常用的一种主体工程。其平面布置、埋置深度以及横断面形状和尺寸均按使用要求确定,并与地质、水文情况和施工方法等有关。具有穿越障碍、缩短路线、防空和利用地下空间等优点。供车辆、行人、水流、管线等通过,或供采掘矿藏、军事工程等使用。

维 〔維〕(suì) 收丝。见"维车"。

维车 缫丝车。《方言》第五:"维车,赵魏之间谓之轹辘车,东齐海岱之间谓之道轨。"戴震疏证:"案《说文》云:'维,箸丝于筟车也。'筟,筳也,筳,维丝筦也。"

澻 (suì) 田间小沟。见《广韵·六至》。本作"遂"。《周礼·地官·遂人》:"凡治野,夫间有遂,遂上有径。"郑玄注:"遂、沟、洫、浍,皆所以通水于川也。"

赕 (suì) 同"燧"。

繐 〔繐〕(suì) ❶古时丧服所用的一种稀疏麻布。《礼记·檀弓上》:"绤衰繐裳。"陆德明释文:"布细而疏曰繐。"❷用丝或线蔟聚而成的穗状装饰物。如:绒繐;繐球。亦作"穗"。《红楼梦》第二十九回:"你看看这玉上穿的穗子,也不该和林姑娘拌嘴呀。"

繐帐 灵帐,枢前的灵帐。陆机《吊魏武帝文》:"悼繐帐之冥漠,怨西陵之茫茫。"

繸 〔繸〕(suì) 古代贯串佩玉的带子。《尔雅·释器》:"繸,绶也。"郭璞注:"即佩玉之组,所以连系瑞玉者。"

瑴 (suì) 瑞玉名。《诗·小雅·大东》:"鞙鞙佩瑴,不以其长。"郑玄笺:"佩瑴者,以瑞玉为佩。"

檖 (suì) ❶野生梨。《诗·秦风·晨风》:"山有苞棣,隰有树檖。"孔颖达疏引陆玑曰:"檖,一名赤罗,一名山梨,今人谓之杨檖,实如梨,但小耳。"❷顺。《淮南子·齐俗训》:"伐楗楠豫樟而剖梨之,或为棺椁,或为柱梁,披断拨檖,所用万方,一木之朴也。"高诱注:"檖,顺也。"❸通"邃"。深邃。《荀子·礼论》:"疏房檖貌席床第几筵,所以养体也。"杨倞注:"檖,读为邃。"

燧 (suì) ❶古代取火器。(1)木燧,钻木取火的工具。《淮南子·本经训》:"钻燧取火。"(2)阳燧,向日取火的青铜凹面镜。《考工记·辀人》:"金锡半,谓之鉴、燧之齐。"❷亦作"赕"、"熢"。古代告警的烽烟。司马相如《喻巴蜀檄》:"夫边郡之士,闻烽举燧燔,皆摄弓而驰,荷兵而走。"❸火炬。张衡《西京赋》:"升觞举燧,既醮鸣钟。"❹焚烧。《淮南子·说山训》:"以洁白为污辱,譬犹沐浴而抒溷,薰燧而负亵。"❺燧人氏的简称。《乐府诗集·郊庙歌辞五·唐祀昊天乐章》:"德惭巢燧,化劣唐虞。"

襚 (suì) 神名。《后汉书·东夷传》:"〔高句骊〕其国东有大穴,号襚神,亦以十月迎而祭之。"

穗 (suì) ❶谷类花实结聚成的长条。如:黍穗、稻穗。也泛指穗状的花。如:杉穗、荻穗。《诗·王风·黍离》:"彼稷之穗。"张祜《经旧游》诗:"水荭花穗倒空潭。"亦指穗状的装饰品。如:穗子。❷指灯花或烛花。韩偓《懒卸头》诗:"时复见残灯,和烟坠金穗。"❸广东省广州市的简称。古代传说中有五仙人乘五色羊执六穗至此,因称广州为"穗城",又别称"羊城"。

穟(suì) ❶义同"穗❶"。徐铉《九日落星山登高》诗:"秋暮天高稻穟成。" ❷禾苗美好貌。见"穟穟"。

穟穟 禾苗茂盛貌。《诗·大雅·生民》:"禾役穟穟。"禾役,禾的行列。

邃(suì) 深远。《离骚》:"闺中既以邃远兮,哲王又不寤。"引申为精深。归有光《送吴纯甫先生会试序》:"先生精于学,邃于文,熟于事。"

邃古 亦作"遂古"。远古。《后汉书·班固传》:"伊考自邃古,乃降戾爰兹。"陈子昂《谏灵驾入京书》:"历观邃古,以至于今。"

禭(suì) 赠送死者的衣衾。《左传·文公九年》:"秦人来归僖公、成风之禭。"也指赠送生人的衣服。《西京杂记》卷一:"赵飞燕为皇后,其女弟在昭阳殿遗飞燕书曰:'今日嘉辰,贵姊懋膺洪册,谨上禭三十五条,以陈踊跃之心。'"

旞(suì) 古代旗的一种。上系完整的彩色鸟羽,为导车所载。《周礼·春官·司常》:"全羽为旞,析羽为旌。"又:"道车载旞,斿车载旌。"郑玄注:"全羽、析羽皆五采,系之于旞旌之上。"

燧(suì) 同"燧"。

鐩(suì) 同"燧"。《玉篇·金部》:"阳鐩,可取火于日中。"

鐩(suì) 同"鐩"。

sūn

孙〔孫〕(sūn) ❶儿子的儿子。❷孙子以后的各代。如:曾孙;十世孙。❸与孙子同辈的同姓或异姓亲属。如:侄孙;外孙。❹植物再生或孳生的。如:稻孙。苏轼《撷菜》诗:"芦菔生儿芥有孙。"参见"孙竹"。❺姓。
另见 xùn。

孙枝 ❶新长出的枝丫。嵇康《琴赋》:"乃斫孙枝,准量所任,至人摅思,制为雅琴。"❷喻指孙儿。陆游《三三孙十月九日生日》诗:"龟堂欢喜抱孙枝。"

孙竹 竹的枝根(即竹鞭)末端所生的竹。《周礼·春官·大司乐》:"孙竹之管,空桑之琴瑟,《咸池》之舞。"孙竹之管,用孙竹作成的管乐

器。

荪〔蓀〕(sūn) 香草名。亦名"荃"。《楚辞·九歌·湘君》:"荪桡兮兰旌。"参见"荃❶"。

捪〔搻〕(sūn) 见"扟捪"。

狲〔猻〕(sūn) 见"猢狲"。

飧(sūn) 同"飧"。

飧(sūn) ❶晚餐。引申为熟食。戴侗《六书故·工事四》:"飧,夕食也。古者夕则馂朝膳之余,故熟食曰飧。"《诗·小雅·大东》:"有饛簋飧。" ❷简单的饭食。《史记·淮阴侯列传》:"令其裨将传飧。"裴骃集解引如淳曰:"小饭曰飧。" ❸用水泡饭。《诗·魏风·伐檀》:"彼君子兮,不素飧兮。"陆德明释文引《字林》:"水浇饭也。"

薞(sūn) 见"薞芜"。

薞芜 草名。《尔雅·释草》:"须,薞芜。"郭璞注:"似羊蹄,叶细,味酢,可食。"郝懿行义疏:"陶注《本草》羊蹄云:'一种极似羊蹄,而味酢,呼为酸模,亦疗疥也。'"

sǔn

枸(sǔn) 本作"簨",亦作"筍"。见"枸虡"。
另见 xún。

枸虡 同"簨虡",亦作"筍虡"。古代悬挂钟磬的木架。沈约《梁雅乐歌·禋雅》:"云筵清引,枸虡高悬。"筵,筵。

损〔損〕(sǔn) ❶减少。《荀子·大略》:"君子进则能益上之誉而损下之忧。" ❷丧失。如:损兵折将。❸伤;害。鲁迅《且介亭杂文末编附集·死》:"损着别人的牙眼,却反对报复,主张宽容的人,万勿和他接近。" ❹六十四卦之一,兑下艮上。《易·损》:"象曰:山下有泽,损。"孔颖达疏:"泽在山下,泽卑山高,似泽之自损以崇山之象也。"引申为贬损,谦退。参见"损书"、"损抑"。❺犹极;煞。辛弃疾《鹧鸪天》词:"桃李漫山过眼空,也曾恼损杜陵翁。"

损耗 ❶能量在转化和传导过程中,输入能量和有效输出能量的差额。是输入能量在转化和传导中所损失的部分。❷工农业产品在生产、储运、销售过程中,由于各种原因,如

蒸发、锯割、沾污、变质、裂漏、短秤等所造成的损失部分。

损惠 谢人馈送礼物的敬辞,谓对方损所有而加惠于己。《颜氏家训·勉学》:"江南有一权贵,读误本《蜀都赋》注,解'蹲鸱,芋也',乃为'羊'字。人馈羊肉,答书云:'损惠蹲鸱。'举朝惊骇,不解事义;久后寻迹,方知如此。"

损人利己 亦作"损人益己"、"利己损人"。损害别人以利自己。《西游记》第十六回:"广智、广谋成甚用,损人利己一场空。"

损书 称别人来信的敬辞。意谓对方贬损身份给自己写信。刘琨《答卢谌书》:"损书及诗,备辛酸之苦言,畅经通之远旨。"

损抑 犹抑损。谦退。《宋书·王僧绰传》:"惧其太盛,劝令损抑。"亦作"损挹"。《后汉书·光武帝纪》:"情存损挹,推而不居。"

损益 增减;兴革。《论语·为政》:"殷因于夏礼,所损益,可知也;周因于殷礼,所损益,可知也。"

损友 对自己有害的朋友。语出《论语·季氏》"益者三友,损者三友:友直,友谅,友多闻,益矣;友便辟,友善柔,友便佞,损矣"。

笋〔筍〕(sǔn) ❶又名"竹笋"。竹类的嫩茎、芽。竹鞭节上生的芽,冬季在土中已肥大而可采掘者称"冬笋";春季向上生长,突出地面者称"春笋";夏秋间芽横向生长成为新鞭,其先端的幼嫩部分称"鞭笋"。组织细嫩而无恶味者可作鲜菜、笋干、咸笋和罐头食品。中国主产于南方。可食用者主要有毛竹笋、淡竹笋、慈竹笋、麻竹笋等。❷竹子的青皮。俗称篾青。参见"笋席"。❸通"榫"。榫头。如:接上笋。参见"笋头卯眼"。

笋头卯眼 木器中两部分接合的地方,突出的部分叫"笋头",凿空的部分叫"卯眼"。

笋席 竹青编成的席子。《书·顾命》:"敷重笋席。"

隼(sǔn) 鸟纲,隼科各种类的通称。中国有小隼、游隼、燕隼、红脚隼等。

筍(sǔn) ❶同"枸"。古代钟磬架子的横木。见"筍虡"。❷竹轿。《公羊传·文公十五年》:"筍将而来也。"
另见 sǔn 笋。

筍虡 同"簨虡"。古代悬钟磬的架。《周礼·春官·典庸器》:"帅其

属而设筍虡。"

榫
（sǔn）笋头。

榫卯 见"笋头卯眼"。

鹌
〔鹌〕（sǔn）❶《玉篇·鸟部》："鹌，祝鸠也，急疾之鸟也。或作隼。"按《玉篇》误将"隼"、"雒"二字合为一条。祝鸠，雒也；急疾之鸟，隼也。❷雕。《山海经·海内西经》："诵鸟、鹌"郭璞注："鹌，雕也。《穆天子传》曰：'爰有白鹌青雕。'"

懁
（sǔn）见"懁懁"。

懁懁 软弱。顾炎武《天下郡国利病书·湖广一》："军卫之职守望也，或懁懁偷惰，借以为市而纵其出没者，必置之法焉。"

膎
（sǔn）❶切熟肉更煮。见《广韵·二十一混》。❷一种煮食法。《齐民要术·羹臛法》："肺膎法，羊肺一具，煮令熟，细切，别作羊肉臛，以粳米二合，生姜煮之。"

簨
（sǔn）见"簨虡"。

簨虡 古代悬挂钟磬的架子，横杆叫簨，直柱叫虡。《礼记·明堂位》："夏后氏之龙簨虡。"亦作"筍虡"、"栒虡"。

sùn

潠
（sùn）同"噀"。喷出。《后汉书·郭宪传》："含酒三潠。"

suō

莎
（suō）莎草，多年生草本。地下有纺锤形块茎，可入药。
另见 shā。

唆
（suō）怂恿人去做坏事。如：教唆；唆使。

娑
（suō）见"婆娑"。

桫
（suō）桫椤，蕨类植物。茎高而直，叶片大，叶柄和叶轴密生小刺。茎含淀粉，可供食用。

梭
（suō）❶见"梭子"。❷比喻不断地来往。如：梭巡。

梭子 有梭织机上用以引导纬纱使之与经纱交织的器件。外形根据织机类型而定，一般为两端呈圆锥形的长方体，体腔中空，以容纳纡子。

梭子蟹（*Portunus tribuberculatus*）也称"蝤蛑"、"枪蟹"。甲壳纲，蝤蛑科。头胸甲宽大，两侧具长棘，略呈梭形。暗紫色，有青白色云斑。

螯足长大，第四对步足扁平似桨，适于游泳。常群栖浅海海底。分布于中国沿海；朝鲜半岛和日本也产。可供食用。为中国产量最大的海产蟹类。

梭子蟹

傞
（suō）见"傞傞"。

傞傞 醉舞不止貌。《诗·小雅·宾之初筵》："侧弁之俄，屡舞傞傞。"毛传："不止也。"一说为参差不齐貌。

挱
〔挱〕（suō）见"摩挱"。

睃
（suō，旧读 jùn）看。《水浒全传》第五十一回："都头如何不去睃一睃？"

蓑
〔簑〕（suō）❶雨具名，即蓑衣。《诗·小雅·无羊》："何蓑何笠。"❷用草覆盖；掩。《公羊传·定公元年》："三月，晋人执宋仲幾于京师。仲幾之罪何？不蓑城也。"
另见 suī。

蓤
（suō）见"蔢蓤"。

獻
〔獻〕（suō）见"獻尊"。
另见 xiàn。

獻尊 即牺尊。古代酒器。《周礼·春官·司尊彝》："其朝践用两獻尊。"郑玄注引郑司农曰："獻读为牺，牺尊饰以翡翠。"陆德明释文："獻，素何反。"

嗦
（suō）见"哆嗦"。

唰
（suō）吸；吮。如：小孩子一生下来就会唰奶。

羧
（suō）羧基，羧酸分子中的功能团。
另见 zuī。

趖
（suō）移走貌。见《说文·走部》。欧阳炯《南乡子》词："豆蔻花间趖晚日。""趖"谓日头西移。

搄
（suō）抽引。《说文》："搄，蹴引也。"段玉裁注："蹴犹迫也。蹴引者，蹴迫而引取之。搄，古假缩为之。《毛诗传》曰：'放乎且而蒸尽，缩屋而继之。'《释文》云：'缩又作搄，同。'搄屋，即《左传》所谓抽屋也。"章炳麟《新方言·释言》："今浙江谓以散绪乱絮纵而引之曰搄，引之而乱曰搄乱。"

缩
〔縮〕（suō）❶捆束。《诗·大雅·绵》："缩版以载。"❷

减缩；紧缩。如：节衣缩食；缩小范围。❸收敛。如：蜷缩；畏缩。❹引也，抽也。《国策·秦策五》："缩剑将自诛。"❺取也。《国语·楚语上》："缩于财用则匮。"韦昭注："缩，言取也。"❻直。《礼记·檀弓上》："古者冠缩缝，今也衡（横）缝。"亦指理直。《孟子·公孙丑上》："自反而缩，虽千万人，吾往矣。"❼滤去酒滓。《礼记·郊特牲》："缩酌用茅。"❽姓。战国时有缩高。
另见 sù。

缩地 谓将地缩短。《神仙传·壶公》："费长房有神术，能缩地脉，千里存在，目前宛然，放之复舒如旧也。"王建《闻故人自征戍回》诗："安得缩地经，忽使在我傍。"

缩酒 古代祭祀的一种仪节。《左传·僖公四年》："尔贡包茅不入，王祭不共，无以缩酒，寡人是征。"《周礼·天官·甸师》"祭祀共萧茅"郑玄注引郑兴："束茅立之祭前，沃酒其上，酒渗下去，若神饮之，故谓之缩。"《礼记·郊特牲》"缩酒用茅"郑玄注则以为滤酒去渣。《左传》杜预所注："束茅而灌之以酒为缩酒。"与郑兴说同。

缩略语 即"简称"。

缩朒 遇事退缩不前。《汉书·五行志下之下》："当春秋时，侯王率多缩朒不事事。"

缩手 不能下手或无从下手。韩愈《祭柳子厚文》："巧匠旁观，缩手袖间。"亦有退步抽身之意。《红楼梦》第二回："门旁又有一副旧破的对联云：'身后有馀忘缩手，眼前无路想回头。'"

鲅
〔鲅〕（suō）动物名。学名 *Liza haematocheila*。亦称"梭鱼"、"赤眼梭鲻"。硬骨鱼纲，鲻科。体近圆筒形，长达 70 余厘米。银灰色，眼上缘红色。头宽，稍平扁。口端位。下颌前端具一突起，上颌中央具一凹陷。脂眼睑不发达。背鳍两个。栖息近海及河口，也进入淡水，食泥沙中的无脊椎动物和有机物。分布于中国及朝鲜半岛和日本沿海。为中国华北地区主要港养对象。

髿
（suō）见"鬖髿"。

suǒ

所
（suǒ）同"所"。

贠〔員〕(suǒ) 贝声，引申为细碎。《说文·贝部》：“贠，贝声也。”段玉裁注：“聚小贝则多声，故其字从小、贝；引申为细碎之称，今俗琐屑字当作此，琐行而贠废矣。”

所(suǒ) ❶处所。《左传·僖公二十八年》：“公朝于王所。”特指作为机关或特种用途的处所。如：派出所；招待所。❷犹座，多作房屋的量词。如：楼房一所。❸可以。《史记·淮阴侯列传》：“必欲争天下，非信无所与计事者。”❹如；若。《左传·僖公二十四年》：“公子曰：‘所不与舅氏同心者，有如白水！’”❺通“许”。约计之辞。《汉书·张良传》：“父去里所复还。”❻通“数”。见“年所”。❼代词。(1)犹“此”。《吕氏春秋·审应》：“齐亡地而王加膳，所非兼爱之心也。”(2)犹“何”。《汉书·刘旦传》：“问帝崩所病。”颜师古注：“因何病而崩。”❽指事之词，指出动作、行为的对象。《论语·为政》：“视其所以，观其所由，察其所安。”又与句中“为”字相呼应而指出行为的出处。《汉书·霍光传》：“卫太子为江充所败。”❾姓。汉代有所忠。

所生 ❶谓父母。《诗·小雅·小宛》：“夙兴夜寐，毋忝尔所生。”❷出生地。《风俗通·十反》：“是故伯夷让国以采薇，展禽(柳下惠)不去于所生。”

所天 封建社会里，受支配的人称所依靠的人为“所天”。(1)指丈夫。潘岳《寡妇赋》：“少丧父母，适人而所天又殒。”(2)指君主。《后汉书·梁竦传》：“乃敢昧死自陈所天。”李贤注：“臣以君为天，故云所天。”(3)指父。晋武帝《答群臣请易服复膳诏》：“吾本诸生，家传礼来久，何必一旦便易此情于所天。”按，谓晋武帝丧中，群臣请易三年丧服。所天，指其父文帝司马昭。

所由 ❶经过；由来。《论语·为政》：“观其所由。”❷“所由官”之省称，犹言有关官吏。唐以来多指地方官吏或差役。《资治通鉴·唐敬宗宝历二年》：“度(裴度)初至京师，……京兆尹刘栖楚附度耳语，侍御史崔咸举觞罚度曰：‘丞相不应许所由官呫嗫耳语。’”胡三省注：“京尹任烦剧，故唐人谓府县官为所由官。项安世《家说》曰：‘今坊市公人谓之所由。’”

所在 ❶处所；地方。《史记·魏公子列传》：“公子闻所在，乃间步往，从此两人(处士毛公、薛公)游。”❷到处；处处。《后汉书·陈蕃传》：“致令赤子为害，岂非所在贪虐，使其然乎！”

所知 ❶已得的知识。《汉书·董仲舒传》：“行其所知，则光大矣。”❷相识之人。《礼记·檀弓上》：“朋友，吾哭之寝门之外；所知，吾哭之野。”❸与“能知”相对。指认识对象。详“能所”。

索㊀(suǒ) ❶绳索。《小尔雅·广器》：“大者谓之索，小者谓之绳。”《书·五子之歌》：“懔乎若朽索之驭六马。”引申为链条。如：铁索。❷绞合。《淮南子·主术训》：“桀之力……索铁歙金。”❸求取；讨取。《离骚》：“众皆竞进以贪婪兮，凭不厌乎求索。”杜甫《少年行》：“指点银瓶索酒尝。”❹寻找。《后汉书·杜林传》：“吹毛索疵。”❺完结；尽。《书·牧誓》：“牝鸡之晨，惟家之索。”孔传：“索，尽也。”《国策·秦策一》：“蓄积索，田畴荒。”❻离散；孤独。陆机《叹逝赋》：“亲落落而日稀，友靡靡而愈索。”❼法度。《左传·定公四年》：“疆以周索。”杜预注：“疆理土地以周法。索，法也。”❽须；应；得。郑廷玉《后庭花》第一折：“何须发怒，不索生嗔。”无名氏《冻苏秦》第三折：“点汤是逐客，我则(只)索起身。”

㊁(suǒ，又读 sè) ❶古城名。在今河南荥阳市。春秋郑索氏，楚汉战争时的索，均即此。晋有大索、小索亭。❷姓。

索居 孤独生活。陶潜《和刘柴桑》诗：“直为亲旧故，未忍言索居。”参见“离群索居”。

索句 搜索诗句，指构思。范成大《再韵答子文》：“肩耸已高犹索句，眼明无用且翻书。”

索虏 南北朝时南朝对北朝的辱称。《资治通鉴·魏文帝黄初二年》：“宋魏以降，南北分治，各有国史，互相排黜。南谓北为索虏，北谓南为岛夷。”胡三省注：“索虏者，以北人辫发，谓之索头也。岛夷者，以东南际海，土地卑下，谓之岛中也。”按《宋书》有《索虏传》。

索莫 亦作“索漠”、“索寞”。枯寂无生气貌；消沉貌。《文心雕龙·风骨》：“思不环周，索莫乏气。”李白《赠范金卿》诗：“只应自索漠，留舌示山妻。”冯延巳《鹊踏枝》词：“休向尊前情索寞。”

索强 争强；恃强。《琵琶记·激怒当朝》：“忒过分爹行所为，但索强全不顾人议。”

索然 ❶离散貌；零落貌。《晋书·羊祜传》：“至刘禅降服，诸营堡者索然俱散。”引申为消失、空无之意。如：兴致索然，索然寡味。❷流泪貌。《庄子·徐无鬼》：“子綦索然出涕曰：‘吾子何为以至于是极也？’”

索索 ❶恐惧貌。《易·震》：“震索索。”❷无生气貌。庾信《拟咏怀》：“索索无真气，昏昏有俗心。”❸碎杂之声。江总《贞女峡赋》：“山苍苍以坠叶，树索索而摇枝。”

索头 即“索虏”。《资治通鉴·晋海西公太和四年》：“索头什翼犍疲病昏悖。”胡三省注引萧子显曰：“鲜卑被发左衽，故呼为索头。”

索性 干脆；直截了当。朱熹《与吕伯恭书》：“意思过当，遂煞不住，不免索性说了。”

索引 旧称“通检”或“备检”，也据英文 index 音译为“引得”。检寻图书资料的一种工具。将图书、报刊资料中的各种事物名称(如字、词、人名、书名、刊名、篇名、内容主题名等)分别摘录，或加注释，记明出处页数，按字顺或分类排列，附在一书之后，或单独编辑成册。亦有利用计算机编制索引的。

索隐 ❶求索隐微。《易·系辞上》：“探赜索隐，钩深致远。”❷指探求难解文义的注解体裁。如：《〈史记〉索隐》。

索隐行怪 《汉书·艺文志》：“孔子曰：‘索隐行怪，后世有述焉，吾不为之矣。’”颜师古注：“《礼记》载孔子之言。索隐，求索隐暗之事，而行怪迂之道。”按《礼记·中庸》“索”作“素”。参见“素隐行怪”。

唢〔嗩〕(suǒ) 见“唢呐”。

唢呐 一作“琐㖠”、“苏尔奈”。中国簧管乐器。管口铜制，管身木制。原流传于波斯和阿拉伯半岛，“唢呐”即波斯原名 surnā 的音译。金元时传入中国，后经改造，有喇叭、大吹、海笛、小青等类别。现今唢呐大小不一，常用者有八孔，发音响亮，是民间吹打乐中的主要乐器。

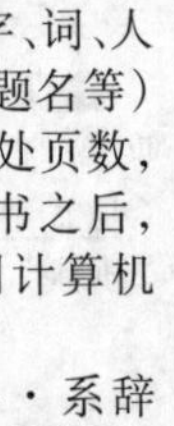

琐〔瑣、瑣〕(suǒ) ❶细碎的玉声。参见“琐琐❷”。❷琐碎；细小。如：琐事；琐闻。柳宗元《读韩愈所著〈毛颖传〉后题》：“而贪常嗜琐者犹咕咕然动其喙,亦甚劳矣乎!"❸仔细。《汉书·丙吉传》:"吉善其言,召东曹案边长吏,琐科条其人。"❹通"锁"。连环;锁链。《后汉书·仲长统传》:"古来绕绕,委曲如琐。"❺门窗上所雕刻或绘画的连环形花纹,也用为门的代称。《后汉书·梁冀传》:"柱壁雕镂,加以铜漆,窗牖皆有绮疏青琐。"参见"灵琐"、"青琐"。❻姓。宋代有琐政。

琐琐 亦作"璅璅"。❶卑微貌;细小貌。《诗·小雅·节南山》:"琐琐姻亚。"《晋书·习凿齿传》:"璅璅常流,碌碌凡士,焉足以感其方寸哉!"❷形容声音细碎。《颜氏家训·书证》引《道经》:"合口诵经声璅璅,眼中泪出珠子碛。"杜牧《送刘三复郎中赴阙》诗:"玉珂声琐琐。"亦谓絮语或多言。《封神演义》第九十三回:"既将军有猜疑之念,贫道又何必在此琐琐也。"

琐闱 有雕饰的门,指宫门。也用为宫廷的代称。王维《酬郭给事》诗:"晨摇玉佩趋金殿,夕奉天书拜琐闱。"

琐尾流离 《诗·邶风·旄丘》:"琐兮尾兮,流离之子。"毛传:"琐尾,少好之貌;流离,鸟也。少好,长丑。始而愉乐,终以微弱。"流离,枭鸟。比喻本来顺利快乐,后来转为艰难困顿,即末路蹭蹬的意思。

琐屑 烦琐;细碎。顾云《池阳醉歌》:"呵叱潘陆鄙琐屑。"潘,潘岳;陆,陆机。皆晋代诗人。梅尧臣《送苏子美》诗:"壳物怪琐屑,蠃蚬固无数。"

锁 〔鎖、鏁〕(suǒ) ❶一般要用钥匙方能开脱的封缄器。❷锁链,一种用铁环钩连而成的刑具。如:枷锁。《汉书·王莽传下》:"以铁锁琅当其颈。"引申为拘系束缚。《汉书·叙传上》:"贯仁谊之羁绊,系名声之韁锁。"❸加锁。如:封锁。引申为幽闭。周邦彦《锁窗寒》词:"桐花半亩,静锁一庭愁雨。"刘克庄《真州北山》诗:"遥怜钟阜诸峰好,闲锁行宫十年。"❹紧皱眉头。如:愁眉双锁。王逢《江边竹枝词》:"翠锁修眉八字山。"❺一种缝纫法。如:锁边;锁扣眼。❻雕绘连环形的花纹。如:锁窗。

锁院 宋代殿试前三日,试官到学士院锁院,然后陪同考生赴殿对策。见吴自牧《梦粱录》卷三"士人赴殿试唱名"。明清沿之,但其制略有不同,试官入院后,即封锁内外门户,以严关防。汤显祖《牡丹亭·耽试》:"道英雄入彀,恰锁院进呈时候。"

锁子甲 古代的一种铠甲。《正字通·金部》:"锁子甲五环相互,一环受镞,诸环拱护,故箭不能入。"亦简称锁甲。马戴《赠淮南将》诗:"寒光锁甲明。"

惢 (suǒ) 心疑貌。左思《魏都赋》:"有靦瞢容,神惢形茹。"

揌 (suǒ) 同"索"。摸。"摸揌"即"摸索"。参见"摸索"。

飉 (suǒ) 见"飉飉"。

飉飉 象风声。葛长庚《茶歌》:"蟹眼已没鱼眼浮,飉飉松声送风雨。"

璅 (suǒ) 同"琐"。

鎍 〔鏁〕(suǒ) 铁绳。见《集韵·十九铎》。

鞣 (suǒ) 见"鞣鞾"。

鞣鞾 胡靴。《释名·释衣服》:"鞣鞾,靴之缺前壅者,胡中所名也。鞣鞾犹速独,足直前之言也。"

鏁 (suǒ) 同"锁(鎖)"。

suò

些 (suò) 语助。《楚辞·招魂》:"魂兮归来,去君之恒干,何为四方些?"洪兴祖补注:"凡禁咒句尾皆称些,乃楚人旧俗。"

另见 sā、xiē。

溹 (suò) 水名。通作索水,源出河南荥阳南。古代为济水支流,现注入贾鲁河。

T

tā

他（tā）❶指男性第三人称之词。"五四"以前"他"兼称男性、女性以及一切事物。❷另外的；别的。如：他人；他处。《诗·郑风·褰裳》："子不我思，岂无他人。"《孟子·梁惠王下》："王顾左右而言他。"

他侬 见"渠侬"。

他日 ❶以后；过几天；将来。《左传·襄公二十三年》："他日又访焉。"柳宗元《送韩丰群公诗后序》："他日当为达者称焉。"❷以往；平时；前些日子。《左传·昭公十三年》："刍尧之时，异于他日。"《孟子·滕文公上》："吾他日未尝学问，好驰马试剑。今也父兄百官不我足也。"

他杀 "自杀"的对称。被他人剥夺生命。如被他人枪击、伤害、投毒等致死。在尸体检验中，应注意将他杀伪装成自杀或灾害死。

他山之石 他，本作"它"。《诗·小雅·鹤鸣》："它山之石，可以为错。"又："它山之石，可以攻玉。"郑玄笺："它山喻异国。"本谓别国的贤才可以为本国的辅佐，好像别的山上的石头可用来做琢磨玉器的砺石一样。后用以比喻能帮助自己改正缺点的外力，一般多指朋友。徐日久《与本学王广文书》："则虽以鄙人之偏见，于以为他山之石，则有余矣。"

他伤 "自伤"的对称。被他人打击或杀害而形成的损伤。机械性损伤的一种。特点是损伤的程度与部位自己不易造成，损伤有轻有重，方向不一，排列紊乱，常伴有抵抗伤。

它 ㊀〔牠〕（tā） 指事物之词。初期白话文中通用"牠"。

㊁（tā，又读 tuō）❶别的；其他。《易·比》："比之初六，有它吉也。"《诗·小雅·鹤鸣》："它山之石，可以攻玉。"❷邪。《法言·问道》："君子正而不它。"

另见 shé，tuó。

她（tā） 女性的第三人称。

趿（tā，又读 sǎ） 亦作"靸"。蹑；拖着鞋子。杜甫《短歌行赠王郎司直》："西得诸侯棹锦水，欲向何门趿珠履。"参见"靸"。

铊〔鉈〕（tā） 化学元素[周期系第Ⅲ族（类）主族元素]。稀散元素之一。符号 Tl。原子序数 81。灰白色金属。质软。在潮湿空气中易被氧化。铊的化合物有毒。用作合金、光电管、温度计及光学玻璃的原料，也用作荧光粉的活化剂、杀菌剂、杀鼠剂等。$^{204}_{81}$Tl 是最佳的心肌显像剂。

另见 tuó，shī。

塌（tā） 倒坍；下陷。《儒林外史》第七回："那对过河滩塌了几尺，这边长出些来。"

塌飒 不得志；不顺遂。范成大《阊门初泛》诗："生涯都塌飒，心曲漫峥嵘。"

踏（tā） 用于"踏实"。

另见 tà。

裼（tā）❶贴身的单衫。如：汗裼。❷在衣物上缝缀花边。如：裼绦子。

tǎ

塔〔墖〕（tǎ）❶一种高耸的建筑物或构筑物。如：灯塔、钟塔、水塔。❷佛塔，俗称"宝塔"，亦称"浮屠"。起源于印度窣堵坡（梵语 Stupa 的音译），一种用以藏舍利和经卷等的佛教建筑。古印度塔的外形呈半球状，后在东南亚的多呈铃形。印度桑奇的窣堵坡建于公元前 2 世纪，用砖砌成，上覆石板贴面，高 12.8 米，立在一直径 32 米、高 4.3 米的基座上。中国的塔平面以方形（如上海松江兴圣教寺塔）、八角形为多。层数一般为单数。用木、砖、石等材料建成。其类型有楼阁式塔（如山西应县木塔、河北定州开元寺砖塔、河南开封祐国寺琉璃塔、福建泉州开元寺双石塔）、密檐塔（如河南登封嵩岳寺塔、北京天宁寺塔）、喇嘛塔（如北京妙应寺白塔）、金刚宝座塔（如北京大正觉寺塔）和单层塔（如河南登封净藏禅师塔）等数种。

另见 dā。

塔葬 佛教的活佛、高僧等处理遗体的一种方法。有三种类型：（1）将遗体火化后埋葬在砖塔里。（2）把骨灰盒或部分尸骸放在被称为"灵塔"的"塔瓶"内。（3）将经过药物处理的整个尸体安放在"塔瓶"内。中国内地塔葬很多。如中国少林寺现存有自唐至清千余年间的砖石墓塔 220 多座。西藏地区早在公元 10 世纪末的古格王朝就实行塔葬。17 世纪末达赖五世死后，开始在拉萨布达拉宫内修建"灵塔"，全部金叶包裹，珠玉镶嵌，装饰极为豪华。嗣后又在宫内相继建立起达赖七世至十三世的"灵塔"，形制基本相同。

塔钟 装于高大建筑物顶上的大钟。早期塔钟为机械钟，大都采用重锤驱动。重锤的升起，由人力拉起；以后改用电动机自动提升。现代的塔钟多采用子母钟或独立电钟。字盘有单面或四面。指针及字盘有的装有照明设备。

阘〔闒〕（tǎ） 见"阘茸"。

骕〔騼〕（tǎ） 见"骦骕"。

獭〔獺〕（tǎ） 动物名。头扁，耳小，脚短，趾间有蹼。毛短而密。善游泳，捕鱼为食。皮毛珍贵。

獭祭 《礼记·月令》："〔孟春之月〕鱼上冰，獭祭鱼。"按獭贪食，常捕鱼陈列水边，如陈物而祭，后因谓罗列堆砌典故为"獭祭鱼"或"獭祭"。孔平仲《谈苑》："李商隐为文，多检阅书册，左右鳞次，号獭祭鱼。"王士禛《戏仿元遗山论诗绝句》："獭祭曾惊博奥弹，一篇《锦瑟》解人难。"

鳎〔鰨〕(tǎ)　❶硬骨鱼纲,鳎科。比目鱼的一类。体侧扁,不对称,两眼均在右侧。口小,前位或下位,下颌不突出,吻部有时钩状下弯。前鳃盖骨边缘不游离。背鳍和臀鳍延长,常与尾鳍相连;胸鳍或有或无。种类繁多。主要分布于热带和亚热带海区,中国沿海均产。常见的有卵鳎(*Solea ovata*)和条鳎(*Zebrias zebra*)等。为次要经济鱼类。供鲜食。❷即"鲵"。《汉书·司马相如传上》:"禺禺鲕鳎"颜师古注引郭璞曰:"鳎,鲵鱼也。似鲇。有四足,声如婴儿。"
另见 dié。

獭(tǎ)　同"獭(獺)"。

tà

达〔達〕(tà)　见"挑达"。
另见 dá,tì。

拓〔搨〕(tà)　用纸摹印石碑或器物上的文字或花纹、图画。王建《原上新居》诗:"古碣凭人拓。"
另见 tuò,zhí。
拓本　指以湿纸紧覆在碑刻或金石文物上,用墨打拓其文字或图形而得的墨本。墨色深黑有光的叫"乌金拓",墨色淡而匀净的叫"蝉翼(一作蝉衣)拓",用朱色打拓的叫"朱拓"。由于金石(木)刻随着时间而逐渐损蚀,所以拓本重视旧拓。

㳫〔㓕〕(tà)　见"佻㳫"。

沓(tà)　❶繁多;重复。如:纷至沓来。❷会合。《楚辞·天问》:"天何所沓?"王逸注:"沓,合也,言与地会合何所?"❸贪而无厌。《国语·郑语》:"其民沓贪而忍,不可因也。"韦昭注:"沓,黩也;忍,忍行不义。"❹姓。后魏有沓龙超。
另见 dá。
沓沓　❶亦作"诮诮"。语多貌。《诗·小雅·十月之交》:"下民之孽,匪降自天,噂沓背憎,职竞由人。"毛传:"噂犹噂噂,沓犹沓沓。"郑玄笺:"噂噂沓沓,相对谈语。"参见"泄泄❷"。❷疾行貌。《汉书·礼乐志》:"旌容容,骑沓沓。"

荅(tà)　通"嗒"。《庄子·齐物论》:"荅焉似丧其耦。"荅,形容其"离形去智"的状态。
另见 dá,dā。

挞〔撻〕(tà)　❶用鞭子或棍子打。如:鞭挞。《书·益稷》:"挞以记之。"孔传:"荅挞不是者,使记识其过。"❷迅速。参见"挞伐"。
挞伐　《诗·商颂·殷武》:"挞彼殷武,奋伐荆楚。"挞,急速貌。原意为迅速攻伐。后以挞为打击,伐为攻伐,合为征讨之意。如:大张挞伐。

狧(tà)　本指狗吃东西,引申以舌舔食。《汉书·吴王濞传》:"狧糠及米。"

闼〔闥〕(tà)　❶宫中小门。《汉书·樊哙传》:"哙乃排闼直入。"也泛称楼阁的门户。王勃《滕王阁序》:"披绣闼,俯雕甍。"❷门内。《诗·齐风·东方之日》:"在我闼兮。"毛传:"闼,门内也。"陆德明释文引《韩诗》:"门屏之间曰闼。"❸门楼上的小屋。张衡《西京赋》:"上飞闼而仰眺。"❹疾貌。嵇康《琴赋》:"闼尔奋逸,风骇云乱。"

汰〔達〕(tà)　滑。韩愈《答张彻》诗:"磴藓汰拳跼,梯飙贴伶俜。"

翋(tà)　《说文·羽部》:"翋,飞盛貌。"段玉裁注:"弦曰:'犯冒而飞,是盛也。'按从曰者,《庄子》所云'翼若垂天之云也'。"

诮〔諮〕(tà)　见"诮诮"。
诮诮　同"沓沓❶"。语多貌。《荀子·正名》:"故愚者之言,芴(忽)然而粗,啧然而不类,诮诮然而沸。"杨倞注:"诮诮,多言也。谓愚者言浅知疏略,深则无统类,又诮诮然沸腾也。"

揸(tà)　套。见"指揸"。

嗒(tà)　同"沓"。见"噂沓"。

渣(tà)　水沸溢。见《说文·水部》。参见"渣滟"。
渣滟　水波重叠貌。木华《海赋》:"长波渣滟。"杜甫《有事于南郊赋》:"渣滟乎涣汗,纡馀乎经营。"

搭(tà)　通"拓"。摹写。皮日休《奉和鲁望寄南阳广文》诗:"八会旧文多搭写。"
另见 dā。

嗒(tà)　见"嗒丧"。
另见 dā。
嗒丧　心境空虚、物我皆失之貌。《庄子·齐物论》:"嗒焉似丧其耦。"陆德明释文:"嗒,本又作嗒,解体貌。"后来一般用作灰心丧气的意思。《聊斋志异·贾奉雉》:"郎既去,贾取文稿自阅之,大非本怀,怏怏不自得,不复谒郎,嗒丧而归。"

偒(tà)　❶见"偒僷"。❷见"偒僷"。
另见 tǎn。
偒僷　亦作"偒茸"。同"阘茸"。
偒僷　❶出息;能耐。洪昇《长生殿·驿备》:"我做驿丞没偒僷,缺供应付常吃打。"❷恶,又不谨貌。见《玉篇·人部》。

遏(tà)　见"邋遢"。

逻(tà)　❶及。《隶释·太尉刘宽碑》:"未逻诛讨。"❷通"沓"。"杂沓"亦作"杂逻"。

锗〔鐽〕(tà)　金属套。如:指锗。
锗　即"顶针箍"。

阘〔闒〕(tà)　❶楼上小户。《说文·门部》:"阘,楼上户也。"又《新方言》释为小户,引申为卑下。见"阘茸"。❷通"鞜"。鼓声。《周礼·夏官·大司马》"中军以鼙令鼓"郑玄注引《司马法》:"鼓声不过阘,鼙声不过阘。"
阘茸　亦作"闒茸"。指地位卑微或庸碌低劣的人。司马迁《报任安书》:"今已亏形为埽(扫)除之隶,在阘茸之中。"章炳麟《新方言·释言》:"阘为小户,茸为小草,故并举以状微贱也。"

㵾〔濕〕(tà)　《玉篇·水部》:"㵾,湿也。"

缂〔緤〕(tà)　用绳索套取。《资治通鉴·唐则天后万岁通天元年》:"契丹设伏横击之,飞索以缂玄遇、仁节,生获之。"

榻(tà)　❶一种坐卧用具。《释名·释床帐》:"长狭而卑曰榻,言其体榻然近地也。"如:竹榻;卧榻。《高士传》卷下:"管宁……常坐一木榻,积五十馀年未尝箕股,榻上当膝处皆穿。"《世说新语·德行》刘孝标注引袁宏《后汉纪》:"蕃(陈蕃)在豫章为稺(徐稺)独设一榻,去则悬之。"❷几案。《三国志·吴志·鲁肃传》:"〔孙权〕乃独引肃还,合榻对饮。"
榻布　粗厚的布。《史记·货殖列传》:"榻布皮革千石。"亦作"荅布",见《汉书·货殖传》。
榻车　亦称"胶轮大车"、"大板车"。一种由人力挽拉的大型两轮载货车。载重约一吨。因车身平坦宽阔,形似卧榻,故名。

毾(tà)　见"毾㲪"。
毾㲪　毛毯。《后汉书·西域传》:"〔天竺国〕又有细布、好毾㲪。"

据《太平御览》卷七〇八引杜笃《边论》,氍毹西汉时当已传入中国。

潔(tà) 古水名。潔水,古代黄河下游主要支津之一。

另见 luò。

豬(tà) 亦作"㩧"。见"粒豬"。

鞳(tà) 鼓鞞声。《淮南子·兵略训》:"善用兵,若声之与响,若镗之与鞳。"

另见 gé。

踏(tà) ❶踩;践踏。《晋书·王述传》:"鸡子圆转不止,便下床以屐齿踏之。"❷查看;搜查。《酉阳杂俎》卷四:"刘洹为小将,军头颇易(一作异)之,每捉生踏伏,洹必在数。"踏伏,搜查敌人伏兵。

另见 tā。

踏床 椅前搁脚的小几。也称脚凳、脚踏。《宋史·舆服志二》:"皇后乘肩舆龙檐,衬脚席褥、靠背坐褥及踏床各一。"床前的踏脚板也叫"踏床"。

踏歌 中国古代群众歌舞形式。指一种以足踏地为节,载歌载舞的群众自娱性舞蹈。晋葛洪《西京杂记》载:汉宫女"以十月十五日,……相与联臂踏地为节,歌《赤凤凰来》"。唐刘禹锡《踏歌词》:"春江月出大堤平,堤上女郎连袂行。""新词宛转递相传,振袖倾鬟风露前。"宋马远画有《踏歌》图。

踏勘 ❶实地勘察。常指发生案件时由官吏到现场了解、察看以及检验的工作。《警世通言·金令使美婢酬秀童》:"乡间人纷纷的都来告荒,知县相公只得各处去踏勘。"亦作"踏看"。《隋唐演义》第三十二回:"麻叔谋不信,自来踏看。"❷铁路、公路、河渠、管线,以及水库等重大工程进行设计前利用简便仪器在工程现场对地形、地质和水文等所进行的概略勘测工作。踏勘结果所提出若干可能的方案,可作为进一步勘测的依据。

踏青 春天到郊野游览。杜甫《绝句》:"江边踏青罢,回首见旌旗。"秦味芸《月令粹编》卷四引冯应京《月令广义》:"蜀俗正月初八日,踏青游冶。"又卷五引费著《岁华纪丽谱》:"二月二日踏青节,初郡人游赏,散在四郊。"又卷六引李淖《秦中岁时记》:"上巳(三月初三)赐宴曲江,都人于江头禊饮,践踏青草,谓之踏青履。"旧俗以清明节为踏青节。

踏莎行 ❶词牌名。又名《柳长春》、《喜朝天》等。双调五十八字,仄韵。又有《转调踏莎行》,双调六十四字或六十六字,仄韵。欧阳修有《踏莎行慢》,双调八十八字,仄韵。❷曲牌名。南曲仙吕宫、北曲商角调均有同名曲牌。南曲较常见,字句格律与词牌同。用作引子。北曲与词牌不同,用于套曲中。

踏趿 作事迟缓,不爽利。吴曾《能改斋漫录》卷二:"俗语以事之不振者为踏趿,唐人已有此语。"胡文英《吴下方言考》卷十一:"《酉阳杂俎》:'钱知微卖卜,为韵语曰:世人踏趿,不肯下钱。'案:踏趿,延缓貌。吴中谓人作事迟缓曰踏趿。"

踏踏 马蹄声。贯休《轻薄篇》:"谁家少年,马蹄踏踏?"

踏月 月下散步。温庭筠《秘书刘尚书挽歌》:"折花兼踏月,多唱柳郎词。"

阘〔闒〕(tà) ❶投物声。《韩诗外传》卷二:"阘然投镰于地。"❷通"闒"。见"阘茸"。

另见 xì。

阘茸 同"闒茸"。《汉书·孝武李夫人传》:"嫉妒阘茸。"颜师古注:"阘茸,众贱之称也。"

榻(tà) 同"榻"。

噎(tà) 犹"歠"。谓不咀嚼而吞咽。见"噎羹"。

噎羹 《礼记·曲礼上》:"毋噎羹。"郑玄注:"噎,为不嚼菜也。"孔颖达疏:"羹有菜者用挟,故不得歠,当挟嚼也。"按谓羹有菜者,不用箸挟嚼而啜吞之。

鰓(tà) 大船。梁元帝《吴趋行》:"何时乘鰓归!"

㩧(tà) 同"豬"。

鞜(tà) 兽皮做的鞋。《汉书·扬雄传下》:"躬服节俭,绨衣不敝,革鞜不穿。"

蹋(tà) ❶踏。《后汉书·东夷传》:"舞辄数十人相随,蹋地为节。"❷蹴;踢。《史记·卫将军骠骑列传》:"穿域蹋鞠。"鞠即球(毬),以皮为之,中实以毛。穿地为营域,或以足踢,或以杖打为戏。

蹋鞠 同"蹴鞠"。

蹋球 亦作"踏球"。中国古代民间游戏之一。唐封演《封氏闻见记》:"今乐人又有蹋球之戏,作彩画木球,高一二尺,女伎登蹋球,宛转而行,萦回去来,无不如意。"《文献通考·乐考二十·踏球戏》:"踏球用

木球,高尺余,伎者立其上,圆转而行也。"今仍为中国杂技节目。

鞶(tà) ❶兵器。见《玉篇·革部》。❷同"鞜"。❸见"镗鞳(tāngtà)"。

藞(tà) 鼓声。《史记·司马相如列传》:"金鼓迭起,铿鎗铛藞。"

蹹(tà) 同"蹋"。

黯(tà) 颓放。见"黯伯"。

黯伯 颓放之人。一作"蹹伯"。《颜氏家训·书证》引《晋中兴书》:"太山羊曼,常颓纵任侠,饮酒诞节,兖州号为黯伯。"又曰:"顾野王《玉篇》误作'黑'旁'沓'。"

嘦(tà) 语多不止。《说文·言部》:"嘦,疾言也。"《文选·左思〈吴都赋〉》:"涩嘦泶潩。"李善注:"《苍颉篇》曰:'嘦,(言)不止也。'泶潩,众相交错之貌。"吕向注:"涩嘦,言语不止貌。"

躢(tà) 同"蹋"。踢。《汉书·霍光传》:"霍氏奴入御史府,欲躢大夫门。"

tāi

台(tāi) 用于地名"台州"。

另见 tái,yí。

苔(tāi) 舌苔。吴鞠通《温病条辨·原病篇》:"苔生舌上……盖湿热蒸而生苔。"

另见 tái。

胎(tāi) ❶人及哺乳动物孕而未生的幼体。如:怀胎;胎生。《礼记·王制》:"不杀胎。"亦指怀孕或生育的次数。如:头胎。❷器物的粗坯或衬垫之物。如:(景泰蓝的)铜胎;棉花胎。❸事物的基始。《汉书·枚乘传》:"福生有基,祸生有胎。"❹英文 tire 的音译。护轮的外圈。如:轮胎;车胎。

胎儿 发育至8周后的受精卵。胎儿在子宫内的生理活动,所需要的氧和营养等物质,以及体内排出的代谢产物,均通过脐带和胎盘血液循环与母体血液中的物质相互交换。

胎教 古人认为胎儿在母体中能受孕妇言行的感化,所以孕妇必须谨守礼仪,给胎儿以良好影响,叫"胎教"。《大戴礼记·保傅》:"古者胎教,王后腹之七月,而就宴室。"

胎生 指动物的受精卵在母体的子宫内发育为胎儿才产出母体。胚

胎通过胎盘自母体获得营养，直至胎儿出生时为止。哺乳动物中的真兽类均为胎生。

tái

台 ㊀〔臺〕(tái) ❶高而平的建筑物，一般供眺望或游观之用。如：瞭望台；亭台楼阁。《诗·大雅·灵台》："经始灵台。"❷像台一样比地面稍高的一种设备。如：讲台；戏台。❸搁置器物的底座。如：炮台；香炉台。❹星名。与官名的三公相应。见"三台❸"。❺古代官署名。如：御史台。又旧时用为对高级官吏的尊称。如：抚台；藩台；学台。❻旧时对人的敬称。如：台端；兄台。❼我国古代对一种奴隶或差役的称谓。《叔德簋》："王益叔德臣台十人。"春秋时列入"人有十等"中的第十等。《左传·昭公七年》："王臣公，公臣大夫，大夫臣士，士臣皂，皂臣舆，舆臣隶，隶臣僚，僚臣仆，仆臣台。"❽某些机器的量名。如：一台拖拉机；一台打字机。❾草名。即莎草。《诗·小雅·南山有台》："南山有台，北山有莱。"❿台湾省的简称。⓫姓。

㊁〔檯〕(tái) 桌子。如：圆台；写字台。

㊂〔颱〕(tái) 台风，发生在北太平洋西部极猛烈的热带气旋。系洋面上局部聚积的湿热空气大规模上升至高空，周围低层空气趁势向中心流动，在科里奥利力的作用下形成的空气大涡旋。被袭击地区常有狂风、暴雨，沿海岸则多有高潮、巨浪。但深入内陆后，风力减弱，带来的雨水有时可缓和或解除旱象。

另见 tāi, yí。

台背 同"鲐背"。指长寿老人。《诗·大雅·行苇》："黄耇台背，以引以翼。"毛传："台背，大老也。"朱熹注："台，鲐也。大老则背有鲐文。"

台步 戏曲演员在舞台上走路所用艺术化步伐的泛称。传统戏曲中，根据剧中人性别、年龄、身份以及规定情境的差别，各有不同的台步，种类繁多，如云步、蹉步、醉步、蹀步等，都有一定的程式。

台词 戏剧名词。剧中人物所说的话。包括对白、独白、旁白。是剧作者刻画人物、展示剧情、表达主题的主要手段之一。

台地 周围界以陡坡的广阔平台。

台鼎 古代称三公或宰相，言其职位显要，犹星有三台，鼎足而立。《后汉书·陈球传》："公(司徒刘郃)出自宗室，位登台鼎。"

台端 ❶唐代侍御史之称。《通典·职官六》："侍御史之职……台内之事悉主之，号为台端。他人称之曰端公。"❷旧时对人的敬称，多用于书信。

台甫 犹言尊字，大号。旧时用为初次见面，向对方请问表字的敬辞。《官场现形记》第七回："请教尊姓台甫?"参见"甫(fǔ)❶"。

台辅 指宰相，言其位列三台，职居宰辅。《三国志·魏志·袁术传》裴松之注引《三辅决录》注："历位九卿，遂登台辅。"

台阁 东汉以尚书辅佐皇帝，直接处理政务，三公之权渐轻。尚书台在宫廷之内，故称。台阁往往与公府对举。《后汉书·仲长统传》："光武皇帝……政不任下，虽置三公，事归台阁。"李贤注："台阁，谓尚书也。"

台衮 犹台辅，古代对三公的别称。衮是三公的命服。《北史·豆卢宁等传论》："位登台衮，庆流后嗣。"

台衡 犹台辅。宰相之称。台，三台。衡，玉衡。都是星名，位于紫微宫帝座之前，故用来比喻宰相。陆机《赠弟士龙》诗："奕世台衡，扶帝紫极。"

台谏 唐宋以掌纠弹之御史为台官，以掌建言之给事中、谏议大夫等为谏官。清代统归于都察院，职权不再分别。虽亦统称台谏，与唐宋之台谏性质上有所不同。

台阶 用砖、石、混凝土等砌成的阶梯。《红楼梦》第六回："上了正房台阶，小丫头打起猩红毡帘，才入堂屋。"比喻某种途径或机会。如：给他一个台阶。

台省 汉代尚书台在宫禁之中，其时称禁中为省中，故称台省。唐代中台为尚书省，门下省为东台，中书省为西台，亦总称台省。亦有以三省及御史台合称台省者。

台铉 犹言台鼎，指宰相的职位。《陈书·章昭达传》："初，世祖尝梦昭达升于台铉，及旦，以梦告之。"

台院 唐宋御史台分台院、殿院、察院，其成员有侍御史、殿中侍御史、监察御史三种，各属一院，侍御史属台院。

台站 犹驿站。张家口、喜峰口、独石口、古北口、杀虎口等地都设置过台站。旧时传递公文等到我国长城以北，都经台站。

郃 (tái) ❶一作斄。古邑名。在今陕西武功西。相传周族始祖自后稷至公刘定居于此。《诗·大雅·生民》："即有郃家室。"❷姓。明代有郃茂质。

坮 tái "台㊀"的古字。

苔 (tái) 青苔；也指苔类植物。另见 tāi。

苔岑 郭璞《赠温峤》诗："人亦有言，松竹有林，及余臭味，异苔同岑。"臭味，气味，犹意气。后因以"苔岑"指志同道合的朋友。如：谊切苔岑。

苔笺 纸名。即苔纸。《绍兴府志·物产志二》引《嘉泰志》："剡之藤纸，得名最旧，其次苔笺。"亦称"侧理纸"，参见该条。

苔钱 青苔的别称。刘孝威《怨诗》："丹庭斜草径，素壁点苔钱。"

抬 (tái) 本作"擡"。❶合力共举一物。如：抬轿；抬桌子。引申为提高。如：抬价。❷仰；向上。岳飞《满江红》词："抬望眼，仰天长啸，壮怀激烈。"

抬阁 亦称"扮故事"、"芯子"、"高台"、"背棍"、"飘色"。汉族民间舞蹈形式之一。多在节日舞队行进中演出。将高数米的铁杆立于桌上，或竖于车上，或绑缚于人的肩背上。由数名幼童扮成戏曲故事中的人物，绑缚于铁杆上，一般分两三层，再用衣饰和各种道具将铁杆隐饰起来，上层表演者似立于下层表演者所持的伞尖、扇沿、花瓶等上面。演员轻轻舞动，造型生动精巧，表演惊险玄妙。据《武林旧事》记载，此舞宋代已流行。

抬举 夸奖；提拔。白居易《霓裳羽衣舞歌》："妍蚩优劣宁相远，大都只在人抬举。"《京本通俗小说·菩萨蛮》："郡王见侍者言语清亮，人才出众，意欲抬举他。"

骀 〔駘〕(tái) ❶能力低劣的马。《楚辞·九辩》："却骐骥而不乘兮，策驽骀而取路。"亦比喻庸才。庾信《代人乞致仕表》："驱奔效驾，先辍于羸骀。"❷马嚼子脱落。《后汉书·崔寔传》："马骀其衔。"❸通"鲐"。见"骀背"。❹通"跆"。见"骀藉"。

另见 dài。

骀背 同"鲐背"。老寿。梅尧臣《元日》诗："举杯更献酬，各尔祝骀背。"参见"鲐背"。

骀藉 践踏。《史记·天官书》：

"兵相骀藉，不可胜数。"《汉书·天文志》作"跆籍"。

枱 (tái) 同"台（檯）"。桌子。另见 sì。

烗

炱 (tái) 火烟凝成的黑灰。朱骏声《说文通训定声·颐部》："炱，今苏俗谓之烟尘。《通俗文》：'积烟为炱煤。'"也指黑色。《素问·风论》："其色炱。"

能 (tái) 通"台"。古星名。《史记·天官书》："魁下六星，两两相比者，名曰三能。"裴骃集解引苏林曰："能音台。"参见"三台❸"。
另见 nài，néng，tài。

薹 (tái) 苔。《说文·艸部》："薹，水衣也。"徐灏笺："薹，俗作苔。生于水者曰水衣，亦曰石衣。生于墙者曰垣衣。地上湿气亦生苍苔。"《管子·地员》："五蔫之状，黑土黑薹。"尹知章注："薹，地衣也。"《汉书·班婕妤传》："华殿尘兮玉阶薹，中庭萋兮绿草生。"颜师古注："薹，水气所生也，音台。"

跆 (tái) 踩踏。见"跆籍"。

跆籍 犹践踏。《汉书·天文志》："兵相跆籍。"

鲐 〔鮐〕(tái) 动物名。学名 Pneumatophorus japonicus。亦称"鲭"、"油筒鱼"、"青花鱼"、"青鲋"。硬骨鱼纲，鲭科。体呈纺锤形，长达60厘米，尾柄细。背青色，腹白色，体侧上部深蓝色波状条纹。第二背鳍和臀鳍后方各具五个小鳍；尾鳍叉形。为中上层洄游性鱼类，趋光性强，为灯光围网主要捕捞对象之一。分布于中国以及朝鲜半岛和日本等地沿海。供鲜食、腌制或制罐头品，肝可制鱼肝油。

鲐

鲐背 谓老人的背皮上生斑如鲐鱼背，因用以称长寿老人。《尔雅·释诂》："鲐背、耇、老，寿也。"亦作"台背"、"骀背"。参见各该条。

鲐老 鲐背老人。郑嵎《津阳门》诗："笑云鲐老不为礼，飘萧雪鬓双垂颐。"

鲐稚 犹言老幼。《宋书·谢灵运传》："驱鲐稚于淮曲，暴鳏孤于泗滨。"

臺 (tái) 通"薹"。草名。《诗·小雅·南山有臺》："南山有臺，北山有莱。"毛传："臺，夫须也。"孔颖达疏引陆玑疏云："旧说，夫须，莎草也，可为蓑笠。"
另见 tái 台。

箈 (tái，又读 dài) 水中苔衣；一说竹笋。《周礼·天官·醢人》："箈菹雁醢。"郑玄注："郑司农云：'箈，水中鱼衣。'玄谓箈，箭萌。"陆德明释文："箈，《尔雅》作'蕟'，同。"

儓 (tái) 古代最下级奴仆的称谓。《广雅·释诂一》："儓，臣也。"《方言》第三郭璞注："或曰仆臣儓，亦至贱之号也。"按本作"台（臺）"。《左传·昭公七年》："仆臣台。"

薹 (tái) ❶植物名。学名 Carex dispalata，别称"薹草"、"弯囊薹草"。莎草科。多年生草本。秆丛生，扁三棱形。叶片带状，质硬。夏季抽穗开花，由1～3枚棒状雄小穗和3～5枚圆柱状雌小穗组成。生于沼泽地。主产于中国东北；朝鲜半岛、日本也产。茎叶供制蓑和笠用。❷大蒜、韭菜、油菜等中央部分长出的细茎，嫩的可食用。

擡 (tái) 同"抬"。

薹 〔薹〕(tái) ❶古邑名。即邰。在今陕西武功西南。相传周族始祖居于此。❷古县名。秦置。治今陕西武功西。东汉废。汉初曹参攻薹，即此。
另见 lí。

簦 (tái) 御雨具。《文选·谢朓〈在郡卧病呈沈尚书〉诗》："簦笠聚东菑。"李善注："簦，所以御雨。"刘良注："簦以御暑也，笠以御雨也。"按簦古作臺，刘良注本《诗·小雅·都人士》"臺笠"毛传，实有误。

tǎi

奤 (tǎi) 亦作"呔"。方言。说话带有外地方音。
另见 hǎ，pǎn。

tài

大 (tài) 通"泰"、"太"。江沅《说文释例》："古只作'大'，不作'太'，亦不作'泰'。《易》之'大极'，《春秋》之'大子'、'大上'，《尚书》之'大誓'、'大王王季'，《史》、《汉》之'大上皇'、'大后'，后人皆读为太，或径改本书，作'太'及'泰'。"
另见 dà，dài。

大蔟 同"太簇"，亦作"太蔟"、"泰蔟"。十二律中的第三律。《礼记·月令》："〔孟春之月〕其音角，律中大蔟。"《史记·律书》："泰蔟者，言万物蔟生也。"

大风 西风。《诗·大雅·桑柔》："大风有隧，有空大谷。"郑玄笺："西风谓之大风。"

大羹 大，同"太"。不和五味的肉汁。古代祭祀时用。《礼记·乐记》："大羹不和。"郑玄注："大羹，肉湆，不调以盐菜。"

大师 同"太师"。（1）古代三公之一。《诗·小雅·节南山》："尹氏大师，维周之氏。"（2）古代乐官名。《周礼·春官·大师》："大师掌六律六同，以合阴阳之声。"

大始 原始；最初。《易·系辞上》："乾知大始，坤作成物。"孔颖达疏："乾知大始者，以乾是天阳之气，万物皆始在于气，故云知其大始也。"《礼记·乐记》："乐著大始，而礼居成物。"郑玄注："大始，百物之始生也。"

大士 古官名。（1）殷代六卿之一，掌管祭神事务的官。《礼记·曲礼下》："天子建天官，先六大，曰大宰、大宗、大史、大祝、大士、大卜，典司六典。"郑玄注："此盖殷时制也。大士，以神仕者。"（2）周代狱官名。《左传·僖公二十八年》："上荣为大士。"杜预注："大士，治狱官也。"

大一 同"太一"。古代用以指创造天地万物的元气。《礼记·礼运》："是故夫礼必本于大一。"孔颖达疏："谓天地未分，混沌之元气也。"孙希旦集解："大者，极至之名；一者，不贰之意。大一者，上天之载，纯一不贰，而为礼之至极者也。"

大宗 古代官名。《礼记·曲礼下》："天子建天官，先六大，曰：大宰、大宗、大史、大祝、大士、大卜，典司六典。"郑玄注："此盖殷时制也，周则大宰为天官，大宗曰宗伯，宗伯为春官，大史以下属焉。"

太 (tài) ❶过于。杜甫《新婚别》诗："暮婚晨告别，无乃太匆忙！"❷极大；至高。如：太空。❸指高一辈。如：太翁；太先生；太师母；太夫人。❹犹言很、极。如：太多；太好了。

太半 大半;过半。《管子·国畜》:"千乘衢处,壤削少半;万乘衢处,壤削太半。"《史记·项羽本纪》:"汉有天下太半。"裴骃集解引韦昭曰:"凡数三分有二为太半,一为少半。"

太保 官名。(1)西周设置,为辅弼国君的官。春秋后废,汉复置,次于太傅。历代沿置,多为大官加衔,无实职。(2)指太子太保。为辅导太子的官。参见"太师❷"。

太常 ❶旌旗名。《书·君牙》:"厥有成绩,纪于太常。"❷官名。秦置奉常,汉景帝时改称太常。九卿之一,掌宗庙礼仪,兼掌选试博士。历代沿置,为司祭祀礼乐之官。北魏称太常卿;北齐称太常寺卿;北周称大宗伯;隋至清皆称太常寺卿,至清末废。

太常引 词牌名。又名《太清引》《腊前梅》。双调四十九字或五十字,平韵。

太初 ❶天地未分时混沌之元气。《列子·天瑞》:"太初者,气之始也;太始者,形之始也;太素者,质之始也。"后亦用以称天地形成前的时期。❷道家所谓"道"的本原。《庄子·知北游》:"外不观乎宇宙,内不知乎太初。"成玄英疏:"太初,道本也。"❸年号。(1)汉武帝年号(前104—前101)。(2)前秦苻登年号(386—394)。(3)西秦乞伏乾归年号(388—400)。(4)南凉秃髮乌孤年号(397—399)。(5)南朝宋刘劭年号(公元453年)。

太簇 一作"大蔟""泰蔟"。十二律中的第三律。

太阿 ❶亦作"泰阿"。古宝剑名。《史记·李斯列传》:"服太阿之剑,乘纤离之马。"相传太阿剑为春秋时欧冶子、干将所铸。见《越绝书·外传记宝剑》。❷新莽时官名。《汉书·王莽传上》:"以王舜为太傅左辅,甄丰为太阿右拂(弼)。"

太妃 皇帝父亲所遗留的妃嫔。唐代后期为诸王母亲的封号。清制,对皇帝之祖或父所遗留之妃嫔分别尊为皇贵太妃、贵太妃等。

太傅 官名。(1)春秋时晋国设置,为辅弼国君的官。战国后废。汉复置,次于太师。历代沿置,多为大官加衔,无实职。(2)辅导太子的官。西汉称太子太傅。

太羹 见"大羹"。

太公 ❶古代尊称父或祖。《史记·高祖本纪》:"高祖五日一朝太公。"指其父。《后汉书·李固传》:"自太公以来。"李贤注:"谓祖父邰也。"又俗亦称曾祖父为"太公"。赵翼《陔馀丛考》卷三十六:"今人既呼祖曰公,则呼曾祖为太公。"❷对老年人的尊称。《琵琶记·蔡公逼试》:"来的却是张太公呵。"

太古 远古;上古时代。《汉书·盖宽饶传》:"乃欲以太古久远之事匡拂(弼)天子。"亦作"大古"。《礼记·郊特性》:"大古冠布。"

太官令 官名。亦作大官令。汉代始置,属少府,掌宫廷膳食及酿酒,并献四时果实。北齐以后属光禄寺,明清以太官署为光禄寺四署之一,主官称署正。

太憨生 太娇痴。生,语助。尤袤《全唐诗话》卷一:"〔虞世南〕草《征辽指挥德音敕》于帝(隋炀帝)侧,宝儿(司花女)注视久之。帝曰:'……卿才人,可便嘲之。'世南为绝句曰:'学画鸦黄半未成,垂肩軃袖太憨生;缘憨却得君王惜,长把花枝傍辇行。'"

太皓 ❶同"太暤"。❷指天。《后汉书·郎顗传》:"太皓悦和,雷(雷)声乃发。"李贤注:"太皓,天也。"

太暤 亦作太皓、太昊。传说中古代东夷族首领。风姓。居于陈。传曾以龙为官名。春秋时任、宿、须句、颛臾等国(都在济水流域),即其后代。一说即伏羲氏。

太后 帝王之母称太后。如《国策·秦策二》的秦宣太后,为昭襄王之母,《赵策四》的赵太后,为孝成王之母,皆列国诸王之母也。汉代诸侯王之母亦称太后,以后一般专用为帝母之称,也称皇太后。

太皇太后 皇帝的祖母。称始秦汉。《汉书·外戚传序》:"汉兴,因秦之称号,帝母称皇太后,祖母称太皇太后。"

太极 ❶《易·系辞上》:"易有太极,是生两仪,两仪生四象,四象生八卦。"这里的"太极"是派生万物的本原。北宋周敦颐继承了《易传》中的这一思想,兼采道家学说,著有《太极图说》。北宋邵雍认为"心为太极"(《心学》)。南宋朱熹认为"总天地万物之理,便是太极"(《朱子语类》卷九十四)。北宋张载则借用"太极"一词来说明"气"。如说:"一物两体,气也"(《正蒙·参两》),"一物而两体,其太极之谓与?"(《正蒙·大易》)近代孙中山曾用"太极"来译西语"以太":"元始之时,太极(此用以译西名以太也)动而生电子,电子凝而成元素,元素合而成物质,物质聚而成地球,此世界进化之第一时期也。"(《孙文学说》)❷唐睿宗年号(公元712年)。

太监 官名。唐高宗时,曾改殿中省为中御府,主官称大监。古常以"太"作"大"。胡三省谓"大监"即"太监"。辽代南面官太府、少府、秘书、将作、都水等监长官皆称太监。元代艺文、太府、秘书诸监亦以太监为主官,均非宦者。明代在宦官所领的二十四衙门,各专设掌印太监等,专为宫廷内侍奉皇帝及其家族。其他官署的长官始无称太监者。中叶以后太监的权力扩大,拥有出使、监军、镇守、侦察臣民等大权。清代以太监为宦官的专称,设总管太监等为首领,隶属于内务府,但权力减削。

太君 古代官员之母的封号。《事物纪原》卷一:"唐制四品妻为郡君,五品为县君,其母邑号皆加太,君封称太,此其始也。"《宋史·职官志十》载群臣母妻封号:母封国太夫人、郡太夫人、郡太君、县太君,视官阶而定。后亦用以尊称他人的母亲。

太空 又名"空间"、"外层空间"或"宇宙空间"。地球大气圈以外的宇宙空间。包括行星空间、行星际空间、恒星空间、恒星际空间、星系空间和星系际空间等。

太牢 古代帝王、诸侯祭祀社稷时,牛、羊、豕三牲全备为"太牢"。亦作"大牢"。《公羊传·桓公八年》"冬曰烝"何休注:"礼,天子诸侯卿大夫,牛、羊、豕凡三牲曰大牢。"也有专指牛的。《大戴礼记·曾子天圆》:"诸侯之祭,牛曰太牢。"参见"少牢"。

太庙 帝王的祖庙。今北京市东城区天安门东侧的太庙,是明、清两代皇室的祖庙。建于明永乐十八年(1420年)。清乾隆年间(1736—1795)大加扩建。平面呈南北向长方形,总面积13.9万平方米。四周有围墙三重。主要建筑为前中后三座大殿和配殿,均黄琉璃瓦顶。殿院前为玉带河,上建石桥七座。前殿面积2240平方米,重檐庑殿顶,四周雕石护栏,汉白玉须弥座台基。殿内梁柱外包沉香木,天花板和柱均贴赤金花,雄伟壮丽。东部还建有假山、凉亭。虽经清代改建,其规制和木石部分,大体保持原构,是北京最完整的明代建筑群之一。庙内古柏森森。

1924 年辟为和平公园,1950 年改名北京市劳动人民文化宫。为全国重点文物保护单位。

太平 ❶犹治平,谓时世安宁和平。《汉书·王莽传上》:"天下太平,五谷成熟。"❷指连年丰收。《汉书·食货志上》:"进业曰登,再登曰平……三登曰太平。"

太仆 官名。始于春秋时。秦汉沿置,为九卿之一,掌皇帝的舆马和马政。南朝不常置。北齐始称太仆寺卿,历代沿置。

太仆寺 官署名。汉代太仆为九卿之一,掌舆马及马政。北齐以后设寺,历代相沿。主官为太仆寺卿。清末废,以其职归陆军部。

太清 ❶道家谓天道,亦谓天空。《庄子·天运》:"行之以礼义,建之以太清。"成玄英疏:"太清,天道也。"《抱朴子·杂应》:"上升四十里,名为太清,太清之中,其气甚刚。"❷道教所称"三清"之一。指道德天尊(亦称太上老君);或指道德天尊所居的仙境,亦称"大赤天"。

太上 ❶太古。《礼记·曲礼上》:"太上贵德。"陆德明释文:"太上,谓三皇五帝之世。"❷犹言最上。《大戴礼记·曾子立事》:"太上乐善,其次安之,其下亦能自强。"亦作"大上"。《左传·襄公二十四年》:"大上有立德。"孔颖达疏:"大上,谓人之最上者,上圣之人也。"❸古指皇帝。《汉书·淮南厉王长传》:"大王不察古今之所以安国便事,而欲以亲戚之意望于太上,不可得也。"颜师古注引如淳曰:"太上,天子也。"亦指太上皇。《宋史·礼志十五》:"皇帝诣太上御坐东褥位,西向立。"

太上皇 皇帝之父。秦始皇追尊其亡父庄襄王为太上皇,汉高祖尊其父太公为太上皇。历代皇帝传位于太子,亦自称太上皇。另有自称太上皇帝的,多自行主持要政,始于北魏献文帝传位于孝文帝;后世如清高宗传位于仁宗,亦属此类。此种传位之举,在当时称为"内禅"。

太上老君 亦称道德天尊。道教对老子的尊称。最早见于《老子想尔注》。《老子内传》:"太上老君,姓李名耳,字伯阳,一名重耳;生而白首,故号老子;耳有三漏,又号老聃。"道教以每年夏历二月十五日为老君圣诞日。

太师 ❶官名。(1)西周始置,原为军队最高统帅。春秋时晋楚等国沿用,成为辅弼国君的官。战国后废。汉复置,位在太傅上。历代相沿以太师、太傅、太保为三公,多为大官加衔,表示恩宠而无实职。(2)指太子太师。为辅导太子的官。西晋设太子太师、太傅、太保,太子少师、少傅、少保,称为三师三少。北朝魏齐沿设,隋以后历代不改。明清以朝臣兼任,三师三少成虚衔。(3)周代或称乐官为"太师",参见"师❺"。❷复姓。商代有太师挚。

太师椅 一种有靠背和扶手的大圈椅。张端义《贵耳集》卷下:"今之校椅,古之胡床也,自来只有栲栳样,宰执侍从皆用之。"又云:"京尹吴渊奉承时相,出意撰制荷叶托首四十柄……遂号太师样。"后世因有"太师椅"之称。

太史 ❶官名。商末、西周、春秋时掌起草文书,策命诸侯卿大夫,记载史事,编写史书,兼管国家典籍、天文历法、祭祀等。秦汉设太史令,职位渐低。魏晋以后修史职务划归著作郎,太史仅掌推算历法。隋改称太史监,唐改为太史局,肃宗时又改为司天台,五代同。宋有太史局、司天监、天文院等名称。辽称司天监,金称司天台。元改称太史院,与司天监并立,但推步测算之事归太史院,司天监仅余空名。明清两代均称钦天监;因修史之事归于翰林院,故翰林亦有"太史"之称。❷古星名。《晋书·天文志上》:"五诸侯五星,在东井北……一曰帝师,二曰帝友,三曰三公,四曰博士,五曰太史。"❸复姓。三国时吴有太史慈。

太史院 官署名。我国元代掌管天文观测和推算节气历法的机构。设有太史令和同知太史院史等官,并设有推算局、测验局、漏刻局、印历局等部门。到明代改为钦天监。

太守 官名。本为战国时郡守的尊称。汉景帝时,改郡守为太守,为一郡行政的最高长官。南北朝时设州渐多,郡的辖境日益缩小,州郡区别无多,至隋初遂废州存郡,而州刺史即代郡守之任。惟隋炀帝及唐玄宗时均曾又改州为郡,郡置太守,旋仍复旧。此后太守已非正式官名,习惯上仅用作刺史或知府的别称,明清则专以称知府。

太瘦生 太瘦,很瘦。生,语助。李白《戏赠杜甫》诗:"借问别来太瘦生,总为从前作诗苦。"欧阳修《六一诗话》:"太瘦生,唐人语也,至今犹以'生'为语助,如'作么生'、'何似生'之类。"

太素 ❶古谓形成天地的素质。《列子·天瑞》:"太素者,质之始也。"《白虎通·天地》:"始起先有太初,后有太始,形兆既成,名曰太素。"参见"太初❶"。❷犹朴素。班固《东都赋》:"昭节俭,示太素,去后宫之丽饰,损乘舆之服御。"

太岁 ❶星名。即木星。亦作"苍龙"、"太阴"。旧历纪年所用值岁干支的别名,又称"游年太岁"。如逢甲子年,甲子即是当年"太岁";乙丑年,乙丑即是当年"太岁",以此类推,至癸亥年止;故《尔雅·释天》有"太岁"在甲、在乙、在子、在丑之说。但习惯上只重视"岁阴"(十二地支),故"太岁"每十二年一循环;地支有方位,"太岁"因而亦有方位,故旧时民间许多禁忌由此产生。因认为太岁是凶神,故以太岁所在为凶方,忌兴土木或迁徙房屋等。《土风录》:"术家以太岁为大将军,动土迁移者必避其方。"❷值岁的神名。《春明梦馀录》:"明洪武七年甲寅,令仲春秋上旬择日祭'太岁'";"嘉靖十一年别建太岁坛,专祀'岁'"。据杜佑《通典》载,北魏道武帝时已立"神岁十二"(即十二个太岁神)专祠。

太孙 皇帝的长孙。历代王朝有的于太子死后册立太孙,为预定的皇位继承人。

太尉 官名。秦至西汉设置,为全国军政首脑,与丞相、御史大夫并称三公。汉武帝时改称大司马。东汉复旧名太尉,与司徒、司空并称三公。历代多沿置,但渐变为加官,无实权。宋徽宗时,定为武官官阶的最高一级,其本身并不表示任何职务。一般常用作武官的尊称,而不问其官职的大小。元以后废。

太翁 曾祖父。《南史·齐废帝郁林王纪》:"年五岁,床前戏,高帝令左右拔白发,问之曰:'儿言我谁耶?'答曰:'太翁。'高帝笑谓左右曰:'岂有为人作曾祖,而拔白发者乎!'"亦以称祖父。陆游《戏遣老怀》诗:"稚孙能伴太翁嬉。"

太息 ❶大声叹气;深深地叹息。《离骚》:"长太息以掩涕兮,哀民生之多艰。"❷长呼吸。《素问·平人气象论》:"呼吸定息,脉五动,闰以太息,命曰平人。"

太虚 ❶指玄理。《庄子·知北游》:"是以不过乎昆仑,不游乎太虚。"据成玄英疏,谓指"深玄之理"。❷气的一种清虚无形状态。北宋张载提出"太虚即气",认为:"太虚不能无气,气不能不聚而为万物,万物不能不散而为太虚。"(《正蒙·太和》)肯定"太虚"、"气"、"万物"乃是同一物质实体的不同状态。❸指天、天空。陆机《驾言出北阙行》:"求仙鲜克仙,太虚不可凌。"❹宇宙实体。明清之际王夫之《张子正蒙注·太和篇》:"太虚即气,絪緼之本体。"

太学 中国古代的大学。其名始于西周。《大戴记·保傅》:"帝入太学,承师问道。"汉武帝元朔五年(公元前124年)设五经博士,弟子五十人,为西汉太学建立之始。东汉大发展,质帝时太学生达三万人。魏晋到明清,或设太学,或设国子学(国子监),或两者同设,均为传授儒家经典的最高学府。参见"国学❷"。

太阳 太阳系的中心天体。是一颗恒星。与地球的平均距离14 959.787万千米,直径139万千米,为地球的109倍,体积为地球的130万倍,质量为地球的33万倍,平均密度1.4克/厘米³。太阳是一个炽热的气体球,表面温度5 770K,愈向内部温度愈高,中心1.5×10^7K比氢核聚变成氦核的热核反应产生巨大的能量,以辐射的方式,由内部转移到表面,而发射到宇宙空间。肉眼看到的表面层称为"光球",光球上面是"色球",最外层称为"日冕",而在色球与日冕间还有一个"色球日冕过渡区",这几层(区)组成太阳的大气。太阳也在自转,其周期在日面赤道带约25天,两极区约35天。太阳和地球几乎由同样的化学元素组成,但比例有差异。太阳上最丰富的元素是氢,其次是氦,还有碳、氮、氧和各种金属。总体说,太阳是稳定的,但其大气层却处于局部激烈运动中。最明显的是太阳活动区中黑子群的出没、各类日珥的发生、日冕物质抛射和耀斑的出现等。

太阳系 太阳和以太阳为中心、受它的引力支配而环绕它运动的天体所构成的系统。太阳系包括太阳和9颗大行星(水星、金星、地球、火星、木星、土星、天王星、海王星和冥王星)、66颗卫星、众多的小行星(其中有约七千颗已正式编号)、彗星、流星体和行星际物质等。

太一 ❶中国哲学术语。"太"是至高至极,"一"是绝对唯一的意思。《庄子·天下》称老子之学"主之以太一"。"太一"是老子之"道"的别

名。《吕氏春秋·大乐》更明白指出:"道也者至精也,不可为形,不可为名,强为之〔名〕,谓之太一。"并提出"太一生两仪,两仪生阴阳"的说法。"太一"又和"太极"意义相近。❷指元气。《孔子家语·礼运》:"夫礼必本于太一,分而为天地,转而为阴阳,变而为四时,列而为鬼神。"注:"太一者,元气也。"又"太一"亦作"大一",见《礼记·礼运》及疏。❸亦作"太乙"。星官名。属紫微垣,在天龙座内。《史记·天官书》:"中宫天极星,其一明者,太一常居也。"❹一作"泰一"。传说中的天神。宋玉《高唐赋》:"醮诸神,礼太一。"《史记·天官书》"太一常居也"张守节正义:"泰一,天帝之别名。"刘伯庄云:泰一,天神之最尊贵者也。"❺道教神名。《真灵位业图》所列第一神阶之右位中,有玉天太一君,太一玉君,皆居玉清仙境。

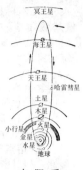

太 阳 系

太医 中国古代专门为帝王服务的医生。始于秦代。后用作"医生"的敬称。元刘唐卿《降桑椹》第二折:"调治母亲的病证,太医随后便来也。"

太医令 官名。秦置。西汉太常、少府皆有之。属于太常的为百官治病,属于少府的为宫廷治病。有经验良方,颁行于各郡国。东汉、曹魏沿置,隋唐改称太医署令。

太医署 我国古代兼有医疗与医学教育职能的机构。为医学史上最早的国家医学院。始建于南北朝时期,隋唐时更形完备,隶属太常寺。包括医学与药学两大部。医学分设医科、针科、按摩科、咒禁科,每科设博士一人,师、工、生数人至百人不等,医科与针科各配备助教一人。其中医科又分体疗(内科)、少小(儿科)、疮肿(外科)、耳目口齿、角法五科。药学部设药园师、药园生。

太医院 官署名。秦汉以后置太医令,掌医疗。南北朝时始置太医署,隋唐因之。宋有医官院,金代始改称太医院,置提点为长官。明清相沿,长官称院使,下设御医、吏目、医士等数十人,分大方脉、小方脉、伤寒、妇人、针灸、口齿等科,主要为宫廷服务。清代又于其中设教习厅,以

培养宫廷医务人员。

太阴 ❶冬天阴气极盛,故太阴主冬。《史记·天官书》:"北方水,太阴之精,主冬。"蔡邕《独断》:"冬为太阴。"❷月亮。日为太阳,月为太阴。《说文·月部》:"月,阙也,太阴之精。"❸即"太岁"。亦称"岁阴"。旧历纪年干支的别名。《淮南子·天文训》:"太阴在四仲,则岁星行三宿。"高诱注:"太阴在卯酉子午四面之中也。"

太宰 官名。详见"宰"、"冢宰"。明清常用作吏部尚书的别称。

太真 ❶古谓构成宇宙的元气。《子华子·阳城胥渠问》:"太真剖割,通三而为一,离之而为两,各有精专,是名三阴阳。"❷唐杨贵妃号。《旧唐书·杨贵妃传》:"时妃衣道士服,号曰太真。"世称为太真妃。❸金的别名,道教修炼用语。《本草纲目·金石部一》引陶弘景曰:"仙方名金为太真。"

太祝 官名。在《周礼》为春官宗伯的属官。掌祭祀祈祷。汉有太祝令丞为太常属官。隋唐以后均曾设置,清废。

太子 ❶我国封建时代君主或诸侯立为继承者的嫡子。《史记·魏其武安侯列传》:"孝景七年,栗太子废,魏其数争不能得。"参见"皇太子"。❷星名。《晋书·天文志上》:"五帝坐北一星曰太子,帝储也。"

太祖 ❶亦作"大祖"。《诗·周颂·雍序》:"雍,禘大祖也。"郑玄笺:"大祖,谓文王。"后世多用为开国之君的庙号。如赵匡胤称宋太祖、朱元璋称明太祖等。❷事物的原始。《文子·道原》:"夫无形者,物之太祖。"

太尊 ❶远祖。《文选·扬雄〈长杨赋〉》:"亦所以奉太尊之烈,遵文武之度。"李善注:"太尊,高祖也。"❷古星名。即大熊座ψ星。《晋书·天文志上》:"中台之北一星曰太尊。"❸清代对知府和直隶州知州的尊称。《儒林外史》第一回:"前月初十搬家,太尊、县父母都亲到门来贺。"

汏(tài) 波涛。《楚辞·九章·涉江》:"乘舲船余上沅兮,齐吴榜以击汏。"

另见 dà。

忲(tài) 同"忕"。奢侈。《晋书·何曾传》:"侈忲无度。"

另见 shì。

汰（tài）❶滑过。《左传·宣公四年》：“伯棼射王，汰辀。”❷通“泰”。骄奢。《礼记·檀弓上》：“汰哉叔氏，专以礼许人。”《说苑·反质》：“而群臣衣服舆马甚汰，吾欲禁之，可乎？”❸涤除。如：淘汰。《晋书·孙绰传》：“沙之汰之，瓦石在后。”

汰侈　骄纵。《左传·昭公五年》：“大叔谓叔向曰：‘楚王汰侈已甚，子其戒之。’叔向曰：‘汰侈已甚，身之灾也，焉能及人？’”

忲（tài）　亦作“忕”。奢侈。《文选·张衡〈西京赋〉》：“心奓体忲。”薛综注：“心志奢溢，体安骄泰也。”参见“忕”。

态〔態〕（tài）❶姿容；体态。《楚辞·大招》：“滂心绰态。”王逸注：“绰，犹多也；态，姿也。”❷情状；风致。《离骚》：“宁溘死以流亡兮，余不忍为此态也。”庾信《赵国公集序》：“发言为论，下笔成章，逸态横生，新情振起。”❸语法范畴之一。也叫“情态”。通过一定的语法形式表示行为动作同主体的关系。一般分两种：行为动作由主体发出，称“主动态”；动作由主体承受，称“被动态”。如英语“Everybody respects him”（大家都尊敬他）是主动态，“He is respected by everybody”（他受大家尊敬）是被动态。现代汉语的被动意义常用虚词“被”、“给”等来表示。

态度❶神情；言行举止所表现的神态。《列子·说符》：“人有亡鈇者，意其邻之子，视其行步，窃鈇也；颜色，窃鈇也；言语，窃鈇也；作动态度，无为而不窃鈇也。”韩愈《醉赠张秘书》诗：“君诗多态度，蔼蔼春空云。”❷对人或事的看法在其言行中的表现。如：政治态度；态度鲜明。❸在社会心理学中指包含认知成分、情感成分和行为倾向的持久系统。认知成分指个人对有关事物的信念，情感成分指与这些信念有联系的情感体验，行为倾向指行为反应的准备状态。通常无法直接观察，只能从他人的言行反应中去推断。

肽（tài）　氨基酸的氨基与另一氨基酸的羧基缩合失去一分子水所形成的化合物。最简单的肽由两个氨基酸分子组成，称为“二肽”；由三个氨基酸分子组成的肽，称为“三肽”，余类推；由三个及三个以上氨基酸组成的肽，称为“多肽”。多肽中的许多氨基酸因已失去水分子，不再是氨基酸本身，称为“氨基酸残基”。某些激素、毒素和抗生素等就是多肽。蛋白质是具有一定构象的较大的多肽。

夵（tài）　“太”的俗字。见《龙龛手鉴·大部》。

钛〔鈦〕（tài）　化学元素［周期系第Ⅳ族（类）副族元素］。符号Ti。原子序数22。银灰色高熔点轻金属（熔点1 660℃±10℃）。有延展性。相对密度4.5，低于铁。用熔融的镁在惰性气体中使四氯化钛还原而得。矿物以钛铁矿及金红石为主。纯钛及以钛为主体的合金是新型的结构材料，质硬而轻，主要用于制造飞机、耐腐蚀化工设备及各种机械零件。在炼钢工业中，少量钛是良好的脱氧、除氮及除硫剂。

泰（tài）❶过甚。《孟子·滕文公下》：“后车数十乘，从者数百人，以传食于诸侯，不以泰乎？”左思《魏都赋》：“去泰去甚。”❷骄恣。《论语·子罕》：“拜下，礼也；今拜乎上，泰也。”皇侃义疏：“泰，骄泰也。”❸六十四卦之一，乾下坤上。《易·泰》：“象曰：天地交，泰。”王弼注：“泰者，物大通之时也。”❹通。如：否极泰来。❺平安。如：国泰民安。《易·序卦》：“履而泰，然后安。”❻古酒尊名。《礼记·明堂位》：“泰，有虞氏之尊也。”郑玄注：“泰用瓦。”

泰半　犹大半、太半。过半数。《汉书·食货志上》：“收泰半之赋。”颜师古注：“泰半，三分取其二。”

泰斗　“泰山北斗”的简称。如：文坛泰斗。参见“泰山北斗”。

泰皇　传说中的三皇之一。《史记·秦始皇本纪》：“古有天皇，有地皇，有泰皇，泰皇最贵。”近人认为泰皇即《庄子·应帝王》所说泰氏。一说即汉武帝时公卿大夫奏议中所谓泰帝。

泰然　安然。范浚《心箴》：“天君泰然，百体从令。”也含不以为意之意。如：泰然自若。

泰山❶在山东省中部。绵延起伏于长清、济南、泰安之间，长约200公里。为片麻岩构成的断块山地。主峰玉皇顶在泰安市北，海拔1 532米，古称东岳，一称岱山、岱宗。山峰突兀峻拔，雄伟壮丽。从山脚到山顶，沿途古迹名胜三十多处，中路有王母池、斗母宫、经石峪、壶天阁；西路有黑龙潭、扇子崖、长寿桥等。中西两路会合后为中天门，登天险十八盘，有南天门、碧霞祠、瞻鲁台、日观峰。中西两路之间有普照寺、冯玉祥墓。登日观峰看日出，更为胜景。在中天门至南天门间建有客运索道。为全国重点风景名胜区，并被列入《世界自然与文化遗产名录》。❷旧时称妻父为“泰山”。晁说之《晁氏客语》：“呼妻父为泰山：一说云，泰山有丈人峰。一说云，开元十三年，封禅于泰山，三公以下，例迁一阶。张说为封坛使，说婿郑鑑以故自九品骤迁至五品，兼赐绯。因大酺宴，明皇讶问之，无可对。伶人黄幡绰奏曰：‘此泰山之力也。’今人乃呼岳翁。又有呼妻母为泰水，呼伯叔丈人为列岳，谬误愈甚。”按张说封禅之说见《酉阳杂俎》卷十二，“郑鑑”作“郑镒”。

泰山北斗　《新唐书·韩愈传赞》：“自愈没，其言大行，学者仰之如泰山、北斗云。”后用以比喻某一方面负有名望的人。亦作“泰斗”、“山斗”。

泰山鸿毛　亦作“鸿毛泰山”。比喻轻重悬殊。司马迁《报任少卿书》：“人固有一死，或重于泰山，或轻于鸿毛，用之所趋异也。”

泰山梁木　泰山，山之高者。梁木，木之大者。《礼记·檀弓上》记载：“孔子蚤作，负手曳杖，消摇于门。歌曰：‘泰山其颓乎！梁木其坏乎！哲人其萎乎！’”并云：孔子夜梦坐奠于两楹之间，自知将死，因为此歌，以泰山、梁木自喻，果寝疾七日而没。后因用为哀挽贤者之辞。

泰山压卵　比喻以至强加之至弱，弱者必难幸免。《晋书·孙惠传》：“况履顺讨逆，执正伐邪，是……猛兽吞狐，泰山压卵，因风燎原，未足方也。”

泰水　旧时对妻母的别称。参见“泰山❷”。

泰西　犹言极西，旧时用以称西方国家，一般指欧美各国。如明末成书之《火攻挈要》，即题泰西汤若望授。

能（tài）　通“态”。《素问·风论》：“愿闻其诊，及其病能。”另见nài、néng、tái。

酞（tài）　具有酞结构的有机化合物的总称。例如酚酞。

tān

坍（tān）　倒塌；崩坏。如：墙坍壁倒；河岸坍塌。

坍方　路基、堤坝和河岸等边坡或

山坡的坍塌现象。形成原因常为边坡过陡、土内水分增大、岩石风化、地震影响等，与边坡或山坡的岩层构造也有关系。严重时可使交通中断或水流不畅。

坍台 吴方言。谓丢脸，出丑。

贪 〔貪〕(tān) ❶爱财。《史记·伯夷列传》："贪夫徇财。"也泛指无节制的爱好。如：贪杯；贪吃。《吕氏春秋·慎大》："暴戾顽贪。"高诱注："求无厌足为贪。"❷恋；舍不得。《汉书·文三王传》："〔梁平王襄子立〕贪生畏死，即诈僵仆阳病，侥幸得逾于须臾。"❸通"探"。探求。《后汉书·郭躬郭镇传论》："舍状以贪情。"

贪婪 贪得无厌。《左传·昭公二十八年》："贪婪无餍。"孔颖达疏引《方言》："晋魏河内之北，谓婪为残，楚谓之贪，是婪亦贪也。"《离骚》："众皆竞进以贪婪兮，冯不厌乎求索。"王逸注："爱财曰贪，爱食曰婪。"

贪冒 贪图财利。《左传·成公十二年》："诸侯贪冒，侵欲不忌。"《国语·郑语》："加之以贪冒。"

贪泉 晋吴隐之，字处默，操守清廉；为广州刺史，未至州二十里，地名石门，有水曰贪泉，相传饮此水者，即廉士亦贪。隐之至泉所，酌而饮之，因赋诗曰："古人云此水，一歃怀千金；试使夷齐饮，终当不易心。"及在州，清操愈厉。见《晋书·吴隐之传》。王勃《滕王阁序》："酌贪泉而觉爽，处涸辙以犹欢。"

贪叨 犹贪婪。《后汉书·岑晊传》："父豫，为南郡太守，以贪叨诛死。"

贪污 国家工作人员利用职务上的便利，侵吞、窃取、骗取或以其他手段非法占有公共财物的行为。受国家机关、国有公司、企业、事业单位、人民团体委托管理、经营国有财产的人员，利用职务上的便利，侵吞、窃取、骗取或者以其他手段非法占有国有财物的，以贪污论。与上述人员勾结，伙同贪污的，以共犯论处。国家工作人员在国内公务活动或者对外交往中接受礼物，依照国家规定应当交公而不交公，数额较大的，依照贪污罪定罪处罚。

他 (tān) 北京话"他"的敬称。

啴 〔嘽〕(tān) 喘息。见"啴啴❶"。

另见 chǎn。

啴啴 ❶喘息貌。《诗·小雅·四牡》："四牡骓骓，啴啴骆马。"毛传："啴啴，喘息之貌。马劳则喘息。"陆德明释文："啴，他丹反，喘息也。"❷众多而威严貌。《诗·小雅·采芑》："戎车啴啴。"毛传："啴啴，众也。"《诗·大雅·常武》："王旅啴啴，如飞如翰。"毛传："啴啴然盛也。"

痑 (tān) ❶马病。《说文·疒部》："痑，马病也。《诗》曰：'痑痑骆马。'"按《诗·小雅·四牡》作"啴啴骆马"。毛传："啴啴，喘息之貌。"马劳则喘息，故称马病。❷尽。皮日休《太湖诗·上真观》："跁跒地力痑。"

另见 shǐ。

泹 见"潲泹"。

滩 〔潬〕(tān，又读 dàn) 沙滩。《尔雅·释水》："潬，沙出。"郭璞注："今江东呼水中沙堆为潬。"

另见 shàn。

驙 〔驙〕(tān) 同"啴"。

另见 diān，tuó。

摊 〔攤〕(tān) ❶展开；平铺。杜甫《又示宗武》诗："觅句新知律，摊书解满床。"引申为揭示，明白表示。如：把问题摊开来谈。❷分配。如：摊派。❸摊子。如：菜摊；摊贩。❹凝聚的一片。如：一摊泥。

摊贩 固定或流动设摊从事商品买卖或修理、服务的个体劳动者。多数本小利微、经济力量薄弱。建国后，国家通过合作商店、合作小组的形式对摊贩进行了社会主义改造。改革开放以来活跃市场，补充国有商业和供销合作社网点的不足，方便消费者购买，摊贩又得到较快的发展。

滩 〔灘〕(tān) ❶河道中水浅流急多沙石的地方。崔道融《溪夜》诗："欲放轻舟下急滩。"❷海边、河边泥沙淤积而成的地方。如：海滩。《宋史·河渠志三》："此由黄河北岸生滩，水趋南岸。"

辿 〔𧾷单〕(tān) 见"踱辿"。

瘫 〔癱〕(tān) 见"瘫痪"。

瘫痪 指口、眼或肢体不能随意运动的症状。可分为面瘫、单瘫、偏瘫、截瘫、四肢瘫痪等。面瘫，指口眼㖞斜、表情肌瘫痪，多见于面神经麻痹；单瘫，指单一的上肢或下肢瘫痪，多见于脊髓灰质炎；偏瘫，指同侧的上下肢瘫痪，多见于脑血管意外后遗症；截瘫，指双下肢瘫痪；四肢瘫痪，指上下肢均瘫痪，多见于脊髓炎、脊髓损伤、脑或脊髓肿瘤等。

谭 〔譚〕(tān) 见"谭谩"。

谭谩 欺弄。《方言》第十："荧媟、谭谩，慢他，皆欺谩之语也。楚郢以南东扬之郊通语也。"郭璞注："亦中国相轻易蚩弄之言也。"

tán

坛 ㊀〔壇〕(tán) ❶土筑的高台，古时用于祭祀及朝会盟誓等大事。《礼记·祭法》："燔柴于泰坛，祭天也。"《左传·襄公二十八年》："子产相郑伯以如楚，舍不为坛。"❷庭院中的土台。如：花坛。《楚辞·九歌·湘夫人》："荪壁兮紫坛。"亦即指庭院。《淮南子·说林训》："腐鼠在坛。"❸讲学的场所。如：讲坛。❹报刊发表言论的篇幅。如：评坛；论坛。❺指文艺界或体育界。如：文坛；乒坛。❻僧道进行宗教活动的场所。如：法坛。

㊁〔罎、罈、壜〕(tán) 一种口小肚大的陶器。如：酒坛；菜坛。陆龟蒙《谢山泉》诗："石坛封寄野人家。"

另见 dán。

坛场 筑在广场中的高台。《汉书·高帝纪上》："于是汉王齐（斋）戒设坛场，拜信为大将军。"

坛坫 古代诸侯盟会的场所。《史记·鲁仲连邹阳列传》："桓公朝天下，会诸侯，曹子以一剑之任，枝桓公之心于坛坫之上。"

坛宇 坛，堂基；宇，屋边。坛宇引申为界限。《荀子·儒效》："君子言有坛宇，行有防表。"杨倞注："言有坛宇，谓有所尊高也；行有防表，谓有标准也。"王先谦集解引王念孙曰："言有坛宇，犹曰言有界域，即下文所谓道不过三代，法不二后王，非有所尊高之谓也。"

沈 (tán) 见"沈沈"。

另见 chén，shěn。

沈沈 深邃貌。《史记·陈涉世家》："入宫，见殿屋帷帐，客曰：'夥颐！涉之为王沈沈者！'"裴骃集解引应劭曰："沈沈，宫室深邃之貌也。"

昙 〔曇〕(tán) 密布的云。杨慎《雨后见月》诗："雨气敛青霭,月华扬彩昙。"

昙花一现　昙花,优昙钵花(udumbara)。开花短时即谢。《妙法莲华经·方便品第二》:"佛告舍利弗,如是妙法,诸佛如来,时乃说之,如优昙钵华,时一现耳。"按佛教传说,转轮王出世,昙花才生,本来是说昙花难得出现。后多用"昙花一现"比喻事物一出现就很快消失。

昙昙　乌云密布貌。陆云《愁霖赋》:"云昙昙而叠结兮,雨淫淫而未散。"亦指像乌云密布的黑影。鲍照《游思赋》:"望波际兮昙昙,眺云间兮灼灼。"

荨〔蕁〕(tán)　❶草名。《本草纲目·草部一》谓即知母。❷火势上腾。《淮南子·天文训》:"火上荨,水下流。"
另见 qián,xún。

眈(tán)　通"沈"。见"眈眈"。
另见 dān。

眈眈　亦作"耽耽"、"耽耽"。同"沈沈"。宫室深邃貌。左思《魏都赋》:"眈眈帝宇,"张衡《西京赋》:"大夏(厦)耽耽。"

倓(tán)　安然不疑。《荀子·仲尼》:"倓然见管仲之能足以托国也。"杨倞注:"倓,安也,安然不疑也。"
另见 tàn。

郯(tán)　❶古国名。相传为少皞的后裔,在今山东郯城北。战国初年灭于越。❷姓。元代有郯韶。

谈〔談〕(tán)　❶彼此对话;讲论。如:交谈;座谈;高谈阔论。《诗·小雅·节南山》:"忧心如惔,不敢戏谈。"❷言论。如:奇谈;无稽之谈。❸姓。

谈柄　❶古人清谈时,多执拂尘,僧人讲法或执如意,故有谈柄之名。后泛指谈话的内容。庾信《送灵法师葬》诗:"玉匣摧谈柄,悬河落辩锋。"参见"麈尾"。❷谈论的口实,犹话柄。白居易《论严绶状》:"天下之人以为谈柄。"

谈次　言谈之际。犹言次、语次。梅尧臣《留守相公新创双桂楼》诗:"晚云谈次改,高鸟坐中还。"

谈锋　谓言谈锐利,如有锋芒。也指言谈的劲头。如:谈锋甚健。苏轼《刁景纯席上和谢生》诗:"绮罗胜事齐三阁,宾主谈锋敌两都。"

谈何容易　原谓臣下向君主进言很不容易。《汉书·东方朔传》:"吴王曰:'可以谈矣,寡人将竦意而览焉。'先生曰:'于戏!可乎哉!可乎哉?谈何容易?'"王先谦补注:"贾生有言曰:'悬言则辞浅而不入,深言则逆耳而失指。'故曰谈何容易。"后谓事情作起来并不像嘴上所说的那么简单。《镜花缘》第二十五回:"伯伯!谈何容易!他这令旗素藏内室,非紧要大事,不肯轻发。"

谈虎色变　《二程全书·遗书二上》:"真知与常知异。常(尝)见一田夫曾被虎伤,有人说虎伤人,众莫不惊,独田夫色动异于众。若虎能伤人,虽三尺童子莫不知之,然未尝真知,真知须如田夫乃是。"意谓被虎咬过的人才真知虎的厉害。后以"谈虎色变"比喻一提到可怕的事情,情绪就非常紧张。归有光《论三区赋役水利书》:"有光生长穷乡,谈虎色变,安能默然而已。"

谈客　❶说客。《三国志·蜀志·简雍传》:"常为谈客,往来使命。"❷清谈之客。《世说新语·文学》:"何晏为吏部尚书,有位望,时谈客盈坐。"

谈天　❶战国时齐人邹衍善于论辩宇宙之事,齐人称为"谈天衍"。《史记·孟子荀卿列传》:"故齐人颂曰:'谈天衍,雕龙奭,炙毂过髡。'"裴骃集解引刘向《别录》:"邹衍之所言,五德终始,天地广大,尽言天事,故曰谈天。"❷谈论天文。《晋书·天文志上》:"自虞喜、虞耸、姚信,皆好奇徇异之说,非极数谈天者也。"❸闲谈。见"谈天说地"。

谈天说地　谓漫无边际地谈说。《醒世恒言·钱秀才错占凤凰俦》:"钱青见那先生学问平常,故意谈天说地,讲古论今,惊得先生一字俱无。"

谈吐　出言吐语;谈论。如:谈吐风趣。《南史·梁宗室传》:"暎弟晔,字通明,美姿容,善谈吐。"

谈笑风生　形容谈话热烈而生动有趣。辛弃疾《念奴娇·赠夏成玉》词:"遐想后日蛾眉,两山横黛,谈笑风生颊。"

谈笑封侯　杜甫《复愁》诗:"闾阎听小子,谈笑觅封侯。"后以形容博取功名很容易。

谈屑　《晋书·胡毋辅之传》:"彦国(辅之字)吐佳言如锯木屑,霏霏不绝。"后因以"谈屑"称滔滔不绝的言谈。王恽《琉璃肺》诗:"四筵谈屑霏余烈,一缕冰浆濯素襟。"

谈言微中　言语隐约曲折,但切中事理。《史记·滑稽列传》:"谈言微中,亦可以解纷。"

谈助　谈论的资料。《后汉书·王充传》"著《论衡》八十五篇"李贤注引袁山松《后汉书》:"充所作《论衡》,中土未有传者,蔡邕入吴始得之,恒秘玩以为谈助。"

惔〔餤〕(tán)　本义为进食,引申为增多或加甚。《诗·小雅·巧言》:"盗言孔甘,乱是用惔。"孔甘,很甜。
另见 dàn。

淡(tán)　通"痰"。王羲之《杂帖五》:"匈(胸)中淡闷,干呕转剧。"
另见 dàn,yǎn,yàn。

惔(tán)　火烧。《诗·小雅·节南山》:"忧心如惔。"又《大雅·云汉》:"如惔如焚。"
另见 dàn。

弹〔彈〕(tán)　❶发射弹丸。《左传·宣公二年》:"从台上弹人,而观其辟丸也。"❷用手指拨弄。如:弹琴。❸用手指弹击。见"弹铗"。❹纠劾。见"弹纠"、"弹驳"。
另见 dàn。

弹驳　检举并驳斥。《魏书·李同传》:"固性鲠烈,敢直言,常面折高祖,弹驳公卿。"

弹冠　❶弹去帽子上的灰尘。《楚辞·渔父》:"新沐者必弹冠。"❷比喻准备出仕。参见"弹冠相庆"。

弹冠相庆　《汉书·王吉传》:"吉与贡禹为友,世称王阳在位,贡公弹冠,言其取舍同也。"王吉字子阳,故称王阳。意谓王、贡二人友善,王吉做官,贡禹也准备出仕。后以"弹冠相庆"比喻因即将做官而互相庆贺。多用作贬义。苏洵《管仲论》:"一日无仲,则三子者可以弹冠相庆矣。"三子,指竖刁、易牙、开方。

弹劾　国家对政府官吏的违法失职行为进行检举并追究其法律责任的行动。中国自秦汉以后,设御史或监察御史等官,专司弹劾之职,如有官吏失职,得向帝王提出检举,请求惩办。国民党政府设监察院,对官吏进行监察。资本主义国家的弹劾案通常由下议院提出,上议院受理。《中华人民共和国宪法》规定,公民对于任何国家机关和国家工作人员的违法失职行为,有向有关国家机关提出申诉、控告或者检举的权利;对于公民的申诉、控告或者检举,有关国家机关必须查清事实,负责处理。

弹铗　弹,击;铗,剑把。《国策·

齐策四》言冯谖为孟尝君客,"左右以君贱之也,食以草具。居有顷,倚柱弹其剑,歌曰:'长铗归来乎,食无鱼!'……居有顷,复弹其铗,歌曰:'长铗归来乎,出无车!'……后有顷,复弹其剑铗,歌曰:'长铗归来乎,无以为家!'"后因以"弹铗"比喻有求于人。陶弘景《答赵英才书》:"不肯扫门觅仕,复懒弹铗求通。"

弹纠 亦作"纠弹"。犹弹劾。《后汉书·史弼传》:"州司不敢弹纠,傅相不能匡辅。"

弹棋 古代棋类游戏。相传西汉成帝时刘向仿蹴鞠之体而作。见《西京杂记》。初用十二枚子为戏。《后汉书·梁冀传》注引《艺经》:"弹棋,两人对局,白黑棋子各六枚,先列棋相当,更先弹也。其局以石为之。"至魏改用十六子,唐又增为二十四子。今并失传。

弹射 犹言指摘。《三国志·蜀志·孟光传》:"吾好直言,无所回避,每弹射利病,为世人所讥嫌。"

弹性 材料或物体在外力作用下产生变形,若除去外力后变形随即消失的性质。

弹压 制服;镇压。《淮南子·本经训》:"牢笼天地,弹压山川。"《宋史·林栗传》:"谭氏乃夔路豪族,又且首为衅端,帅阃不能弹压,纵其至此。"

弹指 ❶比喻时间短暂。佛经说二十念为一瞬,二十瞬为一弹指,见《翻译名义集·时分》。黄宗羲《王仲㧑侍御过龙虎草堂》诗:"十年有五惊弹指,又复烦君入剡中。"❷佛家常用弹击手指的动作表示许诺、欢喜或告戒。《增一阿含经》:"如来许请,或默然,或俛头,或弹指。"《妙法莲华经·神力品》:"一时謦咳,俱共弹指。"嘉祥《法华义疏》:"为令觉悟,是故弹指。"

覃 ㊀(tán) ❶长;延长。《诗·大雅·生民》:"实覃实訏。"又《周南·葛覃》:"葛之覃兮,施于中谷。"❷延及。《南齐书·江敩传》:"慈渥所覃,实有优忝。"❸深。见"覃思"。

㊁(tán,又读 qín) 姓。南朝梁有覃元先。

另见 yǎn。

覃恩 广布恩泽。多指帝王普行封赏或赦免。《旧唐书·王承宗传》:"顺阳和而布泽,因雷雨以覃恩。"范质《乾德上尊号册文》:"肆赦覃恩,俾民更始。"

覃思 亦作"潭思"。深思。《汉书·叙传下》:"下帷覃思,论道属书。"邢昺《尔雅注疏序》:"虽复研精覃思,尚虑学浅意疏。"

㽑(tán) 见"㽑崟"。

㽑㽑 同"沈沈"、"眈眈"。见《广雅·释训》。

㽑崟 宫室深邃貌。李华《含元殿赋》:"上极霄际,却视㽑崟,经途广深。"

菼(tán) 坑;水塘。多用于地名。

锬〔錟〕(tán) 长矛。见《说文·金部》。

另见 xiān。

痰(tán) ❶肺、支气管粘膜急性和慢性发炎时的分泌物。按性状分为粘液痰、脓痰、泡沫痰、血痰和混合性痰等。有时痰中可见有特殊的细胞、破坏的组织、微生物和寄生虫卵等。痰量、颜色、气味也因病而异。痰液检查是诊断呼吸系统疾病的方法之一。❷中医学名词。肺、脾、肾功能失常,水湿不化而凝聚的病理产物。主要由脾不健运所致,故称"脾为生痰之源"。亦可因津液被火热煎熬而成。若痰留阻经络内脏等处,除见咳嗽、气喘等呼吸系统疾病外,还可发生眩晕、癫狂、昏厥、瘰疬、痰核等。

痰迷心窍 中医学名词。指痰浊蒙蔽窍络而致神志不清的病变。表现为精神错乱、意识模糊或昏迷不醒、喉有痰声等。多见于中风、癫、狂、痫等疾病。

谭〔譚〕(tán) ❶光大。《大戴礼记·子张问入官》:"修业居久而谭。"孔广森补注:"谭,大也。"❷延及。《管子·侈靡》:"而祀谭次祖,犯诅渝盟伤言。"尹知章注:"谭,延也。"❸同"谈"。《三国志·魏志·管辂传》:"此老生之常谭。"❹古国名。在今山东章丘市西城子崖。《春秋》庄公十年(公元前684年):"齐师灭谭",即此。❺姓。

谭思 同"覃思"。深思。《三国志·魏志·中山恭王衮传》:"每兄弟游娱,衮独谭思经典。"

墰(tán) 同"坛(壜)"。甒属。见《类篇》。

蕈(tán) 同"覃"。《诗·葛覃序》郑玄笺:"覃本亦作蕈。"

另见 xùn。

潭(tán) ❶深水处。《楚辞·九章·抽思》:"长濑湍流,溯江潭兮。"❷通"覃"。深沉。《汉书·扬雄传下》:"而大潭思浑天。"参见"覃思"。

另见 xún。

潭府 ❶深渊。《文选·郭璞〈江赋〉》:"若乃曾潭之府,灵湖之渊。"李善注:"曾,重也。王逸《楚辞》注曰:'楚人名渊曰潭府。'"❷韩愈《符读书城南》诗:"一为公与相,潭潭府中居。"潭潭,深邃貌。后因尊称他人的居宅为"潭府",亦称"潭第"。乔吉《金钱记》第二折:"〔小生〕误入潭府园中,万望老相公恕罪。"

潭潭 深邃、宽大貌。韩愈《祭河南张员外文》:"云壁潭潭,穹林攸擢。"参见"潭府❷"。

潭淹 同"淡淹"。《文选·郭璞〈江赋〉》:"随风猗委,与波潭淹。"张铣注:"潭淹,逐波动貌。"

憛(tán) 见"憛悇"。

憛悇 贪欲貌。《淮南子·修务训》:"无不憛悇痒心而悦其色矣。"憛,庄逵吉本作"惮"。亦作"悇憛"。

橝(tán) ❶木名。即橉。❷通"覃"。长;延。《楚辞·哀时命》:"擥瑶木之橝枝兮。"

澹(tán) 见"澹台"。

另见 dàn,shàn。

澹台(臺) 复姓。春秋时鲁有澹台灭明。

檀(tán) ❶植物名。《毛诗》和《本草》所称檀树,似无定指。《植物名实图考》上载的檀,为豆科的黄檀。❷见"檀香"。❸浅绛色。罗隐《牡丹》诗:"红蕊当心一抹檀。"见"檀口"。❹姓。战国时鲁有檀弓。

檀板 檀木制成的绰板,亦称"拍板",演奏音乐时打拍子用。欧阳修《答通判吕太博》诗:"舞踏落晖留醉客,歌迟檀板换新声。"

檀车 古用檀木做车轮,因通称各种形制的车为"檀车":(1)《诗·小雅·杕杜》:"檀车幝幝。"毛传:"役车也。"不加漆饰,供载人装货用。参见"栈车"。(2)《诗·大雅·大明》:"檀车煌煌。"郑玄笺:"兵车鲜明。"用皮革包裹使坚固,并加漆饰,供作战用。(3)陆翙《邺中记》:"石虎性好佞佛,众巧奢靡,不可纪也。尝作檀车,广丈馀,长二丈,四轮;作金佛像,坐于车上,九龙吐水灌之。"这是装有机件的大型的车。

檀口 檀呈浅绛色,形容红艳的嘴唇。韩偓《余作探使因而有诗》:"黛眉印在微微绿,檀口消来薄薄红。"

檀郎　晋代潘岳是美男子,小名檀奴,因以"檀郎"或"檀奴"为美男子的代称,亦为夫婿或所爱慕的男子的美称。李贺《牡丹种曲》:"檀郎谢女眠何处,楼台月明燕夜语。"

檀栾　秀美貌,多形容竹。枚乘《梁王菟园赋》:"修竹檀栾,夹池水。"《文选·左思〈吴都赋〉》:"檀栾蝉娟,玉润碧鲜。"吕向注:"檀栾、婵娟,皆美貌。"白居易《题卢秘书夏日新栽竹二十韵》:"几声清渐沥,一簇绿檀栾。"

檀香(*Santalum album*)　一名"游檀"、"白檀"。檀香科。常绿小乔木。叶对生,长卵形。花初黄色,后变血红色。原产印度、澳大利亚、非洲等地;中国南方亦有栽培。木材极香,可制器具、扇骨等;刨片入药,为芳香、健胃剂。蒸馏所得的檀香油,可作香水和肥皂的香料。

檀越　即施主。《南海寄归内法传》卷一:"梵云陀那钵底,译为施主。陀那是施,钵底是主。而言檀越者,本非正译,略去那字,取上陀音,转名为檀。更加越字,意道由行檀舍,自可越渡贫穷。"

薄(tán)　草名。《尔雅·释草》:"薄,石衣。"郭璞注:"水苔也,一名石发,江东食之。或曰:薄叶似薤而大,生水底,亦可食。"

趯(tán)　见"趚趯"。

醰(tán)　酒味厚,引申为醇厚。《文选·左思〈魏都赋〉》:"宅心醰粹。"刘良注:"醰粹,犹醇厚也。言醇厚之化居于人心。"

簹(tán)　竹制纤绳。高文秀《襄阳会》第一折:"河里一只船,岸上八个拽,若还断了簹,八个都吃跌。"

醰(tán)　见"醃醰"。

tǎn

忐(tǎn)　见"忐忑"。

忐忑　心神不定。洪昇《长生殿·侦报》:"那禄山见了此本呵! 也不免脚儿跌,口儿嗟,意儿中忐忑,心儿里怯。"

坦(tǎn)　❶平而宽广。多指地面而言,也形容世道。《世说新语·言语》:"王武子(王济)、孙子荆(孙楚)各言其土地人物之美。王

云其地坦而平,其水淡而清,其人廉且贞。"何景明《塞赋》:"悲世途之迫厄兮,互险坦而多歧。"❷开拓;广大。张衡《西京赋》:"虽斯宇之既坦,心犹凭而未摅。"❸直率;无隐瞒。如:坦白;坦然。参见"坦率"、"坦荡"。❹裸露。见"坦腹"。❺"坦腹"的省称,指女婿。如:令坦。❻姓。宋代有坦中庸。

坦荡　❶泰然自得貌。语出《论语·述而》"君子坦荡荡"。沈约《怀旧诗·伤王谌》:"长史体闲任,坦荡无外求。"❷坦率任性,放荡不羁。《晋书·阮籍传》:"兵家女有才色,未嫁而死。籍不识其父兄,径往哭之,尽哀而还。其外坦荡而内淳至,皆此类也。"

坦腹　《世说新语·雅量》:"郗太傅在京口,遣门生与王丞相书求女婿。丞相语郗信:'君往东厢,任意选之。'门生归,白郗曰:'王家诸郎,亦皆可嘉,闻来觅婿,或自矜持,唯有一郎在东床上,坦腹卧,如不闻。'郗公云:'正此好!'访之,乃是逸少,因嫁女与焉。"后称人婿为"令坦"或"东床",本此。

坦克　译自英文 tank,旧译"战车"。具有强大直射火力、高度越野机动性和坚强装甲防护的履带式装甲战斗车辆。由武器系统、推进系统、防护系统、通信设备、电气设备以及其他特种设备和装置组成。乘员一般为三或四人,分别担负指挥、射击、驾驶任务。通常按战斗全重、火炮口径分为轻型、中型和重型三种。20 世纪 60 年代后,多按用途分为主战坦克和特种坦克。1916 年第一次世界大战中,英国最早使用坦克参加松姆河战役。坦克是装甲兵的基本装备和地面作战的主要突击兵器,用于对坦克及其他装甲车辆作战,也可用于压制、消灭反坦克武器,摧毁野战工事,消灭有生力量。但地形、天候对其行动有一定限制。

坦 克

坦率　坦白率真。《晋书·庾亮

传》:"〔庾亮〕便据胡床,与浩等谈咏竟坐,其坦率行己,多此类也。"

坦坦　❶平易貌。《易·履》:"履道坦坦。"❷平常;普通。《管子·枢言》:"坦坦之利不以功,坦坦之备不为用。"尹知章注:"坦坦,谓平平,非有超而异者也。"❸泰然自若。《聊斋志异·霍女》:"黄蹇踧不自安,而女殊坦坦。"

肒(tǎn)　多汁的肉酱。《说文·肉部》:"肒,肉汁滓也。"段玉裁注:"礼经醓醢,正字当作肒,谓多肉汁之醢也。"

钽〔鉭〕(tǎn)　化学元素[周期系第 V 族(类)副族元素]。符号 Ta。原子序数 73。灰黑色高熔点金属(熔点 2 996℃)。质硬而富延展性。耐腐蚀,不同王水作用。同铌共存于铌铁矿、钽铁矿中。用于制化工器材及真空管、超短波发射器等电工器材。碳化钽熔点高(3 880℃),性极坚硬,可用以制切削工具、钻头及拉线模等。

袒〔襢〕(tǎn)　❶裸露。如:袒胸。《礼记·曲礼上》:"劳毋袒。"参见"袒裼❷"。❷庇护;拥护。见"偏袒❶"。

袒免　古代丧服之轻者。袒,袒露左臂;免,去冠括发。括发即以布广一寸,从项中后前,交于额上,又却向后绕于髻。《礼记·大传》:"五世袒免,杀同姓也。"孔颖达疏:"谓其承高祖之父者也,言服袒免而无正服,减杀同姓也。"

袒裼　❶脱去上衣,露出内衣。《礼记·内则》:"不有敬事,不敢袒裼。"❷脱衣露体。《诗·郑风·大叔于田》:"袒裼暴虎,献于公所。""袒裼"亦作"襢裼"。参见"袒裼裸裎"。

袒裼裸裎　脱衣露身。意谓粗野没有礼貌。《孟子·公孙丑上》:"虽袒裼裸裎于我侧,尔焉能浼我哉!"浼,污。亦作"裸裎袒裼"。柳宗元《序饮》:"吾闻昔之饮酒者……有裸裎袒裼以为达者。"

菼(tǎn)　初生的荻,似苇而小。《诗·卫风·硕人》:"鳣鲔发发,葭菼揭揭。"

噉〔噉〕(tǎn)　众饮食声。《诗·周颂·载芟》:"有噉其馌。"

毯(tǎn)　铺垫覆盖用的棉毛织物。如:床毯;地毯。

踢〔蹋〕(tǎn)　《古文苑·扬雄〈蜀都赋〉》:"踢《凄秋》,《阳春》。"章樵注:"踢,以足踏地而

歌。”

儃(tǎn) 见“儃儃”。
另见 chán,dàn,shàn。

儃儃 舒闲貌。《庄子·田子方》:“有一史后至者,儃儃然不趋。”王先谦集解:“李云,儃儃,舒闲之貌。”

醓(tǎn) 肉酱的汁。《诗·大雅·行苇》:“醓醢以荐。”

緂(tǎn) 青黑色的丝织品。见《玉篇·火部》。
另见 chān。

憛(tǎn) 安平。见《龙龛手鉴·心部》。按《正字通·心部》:“憛,同‘亶’,诚也。”

tàn

叹〔嘆、歎〕(tàn) ❶叹息;嗟叹。如:长叹一声;唉声叹气。《诗·王风·中谷有蓷》:“嘅其叹矣。”❷赞叹。如:叹为奇迹。❸吟诵。《三国志·魏志·陈思王植传》:“如此,则古人之所叹,风雅之所咏,复存于圣世矣。”❹和唱,谓歌尾曳声以助。《礼记·乐记》:“壹倡而三叹。”孙希旦集解引朱熹曰:“谓一人倡而三人和也。”

叹词 也叫“感叹词”。表示感叹或呼唤应答的声音的词。如“啊”、“哎”、“哦”、“哎呀”、“哼”、“喂”、“嗯”等。叹词不同别的词发生组合关系,有时候单独一个叹词就可以成为一个句子。

叹号 标点符号的一种,即〔!〕。表示一句感情强烈的话完了之后的停顿。如:“水仙花真美!”

叹息 ❶同“太息”。嗟叹。诸葛亮《出师表》:“未尝不叹息痛恨于桓灵也。”❷赞叹。《晋书·桓石虔传》:“冲(桓冲)为苻健所围,垂没,石虔跃马赴之,拔冲于数万众之中而还,莫敢抗者。三军叹息,威震敌人。”

炭(tàn) ❶木炭,由木材烧制而成的一种黑色燃料。❷煤炭;煤块。如:泥炭;阳泉大炭。❸姓。汉代有炭虬。

倓(tàn) 古代南方少数民族用以赎罪的财物。《后汉书·南蛮传》:“杀人者得以倓钱赎死。”参见“赕”。
另见 tán。

探(tàn,读音 tān) ❶摸取。《新五代史·南唐世家》:“取江南如探囊中物尔。”❷探测;寻求。如:探矿。唐彦谦《游阳明洞呈王理得诸君》诗:“禹穴苍茫不可探。”引申为看望。如:探亲。❸侦察;打听。如:探敌情;探消息。❹向前伸出。如:探头探脑。❺预先。姚合《武功县中作》诗:“每旬常乞假,隔月探支钱。”

探春 春初作郊外之游,意谓探望春光。王仁裕《开元天宝遗事·探春》:“都人士女,每至正月半后,各乘车跨马,供帐于园圃或郊野中,为探春之宴。”

探花 科举制度中殿试一甲第三名称探花。唐时进士在杏园举行“探花宴”,以少年俊秀者二三人为探花使,亦称探花郎,遍游名园,折取名花。南宋以后,专指第三名。

探究 深入探讨;反复研究。苏轼《寄周安孺茶》诗:“高人固多暇,探究亦颇熟。”

探骊得珠 骊,黑龙。传说龙颔下有宝珠。《庄子·列御寇》:“河上有家贫恃纬萧而食者,其子没于渊,得千金之珠。其父谓其子曰:‘取石来锻之。夫千金之珠,必在九重之渊,而骊龙颔下,子能得珠者,必遭其睡也。使骊龙而寤,子尚奚微之有哉?’”锻,椎破。后常用“探骊得珠”比喻行文能切中命题的要害。

探囊取物 比喻事情极容易办到。《新五代史·南唐世家》:“中国用吾为相,取江南如探囊中物尔。”《三国演义》第二十五回:“百万军中取上将之头,如探囊取物耳。”

探汤 《论语·季氏》:“见善如不及,见不善如探汤。”汤,热水。后用以比喻人避恶之速。也比喻小心戒惧。傅玄《和班氏诗》:“秋胡见此妇,惕然怀探汤。”

探讨 ❶探幽寻胜。孟浩然《登鹿门山怀古》诗:“探讨意未穷,回舻夕阳晚。”❷探究研讨。曾巩《秋夜露坐偶作》诗:“恨无同声人,诗义与探讨。”

探赜索隐 《易·系辞上》:“探赜索隐,钩深致远……莫大乎蓍龟。”赜,幽深莫测;隐,隐秘难见。古人认为卜筮能够帮助人们探索幽深莫测、隐秘难见的道理。后泛指探究深奥的义理或搜索隐秘的事迹。

赕〔賧〕(tàn) 我国古代西南地区某些少数民族语的音译字。❶多用于地名。樊绰《蛮书》卷八:“川谓之赕。”见于《蛮书》及《新唐书·南诏传》的地名有穹赕、河赕、邆赕、小施赕、剑寻赕等。❷谓以财赎罪。《魏书·刘裕传》:“凡蛮夷不受鞭罚,输财赎罪谓之赕。”

傝(tàn) 见“傝㒓”。
另见 tà。

傝㒓 不自安。见《广韵·五十三勘》。

湠(tàn) ❶大水。见《玉篇·水部》。❷见“湠漫”。

湠漫 旷远貌。木华《海赋》:“渺渺湠漫。”

碳(tàn) 化学元素[周期系第Ⅳ族(类)主族元素]。符号C。原子序数6。同素异形体有金刚石、石墨、无定形碳以及C_{60}、C_{70}等富勒烯。常温下很稳定。高温时能与许多元素反应。在地球上分布很广,以游离态(如金刚石、石墨)和化合态(如石油、碳酸盐等)存在。其化合物很多,除一氧化碳、二氧化碳、碳酸盐及碳化物等外,其他都列入有机化合物一类。是铸铁、钢中的重要组分,也是化学工业等的重要原料。

蜕(tàn) 见“蚺蜕”。

錟(tàn) 见“甜錟”。

撢(tàn) 探。《周礼·夏官·序官》“撢人”郑玄注:“撢人主撢序王意以语天下。”陆德明释文:“撢,与探同。”
另见 dǎn。

tāng

汤〔湯〕(tāng) ❶热水。如:赴汤蹈火。《论语·季氏》:“见不善如探汤。”❷食物加水煮熟后的液汁。如:米汤;参汤。亦指水多菜少的菜肴。如:一菜一汤。王建《新嫁娘》词:“洗手作羹汤。”❸中药的汤剂。如:二陈汤;柴胡汤。《三国志·魏志·华佗传》:“其疗疾,合汤不过数种。”❹当;冲冒。秦简夫《东堂老》第二折:“汤风冒雪,忍寒受冷。”❺又称武汤、武王、天乙、成汤,或称成唐。甲骨文称唐、大乙,又称高祖乙。商朝的建立者。建都于亳(今山东曹县南)。原为商族领袖,与有莘氏通婚,任用伊尹执政,积聚力量,准备灭夏。陆续攻灭邻近的葛国(今河南宁陵北),夏的联盟韦(今河南滑县东南)、顾(今河南范县东南)、昆吾(今河南许昌东)等国,经十一次出征,成为当时强国。后一举灭夏,建立商朝。❻姓。
另见 shāng,tàng,yáng。

汤饼 汤煮的面食。束皙《饼赋》:"玄冬猛寒,清晨之会。涕冻鼻中,霜成口外。充虚解战,汤饼为最。"参见"馎饦"。

汤饼筵 旧俗,生儿三日设筵招待亲友,称"汤饼筵"。亦称"汤饼宴"或"汤饼会"。参见"汤饼"。

汤池 ❶比喻防守严密的城池。《汉书·蒯通传》:"皆为金城汤池,不可攻也。"颜师古注:"金以喻坚,汤喻沸热不可近。"❷温泉。李白《安州应城玉女汤作》诗:"神女殁幽境,汤池流大川。"也指就温泉砌成的浴池。《旧唐书·职官志三》:"温泉监掌汤池宫禁之事。"

汤镬 汤,滚水;镬,无足大鼎。古代的一种酷刑,把人投入滚汤中煮死。《史记·廉颇蔺相如列传》:"臣知欺大王之罪当诛,臣请就汤镬。"

汤沐邑 周制,诸侯朝见天子,天子赐以王畿以内的、供住宿和斋戒沐浴的封邑。《礼记·王制》:"方伯为朝天子,皆有汤沐之邑于天子之县内。"后来皇帝、皇后、公主等收取赋税的私邑也称"汤沐邑"。《汉书·高帝纪下》:"且朕自沛公以诛暴逆,遂有天下,其以沛为朕汤沐邑。"颜师古注:"凡言汤沐邑者,谓以其赋税供汤沐之具也。"

汤泉 温泉。张衡《东京赋》:"温液汤泉,黑丹石缁。"

铛 〔鐺〕(tāng) 通"镗"。见"铛鞳"。
另见 chēng,dāng。

铛鞳 鼓声。《史记·司马相如列传》:"金鼓迭起,铿鎗铛鞳。"裴骃集解引郭璞曰:"铛鞳,鼓音。"

锡 〔鍚〕(tāng) 小铜锣。《清会典·乐部》:"锡,面径二寸七分,口径三寸一分,深六分。"
另见 tàng。

闛 〔闛〕(tāng) 通"镗"。鼓声。《周礼·夏官·大司马》:"中军以鼟令鼓。"郑玄注引《司马法》曰:"鼓声不过闛,鼙声不过阘。"按皆象声。
另见 chāng。

嘡 (tāng) 拟声词。如:嘡的一声锣响。

闛 〔闛〕(tāng) 通"镗"。鼓声。司马相如《上林赋》:"金鼓迭起,铿鎗闛鞈。"
另见 chāng,táng。

闛阘 钟鼓声。《晋书·潘尼传》:"金石箫管之音,八佾六代之舞,铿锵闛阘,般辟俯仰。"

趟 〔蹚、蹚〕(tāng) ❶涉水。如:趟水过河。❷翻土除草。如:趟地。
另见 chēng,tàng。

膛 (tāng) 肥貌。见《集韵·十一唐》。
另见 táng。

羰 (tāng) 羰基,碳氧两种原子所构成的原子团。

镗 〔鏜〕(tāng) ❶象声。《诗·邶风·击鼓》:"击鼓其镗。"参见"镗镗"。❷乐器名,即小镗锣。
另见 táng。

镗鞳 亦作"镗�"。钟鼓声。苏轼《石钟山记》:"窾坎镗鞳者,魏献子之歌钟也。"陆游《入蜀记四》:"旗帜精明,金鼓镗鞳。"亦形容波涛拍岸声。如:波涛镗鞳。

镗镗 鼓声。虞世基《讲武赋》:"曳虹旗之正正,振夔鼓之镗镗。"

鞺 (tāng) 象钟鼓等声。皮日休《任诗》:"袞衣竞璀璨,鼓吹争鞺鞳。"参见"镗鞳"。

鼞 (tāng) 亦通作"镗"。《说文·鼓部》:"鼞,鼓声也。《诗》曰:'击鼓其鼞。'"段玉裁注:"《邶风》文,今《诗》作镗。"

táng

逿 〔逿〕(táng) 通"荡"。摇荡;冲击。《史记·扁鹊仓公列传》:"周身热,脉盛者,为重阳。重阳者,逿心主。"
另见 dàng。

踼 〔踼〕(táng,又读 dàng) 跌倒。《文选·左思〈吴都赋〉》:"魂褫气慑而自踼跌者,应弦而饮羽。"刘逵注:"踼、跌,皆顿伏也。"

唐 (táng) ❶本义为大言,见《说文·口部》。参见"荒唐"。引申为广大貌。《论衡·正说》:"唐之为言荡荡也。"扬雄《甘泉赋》:"平原唐其坛曼兮。"❷空;徒然。《百喻经·欲食半饼喻》:"我今饱足,由此半饼,然前六饼唐自捐弃。"❸古时朝堂前或宗庙门内的大路。《诗·陈风·防有鹊巢》:"中唐有甓。"❹通"蝪"。《大戴礼记·夏小正》:"唐蜩鸣。"❺草名。唐蒙,即菟丝子。《诗·鄘风·桑中》:"爰采唐矣。"❻通"糖"。烘焙。见"唐花"。❼即陶唐氏,传说中远古部落名。居于平阳(今山西临汾),尧乃

其领袖。❽古国名。(1)相传为祁姓,尧的后裔。在今山西翼城西,为周成王所灭,后为其弟叔虞的封地。(2)姬姓,在今湖北随州西北唐县镇,公元前505年灭于楚。(3)西周时北方部族所建。在今山西太原西南,即北唐。❾古邑名。即鲁国棠邑,在今山东金乡东。《春秋》隐公二年(公元前721年):"公及戎盟于唐",即此。❿朝代名。隋朝在农民大起义下瓦解,公元617年太原留守李渊乘机起兵,攻克长安(今陕西西安)。次年隋亡,渊在关中称帝,国号唐,建都长安。唐代前期国势强盛。疆域初年南部同隋,北部在7世纪后半叶极盛时北界包有今贝加尔湖和叶尼塞河上游,西北曾到达里海,东北曾到达日本海。其后时有变动,至安史乱后丧失过半;阴山、燕山以北为回纥所有,陇山、岷山以西为吐蕃所占,大渡河以南为南诏所据。唐末土地高度集中,政治腐败,赋役繁重,加上藩镇割据,战乱不息,阶级矛盾激化。874年爆发农民大起义。907年为后梁朱温所灭。共历二十帝,二百九十年。⓫姓。

唐棣 植物名。又称"枎栘"、"红栒子"。蔷薇科。落叶小乔木。按:唐棣古有二说:(1)郁李。《论语·子罕》:"唐棣之华,偏其反而。"邢昺疏引陆玑《毛诗草木鸟兽虫鱼疏》:"〔唐棣,〕奥李也。一名雀梅,亦曰车下李,所在山皆有。其华或白或赤;六月中熟,大如李子,可食。"奥李即郁李。(2)白杨类树木。又作"棠棣"。《尔雅·释木》:"唐棣,栘。"郭璞注:"似白杨,江东呼夫栘。"李时珍谓唐棣亦名枎栘、栘杨,是白杨的同类;郁李乃常棣,非唐棣。参阅《本草纲目·木二·枎栘》。

唐多令 词牌名。一作《糖多令》,又名《南楼令》、《箜篌曲》。双调六十字,平韵。

唐花 亦作"堂花"。放在暖里用加温的办法使提早开放的花。"唐"本作"煻",见《广韵·十一唐》。赵翼《陔余丛考》卷三十三:"周密记马塍艺花:'凡花之早放者名堂花。其法以纸糊密室,凿地作坎,编竹置花其上,粪以牛溲硫磺,尽培溉之法。然后笕沸汤于坎中,少俟熏蒸,则扇之以微风,盎然盛春融淑之气,经宿则花放矣。'此之所谓唐花也……王阮亭诗:'试灯风里见唐花。'"

唐巾 唐代帝王所戴的一种便帽。

后来士人也多戴此帽。见《三才图会·衣服一》。《元史·舆服志一》："唐巾,制如幞头而撱其角,两角上曲作云头。"

唐捐 废弃;落空。慧远《维摩义记》卷一："诸有所作,亦不唐捐顺行益也。唐谓虚,捐谓弃。"王安石《再用前韵寄蔡天启》："昔功恐唐捐。"

唐卡 藏语音译,即卷轴画。藏族绘画的一种特殊形式。形制大小不一。悬挂于寺庙或经堂内,以布或纸料为底,上涂各种矿物颜色绘制而成。画面内容多为各种神佛、佛经故事、天文、医学图像等,形象逼真,色彩艳丽。常用于宣传宗教教义和装饰寺庙佛龛。

唐人 唐代盛时,声誉远及海外,后来海外各国因称中国人为"唐人"。《明史·外国真腊传》："唐人者,诸番呼华人之称也。凡海外诸国尽然。"王士禛《池北偶谈·汉人唐人秦人》："昔予在礼部,见四译进贡之使,或谓中国为汉人,或曰唐人。谓唐人者,如荷兰、暹罗诸国,盖自唐始通中国,故相沿云尔。"又,华侨亦多自称唐人。

唐僧 ❶异国人对唐代出国求法、说法的中国僧人的称呼。如玄奘即被称为唐僧。❷《西游记》中人物。小说以唐玄奘去印度取经的故事创作而成。描写他虔信佛教,立志往西天取经,但因恪遵佛家"慈悲"之说,迂拘软弱,不明事理,易受愚弄,在屡次为妖魔所欺骗,经历许多劫难之后,才完成取经事业。

唐宋八大家 指唐、宋两代八个散文作家,即唐代的韩愈、柳宗元和宋代的欧阳修、苏洵、苏轼、苏辙、王安石、曾巩。明初朱右选韩、柳等人文为《八先生文集》,八家之名,实始于此。明中叶唐顺之所纂《文编》,唐宋文亦仅取八家。稍后茅坤本朱、唐之说,选辑八人的文章为《唐宋八大家文钞》,其书在旧时流传颇广,"唐宋八大家"之名遂亦流行。

唐突 ❶乱闯。《后汉书·孔融传》："秃巾微行,唐突宫掖。"❷冒犯。《世说新语·轻诋》："何乃刻画无盐以唐突西子也!"

堂(táng) ❶古代宫室,前为堂,后为室。《论语·先进》："由(仲由)也升堂矣,未入于室也。"引申为朝堂,公堂。❷特指内堂,因以为母的代称。如:萱堂;令堂。❸四方而高的建筑;四方形的坛。《礼记·檀弓上》："吾见封之若堂者

矣。"郑玄注:"堂形四方而高。"❹同祖父的亲属关系。如:堂兄;堂弟。按同祖亲属,古谓之从,六朝谓之同堂,唐代始称堂。见赵翼《陔馀丛考·堂兄弟》。❺山上宽阔平坦的地方。《诗·秦风·终南》:"终南何有?有纪(屺)有堂。"❻量词。如:一堂课;一堂家具。

堂坳 同"坳堂"。地上低洼之处。庾信《小园赋》:"山为篑覆,地有堂坳。"

堂奥 屋西南角叫奥。堂奥,指堂的深处。张耒《夏日杂感》诗:"无能老蝙蝠,乘夜出堂奥。"引申为深奥的义理。王令《答束徽之索诗》诗:"无门隔藩篱,发罅窥堂奥。"亦指内地、心腹之地。

堂构 比喻父祖遗业。陆机《五等诸侯论》:"故前人欲以垂后,后嗣思其堂构。"参见"肯堂肯构"。

堂官 ❶清代对中央各部长官(即管部的大学士并尚书、侍郎)的通称,因在各衙署大堂上办公而得名。"堂官"对"司官"而言。各部以外的独立机构长官亦可称"堂官"。❷即"堂倌"。

堂倌 亦作"堂官"。旧称酒馆饭店或茶馆中的服务员。《儒林外史》第二十八回:"堂倌上来问菜。"

堂皇 ❶亦作"堂隍"。官署的大堂。《汉书·胡建传》:"监御史与护军诸校列坐堂皇上。"颜师古注:"室无四壁曰皇。"杜甫《铁堂峡》诗:"峡形藏堂隍。"❷雄伟;正大。如:富丽堂皇。张耒《大礼庆成赋》:"堂皇二仪,拓落八极,以立万世之业。"

堂会 旧时私家有喜庆等事,延请艺人在家演唱,招待宾客,叫"堂会"。

堂客 ❶指女宾。《红楼梦》第七十一回:"宁国府中单请官客,荣国府中单请堂客。"也泛指妇女。《儒林外史》第二十七回:"老太主张着要娶这堂客。"❷指妻子。《儒林外史》第二十六回:"我到家叫我家堂客同他一说,管包成就。"

堂廉 厅堂的两侧。《仪礼·乡饮酒礼》:"设席于堂廉,东上。"郑玄注:"侧边曰廉。"

堂上 ❶指父母。亦称"高堂"。❷旧时官员判事都在堂上,因亦称官长为"堂上"。《聊斋志异·吕无病》:"宰不能屈,送广文惩戒以悦王。广文朱先生,世家子,刚正不阿。廉得情,怒曰:'堂上公以我为天下之龌龊教官,勒索伤天害理之钱,以

吮人痈痔者耶!'"

堂堂 ❶大貌;高敞貌。《史记·滑稽列传》:"以楚国堂堂之大,何求不得?"何晏《景福殿赋》:"建高基之堂堂。"❷形容仪表壮伟。《论语·子张》:"堂堂乎张也。"《三国演义》第一回:"相貌堂堂,威风凛凛。"❸强大貌。《孙子·军争》:"勿击堂堂之陈(阵)。"参见"堂堂正正"。

堂堂正正 ❶强大整齐貌。《孙子·军争》:"无要正正之旗,勿击堂堂之陈(阵)。"杜佑注:"正正者,整齐也;堂堂者,盛大之貌也。"❷形容光明正大。《老残游记》第十一回:"就如那妒妇破坏人家,他却也有一番堂堂正正的道理说出来。"

堂屋 正屋、正房。《晋书·淳于智传》:"堂屋五间,拉然而崩。"有时仅指正房居中的一间。

堂子 ❶清代皇帝祭祀土谷神之所。昭梿《啸亭杂录》卷八:"又总祀社稷诸神祇于静室,名曰堂子……既定鼎中原,建堂子于长安东门外。"长安,指北京。❷旧时苏沪一带妓院的别称。

棠(táng) ❶乔木名。有赤、白两种。赤棠木理坚韧,实涩无味;白棠就是甘棠,也叫棠梨,实似梨而小,可食,味甜酸。❷古邑名。(1)一作唐。春秋鲁地。在今山东鱼台东。公元前718年鲁隐公观鱼于棠,即此。(2)春秋楚地。在今江苏六合北。公元前559年楚子囊率师于棠以伐吴,即此。

棠阴 周时,召伯巡行南国,曾在甘棠树下听讼,时人因敬爱召伯,相戒勿损伤这株甘棠。见《诗·召南·甘棠》。后因用"棠阴"比喻良吏的政绩。苏轼《沈谏议召游湖不赴》诗:"湖上棠阴手自栽,问公更得几回来?"

鄌(táng) 古国名。见《玉篇·邑部》。

塘(táng) ❶堤岸;堤防。如:河塘;海塘。《新唐书·地理志二》:"绕州郭有堤塘百八十里。"❷水池。一说圆的叫池,方的叫塘。如:荷塘;苇塘。刘桢《赠徐幹》诗:"细柳夹道生,方塘含清源。"

塘坳 亦作"坳塘"。地面低洼之处。杜甫《茅屋为秋风所破歌》:"高者挂罥长林梢,下者飘转沉塘坳。"

搪(táng) ❶抵挡。如:搪饥;搪风。李渔《意中缘·露丑》:"命梅香做个护身牌,好把箭来搪。"❷抹上;涂上。如:搪灶。

搪塞　敷衍塞责。唐彦谦《宿田家》诗：“阿母出搪塞，老脚走颠踬。”

猹（táng）　见“猹猊”。

猹猊　古代传说中兽名。其皮可作铠甲。无名氏《谢金吾》第二折：“冠簪金獬豸，甲挂锦猹猊。”

溏（táng）　❶泥浆。❷不凝固的；半流动的。如：溏便；溏心蛋。❸水池。见《玉篇·水部》。

瑭（táng）　玉名。见《广韵·十一唐》。

糖（táng）　❶碗。《荀子·正论》：“故鲁人以糖，卫人用柯，齐人用一革。”杨倞注：“《方言》云：‘碗谓之糖，盂谓之柯。’”按今本《方言》第五：“碗谓之㯖，盂谓之柯。”❷见“唐棣”。

撑（táng，又读chéng）　触。韩愈《城南联句》：“裂脑擒撑抏。”方崧卿注：“撑抏，踢挨之义。”

闛〔闛〕（táng）　见“闛闛”。另见chāng，tāng。

闛闛　盛貌。见《说文·门部》段玉裁注：“谓盛满于门中之貌也。”

煻（táng）　烘焙；煨。参见“唐花”。

煻煨　热灰，可以煨物。陆羽《茶经·源》：“中置一器，贮煻煨火，令煻煻然。”

禟（táng）　福祐。见《玉篇·示部》。

樘（táng）　❶门或窗的框子。如：门樘；窗樘。❷量词。门框（或窗框）和门扇（或窗扇）一副叫一樘。如：一樘玻璃门；两樘双扇窗。另见chēng。

磄（táng）　见“磅磄”。

膅（táng）　❶体腔。纪君祥《赵氏孤儿》第五折：“与我将这贼钉上木驴，细细地剐上三千刀，皮肉都尽，才断首开膅。”❷器物中空的部分。如：灶膅；枪膅。另见tāng。

鶶〔鶶〕（táng）　见“鶶鷵”。

鶶鷵　鸟名，即鷵。见“鷵”。

螗（táng）　蝉的一种。亦名蝘，又名螗蜩。《诗·大雅·荡》：“如蜩如螗，如沸如羹。”参见“螗蜩”。

螗蜩　螗，亦作“唐”。虫名。似蝉而小，背青绿色，鸣声清圆。《大戴礼记·夏小正》：“五月，唐蜩鸣。”《方言》第十一：“蝉，宋卫之间谓之

螗蜩。”

镗〔鏜〕（táng）　见“镗刀”、“镗床”。另见tāng。

镗床　常以镗刀作为刀具来扩大工件上已有孔的金属切削机床。也可钻孔和加工端面。工作时，工件安装在工作台上，镗刀装在镗杆上作旋转的切削运动，并与工件作相对的进给运动。有卧式镗床、坐标镗床和金刚石镗床等。

镗刀　用于镗床和车床上扩大工件上已有孔的金属切削工具。提高孔的精度和降低表面粗糙度。形状类似车刀或制成专用的镗刀块等装入镗杆中。工作时，镗刀安装在车床刀架或镗床镗杆上，与工件作相对的旋转运动和进给运动。有单刃镗刀、多刃镗刀和浮动镗刀等。

簹（táng）　见“符簹”。

糖〔餹〕（táng）　食用糖及糖制食品的统称。如：白糖；冰糖；酥糖；花生糖。

糖房　中国旧时土法制糖的作坊。四川压榨蔗汁、煎熬糖清的称“糖房”，加工提炼制成红、白糖的称“漏棚”。广东称“糖寮”或“榨寮”。鸦片战争后，外国机制糖侵夺土糖市场，加上苛捐杂税和高利贷资本的压榨，糖房生产长期处于衰落状态。

糖果　以砂糖、葡萄糖浆或饴糖为主要原料，也可分别加入油脂、乳制品、胶体、果仁、香料、食用色素等制成的一种甜味食品。花色品种极多，大致可分为硬糖、软糖、乳脂糖、蛋白糖、胶姆糖、抛光糖、巧克力、果胶乳糖等类型。

赩〔赩〕（táng）　赤色。见《广韵·十一唐》。今谓脸色红中带紫为紫赩色。

醣（táng）　碳水化合物的旧称。

螳（táng）　见“螳螂”。

螳臂当车　《庄子·人间世》：“汝不知夫螳螂乎？怒其臂以当车辙，不知其不胜任也。”后因以“螳臂当车”比喻不自量力，必然失败。《镜花缘》第十八回：“谁知腹中虽离渊博尚远，那目空一切，旁若无人光景，却处处摆在脸上。可谓‘螳臂当车，自不量力’！”

螳斧　螳螂的前腿。高举如人执斧之形，故称螳斧。比喻渺小的力量。《后汉书·袁绍传》：“乃欲运螳

螂之斧，御隆车之隧。”李觏《蝉》诗：“螳斧不劳阴致害，貂冠犹可共传名。”参见“螳臂当车”。

螳螂　螳螂目昆虫的通称。体型较大。头部三角形，复眼大，触角细长；胸部具翅两对、足三对；前胸细长，前足粗大呈镰刀状，其腿节和胫节生有倒钩状刺，用以捕捉害虫，故为益虫。

螳螂捕蝉　《说苑·正谏》：“园中有树，其上有蝉，蝉高居悲鸣饮露，不知螳螂在其后也；螳螂委身曲附欲取蝉，而不知黄雀在其傍也。”后因以“螳螂捕蝉”比喻只见眼前利益而不顾后患。

tǎng

帑（tǎng）　国库；国库所藏的金帛。《后汉书·郑弘传》：“人食不足，而帑藏殷积。”《汉书·匈奴传下》：“建平四年，单于上书愿朝……以问公卿，亦以为虚费府帑，可且勿许。”另见nú。

帑藏　国库。《后汉书·桓帝纪》：“嘉禾生大司农帑藏。”

挡〔擋，攩〕（tǎng）　捶打。《列子·黄帝》：“挡㧪挨抌。”另见dǎng，dàng。

党〔黨〕（tǎng）　❶通“傥”。或者。《汉书·伍被传》：“即使辩士随而说之，党可以徼幸。”❷通“谠”。正直。《荀子·非相》：“文而致实，博而党正。”另见dǎng。

倘（tǎng）　❶倘若；倘使。庾信《寄徐陵》诗：“故人倘思我，及此平生时。”❷通“惝”。《庄子·在宥》：“云将见之，倘然止。”陆德明释文引李颐曰：“倘，自失貌。”另见cháng。

倘来　同“傥来”。

淌（tǎng）　流出；流下。如：淌眼泪；淌汗。另见chǎng。

惝（tǎng，又读chǎng）　怅恨。《庄子·则阳》：“客出而君惝然若有亡也。”另见chǎng。

惝恍　亦作“怅恍”、“敞恍”、“懰恍”。❶失意貌。《楚辞·远游》：“怊惝恍而乖怀。”❷迷迷糊糊；不清楚。《楚辞·远游》：“视倏忽而无见兮，听惝恍而无闻。”

傥〔儻〕（tǎng）❶惝恍。《庄子·田子方》："文侯傥然，终日不言。"陆德明释文："傥，失志貌。"❷倘或。《史记·伯夷列传》："傥所谓天道，是邪非邪？"❸见"倜傥"、"俶傥"。❹通"党"。偏私。《庄子·天下》："时恣纵而不傥。"成玄英疏："随时放任而不偏党。"

傥荡　亦作"傥莽"。放浪；不检点。《汉书·史丹传》："貌若傥荡不备，然心甚谨密。"

傥来　无意中得到。《庄子·缮性》："物之傥来，寄者也。"成玄英疏："傥者，意外忽来者耳。"

傥朗　不明貌。《文选·潘岳〈射雉赋〉》："畏映日之傥朗。"徐爰注："傥朗，不明之状。"

傥莽　旷远貌。《文选·王褒〈洞箫赋〉》："弥望傥莽，联延旷荡。"李善注："傥莽、旷荡，宽广之貌。"亦作"党莽"。

傥傥　舒闲貌。《关尹子·一宇》："心傥傥而无羁乎！"注："傥傥，犹僮僮。"

惝〔儻〕（tǎng，又读 chǎng）同"惝"。见"惝慌"。

惝慌　同"惝恍"。失意貌。《楚辞·九叹·逢纷》："心惝慌其不我与兮，躬速速其不吾亲。"

耥（tǎng）又名"稻耥"、"耥耙"、"耘耥"、"乌头"。用于水稻田中的耕耘农具，耥体为屐形木块或木框，置有耙齿，用于推耥穴、行间草泥，使之淴溺。一名"田耥"，水田中整地的农具，柄端贯以横木，用于匀熟泥土，稻平田面。

樉〔欓〕（tǎng）木桶。《水经注·穀水》引张璠《汉记》："于是发使天竺，写致经像，始以榙盛经，白马负图表之中夏，故以白马为寺名。此榙樉，后移在城内愍怀太子浮图中。"

另见 dǎng。

晄〔曠〕（tǎng）暗淡不明。参见"晄莽"、"晄朗"。

晄朗　日不明貌。萧子云《玄圃园讲赋》："朝晄朗而戒旦。"储光羲《晚霁中园喜敔作》："晄朗天宇开，家族跃以喜。"

晄莽　晦暗貌。《楚辞·远游》："时暧曃其晄莽兮。"王逸注："日月暗黮而无光也。"亦作"晄潒"。陆机《感时赋》："望八极以晄潒，普宇宙而寥廓。"

烫〔爣〕（tǎng）见"烫阆"。

烫阆　宽敞明亮貌。王延寿《鲁灵光殿赋》："鸿炉烫以烫阆，飂萧条而清泠。"参见"敞罔❷"。

曭〔曭〕（tǎng）眼睛无神，茫然直视貌。《后汉书·梁冀传》："为人鸢肩豺目，洞精曭眄。"

锐〔鋭〕㊀（tǎng）锐钯，古兵器。形似马叉，上有利刃，两面出锋，刃下横两股，向上弯。可以刺击，也可以防御，兼矛、盾之用。

㊁〔钂〕（tǎng）古兵器。形如半月，有柄。如：流金锐；混金锐。

躺（tǎng）平卧。如：躺在床上；躺下就睡。

懴（tǎng）同"惝"。

tàng

汤〔湯〕（tàng）❶通"烫"。《山海经·西山经》："汤其酒百樽。"郭璞注："温酒令热。"❷游荡。《诗·陈风·宛丘》："子之汤兮，宛丘之上兮。"❸触；碰。石君宝《秋胡戏妻》第三折："你汤我一汤，拷了你那腰截骨；揸我一揸，我着你三千里外该流递。"

另见 shāng、tāng、yáng。

烫〔燙〕（tàng）❶被火或高温灼痛或灼伤。如：烫手；烫伤。《红楼梦》第三十五回："宝玉自己烫了手，倒不觉的。"❷用热水暖物。如：烫酒。❸用高温着物，使改变形态。如：烫发；烫衣服。

鎯〔鐋〕（tàng）平木石器。《大学》"如切如磋"朱熹注："磋以鑢鎯，磨以沙石，皆治物使其滑泽也。"

另见 tāng。

趟（tàng）次；回。如：跑一趟；去几趟。

另见 chēng、tāng。

tāo

夲（tāo）疾进的意思。《说文·夲部》："夲，进趣也。从大十；大十者，犹兼十人也。"

叨（tāo）❶通"饕"。贪。《后汉书·卢植传》："岂横叨天功以为己力乎？"❷谦词。（1）承受；辱承。如：叨赐。陈子昂《为副大总管苏将军谢罪表》："臣妄以庸才，谬叨重任。"（2）犹言忝，辱。如：叨在亲末。

另见 dāo。

叨光　受人家的好处。常表示感谢或作客套语。

叨冒　贪欲。《宋书·刘勔传》："将军王广之求勔所自乘马，诸将帅并忿广之叨冒，劝勔以法裁之。"

叨陪　谦辞，叨光陪侍的意思。如：叨陪末座。王勃《滕王阁序》："他日趋庭，叨陪鲤对。"

叨窃　谓才力不胜任而得其位。《魏书·萧衍传》："小人叨窃，遂忝名位。"也用作自谦之辞。诸葛亮《街亭之败戮马谡疏》："臣以弱才，叨窃非据。"

夊（tāo）通"挑"。《说文·夊部》引《诗》："夊兮达兮。"《诗·郑风·子衿》作"挑兮达兮"。毛传："挑达，往来相见貌。"

弢（tāo）❶弓袋。《管子·小匡》："弢无弓，服无矢。"❷掩藏。陆机《汉高祖功臣颂》："弢迹匿光。"❸兵书《六韬》也作《六弢》。《庄子·徐无鬼》："横说之则以《诗》《书》《礼》《乐》，从（纵）说之则以《金板》《六弢》。"

挑（tāo）见"挑达"。

另见 tiāo、tiǎo。

挑达　往来貌。《诗·郑风·子衿》："挑兮达兮，在城阙兮。"王维《赠吴官》诗："不如侬家任挑达，草屦捞虾富春渚。"后亦用作轻薄放纵的意思。《搜神记》卷五："蒋子文者，广陵人也，嗜酒，好色，挑达无度。"亦作"佻达"、"佻佻"。

涛〔濤〕（tāo，旧读 táo）❶大的波浪。如：惊涛骇浪。《淮南子·人间训》："起波涛。"高诱注："波者涌起，还者为涛。"❷像波涛的声音。如：松涛。

绦〔縧、絛、絇〕（tāo）用丝编织的带子或绳子。如：丝绦。《礼记·内则》"织纴组紃"郑玄注："紃，绦也。"孔颖达疏："组、紃俱为绦，薄阔为组，似绳者为紃。"

掏〔搯〕（tāo）挖取；探取。如：掏耳朵；掏鸟窠。韩愈《贞曜先生墓志铭》："钩章棘句，掏擢胃肾。"

绸〔綢〕（tāo）缠裹；套。《尔雅·释天》："素锦绸杠。"郭璞注："以白地锦韬旗之竿。"《史记·司马相如列传》："揽欃枪以为旌兮，靡屈虹而为绸。"

另见 chóu。

谣〔謟〕（tāo）疑惑。《左传·昭公二十六年》："齐有彗星，齐侯使禳之。晏子曰：'无益也，只取

诬焉。天道不谄,不贰其命,若之何
禳之!'"

掐(tāo)　叩;击。《国语·鲁
语下》:"无掐膺。"

另见tāo 掏。

幍(tāo)　❶巾帻。《隋书·礼
仪志六》:"幍……今通为庆
吊之服。白纱为之,或单或袷。"❷同
"绦"。

滔(tāo)　❶弥漫;水势盛大貌。
见"滔天"、"滔滔"。❷激荡。
《淮南子·本经训》:"共工振滔洪
水。"高诱注:"振,动;滔,荡也。"❸
倨慢。《左传·昭公二十六年》:"士
不滥,官不滔。"❹涌聚。《庄子·田
子方》:"无器而民滔乎前。"陆德明
释文:"谓〔孔子〕无人君之器,而民
滔聚其前。"

滔滔　❶水流貌。也形容水势盛
大。《诗·齐风·载驱》:"汶水滔
滔。"又《小雅·四月》:"滔滔江汉。"
❷形容时间的流逝。《楚辞·七谏·
谬谏》:"年滔滔而自远兮。"❸形容
多,连续不断。如:滔滔不绝。《诗·
大雅·江汉》:"武夫滔滔。"❹犹"陶
陶"。和暖貌。《楚辞·九章·怀
沙》:"滔滔孟夏兮,草木莽莽。"王逸
注:"滔滔,盛阳貌也。《史记》作'陶
陶'。"

滔天　犹言漫天、弥天。本形容大
水。《书·尧典》:"浩浩滔天。"也借
用来形容罪恶、祸患或势力等的巨
大。如:罪恶滔天;滔天之祸。《晋书
·愍帝纪论》:"刘、石有滔天之势。"

慆(tāo)　❶喜悦;娱乐。《尚
书大传》卷三:"师乃慆。"郑
玄注:"慆,喜也。"《左传·昭公元
年》:"君子之近琴瑟,以仪节也,非
以慆心也。"❷怠慢;偷惰。参见"慆
淫"。❸可疑。《左传·昭公二十七
年》:"天命不慆久矣。"杜预注:"慆,
疑也。"❹逝去。《诗·唐风·蟋
蟀》:"今我不乐,日月其慆。"❺通
"韜"。掩藏。《左传·昭公三年》:
"君日不悛,以乐慆忧。"孔颖达疏:
"言以音乐乐身,埋藏忧愁于乐中。"
❻长久。参见"慆慆❶"。❼纷乱。
参见"慆慆❷"。

慆慆　❶长久。《诗·豳风·东
山》:"我徂东山,慆慆不归。"毛传:
"慆慆,言久也。"❷纷乱不息貌。
《文选·班固〈幽通赋〉》:"安慆慆而
不萉兮,卒陨身乎世祸。"李善注引
曹大家曰:"慆慆,乱貌;萉,避也。"

慆淫　怠惰纵乐。《书·汤诰》:
"无即慆淫。"蔡沈集传:"慆,慢也

……慆淫,指逸乐言。"《国语·鲁语
下》:"夜儆百工,使无慆淫,而后即
安。"

駋〔駋〕(tāo)　马行。《说文·
马部》:"駋,马行貌。"段玉裁
注:"此当日駋駋,马行貌。马徐行曰
駋駋,今人俗语如是矣。"桂馥义证:
"《篆文》作鼗,云:'马行也。'"

瑫(tāo)　❶美玉名。见《广韵
·六豪》。❷玉饰剑。见《集
韵·六豪》。

韜〔韜〕(tāo)　❶弓袋。《诗·
小雅·彤弓》"受言藏之"毛
传:"囊,韜也。"陆德明释文:"弓衣
也。"❷掩藏。《后汉书·姜肱传》:
"以被韜面。"❸用兵的谋略。李德
裕《寒食奉进》诗:"不劳孙子法,自
得太公韜。"❹宽馀。《资治通鉴·
梁元帝承圣三年》"我韜于文士"胡
三省注:"今人谓器币有馀用者,为
宽韜,与此韜同义。"

韜光　❶敛藏光采。韩偓《元夜即
席》诗:"桂兔韜光云叶重,烛龙衔耀
月轮明。"❷比喻掩藏声名才华。萧
统《靖节先生集序》:"圣人韜光,贤
人遁世。"❸唐代名僧。住杭州灵隐
寺,与郡守白居易为诗友。今杭州北
高峰下有韜光寺,即其遗迹。

韜晦　韜光晦迹,谓收敛锋芒,隐
藏才能行迹。《旧唐书·宣宗纪》:
"常梦乘龙升天,言之于郑后。乃曰:
'此不宜人知者,幸勿复言。'历太
和、会昌朝,愈事韜晦,群居游处,未
尝有言。"

韜略　古代兵书《六韜》、《三略》。
后因称用兵的谋略。张说《安公神
道碑铭》:"幼聚童儿,必为军阵之
戏;长交英俊,唯谈韜略之书。"

韜钤　古代兵书有《六韜》及《玉
钤》。后因泛指兵书,亦称用兵谋略。
张说《将赴朔方军应制》诗:"礼乐逢
明主,韜钤用老臣。"

楤(tāo)　木名,楤的一种。
《尔雅·释木》:"楤,山樀。"
郭璞注:"今之山楸。"

鼗(tāo)　同"鼗"。

簉(tāo)　饲牛用的竹筐。《方
言》第十三:"赵、代之间谓之
簉,淇、卫之间谓之牛筐。"

綯(tāo)　亦作"韜"。剑或弓
的套子。

另见tāo 绦。

餂(tāo)　食,给食。《太平广
记》卷三八引《郁侯外传·李
泌》:"拨火出芋与餂之。"

另见xiàn。

鞱(tāo)　同"绦(縧)"。

韜(tāo)　同"韜(韜)"。

鼗(tāo)　同"駋(駋)"。

饕(tāo)　贪。《汉书·礼乐
志》:"贪饕险诐。"颜师古注:
"贪甚曰饕。"特指贪食。苏轼《老饕
赋》:"盖聚物之夭美,以养吾之老
饕。"参见"饕餮"。

饕餮　❶传说中的一种贪食的恶
兽。古代钟鼎彝器上多刻其头部形
状作为装饰。《吕氏春秋·先识》:
"周鼎著饕餮,有首无身。"❷比喻贪
婪凶恶。《左传·文公十八年》:"缙
云氏有不才子,贪于饮食,冒于货贿。
侵欲崇侈,不可盈厌;聚敛积实,不知
纪极。不分孤寡,不恤穷匮。天下之
民以比三凶,谓之饕餮。"杜预注:
"贪财为饕,贪食为餮。"后亦专指
于饮食。如:饕餮之徒。

táo

匋(táo)　"陶"的古字。
另见yáo。

逃(táo)　同"逃"。

咷(táo)　号哭;大哭。如:号
咷。韩愈《祭河南张员外
文》:"我泗君咷。"

逃(táo)　❶逃走,流亡。如:脱
逃;逃亡。《史记·项羽本
纪》:"汉王逃。"❷逃避。如:逃难;
逃荒。《左传·襄公三年》:"有罪不
逃刑。"❸脱离。《孟子·尽心下》:
"逃墨必归于杨,逃杨必归于儒。"

逃禅　❶逃出禅戒。杜甫《饮中八
仙歌》:"苏晋长斋绣佛前,醉中往往
爱逃禅。"仇兆鳌注:"逃禅犹云逃墨
逃杨,是逃而出,非逃而入,醉酒而悖
其教,故曰逃禅。"❷指逃避世事,
禅学佛。《西厢记》第二本第二折:
"我经文也不会谈,逃禅也懒去参。"

逃荒　谓荒年无法生活,逃至异
乡求食。《聊斋志异·刘姓》:"彼鄙
琐不足道,我请如数相赠,若能逃
荒,又全夫妇,不更佳耶?"

逃名　谓避声名而不居。白居易
《香炉峰下新卜山居草堂初成重题东
壁》诗:"匡庐便是逃名地,司马仍为
送老官。"

逃秦　犹避秦。避乱。麴信陵《移
居洞庭》诗:"重林将叠嶂,此处可逃

秦。"参见"避秦"。

逃世 犹避世。谓隐居不仕。陈与义《雨》诗:"老夫逃世久,坚坐听阴晴。"

逃之夭夭 《诗·周南·桃夭》:"桃之夭夭,灼灼其华。""桃"和"逃"同音,后人用"逃之夭夭"表示逃跑,多带有诙谐或嘲讽之意。《二十年目睹之怪现状》第七十八回:"这一来,正中了他的下怀,等各人走过之后,他才不慌不忙的收拾了许多金珠物件,和那位督办大人坐了轮船,逃之夭夭的到天津去了。"

洮(táo)❶盥洗。《书·顾命》:"王乃洮頮水。"孔传:"今疾病,故但洮盥頮面。"❷通"淘"。见"淘汰"。❸水名。见"洮河"。❹古地名。春秋属曹。在今山东鄄城西。《春秋》僖公八年(公元前652年):"公会王人、齐侯、宋公、卫侯、许男、曹伯、陈世子款,盟于洮。"

另见 yáo。

洮河 黄河上游支流。在甘肃省西南部。源出甘、青两省边境西倾山东麓,东流到岷县折向北,经临洮县到永靖县城附近入黄河。长673.1公里,流域面积2.55万平方公里。

駣〔駣〕(táo)马三岁或四岁之称。《周礼·夏官·庾人》:"教駣攻驹。"郑玄注引郑司农曰:"马三岁曰駣。"又《玉篇·马部》:"駣,马四岁也。"

桃(táo)❶果木名。学名 *Prunus persica*。蔷薇科。落叶小乔木。叶阔披针形,具锯齿,叶基有蜜腺。花单生,淡红、深红或白色。核果近球形,表面有毛茸,肉厚汁多,肉色分乳白、金黄、红色三种。多用嫁接繁殖。原产中国,以华北、华东、西北各地栽培最多。果实除供生食外,可制成桃脯、罐头等。花色艳丽,为重要观赏树种。中医学上用仁、花入药,干幼果称"瘪桃干",也入药。变种蟠桃和油桃,也栽培供食用。❷指形状像桃子的其他果实。如:樱桃;胡桃。❸桃花。韩愈《题百叶桃花》:"百叶双桃晚更红,窥窗映竹见玲珑。"❹桃花色。贾至《赠薛瑶英》诗:"舞怯铢衣重,笑疑桃脸开。"❺姓。战国时有桃应。

桃符 古时习俗,元旦用桃木板画神荼、郁垒二神或写二神名,悬挂门旁,以为能压邪。《说郛》卷十引马鉴《续事始》:"《玉烛宝典》曰:'元日造桃板著户,谓之仙木……'即今桃符也。其上或书神荼、郁垒之字。"五代时后蜀的宫廷里开始在桃符上题联语。《宋史·蜀世家》:"孟昶命学士为题桃符,以其非工,自命笔题云:'新年纳馀庆,嘉节号长春。'"后以为春联的别名。

桃梗 ❶桃树的梗,古代用以辟邪。《晋书·礼志上》:"岁旦,常设苇茭、桃梗、磔鸡于宫及百寺之门,以禳恶气。"参见"桃符"。❷用桃树梗刻成的木偶。《国策·齐策三》:"有土偶人与桃梗相与语。"《史记·孟尝君传》作"木偶人与土偶人相与语"。

桃弧棘矢 桃木制的弓,棘枝制的箭,古人以为可辟邪。《左传·昭公四年》:"桃弧棘矢,以除其灾。"

桃花源 ❶亦作"桃源"。东晋陶渊明作《桃花源记》中的世外理想社会。后常用指避世隐居的理想境界。参见"世外桃源"。❷在湖南省桃源县西南桃源山下桃源洞。面临沅江,背倚群山,风景优美。相传因东晋诗人陶渊明所作《桃花源记》、《桃花源诗》而得名。唐时建寺观,清光绪十八年(1892年)重修渊明祠,沿山配置亭阁,按陶渊明诗文命名。现存古迹有桃源佳致碑、菊圃、方竹亭、集贤祠、桃花观等。

桃李 ❶桃花和李花。《诗·召南·何彼襛矣》:"何彼襛矣,华如桃李。"后常以"桃李"形容年轻或貌美。如:桃李之年;桃李其容。❷《韩诗外传》卷七:"夫春树桃李者,夏得阴其下,秋得食其实;春树蒺藜者,夏不可采其叶,秋得其刺焉。"后因以"桃李"比喻所栽培的后学和所举荐的人才。如:门墙桃李;桃李满天下。

桃李不言 比喻尚事实不尚虚名。《汉书·李广传赞》:"李将军恂恂如鄙人,口不能出辞,及死之日,天下知与不知,皆为流涕,彼其中心诚信于士大夫也;谚曰:'桃李不言,下自成蹊。'此言虽小,可以喻大。"颜师古注:"蹊,谓径道也,言桃李以其华(花)实之故,非有所召呼,而人争归趣(趋),来往不绝,其下自然成径,以喻人怀诚信之心,故能潜有所感也。"按:《汉书》赞语本《史记·李将军列传论》。亦作"桃李无言"。辛弃疾《一剪梅·游蒋山呈叶丞相》词:"多情山鸟不须啼,桃李无言,下自成蹊。"

桃笙 ❶竹名。节高而皮软,篾青可以织席。见陈鼎《竹谱》。❷用桃笙竹篾编成的席子。《文选·左思〈吴都赋〉》:"桃笙象簟。"刘逵注:"桃笙,桃枝簟也。吴人谓簟为笙。"《东坡志林》卷一:"柳子厚诗云:'盛时一失贵复贱,桃笙葵扇安可常。'不知桃笙为何物。偶阅《方言》:'簟,宋魏之间谓之笙。'乃悟桃笙以桃竹为簟也。"

桃汛 春暖积雪融化,河水上涨的现象。时值桃花盛开而得名。旧时专指黄河春汛。亦称"桃花汛"或"桃花水"。

陶(táo)❶瓦器。如:彩陶;白陶。《礼记·郊特牲》:"器用陶匏。"❷烧制瓦器。《孟子·告子下》:"万室之国,一人陶,则可乎?"❸比喻造就,培养。《宋书·礼志一》:"化之所陶者广,而德之所被者大。"❹喜;快乐。谢灵运《酬从弟惠连》诗:"傥若果归言,共陶暮春时。"❺畅茂;旺盛。《文选·枚乘〈七发〉》:"陶阳气,荡春心。"李善注引薛君《韩诗章句》:"陶,畅也。"❻古邑名。在今山东定陶西北。相传尧初居此,故称陶唐。周为曹国都,春秋末属宋,战国属齐。经济、交通中心,为春秋、战国时著名的商业城市。《史记·货殖列传》:"陶天下之中。"春秋末范蠡居此贸易,三致千金,号陶朱公。秦置定陶县于此。❼姓。

另见 dào、yáo。

陶遨 心无牵挂。《楚辞·九思·守志》:"摅羽翮兮超俗,游陶遨兮养神。"王逸注:"陶遨,心无所系。"

陶瓷 由粘土及长石、石英等天然原料经混合、成形、干燥、烧制而成的耐水、耐火、坚硬的材料和制品的总称。包括陶器、瓷器、炻器、砖瓦等。由于近代科学技术的发展,现定义已扩展为:所有由天然或人工合成的无机非金属材料经加工制造而成的固体材料和制品。它不仅包括瓷器、陶器、耐火材料、磨料、搪瓷、水泥和玻璃等传统材料,而且包括具有高强度、高硬度、耐腐蚀、特殊光、电、磁、生物医学性能的无机非金属材料和制品(亦称精细陶瓷、特种陶瓷、高性能陶瓷或高技术陶瓷等)。应用范围也已从日用建材等部门扩大到与金属、有机高分子鼎立的地位。广泛用于信息、能源、生物医学、环境、国防、空间技术等部门的高新技术领域中。当用于科学技术中,或学术组织、书刊名称、专业划分等场合时,"陶瓷"一词有时还指其制造、性能和应用的技术和科学。

陶诞 陶,通"谣"。虚妄夸诞。

《荀子·荣辱》："陶诞突盗，惕悍憍暴。"王先谦集解："郝懿行曰：陶，古读如谣。……陶诞即谣诞，谓好毁谤夸诞也。"又《强国》："陶诞比周以争与。"与，与国。一说，陶，通"滔"，荒谬。见王念孙《读书杂志·荀子一》。

陶钧　制造器所用的转轮。比喻造就、创建。《史记·鲁仲连邹阳列传》："是以圣王制世御俗，独化于陶钧之上。"裴骃集解引《汉书音义》："陶家名模下圆转者为钧。"司马贞索隐引张晏曰："陶，冶；钧，范也。作器下所转者名钧。"杜甫《瞿唐怀古》诗："疏凿功虽美，陶钧力大哉！"

陶令　即陶渊明。因曾任彭泽令，故称。李白《口号赠卢征君鸿》诗："陶令辞彭泽，梁鸿入会稽。"

陶器　质地较粗且不透明的粘土制品。由粘土（或加石英等）经成形、干燥烧制而成，可上釉或不上釉。烧成温度一般较瓷器为低。按粘土所含杂质及成分的不同和烧制温度的差别，坯体呈灰、褐、棕等颜色。有日用、艺术和建筑陶器等。新石器时代开始大量出现，成为当时人类的主要生活用具之一。在考古学上常根据其形制、花纹等特征，区别文化类型，进行断代研究。

陶然　快乐貌。陶潜《时运》诗："挥兹一觞，陶然自乐。"

陶染　熏陶感化。《颜氏家训·慕贤》："人在少年，神情未定，所与款狎，熏渍陶染，言笑举动，无心于学，潜移暗化，自然似之。"

陶遂　旺盛地生长。《后汉书·杜笃传》："渐泽成川，粳稻陶遂。"李贤注："薛君《韩诗》曰：'陶，畅也。'《尔雅》曰：'遂，生也。'"

陶陶　❶和乐貌。《诗·王风·君子阳阳》："君子陶陶……其乐只且。"❷和暖貌。《史记·屈原贾生列传》："乃作《怀沙》之赋。其辞曰：'陶陶孟夏兮，草木莽莽。'"《楚辞·九章·怀沙》作"滔滔"。

陶文　战国时代陶器上的文字。一般只有几个字，大都是印文。内容为人名、官名、地名、工名、吉祥语和制造年月等，与甲骨文、金文同为研究中国古代文字的资料。

陶兀　沉湎于酒，放纵傲慢的意思。《晋书·刘伶传》："伶虽陶兀昏放，而机应不差。"亦作"陶陶兀兀"。黄庭坚《醉落魄》词："陶陶兀兀，尊前是我华胥国。"

陶写　娱情养性，排除忧闷。《晋书·王羲之传》："年在桑榆，自然至此，须正赖丝竹陶写。"

陶谢　指晋末宋初诗人陶渊明、谢灵运。杜甫《江上值水如海势聊短述》诗："焉得思如陶谢手，令渠述作与同游。"两人皆长于描绘自然景物，故以并称。但陶诗语言素朴自然，而谢诗语言典丽，风格并不相同。

陶冶　❶陶工和铸工。《孟子·滕文公上》："以粟易械器者，不为厉陶冶；陶冶亦以其械器易粟者，岂为厉农夫哉？"厉，损害。❷犹言陶铸。《荀子·王制》："农夫不斲削，不陶冶而足械用。"引申为养育造就的意思。《文子·下德》："老子曰：阴阳陶冶万物。"也谓娱情养性。杜甫《解闷》诗："陶冶性灵存底物。"

陶猗　指古代富人陶朱公（范蠡）和猗顿。陶朱公以治产致富，猗顿以制盐起家。见《史记·货殖列传》。后泛指富人。《抱朴子·擢才》："结绿玄黎，非陶猗不能市也。"结绿、玄黎，皆宝玉名。

陶甄　犹言陶铸。比喻造就、培育。《文选·张华〈女史箴〉》："散气流形，既陶既甄。"李善注引如淳曰："陶人作瓦器谓之甄。"《晋书·乐志上》："弘济区夏，陶甄万方。"温庭筠《感旧陈情》诗："万灵思鼓铸，群品待陶甄。"

陶蒸　犹陶冶、陶铸。《文选·张华〈鹪鹩赋〉》："阴阳陶蒸，万品一区。"李善注："《文子》、《老子》曰：阴阳陶冶万物。蒸，气出貌。"

陶铸　烧制陶器，铸造金属器物。《墨子·耕柱》："昔者夏后开使蜚廉折金于山川，而陶铸之于昆吾。"比喻造就人才。《庄子·逍遥游》："是其尘垢秕糠，将犹陶铸尧舜者也，孰肯以物为事！"

陶醉　酣畅地醉饮。崔曙《九日登望仙台》诗："且欲近寻彭泽宰，陶然共醉菊花杯。"引申为热中和沉醉于某种事物或境界里面。

萄　（táo）见"葡"。

梼　〔檮〕（táo，又读dǎo）见"梼杌"、"梼昧"。

梼昧　愚昧无知。郭璞《尔雅序》："璞不揆梼昧，少而习焉。"

梼杌　❶古代传说中的神名。《国语·周语上》："商之兴也，梼杌次于丕山。"❷古代传说中的怪兽名，常用以比喻恶人。《史记·五帝本纪》："颛顼氏有不才子，不可教训，不知话言，天下谓之梼杌。"张守节正义引《神异经》："西方荒中有兽焉，其状如虎而大，毛长二尺，人面虎足，猪口牙，尾长一丈八尺，搅乱荒中，名梼杌。"❸楚国的史籍名。《孟子·离娄下》："晋之《乘》，楚之《梼杌》，鲁之《春秋》，一也。"

陶　（táo）同"咷"。见"号咷"。

飅　〔飅〕（táo）大风。李梦阳《林良画两角鹰歌》："整骨刷羽意势劲，四壁六月生秋飅。"

淘　（táo）❶用水冲洗，汰除杂质。如：淘米；淘金。《元史·刘秉忠传》："珍贝金银之所出，淘沙炼石，实不易为。"❷开挖。孟元老《东京梦华录》卷三"诸色杂卖"："官中差人夫监淘在城渠。"

淘河　鹈鹕的别称。《尔雅·释鸟》"鹈，鴮鸅"郭璞注："今之鹈鹕也。好群飞，沈水食鱼，故名洿泽。俗呼之为淘河。"杜甫《赤霄行》："江中淘河吓飞燕。"

淘金　把杂有金粒的沙砾在水中荡涤，以去沙取金。许浑《岁暮自广江至新兴往复中题峡山寺》诗："洞丁多斫石，蛮女半淘金。"后亦用以比喻乘机逐利，以求发财致富。

淘气　顽皮，不听话。《红楼梦》第二回："如今长了十来岁，虽然淘气异常，但聪明乖觉，百个不及他一个。"亦谓跟别人呕气。李致远《还牢末》第一折："为甚么苦眉努目闲淘气。"

淘汰　亦作"洮汰"。❶用水洗净粮食中的杂质。《齐民要术·作酱法》："作热汤于大盆中，浸豆黄良久，淘汰挪去黑皮。"❷排除。白居易《赋赋》："今吾君网罗六艺，淘汰九流。"后亦指除去差的、不合适的，保留好的、合适的。

騊　〔騊〕（táo）见"騊駼"。

騊駼　马名。《尔雅·释畜》："騊駼，马。"郭璞注引《山海经》："北海有兽，状如马，名騊駼，色青。"邢昺疏："良马名騊駼。《字林》云：'北狄良马也。'一曰野马。"《汉书·百官公卿表上》有"騊駼监"。颜师古注："如淳曰：'騊駼，野马也。'师古曰：'騊駼出北海中，其状如马，非野马也。'"颜师古说本《山海经》，其实即马的一种。

绹　〔綯〕（táo）绳索。《诗·豳风·七月》："宵尔索绹。"亦谓绞制绳索。《天工开物·漕舫》：

"凡舟中带篷索，以火麻秸绚绞。"

裪（táo）　福。见《玉篇·示部》。

跳（táo）　通"逃"。《史记·高祖本纪》："〔项羽〕遂围成皋，汉王跳。"司马贞索隐引如淳云："跳，走也。"

另见 tiáo, tiào。

鉊〔鉊〕（táo）　铸。见《集韵·六豪》。

鞀（táo）　同"鼗"，有柄的小鼓。《礼记·月令》："〔仲夏之月〕命乐师修鞀鞞鼓。"

蜪（táo）　蝗的幼虫。见"蜪伴"。

蜪伴　即同伴。翟灏《通俗编·禽鱼》引《韵学集成》："蜪，蝗子。蝗飞蔽野，遇水则相衔而过，俗呼人众相随为蜪伴。"

鞉（táo）　同"鼗"。摇鼓。《诗·周颂·有瞽》："鞉、磬、柷、圉。"

酶（táo）　见"酕酶"。

薿（táo）　同"鼗"。

鼗（táo）　乐器名。即长柄的摇鼓，俗称拨浪鼓。《周礼·春官·小师》："小师掌教鼓、鼗、柷、敔、埙、箫、管、弦、歌。"郑玄注："鼗如鼓而小。持其柄摇之，旁耳还自击。"

tǎo

讨〔討〕（tǎo）　❶征伐；诛戮。《书·皋陶谟》："天讨有罪。"《左传·定公十四年》："讨于赵氏。"❷索取；乞求。如：讨债；讨饶。❸娶。如：讨老婆。❹招惹；招引。如：自讨苦吃。❺探索；研究。如：探讨。李白《江上望皖公山》诗："但爱兹岭高，何由讨灵异。"《隋书·王劭传》："尝论古事，有所遗忘，讨阅不能得。"参见"讨论"。❻治。《左传·宣公十二年》："其君无日不讨国人而训之。"

讨伐　征伐。《史记·十二诸侯年表》："然挟王室之义，以讨伐为会盟主。"

讨论　探讨寻究，议论得失。《论语·宪问》："为命，裨谌草创之，世叔讨论之。"

稻（tǎo）　关西呼蜀黍曰稻黍。见《集韵·三十二晧》。

tào

套（tào）　❶罩在外面。如：套上一层布。也指罩在外面的东西。如：手套；钢笔套。❷串连；连接着的。如：一环套一环；套印；套间。❸将牲口和所拉的车、犁联结起来的皮绳之类用具。如：牲口套；大车套。也指用这种用具拴系物体。如：套车；套马。❹地势弯曲的地方。如：河曲曰河套。《集韵·三十七号》："套，地曲。后唐与梁人战于胡卢套。"❺同类事物配合成的整体。引申为成套事物的量名。如：成套设备；两套制服。❻已成格局的办法或语言。如：俗套；客套；老一套。❼袭用前人现成的形式。如：套用。《红楼梦》第十七回："这是套的'书成蕉叶文犹绿'，不足为奇。"❽用计骗取。如：想办法套他的话；套购物资。

tè

忒（tè）　见"忐忒"。

忒（tè）　❶差错。《易·豫》："故日月不过，而四时不忒。"❷太；过甚。王实甫《西厢记》第一本第二折："夫人忒虑过，小生空妄想。"

忒煞　太；过甚。石君宝《秋胡戏妻》第二折："非关是我女儿忒煞会妆幺。"亦作"忒杀"、"特煞"。《水浒传》第十七回："哥哥忒杀欺负人！我不中，也是你一个亲兄弟！"马致远《荐福碑》第三折："这雨水平常有来，不似今番特煞。"

贷〔貸〕（tè）　❶求乞。《荀子·儒效》："今有人于此，屑然藏千溢（镒）之宝，虽行贷而食，人谓之富矣。"杨倞注："行贷，行乞也。"❷借贷。《汉书·主父偃传》："家贫，假贷无所得。"❸同"忒"。差误。《史记·宋微子世家》："卜五，占之用二，衍贷。"《书·洪范》作"衍忒"。蔡沈集传："二，贞、悔也。衍，推；忒，过也。所以推人事之过差也。"

贷〔貸〕（tè）　通"忒"。失误。《礼记·月令》："毋有差贷。"

另见 dài。

匿（tè）　同"慝"。邪恶。《逸周书·大戒》："克禁淫谋，众匿乃雍。"雍，通"壅"，阻塞。

另见 nì。

特（tè）　❶公牛。《诗·鲁颂·閟宫》："白牡骍刚"孔颖达疏："白牡谓白特，骍刚谓赤特也。"亦指公马。《周礼·夏官·校人》："凡马，特居四之一。"郑玄注引郑司农云："四之一者，三牝一牡。"❷三岁的兽；一说四岁的。《诗·魏风·伐檀》："胡瞻尔庭有悬特兮！"❸牲一头。《书·舜典》："归格于艺祖，用特。"孔传："特，一牛。"《仪礼·士昏礼》："其实特豚。"郑玄注："特，犹一也。"❹配偶。《诗·鄘风·柏舟》："髧彼两髦，实维我特。"❺杰出的；特出的。《诗·秦风·黄鸟》："百夫之特。"❻独。《庄子·逍遥游》："而彭祖乃今以久特闻。"引申为专一，专为。如：特地；特派；特意。《后汉书·陈忠传》："若有道之士，对问高者，宜垂省览，特迁一等，以广直言之路。"❼但。《吕氏春秋·适音》："非特以欢耳目极口腹之欲也。"❽全称"特克斯"。中国选用的纺织纤维及纱线纤度的法定单位。1特表示在公定回潮率时1 000米长的纤维或纱线重1克。特数愈大，纤维或纱线愈粗。1特的十分之一为1分特。中国过去表示纤维或纱线纤度时沿用的"号数"，等于特数。❾"特斯拉❷"的简称。❿姓。春秋时晋有特宫。

特达　❶《礼记·聘义》："圭璋特达，德也。"孔颖达疏："聘享之礼，有圭、璋、璧、琮。璧、琮则有束帛加之乃得达；圭、璋则不用束帛，故云特达。"后用为特出卓异之义。《世说新语·言语》："丞相（王导）因觉，谓顾（顾和）曰：'此子珪璋特达，机警有锋。'"❷特殊知遇。王褒《四子讲德论》："夫特达而相知者，千载之一遇也。"

特地　❶特意；特为。朱熹《题林一鹗示及诸贤诗卷》诗："贫里烦君特地过。"❷特别。罗隐《汴河》诗："当时天子是闲游，今日行人特地愁。"

特将　古指率领军队独当一面的将领。《汉书·卫青霍去病传》："其裨将及校尉侯者九人，为特将者十五人。"颜师古注："特将，谓独别为将而出征也。"

特进　官名。西汉末期始置，以授列侯中之有特殊地位者，得自辟僚属。南北朝为加官，无实职。唐宋为文散官之第二阶，相当于正二品，金元升至一品，明代正一品初授特进荣禄大夫，升授特进光禄大夫。

特磬 中国古击乐器。石制或玉制,用木槌击奏。殷墟出土者有半圆形与曲折形两种,后多作曲折形。周代以来用于雅乐。

特权 剥削阶级依据其政治、经济地位而拥有的特殊权利。我国在社会主义制度下,由于旧社会习惯势力和非无产阶级思想的影响,在一部分干部中仍然存在特权现象。表现形式有:居功自傲,言论和行动不受党纪国法的约束;独断专行,实行家长制;用人唯亲,排除异己;开后门,拉关系;以权谋私,权钱交易以及特殊化等,是腐败现象的一种表现。

特赦 由国家最高权力机关或国家元首以命令方式宣告,对已被判刑的特定罪犯赦免其刑罚的全部或一部分的制度。不同于大赦:(1)大赦不但可以赦免罪犯的刑,而且可以赦免罪犯的罪,特赦则只能赦免罪犯的刑;(2)大赦的效力及于特定犯罪或一般犯罪中的一切罪犯,特赦的效力只及于特定的罪犯;(3)大赦既可行于判决之后,也可行于判决之前,特赦则只可行于判决确定之后。在中国,决定特赦的权限属于全国人大常委会。中国从 1959 年到 1975 年实行了七次特赦,其对象,除第一次为战争罪犯、反革命罪犯和普通刑事罪犯外,其余六次都是战争罪犯,均以确实已经改恶从善为前提。

特使 一国派往他国负有特别使命(如交涉重要问题、参加国庆和其他重要典礼等)的临时外交代表。

特务 ❶担任特殊任务的组织或人。如:中统局;特务员;特务连。❷参加国内敌人的组织或者接受其派遣任务,窃取、刺探、提供情报,进行暗害、破坏、造谣煽惑等活动的分子。我国现行刑法不用这个名词。

特写 ❶以文艺手法迅速及时地反映现实生活的文学体裁。属于报告文学。要求完全真实,不容虚构,具有强烈的感染力和鲜明的逼真感。❷一种新闻报道体裁。要求抓住最能反映人物或事物特征的精彩片断,生动、形象地再现典型事件、人物和场景,使读者有如临其境、如见其人的感受。❸"特写镜头"的简称。

特征 ❶特别征召。谓非乡举。《后汉书·郎𫖮传》:"〔李固〕卓冠古人,当世莫及……宜蒙特征,以示四方。"❷一事物区别于他事物的特别显著的征象、标志。

特钟 又称"镈钟"。中国古击乐器。青铜制。用木槌击奏。殷墟出土乐器中已有之。周代以来用于雅乐。

铽〔铽〕(tè)　化学元素[周期系第Ⅲ族(类)副族元素、镧系元素]。稀土元素之一。符号 Tb。原子序数 65。银灰色金属。具有高的反应活性。用于制高温燃料电池及用作荧光体的激活剂、固体元件的掺杂剂等。

犆(tè)　同"特"。单独。《礼记·少仪》:"丧俟事,不犆吊。"孔颖达疏:"俟事,谓待主人朝夕哭时也。不犆吊,谓不非时而独吊也。"

另见 zhí。

慝(tè)　❶邪恶;恶念。《书·毕命》:"旌别淑慝。"《三国志·魏志·武帝纪》:"民无怀慝。"引申为变心。《诗·鄘风·柏舟》:"之死矢靡慝。"毛传:"至己之死,信无他心。"❷阴气。《左传·昭公十七年》:"慝未作。"❸灾害。《国语·晋语八》:"以伏蛊慝。"

另见 nì。

蟘〔蟘〕(tè)　食苗叶的害虫。《尔雅·释虫》:"食叶,蟘。"字亦作"螣"。参见"螣"。

螣(tè)　食苗叶的小青虫。《诗·小雅·大田》:"去其螟螣。"毛传:"食心曰螟,食叶曰螣。"

另见 téng。

tēng

蹬(tēng)　方言。❶过饱。见《广韵·十七登》。钱大昕《恒言录》卷二:"吴人谓过饱曰蹬。"❷指鸡鸭的胃。见平步青《释谚》。

鼟(tēng)　鼓声。见《玉篇·鼓部》。

téng

疼(téng)　❶痛。如:疼痛;头疼。❷怜惜;宠爱。如:心疼。《红楼梦》第九十八回:"林姑娘是老太太最疼的。"

縢(téng)　佩囊;口袋。《离骚》:"苏粪壤以充帏兮"王逸注:"帏谓之縢。縢,香囊也。"洪兴祖补注:"縢,音腾。按:《说文·巾部》'縢,囊也。'"

腾〔腾〕(téng)　❶马奔跃。如:万马奔腾。引申为奔驰。《后汉书·光武帝纪上》:"莽(王莽)兵大溃,走者相腾践。"❷跳跃。《汉书·李广传》:"及居右北平,射虎。虎腾,伤广,广亦射杀之。"❸上升。《礼记·月令》:"〔孟春之月〕地气上腾。"❹腾挪;搬空让出。《儒林外史》第二十回:"家里一个钱也没有,我店里是腾不出来。"❺乘;驾。《楚辞·九叹·愍命》:"腾驴骡以驰逐。"❻传;致。《后汉书·隗嚣传》:"因数腾书陇蜀,告示祸福。"

腾踔 亦作"腾趠"。跳跃,奔腾。左思《吴都赋》:"狖鼯猓然,腾趠飞超。"韩愈《岳阳楼》诗:"巍峨拔嵩华,腾踔较健壮。"

腾达 上升。刘基《秋怀》诗:"阴氛方腾达,密雨已弥漫。"引申为发迹,宦途得意。如:飞黄腾达。耶律楚材《和平阳王仲祥韵》:"一旦腾达时,献策宜诜诜。"

腾沸 比喻动乱。《后汉书·荀彧传》:"自迁帝西京,山东腾沸,天下之命倒县(悬)矣。"

腾黄 传说中的神马名。《文选·张衡〈东京赋〉》:"扰泽马与腾黄。"李善注引《瑞应图》:"腾黄,神马。一名吉光。"《太平御览》卷八百九十六引《符瑞图》:"腾黄者,神马也。其色黄,一名乘黄,亦曰飞黄,或曰古黄,或曰翠黄,一名紫黄。其状如狐,背上有两角。"参见"乘黄(chéng huáng)"。

腾藉 践踏。柳宗元《兴州江运记》:"颠踣腾藉,血流栈道。"亦作"腾籍"。《旧五代史·唐庄宗纪》:"梁军不之测,自相腾籍,弃甲山积。"

腾蛟起凤 比喻才华富盛。王勃《滕王阁序》:"腾蛟起凤,孟学士之词宗。"按《西京杂记》卷二:"董仲舒梦蛟龙入怀,乃作《春秋繁露词》。"又:"雄(扬雄)著《太玄经》,梦吐凤凰,集《玄》之上,顷而灭。"或为王勃此语所本。

腾马 公马。《吕氏春秋·季春》:"是月也,乃合累牛、腾马,游牝于牧。"高诱注:"累牛,父牛也;腾马,父马也。"

腾挪 ❶亦作"腾那"。挪用;调换。❷指拳术中的窜跳躲闪的动作,引申为借故逃避责任或玩弄手法。鲁迅《准风月谈·查旧帐》:"这是查旧帐,翻开帐簿,打起算盘,问一问前后不符,是怎么的,确也是一种切实分明,最令人腾挪不得的办法。"

腾蛇 ❶同"螣蛇"。传说中一种能飞的蛇。《史记·龟策列传》:"腾蛇之神而殆于即且。"裴骃集解引郭璞曰:"腾蛇,龙属也。螾蛆,似蝗,大腹,食蛇脑也。"❷星宿名。《晋书·天文志上》:"腾蛇二十二星,在营室北,天蛇也,主水虫。"❸旧时相面人称口角的直纹为"腾蛇"。见《汉书·周勃传》王先谦补注。

腾腾 ❶蒸腾貌;兴起貌。如:热气腾腾。仲子陵《五色续宝命赋》:"龙烂蛇伸,光气腾腾。"❷象声。元稹《立部伎》诗:"戢戢攒枪霜雪耀,腾腾击鼓风雷磨。"❸犹言悠悠,表示闲散、迟缓。白居易《戏赠萧处士清禅师》诗:"又有放慵巴郡守,不营一事共腾腾。"❹犹言昏昏、憒憒,形容醉态、睡态。白居易《不如来饮酒》诗:"不如来饮酒,任性醉腾腾。"

腾骧 飞跃;超越。《文选·张衡〈西京赋〉》:"乃奋翅而腾骧。"薛综注:"腾,超也;骧,驰也。"杜甫《观曹将军画马图》诗:"腾骧磊落三万匹,皆与此图筋骨同。"

腾踊 ❶犹腾跃。跳跃。《三国志·吴志·吕蒙传》:"蒙手执枹鼓,士卒皆腾踊自升,食时破之。"引申为起伏。柳宗元《囚山赋》:"楚越之郊环万山兮,势腾踊夫波涛。"❷指物价骤涨。《汉书·魏相传》:"今岁不登,谷暴腾踊。"

腾跃 ❶跳跃。《庄子·逍遥游》:"我腾跃而上,不过数仞而下。"❷指物价上涨。《后汉书·光武帝纪下》:"往岁水旱,蝗虫为灾,谷价腾跃,人用困乏。"

腾云驾雾 ❶在云雾中飞行。《警世通言·旌阳宫铁树镇妖》:"此时真君已会腾云驾雾,遂赶上二龙。"❷比喻头脑迷糊、昏乱。

誊〔謄〕(téng) 抄写。如:誊录;誊清;誊正。

誊黄 皇帝下诏书,受诏者用黄纸誊写颁行下属,叫誊黄。《清会典·礼部》:"恩诏下,出郊以迎,率士兵以听宣,遂誊黄而遍布焉。"

誊录 清代乡试、会试时,挑选书吏充当誊录,将试卷另用朱笔照誊,方送考官评阅,以誊录官监督之。又清制,在方略馆等机关内任缮写的亦名誊录,会试后落选的举人亦可选充誊录。

滕(téng) ❶水向上腾涌。《说文·水部》:"滕,水超涌也。"❷古国名。西周分封的诸侯国。姬姓。开国君主为周文王之子错叔绣。在今山东滕州西南。战国初期为越所灭,不久复国,后为宋所灭。❸姓。

滕口 亦作"腾口"。《易·咸》:"咸其辅颊舌,滕口说也。"后以滕口谓众口喧腾。韦瓘《宣州南陵县大农陂记》:"范君独判于心,不畏滕口。"

滕六 中国古代神话中的雪神名。范成大《正月六日风雪大作》诗:"滕六无端巽二痴,翻天作恶破春迟。"巽二,风神。

滕室 张华《博物志》卷八:"汉滕公薨,求葬东都门外。公卿送丧,驷马不行,踏地悲鸣,跑蹄下地得石,有铭曰:'佳城郁郁,三千年见白日,吁嗟!滕公居此室。'遂葬焉。"后因以"滕室"称墓穴。张九龄《王府君墓志铭》:"合如防墓,开彼滕室。"防山,有孔子父母墓。

遵(téng) 见"遵賧"。

遵賧 唐时南方少数民族六诏之一。《新唐书·南诏传》作"遵睒"。

螣(téng) 见"螣蛇"。
另见 tè。

螣蛇 亦作"腾蛇"。传说中一种能飞的蛇。《尔雅·释鱼》:"螣,螣蛇。"郭璞注:"龙类也,能兴云雾而游其中。"《荀子·劝学》:"螣蛇无足而飞。"

縢(téng) ❶缠束。《诗·秦风·小戎》:"竹闭绲縢。"朱熹注"闭,弓檠也。绲,绳;縢,约也。"❷绳索。《诗·鲁颂·閟宫》:"公车千乘,朱英绿縢,二矛重弓。"❸封缄。《书·金縢序》:"武王有疾,周公作金縢"孔颖达疏:"郑云,凡藏秘书,藏于匮,必以金缄其表。"❹绑腿布。《国策·秦策一》:"羸縢履屩。"羸,原作嬴,裹、缠。❺通"縢"。袋。《后汉书·儒林传》:"其缣帛图书,大者连为帷盖,小乃制为縢囊。"

藤〔籐〕(téng) ❶蔓生植物名。有白藤、紫藤等多种。❷泛指植物的匍匐茎或攀缘茎。如:瓜藤;葡萄藤。

䑣〔鰧〕(téng) 亦称"瞻星鱼"。硬骨鱼纲,䑣科。体呈亚圆筒形,后部侧扁,长达25厘米。青灰色,有褐色网状斑纹。头宽大平扁,具粗糙骨板。口大,几垂直,口内常有一丝状皮瓣。眼小,上侧位。栖息浅海底层,常半埋于泥沙中,伺捕食物。分布于中国以及朝鲜半岛和日本。常见的有日本䑣(*Uranoscopus japonicus*)、青䑣(*Ichthyscopus lebeck*)和青䑣(*Gnathagnus elongatus*)等。

为习见的食用杂鱼。

日本䑣

鰧(téng) 同"䑣",鱼名。《文选·郭璞〈江赋〉》:"鯩鰊鰧鮞。"李善注引《山海经》:"鰧,其状如鳜。"

tī

体〔體〕(tī) "体己"的"体"又读。
另见 bèn,tǐ。

剔(tī) ❶分解骨肉,把肉从骨上刮下来。《水浒传》第三回:"〔郑屠〕从肉案上抢了一把剔骨尖刀,托地跳将下来。"❷从孔隙中往外挑出东西。如:剔牙。引申为挑出、剔除。范成大《晓枕闻雨》诗:"剔灯寒作伴,添被厚如埋。"陆游《牡丹谱》:"栽接剔治,各有其法,谓之弄花。"❸疏通;泄去。《淮南子·要略》:"剔河而道九岐。"
另见 tì。

剔抉 挑选。韩愈《进学解》:"爬罗剔抉,刮垢磨光。"

梯(tī) ❶梯子,升降的用具或设备。如:楼梯;电梯。引申为渐进的阶级。如:阶梯。又引申为导致事故的因由。《国语·越语下》:"无旷其众以为乱梯。"韦昭注:"无令空旷废业,使人困乏以生怨乱,为祸阶也。"❷梯形的。如:梯田。❸像爬梯而上升。如:梯山航海。❹凭。《山海经·海内北经》:"西王母梯几而戴胜杖。"❺通"体"。见"梯己"。

梯队 作战或行军时,依任务和行动顺序对部队进行区分所形成的队形。也指作战和行军部署的一种形式。如第一梯队、第二梯队和先头梯队、后续梯队等。

梯航 ❶梯与船,登山渡水的工具。吕温《与族兄皋请学春秋书》:"翘企圣域,莫知所从,如仰高山,临大川,未获梯航而欲济乎深而臻乎极也。"❷登山和航海。谓长途跋涉。令狐楚《贺赦表》:"百蛮梯航以内面,万国歌舞而宅心。"

梯己 同"体己"。

梯媒 引荐,介绍。李商隐《为东川崔从事福谢辟并聘钱启》:"某早辱梯媒,获沾科第。"亦指引荐介绍的人。苏鹗《杜阳杂编》卷上:"天下责宝货求大官职,无不恃载权势,指薛卓为梯媒。"载,宰相元载;薛,元载宠姬薛瑶英之父宗本,兄从义;卓,中书主吏卓倩。

梯田 在坡地上沿等高线筑埂、平地,修成的台阶状田块。是山丘区水土保持措施之一。梯田边缘用土石垒埂。按田面坡度状况,分为水平梯田、反坡梯田、坡式梯田。可以保水、保土、保肥,有利增产。

锑 〔锑〕(tī) 化学元素[周期系第Ⅴ族(类)主族元素]。符号Sb。原子序数51。有两种同素异形体。普通锑系银灰色金属,性脆,有冷胀性。无定形锑呈灰色,从卤化锑电解制得。但杂有高于一定量的卤素时,经磨擦、弯折或加热即引起爆炸,曾称为爆炸性锑。主要以辉锑矿(Sb_2S_3)形式存在。用于铸件、蓄电池,制印刷合金(铅字)及轴承合金等,也用于半导体工业。用途很广的锑化合物有锑白、硫化锑及各种医疗用的锑剂等。

踢 (tī) 用脚推送或猛击。如:踢球;踢毽子。王明清《挥麈录馀话》卷一:"此猫偶尔而过,何为遽踢之?"

鷈 〔鷈〕(tī) 见"鷈"。

tí

荑 (tí) 同"黄"。
另见 dì。

黄 (tí) ❶茅草的嫩芽。《诗·邶风·静女》:"自牧归黄。"❷通"稊"。一种似稗子的草。《孟子·告子上》:"五谷者,种之美者也,苟为不熟,不如黄稗。"《齐民要术·种谷》作"不如稊稗"。参见"稊"。
另见 yí。

绨 〔绨〕(tí) 古代丝织物名。《急就篇》卷三颜师古注:"绨,厚缯之滑泽者也。"《管子·轻重戊》:"鲁梁之民俗为绨。"
另见 tì。

绨袍 粗绨做的袍。战国时,魏范雎随须贾使齐,贾误认雎背魏,归告魏相,使雎遭笞辱几死。后来范雎改名张禄,入秦为相。须贾出使到秦国,范雎扮成穷人去见他,须贾说:"范叔一寒如此哉?"送他一件绨袍。后发现他就是秦相,乃肉袒谢罪。范雎因须贾馈赠绨袍,恋恋有故人之意,便宽了他。见《史记·范雎蔡

泽列传》。后以"绨袍"表示不忘旧情之意。白居易《醉后狂言酬赠萧殷二协律诗》:"宾客不见绨袍惠。"

稊 (tí) 同"稊"。

偍 (tí) 行动弛缓。《荀子·修身》:"难进曰偍。"

谛 〔谛〕(tí) 通"啼"。《荀子·礼论》:"哭泣谛号。"
另见 dì。

提 (tí) ❶把东西悬空拿着。如:提灯。陶潜《游斜川》诗:"提壶接宾侣。"❷提拔。《北史·魏收传》:"然提奖后辈,以名行为先。"❸举;举出。如:相提并论;提意见。韩愈《进学解》:"记事者必提其要,纂言者必钩其玄。"❹取;取出。如:提款;提货。❺率领。《三国演义》第三回:"自己却带李傕、郭汜、张济、樊稠等提兵望洛阳进发。"❻一种舀取液体的用器。如:油提;酒提。❼鼓名。《周礼·夏官·大司马》:"师帅执提。"❽姓。春秋时晋有提弥明。
另见 dī、dǐ、shí。

提案 提请权力机关或一定组织的会议讨论、处理的建议。由出席人和法律、章程上规定的机构或个人提出。

提拔 选拔提升。庾信《为杞公让宗师表》:"天泽沛然,谬垂提拔。"

提点 官名。宋代有各路提点刑狱公事和提点开封府界公事,掌司法和刑狱。元代中央及上都(今内蒙古正蓝旗东闪电河北)的专管机构,如管理皇帝饮食的尚食局、管理军器的利器库,均以提点为长官,寓有提举、检点之意。宋代另设照管宫观的提点宫观和提举宫观,同为"祠禄官"。明代因置神乐观提点,掌乐舞;太和山(即武当山)提点,管理道士。清代废。参见"提举"。

提调 清代在非常设的机构中负责处理内部事务的职员。

提督 ❶官名。明代驻防京师的京营设有提督,南京置操江提督。中叶后,巡抚多兼提督军务衔,亦间有总兵加称提督的。万历时始专设提督,但不常置。清制设提督军务总兵官,简称提督,一般为一省的高级武官,但仍受总督或巡抚节制。所属有镇、协、营、汛各级,所直接统辖的绿营兵,称为提标。沿江沿海地区则专设水师提督。❷领导监督之通称,例如清代学政全衔为提督某省学政。

提封 亦作"堤封"。指诸侯或宗

室的封地。《汉书·刑法志》:"提封万井。"颜师古注:"李奇曰:'提,举也;举四封之内也。'说者或以为积土而封谓之堤封。"亦指国内,四境之内。《北史·隋宗室诸王传》:"圆首方足,秉气食毛,莫不尽入提封。"亦作都凡、大凡、总共解。《汉书·食货志上》:"地方百里,提封九万顷。"

提纲挈领 亦作"提纲振领"。提网之纲,挈衣之领。比喻抓住要领。《荀子·劝学》:"若挈裘领,诎五指而顿之,顺者不可胜数也。"《宋史·职官志八》:"提纲而众目张,振领而群毛理。"《官场现形记》第六十回:"因此便想到一个提纲挈领的法子。"

提衡 相等;相对。《管子·轻重乙》:"以是与天子提衡,争秩于诸侯。"《韩非子·有度》:"贵贱不相逾,愚智提衡而立,治之至也。"亦作"提珩"。《盐铁论·论功》:"七国之时,皆据万乘,南面称王,提珩为敌国累世,然终不免俯首系虏于秦。"

提举 官名。原意是管理。宋代以后设立主管专门事务的职官,即以提举命名,有提举常平、提举市舶、提举学事(宋)、医学提举(元)、宝钞提举(元明)、盐课提举(元、明、清)等名号,其官署称司。宋代另设提举宫观,为安置罢退的大臣及闲员而设,坐食俸禄而不管事,称"祠禄官"。

提牢 官名。清沿明制,于刑部内设提牢主事,简称提牢。满、汉各一人,于额外主事内选充,负责管理部内监狱。

提挈 ❶携带;用手提着。《国策·东周策》:"夫鼎者,非效壶醯酱瓿耳,可怀挟提挈以至齐者。"❷照顾;提拔。《二十年目睹之怪现状》第三十九回:"侣笙连忙拱手道:'多谢提挈。'"❸举起。朱熹《中庸章句序》:"提挈纲维,开示蕴奥。"

提撕 拉扯。《诗·大雅·抑》"言提其耳"郑玄笺:"亲提撕其耳。"引申为提醒。《朱子全书·存养》:"只要常自提撕,分寸积累将去,久之自然接续,打成一片耳。"

提辖 ❶宋代一路或一州所置的武职有称为提辖兵甲者,简称提辖。❷南宋时,掌茶、盐、香、矾等专卖的榷货务都茶场,掌采办宫廷、官府所需杂物的杂买务杂卖场,掌制造供应宫廷用的珍巧器物的文思院,储藏金银钱帛的左藏库,各设提辖官掌管,合称四提辖。

提携 ❶搀扶;带领。《礼记·曲

礼上》："长者与之提携，则两手奉长者之手。"元稹《会真记》："提携幼稚。"❷帮助；照顾。白居易《伤友》诗："昔年洛阳社，贫贱相提携。"亦谓提拔。《三国演义》第六十九回："望不相弃，曲赐提携，感德非浅！"

提刑 官名。提点刑狱公事的简称。宋初设于各路，主管所属各州司法、刑狱和监察，兼管农桑。其官署称司，号"宪司"。京畿地区设提点开封府界诸县镇公事，掌处内县镇刑狱、治安、场务、河渠；南宋称提点京畿刑狱。金设有提刑使，后改为按察使。明清各省均设提刑按察使。

提学 学官名。北宋崇宁二年（1103年）在各路设提举学事司，管理所属州县学校和教育行政，长官称提举学事使，简称提学。金有提举学校官，元有儒学提举司，明初承之，至正统元年（1436年）始设提调学校官。两京以御史充任，称提学御史，十三布政司以按察司副使、佥事充任，称提学道。清初相沿，雍正四年（1726年）改提督学政，简称学政。光绪三十二年（1906年）改设提学使，辛亥革命后废。参见"学政"。

提要 摘出纲要。如：提要钩玄。也指提纲性著作。如：《四库全书总目提要》。

嗁(tí) 同"啼"。卢仝《小妇吟》："夫子于旁聊断肠，小妇哆嗁上高堂。"

啼(嗁)(tí) ❶放声哭。《礼记·丧大记》："始卒，主人啼。"❷鸣；叫。曹操《苦寒行》："虎豹夹路啼。"李白《乌夜啼》："黄云城边乌欲栖，归飞哑哑枝上啼。"

啼痕 泪痕。岑参《长门怨》诗："绿钱侵履迹，红粉湿啼痕。"

啼魂 指杜鹃鸟。古代传说杜鹃鸟是上古蜀王望帝（杜宇）所化，至春啼鸣，故称。王世贞《沈母挽章》诗："慈竹吴江冷，啼魂蜀道难。"

啼血 形容鸟类悲苦的啼声。一般指杜鹃的啼鸣。《本草纲目》引唐陈藏器《本草拾遗》："人言此鸟（杜鹃）啼至血出乃止。"白居易《琵琶行》："其间旦暮闻何物？杜鹃啼血猿哀鸣。"

啼珠 喻指露珠。元稹《生春》诗："柳误啼珠密，梅惊粉汗融。"

啼妆 《后汉书·梁冀传》："冀妻孙寿色美，而善为妖态，作愁眉、啼妆。"李贤注引《风俗通》："啼妆者，薄拭目下若啼处。"谓以粉拭眼睛下面，似啼痕。故名。

稊(tí) ❶一种形似稗的草，实如小米。《庄子·秋水》："不似稊米之在太仓乎？"❷通"荑"。植物的嫩芽。《易·大过》："枯杨生稊。"

遆(tí) 姓。见《集韵·十二齐》。

鹈〔鵜〕(tí) ❶见"鹈鹕"。❷见"鹈鴂"。

鹈鹕 亦称"伽蓝鸟"、"淘河鸟"、"塘鹅"。鸟纲，鹈鹕科。体长可达2米。羽多白色，翼大而阔。趾间有全蹼。下颌底部有一大的喉囊，可用以兜食鱼类。群居，主要栖息在沿海湖沼、河川地带。分布于中国的如斑嘴鹈鹕指名亚种，在长江下游、福建为夏候鸟；在广西、广东、云南南部为冬候鸟。

斑嘴鹈鹕新疆亚种

鹈鴂 鸟名。亦作"鷤鴃"、"鷤䳏"、"鶗鴂"。即"子规"、"杜鹃"。《离骚》："恐鹈鴂之先鸣兮，使夫百草为之不芳。"王逸注："鹈鴂，一名买鵕，常以春分鸣也。"按扬雄《反离骚》作"鶗鴂"，张衡《思玄赋》作"鷤䳏"，或指杜鹃科的"鹰鹃"。

鹈翼 《诗·曹风·候人》："维鹈在梁，不濡其翼。"郑玄笺："鹈在梁，当濡其翼，而不濡者，非其常也。以喻小人在朝，亦非其常。"后比喻以不正当手段谋取官位。《北史·卢恺传》："恺谏曰：'……今神欢出自染工，更无殊异，徒以家富自通，遂与缙绅并列，实恐鹈翼之刺，闻之外境。'"亦喻居官不称职。刘禹锡《为淮南杜相公谢赐春衣表》："在身不称，恐招鹈翼之讥；居任无功，叨受鹈纹之赐。"

媞(tí) ❶见"媞媞"。❷莎草子名。《尔雅·释草》："薃侯，莎，其实媞。"

媞媞 ❶亦作"提提"。安舒貌。张九龄《酬通事舍人》诗："飞鸣复何远，相顾幸媞媞。"❷美好貌。《楚辞·七谏·怨世》："西施媞媞而不得见兮。"

騠〔騠〕(tí) 见"駃騠"。

缇〔緹〕(tí) 丹黄色；浅绛色。《后汉书·律历志上》："为室

三重，户闭，涂衅必周，密布缇缦。"此指帛色。《周礼·地官·草人》："凡粪种，骍刚用牛，赤缇用羊。"此指泥土色。

缇骑 古代当朝贵官的前导和随从骑士。《后汉书·百官志四》："执金吾一人……缇骑二百人。"李贤注引《汉官》曰："执金吾缇骑二百人，五百二十人舆服导从，光满道路。"王先谦集解引李祖楙曰："《说文》，缇，帛丹黄色。盖执金吾骑以此帛为服，故名。"执金吾，负责京城治安的官。后也用以称逮捕犯人的禁卫吏役。张溥《五人墓碑记》："缇骑按剑而前，问：'谁为哀者？'"

缇室 古代察候节气之室。《后汉书·律历志上》："候气之法，为室三重，户闭，涂衅必周，密布缇缦。室中以木为案，每律各一，内庳外高。从其方位，加律其上，以葭莩灰抑其内端，案历而候之，气至者灰动。"《宋史·乐志十六》："灰飞缇室气潜嘘。"参见"葭灰"。

鶗〔鶗〕(tí) 见"鶗鴂"。

鶗鴂 即"鹈鴂"。

禔(tí) 安。《汉书·司马相如传下》："遐迩一体，中外禔福，不亦康乎！"

另见 zhī。

鳀〔鯷〕(tí) 即"鲇"。

另见 yí。

鶙〔鶙〕(tí) 见"鶙鵳"。

鶙鵳 鹯鹰的一种。亦名"鸇"。《广雅·释鸟》："鶙鵳，鸇也。"参见"鸇"。

蕛(tí) 同"稊"。《尔雅·释草》："蕛，苵。"郭璞注："蕛似稗，布地生秽草。"郝懿行义疏："今验其叶似稻而细，青绿色，作穗似稗而小，穗又疏散，其米亦小，人不食之。"

题〔題〕(tí) ❶头额。《楚辞·招魂》："雕题黑齿。"引申为端。见"榱题"。❷指标识篇首的文字。如：标题；篇题。❸题目；问题。如：算题；命题；文不对题；离题千里。❹书写；署。如：题字；题诗。张籍《送元八》诗："明日城西送君去，旧游重到独题名。"❺品评。《后汉书·党锢传序》："激扬名声，互相题拂。"❻章奏。如：题奏；题本。❼通"提"。《西游记》第二十七回："行者取了钵盂……须臾间，奔南山摘桃不题。"

另见 dì。

题跋 写在书籍、字画、碑帖等前面的文字叫"题"。后面的叫"跋"。段玉裁《说文解字注·足部》:"题者,标其前;跋者,系其后也。"一般指书、画、书籍上的题识之辞。沈括《梦溪笔谈》卷五:"唐昭宗幸华州,作《菩萨蛮》辞三章……今此辞墨本犹在陕州一佛寺中。予顷年过陕,曾一见之,后人题跋多,盈巨轴矣。"

题材 文艺作品内容的构成要素之一。即作品中构成艺术形象和故事情节的具体材料。是作者在观察体验社会生活的过程中,经过选择、集中、加工和发展而确定的。题材选择和处理,与作者的个性、人生经历及文化修养有较大关系,也受制于其情感、思想、艺术理念和创作追求。

题词 一作"题辞"。文体名。一般题在作品的前面。主要用来对作品表示赞许、进行评价或叙述读后感想。其性质与"序跋"相似,但大多用韵文体裁,用散文者篇幅亦较短。又泛指留作纪念的题写文字。

题辞 即"题词"。

题凑 古代天子的椁制,亦赐用于大臣。椁室用厚木累积而成,至上为题凑。题,头也;凑,聚也。木头皆内向为椁盖,上尖下方,如屋檐四垂。见刘文淇《左传旧注疏证·成公二年》。《史记·滑稽列传》:"臣请以雕玉为棺,文梓为椁,楩枫豫章为题凑。"

题凤 《世说新语·简傲》:"嵇康与吕安善,每一相思,千里命驾。安后来,值康不在,喜(嵇喜)出户延之,不入,题门上作凤字而去。喜不觉,犹以为欣。故作凤字,凡鸟也。"吕安以凡鸟讽嵇康之兄喜为庸才。后以"题凤"喻高贵者的访问。钱起《酬赵给事相寻不遇留赠》诗:"忽看童子扫花处,始愧郎君题凤来。"

题糕 邵博《邵氏闻见后录》卷十九:"刘梦得作《九日》诗,欲用糕字,以五经中无之,辍不复为。宋子京以为不然,故子京九日食糕,有咏云:'飙馆轻霜拂曙袍,糗糕花饮斗分曹。刘郎不敢题糕字,虚负诗中一世豪。'遂为古今绝唱。"

题目 ❶命题;主题。杨万里《红锦带花》诗:"后园初夏无题目,小树微芳也得诗。"❷书籍的标目。《南史·王僧虔传》:"往年有意于史,取《三国志》聚置床头百日许,复徙业就玄。汝曾未窥其题目,未辨其指归,而妄自欺人,人不受汝欺也。"

❸品评。《世说新语·政事》:"山司徒(山涛)前后选,殆周遍百官,举无失才,凡所题目,皆如其言。"❹名称。《北史·念贤传》:"时行殿初成,未有题目。帝诏近侍各名之。"❺借口;名义。白居易《送吕漳州》诗:"独醉似无名,借君作题目。"

题桥 韦庄《东阳赠别》诗:"去时此地题桥去,归日何年佩印归。"参见"题柱❶"。

题主 旧时丧事中请人把死者衔名写在神位上,以便安椁奉祭,叫"题主"。也称"点主"。《清通礼·凶礼·官员丧礼》:"葬之日,择宗亲善书者一人题主。"吴荣光《吾学录·丧礼门三》:"近日官绅丧礼,皆于出殡前一二日行题主礼于丧次。"

题柱 ❶《华阳国志·蜀志》:"城北十里有升仙桥,有送客观。司马相如初入长安,题市门曰:'不乘赤车驷马,不过汝下也!'按《太平御览》卷七十三引作'题桥柱'。后用为誓志功名之典。杜甫《陪李七司马皂工上观造竹桥》诗:"顾我老非题柱客,知君才是济川功。"❷《三辅决录·田凤》:"长陵田凤,字季宗,为尚书郎,仪貌端正。入奏事,灵帝目送之,因题殿柱曰:'堂堂乎张,京兆田郎。'"后谓官员仪表不凡,为皇帝赏识。钱起《和王员外雪晴早朝》诗:"题柱盛名兼绝唱,风流谁继汉田郎。"

蝭 (tí) 见"蝭蟧"。
另见 chí。

蝭蟧 虫名,蝉的一种,即蟪蛄。《方言》第十一:"蛥蚗,楚谓之蟪蛄,自关而东谓之虭蟧,或谓之蝭蟧。"

醍 (tí) 见"醍醐"。
另见 tǐ。

醍醐 ❶酥酪上凝聚的油。《本草纲目·兽一》"醍醐"引寇宗奭曰:"作酪时,上一重凝者为酥,酥上如油者为醍醐,熬之即出,不可多得,极甘美。"❷佛教用以比喻一乘教义。如天台宗喻《法华》、《涅槃》为醍醐,真言宗喻陀罗尼藏为醍醐。杜甫《大云寺赞公房》诗:"醍醐长发性,饮食过扶衰。"

醍醐灌顶 佛教比喻以智慧灌输于人,使人彻悟。顾况《行路难》诗:"岂知灌顶有醍醐,能使清凉头不热。"

踶 (tí) 同"蹄"。见《集韵·十二齐》。
另见 chí,dì,zhì。

蹄 〔蹏〕(tí) 马、牛、羊、猪等脚趾端的表皮变形物。由一种特殊的较坚硬的角质层所组成,有利于行走和承受体重等作用。有"奇蹄"和"偶蹄"之分。也指马、牛、羊、猪等的脚。
另见 dì。

蹄涔 涔,雨水。兽蹄迹中的积水,形容水量极少。比喻处在不能有所作为的地位。《淮南子·汜论训》:"夫牛蹄之涔,不能生鳣鲔。"

鳀 〔鯷〕(tí) 鱼名。动物名 Engraulis japonicus。亦称"黑背鳀"。硬骨鱼纲,鳀科。体延长,侧扁,长达13厘米。背青绿色,侧腹银白色。吻圆突,口腹位。腹部无棱鳞。集群性中上层鱼类,趋光性强,昼夜作明显的垂直移动,主食小型甲壳动物。分布于中国及朝鲜半岛、日本沿海。中国东海、黄海沿海鳀的资源丰富。肉味鲜美,幼鱼干制品称"海蜓"。近缘种秘鲁鳀(E. ringens),产于秘鲁及智利,年产量高达1 000万吨,世界重要海洋经济鱼类。

鳀

諦 (tí) 同"啼"。《汉书·严助传》:"孤子諦号。"颜师古注:"諦,古啼字。"

鮷 (tí) 同"鳀(鯷)"。

禵 〔禠〕(tí) 福。见《字汇补·示部》。

鷉 (tí) 同"鹈"。见"鹈❶"。

tǐ

体 〔體〕(tǐ) ❶身体。如:体重;体温。《礼记·大学》:"心广体胖。"亦指肢体。《论语·微子》:"四体不勤。"❷部分。与"兼(全体)"相对。《墨子·经上》:"体,分于兼也。"《经说上》:"体,若二之一;尺之端也。"谓"二"兼"一","尺"兼两"端"。也指整体。如:浑然一体。《仪礼·丧服》:"父子一体也,夫妻一体也,昆弟一体也。"❸物质存在的状态。如:固体;液体。❹字体。如:楷体;草体。❺文体。萧统《文选序》:"凡次文之体,各以汇聚;诗赋体既不一,又以类分。"❻体制。如:政体;体大思精。❼与"用"相对。参见"体用"。❽语法范畴之一。通过一定的语法形式表示动作进行的状态。一般分完成体和进行体两种。如汉语"看了"是完成体,"看着"是进行体。"体"与"时"是两个不同的范畴。参见"时"。❾几何学上具有长宽厚三度的形体。如:立方体;圆锥体。❿古称占卜时的卦兆。《诗·卫风·氓》:"尔卜尔筮,体无咎言。"⓫体验;实行。《淮南子·氾论训》:"故圣人以身体之。"《荀子·修身》:"好法而行,士也;笃志而体,君子也。"⓬设身处地为人着想。如:体谅;体恤;体察。《中庸》:"体群臣也。"⓭亲近。《礼记·学记》:"就贤体远。"引申为亲贴,私己。见"体己"。⓮成形;生长。《诗·大雅·行苇》:"敦彼行苇,牛羊勿践履,方苞方体,维叶泥泥。"⓯分别;分。《礼记·礼运》:"体其犬豕牛羊。"郑玄注:"分别骨肉之贵贱,以为众俎。"《周礼·天官·序官》:"体国经野。"郑玄注:"体犹分也。"⓰通"礼"。见"体貌❷"。

另见 bèn,tī。

体裁 ❶指文章的风格。中国古代专指诗文的文风词藻。《宋书·谢灵运传论》:"爰逮宋氏,颜谢腾声,灵运之兴会标举,延年之体裁明密,并方轨前秀,垂范后昆。"西方文论中,相应的概念有"文体",指散文或韵文中的说话和表达方式,属修辞学范畴。❷又称"样式"。指文学的类别,如诗、散文、小说、戏剧文学等。每一类别又可按作品规模、性质、内容来划分,如长篇、中篇、短篇小说;杂文、随笔、小品文;叙事诗、抒情诗、史诗等。文学体裁是人类长期艺术实践的产物,是随着社会生活的发展而不断丰富、发展的。由于在反映社会生活、表达思想感情方面各具特点和不同的效能,而形成不同的体裁。

体操 体育运动的一类。根据人的生物学特征设计并对姿态和造型有特定要求的一种身体操练。按练习形式,分徒手和利用器械两种。按体育任务,有锻炼性(基本体操、广播体操、辅助体操)、竞技性(竞技体操、技巧运动、艺术体操)、表演性(团体操)等。内容丰富,动作多样,男女老少均可选择操练。对增强人体机能、培养意志品质有良好作用。

体察 ❶体会省察。《朱子全书·学六》:"读一句书,须体察这一句我将来甚处用得。"❷犹考核。考查观察。《金史·选举志四》:"旧制,每季到部求仕人,识字者试以书判,不识字者问以疑难二事;体察其言行相副者。"

体词 实词的一大门类。与"谓词"相对。一般把主要功能是充当主语、宾语和不能同副词结合的名词、代词以及数词、量词等词类概括为体词。

体大思精 规模宏大,思虑精密,多指大部著作。范晔《后汉书自序》:"此书行,故应有赏音者,纪传例为举其大略耳。诸细意甚多。自古体大而思精,未有此也。"

体格 反映人体生长发育水平、营养状况和锻炼程度的状态。一般通过观察和测量身体各部分的大小、形状、匀称度,以及身高、体重、胸围、肩宽、骨盆宽度、皮肤与皮下软组织等情况来判断。

体国经野 《周礼·天官·序官》:"惟王建国,辨方正体,体国经野,设官分职,以为民极。"体,划分。国,都城。经,丈量。野,田野。古代把都城划分为若干区域,由"国人"分别居住;把田野划分为方块耕地,使"野人"居住、耕作;设官管理,不准随便迁徙。后也泛指治理国家。

体己 亦作"梯己"、"梯气"。❶切身;贴身的。《通俗编·货财》引《山居新语》:"尝见周草窗家藏徽宗在五国城写归御批,有云'可付与体己人'者,即所谓梯己人。"❷个人私有的。多指私蓄。《元典章·户部二·官吏》:"其押马人员,于中夹带梯己马匹。"《红楼梦》第十六回:"知道奶奶有了体己,还不大着胆子花么?"❸私下;私自。《水浒传》第六十二回:"来日宋江体己聊备小酌。"

体荐 谓解牲为七体,置于俎以进献。《左传·宣公十六年》:"王享有体荐,宴有折俎。公当享,卿当宴,王室之礼也。"刘文淇疏证:"此谓割牲留脊而分为两,两又三分之,并脊,是为七体。"

体解 ❶支解人体。古代的一种酷刑。《离骚》:"虽体解吾犹未变兮,岂余心之可惩。"❷分割牲畜肢体。《国语·周语》:"体解节析而共饮食之。"

体例 ❶纲领制度和内容细则。《晋书·李重传》:"臣以革法创制,当尽开塞利害之理,举而错之,使体例大通而无否滞,亦未易故也。"❷著作的编写规范格式。用以保证书稿的规格整齐和内容层次分明。常

用于辞书编写中,包括立目和释义两个方面,狭义专指释文的模式,主要包括:条目的分级和各级条目的字数,释义原则,释文程式,释文技术规格等。

体貌 ❶体态容貌。宋玉《登徒子好色赋序》:"玉为人,体貌闲丽,口多微辞。"❷相待以礼。《汉书·贾谊传》:"所以体貌大臣,而厉其节也。"颜师古注:"体貌,谓加礼容而敬之。"

体面 ❶犹面貌,格局。《朱子全书·易二》:"此书体面,与他经不同。"❷礼貌;规矩;面子。秦简夫《东堂老》第一折:"我媳妇来见叔叔,我怕他年纪小,失了体面。"《红楼梦》第七回:"他(焦大)自己又老了,又不顾体面,一味的好酒,喝醉了无人不骂。"❸美丽;漂亮。如:长得体面。

体贴 ❶关怀;体会别人的心情和处境,寄与同情和关切。如:体贴入微。《红楼梦》第五十二回:"未免想着我只顾疼这些小孙子孙女儿们,就不体贴你们这当家了。"❷细心体会。《朱子全书·道统四》:"乃知明道先生所谓'天理'二字,却是自家体贴出来者。"

体统 ❶指文章或著作的体裁条理。《文选·左思〈三都赋序〉》:"聊举其一隅,摄其体统,归诸诂训焉。"张铣注:"举一隅,摄取其体裁统理,皆归诸古人之言。"❷体制;格局;规矩。如:不成体统;成何体统。《水浒传》第五十一回:"山寨体统,甚是齐整。"

体味 体会;寻味。《中庸》"仁者人也"朱熹注:"人指人身而言,具此生理,自然便有恻怛慈爱之意,深体味之可见。"

体温 人和动物身体内部的温度。爬行类、两栖类和鱼类等动物的体温随环境温度的改变而变化,故称"变温动物"。鸟类和哺乳类因具完善的体温调节机制,能在环境温度变化的情况下保持体温的相对稳定,故称"恒温动物"。测量体温通常量口腔温度或直肠(肛管)温度,也常量腋下温度。正常体温的标准因测量部位不同略有差异。成年人的口腔温度通常为 $36.5 \sim 37.0 ℃$,直肠(肛管)温度约高半度,腋下温度约低半度。正常体温在一日之间略有波动,清晨稍低,午后稍高。体温变化是诊断疾病的依据之一。

体物 ❶体现于万事万物中。《中庸》:"鬼神之为德,其盛矣乎……体

物而不可遗。”❷具体地描述事物。陆机《文赋》：“诗缘情而绮靡，赋体物而浏亮。”

体系 若干有关事物互相联系互相制约而构成的一个整体。如：理论体系；语法体系；工业体系。

体恤 设身处地为别人着想，而加以照顾；一般指上对下或长对幼而言。戴名世《左忠毅公传》：“先帝在天之遗爱，宜无所不体恤。”

体要 犹精要，具体而概括。《书·毕命》：“政贵有恒，辞尚体要。”

体液 人和动物体内的液体。分为细胞内的和细胞外的两大部分。高等动物细胞外的体液有血浆、淋巴、脑脊液及一般组织液。

体用 ❶体，指形体、形质、实体；用，指功能、作用、属性。《荀子·富国》：“万物同宇而异体，无宜而有用为人。”唐崔憬《周易探元》卷下：“体者，即形质也。用者，即形质上之妙用也。”❷体，指本体、本质；用，指现象。三国魏王弼《老子注》三十八章：“虽贵以无为用，不能舍无以为体也。”程朱理学以“理”为体，以“象”为用：“至微者，理也，至著者，象也。体用一源，显微无间。”（程颐《易传序》）❸体，指根本原则；用，指具体方法。清张之洞《劝学篇·会通》：“中学为体，西学为用。”主张用西方科学技术辅助中国封建名教。

体语 指魏晋南北朝期间的一种反切隐语。取词语中二字运用反切法辗转相切，从所切之字推出另一新的词语。如晋孝武帝作清暑殿，有识者以为“清暑”的反语为“楚声”，因为清暑切为楚，暑清切为声。见《晋书·孝武帝纪》。《北史·徐之才传》：“尤好剧谈体语。”

体育 狭义指身体教育，即以强身、医疗保健、娱乐休息为目的的身体活动。与德育、智育、美育相配合，成为整个教育的组成部分。广义指体育运动，包括身体教育、竞技运动和身体锻炼三个方面。它们均以身体活动为基本手段，来锻炼身体，促进健康，增强体质，并具教育、教学和训练作用，以及提高技术和竞赛的因素。早在公元前 3000 年至前 2000 年，古埃及已有角力、击剑、射箭、游泳等体育活动。中国在西周盛行射（射箭）、御（驾御马车），是当时“六艺”教育的内容。

体征 医生在检查病人时所发现的异常变化。如患心脏病时所听到的心杂音，患肝脏病时所扪到的肝肿大或所见到的黄疸，患阑尾炎时的腹部压痛等。是医师诊断疾病的重要根据之一。

体制 ❶国家机关、企业事业单位在机构设置、领导隶属关系和管理权限划分等方面的体系、制度、方法、形式等的总称。如政治体制、经济体制等。❷诗文的体裁；格局。郑玄《诗谱·周颂》孔颖达疏：“然《鲁颂》之文，尤类《小雅》，比之《商颂》，体制又异。”也指绘画等艺术作品的体裁风格。郭若虚《图画见闻志》卷四：“崔白，字子西，濠梁人。工画花竹翎毛，体制清赡。”

体质 人体在遗传性和获得性的基础上表现出来的功能和形态上相对稳定的固有特性。可按人的形态、功能或代谢特征进行分类。掌握人的体质特点对于了解疾病的发生、发展规律具有一定意义。在我国古代和西方医学的发展过程中都曾有过各种体质学说。

醍（tǐ） 较清的浅赤色酒。《礼记·坊记》：“醍酒在堂。”按醍酒即“缇齐”。参见“五齐（wǔ jì）”。

另见 tí。

tì

达（tì） 滑。王褒《洞箫赋》：“其妙声则清静厌瘱，顺叙卑达。”

另见 dá，tà。

狄（tì） 往来疾速貌。《礼记·乐记》：“流辟、邪散、狄成、涤滥之音作，而民淫乱。”

另见 dí。

狄狄 狄，通“趯”。跳跃貌。形容轻狂浮躁。《荀子·非十二子》：“填填然，狄狄然。”

弟（tì） 同“悌”。《荀子·王制》：“劝教化，趋孝弟。”

另见 dì，tuí。

屉（tì） 本义为鞋子的衬底，引申为器物的隔层。如：笼屉；抽屉。亦作“屜”。庾信《镜赋》：“暂设妆奁，还抽镜屉。”

剃〔鬀、薙〕（tì） 用刀刮去毛发。如：剃胡子。《淮南子·说山训》：“刀便剃毛，至伐大木非斧不克。”

剃度 佛教信徒依戒律剃除须发、接受戒条的一种仪式。认为剃发出家是度越生死之因，故名。《旧唐书·高祖纪》：“浮惰之人，苟避徭役。妄为剃度，托号出家。”

剔（tì） ❶同“剃”。《北史·齐幼主纪》：“妇人皆剪剔以著假髻。”❷通“惕”。惊。潘岳《射雉赋》：“邪睨旁剔。”徐爰注：“视瞻不正，常警惕也。”

另见 tī。

俶（tì） 同“倜”。见“俶傥”。

另见 chù。

俶傥 同“倜傥”。《论衡·超奇》：“非俶傥之才不能任也。”《晋书·袁耽传》：“少有才气，俶傥不羁。”

倜（tì） 见“倜傥”、“倜然”。

倜然 ❶特出地；不同于众。《荀子·君道》：“倜然乃举太公于州人而用之。”❷超然远离的样子。《荀子·强国》：“俄而天下倜然举去桀纣而奔汤武。”

倜傥 亦作“俶傥”。卓异，豪爽，洒脱不拘。如：风流倜傥。司马迁《报任少卿书》：“古者富贵而名磨灭，不可胜记，唯倜傥非常之人称焉。”《三国志·魏志·王粲传》：“〔阮籍〕才藻艳逸，而倜傥放荡。”

逖（tì） ❶远。《书·牧誓》：“逖矣西土之人。”❷疏远。《左传·僖公二十八年》：“纠逖王慝。”

涕（tì） ❶眼泪。如：痛哭流涕。《易·萃》：“赍咨涕洟。”孔颖达疏：“自目出曰涕，自鼻出曰洟。”柳宗元《捕蛇者说》：“蒋氏大戚，汪然出涕。”❷鼻涕。王褒《僮约》：“目泪下落，鼻涕长一尺。”

涕零 流泪。如：感激涕零。《诗·小雅·小明》：“念彼共人，涕零如雨。”

涕泣 哭泣。《庄子·齐物论》：“丽之姬，艾封人之子也。晋国之始得之也，涕泣沾襟。”《汉书·食货志》：“于是农商失业，食货俱废，民涕泣于市道。”

悌（tì） ❶敬爱兄长，引申为顺从长上。《孟子·滕文公下》：“于此有人焉：入则孝，出则悌。”赵岐注：“入则事亲孝，出则敬长悌。悌，顺也。”❷见“恺悌”。

绨〔綈〕（tì） 多以蚕丝或化学纤维长丝作经、棉纱作纬，用平纹组织织成的一类丝织物。质地较绸厚实，表面较绸粗糙。例如，线绨。

另见 tí。

逷（tì） 同“逖”。远。《诗·大雅·抑》：“用逷蛮方。”朱熹

注:"遏,远也。"《左传·襄公十四年》:"岂敢离遏?"

惄（tì）同"惕"。《汉书·王商传》:"卒无怵惄忧。"颜师古注:"卒,终也,惄,古惕字。"

惕（tì）❶敬畏;戒惧。《左传·襄公二十二年》:"无日不惕,岂敢忘职。"杜预注:"惕,惧也。"参见"惕厉"、"警惕"。❷急速;疾。《国语·吴语》:"一日惕,一日留。"韦昭注:"惕,疾也。"

惕厉　心怀危惧。语本《易·乾》"君子终日乾乾,夕惕若厉,无咎"。孔颖达疏:"夕惕者,谓终竟此日后,至向夕之时犹怀忧惕。若厉者,若,如也,厉,危也。"《后汉书·马皇后纪》:"日夜惕厉,思自降损,居不求安,食不念饱。"

惕惕　忧惧。《诗·陈风·防有鹊巢》:"心焉惕惕。"

惕息　恐惧貌。谓战战兢兢,不敢出声息。《汉书·司马迁传》:"视徒隶则心惕息。"

屟（tì）同"屉"。

替（tì）❶废弃。《离骚》:"謇朝谇而夕替。"王逸注:"朝谏謇謇于君,夕暮而身废弃也。"❷衰落。如:隆替。《旧唐书·魏徵传》:"以古为镜,可以知兴替。"❸止歇;断绝。皮日休《寄同年韦校书》诗:"惟有故人怜未替,欲封干脍寄终南。"❹更;代。如:替换;替手。古乐府《木兰诗》:"愿为市鞍马,从此替爷征。"❺通"屉"。《南史·殷淑仪传》:"遂为通替棺,欲见,辄引替睹尸。"

替罪羊　亦译"负罪羊"。古代犹太教在赎罪日用作祭品的羊。据《圣经·利未记》记载,古代犹太教在一年一度举行祭祀时,大祭司按手在公羊头上,表示全民族的罪过已由此羊承担,然后把羊赶入旷野沙漠。基督教承袭此说,并将耶稣比作替世人负罪而被杀献祭的羔羊。常喻指代人受过者。

棣（tì）相通;通达。《汉书·律历志上》:"万物棣通。"

另见dì。

搯（tì）古代的一种首饰,可用以搔头。《诗·魏风·葛屦》:"佩其象搯。"

另见dì。

肆（tì）解剖牲体。《礼记·郊特牲》:"腥、肆、爓、腍、祭,岂知神之所飨也,主人自尽其敬而已矣。"郑玄注:"治肉曰肆。"

另见sì,yì。

殢〔殢〕（tì,又读nì）❶困扰;纠缠。柳永《玉蝴蝶》词:"要索新词,殢人含笑立尊前。"吕渭老《思佳客》词:"秋意早,暑衣轻,殢人索酒复同倾。"❷滞留。罗隐《西京崇德里居》诗:"进乏梯媒退又难,强随豪贵殢长安。"

鍚〔鍚〕（tì）通"髢"。假发。《仪礼·少牢馈食礼》:"主妇被鍚。"

另见xī。

裼（tì）婴儿的包被。《诗·小雅·斯干》:"载衣之裼。"毛传:"裼,褓也。"

另见xī。

適（tì）见"適適"。

另见dí,shì 适,zhé。

適適　恐惧貌。《庄子·秋水》:"于是坎井之蛙闻之,適適然惊,规规然自失也。"

薙（tì）除草。《礼记·月令》:"〔季夏之月〕烧薙行水。"郑玄注:"薙,谓迫地芟草也。"

另见tì 剃。

藊（tì）见"藊沙"。

藊沙　堆积在蚕座上的蚕粪、蚕蜕、残叶、糠草等的混合物。可作肥料和家禽、家畜、鱼类的饲料。

勦（tì）❶忧愁。《太玄·增》:"往益来勦。"范望解赞:"勦,忧也。"❷去除。《太玄·夷》:"阳气伤勦。"范望解赞:"勦,除也。"

擿（tì）❶发动;指使。《汉书·谷永传》:"卫将军商(王商)密擿永令发去。"颜师古注:"擿,谓发动之。"❷揭发。见"擿伏"。

另见zhì。

擿伏　揭发隐秘的坏事。梁元帝《玄览赋》:"慕张生之擿伏,挹边延之励精。"参见"发奸擿伏"。

擿抉　挑剔。《三国志·吴志·步骘传》:"擿抉细微,吹毛求瑕。"亦作"擿缺"。《汉书·孙宝传》:"故欲擿缺,以扬我恶。"

擿埴索涂　盲人以杖点地,探求道路。比喻暗中摸索,事终无成。《法言·修身》:"擿埴索涂,冥行而已矣。"李轨注:"埴,土也。盲人以杖擿地而求道,虽用白日,无异夜行。"

嚏（tì）本作"嚔"。打喷嚏。《诗·邶风·终风》:"愿言则嚏。"

髰（tì）❶义同"髡"。古代一种剃去头发的刑罚。《汉书·司马迁传》:"其次髰毛发,婴金铁受辱。"❷通"剔"。割裂牲体。《仪礼·士丧礼》:"其实特豚,四髰去蹄。"

另见dì。

髰（tì）同"剃"。

籊（tì,又读dí）见"籊籊"。

籊籊　长而尖削貌。《诗·卫风·竹竿》:"籊籊竹竿,以钓于淇。"

趯（tì）❶见"趯趯"。❷飘然远引貌。苏轼《贾谊论》:"观其过湘,为赋以吊屈原,纡郁愤闷,趯然有远举之志。"❸汉字笔画之一,即挑。

另见yuè。

趯趯　跳跃貌。《诗·召南·草虫》:"喓喓草虫,趯趯阜螽。"

躍（tì）同"趯"。

另见yuè 跃。

躍躍　同"趯趯"。跳跃。《诗·小雅·巧言》:"躍躍毚兔,遇犬获之。"

tiān

天（tiān）❶犹"颠"。人头。《山海经·海外西经》:"刑天与帝至此争神,帝断其首,葬之常羊之山,乃以乳为目,以脐为口,操干戚以舞。"刑天,神话人物。头被砍去,故有此名。亦谓凿额。《易·睽》:"其人天且劓。"陆德明释文引马融曰:"剠凿其额曰天。"❷天空。《庄子·逍遥游》:"天之苍苍,其正色邪?"❸指天帝,人们想像中的万事万物主宰者。如:天意;天助。《书·泰誓上》:"天佑下民。"《诗·邶风·北门》:"天实为之,谓之何哉!"❹指所依存或依靠。《汉书·郦食其传》:"王者以民为天,而民以食为天。"旧时因以为君父及夫的代称。《诗·大雅·荡》:"天降滔德。"毛传:"天,君也。"又《鄘风·柏舟》:"母也天只。"毛传:"天,谓父也。"班昭《女诫》:"夫者,天也。"参见"所天"。❺中国古代唯心主义哲学家所说的世界的精神的本原。《孟子·尽心上》:"尽其心者,知其性也;知其性,则知天矣。"朱熹注:"心者,人之神明,所以具众理而应万事者也;性则心之所具之理;而天又理之所从以出者也。"谓人心所具之观念(理)皆出于天,把天解释为精神实体。❻天然;出于自然的。如:天工;天灾。❼泛指物质的、客观的自然。《荀子·天论》:"列星随旋,日月递照,四时代御,阴阳大化……是之谓天。"《论衡·自然》:"谓天自然无为者何? 气也,恬淡无欲,无为无事者也。"❽天气。《礼记·月令》:"〔季春之月〕行秋令,则天多沉阴。"❾季节;时令。如:春天;三九天。❿一昼夜的时间;一日。如:三天;明天。⓫指时间。如:天不早了。⓬姓。汉代有天高。

天半 半空中。李白《观山海图》诗:"征帆飘空中,瀑水洒天半。"

天宝 ❶天然的宝物。《商君书·徕民》:"夫实旷土,出天宝。"王勃《滕王阁序》:"物华天宝,龙光射斗牛之墟。"❷传说中的神名。《文选·扬雄〈羽猎赋〉》:"追天宝,出一方。"李善注引晋灼曰:"天宝,鸡头而人身。"

天保九如 《诗·小雅·天保》:"如山如阜,如冈如陵,如川之方至,以莫不增……如月之恒,如日之升,如南山之寿,不骞不崩,如松柏之茂,无不尔或承。"诗名"天保",篇中连用九个"如"字,有祝贺福寿延绵不绝之意。后因以"天保九如"为祝寿之辞。

天崩地坼 天崩塌,地裂陷。比喻重大的事变。《国策·赵策三》:"天崩地坼,天子下席。"亦作"地坼天崩"。《后汉书·翟酺传》:"地坼天崩,高岸为谷。"

天变 古称天象的变异,如日蚀、星陨等。《史记·天官书》:"凡天变过度乃占。"

天表 ❶犹天上,天外。班固《西都赋》:"若游目于天表,似无依而洋洋。"❷称帝王的仪容。《宋史·哲宗纪一》:"天表粹温,进止中度。"

天兵 ❶指自然赋与动物的武器,如齿、角、爪、距等。《孙膑兵法·势备》:"夫陷齿戴角,前爪后距,喜而合,怒而斗,天之道也,不可止也。故无天兵者自为备,圣人之事也。"无天兵者,指人。❷旧谓秉承天意之兵。扬雄《长杨赋》:"夫天兵四临,幽都先加。"❸神话传说中天上的神兵。《西游记》第五十一回:"玉帝即令李天王父子,率领众部天兵,与行者助力。"

天禀 犹天赋、天资。苏轼《监试呈诸试官》诗:"文词虽少作,勉强非天禀。"

天步 ❶旧指国运,时运。《诗·小雅·白华》:"天步艰难。"《晋书·慕容暐载记》:"朝纲不振,天步孔艰。"❷天空星象的运行。《后汉书·张衡传》:"经纬历数,然后天步有常。"

天才 ❶特殊的智慧和才能。元稹《酬孝甫见赠》诗:"杜甫天才颇绝伦,每寻诗卷似情亲。"也指有天才的人。《新唐书·王勃传》:"都督怒,起更衣,遣吏伺其文,辄报。一再报,语益奇,乃矍然曰:'天才也!'"❷天然的才质。嵇康《与山巨源绝交书》:"足下见直木必不可以为轮,曲者不可以为桷,盖不欲以枉其才,令得其所也。"

天产 ❶天然的出产。《宋史·食货志下四》:"民间食盐,杂以灰土,解池天产美利,乃与粪壤俱积矣。"解池,一名盐池,在今山西运城东。❷古人认为动物是天产生的,叫"天产";植物是地产生的,叫"地产"。《周礼·春官·大宗伯》:"以天产作阴德,以中礼防之;以地产作阳德,以和乐防之。"郑玄注:"天产者动物,谓六牲之属;地产者植物,谓九谷之属。"

天朝 古代对朝廷的尊称。《晋书·郑默传》:"宫臣皆受命天朝,不得同之藩国。"

天池 ❶指海。《庄子·逍遥游》:"南冥者,天池也。"成玄英疏:"大海洪川,原夫造化,非人所作,故曰天池。"❷星名。即"天渊❷"。❸指山原上的湖泊。如天山天池。

天窗 设在屋面上用以采光、通风的窗。

天道 ❶天气。李文蔚《燕青博鱼》第四折:"月黑时光,风高天道。"马致远《黄粱梦》第三折:"正扬风搅雪天道。"❷与"人道"相对。"道"原指道路。"天道"最初包含有日月星辰等天体运行过程和用来推测吉凶祸福的两个方面,亦即包含有天文学知识和关于上帝、天命等迷信观念两种因素,而后者则被利用为殷周神权统治的工具。如《书·汤诰》:"天道福善祸淫,降灾于夏。"但宗教迷信的天道观,至春秋时已经动摇,人们开始怀疑天道主宰人事的观念,产生了朴素的唯物主义思想。如郑国子产说:"天道远,人道迩,非所及也。"(《左传·昭公十八年》)天道问题成为当时各派争论的中心。孔子不喜谈"性与天道",对鬼神表示怀疑,但同时也信仰"天命"。墨子讲"天志",虽未摆脱传统的信仰形式,却侧重于"非命"学说。老子第一个强调"人法地,地法天,天法道,道法自然"(《老子·二十五章》)。战国时庄子进一步发展了天道无为而自然的思想。荀子《天论》提出唯物主义天道观,主张控制自然为人所用。明清之际王夫之比较全面地论述了天道与人道的联系和区别,认为"人之道,天之道也;天之道,人不可以之为道者也"。

天敌 在自然界中,一种动物(甲)被另一种动物(乙)所捕食或寄生而致死亡时,则动物乙为动物甲的天敌。例如,猫头鹰捕食鼠类,鸟类捕食昆虫,寄生蜂寄生于昆虫等。害虫及害兽的大发生常受天敌所抑制。例如鸟类、兽类及蛙类等捕食害虫;瓢虫等捕食性昆虫,寄生性的寄生蜂等昆虫,以及线虫、细菌、真菌、病毒、原生动物等常能抑制害虫的繁殖。利用天敌防治害虫,通称生物防治。

天帝 ❶犹上帝。《荀子·正论》:"居如大神,动如天帝。"后亦指皇帝。❷古星名。也叫帝星,北极五星中最明亮的一颗。

天夺之魄 谓精神为天所褫夺,多指将死。《左传·宣公十五年》:"不及十年,原叔必有大咎,天夺之魄矣。"原叔,赵同。

天鹅 亦称"鹄"。鸟纲,鸭科,天鹅属(Cygnus)各种的通称。如大天鹅(C. cygnus cygnus),雄体长 1.5 米以上,雌体较小。颈极长。羽毛纯白色;嘴端黑色,嘴基黄色。群栖于湖泊、沼泽地带。主食水生植物,兼食贝类、鱼虾。飞行快速而高。分布极广,冬季见于中国长江以南各地。

天罚 犹天诛。《书·胤征》:"今予以尔有众,奉将天罚。"

天翻地覆 比喻巨大的变化。刘商《胡笳十八拍》诗:"天翻地覆谁得知,如今正南看北斗。"亦比喻大乱。《红楼梦》第二十五回:"宝玉一发拿刀弄杖,寻死觅活的,闹的天翻地覆。"

天方 中国古籍原指麦加,后泛指阿拉伯地区。其起源可能出于"天房"的异译。麦加城中的"天房",为伊斯兰教祈祷时礼拜的朝向。元代文献中已有"天房"的记载。如元刘郁《西使记》:"报达之西,马行二十日,有天房,内有天使神……经文甚多……辖大城数十,其民富实。"至明代,始有"天方"一词出现。《明史·西域列传四》:"天方,古筠冲之地,一名天堂,又曰默伽。""天方"即指麦加。据明费信《星槎胜览》考证，天方即天方国。清初刘智《天方典礼释要解·例言》：“是书皆天方之语，用汉译成文。”清魏源《元史新编·郭侃传》，改《元史·郭侃传》中的“天房”为“天方国”，并注明“即汉之条支国也”。此“天方”又泛指阿拉伯地区。

天放　一任自然。《庄子·马蹄》：“一而不党，命曰天放。”成玄英疏：“党，偏；命，名；天，自然也。”

天分　犹天资。《世说新语·贤媛》：“汝何以都不复进？为是尘务经心，天分有限？”

天府　❶谓物产富饶、形势险固的地方。《国策·秦策一》：“田肥美，民殷富，战车万乘，奋击百万，沃野千里，蓄积饶多，地势形便，此所谓天府。”❷周代官名。《周礼·春官·天府》：“天府掌祖庙之守藏，与其禁令。”后亦泛指皇家的仓库。《新唐书·牛僧孺传》：“终不得范阳尺帛斗粟入天府。”❸古星名。《晋书·天文志上》：“危，三星，主天府、天市、架屋。”

天赋　自然所赋予；生来具有的。《旧唐书·僖宗纪》：“河中节度使王重荣神资壮烈，天赋机谋。”

天干　亦称“十干”。甲、乙、丙、丁、戊、己、庚、辛、壬、癸的总称。通常用作表示次序的符号。参见“干支”。

天罡　星官名。即北斗七星的柄。《抱朴子·杂应》：“又思作七星北斗，以魁复其头，以罡指前。”

天高地厚　❶谓天地广大辽阔。《诗·小雅·正月》：“谓天盖高，不敢不局；谓地盖厚，不敢不蹐。”《荀子·劝学》：“故不登高山，不知天之高也；不临深溪，不知地之厚也。”后多以“不知天高地厚”比喻不知事情的艰巨、严重。亦作“高天厚地”。元好问《论诗三十首》：“东野穷愁死不休，高天厚地一诗囚。”东野，孟郊。❷比喻恩情深厚。《魏书·陈建传》：“天高地厚，何日忘之。”

天高听卑　古谓天帝高高在上，却能听到下面人世间的言语，而知其善恶。《史记·宋微子世家》：“楚惠王灭陈。荧惑守心。心（星辰名），宋之分野也。景公忧之。司星子韦曰：‘可移于相。’景公曰：‘相，吾之股肱。’曰：‘可移于民。’曰：‘君者待民。’曰：‘可移于岁。’景公曰：‘岁饥民困，吾谁为君！’子韦曰：‘天高听卑。君有君人之言三，荧惑宜有动。’于是候之，果徙三度。”荧惑，火星的别名。旧亦用以称颂帝王之圣明。天，指帝。曹植《责躬诗》：“天高听卑，皇肯照微。”

天戈　❶古指帝王的军队。韩愈《石鼓歌》：“周纲陵迟四海沸，宣王愤起挥天戈。”❷古星名。即牧夫座λ星。也叫“大锋”、“玄戈”。《宋史·天文志二》：“天戈一星，又名玄戈，在招摇北，主北方。”

天根　即“氐宿”。《尔雅》：“天根，氐也。”

天工　❶亦作“天功”。指天的职司。《书·皋陶谟》：“无旷庶官，天工人其代之。”❷指自然所造成的。赵孟𫖯《赠放烟火者》诗：“人间巧艺夺天工，炼药燃灯清昼同。”

天公　对天的拟人化敬称。皎然《问天》诗：“天公何时有？谈者皆不经。”龚自珍《己亥杂诗》：“我劝天公重抖擞，不拘一格降人材。”

天功　❶同“天工❶”。指天的职司。《书·舜典》：“钦哉！惟时亮天功。”蔡沈集传：“使之各敬其职，以相天事也。”亦谓自然所造成。沈佺期《过蜀龙门》诗：“龙门非禹凿，诡怪乃天功。”❷对皇帝功德的颂词。任昉《为范尚书让吏部封侯第一表》：“缔构草昧，敢叨天功。”

天宫　神话中天帝所居之宫殿。也指神仙居处。《汉武帝内传》：“到七月七日乃修除宫掖，设坐大殿，列玉门之枣，酌蒲萄之醴，宫监香果，为天宫之馔。”《宋书·诃罗陀国传》：“台殿罗列，状若众山，庄严微妙，犹如天宫。”

天官　❶耳、目、口、鼻、形体等感觉器官。战国荀子认为人的一切认识都开始于感官对于外界事物的接触，即“缘天官”。不同感官与不同种类的事物属性接触后就形成了不同的感觉，“天官之当簿其类”（《荀子·正名》）。❷官名。天官冢宰的简称。《周礼》六官，称冢宰为天官，为百官之长。唐武则天时曾一度改吏部为天官，旋复旧称。后世亦以天官为吏部的通称。❸道教信奉的三官之一。详“三官”。

天汉　❶即银河。《诗·大东》：“维天有汉，监亦有光。”陆机《拟明月皎夜光》诗：“招摇西北指，天汉东南倾。”❷天津星官的别名。《晋书·天文志》：“天津九星，横河中，一曰天汉。”

天和　谓自然的祥和之气。《淮南子·俶真训》：“含哺而游，鼓腹而熙，交被天和，食于地德。”高诱注：“和，气也。”

天河　❶即银河。王建《秋夜曲》：“天河悠悠漏水长，南楼（一作“斗”）北斗两相当。”❷星官名。《晋书·天文志上》：“天高西一星曰天河。”

天花乱坠　传说梁武帝时云光法师讲经，感动上天，天花纷纷坠落。见《高僧传》。后多用以形容能说会道，言语动听而不切实际。《红楼梦》第六十四回：“说得天花乱坠，不由的尤老娘不肯。”

天荒　❶从未开垦的荒地。《论衡·恢国》：“天荒之地，王功不加兵，今皆内附。”后以比喻从未出现过的事情。参见“破天荒”。❷比喻历时久远。详“天荒地老”。

天荒地老　亦作“地老天荒”。极言历时久远。李贺《致酒行》：“吾闻马周昔作新丰客，天荒地老无人识。”

天皇　❶传说中的三皇之一。司马贞《补三皇本纪》：“天地初立，有天皇氏，十二头，澹泊无所施为，而俗自化。木德王。岁起摄提。兄弟十二人，立各一万八千岁。”❷唐时朱泚年号（公元784年）。

天潢　❶星官名。（1）亦称“天横”。属毕宿，共五星，即御夫座19号、φ、14号、σ、μ星。《晋书·天文志》：“则五车、三柱均明有常。其中五星曰天潢。”（2）《史记·天官书》和《汉书·天文志》中称“天津”星为“天潢”：“王良旁有八星绝汉，曰天潢。”❷犹天池。古用以称皇室。谓皇族分支派别，如导源于天池。如：天潢贵胄。庾信《故周大将军义兴公萧公墓志铭》：“派别天潢，支分若木。”

天机　❶犹灵性，谓天赋灵机。《庄子·大宗师》：“其耆（嗜）欲深者，其天机浅。”❷谓天之机密，犹天意。陆游《醉中草书因戏作此诗》：“稚子问翁新悟处，欲言直恐泄天机。”❸谓国家的机要事宜。《三国志·吴志·孙权传》：“君临万国，秉统天机。”

天家　皇帝自命为天子，因称帝王家为“天家”。蔡邕《独断》：“天子无外，以天下为家，故称天家。”

天骄　“天之骄子”的略语。汉时匈奴自称为天之骄子，意谓为天所骄宠，故极强盛。见《汉书·匈奴传》。后用“天骄”称强盛的边地民族。杜甫《诸将五首》：“拟绝天骄拔汉旌。”

天街　❶旧称帝都的街市。韦庄

《秦妇吟》:"内库烧为锦绣灰,天街踏尽公卿骨。"❷星官名。属毕宿,共两星,即金牛座67号、ω星。《晋书·天文志》:"昴西二星曰天街"。

天经地义 正确的、不容置疑的事理。《左传·昭公二十五年》:"夫礼,天之经也,地之义也,民之行也。"孔颖达疏:"经,常也;义,宜也。夫礼者,天之常道,地之宜利,民之所行也。"沈约《齐故安陆昭王碑文》:"天经地义之德,因心必尽。"

天井 ❶古称四周高峻中间低洼的军事地形。《孙子·行军》:"凡地有绝涧、天井、天牢、天罗、天陷、天隙,必亟去之,勿近也。"亟去,赶忙离开。❷指四围或三面房屋和围墙中间的空地。其形如井而露天。❸古指天花板,亦称"承尘"、"藻井"。温庭筠《长安寺》诗:"宝题斜翡翠,天井倒芙蓉。"❹星宿名,即"井宿"。庾信《周大将军司马裔碑》:"降帝子之重,镇天井之星。"

天爵 古称不居官位,因德高而受人尊敬者,如受天然的爵位。《孟子·告子上》:"仁义忠信,乐善不倦,此天爵也。"也指天子所封的爵位。《后汉书·吕强传》:"高祖重约,非功臣不侯,所以重天爵明劝戒也。"

天均 亦作"天钧"。庄子用语。均是均齐,钧是陶钧。《庄子·寓言》:"万物皆种也,以不同形相禅,始卒若环,莫得其伦,是谓天均。"指万物循环变化的一种自然均齐的状态。又《齐物论》:"是以圣人和之以是非,而休乎天钧(一作均)。"认为人们不必辨别是非,是非本身都是自然的一环。

天君 指思维器官"心"。《荀子·天论》:"心居中虚,以治五官,夫是之谓天君。"认为"天君"是管理天官即耳、目、口、鼻、形体等感觉器官的。

天钧 ❶即"天均"。❷北极。《淮南子·俶真训》:"处玄冥而不暗,休于天钧而不硋。"高诱注:"天钧,北极之地,积寒之野。硋,败坏。"❸即"钧天广乐"。传说中天帝的音乐。皮日休《上真观》诗:"天钧鸣响亮,天禄行蹒跚。"天禄,传说中的奇兽。

天口 形容能言善辩。《文选·任昉〈宣德皇后令〉》:"辩析天口,而似不能言。"李善注引《七略》:"齐田骈好谈论,故齐人为语曰天口骈。天口者,言田骈子不可穷,其口若事天。"

天籁 自然界的音响。《庄子·齐物论》:"女(汝)闻人籁而未闻地籁,女闻地籁而未闻天籁夫?"后亦称诗歌不事雕琢,得自然之趣者。陆龟蒙《奉和因赠至一百四十言》:"唱既野芳坼,酬还天籁疏。"

天狼 也叫"犬星"。即"大犬座α星",西名Sirius。全天最亮恒星,白色。视星等-1.46,距离8.65光年,直径为太阳的2倍。表面温度10 000℃。位置:赤经6时42.9分,赤纬-16°39′。《楚辞·九歌·东君》:"青云衣兮白霓裳,举长矢兮射天狼。"王逸注:"天狼,星名,以喻贪残;举长矢射天狼,言君当诛恶也。"古星象家以为此星主侵掠,后因以喻入侵的异族。苏轼《江城子·密州出猎》词:"西北望,射天狼。"

天理 ❶自然的法则。《庄子·天运》:"顺之以天理。"《韩非子·大体》:"不逆天理。"❷天然的道理。如:天理难容。《京本通俗小说·错斩崔宁》:"今日天理昭然,一一是他亲口招承。"❸旧谓本然之性。《礼记·乐记》:"好恶无节于内,知诱于外,不能反躬,天理灭矣。"郑玄注:"理,犹性也。"❹纲常伦理。南宋朱熹说:"天理只是仁义礼智之总名。仁义礼智便是天理件数。"(《朱子语类》卷十三)参见"天理人欲"。❺星名。《隋书·天文志上》:"魁中四星,为贵人之牢,曰天理也。"

天理人欲 简称"理欲"。原出《礼记·乐记》:"夫物之感人无穷,而人之好恶无节,则是物至而人化物也。人化物也者,灭天理而穷人欲者也。"宋代理学家如程颐、朱熹等所理解的"天理",实质上即"仁、义、礼、智"的纲常伦理;"人欲"则指人们的生活欲望。把"天理"和"人欲"相对立,强调"不出于理则出于欲,不出于欲则出于理",教导人们放弃生活欲望,绝对遵守封建伦理的教条,甚至说:"饿死事极小,失节事极大"(《二程遗书》卷二十二),"革尽人欲,复尽天理"(《朱子语类》卷十三)。反理学思潮的兴起,主要在于反对这种禁欲主义的观点。南宋时陈亮、叶适等已开其端。至明清之际,王夫之更明确提出"随处见人欲,即随处见天理"的命题,反对"离欲而别为理"(《读四书大全说》卷八)。清戴震认为:"理也者,情之不爽失也,未有情不得而理得者也","是理者存乎欲者也"(《孟子字义疏证·理》)。指出"天理"是离不开人

情、人欲的,并揭露道学家"以理杀人"。

天良 谓生来具有的良知。也指善良的心。如:丧尽天良。

天禄 ❶上天赐予的禄位。《书·大禹谟》:"四海困穷,天禄永终。"李复言《续幽怪录·定婚店》:"此人命当食天禄。"亦作"天录"。郦炎《见志诗》:"富贵有人籍,贫贱无天录。"❷酒的别称。语出《汉书·食货志下》"酒者,天之美禄"。❸传说中的兽名。《后汉书·灵帝纪》:"复修玉堂殿,铸铜人四,黄钟四,及天禄、虾蟆。"

天伦 ❶自然的道理。《庄子·刻意》:"一之精通,合于天伦。"❷指父子、兄弟等天然的亲属关系。李白《春夜宴从弟桃花园序》:"会桃李之芳园,序天伦之乐事。"

天罗地网 比喻严密防范,使难以脱逃。《水浒传》第二回:"〔王进〕说道:'天可怜见!惭愧了我子母两个脱了这天罗地网之厄!'"

天马 ❶汉朝对得自西域的良马的称呼。意即神马。汉武帝时"得乌孙马,好,名曰天马。及得大宛汗血马,益壮,更名乌孙马曰西极,名大宛马曰天马云。见《史记·大宛列传》。后世的"天马"则不仅用以指称大宛(今中亚费尔干纳盆地)骏马,也同时泛指来自中亚,乃至西亚及欧洲的一切良种马。❷螳螂的别名。《吕氏春秋·仲夏纪》:"螳蜋生。"高诱注:"螳蜋,一曰天马。"

天马行空 天马,神马;行空,腾空飞行。比喻才思豪放,超群不凡。刘廷振《萨天锡诗集序》:"其所以神化而超出于众表者,殆犹天马行空而步骤不凡。"

天门 ❶谓"天宫"之门。《楚辞·九歌·大司命》:"广开兮天门,纷吾乘兮玄云。"❷道家语,指心。《老子》:"天门开阖,能无雌乎!"魏源本义引张尔岐曰:"天门开阖,指心之运动变化言。"一说,指鼻孔。见河上公注。❸帝王宫殿的门。杜甫《宣政殿退朝晚出左掖》诗:"天门日射黄金榜,春殿晴曛赤羽旗。"❹指头额;天庭。《黄庭内景经·隐藏章》:"上合天门入明堂。"务成子注:"天门,在两眉间,即天庭是也。"❺指塔顶。刘攽《贡父诗话》:"俗谓塔顶为天门。苏国老诗曰:'上到天门最高处,不能容物只能身。'"❻星名。即室女座53、69两星。《晋书·天文志上》:"天门二星,在平星北。"

天命 ❶上天的意志和命令。能致命于人，决定人类的命运。天命观念最初发生于殷周时期。当时统治者自称"受命于天"，或把自己的意志假托为上帝的命令，称之为"天命"。周人已对天命有怀疑，一些先进的思想家如叔兴、子产等已不信天命。但天命观点仍长期存留。❷自然界的必然性。《荀子·天论》："从天而颂之，孰与制天命而用之。"❸先天自然的禀赋。《礼记·中庸》："天命之谓性。"宋以后理学家多发挥《中庸》之义，把人性和道德意识看做是"天"所"命"给人的自然禀赋。程颢说："言天之付与万物者，谓之天命"（《遗书》卷十一）。

天幕 ❶以天为幕；天所覆盖。李商隐《假日》诗："谁向刘伶天幕内，更当陶令北窗风。"后亦指天空。❷悬挂在舞台后面配合灯光以表现天空景象的大布幔。

天南 指南方。如：天南地北。白居易《得潮州杨相公继之书并诗以此寄之》诗："诗情书意两殷勤，来自天南瘴海滨。"

天倪 ❶事物本来的差别。《庄子·齐物论》："和之以天倪。"郭象注："天倪者，自然之分也。"❷犹天际。岑参《宿铁关西馆》诗："雪中行地角，火处宿天倪。"

天年 谓人的自然年寿。《史记·范雎蔡泽列传》："终其天年，而不夭伤。"

天女散花 佛经故事。《维摩经·观众生品》谓以天女散花试菩萨和声闻弟子的道行。宋之问《设斋叹佛文》："天女散花，缀山林之草树。"参见"散花天女"。

天平 用来称量物体质量的一种仪器。根据杠杆原理制成。分等臂式和不等臂式两类。有一般称量用的粗天平和精确称量用的分析天平。按式样分有：(1)架盘天平，俗称"粗天平"；(2)普通分析天平；(3)阻尼天平，装有空气阻尼器，能使天平梁很快停止摆动；(4)单盘读数天平，俗称"自动分析天平"；(5)自动加码天平，俗称"电光分析天平"等。按照称量的范围，分析天平可分为：常量分析天平（称量范围为0.1毫克至100克）、微量分析天平（称量范围为0.001毫克至20克）和称量范围介于两者之间的半微量分析天平以及超微量分析天平，后者灵敏度可达0.01微克，最大称量为1毫克。

天气 瞬时或短时内风、云、降水、温度、气压等气象要素的综合状况。日常所谓天气，指影响人类生活、生产的大气物理现象及其状态，如晴、雨、冷、暖、干、湿等。

天堑 亦作"天壍"。天然的壕沟。比喻地形险要，多指长江。《南史·孔范传》："长江天壍，古来限隔，虏军岂能飞度！"李白《金陵》诗："金陵空壮观，天堑净波澜。"

天桥 ❶古代军队攻城用的桥形木架。《宋史·陈规传》："李横围城，造天桥，填濠，鼓噪临城。"❷星名。《晋书·天文志上》："王良五星……亦曰梁，为天桥。"❸常指铁路车站内跨越站台间轨道的桥梁。设在旅客众多、运输繁忙的车站上。供旅客上下车时通行，以免直接在轨道上穿过，发生危险。城市道路中在交叉路口上架设的行人桥梁亦称"天桥"。

天衢 ❶天空。谓天如广阔通畅的街道，故称。《汉书·叙传下》："攀龙附凤，并乘天衢。"❷古指帝京。《三国志·吴志·胡综传》："远处河朔，天衢隔绝。"亦指帝京的衢路。李贺《汉唐姬饮酒歌》："御服沾霜露，天衢长秦棘。"❸古星名。《晋书·天文志上》："房四星为明堂，天子布政之宫也……又为四表，中间为天衢，为天关，黄道之所经也。"

天趣 自然的情趣。多指艺术品的意致和韵调。如：天趣盎然。汤垕《古今画鉴·宋画》："元章尝称华亭李甲，字景元，作翎毛，有天趣。"作翎毛，谓画鸟。

天阙 ❶古指帝京，谓帝王宫阙所在。也指朝廷。韩愈《赠刑部马侍郎》诗："暂从相公平小寇，便归天阙致时康。"岳飞《满江红》词："待从头收拾旧山河，朝天阙。"❷星名。即"北斗星"。

天然 ❶自然形成，非人工造作。皮日休《太湖砚》诗："求于花石间，怪状乃天然。"❷犹天赋。《史记·主父偃列传》："臣窃以为陛下天然之圣，宽仁之资，而诚以天下为务，则汤武之名不难侔，而成康之俗可复兴也。"

天壤 犹言天地。《晋书·张华传》："普天壤而遐观，吾又安知天地之所如！"也比喻相距极远，犹天渊。如：天壤之别。《抱朴子·论仙》："其为不同，已有天壤之觉，冰炭之乖矣。"觉，通"较"，差别。

天壤王郎 《晋书·列女传》："〔谢道韫〕初适凝之，还，甚不乐。安（谢安）曰：'王郎，逸少（王羲之）子，不恶，汝何恨也？'答曰：'一门叔父，则有阿大、中郎；群从兄弟，复有封、胡、羯、末；不意天壤之中，乃有王郎！'"阿大、中郎指王羲之的其他子弟。封、胡、羯、末，道韫诸从兄弟的小名。封，谢歆；胡，谢朗；羯，谢玄；末，谢渊。说王谢两家中独有凝之不称其意。后因称不合意的丈夫。如：抱天壤王郎之恨。

天人 ❶古指天和人、天道和人道或自然和人为。《荀子·天论》："明于天人之分，则可谓至人矣。"《汉书·司马迁传》："亦欲以究天人之际，通古今之变，成一家之言。"❷旧指所谓"天意"和"民意"。班固《东都赋》："往者王莽作逆，汉祚中缺，天人致诛，六合相灭。"《三国志·魏志·文帝纪》裴松之注引《献帝传》："以和天人，以格至理。"❸指天理和人欲。如：天人交战。❹古代道家谓能顺自然之道的人。《庄子·天下》："不离于宗，谓之天人。"❺才能杰出的人。熊铢《题东坡诗集后》诗："东坡真天人，再拜当钦祀。"❻容貌出众的人。杜牧《杜秋娘》诗："画堂授傅姆，天人亲捧持。"

天人感应 认为天和人相类相通，天能干预人事，人的行为也能感应上天，自然界的灾异和祥瑞表示天对人们的谴责和嘉奖的神秘学说。西汉董仲舒在肯定"天亦有喜怒之气、哀乐之心"和"天人一也"的前提下，认为"国家将有失道之败，而天乃先出灾害以谴告之；不知自省，又出怪异以警惧之；尚不知变，而伤败乃至。"（《举贤良对策一》）同时，人君的某些行政措施，人们用某些宗教仪式，也能感动上天，促使天改变它原来的安排。董仲舒以"天人感应"说作为他建立封建神学体系的基础。

天人合一 强调"天道"和"人道"，"自然"和"人为"的相通、相类和统一的观点。最早由战国时子思、孟子提出，他们认为人与天相通，人的善性天赋，尽心知性便能知天，达到"上下与天地同流"。庄子认为"天地与我并生，而万物与我为一"，人与天本来合一，只是人的主观区分才破坏了统一。主张消除一切差别，天人混一。西汉董仲舒强调天与人以类相符，"天人之际，合而为一"（《春秋繁露·深察名号》）。宋以后思想家则多发挥孟子与《中庸》的观点，从"理"、"性"、"命"等方面来论证天人关系的合一。明清之际王夫之说"惟其理本一原，故人心即天"(《张子正蒙注·太和篇》)，但强调要"相天"、"造命"，"以人道率天道"。天人合一各说，力图追索天与人的相通之处，以求天人协调、和谐与一致，实为中国古代哲学的特色之一。

天上麒麟 对他人之子有文才的美称。《南史·徐陵传》："年数岁，家人携以候沙门释宝志，宝志摩其顶曰：'天上石麒麟也。'"杜甫《徐卿二子歌》："君不见徐卿二子生绝奇，感应吉梦相追随。孔子释氏亲抱送，并是天上麒麟儿。"

天绅 形容瀑布。犹言天上下垂的大带。韩愈《送惠师》诗："是时雨初霁，悬瀑垂天绅。"

天神 ❶天上的神。古人所想像的日、月、星辰、风雨的主宰。《周礼·春官·大宗伯》："大宗伯之职，掌建邦之天神、人鬼、地示之礼……以禋祀祀昊天上帝，以实柴祀日、月、星辰，以槱燎祀司中、司命、飌师、雨师。"❷中国南北朝时对琐罗亚斯德教所信仰之神的称呼。称天神、天神火神或火神天神。见《北史·西域·波斯国传》和《南史·西域·滑国传》。❸天主教借用中国原有语词，对《圣经》中所说"天主使者"的译称。拉丁文为 angelos，基督教新教译作"天使"。❹对伊斯兰教天使的另译。

天声 大声。《文选·扬雄〈甘泉赋〉》："登长平兮雷鼓磕，天声起兮勇士厉。"李善注："天声，如天之声，言其大也。"亦比喻盛大的声威。班固《封燕然山铭序》："振大汉之天声。"

天师 ❶古代称有道术者。据《庄子·徐无鬼》载，黄帝称襄城童子为"天师"。❷东汉时称"传道者"。《太平经》卷三十五："今天师为王者开辟太平之阶路，太平之真经出。"❸天师道(即五斗米道)首创者张道陵和他的子孙。一说张道陵曾自称天师。见李膺《蜀记》。一说张道陵的后裔和徒众尊张道陵为天师。西晋永嘉年间(307—313)，张道陵的第四代孙张盛移居龙虎山(今江西贵溪境内)，尊张道陵为"正一天师"，故后世对他及其子孙称为"张天师"。此外，历代高道中如寇谦之、陆修静等亦有天师之称。

天时 ❶指自然变化的时序。《易·乾·文言》："先天而天弗违，后天而奉天时。"❷指有利于农作、攻战等的节气、气候、阴晴、寒暑的变化。《孟子·公孙丑下》："天时不如地利，地利不如人和。"❸犹言天命，运会。《三国志·蜀志·诸葛亮传》："操(曹操)遂能克绍(袁绍)以弱为强者，非惟天时，抑亦人谋也。"

天使 ❶神话中称天神的使者。《史记·赵世家》："余霍泰山山阳侯天使也。"❷皇帝派遣的使臣。《三国演义》第十三回："今郭汜未除，而杀天使，则汜兴兵有名，诸侯皆助之矣！"❸佛教谓人的老、病、死。《起世经》："有三天使出于世间，所谓老病死也。"❹基督教新教借用中国原有语词，对《圣经》中所说"上帝使者"的译称。基督教认为，天使是一种受造的无形神体，无男女性别之分。圣经传说，天使负有服事上帝、传达神旨、保佑义人等使命。其堕落者则被罚下地狱成为魔鬼，如撒旦。❺流星名。《宋史·天文志五》："流星，天使也。"❻译自阿拉伯语 al-Malā' ikah。亦译"天仙"、"天神"。信天使是伊斯兰教六大信条之一。该教认为天使系一种妙体存在，造之于光，纯洁无染，无性别，无饮食，无盹眠，其数目众多，神通广大；遵奉安拉之命，履行诸如赞美安拉、主管天体运行、记录人类善恶言行等职责。其中以负责传达安拉启示的吉卜利勒最为著名。

天士 古指通晓天文阴阳术数的人。《汉书·李寻传》："拔擢天士，任以大职。"颜师古注引李奇曰："天士，知天道者也。"

天视 古谓天有意志和知觉，因称上天的临视为"天视"。《书·泰誓中》："天视自我民视，天听自我民听。"

天书 ❶帝王的诏书。王维《送高適弟耽归临淮作》诗："天书降北阙，赐帛归东菑。"❷迷信所谓天神写的书或文字。《宋史·真宗纪》："大中祥符元年春正月乙丑，有黄帛曳左承天门南鸱尾上，守门卒涂荣告有司以闻。上召群臣拜迎于朝元殿，启封，号称天书。"也比喻文字深奥难懂的书。《红楼梦》第八十六回："一面瞧着黛玉看的那本书，书上的字一个也不认得。……便说：'妹妹近日越发进了，看起天书来了。'"

天孙 星官名。指"织女星"，即"天琴座α星"。织女为民间神话中巧于织造的仙女，为天帝之孙，故名。唐彦谦《七夕》诗："而予愿乞天孙巧，五色纫针补衮衣。"

天堂 ❶与"地狱"相对。基督教教义之一。认为是上帝(天主)的居处，也是信仰耶稣基督的善人灵魂被接纳享永福的地方。❷伊斯兰教对天园的另称。❸即麦加。元汪大渊《岛夷志略》译作天堂，有专条记述。❹比喻幸福美好的生活环境。李玉《清忠谱·闹诏》："自古道，上说天堂，下说苏杭。"

天讨 指帝王禀承天意惩罚罪人，或亲自出兵讨伐。《书·皋陶谟》："天讨有罪，五刑五用哉。"《宋史·宗泽传》："宜亟行天讨，兴复社稷。"

天体 宇宙间各种物质客体的通称。包括星云、恒星、行星、卫星、小行星、彗星、流星等。人类发射的人造地球卫星、人造行星等，可作为"人造天体"。

天听 古谓天有意志和知觉，因称上天(天帝)的听闻为"天听"。《书·泰誓中》："天听自我民听。"也用来指帝王的听闻。《晋书·石崇传》："陛下天听四达，灵鉴昭远。"参见"天视"。

天庭 ❶星垣名，即太微垣。《礼记·月令》"祈谷于上帝"孔颖达疏："上帝，太微之帝……太微为天庭，中有五帝座。"亦作"天廷"，见《史记·天官书》。❷传说中天帝的宫廷。扬雄《甘泉赋》："选巫咸兮叫帝阍，开天庭兮延群神。"亦指帝王的宫廷。左思《蜀都赋》："摛藻掞天庭。"❸两眉之间，前额的中央。如：天庭饱满。《三国志·魏志·管辂传》："此二人天庭及口耳之间，同有凶气。"

天头 亦称"上白边"。书刊版心上方的白边。直排本书籍的天头，亦称"书眉"。

天王 ❶犹天子。殷周时天子但称王，春秋时，楚、吴诸国国君亦相继称王，因尊称周王为天王。《春秋·昭公二十六年》："天王入于成周。"后亦用以称皇帝。杜甫《忆昔》诗："百官跣足随天王。"❷犹大王。《国语·吴语》："敢使下臣尽辞，唯天王秉利度义焉。"❸太平天国领袖洪秀全的称号。❹佛教天名和神名。佛教认为在须弥山腹有四天王天(为欲界六天之第一天)，有四天王各护一天，称为"四天王"，即：东方持国天王，南方增长天王，西方广目天王，北方多闻天王。

天网 谓天道如网，作恶者逃不出天的惩罚。《老子》："天网恢恢，疏而不失。"后用以比喻国法。曹植《上责躬应诏诗表》："诚以天网不可重罹，圣恩难可再恃。"

天威 ❶古谓天的威灵。《书·泰誓上》："肃将天威。"引申指帝王的威严。《左传·僖公九年》："天威不违颜咫尺。"❷犹神威，神奇的威力。《三国志·蜀志·诸葛亮传》裴松之注引《汉晋春秋》："获（孟获）止不去，曰：'公，天威也，南人不复反矣。'"

天位 帝位。《诗·大雅·大明》："天位殷适，使不挟四方。"挚虞《汉高祖赞》："遂登天位，缵尧之绪。"

天物 泛指自然界鸟兽草木等物。《商君书·算地》："夫弃天物、遂民淫者，世主之务过也。"参见"暴殄天物"。

天下 ❶古多指中国范围内的全部土地；全国。《书·大禹谟》："奄有四海，为天下君。"《论语·宪问》："管仲相桓公，霸诸侯，一匡天下，民到于今受其赐。"❷指全世界。

天下为公 古指君位不为一家所私有。《礼记·礼运》："大道之行也，天下为公。"孙希旦集解："天下为公者，天子之位传贤而不传子也。"后亦指一种美好的、权利平等的社会政治理想。

天仙 ❶传说中的天上仙人。李观《钧天乐赋》："地祇上谒，天仙下朝。"❷比喻美女。徐陵《玉台新咏序》："画出天仙，阃氏览而遥妒。"❸伊斯兰教对天使的另称。

天仙子 ❶唐教坊曲名。来自西域，或云本名《万斯年》，后用为词牌。有单调、双调两体：单调三十四字，有五仄韵、四仄韵、两仄三平韵、五平韵数种；双调六十八字，仄韵。张先"水调数声持酒听"一阕较有名。❷曲牌名。南曲黄钟宫、北曲双调均有同名曲牌。南曲较常见。又有二：其一用作引子，字句格律与词牌全阕同，亦有只用前半阕者。另一用作曲，与词牌全阕同。

天险 天然险要的地方。《魏书·崔浩传》："函谷关号曰天险，一人荷戈，万夫不得进。"

天线 发射或接收电磁波的装置。将发射机产生并由馈电系统送来的高频电能转变为电磁波的能量，然后向空间的预定方向辐射；或将由预定方向传来的电磁波能量转变为高频电能并送到与接收机相连的馈电系统。

天宪 犹言王法。指朝廷的法令。《后汉书·朱穆传》："手握王爵，口含天宪。"

天香 ❶特异的香味。宋之问《灵隐寺》诗："桂子月中落，天香云外飘。"❷指宫廷上的香气。皮日休《送令狐补阙归朝》诗："朝衣正在天香里，谏草应焚禁漏中。"❸祭神、礼佛用的香。沈佺期《乐城白鹤寺》诗："潮声迎法鼓，雨气湿天香。"

天香国色 亦作"国色天香"。本唐代诗人赞美牡丹之辞。谓其色香俱非一般花卉可比。尤袤《全唐诗话》卷三：唐文宗好诗，大和中赏牡丹，上谓陈修己曰：'今京邑人传牡丹诗，谁为首？'修己对曰：'中书舍人李正封诗：天香夜染衣，国色朝酣酒。'"后常用以称美女。

天象 旧指天文、气象，如日月星辰的运行等。陶潜《九日闲居》诗："露凄暄风息，气彻天象明。"

天心 ❶犹天意。《宋史·刑法志三》："京师雨弥月不止，仁宗谓辅臣曰：'岂政事未当天心耶？'"❷旧指君主的心意。孙恓《唐韵序》："愧以上陈天心。"❸正对着人头顶的天空。刘兼《江楼望乡寄内》诗："月在天心夜已长。"❹古代天文学家称北极星为天心。《后汉书·郎顗传》"北极亦为大辰"李贤注引李巡曰："北极，天心也。"

天幸 侥天之幸，谓非人力所致。《国策·燕策二》："今燕又攻阳城及狸，是以天幸自为功也。"

天性 先天的本性。《荀子·儒效》："是非天性也，积靡使然也。"《史记·秦始皇本纪》："始皇为人，天性刚戾自用。"

天悬地隔 比喻相差极远。《南史·陆厥传》："一人之思，迟速天悬；一家之文，工拙壤隔。"壤隔，犹言地隔。《红楼梦》第五十五回："真真一个娘肚子里跑出这样天悬地隔的两个人来。"

天涯 犹天边。极远的地方。《古诗十九首》："相去万余里，各在天一涯。"王勃《杜少府之任蜀州》诗："海内存知己，天涯若比邻。"参见"天涯海角"。

天涯海角 形容地方僻远。张世南《游宦记闻》卷六："今之远宦及远服贾者，皆曰天涯海角。"

天颜 旧称帝王容颜。杜甫《紫宸殿退朝口号》："昼漏稀闻高阁报，天颜有喜近臣知。"

天衣无缝 牛峤《灵怪录·郭翰》："徐视其（织女）衣并无缝，翰问之，曰：'天衣本非针线为也。'"后因以"天衣无缝"比喻事物浑成自然，细致周密，无痕漏可寻。《孽海花》第五回："唐卿兄挖补手段，真是天衣无缝。"

天乙 ❶一作大乙，即汤。商朝的建立者。❷星官名。亦作"天一"。属紫微垣，一星，即天龙座 i 星。《星经》："天一星在紫微宫门外右星南。"

天意 谓上天的意愿。《汉书·礼乐志》："王者承天意以从事，故务德教而省刑罚。"亦指帝王的心意。杜甫《送从弟亚赴安西判官》诗："诏书引上殿，奋舌动天意。"

天游 犹天放。《庄子·外物》："心有天游。"郭象注："游，不系也。"参见"天放"。

天宇 ❶犹天下。《宋书·乐志二》："泽沾地境，化充天宇。"❷天空。张九龄《西江夜行》："悠悠天宇旷，切切故乡情。"❸指帝都、京城。《宋书·傅亮传》："乞归天宇，不乐外出。"

天渊 ❶高天和深渊。比喻相隔极远，差别极大。如：天渊之别。陆游《读书示子遹》诗："望古虽天渊，视俗亦冰炭。"❷古星名。《宋史·天文志三》："天渊十星，一曰天池，一曰天泉，一曰天海，在鳖星东南九坎间，又名太阴。"

天园 译自阿拉伯语 al-djannah，亦译"天堂"。伊斯兰教指安拉为信教、行善、敬畏真主且履行教规者准备的后世永居归宿。《古兰经》谓天园内，河水穿流其间，绿树成荫，既无烈日也无严寒，有蜜泉、乳河、各种水果和美女；人们亲如兄弟，和睦相处。该教认为天园是一个兼有物质、精神享受的永久和平的境界。

天运 ❶犹天命。《六韬·武韬·顺启》："事而不疑，则天运不能移，时变不能迁。"❷天体的运转。《晋书·天文志上》："吴太常姚信造《昕天论》云：'……又冬至极低，而天运近南，故日去人远，而斗去人近。'"

天灾 自然灾害。《左传·僖公十三年》："天灾流行，国家代有。"

天葬 藏族地区较普遍的一种葬法。史称"鸟葬"。人死后，将尸体运至天葬场，割碎喂鹫鹰，以被食尽为吉祥，灵魂可随之升天。

天造 ❶犹言天地之始。《易·屯》："天造草昧。"❷谓自然生成。对人造言。张溟《艮岳记》："筑冈阜高十余仞，增以太湖灵璧之石，雄拔峭峙，功夺天造。"❸指皇帝。《新唐书·李峤传》："今文武六十以上,而天造含容,皆矜恤之。"

天造地设 赞美事物自然形成又合乎理想。赵佶《艮岳记》："真天造地设,神谋化力,非人力所能为者。"

天章 ❶犹言天文。章,文采。指分布在天空中的日月星辰等。苏轼《潮州韩文公庙碑》："手抉云汉分天章。"❷旧称帝王所作的诗文。徐陵《丹阳上庸路碑》："御纸风飞,天章海溢。"宋有天章阁,专门收藏皇帝的书翰。

天真 《庄子·渔父》："礼者,世俗之所为也;真者,所以受于天也,自然不可易也。故圣人法天贵真,不拘于俗。"后因谓未受礼俗影响的本性为"天真"。杜甫《寄李白》诗："剧谈怜野逸,嗜酒见天真。"亦指心地单纯、朴实无伪。如:天真烂漫。

天职 古人认为四时变化,百物生长,是天的职能,因称"天职"。《荀子·天论》："不为而成,不求而得,夫是之谓天职。"杨倞注："不为而成,不求而得,四时行焉,百物生焉,天之职任如此。"后谓人应尽的职责。如:保卫祖国是我们的天职。

天中节 端午节的别称。吴自牧《梦粱录》卷三："五月五日天中节。"参见"端午❶"。

天诛 犹天讨。谓上天对有罪者的惩罚。如:天诛地灭。杜甫《绝句十二首》："禄山作逆降天诛。"亦指帝王的征伐。《汉书·陈汤传》："臣延寿、臣汤将义兵,行天诛。"参见"天讨"。

天竺 古印度别称。《后汉书·西域传》："天竺国一名身毒,在月氏之东南数千里。"以后《晋书》、《魏书》、《新唐书》、《宋史》均沿称"天竺"。玄奘《大唐西域记》："详夫天竺之称,异议纠纷,旧云身毒,或曰贤豆,今从正音,宜云印度。"

天主 ❶佛经对诸天之主的尊称。如称佛教护法天神帝释为忉利天主。❷天主教所信奉崇敬的神。明末天主教传入后,利玛窦借用中国原有敬神名称,取其"至高者为天"的"天"和"至尊者为主"的"主"两字,译称为"天主",意即"至高至尊的主宰"。基督教新教称"上帝"。

天柱 ❶古代神话中的擎天柱。《淮南子·天文训》："昔者共工与颛顼争为帝,怒而触不周之山,天柱折,地维绝。"❷星官名。属紫微垣,共五星,四星在天龙座内,即天龙座76号、69号、59号、40号星;一星在仙

王座内。王勃《滕王阁序》："天柱高而北辰远。"

天姿 ❶自然的姿容。《汉武帝内传》："〔王母〕修短得中,天姿掩蔼,容颜绝世。"❷同"天资"。朱熹《跋陈了翁责说》："陈忠肃公刚方正直之操,得之天姿。"

天资 ❶天赋的资质。《三国志·吴志·吴主传》："惟君天资忠亮,命世作佐。"❷犹天赋;自然赋予。《三国志·魏志·文帝纪评》："天资文藻,下笔成章。"

天子 古称统治天下的帝王。《诗·大雅·常武》："赫赫业业,有严天子。"《礼记·曲礼下》："君天下曰天子。"

天子门生 岳珂《桯史·天子门生》："〔高宗〕曰:'卿(赵逵)乃朕自擢,秦桧曰荐士,曾无一言及卿,以此知卿不附权贵,真天子门生也。'"后称状元为"天子门生",因由天子亲自殿试而擢取,故名。

天纵 ❶谓天之所使。《论语·子罕》："大宰问于子贡曰:'夫子圣者与?何其多能也!'子贡曰:'固天纵之将圣,又多能也。'"意谓上天使他成为圣人,又多才多艺。后常用为称美帝王之词。《周书·武帝纪上》："禀纯和之气,挺天纵之英。"❷闰月。郑仲夔《耳新》卷六："历家谓闰月为天纵。"朱郁仪《闰三日饮龙沙》诗："且极天纵娱,相将倾桂醑。"

天尊 ❶道教徒对该教所奉天神中最高贵者的尊称。如三清称元始天尊、灵宝天尊、道德天尊;玉皇称玉皇大天尊等。据《云笈七籤》卷三"道教三洞宗元"载,天尊亦有十号,即:自然、无极、大道、至真、太上、道君、高皇、天尊、玉帝、陛下。❷即"佛"。《无量寿经》净影疏:"今曰天尊,是佛异名。天有五种,如《涅槃》说:……佛于如是五天中最上,故曰天尊。"

天作之合 《诗·大雅·大明》："文王初载,天作之合。"毛传："合,配也。"原意为文王娶太姒是上天配合的,后用为祝人婚姻美满之辞。徐复祚《红梨记·诉衷》："才子佳人,实是良偶,两下不期都来,可不是天作之合。"

沾(tiān) 薄。《楚辞·大招》："吴酸蒿蒌,不沾薄只。"
另见 chān,zhān。

添(tiān) 增加;添补。《三国志·吴志·吕蒙传》引见诸将,问以计策"裴松之注引《吴书》:

"诸将皆劝作土山,添攻具。"

添丁 韩愈《寄卢仝》诗："去年生儿名添丁,意令与国充耕耘。"添丁,意谓又为国家增添一个丁口。后因称生子为"添丁"。

添线 谓冬至后白昼渐长。陈元靓《岁时广记》卷三十八引《岁时记》："晋魏间,宫中用红线量日影,冬至后日添长一线。"又引《唐杂录》:"宫中以女功揆日之长短,冬至后日晷渐长,比常增一线之功。"朱德润《十一月二十七日冬至》诗："日光绣户初添线,雪意屏山欲放梅。"

添箱 旧俗,女子出嫁,亲友赠送女家的礼物。亦称"添房"。俞樾《茶香室丛钞》卷五:"《癸辛杂志》云:'周汉国公主下降,诸闾及权贵各送添房之物。'按今人送嫁女家曰添箱,即古人所谓添房也。"

酟(tiān) 和;调味。张协《七命》:"酟以春梅。"

踥(tiān) 见"踥觇"。

踥觇 言不正。见《集韵·一先》。皮日休《鲁望昨以五百言见贻》诗:"其中有声病,于我如踥觇。"注:"语不正貌。"

齼(tiān) 白色发黄。《说文·黄部》:"齼,白黄色也。"段玉裁注:"白色之敝而黄也。"按今谓白色之物因旧而发黄。

齸(tiān) 浅黄色。阮葵生《茶馀客话》卷九:"狐之族七,蒙古产者二:毛黄而长,曰草狐;短而齸,曰沙狐。"

畋(tiān) 同"天"。见《篇海》。

tián

田(tián) ❶耕种用的土地。如:稻田;麦田;桑田。比喻可以耕种而有所滋生的事物。如:砚田;心田。❷耕种。后作"佃"。《诗·小雅·信南山》:"畇畇原隰,曾孙田之。"郑玄笺:"今原隰垦辟则又成王之所佃。"❸打猎。后作"畋"。《诗·郑风·叔于田》:"叔于田,巷无居人。"毛传:"田,取禽也。"❹大鼓。一说小鼓。《诗·周颂·有瞽》:"应田县(悬)鼓。"毛传:"田,大鼓也。"郑玄笺:"田当作朄,小鼓,在大鼓之旁,应鞞之属也。声转字误,变而作田。"❺姓。

田畴 犹田地。《礼记·月令》:"〔季夏之月〕可以粪田畴,可以美土

疆。"孙希旦集解:"蔡云:'谷田曰田,麻田曰畴。'吴氏澄曰:'田畴,谓耕熟而其田有疆界者。'"

田地 ❶可耕种的土地。《后汉书·班超传》:"田地肥广,草牧饶衍。"❷地方。陆龟蒙《奉酬袭美苦雨见寄》诗:"不如驱入醉乡中,只恐醉乡田地窄。"❸犹地步,境地。《朱子全书·学六》:"百世以俟圣人而不惑,直到这个田地,方是。"

田父 老年农民。《史记·项羽本纪》:"项王至阴陵,迷失道,问一田父。"

田畯 ❶官名。周掌管田土和农业生产的官员。《诗·豳风·七月》:"馌彼南亩,田畯至喜。"毛传:"田畯,田大夫也。"❷农神。《周礼·春官·籥章》:"击土鼓以乐田畯。"郑玄注引郑司农云:"田畯,古之先教田者。"❸泛指农民。《宋书·袁湛传》:"增贾贩之税,薄畴亩之赋,则末技抑而田畯喜矣。"

田里 ❶古指卿大夫的封地和居所。《孟子·离娄下》:"去三年不反,然后收其田里。"❷指故乡。韦应物《寄李儋元锡》诗:"身多疾病思田里,邑有流亡愧俸钱。"❸泛指乡间、民间。《颜氏家训·勉学》:"如此诸贤,故为上品。以外率多田里间人,音辞鄙陋,风操蚩拙。"

田舍 ❶田地和房屋。《史记·苏秦列传》:"地虽小,然而田舍庐庑之数,曾无所刍牧。"❷农舍。《汉书·季布传》:"朱家心知其季布也,买置田舍。"也泛指农家或农村。杜甫《田舍》诗:"田舍清江曲,柴门古道旁。"

田舍郎 指年轻的农民,乡下人。张耒《题韩幹马图》诗:"心知不载田舍郎,犹带开元天子红袍香。"

田舍翁 犹田父。老农。白居易《买花》诗:"有一田舍翁,偶来买花处。"苏轼《归宜兴留题竹西寺》诗:"十年归梦寄西风,此去真为田舍翁。"

田舍子 农家子。含轻蔑意。《新唐书·娄师德传》:"尝与李昭德偕行。师德素丰硕,不能遽步,昭德迟之,恚曰:'为田舍子所留!'师德笑曰:'吾不田舍,复在何人?'"按娄师德曾先后多次掌管西北边境的军事和营田事,故云。

田田 ❶形容宏大的声音。《礼记·问丧》:"殷殷田田,如坏墙然。"参见"阗阗❶"。❷盛密貌。古乐府《江南曲》:"莲叶何田田!"

田正 官名。春秋时鲁国掌管田土和生产的官员。《左传·昭公二十九年》:"稷,田正也。"孔颖达疏:"正,长也。"

田主 ❶田神。《周礼·地官·大司徒》:"设其社稷之壝而树之田主。"郑玄注:"诗人谓之田祖。"参见"田祖"。❷田产的所有者。《史记·陈杞世家》:"牵牛径人田,田主夺之牛。"

田祖 古代祭祀的农神。《诗·小雅·甫田》:"琴瑟击鼓,以御田祖。"孔颖达疏:"以迎田祖先啬之神而祭之。"《周礼·春官·籥章》:"凡国祈年于田祖,龡(吹)豳雅,击土鼓,以乐田畯。"郑玄注:"田祖,始耕田者,谓神农也。"豳雅,指《诗·豳风·七月》。

佃 (tián) 通"畋"。打猎。《易·系辞下》:"以佃以渔。"陆德明释文:"取兽曰佃。"
另见 diàn。

甸 (tián) ❶通"畋"。打猎。《周礼·春官·小宗伯》:"若大甸,则帅有司而馌兽于郊。"❷见"甸甸"。
另见 diàn, shèng。

甸甸 车马声。古乐府《孔雀东南飞》:"府吏马在前,新妇车在后;隐隐何甸甸,俱会大道口。"

洰 (tián) 见"洰洰"。

洰洰 水势盛大貌。《文选·郭璞〈江赋〉》:"溟溟泷沴,汗汗洰洰。"李善注:"皆广大无际之貌也。"

昀 (tián) 眼珠转动。《大戴礼记·本命》:"〔人生〕三月而彻昀,然后能有见。"卢辩注:"昀,精也,转视貌。"
另见 xuán。

畋 (tián) ❶通"佃"。耕种。《书·多方》:"今尔尚宅尔宅,畋尔田。"孔颖达疏:"治田谓之畋,犹捕鱼谓之渔。"❷打猎。司马相如《子虚赋》:"楚使子虚使于齐,王悉发车骑,与使者出畋。"

恬 (tián) ❶安静。王实甫《苏小卿月夜贩茶船》残折:"这些时浪静风恬。"❷心神安适。白居易《问秋光》诗:"身心转恬泰,烟景弥淡泊。"❸淡然。《晋书·谢鲲传》:"莫不服其远畅而恬于荣辱。"❹安然;无动于中。《荀子·富国》:"轻非誉而恬失民。"杨倞注:"言不顾下之毁誉而安然忘于失民也。"

恬不知耻 冯贽《云仙杂记》卷八:"倪芳饮后,必有狂怪,恬然不耻。"多作"恬不知耻"。谓安然不以为耻。吕祖谦《东莱博议·卫礼至杀邢国子》:"卫礼至行险,侥倖而取其国,恬不知耻,反勒其功于铭,以章示后。"

恬淡 亦作"恬憺"。清静而不想有所作为。《老子》:"恬淡为上,胜而不美。"后亦形容不热中于名利。阮籍《咏怀诗》:"猗欤上世士,恬淡志安贫。"

恬适 安静舒适。如:心神恬适。《儒林外史》第三十六回:"虞博士爱庄征君的恬适,庄征君爱虞博士的浑雅。"

恬退 指淡于名利,安于退让。《旧唐书·沈传师传》:"性恬退无竞。"《宋史·黄中传》:"黄中恬退有守。"

恬逸 安乐自在。《国语·吴语》:"今大夫老,而又不自安恬逸。"

钿 〔鈿〕(tián,又读diàn) ❶用金翠珠宝等制成花朵形的首饰。白居易《长恨歌》:"花钿委地无人收,翠翘金雀玉搔头。"❷以金、银、介壳之类镶嵌器物。如:金钿、螺钿。

钿车 用金宝装饰的车子,古时贵族妇女所乘坐。杜牧《街西长句》:"银鞍骏袅嘶宛马,绣鞅璁珑走钿车。"

菾 (tián) 见"菾菜"。

菾菜 即甜菜。

輲 〔輲〕(tián) 见"輲輲"。

輲輲 喜悦貌。皮日休《鲁望昨以五百言见贻》诗:"日晏朝不罢,龙姿欢輲輲。"

輷 〔輷〕(tián) 见"輷輷"。

輷輷 众车声。《易林·颐之大有》:"轰轰輷輷,驱车东西。"

甜 (tián) ❶糖或蜜的味道。《孔子家语·致思》:"楚王渡江,得萍实,大如斗,赤如日,剖而食之,甜如蜜。"❷比喻美好,舒适,幸福。杨万里《夜雨不寐》诗:"更长酒力短,睡甜诗思苦。"

甜言蜜语 甜蜜动听的话。《红楼梦》第三回:"他嘴里一时甜言蜜语,一时有天没日,疯疯傻傻,只休信他。"

綖 〔綖〕(tián) 缂;搓撚。《淮南子·氾论训》:"綖麻索缕。"

湉

湉（tián）　见"湉湉"。

湉湉　水流平缓貌。杜牧《怀钟陵旧游》诗："白露烟分光的的，微涟风定翠湉湉。"

填

填（tián）　❶填塞。《汉书·沟洫志》："令从臣群官，皆负薪填河。"❷填写。如：填表。又依谱写词叫填词。❸象声。《孟子·梁惠王上》："填然鼓之。"

另见 chén，tiǎn，zhèn，zhì。

填词　即"作词"。词调各有一定的句式字数、声韵和节拍；作词者按词调的规定，填入字句，使合音节，谓之填词。亦称倚声。

填房　继娶之妻。《儒林外史》第五回："王氏道：'……明日我若死了，就把你扶正做个填房。'"

填填　❶形容声音巨大。《楚辞·九歌·山鬼》："靁（雷）填填兮雨冥冥。"《隋书·音乐志中》："鞉鼓填填。"❷车马众多貌。潘岳《藉田赋》："震震填填，尘骛连天。"❸严整貌。《淮南子·兵略训》："不袭堂堂之寇，不击填填之旗。"❹安详缓慢貌。《庄子·马蹄》："其行填填。"❺满足貌。《荀子·非十二子》："填填然，狄狄然。"杨倞注："填填然，满足之貌。"

填委　纷集；堆积。刘桢《杂诗》："职事相填委，文墨纷消散。"《南史·朱异传》："每四方表疏，当局簿领，谘详请断，填委于前。"

填噎　同"填咽"。形容车马拥挤。《抱朴子·疾谬》："欲令人士立门以成林，车骑填噎于间巷。"

填咽　亦作"填噎"。形容行人、车马拥挤。《梁书·陶弘景传》："及发，公卿祖之于征虏亭，供帐甚盛，车马填咽。"祖，饯行。

搷

搷（tián）　急击。《楚辞·招魂》："搷鸣鼓些。"

嗔

嗔（tián）　同"闐"。《诗·小雅·采芑》："振旅嗔嗔。"《说文·口部》引作"嗔嗔"。

另见 chēn。

阗

阗〔闐〕（tián）　❶充满。《史记·汲郑列传赞》："宾客阗门。"❷喧闹。黄遵宪《宫本鸭北索题晃山图》诗："怒涛泼地轰雷阗。"

阗阗　❶象声词。形容击鼓、车马行驶等声音大。《楚辞·九辩》："属雷师之阗阗兮。"左思《蜀都赋》："旋车马雷骇，轰轰阗阗。"苏轼《初发嘉州》诗："朝发鼓阗阗。"❷盛貌。薛逢《上白上公启》："飞龙在天，云雨阗阗。"

滇

滇（tián）　见"滇滇"。

另见 diān。

滇㴖　大水貌。见《玉篇·水部》。

滇滇　同"阗阗"。盛貌。《汉书·礼乐志》："泛泛滇滇从高斿。"

寘

寘（tián）　本作"寘"。见"寞颜山"。

另见 zhì 置。

寘颜山　古山名。"寘"一作"阗"。约为今蒙古国杭爱山南面的一支。西汉元狩四年（公元前119年）卫青破匈奴单于兵，北至寘颜山赵信城而还，即此。

鷏

鷏〔鷆〕（tián）　鸟名。《尔雅·释鸟》："鷏，蚊母。"郭璞注："似乌鷤而大，黄白杂文，鸣如鸽声，今江东呼为蚊母，俗说此鸟常吐蚊，故以名云。"

磌

磌（tián）　❶大石落地声。《公羊传·僖公十六年》："霣石记闻，闻其磌然，视之则石。"❷柱下的石础。班固《西都赋》："雕玉磌以居楹。"

寞

寞（tián）　亦作"填"，塞。《史记·河渠书》："负薪寞决河。"

另见 chǎn。

颠

颠〔顛〕（tián）　❶通"阗"。充满。《礼记·玉藻》："盛气颠实。"❷见"颠颠"。

另见 diān。

颠颠　忧思貌。《礼记·玉藻》："丧容累累，色容颠颠。"

tiǎn

忝

忝（tiǎn）　辱；有愧于。《诗·小雅·小宛》："夙兴夜寐，无忝尔所生。"《书·尧典》："否德忝帝位。"常用作谦词。如：忝在知交；忝列门墙。《后汉书·杨赐传》："臣受恩偏特，忝任师傅。"

紾

紾〔紾〕（tiǎn）　纹理粗糙。《考工记·弓人》："老牛之角紾而昔。"贾公彦疏："紾谓理粗，错然不润泽也。"

另见 zhěn。

殄

殄（tiǎn）　❶残害；灭绝。如：暴殄天物。《周礼·地官·稻人》："凡稼泽，夏以水殄草而芟夷之。"❷绝尽；断绝。《书·毕命》："余风未殄。"《左传·僖公十年》："君祀无乃殄乎！"❸通"腆"。《诗·邶风·新台》："燕婉之求，籧篨不

殄。"郑玄笺："殄当作腆，善也。"《说文·歺部》段玉裁注："按古文假殄为腆。"

殄瘁　困苦。《诗·大雅·瞻卬》："人之云亡，邦国殄瘁。"毛传："殄，尽；瘁，病也。"郑玄笺："贤人皆言奔亡，则天下邦国将尽困病。"马瑞辰通释："殄瘁二字平列，与尽瘁、憔悴之同为劳病正同。殄，尽以叠韵为义，尽，亦病也。成十二年《左传》：'争寻常以尽其民。'尽其民，即病其民也。亦作"殄悴"。《晋书·殷浩传》："华夏鼎沸，黎元殄悴。"

餂

餂〔餂〕（tiǎn）　❶探取；诱取。《孟子·尽心下》："士未可以言而言，是以言餂之也。"赵岐注："餂，取也。"❷用舌舔取东西。《西游记》第八十七回："面山边有一只金毛哈巴狗儿，在那里餂一舌，短一舌，餂那面吃。"

姫

姫（tiǎn）　见"眠姫"。

另见 tǐng。

蚕

蚕〔蠶〕（tiǎn）　见"蜫蚕"。

铦

铦〔銛〕（tiǎn）　取。见《广韵·五十一忝》。

另见 xiān。

洴

洴（tiǎn）　污垢。枚乘《七发》："揄弃恬怠，输写洴浊。"

洴汩　沉沦；淹没。如：洴汩不传。《新唐书·岑虞李褚姚令狐传赞》："皆治世华采，而洴汩于隋，光明于唐。"

洴涩　污浊。《玉篇·水部》："洴涩，垢浊也。"《汉书·扬雄传上》："纷累以其洴涩兮。"

悿

悿（tiǎn）　同"腆"。羞惭。《方言》第六："悿，惭也。荆扬青徐之间曰悿。"

悿墨　谓面现羞惭而口不能言。左思《魏都赋》："悿墨而谢。"

靦

靦〔覥〕（tiǎn）　见"靦靦"。

腆

腆〔腆〕（tiǎn）　富厚。陈子龙《农政全书凡例》："采其切于农事者一卷，其浓腆而淫奇者……非野人之所知也。"

腆

腆（tiǎn）　❶丰厚；美好。《左传·僖公三十三年》："不腆敝邑，为从者之淹。"《仪礼·士昏礼》："辞无不腆、无辱。"郑玄注："宾不称币不善，主人不谢来辱。"❷挺起；凸出。《儒林外史》第三回："屠户横披了衣服，腆着肚子去了。"❸通"典"。小国，一说指国主。《书·大诰》："殷小腆。"孔颖达疏："郑

玄云:'腆,谓小国也。'王肃云:'腆,主也。殷小主,谓禄父也。'"❹见"腼腆"。

填（tiǎn）通"㟃"。㟃瘁;穷困。《诗·小雅·小宛》:"哀我填寡。"

另见 chén,tián,zhèn,zhì。

靦〔靦〕（tiǎn）惭愧貌。如:靦颜。《诗·小雅·何人斯》:"有靦面目,视人罔极。"

另见 miǎn。

舔（tiǎn）❶以舌取食。如:舔饭钵。❷以舌擦拭。如:舔笔;舔伤。

tiàn

栝（tiàn）捵火棒,拨动灶中柴火用的。

另见 guā。

甜（tiàn）见"甜舑"。

甜舑 吐舌貌。《文选·王延寿〈鲁灵光殿赋〉》:"玄熊甜舑以断断。"李善注:"甜舑,吐舌貌。"

捵（tiàn）❶拨动。如:捵灯草。《聊斋志异·促织》:"入石穴中,捵以尖草,不出。"也指拨动灯草的用具。钱大昕《恒言录·灯捵》:"俗语挑拨灯火之杖曰捵。"❷用笔横拖蘸墨。如:磨得墨浓,捵得笔饱。

蚺（tiàn）见"蚺蜒"。

另见 rán。

蚺蜒 兽吐舌貌。见《集韵·五十六栝》。

舑（tiàn）同"甜"。

瑱（tiàn）❶古人冠冕上垂在两侧以塞耳的玉。《左传·昭公二十六年》:"以币锦二两,缚一如瑱。"孔颖达疏:"礼以一绦五采横冕上,两头下垂系黄绵;绵下又县(悬)玉为瑱以塞耳。"❷填塞。郭璞《江赋》:"金精玉英瑱其里,瑶珠怪石琗其表。"❸美玉。《文选·江淹〈杂体诗〉》:"荣重馈兼金,巡华过盈瑱。"李善注:"盈瑱,盈尺之玉也。"❹通"磌"。柱础。《文选·班固〈西都赋〉》:"雕玉瑱以居楹。"刘良注:"瑱,柱下石也。"

另见 zhèn。

磹（tiàn）同"甜"。吐舌。韩愈《喜侯喜至》诗:"交惊舌互磹。"

tiāo

条〔條〕（tiāo）通"挑"。挑取。《诗·豳风·七月》:"蚕月条桑。"

另见 tiáo。

佻（tiāo）❶轻佻。《左传·昭公十年》:"视民不佻。"孔颖达疏:"其视下民不偷薄苟且也。"❷窃取。《国语·周语中》:"郄至佻天之功以为己力。"韦昭注:"佻,偷也。"

另见 yáo。

佻薄 犹轻薄。《新唐书·郑覃传》:"言文人多佻薄。"

佻巧 轻佻巧诈。《离骚》:"雄鸠之鸣逝兮,余犹恶其佻巧。"

佻达 亦作"佻佻"。轻薄;戏谑。《聊斋志异·诗谳》:"吴(吴蜚卿),益都之素封,与范(范小山)同里,平日颇有佻达之行。"

佻佻 同"佻达"。

挑（tiāo）❶用肩膀承担。如:挑水;挑土。❷挑选。如:自己挑最困难的工作。❸挑剔。《红楼梦》第二十回:"他再不放人一点儿,专会挑人。"❹弹奏弦乐器的一种指法。白居易《琵琶行》:"轻拢慢拈抹复挑。"

另见 tāo,tiáo。

挑剔 ❶苛求责备,存心在细节上找寻缺点。《官场现形记》第三十五回:"现在开了这个大门,以后尽多尽用,部里头还能再来挑剔我们吗?"❷阐发。《五灯会元·鄞州桐泉山禅师》:"僧问:'如何是相传底事?'师曰:'龙吐长生水,鱼吞无尽沤。'曰:'请师挑剔!'师曰:'攊鼓转船头,棹穿波里月。'"❸书法用笔的一种。姜夔《续书谱》:"挑剔者,字之步履,欲其沈实。晋人挑剔,或带斜拂,或横引向外,至颜柳始正锋为之。"

庣（tiāo）凹下或不满之处。《汉书·律历志上》:"量者,龠、合、升、斗、斛也……其法用铜方尺,而圜其外,旁有庣焉。其上为斛,其下为斗,左耳为升,右耳为合龠。"颜师古注:"庣,不满之处也。"

佻（tiāo）亦作"佻"。苟且;轻薄。《诗·小雅·鹿鸣》:"视民不佻。"《左传·昭公十年》:"诗曰:'德音孔昭,视民不佻。'"孔颖达疏:"佻,偷也。……其视下民不偷薄苟且也。"

祧（tiāo）❶祖庙;祠堂。《仪礼·聘礼》:"不腆先君之祧。"《左传·襄公九年》:"以先君之祧处之。"❷远祖庙。《礼记·祭法》:"远庙为祧。"孙希旦集解:"盖谓高祖之父、高祖之祖之庙也。谓之远庙者,言其数远而将迁也。"引申为迁去神主之称。如:不祧之祖。❸承继为后嗣。如:承祧;一子兼祧。

桃（tiāo）稻。见《玉篇·禾部》。

宨（tiāo）通"佻"。《左传·成公十六年》:"楚师轻宨,固垒而待之。"

另见 tiǎo,yáo。

tiáo

芀（tiáo）同"苕"。苇花。《尔雅·释草》:"苕丑,芀。"郭璞注:"其类皆有芀秀。"

条〔條〕（tiáo）❶木名,一说即柚,一说即楸。《诗·秦风·终南》:"终南何有?有条有梅。"参见"柚"、"楸"。❷树木的细长枝条。《诗·周南·汝坟》:"伐其条枚。"毛传:"枝曰条,干曰枚。"❸泛称长条形物。如:铁条;纸条。❹长。《书·禹贡》:"厥草惟繇,厥木惟条。"孔颖达疏:"言草茂而木长也。"参见"苗条"。❺项。如:律条;条款。亦谓分条列举。《汉书·元帝纪》:"条奏毋有所讳。"❻条理。《书·盘庚上》:"若网在纲,有条而不紊。"❼通达。《汉书·礼乐志》:"声气远条。"❽计量长条形物的单位。如:两条长凳;三条船。

另见 tiāo。

条畅 ❶犹通达。《文选·王褒〈四子讲德论〉》:"进者乐其条畅。"李周翰注:"条畅,犹通达也。"❷繁殖;兴盛。杜笃《论都赋》:"保殖五谷,桑麻条畅。"冯衍《显志赋》:"苗裔纷其条畅兮,至汤武而勃兴。"❸同"涤荡"。乖戾,不和平。《礼记·乐记》:"感条畅之气,而灭平和之德。"王引之《经义述闻》卷十五引王念孙说:"条畅,读为涤荡。涤荡之气,谓逆气也。"

条畅 畅,同"畅"。条达畅通。《汉书·律历志上》:"然后阴阳万物,靡不条畅该成。"

条陈 分条陈述。《汉书·李寻传》:"臣谨条所闻。"后称向上级分条陈述意见的文件为"条陈"。

条分缕析 缕,细线。析,分剖。

比喻有条有理,深入细致地进行剖析。梁启超《变法通议》:"凡译此类书,宜悉仿内典分析之例,条分缕析,庶易晓畅,省读者心力。"

条风　❶东北风。《史记·律书》:"条风居东北,主出万物。条之言条治万物而出之,故曰条风。"《左传·隐公五年》"八风",孔颖达疏引作"调风"。《说文·风部》:"东北曰融风。"段玉裁注:"调风、条风、融风,一也。"❷立春的风。《太平御览》卷九引《易纬》:"立春条风至。"周邦彦《应天长》词:"条风布暖,霡雾弄晴,池塘遍满春色。"参见"八节风"。

条贯　❶条理;系统。《史记·屈原贾生列传》:"明道德之广崇,治乱之条贯,靡不毕见。"《北史·常爽传》:"因教授之暇,述六经略注,以广制作,甚有条贯。"❷办事的章法、手续。马永卿《元城语录》:"太祖怒曰:'谁做这般条贯来约束我。'"

条记　官印之一种。为长方形,铜质直钮。清制,县丞、主簿等官用之。

条件　❶广义制约事物存在和发展变化的诸因素。通常可区分为主要条件、次要条件、内部条件、外部条件等。其中对事物的存在和发展起决定性作用的内部条件,亦称根据。狭义相对于根据而言,指制约事物存在和发展的外部因素。参见"根据"。❷在逻辑推理中,指前提和结论、理由和推断的依赖关系。如果某一事物情况依赖于另一事物情况,则称后者为前者的条件。条件有三种:必要条件、充分条件、充分又必要条件。

条理　层次;系统。《孟子·万章下》:"集大成也者,金声而玉振之也。金声也者,始条理也;玉振之者,终条理也。始条理者,智之事也;终条理者,圣之事也。"戴震《孟子字义疏证·理》:"在物之质,曰肌理,曰腠理,曰文理,得其分则有条而不紊,谓之条理。"

条例　❶分条订立的规则。《宋史·神宗纪》:"陈升之、王安石创制三司条例,议行新法。"❷条列全书体例、义例。何休《公羊解诂序》:"往者略依胡母生条例,多得其正。"❸国家机关制定或批准的规范性文件的名称之一。在中国,有些只规定某一类事项的法律称为"条例",如《中华人民共和国治安管理处罚条例》;国务院制定的行政法规,对某一方面的行政工作作比较全面、系统的规定

的,称"条例",如《中华人民共和国外汇管理条例》。国务院各部门和地方人民政府制定的规章不得称"条例"。

条目　❶按内容分列的细目;条理纲目。《汉书·刘向传》:"比类相从,各有条目。"朱熹《大学章句》:"凡传十章,前四章,统论纲领旨趣;后六章,细论条目工夫。"❷辞书中由注释的对象和注释所组成的整体。在词典中亦称"词条"。有时仅指注释的对象(词目),而不包括注释本身(释文)。可分为两类:一类是语词条目,对普通词语进行注释;一类是百科条目,对专科词语进行注释。一部辞书收入条目的数量是衡量其规模的依据之一。

条脱　手镯。计有功《唐诗纪事》卷五十四:"宣宗尝赋诗,上句有金步摇,未能对,遣求进士对之,庭筠(温庭筠)乃以玉条脱续也。"参见"跳脱"。

条约　广义指两个或两个以上国际法主体间关于政治、经济、军事、文化等方面的相互权利和义务的各种书面协议,包括公约、协定、议定书、换文、联合宣言、联合声明、宪章等。狭义指以条约为名称的重要国际协议,如同盟条约、互不侵犯条约、友好合作互助条约、通商航海条约、边界条约等。条约应以国际法为依据。

苕　(tiáo,又读 sháo)　❶苇花,可作苕帚。❷草名,也叫凌霄、紫葳。《尔雅·释草》:"苕,陵苕,黄华蔈,白华茇。"参见"凌霄"。

苕苕　❶同"迢迢"。远貌。潘岳《内顾诗》:"漫漫三千里,苕苕远行客。"❷同"岧岧"。高貌。陆机《拟西北有高楼》诗:"高楼一何峻,苕苕峻而安。"

岧　(tiáo)　同"岹"。见"岧峣"。

岧峣　高远貌。《文选·王延寿〈鲁灵光殿赋〉》:"浮柱岧峣以星悬。"李周翰注:"岧峣,远也;星悬,言多也。"

岩　(tiáo)　见"岩岩"、"岩峣"。

岩岩　高貌。张衡《西京赋》:"状亭亭以岩岩。"

岩峣　亦作"迢峣"。山高峻貌。曹植《九愁赋》:"践蹊隧之危阻,登岩峣之高岑。"

迢　(tiáo)　远;长。见"迢迢"。

迢递　亦作"迢遰"。❶远貌。左

思《吴都赋》:"旷瞻迢递,迥眺冥蒙。"杜甫《送樊侍御赴汉中》诗:"居人莽牢落,游子方迢遰。"❷高貌。谢朓《随王鼓吹曲》:"逶迤带绿水,迢递起朱楼。"《水经注·洛水》:"迢递层峻,流烟半垂。"

迢迢　❶遥远貌。《古诗十九首》:"迢迢牵牛星,皎皎河汉女。"❷久长貌。李昌祺《剪灯馀话·洞天花烛记》:"妆成不觉夜迢迢。"

荼　〔藬〕(tiáo)　草名。《尔雅·释草》:"荼,蓨。"郝懿行义疏谓即羊蹄菜。

另见 diào。

脩　(tiáo)　见"蓨❷"。

另见 xiū,xiū 修。

调　〔調〕(tiáo)　❶协调;调和。如:饮食失调。《荀子·富国》:"其耕者乐田,其战士安难,其百吏好法,其朝廷隆礼,其卿相调议,是治国已。"❷嘲弄。《世说新语·排调》:"康僧渊目深而鼻高,王丞相每调之。"

另见 diào,zhōu。

调鼎　傅说相商王武丁,武丁告之曰:"尔惟训于朕志。若作酒醴,尔惟曲糵;若作和羹,尔惟盐梅。"见《书·说命下》。后以"调鼎"为宰相职责之喻。《旧唐书·裴度传》:"果闻勿药之喜,更俟调鼎之功。"

调羹　汤匙,舀汤的小勺儿。《说文·匕部》"匙"段玉裁注:"今江苏所谓搉匙、汤匙也,亦谓之调羹。"亦喻指宰相的职务。蒲道源《郭某席间赋》:"调羹事业无劳说,深谢诸公愧不能。"

调和　❶和谐。如:色彩调和。贾谊《新书·六术》:"是故五声宫、商、角、徵、羽,唱和相应而调和。"❷和合;融洽。《墨子·节葬下》:"凡大国之所以不攻小国者,积委多,城郭修,上下调和,是故大国不耆攻之。"又引申为折中,中和。❸烹调;调味。《吕氏春秋·去私》:"庖人调和而食之。"《水浒传》第十回:"安排的好菜蔬,调和的好汁水,来吃的人都喝采。"也指烹调用的作料,油盐酱醋之类。《西游记》第六十八回:"沙僧,好生煮饭,等我们去买调和来。"

调护　❶营救,保护。《史记·留侯世家》:"烦公幸卒调护太子。"裴骃集解引如淳曰:"调护,犹营护也。"❷调养摄护。王实甫《西厢记》第四本第三折:"鞍马秋风里,最难调护,最要扶持。"

调剂 ❶调整使之合宜。如:调剂身心。亦作"调齐"。《荀子·富国》:"时其事,轻其任,以调齐之。"❷药物制剂的配制。

调教 ❶教养训练。如:精心调教。❷给家畜(主要是幼畜)以正确的训练。目的在使其听人指挥,并形成习惯,以便于使役和饲养管理,及提高役用能力。调教运动还可增强种公畜的体质和提高精液品质。开始调教的年龄因家畜种类而异,如犬是6月龄,马1～1.5岁。

调解 ❶通过说服教育和劝导协商,在查明事实、分清是非和双方自愿的基础上达成协议,解决纠纷。在我国,是处理民事案件、行政侵权赔偿案件和刑事自诉案件的一种重要方法。分为:(1)法院调解,是在法院主持下成立的调解。调解成立,调解书送达后,即具有法律效力。(2)群众调解,是在人民调解委员会主持下进行的调解。这种调解不具有法律效力,靠当事人自觉履行;如当事人翻悔,可向人民法院起诉。(3)行政调解,是国家行政机关所作的调解。无论何种调解,达成的协议都不得违反法律和政策。❷国际法名词。亦称"和解"。和平解决国际争端的政治方法之一。争端当事国通过条约或其他形式商定,将它们之间的争端提交一个由若干人组成的委员会,该委员会在对争端事实进行调查和评价的基础上提出和解建议和条件,供争端当事国考虑和采纳,以此解决争端的行为。调解可以规定是否接受的最后期限。现代国际实践中,调解在某些情况下具有一定的强制性。

调侃 用言语相戏弄;嘲弄。沈君庸《鞭歌妓》:"调侃咱,夹被儿当奋发,嫌鄙咱,绣帘下不撑达。"

调理 ❶调和。徐陵《陈公九锡文》:"调理阴阳,燮谐风雅。"❷调护治疗。《牡丹亭·拾画》:"小生卧病梅花观中,喜得陈友知医,调理痊可。"❸犹料理。《红楼梦》第四十六回:"凤姐道:'谁叫老太太会调理人,调理的水葱儿似的!'"

调梅 喻指宰相的职务。李乂《奉和幸望春宫送朔方军大总管张仁亶》诗:"上宰调梅寄,元戎细柳威。"参见"调鼎"。

调弄 ❶戏弄;玩弄。《宣和书谱·正书三》:"彩鸾(吴彩鸾)在歌场中作调弄语以戏萧(文萧)。"《红楼梦》第二十六回:"〔宝玉〕在廊上调弄了一回雀儿。"❷抚弄乐器。方

于《听段处士弹琴》诗:"几年调弄七条丝,元化分功十指知。"

调人 《周礼》所载官名。《周礼·地官·调人》:"调人掌司万民之难而谐和之。"难,仇怨。后称调解纠纷的人为"调人"。

调摄 犹调护。《水浒全传》第九十一回:"张清禀道:'小将两日感冒风寒,欲于高平暂住,调摄痊可,赴营听用。'"

调停 ❶居间调解,平息争端。《续资治通鉴》卷八十一:"自元祐初,一新庶政,至是五年,人心已定。唯元丰四党,分布中外,多起邪说,以撼在位。吕大防、刘挚患之,欲稍引用,以平宿怨,谓之调停。"《红楼梦》第四回:"只用将薛家族人及奴仆人等拿几个来拷问,小的在暗中调停,令他们报个'暴病身亡'。"❷照料;安排。《红楼梦》第九回:"宝玉道:'你放心,到外头我自己都会调停的。'"❸和平解决国际争端的政治方法之一。第三国以中间人的身份推动争端当事国和平解决争端的行为。包括提出建议作为谈判的基础,直接参加谈判,促成争端当事国达成妥协。

调戏 戏弄嘲谑。《晋书·熊远传》:"〔群臣〕每有会同,务在调戏酒食而已。"后多指戏侮妇女。《水浒传》第七回:"〔林冲〕喝道:'调戏良人妻子,当得何罪!'"

调笑 戏谑,取乐。辛延年《羽林郎》:"依倚将军势,调笑酒家胡。"

调盐 喻指宰相的职务。王安石《送郓州知府宋谏议》诗:"治装行入觐,金鼎重调盐。"参见"调鼎"。

调整 重新调配或安排,使适合于新的情况和要求。如:调整价格;调整作息时间。

铫 〔铫〕(tiáo) 古代武器。长矛。《吕氏春秋·简选》:"锄擾白梃,可以胜人之长铫利兵。"

另见 diào,yáo。

笤 (tiáo) 以细竹枝扎束供扫地之用,名为笤帚,以别于苕花扎成的苕帚。

鲦 (tiáo) 见"鲦蟏"。

鲦蟏 古代传说中动物名。《山海经·东山经》:"〔独山〕末涂之水出焉,而东南流注于沔。其中多鲦蟏,其状如黄蛇,鱼翼,出入有光。"

蓨 (tiáo) ❶同"菾"。❷古县名。亦作"条"、"菾"、"脩"。在今河北省。

龆 〔龆〕(tiáo) ❶儿童换齿,即脱去乳齿,长出恒齿。参见"龆龀❶"。❷同"髫"。古时未成年男子下垂的头发。《文选·张协〈七命〉》:"玄龆巷歌,黄发击壤。"李善注:《埤苍》曰:'髫,发也。'髫与龆,古字通也。"

龆龀 ❶龆与龀,均谓儿童换齿。《韩诗外传》卷一:"男八月生齿,八岁而龆齿,十六而精化小通。女七月生齿,七岁而龀齿,十四而精化小通。"❷同"髫龀"。指童年。庾信《周上柱国齐王宪神道碑》:"未逾龆龀,已议论天下事。"亦指儿童。王实甫《西厢记》第二本第一折:"呀,将俺一家儿不留一个龆龀。"

龆年 童年。元稹《答姨兄胡灵之见寄五十韵》:"忆昔凤翔城,龆年是事荣。"

龆岁 犹"龆年"。江淹《建平王太妃周氏行状》:"凝采龆岁,贲章笄年。"

跳 (tiáo) 通"条"。见"跳脱"。

另见 táo,tiào。

跳脱 亦作"条脱"、"条达"。即"手镯"。繁钦《定情》诗:"何以致契阔?绕腕双跳脱。"计有功《唐诗纪事》卷二:"〔文宗〕一日问宰臣:'古诗云,轻衫衬跳脱。跳脱是何物?'宰臣未对。上曰:'即今之腕钏也。'"

稠 (tiáo) 通"调"。《庄子·天下》:"其于宗也,可谓稠适而上遂矣。"陆德明释文:"稠,本亦作调。"成玄英疏:"遂,达也;言调适上达无迹道也。"

另见 chóu,diào。

蜩 (tiáo) 蝉。《诗·豳风·七月》:"五月鸣蜩。"

蜩螗沸羹 蜩、螗,蝉的别名。《诗·大雅·荡》:"如蜩如螗,如沸如羹。"郑玄笺:"饮酒号呼之声,如蜩螗之鸣,其笑语沓沓,又如汤之沸,羹之方熟(熟)。"马瑞辰通释:"按诗意盖谓时人悲叹之声如蜩螗之鸣,忧乱之心如沸羹之熟。"后因用"蜩螗"、"蜩沸"、"蜩羹"、"蜩螗沸羹"为纷扰不宁的意思。

鲦 〔鲦〕(tiáo,又读 yóu) 鱼名。亦称白鲦。《庄子·秋水》:"鲦鱼出游从容。"

髫 (tiáo) 古时小孩的下垂头发,借指童年。《后汉书·伏湛传》:"髫发厉志,白首不衰。"参见"垂髫"、"髫龀"。

髫龀 髫,古时小孩下垂的头发;

龀,小孩换齿。合指童年。《后汉书·董卓传》:"其子孙虽在髫龀,男皆封侯,女为邑君。"亦作"韶龀"。

鞗 〔tiáo〕 皮革所制的马缰绳。《诗·小雅·蓼萧》:"鞗革忡忡。"毛传:"鞗,辔也。革,辔首也。忡忡,垂饰貌。"

鯈〔鰷〕(tiáo) 鱼名。亦称白鲦、鲦鲦,详"鲦"。

肇 (tiáo) 马缰绳。《诗·小雅·蓼萧》:"既见君子,肇革忡忡。"毛传:"肇,辔也;革,辔首也;忡忡,垂貌。"

鲦 (tiáo) 同"鯈(鰷)"。

tiǎo

誂〔誂〕(tiǎo) ❶逗引;诱惑。《国策·秦策一》:"楚人有两妻者,人誂其长者,长者詈之;誂其少者,少者许之。"《史记·吴王濞列传》:"于是乃使中大夫应高誂胶西王。"❷通"佻"。轻佻;浮滑。《吕氏春秋·音初》:"流辟誂越慆滥之音出,则滔荡之气邪慢之心感矣。"

另见 diào。

趙〔趙〕(tiǎo) 扒地;除草。《诗·周颂·良耜》:"其镈斯趙,以薅荼蓼。"

另见 zhào。

挑 (tiǎo) ❶挑逗。《聊斋志异·凤阳士人》:"屡以游词相挑。"❷撑;挂。《水浒传》第二十九回:"官道旁边,早望见一座酒肆望子挑出在檐前。"❸用针穿、缝纫的一种。如:挑花。

另见 tāo,tiāo。

挑拨 ❶挑动撩拨。刘克庄《后村诗话》:"李昇为徐温养子,年九岁,咏灯诗曰:'主人若也勤挑拨,敢向尊前不尽心。'徐不复常儿待之。"❷搬弄是非,引起纠纷。如:挑拨是非;挑拨离间。

挑灯 犹言点灯。点油灯,须不时挑起灯心,使灯光加亮。白居易《夏夜宿值》诗:"寂寞挑灯坐,沉吟蹋月行。"

挑唆 教唆;挑拨煽动。《官场现形记》第三十九回:"这人姓胡名福,最爱挑唆是非,说人坏话。"

挑衅 蓄意挑起争端。如:制止战争挑衅。

朓 (tiǎo) ❶夏历月底月见于西方的名称。谢庄《月赋》:"朒朓警阙。"参见"朒❶"。❷有余;

盈余。参见"朒❷"。❸同"桃"。迁庙之祭。

宨 (tiǎo) ❶有空隙;不充满。《荀子·赋》:"充盈大字而不宨,入郄穴而不逼者与?"❷通"誂"、"挑"。逗引。枚乘《七发》:"目宨心与。"❸见"窈宨"。

另见 tiāo,yáo。

窲〔窲〕(tiǎo) 见"窅窲"。

嬥 (tiǎo,又读 diào) ❶美好。《广雅·释诂一下》:"嬥,好也。"❷见"嬥歌"。

嬥歌 古代巴人的一种歌舞。《文选·左思〈魏都赋〉》:"或明发而嬥歌。"李善注引何晏曰:"巴子讴歌,相引牵连手而跳歌也。"

tiào

眺〔覜〕(tiào) ❶视;看。《文选·潘岳〈射雉赋〉》:"亦有目不步体,邪眺旁剽。"徐爰注:"目不步体,视与体违也;邪眺旁剽,视瞻不正,常惊惕也。"❷远望。如:登高远眺。张衡《思玄赋》:"流目眺夫衡阿兮。"

粜〔糶〕(tiào) 卖出粮食。聂夷中《咏田家》:"二月卖新丝,五月粜新谷。"

越 (tiào) 跳跃。《说文·走部》:"越,雀行也。"段玉裁注:"今人概用跳字。"徐灏笺:"此谓人之跃行如雀也,与足部跳音义同。"

跳 (tiào) ❶跛脚。《荀子·非相》:"禹跳汤偏。"杨倞注引《尸子》曰:"禹之劳,十年不窥其家,手不爪,胫不生毛,偏枯之病,步不相过,人曰禹步。"参见"禹步"。❷跳跃。如:跳高;跳远;乱蹦乱跳。《列子·汤问》:"京城氏之孀妻有遗男,始龀,跳往助之。"❸弄。见"跳丸❶"。

另见 táo,tiáo。

跳荡 ❶突阵;冲动敌人的阵脚。《新唐书·百官志一》:"矢石未交,陷坚突众,敌因而败者,曰跳荡。"又《浑瑊传》:"瑊年十一,善骑射,随释之(瑊父)防秋……立跳荡功。"❷锐卒之名。顾炎武《日知录》卷七:"古人以左右冲杀为荡阵,其锐卒谓之跳荡,别帅谓之荡主。"唐《卫公李靖兵法》:"大将出征,每军有跳荡队四百人,惟中军五百人。见《通典·兵一》。

跳梁 亦作"跳踉"。腾跃跳动。《庄子·逍遥游》:"子独不见狸狌乎?卑身而伏,以候敖者;东西跳梁,不避高下。"后用以比喻跋扈的情状。《后汉书·马援传》:"可有子抱三木,而跳梁妄作,自同分羹之事乎?"

跳踉 同"跳梁"。腾跃跳动。《晋书·诸葛长民传》:"眠中惊起跳踉,如与人相打。"

跳脱 修辞学上辞格之一。由于特殊的情境,如心思的急转、事象的突出等等,在表达上煞断语路,即成跳脱。约分三类:(1)急收,即说到半路就煞断不说或说开去的。如鲁迅《狂人日记》的结束语:"没有吃过人的孩子,或者还有?救救孩子……",这就造成意在言外的效果。(2)突接,即中断语路而突接前话或当时心事,造成上下不接。如:"晋献公将杀其世子申生。公子重耳谓之曰:'子盍言子志于公乎?'世子曰:'不可。君安骊姬,——是我伤公之心也。'"(《礼记·檀弓上》。"是我伤公之心也",也因突接前话"言子志于公"而造成与"君安骊姬"不接。意谓"若言我之志于公,是我伤公之心也。")这往往传达出说话者急切的神情。(3)由于别的话语或事象突如其来,原来的语路被打了岔。如:"项王即日因留沛公与饮。项王、项伯东向坐。亚父南向坐,——亚父者,范增也。——沛公北向坐,张良西向侍。范增数目项王,举所佩玉玦以示之者三。项王默然不应。"(《史记·项羽本纪》。原来语路被"亚父者,范增也"插注岔断)跳脱所造成的语句断缺,"语虽不伦,意却相属"(清魏禧《日录论文》),具有不完整而有完整以上的情韵,不连接而有连接以上的效果。

跳丸 ❶古代百戏节目。战国时称"弄丸"。见《庄子·徐无鬼》。表演者两手快速地连续抛接若干弹丸。亦有抛接短剑者,称"跳剑"或"弄剑"。东汉张衡《西京赋》:"跳丸剑之挥霍,走索上而相逢。"但未载明丸的数目。现存汉画中有跳六丸者。唐宋以来,跳丸一直流行,唐白居易《立部伎》诗有"舞双剑,跳七丸"之句。现代杂技中仍保留此类节目,一般作为手技

汉画中的跳丸

的一个组成部分。❷比喻日月的运行,言时间过得很快。杜牧《寄浙东韩八评事》诗:"一笑五云溪上舟,跳丸日月十经秋。"

跳蚤市场　摊位不固定、出售的大多是价格低廉的小商品的零售市场。一些小商贩的临时货摊聚集在一起,一般从周末开始到星期日晚饭以前结束,出售的商品有日用商品、小工艺制品、旧书、珠宝、小古董等新旧货物。一般设在居民中等收入居多的城市商业区内、公路交通干线上或星期日大众娱乐场所。

觇(tiào)　古代诸侯聘问相见之礼。《周礼·春官·典瑞》:"以觇聘。"郑玄注:"大夫众来曰觇,寡来曰聘。"

另见 tiáo 眺。

頫(tiào)　同"觇"、"眺"。视。《尔雅·释诂下》:"頫,视也。"阮元校勘记云:闽本、监本、毛本同作頫,《释文》、唐石经等作覜。

另见 fǔ 俯。

艞(tiào)　见"艞板"。

艞　另见 yào。

艞板　船泊岸时,搁在船头和岸边供人上下船用的长板。见《正字通》。按今作"跳板"。

tiē

帖(tiē)　❶安定;顺从。如:安帖;妥帖;帖服。《隋书·河间王弘传》:"州境帖然。"❷粘;贴。古乐府《木兰诗》:"当窗理云鬓,挂镜帖花黄。"

另见 tiě,tiè。

帖服　亦作"帖伏"。顺从。王安石《彰武军节度使侍中曹穆公行状》:"先是张吉知秦州,生事熟户多去为遵(囉遵)耳目,及公诛椊丹,即皆惶恐避逃;公许之入赎自首,还故地而至者数千人;后遂帖服,皆以用。"

帖妥　稳当;合适。陆游《黄牛峡庙》诗:"褓儿着背上,帖妥若在榻。"又《追怀曾文清公呈赵教授赵近尝示诗》:"律令合时却帖妥,工夫深处却平夷。"

帖息　平息;安定。《宋史·张咏传》:"时民间讹言有白头翁,午后食人儿女,一郡嚣然,至暮路无行人。既而得造讹者戮之,民遂帖息。"

怗(tiē)　通"帖"。❶平服。《公羊传·僖公四年》:"卒怗荆。"何休注:"卒,尽也;怗,服也。"

荆,楚也。"❷安宁;妥帖。《南齐书·刘係宗传》:"百姓安怗。"

另见 zhān。

贴〔貼〕(tiē)　❶粘附。如:贴金;贴墙报。❷紧靠;挨近。如:贴身。史达祖《双双燕·咏燕》词:"爱贴地争飞,竞夸轻俊。"❸补助。如:补贴;津贴。《西游记》第三十五回:"快快的送将出来还我,多多贴些盘费。"❹典当。《旧唐书·宪宗纪下》:"庄宅碾硙店铺车坊园林等一任贴典货卖。"❺通"帖"。妥适;平服。如:妥贴;熨贴。引申为顺从,驯服。《北齐书·库狄士文传》:"法令严肃,吏人贴服,道不拾遗。"❻戏曲脚色行当。次要的旦脚,称"贴旦",简称"贴"。

贴书　旧时称书吏的助手。《金史·曹望之传》:"乞汰诸路胥吏,可减其半。诏胥吏如故。于是始禁用贴书云。"清代又叫"贴写吏"。《称谓录》卷二十六:"《齐东野语》:'有士赴考,其父充役为贴书。'案:即今之贴写吏也。"

萜(tiē)　萜烯,一般指通式为$(C_5H_8)_n$ 的链状或环状烯烃类。为比水轻的无色液体,具有香味。不溶于水,溶于乙醇。

跕(tiē)　拖着鞋走路。《史记·货殖列传》:"女子则鼓鸣瑟,跕屣,游媚贵富。"裴骃集解引臣瓚曰:"蹑跟为跕也。"

另见 dié。

tiě

帖(tiě)　❶一种文告。古乐府《木兰诗》:"昨夜见军帖,可汗大点兵。"❷小束;帖子。如:束帖;名帖。❸妇女置放缝绣用品的纸夹,形似卷宗夹。孟郊《古意》诗:"启帖理针线,非独学裁缝。"❹旧时一种钱票的名称。❺指中药的方剂。因亦以为量名。如:一帖药。

另见 tiē,tiè。

帖括　科举考试文体之名。唐代考试制度,明经科以"帖经"试士。《文献通考·选举二》:"凡举司课试之法,帖经者,以所习之经,掩其两端,中间惟开一行,裁纸为帖。"后考生因帖经难记,就总括经文编成歌诀,便于熟读,叫帖括。《新唐书·选举志下》:"明经者但记帖括。"明清八股文有仿于唐之帖括者,亦称之。

帖子词　一作贴子词。古代臣子于节日献给宫中的诗。相传宋代每逢八节内宴,命翰林作词,因粘贴于阁中门壁,故称。大都为五、七言绝句,内容以粉饰太平,颂赞帝王后妃为多。如欧阳修集中就载有《春帖子词》和《端午帖子词》等。

铁〔鐵〕(tiě)　❶化学元素[周期系第Ⅷ族(类)元素]。符号 Fe。原子序数 26。是经济建设上最重要的金属。银白色。相对密度 7.86。延展性良好。纯铁的磁化和去磁都很快。含有杂质的铁在潮湿空气中易生锈。溶于稀酸。浓硝酸或冷的浓硫酸能使铁钝化。加热时能同卤素、硫、磷、硅、碳等非金属反应,但同氮不能直接化合。氮化铁须在氨气中加热生成。铁的化合价一般为 +2 和 +3 价。重要矿物有赤铁矿、褐铁矿、磁铁矿、菱铁矿、黄铁矿、铬铁矿等。中国铁矿蕴藏量丰富。纯铁可用氢气使纯氧化铁还原而得。工业用铁是将铁矿石、焦炭和助熔剂(如石灰石等)置于高炉中冶炼而得,其中常含有碳、硫、磷、硅等元素。根据含碳量不同,可分为生铁(亦称"铸铁",含碳 2% 以上)、工业纯铁(含碳量一般在 0.025% 以下)和钢(含碳量在 0.025% ~2% 之间)。纯铁用于制造发电机和电动机的铁芯,铁粉用于粉末冶金,钢铁用于制造机器和工具。铁及其化合物还用于制磁铁、药物、墨水、颜料、磨料、染料等。为生命必需的微量营养元素。❷比喻坚固或坚定不移。如:铜墙铁壁。《文心雕龙·祝盟》:"刘琨铁誓,精贯霄霜。"❸黑色。《礼记·月令》:"〔天子〕驾铁骊。"❹兵器;铁制器物。如:手无寸铁。《孟子·滕文公上》:"〔许子〕以铁耕乎?"❺古丘名。春秋卫地。在今河南濮阳西北。《春秋》哀公二年(公元前 493 年):"晋赵鞅师师及郑罕达帅师战于铁。"❻姓。宋代有铁南仲。

铁案　证据确凿,无法推翻的案件或结论。如:铁案如山。

铁笔　❶刻印刀的别称。镌刻印章文字用刀代笔,故名。❷刻印章的代称。

铁杵成针　《潜确类书》卷六十:"李白少读书,未成,弃去。道逢老妪磨杵,白问其故。曰:'欲作针。'白感其言,遂卒业。"谚语"若要功夫深,铁杵磨成针",本此。后常以此勉励人刻苦用功,以求有所成就。

铁官 官名。秦代始置。汉武帝时为专卖盐铁,在弘农宜阳县(今属河南)、河东安邑县(今山西夏县)、辽东平郭县(今辽宁盖州西南)、蜀郡临邛县(今四川邛崃)等四十八处产铁地方置铁官,主铸铁器。不出铁的地方置小铁官,铸旧铁。西汉隶大司农,东汉隶郡县。

铁冠 亦称"柱后"。古代御史所戴法冠,以铁为帽骨,故名。岑参《送魏升卿擢第归东都》诗:"将军金印糎紫绶,御史铁冠重绣衣。"

铁画银钩 书法术语。书法艺术上要求点画既要刚劲,又要遒媚。唐欧阳询《用笔论》:"刚则铁画,媚若银钩。"

铁蒺藜 亦称"渠合"。俗称"铁菱角"。中国古代军用障碍物。铁制,形如蒺藜。《六韬·虎韬·军用》:"狭路微径,张铁蒺藜,芒高四寸,广八寸,长六尺以上,千二百具。"通常布设在地面上或浅水中,用以阻滞敌方人马、车辆的行动。

铁 蒺 藜

铁路 亦称"铁道"。使用机车牵引车辆组成列车(或以自身有动力装置的车辆)、循轨行驶的交通线路。按轨距分,有标准轨距铁路、宽轨铁路和窄轨铁路。牵引用的机车,有蒸汽机车、内燃机车、电力机车、燃气轮机车等。世界上最早的铁路于1825年在英国建成通车。在中国,通车营业的铁路以1876年英商怡和洋行在上海擅筑的吴淞铁路(窄轨)为最早,但翌年即赎回拆毁。1881年筑成的唐胥铁路(唐山至胥各庄,今京沈铁路的一段),是中国第一条标准轨距铁路。

铁马 ❶配有铁甲的战马。《文选·陆倕〈石阙铭〉》:"铁马千群,朱旗万里。"李善注:"铁马,铁甲之马。"亦借喻雄师劲旅。陆游《十一月四日风雨大作》诗:"夜阑卧听风吹雨,铁马冰河入梦来。"❷檐马。悬于檐间的铁片,风吹则相击而发声。《西厢记》第二本第五折:"莫不是铁马儿檐前骤风?"

铁面 ❶古时作战时用以自卫的铁制面具。《晋书·朱伺传》:"夏口之战,伺用铁面自卫。"❷比喻不畏权势,不徇私情。如:铁面无私。《宋史·赵抃传》:"荐为殿中侍御史,弹劾不避权幸,声称凛然。京师目为铁面御史。"

铁骑 穿铁甲的骑兵。亦泛称精锐的骑兵。《后汉书·公孙瓒传》:"且厉五千铁骑于北隰之中,起火为应。"骆宾王《代李敬业讨武氏檄》:"铁骑成群,玉轴相接。"

铁石 ❶铁矿石。《后汉书·卫飒传》:"耒阳县出铁石,佗(他)郡民庶,常依因聚会,私为冶铸。"❷比喻意志坚定。《隋书·敬肃传》:"心如铁石,老而弥笃。"

铁石心肠 心肠坚如铁石,形容人不动感情。戴善夫《风光好》第二折:"他多管是铁石心肠,怎恁的难亲傍。"亦作"铁肠石心"。皮日休《桃花赋序》:"贞姿劲质,刚态毅状,疑其铁肠石心,不解吐婉媚辞。"

铁树 即"苏铁"。常绿乔木。另有百合科的朱蕉,亦称"铁树"。

铁树开花 比喻事情非常罕见或极难办成。《五灯会元》卷二十:"铁树开花,雄鸡生卵,七十二年,摇篮绳断。"亦作"铁树花开"。王济《君子堂日询手镜》:"吴浙间尝有俗谚云,见事难成,则云须铁树花开。"

铁砚 铁铸的砚台。《新五代史·桑维翰传》:"初举进士,主司恶其姓,以为桑、丧同音。人有劝其不必举进士,可以从佗求仕者,维翰慨然,乃著《日出扶桑赋》以见志。又铸铁砚以示人曰:'砚弊则改而佗仕。'卒以进士及第。"成语"磨穿铁砚",比喻刻苦学习,或本此。陆游《寒夜读书》诗:"韦编屡绝铁砚穿,口诵手钞那计年?"

铁衣 ❶铁甲。古乐府《木兰诗》:"寒光照铁衣。"❷铁锈。刘长卿《杂咏·古剑》:"铁衣今正涩,宝刃犹可试。"

铁中铮铮 比喻才能较为出众的人。《后汉书·刘盆子传》:"卿所谓铁中铮铮,傭(庸)中佼佼者也。"李贤注:"铁之铮铮,言微有刚利也。"

僣 (tiè) 见"僣伣"。
另见 jiàn。

僣伣 狡猾。见《广韵·十六屑》。

铥 (tiè) 同"铁"。见《说文·金部》。
另见 yí。

骊 〔驪〕(tiè) 赤黑色的马,今之锈黑毛马,被毛黑色,毛尖略带红色,远望红黑色。《说文·马部》:"骊,马赤黑色。"徐灏笺:"深黑色带赤者谓之骊骊。"《诗·秦风·驷骊》:"驷骊孔阜。"毛传:"骊,骊。"

鐡 (tiě) 同"铁(鐵)"。

tiè

呫 (tiè) 尝;啜。《玉篇·口部》引《穀梁传》:"未尝有呫血之盟。"按今本《穀梁传·庄公二十七年》作"歃血"。
另见 chè。

帖 (tiè) 书法的临摹范本。如:碑帖;法帖;字帖。
另见 tiē、tiě。

帖学 ❶研究考订法帖的源流、优劣,拓本的先后好坏,以及书迹的真伪和文字内容等的学问。❷崇尚法帖的书派,与碑学相对称。即推崇魏晋以下,如钟繇、王羲之、颜真卿等书风体系的学派。

鞊 (tiè) ❶鞍饰。见《说文·革部》。❷见"鞊鞢"。

鞊鞢 鞍具。见《玉篇》。

餮 (tiè) ❶见"饕餮"。❷见"餮切"。

餮切 形容微动之声。《文选·潘岳〈射雉赋〉》:"忌上风之餮切,畏映日之炟朗。"徐爰注:"餮切,微动之声。炟朗,不明之状。"

tīng

厅 〔廳〕(tīng) ❶会客、宴会、行礼用的大房间。如:客厅;餐厅。❷清代在新开发地区的一种政区建置。其长官为同知或通判。有直隶厅和散厅之别:直隶厅,与府、直隶州平行,直隶于省;散厅与散州和县平行,属于府。❸党政机关内办事机构的一级。如:办公厅。

厅事 同"听事❸"。官署中办公的地方。《三国志·吴志·诸葛恪传》:"出行之后,所坐厅事屋栋中折。"亦指私宅厅堂。《魏书·夏侯夬传》:"忽梦见征虏将军房世宝来至其家,直上厅事。"

汀 (tīng) 水中或水边的平地。《楚辞·九歌·湘夫人》:"搴汀洲兮杜若。"王逸注:"汀,平也。"《文选·谢灵运〈登临海峤〉》诗:"汀曲舟已隐。"李善注引《文字集略》曰:"汀,水际平也。"

汀滢 ❶小水流。《抱朴子·极

言》:"不测之渊起于汀滢。"❷水清澈貌。韩愈《奉酬卢给事曲江荷花行》:"玉山前却不复来,曲江汀滢水平杯。"

町 (tīng,又读 tǐng) ❶田间小路。见"町畦"。❷田亩。张衡《西京赋》:"编町成篁。"薛综注:"编,连也。町,谓畎亩。篁,竹墟名也。"❸日本的长度单位。1 町 = 1/36日里 = 0.109 千米。
另见 dīng。

町畦 田塍,即田间的界路。叶适《衢州杂兴》诗:"万里耕桑接町畦。"比喻界限、规矩约束。独孤及《雨晴后陪王员外泛后湖得零字》诗:"欢言无町畦。"也比喻人之仪节。《庄子·人间世》:"彼且为无町畦,亦与之为无町畦。"陆德明释文:"町畦,畦埒也。无畔埒,无威仪也。"韩愈《南内朝贺归呈同官》诗:"文才不如人,行又无町畦。"

町疃 亦作"町畽"。田舍旁空地,禽兽践踏的地方。《诗·豳风·东山》:"町疃鹿场。"毛传:"町疃,鹿迹也。"朱熹注:"町疃,舍旁隙地也。"

听 ㊀〔聽〕(tīng) ❶以耳知音。如:收听广播。❷听取;听受。《左传·成公十二年》:"郑伯如晋听成。"❸处理;判断。如:听政;听讼。❹顺从;听从。如:言听计从。❺古指探听消息的人。《荀子·议兵》:"且仁人之用十里之国,则将有百里之听。"杨倞注:"听,犹耳目也,言远人自为其耳目。或曰谓间谍者。"❻指耳朵。如:闭目塞听。❼同"厅(廳)"。《世说新语·黜免》:"大司马府听前有一老槐。"参见"厅❶"。❽英文 tin 的音译。马口铁罐。也用作马口铁罐装物品的量名。如:一听香烟;一听饼干。
㊁〔聽〕(tīng,旧读 tìng) 听任;任凭。如:听之任之。《汉书·景帝纪》:"其议民欲徙宽大地者,听之。"
另见 yín。

听断 断决讼事、政事。《荀子·荣辱》:"举措时,听断公。"《汉书·严助传》:"南面而听断。"

听鼓 古代官吏听鼓声上班和下班,因称官吏赴衙署候值应班为"听鼓"。李商隐《无题》诗:"嗟余听鼓应官去,走马兰台类转蓬。"旧亦称官吏赴缺候补为"听鼓"。

听事 ❶听命行事。《左传·襄公三十年》:"吾侪小人,食而听事,犹

惧不给命而不免于戾,焉与知政?"❷处理政事;治事。《汉书·韩延寿传》:"是日移病不听事。"❸厅堂。《北史·长孙俭传》:"俭于听事列军仪,具戎服,以宾主礼见使。"亦作"厅事"。

听朔 也称"视朔"。古代天子诸侯于每月朔日(夏历初一)祭庙听政。《礼记·玉藻》:"听朔于南门之外。"

烃 〔烴〕(tīng) 由碳和氢两种元素构成的一类有机化合物。总称"碳氢化合物",简称"烃(类)"。种类很多,在自然界中分布极广。各种烃的性质因结构而异。烃类是有机化合物中含有元素种类最少者,但属于最基本族类。天然气、石油的分馏产物,煤的干馏产物,天然橡胶等的主要成分都属烃类,是有机合成工业的基本原料。

綎 〔綎〕(tīng,又读 tíng) 用以佩玉的丝带。《后汉书·蔡邕传》:"济济多士,端委缙綎。"李贤注:"端委,礼衣也……《说文》曰:'缙,赤白色也;綎,系绶也。'"

桯 (tīng,又读 xíng) 床前几。见《说文·木部》。参见"桯凳"。
另见 yíng。

桯凳 一种长凳。也叫"春凳"。章炳麟《新方言·释器》:"今淮南谓床前长凳为桯凳,桯读如'晴',江南浙江音如'桱'。"

鞓 (tīng) 皮带。《宋史·舆服志五》:"诸军将校,并服红鞓。"

聽 (tīng) 同"听(聽)"。

廳 (tīng) 同"厅(廳)"。

tíng

廷 (tíng) ❶古时君主受朝布政的地方;朝廷。《史记·廉颇蔺相如列传》:"设九宾于廷。"又旧时地方官理事的公堂也叫"廷"。如:郡廷;县廷。❷公正。《汉书·百官公卿表上》:"廷尉,秦官。"颜师古注:"廷,平也。治狱贵平,故以为号。"❸通"庭"。《诗·唐风·山有枢》:"子有廷内,弗洒弗扫。"

廷除 ❶宫廷的台阶。泛指朝廷。《旧唐书·玄宗纪赞》:"妖集廷除。"❷指在朝廷授予官职。《初刻拍案惊奇》卷二十二:"廷除官职,不复关

白。"

廷寄 清代制度,朝廷给地方高级官员的谕旨不由内阁明寄,而由军机处密封交兵部捷报处寄往各省,叫"廷寄"。用军机处印封,上书"军机大臣字寄某官开拆",或"传谕某官开拆"。

廷魁 廷试第一名,即状元。王明清《挥麈前录》卷二:"后数十年,李士美、何文缜亦以廷魁至鼎席。"

廷试 科举制度中由皇帝亲发策问、在殿廷上举行的考试。通常指会试后的殿廷考试。参见"殿试"。

廷推 明代任用高级官员,由在朝大臣公推的,叫做"廷推"。《明史·选举志三》:"内阁大学士、吏部尚书由廷推或奉特旨;侍郎以下及祭酒,吏部会同三品以上廷推;太常卿以下部推……在外官惟督抚廷推,九卿共之,吏部主之。"

廷尉 官名。秦始置,汉景帝时改称大理,武帝时复称廷尉。掌刑狱,为九卿之一。属官有正、监及平,皆为司法官。东汉以后或称廷尉、大理和廷尉卿。北齐至明清皆称大理寺卿。

廷杖 皇帝在朝廷上杖责臣下的肉刑。始于东汉,其名则始于三国吴。从明太祖开始,廷杖成为常刑,多有毙于杖下者。朱国桢《涌幢小品》卷十二:"成化以前,凡廷杖者不去衣,用厚绵底衣,重毡叠帕,示辱而已,然犹卧床数月,而后得愈。正德初年,逆瑾(刘瑾)用事,恶廷臣,始去衣,遂有杖死者。"直至明亡,沿袭未改。

廷争 在朝廷上向皇帝力争。《史记·张丞相列传》:"及帝欲废太子,而立戚姬子如意为太子,大臣固争之,莫能得;上以留侯策即止。而周昌廷争之强。"

莛 (tíng,旧读 tǐng) 亦作"莚"。草茎。《汉书·东方朔传》:"以莛撞钟。"《文选·东方朔〈答客难〉》作"筳"。筳,小竹枝。

亭 (tíng) ❶一种开敞的小型建筑物。多用竹、木、石等材料建成,平面一般有圆形、方形、六角形、八角形、扇形等。常设在园林中或风景名胜等处。供游客眺望、观赏和休息。设在路旁或大道上的称"凉亭"、"长亭"。此外,尚有井亭、碑亭等。❷为业务上便利群众而设置的小型建筑物。例如:邮亭、书亭等。❸秦汉时乡以下的一种行政机构。

《汉书·百官公卿表上》:"大率十里一亭,亭有长,十亭一乡。"❹公平处理。《史记·酷吏列传》:"补廷尉史,亭疑法。"裴骃集解引李奇曰:"亭,平也。"司马贞索隐:"使之平疑事也。"❺通"停"。见"亭当"。❻正;当。见"亭午"。❼养;育。见"亭毒"。❽通"渟"。停滞;水不流通。《汉书·西域传上》:"其水亭居。"

亭当 亦作"停当"。妥当;合宜。章炳麟《新方言·释言》:"今谓物之安、事之定曰亭当。"

亭毒 化育;养成。语出《老子》"长之育之,亭之毒之"。《文选·刘峻〈辨命论〉》:"生之无享毒之心,死之岂虑刘之志。"李周翰注:"亭、毒,均养也。"

亭皋 亭,平;皋,水旁地。水边的平地。司马相如《上林赋》:"亭皋千里,靡不被筑。"

亭侯 爵位名。东汉制,列侯功大者食县,小者食乡、亭。见《续汉书·百官志五》。如关羽封汉寿亭侯。

亭候 亦作"亭堠"。古代边境用来侦察、瞭望敌情的岗亭。《后汉书·光武帝纪》:"筑亭候,修烽燧。"

亭燧 古时边境上的烽火亭,有警则举火为号。《后汉书·西羌传》:"初开以为郡,筑五县,边海亭燧相望焉。"

亭亭 ❶耸立貌;高貌。曹丕《杂诗》:"西北有浮云,亭亭如车盖。"孔稚珪《北山移文》:"若其亭亭物表,皎皎霞外。"❷山名。《史记·封禅书》:"封泰山,禅亭亭。"按:在今山东泰安市南。

亭午 正午;中午。李白《古风》诗:"大车扬飞尘,亭午暗阡陌。"亦作"停午"。《水经注·江水二》:"重岩迭嶂,隐天蔽日,自非停午夜分,不见曦月。"

亭长 官名。(1)战国时始在国与国之间的邻接地方设亭,置亭长,以防御敌人。西汉时在乡村每十里设一亭,亭有亭长,掌治安警卫,兼管停留旅客,治理民事。多以服兵役满期的人充任。此外设于城内和城厢的称"都亭",设于城门的称"门亭",亦设亭长,其职掌与乡村亭长同。东汉后渐废。(2)唐代尚书省各部在都事、主事下设亭长,掌门户启闭的禁令等事,为中央官署中低级事务员。

亭障 古代在边疆防守的堡垒。《国策·魏策一》:"卒戍四方,守亭障者参列,粟粮漕庾,不下十万。"

亭子间 上海里弄住宅中后部的住房。位于每一楼层楼梯中间平台处。由此约半层为上层楼面。一般面积较小、朝北向或西向。

庭(tíng) ❶厅堂。如:中庭;大庭广众。《论语·季氏》:"鲤(孔鲤)趋而过庭。"❷堂屋阶前的空地。亦称"院子"。依其位置不同,有前庭、中庭、后庭等。徐伸《转调二郎神》词:"门闭一庭芳景。"❸通"廷"。朝廷。《易·夬》:"扬于王庭。"陈子昂《谏政理书》:"乞以臣此章与三公九卿贤士大夫议之于庭。"❹司法机关审判案件的地方。如:法庭;开庭。❺直。《诗·小雅·大田》:"播厥百谷,既庭且硕。"❻(旧读tìng)见"径庭"。

庭参 封建时代属员在公堂上谒见长官的礼节。《宋史·郑刚中传》:"都统每入谒,必庭参然后就坐。"

庭除 庭前阶下;庭院。李咸用《题陈将军别墅》诗:"不独春光堪醉客,庭除长见好花开。"

庭燎 ❶庭中用以照明的火炬。《诗·小雅·庭燎》:"夜如何其?夜未央,庭燎之光。"毛传:"庭燎,大烛。"《周礼·秋官·司烜氏》:"凡邦之大事,共坟烛庭燎。"郑玄注:"坟,大也。树于门外曰大烛,于门内曰庭燎,皆所以照众为明。"❷《诗·小雅》篇名。《毛传》谓赞美周宣王勤于政事。《诗集传》:"王将起视朝,不安于寝,而问夜之早晚。"

庭闱 指父母住的地方,后以称父母。杜甫《送韩十四江东省觐》诗:"我已无家寻弟妹,君今何处访庭闱?"

庭训 指父亲的训诲。《晋书·孙盛传》:"虽子孙斑白,而庭训愈峻。"参见"趋庭"。

庭园 房屋周围的绿地。经适当区划配置树木、花卉、果树,及相应的园林建筑小品等,以改善环境。

停(tíng) ❶止息;停留。李白《将进酒》诗:"将进酒,杯莫停。"❷成数。一成叫一停。耶律楚材《辛巳闰月西域山城值雨》诗:"泪凝孤枕三停湿,花结残灯一片明。"❸犹"定"。见"停当"。

停泊 船只停留不进;船只靠码头。也用为逗留之意。白居易《山路偶兴》诗:"提笼复携榼,遇胜时停泊。"

停当 一作"亭当"。犹云完备;料理妥帖。如:收拾停当;准备停当。《晋书·庾翼传》:"以二十四日达夏口,辄简卒搜乘,停当上道。"

停辛伫苦 谓备受辛苦。李商隐《河内诗》:"栀子交加香蓼繁,停辛伫苦留待君。"

停云落月 陶潜《停云诗序》:"停云,思亲友也。"杜甫《梦李白》诗:"落月满屋梁,犹疑照颜色。"后人因常在书札中用"停云落月"表示对友人的思慕。

葶(tíng) 葶苈,十字花科。一年生草本,全株有星状毛。基生叶成莲座状,倒卵状矩圆形;茎生叶卵形至卵状披针形。花黄色,总状花序。果为短角果,矩圆形或椭圆形。

蜓(tíng) 见"蜻蜓"。

筳(tíng) ❶络丝的用具。也叫"篗"。朱骏声《说文通训定声·鼎部》:"所以络丝者,苏俗谓之篗头。筳即其四周挺如栅者。"❷同"莛"。东方朔《答客难》:"以管窥天,以蠡测海,以筳击钟,岂能通其条贯,考其文理,发其声音哉?"《汉书·东方朔传》"筳"作"莛",草茎。

奠(tíng) 见"奠水"。(另见diàn。)

奠水 停止不流之水。《考工记·匠人》:"凡行奠水,磬折以参伍。"郑玄注:"郑司农云:奠读为停,谓行停水。"贾公彦疏:"言凡行停水者,水去迟似停住。"参,同"叁"。

淳(tíng) 水积聚而不流通。《史记·李斯列传》:"禹凿龙门,通大夏,疏九河,曲九防,决淳水,致之海。"

淳濙 小水塘。《后汉书·杜笃传》:"彼坎井之潢污,固不容夫吞舟,且洛邑之淳濙,曷足以居乎万乘哉?"

婷(tíng) 见"娉婷"、"婷婷"。

婷婷 美好貌。陈师道《黄梅》诗:"冉冉梢头绿,婷婷花下人。"

樗(tíng) 果名。《文选·左思〈蜀都赋〉》:"橙柿樗樗。"刘逵注引张揖曰:"樗,山梨。"按《本草纲目·果部二》:"山梨,野梨也,处处有之,梨大如杏可食。"

霆(tíng) ❶劈雷。《尔雅·释天》:"疾雷为霆霓。"郝懿行义疏:"霓字衍也。"❷闪电。《淮南子·兵略训》:"疾雷不及塞耳,疾霆不暇掩目。"❸震动。《管子·七臣七主》："天冬雷,地冬霆,草木夏落而秋荣。"

聤（tíng）　耳出恶水。见《广韵·十五青》。

蜓（tíng）　见"蝏蜓"。

蝏蜓　亦作"蜓蝏",即马刀。狭长的蚌,长三四寸,阔五六分,形似刀,故名。见《本草纲目·介部》。

蟶（tíng）　古无脊椎动物。学名 Fusulinids。原生动物门,有孔虫亚纲的一目。外形很多,最常见的呈纺锤形,日本译为"纺锤虫"。李四光创"蟶"字,意即筳状之虫。壳大部分为钙质,壳体小,一般长 3~6 毫米。壳体中心为初房,初房之外有许多壳室,围绕初房包卷,构成许多壳圈,壳室壁的上部互相接连而成旋壁,旋壁折向中心者为隔壁。高等蟶还有轴向和旋向两组副隔壁。旋壁的构造繁简不一,是蟶分类的主要依据之一。全部海生。演化迅速,最初出现在早石炭世晚期,个体小,构造简单;至二叠纪臻于全盛时期,形体增大,内部构造亦趋复杂;至古生代末绝灭。分布极广,除澳大利亚和南极洲外,几乎所有大陆都有发现。是详细划分和对比石炭纪和二叠纪海相地层的重要化石之一。

蟶

鼮（tíng）　鼠属,一种有斑纹的小兽。《尔雅·释兽》："豹文,鼮鼠"郭璞注:"鼠文彩如豹者。汉武帝时得此鼠,孝廉郎终军知之,赐绢百匹"《新唐书·卢藏用传》:"陇西辛怡谏为职方。有获异鼠者,豹首虎臆,大如拳。怡谏谓之鼮鼠,而赋之。若虚曰:'非也。此许慎所谓鼸鼠,豹文而形小。'"

tǐng

问〔問〕（tǐng）　门闩。方孝孺《杂问》："日月何弊,乾坤有问塞乎?"

侹（tǐng）　❶同"挺"。（1）挺直,引申为长貌。《通俗文》:"平直曰侹"。按如今言"笔挺"。（2）横躺着。桂馥《说文义证》:"吾乡谓倒地卧为侹。"按如今言"挺尸"。❷通"顶"。顶替。《方言》第三:"侹,代也"江淮陈楚之间曰侹。

侹侹　平直而长。韩愈《答张彻》诗:"石梁平侹侹,沙水光泠泠。"

挺（tǐng）　❶拔;举起。《史记·陈涉世家》:"尉剑挺,广起,夺而杀尉。"《三国演义》第一回:"张飞挺丈八蛇矛直出。"❷挺直。如:挺身而出;挺胸凸肚。❸某些挺直物的量名。《仪礼·乡饮酒礼》:"荐脯五挺"。韩愈《蓝田县丞厅壁记》:"南墙巨竹千挺。"❹挺拔;突出。孔稚珪《祭张长史文》:"惟君之德,高明秀挺。"❺动;动摇。《吕氏春秋·忠廉》:"虽名为诸侯,实有万乘不足以挺其心矣。"❻"顶"的变音,犹言"很"。如:挺好。

挺拔　特立出众。《文心雕龙·明诗》:"景纯《仙篇》,挺拔而为俊矣。"《宋史·沈辽传》:"幼挺拔不群。"

挺桐　《淮南子·俶真训》:"撢掞挺桐世之风俗"高诱注:"挺桐,犹上下也,以求利便也。"

挺节　坚持节操。《新唐书·杜甫传》:"数尝寇乱,挺节无所污。"

挺身　形容勇往直前,勇于自任。苏轼《留侯论》:"拔剑而起,挺身而斗。"

挺撞　用言语顶撞。《长生殿·权哄》:"每每遇事欺凌,出言挺撞,好生可恨。"

妵（tǐng）　❶妇女病名。《说文·女部》:"妵,女出病也"桂馥义证引赵㧑光曰:"方书,女妇下疾阴妵。"❷长好貌。见《广韵·四十一迥》。

另见 tiǎn。

珽（tǐng）　帝王所持的玉笏。即大圭。《礼记·玉藻》:"天子搢珽,方正于天下也"郑玄注:"此亦笏也,谓之珽,珽之言珽然无所屈也。或谓之大圭,长三尺,杼上,终葵首。"

梃（tǐng）　❶植物的梗子。如:木梃;竹梃。❷棍棒。《孟子·梁惠王上》:"杀人以梃与刃,有以异乎?"❸犹竿、杆。竿状物的计量单位。《魏书·李孝伯传》:"骏（刘骏）遣人献酒二器,甘蔗百梃。"

另见 tìng。

脡（tǐng）　直长条的干肉。《公羊传·昭公二十五年》:"高子执箪食与四脡脯"何休注:"屈曰朐,申曰脡。"

脡祭　供祭祀用的鲜鱼。《礼记·曲礼下》:"槁鱼曰商祭,鲜鱼曰脡祭"孔颖达疏:"脡,直也。祭有鲜鱼,必须鲜者,煮熟则脡直,若馁则败碎不直。"

铤〔鋌〕（tǐng）　疾走貌。见"铤而走险"。

另见 dìng。

铤而走险　《左传·文公十七年》:"铤而走险,急何能择!"杜预注:"铤,疾走貌。言急则欲荫莃于楚,如鹿赴险。"荫莃,托庇。谓无路可走而被迫冒险。铤,亦作"挺"。

颋〔頲〕（tǐng）　头挺直貌。《尔雅·释诂》:"颋,直也"郝懿行义疏:"训直者,头容直也。"

艇（tǐng）　原意为轻快小船,现一般指小型的船,如游艇、救生艇等。在军用船中,常指满载排水量在 500 吨以下的船。但潜艇,不论其吨位大小,习惯上均称艇。用机器推进且速度高的称"快艇"。

tìng

桯（tìng）　❶桯猪,杀猪后在猪腿上割一个口子,用铁棍贴着腿皮往里捅。桯成沟后,吹气使猪皮绷紧,便于去毛除垢。❷指桯猪用的铁棍。

另见 tíng。

瀞（tìng）　见"瀞㳽"。

瀞㳽　小水貌。《汉书·扬雄传上》:"梁弱水之瀞㳽兮"颜师古注引服虔曰:"昆仑之东有弱水,度之若瀞㳽耳"。亦作"瀞淩"。

tōng

恫（tōng）　伤痛。《书·盘庚上》:"乃奉其恫"《诗·大雅·桑柔》:"哀恫中国"郑玄笺:"恫,痛也。"

另见 dòng。

恫矜　同"恫瘝"。

恫瘝　亦作"恫矜"。疾痛病苦。《书·康诰》:"恫瘝乃身"蔡沈集传:"恫,痛;瘝,病也。视民之不安,如疾痛在乃身。"后常用以表示对民间疾苦的关怀。如:恫瘝在抱。《后汉书·和帝纪》:"朕寤寐恫矜,思弭忧衅。"

絧〔絧〕（tōng）　缓而直通貌。见《集韵·一东》。

另见 dòng,tóng。

桐（tōng）　❶通"通"。《汉书·礼乐志》:"桐生茂豫"颜师古注:"桐读为通。茂豫,美盛而光悦也。"❷轻脱貌。《汉书·广陵厉王刘胥传》:"毋桐好逸。"

另见 tóng。

通（tōng）❶贯通；由此端至彼端，中无阻隔。周敦颐《爱莲说》："中通外直。"亦谓有路可以到达。《列子·汤问》："吾与汝毕力平险，指通豫南，达于汉阴。可乎？"❷通顺。如：文理不通。❸通达。特指仕途通达。《北史·平恒传》："祖视、父儒，并仕慕容为通宦。"❹通晓。如：博古通今；不通世故。❺通报；传达。《世说新语·言语》："时李元礼有盛名，为司隶校尉，诣门者皆俊才清称及中表亲戚，乃通。"❻流通。《荀子·儒效》："通财货，相美恶，辩贵贱，君子不如贾人。"❼往来；交接；勾结。如：通商；通敌。《汉书·季布传》："吾闻曹丘生非长者，勿与通。"❽叙次，陈述。《世说新语·文学》："支（支道林）通一义，四坐莫不厌心；许（许询）送一难，众人莫不抃舞。"❾通奸。《左传·桓公十八年》："遂及文姜如齐，齐侯通焉。"❿全；遍；彻。如：通盘计划。《孟子·告子上》："弈秋，通国之善弈者也。"⓫普通；一般。如：通则；通例。⓬通"同"。共同。如：通力合作。⓭古代井田区划名。《汉书·刑法志》："方一里为井，井十为通。"⓮马粪。《后汉书·戴就传》："以马通熏之。"⓯量词。犹言遍。《后汉书·崔寔传》："仲长统曰：'凡为人主，宜写一通，置之坐侧。'"《三国演义》第七十二回："擂鼓三通。"

另见 tóng。

通宝 中国旧时钱币的一种名称。起于唐武德四年（公元 621 年）铸造的开元通宝。以后历代都曾沿用。并常在"通宝"二字前冠以年号、朝代或国名，铸于币面。如南唐的大唐通宝、唐国通宝、宋代的太平通宝、皇宋通宝，金时的大定通宝，元代的大元通宝、至正通宝，明代的永乐通宝、大明通宝，清代的康熙通宝、宣统通宝等。历代农民政权也铸有通宝钱。辛亥革命后，云南、福建还曾试铸民国通宝。日本、越南、朝鲜等国的钱币也曾用通宝的名称。

通报 国家机关、政党或社会团体等将重要的信息、经验、奖惩事项告知所属单位或公民的文件。

通变 中国古代文论术语。指文学发展中继承与革新的关系。刘勰在《文心雕龙》中首先提出。在文学发展过程中，就其先后承传的一面而言，则为"通"；就其日新月异的变化而言，则为"变"。把"通"、"变"连缀成一个新词，反映了继承与革新的对立统一关系，要求于"通"中求"变"，同时又要"变"而不失其"通"，把"会通"与"运变"统一起来。

通才 谓学识广博、具有多种才能的人。曹丕《典论·论文》："唯通才能备其体。"

通材 同"通才"。《孔丛子·独治》："其人通材，足以干天下。"

通草 即"通脱木"。

通都大邑 大都会；大城市。苏辙《民政策下·第三道》："今天下所谓通都大邑，十里之城，万户之郭。"

通感 也叫"移觉"。修辞手法之一。人们日常生活中视觉、听觉、触觉、嗅觉、味觉等各种感觉往往可以有彼此交错相通的心理经验，于是，在写说上当表现属于甲感觉范围的事物印象时，就超越它的范围而描写成领会到的乙感觉范围的印象，以造成新奇、精警的表达效果。如有些声音给人"明亮"或"甘甜"的感觉，有些颜色引起"冷"或"暖"的感觉。凭借通感，艺术家可以突破对事物的一般经验的感受，而获得更精深微妙的体会，从而探寻到清新奇异的表现形式。"红杏枝头春意闹"（宋祁《玉楼春》）、"呖呖莺歌溜的圆"（《牡丹亭·惊梦》）等就是运用通感的名句。

通告 在一定范围内公布应遵守或周知的事项的文件。

通功易事 分工合作。谓各从一业，以其所有易其所无。《孟子·滕文公下》："子不通功易事，以羡补不足，则农有余粟，女有余布。"羡，多余。

通侯 爵位名。秦制二十等爵的最高一级，汉沿置，亦称彻侯、列侯。《汉书·高帝纪下》："通侯诸将，毋敢隐朕。"颜师古注："应劭曰：'旧曰彻侯，避武帝讳曰通侯。通，亦彻也。通，言其功德通于王室也。'张晏曰：'后改为列侯，列者，见序列也。'"参见"彻侯"。

通货 "流通货币"的简称。流通中一切现实货币的总称。包括硬币和纸币。

通缉 通告各地机关、团体、企业事业单位和全体公民协同缉拿应当逮捕的在逃犯罪嫌疑人、被告人或越狱罪犯的紧急措施。在中国，各级公安机关在自己管辖的地区内可以直接发布通缉令；越出自己管辖的地区，应当报请有权决定的上级机关发布。

通籍 汉代出入宫门的制度。籍是二尺长的竹片，上写姓名、年龄、身份等，挂在宫门外，以备出入时查对。"通籍"谓记名于门籍，可以进出宫门。《汉书·魏相传》："光（霍光）夫人显及诸女，皆通籍长信宫。"后来也称初做官为"通籍"，意谓朝中已经有了名籍。杜甫《夜雨》诗："通籍恨多病，为郎忝薄游。"

通家 ❶世交。《后汉书·孔融传》："语门者曰：'我是李君通家子弟。'"《称谓录》卷八："《冬夜笺记》载：明人往来名刺，世交则称通家。"❷姻亲。《宋书·颜延之传》："妹适东莞刘宪之，穆之子也，穆之既与延之通家，又闻其美，将仕之。先欲相见，延之不往也。"

通假 也叫"通借"。用音同或音近的字来代替本字。严格说，与本无其字的假借不同，但习惯上也通称假借。包括同音通假，如借"公"为"功"，借"骏"为"峻"；双声通假，如借"祝"为"织"，借"果"为"敢"；叠韵通假，如借"崇"为"终"，借"革"为"勒"。古书多用通假字；今简化汉字也常常采用，如借"谷"为"穀"，借"吁"为"籲"。

通奸 有配偶而与他人发生不正当两性关系的行为。在我国，通奸行为是破坏一夫一妻制的违法行为。

通力合作 《论语·颜渊》"盍彻乎"朱熹注："周制，一夫受田百亩，而与同沟共井之人通力合作，计亩均收。"后泛称不分彼此全力合做一事。《清史稿·庄有恭传》："总计所需虽觉浩繁，然散在十二州县，通力合作，实亦无多。"

通令 领导机关向所属各有关单位或有关人员发布的共同性的命令。

通论 ❶通达的议论。冯衍《显志赋》："讲圣哲之通论兮，心愊忆而纷纭。"❷通贯诸经的言论。《后汉书·沛献王辅传》："辅矜严有法度，好经书，善说《京氏易》、《孝经》、《论语》传及图谶，作《五经论》，时号之曰'沛王通论'。"今称概论为通论，别于专论。

通名 普通名称。"别名❶"的对称。如"医生"为通名，别名"大夫"、"郎中"等。

通判 官名。宋初始设于诸州府，即共同处理政务之意。地位略次于州府长官，但握有连署州府公事和监察官吏实权，号称"监州"。明清设于各府，分掌粮运及农田水利等事，职任远较宋初为轻。清代另有州通判，称州判。

通情达理 指说话、做事合情合理。《歧路灯》第八十五回："只因民间有万不通情达理者,遂尔家有殊俗。"

通衢 四通八达的大道。班昭《东征赋》："遵通衢之大道兮,求捷径欲从谁?"

通权达变 权,权宜。达,通晓。谓适应客观情况的变化,因时制宜,随机应变,灵活处理。《清史稿·宗稷辰传》："臣闻见隘陋,非能尽识天下之才,所知湖南有左宗棠,通权达变,为疆吏所倚重。"

通人 谓学识渊博贯通古今的人。《史记·田敬仲完世家赞》："非通人达才,孰能注意焉!"《论衡·超奇》："博览古今者为通人。"

通融 ❶融会贯通;透彻了解。《朱子全书·学六》："某尝说读书须细看得意思通融后,都不见注解,但见有正经几个字在方好。"❷破例迁就;变通办法予人方便。

通儒 博学多闻、通晓今古的儒者。《后汉书·杜林传》："博洽多闻,时称通儒。"

通商 使商贸之路通达。《左传·闵公二年》："务财训农,通商惠工。"孔颖达疏："通商贩之路,令货利往来也。"后指国家或地区之间的贸易关系。

通史 通贯古今的史书。司马迁《史记》、梁武帝命群臣所编《通史》、宋司马光《资治通鉴》、郑樵《通志》、袁枢《通鉴纪事本末》等,都是通史性质的著作。近人更不限于一国的范围,有以全世界的历史编为世界通史的。

通士 通达事理的读书人。《荀子·不苟》："上则能尊君,下则能爱民,物至而应,事起而辨,若是则可谓通士矣。"

通事 ❶旧指朝觐聘问等事。《周礼·秋官·掌交》："掌邦国之通事而结其交好。"❷客人求见,代为通报。《新序·杂事二》："靖郭君欲城薛,而客多以谏,君告谒者,无为客通事。"❸官名。掌管呈递奏章、传达皇帝旨意等事。《元史·百官志五》："通事、知印各二人。"❹指翻译人员。周密《癸辛杂识后集·译者》："译,陈也;陈说内外之言皆立此传语之人以通其志,今北方谓之通事。"

通守 官名。隋炀帝时设置,佐理郡务,职位次于太守。不久废。清代各府通判也有通守的称呼。

通书 ❶谓书信来往。《史记·屈原贾生列传》："而贾嘉最好学,世其家,与余通书。"❷指历书。《红楼梦》第九十七回:"(贾琏)说着,捧过通书来。"

通俗文学 适合文化层次较低的读者阅读,明白易懂,流传较快的文学样式。多取材于群众关心和熟悉的现实生活,也可以是历史故事的演义,通过加工制作,寄予群众比较容易理解和接受的思想情感,在题材、主题、情节、人物、心理及其他表现手法上,都带有明显的复制性和模式化特征。种类较多,如言情、侦探、冒险、传奇、黑幕、科学幻想、武打、历史演义等。有些因追求商业效应、迎合低级趣味而流于庸俗,但也有一些寓教于乐,通俗地宣传一些基本的伦理规范和人生哲理。文学史上还有不少经典之作,一开始以通俗文学的面目流传,经过时间的检验,证明是思想艺术表达到极高水准的文学精品,为雅俗所共赏,像《西游记》、《水浒传》、《三国演义》等。

通悦 同"通脱"。放达不拘小节。《三国志·魏志·王粲传》:"表(刘表)以粲貌寝而体弱通悦,不甚重也。"

通脱 亦作"通悦"。放达不拘小节。《南史·任昉传》:"性通脱,不事仪形。"

通脱木(*Tetrapanax papyrifer*) 亦称"通草"。五加科。小乔木。茎含大量白色髓。叶大,掌状7~12裂,每裂片常又有两个或三个小裂片,下面被毛。冬季开花,花小,黄白色,大型圆锥花序。核果小球形,黑色。产于中国西南部、南部至台湾。树皮可造纸;采髓作薄片,可制通草花或其他饰品;茎髓入药,性寒、味甘淡,功能利水、清湿热,主治小便不利、淋沥热痛等症,并可通乳汁。

通问 互相问候;互通音讯。《礼记·曲礼上》:"嫂叔不通问。"杨维桢《红酒歌》:"别来南北不通问,夜梦玉树春风前。"

通显 谓官位显贵。《后汉书·应劭传》:"自是诸子宦学,并有才名,至场七世通显。"

通宵达旦 一夜到天亮。《醒世恒言·独孤生归途闹梦》:"狮蛮社火,鼓乐笙簧,通宵达旦。"

通信 ❶通过媒体将信息由一点传送至另一点的过程。早先以邮件作为媒体,后采用电、电子和光的手段,由电信号或光信号借助信道传送语言、文字、数据和图像等信息。按信号特征,分模拟通信和数字通信;按媒体,分有线电通信和无线电通信;按电信业务,分电报、电话、可视电话、传真、电子函件、语音信箱等;按所用波段,分长波、中波、短波、超短波、微波、毫米波和光通信等;按多路模式,分时分复用、频分复用和码分复用;按通信点位置,有蜂窝式移动通信、集群通信和个人通信;按网络,可通过因特网、综合业务网、数字数据网、帧中继以及卫星通信网进行通信。❷见"通讯"。

通训 古代释义的一种方法。根据由声音以通训诂的原则,对古书中的字义进行汇通训释。清朱骏声撰《说文通训定声》,对此多所阐发。

通讯 一种新闻报道体裁。对于新闻人物与事件的记叙要比消息具体、详尽、生动。写作中多采用叙述、描写、议论、抒情并举的方法,寓理于事、以情动人。原指以书信传递的形式向报社发稿的外埠新闻,又称"通信"。

通义 ❶谓适用于一般情况的道理与法则。《荀子·臣道》:"不恤公道通义。"❷疏通大义。常用为书名,指概述性的著作,如:《白虎通义》、《文史通义》。

通译 互译两方语言使相通晓。《后汉书·和帝纪论》:"都护西指,则通译四万。"后亦称翻译人员为"通译"。

通语 ❶非地区性的普通词语。《方言》第一:"娥、嬴,好也。秦曰娥,宋魏之间谓之嬴,秦晋之间凡好而轻者谓之娥。……好,其通语也。"❷几个地区内普遍使用的词语。如《方言》第一:"悼、怒、悴、愁,伤也。自关而东汝、颍、陈、楚之间通语也。"

通韵 作旧体诗术语。指两个或两个以上的韵部可以相通,或其中一部分相通。作诗时通韵可以互押。如"平水韵"中"东"、"冬"可以相通,"支"、"微"亦可相通等。古体诗通韵较为宽广,近体诗则受严格的限制。

通政司 官署名。明代始设通政使司,简称通政司,掌内外章奏、封驳和臣民密封申诉之件。其长官为通政使,佐官称副使及参议。清代沿置。以宋代首先专设接受章疏的机关通进银台司,故别称为银台。

通知 将某种规定、情况、事项等告诉对方(单位或个人)或普遍告诉有关单位与个人的文件。普遍告诉有关单位或个人的通知，与通告相同。

通中枕　空心枕头。汉代尚书郎值宿时所用。《汉官仪》卷上："尚书郎主作文书起草，夜更直五日于建礼门内。尚书郎给青缣白绫被，以锦被、帷帐、氍褥、通中枕。"白居易《冬夜与钱员外同直禁中》诗："连铺青缣被，对置通中枕。"

痌（tōng）　同"恫"。

蓪（tōng）　药用植物，即"通草"。

樋（tōng）　木名。见《集韵·一东》。

tóng

全（tóng）　姓。明代有全寅。见《明史·方技传》。

另见 tóng 同。

同〔全〕（tóng）❶相同；一样。如：不约而同。《左传·成公元年》："是齐楚同我也。"❷共同；一起。如：同甘共苦。❸跟；和。如：有事同群众商量。《诗·豳风·七月》："同我妇子，馌彼南亩。"❹齐；聚。《诗·小雅·车攻》："我车既攻，我马既同。"又《吉日》："兽之所同。"❺古代一种酒器。《书·顾命》："上宗奉同瑁。"❻地方百里之称。《左传·襄公二十五年》："且昔天子之地一圻，列国一同。"❼姓。唐代有同谷。

另见 tòng。

同案❶明清两代称同一年进学的秀才。《儿女英雄传》第一回："连日忙着叫他拜老师，会同案。"❷指参与同一罪案的人。如：同案犯；同案人。

同胞　同父母所生的兄弟姐妹。《汉书·东方朔传》："同胞之徒，无所容居。"颜师古注引苏林曰："胞音胞胎之胞也，言亲兄弟也。"也指同一国家的人。谓亲如兄弟的意思。张载《西铭》："民吾同胞，物吾与也。"

同病相怜　《吴越春秋·阖闾内传》："同病相怜，同忧相救。"后比喻有同样的遭遇而互相同情。《红楼梦》第四十五回："我虽有个哥哥，你也是知道的；只有个母亲，比你略强些。咱们也算同病相怜。"

同参　佛教僧人对共同参禅者的称谓。后成为一般同学、僧侣间相互的称呼。

同产　指同母所生。《史记·孝文本纪》："今犯法已论，而使毋罪之父母妻子同产坐之。"

同仇敌忾　《诗·秦风·无衣》："修我戈矛，与子同仇。"《左传·文公四年》："诸侯敌王所忾，而献其功。"杜预注："敌，犹当也；忾，恨怒也。"后以"同仇敌忾"指共同一致地抱着对敌人的无比仇恨和愤怒。

同窗　即同学，同师受业的人。吕祖谦《与朱侍讲书》："令嗣气质甚淳，已令就潘叔度舍傍书室……同窗者，乃叔度之弟景俞。"

同床异梦　比喻共做一事而打算各不相同。陈亮《与朱元晦秘书书》："同床各做梦，周公且不能学得，何必一一论到孔明哉！"亦作"同床各梦"。纪昀《阅微草堂笔记·槐西杂志一》："然身去而心留，不犹愈于同床各梦哉？"

同德　为同一目的而努力。《国语·吴语》："戮力同德。"参见"同心同德"。

同调　本指音乐调子相同，比喻志趣相同。谢灵运《七里濑》诗："谁谓古今殊，异代可同调。"

同恶　共同作恶，也指共同作恶的人。《史记·吴王濞列传》："同恶相助，同好相留。"《论衡·问孔》："公山不狃与阳虎俱畔，执季桓子，二人同恶。"

同甘共苦　比喻同欢乐共患难。范受益《寻亲记·发配》："和你同甘共苦，受尽饥寒，谁想道遭磨难也。"

同庚　年龄相同。朱熹《元范别后寄惠佳篇》诗："岁月幸同庚，诗书复同道。"

同归殊涂　亦作"殊途同归"。涂，通"途"。比喻采取的方法虽然不同，而目的和效果却是一样。语出《易·系辞下》"天下同归而殊涂，一致而百虑"。《前汉纪·平帝纪》："昔秦燔诗书以立私议，莽诵六经以文奸言，同归殊涂，俱有亡灭。"

同轨　本指车辙广狭相同。引申为文物制度相同的诸侯之国。《左传·隐公元年》："天子七月而葬，同轨毕至。"孔颖达疏："同轨毕至，谓海内皆至也。"

同好　爱好相同的人。曹植《与杨德祖书》："虽未能藏之于名山，将以传之于同好。"

同化❶使不相同的事物逐渐变成相近或相同。❷语音上两个不相同或不相似的音连在一起说，而变为相同或相似的音。如普通话"面包"miàn bāo［mian ∨ pau］中舌尖音 n［n］，受后面唇音 b［p］的影响而同化，变为唇音 m［m］，说成 miànbāo［miam ∨ pau ˥］。

同怀　犹同心。常用于夫妻、朋友。陆机《为顾彦先赠妇》诗："修身悼忧苦，感念同怀子。"贾至《闲居秋怀寄阳翟陆赞府封丘高少府》诗："我有同怀友，各在天一方。"

同甲　犹同庚。年龄相同。欧阳修《与知县寺丞书》："杜漳州有事，令人感涕不已。与之同甲，内顾身世，可谓凛凛。"

同考官　明清乡试、会试中协同主考或总裁阅卷之官。因在闱中各居一房，又称房考官，简称房官。试卷由房官先阅，加批荐给主考或总裁。

同科❶同等。《论语·八佾》："射不主皮，为力不同科，古之道也。"《汉书·成帝纪》："先帝劝农，薄其租税，宠其强力，与孝悌同科。"❷同类。元稹《有鸟》诗："鹊缘暖足怜不吃，鸬为同科曾共游。"❸科举时代，称同届考中的人。多指乡、会试之同榜者。王安石《酬冲卿见别》诗："同官同齿复同科。"

同牢　古代结婚仪式中新郎新娘同吃一份牲牢，表示共同生活开始。《礼记·昏义》："妇至，婿揖妇以入，共牢而食。"孔颖达疏："共牢而食者，在夫之寝，婿东面，妇西面，共一牲牢而同食不异牲。"《汉书·王莽传下》："进所征天下淑女杜陵史氏女为皇后……莽亲迎于前殿两阶间，成同牢之礼于上西堂。"

同寮　旧时称在同一部门做官的人为"同寮"。《诗·大雅·板》："及尔同寮。"亦作"同僚"。《红楼梦》第三回："雨村忙回头看时，不是别人，乃是当日同僚一案参革的张如圭。"

同流合污　语出《孟子·尽心下》"同乎流俗，合乎污世"。原意指随世浮沉，后用以称随着坏人一起做坏事。《三侠五义》第一百十二回："钟雄占据军山非止一日，那一派的骄侈倨傲，同流合污，已然习惯成性。"

同门　指同学，谓同出一师门下。《汉书·孟喜传》："同门梁丘贺疏通证明之。"颜师古注："同门，同师学者也。"

同门异户　同出一门，名号相同而内容实质各异。《法言·君子》："至于子思孟轲诡哉，曰吾于孙卿与，见同门而异户也。"

同盟❶古时指诸侯间缔结盟约。《左传·僖公九年》："凡我同盟之人，既盟之后，言归于好。"❷两个或两个以上的国家,在一定时期内,因共同利害而缔结的政治、军事或经济等方面的联合和协作关系。❸政党、派别、团体或个人,在一定时期内,为达到共同政治目的而形成的联合。❹有时用作政党、团体或组织的名称,如"中国民主同盟"、"中国民权保障同盟"等。

同梦　寝而梦同。形容夫妇间的感情很好。《诗·齐风·鸡鸣》:"虫飞薨薨,甘与子同梦。"后也比喻亲密的友谊。曾几《次镇江守曾宏甫见寄韵》:"夜雨思同梦,秋风辱寄音。"

同年　❶年岁相同。《晋书·刘弘传》:"与武帝同居永安里,又同年,共砚席。"❷同一年。如:大桥、隧道同年通车。❸汉代以同举孝廉为同年。唐代以同举进士为同年。李肇《唐国史补》卷下:"俱捷谓之同年,有司谓之座主。"明清乡试会试同榜登科者皆称"同年"。

同袍　《诗·秦风·无衣》:"岂曰无衣,与子同袍。"后用来指极有交情或关系密切的人。许浑《晓发天井关寄李师诲》诗:"逢秋正多感,万里别同袍。"又旧时军界中人也常用此互称。参见"袍泽"。

同平章事　官名。唐代制度,君主在大臣中选任数人,给以同中书门下平章事名义,即事实上的宰相。简称同平章事。中书、门下二省本政务中枢,同中书门下平章事即与中书、门下协商处理政务之意。宋初犹沿用为宰相官衔,元丰改制始废。南宋初又曾沿称,乾道时废。凡节度使加同平章事者,仅为虚衔,不任职。参见"平章❸"。

同气　❶气质相同。《易·乾·文言》:"同声相应,同气相求,水流湿,火就燥。"❷指兄弟。任昉《为齐明帝让宣城郡公表》:"世祖武皇帝,情等布衣,寄深同气。"

同情　❶犹同心,同气。《史记·吴王濞列传》:"同恶相助,同好相留,同情相成,同欲相趋,同利相死。"❷对于别人的遭遇或行为在感情上发生共鸣。

同人　❶《周易》六十四卦之一,离下乾上。《易·同人》:"象曰:天与火,同人。"孔颖达疏:"天体在上,火又炎上,取其同性,故曰天与火同人。"❷志趣相同或共事的人。俞樾《茶香室丛钞·明季社事缘起》:"号召同人,创为复社。"亦作"同仁"。

同仁　❶谓同等看待。参见"一视同仁"。❷同"同人❷"。

同日而语　亦作"同日而论"、"同年而语"、"同日而言"。犹相提并论。《史记·苏秦列传》:"夫破人之与破于人也,臣人之与臣于人也,岂可同日而语哉!"贾谊《过秦论》:"试使山东之国,与陈涉度长絜大,比权量力,则不可同年而语矣。"《晋书·慕容盛载记》:"勋道之茂,岂可与周公同日而言乎?"

同声相应　原指乐声和应。《易·乾·文言》:"同声相应,同气相求。"孔颖达疏:"同声相应者,若弹宫而宫应,弹角而角动是也。"后指志趣相同而互相响应。《三国志·魏志·王粲等传论》:"昔文帝、陈王以公子之尊,博好文采,同声相应,才士并出。"

同事　行事相同。《书·太甲下》:"与治同道,罔不兴;与乱同事,罔不亡。"后以指在一起工作或一起工作的人。

同室操戈　《后汉书·郑玄传》载:何休专治《公羊传》,郑玄著论以难之,何休叹息曰:"康成(郑玄字)入我室操吾矛以伐我乎?"意谓自家人动刀枪。比喻兄弟争吵或内部纷争。江藩《宋学渊源记序》:"为宋学者,不第攻汉儒而已也,抑且同室操戈矣。"

同堂兄弟　同祖的兄弟,即堂兄弟。《北史·公孙表传》:"二公孙,同堂兄弟耳。"指公孙表之孙叡、邃,叡为表长子轨之子,邃为表次子质之子。《称谓录》卷四引钱大昕曰:"今又谓从父昆弟为同堂,盖六朝人犹称同堂,至唐乃省去'同'字。"

同位语　句子中表示相同的人或事物的两个词或词组连用在一起,其中作句子成分的叫本位语,解释本位语的叫同位语。如"我们的首都北京是一个很美丽的城市"一句中,"北京"是本位语,"我们的首都"是同位语。同位语和本位语之间不能加"的"字。

同心　齐心;志同道合。《易·系辞上》:"二人同心,其利断金;同心之言,其臭如兰。"参见"同心同德"。

同心结　用锦带打成的菱形连环回文样式的结子,用作男女相爱的象征。刘禹锡《杨柳枝》词:"如今缩作同心结,将赠行人知不知。"

同心同德　同一心愿,同一行动。与"离心离德"相对。《书·泰誓中》:"予有乱臣十人,同心同德。"乱臣,治理国家的良臣。

同穴　同圹而葬,指夫妻合葬。《诗·王风·大车》:"穀则异室,死则同穴。"穀,活着。白居易《赠内》诗:"生为同室亲,死为同穴尘。"

同砚　旧称同学为"同砚"。《二十年目睹之怪现状》第九十八回:"好在我们同砚,彼此不必客气。"参见"砚席"。

同义词　意义相同或相近的词。相同的,如"乙醇"和"酒精"。相近的,如"赞成"和"同意"、"美丽"和"漂亮"、"成绩"和"成就"等。

同义反复　指一个意思连用几个同样意义的语言成分作表达。是一种语病。如"关门闭户掩柴扉"之类。

同音词　也叫"同音异义词"。声音相同而意义不同的词。有的写法不同,如"著名"和"注明";有的写法相同,如"杜鹃"(鸟名)和"杜鹃"(花名),又如"打"(打人,动词)和"打"(一打铅笔,量词)。

同寅　旧称在同一处做官的人。语出《书·皋陶谟》"同寅协恭和衷哉"。寅,敬;谓同敬合恭而和善。张镃《送赵季言知抚州》诗:"同寅心契每难忘,林野投闲话最长。"

同语反复　用貌似不同而其实相同(表达的概念相同)的词语来下定义的逻辑错误。这样的定义,由于定义概念和被定义概念是同一个概念,因此不能揭示被定义概念的内涵。如:"唯物论就是唯物主义。"

同源词　词汇中音义相关、由同一语源孳生的词。如汉语的"毋"和"无"、"强"和"健"、"迎"和"逆"、"买"和"卖"。就意义上看,有同义、反义或其他的关联;就声音上看,有同音或双声、叠韵的关联。

同源字　用来记录同源词的音义皆近、音近义同或义近音同的字。常以某一概念为中心,表示相近或相关的几个概念。如:草木缺水为"枯",江河缺水为"涸"、为"竭",人缺水欲饮为"渴";水缺口为"决",环状玉缺口为"玦",器皿缺口为"缺"。

同云　下雪前的阴云。《诗·小雅·信南山》:"上天同云,雨雪雰雰。"朱熹注:"同云,云一色也,将雪之候如此。"参见"彤云❷"。

同知　官名。(1)宋代于枢密院不设枢密使及副使时,其主官称知枢密院事,佐官则称同知枢密院事,或简称知院、同知院。(2)辽代设同知府事、同知州事。金元时每府或州设同知一员。明清定为知府、知州的佐官,分掌督粮、缉捕、海防、江防、水利等,分驻指定地点。清代州的同知,则称为州同。同知与通判又可为地方政府厅一级的长官。

同志 ❶志趣相同;志趣相同的人。《国语·晋语四》:"同德则同心,同心则同志。"《后汉书·刘陶传》:"所与交友,必也同志。"❷政治理想相同的人;同一政党成员相互间的称谓。

同中书门下三品 官名。唐制,以中书省长官中书令及门下省长官侍中任宰相之职,其以他官任宰相者,则加"同中书门下三品"衔。即视同中书令、侍中(均三品官)之意。乾元后,习用"同中书门下平章事",此名废。

同舟共济 《孙子·九地》:"夫吴人与越人相恶也,当其同舟而济,遇风,其相救也如左右手。"后以"同舟共济"比喻同心协力战胜困难。《三国志·魏志·毌丘俭传》:"将士诸为俭、钦(文钦)所迫胁者,悉归降"裴松之注引钦与郭淮书曰:"同舟共济,安危势同。"

同宗 原谓同出一个大宗者。《仪礼·丧服》:"何如而可为之后?同宗则可为之后。"参见"大宗❶"。后泛指同族或同姓。

同族词 具有共同词根,即属于同一词族的词。

佟 (tóng) 姓。

彤 (tóng) ❶朱红色。《国语·周语下》:"夫宫室不崇,器无彤镂,俭也。"韦昭注:"彤,丹也。"见"彤弓"、"彤管"。❷姓。周代有彤伯。

彤弓 ❶朱红色的弓。古代诸侯有大功时,天子赏赐弓矢,使"专征伐"。彤弓就是其中之一。《书·文侯之命》:"彤弓一,彤矢百。"❷《诗·小雅》篇名。《诗集传》谓天子宴有功诸侯,赐以弓矢之乐歌。

彤管 《诗·邶风·静女》:"静女其娈,贻我彤管。"据毛传及郑玄笺:彤管,赤管笔;古代女史以彤管记事。后因用于女子文墨之事。《后汉书·皇后纪序》:"女史彤管,记功书过。"但欧阳修《诗本义》卷三则谓"古者针、笔皆以管,乐器亦有管,不知此彤管是何物也"。一说"彤管"是红色管状的初生之草,或即本诗下章"自牧归荑"的"荑"。

彤云 ❶红霞。孙绰《游天台山赋》:"彤云斐亹以翼櫺,皦日炯于绮疏。"斐亹,文采鲜丽貌。❷同"彤云"。下雪前的阴云。宋之问《奉和春日玩雪应制》:"北阙彤云掩曙霞,东风吹雪舞山家。"

侗 (tóng) ❶童蒙无知。《论语·泰伯》:"侗而不愿。"何晏集解:"侗,未成器之人。"《庄子·山木》:"侗乎其无识。"陆德明释文:"侗,无知貌。"❷通"僮"。幼童。《书·顾命》:"在后之侗。"
另见 dòng,tǒng。

佟 (tóng) 忧愁。孙涛《全唐诗话续编·贾岛》引程锜诗:"司仓旧曹事,一见一心佟。"

词 〔词〕(tóng,又读 dòng) ❶共。《礼记·祭统》:"铺筵,设同几"郑玄注:"同之言词也。"孔颖达疏:"同之言词也者;若单作同字,是齐同之同,非词共之词;若词共之词,则言旁作词。汉、魏之时,字义如此,今则总为一字云。"❷见"谌词"。

垌 (tóng) 用于地名。垌冢,在今湖北省。
另见 dòng。

苘 (tóng) 苘蒿,俗称"蓬蒿"。菊科。一二年生草本。叶倒披针形,叶缘缺刻深或浅,色淡绿,有香气。头状花序单生于枝顶,舌状花黄或白色。瘦果形小,稍长,褐色。性喜冷凉,春、秋皆可栽培。

峒 (tóng) 妄言。吴骞《拜经楼诗话》二九:"盲师矜喝,瞽子峒疑。"

峒 〔峒〕(tóng) 见"崆峒山"。
另见 dòng。

重 (tóng) 通"穜"。先种后熟的农作物。参见"重穋"。
另见 chóng,zhòng。

重穋 亦作"穜穋"。穋,同穋。作物先种后熟叫"重",后种先熟叫"穋"。《诗·豳风·七月》:"黍稷重穋。"《周礼·天官·内宰》:"诏王后帅六宫之人而生穜穋之种。"

狪 (tóng) 亦作"犝",兽名。《山海经·东山经》:"〔泰山〕有兽焉,其状如豚而有珠,名曰狪狪。"

洞 (tóng) 见"澒洞"。
另见 dòng。

绚 〔绚〕(tóng) 布名。见《广韵·一东》。
另见 dòng,tōng。

桐 (tóng) ❶木名。如:梧桐;油桐。❷古地名。在今山西万荣西,相传商代伊尹放太甲于此。
另见 tōng。

桐棺 桐木做的粗劣棺材。《墨子·节葬下》:"禹葬会稽之山,衣衾三领,桐棺三寸,葛以缄之。"

桐花凤 鸟名。也叫"幺凤"。李德裕《画桐花凤扇赋序》:"成都夹岷江,矶岸多植紫桐。每至春暮,有灵禽五色,小于玄鸟,来集桐花,以饮朝露。"梅尧臣《送余中舍知汉州德阳》诗:"桐花凤何似?归日为将行。"

砼 (tóng) 混凝土。

烔 (tóng) 热貌。见《玉篇·火部》。如:热气烔烔。

铀 〔铀〕(tóng) 大犁。《说文·金部》:"铀,枱属也。"枱,即今耜字。《广雅·释器》:"铬镰谓之鑐。"王念孙疏证:"《说文》:'铀,枱属也。'又云:'铬镰,大犁也,一曰类枱。'铀与鑐同。"

铜 〔铜〕(tóng) 化学元素[周期系第Ⅰ族(类)副族元素]。符号 Cu。原子序数 29。淡红色金属,富延展性、抗蚀性。是热、电的良导体。在干燥空气中稳定,有二氧化碳及湿气存在时,表面生成绿色的碱式碳酸铜(俗称"铜绿")。不溶于非氧化性稀酸,能与硝酸、浓硫酸作用。与空气接触,或有氧化剂存在时,也能溶于盐酸、稀硫酸等中。主要含铜矿物有黄铜矿、辉铜矿、赤铜矿等。用以制导线、电极、开关、电铸板、电盐及铜合金(如黄铜、青铜等)等。也用于电镀。为生命必需的微量营养元素。

铜狄 即铜人。亦称金人。《汉书·五行志下之上》:"秦始皇帝二十六年,有大人长五丈,足履六尺,皆夷狄服,凡十二人,见于临洮。天戒若曰:'勿大为夷狄之行,将受其祸。'是岁始皇初并六国,反喜以为瑞,销天下兵器,作金人十二以象之。"后因以称"金人"为"铜狄"。陆游《斋中杂兴》诗:"何当五百岁,相与摩铜狄?"参见"金狄❶"。

铜鼓 中国古代南方一些少数民族所使用的重器、乐器。由用作炊具的铜釜发展而成。年代约自春秋中期至清末不等。用铜铸造,大小不一,最大的直径在100厘米以上,最小的仅10余厘米,重量自数十斤至数百斤。体形凝重,制作精致。鼓面有浮雕图案,中心为日光形,边缘或有蛙、龟、牛、马等立体装饰;鼓身全部有花纹围绕,丰富多采。原系统治权力的象征,用以号召部众进行战争,并作为祭祀、赏赐、进贡的重器。

明清以来,随着社会的变化,成为一般的娱乐乐器。今壮、仡佬、布依、侗、水、苗、瑶等族仍珍爱这种乐器。

铜鼓

铜官 官署名。西汉在丹阳郡(治今安徽宣州)设置,掌开采铜矿。主管有长及丞。

铜镜 古代照容用具。一般作圆形,照面的一面磨光发亮,背面常铸花纹。目前中国发现最早的是铜石并用时代齐家文化的铜镜。战国时已很盛行,制作轻薄精巧,钮较小,花纹多作几何形或动物形图案。到西汉和东汉前期,逐渐厚重,钮多作半球形。东汉中期至魏晋时,出现浮雕的神兽镜和画像镜,很精美。唐代制作精工,平脱镜、螺钿镜更为富丽,纹饰有人物故事、花蝶、鸟兽等。唐镜的形状,除圆形的以外,尚有菱花形和方形等多种。宋元出现有柄可执的镜。清代以后逐渐为玻璃镜所代替。

铜琶铁板 俞文豹《吹剑续录》:"东坡在玉堂日,有幕士善讴,因问:'我词比柳词何如?'对曰:'柳郎中词,只好十七八女孩儿执红牙拍板,唱"杨柳岸晓风残月";学士词,须关西大汉执铁板,唱"大江东去"。'公为之绝倒。"后人演为"抱铜琵琶,执铁绰板",因以"铜琶铁板"形容豪爽激越的文词。《二十年目睹之怪现状》第四十九回:"铜琶铁板声声恨,剩馥残膏字字哀。"

铜墙铁壁 亦作"铁壁铜墙"。比喻坚固、难以摧毁。无名氏《谢金吾》楔子:"孩儿此一去,随他铜墙铁壁,也不怕不折到了他的。"

铜人 ❶铜铸的人像。《后汉书·灵帝纪》:"复修玉堂殿,铸铜人四。"李贤注:"时使掖廷令毕岚铸铜人,列于苍龙、玄武阙外。"参见"金人❶"。❷古代铜制人体经络穴位模型。最早为宋王惟一于天圣五年(1027年)创铸。

铜头铁额 《云笈七籤》卷一百:"〔蚩尤氏〕兄弟八十人,并兽身人语,铜头铁额。"注:"蚩尤始作铠甲兜牟,时人不识,谓是铜头铁额。"后以"铜头铁额"形容人勇猛强悍。《太平广记》卷七十六引《逸史》载有术士谓安禄山曰:"公有阴兵五百人,皆铜头铁额,常在左右。"

铜驼 铜铸的骆驼,古代置于宫门外。《邺中记》:"二铜驼如马形,长一丈,高一丈,足如牛,尾长二尺,脊如马鞍,在中阳门外,夹道相向。"徐陵《洛阳道》诗:"东门向金马,南陌接铜驼。"参见"铜驼荆棘"。

铜驼荆棘 《晋书·索靖传》:"靖有先识远量,知天下将乱,指洛阳宫门铜驼,叹曰:'会见汝在荆棘中耳!'"后因以"铜驼荆棘"形容亡国后残破的景象。李逊之《三朝野记序》:"倘读之有兴故国故君之思,怀铜驼荆棘之感者,吾且欲凭吊于断简残编之中,相与悲歌当泣也已!"亦作"荆棘铜驼"。陆游《醉题》诗:"只愁又踏关河路,荆棘铜驼使我悲!"

铜臭 东汉崔烈有名于时,以钱五百万买得司徒,问子崔钧:"吾居三公,于议者何如?"钧曰:"论者嫌其铜臭。"见《后汉书·崔寔传》。后常讥讽爱钱的人。皮日休《吴中苦雨寄鲁望》诗:"吴中铜臭户,七万沸如蝗。"

童(tóng) ❶"僮"的本字。谓奴仆。如:书童;童儿。《易·旅》:"丧其童仆。"❷未成年的人。如:孩童;学童。❸牛羊未出角之称。《易·大畜》:"童牛之牿。"虞翻注:"无角之牛也。"《诗·大雅·抑》:"彼童而角。"毛传:"童,羊之无角者也。"❹山无草木。见"童山"。比喻人秃顶。韩愈《进学解》:"头童齿豁。"❺愚昧无知。《新书·道术》:"反慧为童。"参见"童昏"、"童蒙❶"。❻通"瞳"。见"童子❷"。❼姓。

童呆 年幼无知。韩愈《谢自然诗》:"童呆无所识。"亦用为愚痴之义。

童话 儿童文学的一种。通过丰富的想像、幻想和夸张来塑造艺术形象,反映生活,增进儿童思想性格的成长。一般故事情节神奇曲折,内容和表现形式浅显生动,对自然物的描写常用拟人化手法,能适应儿童的接受能力。

童昏 愚昧无知。《文选·陆机〈演连珠〉》:"利尽万物,不能睿童昏之心。"吕向注:"童昏,痴也。"亦作"僮昏"。《国语·晋语四》:"僮昏不可使谋。"韦昭注:"僮,无知;昏,暗乱也。"

童蒙 ❶幼稚无知;愚蒙。《易·蒙》:"匪我求童蒙,童蒙求我。"孔颖达疏:"蒙者,微昧暗弱之名。"❷无知的儿童。元稹《江边》诗:"散诞都由习,童蒙剩懒散。"

童男女 未成年的男女。《史记·秦始皇本纪》:"发童男女数千人入海求仙人。"

童牛角马 没有角的牛和生了角的马。比喻违背常理,不可能存在的事物。《太玄·更》:"童牛角马,不今不古。"

童山 无草木的山。《释名·释长幼》:"山无草木亦曰童。"如:童山濯濯。

童生 别称文童。明清科举制度,凡应考生员(秀才)之试者,不论年龄大小,皆称儒童,习惯上称为童生。

童竖 犹童子。未成年的人。张载《七哀》诗:"蒙茏荆棘生,蹊径登童竖。"

童童 ❶光洁貌。高诱《淮南子叙》:"一尺缯,好童童;一升粟,饱蓬蓬。"❷秃貌。梅尧臣《杨公蕴之华亭宰》诗:"今年拗都尽,秃株立童童。"❸覆盖貌。《三国志·蜀志·先主备传》:"舍东南角篱上,有桑树生,高五丈余,遥望见童童如小车盖。"按《艺文类聚》引作"幢幢"。

童乌 《法言·问神》:"育而不苗者,吾家之童乌乎!九龄而与我玄文。"童乌,扬雄之子。玄,指扬雄所作《太玄》。后因以称聪明而早死的孩子。苏轼《悼朝云》诗:"苗而不秀岂其天,不使童乌与我玄。"朝云,轼妾,曾生子幹儿,未百日而亡。

童心 儿童的心情;孩子气。《左传·襄公三十一年》:"于是昭公十九年矣,犹有童心。"引申为真心、真情实感。李贽《焚书·童心说》:"夫童心者,绝假纯真,最初一念之本心也。"

童养媳 中国封建制度下从小被出卖或由家庭包办订婚,在婆家生活的未婚媳妇。一般出身贫苦家庭,在封建礼教束缚下备受歧视与压迫,社会地位低下。新中国成立后,已被禁止。

童谣 儿童文学的一种。一般与儿歌合称儿童歌谣。形式短小,语言单纯,意思明白,适合儿童传诵。有儿童自编自唱的,也有成人拟作的。中国旧时被压迫阶级常借童谣形式来讽喻现实,表达思想愿望,带有较多幻想和讽刺因素。但也有统治阶级拟作,用以帮助实现某种政治意图的。

童真 ❶犹言童身。傅亮《文殊师

利菩萨赞》:"在昔龙种,今也童真。"❷玄应《一切经音义》卷五:"童真,是沙弥别名。"沙弥,已受十戒的小和尚。

童子 ❶未成年的人。《诗·卫风·芄兰》:"童子佩觿。"❷童,通"瞳"。瞳人。《汉书·项籍传赞》:"舜盖重童子,项羽又重童子。"童,《史记》作"瞳"。

赨(tóng)　赤色。《管子·地员》:"其种大苗细苗,赨茎黑秀箭长。"箭,禾秆。

酮(tóng)　❶用马奶制成的酸酪。❷羰基的两个单键分别和两个相同或不同的烃基相结合而成的有机化合物。链状酮的通式为RCOR′,可由仲醇(RCHOHR′)脱氢或氧化制得,丙酮(CH_3COCH_3)是代表物。环状酮的代表物如环己酮。酮类的化学性质活泼,和醛类一样会起羰基加成反应。能经加氢或还原剂还原生成仲醇,但不能被弱氧化剂所氧化。许多酮具有工业价值,如丙酮是优良的溶剂,环己酮是合成纤维(尼龙6)的原料。

狪(tóng)　兽名。《广韵·一东》:"狪,似豕,出泰山,见《山海经》。"今《山海经·东山经》作"狪"。据《集韵·一东》,狪、狪为一字。

僮(tóng)　❶古称未成年的男子。《国语·鲁语下》:"使僮子备官。"❷古代对奴隶的称谓。《史记·货殖列传》:"僮手指千。"裴骃集解引《汉书音义》:"僮,奴婢也。古者无空手游日,皆有作务,作务须手指,故曰手指,以别马牛蹄角也。"又:"〔卓氏〕富至僮千人。"后作为童仆的通称。
　另见 zhuàng。

僮客　古代私家所属的奴隶。《汉书·司马相如传》:"临邛多富人,卓王孙僮客八百人。"注:"僮,谓奴。"《三国志·蜀志·糜竺传》:"祖世货殖,僮客万人,赀产巨亿。"

僮竖　年轻的仆役。《晋书·郑默传》:"事上以礼,遇下以和,虽僮竖厮养,不加声色。"

僮僮　《诗·召南·采蘩》:"被之僮僮,夙夜在公。"毛传:"被,首饰也。僮僮,竦敬也。"亦作"童童"。《广雅·释训》:"童童,盛也。"王念孙疏证:"形容首饰之盛。"

鮦〔鮦〕(tóng)　鱼名。即"鳢"。
　另见 zhòu。

潼(tóng)　❶水名。一在陕西**潼关县**,一在安徽五河县。❷见"潼潼"。
　另见 chōng。

潼潼　《文选·宋玉〈高唐赋〉》:"巨石溺溺之瀺灂兮,沫潼潼而高厉。"李善注:"潼潼,高貌。"

橦(tóng)　木名。见"橦布"。
　另见 chōng,chuáng。

橦布　橦树花织成的布。《文选·左思〈蜀都赋〉》:"布有橦华(花)。"刘逵注:"橦华者,树名橦,橦华柔毳,可绩为布也。出永昌。"王维《送梓州李使君》诗:"汉女输橦布,巴人讼芋田。"

曈(tóng)　见"曈昽"。

曈昽　由暗而渐明貌。陆机《文赋》:"情曈昽而弥鲜。"杨亿《禁直》诗:"初日曈昽艳屋梁。"

犝(tóng)　牛名。一说无角的牛。见《尔雅·释畜》"犝牛"郭璞注。

曈(tóng)　见"曈昽"、"曈朦"。

曈昽　月初出,将明。《文选·潘岳〈秋兴赋〉》:"月曈昽以含光兮,露凄清以凝冷。"李善注引《埤苍》曰:"曈昽,欲明也。"

曈朦　❶微明貌。陶翰《宿天竺寺》诗:"湖色浓荡漾,海光渐曈朦。"❷同"曈蒙(朦)"。朦胧不明貌。《后汉书·张衡传》:"吉凶纷错,人用曈朦。"王先谦集解引刘攽曰:"案蔡邕亦有此二字,作曈朦,从目,是也。此误。"

氃(tóng)　见"氃氋"。

氃氋　羽毛松散貌。《世说新语·排调》:"昔羊叔子(羊祜)有鹤善舞,尝向客称之。客试使驱来,氃氋而不肯舞。"

煄(tóng)　同"烔"。

瞳(tóng)　❶眼珠的中心;瞳人。❷懵懵懂懂,瞪着眼睛看的样子。《庄子·知北游》:"汝瞳焉如新生之犊,而无求其故。"

瞳蒙　亦作"曈朦"。即"童蒙"。蒙昧不明事理。也指愚昧的人。《易·蒙》:"童蒙求我。"王弼注:"童蒙之来求我,欲决所惑也。"《后汉书·蔡邕传》:"童子不问疑于老成,瞳蒙不稽谋于先生。"

罿(tóng,又读 chōng)　捕鸟网。《诗·王风·兔爰》:"有兔爰爰,雉离于罿。"

穜(tóng)　先种后熟的谷类。
　另见 zhòng。

穜稑　先种后熟的谷类叫"穜",后种先熟的谷类叫"稑"。亦作"重穋"。《周礼·天官·内宰》:"上春,诏王后帅六宫之人而生穜稑之种,而献之于王。"郑玄注引郑司农云:"先种后孰谓之穜,后种先孰谓之稑。"

醴(tóng)　同"酮❶"。

tǒng

侗(tǒng)　见"优侗"。
　另见 dòng,tóng。

统〔統〕(tǒng)　❶丝绪的总束。《淮南子·泰族训》:"茧之性为丝,然非得工女煮以热汤而抽其统纪,则不能成丝。"❷一脉相承的系统。《孟子·梁惠王下》:"君子创业垂统,为可继也。"❸统一。《公羊传·隐公元年》:"何言乎王正月?大一统也。"参见"大一统"。❹纲纪;法制。《国语·齐语》:"班序颠毛,以为民纪统。"韦昭注:"言次列顶发之白黑,使长幼有等,以为治民之经纪。"❺主管;综理。《书·周官》:"冢宰掌邦治,统百官,均四海。"❻从全局出发;全面。如:统筹。❼地质学名词。见"世❺"。

统筹　通盘筹划。如:统筹全局;统筹兼顾。

统计　❶指统计资料,即反映大量现象数量特征的数字资料。❷指统计工作,即搜集、整理、分析和推断统计资料的工作。❸指统计学。

统类　指治理天下的纲纪法式。《荀子·非十二子》:"若夫总方略,齐言行,壹统类,而群天下之英杰。"杨倞注:"统谓纲纪,类谓比类;大谓之统,分别谓之类。"

统领　官名。南宋武职有统领,位在统制下。清制,八旗兵的前锋营、护军营分设前锋统领、护军统领。又步军营设提督九门步军巡捕五营统领。咸丰以后,各省招募勇营成军,其统军之官亦称统领。清末新军制称一协(旅)的长官为统领,也叫统。

统一　一,亦作"壹"。❶谓国家由一个中央政府统治,没有地方割据。《后汉书·隗嚣传》:"帝知嚣欲持两端,不愿天下统一。"❷归于一致,共尊一说或共奉一主。《汉书·董仲舒

統捅桶筒同恸通痛偷愉婾 tǒng-tōu 1089

传赞》:"下帷发愤,潜心大业,令后学者有所统壹,为群儒首。"《三国志·魏志·田畴传》:"众成都邑,而莫相统一,恐非久安之道。"❸集中;归总。如:统一领导。

统御 控制;驾驭。《新唐书·哥舒曜传》:"曜拙于统御而锐杀戮,士畏而不怀。"怀,爱戴。

统制 官名。南宋初,于都统制下设有统制、同统制、副统制。清末军制,统辖一镇的长官也称统制(即镇统)。

捅 (tǒng) ❶碰;触动。如:捅马蜂窝。❷戳;刺。如:别把窗户纸捅破了。引申为戳穿,揭露。如:把问题全捅出来了。

桶 (tǒng) ❶盛物器具,多为圆筒形,或有提梁。如:水桶、饭桶。❷古代量器名,方形的斛,容量六升。《史记·商君列传》:"平斗桶、权衡、丈尺。"

筒 〔箇〕(tǒng,又读 tóng)❶竹管,特指粗大的。潘岳《笙赋》:"越上筒而通下管。"杜甫《引水》诗:"白帝城西万竹蟠,接筒引水喉不干。"❷像竹筒的器物。如:烟筒、邮筒、纸卷筒儿。又衣服、靴、袜的圆筒部分。如:袖筒、袜筒、靴筒。❸钓筒。一种捕鱼用的竹器。郭璞《江赋》:"筒洒连锋。"陆龟蒙《渔具诗序》:"筌之流,曰筒曰车。"

tòng

同 〔衕〕(tòng) 见"胡同"。
另见 tóng。

恸 〔慟〕(tòng) 哀痛之至;大哭。《论语·先进》:"颜渊死,子哭之恸。"《世说新语·伤逝》:"一恸几绝。"

通 (tòng) "通(tōng)⓯"的语音。
另见 tōng。

痛 (tòng) ❶因疾病或创伤而感觉苦楚。如:头痛;创口痛。❷悲伤;苦恼。如:悲痛;痛不欲生。《汉书·贾谊传赞》:"使时见用,功化必盛。为庸臣所害,甚可悼痛。"❸恨。陈琳《为袁绍檄豫州文》:"自是士林愤痛,民怨弥重。"❹尽情;彻底。如:痛改前非。《管子·七臣七主》:"奸臣痛言人情以惊主。"尹知章注:"痛,甚极之辞。"

痛定思痛 韩愈《与李翱书》:"如痛定之人,思当痛之时,不知何能自处也。"后以"痛定思痛"谓悲痛的心情平静之后,追思当时所遭的痛苦,有警惕未来的意思。文天祥《指南录后序》:"境界危恶,层见错出,非人世所堪。痛定思痛,痛何如哉!"

痛切 ❶沉痛而恳切。《汉书·刘向传》:"其言多痛切,发于至诚。"❷悲痛之至。吴质《答魏太子笺》:"陈(陈琳)、徐(徐幹)、刘(刘桢)、应(应场),才学所著,诚如来命;惜其不遂,可为痛切。"

痛心疾首 语出《左传·成公十三年》"诸侯备闻此言,斯是用痛心疾首,昵就寡人"。后多以形容伤心悔恨之极。陆贽《奉天遣使宣慰诸道诏》:"愧恨积中,痛心疾首。"也以形容怨恨之深。《官场现形记》四十二回:"治下的百姓因他听断糊涂,一个个痛心疾首。"

tōu

偷 ㊀(tōu) ❶窃取。《淮南子·道应训》:"楚有善为偷者。"引申指背着人做事。如:偷看;偷渡。孔尚任《桃花扇·逃难》:"北兵杀过江来,皇帝夜间偷走了。"也指偷窃的人;贼。如:小偷。《晋书·殷浩传》:"曾有二偷入室。"❷抽出。如:忙里偷闲。

㊁〔媮〕(tōu) ❶苟且。如:偷生;偷安。《礼记·表记》:"君子庄敬日强,安肆日偷。"❷浇薄;不厚道。《国语·晋语》:"其下偷以幸。"

偷安 不顾将来的祸患,只图眼前的安逸。贾谊《新书·数宁》:"夫抱火措之积薪之下而寝其上,火未及燃,因谓之安,偷安者也。"燃,古燃字。钟会《檄蜀文》:"若偷安旦夕,迷而不反,大兵一放,玉石俱碎。"

偷薄 苟且浮薄。《后汉书·廉范传》:"范每厉以淳厚,不受偷薄之说。"

偷春格 律诗对仗变格之一。宋魏庆之《诗人玉屑》卷二引《西清诗话》:"其法颔联虽不拘对偶,疑非声律,然破题已的对矣,谓之偷春格,言如梅花偷春色而先开也。"即首联以对仗起,颔联反而不对。

偷情 苟且因循。《宋史·仁宗纪赞》:"吏治若偷惰,而任事蔑残刻之人。"

偷梁换柱 比喻暗中玩弄手法,以假代真。《红楼梦》第九十七回:"偏偏凤姐想出一条偷梁换柱之计。"指以宝钗冒充黛玉与宝玉成婚事。

偷儒 偷惰;苟且偷安。《荀子·修身》:"劳苦之事,则偷儒转脱。"杨倞注:"偷谓苟避于事,儒亦谓懦弱畏事,皆懒惰之义。或曰:偷当为输。"参见"濡需"。

偷生 苟且求生。《国语·晋语八》:"畜其心而知其欲恶,人孰偷生。"

偷食 苟且享受俸禄;窃位;苟安。《左传·昭公元年》:"吾侪偷食,朝不谋夕。"

偷税 纳税人采取伪造、变造、隐匿、擅自销毁帐簿、记帐凭证,在帐簿上多列支或者不列、少列收入,经税务机关通知申报而拒不申报或者进行虚假的纳税申报的手段,不缴或者少缴应纳税款的行为。

偷桃 古代神话传说,西王母种桃,三千年一结子,东方朔曾三次偷食。《汉武故事》:"东郡送一短人……召东方朔问。朔至,呼短人曰:'巨灵,汝何忽叛来,阿母还未?'短人不对,因指朔谓上曰:'王母种桃,三千年一作子,此儿不良,已三过偷之矣。'"柳宗元《摘樱桃赠元居士》诗:"蓬莱羽客如相访,不是偷桃一小儿。"

偷天换日 比喻暗中改变事物的内容或性质,以达到蒙混舞弊的目的。《群音类选·八义记·如姬窃符》:"偷天换日,强似携云握雨。"

偷闲 忙中抽出空闲的时间。白居易《岁假内命酒赠周判官萧协律》诗:"闻健此时相劝醉,偷闲何处共寻春。"

偷香 晋贾充女午,与司空掾(官名)韩寿私通,窃其父藏武帝所赐奇香赠韩。事为贾充发觉,即以女嫁与韩寿。见《晋书·贾充传》。后常用以指与女子私通。

偷营 ❶草率从事。《商君书·农战》:"作壹则民不偷营,民不偷营则多力,多力则国强。"一说,营,通"荧"。偷营,谓懒惰迷惑。❷偷袭敌方的营寨。《水浒传》第四十一回:"我们众人偷营劫寨,只可使一遍。"

愉 (tōu) 通"偷"。苟且;怠惰。《周礼·地官·大司徒》:"则民不愉。"
另见 yú。

愉綎 怠慢。《吕氏春秋·勿躬》:"百官慎职,而莫敢愉綎。"高诱注:"愉,解(懈)綎,缓。"

婾 (tōu) 轻视。《左传·襄公三十年》:"晋未可婾也。……其朝多君子,其庸可婾乎?"
另见 tōu 偷㊀,yú。

镝〔鍮〕(tōu)《玉篇·金部》："鍮，石似金也。"按鍮石即黄铜。天然产者名真鍮，以铜与炉甘石（即菱锌矿）炼成者为鍮石。程大昌《演繁露·黄银》："世有鍮石者，质实为铜而色如黄金，特差淡耳。"

tóu

头〔頭〕(tóu)　❶人体的最上部；动物体的最前部，因以为计量牲畜的单位。《礼记·玉藻》："头容直，气容肃。"《汉书·西域传下》："马、牛、羊、驴、橐驼，七十余万头。"❷物体的顶端或两端。如：山头；两头尖。也指事情的起点或端绪。如：从头说起；话分两头。❸第一。如：头等。❹开头的。如：头两年。❺头领；头目。韩愈《论淮西事宜状》："或被分割队伍，隶属诸头。"另见 tou。

头角　❶犹言"头绪"、"端绪"。《礼记·学记》"开而弗达"郑玄注："开，为发头角。"孔颖达疏："开，谓开发事端。但为学者开发大义头角而已，亦不事事使之通达也。"❷人体部位名。见《灵枢·经脉》。头顶表面最凸出处。即顶结节。《黄帝内经太素》隋杨上善注："头角，谓顶两箱，额角后高骨角也。"清沈彤《释骨》："颠（巅）之旁崒然起者曰头角。"亦用指头脑。如敦煌古医书《玄感脉经》认为它是"精识之主"。❸头顶突出处。常比喻青年人显露出来的气概或才华。韩愈《柳子厚墓志铭》："虽少年，已自成人，能取进士第，崭然见头角。"

头巾　❶裹头用的纱罗。也用来称用纱布等制成的一种便帽。《本草纲目·器部一》："古以尺布裹头为巾，后世以纱罗布葛缝合，方者曰巾，圆者曰帽。"孙仲章《勘头巾》第一折："我要二件信物，芝麻罗头巾，减银环子。"❷明清时规定给读书人戴的儒巾。因用为迂腐的读书人或儒生的代称。如：头巾气。《聊斋志异·寄生》："吾侄亦殊不恶，何守头巾戒，杀吾娇女！"

头口　牲口。指骡马等大牲畜。《水浒传》第二回："王进告道：'小人母亲骑的头口，相烦寄养。'"

头会箕敛　按人数征收，用畚箕装取所征的谷物。谓赋税苛刻繁重。《史记·张耳陈馀列传》："头会箕敛，以供军费。"亦作"头会箕赋"。《淮南子·氾论训》："头会箕赋，输

于少府。"少府，理财赋的官署。

头面　❶头与面。《论衡·初禀》："天无头面，眷顾何如？"后引申指容貌。顾况《梁广画花歌》："上元夫人最小女，头面端正能言语。"❷旧时妇女头上戴的装饰品。孟元老《东京梦华录·相国寺内万姓交易》："〔两廊〕皆诸寺师姑卖绣作、领抹、花朵、珠翠头面。"也泛指各种首饰。无名氏《百花亭》第三折："解元，妾身止有这副金头面，钗镯俱全，与你做盘缠去。"又传统戏曲中女性人物头上化装饰物统称头面。包括发髻、发辫、珠花、耳环、簪子等一整套用品。各有专名，如网子、片子、大头、珠串、银泡等。❸比喻有一定的社会地位的。如：头面人物。

头目　❶头与目，人身最重要的部分。《汉书·刑法志》："夫仁人在上，为下所卬（仰），犹子弟之卫父兄，若手足之扞头目。"❷犹头领，一群人中为首的人。《水浒传》第十七回："小喽罗们尽皆降伏了，仍设小头目管领。"现多用于贬义。❸犹头面，指形态。文天祥《赠梅谷相士》诗："须得花性情，不假花头目。"

头脑　❶头颅，脑袋。《后汉书·酷吏传序》："碎裂头脑而不顾。"引申为理智或思想。王定保《唐摭言·误放》："主司头脑太冬烘，错认颜标作鲁公。"鲁公，颜真卿。❷头绪。如：我对这事的情况不了解，完全摸不着头脑。❸头领；头目。《红楼梦》第九回："太爷不在家里，你老人家就是这学里的头脑了。"❹北方一种冬季的御寒早点，用肥羊肉加一定药料及黄酒煮烂，连汤食用。《水浒传》第五十一回："那李小二人丛里撇了雷横，自出外面赶碗头脑去了。"

头上安头　比喻重复。《五灯会元·洛浦元安禅师》："元安告众曰：'今有一事问汝等。若道这个是，即头上安头；若道不是，即斩头求活。'"黄庭坚《拙轩颂》："头上安头，屋下盖屋，毕竟巧者有馀，拙者不足。"

头童齿豁　头秃齿缺，形容衰老。韩愈《进学解》："头童齿豁，竟死何裨！"

头头是道　《续传灯录·慧力洞源禅师》："方知头头皆是道，法法本圆成。"此谓随处皆是道。后用"头头是道"形容说话做事有条有理。胡仔《苕溪渔隐丛话前集》卷二十三引《诗眼》："老杜《樱桃诗》……如禅

家所谓信手拈来、头头是道者，直书目前所见，平易委曲，得人心所同然，但他人艰难不能发耳。"

头陀　梵语 Dhūta 的音译，亦译"杜多"，意为"抖擞"（抖擞烦恼），佛教苦行之一。佛教僧人行头陀时，应守十二项苦行，分衣、食、住三类，即着粪扫衣（百衲衣）、常乞食、住空闲处等。依此修行的称"修头陀行者"。后也用以称呼行脚乞食的僧人。

头衔　旧时官场所用名刺，常以官衔加于姓名之上，故称官衔为头衔。洪希文《朱千户自京归》诗："纡朱喜换头衔旧，衣锦荣归鬓发新。"后亦指职称和荣誉称号。

头绪　绪，丝头。头绪，指事情的条理。黄宗羲《明儒学案·发凡》："讲学而无宗旨，即有嘉言，是无头绪之乱丝也。"

投(tóu)　❶抛掷；丢弃。如：投笔从戎。《左传·昭公五年》："受其书而投之。"又《文公十八年》："投诸四裔，以御螭魅。"❷投入。如：自投罗网。韩愈《祭鳄鱼文》："以羊一猪一，投恶溪之潭水，以与鳄鱼食。"❸投奔。如：走投无路。《三国演义》第二回："玄德、关、张三人往代州投刘恢。"❹投赠。《诗·卫风·木瓜》："投我以木桃，报之以琼瑶。"❺到；临。唐庚《湖上》诗："湖边得二友，夜语投三更。"参见"投暮"、"投老"。❻合得来。如：意气相投；情意投合。引申为迎合。如：投其所好。❼姓。汉代有投调。

投笔　掷笔。谓弃文就武。刘希夷《从军行》："平生怀仗剑，慷慨即投笔。"参见"投笔从戎"。

投笔从戎　《后汉书·班超传》："〔超〕家贫，常为官佣书以供养。久劳苦，尝辍业投笔叹曰：'大丈夫无他志略，犹当效傅介子、张骞立功异域，以取封侯，安能久事笔研（砚）间乎！'"后以之比喻弃文就武。陈子昂《为金吾将军陈令英请免官表》："文武兼关，始年十八，投笔从戎。"

投畀豺虎　畀，给予。谓丢给豺虎吃掉，表示对恶人的痛恨心情。《诗·小雅·巷伯》："取彼谮人，投畀豺虎。"

投鞭断流　前秦苻坚进攻东晋，骄傲地说："以吾之众旅，投鞭于江，足断其流。"见《晋书·苻坚载记》。后因以"投鞭断流"比喻兵士众多或兵力强大。

投诚 ❶致以诚心。苏轼《乞常州居住表》:"与其强颜忍耻干求于众人,不若归命投诚控告于君父。"❷投降。黄景仁《平定两金川》诗:"突锋冒烬纷投诚。"

投刺 刺,名帖。❶投名帖求见。《北齐书·杨愔传》:"遂投刺辕门,便蒙引见。"❷谓抛弃名帖,表示隐退不仕。梁武帝《孝思赋序》:"便投刺解职,以遵归路。"

投分 意气相合。犹言相知。《周书·史宁传》:"申以投分之言,微托思归之意。"张九龄《初发道中赠王司马》诗:"义沾投分末,情及解携初。"

投阁 《汉书·扬雄传赞》:"莽(王莽)诛丰(甄丰)父子,投菜(刘棻)四裔,辞所连及,便收不请。时雄校书天禄阁上,治狱使者来,欲收雄,雄恐不能自免,乃从阁上自投下,几死……有诏勿问;然京师为之语曰:'惟寂寞,自投阁。'"这是用扬雄《解嘲》中所说的"惟寂寞寞,守德之宅"的话讥刺他的言行不一。后用此典指文人不甘寂寞而遭灾祸。

投钩 钩,同"阄"。犹拈阄。《荀子·君道》:"探筹投钩者,所以为公也。"

投冠 冠,官员的帽子。投冠,指弃官。陶潜《辛丑岁七月赴假还江陵夜行涂口中作》诗:"投冠旋旧墟,不为好爵萦。"参见"投簪"。

投果 《晋书·潘岳传》:"岳美姿仪……少时常挟弹出洛阳道。妇人遇之者,皆连手萦扰,投之以果,遂满载以归。"旧时因以"投果"比喻妇女对美男子的爱慕。亦作"掷果"。

投劾 古代官员递上引咎自责的辞呈。《后汉书·范滂传》:"滂睹时方艰,知意不行,因投劾去。"

投壶 中国古代宴会的礼制。也是一种投掷游戏。起源于射礼。《礼记·投壶》郑玄注:"投壶,射之细也,射为燕射。"方法是以席间酒壶作目标,用矢投入壶口。以投中多少决胜负,负者须饮酒。《后汉书·祭遵传》:"对酒设乐,必雅歌投壶。"历代有不少有关投壶的专著。如晋虞潭《投壶变》、唐上官仪《投壶经》、宋司马光《投壶新格》等。

投缳 上吊;自缢。《新唐书·长孙无忌传》:"无忌投缳卒。"

投机 ❶迎合时机。《新唐书·张公谨传赞》:"投机之会,间不容穟,公谨以抵龟而决也。"后专指乘时机以谋求个人名利。如:投机取巧、投机倒把。❷意见相合。董解元《西

厢记诸宫调》卷一:"倾心地正说到投机处,听哑哑的门开瞬目觑,见个女孩儿深深地道万福。"

投醪 《文选·张协〈七命〉》:"单(箪)醪投川,可使三军告捷。"李周翰注:"楚与晋战,或人进王一箪酒,王欲与军士共之,则少而不遍,乃倾酒于水上源,令众匕饮之,士卒皆醉,乃感惠尽力而战晋师,大败之。醪,酒也;箪,谓一樽也。"后以"投醪"比喻与士卒同甘苦。《晋书·刘弘传》:"投醪当与三军同其薄厚。"

投老 到老;垂老。《后汉书·仇览传》:"母守寡养孤,苦身投老。"王安石《观明州图》诗:"投老心情非复昔,当时山水故依然。"

投袂 振袖、甩袖,形容决绝或奋发。《左传·宣公十四年》:"楚子闻之,投袂而起。"江淹《萧骠骑发徐州三五教》:"吾任先责远,义兼常慨,挺刃投袂,信见其时。"

投暮 垂暮;至暮。《后汉书·任光传》:"世祖遂与光等投暮入堂阳界。"亦作"投晚"。《南史·何思澄传》:"投晚还家。"

投琼 ❶以佩玉相赠。语出《诗·卫风·木瓜》"投我以木瓜,报之以琼琚"。比喻施惠于己。庾信《将命至邺酬祖正员》诗:"投琼实有慰,报李更无蹊。"❷掷骰子。琼,古代用玉石作的骰子。范成大《上元记吴中节物》诗:"酒垆先叠鼓,灯市早投琼。"

投石下井 亦作"投井下石"。比喻乘人危急时加以陷害。鲁迅《坟·论"费厄泼赖"应该缓行》:"他日复来,仍旧先咬老实人开手,'投石下井',无所不为,寻起原因来,一部分就正因为老实人不'打落水狗'之故。"参见"落阱下石"。

投鼠忌器 《汉书·贾谊传》:"里谚曰:'欲投鼠而忌器',此善谕也。鼠近于器,尚惮不投,恐伤其器,况于贵臣之近主乎!"后称作事有所顾忌,不敢放手进行为"投鼠忌器"。《晋书·庾纯传论》:"谋甫素疾佞邪,而发因醉饱,投鼠忌器,岂易由言。"

投死 犹言效死。《后汉书·光武帝纪上》:"萧王推赤心置人腹中,安得不投死乎?"

投梭 ❶有梭织机的主要动作之一。从织机一边的梭箱中投射梭子,使之穿过张开的经纱层而引进纬纱,然后进入织机另一边的梭箱中。执行这一动作的机构称"投梭机构"。❷比喻轻捷。苏轼《百步洪》诗:"长洪斗落生跳波,轻舟南下如投梭"。❸

以梭子投掷。《晋书·谢鲲传》:"邻家高氏女有美色,鲲尝挑之,女投梭,折其两齿。"后因以"投梭"比喻妇女拒绝男子的挑诱。元稹《莺莺传》:"君子有援琴之挑,鄙人无投梭之拒。"

投桃报李 《诗·大雅·抑》:"投我以桃,报之以李。"后以"投桃报李"比喻相互赠答,或有来有往。康有为《大同书·辛部第十五章》:"夫投桃报李,欠债赏钱,此为公理之至,无可逃于天地之间也。"

投辖 《汉书·陈遵传》:"遵耆(嗜)酒,每大饮,宾客满堂,辄关门,取客车辖投井中,虽有急,终不得去。"辖,车轴的键,去辖则车不能行。后因以"投辖"比喻主人留客的殷勤。白居易《题周皓新亭子》诗:"投辖多连夜,鸣珂便达晨。"

投闲置散 谓有才之士得不到重视,而被安置在闲散职位上。韩愈《进学解》:"投闲置散,乃分之宜。"

投效 自请效力。《官场现形记》第二十三回:"这两天,各省投效的人一天总有好几起来禀见。"

投簪 簪可把帽子扎牢在头发上,投簪犹投冠,指弃官。孔稚珪《北山移文》:"昔闻投簪逸海岸,今见解兰缚尘缨。"参见"投冠"。

投止 到别人家去托足安身。黄宗羲《申自然传》:"方避仇,无所投止。"参见"望门投止"。

投至 及至;等到。孙仲章《勘头巾》第三折:"投至今日得见孔目哥哥呵!似那拨云见日,昏镜重磨。"亦作"投至得"、"投至的"。乔吉《金钱记》第一折:"投至得华清宫初出池,花蕚楼扶上马。"无名氏《陈州粜米》第四折:"投至的分尸在市街,我着你一灵儿先飞在青霄外。"

投杼 《国策·秦策二》:"费人有与曾子同名族者而杀人。人告曾子母曰:'曾参杀人。'曾子之母曰:'吾子不杀人。'织自若。有顷焉,人又曰:'曾参杀人。'其母尚织自若也。顷之,一人又告之曰:'曾参杀人。'其母惧,投杼逾墙而走。"后因以"投杼"比喻谣言众多,动摇了最亲近者的信心。宋孝宗《复岳飞官封敕》:"会中原方议于橐弓,而当路力成于投杼。"当路指秦桧。

投传 传,符信。谓弃官。《后汉书·陈蕃传》:"以谏争不合,投传而去。"

投资 企业或个人以获得未来收益为目的,投放一定量的货币或实

物,以经营某项事业的行为。有直接投资、间接投资。将货币或实物直接投于企业生产经营活动的,称为直接投资;将货币用于购买股票、债券等金融资产的,称为间接投资。

酘(tóu) ❶酒再酿。《抱朴子·金丹》:"犹一酘之酒,不可以方九酘之醇耳。"❷谓饮酒过多,次日仍感不适,再饮以解宿醒。无名氏《朱砂担》第一折:"大碗里醅的酒来,将些干盐来我吃两碗,酘过我那昨日的酒来。"

緰〔緰〕(tóu) 精美的细布。见《急就篇》卷二。参见"緰赀"。
另见 xū。

緰赀 亦作"緰此"、"緰帒"。精美的细布。见《说文·糸部》。《潜夫论·浮侈》:"组必文采,饰袜必缅此。"《急就篇》卷二作"緰帒"。

骰(tóu) 见"骰子"。

骰子 亦称"色子"。博具。用骨、木、塑料等制成正立方体,六面分刻一至六点。由参与者所掷得的点数决定胜负。由五木演变而成。宋程大昌《演繁露》:"骰子之制,固知祖袭五木然。"本作"投子",唐时改用骨制作,故称"骰子"。亦可用于一般游戏。

tǒu

尡〔尡〕(tǒu) 见"耪尡"。

偸〔偸〕(tǒu) 见"偹偸"。

敨(tǒu) 方言词。把包卷的东西打开。

黈(tǒu) ❶黄色。《穀梁传·庄公二十三年》:"秋,丹桓宫楹。礼:天子诸侯黝垩,大夫仓(苍),士黈。丹楹,非礼也。"❷增益。见"黈益"。

黈益 增益。《文选·马融〈长笛赋〉》:"昔庖羲作琴,神农造瑟,女娲制簧,暴辛为埙,倕之和钟,叔之离磬……六器者,犹以二皇圣哲黈益。"李善注谓:暴辛,周平王时诸侯。叔,舜时人。二皇,伏羲、神农。圣哲,女娲、暴辛、倕、叔之流。

tòu

杏(tòu,又读 pǒu) 今作"音"。《说文·丶部》:"音,相与语,唾而不受也。"

音(tòu) 同"杏"。

透(tòu) ❶通过;穿过。如:透视;透明。❷显露;透露。如:白里透红;透个消息。❸透彻;彻底。如:把道理说透。❹犹跳。《南史·后妃传》:"妃知不免,乃透井死。"
另见 shū。

tou

头〔頭〕(tou) 作词助。如:木头;念头;甜头;前头。
另见 tóu。

tū

凸(tū) 周围低,中间高。与"凹"相对。如:凸起;凸面镜;挺胸凸肚。

吐(tū) 见"吐谷浑"。
另见 tǔ、tù。

吐谷浑 亦作吐浑。古族名。鲜卑慕容部的一支,其先祖居徒河青山(在今辽宁义县境内)。西晋末(公元4世纪初),首领吐谷浑率部西迁今甘肃、青海间;其孙叶延始以吐谷浑为姓氏。从事游牧。用汉文。南北朝时,先后属宋、齐、北魏;夸吕始称可汗,居伏俟城(今青海布哈河河口附近)。8世纪中叶其子孙徙朔方,部族分散,河东称之为退浑。五代时余部散处蔚州。

秃(tū) ❶头无发;秃顶。《穀梁传·成公元年》:"季孙行父秃。"引申为毛羽、枝叶等脱落。如:秃鹫;秃树。《后汉书·张衡传》:"苏武以秃节效贞。"❷光着头;不戴帽子。如:秃着个头就出去了。

秃巾 古时称不用巾帻包头发为"秃巾"。《后汉书·孔融传》:"又融为九列,不遵朝仪,秃巾微行,唐突宫掖。"

秃翁 对无官位老人的蔑称。《汉书·灌夫传》:"蚡(田蚡)已罢朝,出,止车门,召御史大夫安国(韩安国)载。怒曰:'与长孺共一秃翁,何为首鼠两端!'长孺,韩安国字;秃翁,指窦婴。颜师古注引服虔云:秃翁,言婴无官位版授也。"

怢(tū) 忽视;不经意。《后汉书·崔寔传》:"习乱安危,怢不自睹。"

突(tū) ❶急冲;冲撞。如:突破;突围;冲突。班固《西都赋》:"穷虎奔突。"❷急猝貌;突然。如:突击;突飞猛进。《易·离》:"突如其来如。"❸冲穿。《左传·襄公二十五年》:"宵突陈城,遂入之。"杜预注:"突,穿也。"❹凸出;鼓起。如:突出;突起。《吕氏春秋·任地》:"子能以窒为突乎?"高诱注:"窒,容污下也;突,理出丰高也。"❺烟囱。如:曲突徙薪。《淮南子·人间训》:"百寻之屋,以突隙之烟焚。"

突变 ❶突然发生变化。如:风云突变。❷遗传物质除了由于重组而发生的变化,往往导致相应的表型变化。广义的包括基因突变和染色体畸变;狭义的专指基因突变,即点突变和移码突变。突变可以自发地发生或经诱发产生,前者称为自发突变;后者称为诱发突变。在生殖细胞中发生的为性细胞突变,在身体细胞中发生的为体细胞突变。突变是不定向的,这就是说基因突变所影响的表型和发生这一突变的生物所处的环境没有适应意义上的对应关系。在含有某种药物的培养基中,往往能发现对于这一药物具有抗性的突变细菌。通过严密的实验,可以证明这些突变可在不含有这一药物的情况下发生,药物存在无非是使没有发生突变的敏感细菌不能生存,从而使发生突变的细菌容易被察觉。

突盗 欺凌劫掠。《荀子·王霸》:"乱世不然,污漫突盗以先之,权谋倾覆以示之也。"

突击 ❶集中兵力、火力对敌进行急速而猛烈打击的作战行动。泛指强有力的攻击性行动。是进攻的基本手段和主要战法。可分为主要突击和辅助突击,兵力突击和火力突击,常规突击和核突击,以及钳形突击、向心突击、并肩突击、两栖突击等。❷比喻短期内快速完成某项工作。

突破 ❶在敌防御阵地或防线中打开缺口的作战行动。是进攻作战的关键阶段和重要任务。目的是突破敌人防御部署,为向纵深和两翼发展进攻、分割围歼敌人创造条件。按规模,分为战略突破、战役突破和战术突破;按突破点的数量,分为一点突破、两点突破和多点突破等。❷打破(限制、困难)。如:突破原有记录;科研获得突破。

突骑 冲锋陷阵的精锐骑兵。《后汉书·光武帝纪上》:"会上谷太守耿况、渔阳太守彭宠,各遣将吴汉、寇恂等将突骑来助击王郎。"李贤注

"突骑,言能冲突军阵。"

突然袭击　简称"突袭"。对敌实施的出其不意、急促猛烈的攻击。分为战略突袭、战役突袭和战术突袭。

突梯　圆滑貌。《文选·屈原〈卜居〉》:"将突梯滑稽,如脂如韦,以絜楹乎?"吕向注:"突梯滑稽,委曲顺俗也。"

突秃　发短而顶秃。《荀子·非相》:"楚之孙叔敖,期思之鄙人也,突秃长左。"长左,左肢特长。

突围　突出敌人包围的作战行动。目的是保存力量,以利再战。有地面突围、空中突围和海上突围。

突兀　❶高耸特出貌。韩愈《谒衡岳庙遂宿岳寺题门楼》诗:"须臾静扫众峰出,仰见突兀撑青空。"❷突然;出于意外。如:这消息来得突兀。

埌（tū）　同"突"。烟囱。《广雅·释宫》:"其窗谓之埌。"《说苑·权谋》:"客有过主人者,见灶直埌,傍有积薪。"

葖（tū）　萝卜。《尔雅·释草》:"葖,芦萉。"郝懿行义疏:"葖,一名芦菔,今谓之萝卜是也。"

嵞（tū）　见"嵞岰"。

嵞岰　高耸的秃山。《论衡·道虚》:"此其比夫不名之地,犹嵞岰也。"

鵵〔鵌〕（tū）　见"鵵鶜"。

鵵鶜　亦作"秃鶜"。鸟名。蒲松龄《日用俗字·禽鸟章》:"杜宇可怜长吐血,鵵鶜堪爱在吞蝗。"

嶀（tū）　山名,在浙江嵊州北。见顾祖禹《读史方舆纪要·浙江四·绍兴府》。

鵌〔鵌〕（tū）　见"鵵鶜"。

鵌鶜　鸟名。《尔雅·释鸟》:"鵌鶜鸟。"郭璞注:"似雉,青身,白头。"郝懿行义疏:"按即白头鸟也。《吴志·诸葛恪传》注引《江表传》曰:'会有白头鸟集殿前。权问何鸟,恪曰:白头翁。'即此鸟矣。"

裻（tū）　开裆裤。《广雅·释器》:"𧜟无裆者谓之裻。"王念孙疏证:"今之开裆袴也。裻之言突,突者,穴也。"𧜟,同"裈"。

鼥（tū）　鼠名。《尔雅·释鸟》:"鸟鼠同穴,其鸟为鵵,其鼠为鼥。"郭璞注:"鼥,如人家鼠而短尾。"

tú

图〔圖〕（tú）　❶用线条、颜色显示出来的事物形象。如:地图;心电图。《周礼·夏官·职方氏》:"掌天下之图,以掌天下之地。"❷绘画。如:画影图形。司马相如《子虚赋》:"众物居之,不可胜图。"❸谋划。《诗·小雅·常棣》:"是究是图。"❹谋取。《国策·秦策四》:"韩魏从而天下可图也。"❺法度。《楚辞·九章·怀沙》:"前图未改。"❻指河图。《易·系辞上》:"河出图,洛出书。"详"图谶"、"图箓"。❼旧时区划地方的单位名称。如:一都二图。

图案　广义指按对某种器物的造型、色彩、纹饰进行工艺处理而事先设计的施工方案所制成之图样的通称。有的器物（如某些木器家具等）,除了造型结构,别无装饰纹样,亦属图案范畴（或称"立体图案"）。狭义则指器物上的装饰纹样和色彩而言。

图谶　即"谶书"。是巫师或方士制作的一种隐语或预言,作为吉凶的符验或征兆。《后汉书·光武帝纪》:"宛人李通等,以图谶说光武云:'刘氏复起,李氏为辅。'"李贤注:"图,河图也;谶,符命之书。谶,验也。言为王者受命之征验也。"参见"谶纬"。

图画　❶用线条、色彩描绘出来的形象。齐己《题画鹭鸶兼简孙郎中》诗:"曾向沧江看不真,却因图画见精神。"❷绘画。《汉书·苏武传》:"图画其人于麒麟阁。"❸谋划。《汉书·东方朔传》:"图画安危,揆度得失。"

图籍　❶地图和户籍。《荀子·荣辱》:"循法则度量刑辟图籍。"杨倞注:"图谓模写土地之形,籍谓书其户口之数也。"《汉书·高帝纪上》:"萧何尽收秦丞相府图籍文书。"参见"图书❶"。❷图画书籍。《汉书·天文志上》:"凡天文在图籍昭昭可知者,经星常宿中外官凡百一十八名。"

图记　❶地图和地志。欧阳修《丰乐亭记》:"修尝考其山川,按其图记,升高以望清流之关。"❷印章。

图箓　犹图谶。《后汉书·方术传序》:"王梁、孙咸名应图箓,越登槐鼎之任。"李贤注:"光武以赤伏符文,拜梁为大司空;又以谶文,拜孙咸为大

司马。"亦作"图录"。《后汉书·谢夷吾传》:"推考星度,综校图录。"

图南　《庄子·逍遥游》:"背负青天,而莫之夭阏者,而后乃今将图南。"意谓大鹏升到高空中,才开始飞向南海。后常用以比喻远大前途。杜甫《泊岳阳城下》诗:"图南未可料,变化有鲲鹏。"

图穷匕见　战国时,燕太子丹使荆轲刺秦王,荆轲携樊於期头及燕督亢地图,暗卷匕首于图内,假作献图,至秦王座前,把图展开,"图穷而匕首见"。见《国策·燕策三》。后用以比喻事情发展到最后,真相或本意就完全显露出来。

图书　❶指地图和法令、户籍等文书。《史记·萧相国世家》:"何独先入收秦丞相御史律令图书藏之。沛公为汉王,以何为丞相。汉王所以具知天下阨塞、户口多少强弱之处、民所疾苦者,以何具得秦图书也。"参见"图籍❶"。❷书籍期刊画册图片等出版物的总称。❸谓河图洛书。《汉书·五行志中》:"河洛出图书。"❹私章。鞠履厚《印文考略》:"古人于图画书籍,皆有印以存识,遂称图书印。故今呼官印仍曰印,呼私印曰图书。"

图纬　两汉时宣扬神学迷信的图谶和纬书。《文选·蔡邕〈郭有道碑文〉》:"遂专览六经,探综图纬。"李善注:"图,河图也;纬,六经及《孝经》皆有纬也。"夏侯湛《东方朔画赞》:"阴阳图纬之学。"参见"谶纬"。

图章　印章的通称。

柠〔檡〕（tú）　通"菟"。《汉书·叙传上》:"楚人谓乳'穀',谓虎'於柠'。"颜师古注:"柠字或作菟,并音涂。"

另见 shì,zhái。

郂（tú）　古地名。郂下邑,鲁东有郂城。见《说文·邑部》。

敼〔斁〕（tú）　同"涂（塗）"。涂饰。陆贾《新语·资质》:"饰以丹漆,敼以明光。"

另见 dù,yì。

荼（tú）　❶苦菜。《诗·邶风·谷风》:"谁谓荼苦,其甘如荠。"❷苦。见"荼毒"。❸茅、芦之类的白花。《诗·郑风·出其东门》:"有女如荼。"《汉书·礼乐志》:"颜如荼。"颜师古注引应劭曰:"荼,野菅白华（花）也,言此奇丽,白如荼也。"❹通"涂"。见"荼炭"。

另见 chá,shū。

荼毒　犹言毒害、残害。《书·汤

诰》:"瞿其凶害,弗忍荼毒。"孔颖达疏:"《释草》云:'荼,苦菜。'此菜味苦,故假之以言人苦;毒,谓螫人之虫,蛇虺之类,实是人之所苦;故并言荼毒,以喻苦也。"

荼火 荼,白色。火,赤色。荼火,形容军容壮盛。《国语·吴语》:"万人以为方陈(阵),皆白裳、白旂、素甲、白羽之矰,望之如荼。王(吴王夫差)亲秉钺,载白旗,以中陈(阵)而立。左军亦如之,皆赤裳、赤旂、丹甲、朱羽之矰,望之如火。"旂,画龙的旗;旐,画鸟的旗;矰,箭的一种。今常用"如火如荼"形容声势浩大、热烈壮盛,本此。

荼蘼 同"酴醾❶"。

荼毗 译自巴利语 Jhāpeta,亦称"茶毗"、"阇毗",意为"焚烧"、"烧身"。佛教僧人死后,将尸体火葬,称"荼毗"。

荼炭 同"涂炭"。孙楚《为石苞与孙皓书》:"豺狼抗爪牙之毒,生人陷荼炭之艰。"

捈（tú） 引。《法言·问神》:"捈中心之所欲。"按《说文·手部》:"捈,卧引也。"段玉裁注:"卧引,谓横而引之也。"

钼〔鈯〕（tú） 钝。《五灯会元·青原山行思禅师》:"吾有个钼斧子,与汝住山。"

徒（tú） ❶步行。《易·贲》:"舍车而徒。"❷步兵。《礼记·祭义》:"五十不为甸徒。"孔颖达疏:"徒谓步卒。"❸服劳役的人。《周礼·天官·冢宰》:"胥十有二人,徒百有二十人。"❹徒众。《书·仲虺之诰》:"简贤附势,实繁有徒。"❺同类的人。《孟子·尽心上》:"鸡鸣而起,孳孳为善者,舜之徒也。"后多指坏人。如:歹徒;不法之徒。❻从师学道艺的人。如:门徒;尊师爱徒。《孟子·滕文公上》:"陈良之徒陈相。"❼信奉某种宗教的人。如:信徒;教徒。❽空。如:徒手。《尔雅·释训》:"暴虎,徒搏也。"郭璞注:"空手执也。"❾白白地。如:徒劳往返。高适《使青夷军入居庸》诗:"远行今若此,微禄果徒劳。"❿只;但。《孟子·离娄上》:"徒善不足以为政。"《孟子·公孙丑上》:"非徒无益,而又害之。"⓫中国古代强制罪犯在一定期限内从事劳动的刑罚。秦时已有此刑,但不以徒为名,而称为城旦春等。北周始以徒为名,并列作五刑之一,沿用至清。重于杖,轻于流。

徒步 ❶步行。《后汉书·徐穉传》:"穉尝为太尉黄琼所辟,不就。及琼卒归葬,穉乃负粮徒步到江夏赴之。"❷古时平民出行无车,故亦以"徒步"为平民的代称。《汉书·公孙弘传》:"起徒步,数年至宰相,封侯。"

徒弟 ❶门徒;弟子。陈师道《胡士彦挽词二首》:"徒弟三千子,声名四十春。"《释氏要览·师资》:"徒弟,谓门徒弟子,略之也。"❷亦称"艺徒"。从师学艺的劳动者。随手工业者产生而产生。在旧中国,习艺期一般为三年,工作日长,劳动繁重,待遇微薄,有的还受师傅的超经济剥削。解放后,建立了新的师徒关系,学艺期按其学习对象的难易而定,可获得一定的劳动报酬。

徒附 东汉后期世家豪强属下的一种依附人口。《后汉书·仲长统传》:"豪人之室,连栋数百,膏田满野,奴婢千群,徒附万计。"李贤注:"徒,众也;附,亲也。"

徒歌 歌唱时无乐器伴奏。《晋书·乐志下》:"凡此诸曲(《子夜》、《凤将雏》等),始皆徒歌,既而被之管弦。"

徒劳无功 白费力气而没有成效。本作"劳而无功"。《管子·形势解》:"与不可,强不能,告不知,谓之劳而无功。"《诗·齐风·甫田》"无思远人,劳心忉忉"朱熹注:"厌小而务大,忽近而图远,将徒劳而无功也。"

徒隶 旧称服役的犯人。《汉书·司马迁传》:"见狱吏则头抢地,视徒隶则心惕息。"

徒然 ❶偶然,谓无因。《后汉书·窦融传》:"毁誉之来,皆不徒然,不可不思。"❷白白地;枉然。不起作用。江淹《杂体》诗:"愿言寄三鸟,离思非徒然。"

徒涉 涉水过河。《尔雅·释训》:"冯河,徒涉也。"邢昺疏引李巡注:"无舟而渡水,曰徒涉。"白居易《新丰折臂翁》诗:"大军徒涉水如汤,未过十人二三死。"

徒手 空手。如:徒手操。柳宗元《设渔者对智伯》:"向之从鱼之大者,幸而啄食之,臣亦徒手得焉。"

徒维 十干中戊的别称,用以纪年。《史记·历书》有"徒维敦牂天汉元年"。参见"岁阳"。

徒刑 将犯罪分子监禁于一定场所,剥夺其人身自由的刑罚。分为有期徒刑和无期徒刑。

徒行 步行。《论语·先进》:"以吾从大夫之后,不可徒行也。"

途（tú） 道路。如:中途;半途而废。《史记·平津侯主父列传》:"吾日暮途远,故倒行暴施之。"

涂 ㊀（tú） 姓。明代有涂文辅。㊁〔塗〕（tú） ❶泥。《书·禹贡》:"厥土惟涂泥。"参见"涂炭"。❷通"途"。道路。《论语·阳货》:"孔子时其亡也,而往拜之。遇诸涂。"❸粉饰。《穀梁传·襄公二十四年》:"台榭不涂。"❹用笔抹上或抹去。如:东涂西抹;添注涂改。李商隐《韩碑》诗:"点窜《尧典》《舜典》字,涂改《清庙》《生民》诗。"参见"涂乙"。❺染污。《庄子·让王》:"其并乎周以涂吾身也,不如避之以洁吾行。"
另见 chú。

涂附 《诗·小雅·角弓》:"毋教猱升木,如涂涂附。"朱熹注:"猱,猕猴也,性善升木,不待教而能也。涂,泥;附,着。……犹教猱升木;又如泥涂之上加以泥涂附之也。"

涂抹 ❶乱涂,谓下笔不经意。《琅嬛记》卷中:"王维为岐王画一大石,信笔涂抹,自有天然之致。"❷画花脸。《宋史·蔡攸传》:"或侍曲宴则短衣窄裤,涂抹青红。"

涂炭 亦作"荼炭"。❶涂,泥淖;炭,炭火。比喻极端困苦的境地。《书·仲虺之诰》:"有夏昏德,民坠涂炭。"孔传:"民之危险,若陷泥坠火。"《文选·孙楚〈为石仲容与孙皓书〉》:"生人陷荼炭之艰。"李善注:"荼与涂古字通用。"旧常用"生灵涂炭"形容人民处于极端困苦的境地。❷比喻污浊的地方。《孟子·公孙丑上》:"立于恶人之朝,与恶人言,如以朝衣朝冠,坐于涂炭。"

涂鸦 比喻书法拙劣或胡乱写作。语本卢仝《示添丁》诗"涂抹诗书如老鸦"。《镜花缘》第二十二回:"晚生倘稍通文墨,今得幸遇当代鸿儒,尚欲勉强涂鸦,以求指教,岂肯自暴自弃!"

涂乙 改窜文字。抹去叫涂,字有遗脱勾添叫乙。钱大昕《十驾斋养新录》卷十:"乡、会试有涂改添注字数之例。洪容斋引《贻子录》云:'烛下写试无误笔,翻题其后云:并无楷改涂乙字,如有即言字数。'盖唐宋已有之。"

悇（tú） 怀忧貌。见"悇憛"。

悇憛 忧虑不安貌。《楚辞·七谏·谬谏》:"心悇憛而烦冤兮。"《后汉书·冯衍传下》:"终悇憛而洞疑。"

骀〔駼〕(tú)　见"駒骀"。

菟(tú)　见"於菟"、"菟裘"。另见tù。

菟裘　古邑名。春秋鲁地。在今山东泰安市东南楼德镇。《左传·隐公十一年》:"使营菟裘,吾将老焉。"后因称士大夫告老退隐的处所为"菟裘"。

梌(tú)　❶木名,楸。见《类篇》。❷枫。《畿辅通志·舆地》:"北方人谓枫曰梌。"

圕(tú)　同"图(圖)"。另见bǐ。

屠(tú)　❶宰杀。《史记·樊哙列传》:"以屠狗为事。"引申为大规模的残杀。《汉书·高帝纪上》:"沛公归数日,羽引兵西屠咸阳。"❷屠夫。以宰杀牲畜为业的人。《史记·刺客列传》:"聂政谢曰:'臣幸有老母,家贫,客游以为狗屠,可以旦夕得甘毳以养亲。'"❸姓。春秋时晋有屠蒯。

屠岸　复姓。春秋时晋国有屠岸贾。

屠伯　屠夫,常比喻酷吏。《汉书·严延年传》:"冬月,传属县囚,会论府上,流血数里,河南号曰屠伯。"

屠城　攻破城后,屠杀全城军民。《荀子·议兵》:"不屠城,不潜军,不留众。"杨倞注:"屠谓毁其城,杀其民,若屠者然也。"

屠沽　亦作"屠酤"。屠夫和卖酒的人。《淮南子·氾论训》:"夫发于鼎俎之间,出于屠酤之肆。"旧时被视为执业卑贱的阶层。《后汉书·王柔传》:"召公子、许伟康并出屠沽。"又《祢衡传》:"是时许都新建,贤士大夫方来集,或问衡曰:'盍从陈长文、司马伯达乎!'对曰:'吾焉能从屠沽儿耶!'"屠沽儿,言其出身微贱。

屠龙　《庄子·列御寇》:"朱泙漫学屠龙于支离益,单(殚)千金之家,三年技成,而无所用其巧。"后世因以谓高超而不切实用的技艺。归有光《乙卯冬留别安亭诸友》诗:"弹雀人多笑,屠龙世久嗤。"

屠门　❶肉铺,宰牲畜的地方。曹植《与吴质书》:"过屠门而大嚼,虽不得肉,贵且快意。"❷复姓。汉有屠门少。

屠门大嚼　比喻欣羡而不能得,姑凭设想以自慰。桓谭《新论》:"人闻长安乐,则出门向西而笑;知肉味美,则对屠门而大嚼。"曹植《与吴质书》:"过屠门而大嚼,虽不得肉,贵

且快意。"

屠苏　❶酒名。古俗,夏历正月初一,家人先幼后长,饮屠苏酒。见《荆楚岁时记》。苏轼《除夜野宿常州城外》诗:"但把穷愁博长健,不辞最后饮屠苏。"❷草名。王褒《日出东南隅行》:"绣栭画屠苏。"《通雅·植物》:"屠苏,阔叶草也。"❸房屋;草庵。《宋书·索虏传》:"所住屠苏,为疾雷击,屠苏倒。"此指帐幕。杜甫《槐叶冷淘》诗:"愿随金骽裹,走置锦屠苏。"此指御前帐屋。

屠维　十干中己的别称,用以纪年。《尔雅·释天》:"〔太岁〕在己曰屠维。"参见"岁阳"。

屠羊　复姓。春秋时楚国有屠羊说。

稌(tú)　稻。《诗·周颂·丰年》:"丰年多黍多稌。"一说专指糯稻。崔豹《古今注·草木》:"稻之粘者为黍,亦谓稌为黍。"一说专指秔稻。《周礼·天官·食医》:"凡会膳食之宜,牛宜稌。"郑玄注引郑司农云:"稌,稉也。"

鵌〔鵌〕(tú)　古籍中的鸟名。《尔雅·释鸟》:"鸟鼠同穴,其鸟为鵌,其鼠为鼵。"郭璞注:"鵌似鹦而小,黄黑色,穴入地三四尺,鼠在内,鸟在外。今在陇西首阳县鸟鼠同穴山中。"另见yú。

荼(tú)　❶草名。《尔雅·释草》:"荼,虎杖。"郭璞注:"似红草而粗大,有细刺,可以染赤。"❷秽草。《尔雅·释草》:"荼,委叶。"郝懿行义疏:"荼当作荼。《诗·良耜》正义引舍人曰:'荼,一名委叶。'此荼是秽草,非苦菜也,故异其名。"

椯(tú)　木头块;树根墩子。《徐霞客游记·滇游日记三》:"一老僧从东庑下煨椯,见客殊不为礼。"

筡(tú)　中空竹。《尔雅·释草》:"篃,筡中。"郭璞注:"言其中空,竹类。"郝懿行义疏:"篃、筡,皆析竹,析竹必须中空者,因以为竹名焉。"

峹(tú)　同"涂(塗)"。

腯(tú)　肥壮。《左传·桓公六年》:"吾牲牷肥腯。"孔颖达疏引服虔曰:"牛羊曰肥,豕曰腯。"左思《吴都赋》:"草木节解,鸟兽腯肤。"

瘏(tú)　因劳致病。《诗·周南·卷耳》:"我马瘏矣。"孔

颖达正义引孙炎曰:"瘏,马疲不能进之病也。"《楚辞·九叹·思古》:"躬劬劳而瘏悴。"

醄(tú)　❶酒曲。见《说文·酉部》。段玉裁注:"此醄亦训酒母,则今之酵也。"❷酒名。《古文苑·扬雄〈蜀都赋〉》:"蒻酱醄清,众献储斯。"章樵注:"蒻酱,枸椹酱;醄清,酴醾酒。"

醄酒　酒酿。《齐民要术》卷七"笨曲饼酒"载蜀人作醄酒法:以流水渍小麦曲,取其汁水和米煮成饭,加工后,"合泽餐之,甘辛滑如甜酒味,不能醉人"。

醄醾　❶植物名。学名 *Rubus rosaefolius var. coronarius*. 亦称"荼蘼"、"佛见笑"。蔷薇科。落叶灌木。茎绿色,有棱,生刺。羽状复叶,小叶五片,上面有多数侧脉,致成皱纹。初夏开花,花单生,大型,白色,重瓣,不结实。产于中国。栽培供观赏。❷酒名。《白孔六帖》卷十五:"帝入,谓左右曰:'绛(李绛)言骨鲠,真宰相也。'遣使赐醄醾酒。"

醄酥　酒名,即"屠苏❶"。

踀(tú)　见"踀跔"。

踀跔　腾跳踊跃。《史记·张仪列传》:"虎贲之士,踀跔科头,贯颐奋戟者,至不可胜计。"裴骃集解:"踀跔,音徒俱,跳跃也。又云偏举一足曰踀跔。科头,谓不著兜鍪入敌。"贯颐,即弯弓。说见王念孙《读书杂志·战国策三》。

圖(tú)　同"图(圖)"。

鵵〔鶏〕(tú)　鵵鸠,即鹠鸠。见"鹠"。

鞀(tú)　见"鞊鞀"。

虪(tú)　《方言》第八:"〔虎〕江淮南楚之间谓之李耳,或谓之於虪。"郭璞注:"今江南山夷呼虎为虪。"按《左传》作"於菟"。

鷵〔鶏〕(tú)　见"鷵鷵"。

醂(tú)　同"醄"。

龄(tú)　同"骀(駼)"。

tǔ

土(tǔ)　❶地面上的泥沙混合物;泥土;土壤。《易·离》:"百谷草木丽乎土。"也指灰尘。如:

灰土;尘土。❷土地;国土。如:领土。《大学》:"有人此有土。"《国语·晋语一》:"今晋国之方,偏侯也,其土又小,大国在侧。"❸乡土。《后汉书·班超传》:"超自以久在绝域,年老思土。"❹本地的。如:土话;土特产;土生土长。❺出自民间的。如:土专家;土办法;土洋结合。❻平地。《周礼·地官·掌节》:"凡邦国之使节:山国,用虎节;土国,用人节;泽国,用龙节。"郑玄注:"土,平地也。"❼旧指土地之神。《公羊传·僖公三十一年》:"诸侯祭土。"❽五行之一。《礼记·月令》:"中央土。"参见"五行❶"。❾八音之一。如埙等陶制乐器即属土类。参见"八音❶"。❿犹"度"。量度;测量。参见"土地❹"。⓫居住。《诗·大雅·绵》:"民之初生,自土沮漆。"毛传:"土,居也。"⓬旧称鸦片烟为土。张际亮《送云麓督粮粤东》诗:"土来金去芙蓉膏,丝轻帛贱羽毛布。"⓭我国少数民族名。⓮姓。宋代有土皋。

另见 dù。

土崩瓦解 同"瓦解土崩"。比喻完全崩溃,不可收拾。《史记·秦始皇本纪》:"秦之积衰,天下土崩瓦解。"

土产 当地所产的物品,多指农副产品。《辽史·食货志上》:"燕民以年丰,进土产珍异。"

土地 ❶土壤。《汉书·晁错传》:"审其土地之宜。"❷领土。《孟子·尽心下》:"诸侯之宝三:土地、人民、政事。"❸古代传说中管理一个小地面的神。即古代的"社神"。《公羊传·庄公二十五年》"鼓用牲于社"何休注:"社者,土地之主也。"《孝经纬》:"社者,土地之神。土地阔不可尽祭,故封土为社,以报功也。"《通俗编·神鬼》:"今凡社神,俱呼土地。"旧俗祭祀土地,以求年岁丰稔。道教亦尊为神。❹测量地界。《周礼·夏官司马·土方氏》:"以土地相宅,而建邦国都鄙。"郑玄注:"土地,犹度地,知东西南北之深,而相其可居者。宅居也。"❺在经济学上,指大自然所赋予人们的,以陆地、水域等形式存在的资源。它既为人类提供活动基地,又为人类提供劳动手段和劳动对象,是生产活动不可缺少的物质条件。按其用途可分为农用土地、矿山土地和建筑土地等。

土断 东晋、南朝废除侨州郡县,使侨寓户口编入所在郡县的政策。当时侨州、郡、县无一定境界,不征租税徭役,士族广占田园,兼并激烈,影响朝廷财政收入。咸康七年(公元341年),晋成帝命侨寓的王公以下都以土著为断,户口编入所在郡县的户籍。桓温执政时,又于兴宁二年(364年)三月初一庚戌日行土断法,史称"庚戌土断"。温死后,此法不行。义熙九年(413年),刘裕再行"土断",诸侨置郡县多被裁并。此后南朝各代,曾数次土断,整顿户籍,搜出不少士族挟藏户口,增加了国家财政收入。

土遁 方士所谓借土隐身的法术。谢肇淛《五杂俎·人部二》:"正德初,有老翁脱太监于流贼者,又钟髻髻握土一块,遂不见,土遁者也。"

土方 古族名。殷商时分布在殷的西北方。武丁时期与殷王朝有频繁的接触。

土匪 以聚众抢劫为生,残害人民,或者窝藏盗匪,坐地分赃的分子。

土风 ❶本乡的歌谣乐曲。《左传·成公九年》:"乐操土风,不忘旧也。"❷当地的风俗。陆机《吴趋行》:"山泽多藏育,土风清且嘉。"

土膏 土地中的膏泽。即土地的肥力。《国语·周语一》:"阳气俱蒸,土膏其动。"亦指肥沃的土地。《汉书·东方朔传》:"故酆镐之间,号为土膏,其贾(价)亩一金。"

土梗 土偶;泥塑的偶像。《庄子·田子方》:"吾所学者,直土梗耳。"王先谦集解引司马彪云:"土梗,土人也。"

土工 ❶制作陶器的工人。古代六工之一。《礼记·曲礼下》:"天子之六工,曰:土工、金工、石工、木工、兽工、草工,典制六材。"❷治河时的填土、挖土工程。《元史·河渠志三》:"鲁(贾鲁)尝有言,水工之功,视土工之功为难;中流之工,视河滨之工为难。"今土木工程中填土、挖土工作,皆称土工。

土贡 中国历史上臣属向君主进献的土产、珍宝和财物。是赋税的原始形式。相传始于夏禹。自秦汉至明末废。《文献通考·自序》:"汉唐以来,任土所贡,无代无之,著之令甲,犹曰当其租入。然叔季之世,务为苛横,往往租自租而贡自贡矣。"清陆续取消各地进贡,但臣属报效如故。

土官 南宋、元、明、清在部分少数民族地区设置土司,明有宣慰使、宣抚使、安抚使等武职和土知府、土知县等文职。清雍正时实行改土归流后,逐渐废除,但至民国尚有存者。

土豪 旧时乡里的豪强、豪绅。《南史·韦鼎传》:"州中有土豪,外修边幅,而内行不轨,常为劫盗。"《宋史·吴柔胜传》:"收土豪孟宗政、扈再兴隶帐下,后宗政、再兴皆为名将。"后多指作恶多端的地主或恶霸。如:土豪劣绅。

土豪劣绅 旧中国地主阶级和封建宗法势力的政治代表之一。勾结反动官府,凭借权势,欺压劳动人民。有的还直接操纵地方政权,拥有一定武装力量,任意对农民敲诈勒索,肆行逮捕、监禁、审问、处罚。是地主中特别凶恶者(富农中亦有小的土豪劣绅),是帝国主义、地主阶级和官僚资产阶级统治人民的支柱。

土花 ❶埋在地下的古器物受泥土剥蚀的痕迹。梅尧臣《古鉴》诗:"古鉴得荒冢,土花全未磨。"❷苔藓。李贺《金铜仙人辞汉歌》:"三十六宫土花碧。"

土芥 泥土与草芥。比喻轻贱的东西。《孟子·离娄下》:"君之视臣如土芥,则臣视君如寇仇。"焦循正义:"土芥谓视之如土如草,不甚爱惜也。"

土龙 ❶泥土抟成的龙,古人祈雨时所用。《淮南子·说林训》:"譬若旱岁之土龙。"高诱注:"土龙以求雨。"❷蚯蚓的别名。见《本草纲目·虫部四》。

土馒头 指坟墓。因其形似馒头,故名。范成大《重九日行营寿藏之地》诗:"纵有千年铁门限,终须一个土馒头。"

土木 指建筑房屋等的工事。如:大兴土木。《国语·晋语九》:"今土木胜,臣惧其不安人也。"《列子·周穆王》:"穆王乃为之改筑,土木之功,赭垩之色,无遗巧焉。"

土偶 泥塑人像。《国策·齐策三》:"今者臣来,过于淄上,有土偶人与桃梗相与语。"亦称神像。陆游《秋社》诗:"不须谀土偶,正可倚天公。"

土气 ❶指村俗气或乡土气。❷犹言地气。《后汉书·挹娄传》:"其邑落各有大人,处于山林之间,土气极寒,常为穴居,以深为贵。"

土蟓 虫名。见《尔雅·释虫》"土蠡"郭璞注。

土壤 ❶泥土。《史记·李斯列传》:"是以太山不让土壤,故能成其大;河海不择细流,故能就其深。"亦指土地;封地。《国策·秦策二》:

“故楚之土壤士民,非削弱。”❷地球陆地表面能生长植物的疏松表层。由矿物质、有机质以及水分、空气等组成。在成土母质、生物、地形、气候等自然因素和耕种、施肥、灌排等人为因素综合作用下,不断演变和发展。因此,土壤是一种动态的有发展历史的自然体,是提供植物养分、水分、空气和其他条件的基质,是农业生产的基本资料。在生态学和环境科学上,土壤也是人类生存的重要环境因素。

土人 ❶土著;本地人。韩愈《与鄂州柳中丞书》:“若召募土人,必得豪勇。”❷泥塑的人像。《盐铁论·殊路》:“譬若雕朽木而砺钝(铅)刀,饰嫫母画土人也。”

土司 南宋、元、明、清时在西北、西南地区设置的由少数民族首领充任并世袭的官职。按等级分为宣慰使、宣抚使、安抚使等武职和土知府、土知州、土知县等文职。明清两代曾在部分地区进行改土归流。

土思 怀念故乡。《汉书·西域传下》:“居常土思兮心内伤,愿为黄鹄兮归故乡。”

土俗 一地的风俗习惯。《后汉书·窦融传》:“累世在河西,知其土俗。”

土仪 用土产作为送人的礼品。孟元老《东京梦华录·清明节》:“各携枣䭔、炊饼,黄胖、掉刀,名花异果,山亭戏具,鸭卵鸡雏,谓之‘门外土仪’。”

土宜 ❶不同的土性,对于不同的人和物各有所宜,故称土宜。《周礼·地官·大司徒》:“以土宜之法,辨十有二土之名物。”孙诒让正义:“即辨各土人民鸟兽草木所宜之法也。”❷土产物品。《隋书·礼仪志四》:“劳讫付纸,遣陈土宜。”

土葬 又称“埋葬”。即一种将死者遗体埋入土中的葬俗。流行于世界各地。约产生于旧石器时代中期。土葬墓一般仅葬一个遗体,但亦有数人或氏族(家族)合葬的。墓室大多均有不同质地的棺和殉葬品。土葬形式多样,在中国主要有土坑墓、大石墓、瓮棺葬、石棺墓、砖石墓、木椁墓、船棺葬等。

土苴 粪草。比喻轻贱之物。《庄子·让王》:“其土苴以治天下。”王先谦集解引司马云:“土苴,如粪草也。”戴复古《谢萧和伯见访》诗:“江湖尊白发,土苴视黄金。”

土著 古代游牧民族定居某地后,不再迁徙的称为“土著”。《汉书·西域传上》:“西域诸国,大率土著。”颜师古注:“言著土地而有常居,不随畜牧移徙也。”后指世居本地的人,与“客籍”相对。韩愈《论变盐法事宜状》:“浮寄奸猾者转富,土著守业者日贫。”

吐 (tǔ) ❶吐出;使东西从嘴里出来。如:蚕吐丝;不要随地吐痰。参见“吐刚茹柔”。❷说话。如:谈吐;出言吐语。❸泄漏;讲出来。如:坚不吐实;吐露实情。❹冒出或露出。如:新棉吐絮。梅尧臣《夜行忆山中》诗:“低迷薄云开,心喜淡月吐。”❺唾弃。《左传·僖公五年》:“神其吐之乎!”
另见 tū,tù。

吐蕃 中国古代藏族政权名。公元7～9世纪时存在于青藏高原。是由雅隆(在西藏山南地区)农业部落为首的部落联盟发展而成的奴隶制政权。

吐哺握发 《史记·鲁周公世家》:“周公戒伯禽曰:‘我于天下亦不贱矣,然我一沐三握(一作“捉”)发,一饭三吐哺,起以待士,犹恐失天下之贤人。’”哺,口中所含之食。后因以“吐哺握发”形容为延揽人材而操心忙碌。《东周列国志》第十八回:“周公在周盛时,天下太平,四夷宾服,犹且吐哺握发,以纳天下贤士。”

吐凤 《西京杂记》卷二:“雄(扬雄)著《太玄经》,梦吐凤凰,集《玄》之上,顷而灭。”后因称擅长著作为“吐凤”。李商隐《喜义叟及第》诗:“朝满迁莺侣,门多吐凤才。”

吐鲅 鱼名。又名“黄鲚”,俗称“船钉鱼”。陈克《阳羡春歌》:“石亭梅花落如积,吐鲅斓斑竹茹赤。”

吐刚茹柔 吐出硬的,吃下软的。比喻怕强欺弱。《诗·大雅·烝民》:“人亦有言:柔则茹之,刚则吐之。维仲山甫,柔亦不茹,刚亦不吐;不侮矜寡,不畏强御。”《三国志·魏志·崔琰等传赞》:“毛玠清公素履,司马芝忠亮不倾,庶乎不吐刚茹柔。”

吐故纳新 吐,呼出;纳,吸进。中国古代道家的一种养生方法。《庄子·刻意》:“吹呴呼吸,吐故纳新。”比喻扬弃旧的,吸收新的。参见“吐纳”。

吐款 吐露真情。《南史·范晔传》:“熙先(孔熙先)望风吐款,辞气不挠。”

吐纳 中国古代的一种养生方法。服气的一种。即用深呼吸把肺中的浊气尽量从口中呼出,再由鼻孔缓慢地吸进清新的空气,使之充满肺部。古人叫做吐故纳新。嵇康《养生论》:“呼吸吐纳,服食养生。”后被道教承袭,认为通过吐纳可以吸取“生气”,吐出“死气”,达到“长生”。

吐气 ❶发出声气。如:发辞吐气。班固《东都赋》:“咸含和而吐气,颂曰‘盛哉乎斯世’!”❷吐出胸中郁闷之气。形容久困后得志状。李白《梁甫吟》:“宁羞白发照清水,逢时吐气思经纶。”

吐属 谈吐;谈话所用的语句。如:吐属大方。《南史·张畅传》:“畅随宜应答,吐属如流。”

吐握 “吐哺握发”的省语。李白《与韩荆州书》:“岂不以有周公之风,躬吐握之事?”

钍 〔釷〕(tǔ) 化学元素〔周期系第Ⅲ族(类)副族元素、锕系元素〕。符号 Th。原子序数 90。具放射性。银白色金属,在空气中渐变为灰色。主要存在于钍石、铀钍矿、独居石等矿物中。可用钙在氩气中还原氧化钍制得。经中子轰击,可得铀 -233,故为潜在的核燃料。

tù

吐 (tù) 呕吐。如:吐血;上吐下泻。
另见 tū,tǔ。

兔 〔兔、兎〕(tù) ❶哺乳纲,兔科动物的统称。通常指“家兔”(Oryctolagus cuniculus domestica)。草食家畜。齿尖利,上唇中央有裂缝,灵活。耳长,眼大突出,尾短上翘。前肢五趾,后肢四趾;后肢较前肢长,善跳跃。胆小,听、嗅觉敏锐。繁殖力强,生后6～8个月可以配种,妊娠期约30天,每胎产仔4～12只,年可产4～6胎。成年兔体重自1.5千克至10千克不等。一般母兔比公兔重。寿命约10年。有毛用、皮用、肉用和皮肉兼用四型。也用于试验和玩赏。❷古代车制,车箱底板下面扣住横轴的两个装置叫做镤。其形如伏兔,故又叫伏兔,简称兔。《考工记·辀人》:“十分其辀之长,以其一为之当兔之围。”郑玄注:“辀当伏兔者也。”按指辀(即辕)末与两兔之间连接的一段。

兔毫 毛笔的一种,用兔毛制成。罗隐《寄虔州薛大夫》诗:“幽窗染兔毫。"

兔魄 古人称月初生明为魄。又传说月中有白兔捣药，所以称月亮为兔魄。刘基《怨王孙》词："兔魄又满，天长雁短。"

兔起鹘落 鹘，打猎用的猛禽。兔子才起来而鹘已经搏击下去，形容动作敏捷。也用来比喻作书画或写文章下笔迅捷无停滞。苏轼《文与可画筼筜谷偃竹记》："振笔直遂，以追其所见，如兔起鹘落，少纵则逝矣。"归有光《尚书别解序》："意到即笔不得留，昔人所谓兔起鹘落时也。"

兔丝燕麦 比喻有名无实。《魏书·李崇传》："今国子虽有学官之名，而无教授之实，何异兔丝燕麦、南箕北斗哉！"《资治通鉴·梁武帝天监十五年》："何异兔丝燕麦。"胡三省注："言兔丝有丝之名而不可以织，燕麦有麦之名而不可以食……皆谓有名无实也。"

兔死狐悲 比喻因同类死亡而感到悲戚。多用于贬义。《水浒传》第二十八回："岂不闻'兔死狐悲，物伤其类'？"亦作"狐死兔悲"、"狐死兔泣"。《敦煌变文集·燕子赋》："叨闻'狐死兔悲，物伤其类'。"《宋史·李全传》："狐死兔泣，李氏灭，夏氏宁独存？"

兔脱 形容逃脱迅速。苏平仲《玄潭古剑歌》："神光兔脱飞雪霜，宝气龙腾贯霄汉。"按此指霍华所佩宝剑，忽于腰间跃出堕水事。见《晋书·张华传》。

兔园册 书名。亦作《兔园策》。即《兔园册府》。据王应麟《困学纪闻》，为唐蒋王李恽僚属杜嗣先著。恽有兔园，因以为书名。收集古今事迹、典故，用对偶文句分类编集，分四十八门，三十卷。又据晁公武《郡斋读书志》，为唐虞世南著，十卷。五代时流行于村塾，作为学童读本。书已佚，今仅存序文残篇，见《鸣沙石室佚书》及《敦煌宝藏》。《新五代史·刘岳传》："〔冯道〕旦入朝，兵部侍郎任赞与岳在其后。道行数反顾，赞问岳：'道反顾何为？'岳曰：'遗下《兔园册》尔。'《兔园册》者，乡校俚儒教田夫牧子之所诵也。"后用指读书不多的人当作秘本的肤浅书籍。

塊(tù) 桥两头向平地倾斜的部分。吴文英《西子妆慢》词："笑拈芳草不知名，乍凌波、断桥西塊。"

菟(tù) 通"兔"。《楚辞·天问》："厥利维何，而顾菟在腹？"王逸注："言月中有菟，何所贪利，居月之腹而顾望乎？"

另见 tú。

鶝〔鶝〕(tù) 鸟名，鸱鸺的一种。《尔雅·释鸟》："萑，老鶝。"郭璞注："木兔也，似鸱鸺而小，兔头，有角，毛脚，夜飞，好食鸡。"按鸱鸺头两侧有角羽突出如耳。

鮸〔鮸〕(tù) 鱼名。皮日休《孙发百篇将游天台请诗赠行因以送之》："因逢二老如相问，正滞江南为鮸鱼。"

tuān

猯(tuān) 同"貒"。

湍(tuān) ❶急流的水。《水经注·江水二》："春冬之时，则素湍绿潭，回清倒影。"❷水势急。《汉书·沟洫志》："水湍悍，难以行平地。"

貒(tuān) 猪獾。《本草纲目·兽二》："貒，即今猪獾也。处处山野间有之，穴居。状似小猪独形，体肥而行钝……短足短尾，尖喙褐毛。"

蜎(tuān) 黄色。《商君书·禁使》："今夫幽夜，山陵之大，而离娄不见；清朝日蜎，则上别飞鸟，下察秋豪。"

tuán

刓〔剬〕(tuán) 割；截断。《后汉书·杜笃传》："盖夫燔鱼刓蛇，莫之方斯。"

另见 zhuān。

团㊀〔團〕(tuán) ❶圆。如：团扇。吴均《八公山赋》："桂皎月而常团，云望空而自布。"❷聚集；集合。如：团聚；团结。张说《东都酺宴》诗："争驰群鸟散，斗伎百花团。"❸组织而成的集体。如：主席团；参观团。❹由若干个营编成的军队一级组织。通常隶属于师或旅。设有领导指挥机关，编有战斗、勤务保障分队。是基本战术部队。❺量词，用于成团的东西。如：一团线；一团废纸。❻猜度。韩愈《南山》诗："团辞试提挈，挂一念万漏。"晁端礼《少年游》词："眼来眼去又无言，教我怎生团？"

㊁〔團、糰〕(tuán) 米或粉制

成的球形食品。如：汤团。

团拜 团聚行礼。《朱子语类·杂仪》："团拜须打圈拜；若分行相对，则有拜不著处。"今机关团体成员，为庆贺元旦或春节而相聚在一起，互相祝贺，也叫"团拜"。

团焦 圆形草屋。也叫"团瓢"、"团标"。《北齐书·神武纪上》："后从荣（尔朱荣）徙据并州，抵扬州邑人庞苍鹰，止团焦中。"《通雅·宫室》："团焦，团标也……标音瓢。今人曰团瓢，谓为一瓢之地也。"郑廷玉《忍字记》第一折："我今盖一座看经修炼的团标，我也不怕有贼盗，堤（提）防着水火风涛。"

团练使 官名。唐代中期以后，于不设节度使之地区置都团练使、团练使，掌本区各州军事，常与观察使、防御使互兼，又曾与防御使互易称号。代宗时曾施行刺史均兼本州团练使的制度，不久即废。至宋代为武将兼衔，官阶高于刺史、低于防御使。辽南面各州置团练使。元末为镇压农民起义，曾设团练安抚使。明代废。

团栾 亦作"团圞"、"团栾"。❶圆貌。谢灵运《登永嘉绿嶂山》诗："团栾润霜质。"❷团聚。范成大《上元纪吴中节物》诗："拈粉团栾意，熬稃膨脝声。"谓上元节作团子，取家人团聚之意。

团瓢 即"团焦"。何中《涿州道间雪霁》诗："獝律共鸦牧，团瓢忽鸡鸣。"马致远《任风子》第四折："编四围竹寨篱，盖一座草团瓢。"

团脐 指雌蟹圆而扁平的腹部。陆游《记梦》诗："团脐霜蟹四鳃鲈。"亦指雌蟹。唐彦谦《蟹》诗："漫夸丰味过蝤蛑，尖脐犹胜团脐好。"尖脐，指雄蟹。

团扇 圆形有柄的扇子。我国古代宫中常用，又叫"宫扇"。王昌龄《长信愁》诗："奉帚平明秋殿开，且将团扇共徘徊。"

团体 志趣相同的人结合成的集体。如：人民团体；团体生活。

团团 ❶圆貌。班婕妤《怨歌行》："裁为合欢扇，团团似明月。"引申为肥胖圆满貌。如：面团团。❷周匝貌。如：团团围住。李贺《古邺城童子谣》："棘为鞭，虎为马，团团走，邺城下。"❸凝聚貌。江淹《刘文学桢感怀》诗："苍苍山中桂，团团霜露色。"

团音 "尖音"的对称。详"尖团音"。

团圆 ❶浑圆。徐玑《连江官湖》

诗:"众山围绕渌团圆。"❷指亲属团聚。杜甫《又示两儿》诗:"团圆思弟妹,行坐白头吟。"❸指剧情的圆满结局。李渔《慎鸾交·计诹》:"怕的是戏到团圆诸事了,非晋爵,即加封诰,却不道胜事留些余地好。"

团圆节 指夏历八月十五日。刘侗《帝京景物略·春场》:"八月十五日祭月……女归宁,是日必返其夫家,曰团圆节也。"

抟〔摶〕(tuán) ❶把散碎的东西捏聚成团。《礼记·曲礼上》:"毋抟饭。"❷环绕;盘旋。见"抟风"。

另见 zhuān。

抟风 《庄子·逍遥游》:"鹏之徙于南冥也,水击三千里,抟扶摇而上者九万里。"扶摇,旋风。亦指上行之风。意谓鹏鸟鼓动翅膀,结聚风力,乘风盘旋上飞九万里。后因以"抟风"比喻奋力上进。王禹偁《谪居感事》诗:"泽雾宁惭豹,抟风肯伏雌。"

抟埴 捏粘土做成陶器的坯子。《考工记》:"抟埴之工二。"郑玄注:"抟之言拍也;埴,粘土也。"按"抟"一本作"搏",戴震《考工记图》谓据释文,"抟"有团、博二音,郑注"抟之言拍",当从博音,作"搏"。

汓〔溥〕(tuán) 露多貌。《诗·郑风·野有蔓草》:"野有蔓草,零露汓兮。"

恮〔慱〕(tuán) ❶见"恮恮"。❷通"团"。圆满。《太玄·中》:"月阙其恮。"

恮恮 忧苦不安貌。《诗·桧风·素冠》:"劳心恮恮兮。"毛传:"恮恮,忧劳也。"

转〔槫〕(tuán) ❶屋栋,檩子。《齐民要术·种槐柳楸梓梧柞》:"柞,宜于山阜之曲……十年中椽,可杂用。二十岁中屋转。"❷圆形。《楚辞·九章·橘颂》"圆果转兮"王逸注:"楚人名圆为转。……转,一作抟。"

鹑〔鷒〕(tuán) 见"鹡鹑"。

笭〔簹〕(tuán) 圆形的竹器。如:笭箕;笭匾。

另见 zhuān。

剬(tuán) 同"刓"。

另见 zhì。

揣(tuán) 通"团"。积聚貌。马融《长笛赋》:"冬雪揣封乎其枝。"

另见 chuāi,chuǎi,zhuī。

圌(tuán) 通"团"。❶圆。《论衡·变动》:"夫以果蓏之细,员圌易转。"❷草制的圆形坐垫。《高僧传·杯度》:"见度负芦圌行向彭城。"芦圌,即蒲团。

另见 chuán,chuí。

鲼〔鱄〕(tuán) 古代传说中一种能鸣的鱼。《山海经·南山经》:"〔黑水〕其中有鲼鱼,其状如鲋而彘毛,其音如豚,见则天下大旱。"

另见 zhuān。

敦〔敦〕(tuán) ❶聚拢。《诗·大雅·行苇》:"敦彼行苇,牛羊勿践履。"郑玄笺:"敦,聚貌。"❷圆形。《诗·豳风·东山》:"有敦瓜苦。"

另见 diāo,duī,duì,dūn,tún。

鸲〔鷻〕(tuán) 通"鷻"。即雕。《诗·小雅·四月》:"匪鸲匪鸢。"毛传:"鸲,雕也。"

另见 chún。

鷻(tuán) "鸲"的本字。雕的别称。见《说文·鸟部》。

鷻(tuán) 同"鷻"。

tuǎn

睡(tuǎn) 本作"疃"。见"町睡"。

疃(tuǎn) ❶"睡"的本字。参见"町疃"。❷村庄;屯。常用作地名。如山东有柳疃,河北有贾家疃。

tuàn

彖(tuàn) 《易传》中总论各卦基本观念的话。亦称"彖辞"、"彖传"。

税(tuàn) 通"祿"。衣服边缘的装饰。《礼记·玉藻》"士祿衣"郑玄注:"祿或作税。"又《丧大记》:"士妻以税衣。"

另见 shuì,tuì,tuō。

祿(tuàn) 衣服边缘的装饰。见"祿衣"。

祿衣 ❶王后之衣,为六服之一。参见"袆衣"。❷有缘边装饰的衣服。《仪礼·士丧礼》"祿衣"郑玄注:"黑衣裳赤缘谓之祿,祿之言缘也,所以表袍者也。"

鵗〔鶨〕(tuàn) 鸟名,即鹎老。见"鹎老"。

tuī

推(tuī) ❶从物体后面加力,使它向前运动。如:推车;后浪推前浪。引申为推动。如:推行;推广。❷推移。《易·系辞下》:"寒暑相推而岁成焉。"❸推想;推求。如:类推。《淮南子·本经训》:"星月之行,可以历推得也。"❹辞让;拒绝。《世说新语·方正》:"遂送乐器,绍推却不受。"❺推诿。见"推三阻四"。❻延迟。如:往后推几天。❼赞许;举荐。如:推许;公推。《晋书·刘寔传》:"天下所共推,则天下士也。"❽推问;推究。《旧唐书·韩休传》:"大敏(韩休伯父)坐推反失情,与知反不告同罪,赐死于家。"❾中国古代逻辑术语。广义泛指推理,狭义指推理的一种形式。《墨子·小取》:"推也者,以其所不取之同于其所取者予之也。"一说所取者即所已经验者,所不取即所未经验者;由经验知某些事物如此,因而推知,所未经验者如与某些事物相同则亦如此。一说"推"指把对方的主张("其所取")作前提,推出一个与其类同的结论("同于其所取")给对方("予之"),而这个结论是对方所不取的("其所不取"),这样就驳倒了对方的主张。

推波助澜 推动、扩大波涛之势。比喻助长事物的发展。多指坏事。《文中子·问易篇》:"真君建德之事,适足推波助澜,纵风止燎尔。"

推步 古称推算历法为"推步",意谓日月转运于天,犹如人的行步,可以推算而知。《后汉书·杨厚传》:"就同郡郑伯山受河洛书及天文推步之术。"

推陈出新 去掉旧事物的糟粕,取其精华,以创造新事物。戴延年《秋灯丛话·忠勇祠联》:"高江村集句一联云'吴宫花草埋幽径,魏国山河半夕阳',不特推陈出新,饶有别致,而公之义愤亦于是而稍释矣。"公,指关羽。

推恩 犹言推爱。谓将己之爱,推及他人。《孟子·梁惠王上》:"推恩足以保四海,不推恩无以保妻子。"

推服 推许佩服。《南史·陈武帝纪》:"明达果断,为当时推服。"

推毂 ❶推车前进。《宋史·魏胜传》:"胜尝自创如意战车数百两(辆),炮车数十辆……每车用二人推毂,可蔽五十人。"❷比喻推荐人才。《史记·魏其武安侯列传》："推毂赵绾为御史大夫。"❸比喻助人举事。《史记·荆燕世家》："本推毂高帝就天下。"

推官　官名。唐代在节度、观察等使下置推官，掌勘问刑狱。宋代在开封府置左右厅推官，各州与临安府置节度、观察推官，皆掌司法事务。元明于各府亦置推官，清初犹沿置。后废。

推己及人　《论语·卫灵公》"己所不欲，勿施于人"朱熹注："推己及物。"物，指他人。因以"推己及人"谓将心比心，设身处地为别人着想。张惠言《承拙斋家传》："以推己及人为门户，以书策吟咏为园囿。"

推解　"推食解衣"的略语。语出《史记·淮阴侯列传》"解衣衣我，推食食我"。比喻慷慨施惠。《聊斋志异·丁前溪》："仆来时米不满升，今过蒙推解，固乐？妻子如何矣？"

推襟送抱　襟抱，指心意。比喻推诚相见。《南史·张充传》："与俭（王俭）书曰：'……所可通梦交魂，推襟送抱者，唯丈人而已。'"

推究　推求追究。《周书·苏绰传》："精心悉意，推究事源。"

推敲　胡仔《苕溪渔隐丛话前集》卷十九引《刘公嘉话》："岛（贾岛）初赴举京师，一日于驴上得句云：'鸟宿池边树，僧敲月下门。'始欲着'推'字，又欲着'敲'字，练之未定，遂于驴上吟哦，时时引手作推敲之势。时韩愈吏部权京兆，岛不觉冲至第三节。左右拥至尹前，岛具对所得诗句云云。韩立马良久，谓岛曰：'作"敲"字佳矣。'"后因谓斟酌字句、反复考虑为"推敲"。引申为对问题斟酌研究。鲁迅《彷徨·祝福》："觉得偶尔的事，本没有深意义，而我偏要细细推敲。"

推刃　《公羊传·定公四年》："父不受诛，子复仇，可也；父受诛，子复仇，推刃之道也。"何休注："一往一来曰推刃。"按父受诛谓父罪当诛，父罪当诛而子复仇，则仇家之子亦必报复，即形成一往一来的循环报复。后亦用为复仇的代称。《三国志·魏志·臧洪传》："惜洪力劣，不能推刃为天下报仇。"

推三阻四　以种种理由推诿。《儒林外史》第一回："如何走到这里，茶也不见你一杯，却是推三阻四，不肯去见，是何道理？"

推托　❶托故推辞。《西厢记》第三本第一折："夫人失信，推托别词，

将婚姻打灭。"❷推举请托。徐干《中论·谴交》："推托恩好，不较轻重。"

推挽　《左传·襄公十四年》："或挽之，或推之。"按前面拉叫挽，后面送叫推。后以比喻推荐引进。韩愈《柳子厚墓志铭》："又无相知有气力得位者推挽。"

推诿　把责任推给别人，或托故推卸责任。如：互相推诿。亦作"推委"。《红楼梦》第十三回："事无专管，临期推委。"

推问　推究审问。《水浒传》第八回："喝叫左右，解去开封府，分付滕府尹好生推问。"

推心置腹　谓以真心待人。《后汉书·光武帝纪上》："降者更相语曰：'萧王推赤心置人腹中，安得不投死乎！'"白居易《七德舞》诗："功成理定何神速，速在推心置人腹。"

推移　❶变化。《淮南子·原道训》："是故夫得道已定，而不待万物之推移也。"❷犹浮沉、随波逐流；随俗方圆。《楚辞·渔夫》："圣人不凝滞于物，而能与世推移。"又《惜誓》："或推迻而苟容兮，或直言之谔谔。"王逸注："迻，一作移。"

推引　推荐引进。《新唐书·萧颖士传》："颖士乐闻人善，以推引后进为己任。"

推燥居湿　《孝经援神契》："母之于子也，鞠养殷勤，推燥居湿，绝少分甘。"谓把干处让给幼儿，自己睡在孩子便溺后的湿处，极言育儿的辛勤劳苦。

推重　推许尊重。《世说新语·轻诋》："王太尉问眉子：'汝叔名士，何以不相推重？'"

蓷（tuī）　药草名。即"益母草"。《诗·王风·中谷有蓷》："中谷有蓷，暵其干矣。"

tuí

弟（tuí）　见"弟佗"、"弟靡"。另见 dì、tì。

弟靡　颓唐；柔顺。《庄子·应帝王》："因以为弟靡，因以为波流，故逃也。"郭象注释为"颓靡"。陆德明释文："弟靡，不穷之貌。崔（崔譔）云：'犹逊伏也。'"

弟佗　犹颓唐。引申为低俯歪斜的样子。《荀子·非十二子》："弟佗其冠。"

偐〔偐〕（tuí）　通"隤"。崩坏。《庄子·外物》："于是乎有偐

然而道尽。"王先谦集解引宣颖注："于是乎颓然隳坏，天理尽而生机熄矣。"

另见 tuǐ。

隤〔隤〕（tuí）　❶坠落。杜甫《早起》诗："帖石防隤岸，开林出远山。"引申为丧败。《汉书·苏武传》："士众灭兮名已隤。"❷降下。《汉书·扬雄传上》："发祥隤祉。"颜师古注："隤，降也。"❸犹颠，绊倒。《淮南子·原道训》："先者隤陷，则后者以谋。"❹柔貌。《易·系辞下》："夫坤，隤然示人简矣。"

頹〔頽、隤〕（tuí）　❶秃貌。见《说文·秃部》。❷倒塌。《礼记·檀弓上》："泰山其颓乎！"❸衰败。李白《古风》："晋风日已颓。"❹落下。陶宏景《答谢中书书》："夕日欲颓，沉鳞竞跃。"❺水向下流。《史记·河渠书》："岸善崩……水颓以绝商颜。"裴骃集解引臣瓒曰："下流曰颓。"商颜，山名。❻恭顺貌。《礼记·檀弓上》："拜而后稽颡，颓乎其顺也。"❼暴风。《诗·小雅·谷风》："习习谷风，维风及颓。"孔颖达疏引李巡曰："暴风从上来降谓之颓。"❽詈辞，恶劣之意。王实甫《西厢记》第三本第二折："今日颓天，百般的难得晚！"又第四折："我这颓证候，非是太医所治的。"

颓废　倒塌；荒废。《后汉书·翟酺传》："太尉赵熹以为太学辟雍，皆宜兼存，故并传至今。而顷者颓废，至为园采刍牧之处。"引申为意志消沉，委靡不振。

颓思　忧愁，愁思。司马相如《长门赋》："无面目之可显兮，遂颓思而就床。"

颓唐　坠落貌。王褒《洞箫赋》："颓唐遂往，长辞远逝，漂不还兮。"指声音低沉。也指精神委靡不振。鲁迅《彷徨·伤逝》："只有子君很颓唐，似乎常觉得凄苦和无聊。"

飈〔飈〕（tuí）　风。汤式《一枝花·梦游江山为友人赋》套曲："吉丁珰过耳，清飈响珮琚。"

蹪〔蹪〕（tuí）　颠，跌倒。《淮南子·说山训》："万人之蹪，愈于一人之隧。"高诱注："楚人谓颠为蹪。"

魋（tuí）　❶兽名，似小熊。见《尔雅·释兽》。❷义同"魁❶"。大。《史记·范雎蔡泽列传》："先生曷鼻、巨肩、魋颜。"司马贞索隐："魋颜，谓颜貌魋回，若魋梧然也。"

另见 zhuī。

tuǐ

傥〔傥〕(tuǐ) 娴雅。《说文·人部》："傥，娴也。"
另见 tuí。

脮(tuǐ) 见"腿脮"。

腿〔骽〕(tuǐ) ❶胫和股的总称。胫，小腿；股，大腿。❷特指腌制的猪腿。如：火腿；南腿。❸指器物上像腿的部分。如：一张方桌四条腿。

tuì

侻(tuì) 恰好；相宜。《文选·宋玉〈神女赋〉》："侻薄装。"李善注："侻，好也……又可也，言薄装正相堪可。"
另见 tuō。

退(tuì) ❶退却；后退。与"进"相对。《易·乾·文言》："知进而不知退。"引申为却退，打退。《左传·哀公二年》："吾救主于车，退敌于下。"❷离去。如：退席；退伍。引申为摈斥，辞去。如：斥退；辞退。❸返；归。《汉书·董仲舒传》："临渊羡鱼，不如退而结网。"❹退还；撤销。如：退货；退婚。❺逐渐消失衰减。如：退色。《南史·江淹传》："淹少以文章显，晚节才思微退。"❻迟缓；畏缩。《论语·先进》："求也退。"❼和柔貌。《礼记·檀弓下》："文子其中退然如不胜衣。"

退避三舍《左传·僖公二十三年》："晋楚治兵，遇于中原，其辟君三舍。"又《二十八年》："退三舍辟之。""辟"同"避"。三十里为舍。后以"退避三舍"比喻对人让步，不敢与争。叶宪祖《鸾镈记·京晓》："似你这般诗才，不怕杜羔不退避三舍。"

退却 ❶亦称"撤退"。军队放弃所占领的阵地或地区，有组织地向后转移的作战行动。是防御的继续。分为战略退却、战役退却和战术退却。❷比喻在工作或学习上退缩不前。

退食 臣子退朝后在家就膳。《诗·召南·羔羊》："退食自公，委蛇委蛇。"宋之问《奉和幸韦嗣立山庄侍宴应制》："入朝荣剑履，退食偶琴书。"

退士 隐居不仕的人。《宋史·种放传》："多作歌诗，自称退士，尝作传以述其志。"

退思 事后省察自己的言行。《左传·宣公十二年》："林父之事君也，进思尽忠，退思补过。"旧时多以"退思"名其所居。宋鲁宗道有退思岩，吴琚有退思堂。

退省 犹言退思。退而自省。《论语·为政》："退而省其私，亦足以发，回也不愚。"王绩《负苓者传》："讲罢，程生、薛生退省于松下。"

退休 ❶辞去官职在家闲居。韩愈《复志赋序》："其明年七月，有负薪之疾，退休于居，作《复志赋》。"《宋史·韩赞传》："退休十五年，谢绝人事，读书赋诗以自娱。"❷职工、干部达到规定年龄或因公致残而退出工作岗位休养。我国宪法规定："国家依照法律规定实行企业事业组织的职工和国家机关工作人员的退休制度。退休人员的生活受到国家和社会的保障。"退休的条件、待遇等均由有关法规具体规定。

娧(tuì) 好。《方言》第十三："姚，娧，好也。"戴震疏证："案姚各本讹作姚，娧各本讹作说，今订正。"按《说文·女部》："娧，好也。"段玉裁注："《召南》：'舒而脱脱兮。'传曰：'脱脱，舒貌。'按脱盖即娧之假借，此为舒徐之好也。"

駾〔駾〕(tuì) 受惊奔窜。《诗·大雅·绵》："混夷駾矣。"毛传："駾，突。"

脱(tuì) ❶通"侻"。恰好；合宜。沈约《丽人赋》："来脱薄妆，去留馀腻。"按宋玉《神女赋》作"侻薄装"。❷通"蜕"。《聊斋志异·珠儿》："冤闭穷泉，不得脱化。"
另见 tuō。

税(tuì) 古时丧礼规定的追服。《礼记·檀弓上》："小功不税。"郑玄注："日月已过，闻丧而服曰税。"
另见 shuì，tuàn，tuō。

蜕(tuì，旧又读 shuì) ❶蝉、蛇之类脱下的皮。如：蝉蜕。《庄子·寓言》："予，蜩甲也，蛇蜕也，似之而非也。"❷脱去皮壳。如：蜕皮。《史记·屈原贾生列传》："蝉蜕于浊秽，以浮游尘埃之外。"张守节正义："蜕，去皮也。"引申为变形变质。参见"蜕化"、"蜕变"。❸道家谓尸解为蜕质，后因以蜕为死的讳称。《宣和书谱》卷六载宋代道士陈景元临死时说："昔之委和，今之蜕质，非化非生，复吾真宅。"说完端坐而死。也指尸体。如：遗蜕。

蜕变 ❶本谓"蝉蜕龙变"，见夏侯湛《东方朔画赞序》。比喻形质改变、转变。❷原子核自发放出粒子，同时自身转变为另一种核的过程。后常统称为"衰变"。

蜕化 昆虫等脱皮后，往往变为另一种形态，叫蜕化。用作死的讳辞。今以比喻人变质，多指变坏。如：蜕化变质。

焻(tuì) 同"焴"。

焴(tuì) 把已宰杀的猪、鸡等用滚水烫后去毛。如：焴毛；焴猪。

褪(tuì) ❶减色。周邦彦《满江红》词："蝶粉蜂黄都褪了。"❷后退。杨显之《潇湘雨》第一折："待趋前，还褪后，我则索慌忙施礼半含羞。"
另见 tùn。

tūn

吞(tūn) ❶整个咽下去；亦泛指咽下。如：囫囵吞枣。《史记·刺客列传》："吞炭为哑。"❷兼并。如：侵吞；吞没。《国策·西周策》："兼有吞周之意。"❸包含。司马相如《子虚赋》："吞若云梦者八九。"❹姓。汉代有吞景云。

吞刀吐火 古代杂技名。表演吞下利刃，或以燃着物置于口中，喷吐火苗。张衡《西京赋》："吞刀吐火，云雾杳冥。"本从西域来。见《汉书·张骞传》颜注。

吞声 不敢出声；哭不成声。《后汉书·曹节传》："群公卿士，杜口吞声，莫敢有言。"杜甫《哀江头》诗："少陵野老吞声哭。"

吞炭 战国时，韩魏赵合力杀智伯。智伯的门客豫让为替智伯报仇，漆身为癞，吞炭为哑，改变容貌声音，想乘机刺杀赵襄子，未遂。事见《国策·赵策一》、《史记·刺客列传》。后用为矢志复仇的典故。

吞舟《庄子·庚桑楚》："吞舟之鱼，砀而失水，则蚁能苦之。"后因用作大鱼的代称。《晋书·顾和传》："明公作辅，宁使网漏吞舟？"网漏吞舟，比喻法网宽大。

涒(tūn) 见"涒滩"。

涒滩 十二支中申的别称，用以纪年。《尔雅·释天》："〔太岁〕在申曰涒滩。"参见"岁阳"。

啍(tūn) 见"啍啍"。
另见 zhūn。

啍啍 ❶重迟缓慢貌。《诗·王风·大车》:"大车啍啍。"毛传:"啍啍,重迟之貌。"❷通"焞"。盛貌。《诗·小雅·采芑》:"啴啴焞焞。"陆德明释文:"焞本又作啍。"

焞(tūn) ❶古时卜者灼龟用的柴枝。《仪礼·士丧礼》:"楚焞置于燋,在龟东。"郑玄注:"楚,荆也;荆焞,所以钻灼龟者。燋,炬也,所以然火者也。"❷见"焞焞"。

焞焞 ❶星光暗弱貌。《左传·僖公五年》:"天策焞焞。"杜预注:"天策,傅说星,时近日,星微;焞焞,无光耀也。"❷盛貌。亦作"推推"。《诗·小雅·采芑》:"戎车啴啴,啴啴焞焞,如霆如雷。"毛传:"焞焞,盛也。"《汉书·韦玄成传》引作"啴啴推推"。"焞焞"、"推推"一声之转。

嘳 见《玉篇·口部》。
另见 kuò。

暾(tūn) ❶初升的太阳。如:朝暾。《楚辞·九歌·东君》:"暾将出兮东方。"❷渐出貌。《文选·潘岳〈射雉赋〉》:"暾出苗以入场,愈情骇而神悚。"徐爰注:"暾,渐出貌也。"

暾暾 ❶日光明亮温暖貌。《楚辞·九叹·远游》:"日暾暾其西舍兮,阳焱焱而复顾。"❷火光炽盛。《新唐书·五行志一》:"是岁,洪州、潭州灾,延烧州署,州人见有物赤而暾暾飞来,旋即火发。"

燉(tūn) 通"暾"。见"温燉"。
另见 dùn,tún。

錞(tūn) 亦作"韕"。黄色。

韕(tūn) 同"錞"。

tún

屯(tún) ❶聚集;储存。如:聚草屯粮。韩愈《送郑尚书序》:"蜂屯蚁杂,不可爬搜。"❷驻防。如:屯兵。《旧唐书·郭子仪传》:"诏子仪以步骑三万自河中移屯泾阳。"❸土阜。《庄子·至乐》:"生于陵屯。"❹屯子;村庄。如:陈官屯;皇姑屯。❺姓。三国时蜀有屯度。
另见 zhūn。

屯垦 屯兵边境,就地开垦。《清文献通考·田赋十》:"〔雍正〕三年,令安西兵丁,试行屯垦。"参见"屯田"。

屯田 汉以后历代政府利用兵士和农民垦种荒地以取得军队给养和税粮的措施,亦指屯垦的土地。有军屯、民屯和商屯。汉文帝听从晁错建议,募民实边,为民屯之始。汉武帝在西域,宣帝在边郡屯田,都使用驻军,为军屯。建安元年(公元196年)曹操在许下屯田,由典农官募民耕种,为民屯。农民称屯田客。唐宋屯田又称营田,军屯和民屯都有。元明清一般仍称屯田,卫所屯田则指军屯。明初开中法,盐商在边郡募民垦种,以所得粮草换盐引,称盐屯,为商屯。至弘治五年(1492年)改纳银领引,商屯渐废。屯田组织性强,耕地面积大,能用先进耕作法,又便于进行水利建设,产量往往较高,但兵士和农民所受压迫和剥削极重。明末屯政废弛。清除有漕运地方屯田仍隶卫所外,其余卫所屯田改隶州县,为民屯。屯田基本上已成民田。边疆则有新设屯田。1902年(光绪二十八年)后,因漕米已由海运,漕运地方屯田亦废。

屯长 秦汉时戍边军中的领队。《史记·陈涉世家》:"发闾左適(谪)戍渔阳九百人,屯大泽乡。陈胜、吴广皆次当行,为屯长。"

坉(tún) ❶以草裹土筑城或堵水。见《广韵·二十三魂》。❷田垄。见《集韵·二十三魂》。

苀(tún) 草木初生貌。《法言·寡见》:"春木之苀兮。"
另见 chūn。

囤(tún) 囤积。如:囤货;囤粮。
另见 dùn。

囤积居奇 大量购存商品,待机高价出售,以获取暴利的一种投机行为。每当通货膨胀或其他经济动荡时期,市场上经常出现囤积居奇的现象。囤积居奇会引起市场商品供应紧张,物价暴涨,危害劳动人民经济生活。

独(tún) 同"豚"。小猪。泛指猪。张镃《社日村居》诗:"鹅湖山下稻粱肥,独栅鸡栖对掩扉。"

钝(鈍)(tún) 见"馄钝"。

忳(tún) 忧闷。《离骚》:"忳郁邑余侘傺兮。"
另见 dùn,zhūn。

忳忳 忧烦貌。《楚辞·九章·惜诵》:"申侘傺之烦惑兮,中闷瞀之忳忳。"

纯(純)(tún) ❶见"纯束"。❷匹、段,绸帛计量单位。《穆天子传》卷三:"锦组百纯。"《史记·苏秦列传》:"锦绣千纯。"
另见 chún,quán,zhūn,zhǔn。

纯束 包裹。《诗·召南·野有死麕》:"林有朴樕,野有死鹿。白茅纯束,有女如玉。"毛传:"纯束,犹包之也。"

轒(輲)(tún) 古代的一种兵车。《左传·宣公十二年》:"使轒车逆之。"孔颖达疏引服虔云:"屯守之车也。"

笔(tún) "囤"的本字。《急就章》"笔篅"颜师古注:"皆所以盛米谷也,以竹木簟席,若泥涂之则为笔。笔之言屯也,物所屯聚也;织草而为之则曰篅。"

狁(tún) 同"豚"。

豚(tún) 小猪;也泛指猪。如:豚肩;豚蹄。《孟子·梁惠王上》:"鸡豚狗彘之畜,无失其时,七十者可以食肉矣。"
另见 dūn。

豚儿 对人称自己儿子的谦词。《聊斋志异·青凤》:"俄少年自外入。叟曰:'此豚儿也。'"参见"豚犬"。

豚犬 《三国志·吴志·孙权传》"曹公望权军,叹其齐肃"裴松之注引《吴历》曰:"公见舟船器仗军伍整肃,喟然叹曰:'生子当如孙仲谋,刘景升儿子若豚犬耳!'"豚犬系轻蔑之词,因亦用为称自己儿子的谦词。

鲀(鲀)(tún) 硬骨鱼纲,鲀形目鱼类的统称。体呈圆筒形,或侧扁或多边形。口小,颌常不能伸缩。牙圆锥形、门齿状或愈合成牙板。鳃孔小。生活于海中,少数进入淡水。行动缓慢。世界性分布;中国沿海均产。种类很多,例如三刺鲀、鳞鲀、革鲀、箱鲀、刺鲀和河鲀等。很多种类的内脏及血液含毒素。

敦(㪟)(tún) 通"屯"。屯驻。扬雄《甘泉赋》:"敦万骑于中营兮,方玉车之千乘。"
另见 diāo,duī,duì,dūn,tuán。

燉(tún,又读 dūn) 火盛貌。见《玉篇·火部》。
另见 dùn,tūn。

臀(臋)(tún) ❶人和哺乳动物身体背面腰部下方(后方)、大腿上方的隆起部分。动物因四脚着地，其臀不及人类发达。人直立时，臀与大腿之间有明显的分界沟。其外形由骨盆外肥厚的肌肉和大量的脂肪所致，外上部无大神经和血管通过，故临床上常作为肌内注射的部位。❷底。《考工记·桌氏》："其臀一寸。"郑玄注引杜子春曰："谓覆之，其底深一寸也。"

tǔn

氽（tǔn）❶漂浮；飘流在水上。无名氏《白兔记·访友》："浅水滩头，氽下一个坐婆来。"❷方言。用油炸。如：油氽花生米。

tùn

唔（tùn）痴呆貌。《西厢记》第三本第四折："足下其实啉，休妆唔。"

褪（tùn）❶卸下衣装。欧阳修《浣溪沙》词："却嫌裙慢褪纤腰。"❷宽松。无名氏《新水令·离亭宴煞》套曲："近新来陡觉罗衣褪。"❸萎谢。赵长卿《点绛唇》词："那更梅花褪。"
另见 tuì。

tuō

乇（tuō）　torr（压强）的旧音译字。后译托，为压强的曾用单位，现已改用"帕斯卡"。
另见 zhé。

任（tuō）　同"佁"。

托（一）（tuō）❶用盘子或手掌承着。如：和盘托出；两手托着下巴。引申为陪衬，衬托。如：烘云托月。❷承托器皿的座子。如：茶托。❸压强的一种单位（现已废除）。为纪念意大利物理学家托里拆利（Evangelista Torricelli，1608—1647）而命名。1 托等于 133.322 帕，即 1 毫米高的水银柱所产生的压强。
（二）〔託〕（tuō）❶请托；委托。如：奉托；拜托。《论语·泰伯》："可以托六尺之孤。"❷推托。《后汉书·姜肱传》："托以它辞。"❸寄托。见"托身"、"托迹"。
托跋　同"拓跋"。
托钵　僧人以手持钵（食器）取食或乞食。佛教戒律规定，僧人须以手托钵取食，出外乞食时亦要托钵。今斯里兰卡、缅甸等国家仍沿用。世因以向人乞求为"托钵"。

托辞　❶假托另一言辞。如：托辞谢绝。文天祥《指南录·自序》："予谓此北反间也，否则托辞以逐客也。"❷以言语相付托。《说苑·善说》："上士可以托色，中士可以托辞，下士可以托财。"
托大　❶骄倨自尊；抬高自己身份。无名氏《渔樵记》第三折："他可不托大，不嫌贫。"❷谓居高位而不作威福，以高位为寄身之所。《世说新语·赏誉》："时人目庾中郎（庾敳）善于托大，长于自藏。"❸自以为有所恃而疏忽大意。《三国演义》第七十回："玄德曰：'虽然如此，未可托大，可使魏延助之。'"
托分　犹言托迹。多指寄身方外，逃避世事。阮籍《咏怀》诗："适彼沅湘，托分渔父。"
托孤　以遗孤相托。语出《论语·泰伯》"可以托六尺之孤"。《三国志·蜀志·先主备传》："先主病笃，托孤于丞相亮。"
托迹　寄身。多指寄身方外或遁居深山，以逃避世事。陆机《汉高祖功臣颂》："托迹黄老，辞世却粒。"黄宗羲《两异人传》："乃有谢绝世事，托迹深山穷谷者。"
托交　结交；做朋友。常用于交友的自谦之词。李白《结客少年场行》："托交从剧孟，买醉入新丰。"剧孟，汉侠士。
托名　❶假借名义。《三国志·吴志·周瑜传》："操（曹操）虽托名汉相，其实汉贼也。"❷凭借他人以显名。《后汉书·赵壹传》："壹以公卿中非陟（羊陟）无足以托名者，乃日往到门，陟自强许通。"
托身　犹言寄身。韦应物《和张舍人夜直中书》诗："托身各有所，相望徒徘徊。"
托始　借一件事情作为叙述的开端。《公羊传·隐公二年》："曷为贬？疾始灭也。始灭昉于此乎？前此矣。前此则曷为始乎此？托始焉尔。"按指鲁展无骇率师灭极（鲁的附庸国）的事情。昉，始。后亦称开始为"托始"。

扡（tuō）　同"拖"。
另见 chǐ。

钍〔飥〕（tuō）　见"馎钍"。

驝〔駝〕（tuō）　见"驝驼"。

驝驼　即骆驼。《北齐书·文宣帝纪》："时乘驝驼牛驴，不施鞍勒。"

佁（tuō）　同"佗"。

佗（tuō）❶他。《后汉书·王景传》："县官恒兴佗役，不先民急。"❷通"拖"。《史记·龟策列传》："因以谯（醮）酒佗发。"❸姓。汉代有佗羽。
另见 tuó，yí。

诧〔詑〕（tuō）　欺骗。《说文·言部》："沇州谓欺曰诧。"章炳麟《新方言·释言》："吴扬之间谓以虚语欺人曰跳驼子，其虚巧甚者谓之飞驼，皆诧字也。"

拖〔扡〕（tuō）❶牵引；拉。《晋书·舆服志》："安车，邪拖之。"《三国演义》第十五回："被秦（周泰）扯住枪，拖下马来。"❷夺。《淮南子·人间训》："秦牛缺径于山中而遇盗……拖其衣被。"❸下垂。《晋书·儒林传序》："纡青拖紫。"❹拖延。如：这个工作千万拖不得。
拖泥带水　比喻办事不爽快，不干脆。也比喻文章或说话不简洁，不爽利。严羽《沧浪诗话·诗法》："语贵脱洒，不可拖泥带水。"

迤（tuō）　见"迤逗"。
另见 yí，yǐ。

迤逗　挑逗；勾引。《西厢记》第四本第二折："我着你但去处行监坐守，谁着你迤逗的胡行乱走。"汤显祖《牡丹亭·惊梦》："没揣菱花，偷人半面，迤逗的彩云偏。"

侂（tuō）　寄；依托。《集韵·十九铎》："侂谓依止也，或作任。"

迱（tuō）　同"迤"。
另见 yí，yǐ。

伦（tuō）❶简易。《淮南子·本经训》："其行伦而顺情。"❷适合；符合。《法言·君子》："孙卿非数家之书，伦也。"❸同"脱"。详"通伦"。
另见 tuì。

伦陋　丑陋。《新唐书·陆羽传》："貌伦陋，口吃而辩。"

说〔説〕（tuō）　通"脱"。解脱。《易·蒙》："用说桎梏。"
另见 shuì，shuō，yuè。

说骖　说，通"脱"。古代四匹马拉的车子，中间的两匹叫服马，两旁的马叫骖。说骖，解下骖马。《礼记·檀弓上》："孔子之卫，遇旧馆人之丧，入而哭之，哀；出，使子贡说骖而赙之。"后以"说骖"为以钱财帮助人办理丧事。
说辐　说，通"脱"；辐，同"輹"，钩连车轴与车厢的零件。《易·小畜》："九三，舆说辐，夫妻反目。"輹脱落了，车就不能行驶。比喻夫妻不和。后称夫妻离异为说辐，亦作"脱辐"。

挩（tuō）❶解脱。《老子》："善抱者不挩。"范应元注："挩，一作脱。"❷遗漏。见《广韵·十三末》。

　　另见 shuì。

梲（tuō）❶木棒。《淮南子·说山训》："执弹而招鸟，挥梲而呼狗。"❷通"脱"。疏略。《荀子·礼论》："凡礼始乎梲，成乎文，终乎悦校（校）。"《史记》作"始乎脱"。

　　另见 ruì，zhuō。

脱（tuō）❶肉离皮骨。《礼记·内则》："肉曰脱之。"孔颖达疏："皇氏云：'治肉除其筋膜取好处。'故李巡注《尔雅·释器》云：'肉去其骨曰脱。'郭云：'剥其皮也。'"❷脱离；逃脱。如：脱险。《史记·鲁周公世家》："桓子诈而得脱。"❸脱下；去掉。杜甫《饮中八仙歌》："脱帽露顶王公前。"❹发出；出手。《管子·霸行》："言脱乎口，而令行乎天下。"《警世通言·吕大郎还金完骨肉》："拉他同往山西脱货。"❺失去；脱落。《庄子·胠箧》："鱼不可脱于渊，国之利器不可以示人。"谢庄《月赋》："洞庭始波，木叶微脱。"❻霍然；油然；轻快貌。《公羊传·昭公十九年》："乐正子春之视疾也，复加一饭，则脱然愈。"《淮南子·精神训》："则脱然而喜矣。"❼轻率；脱略。《左传·僖公三十三年》："轻则寡谋，无礼则脱。"杜预注："脱，易也。"《史记·礼书》："凡礼，始乎脱，成乎文，终乎税。"司马贞索隐："脱，犹疏略也。"❽通"夺"。遗失；缺漏。《汉书·艺文志》："迄孝武世，书缺简脱，礼坏乐崩。"颜师古注："编绝散落，故简脱。"❾倘或；或许。《后汉书·李通传》："事既未然，脱可免祸。"《世说新语·赏誉上》："济（王济）脱时过，止寒温而已。"

　　另见 tuì。

脱籍　古时妓女，列名乐籍，从良嫁人或不再为妓，均须取得主管官员批准，把乐籍中的名字除去，称为"脱籍"，也叫"落籍"。梅禹金《青泥莲花记》卷八"西阁寄梅记"："欲望君与谋脱籍之计，永从箕帚。"

脱简　简片散失。《汉书·艺文志》："刘向以中古文（《尚书》）校欧阳、大小夏侯三家经文，《酒诰》脱简

一，《召诰》脱简二。率简二十五字者，脱亦二十五字；简二十二字者，脱亦二十二字。"后以指书籍缺页或文字脱漏。

脱空　❶古时丧葬所用或庙宇所供的偶像。因其仅有外壳而中空，故名。陶穀《清异录·丧葬门》："长安人物繁，习俗侈，丧葬陈拽寓像，其表以绫销金银者曰大脱空，楮外而设色者曰小脱空。"《旧唐书·代宗纪》："太仆寺佛堂有小脱空金刚。"❷虚诞；无着落。《朱子全书·大学二》："如人说十句话，九句实，一句脱空，被这一句脱空底都坏了。"陶岳《五代史补》卷五："今一旦返作脱空汉，前功亦并弃，令公之心安乎？"

脱略　犹脱易。不经意；轻慢。《晋书·谢尚传》："脱略细行，不为流俗之事。"江淹《恨赋》："脱略公卿，跌宕文史。"

脱落　❶掉下。《世说新语·德行》："饭粒脱落盘席间，辄拾以噉之。"❷犹脱易、脱略。不受拘束。《晋书·韩伯传》："陈郡周勰为谢安主簿，居丧废礼，崇尚庄老，脱落名教。"李白《赠清漳明府侄聿》诗："弦歌咏唐尧，脱落隐簪组。"❸高等植物的器官（叶、蕾、花、果等）在生长发育过程中由于机械损伤等外因或自然地和母体脱离的现象。

脱卯　卯，木器接榫的眼孔。榫头脱落，叫"脱卯"。比喻事情的脱节、漏洞。《水浒传》第三十九回："小生雕的图书亦无纤毫差错，怎地见得有脱卯处？"

脱洒　超脱；不拘束。《朱子全书·论语一》："看文字要脱洒，不要粘滞。"严羽《沧浪诗话·诗法》："语贵脱洒，不可拖泥带水。"

脱粟　糙米；只去皮壳、不加精制的米。《晏子春秋·杂下》："晏子相齐，衣十升之布，食脱粟之食。"《史记·平津侯主父列传》："食一肉、脱粟之饭。"司马贞索隐："脱粟，才脱谷而已，言不精凿也。"

脱胎　❶道教用语。指得道的人脱凡胎而成圣胎。参见"脱胎换骨"。❷比喻新事物在旧事物的体内孕育变化而成。也指诗文的作法，取法前人而自出机杼，别成家数。赵翼《瓯北诗话》卷八："五古、五律，则脱胎于汉魏六朝及初盛唐。"❸中国制作漆器的一种方法。❹宋代汝州建青器窑，凸印团花，相传用青色玛瑙釉，深浅不一，光润明亮，视之若无

骨，称为"脱胎"。

脱胎换骨　道教认为修道者得道，则脱凡胎而成圣胎，换凡骨而为仙骨，故名。《参同契》卷下："弥历十月，脱出其胞，骨弱可卷，肉滑若铅（一作饴）。"后亦泛指自身的彻底变化。《鲁迅书信集·致杨霁云》："生成是一小贩，总难脱胎换骨，但多演几出滑稽剧而已。"

脱逃　被拘留、逮捕的犯罪嫌疑人和被告人或者正在服刑的罪犯逃离羁押、监管场所的行为。我国刑法规定为脱逃罪。

脱兔　像逃走的兔子一样，比喻行动迅捷。《孙子·九地》："践墨随敌，以决战事；是故始如处女，敌人开户，后如脱兔，敌不及拒。"陆龟蒙《杂讽》诗："攻如饿鸱叫，势若脱兔急。"

脱文　也叫"夺文"。校勘学术语。古书抄刊中误脱的字。如《汉书·艺文志》："安国献之。遭巫蛊事，未列于学官。""安国"下当脱"家"字。

脱误　谓文字有脱漏和错误。杜预《春秋左氏序》："所以记远近，别同异也。"孔颖达疏："盖是史文先阙，未必后人脱误。"亦谓言语行动有失误。《后汉书·刘宽传》："物有相类，事容脱误。"

脱屣　亦作"脱蹝"、"脱躧"。屣，鞋子。比喻不在意，不重视。《三国志·魏志·崔林传》："刺史视去此州如脱屣。"《淮南子·主术训》："〔尧〕举天下而传之舜，犹却行而脱蹝。"《史记·苏秦列传》："夫实得所利，尊得所愿，燕赵弃齐如脱躧矣。"参见"敝屣"。

脱易　轻率；不稳重。《韩非子·八经》："脱易不自神曰弹威。"《宋史·周湛传》："湛为人脱易，少威仪。"

脱颖　见"颖脱"。

魠〔魠〕（tuō）鱼名。《史记·司马相如列传》："鳛鰽魠。"裴骃集解引徐广曰："魠，哆口鱼。"

庩（tuō）姓。明代有庩五常。

　　另见 tuǒ。

税（tuō）通"脱"。解；脱；释放。《左传·成公九年》："有司对曰：'郑人所献楚囚也。'使税之。"《孟子·告子下》："不税冕而行。"《吕氏春秋·慎大》："乃税马于华山，税牛于桃林。"高诱注："税，释也。"

　　另见 shuì，tuàn，tuì。

税驂　同"脱驂"。解下骖马。沈约《怀旧诗·伤织景猷》："税骖止营校，沦迹委泥沙。"参见"说骖"。

税驾　解驾，停车。谓休止、停宿。《史记·李斯列传》："当今人臣之位，无居臣上者，可谓富贵极矣；物极则衰，吾未知所税驾也。"司马贞索隐："税驾，犹解驾，言休息也。李斯言己今日富贵已极，然未知向后吉凶止泊在何处也。"

驖（tuō）　同"驼（骀）"。

tuó

它（tuó）　同"驼"。《汉书·扬雄传》引《长杨赋》："驱橐它。"《文选》作"橐驼"。《汉书·西域传上》："〔鄯善国〕多橐它。"
另见 shé，tā。

阤（tuó）　同"陀"。山冈。如：陂阤（即"陂陀"）。
另见 yǐ，zhì。

池（tuó）　同"陀"。见"陂池"。
另见 chí。

驮〔馱、駄〕（tuó）　背负。李贺《马诗二十三首》："萧寺驮经马，元从竺国来。"引申为架。《水浒传》第九回："新入配军，须吃一百杀威棒。左右，与我驮起来。"
另见 duò。

佗（tuó）　❶同"驮"。《汉书·赵充国传》："以一马自佗负三十日食。"❷见"委佗（wēi tuó）"。
另见 tuō，yí。

陁（tuó）　同"阤"。
另见 yǐ，zhì。

陀（tuó）　山冈。袁桷《次韵伯宗同行至上都》："藉草各小憩，侧身复登陀。"
另见 duò。

坨（tuó）　❶成块或成堆的东西。如：泥坨子。❷露天的盐堆。如：坨盐。

岮（tuó）　同"陀"。

沲（tuó）　同"沱"。
另见 duò。

沱（tuó）　❶江水的支流。《诗·召南·江有汜》："江有沱。"毛传："沱，江之别者。"❷涕泪如雨貌。《易·离》："出涕沱若。"

驼〔駝、駞〕（tuó）　❶兽名。即"骆驼"。❷亦作"鸵"。鸟名。即驼鸟。❸脊背弯曲，如骆驼的背一样隆起。如：驼背。萨都剌《宫

人图》诗："一女浅步腰半驼。"❹通"驮"。背负。《汉书·司马相如传上》"橐驼"颜师古注："橐驼者，言其可负橐囊而驼物，故以名云。"

驼峰　骆驼背上的肉峰，内贮大量脂肪，富有营养，旧时列为名菜。杜甫《丽人行》："紫驼之峰出翠釜，水精之盘行素鳞。"

驼鹿（Alces alces）　亦称"犴"、"犴"、"堪达犴"。哺乳纲，偶蹄目，鹿科。体长2米余；尾短；雄的有角，角横生成板状，分叉很多。颔下面有鬃。体色棕、黄、灰混合；四肢下部白色。栖息在森林的湖沼附近；善游泳；不喜成群。分布于中国大、小兴安岭和完达山区；亦广布于欧亚和北美大陆的北部。为国家二级保护动物。

驼鹿

绽〔綻〕（tuó）　缝合。《诗·召南·羔羊》："羔羊之皮，素丝五绽。"陈奂传疏："五，当读为交午之午。绽，本作佗。佗，加也。五佗犹交加，言缝裘之，不言缝裘之丝。"一说为计丝缕的单位，五丝为一绽。见王念孙《广雅疏证》卷四上。

牫（tuó）　牛无角。见《广韵·八戈》。

砣（tuó）　❶秤砣，即"秤锤"。❷碾砣，碾盘上的石轮。

铊〔鉈〕（tuó）　秤铊，即"秤锤"。
另见 shī，tā。

鸵〔鴕〕（tuó）　见"鸵鸟"。

鸵鸟（Struthio camelus camelus）　亦称"非洲鸵鸟"。鸟纲，鸵科。现存最大的鸟。雄鸟高约2.75米，雌鸟稍小。两翼退化，龙骨突不发达，不能飞。尾羽蓬松而下垂。足具两趾

鸵鸟

和肉垫，强而善走。雄鸟体羽主要为黑色，翼羽和尾羽白色；颈部呈肉红色，被有棕色绒羽。雌鸟羽毛污灰色。群居；杂食性。产于非洲和阿拉伯沙漠地带。卵甚大而壳坚厚，可雕刻成工艺品。中国已有多处引种群养。

嵨（tuó）　山形似碾轮者。见《集韵·八戈》。

騨〔驒〕（tuó）　有鳞状黑斑的青毛马。《诗·鲁颂·駉》："有騨有骆。"《尔雅·释畜》："青骊驎，騨。"郭璞注："色有深浅，斑驳隐鄰，今之连钱骢。"
另见 diān，tān。

堶（tuó）　瓦石。杨慎《俗言·抛堶》："宋世寒食有抛堶之戏，儿童飞瓦石之戏，若今之打瓦也。"

醄（tuó）　同"醈"。

醈（tuó）　饮酒脸红。《楚辞·招魂》："美人既醉，朱颜醈些。"周履靖《拂霓裳·和晏同叔》词："金尊频劝饮，俄顷已醈颜。"

跎（tuó）　见"蹉跎"。

鮀〔鮀〕（tuó）　鱼名。见"鲨❷"。

橐（tuó）　同"囊"。

囊（tuó）　❶袋子。《诗·大雅·公刘》："乃裹糇粮，于橐于囊。"参见"囊橐"。❷鼓风吹火器。《墨子·备穴》："具炉橐，橐以牛皮。"《淮南子·本经训》："鼓橐吹埵，以销铜铁。"参见"橐籥"。❸见"橐驼"。

橐笔　《汉书·赵充国传》："安世（张安世）本持橐簪笔，事孝武帝数十年。"颜师古注引张晏曰："橐，契囊也。近臣负橐簪笔，从备顾问，或有所纪也。"马祖常《奏对兴圣殿后》诗："侍臣橐笔皆鵷凤。"后以"橐笔"指文士的笔墨生活。参见"簪笔❷"。

橐皋　古地名。春秋吴地。在今安徽巢湖市西北柘皋镇。《春秋》哀公十二年（公元前483年）："公会吴于橐皋"，即此。西汉置县，东汉废。唐为橐皋镇。其后讹橐为柘，又讹为柘。

橐驼　即骆驼。亦作"橐他"、"橐它"。《史记·匈奴列传》："其奇畜则橐驼。"又："献橐他一匹。"《汉书·西域传上》："〔鄯善国〕多橐它。"

橐橐 坚物相触的声音。如:履声橐橐。《诗·小雅·斯干》:"椓之橐橐。"孔颖达疏:"以杵筑之也。"谓板筑时用杵实土的声音。

橐籥 古代冶炼用的鼓风器具。《老子》:"天地之间,其犹橐籥乎,虚而不屈,动而愈出。"魏源本义:"外橐内籥,机而鼓之,致风之器也。"橐是鼓风器,即鞲囊,籥是送风的管子。

橐中装 指珠玉之类的宝物。《汉书·陆贾传》:"〔南越王〕赐贾橐中装,直千金。"颜师古注:"言其宝物质轻而价重,可入橐囊以赍行,故曰橐中装也。"

霪(tuó) 见"霭霭"。

霭(tuó) 见"霭霭"。

鏪(tuó) 同"砣"。

跎(tuó) 见"蹉跎"。

蹉跎 即"旱獭"。

鼍〔鼉〕(tuó) 动物名。学名 *Alligator sinensis*。亦称"扬子鳄",俗称"猪婆龙"。爬行纲,鼍科。大者长达2米。背面的角质鳞有六横列,背部暗褐色,具黄斑和黄条;腹面灰色,有黄灰色小斑和横条;尾部有灰黑相间的环纹。穴居池沼底部,以鱼、螺、蛙、小鸟及鼠类为食,冬日蛰居穴中。为中国特产动物,分布于安徽南部以及与安徽南部交界的浙江的沼泽地区。为国家一级保护动物。

鼍

鼍更 谓更鼓。以鼍鸣如鼓,且传说其夜鸣与更鼓相应,故名。陆佃《埤雅·释鱼》:"今鼍像龙形,一名鱓。夜鸣应更,吴越谓之鱓更;盖如初更,辄一鸣而止,二即再鸣也。"韩驹《次韵王给事观殿试唱名》:"我老倦随宫漏水,江南江北听鼍更。"参见"鼍鼓"。

鼍鼓 用鼍皮蒙的鼓。《诗·大雅·灵台》:"鼍鼓逢逢。"又鼍之鸣声如鼓。陆佃《埤雅·释鱼》引晋安《海物记》:"鼍宵鸣如桴鼓,今江淮之间谓鼍鸣为鼍鼓,亦或谓之鼍更。更则以其声逢逢然如鼓,而又善夜鸣,其数应更故也。"许浑《赠所知》诗:"湖日似阴鼍鼓响,海云才起蜃楼多。"

鱓(tuó) 同"鼍"。《文选·李斯〈上秦始皇书〉》:"树灵鱓之鼓。"按《史记·李斯列传》作"鼍"。

另见 shàn 鳝。

韇(tuó) 同"鼍(鼉)"。《逸周书·王会解》:"会稽以韇。"

tuǒ

妥(tuǒ) ❶安坐。《诗·小雅·楚茨》:"以妥以侑。"毛传:"妥,安坐也。"❷安稳。《汉书·武五子传》:"北州以妥。"❸适当。如:妥当;妥善;妥为照料。❹通"堕"。落下。杜甫《重过何氏》诗:"花妥莺捎蝶。"

妥帖 ❶稳当;合适。陆机《文赋》:"或妥帖而易施,或岨峿而不安。"❷安定。杜甫《故司徒李公光弼》诗:"拥兵镇河汴,千里初妥帖。"

妥贴 同"妥帖"。《资治通鉴·唐德宗贞元元年》:"易帅之际,军中烦言,乃其常理,泌(李泌)到,自妥贴矣。"

绥〔綏〕(tuǒ) 通"妥"。下垂。《礼记·曲礼下》:"执天子之器则上衡,国君则平衡,大夫则绥之,士则提之。"郑玄注:"绥,读曰妥。妥之,谓下于心。"

另见 ruí,suí。

庹(tuǒ) 一种约略计量长度的单位,以成人两臂平伸的长度为标准,约当五市尺。

另见 tuō。

隋(tuǒ) 通"椭"。椭圆形。《诗·豳风·破斧》"既破我斧"毛传:"隋銎曰斧。"陆德明释文:"孔形狭而长也。"

另见 duò,suí。

椭〔橢〕(tuǒ) ❶长圆形。《尔雅·释鱼》:"蜌,小而椭。"郭璞注:"椭,谓狭而长。"❷长圆形的容器。《急就篇》卷三:"椭杆槃案杯闲碗。"颜师古注:"椭,小桶也,所以盛盐豉。"

媠(tuǒ) 美好。曹植《七启》:"形媠服兮扬幽若。"参见"婑媠"。

另见 duò。

楕(tuǒ) 同"椭(橢)"。

撱(tuǒ) "椭(橢)"的误字。

嫷(tuǒ) 美好。《方言》第二:"嫷,美也,南楚之外曰嫷。"亦省作"媠"。曹植《七启》:"形媠服兮扬幽若。"

隓(tuǒ) 同"椭(橢)"。《楚辞·天问》:"南北顺隓,其衍几何?"

tuò

拓(tuò) ❶以手推物。李山甫《阴地关崇徽公主手迹》诗:"一拓纤痕更不收,翠微苍藓几经秋。"❷开辟;扩充。如:开拓;拓荒。鲍照《河清颂》:"牛羊内首,闲户外拓。"

另见 tà,zhí。

拓跋 亦作"托跋"。北魏皇族的姓。

萚(tuò) 同"萚"。

柝(tuò) ❶巡夜者击以报更的木梆。《易·系辞下》:"重门击柝,以待暴客。"❷通"拓"。开拓。《淮南子·原道训》:"廓四方,柝八极。"高诱注:"柝,开也。"

芀(tuò) 草名。亦名"活芀"。《尔雅·释草》:"离南,活芀。"郭璞注:"草生江南,高丈许,大叶,茎中有瓤,正白。"

毻(tuò) 同"毻"。鸟兽脱毛。《管子·轻重甲》:"文皮毻服。"尹知章注:"落毛也。"

裣(tuò) 正中的裙衩。《说文·衣部》:"裣,衣衱也。"段玉裁注:"《广雅》:'衩、衱、裣,裩膝也。'《玉篇》:'裩膝,裙衱也。'按裩膝,裙衱在正中者也,故谓之裣,言其开拓也;亦谓之衩,言其中分也。"

萚〔蘀〕(tuò) 草木脱落的皮叶。《诗·豳风·七月》:"十月陨萚。"

唾(tuò) ❶唾沫。详"唾液"。❷吐唾沫。表示鄙弃。《左传·僖公三十三年》:"不顾而唾。"参见"唾骂"。❸吐。《礼记·曲礼上》:"让食不唾。"

唾耳 犹附耳。周亮工《书影》卷五:"于忽唾耳语公,不知何事,公辄膜拜。"

唾壶 承唾之器。《世说新语·豪爽》:"王处仲每酒后,辄咏'老骥伏枥,志在千里;烈士暮年,壮心不已'。以如意打唾壶,壶口尽缺。"后因以"击碎唾壶"为激赏诗文之词。

唾骂 鄙弃责骂。胡铨《上高宗封

事》:"天下之人,切齿唾骂。"

唾面自干　《新唐书·娄师德传》:"其弟守代州,辞之官,教之耐事。弟曰:'人有唾面,洁之乃已。'师德曰:'未也,洁之,是违其怒;正使自干耳。'"后以"唾面自干"比喻受了侮辱,极度容忍,不作任何反抗。

唾手　吐口液在自己手上。比喻极容易办到。《新唐书·褚遂良传》:"但遣一二慎将,付锐兵十万,翔旝云䡅,唾手可取。"亦作"唾掌"。《魏书·路思令传》:"得其人也,六合唾掌可清。"

唾液　口腔中的混合液。由唾液腺分泌的液体和口腔壁上的许多小腺所分泌的粘液组成。并含有淀粉酶,能把淀粉变成麦芽糖。具有湿润食物、便于说话和吞咽、清除及冲淡有害物质、杀菌等作用。健康成年人每天分泌唾液 1~1.5 升。

唾馀　比喻别人的一些零星言论或意见。如:拾人唾馀。江藩《汉学师承记·江永》:"帖括之士,窃其唾馀,取高第、掇巍科者数百人。"

跅（tuò）　见"跅弛"。

跅弛　放纵不羁。《汉书·武帝纪》:"夫泛驾之马,跅弛之士,亦在御之而已。"

榺（tuò）　"柝"的古字。

氉（tuò）　亦作"毤"。鸟兽脱毛。《文选·郭璞〈江赋〉》:"产毻积羽,往来勃碣。"李善注:"毻,落毛也。毻与氉同。音唾。"

箨〔籜〕（tuò）　俗称"笋壳"。竹类主秆所生的叶。竹笋时期包于笋外,在竹秆生长过程中陆续脱落。无明显的中脉,不营光合作用。在构造上可分箨鞘、箨舌、箨耳和箨叶等部分。各部分的性状为鉴定竹类属种的重要依据。

箨
1. 箨鞘 2. 箨舌
3. 箨耳 4. 箨叶

箨龙　笋的别名。卢仝《寄男抱孙》诗:"丁宁嘱托汝,汝活箨龙不?"

魄（tuò）　见"落魄"。
另见 bó,pò。

檡（tuò）　同"柝❶"。

檷（tuò）　同"柝"。《易·系辞下》"重门击柝",《说文·木部》引"柝"作"檷"。

W

wā

凹（wā） 凹入处。如：鼻凹。也用于地名。如：山西有核桃凹。
另见 āo。

污〔汙、洿〕（wā） ❶下陷。《淮南子·说山训》：“文王污膺。”❷夸大。《孟子·公孙丑上》："宰我、子贡、有若，智足以知圣人，污不至阿其所好。"焦循正义："按污本作洿，《孟子》盖用为夸字之假借。夸者大也，谓言虽大而不至阿曲。"
另见 wū，wù，yū。

穵（wā） 古“挖”字。《西游记》第一回："只见海边有人捕鱼打雁，穵蛤淘盐。"

挖（wā） 本作“穵”。❶掘；发掘。如：挖井；挖水沟；挖潜力。引申为探求，深入研究。如：挖一下问题的根源。❷抓。《官场现形记》第三十一回："乌额拉布脸上又被田小辫子拿手指甲挖破了好两处。"

挖苦 用刻薄的话讽刺。《官场现形记》第四十七回："施藩台晓得董钦差是挖苦他，把脸红了一阵。"

哇（wā） ❶吐。《孟子·滕文公下》："其兄自外至，曰：'是鶂鶂之肉也。'出而哇之。"❷形容声音靡曼。《法言·吾子》："中正则雅，多哇则郑。"李轨注："多哇者，淫声繁越也。"❸哭。王安石《董伯懿示裴晋公平淮右题名碑》诗："中使犹作啼儿哇。"❹拟声词。如：哇的一声。
另见 wa。

哇咬 ❶民间歌曲。傅毅《舞赋》："晲般鼓则腾清眸，吐哇咬则发皓齿。"亦作"撾咬"。张衡《东京赋》："《咸池》不齐度于撾咬。"《咸池》，古庙堂乐舞。❷笑语声。刘禹锡《采菱行》："笑语哇咬顾晚晖，蓼花绿柳扣舷归。"❸犹呕哑。《文选·潘岳〈笙赋〉》："哇咬嘲哳（哳），壹…

何察惠。"李善注："声繁细貌。"

洼〔窪〕（wā） ❶水坑。刘昼《新论·忘瑕》："牛蹢之洼，不生鲂鲔。"❷低凹；深陷。如：洼地。《红楼梦》第七十六回："这山之高处就叫凸碧，山之低洼近水处就叫凹晶。"❸傣语音译，意为"佛寺"，汉称"缅寺"。云南西双版纳及孟连、耿马等地傣族小乘佛教的佛寺。云南德宏等地傣语称"奘房"。村寨多有。通常由佛殿、僧舍、鼓房等组成，有些有经堂、塔，德宏等地有泼水亭。佛殿有宫殿式、干栏式、宫殿干栏混合式；西双版纳的为宫殿式，其他地区的三式俱有。殿内一般只供释迦牟尼佛像，又有壁画和连环画，寺内有大量典籍及石雕、木雕。旧时也是文化教育中心；西双版纳等地与其封建领主制相应，有上下隶属的组织关系。也信小乘佛教的德昂、阿昌、布朗等族地区，亦有类似建筑。
另见 guī。

洼地 地表的局部低洼部分。排水不良，中心部分常积水成湖泊、沼泽或盐沼。

洼隆 犹污隆。本指地形的低高不平，引申谓偏颇抑扬之意。《晋书·张骏传》："夫法制所以经纶邦国，笃俗齐物，既立必行，不可洼隆也。"

宨（wā） 地势陷下。见"宨隆"。

宨隆 谓地形高低不平。引申为起伏、高下。左思《吴都赋》："原隰殊品，宨隆异等。"《文选·马融〈长笛赋〉》："波澜鳞沦，宨隆诡戾。"李善注："宨隆，高下貌。"参见"污隆❶"。

娲〔媧〕（wā） 用于"女娲氏"。

呃（wā） 见"呃呕"。
另见 ér。

呃呕 小儿语声。《荀子·富国》："拊循之，呃呕之。"此为作小儿语声以示抚慰之意。

唲（wā） 吴方言表语气的词。与"啊"略同而语气较强。

如：我要去格唲，啥勿让我去？

窊（wā） 同"窪"。低下。《吕氏春秋·任地》："子能以窊为突乎？"高诱注："窊，容汗下也。"
另见 guī，yāo。

蛙〔鼃〕（wā） 田鸡类，有多种。如：青蛙、雨蛙。

蛙黾 蛙。《楚辞·七谏》："鸡鹜满堂坛兮，蛙黾游乎华池。"韩愈《杂诗》："蛙黾鸣无谓，阁阁只乱人。"

喝（wā） 吞咽声。孟郊《征蜀联句》："渴斗信疁咹，啖奸何噢喝！"旧注："噢音奥，叫也。喝，字书：饮声谓之喝。"

滵（wā） 同"宨"。

鮭〔鮭〕（wā） 见"鮭蠪"。
另见 guī，xié。

鮭蠪 古代传说中的神名。《庄子·达生》："东北方之下者，倍阿、鮭蠪跃之。"陆德明释文引司马彪曰："倍阿，神名也。鮭蠪，状如小儿，长一尺四寸；黑衣赤帻，大冠，带剑持戟。"一说鬼怪名。

霍（wā） 同"洼（窪）"。水坑。刘叉《冰柱》诗："不为池与沼，养鱼种芰成霍霍。"

撾（wā） ❶同"蛙（鼃）"。❷同"哇"。见"撾声"。

撾声 淫邪的乐曲，即非雅正之声。《汉书·王莽传赞》："紫色撾声，馀分闰位。"颜师古注引应劭曰："紫，间色；撾，邪音也。"又注："撾者，乐之淫声，非正曲也。"

撾咬 同"哇咬"。《文选·张衡〈东京赋〉》："《咸池》不齐度于撾咬，而众听或疑。"薛综注："《咸池》，尧乐也。撾咬，淫声也。言《咸池》之音，本不与撾咬同，而众听者乃有疑惑。"参见"哇咬❶"。

wá

娃（wá） ❶小孩。❷年轻女子。陆龟蒙《陌上桑》诗："邻娃尽著绣裆襦。"❸美女。《汉书·

扬雄传上》："资娥娃之珍髢兮。"颜师古注："娥、娃,皆美女也。"

娃娃 ❶小孩。❷地方戏音乐曲调。源于俗曲《要孩儿》。山东剧种如五音戏、柳腔、茂腔等均有此曲调,柳子戏的"娃娃"有十多种唱法。其旋律、节奏各有不同。❸京剧乐队所用伴奏乐曲《要孩儿》的别名。

娃娃鱼 "大鲵"的俗称。

wǎ

瓦（wǎ）❶古称陶制器物。❷一种屋面建筑材料。通常指粘土瓦,由粘土做成坯后烧制而成。有平瓦、小青瓦、琉璃瓦等多种。❸原始的纺锤。《诗·小雅·斯干》："载弄之瓦。"毛传："瓦,纺砖也。"❹楣脊,即楣背拱起如覆瓦的部分。《左传·昭公二十六年》："射之中楣瓦。"❺宋元时城市娱乐场所,即"瓦舍"。张端义《贵耳集》："临安中瓦在御街,士大夫必游之地,天下术士皆聚焉。"❻功率单位"瓦特"的简称。

另见 wà。

瓦当 即筒瓦之头。其上多有纹饰和文字,作为装饰之用。中国发现最早的是陕西周原凤雏遗址出土的西周晚期重环纹半圆形瓦当,在洛阳、临淄和燕下都(今河北易县)等东周城址也出土了许多半圆形瓦当,通称半瓦当。秦汉以后流行圆形瓦当。

瓦 当

瓦当文 秦汉时宫殿瓦当上所刻的文字。多吉祥语,如"千秋万岁"、"延年益寿"之类。字数少则一二,多则十余。字体用小篆,多随势屈曲。

瓦釜雷鸣 瓦釜,物之贱者;雷鸣,雷声惊人。比喻无德无才的人占据高位,烜赫一时。《文选·屈原〈卜居〉》："黄钟毁弃,瓦釜雷鸣。"李周翰注："瓦釜,喻庸下之人;雷鸣者,惊众人也。"

瓦合 ❶《礼记·儒行》："慕贤而容众,毁方而瓦合。"陈澔集说："陶瓦之事,其初则圆,剖而为四,其形则方。毁其圆以为方,合其方而复圆。盖于涵容之中,未尝无分辨之意也。"谓在次要问题上不自立异,而与众人相合。❷凑合在一起的破瓦。比喻临时凑合。《汉书·郦食其传》："足下起瓦合之卒,收散乱之兵,不满万人。"颜师古注："瓦合,谓如破瓦之相合,虽曰聚合,而不齐同。"参见"瓦解"。

瓦解 制瓦时先把陶土制成圆筒形,分解为四,即成瓦。比喻分裂、分离。《汉书·匈奴传上》："故其逐利如鸟之集,其困败瓦解云散矣。"引申为崩溃。庾信《哀江南赋序》："粤以戊辰之年,建亥之月,大盗移国,金陵瓦解。"参见"瓦合"、"瓦解土崩"。

瓦解冰销 形容消灭、破败。《旧唐书·李密传》："因其倒戈之心,乘我破竹之势,曾未旋踵,瓦解冰销。"亦作"瓦解冰泮"。陈琳《檄吴孙权部曲文》："七国之军,瓦解冰泮。"

瓦解土崩 比喻崩溃之势不可收拾。《淮南子·泰族训》："〔纣〕士亿有余万……武王左操黄钺,右执白旄以麾之,则瓦解而走,遂土崩而下。"《汉书·徐乐传》："臣闻天下之患,在于土崩,不在瓦解。"按:完全破败为土崩,部分离散为瓦解,两者含义有别。亦作"土崩瓦解"。《三国志·吴志·三嗣主传》："澏(王澏)、彬(唐彬)所至,则土崩瓦解,靡有御者。"参见"瓦解"。

瓦楞 瓦垄。屋顶上用瓦铺成的行列的隆起部分。鲁迅《呐喊·故乡》："瓦楞上许多枯草的断茎当风抖着。"也称形似瓦楞的东西。如:瓦楞帽;瓦楞子(蚶)。

瓦砾 瓦片与小石,常比喻不值钱之物。张彦远《历代名画记》卷二："好之则贵于金玉,不好则贱于瓦砾。"贯休《砚瓦》诗："应念研磨苦,无为瓦砾看!"

瓦全 比喻苟且偷生。《北齐书·元景安传》："大丈夫宁可玉碎,不能瓦全。"参见"玉碎"。

瓦舍 也叫"瓦肆"、"瓦子"。宋元时大城市里娱乐场所集中的地方。设有表演杂剧、曲艺、杂技等的勾栏,也有卖药、估衣、饮食等店铺。南宋灌圃耐得翁《都城纪胜》："瓦者,野合易散之意也。"孟元老《东京梦华录》、周密《武林旧事》等亦详细记载了宋时瓦舍的情况。

瓦斯 ❶泛指气体。如称毒气为毒瓦斯。❷特指从煤矿中泄出的可燃气体。

佤（wǎ）中国少数民族名。

wà

瓦（wà）铺瓦。如:瓦瓦。另见 wǎ。

帓（wà）同"袜"。另见 mò。

袜〔襪、韈、韤〕（wà）袜子。曹植《洛神赋》："陵波微步,罗袜生尘。"另见 mò。

袜线 孙光宪《北梦琐言》卷五："韩昭仕蜀,至礼部尚书,文思殿大学士,粗有文章,至于琴、棋、书、算、射、法,悉皆涉猎,以此承恩于后主。时有朝士李台嘏曰:'韩八座事艺,如拆袜线,无一条长。'"后因以"袜线"为才短之喻。李昌祺《剪灯馀话·泰山御史传》："妄矜袜线之才,猥试铅刀之利。"

婠（wà,又读 wān）❶体态好。见《广韵·八黠》。❷见"婠妠"。

婠妠 体态肥美貌。韩愈《征蜀联句》："巴艳收婠妠。"

絉（wà）同"袜"。另见 mò。

喎（wà）❶咽。见"喎哕"。❷笑。见"喎㖞"。

喎㖞 大笑。曹丕《答钟繇书》："执书喎㖞,不能离手。"嵇康《琴赋》："喎㖞终日。"

喎哕 吹奏乐器时,先作声以调气利喉。潘岳《笙赋》："援鸣笙而将吹,先喎哕以理气。"

膃（wà）见"膃肭"。

膃肭 肥软。皮日休《二游诗》："猿眼但膃肭,凫食时嚏嗟。"

靺（wà）同"袜"。另见 mò。

wa

哇（wa）表语气,同"啊"。如:好,快走哇!另见 wā。

wāi

夭（wāi）见"夭斜"。另见 ǎo,yāo。

夭斜 姿态轻盈。白居易《和春深二十首》:"扬州苏小小,人道最夭斜。"亦作"夭邪"。陈与义《清明》诗:"街头女儿双髻鸦,随蜂趁蝶学夭邪。"

呙 〔咼〕(wāi) 口不正。见"呙斜"。

另见 guō。

呙斜 歪斜。《法华经·随喜功德品》:"亦不缺坏,亦不呙斜。"按指口唇不歪不斜。

歪 (wāi) ❶不正;偏斜。如:歪嘴;这幅画挂歪了。引申为不正当,不正派。如:歪理;歪话;歪缠。❷侧卧。《红楼梦》第八十九回:"自己走到里间屋里床上歪着,慢慢的细想。"

另见 wǎi。

喎 〔咼〕(wāi) 同"呙(咼)"。❶嘴歪。《三国志·魏志·武帝纪》裴松之注引《曹瞒传》:"后逢叔父于路,乃阳败面喎口心。"❷歪;偏斜。梅尧臣《依韵和许发运游泗州草堂寺之什》:"醒论时事正,醉戴野巾喎。"

wǎi

歪 (wǎi) 扭伤。如:歪了脚。

另见 wāi。

崴 (wǎi) 用于地名。如:海参崴。

另见 wēi。

踒 (wǎi) 同"歪"。脚扭伤。

wài

外 (wài) ❶外面。与"内"、"里"相对。如:外表;室外。❷对本处而称别处,对亲密的而称疏远的,或对正式的而称非正式的。如:外省;外人;外号。❸特指外国。如:外侨;对外贸易;古今中外。❹旧时夫妻相称曰外、内。如梁代徐悱有赠内诗,其妻刘氏有答外诗。见钱大昕《恒言录》卷三。❺指人的外表。《法言·修身》:"其为外也肃括。"李轨注:"外者,威仪也。"❻除去。《淮南子·俶真训》:"达则嗜欲之心外矣。"高诱注:"外,弃也。"❼疏远。如:见外。《易·否》:"内小人而外君子。"❽传统戏曲脚色行当。元代戏曲中有外末、外旦、外净等,大致是指末、旦、净等行当的次要脚色。明清以来"外"逐渐成为专演老年男子

的脚色。表演上基本与生、末相同。一般戴白满须,所以又叫"老外"。如昆剧《浣纱记》的伍员、《鸣凤记》的夏言等。近代有些剧种(如京剧)外脚已并入老生,不另分行;有些剧种(如汉剧等)则仍作为一个主要行当。

外朝官 汉代朝官从武帝以后分为中朝和外朝。由丞相领导的正规机构官员为外朝官,为法定的行政机构,诏令由此出。

外臣 ❶古代卿大夫对别国君主的自称。《仪礼·士相见礼》:"凡自称于君⋯⋯他国之人,则曰外臣。"《左传·成公三年》:"以赐君之外臣首(荀首)。"这是晋国知䓨对楚王说的话;首,知䓨名字。❷指臣服于本国的外国,即藩属。《三国志·吴志·吴主传》裴松之注引《魏略》:"权(孙权)前对浩周,自陈不敢自远,乐委质长为外臣。"❸方外之臣。指隐居不仕者。白居易《游丰乐招提佛光三寺》诗:"汉容黄绮为逋客,尧放巢由作外臣。"

外宠 ❶皇帝宠幸的臣子。对"内宠"而言。《左传·昭公二十年》:"内宠之妾,肆夺于市;外宠之臣,僭令于鄙。"❷指已婚男子在外同居的女子。

外道 ❶佛教对于佛教之外的宗教或学说的通称。佛教自称为内道,认为其他宗教或学说都不能"契合真理",所以视为"外道"。主要指释迦牟尼在世时的"六师外道"和"九十六种外道"等。后来也引申为对异端邪说的贬称。❷客气,见外。《红楼梦》第三回:"或有委屈之处,只管说,别外道了才是。"

外典 佛教徒对其他宗教或学派典籍的称呼。北齐颜之推《颜氏家训·归心》:"内典初门设五种禁,外典仁义礼智信皆与之符。"

外藩 ❶旧称分封的诸侯王为"外藩"。《晋书·礼志上》:"〔魏明帝太和三年诏曰〕:'〔汉〕哀帝以外藩援立。'"亦泛指藩属。❷外部的屏藩。《三国志·魏志·陈矫传》:"矫说太祖曰:'鄙郡(指广陵郡)虽小,形便之国也,若蒙救援,使为外藩,则吴人锉谋,徐方永安。'"

外父 岳父。《称谓录》卷七引《潜居录》:"冯布赘于孙氏,其外父有烦恼事,辄曰:'俾布代之。'"

外妇 也叫"外妻"。正妻以外另宅同居之妇。《汉书·齐悼惠王传》:"齐悼惠王肥,其母,高祖微时

外妇也。"

外傅 古称教导学业的师傅,相对在家管教养的保母"内傅"而言。《礼记·内则》:"十年,出就外傅,居宿于外。"

外感 ❶由外来事物引发的感触。《南史·孝义传序》:"虽义发因心,情非外感。"❷中医学名词。指感受风、寒、暑、湿、燥、火和疫疠等外邪而引起的疾病。一般发病较急,多先见表证。如感冒、风温、暑温、湿温、瘟疫等,包括上呼吸道感染、流行性感冒、肺炎、乙型脑炎、伤寒等多种疾病。

外姑 岳母。《尔雅·释亲》:"妻之母为外姑。"《称谓录》卷七引汪尧峰曰:"男子谓妻父曰外舅,母曰外姑。盖彼以我父为舅,我亦从而舅之;俱其同于母党也,故别曰外舅。彼以我母为姑,我亦从而姑之;俱其同于父党也,故别曰外姑。"参见"外舅"。

外行 对某种事情或工作不懂或没有经验。又本业的人称不属于本业的人为"外行"。

外患 外来的祸患。指外国的侵略。《国语·晋语六》:"能无外患,又无内忧。"《孟子·告子下》:"入则无法家拂士,出则无敌国外患者,国恒亡。"拂士,辅弼之士。

外汇 原意指外国货币。现在通常指以外国货币表示的、用于国际结算的支付凭证。包括银行支票和汇票(电汇和邮汇)、期票、信用证、息票、中签或到期的外国债券和其他可以在国外兑现的凭证。在对外贸易中,出口物资可以换得外汇,进口物资需要支付外汇。外汇的买卖分"即期外汇"和"远期外汇"。前者指买入外汇现货或卖出外汇现货,在成交后两个营业日内进行收付;后者指预先按商定的汇价订立买进或卖出外汇的合约,到约定日期才进行实际收付。实际收付的期限通称为交割期限。交割期限一般为1~6个月。买卖远期外汇的目的,是为了避免或减轻由于货币汇价动荡所造成的风险。

外籍华人 已经加入外国国籍的中国血统的人。

外家 ❶外祖父母家。《汉书·灌夫传》:"上谢曰:'俱外家,故廷辩之。'"颜师古注:"婴(窦婴),景帝从舅子;蚡(田蚡),太后同母弟,故言俱外家。"❷女子出嫁后称娘家为"外家"。刘瞻《春郊》诗:"寒食归宁红袖女,外家纸上看蚕生。"

外艰 旧称父丧或承重祖父之丧

为"外艰",别于母丧或承重祖母之丧的"内艰"而言。江藩《汉学师承记·王兰泉》:"年二十一,丁外艰。"

外交 国家为实现其对外政策,由国家元首、政府首脑、外交部门和外交代表机构进行的诸如访问、谈判、交涉、发出外交文件、缔结条约、参加国际会议和国际组织等对外活动。

外舅 岳父。《尔雅·释亲》:"妻之父为外舅。"《宋史·谢泌传》:"转金部员外郎,充盐铁副使。顷之魏羽为使,即泌之外舅,以亲嫌,改度支副使。"参见"外姑"。

外来词 也叫"借词"或"外来语"。一种语言从别种语言里吸纳来的词语。汉语里的外来词,有译音的,如"奥林匹克"、"沙发";译音加表意成分的,如"卡片"、"芭蕾舞";半译音半译意的,如"浪漫主义"、"冰淇淋";直接借用的,如"场合"、"手续"等。

外篇 "内篇"的对称。

外戚 外家的戚属,特指帝王的母族或妻族。《史记·魏其武安侯列传》:"魏其、武安,皆以外戚重。"按汉魏其侯窦婴是孝文后的从兄子,武安侯田蚡是孝景后的同母弟。《汉书》有《外戚传》。

外强中干 貌似强壮,实则虚弱。《左传·僖公十五年》:"今乘异产以从戎事,及惧而变,将与人易……张脉偾兴,外强中干,进退不可,周旋不能,君必悔之。"异产,指晋国同秦国打仗时用的郑国所产的马。

外亲 指姨表关系的戚属。如母、祖母的本生亲属,女、孙女、姐妹、侄女及姑母的子孙。《汉书·淳于长传》:"长以外亲居九卿位。"

外舍 ❶外戚。《后汉书·和熹邓皇后纪》:"及后有疾,特令后母兄弟入视医药,不限以日数。后言于帝曰:'宫禁至重,而使外舍久在内省,上令陛下有幸私之讥,下使贱妾获不知足之谤,上下交损,诚不愿也。'"李贤注:"外舍,外家。"❷古代以小学为"外舍"。《大戴礼记·保傅》:"古者年八岁而出就外舍。"宋代太学三舍,初学者入外舍。参见"三舍❸"。❸外宿。《管子·戒》:"桓公外舍,而不鼎馈。"

外生 ❶犹忘我。《庄子·大宗师》:"已外物矣,吾又守之九日,而后能外生。"❷即外甥。《世说新语·排调》:"桓豹奴是王丹阳外生,形似其舅。"

外甥 亦作"外生"。姐妹的儿子。车永《与陆士龙书》:"外甥石季甫,忽见使为鄾令。"

外史 ❶官名。在《周礼》为春官的属官。掌四方之志及三皇五帝之书。春秋时鲁设有外史。❷稗史或小说。如:《儒林外史》、《天禄阁外史》。❸旧时文人常用作别号。如:清恽格称白云外史。

外氏 犹言外家,外祖父母家。《后汉书·杜林传》:"林少好学沈深,家既多书;又外氏张竦父子喜文采,林从竦受学,博洽多闻,时称通儒。"按杜林的祖母是张敞的女儿,张竦是张敞的孙子。

外事 ❶国外之事。《左传·文公十三年》:"中行桓子曰:'请复贾季,能外事,且由旧勋。'"今指外交事务。❷《礼记·曲礼上》:"外事以刚日,内事以柔日。"刚日,单日,指逢甲、丙、戊、庚、壬的日子。柔日,双日,指逢乙、丁、己、辛、癸的日子。按外事即郊外之事,指祭祀山川之神。一说指田猎用兵之事。见孙希旦《礼记集解》。❸犹世事。《西京杂记》卷二:"司马相如为《上林》《子虚》赋,意思萧散,不复与外事相关。"

外室 同"外宅❷"。

外侮 外来的欺凌或侵犯。《左传·僖公二十四年》:"其怀柔天下也,犹惧有外侮。"《宋史·孔文仲传》:"虞夏商周之盛,未尝无外侮。"今指外国侵略。

外务 ❶身外的事。常衮《授李廙太子左庶子制》:"久以病免,淡然自居,混冥元和,放绝外务。"❷外交事务。如清末办理外交事务的机关叫"外务部"。

外心 ❶犹异心,二心。《史记·赵世家》:"城中悬釜而炊,易子而食,群臣皆有外心。"❷用心于外。《礼记·礼器》:"礼之以多为贵者,以其外心者也。"❸三角形外接圆的圆心。它是三角形三条边的垂直平分线的交点。

外兄弟 ❶旧谓舅、姑、姨表兄弟。《仪礼·丧服》"姑之子"郑玄注:"外兄弟也。"又《士丧礼》:"外兄弟在其南。"郑玄注:"外兄弟,异姓有服者。"贾公彦疏:"舅之子,姑、姊、妹、从母之子等,皆是有服者也。"从母,指母之姊妹。兄弟之服,指小功以下的丧服。❷同母异父的兄弟。《左传·成公十一年》:"声伯以其外弟为大夫。"杜预注:"外弟,管于奚之子,为鲁大夫。"按声伯之母,后再嫁于齐管于奚。

外学 见"内学"。

外延 概念中所反映的具有某些特有属性的对象。即概念所指的一切事物。如:"人"这一概念的外延是古今中外所有的人。

外援 外来的支持援助。《左传·昭公二十六年》:"国有外援,不可渎也。"杜预注:"外援,秦也;渎,慢也。"按,此谓楚太子壬之母为秦人,秦国必助之。

外宅 ❶别宅;城外居宅。《史记·淮南衡山列传》:"王奇其材能,乃佩之王印,号曰将军,令居外宅。"❷也叫"外室"。即"外妇"。《水浒传》第二十二回:"有个女儿,唤做婆惜,典与宋押司做外宅。"

外债 国家向国外举借的债。包括国家在国外发行的公债以及直接借自一国政府、经济组织和集团的债款。直接借款是外债的主要形式。

外制 唐宋以中书舍人或知制诰所掌者为外制,与翰林学士所掌之内制相对。外制指中书门下正规机构所撰拟的诏敕,内制指皇帝主动发出的文告。两种官员总称两制。辽金虽尚存其名,已非旧制。明清则并名称亦不存在。

外传 ❶对"内传"而言。附经作传,广引事例而不完全以解释经义为主的书。如《韩诗外传》。又《国语》也有《春秋外传》之称。韦昭《国语解叙》:"其(指《国语》)文不主于经,故号为外传。"又,各书称内外传,体例不一。如《吴越春秋》以吴为内传,越为外传;《越绝书》以作者不一、出于传说者为外传。❷传记文的一种。人物为正史所不载,或正史已有记载而别为作传,记其遗闻逸事者,称"外传"。如《赵飞燕外传》、《高力士外传》等。

外子 ❶旧时妇女对人称丈夫。❷外妇养的儿子。《宋史·苏元老传》:"元老外和内劲,不妄与人交。梁师成方用事,自言为轼外子,因缘欲见之,且求其文,拒不答。"

外族 ❶即"外戚"。外家之族,指母族或妻族。《史记·樗里子甘茂列传》:"向寿者,宣太后外族也。"卢纶《送内弟韦宗仁归信州》诗:"常嗟外族弟兄稀。"❷泛指本民族或本国以外的人。

wān

关〔關〕(wān) 通"弯"。见"关弓"。

另见 guān。

关弓 同"弯弓"。拉满弓。《孟子·告子下》:"有人于此,越人关弓而射之。"

贯〔貫〕(wān) 通"弯"。见"贯弓"。

另见 guàn。

贯弓 同"弯弓"。拉满弓。《史记·陈涉世家赞》:"士亦不敢贯弓而报怨。"按《文选·贾谊〈过秦论〉》作"弯弓"。《史记·伍子胥列传》:"伍胥贯弓执矢向使者。"司马贞索隐:"贯,谓满张弓。"

弯〔彎〕(wān) ❶开弓。曹丕《典论·自叙》:"使弓不虚弯,所中必洞胸,斯则妙矣。"❷弯曲。张耒《西山寒溪》诗:"午登西山去,路作九曲弯。"

弯弓 亦作"贯弓"、"关弓"。拉满弓准备放箭。贾谊《过秦论上》:"士不敢弯弓而报怨。"

弯曲 ❶不直,弯成曲线。❷构件通常在横向力作用下,其轴线弯成曲线的变形。通过构件的轴线有一保持原有尺寸的中性面,在中性面的一侧伸长,而在另一侧缩短。如桥式起重机横梁起吊时所产生的变形。

弯曲示意图
1. 力 2. 支座
3. 中性面 4. 压缩
5. 拉伸

剜(wān) 用刀挖。《抱朴子·博喻》:"犹断根以续枝,割背以裨腹,刻目以广明,剜耳以开聪也。"古字作"捾"。参见"捾"。

帵(wān) 帵子,裁余。见《广韵·二十六桓》。按谓剪裁的剩余。

蛮(wān) 同"蜿"。

湾〔灣〕(wān) ❶水流弯曲的地方。沈佺期《入鬼门关》诗:"马危千仞谷,舟险万重湾。"❷海岸向陆地凹入处。如:杭州湾。❸船停泊。如:把船湾在那边。

腕(wān) 见"腕腕"。

腕腕 眼睛凹陷貌。《晋书·石季龙载记上》:"卿目腕腕。"

蜿(wān,又读 wǎn) 曲折而行;蜿蜓。《楚辞·大招》:"虎豹蜿只。"刘基《题画石鼎联句图》诗:"如鹤如鸾如龙蜿。"参见"蜿蜒"。

蜿蟮 ❶蚯蚓的别名。崔豹《古今

注·鱼虫》:"蚯蚓,一名蜿蟮,一名曲蟮。"❷屈曲盘旋。王延寿《鲁灵光殿赋》:"虬龙腾骧以蜿蟮。"亦作"蜿灗"。《史记·司马相如列传》:"蜿灗胶戾。"司马贞索隐引司马彪云:"蜿灗,展转也。胶戾,邪屈也。"

蜿蜒 ❶蛇类曲折爬行貌。皇甫松《大隐赋》:"刚龙之蟠长云兮,夭矫蜿蜒。"《聊斋志异·蛇人》:"蜿蜒笥外。"❷曲折延伸貌。徐彦伯《南郊赋》:"瑞气蜿蜒于数旬。"元好问《游龙山》诗:"蜿蜒入微行,渐觉藤萝胃衣树打头。"

豌(wān) 豆名。见"豌豆"。

豌豆(*Pisum sativum*) 亦称"小寒豆"、"淮豆"、"麦豆",古称"毕豆"。豆科。一二年生草本。全株光滑无毛,被白色蜡粉。茎蔓生或矮生。羽状复叶,顶端有卷须,基部有大型托叶。总状花序,花白色(白花豌豆)或紫色(紫花豌豆)。荚果,荚有硬荚和软荚两类。种子圆形,光滑或皱缩,有黄、白、黄绿、灰褐等色。

圌(wān) 见"圌灣"。

圌灣 水势回旋貌。郭璞《江赋》:"渨㵽圌灣。"

灣(wān) ❶水深广貌。见《集韵·二十七删》。❷见"𣸕灣"。

霏〔霺〕(wān) 人名。《三国志·吴书·孙休传》:"立子霏为太子。"裴松之注引《吴录》载休诏曰:"太子名霏,霏音如湖水湾澳之湾。"

跨〔蹐〕(wān) 见"跨跧"。

跨跧 弯曲着身体。无名氏《杀狗劝夫》第二折:"兀的般满身风雪跨跧卧,可不道一部笙歌出入随。"

wán

丸(wán) ❶小圆球形的物体。如:弹丸。亦用为丸药的计量单位。如:每次服三丸。古时墨由丸擀而成,故亦以丸计墨。《新唐书·艺文志一》:"季给上谷墨三百三十六丸。"❷指鸟卵。《吕氏春秋·本味》:"流沙之西,丹山之南,有凤之丸。"❸揉物使成丸形。沈继孙《墨法集要·锤炼》:"熟剂与面剂相似,方可丸擀。"

丸兰 盛大貌。《太玄·密》:"万物丸兰,咸密无间。"

丸泥封关 《后汉书·隗嚣传》:"今天水完富,士马最强……元请以一丸泥为大王东封函谷关。"元,王元,隗嚣部将。谓函谷关险要,少数兵力即可扼守。后用为据险御敌之典。

丸丸 条直自如貌。《诗·商颂·殷武》:"陟彼景山,松柏丸丸。"毛传:"丸丸,易直也。"按《白帖》引作"桓桓"。

刓(wán) ❶削。《楚辞·九章·怀沙》:"刓方以为圜兮,常度未替。"❷挖刻。《红楼梦》第四十一回:"不如把我们那里的黄杨根子整刓的十个大套杯拿来。"❸摩挲致损。《汉书·韩信传》:"当封爵,刻印刓,忍不能予。"颜师古注引苏林曰:"刓与抟同,手弄角讹不忍授也。"

刓敝 亦作"刓弊"。❶雕敝;损伤。《新唐书·陆希声传》:"希声见州县刓敝,上言当谨视盗贼。"又《窦建德传》:"今水潦为灾,民力刓弊。"❷磨损。《史记·淮阴侯列传》:"人有功当封爵者,印刓弊,忍不能予。"

刓团 无棱角貌;圆滑。《后汉书·孔融传论》:"岂有员园委屈,可以每其生哉!"李贤注:"园即刓字。《前书音义》曰:'刓,谓刓团无棱角也。'"每,贪。参见"輐断"。

芄(wán) 芄兰,即"萝藦"。

汍(wán) 见"汍澜"。

汍澜 亦作"雚兰"。流泪貌。《后汉书·冯衍传下》:"泪汍澜而雨集兮,气滂浡而云披。"

纨〔紈〕(wán) ❶洁白光亮的丝织品。《汉书·地理志下》:"故其(指齐地)俗弥侈,织作冰纨绮绣纯丽之物,号为冠带衣履天下。"❷见"纨牛"。

纨袴 古代富家子弟所穿洁白光亮的绸裤,引申以称富家子弟。杜甫《奉赠韦左丞丈二十二韵》:"纨袴不饿死,儒冠多误身。"亦作"纨绔"。《汉书·叙传上》:"出与王、许子弟为群,在于绮襦纨绔之间,非其好也。"

纨牛 小牛。《文选·王融〈三月三日曲水诗序〉》:"纨牛露犬之玩,乘黄兹白之驷。"李善注:"《周书》曰:'卜卢国献纨牛。'纨牛,小牛也。"

纨扇 洁白光亮的丝织品制成的团扇。江淹《杂体·班婕妤咏扇》

诗:"纨扇如圆月,出自机中素。"

纨素　细白的丝织品。班婕妤《怨歌行》:"新裂齐纨素,鲜洁如霜雪。"亦泛指丝织品。陆贽《中书奏议·均节赋税恤百姓第一条》:"绮丽之饰,纨素之饶,非从地生,非自天降。"

抏（wán）❶消耗。《史记·平准书》:"百姓抏弊以巧法。"司马贞索隐:"抏者,耗也;消耗之名。"❷摧挫。《汉书·司马相如传上》:"罢车马之用,抏士卒之精。"❸通"玩"。《荀子·王霸》:"齐桓公闺门之内,县(悬)乐奢泰游抏之修。"

园（wán）　通"刓"。圭角磨灭。《庄子·齐物论》:"五者园而几向方矣。"

另见 yuán。

岏（wán）　见"嵼岏"。

忨（wán,又读 wàn）　偷安。《国语·晋语八》:"今忨日而漱岁,怠偷甚矣。"韦昭注:"忨,偷也。"

完（wán）❶完全;完好。如:完人。《世说新语·言语》:"岂见覆巢之下复有完卵乎?"❷保全。《史记·范睢蔡泽列传》:"子胥智而不能完吴。"❸修筑。《诗·大雅·韩奕》:"溥彼韩城,燕师所完。"❹坚固。《孟子·离娄上》:"城郭不完。"❺古时一种较轻的刑罚。《汉书·刑法志》:"完者使守积。"颜师古注:"完,谓不亏其体,但居作也。"❻缴纳。如:完粮纳税。❼完成;终尽。如:完工;完结。引申为净尽无余。

完璧归赵　战国赵惠文王得楚和氏璧。秦昭王遗书赵王,愿以十五城易璧。时秦强赵弱,赵王恐与璧而不得城,蔺相如愿奉璧前往,说:"城入赵而璧留秦,城不入,臣请完璧归赵。"蔺相如至秦献璧,见秦王无意偿城,就设法取回原璧,送回赵国。见《史记·廉颇蔺相如列传》。后用"完璧归赵"比喻物归原主。汪廷讷《种玉记·促晤》:"便得个完璧归赵也,怕花貌老风霜。"简为"归赵"、"璧赵"、"奉璧"或"奉赵"。

完聚❶修筑与集聚。《左传·隐公元年》:"大叔完聚,缮甲兵,具卒乘,将袭郑。"❷家人离散后重又团聚。《元史·世祖纪三》:"其私越禁界掠获者四十五人,许令亲属完聚。"

玩〔翫〕（wán）❶戏弄;玩耍。《国语·吴语》:"将玩吴国于股掌之上。"《红楼梦》第三十九回:"贾母又命拿些钱给他,叫小幺儿们带他外头玩去。"❷欣赏。如:玩赏。陆机《叹逝赋》:"玩春翘而有思。"❸玩赏的东西。如:古玩;珍玩。《国语·楚语下》:"若夫白珩,先王之玩也。"❹研习;玩味。《易·系辞上》:"是故君子居则观其象而玩其辞,动则观其变而玩其占。"❺忽视;轻慢。《左传·僖公五年》:"寇不可玩。"

玩弄❶玩味;钻研。《论衡·案书》:"刘子政玩弄《左氏》。"《左氏》,指《春秋左传》。❷玩耍。孟郊《立德新居》诗:"畏彼梨栗儿,空资玩弄骄。"❸不正当地使用;不严肃地对待。如:玩弄手段。

玩世　放逸不羁,以不严肃的态度对待生活。如:玩世不恭。《汉书·东方朔传赞》:"依隐玩世,诡时不逢。"颜师古注引如淳曰:"依违朝隐,乐玩其身于一世也。"

玩味　探索体味。《朱子全书·学一》:"诵《孟子》三二十遍,熟,复玩味讫。"

玩物❶沉迷于玩好的事物。参见"玩物丧志"。❷观赏景物。陆云《高冈》诗:"幽居玩物,顾景(影)自颐。"❸供人玩赏的人或事物。《晏子春秋·外篇》:"君之玩物,衣以文绣。"

玩物丧志　谓沉迷于玩好的事物,使人丧失进取的志向。《书·旅獒》:"玩人丧德,玩物丧志。"也用于一切被认为为无益而有害的事情。《宋史·李侗传》:"若直求之文字以资诵说,其不为玩物丧志者,几希。"

玩习　玩味研习。《三国志·吴志·士燮传》:"官事小阕,辄玩习书传。"

玩艺　指曲艺杂技等;也指表演技能。

玩意　玩具、小摆设或有情趣的事物。也指曲艺、杂技等。也用作对事物表示轻视之词。如:小玩意;耍玩意儿。鲁迅《彷徨·高老夫子》:"你不要闹这些无聊的玩意儿了。"

顽〔頑〕（wán）❶愚蠢。《新五代史·冯道传》:"无才无德,痴顽老子。"参见"顽钝❶"。❷顽强;顽固。如:顽健;顽敌。苏轼《游金山寺》诗:"江山如此不归山,江神见怪惊我顽。"❸贪婪。见"顽廉懦立"。❹顽皮。如:顽童。❺通"玩"。《红楼梦》第二十二回:"不过

是一时的顽话儿罢了。"

顽钝❶愚笨。《后汉书·窦融传》:"臣融年五十三,有子年十五,质性顽钝。"❷不锋利。《说苑·杂言》:"砥砺之旁多顽钝。"❸指没有节操。《史记·陈丞相世家》:"然大王能饶人以爵邑,士之顽钝嗜利无耻者亦多归汉。"亦作"顽顿"。《汉书·贾谊传》:"顽顿亡耻。"颜师古注:"顿读曰钝。"

顽健　谦称自己身体强健。多用于书信中。孙光宪《北梦琐言》卷八:"〔李德裕〕尝遗段少常成式书曰:'自到崖州,幸且顽健。'"

顽廉懦立　《孟子·万章下》:"故闻伯夷之风者,顽夫廉,懦夫有立志。"谓感化力量之大,使贪得无厌的人变得廉洁,使懦弱的人能够自立。朱熹《与王龟龄书》:"诚不自意,充顽廉懦立之效,乃于吾身见之。"

顽石点头　佛家传说,道生法师入虎丘山,聚石为徒,讲《涅槃经》,群石皆为点头。见晋无名氏《莲社高贤传》。后用来形容道理讲得透彻,使人不得不心服。《续传灯录·圆玑禅师》:"直饶说得天花乱坠,顽石点头。"

捖（wán,又读 guā）　同"刮"。《考工记·总序》:"刮摩之工五"郑玄注:"故书刮作捖。"

蚖（wán）　亦称"虺",即"蝮蛇"。

另见 yuán。

贎（wán）　同"玩"。

烷（wán）　化学中通常用以表示化合价已完之意。有时也指一类有机化合物,其中只含碳－碳单键结构而具有饱和性。

wǎn

夗（wǎn）　通"宛"。《方言》第五:"簙,或谓之夗专。"钱绎笺疏:"夗专之言宛转也。"

另见 yuàn。

朊（wǎn）　同"脘"。胃府。见《集韵·二十四缓》。

另见 ruǎn。

宛（wǎn）❶屈曲。《汉书·扬雄传下》:"是以欲谈者宛舌而固声。"引申为凹入。《诗·陈风·宛丘》:"宛丘之上兮。"毛传:"四方高中央下曰宛丘。"❷小貌。《诗·小雅·小宛》:"宛彼鸣鸠。"❸宛然;好像。《诗·秦风·蒹葭》:

"溯游从之,宛在水中央。"❹姓。春秋时楚有宛春。

另见 yù,yuān。

宛曼 犹"汗漫"。渺茫广远。《韩非子·外储说左上》:"请许学者而行宛曼于先王,或者不宜今乎?"

宛若 仿佛,就像。如:宛若天仙。

宛潬 水流回旋曲折。

宛延 同"蜿蜒❷"。曲折延伸貌。扬雄《甘泉赋》:"扬翠气之宛延。"

宛转 ❶亦作"婉转"。婉曲随顺;委宛曲折。《晋书·皇甫谧传》:"宛转万情之形表,排托虚寂以寄身。"鲁迅《呐喊·社戏》:"那声音大概是横笛,宛转悠扬。"❷犹展转。《楚辞·哀时命》:"愁修夜而宛转兮"王逸注:"言己心忧,宛转而不能卧。"❸缠弓的绳。《尔雅·释器》"有缘者谓之弓"郭璞注:"缘者,缴缠之,即今宛转也。"郝懿行义疏:"宛转,绳也。"

莞(wǎn) 见"莞尔"。

另见 guān,guǎn。

莞尔 微笑貌。《论语·阳货》:"夫子莞尔而笑曰:'割鸡焉用牛刀!'"

挽 ㊀(wǎn) ❶牵引;拉。如:一推一挽;挽牛车。杜甫《前出塞》诗:"挽弓当挽强。"❷通"绾"。卷起。如:挽个髻儿;挽起袖子。

㊁〔輓〕(wǎn) ❶车运。泛指运输。《汉书·韩安国传》:"转粟挽输。"❷对死者表示悼念。如:哀挽;挽联。❸通"晚"。见"挽近世"。

挽词 文体名。哀挽死者的词章,包括诗、文、歌、词等形式。古代多用韵文。

挽歌 送葬时挽枢者所唱的哀歌,后泛指哀悼死者的歌。《晋书·礼志中》:"汉魏故事:大丧及大臣之丧,执绋者挽歌。新礼以为挽歌出于汉武帝役人之劳,歌声切哀,遂以为送终之礼。"崔豹《古今注·音乐》:"《薤露》、《蒿里》,并丧歌也,出田横门人。横自杀,门人伤之,为作悲歌……至孝武时,李延年乃分二章为二曲:《薤露》,送王公贵人;《蒿里》,送士大夫庶人。使挽枢者歌之,世亦呼为挽歌。"又引申为哀叹旧事物灭亡的文辞。

挽近世 亦作"挽近"。离现在最近的时代。《史记·货殖列传》:"老子曰:'至治之极,邻国相望,鸡狗之声相闻,民各甘其食……至老死不相往来。'必用此为务,挽近世涂民耳

目,则几无行矣。"涂,堵塞。

挽联 文体名。哀挽死者的对联,由"挽词"演变而来。

娩(wǎn) ❶柔顺。见"娩娩"。❷媚。见"娩泽"。

另见 miǎn。

娩泽 面色润泽。《荀子·礼论》:"故说(悦)豫娩泽,忧戚萃恶,是吉凶忧愉之情发于颜色者也。"杨倞注:"娩,媚也,音晚;泽,颜色润泽也。"

菀(wǎn) 茂盛貌。《诗·大雅·桑柔》:"菀彼桑柔。"

另见 yùn。

晚(wǎn) ❶日落时。如:从早到晚;傍晚。❷夜间。如:今晚;昨晚。❸时间上将近终了。如:岁晚;春晚;晚明。亦指晚年。杜甫《观公孙大娘弟子舞剑器行》:"绛唇珠袖两寂寞,晚有弟子传芬芳。"❹迟。如:来晚了。《国策·楚策四》:"见菟(兔)而顾犬,未为晚也。"❺后来的;继任的。如:晚娘。❻后辈对长辈、下属对上司的自谦之称。即"晚辈"、"晚生"的简称。

晚辈 后生;后辈。刘克庄《内翰洪公舜俞哀诗》:"内庭唤作真学士,晚辈推为老舍人。"

晚稻 稻的一种类型。全生育期150～180天或更长。对短日照很敏感,只有在严格的短日照条件下才能显示其感温性而正常抽穗成熟。

晚节 ❶晚年。《汉书·鲁恭王刘馀传》:"〔子安王光〕初好音乐舆马,晚节遴,唯恐不足于财。"颜师古注:"晚节,犹言末时也。遴,通'吝',贪财。"❷末世;后期。《新唐书·选举志上》:"进士科,当唐之晚节,尤为浮薄。"❸晚年的节操。杨万里《清虚子此君轩赋》:"愿坚晚节于岁寒。"

晚景 ❶日暮的景色。沈括《梦溪笔谈》卷十七:"源(董源)画《落照图》,近视无功,远观村落杳然深远,悉是晚景。"❷老年的景况。高则诚《琵琶记·几言谏父》:"晚景之计如何?"

晚年 老年。如:幸福的晚年。《南史·夏侯亶传》:"晚年颇好音乐。"

晚生 ❶晋人称己之子为晚生。《晋书·琅邪悼王焕传》:"今晚生蒙弱。"这是元帝于令中自称其子焕。又《东海哀王冲传》:"成帝临崩,诏曰:'哀王无嗣,国统将绝,朕所471,其以小晚生奕,继哀王为东海王。'"

按奕,成帝子,哀王从孙。❷旧时文人对前辈的自谦之称。邵伯温《邵氏闻见录》卷八记贾黯谒范仲淹,曰:"某晚生,偶得科第,愿受教。"❸旧时官场下属对上司的自谦之称。清代翰林院编修、检讨等投刺于中堂、尚书,自称"晚生"。后于侍郎、总督、巡抚处亦称"晚生"。见阮葵生《茶馀客话》卷二。

晚世 ❶末世;后期。《淮南子·本经训》:"晚世学者,不知道之所一体。"❷近世。《后汉书·冯衍传下》:"逮至晚世……李广奋节于匈奴,见排于卫青。"

晚岁 ❶晚年。辛弃疾《鹧鸪天·读渊明诗不能去手》词:"晚岁躬耕不怨贫,只鸡斗酒聚比邻。"❷庄稼迟熟或歉收。曹植《赠徐幹》诗:"良田无晚岁,膏泽多丰年。"

晚衙 旧时官府早晚两次坐衙治事,傍晚的一次叫"晚衙"。白居易《北亭招客》诗:"能来尽日宫棋否?太守知慵放晚衙。"参见"早衙"。

脘(wǎn) 胃腔。《素问·五常政大论》:"胃脘痛。"

浣(wǎn) 见"浣演"。

另见 wò。

浣演 水流回曲貌。郭璞《江赋》:"洪澜浣演而云回。"

惋(wǎn) 怅恨;叹惜。《韩非子·亡征》:"外内悲惋,而数行不法者,可亡也。"

惋惜 可惜;怜惜。表示遗憾或同情。《世说新语·汰侈》:"〔武帝〕尝以一册瑚树高二尺许赐恺(王恺)……恺以示崇(石崇)。崇视讫,以铁如意击之,应手而碎。恺既惋惜,又以为疾己之宝,声色甚厉。"

婉(wǎn) ❶和顺;宛转。如:婉谢;婉辞。《左传·成公十四年》:"婉而成章,尽而不污。"❷顺从。《左传·昭公二十六年》:"姑慈而从,妇听而婉。"❸美好。《诗·齐风·猗嗟》:"猗嗟娈兮,清扬婉兮。"朱熹注:"婉,亦好貌。"参见"婉娈"、"婉丽"。❹亲爱。《文选·阮瑀〈为曹公作书与孙权〉》:"婉彼二人,不忍加罪。"李善注:"婉,犹亲爱也。二人,刘备、刘昭也。"❺简约。《左传·襄公二十九年》:"大而婉,险(俭)而易行。"

婉丽 柔美。《晋书·段丰妻慕容氏传》:"姿容婉丽,服饰光华。"《宋史·朱敦儒传》:"敦儒素工诗及乐府,婉丽清畅。"

婉娈 ❶年少美好貌。《诗·齐风

·甫田》："婉兮娈兮,总角丱兮。"《晋书·左贵嫔传》："昔伯瑜之婉娈兮,每彩衣以娱亲。"❷犹言亲爱。李白《寄远十一首》："恩情婉娈忽为别,使人莫错乱愁心。"❸眷恋。陆机《吊魏武帝文》："婉娈房闼之内,绸缪家人之务。"

婉惬　婉转和谐,令人快意。钟嵘《诗品中》："文体省净,殆无长语。笃意真古,辞兴婉惬。"

婉容　❶和顺的仪容。《礼记·祭义》："孝子之有深爱者,必有和气,有和气者,必有愉色,有愉色者,必有婉容。"❷宋代女官名。从一品,位在昭仪之上。

婉娩　❶柔顺。《礼记·内则》："姆教婉娩听从。"张华《永怀赋》："怀婉娩之柔情。"❷天气温和。欧阳修《渔家傲》词:"三月清明春婉娩,晴川祓禊归来晚。"❸迟暮。欧阳修《摸鱼儿》词:"可惜年华婉娩。"

婉婉　❶蜿蜒;卷曲。《离骚》:"驾八龙之婉婉兮。"庾信《游山》诗:"婉婉藤倒垂。"❷柔美;和顺。谢瞻《张子房诗》:"婉婉幕中画。"于谦《忆瑀英》诗:"婉婉性情端可爱。"❸委婉。《儒林外史》第三十五回:"侍郎不好唐突,把这话婉婉向庄征君说了。"

婉嫕　柔顺貌。《晋书·武悼杨皇后传》:"婉嫕有妇德。"亦作"婉㜻"。《汉书·孝平王皇后传》:"为人婉㜻有节操。"

婉约　❶和顺宛转。《国语·吴语》:"故婉约其辞,以从逸王志。"❷柔美。张彦远《法书要录·梁庾元威论书》:"一笔草书,一行一断,婉约流利。"

婉转　❶委婉缠绵。《红楼梦》第二十三回:"只听墙内笛韵悠扬,歌声婉转。"❷斡旋;调解。《聊斋志异·仇大娘》:"亲王为之婉转,遂得昭雪。"❸修辞学上辞格之一。不直说本意而用委曲含蓄的话来烘托暗示。如鲁迅悼念1931年被国民党杀害的"左联"五烈士说:"夜正长,路也正长,我不如忘却,不说的好罢。但我知道,即使不是我,将来总会有记起他们,再说他们的时候的。"(《为了忘却的记念》)就是用婉转的措辞表示烈士的鲜血决不会白流,革命必定会胜利的含意。

缩〔縮〕(wǎn)　❶系;盘结。《汉书·周勃传》:"绛侯缩皇帝玺。"罗虬《比红儿》诗:"青丝高缩石榴裙。"❷控扼;钩联。见"缩毂"。

缩毂　毂,车辐所聚之处。比喻处于中枢地位,对各方面起联络、扼制的作用。《史记·货殖列传》:"巴蜀亦沃野……然四塞,栈道千里,无所不通,唯襃斜缩毂其口。"襃斜,谷名。

骢〔騠〕(wǎn)　良马。汉代以大宛马为良马。骢即宛马。乔吉《金钱记》第二折:"醉醺醺下骏骢。"

琬(wǎn)　见"琬圭"。

琬圭　圭之上端浑圆而无棱角者。《考工记·玉人》:"琬圭九寸。"郑玄注:"琬,犹圜也,王使之瑞节也。诸侯有德,王命赐之,使者执琬圭以致命焉。"

琬琰　❶琬圭和琰圭。《金楼子·立言下》:"殷亡,焚众器皆尽,唯琬琰不焚。"❷美玉。《楚辞·远游》:"怀琬琰之华英。"❸比喻品德或文词之美。《南史·刘遵传》:"文史该富,琬琰为心。"❹玉液。《拾遗记·周穆王》:"荐清澄琬琰之膏以为酒。"

睕(wǎn)　日将落。见"睕晼"。

睕晼　太阳将下山的光景,喻年老。《楚辞·哀时命》:"白日睕晼其将入兮,哀余寿之弗将。"陆机《叹逝赋》:"老睕晼其将及。"刘良注:"睕晼,日暮也,比人年老也。"

皖(wǎn)　❶古地名。汉置皖县,治今安徽潜山县。❷安徽省的简称,因境内有皖山,故名。

碗〔盌、椀、瓮〕(wǎn)　一种敞口而深的食器。如:饭碗;茶碗。也用作食物或饮料的计量单位。卢仝《走笔谢孟谏议寄新茶》诗:"一碗喉吻润,两碗破孤闷。"

畹(wǎn,又读 yuàn)　古代地积单位。或指三十亩,或指三十步。《离骚》:"余既滋兰之九畹兮。"王逸注:"十二亩曰畹。"亦用以泛指园圃或居地。无可《兰》诗:"畹静风吹乱,亭秋雨引长。"

锾〔鍰〕(wǎn)　马头饰物。《文选·张衡〈东京赋〉》:"金锾镂锡。"薛综注引蔡邕曰:"金锾者,马冠也。高广各五寸,上如玉华形,在马髦前。"

靴(wǎn)　短的重底粗鞋。《方言》第四:"扉、屦,粗履也。自关而东复(複)履,其庳者谓之靴下。"戴震疏证引《周礼·屦人》疏云:"下谓底。复(複),重底。"

踠(wǎn)　屈;曲。《后汉书·班固传》:"马踠馀足。"

wàn

万〔萬〕(wàn)　❶数目。千的十倍。《书·洛诰》:"公其以予万亿年敬天之休。"孔传:"十千为万。"❷极言其多。如:万事万物;万水千山。《书·尧典》:"协和万邦。"❸极言其甚。如:万不得已;万难从命。韩愈《柳子厚墓志铭》:"且万无母子俱往理。"❹舞名。《春秋·宣公八年》:"万入去籥。"❺姓。

另见 mò。

万方　❶万邦;各方诸侯。《书·汤诰》:"诞告万方。"引申指全国各地;各地区。杜甫《登楼》诗:"花近高楼伤客心,万方多难此登临。"❷多种方法。《史记·周本纪》:"襃姒不好笑,幽王欲其笑万方,故不笑。"❸指姿态多种多样。如:仪态万方。

万福　❶多福。《诗·小雅·蓼萧》:"和鸾雍雍,万福攸同。"❷唐宋时妇女相见行礼,多口称"万福";后亦以称妇女所行的敬礼。《儒林外史》第四十一回:"沈琼枝看见两人气概不同,连忙接着,拜了万福。"

万毫齐力　书法术语。指笔毫一齐着力,使写出的点画力量弥满,圆健得势。南朝梁王僧虔《笔意赞》:"剡纸易墨,心圆管直,浆深色浓,万毫齐力。"

万户　官名。金初设置,为世袭军职,统领千户(即猛安)、谋克,隶属于都统。元代相沿,其军制设万户为"万夫之长",总领于中央的枢密院。驻于各路者,则分属于行省。设万户府以统领千户所;统兵七千以上称上万户府;五千以上称中万户府;三千以上称下万户府。诸路万户府各设达鲁花赤一员,万户一员。

万户侯　汉代制度,列侯食邑,大者万户,小者五六百户。"万户侯"即食邑万户的侯。《史记·李将军列传》:"惜乎,子不遇时!如令子当高帝时,万户侯岂足道哉!"

万幾　亦作"万机"。朝廷、国家日常纷繁的政务。《书·皋陶谟》:"兢兢业业,一日二日万幾。"孔传:"幾,微也。言当戒惧万事之微。"《汉书·百官公卿表上》:"相国、丞相皆秦官,金印紫绶,掌丞天子,助理万机。"

万劫　佛教用以指时间极长。其义与"万世"近似。"劫"的梵语为

Kalpa,意译为"远大时节",故名。梁简文帝《唱导文》:"故一善染心,万劫不朽;百灯旷照,千里通明。"

万籁俱寂 万籁,指自然界万物发出的各种声响。形容环境十分宁静。常建《题破山寺后禅院》诗:"万籁此俱寂,但馀钟磬音。"《聊斋志异·山魈》:"辗转移时,万籁俱寂。"

万类 万物,常指自然界有生命的东西。张华《答何劭》诗:"洪钧陶万类,大块禀群生。"

万里长城 ❶即"长城"。❷比喻国家所依赖的大将。《南史·檀道济传》:"道济见收,愤怒气盛,目光如炬,俄尔间引饮一斛,乃脱帻投地曰:'乃坏汝万里长城!'"

万里侯 谓由立功异域而封侯。《后汉书·班超传》:"生燕颔虎颈,飞而食肉,此万里侯相也。"

万马齐喑 亦作"万马皆喑"。喑,哑。苏轼《三马图赞》:"振鬣长鸣,万马皆喑。"谓骏马振动鬣毛嘶叫时,其他的马都寂然无声。后用以比喻一种沉闷的局面。龚自珍《己亥杂诗》:"九州生气恃风雷,万马齐喑究可哀!"

万全 绝对安全;万无一失。《韩非子·饰邪》:"而道法万全,智能多失。夫悬衡而知平,设规而知圆,万全之道也。"

万人敌 可敌万人之术。谓将略。《史记·项羽本纪》:"剑,一人敌,不足学;学万人敌。"亦指勇力可敌万人。《三国志·蜀志·关羽等传评》:"关羽、张飞,皆称万人之敌,为世虎臣。"

万人空巷 很多人聚集在一起,致使街巷都空了。形容哄动一时的盛况。苏轼《八月十七复登望海楼》诗:"赖有明朝看潮在,万人空巷斗新妆。"

万乘 ❶乘,一车四马。万乘,指万辆车。谢灵运《撰征赋》:"灵榇千艘,雷辐万乘。"❷周制,王畿方千里,能出兵车万乘,后因以指帝位。傅玄《汉高祖赞》:"讨秦灭项,如日之升,超从侧陋,光据万乘。"又战国时大国也称"万乘"。《孟子·公孙丑上》:"视刺万乘之君,若刺褐夫。"

万石 ❶汉代称三公。《汉书·百官公卿表》颜师古注:"汉制,三公号万石,其俸月各三百五十斛谷。"❷汉代凡一门有五人以上二千石官者谓万石。如石奋及四子皆官至二千石,景帝号为万石君。见《史记·万石张叔列传》。严延年兄弟五人皆有

吏材,官至二千石,时称其母为万石严姬。见《汉书·酷吏传》。后代相沿有一门五官,品秩与万石相当的,亦可称之。如宋廖刚及四子时称"万石廖氏"。见《宋史·廖刚传》。

万水千山 亦作"千山万水"。形容路途遥远艰险。贾岛《送耿处士》诗:"万水千山路,孤舟几月程。"

万死一生 极言处境危险。《汉书·司马迁传》:"夫人臣出万死不顾一生之计,赴公家之难,斯已奇矣。"黄庭坚《代宜州党皇城遗表》:"至于万死一生,不敢瞻前顾后。"

万岁 ❶本为臣下对君主的祝贺之辞。《事物纪原》卷一:"战国时,秦王见蔺相如奉璧,田单伪约降燕,冯谖焚孟尝君债券,左右及民皆呼万岁。盖七国时,众people喜庆于君者,皆呼万岁。秦汉以来,臣下对见于君,拜恩庆贺,率以为常。"今也用为祝颂词。如:中华人民共和国万岁!❷臣下对皇帝的一种称呼,常见于旧小说、戏曲中。

万万 ❶谓为数极巨。《汉书·沟洫志》:"今濒河十郡治堤,岁费且万万。"❷绝对。韩愈《与孟尚书书》:"假如释氏能与人为祸祟,非守道君子之所惧也,况万万无此理也。"❸谓远胜。《汉书·晁错传》:"今陛下人民之众,威武之重,德惠之厚,令行禁止之势,万万于五伯。"

万象 宇宙间的一切事物或现象。如:万象更新;包罗万象。苏轼《海市》诗:"荡摇浮世生万象,岂有贝阙藏珠宫。"

万象森罗 森,众多。罗,罗列。指宇宙间各种事物现象。陶弘景《茅山长沙馆碑》:"夫万象森罗,不离两仪所育。"亦作"森罗万象"。《景德传灯录》卷二十"池州稽山章禅师":"投子吃茶次,谓师曰:'森罗万象,总在遮一碗茶里。'师便覆却茶云:'森罗万象在什么处?'"

万言书 ❶封建官吏呈送给帝王的长篇奏章。言,字。赵升《朝野类要》卷四:"万言书,上进天子之书也。"❷指长篇的书面意见。鲁迅《华盖集·忽然想到》:"现状就是铁证,比保古家的万言书有力得多。"

万一 ❶万分之一,极小的一部分。《三国志·吴志·周鲂传》:"上以光赞洪化,下以输展万一。"❷或然之辞,犹言"倘或"。史达祖《东风第一枝·春雪》词:"恐凤靴挑菜归来,万一灞桥相见。"

万有 宇宙间所有事物,犹言万

物。颜延之《归鸿》诗:"万有皆同春,鸿雁独辞归。"

万钟 钟,古量名。万钟,指大量的粮食。《管子·国蓄》:"使万室之都必有万钟之藏。"也指优厚的俸禄。如:万钟之禄。《孟子·告子上》:"万钟则不辨礼义而受之。"

万紫千红 亦作"万红千紫"。形容百花竞艳的春景。朱熹《春日》诗:"等闲识得东风面,万紫千红总是春。"《英烈传》第二回:"春初花放,万红千紫斗芳菲。"现常用以比喻事物的丰富多采或繁荣兴旺的景象。

卍(wàn) 古代的一种符咒、护符或宗教标志。通常被认为是太阳或火的象征。古时在印度、波斯、希腊等国家中都有出现,婆罗门教、佛教、耆那教等均加以使用。梵语作 Śrīvatsa (室利靺蹉),意为"吉祥海云"。鸠摩罗什、玄奘译为"德"字,北魏菩提流支在《十地经论》中译为"万"字,武则天长寿二年(公元693年),制定此字读为"万"。意为"吉祥万德之所集"。大乘佛教认为它是释迦牟尼胸部所现的瑞相,小乘佛教认为此相不限于胸部。在佛经和佛寺中,卍字(右旋)亦传写作卐(左旋)。唐慧琳《一切经音义》(卷二十一)等认为应以右旋(卍)为准。

捥(wàn) 同"腕"。《史记·封禅书》:"而海上燕齐之间,莫不扼捥而自言有禁方,能神仙矣。"参见"扼腕"。

轮〔輐〕(wàn) 圆。见"轮断"。

轮断 亦作"䡑断"、"刓团"。圆而无棱角貌。《庄子·天下》:"椎拍轮断,与物宛转。"王先谦集解:"《释文》:'轮,圆也。'……椎拍之义,言强不合者使合也。轮断,谓虽断而甚圆,不见决裂之迹,皆与物宛转之意也。"

䏃(wàn) 光泽。《楚辞·远游》:"玉色頩以䏃颜兮。"洪兴祖补注:"䏃,泽也,音万,艳美也。"

腕(wàn) 亦作"捥"。❶人和四足动物的掌和前臂之间的部分。人腕内部有腕骨八块,分列两排,其近侧排中的三块与桡骨下端构成桡腕关节,或称腕关节,能作伸、屈、外展、内收和环转运动。在腕的掌面和背面均可摸到多作用于腕和指的肌腱,掌面还有神经和血管通过。桡动脉在拇指侧,位置较浅,临床上被选作切脉之用。❷低等动物

口附近捕食或运动用的伸长物。如水母有口腕四条,乌贼有腕十条。棘皮动物有五出辐射形的腕。

揱（wàn）　同"腕"。《仪礼·士丧礼》:"设决,丽于揱。"郑玄注:"丽,施也。揱,手后节中也……决以韦为之。"又:"古文丽亦为连,揱作捥。"《汉书·郊祀志上》:"海上燕齐之间,莫不扼揱。"

蔓（wàn）　"蔓（màn）❶"的语音。如:瓜蔓。
另见 mán,màn。

赒〔赒〕（wàn）　❶支付财货。见《广韵·三十谏》。❷赚。如:赒钱。

蔰（wàn）　植物名。即初生的荻。《尔雅·释草》:"葭,蔰。"郭璞注:"似苇而小,实中。"

wāng

尢（wāng）　"尩"的本字。《说文·尢部》"尢"段玉裁注:"尢本曲胫之称,引申之为曲脊之称,故人部偻下曰尩也。"
另见 yóu。

匡（wāng）　通"尩"。指残疾人。《荀子·正论》:"譬之,是犹伛巫、跛匡,大自以为有知也。"杨倞注:"匡读为尩,废疾之人。"
另见 kuāng。

尩（wāng）　❶瘠病之人。《左传·僖公二十一年》:"夏大旱,公欲焚巫尩。"杜预注:"瘠病之人,其面上向,俗谓天哀其病,恐雨入其鼻,故为之旱。"《吕氏春秋·尽数》:"苦水所多尩与伛人。"高诱注:"尩,突胸仰向疾也。"又《明理》:"盲秃伛尩。"高诱注:"尩,短仰者也。"玄应《一切经音义》卷四:"尩,弱也。"《通俗文》:'短小曰尩'也。"❷行不正貌。《太玄·傒》:"傒尩尩。"

尩羸　瘦弱,瘠病。苏轼《上皇帝书》:"世有尩羸而寿考,亦有壮盛而暴亡。"《西游记》第七十八回:"只见那国王相貌尩羸,精神倦怠。"

汪（wāng）　❶深广貌。《淮南子·俶真训》:"汪然平静,寂然清澄。"❷水停积处。《左传·桓公十五年》:"尸诸周氏之汪。"杜预注:"汪,池也。"慧琳《一切经音义》卷三十一"汪池"注引服虔《通俗文》:"淳水曰汪。"❸液体积聚。柳宗元《捕蛇者说》:"蒋氏大戚,汪然出涕。"《红楼梦》第三十一回:"连席子上都汪着水。"❹姓。

汪汪　❶水宽广貌。《水经注·淯水》:"陂汪汪,下田良。"亦比喻气度宽弘。《后汉书·黄宪传》:"叔度汪汪若千顷陂,澄之不清,淆之不浊,不可量也。"❷眼泪盈眶貌。卢纶《与张擢对酌》诗:"张老闻此词,汪汪泪盈目。"❸狗叫声。如:犬吠汪汪。

汪洋　水宽广无边际貌。如:一片汪洋。《楚辞·九怀·蓄英》:"临渊兮汪洋。"亦形容深广,常指人的气度或文章的气势。刘孝威《重光诗》:"风神洒落,容止汪洋。"柳宗元《宜城县开国伯柳公行状》:"凡为文,去藻饰之华靡,汪洋自肆,以适己为用。"

倥（wāng）　同"尩"。《荀子·王霸》:"是故百姓贱之如倥。"杨倞注:"病人也。"
另见 kuāng。

眶（wāng）　见"眶眶"。

眶眶　含泪欲泣貌。《集韵·十一唐》:"眶眶,目欲泣貌。"按今作"汪汪"。

wáng

亾（wáng）　"亡"的古体字。

亡〔亾〕（wáng）　❶死亡。如:伤亡;亡友。《晋书·周嵩传》:"亡兄天下人,为天下人所杀。"❷灭亡。《孟子·离娄上》:"暴其民甚,则身弑国亡。"❸失去。《易林·艮之革》:"亡屦失履。"❹逃跑。《史记·高祖本纪》:"徒多道亡。"《汉书·韩信传》:"何(萧何)闻信亡,不及以闻,自追之。"❺出外;不在。《论语·阳货》:"孔子时其(指阳货)亡也,而往拜之,遇诸涂(途)。"❻通"忘"。《诗·邶风·绿衣》:"心之忧矣,曷维其亡。"
另见 wú。

亡国之音　❶《史记·乐书》:"亡国之音哀以思,其民困。"张守节正义:"亡国,谓将欲灭亡之国,乐音悲哀而愁思。"❷指淫靡之乐。《礼记·乐记》:"桑间濮上之音,亡国之音也。其政散,其民流。"陈澔注引师旷曰:"此师延靡靡之乐。"

亡戟得矛　《吕氏春秋·离俗》:"齐晋相与战,平阿之余子,亡戟得矛,却而去,不自快,谓路之人曰:'亡戟得矛,可以归乎?'路之人曰:'戟亦兵也,矛亦兵也,亡兵得兵,何为不可以归?'去行,心犹不自快,遇高唐之孤叔无孙,当其马前曰:'今者战,亡戟得矛,可以归乎?'叔无孙曰:'矛非戟也,戟非矛也,亡戟得矛,岂亢责也哉?'高诱注:"亢,当也。"前者谓得失相当,后者谓得失不相当。后因以"亡戟得矛"谓有得有失。

亡命　❶谓改名换姓,逃亡在外。《史记·张耳陈馀列传》:"张耳尝亡命,游外黄。"司马贞索隐引晋灼曰:"命者,名也。谓脱名籍而逃。"亦指逃亡的人。扬雄《解嘲》:"范雎,魏之亡命也。"❷犹言"亡命之徒",指不顾性命、犯法作恶的人。

亡人　❶逃亡在外的人;亡命者。《左传·僖公二十三年》:"怀公(晋怀公)命无从亡人,期,期而不至,无赦。"《史记·吴王濞列传》:"诱天下亡人,谋作乱。"❷犹妄人。《庄子·庚桑楚》:"女(汝)亡人哉!惘惘乎,汝欲反汝情性而无由入。"陆德明释文引崔譔曰:"丧亡性情之人也。"❸指死者。段成式《酉阳杂俎·尸穸》:"近代礼,初死内棺,而截亡人衣后幅留之。"

亡羊　见"歧路亡羊"。

亡羊补牢　《国策·楚策四》:"见兔而顾犬,未为晚也;亡羊而补牢,未为迟也。"牢,关牲口的圈。意谓失去了羊,赶快修补羊圈,还不算晚。比喻事情出了差错,及时设法补救。

王（wáng）　❶一国的君主。如:国王;君王。按三代时唯最高统治者称王。见"三王"。周衰后则列国君主亦称王。如:楚王、吴王、越王。❷封建时代的最高封爵。如:诸侯王;藩王;郡王;亲王。❸指辈分的尊大。见"王父"、"王母❶"。❹同类中最突出或特大的。如:兽王;花王;王蛇。❺古时谓中原以外的民族来朝。《书·大禹谟》:"四夷来王。"孔传:"四夷归往之。"❻姓。
另见 wǎng,wàng。

王霸　春秋时,周天子为诸侯国的共主,称"王"。强有力的诸侯纠合各国,尊王室,抵御外族,称"霸"。战国儒家以仁义治天下为王道,以武力结诸侯为霸道。《世说新语·品藻》:"论王霸之余策,览倚仗之要害,吾似有一日之长。"

王储　亦称"皇储"。君主国的王位继承人。一般是君主的儿子或最近亲属。

王大父　同"大王父",即曾祖父。《称谓录》卷一引黄宗羲《金石要例》:"庾承宣为田布碑,称曾祖为王大父。"

王道 "霸道"的对称。国君以仁义治天下，以德服人的统治方法。《书·洪范》："无偏无党，王道荡荡。"《史记·十二诸侯年表》："晋阻三河，齐负东海，楚介江淮，秦因雍州之固。四国迭兴，更为伯（霸）主……是以孔子明王道。"儒家起先提倡王道，反对霸道，后一般主张王霸并用，但在不同的条件下有所侧重。

王法 ❶指王朝的法令，亦指国家的法律。《三国志·魏志·曹彰传》："动以王法从事，尔其戒之！"❷王者治天下之道。《史记·儒林列传》："故因史记作《春秋》，以当王法，其辞微而指博。"

王父 祖父。《尔雅·释亲》："父之考为王父。"又曾祖为曾祖王父，高祖为高祖王父。亦为对老人的尊称。

王宫 ❶帝王的宫室。《考工记·匠人》："殷人重屋"郑玄注："重屋者，王宫正堂若大寝也。"亦指宫廷。《周礼·天官·小宰》："以治王宫之政令。"❷帝王祭日的坛。《礼记·祭法》："王宫，祭日也。"郑玄注："王宫，日坛。王，君也；日称君。宫，坛，营域也。"

王姑 祖父的姊妹。《尔雅·释亲》："王父之姊妹为王姑，曾祖王父之姊妹为曾祖王姑，高祖王父之姊妹为高祖王姑。"

王官 王朝的官职。《左传·定公元年》："若复旧职，将承王官，何故以役诸侯？"

王国 以国王为国家元首的君主国。如大不列颠及北爱尔兰联合王国（即英国）、尼泊尔王国等。

王姬 指周天子的女儿。周姓姬，故称王姬。《诗·召南·何彼襛矣》："曷不肃雍，王姬之车。"《春秋·庄公元年》："夏，单伯送王姬。秋，筑王姬之馆于外。"汉以后称公主。宋政和间，曾采周朝王姬之称，改公主为帝姬。建炎间复称公主。见徐度《却扫编》卷上。

王考 ❶对已故祖父的敬称。《礼记·祭法》："曰王考庙。"孔颖达疏："曰王考庙者，祖庙也。"黄宗羲《金石要例·书祖父例》："范育《吕和叔墓表》，称曾祖为皇考，祖为王考。"❷对已故父亲的敬称。韩愈《监察御史元君妻京兆韦氏夫人墓志铭》："王考夏卿，以太子少保卒，赠左仆射。"

王灵官 亦称"玉枢火府天将"。道教所奉祀的护法神。相传姓王名善，宋徽宗时人，曾从萨守坚受符法，死后由玉皇大帝封为"先天主将"，司天上、人间纠察之职。明永乐（1403—1424）中封为"隆恩真君"，并敕建"天将庙"，宣德（1426—1435）中改"火德观"。道观内多塑王灵官像，赤面，三目，武装执鞭，作为镇守山门之神。

王孟 盛唐诗人王维、孟浩然的合称。二人多用五言诗描写自然景物，艺术风格也较相近。

王母 ❶祖母。《尔雅·释亲》："父之妣为王母。"参见"王父"。❷岳母的敬称。《颜氏家训·风操》："中外丈人之妇，猥俗呼为丈母，士大夫谓之王母。"❸指西王母。古代传说中的神名。《后汉书·张衡传》："聘王母于银台兮"李贤注："王母，西王母也。"参见"西王母❶"。❹鸟名。杜甫《玄都坛歌寄元逸人》："子规夜啼山竹裂，王母昼下云旗翻。"按段成式《酉阳杂俎·广动植》："齐郡函山有鸟，足青，觜赤黄，素翼绛颡，名王母使者。"

王牌 扑克牌戏（如桥牌）中的主牌、将牌。比喻争强竞胜时最有力量的人物、势力或手段。

王气 古谓帝王所在处的祥光瑞气。《新五代史·吴越世家》："豫章有善术者，望斗牛间有王气。"也指王朝的气运。庾信《哀江南赋序》："将非江表王气，终于三百年乎？"

王乔 神话人物。传为东汉明帝时河东（郡治今山西夏县北）人，曾任叶县令。有神术。常自县至京师，而不见车骑；临至，必有双凫飞来，人举网得之，则为乔所穿之舄。其后，天忽降玉棺于堂前，乃沐浴服饰卧棺中，葬于城东，土自成坟。或言王乔即古仙人王子乔所化。见《风俗通·正失》及《后汉书·王乔传》。

王人 ❶王者；君主。《书·君奭》："王人罔不秉德，明恤小臣。"❷王臣；帝王的使臣。《左传·僖公八年》："冬，王人来告丧。"❸复姓。汉代有王人宰公。

王师 帝王的军队。陆游《示儿》诗："王师北定中原日，家祭毋忘告乃翁。"

王室 指王族。《书·蔡仲之命》："睦乃四邻，以蕃王室，以和兄弟。"亦指朝廷。庾信《哀江南赋序》："袁安之每念王室，自然流涕。"

王孙 ❶古代贵族子弟的通称。《史记·淮阴侯列传》："吾哀王孙而进食，岂望报乎！"司马贞索隐："言王孙公子，尊之也。"❷植物名。据《本草纲目·草部一》：（1）即牡蒙，亦名旱藕。根可入药。（2）即黄芪。根、茎、叶可入药。❸蟋蟀的别名。陆玑《毛诗草木鸟兽虫鱼疏》卷下："〔蟋蟀〕楚人谓之王孙。"❹猴的别名。王延寿《王孙赋》："有王孙之狡兽。"❺复姓。春秋时卫有王孙贾。

王庭 朝廷。《易·夬》："扬于王庭。"孔颖达疏："王庭，是百官所在之处。"也指北方各族君长设幕立朝的地方。《汉书·匈奴传上》："是后匈奴远遁，而幕（漠）南无王庭。"

王鲔 鱼名，鲔之大者。亦名鲟。《诗·卫风·硕人》"鳣鲔发发"孔颖达疏："鲔，大者为王鲔，小者为鮛鲔。"

王谢 指六朝望族王氏、谢氏。《南史·侯景传》："〔景〕请婚于王、谢，帝曰：'王、谢门高，非偶；可于朱、张以下访之。'"旧因以"王谢"为高门世族的代称。刘禹锡《乌衣巷》诗："旧时王谢堂前燕，飞入寻常百姓家。"

王余 比目鱼的别称。《文选·左思〈吴都赋〉》："双则比目，片则王余。"刘逵注："比目鱼，东海所出；王余鱼，其身半也。俗云：越王鲙鱼未尽，因以残半弃水中，为鱼，遂无其一面，故曰王余也。"一说，即银鱼。见《本草纲目·鳞部三》。

王者师 帝王所师事的人。《孟子·滕文公上》："有王者起，必来取法，是为王者师也。"

王者香 《琴操·猗兰操》："猗兰操者，孔子所作也……自卫反鲁，过隐谷之中，见香兰独茂，喟然叹曰：'夫兰当为王者香。'"后因称兰花为"王者香"。

王庄 清代王公贵族的庄园。即王公所有的官庄。收入俱归王公贵族享用。主要分布于今河北、辽宁两省。

王子 ❶帝王的儿子。《书·微子》："王子弗出，我乃颠隮。"此谓殷帝乙的长庶子微子。❷贵族子弟的通称，犹言"王孙"。《说苑·善说》："今日何日兮，得与王子同舟。"指楚王母弟鄂君子晳。❸复姓。汉代有王子中同。

王子晋 见"王子乔"。

王子乔 神话人物。一说名晋，字子晋。相传为周灵王太子，喜吹笙作凤凰鸣声，为浮丘公引往嵩山修炼。三十余年后，在缑氏山顶上，向世人挥手告别，升天而去。故有"王子登仙"的传说。事见《列仙传》。

王子侨　神话人物。据《楚辞·天问》王逸注,子侨曾化为白蜺,持药与崔文子,文子惊怪,引戈击蜺,中之,因堕其药,俯而视之,则子侨之尸。文子取尸覆于筐内,顷刻化为大鸟飞去。一说与王子乔为同一人。

王佐才　才,亦作"材"。旧称辅佐帝王创业治国的才能。《汉书·董仲舒传赞》:"刘向称董仲舒有王佐之材,虽伊、吕亡(无)以加。"亦指有这种才能的人。《后汉书·王允传》:"王生一日千里,王佐才也。"

莣（wáng）

草名,即"芒"。《尔雅·释草》:"莣,杜荣。"郭璞注:"今莣草,似茅,皮可以为绳索履属也。"陆德明释文:"莣,字亦作芒。"

虻（wáng）

见"虻孙"。

虻孙　虫名,即蟋蟀。《方言》第十一:"蜻蛚,楚谓之蟋蟀,或谓之蛬。南楚之间谓之虻孙。"

wǎng

王（wǎng）

通"往"。《诗·大雅·板》:"及尔出王。"郑玄笺:"与女出入往来。"
另见 wáng, wàng。

方（wǎng）

见"方良"。
另见 fāng, fēng, páng。

方良　亦作"罔两"。古代传说中的精怪名。《周礼·夏官·方相氏》:"驱方良。"参见"罔两❶"。

网〔網〕（wǎng）

❶用绳线结成的捕鱼或鸟兽的用具。《诗·邶风·新台》:"鱼网之设,鸿则离之。"❷形状像网的东西。如:蛛网;电网。❸纵横交错而成的组织或系统。如:通信网;交通网;灌溉网。❹用网捕捉。如:网着了一条鱼。

网开三面　《史记·殷本纪》:"汤出,见野张网四面,祝曰:'自天下四方,皆入吾网!'汤曰:'嘻,尽之矣!'乃去其三面。"后用以比喻刑法宽大,从宽处理。刘禹锡《贺赦表》:"泽及八荒,网开三面。"亦作"网开一面"。《歧路灯》第九十三回:"老先生意欲网开一面,以存忠厚之意。"

网罗　❶以线绳编结用来捕捉鱼类和禽兽的用具。《盐铁论·通有》:"设机陷,求犀象;张网罗,求翡翠。"❷比喻招罗搜求。司马迁《报任少卿书》:"网罗天下放失旧闻。"

❸比喻束缚人的东西。司空曙《酬张芬有赦后见赠》诗:"紫凤朝衔五色书,阳春忽布网罗除。"

网络　❶电路或其一部分的总称。按接线端的数目分为二端网络、四端网络、多端网络等;按内部是否含有电源(如电池等),分为有源网络和无源网络。❷由若干个元件(如电元件、机械元件、光学元件、计算机等)连接而成的一个系统。按其功能可分为通信网络、计算机网络、交通运输网络等。

沪〔瀇〕（wǎng）

见"沪漾"、"沪漾"。

沪漾　水深广貌。郭璞《江赋》:"沪漾渊泫"。

沪洋　同"沪漾"。

沪漾　亦作"沪洋"。犹汪洋。水深广无涯际貌。《淮南子·览冥训》:"潦水不泄,沪漾极望。"亦泛指漫无际涯。《论衡·案书》:"齐有三邹衍之书,沪洋无涯,其文少验,多惊耳之言。"

茵（wǎng）

同"茵"。

枉（wǎng）

❶弯曲;不正。《荀子·王霸》:"辟(譬)之是犹立直木,而求其景(影)之枉也。"引申为行为不合正道或违法曲断。如:矫枉过正;贪赃枉法。《论语·颜渊》:"举直错诸枉,能使枉者直。"又《微子》:"枉道而事人,何必去父母之邦?"❷冤屈。如:枉死。《新唐书·高仙芝传》:"我有罪,若辈可言;不尔,当呼'枉'。军中咸呼曰:'枉!'"❸屈就;屈尊。《国策·韩策二》:"不远千里,枉车骑而交臣。"❹徒然。如:枉费心机。李白《清平调》词:"云雨巫山枉断肠。"

枉尺直寻　《孟子·滕文公下》:"枉尺而直寻,宜若可为也。"枉,屈;直,伸。八尺为寻。比喻在小处委屈退让,以求得到较大的好处。《晋书·戴逵传》:"苟迷拟之然后动,议之然后言,固当先辩其趣舍之极,求其用心之本,识其枉尺直寻之旨,采被褐怀玉之由。"

枉顾　屈尊下顾。称人来访的敬辞。王昌龄《灞上闲居》诗:"轩冕无枉顾,清川照我门。"

枉驾　屈驾。称人来访或走访的敬辞。《三国志·蜀志·诸葛亮传》:"此人可就见,不可屈致也,将军宜枉驾顾之。"

枉攘　同"怔攘"。纷扰不宁貌。《楚辞·哀时命》:"慨尘垢之枉攘

兮,除秽累而反真。"

罔（wǎng）

同"网"。《淮南子·时则训》:"置、罘、罗、罔。"

罔〔罔〕（wǎng）

❶同"网"(網)。《易·系辞下》:"〔伏羲〕作结绳而为罔罟,以佃以渔。"❷无;没有。《汉书·扬雄传下》:"事罔隆而不杀,物靡盛而不亏。"颜师古注:"罔、靡,皆无也。杀,衰也。"❸不。《书·盘庚下》:"罔罪尔众。"孔传:"今我不罪汝。"❹毋;不可。《书·大禹谟》:"罔游于逸,罔淫于乐。"❺得无;莫非。《楚辞·九章·惜诵》:"欲高飞而远集兮,君罔谓汝何之。"洪兴祖补注:"得无谓我远去欲何所适也。"❻欺骗;虚妄。《论语·雍也》:"人之生也直,罔之生也幸而免。"邢昺疏:"罔,诬罔也。"❼祸害。《孟子·梁惠王上》:"焉有仁人在位,罔民而可为也?"赵岐注:"罔陷其民。"❽通"惘"。迷惑貌。《论语·为政》:"学而不思则罔。"朱熹集注:"不求诸心,故昏而无得。"❾见"罔两"。

罔极　❶没有定准,变化无常。《诗·卫风·氓》:"士也罔极,二三其德。"又《小雅·青蝇》:"谗人罔极,构我二人。"❷无穷;久远。《史记·太史公自序》:"泽流罔极。"❸古时特指父母对子女的恩德,以为深厚无穷。语出《诗·小雅·蓼莪》:"父兮生我,母兮鞠我……欲报之德,昊天罔极。"曹植《求通亲亲表》:"终怀《蓼莪》罔极之哀。"

罔两　❶亦作"魍魉"、"蝄蜽"、"方良"、"罔阆"。古代传说中的精怪名。《左传·宣公三年》:"故民入川泽山林,不逢不若,螭魅罔两,莫能逢之。"❷影子外面的淡薄阴影。《庄子·齐物论》:"罔两问景(影)曰:'曩子行,今子止,曩子坐,今子起,何其无特操与!'"❸无所依据貌;恍惚。《楚辞·七谏·哀命》:"哀形体之离解兮,神罔两而无舍。"

罔象　❶古代传说中的水怪名。《淮南子·氾论训》:"水生罔象。"高诱注:"水之精也。"❷《庄子》寓言中的人名。详见"象罔"。

罔养　犹依违,模棱两可。《后汉书·马严传》:"唯丙吉以年老优游,不案吏罪。于是宰府习为常俗,更共罔养,以崇虚名。"

往〔徃〕（wǎng）

❶去。如:前往;往来。《易·系辞下》:"寒往则暑来,暑往则寒来。"❷往日;过去。《易·系辞下》:"彰往而

察来。"《论语·微子》:"往者不可谏,来者犹可追。"❸以下;以后。《论语·八佾》:"禘,自既灌而往者,吾不欲观之矣。"❹死;死者。《左传·僖公九年》:"送往事居。"杜预注:"往,死者;居,生者。"❺送致。曹植《与杨德祖书》:"今往仆少小所著辞赋一通。"❻亡失。《管子·权修》:"无以蓄之,则往而不可止也。"❼朝。如:往外走。❽归向。《穀梁传·庄公三年》:"其曰王者,民之所归往也。"

往复 ❶往而复来,循环不息。《北史·魏明帝纪》:"阴阳有往复,四时有代谢。"❷犹言应对酬答。《颜氏家训·勉学》:"直取其清谈雅论,辞锋理窟,剖玄析微,妙得入神,宾主往复,娱心悦耳。"往复,指言辞往来。

往古 古昔;从前。《汉书·张敞传》:"唯观览乎往古,全行乎来今。"

往怀 向来的心意。丘迟《与陈伯之书》:"若遂不改,方思仆言;聊布往怀,君其详之。"

往生 佛教净土宗认为修行念佛法门的人死后可以生到西方极乐世界或其他佛土。往,指去极乐净土或其他佛土;生,指化生于彼土七宝莲华中。《无量寿经》下:"无量寿佛与诸大众现其人前,即随彼佛往生其国,便于七宝华中自然化生。"

往体 ❶弓弛弦时弓臂外向的体势。❷古体诗的别称。唐人古体诗多题"往体"。

往往 ❶犹言每每,时常。《史记·陈涉世家》:"旦日,卒中往往语,皆指目陈胜。"❷处处。《汉书·吴王濞传》:"寡人金钱在天下者,往往而有,非必取于吴。"颜师古注:"言处处郡国皆有之。"

蔿(wǎng) 植物名,即莽草。《本草纲目·草部六》:"〔莽草〕一名蔿草,李时珍曰:此物有毒,食之令人迷罔,故名。"

蔨(wǎng) 蔨草,别称"蔨草"、"蔨米"、"水稗子"。禾本科。一年生草本。秆具2~4节。叶鞘无毛,多长于节间;叶片扁平,长5~20厘米。夏秋开心,圆锥花序;小穗压扁,圆形,灰绿色,内含一小花。多生于水边潮湿处。

洼(wǎng) 同"往"。《汉书·扬雄传上》:"因江潭而洼记兮,钦吊楚之湘累。"颜师古注引邓展曰:"洼,往也。"

惘(wǎng) 失意貌。如:惘然若失。潘岳《西征赋》:"惘辍驾而容与。"

惘惘 心中若有所失貌。韩愈《送殷员外序》:"出门惘惘,有离别可怜之色。"

辋〔辋〕(wǎng) 车轮的外周。《释名·释车》:"辋,罔(网)也,罔(网)罗周轮之外也。"王嘉《拾遗记·魏》:"车皆镂金为轮辋,丹画其毂轭。"

蝄(wǎng) 见"蝄蜽"。

蝄蜽 同"罔两"。古代传说中的山精。《国语·鲁语下》:"木石之怪曰夔、蝄蜽。"

調(wǎng) 同"罔"。欺罔。柳宗元《登蒲州石矶》诗:"高歌返故室,自調非所欣。"

魍(wǎng) 见"魍魉"。

魍魉 同"罔两"。❶古代传说中的精怪名。张衡《西京赋》:"螭魅魍魉,莫能逢游。"参见"蝄蜽"。❷影子外层的淡影。《文选·班固〈幽通赋〉》:"恐魍魉之贵景(影)兮,羌未得其云已。"《汉书·叙传》作"罔蜽"。❸渺茫无所依的样子。《淮南子·览冥训》:"浮游,不知所求;魍魉,不知所往。"参见"罔两❸"。

wàng

王(wàng) ❶君临一国。《诗·大雅·皇矣》:"王此大邦。"❷成王业。《孟子·梁惠王上》:"保民而王,莫之能御也。"❸通"旺"。《庄子·养生主》:"神虽王,不善也。"
另见 wáng,wǎng。

妄(wàng) ❶胡乱;越轨。如:轻举妄动;胆大妄为。《左传·哀公二十五年》:"彼好专利而妄。"杜预注:"妄,不法。"❷虚妄;不实。如:痴心妄想;妄言妄语。《荀子·儒效》:"见之而不知,虽识必妄。"《法言·问神》:"无验而言之谓妄。"
另见 wú。

妄人 无知妄为者。《荀子·非相》:"妄人者,门庭之间,犹诬欺也,而况于千世之上乎!"

妄想 ❶不合实际的想法。如:痴心妄想。❷精神病的症状之一。指没有客观根据而病人坚信不疑、无法用事实说服的一种病态想法,如病人认为自己被人迫害,或患有某

种奇怪的或严重的疾病等。妄想很有条理者称"偏执狂",是偏执型精神病的一种。

妄自菲薄 过分地轻视自己;不知自重。诸葛亮《前出师表》:"不宜妄自菲薄,引喻失义,以塞忠谏之路也。"

妄自尊大 狂妄地自高自大。《后汉书·马援传》:"子阳(公孙述字)井底蛙耳,而妄自尊大。"

迋(wàng) 到;前往。《左传·襄公二十八年》:"君使子展迋劳于东门之外。"
另见 guàng。

忘(wàng) 忘记;不记得。《易·兑》:"说以先民,民忘其劳;说以犯难,民忘其死。"《汉书·师丹传》:"丹老人,忘其前语。"
另见 wú。

忘怀 不放在心上;忘记。陶潜《五柳先生传》:"常著文章自娱,颇示己志,忘怀得失,以此自终。"

忘机 泯除机心。指一种自甘淡泊、宁静无为的心境。李白《下终南山过斛斯山人宿置酒》诗:"我醉君复乐,陶然共忘机。"

忘年交 两人年辈不相当而为友。《南史·何逊传》:"弱冠,州举秀才,南乡范雲见其对策,大相称赏,因结忘年交。"

忘情 谓不为情感所动。《世说新语·伤逝》:"圣人忘情,最下不及情。情之所钟,正在我辈。"亦谓荣辱得失无动于衷。杜甫《写怀》诗:"忘情任荣辱。"

忘形 ❶忘记了自己的形体。如:得意忘形。《庄子·让王》:"故养志者忘形,养形者忘利。"蔡邕《琴赋》:"于是歌人恍惚以失曲,舞者乱节而忘形。"❷不拘形迹。杜甫《醉时歌》:"忘形到尔汝,痛饮真吾师。"《儒林外史》第十回:"生先生,你我数十年故交,凡事忘形。"

忘形交 亦作"忘形友"。不拘身分、形迹的知心朋友。《新唐书·孟郊传》:"少隐嵩山,性介,少谐合。愈一见为忘形交。"

忘言 ❶谓默喻其意,无需用言语说明。《庄子·外物》:"言者所以在意,得意而忘言。"参见"得意忘言"。❷《晋书·山涛传》:"与嵇康吕安善,后遇阮籍,便为竹林之游,著忘言之契。"忘言之契,犹言忘形之交,谓以心相知,不拘形迹。

忘忧物 可借以忘忧的东西,指酒。陶潜《饮酒》诗:"泛此忘忧物,

远我遗世情。"也指萱草。梁武帝《古意》诗:"云是忘忧物,生在北堂陲。"

旺 (wàng) 火势炽烈。引申为兴隆繁盛。如:兴旺;旺季。

眈 (wàng) 通"望"。见"眈羊"。

另见 máng。

眈羊 同"望洋"。《庄子·秋水》:"〔河伯〕望洋向若而叹。"陆德明释文引司马崔本作"眈洋",云:"犹望羊,仰视貌。"若,海神。

盲 (wàng) 通"望"。仰视或远视貌。《周礼·天官·内饔》:"豕盲视而交睫,腥。"郑玄注引杜子春曰:"盲视,当为望视。"按《礼记·内则》正作"望视"。

另见 máng。

望 〔朢〕(wàng) ❶月球和太阳黄经相差180°的时刻。望总在夏历每月十五日前后,因此,常称夏历十五日为"望日"。望日太阳西下时,月球正好从东面升起,呈望月。此时,月球正面完全被阳光照射,地球上看月轮像一个明亮的圆盘。❷向远处看。如:登高望远。《诗·卫风·河广》:"跂予望之。"❸古代祭祀山川的专名,望而祭之,故称"望"。《书·舜典》:"望于山川。"❹盼望;希望。《汉书·英布传》:"布又大喜过望。"韩愈《与崔群书》:"慎饮食,少思虑,惟此之望。"❺探望。如:拜望;看望。❻景仰;瞻仰。《左传·襄公二十五年》:"人谓崔子必杀之(指晏子),崔子曰:'民之望也,舍之得民。'"引申为名望、声望。如:德高望重。《诗·大雅·卷阿》:"令闻令望。"❼指门族。如:郡望。《北史·孙绍传》:"中正卖望于下里。"❽埋怨;责备。《史记·张耳陈馀列传》:"不意君之望臣深也。"❾窗口。《晋书·舆服志》:"〔画轮车〕上起四夹板,左右开四望。"❿通"方"。比。《礼记·表记》:"以人望人。"⓫酒旗。参见"望子"。⓬唐代县的等级名。见"紧❼"。⓭见"望羊"。⓮姓。宋代有望偘。见《通志·氏族四》。

望尘莫及 亦作"望尘不及"。远望着前人的行尘而追赶不上。语出《庄子·田子方》"夫子(孔子)奔逸绝尘,而回(颜回)瞠若乎后矣"。《后汉书·赵咨传》:"复拜东海相,之官,道经荥阳,令敦煌曹暠,咨之故孝廉也,迎路谒候。暠不为留,暠送至亭次,望尘莫及。"后常用以谦称自己远远落后于他人。

望穿秋水 秋水,喻指眼睛。形容盼望的迫切。《西厢记》第三本第二折:"望穿他盈盈秋水,蹙损他淡淡春山。"春山,指眉。《聊斋志异·凤阳士人》:"望穿秋水,不见还家,潸潸泪似麻。"

望帝 传说中的蜀国国王,名杜宇,号望帝,退隐后化为杜鹃鸟。见《华阳国志·蜀志》。李商隐《锦瑟》诗:"庄生晓梦迷蝴蝶,望帝春心托杜鹃。"参见"杜宇"。

望风 ❶犹远望。李陵《答苏武书》:"远托异国,昔人所悲,望风怀想,能不依依。"❷犹见动静或气势。如:望风而逃;望风披靡。❸为进行秘密活动者守望,观察动静。

望衡对宇 衡,通"横"。以横木为门,引申为以门;宇,檐下,引申为屋。谓住处接近,可以相互望见。《水经注·沔水》:"沔水中有鱼梁洲,庞德公所居。士元(庞统)居汉之阴……司马德操宅洲之阳,望衡对宇,欢情自接。"

望江南 ❶唐教坊曲名,后用为词牌。《乐府杂录》谓此调本名《谢秋娘》,系唐李德裕为亡姬谢秋娘作,后改此名。但玄宗时教坊已有此曲。白居易依其调作《忆江南词》,始名《忆江南》。又名《梦江南》、《江南好》等。分单调、双调两体。单调二十七字,双调五十四字,皆平韵。南唐冯延巳所作,双调五十九字,平仄换叶,为变体。❷曲牌名,字句格律与词牌单调同。南曲用作引子,见《九宫正始》。北曲通名《归塞北》,属大石调,用在套曲内。

望梅止渴 《世说新语·假谲》:"魏武行役失汲道,军皆渴,乃令曰:'前有大梅林,饶子,甘酸可以解渴。'士卒闻之,口皆出水,乘此得及前源。"后因以"望梅止渴"比喻以空想安慰自己。无名氏《桃花女》第二折:"你休言语,怎成合,可正是望梅止渴。"亦作"望梅消渴"。赵长卿《好事近》词:"犹胜望梅消渴,对文君眉蹙。"

望门投止 谓人在窘迫之中,见有人家,即去投宿,暂求安身。《后汉书·张俭传》:"俭得亡命,困迫遁走,望门投止。"

望气 中国古代方士的一种占候术,望云气以测吉凶征兆。《史记·项羽本纪》:"吾令人望其气,皆为龙虎,成五采,此天子气也,急击勿失!"

望舒 神话中为月神驾车的神。《离骚》:"前望舒使先驱兮,后飞廉使奔属。"王逸注:"望舒,月御也。"后用为月亮的代称。张协《杂诗》:"下车如昨日,望舒四五圆。"

望岁 期望丰收。《左传·昭公三十二年》:"闵闵焉如农夫之望岁。"按"岁",犹"有年"之"年",谓谷物成熟。

望望 ❶望了又望,恋恋不舍貌。《礼记·问丧》:"其往送也,望望然,汲汲然。"❷急切盼望貌。杜甫《洗兵马》诗:"田家望望惜雨干,布谷处处催春种。"❸去而不顾貌。一说失意怨望貌。《孟子·公孙丑上》:"望望然去之,若将浼焉。"

望文生义 指不求探语词的真正含义,只据字面臆测,作出附会的解释。张之洞《輶轩语·语学》:"空谈臆说,望文生义。"训诂学上称"望文生训"。朱骏声《说文通训定声·临部》:"《左襄二十六传》'王夷师燔'注:'吴楚之间谓火灭为燔。'按即潜字之变,杜(杜预)望文生训耳。"

望眼欲穿 形容盼望的迫切。西湖居士《明月环·诘环》:"小姐望眼欲穿,克身去回复小姐去也。"亦作"望眼将穿"。王恽《送李郎中德昌北还情见乎辞》诗:"落日乡音杳,秋空望眼穿。"

望羊 仰视貌;远视貌。《史记·孔子世家》:"眼如望羊。"《孔子家语·辩乐解》:"旷如望羊。"王肃注:"望羊,远视也。"亦作"望阳"、"望洋"。《论衡·骨相》:"文王四乳,武王望阳。"吴莱《次定海候涛山》诗:"寄言漆园叟,此去真望洋。"参见"望洋兴叹"。

望洋兴叹 《庄子·秋水》:"秋水时至,百川灌河,泾流之大,两涘渚崖之间不辩(辨)牛马。于是焉,河伯欣然自喜,以天下之美为尽在己。顺流而东行,至于北海,东面而视,不见水端。于是焉,河伯始旋其面目,望洋向若而叹。"王先谦集解:"《释文》'望'作'眈',云'眈洋'犹'望羊',仰视貌。司马云:'若,海神。'"原指看见人家的伟大,才感到自己渺小。后多比喻做事力量不够,感到无可奈何。《糊涂世界》卷六:"佘念祖未到的时候,满心高兴,颇有跃跃欲试的意思,到过之后,大概情形看了一看,亦觉得望洋兴叹了。"参见"望羊"。

望云 ❶《新唐书·狄仁杰传》:"仁杰登太行山,反顾,见白云孤飞,谓左右曰:'吾亲舍其下。'瞻怅久之,云移,乃得去。"旧因以"望云"指思念父母。张方平《再陈乞致仕表》："精骛紫宸，犹结望云之恋。"❷谓仰慕帝王。骆宾王《上司列太常伯启》："指帝乡以望云，赴长安而就日。"❸谓希求洒脱不拘。陶潜《始作镇军参军经曲阿作》诗："望云惭高鸟，临水愧游鱼。"

望诸君 战国时燕将乐毅出奔到赵国后，赵给的封号。

望子 亦称"幌子"。古时店铺悬挂的布招，特指酒店的酒帘。孟元老《东京梦华录·中秋》："至午未间，家家无酒，拽下望子。"

望族 有声望的世家大族。秦观《王俭论》："王谢二氏，最为望族；江左以来，公卿将相出其门者十七八。"

眐（wàng） 同"旺"。

醸（wàng） 酒。范成大《除夜地炉书事》："糟醸新酤白，柴锥软火红。"周汝昌注："糟醸，即醪酒类。"

wēi

危（wēi，旧读 wéi）❶危险；危急。如：转危为安；危如累卵。《庄子·则阳》："安危相易，祸福相生。"❷忧惧。如：栗栗危惧。《国策·西周策》："窃为君危之。"❸危害。《左传·闵公二年》："与其危身以速罪也。"❹高耸貌。如：危楼；危峰。《庄子·田子方》："尝与汝登高山，履危石。"引申为端正、正直。见"危坐"。❺屋脊。《史记·魏世家》："痤（范痤）因上屋骑危。"裴骃集解："危，栋上也。"❻星名，二十八宿之一。❼姓。唐代有危全讽。
另见 guì。

危城 高峻的城墙。也指为敌军所围困，随时可被攻破的城市。《荀子·议兵》："大寇则至，使之持危城则必畔。"潘岳《关中》诗："重围克解，危城载色。"

危如累卵 谓危险得像累叠的卵。形容情势极其危险。《国策·秦策四》："当是时，卫危如累卵。"《史记·范雎蔡泽列传》："秦王之国危于累卵，乃臣则安。"

危微精一 伪《古文尚书·大禹谟》中"人心惟危，道心惟微，惟精惟一，允执厥中"的省称。详"十六字心传"。

危心 心怀戒惧。《后汉书·明帝纪赞》："危心恭德，政察奸胜。"李贤注："危心，言常危惧。"

危言危行 谓言行正直。《论语·宪问》："邦有道，危言危行。"

危语 以危险事情为资料的戏言。《世说新语·排调》："桓南郡（玄）与殷荆州（仲堪）语次，因共作了语……次复作危语。桓曰：'矛头淅米剑头炊。'殷曰：'百岁老翁攀枯枝。'顾（恺之）曰：'井上辘轳卧婴儿。'殷有一参军在坐云：'盲人骑瞎马，夜半临深池。'"

危坐 犹端坐。古人坐与跪相似，坐时臀着蹠（脚掌），而腰身端正，为"危坐"。见赵翼《陔馀丛考》卷三十一。《管子·弟子职》："危坐乡（向）师。"《史记·日者列传》："猎缨正襟危坐。"后亦谓坐时敬谨端直为"危坐"。司马光《礼部尚书张公墓志铭》："自始仕至终老凡与宾友相接，常垂足危坐。"

委（wēi） 见"委蛇"。
另见 wěi。

委佗（一tuó） 庄重而雍容自得貌。《诗·鄘风·君子偕老》："委委佗佗，如山如河。"玄应《一切经音义》卷三引《韩诗》："委佗，德之美貌也。"

委佗（一yí） 同"逶迤"。《后汉书·任光等传赞》："委佗还旅，二守焉依。"李贤注："行貌也。"亦作"委它"。《后汉书·儒林传序》："服方领、习矩步者，委它乎其中。"

委蛇 ❶同"逶迤"。迂曲；曲折前进。《史记·苏秦列传》："嫂委蛇蒲服，以面掩地而谢。"蒲服，匍匐。❷随顺应付的意思。详"虚与委蛇"。❸同"委佗"。庄重而又从容自得的样子。《诗·召南·羔羊》："退食自公，委蛇委蛇。"郑玄笺："委蛇，委曲自得之貌。"

威（wēi）❶威力；威风。如：发威；示威。《荀子·强国》："威动海内。"❷尊严。《诗·周颂·我将》："畏天之威，于时保之。"❸通"畏"。可怕的事。《老子》："民不畏威，则大威至。"魏源本义引焦竑曰："人不畏其所当畏，则大可畏者至矣。"❹震惊。《国策·齐策一》："吾三战而三胜，声威天下。"❺刑罚。《韩非子·用人》："上无私威之毒。"

威风 ❶威严；使人震惊的气势。如：威风凛凛。《三国志·吴志·张昭传》："昭容貌矜严，有威风。"❷犹气焰。《红楼梦》第五十八回："大家把这威风煞一煞儿才好呢。"

威凤祥麟 《宋书·符瑞志中》："元康四年，南郡获威凤。"《宋史·乐志一》："〔太平兴国〕九年，岚州献祥麟。"古以麟凤为祥瑞之征，太平之世始现，故称为"威凤祥麟"。也比喻难得的贤才。《儿女英雄传》第五回："遇见正人，任是贫寒求乞，他爱的也叫威凤祥麟。"

威福 刑罚和奖赏。《书·洪范》："惟辟作福，惟辟作威。"孔传："言惟君得专威福。"本谓君王专行赏罚，独揽威权。后多谓妄自尊大，滥用权势。《汉书·刑法志》："朝无威福之臣。"参见"作威作福"。

威棱 声威；威势。《汉书·李广传》："威棱憺乎邻国。"

威力 慑服人的力量。《晋书·刘琨传》："仰凭威力，庶雪国家之耻。"

威灵 ❶威力。王褒《四子讲德论》："今圣德隆盛，威灵外覆。"❷神灵。《楚辞·九歌·国殇》："天时坠兮威灵怒，严杀尽兮弃原野。"

威权 威势和权柄。《后汉书·章德窦皇后纪》："兄宪，弟笃、景，并显贵，擅威权。"《新唐书·高力士传》："又天下柄不可假人，威权既振，孰敢议者？"

威慑 以声势或威力迫使畏服。曹植《七启》："威慑万乘，华夏称雄。"

威望 声威名望。《宋史·宗泽传》："泽威望素著。"

威武 ❶权势。《孟子·滕文公下》："威武不能屈。"后多以"威武不屈"形容在威胁面前英勇不屈。❷威风凛凛；雄壮。《诗·周南·兔罝》："赳赳武夫"孔颖达疏："赳赳然威武之夫。"亦指壮大的声势。《后汉书·光武帝纪上》："又驱诸猛兽虎豹犀象之属以助威武。"

威胁 逼迫；恐吓。《史记·刺客列传》："秦地遍天下，威胁韩、魏、赵氏。"陆游《入蜀记》："壮哉黄牛，有大神力……威胁舟人，骇怖失色。"黄牛，长江三峡滩名。

威信 声威信誉；众所共仰的声望。《汉书·隽不疑传》："京师吏民，敬其威信。"

威严 ❶权势。《国策·赵策二》："威严不足以易于位，重利不足以变其心。"❷严厉。《汉书·尹翁归传》："京师畏其威严，扶风大治。"

威仪 ❶古时典礼中的动作仪文及待人接物的仪节。《中庸》："礼仪三百，威仪三千。"朱熹注："礼仪，经礼也；威仪，曲礼也。"经礼，谓典礼制度；曲礼，谓行事进退的仪式。❷庄严的容止。《诗·邶风·柏舟》:"威仪棣棣。"毛传:"君子,望之俨然可畏,礼容俯仰,各有威仪耳。"❸古代官员的随从。《通典·职官六》:"其尚书令仆、御史中丞,各给威仪十人。"❹仪仗。陆游《老学庵笔记》卷九:"天下神霄,皆赐威仪,设于殿帐座外。"

威夷 险阻。《尔雅·释地》:"西陵威夷。"郝懿行义疏:"《文选·西征赋》云:'登崤坂之威夷。'李善注引《韩诗》曰:'周道威夷。'薛君曰:'威夷,险也。'"

畏(wēi) 通"威"。《书·皋陶谟》:"天明畏,自我民明畏。"孙星衍注疏:"畏一作威,明威言赏罚。"

另见 wèi。

倭(wēi) 见"倭迟"。

另见 wō,wǒ。

倭迟 纡回遥远貌。《诗·小雅·四牡》:"四牡骓骓,周道倭迟。"毛传:"倭迟,历远之貌。"亦作"威夷"、"威迟"。

烓(wēi) 火炉。《尔雅·释言》:"煁,烓也。"郭璞注:"今之三隅灶。"邢昺疏:"烓者,无釜之灶,本为此灶上以燃火照物,若今之火炉也。"按今亦名风炉。

逶(wēi) 逶迤,斜列貌。《文选·潘岳〈笙赋〉》:"修樠内辟,餘箫外逶。"李善注:"餘箫,众管也。逶,逶迤渐邪之貌。"参见"逶迤"。

逶随 ❶迂远。《楚辞·九思·逢尤》:"望旧邦兮路逶随。"自注:"逶随,迂远也。逶,一作'委'。"❷犹"委佗"。从容自得貌。韩愈《辞唱歌》:"声自肉中出,使人能逶随。"

逶邃 曲折深奥。柳宗元《永州新堂记》:"窍穴逶邃。"

逶迤 亦作"逶移"、"逶蛇"、"委佗"、"委迤"、"委蛇"、"委移"。❶斜行;曲折前进。《淮南子·泰族训》:"河以逶蛇故能远。"《红楼梦》第二十六回:"这里贾芸随着坠儿逶迤来至怡红院中。"❷道路、山脉、河流等弯弯曲曲延续不绝的样子。《楚辞·九叹·离世》:"遵江曲之逶移兮。"王粲《登楼赋》:"路逶迤而修迥兮。"

偎(wēi) 紧贴;挨着。如:偎抱;偎依。温庭筠《南湖》诗:"野船著岸偎春草,水鸟带波飞夕阳。"

猗(wēi) 见"猗移"。

另见 ē,yī,yǐ。

猗移 同"委蛇"。委曲顺从貌。《列子·黄帝》:"吾与之虚而猗移。"按《庄子·应帝王》作"吾与之虚而委蛇"。

瘣〔瘣〕(wēi) 呼喊声。陶宗仪《辍耕录》:"淮人寇江南日,于临阵之际,齐声大喊阿瘣瘣,以助军威。"

另见 guài。

陾(wēi) 见"陾陵"。

陾陵 险阻。《广雅·释丘》:"陾陵,险也。"王念孙疏证:"《尔雅》:'西陵威夷。'盖亦取险阻之义。陾陵、威夷,并字异而义同。"

隈(wēi) ❶弯曲的地方。《管子·形势》:"大山之隈。"《淮南子·览冥训》:"田者不侵畔,渔者不争隈。"高诱注:"隈,曲深处,鱼所聚也。"❷角;角落。左思《魏都赋》:"考之四隈。"❸弓柎两边的弯曲处。《仪礼·大射》:"大射正执弓,以袂顺左右隈。"

隈隩 曲折幽深。王维《桃源行》:"山口潜行始隈隩。"

葳(wēi) 见"葳蕤"。

葳蕤 ❶亦作"萎蕤"。草名。即"玉竹"。❷草木茂盛枝叶下垂貌。《楚辞·七谏·初放》:"上葳蕤而防露兮。"防,遮蔽。引申为盛多貌。张衡《东京赋》:"羽盖威(葳)蕤。"此指车盖上翠羽的众多。❸华丽貌。古乐府《孔雀东南飞》:"妾有绣腰襦,葳蕤自生光。"

葳蓁 草木盛貌。曹植《九愁赋》:"与麋鹿而为群,宿林薮之葳蓁。"

矮(wēi) 通"萎"。植物枯萎。《广韵·五支》:"矮,枯死也。"《盐铁论·未通》:"树木数徙则矮。"

崴(wēi) 见"崴嵬"。

另见 wǎi。

崴嵬 也作"崴硊"。高貌;突兀不平貌。《楚辞·九章·抽思》:"轸石崴嵬,蹇吾愿兮。"司马相如《上林赋》:"崴硊嵔廆,丘虚崛礨。"

遹(wēi) 同"逶"。《逢盛碑》:"当遂遹地,立号建基。"

湄〔湄〕(wēi) 亦作"隈"。水流弯曲貌。《玉篇·水部》:"湄,水澳曲也,没也。或作隈。"

另见 wěi。

缍〔缍〕(wēi) 用五色丝做的节状装饰物。《颜氏家训·书证》:"又寸断五色丝,横著线股间绳之,以象苦草,用以饰物,即名为苦。于时当紵六色爾,作此苦以饰缍带。张敞因造糸旁畏耳。"

椳(wēi) 便器。《说文·木部》:"椳、褹,亵器也。"段玉裁注:"贾逵解《周官》:'椳,虎子也;褹,行清也。'玉裁谓虎子所以小便也,行清所以大便。椳、褹二物,许类举之。"

椳(wēi) 门臼,以承门枢,便启闭。韩愈《进学解》:"椳、闑、扂、楔,各得其宜。"

微(wēi,旧读 wéi) ❶细;小。稍。如:微不足道;微有不足。《楚辞·大招》:"丰肉微骨。"也指微少,降低,节制。见"微情"。❷贫贱。《书·舜典序》:"虞舜侧微。"孔颖达疏:"不在朝廷君之侧,其人贫贱谓之微。"❸衰败。《论语·季氏》:"故夫三桓之子孙微矣。"❹幽深。《易·系辞下》:"君子知微知彰。"❺隐匿。《左传·哀公十六年》:"白公奔山而缢,其徒微之。"❻暗中察访。《汉书·郭解传》:"使人微知贼处。"❼非;无。《诗·邶风·柏舟》:"微我无酒,以敖以游。"《论语·宪问》:"微管仲,吾其被发左衽矣。"❽小腿生湿疮。《诗·小雅·巧言》:"既微且尰。"❾小数名。长度为一寸的百万分之一,圆度为一秒的六十分之一。见《数理精蕴·度量权衡》。❿与某一物理量的单位连用时表示该量的百万分之一。如微米即表示米的百万分之一。其他常用的有微秒、微法拉等。⓫古国名。(1)商代微子的封地,在今山西潞城市东北。(2)商周时西南夷之国,曾和周武王会师伐纣,地约在今重庆市巴南区。⓬姓。春秋时鲁有微虎。

微辩 隐约地讽喻,一种婉转的批评。《礼记·儒行》:"其过失可微辩,而不可面数也。"

微臣 地位低下的臣子。常用为臣下对天子的谦称。《后汉书·崔琦传》:"日不常中,月盈有亏;履道者固,仗埶(势)者危;微臣司戚,敢告在斯。"

微忱 谦辞。犹言微薄的心意。如:聊表微忱。刘基《赠周宗道六十四韵》:"蝼蚁有微忱,抑塞无由扬。"

微辞 ❶隐含贬意的言辞。《公羊传·定公元年》:"定、哀多微辞。"谓孔子修《春秋》,对同时代的国君鲁定公、哀公的事,多用"微辞"来表示贬意。❷婉转而巧妙的话。宋玉《登徒子好色赋序》:"玉为人体貌闲丽,口多微辞。"

微服 为了隐藏自己的身份而改穿平民的服装。《韩非子·外储说右下》:"齐桓公微服以巡民家。"

微观 与"宏观"相对。源出希腊语 mikros,"小"的意思。如:从微观考察。后成为前缀 micro-,一般译作"微观"。物理学中,微观粒子和微观现象的总称。微观粒子一般指空间线度小于 $10^{-9} \sim 10^{-8}$ 米的粒子,包括分子、原子和各种粒子。微观现象一般指微观粒子和场在极其微小的空间范围内的各种现象,如原子中电子绕原子核的运动,粒子的相互转化等。微观现象中呈现显著的量子现象和波粒二象性,经典物理学在这里不再适用,需应用量子物理学。

微行(—háng) 小路。《诗·豳风·七月》:"遵彼微行。"毛传:"微行,墙下径也。"

微渐 事物发展的细微开端。《明史·周叙传》:"因条上励刚明、亲经史、修军政、选贤才、安民心、广言路、谨微渐、修庶政八事。王嘉纳之。"

微茫 犹言隐约。景象模糊。陈子昂《感遇》诗:"巫山彩云没,高丘正微茫。"

微眇(—miǎo) 微小;渺小。《史记·孝文本纪》:"朕获保宗庙,以微眇之身,托于兆民君王之上,天下治乱,在朕一人。"《春秋繁露·竹林》:"夫泰山之为大,弗察弗见,而况微眇者乎。"

微妙 指道理的深奥玄妙。《老子》:"微妙玄通,深不可识。"亦指事物之间的关系错综复杂而难以捉摸。

微眇(—miǎo) 谓深奥精微。《汉书·张敞传》:"夫心之精微,口不能言也;言之微眇,书不能文也。"

微情 ❶《礼记·檀弓下》:"礼有微情者。"孔颖达疏:"微,杀也,言若贤者丧亲,必致灭性,故制使三日而食,哭踊有数,以杀其内情,使之俯就也。"按微情,犹言节制感情,这里是指节哀。❷微妙的思想感情。陆机《文赋》:"因宜适变,曲有微情。"❸谦辞。犹言下情或私衷。曹植《洛神赋》:"无微情以效爱兮,献江南之明珰。"

微缺 衰微败缺。《史记·周本纪》:"康王卒,子昭王瑕立。昭王之时,王道微缺。"

微生 复姓。春秋时有微生高、微生亩。

微生物 生物的一大类。包括细菌、放线菌、霉菌、酵母菌、螺旋体、立克次体、支原体、衣原体、病毒、类病毒、原生动物及单细胞藻类。是一群形体微小、构造简单的单细胞或多细胞原核生物或真核生物,有的甚至无细胞结构(如病毒)。绝大多数微生物个体都须用显微镜以至电子显微镜才能察见。微生物遍布于土壤、水、空气、各种有机物及生物体内和体表。特点是繁殖快,具有多种多样的生命活动类型。在自然界的物质转化和循环中起着重要作用。对农业(如根瘤菌剂、发酵饲料、微生物农药等)、医药工业(如抗生素、疫苗、菌苗等)、酿造工业、食品工业、发酵工业、化学工业、石油和冶金工业、污水处理,以及生物工程等方面,有重要的意义和作用。不少微生物能引起人类和动植物的传染性疾病。

微时 微贱之时,指未贵显时。《汉书·曹参传》:"始,参微时,与萧何善。"

微琐 卑微鄙贱,多以形容德才低下。《旧唐书·吐蕃传上》:"臣自归投圣朝,前后礼数优渥,又得亲观奇乐,一生所未见。自顾微琐,何以仰答天恩。"

微微 ❶微贱。傅咸《申怀赋》:"微微小子。"❷幽静。陈子昂《酬晖上人秋夜山亭有赠》诗:"皎皎白林秋,微微翠山静。"❸轻微。陶潜《和胡西曹》:"重云蔽白日,闲雨纷微微。"

微行(—xíng) 旧时帝王或高官隐藏身份改装出行。《史记·秦始皇本纪》:"始皇为微行咸阳。"

微学 不著名的学说。《后汉书·章帝纪》:"至建武中,复置颜氏严氏《春秋》,大小戴《礼》博士,此皆所以扶进微学,尊广道艺也。"李贤注:"严氏,谓严彭祖;颜氏,谓颜安乐;大小戴,戴德戴圣也。"

微言 含义深远精微的言辞。《汉书·艺文志》:"昔仲尼没而微言绝。"参见"微言大义"。亦谓不明言,用暗喻示意。《列子·说符》:"白公问孔子曰:'人可与微言乎?'"

微言大义 《汉书·艺文志》:"昔仲尼没而微言绝,七十子丧而大义乖。"微言,精微的言辞;大义,有关诗书礼乐诸经的要义。后以"微言大义"指隐微的语言中所包含的深远意义。

微旨 亦作"微恉"。深远精微的意旨。《说文解字·序》:"究洞圣人之微恉。"《后汉书·徐防传》:"孔圣既远,微旨将绝。"亦指隐而未露的意愿。《汉书·石显传》:"显为人巧慧习事,能探得人主微旨。"

煨(wēi) ❶热灰。《新唐书·卫国文懿公主传》:"又许百官祭以金贝、寓车、庶服,火之,民争取煨以汰宝。"❷一种烹饪法,即用文火慢慢燉熟。如:红煨牛肉。《宋史·洪皓传》:"尝大雪薪尽,以马矢然火,煨面食之。"❸把食物放在火灰里慢慢烤熟。如:煨山芋。

煨烬 犹灰烬。燃烧后剩下的残余。左思《魏都赋》:"巢焚原燎,变为煨烬。"

蜲(wēi) 见"蜲蛇"。

蜲蛇 同"逶迤"。《文选·张衡〈西京赋〉》:"声清畅而蜲蛇。"薛综注:"蜲蛇,声余诘曲也。"《文选·傅毅〈舞赋〉》:"蜲蛇姌嫋。"李善注:"蜲蛇,邪行去也。蜲与逶同。"

蝛(wēi) 见"蚲蝛"。

薇(wēi) 植物名。(1)紫萁的误称。(2)即"白薇"。(3)即"大巢菜"。

鰃〔鰃〕(wēi) 动物名。学名 Holocentrus ruber。亦称"金鳞鱼"。硬骨鱼纲,鰃科。体侧扁,长20 余厘米。红色,具银白色纵带。口大。眼大。头部有强棘,体被坚硬栉鳞。背鳍和臀鳍棘均强大。分布于红海、印度洋、太平洋西南部;中国产于南海和台湾海峡。

巍(wēi,旧读 wéi) 高貌。王十朋《蓬莱阁赋》:"壮百雉之巍垣。"

巍峨 亦作"嵬峨"。高大雄伟貌。《文选·张衡〈西京赋〉》:"状巍峨以岌嶪。"六臣本作"嵬峨"。《红楼梦》第十七回:"则见崇阁巍峨,层楼高起。"

巍科 犹言高第。谓科举考试名在前列。《宋史·蒋重珍传论》:"蒋重珍自擢巍科,既居盛名之下,而能树立于当世,可谓难矣。"

巍巍 高大貌。《论语·泰伯》:"巍巍乎,舜、禹之有天下也,而不与焉。"张衡《思玄赋》:"瞻昆仑之巍巍兮,临萦河之洋洋。"

wéi

口(wéi) "围"的古字。

韦〔韋〕(wéi) ❶熟牛皮。《周礼·春官·司服》："凡兵事，韦弁服。"参见"韦弦"、"韦编"。❷通"围"。一抱。《汉书·成帝纪》："是日大风，拔甘泉畤中大木十韦以上。"❸"违"的古字。违背。《说文》："韦，相背也。"《汉书·礼乐志》："五音六律，依韦飨昭。"周寿昌校补："依韦，即依违也。"❹姓。

韦编　古代用竹简写书，用熟牛皮条把竹简编联起来叫"韦编"。《史记·孔子世家》："孔子晚而喜《易》……读《易》，韦编三绝。"后因称《易》为"韦编"。许浑《元处士自洛归宛陵山居》诗："紫霄峰下绝韦编。"自注："元君旧隐庐山学《易》。"亦代称一般古籍。袁中道《李温陵传》："公自少至老，惟知读书，而吾辈汩没尘缘，不亲韦编。"

韦布　韦带布衣，古时指未仕或在野者的粗陋之服。陆游《厌事》诗："韦布何曾贱？茅茨本自宽。"亦指未仕在野之人。《明史·徐渭传》："渭愤其以轩冕压韦布，誓不入二人党。"

韦带　古代平民所系的无饰皮带。《后汉书·周磐传》："居贫养母，俭薄不充，尝诵《诗》至《汝坟》之卒章，慨然而叹，乃解韦带，就孝廉之举。"李贤注："以韦皮为带，未仕之服也，求仕则服革带，故解之。"参见"韦布"。

韦驮　梵语 Skanda（塞建陀）音译的讹略，亦称韦天将军。佛教护法天神。传说为四天王中南方增长天王的八将之一，居四天王三十二将之首。自唐初道宣记载其事迹以来，被安置于寺院中。其造像一般穿古武将服，执金刚杵，立于天王殿弥勒像之后，面对大雄宝殿内的释迦牟尼佛。

韦弦　《韩非子·观行》："西门豹之性急，故佩韦以自缓；董安于之性缓，故佩弦以自急。"韦，皮带；弦，弓弦。韦求软韧，弦求紧张，佩带韦弦，以随时警戒自己。因指有益的规劝。《旧唐书·李德裕传》："置之坐隅，用比韦弦之益，铭诸心腑，何啻药石之功。"

为〔為〕(wéi) ❶做；干。如：事在人为；敢作敢为。《书·益稷》："予欲宣力四方，汝为。"❷制；造。《易·系辞下》："作结绳而为罔（網）罟，以佃以渔。"❸治理。《国语·周语上》："是故为川者决之使导，为民者宣之使言。"❹充当；作

为；当作。《论语·雍也》："子游为武城宰。"《左传·昭公二十年》："为人子不可不慎也哉！"《墨子·公输》："子墨子解带为城，以牒为械。"❺成为；变为。《诗·小雅·十月之交》："高岸为谷，深谷为陵。"❻是。《论语·微子》："桀溺曰：'子为谁？'曰：'为仲由。'"❼谓；以为。《穀梁传·宣公二年》："赵盾曰：'天乎！天乎！予无罪，孰为盾而忍弑其君者乎？'"《孟子·公孙丑上》："而子为我愿之乎？"❽使。《左传·昭公二十年》："今君疾病，为诸侯忧。"❾被。《三国志·魏志·武帝纪》："太祖（曹操）为流矢所中，所乘马被创。"❿如；若。《韩非子·内储说下》："王甚喜人之掩己也，为近王，必掩口也。"⓫则。《庄子·寓言》："与己同则应，不与己同则反；同于己为是之；异于己为非之。"⓬有。表示存在。《孟子·滕文公上》："夫滕，壤地褊小，将为君子焉，将为野人焉。"参见"为间"。⓭表感慨或诘问的语气。《庄子·逍遥游》："予无所用天下为！"又："奚以之九万里而南为？"⓮后期墨家列为知识的内容之一。《墨子·经上》："知：闻、说、亲、名、实、合、为。"是"志"（主观动机）与"行"（行为客观效果）的结合，"志、行，为也"（同上）。"为"分为六种："存、亡、易、荡、治、化"（同上），即求存、去病、交易、荡除、顺治、变化。⓯通"伪"。伪为；装作。《礼记·檀弓下》："夫子为弗闻也者而过之。"⓰姓。汉代有为昆。

另见 wèi。

为尔　犹言如此。《晋书·王悦传》："导（王导）尝共悦弈棋，争道。导笑曰：'相与有瓜葛，那得为尔邪？'"

为非作歹　做坏事。《红楼梦》第五十七回："紫鹃笑道：'我说的是好话，不过叫你心里留神，并没有叫你去为非作歹，何苦回老太太？'"

为富不仁　《孟子·滕文公上》："阳虎曰：'为富，不仁矣；为仁，不富矣。'"意谓一心求利，就不可能为别人着想，使别人受益。后用以形容富人刻薄成性、惟利是图。王铚《寻亲记·告借》："你为富不仁，心肠忒狠。"

为间　犹有间。不多一会儿。《孟子·滕文公上》："夷子怃然为间，曰：'命之矣！'"

为人　❶指处世待人。《论语·述而》："其为人也孝弟。"❷指男女交

媾。《史记·樊郦滕灌列传》："荒侯市人病不能为人。"张守节正义："言不能行人道也。"

反〔嬀〕(wéi)　见"扅反"。

圩(wéi，又读 yú)　❶低洼地区防水护田的土堤。圩子。两淮盐滩筑堤为界也叫圩。如：十二圩。❷凹；中央低而四旁高。《史记·孔子世家》："生而首上圩顶。"司马贞索隐："圩顶，言顶上窊也。故孔子顶如反圩。反圩者，若屋宇之反，中低而四傍高也。"

另见 xū。

圩堤　在沿江、滨湖以及滨海的低洼地区，圈围田地房舍，以便进行垦殖的围堤。其作用是防御外水侵入，保障堤内的生产建设和人民生命财产的安全。

郑〔郌〕(wéi)　古地名。一作隈，春秋郑地。确址不详。或以为在今河南鲁山境。《春秋》襄公七年（公元前 566 年）："公会晋侯、宋公、陈侯、卫侯、曹伯、莒子、邾子于郑。"

违〔違〕(wéi)　❶离开。如：久违了。《左传·哀公二十七年》："违穀七里，穀人不知。"❷不遵从；违背；违反。如：违令；阳奉阴违。《孟子·梁惠王上》："不违农时，谷不可胜食也。"❸避去。《左传·庄公四年》："纪侯大去其国，违齐难也。"❹邪恶；错失。《左传·桓公二年》："君人者，将昭德塞违，以临照百官，犹惧或失之。"《后汉书·马武传》："光武鉴前事之违，存矫枉之志。"

违和　身体失于调和而不舒适。常用作称他人患病的婉词。《南史·刘沨传》："公去岁违和，今欲发动，顾左右急呼师视脉。"《三国演义》第二十九回："众将俱曰：'主公玉体违和，未可轻动。'"

违心　❶二心；异心。《左传·桓公六年》："嘉栗旨酒，谓其上下皆有嘉德，而无违心也。"洪昇《长生殿·献饭》："若有违心，皇天鉴，决不爽。"❷谓不出于本心。如：违心之论。《北史·高允传》："违心苟免，非臣之意。"

违言　❶表示不满的违忤之言。《左传·隐公十一年》："郑、息有违言，息侯伐郑。"杜预注："以言语相违恨也。"❷不合情理的话。《管子·戒》："邪行亡乎体，违言不存口。"尹知章注："体无邪行，口言必顺。"

违约 合同当事人一方或双方未履行或未全部履行合同的行为。违约一方当事人应当依法承担违约责任。

围〔圍〕(wéi) ❶环绕;包围。如:围攻。《左传·隐公四年》:"伐郑,围其东门。"❷周围。如:外围。《西厢记》第四本第三折:"四围山色中,一鞭残照里。"❸防守。《公羊传·庄十年》:"围不言战。"何休注:"以兵守城曰围。"❹土木筑成的防守设备。如:土围子。❺围场,打猎的场地。《隋书·礼仪志三》:"布围……百officE戎服骑从,鼓行入围;诸将并鼓行越围。"❻计量圆周的约略单位,即两手的拇指和食指合拢的长度。亦指两臂合抱的长度。

围场 旧时供皇帝、贵族合围打猎的场地。《宋史·礼志》:"太祖建隆二年,始校猎于近郊,先出禁军为围场。"

围攻 ❶攻歼被围之敌的作战行动。目的是彻底歼灭敌人,夺占重要地区或目标。❷多人同时用言语、动作等攻击一人或少数人。

围困 对敌实施的围而不攻、断其外援、困饿瓦解的作战行动。通常在攻占筑垒城市及其他要塞据点时采用。

围魏救赵 《史记·孙子列传》:"田忌欲引兵之赵,孙子曰:'……今梁赵相攻,轻兵锐卒必竭于外,老弱罢(疲)于内。君不若引兵疾走大梁,据其街路,冲其方虚,彼必释赵而自救。是我一举解赵之围而收弊于魏也。'谓齐国用围攻魏国的方法,迫使其撤回攻赵部队而使赵国得救。后以"围魏救赵"泛指围攻敌人后方而迫其撤回兵力的作战方法。《水浒传》第六十四回:"倘用围魏救赵之计,且不来解此处之危,反去取我梁山大寨,如之奈何?"

帏〔幃〕(wéi) ❶义同"帷"。帐幕;帐子。《后汉书·仲长统传》:"垂露成帏,张霄成幄。"《古诗十九首》:"明月何皎皎,照我罗床帏。"❷香囊。《离骚》:"椒又欲充夫佩帏。"❸古代裳的正幅。《国语·郑语》:"王使妇人不帏而噪之。"

帏薄不修 亦作"帷薄不修"。对家门淫乱的掩饰之词。《新书·阶级》:"坐污秽男女无别者,不谓污秽,曰:'帷薄不修。'"《北史·毕众爱传》:"诸毕当朝,不乏荣贵,但帏薄不修,为时所鄙。"

闱〔闈〕(wéi) ❶宫中小门。《周礼·地官·保氏》:"使其属守王闱。"孙诒让正义:"金鹗云:'闱者,门之小者也。凡在南者皆称门,其余称闱。'闱为宫中外达内之侧门;此保氏所守王闱,亦即王宫之侧门。"也指庙中小门。《考工记·匠人》:"庙门容大扃七个,闱门容小扃参(三)个。"郑玄注:"庙中之门曰闱。"❷后妃居处称"宫闱",见该条。❸父母居室称"庭闱",见该条。❹旧称试院为闱。见"棘闱❶"。

闱墨 闱,科举时代的试院;墨,试卷。清代每届乡试会试的试卷,由礼部选定录取的文章,编刻成书,名为"闱墨",别称试录。《清会典事例·礼部·贡举》:"康熙九年议准:嗣后每年乡、会试卷,礼部选其文字中程者,刊刻成帙,颁行天下。一应坊间私刻,严行禁止。"又:"三十二年复准:刊刻闱墨,务照原卷,若考官不照原卷发刻者,交部议处。"

沣〔灃〕(wéi) 古水名。源出陕西岐山东北沣谷,东南流,至扶风西、岐山县东入雍水,又东南会入渭水。

沩〔潙〕(wéi) 水名。在湖南省境,湘江支流,源出宁乡县西沩山(一称大沩山)。

峗(wéi) 山名用字。《庄子·在宥》:"投三苗于三峗。"陆德明释文:"本亦作危。"
另见 wéi。

峞(wéi) 同"嵬"。

桅(wéi) 亦称"桅杆"。竖立于船舶甲板上的圆木或金属长杆。有的在下部作成人字、三脚等形。在帆船上主要用以扬帆;在机动船上主要用以悬旗和装设航行灯、无线电天线和雷达天线等,常兼作吊杆柱用。

敳(wéi) 细小。《说文·人部》:"敳,眇也。"段玉裁注:"眇,各本作妙,今正。凡古言敳眇者,即今之微妙字。眇者,小也,引申为凡细之称。微者,隐行也。微行而敳废矣。"

潿〔濰〕(wéi) 积聚的污水。《说文·水部》:"潿,不流浊也。"韩愈孟郊《城南联句》诗:"巨细各乘运,湍潿亦腾声。"

唯(wéi) 同"惟"。❶独;只有。《论语·述而》:"唯我与尔有是夫。"❷以;因为。《左传·僖公二年》:"冀之既病,则亦唯君故。"❸犹"虽"。《墨子·尚同》:"唯毋欲与我同,不可得也。"❹语首助词,无义。《论语·述而》:"与其进也,不与其退也,唯何甚!"
另见 wěi。

唯我独尊 我,一作"吾"。《五灯会元》卷一:"天上天下,唯吾独尊。"亦作"唯我为尊"。见《长阿含经·大本经》。本为佛教推崇释迦之语。现用以形容极端自高自大,认为只有自己最了不起。

唯物辩证法 即"马克思主义辩证法"。以自然界、人类社会和思维发展最一般规律为研究对象。是辩证法思想发展的高级形态。马克思主义哲学的重要组成部分。认为物质世界是普遍联系和不断运动变化的统一整体;辩证规律是物质世界自己运动的规律;主观辩证法或辩证的思维是客观辩证法在人类思维中的反映。是最全面、最丰富、最深刻的发展学说。它包括三个基本规律(对立统一规律、质量互变规律和否定之否定规律)以及现象与本质、原因与结果、必然与偶然、可能与现实、形式与内容等一系列基本范畴,而以对立统一规律为核心。它是宇宙观,又是认识论和方法论。

唯物主义 同唯心主义相对立的哲学基本派别。在哲学基本问题上坚持物质第一性,精神第二性;世界的统一性在于物质性;意识是物质世界发展到一定阶段的产物;人的认识是对客观存在的反映。唯物主义通常总是反映先进阶级或集团的利益的。在中国,唯物主义的代表有战国时的荀子,东汉的王充,南朝的范缜,明清之际的王夫之,清代的戴震等。在西方,唯物主义的发展可以分为下列三个阶段:古希腊罗马的朴素唯物主义;16—18世纪的形而上学唯物主义或机械唯物主义;19世纪以来的辩证唯物主义和历史唯物主义,即马克思主义哲学。

唯心辩证法 建立在唯心主义基础上的辩证法学说。它将精神看做是世界的本原,在此基础上论证精神、概念的辩证运动和发展。古希腊的柏拉图排比"有"和"无"、"一"和"多"、"同"和"异"等理念,认为辩证法就是从低级的、矛盾的理念逐步上升到最高的理念,即善的理念的过程。19世纪德国的黑格尔也系统地阐述了观念的辩证法,他以唯心主义的方式把质量互变、对立统一、否定之否定,当作思维的规律而加以阐明,并在其观念的辩证法中,"天才地猜测到了事物(现象、世界、自然界)的辩证法"(列宁语),因而有其合理的内核。

唯心主义 同唯物主义相对立的哲学基本派别。在哲学的基本问题上,主张精神第一性,物质第二性,认为精神(意识、观念)是世界的本原,世界则是精神的产物。唯心主义有两种基本形式:主观唯心主义和客观唯心主义。唯心主义思想的萌芽是由于原始人的迷妄无知,但发展成为哲学体系的社会根源,乃是阶级和剥削的产生。它在大多数情况下是保守势力和没落阶级的世界观。唯心主义的认识论根源,则在于将认识复杂过程的某个方面、某一部分夸大或僵化成为绝对。

帷(wéi) 帐幔;帐子。《周礼·天官·幕人》:"掌帷幕幄帟绶之事。"郑玄注:"在旁曰帷,在上曰幕。"

帷薄 《礼记·曲礼上》:"帷薄之外不趋。"陆德明释文:"帷,幔也;薄,帘也。"两者都是用来障隔内外的。古时因谓闺门不整肃为"帷薄不修"。《新书·阶级》:"古者大臣……有坐污秽男女无别者,不谓污秽,曰帷薄不修。"

帷盖 车的帷幔和篷。《礼记·檀弓下》:"敝帷不弃,为埋马也;敝盖不弃,为埋狗也。"《后汉书·儒林传上》:"其缣帛图书,大则连为帷盖,小乃制为滕囊。"

帷幕 帐幕。在旁的称"帷",在上的称"幕"。白居易《牡丹芳》诗:"共愁日照芳难驻,仍张帷幕垂阴凉。"

帷墙 以帷幕为墙。《吕氏春秋·任数》:"帷墙之外,而目不能见。"因称近臣妻妾的制约为"帷墙之制"。邹阳《狱中上书自明》:"今人主沈谄谀之辞,牵于帷墙之制。"

帷幄 帐幕。在旁边的叫"帷",四面合起来像屋宇的叫"幄"。《汉书·外戚传下》:"前皇太后与昭仪俱侍帷幄。"又多指军帐。《汉书·张良传》:"运筹策帷幄中,决胜千里外,子房功也。"

惟(wéi) ❶思;想。《诗·大雅·生民》:"载谋载惟。"郑玄笺:"惟,思也。"❷为;是。《书·禹贡》:"厥草惟夭,厥木惟乔,厥土惟涂泥,厥田惟下下。"❸独;只。《左传·隐公十一年》:"不惟许国之为,亦聊以固吾圉也。"❹犹"以"。

由于。《书·盘庚中》:"亦惟女故,以丕从厥志。"❺与;和。《书·多方》:"告尔四国多方,惟尔殷侯尹民。"❻虽。《史记·淮阴侯列传》:"惟信亦为大王不如也。"❼语助,用于句首。《书·伊训》:"惟元祀十有二月乙丑,伊尹祠于先王。"

惟妙惟肖 形容刻画或描摹得十分逼真。

维〔維〕(wéi) ❶系物的大绳。《楚辞·天问》:"斡维焉系?"参见"地维"。也比喻一切事物赖以固定的东西。《管子·牧民》:"国有四维。"参见"纲维❶"。❷连结;系。如:维舟。《逸周书·职方》:"凡邦国大小相维。"参见"维絷"。❸隅。《淮南子·天文训》:"东北为报德之维也。"高诱注:"四角为维也。"❹通"惟"。考虑;计度。如:思维。《史记·秦楚之际月表》:"维万世之安。"❺以;因为。《诗·郑风·狡童》:"维子之故,使我不能餐兮。"❻乃;是。《诗·大雅·生民》:"厥初生民,时维姜嫄。"❼与;和。《诗·小雅·无羊》:"牧人乃梦……旐维旟矣。"❽作语助,用于句首或句中。《史记·太史公自序》:"维昔黄帝,法天则地。"王勃《滕王阁序》:"时维九月,序属三秋。"❾几何学及空间理论的基本概念。如:三维世界。

维持 维系护持,使不致失坠。《诗·小雅·采菽》"绋缅维之"毛传:"绋,缚也。缅,绠也。明王能维持诸侯也。"今多用为保持、支持的意思。如:维持秩序。

维妙维肖 形容描绘、模仿人或物的神情状态非常逼真。冯镇峦《读聊斋杂说》:"《聊斋》中间用字法,不过一二字,偶露句中,遂已绝妙,形容维妙维肖,仿佛《水经注》造语。亦作"惟妙惟肖"。

维齐非齐 出自《尚书·吕刑》:"轻重诸罚有权,刑罚世轻世重,维齐非齐"。意指刑罚有等差,才能有效治理。荀子借来说明贫富贵贱差别的合理性,理由是:有天有地就有上下的差别,平均分配会因物资不足而引起纷争,故贫富贵贱等级的差异,是"养天下之本"(《荀子·王制篇》)。

维生素 旧称"维他命"。生物的生长和代谢所必需的微量有机物。已知的20余种维生素,大致可分为脂溶性维生素和水溶性维生素两类。前者包括维生素A、D、E、K等;后者有B族维生素和维生素C。B族维

生素包括维生素 B_1、B_2、B_6、B_{12}、烟酸、叶酸、泛酸、生物素、胆碱等,大多是某些辅酶的组成部分。人和动物缺乏维生素时不能正常生长,并发生特异性病变。病人、特殊工种劳动者、儿童和孕妇等的需要量较常人为高。许多维生素现在已可提纯或人工合成,这些纯品和一些富含维生素的制剂(如鱼肝油和干酵母),均可供防治维生素缺乏症之用。

维他命 英文 vitamin 的音译。"维生素"的旧称。

维吾尔族 中国少数民族名。史称"袁纥"、"韦纥"、"回纥"、"回鹘"、"畏兀儿"等。

维新 《诗·大雅·文王》:"周虽旧邦,其命维新。"维,语助;维新即新。后称变旧法而行新政为"维新"。

维絷 ❶系缚。杜甫《早发射洪县南途中作》诗:"仆夫行不进,驽马若维絷。"❷《诗·小雅·白驹》:"皎皎白驹,食我场苗,絷之维之,以永今朝。"郑玄笺:"爱之,欲留之。"意谓缚住贤人的白马,不放他离去。后用为延揽人才之意。谢灵运《从游京口北固应诏》诗:"顾己枉维絷,抚志惭场苗。"亦作"絷维"。

嵬(wéi) 见"崔嵬"、"嵚嵬"。另见 guī。

嵬峩 ❶高大雄伟貌。陆云《喜霁赋》:"瞻增城之峻极兮,仰蓬莱之嵬峩。"❷摇晃倾斜貌。形容醉态。白居易《春尽日天津桥醉吟偶赠李尹侍郎》诗:"水边行嵬峩,桥上立逡巡。"

嵬嶷 高大貌。左思《吴都赋》:"尔其山泽则嵬嶷峣屼,嵯冥郁岪。"

鮠〔鮠〕(wéi) 动物名。学名 *Leiocassis longirostris*。亦称"江团"、"白吉"。硬骨鱼纲,鲇科(鮠科)。体延长,前部平扁,后部侧扁,长达1米左右。浅灰色。吻圆突,口腹位,具须四对。眼小。体无鳞。背鳍和臀鳍均具硬刺,脂鳍低而延长。栖息河流和江口底层,食无脊椎动物和小鱼等。主产于中国长江流域。肉味鲜美;鳔肥厚,可制鱼肚。已有养殖。《本草纲目·鳞部四》:"北人呼鳠,南人呼鮠,并与鮰音相近,迩来通称鮰鱼,而鳠、鮠之名不彰矣。"

潍〔濰〕(wéi) 水名。在山东省东部。源出五莲县西南箕屋山,北流到昌邑市鱼儿铺入莱州湾。

魏（wéi）通“巍”。独立貌。《庄子·天下》：“魏然而已矣。”郭象注：“任性独立。”成玄英疏：“不动之貌也。”
　另见 wèi。

镦〔鏏〕（wéi）悬物钩。《方言》卷五：“自关而西谓之钩，或谓之镦。”郭璞注：“悬物者。”李斗《扬州画舫录·虹桥录下》：“灯船多用鼓棚，楣枋櫺檐，有镥有镦。”

犩（wéi）即夔牛。《尔雅·释畜》“犩牛”郭璞注：“如牛而大，肉数千斤，出蜀中。”

wěi

伟〔偉〕（wěi）❶高大；壮美。如：伟木；伟丈夫；魁梧奇伟。❷盛大。如：伟业；伟观；丰功伟绩。《庄子·大宗师》：“伟哉，夫造物者将以予为此拘拘也！”❸奇特，不寻常。《史记·留侯世家》：“衣冠其伟。”❹姓。汉代有伟璋。

伟岸　魁梧，壮硕。《新唐书·李从晦传》：“从晦姿质伟岸，所至以风力闻。”

伟器　犹言大器，谓能任大事的人才。《后汉书·黄允传》：“卿有绝人之才，足成伟器。”

伪〔偽〕（wěi，旧读 wèi）❶作伪；虚假。与“真”相对。如：伪造；去伪存真。《书·周官》：“作德，心逸日休；作伪，心劳日拙。”❷非法的；非正统的；窃取政权，不被承认的。如：伪政权。李密《陈情表》：“臣少事伪朝，历职郎署。”❸人为。《荀子·性恶》：“不可学、不可事而在人者谓之性；可学而能、可事而成之在人者谓之伪。”❹通“帷”。帷幔。《礼记·丧大记》：“〔饰棺〕素锦褚，加伪荒。”郑玄注：“伪，当为‘帷’。”陆德明释文：“伪，依注读为帷，位悲反。”

伪国　僭伪的、非正统的国家。《新五代史·南汉世家》：“光胤自以唐甲族，耻事伪国，常怏怏思归。”

伪经　❶假托前人名义伪造的经书。唐孔颖达《尚书正义》用梅赜古文本，即有伪《古文尚书》在内。❷戊戌变法以前，康有为撰《新学伪经考》，认为古文经传是刘歆伪作，称为伪经。❸伪造的佛经。如《大周刊定众经目录》内附《刊定伪经目录》。

伪君子　假装好人以欺世盗名的人。

伪善　假充好人；假冒为善。《中论·考伪》：“人徒知名之为善，不知伪善者为不善也。”

伪书　❶假造文书。《史记·货殖列传》：“吏士舞文弄法，刻章伪书。”也指假造的文件。《史记·封禅书》：“天子识其手书，问其人，果是伪书。”❷作者隐匿本名而托名前人的作品。中国古籍中，有原作者已无考而托名于前人的，如《六韬》之托名于吕望；有成书较晚而相传为前代著作的，如《周礼》之传为周初著作；也有原书已佚而后人有意作伪的，如伪孔安国《古文尚书传》。考订伪书的作者及著作时代，称为“辨伪”，如姚际恒的《古今伪书考》。这一工作，始于宋而盛于清，对辨明古代学术思想的真实面貌有很大作用。

伪体　古代论诗常以《诗经》中《国风》、《二雅》为诗歌创作的标准，称为“正体”，不符合此标准者则为“伪体”。杜甫《戏为六绝句》：“别裁伪体亲风雅，转益多师是汝师。”别裁，辨别剔除。

伪证　提供虚假证明。凡故意作伪证的，均应按情节轻重依法处理，直至追究刑事责任。我国刑法规定，在刑事诉讼中，证人、鉴定人、记录人、翻译人对与案件有重要关系的情节，故意作虚假的证明、鉴定、记录、翻译，意图陷害他人或隐匿罪证的，构成伪证罪。

伪装　❶假装。如：伪装哀伤。❷军事用语。为隐蔽自己和欺骗、迷惑敌人所采取的各种隐真示假措施。包括隐蔽真目标，设置假目标，实施佯动，散布假情报和封锁消息等。

苇〔葦〕（wěi）即芦苇。《本草纲目·草部四》：“毛苌诗疏云：‘苇之初生曰葭，未秀曰芦，长成曰苇。苇者，伟大也。’”又：“北人以苇与芦为二物，水旁下湿所生者皆苇，其细不及指大，人家池圃所植者，皆名芦，其薜（秆）差大，深青色者，亦难得。然则芦苇皆可通用矣。”参见“葭❶”、“芦❶”。

芛〔蒍〕（wěi）❶古地名。《左传·僖公二十七年》：“子玉复治兵于芛。”杜预注：“芛，楚邑。”❷姓。亦作“蒍”。《左传·僖公二十七年》有芛贾；《汉书·古今人表》作蒍贾。

荎（wěi，又读 sǔn）草木初生的花。《尔雅·释草》：“蕍、荎，葟华荣。”郭璞注：“今俗呼草木华初生为荎蕍亦华之貌也。”郝懿行义疏：“荎者，《说文》云：‘草之葟荣也。’《玉篇》云：‘蕍，华荣也。’是蕍、荎声义同。”按木花为华，草花为荣，混称为华，初生为荎。

闱〔闈〕（wěi）开门。《国语·鲁语下》：“康子往焉，闱门与之言。”韦昭注：“闱，阖也。”

沇（wěi）见“沇溶”。
　另见 yǎn。

沇溶　盛多貌。《文选·扬雄〈羽猎赋〉》：“萃似沇溶。”李善注：“沇溶，盛多之貌也。”

怷〔愇〕（wěi）是。《汉书·叙传上》：“怷世业之可怀。”颜师古注：“怷字与韪同。韪，是也。”一释为恨。《文选·班固〈幽通赋〉》作“违世业之可怀”，李善注引曹大家曰：“违，恨也。……违或作怷，怷亦恨也。”

窞〔寪〕（wěi）❶《楚辞·招隐士》“溪谷崭岩兮”王逸注：“崎岖间窞。”间窞，开阔之貌。❷姓。亦作“芛”。《左传·隐公十一年》：“〔公〕馆于窞氏。”杜预注：“窞氏，鲁大夫。”按《史记·鲁周公世家》作“芛氏”。

尾（wěi）❶动物躯干后端的一段，通常指肛门以后的部分。脊椎动物有真正的尾。无脊椎动物除箭虫外都没有真正的尾。亦称动物身体后端的器官，如尾羽、尾鳍、尾鳃、尾扇与尾节等。❷事物的末后部分。如：船尾；年尾；尾声。❸在后面。如：尾随。《后汉书·岑彭传》：“嚣（隗嚣）出兵尾击诸营。”李贤注：“尾，谓寻其后而击之。”❹底。《尔雅·释水》：“濆，大出尾下。”郭璞注：“尾，犹底也。”❺鸟兽虫鱼交配。《书·尧典》：“鸟兽孳尾。”孔传：“乳化曰孳，交接曰尾。”❻鱼的计数词。李靓《寄祖秘丞》诗：“肥鱼斫千尾。”❼星名。二十八宿之一。亦称“天鸡”、“析木”。青龙七宿的第六宿，有星九颗。❽通“媺”。美好貌。《诗·邶风·旄尾》：“琐兮尾兮，流离之子。”孔颖达疏：“尾，好也。”❾姓。东汉有尾敦。
　另见 yǐ。

尾大不掉　《左传·昭公十一年》：“末大必折，尾大不掉，君所知也。”掉，摆动。比喻部属势力强大，不服从指挥调度。又比喻机构庞大，指挥不灵。亦作“末大不掉”。柳宗元《封建论》：“余以为周之丧久矣，徒建空名于公侯之上牙！得非诸侯之盛强，末大不掉之咎欤？”

尾闾　古代传说中海水所归之处。

《庄子·秋水》："天下之水莫大于海,万川归之,不知何时止而不盈;尾闾泄之,不知何时已而不虚。"嵇康《养生论》："或益之以畎浍,而泄之以尾闾。"

尾生　人名。古代传说中坚守信约的人。《庄子·盗跖》："尾生与女子期于梁下,女子不来,水至不去,抱梁柱而死。"《国策·燕策一》："信如尾生,廉如伯夷,孝如曾参,三者天下之高行也。"

尾声　❶事物的最后部分或结束阶段。如:大会已接近尾声。❷叙事性文艺作品情节结构的组成部分之一。在叙事性文学作品(如长篇小说等)中都是作品的最后一部分,用以交代结局。在大型戏剧作品中,指末一幕后的一场戏。作者根据其创作意图和结构的需要,在故事结束后,另写一节或安排一场作为尾声,用以交代人物的归宿、事件发展的远景或表现作者的一些思想愿望。尾声常同序幕相呼应。❸戏曲名词。诸宫调、唱赚、杂剧、传奇等脚本里大多数套曲中最末一曲的泛称。北曲部分宫调中有以《尾声》为名的曲牌,字数大致相同;另有些曲牌专作尾声之用,如《赚煞》、《煞尾》等。南曲各宫调都有《尾声》曲牌,字数亦大致相同,均系十二板,故又名《十二时》,也有称为《情不尽》、《意不余》、《余文》、《余音》的。戏曲乐队在每出戏结束时所奏吹乐曲,也叫尾声。❹音乐术语。指乐曲的结束部分,用以引申未尽之意并加强结束感,但大型乐曲中快板乐章的尾声,常带有发展而形成曲终的高潮,如贝多芬《第五交响曲》第一乐章的尾声。"

纬〔緯〕(wěi)❶织物的横线。与"经"相对。参见"恝不恤纬"。❷东西的横路。如:纬陌。又地理学上称与地球赤道平行的南北分度线。如:南纬;北纬;纬度。❸行星的古称。《文选·张衡〈西京赋〉》："五纬相汁。"李善注:"五纬,五星也。《方言》曰:汁,叶也。郭璞曰:叶,和也。"❹汉代出现与"经书"相对的一类书。如:七纬。后亦指考证经文名物的书。如:《古经服纬》。❺筝上的弦。《楚辞·九叹·愍命》："挟人筝而弹纬。"王逸注:"反持凡人小筝,急张其弦而弹之也。"❻束。《大戴礼记·夏小正》："农纬厥耒。"孔广森补注:"束其耒者,使耜与柄相坚著也。"❼编织。见"纬萧"。

萧"。

另见 yǔ。

纬车　纺车。陆龟蒙《袭美见题郊居次首因次韵酬之》："水影沈鱼器,邻声动纬车。"

纬度　地理坐标之一。地理纬度一般采用天文纬度,即该地铅垂线与赤道面的夹角。从赤道向南北两极量度,各由0°~90°。在赤道以北的称为"北纬",以南的称为"南纬"。例如,北京的纬度是北纬39°57′。

纬缅　乖戾;不和合。《离骚》："忽纬缅其难迁。"

纬书　对"经书"而言。汉代混合神学附会儒家经义的书。有《诗》、《书》、《礼》、《乐》、《易》、《春秋》和《孝经》七经的纬书,总称"七纬"。又有《论语谶》及《河图》、《洛书》等,合称"谶纬"。又泛指汉代一切讲术数占验之书。西汉末,纬书逐渐流行;东汉称纬为"内学"。其中记录了一部分天文、历法和地理知识,也保存有很多古代的神话传说,但大部分充满迷信。原书因隋炀帝禁毁失传。明孙瑴《古微书》、清马国翰《玉函山房辑佚书》和黄奭《汉学堂丛书》、赵在翰《七纬》、乔松年《纬攟》均有辑录。近出《纬书集成》较为完备。

纬萧　用蒿草编织帘子。《庄子·列御寇》："河上有家贫恃纬萧而食者。"

玮〔瑋〕(wěi)玉名。见《广韵·七尾》。引申为珍贵,珍视。陆机《辨亡论上》："明珠玮宝,耀于内府。"《后汉书·李膺传》："梁惠王玮其照乘之珠。"亦喻美好。宋玉《神女赋序》："瑰姿玮态,不可胜赞。"

委(wěi)❶托付。如:委派;委以重任。《左传·文公六年》："委之常秩。"又《成公二年》："王使委于三吏。"引申为致送。见"委禽"。❷丢弃;听任。《孟子·公孙丑下》："委而去之。"《世说新语·言语》："王敦兄含,为光禄勋。敦既逆谋,屯据南州,含委职奔姑孰。"参见"委化"、"委命"。❸推卸。如:委过于人。《晋书·石季龙载记上》:"此政之失和,朕之不德,而欲委咎守宰,岂禹汤罪己之义邪?"❹堆积。扬雄《甘泉赋》："瑞穰穰兮委如山。"《旧唐书·杜审权传》："书诏云委。"❺末尾;水的下流。《礼记·学记》:"或源也,或委也。"❻确实。如:委实;委系实情。❼确知。《资治通鉴

·隋炀帝大业十二年》:"臣非所司,不委多少。"胡三省注:"委,悉也。"❽曲;屈。《楚辞·九叹·远逝》:"委两馆于咸唐。"参见"委曲"、"委婉"、"委屈"。❾通"萎"。衰败;困顿。谢朓《暂使下都赠西府同僚》诗:"时菊委严霜。"参见"委靡"、"委顿"。❿通"猥"。见"委琐"。

另见 wēi。

委顿　疲乏困顿。《新唐书·韩愈传》:"此譬有十夫之力,自朝抵夕,跳跃叫呼,势不支久,必自委顿。"

委惰　懈怠,不振作;疲倦貌。《楚辞·哀时命》:"欿愁悴而委惰兮。"王逸注:"委惰,懈倦也。"

委国　把国家的政权交给他人。《史记·秦本纪》:"韩王入朝,魏委国听令。"谓魏国愿交出政权,一切听命于秦。

委化　随顺自然的变化。王绩《石竹咏》:"弃置勿重陈,委化何足惊。"

委积　❶古代以国用的余财储蓄备荒,叫"委积"。《周礼·地官·遗人》:"掌邦之委积,以待施惠。"郑玄注:"委积者,廪人仓人计九谷之数,足国用,以其余共之,所谓余法用也……少曰委,多曰积。"❷积聚。《楚辞·九章·怀沙》:"材朴委积兮,莫知余之所有。"陆游《暮春龟堂即事》诗:"断简棱中尘委积。"

委吏　古代掌管粮仓的小官。《孟子·万章下》:"孔子尝为委吏矣。"赵岐注:"委吏,主委积仓廪之吏也。"

委靡　❶精神颓唐。韩愈《送高闲上人序》:"颓堕委靡,溃败不可收拾。"❷柔顺;没有骨气。《楚辞·九思·悯上》:"众多兮阿媚,委靡兮成俗。"

委命　❶以性命相托。《史记·刺客列传》:"此丹之上愿,而不知所委命,唯荆卿留意焉。"❷犹效命。《三国志·魏志·刘放传》:"将军宜投身委命,厚自结纳。"❸谓听任命运支配的消极处世态度。张华《鹪鹩赋》:"动翼而逸,投足而安,委命顺理,与物无患。"

委禽　致送聘礼。《左传·昭公元年》:"郑徐吾犯之妹美,公孙楚聘之矣,公孙黑又使强委禽焉。"委,致送;禽,指雁,古代订婚用的礼物。

委裘　❶犹"垂裳"。委,下垂。《吕氏春秋·察贤》:"尧之容若委衣裘,以言少事也。"后因以"委裘"指任用贤能。《文选·任昉〈为萧扬州荐士表〉》:"物色关下,委裘河上。"

李善注:"委裘,谓用贤也。"❷《汉书·贾谊传》:"植遗腹,朝委裘,而天下不乱。"王先谦补注:"植遗腹,故但朝先帝裘衣。"按此谓旧君已死,新君未立,置故君之遗衣于座以受朝。

委曲 ❶义同委屈。曲意求全。《汉书·严彭祖传》:"何可委曲从俗,苟求富贵乎?"❷事情的底细和原委。《颜氏家训·风操》:"太山羊侃,梁初入南。吾近至邺,其兄肃,访侃委曲。"❸隐微不显;含蓄曲折。《后汉书·班彪传》:"司马迁序帝王则曰本纪,公侯传国则曰世家,卿士特起则曰列传,又进项羽陈涉,而黜淮南衡山,细意委曲,条例不经。"❹批示。岳珂《宝真斋法书赞》卷五:"段文昌《秋气帖》:'有华阳消息,可报委曲。'按唐世搢绅家以上达下其制相承,名之曰委曲,盖今之批示也。迄于国初犹多用之。"

委屈 ❶冤屈。《红楼梦》第六十一回:"五儿心内又气又委屈,竟无处可诉。"❷曲意迁就。《南史·谢澹传》:"〔澹〕醉谓帝(宋武帝)曰:'陛下用群臣,但须委屈顺者乃见贵,汲黯之徒无用也。'"

委蛇 蛇名。《庄子》寓言中的怪物。《庄子·达生》:"请问委蛇之状何如?皇子曰:'委蛇,其大如毂,其长如辕,紫衣而朱冠。其为物也,恶闻雷车之声,则捧其首而立。见之者殆乎霸。'"

委身 托身;以身事人。《淮南子·兵略训》:"怀王北畏孟尝君,背社稷之守,而委身事秦。"《梼杌近志》:"崇祯末,流寇四起,绳妓红娘子乱河南,房杞县举人李信去,强委身事之。"

委实 确实;实在。王实甫《西厢记》第四本第一折:"空调眼色经今半载,这其间委实难捱。"

委输 输送积聚的货物;转运。《后汉书·张纯传》:"使将颍川突骑安集荆徐杨部,督委输。"李贤注:"委输,转运也。"

委随 ❶温顺。《后汉书·窦宪传》:"宪以前太尉邓彪有义让,先帝所敬,而仁厚委随。"❷困顿疲弱。枚乘《七发》:"四支(肢)委随,筋骨挺解。"挺解,松懈。参见"委惰"。

委琐 ❶细碎;拘于小节。司马相如《难蜀父老》:"且夫贤君之践位也,岂特委琐喔龊,拘文牵俗,脩诵习传,当世取说(悦)云尔哉!""脩",《汉书》作"循"。❷品格容貌鄙俗。

《红楼梦》第二十三回:"又看看贾环人物委琐,举止粗糙。"

委蜕 自然所付与的躯壳。《庄子·知北游》:"孙子非汝有,是天地之委蜕也。"或谓委,弃也,如蝉弃其所蜕之皮。引申为死亡。杨弘道《齿摇》诗:"同胞陷涂泥,委蜕化黄土。"

委托 ❶托付;依托。《旧五代史·晋少帝纪赞》:"委托非人,坐受平阳之辱。"❷法律用语。当事人一方(委托人)请另一方(受托人)处理事务,另一方接受此项请求的民事法律行为。如委托代管财产。由此达成的协议称为委托合同。委托的事务不以法律行为为限,但法律规定或按事务性质须由本人亲自履行的,不得委托他人处理。委托人是否向受托人支付报酬,依法律、习惯或双方协议决定。受托人处理事务,可用委托人的名义,亦可用自己的名义。

委宛 同"委婉"。

委婉 婉转曲折。《儒林外史》第二十四回:"更有那细吹细打的船来,凄清委婉,动人心魄。"

委巷 偏僻曲折的小巷。《礼记·檀弓上》:"是委巷之礼也。"刘攽《中山诗话》:"石曼卿独行京师,一豪士揖之而语曰:'公幸过我家。'石许之,同入委巷,抵大第。"

委形 古代道家用语。谓人身是自然所付与的形体。《庄子·知北游》:"舜曰:'吾身非吾有也,孰有之哉?'曰:'是天地之委形也。'"陆德明释文:"司马云:'委,积也。'"俞樾曰:"司马云:'委,积也。'于义未合。《国策·齐策》:'愿委之于子。'高注曰:'委,付也。'成二年《左传》:'王使委于三吏。'杜注曰:'委,属也。'天地之委形,谓天地所付属之形也。"参见"委蜕"。

委政 以政事相托。《左传·襄公三十一年》:"子皮以为忠,故委政焉,子产是以能为郑国。"为,治。《梁书·武帝纪》:"委政朝臣。"

委质 "质"通"贽",亦作"挚"。❶放下礼物。古代卑幼往见尊长,不敢行宾主授受之礼,把礼物放在地上,然后退出。《国语·晋语九》:"臣委质于狄之鼓,未委质于晋之鼓也。"韦昭注:"士贽以雉,委贽而退。"《礼记·曲礼下》:"童子委挚而退。"❷古代臣下向君主献礼,表示献身。《国语·晋语九》:"臣闻之,委质为臣,无有二心,委质而策死。"韦昭注:"言委贽于君,书名于册,示必

死也。"一说下拜,表示恭敬承奉之意。《左传·僖公二十三年》:"策名委质。"孔颖达疏:"质,形体也。拜则屈膝而委身体于地,以明敬奉之也。"因亦用为归顺之意。《三国志·蜀志·黄忠传》:"先主南定诸郡,忠遂委质,随从入蜀。"

委罪 推卸罪责。《晋书·王裒传》:"东关之役,帝问于众曰:'近日之事,谁任其咎?'仪对曰:'责在元帅。'帝怒曰:'司马欲委罪于孤邪!'仪,王仪,王裒之父,官司马。

飃 〔飅〕(wěi) 大风貌。郭璞《江赋》:"长风飃以增扇。"

烨 〔煒〕(wěi) 鲜明有光。《诗·邶风·静女》:"彤管有炜,说怿女美。"说,古悦字。

炜炜 光采炫耀。《水经注·漯水》:"有五层浮图,其神图像,皆合青石为之,加以金银火齐,众彩之上,炜炜有精光。"火齐,宝石名。

峗 (wěi) 高峻貌。《文选·王延寿〈鲁灵光殿赋〉》:"瞻彼灵光之为状也,则嵯峨崯嵬,峞巍巊嶵。"李善注:"皆高峻之貌。"

另见 wéi。

铧 〔鍏〕(wěi) 臿,即锹。《方言》第五:"臿,宋魏之间谓之铧,或谓之铧。赵魏之间谓之喿。"郭璞注:"字亦作锹也。"

病 〔瘑〕(wěi) 口歪。《说文·疒部》:"病,口㖞也。"段玉裁注:"《口部》曰:'㖞,口戾不正也。'"按㖞,今通作歪。

洧 (wěi) 古水名。即今河南双洎河。自长葛市以下,故道原经鄢陵、扶沟两县南,至西华西入颍水。

韠 〔韡〕(wěi) 见"韠韡"、"韠韠"。

韠韠 光明貌。《诗·小雅·常棣》:"常棣之华,鄂不韠韠。"曹植《芙蓉赋》:"煜煜韠韠,烂若龙烛。"

韠韡 光明貌;美盛貌。张衡《西京赋》:"流景曜之韠韡。"亦作"炜烨"。陆机《文赋》:"说炜烨而谲诳。"

葰 (wěi) 植物名,即芡。《方言》第三:"葰,芡,鸡头也。北燕谓之葰,青、徐、淮、泗之间谓之芡,南楚、江、湘之间谓之鸡头。"

浘 (wěi) 见"浘浘"。

浘浘 水流盛貌。《诗·邶风·新台》:"河水浼浼"陆德明释文:"《韩诗》作'浘浘'。"

诿〔諉〕(wěi) 推委;推辞。《汉书·胡建传》:"执事不诿上。"归有光《常熟县赵段圩堤记》:"未尝施晷刻之功,而徒诿曰不可复,予疑其说久矣。"

娓(wěi) ❶顺。见《说文·女部》。❷见"娓娓"。

娓娓 连续不倦貌。如:娓娓动听;娓娓不倦。参见"亹亹❶"。《宋书·乐志》:"娓娓心化,日用不言。"

萎(wěi,又读 wēi) 植物枯槁。《诗·小雅·谷风》:"无木不萎。"引申指人的死亡。《礼记·檀弓上》:"哲人其萎乎!"

唯(wěi) 应答声。《礼记·玉藻》:"父命呼,唯而不诺。"

另见 wéi。

唯阿 《老子》:"唯之与阿,相去几何?"唯,应诺声。据近人刘师培说,"阿"当为"诃",亦作"呵",为责怒之词;传写误作"阿",河上公注:"同为应对。"后遂以"唯"与"阿"都为应答之声,比喻相去不远之意。《宋书·蔡兴宗传》:"时薛安都为散骑常侍、征虏将军、太子左率,殷常为中庶子。兴宗先选安都为左卫将军,常侍如故,殷常为黄门领校。太宰嫌安都为多,欲单为左卫。兴宗曰:'率卫相去,唯阿之间。'"

唯诺 ❶应答。《礼记·曲礼上》:"必慎唯诺。"❷即"唯唯诺诺"。卑恭顺从之意。胡长孺《耕渔乐》诗:"长官怒骂沸于瀹,口虽唯诺心自作。"瀹,以汤煮物。

唯唯 ❶应诺声。《国策·秦策三》:"秦王跪而请曰:'先生何以幸教寡人?'范雎曰:'唯唯。'"引申为谦卑的应答。《史记·赵世家》:"徒闻唯唯,不闻周舍之谔谔。"又转为奉命唯谨之意。《新唐书·牛仙客传》:"与时沈浮,唯唯恭愿。"❷鱼相随而行貌。《诗·齐风·敝笱》:"其鱼唯唯。"

崣(wěi) ❶见"崣嵸"。❷见"摧崣"。

崣嵸 同"委蛇"。路径曲折。《古文苑·枚乘〈梁王菟园赋〉》:"巷路崣嵸。"章樵注:"即委蛇字,径之曲折也。"

骫(wěi) 同"骫"。

痏(wěi) ❶殴人成创而有瘢的。《汉书·薛宣传》:"遇人不以义而见疻者,与痏人之罪钧。"参见"疻"。❷针灸施术后穴位上的瘢痕。《素问·缪刺论》:"刺手中指次指爪甲上,去端如韭叶,各一痏。"❸疮。《吕氏春秋·至忠》:"齐王疾痏。"

隗(wěi,又读 kuí、guī) ❶古国名。故址在今湖北秭归东。公元前634年灭于楚。《公羊传·僖公二十六年》:"楚人灭隗,以隗子归。"按《左传》、《穀梁传》皆作"夔",《史记·楚世家》作"归"。❷姓。古代为狄族的姓。东汉有隗嚣。

埠(wěi) 同"炜(煒)"。

另见 hán。

嵔(wěi) 亦作"崼"。见"嵔廆"。

嵔廆 高峻貌。司马相如《上林赋》:"崴磈嵔廆,丘虚堀礨。"

崼(wěi) 同"嵔"。

骫(wěi) ❶本谓骨弯曲。引申为枉曲。参见"骫法"。❷纡回屈曲貌。《楚辞·招隐士》:"树轮相纠兮,林木茷骫。"洪兴祖补注:"茷,木枝叶盘纡貌。骫,骫骳屈曲也。"❸通"委"。委积。《太玄·积》:"小人积非,祸所骫也。"

骫骳 ❶委曲;纡曲。《汉书·枚皋传》:"其文骫骳,曲随其事,皆得其意。"❷萎靡。宗泽《遗事》:"太平日久,人亦惰骄骫骳不武。"

骫法 枉法。《新唐书·李憕传》:"〔河南〕尹萧炅内倚权,骫法殖私,憕裁抑其谬,吏下赖之。"

骫靡 同"委靡"。《楚辞·九思·悯上》:"众多兮阿媚,骫靡兮成俗。"注:"委靡,面柔也。骫,一作委。"

骫曲 同"委曲"。《文选·傅毅〈舞赋〉》:"弛紧急之弦张兮,慢末事之骫曲。"李善注:"言郑卫之末事,而委曲顺君之好,无益,故废而慢之。"六臣本作"委曲"。

颀〔頠〕(wěi) 娴习;熟练。《说文·页部》:"颀,头闲习也。"徐锴系传:"闲习,谓低仰便也。"引申为闲逸、安静。周伯琦《天马行应制作》:"耸身直欲凌云霄,盘辟丹墀却闲颀。"

猥(wěi) ❶众;多。《管子·八观》:"以人猥计其野。"尹知章注:"猥,众也,以人众之多少计其野之广狭也。"《汉书·沟洫志》:"以为水猥盛则放溢。"颜师古注:"猥,多也。"❷琐碎烦杂。如:猥杂;猥滥。《亢仓子·训道》:"谓丛杂之人为猥细。"❸鄙贱;卑劣。如:卑猥;猥贱。❹苟且。《汉书·杨恽传》:"然窃恨足下不深惟其终始,而猥随俗之毁誉也。"❺谦词。犹言辱。李商隐《上尚书范阳公启》:"嘉命猥临,厚赍仍及。"

猥亵 ❶淫秽;下流。黄遵宪《都踊歌·序》:"所唱皆男女猥亵之词。"❷以刺激或满足性欲为目的,用性交以外的方法实施的淫秽行为。我国刑法规定,以暴力、胁迫或其他方法强制猥亵妇女、儿童的,构成犯罪。

廆(wěi) 用于人名。晋时有慕容廆。

另见 guī。

渨(wěi) 见"渨涹"、"渨漏"。

另见 wēi。

渨漏 水波回旋涌起貌。郭璞《江赋》:"渨漏濆瀑。"

渨涹 污浊。《楚辞·九叹·惜贤》:"荡渨涹之奸咎兮。"王逸注:"渨涹,污薉也。"洪兴祖补注:"渨,秽也。涹,浊也。"

韪〔韙〕(wěi) 是;对。如:冒天下之大不韪。《汉书·叙传下》:"昭韪见戒。"颜师古注引张晏曰:"明其是者,戒其非也。"

暐(wěi) 同"炜(煒)"。有光彩貌。白居易《读史》诗:"春华何暐烨,园中发桃李。"

艉(wěi) 船体的尾部。

腲(wěi) 见"腲腇"。

腲腇 ❶肥而舒缓貌。《文选·王褒〈洞箫赋〉》:"其奏欢娱,则莫不惮漫衍凯,阿那腲腇者已。"李善注:"阿那腲腇,舒迟貌。《埤苍》曰:'腲腇,肥貌。'"❷缺乏神采貌。寒山诗:"鸱鸦饱腲腇,鸾凤饥彷徨。"亦作"腲脮"。李昭玘《观江都王画马》诗:"可信权奇尽龙种,不应腲脮失天真。"

痿(wěi) 中医学病名。症见肢体萎弱、筋脉弛缓。

蓶(wěi) ❶菜名。《说文·艸部》:"蓶,菜也。"《齐民要术·菜茹》:"蓶菜似乌韭而黄。"❷通"芛"。《后汉书·马融传》:"蓶扈蘛荧,恶可殚形。"李贤注:"郭璞注《尔雅》云:'草木花初出为芛。'与蓶通。"

碨(wěi) 见"碨磊"。

碨磊 亦作"碨礧"。不平貌。皮日休《古杉》诗:"碨礧还无极,伶俜又莫持。"

锒

[鎤]（wěi）见"锒镅"。

锒镅 不平。见《说文·金部》。按《玉篇》云或作"碨礧"。《广韵·十四贿》则作"锒镅"。又《庄子·庚桑楚》以"畏垒"为山名，《史记·老庄申韩列传》以"畏累"为人名。均与此不同。

锒镠 同"锒镅"。

鲔

[鮪]（wěi）❶动物名。学名*Euthynnus yaito*。广东俗称"白卜"。硬骨鱼纲，鲭科。体呈纺锤形，长达50厘米。蓝黑色，背侧有若干条黑色斜带。吻尖，牙细小。背鳍两个，背鳍和臀鳍后方各具七八个小鳍；腹鳍间突分离为两。为大洋性中上层鱼类，喜结群。分布于全世界温带及热带海洋中；中国产于南海和东海。供鲜食和制罐头品或咸干品。❷鲟、鳇的古称。❸金枪鱼的日本名。

壝

[壝]（wěi，又读 wéi） 坛和埠的统称，也特指周围有矮墙的坛。《周礼·地官·大司徒》："设其社稷之壝。"郑玄注："壝，坛与埠埒也。"

薳

（wěi）❶草名。即"远志"。❷姓。春秋时楚有薳章。参见"芿❷"。

碨

（wěi） 众石貌。见《集韵·十四贿》。

豨

（wěi） 小阉猪。《尔雅·释兽》："豨，豴。"郭璞注："俗呼小豵猪为豨子。"邢昺疏引舍人曰："豨，一名豴。豴谓犍猪也。"郝懿行义疏：《易》云:'豴豕之牙。'《释文》引刘云:'豕去势曰豴。'"

豷

（wěi） 同"趆（躄）"。另见 dī。

亹

（wěi）❶勤勉。见"亹亹❶"。❷美。孙绰《游天台山赋》："彤云斐亹以翼棂。"另见 mén。

亹亹 ❶勤勉貌；不倦貌。《诗·大雅·文王》："亹亹文王，令闻不已。"闻，名声。令闻，犹美名。《汉书·张敞传》："亹亹不舍昼夜。"❷行进貌。左思《吴都赋》："清流亹亹。"陆机《赴洛道中》诗："亹亹孤兽骋。"

wèi

卫

[衛]（wèi）❶保卫；卫护。如:保家卫国。《公羊传·定公四年》："朋友相卫。"❷古代九畿之一。详"九畿"。❸明代军队编制名。防地可以包括几府，一般驻地在某地即称某卫，如建州卫、天津卫等。后相沿成为地名。❹箭尾的羽毛。《释名·释兵》："鸟须羽而飞，矢须羽而前也，齐人曰卫，所以导卫矢也。"《论衡·儒增》："楚熊渠子出，见寝石，以为伏虎，将弓射之，矢没其卫。"❺驴的别名。罗愿《尔雅翼·释兽》："〔驴〕一名'卫'。或曰，置卫玠好乘之，故以为名。"《聊斋志异·婴宁》："家人中捉双卫来寻生。"❻古国名。姬姓。始封之君为周武王弟康叔。公元前11世纪周公平定武庚反叛后，把原来商都周围地区和殷民七族分封给他，建都朝歌（今河南淇县）。公元前660年被翟击败，靠齐的帮助，迁到楚丘（今河南滑县），从此成为小国。前629年，又迁都帝丘（今河南濮阳市）。战国时，国势更弱。前254年为魏所灭，成为魏的附庸，后来秦把它迁到野王（今河南沁阳市），作为秦的附庸。前209年为秦所灭。❼旧时西藏四部之一。在诸藏之中，故一名中藏；又与康合称前藏。东邻康（一作喀木）境，西接藏界，约当今西藏自治区的拉萨市西部、那曲地区中部和山南地区。❽姓。

卫生 ❶犹言养生。《庄子·庚桑楚》："趎愿闻卫生之经而已矣。"趎，南荣趎。❷社会和个人为增进人体健康，预防疾病，创造合乎生理要求的生产环境、生活条件所采取的措施。

卫士 守卫的士卒。《史记·李斯传》："赵高诈诏卫士。"汉代指守卫皇宫的兵士。在京师守卫皇宫陵寝的卫士由三辅征发，诸侯王国的则在其国内征发。又隋唐行府兵制，府兵轮番担当宿卫。隋炀帝大业三年（公元607年），规定称军人为卫士，唐朝沿用。天宝十一载（752年）卫士上番宿卫之制既废，乃改称武士。

卫戍 《宋书·路淑媛传》："先臣故怀安令道庆，赋命乖辰，自违明世，敢缘卫戍请名之典，特乞云雨，微垂洒润。"卫戍，这里指从事武职。后用为以军队保卫戍守的意思。

卫尉 官名。始于战国，汉时九卿之一。掌宫门警卫，主南军。西汉景帝时曾改称中大夫令，旋复旧名。魏、晋、南北朝多沿置。唐为卫尉卿，仅掌仪仗帐幕等。明清废。

卫星 围绕行星运动的天然天体。本身不发光。太阳系除水星、金星尚未发现有卫星外，其他行星已发现的卫星共有66颗，已证实的:地球1、火星2、木星16、土星23、天王星15、海王星8、冥王星1。

为

[為]（wèi）❶因。朱熹《观书有感二首》："问渠那得清如许? 为有源头活水来。"❷助；替。《论语·述而》："夫子为卫君乎?"《淮南子·主术训》："是犹代庖宰剥牲，而为大匠斫也。"❸为了。表示行为的目的。《荀子·大略》："天之生民，非为君也。"❹与；对。《论语·卫灵公》："道不同不相为谋。"陶潜《桃花源记》："不足为外人道也。"另见 wéi。

为丛驱雀 见"为渊驱鱼"。

为虎傅翼 亦作"为虎添翼"。比喻给恶人作帮凶或给以可凭借的势位。《韩非子·难势》："故《周书》曰:'毋为虎傅翼，将飞入邑，择人而食之。'夫乘不肖人于势，是为虎傅翼也。"按《周书》语见《逸周书·寤儆解》。

为虎作伥 传说被老虎吃掉的人，其鬼为伥，诱人以供虎食，因以"为虎作伥"比喻做恶人的帮凶。筱波山人《爱国魂·骂奴》："为虎作伥，无复生人之气。"参见"伥鬼"。

为人作嫁 秦韬玉《贫女》诗："苦恨年年压金线，为他人作嫁衣裳。"原意是贫女自己没有钱置备嫁衣，却年年替人家缝制嫁衣。后以"为人作嫁"比喻徒然为别人忙碌。

为许 ❶因此。陈子良《于塞北春日思归》诗："我家吴会青山远，他乡关塞白云深。为许羁愁长下泪，那堪春色更伤心。"❷为什么。杜审言《赠苏绾书记》诗："知君书记本翩翩，为许从戎赴朔边?"

为渊驱鱼 《孟子·离娄上》："为渊驱鱼者，獭也;为丛驱爵者，鹯也;为汤、武驱民者，桀与纣也。"喻为政不善，使自己的百姓投向别人。丛，树林;爵，通"雀"。

未

（wèi）❶还没有;不曾。如:未婚。《左传·僖公二十四年》："臣谓君之入也，其知之矣，若犹未也，又将及难。"❷将来。《荀子·正论》："凡刑人之本，禁暴恶恶，且征（惩）其未也。"❸不。《史记·范雎蔡泽列传》："人固未易知，知人亦未易也。"❹用同"否"，表询问。王维《杂诗》："来日绮窗前，寒梅著花未?"❺地支的第八位。❻十二时辰之一，相当于十三时至十五时。❼姓。五代时有未相温。

未卜先知　卜,占卜,古人用火灼龟甲来预测吉凶。未曾占卜,先知吉凶。指有预见,有先见之明。王晔《桃花女》第三折:"卖弄杀《周易》阴阳谁知你,还有个未卜先知意。"

未焚徙薪　火患未起,先将柴草搬开。比喻防患于未然。《喻世明言·汪信之一死救全家》:"这枢密院官都是怕事的,只晓得临渴掘井,那会得未焚徙薪?"

未几　❶不久,没多时。《晋书·魏咏之传》:"始为仲堪之客,未几,竟践其位。"❷没有几个,不多。《晋书·阳裕传》:"历观朝士多矣!忠清简毅、笃信义烈如阳士伦者,实亦未几。"

未济　❶六十四卦之一,坎下离上。《易·未济》:"象曰:'火在水上,未济,君子以慎辨物居方。'"盖象火在水上,火不能烧水,水不能灭火,相互没有作用,故称"未济"。❷尚未渡过河。《史记·宋微子世家》:"襄公与楚成王战于泓。楚人未济,目夷曰:'彼众我寡,及其未济击之。'"❸未有成就。《荀子·王霸》:"德虽未至也,义虽未济也,然而天下之理略奏矣。""奏"通"凑",聚会。

未能免俗　未能免于世俗的习惯行事。《世说新语·任诞》:"北阮皆富,南阮贫,七月七日,北阮盛晒衣,皆纱罗锦绮。仲容以竿挂大布犊鼻裈于中庭。人或怪之,答曰:'未能免俗,聊复尔耳。'"七月七日晒衣是古代的习俗。元好问《被檄夜赴邓州幕府》诗:"未能免俗私自笑,岂不怀归官有程。"

未入流　三国魏以来的九品官制,历代相沿,至明清凡九品以下的官吏称为未入流,如典史、驿丞等皆是。隋唐流外亦有品级,以处胥吏,明清则总称未入流,不分品级。

未亡人　寡妇自称。《左传·庄公二十八年》:"夫人闻之,泣曰:'先君以是舞也,习戎备也,今令尹不寻诸仇雠,而于未亡人之侧,不亦异乎!'"亦指寡妇。

未央　未尽;不止。《诗·小雅·庭燎》:"夜如何其?夜未央。"杜甫《章梓州橘亭饯窦少尹》诗:"主人送客何所作,行酒赋诗殊未央。"

未雨绸缪　《诗·豳风·鸱鸮》:"迨天之未阴雨,彻彼桑土,绸缪牖户。"后以"未雨绸缪"比喻事先作好准备。朱柏庐《治家格言》:"宜未雨而绸缪,毋临渴而掘井。"

位（wèi）❶方位;位置。《周礼·天官·序官》:"辨方正位。"❷居;处。如:中国位于亚洲东部。引申谓各得其所。《中庸》:"天地位焉。"❸座位;位次。《礼记·曲礼上》:"揖人必违其位。"❹职位;地位。《易·系辞上》:"贵而无位,高而无名,贤人在下位而无辅。"❺特指帝王或诸侯之位。如:即位;篡位。《书·舜典》:"乃命以位。"❻称人的敬辞。如:诸位;三位来宾。❼祭祀时为鬼神设立的座位。如:灵位;神位。《礼记·奔丧》:"诸臣在他国,为位而哭。"❽算术上的数位。如:个位;十位;十位数。❾二进制数据或代码的每一数位。是构成计算机信息的最小单位。❿姓。明代有位安。

位望　地位和声望。《晋书·刘寔传》:"寔少贫窭……薪水之事皆自营给;及位望通显,每崇俭素,不尚华丽。"

位置　❶人或物所处的地位。孙枝蔚《题方尔止四壬子图》诗:"位置不敢乱后先,列坐宛如师弟子。"亦指职位。❷安排;布置。文天祥《赠莆阳卓大著顺宁精舍》诗:"斯丘亦乐哉,未老先位置。"

味（wèi）❶滋味;气味。如:甜味;香味。引申指菜肴。《韩非子·外储说左下》:"食不二味,坐不重席。"❷意味;趣味。如:语言无味。❸辨味。《列子·天瑞》:"有味味者。"引申为研究体会。如:体味。❹量词。中药配方,药物一种叫一味。

另见 mèi。

味道　❶滋味。❷体会义理。常景《赞四君诗》:"味道综微言,端著演妙说。"

味谏　橄榄的别名。黄庭坚《谢王子予送橄榄》诗:"方怀味谏轩中果,忽见金盘橄榄来。"自注:"戎州蔡次律家,轩外有馀甘,余名之曰味谏。"任渊注:"味谏,言馀甘初苦而终有味。"馀甘,橄榄的又名。

味如嚼蜡　谓毫无滋味。《楞严经》卷八:"当横陈时,味如嚼蜡。"亦作"味同嚼蜡"。《儒林外史》第一回:"但世人一见了功名,便舍着性命去求他,及至到手之后,味同嚼蜡。"

畏（wèi）❶害怕;恐惧。如:畏怯;畏惧。《诗·大雅·烝民》:"不畏强御。"❷恐吓。《汉书·广川惠王传》:"前杀昭平,反来畏我。"❸敬服。《论语·子罕》:"后生

可畏。"《礼记·曲礼上》:"贤者……畏而爱之。"❹因畏惧而自杀。《礼记·檀弓上》:"死而不吊者三:畏,厌,溺。"孙希旦集解:"畏,谓被胁迫而恐惧自裁者。"❺通"隈"。弯曲处。《考工记·弓人》:"夫角之中,恒当弓之畏。"

另见 wēi。

畏佳　犹崔嵬。高峻貌。《庄子·齐物论》:"山林之畏佳。"陆德明释文引李颐云:"畏佳,山阜貌。"

畏首畏尾　形容瞻前顾后、疑虑重重的怯懦态度。《左传·文公十七年》:"古人有言曰:'畏首畏尾,身其馀几?'"

畏途　亦作"畏涂"。谓险恶可怕的道路。如:视为畏途。《庄子·达生》:"夫畏涂者,十杀一人,则父子兄弟相戒也,必盛卒徒而后敢出焉。"李白《蜀道难》诗:"问君西游何时还?畏途巉岩不可攀。"

畏葸　胆怯;恐惧。如:畏葸不前。亦作"葸畏"。章炳麟《訄书·分镇匡谬》:"而新用事者,其葸畏又过大蠢旧臣。"

畏友　品德端重、使人敬畏的朋友。陆游《跋王深甫先生书简二》:"此书朝夕观之,使人若居严师畏友之间,不敢萌一毫不善意。"

胃（wèi）❶人和动物消化管的扩大部分,是储藏和消化食物的器官。其形状和结构因动物的种类和食性而异。反刍动物(如牛、羊等)的胃一般可分瘤胃、网胃、瓣胃和皱胃四部。人胃的上口接食管,称"贲门";下口通十二指肠,称"幽门"。幽门部的环行肌层特别发达,形成幽门括约肌,控制食物由胃入肠。胃的右上缘称"胃小弯",左下缘称"胃大弯",分别为小、大网膜的附着点。在幽门部大弯侧常有一浅沟称中间沟,此沟的左部为幽门窦,右部为幽门管。胃占腹腔的左上部、肝的左下方,其形状、位置随内容物的多少和身体的姿势而改变。胃壁的粘膜内有腺体分泌胃液,对食物进行化学性消化。胃肌的收缩不仅推动食物进入小肠,还有搅磨食物,进行初步消化的作用。❷中医学名词。六府之一。主要功能是受纳和腐熟水谷,故有"水谷之海"(见《灵枢·海论》)之称。饮食物经过胃而下送小肠,故胃以通降为顺。食物中的营养物质化生为人体的气血、津液等,首先靠胃的受纳,故胃气的强弱,对保持人体健康和疾病的预后有重要

关系。❸星官名。二十八宿之一。即"胃宿"。

猥〔獩〕(wèi) 同"㳇(濊)"。古族名。参见"貃❷"。

㳇〔濊〕(wèi) 古族名。见"貃❷"。

另见 huì,huò。

㙓(wèi) 也叫"辖"。古代车上的零件。青铜制。形如圆筒,套在车轴的两端。㙓上有孔,用以纳辖。

㙓

蒍(wèi) 植物名。《尔雅·释草》:"蒍,莶藬。"郭璞注:"五味也。"按即五味子。

磑〔磑〕(wèi) 磨子。《说文·石部》:"磑,礦(磨)也。"《旧唐书·李元纮传》:"诸王公权要之家,皆缘渠立磑,以害水田。"引申为磨切。《太玄·疑》:"阴阳相磑,物咸雕离。"

另见 ái。

谓〔謂〕(wèi) ❶告语。《论语·公冶长》:"子谓子贡曰:'女与回也孰愈?'"❷说;以为。《诗·小雅·正月》:"谓天盖高,不敢不局。"《左传·僖公二十四年》:"臣谓君之入也,其知之矣。"❸称为;叫做。《孟子·滕文公下》:"富贵不能淫,贫贱不能移,威武不能屈,此之谓大丈夫。"❹通"为"。因为;以。《列子·力命》:"亦不以众人之观易其情貌,亦不谓众人之不观不易其情貌。"《盐铁论·忧边》:"有一人不得其所,则谓之不乐。"❺犹"与"。《史记·郑世家》:"晋于是欲得叔詹为僇,郑文公恐,不敢谓叔詹言。"

谓词 或称"用词"。实词的一大门类。与"体词"相对。一般把主要功能是充当谓语和能同副词结合的动词、形容词等词类概括为谓词。

谓语 对主语加以陈述的部分。在汉语中,谓语一般在主语之后,说明主语"怎么样"或者"是什么"。经常用作谓语的是动词和形容词。如在"太阳红,太阳亮"中,"红"、"亮"是谓语,"太阳"是主语。

尉(wèi) ❶"慰"的本字。安慰。《汉书·韩安国传》:"以尉士大夫心。"❷官名。春秋时晋国上中下三军都设尉,主发众使民。战国时赵设有中尉,主"选练举贤,任官使能"。各国在将军下设有国尉、

都尉,秦国曾以国尉为武官之长。秦汉朝廷设有太尉,各郡有都尉,县有县尉。❸军衔名。在士之上,校之下。❹姓。春秋郑有大夫尉止。

另见 yù。

尉藉 同"慰藉"。慰劳;安慰。《后汉书·窦融传》:"帝复遣席封赐融、友(融弟)书,所以尉藉之甚备。"

尉荐 同"慰藉"。安慰;抚慰。《汉书·赵广汉传》:"广汉为二千石,以和颜接士,其尉荐待遇吏,殷勤甚备。"

遗〔遺〕(wèi) 赠予;致送。《左传·隐公元年》:"小人有母……请以遗之。"《史记·魏公子列传》:"〔公子〕欲厚遗之。"又:"〔平原君夫人〕数遗魏王及公子书。"

另见 yí。

喂㊀(wèi)唤叫声。如:喂,你是谁呀?

㊁〔餵、餧〕(wèi) 哺食;喂养。如:喂奶;喂猪。

猬〔蝟〕(wèi) 动物名。即"刺猬"。

猬集 猬毛丛集。比喻众多。俞安期《衡岳赋》:"华榱猬集而纵横。"

猬起 猬毛齐竖。比喻纷纷而起。《汉书·贾谊传》:"反者如猬毛而起。"《隋书·高劢传》:"群凶于焉猬起。"

猬缩 形容极度畏惧,如刺猬缩成一团。皮日休《吴中苦雨》诗:"如何乡里辈,见之乃猬缩。"

渭(wèi) 水名。见"渭河"。

渭河 黄河最大支流。在陕西省中部。源出甘肃省渭源县鸟鼠山,东流横贯陕西省渭河平原,在潼关县入黄河。

渭阳 《诗·秦风》篇名。《诗序》谓此是秦康公"念母"之作。康公舅父晋文公重耳,早年曾被迫离晋流亡,后至秦,得康公父穆公的帮助,得以回国为君。重耳由秦返晋时,康公为秦太子,其母已死,康公"赠送文公于渭之阳,念母之不见也,我见舅氏,如母存焉。及其即位,思而作是诗也"。但康公即位,在重耳死后七年;故后人或认为此诗当作于康公送重耳返国之时,而非即位之后。旧时亦以"渭阳"表示甥对舅的情谊。如杜甫《奉送二十三舅录事之摄郴州》诗:"气春江上别,泪血渭阳情。"因《诗序》"我见舅氏,如母存焉"之说,故一般皆在母死后才用此典故。

愄(wèi) ❶见"愄㥽"。❷见"怫愄"。

愄㥽 忧慨。见《广雅·释训》。

媦(wèi) 妹。《公羊传·桓公二年》:"若楚王之妻媦。"何休注:"媦,妹也。"

骩〔騔〕(wèi) 同"卫(衛)❺"。驴的别称。胡祗遹《快活三过朝天子·赏春》曲:"蹇骩山翁,轻衫乌帽,醉模糊归去好。"

鮇〔鮇〕(wèi) 鱼名。即"嘉鱼"。体前部亚圆筒形,后部侧扁。栖息水底,杂食性。

熭(wèi) 见"熭熭"。

熭熭 亦作"哕哕"。《诗·小雅·斯干》:"哕哕其冥"郑玄笺:"哕哕,犹熭熭也。冥,夜也。"孔颖达疏:"熭熭,为宫室宽明之貌。"

彚(wèi) 通"猬"。《尔雅·释兽》:"彚,毛刺。"郭璞注:"今猬,状似鼠。"

另见 huì 汇㊀。

蔚(wèi) ❶即"牡蒿"。多年生草本植物,全草供药用。❷草木茂盛貌。班固《西都赋》:"茂树荫蔚,芳草被堤。"❸荟萃;聚集。如:蔚为风气;蔚为大观。《汉书·叙传下》:"多识博物,有可观采,蔚为辞宗,赋颂之首。"❹云兴貌。《诗·曹风·侯人》:"荟兮蔚兮,南山朝脐。"参见"云兴霞蔚"。❺文采华美。《易·革》:"君子豹变,其文蔚也。"❻见"芫"。

另见 yù。

蔚蓝 深蓝色。杜甫《冬到金华山观》诗:"上有蔚蓝天,垂光抱琼台。"

蜼(wèi) 一种长尾猿。《尔雅·释兽》:"蜼,卬鼻而长尾。"郭璞注:"蜼似狝猴而大,黄黑色,尾长数尺。"

憓(wèi) 同"慰"。

熭(wèi) 亦作"㬥"。晒;晒干。《新书·宗首》:"黄帝曰:'日中必熭,操刀必割。'"《六韬·文韬·守土》:"日中不熭,是谓失时。"

辒〔辒〕(wèi) ❶车轴头。本作"㙓"。《史记·田单列传》:"田单走安平,令其宗人尽断其车轴末而傅铁笼。已而燕军攻安平,城坏,齐人走,争涂,以辒折车败,为燕所房,唯田单宗人以铁笼故得脱,东保即墨。"❷通"槽"。小棺。颜延之《阳给事诔》:"路无归辒,野有委

骸。"

潤（wèi）　乱貌。《文选·木华〈海赋〉》："潤濆沦而滀漯。"

犚（wèi）　牛名。《尔雅·释畜》："黑耳，犚。"邢昺疏："〔牛〕黑耳者名犚。"

熨（wèi）　中医外治法之一。谓用药热敷，熨贴患处。
另见 yù，yùn。

熨帖　以药物涂敷患处。《史记·扁鹊仓公列传》"案扤毒熨"司马贞索隐："毒熨，谓毒病之处，以药物熨帖也。"

慰（wèi）　安慰。如：慰问。《诗·邶风·凯风》："有子七人，莫慰母心。"

慰藉　安慰；抚慰。《后汉书·隗嚣传》："嚣上书诣阙，光武素闻其风声，报以殊礼，言称字，用敌国之仪，所以慰藉之良厚。"

慰劳　慰问犒劳。《后汉书·西域传序》："内无以慰劳吏民，外无以威示百蛮。"

蔚（wèi，又读 yù）　捕鸟小网。《礼记·王制》："鸠化为鹰，然后设蔚罗。"

衞（wèi）　同"卫（衛）"。

魏（wèi）　❶宫门的台观。《文选·班固〈典引〉》："是以来仪集羽族于观魏。"张铣注："来仪，凤也……观、魏，皆阙也。"参见"魏阙"。❷古国名。(1)西周时分封的诸侯国。姬姓。在今山西芮城北。公元前661年被晋献公攻灭，以毕万为魏大夫，晋的魏氏由此得名。(2)战国七雄之一。开国君主魏文侯（名斯）是毕万后代，与赵韩一起瓜分晋国。公元前403年被周威烈王承认为诸侯。建都安邑（今山西夏县西北）。魏文侯任用李悝为政，成为战国初期强国。西攻取秦的河西，北攻灭中山，南击败楚国，夺得大梁（今河南开封）等地。魏惠王迁都大梁，因而魏也称为梁。前344年魏惠王召集逢泽之会，自称为王。后三年，马陵之战被齐击败，国势一蹶不振，疆土陆续被秦攻占，前225年为秦所灭。❸三国之一。公元220年曹丕代汉称帝，国号魏，都洛阳，亦称曹魏。占有今淮河两岸以北中原地区和秦岭以北关中、陇右、河西地区，西包新疆，东抵朝鲜半岛西北部。265年司马炎代魏称晋，魏亡。共历五帝，四十六年。❹隋末李密取得瓦岗军领导权后所建国号。政权机构

称行军元帅魏公府，公元617年设于巩（今河南巩义）南，年号永平，次年进据金墉城（今河南洛阳东）。辖有河南大部郡县。设有左右长史，左右司马，左右武候大将军等官职。李密旋为王世充击破，降唐，魏亡。❺姓。
另见 wéi。

魏碑　指元魏（包括北魏、东魏、西魏）碑志造像等刻石文字。北朝书法水平，以北魏为高，正书风格多样，有朴拙尚存隶意的，有奇肆险峻的，也有舒畅流丽、开隋唐楷法先河的。清代中期，提倡魏碑书法，书风为之一变。

魏阙　古代宫门两边巍然高出的台观。其下为悬布法令之所，因以为朝廷的代称。《庄子·让王》："身在江海之上，心居乎魏阙之下。"参见"象魏"。

鮪〔鮪〕（wèi）　鱼名。《山海经·西山经》："〔桃水〕其中多鮪鱼，其状如蛇而四足，是食鱼。"郝懿行笺疏："案《广韵》及《太平御览》卷九百三十九引此经并作鮪，今作鮪，盖讹。"

蟗（wèi）　白蚁的别称。《尔雅·释虫》："蟗，飞蟙。"郭璞注："有翅。"《尔雅翼·释虫四》："盖柱中白蚁之所化也……以泥为房，诘曲而上。往往变化生羽，遇天晏湿，群队而出。飞亦不能高。寻则脱翼，藉藉在地死矣。"

裵（wèi）　垫在下面。《左传·哀公十一年》："公使大史固归国子之元，置之新箧，裵之以玄纁。"杜预注："元，首也。裵，荐也。"

蠚〔蠚〕（wèi）　❶虫名。即"蚌"。《广雅·释虫》："蠚，蚌也。"王引之疏证："《尔雅》'强蚌'郭璞注云'今米谷中蠹小黑虫'是也。《说文》作羊，《字林》作蚌。"❷蚌属。《国语·楚语上》："譬之如牛马，处暑之既至，蚌蠚之既多，而不能掉其尾。"韦昭注："大曰蚌，小曰蠚。"

蟘〔蟘〕（wèi）　亦作"肥蟘"、"蟹蟘"。传说中的神蛇。《山海经·西山经》："〔太华之山〕有蛇焉，名曰肥蟘，六足四翼，见则天下大旱。"

犚（wèi）　同"衋"。

鰃〔鰃〕（wèi）　硬骨鱼纲，鰃科鱼类的通称。种类繁多。栖息热带、温带和北极水域中。体侧扁，或呈鳗形。长达10～20厘米。

头部有时具羽状皮质突起；背鳍和臀鳍延长，与尾鳍相连或不连；腹鳍喉位、颏位或消失。中国常见的有矶鰃（*Blennius yatabei*）、云鰃（*Enedrias nebulosus*）、细纹凤鰃（*Salarias fasciatus*）等。

簫（wèi）　细竹名。戴凯之《竹谱》："簫尤劲薄，博矢之贤。"

甇（wèi）　❶牛以蹄踢物自卫。字亦作"犚"。见王筠《说文解字句读·牛部》。❷通"伪"。过误；诈伪。见"甇言"。

甇言　虚夸不足信的话。《左传·哀公二十四年》："是甇言也。"陆德明释文引服虔云："甇，伪不信也。"

衋（wèi）　称誉坏人。《管子·形势》："毁誉贤者之谓衋，推誉不肖之谓衋。"

wēn

昷（wēn）　《说文·皿部》："昷，仁也。从皿，以食囚也。"段玉裁注："凡云温和、温柔、温暖者，皆当作此字，温行而昷废矣。"

温（wēn）　❶暖；不冷不热。如：温带；温水。亦谓使暖。如：温酒。《礼记·曲礼上》："冬温而夏清。"❷温和。《诗·邶风·燕燕》："终温且惠。"郑玄笺："温，谓颜色和也。"❸温度。如：室温；气温。❹温习。如：温课；温书。《论语·为政》："温故而知新，可以为师矣。"❺中医热病之称。如：春温；冬温；湿温。❻中医指补养。《素问·至真要大论》："劳者温之……损者温之。"❼古国名，原称苏，建都于温，亦称温。故城在今河南温县西南。❽水名。见"温水"。❾姓。
另见 yùn。

温八叉　即温庭筠。相传庭筠文思敏捷，八叉手而成八韵，故有"温八叉"之称。一说其每赋一韵，一吟而已，时人号为"温八吟"。

温床　❶在农业上，指避风、保温、向阳而进行人工加温的苗床。一般用砖、土或水泥筑成床框，上盖玻璃窗或塑料薄膜等透光材料而成。床中填入酿热物使之发酵生热，或利用温泉热、电热、火热、工业余热等。主要用于供冬春季提早育苗。❷比喻孳生坏人、坏事的环境。

温存　❶亲切安慰。韩愈孟郊《雨中寄孟刑部几道联句》："温存感深惠，琢切奉明诚。"❷温暖。司空图《修史亭》诗："渐觉一家看冷落，地

炉生火自温存。"亦指温柔体贴。

温度 温标上的标度。表示物体冷热程度的物理量。物体温度的升高或降低,标志着物体内部分子热运动平均动能的增加或减少。

温厚 ❶温和厚道。《后汉书·王畅传》:"疾恶严刻,务崇温厚。"❷富裕。《汉书·张敞传》:"居皆温厚,出从童骑,闾里以为长者。"颜师古注:"温厚,言富足也。"

温卷 唐宋时举士的一种陋习。赵彦卫《云麓漫钞》卷八:"唐之举人,先借当世显人以姓名达之主司,然后以所业(作品)投献,逾数日又投,谓之温卷。"王闢之《渑水燕谈录》卷九:"国初(宋初)袭唐末士风,举子见先达先通笺刺,谓之请见;既与之见,他日再投启事,谓之谢见;又数日再投启事,谓之温卷。"

温克 《诗·小雅·小宛》:"饮酒温克。"谓喝醉了还能自加克制,保持温和恭敬态度。《三国志·魏志·管辂传》"举坐惊喜"裴松之注引《辂别传》:"卿性乐酒,量虽温克,然不可保,宁当节之。"

温李 指晚唐文学家温庭筠、李商隐。孙光宪《北梦琐言》云温庭筠"与李商隐齐名,时号温李。"二人皆擅骈文,诗风绮丽婉曲,也颇接近,故有此称。但李诗实胜于温。

温良 温和善良。《汉书·匡衡传》:"任温良之人,退刻薄之吏。"

温清 "冬温夏清"的略语。温,谓温被使暖。清,谓扇席使凉。古代子女奉养父母之道。《北史·薛寘传》:"温清之礼,朝夕无违。"参见"冬温夏清"。

温柔敦厚 温和宽厚。《礼记·经解》:"温柔敦厚,诗教也。"孔颖达疏:"温,谓颜色温润,柔,谓情性和柔,诗依违讽谏,不指切事情,故云温柔敦厚是诗教也。"

温柔乡 汉成帝沉迷女色,称其宠妃合德为温柔乡。见伶玄《飞燕外传》。后以指美色迷人之境。曾觌《生查子》词:"温柔乡内人,翠微阁中女,颜笑洛阳花,肌莹荆山玉。"

温润 ❶《礼记·聘义》:"昔者君子比德于玉焉,温润而泽,仁也。"以玉的和润比喻人的品性、容色、言语的温和柔顺。《汉书·薛宣传》:"宣辞语温润,无伤害意。"《后汉书·王充传》:"每乏温润之色。"❷温暖润湿。如:气候温润。

温室 又名"暖房"。有防寒、加温和透光等设备,专供在寒冷季节栽

培喜温植物的房屋。一般利用日光、火炉、蒸汽、热水或工业余热等进行加温。因结构和加温方法不同,可分暖洞子、塑料薄膜日光温室、工业余热温室和玻璃温室等。我国早在秦汉就已应用温室栽培园艺作物。

温水 古水名。即今南盘江。

温暾 ❶亦作"温燉"。微温;不冷不热。王建《宫词》:"新晴草色绿温暾。"白居易《火炉》诗:"温燉冻肌活。"❷不爽利、不着边际。鲁迅《华盖集·并非闲话(三)》:"即使还写,也许不过是温暾之谈,两可之论。"

温韦 指晚唐词人温庭筠、韦庄。二人皆擅长作词,但温词秾艳,韦词清丽,风格有所不同。

温温 ❶柔和貌。《诗·小雅·宾之初筵》:"温温其恭。"❷有润泽貌。《荀子·修身》:"依乎法而又深其类,然后温温然。"

温文 温和而有礼貌。《礼记·文王世子》:"是故其成也怿,恭敬而温文。"

温馨 温暖馨香。韩愈《芍药歌》:"温馨熟美鲜香起。"

缊〔緼〕(wēn) 赤黄色。《诗·曹风·候人》"三百赤芾"毛传:"一命缊芾勤珦。"陆德明释文:"缊,赤黄之色。"
另见 yūn,yùn。

榅(wēn) 榅桲,蔷薇科。落叶灌木或小乔木。叶卵形或长椭圆形,背面密生软毛。晚春或初夏开花,花白色或淡红色。果实梨形或苹果形,黄色,味甘酸。

殟(wēn) ❶突然失去知觉。《楚辞·九思·逢尤》:"悒殟绝兮咶复苏。"❷见"殟殁"。

殟殁 舒缓貌。《文选·傅毅〈舞赋〉》:"超摅鸟集,纵弛殟殁。"李善注:"殟殁,舒缓貌。"

辒〔轀〕(wēn) 见"辒车"、"辒辌车"。

辒车 亦作"温车"。古代一种卧车。《太平御览》卷三九四引陆贾《楚汉春秋》:"上体不安,卧辒车中。"

辒辌车 古代一种卧车。《史记·李斯列传》:"李斯以为上(秦始皇)在外崩,无真太子,故秘之,置始皇居辒辌车中"裴骃集解引孟康曰:"如衣车,有窗牖,闭之则温,开之则凉,故名之辒辌车也。"后用为丧车。《汉书·霍光传》:"载光尸柩以辒辌车。"

瘟(wēn) ❶疫病。《论衡·治期》:"人之温(瘟)病而死也,先有凶色,见于面部。"❷特指牲畜的急性传染病。如:猪瘟;牛瘟。

瘟神 一作"疫神",或作"瘟鬼"、"疫鬼"。中国古代神话中专以瘟疫害人的鬼神。东汉蔡邕《独断》载,瘟神本是颛顼之子。生而亡去为鬼。旧时迷信,认为念咒驱逐瘟神,可以除去瘟病。也借以形容作恶多端或面目可憎的人。《红楼梦》第三十九回:"那里是什么女孩儿,竟是一位青脸红发的瘟神爷。"

瘟疫 中医学病名。又作"温疫",或单称"瘟"、"疫"。《素问·刺法论》:"五疫之至,皆相染易,无问大小,病状相似。"明吴又可《温疫论》即为论本病的专著。书中称:瓜瓤瘟、疙瘩瘟,朝发夕死或顷刻而亡,即指烈性传染病;发颐、黄疸、斑疹等,即指一般急性传染病。

薀(wēn) 聚藻,水草的一种。即金鱼藻。《左传·隐公三年》:"蘋、蘩、薀藻之菜。"
另见 yùn。

蕰〔藴〕(wēn) 见"蕰藻"。
另见 yùn。

蕰藻 亦作"薀藻"。水草。《文选·左思〈蜀都赋〉》:"绿菱红莲,杂以蕰藻,糅以蘋蘩。"李善注:"蕰藻、蘋蘩,皆水草也。"

獖(wēn) 猪名。《尔雅·释兽》:"奏者獖。"郭璞注:"今獖猪短头,皮理腠蹙。"郝懿行义疏:"奏者,《释文》本或作湊,郭云'獖猪短头,皮理腠蹙',是腠与湊同。今猪腹干头足俱短,毛赤黑色亦短,即獖猪也。"

䲅〔䱐〕(wēn) 见"䲅䲜"。

䲅䲜 戎盐。《广雅·释器》:"䲅䲜,盐也。"王念孙疏证:"《玉篇》:'䲅䲜,戎盐也。'《广韵》同。"陶弘景《本草》注谓戎盐味不甚咸。

鳁〔鰛〕(wēn) 鱼名。即"沙丁鱼"。

wén

文 ㈠(wén) ❶纹理。《左传·隐公元年》:"仲子生而有文在其手。"❷花纹。《汉书·食货志下》:"其文龙。"引申为刺画花纹。参见"文身"。❸字;文字。如:甲骨文;钟鼎文。《左传·昭公元年》:"于文,皿虫为蛊。"❹文章。如:作

文;诗文。《世说新语·文字》:"潘文浅而净,陆文深而芜。"潘,潘岳。陆,陆机。❺古指礼乐制度。《论语·子罕》:"文王既没,文不在兹乎!"❻法令条文。如:舞文弄墨。《史记·酷吏列传》:"与赵禹共定诸律令,务在深文。"❼文华;辞采。与"质"相对。《文心雕龙·原道》:"逮及商周,文胜其质。"参见"文质彬彬"。❽文雅。如:温文尔雅。❾美;善。《礼记·乐记》:"礼减而进,以进为文;乐盈而反,以反为文。"郑玄注:"文,犹美也,善也。"❿与"武"相对。如:文人;文官。《国语·周语中》:"武不可觌,文不可匿。"⓫旧时铜钱一面铸文字,故称钱一枚为一文。如:一文不值。⓬姓。春秋越有文种。

㊀(wén,旧读 wèn)　掩饰;修饰。如:文过饰非。《盐铁论·毁学》:"学者所以防固辞,礼者所以文鄙行也。"

文案　❶公文案卷。《南史·宋彭城王义康传》:"义康性好吏职,锐意文案。纠剔是非,靡不精尽。"❷旧时衙署中草拟文牍、掌管档案的幕僚。在内签押房办公,与长官关系密切,得预闻机要,称为"内文案"。

文笔　❶古代用以泛指文章、文辞。《北史·刘璠传》:"少好读书,兼善文笔。"后用以指文章的笔法,称文章的写作技巧为"文笔"。如:文笔犀利。❷六朝人区分文体为文、笔。起初把无韵的文章称为笔,有韵的作品称为文。见刘勰《文心雕龙·总术》。萧绎(梁元帝)《金楼子·立言》则泛称有情采的诗赋为文,议论叙述一类的文章为笔。后人论文也有区分文、笔的,如清代阮元主张有韵偶者为文,无韵散行为笔。

文柄　❶谓以文章试士的取舍权柄。姚合《寄陕府郭同端公》诗:"相府执文柄,念其心专精,薄艺不退辱,特列为门生。"❷评量一代文学的权衡。王士禛《古诗选·五言诗凡例》:"固知此道真赏,论定不诬,非可以东阳(沈约)、零陵(范云)身参佐命,遂堪劫持一代文柄也。"

文不加点　点,涂改。谓文章一气写成,无须修改。形容文思敏捷,写作技巧纯熟。祢衡《鹦鹉赋序》:"衡因为赋,笔不停缀,文不加点。"亦作"文无加点"。《后汉书·祢衡传》:"衡揽笔而作,文不加点,辞采甚丽。"

文采　亦作"文彩"。❶错杂华丽的色采。《墨子·辞过》:"暴夺民衣食之财,以为锦绣文采靡曼之衣。"亦指华丽的衣服。《汉书·食货志上》:"衣必文彩,食必粱肉。"又指音乐旋律的绚丽变化。《礼记·乐记》:"文采节奏,声之饰也。"❷辞采;才华。庾信《哀江南赋》:"潘岳之文采,始述家风。"

文场　❶犹言文坛。文学界。《文心雕龙·总术赞》:"文场笔苑,有术有门。"科举时亦指试场。白居易《醉后走笔酬刘五主簿》诗:"齐入文场同苦战,五人十载九登科。"❷戏曲乐队所用管弦乐器的统称。如京剧的胡琴、二胡、三弦、月琴、笛、唢呐、海笛等。同武场合称"场面"。习惯上也把演奏管弦乐的乐师称为文场。

文辞　文章词采。《史记·孔子世家》:"约其文辞而指博。"亦作"文词"。庾信《上益州上柱国赵王》诗:"风流盛儒雅,泉涌富文词。"

文从字顺　遣词造句通顺妥帖。韩愈《南阳樊绍述墓志铭》:"文从字顺各识职。"

文定　《诗·大雅·大明》:"文定厥祥,亲迎于渭。"朱熹注:"文,礼;祥,吉也。言卜得吉而以纳币之礼定其祥也。"旧因称订婚为"文定"。

文牍　❶公文;函札。《宋史·梅执礼传》:"历比部员外郎。比部职勾稽财货,文牍山委,率不暇经目。"❷机关团体中撰拟文稿的人员。

文法　❶法制;法令。《史记·李将军列传》:"程不识孝景时以数直谏为太中大夫,为人廉,谨于文法。"❷作文造句之法,指语文的规律,其义相当于文理、文势、作文、修辞等。宋吴子良《林下偶谈》:"韩柳文法祖《史记》。"❸即"语法❷"。

文告　❶政府机关对公众发布的通告。❷以文德告谕。《国语·周语上》:"有威让之令,有文告之辞。"

文官　广义泛指文职官员,狭义专指其中的事务官。

文轨　❶语出《礼记·中庸》"今天下车同轨,书同文,行同伦"。古代以"车同轨、书同文"为大一统的标志。梁简文帝《菩提树颂序》:"一同文轨,万方共贯。"参见"车书"。❷作文的典范、榜样。《隋书·杜正藏传》:"又著《文章体式》,大为后进所宝,时人号为文轨。"

文过　掩饰过错。《汉书·杨恽传》:"言鄙陋之愚心,若逆指而文过;默而息乎,恐违孔氏各言尔志之义。"逆指,谓违背对方的善意。参见

"文过饰非"。

文过饰非　用虚伪的言辞掩饰自己的过错。刘知幾《史通·惑经》:"庸儒末学,文过饰非。"亦作"饰非文过"。又《曲笔》:"舞词弄札,饰非文过。"参见"文饰❷"。

文衡　谓以文章试士的取舍权衡。评文如以秤称物,故曰"文衡"。计有功《唐诗纪事》卷五十一:"元和九年,韦贯之掌文衡。"掌文衡,谓做主考官。参见"文柄"。

文虎　以文句为谜面的谜语。用老虎的难以射中,形容谜的难猜。

文化　❶广义指人类在社会实践过程中所获得的物质、精神的生产能力和创造的物质、精神财富的总和。狭义指精神生产能力和精神产品,包括一切社会意识形式:自然科学、技术科学、社会意识形态。有时又专指教育、科学、文学、艺术、卫生、体育等方面的知识与设施。作为一种历史现象,文化的发展有历史的继承性;在阶级社会中,又具有阶级性,同时也具有民族性、地域性。不同民族、不同地域的文化又形成了人类文化的多样性。作为社会意识形态的文化,是一定社会的政治和经济的反映,同时又给予一定社会的政治和经济以巨大的影响。❷泛指一般知识,包括语文知识。如"学文化"即指学习文字和求取一般知识。又如对个人而言的"文化水平",指一个人的语文和知识程度。❸中国古代封建王朝所施的文治和教化的总称。南齐王融《曲水诗序》:"设神理以景俗,敷文化以柔远。"

文件　❶组织或个人为履行法定职责或处理事务而制作的记录有信息的一切材料。是人们记录、固定、传递和贮存信息的一种工具。汉语中的文件一词,初见于清末。常常作为文书、公文的同义词使用。按性质,可分为公务文件和私人文件;按用途,可分为通用文件和专用文件;按记录信息的方式、方法,可分为文字文件、图示文件(包括图样、图件、图表等)、音像文件、电子文件等。按制作材料,又可分为不同种类,除了纸质文件外,古代还有甲骨文件、简牍文件、缣帛文件、泥板文件、纸草文件、棕榈叶文件、羊皮纸文件等,现代又有胶片文件、磁带文件、磁盘文件等。❷计算机的一个专用名词。

文教　指礼乐法度,文章教化。《书·禹贡》:"三百里揆文教。"孔传:"揆,度也,度王者文教而行之。"

今为文化教育的略称。如:文教事业。

文旌 有文采的旌旗,旧时贵显出行的前导仪仗。后用作敬称人出行,多见于书信。《颜氏家藏尺牍·董含书》:"知文旌明晨便发,聚首两月,依依之情,如读河梁之什矣。"

文具 ❶笔、墨、纸、砚等文化用品的总称。《聊斋志异·西湖主》:"登其亭,见案上设有文具。"❷犹言具文,谓有名无实。《汉书·张释之传》:"且秦以任刀笔之吏,争以亟疾苛察相高,其敝徒文具,亡恻隐之实。"颜师古注:"文具,谓具文而已。"

文理 ❶犹言条理。《汉书·高帝纪下》:"南海尉它居南方,长治之,甚有文理。"❷文章的文字表达和内容意义。《旧唐书·陆扆传》:"扆文思敏捷,初无思虑,挥翰如飞,文理俱惬。"亦谓文章的条理。如:文理通顺。❸礼仪。《荀子·礼论》:"文理繁,情用省,是礼之隆也。文理省,情用繁,是礼之杀也。"参见"文貌"。❹花纹;纹理。《管子·水地》:"鸟兽得之,形体肥大,羽毛丰茂,文理明著。"❺病人的气色脉理。《史记·扁鹊仓公列传》:"拙工有一不习,文理阴阳失矣。"

文盲 不识字或识字极少的人。1988年中华人民共和国国务院发布《扫除文盲工作条例》,规定个人脱盲的标准是:农民识一千五百个汉字,企事业单位职工、城镇居民识二千个汉字;能看懂浅显通俗的报刊、文章,能够记简单的帐目,能书写简单的应用文。凡未达这个标准的为文盲。

文貌 礼文仪节。《荀子·大略》:"文貌情用相为内外表里,礼之中焉。"

文庙 "孔庙"的别称。唐玄宗开元二十七年(公元739年)封孔子为文宣王,因称孔庙为文宣王庙,明以后为与"武庙"(关、岳庙)相对应,称孔庙为文庙。《明史·礼志四》:"天下文庙,惟论传道以列位次;阙里家庙,宜正父子以叙彝伦。"

文明 ❶犹言文化。如:物质文明;精神文明。❷指人类社会进步状态,与"野蛮"相对。李渔《闲情偶寄》:"辟草昧而致文明。"旧时亦指时新的或新式的。如早期话剧称文明戏,新式结婚为文明结婚。❸光明,有文采。《易·乾·文言》:"见龙在田,天下文明。"孔颖达疏:"天下文明者,阳气在田,始生万物,故天下有文章而光明也。"

文莫 犹黾勉。努力。文,通"忞"。《通雅·释诂》:"闵勉、闵免、僶俛,一也,转为密勿、蠠没,又转为侔莫、文莫。……栾肇《论语驳》曰:燕齐谓勉强为文莫。"

文墨 ❶指文书案卷。《三国志·蜀志·诸葛亮传》:"公诚之心,形于文墨。"❷指律令判状。《汉书·刑法志》:"专任刑罚,躬操文墨。"

文凭 ❶旧时官吏赴任作为凭证的文书。《水浒传》第五十五回:"受了行军统领官文凭,便教收拾鞍马军器起身。"❷旧时官府发给百姓的证明文书。《文献通考·征榷一》:"凡民有遗嘱并嫁女承书,令输钱给印文凭。"❸学校发给学生的毕业证书。

文绮 华丽的丝织物。《三国志·吴志·华覈传》:"美貌者不待华采以崇好,艳姿者不待文绮以致爱。"

文气 文章所体现的作者气质才性。曹丕《典论·论文》:"文以气为主,气之清浊有体,不可力强而致。"后亦指文章的气势或力量。韩愈《答李翊书》:"气盛则言之短长与声之高下者皆宜。"

文契 文书契约;契据。《后汉书·樊宏传》:"其素所假贷人间数百万,遗令焚削文契。"

文曲星 即"文昌星",简称"文星"。旧时传说是主持文运科名的星宿。《儒林外史》第三回:"如今痴心就想中起老爷来! 这些中老爷的都是天上的'文曲星'!"

文人 ❶《诗·大雅·江汉》:"釐尔圭瓒,秬鬯一卣,告于文人。"毛传:"文人,文德之人也。"按谓周之先祖。❷读书能文的人。曹丕《与吴质书》:"观古今文人,类不护细行。"

文弱 举止或姿态文雅柔弱。《世说新语·赏誉下》:"士龙为人,文弱可爱。"士龙,陆云。

文身 一种风俗。即在身上刺画图案或花纹。《礼记·王制》:"东方曰夷,被发文身,有不火食者矣。"孔颖达疏:"文身者,谓以丹青文饰其身。……越俗断发文身,以辟(避)蛟龙之害,故刻其肌,以丹青涅之。"

文深 ❶同"深文"。谓制定或援用法律条文过于苛刻。《史记·酷吏列传》:"极知禹(赵禹)无害,然文深,不可以居大府。"❷谓思虑周密。《史记·万石张叔列传》:"庆(石庆)文深审谨,然无他大略。"

文饰 ❶指礼节仪式。《荀子·礼论》:"故其立文饰也,不至于窕冶。"❷文过饰非;掩饰不好的事情。《南史·孔范传》:"后主性愚很,恶闻过失,每有恶事,范必曲为文饰,称扬赞美。"❸修饰。孟元老《东京梦华录序》:"此录语言鄙俚,不以文饰者,盖欲上下通晓耳。"

文书 ❶以文字为主要方式记录信息的一种书面文件。汉语中的文书一词,起源甚古,早在汉代史籍中已见使用,有时也称简牍、文牍。按其性质,可分为公文书和私文书。前者在历史上又称官文书、公牍。❷泛指从事文书工作的人员。有时也作为一种职务名称。

文思(—sī) 指功业和道德。《书·尧典》:"钦明文思安安。"陆德明释文:"经纬天地谓之文,道德纯备谓之思。"

文思(—sī) 作文的思路。《文心雕龙·神思》:"陶钧文思,贵在虚静。"

文孙 《书·立政》:"继自今文子文孙。"孔传:"文子文孙,文王之子孙。"孙星衍《尚书今古文注疏》卷廿四以"文子文孙"为"守文之子孙",谓能不失祖先之政的子孙。旧时用为对他人孙子的美称。

文坛 文学界。李渔《闲情偶寄》:"《汉书》、《史记》,千古不磨,尚矣! 唐则诗人济济,宋有文士跄跄,宜其鼎足文坛,为三代后之三代也。"

文体 ❶文章的风格。钟嵘《诗品》卷中:"〔陶潜诗〕文体省静,殆无长语。"❷文章的体裁。如记叙文、说明文、议论文等。也有用以指语体的。❸文雅有节的仪态。贾谊《新书·道术》:"动有文体谓之礼。"

文恬武嬉 谓文武官僚安于逸乐,不重国事。韩愈《平淮西碑》:"相臣将臣,文恬武嬉,习熟见闻,以为当然。"

文童 明清科举制度中童生的别称。对武童而言,表明文武考试体系之不同。亦称儒童。

文网 即法网。《史记·游侠列传序》:"虽时扞当世之文罔。"罔,通"网(網)"。司马贞索隐:"违扞当代之法网,谓犯法禁也。"

文武 ❶指文治和武功。《韩非子·解老》:"国家必有文武,官治必有赏罚。"❷指文才和武艺。《旧唐书·李光弼传》:"蕴孙吴之略,有文武之材。"❸周文王、武王的合称。《〈诗·大雅·生民〉序》:"文、武之功起于后稷。"❹指鼓和铙。《礼记·乐记》:"始奏以文,复乱以武。"郑玄注:"文,谓鼓也。武,谓金铙也。"孔颖达疏:"武,谓金铙也。"

文物 ❶遗存在社会上或埋藏在地下的人类文化遗物。中国受国家保护的文物包括:(1)具有历史、艺术、科学价值的古文化遗址、古墓葬、古建筑、石窟寺、石刻;(2)与重大历史事件、革命运动和著名人物有关的,具有纪念意义、教育意义和重要历史价值的建筑物、遗址、纪念物;(3)历史上各时代珍贵的艺术品、工艺美术品;(4)重要的革命文献资料以及具有历史、艺术和科学价值的手稿、古旧图书资料;(5)反映历史上各时代社会制度、社会生产、社会生活的代表性实物。1982年11月19日第五届全国人大常委会通过《中华人民共和国文物保护法》。❷旧为礼乐、典章制度的统称。《左传·桓公二年》:"夫德,俭而有度,登降有数,文物以纪之,声明以发之;以临百官,百官于是乎戒惧而不敢易纪律。"

文犀 犀角之有文理者。《国语·吴语》:"建肥胡,奉文犀之渠。"韦昭注:"文犀,犀之有文理者。"《后汉书·马援传》:"有上书谮之者,以为前所载还,皆明珠文犀。"

文献 原指典籍与贤者。《论语·八佾》:"夏礼吾能言之,杞不足徵也;殷礼吾能言之,宋不足徵也;文献不足故也。足,则吾能徵之矣。"朱熹注:"文,典籍也;献,贤也。"后专指具有历史价值的图书文物资料。如:历史文献。亦指与某一学科有关的重要图书资料。如:医学文献。今为记录有知识的一切载体的统称,即用文字、图像、符号、声频、视频等手段以记录人类知识的各种载体(如纸张、胶片、磁带、磁盘、光盘等)。

文绣 绣画的锦帛,用作衣服。《三国志·吴志·华覈传》:"废华采,去文绣,未必无美人也。"

文轩 ❶雕饰华美的车子。《墨子·公输》:"今有人于此,舍其文轩,邻有敝舆,而欲窃之。"❷有彩画的栏槛和窗牖的走廊,也叫画廊。曹植《七启》:"尔乃御文轩,临洞庭。"

文学 ❶社会意识形态之一。中外古代都曾把一切用文字书写的书籍文献统称为文学。现代专指用语言塑造形象以反映社会生活,表达作者思想感情的艺术,故又称"语言艺术"。文学通过作家的想像活动把经过选择的生活经验体现在一定的语言结构之中,以表达人对自己生存方式的某种发现和体验,因此它是一种艺术创造,而非机械地复制现实。在有阶级的社会里,文学带有阶级性,优秀的作品又往往具有普遍的社会意义。文学的形象不具有造型艺术的直观性,而需借助词语唤起人们的想像才能被欣赏。这种形象的间接性既是文学的局限,同时也赋予文学反映生活的极大自由和艺术表现上的巨大可能性,特别是在表现人物内心世界上,可以达到其他艺术所不可及的思想广度和深度。中国魏晋南北朝时期,曾将文学分为韵文与散文两大类,现代通常分为诗歌、散文、小说、戏剧、影视文学等体裁。在各种体裁中又有多种样式。❷孔门四科之一。《论语·先进》:"文学,子游、子夏。"邢昺疏:"若文章博学,则有子游、子夏二人也。"亦指教贵族子弟的学科。《宋书·雷次宗传》:"上留心艺术,使丹阳尹何尚之立玄学,太子率更令何承天立史学,司徒参军谢元立文学。"❸指辞章修养。元结《大唐中兴颂序》:"非老于文学,其谁宜为?"❹官名。汉代置于州郡及王国,或称文学掾,或称文学史,为后世教官所由来。魏晋以后有文学从事之名。唐代于州县置博士,德宗时改称文学,宋以后废。又隋唐以后,太子及诸王下亦置文学。明清废。

文学语言 指作为语言艺术的文学作品的语言。不仅仅是文学借以传情达意的工具,而且也是文学的本体,即文学之所以为文学的存在方式。文学语言来自于对日常语言的提炼、规范和再创造,是规范的民族共同语的典范。文学语言具有形象可感性、情感性、多义性,富于隐喻、暗示和象征,从而与要求符号与指称对象完全吻合的科学语言相区别。文学语言根植于某一语种的文化传统,是具有高度内涵的,同时,在具体作家作品之中,又体现了作家鲜明的个人风格。

文雅 ❶指文艺礼乐。陆贾《新语·道基》:"设钟鼓歌舞之乐,以节奢侈,正风俗,通文雅。"❷指言谈、举止温和有礼貌,不粗鲁。如:谈吐文雅。

文言 ❶汉语书面语的一种。产生于先秦时期,一直通用到近代。最初建立在口语基础上,经过长时期发展,形成词汇丰富、精练的特点。但文言发展离口语日远,不能为多数人掌握。因此,直接与口语相联系的书面语——白话与之同时并存。"五四"新文化运动时,反对旧思想、提倡新思想,反对旧文学、提倡新文学,曾提出反对文言文、提倡白话文的口号。❷《易传》(即《十翼》)篇名。解释"乾"、"坤"两卦。孔颖达疏引庄氏云:"文谓文饰,以乾坤德大,故特文饰以为文言。"其中解释乾卦的卦辞和爻辞通称《乾文言》,解释坤卦的卦辞和爻辞通称《坤文言》。内容假托孔子答问,实质上通过"乾"卦,向统治者说明居高位危,应"知进退存亡而不失其正"的道理;通过"坤"卦,进一步劝其要顾到"履霜坚冰至"的自然法则,随时警惕那些不遵守"坤道柔顺"的被统治者的反抗。

文以载道 周敦颐《通书·文辞》:"文所以载道也……文,辞艺也。道,德实也。笃其实而艺者书之美则爱。"后谓文章是用以表达思想的。

文艺 文学与艺术的统称。有时也指狭义的文学。

文园 孝文园,即汉文帝陵园。司马相如曾为孝文园令,后人因称之为"文园"。杜牧《为人题赠》诗:"文园终病渴,休咏《白头吟》。"渴,消渴病,司马相如曾患此症。

文苑 文士所聚之处,犹言文坛、文学界。《文心雕龙·才略》:"观夫后汉才林,可参西京;晋世文苑,足俪邺都。"

文藻 文辞的藻采。《三国志·蜀志·秦宓传》:"或谓宓曰:'足下欲自比于巢、许、四皓,何故扬文藻,见瑰颖乎?'宓答曰:'仆文不能尽言,言不能尽意,何文藻之有扬乎!'"

文章 ❶礼乐法度。《诗·大雅·荡序》:"厉王无道,天下荡荡,无纲纪文章。"❷车服旌旗等。《左传·隐公五年》:"昭文章,明贵贱。"杜预注:"车服旌旗。"❸犹言文采。错综华美的色采或花纹。《楚辞·九章·橘颂》:"青黄杂糅,文章烂兮。"❹文辞。《史记·儒林列传序》:"文章尔雅,训辞深厚。"今通称独立成篇的、有组织的文字为文章。❺指暗含曲折隐晦的意思。《官场现形记》第三十五回:"阎二先生听到'报效'二字,便晓得其中另有文章。"

文质 中国古代美学概念。指文采与实质,含形式美与内容美的关系。《论语·雍也》:"质胜文则野,文胜质则史。文质彬彬,然后君子。"孔子认为具有仁的品质而缺少文化教养和外在文采的人是粗野的人;只讲求外在文饰之美而缺乏仁的品质,文饰之美则成为一种虚饰。美的人应是外在言动、容色、礼仪之美与内在仁义道德品质之美的统一。文质统一是后世儒家文艺观和审美标准之一。

文质彬彬 《论语·雍也》:"质胜文则野,文胜质则史,文质彬彬,然后君子。"文,文采;质,实质;彬彬,谓配合适宜。后常用以形容人举止斯文,态度闲雅。

文致 ❶粉饰。《汉书·叙传上》:"莽秉政,方欲文致太平。"❷玩弄法律条文,陷人于罪。《后汉书·陈宠传》:"解妖恶之禁,除文致之请。"李贤注:"文致,谓前人无罪,文饰致于法中也。"❸文采思致。《新唐书·岑文本传》:"文本奏《藉田》、《三元颂》二篇,文致华赡。"

文梓 良木。《史记·滑稽列传》:"臣请以雕玉为棺,文梓为椁。"

文字 ❶记录和传达语言的书写符号,扩大语言在时间和空间上的交际功用的文化工具,对人类的文明起很大的促进作用。文字有表形文字、表意文字、表音文字。表形文字、表意文字起源最早,现今应用表音文字的语种最多。❷文章;文辞。唐孙卓《同宋药州太史登滕王阁》诗:"子安文字当时体,纵横万象谁端倪?"

文字狱 旧时统治者往往故意从文人的作品中摘取字句,罗织罪名,构成冤狱,以镇压知识分子,叫"文字狱"。明太祖和清康熙、雍正、乾隆三帝大兴文字狱,刑罚残酷,株连众多。明太祖因幼年当过和尚,即位后看到表章、诗文中有"僧"、"光"等及其同音字,即将作者诛灭。龚自珍《咏史》:"避席畏闻文字狱,著书都为稻粱谋。"

文宗 ❶指广受宗仰的文人。《后汉书·崔骃传赞》:"崔为文宗,世禅雕龙。"❷明清时称提学、学政为"文宗"。亦泛指试官。《聊斋志异·书痴》:"每文宗临试,辄首拔之,而苦不得售。"

芠 (wén) 草名。见《玉篇·草部》。

彣 (wén) 《说文·彣部》:"彣,𢇺也。"𢇺,今通作郁。徐锴系传:"《论语》曰:'郁郁文哉!'"段玉裁注:"彣与文义别,凡言文章皆当作彣彰,作文章者省也。"朱骏声通训定声:"凡彣章、彣采、彣明字,经传皆以文为义。"

駇 〔駇〕(wén) 马名。《说文·马部》:"駇马,赤鬣缟身,目若黄金,名曰吉皇之乘。周成王时,犬戎献之。"《春秋传》曰:'駇马百驷。'"按《左传·宣公二年》作"文马百驷"。

紋 〔紋〕(wén) 丝织品上的花纹。《新唐书·地理志五》:"〔越州〕土贡宝花花纹等罗,白编交梭十样花纹等绫。"也泛指一般的纹路或花纹。如:指纹;罗纹纸;饕餮纹的罍。

鳷 〔鳷〕(wén) 亦作"鳷"。❶雏鹑。见《尔雅·释鸟》。❷传说中的凶鸟。《山海经·大荒西经》:"〔玄丹之山〕爰有青鳷、黄鹜,青鸟、黄鸟,其所集者其国亡。"

闻 〔聞〕㈠(wén) ❶听见。如:耳闻目见。《礼记·大学》:"心不在焉,视而不见,听而不闻。"❷知识见闻。《论语·季氏》:"友多闻。"苏辙《上枢密韩太尉书》:"求天下奇闻壮观,以知天地之广大。"❸达;传报。《诗·小雅·鹤鸣》:"鹤鸣于九皋,声闻于天。"《汉书·武帝纪》:"举吏民能假贷贫民者以名闻。"亦指传报的文书。如:讣闻。《宋史·韦贤妃传》:"徽宗及郑皇后崩,闻至,帝号恸。"❹嗅。如:闻香;味儿好闻。《孔子家语·六本》:"与善人居,如入芝兰之室,久而不闻其香,即与之化矣。"❺姓。明代有闻渊。

㈡(wèn,旧读 wèn) ❶名声。《诗·大雅·卷阿》:"令闻令望。"❷通"问"。慰问;询问。

闻达 语本《论语·颜渊》"在邦必闻"和"在邦必达"。朱熹注:闻,名誉著闻;达,谓德孚于人而行无不德。后用为显达或声誉卓著的意思。诸葛亮《前出师表》:"苟全性命于乱世,不求闻达于诸侯。"

闻鸡起舞 《晋书·祖逖传》:"与司空刘琨俱为司州主簿,情好绸缪,共被同寝。中夜闻荒鸡鸣,蹴琨觉曰:'此非恶声也。'因起舞。"荒鸡,半夜啼的鸡。刘琨和祖逖相互勉励,听到鸡鸣而起舞。后以"闻鸡起舞"比喻志士及时奋发。松洲《念奴娇·题钟山楼》词:"击楫誓清,闻鸡起舞,毕竟英雄得。"

闻人 ❶有名望的人。《荀子·宥坐》:"少正卯,鲁之闻人也。"❷复姓。汉代有闻人通。

闻问 通消息;通音讯。如:不相闻问。《汉书·严助传》:"拜为会稽

太守,数年不闻问。"

闻喜宴 唐宋时赐宴新进士及诸科及第的人,叫"闻喜宴"。《宋史·选举志一》:"闻喜宴分为两日:宴进士,请丞郎大两省;宴诸科,请省郎小两省。"因宋代曾设宴于琼林苑,故又称"琼林宴"。参见"琼林❷"。

蚊 〔蟁、蟁〕(wén) 昆虫纲,双翅目,蚊科。种类很多,全世界有 3 000 余种,中国约有 300 种。最常见的为按蚊(Anopheles)、库蚊(Culex)和伊蚊(Aedes)三属。按蚊体多灰色,翅有黑白花斑,停立时身体与立面成一斜角。库蚊体多黄棕色,无花斑,停立时身体与立面平行。伊蚊体黑色或棕色,多有白斑,停立姿势与库蚊相同。雌蚊吸血,雄蚊只吸食花果液汁。卵产于水中,幼虫(称"孑孓")和蛹均生活于水中。蚊能传播疟疾、丝虫病和流行性乙型脑炎等疾病。

蚊负 《庄子·秋水》:"且夫知(智)不知是非之竟,而犹欲观于庄子之言,是犹使蚊负山、商蚷驰河也,必不胜任矣。"比喻才能微薄而负担重任。

蚊雷 ❶众蚊飞鸣,其声如雷。陆游《春晚书怀》诗:"暑近蚊雷先隐辚,雨前蟆(蚁)埕正崔嵬。"隐辚,雷声。❷比喻浮议,诽谤之言。参见"聚蚊成雷"。

梱 (wén) 木名。没有劈开的棫木。参见《尔雅·释木》郝懿行义疏。
另见 kǔn。

闅 〔閿〕(wén) 用于地名。闅乡,在河南省。

雯 (wén) 云彩。《集韵·二十文》:"云成章曰雯。"《古三坟·爻卦大象》:"日云赤昙,月云素雯。"

鳷 (wén) 同"鳷(鳷)"。

鼢 (wén) 即鼹鼠。参见"鼹"。

wěn

刎 (wěn) 割颈;割断。《史记·项羽本纪》:"乃自刎而死。"《韩非子·外储说右下》:"马前不得进,后不得退,遂避而逸,因下抽刀而刎其脚。"

刎颈交 同生死的朋友。《史记·廉颇蔺相如列传》:"卒相与欢,为刎颈之交。"司马贞索隐引崔浩曰:"要

齐生死而刭颈无悔也。"又《张耳陈馀列传》："馀年少，父事张耳，两人相与为刭颈交。"

扽（wěn）　擦拭。见"扽泪"。

扽泪　揩拭眼泪。《楚辞·九章·悲回风》："孤子吟而扽泪兮。"旧时报丧的讣文中，列名的亲属有扽泪、拭泪之别，以示亲疏，扽泪较拭泪为重。

吻〔脗〕（wěn）❶嘴唇。江永《音学辨微》："音呼有开口、合口：合口音吻聚，开口者吻不聚也。"❷用嘴唇接触人或物，表示亲爱。❸动物口器或头端突出的部分。如原生动物、纽形动物、环节动物以及蜱和蛾、蝶等昆虫都有吻。哺乳动物鼻部或唇部延长的部分，也称"吻"。例如，象有长吻，猪、獏等有短吻。

吻合　相合；符合。《庄子·齐物论》："旁日月，挟宇宙，为其吻合。"成玄英疏："无分别貌。"

㕧（wěn）　同"吻"。嘴唇。田艺蘅《留青日札·风变》："其始终皇迫之势，陶九成纪之，与今㕧合。"
另见 hū。

殙（wěn）　通"刭"。《荀子·强国》："是犹欲寿而殙颈也。"杨倞注："殙当为刭。"
另见 mò。

昏（wěn）　同"吻"。嘴唇。《墨子·非命下》："今天下之君子之为文学出言谈也，非将勤劳惟（喉）舌而利其唇昏也。"
另见 mǐn。

紊（wěn，旧读 wèn）　乱。《书·盘庚上》："若网在纲，有条而不紊。"

嗢（wěn）　同"吻"。
另见 hūn。

嗢（wěn）　亦作"嗢"。同"吻"。《吕氏春秋·精谕》："口嗢不言，以精相告。"

膃（wěn）　同"吻"（脗）。《庄子·齐物论》："为其膃合。"

愠（wěn）　见"愠忾"。
另见 yùn。

愠忾　心有愠积貌。《楚辞·九章·哀郢》："憎愠忾之修美兮，好夫人之忼慨。"

稳〔穩〕（wěn）❶平稳；稳定。杜甫《放船》诗："江流大自在，坐稳兴悠哉。"❷妥帖；工稳；合适。杜甫《长吟》诗："赋诗歌句稳，

不免自长吟。"❸心安；忍受。关汉卿《救风尘》第三折："我为甚不敢明闻，肋底下插柴自稳。"自稳，犹言自忍。❹安顿。含有隐瞒之意。秦简夫《东堂老》第三折："他两个把我稳在这里，推买东西去了。"❺有把握。如：十拿九稳。《红楼梦》第五十六回："他们辛苦收拾，是该剩些钱粘补的。我们怎么好稳吃三注呢？""稳吃三注"原是赌牌九用语，这里借作不劳而获之意。

稳便❶稳妥便利。长孙无忌《冕服议》："临时施行，实不稳便。"❷犹言请自便。常用作客套语。辛弃疾《鹊桥仙·席上和赵晋臣敷文》词："高车驷马，金章紫绶，传语渠侬稳便。"《水浒传》第四回："待诏道：'师父稳便，小人赶趁些生活，不及相陪。'"

稳健❶稳而有力。如：步履稳健。李肇《唐国史补》卷上："刘晏马取稳健，不择毛色。"❷慎重，不轻浮冒失。如：做事稳健。

稳婆　为宫廷或官府服役的收生婆。蒋一葵《长安客话》卷二："每季就收生婆中预选名籍在官，以待内庭召用，如选女则用以辨别妍媸可否，如选奶口则用等第乳汁厚薄、隐疾有无，名曰稳婆。"也泛称收生婆。武汉臣《老生儿》第一折："我急煎煎去把那稳婆和老娘寻。"参见"三姑六婆"。

wèn

问〔問〕（wèn）❶有所不知而询于人以求解答。如：答非所问。《书·仲虺之诰》："好问则裕，自用则小。"❷审讯；追究。如：问案。《诗·鲁颂·泮水》："淑问如皋陶。"朱熹注："问，讯囚也。"❸问候；慰问。《论语·雍也》："伯牛有疾，子问之。"❹聘问。《周礼·春官·大宗伯》："时聘曰问。"《仪礼·聘礼》："小聘曰问。"❺馈赠。《左传·成公十六年》："楚子使工尹襄问之以弓。"孔颖达疏："遗人以物谓之为问。"❻管；干预。如：过问；不闻不问。❼命令。《左传·庄公八年》："公问不至。"❽书信；音信。《晋书·陆机传》："羁寓京师，久无家问。"❾通"闻"。声誉。《庄子·庚桑楚》："因失吾问。"❿姓。明代有问智。

问安视膳　古代儿子侍奉父母的礼节，每日必问安，每餐必在侧。见

《礼记·文王世子》。《资治通鉴·唐文宗开成二年》："太子当鸡鸣而起，问安视膳。"

问道于盲　亦作"求道于盲"。向瞎子问路。比喻向一无所知的人求教。韩愈《答陈生书》："足下求速化之术，不于其人，乃以访愈；是所谓借听于聋，求道于盲。"

问鼎　《左传·宣公三年》："楚子伐陆浑之戎，遂至于雒，观兵于周疆。定王使王孙满劳楚子，楚子问鼎之大小轻重焉。"三代以九鼎为传国宝，楚子问鼎，有觊觎周室之意。后遂以"问鼎"比喻图谋帝王权位。《晋书·王敦传》："有问鼎之心，帝畏而恶之。"

问号　标点符号的一种，即〔？〕。表示一句问话完了之后的停顿。如："车车马马哪里去？葡萄村上庆丰收。"

问津　津，渡口。询问渡口。《论语·微子》："使子路问津焉。"邢昺疏："使子路往问济渡之处也。"后用为探求途径或尝试的意思。如：无人问津；不敢问津。

问名　古代婚礼"六礼"之一。男家请媒人请问女方的名字和生年月日。《仪礼·士昏礼》："宾执雁，请问名。"郑玄注："问名者，将归卜其吉凶。"

问难　诘问辩驳，析疑解惑。《东观汉记·贾宗传》："每宴会，令与当世大儒司徒丁鸿问难经传。"

问世❶谓隐居的人出外任事。问，与闻。意谓与闻世事。❷著作出版，与读者见面。问，求教。谓以著作请教当时的人。

问遗　馈赠礼物以表问候。《史记·酷吏列传》："问遗无所受，请寄无所听。"

问讯❶通问请教。《说苑·建本》："士苟欲深明博察以垂荣名，而不好问讯之道，是伐智本而塞智原也。"❷问候。《后汉书·清河孝王庆传》："庆多被病，或时不安，帝朝夕问讯，进膳药。"❸打听。陶潜《桃花源记》："村中闻有此人，咸来问讯。"❹僧尼向人合掌问安。《京本通俗小说·菩萨蛮》："再唤乙侍者作诗。乙侍者问讯了，乞题目。"

问业　请问学业。韩愈《送温处士赴河阳军序》："小子后生于何考德而问业焉。"

问字　《汉书·扬雄传》："刘棻尝从雄学作奇字。"后因用为向人请教学问之词。黄庭坚《谢送碾赐壑源拣

牙》诗:"已戒应门老马走,客来问字莫载酒。"

问罪 古代两国作战,一方宣布对方罪状,加以谴责,以为出兵进攻的理由。《北史·隋炀帝纪》:"商郊问罪,周发成文王之志。"后引申为严厉责问。《聊斋志异·葛巾》:"日已向辰,喜无问罪之师。"

免(wèn) ❶通"绕"。古代丧服之一。参见"袒免"。❷新鲜的。《礼记·内则》"免薨"郑玄注:"免,新生者;薨,干也。"

另见miǎn。

汶(wèn) 水名。汶水,即岷江。

另见mén。

绕〔絻〕(wèn) ❶古代丧服之一,去冠,用布包裹发髻。亦指穿这种丧服。《左传·哀公二年》:"使太子绕。"杜预注:"绕者,始发丧之服。"亦作"免"。《礼记·檀弓上》:"公仪仲子之丧,檀弓免焉。"参见"袒免"。❷吊丧时拿的绋绳。《公羊传·昭公二十五年》"齐侯唁公子野井"何休注:"吊所执绋曰绕。"

另见miǎn。

揾(wèn) 揩拭。辛弃疾《水龙吟·登建康赏心亭》词:"倩何人唤取,红巾翠袖,揾英雄泪?"

璺(wèn) 陶瓷、玻璃等器上出现裂纹;坼裂。《方言》第六:"器破而未离谓之璺。"钱绎笺疏:"今俗尚有'打破砂盆璺到底'之语,正读如问。"按"砂盆"亦作"砂锅","璺"谐声为"问",意为追问到底。

璺(wèn) 亦作"璺"。器皿裂纹。如:打破砂锅璺到底。《周礼·春官·大卜》"掌三兆之法"郑玄注:"其象似玉、瓦原之璺罅。"陆德明释文:"沈依《聂氏音问》云:依字作璺。璺,玉之坼也。"阮元校勘记:"按释文作璺,云依字作璺,则本不作璺可知。"

另见xìn。

wēng

翁(wēng) ❶男性老人。如:渔翁。亦用为对年长者的敬称。《方言》第六:"凡尊老……周、晋、秦、陇谓之公,或谓之翁。"❷父。如:令翁;尊翁。《史记·项羽本纪》:"吾翁即若翁。"❸夫之父;妻之父。如:翁姑;翁婿。《聊斋志异·长亭》:"适家人由海东经此,得翁凶问,妾遵严命而绝儿女之情,不敢循乱命而失翁媳之礼。"❹鸟颈毛。《山海经·西山经》:"天帝之山……有鸟焉,其状如鹑,黑文而赤翁。"❺姓。

翁仲 传说秦阮翁仲身长一丈三尺,异于常人,始皇命他出征匈奴,死后铸铜像立于咸阳宫司马门外。后因称铜像、石像为"翁仲"。《史记·陈涉世家》"铸以为金人十二"司马贞索隐:"各重千石,坐高二丈,号曰翁仲。"柳宗元《衡阳与梦得分路赠别》诗:"翁仲遗墟草树平。"此指墓前石人。

翁主 汉代诸王之女称翁主,即后世之郡主。

嗡(wēng) 拟声词。如:齆鼻儿说话总是嗡嗡嗡的。

滃(wēng) 水名。广东省有滃江。

另见wěng。

阌(wēng) 一种锤,古代用以比试力士之强弱。赵南星《拳喻》:"里中有二猛士举其拳若阌,故易殴人。"

鹟〔鶲〕(wēng) 鸟纲,鹟科,鹟亚科。小型林鸟。常久栖树枝,窥视飞虫,突击捕获后,复飞返原处。种类甚多,如乌鹟(*Muscicapa sibirica*)、北灰鹟(*M. davurica*)等。均为农林益鸟。

螉(wēng) ❶虫名。《说文·虫部》:"螉,虫在牛马皮者。"朱骏声通训定声:"按单呼曰螉,累呼曰螉蜙。苏俗谓之牛蝱。"❷见"蠮螉"。

鳉〔鰯〕(wēng) 硬骨鱼纲,鳉科。体稍侧扁,略呈长方形,长10余厘米。口前位,能伸缩。上下颌具绒毛状牙带。胸鳍下半部有5~8鳍条粗大延长。体被圆鳞。栖息热带珊瑚礁附近。体色美丽。常见的有金鳉(*Cirrhitichthys aureus*)和鳉(*Cirrhitus pinnulatus*)等。中国产于南海及东海南部。

鞥(wēng) 靴筒子。见《集韵·一东》。

wěng

塕(wěng) ❶尘土。陈傅良《送颜几圣提举江东》诗:"高举出埃塕。"❷风起扬尘貌。宋玉《风赋》:"夫庶人之风,塕然起于穷巷之间。"

蓊(wěng) 茂盛貌。见"蓊郁"。

另见wèng。

蓊勃 盛貌。柳宗元《闵生赋》:"山水浩以蔽亏兮,路蓊勃以扬氛。"

蓊匒 弥漫;充塞。杜甫《三川观水涨》诗:"蓊匒川气黄,群流会空曲。"

蓊郁 浓密貌;茂盛貌。曹丕《感物赋》:"瞻玄云之蓊郁,仰沉阴之杳冥。"左思《蜀都赋》:"松柏蓊郁于山峰。"

滃(wěng) ❶云气四起貌。《汉书·扬雄传下》:"不能滓滃云而散歊烝。"❷水盛貌。欧阳修《丰乐亭记》:"中有清泉,滃然而仰出。"

另见wēng。

滃郁 云气大量涌出貌。《楚辞·九怀·昭世》:"览旧邦兮滃郁,余安能兮久居。"

暡(wěng) ❶气盛貌。见《广韵·一董》。❷日光不明;昏暗。戴良等《出游联句》:"晨集侵暡曚。"

鬔(wěng) 同"蓊"。

wèng

瓮〔甕、罋〕(wèng) 一种陶制的盛器。《庄子·天地》:"凿隧而入井,抱瓮而出灌。"

瓮鼻 发声多鼻音,如瓮中声。袁文《瓮牖闲评》:"王充《论衡》云:'鼻不知香臭为瓮。'则知今之人以鼻不清亮者为瓮鼻,作此瓮字,未为无自也。"

瓮城 大城门外的月城。用以增强城池的防御力量。《武经总要前集·守城》:"其城外瓮城,或圆或方,视地形为之。高厚与城等,惟偏开一门,左右各随其便。"《元史·顺帝纪八》:"诏京师十一门,皆筑瓮城,造吊桥。"

瓮门 同"壅门"。瓮城的门。《宋史·李全传》:"李虎军已塞其瓮门。全窘,从数十骑北走。"

瓮天 坐在瓮中观天,比喻见识短浅。黄庭坚《再次韵奉答子由》:"似逢海若谈秋水,始觉醯鸡守瓮天。"海若,海神;醯鸡,蠛蠓,小虫名。

瓮头春 刚酿好的酒。瓮头即缸面,春指酒,唐、宋时语。张彦远《法书要录》卷三:"江东云㭎(缸)面,犹河北称瓮头,谓初熟酒也。"黄庭坚《明远庵》诗:"多方挈取瓮头春,大白梨花十分注。"

瓮牖　简陋的窗户。《淮南子·原道训》:"蓬户瓮牖。"高诱注:"编蓬为户,以破瓮蔽牖。"因以指贫穷人家。贾谊《过秦论上》:"然而陈涉瓮牖绳枢之子,氓隶之人,而迁徙之徒也。"绳枢,用绳系户枢。

瓮中捉鳖　比喻所欲得者已在掌握之中。康进之《李逵负荆》第四折:"管教他瓮中捉鳖,手到拿来。"

翁〔瓮〕(wěng)　同"蕹"。另见 wěng。

蕹(wèng)　蕹菜,俗称"空心菜"、"藤藤菜"。旋花科。一年生或多年生草本。茎蔓性,中空,节上能生不定根。叶长心脏形,柄甚长。夏秋开花,白或淡紫色,形如喇叭。种子淡褐或黑色。

齆(wèng)　鼻病。鼻道阻塞,发音不清。如:齆鼻腔。

wō

挝〔撾〕(wō)　用于"老挝"。另见 zhuā。

莴〔萵〕(wō)　莴苣,菊科。一二年生草本。基出叶绿色或紫色,叶面光滑或皱缩,全缘或有缺刻。头状花序,开黄色舌状花。瘦果细小,黑褐或灰白色。性喜冷凉,春秋两季均可栽培。

倭(wō)　古代称日本。《汉书·地理志下》:"乐浪海中有倭人,分为百余国。"颜师古注引《魏略》:"倭在带方东南大海中,依山岛为国。"
另见 wēi,wǒ。

倭刀　❶古代日本所制的佩刀,以锋利著称。❷青狐皮的别称。亦作"窝刀"。《清一统志·奉天府五》:"青狐亦名倭刀,毛色兼黄黑,贵重次元(玄)狐。"

猧〔猧〕(wō)　一种供人玩弄的小狗。王涯《宫词》:"白雪猧儿拂地行,惯眠红毯不曾惊。"

涡〔渦〕(wō)　❶水的旋流。郭璞《江赋》:"盘涡谷转。"❷涡状。如:酒涡儿;涡轮机。苏轼《百步洪》诗:"不知诗中道何语,但见两颊生微涡。"
另见 guō。

绹〔綯〕(wō)　通"涡"。喻鬓髻犹如水流旋转盘结。薛氏兰英、蕙英《苏台竹枝词十首》联句:

"一绹凤髻绿如云。"
另见 guā。

㮯(wō)　燕窝的"窝"本字。《说文·丸部》:"鸟食已,吐其皮毛如丸。"章炳麟《新方言·释动物》:"今贵州谓海燕食鱼所吐为燕㮯,音正作㮯,通语音阿,从尚声也。"

湾(wō)　❶混浊。参见"溾湾"。❷犹"沤"。久浸。《考工记·慌氏》:"湾其丝"郑玄注:"齐人曰沤,楚人曰湾。"

喔(wō)　鸡啼声。另见 ō。

窝〔窩〕(wō)　❶泛指鸟兽昆虫栖息的处所。如:猪窝;鸡窝;蚁窝。❷借喻人藏匿或安身之处。《宋史·邵雍传》:"雍岁时耕稼,仅给衣食,名其居曰安乐窝。……好事者别作屋如雍所居,以候其至,名曰行窝。"❸凹陷处。如:心口窝儿。王恽《大霜行》:"整冠变色立前庑,但见土窝万杵一一皆深圆。"❹藏匿。《醒世恒言·张廷秀逃生救父》:"一向打劫的赃物,都窝在他家。"

窝藏　私藏罪犯、违禁品或赃物。《元典章·刑部·窝主》:"若未行盗及行盗之后,知情窝藏分受赃者。"

窝工　非因工人责任所造成的工作中断和工时不能充分利用的现象。

窝家　窝藏罪犯、违禁品或赃物的人。参见"窝主"。

窝曰　同"窠曰"。《续传灯录》卷三"达观":"语不离窝曰。"参见"窠曰"。

窝赃　明知是犯罪所得的赃物而予以窝藏、转移、收购的行为。我国刑法规定为窝赃罪。

窝主　窝藏罪犯、违禁品或赃物的人。《元典章·刑部·窝主》:"窝主,但曾与各贼一同分使赃物之人……虽曰窝主,而有起意纠合指引上盗分受赃物,身虽不行,既系元谋,合为首论。"亦称"窝家"。

蜗〔蝸〕(wō)　即"蜗牛"。柳宗元《乞巧文》:"蜗休于壳。"

蜗角　蜗牛角。比喻极微小的境地。《庄子·则阳》:"有国于蜗之左角者,曰触氏;有国于蜗之右角者,曰蛮氏。时相与争地而战。"沈约《细言应令》诗:"蜗角列州县,毫端建朝市。"

蜗庐　犹"蜗舍"。狭小如蜗壳的屋子。三国时焦先和杨沛作圆舍,形如蜗牛壳,称为蜗牛庐。见《三国志

·魏志·管宁传》裴松之注引《魏略》。后因自称简陋的居处为"蜗庐"。陆游《蜗庐》诗:"蜗庐四壁空,也过百年中。"

蜗舍　喻称简陋狭小的房屋。崔豹《古今注·鱼虫》:"蜗牛,蛞螺也……野人结圆舍如蜗牛之壳,故曰蜗舍。"何逊《仰赠从兄兴宁置南》诗:"栖息同蜗舍,出入共荆扉。"

蜗篆　蜗牛粘液的痕迹,屈曲像篆文,因称为"蜗篆"。毛滂《玉楼春》词:"泥银四壁盘蜗篆,明月一庭秋满院。"

濄(wō)　同"涡"。见"涡"。另见 guō。

踒(wō)　肢体猛折而筋骨受伤。《韩非子·说林下》:"此其为马也,踒肩而肿膝。"

薶(wō)　沾污。《淮南子·俶真训》:"夫鉴明者,尘垢弗能薶。"高诱注:"薶,污也。薶读倭语之倭。"
另见 mái。

wǒ

我(wǒ)　❶自称之词。《诗·邶风·柏舟》:"我心匪鉴,不可以茹。"也指自己的一方。如:分清敌我。《左传·庄公十年》:"春,齐师伐我。"❷存私见。《论语·子罕》:"毋固,毋我。"❸姓。战国时有我子。

我侬　吴方言,即我。文莹《湘山野录》卷中载吴越王钱镠歌:"你辈见侬底欢喜,别是一般滋味子,永在我侬心子里。"

我生　❶自己的行为。《易·观》:"观我生进退。"程颐传:"观我生,我之所生,谓动作施为出于己者。"❷我身所处的时世。《诗·大雅·桑柔》:"我生不辰,逢天僤怒。"❸生我者,指母亲。《后汉书·崔骃传》:"悼我生之歼夷。"李贤注:"我生,谓母也。"

我行我素　自行其是;不管人家怎样,只按照自己平素的一套去做。《官场现形记》第五十六回:"这件事外头已当着新闻,他夫妇二人还是毫无闻见,依旧是我行我素。"

果(wǒ)　通"婐"。侍女,引申为侍奉。《孟子·尽心下》:"及其为天子也,被袗衣,鼓琴,二女果。"
另见 guǒ,kè,luǒ。

倭 (wǒ) 见"倭堕"。
另见 wēi,wō。

倭堕 同"鬌髻"。古代妇女发髻名。古乐府《陌上桑》:"头上倭堕髻,耳中明月珠。"崔豹《古今注·杂注》:"长安妇人好为盘桓髻,到于今,其法不绝。堕马髻今无复作者。倭堕髻,一云堕马之馀形也。"

婑 (wǒ) 女侍。见《说文·女部》。《孟子·尽心下》:"二女果。"赵岐注:"果,侍也。"《说文》引作"婑"。
另见 ē 婀。

矮 (wǒ) 见"矮婧"。

矮婧 柔弱美好貌。皮日休《桃花赋》:"或温麘而可薰,或矮婧而莫持。"

鬈 (wǒ) 见"髲鬈"。

髮 (wǒ) 同"鬈"。

鬌 (wǒ) 见"鬌髻"。

鬌髻 发髻名。刘禹锡《赠李司空妓》诗:"鬌髻梳头宫样妆。"亦作"倭堕"。

wò

肟 (wò) 一类具有 C=N—OH基团的有机化合物。是醛或酮的羰基和羟胺（NH₂OH）缩水后的衍生物。有醛肟和酮肟两类。例如:甲醛肟(H₂C=N—OH)、丙酮肟及丁二酮肟,后者是检验镍的试剂。醛肟、酮肟类大都是具有特定熔点的晶体,常用以鉴别醛、酮类。

烆 (wò) 把东西偎暖。《二十年目睹之怪现状》第一百零三回:"鸦头等小解完后,便把夜壶舀干净,拿来烆在自己被窝里。"

沃 (wò) ❶浇;灌。《左传·僖公二十三年》:"奉匜沃盥。"孔颖达疏:"沃,谓浇水也。"《素问·痹论》:"若沃以汤。"王冰注:"沃,犹灌也。"❷润泽;肥美。《诗·小雅·隰桑》:"其叶有沃。"韩愈《答李翊书》:"膏之沃者其光晔。"❸曲沃的简称,在今山西省。《诗·唐风·扬之水》:"从子于沃。"❹姓。汉代有沃焦。

沃沃 丰茂而有光泽。《诗·桧风·隰有苌楚》:"夭之沃沃,乐子之

无知。"

沃衍 土地平坦肥美。《隋书·地理志下》:"然数郡川泽沃衍,有海陆之饶,珍异所聚,故商贾并凑。"亦作"衍沃"。

沃野 ❶肥沃的田野。《汉书·张良传》:"夫关中,左殽函,右陇蜀,沃野千里。"❷古县名。西汉元狩中置,治今内蒙古临河市西南。东汉末废。境内有渠引黄河水东注溉田,北魏时犹存。❸军镇名。北魏六镇之一。故址在今内蒙古五原东北乌加河北,当蒙古高原西部入塞冲要。正光四年(公元523年)破六韩拔陵起义于此。

卧 (wò) ❶伏在几上睡。《孟子·公孙丑下》:"隐几而卧。"引申为睡、躺。《盐铁论·地广》:"故边民百战而中国恬卧者,以边郡为蔽扞也。"杜牧《秋夕》诗:"卧看牵牛织女星。"❷趴伏。如:卧倒;卧伏。韦续《墨薮·梁武帝〈书评〉》:"王羲之书,如龙跃天门,虎卧凤阙。"❸平放着;横着。杜甫《重过何氏》诗:"苔卧绿沈枪。"杜牧《阿房宫赋》:"长桥卧波。"❹指隐居。李白《送梁四归东平》诗:"莫学东山卧,参差老谢安。"

卧碑 《明史·选举志一》:"〔洪武〕十五年,颁学规于国子监,又颁禁例十二条于天下,镌立卧碑,置明伦堂之左。其不遵者,以违制论。"后因称科举时代曾学者为"卧碑中人"。

卧虎 ❶比喻执法严峻或作战勇猛的人。《后汉书·董宣传》:"由是搏击豪强,莫不震慄,京师号为卧虎。"《魏书·李崇传》:"所向摧破,号曰卧虎。"❷比喻残暴凶横的人。《后汉书·单超传》:"其后四侯转横,天下为之语曰:'左(左悺)回天,具(具瑗)独坐,徐(徐璜)卧虎,唐(唐衡)两堕。'"

卧龙 ❶比喻隐居的俊杰。《三国志·蜀志·诸葛亮传》:"〔徐庶〕谓先主曰:'诸葛孔明者,卧龙也,将军岂愿见之乎?'"❷形容偃松或松根盘屈之状。庾信《同会河阳公新造山池》诗:"暗石疑藏虎,盘根似卧龙。"

卧薪尝胆 春秋时,越国被吴国打败。"越王句践反(返)国,乃苦身焦思,置胆于坐,坐卧即仰胆,饮食亦尝胆也。"见《史记·越王句践世家》。后以为刻苦自励、志图恢复之典。《宋史·胡宏传》:"太上皇帝劫制于

强敌,生往死归,此臣子痛心切骨,卧薪尝胆,宜思所以必报也。"

卧治 汉汲黯为东海太守,"多病,卧阁内不出。岁余,东海大治。"后召为淮阳太守,不受。武帝曰:"吾徒得君重,卧而治之。"见《汉书·汲黯传》。后以"卧治"称颂政事清简。李贽《复梅客生书》:"士民仰盖公之卧治,戎夷赖李牧之在边。"

捾 (wò) ❶挖。段玉裁《说文解字注·手部》:"义理与抉略同,今人剜字当作此。"❷援;引取。《说文·手部》:"捾,一曰援也。"

偓 (wò) ❶见"偓促"。❷见"偓佺"。

偓促 同"齷齪❶"。偪促庸陋貌。《楚辞·九叹·忧苦》:"偓促谈于廊庙兮,律魁放乎山间。"王逸注:"偓促,拘愚之貌。"

偓佺 古代传说中的仙人名。《史记·司马相如列传》:"偓佺之伦暴于南荣。"司马贞索隐引韦昭曰:"古仙人,姓偓。"刘向《列仙传·偓佺》:"偓佺者,槐山采药父也,好食松实,形体生毛,长数寸,两目更方,能飞行逐走马。"

涴 (wò) 为泥土所沾污。韩愈《合江亭》诗:"愿书岩上石,勿使泥尘涴。"亦泛指沾污。苏舜钦《答宋太祝见赠》诗:"雅意返愿交,得无自卑涴?"
另见 wǎn。

硪 (wò) 打实地基用的一种工具。即石夯。
另见 é。

握 (wò) ❶执持。如:握笔。《楚辞·九章·怀沙》:"怀瑾握瑜兮。"引申为掌握。如:握政。也指一手所能握持的分量或大小。如:不盈一握。❷手曲成拳。《庄子·庚桑楚》:"终日握而手不挩,共其德也。"陆德明释文引李颐曰:"捲手曰握。"

握齪 同"齷齪❶"。器量狭窄;牵拘小节。《史记·司马相如列传》:"岂特委琐握齪,拘文牵俗,循诵习传,当世取说(悦)云尔哉?"

握固 道教养生修炼中导引按摩的一种方法。《老子》:"骨弱筋柔而握固。"唐玄宗注:"赤子骨弱筋柔而能握拳牢固。"《云笈七籤》卷三十二:"正偃卧瞑目握固,闭气不息,于心中数至二百,乃口吐气出之。"又云:"拘魂门,制魄户,名曰握固,与魂魄安门户也。此固精明目,留年还魄之法,若能终日握之,邪气百毒不得

入。"握固之法,一说屈大拇指于四小指下;一说以大拇指捅中指中节,四指齐收于手心。

握沐　"一沐三握发"的省语。喻勤劳国事,急于接纳贤俊。《世说新语·规箴》:"高义方造马季长,辞不见。义方覆刺为书曰:'伏闻高问,冀一见龙光,不图辞之以疾。昔周公握沐吐食,以接白屋之士,天下归德,历载邈矣。今君不能相见,宜哉!'季长大愧,追请,径去。"参见"吐哺握发"。

握槊　古代博戏。《魏书·术艺传》:"此(握槊)盖胡戏,近入中国。云胡王有弟一人,遇罪将杀之,弟从狱中为此戏以上之,意言孤则易死也。世宗以后,大盛于时。"参见"双陆"。

幄(wò)　篷帐。《吕氏春秋·权勋》:"龚王驾而往视之,入幄中。"参见"帷幄"。

幄殿　天子出游时张幕为殿。《宋史·太宗纪》:"十二月甲戌,大阅,遂宴幄殿。"

渥(wò)　❶沾润。《诗·小雅·信南山》:"上天同云,雨雪雰雰,益之以霡霂,既优既渥。"❷浓郁。《楚辞·九叹·惜贤》:"芳郁渥而纯美。"王逸注:"渥,厚。"

渥丹　厚重的丹砂。形容红而有光泽。《诗·秦风·终南》:"颜如渥丹。"

楃(wò)　形如屋的大帐。《说文·木部》:"楃,木帐也。"段玉裁注:"许书无幄有楃……《释名》云:'幄,屋也,以帛衣版施之,形如屋。'故许曰木帐。"

嗢(wò)　见"嗢嗢"。
另见 ài,yì。

嗢嗢　笑声。《韩诗外传》卷九:"疾言喷喷,口沸目赤。一幸得胜,疾笑嗢嗢。"

腛(wò)　脂肪厚。《考工记·鲍人》:"〔革〕欲其柔滑而腛脂之,则需。"郑玄注引郑司农云:"谓厚脂之,韦革柔需(软)。"

斡(wò)　转,旋转。《史记·屈原贾生列传》:"万物变化兮固无休息,斡流而迁兮或推而还。"
另见 guǎn。

斡旋　❶扭转;挽回。范成大《两木》诗:"大钧播群物,斡旋不作难。"引申为调解争端。《官场现形记》第四十五回:"毕竟是随凤占理短,敌不过人家,只得连夜到州里,叩见堂

翁,托堂翁代为斡旋。"❷国际法名词。和平解决国际争端的政治方法之一。第三国主动进行有助于促成争端当事国之间直接谈判的行为。但进行斡旋的国家不参与争端当事国之间的谈判。

韄〔韣〕(wò)　佩刀饰。见《广韵·二十陌》。

齷〔龌〕(wò)　见"齷齪"。

齷齪　❶亦作"握齪"、"握龊"、"偓促"。谓器量局狭;拘于小节。张衡《西京赋》:"独俭啬以齷齪。"❷肮脏。高文秀《黑旋风》第一折:"他见我风吹的齷齪,是这鼻凹里黑。"引申为品行恶浊不端。李伯元《官场现形记·自序》:"〔南亭亭长〕熟知夫官之齷齪卑鄙之要凡,昏聩糊涂之大旨。"

wū

乌〔烏〕(wū)　❶鸟名。即乌鸦。《诗·邶风·北风》:"莫黑匪乌。"❷黑色。如:乌木。❸古代神话相传太阳中有三足乌,因即以为太阳的代称。参见"金乌"、"乌飞兔走"。❹何。《汉书·司马相如传上》:"且夫齐楚之事,又乌足道乎!"❺同"呜"。见"乌乎"。❻姓。唐代有乌承玼。
另见 wù。

乌哺　乌能反哺,因借喻为人子的孝养父母。束皙《补亡诗·南陔》:"嗷嗷林乌,受哺于子。"苏辙《次韵宋构朝请归守彭城》:"乌哺何辞日夜飞。"参见"反哺"。

乌飞兔走　旧传日中有三足乌,月中有兔,故以"乌飞兔走"比喻日月运行,时光流逝。韩琮《春愁》诗:"金乌长飞玉兔走,青鬓长青古无有。"亦作"兔走乌飞"。杨景贤《西游记》第三本第十出:"兔走乌飞,看古今兴废。"

乌府　《汉书·朱博传》:"是时御史府吏舍百余区,井水皆竭。又其府中列柏树,常有野乌数千栖宿其上,晨去暮来,号曰朝夕乌。"后因称御史府为"乌府"或"乌台"。白居易《代书诗一百韵寄微之》:"再喜登乌府,多惭侍赤墀。"赤墀,指古代皇城宫殿的红色石阶。

乌龟　动物名。学名 Chinemys reevesii。亦称"山龟"、"秦龟"、"金龟"、"草龟"。爬行纲,龟科。背甲一般长 10 ~ 12 厘米,有三条纵走的

崎棱。头、颈侧面有黄色线状斑纹。雄体背部黑色,雌体呈棕色;腹面略带黄色,均有暗褐色斑纹。四肢有爪;指、趾间具全蹼。以植物、虾、小鱼等为食。分布于中国长江流域及河北、河南、陕西、甘肃、云南、广东、广西等地;也产于朝鲜半岛和日本。腹甲称"龟板",可作补益药。

乌号　古良弓名。《淮南子·原道训》:"射者扞乌号之弓。"《史记·封禅书》:"百姓仰望黄帝既上天,乃抱其弓与胡髯号,故后世因名其弓曰乌号。"

乌合之众　谓无组织、无纪律,如乌鸦般仓卒聚合的群众。《宋史·杨时传》:"今诸路乌合之众,臣谓当立统帅,一号令,示纪律,而后士卒始用命。"

乌乎　同"呜呼"。表示感叹。《左传·襄公三十年》:"乌乎,必有此夫!"亦作"乌呼"。《左传·成公十四年》:"乌呼,天祸卫国也夫!"又作"乌虖"。《汉书·晁错传》:"乌虖戒之!"

乌桕(Sapium sebiferum)　大戟科。落叶乔木,高可达 15 米。叶互生,菱状卵形,全缘,羽状脉。夏季开花,黄色,单性,总状花序顶生。蒴果球形,三裂。种子三颗,外被白色蜡质。产于中国山东以南各地。喜光,喜湿,在酸性土、微钙质

乌　桕

土和微盐碱性土上均能生长。由种壳外层取得的柏脂(皮油)及种仁榨得的梓油(青油)均可供工业用;木材细致,供细木工用。

乌丝栏　指有黑格线的绢素或纸笺。李肇《唐国史补》卷下:"又宋、亳间,有织成界道绢素,谓之乌丝栏。"《通雅·器用》:"乌丝,笺之画栏者也。"也有红色的,叫"朱丝栏"。

乌私　李密《陈情表》:"乌鸟私情,愿乞终养。"谓以乌鸟反哺之情,请求归养祖母。后因以"乌私"为孝养父母之典。赵翼《七十自述》诗:"只余六载循陔处,稍慰乌私一片情。"参见"乌哺"。

乌台　即御史台。苏轼因诗获罪,系御史台狱,世称"乌台诗案"。参见"乌府"。

乌头白　乌头变白。比喻不可能

的事情。《史记·刺客列传赞》司马贞索隐："燕丹求归,秦王曰:'乌头白,马生角,乃许耳。'"《论衡·感虚》作"乌白头"。

乌菟 同"於菟"。虎。左思《吴都赋》:"乌菟之族,犀兕之党。"

乌乌 歌呼声。《汉书·杨恽传》:"酒后耳热,仰天拊缶,而呼乌乌。"颜师古注:李斯上书云:'击瓮叩缶,弹筝搏髀,而呼乌乌快耳者,真秦声也。'是关中旧有此曲也。"颜氏以"乌乌"为秦国的歌曲名。《史记·李斯列传》、《文选·杨恽〈报孙会宗书〉》并作"呜呜"。

乌鸦 鸟纲,鸦科中有些种类,通体羽毛或大部分羽毛为乌黑色,俗称"乌鸦",亦称"老鸹"。

乌焉成马 谓文字因形体相似而传写致误。犹言"鲁鱼亥豕"。"乌"(烏)字"焉"字传写易误,又易误成"马"(馬)字。《周礼·天官·缝人》:"丧缝棺饰焉。"郑玄注:"故书焉为马。杜子春云:'当为焉。'"董逌《除正字谢启》:"乌焉混淆,鱼鲁杂糅。"古谚有"书经三写,乌焉成马"的说法。

乌有 没有。如:子虚乌有;化为乌有。《文选·司马相如〈子虚赋〉》李善注:"以子虚,虚言也。乌有先生,乌有此事也。"袁桷《次韵陈海阴》诗:"梦当好处成乌有。"参见"乌有先生"。

乌有先生 虚拟的人名。司马相如作《子虚赋》,托为子虚、乌有先生、亡是公三人间难之辞。《史记·司马相如列传》:"乌有先生者,乌有此事也。"苏轼《章质父送酒六壶书至而酒不达》诗:"岂意青州六从事,化为乌有一先生。"

乌云(雲) 比喻妇女的鬓发。苏轼《岐亭道上见梅花戏赠季常》诗:"行当更向钗头见,病起乌云正作堆。"

圬(wū) 同"杇"。见"圬镘"。

圬镘 涂墙用的工具。《尔雅·释宫》:"镘谓之杇。"陆德明释文引李巡曰:"泥镘一名圬,涂工之作具。"亦指泥土工。《宋史·陆万友传》:"万友始业圬镘。"

圬人 泥水工人。《左传·襄公三十一年》:"圬人以时塓馆宫室。"杜预注:"圬人,涂者。塓,涂也。"

剐〔剮〕(wū) 剪修。《红楼梦》第五十八回:"也有修竹的,也有剐树的,也有栽花的。"

邬〔鄔〕(wū) ❶古邑名。春秋郑地,后入周。在今河南偃师市西南。《左传》隐公十一年(公元前712年):周桓王"取邬之田于郑",即此。❷姓。

污〔汙、汚〕(wū) ❶停积不流的水;池塘。《左传·隐公三年》:"潢污行潦之水。"孔颖达疏引服虔云:"畜小水谓之潢,水不流谓之污。"《孟子·滕文公下》:"园囿污池沛泽多而禽兽至。"❷污秽;污浊。《书·胤征》:"旧染污俗,咸与维新。"❸沾污;诬蔑。《新唐书·段秀实传》:"吾终不以污吾第。"❹贪赃黩职。《北齐书·任延敬传》:"以赃污为有司所劾。"❺下降;衰落。见"污隆"。

另见 wā,wù,yū。

污吏 贪污的官吏。《孟子·滕文公上》:"是故暴君污吏,必慢其经界。"

污隆 ❶指地形的高低。潘岳《西征赋》:"凭高望之阳隈,体川陆之污隆。"❷指世道的盛衰或政治的兴替。《晋书·后妃传序》:"晋承其末,与世污隆。"亦作"隆污"。

污蔑 捏造事实,败坏别人名誉。《汉书·文三王传》:"污蔑宗室。"

污染 沾上、混入有害的东西的现象。(1)微生物的纯培养和已灭过菌的器具及物品等,被某些杂菌或有害微生物混入或沾染的现象。亦称"染菌"。如发酵罐、灭过菌的外科手术器械、制成的培养基、分离出的纯培养物和消过毒的种子、土壤、食具等又沾染杂菌。(2)自然环境(如大气、土壤、水体等)中混入危害人体、降低环境质量或破坏生态平衡的物质的现象。例如,河水由于排入工业废水、生活污水、污物等而受到污染。(3)在使用放射性同位素的操作过程中,放射性物质接触(或散播、投入)人体、物件、地区的事故。必须尽可能防止其发生,并在发现后及时加以处理。(4)指原子弹爆炸或使用放射性战剂后,在物体上或地域内存有的可以伤害人、畜的放射性物质。

污水 一般指外观不洁的水。例如,生活污水、工业废水。

污邪 ❶污秽邪恶。《荀子·君道》:"使修士行之,则与污邪之人疑之。"❷地势低下,易于积水的劣田。《史记·滑稽列传》:"瓯窭满篝,污邪满车。"司马贞索隐:"即下田之中有薪可满车。"

污潴 指低洼积水之处。薛能《秋雨》诗:"有形皆霢霂,无地不污潴。"

杇(wū) 涂饰墙壁的工具,即镘,俗称瓦刀。《尔雅·释宫》:"镘谓之杇。"也指涂饰、粉刷。《论语·公冶长》:"粪土之墙,不可杇也。"

巫(wū,旧读 wú) ❶装神弄鬼替人祈祷为职业的人。参见"巫觋"。❷姓。汉代有巫都。

巫蛊 中国古代法律指祈求鬼神加害于人或以邪术使人迷惑昏狂的犯罪行为。历代均以严刑惩治。汉律规定巫蛊者处死。北魏律规定:"巫蛊者,负羖羊,抱犬,沉诸渊。"汉武帝时因巫蛊屡兴大狱,史称"巫蛊之祸"。

巫师 各种行使巫术的人的泛称。皆被视为具有"超自然力",并能借以行巫术。鬼魂和精灵观念出现后,更被视为能与鬼神交往,并驱使为之服役。在原始社会各氏族和部落中都有,职能大致相同:主要是保护氏族、村社及其成员和牲畜、农作物不受恶鬼加害,驱赶致病作祟之妖邪,故受到普遍尊重。最初无特权。随着阶级分化,其权力逐渐增长;有时由头人兼任,有时与头人地位相当。国家政权出现后,逐渐为官方祭司所取代。

巫术 幻想依靠"超自然力"对客体加强影响或控制的活动。是原始社会的信仰和后世天文、历算、医术、宗教的起源。产生于原始社会前期,可能略迟于法术。与法术的不同之处在于巫术已具有模糊的"超自然力"观念,并认为行巫术者具备这种能力。巫术与宗教的不同之处在于巫术尚不涉及神灵观念,并且不是将客体神化,向其敬拜求告,而是影响或控制客体。各种宗教产生后,巫术仍在某些宗教中流行。

巫觋 古代称女巫为巫,男巫为觋,合称"巫觋"。《国语·楚语下》:"在男曰觋,在女曰巫。"韦昭注:"觋见鬼者也。"《周礼》男亦曰巫。

巫医 古代用巫医术为人治病的人。《逸周书·大聚》有巫医的记载。

呜〔嗚〕(wū) ❶见"呜咽"。❷见"呜呼"。❸亲吻。《世说新语·惑溺》:"乳母抱儿在中庭,儿见充喜踊,充就乳母手中呜之。"❹象声。如:火车呜的叫了一声。

呜呼 ❶叹词。《书·五子之歌》:"呜呼曷归!"亦作"乌呼"、"乌乎"、"乌虖"、"於戏"、"於乎"。❷旧时祭文中常用"呜呼",因以借指死亡。如:一命呜呼。参见"呜呼哀哉"。

呜呼哀哉　伤痛之辞。旧时祭文中常用来表示对死者的悲悼。《礼记·檀弓上》:"鲁哀公诔孔丘曰:'天不遗耆老,莫相予位焉。呜呼哀哉,尼父!'"后亦借以指死亡或事情完结。含有诙谐或讽刺的意味。鲁迅《集外集·选本》:"不过这类的辩论,照例是不会有结果的,往复几回之后……而问题于是呜呼哀哉了。"

呜咽　❶低声哭泣。蔡琰《悲愤》诗:"观者皆歔欷,行路亦呜咽。"❷形容低微的若断若续的声音。元稹《琵琶歌》:"泪垂捍拨朱弦湿,冰泉呜咽流莺涩。"温庭筠《更漏子》词:"背江楼,临海月,城上角声呜咽。"

呜唈　因悲哀或愤懑而气结;抽噎。《南史·谢朓传》:"皋壤摇落,对之惆怅;歧路东西,或以呜唈。"

欤〔歟〕㊀(wū)　❶作呕,恶心。《说文·欠部》:"欤,心有所恶,若吐也。"段玉裁注:"若欲吐,而实非吐也。"❷呕吐。《山海经·大荒北经》:"共工之臣名曰相繇,九首蛇身,自环,食于九土,其所欤所尼,即为源泽。"

㊁(wū,旧读yāng)　见"欤唈"。

欤唈　亦作"呜邑"、"呜咽"。失声抽泣。《淮南子·览冥训》:"孟尝君为之增欷欤唈,流涕狼戾不可止。"高诱注:"呜唈,失声也。欤,读鸳鸯之鸯。"《文选·谢朓〈拜中军记室辞隋王笺〉》:"歧路西东,或以欤唈。"李善注:"欤与呜同。"

於(wū)　❶"乌"的古字。《穆天子传》卷三:"於鹊与处。"郭璞注:"於读曰乌。"❷叹美声。《书·尧典》:"佥曰:'於! 鲧哉!'"

另见yū,yú,yú于。

於乎　同"呜呼"。《诗·大雅·抑》:"於乎小子,未知臧否?"又《周颂·烈文》:"於乎,前王不忘。"《礼记·大学》作"於戏"。

於戏　同"呜呼"、"於乎"。《汉书·韦玄成传》:"於戏后人,惟肃惟栗。"颜师古《匡谬正俗》卷二:"古文《尚书》悉为'於戏'字,今文《尚书》悉为'呜呼'字,而《诗》皆云'於乎'字。中古以来,文籍皆为'呜呼'字。"段玉裁《说文解字注》:"今文《尚书》作'於戏',谓汉石经本也,洪适载石经《尚书》残碑,'於戏'字四见,可证也。今《匡谬正俗》古今字互讹。"

於穆　赞叹之辞。《诗·周颂·清庙》:"於穆清庙。"毛传:"於,叹辞也。穆,美。"

於菟　虎的别称。《左传·宣公四年》:"楚人……谓虎於菟。"迺贤《答禄将军射虎行》:"白额於菟蹲当道,城边日落无人过。"

於䖘　谓虎。《方言》第八:"虎,或谓之於䖘。"郭璞注:"於,音乌。今江南山夷呼虎为䖘。"按:《左传》作"於菟"。

於邑　同"呜唈"。《楚辞·九章·悲回风》:"气於邑而不可止。"王逸注:"气逆愤懑结不下也。"亦作"於悒"。曹植《求自试表》:"今臣志狗马之微功,窃自惟度,终无伯乐韩国之举,是以於悒而窃自痛者也。"

弧(wū)　弯曲。《考工记·辀人》:"凡揉辀欲其孙而无弧深。"郑玄注:"孙,顺理也。"贾公彦疏:"揉之云无弧深者,无得如弓之深,弓之深,大曲也。"

另见hú。

陓(wū)　湖泽。《尔雅·释地》:"秦有杨陓。"

钨〔鎢〕(wū)　化学元素[周期系第Ⅵ族(类)副族元素]。符号W。原子序数74。熔点3 410℃±20℃,是最难熔的金属。硬度高。延性强。常温下不受空气的侵蚀,微溶于硝酸、王水,不同盐酸或硫酸作用,但与硝酸和氢氟酸的混合液共热时则溶解。黑钨矿(亦称"钨锰铁矿")和白钨矿(亦称"钨酸钙矿")是钨的主要矿物。我国钨的蕴藏量占世界第一位。主要用于制高速切削合金钢、特种钢,其中含钨量有时高达18%。纯钨主要用于制造灯泡中的钨丝,也用于制电学仪器、光学仪器等。

钨锜　俗称汤罐。一名"锉䥶"。小釜。见《玉篇》。《太平御览》卷七五七引《魏略》:"我槌破汝钨锜耶?"

洿(wū)　同"污"。❶低凹之地;亦指池塘。《孟子·梁惠王上》:"数罟不入洿池,鱼鳖不可胜食也。"❷挖掘。《礼记·檀弓下》:"杀其人,坏其室,洿其宫而猪(潴)焉。"❸污秽。《左传·文公六年》:"治旧洿。"孔颖达疏:"洿者,秽之别名,不洁之称也。"❹涂染。《汉书·王莽传下》:"以墨洿色其周垣。"❺指声音的虚浮、散漫。《文选·成公绥〈啸赋〉》:"大而不洿,细而不沈。"

李善注:"洿,漫也。"

诬〔誣〕(wū,旧读wú)　❶诬蔑;以无为有。《易·系辞下》:"诬善之人其辞游。"《三国演义》第一百零五回:"费祎曰:'此人必先捏奏天子,诬吾等造反,故烧绝栈道,阻遏归路。'"❷欺骗。《孟子·滕文公下》:"是邪说诬民。"❸冤屈。《国语·周语上》:"其刑矫诬,百姓携贰。"韦昭注:"加诛无罪曰诬。"

诬告　故意捏造足以构成犯罪的事实,向执法机关或有关单位控告,意图使他人受到刑事追究的行为。诬告和错告所告的都不符合事实,但诬告出于故意陷害,错告则出于认识上的错误。在中国,情节严重的诬告行为构成诬告陷害罪,应当负刑事责任。国家机关工作人员犯诬告陷害罪的,从重处罚。

诬惑　妄言欺惑。《后汉书·刘根传》:"汝有何术而诬惑百姓? 若果有神,可显一验事。不尔,立死矣。"

诬蔑　捏造事实来毁坏对方的名誉。《新唐书·桓彦范传》:"恐为仇家诬蔑。"

诬罔　虚构事实以诬蔑人或欺骗人。《后汉书·马援传》:"海内不知其过,众庶未闻其毁,卒遇三夫之言,横被诬罔之谗。"

诬陷　捏造罪状陷害人。《宋史·秦桧传》:"一时忠臣良将,诛锄略尽;其顽钝无耻者,率为桧用,争以诬陷善类为功。"

屋(wū)　❶房子;房间。如:茅屋;里屋。❷泛指覆盖的帐幔。《礼记·杂记》:"素锦以为屋而行。"此指盖棺的小帐。又特指车盖。见"黄屋"。❸以屋覆盖。《礼记·郊特牲》:"是故丧国之社屋之,不受天阳也。"孔颖达疏:"丧国社者,谓周立殷社,立以为戒……故屋隔之,令不受之天之阳也。"后因以"屋社"为王朝倾覆的代称。❹古代井田的区划,三百亩为屋。《周礼·地官·小司徒》:"考夫屋。"郑玄注:"夫三为屋。"《汉书·食货志上》:"六尺为步,步百为亩,亩百为夫,夫三为屋,屋三为井。"

屋漏　❶古代室内西北隅施设小帐的地方。《诗·大雅·抑》:"相在尔室,尚不愧于屋漏。"毛传:"西北隅谓之屋漏。"郑玄笺:"屋,小帐也;漏,隐也。"参见"不愧屋漏"。❷屋的承霤,也叫"屋霤"、"水落"。即承屋上雨水下霤于地之具。

屋漏痕　书法术语。以写竖画为比喻，要求行笔时不可一泻直下，须手腕时左时右、顿挫行笔，如屋漏之蜿蜒下注，则笔画圆活生动。语出唐陆羽《释怀素与颜真卿论草书》。

屋乌　《尚书大传·大战》："爱人者兼其屋上之乌。"后因谓推扩爱心为"屋乌之爱"。杜甫《奉赠射洪李四丈》诗："丈人屋上乌，人好乌亦好。"参见"爱屋及乌"。

恶〔惡〕(wū)　❶何；怎么。《孟子·尽心上》："居恶在？仁是也。"《史记·李斯列传》："今身且不能利，将恶能治天下哉！"❷犹"唉"。驳斥声。《孟子·公孙丑上》："恶，是何言也！"

另见 ě，è，wù。

鹀〔鵐〕(wū)　见"鹀鹀"。

鹀鹀　鸟名。《尔雅·释鸟》："鹅，鹀鹀。"郭璞注："今之鹀鹀也。好群飞，沉水食鱼，故名洿泽，俗呼之为淘河。"按《说文·鸟部》"鹅"下云："鹅胡，污泽也。"鹀鹀即污泽，鹀鹏即鹅胡。洿同污。

鈤(wū)　同"杇"。《集韵·十一模》："杇，泥镘也，涂工之具，或作鈤。"

另见 huá。

孟(wū)　见"盘孟"。

穼(wū)

穼浽　卑下潮湿貌。《文选·马融〈长笛赋〉》："运裹穼浽。"李善注："运裹，回旋相缠也；穼浽，卑下也。"吕向注："穼浽，润湿貌也。"

劇(wū)　诛戮。古代指贵族在屋下受刑，以别于平民在市上受刑。《汉书·叙传下》："底劇鼎臣。"颜师古注引服虔曰："底，致也。"《周礼》有屋诛，诛大臣于屋下，不露也。"按"屋诛"见《周礼·秋官·司烜氏》）。

wú

亡〔亾〕(wú)　❶通"无"。《论语·子张》："日知其所亡，月无忘其所能，可谓好学也已矣。"《史记·李将军列传》："军亡导，或失道。"❷犹"否"。《庄子·大宗师》："子祀曰：'女(汝)恶之乎？'曰：'亡，予何恶！'"

另见 wáng。

亡何　❶同"无何❶"。不久。《汉书·翟方进传》："居亡何。"黄宗羲《蒋氏三世传》："亡何，京师戒严，君遂南还。"❷犹言未做旁的事。《汉书·爰盎传》："丝(爰盎字)能日饮，亡何，说王毋反而已，如此幸得脱。"

亡虑　同"无虑❶"。大约。《汉书·赵充国传》："亡虑万二千人。"颜师古注："亡虑，大计也。"

亡其　抑或、还是。《国策·赵策三》："虞卿曰：'秦之攻赵也，倦而归乎？亡其力尚能进，爱王(赵惠文王)而不攻乎？'"亦作"忘其"。《国策·赵策二》："不识三国之憎秦而爱怀邪？忘其憎怀而爱秦邪？"亦作"妄其"。《国语·越语下》："王(勾践)怒曰：'道固然乎？妄其欺不穀邪？'"

亡是公　虚构的人名。"亡"同"无"。亡是公，犹言无此人。司马相如《子虚赋》假托子虚、乌有先生、亡是公三人互相问答。见《汉书·司马相如传》。

亡状　同"无状❷"。无礼；无善状。《汉书·龚胜传》："疾言辩讼，媕谩亡状。"又《朱云传》："丞相玄成言云暴虐亡状。"

无〔無〕(wú)　❶没有；不存在。《左传·宣公二年》："人谁无过？过而能改，善莫大焉。"❷不。《孟子·离娄下》："可以取，可以无取，取伤廉。"❸通"毋"。不要。《孟子·梁惠王上》："鸡、豚、狗、彘之畜，无失其时。"❹不论。《汉书·高后纪》："分部悉捕诸吕男女，无少长皆斩之。"❺用同"否"、"么"。白居易《问刘十九》诗："晚来天欲雪，能饮一杯无？"❻未。《荀子·正名》："志轻理而不重物者，无之有也。"❼非。《管子·形势》："国非其国，而民无其民。"❽作语助，无义。《诗·大雅·文王》："无念尔祖，聿修厥德。"毛传："无念，念也。"❾哲学范畴。与"有"相对。见"有❾"。

另见 mó。

无边风月　朱熹《六先生画像赞·濂溪先生》："风月无边，庭草交翠。""风月无边"原是朱熹用来颂扬周敦颐死后影响之深广。后用"无边风月"形容风景的美好。方回《送周府尹》诗："几许烟云藜杖外，无边风月锦囊间。"

无病呻吟　没有病而发出呻吟声。辛弃疾《临江仙》词："百年光景百年心。更欢须叹息，无病也呻吟。"后以"无病呻吟"比喻没有真实情感而强作感慨的言辞。

无肠公子　蟹的别名。《抱朴子·登涉》："称无肠公子者，蟹也。"

无常　❶变化无定。如：晴雨无常。《荀子·修身》："趣舍无定，谓之无常。"❷佛教认为世间一切事物，都处在生起、变异、坏灭的过程中，迁流不居，绝无常住性，故称。《无常偈》曰："诸行无常，是生灭法"，佛教以"诸行无常"为三法印之一。若就时刻不断的生灭上看，叫"刹那无常"；若就它有一定期间的连续上看，叫"相续无常"。❸阎罗的魔卒。据佛经说，有夺魂、夺精、缚魄三鬼，专事勾摄生魂。❹比喻无常之不实、短暂，则言如梦、如幻；如喻无常之可怖，则谓无常狼、无常虎；而死之来临，则比喻为无常杀鬼、无常风、无常刀、无常使。民间流传的白无常、黑无常即此类比喻的演化。

无出其右　没有能胜过他(或这些人)的。《汉书·高帝纪下》："贤赵臣田叔、孟舒等十人，召见与语，汉廷臣无能出其右者。"颜师古注："古者以右为尊，言材用无能过之者，故云不出其右也。"

无独有偶　谓本是不应有的事，偏有类似的出现，作为它的配对。多用于贬义。刘复《奉答王敬轩先生》："先生与这位老夫子，可称无独有偶。"

无端　❶无从产生。《商君书·修权》："信其刑，则奸无端。"❷无缘无故。杜牧《送故人归山》诗："三清洞里无端别，又拂尘衣欲卧云。"❸没有尽头。《汉书·律历志上》："周旋无端，终而复始，无穷已也。"

无对　没有匹敌。《南史·任昉传》："时琅邪王融有才俊，自谓无对；当时见昉之文，恍然自失。"

无方　❶犹无常。谓没有固定的方式、处所或范围。《礼记·檀弓上》："事亲有隐而无犯，左右就养无方。"又《内则》："博学无方。"《孟子·离娄下》："汤执中，立贤无方。"❷方法不对头。如：教导无方。

无告　有苦而无处可告，形容处境极为不幸。《礼记·王制》："少而无父者谓之孤，老而无子者谓之独，老而无妻者谓之矜(鳏)，老而无夫者谓之寡，此四者，天民之穷而无告者也。"

无功受禄　《诗·魏风·伐檀序》："在位贪鄙，无功而受禄。"后以"无功受禄"指未曾出力而白受报酬。《喻世明言·陈御史巧勘金钗钿》:"这银子虽非是你设心谋得来的,也不是你辛苦挣来的,只怕无功受禄,反受其殃。"

无辜　无罪;无罪的人。《诗·小雅·十月之交》:"无罪无辜,谗口嚣嚣。"《书·多方》:"开释无辜,亦克用劝。"

无害　❶无所枉害。谓公平处事。《墨子·号令》:"请择吏之忠信者,无害可任事者,令将卫。"❷犹无比。《汉书·赵禹传》:"极知禹无害,然文深不可以居大府。"颜师古注:"无害,言无人胜之者。"❸无损;无妨。《左传·定公十三年》:"无害,子臣可以免。"《荀子·儒效》:"不知无害为君子,知之无损为小人。"

无何　❶不久。《史记·曹相国世家》:"居无何,使者果召参(曹参)。"❷没有什么。《史记·淮南衡山列传》:"汉中尉至,王视其颜色和……自度无何,不发。"❸"无何有之乡"的省称。苏轼《乔大博见和复次韵答之》:"逝将游无何,岂暇读城旦。"

无何有之乡　《庄子·逍遥游》:"今子有大树,患其无用,何不树之于无何有之乡,广莫之野。"无何有,犹无有。原指什么东西都没有的地方,后以指空虚乌有的境界。

无怀氏　传说中远古部落名。一作亡怀氏。传其民安居乐业,鸡犬之声相闻,老死不相往来。又传是远古最早举行封禅礼的部落。

无稽　无可查考;没有根据。《书·大禹谟》:"无稽之言勿听。"

无稽之谈　亦作"无稽之言"。谓没有根据的话。《书·大禹谟》:"无稽之言勿听。"《镜花缘》第十七回:"既无其说,是为无稽之谈。"

无极　❶没有穷尽。兼指时间和空间。《急就篇》卷四:"长乐无极老复丁。"丁,壮。党怀英《宿宣湾》诗:"清颍去无极,悠悠楚甸深。"颍,水名。❷中国哲学术语。无形无象的宇宙原始状态。《老子·二十八章》:"复归于无极。"宋周敦颐根据道士陈抟的《无极图》,在其《太极图说》中提出"无极而太极"之说。朱熹认为"无极"即无方所、无形状,是"太极"的形容词。陆九渊认为"太极"之上还摆上个"无极",根本是叠床架屋。

无几　❶没有多少;很少。如:寥寥无几;相差无几。《左传·昭公十六年》:"韩子亦无几求。"杜预注:"言求少。"❷犹无何。不多时;不久。《三国志·吴志·甘宁传》:"子

环,以罪徙会稽,无几死。"

无疆　无限;没有穷尽。《诗·豳风·七月》:"万寿无疆。"张衡《西京赋》:"山谷原隰,泱漭无疆。"

无咎　❶没有过失。《易·乾》:"君子终日乾乾,夕惕若,厉,无咎。"谓时时警惕,就能免于过失。❷无所归罪。《易·节》:"不节若,则嗟若,无咎。象曰:不节之嗟,又谁咎也?"与《易》其他各卦的"无咎"意义不同。

无可无不可　《论语·微子》:"我则异于是,无可无不可。"原谓孔子对于进退去留,没有成见,该怎样就怎样。后泛指对事依违两可,没有一定的主见。《红楼梦》第五十七回:"薛姨妈是个无可无不可的人,倒还易说。"

无赖　❶指强横无耻、放刁、撒泼等恶劣的行为作风。如:耍无赖。《新五代史·前蜀世家》:"王建……少无赖,以屠牛、盗驴、贩私盐为事,里人谓之'贼王八'。"❷犹无用。《史记·高祖本纪》:"始大人常以臣无赖。"裴骃集解引晋灼曰:"许慎曰:'赖,利也。'无利入于家也。"《汉书·高帝纪》作"亡赖"。❸犹无聊。没有意义。徐陵《乌栖曲》:"唯憎无赖汝南鸡,天河未落犹争啼。"❹犹无奈,无可如何。《三国志·魏志·华佗传》:"彭城夫人夜之厕,虿螫其手,呻呼无赖。"虿,蝎子。

无类　❶不分类别。《论语·卫灵公》:"有教无类。"何晏集解引马融曰:"言人所在见教,无有种类。"刘宝楠正义:"皇疏云:'人乃有贵贱,同宜资教,不可以其种类庶鄙,而不教之也。教之则善,本无类也。'"❷无遗类,谓无一幸免。《汉书·窦婴传》:"则妻子无类矣。"颜师古注:"言被诛戮无余类也。"

无俚　无聊,无可寄托。《汉书·季布传赞》:"夫婢妾贱人,感慨而自杀,非能勇也,其画无俚之至耳。"画,计划。

无良　不善。《诗·鄘风·鹑之奔奔》:"人之无良,我以为兄。"人,指卫惠公。

无两　无双;独一无二。《史记·绛侯周勃世家》:"君后三岁而侯,侯八岁为将相,持国秉,贵重矣,于人臣无两。"

无聊　聊,一作"憀"。❶生活穷困,无所依赖。《汉书·元帝纪》:"是以东垂被虚耗之害,关中有无聊之民。"白居易《论王锷欲除官事宜

状》:"闻王锷在镇日,不恤凋残,唯务差税,淮南百姓,日夜无憀。"❷精神空虚,无所依托。《楚辞·九思·逢尤》:"心烦愦兮意无憀。"鲁迅《彷徨·祝福》:"她整天的做,似乎闲着就无聊。"也谓没有意义。如:说了许多无聊的话。陆游《遣兴》诗:"寒与梅花同不睡,闷寻鹦鹉说无憀。"

无聊赖　无所依赖;无聊。《晋书·慕容德载记》:"惟朕一身,独无聊赖!"聊,亦作"憀",又作"憀",义同。朱熹《和刘叔通怀游子蒙之韵》:"病馀我更无憀赖,勉为同怀一赋诗。"

无禄　无福;不幸。《诗·小雅·正月》:"忧心茕茕,念我无禄。"《左传·昭公七年》:"今无禄早世。"旧时因用为死的讳称,同"不禄"。《尔雅·释诂下》:"无禄,死也。"

无虑　❶大都;大约。《汉书·食货志下》:"天下大氏无虑皆铸金钱矣。"《汉书·冯奉世传》:"今反虏无虑三万人。"❷古县名。西汉置。为辽东郡西部都尉治所。故址在今辽宁北宁市东南。因西有医无虑山(即医巫闾山)得名。晋废。

无冕之王　西方社会对新闻记者的一种别称。夸张地形容新闻记者享有特殊地位和凌驾于政府之上的权力。此语出于19世纪英国《泰晤士报》影响大增时期。

无名　老子用语。"名"即概念、名称。"无名天地之始,有名万物之母。"(《老子·一章》)认为在天地未形成时没有"名","名"是有了天地万物后才由人制定的,所以说:"始制有名。""道"原来也是"无名"的;"吾不知其名,字之曰道。"(《老子·二十五章》)老子把"道常无名"的这种状态称为"无名之朴"。"朴"指素材,或纯自然状态。"无名之朴,夫亦将无欲,不欲以静,天下将自定"。反对一切人为的仁义、礼乐,同儒家"正名"主张对立。

无明　亦称"痴"(梵语 Moha)、"愚痴"。泛指无智、愚昧,特指不懂佛教道理的世俗认识。《俱舍论》:"痴为无明。"为十二因缘第一支。佛教认为由于无明不了解正理,于是引起一系列的烦恼行为,以至于生死苦痛无涯。无明是"三世轮回"及引起"轮回"的根本原因,也是一切世俗世界生灭的总因。

无奈　无可奈何。如:出于无奈。杨万里《戊戌正月二日雪作》诗:"只愁雪虐梅无奈,不道梅花领雪来。"

无年　荒年。《周礼·地官·均

人》:"凡均力政,以岁上下:丰年则公旬用三日焉;中年则公旬用二日焉;无年则公旬用一日焉。"《新唐书·韦伦传》:"请为义仓,以捍无年。"

无宁(—níng) 不安定。韩愈《答张彻》诗:"搜奇日有富,嗜善心无宁。"

无宁(—nìng) 亦作"毋宁"。此"无(毋)"字作语助,无义。(1)宁可;不如。《论语·子罕》:"且予与其死于臣之手也,无宁死于二三子之手乎?"(2)难道。《左传·襄公三十一年》:"宾至如归,无宁菑(灾)患。"杜预注:"言民遇如此,宁当复有蓄患邪? 无宁,宁也。"

无那 犹无奈。无可奈何。王维《酬郭给事》诗:"强欲从君无那老,将因卧病解朝衣。"

无朋 无比。《诗·唐风·椒聊》:"彼其之子,硕大无朋。"毛传:"朋,比也。"

无任 ❶犹不胜,非常。柳宗元《谢吉甫相公示手札启》:"无任喜惧感恋之至。"❷无能,不胜任。《国策·魏策四》:"大王已知魏之急,而救不至者,是大王筹策之臣无任矣。"高诱注:"任,能也。"

无声诗 画的一种别称。北宋黄庭坚《次韵子瞻、子由题憩寂图》:"李侯有句不肯吐,淡墨写作无声诗。"也称"有形诗",如北宋张舜民《跋百之诗画》:"诗是无形画,画是有形诗。"古代希腊传记家普鲁塔克(Plutarchos Kaironeus,约40—约120)曾引公元前6世纪希腊诗人西蒙尼底斯(Simonidēs)的话:"画为不语诗,诗是能言画。"意亦相类。

无声无臭 没有声音,没有气味。《诗·大雅·文王》:"上天之载,无声无臭。"载,事。后以比喻人的默默无闻或事情不发生影响。

无数 ❶没有定额。《周礼·春官·序官》:"旄人,下士四人,舞者众寡无数。"❷数不清,表示极多。杜甫《卜居》诗:"无数蜻蜓齐飞下,一双鸂鶒对沉浮。"❸不知底细;没有底儿。如:心中无数。

无双 无与伦比;独一无二。《庄子·盗跖》:"生而长大,美好无双。"《汉书·韩信传》:"何(萧何)曰:'诸将易得,至如信,国士无双。'"

无似 ❶自谦之词,犹言不肖。《礼记·哀公问》:"寡人虽无似也,愿闻所以行三言之道。"郑玄注:"似,犹言不肖。"❷无比。如:钦佩无似。

无他 ❶没有别的。《孟子·告子上》:"学问之道无他,求其放心而已矣。"❷无二心。《国语·晋语三》:"必事秦,有死无他。"❸犹言没有什么疾病、危害等。"他"本作"它",亦作"佗"。《后汉书·隗嚣传》:"若束手自诣,父子相见,保无佗也。"

无题诗 诗人作诗别有寄托,不愿标明主题,故意用"无题"名篇,遂有"无题诗"的一格。或以诗的起首两字名篇,篇名不能概括全诗内容者,也属"无题"一类。唐李商隐集中《无题》诗较多。

无徒 ❶没有伙伴。《汉书·东方朔传》:"水至清则无鱼;人至察则无徒。"颜师古注:"徒,众也。"❷坏人;无赖之徒。白朴《梧桐雨》第二折:"惯纵的个无徒禄山,没揣的撞过潼关。"关汉卿《望江亭》第四折:"没来由遇着无徒,使尽威权。"

无妄 ❶六十四卦之一,震下乾上。《易·无妄》:"象曰:天下雷行,物与无妄。"孔颖达疏:"今天下雷行,震动万物,物皆惊肃,无敢虚妄。"❷亦作"毋望"。不能预期的,出其不意的。《国策·楚策四》:"朱英谓春申君曰:'世有无妄之福,又有无妄之祸,今君处无妄之世,以事无妄之主,安不有无妄之人乎?'"《史记·春申君列传》作"毋望"。参见"无妄之灾"。

无妄之灾 《易·无妄》:"六三,无妄之灾。或系之牛,行人之得,邑人之灾。"谓有人把一头牛系在路上,被过路的人牵走了,使住在邻近的人,平白地受到怀疑和搜捕。后即以"无妄之灾"称意外的灾祸。《论衡·明雩》:"无妄之灾,百民不知,必归于主。"

无微不至 没有一处细微的地方不照顾到,形容处事待人非常细心周到。采蘅子《虫鸣漫录》卷一:"父为我制厚衾,无微不至,感且不朽。"

无为 ❶道家的哲学思想。即顺应自然的变化之意。老子认为宇宙万物的根源是"道",而"道"是"无为"而"自然"的,人效法"道",也应以"无为"为主。他说:"道常无为而无不为,侯王若能守之,万物将自化。"后黄老之说与刑名法术之学结合,成为封建君主统治人民的方法之一。但汉初采用"无为"治术,即"与民休息"政策,对稳定社会秩序和发展生产起了一定作用。又儒家也讲"无为而治",如《论语·卫灵公》:"无为而治者,其舜也与! 夫何为哉,

恭己正南面而已矣。"认为"圣人德盛而民化,不待其有所作为也"(见朱熹《四书章句集注》),这是儒家的"德治"主张,和道家从"道"出发所倡导的"无为而治",实不相同。❷亦称"无为法"。为,造作。佛教用以指非因缘所生、永恒不变的绝对存在。与"有为❷"相对。认为无为是诸法之真实体性,是终极真理,与实相、法性、真如、涅槃等同义。《大毗婆娑论》卷七十六:"若法无生无灭,无因无果,得无为相,是无为义。"

无为而治 道家的政治主张。老子说:"道常无为而无不为,侯王若能守之,万物将自化。""无为而无不为",并非无所作为,而是一种"以虚无为本,以因循为用"(司马谈《论六家之要指》)的统治术。老子主要强调顺应自然,后来黄老学派把它和刑名法术之学结合,强调上下循法,各处其位,各司其事,以达到缓和矛盾、稳定统治的目的。儒家也讲"无为而治",如《论语·卫灵公》:"无为而治者,其舜也与! 夫何为哉,恭己正南面而已矣。"认为"圣人德盛而民化,不待其有所作为也"(见朱熹集注),这是儒家的"德治"主张,和道家倡导的"无为而治",实不相同。

无谓 没有意义。《史记·秦始皇本纪》:"朕闻太古有号毋谥,中古有号,死而以行为谥。如此,则子议父,臣议君也。甚无谓,朕弗取焉。"韩愈《杂诗》:"蛙黾鸣无谓,阁阁只乱人。"亦作"亡谓"。《汉书·高帝纪下》:"久立吏前,曾不为决,甚亡谓也。"颜师古注:"亡谓者,失于事宜,不可以训。"

无我 佛教的根本思想之一。否定世界上有物质性的实在自体(即所谓"我"〔ātman〕)的存在。有两类:(1)人无我(人空),是说人身不外是色、受、想、行、识五蕴结合而成,没有永恒自在的主体。(2)法无我(法空),是说宇宙间一切事物,都由种种因缘和合而生,不断变迁,无永恒坚实的自体。小乘佛教只讲人无我,大乘佛教主张两无我。

无下箸处 晋武帝时何曾生活豪奢,"日食万钱,犹曰无下箸处"。事见《晋书·何曾传》。后即以"无下箸处"形容富家生活奢侈无度。

无懈可击 《孙子·计》"攻其无备,出其不意"曹操注:"击其懈怠,出其空虚。"后以"无懈可击"表示找不到破绽。

无行 无善行。后亦泛指品行不

好。《汉书·韩信传》:"家贫无行,不得推择为吏。"颜师古注引李奇曰:"无善行可推举选择也。"

无盐 ❶传说故事人物。姓钟离,名春。因系齐国无盐邑人而得名。状貌丑陋,但关心政事。曾自谒齐宣王,面责其奢淫腐败,宣王感动,立为王后。旧时用以称颂和比拟貌丑而有德行的妇女。事见《列女传》。元杂剧和地方戏曲都曾编演其故事。❷复姓。《史记·货殖列传》:"唯无盐氏出捐千金,贷其息什之。"《汉书·货殖传》作"毋盐"。

无央 无穷无尽。霍去病《琴歌》:"国家安宁,乐未央兮。"

无恙 恙,忧。没有疾病、灾祸等可忧之事。《国策·齐策四》:"岁亦无恙耶? 民亦无恙耶? 王亦无恙耶?"

无夷 古代传说中的水神名。详"冯夷❶"。

无以复加 达到顶点,没有什么可以再加于其上。《资治通鉴·唐武后神功元年》:"今知微(阎知微)擅与之袍带,使朝廷无以复加,宜令反初服以俟朝恩。"

无艺 ❶没有一定的准则、法度。《左传·昭公二十年》:"布常无艺,征敛无度。"杜预注:"艺,法制也。言布政无法制。"❷无限度。《国语·晋语八》:"骄泰奢侈,贪欲无艺。"韦昭注:"艺,极也。"❸没有技能。《北史·阳休之传》:"子辟彊,字君大,性疏脱,又无艺,休之亦引入文林馆,为时人所嗤鄙。"

无射 ❶亦作"无斁"。不厌。《诗·周颂·清庙》:"骏奔走在庙,不显不承,无射于人斯。"陆德明释文:"射,音亦。厌也。"《礼记·大传》作"无斁"。❷十二律中的第十一律。

无意识 ❶通常指不知不觉的、没有意识到的心理活动。是人和动物所共有的低级心理反映形式。如做梦时发生的心理现象,对感觉不到的、但实际上起作用的刺激所引起的回答反应及自动化的行动等。❷亦称"潜意识"。精神分析学派的基本概念。弗洛伊德认为无意识包括各种原始的冲动、本能、欲望、性欲,是心理活动的基本动力,它决定人的全部生活,是人的动机、意图等的源泉。在弗洛伊德后期理论中被分为被压抑的无意识和潜伏的无意识(又称前意识)。

无翼而飞 比喻事物不待推行就迅速地自行传播。后亦用指器物突然丢失。《国策·秦策三》:"众口所移,毋翼而飞。"毋,通"无"。刘昼《新论·荐贤》:"玉无翼而飞,珠无胫而行。"

无庸 亦作"毋庸"。无须,不必。如:无庸讳言。《左传·隐公元年》:"无庸,将自及。"此郑庄公语,谓不必除去共叔段,共叔段将自遭失败。

无由 犹无从。没有门径,没有机会。《仪礼·士相见礼》:"某也愿见,无由达。"郑玄注:"言久无因缘以自达也。"

无遮大会 佛教布施僧俗的大斋会。无遮,无所遮拦,谓不分贵贱、僧俗、智愚、善恶,皆平等看待。《梁书·武帝本纪》:"舆驾幸同泰寺,设四部无遮大会。"四部即四众,指比丘、比丘尼、优婆塞、优婆夷,亦即僧、尼及在家男、女信徒。

无主句 非主谓句的一种。无主句一般由动宾词组造成。如"出太阳了","随手关门","种瓜得瓜,种豆得豆"。无主句不是主语的省略,而是说不出主语或无须说出主语。

无状 ❶无功劳;无成绩。《史记·夏本纪》:"〔舜〕巡狩行视,鲧之治水无状,乃殛鲧于羽山以死。"《汉书·贾谊传》:"谊自伤为傅无状,常哭泣。"❷没有礼貌。《史记·项羽本纪》:"诸侯吏卒,异时故繇使屯戍过秦中,秦中吏卒遇之多无状。"❸犹无颜。《汉书·东方朔传》:"妾无状,负陛下,身当伏诛。"颜师古注:"状,形貌也。无状,犹言无颜面以见人也。"

毋(wú) ❶禁止之词。不要。《论语·子罕》:"子绝四:毋意,毋必,毋固,毋我。"❷无。《史记·酷吏列传》:"尽十二月,郡中毋声。"❸姓。晋代有毋雅。

另见 móu。

毋宁 同"无宁"。宁可;不如。《左传·襄公二十四年》:"毋宁使人谓子:'子实生我。'"杜预注:"毋宁,宁也。"

毋望 同"无妄"。不能预期;出于意外。《史记·春申君列传》:"朱英谓春申君曰:'世有毋望之福,又有毋望之祸。今君处毋望之世,事毋望之主,安可以无毋望之人乎?'"

妄(wú) 同"亡"。见"亡其"。

另见 wàng。

芜〔蕪〕(wú) ❶田地荒废,长满野草。陶潜《归去来辞》:"田园将芜。"❷丛生的草。杜甫《徐

步》诗:"整履步青芜。"❸杂乱。《旧唐书·马周传》:"扬榷古今,举要删芜。"

芜驳 庞杂不纯。范仲淹《述梦诗序》:"《唐书》芜驳,因其成败而书之,无所裁正。"

芜废 荒废。《后汉书·王景传》:"景乃驱率吏民,修起芜废,教用犁耕,由是垦辟倍多,境内丰给。"

芜秽 犹荒废。形容田地未整治,杂草丛生。《离骚》:"虽萎绝其亦何伤兮,哀众芳之芜秽。"

芜菁(Brassica campestris ssp. rapifera) 又名"蔓菁"。十字花科。一二年生草本。直根肥大,质较萝卜致密,有甜味,呈圆形、扁圆形或圆锥形;主要为白色,也有上部绿或紫而下部白色者,更有紫、黄等色。叶柄有叶翼,叶片全缘或有深缺刻,绿色或微带紫色。花黄色。性喜冷凉。依栽培及食用期分秋冬芜菁及四季芜菁。原产中国及欧洲北部。根和叶作蔬菜,鲜食或盐腌、制干后食用,也可作饲料。

芜杂 杂乱;没有条理。卢藏用《陈子昂别传》:"尝恨国史芜杂,乃自汉孝武之后,以迄于唐,为《后史记》。"

吾(wú) ❶我;我的。《论语·学而》:"吾日三省吾身。"❷姓。汉代有吾扈。

另见 yú,yù。

吾道东 《后汉书·郑玄传》:"乃西入关,因涿郡卢植,事扶风马融……问毕辞归,融喟然谓门人曰:'郑生今去,吾道东矣!'"扶风在西;郑玄,高密人,在东。谓其学将传于关东。后因称自己的学术或主张得人继承和推广为"吾道东"。《南史·张敷传》:"父邵使与高士南阳宗少文谈《系》《象》,往复数番。少文每欲屈,握麈尾叹曰:'吾道东矣。'"

吾子 ❶对人相亲爱的称呼。《左传·僖公三十三年》:"寡君闻吾子将步师出于敝邑。"❷稚子。《管子·海王》:"十口之家,十人食盐,百口之家,百人食盐,终月大男食盐五升少半,大女食盐三升少半,吾子食盐二升少半。"尹知章注:"吾子,谓小男小女也。"戴望校正:"吾读为蛾……吾子即蛾子,皆幼稚之称。"蛾,古通"蚁"。❸己之子。《国策·秦策二》:"人告曾子母曰:'曾参杀人。'曾子之母曰:'吾子不杀人。'织自若。"

吴（wú）❶大声说话。《诗·周颂·丝衣》："不吴不敖,胡考之休。"毛传:"吴,哗也。"郑玄笺:"不讙哗不敖慢也。"❷古国名。亦称句吴、攻吴。姬姓。始祖是周太王之子太伯、仲雍,有今江苏、上海市大部和安徽、浙江的一部分,初都蕃离（一作"梅里",今江苏锡山市东南）,后徙都吴（今江苏苏州）。春秋后期,国力始强。公元前506年吴王阖闾一度攻破楚国。传到其子夫差时,又战胜越国,迫使越王勾践屈服求和,并北上与晋争霸。公元前473年为越所灭。❸三国之一。公元221年孙权在武昌（今湖北鄂州）称吴王,229年称帝。亦称孙吴、东吴。占有今长江中下游,南至福建、广东、广西以及越南北部和中部。280年为晋所灭。共历四帝,五十九年。❹五代时十国之一。公元892年杨行密为唐淮南节度使,据扬州。902年受唐封为吴王,有今江苏、安徽、江西和湖北一部分。937年为南唐取代。共历四主,三十六年。❺日本本州西南港市,属广岛县。临濑户内海。人口21.1万（1995年）。1886年辟为军港,1902年设市,1948年定为通商口岸。码头长10公里,水深9～11米。有大型船坞。造船、钢铁、汽车、机械工业发达。海军基地。❻姓。

吴带曹衣 中国古代人物画中两种相对的衣服褶纹的表现程式。相传唐吴道子画人物,笔势圆转,衣服飘举;而北朝齐曹仲达以笔法稠叠,衣服紧窄,后人因称"吴带当风,曹衣出水"。这两种风格,也流行于古代雕塑、铸像。一说吴指三国吴的曹不兴,吴指南朝宋的吴暕。见北宋郭若虚《图画见闻志》卷一《论曹吴体法》。

吴刚 神话人物。相传为月宫里的仙人。据《酉阳杂俎》:"旧言月中有桂,有蟾蜍。故异书言月桂高五百丈,下有一人常斫之,树创随合。人姓吴名刚,西河人。学仙有过,谪令伐树。"后世因有"吴刚伐桂"的故事。

吴戈 戟名。《楚辞·九歌·国殇》:"操吴戈兮披犀甲,车错毂兮短兵接。"一说,吴戈,盾名。

吴钩 古代吴地所造的一种弯刀。《吴越春秋·阖闾内传》:"阖闾既宝莫耶,复命于国中作金钩,令曰:'能为善钩者,赏之百金。'吴作钩者甚众。"后泛指锋利的刀剑。李贺《南园》诗:"男儿何不带吴钩,收取关山

吴王五十州。"

吴姬 吴地艳丽女子。李白《金陵酒肆留别》诗:"风吹柳花满店香,吴姬压酒劝客尝。"

吴会 东汉时分会稽郡为吴、会稽二郡,合称"吴会"。《后汉书·蔡邕传》:"亡命江海,远迹吴会。"后虽分郡渐多,仍通称这两郡的故地为吴会。

吴娘 犹吴姬。沈括《梦溪笔谈》卷五:"唐曲有《突厥盐》《阿鹊盐》。施肩吾诗云:'颠狂楚客歌成雪,妖媚吴娘笑是盐。'盖当时语也。"按白居易《寄殷协律》诗:"吴娘暮雨萧萧曲,自别江南更不闻。"自注:"江南《吴二娘曲》词云:'暮雨萧萧郎不归。'"此又有所专指。

吴牛喘月 《世说新语·言语》:"满奋畏风,在晋武帝坐,北窗作琉璃屏,实密似疏,奋有难色。帝笑之,奋答曰:'臣犹吴牛,见月而喘。'"刘孝标注:"今之水牛唯生江淮间,故谓之吴牛也。南土多暑,而此牛畏热,见月疑是日,所以见月则喘。"因以"吴牛喘月"比喻惧怕使之受苦的相类事物。亦用以形容酷热难当。李白《丁都护歌》:"吴牛喘月时,拖船一何苦!"

吴侬 吴俗自称我侬,指他人亦曰渠侬、他侬、个侬。见《通俗编·称谓》。因用"吴侬"为吴人的代称。苏轼《书林逋诗后》诗:"吴侬生长湖山曲,呼吸湖光饮山渌。"

吴市吹箫 《史记·范雎蔡泽列传》:"伍子胥橐载而出昭关,夜行昼伏,至于陵水,无以糊其口,膝行蒲伏,稽首肉袒,鼓腹吹篪,乞食于吴市。"裴骃集解引徐广曰:"〔篪〕一作箫。"后以"吴市吹箫"比喻行乞街头,生活艰苦。虞世南《结客少年场行》:"吹箫入吴市,击筑游燕肆。"

吴头楚尾 今江西省北部,春秋时为吴、楚两国接界之地,因称"吴头楚尾"。见洪刍《职方乘》及祝穆《方舆胜览》。黄庭坚《谒金门》词:"山又水,行尽吴头楚尾。"亦作"楚尾吴头"。朱熹《铅山立春》诗:"春回楚尾吴头。"

吴娃 吴地的美女。《文选·左思〈吴都赋〉》:"幸乎馆娃之宫。"刘良注:"吴俗谓好女为娃。"李白《经乱离后忆旧游书怀赠韦太守》诗:"吴娃与越艳,窈窕夸铅红。"

吴下阿蒙 三国时吴吕蒙少不读书,后努力向学。"鲁肃上代周瑜,过蒙言议,常欲受屈;肃拊蒙背曰:'吾

谓大弟但有武略耳,至于今者,学识英博,非复吴下阿蒙。'"见《三国志·吴志·吕蒙传》裴松之注引《江表传》。后因以喻人学识尚浅。亦作"阿蒙"、"吴蒙"。

吴语 汉语方言之一。分布于上海市、江苏省东南部分和浙江省大部分地区。语音特点是:有清浊声母的分别,如"冻"和"洞"读音不同;多数地点没有 zh[tʂ]、ch[tʂʻ]、sh[ʂ],只有 z[ts]、c[tsʻ]、s[s];多数地点只有 -ng[-ŋ] 或 -n[-n] 一个鼻音韵尾;有短促的入声;声调一般有七个或八个。词汇中如上海的"汏"（洗）、"侬"（你）、"开心"（快活）等等,词序上如"到快哉"（快到了）等等,同普通话有差异。

吴越同舟 《孙子·九地》:"吴人与越人相恶也,当其同舟而济,遇风,其相救也如左右手。"比喻原来相仇视的人,在同一处境中,当遭遇危难的紧急关头,也会互相援助。参见"同舟共济"。

吴中 ❶泛指春秋时吴地。《史记·项羽本纪》:"项梁杀人,与籍避仇于吴中。"❷旧对"吴郡❷"或苏州府的别称。

吴中四杰 指明初吴中诗人高启、杨基、张羽、徐贲。

庑〔廡〕（wú）通"芜"。草盛貌。《书·洪范》:"庶草蕃庑。"
另见 wǔ。

忘（wú）同"亡"。见"亡其"。
另见 wàng。

郚（wú）古邑名。（1）春秋纪地,后属齐。在今山东安丘市西南。《春秋·庄公元年》:"齐师迁纪、郱、鄑、郚。"（2）春秋鲁地。在今山东泗水东南。《春秋·文公七年》:"遂城郚。"

蕪（wú）见"蕪黄"。

蕪黄 草名。《尔雅·释草》:"蕪黄,荼蘠。"郭璞注:"一名白蕢。"郝懿行义疏:"下云'蕢,赤苋',郭意赤苋名蕢,故白者名白蕢矣。"

唔（wú）拟声词。如:咿唔（读书声）。
另见 m̀,ngú。

笟〔籅〕（wú）黑皮竹。谢灵运《山居赋》自注:"石竹,细者笟箐之流也。"

猭（wú）兽名。猿的一种。见《广韵·十一模》。

浯(wú) 水名。浯溪，源出今湖南祁阳西南松山，东北流入湘江。

娪(wú) 美女。见《广韵·十一模》。

另见 yú。

珸(wú) 见“琨珸”。

梧(wú) ❶梧桐。杜甫《宿府》诗：“清秋幕府井梧寒，独宿江城蜡炬残。”❷见“枝梧”。❸支架，支柱。《文选·何晏〈景福殿赋〉》：“桁梧复叠，势合形离。”李善注：“梧，柱也。”❹支撑。《后汉书·徐登传》：“炳(赵炳)乃故升茅屋，梧鼎而爨。”

另见 wù，yǔ。

鹀〔鵐〕(wú) 鸟纲，雀科，鹀属(*Emberiza*)各种的通称。一般体型约如麻雀或稍小。嘴形特殊，于闭合时，上嘴边缘不与下嘴边缘密接。通常雄鸟羽色较雌鸟鲜艳。多在地上或灌丛中营巢，食种子和昆虫。大多数种类为候鸟，少数有留居或漂泊的习性。常见的如灰头鹀(*E. spodocephala*)、三道眉草鹀(*E. cioides*)、黄眉鹀(*E. chrysophrys*)和黄胸鹀等。

铻〔鋙〕(wú) 见“锟铻”。

另见 yǔ。

蜈(wú) 见“蜈蚣”。

蜈蚣 多足纲，蜈蚣科。体扁长，长9～13厘米。头部金黄色，有长触角和聚眼。躯干部背面暗绿色，腹面黄褐色。分21节，每节有足一对。第一对称“颚足”，有爪和毒腺；最末一对呈尾状。栖息腐木与石隙中，捕食小动物。中国长江中下游各地都有分布。干燥全虫入药。性温、味辛，有毒，功能祛风、定惊、止痛，主治小儿惊风、抽搐惊厥、偏头痛、恶疮、蛇咬等症。可人工养殖。

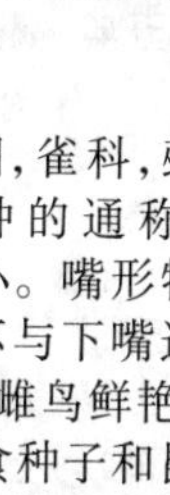

少棘蜈蚣

逜(wú) “吾”的籀文。《古文苑·石鼓文》：“逜车既工，逜马既同。”

另见 yù。

鋘(wú) 刀名。《吴越春秋》卷五：“两鋘殖吾宫墙，流水汤汤越吾宫堂。”

另见 huá。

䰰(wú) 见“魅䰰”。

鼯(wú) 见“鼯鼠”。

鼯鼠 亦称“大飞鼠”。哺乳纲，啮齿目，鼯鼠科。前、后肢之间有宽而多毛的飞膜，借此在树间滑翔。尾长。栖于东南亚、南亚亚热带森林。夜行性。以坚果、嫩叶、甲虫等为食。

wǔ

五(wǔ) ❶数目。四加一所得。❷通“午”。交午，纵横交错。参见“纻”。❸乐谱符号。工尺谱中的音名之一。❹姓。蜀汉时有五梁。

五爱 即爱祖国、爱人民、爱劳动、爱科学、爱社会主义。是我国全体公民应当遵循的社会公德，也是社会主义道德的基本规范和社会主义道德建设的基本要求。

五伯(—bà) 同“五霸”。《汉书·异姓诸侯王表序》：“适戍彊于五伯。”颜师古注：“伯读曰霸。”

五霸 一作“五伯”。春秋时先后称霸的五个诸侯。指齐桓公、晋文公、楚庄王、吴王阖闾、越王勾践。一说指齐桓公、宋襄公、晋文公、秦穆公、楚庄王。一说指齐桓公、晋文公、秦穆公、楚庄王、吴王阖闾。一说指齐桓公、宋襄公、晋文公、秦穆公、吴王夫差。

五白 五子皆白，古博戏樗蒲的贵采。五木之制，上黑下白。掷得五子皆黑，叫卢，最贵；其次五子皆白，叫白。又称枭。见李翱《五木经》。《楚辞·招魂》：“成枭而牟，呼五白些。”杜甫《今夕行》：“冯陵大叫呼五白，袒跣不肯成枭卢。”参见“五木❷”。

五百罗汉 佛教所说的五百个罗汉。认为他们都是常随释迦听法的弟子。《十诵律》卷四：“今日世尊与五百罗汉入首波城。”《法华经·五百弟子授记品》中，佛为五百罗汉授记。但书中都未记具体名号。《大明续藏经》所收明高道素录南宋江阴军《乾明院五百罗汉名号碑》一卷，则列举了从第一罗汉阿若憍陈如到第五百罗汉愿事众的名号。今佛寺中所塑五百罗汉像，多依之列名。

五保 中国农村实行的一种社会保险。农村合作经济组织或基层群众性自治组织(如村民委员会)为了使鳏、寡、孤、独的生养死葬得到保障，对缺乏劳动力、生活没有依靠的成员，在生产上给以适当安排，使他们能够参加力能胜任的劳动；在生活上给以适当照顾，做到保吃、保穿、保烧(燃料)、保教(少年儿童)、保葬。被保住户，称为“五保户”。

五兵 ❶五种兵器。《周礼·夏官·司兵》：“掌五兵五盾。”郑玄注引郑司农云：“五兵者，戈、殳、戟、酋矛、夷矛。”《荀子·儒效》：“反而定三革，偃五兵。”王先谦集解引范宁云：“五兵，矛、戟、钺、楯、弓矢。”❷三国魏设有五兵尚书。五兵，谓中兵、外兵、骑兵、别兵、都兵。见《通典·职官五》。

五百 亦作“五伯”。古代衙门中的役卒。《后汉书·曹节传》：“越骑营五百妻有美色。”李贤注：“韦昭《辩释名》曰：‘五百，字本为伍。伍，当也；伯，道也。使之导引当道陌中以驱除也。’案今俗呼行杖人为五百也。”又《祢衡传》：“令五百将出，欲加箠。”李贤注：“五百，犹今之问事也。”

五伯(—bó) 《后汉书·邓彪传》“邓彪字智伯”李贤注引《东观记》：“彪与同郡宗武伯、翟敬伯、陈绥伯、张弟伯，同志好，齐名，南阳号曰五伯。”志好，志向和好尚。

五不取 亦作“五不娶”。中国古代不得聘娶五种家族的女子的规定。《大戴礼记·本命》：“女有五不取：逆家子不取，乱家子不取，世有刑人不取，世有恶疾不取，丧妇长子不取。”“取”，通“娶”；子，古汉语中亦指女儿；“丧妇”，亦作“丧父”。

五才 同“五材❶”。指金、木、水、火、土。《三国志·吴志·孙皓传》：“天生五才，谁能去兵？”

五材 ❶五种物质。《左传·襄公二十七年》：“天生五材。”杜预注：“金、木、水、火、土也。”又《考工记》：“以饬五材。”郑玄注：“此五材，金、木、皮、玉、土。”❷五种德性。《六韬·论将》：“所谓五材者，勇、智、仁、信、忠也。”

五彩 ❶彩，本作“采”。谓青、黄、赤、白、黑五色。古以此五色为正色。《书·益稷》：“以五采彰施于五色，作服。”蔡沈集传：“采者，青、黄、赤、白、黑也；色者，言施之于缯帛也。”亦泛指各种不同的颜色。如：五彩缤纷。❷瓷器釉彩名。在已烧成的瓷器上，绘上多种彩色的花纹图案，再入窑以低温烧成。宋元时已开始。明代成化年间已很精美。清代以后更有发展。

五仓 即五脏。《汉书·郊祀志下》:"化色五仓之术者,皆奸人或(惑)众,挟左道,怀诈伪,以期罔世主。"颜师古注引李奇曰:"思身中有五色,腹中有五仓神;五色存则不死,五仓存则不饥。"

五常 ❶指仁、义、礼、智、信。西汉董仲舒《举贤良对策一》:"夫仁、谊(义)、礼、知(智)、信五常之道,王者所当修饬也。"儒家用以配合"三纲",作为维护封建等级制度的道德教条。❷即"五典"。《书·泰誓下》:"狎侮五常。"唐孔颖达疏:"五常即五典,谓父义,母慈,兄友,弟恭,子孝。"用以指封建社会五种行为准则。❸即"五伦"。❹即"五行"。指金、木、水、火、土五种物质。《礼记·乐记》:"道五常之行。"东汉郑玄注:"五常,五行也。"唐孔颖达疏:"道达人情以五常之行,谓依金、木、水、火、土之性也。"❺三国时马良兄弟五人,皆以"常"为字,并有才名,乡里为之谚曰:"马氏五常,白眉最良。"良眉中有白毛,因称白眉。见《三国志·蜀志·马良传》。

五车 ❶五种兵车。《周礼·春官·车仆》:"掌戎路之萃,广车之萃,阙车之萃,苹车之萃,轻车之萃。"郑玄注:"此五者皆兵车,所谓五戎也。戎路,王在军所乘也;广车,横陈之车也;阙车,所用补阙之车也;苹犹屏也,所用对敌自蔽隐之车也;轻车,所用驰敌致师之车也。"贾至《燕歌行》:"五车精卒三十万,百战百胜擒单于。"❷星官名。属毕宿,共五星,即御夫座ι、α、β、θ星和金牛座β星。《晋书·天文志》:"五车五星,三柱九星,在毕北。五车者,五帝车舍也,五帝坐也。"❸谓五车书。言读书、著述之多。《庄子·天下》:"惠施多方,其书五车。"旧时因称读书多为"学富五车"。

五尺之童 幼童的代称。《孟子·滕文公上》:"从许子之道,则市贾不贰,国中无伪,虽使五尺之童适市,莫之或欺。"朱熹注:"五尺之童,言幼小无知也。"

五虫 古人把动物分为五类,叫"五虫"。即倮虫、毛虫、羽虫、鳞虫、甲虫。见《大戴礼记·易本命》。崔骃《都昌元将军碑铭》:"有血气之中,毛羽鳞介,并在五虫,而人为最验。"

五大夫 爵位名。秦汉二十等爵的第九级。《汉书·百官公卿表》颜师古注:"大夫之尊也。"汉初以第七级公大夫以上为高爵,都有食邑。汉文帝以后,改以五大夫以上为高爵,仅得免役。

五道 ❶古代修身养性的五法。即养体、养目、养耳、养口、养志。《吕氏春秋·孝行》:"养有五道:修宫室,安床第,节饮食,养体之道也;树五色,施五采,列文章,养目之道也;正六律,和五声,杂八音,养耳之道也;熟五谷,烹六畜,和煎调,养口之道也;和颜色,说言语,敬进退,养志之道也。此五者,代进而厚用之,可谓善养矣。"❷佛教谓天、人、畜生、地狱、饿鬼为五道。鲍照《鲍氏集·佛影颂》:"六尘烦苦,五道绵剧。"

五德 ❶五行之德。参见"五德终始"。❷五种德性。《论语·学而》:"夫子温、良、恭、俭、让以得之。"朱熹注:"五者,夫子之盛德。"《孙子兵法·计篇》:"将者,智、信、仁、勇、严也。"曹操注:"将宜五德备也。"❸物类的五种德性。《诗·秦风·小戎》"温其如玉"郑玄笺:"玉有五德。"孔颖达疏引《聘义》:"温润而泽,仁也;缜密以栗,知也;廉而不刿,义也;垂之如坠,礼也;孚尹旁达,信也。"《韩诗外传》卷二:"君独不见夫鸡乎,首戴冠者,文也;足傅距者,武也;敌在前敢斗者,勇也;得食相告,仁也;守夜不失时,信也。鸡有此五德,君犹日瀹而食之者,何也? 则以其所从来者,近也。"又旧谓蝉有五德。头上有缕,文也;含气饮露,清也;黍稷不享,廉也;处不巢居,俭也;应候守常,信也。见陆云《寒蝉赋序》。

五德终始 亦称"五德转移"。战国末阴阳家邹衍的学说。指水、火、木、金、土五种物质德性相生相克而终而复始的循环变化。用来说明王朝兴替的原因,如夏、商、周三个朝代的递嬗,就是火(周)克金(商)、金克木(夏)的结果;并虚构一个"五德终始"的历史循环论体系,论证在政治上为了适应"五行配列"而定出相应的制度(如改正朔、易服色等)的必要。

五狄 《周礼·夏官·职方》郑玄注引《尔雅》有"五狄"。《白虎通·礼乐》:"北方为五狄。"《礼记·王制》正义引李巡《尔雅注》说五狄:月支、秽貊、匈奴、单于、白屋。

五帝 ❶传说中的上古帝王。时在三皇之后,夏代以前。最早见于《荀子·非相篇》。有四种说法:(1)黄帝、颛顼、帝喾、唐尧、虞舜(《大戴礼·五帝德》、《史记·五帝本纪》);(2)太皞、炎帝、黄帝、少皞、颛顼(《礼记·月令》);(3)少昊(皞)、颛顼、高辛(帝喾)、唐尧、虞舜(《帝王世纪》);(4)黄帝、少皞、帝喾、帝挚、帝尧(《道藏·洞神部·谱录类·混元圣纪》引梁武帝说)。他们都是原始社会末期部落或部落联盟的领袖。❷中国古代神话中的五方之天帝,即"五方神"。《周礼·天官·大宰》:"祀五帝。"唐贾公彦疏:"五帝者,东方青帝灵威仰,南方赤帝赤熛怒,中央黄帝含枢纽,西方白帝白招拒,北方黑帝汁光纪。""拒"亦作"矩","汁"亦作"叶"。

五典 ❶传说中我国最古的书籍。详"三坟五典"。❷五常之教,即父义、母慈、兄友、弟恭、子孝。《书·舜典》:"慎徽五典,五典克从。"参见"五常❷"。

五丁 古代传说中古蜀国的五个力士。《水经注·沔水》引来敏《本蜀论》:"秦惠王欲伐蜀而不知道,作五石牛,以金置尾下,言能屎金,蜀王负力,令五丁引之成道。"

五鼎 古时大夫祭礼用五鼎。《孟子·梁惠王下》:"或告寡人曰:'孟子之后丧逾前丧',是以不往见也。曰:'何哉? 君所谓逾者,前以士,后以大夫;前以三鼎,而后以五鼎与?'"赵岐注:"礼,士祭三鼎,大夫祭五鼎。"后亦称饮食器用。

五斗米 指微薄的官俸。《晋书·陶潜传》:"郡遣督邮至县,吏白应束带见之。潜叹曰:'吾不能为五斗米折腰,拳拳事乡里小人邪!'"

五斗米道 早期道教派别之一。东汉顺帝时,张道陵在四川鹤鸣山(一作鹄鸣山,在今四川大邑境内)创立。以《道德经》为主要经典,主要在农民中传播。入道者须出五斗米,因而得名;因教徒尊张道陵为天师,故又称"天师道"。学道者初名"鬼卒"。以"治"为传道单位,其首领称"祭酒"。汉安二年(公元143年)已发展为"二十四治",绝大多数分布于雍、益二州。张道陵死后,传子衡;张衡死后,传子鲁。东汉末,张鲁雄踞汉中,五斗米道大行,建立政权近三十年,后归顺曹操。西晋后,五斗米道开始分化,一部分在士大夫中传播,一部分仍在农民中从事秘密活动。东晋时孙恩、卢循利用五斗米道领导农民起义,前后达十余年之久。南北朝时,北魏嵩山道士寇谦之得魏太武帝支持,"清整道教,除去三张伪法"，创立以礼拜修炼为主要形式的新天师道，世称"北天师道"；南朝宋道士陆修静整理三洞经书，编著斋戒仪范，创立"南天师道"。唐宋以后，南北天师道逐渐合流，到元代归并于正一道中。

五毒 ❶用以治病的五种毒药。《周礼·天官·疡医》："凡疗疡以五毒攻之。"郑玄注："五毒，五药之有毒者……石胆、丹砂、雄黄、礜石、慈石。"❷五种酷刑。《后汉书·陈禅传》："及至，笞掠无算，五毒毕加。"王先谦集解引《通鉴》胡三省注："五毒，四肢及身备受楚毒也。"或云：鞭、棰、灼及徽、缰为"五毒"。《明史·刑法志三》："全刑者，曰械，曰镣，曰棍，曰拶，曰夹棍，五毒备具。"❸五种毒虫。吕种玉《言鲭·谷雨五毒》："古者青齐风俗，于谷雨日画五毒符，图蝎子、蜈蚣、蛇虺、蜂、蜮之状，各画一针刺，宣布家户贴之，以禳虫毒。"按旧时一般称蝎、蛇、蜈蚣、壁虎、蟾蜍为"五毒"。

五遁 道教声称仙人有五种借物遁形的方术。明谢肇淛《五杂俎·人部二》："汉时解奴辜、张貂皆能隐沦，出入不由门户，此后世遁形之祖也。介象、左慈、于吉、孟钦、罗公远、张果之流，及《晋书》女巫章丹、陈琳等术皆本此。谓为神仙，其实非也。其法有五：曰金遁，曰木遁，曰水遁，曰火遁，曰土遁。见其物则可隐，惟土遁最捷，盖无处无土也。"

五法 ❶谓五常之法。《大戴礼记·盛德》："均五正，齐五法。"卢辩注："五法谓仁、义、礼、智、信。"❷名、相、分别、正智、如如（真如）的总称。佛教用以说明现象界及其本体。《入楞伽经》卷七："何等五法？一者名，二者相，三者分别，四者正智，五者真如。""一切佛法，皆入五法中。"

五方 东、南、西、北和中央。亦泛指各方。《礼记·王制》："五方之民，言语不通，嗜欲不同。"孔颖达疏："五方之民者，谓中国与四夷也。"《汉书·地理志下》："是故五方杂厝，风俗不纯。"

五风十雨 谓风调雨顺。《论衡·是应》："风不鸣条，雨不破块，五日一风，十日一雨。"杨炎正《水调歌头·呈辛隆兴》词："不道七州三垒，今岁五风十雨，全是太平时。"

五凤 ❶传说中五类鸟名。《乐纬叶图徵》谓凤、鹖鷤、发明、焦明、幽昌。《小学绀珠》卷十："五凤：赤者凤，黄者鹓鶵，青者鸾，紫者鸑鷟，白者鹄。"❷宋孔平仲《谈苑》卷三："太宗时，宋白、贾黄中、李至、吕蒙正、苏易简五人同拜翰林学士院旨，扈蒙赠诗云：'五凤齐飞入翰林。'"

五服 ❶古代的五等服式。《书·皋陶谟》："天命有德，五服五章哉。"孔传："五服，天子、诸侯、卿、大夫、士之服也。"❷古代王畿外围的地方，以五百里为率，视距离的远近分为五等，叫"五服"。其名称为甸服、侯服、绥服、要服、荒服，见《书·禹贡》。❸旧时的丧服制度，以亲疏为差等，有斩衰、齐衰、大功、小功、缌麻五种名称，统称"五服"。《礼记·学记》："五服弗得不亲。"详"斩衰"、"齐衰"。

五福 《书·洪范》："五福：一曰寿，二曰富，三曰康宁，四曰攸好德，五曰考终命。"攸好德，谓所好者德；考终命，谓善终不横夭。

五父衢 古道路名。故址在今山东曲阜市东南。《礼记·檀弓》："孔子少孤，不知其墓，殡于五父之衢。"《左传》襄公十一年（公元前562年）：季武子将作三军，"诅诸五父之衢"。

五更 ❶旧时计时法，分一夜为五更，也叫五鼓、五夜。《颜氏家训·书证》："或问一夜何故五更，更何所训？答曰：汉魏以来，谓为甲夜、乙夜、丙夜、丁夜、戊夜；又云鼓，一鼓、二鼓、三鼓、四鼓、五鼓；亦云一更、二更、三更、四更、五更……更，历也，经也，故曰五更尔。"亦指第五更的时候。伏知道《从军五更转》曲："五更催送筹，晓色映山头。"❷古代乡官名。见"三老五更"。

五贡 清代科举制度中五种贡生的总称。包括：恩贡、拔贡、副贡、岁贡和优贡。五贡都算正途出身资格。另有捐纳取得的贡生，称为例贡。

五古 五言古体诗的简称。

五谷 五种谷物。古代有多种说法：（1）《周礼·天官·疾医》："以五味、五谷、五药养其病。"郑玄注："五谷，麻、黍、稷、麦、豆也。"《大戴礼记·曾子天圆》卢辩注同，惟豆作菽。菽是豆的总称。（2）《孟子·滕文公上》："树艺五谷。"赵岐注："五谷，谓稻、黍、稷、麦、菽也。"（3）《楚辞·大招》："五谷六仞。"王逸注："五谷，稻、稷、麦、豆、麻也。"（4）《素问·藏气法时论》："五谷为养。"王冰注以为是粳米、小豆、麦、大豆、黄黍。（5）佛教密宗修法所使用的五种谷物。因祈祷的目标不同，使用的五种谷物也不同。如《成就妙法莲华经王瑜伽观智仪轨》以稻谷、大麦、小麦、绿豆、白芥子为五谷；《建立曼荼罗护摩仪轨》以大麦、小麦、稻谷、小豆、胡麻为五谷等。

五官 ❶殷时的官职。《礼记·曲礼下》："天子之五官，曰：司徒、司马、司空、司士、司寇，典司五众。"❷泛指百官。❸指五行之官。《左传·昭公二十九年》："故有五行之官，是谓五官……木正曰句芒，火正曰祝融，金正曰蓐收，水正曰玄冥，土正曰后土。"❹分管天地幽明之官。《国语·楚语下》："于是乎有天、地、神、民、类物之官，谓之五官。"❺人体的五种器官。《荀子·正名》："五官簿之而不知。"杨倞注："五官，耳、目、鼻、口、心也。"❻中医学上亦称"苗窍"。指鼻、目、口（唇）、舌、耳五种器官。认为五官分属五脏。《灵枢·五阅五使》："鼻者肺之官也，目者肝之官也，口唇者脾之官也，舌者心之官也，耳者肾之官也。"说明与五脏之间有着内在联系。

五光十色 形容色泽鲜丽，花样繁多。江淹《丽色赋》："五光徘徊，十色陆离。"《二十年目睹之怪现状》第四十八回："全都穿着细狐、洋灰鼠之类，那面子更是五光十色。"

五鬼 ❶韩愈《送穷文》："凡此五鬼，为吾五患。"五鬼，指智穷、学穷、文穷、命穷、交穷等五种穷鬼。❷五代南唐中主李璟时，冯延巳、魏岑、冯延鲁、陈觉、查文徽五人专权乱政，时人称为五鬼。见《五代史·南唐世家》。❸宋王钦若、丁谓、林特、陈彭年、刘承珪奸邪险诈，时称五鬼。见《宋史·王钦若传》。❹星命家所称的恶煞之一，取象于鬼宿（二十八宿之一）的第五星。

五侯鲭 汉成帝母舅王谭、王根、王立、王商、王逢时同时封侯，号五侯。"鲭"同"脏"，鱼和肉的杂烩。《西京杂记》卷二："五侯不相能，宾客不得来往，娄护丰辩，传食五侯间，各得其欢心，竞致奇膳，护乃合以为鲭，世称五侯鲭。"后以称美味佳肴。苏轼《次韵孔毅父集古人句见赠》："今君坐致五侯鲭，尽是猩唇与熊白。"

五湖 ❶先秦古籍常谓吴越地区有五湖，六朝以来有多种解释：一说是太湖的别名；一说是太湖东岸的五个与太湖相通连的湖，实即五个湾；一说指太湖附近的五个湖。按《周礼·职方》扬州："其泽薮曰具区"，"其浸五湖"，**具区**就是**太湖**，可见五湖不是**太湖**，也不能包括**太湖**在内。从《国语·越语》和《史记·河渠书》看来，五湖的原意当泛指**太湖**流域一带所有的湖泊。❷五个大湖的总称。也有多种说法：一说是**具区**、**洮滆**、**彭蠡**、**青草**、**洞庭**；一说是**具区**、**洮**、**滆**、**彭蠡**、**青草**；一说是**彭蠡**、**洞庭**、**巢湖**、**震泽**、**鉴湖**；一说是**太湖**、**射阳**、**青草**、**丹阳**、**宫亭**；一说是**洞庭**、**震泽**、**青草**、**云梦**、**巴丘**。近代一般以**洞庭**、**鄱阳**、**太湖**、**巢湖**、**洪泽**为五湖。

五湖四海　泛指四面八方。**吕岩**《绝句》："斗笠为帆扇作舟，五湖四海任遨游。"

五湖长　《晋书·桓玄传》："**太元**末，出补**义兴**太守，郁郁不得志，尝登高望震泽（**太湖**），叹曰：'父为九州伯，儿为五湖长。'弃官归国"这里的五湖指**太湖**；**玄**，**桓温**子；五湖长谓官卑。

五花八门　五花，即五行阵；八门，即八门阵。都是古代战术中变幻多端的阵势。《儒林外史》第四十二回："那小戏子一个个戴了貂裘……跑上场来，串了一个五花八门。"亦作"八门五花"。《虞初新志·孙嘉淦〈南游记〉》："**伏龙**以西，群峰乱峙，四布罗列，如平沙万幕，八门五花。"常用以比喻事物的变化莫测、花样繁多。

五花马　毛色斑驳的马。一说，剪马鬃为五簇，分成五个花纹，叫"五花"。**李白**《将进酒》诗："五花马，千金裘，呼儿将出换美酒，与尔同销万古愁。"

五荤　也叫"五辛"。《本草纲目·菜部》"蒜"："五荤即五辛，谓其辛臭昏神伐性也。炼形家以小蒜、大蒜、韭、芸薹、胡荽为五荤；道家以韭、薤、蒜、芸薹、胡荽为五荤；佛家以大蒜、小蒜、兴渠、慈葱、茖葱为五荤，兴渠即阿魏也。"按兴渠叶似蔓菁，根似萝卜，生熟味皆如蒜；慈葱即葱；茖葱即薤，形似韭。见《三藏法数》。

五齐（一jī）　五种细切的冷食肉菜。《周礼·天官·醢人》："掌供五齐，七菹。""齐"同"齑"。五齑：昌本（菖蒲根）、脾析（牛百叶）、蜃（蛤）、豚拍（豚胁）、深蒲（蒲蒻）。见《周礼·天官·醢人》郑玄注。

五齐（一jì）　古代按酒的清浊，分为五等，叫"五齐"。《周礼·天官·酒正》："辨五齐之名：一曰泛齐，二曰醴齐，三曰盎齐，四曰缇齐，五曰沈齐。"**郑玄**谓醴以上尤浊，盎以下差清。

五季　即**五代**。谓后梁、后唐、后晋、后汉、后周。**李纲**《江上愁心赋》："历隋、唐而混一兮，迄五季而割据。"

五角六张　角、张，均星宿名。比喻事机不顺遂。**马永卿**《懒真子·五角六张》："世言五角六张，此古语也。尝记开元中有人献俳文于**明皇**，其略云：'说甚三皇五帝，不如求告三郎；既是千年一遇，且莫五角六张。'……五角六张，谓五日遇角宿，六日遇张宿，此两日作事多不成。"

五教　父、母、兄、弟、子五者之间的封建关系准则。《书·舜典》："汝作司徒，敬敷五教，在宽。"《左传·文公十八年》："举八元，使布五教于四方，父义、母慈、兄友、弟共（恭）、子孝。"晚唐**五代**人因以为司徒的代称。孙光宪《北梦琐言》卷五："五教念女及婿，不胜悲痛。"五教，指司徒裴璩。

五戒　❶五种诰戒。《周礼·秋官·士师》："以五戒先后刑罚，毋使罪丽于民。一曰誓，用之于军旅；二曰诰，用之于会同；三曰禁，用诸田役；四曰纠，用诸国中；五曰宪，用诸都鄙。"❷译自梵语 pañcaśīla。佛教在家男女教徒终身应遵守的五项戒条。(1)不杀生；(2)不偷盗；(3)不邪淫；(4)不妄语；(5)不饮酒。其中前三防身，第四防口，第五通防身口。

五金　上古指金、银、铜、铅、锡五色金属。《吴越春秋·阖闾内传》："欧冶子造剑五枚……一名湛卢，五金之英，太阳之精。"后指金、银、铜、铁、锡。今常用为金属或铜铁等制品的统称。如：五金店。

五禁　国家五种禁行的法令。《周礼·秋官·士师》："士师之职，掌国之五禁之法，以左右刑罚。一曰宫禁，二曰官禁，三曰国禁，四曰野禁，五曰军禁。皆以木铎徇之于朝，书而县（悬）于门闾。"

五经　❶五部儒家经典。始称于**汉武帝**时（公元前141—前87）。即《诗》、《书》、《礼》、《易》、《春秋》。其中保存有**中国**古代丰富的历史资料。长期成为封建统治阶级的教科书，还作为宣传宗法封建思想的理论根据。❷五种医书。指《素问》、《灵枢》、《难经》、《金匮要略》、《甲乙经》。

五经库　旧称博通经学的人。隋房晖远传传儒学，明三《礼》、《春秋》三传《诗》、《书》、《周易》，太常卿生弘每称之为"五经库"。见《北史·房晖远传》。

五经扫地　旧用为辱没斯文之称。《新唐书·祝钦明传》："帝与群臣宴，钦明自言能八风舞，帝许之。钦明体肥丑，据地摇头睆目，左右顾眄。帝大笑。吏部侍郎卢藏用叹曰：'是举五经扫地矣！'"

五经笥　笥，竹箱。比喻博通经学的人。《后汉书·边韶传》："腹便便，五经笥。"

五阮关　古关名。**汉**置。在今河北宣化西南。建武二十一年（公元45年）伏波将军**马援**将三千骑出**五阮关**，即此。

五绝　五言绝句的简称。参见"绝句"。

五魁　五经魁的简称。清代习惯上沿称乡试前五名为五经魁或五魁。见"经魁"。

五礼　古代指吉礼、凶礼、军礼、宾礼、嘉礼五种礼制。《周礼·地官·大司徒》："以五礼防万民之伪而教之中。"

五里雾　《后汉书·张楷传》："性好道术，能作五里雾。"后用以比喻迷离恍惚的情景。如：如堕五里雾中。

五两　古代的候风器。用鸡毛五两（或八两）系于高竿顶上而成。《文选·郭璞〈江赋〉》："觇五两之动静。"**李善**注："兵书曰：'凡候风法，以鸡羽重八两，建五丈旗，取羽系其巅，立军营中。'**许慎**《淮南子》注曰：'綄，候风也，楚人谓之五两也。綄音桓。'"**李白**《送崔氏昆弟之金陵》诗："扁舟敬亭下，五两先飘扬。"

五灵　古人认为的五种祥瑞鸟兽。**杜预**《春秋左传序》："麟、凤五灵，王者之嘉瑞也。"**孔颖达**疏："麟、凤与龟、龙、白虎五者，神灵之鸟兽，王者之嘉瑞也。"

五路　❶古代帝王使用的五种车辆。路，车。《周礼·春官·巾车》："王之五路。"指玉路、金路、象路、革路、木路。又，王后的五路为重翟、厌翟、安车、翟车、辇车。❷视、听、嗅、味、触等五官。《墨经》认为人们认识外界事物须凭感官，"惟以五路智（知）"（《经说下》）。但也有非感官所能直接认知的，例如时间，所以说，"知而不以五路，说在久（时间）"（《经下》）。

五律　五言律诗的简称。参见"律诗"。

五伦　也称"五常"。封建宗法社会以君臣、父子、夫妇、兄弟、朋友为

"五伦"。《镜花缘》第九十九回:"门上有了这样能事家人,恩主于五伦之中,虽于'朋友'这伦有些欠缺,毕竟少许多应酬之烦。"参见"人伦❶"。

五马 汉时太守乘坐的车用五匹马驾辕,因借指太守。苏轼《瑞鹧鸪》词:"鼓吹未容迎五马,水云先已漾双凫。"

五门 古代王宫因五行之说而设的五种宫门。《周礼·天官·阍人》"阍人掌守王宫之中门之禁"郑玄注:"郑司农云:'王有五门,外曰皋门,二曰雉门,三曰库门,四曰应门,五曰路门。路门一曰毕门。'玄谓雉门,三门也。"孙诒让正义:"《玉海·宫室》引《三礼义宗》云:'天子宫门有五,法五行,曰皋门,曰库门,曰雉门,曰应门,曰路门。'按崔以五门雉门在库门内,则依后郑说。崔,即《三礼义宗》著者崔灵恩;后郑,即郑玄。"

五木 ❶五类取火的树木。《孔子家语·刑政》:"五木不中伐,不粥(鬻)于市。"按《论语·阳货》"钻燧改火"朱熹注:"改火,春取榆、柳之火,夏取枣、杏之火,季夏取桑、柘之火,秋取柞、楢之火,冬取槐、檀之火。"参见"改火"。❷古代博具。斫木为子,一具五枚,故名。状似银杏,两头尖锐,中部广平如正方体,边角带弧形。古博戏樗蒲用五木掷采打马,其后则专掷五木以决胜负。李白《赠别从甥高五》诗:"五木思一掷,如绳系穷猿。"后世所用骰子,相传即由五木演变而成。唐李翱著有《五木经》。

五内 指五脏。蔡琰《悲愤诗》:"见此崩五内,恍惚生狂痴。"

五品 ❶犹言五伦、五常。《书·舜典》:"百姓不亲,五品不逊。"孔传:"五品,谓五常。"孔颖达疏:"品谓品秩,一家之内尊卑之差,即父、母、兄、弟、子是也;教之义,慈、友、恭、孝,此事可常行,乃为五常耳。"❷古称功勋的五种名目。《史记·高祖功臣侯者年表》:"古者人臣,功有五品,以德立宗庙定社稷曰勋,以言曰劳,用力曰功,明其等曰伐,积日曰阅。"

五七 ❶人死后三十五天。旧俗,人死后每七日祭祀或唪经,有头七、三七、五七等。《金瓶梅词话》第一四回:"拙夫死了,家下没人,昨日just过了他五七。"❷约计数目之词。《水浒传》第四回:"看时,原来却是一个市井,约有五七百人家。"

五情 ❶《文选·曹植〈上责躬应

诏诗表〉》:"形影相吊,五情愧赧。"刘良注:"五情,喜、怒、哀、乐、怨。"亦泛指人的情感。李白《古风》:"仰望不可及,苍然五情热。"❷佛教指由眼、耳、鼻、舌、身五根所生的五种情识。《大智度论》卷四十八:"眼等五情,名为内身;色等五尘,名为外身。"

五衢 通五方之大道。《管子·轻重丁》:"行令未能一岁,五衢之民,皆多衣帛完屦。"权德舆《放歌行》:"双阙烟云遥霭霭,五衢车马乱纷纷。"

五刃 五种兵器。《国语·齐语》:"定三革,隐五刃。"韦昭注:"五刃,刀、剑、矛、戟、矢也。"也泛指各种兵器。李商隐《贺赦表》:"万蛰苏而六幽尽开,五刃藏而九土咸辟。"

五日京兆 汉代京兆尹张敞,因杨恽案被牵连,将受处分。敞叫贼捕掾絮舜办理案件,舜以为敞行将免职,迁延不办,私自归家。有人劝他不可这样,舜说:"吾为是公尽力多矣,今五日京兆耳,安能复案事!"见《汉书·张敞传》。后遂称任职时间很短或即将去职为"五日京兆"。

五戎 ❶古代指弓矢、戈、矛、殳、戟五种兵器。《礼记·月令》:"〔仲秋之月〕天子乃教于田猎,以习五戎。"❷五种兵车。详"五车❶"。❸古代指西方五种少数民族。《周礼·夏官·职方氏》:"以掌天下之地,辨其邦国、都鄙、四夷、八蛮、七闽、九貉、五戎、六狄之人民。"

五瑞 ❶谓五等诸侯的圭璧。《书·舜典》:"辑五瑞。"孔颖达疏:"《周礼·典瑞》云:'公执桓圭,侯执信圭,伯执躬圭,子执穀璧,男执蒲璧。'是圭璧为五等之瑞,诸侯执之以为王者瑞信,故称瑞也。"❷五种瑞玉。《白虎通·文质》:"何谓五瑞?谓珪、璧、琮、璜、璋也。"

五色 ❶青、赤、黄、白、黑五种颜色。古代以此五者为正色,其他为间色。《礼记·礼运》:"五色,六章,十二衣,还相为质也。"孔颖达疏:"五色,谓青、赤、黄、白、黑,据五方也。"亦泛指各种颜色。《荀子·劝学》:"目好之五色。"❷神色。《新序·杂事》:"〔叶公〕失其魂魄,五色无主。"

五色笔 传说南朝梁江淹善诗,夜梦一男子,自称郭璞,对淹说:"吾有笔在卿处多年,可以见还。"淹即从怀中取出五色笔授之。此后作诗,遂无佳句,时人谓之才尽。见《南史·江淹传》。又宋范质生时,母梦神人授以五色笔,九岁能属文。见《宋史·

范质传》。

五色肠 比喻文才。屠隆《彩毫记·脱靴捧砚》:"贺太平帝王欣赏花王,佳人貌比双成样,才子胸盘五色肠。"

五色泥 琉璃瓦。吴伟业《读史偶述》诗:"琉璃旧厂虎房西,月斧修成五色泥。"

五色无主 脸色青一阵白一阵地变化,无法自主。形容惊慌失措的样子。《新序·杂事五》:"叶公见之,弃而还走,失其魂魄,五色无主。"

五声 ❶指宫、商、角、徵、羽五音。《周礼·春官·大师》:"皆文之以五声,宫商角徵羽。"❷指古代听讼的五种方式。《周礼·秋官·小司寇》:"以五声听狱讼,求民情。一曰辞听,二曰色听,三曰气听,四曰耳听,五曰目听。"

五牲 作祭品用的五种动物。有三说:《左传·昭公十一年》:"五牲不相为用。"杜预注:"五牲,牛、羊、豕、犬、鸡。"又《昭公二十五年》:"为六畜五牲三牺。"杜预注:"麋、鹿、麇、狼、兔。"孔颖达疏引服虔曰:"五牲,麋、鹿、熊、狼、野豕。"

五圣 亦称"五通"。中国旧时南方(一说不限于南方)乡村中供奉的神道。相传为凶神。本是兄弟五人,唐末已有香火,庙号"五通"。宋徽宗大观年间赐庙额曰"灵顺"。宋代由侯加封至王。因其封号第一字为"显",故又称"五显公"。赵翼《陔馀丛考·五圣祠》:"《七修类稿》又谓五通神即五圣也。然则五圣、五显、五通,名虽异而实则同。"

五十步笑百步 《孟子·梁惠王上》:"孟子对曰:'王好战,请以战喻。填然鼓之,兵刃既接,弃甲曳兵而走,或百步而后止,或五十步而后止。以五十步笑百步,则何如?'曰:'不可。直不百步耳,是亦走也。'"后用以比喻错误程度不同,实质却一样。《水浒后传》第二十五回:"然仅逍遥河上,逗留不进,坐视君父之难,只算得五十步笑百步。"

五石 古代道家炼五石散,谓服之能长寿。《史记·扁鹊仓公列传》:"中热不溲者,不可服五石。"《抱朴子·金丹》:"五石者,丹砂、雄黄、矾石、曾青、慈石也。"

五世其昌 祝颂新婚之辞。源出《左传》。春秋时,陈公子完因陈乱出奔齐,齐大夫懿仲欲以女嫁之,"其妻占之,曰:'吉。是谓凤凰于飞,和鸣锵锵。有妫之后,将育于姜。五世其昌,并于正卿;八世之后,莫之与京'"。见《左传·庄公二十二年》。

五事 指修养身心的五个方面。《书·洪范》:"次二曰敬用五事。"五事,指貌、言、视、听、思。王安石《洪范传》:"五事以思为主,而貌最其所后也。"

五属 五服以内的亲属。《后汉书·灵帝纪》:"诸附从者,锢及五属。"

五朔 每月皆有朔日,五朔,即为五个月。《南齐书·王僧虔传》:"经涉五朔,逾历四晦,书牍十二,接觐六七。"

五祀 古代祭祀的五种神祇。(1)《周礼·春官·大宗伯》:"以血祭祭社稷、五祀、五岳。"按即春神句芒、夏神祝融、中央后土、秋神蓐收、冬神玄冥。(2)《礼记·曲礼下》:"〔天子〕祭五祀。"郑玄注:"五祀,户、灶、中霤、门、行也。"《礼记·祭法》:"诸侯为国立五祀,曰司命,曰中霤,曰国门,曰国行,曰公厉。"又《王制》:"大夫祭五祀。"注与《祭法》同。《白虎通·五祀》:"五祀者,何谓也?谓门、户、井、灶、中霤也。"

五体投地 佛教用语。双膝双肘及顶着地五体投地,是佛教最敬重的礼节。见《翻译名义集》卷四"槃那寐"注。《楞严经》卷一:"阿难闻已,重复悲泪,五体投地,长跪合掌,而白佛言"也用来比喻钦佩别人到极点。《老残游记》第十一回:"申子平听得五体投地佩服。"

五通 即"五圣"。

五味 甜、酸、苦、辣、咸五种味道。《周礼·天官·疾医》:"以五味、五谷、五药养其病。"郑玄注:"五味,醯、酒、饴蜜、姜、盐之属也。"《礼记·礼运》:"五味,六和,十二食,还相为质也。"郑玄注:"五味,酸、苦、辛、咸、甘也。"也泛指各种味道。《老子》:"五味令人口爽。"

五线谱 音乐记谱法之一。以谱号、调号、音符、休止符等符号记在五条平行横线及其上下加线所组成的谱表上,表明音乐进行。最初仅有四线。为意大利音乐理论家圭多所发明。其后增加至六、七线;约16世纪末五线谱式逐渐确立,现为世界各国通用。

五香 ❶烹调食物所用的茴香、花椒、大料、桂皮、丁香等五种香料。也指用这类香料的烹调法。❷木香的别名。《本草纲目·草类》:"五香者,即青木香也,一株五根,一茎五枝,一枝五叶,叶间五节,故名五香。"

五辛 也叫"五荤"。五种辛味的菜。《翻译名义集》卷三:"荤辛:荤而非辛,阿魏是也;辛而非荤,姜芥是也;是荤复是辛,五辛是也。"《梵网》云:不得食五辛。言五辛者,一葱,二薤,三韭,四蒜,五兴蕖。

五星连珠 五行星(水、金、火、木、土)会聚在同一天区的现象。不常发生,古人认为是祥瑞。《汉书·律历志上》:"日月如合璧,五星如连珠。"后人推广到只要五行星各居一宫相连不断时就叫做"连珠"。清时缩小其范围,规定五行星的黄经相差小于45°时才叫"连珠"。

五刑 ❶中国古代的五种刑罚。此词最早见于《书·舜典》:"流宥五刑。"五刑的具体名称,见于《书·吕刑》的为墨、劓、剕、宫、大辟;见于《周礼·秋官·司刑》的为墨、劓、宫、刖、杀。自商周时起即已实行,后略有变化,屡加更定。隋代至清代改为笞、杖、徒、流、死。❷中国古代的各种法规。《周礼·秋官·大司寇》:"以五刑纠万民。"此五刑指:野刑,即关于农事的法规;军刑,即关于军事的法规;乡刑,即关于乡党自治的法规;官刑,即关于官吏惩戒的法规;国刑,即礼典。❸中国古代指甲兵、斧钺、刀锯、钻笮、鞭扑。见《国语·鲁语上》。

五行 ❶水、火、木、金、土五种物质。中国古代思想家把这五种物质作为构成万物的元素,以说明世界万物的起源和多样性的统一。春秋时产生五行相胜思想,《孙子·虚实》:"五行无常胜",认为五行之间有相克。战国时代,"五行"说颇为流行,并出现"五行相生相胜"理论。"相生"意味着相互促进,如"木生火、火生土、土生金、金生水、水生木"等。"相胜"即"相克",意味着互相排斥,如"水胜火、火胜金、金胜木、木胜土、土胜水"等。这些观点具有朴素唯物论和自发的辩证法因素。"五行"说后来虽被唯心主义思想家神秘化,但它的合理因素,一直被保存下来,对中国古代天文、历数、医学等的发展起了一定作用。❷指仁、义、礼、智、信。《荀子·非十二子》:"案往旧造说,谓之五行。"杨倞注:"五行,五常,仁、义、礼、智、信是也。"❸舞名。《后汉书·明帝纪》:"〔永平三年〕初奏文始、五行、武德之舞。"李贤注:"五行者,本周舞也;秦始皇二十六年更名曰五行。其舞人冠冕衣服法五行色。"❹佛教指五门修行。

五门,乃于六度中合定、慧二度为止观一门,故称。即布施行、持戒行、忍辱行、精进行、止观行。见《大乘起信论》。又指菩萨所修之五种行法。即圣行、梵行、天行、婴儿行、病行。见《涅槃经》。

五性 人的五种常性。《大戴礼记·文王官人》:"民有五性,喜、怒、欲、惧、忧也。"

五学 西周设在王城的大学,包括东、南、西、北四学和居中的太学(见《大戴记·保傅》)。具体名称和方位,历代解释多不同。如清孙诒让《周礼正义》:"周大学之名,见此经者惟成均。见于《礼记》者则又有辟雍、上庠、东序、瞽宗,与成均为五学,皆大学也。"又引清郑锷说:"周五学,中曰辟雍,环之以水。水南为成均,水北为上庠,水东为东序,水西为瞽宗。"

五言长城 《新唐书·秦系传》:"与刘长卿善,以诗相赠答。权德舆曰:'长卿自以为五言长城,系用偏师攻之,虽老益壮。'"后用以称誉善作五言诗的人。

五言诗 诗体名。由五字句所构成的诗篇。起于汉代。魏晋以后,历南北朝隋唐,大为发展,成为古典诗歌主要形式之一,有五言古诗、五言律诗、五言绝句。

五羊城 简称羊城。广州市的别称。传说古有五仙人,乘五色羊执六穗秬至此。其后州厅梁上绘画五仙人和五羊像。一说谓战国时此地属楚,南海人高固任楚相,有五羊衔谷至其庭,以为祥瑞,因以为地名。以前一说流传较广。

五夜 五个更次。《文选·陆倕〈新刻漏铭〉》:"六日无辨,五夜不分。"李善注引卫宏《汉旧仪》:"中黄门持五夜。甲夜、乙夜、丙夜、丁夜、戊夜也。"亦指五更时候。沈佺期《和中书侍郎杨再思春夜宿直》:"千庐宵驾合,五夜晓钟稀。"

五音 ❶亦称"五声"。指中国五声音阶中的宫、商、角、徵、羽五个音级。五音中各相邻两音间的音程,除角与徵、羽与宫(高八度的宫)之间为小三度外,其余均为大二度。❷音韵学术语。指按照声母的发音部位划分的唇音、舌音、齿音、牙音、喉音五类。五音之名,最早见于《玉篇》前《五音声论》。中国传统声乐理论亦采用之。

五玉 公、侯、伯、子、男五等诸侯见天子时所执的五种玉石。《书·舜典》:"修五礼、五玉。"<u>孔</u>传:"五等诸侯执其玉。"

五欲 佛教指为贪恋和追求色、声、香、味、触五种"物境"而起的五种情欲。《大智度论》卷十七:"著五欲者,名为妙色、声、香、味、触。"谓此五种物境,能染污纯洁心灵,蒙蔽正确理智,故又称"五尘"。也指财、色、名、饮食、睡眠为五欲。佛教认为"五欲"是众生流转生死的直接原因。后道教亦衍用,指耳、目、口、鼻、心之欲。

五岳 "岳"一作"嶽"。<u>中国</u>五大名山的总称。即东岳<u>泰山</u>、南岳<u>衡山</u>、西岳<u>华山</u>、北岳<u>恒山</u>、中岳<u>嵩山</u>。传说群神所居,历代帝王多往祭祀。<u>唐玄宗</u>、<u>宋真宗</u>曾封五岳为王、为帝。<u>明太祖</u>尊五岳为神。《尔雅·释山》有两种五岳说,后世对它有不同解释。据今人考证,五岳制度始于<u>汉武帝</u>;旧传<u>尧舜</u>时即已有之,乃汉代经学家的附会。<u>汉宣帝</u>确定以今<u>河南</u>的嵩山为中岳,<u>山东</u>的泰山为东岳,<u>安徽</u>的<u>天柱山</u>为南岳,<u>陕西</u>的<u>华山</u>为西岳,<u>河北</u>的<u>恒山</u>(在曲阳西北)为北岳。其后又改今<u>湖南</u>的衡山为南岳,<u>隋</u>以后遂成定制。<u>明代</u>始以今<u>山西浑源</u>的恒山为北岳,<u>清代</u>移祀于此。

五云体 《新唐书·韦陟传》:"常以五采笺为书记,使侍妾主之,其裁答受意而已,皆有楷法,陟惟署名,自谓所书'陟'字若五朵云,时人慕之,号'郇公五云体'。"<u>郇公</u>,<u>陟</u>封号。后因谓书札为"朵云"。

五蕴 蕴,译自梵语Skandha,意为"积聚"、"类别"。佛教对一切有为法的概括。有广狭两义。狭义指构成现实人的五种事物和现象。广义指物质世界(色蕴)和精神世界(受、想、行、识四蕴)的总和。(1)色蕴,指构成身体和世界的物质;(2)受蕴,指随感官生起的苦、乐、不苦、不乐等感情;(3)想蕴,指认识直接反映的影相和形成的感觉、表象、概念等;(4)行蕴,指一切精神现象和物质现象的生起和变化的活动;(5)识蕴,指精神作用的主体。"五蕴"是佛教全部教义分析研究的基本对象,如何解释,是各派确立自己思想体系的重要依据。

五藏 中医学名词。亦称"五脏"。"藏"同"脏"。是心、肝、脾、肺、肾五个脏器的总称。具有藏精气的功能,分别与躯体的某些组织器官有着密切关系。它们的生理作用,虽各有特点,但又互相联系,以维持人体的生理活动。《素问·五藏别论》:"所谓五藏者,藏精气而不写(泻)也,故满而不能实。"

五章 谓五等服色。《书·皋陶谟》:"天命有德,五服五章哉!"<u>孔</u>传:"五服:天子、诸侯、卿、大夫、士之服也。尊卑采章各异,所以命有德。"

五中 犹五内,指五脏。《素问·阴阳类论》:"五中所主,何藏(脏)最贵?"<u>王冰</u>注:"五中,谓五脏。"亦指内心,如:铭感五中。

五铢 <u>中国</u>古铜币。钱重五铢,上有"五铢"二字,故名。最初铸于<u>西汉元狩五年</u>(公元前118年),<u>东汉</u>、蜀汉、魏、晋、<u>南朝</u> 齐、梁、陈、<u>北魏</u>和隋都有铸造,重量形制大小不一。<u>唐武德</u>四年(公元621年)废止。但旧五铢继续在民间流通。它是<u>中国</u>历史上数量最多、流通最久的钱币。

五 铢

五宗 ❶古代宗法制度,为始祖后者为大宗,为高祖、曾祖、祖、父后者为小宗;大宗一,小宗四,合称"五宗"。见《白虎通·宗族》。❷五服以内的亲属。《后汉书·袁绍传》:"所爱光五宗,所怨灭三族。"<u>李贤</u>注:"五宗,谓上至高祖下及孙。"

五族 ❶《汉书·王温舒传》:"夫古有三族,而<u>王温舒</u>罪至同时而五族乎!"<u>颜师古</u>注:"温舒与弟同三族,而两妻家各一,故为五也。"按温舒诛时,两弟及两婚家亦各坐诛罪族诛。❷辛亥革命后曾用以指称汉、满、蒙、回、藏五个民族。

午 (wǔ) ❶地支的第七位。❷十二时辰之一,大致相当十一时至十三时。❸通"忤"、"迕"。逆;违背。《礼记·哀公问》:"午其众以伐有道。"<u>郑玄</u>注:"午其众,逆其族类也。"❹纵横相交。《仪礼·特牲馈食礼》:"午割之。"<u>郑玄</u>注:"午割,纵横割之。"❺姓。宋代有午相。

午道 纵横交错的路。《史记·张仪列传》:"今秦发三军,其一军塞午道。"<u>司马贞</u>索隐引郑玄云:"一纵一横为午,谓交道也。"又《楚世家》:"夜加即墨,顾据午道。"

午漏 标示午时的漏箭。漏,古代滴水计时的器具。亦指午时。<u>姚合</u>《夏日书事寄丘亢处士》诗:"树里鸣蝉咽,宫中午漏长。"

午门 故宫的正门。在<u>北京市</u>东城区、天安门北、端门之后。始建于<u>明</u>永乐十八年(1420年),<u>清</u>顺治四年(1647年)重修。正中三门,左右各有掖门。城台上是一座九间重檐庑殿顶的门楼。左右有重檐方亭四座。<u>明清</u>两代,皇帝每年冬至在午门颁发次年的历书。战争获胜时,也在此举行凯旋仪式。

午日 ❶即端午日。<u>陈与义</u>《临江仙·五日移舟明山下作》词:"高咏楚词酬午日,天涯节序匆匆。"❷中午。<u>张籍</u>《江南曲》:"长干午日沽春酒,高高酒旗悬江口。"

午午 重重叠叠的样子。<u>梅尧臣</u>《泊昭亭山下》诗:"云中峰午午,潭上树亭亭。"

午夜 半夜。<u>唐彦谦</u>《咏竹》诗:"月明午夜生虚籁,误听风声是雨声。"

午月 夏历五月。夏历以地支纪月,正月为寅,顺次至五月为午,故称五月为午月。

务 〔務〕(wǔ) 通"侮"。《诗·小雅·常棣》:"兄弟阋于墙,外御其务。"《左传·僖公二十四年》作"外御其侮"。

另见mào,wù。

伍 (wǔ) ❶古代兵士五人或居民五家之称。《周礼·夏官·诸子》:"合其卒伍。"<u>郑玄</u>注:"军法百人为卒,五人为伍。"《管子·立政》:"五家为伍。"现泛指军队。如:入伍;退伍。❷同列;等辈。《汉书·韩信传》:"生乃与哙(樊哙)等为伍。"❸见"参伍"。❹"五"字的大写。❺姓。

伍伯 ❶伍长。<u>马缟</u>《中华古今注·部伍兵阵》:"五人曰伍,长为伯,故称伍伯。"❷衙门中行刑的役卒。<u>韩愈</u>《寄卢仝》诗:"立召贼曹呼伍伯,尽取鼠辈尸诸市。"参见"五百"。

伍长 古代军制以五人为伍,户籍以五家为伍,每伍有一人为长,叫"伍长"。见《周礼·夏官·序官》及《管子·立政》。

仵 (wǔ) ❶相匹敌。《庄子·天下》:"以觭偶不仵之辞相应。"<u>陆德明</u>释文:"仵,同也。"❷姓。明代有仵瑜。

仵作 旧时官署中检验死伤的吏役。《清会典·刑部》:"凡斗殴伤重不能动履之人,不得扛抬赴验,该管官即带领仵作亲往看验。"

捂 〔搵〕(wǔ) 用手按住。如:捂住耳朵;捂着嘴笑。

帕 〔幠〕(wǔ) 头巾。见《广韵·十姥》。

连 (wǔ，又读 wù) ❶逆；违背。《汉书·广川惠王传》："宫人畏之，莫敢复连。"❷相遇。《后汉书·陈蕃传》："王甫时出，与蕃相连。"

连逆 同"忤逆"。违反；背逆。《陈书·傅縡传》："何得见佛说而信顺，在我语而连逆？"

侮 (wǔ) 古"侮"字。见《说文·人部》。《汉书·五行志中之下》："慢侮之心生。"颜师古注："侮，古侮字。"

庑〔廡〕(wǔ) ❶堂下周围的廊屋。《后汉书·梁鸿传》："遂至吴，依大家皋伯通，居庑下，为人赁春。"❷大屋。《管子·国蓄》："夫以室庑籍，谓之毁成。"尹知章注："小曰室，大曰庑，音武。是使人毁坏庐室。"
另见 wú。

沅〔潕〕(wǔ) 水名。沅水，古水名。一作舞水。源出今河南方城东，东流经舞阳南，至西平县东注入汝水。

怃〔憮〕(wǔ) ❶爱怜。《方言》第一："怃，爱也。"又："怃，哀也。"❷怅然失意貌。《孟子·滕文公上》："夷子怃然为间。"❸通"妩"。妩媚。《汉书·张敞传》："又为妇画眉，长安中传张京兆眉怃。"

忤〔牾〕(wǔ) 违逆；抵触。如：与人无忤。《新唐书·李义府传》："凡忤意者，皆中伤之。"

忤逆 亦作"连逆"。违反；背逆。《新语·辨惑》："无忤逆之言，无不合之义。"后多称不孝顺父母为"忤逆"。

忤物 与人不合；触犯人。《新唐书·崔信明传》："扬州录事参军郑世翼者，亦骜倨，数挑轻忤物。"《宋史·李涛传》："性滑稽，善谐谑，亦未尝忤物。"

妩〔嫵〕(wǔ) 美好貌。见"妩媚"。

妩媚 亦作"斌媚"。姿态美好可爱。司马相如《上林赋》："妩媚孅弱。"《史记·司马相如列传》作"斌媚姌袅"。辛弃疾《武陵春·春兴》词："桃李风前多妩媚。"

武 (wǔ) ❶泛称干戈军旅之事。与"文"相对。如：能文能武。《晋书·刘元海载记》："吾每观书传，常鄙随陆无武，绛灌无文。"❷勇猛。《诗·郑风·羔裘》："孔武有力。"❸周代用于祭祀的"六舞"之一。是表现周武王战胜商纣王的乐

舞。❹足迹。《诗·大雅·下武》："绳其祖武。"郑玄笺："戒慎其祖考所履践之迹。"❺继承。《诗·大雅·下武》："下武维周。"毛传："武，继也。"郑玄笺："下，犹后也。后人能继先祖者，惟有周家最大。"❻古以六尺为步，半步为武。参见"步武❶"。❼通"帗"。古时冠上的结带。《礼记·玉藻》："缟冠玄武。"❽姓。

武备 军备。《穀梁传·定公十年》："虽有文事，必有武备，孔子于颊谷之会见之矣。"

武夫 ❶武士；勇士。《诗·周南·兔置》："赳赳武夫，公侯干城。"《左传·僖公三十三年》："武夫力而拘诸原。"❷同"碔砆"。似玉的美石。《汉书·董仲舒传》："五伯比于他诸侯为贤，其比三王，犹武夫之与美玉也。"

武举 指科举制度中的武科。亦为武举人之简称。

武科 科举制度中专为选拔武官而设的科目。始于唐代，称为武举，以后历朝皆因之，但不定期举行，至明代中期始定武乡试、武会试之制。清代沿袭，考试科目为马箭、步箭、弓、刀、石，均名外场，又以默写武经为内场。其院试、乡试、会试、殿试及童生、生员、举人、进士、状元等名目均与文科同，但加武字以别之。初试亦归学政主持，乡试以本省巡抚，会试以大学士、都统、兵部尚书、侍郎等为考官。光绪二十七年(1901年)废止。

武库 ❶古代储藏器物的仓库。《汉书·高帝纪下》："萧何治未央宫，立东阙、北阙、前殿、武库、大仓。"后常以形容人的学识广博。《晋书·杜预传》："预在内七年，损益万机，不可胜数，朝野称美，号曰杜武库，言其无所不有也。"❷古代掌管兵器的官署。汉代置武库署，有武库令丞，掌藏兵器。本属执金吾，晋以后属卫尉，历代因之，到宋代才废。明置武库司，属兵部，清末废。❸星宿名，即奎宿。亦称"天豕"、"封豕"。二十八宿之一，白虎七宿的第一宿。有星十六颗。《晋书·天文志上》："西方奎十六星，天之武库也。"

武陵春 词牌名。又名《武林春》、《花想容》。双调四十八字或四十九字、五十四字，平韵。李清照所作"只恐双溪舴艋舟，载不动许多愁"一首较有名。

武略 军事方面的才能。《后汉书·班超传论》："时政平则文德用，

而武略之士无所奋其力能。"

武庙 同"文庙"相对。明清时称奉祀关羽的庙为"武庙"。赵翼《陔馀丛考》卷三十五："万历二十二年，因道士张通元之请，进爵为帝，庙曰英烈……继又崇为武庙，与孔庙并祀。"民国时对合祀关羽、岳飞的庙也称"武庙"。

武器 亦称"兵器"。一般指直接用于杀伤有生力量和破坏军事设施的装备。如长矛、大刀、枪械、火炮、导弹、核武器等。按发展历史分为古代兵器、近代兵器和现代兵器；按所用能源分为冷兵器、火器和核武器；按在战争中的作用分为战略武器和战术武器；按杀伤机理分为常规武器和非常规武器。

武术 亦称"武艺"、"功夫"，旧称"国术"。中国传统体育项目。由踢、打、摔、拿、跌、击、劈、刺等动作，按一定运动规律组成。是锻炼身体和自卫的一种手段。运动形式有套路和对抗等。套路有拳术和器械的单人套路练习和两人以上的对打套路练习。对抗有散手、推手、长兵、短兵等项。早在原始社会，人类在与兽类搏斗和部落战争中，已积累了攻防格斗技术。秦汉有角抵、手搏、剑道等；三国两晋及南北朝流行相扑、校力等；唐代兴武举，促进了练武活动；宋代武术渐以套路为主；元明清三代武术流派林立。建国后，武术得到继承、整理和提高，并列为正式比赛项目。

武侠小说 又称"侠义小说"。中国旧小说的一种。内容多写侠客、义士协助清官破案和除暴安良。在唐人传奇《虬髯客传》等作品和宋、元时期"朴刀"、"杆棒"之类话本中已具雏形，到清代发展为定型的通俗长篇小说，并出现与公案小说合流的趋势。对封建时代社会政治的黑暗有所暴露，但却持有浓厚的封建正统思想，艺术上也缺乏较高成就。五四以后，仍有不少文人创作武侠小说，文学史上一般归为通俗小说，拥有较多的普通读者。

武学 中国古代培养军事人才的学校。北宋庆历三年(1043年)始设，数月即废。熙宁五年(1072年)恢复，置教授，习诸家兵法、历代用兵成败及忠义史实。崇宁初置诸州武学。南宋绍兴间重建，更趋完备。明正统间置两京武学，崇祯时令各州府县皆设武学生员。

武帐 有兵器的帐帷。《汉书·汲黯传》："上尝坐武帐，黯前奏事，上

不冠,望见黯,避帷中。"颜师古注引孟康曰:"今御武帐,置兵阑五兵于帐中也。"王先谦补注引沈钦韩曰:"帐置五兵,盖以兰锜围四垂,天子御殿之制如此。有灾变,避正殿寝兵,则不坐武帐也。"兵阑,兰锜,兵器架。按汉代也有太后坐武帐的,见《汉书·霍光传》。

瓾〔甒〕(wǔ) 瓦制盛酒器。《仪礼·士冠礼》:"侧尊一瓾醴。"

昒(wǔ) 光明。见《玉篇·日部》。按谓当午日光盛明。

肵〔膴〕(wǔ) ❶美;厚。见"肵仕"、"肵肵"。❷法。《诗·小雅·小旻》:"民虽靡肵。"郑玄笺:"肵,法也。"

另见 hū。

肵仕 高位厚禄。《诗·小雅·节南山》:"琐琐姻亚,则无肵仕。"毛传:"肵,厚也。"郑玄笺:"妻党之小人,无厚任用之,置之大位,重其禄也。"

肵肵 肥美貌。《诗·大雅·緜》:"周原肵肵。"毛传:"美也。"郑玄笺:"周之原地,在岐山之南,肵肵然肥美。"陈奂传疏:"肵肵,《韩诗》作腜腜。"

焐〔煾〕(wǔ) 煨,用微火煮。姚守中《粉蝶儿·牛诉冤》套曲:"向磁罐中软火儿葱椒焐,胜如黄犬能医冷,赛过胡羊善补虚。"

侮(wǔ) ❶欺负;侮弄。《左传·昭公元年》:"不侮鳏寡。"❷古时奴婢的贱称。《方言》第三:"秦晋之间,骂奴婢曰侮。"

侮辱 以暴力或其他方法公然损害他人人格、破坏他人名誉的行为。情节严重的,构成侮辱罪。我国刑法规定,犯本罪的,告诉才处理,但是严重危害社会秩序和国家利益的除外。

捂(wǔ) ❶同"捬"。用手扣住或严加封闭。如:捂住耳朵。❷同"迕"。逆;迎面。《仪礼·既夕礼》:"若无器,则捂受之。"郑玄注:"谓对相授受,不委地。"

嫵(wǔ) 通"侮"。《汉书·张良传》:"四人年老矣,皆以上嫚嫵士,故逃匿山中。"按《史记·留侯世家》作"慢侮"。

另见 mǔ。

啎(wǔ) 同"忤(牾)"。

牾(wǔ) 同"忤(牾)"。逆;不顺。《汉书·王莽传上》:"财饶势足,亡(无)所牾意。"参见"抵

梧"。

娬(wǔ) 见"娬媚"。

娬媚 同"妩媚"。

璑(wǔ) 见"璑玞"。

璑玞 同"碔砆"。似玉的美石。陆机《演连珠》:"悬景东秀,则夜光与璑玞匿耀。"

愗(wǔ) 爱怜。《尔雅·释诂》:"愗,爱也。"郭璞注:"愗,韩郑语。今江东通呼为怜。"郝懿行义疏:"愗者,《方言》云:'怜也。'《说文》云:'抚也。'抚循义亦为爱,通作忞。"

鵡〔鹉〕(wǔ) 见"鹦鹉"。

碔(wǔ) 见"碔砆"。

碔砆 似玉的美石。司马相如《子虚赋》:"碝石碔砆。"亦作"武夫"。《山海经·南山经》:"〔会稽之山〕其下多砆石。"郭璞注:"砆,武夫,石似玉。今长沙、临湘出之。赤地白文,色茏葱不分明。"

舞(wǔ) ❶舞蹈;跳舞。如:秧歌舞;芭蕾舞。《礼记·明堂位》:"冕而舞《大武》。"❷舞动;飞舞。如:手舞足蹈;眉飞色舞。《列子·汤问》:"瓠巴鼓琴而鸟舞鱼跃。"❸鼓舞。《易·系辞上》:"鼓之舞之以尽神。"❹舞弄;耍花样。如:舞弊。《汉书·王温舒传》:"舞文巧,请下户之猾,以动大豪。"❺钟体的顶部。《考工记·凫氏》:"钲上谓之舞。"孙诒让正义引程瑶田说:"钲上谓钟顶。覆之如庑,故谓之舞。"

舞抃 亦作"舞忭"。欢舞拍掌。形容极为欣喜。刘禹锡《成都府新修福成寺记》:"于是都人舞抃而谣。"《旧唐书·田悦传》:"闻巢父至,莫不舞忭。"

舞草 草名,叶动如舞。段成式《酉阳杂俎·广动植·草》:"舞草出雅州,独茎三叶,叶如决明。一叶在茎端,两叶居茎之半,相对。人或近之歌及抵掌讴曲,必动叶如舞也。"

舞蹈 ❶手舞足蹈。形容欢快或赞扬的样子。萧纲《上皇太子玄圃讲领启》:"徒怀舞蹈之心,终愧清风之藻。"❷古代臣子朝见皇帝时的一种仪节。《宋史·司马光传》:"元祐元年复得疾,诏герой会再拜勿舞蹈。"❸艺术的一种。以经过提炼、组织和艺术加工的人体动作为主要表现手段,表达人们的思想感情,反映社会生

活。其基本要素是动作姿态、节奏和表情。舞蹈与诗歌、音乐结合在一起,是人类历史上最早产生的艺术形式之一。

舞絚 走绳索。一种杂技。《文选·张衡〈西京赋〉》"走索上而相逢"李善注:"索上,长绳系两头于梁,举其中央,两人各从一头上,交相度,所谓舞絚者也。"

舞轮 玩轮子的杂技,古百戏之一。傅玄《正都赋》:"跳丸掷掘,飞剑舞轮。"

舞弄 ❶嘲弄;戏弄。《列子·仲尼》"为若舞,彼来者奚若"张湛注:"世或谓嘲调为舞弄也。"亦作"侮弄"。❷故意玩弄,耍花样。《隋书·王充传》:"明习法律,而舞弄文墨,高下其心。"

舞衫歌扇 歌舞者的装束与用具,亦以喻歌舞场中。苏轼《朝云》诗:"经卷药炉新活计,舞衫歌扇旧因缘。"

舞勺 古代儿童所学的一种乐舞。《礼记·内则》:"十有三年,学乐,诵诗,舞勺。"勺,即籥,一种管乐器。后用作童年的代称。刘允济《经庐岳回望江州想洛川有作》诗:"礼乐富垂髫,诗书成舞勺。"

舞台 剧场建筑的主要构成部分之一。指同观众席相连接的演出场所。古代露天剧场的舞台主台大都前伸于观众席之中,或低于观众席(如希腊扇形剧场的舞台),或高于观众席(如中国的庙台),可供观众从三面看戏。室内剧场的舞台,通常正对观众席,除主台外还有供布景、灯光等进行工作的舞台上空和副台,以及供安装机械、灯光控制系统和储存景物之用的台仓等。机械化舞台一般有转台、车台、升降台或交错台等设备。

舞文弄法 任意利用法律条文来达到作弊的目的。《史记·货殖列传》:"吏士舞文弄法,刻章伪书。"

舞夏 《穀梁传·隐公五年》:"舞夏,天子八佾,诸公六佾,诸侯四佾。"范宁注:"夏,大也。大谓大雄。大雄,翟雉。佾之言列……并执翟雉之羽而舞也。"钟文丞补注:"舞羽谓之舞夏,则所执羽备五色可知。"参见"羽舞"。

舞象 ❶古代成童所学的一种乐舞。《礼记·内则》:"成童舞象。"成童,十五岁以上。舞象是武舞,与舞勺之为文舞不同;用竿,以象干戈。后用作成童的代称。梁廷柟《夷氛闻

记》："公子方舞象，授经之暇，辄讲古礼。"参见"舞勺"。❷会舞蹈的象。《旧唐书·德宗纪》："诏文单国所献舞象三十二，令放荆山之阳。"

舞榭歌台　歌舞的场所。杨载《题沈君湖山春晓图诗卷》诗："舞榭歌台临道路，佛宫仙馆入云霄。"

舞修　《考工记·凫氏》："以其鼓间为之舞修。"郑玄注："舞修，舞径也。舞上下促，以横为修，从为广。"孙诒让正义："谓舞修即舞之横径也。"

舞雩　古代求雨之祭叫"雩祭"。因有乐舞，又叫"舞雩"。《周礼·春官·女巫》："旱暵则舞雩。"也指舞雩之处。《论语·先进》："浴乎沂，风乎舞雩。"朱熹注："沂，水名，在鲁城南……舞雩，祭天祷雨之处也。"

舞智　玩弄智巧，耍小聪明。《史记·酷吏列传》："汤(张汤)为人多诈，舞智以御人。"

僤（wǔ）　同"舞"。《庄子·在宥》："鼓歌以僤之。"

僤縆　一作"舞縆"。走索杂技。《文选·张衡〈西京赋〉》"走索上而相逢"薛综注："索上，长绳系两头于梁，举其中央，两人各从一头上，交相度，所谓僤縆者也。"

潕（wǔ）　水名。潕水，即"㵲水"。

wù

兀（wù）　❶高耸特出貌。见"突兀❶"。❷光秃。杜牧《阿房宫赋》："蜀山兀，阿房出。"❸通"跀"。断足。见"兀者"。❹浑然无知貌。孙绰《游天台山赋》："混万象以冥观，兀同体于自然。"❺静止貌。陆机《文赋》："兀若枯木，豁若涸流。"❻犹"还"。见"兀自"。❼作语助，用在句首。元人小说戏曲中常见。见"兀那"。

兀傲　倔强不随俗的意思。白居易《效陶潜体》诗："兀傲瓮间卧，憔悴泽畔行。"也形容一种雄放奇倔的诗文风格。梅曾亮《耻躬堂文集序》："先生(彭士望)之诗，兀傲有似山谷者。"

兀的　犹言"这"。王实甫《西厢记》第四本第四折："兀的前面是草桥。"李寿卿《伍员吹箫》第一折："只你那费无忌如此狠心肠，做的兀的般歹勾当。"同"不"连用，则表示反诘语气，犹言"这岂不"。纪君祥《赵氏孤

儿》第四折："元来赵氏孤儿正是我，兀的不气杀我也！"亦作"兀底"。

兀那　犹言"那"。兀，语助。马致远《汉宫秋》第一折："兀那弹琵琶的是那位娘娘？"

兀臬　亦作"兀臲"、"杌隉"、"阢陧"。动摇不安定貌。梁肃《受命宝赋》："东周兀臬。"韩愈《赠刘师服》诗："羡君齿牙牢且洁，大肉硬饼如刀截。我今呀豁落者多，所存十余皆兀臲。"

兀然　❶昏沉无知貌。刘伶《酒德颂》："兀然而醉，豁尔而醒。"❷仍然；依然。董解元《西厢记诸宫调》卷四："念兄以淫词，适来侍婢遗奴侧，解开遂披读，兀然心下猜疑。故恰才令人诈以新词相约，果是先生届。"

兀兀　❶同"矹矹"。用心劳苦貌。韩愈《进学解》："焚膏油以继晷，恒兀兀以穷年。"❷昏沉貌。苏轼《郑州别后马上寄子由》诗："不饮胡为醉兀兀？此心已逐归鞍发。"❸静止貌。韩愈《雉带箭》诗："原头火烧静兀兀，野雉畏鹰出复没。"

兀者　受过断足刑的人。《庄子·德充符》："鲁有兀者叔山无趾，踵见仲尼。"按古代断足之刑有去足和去趾两种，这里指去趾的。

兀自　尚；还。董解元《西厢记诸宫调》："天色儿又待明也，不知做什么，书帏里兀自点着灯火。"

兀坐　独自端坐。苏轼《客位假寐》诗："谒人不得去，兀坐如枯株。"

勿（wù）　❶不。《论语·雍也》："犁牛之子骍且角，虽欲勿用，山川其舍诸？"❷莫；不要。《论语·学而》："过则勿惮改。"

勿翦　《诗·召南·甘棠》："蔽芾甘棠，勿翦勿伐，召伯所茇。"西周召伯有惠政，周民保护其曾在下休息的甘棠树，相劝勿加翦伐。后用为歌颂德政的典故。《三国志·蜀志·彭羕传》："体公刘之德，行勿翦之惠。"王融《三月三日曲水诗序》："分陕流勿翦之欢，来仕允克施之誉。"

勿勿　❶犹勉勉，勤勉不息貌。《礼记·礼器》："勿勿乎其欲其飨之也。"《大戴礼记·曾子立事》："君子终身守此勿勿也。"❷匆忙；急遽。王羲之《杂帖》："吾顷至勿勿。"又："比复勿勿来示。"《颜氏家训·勉学》："世中书翰多称勿勿，相承如此，不知所由，或有妄言，此'忽忽'之残缺尔。按《说文》勿者，州里所建之旗也，……所以趣民事，故勿遽者称为

勿勿。"

勿药　《易·无妄》："无妄之疾，勿药有喜。"勿药，谓病可不药自愈。后因用为病愈之典。黄庭坚《和答外舅孙莘老》："浩然养灵根，勿药有神助。"

乌〔烏〕（wù）　见"乌拉"。另见wū。

乌拉　蒙古语、满语和藏语中都意为"差役"，源于突厥语。在蒙古族地区，历史上指供应来往使臣、客商乘骑的马匹。在东北地区，清代有一种专门为皇室狩猎的人，称"打牲乌拉"。在藏族地区，指旧时农奴向农奴主支应的各种差役，包括人役和畜役，是农奴的一项繁重负担。

戊（wù）　天干的第五位。因用为五的代称。见"戊夜"。

戊己校尉　官名。西汉元帝时屯田车师，置戊己校尉，掌屯田事务，为屯田区最高长官。东汉则时置时废。魏置时亦置。前凉改其治所为高昌郡治，此官始废。据《汉书·百官公卿表》颜师古注，有戊校尉、己校尉。因戊己的方位居中，所置校尉亦处西域之中，故名。

戊夜　五更时分。《南史·梁武帝纪》："虽万机多务，犹卷不辍手，燃烛侧光，常至戊夜。"参见"五夜"。

务〔務〕（wù）　❶勉力从事。如：当务之急。《论语·学而》："君子务本。"❷必须；一定。《书·泰誓下》："树德务滋，除恶务本。"❸事业；工作。如：事务；总务；任务。《易·系辞上》："故能成天下之务。"❹宋代官设贸易机关和场所。如饶州景德镇瓷窑博易务。又宋元俗语，酒店也通称酒务。《刘知远诸宫调》："新开酒务，一竿斜刺出疏篱。"❺姓。夏代有务光。

另见mào，wú。

务本　❶致力于根本。《论语·学而》："君子务本，本立而道生。孝弟也者，其为仁之本与？"本，立身行事的根本。❷古以农业为立国之本，故称务农为"务本"。《盐铁论·水旱》："今县官铸农器，使民务本，不营于末，则无饥寒之累。"

务时　谓耕作不误农时。《后汉书·郑玄传》："家今差多于昔，勤力务时，无恤饥寒。"

务施　致力于给人恩惠。犹言乐善好施。《左传·哀公元年》："勾践能亲而务施，施不失人。"

阢（wù）　见"阢陧"。

阢陧　同"兀臬"。动摇不安貌。《书·秦誓》:"邦之阢陧。"《说文·阜部》"陧"字下引作"阢陧"。

扤（wù）摇。司马相如《上林赋》:"扬翠叶，扤紫茎。"

屼（wù）亦作"岉"。山秃貌。左思《吴都赋》:"尔其山泽则嵬嶷嶤屼，巊冥郁岪。"

岉（wù）同"屼"。

汚〔汙、污〕（wù）洗去污垢。《诗·周南·葛覃》:"薄污我私。"

另见 wā，wū，yū。

坞〔隖、陽〕（wù）❶构筑在村落外围作为屏障的土堡，也叫隖城。《后汉书·董卓传》:"又筑坞于郿，高厚七丈，号曰万岁坞。"❷四面高而中央低的山地。羊士谔《山阁闻笛》诗:"山坞春深日又迟。"引申指可以四面挡风的建筑物。如:花坞。❸在水边建筑的停船或修造船只的地方。如:船坞。

芴（wù）❶植物名。《尔雅·释草》:"菲，芴。"又:"菲，蒠菜。"是芴即蒠菜。一年生草本，产于中国北部和中部，可供观赏，兼作蔬菜。❷一种稠环芳香烃。白色片状有紫色荧光的晶体。熔点114.8～115℃。由煤焦油制得。可用作有机合成的原料。

另见 hū。

杌（wù）❶凳子。《宋史·丁谓传》:"〔帝〕遂赐坐，左右欲设墩，谓顾曰:'有旨复平章事。'乃更以杌进。"❷摇动。《史记·司马相如列传》:"扬翠叶，杌紫茎。"裴骃集解引郭璞曰:"杌，摇也。"❸见"杌陧"。

杌陧　同"兀臬"。倾危不安。《书·秦誓》:"邦之杌陧，曰由一人。"

杌棿　亦作"杌陧"、"杌桯"。不安，困厄。《太玄·阒》:"圜方杌棿，内相失也。"范望注:"杌棿，不安。"

岉（wù）见"崛岉"。

汩（wù）见"汩穆"。

另见 mì。

汩穆　《史记·屈原贾生列传》:"汩穆无穷兮，胡可胜言?"司马贞索隐:"汩穆，深微之貌。"

矹（wù）见"碑矹"。

物（wù）❶事物。《列子·黄帝》:"凡有貌象声色者，皆物

也。"《荀子·正名》:"物也者，大共名也。"陆机《漏刻赋》:"妙万物而为基。"也专指外物、环境。《史记·乐书》:"人心之动，物使之然也。"张守节正义:"物者，外境也。"引申为事件之称。《吕氏春秋·先识》:"去苛令三十九物。"高诱注:"物，事。"❷内容;实质。如:言之有物;空洞无物。❸人;公众。如:待人接物。参见"物议"、"物论"、"物望"。❹杂色牛。《诗·小雅·无羊》:"三十维物。"毛传:"异毛色者三十也。"也指杂色旗。《周礼·春官·司常》:"通帛为旜，杂帛为物。"郑玄注:"通帛谓大赤，从周正色，无饰;杂帛者，以帛素饰其侧。"❺泛指颜色。《周礼·春官·保章氏》:"以五云之物辨吉凶。"郑玄注:"物，色也。"❻相;察看。《左传·昭公三十二年》:"物土方。"杜预注:"物，相也;相取土之方面。"《周礼·夏官·校人》:"凡军事，物马而颁之。"郑玄注:"物马，齐其力。"❼与"心"相对。物质的简称。如:唯物主义。❽中国古代哲学概念。西周初期的"物"已具有较完整的存在物的意义。战国时老子以"物"与"道"相对，提出"道者万物之奥"（《老子·六十二章》）;孟子以"物"与"我"相对，提出"万物皆备于我矣"（《孟子·尽心》），都认为精神凌驾于物之上。《管子·内业》:"万物以生，万物以成，命之曰道"，认为物在精神之前而自然存在。荀子说:"天地合而万物生。"（《荀子·解蔽》）认为物不是由精神产生的。

物表　物外。超脱于世俗以外。孔稚珪《北山移文》:"若其亭亭物表，皎皎霞外，芥千金而不盼，屣万乘其如脱。"

物产　出产的物品，土产。左思《吴都赋》:"江湖险陂，物产殷充。"

物格　事理得到透彻的推究。《大学》:"致知在格物，物格而后知至。"朱熹注:"物格者，物理之极处无不到也。"

物故　❶事故。《墨子·号令》:"即有物故，鼓。"孙诒让间诂:"物故，犹言事故，言有事故则击鼓也。"❷殁;亡故。《汉书·苏武传》:"前以（已）降及物故，凡随武还者九人。"颜师古注:"物故谓死也，言其同于鬼物而故也。一说，不欲斥言，但云其所服用之物皆已故耳。一说'物'通'殁'。"王先谦补注引宋祁曰:"物，当从南本作殁，音没。"❸世故;世事。颜延之《五君咏》:"物故

不可论，途穷能无恸。"

物官　因事择人，量才任用。《左传·昭公十四年》:"任良物官。"孔颖达疏:"任良，谓选贤而任之也，物官，谓量事而官之也。"

物候　❶指动植物或非生物受气候和外界环境因素的影响而出现的季节变化现象。例如，植物的萌芽、开花、结实;动物的蛰眠、始鸣、繁育、迁徙等。非生物现象，例如，始霜、始雪、初冰、解冻等。我国物候的记载甚早，《诗经》《吕氏春秋》等书中已有记载。物候能指示农时以有利于作物栽培，也可供预报天气参考。❷景物;风物。因其随节候而变异，故称"物候"。杨炯《登秘书省阁诗序》:"平看日月，唐都之物候可知。"杜审言《和晋陵陆丞早春游望》诗:"独有宦游人，偏惊物候新。"

物华　❶物的光华、精华。王勃《滕王阁序》:"物华天宝，龙光射牛斗之墟。"❷美好的景物。杜甫《曲江陪郑南史饮》诗:"自知白发非春事，且尽芳尊恋物华。"

物化　❶指人死。《庄子·刻意》:"圣人之生也天行，其死也物化。"秦观《送少章弟赴仁和主簿》诗:"辩才虽物化，参寥犹凤昔。"辩才、参寥，两僧名。❷庄子用指一种泯除事物差别、彼我同化的意境。《庄子·齐物论》:"昔者庄周梦为蝴蝶，栩栩然蝴蝶也，自喻适志与，不知周也。俄然觉，则蘧蘧然周也。不知周之梦为蝴蝶与? 蝴蝶之梦为周与? 周与蝴蝶，则必有分矣。此之谓物化。"《汉书·扬雄传上》:"于是事变物化，目骇耳回。"❸人的思想观念通过实践转化为具有物质形态的现实存在。马克思在《1844年经济学哲学手稿》中，承继了黑格尔有关观念的东西可以转为实在的东西的思想，把它和"对象化"看作是相近或相似的概念，作为表述主体客体相互关系的术语。二者既密切联系，含义又有差别:对象化指主体客体化;物化指观念的东西转变为物质的东西，即人的主体活动凝结为某一物品或对象。

物换星移　景物改换，星辰推移。形容时序世事的迁变。王勃《滕王阁》诗:"闲云潭影日悠悠，物换星移几度秋。"亦作"星移物换"。丘处机《水龙吟·春兴》词:"任寒来暑往，星移物换，得高眠昼。"

物极必反　中国古代哲学概念。认为事物发展到极度时，就会向相反的方向转化。语出《鹖冠子·环流》

"物极则反,命曰环流"。纪昀《阅微草堂笔记·姑妄听之》:"盖愚者恒为智者败。而物极必反,亦往往出于所备之外,有智出其上者,突起而胜之。"

物竞天择　严复用语。对生存竞争和自然选择的概括。严复在向国人介绍达尔文《物种原始》(今译《物种起源》)时,概括其意为物竞、天择,认为"物竞者,物争自存也;天择者,存其宜种也"(《原强》),用于表达生物进化的基本规律。同时又把这一规律引入人类社会领域,认为这一规律亦适用于"政教"、"群理",强调"自强保种",救亡图存,为维新变法寻找理论根据。但又认为进化"不可期之以骤",反对突变。此说宣传了斯宾塞的社会达尔文主义,但在当时中国历史条件下却起了相当大的进步作用。

物理　❶事物的道理。如:人情物理。《淮南子·览冥训》:"耳目之察,不足以分物理。"《晋书·明帝纪》:"帝聪明有机断,尤精物理。"❷物理学的简称。

物力　物资;财力。《汉书·食货志上》:"生之有时,而用之亡(无)度,则物力必屈。"

物论　犹言舆论;众人的议论。《晋书·谢安传》:"是时桓冲既卒,荆、江二州并缺,物论以玄(谢玄)勋望,宜以授之。"

物母　万物的根本。张贾《天道运行成岁赋》:"节乃乃岁经,在一寒而一暑;气为物母,自无名而有名。"

物穆　同"沕穆"。深微貌。《淮南子·原道训》:"物穆无穷,变无形像。"

物情　人心;人情。《后汉书·爰延传》:"所事多放滥,物情生怨。"

物曲　万物丰富多姿的内蕴。《礼记·礼器》:"是故天时有生也,地理有宜也,人官有能也,物曲有利也。"孔颖达疏:"谓万物委曲,各有所利。"

物色　❶古时祭祀用的牲体的毛色。《礼记·月令》:"〔孟秋之月〕乃命宰祝,循行牺牲,视全具,案刍豢,瞻肥瘠,察物色。"❷指形貌。《后汉书·严光传》:"乃令以物色访之。"李贤注:"以其形貌求之。"引申为按照一定标准去访求。如:物色人才。《宋史·赵普传》:"则人皆物色之矣。"❸谓诸色物品。《旧五代史·周太祖纪一》:"旧来所进羡余物色,今后一切停罢。"❹犹风物、景色。

《西京杂记》卷二:"高帝既作新丰,并移旧社,衢巷栋宇,物色惟旧。"颜延之《秋胡》诗:"日暮行采归,物色桑榆时。"

物事　❶犹事情。《公羊传·隐公元年》"渐进也"何休注:"渐者物事之端,先见之辞。"❷犹东西。《红楼梦》第二十七回:"每一棵树头,每一枝花上,都系了这些物事。"亦指人,含有鄙视之意。《聊斋志异·妾击贼》:"妾拄杖于地,顾笑曰:'此等物事,不直下手插打得,亦学作贼!'"

物外　世俗之外。《晋书·单道开传》:"后至南海,入罗浮山,独处茅茨,萧然物外。"

物望　犹众望。如:物望所归。《宋史·司马光传》:"张方平参知政事,光论其不协物望。"亦指众所仰望的人。《南史·张率传》:"卿东南物望,朕宿昔所闻。"

物物　❶役使或支配万物。支遁《逍遥论》:"物物而不物于物,则遥然不我得。"亦指人为外物所役使。王维《谒璇上人》诗序:"色空无得,不物物也。"❷各种物品。《汉书·王莽传上》:"物物卬市,日阒亡诸。"❸人人,每人。《新唐书·裴矩传》:"矩遂能廷争,不面从,物物若此,天下有不治哉?"

物物交换　不以货币为媒介的商品交换。出现在原始社会后期,是商品交换的原始形式。随着商品生产的发展,物物交换日益不能适应需要,逐渐被以货币为媒介的商品交换所替代。

物宜　谓事物的性质、道理。《后汉书·卫飒传》:"飒理恤民事,居官如家,其所施政,莫不合于物宜。"

物以类聚　谓同类的东西常聚在一起。语本《易·系辞上》:"方以类聚,物以群分。"今多指坏人互相勾结。《醒世恒言·张孝基陈留认舅》:"自古道:物以类聚。过迁性喜游荡,就有一班浮浪子弟引诱打合。"

物议　众人的议论。《南史·谢幾卿传》:"时左丞庾仲容亦免归,二人意相得,并肆情诞纵,或乘露车历游郊野,醉则执铎挽歌,不屑物议。"《旧唐书·王珪传》:"泰(李泰)每为之先拜,珪亦以师道自居,物议善之。"按:前例指非议。

物役　《荀子·正名》:"故向万物之美而盛忧,兼万物之利而盛害……夫是之谓以己为物役矣。"向,飨。言为追求物质享受而反为物所役使。

引申为人事牵累。谢瞻《答灵运》诗:"独夜无物役,寝者亦云宁。"

物誉　名声;声誉。《旧唐书·刘仁轨传论》:"世称刘乐城与戴至德同为端揆,刘则甘言接人,以收物誉;戴则正色拒人,推美于君。"

物质　❶不依赖于意识而又能为人的意识所反映的客观实在。世界的本质是物质的,意识是物质高度发展的产物。运动是物质的根本属性,时间和空间则是运动着的物质的存在形式。自然界和社会的一切现象,都是运动着的物质的各种不同表现形态。马克思主义哲学的物质概念是世界上一切现象(自然现象和社会现象)的根本特性的最高概括,因而不能把它同自然科学中关于物质结构的学说相混淆。世界统一于物质。物质的唯一特性是客观实在性。物质世界为人的感觉和意识所反映,但不可穷尽。物质概念是唯物主义哲学的基石。20世纪以来自然科学对物质的属性、结构、形态等的新认识,不断证实和丰富着辩证唯物主义的物质范畴。❷指实物、生活资料、金钱等。如:物质生产;物质生活。

物种　简称"种"。具有一定形态特征与生理特性以及一定自然分布区的生物类群。是生物分类的基本单位,位于属之下。一个物种中的个体一般不与其他物种中的个体交配,或交配后一般不能产生有生殖能力的后代。

脆(wù)　见"觥脆"。

昒(wù)　昏暗。刘歆《遂初赋》:"飘寂寥以荒昒兮,沙埃起而杳冥。"
　另见 mèi。

毼(wù)　毛密盛貌。张岱《陶庵梦忆·严助庙》:"羽物毼毼,毛物毼毼。"

侷(wù)　通"迕"。迎。《史记·天官书》:"其人逢侷,化(讹)言诚然。"司马贞索隐:"侷,迎也。刘伯庄曰:'逢侷,谓相逢而惊讶也。'"

误〔誤〕(wù)　❶错误。《三国志·吴志·周瑜传》:"曲有误,周郎顾。"❷耽误;妨害。《隋书·宣华夫人陈氏传》:"上恚曰:'畜生何足付大事,独孤诚误我!'"《三国演义》第五十八回:"曹仁谏曰:'洪(曹洪)性躁,诚恐误事。'"❸受惑。《荀子·正论》:"是特奸人之误于乱说,以欺愚者也。"

误差 在实际观测和近似计算中，往往不能得到准确值，而只能得到近似值，其间的差称为"误差"，又称"绝对误差"。绝对误差与精确值之比称为"相对误差"。相对误差能确切地表示近似值的近似程度。误差按其来源可分为测量误差、截断误差和舍入误差等。

恶〔恶〕(wù) ❶憎恨；讨厌。如：深恶痛绝。《左传·隐公元年》："庄公寤生，惊姜氏，故名曰寤生，遂恶之。"❷耻；惭愧。《孟子·告子上》："羞恶之心，义也。"❸说人坏话；中伤。《汉书·张禹传》："数毁恶之。"

另见 ě，è，wū。

恶湿居下 讨厌潮湿，但又自处于低洼之地。比喻行动与愿望相背。《孟子·公孙丑上》："仁则荣，不仁则辱，今恶辱而居不仁，是犹恶湿而居下也。"

悟(wù) ❶领会；觉悟。如：执迷不悟。陶潜《归去来辞》："悟已往之不谏，知来者之可追。"亦谓使人觉悟。《后汉书·崔骃传》："唐且华颠以悟秦。"李贤注："唐且即唐雎。华颠，谓白首也。"❷通"忤"。违逆。《吕氏春秋·荡兵》："国无刑罚，则百姓之悟相侵也立见。"毕沅校正："悟与忤、啎并通用。"

悟道 悟彻佛理。王维《与胡居士皆病寄此诗兼示学人》："洗心讵悬解，悟道正迷津。"

悟门 意谓佛门。佛教以为觉悟方入门，故名。杜荀鹤《赠临上人》诗："不计禅兼律，终须入悟门。"

悟言 悟，通"晤"。对谈；面谈。《文选·谢惠连〈泛湖归出楼中玩月〉诗》："悟言不知罢，从夕至清朝。"李善注："《毛诗》：'彼美淑姬，可与晤言。'郑玄曰：'晤，对也。'悟与晤同。"

悮(wù) 同"误(誤)"。

梧(wù) 见"抵梧"。
另见 wú，yǔ。

晤(wù) ❶相遇；会面。如：会晤；晤谈。萧绎《关山月》诗："夜长无与晤，衣单谁为裁？"❷通"悟"。(1)晓悟；明白。孟郊《寿安西渡奉别郑相公》诗："病深理方晤，悔至心自烧。"(2)聪明。《新唐书·李至远传》："少秀晤，能治《尚书》、《左氏春秋》。"

晤对 会面。谢灵运《酬从弟惠连》诗："晤对无厌歇，聚散成分离。"

晤歌 相对而歌。《诗·陈风·东门之池》："彼美淑姬，可与晤歌。"毛传："晤，遇也。"郑玄笺："晤，犹对也。"

晤言 见面谈话。《诗·陈风·东门之池》："彼美淑姬，可与晤言。"亦作"悟言"。王羲之《兰亭集序》："悟言一室之内。"

晤语 见面交谈。《诗·陈风·东门之池》："彼美淑姬，可与晤语。"

焐(wù) 以热物接触冷物而使之变暖。如：用热水袋焐手。

靰(wù) 见"靰鞡"。

靰鞡 中国东北地区捆绑于腿脚上的一种防寒鞋。以牛、马、猪、鱼等皮做帮底，纳褶抽脸，帮上贯皮耳，布作靿，内垫捶软的乌拉草，用绳系耳。赫哲族鱼皮靰鞡走在冰上不滑也不结霜。

婺(wù) ❶古星名。即"女宿"。旧时用作对妇人的颂辞。如：婺焕中天。❷水名。即金华江，钱塘江支流，在浙江省中部。亦为金华一带的别称。

骛〔騖〕(wù) ❶乱驰；交驰。《文选·班固〈答宾戏〉》："战国横骛。"李善注："东西交驰谓之骛。"引申为急。《素问·大奇论》："肝脉骛暴。"王冰注："骛谓驰骛，言其迅急也。"❷追求。如：好高骛远。❸传扬。文莹《玉壶清话》卷三："二人者，俱喜以名骛于时。"

雾〔霧〕(wù) ❶近地气层中视程障碍的现象。由于大量悬浮的小水滴或冰晶造成水平能见距离小于1 000米所致。当水平能见距离等于或大于1 000米时，气象观测上，称为"轻雾"。雾对交通航运有不利的影响。❷小水点；液滴。如喷雾器。

雾豹 《列女传·陶答子妻》："妾闻南山有玄豹，雾雨七日而不下食者，何也？欲以泽其毛而成文章也，故藏而远害。"后用"雾豹"比喻退隐避害的人。白居易《与元九书》："时之不来也，为雾豹，为冥鸿，寂兮寥兮，奉身而退。"冥鸿，飞得极高的鸿。

雾鬓风鬟 亦作"风鬟雾鬓"。形容妇女头发的美丽。范成大《新作景亭程咏之提刑赋诗次其韵》："花边雾鬓风鬟满，酒畔云衣月扇香。"亦用于形容妇女头发散乱蓬松。李清照《永遇乐》词："如今憔悴，风鬟雾鬓，怕见夜间出去。"

雾縠 轻纱的一种。薄如云雾。《汉书·礼乐志》："被华文，厕雾縠。"颜师古注："雾縠，言其轻若云雾也。"皮日休《奉和鲁望渔具十五咏》："晚挂溪上网，映空如雾縠。"

雾里看花 杜甫《小寒食舟中作》诗："春水船如天上坐，老年花似雾中看。"原是形容老眼昏花，亦用以比喻对事情看不真切。王国维《人间词话》："白石(姜夔)写景之作，虽格韵高绝，然如雾里看花，终隔一层。"

雾露 犹言风寒。《史记·淮南衡山列传》："且淮南王为人刚，今暴摧折之，臣恐卒逢雾露病死，陛下(汉文帝)为有杀弟之名，奈何？"参见"霜露之病"。

雾唾 口中呼出的热气。李商隐《碧瓦》诗："雾唾香难尽，珠啼冷易销。"

雾涌云蒸 云雾盛起貌。刘峻《广绝交论》："故絪缊相感，雾涌云蒸，嘤鸣相召，星流电激。"

寤(wù) ❶睡醒。《史记·赵世家》："七日而寤。"❷通"悟"。觉悟；了解。张衡《东京赋》："盍亦览东京之事以自寤乎？"郭璞《尔雅序》："别为《音图》，用祛未寤。"邢昺疏："以祛除未晓悟者。"❸通"牾"。逆。见"寤生"。

寤寐 ❶犹言日夜。寤，醒时；寐，睡时。《诗·周南·关雎》："窈窕淑女，寤寐求之。"❷犹假寐。《后汉书·质帝纪》："寤寐永叹。"李贤注引《诗》云"寤寐永叹，维忧用老"。按今本《诗·小雅·小弁》作"假寐永叹"。郑玄笺："不脱冠衣而寐曰假寐。"

寤梦 谓似醒似睡，若有所见。《周礼·春官·占梦》："四曰寤梦。"郑玄注："觉时道之而梦。"贾公彦疏："寐觉而有言曰寤，一曰昼见而夜梦也。"《汉书·孝武李夫人传》："欢接狎以离别兮，宵寤梦之芒芒。"

寤生 逆生，谓产儿脚先下。《左传·隐公元年》："庄公寤生，惊姜氏。"朱骏声《说文通训定声·豫部》："寤假借为牾，足先见，逆生也。"

鹜〔鶩〕(wù) 鸟名。即家鸭。古亦泛指野鸭。

噁(wù) 见"喑噁叱咤"。
另见 ě 恶。

熓(wù) ❶用文火焖煮。褚人穫《坚瓠六集·田家乐》："黄脚鸡，锅里熓；添些盐，用些醋。"❷同"焐"。

鋈（wù） ❶白铜。见《广雅·释器》。❷镀上白铜。《诗·秦风·小戎》："厹矛鋈錞。"朱熹集传："厹矛，三隅矛也。鋈錞，以白金沃矛之下端平底者也。"

趶（wù） 长跪。见《玉篇·足部》。

霚（wù） "雾（雾）"的本字，见《说文·雨部》。

鼿（wù） 同"齀"。

齀（wù，又读 wǎ） 兽鼻摇动。《文选·张协〈七命〉》："齀林蹶石，扣跋幽丛。"李善注："齀，以鼻摇动也。"

蠱（wù） 违逆。《庄子·寓言》："使人乃以心服而不敢蠱。"陆德明释文："蠱，逆也。"

另见 è。

霧（wù） 同"雾（雾）"。

騖（wù） 同"骛"。《商君书·定分》："故名分未定，尧、舜、禹、汤皆如騖焉而逐之。"